郭萬青◎著

國語研究史

（上冊）

燕山大學出版社
·秦皇島·

圖書在版編目（CIP）數據

《國語》研究史 / 郭萬青著 . — 秦皇島：燕山大
學出版社，2024.5
　　ISBN 978-7-5761-0331-1

　　Ⅰ. ①國… Ⅱ. ①郭… Ⅲ. ①《國語》－研究 Ⅳ.
①K225.04

中國版本圖書館CIP數據核字（2022）第061196號

《國語》研究史

郭萬青　著

出 版 人：陳　玉			
責任編輯：柯亞莉		封面設計：方志强	
責任印製：吳　波		排　　版：保定萬方數據處理有限公司	
出版發行：燕山大學出版社 YANSHAN UNIVERSITY PRESS		地　　址：河北省秦皇島市河北大街西段438號	
郵政編碼：066004		電　　話：0335-8387555	
印　　刷：涿州市殷潤文化傳播有限公司		經　　銷：全國新華書店	

開　　本：710mm×1000mm　1/16		印　　張：120.5	字　　數：1800千字
版　　次：2024年5月第1版		印　　次：2024年5月第1次印刷	
書　　號：ISBN 978-7-5761-0331-1			
定　　價：660.00元（全三冊）			

　　本書係 2015 年度教育部人文社會科學規劃基金項目 "《國語》研究史"（15YJA770004）結項成果，2017 年度國家社會科學基金項目 "日本《國語》研究史"（17BZW080）、2019 年度國家社會科學基金重大項目 "《國語》文獻集成與研究"（19ZDA251）階段性成果。本書出版得到唐山師範學院著作出版基金（2021CB02）資助！

自　序

　　《〈國語〉研究史》馬上付梓，意味著"《國語》研究史"的研究暫時告一段落。下面就該書以及相關的事情做一些説明。

　　我接觸《國語》一書很晚。大學二年級的時候曾經瀏覽過，留了幾條筆記。真正把這部書作爲研究對象，是從王老師讀碩士研究生之後。王老師在我們入學後的第一個學期發起了一個研究計劃，大致的構想就是要做專書語法系列研究。因緣際會，最後把《國語》列爲首要考慮對象。我們在王老師的指導下，首先進行古漢語語法論文索引的編製，在這個前提下，對《國語》進行電子文本釐定、切分單字等基礎工作，然後圍繞《國語》本書以及當時能够找到的《國語》歷代注解進行專門研讀。這樣，就有了我們前後兩屆六個人的碩士學位論文選題，即《國語》名詞、動詞、形容詞、代詞、副詞和因果類複句研究。我選定了《國語》動詞，最後以《〈國語〉動詞語法試述》畢業。在碩士學位論文的結語部分，對《國語》研究内容及願景進行了大致勾勒和規劃，分爲語言研究、文獻研究、文學研究、思想與文化研究四個方面（參見本書第九章），並一直在前兩個方面内做一點兒工作。

　　碩士研究生畢業，走上新的工作崗位。王老師一直關心我的學習，不斷郵件激勵鞭策。於是在工作之餘，繼續以《國語》爲對象，陸陸續續發表了一些小文章，並把碩士論文修改出版。時手書《〈國語〉研究史》目録三十多頁，可以看作撰作《〈國語〉研究史》之雛形，由於工作原因，並没有做什麽事情，很快就擱置在一邊了。負笈隨園之後，在方老師的指導下，以唐宋類書引《國語》作爲博士學位論文選題，繼續做《國語》方面的工作。這個時候，還對近代《國語》研究以及清代《國語》研究進行了一些粗淺的個案研究，後來近現代《國語》研究部分匯爲《近百年來〈國語〉校詁研究》一書出版。碩博論文選題進行學術史綜述是必有之義，我的博士論文也對《國語》進行了學術史梳理。由於博士學位論文章節限制，研究綜述容量有限，於是在推進博士學位論文的同時，撰寫了十幾萬字的"《國語》研究小史"，依照綜述的分期，把《國語》研究劃分爲韋昭之前《國語》研究、韋昭《國語》研究、兩晉隋唐《國語》研究、宋元明《國語》研究、清暨近代《國語》研究、1928—1958 年之間的《國語》研究、1958 年以來《國語》研究幾個階段，對《國語》研究進行了初步的歷時性勾勒。後來和一位朋友談起，他力主去掉"小"字，就叫"《國語》研究史"。博士研究生畢業回到原單位之後，就以"《國語》研究史"爲題申報了教育部人文社會科學規劃基金項目。在項目規劃下，一邊繼續搜求材料，一邊對材料進行分析。在相應材料的支撐下，重新對《國語》研究史進行了階段劃分，開始把相應材料按照其出現時期進行分析。在資料方面，有幸得到很多師長朋友的幫助，十分感謝。

2018 年暑假，小書《唐代類書引〈國語〉研究》和《〈國語〉歷代序跋題識輯證》相繼出版之後，把全部精力投入到"《國語》研究史"的梳理之中，至 2020 年 1 月份初稿粗具。全球疫情肆虐之際，教學以網課爲主，又無法外出，正好居家讀書碼字，之後又進行了幾次修改，並於同年 10 月份提交結項。鑒定專家們給予好評，結項順利通過。結項通過之後，又根據項目鑒定專家的評審意見以及在推進"日本《國語》研究史"項目過程和相關閱讀中新的看法和發現，對"《國語》研究史"進行了幾次修訂，最後成爲目前這個樣子。書成之日，對王老師和方老師的教導、指引很是感念。王老師爲我確定了研究內容，方老師深化了我對研究內容的認識。只是我比較懶散，又生性駑鈍，所得有限，愧對老師的教導。唯希望能夠以勤補拙，庶報恩義於萬一！這部書梳理了一些材料，提供了一些綫索，對《國語》研究的歷時特徵進行了力所能及的概括，希望對《國語》研究有用。當然，個人學識有限，疏漏和不足之處也不少，祈請達人君子不吝指正，固所願也。

辛丑元月二日，火盆陳邨人識

目　録

引 言

　　學術研究和學術史研究基本都要涉及三個方面，即專題、專書、專人。這三個方面彼此牽連，又各自保持著較高的獨立性。專書研究，既是專題研究和專人研究的支撐材料，又以專題研究和專人研究作爲其研究支撐和研究內容。這一點，在人文社科研究領域體現尤爲明顯。古籍注釋或闡釋一直是中國傳統學術的重要內容。從這個角度看，專書研究幾乎構成了中國傳統學術研究的主要方面，而專書研究史也就自然而然成爲專書研究的一個分支領域。通過對該書過去研究成果的梳理，可以爲進一步研究和整理提供比較翔實的資料，並爲學術史的梳理提供佐證和材料支撐。專書研究史的研究深度和廣度問題，也成爲專書研究是否繁盛、深入的標誌之一。

　　《國語》，又稱《春秋外傳》《春秋國語》《春秋外傳國語》等。舊傳魯國史官左丘明著就《內傳》，而先所輯百國資料不忍棄去，故又纂輯異同，以爲《國語》。全書分周、魯、齊、晉、鄭、楚、吳、越八語，一共二十一卷。現在一般認爲，《國語》一書非成於一時一地一人之手，左丘明大約作了輯纂的工作，但絕非其所著成。由於《國語》和《左傳》內容多有相同之處，故而常常被後人拿來和《左傳》進行比較，並因之而有“外傳”之名。宋人、清人多有附《大戴禮記》於《十三經》之末爲“十四經”者。清及近代學者在《十三經》之外，又別立有十五經、十八經、二十一經的名目，《國語》都列入其中。如章學誠（1738—1801）《清漳書院流別條訓》謂：“今世所傳之十三經，乃是宋人所定。然《論語》《孝經》《爾雅》《孟子》，其實傳也。《周禮》《儀

禮》《禮記》自爲一經,《左氏》《公羊》《穀梁》自爲一經,合之《易》
與《詩》《書》,其實仍五經耳。以其並列注疏,頒在學宮,總計部項,
而名爲十三經爾。愚謂三禮之外,當增《大戴禮記》;三傳之外,當增
《國語》。統十五經而分爲五部,學者縱或不能盡讀,不可不知所務者
也。"① 近代著名國學大家黃侃先生(1886—1935)在其《文字學筆記·
小學所須之書籍》中亦謂:"吾國書籍之要者,不過廿餘部。《十三經》
而外,益以《國語》《大戴記》爲十五。"② 又徐樹錚(1880—1925)有
"十五經" 及 "經訓二十種" 之目,其《致柯鳳孫王晉卿馬通伯書》謂:
"嘗考《十三經》之稱,傳記訓詁,雜屬並列,未爲的當,擬提出《爾
雅》,仍以《大學》《中庸》還小戴之舊,而以《大戴》並立,附《國
語》《國策》於《左氏傳》後,合爲十五經。再於《爾雅》後增取《方
言》《釋名》《説文》《廣雅》,共成經訓二十種。"③ 錢玄同(1887—
1939)則有 "十八經" 之目,謂:"照《十三經》之叢敘法,則實應再
增五種方備:一《易》、二《書》、三《逸周書》、四《詩》、五《周
禮》、六《儀禮》、七《禮記》、八《大戴禮記》、九《公羊傳》、十《春
秋繁露》、十一《穀梁》、十二《左傳》、十三《國語》、十四《論語》、
十五《孝經》、十六《爾雅》、十七《白虎通》、十八《孟子》也。"④ 段
玉裁(1735—1815)有 "二十一經" 之目,謂:"愚謂當廣之爲二十一
經,《禮》益以《大戴禮》,《春秋》益以《國語》《史記》《漢書》《資
治通鑑》,《周禮》六藝之書數,《爾雅》未足當之也,取《説文解字》
《九章算經》《周髀算經》以益之。"⑤ 劉恭冕(1821—1884)則謂《十
三經》"取《國語》《大戴禮》《周髀算經》《九章算術》《説文解字》

---

① (清)章學誠著,倉修良編注:《文史通義新編新注》,杭州:浙江古籍出版社 2005 年版,
第 605—606 頁。
② 黃侃:《黃侃國學講義録》,北京:中華書局 2016 年版,第 43 頁。
③ 徐一世著,孫安邦點校:《一士類稿》,太原:山西古籍出版社 1996 年版,第 168 頁。
④ 錢玄同撰,楊天石主編:《錢玄同日記》(整理本),北京:北京大學出版社 2014 年版,第
1315 頁。又,廖平亦有 "十八經" 之目,但未列《國語》。
⑤ (清)段玉裁著,趙航、薛正興整理:《經韻樓集》,南京:鳳凰出版社 2010 年版,第
234—235 頁。

而益以《逸周書》《荀子》入焉"①。要之,《國語》是一部重要的先秦文獻,這是毋庸置疑的。《韓非子》《吕氏春秋》《禮記》等典籍中有一些篇章和《國語》内容相同。《新書》《史記》《新序》《説苑》《漢書》等兩漢時期的重要典籍中,有一些材料也直接來自《國語》。《國語》在史學、文學、語言、思想、教育、經濟等各個方面都具有重要的學術價值。《國語》研究史的研究和撰寫既是《國語》歷時研究的進一步深入與拓寬,也必將促進《國語》研究的進一步深入與拓寬。

一、《國語》研究歷時總結的必要性

以經學中的《詩經》學爲例。《詩經》學是經學中的顯學,著述成果十分豐厚。向熹《詩經詞典》附録"歷代《詩經》研究的重要著作目録"收録《詩經》著述238種②。夏傳才主編《詩經學大辭典》有牟玉亭編撰《中國歷代詩經著述存佚書》,謂"輯得先秦兩漢55目、三國晉南北朝101目、隋唐26目、兩宋276目、元代77目、明代699目、清代(附民初)609目,合計1843目","總計歷代詩經著述共1647種,其中現存824種,亡佚(含未見)823種"。③ 故《詩經》學史的研究著述也比較豐富,僅專著就有林葉連《中國歷代詩經學》(臺北:學生書局1982年版,花木蘭文化出版社2006年重版)、夏傳才《詩經研究史概要》(鄭州:中州書畫社1982年版;萬卷樓圖書出版有限公司1993年版)、袁長江《先秦兩漢詩經研究論稿》(北京:學苑出版社1999年版)、劉毓慶《從經學到文學:明代詩經學史論》(北京:商務印書館2001年版)、戴維《詩經研究史》(長沙:湖南教育出版社2001年版)、

---

① (清)劉恭冕:《廣經室記》,見載於劉台拱等著、張連生等點校《寶應劉氏集》,揚州:廣陵書社2006年版,第575頁。

② 向熹:《詩經詞典》,成都:四川人民出版社1986年版,第923—934頁。

③ 牟玉亭編撰《中國歷代詩經著述存佚書》,見載於夏傳才主編《詩經學大辭典》,石家莊:河北教育出版社2014年版,第1453—1549頁。

洪湛侯《詩經學史》（北京：中華書局 2002 年版）、張啟成《詩經研究
史論稿》（貴陽：貴州人民出版社 2003 年版，2011 年出版與付星星合著
《詩經研究史論稿新編》）、陳文采《兩宋〈詩經〉著述考》（花木蘭文
化出版社 2005 年版）、譚德興《宋代詩經學研究》（貴陽：貴州人民出
版社 2005 年版）、郝桂敏《宋代〈詩經〉文獻研究》（北京：中國社會
科學出版社 2006 年版）、夏傳才《二十世紀詩經學》（北京：學苑出版
社 2005 年版）、趙沛霖《現代學術文化思潮與詩經研究──二十世紀詩
經研究史（第一卷）》（北京：學林出版社 2006 年版）、陳文采《清末民
初〈詩經〉學史論》（花木蘭文化出版社 2007 年版）、朱金發《先秦詩
經學》（北京：學苑出版社 2007 年版）、劉立志《漢代詩經學史論》（北
京：中華書局 2007 年版）、侯美珍《晚明〈詩經〉評點之學研究》（花
木蘭文化出版社 2009 年版）、黃忠慎《宋代〈詩經〉學探析》（花木蘭
文化出版社 2009 年版）、夏傳才《詩經研究史概要》（增注本，北京：
清華大學出版社 2009 年版）、劉毓慶/郭萬金合著《從文學到經學：先
秦兩漢詩經學史論》（上海：華東師範大學出版社 2009 年版）、王曉平
《日本詩經學史》（北京：學苑出版社 2009 年版）、郭全芝《清代〈詩
經〉新疏研究》（合肥：安徽大學出版社 2010 年版）、何海燕《清代
〈詩經〉學研究》（北京：人民出版社 2011 年版）、李冬梅《宋代〈詩
經〉學專題研究》（長春：吉林人民出版社 2011 年版）、黃忠慎《清代
詩經學論稿》（文津出版社 2011 年版）、黃震雲《先秦詩經學史》（北京
燕山出版社 2012 年版）、郝桂敏《中古〈詩經〉文獻研究》（北京：中
國社會科學出版社 2012 年版）、金秀靈《韓國朝鮮時期的〈詩經〉學研
究》（萬卷樓圖書股份有限公司 2012 年版）、胡曉軍《宋代〈詩經〉文
學闡釋研究》（貴陽：貴州大學出版社 2013 年版）、田中和夫《漢唐詩
經學研究》（李寅生譯，南京：鳳凰出版社 2013 年版）、簡澤峰《理論、
批評與詮釋──詩經學史五論》（文史哲出版社 2014 年版）、張文朝主
編《變動時代的經學與經學家：民國時期（1912—1949）經學研究》
（萬卷樓圖書股份有限公司 2014 年版）、毛宣國《漢代〈詩經〉闡釋的
詩學研究》（長沙：湖南人民出版社 2015 年版）、寧宇《清代詩經學》

（長春：吉林大學出版社 2015 年版）、崔志博《元代詩經學研究》（北京：人民出版社 2016 年版）、毛蕊《近代〈詩經〉學轉型研究》（北京/西安：世界圖書出版公司 2016 年版）、張洪海《詩經評點史》（上海社會科學院出版社 2018 年版）、朱宏勝《徽州詩經學史》（合肥：黃山書社 2018 年版）、張寶三《東亞詩經學研究》（北京：中華書局 2019 年版），一共 38 部，包括學術通史研究、斷代研究、區域研究等三個方面。可見，《詩經》研究的豐富成果促進了《詩經》專書學術史的梳理，而《詩經》專書學術史的梳理同時爲進一步發掘《詩經》研究史料、擴展《詩經》研究路徑、促進《詩經》專人專著專題的具體研究提供了便利，二者相輔相成。

　　相對於《詩經》研究和《詩經》學史研究，《國語》的本體研究和學術史研究則比較薄弱。《國語》所載史料時間跨度較大，從西周時期一直到戰國前大約 500 年左右，是上古史研究不可或缺的材料。又因爲各語語言風格不同，最大程度上保留著最初的檔案文本形成時期的語言面貌，故語料價值也很高。同時，由於《國語》和《左傳》內容重合度較高，又有司馬遷"左丘失明，厥有《國語》"之言，故自班彪、班固父子以來，認爲《國語》《左傳》作者皆爲左丘明，故《國語》研究是伴隨著《左傳》經學地位的提高而興起的。

　　衆所周知，《左傳》的經學地位是劉歆正式確立起來的。不僅如此，劉歆還編纂了一部《新國語》。這既是《左傳》得到官方承認、受到學者重視的開始，同時劉歆既編《新國語》又提高《左傳》經學地位的行爲也受到後世今文學家的指摘與詬病。不管怎麼樣，在《左傳》經學地位提升的大背景下，東漢時期的《左傳》研究者多數對《國語》有所措意，且多著有專書。遺憾的是，存目的僅有鄭衆、賈逵、服虔、楊終等人。自此之後，《國語》研究經歷了三國魏晉時期短暫的繁榮。三國時期《國語》研究者相對較多，且多有勝義。韋昭采擷前人，案以己意，頗得注釋之法，其書獨傳於世。西晉之後，《國語》研究一直不絕如縷，緩慢前行。南北朝時期，隨著音韻學的興起，開始出現了《國語》音的研究，如北魏時期劉芳著有《國語音》。此後唐代有唐人《國語音》，宋代有宋庠《國語補音》、魯有開《國語音略》等。東漢三國魏晉時期，一些學者對《國》《左》關係以及《國語》作者問題開始關注，這一專題的研究和探討一直持續到今天。隨著唐代柳宗元《非國語》的行世，至宋、元、明時期，針對《非國語》的駁議成爲《國語》本體研究之外又一個分支，蘇軾、葉適、黃震、江端禮、葉真、虞槃、張邦奇等人紛紛對《非國語》的諸多觀點進行批評；明代評點學大興，《國語》評點以及以《國語》爲選錄對象的古文選本評點得到了空前的發展，有湛若水、楊慎、孫鑛、孫應鰲、公鼐、呂邦燿、焦竑、穆文熙、方貢岳、湯賓尹等人對《國語》進行評點；清代考據學興盛，《國語》勘校、輯佚、訓詁考據都出現了不少的成果，《國語》評點之學也在明代的基礎上繼續發展。明末至清代前期開始的明道本校宋行爲一直持續到清末，王懋竑、沈寶研、惠棟、孔廣栻、陳樹華、盧文弨、段玉裁、王念孫、黃丕烈、顧廣圻、牟庭、汪遠孫、李慈銘等在《國語》校勘方面做了很多工作，王謨、黃奭、汪遠孫、馬國翰、蔣曰豫等在《國語》輯佚方面成就較突出，惠棟、沈寶研、董熜、王引之、董增齡、黃模、洪頤煊、姚鼐、牟庭、王煦、陳瑑、俞樾、陳偉等人在《國語》訓詁考據方面成就突出。近代《國語》研究整體數量雖然不多，但學者們在研究方法、内容方面都有新的突破，如陳小松對《國語》樂律的研究，江紹原以神話學、社會學理論研究《國語》名物，在高本漢帶動下的語言比較背景下的《國語》《左傳》關係研究等，皆有洞開風氣之效。近百年來，《國語》研究成果相對比較豐富，尤其近幾十年來，無論數量還是内容，都比此前有了很大的進展。筆者在《近百年來〈國語〉校詁研究》中以1909—2009 年百年爲階段，考察其每十年的研究狀況。根據統計，2000—2009 年間發表的《國語》研究論文數量是前此九十年間《國語》研究論文數量的 1.16 倍，2000—2009 年間的碩博論文選題數量是前此九十年之間碩博論文選題數量的 6 倍。2010—2019 年這十年期間，無論在學術論文發表，還是在碩博論文選題，抑或在專著出版方面，比 2000—2009 年間又有了很大發展，期刊論文發表是 2000—2009 年間的 1.2 倍，專著出版是 2000—2009 年間的 4 倍。張居三謂："自兩漢一直到明代，不少學者評論、研究過《國語》，但他們評論和研究的問題相對集中於某幾個方面，略顯單一。直到清代，學者纔將《國語》研究的領域拓寬，涉及韋昭注解以及對韋注的校勘和補注、舊注輯佚、明道本的校勘等問題。近、現代學者不但對《國語》的作者和成書年代等老問題進行了深入的研究，還拓寬了研究的領域，取得了喜人的成果，不足在於研究的問題呈零散的狀況，没有形成系統。當代學者一方面繼續探討前人遺留下來的諸如《國語》的作者和成書年代、韋昭注辨正等老問題，一方面也在尋求其他角度和領域進行研究。有的論證《國語》的性質、史料來源，有的探討《國語》的文獻類型、版本流傳、不同注本的異同、漢籍對舊注的徵引、清人輯佚的得失等文獻學的問題。也有的學者探求海外漢學界研究《國語》的概貌和成就，也有的研究立足於語言文字學和文學，闡釋《國語》在文字訓詁、語音、文學等方面的影響。隨著信息技術的發展，《國語》研究有團隊化的趨勢，學者們整合可利用的學術資源，嘗試構建《國語》文獻研究的大數據。可以説學界對《國語》文獻的研究經歷了由不重視到逐步重視的過程，成果顯著且研究的範圍在不斷拓寬。"① 因此，需要對《國語》研究進行歷時總結，探索其研究軌跡，總結研究方法，發掘研究材料，爲《國語》研究的進一步深入發展提供理論總結和材料支撑。

二、《國語》歷時研究總結的可能性

學術史研究的可能性之一，是該研究首先必須有較爲豐厚的研究成果；可能性之二，是該研究必須有較長歷史時期的研究進程。從上文可知，無論共時層面還是歷時層面，《國語》研究既有豐厚的研究成果，且有兩千餘年的研究歷史。另外，歷代學者在進行《國語》研究時，往往進行歷時述評，如韋昭《國語解敘》即從賈誼、《史記》"綜述"《國

---

① 張居三：《國語文獻研究》，北京：中國社會科學出版社 2020 年版，第 2—3 頁。

語》開始梳理，進而對東漢以降的《國語》研究狀況進行了梳理和總結。宋庠《國語補音敘録》則是《國語》研究中首次較完整梳理《國語》研究著述的文獻，第一次對鄭衆《國語》研究進行了臚列。董增齡《國語正義序》、桂湖村《國語國字解》、吳曾祺《國語韋解補正序》、傅庚生《國語選序》、大野峻選譯《國語》等，也都對歷代《國語》研究進行了臚列與梳理。凡此，爲《國語》的歷時梳理提供了基本範式和資料。特別是 20 世紀 90 年代以來，各種《國語》譯注本大量湧現，撰述者在前言或出版説明中對歷代《國語》研究成果也有所論列；碩博論文《國語》選題逐年增多，其引言中多有學術史綜述部分，一些《國語》研究著作的引言或緒論部分也對《國語》研究進行了一定程度的歷時綜述。此外，20 世紀 90 年代以來，一些學者就《國語》作者、成書、文獻、文學等專題研究進行了階段性梳理，如有的學者對 20 世紀《國語》作者和《國語》成書研究成果進行了總結，有的學者則對歷代《國語》作者問題研究進行了梳理且在此基礎上提出新見，有的學者對《國語》文獻研究進行了歷時總結，有的學者則對域外文獻以及海外《國語》研究進行了梳理，有的學者則提出 "《國語》學" 的概念，並在此基礎上嘗試對早期《國語》研究進行斷代總結，還有的學者則盡量從完整呈現《國語》歷時研究軌跡的角度對《國語》研究史進行了勾勒。今所見《國語》研究歷時考察包括綜述和個案研究。綜述是對《國語》的專題研究或某一歷史階段研究進行述評，如對 20 世紀《國語》作者研究的考察、對近三十年《國語》文學與文獻研究的梳理、對漢代《國語》研究的考察等。《國語》歷時個案研究包括：①韋昭及其《國語解》研究。對韋昭《國語解》的傳統考據研究較多，自《國語舊音》一直到當代都有相關成果。對韋昭《國語解》進行理論闡釋的也不乏論作，如孫良明對韋昭語法分析的闡釋、國内幾篇碩士學位論文對韋昭《國語解》訓詁的論述、對韋昭文獻學成就的考察等；②《國語》版本文獻研究。如對《國語》版本之間關係的考辨、《國語》傳本的辨析、《國語》版本的再評價等；③近代《國語》研究考察。如吳曾祺《國語韋解補正》研究、徐元誥《國語集解》研究、李慈銘《讀國語簡端記》研究、張以仁《國語》研究的研究等。① 整體而言，《國語》研究的歷時考察還停留在個案研究方面，綜合的歷時研究比較缺乏。另外，歷時的考察研究也只停留在韋昭《國語解》、徐元誥《國語集解》、《國語》的個別版本或傳本等方面。個案研究也還需要進一步拓展與深入。

三、《國語》研究史的基本思路

如前所述，學術史研究實際上涉及的無非也是專書、專人、專題三者。既然是研究史，應該首先按照研究的歷時進程進行階段性劃分，而歷時性階段性劃分的主要依據即各個階段的主要特徵。

(一)《國語》研究史的階段劃分

無論後世把《國語》看作經部書、史部書或子部書，還是看作著作、資料彙編或教材，無法否認的事實是，以上所有的認定，都無法脫離《國語》的内容而探討。無論《國語》内容背後的價值或思想指向如何，但其所載人物、事件都是名標史册，可以稽考的。也就是說，《國語》所載絕大多數史事首先要經歷史事發生階段，無此史事，就不可能有史事檔案資料，没有檔案資料，也就談不上《國語》這部書的産生。故《國語》所載史事之發生，實爲《國語》一書産生之最初階段。而關於史事的記録、存檔與傳播，此爲《國語》一書所依據的材料生成階段。史事檔案的流傳、收集與整理彙編，此爲《國語》初步成書的階段。至戰國中後期，《國語》的一些材料已經被諸子採用，或者作爲叙事說理的事例舉證應用，或者作爲思想來源並在此基礎上進行進一步闡發。此爲《國語》史事發生與《國語》成書階段。

漢代是《國語》書名、卷次、作者的確立時期，又是《國語》應用的發展期。《國語》不僅作爲事例或史例材料被賈誼、司馬遷、班固等

---

① 參見本書第九章"近七十年來《國語》研究概觀"中之"近七十年來《國語》學術史研究"。

人大量採用，而且還作爲辭藻被文賦化用，更作爲驗證材料被許慎、鄭玄引述，還作爲權威的故訓材料被毛傳等採信。西漢末年，隨著《左傳》經學地位的提升，《國語》研究正式起步並獲得了空前的發展。這一時期，學者們對《國語》的性質及其與《左傳》的關係進行了基本界定。《國語》的目録學著録開始出現。此爲《國語》研究之第一階段。

三國時期時間跨度雖短，但在《國語》研究史上却是濃墨重彩的一頁。這一時期的《國語》研究，在漢代研究基礎上取得了更進一步的發展，出現了唐固、虞翻、王肅、孫炎、韋昭等注家，且都有《國語》專門著作行世。在《國語》注家的接受和流傳中，韋昭《國語解》最爲完整地流傳到今天，成爲《國語》研讀必需參照之本。

兩晉南北朝隋唐時期，《國語》研究出現了新的動向。研究者對《國語》性質、作者以及與《左傳》關係等問題提出新的看法，對前人説法提出質疑。這一時期，劉知幾立"《國語》家"，實質上爲後世《國語》的史學認定奠定了基礎。這一時期的《國語》注釋承東漢三國《國語》注釋之餘緒，呈現低迷狀態，僅有孔晁一人而已。另外，這一時期出現了音義體著述，傳世有《國語音》一卷，爲後世研討《國語》傳本、注本提供了比較可靠的材料。這一時期，柳宗元認爲《國語》"文勝而言尨，好詭以反倫，其道舛逆"，乃作《非國語》，開啟了《國語》評點的先河。此外，這一時期的官方目録著作對《國語》著述進行了較爲系統的著録。

宋元時期的《國語》研究在繼承前代基礎上又有新的發展。宋代社會相對繁榮穩定，經濟發達，出版業昌盛，《國語》開始出現了刊本，而且成爲後世《國語》刊刻的版本依據。這一時期，後世《國語》兩大版本系統的祖本相繼產生，進而引領了一千多年的《國語》本文形態，也成爲後世《國語》校勘的基本依據。這一時期的一些學者開始對《國語》文風、韋昭注特徵有所揭示。這一時期，出現了選録且評點《國語》的古文選本。這一時期，學者對柳宗元《非國語》之説多有批評，《非國語》研究成爲《國語》研究的一個重要分支。這一時期，《國語》的著録方式由原來的條列目録發展爲提要式。

明代是《國語》刊刻最爲繁榮的時代，也是《國語》注釋繼續低迷的時代，還是《國語》評點的鼎盛時代。這一時期，出現了多種《國語》公序本系統的刊本，大抵源流有序。尤其張一鯤打散《補音》匯入《國語》，使用更爲方便，開啟了明清時期《國語》刊刻的新風尚，而且波及東亞諸國，促進了這些國家的《國語》刊刻與傳播。這一時期没有專門的《國語》注釋著作，楊慎、公鼐、李元吉等人對《國語》部分條目進行了探討。學者對《國語》的著録以及分類越發精細，在黃震雜史歸屬的基礎上，一些書目開始列《國語》入史部，且進行二級分類。尤其要指出的是，這一時期的《國語》評點獨擅勝場，不但對中國本土的《國語》評點產生了深遠影響，還波及域外，尤其對日本江户時期的研究影響至鉅。

清代是中國傳統學術的總結時期，《國語》校勘、輯佚、注釋、評點、著録以及相關研究在這一時期得到了全面的發展，而且在研究軌跡上呈現出鮮明的階段性特徵。

民國時期是中國傳統學術向現代學術轉型的重要時期，《國語》研究在繼承前代研究的基礎上，也有新的動向。比如陳小松等結合考古學、金石學和古文字研究成果對伶州鳩論樂的研究，江紹原等結合神話學等對《國語》中罔象的研究等。在高本漢的引領下，民國時期的《國語》《左傳》關係考訂出現了以歷史語言比較方法爲基礎的考證，和今文學家的考證、史學家的考證交相輝映。

近七十年來，《國語》研究在完成向現代學術轉型的基礎上，研究內容更加細密。《國語》語言研究、文學研究、思想研究、版本文獻研究、訓詁考據研究、史學研究、典章制度研究等都取得了新的進展。學者們在繼承舊有方法基礎上，依託各自的學科和學術背景，吸取相應學科方法，把《國語》研究推進到了一個新的階段。

（二）《國語》研究史的基本撰述思路

本書在對《國語》研究史進行階段性劃分之後，採取專題的方式進行二級分類。因爲每個時代大致都有《國語》作者、性質、與《左傳》

關係等相關問題的研究，都有《國語》注釋或訓詁考據，都有《國語》的文本形態問題以及《國語》的徵引問題，故以此類專題爲二級分類。無論哪種專題，都有具體的學者觀點、具體的專著研究以及下位專題研究，故以專人、專著或下位專題研究作爲三級分類。實質上，學術史往往是由一批有影響力的學者推動、發展起來的。在《國語》研究和傳播史上，也有這樣的一批學者。左丘明在《國語》的成書過程中起了很大的作用，司馬遷對左丘明和《國語》關係首次進行了確定，劉歆、班固首次確立了《國語》的經學性質，韋昭《國語解》自唐代以後成爲傳世完整的唯一注本，柳宗元從思想和文風角度對《國語》進行了較爲全面的評點且爲《國語》篇章首次標目，宋庠對《國語》音義問題進行了集中整理且爲後世提供了可參據之本，真德秀《文章正宗》第一次對《國語》篇章進行比較完整的標目，張一鯤把《補音》散入《國語》正文之下爲後世提供實用之本，黃丕烈刊刻明道本爲後世提供了明道本的固定形態，陳樹華首次對公序本、明道本進行了較爲全面的勘校，汪遠孫《國語》舊注輯佚全面且考辨精審，高本漢爲探討《國》《左》關係引入新的方法且引領了近代中國學術，張以仁在《國語》史學、人物、語言、訓詁考據、校勘等諸多方面都有比較精到的研究。這些學者在《國語》研究史上具有劃時代的意義。此外，還有相當多的學者在《國語》具體研究方面起到了推動作用。故以專人、專著、專題進行下位分類。

涉及專人者，必梳理其生平著述，或及其相關研究，綜述其《國語》方面觀點，評述其學術價值及影響。對《國語》注釋，則梳理總結其內容分類，並進行舉例辨析，梳理歷代研究簡況及其得失。對《國語》專題研究，則進行歷時梳理並進行方法、內容、價值總結。

（三）《國語》研究史撰述的基本方法方式

《國語》是一部先秦典籍，《國語》的注解涉及很多典章制度、地理風物等相關的歷史文化內容，《國語》研究也包括《國語》的歷史研究、《國語》的思想研究等諸多方面。《國語》研究史本身即是歷時性的考察與總結，需要借鑒思想史和社會史的既有成果，需要借鑒和使用社會文化史、思想史以及學術史的相關方式和方法。其次，《國語》版本衆多，《國語》注解也林林總總，而且多以刻本爲主，整理出來的很少。即便已經整理出來的《國語》及其相關研究著作的點校本，恐怕也還存在各方面的問題。這就需要運用文獻學的方法首先進行文獻的勘校、比對以及版本的確定工作。再次，無論是《國語》古注還是今人的商榷文章，其間涉及比較多的問題還是《國語》的語言問題，包括字的正假、讀音以及詞的訓詁、詞法和句法等相關問題，這就需要運用傳統語言學和現代語言學的方式方法進行探討總結，判定是非。另外，對《國語》某一問題的研究肯定不止一人，對《國語》某一詞的定性肯定非止一家，在進行總結分析時，肯定需要數量統計。如對《國語》某一問題不同觀點的統計，《國語》不同版本某一個字應用數量的統計，《國語》某一版本某一具體文字不同字形應用的統計，等等。這就需要運用計量分析和統計的方式和方法。此外，在涉及《國語》評點學的分析以及《國語》文學敘事等相關研究成果的分析與總結的時候，需要借鑒文學或文章學的相關方式方法進行分析。因此，本書採取的研究方法大致包括：（1）社會文化史、思想史和學術史的方法；（2）古典文獻學中版本學、校勘學、目錄學的方式方法；（3）語言學中詞彙學、語法學、文字學、訓詁學的方式方法；（4）計量和統計的方式方法；（5）文學或文章學的方式方法。又，本書所引文獻，有影印本文字不清者，有刻本文字有缺失者，率以"□"出之。

第一章 《國語》史事發生與《國語》成書時期

先秦時期是中國文化的源頭，衆多的元典在這一時期產生。先秦典籍的成書過程比較複雜，成書時間漫長，且多非一時、一地、一人所爲。章學誠《文史通義·內篇一·詩教上》云："古未嘗有著述之事也，官師守其典章，史臣録其職載。文字之道，百官以之治，而萬民以之察，而其用已備矣。是故聖王書同文以平天下，未有不用之於政教典章，而以文字爲一人之著述者也。"元典的內容總要在元典形成之前就已經存在，尤其像《詩經》《尚書》《春秋》《左傳》《國語》等帶有史料輯纂類意義的元典，其內容的產生更早。也就是說，先有事件的發生，而後纔會有文字的記録、傳播與匯集。自司馬遷以來，歷代學者對《國語》的成書時代作出諸多推斷。推其大體，主要還是把《國語》作爲左丘明的著述而言的。張居三經過梳理，認爲《國語》史料主要來源於周王室及各諸侯國"春秋"史料，此外還包括"詩""禮""樂""令""故志""語""訓典"以及瞽矇口述歷史等多種文獻①。這些材料的歷史跨度比較長，從公元前965—前453年，共500多年的時間長度。西周中後期到東周的戰國初期，是《國語》原始材料的發生、形成和初步集中時期。

---

① 張居三：《〈國語〉研究》，東北師範大學博士學位論文，2008年。又見張居三《〈國語〉文獻研究》，北京：中國社會科學出版社2020年版，第79—116頁。

一、《國語》所載史實發生期

《國語》所記史料上限爲周穆王征犬戎，下限爲三家滅智氏。此外，在人物對話中還有一些對前代史實的追述。關於周穆王征犬戎的具體時間，一直以來有各種不同的説法。筆者在《唐代類書引〈國語〉研究》中進行過梳理。從周天子紀年的角度看，有周穆王二年、周穆王十二年和周穆王三十二年三種説法。從公元紀年的角度而言，則有公元前 1005、公元前 1004、公元前 1000、公元前 990、公元前 976、公元前 967 和公元前 965 等多種説法。今檢周鋒、郝建傑撰《國語文繋年注析》和劉愛敏、梁濤、曹峰、趙琳著《先秦經學學術編年》都繋穆王征犬戎於穆王十二年（前 965），後者根據《夏商周斷代工程 1996—2000 年階段成果報告》。今以上海師範大學古籍整理組校點本《國語》分篇標題，後以《繋年注析》和《學術編年》所繋時間爲序，並參李尚師《晉國通史》等資料排比如下。二書紀年不同者，先録《注析》，備註中標《編年》紀年，如下：

事　件	時　間		備　註
	公元紀年 （公元前）	周天子、《春秋》紀年	
祭公諫穆王征犬戎	965	周穆王十二年	
密康公母論小醜備物終必亡	920	周恭王三年	
邵公諫厲王弭謗	844	周厲王三十四年	
芮良夫論榮夷公專利	848	周厲王三十年	
邵公以其子代宣王死	841	周厲王三十七年	
虢文公諫宣王不籍千畝	827/799	周宣王二十九年	
仲山父諫宣王立戲	817/816	周宣王十二年	

續表

事　件	時　間		備　註
	公元紀年 （公元前）	周天子、《春秋》 紀年	
穆仲論魯侯孝	796	周宣王三十二年	
仲山父諫宣王料民	788/789	周宣王三十九年	
西周三川皆震伯陽父論周將亡	780	周幽王二年	
鄭厲公與虢叔殺子頽納惠王	674	周惠王三年	
内史過論神	662	周惠王十五年	
内史過論晉惠公必無後	648	周襄王四年	
内史興論晉文公必霸	633	周襄王十九年	
富辰諫襄王以狄伐鄭及以狄女爲后	635	周襄王十七年	
襄王拒晉文公請隧	634	周襄王十八年	
陽人不服晉侯	634	周襄王十八年	
襄王拒殺衛成公	632	周襄王二十年	
王孫滿觀秦師	627	周襄王二十五年	
定王論不用全烝之故	593	周定王十四年	
單襄公論陳必亡	601	周定王六年	
劉康公論魯大夫儉與侈	599	周定王八年	
王孫説請勿賜叔孫僑如	579	周簡王七年	
單襄公論郤至佻天之功	575	周簡王十一年	
單襄公論晉將有亂	574	周簡王十二年	
單襄公論晉周將得晉國	573	周簡王十三年	
太子晉諫靈王壅穀水	550	周靈王二十二年	
晉羊舌肸聘周論單靖公敬儉讓咨	531	周景王十四年	
單穆公諫景王鑄大錢	524	周景王二十一年	
單穆公諫景王鑄大鍾	521	周景王二十四年	
景王問鍾律於伶州鳩	521	周景王二十四年	
賓孟見雄雞自斷其尾	520	周景王二十五年	
劉文公與萇弘欲城周	510	周敬王十年	
曹劌論戰	684	周莊王十三年	

續表

事件	時間		備註
	公元紀年 （公元前）	周天子、《春秋》 紀年	
曹劌諫莊公如齊觀社	671	周惠王六年	
匠師慶諫莊公丹楹刻桷	670	周惠王七年	
夏父展諫宗婦覿哀姜用幣	670	周惠王七年	
臧文仲如齊告糴	666	周惠王十一年	
展禽使乙喜以膏沐犒師	635	周襄王十七年	
臧文仲説僖公請免衛成公	630	周襄王二十二年	
臧文仲請賞重館人	629	周襄王二十三年	
展禽論祭爰居非政之宜	625	周襄王二十七年	
文公欲弛孟文子與郈敬子之宅	618	周頃王元年	
夏父弗忌改昭穆之常	625	周襄王二十七年	
里革更書逐莒太子僕	609	周匡王四年	
里革斷宣公罟而棄之	581	周簡王五年	
子叔聲伯辭邑	575	周簡王十一年	
里革論君之過	573	周簡王十三年	
季文子論妾馬	573	周簡王十三年	
叔孫穆子聘於晉	569	周靈王三年	
叔孫穆子諫季武子爲三軍	562	周靈王十年	
諸侯伐秦魯人以莒人先濟	559	周靈王十三年	
襄公如楚	544	周景王元年	
季冶致禄	544	周景王元年	
叔孫穆子知楚公子圍有篡國之心	541	周景王四年	
叔孫穆子不以貨私免	541	周景王四年	
子服惠伯從季平子如晉	529	周景王十六年	
季桓子穿井獲羊	505	周敬王十五年	
公父文伯之母對季康子問	492	周敬王二十八年	
公父文伯飲南宮敬叔酒	492	周敬王二十八年	
公父文伯之母論内朝與外朝	492	周敬王二十八年	

續表

事　件	時　間		備　註
	公元紀年（公元前）	周天子、《春秋》紀年	
公父文伯之母論勞逸	492	周敬王二十八年	
公父文伯之母別於男女之禮			
公父文伯之母欲室文伯	505	周敬王十五年	《編年》繫於公元前509年
公父文伯卒其母戒其妾	492	周敬王二十八年	
孔丘謂公父文伯之母知禮	492	周敬王二十八年	
孔丘論大骨	494	周敬王二十六年	
孔丘論楛矢	491	周敬王二十九年	
閔馬父笑子服景伯	487	周敬王三十三年	
孔丘非難季康子以田賦	484	周敬王三十六年	
管仲對桓公以霸術	685	周莊王十二年	
管仲佐桓公爲政	685	周莊王十二年	
桓公爲政既成	685	周莊王十二年	
管仲教桓公親鄰國	685	周莊王十二年	
管仲教桓公足甲兵	685	周莊王十二年	
桓公帥諸侯而朝天子			
葵丘之會天子致胙於桓公			
桓公霸諸侯			
武公伐翼止欒共子無死	709	周桓王十一年	
史蘇論獻公伐驪戎勝而不吉	672	周惠王五年	
史蘇論驪姬必亂晉	666	周惠王十一年	
獻公將黜太子申生而立奚齊	666	周惠王十一年	
獻公伐翟柤	666	周惠王十一年	
優施教驪姬遠太子	666	周惠王十一年	
獻公作二軍以伐翟	661	周惠王十六年	
優施教驪姬譖申生	660	周惠王十七年	
申生伐東山	660	周惠王十七年	

續表

事　件	時　間		備　註
	公元紀年（公元前）	周天子、《春秋》紀年	
驪姬譖殺太子申生	655	周惠王二十二年	
公子重耳夷吾出奔	655	周惠王二十二年	
虢將亡舟之僑以其族適晉	660	周惠王十七年	
宮之奇知虞將亡	655	周惠王二十二年	
獻公問卜偃攻虢何月	652	周惠王二十五年	
宰周公論齊侯好示	651	周襄王元年	
宰周公論晉侯將死	651	周襄王元年	
里克殺奚齊而秦立惠公	651	周襄王元年	
冀芮答秦穆公問	651	周襄王元年	
惠公入而背外內之賂	650	周襄王二年	
惠公悔殺里克	650	周襄王二年	
惠公殺丕鄭	650	周襄王二年	
秦薦晉饑晉不予秦糴	647、646	周襄王五、六年	
秦侵晉止惠公於秦	645	周襄王七年	
呂甥逆惠公於秦	645	周襄王七年	
惠公斬慶鄭	645	周襄王七年	
重耳自狄適齊	644	周襄王八年	
齊姜勸重耳勿懷安	643	周襄王九年	
齊姜與子犯謀遣重耳	643	周襄王九年	
衛文公不禮重耳	637	周襄王十五年	
曹共公不禮重耳而觀其駢脅	637	周襄王十五年	
宋襄公贈重耳以馬二十乘	637	周襄王十五年	
鄭文公不禮重耳	636	周襄王十六年	
楚成王以周禮享重耳	636	周襄王十六年	
重耳婚媾懷嬴	636	周襄王十六年	
秦伯享重耳以國君之禮	636	周襄王十六年	
重耳親筮得晉國	636	周襄王十六年	

事　件	時　間		備　註
	公元紀年 （公元前）	周天子、《春秋》 紀年	
秦伯納重耳於晉	635	周襄王十七年	
寺人勃鞮求見文公	635	周襄王十七年	
文公遽見豎頭須	635	周襄王十七年	
文公修内政納襄王	634	周襄王十八年	
文公出陽人	634	周襄王十八年	
文公伐原	634	周襄王十八年	
文公救宋敗楚於城濮	631	周襄王二十一年	
鄭叔詹據鼎耳而疾號	629	周襄王二十三年	
箕鄭對文公問	628	周襄王二十四年	
文公任賢與趙衰舉賢	632	周襄王二十年	
文公學讀書於臼季	627	周襄王二十五年	
郭偃論治國之難易	627	周襄王二十五年	
胥臣論教誨之力	632	周襄王二十年	
文公稱霸	631	周襄王二十一年	
臼季舉冀缺	627	周襄王二十五年	
寧嬴氏論貌與言	624	周襄王二十八年	
趙宣子論比與黨	615	周頃王四年	
趙宣子請師伐宋	610	周匡王三年	
靈公使鉏麑殺趙宣子	607	周匡王六年	
范武子退朝告老	592	周定王十五年	
范武子杖文子	592	周定王十五年	
郤獻子分謗	589	周定王十八年	
張侯御郤獻子	589	周定王十八年	
師勝而范文子後入	589	周定王十八年	
郤獻子等各推功於上	589	周定王十八年	
苗賁皇謂郤獻子為不知禮	588	周定王十九年	
車者論梁山崩	586	周定王二十一年	

續表

事　件	時　間		備　註
	公元紀年 （公元前）	周天子、《春秋》 紀年	
伯宗妻謂民不戴其上難必及	576	周簡王十年	
趙文子冠	583	周簡王三年	
范文子不欲伐鄭	582	周簡王四年	
晉敗楚師於鄢陵	575	周簡王十一年	
郤至勇而知禮	575	周簡王十一年	
范文子論内睦而後圖外	575	周簡王十一年	
范文子論外患與内憂	575	周簡王十一年	
范文子論勝楚必有内憂	575	周簡王十一年	
范文子論德爲福之基	575	周簡王十一年	
范文子論私難必作	574	周簡王十二年	
欒書發郤至之罪	574	周簡王十二年	
長魚矯脅欒中行	574	周簡王十二年	
韓獻子不從欒中行召	574	周簡王十二年	
欒武子立悼公	573	周簡王十三年	
悼公即位	573	周簡王十三年	
悼公始合諸侯	573	周簡王十三年	
奚齊薦子午以自代	570	周靈王二年	
魏絳諫悼公伐諸戎	570、569	周靈王二、三年	
悼公使韓穆子掌公族大夫	570	周靈王二年	
悼公使魏絳佐新軍	570	周靈王二年	
悼公賜魏絳女樂歌鍾	570	周靈王二年	
司馬侯薦叔向	562	周靈王十年	
陽畢教平公滅欒氏	552	周靈王二十年	
辛俞從欒氏出奔	552	周靈王二十年	
叔向母謂羊舌氏必滅			
叔孫穆子論死而不朽	549	周靈王二十三年	
范宣子與和大夫争田	548	周靈王二十四年	

續表

事　件	時　間		備　註
	公元紀年（公元前）	周天子、《春秋》紀年	
訾祐死范宣子勉范獻子	548	周靈王二十四年	
師曠論樂	534	周景王十一年	
叔向諫殺豎襄	532	周景王十三年	
豎襄論比而不別	538	周景王七年	
叔向與子朱不心競而力爭	547	周靈王二十五年	
叔向論忠信而本固	546	周靈王二十六年	
叔向論務德無爭先	546	周靈王二十六年	
趙文子請免叔孫穆子	541	周景王四年	
趙文子爲室張老謂應從禮	557	周靈王十五年	
趙文子稱賢隨武子	541	周景王四年	
秦后子謂趙孟將死	541	周景王四年	
醫和視平公疾	541	周景王四年	
叔向均秦楚二公子之祿	541	周景王四年	
鄭子産來聘	535	周景王十年	
叔向論憂德不憂貧			
叔向論三姦同罪	528	周景王十七年	
中行穆子帥師伐狄圍鼓	527	周景王十八年	
范獻子戒人不可以不學	521	周景王二十四年	
董叔欲爲繫援			
趙簡子欲有鬥臣			
閻没叔寬諫魏獻子無受賄	514	周敬王六年	
董安于辭趙簡子賞	497	周敬王二十三年	
趙簡子以晉陽爲保鄣	497	周敬王二十三年	
郵無正諫趙簡子無殺尹鐸	497	周敬王二十三年	
鐵之戰趙簡子等三人夸功			
衛莊公禱	493	周敬王二十七年	
史黯諫趙簡子田于螻	490	周敬王三十年	

續表

事　件	時　間		備　註
	公元紀年（公元前）	周天子、《春秋》紀年	
少室周知賢而讓			
史黯論良臣	490	周敬王三十年	
趙簡子問賢於壯馳茲	490	周敬王三十年	
竇犫謂君子哀無人	493	周敬王二十七年	
趙襄子使新稚穆子伐狄			
智果論晉瑤必滅宗	472	周元王四年	
士茁謂土木勝懼其不安人	455	周貞定王十四年	
智伯國諫智襄子	457	周貞定王十二年	
晉陽之圍	453	周貞定王十六年	
史伯為桓公論興衰	773	周幽王九年	
平王之末秦晉齊楚代興			
申叔時論傅太子之道	591	周定王十六年	
子囊議恭王之諡	560	周靈王十二年	
屈建祭父不薦芰	551	周靈王二十一年	
蔡聲子論楚材晉用	547	周靈王二十五年	
伍舉論臺美而楚殆	535	周景王十年	
范無宇論國為大城未有利者	531	周景王十四年	
左史倚相儆申公子亹	530	周景王十五年	
白公子張諷靈王宜納諫	530	周景王十五年	
左史倚相儆司馬子期唯道是從	507	周敬王十二年	
觀射父論絕地天通	508	周敬王十二年	《編年》繫在公元前504年
觀射父論祀牲	508	周敬王十二年	
子常問蓄貨聚馬鬭且論其必亡	508	周敬王十二年	
藍尹亹避昭王而不載	505	周敬王十五年	
鄖公辛與弟懷或禮於君或禮於父	504	周敬王十六年	
藍尹亹論吳將斃			

事　件	時　間		備　註
	公元紀年 （公元前）	周天子、《春秋》 紀年	
王孫圉論國之寶			
魯陽文子辭惠王所與梁			
葉公子高論白公勝必亂楚國			
越王句踐命諸稽郢行成於吳	494	周敬王二十六年	
吳王夫差與越荒成不盟	494	周敬王二十六年	
夫差伐齊不聽申胥之諫			
夫差勝於艾陵使奚斯釋言於齊	484	周敬王三十六年	
申胥自殺	484	周敬王三十六年	
吳晉爭長未成句踐襲吳			
吳欲與晉戰得爲盟主	482	周敬王三十八年	
夫差退于黃池使王孫苟告于周			
句踐滅吳夫差自殺	472	周元王四年	
句踐滅吳			
范蠡進諫句踐持盈定傾節事	494、491	周敬王二十六、 二十九年	
范蠡勸句踐無蚤圖吳			
范蠡謂人事至而天應未至			
范蠡謂先爲之征其事不成			
范蠡謂人事與天地相參乃可以成功			
越興師伐吳而弗與戰			
范蠡諫句踐勿許吳成卒滅吳	472	周元王四年	
范蠡乘輕舟以浮於五湖			

　　按照上面的統計，《國語》所載，從公元前965—前453年，共513年的歷史。這一期間的絕大多數史實，都具有明確的時間標記，成爲中國先秦史研究不可或缺的史料來源。當然，由於《國語》所載史實時間跨度較大，有一些事件，尤其是發生時間較早的事件，在發生時間較晚

事件產生的過程中，就已經被記録、保存甚至傳播了。

二、《國語》所載史實的記録與傳播時期

在文字出現之前，人類文明主要靠口述的方式記録與傳播，即所謂口耳相傳，也即所謂蒙昧時期。《國語》史實產生的最早時期，爲西周前中期。這一時期，周王朝的史官制度已相當完備，其太史寮有各種史官名稱，職能分化明確，史官記録正在發生的事件，具有即時性特徵，故《禮記·玉藻》謂："動則左史書之，言則右史書之。"《漢書·藝文志》則謂"左史記言，右史記事"。《禮記》《漢書》對於左史和右史的職能記述雖然相反，卻反映了周代史官分工明確，能够及時記録天子和大夫之言的事實。此外，各諸侯國也當有史官設置，《魯語上》曹劌即謂"君舉必書"，可見即時性記録是先秦時期周王朝以及各諸侯國史官的基本職能特點。如果排除漢代人整理的因素，則《國語》各語的語料很大程度上保持著其記録初期的語言特徵。夏德靠指出，《國語》的内容主要由規諫話語和咨政話語構成，這一特徵是由周代文化決定的。他引述了王國維《殷周制度論》"周人制度之大異於商者，一曰立子立嫡之制，由是而生宗法及喪服之制，並由是而有封建子弟之制、君天下臣諸侯之制；二曰廟數之制；三曰同姓不婚之制。此數者，皆周之所以綱紀天下。其旨則在納上下於道德，而合天子、諸侯、卿、大夫、士、庶民以成一道德團體"之説，並認爲王國維所説宗法制及"納上下於道德"爲周代文明之特徵。在這種背景下，周人政治實踐領域中心開始轉向人事的安排，表現在政治上，即以"德"行政，故周代盛行"咨政"傳統，個人或國家遭遇重大疑難，往往向耆宿請教。此外，自傳説時代以來的規諫傳統，其内容和範圍到周代開始呈現出了新的特徵，成爲周代的一種文化現象。① 這也是《國語》文本的主要呈現形式和功能體現。

---

① 夏德靠：《上古語類文獻的生成方式及其文化意義》，《吉首大學學報》2010 年第 4 期。

此外，這些文獻被記錄之後不久的時間內，就已經在諸侯國之間流布，至於其具體的流布流程，恐需相關資料進一步佐證和研究。但我們必須承認這一方式或流程的存在。否則的話，《國語》的編纂成書或其相關材料被先秦其他典籍徵引的事情就不會發生了。

三、《國語》材料的匯集與成書

這一時期，《國語》基本成型。關於《國語》的成書時間，歷來有不同的説法。章太炎認爲《國語》成書在春秋末期，翦伯贊認爲《國語》成書在春秋時期；王國維、梁啟超、譚家健、聶石樵、邵毅平等認爲《國語》成書在戰國初期或前期，甚至王國維、譚家健把《國語》的成書時間定於春秋末、戰國初；王暉、夏經林則認爲《國語》成書當在戰國中期；沈長雲則認爲《國語》成書在戰國晚期；郭沫若、童書業認爲《國語》成書在戰國時期；孫海波認爲《國語》成書當在《史記》之後；康有爲認爲《國語》成書在西漢末年。以上幾種意見是就《國語》整部書的成書所做的綜合推斷。衛聚賢則按照八國分別判定成書時間，"（一）《楚語》《周語》爲左人郢於西元前四三一年作品。（二）《吳語》《齊語》爲左人郢的兒子於西元前四〇〇年作品。（三）《魯語》《晉語》爲左人郢的孫子於西元前三七〇年作品。（四）《越語上》爲左人郢曾孫於西元前三四〇年作品。（五）《鄭語》爲左人郢的玄孫於西元前三一〇年作品。（六）《越語下》爲《國語》一派人於西元前三一〇後作品。《國語》全書係左丘明子孫的作品。"① 整體而言，衛聚賢所推定的《國語》全書成書時間在戰國前、中期。這一時期，很多先秦元典漸次成書，形成中國圖書史上重要的階段。清人原良曾謂："文章之運，開闢以來，莫盛於春秋，時蓋六經删述鼎定，佐以《論語》《學》《庸》三書，餘則

---

① 衛聚賢：《古史研究》，上海：商務印書館 1931 年版，第 178 頁。

有《左氏傳》《公》《穀》二傳，復有柱下五千言，此萬古一時也。"①
褚斌傑編著《中國文學史綱要》第一册第五章"春秋戰國時期的社會變
化和散文的勃興"第一節"散文勃興的社會背景"開篇即謂："從春秋
後期到戰國，在將近三百年的歷史時期，是我國古代社會歷史上的一個
大變革的時代，也是一個産生了空前光輝燦爛的文化的時代。在這一新
的歷史時期，文化思想非常活躍，科學文化取得了很大進步。當時無論
是天文、曆算、地理、醫學、農學，還是政治、經濟、法律、哲學，以
至文學藝術，都取得了極爲輝煌的成就。而且由這時創建起來的文化和
文化學術思想，差不多影響了我國後世幾千年的文化發展和文化學術思
想。這是我國古代文化史上一個具有劃時代意義的重要時期；而其在學
術文化水平上所達到的水平之高，所涉及的學術領域之廣，成就之大，
在世界文化史上也屬罕見，無疑在世界古代文化發展史上也占有重要地
位。"這一時期，"諸子蜂起，百家争鳴，表現在文學上便是散文的勃
興，一些著名的思想家、政治家、史學家、軍事家的論著，同時也就是
重要的散文作品。因此，春秋中葉以後至戰國時代，也是我國散文發展
史上的第一個重要階段。"② 《國語》就成書在這一"萬古一時"之時，
這一"我國散文發展史上的第一個重要階段"。

四、《國語》材料的應用

先秦時期的一些典籍已經應用到了《國語》材料。不管這些材料是
《國語》的原初狀態，還是被匯爲《國語》一書之後續爲相關典籍徵引，
這些典籍徵引的內容和今傳《國語》內容具有高度的一致性。

陳鵬程對漢以前的《國語》研究進行了較爲系統的梳理，謂："從

① （清）原良：《聽潮居存業》，濟南：齊魯書社輯印《四庫存目叢書》子部第 114 册，第
540 頁。
② 褚斌傑編著：《中國文學史綱要》第一卷，北京：北京大學出版社 1999 年第 2 版，第 110、
115 頁。

學術史溯源的角度，我們將戰國界定爲《國語》研究的萌芽。這是因爲，任何一部文化元典的接受過程必然以接受者的研讀、評判、吸納爲基本內容，而這可稱得上萌芽狀態的研究。"① 本於此，陳文從 "儒家對《國語》的接受與研究" 和 "法家對《國語》的接受與研究" 兩個方面對戰國時期《國語》研究進行梳理，儒家文獻和法家文獻中與《國語》內容的重合部分則是這一研究的資料基礎。陳氏的儒家文獻選擇了《爾雅》《禮記》和《荀子》，法家著作主要涉及《韓非子》和《管子》，共選取先秦五部著作對《國語》的接受與研究進行了探討。在《爾雅》吸納《國語》方面，陳文列舉了三點：1. "《國語》《左傳》等典籍所載春秋時人對詞語的解説是中國訓詁學的源頭，其許多釋例和語料爲後代訓詁專書所汲取"，陳氏於本條之下以《説文》釋文爲例進行説明，進而認爲 "既然《説文》大量採用《國語》語料，那麼其前的訓詁專書《爾雅》亦有可能取材於《國語》，只是未像《説文》多數釋例那樣直接標明"；2. "《國語》和《爾雅》有許多相同的同義爲訓釋例，這似乎不能用巧合來解釋，合理推斷是《爾雅》採用了《國語》的詞語釋義"，陳氏於本條下列舉《周語下》《晉語四》例子來進行論證；3. "《國語》中許多同義連用的語料成爲《爾雅》詞語釋義來源"，陳氏於本條之下列舉《周語中》 "踣斃不振" 一詞與《爾雅·釋言》 "踣，斃也" 釋文爲例。陳氏舉《禮記·大學》引《楚書》之言，並且以孔穎達認爲《楚書》即《楚語》之説爲據。復以《曲禮下》 "國君春田不圍澤，大夫不掩群"、《王制》 "天子不合圍，諸侯不掩群" 似均本於《周語上》 "王田不取群" 進行説明。又以《檀弓上》申生自殺情狀襲自《晉語二》，謂："《禮記》承襲《國語》甚明，其所引文字係贊譽申生純孝之美德。" 又以《檀弓上》公子縶吊公子重耳故事襲自《晉語二》，謂："這兩段相近的文字贊頌了重耳恪守孝道，秉持仁、信美德的行爲。" 又以《王制》趙文子與叔向觀乎九原本於《晉語八》，謂："這兩段文字以趙文子和叔

---

① 陳鵬程：《戰國時期：〈國語〉研究的萌芽——〈國語〉學史研究之二》，《赤峰學院學報》2013 年第 11 期。

向關於晉國歷史名人狐犯、陽處父、范會的評價爲基本内容，表現了春秋時期崇仁尚智的倫理觀。"陳文於本段末云："儒門後學在研習《儀禮》的過程中，大量徵引古籍有關文獻的禮儀及故事，以便建構起對古禮豐富而形象的理解，《國語》這部典籍因包蕴豐厚的相關記載而爲其注意，故對之重點研習並將相關資料採擷入《禮記》。"陳文認爲荀子受《國語》影響表現在兩個方面：1."荀子在闡發其政治哲學時，直接徵引《國語》相關論述"，以《荀子·正論》所論服制内容與《周語上》祭公謀父所論"大同小異"，謂"《荀子》所論承自《國語》無疑"。2.認爲《國語》是《荀子》政治思想理論的文化來源，並引史繼東"王霸兼用"思想源於《國語》爲例。陳文從兩個方面論證韓非子在寫作中徵引了《國語》：1."《韓非子》和《國語》有些文本的語言極其相近"，以《五蠹》"司寇行刑，君爲之不舉樂"借用《周語上》"司寇刑戮，君爲之不舉"，以《喻老》"吴兵既勝齊人於艾陵"源於《吴語》"吴王夫差既勝齊人於艾陵"。2."《韓非子》用以證成己説的一些事例惟見於《國語》"，舉《備内》出《晉語二》、舉《飾邪》出《魯語下》禹殺防風氏。作者又別立一條，謂《韓非子》對《國語》的利用主要集中在《外儲説》，統計有三處。陳文認爲："《韓非子》對《國語》的利用，往往是對其精簡和改寫以集中闡釋自己的觀點。"又陳文認爲"《管子》借鑒《國語》能找出很多文獻學證據，例如《管子》和《國語》有些用詞極度接近，似只能用二者之間存在繼承關係來解釋"，以《五輔》"敦蒙純固，以備禍亂；和協輯睦，以備寇戎"出《周語上》"和協輯睦於是乎興……敦庬純固於是乎成"爲例"表明《管子》作者讀過《國語》"，進而指出："《國語》與《管子》的關係問題最集中體現在《齊語》與《小匡》的關係。"以李學勤説爲據，謂"《小匡》的主體毫無問均來自《國語·齊語》"。[1] 陳鵬程的討論以抽取樣品爲對象，進行列舉分析，指出《國語》作爲元典文獻對於戰國時期後來著作的重要性。

_____

① 陳鵬程：《戰國時期：〈國語〉研究的萌芽——〈國語〉學史研究之二》，《赤峰學院學報》2013 年第 11 期。

　　何忠禮《中國古代史料學》列有先秦史史料四類，其中兩類屬於成書於先秦時期的傳世文獻，包括：《尚書》（《周書》中的《呂刑》《文侯之命》《秦誓》形成時期恰好在《國語》材料的形成期之內）、《逸周書》《世本》《竹書紀年》《穆天子傳》《山海經》《春秋》《左傳》《詩經》《周易》《國語》《戰國策》《周禮》《儀禮》《禮記》（以上爲經史類），《墨子》《老子》《莊子》《列子》《孫子》《吳子》《孫臏兵法》《尉繚子》《商子》《管子》《公孫龍子》《論語》《孟子》《荀子》《韓非子》《呂氏春秋》《睡虎地秦墓竹簡》《郭店楚墓竹簡》《黃帝素問》《月令》《夏小正》。包括《國語》在內，一共 36 種。實際上，《大戴禮記》全書、慈利楚簡等材料也都可以算在內。① 其中《尚書》《詩經》《周易》是《國語》的徵引來源。而《國語》和《左傳》由於內容重合度較高，一直受到比較密切的關注。

　　先秦文獻和《國語》重合內容包括如下幾個方面：1. 以《國語》的正文訓詁材料爲訓釋條目，以《國語》中的同義連用現象爲依據進行語詞訓釋；2. 與《國語》語句相似；3. 以《國語》故事爲藍本，進行徵引以備用；4. 徵引《國語》或《國語》來源故事，並作爲本書相關章節的有機組成部分；5. 以《國語》思想爲思想根源。其中第四點，由於把《國語》內容規劃入本書相關章節之中，且經作者之評騭，既是對《國語》材料的利用，也是對《國語》材料的主觀判斷，帶有評點與論定的性質，可以看作《國語》研究尤其是《國語》評點的先導。具體而言，又可以分爲《國語》和傳世文獻內容重合、《國語》與出土文獻內容重合等。下面分專書列舉，以見其詳細。

（一）《國語》與《左傳》

　　《左傳》是《春秋》經的補充和解釋之作。《左傳》所載史實起於魯隱公元年（前 722），訖於魯哀公二十七年（前 468），時間上限後於《國語》二百多年，時間下限先於《國語》二十年左右。

---

① 何忠禮：《中國古代史料學》，上海：上海古籍出版社 2004 年版，第 12—24 頁。

　　《國語》與《左傳》在内容上具有很大的重合性。白壽彝《〈國語〉散論》云："《國語》全書的記載，計《周語》33 條，《魯語》37 條，《齊語》6 條，《晉語》92 條，《鄭語》1 條，《楚語》18 條，《吳語》7 條，《越語》2 條，共 196 條。以這 196 條所記的主題，跟《左傳》對看，計同於《左傳》者 104 條，爲《左傳》所無者 92 條。屬於後一情況者，包含了《左傳》所没有的重要議論。屬於前一情況者，往往是《左傳》詳於記事而《國語》詳於記言。"① 按照白壽彝的統計，《國語》與《左傳》相同部分占到《國語》全部内容的 53%。

　　日本學者大野峻在其譯註《國語》中對《左傳》《國語》相同篇目進行了列舉，據他統計《國語》全書 243 章中，有 142 章内容都可以在《左傳》中找到明確的記載，另有 18 章是可以根據《左傳》進行推斷的。② 按照大野峻的比對，《國語》與《左傳》相同相似内容占到《國語》全部内容的 58%（65.84%）。

　　總之，可見《國語》和《左傳》内容的重合度之高。這也就在《左傳》《國語》本體研究中衍生出了一個分支：《左》《國》比較研究和以《左》《國》二書爲整體的研究。張高評認爲："就《左傳》《國語》關係言，林編《目録》研究選題凡二十餘，大抵回歸爲十二個研究方向：曰宗旨異趣、曰體裁殊類、曰文風迥別、曰記載乖違、曰文法不一、曰語彙差異、曰曆正異數、曰名稱不同、曰卜筮存闕、曰《史記》據依，皆所以印證《左傳》《國語》非一人所作，亦非一書之劃分。或別出心裁，就人物造型及敘事文學觀點，以論《左》《國》之異同者；不囿成就，勇於嘗試，運用新方法，調整新角度，遂有新發現，新成果。"③ 可見這一分支内部研究趨向。

　　因爲《國語》和《左傳》在内容上的重合度較高，歷來通《左傳》者多通《國語》，治《國語》者必參《左傳》，形成先秦專書研究

① 白壽彝：《〈國語〉散論》，《人民日報》1962 年 10 月 16 日。
② ［日］大野峻譯注：《國語》，日本東京：明德出版社 1969 年版，第 41—57 頁。
③ 張高評：《春秋書法與左傳學史》，上海：上海古籍出版社 2005 年版，第 4—5 頁。

中一道獨特的風景。《國語》韋昭注中明確標記引《左傳》104 次,雖然不是所有和《左傳》有重合内容的篇章都引《傳》以釋,但這一數據基本和翦伯贊統計數字相匹配。《國語》和《左傳》二書以及二書的研究成果成爲後世研究的重要借鑒與參照。而《國語》《左傳》比較研究和二書綜合研究也成爲《左傳》專書研究和《國語》專書研究的一個重要分支。筆者《唐代類書引〈國語〉研究》在《國語》和《左傳》相同内容比勘方面做過一些工作,主要集中在該書第六章《〈白氏六帖事類集〉引〈國語〉校證》中,如該章第 5 條對《晉語四》和《左傳·僖公二十三年》同内容語段的比較,第 40 條對《晉語一》和《左傳·閔公二年》同内容語段的比較,第 65 條對《晉語五》和《左傳·僖公三十三年》同内容語段的比較,第 86 條對《晉語四》和《左傳·僖公三十三年》同内容語段的比較,第 88 條對《晉語八》和《左傳·昭公二十八年》同内容語段的比較,第 90 條對《晉語四》和《左傳·僖公二十五年》同内容語段的比較,第 105 條對《晉語五》和《左傳·成公二年》同内容語段的比較,第 134 條對《晉語九》和《左傳·昭公二十八年》同内容語段的比較,第 135、136 條對《晉語九》和《左傳·昭公十四年》同内容語段的比較,第 142 條對《晉語七》和《左傳·襄公十一年》同内容語段的比較,第 145 條對《晉語九》和《左傳·哀公二年》同内容語段的比較,第 198 條對《魯語上》和《左傳·莊公二十三年》同内容語段的比較,第 199、200 條對《周語下》和《左傳·昭公二十二年》同内容語段的比較,第 218 條對《晉語三》和《左傳·僖公十三年》同内容語段的比較。[①] 讀者可參。此處僅舉兩處。其中一處即曹劌論戰故事,在《國語》和《左傳》中都出現了,如下:

---

① 拙著《唐代類書引〈國語〉研究》,濟南:齊魯書社 2018 年版,第 358—361 頁、第 379—381 頁、第 395—396 頁、第 409—411 頁、第 411—412 頁、第 412—413 頁、第 428—437 頁、第 452—470 頁、第 473—478 頁、第 479—482 頁、第 507—512 頁。

《國語·魯語上》	《左傳·莊公十年》
長勺之役，曹劌問所以戰於莊公。公曰：「余不愛衣食於民，不愛牲玉於神。」對曰：「夫惠本而後民歸之志，民和而後神降之福。若布德於民而平均其政事，君子務治而小人務力；動不違時，財不過用；財用不匱，莫不能使共祀。是以用民無不聽，求福無不豐。今將惠以小賜，祀以獨恭。小賜不咸，獨恭不優。不咸，民不歸也；不優，神弗福也。將何以戰？夫民求不匱於財，而神求優裕於享者也，故不可以不本。」公曰：「余聽獄雖不能察，必以情斷之。」對曰：「是則可矣。知夫苟中心圖民，智雖弗及，必將至焉。」	十年春，齊師伐我，公將戰，曹劌請見。其鄉人曰：「肉食者謀之，又何間焉？」劌曰：「肉食者鄙，未能遠謀。」乃入見，問何以戰。公曰：「衣食所安，弗敢專也，必以分人。」對曰：「小惠未遍，民弗從也。」公曰：「犧牲玉帛，弗敢加也，必以信。」對曰：「小信未孚，神弗福也。」公曰：「小大之獄，雖不能察，必以情。」對曰：「忠之屬也。可以一戰。戰則請從。」公與之乘，戰於長勺，公將鼓之。劌曰：「未可。」齊人三鼓，劌曰：「可矣。」齊師敗績。公將馳之，劌曰：「未可。」下視其轍，登軾而望之，曰：「可矣。」遂逐齊師。既克，公問其故。對曰：「夫戰，勇氣也。一鼓作氣，再而衰，三而竭。彼竭我盈，故克之。夫大國難測也，懼有伏焉。吾視其轍亂，望其旗靡，故逐之。」

　　從篇章整體的角度而言，《魯語上》情節簡單，對話性不強，而《左傳》更注重情節性和敘事的完整性。兩篇的次序、結構、語言等等都存在著諸多差異，但又確實是在記載同一件事情。

　　另外一處即齊、晉鞌之戰，如下：

《國語·晉語五》	《左傳·成公二年》
靡笄之役，郤獻子傷，曰：余病喙。張侯御，曰：三軍之心，在此車矣。其耳目在於旗鼓。車無退表，鼓無退聲，軍事集矣。吾子忍之，不可以言病。受命於廟，受脤於社，甲胄而效死，戎之政也。病未若死，祗以解志。乃左并轡，右援枹而鼓之，馬逸不能止，三軍從之，齊師大敗。逐之，三周華不注之山。	癸酉，師陳于鞌。邴夏御齊侯，逢丑父爲右。晉解張御郤克，鄭丘緩爲右。齊侯曰：余姑翦滅此而朝食。不介馬而馳之。郤克傷於矢，流血及屨，未絕鼓音。曰：余病矣。張侯曰：自始合，而矢貫余手及肘，余折以御，左輪朱殷，豈敢言病？吾子忍之！緩曰：自始合，苟有險，余必下推車，子豈識之？然子病矣。張侯曰：師之耳目，在吾旗鼓。進退從之。此

續表

《國語·晉語五》	《左傳·成公二年》
	車一人殿之，可以集事。若之何其以病敗君之大事也？<u>擐甲執兵，固即死也</u>。<u>病未及死，吾子勉之</u>！<u>左并轡，右援枹而鼓，馬逸不能止</u>，師從之，齊師敗績。逐之，三周華不注。

　　拙著《唐代類書引〈國語〉研究》對齊晉鞌之戰《國語》《左傳》故事進行過逐句比較①。總之，通過以上二例，可以看出《國語》和《左傳》在本文内容上的相同、相通與差别。此外，顧立三《〈左傳〉〈國語〉比較研究》、王靖宇《中國早期敘事文學研究》對《左傳》《國語》二書重合之處多有研討，讀者可參。

(二)《國語》與《孔子家語》

　　《孔子家語》一書産生在先秦，編訂成書在戰國中後期，今本是漢代形成的。②　今本《孔子家語》十卷四十四篇，分别爲相魯、始誅、王言解、大婚解、儒行解、問禮、五儀解、致思、三恕、好生、觀周、弟子行、賢君、辯政、六本、辯物、哀公問政、顔回、子路初見、在厄、入官、困誓、五帝德、五帝、執轡、本命解、論禮、觀鄉射、郊問、五刑解、刑政、禮運、冠頌、廟制、辯樂解、問玉、屈節解、七十二弟子解、本姓解、終記解、正論解、曲禮子貢問、曲禮子夏問、曲禮公西赤問。③

　　其中《辯物》之"季桓子穿井"章、"吴伐越，墮會稽"章、"孔

---

　　①　拙著：《唐代類書引〈國語〉研究》，濟南：齊魯書社 2018 年版，第 428—437 頁。

　　②　孫海輝：《〈孔子家語〉成書問題考辨》，黄懷信、李景明主編《儒家文獻研究》，濟南：齊魯書社 2004 年版，第 403—422 頁。

　　③　此處據楊朝明、宋立林主編《孔子家語通解》，濟南：齊魯書社 2009 年版。

子在陳，陳惠公賓之于上館"章，《正論解》之"晉邢侯與雍子争田"
章、"公父文伯之母紡績不解"章、"季康子欲以一井田出法賦焉"章，
《曲禮子貢問》之"公父穆伯之喪，敬姜晝哭"章，《曲禮子夏問》之
"公父文伯卒，其妻妾皆行哭失聲"章，除了《正論解》之"晉邢侯與
雍子争田"章與《晉語九》"叔向論三姦同罪"章相同外，其他各章皆
與《魯語下》相關篇章内容相同，可資比較。此外，其他篇章尚有孔子
對先秦歷史人物的評騭，雖非《國語》所專有，但對《國語》人物的深
入認識也不無裨益。

（三）《國語》與《禮記》

《禮記》是西漢戴聖所編，共四十九篇。分爲曲禮上下、檀弓上下、
王制、月令、曾子問、文王世子、禮運、禮器、郊特牲、内則、玉藻、
明堂位、喪服小記、大傳、少儀、學記、樂記、雜記上下、喪大記、祭
法、祭義、祭統、經解、哀公問、仲尼燕居、孔子閒居、坊記、中庸、
表記、緇衣、奔喪、問喪、服問、問傳、三年問、深衣、投壺、儒行、
大學、冠義、昏義、鄉飲酒義、射義、燕義、聘義、喪服四制。

與《國語》内容相同者，有《檀弓上》之"晉獻公將殺其世子申
生"章，《檀弓下》之"晉獻公之喪"章、"穆伯之喪"章、"晉獻文子
成室"章、"趙文子與叔向觀乎九原"章，此外還包括《月令》中的若
干内容以及《祭法》的兩個段落。關於《祭法》的兩個段落與《國語·
魯語下·海鳥曰爰居》章的比勘，筆者此前已經進行過初步研究①，讀
者可參。從《魯語下·海鳥曰爰居》與《祭法》的比較看，即便《禮
記》故事情節與《國語》相同者，具體文字、語序仍有諸多不同。今再
以《禮記·檀弓》爲例。《檀弓》三則故事與《晉語二》和《魯語下》
故事情節類似，如下：

---

① 拙稿《〈國語·魯語上〉"海鳥曰爰居"篇、〈禮記·祭法〉比勘》，《古文獻研究集刊》第
6 輯，第 319—348 頁。

《禮記·檀弓》	《國語》
晉獻公將殺其世子申生。公子重耳謂之曰："子蓋言子之志於公乎？"世子曰："不可。君安驪姬，是我傷公之心也。"曰："然則蓋行乎？"世子曰："不可。君謂我欲弒君也。天下豈有無父之國哉？<u>吾何行如之？</u>"使人辭<u>於狐突</u>曰："<u>申生有罪</u>，不念伯氏之言也，<u>以至於死</u>。<u>申生不敢愛其死</u>。<u>雖然，吾君老矣</u>，子少，<u>國家多難</u>，伯氏不出而圖吾君，伯氏苟出而圖吾君，申生受賜而死。"再拜稽首乃卒。是以爲恭世子也。	人謂申生曰："非子之罪，<u>何不去乎？</u>"申生曰："去而罪釋，必歸于君，是怨君也。章父之惡，取笑諸侯，<u>吾誰鄉而入？……</u>"將死，乃使猛足言于狐突曰："<u>申生有罪</u>，不聽伯氏，<u>以至於死</u>。<u>申生不敢愛其死</u>。<u>雖然，吾君老矣</u>，<u>國家多難</u>，伯氏不出，奈吾君何？伯氏苟出而圖吾君，申生受賜以至於死，雖死何悔！"是以謚號爲共君。（晉二）
晉獻公之喪，秦穆公使人弔公子重<u>耳</u>，且曰："<u>寡人聞之</u>，亡國恒於斯，得<u>國恒於斯</u>。雖吾子儼然在憂服之中，喪亦不可久也，<u>時亦不可失也</u>，孺子其圖之！"以告舅犯。<u>舅犯</u>曰："孺子其辭焉。喪人無寶，<u>仁親以爲寶</u>。<u>父死之謂何？</u>又因以爲利，而天下其孰能説之？孺子其辭焉。"<u>公子重耳</u>對客曰："<u>君惠弔亡臣重耳</u>。<u>身喪父死，不得與於哭泣之哀</u>，以爲君憂。父死之謂何？或敢有他志以<u>辱君義？</u>"稽顙而不拜，哭而起，起而不<u>私</u>。子顯以致命於穆公。穆公曰："仁夫！<u>公子重耳</u>。夫稽顙而不拜，則未爲<u>後也</u>，故不成拜。哭而起，則<u>愛父</u>也。起而不私，則<u>遠利</u>也。"	乃使公子縶弔公子重耳于狄，曰："<u>寡君使縶弔公子之憂，又重之以喪</u>。<u>寡人聞之</u>，得<u>國</u>常<u>于喪</u>，失<u>國</u>常<u>于喪</u>。<u>時不可失</u>，<u>喪不可久</u>，公子其圖之。"重耳告舅犯。<u>舅犯</u>曰："不可。亡<u>人</u>無親，信<u>仁以爲</u>親，是故置之者不殆。<u>父死</u>在堂而求利，人<u>孰仁</u>我？人實有之，我以僥幸，人<u>孰信</u>我？不仁不信，將何以長利？"<u>公子重耳</u>出見使者曰："<u>君惠弔亡臣</u>，又重有命。<u>重耳身亡，父死不得與于哭泣之位</u>，又何敢有他志以辱君義？"<u>再拜不稽首，起而哭，退而不私……</u>公子縶反，致命穆公。穆公曰："吾與公子重耳，重耳仁。再拜不稽首，<u>不没爲後也</u>。起而哭，<u>愛其父</u>，孝也。退不私，<u>不没於利</u>也。"（晉二）
<u>穆伯之喪</u>，敬姜晝<u>哭</u>；<u>文伯之喪</u>，晝夜<u>哭</u>。孔子曰："<u>知禮矣</u>。"	公父文伯之母朝<u>哭穆伯</u>，而莫<u>哭文伯</u>。仲尼聞之曰："季氏之婦可謂<u>知禮矣</u>。愛而無私，上下有章。"（魯下）

　　《檀弓》前兩則故事和《國語·晉語二》故事情節相同，《檀弓》由於是獨立單元情節，故首句都有事情原委起因的基本交代，《晉語》兩則由於和上文相連屬，故不需要此類過渡句。除此之外，二者在對話雙方、人物身份認定、具體情節、具體語詞等方面都存在不同。

先看第一則，約有如下數端：

（1）向申生提建議的人，二者説法不同。《檀弓》記爲重耳，《晉語二》則以"人"字籠統概之。《晉語二》裏給申生提建議的恐怕不是重耳，而是申生的近臣。至於是否爲重耳，恐怕不是《檀弓》作者所關注的。而下文申生使轉告狐突之人，《檀弓》則以"人"字籠統稱之，而《晉語二》則以"猛足"具體。可見在具體人物強調上，二者的處理方式是不同的。

（2）《檀弓》以申生爲世子，《晉語》中只有《晉語三》稱申生爲"共世子"，其他處皆以"太子"稱之。可見《檀弓》是以既成事實來界定人物身份的，而《晉語》則帶有即時狀態認定的意味，隨著時間和事件的推移對人物進行即時性界定和認定。

（3）《檀弓》"蓋行乎"，《晉語二》作"何不去乎"。"蓋"讀作"盍"，"盍"與"何不"同義，用法亦近似。"行"和"去"都是動詞，"行"強調動作動態性，"去"在強調動作的同時還強調對出發地點的排斥性。

（4）在拒絶去國出奔的具體理由上，《檀弓》和《晉語二》不同，《檀弓》作"君謂我欲弒君也。天下豈有無父之國哉"，《晉語二》作"去而罪釋，必歸于君，是怨君也。章父之惡，取笑諸侯"。但在説明申生純孝這一點上，二者是一致的。

（5）《檀弓》"吾何行如之"，《晉語二》"吾誰鄉而入"，這兩個句子也都各自承上文而來。"何行"之"行"與上文"蓋行乎"之"行"相對應，"何行"爲疑問句中代詞賓語前置，"如之"之"之"爲代詞，當即代指"何"。而《晉語二》"入"字正與"何不去乎"之"去"相對應。

（6）臨死致意的動詞，《檀弓》用"辭"，《晉語二》用"言"。"辭"強調辭行、辭別，而"言"則強調論説。徐仁甫《左傳疏證》認爲《晉語二》"將死"以下之言是"補敘"之辭[1]。

---

[1] 徐仁甫：《左傳疏證》，成都：四川人民出版社1981年版，第161頁。

（7）《檀弓》"不念伯氏之言也"，《晉語二》作"不聽伯氏"。"念"即思，而"聽"則爲順從、依從。《國語》上文有狐突諫申生勿與狄人爲戰之言，而申生未能聽之，故言。《檀弓》作爲一個獨立的敘事單元，缺乏上文語境，用"念"亦不爲不可。

（8）《檀弓》"吾君老矣""國家多難"之間較《晉語二》多出"子少"二字，此"子少"之"子"當即指奚齊而言，重耳、夷吾固與申生比肩，不得言"子少"。故錢玄老等注譯《禮記》譯此句爲："別的兒子年紀又小。"① 至當。從敘事上而言，《檀弓》的編著者已經知道重耳、夷吾出奔之事，故此處藉申生之口而言"子少"。而《晉語二》敘事則是即時性狀態，唯言"吾君老"而不及其子，恐怕也代表了一種態度，即對奚齊等人地位的不認同。

（9）《檀弓》"伯氏不出而圖吾君"，《晉語二》作"伯氏不出，奈吾君何"。關於《檀弓》這句話，有以爲省略者。如王引之《經義述聞》認爲《檀弓》這類句子屬於"詳於下而略於上"者，韓陳其進一步理解王引之的意思是《晉語二》"伯氏不出，奈吾君何"應是"伯氏不出（而圖吾君），奈吾君何"的省略形式②。按照這個說法，《檀弓》句當是"伯氏不出而圖吾君（，奈吾君何）"的省略形式。蔣禮鴻、任銘善編著《古漢語通論》用括號補出："伯氏不出而圖吾君，[   ]；伯氏苟出而圖吾君，申生受賜而死。"並分析云："這是晉獻公太子申生受到庶母驪姬的讒言而自殺時使人告訴他的師傅狐突的話，'伯氏'即指狐突。意思是：君老子少，國家又多難，需要人輔助，所以自己臨死把輔助獻公的任務交託給狐突。'伯氏'以下，是兩個假設複句，意謂：你若不出來輔助吾君，那麼怎樣怎樣，你若出來輔助吾君，那麼我受到你的賜予，死也放心。第一個假設複句裏省了正句。所以要省，是申生的情感很複雜，可能是說'那麼我們的國家就危險了'，也可能是說'我

① 錢玄等注譯：《禮記》，長沙：嶽麓書社 2001 年版，第 63 頁。
② 韓陳其：《經義述聞平議》，江蘇省語言學會編《語言研究集刊》第 6 輯，南京：江蘇教育出版社 1999 年版，第 630 頁。

死去也不安心’，如果是説國家危險，那又是申生所不忍説出口來的，因而爽性不説。這一省略，也是能形容申生不得不死而又很係掛父親和國事的心情的。”① 這個解釋是很精到的。另外，關於《檀弓》“伯氏不出而圖吾君”的斷句，各家也不相同，大多斷作句號，也有斷作逗號或分號的。如王夢鷗《禮記今注今譯》就在“君”下用逗號，譯爲：“您又不肯出來爲國家策劃。”② 但是王文錦《禮記譯解》、楊天宇《禮記譯注》在“君”下加問號，譯爲：“您不肯出來爲我們國君出謀劃策嗎？”“伯氏就不出來輔助我君了嗎？”③ 從下文“伯氏苟出而圖吾君”來看，恐怕問號更能確切體現語境。而《晉語二》有“奈吾君何”四字，故表義是完整的，不存在言盡而意未完的情況。

（10）《檀弓》“申生受賜而死”，《晉語二》作“申生受賜以至於死，雖死何悔”。《晉語二》語義、語氣更爲完足。如果按照蔣禮鴻、任銘善二位先生的分析，《檀弓》本句也是省略形式。

（11）《檀弓》“受賜而死”下即謂“再拜稽首，乃卒”，言下之意，即申生派去轉告狐突的使者是現場接受申生口授之言並且看到申生禮拜動作的。《晉語二》上文已有“將死”過渡，故此處不再言其死時情狀。

（12）《檀弓》“是以爲恭世子也”，《晉語二》作“是以謚號爲共君”。“恭世子”是對申生的身份認定，即獻公長子，雖爲太子，但是最終沒能作國君，故以“世子”稱之，上下文一致。而“共君”則是當時晉人奚齊對申生的謚稱。至《晉語三》則稱“恭世子”，蓋時過境遷，依從其身份。

再看第二則，約有如下數端：

（1）《檀弓》開篇未揭出秦穆公派出的人員，到語段末尾纔指出是“子顯”，而《晉語二》一開始就揭明是“公子縶”，鄭玄注指出子顯即公子縶。俞樾揭出《檀弓》此類文法爲“没於前而見於後”。《檀弓》是

---

① 蔣禮鴻、任銘善：《古漢語通論》，杭州：浙江教育出版社 1984 年版，第 181 頁。
② 王夢鷗：《禮記今注今譯》，臺北：臺灣商務印書館 1969 年版，第 70 頁。
③ 王文錦：《禮記譯解》，北京：中華書局 2001 年版，第 65 頁。楊天宇：《禮記譯注》，上海：上海古籍出版社 1997 年版，第 81 頁。

獨立敘事單元，没有上下文，故不揭明往弔地。而《晉語二》有前文交代，故此處仍然出"于狄"以與前文相應。

（2）《晉語二》"寡君使縶弔公子之憂，又重之以喪"，《檀弓》無此句。因爲《晉語二》一開篇就揭明使者姓名，故話語開頭首先致意，《檀弓》則是開門見山，直奔主題。

（3）《檀弓》"亡國恒於斯，得國恒於斯"，《晉語二》作"得國常于喪，失國常于喪"。公子縶這段話是對重耳講的，强調重耳因而"得國"是這段話的重點，故《檀弓》"亡國""失國"語序恰好與《晉語二》相反。"亡"即"失"，"恒"即"常"，"斯"代指上文所謂"晉獻公之喪"。

（4）《檀弓》"雖吾子儼然在憂服之中"，《晉語二》無。這一句體現出《檀弓》的機巧細緻。有這一句過渡，愈發突出後句。"吾子"敬稱，下文"孺子"則爲親近之稱。

（5）《檀弓》"喪亦不可久也，時亦不可失也"，《晉語二》作"時不可失，喪不可久"，語序不同，焦點不同。《檀弓》句中多"亦"字，句末有"也"字。

（6）《檀弓》"孺子其圖之"，《晉語二》作"公子其圖之"。錢大昕《十駕齋養新録》卷二"孺子"條下云："考諸經傳，則天子以下嫡長爲後者乃得稱孺子。"[1] 子顯此處以"孺子"稱之，即在暗示秦的態度了。下文舅犯亦稱重耳爲"孺子"，也是把重耳作爲晉國國君的繼承人來看待的。《晉語二》"公子"則是一般稱謂。

（7）《檀弓》"以告舅犯"，《晉語二》作"重耳告舅犯"。"以告"蒙前省主語"重耳"，"以"後省略内容爲子顯之言。"孺子其辭焉"帶有祈使意味，話語末尾又重複了一次，有語重心長的感覺。相較之下，"不可"的語氣更顯得斬釘截鐵。

（8）《檀弓》"喪人無寶，仁親以爲寶"，《晉語二》作"亡人無親，

---

① （清）錢大昕撰，陳文和主編：《嘉定錢大昕全集》（增訂本）第 7 册，南京：鳳凰出版社 2016 年版，第 69 頁。

信仁以爲親,是故置之者不殆"。《禮記·大學》也載有舅犯的這句話,謂"亡人無以爲寶,仁親以爲寶","亡人"與《晉語二》同,又比《檀弓》所載多"以爲"二字。"喪""亡"同義。"寶""親"語義不同,但是在各自語境中承擔相同的語義效果。今檢鄭注謂:"謂親行仁義。"是以"仁親"爲中補關係。後世《古文觀止》《禮記》諸本中,有以"仁""親"爲聯合關係者,有以"仁""親"爲動賓關係者,也有以"仁""親"爲對動關係者。《晉語二》本句下韋注云:"亡人無親者,被不孝之名,棄親而亡也。當信行仁道,然後有親。"是韋昭以"信仁"爲動賓關係。徐仁甫根據《晉語二》"信仁",謂《檀弓》"仁親"之"親"亦通作"信","新與親通,則親、信同音,故借親爲信。仁親以爲寶,即仁信以爲寶也。"[1]《晉語二》比《檀弓》所記多"是故置之者不殆"一句,蓋前兩句是通理,後一句再申述持守"信仁"的效用。

(9)《檀弓》"父死之謂何?又因以爲利,而天下其孰能説之",《晉語二》作"父死在堂而求利,人孰仁我?人實有之,我以僥幸,人孰信我?不仁不信,將何以長利",《檀弓》比《晉語二》語簡。徐仁甫謂:"'之謂何'即謂之何,謂猶奈也,謂之何即奈之何。言父死莫奈之何。"[2]從語義的對應性上看,《晉語二》和《檀弓》對應的部分爲"父死在堂而求利,人孰仁我",後面的部分是進一步申説,這也是《國語》"語"的特徵性的體現。

(10)《檀弓》"公子重耳對客曰",《晉語二》作"公子重耳出見使者曰"。上文子顯(公子縶)對重耳有所建議,重耳和舅犯商議,舅犯反對,這個過程中,子顯(公子縶)必不在現場,即重耳迴避公子縶而與舅犯商議,商議已定,故《晉語二》作"出見",情節上前後呼應。《檀弓》缺乏此類細節性記述。另外,在與公子縶對話用語上,二書所用文字不同,《檀弓》用"對……曰",而《晉語二》用"曰"。先秦語

① 徐仁甫:《檀弓釋滯》,《中華文史論叢》1986 年第 1 輯,第 268 頁。
② 徐仁甫:《檀弓釋滯》,《中華文史論叢》1986 年第 1 輯,第 268 頁。

法中，臣下回答君長多用"對曰"，"對"是動詞。"對……曰"似較罕見，但也有一些用例，如《管子·大匡·內言一》"施伯進對魯君曰"，《吕氏春秋·去宥》"對吏曰"，《吕氏春秋·處方》"章子對周最曰"，《大戴·小辨第七十四》"子三辭，將對公曰"。從語義上看，《檀弓》"對客曰"之"對"作介詞引介出對話對象，或者看作應對類動詞，都是講得通的。今檢各種虛詞著作，在介紹"對"作對象介詞時，幾乎没有舉先秦用例。由《檀弓》本句，或可爲其成篇年代做一佐證。

（11）《檀弓》"君惠弔亡臣重耳"，《晉語二》無"重耳"二字。有"重耳"二字復指，似更加强語氣。但是細審之下，感覺《檀弓》這一句應該和《晉語二》"君惠弔亡臣，又重有命。重耳"相對應，轉述中省掉了《晉語二》"又重有命"四字。韋注謂"命"爲"反國之命"。從上下文來看，《晉語二》表義更爲精準。

（12）《檀弓》"身喪父死，不得與於哭泣之哀，以爲君憂。父死之謂何？或敢有他志以辱君義"，《晉語二》作"重耳身亡，父死不得與于哭泣之位，又何敢有他志以辱君義"。"喪""亡"義同。《檀弓》"身喪"之"喪"與上文"喪人"之"喪"義同。"哀"强調感情和情緒，"位"强調臨場感。"以爲君憂"是對秦而言，這句《晉語二》没有，《檀弓》這一句倒是很貼合語境。"父死之謂何"亦爲《檀弓》獨具，孔穎達以爲："言父身死亡，謂是何事，正是凶禍之事。"周法高認爲："似當解爲'謂父死何'之倒裝句法，即奈父死何也。"[1] 楊天宇釋爲："父親死了，是何等凶禍的事。"[2] 吕友仁釋爲："父親死了意味著什麽？意思是説，做兒子的遇此劇變，正處在巨大的悲痛之中。"[3]《檀弓》有此一句，較《晉語二》表義細膩，故錢基博謂："'之謂何'三字，下得沈痛。"[4] "父死之謂何"之"之"爲結構助詞，義即"父親死了，意味

---

① 周法高：《中國古代語法·稱代編》，北京：中華書局1990年版，第248頁。
② 楊天宇注説：《禮記》，開封：河南大學出版社2010年版，第172頁。
③ 吕友仁：《禮記講讀》，上海：華東師範大學出版社2009年版，第66頁。
④ 錢基博：《禮記約纂》，見載於錢基博著、傅宏星校訂《經學論稿》，武漢：華中師範大學出版社2011年版，第175頁。

著什麼"，隱含義是"作爲兒子，父親死了是天大的事情，除了悲傷哀痛之外，怎麼可以有其它的念頭呢"。《檀弓》"或"，《晉語二》作"又何"，有的學者認爲《檀弓》此處之"或"通作"又"①，也有的學者認爲《檀弓》之"或"通作"何"②，從前者爲多。"敢"和"何敢"在某種程度上用法是相同的，表示對假設性動作行爲的一種主觀規避。

（13）《檀弓》"稽顙而不拜，哭而起，起而不私"，《晉語二》作"再拜不稽首，起而哭，退而不私"。二者所記具體動作及其順序都不相同，但在强調因悲傷而不能成禮、事後並没有私下行爲這一點上是相同的，故《檀弓》下文述秦穆公之言，亦謂"不成拜"。

（14）《檀弓》載穆公先贊揚重耳的品格，而《晉語二》載穆公先表明自己的態度，然後纔涉及"與重耳"的原因。這種區別首先在於文本的訴求不同。《晉語二》前文，穆公有"吾誰使先若夫二公子而立之"之言，此處表明態度，正與前文呼應。《檀弓》並没有這樣的語境存在，故穆公在聽到子顯的匯報之後首先稱贊重耳的品格。實際上，《檀弓》《晉語二》下文所論都是穆公對重耳定性的補充説明。

（15）《檀弓》"則未爲後也"，《晉語二》作"不没爲後也"。韋昭謂"没"爲"貪"，此説實本賈逵。而《檀弓》"未"字語義、用法實和《晉語二》"不"字相對應。《晉語二》"不没爲後"即"不貪圖作後繼者"。按照《晉語二》，《檀弓》"則未爲後也"的意思即"那麼（他）没有作後繼者的打算"。《檀弓》只是即時性否定，《晉語二》則帶有價值判斷傾向。

再看第三則。《檀弓》用 21 字，《魯語下》用 38 字，《檀弓》所述相對簡潔。《魯語下》文字較繁的地方表現在人物的稱謂和孔子的評價上。此外，《檀弓》"書"字對應《魯語下》"朝"字，《檀弓》"晝夜"對應《魯語下》"莫"字。鄭玄云："喪夫不夜哭。"《檀弓》用"晝夜"，表示母親對兒子的去世可以肆意表達悲痛；《魯語下》用"莫"，

---

① （清）王引之：《經傳釋詞》，長沙：嶽麓書社 1984 年點校本，第 66 頁。
② 鄧球柏：《帛書周易校釋》，長沙：湖南人民出版社 2002 年版，第 255 頁。

表示作爲妻子和母親的敬姜遵守哀痛的時間和約束，强調相對性。《檀弓》所載孔子之言僅有評斷，没有給出解釋。而《魯語下》則給出了解釋。

可見，《檀弓下》所載三則故事和《晉語二》《魯語下》情節相同，文字也大體相同。無論二者在成編時間上孰先孰後，或者二者有共同的材料來源，其具體細節上的差異，使二者在文本解讀上具有互補性。

（四）《國語》與《大戴禮記》

《大戴禮記》爲西漢戴德選編。《大戴》之所以不如《小戴》更受重視，方師認爲，除了一致認爲的今古文學派之争外，還有兩個原因：1. 内容抽象龐雜；2. 許多章節多有别本單行。[1] 今傳《大戴禮記》十三卷四十篇，分别爲主言、哀公問五義、哀公問孔子、禮三本、禮察、夏小正、保傅、曾子立事、曾子本孝、曾子立孝、曾子大孝、曾子事父母、曾子制言上、曾子制言中、曾子制言下、曾子疾病、曾子天圓、武王踐阼、衛將軍文子、五帝德、帝繫、勸學、子張問入官、盛德、明堂、千乘、四代、虞戴德、誥志、文王官人、諸侯遷廟、諸侯釁廟、小辨、用兵、少閒、朝事、投壺、公符、本命、易本命。

其中，《夏小正》中若干語段可與《國語·魯語上》相參，《本命》若干語句可與《越語下》范蠡之言相參。

（五）《國語》與《韓非子》

《韓非子》是先秦法家的重要著作，其中與《國語》内容相同的篇目有：《外儲説左上》"晉文公伐原"篇、"文公問箕鄭"篇、"范文子喜直言"篇，《難一》"靡笄之戰"篇，《難三》"文公出亡"篇，《難四》"屈到嗜芰"篇。

《外儲説》三篇和《國語》述事相同，而文字有别，故可以提供參證資料。如下：

---

① 方向東師：《大戴禮記彙校集解·前言》，北京：中華書局2008年版，前言第1頁。

《國語·晉語四》	文公伐原，令以三日之糧。三日而原不降，公令疏軍而去之。諜出曰："原不過一二日矣！"軍吏以告，公曰："得原而失信，何以使人？夫信，<u>民之所庇也</u>，不可失也。"乃去之，及盟門，而原請降。
《韓非子·外儲説左上》	晉文公攻原，裹十日糧，遂與大夫期十日，至原十日而原不下，擊金而退，罷兵而去，士有從原中出者曰："原三日即下矣。"群臣左右諫曰："夫原之食竭力盡矣，君姑待之。"公曰："吾與士期十日，不去，是亡吾信也。得原失信，吾不爲也。"遂罷兵而去。原人聞曰："有君如彼其信也，可無歸乎？"乃降公。衛人聞曰："有君如彼其信也，可無從乎？"乃降公。孔子聞而記之曰："攻原得衛者信也。"
《左傳·僖公二十五年》	冬，晉侯圍原，命三日之糧。原不降，命去之，諜出曰："原將降矣。"軍吏曰："請待之。"公曰："信，國之寶也，<u>民之所庇也</u>。得原失信，何以庇之？所亡滋多。"退一舍而原降。

　　本篇中，《國語》和《韓非子》《左傳》所記都是晉文公伐原的事情。從具體文字而言，《國語》和《左傳》最爲接近，《韓非子》最豐富。《國語》《左傳》主要交代了事情的起因、對話雙方和結果。而《韓非子》則詳細敘述過程，增添人物對話，情節性更强。

《國語·晉語四》	晉饑，公問於箕鄭曰："救饑何以？"對曰："信。"公曰："安信？"對曰："信於君心，信於名，信於令，信於事。"公曰："然則若何？"對曰："信於君心，則美惡不踰。信於名，則上下不幹。信於令，則時無廢功。信於事，則民從事有業。於是乎民知君心，貧而不懼，藏出如入，何匱之有？"公使爲箕。及清原之蒐，使佐新上軍。
《韓非子·外儲説左上》	文公問箕鄭曰："救餓奈何？"對曰："<u>信</u>。"公曰："安<u>信</u>？"曰："<u>信名</u>。信名，則群臣守職，善惡不踰，百事不怠。信事，則不失天時，百姓不踰。信義，則近親勸勉而遠者歸之矣。"

本篇中，對話主體雖然一樣，但內容有區別。《國語》信有四所，分別爲君心、名、令、事，而《韓非子》信有三所，即名、事、義。從《韓非子》的表述看，《韓非子》的"名"包括了《國語》的"君心"和"名"二所，而《韓非子》的"事"又包含了《國語》的"令"。"義"是《韓非子》較《國語》多出的。由此也可以看到，《國語》時代和《韓非子》時代思想觀念的發展變化。

（六）《國語》與《荀子》

《荀子》是戰國時期荀子後學輯録的荀子一生思想言論集。今傳《荀子》二十卷三十二篇，分別爲勸學、修身、不苟、榮辱、非相、非十二子、仲尼、儒效、王制、富國、王霸、君道、臣道、致士、議兵、彊國、天論、正論、禮論、樂論、解蔽、正名、性惡、君子、成相、賦、大略、宥坐、子道、法行、哀公、堯問。

《正論篇》云："故諸夏之國同服同儀，蠻、夷、戎、狄之國同服不同制。封内甸服，封外侯服，侯衛賓服，蠻夷要服，戎狄荒服。甸服者祭，侯服者祀，賓服者享，要服者貢，荒服者終王。日祭、月祀、時享、歲貢、終王，夫是之謂視形埶而制械用，稱遠近而等貢獻；是王者之制也。"與《周語上》首章祭公謀父所云先王之制近似。[①]

對《國語》所載人、事，《荀子》多有評騭之語。如《君子篇》云："桓公之於管仲也，國事無所往而不用，知所利也。吴有伍子胥而不能用，國至於亡，倍道失賢也。"即可用於《齊語》與《吴語》之評騭。《成相篇》云："上壅蔽，失輔勢，任用讒夫不能制。孰公長父之難，厲王流於彘。周幽、厲所以敗，不聽規諫忠是害。""欲衷對，言不從，恐爲子胥身離凶。進諫不聽，到而獨鹿棄之江。"可用以《周語上》之"厲王流於彘"章、《吴語》伍子胥自刎章評騭。此外，史繼東專門對《荀子》是否繼承《國語》的可能性進行了肯定性考證，並認爲《國語》最先肯定了霸道思想，主要表現爲：（1）對周道衰亡這一歷史潮流的清

---

① 邵小森《韋昭〈國語解〉研究》（北京師範大學碩士學位論文，2018年）於此有探討，可參。

醒認識；（2）對霸主功業的熱情贊揚，對爭霸措施的高度肯定。《荀子》"王霸觀"對霸道的肯定和在爭霸措施方略方面都可以看出對《國語》崇霸思想的繼承，而且在《國語》的基礎上又有所發展。此外，史繼東指出，《荀子》對《國語》"法後王"思想、君臣關係、人性善惡等方面也有所繼承和發展。[①]　其說可參。

（七）《國語》與《呂氏春秋》

另外，有些先秦傳世文獻不但內容和《國語》相同，而且還對文本有所評斷。如《呂氏春秋·達鬱篇》云：

> 周厲王虐民，國人皆謗。召公以告曰："民不堪命矣。"王使衛巫監謗者，得則殺之。國莫敢言，道路以目。王喜，以告召公曰："吾能弭謗矣。"召公曰："是障之也，非弭之也。防民之口，甚於防川；川壅而潰，敗人必多。夫民猶是也。是故治川者決之使導，治民者宣之使言。是故天子聽政，使公卿、列士正諫，好學博聞獻詩，蒙箴，師誦，庶人傳語，近臣盡規，親戚補察，而後王斟酌焉。是以下無遺善，上無過舉。今王塞下之口，而遂上之過，恐爲社稷憂。"王弗聽也。三年，國人流王於彘。此鬱之敗也。鬱者，不陽也。周鼎著鼠，令馬履之，爲其不陽也。不陽者，亡國之俗也。

《呂氏春秋》本段故事本自《國語·周語上》第三章。和《周語上》文字不同，在文本解讀上同樣具有互補性。同時《呂氏春秋》在故事末尾具有評斷，謂："此鬱之敗也。鬱者，不陽也。""不陽者，亡國之俗也。"《達鬱篇》篇首云："主德不通，民欲不達，此國之鬱也。國鬱處久，則百惡並起，而萬災叢至矣。"《呂氏春秋》的評斷，可看作《國語》評點的濫觴。

綜上，可知先秦文獻和《國語》重合內容包括如下幾個方面：

[①]　史繼東：《〈荀子〉對〈國語〉的批判式繼承與發展》，《求索》2010 年第 9 期。

1. 以《國語》的正文訓詁材料爲訓釋條目，以《國語》中的同義連用現象爲依據進行語詞訓釋；2. 與《國語》語句相似；3. 以《國語》故事爲藍本，進行徵引以備用；4. 徵引《國語》或《國語》來源故事，並作爲本書相關章節的有機組成部分；5. 以《國語》思想爲思想根源。

其中第四點，由於把《國語》內容規劃入該書相關章節之中，且經作者之評騭，既是對《國語》材料的利用，也是對《國語》材料的主觀判斷，帶有評點與論定的性質，可以看作《國語》研究尤其是《國語》評點的先導。當然，除了《左傳》《管子》《禮記》之外，其他各書與《國語》篇章相同者都相對較少，且皆屬於《國語》某語中某一篇或某幾篇。這有兩種可能：其一，《國語》成書之前，《國語》各篇就已經在流傳了；其二，各書在引述《國語》資料時存在著一定的選擇傾向性。

五、先秦時期的出土文獻與《國語》

先秦時期的出土文獻對《國語》文本的勘校與解讀也具有一定的參考價值。這類出土文獻首先是《國語》的文本，如慈利楚簡；其次是內容或文句與《國語》相似的文獻，如清華簡、上博簡的一些文本。

慈利竹簡《吳語》當爲存世最早的《國語》文獻。由於該簡未能發表，故所見《吳語》語句較少，有幾篇論文已及討論，如張春龍《慈利楚簡概述》（《古代文明研究通訊》2000 年第 6 期）、夏德靠《論慈利楚簡的性質》（《凱里學院學報》2011 年第 2 期）、張錚《湖南慈利出土楚簡內容辨析》（《求索》2007 年第 6 期）、蕭毅《慈利竹書〈國語·吳語〉初探》（簡帛網，2005）、蕭毅《慈利竹書零釋》（《古文字研究》第 22 輯）、何有祖《慈利竹書與今本〈吳語〉試勘》（簡帛網，2005）、何有祖《從慈利竹書數字簡看今本〈吳語〉的分章》（《人文論叢》2011 年卷）、陳送文《慈利竹書和〈國語·吳語〉對勘（兩則）》（《古文字研究》2014 年）等。另外楊澤生《戰國竹書研究》、廖名春等《寫在簡帛上的文明——長江流域的簡牘和帛書》也對慈利竹簡《吳語》進行了介紹，可參。蕭毅整理的慈利楚簡《吳語》部分如下：

（1）可以納入《吳語》各章者

乙7：……諸越王句戔（踐）乃命者（諸）旨（稽）

使淫躒於諸夏之邦

艾陵

135－36：□者鴟夷而投者江吳王　　　　　簡背：（不辨）

129－9：入其郛率軍　　　　　　　　　簡背：×

24－1：吾道路悠遠吾毋會而　　　　　簡背：十三

52－11：出朋勢以返高位重畜女　　　　簡背：十七

94－14：□我著者侯止秉以　　　　　　簡背：十一

乙8：□□大甬皆雁（應）三軍皆

114－13：卑周室既　　　　　　　　　簡背：廿□

121－14：君命長弟許諾吳　　　　　　簡背：五□

53－10：忍披甲帶劍挺鈹晉　　　　　簡背：一

16－6：吳止既服遠者彼而未　　　　簡背：十□

5－4：卒伍既具亡　　　　　　　　簡背：（不辨）

48－1：止中貧者吾昏止死　　　　　簡背：十九

丙3：善矣未可以戰王曰國邦之中病者吾昏（問）

5－8：然而猷止可以　　　　　　　簡背：十

141－19：□勞止勇不勇則不能　　　　簡背：十

140－6：□□王曰猛大夫□進合　　　簡背：二

5－10：可以戰乎王曰巧大夫□　　　簡背：廿二

甲24：虎（乎）王曰可矣王乃命有司大命（令）於

5－7：句□戒者□□□□□　　　　簡背：一

5－3：是子外有辱是我　　　　　　簡背：三

甲12：是子外又（有）辱是我吾見子於此之（止）矣王乃出□

2－8：右闔實止土側席　　　　　　簡背：（不辨）

甲11：出甹（屏）□盍右□實之土吳王戝（側）

11－11：於邦是子軍士死外有辱是我自今日止後內政毋

简背：五（書於中間）

甲21：送王不出詹（簷）□盍左□實之土戻（側）

20－11：相昏也明日遷軍　　　　　简背：一

（2）無法找到《吳語》相應位置者

甲2：□越王句戔爿酉　欲□□□□乃□□

乙3：……解丌熒（氣）墼（擊）龍絉白徒以視之屬士……

16－14：又吳土以毀其强以稱　　　　简背：（不辨）

　　從殘存文字可見，慈利楚簡本和《吳語》文本具有對勘功能，何有祖已經在這方面做出了嘗試。如其在《從慈利竹書數字簡看今本〈吳語〉的分章》一文中，通過僅有的部分材料對簡本和今本《吳語》的差別進行了討論，進而推斷簡本《吳語》分章更爲細緻。戎輝兵據以推測："慈利楚簡之類與《國語》關係密切的書在戰國早期中期的楚地流布很廣。"並推測慈利楚簡本《吳語》"極有可能是《國語》的古抄本之一"。①

　　其次，相關的出土文獻材料爲解讀或校正《國語》及其注解提供了材料依據。袁金平《利用清華簡〈繫年〉校正〈國語〉韋注一例》即是這方面的論文。《國語·吳語》"以間陳、蔡"之"間"韋注："間，候也，候其隙而取之。魯昭八年，楚滅陳；十一年滅蔡。"袁氏引述清華簡整理者把《繫年》簡98—99"（楚）靈王先起兵，……，關陳、蔡，殺蔡靈侯"、簡104—105"楚靈王立，既關陳、蔡，景平王即位"中的"關"讀爲"縣"，又以有關學者認爲楚簡中的多處"關"應讀爲"縣"的結論爲證據，認爲《吳語》"間陳、蔡"即"以陳、蔡爲縣"，進而認爲《繫年》"關陳、蔡"與《吳語》"以間陳、蔡"所言爲一事。② 這種探討，引入了新的材料，對舊説提出商榷，對進一步深入研究《國語》

---

① 戎輝兵：《〈國語集解〉訂補》，新北：花木蘭文化出版社2013年版，第13頁。

② 袁金平：《利用清華簡〈繫年〉校正〈國語〉韋注一例》，《社會科學戰線》2011年第12期。

是有幫助的。劉釗、李守奎、馮勝君、郭永秉等學者在這一方面也有相關探討。

此外，《國語》對先秦時期出土文獻的解讀也是有幫助的。如李零對上博簡《容成氏》第二簡的釋讀即以《晉語四》爲參照，對《容成氏》第四十五簡"邶"的釋讀即以《鄭語》爲參照。《清華簡》中的《祭公》《芮良夫毖》《晉文公入于晉》《鄭文公問大伯》《越公其事》的解讀很大程度上也需要以《國語·周語上》《國語·晉語四》《國語·鄭語》《國語·越語》相應篇章作爲參照。

李守奎認爲《國語》中的古老詞語很長時間内都是讀書障礙，"一方面，對著古文字材料的不斷發現，一些疑難問題渙然冰釋，不僅提高了我們釋讀古書的能力，加深了我們對語言文字的認識，而且對理解傳世文獻的傳抄與成書過程也有所幫助；另一方面，《國語》中一些正確的訓詁對我們釋讀古文字又有很大的幫助"。可謂是對傳世文獻與《國語》之間關係的公允而全面的説明。另外，李文通過探討，認爲從《國語》故訓研究可以得出諸多啟示："第一，古語、古義都會有遺失，我們不能囿於自己所見懷疑不曾見到語言現象的真實性，也不能用後代的語言文字強解古代。第二，古書經過複雜的傳抄與整理過程。古人的用字習慣與古書的整理方式都會對文本中的用字構成影響，隨著材料的豐富，逐漸成爲可操作的研究方向。第三，《國語》這部書保存古語尤其多，其形成原因值得深入研究。第四，韋昭之注有不足或錯誤，可以通過新發現的古文字補證或糾正；但更要關注其所提供的有價值信息，結合古文字考釋，解決其它古書中的疑難問題。第五，古文字研究與訓詁研究相結合，彼此互證，可以雙贏。"[1] 這段話説明了《國語》與先秦出土文獻之間具有互證關係，也揭示了《國語》與傳世文獻之間具有互證關係。

---

[1] 李守奎：《〈國語〉故訓與古文字》，《第二十八屆中國文字學國際學術研討會論文集》，第37—49頁；《漢字漢語研究》2018年第2期，第92—102頁。

小　結

　　總之，先秦時期是《國語》史實的發生期，又是《國語》一書的形成、傳播和編訂期。在這一時期，《國語》各語的相應篇章逐漸形成、歸檔、傳播、匯總，最後被編訂成書。在傳播過程中，不否認有單篇或者數篇單獨流傳的情形。先秦時期的多種書籍，根據各自的表述體例大量或少量運用了《國語》的原初檔案或《國語》的部分篇章，爲研究《國語》在先秦時期的傳播提供了基本材料。這一時期的出土文獻，也爲研究《國語》文字訓詁、《國語》成書以及編訂過程提供了另外一種視角。

第二章　漢代《國語》研究

　　熊鐵基指出，中國傳統學術是在漢代形成的，並認定"漢代學術是中國傳統學術的實際源頭"，指出漢代學術體現在三個方面：1. 學術載體的大整理；2. 影響學術發展的重大舉措；3. 學術思想的趨同與整合。① 王國强在其《漢代文獻學研究》一書中對漢代學術特徵進行了整體概括，王氏認爲：

　　　　文獻整理是漢代學術的主要表現形式，也是漢代學術成就的標誌。或者説，漢代學術的基本取徑是圍繞著文獻整理而展開的。這個特點，在漢代學術的重心——經學方面表現得最爲顯著。其他學科，例如子學和史學，也是如此。兩漢時期，學術思想的傳承、創新、爭論，都是緣於文獻的傳流異途、文本分歧和闡釋差别。重視典籍是中國文化的傳統，典籍的不斷整理，尤其是典籍的重新闡釋是中國文化變革和創新的重要標誌。中國幾乎每一次的文化復興都是以典籍整理活動爲契機的，漢代今文學和古文學的興起就是分别肇始於今文經書的産生、解釋和古文經書的發展、研究。文獻學奠定了漢代思想學術的基礎，文獻學的方法也是漢代學術的基本方法，並對中國學術特質的形成影響十分深遠。這主要表現在：第一，先秦流傳下來的典籍，是經過了漢人的整理和改造而定型的，這個工作以載體的形式構建了中國學術思想的基礎；第二，漢世去古未遠，

① 熊鐵基：《漢代學術的歷史地位》，《華中師範大學學報》2003 年第 5 期。

文字、制度相近，其注釋最具參考價值，成爲後世閱讀、研究先漢典籍的基礎；第三，漢人編撰的書籍，也多表現在文獻整理上，如《史記》對各類文獻的整理，《説文解字》的"《六藝》群書之詁，皆訓其意；而天地、鬼神、山川、草木、鳥獸、蟲虫、雜物、奇怪、王制、禮儀，世間人事，莫不畢載"，都保存了上古到漢代的原始資料。第四，漢人文獻整理所創造的制度、程序、方法、術語，構建了中國學術傳統的規範。①

先秦時期産生的諸多典籍，都經過後世的整理，其文本的確立和文字形式的基本確定，很大程度上是在漢代完成的。這一點，從先秦出土文獻和傳世文獻的對比就可以看出。以前文所舉的慈利楚簡本《吳語》爲例，其文字形式、語序、用字，和今傳《國語》存在諸多的不同。而漢代整理的《國語》當是今傳《國語》的源頭。先秦典籍的書名、作者、篇卷、性質等諸多相關内容，也大都是在漢代確立的。《國語》也是如此。由於漢代經學闡釋系統和傳注系統的形成，《國語》在這一時期也經多位學者注釋，爲後世《國語》注釋確立了典範，提供了資料，對《國語》注釋的推動和《國語》研究功不可没。此外，相關學者在其著述中屢屢引述《國語》，爲研究《國語》在漢代的傳播情形提供了可靠資料。

一、《國語》書名的確立

先秦時期只有"語"的籠統概念，如《楚語上》："教之語，使明其德，而知先王之務用明德於民也。"除了《詩》《書》《禮》《易》《春秋》之外，很多典籍尚未確立具體書名。"國語"二字連用，傳世文獻中較早見於《史記》等書，如《史記·五帝本紀贊》"予觀春秋國語，

---

① 王國强：《漢代文獻學研究》，北京：綫裝書局 2007 年版，第4—5 頁。

其發明五帝德、帝系姓章矣"、《史記·十二諸侯年表》"自共和訖孔子,
表見春秋國語",又《太史公自序》及《報任安書》"左丘失明,厥有
《國語》"。是《史記》本書中,"春秋國語"2見,"國語"1見。此後
又有"春秋外傳"等名。這些《國語》名稱的確立,都是在漢代完
成的。

(一) 春秋國語

"春秋國語"這一名稱在《史記》中出現了兩次。對司馬遷"春秋
國語"看法的認識問題,實際上也是"春秋""國語"的關係問題,即
二者是並列關係還是所屬關係。(1)如看作並列關係,則"春秋""國
語"爲二書名,"春秋""國語"是否即爲傳世之《春秋》[①]《國語》似
仍值得討論;(2)如看作所屬關係,則"春秋"爲限定詞,"國語"爲
中心詞。則只存在"國語"的定性問題,即此"國語"爲一書之名,抑
或爲一種文類之總名。

由於"春秋""國語"定性存在不同,故標點《史記》者在標點符
號處理上也有區別,大抵有四種方式:(1)春秋國語,或"春秋、國
語"。如《二十四史》編委會編《文白對照精華版二十四史》、劉建生主
編《史記精解》等。(2)春秋《國語》。(3)《春秋》《國語》。如中華
書局點校本、嶽麓書社標點本、多種標點本《古文觀止》、傅德岷等主
編《史記鑒賞辭典》、晨光出版社2014年版《白話史記》、吉林大學出
版社《國民閱讀經典》本、李翰文主編《全注全譯史記全本》、王晨主
編《史記精解》、楊繼銘主編《史記文白對照大字本》、張强等注評本、
吳樹平等譯《史記文白對照》本、王利器主編《史記注譯》、韓兆琦評
注《史記》、中華書局點校修訂本等。(4)《春秋國語》。尤以第3種爲
最多。

---

① 也有的認爲此處"春秋"指"春秋傳",如張大可。見張大可《史記論贊輯釋》,西安:陝
西人民出版社1986年版,第46頁;又見張大可、丁德科主編《史記論著集成》第四卷,北京:商
務印書館2015年版,第40頁。徐復觀也主此説,見徐復觀:《兩漢思想史》(二),北京:九州出
版社2014年版,第311頁。

　　各種史學史、史料學著作都頗及《史記·五帝本紀》之語，但對
"春秋國語" 則少專門討論。羅根澤《諸子考索》以《五帝本紀》《報
任安書》之説爲 "國語" 之名較早出現之證。陳松青《〈史記〉所言
"春秋國語" 係指〈國語〉小考》① 認爲《史記》所言 "春秋國語" 即
爲《國語》，理由有三：（1）發明《五帝德》《帝系姓》的是《國語》
而非《春秋》；（2）《十二諸侯年表》是根據《國語》等書寫成，很難
説是以《春秋》或《春秋左傳》爲最後依據；（3）以《説文》《風俗通
義》爲例，證漢人明言引自 "春秋國語" 的文字，皆見於《國語》，不
見於《春秋》。如果陳氏之説成立，則 "春秋國語" 爲《國語》之又名
的原因，當與《國語》一書絶大多數所記爲春秋時期之事有關，故 "春
秋國語" 從語義關係上而言仍爲所屬關係，但只是一書之專稱，而非一
種文類之總名。陳文所列三條論據中，以第三條最能説明問題且無異議。
陳文所述的第一條，梁啓超在其《要籍解題及其讀法》已言之，謂：
"似司馬遷所見而據爲資料者，只有一部《國語》。"② 而其最終結論則仍
舊康有爲之論，謂《國語》《左傳》本爲一書。至其《古書真偽及其年
代》中則一改前説，又謂《國語》《左傳》本爲二書，《左傳》非劉歆
自《國語》中割裂出來者，且又據《墨子·明鬼篇》引魯春秋、燕春
秋、齊春秋與宋春秋而謂："可見，在孔子以前，周、晉、魯、燕、齊、
宋諸國都有《春秋》。"③ 綜合各家，鄙意以爲，"春秋國語" 初當爲類
名，非專書之名，至少在司馬遷《史記》中是如此。

　　劉向整理中府秘書之後，《國語》成爲專書名稱，而許慎、應劭等
稱之 "春秋國語" 者，襲舊名以爲專書名。清人《説文》引經籍文字考
證著作頗多，《續修四庫全書》收録的就有吳玉搢《説文引經考》、邵鍈
《説文解字群經正字》、程際盛《説文引經考》、吳雲蒸《説文引經異

---

① 陳松青：《〈史記〉所言 "春秋國語" 係指〈國語〉小考》，《婁底師專學報》1994 年第 1 期。
② 梁啓超撰，陳引馳編校：《梁啓超國學講録二種》，上海：華東師範大學出版社 1997 年版，
第 54 頁。
③ 梁啓超撰，陳引馳編校：《梁啓超國學講録二種》，上海：華東師範大學出版社 1997 年版，
第 241 頁。

字》、承培元《説文引經證例》、柳榮宗《説文引經考異》、雷浚《説文引經例辨》、陳瑑《説文引經考證》、楊廷瑞《説文經斠》等 9 部。程際盛在他的《説文引經考》中首書《説文》引《國語》句子，後小字附某部，後列今傳《國語》本文相關語句，一共辨正 31 處，承培元可補程氏 4 處，合共 35 處。《説文》標明引述《國語》而稱《春秋國語》者，共計 11 處，《説文》所引 11 處《萅秌國語》，都見於今傳《國語》。雖然有的文字稍有差異，恐怕只是傳播過程中正常的文字異同現象，而非別本或别書問題。也就是説，從司馬遷 "春秋國語" 的不完全確定性，到《説文》 "春秋國語" 僅指一書，最終確立了《國語》 "春秋國語" 的這一書名。

（二）國語

《史記·太史公自序》及司馬遷《報任安書》俱云： "左丘失明，厥有《國語》。" 又《孔叢子·問答篇》謂： "陳王涉讀《國語》，言申生事。" 從傳世文獻的產生年代上而言，《孔叢子》的記載要早於《史記·太史公自序》及司馬遷《報任安書》，而且《孔叢子》所載《國語》即今《國語》。當然，有的學者認爲《孔叢子》是一部僞書。無論這一説法是否成立，司馬遷所載 "左丘失明，厥有《國語》" 八字都是目前所見《國語》作者的最早記録，也是後世學者以《國語》爲左丘明所纂輯的主要證據，還是後世以左丘爲複姓和以左爲單姓爭端之由來。後世學者以《國語》《左傳》關係紛紜複雜，莫衷一是者，此亦其端緒。本處 "國語" 肯定是確定的書籍名稱，這是毫無疑問的。但司馬遷《報任安書》和《史記》的 "國語" 究竟是指《左傳》還是確指今傳《國語》一書，後世學者存在不同見解。

劉大櫆不認爲司馬遷筆下的 "國語" 即今傳《國語》，《海峰文集》卷二《再與左君書》云： "安知非即《春秋傳》?"[①] 崔適《史記探源》卷八《春秋古文》一篇，謂司馬遷之時尚無《左傳》，劉歆據《國語》

---

① （清）劉大櫆：《海峰文集》卷二，天津圖書館藏清刻本，本卷第 16 頁。

而造《左傳》。而賀濤則謂《史記》此處"國語"實指《左傳》，謂："豈有稱人著作，舍其所自爲書，而舉所編次者乎？"①

楊伯峻同樣認爲司馬遷這句話靠不住，他説："司馬遷寫文章是一回事，寫史書是另一回事。寫文章，可以信筆拈來，不求切合史實；寫史書，却需符合歷史客觀情况。他的《報任安書》所舉諸例，很多是非歷史的。'左丘失明，厥有《國語》'也是如此。司馬遷本應説'左丘失明，厥有《春秋》'，爲著避免上文'孔子厄陳蔡作《春秋》'重複《春秋》兩字，於是改《春秋》爲《國語》，硬把《國語》的作者加於左丘明，遂成後代爭論問題之一。楊樹達先生《古書疑義舉例續補・避重複而變文例》説：'太史公《報任少卿書》云："蓋西伯拘而演《周易》；仲尼厄而作《春秋》；屈原放逐，乃賦《離騷》；左丘失明，厥有《國語》。"鄉先輩王先生理安云："左丘明作《春秋》内外傳，兹舉《國語》，避上《春秋》字。"'王理安的解釋只一半中肯，左丘明並不曾作《春秋外傳》（即《國語》）。"② 楊伯峻析分司馬遷史學之筆與文學之筆，又以避重複釋之，可參。但仍然無法回答何以非要以《國語》代替《春秋》而避重複這一點。

以上表明，對於"左丘失明，厥有國語"中的"國語"是否就是今傳《國語》一事，還有學者表達不同的看法。當然，大多數學者把關注點放在"左丘"是左氏還是左丘氏、左丘是否是盲史等問題上。對於"國語"二字，也還有楊伯峻等一些學者提出異議。

《孔叢子》中的《國語》，很明顯已經是確定的書名了。至班彪《略論》、班固《漢書・藝文志》、王充《論衡》、劉熙《釋名》，皆稱引《國語》之名，並對其作者、性質以及與《左傳》的關係進行了探討。許慎《説文解字》明確標出引述自"國語"者，共9處。

漢代確立了《國語》的"國語"這一書名，而且成爲歷代的通用書

<hr />

① （清）賀濤：《讀國語》，見於嚴雲綬、施立業、江小角主編：《桐城派名家文集》第15《吴汝綸選集　賀濤選集　范當選集》，合肥：安徽教育出版社2014年版，第173頁。
② 楊伯峻：《楊伯峻學術論文集》，長沙：嶽麓書社1984年版，第214頁。

名，應用頻次是最高的。究其原因，不外兩個：1. 文字簡要。“春秋外傳”也好，“春秋國語”也好，都是四字方式，而“國語”二字語簡，更便於識記和書寫；2. 涵蓋精準。冠以“春秋”二字，無論從《春秋》經的角度，還是所載史事時間上下限的角度，都與《國語》的內容有不符之處。而“國語”二字較爲精準地概括了全書的內容，並揭明了該書的撰述方式以及涵蓋範圍。

（三）春秋傳

　　一般認爲，“春秋傳”是“春秋左氏傳”的簡稱，故以“春秋傳”作爲《國語》書名比較少見。張以仁從鄭玄《三禮注》中找到幾個例子，並且對鄭玄何以稱《國語》爲“春秋傳”進行了推斷，認爲“鄭玄以爲《左傳》《國語》都傳《春秋》，凡傳《春秋》的他都叫作‘春秋傳’”，“内、外《傳》所記載的事大都類似，也許鄭玄一時誤纏，把《國語》的文章誤記成《左傳》的”，兩相比較，第一個原因的可能性更大。① 史繼東也指出《國語》“在極個別的情況下也被稱作《春秋傳》或《傳》”②。如舊傳伏勝所撰《尚書大傳》卷三《洪範五行傳》云：“《春秋傳》曰：辰爲農祥，后稷之所經緯也。”今又檢《説文解字》中有“春秋傳”2 處，如下：

　　　　《心部》“忨，貪也……《菩烁傳》曰：忨歲而㵣日。”
　　　　《火部》“焯……《菩烁傳》曰：天策焯焯。”

　　這三處“春秋傳”都指《國語》，非指《左傳》。故段玉裁發其例云：“許書亦有謂《國語》爲‘春秋傳’者。”③ 但張以仁認爲許慎稱《國語》爲“春秋傳”“只是他一時纏混或後世傳寫之誤”，故張以仁不

---

　　① 張以仁：《〈國語〉辨名》，見載於《國語左傳論集》，臺北：東昇出版事業公司1980 年版，第6—7 頁。
　　② 史繼東：《〈國語〉文學研究》，北京：中國社會科學出版社2013 年版，第51 頁。
　　③ （清）段玉裁：《説文解字注》，上海：上海古籍出版社1981 年影經韻樓本，第269 頁。

認爲“春秋傳”是《國語》的正式名稱。① 但稱謂既在，且稱《國語》爲“春秋傳”非一人，雖非《國語》之真正別稱，要亦爲《國語》在漢代定名時的稱謂之一。

許慎之後，也有以“春秋傳”指稱《國語》者，如《漢書》如淳注引《國語》即稱“春秋傳”，《漢書》卷四三《叔孫通傳》“與其弟子百餘人爲綿蕞野外”如淳曰：“謂以茅剪樹地，爲纂位尊卑之次也。《春秋傳》曰‘置茅蕝’。”只是相對更爲少見。

（四）春秋外傳

傳世文獻中，較早以“春秋外傳”指稱《國語》一書者，出於劉歆《惠景及太上皇寢園議》。《漢書》卷七三《韋賢傳》載：“歆又以爲：禮，去事有殺，故《春秋外傳》曰：‘日祭，月祀，時享，歲貢，終王。’祖禰則日祭，曾高則月祀，二祧則時享，壇墠則歲貢，大禘則終王。”此後東漢班固《漢書》、趙岐《孟子章句》、蔡邕《朱公叔議》、鄭玄《毛詩箋》、徐幹《中論》就用“春秋外傳”來標識《國語》了。程千帆《史通箋記》謂：“《國語》之稱外傳，自是左氏既行之後，假内、外之名，附經以自尊耳。”② 恐怕這個説法是值得商榷的，“附經以自尊”是從《國語》研究者的角度或者《國語》後世修訂者的立場上看待這一名稱。實際上，劉歆、班固、趙岐、鄭玄等皆非專門研究《國語》者。當然，假如認同康有爲之説，則劉歆尊《國語》恐怕還是和劉歆的《左傳》立場有關，即尊《國語》只是爲給《左傳》找一同盟，非爲《國語》本身“自尊”考慮，當然客觀上確實提高了《國語》的地位，提高了歷代學者對《國語》的重視。

檢《漢書》“春秋外傳”共出現 3 次，另外 2 次爲：《漢書》卷二一下《律曆志》“顓頊帝”下曰：“《春秋外傳》曰：少昊之衰，九黎亂

---

① 張以仁：《〈國語〉辨名》，見載於《國語左傳論集》，臺北：東昇出版事業公司 1980 年版，第 6—7 頁。

② 程千帆：《史通箋記》，北京：中華書局 1986 年版，第 16 頁。

德，顓頊受之，乃命重黎。蒼林，昌意之子也。金生水，故爲水德。天
下號曰高陽氏。周遷其樂，故《易》不載，序於行。"又"帝嚳"下曰：
"《春秋外傳》曰：顓頊之所建，帝嚳受之。清陽，玄囂之孫也。水生
木，故爲木德。天下號曰高辛氏。帝摯繼之，不知世數。周遷其樂，故
《易》不載。周人禘之。"所引分別出自《楚語下》《周語下》。

趙岐《孟子章句》出現"春秋外傳"2次，即《孟子·公孫丑上》
子貢曰："見其禮而知其政，聞其樂而知其德。"趙岐云："《春秋外傳》
曰：'五聲昭德。'言五音之樂聲可以明德也。"《孟子·盡心下》"城門
之軌，兩馬之力與"趙岐云："兩馬者，《春秋外傳》曰：國馬足以行
關，公馬足以稱賦。"所引分別出自《周語下》《楚語下》。

蔡邕《朱公叔議》云："《春秋外傳》曰：'忠，文之實也。'然則
文，忠之彰也。"所引出自《周語下》。

《詩經·皇皇者華》"每懷靡及"鄭玄箋云："《春秋外傳》曰：懷
私爲每懷也。'和'當爲'私'。"所引出《魯語下》。

徐幹《中論》卷下《考僞第十一》云："《春秋外傳》曰：'姦仁爲
佻，姦禮爲羞，姦勇爲賊。'夫仁、禮、勇，道之美者也，然行之不以其
正，則不免乎大惡。故君子之於道也，審其所以守之，慎其所以行之。"
《譴交第十二》云："故《春秋外傳》曰：'天子大采朝日，與三公九卿，
祖識地德。日中考政，與百官之政事師尹。惟旅牧相，宣序民事，少采
夕月，與太史司載，糾虔天刑，日入，監九御潔奉禘郊之粢盛，而後即
安。諸侯朝修天子之業命，晝考其國職，夕省其典刑，夜警其百工，使
無慆淫，而後即安。卿大夫朝考其職，晝講其庶政，夕序其業，夜庀其
家事，而後即安。士朝而受業，晝而講貫，夕而習複，夜而計過，無憾，
而後即安。'"《務本第十五》云："故《春秋外傳》曰：'國君者服寵以
爲美，安民以爲樂，聽德以爲聰，致遠以爲明。'"所引分別出自《周語
中》《魯語下》《楚語上》。

又《後漢書·楊終傳》載："終兄鳳爲郡吏，太守廉範爲州所考，
遣鳳候終，終爲範遊說，坐徙北地。帝東巡狩，鳳皇黃龍並集，終贊頌
嘉瑞，上述祖宗鴻業，凡十五章，奏上，詔貰還故郡。著《春秋外傳》

十二篇，改定章句十五萬言。"亦稱《國語》爲"春秋外傳"。

這是漢代文獻徵引《國語》或指稱《國語》時的書名標識。但在另外的漢代文獻中，則以"外傳"指稱《國語》一書。如劉熙《釋名》、王充《論衡》等。劉熙《釋名·釋典藝第二十》云："《國語》，記諸國君臣相與言語謀議之得失也，又曰《外傳》。《春秋》以魯爲內，以諸國爲外，外國所傳之事也。"① 根據陳建初《〈釋名〉考論》，劉熙生活時代爲東漢靈、獻之世，早於韋昭百年左右。劉熙《釋名》爲傳世文獻中稱《國語》爲"外傳"之始。後韋昭《國語解敘》云："其文不主於經，故號曰外傳。"或即昉自《釋名》，因韋昭著有《辨釋名》，對《釋名》當比較熟悉。《釋名》釋《國語》之名爲"記諸國君臣相與言語謀議之得失"則頗爲得義，釋"外傳"則未能合。蓋《國語》亦有魯語，是不得以"《春秋》以魯爲內，以諸國爲外"爲《國語》又名"外傳"之證據，清人董增齡即謂："考書中明有《魯語》，而以爲外國所傳，且《周語》可以稱外乎？其說非也。"② 故韋昭"其文不主於經"之說似比《釋名》所論更合《國語》稱爲"外傳"之理。

王充《論衡》亦有論及，《論衡·案書篇》云："《國語》，左氏之外傳也。左氏傳經，辭語尚略，故復選錄《國語》之辭以實。然則左氏《國語》，世儒之實書也。"《論衡》主要從《國語》一書與《左傳》內容詳略的角度去論《國語》的價值，即"實"《左傳》者。而且《論衡》注意到了《國語》"語"的特點，這是難能可貴的。王充學於班彪，

---

① 任繼昉：《釋名匯校》，濟南：齊魯書社 2006 年版，第 241 頁。《釋名疏證補》云："畢沅曰：《説文》引《國語》文輒稱《春秋國語》，以《國語》爲《春秋》外傳故也。王啟原曰：《説文》及《風俗通》并稱《春秋國語》，至《釋名》則言'又曰《外傳》'，蓋漢時二名并稱。《隋志》：《春秋外傳國語》二十卷，賈逵注。是《外傳》之名已舊，不得以《漢志》無外傳之名而疑之。惟其爲《春秋外傳》，故《蜀志·陳震傳》震即以《國語》爲《春秋》也。蘇興曰：《漢書·律曆志》引《國語》少昊之衰、九黎亂德等語稱《春秋外傳》，此舊以《國語》爲《外傳》之證。又《論衡》云：《國語》，左氏之外傳也。《內傳》詞義有詳亦有略，故復選錄《國語》之辭以補之。"又曰："畢沅曰：公羊成十五年《傳》：《春秋》內其國而外諸夏。案：以此言《春秋》可也，《外傳》亦有《魯語》，則此語爲不可通。韋昭云：其文不主於經，故謂之外傳。斯言得之。"見（漢）劉熙撰、（清）畢沅疏證、王先謙補：《釋名疏證補》：北京：中華書局 2008 年點校本，第 214 頁。

② （清）董增齡：《國語正義·國語敘》，成都：巴蜀書社 1985 年影印式訓堂本，本卷第 3 頁。

故其持論與班氏父子相近。

無論劉熙還是王充，都僅稱"外傳"，而非稱"春秋外傳"，和其文本的表述語境相關，因爲劉熙《釋名》提到了《春秋》，而王充《論衡》提到了"左氏"，故可省稱《國語》爲"外傳"。

綜上可見，"春秋國語""國語""春秋傳""春秋外傳"在漢代都曾作爲《國語》一書的名稱出現，且比較穩固。從應用頻度上看，以"國語"應用最多，且爲後世普遍接受。

二、《國語》作者及篇卷的確立

《史記·太史公自序》："左丘失明，厥有《國語》。"揭示了左丘明和《國語》的關係。范曄《後漢書·班彪傳》記載班彪略論云："魯君子左丘明論集其文，作《左氏傳》三十篇。又撰異同，號曰《國語》二十一篇。由是《乘》《檮杌》之事遂闇，而《左氏》《國語》獨章……孝武之世，太史令司馬遷採《左氏》《國語》，删《世本》……夫百家之書猶可法也，若《左氏》《國語》《世本》《戰國策》《楚漢春秋》《太史公書》，今之所以知古，後之所由觀前，聖人之耳目也。"① 晉袁宏《後漢紀》卷一三亦載班彪此文。班彪本段文字中談到了三個方面問題：1.《國語》的作者及其篇數；2.《國語》爲司馬遷的史料來源之一；3.《國語》等書和諸子之書不同，可藉以探究歷史的演變。班彪的觀念爲韋昭《國語解叙》所繼承。

班固《漢書·藝文志》"春秋類"云："《國語》二十一篇，左丘明著。"此傳世文獻中第一次正式在文本中規範了《國語》書名、篇數以及著者。又《漢書·司馬遷傳贊》云："及孔子因魯史記而作《春秋》，

① 宋人陳鑑編《東漢文鑑》著録班彪文名《明前支得失論》，"二十一篇"作"二十篇"，或脱"一"字。

而左丘明論輯其本事以爲之《傳》，又籑異同爲《國語》。又有《世本》，
録黄帝以來至春秋時帝王、公侯、卿大夫祖世所出。春秋之後，七國並
爭，秦兼諸侯，有《戰國策》。漢興，伐秦，定天下，有《楚漢春秋》。
故司馬遷據《左氏》《國語》，采《世本》《戰國策》，述《楚漢春秋》，
接其後事，訖於大漢，其言秦漢詳矣。"或即本於其父司馬彪之説。

班彪探討左丘明與《左傳》的關係用"作"，論述左丘明與《國語》
的關係則用"撰異同"。班固著録《國語》，以"左丘明著"，論述則用
"籑異同"。"撰""籑"用同。《論語·述而》"述而不作"朱熹集注：
"作，則創始也。"《漢書·禮樂志》"作者之謂聖"顏師古注："作，謂
有所興造也。"《漢書·張良傳》"非天下所以存亡，故不著"顏師古注：
"著，謂書之於史。"《文選·漢武帝·賢良詔》"著之于篇"李周翰注：
"著，述也。"可見，"著""作"二字並不完全相同。

《國語》的篇制，確立於班彪、班固父子，謂爲二十一篇。《説文·
竹部》："篇，書也。一曰：關西謂榜曰篇。"段玉裁云："古曰篇，漢人
亦曰卷。"是班彪父子之"二十一篇"也就是後來的二十一卷。後世探
討《國語》篇卷，此爲本始。至於班彪、班固時期《國語》一書的篇內
字數多寡，《國語》八國語如何分篇，則難知其詳。

吉本道雅以上海師範大學古籍整理組校點之《國語》爲對象，統計
各語篇章字數，分別爲：《周語》3 卷 33 章 13391 字，《魯語》2 卷 37 章
7181 字，《齊語》1 卷 8 章 3688 字，《晉語》9 卷 127 章 28782 字，《鄭
語》1 卷 2 章 1686 字，《楚語》2 卷 18 章 7065 字，《吳語》1 卷 9 章
4951 字，《越語》2 卷 9 章 3652 字，全書 21 卷 243 章 70396 字。[①] 根據
吉本道雅的統計數字，《國語》全書平均每卷 3352.19 字，每章289.68
字。但今傳《國語》各語內容多寡並不均衡，恐怕這種不均衡的狀況在
其成書時期即已如此，並非後世篇章亡逸所致。

---

① 吉本道雅：《國語成書考》，《京都大學文學部研究紀要》2014 年 3 月 20 日第 53 號，第 1—
43 頁。筆者在讀碩士研究生時期，曾經在導師王志瑛教授的指導下，和同門根據上海古籍出版社點
校本做成電子文本，進行過字數統計，得上海師大古籍整理組校點本《國語》字數爲 70399 字（見
拙著《〈國語〉動詞管窺》，四川大學出版社 2008 年版，第 1 頁），和吉本道雅相差 3 字。

三、《國語》性質、内容的初步認定以及文獻歸類

通過上述引文可知，王充、劉熙都對《國語》的性質給予了揭示，即"外傳"。王充、劉熙之前已有"外傳"之名，但是並無對"外傳"性質的界定。至劉熙則謂爲"外國所傳之事"，而王充謂爲"選録《國語》之辭以實"，即作爲《左傳》的補充。可見王充和劉熙對《國語》性質的界定不同。王先謙《釋名疏證補》"《内傳》詞語有詳亦有略，故復録《國語》之辭以補之"之論，實與王充所言無異。

另外，劉熙對《國語》的内容進行了總括，即"記諸國君臣相與言語謀議之得失也"，這句話：1. 揭示了《國語》"語"的性質，爲韋昭的進一步認定提供了前提；2. 揭示了《國語》的基本功能。

班固之前，有《七略》《别録》，惜已不存，故班固《漢書·藝文志》是目前可見最早進行文獻分類的著作。《漢書·藝文志》以《國語》入六藝之《春秋》家，其總論謂："古之王者世有史官，君舉必書，所以慎言行，昭法式也。左史記言，右史記事，事爲《春秋》，言爲《尚書》，帝王靡不同之。周室既微，載籍殘缺，仲尼思存前聖之業，乃稱曰：'夏禮吾能言之，杞不足徵也；殷禮吾能言之，宋不足徵也。文獻不足故也，足則吾能徵之矣。'以魯周公之國，禮文備物，史官有法，故與左丘明觀其史記，據行事，仍人道，因興以立功，就敗以成罰，假日月以定曆數，籍朝聘以正禮樂。有所褒諱貶損，不可書見，口授弟子，弟子退而異言。丘明恐弟子各安其意，以失其真，故論本事而作傳，明夫子不以空言説經也。《春秋》所貶損大人當世君臣，有威權勢力，其事實皆形於傳，是以隱其書而不宣，所以免時難也。及末世口説流行，故有《公羊》《穀梁》《鄒》《夾》之傳。四家之中，《公羊》《穀梁》立於學官，《鄒氏》無師，《夾氏》未有書。"所論並未涉及《國語》。但是班固的這一文獻歸類對後世影響很大，後世藝文志一直將《國語》歸入經部《春秋》類中，至唐代劉知幾《史通》從史的角度重新分類，南

宋黄震始移《國語》入史部雜史中，但絕大多數還是按照《漢書·藝文志》的標準，將《國語》歸到經部《春秋》類下。此外，班固不僅對左史、右史的功能給予了分類，而且還特別以《春秋》《尚書》爲例進行了説明，這也是後世學者以《尚書》爲《國語》體例源頭的理論參照。

四、漢代《國語》注釋研究

張立文、祁潤興云："文本是學術思想言説的符號蹤跡，是學術思想交往的理性工具，是學術精神超越的信息橋樑。學者總是通過一定文本的理解、詮釋，纔能凝練體現時代精神的學術核心話題，體現學術的人文關懷，並融入民族生命智慧的人文語境。"① 漢代劉歆確立了《左傳》古文經學的地位，且編有《新國語》五十四卷。後世《左傳》之學勃興以及《國語》《左傳》關係之糾葛，劉歆之立《左傳》與編《新國語》也是後世探討此一問題的關鍵所在。由於《左傳》《國語》之間內容的重合度高，漢代學者又比之爲《春秋》之內、外傳，隨著《左傳》研究的興起，《國語》的研究進入第一個繁榮時期。漢代學者在注釋《左傳》之外，紛紛對《國語》進行深入研究，部分研究成果成爲後世《國語》研究的典範和重要參考依據。

根據《隋書·經籍志》記載，韋昭以前的《國語》研究者爲鄭衆、賈逵、服虔、唐固、虞翻、楊終六家。韋昭《國語解序》對其前的幾家注進行了評述：

> 至於章帝，鄭大司農爲之訓注，解疑釋滯，昭晰可觀，至於細碎，有所闕略。侍中賈君敷而衍之，其所發明，大義略舉，爲已憭矣，然於文閒時有遺忘。建安、黃武之閒，故侍御史會稽虞君、尚書僕射丹陽唐君皆英才碩儒、洽聞之士也，采摭所見，因賈爲主而

---

① 張立文、祁潤興：《中國學術通史·宋元明卷》，北京：人民出版社 2004 年版，第 16 頁。

損益之。觀其辭義，信多善者，然所理釋，猶有異同。

楊終的注無見引者。韋注多引鄭、賈、唐、虞之説。韋昭之後，裴駰《史記集解》頗好徵引唐固之説，《文選》李善注、《一切經音義》等書引用了賈逵注的很多條目，故今所見《國語》舊注輯佚條目中以賈注爲最多。韋昭以前《國語》注雖多爲韋昭所棄，而群書徵引，賴以得見其鱗爪。張以仁云："然鄭、賈諸賢，固當世名儒碩學。《韋解》雖稱採其精善，所揚棄者未必盡皆糟粕。即韋氏目爲糟粕，未必盡人皆以爲糟粕也。且孔晁之注，韋所未及，豈無信善以資採擷？"① 其説可謂通達。

（一）鄭衆《國語章句》

鄭衆（？—83），字仲師，世稱"鄭司農"，以與宦官鄭衆相别。《後漢書》卷三六有傳，謂鄭衆年十二即從父鄭興受《左氏春秋》，"精力於學，明《三統曆》，作《春秋難記條例》，兼通《易》《詩》，知名於世"，言其"受詔作《春秋删》十九篇"。《後漢書·儒林傳》又云其傳《周官》《毛詩》《費氏易》，《隋書·經籍志》又謂鄭衆注《孝經》二卷，已亡。無論《後漢書》鄭衆本傳、《後漢書·儒林傳》，都没提到鄭衆曾爲《國語》解詁之事。韋昭《國語解序》是最早指出鄭衆爲《國語》作注的文獻，謂："至於章帝，鄭大司農爲之訓注，解疑釋滯，昭晰可觀，至於細碎，有所缺略。"從韋昭的記述來看，鄭衆的《國語》注解決了很多問題，但是不够細密，恐怕這也是他書徵引鄭衆注較少而今鄭衆注輯佚條目較少的原因所在。至於鄭衆注《國語》具體名目，韋昭没有講，《隋書·經籍志》《舊唐書·經籍志》《新唐書·藝文志》也都没有著録鄭衆的《國語》著述。至北宋宋庠，在其《國語補音敘録》中提到："後漢大司農鄭衆作《國語章句》，亡其篇數。"這是鄭衆《國

---

① 張以仁：《〈國語舊注輯校〉序言》，氏著《張以仁先秦史論集》，上海：上海古籍出版社2010年版，第154頁。

語》著述記録有確切書名的最早文獻。先秦以來典籍文獻有章句這一訓詁體裁，兩漢時期多見，但是傳世者較少，唯王逸《楚辭章句》、趙岐《孟子章句》。而《國語》之有章句，鄭衆實首創之。

清代《國語》輯佚各家中，汪遠孫、馬國翰、蔣曰豫皆輯有鄭注，汪遠孫《國語三君注輯存》、馬國翰《玉函山房輯佚書》皆輯有 5 條，汰去重複，汪、馬所輯鄭衆注共 9 條。張居三認爲，從所存鄭衆注來看，"具有漢代古文經學派注書簡明樸素的特點"①。後張以仁《國語舊注輯校》即輯録全部 9 條，但是這 9 條並非都是鄭衆所注。今臚列如下並探討之：

①鄭衆云：《棠棣》，穆公所作。（章解，馬）注云：文公之詩者，周公旦之所作《棠棣》之詩是也。（章解、汪、蔣、張）鄭、唐二君以爲《棠棣》穆公所作。（章解）

[按]《棠棣》詩出《詩·小雅》。《國語·周語中》首章云："周文公之詩曰：'兄弟鬩于牆，外禦其侮。'若是則鬩乃内侮，而雖鬩不敗親也。"韋昭注云："鄭、唐二君以爲《棠棣》穆公所作，失之，唯賈君得之。穆公，召康公之後穆公虎也，去周公歷九王矣。"《左傳·僖公二十四年》以爲召穆公作《棠棣》，謂："召穆公思周德之不類，故糾合宗族于成周而作詩。"林堯叟云："此詩乃周公閔管、蔡失道而作，今富辰以爲召穆公所作者，蓋樂章久廢，召穆公所作周公樂歌也。"② 是彌合前人之説。汪遠孫《國語三君注輯存》謂："此鄭君蓋指康成氏也。"③ 以此處之鄭謂爲鄭玄，而非鄭衆。張以仁謂："如係鄭衆舊説，康成例必冠以

---

① 張居三：《〈國語〉文獻研究》，北京：中國社會科學出版社 2020 年版，第 172 頁。另據張居三統計，清人所輯鄭衆注，去其重複，有 20 多條。和筆者統計數據不同。凡清人輯佚《國語》佚注各家條目多寡，張以仁、張居三、筆者都有統計，但在具體數目上都存在一定差異。大約所據版本以及統計時數據出入所致。詳參張居三《〈國語〉文獻研究》，第 186—191 頁。

② （明）王道焜、趙如源同編：《左傳杜林合注》，臺北：臺灣商務印書館《景印文淵閣四庫全書》第 171 册，第 448—449 頁。

③ （清）汪遠孫：《國語三君注輯存》，道光丙午（1846）振綺堂本，卷一，第 8 頁。

'鄭司農云' 等字樣，今既無之，則康成己説無疑。然馬氏録以爲鄭衆
《國語章句》逸文，蔣氏亦以爲鄭衆之注，是皆誤矣。"① 汪遠孫、張以
仁從鄭《箋》注文體例的角度推測，此處之 "鄭" 是鄭玄而非鄭衆。但
是劉師培則謂："《國語解》謂 '鄭、唐二君以爲《常棣》穆公所作'，
即指先鄭。"② 則是從韋昭注引文體例角度進行推斷的。本條是否鄭衆
注，還在存疑之列。

　　②鄭衆曰：南謂子男。鄭，今新鄭。新鄭之於王城，在畿内。
畿内之諸侯，雖爵有侯伯，周之舊法皆食子男之地。（韋解，馬、
蔣、張）

　　［按］《國語・周語中》"鄭伯，南也" 韋昭注云："賈侍中云：'南
者，在南服之侯伯。' 或云：'南，南面君也。' 鄭司農云：'南謂子男。
鄭，今之新鄭。新鄭之於王城，爲在畿内，畿内之諸侯雖爵有侯伯，周
之舊法皆食子男之地。' 昭按《内傳》，子產争貢，曰：'爵卑而貢重者，
甸服也。鄭伯男也，而使從公侯之貢，懼弗給也。' 以此言之，鄭在男
服，明矣。周公雖制土，中設九服，至康王而西都鎬京，其後衰微，土
地損減，服制改易，故鄭在男服。禮：畿外之侯伯也，世位其見待重於
采地之君，故曰是 '不尊貴' 之也。" 張以仁謂："又此條疑是鄭玄之
説。《左》昭十三年《疏》引鄭衆、服虔之説爲 '鄭伯爵在男服也'，與
此不同，而引《鄭志》曰：'男謂子男也。周之舊俗，雖爲侯伯，皆食
子男之地。' 則是鄭玄之説明矣。汪氏《輯存》不録，是也。"③ 張以仁
從《左傳正義》引鄭衆與鄭玄之語，推定韋解引述 "鄭司農" 實爲鄭
玄，而非鄭衆。關於這一點，劉師培也曾指出，謂："近儒據爲先鄭説。
今考《左傳・昭十三年》'鄭伯，男也'《疏》引鄭衆、服虔云；'鄭，

① 張以仁：《張以仁先秦史論集》，上海：上海古籍出版社 2010 年版，第 182 頁。
② 劉師培著，萬仕國點校：《讀書隨筆（外五種）》，揚州：廣陵書社 2013 年版，第 55 頁。
③ 張以仁：《張以仁先秦史論集》，上海：上海古籍出版社 2010 年版，第 184 頁。

伯爵，在男服也.’是韋注所引，非先鄭説。蓋韋解本作‘鄭後司農’，今本挩‘後’字。知者，《左疏》又引《鄭志》云：‘男，謂子男也。周之舊俗，雖爲侯伯，皆食子男之地.’《詩·鄭譜》疏引《鄭志》答趙商云：‘此鄭伯，男者，非男畿，乃謂子男也。先鄭（猶云‘故鄭’）之於王城，爲在畿内之諸侯，雖爵爲侯伯，周之舊俗，皆食子男之地，故云“鄭伯，男也”.’與韋解所引適符。知韋之所引，即係《鄭志》。”① 劉師培所論較張以仁更爲詳盡。許子濱《〈左傳〉“鄭伯男也”解》謂：“《左傳·昭公十三年》記鄭子産争貢語有云‘鄭伯，男也’，學者以爲此語‘極費解’。古今學者之説，大略有八：一、伯子男同位説，杜預、孔穎達、惠棟、王紹蘭、陳立、施之勉、金景芳、吳静安等主之，王肅之説與之近；二、男謂畿内子男，鄭玄主之；三、男爲男服，鄭衆、服虔、韋昭、范文瀾、楊伯峻等主之；四、男當作南，謂南面之君，賈逵主之；五、鄭自貶其爵説，朱熹、左暄等主之；六、改賜伯爵説，俞樾主之；七、謂‘伯男’爲男職之伯，楊向奎主之；八、稱‘伯’言爵輕、謂‘男’以别於‘甸服’，葉國良先生主之。……伯子男同稱，既見於春秋時任職語，則‘伯男’連稱，不足爲怪。細審文意，子産這句話不過是説，按以往周王所制定的諸侯班貢的原則，其列尊者其貢重，只有甸服列卑而貢重。如今鄭雖未伯，而與子男同等，其列既卑，不能與公侯相比，又不在甸服之内，實不應從公侯之貢。原文當讀作‘鄭，伯男也’，吳静安如此讀，可從。”② 趙生群教授復於其所著《左傳疑義新證》中對《周語》本句進行較爲周密的討論，云：“《國語》作：‘鄭，伯南也.’‘南’亦訓‘任’。《廣雅·釋言上》：‘南、壬，任也.’《國語·周語下》：‘五間南吕，贊陽秀也.’韋昭注：‘南，任也。陰任陽事，助成萬物.’《尸子》卷下：‘南方爲夏。夏，興也。南，任也.’《白虎通義·禮樂》：‘南之爲言任也。任養萬物.’又《五行》：‘南者，

---

① 劉師培著，萬仕國點校：《讀書隨筆（外五種）》，揚州：廣陵書社 2013 年版，第 55 頁。
② 徐子濱：《〈左傳〉“鄭伯男也”解》，《華學》第九、十輯，上海：上海古籍出版社 2008 年版，第 236—245 頁。

任也。言陽氣尚有，任生薺麥也。'《淮南子·天文篇》：'音比南吕。'
高誘注：'南吕，八月也。南，任也。言陽氣内藏，陰侣於陽，任成其
功，故曰南吕也。'《尚書大傳》卷一：'名曰南陽。'鄭玄注：'南，任
也。'《漢書·律曆志上》：'大陽者，南方。南，任也。陽氣任養物，於
時爲夏。'《禮記·文王世子》：'胥鼓南。'孔穎達疏引《鉤命訣》曰：
'南夷之樂曰南。'又曰：'南，一名任。《明堂位》云：任，南蠻之樂
也。'則'南''任'字亦相通。《國語·周語中》曰：'夫狄無列於王
室。鄭，伯南也，王而卑之，是不尊貴也。'謂鄭列在侯爵，與'狄無
列於王室'相對。"① 亦可備説。

③鄭注：火，心星。清風，寒風。（書鈔156，汪、張）

　　[按] 孔廣陶校本《北堂書鈔》引《周語中》"火見而清風戒寒"
注如此，孔廣陶云："陳本脱'鄭注'以下，俞本亦脱'鄭'字，則不
知是何人注矣。考汪遠孫校刻《國語注》三種有衆注，此即其佚文
也。"② 孔廣陶是根據汪遠孫《國語三君注輯存》輯有鄭衆注而斷此處注
文作者爲鄭衆的。檢汪遠孫《國語三君注輯存》即謂據《北堂書鈔》輯
入，又云："《太平御覽·時序部十九》不言是鄭注。"③ 若果如孔廣陶所
説，陳禹謨本脱"鄭注"以下文字，俞安期氏脱"鄭"字，孔氏則據汪
遠孫補"鄭注"。嚴可均謂汪遠孫藏有原本《北堂書鈔》。根據嚴可均記
述，原本《北堂書鈔》"一百六十卷，明初寫本，未經陳禹謨改竄"④，
而嚴氏謂汪遠孫藏原本獨"繕寫精妙"⑤，可見汪遠孫以《北堂書鈔》所

---

① 趙生群：《左傳疑義新證》，北京：人民文學出版社2013年版，第354頁。

② （唐）虞世南編：《北堂書鈔》，上海：上海古籍出版社輯印《續修四庫全書》第1213冊影
孔廣陶校注本，第114頁。

③ （清）汪遠孫：《國語三君注輯存》卷一，道光丙午（1846）振綺堂本，本卷第11頁。

④ （清）嚴可均：《書北堂書鈔原本後》，見嚴可均著，孫寶點校：《嚴可均集》，杭州：浙江
古籍出版社2013年版，第272頁。

⑤ （清）嚴可均：《書汪小米所藏北堂書鈔原本後》，見嚴可均著，孫寶點校：《嚴可均集》，
杭州：浙江古籍出版社2013年版，第274頁。

引爲鄭注，援據《書鈔》之明初寫本。嚴可均謂《北堂書鈔》原本有五，朱太岩分爲刻本、抄本、活字本等，僅明抄本多種。可見，非集群本，無法判定汪遠孫輯存本條的真實面目。筆者在《唐代類書引〈國語〉研究》中僅參陳禹謨本、孔廣陶本，明以前本未能得見，故考校存在一定不足。今天文學家謂"火"即大火星，先秦時即設火正，觀測大火星爲紀時依據。陳久金引述《周語中》"火見而清風戒寒""火之初見，期于司里"、《左傳·昭公二十九年》"火見而致用"，並謂："大火晨見也是一個重要時節。從這些記載可以看出，火見均與修城郭、建宮室有關。小民每年都要爲統治者服勞役，每當大火星晨見東方，就要集合出發了。"[1] 可見火星的重要性。後世解《國語》者無有釋"清風"者，鄭衆注可補不足。但是文獻中"清風"多見，皆無此意。唯《周語中》"清風"有鄭衆此釋，頗值思忖。

④賈、鄭、唐説皆云：昊天，天大號也。二后，文武也。康，安也。言昊天有所成之命，文武則能受之，謂修己自勤以成其王功，非謂周成王身也。（韋解，馬、黄、汪、蔣、張）

［按］本條出《周語下》"叔向説《昊天有成命》"章。鄭玄箋釋"昊天"與賈、鄭、唐同。《書·堯典》"欽若昊天"僞孔傳云："昊天，言元氣廣大。"孔疏謂："昊天者，混元之氣，昊然廣大，故謂之昊天也。"鄭釋"二后"與毛傳同。從生活時期上看，鄭衆最先，其次賈逵，其次唐固，其次虞翻。此處韋昭引述次序爲"賈、鄭、唐"，而非"鄭、賈、唐"，此處之"鄭"是否即指鄭衆，仍存疑問。

⑤鄭、虞云：廣當爲"光"。（韋解，汪、黄、張）

［按］此出叔向"熙，廣也"釋。毛傳用叔向説。鄭玄箋釋與鄭

衆、虞翻釋同。《爾雅·釋詁》："緝、熙，光也。"鄭衆、鄭玄等説或
即本此。

⑥鄭衆曰：自考父至孔子，又亡其七篇，故餘五耳。（韋解，
馬、蔣、張）

［按］此出《魯語》"昔正考父校商之名頌十二篇于周大師"韋昭注
引文。但劉師培認爲這一條應是鄭玄之説，謂："此爲《毛詩》鄭《箋》
説，'鄭'下捝'後'字。"① 推測劉師培的依據，恐怕還是鄭《箋》有
注文，而無其他材料證明鄭衆有此注。但這都是説起來很有道理卻無法
查證的事情。即便韋昭注多處有脱文，也無法就依例推定此處必然就有
脱文。在没有任何直接證據證明非鄭衆之説的前提下，姑從韋注繫於鄭
衆之下。此鄭衆根據孔子時代《商頌》唯餘五篇而進行的解釋。

⑦鄭衆曰：易行，中軍與上下軍易卒伍也。中軍之卒良，故易
也。（韋解，馬、蔣、張）

［按］此出《楚語上》"若易中下，楚必欲之"韋昭注所引。韋昭引
鄭衆注以備一説，並未置可否。洪亮吉《春秋左傳詁》引述鄭衆之説以釋
襄公二十六年"易行以謗之"之"易行"，仇立萍也以《左傳》之説，謂
韋解非是。檢明代學者傅遜謂："中軍、下軍部分有素，豈容變易？易之
不過以誘楚耳，簡易兵備豈不可以爲誘，必變置其常而後可耶？於此當依
韋注。據《國語》所記，自當如韋解，蓋二書每有異同，如黄池之會，一
云先晉，一云先吴，豈可强之使同？"② 可謂通達。

---

① 劉師培著，萬仕國點校：《讀書隨筆（外五種）》，揚州：廣陵書社 2013 年版，第 55 頁。
② （明）傅遜撰，孫大鵬、袁雯君整理：《傅遜集》，上海：復旦大學出版社 2015 年版，第
760 頁。

⑧鄭氏云：軍所以討獲曰實。(《文選》注引，汪、張)

[按] 此出《楚語上》"榭不過講軍實"注，爲《文選·左思·三都賦》劉逵注所引。韋昭釋"軍實"爲"戎士"。《左傳》亦見"軍實"之例，《左傳·隱五年》"歸而飲至，以數軍實"杜注："飲於廟，以數車徒、器械及所獲也。"杜注義與鄭衆《國語》注同。《辭源》(第三版)"軍實"詞條即引述韋昭注、杜預注，列爲兩個義項。

⑨鄭司農以爲：稽，計兵名籍也。《周禮》：聽師田以簡稽。(韋解，蔣、汪、張)

[按] 此出《吳語》"拱稽"韋注所引。韋昭先引唐尚書"稽，棨戟也"，次引"鄭司農"以爲"稽，計兵名籍也"。但是《國語》之宋刻宋元遞修本、許宗魯本、金李本、張一鯤本、詩禮堂本、董增齡本等《國語》公序本系統"司農"前有"後"字，朝鮮集賢殿校本也有"後"字。劉師培即根據《國語》公序本，以此注實出鄭玄。按説鄭衆先於唐固，韋昭引述自當先鄭後唐，而此處先唐後鄭，公序本系統皆作"後司農"，恐已認識到這個問題。

可見，上述9條之中，前人存疑的就有3條之多，因所據《國語》版本而判斷不够允當者有1條，孤證1條，各家基本没有爭議從而定爲鄭衆《國語》注的只有4條。9條佚注，7條出自韋注所引，1條輯自《北堂書鈔》，1條輯自《文選注》。整體而言，韋昭直接徵引鄭注數量相當少。至於化用鄭注的，已經没有材料可以證明了。各家没有爭議的輯佚條目中，"清風""軍實"的注釋當屬於鄭衆的發明，其釋《昊天有成命》的條目爲後來訓詁所繼承。

(二) 賈逵《國語》注

賈逵 (30—101) 是漢代的經學大師，又是天文學家，字景伯，東漢扶風平陵 (今陝西咸陽西北) 人。西漢賈誼是賈逵的九世祖。《後漢書》本傳記載其父親賈徽從劉歆受學《左氏春秋》《國語》《周官》，又從塗惲習《古文尚書》，從謝曼青習《毛詩》，作《左氏條例》二十一篇。"逵悉傳父業"，"尤明《左氏傳》《國語》，爲之解詁五十一篇"，"逵所著經傳義詁及論難百餘萬言，又作詩、頌、誄、書、連珠、酒令凡九篇，學者宗之，後世稱爲通儒"，賈逵通過辯難、上書，確立了《春秋左傳》等古文經的地位，擴大了古文經學的影響。本傳"論曰"謂："鄭、賈之學，行乎數百年中，遂爲諸儒宗，亦徒有以爲爾。"白壽彝主編《中國通史》亦謂："賈逵的經學，已遠較前人爲恢廓，能融合古今文而觀其大體。今古之爭，至此可能已有了新的轉變，而經學的舊樊籬已有顯著的突破了。"[1] 張立文主編《中國學術通史》也說："通過賈逵的努力，古文的《左氏春秋》《古文尚書》和《毛詩》受到皇權的贊賞與支持，並由官方選定學生傳習，賈逵及其門生弟子也都得到任用，爲當時讀書學經之人所羨慕。這幾部古文經傳雖未立爲官學，但實際影響卻超過了立爲官學的今文經學。"[2] 可見賈逵學術影響之深遠。則其研究對於推動漢代經學以及漢代古籍闡釋有重要的價值與意義，對於漢語詞彙史的深入研究也具有重要意義。許慎即出自其門下，《説文解字》引《國語》爲證者 30 餘條，且訓釋亦多本師説，如《玄應音義》卷一三引賈逵《國語》注云："勦力，并力也。"許慎《説文》注同。又許慎《説文解字》標明引述賈侍中之説者 14 處。也可以見出賈逵對許慎的學術影響。

　　近些年來，有學者對賈逵的學術成就進行了專門討論和研究，如邱居里《賈逵與史學》認爲賈逵的學問根基是"《左傳》與《國語》這兩部記載春秋時期歷史的先秦史書"，並進而認爲"賈逵對史學的貢獻，主要不在於當代史的撰作，而是對古代史籍的傳承與詮釋"[3]。實際上邱

　　① 白壽彝總主編，白壽彝、廖德清、施丁主編：《中國通史·第四卷·中古時代·秦漢時期下册》（第 2 版），上海：上海人民出版社 2013 年版，第 1302 頁。
　　② 張立文主編，周桂鈿、李祥俊著：《中國學術通史·秦漢卷》，北京：人民出版社 2004 年版，第 237 頁。
　　③ 邱居里：《賈逵與史學》，《史學史研究》2006 年第 4 期。

氏所説的古代史籍，是《古文尚書》、古文《左傳》等古文經學典籍，故邱氏進而説"由史入經，經史貫通，這是賈逵爲學的途徑"，並解釋云："這種經史兼通的普遍情況，正是因爲西漢經史尚未分離，史學還只是經學中春秋學的一部分，未曾脱離經學成長爲一門獨立的學科。"史振卿排比文獻，最終認定："賈逵會從其父賈徽那裏瞭解孔壁古文《尚書》，此時的孔壁古文《尚書》與今文《尚書》字體和篇章基本一致。由於大夏侯之學爲士人追崇，賈逵應研習和傳授大夏侯《尚書》學，只是當賈逵見到杜林漆書時，又認爲古文《尚書》就是杜林漆書，加上當時士人好古之風盛行，所以賈逵爲漆書作訓。"並進而推斷："這也表明在東漢時期，研習古文《尚書》的學者，由於没有立於官府，所以並不嚴格遵守家法和師承，爲了某種政治的需要，很可能兼習各種《尚書》本子。"① 李文博主要針對皮錫瑞《經學歷史》"杜、鄭、賈、馬注《周禮》《左傳》不用今説"和周予同"杜林、鄭衆、賈逵、馬融注《左傳》《周禮》不用今文説"之論而發，認爲賈逵《左傳》注中"時時透露出微言大義與天人陰陽思想"，"存在著夷夏觀念和尊王攘夷思想"，"直接採用或繼承了《公羊》《穀梁》二傳之説"②。李氏的這篇文章很有啓發性，提醒我們在涉及經今古文的時候，需要審慎和明辨。

唐人引述賈逵《國語》注較多，如《文選》六臣注、《漢書》顏注、玄應《衆經音義》、慧琳《一切經音義》等。清人輯録賈逵《國語》注文，也多從這幾部書中輯録。張以仁在其《〈國語〉舊注的輯佚工作及其產生的問題》一文中對各家《國語》舊注輯佚條目進行過統計，其中各家輯録賈逵注數據如下：馬國翰《玉函山房輯佚書》輯賈逵 267 條，王謨《漢魏遺書鈔》輯賈逵 200 條，黄奭《黄氏逸書考》輯賈逵 200 條，蔣曰豫《蔣侑石遺書》輯賈逵 236 條，汪遠孫《國語三君注輯存》輯賈逵 322 條。③ 今檢勞格據《文選注》輯得 2 條，王仁俊《玉函山房輯佚

① 史振卿：《賈逵與古文〈尚書〉考論》，《文藝評論》2013 年第 8 期。
② 李文博：《賈逵注〈左傳〉"不用今説"辨》，《孔子研究》2013 年第 6 期。
③ 張以仁：《〈國語〉舊注的輯佚工作及其產生的問題》，見載於《張以仁語文學論集》，上海：上海古籍出版社 2012 年版，第 203—227 頁。

書續編》據《唐玉篇》和《姓解》輯賈逵注 106 條，劉師蒼、劉師培《國語賈景伯注補輯》把重複計算在内，輯得 600 多條，新美寬、鈴木隆一《本邦殘存典籍による輯佚資料集成》輯賈逵注 350 條，張以仁《國語舊注輯校》輯存賈逵注 481 條。陳鴻森據《玉篇殘卷》、敦煌殘卷輯得賈逵注若干條目，但是陳氏所據資料並未超出前人，而且誤會敦煌殘卷注爲賈逵注，故不必計入。張以仁所輯 481 條，基本囊括了清代馬、王、汪、蔣、勞諸家所輯條目。王仁俊所輯 106 條，新美寬、鈴木隆一《本邦殘存典籍による輯佚資料集成》也基本囊括。通過對比新美寬、鈴木隆一《本邦殘存典籍による輯佚資料集成》和張以仁《國語舊注輯校》所輯賈逵注發現，《本邦殘存典籍による輯佚資料集成》所輯賈逵注獨出者 150 條。也就是説，賈逵注存世條目至少有 631 條，數量還是比較可觀的。從數量上而言，賈逵注輯佚條目也是目前可知《國語》佚注中最多的。

　　目前可見的《國語》賈逵注輯本多種，对賈逵《國語注》的命名也不同。王謨《漢魏遺書鈔》謂爲《國語註》，黃奭《黃氏逸書考・子史鉤沉》謂爲《賈逵國語注》，蔣曰豫《蔣侑石遺書》謂爲《國語賈景伯注》，馬國翰《玉函山房輯佚書》謂爲《國語解詁》，王仁俊《玉函山房輯佚書續編》據《玉篇》輯佚者謂爲《國語賈氏注》、據《姓解》輯佚者謂爲《國語賈注》，劉師蒼、劉師培謂爲《國語賈注》。各家命名中，唯馬國翰所輯所題最接近《後漢書》賈逵本傳所載書名。臺北藝文印書館 1972 年刊行《四部分類叢書集成三編》收賈逵《國語注》，爲黃氏《黃氏逸書考・子史鉤沉》輯本；臺北藝文印書館 1970 年刊行《四部分類叢書集成續編》、香港聚文書局 2008 年刊行《經籍叢刊》中所收賈逵的《國語注》，爲王謨《漢魏遺書鈔》輯本；董治安主編的《兩漢全書》所收賈逵《國語解詁》點校本以馬國翰《玉函山房輯佚書》輯本爲底本，所收《國語賈氏注》點校本以王仁俊《玉函山房輯佚書續編三種》輯本爲底本，所收《國語解詁補遺》以《黃氏逸書考》輯本爲底本。張以仁的《國語舊注輯校》初以論文形式呈現，後來輯爲一帙，收入《張以仁先秦史論集》中。

1. 賈逵注的基本内容

賈逵注内容大體可以分爲釋詞語、釋史事、串講句義、解釋語法、説明修辭、解釋典章制度等。其中釋詞語又按照詞類分爲釋名詞、釋動詞、釋形容詞、釋副詞、釋數詞等。而釋名詞中又有普通名詞、器具名詞、國族名稱、職官名稱、人名、樂律等等。

（1）釋詞語

這是賈逵注，也是古書注文的一大内容。根據其詞類劃分，可以分爲名詞、動詞、形容詞、副詞、數詞等等。今以賈逵所釋名詞，以見其訓詁内容之大略。

①釋疾患類名詞

"勤恤民隱"賈逵云："隱，病也。"此釋疾患類名詞。

"譬諸疾，疥癬也"賈逵云："癬，疥也。"此釋疾病。

"上下無隙"賈逵云："隙，釁也。"此釋嫌隙憂患類名詞。

"瞍賦"賈逵云："目無眸子。"此釋殘疾之一種。

②釋倫理等級類名詞

"今其胄見"賈逵云："胄，胤也。""同姓爲兄弟"賈逵云："兄弟，婚姻之稱也。"此釋倫理名詞。

"棄其伉儷妃嬪"賈逵云："儷，偶也。"此釋倫理名詞。賈逵又云："妾御曰嬪。"此釋嬪之地位與職能。

"爲班爵貴賤以列之"賈逵云："班，位也。"

"天祚將在武族"賈逵云："祚，位也。"

"明等級以導之禮"賈逵云："級，上下等差也。"

③釋兆示休咎類名詞

"必皆無讁"賈逵云："讁，咎也。"此釋休咎。

"惡有釁"賈逵云："釁，兆也，言有禍兆也。"此釋徵兆類名詞。

④釋法度類名詞

"度之于軌儀"賈逵云："軌，法也。"

"治國家不失其柄"賈逵云："柄，權也。"

⑤釋身體器官

"謂其能爲禹股肱心膂"賈逵云："膂，脊也。"此釋身體器官。

"有首領股肱至于毛拇手脉"賈逵云："拇，大指也。"此釋身體部位。

⑥釋地理名詞

"猶塞川原而爲潢汙也"賈逵云："大曰潢，小者曰汙。"此釋池塘名稱。

"而幽王蕩以爲魁陵糞土溝瀆"賈逵云："川皋曰魁也。"此釋地理名詞。

⑦釋植物類名詞

"屈到嗜芰"賈逵云："（芰），薢芰也。"此釋植物名詞。

⑧釋謀議類名詞

"計成而後行"賈逵云："計，謀也。""委質而策死"賈逵云："策，計也。"此釋計議類名詞。

⑨釋飲食類名詞

"飲而無肴"賈逵云："肴，俎也。"此釋飲食。"夫膏粱之性難正也"賈逵云："膏，肉之肥者。粱，食之精者。言其食肥美者率驕放，其性難正也。"此釋食物，並釋其語境義。

"古者分同姓以珍玉"賈逵云："珍，寶也。"此釋玉玩類名詞。"不羞珍異"賈逵云："珍，美也。"

⑩釋公文類名詞

"追而予之璽書"賈逵云："封書。"

⑪釋天象類名詞

"農祥晨正"賈逵："祥，猶象也。"此釋天文術語。

"夫辰角見而雨畢"賈逵云："辰角，大辰倉龍也。龍角，星名也。""駟見而隕霜"賈逵云："駟，房星也。"此釋星名，屬於天象。"帝嚳能序三辰以固民"賈逵云："三辰，日月星也。"此釋群星之類名。

⑫釋職官類名詞

"膳夫農正陳籍禮"賈逵云："農正，田大夫。主敷陳籍禮而祭其神，爲農祈也。"此釋職官，不僅僅明其職位，而且還交代了其主要職責和功能。"共至從孫四嶽佐之"賈逵云："四嶽,官名,大岳也,主四嶽之祭焉。"

"太師監之"賈逵注："太師,三公官也。"此釋職官之等級。

"行理以節逆之"賈逵云："理,吏也。小行人也。"此釋職官之等級,並明其在周官中之所屬。

"問之伶州鳩"賈逵云："伶,司樂之官也。"此釋職官。

"納女工妾三十人"賈逵云："妾,女樂也。"

"宗不具不繹"賈逵云："宗,宗臣,主祭祀之禮也。"此釋職官並釋職能。

"鄉有良人"賈逵云："良人,卿士也。"此釋職官。

"宣王欲得國子之能導訓諸侯者"賈逵云："國子,諸侯之嗣子。或云:國子,諸侯之子。欲使訓導諸侯之子。"此釋身份。

⑬釋人物

A. 釋某一個人

"惠王三年"賈逵云："惠王,周莊王之孫,釐王之子,惠王涼也。"此釋周天子,明其原始。

"自玄王及主癸莫若湯"賈逵云："玄王謂契也。"此釋商王具體名稱。

"昔,夏之興也,融降于崇山。其亡也,迴禄信于聆隧"賈逵云："祝融、迴禄,火之神也。"此釋天神。

"昔共工棄此道也"賈逵云："共工,諸侯,炎帝之後,姜姓也。顓頊氏衰,共工氏侵陵諸侯,與高辛氏爭而王也。"此釋遠古傳說之人,交代較詳。

"今自大畢、伯士之終也"賈逵云："大畢、伯氏,犬戎氏之二君也。"此釋人名,交代二人所屬國族以及職位。"虢文公諫曰"賈逵曰："文公,文王母弟虢仲之後,爲王卿士。"此釋人名,交代其祖所出,以及此時所任職分。

"檮杌次於丕山"賈逵注："檮杌,鯀也。"此釋歷史人物之別名。

"協於丹朱"賈逵云："丹朱,堯子。""仲孫它諫曰"賈逵云："仲孫他，孟獻子庶子。"此釋人名，明其所出。

"景王既殺下門子"賈逵云："下門子，周大夫。王猛之傅也，景王欲立朝，故先猷猛傅。"此釋人名，且補充史實以釋文義。

B. 釋某一類人

"先民有言曰"賈逵云："先民，古賢人也。"此釋某一類人物。

"苟得聞子大夫之言"賈逵云："親而近之，故曰子大夫也。"此釋對人物之稱謂。

⑭釋鳥獸神怪類名詞

A. 釋獸名

"夷羊在牧"賈逵云："夷羊，神獸也。"此釋獸名。

"誠莫如豫"賈逵云："豫，獸名也，形如象。"此釋獸名。

"日月會于龍狵"賈逵云："狵，龍尾也。"此釋神獸身體部位。

B. 釋鳥名

"鸑鷟鳴於岐山"賈逵云："神鳥也，鳳之別名也。"此釋神鳥之名。

"海鳥曰爰居"賈逵云："爰居，雜縣。"

"平公射鴳不死"賈逵云："鴳，鳸也。"此釋鳥名。

C. 釋怪

"木石之怪曰夔蝄蜽，水之怪曰龍罔象"賈逵云："（魍魎），水怪妭鬼也。罔兩、罔象，言有夔龍之形而無實體。"此釋木石水怪之名。

D. 釋魚名

"魚禁鯤鮞"賈逵云："（鯤鮞），魚子也。"此釋蟲魚。

⑮釋國族之名

"聃由鄭姬"賈逵注："文王子聃季之國也。"此釋國名，明其淵源。"有崇伯鯀"賈逵云："崇，國名。"此釋較簡單。"昔夏桀伐有施"賈逵云："有施，喜姓國也。""殷辛伐有蘇"賈逵云："有蘇，己姓國也。"此釋國名並明其國之姓。

"昔烈山氏之有天下也"賈逵云："烈山，炎帝之號。""故有虞氏禘黃帝而祖撰序，郊堯而宗舜"賈逵云："有虞氏，舜後。在夏、殷爲二王後，故有郊禘宗祖之禮也。"此釋國族名稱。

⑯釋畿服制度

"鄭伯南也"賈逵云："南者，在南服之侯伯也。"此釋畿服。

⑰釋葬制

"請隧焉"賈逵云："隧，王之葬禮，闕地通路曰隧。"此釋葬禮。

⑱釋賞賜服制名詞

"升，受命，賞服大輅龍旗九旒渠門赤旂"賈逵云："大輅，諸侯朝服之車，謂金輅鉤樊纓九就，龍旗九旒也。渠門亦旗名。赤旂，火旗也。"此釋朝服名詞。

⑲釋服飾名詞

"南冠以入夏氏"賈逵云："南冠，楚冠也。"此釋冠冕。

"夫管夷吾射寡人中鉤"賈逵云："鉤，帶鉤也。"此釋服飾。

⑳釋姓氏名詞

"賜姓曰姜"賈逵云："姜，炎帝之姓。其後變異，至於四嶽，帝復賜之祖姓，以紹炎帝之後。"此釋姓氏兼明其沿襲變化。"禿姓舟人則周滅之矣"賈逵云："禿，彭姓別族也。""斟姓無後"賈逵云："斟姓是曹姓之後。"此釋姓氏所出。

㉑釋田制名詞

"或在畎畝"賈逵云："一耦之發，廣尺深尺爲畎，百步爲畝。"此釋田制中的土地單位名詞。

"田疇荒蕪"賈逵云："一井爲疇。九夫一井。"此釋田制。

"季康子欲以田賦"賈逵云："田，一井也。周制，十六井賦戎馬一匹，牛三頭。一井之田而欲出十六井之賦也。"此釋田制賦税。

㉒釋幣制名詞

"將鑄大錢"賈逵云："虞夏、商、周，金幣三等，或赤或白或黃。黃爲上幣，銅、鐵爲下幣。大錢者，大於舊，其價重也。"此釋幣制，不但釋其基本意思，還追溯先秦幣制之基本內容。

㉓釋音樂類名詞

"王將鑄無射而爲之大林"賈逵云："無射，鍾名，律中無射也。大林，無射之覆也。作無射，爲大林以覆之，其律中林鍾也。"此釋樂器之名並釋得名之由。

“律以平聲”賈逵云：“律，黃鍾爲宮，林鍾爲徵，大蔟爲商，南呂爲羽，姑洗爲角，所以平五聲也。”此釋樂律律制，實釋五音。

“律所以立均出度也”賈逵云：“律謂六律、六呂也，以均鍾大小清濁也。”此釋律呂功能。

“七律者何”賈逵云：“周有七音，謂七律，謂七器音也。黃鍾爲宮，大蔟爲商，姑洗爲角，林鍾爲徵，南呂爲羽，應鍾爲變宮，蕤賓爲變徵。”此釋七音。

㉔釋衡量類名詞

“不過步武尺寸之間”賈逵云：“半步爲武。”此釋量制。

㉕釋器具類名詞

A. 釋漁獵類名詞

“水虞於是禁罝麗”賈逵云：“罝麗，小罟也。”此釋漁獵器具。“設穽鄂”賈逵云：“（穽），陷也。（鄂），柞格也。所以誤禽獸。”此釋獵獲裝置，且明其具體功能。

B. 釋農具

“惡金以鑄鉏夷斤斸”賈逵云：“斤，钁也。”此釋農具。

C. 釋盛器

“而困鹿空虛”賈逵云：“鹿，庾也。”此釋盛放糧食的器具。

“盛以鴟夷”賈逵云：“鴟夷，革囊也。”此從材質角度釋盛器。

D. 釋雨具

“簦笠相望於艾陵”賈逵云：“簦，備雨笠器也。”此釋雨具。

㉖釋軍事類名詞

“栝矢貫之，石砮”賈逵云：“砮，矢鏃之石也。”此釋箭矢構件。

“定三革”賈逵云：“甲、胄、盾三也。”“隱五刃”賈逵云：“刀、劍、矛、戟、矢，是五也。”此釋軍事器械。

“王稱左畸”賈逵云：“左畸，軍左部也。”此釋軍隊分部。

㉗釋山川類名詞

“踰太行與辟耳之谿拘夏”賈逵云：“（辟耳），山險也。”此釋山。

"越王勾踐棲於會稽之上" 賈逵云："會稽，山名。" 此釋山。

㉘釋城邑名詞

"吾命之以汾陽之田百萬" 賈逵云："汾，水名。汾陽，晉地。百萬，百萬畝也。" 此釋水名及邑名。"臼季使，舍於冀野" 賈逵云："臼季，晉臣。冀野，晉地。" 此釋人名及城邑之名。

㉙釋祭祀類名詞

"置茅蕝" 賈逵云："束茅以表位爲蕝。" 此釋祭祀用具。

"壇場之所" 賈逵云："在郭曰壇，在野曰場。" 此釋祭祀場地。

㉚釋宮室類名詞

"君若不忘周室而爲弊邑宸宇" 賈逵云："宸，室也。" 此釋宮室名稱。

僅從賈逵對名詞的注釋來看，大體可以分爲三十類，可見其注釋之細密與周全，即韋昭《國語解敘》所謂 "其所發明，大義略舉"。此外，就賈逵注所釋其他內容而言，可以分爲補充史事、補充地理方位、補充數字、串講句義、闡釋語法等等。

（2）補充史事

賈逵在某些部分補充史事。如：

"故名之曰黑臀，於今再矣" 賈逵云："於今，單襄公時也。晉厲公即黑臀之孫也。黑臀之後，二世爲君，與黑臀滿三世矣。"

"昔共工棄此道也" 賈逵云："共工，諸侯，炎帝之後，姜姓也。顓頊氏衰，共工氏侵陵諸侯，與高辛氏爭而王也。"

"反胙于絳" 賈逵云："反，復也。胙，位也。絳，晉國都也。晉獻公卒，奚齊、卓子死，國絕無嗣。晉侯設其胙位。桓公以諸侯討晉，至高梁，使隰朋帥師立公子夷吾，復之於絳，是爲惠公。事在魯僖公九年。" 此處引述《左傳》補充史實。

"彭姓彭祖豕韋諸稽則商滅之矣" 賈逵云："大彭豕韋爲商伯，其後世失道，殷德復興而滅之。"

（3）補充地理方位

賈逵在某些部分補充地理方位，以使讀者對地勢有所瞭解。如：

"穀洛鬭" 賈逵云："穀、雒二水合，有似鬭。洛在王城南，穀在城北者。”

（4）補充數字

“其長尺有咫”賈逵云：“八寸曰咫。”

“有革車八百乘”賈逵云：“謂一國之賦八百乘也，乘七十五人，凡甲士六萬人。”

（5）串講句義

“風山川以遠之”賈逵云：“樂所以通山川之風類以遠其德也。”

（6）解釋語法

“是故先王制諸侯，使五年四王一相朝”賈逵云：“王，謂王事天子也。”在本句中，“四王”之“王”作動詞使用，故賈逵以動詞義釋之。

（7）説明修辭

“夫膏粱之性難正也”賈逵云：“膏，肉之肥者。粱，食之精者。言其食肥美者率驕放，其性難正也。”此釋食物，實際上“膏粱”在本句中是“食膏粱者”之義，在修辭上屬於借代，以特徵代本體。

（8）解釋典章制度

“是故先王制諸侯，使五年四王一相朝”賈逵云：“王，謂王事天子也。歲聘以志業，間朝以講禮。五年之間，四聘於王而一相朝者，將朝天子，先相朝也。”此釋朝聘制度。

“大刑用甲兵”賈逵云：“用兵甲者，諸侯逆命，征討之刑也。”“中刑用刀鋸”賈逵云：“以刀有所鋸斷，謂大辟、宮、劓、刖等刑是也。”此釋刑法。

“小者致之市朝”賈逵云：“大夫已上於朝，士已下於市。”

（9）解釋原因

“弑君以爲廉”賈逵云：“廉猶利也。以太子故，弑君以自利。”此解釋原因。

“草鄙之人敢忘天王之大德而思邊陲之小怨”賈逵云：“（鄙），陋也。謂邊界郊野之外，去國都遼遠，名爲鄙。”

（10）説明功能

“耒耜枷芟”賈逵云：“枷，所以擊也。”此釋農具功能。

（11）解釋曆法

"十月惠公卒"賈逵云："閏餘十八閏在十二月後。魯史閏爲正月，晉以九月爲十月而置閏也。秦伯以十二月始納公子。公子以二十四年正月入晉桑泉。"這是解釋《國語》此處記作"十月惠公卒"的原因，通過分析置閏的不同，魯、晉曆法的不同，可以使讀者更明白。

"元年春，公及夫人嬴氏至自王城"賈逵云："是月閏，以三月爲四月，故曰春而不言其月。明四月爲春分之月也。嬴氏，秦穆公女文嬴也。"

足見賈逵注解涉及内容廣泛，通過解釋詞語、解釋句義的形式對《國語》的諸多方面内容進行了訓釋。從訓詁形式上而言包括："A，B""A，B也""A者，B""A者，B也""A曰B""B曰A""A，謂B""B謂A"等。從方法上來看，則包括聲訓、義訓、據境爲訓等多種方式方法。

2. 賈逵注的學術價值與影響

（1）是漢代訓詁學昌明的有力證據

漢代訓詁學昌明是不爭的事實，這也是後世諸多著作中一再提到的。如陳延傑《經學概論》即云："漢人説經，各有體例，訓詁章句，立名亦自不同。而一時儒林之士風，西漢如丁寬、伏生、申培、轅固、韓嬰，東漢若包咸、賈逵、鄭衆、馬融、許慎、鄭玄、何休、服虔等，皆從事訓詁，孜孜於文字章句之間，闡發聖經，光被千載，其功甚大：此所謂漢代訓詁學焉。"[1] 這是從漢人釋經的角度談漢代訓詁學的影響。漢代的《國語》舊注中，保留數目最多的非賈逵注莫屬。這也從一個側面説明漢代訓詁學之昌明以及賈逵《國語》研究的典範性。

（2）爲古籍訓詁和漢語詞彙學儲備了材料，提供了依據

後世訓詁，或直接引用賈逵注，或化用賈逵注。清人《國語》舊注輯佚中，以汪遠孫輯佚賈逵《國語》舊注條目最多。檢其所據材料，有

① 陳延傑：《經學概論》，上海：商務印書館1930年版，第69頁。

《文選注》《北堂書鈔》《史記正義》《一切經音義》《國語解》《史記集解》《國語舊音》《禮記正義》《史記索隱》《太平御覽》《開元占經》《論語疏》《初學記》《左傳正義》《經典釋文》《書正義》《周禮注疏》《荀子注》《廣韻》《通鑑注》《列子釋文》《後漢書注》《詩正義》《孟子疏》《唐類函》等。這些典籍注釋著作對賈逵注的徵引，本身就説明賈逵注的權威性所在。

（3）爲後世《國語》注解提供了方式方法

無論是詞語訓詁，還是事類訓詁，賈逵注都給後世《國語》注解提供了方式方法。當然，這些方式方法多數也是賈逵繼承自前代學者的地方，並繼續發揚。

（4）推動了《國語》研究的發展

韋昭《國語解敘》云：“侍中賈君敷而衍之，其所發明，大義略舉，爲已憭矣。”認爲賈逵《國語》研究是在鄭衆《國語》研究基礎上的繼續和發展，同時也爲後來《國語》注釋奠定了基礎。

（三）服虔《國語》注

服虔，東漢時期經學家。《後漢書·儒林傳》謂：“服虔字子慎，初名重，又名祇，後改爲虔，河南滎陽人也。少以清苦建志，入太學受業。有雅才，善著文論，作《春秋左氏傳解》，行之至今。又以《左傳》駁何休之所駁漢事六十條。舉孝廉，稍遷，中平末，拜九江太守，免，曹亂行客，病卒。所著賦、碑、誄、書記、《連珠》、《九憤》，凡十餘篇。”服虔與鄭玄基本同時，《世説新語》載有服虔、鄭玄相遇故事。後世傳服虔著有《春秋左傳注》《漢書音訓》《通俗文》等。

載籍中並未見服虔有《國語》方面著作的記載，但清人汪遠孫《國語三君注輯存》卻輯有服虔注。如《周語中》“遂假道於陳以聘於楚”《儀禮·聘禮》疏引服氏注曰：“是時，天子微弱，故與諸侯相聘問。”汪遠孫云：“服氏注《國語》見此《疏》及《周禮·王府》疏、《春官·序官》疏，未知是服子慎否？俟再考。”又《魯語上》“文仲以鬯圭與玉磬如齊告糴”《儀禮·聘禮》疏引服注：“無庭實也。”《楚語》“使名姓之後"《周禮·春官·序官》疏引孔、服云："聖人大德之後。"《楚語》"能知四時之生，犧牲之物"《周禮·春官·序官》疏引孔、服云："生謂粢盛，犧謂純毛色，牲謂牛、羊、豕。"又《楚語》"玉帛之類"《周禮·春官·序官》疏引孔、服注曰："禮神玉帛。""采服之宜"《周禮·春官·序官》疏引服氏曰："祭祀之所服色也。""彝器之量"《周禮·春官·序官》疏引服氏曰："量，數也。祭祀之器，皆當其數。""次主之度"《周禮·春官·序官》疏引服氏曰："次廟主之尊卑、先後、遠近之度。""屏攝之位"《周禮·春官·序官》疏引服氏曰："屏猶并也。謂攝主不備，并之其位，不得在正主之位。曾子問云：'若宗子有罪，居于他國，庶子爲大夫，其祭也?'祝曰：'孝子某使介子某執其常事。'又云：'攝主不厭，祭不旅不假不綏，祭不配，是其攝主并之事。'""珠足以禦火災，則寶之"《周禮·王府》疏引服氏曰："珠，水精，足以禁火。"

近代學者曾樸注意及此，在其《補後漢書藝文志並考》一書中著錄服虔《春秋外傳國語注》並考云："案此書隋、唐《志》不著錄。韋昭、宋庠均未稱述。惟《周禮·春官·大宗伯》疏引《國語》'使名姓之後能知四時之生'一段下引服氏注甚夥，蓋賈氏從他書轉採也。其説與'孔氏'並引。考《隋志》，《國語》有孔晁注二十卷，此孔氏當即孔晁。"[1] 張以仁認爲服虔注雖然數量不多，但有兩點值得注意："一、所言諸事，皆出自《國語》，而不涉及《左傳》《漢書》，因此，不可能是孔穎達、賈公彥等疏者誤移服虔《左傳》《漢書》之訓以爲注解。二、多處與孔晁、韋昭之《國語》注連言，也應該是《國語》的注。"故張以仁認爲："《隋書·經籍志》載賈逵、王肅、董遇、杜預等《左傳》之注，皆三十卷，而服注則爲三十一卷。疑服氏《國語》之注或量不足以別成一書，因附於《左傳解詁》之末，故較別家多出一卷，而服氏《國語》注也就很少爲世人所知曉了。"[2]

---

① 轉引自《張以仁先秦史論集》，上海：上海古籍出版社 2010 年版，第 349 頁。
② 張以仁：《張以仁先秦史論集》，上海：上海古籍出版社 2010 年版，第 349 頁。

服虔《國語》注條目較少，無法比對。可從其《左傳》注瞭解梗概。"清人所輯服注約有八百餘條，就服氏《解誼》來説恐怕是百不存一。從這八百餘條來看，服注涉及的範圍十分廣泛。除了一般的對難字字義的詮釋以外，舉凡天文、地理、人物、職官、祭祀、卜筮、禮儀、器物，乃至遠古歷史、民間方言，幾乎是無所不釋。"① 根據趙伯雄總結，服虔《左傳》注比較注意"結合釋詞進行串講"，"以漢時事物、俗語解傳文"，"爲使傳文意思更明朗，做一些補充事實式的注釋"，"將文中隱喻之語表而出之"，服虔釋義理通過"解釋經義""發揮傳義""個人場合，服注也對傳義加以批評或者修正"等方式。② 可見服虔注《左傳》的大概情況。服虔注《國語》也當作如是觀。

（四）楊終《國語》注

楊終（？—100），字子山，蜀郡成都人。《後漢書》本傳稱其："年十三，爲郡小吏，太守奇其才，遣詣京師受業，習《春秋》。"曾任校書郎等職，參與過白虎觀的討論，删《太史公書》至十餘萬言，《蜀中廣記》著録爲《史記删文外傳》十二卷，又"著《春秋外傳》十二篇，改定章句十五萬言"。至嚴可均《全上古三代秦漢三國兩晉南北朝文》中，則謂楊終"有《春秋外傳》十二卷"。除此之外，楊終還有《哀牢傳》一書，爲較早的地方文獻。今《後漢文》存其文四篇，有學者總結其特徵云：1. 有明顯的儒家思想傾向，常常稱引《詩》《書》，引經據典；2. 有天人感應、陰陽災異的迷信色彩；3. 議論周詳，説理透闢，常用歷史材料，證據古今；4. 語言典整工麗，辭氣充暢，有明顯的駢化傾向。③

周壽昌、王先謙疑楊終《春秋外傳》爲公羊學。姚振宗《後漢藝文志》云："本傳是書成於還蜀後，中廢黜十五年。先嘗承詔删《太史公書》爲十餘萬言矣，此又似删《外傳國語》二十一篇爲十二篇。（《漢

① 趙伯雄：《春秋學史》，濟南：山東教育出版社 2014 年版，第 181 頁。
② 趙伯雄：《春秋學史》，濟南：山東教育出版社 2014 年版，第 182—184 頁。
③ 傅德岷主編：《巴蜀散文史稿》，重慶：重慶出版社 2001 年版，第 90 頁。

志》又有劉向分《新國語》五十四篇，不知子山所刪爲何本）時鄭、賈解詁已行世二十餘年，終既刪本文，故又改定其章句爲十五萬言，以爲一家之學歟？（又按：史不曰刪而曰著，或如孔衍《春秋時國語》之類，若是，則改定章句十五萬言別爲一書。考終謂《公羊》家學，此所改定並《公羊章句》歟？然史文合《外傳》而言，自以改定《外傳章句》爲近）。"① 李步嘉謂："姚氏雖疑，然置楊終此書於賈逵《春秋外傳國語解詁》之下，是以楊書爲《國語》學。""《楊終傳》明言'《春秋外傳》'，則當爲《國語》學而非《公羊》之學。唯姚振宗説'時鄭、賈解詁已行世二十餘年'，實則賈注在明帝'永平'中上之，此時已行世三十餘年，姚氏亦失之考。楊終之書今未見輯本。"②

可見，由於材料的缺乏，對楊終《國語》注的探討很難深入。

漢代《國語》注家中，鄭衆注釋是最早的，賈逵注則是影響最爲深遠的。賈逵注不僅爲後世《國語》注釋確立法式、推動了《國語》研究，其注釋成果也爲後世經史文獻訓詁所繼承。

五、兩漢典籍對《國語》的徵引與利用

《國語》作爲先秦時期的重要典籍，其史料價值與學術價值毋庸置疑。因之，《國語》成爲兩漢史籍的重要史料來源之一，也成爲此後諸多相應著述的引據來源之一。漢代思想家在其著述中也多引述《國語》故事作爲其論據，漢賦對《國語》文句也時有徵引。

（一）賈誼《新書》對《國語》的徵引與利用

班固《漢書·儒林傳》云："漢興，北平侯張蒼及梁大傅賈誼、京

---

① （清）姚振宗：《後漢藝文志》，見《二十五史補編》編委會《史記兩漢書三史補編》第 4 册，北京：北京圖書館出版社 2005 年版，第 578—579 頁。

② 李步嘉：《唐前〈國語〉舊注考述》，《文史》2001 年第 4 輯。

兆尹張敞、太中大夫劉公子皆修《春秋左氏傳》。誼爲《左氏傳訓故》，
授趙人貫公，爲河間獻王博士，子長卿爲蕩陰令，授清河張禹長子。禹
與蕭望之同時爲御史，數爲望之言《左氏》，望之善之，上書數以稱説。
後望之爲太子太傅，薦禹於宣帝，徵禹待詔，未及問，會疾死。授尹更
始，更始傳子咸及翟方進、胡常。常授黎陽賈護季君，哀帝時待詔爲郎，
授蒼梧陳欽子佚，以《左氏》授王莽，至將軍。而劉歆從尹咸及翟方進
受。由是言《左氏》者本之賈護、劉歆。"① 可見賈誼在《左傳》傳承上
的重要地位，《史記》《漢書》本傳並言賈誼頗通百家之學，則不惟《左
傳》而已。《漢書》本傳稱賈誼《新書》五十八篇存世。今檢《新書》
一書中多有與先秦經傳內容相合者，其中就包括與今傳《國語》相關篇
章內容相合者。

方師云："《新書》五十八篇，亡佚《問孝》《禮容語上》兩篇，今
存五十六篇，分十卷。卷一至卷四(《過秦上》至《鑄錢》) 爲'事勢'
類，皆爲文帝陳政事。卷五至卷八(《傅職》至《道德説》) 爲'連語'
類。卷九(《大政上》至《修政語下》) 四篇不標目(《玉海》標'雜
事')。卷十(《禮容語上》至《立後義》) 爲'雜事'類。"② 此爲《新
書》內容之大概。關於賈誼生平思想以及賈誼《新書》評價等，可參本
師《新書集解》《賈誼集匯校集解》《新書譯注》等。

今檢《新書》中之《大都（事勢)》《審微（事勢)》《傅職（連
語)》《保傅（連語)》《耳痺（連語)》《退讓（連語)》《禮容語下（雜
事)》《胎教（雜事)》各篇中都有與今傳《國語》篇章、語句相同之
處。比如《禮容語下》中有單襄公論晉君臣、叔向説《昊天有成命》二
章內容。如下：

---

① （漢）班固：《漢書》，北京：中華書局 1965 年點校本，第 3620 頁。
② 方向東師：《新書集解》，南京：河海大學出版社 1994 年版，第 5 頁。

1. 單襄公論晉君臣

《國語·周語下》	《新書·禮容語下》
柯陵之會，單襄公見晉厲公視遠步高。晉郤錡見單子，其語犯。郤犨見，其語迂。郤至見，其語伐。齊國佐見，其語盡。魯成公見，言及晉難及郤犨之譖。單子曰：「君何患焉！晉將有亂，其君與三郤其當之乎！」魯侯曰：「寡人懼不免於晉，今君曰‘將有亂’，敢問天道乎？抑人故也？」對曰：「吾非瞽、史，焉知天道？吾見晉君之容，而聽三郤之語矣，殆必禍者也。夫君子目以定體，足以從之，是以觀其容而知其心矣。目以處義，足以步目，今晉侯視遠而足高，目不在體，而足不步目，其心必異矣。目體不相從，何以能久？夫合諸侯，民之大事也，於是乎觀存亡。故國將無咎，其君在會，步言視聽，必皆無謫，則可以知德矣。視遠，日絕其義；足高，日棄其德；言爽，日反其信；聽淫，日離其名。夫目以處義，足以踐德，口以庇信，耳以聽名者也，故不可不慎也。偏喪有咎，既喪則國從之。晉侯爽二，吾是以云。夫郤氏，晉之寵人也，三卿而五大夫，可以戒懼矣。高位寔疾僨，厚味寔腊毒。今郤伯之語犯，叔迂，季伐，犯則陵人，迂則誣人，伐則揜人，有是寵也，而益之以三怨，其誰能忍之！雖齊國子亦將與焉。立於淫亂之國，而好盡言以招人過，怨之本也。唯善人能受盡言，齊其有乎？吾聞之，國德而鄰於不修，必受其福。今君偪於晉，而鄰於齊，齊、晉有禍，可以取伯，無德之患，何憂於晉？且夫長翟之人利而不義，其利淫矣，流之若何？」魯侯歸，乃逐叔孫僑如。簡王十一年，諸侯會于柯陵。十二年，晉殺三郤。十三年，晉侯殺於翼東門葬，以車一乘。齊人殺國武子。	晉之三卿，郤錡、郤犨、郤至，從晉厲公會晉諸侯於柯陵，周單襄公在會。晉厲公視遠步高。郤錡見單子，其語犯；郤犨見，其語訏；郤至見，其語伐；齊國佐見，其語盡。單襄公告魯成公曰：「晉將有亂，其君與三郤其當之乎？」魯侯曰：「寡人固晉而彊其君，今君曰‘將有亂’，敢問天道乎？意人故也？」對曰：「吾非諸史也，焉知天道？吾見晉君之容，而聽三郤之語矣，殆必有禍矣。君子目以正體，足以從之，是以觀容而知其心。今晉侯視遠而足高，目不在體，而足不步目，其心必異矣。體目不相從，何以能久？夫合諸侯，國之大事也，於是觀存亡之徵焉。故國將有福，其君步言視聽，必皆得適順善，則可以知德矣。視遠曰絕其義，足高曰棄其德，言爽曰反其信，聽淫曰離其名。夫目以處義，足以踐德，口以庇信，耳以聽名者也，故不可不慎也。偏亡者有咎，既亡則國從之。今晉侯無一可焉，吾是以云。夫郤氏，晉之寵人也。是族在晉，有三卿五大夫，貴矣，亦可以戒懼矣。今郤伯之語犯，郤叔訏，郤季伐；犯則凌人，訏則誣人，伐則掩人。有是寵也，而益之以三怨，其誰能忍之？齊國武子亦將有禍。齊，亂國也。立於淫亂之朝，而好盡言以暴人過，怨之本也。惟善人能受盡言，今齊既亂，其能善乎？」居二年，晉殺三卿。明年，厲公弒於東門。是歲也，齊人果殺國武子。

　　從《周語下》到《禮容語下》，行文目的的不同，代表著著作者對一段史實材料的不同處理。從字數上來看，《周語下》502 字，用單字190 個；《禮容語下》431 字，用單字 160 個。從字數的多少就可以看出內容的豐富性逐漸降低，主題性越發凸顯。《周語下》不僅記述晉君臣，還有齊國武子，而且魯成公不僅僅是對話對象，還有魯晉關係在裏面；到《禮容語下》，則魯晉關係已經沒有，祇是晉君臣、國武子。在《周語下》，是以驗證性爲主要敘事結構，而且《周語下》比較注重史實。另外還有一點，就是在整個《周語》之中，記載的諸侯國家有魯、晉、陳、鄭、密、虢、秦，記虢、陳、秦全是負面的，虢、陳有亡國之兆，秦則無禮，記載晉惠、晉厲則失禮，晉文則求太過，鄭有私怨，密不獻美人，唯獨於魯，所記無失禮行爲，尤其魯對於周天子更是没有失禮行爲，而且還以魯孝公導訓諸侯，這或也是《周語》的一個傾向性。而在《禮容語下》中，魯成公祇是一個對話對象，需要他的“天道”“人故”的疑問導出單襄公的那番言論。就篇章上言，高塘引俞桐川曰：“敘次收拾，最瑣最括；提掇包裹，最寬最謹；發揮疏解，最微最核；轉折承接，最圓最變。理法俱造絶頂。”[1] 又穆文熙《國語評苑》卷二引孫應鰲評云：“此即《中庸》‘見乎四體’之旨。而議者乃詆之爲誣，過矣。一篇字字點要，句句驚省。”[2] 雖未必爲定評，要亦代表一時之見。

　　2. 叔向説《昊天有成命》

《國語·周語下》	《新書·禮容語下》
晉羊舌肸聘于周，發幣於大夫及單靖公。靖公享之，儉而敬；賓禮贈餞，	晉叔向聘於周，發幣大夫。及單靖公，靖公享之，儉而敬，賓禮贈賄同，

---

　　① （清）高塘：《國語鈔》卷上，黃香文、吳平主編《華東師範大學圖書館藏稀見書匯刊》第17 册，北京：北京圖書館出版社 2006 年版，第 345 頁。
　　② （明）穆文熙輯：《國語評苑》卷二，明萬曆二十年（1592）鄭以厚光裕堂刻本，本卷第2 頁。

《國語·周語下》	《新書·禮容語下》
視其上而從之；燕無私，送不過郊；語說《昊天有成命》。單之老送叔向，叔向告之曰："異哉！吾聞之曰：'一姓不再興。'今周其興乎！其有單子也。昔史佚有言曰：'動莫若敬，居莫若儉，德莫若讓，事莫若咨。'單子之況我，禮也，皆有焉。夫宮室不崇，器無彤鏤，儉也；身聳除潔，外內齊給，敬也；宴好享賜，不踰其上，讓也；賓之禮事，放上而動，咨也。如是，而加之以無私，重之以不殽，能辟怨矣。居儉動敬，德讓事咨，而能辟怨，以爲卿佐，其有不興乎！且其語說《昊天有成命》，頌之盛德也。其詩曰：'昊天有成命，二后受之，成王不敢康。夙夜基命宥密，緝熙！亶厥心肆其靖之。'是道成王之德也。成王能明文昭，能定武烈者也。夫道成命者，而稱昊天，翼其上也。二后受之，讓於德也。成王不敢康，敬百姓也。夙夜，恭也；基，始也。命，信也。宥，寬也。密，寧也。緝，明也。熙，廣也。亶，厚也。肆，固也。靖，龢也。其始也，翼上德讓，而敬百姓。其中也，恭儉信寬，帥歸於寧。其終也，廣厚其心，以固龢之。始於德讓，中於信寬，終於固龢，故曰成。單子儉敬讓咨，以應成德。單若不興，子孫必蕃，後世不忘。詩曰：'其類維何？室家之壺。君子萬年，永錫祚胤。'類也者，不忝前哲之謂也。壺也者，廣裕民人之謂也。萬年也者，令聞不忘之謂也。祚胤也者，子孫蕃育之謂也。單子朝夕不忘成王之德，可謂不忝前哲矣。膺保明德，以佐王室，可謂廣裕民人矣。若能類善物，以混厚民人者，必有章譽蕃育之祚，則單子必當之矣。單若有闕，必茲君之子孫實續之，不出於它矣。"	是禮而從。享燕無私，送不過郊，語說《昊天有成命》。既而叔向告人曰："吾聞之曰，一姓不再興。今周有單子以爲臣，周其復興乎？昔史佚有言曰：'動莫若敬，居莫若儉，德莫若讓，事莫若資。'今單子皆有焉。夫宮室不崇，器無蟲鏤，儉也；身恭除潔，外內肅給，敬也；燕好享賜，雖歡不踰等，讓也；賓之禮事，稱上而差，資也。若是而加之以無私，重之以不侈，能辟怨矣。居儉動敬，德讓事資，而能辟怨，以爲卿佐，其有不興乎？夫《昊天有成命》，頌之盛德也。其詩曰：'昊天有成命，二后受之，成王不敢康，夙夜基命宥謐。'謐者，寧也，億也；命者，制令也；基者，經也，勢也；夙，早也；康，安也；后，王也；二后，文王、武王。成王者，武王之子，文王之孫也。文王有大德而功未就，武王有大功而治未成。及成王承嗣，仁以臨民，故稱'昊天'焉。不敢怠安，蚤興夜寐，以繼文王之業。布文陳紀，經制度，設犧牲，使四海之內懿然葆德，各遵其道，故曰'有成'。承順武王之功，奉揚文王之德，九州之民、四荒之國，謌謠文武之烈，累九譯而請朝，致貢職以供祀，故曰'二后受之'。方是時也，天地調和，神民順億，鬼不厲祟，民不謗怨，故曰'宥謐'。成王質仁聖哲，能明其先，能承其親，不敢惰懈，以安天下，以敬民人。今單子美說其志也，以佐周室，吾故曰'周其復興乎'。"

　　叔向説《昊天有成命》,《周語下》和《禮容語下》在語序、用詞上都有不同,兩篇各自獨出的字都比較多。孫應鰲曰:"首引史佚之言以徵其行,再引《昊天》之旨以論其心,又自引'其類惟何'之詩以闡揚之。總應分照,曲曲不遺,閑於兹者不難序述矣。"[1] 這是對《周語下》篇章結構的大致分析,和《禮容語下》則亦略有不同。這些不同反映了各自的認識以及不同的闡釋目的,未必存在此是彼非的情況,也不必爲求其一致而言此是彼非,穩妥的處理方式是彼此皆是,衹是由於不同的學術立場、不同的闡釋目的,從而產生了不同的文本解讀。

　　這是就總體上而言。就具體詞語上而言,偏差就更大一些。至少體現了賈誼的時代對《國語》篇章的基本體認和理解。關於《新書·禮容語下》這兩篇和《國語·周語下》"單襄公論晉君臣""叔向説《昊天有成命》",筆者《〈國語補音〉異文研究》所附《〈國語·周語下〉〈新書·禮容語下〉比勘》已經進行了比較細密的比較分析,讀者可參。[2]

(二) 司馬遷《史記》對《國語》的徵引與利用

　　司馬遷是著名的史學家,其《史記》的學術價值已不需贅言,歷代學者多有高度評價。如南宋鄭樵在《通志總序》中認爲《史記》:"使百代而下,史官不能易其法,學者不能舍其書。六經之後,惟有此作。"可謂推崇備至。關於《國語》是《史記》史料來源的事實,司馬遷本人有明確説明,即《五帝本紀》中所云:"予觀《春秋國語》。"此後班固又一次明確揭出,《漢書·司馬遷傳贊》認爲:"司馬遷據《左氏》《國語》,採《世本》《戰國策》,述《楚漢春秋》,接其後事,訖于天漢。"至於韋昭,則在其《國語解敘》中明確提出:"賈生、史遷頗綜述焉。"

　　從《史記》全書來看,其《周本紀》《吳太伯世家》《魯周公世家》《晉史家》《越王句踐世家》《鄭世家》《魏世家》《孔子世家》等多篇中

---

[1]　(吳) 韋昭注、[日] 道春點:《國語》卷三,日本刊本,本卷第 14 頁。
[2]　拙著《〈國語補音〉異文研究》,臺北:蘭臺出版社 2015 年版,第 477—607 頁。

都有徵引《國語》材料之處，其中《周本紀》取材於《國語》者最多。可永雪列有《〈史記〉採用〈國語〉情況表》，以見《史記》對《國語》材料的處置方式。此外，可永雪對《國語》各語被《史記》採用與否做了説明：《周語》是被用得最多的，從西周的周穆王、厲王、宣王，再到東周平王、襄王、景王、敬王，一些重大歷史事件和重要人物的諫説之辭都被採用，有好些章都是"全文迻録"，它們成爲司馬遷撰寫《周本紀》穆王之後至春秋段主要的史料來源。《魯語》除記孔子言論的3章外，被採用極少，是各語中採用率最低的，這可能和《魯語》多記賢人言論而記王公大臣言論及"邦國成敗"的大事較少有關。《齊語》因只載管仲輔齊桓公爭霸事，且其文出於《管子》一書，故採用不多，所採用者只有鮑叔牙薦管仲及管仲輔齊功勞部分。《鄭語》雖然只載史伯爲鄭桓公創立鄭國提出的謀劃，但因其關乎鄭國的建立，故被《鄭世家》援用爲開篇素材；又因史伯講述中涉及不少古史傳説而爲《周本紀》《楚世家》等所取用。《楚語》總體採用率也不高，但其"觀射父論絶地天通"因爲提供了重要史料而被《楚世家》《太史公自序》及《曆書》所採取。《晉語》是記載最詳，篇幅最長（21卷中占了9卷），而採用也是最多的。它自晉武公伐翼，獻公卜伐驪戎起，隨後驪姬亂晉，重耳走國，文公稱霸，悼公再興，以至晉陽之圍，智伯滅亡，舉凡晉國大事，名人名論，幾乎都寫到，正因爲以《晉語》這樣詳悉、充實的史料爲基礎，做後盾，《史記》的《晉世家》才成爲諸"世家"中篇幅最長，内容最翔實的篇章。還有《吳語》和《越語》也是採用比較多的。因爲《吳》《越》兩語，傾其全力記吳越爭霸這件大事，傾其全力記吳越爭霸中所湧現出來的人事、言論、謀略，是吳、越爭霸史最權威的史料文獻，而《左傳》有關吳、越的記載不多，所以司馬遷寫《吳世家》《越世家》，自然便以它們爲主要依據了。① 張居三對《史記》採用《國語》史料也有較詳盡考辨，亦可參酌。②

---

① 可永雪：《〈史記〉與〈國語〉的上溯比較研究》，《渭南師範學院學報》2015年第7期。
② 張居三：《〈國語〉文獻研究》，北京：中國社會科學出版社2020年版，第210—226頁。

今以《史記·周本紀》與《國語》相同内容篇章爲例，説明如下：

《史記·周本紀》	《國語》相關章節
2. 后稷卒，子不窋立。不窋末年，夏后氏政衰，去稷不務，不窋以失其官而犇戎狄之間。不窋卒，子鞠立。鞠卒，子公劉立。公劉雖在戎狄之間，復脩后稷之業，務耕種，行地宜，自漆、沮度渭，取材用，行者有資，居者有畜積，民賴其慶。百姓懷之，多徙而保歸焉。周道之興自此始，故詩人歌樂思其德。公劉卒，子慶節立，國於豳。	《周語上》首章，祭公謀父諫語中有不窋之語：“及夏之衰也，棄稷不務，我先王不窋用失其官，而自竄于戎翟之間。”
25. 穆王將征犬戎，祭公謀父諫曰：“不可。先王燿德不觀兵。夫兵戢而時動，動則威，觀則玩，玩則無震。是故周文公之頌曰：‘載戢干戈，載櫜弓矢，我求懿德，肆于時夏，允王保之。’先王之於民也，茂正其德而厚其性，阜其財求而利其器用，明利害之鄉，以文脩之，使之務利而辟害，懷德而畏威，故能保世以滋大。昔我先王世后稷以服事虞、夏。及夏之衰也，弃稷不務，我先王不窋用失其官，而自竄於戎狄之間。不敢怠業，時序其德，遵脩其緒，脩其訓典，朝夕恪勤，守以敦篤，奉以忠信。奕世載德，不忝前人。至于文王、武王，昭前之光明而加之以慈和，事神保民，無不欣喜。商王帝辛大惡于民，庶民不忍，訢載武王，以致戎于商牧。是故先王非務武也，勤恤民隱而除其害也。夫先王之制，邦内甸服，邦外侯服，侯衞賓服，夷蠻要服，戎翟荒服。甸服者祭，侯服者祀，賓服者享，要服者貢，荒服者王。日祭、月祀、時享、歲貢、終王。先王之順祀也，有不祭則脩意，有不祀則脩言，有不享則脩文，有不貢則脩名，有不王則脩德，序成而有不至則脩刑。於是有刑不祭，伐不祀，征不享，讓不貢，告不王。於是有刑罰之辟，有攻伐之兵，	1. 穆王將征犬戎，祭公謀父諫曰：“不可。先王燿德不觀兵。夫兵戢而時動，動則威，觀則玩，玩則無震。是故周文公之《頌》曰：‘載戢干戈，載櫜弓矢。我求懿德，肆于時夏，允王保之。’先王之於民也，茂正其德而厚其性，阜其財求而利其器用，明利害之鄉，以文脩之，使務利而避害，懷德而畏威，故能保世以滋大。昔我先世后稷，以服事虞、夏。及夏之衰也，棄稷弗務，我先王不窋用失其官，而自竄于戎翟之間，不敢怠業，時序其德，纂脩其緒，脩其訓典，朝夕恪勤，守以惇篤，奉以忠信，弈世載德，不忝前人。至于武王，昭前之光明而加之以慈和，事神保民，莫不欣喜。商王帝辛，大惡於民。庶民弗忍，欣戴武王，以致戎于商牧。是先王非務武也，勤恤民隱而除其害也。夫先王之制：邦内甸服，邦外侯服。侯衞賓服，蠻夷要服，戎翟荒服。甸服者祭，侯服者祀，賓服者享，要服者貢，荒服者王。日祭、月祀、時享、歲貢、終王，先王之訓也。有不祭則脩意，有不祀則脩言，有不享則脩文，有不貢則脩名，有不王則脩德，序成而有不至則脩刑。於是乎有刑不祭，伐不祀，征不享，讓不貢，告不王。於是乎有刑罰之辟，有攻伐之

續表

《史記·周本紀》	《國語》相關章節
有征討之備，有威讓之命，有文告之辭。布令陳辭而有不至，則增脩於德，無勤民於遠。是以近無不聽，遠無不服。今自大畢、伯士之終也，犬戎氏以其職來王，天子曰'予必以不享征之，且觀之兵'，無乃廢先王之訓，而王幾頓乎？吾聞犬戎樹敦，率舊德而守終純固，其有以禦我矣。"王遂征之，得四白狼四白鹿以歸。自是荒服者不至。	兵，有征討之備，有威讓之令，有文告之辭。布令陳辭而又不至，則又增脩於德而無勤民於遠。是以近無不聽，遠無不服。今自大畢、伯仕之終也，犬戎氏以其職來王，天子曰："予必以不享征之，且觀之兵。"其無乃廢先王之訓而王幾頓乎！吾聞夫犬戎樹惇，能帥舊德而守終純固，其有以禦我矣！"王不聽，遂征之，得四白狼、四白鹿以歸。自是荒服者不至。
27. 穆王立五十五年，崩，子共王緊扈立。共王游於涇上，密康公從，有三女犇之。其母曰："必致之王。夫獸三爲群，人三爲衆，女三爲粲。王田不取群，公行不下衆，王御不參一族。夫粲，美之物也。衆以美物歸女，而何德以堪之？王猶不堪，況爾之小醜乎！小醜備物，終必亡。"康公不獻，一年，共王滅密。共王崩，子懿王囏立。懿王之時，王室遂衰，詩人作刺。	2. 恭王游於涇上，密康公從，有三女奔之。其母曰："必致之於王。夫獸三爲群，人三爲衆，女三爲粲。王田不取群，公行下衆，王御不參一族。夫粲，美之物也。衆以美物歸女，而何德以堪之？王猶不堪，況爾小醜？小醜備物，終必亡。"康公弗獻。一年，王滅密。
29. 夷王崩，子厲王胡立。厲王即位三十年，好利，近榮夷公。大夫芮良夫諫厲王曰："王室其將卑乎？夫榮公好專利而不知大難。夫利，百物之所生也，天地之所載也，而有專之，其害多矣。天地百物皆將取焉，何可專也？所怒甚多，而不備大難。以是教王，王其能久乎？夫王人者，將導利而布之上下者也。使神人百物無不得極，猶日怵惕懼怨之來也。故《頌》曰'思文后稷，克配彼天，立我蒸民，莫匪爾極'。《大雅》曰'陳錫載周'。是不布利而懼難乎，故能載周以至于今。今王學專利，其可乎？匹夫專利，猶謂之盜，王而行之，其歸鮮矣。榮公若用，周必敗也。"厲王不聽，卒以榮公爲卿士，用事。	4. 厲王説榮夷公，芮良夫曰："王室其將卑乎！夫榮公好專利而不知大難。夫利，百物之所生也，天地之所載也，而或專之，其害多矣。天地百物，皆將取焉，胡可專也？所怒甚多而不備大難，以是教王，王能久乎？夫王人者，將導利而布之上下者也，使神人百物無不得其極，猶日怵惕，懼怨之來也。故《頌》曰：'思文后稷，克配彼天。立我蒸民，莫匪爾極。'《大雅》曰：'陳錫載周。'是不布利而懼難乎？故能載周，以至于今。今王學專利，其可乎？匹夫專利，猶謂之盜，王而行之，其歸鮮矣。榮公若用，周必敗。"既，榮公爲卿士，諸侯不享，王流于彘。

續表

《史記·周本紀》	《國語》相關章節
30. 王行暴虐侈傲，國人謗王。召公諫曰："民不堪命矣。"王怒，得衛巫，使監謗者，以告，則殺之。其謗鮮矣，諸侯不朝。三十四年，王益嚴，國人莫敢言，道路以目。厲王喜，告召公曰："吾能弭謗矣，乃不敢言。"召公曰："是鄣之也。防民之口，甚於防水。水壅而潰，傷人必多，民亦如之。是故爲水者決之使導，爲民者宣之使言。故天子聽政，使公卿至於列士獻詩，瞽獻曲，史獻書，師箴，瞍賦，矇誦，百工諫，庶人傳語，近臣盡規，親戚補察，瞽史教誨，耆艾脩之，而后王斟酌焉，是以事行而不悖。民之有口也，猶土之有山川也，財用於是乎出：猶其有原隰衍沃也，衣食於是乎生。口之宣言也，善敗於是乎興。行善而備敗，所以產財用衣食者也。夫民慮之於心而宣之於口，成而行之。若壅其口，其與能幾何？"王不聽。於是國莫敢出言，三年，乃相與畔，襲厲王。厲王出奔於彘。	3. 厲王虐，國人謗王。召公告王曰："民不堪命矣！"王怒，得衛巫，使監謗者，以告，則殺之。國人莫敢言，道路以目。王喜，告召公曰："吾能弭謗矣，乃不敢言。"召公曰："是鄣之也。防民之口，甚於防川。川壅而潰，傷人必多，民亦如之。是故爲川決之使導，爲民者宣之使言。故天子聽政，使公卿至於列士獻詩，瞽獻典，史獻書，師箴，賦，矇誦，百工諫，庶人傳語，近臣盡規，親戚補察，瞽史教誨，耆艾脩之，而後王斟酌焉，是以事行而不悖。民之有口也，猶土之有山川也，財用於是乎出；猶其有原隰衍沃也，衣食於是乎生。口之宣言也，善敗於是乎興，行善而備敗，所以阜財用、衣食者也。夫民慮之於心而宣之於口，成而行之，故可壅也？若壅其口，其與能幾何？"王弗聽，於是國人莫敢出言。三年，乃流王于彘。
31. 厲王太子靜匿召公之家，國人聞之，乃圍之。召公曰："昔吾驟諫王，王不從，以及此難也。今殺王太子，王其以我爲讎而懟怒乎？夫事君者，險而不讎懟，怨而不怒，況事王乎！"乃以其子代王太子，太子竟得脫。	5. 彘之亂，宣王在召公之宮，國人圍之。召公曰："昔吾驟諫王，王不從，以及此難。今殺王子，王其以我爲懟而怒乎？夫事君者險而不懟，怨而不怒，況事王乎？"乃以其子代宣王，宣王長而立之。
32. 召公、周公二相行政，號曰"共和"。共和十四年，厲王死于彘。太子靜長於召公家，二相乃共立之爲王，是爲宣王。宣王即位，二相輔之，脩政，法文、武、成、康之遺風，諸侯復宗周。十二年，魯武公來朝。	

《史記·周本紀》	《國語》相關章節
33. 宣王不脩籍於千畝，號文公諫曰不可，王弗聽。三十九年，戰于千畝，王師敗績于姜氏之戎。 宣王既亡南國之師，乃料民於太原。仲山甫諫曰："民不可料也。"宣王不聽，卒料民。	宣王即位，不藉千畝。號文公諫曰："不可。（略）"王弗聽。三十九年，戰于千畝，王師敗績于姜氏之戎。 宣王既喪南國之師，乃料民于大原。仲山父諫曰："民不可料也！（略）"王卒料之。及幽王，乃廢滅。
34. 四十六年，宣王崩，子幽王宮湦立。幽王二年，西周三川皆震。伯陽甫曰："周將亡矣。夫天地之氣，不失其序；若過其序，民亂之也。陽伏而不能出，陰迫而不能蒸，於是有地震。今三川實震，是陽失其所而填陰也。陽失而在陰，原必塞；原塞，國必亡。夫水土演而民用也。土無所演，民乏財用，不亡何待！昔伊、洛竭而夏亡，河竭而商亡。今周德若二代之季矣，其川原又塞，塞必竭。夫國必依山川，山崩川竭，亡國之徵也。川竭必山崩。若國亡不過十年，數之紀也。天之所弃，不過其紀。"是歲也，三川竭，岐山崩。	幽王二年，西周三川皆震。伯陽父曰：周將亡矣！夫天地之氣，不失其序；若過其序，民亂之也。陽伏而不能出，陰迫而不能烝，於是有地震。今三川實震，是陽失其所而鎮陰也。陽失而在陰，源必塞；源塞，國必亡。夫水土演而民用也。土無所演，民乏財用，不亡何待？昔伊、洛竭而夏亡，河竭而商亡。今周德若二代之季矣，其川源又塞，塞必竭。夫國必依山川，山崩川竭，亡之徵也。川竭，山必崩。若國亡不過十年，數之紀也。夫天之所棄，不過其紀。是歲也，三川竭，岐山崩。十一年，幽王乃滅，周乃東遷。
35. 三年，幽王嬖愛褒姒。褒姒生子伯服，幽王欲廢太子。太子母，申侯女，而爲后。後幽王得褒姒，愛之，欲廢申后，并去太子宜臼，以褒姒爲后，以伯服爲太子。周太史伯陽讀史記曰："周亡矣。"昔自夏后氏之衰也，有二神龍止於夏帝庭而言曰："余，褒之二君。"夏帝卜殺之與去之與止之，莫吉。卜請其漦而藏之，乃吉。於是布幣而策告之，龍亡而漦在，櫝而去之。夏亡，傳此器殷。殷亡，又傳此器周。比三代，莫敢發之，至厲王之末，發而觀。漦流于庭，不可除。厲王使婦人祼而譟之。漦化爲玄黿，以入王後宮。後宮之童妾既齓而遭之，既笄而孕，無夫而生子，懼而弃之。宣王之時童女謠曰："檿弧箕服，實亡周國。"於是宣王聞之，有夫婦	《鄭語》：且宣王之時有童謠曰：檿弧箕服，實亡周國。於是宣王聞之，有夫婦鬻是器者，王使執而戮之。府之小妾生女而非王子也，懼而棄之。此人也，收以奔褒，褒人有獄而以爲入。天之命此久矣，其又可爲乎？訓語有之曰：夏之衰也，褒人之神化爲二龍，以同于王庭，而言曰：余，褒之二君也。夏后卜殺之與去之與止之，莫吉。卜請其漦而藏之，吉。乃布幣焉而策告之，龍亡而漦在，櫝而藏之，傳郊之。及殷、周，莫之發也。及厲王之末，發而觀之，漦流於庭，不可除也。王使婦人不幃而譟之，化爲玄黿，以入於王府。府之童妾未既齓而遭之，既笄而孕，當宣王而生。不夫而育，故懼而棄之。爲弧服者方戮在路，夫婦哀其夜號也，而取之以逸，逃

《史記·周本紀》	《國語》相關章節
賣是器者，宣王使執而戮之。逃於道，而見鄉者後宮童妾所弃妖子出於路者，聞其夜啼，哀而收之，夫婦遂亡，犇於褒。褒人有罪，請入童妾所弃女子者於王以贖罪。弃女子出於褒，是爲褒姒。當幽王三年，王之後宮，見而愛之，生子伯服，竟廢申后及太子，以褒姒爲后，伯服爲太子。太史伯陽曰：“禍成矣，無可奈何！”	於褒。褒人褒姁有獄，而以爲入於王王遂置之，而嬖是女也，使至於爲后而生伯服。
37．幽王以虢石父爲卿，用事，國人皆怨。石父爲人佞巧善諛好利，王用之。又廢申后，去太子也。申侯怒，與繒、西夷犬戎攻幽王。幽王舉烽火徵兵，兵莫至。遂殺幽王驪山下，虜褒姒，盡取周賂而去。於是諸侯乃即申侯而共立故幽王太子宜臼，是爲平王，以奉周祀。	
44．五年，釐王崩，子惠王閬立。惠王二年。初，莊王嬖姬姚，生子穨，穨有寵。及惠王即位，奪其大臣園以爲囿，故大夫邊伯等五人作亂，謀召燕、衛師，伐惠王。惠王犇溫，已居鄭之櫟。立釐王弟穨爲王。樂及徧舞，鄭、虢君怒。四年，鄭與虢君伐殺王穨，復入惠王。惠王十年，賜齊桓公爲伯。	
46．十三年，鄭伐滑，王使游孫、伯服請滑，鄭人囚之。鄭文公怨惠王之入不與屬公爵，又怨襄王之與衛滑，故囚伯服。王怒，將以翟伐鄭。富辰諫曰：“凡我周之東徙，晉、鄭焉依。子穨之亂，又鄭之由定，今以小怨弃之！”王不聽。十五年，王降翟師以伐鄭。王德翟人，將以其女爲后。富辰諫曰：“平、桓、莊、惠皆受鄭勞，王弃親親翟，不可從。”王不聽。十六年，王絀翟后，翟人來誅，殺譚伯。富辰曰：“吾數諫不從。如是不出，王以我爲懟乎？”乃以其屬死之。	

續表

《史記·周本紀》	《國語》相關章節
47. 初，惠后欲立王子帶，故以黨開翟人，翟人遂入周。襄王出犇鄭，鄭居王于氾。子帶立爲王，取襄王所紬翟后與居温。十七年，襄王告急于晉，晉文公納王而誅叔帶。襄王乃賜晉文公珪鬯弓矢，爲伯，以河内地與晉。二十年，晉文公召襄王，襄王會之河陽、踐土，諸侯畢朝，書諱曰"天王狩于河陽"。	

今檢最新修訂本《史記·周本紀》一共 80 節，其中内容取自《國語》之《周語上》《周語中》《鄭語》者有如上幾節，且有的段落幾乎和《國語》文字完全相同。這一方面説明，《史記》對《國語》史料的重視程度很高；另一方面，給後世研究帶來了兩難境地。這種兩難境地主要是他書異文在本書校勘中的作用與價值問題，尤其清人在進行《國語》校勘時，往往好以《史記》校改《國語》本文，在這方面表現最突出的爲牟庭，其次則爲王念孫、王引之、董增齡等。這種校改過度誇大了他書異文的功能，而忽略了本書文本的内在邏輯。關於褒姒故事，相近的文本，除了《國語·鄭語》和《史記·周本紀》外，尚有《列女傳·孽嬖傳》《漢書·五行志》《金樓子·箴戒》等三書相關篇卷中涉及此事。關於此篇，筆者《唐代類書引〈國語〉研究》已經進行過詳細比勘，讀者可參，此處不贅。①

《國語·周語上》"穆王將征犬戎"篇和《史記·周本紀》文字幾乎完全一致。行文至"昔我先世后稷"纔出現了不同。而且這個不同還並不是《國語》《史記》兩書的不同，而是《史記》和《國語》公序本的不同，即《國語》公序本作"昔我先世后稷"，而明道本《國語》和《史記》都作"昔我先王世后稷"。在這個問題上，清代學者幾乎出現了

---

① 拙著《唐代類書引〈國語〉研究》，濟南：齊魯書社 2018 年版，第 99—110 頁。

一邊倒的傾向，從錢曾開始，此後惠棟、戴震、《四庫全書薈要》、汪中、徐養原、陳奐、汪遠孫、翁倓都認爲有"王"字是對的，只有許宗彥明確認爲没有"王"字也是通的，且許宗彥明確指出："此本與韋異義，以《史記》爲證可也，以天聖本爲證，則天聖固不足證韋氏誤矣。"① 楊守敬復引述許宗彥之説，以爲公序本自有勝出明道本之處。是司馬遷所依據的《國語》本有"王"字而迻録《國語》原文，還是司馬遷所依據《國語》原文本無"王"字而司馬遷增字，還是後來如明道本一般的《國語》本子依據司馬遷《史記》復增"王"字造成版本上的文字差別，已經無從探究了。但清人一邊倒的傾向至少證明，《史記》作爲他書異文在《國語》本書校勘中所起到的助力和推動作用。至於近現代，有"王"字纔是《國語》本該有的文本形式，已經成爲必然之義了。至本世紀，筆者《李慈銘〈讀國語簡端記〉補箋》（《中央大學人文學報》第 52 期，2012 年）、辛德勇《公序本〈國語〉"我先世后稷"文證是》（《文史》2014 年第 2 期）纔在清人的基礎上，來翻舊賬，認爲公序本《國語》無"王"字是正確的。辛德勇進而提出方法論問題，謂："盧文弨考辨這一問題，最後總結説：'夫韋注有失，尚當舍注以從本文之是。'對於利用《國語》爲史料做研究的人來説，固當如是；從爲《國語》勘定正確的文字這一角度來看，這句話講得似乎也很有道理。不過，在實際校勘古籍時，這樣的原則却很難把握。這主要包括：（1）是把文字校訂至最合理狀態，還是最符合作者原貌或是最符合作者本意的狀態？（2）是把文字校訂至某一版本固有的狀態，或者儘量保存每一個版本的原貌，令諸本並存不廢，還是綜合諸本，做出一部最完善的定本，甚至以此定本取代衆本？文義最爲合理，與最符合作者原貌或最符合作者本意這兩種狀態，往往不會重合爲一事，此其難以把握者之一。所謂最合理的狀態，往往意味着要統校諸本，並參校其他相關典籍，做出裁斷。這種校訂方式，看起來最顯美妙，現在最爲通行，但所做裁

---

① （清）許宗彥：《鑒止水齋集》卷十一，上海：上海古籍出版社輯印《續修四庫全書》第 1492 册，本卷第 25 頁。

斷要基於校訂者的認識，而校訂者的學識難免會有深醇博雅與淺薄寡陋之分，對是非良窳的判斷，亦因人而異，所造成的消極後果也最嚴重，此其難以把握者之二。至於最符合作者原貌或是最符合作者本意的狀態，通常比較接近於復原最初的版本，對於古代經典來說，更尟有直接的憑據，若作間接的推斷，亦充滿不確定性，而且其實際可操作的空間，也不是很大，通常只局限於個別字句，此其難以把握者之三。”“清代考據學家對《國語》‘我先世后稷’這一文句的認識歷程，堪稱古籍校勘學史上的一個典型例證。中國古籍的校勘，是伴隨着清代漢學研究的興盛而臻於高度發達的，在受惠於考據學家精密深邃研究方法的同時，也在很大程度上遭受到當時考據學方法的消極影響。其中的弊病之一，就是在考辨史事和史籍時，往往過分局促地拘泥於每一個具體的文句而忽略大的歷史背景和古書通例，即如清人方東樹所批評的那樣，舉小略大，‘雖有左驗而實乖義理’。顧千里等人在這一問題上最大的失誤，就是未能如許宗彥所說，首先從韋昭注釋《國語》的通例出發，來考察‘先世后稷’一定是韋昭所據版本的原貌，其他文句差異的考辨，都必須服從這一前提，而在此前提之下，我們只能得出‘天聖固不足證韋氏誤’的結論。”[1] 這種觀點是值得參考的。

有無“王”字不僅僅是《史記》與《國語》之間異文的問題，還存在明道本《國語》與公序本《國語》的版本異文問題。而“至於武王”和《史記》“至於文王、武王”則成爲《史記》和《國語》的異文。《史記》的這條異文成爲王念孫校勘的重要證據。如下：

　　至于武王

　　“至于武王，昭前之光明而加之以慈和，事神保民，莫弗欣喜，商王帝辛，大惡於民，庶民不忍，欣戴武王，以致戎于商牧。”

　　家大人曰：“至于”下當有“文王”二字，周人敘述祖德，未有稱武王而不及文王者。此文自“莫弗欣喜”以上皆兼文武言之，

① 辛德勇：《公序本〈國語〉“我先世后稷”文證是》，《文史》2014 年第 2 期。

自"商王帝辛"以下乃專言武王耳。《史記·周本紀》載此文正作"至于文王武王",《文選·齊敬皇后哀策文》注引此云:"至于文武,事神保民,莫弗欣喜。"所引從略,而亦兼文武,則原有文王二字可知。①

實際上,王念孫之説不可從。不能因爲《史記》有"文王"二字,就斷定《國語》應當有此二字。從邏輯上看,周武王纔是真正滅商、使周得天下的第一個君主,故單言武王並無不合理之處。至於《史記》"文王武王"的本文,可以作爲參照,但不必以此作爲判定《國語》本文是非的依據。《文選注》雖云引自《國語》,但引書改字往往存在,恐難以《文選注》所引"文武"就認定《國語》本文原該是"文王武王"表述形式的信據。原書既可通,不必據他書異文遽爲改易。

另外就是篇章排序問題。《史記·周本紀》按照時間先後進行順次排序,而《周語》並不盡然。《周本紀》和《周語上》相同内容章節排序依次爲穆王征犬戎(A)、共王游於涇上(B)、芮良夫論榮夷公專利(C)、召公諫厲王弭謗(D)。在《周語上》中,C、D 的順序正好相反。這給後來研究者提供了視角。比如張建軍、張懷通就根據《史記·周本紀》的記事順序推斷:"司馬遷之所以這樣安排,可能是依據了較爲原始的西漢中期以前的《國語》文本。"又根據《逸周書·芮良夫》的記載進一步推斷:"《芮良夫論榮夷公專利》一節在前,《邵公諫厲王弭謗》一節在後,纔可能是大約編輯於戰國中期的《國語》的本來面貌。"進而推測"西漢末年是今本《國語》定型的重要時期。"② 二氏對於節次的探討姑且不論,但《史記》在這一問題發現中的關鍵作用,却是不言而喻的。

總的來看,《史記》對《國語》材料的徵引體現在兩個方面:1. 全文照搬;2. 剪裁使用。《史記》所引用的《國語》材料既具有史料價

---

① (清) 王引之撰,虞思徵等校點:《經義述聞》,上海:上海古籍出版社 2016 年版,第 1163 頁。
② 張建軍、張懷通:《〈芮良夫論榮夷公專利〉節次辨正》,《文獻》2011 年第 2 期。

值，同時對《國語》的校勘、訓詁具有很重要的參照價值。體現在：1. 可以爲《國語》異文校勘提供佐證，無論是《國語》研究者還是《史記》研究者，在進行文字校勘、訓詁語義的時候，都會提到兩書以及相關研究；2. 可以爲《國語》篇章研究提供依據；3. 可以爲《國語》文學或史學研究提供視角。

（三）《新序》《説苑》《列女傳》對《國語》的徵引與利用

《新序》《説苑》《列女傳》三書皆出劉向。關於劉向的生平學術，前人時賢多有專論，此不贅述。《漢書·楚元王傳》云："向睹俗彌奢淫，而趙、衛之屬起微賤，逾禮制。向以爲王教由内及外，自近者始。故採取《詩》《書》所載賢妃貞婦，興國顯家可法則，及孽嬖亂亡者，序次爲《列女傳》，凡八篇，以戒天子。"宋人高似孫《子略》云："先秦古書甫脱爐劫，一入向筆，採擷不遺。至其正紀綱、迪教化、辨邪正、黜異端，以爲漢規監者，盡在此書，兹《説苑》《新序》之旨也。嗚呼！向誠忠矣！向之書誠切矣。"對劉向編纂《列女傳》《新序》《説苑》的目的和功能進行了揭示。

今本《列女傳》分爲八卷，前七卷分別爲母儀傳、賢明傳、仁智傳、貞順傳、節義傳、辯通傳、孽嬖傳，最後一卷爲續卷①，續卷主要是漢代列女，非前代事，故於續卷中依次臚列。其中與《國語》内容相同者有"母儀傳"之《周室三母·太任》《魯季敬姜》，"賢明傳"之《晉文齊姜》《秦穆公姬》，"仁智傳"之《密康公母》《曹僖氏妻》《晉伯宗妻》《晉羊叔姬》，"孽嬖傳"之《周幽褒姒》《魯莊哀姜》《晉獻驪姬》。

今本《新序》十卷，分爲雜事一、雜事二、雜事三、雜事四、雜事五、刺奢、節士、義勇、善謀上、善謀下。② 其中與《國語》内容相同

① 此據張濤《列女傳譯注》，濟南：山東大學出版社1990年版。
② 此據李華年《新序全譯》，貴陽：貴州人民出版社1994年版。

者，有第五（"雜事一"）、第五四（"雜事四"）、第六八（"雜事四"）、第八○（"雜事五"）等四則。

今本《説苑》共分二十卷，分別爲君道、臣術、建本、立節、貴德、復恩、政理、尊賢、正諫、敬慎、善説、奉使、權謀、至公、指武、談叢、雜言、辨物、修文、反質。① 其中與《國語》内容相同者，有立節卷第九、第十、第十二，貴德卷第十九、第三十、第三一，復恩卷第四、第十四，尊賢卷第三六，正諫卷第二十，敬慎卷第二二，權謀卷第二六，至公卷第十四、第十五，談叢卷第十五、第二十，辨物卷第五、第十六、第十八、第十九、第二十、第二二、第二三，反質卷第十四。

這三本著作對《國語》篇章的徵引和《史記》對《國語》的徵引方式基本相同，但是二者的功能不同。《史記》雖然是紀傳體，但每一篇都是按時代先後順次編排的，所以，其所徵引的《國語》篇章往往作爲整體中的一個部分存在。《新序》《説苑》《列女傳》三書由於是按照類別進行編排的，且每一篇章自成獨立單元，與前後篇章除了在主題上一致外，並没有什麼聯繫性。除了文字對勘、資料互證之外，《列女傳》還在每篇之後有"頌曰"，對傳主進行評價，其中對徵引自《國語》篇章的傳主點評，可以看作《吕氏春秋》評點的繼續和延伸。如《列女傳·魯季敬姜》頌曰："文伯之母，號曰敬姜。通達知禮，德行光明。匡子過失，教以法理。仲尼賢焉，列爲慈母。"《晉文齊姜》頌曰："齊姜公正，言行不怠。勸勉晉文，反國無疑。公子不聽，姜與犯謀。醉而載之，卒成霸基。"除了"頌曰"之外，還有在文中進行點評的，如《仁智傳·密康公母》云：

　　密康公之母，姓隗氏。周共王遊於涇上，康公從，有三女奔之，其母曰："必致之王。夫獸三爲群，人三爲衆，女三爲粲。王田不取群，公行下衆，王御不參一族。夫粲美之物歸汝，而何德以堪之？王猶不堪，況爾小丑乎！"康公不獻，王滅密。君子謂密母爲能識

① 此據王鍈、王天海《説苑全譯》，貴陽：貴州人民出版社1992年版。

微。《詩》云："無已大康，職思其憂。"此之謂也。

    頌曰：密康之母，先識盛衰，非刺康公，受粲不歸，公行下衆，物滿則損，俾獻不聽，密果滅殞。

本篇中，在引述完《國語·周語上》第二章之後，又加上"君子謂密母爲能識微。《詩》云：'無已大康，職思其憂。'此之謂也"一句，可看作對密康公母的評價。

這些材料和《國語》内容相同，爲後世專書研究的相互印證提供了基礎。今檢石光瑛《新序校釋》一書，徵引《國語》本文以及韋昭注者多處。向宗魯《説苑校證》、朱季海《説苑校理》也往往引述《國語》參校。而清人《國語》勘校，也往往引述《説苑》。

（四）《漢書》對《國語》的徵引與利用

《漢書》是東漢時期班固的史學巨著，全書共 100 卷。其中志書部分引用《國語》多處。今檢其《五行志》引述《國語》篇章尤多。如《五行志中之上》有兩處引述《周語下》"單襄公論晉君臣"章，《五行志中之下》引述《魯語下》"季桓子穿井"章、《周語下》"穀洛水鬬"章，《五行志下之上》引述《周語上》"三川皆震"章、《魯語下》"有隼集于陳廷而死"章、《鄭語》"二龍止于夏庭"章。

《漢書·五行志》引述《國語》率稱"史記"。筆者在比對《新書·禮容語下》和《國語·周語下》相同内容的時候，注意到《漢書·五行志》凡引《國語》之處即稱"史記"。《漢書新注》引述各家"史記"説法，如下：

    史記：説者不一。有以爲指司馬遷所撰《史記》；有以爲非是，而是泛稱史籍。師古曰："此《志》凡稱史記者，皆謂司馬遷所撰也。"齊召南曰："按，單襄公見晉厲公一段，《史記·晉世家》不載，此《國語》文也。《國語》本於各國之史記，故以史記稱之。顏以司馬遷所撰爲解，非也。"錢大昕補充齊氏之説，曰："班

《志》所云史記，非專指太史公書矣。古者列國之史，俱稱史記。……史遷著書，未嘗以史記名之，即孟堅亦未嘗以史記目太史公書，小顏考之未詳爾。"沈欽韓也主是説，近人施之勉則不同意此論，曰："《志》所引史記，凡十七條"。其中十二條，"皆見於遷書"；惟五條"不見耳。""齊、錢、孫三氏，皆以《志》所引史記爲《國語》，而非遷書。然季桓子穿井獲土缶，《魯語》作其中有羊，此作若羊；隼集陳廷，楛矢貫之石砮，《魯語》在陳惠公時，此在陳湣公時，皆與《孔子世家》合，而不與《國語》同，此明是引遷書，非《國語》文也。則謂孟堅未嘗以史記目太史公書，非其實矣。"陳直則曰："齊召南謂史記指《國語》，駁顏注是也。司馬遷之《史記》，在班固時尚稱《太史公書》，至桓録時始改稱《史記》，説詳著者《太史公書名考》。"愚以爲，班《志》所稱"史記"，是泛稱班氏以前的史書，而非專指《國語》，也非專指司馬遷書。可參考班彪《前史略論》(見《後漢書·班彪傳》)。①

顏師古主張"史記"爲司馬遷之史，齊召南認爲此處是《國語》，而《新注》認爲是班固前的史書，非專指《國語》。造成認識分歧的最大問題恐怕在於今本《史記》沒有這一段内容，所以齊召南、錢大昕、沈欽韓纔不同意顏師古的意見，施之勉贊成顏説，陳直則認同清人的觀點。《新注》認爲是泛稱，似《新注》最爲穩妥。但是就這一段而言，今本《史記》不載而《國語》《新書》有之，班固不可能稱《新書》爲"史記"，故當指《國語》。再看班固的《藝文志》春秋類收《春秋》二十三家，包括《左傳》、《國語》、劉向《新國語》、司馬遷《史記》等。班固《藝文志》云："古之王者世有史官。君舉必書，所以慎言行，昭法式也。左史記言，右史記事，事爲《春秋》，言爲《尚書》，帝王靡不同之。"② 從這一段話看，則班固之"史"的範圍是包括《國語》《史

① 施丁主編：《漢書新注》，西安：三秦出版社 1994 年版，第 974 頁。
② （漢）班固：《漢書·藝文志》，北京：中華書局 1965 點校本，第 1715 頁。

記》等在内的。尤其是《五行志》這兩段内容用魯國紀年，而魯國紀年的史書無非《春秋》《左傳》和《史記·魯世家》，可偏偏今傳《春秋》《左傳》和《史記·魯世家》都没有如此翔實的記載，更何況《五行志》凡引《左傳》一一注明"左氏傳曰"，固不能以之出《左傳》。而有此翔實記載的《周語下》《禮容語下》又不是魯國紀年。這是上引各家觀點的癥結所在。相關比勘資料，可參見拙著《〈國語補音〉異文研究》《唐代類書引〈國語〉研究》，此處不贅。

（五）漢賦對《國語》的徵引與化用

《詩·周南·葛覃》朱熹《集傳》謂："賦者，敷陳其事而直言之者也。"賦體文句規整，又受體制影響，在徵引前代典籍的時候往往採取截取句子和語詞的形式，有的採取化用前代典籍故事的形式。今以費振剛、胡雙寶、宗明華輯校的《全漢賦》爲對象，略揭幾例如下：

（1）賈誼《鵩鳥賦》：越棲會稽兮，句踐霸世。

（2）梁竦《悼騷賦》：抉目眥於門間。

（3）張衡《思玄賦》：從伯禹於稽山，集群神之執玉兮，疾防風之食言。

（4）張衡《二京賦》：楚築章華於前、萇弘魏舒，是廓是極、勤恤民隱、及至農祥晨正，土膏脈起……躬三推於天田，修帝籍之千畝，供禘郊之粢盛、日月會於龍狵、文德既昭，武節是宣。三農之隙，曜威中原、賦政任役、山無樵枏。

（5）馬融《長笛賦》：睱豫王孫，心樂五聲之和，耳比八音之調、無相奪倫，以宣八風、或爍金礱石、刻鏤鑽筈。

（6）馬融《圍棋賦》：反受其殃。

（7）邊讓《章華臺賦》：於是伍舉知夫陳、蔡之將生謀也，乃作新賦以諷之。

（8）蔡邕《短人賦》：侏儒短人，僬僥之後，出自外域，戎狄別種。

（9）張超《誚青衣賦》：晉獲驪戎，斃壞恭子；有夏取仍，覆宗絕祀；叔肸納申，聽聲狼似……文公懷安，姜誚其鄙。

（10）王粲《游海賦》：鳥則爰居孔鵠。

（11）王粲《羽獵賦》：陳苗狩而講旅。

（12）王粲《大暑賦》：起屏營而東西。

（13）陳琳《神武賦》：善魏絳之和戎。

賦文作者的生活時代從西漢初年到東漢末年都有。以上各篇賦中所引詞句，分別出自《越語》《吳語》《魯語》《楚語》《周語》《晉語》。化用典籍詞語，是賦這一體裁的特點。一方面説明作者們熟悉經典，另一方面也説明《國語》在漢代的傳播還是比較廣泛的。

（六）漢代注釋對《國語》的徵引

《史記》《漢書》《新序》《説苑》等典籍徵引往往是爲了敘事需要，可謂史實徵引。此外還有一些書籍是把《國語》作爲例句進行補充説明，如《説文》等一類訓詁專著或者漢人的注釋。但也有以之爲訓詁依據者，如《詩經》毛傳對叔向説《昊天有成命》的徵引。漢代注釋徵引《國語》者如東漢鄭衆、許慎、鄭玄等經注中各有條目若干。《説文》引經，清人研究較多。其他經注引經研究，引起關注的還不多見。今檢鄭玄注《周禮》《禮記》皆引述《國語》，前者引《國語》25 處，後者引《周語》13 處。所引用的《國語》例句大多是用來作爲補充説明的。撮舉三條如下：

官府之八成經邦治：一曰聽政役以比居，二曰聽師田以簡稽，三曰聽閭里以版圖，四曰聽稱責以傅別，五曰聽禄位以禮命，六曰聽取予以書契，七曰聽賣買以質劑，八曰聽出入以要會。（《周禮·天官·小宰》）

鄭玄引鄭司農注：簡稽士卒、兵器、簿書。簡猶閲也。稽猶計也，合也。合計其士之卒伍，閲其兵器，爲之要簿也。故《遂人職》曰："稽其人民，簡其兵器。"《國語》曰："黃池之會，吳陳其兵，皆官師擁鐸拱稽。"

惟王建國，辨方正位，體國經野，設官分職，以爲民極。乃立春官宗伯，使帥其屬而掌邦禮，以佐王和邦國。(《周禮·春官·宗伯》)

鄭玄注：宗官又主鬼神，故《國語》曰："使名姓之後，能知四時之生，犧牲之物，玉帛之類，采服之宜，彝器之量，次主之度，屏攝之位，壇場之所，上下之神祇，氏姓之所出，而率舊典者爲之宗。"《春秋》"禘于大廟，躋僖公"，而《傳》曰："夏父弗忌爲宗人。"又曰："使宗人釁夏獻其禮。"

凡以神仕者，掌三辰之灋，以猶鬼神示之居，辨其名物。(《周禮·春官·家宗人》)

鄭玄注：猶，圖也。居，謂坐也。天者，群神之精，日、月、星辰其著位也。以此圖天神、人鬼、地祇之坐者，謂布祭衆寡與其居句。《孝經》說郊祀之禮曰：燔燎掃地，祭牲繭栗，或象天酒旗坐星，廚倉具黍稷布席，極敬心也。言郊之布席，象五帝坐。禮祭宗廟、序昭穆，亦又有似虛危，則祭天圜丘象北極，祭地方澤象后妃，及社稷之席，皆有明法焉。《國語》曰：古者，民之精爽不攜貳者，而又能齊肅中正，其知能上下比義，其聖能光遠宣朗，其明能光照之，其聰能聽徹之，如是，則神明降之，在男曰覡，在女曰巫。是之使制神之處位次主而爲之牲器時服。巫既知神如此，又能居以天法，是以聖人用之。今之巫祝，既闇其義，何明之見？何法之行？正神不降，或於淫厲，苟貪貨食，遂誣人神，令此道滅，痛矣。

可見鄭玄注多數引《國語》作例證。在進行引證之後，也進行一些補充解釋，可以作爲《國語》研讀之參佐。此外，鄭玄注對《國語》的徵引，也對今傳《國語》文本勘校具有一定的參考價值。

小　結

　　兩漢時期，《國語》書名得到了確立，雖然漢代人以及後來的學者在《國語》書名上有"春秋國語""春秋外傳""春秋外傳國語"等多種稱謂，但最爲大衆接受的，還是"國語"一名。司馬遷爲《國語》和左丘明之間的關係做了最爲簡要的陳述，成爲後來確定《國語》作者的主要依據，也成爲後來學者疑竇重重的主要根源。至於班彪、班固父子，對《國語》性質、形制、篇數、作者又進行了進一步確定。隨著《左傳》一書的研究深入，作爲和《左傳》内容重合度比較高的《國語》也得到了學者的關注，不僅僅對其命名、性質、内容有比較深入的探討，而且還把《國語》作爲論證材料和史料、語料廣泛徵引。通過今存賈逵《國語》注的輯佚條目可見，賈逵基本確立了後世《國語》注釋著作的範式，而且其研究深度和廣度，都得到了後世《國語》研究和訓詁研究的最大程度的認同。一方面，漢代注釋著作對《國語》的徵引，說明《國語》的重要性，另一方面，這些徵引材料作爲校勘材料，對今傳《國語》的勘校具有比較重要的參考價值。

第三章　三國時期《國語》研究

　　三國時期雖然時間較短，但在《國語》研究史上却有重要的地位。這一時期，《國語》得到了更爲廣泛的傳播，成爲達官貴人的必讀書目。

　　《三國志·魏書·鍾會傳》"甘露二年，徵諸葛誕爲司空，時會喪寧在家，策誕必不從命，馳白文王。文王以事已施行，不復追改"裴松之注云："其母傳曰：夫人性矜嚴，明於教訓，會雖童稚，觀見規誨。年四歲授《孝經》，七歲誦《論語》，八歲誦《詩》，十歲誦《尚書》，十一誦《易》，十二誦《春秋左氏傳》《國語》，十三誦《周禮》《禮記》，十四誦成侯《易記》，十五使入太學問四方奇文異訓。謂會曰：'學猥則倦，倦則意怠；吾懼汝之意怠，故以漸訓汝，今可以獨學矣。'雅好書籍，涉歷衆書，特好《易》《老子》，每讀《易》孔子說鳴鶴在陰、勞謙君子、籍用白茅、不出户庭之義，每使會反覆讀之，曰：'《易》三百餘爻，仲尼特說此者，以謙恭慎密，樞機之發，行已至要，榮身所由故也，順斯術已往，足爲君子矣。'"

　　《三國志·吴書·吕蒙傳》裴注引《江表傳》曰："初，權謂蒙及蔣欽曰：'卿今並當塗掌事，宜學問，以自開益。'蒙曰：'在軍中常苦多務，恐不容復讀書。'權曰：'孤豈欲卿治經爲博士邪？但當令涉獵見往事耳。卿言多務，孰若孤？孤少時，歷《詩》《書》《禮記》《左傳》《國語》，惟不讀《易》。至統事以來，省三史、諸家兵書，自以爲大有所益。如卿二人，意性朗悟，學必得之，寧當不爲乎？宜急讀《孫子》《六韜》《左傳》《國語》及三史。孔子言：終日不食，終夜不寢，以思，無益，不如學也。光武當兵馬之務，手不釋卷。孟德亦自謂，老而好學。

卿何獨不自勉勖邪？'蒙始就學，篤志不倦，其所覽見，舊儒不勝。"

　　鍾會的母親和孫權在少年時代都以《國語》爲必讀書目，且皆以
《左傳》《國語》相承，可見，這一時期的人們仍然是把《國語》和
《左傳》作爲《春秋》内外傳看待的。而在孫權的表述中，對吕蒙所言
則把《左傳》《國語》排在《孫子》《六韜》之後。或在孫權心目中，
更多地把《左傳》《國語》看作記載軍國大事的史料而非經書。

　　這一時期，仍以注家爲《國語》文本區别的主要標誌。注家在注解
《國語》的過程中也參考過不同的《國語》傳本，這一點，從唐固注、
韋昭注中都可以看出。這一時期的《國語》研究者有吴國的唐固、虞
翻、韋昭和魏國的王肅、孫炎等。今大致依其時代先後論列。韋昭《國
語解》是唯一完整流傳下來的兩漢三國時期的《國語》注本，故放在本
章最後討論。

一、唐固《國語》研究

　　唐固傳附在《吴書·闞澤傳》之後，謂："澤州里先輩丹楊唐固亦
修身積學，稱爲儒者，著《國語》《公羊》《穀梁傳》注，講授常數十
人。權爲吴王，拜固議郎，自陸遜、張温、駱統等皆拜之。黄武四年尚
書僕射，卒。"又《吴録》云："（固）卒時年七十餘矣。"孫權生卒爲
182—252 年，黄武四年爲公元 225 年。公元 222 年，孫權稱吴王。既然
唐固七十多歲去世，去世之時爲黄武四年，則唐固至少當生於公元 155
年（漢桓帝永壽元年）之前。

　　唐固《國語注》在《隋書·經籍志》《舊唐書·經籍志》《新唐
書·藝文志》《國語補音敘録》中都有著録，皆爲二十一卷。

　　唐人引述唐固《國語注》較多。就目前所看到的各家輯佚材料而
言，唐固注輯佚最多的爲黄奭，輯有 105 條，張以仁《輯校》只收 73
條，大約出於謹慎之故。韋注中直接稱引"唐尚書"者 34 條，"賈"
"唐"同引者 16 條，"虞""唐"並引者 3 條，"三君"並引者 11 條。可

見唐固《國語》注還有繼續探討的空間。唐固注釋內容大體分爲：釋故
事、釋人物、釋典制、釋節令、釋祭祀、釋語詞等。今將"三君云"
"賈唐云"皆計在內，張以仁《輯校》各卷條目依次爲周上9、周中8、
周下3、魯上6、魯下4、齊語5、晉一3、晉二2、晉三3、晉四7、晉五
2、晉六1、晉七2、晉八1、鄭語5、楚上4、楚下1、吳語7、越上1、
越下3。新美寬編、鈴本隆一補《本邦殘存典籍による輯佚資料集成》
從《玉燭寶典》中輯出15條，有14條爲張輯所未備，加張以仁輯，共
87條。如下：

　　載櫜弓矢
　　唐固曰：櫜，韜也。(《史記集解》)

　　昔我先王世后稷
　　唐固：父子相繼曰世。(《史記集解》)

　　猶其原隰之有衍沃也
　　唐固：下平曰衍，有漑曰沃。(《史記集解》)

　　陳錫載周
　　唐固：言文王布錫施利以載成周道也。(《史記集解》)

　　農祥晨正
　　唐固：農祥，房星也。晨正，謂晨見東方，謂立春之日。(《玉
燭寶典》《初學記》《太平御覽》)

　　日月底乎天廟
　　底，至也。天廟，營室。孟春之月，日月合宿乎營室一度，故
曰底也。(《玉燭寶典》)

是教逆也

唐固：言不教之順而教之逆。(《史記集解》)

宣王欲得國子之能導訓諸侯者

唐固：國子，謂諸侯能治國子養百姓者。(韋解)

土乃脉發

脉，理也，發也。《農書》曰：春土冒撅，陳根可拔，耕者急
發也。(《玉燭寶典》)

先時九日

先立春九日也。(《玉燭寶典》)

大史告稷曰自今至乎初告

初吉，謂二月朔日，日在奎，春分中。(《玉燭寶典》)

陽氣俱蒸，土膏其動

蒸，升也。膏，美也。言土氣美而上升，當發動而耕。(《玉燭
寶典》)

稷以告

以大史之辭告於王。(《玉燭寶典》)

王曰：史帥陽官以奉我司事

史，大史也。陽官，春官也。司事，主農事。(《玉燭寶典》)

曰：距今九日，土其俱動

距，至也，至立春日也。(《玉燭寶典》)

先時五日，瞽告有協風至

先時五日，先耕五日也。協風，融風。至則萬物生得艮之氣也。
(《玉燭寶典》)

是日也，瞽師音官以風土

是日，耕日也。瞽，大師也。音官，樂官也。風土，謂大師之
樂官，以六律調八風，八風和則土氣養。(《玉燭寶典》)

宣王既喪南國之師

唐固：南國，南陽也。(《史記集解》)

伯陽父

唐固：伯陽甫，周柱下史老子也。(《史記》集解、正義)

鸑鷟鳴於岐山

三君：鸑鷟，鳳之別名也。(韋解)

鄭武、莊有大勳力於平、桓

唐固：王奪鄭伯政，鄭伯不朝，王伐鄭。鄭祝聃射王中肩，豈
得爲功？桓當爲惠。《傳》曰："鄭有平惠之勳。"(韋解)

昔鄢之亡也由仲任

唐固：鄢爲鄭武公所滅，非取任氏而亡也。(韋解)

鄶由叔妘

唐固：亦鄭武公滅之，不由女亡也。(韋解)

狄人來誅，殺譚伯

唐固：譚伯，周大夫原伯毛伯也。(《史記集解》)

野有庾積

唐固：十六斗曰庾。（韋解）

不亦瀆姓矣乎

賈、唐二君云：姓，命也。一曰：夏氏姬姓，鄭女亦姬姓，故謂之瀆姓。（韋解）

楚子入陳

唐固：遂取陳以爲縣。（韋解）

名之曰黑臀，於今再矣

唐固：時晉景公在位。成公生景公，故言再。（韋解）

二后受之，讓於德也

賈、唐二君：二后所以受天命者，能讓有德也。（韋解）

將鑄大錢

唐固：大錢徑一寸二分，重十二銖，文曰大泉五十。（韋解）

二曰太蔟，所以金奏贊陽出滯也

賈、唐：太蔟正聲爲商，故爲金奏，所以佐陽發出滯伏也。（韋解）

是故先王制諸侯，使五年四王一相朝

唐固：先王謂堯也。五載一巡守，諸侯四朝。（韋解）

而刻其桷

唐固：桷，榱頭也。（韋解）

大懼乏周公太公之命祀

賈、唐二君：周公爲太宰，太公爲太師，皆掌命諸侯之國，所當祀也。（韋解）

致君胙者有數矣
賈、唐二君云：臣祭致肉於君，謂之致胙。（韋解）

其夭札也
唐固：未名曰夭。（韋解）

水虞於是乎講罘罶，取名魚，登川禽，而嘗之寢廟，行諸國，助宣氣也
唐固：孟春。（韋解）虞，掌川澤禁令之官也。講儀畏留骨，將以取魯也。名魚，春獻鮪。川禽，鼈鼈之屬也。言國人皆行此令，所以宣時氣之也。（《玉燭寶典》卷一）

獸長麋麇
唐固注云：夕麋子曰麇。（《玉燭寶典》卷一）

虫捨蟋蚔
唐固曰：蚔，蟻子也。可以爲醬也。（《玉燭寶典》卷二）

土之怪曰羵羊
唐固：羵羊，雌雄不成者也。（韋解）

與百官之政事：師尹維旅、牧、相，宣序民事
三君云：師尹，大夫官也，掌以美詔王。維，陳也。旅，衆士也。牧，州牧也。相，國相也。皆百官政事之所及也。（韋解）

宗不具不繹

唐固：（繹），祭之明日也。（韋解）

宗室之謀不過宗人
虞翻、唐固：不過宗人，不與他姓議。親親也。（韋解）

今吾子之教官僚
唐固：同官曰僚。（韋解）

夫管夷吾射寡人中鉤，是以濱於死
三君：濱，近也。管仲臣於子糾，乾時之戰，親射桓公中鉤。
（韋解）

九妃六嬪
唐固：九妃，三國之女，以姪娣從也。（韋解）

制國以爲二十一鄉
唐固：四民之所居也。（韋解）

士鄉十五
唐固：士與農共十五鄉。（韋解）

升，受命，賞服大輅龍旗九旒渠門赤旃
唐固：大輅，玉輅。（韋解）

非禮不終年
唐固：不終其年，與下不盡齒同。（韋解）

伯氏不出
賈、唐：伯氏，申生也。（韋解）

不懼不得

賈、唐：不得，不得君心也。（韋解）

弑君以爲廉

唐固：爲太子殺奚齊，不有其國，以爲廉也。（韋解）

夷吾逃于梁

唐固：晉滅以爲邑。（韋解）

出共世子而改葬之，臭達於外

唐以賈君爲申生妃。（韋解）

貞之無報也，孰是人斯，而有是臭也

賈、唐：貞，正也。謂惠公欲以正禮改葬世子而不獲吉報也。
孰，誰也。斯，斯世子也。誰使人有是臭者，言惠公使之也。（韋解）

焉作轅田

唐固：讓肥取磽也。（韋解）

凡黃帝之子二十五宗

唐固：繼別爲小宗。（韋解）

公請隧

三君：隧，王之葬禮。（韋解）

文公誅觀狀以伐鄭

唐固：誅曹觀狀之罪，還而伐鄭。（韋解）

夫三德者，偃之出也

賈、唐：三德，欒枝、先軫、胥臣，皆狐偃所舉。（韋解）

狐毛卒，使趙衰代之
虞、唐：代將新軍。（韋解）

而惠慈二蔡
三君：二蔡，文王子管叔初亦爲蔡。（韋解）

詢于八虞
賈、唐：八虞，周八士，皆在虞官。伯達、伯括、仲突、仲忽、叔夜、叔夏、季隨、季騧。（韋解）

諏於蔡原而訪於辛尹
賈逵、唐固：辛男，尹侯，蔡公、原公也。（韋解）

作三軍
唐固：去新軍之上下。（韋解）

蕃年，乃有賈季之難
唐固：晉蒐于夷，舍二軍。（韋解）

戰以錞于丁寧
唐固：錞于，鐲也。（韋解）

郤至以靺韋之跗注
三君：一染曰靺。（韋解）

呂錡佐智莊子於上軍
唐固：荀首將上軍。（韋解）

使公族穆子受事於朝

唐固：獻子致仕而用其子爲公族大夫。（韋解）

問於張老

三君：張老，中軍司馬也。（韋解）

及爲成師，居太傅

唐固：爲成公軍師，兼太傅官。（韋解）

建九紀以立純德

賈、唐：九紀，九功也。（韋解）

合十數以訓百體

賈、唐：十數，自王以下，位有十等。王臣公、公臣大夫、大夫臣士、士臣皂、皂臣輿、輿臣隸、隸臣僚、僚臣僕、僕臣臺。百體，百官各有體屬也。合此十數之位，以訓導百官之體。（韋解）

王使婦人不幃而譟之

唐固：群呼曰譟。（《史記集解》）

屎弧箕服

唐固曰：屎，木名也。出上谷。（《玉燭寶典》）

應韓不在

三君：不在，時已亡也。（韋解）

秦景公於是乎取周土

三君：秦景公宣王季年伐西戎，破之。遂有其地。（韋解）

蔡聲子將如晉

唐固：楚滅蔡，蔡聲子爲楚大夫。（韋解）

在中軍王族而已

唐固：族，親族。同姓也。（韋解）

於是乎作懿戒以自儆也

三君：懿，戒書也。（韋解）

武丁於是作書

賈、唐：書，説命也。

家於是乎嘗祀

大夫稱家也。（《玉燭寶典》）

命火正黎司地以屬民

唐固：火當爲北，北，陰位也。（韋解）

行頭皆官師

三君：百人爲一隊也。官師，隊大夫也。（《史記索隱》）

鼓丁寧錞于

唐固：錞于，鐲。（韋解）

王稱左畸曰：攝少司馬兹與王士五人坐於王前

賈、唐二君云：稱，呼也。左畸，軍左部也。攝，執也。少司
馬兹與王士十五人皆罪人死士也。（韋解）

到於客前以酬客

賈、唐二君：剄，到也。酬，報也。將報客，使死士自剄以示
其威行軍士用命也。（韋解）

簦笠相望於艾陵
唐固：簦笠，夫須也。（韋解）

國人欲告者來告
三君：告不任兵事也。（韋解）

王背檐而立，大夫向檐
唐固：屋名也。（韋解）

納之太宰嚭
唐固：平王殺之。（韋解）

德虐之行，因以爲常
唐固：言無德行虐，習以爲常。（韋解）

忠臣解骨
賈、唐二君：解骨，子胥伏屬鏤也。（韋解）

吳王帥其賢良與其重禄以上姑蘇
唐固：重禄，寶璧也。（韋解）

從所輯唐固注條目可知，唐固注與賈逵注施注點不同，釋義也多有
不同。當然，也有可能與賈逵注相同的部分未能保留下來。今擷引述唐
固注之韋解 10 例，以見唐固注之梗概，並略爲辨析如下：

(1)《越語下》"吳王帥其賢良與其重禄以上姑蘇" 韋注：姑

蘇，宫之臺也，在吴闔門外，近湖。或云：賢，賢妃。良，良貨。
唐尚書云：重禄，寶璧也。昭謂：賢良，親近之士。猶越言君子、
齊言士。《吴語》曰：越王以其私卒君子六千人爲中軍。賈侍中云：
重禄，大臣也。

[按] 韋昭不釋重禄，所引賈逵注與唐固注釋義不同。就《越語下》
語境而言，唐固注更合語境。本句中，“賢良”“重禄”爲並列結構。韋
昭引或説以“賢”爲妃子，以“良”爲財寶，而未釋“重禄”。從韋昭
下文來看，他是不贊成或説的，故以“親近之士”釋“賢良”。韋昭引
賈逵、唐固釋“重禄”而不明確取捨。後世有從賈逵、韋昭注者，如金
聖歎即撮録韋注簡括爲：“吴賢良，猶越君子也；重禄，大臣也。”余誠
《古文釋義》也以“重禄”爲“大臣”。高振鐸、劉乾先謂“賢良”爲
“吴王左右親近之士”、“重禄”爲“高官厚禄的大臣。一説，寶璧”，①
兼存唐固之説。北京大學編《先秦文學史參考資料》注則謂：“賢良：
吴王左右的親近之士。重禄：有二解（均見韋注）：一、寶璧；二、大
臣。疑前説近是。”② 北師大編《中國古典文學作品選註》謂：“賢良：
吴王的親近臣士。重禄：有的解作‘大臣’，有的解作‘寶璧’，後説較
妥。”③ 是從唐固之説。《漢語大詞典》、修訂本《辭源》從賈逵之説，謂
“也借指有重禄之大臣”④，“古代借指重臣、大臣”⑤。也有別爲新説者，
如鄔國義等譯《國語譯注》、趙望秦等《白話國語》、胡果文《國語選
評》則以“賢良”爲謀臣，以“重禄”爲貴族。董立章《國語譯注辨
析》、李維琦《白話國語》釋爲“親信”和“大臣”。來可泓則以“賢

① 高振鐸、劉乾先：《國語選譯》，成都：巴蜀書社1990年版，第293頁。
② 北京大學中國文學史教研室選注：《先秦文學史參考資料》，北京：中華書局1962年版，第
284頁。
③ 北京師範大學中文系中國古典文學教研組編：《中國古典文學作品選註》，北京師範大學
1960年印本，第132頁。
④ 廣東廣西湖南河南辭源修訂組、商務印書館編輯部等編：《辭源》（1—4合訂本），北京：
商務印書館1988年版，第1713頁。何九盈、王寧、董琨主編：《辭源》（第三次修訂本），北京：
商務印書館2015年版，第4140頁。
⑤ 本書編輯委員會編：《漢語大詞典》，上海：漢語大詞典出版社2000年版，第14358頁。

良"爲"親近衛士",以"重禄"爲"貴族大臣"。也有的把"賢良"
"重禄"合一,如薛安勤等《國語譯註》直接釋爲"親近的下臣",僅注
"重禄"爲"大臣"。此外,還有的以"賢良"指"民間武士中的佼佼
者"①。吕思勉云:"君子、諸御,蓋王之貴族親臣,其所率,即所謂國
士也。《越語》言'吴王帥其賢良,與其重禄,以上姑蘇',蓋亦越君
子、諸御之類。"② 從這一條可見,唐固"寶璧"之釋的影響。當然,還
涉及賈逵注和唐固注何者更符合本文的問題,實際上唐固所釋爲基本義,
而賈逵所釋爲語境義。《先秦文學史參考資料》《中國古典文學作品選
注》之所以認爲唐固更爲妥當的關鍵在於唐固所釋爲基本義,具有普
遍性。

(2)《晉語四》"文公誅觀狀以伐鄭反其陴"韋注:賈侍中云:
鄭復効曹觀公骿脅之狀,故伐之。唐尚書云:誅曹觀狀之罪,還而
伐鄭。昭省内、外《傳》,鄭無觀狀之事,而叔詹云:天禍鄭國,
使淫觀狀。謂淫放於曹,不禮公子,與觀狀之罪同耳。反,撥也。
陴,城上女垣。

[按] 韋昭引述了賈逵和唐固的説法,然後自爲之説。賈逵認爲晉
文公伐鄭,是因爲鄭國效法曹國觀看晉文公骿脅之事。唐固則認爲誅責
曹觀狀之罪,鄭在曹側,不過藉機伐鄭而已。韋昭通過檢尋《國語》
《左傳》發現,鄭國没有觀狀。這就説明賈逵的解釋是不符合史實的,
而唐固注更符合史實語境。

(3)《周語下》"故名之曰黑臀於今再矣"韋注:賈侍中云:於
今,單襄公時也。晉厲公即黑臀之孫,二世爲君,與黑臀滿三世矣。
唐尚書云:時晉景公在位,成公生景公,故言再。昭謂:魯成十七

---

① 吴凱主編:《中國社會民俗史》第6卷,北京:中國古籍出版社2010年版,第2821頁。
② 吕思勉:《吕思勉全集》第9册,上海:上海古籍出版社2016年版,第272頁。

年，單襄公與晉厲公會於柯陵。後三年而單襄公卒，其歲，厲公弑，則襄公將死時，非景公明矣。賈君得之。

［按］韋昭同時徵引了賈逵、唐固之説。和第一條《越語下》注處理不同。彼注先引或説，再引唐固之説，於韋昭自注中再引賈逵之説，明以賈逵注爲是。在本條注文中，按照時代前後先引賈逵，次引唐固，在自注中標明依從。賈、唐二氏解釋目的一致，即對正文“於今再”三字進行揭示。賈逵認爲“今”是單襄公時，唐固認爲是晉景公時。韋昭認爲，既然單襄公和晉厲公都參加了柯陵之會，柯陵之會後三年單襄公卒，單襄公卒年晉厲公被殺，因此單襄公口中的“於今”之“今”應該不是晉景公之世，因爲晉景公此時早已去世了，故此時當爲晉厲公之時。故韋昭從賈逵注。

(4)《周語中》“野有庾積”韋注：唐尚書云：十六斗曰庾。昭謂：此庾露積穀也。《詩》云“曾孫之庾，如坻如京”是也。

［按］《慧琳音義》卷九九引賈逵注云：“大曰倉，小曰庾。庾，積也。謂禾稼積也。”韋昭此處不引賈逵，唯引唐固。賈逵是通過對比進行解釋，唐固則是通過核定容積進行解釋。韋昭雖然引用了唐固，但並没有依從，而是根據鄭玄《甫田》箋做了解釋。《論語·雍也》“與之釜”何晏《集解》引包咸曰：“十六斗曰庾。”與唐固説同。鄒伯奇《補小爾雅釋量》即録唐固注。可見，唐固注自然有其道理，韋昭取其解基本義，而又於注文中采鄭玄説以解句義。

(5)《晉語二》“弑君以爲廉”韋注：賈侍中云：“廉，猶利也。以太子故，弑君以自利。”唐尚書云：“爲太子殺奚齊，不有其國，以爲廉也。”昭謂：是時太子未廢，獻公在位，而以君爲奚齊，非也。君，獻公也。虞御史云“廉，直也，讀若闚廉之廉”，此説近之。

[按] 賈逵以"廉"爲利，唐固以爲"廉潔"之"廉"，虞翻以"廉"爲直。韋昭反駁了唐固之説，認爲此時晉獻公在位，故不得以"君"謂奚齊。姚奠中云："《説文》：'仄也。从广，兼聲。'仄即側，謂堂之側邊也。《廣雅·釋言》：'廉，稜也。《禮記·樂記》：哀以立廉。'注：'廉，隅也。'蓋側則有稜，稜則有隅。有隅者，方也，正也，直也，皆引申之義。故《晉語》'殺君以爲廉'虞注：'直也。'方正質直之人，是則是，非則非，勇於承過，如子路之喜聞過也。"① 姚氏之説，可作爲虞氏注脚。董立章因而釋"廉"爲"耿直"②。姚淦銘臚列了關於《老子》"廉而不劌"之"廉"的三種意思：邊稜；清廉、廉潔；鋭利。第三種意思中，蔣錫昌引述《晉語》"殺君以爲廉"，以"廉"爲利。而復自解云：邊稜、廉潔、鋭利"彼此有暗通的地方，做人的清廉、廉潔，不就是爲人有棱角的一種表現？堅持原則的有棱有角，不就是很鋭利了嗎？因此比擬起來，容易得罪人，不就像鋭利的東西容易刺傷人了嗎？"③ 這恐怕也是韋昭取虞翻注的原因所在。唐固仍以基本義釋"廉"字，賈逵以譬況方式釋之，皆不合語境。

(6)《越語下》"德虐之行，因以爲常"韋昭注：唐尚書云："言無德行虐，習以爲常。"昭謂：德，有所懷柔及爵賞也。虐，有所斬伐及黜奪也。以爲常，以爲常法也。

[按] 唐固串講句義，韋昭釋關鍵詞，二者不同。唐固以"無德"釋"德虐"之"德"，把原文中作爲限定成分的"虐"置於"行"字之後充當賓語。韋昭在唐固的基礎上進一步具體解釋了"德""虐"之義，使後來者更易理解。

① 姚奠中：《姚奠中論文選集》，太原：山西人民出版社1988年版，第36頁。
② 董立章：《國語譯注辨析》，廣州：暨南大學出版社1993年版，第356頁。
③ 姚淦銘：《老子百姓讀本》，北京：中國民主法制出版社2009年版，第399頁。

　　（7）《齊語》“九妃六嬪”韋昭注：唐尚書曰：“九妃，三國之女，以姪娣從也。”昭謂：正適稱妃，言“九”者，尊之如一，明其淫侈非禮制也。姪娣之屬皆稱妾。嬪，婦官也。

　　［按］唐固是從媵妾制度的角度進行論證的。認爲所娶爲三國之女，三國之女各有姪娣相從，是有九妃。韋昭則認爲只有正室方可稱妃，姪娣當稱妾，故此九妃必不包括姪娣。雖然唐固是從制度角度進行解釋的，韋昭則認爲唐固没有區分對象，不够細緻，故而不正確。韋昭進而從語言表達效果的角度進行解釋，更能抓住問題重點。

　　（8）《晉語四》“凡黄帝之子二十五宗”韋昭注：唐尚書曰：“繼别爲小宗。”非也。繼别爲大宗，别子之庶孫乃爲小宗耳。

　　［按］宗法制度中，具有繼承權的嫡系長子、長孫爲大宗，其他系統的則謂小宗。唐固認爲黄帝之子二十五宗，繼别爲小宗。按照《晉語四》記載，黄帝之子二十五宗，得姓者十四，其中包括“姬”，姬姓之外的其他姓氏當即唐固所謂“繼别爲小宗”者。根據宗法制度，凡大宗皆繼承始祖，黄帝二十五子，第一代中有大宗、小宗之别，而小宗獨立門户，也需要有繼承權的嫡長子出現，故又别爲大宗與小宗。故凡“繼别爲大宗”。從大的制度背景上而言，韋昭所言當是。但就本文語境而言，唐固也不誤。

　　（9）《楚語下》“命火正黎司地以屬民”韋昭注：唐尚書云：“火當爲北。”北，陰位也。周禮，則司徒掌土地民人也。

　　［按］唐固本條注文實際上是校勘。《史記·太史公自序》即謂：“昔在顓頊，命南正重以司天，北正黎以司地。”或爲唐固校勘之本。宋代林之奇《尚書全解》卷一引述《楚語下》本句改作“北正”，或從唐固。從韋昭的注文看，韋昭是認同唐固校勘的。然《史記·曆書》則

謂："顓頊受之，乃命南正重司天以屬神，命火正黎司地以屬民。"是用
《楚語下》之語。應劭曰："黎，陰官也。火數二。二，地數也，故火正
司地以屬萬民。"司馬貞云："按：《左傳》重爲句芒，木正；黎爲祝融，
火正。此言'南'者，劉氏以爲'南'字誤，非也。蓋重、黎二人元是
木火之官，兼司天地職，而天是陽，南是陽位，故木亦是陽，所以木正
爲南正也；而火是地正，亦稱北正者，火數二，二地數，地陰，主北方，
故火正亦稱北正：爲此故也。臣瓚以爲古文'火'字似'北'，未爲深
得也。"按照司馬貞的説法，"火正""北正"都是就陰位而言，二者皆
通，不必認爲是字誤。也就是説，司馬貞不認同唐固的校勘。陳久金認
爲："司馬貞《索隱》指出《史記》言'南正重'不誤，天是陽，南是
陽位；地是陰，北是陰位。這種認識是正確的，但他用木爲陽數，火爲
陰數，故木正爲南正，火正爲北正。司馬貞毫無根據地將重當作木正，
並以五行來解釋南正、北正與火正的關係是完全不必要的，也不符合當
時的歷史事實。火正是觀測大火星以定季節的官，並非只是管理五行中
火行之官，所以不能將火正釋爲陰官。"[1] 陳久金謂："古人認爲，四季
的變化是由於陰陽二氣升降交替變化的結果。春夏陽氣上升，陰氣藏伏，
秋冬陰氣上升，陽氣藏伏。春夏爲陽，秋冬爲陰。南方爲春夏，北方爲
秋冬。故春夏爲南方，爲陽，爲天；秋冬爲北方，爲陰，爲地；日爲陽，
星爲陰；白天爲陽，夜間爲陰。這就是南正司天、北正司地的道理。"陳
氏最終結論云："南正重司天，即重是管理春夏時節的曆官；北正黎司
地，即黎是管理秋冬時節的曆官。"[2] 可參。

（10）《魯語上》"是故先王制諸侯，使五年四王一相朝"韋昭
注：賈侍中云："王，謂王事天子也。歲聘以志業，閒朝以講禮，五
年之間四聘於王，而一相朝。相朝者，將朝天子，先相朝也。"唐尚
書云："先王，謂堯也。五載一巡守，諸侯四朝。"昭謂：以《堯

① 陳久金：《中國少數民族天文學史》，北京：中國科學技術出版社 2013 年版，第 171—172 頁。
② 陳久金：《中國少數民族天文學史》，北京：中國科學技術出版社 2013 年版，第 172 頁。

典》相參，義亦似之。然此欲以禮正君，宜用周制。周禮："中國凡五服，遠者五歲而朝。"禮記曰："諸侯之於天子也，比年一小聘，三年一大聘。"五年一朝謂此也。晉文霸時亦取於此也。

［按］黄以周《禮書通故》用賈逵觀點。韋昭同時引述賈逵、唐固之説，而又進一步引申，謂"此欲以禮正君，宜用周制"。唐固注文中"五載一巡守，諸侯四朝"即今傳《尚書·舜典》中"五載一巡守，群后四朝"之言的化用，故韋昭有"以《堯典》相參，義亦似之"之言。唐固注引文獻爲釋，並未做進一步解釋。賈逵注解釋詳備，不引經典。

通過以上 10 例來看，唐固注比較注意詞語基本義訓釋，注重古今通貫，注重史實揭示，重視文字校勘。韋昭引述唐固注，有時以之爲説，有時只是聊備一格，有時則引而反駁之，並非一意依從。

二、虞翻《國語》研究

虞翻（164—233），字仲翔，會稽餘姚人（今浙江餘姚），三國時期著名經學家，《三國志》有傳。虞翻事孫策、孫權，曾任富春長、騎都尉等職。其家五世治孟氏《易》，"形成今文《易》學的支流"[1]，又有名師教誨，故學問也極高，曾以所著《易注》示孔融，孔融復書云："問延陵之理樂，睹吾子之治《易》，乃知東南之美者，非徒會稽之竹箭也。又觀象云物，察應寒温，原其禍福，與神合契，可謂探賾窮通者也。"對虞翻的《易》學成就評價很高。後虞翻遭孫權猜忌，晚年徙居交州，"講學不倦，門徒常數百人。又爲《老子》《論語》《國語》訓注，皆傳於世"。《虞翻別傳》中載其論《易》《書》以及鄭玄、馬融諸事，皆有勝義。有學者指出，在東吳經學諸儒中，虞翻的成就最爲突出，

---

[1]　蘇紅燕：《東漢經學傳授與特點述論》，山東大學博士學位論文，2013 年。

表現在三個方面：1. 學術爲時人推重；2. 學術影響大；3. 學術研究深刻。①

　　根據劉大鈞《虞翻著作考釋》，虞翻著有《參同契注》《周易注》《鄭玄解〈五經〉違失事目》《周易日月變例》《孝經注》《川瀆記》《周易集林律曆》《易律曆》《太玄經注》《明揚》《釋宋》《老子注》《論語注》《春秋外傳國語注》《虞翻集》等十數種之多。② 而《老子》《論語》《國語》諸書注解皆作於徙居交州之後。

　　虞翻《國語注》，《隋書・經籍志》《唐書・藝文志》皆有著錄。張以仁曾統計，馬國翰輯錄虞翻注 36 條，黃奭輯錄 31 條，汪遠孫輯錄 29 條，蔣曰豫輯錄 23 條。後筆者又統計王仁俊輯錄 1 條，汪遠孫輯錄 37 條，張以仁輯錄 25 條。③ 各家所用輯佚材料爲《史記》三家注、《初學記》、《水經注》、《開元占經》、《玉海》、《文選注》、《左傳正義》、《國語解》、《姓解》、《後漢書注》等書，除了《玉海》之外，其他皆爲唐代典籍。

　　李思文對各家輯注進行統計，汰去重複，認爲虞翻《國語注》一共 45 條，他認爲："虞注亦是沿用古文經派傳統漢注風格，訓語簡潔，不闡發義理，衆在解經文本意。"④ 根據李思文統計，今存虞翻注條目大致包括注音、釋名物、釋詞義、釋職官、釋人物、釋山川地理、解句、明語法、明寫法等內容，"從訓釋對象上看，虞注多釋詞，少解句；在釋詞上，多釋實詞，少釋虛詞。解句上，多説明性釋法，少翻譯性。"今以張以仁輯注爲例，以見虞翻《國語注》之大端，如下：

　　鷟鷟鳴於岐山
　　三君：鷟鷟，鳳之別名也。（韋解）

---

① 劉運好：《魏晉哲學與詩學》，合肥：安徽大學出版社 2003 年版，第 25—27 頁。
② 劉大鈞：《虞翻著作考釋》，《周易研究》1990 年第 2 期。
③ 拙著《小學要籍引〈國語〉研究》，新北：花木蘭文化出版社 2014 年版，第 9—10 頁。
④ 李思文：《〈國語〉韋注與六家輯注比較研究》，黑龍江大學碩士學位論文，2015 年。

熙，廣也

鄭、虞：廣當爲光。（韋解）

海鳥曰爰居

虞翻：海水之鳥，名曰爰居。一名雜縣也。（《開元占經》）

海多大風，冬煖

虞翻：是爰居之所避也。（《初學記》《開元占經》）

是故天子大采朝日，與三公九卿祖識地德

虞翻：大采，衮職也。祖，習也。識，知也。地德所以廣生。
（韋解）

與百官之政事：師尹維旅、牧、相，宣序民事

三君云：師尹，大夫官也，掌以美詔王。維，陳也。旅，衆士
也。牧，州牧也。相，國相也。皆百官政事之所及也。（韋解）

男女之饗不及宗臣

虞翻、唐固：不過宗人，不與他姓議親親也。（韋解）

夫管夷吾射寡人中鉤，是以濱於死

三君：濱，近也。管仲臣於子糾，乾時之戰，秦射桓公中鉤。
（韋解）

非禮不終年

賈、虞：十年而數終。（韋解）

驪姬請使申生主曲沃以速懸

虞翻：速，疾也。懸，縊也。（韋解）

弑君以爲廉
虞翻：廉，直也。讀若"鬮廉"之廉。（韋解）

聚居異情惡
虞翻：重耳、夷吾，情好不同，故惡相近。（韋解）

其得姓者十一人，爲十二姓
虞翻：以德爲氏姓。（《五帝本紀》集解引徐廣）凡有二十五人，其二人同姓姬，又十一人爲十一姓：酉、祁、己、滕、葳、任、荀、釐、姞、儇、衣是也。餘十二姓，德薄不紀録。（《五帝本紀》集解）

昔少典娶于有蟜氏，生黄帝、炎帝
虞、唐：少典，黄帝、炎帝之父。（韋解）

公請隧
三君：隧，王之葬禮。（韋解）

夫三德者，偃之出也
虞翻：三德，謂勸文公納襄王以示臣義，伐原以示信，大蒐以示民禮。故以三德紀人。（韋解）

狐毛卒，使趙衰代之
虞、唐：代將新軍。（韋解）

而惠慈二蔡
三君：二蔡，文王子管叔初亦爲蔡。（韋解）

郤至以靽韋之跗注
三君：一染曰靽。（韋解）

且今君若使之於周

虞翻：周，京師。(《晉世家》集解)

問於張老

三君：張老，中軍司馬也。(韋解)

問於史伯

虞翻：周太史。(《鄭世家》集解)

虢鄶爲大

虞翻：虢，姬姓。東虢也。鄶，妘姓。(《鄭世家》集解)

故命之曰祝融

虞翻：祝，大。融，明也。(《楚世家》集解)

昆吾爲夏伯矣

虞翻：昆吾，名樊。爲巳姓。封昆吾。《世本》曰：昆吾者，衛是也。(《楚世家》集解、《天官書》正義、《左傳》正義)

大彭豕韋爲商伯矣

虞翻：名翦，爲彭姓，封於大彭。《世本》云：彭祖者，彭城是也。(《楚世家》三家注)

計億事

賈、虞：萬萬爲億。(韋解)

余襄之二君也

虞翻：龍自號襄之二先君也。(《周本紀》集解)

及厲王之末
虞翻：末年，王流彘之歲。(《周本紀》集解)

應韓不在
三君：不在，時已亡也。(韋解)

十邑皆有寄地
虞翻：十邑，謂虢、鄶、鄢、蔽、補、丹、依、㽅、歷、莘也。
(《鄭世家》集解)

秦景襄於是乎取周土
三君：秦景公宣王季年伐西戎，破之，遂有其地。(韋解)

於是乎作懿戒以自儆也
三君：懿，戒書也。(韋解)

行頭皆官師
三君：百人爲一隊也。官師，隊大夫也。(《馮唐傳》索隱)

國人欲告者來告
三君：告不任兵事也。(韋解)

於是吳王起師，軍于江北
虞氏：松江北去吳國五十里。(《水經注》)

以其私卒君子六千人爲中軍
虞翻：言君養之如子。(《越世家》集解)

定傾者與人

虞翻：人道尚謙卑以自牧。(《越世家》集解)

戰於五湖
虞翻：太湖有五道，故謂之五湖。(《初學記》《水經注》《玉海》)

使王孫雒行於越
虞翻：吴大夫。(《越世家》集解)

君王已委制於執事之人矣
虞翻：執事，蠡自謂也。(《越世家》集解)

無使執事之人得罪於子
虞翻：我爲子得罪。(《越世家》集解)

通過張以仁輯校虞翻注可知，引述虞翻注者以韋昭《國語解》爲主，其他則《史記》三家注，其他則次之。總體上而言，群書引虞翻注較少。但是虞翻的某些説法則爲各書所稱引，如虞翻對於五湖的解釋就頗受後世學者的重視，各書多有徵引。李思文統計韋昭注引虞翻 34 條，有 8 條雖引述但並未採用，認爲虞翻注 “雖詳細，但可不爲之”，“釋詞不準確”①。

今略舉幾例，以見虞翻注梗概，並爲辨析如下：

(1)《魯語下》“是故天子大采朝日，與三公九卿祖識地德” 韋昭注：禮：天子以春分朝日，示有尊也。虞説曰：大采，衮職也。祖，習也。識，知也。地德所以廣生。昭謂：《禮·玉藻》：天子玄冕以朝日。冕服之下則大采，非衮職也。《周禮》：王者搢大圭，執鎮圭，藻五采五就以朝日。則大采謂此也。言天子與公卿因朝日以

---

① 李思文：《〈國語〉韋注與六家輯注比較研究》，黑龍江大學碩士學位論文，2015 年。

修陽政而習地德，因夕月以理陰教而糾天刑。日照晝，月照夜，各因其照以修其事。

[按] 董作賓《殷曆考》認爲商代的人"紀時之法曰明，曰大采，曰大食，曰中日，曰昃，曰小食，曰小采，一日之間分七段。夜則總稱之曰夕也"，認爲《魯語下》大采和小采"一在大食之前，一在小食之後，大采略當於朝，小采略當於暮"，其在《卜辭中之大小采與大小食説》一文中進一步推斷："'中日'或'日中'是中午，'大食'在'日中'以前，約上午九、十時左右，'大采'在'大食'以前，約八時左右；'小食'在下午四時左右；'小采'在'小食'之後，約六時左右。"認爲："韋注以五采説大采、三采説少采，又泥於春分秋分之説，均未允當。"① 周清泉認爲《魯語下》這一段實際上是"周時人的作息時間表。自天子至士，每天分爲五個時段，即：天子：一，大采朝日；二，日中；三，少采夕月；四，日入；五，按。諸侯、卿大夫、士：一，朝；二，晝；三，夕；四，夜；五，安。"周氏又進而分析云："天子的'大采朝日'就是諸侯至士的'朝'，是指晨明（天亮）或日出之時，即今所謂的早晨。"② 唐蘭也認爲《魯語下》的"大采、少采等於朝夕"③。楊英對朝日、夕月有比較詳細的分析，他認爲："韋昭釋大采、少采爲袞冕之服，誤。應爲早晨和黄昏。大采、少采甲骨文中即有，陳夢家《殷墟卜辭綜述》指出大采謂朝，少采爲夕，約當早上八點和下午六點，《魯語》的這段話中的大采、日中、少采、日入是很清楚的一天中的不同時刻，而《魯語》的朝日指的是日出之際（大采）面朝太陽行揖拜之禮以示虔敬，夕月則是日落月出之際（少采）面對月亮行類似禮。月相有盈虧，其升起時間也不總在日落之際，只有月滿的'望'日，日落之

---

① 董作賓：《卜辭中之大小采與大小食説》，大陸雜誌社 1967 年印行《大陸雜誌史學叢書》第二輯第一册，第 29—30 頁。

② 周清泉：《釋"大采""小采"》，《文字考古》第 1 册《對中國古代神話巫術文化與原始意識的解讀》，成都：四川人民出版社 2003 年版，第 162—164 頁。

③ 唐蘭：《西周青銅器銘文分代史徵》，上海：上海古籍出版社 2016 年版，第 195 頁。

後緊跟著月亮升起，因此這樣規則的大采朝日、日中考政、少采夕月的
作息不可能每天實施，只能根據曆法，在一個月或一年的某些時刻舉行。
後代更是配合上一年四季‘氣’的運行，把朝日、夕月分別定在春分、
秋分。朝日、夕月是在特定時刻揖拜日月之禮，與《禮記·祭法》‘祭
日於東，祭月於是西’的作壇而祭祀日月不同。”① 虞翻認爲大采是袞
職。韋昭以及楊英都認爲虞説非是。《詩·大雅·烝民》“袞職有闕，惟
仲山甫補之”鄭玄云：“袞職者，不敢斥王之言也。王之職有闕，輒能
補之者，仲山甫也。”從鄭箋看，所謂“袞職”實即“王職”，故朱熹
《集注》直接釋“袞職”爲“王職”。王職即天子之職。從這個角度看，
虞翻釋“大采”爲袞職並不誤。此外，虞翻釋“祖”、釋“識”，皆前後
之研究者少涉及之者。《史記·韓世家》“秦王必祖張儀之故智”裴駰引徐
廣曰：“祖者，宗之習之之謂也。”與虞翻釋“祖”字義同。又《説文·言
部》：“識，常也。一曰：知也。”虞翻前之鄭玄、高誘等多有釋“識”爲
“知”者。後世辭書中收録“祖識”詞條且訓釋之，虞翻當爲最早者。

（2）《晉語一》“驪姬請使申生主曲沃以速懸”韋昭注：申生，
獻公太子恭君也。獻公娶於賈，無子。烝於齊姜，生申生。曲沃，
晉宗邑，今河東聞喜是也。虞御史云：速，疾也。懸，縊也。

［按］韋昭此處不釋詞語，而引虞翻，可見其以虞翻注爲正解。正
因爲虞翻的解釋，所以後世對《晉語一》本句有諸多説法。對於“以速
懸”三字，解者紛紜，意見頗不一致。日本恩田仲任云：“懸，遠也。
虞翻云‘懸，縊也’，非。”② 秦鼎云：“‘以速懸’三字當在下文‘驪姬
見申生而哭之’下，誤迸在此處也。”③ 此三字，我國學者亦有多種解
説。明人李元吉《讀書囈語》卷八云：“‘速懸’二字難解。余意當爲速

① 楊英：《祈望和諧：周秦兩漢王朝祭禮的演進及其規律》，北京：商務印書館2009年版，第
160—161頁。
② ［日］恩田仲任：《國語備考》，日本國會圖書館藏寫本，第10頁。
③ ［日］秦鼎：《國語定本》卷七，日本文化六年刊本，本卷第6頁。

督諸縣邑之治耳。註謂‘疾縊死’，恐未然。"① 王懋竑謂此三字當爲衍文②，趙懷玉謂虞、韋之説爲不經③。朱駿聲謂"縣"即宗邑，"速"字義爲"促"④。朱亦棟《群書札記》卷一云："此‘縣’字當如字讀，與‘楚莊王縣陳’‘文王縣申息’之義同。即《左·閔元年》士蒍所謂分之都城也。二五言之於外，驪姬請之于內，故公許之。不得以後有新城雉經事（韋注‘雉經，頭搶而縣死也’）預指申生之死立説也。虞説似誤。"⑤ 王汝璧《芸簏偶存》卷一云："方申生爲太子，獻公未即疑忌，姬亦不得猾之，故封之國以伺其間。是時固不能即死之也。按‘速’與‘肅’同，‘縣’當讀如《周禮·正樂》‘縣太子守宗廟而主祭器，故令其居桓叔之墟，肅將廟祀而守其樂縣’。尋下文‘君之宗也，不可無主’可知，以太子守宗邑，蒲、屈備外藩，獻公不得不聽之。女戎之銜骨可畏也。共君雉經在伐翟以後，始封安得謂速縊耶？"⑥ 王煦《國語釋文》云："‘縣’即‘縣邑’之‘縣’。下篇云：‘曲沃，君之宗也。不可以無主。宗邑無主則民不威。’是速縣者，謂使太子主曲沃以肅群縣也。觀下文‘以儆無辱’語，文義自明。若以爲速之使縊，則驪姬此時安知申生必死，且知其以縊而死乎？斯不然矣。"⑦ 俞樾《群經平議》卷二九云："‘速’當讀爲‘束’。以速縣者，以束縣也，使太子約束其所屬之縣大夫也。晉之大邑必有屬縣。昭三年《左傳》曰：晉之別縣不惟州，蓋以州縣舊屬於溫，故云然。然則曲沃爲晉宗邑，亦必有所屬之縣。太子居曲沃，則諸縣皆受其約束，故曰以束縣也。下文曰‘宗邑無主，則

① （明）李元吉：《讀書嚜語》卷八，上海：上海古籍出版社輯印《續修四庫全書》第1143冊，第507頁。

② （清）王懋竑：《國語存校》，上海：上海古籍出版社輯印《續修四庫全書》第1146冊，第343頁。

③ （清）趙懷玉：《校正國語序》，氏著《亦有生齋文集》卷二，上海：上海古籍出版社輯印《續修四庫全書》第1469冊，第23頁。

④ （清）朱駿聲：《説文通訓定聲》，武漢：武漢古籍書店1983年影臨曉閣本，第379頁上。

⑤ （清）朱亦棟：《群書札記》，上海：上海古籍出版社輯印《續修四庫全書》第1155冊，第11頁。

⑥ （清）王汝璧：《芸簏偶存》，上海：上海古籍出版社輯印《續修四庫全書》第1462冊，第73頁。

⑦ （清）王煦：《國語釋文》卷三，咸豐八年觀海樓本，本卷第3—4頁。

民不威'，正其義矣。"① 皆謂"縣"非"懸"之古字。李慈銘則謂：
"此文'以速縣，以儆無辱之故'，此二語皆有脱誤……此類，脱誤既
久，不可強通。"② 又吴曾祺《補正》謂："懸，絶也。姬使申生居外，
欲公與之絶也。"③ 沈鎔《詳注》從吴氏之説。徐元誥《集解》則謂
"速縣"當訓"速遠"，"謂使申生主曲沃，以促之遠也。"④ 金其源、徐
仁甫亦謂"懸"當訓爲"遠"。彭益林則謂俞樾之説似更長。綜上可知，
關於"以速縣（懸）"的解説中，"速"字的解説有五：（1）"速"作本
字解；（2）"速"用同"束"；（3）"速"用同"肅"；（4）"速"用同
"促"；（5）"速"義爲遠。關於"縣（懸）"解説有四：（1）"縣"爲
縣城之縣；（2）"懸"爲絶；（3）"縣"通"遠"；（4）"縣"爲縊。另
有秦鼎以字不誤而有錯簡之説。不從錯簡的角度考慮，就本文語境而言，
謂使申生遠離更符合語境，則恩田仲任、金其源、徐仁甫等人之説皆更
合。近人秦同培、葉玉麟譯文從吴説，馬達遠釋"速懸"爲"隔開"
"疏離"。審《晉語二》"驪姬見申生而哭之"文氣一體貫通，"以速縣
（懸）"置於此處未通，故秦鼎説亦未是。可見，在"速縣"的解釋上，
虞翻道夫先路。

　　（3）《越語下》"定傾者與人"《史記·越世家》集解：虞翻
曰：人道尚謙卑以自牧。索隱曰：人主有定傾之功，故人與之。

　　［按］虞翻此處是通過講人道以達到明晰語義的目的，《索隱》的解
釋和韋昭《國語》注基本相同。范蠡在對話中對"定傾者與人"做了進
一步的解釋，如"夫聖人隨時以行，是謂守時。天時不作，弗爲人客；
人事不起，弗爲之始"是泛泛解釋，下文勾踐問"與人奈何"，范蠡對

---

① （清）俞樾：《群經平議》，上海：上海古籍出版社輯印《續修四庫全書》第178冊，第
470頁。

② 王利器輯纂：《越縵堂讀書簡端記》，天津：天津人民出版社1981年版，第23頁。

③ 吴曾祺：《國語韋解補正》卷七，上海：商務印書館1915年版，本卷第3頁。

④ 徐元誥撰，王樹民、沈長雲點校：《國語集解》（修訂本），北京：中華書局2002年版，
2006年第3次印刷本，第255頁。

答云："卑辭尊禮，玩好女樂，尊之以名，如此不已，又身與之市。"是根據具體問題進行解釋。《管子·形勢篇》："安危者與人。"《形勢解》云："明主救天下之禍，安天下之危者也。夫救禍安危者，必待萬民之爲用也，而後能爲之，故曰安危與人。"《管子》"安危"和《越語下》"定傾"語法結構、功能基本相同。"救禍安危者，必待萬民之爲用也，而後能爲之"即虞翻"人道尚謙卑以自牧"之義。涂又光認爲"與天""與地""與人"語法結構相同，句式相同，都當爲動賓結構，故"與人"也即"法人"，即所謂遵循人道。"人道的最高發展，是人道内容的全部。人道還有其他内容，亦客觀存在，如喜歡'卑辭尊禮，玩好女樂'之類是。遇到這樣的人，只有從他這樣的實際出發以對待之。這也是'與人'，即法人，即遵循人道的一個方面。所謂'定傾者與人'，就是説，使我傾危的人，此人亦自有其規律，遵循其規律以對待之，即可達到'定傾'之目的。聯繫當時的實際可以看得更清楚。勾踐不聽范蠡勸阻，伐吳大敗，傾危已極，乃'召范蠡而問焉，曰：吾不用子之言，以至於此，爲之奈何？'范蠡對他重申'定傾者與人'之説，從吳王夫差本人的實際規律出發，不惜'卑辭尊禮，玩好女樂，尊之以名'，不惜勾踐'身與之市'，親身與之作政治交易，不惜以大夫、士之女爲質，'隨之以國家之重器'，不惜交出越國鑰匙，勾踐'以身隨之'，由吳國'君王制之'。夫差經過如此'與之'，果然解除了對越國的戒備，遣送勾踐君臣回國。越國果然到達定傾之目的，成爲再舉伐吳而滅吳的前奏。"① 從涂氏的解釋來對照虞翻注，可見虞翻深得本句之意味。

從以上諸條目辨析可見，虞翻注仍具有經典性與精準性，不能因爲韋昭採用少而否定其學術價值。

---

① 涂又光：《楚國哲學史》，武漢：華中科技大學出版社2016年版，第165頁。

三、王肅《國語》研究

　　王肅（195—256），字子雍，東漢郯城人，三國時期魏國經學家。王肅的父親王朗（？—228）師從東漢經學家楊賜，曾任會稽太守，"轉徙江海"，至魏，曾任諫議大夫、司空、司徒等職，"著《易》《春秋》《孝經》《周官》傳，奏議論記，咸傳於世"。王肅幼承家學，師法賈逵、馬融，又在十八歲的時候師從宋忠讀《太玄》。曾任散騎黃門郎、崇文館祭酒、中領軍加散騎常侍等。《三國志》本傳謂："初，肅善賈、馬之學，而不好鄭氏，采會同異，爲《尚書》《詩》《論語》《三禮》《左氏》解，及撰定父朗所作《易傳》，皆列於學官。其所論駁朝廷典制、郊祀、宗廟、喪紀、輕重，凡百餘篇。時樂安孫叔然，受學鄭玄之門，人稱東州大儒。徵爲秘書監，不就。肅集《聖證論》以譏短玄，叔然駁而釋之，及作《周易》《春秋例》《毛詩》《禮記》《春秋三傳》《國語》《爾雅》諸注，又注書十餘篇。魏初徵士敦煌周生烈，明帝時大司農弘農董遇等，亦歷注經傳，頗傳於世。"陳壽評云："王肅亮直多聞，能析薪哉！"可謂知王肅者。具體而言，王肅著有《周易注》《周易王氏注音》《尚書王氏注》《尚書駁議》《毛詩注》《毛詩義駁》《毛詩奏事》《毛詩問難》《禮記注》《周官禮》《春秋左傳注》《孝經傳》《論語釋駁》《論語義説》《孔子家語注》《聖證論》《王子正論》《喪服要記》《魏臺訪議》等，《隋書·經籍志》載王肅著述二十四種，後人統計王肅著述中的注釋著作就有三十多種。可見，王肅遍注群經，其經學主體部分是禮學與詩學，其學皆立於學官，世稱"王學"。根據研究，王肅父子之學除了有政治背景支持之外，其學也確實有獨到之處。其注經特點大致有三：1. 尋文則實、錯而易之的求實風格；2. 不拘一家、通融古今的方法；3. 偏重義理、追求變通的主體意識。①

---

① 吳平、錢榮貴主編：《中國編輯思想發展史（上）》，武漢：武漢大學出版社2014年版，第327—330頁。

關於王肅和鄭學對立的原因，前人多有探討。清人臧琳認爲："王肅注疏，只嫉鄭君之賢而欲出其上，遂逞其庸妄之見以顛倒六經。"皮錫瑞曾謂："鄭學出而漢學衰，王肅出而鄭學亦衰。"潘雨廷則謂："夫肅善賈、馬之學，而不好鄭氏，實門戶之見也。是時鄭氏已卒三四十年，其學正大盛；肅乃上及賈、馬，以難玄耳。觀鄭氏之發揮經義，或不爲賈、馬之説所囿，此未可謂非。肅即因間以攻鄭，況其所好之賈、馬或未免爲托言，然亦未可一概抹煞。""乃似本古説，而已失其精，且譏鄭不已，必兩敗俱喪。""玄與肅，其説雖有精粗之別，其實尚無大異。乃肅之不知馬、鄭之同，致使師訓古義由此而亡，不亦大可惜乎！"[①] 可以知其大端。

王肅《國語注》在歷代藝文志、經籍志中名稱不大一樣。《隋書·經籍志》著録爲《春秋外傳章句》一卷，又謂梁二十二卷。《舊唐書·經籍志》著録爲《春秋外傳國語章句》二十二卷，《新唐書·藝文志》著録作《國語章句》二十二卷。清人輯佚中，黄奭《子史鉤沉》輯録王肅《國語》注8條。張以仁經過檢尋發現，黄奭所輯實爲9條，而汪遠孫只收1條。這幾條注釋是否就是王肅《國語》注文，是存在疑問的。張以仁録黄奭九條並進行辨析如下：

（1）《周語中》"鄭伯男也"條

王肅注："鄭，伯爵，而連男言之，猶言曰公侯，足句辭也。"（《左傳·昭公十三年》正義引）

以仁案：汪遠孫僅收此條。此條《正義》前引《周語》本文接引王肅注云："王肅注此與彼皆云……"則顯係王肅《國語注》無誤。

（2）《魯語下》"吴伐越，墮會稽"條

王肅注："墮，毀也。"（《史記·孔子世家》集解引）

《孔子家語·辨物篇》王肅注云："吴王夫差敗越王勾踐，棲於

① 潘雨廷：《王肅〈周易注〉提要》，《潘雨廷著作集·肆·讀易提要》，上海：上海古籍出版社2016年版，第64—65頁。

會稽。吳又隳之。會稽，山也。隳，毀者也。"

（3）又"山川之靈，足以紀綱天下者，其守爲神"條

王肅注："守山川之祀者爲神，謂諸侯也。"（引同上）

以仁案：《集解》下文復引韋昭曰："足以綱紀天下，謂名山大川，能興雲致雨，以利天下也。"與今傳韋昭《國語解》同。

《家語·辨物篇》王肅注："守山川之祀爲神。"

以仁案：此注較《集解》所引少"謂諸侯也"四字，疑竄入以下正文，復有所脱誤。《辨物》下文云："諸侯社稷之守爲公侯。""諸侯"二字顯係衍文，《國語》《史記》《説苑·辨物篇》皆無。

（4）又"社稷之守爲公侯"條

王肅注："但守社稷，無山川之祀者，直爲公侯而已經。"（同上）

《辨物篇》王肅注全同。

（5）又"於周爲長狄，今爲大人"條

王肅注："周之初，及當孔子之時，其名異也。"（同上）

《辨物篇》王肅注全同。

（6）又"長者不過十之，數之極也"條

王肅注："十之，謂三丈也。數極於此也。"（同上）

《辨物篇》無注。

（7）又"昔武王克商，通道于九夷百蠻"條

王肅注："九夷，東方夷有九種也。百蠻，夷狄之百種。"（同上）

《辨物篇》王肅注："九夷，東方九種。百蠻，夷狄百種。"

（8）又"使各以其方賄來貢"條

王肅注："各以其方面所有之財賄而來貢。"（同上）

以仁案：黃奭合7、8兩條爲一，且於正文又漏引"使各以其方賄來貢"句，遂使注文無所繫。今查《史記集解》，實爲兩條。又《家語·辨物篇》無注。

（9）又"使無忘服也"條

王肅注："使無忘服從於王也。"

《辨物篇》無注。

張以仁謂：“第一條没有什麼問題，問題都出在下面八條，諸家所以不收，大概懷疑它們是《孔子家語》之注而非《國語》之注的緣故。”①張以仁推斷《集解》所引“很可能不是王肅的《家語》注而是《國語注》”，“諸家不收王肅此八條之注，未免過泥”。張以仁在《國語舊注輯校》中也僅收録了一條王肅注，可見他仍然保持了清代學者的審慎態度。是諸家或以黄奭所輯者實爲王肅《家語》注而非《國語》注，故不録。王肅注過《左傳》，注過《孔子家語》，今所輯“鄭伯南也”一條注，當然可以用來解釋《國語》，但這也是《左傳》的訓詁點，不能作王肅《國語》注計入。此外，所輯王肅的其他幾條注文皆見《魯語下》骨節專車與肅慎之矢二篇，而《孔子家語》也存有此二篇内容，與《國語》相同。恐怕是汪遠孫、張以仁皆不收録的原因。

筆者曾擷《家語》各篇有注文之句共 32 條，以與《國語》相關篇章韋注以及其他各家輯佚之舊注比較。②今撮舉幾例，以見大略。

(1)《家語·辨物》：吳伐越，墮會稽。

王注：吳王夫差敗越王勾踐，棲於會稽，吳又墮之。會稽，山也。墮，毁者也。

《國語·魯語下》：吳伐越，墮會稽。

韋注：會稽，山名。墮，壞也。吳王夫差敗越於夫椒，越王句踐棲於會稽，吳圍而壞之。在魯哀元年。

［按］韋昭敘述吳越故事原委較王注爲詳。王注“棲”字之前蒙前省主語“越王勾踐”。王注“墮，毁者也”用聲訓。“墮”上古音在定紐歌部，中古音在定紐果韻；“墮”上古音在曉紐歌部，中古音在曉紐支韻。“果”“支”二韻皆在歌部。《故訓匯纂》收“墮”字故訓 11 條，

---

① 張以仁：《〈國語〉舊注的輯佚工作及其産生的問題》，《張以仁語文學論集》，上海：上海古籍出版社 2012 年版，第 214 頁。
② 拙稿《王肅〈家語〉注與韋昭〈國語〉注的比較》，《唐山師範學院學報》2016 年第 4 期。

"隳"字故訓則較多。二字本爲正俗關係，所記實一詞。《五經文字·阜部》云："墮，俗作隳。"《廣韻·支韻》亦謂"隳"爲"墮"俗字。後則語音分化，遂以爲二詞，實非。

（2）《家語·辨物》：山川之靈足以紀綱天下者，其守爲神。

王注：守山川之祀者爲神。

《國語·魯語下》：山川之靈足以紀綱天下者，其守爲神。

韋注：山川之守，主爲山川設者也。足以紀綱天下，謂名山大川能興雲致雨以利天下也。

〔按〕韋注較王注釋義爲詳。就清通而言，王注則更清通簡切易曉。

（3）《家語·辨物》：汪芒氏之君，守封、嵎山者。

王注：汪芒，國名。封、嵎，山名。

《國語·魯語下》：汪芒氏之君也，守封、隅之山者也。

韋注：汪芒，長翟之國名。封，封山。隅，隅山。今在吳郡永安縣。

〔按〕《家語》較《國語》、王注較韋注，都爲簡潔。韋注所釋較《家語》爲詳。《國語》公序本、明道本亦存在字作"隅"或"嵎"的問題，二字皆從"禺"得聲，事物之名本因聲託義，後世作者因音以造文。因其名山，則自以"嵎"字最爲彰顯命意，然字作"隅"亦未可言誤。

（4）《家語·辨物》：今曰大人。

王注：周之初及當孔子之時。其名異也。

《國語·魯語下》：今爲大人。

韋注：今，孔子時。

[按] 本處王注所釋較韋注爲詳，二者釋"今"範圍不同，韋注以"今"即指孔子之時，而王肅則以"今"指周初一直到孔子之時。從上文"於周爲長翟"，則知"今"當即指孔子之時，非"周之初及當孔子之時"，王注誤。

(5)《家語·辨物》：此肅慎氏之矢。

王注：肅慎氏之矢也。

《國語·魯語下》：此肅慎氏之矢也。

韋注：肅慎，北夷之國，故隼來遠矣。《傳》曰：肅慎、燕、亳，吾北土也。

[按] 王注幾與原文相同，釋如不釋。韋注釋國族之名及其地理方位，恐其不足，又證以《左傳》所載。引《左傳》見《左傳·昭公九年》，杜注云："肅慎，北夷，在玄菟北三千餘里。"① 洪亮吉《春秋左傳詁》云："韋昭《國語》注：'肅慎，東北夷之國，去扶夷千里。'杜本此。"② 孔穎達《正義》云："《書序》云：'成王既伐東夷，肅慎來賀。'《魯語》云：'武王克商，肅慎氏貢楛矢。'韋昭云：'肅慎，東北夷之國，去扶餘千里。'晉之玄菟即在遼東北，杜言玄菟北三千里，是北夷之近東者，故杜言北夷，韋言東北夷。"則洪説本《正義》。所引韋注與今傳《國語》各本韋注俱不一致，《御覽》引《國語》注亦作"北夷"，不作"東北夷"。今所參據《國語》各本中，董增齡《國語正義》或據孔穎達《正義》等增"東"字，沈鎔《詳注》、徐元誥《集解》亦云"東北夷"③，或本董氏《正義》。孔穎達所引韋注"去扶餘千里"爲今傳《國語》韋注所無，未知是今本韋注有脱誤還是孔氏有增文。因"扶餘"之名漢時即有，《漢書·地理志》有"夫餘"，《後漢書·地理志》

---

① （清）阮元校刻：《十三經注疏》，北京：中華書局 1980 年影世界書局本，第 2056 頁下。
② （清）洪亮吉撰，李解民點校：《春秋左傳詁》，北京：中華書局 1987 年版，第 688 頁。
③ 王樹民、沈長雲點校本《國語集解》刪去"東"字，謂爲衍文，恐亦未審。

有"扶餘國"，故頗難定是非。

　　（6）《家語·辨物》：通道于九夷百蠻

王注：九夷，東方九種。百蠻，夷狄百種。

《國語·魯語下》：通道于九夷百蠻

韋注：九夷，東夷九國也。百蠻，蠻有百邑也。

　　［按］董增齡《正義》引《後漢書·東夷傳》："夷有九種，曰畎夷、於夷、方夷、黃夷、白夷、赤夷、元夷、風夷、陽夷。"引《詩·大雅·韓奕》毛《傳》："百蠻，蠻服之百國也。"①《僞古文尚書·旅獒》等作"八蠻"，且有學者以《旅獒》用《國語》文者。"八""百"皆侈言其多，非定數。王注以"種"釋"八""百"，而韋注以"國""邑"釋之，恐以王注更合語境文義。

　　（7）《家語·辨物》：故銘其栝曰：肅慎氏貢楛矢。

王注：楛箭栝也。

《國語·魯語下》：故銘其栝曰：肅慎氏之貢矢。

韋注：刻曰銘。栝，箭羽之閒也。

　　［按］王注唯釋"其"字，韋注則釋"銘""栝"之義。《家語》"肅慎氏貢楛矢"與《國語》"肅慎氏之貢矢"語法結構相同，皆爲限定語＋中心語形式，《家語》之中心語爲"楛矢"，定語爲"肅慎氏貢"，爲一主謂結構。《國語》結構助詞"之"連接定語和中心語，其定語爲"肅慎氏"，名詞，中心語爲名詞性成分"貢矢"。

　　（8）《家語·正論解》：三姦同坐，施生戮死可也。

王注：施宜爲弛。弛猶行，行生者之罪也。

_____

① （清）董增齡：《國語正義》，成都：巴蜀書社1985年影式訓堂本，本卷第36頁。

《國語·晉語九》：三奸同罪，請殺其生者而戮其死者。

韋注：陳尸爲戮。

[按] 王注與韋注關注點不同。《家語》作"施生"，《國語》作
"殺其生者"。故王注謂"施宜爲與"。實"施"亦有"行"義，不必作
"與"字。從下文《家語》《國語》皆作"施邢侯"，亦可知"施"字
不誤。

(9)《家語·正論解》：王后親織玄紞。

王注：紞，冠垂者。紞，丁敢反。

《國語·魯語下》：王后親織玄紞。

韋注：説云：紞，冠之垂前後者。昭謂：紞，所以縣瑱當耳者。

[按] 韋注所引"説云"與王注"冠垂者"近似，清人蔣曰豫以爲
"説云"爲虞翻注。王朗當年在會稽時，曾與虞翻有過從，未知虞翻之
學對王肅有無影響。賈逵實亦釋"冠垂也"，《左傳》杜注同。又王注
音，韋無。拙撰《小學要籍引〈國語〉研究》引諸説比證，知韋注與鄭
箋近，或即本鄭箋。實際上韋注與賈、王等所釋命意不同，賈、王釋狀
態，韋注釋功能。《家語》注音與《經典釋文》同。

(10)《家語·正論解》：男女紡績，愆則有辟。

王注：績，功也。辟，法也。

《國語·魯語下》：男女效績，愆則有辟，古之制也。

韋注：績，功也。辟，罪也。

[按] 王、韋釋"績"同，然施注位置不同。又釋"辟"雖異，然
"法""罪"實一詞之二義，以韋注最合語境，然王注亦不誤。"愆"爲
"愆"異體字，《廣韻·仙韻》已謂"愆"爲"愆"俗字。

（11）《家語·正論解》：而底其遠近。

王注：底，平。平其遠近，俱十一而中。

《國語·魯語下》：先王制土，藉田以力，而砥其遠邇。

韋注：制土，制其肥磽以爲差也。藉田，謂稅也。以力，謂三十者受田百畝，二十者五十畝，六十還田也。砥，平也。平遠近，遠近有差也。周禮：近郊十一，遠郊二十而三，甸、稍、縣、都，皆無過十二也。

［按］王、韋釋“底（砥）”同，而如何體現“平”，則王、韋正相反。章潢《圖書編》卷八七《田制》引《國語》並注云：“籍田，耕而蹈藉也。砥，正也。平遠邇，如不易之地家百畝，一易之地家二百畝，再易之地家三百畝類。”① 雖所釋與韋注不同，然“有差”之思想與韋同。湛若水《格物通》卷八二引《國語》並注云：“平遠邇，因其道里以爲之差，而使之平也。”② 是從韋注之説。江永《周禮疑義舉要》卷二云：“此言似與《孟子》合。藉田以力，助耕公田也。砥其遠邇，似謂遠者用助法，近者可用貢法也。”③ 金鶚《求古録禮説》卷一四云：“江慎修據《國語》‘先王制土，藉田以力，而砥其遠邇’以爲田賦有遠近取平之法，近遠、郊甸、稍縣都、賦法不同，是《周官》砥遠邇之法也。力役先取諸近，近者多而遠者少，益遠民之賦以補近民之力，政乃均平，不知鄉遂用貢，都鄙用助，貢爲什一，助爲九一，九一稍重於什一。又車乘馬牛芻茭皆征于都鄙，而鄉遂無之。蓋力役與師旅皆出于鄉遂，詳《千乘之國出車考》。而都鄙不征，有大役、大軍乃征于都鄙，然亦罕矣。先王砥遠邇之法蓋如此，安有什一之法僅行于近郊，而自遠

---

① （明）章潢：《圖書編》，臺北：臺灣商務印書館《景印文淵閣四庫全書》第971冊，第612頁上。

② （明）湛若水：《格物通》，臺北：臺灣商務印書館《景印文淵閣四庫全書》第716冊，第734頁上。

③ （清）江永：《周禮疑義舉要》，臺北：臺灣商務印書館《景印文淵閣四庫全書》第101冊，第729頁上。

郊以外皆重於什一且至什二乎？"① 與江持論不同。董增齡《正義》引江永爲説。

    （12）《家語·正論解》：賦里以入，而量其無有。

    王注：里，廛。里有税，度其有無爲多少之入也。

    《國語·魯語下》：賦里以入，而量其有無。

    韋注：里，廛也，謂商賈所居之區域也。以入，計其利入多少，而量其財業有無以爲差也。《周禮》：國宅無征，園廛二十而一，漆林之征二十而五。

    [按] 韋注較王注爲詳。"底其遠邇" 與 "量其有無" 固當皆 "有差"，是韋注上文爲是，王注恐非。從句法關係上而言，"底其遠近（砥其遠邇）" 是 "藉田以力" 的伴隨條件，而 "量其有無" 則是 "賦里以入" 的伴隨條件。韋注引《周禮》出《周禮·地官司徒·載師》。朱熹《儀禮經傳通解》引雖稱 "傳"，而此處用王肅注，不用韋昭注，或以王注簡要而韋注較繁蕪也。

    （13）《家語·正論解》：其歲，收田一井，出獲禾秉、缶米、芻藁，不是過。

    王注：其歲，軍旅之歲。一把曰秉。四秉固稜穗連。藁芻不可分，故曰步缶。十六斗曰庾也。

    《國語·魯語下》：其歲，收田一井，出稯禾、秉芻、缶米，不是過也。

    韋注：其歲，有軍旅之歲也。缶，庾也。《聘禮》曰：十六斗曰庾，十庾曰秉。秉，一百六十斗也。四秉曰筥，十筥曰稯。稯，六百四十斛也。

---

    ① （清）金鶚：《求古録禮説》，上海：上海古籍出版社輯印《續修四庫全書》第110冊，第421頁上。

　　[按]《家語》《魯語下》正文不盡相同，注亦然。韋注仍較王注爲詳。檢《家語》寬永十五年（1638）風月宗智本王注"固"字作"因"，"庚"作"秉"。早稻田大學圖書館藏寬永十五年風月堂刊批校本則劃去"獲"字，頁眉書"稷"字。張縣周句讀本《家語》則改王注"固"字作"曰"，"四秉"之"秉"復誤作"黍"。陳士珂《疏證》則引《魯語下》及韋注爲釋。范家相《證僞》則改"獲"作"稷"，亦謂《家語》取《國語》文。又孫志祖《家語疏證》卷五"出稷禾、秉芻、缶米"條云："宋本與《國語》同，今本《家語》作'稷禾秉、缶米、芻藁'，譌。"[①] 則《家語》正文與《國語》異者，諸家以爲譌誤。今檢王注本有"藁芻"二字，恐非可以斷言譌誤。

　　通過比較可見，王注比韋注更爲簡略，主要疏通文義，典章制度、名物故實少有涉及。而韋注則於典章制度、名物故實言之較詳，且引《左傳》《周禮》《聘禮》等以明之。池田秀三推斷："韋昭所以未援用王肅説法，不知是基於反對，抑或由於未曾見過《國語注》和《禮記注》。或恐憚於引用敵國魏國之有力者王肅之説法。"[②] 王肅一直倡王學，與鄭學相抗衡。韋昭既然很多説法宗鄭，或囿於學術立場不引王説。但魏、吳一直處於敵對狀態，文化交流匪易，恐怕以韋昭還不知道王肅有《國語章句》，或者即便知道而無緣得見爲最有可能。

　　關於各家注亡佚的原因，一般認爲亡於戰亂。而各家注漸次亡佚的時間，説法不一。從文獻中看，各家注在宋人的著作或群書中已很難見到徵引了。張居三認爲這些注釋成果宋代還存在。但以目前群書引《國語》舊注的情形來看，韋昭之外的各家注在宋代存在的可能性很小，至少王肅注恐怕在唐代就已經亡佚了，而賈逵、唐固、虞翻等注恐怕亦皆亡於唐代後期。

---

　　① （清）孫志祖：《家語疏證》，上海：上海古籍出版社輯印《續修四庫全書》第 931 册，第 249 頁上。
　　② ［日］池田秀三撰，金培懿譯：《韋昭之經學——以禮學爲中心》，《中國文哲研究通訊》第 15 卷第 3 期（2005 年）。

四、孫炎《國語》研究

王肅本傳謂："肅集《聖證論》以譏短玄，叔然駁而釋之，及作《周易》《春秋例》《毛詩》《禮記》《春秋三傳》《國語》《爾雅》諸注，又注書十餘篇。"

孫炎，字叔然，三國時期魏國樂安（今山東博興）人，鄭玄弟子，人稱"東州大儒"，朝廷曾徵其爲秘書監，辭不就。在中國經學史和訓詁學史上，孫炎的《爾雅注》最負盛名。《經典釋文序録》著録有孫炎《爾雅注》三卷、《爾雅音》一卷。《隋書·經籍志》著録孫炎《爾雅注》七卷，又謂梁有《爾雅音》二卷。《舊唐書·經籍志》著録孫炎《爾雅注》六卷。黃侃先生認爲："叔然師承有自，訓義優洽；《爾雅》諸家中，斷居第一。"① 有學者認爲"孫炎注釋義比較精練、準確"②。可見其《爾雅》學成就之高，已經得到後世的普遍認同。

較早注意到孫炎《國語注》的是清人姚振宗，其《三國藝文志》云："韋弘嗣注書，但述鄭、賈、虞、唐四家。則當時王子雍、孫叔然二家之注不行于江表。"③ 孫炎即便後於王肅，而能與王肅抗擊駁論，則生活時代當與王肅相仿佛。韋昭《國語解》之所以未能稱述王肅、孫炎，自然是"二家之注不行于江表"，因爲王肅、孫炎和韋昭生活時代相近，圖書流傳或需要一定時間。

李步嘉考云："孫炎因與晉武帝司馬炎同名，故以字行，爲鄭玄弟子，即舊説創反切者。孫炎《爾雅注》爲今存陸氏《經典釋文》、《爾雅》邢疏、孔氏《五經正義》、裴氏《史記集解》、章懷《後漢書注》、

---

① 黃侃：《爾雅略説》，《中國現代學術經典·黃侃劉師培卷》，石家莊：河北教育出版社1996年版，第332頁。

② 竇秀艷：《中國雅學史》，濟南：齊魯書社2004年版，第134頁。

③ （清）姚振宗：《三國藝文志》，二十五史刊行委員會編集《二十五史補編》，開明書店上海總店1936年版，第3222頁。

李氏《文選注》及《一切經音義》等書所引，而其《國語注》既不爲《隋志》所録，亦未見輯本。據上文，孫炎爲樂安人，後漢樂安屬青州，與北海爲鄰郡，故爲鄭玄弟子，蓋鄭玄爲青州北海高密人。《後漢書·鄭玄傳》稱：'又樂安國淵、任嘏，時並童幼，玄稱淵爲國器，嘏有道德。'是玄有樂安弟子甚衆。雖未聞玄注《國語》，然玄治《春秋》有年，《鄭玄傳》稱：'時任城何休好《公羊》學，遂著《公羊墨守》《左氏膏肓》《穀梁廢疾》，玄乃發《墨守》，針《膏肓》，起《廢疾》。休見而歎曰：康成入吾室，操吾矛，以伐我乎！'疑孫炎《國語》注乃承鄭氏《春秋》學而另有其例，與賈、鄭、楊、王之注皆不同。"① 可備一説。

五、韋昭《國語》研究

韋昭（204—273），字弘嗣，三國時期吳人。《三國志》本傳"昭"字作"曜"②。本傳未言韋昭師承何人，其獄中上孫皓書中云："囚昔見世間有《古曆注》，其所紀載既多虛無，在書籍者亦復錯謬。囚尋按傳記，考合異同，采摭耳目所及，以作《洞紀》，起自庖犧，至於秦、漢，凡爲三卷。當起黃武以來，別作一卷。事尚未成。又見劉熙所作《釋名》，信多佳者，然物類衆多，難得詳究，故時有得失，而爵位之事，又有非是。愚以官爵，今之所急，不宜垂誤。囚自忘至微，又作《官職訓》及《辯釋名》各一卷，欲表上之。新寫始畢，會以無狀，幽囚待

---

① 李步嘉：《唐前〈國語〉舊注考述》，《文史》2001 年第 4 輯。
② 韋昭而《吳志》作"韋曜"者，以避司馬昭諱，是亦先儒之成説。向有疑之者，如杭世駿《諸史然疑》"三國志"云："又裴松之稱史爲晉諱，改韋昭爲韋曜。按《魏志》胡昭、董昭，《吳志》張昭，皆仍舊名，奚獨韋昭乃改稱曜？意是魏仍王魚諸人舊文，吳仍華覈、韋昭國史。"梁玉繩《瞥記》亦引杭氏爲説。錢大昕《廿二史考異》亦頗疑避諱之説，疑"弘嗣本有二名也"，所疑亦具一定合理程度。清人葉廷琯《吹網録》則不贊同錢説，認爲："宏嗣二名恐未必然。若果二名，裴松之年代相隔容有未知，陳壽則近在同時，諒無不曉，作傳豈有不爲舉明者？且宏嗣爲字，與昭字之義相協。故避諱改名之説自非無因。蓋《三國志》於晉諸帝諱，或避，或不避，其體例本未能畫一耳。"葉氏分析亦有可能。總之，對於韋昭又名韋曜的原因，難以有一個統一的意見。

命，泯没之日，恨不上聞。”是自言其生平著作。又本傳言韋昭作《吳書》，華覈謂韋昭《吳書》“當垂千載”，評價至高。然其本傳未言韋昭有《國語解》。《北史》卷四二《劉芳傳》則云：“芳撰鄭玄所注《周官儀禮音》、干寶所注《周官音》、王肅所注《尚書音》、何休所注《公羊音》、范寧所注《穀梁音》、韋昭所注《國語音》與范曄《後漢書音》各一卷，《辯類》三卷，《徐州人地録》二十卷，《急就篇續注音義證》三卷，《毛詩箋音義證》十卷，《禮記義證》十卷，《周官儀禮義證》各五卷。”是韋昭注《國語》之較早見於載籍著録者。此後《隋書·經籍志》等正史藝文志中涉及前代經籍目録者皆著録之。除了《國語解》之外，韋昭還著有《洞紀》《辨釋名》《官職訓》《魯論解》《漢書音義》《毛詩答雜問》《孝經注》《吳書》等著作，可見韋昭於經學、小學、史學皆有深論。薛瑩稱韋昭“篤學好古，博見群籍，有記述之才”，可謂知言。

韋昭《國語解》一書至《隋書·經籍志》始見著録，有二十二卷、二十一卷之别。如《隋書·經籍志》著録韋昭注《國語》二十二卷，《舊唐書》《新唐書》《宋史》《崇文總目》《直齋書録解題》《天一閣書目》《百川書志》《世善堂藏書目録》著録爲二十一卷，《郡齋讀書志》著録爲二十一篇，焦竑《國史經籍志》、朱睦㮮《萬卷堂書目》著録爲二十卷。“二十”“二十一”“二十二”之别，宋人《國語補音敘録》已言其異，謂：“若夫古今卷第亦多不同，或云二十一篇，或二十二卷，或二十卷。然據班志最先出，賈逵次之，皆云二十一篇，此實舊書之定數也。其後或互有損益，蓋諸儒章句煩簡不同，析簡併篇，自名其學，蓋不足疑也。”可謂通達之見。此外，清代少數書目尚有著録爲三十一卷者，“三”當爲“二”字之誤。今傳韋昭《國語解》皆二十一卷。韋昭的《國語》研究主要體現在兩個方面：一個是《國語解敘》對《國語》諸般問題的綜合探討；一個是《國語解》對《國語》正文的注解。

(一) 韋昭《國語解敘》

韋昭《國語解》是現存最早的完整的《國語》研究著作，其《國語解敘》是現存最早的較有系統的《國語》研究文獻。韋昭在《國語解敘》中探討了左丘明與《國語》的關係、《國語》的內容以及性質的認定、《國語》的利用及研究、《國語解》的撰作背景及其發明等等。由於《國語解敘》在《國語》研究史上的經典性，其觀點一直受到後世《國語》研究者的重視。

1. 對左丘明及其與《國語》關係的評述

韋昭《國語解敘》云："昔孔子發憤於舊史，垂法於素王。左丘明因聖言以擴意，托王義以流藻。其淵源深大，深懿雅麗，可謂命世之才、博物善作者也。"這段話是對左丘明《春秋左傳》的價值認定。其中包含著四層意思：一、孔子整理《春秋》是述而不作，是所謂"發憤於舊史"。二、左丘明《左傳》是"因聖言以擴意"。三、左丘明《左傳》"淵源深大，深懿雅麗"。四、左丘明本人屬於"命世之才、博物善作者"。

關於左丘明與《國語》的關係，最早提出的是司馬遷，其《太史公自序》及《報任安書》云："左丘失明，厥有《國語》。"此後班彪略論云："魯君子左丘明論集其文，作《左氏傳》三十篇。又撰異同，號曰《國語》二十一篇。"至於班固《漢書·藝文志》則謂："《國語》二十一篇，左丘明著。"

這是韋昭之前言及《國語》與左丘明關係的大致，詳見本書上一章。司馬遷的說法，一直到今天也存在頗大的爭議，著名史學家王樹民、陳桑、楊伯峻等都進行過討論，李懷通、史繼東等也進行過探討，詳見前文。班彪父子對左丘明與《國語》的關係也存在不同意見，一個認爲"撰異同"，一個認爲是"著"。當然班固《藝文志》的認識恐怕也是繼承自劉歆的。因爲在《司馬遷傳贊》中班固又云："及孔子因魯史記而作《春秋》，而左丘明論輯其本事以爲之傳，又纂異同爲《國語》。"這一說法和班彪的說法是一致的。

《說文》不收"撰"字，《玉篇·手部》云："撰，數也。"故訓中多訓作"撰述""述"，慧琳《一切經音義》卷四十九"撰焉"注引《古今文字》云："撰，論其先祖之德也，述作也。"與"纂"義近，皆有聚集之義。漢唐訓詁中，多訓"著"爲"述""作""書"等。可見，

"撰""著"二字語義還是有區別的。左丘明是撰《國語》還是著《國語》，體現了不同的認識。

在《國語解敘》中，韋昭用"采錄"一詞來限定左丘明與《國語》的關係，這和班彪父子用"撰異同"來限定左丘明與《國語》的關係具有異曲同工之處。也就是説，在班彪父子和韋昭的心目之中，左丘明不是《國語》的著者，而是《國語》的編纂者。"采"有兩個方面的内涵：其一是收集；其二是帶有主觀選擇性。故董增齡《國語正義》云："采，擇也。"即在揭示這一點。也就是説，《國語》一書是左丘明這位編輯者對前代史料進行了主觀選擇之後編録而成的。

2.《國語》内容的分析

韋昭在《國語解敘》中指出《國語》所收史料的時間上下限以及主要内容。"前世穆王以來，下訖魯悼、智伯之誅"是《國語》所載史事的時間上限和下限。《國語》的記事從周穆王征犬戎始，而其下限則至魯悼公年間三家分晉止。"夏商周斷代工程"根據《史記》以及相關記載，繫周穆王的在位時間爲公元前976—前922年。周穆王征犬戎被認爲在周穆王十二年（前964）。對於史書的記事年限考訂與概括，是韋昭史學家本能的體現。

"邦國成敗，嘉言善語，陰陽律吕，天時人事逆順之數"則是韋昭對《國語》内容的概括。

（1）邦國成敗

《國語》記載了周、魯、齊、晉、鄭、楚、吳、越之事。除了齊桓稱霸、晉文稱霸、晉悼中興、勾踐滅吳等史實記載"邦國之成"外，其他絶大部分談論的是邦國之敗。以《周語》部分記載爲例，共記載了穆王、厲王、宣王、襄王、靈王、景王六位周天子政事之失，足以説明"邦國成敗"是《國語》的重要内容，同時也是《國語》編纂者的主要關注對象。

（2）嘉言善語

《國語》是一部"語"。"語"的主體性特徵就是對話。無論涉及邦國成敗還是日常瑣事，都要通過對話的方式進行交流體現。"嘉言善語"

也在對話中不斷體現。《國語》"嘉言善語"來自三部分人群：一是周天子以及各國諸侯；二是周臣以及各國臣子；三是密康公母、孔子等當時的賢者。

(3) 陰陽律吕

"陰陽律吕"是《國語》的一大內容。"陰陽"的觀念貫串《國語》一書始終，《國語》"陰"字18見，"陽"字75見，其中"陰陽"對舉出現9次。如《周語上》提到的伯陽父探討三川皆震事件、《鄭語》史伯論興衰、《越語下》范蠡探討天時人事等等，都是陰陽觀的直接反映。

"律吕"實際上是"陰陽"在音樂上的具體體現和反映。這主要體現在《周語下》單穆公諫景王鑄大鐘章和景王問律兩章。雖然只是兩章，在《國語》全書中也占有很小的比例，但在中國古樂學史上的地位十分重要。韋昭予以揭出，可見韋昭的卓識。

(4) 天時人事逆順之數

韋昭《國語解敘》"天時人事逆順之數"爲定中關係的短語，"數"是中心詞，"天時、人事逆順"爲主述關係短語，"天時、人事"爲並列關係，"逆順"爲對義結構。《漢書·律曆志上》云："數者，一、十、百、千、萬也，所以算數事物，順性命之理也。"尤其范蠡在《越語下》所云"天時不作，弗爲人客；人事不起，弗爲人始"，正可作爲《國語》全書的總結，也是韋昭對《國語》內容進行概括的依據。

從內容上看，韋昭對《國語》的概括不是一個邏輯層面的。嘉言善語，是對《國語》表述和呈現方式的概括；而邦國成敗，是對《國語》載事以及"語"所涉及內容的概括；陰陽律吕，是對《國語》史料獨特性的概括，蓋音律史料在先秦史中比較少見，而《國語》論律兩篇的史料價值之高，確實有單獨提出的必要；天時人事逆順之數，則是天時、人事之間規則的研討。可見"嘉言善語"是表現形式，而後三者則是具體內容。韋昭這段論述，不僅揭明了《國語》的形式特徵，更揭出了其主要內容。

3. 《國語》性質及功能的認定

(1) 《國語》性質的認定

目前所見，最早對《國語》進行歸類的文獻，是班固的《漢書·藝文志》。《漢書·藝文志》列《國語》入春秋家，謂："凡《春秋》二十三家，九百四十八篇。"韋昭認爲《國語》"實與經藝並陳"。"經藝"作爲一個術語，較早出現在《史記·儒林傳序》，云："諸儒始得修其經藝。"即儒家經典之謂。也就是說，韋昭認爲《國語》是和五經並列的，屬於經學的範疇。《漢志》雖然沒有經學的概念，但《藝文志序》把《春秋》《詩》《易》都歸於孔門之學。所以韋昭的這一認定，和班固《漢書·藝文志》具有淵源關係。後世目錄學著作在很長一段時期列《國語》於經部"春秋類"下，恐怕也是受班固、韋昭的這一認定的影響。

但韋昭同時也指出，《國語》的內容"不主於經"。由本書第一章的分析可知，《國語》的主要內容產生於經學前的時代，故其內容、價值觀念"不主於經"也是勢屬必然的事情。自韋昭以來，頗有學者認同《國語》是經過編輯的原生性史料，而非儒者撰寫的專門著作。韋昭認爲這是《國語》被稱爲《春秋外傳》的主要原因。韋昭的這一解釋是符合《國語》實際的，較之前《釋名》《論衡》的解釋更爲合理且符合事實。

也正因爲《國語》"不主於經"的特徵，南宋黃震纔把《國語》從經部析出，歸入史部"雜史類"。明人和清代前期的學者編纂書目，歸《國語》入雜史或別史。清人修纂《四庫全書》，《四庫薈要》把《國語》歸入史部"別史類"，而《四庫全書》把《國語》歸入史部"雜史類"。至張之洞《書目答問》又列《國語》入史部"古史類"。導其權輿，黃震《黃氏日鈔》是其主要依據[①]。

縱然清代官方對《國語》性質的認定產生了變化。但是在清代學者心目中，《國語》仍然是經學著作。清代學者的經解著作札記中，很多

---

① 詳參本書第五章、第六章和第七章相關部分。

都列有《國語》，較著名的如王引之《經義述聞》、俞越《群經平議》、臧琳《經義雜記》、徐灝《通介堂經說》等《四庫全書》編纂之後的學術札記，都列《國語》於經部。另外，阮元編校《清經解》、王先謙編纂《續清經解》，也都收錄有《國語》的研究著作。可見，即便清代官方已經認定《國語》爲史部書籍，但在清代學者的心目中，《國語》仍然是"經"。

在韋昭的心目中，《國語》是經子之學，故其有"實與經藝並陳，非特諸子之倫"之語。因爲《國語》是"語"，即以對話爲主。這一點，和《尚書》的《堯典》《舜典》等具有相同的特徵。而其每一語内部的前後篇章，又大體以時間爲序，和《尚書》整體的排序、《春秋》的排序是一致的。雖"其文不主於經"，但是其主體精神，却與儒家經典具有一致性。這也是韋昭認爲《國語》是經書的主要原因。

20世紀以來，《國語》被認定爲史學著作。從"六經皆史"的角度而言，也無不可。但是《國語》和史的本質還是有區別的，諸多學者在這方面有所論列。今天，我們來重新估定《國語》的價值，當然也要對其性質進行重新估定與認定。關於這一點，可以參考本書"民國時期《國語》研究"和"近七十年來《國語》研究"相關部分。從《國語解敘》可知，韋昭的理解爲準確認識和論定《國語》性質提供了視角和思路。

（2）《國語》功能的認定

韋昭認爲《國語》具有"包羅天地，探測禍福，發起幽微，章表善惡"的功能。韋昭在上文已經對《國語》的内容進行了概括，即"邦國成敗，嘉言善語，陰陽律吕，天時人事逆順之數"，此處功能的認定是對内容的呼應。

"包羅天地"，是説《國語》這部書的終極關懷價值。《國語》言陰陽、言天時、言人事，往往通過自然現象進行人事規則的探討，比如伯陽父論三川之震、范蠡論天時人事之機，都屬於這一類。這一思想，仍然是古人天人觀念的反映和延伸。天人關係，是中國先秦哲人關注的重心和焦點。

"探測禍福"，實際上是針對《國語》預言性的對話文本類型而言。《國語》中的對話，每每都是天子、諸侯等有某種行爲動機或打算，大臣諫言阻止。大臣的諫言往往對其行爲的消極影響進行預測式陳述，而這一部分又幾乎是《國語》所有章節的主要内容和重要部分，占有很高的比重。大臣的對話對象是天子、諸侯等掌握重權者，而其對話中的陳述部分又爲後來的決策提供了借鑒。

"發起幽微"，是對具體的天時、人事而言。比如由地震聯想到統治，由壅水想到治理，由大臣的具體表現聯想到周室必興，等等，都是"發起幽微"的具體體現。最能彰顯這一功能的，是伶州鳩論律。伶州鳩把鑄鐘以及律吕的問題和自然天象、人事征伐等聯繫在一起，所發者可謂"幽微"。

"章表善惡"，董仲舒《春秋繁露·玉杯》云："人受命于天，有善善惡惡之性。"又《竹林篇》云："今善善惡惡，好榮憎辱，非人能自生，此天施之在人者也。"章表善者，當然是爲了給人樹立榜樣；章表惡者，是給人警醒。此種例子，在《國語》中處處可見。

從哲學層面看，"包羅天地"是天人關懷，"探測禍福"是現實關懷，"發起幽微"是規律探討，"章表善惡"是價值評判和引領警示。

4. 《國語》傳播及其研究史的梳理

韋昭認爲，《國語》和其他先秦文獻一樣，遭遇了秦時禁書之禍與漢初文化復興之後的重新重視兩種狀態。因此，《國語》的整理與研究是從漢代開始的。

（1）對《國語》的複述

在韋昭看來，賈誼《新書》和司馬遷《史記》是漢代較早利用《國語》材料的學者和著作。賈誼《新書》共 58 篇，其中至少 3 篇内容和《國語》是相同的，對《國語》的相關内容進行了複述和重構。《史記》130 篇，周、魯、晉、吳、越等本紀和世家部分也有相當多的内容采自《國語》。[①] 是韋昭所謂"綜述"。按《列女傳》云："推而往，引而來

---

① 詳參本書第二章第五節。

者，綜也。"《字彙》："紀人之事，纂人之言，皆曰述。"日本學者渡邊操謂："然則綜述，猶言脩飾而傳之也。喻諸攝理機上之縷而使不紊，故云綜述也。"① 可見"綜述"之義。

（2）《國語》的校訂

漢代劉向考校中府秘書，《國語》亦當在考校之列。故韋昭謂："及劉光禄於漢成世始更考校，是正疑謬。"劉立志、胡蓮玉認爲，劉向的圖書校理程序分爲五步，分別爲：①網羅衆本，廣搜異文；②選定篇目，審定次序，去除重複；③糾理錯簡，校讎文字，考訂書中字詞文句訛誤，補充遺文；④確定書名，謄録新本；⑤撰寫叙録。② 劉向校理《國語》的情況，並無文字流傳，但以劉向校理群書的一般情況推理，亦可以想見。韋昭特別提及，可見劉向等校理《國語》的行爲在韋昭心目中的重要性。

（3）漢魏時期《國語》研究

實際意義上的《國語》研究，是從東漢開始的。故韋昭謂："至於章帝，鄭大司農爲之訓注，解疑釋滯，昭晰可觀，至於細碎，有所闕略。侍中賈君敷而衍之，其所發明，大義略舉，爲已憭矣，然於文間時有遺忘。建安、黃武之間，故侍御史會稽虞君、尚書僕射丹陽唐君，皆英材碩儒、洽聞之士也，采摭所見，因賈爲主而損益之。觀其辭義，信多善者，然所理釋，猶有異同。"

韋昭總結了鄭衆、賈逵、虞翻、唐固等四位學者的《國語》研究情形。鄭衆、賈逵分別言之，虞翻、唐固則總而言之。根據韋昭的分析，鄭衆、賈逵的《國語》研究解決了《國語》的諸多問題，但"有所闕略"，"於文間時有遺忘"，即不夠全面。這大約也是韋昭《國語解》施注細密之處的原因所在。

在韋昭看來，虞翻、唐固的《國語》研究是以賈逵《國語》研究爲

---

① ［日］渡邊操：《國語解刪補》卷上，日本寶曆十三年（1763）皇都書林永田調兵衛、風月喜兵衛刊本。

② 劉立志、胡蓮玉：《劉向劉歆》，南京：江蘇人民出版社 2016 年版，第 92—94 頁。

基礎的。鄭衆的《國語》研究最早，但影響也是最小的。今存世的《國語》舊注輯佚條目中，鄭衆條目較少，賈逵條目最多。恐怕也是其影響力的一個體現。韋昭《國語解》之所爲作，恐怕還是因爲鄭、賈注釋的不够細密和虞、唐注釋的分歧所致。

5. 韋昭《國語解》撰作緣起、方式、貢獻

韋昭《國語解敘》最後闡述了《國語解》的撰作緣起，方法方式以及價值等。

（1）撰作緣起

韋昭《國語解》是在繼承前此《國語》研究成果的基礎上撰成的，即韋昭所謂"階數君之成訓"。另外，就是韋昭所謂"諸家並行，是非相貿，雖聰明疏達識機之士知所去就，然淺闇初學猶或未能祛過"，這是韋昭《國語解》撰作的主要原因所在，楊端志認爲："韋氏這樣的動機，在注釋繁瑣，皓首窮經的漢魏時代是極爲難能可貴的。"[1]

（2）撰作方式

從韋昭《國語解敘》可知，韋昭《國語解》是以賈逵《國語解詁》爲主，又吸收了虞翻、唐固的優長之處。在這個基礎上，韋昭"增潤補綴"，附以己見，即韋昭所謂"參之以《五經》，檢之以《内傳》，以《世本》考其流，以《爾雅》齊其訓，去非要，存事實"。《五經》《内傳》提供的是經學上的佐助，《世本》提供的是史實的證據，《爾雅》提供的是詞語訓詁的依據。

（3）貢獻

韋昭自己認爲《國語解》發正《國語》"三百七事"。後世學者以"三百七事"字誤。如《四庫全書總目提要》考韋昭注文中自立義者唯六十七事，故認爲"三百"或爲"六十"之誤。董增齡《國語正義》即引述《四庫總目》爲説。徐仁甫在《四庫提要》的基礎上又得七十事，合計"一百三十七事"，故認爲"韋敘所云三百七事者，實百三七事也。

---

① 錢曾怡、劉聿鑫編：《中國語言學要籍解題》，濟南：齊魯書社1991年版，第188頁。

後人嫌其少，又疑百三七之詞，未暇細考，妄乙爲三百七耳"①。孫欽善在《四庫總目》的基礎上尋得三十二事，故認爲"《提要》所計數字不確，譌文之説亦失去根據。至於援據駁正中不足三百零七事之數，蓋注中非援引而發者，當亦有之"②。

李步嘉《韋昭〈國語解〉"發正三百七事"清人説辨正》提出三點：第一，韋昭《國語解敍》所説"凡所發正三百七事"，"發正"一詞指韋解對舊注的發明與正誤。《四庫全書總目提要》對韋解"發正"注例的劃分與理解有相當不準確的成分。第二，四庫館臣疑韋解"發正三百七事"爲"六十七事"之誤的根據是很不充分的。韋昭《國語解》"發正"可能存在一種暗發的注例。第三，韋昭《國語解》是目前惟一流傳下來並保存得較爲完整的舊注。對其注例的研究具有重要的意義。③ 李氏提出的"暗發的注例"是較合韋昭《國語解》事實的，比《四庫提要》、徐仁甫等説更爲合理，可以採信。

由上可知，韋昭《國語解敍》主體内容涉及四個方面：一、左丘明及其與《國語》的關係；二、《國語》的性質、内容及其功能；三、《國語》的考校及其研究脈絡；四、《國語解》的撰作動機、撰作方式及其發明。其《國語解敍》對於左丘明與《國語》的關係能有通達之論，而對《國語》的性質認定足有啟迪後昆的價值與意義。正因爲此，《國語解敍》纔成爲《國語》研究史上第一篇比較系統且具有真知灼見的文獻。

（二）韋昭《國語解》

韋昭《國語解》是現存最早且完整的《國語》注解。關於韋昭前後《國語》注解皆佚而韋注獨存的原因，筆者《小學要籍引〈國語〉研究》引言進行了一定程度的探討，可以參看。④ 當然這是個綜合的問題，牽

① 徐仁甫：《乾惕居論學文集》，北京：中華書局 2014 年版，第 24—26 頁。
② 孫欽善：《中國古文獻學史》，北京：中華書局 1994 年版，第 230—232 頁。
③ 李步嘉：《韋昭〈國語解〉"發正三百七事"清人説辨正》，《人文論叢》2001 年卷。
④ 拙著《小學要籍引〈國語〉研究》，新北：花木蘭文化出版社 2014 年版，第 3—5 頁。

涉很多方面，還可以繼續進行探討。先秦兩漢的傳世文獻，在漢代訓詁學、經學昌明的大背景下，多有名注傳世。所謂名注，即研究該部典籍無法繞過去的研究者和著作，也可以看作該部典籍研究的豐碑。如同漢字學上的許慎《說文》、方言學上的揚雄《方言》、語源學上的劉熙《釋名》、訓詁學上的《爾雅》一樣，《詩經》的毛傳、鄭箋，《尚書》孔傳，《三禮》鄭注，《左傳》杜注等也是該部典籍的里程碑式的研究著作。正是這種具有開拓性和集大成的研究著作的存在，後世針對該書的研究很大程度上是圍繞著該研究著作展開的。《國語》的研究同樣如此，後來的研究者沒有人能夠撇開韋昭注，只能是在認真研讀《國語》本文與韋注基礎上的局部修補和匡正。也正由於韋注在《國語》研究中一枝獨秀的地位，《國語》韋昭注研究成爲《國語》本體研究之外一個重要的研究方面。

1. 韋昭《國語解》的撰寫時間

韋昭《國語解》具體撰作時期不詳。《國語·魯語下》"守封嵎之山者也"韋昭注云："封，封山；嵎，嵎山。在今吳郡永安縣。"清汪遠孫《國語發正》云："《吳興記》：興平二年分烏程爲永安。（劉昭《郡國志》注。）《吳志》：孫晧寶鼎元年，分吳丹揚爲吳興郡，永安屬焉。此云吳郡永安，韋注《國語》蓋在寶鼎前也。"[1] 汪遠孫根據韋昭所注地理，推斷韋昭《國語解》撰在寶鼎元年（266）以前。樊善標認爲汪遠孫的這一推斷"雖然發前人未發，但對於考定《國語解》成書於韋氏早年、中年還是晚年，並無幫助"[2]。

樊善標發表有《韋昭〈國語解〉成書年代初探》（《大陸雜誌》1996年92卷第4期）和《韋昭〈國語解〉成書年代再探》（《大陸雜誌》1996年93卷第4期）論文二篇。樊善標在《初探》一文中，根據各種資料對韋昭的著作撰成先後時間給予考定如下：229年，孫權即位，

① （清）汪遠孫：《國語發正》卷五，道光丙午（1846）振綺堂本，本卷第18頁。
② 樊善標：《韋昭〈國語解〉成書年代初探》，《大陸雜誌》1996年92卷第4期，第157—164頁。

使韋昭作《鐃歌十二曲》；242—249 年，韋昭奉太子孫和之命作《博弈論》；252 年，孫亮即位後，與薛瑩、華覈等撰《吳書》；258 年，孫休踐祚，命昭爲中書郎、博士祭酒，依劉向故事校定衆書；264 年，孫皓即位，封高陵亭侯，遷中書僕射，撰《毛詩答雜問》最早在此年；266 年，《國語解》成書最晚在此年；273 年，時《洞紀》已成，續篇未畢，《官職訓》《辨釋名》各一卷新寫畢，《吳書》尚欠敘、贊。樊善標根據韋昭《漢書音義》引用《國語》材料而《國語解》不引述《漢書》材料推斷"韋昭注《國語》時對《漢書》還不十分熟悉"；又根據唐固、虞翻的卒年，推斷"《國語解》成書，最早不得早於此年，即韋昭二十九歲後"；又根據韋昭注赤烏五年改"禾興"爲"嘉興"，韋昭注中兩次出現"嘉興"，推斷"《國語解》成書不得在二四二年之前，即韋昭三十九歲後"；進而又推斷《漢書音義》"應在寶鼎元年（266）前撰成"。最後結論云："《國語解》和《漢書音義》的成書下限雖然相同，但上文已指出，韋昭撰《國語解》時，對《漢書》似乎不大熟習，因此注解兩書應相隔了一段時間。韋昭自四十九歲（252 年）受詔撰《吳書》，五十五歲（258 年）校定衆書，這幾年間事務應該較繁忙，未必有時間從事於卷帙龐大的《漢書》，因此《漢書音義》的撰成大概貼近本文所設定的下限。至於《國語解》，最有可能的撰寫年代，應該是三十九至四十六歲（242—249 年），任太子中庶子期間。"①

樊善標在《再探》一文中，根據韋昭注中避"和"字諱的情況，在《初探》的基礎上進一步推斷云："其實《漢書音義》在西元二五二年前撰成似乎也有可能，因應《漢書音義》成書的兩種推測，《國語解》的撰寫年代也可以有兩説：一是西元二五二年以前，二是貼近上限西元二四二年。鑒於《吳書》直到韋昭逝世時仍未有敘、贊，似乎不應在《吳書》尚未脫稿時又開始注解《漢書》，那麼《國語解》的初稿撰寫年代，

---

① 樊善標：《韋昭〈國語解〉成書年代初探》，《大陸雜誌》1996 年 92 卷第 4 期，第 157—164 頁。

當以第二説的可能性較大。"①

可見，樊善標以韋昭《漢書音義》的撰寫作爲參照，對韋昭《國語解》撰寫進行了推斷，具有一定參考價值。

2. 韋昭《國語解》的基本内容

通過統計黄刊明道本《國語》，得韋昭注 5629 條。根據我們前所統計《國語》本文 70399 字計算，《國語》本文平均 12.51 個字就有一條韋注，可見韋昭註釋之細密與詳備。

苗文利認爲："《國語解》深得漢儒注經之義法，重在疏導文意、溝通古今，大都簡妙精當，一語破的。在詞語的訓釋、句意的疏通、語法修辭的説明、名物典制的考證等方面，都取得了很大成就。"② 總體而言，韋昭《國語解》内容可分注音、校勘、釋義三個方面，而以第三種爲主。若有辨析而需評斷或立新説者，往往以"昭謂"出之③。

（1）注音

苗文利認爲："《國語解》的注釋内容雖然很全面，但没有'注音'這一項。"④ 苗氏的觀點比較片面。誠然，像苗文利所説的："現在通行的《國語解》本子，大多獨於第一卷中殘存著'懟音墜''覭音脈''瘴，丁佐反''淳，之純反''坺，鉢、伐二音''省，息井反''笿，莊百反''聆，音禽''著音宁''艾音刈''乘，實證切''彤，大冬切''旒音盧''秬，其吕切''卣，由、酉二音''賁音奔'等十六處注音。這並非韋昭之解，而是唐宋人所爲。"⑤ 但除此之外，《國語解》中還有以"讀若"方式注音的用例。韋昭之前的虞翻已經用"讀若"標

---

① 樊善標：《韋昭〈國語解〉成書年代再探》（《大陸雜誌》1996 年 93 卷第 4 期，第 157—158 頁。

② 苗文利：《韋昭〈國語解〉研究》，山東大學研究生學位論文，1991 年。

③ 韋昭《國語解》中加"昭謂"79 處，具有一定數量。池田秀三認爲："韋昭不稱《周官》，必稱《周禮》，以及其於注中揭舉先人之説後，以'昭謂'之形式闡述己説，批判先人説法的注釋形態，豈非傚自鄭注之'玄謂'？若筆者之推想正確，則吾人可以説韋昭注《國語》，深受鄭玄《周禮注》之影響。"（池田秀三：《韋昭之經學—尤以禮學爲中心》，《中國文哲研究通訊》第 15 卷第 3 期）揭明韋昭的學術立場，對研討韋昭《國語解》具有積極意義。

④ 苗文利：《韋昭〈國語解〉研究》，山東大學研究生學位論文，1991 年。

⑤ 苗文利：《韋昭〈國語解〉研究》，山東大學研究生學位論文，1991 年。

識讀音以別語義，韋昭《國語解》中也有類似表述，如下：

　　《周語下》"厚味寔腊毒" 注：厚味，喻重禄也。腊，亟也，讀若廣。昔酒焉，味厚者，其毒亟也。

[按] 汪遠孫《國語明道本考異》云："廣，公序本作廟。案：皆非也。此必酉字之誤。酉、昔俱有久義。"① 高亨《古今通假會典》即謂："廣當作酉。"②

　　《晉語二》 "暇豫之吾吾，不如鳥烏" 韋注：吾，讀如魚。吾吾，不敢自親之貌也。言里克欲爲閑樂事君之道，反不敢自親吾吾，然其智曾不如鳥烏也。

[按] 段玉裁《説文解字注》："韓文公詩用魚魚雅雅，豈即本《國語》乎?"③ 魚、吾同音。

　　《晉語九》"浚民之膏澤以實之" 注：浚，煎也，讀若醮。

[按] 汪遠孫《國語明道本考異》云："醮，公序本作潐。《補音》出醮。案：浚、潐同音，何云讀若乎? 此重刻之誤。"④ 徐復先生謂："醮亦盡取之義。"⑤ 這樣看來，韋昭本條注音，兼有釋義的意味。

---

　① （清）汪遠孫：《國語明道本考異》，北京：商務印書館 1959 年《國學基本叢書》，第 279 頁。
　② 高亨纂著，董治安整理：《古字通假會典》，濟南：齊魯書社 1989 年版，第 905 頁。
　③ （漢）許慎撰，（清）段玉裁注，許維賢整理：《説文解字注》，南京：鳳凰出版社 2015 年版，第 1011 頁。
　④ （清）汪遠孫：《國語明道本考異》，北京：商務印書館 1959 年《國學基本叢書》，第 323 頁。
　⑤ 徐復：《訄書詳注》，上海：上海古籍出版社 2017 年版，第 78 頁。

這三條"讀若"自然是韋昭採用的注音方式，不能因爲條目少即認爲《國語解》"沒有'注音'這一項"。

（2）校勘

韋昭之前的《國語》研究者就已經對《國語》文本進行校勘了，如唐固等。韋昭在繼承前人《國語》研究的基礎上，對《國語》也做了一定的校勘工作。大致可以分作兩個方面：①傳本異文的釐定；②文本的校勘。

①傳本異文的釐定

由於書寫材料、文字演化、文化程度以及相關原因，典籍在傳播過程中都會出現文字、語序等等問題，也就形成了不同的文本形式。後世學者在研究之初必須先對文本進行釐定。《國語》在傳播過程中也是如此。從其傳播史來看，不僅他書引文會有不同，即便是不同傳本也會不同，比如慈利楚簡本《吳語》和今傳《吳語》就有很大的差距。在很長一段時間之內，研究者在進行文本整理的過程中，直接釐定，並不出校。今觀《國語》輯佚諸家所輯條目，正文用字多有和今傳韋昭《國語解》不同者，可知韋昭在研究過程中進行了文本釐定的工作。

樊善標根據張以仁《國語舊注輯校》、陳鴻森《國語三君注輯存》，把輯本文字和韋昭《國語解》文本文字之間的關係分爲五種類型：異體字、通假字、近義字、異義字和語序不同。實際上，五種類型屬於文字不同和語序不同兩種情況。而文字不同又可以分爲異體字、通假字、近義字和異義字。今以《原本玉篇殘卷》所引韋昭以前注本爲例，撮録數條，以見其大概。

《玉篇零卷·欠部》"歆"字下引《國語》："王歆大宰。"《國語》又曰："民歆而德之。"賈逵曰："歆猶服也。"又曰："楚灾歆肬。"賈逵曰："歆，貪也。"今傳韋昭《國語解》"宰"作"牢"。

《玉篇零卷·食部》"餻"字下引《國語》"以膏沐餻師"賈逵曰："餻，勞也。"今韋昭《國語解》字作"犒"。

《玉篇零卷·糸部》"紞"字下引《國語》"親織玄紞"賈逵曰："袀垂者也。"韋昭《國語解》"紞"字作"紞"。

《玉篇零卷·音部》"章"字下引《國語》"爲車服旗章以旂之"賈逵曰："章者，尊卑之別也。"今韋昭《國語解》"旂"字作"旌"。

以上爲異體字。

《玉篇零卷·糸部》"納"字下引《國語》"致三郤而納其室"賈逵曰："纳，取也。"韋昭《國語解》"致"作"殺"。

《玉篇零卷·言部》"該"字下引《國語》"以該姓於王宮"賈逵曰："該，備也。"今韋昭《國語解》"該"字作"晐"。

《玉篇零卷·糸部》"繯"字下引《國語》"繯山於有宇"賈逵曰："繯，還也。"胡吉宣《玉篇校釋》引《國語》正文作"繯"，"宇"作"牢"。韋昭《國語解》"繯"字作"環"。

《玉篇零卷·糸部》"纕"字下引《國語》"懷愜纓纕"賈逵曰："馬纕帶也。"今韋昭《國語解》"愜"作"挾"。

以上爲通假字。

《玉篇零卷·糸部》"級"字下引《國語》"明等級以道之礼"賈逵曰："等級，上下等差也。"韋昭《國語解》"道"作"導"。

以上爲古今字，古今字當然也是同義的。

《玉篇零卷·水部》"湮"字下引《國語》"湮降嶘圉"賈逵曰："湮，下也。"韋昭《國語解》"降"作"替"。

樊善標認爲"降""替"是異義字的關係，實際上二者義近。

《玉篇零卷·山部》"嵎"字條下引《國語》"防風氏，住苞氏之君，守封嵎之山者也"賈逵曰："山在吳越之間也。"今韋昭《國語解》"住苞"作"汪芒"。

《玉篇零卷·糸部》"給"字下引《國語》又曰："内外齊给。"賈逵曰："给，儉也。"今韋昭《國語解》"内外"作"外内"。

以上爲語序不同。

《玉篇零卷·糸部》"縮"字下引《國語》"若於目觀則美，其縮財用則遷"賈逵曰："縮，盡也。"今傳《國語》各本作"若於目觀則美，縮於財用則匱"。

以上爲文字不同。

當然，在做這種考論的同時，必須注意到一點，就是這些異文材料都屬於他書引文，並非真有一部賈逵注本《國語》、唐固注本《國語》擺在那兒供我們比對。而他書引文是否忠實原書，還是需要謹慎對待的。此外，這些典籍在傳抄過程中，也會滋生新的錯誤，尤其離開原書語境之後，文字訛謬更加離譜。如《玉篇零卷》"歆"字所引《國語》"楚灾歆氏"四字，錯了一半，不能拿來作爲文本對比。再有，徵引材料多種，僅據一種他書引文，未必可靠。比如《玉篇零卷》引《國語》"民歆而德之"，《慧琳音義》卷三二即引"德"字作"得"，汪遠孫《國語明道本考異》僅據《慧琳音義》爲校，謂："賈本'德'作'得'。"張以仁撰寫《國語舊注輯校》時亦未參《玉篇零卷》，僅云："作'得'於文費解。"[1] 可見，探討沒有直接傳本作爲參照的文本釐定，是需要慎重的。

②文本的校勘

韋昭對《國語》的校勘是在韋昭注文中直接呈現的。往往以"×當爲（作）×""×或作×"的形式出之。舉例如下：

《周語下》"晉侯爽二，吾是以云"注："爽，當爲'喪'字之誤也。喪二，視與步也，是爲偏喪，故言晉君當之。"

《周語下》"及定王，劉氏亡"注："定，亦當爲'貞'。"

《齊語》"君有此士也三萬人，以方行於天下"注："方，當作'橫'。"

以上三例，僅揭明錯誤，用"當爲""當作"，自然是推斷語氣。

《魯語上》"商人禘舜而祖契，郊冥而宗湯"注："舜當爲'嚳'，字之誤也。"

《晉語一》"國君好艾，大夫殆"注："艾當爲'外'，聲相似誤

---

[1] 張以仁：《張以仁先秦史論集》，上海：上海古籍出版社2010年版，第212頁。今按張以仁辨云："慧琳、玄應引'德'皆作'得'。按賈訓'歆'爲'貪'，故下作'得'，韋訓'歆'爲'嘉服'，故下作'德'，兩兩相應。賈、韋自是不同，非後世傳鈔刊刻者之誤。是以汪氏《考異》云'賈本德作得'也。"認爲注文不同，相對應的正文不同，認爲賈本、韋本不同。其實，無論訓"貪"訓"嘉服"，"德"字都適用於語境。

也。"

《晉語四》"公子賦河水"注："河當作'沔'，字相似誤也。"

以上不僅推斷《國語》文本文字有誤，而且揭出錯誤原因，即字形相似混誤、字音相近混誤。

另外，還有一些校勘條目揭出勘校依據：

《魯語上》"以其寶來奔"注："來奔，奔魯也。或有'魯'字非也，此魯語，不當言其魯也。"本條校勘給出事理證據，且講得通。這一條實際上也可以作爲韋昭在注解《國語》中參有多本的證據。

《齊語》"以旦暮從事於田野。脱衣就功，首戴茅蒲，身衣襏襫"注："脱，解也。茅蒲，簦笠也。襏襫，蓑襞衣也。茅，或作'萌'。萌，竹萌之皮，所以爲笠也。"本條校勘給出的是語義證據，言"或作"，説明韋昭注解《國語》時所參《國語》本子字有作"萌"者。緊接著給出"萌"字的語義解釋，是告訴我們，別本作"萌"，也是符合語境文義的。

《晉語四》"成而異德，故黃帝爲姬，炎帝爲姜，二帝用師以相濟也，異德之故也"注："濟當爲'擠'。擠，滅也。"本條校勘屬於語義判斷，所以給出"擠"的釋義，認爲此處用"擠"字比用"濟"字更符合語境文義。

《晉語七》"邲之役，呂錡佐智莊子於上軍"注："上，當爲'下'字之誤也。呂錡，廚武子也。智莊子，荀首也，時爲下軍大夫。事在魯宣十二年。"《晉語六》"及爲成師，居太傅"注："昭謂：此成當爲'景'字誤耳。魯宣九年，晉成公卒，至十六年，晉景公請於王，以黻冕命士會將中軍，且爲太傅。"這兩條都屬於史實校勘。通過梳理史實，給出校勘的依據。

《魯語下》"咨才爲諏"注："才當爲'事'。《傳》曰：'咨事爲諏。'""咨事爲謀"注："事當爲'難'。《傳》曰：'咨難爲謀。'"這兩條是根據他書同文校勘。《左傳》《國語》內容相同，故韋昭拿來作爲改易勘校《國語》的依據。

此外，在韋昭注文中也有校勘他本之誤和韋昭注解《國語》所依據底本之誤者，如《晉語四》"乃使趙衰佐新上軍"注："此有'新'字，誤。趙衰從新上軍之將進佐上軍，升一等。新上軍之將，位在上軍之佐下。此章或在狐毛卒上，非也，當在下。"是説其所據底本有"新"字，下面又揭出別本本章有在"狐毛卒"上者，但韋昭認爲這樣措置是錯誤的。《吳語》"越王句踐乃率中軍泝江"注："江，吳江。或有'淮'字者，誤。"是説其所參據別本《國語》有"淮"字。

也有的指出《國語》文本和其他典籍不同。如《魯語上》"祖文王而宗武王"注："此與《孝經》異也。商家祖契，周公初時亦祖后稷而宗文王，至武王雖承文王之業，有伐紂定天下之功，其廟不可毀，故先推后稷以配天，而後更祖文王而宗武王也。"

也有僅揭明異文不進行去取的例子。比如《周語下》"唯有嘉功，以命姓受祀，迄于天下"注："受祀，謂封國受命，祀社稷、山川也。迄，至也。至於有天下，謂禹也。祀，或爲'氏'。"這兒僅僅指出別本"祀"有作"氏"者，至於作"氏"字通不通，韋昭沒有給予進一步揭示。此類例子在《晉語二》中也出現了，如《晉語二》"主孟啗我"注："大夫之妻稱主。孟，里克妻字。啗，啖也。孟或作'盍'。"也僅給異文，不進行判斷。

也有在解釋語義的過程中，揭明動作行爲的異稱。如《齊語》"比至，三釁三浴之"注："以香塗身曰釁。亦或爲'薰'。"

可見，韋昭在進行文本校勘時，絕大多數校勘條目都給出比較充分的校改理由。當然，有些校勘未必合適，比如改"爽"爲"喪"實際上毫無必要。樊善標也認爲一些異文"有不少似乎比韋本選擇的正文更適合"[①]。樊善標氏進而推斷："韋昭既曾以不同版本對校，也酌量採用同源文字互勘，而較爲突出的是根據史實改訂原文。""至於校勘的成績，正反映了韋昭本人的學術興趣。"[②] 所論是可信的。

---

① 樊善標：《韋昭對〈國語〉底本的整理》，《大陸雜誌》第 94 卷第 1 期，第 1—12 頁。
② 樊善標：《韋昭對〈國語〉底本的整理》，《大陸雜誌》第 94 卷第 1 期，第 1—12 頁。

（3）釋義

苗文利是較早對《國語解》進行系統研究的學者。1991 年，由劉聿鑫、王世舜兩教授指導的研究生學位論文《韋昭〈國語解〉研究》完成。1992 年，該文以《韋昭〈國語解〉的内容、體例和特點》爲題，由苗文利、劉聿鑫聯合署名，發表在山東大學古籍整理研究所編的《古籍整理研究論叢》第二輯上①，内容稍有減省。此後又有數篇碩士學位論涉及《國語解》訓詁内容及特點等。今引録苗説，並參其他研究以及己意，述韋昭《國語解》釋義内容如下。

①釋典制

池田秀三、樊善標等都認爲韋昭在注解《國語》中體現了其史家的特點，解釋典章制度及其沿革，就成爲韋昭《國語解》中應有之義。苗文利又把《國語解》解釋典章制度的内容分爲五個方面：

A. 依據典籍説明古代典制的實際情形。例如《魯語下》"收田一井，出稯禾、秉芻、缶米，不是過也"注："其歲，有軍旅之歲也。缶，庾也。《聘禮》曰：十六斗曰庾，十庾曰秉。秉，一百六十斗。四秉曰筥，十筥曰稯。稯，六百四十斛也。"這是引述《聘禮》以明庾、秉、筥、稯的基本容量。

B. 直接揭明古代典制，不引述典籍作爲依據。例如《周語上》"宣王即位，不籍千畝"注："籍，借也，借民力以爲之。天子田籍千畝，諸侯百畝。自厲王之流，籍田禮廢，宣王即位，不復遵古也。"此處直接陳述籍田禮制。又如《周語下》"聖人保樂而愛財，財以備器，樂以殖財"注："古者，以樂省土風而紀農時，故曰'樂以殖財'。"

C. 揭示典制古今之不同，明其歷時變化。如《齊語》"管子於是制國以爲二十一鄉"注："二千家爲一鄉。二十一鄉，凡肆萬二千家。此管子制，非周法也。"説明管子之制與周制之不同。又如《楚語下》"五物之官，陪屬萬爲萬官，官有十醜，爲億醜"注："醜，類也。以十醜

---

① 苗文利、劉聿鑫：《韋昭〈國語解〉的内容、體例和特點》，山東大學古籍整理研究所編《古籍整理研究論叢》第二輯，濟南：山東文藝出版社 1993 年版，第 281—302 頁。

承萬爲十萬，十萬曰億萬，古數也，今以萬萬爲億。"說明古今計數制度之不同。

D. 用漢魏時期的典制比附《國語》中所言之典制。例如《魯語下》"宗室之謀，不過宗人"注："此宗人則上宗臣也。亦用同姓，若漢宗正用諸劉矣。"又《楚語下》"屏攝之位"注："周氏云：屏，並也。攝，主人之位。昭謂：屏，屏風也。攝，形如今要扇。皆所以明尊卑，爲祭祀之位。近漢亦然。"

E. 通過解釋職責内容範圍對職官進行解釋。如《周語上》"膳夫農正陳籍禮"注："膳夫，上士也，掌王之飲食膳羞之饋食。農正，田大夫也，主敷陳籍禮而祭其神，爲農祈也。"

②明史事

苗文利認爲："韋昭釋《左傳》爲《春秋》之内傳，《國語》爲《春秋》之外傳。所以，在注史時總是與《内傳》相參照。其援引古史記載，説明史事之前因後果或細節，皆簡明精當，要言不煩。"① 苗氏之説恰可以和薛瑩對韋昭的評價相呼應。苗氏分了六個方面，如下：

A. 有些史事，《國語》交代較爲簡略，只是提及結果，韋昭注則補充前因，以達到對該史事的全面認識。如《周語上》"惠王三年，邊伯、石速、蒍國出王而立子頹"注："三子，周大夫。子頹，莊王之少子王姚之子。王姚嬖於莊王，生子頹。子頹有寵，蒍國爲之師。及惠王即位，取蒍國之圃及邊伯之宮，又收石速之秩，故三子出王而立子頹。"補充了"邊伯、石速、蒍國出王而立子頹"的前因後果，使讀者可以較全面地瞭解。

B. 《國語》所載内容涉及的史事，韋昭注多補充説明其具體史實。如《周語上》"周之興也，鸑鷟鳴於岐山；其衰也，杜伯射王於鄗"注："鄗，鄗京也。杜國，伯爵，陶唐氏之後也。《周春秋》曰：'宣王殺杜伯而不辜，後三年，宣王會諸侯田於圃，日中，杜伯起於道左，衣朱衣，冠朱冠，操朱弓、朱矢射宣王，中心折脊而死也。'"引述《周春秋》補

---

① 苗文利：《韋昭〈國語解〉研究》，山東大學研究生學位論文，1991 年。

充史實。

C. 《國語》所載史事和《左傳》互見者，韋昭往往據《左傳》進行補充，並標注《左傳》所在年份。如《魯語下》"吳伐越，墮會稽"注："吳王夫差敗越于夫椒，越王勾踐棲於會稽，吳圍而壞之。在魯哀元年。"揭明此事也見於《左傳·哀公元年》。

D. 《國語》按照國別、篇卷記事，往往會有同一事件出現於其他語或篇章者，韋昭往往揭出，以"事見×語"出之。如《晉語四》"公請隧，弗許"注："三君云：'隧，王之葬禮。'昭謂：隧，六隧之地。事見《周語》。"

E. 《國語》預言大多數載有驗證性結果，凡《國語》本文未能揭明結果而確有史實可證的，韋昭往往補充史實以證明預言的徵驗性。如《晉語四》"天以命矣。復于壽星，必獲諸侯"注："歲星復在壽星，謂魯僖二十八年。是歲四月，文公敗楚師於城濮，合諸侯於踐土。五月，獻俘於王。王冊命之以爲侯伯，故得諸侯。"這是通過補充史實來證明子犯之言是有驗證性結果的。

F. 《國語》既然又稱《春秋外傳》，當與《春秋》相始終。故凡《國語》記載爲春秋以後史實者，韋昭注皆標出之。如《晉語九》"趙襄子使新稚穆子伐狄"注："伐狄在春秋後。"又《晉語九》"晉陽之圍"注："智襄子圍趙襄子於晉陽也。魯悼四年，智瑤伐鄭，恥趙襄子，襄子怨之。智瑤驕泰，請地於趙，趙弗與。瑤帥韓、魏攻趙襄子，襄子保晉陽，三家圍之，在春秋後也。"

③釋詞語

苗文利在這一部分中，分爲八個方面進行分析，分別爲釋名物詞、釋人名、釋地名、釋形容詞、釋虛詞、釋兼詞、釋代詞特指義、釋詞之引申義。

根據苗文利總結，韋昭釋名物詞分別採用了：A. 譬況法，例如《周語下》"榛楛濟濟"注："榛，似栗而小。"B. 描寫説明法，先釋其類別，然後描寫説明，對該名物形制進行解釋。如《周語中》"品其百籩"注："籩，竹器，容四升，其實棗、栗、糗、餌之屬也。"C. 通過揭示器物的功能進行解釋。如《周語中》"净氣巾羃"注:"巾羃,所以覆樽彝也。"D. 通過揭出事物所屬類別進行解釋。如《周語上》"昔我先世后稷"注:"稷,官也。"E. 以事物所屬具體種、屬、類别爲釋。如《周語上》"日服其鎛"注:"鎛,鋤屬。"F. 通過揭示事物的不同名稱進行解釋,如《周語上》"穆王將征犬戎"注:"犬戎,西戎之別名也。在荒服之中。"《魯語上》"使醫鴆之"注:"鴆,鳥也。一名運日。"G. 實際上屬於描寫説明類,只不過句尾加了"者"或"者也"等助語爲訓者,苗文利也析爲一類。如《周語上》"其德足以昭其馨香"注:"馨香,芳馨之升聞者也。"《魯語下》"公侯之夫人加之以紘綖"注:"紘,纓之無緌者,從下而上,不結。綖,冕上覆之者也。"H. 結合目驗爲訓。其實還是描寫式。如《越語上》"今夫差衣水犀之甲者億有三千"注:"犀形似豕而大,今徼外所送,有山犀、水犀。水犀之皮有珠甲,山犀則無。"I. 通過推求事物得名之由進行訓釋,實際上仍然是描寫説明式。如《魯語下》"其輯之亂"注:"輯,成也。凡作篇章,篇義既成,撮其大要爲亂辭。詩者,歌也,所以節樂者也,如今三節樂矣。曲終乃更變章亂節,故謂之亂也。"《晉語五》"受脤於社"注:"脤,宜社之肉,盛以蜃器。"苗氏又在《韋昭〈國語解〉的内容、體例和特點》一文中新增一種方式"舉特徵爲訓",謂:"有些名物詞,人們對它雖缺乏深刻認識,但又並不陌生。對這類詞,僅釋其要義、明其特徵而已。"[1] 舉《吳語》"而囷鹿空虚"注"員曰囷,方曰鹿"。實際上這是對比爲釋,即進行同義詞的辨析,也可以作爲描寫説明的一種。

苗氏把韋昭注釋人名按照其注釋内容分爲:A. 分析稱名之由,例如《晉語二》"葵丘之會,獻公將如會,遇宰周公"注:"宰周公,王卿士宰孔也。爲冢宰,食采于周,故曰宰周公。"B. 通過世系關係對人物進行注釋,如《周語中》"晉侯使隨會聘于周"注:"隨會,晉正卿,士蔿之孫、成伯之子士季武子也。"C. 通過揭示身份的方式解釋人名,如

---

① 苗文利、劉聿鑫:《韋昭〈國語解〉的内容、體例和特點》,山東大學古籍整理研究所編《古籍整理研究論叢》第二輯,濟南:山東文藝出版社 1993 年版,第 285 頁。

《晉語二》"里克及丕鄭使屠岸夷告公子重耳于狄"注："屠岸夷，晉大夫也。"

　　苗氏認爲韋昭釋地名可以分爲五個方面：A. 用韋昭時代的地名進行解釋，如《周語上》"一年，王滅密"注："密，今安定陰密縣是也，近涇。"B. 通過説明歷史沿革對地名進行解釋，如《周語上》"三年，乃流王於彘"注："彘，晉地，漢爲縣，屬河東，今曰永安。"C. 通過描述山的地理位置進行解釋，如《越語上》"越王勾踐棲於會稽之上"注："會稽，山名，在今山陰南七里。"D. 通過描述河道源流對河水進行解釋，如《吳語》 "闕爲深溝，通于商、魯之間，北屬之沂"注："沂，水名，出泰山，蓋南至下邳入泗。"E. 僅以類名釋之，如《周語上》"乃料民於太原"注："太原，地名也。"《魯語下》"襄公如楚，及漢"注："漢，水名。"實際上還有一種，即通過揭明地名的國別進行解釋的，如《周語上》"十五年，有神降於莘"注："莘，虢地也。"有的地名解釋比較綜合，如《周語中》"晉人敗諸崤"注："崤，晉地名，在今弘農。"分類只是就其大致言之。

　　苗氏認爲韋昭在注釋形容詞方面："多以義同或義近的另一形容詞爲例。同時也繼承了漢儒以'××貌''××意''××然'釋形容詞的方法。注中用'××貌'者十八次，用'××意'者一次，用'××然'者一次。"① 例如《楚語上》"子木愀然"注："愀，愁貌。"《周語下》"四牡騤騤，旟旐有翩"注："翩翩，動搖不休止之意。"

　　苗氏認爲韋昭解釋虛詞有四種方式：A. 用"辭也"的方式揭明語氣詞，如《晉語六》"諸臣之委室而徒退者，將與幾人"注："與，辭也。"B. 以"歎也"釋歎詞，如《晉語三》"猗兮違兮"注："猗，歎也。"C. 在和正文對應的注語中，省略掉"之"字，以示正文中"之"字是結構助詞，無實義。如《周語上》"令之不行，政之不立"注："令不行，即政不立也。"不出"之"字，明"之"爲無實義的結構助詞。

　　① 苗文利、劉聿鑫：《韋昭〈國語解〉的内容、體例和特點》，山東大學古籍整理研究所編《古籍整理研究論叢》第二輯，濟南：山東文藝出版社 1993 年版，第 286—287 頁。

D. 同義相訓。如《魯語下》 "魯人以莒人先濟" 注： "以，用也。"
"以" "用" 作爲介詞和連詞具有共同的語法語義功能，故韋昭以 "用"
釋 "以"。

　　苗文利注意到，韋昭注對合音兼詞也有解釋。謂： "韋昭已認識到
'盍' '諸' 是合音兼詞，並作了注釋。注 '盍' 者三次，注 '諸' 者
亦三次。如《晉語一》'盍殺我，無以一妾亂百姓' 注：'盍，何不也。'
《魯語下》'配虞胡公而封諸陳' 注：'諸，之也。' 按：'諸' 是代詞
'之' 與介詞 '于' 的合音兼詞。上古漢語中，處所補語與賓語之間的
介詞 '于' 常省略。韋昭在釋兼詞 '諸' 時亦省略 '于'。"①

　　此外，苗文利在 "釋詞語" 這一部分中還臚列了 "明代詞特指義"
和 "明詞的引申義" 兩項內容。謂："《國語解》非常注重詞的具體義的
解釋。其中對代詞特指義的注釋最具代表性，因爲代詞所指代的對象隨
語境變化而變化。所釋代詞有 '之' '是' '其' '焉' '此' '他'
'吾' '朕' '我' '子' 等，達七十八次之多。"② 如《周語下》"王欲
壅之" 注："欲壅防穀水，使北出也。"在注釋中直接把正文中的 "之"
替換成了 "之" 的指代對象。又《周語下》"古之聖王唯此之慎" 注：
"慎逆天地之性也。" 直接把正文中的 "之" 替換成指代對象 "天地之
性"。《國語》中的某些詞語用的不是該詞的基本義或本義，而是其引申
義，苗文利認爲韋昭在注釋此類詞語的時候，往往採取直訓方式，揭明
其引申義。如《周語上》"先王耀德不觀兵" 注："觀，示也。""觀"
的本義是仔細看，此處引申爲 "給別人看" "顯示" 之義，故韋昭直接
以 "示" 字釋之。

　　總體而言，苗文利對韋昭釋詞語分類較細，探討較詳，但由於對內
容的分類不處在一個層面上，還是顯得有些混亂。楊端志對韋昭釋詞方
法的總結更爲全面細緻，他認爲韋注的釋詞方法有：同義詞相釋（又分

---

① 苗文利、劉聿鑫：《韋昭〈國語解〉的內容、體例和特點》，山東大學古籍整理研究所編
《古籍整理研究論叢》第二輯，濟南：山東文藝出版社 1993 年版，第 287 頁。
② 苗文利、劉聿鑫：《韋昭〈國語解〉的內容、體例和特點》，山東大學古籍整理研究所編
《古籍整理研究論叢》第二輯，濟南：山東文藝出版社 1993 年版，第 288 頁。

單音詞相釋、以複合祠釋單音詞）、古今對比相釋、合音詞單音詞互釋、上下位詞相釋、反訓、義素對比爲釋（近義詞義素對比、對義詞義素對比）、以得名理據爲釋、以注音爲釋、描寫説明詞義内涵、釋因、點明特指、點明比喻、點明借代、點明雙關、點明謙稱、點明歧義、以詞彙語法義爲釋（以詞類活用義爲釋、以數量爲釋、以用途爲釋）、點明古今字爲釋、校勘爲釋。[①] 把修辭、語法的部分内容也囊括進釋詞方法中。郭啟輝《韋昭〈國語解〉訓詁研究》對韋昭釋詞語是按照詞彙學的基本分類進行的，分爲：解釋本義、引申義及假借義，解釋詞的具體義和概括義，解釋方言、古語，辨析同義詞等四個部分。[②] 邏輯層面較爲規整。

④明句意

苗文利學位論文認爲韋昭注在疏通句意方面有十種情況，分別爲譯意、串講、設譬喻舉例、連及爲訓、引書釋句、明言外之意、直明句子實質意、闡微索隱、明言辭性質、釋因。又苗氏《韋昭〈國語解〉的内容、體例和特點》合併爲九類，删掉了"連及爲訓"，這九類還是從解釋内容的角度進行分類的。

意譯，如《周語上》"王猶不堪，況爾小丑乎"注："王者至尊，猶且不堪，況爾小人之類乎。"

串講，如《周語上》"吾聞夫犬戎樹惇，帥舊德而守終純固，其有以禦我矣"注："言犬戎循先王之舊德，奉其常職，天性專一，終身不移，不聽穆王責其不享也。"

舉例説明者，如《周語中》"以義死用謂之勇"注："若富辰也。"苗文利統計出韋昭《國語解》舉例説明爲注者七十多條。

引書釋句實際上就是引典。韋昭注引述釋文，可以分爲引典籍、引通人之言兩種方式，經過統計，《國語解》明引《春秋經》《左傳》106次，引《詩》38次，引《尚書》16次、《書序》3次，引《禮》（三禮都算在内）91次，引《易》10次，引《論語》5次，引《爾雅》4次，

---

① 錢曾怡、劉聿鑫編：《中國語言學要籍解題》，濟南：齊魯書社1991年版，第189—192頁。

② 郭啟輝：《韋昭〈國語解〉訓詁研究》，福建師範大學碩士學位論文，2008年。

引《司馬法》《謚法》各 2 次，引《孝經》《周春秋》《公羊傳》《帝系》《史記》各 1 次。① 假如加上間接徵引的話，數量就更多，比如張居三就統計韋昭《國語解》引述《左傳》"直接引用並標注的共 99 條，間接引用的共 197 條，共計 296 條"②。經樊善標統計，《國語解》引述《左傳》有五種方式：A. 稱名引用；B. 不稱名引用；C. 檃栝；D. 用《左傳》義；E. 標注魯國紀年。這樣統計下來，《國語解》引述《左傳》421 次。③ 樊善標謂《國語解》引述三《禮》主要有三種方式：A. 轉錄原文；B. 撮述、重寫；C. 綜合説明。④ 可見韋昭徵引之豐富細密。由此也可見韋昭對相關典籍的倚重和精熟程度。韋昭徵引《詩》及傳注約有四端：A. 以《詩》所載與《國語》所記進行類比；B. 《詩》詞語與《國語》詞語相互印證；C. 《詩》詞語爲韋注提供證據；D. 《詩》傳、注爲韋注所本。⑤ 所徵引《禮》作用有三種：A. 解釋或證明制度、名物、儀式等；B. 解釋字詞；C. 補充或證明史實。⑥《左傳》在《國語解》中起到的作用有：A. 解釋詞語或印證觀念；B. 補充史實材料；C. 印證《國語》記事正確無誤；D. 平章衆説；E. 校改原文；F. 標注事件年份。⑦ 引録經典對正文進行解釋，無疑增加了權威性和可驗證性。

　　文獻中的有些語言，言在此而意在彼，韋昭注往往揭明言外之意，如《晉語一》"吾聞君之好好而惡惡，樂樂而安安，是以能有常"注："好者好之，惡者惡之，樂則説之，安則居之，故能有常。此言獻公好、

---

① 拙稿《韋昭〈國語解〉引〈詩〉箋補》，《詩經研究叢刊》第 27 輯，第 40—53 頁。

② 張居三：《韋昭〈國語解〉對〈春秋〉經傳的徵引》，《學習與探索》2012 年第 9 期，第 146—149 頁。

③ 樊善標：《〈國語解〉用〈左傳〉研究》，《中國文化研究所學報》總第 38 期（1998 年），第 209—250 頁。

④ 樊善標：《〈國語解〉用禮書研究》，《中國文哲研究集刊》第 16 期（2000 年），第 587—638 頁。

⑤ 拙稿《韋昭〈國語解〉引〈詩〉箋補》，《詩經研究叢刊》第 27 輯，第 40—53 頁。

⑥ 樊善標：《〈國語解〉用禮書研究》，《中國文哲研究集刊》第 16 期，第 587—638 頁。

⑦ 樊善標：《〈國語解〉用〈左傳〉研究》，《中國文化研究所學報》總第 38 期（1998 年），第 209—250 頁。

惡、安、樂皆非其所有也。"

闡微索隱者，即"韋昭釋句，有時還明本句文字略而不及之意。其中有的是隱蘊于文字之後的，有的則是韋昭據實而闡發補充上的。"① 如《齊語》"通齊國之魚鹽於東萊"注："言通者，則先時禁之矣。"韋昭由正文"通"字聯想，以爲齊國以前是禁通魚鹽於東萊。其實，從現有資料上看，齊國一直是以商業立國的，不存在閉鎖的狀態，"通於東萊"應該是進一步採取開放態度、擴大商業流通範圍的表現。另如《楚語上》"國君有牛享，大夫有羊饋，士有豚犬之奠，庶人有魚炙之薦，籩豆、脯醢則上下共之"注："共之，以多少爲差也。"苗文利認爲此注在於説明"與前面因等級不同其供品種類不同一樣，在共用籩豆、脯醢時，也要因等級不同而用量多少有別。原文未明此意，韋注補之"。

所謂"言明句子實質意"者，即"韋昭釋句，往往不拘原文結構和句式，而直明其實質意。其特點是簡潔明快，一語破的"。苗氏把韋昭這類釋句又分爲四種情況：A. 概括句子實質意，如《越語上》"有吳則無越，有越則無吳"注："言勢不兩立。"B. 以表意直接的肯定句釋表意間接的否定句，如《周語中》"野無奧草"注："皆墾闢也。"C. 以表意直接的肯定句釋表意間接的雙重否定句，如《晉語八》"民畏其威而懷其德，莫能勿從"注："言皆從君。"D. 對表意間接的反問句，直接揭明其實質意，如《周語上》"今王學專利，其可乎"注："言不可也。"《晉語四》"其何實不從"注："言實從也。"

所謂"明言辭性質"指的是"對有些言辭，韋昭不釋句意，而僅説明這些話語的性質"，如《越語下》"環會稽三百里者以爲范蠡地，曰：後世子孫，有敢侵蠡之地者，使無終没於越國"注："此誓告也。"《晉語六》"駒伯曰：'美哉！然而壯不若老者多矣'"注："恃年自矜。"

所謂"釋因"，即"韋昭釋句，往往不直釋句意，而是説明爲什麼會發生此事、爲什麼會如此行文、爲什麼會這樣説等。這種釋因法的優

① 苗文利、劉聿鑫：《韋昭〈國語解〉的内容、體例和特點》，山東大學古籍整理研究所編《古籍整理研究論叢》第二輯，濟南：山東文藝出版社 1993 年版，第 289 頁。

點在於能使讀者弄清事情的來龍去脈，不但知其然，而且知其所以然，此類注釋，全書有三百多條"。苗氏把這一類注釋又分爲三種情況：A. 解釋某一事件或某種現象發生的原因，如《魯語下》"穆子歸，武子勞之，日中不出"注："穆子怨其背盟伐莒，故不出見之也。"B. 解釋人物行爲的目的或意圖，如《魯語下》"季桓子穿井，得如土缶，其中有羊焉。使問之仲尼曰：'吾穿井而獲狗，何也？'"注："獲羊而言狗者，以孔子博物，測之也。"揭明季桓子的實際用意。C. 對正文語句昭示的道理進行精準表述和揭示。如《晉語四》"君以爲易，其難也將至矣；君以爲難，其易也將至矣"注："以爲易而輕忽之，故其難將至。以爲難而勤修之，故其易將至。"《老子》有"圖難於其易"之句，《韓非子》有"天下之難事必作於易"之句，與郭偃"君以爲難，其易也將至矣"爲同調。《文心·明詩》"若妙識所難，其易也將至；忽以爲易，其難也方來"，研究者皆以爲從郭偃之句化來。可見其言理之精且深。故韋昭直釋其道理。

苗氏在其學位論文中還涉及"連及爲訓"，作爲韋昭注明句意的一項內容，謂韋昭在解釋句意的時候，不僅言明本句之義，還連及一些和本句相關或相對的內容，幫助讀者加深對本句的理解。如《周語下》"天地所胙，小而後國"注："天之所福，小則得國，大得天下也。"本文中沒有"大得天下"的對應句子，韋昭所以出此句，在於和注語中的"小則得國"對舉，使讀者對本句道理的理解更爲透徹全面。又如《楚語下》"詐而不智"注："以詐行謀，而非智道也。智人不詐。""智人不詐"在原文中找不到對應句，實際上是《晉語六》郤至所言，韋注之所以置於本處，實際上是和正文的"詐而不智"相對應。

同釋詞語一樣，苗文利在明句意上分析也比較細緻，主要從內容和形式兩個方面對韋昭注在釋句方面的內容進行了比較細緻的分類和辨析。

⑤釋語法

黎輝亮較早揭示韋注語法訓詁內容條例。黎文認爲韋昭註釋語法分六個方面：（一）闡明詞類；（二）闡明詞組結構；（三）調整語序；（四）補句子成分；（五）改換句式闡明句意；（六）補出分句或補出虛詞而明複句。① 張小樂對韋昭注語法註釋的分析和黎文基本相同，唯用語更加規範。② 何山分析較簡略，唯分爲分析實詞、分析虛詞、分析特殊句式三類。③ 孫良明教授有過更爲詳盡的分析，認爲韋昭的語法分析體現在調整詞序、分析語詞組合層次、分析句法結構、分析名詞謂詞指稱陳述表達功能的轉化、分析語義關係、分析受事主語句與反詰句④等方面，孫文對三、四、五三部分分析尤其細密，頗有益於揭示韋注語法學方面的條例，可以參考。當然從邏輯分類上而言，當首先分爲釋詞類與釋句法兩類，詞類下再分實詞與虛詞，實詞下分名詞、動詞、形容詞、代詞等，虛詞下則分語氣詞、副詞、連詞等。

苗文利認爲，韋昭在釋語法方面有七方面内容，包括釋詞類活用、釋被動關係、釋受事關係、釋詞組的語法關係、釋賓語前置、釋省略和釋複句關係等。

根據苗氏統計，韋昭釋《國語》中的詞類活用又可以分爲四種情況：A. 解釋名詞、形容詞用作動詞。如《越語上》"請句踐女女于王"注："進女爲女。"這是採用解釋動作行爲的方式，解釋本句中第二個"女"字是名詞活用作動詞。又如《晉語五》"乃老"注："乃告老。"這是直接將原文形容詞"老"替換爲動賓結構的方式，對該詞在本句中的用法和意義進行了揭示。B. 解釋形容詞活用爲意動用法。如《晉語六》"於是乎國人不蠲，遂弒諸翼"注："蠲，潔也。不潔公所爲。"所謂"不潔公所爲"即不以公所爲爲潔也，韋昭用一般的動賓關係進行了解釋。又《晉語二》"父死在堂，人孰仁我"注："人誰以我爲仁。"此處則直接以意動用法的一般形式進行直接揭示。C. 解釋使動用法。苗文利認爲韋昭解釋使動用法"增一表使動的動詞'使'或'令'，以釋

---

① 黎輝亮：《〈國語〉韋昭注語法注釋舉隅》，《海南大學學報》1985年第3期，第39—45頁。
② 張小樂：《韋昭〈國語解〉語法修辭探研》，《臨沂師範學院學報》2006年第2期，第80—82頁。
③ 何山：《韋昭〈國語注〉的語法觀念》，《樂山師範學院學報》2006年第9期，第85—87頁。
④ 孫良明：《談韋昭〈國語注〉中的語法分析——兼説古代漢語語法幾個特點》，《漢語史研究集刊》第11輯（2008年），第1—24頁。

名詞、形容詞、不及物動詞用作及物動詞表使動。"例如《吳語》"君王之於越也，繄起死人而肉白骨也"注："是使白骨生肉，德至厚也。"直接用顯性的語法形式解釋"肉白骨"三字，明其爲使動用法。又《晉語八》"乃先楚人"注："讓使楚先。"明本句"先"爲使動用法。D. 釋名詞作狀語。如《魯語下》"夫樂金奏"注："金奏，以鐘奏樂也。"釋"金"在本句中義爲"鐘"且以之爲狀語表工具。又《魯語下》"今伶簫詠歌及《鹿鳴》之三"注："言樂人以簫作此三篇之聲，與歌者相應也。"釋原句"簫"爲"以簫"，揭明"簫"字在本句也是作狀語表工具。

據苗氏統計，韋昭《國語解》全書解釋被動關係二十多次，可以分爲兩種情況：A. "對以介詞'於'介入施事者的被動句，一般用'爲……所'式爲訓。把位於動詞後的施事者，用介詞'爲'介到動詞前"，如《周語上》"大惡於民"注："大惡，大爲民所惡也。"即認爲"惡"在本句是被動用法，"民"是"惡"的施事主體，而"商王帝辛"是其受事。B. "對用一般主動式表被動、句中又不出現施事者的句子，皆直接於動詞前加表被動的助動詞'見'字而釋之"，如《楚語上》"自退則敬"注："自退則見敬。"因爲原句是一般句式，故韋昭用在"敬"字前加被動標記詞"見"的方式進行解釋，明其爲被動語法。

苗氏認爲："有些句子中的動詞，在意義上是表示句中主語的受事關係（與被動有別），而形式上則與主動施事無別，極易誤解。韋昭善於據語境進行精微的語義分析，指出其爲句中主語的受事。"實際上這是苗氏對被動、受事的誤解。施事、受事相對，主動、被動相對，不能以被動與受事相對。這部分内容，苗氏也分二種情況討論，第一種即"注文中增一'受'字或'見'字，表明受事關係"，舉《周語上》"及期，命於武宮"注"命，受王命"爲例；第二種情況即"指出動作的施事者，則句中主語與句中謂語動詞的受事關係自明"，舉《晉語二》"狐突不順，故不出"注"不順，謂太子不順也"爲例。從上下文看，"命"的主語是晉文公，故此處"命"是被動義，非被動用法，韋昭在明此點，而非苗氏所云。另外，"狐突不順，故不出"實際上是"狐突以不順，故不出”，韋昭此處又釋“不順”爲“太子不順”。這纔是韋昭注文所對應的原文關係。苗氏似理解有誤。

另據苗氏統計，韋昭《國語解》釋前置賓語共 20 條，“其方法都是在釋文中把前置的賓語移到謂語之後”，如《晉語二》“吾誰使先”注：“當先立誰”。

韋昭在注釋中，對詞組的語法關係進行明晰解釋，所釋有五種關係：A. 釋定中關係，如《周語上》“王怒，得衛巫”注：“衛巫，衛國之巫也。”即在限定詞和中心詞之間加“之”字。又《周語中》“於是乎有折俎加豆”注：“加豆，謂既食之後所加之豆也。”B. 釋狀中關係，如《魯語上》“舜勤民事而野死”注：“野死，謂征有苗死於蒼梧之野也。”《晉語一》“故壹事之”注：“壹事之，事之如一也。”C. 釋述賓關係，如《晉語四》“利器明德以厚民性”注：“利器，利器用。明德，明德教。厚民性，厚其情性。”D. 釋述補關係，如《晉語九》“巧文辯惠則賢”注：“巧文，巧於文辭。”E. 釋並列關係，《晉語三》“穆公使泠至報問”注：“報問，報丕鄭之聘，且問遺呂甥之屬。”

韋昭在注釋時經常補足原文闕略的句子成分，是所謂釋省略。據苗氏統計，韋昭補出者，大致有主語、謂語、賓語、補語、定語、狀語以及主從結構中的中心詞等。如《周語上》“以告，則殺之”注：“巫言謗王，王則殺之。”

苗文利認爲韋昭在注釋中也注意複句關係的揭示。一個是通過補充複句相應的關聯詞，比如《周語中》“兄弟讒鬩，侮人百里”注：“兄弟雖以讒言相違恨，猶以禁禦他人侵侮己者。”通過補充“雖”“猶”等關聯詞，申明本句是一個假設關係的句子。另外就是通過補足分句的方式揭示複句關係，如《周語上》“是故稷爲大官”注：“民之大事在農，故稷之職爲大官也。”苗氏認爲：“原文省略了表因分句，韋昭補出之，以明原句爲因果複句。”[1] 揭明了韋昭注的作用。

---

[1]　苗文利、劉聿鑫：《韋昭〈國語解〉的内容、體例和特點》，山東大學古籍整理研究所編《古籍整理研究論叢》第二輯，濟南：山東文藝出版社 1993 年版，第 295 頁。

⑥明修辭

據統計，韋昭《國語解》所揭示的修辭有比喻、借代、誇張、雙關、反語、委婉、合敘、互文、擬人、對比、欲揚先抑等。

苗文利統計，韋昭《國語解》全書釋比喻 37 處。如《晉語二》"人皆集於苑，己獨集於枯"注："喻人皆與奚齊，己獨與申生。"此明借喻。《魯語上》"夫君也者，民之川澤也"注："川澤者，以君喻川澤，民喻魚也。"此明暗喻。

韋昭釋借代 26 處。如《周語中》"奉其犧象，出其樽彝"注："犧，犧尊，飾以犧牛。象，象尊，以象骨爲飾也。"此明以特徵代本體之借代。另如《楚語上》"以金石匏竹之昌大，囂庶爲樂"注："金，鐘也。石，磬也。匏，笙也。竹，簫管也。"以性質代本體。

釋誇張者如《晉語五》"其主朝升之，而暮戮其車"注："朝、暮，喻速也。"《越語上》"今夫差衣水犀之甲者億有三千"注："言多也。"

《國語》中有語涉雙關之處，韋昭釋之。如《魯語上》"夫婦贄不過棗栗"注："棗，取早起。栗，取敬栗。"

韋昭注釋反語僅一例，即《晉語八》叔向諫平公射鴳故事，"君其必速殺之，勿令遠聞"注："殺之益聞。詭辭以諫。"

苗文利統計韋昭《國語解》釋委婉有 40 多處，分爲三種情況：A. 對於表示謙虛的，以"謙也"釋之。如《晉語二》"又重之以寡君之不禄"注："士死曰不禄。禮，君死赴於他國曰'寡君不禄'，謙也。"B. 對於表示尊敬的，則以"尊之以名也""不敢斥王也""不敢當盛也"等注語標示。如《周語上》"若過其序，民亂之也"注："言民者，不敢斥王也。"《吳語》"得罪於天王"注："言天王，尊之以名。"C. 對於諱飾或者外交辭令中出現的委婉用語，韋昭也多注出本意。[①] 如《晉語四》"若以君之靈，得復晉國，晉楚治兵，會于中原，其避君三舍。若不獲命，其左執鞭弭，右執櫜鞬，以與君周旋"注："治兵，謂征伐。""與

_____

① 苗文利研究生學位論文中分諱飾和外交辭令中的委婉語爲兩類，至《韋昭〈國語解〉的内容、體例和特點》中合爲一類，本書採其後者。

君周旋，相馳逐也。”

　　關於合敘，其基本形式特點見於王力主編《古代漢語》教材。苗文利謂韋昭注有三處合敘，分釋語義，使更明晰易曉。如《晉語五》“其耳目在於旗鼓”注：“耳聽鼓音，目視旗表。”

　　《國語》有互文之例 1 處，爲《楚語下》“王后必春其粢”“夫人必春其盛”注：“上言粢，此言盛，互其文也。”韋昭明確指出其脩辭手法。

　　此外，苗文利揭示韋昭《國語解》釋擬人一例，謂《周語下》“靈王二十二年穀維鬥，將毀王宮”注：“鬥者，兩水激，有似於鬥也。”謂此爲比擬可，謂爲擬人似不當。

　　苗文利揭示的對比手法，是指韋昭在注釋中，用和正文所述人事可作對比的例子進行比對。即《吳語》“夫唯能下其群臣，以集其謀故也”注：“言下其群臣，以明吳不用子胥之禍也。”按照一般規則，在某語中當言説某語之事。比如《齊語》言齊桓公霸業之成，“唯能用管夷吾、甯戚、隰朋、賓胥無、鮑叔牙之屬而伯功立”。此在《吳語》，不説吳之事，卻於篇末説“越滅吳，上征上國，宋、鄭、魯、衛、陳、蔡執玉之君皆入朝”，故韋昭以吳之敗由“不用子胥”所致，認爲《國語》編纂者之所以如此，意在以越比吳，更襯托吳王之敗原因所在。

　　苗氏認爲韋昭是最早指出欲揚先抑手法的人。《國語》亦唯《楚語上》一例，文云：“齊桓、晉文，皆非嗣也，還軫諸侯，不敢淫逸，心類德音，以德有國。近臣諫，遠臣謗，輿人誦，以自誥也。是以其入也，四封不備一同，而至於有畿田，以屬諸侯，至於今爲令君。”韋昭注“四封不備一同”云：“備，滿也。地方百里曰同。方欲美之，故尤小焉。”苗氏認爲：“原文意在説明，齊桓公、晉文公正是因爲從善受諫，纔由小到大、終成霸業的。爲了褒揚他們，爲了與其後來之大業形成鮮明對比，以突出説明其從善受諫的功效，於是先貶抑之，曰‘其入也，四封不備一同’，故韋昭注曰：‘方欲美之，故尤小焉。’”[1] 但是這樣的手法當屬於寫作手法，似

　　[1] 苗文利、劉聿鑫：《韋昭〈國語解〉的内容、體例和特點》，山東大學古籍整理研究所編《古籍整理研究論叢》第二輯，濟南：山東文藝出版社 1993 年版，第 298 頁。

不當歸入修辭中。

　　苗文利之後，也有部分學者對韋昭《國語解》釋修辭進行揭示，張小樂揭示韋注釋修辭條例爲十種：明比喻、明借代、釋誇張、釋雙關、釋委婉、釋合敘、釋互文、釋擬人、釋對比手法、明欲揚先抑之法。① 郭啟輝文概括韋昭釋修辭十四種，分別爲：明比喻、明並提、明委婉、明引用、明互文、明襯托、明節縮、明析數、明雙關、明反語、明借代、明誇張、明擬人、明欲揚先抑之法。② 實際上"對比"即"襯托"，"合敘"即"節縮"，故郭文較張文增四種。這是苗文利之後對韋注修辭訓詁的分析。

　　⑦釋引文

　　《國語》引述前代典籍、古語俗諺、通人之言較多。其中，引古語88條，引《詩經》34次，引《尚書》12次，尚引其他典籍多處。③《國語》引述時，或只出典籍名稱，或只出篇名，或篇名亦不出，韋昭注往往明其出處、考其存佚、釋其詞句、析其含義。如《周語上》"在《湯誓》曰：'余一人有罪，無以萬夫；萬夫有罪，在余一人。'"注："《湯誓》，《商書》伐桀之誓也。今《湯誓》無此言，則散亡矣。"不僅揭明出處，還説明存佚。

　　⑧疏異文

　　苗氏把"疏異文"界定爲"《國語》所記與其他典籍相異者，韋昭疏明之"，並統計有9條之多。例如《魯語上》"故有虞氏禘黄帝而祖顓頊，郊堯而宗舜"注："《禮·祭法》：'有虞氏郊嚳而宗堯。'與此異者，舜在時則宗堯，舜崩而子孫宗舜，故郊堯也。"苗氏謂："關於有虞氏郊誰宗誰的問題，《魯語》和《禮記》記載不同，韋昭疏之，指出這實際上是不同

---

　　① 張小樂：《韋昭〈國語解〉語法修辭探研》，《臨沂師範學院學報》2006 年第 2 期，第 80—82 頁。

　　② 郭啟輝：《〈國語〉韋昭注修辭研究》，《泰安教育學院學報岱宗學刊》2007 年第 4 期，第 3—4 頁。

　　③ 參見俞志慧《古"語"有之——先秦思想的一種背景與資源》，上海：華東師範大學出版社 2009 年版，第 204—210 頁。陳長書：《〈國語〉詞彙研究》，北京：中國社會科學出版社 2014 年版，第 159—160 頁。

時期的不同情況。"① 針對《禮記·祭法》和《國語·魯語上》本篇記載的異同，筆者也曾進行比對考校，可參②。

3. 韋昭《國語解》的訓詁方法和方式

郗政民、薛安勤是較早關注韋注訓釋條例的學者。其論文《韋昭〈國語注〉的訓詞條例》揭出韋注八種訓釋條例，分別爲：義隔相訓，連上爲訓，指明蘊義，區分方言，點明功用，求源爲訓，借義生訓，加詞、更詞爲訓。③ 苗文利《韋昭〈國語解〉研究》認爲："韋昭在繼承前人優良傳統的同時，又注意切實地從《國語》的語言實際出發，把直訓、義界、推因等重要訓詁方式融會貫通而用之，對訓詁方法又有所發展，有所創新。其注簡明扼要，而又全面具體、準確可靠，對後世的訓詁有較大影響。"④ 苗文利總結韋昭《國語解》運用的訓詁方法有直訓、因聲求義、以今語釋古語、以通語釋方言、舉要義爲訓、舉例釋詞、發凡爲訓、使用反訓。

(1) 直訓

其中苗文利統計韋昭《國語解》直訓的運用分爲三種形式："A，B也"式、"A，猶 B 也"式、"A，亦 B 也"式。苗氏認爲第一種僅《周語上》就有 202 條，可見是韋昭運用最爲廣泛的形式；第二種在《國語解》中大約 134 條；第三種最少，《國語解》全書約有 7 條。後來齊芳統計出韋昭《國語解》全書共有直訓條目 2855 條⑤，幾乎占到韋昭訓釋條目的一半。可見直訓在韋昭《國語》訓詁中的重要地位。

(2) 聲訓

聲訓是漢魏時期訓詁的重要方式方法，其集大成者爲《釋名》。甚至《説文解字》中也有一定數量的聲訓材料。韋昭撰有《官職訓》《辨釋

---

① 苗文利、劉聿鑫：《韋昭〈國語解〉的内容、體例和特點》，山東大學古籍整理研究所編《古籍整理研究論叢》第二輯，濟南：山東文藝出版社 1993 年版，第 298 頁。

② 拙稿《〈國語·魯語上〉"海鳥曰爰居"篇、〈禮記·祭法〉比勘》，《古文獻研究集刊》第 6 輯，第 319—348 頁。

③ 郗政民、薛安勤：《韋昭〈國語注〉的訓詞條例》，《西北大學學報》1989 年第 2 期，第 24—28 頁。

④ 苗文利：《韋昭〈國語解〉研究》，山東大學研究生學位論文，1991 年。

⑤ 齊芳：《韋昭〈國語解〉直訓研究》，河北師範大學碩士學位論文，2010 年。

名》，自然對聲訓這種方法運用非常純熟。韋昭對聲訓方式的運用也同樣反映在《國語解》中。苗文利認爲韋昭《國語解》聲訓分爲五種情況：①以音近義通之字相訓，如《周語上》"穆王將征犬戎"注："征，正也。"②推求事物得名之由，如《魯語下》"使童子備官而未之聞耶"注："童，童蒙不達也。"③明聲轉，如《周語下》"將鑄大錢"注："錢者，金幣之名，所以貿買物、通財用者也。古曰泉，後轉曰錢。"④破假借，如《晉語一》"宗邑無主，則民不威"注："威，畏也。"⑤依據語音明古今字或異體字，如《晉語一》"父生不得備洒掃之臣"注："洒，灑也。"

(3) 以今語釋古語、以通語釋方言

韋昭對古今異稱、方俗之言皆有注釋。以今釋古者，如《晉語七》"女樂二八"注："女樂，今伎女也。"又《楚語上》"若諫，君則曰'余左執鬼中，右執殤宮'"注："中，身也。禮曰：其中退然。夭死曰殤；殤宮，殤之居也。執，謂把其錄籍，制服其身，知其居處，若今世云'能使殤矣'。"

以通語釋方言者，如《楚語下》"死在司敗矣"注："楚謂司寇爲司敗。"段玉裁認爲"敗""寇"詞義相同，都有"侵害"之義，也有學者人認爲"司敗"之"敗"訓當從"則"[1]。春秋時期南方諸國如陳、楚等稱"司敗"爲"司寇"。1987 年出土的包山楚簡中"司敗"之名出現多次。又《吳語》"以其私卒君子六千人爲中軍"注："私卒君子，王所親近有志行者，猶吳所謂賢良、齊所謂士。"姜亮夫謂私卒君子"指在城中之貴胄子弟而爲兵卒者言，義至殊科"[2]。後世學者的研討以韋注爲基點。

(4) 據要義爲訓

這一名目，苗文利得自馮浩菲《中國訓詁學》，馮氏謂此類訓釋方法："即不求被訓詞與訓語在意義上的嚴整相訓，僅釋其要義而已。"[3] 實際上

---

① 參見張伯元《"司敗"考》，見載於張伯元《出土法律文獻叢考》，上海：上海人民出版社 2013 年版，第 170—183 頁。

② 姜亮夫：《楚辭通故（第二輯)》，《姜亮夫全集》第二冊，昆明：雲南人民出版社 2002 年版，第 479 頁。

③ 馮浩菲：《中國訓詁學》，濟南：山東大學出版社 1995 年版，第 269 頁。

還是義訓，只不過注者依據該語詞在該語境中的語義需要和功能特點，對此語境下被訓詞的主要凸顯點進行訓釋而已。觀苗氏所舉《晉語五》"侵襲之事"注"輕曰襲，無鐘鼓曰侵"與《吳語》"困鹿恐空虛"注"員曰困，方曰鹿"而言，所謂"據要義爲訓"實爲同義詞辨析，即古人所謂對言、析言。實不必獨立。

（5）舉例釋詞

所謂舉例釋詞，就是不釋語義，而是通過列舉事例的形式，增加讀者對該詞的直觀印象。如《周語上》"夫事君者，險而不懟"注："懟，謂若晉慶鄭怨惠公愎諫違卜，棄而不載。"又如《齊語》"昔者，聖王之治天下也"注："聖王，謂若湯、武也。"舉例釋詞作爲一種訓詁方式與直訓、聲訓等並列似乎欠妥，但苗氏揭示細密，頗發韋昭注訓詁精義。

（6）發凡爲訓

即對被釋詞進行概括性解釋或説明。如《周語上》"宣王欲得國子之能導訓諸侯者"注："國子，同姓諸姬也。凡王子弟，謂之國子。"《晉語七》"歌鐘二肆"注："凡懸鐘磬，全爲肆，半爲堵。"《晉語二》"子爲我具特羊之饗"注："特，一也。凡牲，一爲特，二爲牢。"此類訓釋，往往在解釋一般現象或定制時使用。韋昭注中此類訓釋較少。

（7）反訓

反訓現象，《爾雅》中即有收録，前人訓釋，已爲成法。後世學者研討多端，贊同者有之，反對者有之。但作爲一種訓詁方式，確實存在於中國訓詁學中。且有後世學者集古人反訓勒爲撰著者，如董璠《反訓撰例》、李笠《中國語文中的反訓現象》、徐世榮《古漢語反訓集釋》、葉健得《古漢語字義反訓探微》等。作爲經學家、史學家的韋昭，對此訓詁方式當很精熟，故於《國語解》中也有使用。《周語下》"故謂之贏亂"注："亂，治也。"《魯語上》"亂在前矣"注："亂，惡也。"又《周語中》"是以小怨置大德"注："置，廢也。"《晉語八》"置茅蕝"注："置，立也。"

苗氏總結數條，對探討韋昭注訓詁方式方法，極有幫助。其他學者也有探討之者，如孫園園在碩士學位論文第二章分四節揭示韋昭的訓釋手段，分別爲：韋注的詞訓手段、韋注的句訓手段、通語法以明義、明修辭以釋義。詞訓手段中又分爲探求詞義的手段和陳述詞義的手段，探求詞義的手段分爲八種，陳述詞義的手段則分爲五種，句訓手段則分爲六種。[①] 孫文在梳理韋昭訓詁條例上比較細緻，由於缺乏邏輯性和條理性，顯得比較淩亂。另外，探求詞義和陳述詞義兩者，前者屬於方法問題，後者則是方式問題，"以今釋古"和"以共名釋別名"恐怕很難截然分成兩種完全不同的類屬。怎樣區别方法和方式，在訓詁條例的總結上一直是個難題。此外，句訓手段很大程度上也是訓詞手段，不如就在訓釋手段下進行下位分類分析。郭啟輝總結韋昭《國語解》訓詁方法爲三種，即因聲求義、因文求義、比較互證，總結《國語解》釋義具體方式有直訓式、義界式、描述式、舉例式、譬況式、右反知正式等，其中直訓下又分遞修、反訓和歧訓。[②] 邏輯層次清晰，將訓詁方法和訓詁方式進行了比較嚴格的區分。此外，郭啟輝對韋昭注的訓詁術語也分爲釋義術語、注音術語、校勘術語，進行了一定程度總結。郭文訓詁方法、釋義方式和訓詁術語的分析眉目較爲清楚，梳理韋注内容亦較細密，結合前人説法對韋注的一些錯誤進行了揭示。

4. 韋昭《國語解》的特點

關於《國語》韋昭注的特點，前人已有所揭示。如宋庠《國語補音敍録》謂韋昭注"備而有體，可謂一家之名學"，譚澐、彭益林、張居三等都指出韋注體例完備。彭益林認爲："即以今天的注書標準來看，韋注仍不失爲史注中的優秀代表。"彭氏把韋注進行若干分類，"計其注文所涉，要爲：訓詁音義，疏通文意，注釋年代、地理、名物、典故、制度、人物，職官，校訂文字，考訂史實，徵引文獻和他人注説。可見前人的評語是中允的。"[③] 南宋黄震《黄氏日鈔》卷五二《讀雜史》云："韋昭注《國語》簡明，高誘注《戰國策》不全，而存者亦未必盡然。"這大約是傳世文獻中較早對韋昭《國語解》的評價了，也確實道出了韋

---

① 孫園園：《〈國語〉韋昭注研究》，南京師範大學碩士學位論文，2006 年。

② 郭啟輝：《韋昭〈國語解〉訓詁研究》，福建師範大學碩士學位論文，2008 年。

③ 彭益林：《〈國語〉韋注試論》，《史學史研究》1984 年第 2 期。

注的特點。徐流等概括韋昭《國語解》註釋特點爲：（1）完備的註釋體例。包括：訓注文字，疏解文意；增補史事，考訂史實；詮釋名物典制職官；註釋人物地理，核定史事年代。（2）引經據典，兼采衆長，比較參證的史注方法。（3）簡潔精賅的語言風格。[1] 對韋昭《國語解》的注釋特點進行了概括。

苗文利從七個方面對韋昭《國語解》進行了總結，某些特點也可以看作是對《國語解》價值或貢獻的認定。如下：

（1）《國語解》是普及性注本

苗氏認爲："韋昭作《國語解》的指導思想正是要爲淺聞初學者服務。其所注釋，力求全面細緻，而又簡潔明快，通俗易懂。具有明顯的普及性。"[2] 日本江户後期的漢學家冢田虎謂："至修其章句，則韋弘嗣之解既備悉矣。"[3] 彭益林也有揭示，他認爲韋昭"深入淺出地介紹了自己的注釋方法，一方面表明了自己的嚴肅學風；另一方面，對初學或指出了治學的門徑"[4]。池田秀三也認爲："韋昭之《國語》注，基本上是一以初學者爲對象的訓詁名物之注。"[5] 可見，對韋昭《國語解》普及注本的特點，古今中外學者的意見基本一致。

（2）注文簡妙精當

關於這一點，黄震已經揭出，周中孚然之。日本學者户崎允明亦謂韋注"簡古"，清人趙懷玉謂韋注"簡而有要"，董增齡謂："韋解體崇簡潔。"高木熊三郎謂韋注"筆力密緻"，吴曾祺謂韋昭注"其詞嚴潔不蕪，深得漢人注書之義法"，沈鎔謂韋昭注"詞嚴義覈，深得漢人注書義法"。傅庚生謂："韋昭的《國語解》言簡意賅，往往一語破的。著重

---

① 徐流等主編：《史籍導讀與史料運用》，重慶：西南師範大學出版社1997年版，第151—159頁。

② 苗文利、劉聿鑫：《韋昭〈國語解〉的内容、體例和特點》，山東大學古籍整理研究所編《古籍整理研究論叢》第二輯，濟南：山東文藝出版社1993年版，第298頁。

③ 拙撰《〈國語〉歷代序跋題識輯證》，濟南：齊魯書社2018年版，第305頁。

④ 彭益林：《〈國語〉韋注試論》，《史學史研究》1984年第2期。

⑤ ［日］池田秀三撰，金培懿譯：《韋昭之經學——尤以禮學爲中心》，《中國文哲研究通訊》第15卷第3期，第141—152頁。

在疏導文義，溝通古今，有時候援引些古史的記載，都很簡明精當。"①
楊端志謂："《國語》注文字非常簡潔明快。"② 張居三認爲韋注 "訓釋
簡括，緊扣原文"③。苗氏謂："韋昭作注不作繁瑣考證，而務在抓住要
領，宣明其意。即使是駁正前人誤解，也重在破其要害，簡明扼要而已。
韋昭在注釋中力求以釋詞爲主（釋詞又以直訓法爲主），釋詞不足以明
意，則釋詞組或句子的一部分；如此仍不足明意，則直述句意。因此，
韋昭注雖有 5607 處，注文却不到十萬。" 彭益林也認爲："大凡注書，既
要廣徵博引，又要嚴潔簡切，二者得兼，是要下一番功夫的。韋注受到
了後世學者的贊許，是當之無愧的。"④

（3）參之以群書，檢之以内傳，考核精審

韋昭《國語解》參合衆書，已見前文所述。正因爲參考衆書，綜合
比對，"所以，無論明史實、審詞義、考名物典制，大都言而有徵，準確
可靠。"⑤ 張居三認爲韋注 "徵引文獻廣博，注釋具有權威性"⑥。彭益林
特別指出，韋昭用 "檢之於《内傳》" 的方法，主要表現在提示年代、
介紹事件梗概、比較異同等方面，"不但提高了注本的價值，而且給讀
者提供了不少方便"⑦。張居三通過韋昭《國語解》對《春秋》經傳的
徵引，總結出徵引作用有三：①交代歷史背景、補足歷史事件的因果以
及通過對比兩者的文字達到疏通文義的目的，便於讀者更爲全面理解
《國語》原文；②韋昭依據《左傳》來考辨《國語》史實的細節，並以
此作爲《國語》記史可靠性的佐證。在借鑒鄭、賈、唐、虞等家注解而
見解不同時，韋昭則依據《左傳》進行論定或判斷；③韋昭《國語解》
對《春秋》經傳的徵引溝通了《國語》與《春秋》經傳的關係。同時，
張氏也指出："韋解在形式上實現了《國語》與《春秋》經傳之間溝通，

① 參見拙撰《〈國語〉歷代序跋題識輯證》，濟南：齊魯書社 2018 年版，第 525 頁。
② 錢曾怡、劉聿鑫主編：《中國語言學要籍解題》，濟南：齊魯書社 1991 年版，第 188 頁。
③ 張居三：《〈國語〉韋解的特點和價值》，《古代文明》2008 年第 3 期，第 43—48 頁。
④ 彭益林：《〈國語〉韋注試論》，《史學史研究》1984 年第 2 期。
⑤ 苗文利：《韋昭〈國語解〉研究》，山東大學研究生學位論文，1991 年。
⑥ 張居三：《〈國語〉韋解的特點和價值》，《古代文明》2008 年第 3 期，第 43—48 頁。
⑦ 彭益林：《〈國語〉韋注試論》，《史學史研究》1984 年第 2 期。

客觀上提升了《國語》的學術地位。"①

（4）善於批判繼承前人研究成果

誠如韋昭《國語解敘》所云："因賈君之精實，采虞、唐之信善，亦以所覺，增潤補綴。參之以《五經》，檢之以《內傳》，以《世本》考其流，以《爾雅》齊其訓。"鍾人傑即謂："余最嗜《左》《國》，徧閱諸本，莫韋氏若，蓋取劉、鄭、賈、虞諸家義而增潤之，其取裁有獨善也。"② 關脩齡亦謂："先儒注《國語》數家，而韋君薙芟殆盡，其學瞭然，獨專美於古今。"③ 彭益林認爲韋昭《國語解》"實際上已經使用了集解的形式"④，高振鐸認爲韋昭"是批判繼承前人和當代成果，根據典籍嚴謹從事這一工作的"⑤，張居三認爲韋注"兼采諸家，比並釋疑"⑥。韋昭對前人之說擇善而從，且有駁正。根據苗氏統計，韋昭注駁正前人者有 95 次，可見韋昭既不埋沒前人，又不盲從前人。

（5）實事求是，多聞闕疑

韋昭徵引舊說較多，而且一條注文中往往並存不同的說法，既提供了材料，也可以給後之研究者提供不同的思考維度。苗文利統計韋昭《國語解》存異說者有十五處，校勘中存異文十一處。實際數量要比苗文利統計的更多。汪遠孫謂韋昭"注中都採古訓，又並參己意，實事求是，卓而鉅觀"。⑦ 彭益林謂："韋昭的治學態度是很嚴肅的，他引用前人的成說和注釋，都一一注明來源，引書也有出處。"⑧ 總體而言，"謙虛謹慎、實事求是的科學態度，是韋昭成功的重要因素之一"⑨。

（6）注釋語法、修辭，成就較大

苗文利在韋昭《國語解》內容中，詳盡分析了韋昭注釋語法和明修

① 張居三：《韋昭〈國語解〉對〈春秋〉經傳的徵引》，《學習與探索》2012 年第 9 期。
② 參見拙撰《〈國語〉歷代序跋題識輯證》，濟南：齊魯書社 2018 年版，第 170 頁。
③ 參見拙撰《〈國語〉歷代序跋題識輯證》，濟南：齊魯書社 2018 年版，第 246 頁。
④ 彭益林：《〈國語〉韋注試論》，《史學史研究》1984 年第 2 期。
⑤ 高振鐸：《借鑒〈國語解〉爲古籍作注》，《古籍整理研究學刊》1990 年第 2 期。
⑥ 張居三：《〈國語〉韋解的特點和價值》，《古代文明》2008 年第 3 期。
⑦ 參見拙撰《〈國語〉歷代序跋題識輯證》，濟南：齊魯書社 2018 年版，第 362 頁。
⑧ 彭益林：《〈國語〉韋注試論》，《史學史研究》1984 年第 2 期。
⑨ 苗文利：《韋昭〈國語解〉研究》，山東大學研究生學位論文，1991 年。

辭的内容，故而認爲"韋昭對語法、修辭的注釋，不但分量大，而且注釋全面、細緻、明白無誤"。孫良明對韋昭《國語解》中的語法分析有比較詳盡梳理，楊樹達《漢文文言修辭學》中頗引韋昭《國語解》修辭分析例子作爲論證材料。可見韋昭《國語解》在語法、修辭注釋方面的成就。

(7) 繼承和發展了一些重要訓詁方法

韋昭《國語解》訓詁方法和方式，是在舊有方法方式上的繼承和發展。前有賈逵確立範式，韋昭個人精研《釋名》，又處在漢代訓詁學勃興之後的三國時期，故而不但繼承前代，且能有所開創。苗文利認爲韋昭在聲訓、推因、舉例等訓詁方法方面都爲後人提供了經驗。

(8) 具有史注傾向

徐流等以韋昭《國語解》爲史注。樊善標、池田秀三等人都認爲韋昭《國語解》和經學家重義例不同，帶有史注的傾向。樊善標在《〈國語解〉用〈左傳〉研究》中通過對《國語解》用《左傳》以及《公羊傳》《穀梁傳》的整理與分析，認爲：由賈逵到服虔，經學意味在《左傳》學有淡化的跡象。到了韋昭，《國語解》缺乏闡釋義理的興趣是顯而易見的。樊氏又通過分析韋昭著述生平認爲，韋昭在當時是以史家聞名於世的，最終認定《國語解》帶有非經學取向。[①] 樊善標在《〈國語解〉用禮書研究》一文中經過種種推論，認爲："與其説韋昭專長於經，不如説他更有志於史。從《國語解》所徵引的禮書偏重於《周禮》，而引用的目的又多在於解釋字詞或證明史事，則韋昭和其他經學家的差別就很顯了，這或許就是韋昭在鄭衆、賈逵、唐固、虞翻等經學家的注本尚行於世時，重新注解《國語》的原因。"[②] 池田秀三也認爲韋昭注《國語》雖深受賈逵、鄭玄等影響，但韋昭仍是史家，"韋昭注堪稱爲一'史'

---

① 樊善標：《〈國語解〉用〈左傳〉研究》，《中國文化研究所學報》總第 38 期（1998 年），第 209—250 頁。

② 樊善標：《〈國語解〉用禮書研究》，《中國文哲研究集刊》第 16 期（2000 年），第 587—638 頁。

觀之注釋"①。

彭益林認爲韋昭《國語解》之所以取得如此成就，是"'自幼好學，雖老不倦，探綜墳典，温故知新'的刻苦精神""'依劉向故事，校定衆書'的經驗積累""學風嚴肅、態度謙虚、廣收博采"的必然結果。② 即便如此，並不代表韋昭《國語解》就是完美的。

5. 韋昭《國語解》之不足

關於《國語》韋昭注之不足，前人時賢也多有揭示。董增齡即謂："宏嗣生於江南擾攘之秋，抱闕守殘，視東漢諸儒，已非其時矣。其所解固援經義，而與許、鄭諸君有未翕合者，依文順釋，義有難安。況墨守一家之説，殊非實事求是之心。"王煦亦謂韋昭注"雖兼采衆氏，成一家之言，而尚未詳善"，高木熊三郎謂"韋解誤謬固多"，吳曾祺謂韋注"於故訓尚疏，不及東京諸儒遠甚，故其中遷就舊文以附己説者，所在多有"，沈鎔謂韋注"疏漏之處，或所不免"③。苗文利《韋昭〈國語解〉研究》認爲韋昭《國語解》誤失約有如下諸端：（1）拆詞爲訓，破壞了原詞的整體性；（2）有不明代詞所指而誤解；（3）有輕言假借而誤解；（4）有二字同義而誤解爲異義；（5）有不明句式而誤解；（6）有囿於故訓而誤解。④ 但張居三認爲："所謂的缺點，也應該放到韋昭的時代來看待。"張氏不贊同董增齡的看法，認爲董增齡"所謂'墨守一家之説'，未免失之偏頗"。⑤ 池田秀三云："吾人於閲讀《國語》時，韋昭之注乃不可缺欠之一事，實無須贅言。若説去除韋昭注以讀《國語》，幾爲不可能之事，此亦非言過其實。然韋昭注並非完璧之作，此事在此亦無須重申。因爲世界上或恐亦無所謂完美之註釋作品的存在。"⑥ 張居三

① ［日］池田秀三撰，金培懿譯：《韋昭之經學——尤以禮學爲中心》，《中國文哲研究通訊》第15卷第3期，第141—152頁。
② 彭益林：《〈國語〉韋注試論》，《史學史研究》1984年第2期。
③ 參見拙撰《〈國語〉歷代序跋題識輯證》，濟南：齊魯書社2018年版，第340、368、397、420、442頁。
④ 苗文利：《韋昭〈國語解〉研究》，山東大學研究生學位論文，1991年。
⑤ 張居三：《〈國語〉韋解的特點和價值》，《古代文明》2008年第3期。
⑥ ［日］池田秀三撰，金培懿譯：《韋昭之經學——尤以禮學爲中心》，《中國文哲研究通訊》第15卷第3期。

與池田秀三之言可謂理性。此外，今傳韋昭《國語》注文頗多重複，有一篇中一詞之解釋出現兩次者。如《晉語八》醫和視疾篇"内無苛慝"韋昭注云："慝，惡也。"至本篇下文"蠱之慝"又釋云："慝，惡也。"不知是韋昭有意爲之，還是後世傳抄時出於需要，特意將首出注文重複一次。然無論韋昭注存在這樣那樣的缺憾，"微疵不足掩其洪美"。

6. 韋昭《國語解》之學術價值

前輩學者備言韋昭《國語解》爲傳世注本之最古者。韋昭《國語解》問世之初即得到了杜預的肯定。杜預爲西晉大將軍，公元 280 年率兵滅掉東吳，故當有機緣見到韋昭《國語解》。檢杜預《春秋經傳集解》注文每與《國語》韋注相合，清人洪亮吉《春秋左傳詁》第一次集中關注韋注與杜注的淵源關係，每於杜注下引韋注，總共徵引 151 條，並出"杜同此""杜本此"等相關術語以揭示。樊善標《從〈左傳〉〈國語〉重出文字看杜預、韋昭的訓詁》、李僅《杜預〈左傳〉注、韋昭〈國語〉注比較》[①]，對韋注與杜注的關係作出進一步的梳理與研究。可以看出韋昭《國語解》對杜預《春秋經傳集解》的影響。

彭益林認爲：(1) 韋昭《國語解》是目前尚存的史注中年代較早，内容保存較完整的一部書。(2) 韋昭《國語解》具有承上啓下的作用。(3) 韋昭《國語解》保存了不少文字的古義，是研究文字學、訓詁學的好材料。(4) 韋昭《國語解》是輯佚的淵藪和校勘的佐證。(5) 韋昭《國語解》對閱讀其他古籍有一定的參考價值。(6) 韋昭《國語解》給後學指出了淺明易懂的治學方法。(7)《國語》是研究先秦史的寶貴資料，而韋注是我們打開寶庫、探取寶藏的鑰匙。[②] 楊端志認爲，韋注解釋了《國語》中各類詞彙的各種意義，對後人研究《國語》詞彙、先秦詞彙系統、從春秋至孫吳時期詞彙和詞義的發展皆有重要參考作用。同

---

① 樊善標：《從〈左傳〉〈國語〉重出文字看杜預、韋昭的訓詁》，2002 年"第一屆中國語言文字國際學術研討會"論文。李僅：《杜預〈左傳〉注、韋昭〈國語〉注比較》，《儒家典籍與思想研究》第 2 輯，北京：北京大學出版社 2010 年版。李僅之說詳見本書第九章"韋昭《國語解》與《國語》暨其他傳注比較研究"部分。

② 彭益林：《〈國語〉韋注試論》，《史學史研究》1984 年第 2 期，第 20—23 頁。

時，韋注還有相當的語料價值。① 徐流等認爲韋昭《國語解》：（1）提供了漢魏史注之概貌；（2）在史注發展中具有承上啟下的作用；（3）爲文字學、訓詁學研究提供了重要資料。② 張居三認爲："《國語》是研究先秦史的重要史料，韋解則是我們弄清《國語》所載史實和表現思想的重要依憑。作爲今存最早的也是體例較爲完備的史注，它上承漢注，開集解之風，下啟集注經史的黃金時代。就注解本身而言，韋解也爲後世注書者廣爲徵引，提供了文字學、訓詁學和輯佚學的依據。更爲重要的是，韋解溝通了《國語》與《春秋》經、傳的關係，確立了《國語》史著的性質和'春秋外傳'的史學地位。大量來自於經書的引注，拉近了《國語》與經書之間的關係。"③ 此外，韋昭《國語解》也爲後世典籍注釋提供了典範和經驗④。

（三）　韋昭以及韋昭《國語解》研究之概況

今所見較早對韋注提出辨正者爲唐人《國語音》。宋庠《國語補音》在進行音注、文字分析的同時也對韋注提出一定的異議。又宋人蔡元定《律吕新書》卷二對十二律有説，並對韋注提出異議。《容齋隨筆》中亦有商榷韋注者，如《四筆》卷七"繁遏渠"條。又洪遵《泉志》卷四云："按莽大小錢文，無錢字，而皆曰泉，與《食貨志》所載不同。韋昭所謂古曰泉而後轉之爲錢者，豈非是耶?"又李樗《毛詩集解》卷三四"抑衛武公刺厲王亦以自警也"條，又王應麟《困學紀聞》卷六、葉夢得《避暑錄話》卷下，皆有研討韋注、評析語義的條目。凡此，皆吉光片羽，足資考訂韋注。

韋注的考據研究是隨著《國語》研究的興盛而較爲集中的。《國語》的專門研究到清代纔逐漸興盛。故而韋注的專門研究也以清代數量爲多。

---

① 錢曾怡、劉聿鑫編：《中國語言學要籍解題》，濟南：齊魯書社1991年版，第192頁。
② 徐流等主編：《史籍導讀與史料運用》，重慶：西南師範大學出版社1997年版，第158頁。
③ 張居三：《〈國語〉韋解的特點和價值》，《古代文明》2008年第3期，第43—48頁。
④ 高振鐸《借鑑〈國語解〉爲古籍作注》（《古籍整理研究學刊》1990年第2期）提出韋注對今人作注的啟示意義：1. 用現代漢語作注；2. 只有註釋而無今譯，當對難句疏通內容；3. 應利用正確古注，但不能照抄原文；4. 不應脫離原文內容作注。

王懋竑、王引之、姚鼐、黄模、董增齡、汪遠孫、黄丕烈、王煦、牟庭、
洪頤煊、于鬯、俞樾、陳偉、劉台拱、汪中、陳瑑、許瀚等，探討《國
語》必及韋注，晚近以至於當代則有吳曾祺、沈鎔、徐元誥、楊樹達、
石光瑛、吳承仕、聞一多、張以仁、徐仁甫、金其源、吕蒙、苗文利、
董蓮池、陳燦、俞志慧、趙生群、蘇芃、蕭旭、朱蕾、孫園園、李穎、
張新武、戎輝兵、周静、郭萬青等，皆以傳統考據學的方法對《國語》
和韋注提出過諸多辨正。此外，日本江户時期以後的學者也多有《國
語》韋注考校著述，對韋昭《國語解》提過諸多考校辨正。由於韋昭注
在漢唐以來的《國語》研究中一枝獨秀，故韋昭《國語解》是除《國
語》本體研究之外研究最爲充分的一個分支，這也從側面體現了韋昭
《國語解》的權威性和不可替代的學術價值。

小　結

三國時期時間雖然短暫，但在《國語》研究史上却熠熠生輝，光芒
萬丈，尤其魏、吳兩國的《國語》研究，相對比較繁榮，具有非常高的
學術價值。韋昭對吳國唐固、虞翻的《國語》研究成果都有繼承，也有
駁正。魏國王肅、孫炎分别爲王學的發軔者和鄭學的追隨者，二者立場
不同，在《國語》方面的注釋著作都没有留存下來，他書徵引材料也幾
乎找不到，是後世《國語》研究的遺憾。好在韋昭《國語解》采擷多
家，擇善而從，最大程度保存了東漢三國時期的《國語》研究成果。韋
昭在舊有研究的基礎上，把《國語》研究繼續向前推進，獨自傲居《國
語》研究史千七百餘年，成爲後世研讀《國語》必不可少之參考著作。

第四章　兩晉南北朝隋唐時期《國語》研究

　　有學者指出，"魏晉南北朝是中國學術的會通期"，"隋唐是中國學術的融突期"。兩晉南北朝時期，"個體價值獨立，主體意識覺醒，學術思想活躍，哲學創新湧現，佛道兩教興盛，被邊緣化了的名士'清談'，轉變爲主流的玄學思潮"。隋唐時期，雖然"經濟繁榮，社會開放，儒、釋、道三教兼容並蓄，衝突合併"，但"儒教自漢'獨尊儒術'以來，守成有餘，開拓不足，雖在典章制度、明經科舉、朝綱吏治、百姓日用等方面維持倫理教化職能，中間曾有韓愈、柳宗元等'古文運動'的儒學復興，但在學術層面仍陳陳相因，缺乏新意"。① 時代學術的整體律動，也影響到了該時期的《國語》研究。故而隨著東漢三國時期《國語》研究的第一個高峰之後，兩晉南北朝隋唐時期的《國語》研究進入低潮期，注釋方面只有孔晁《國語章句》一部。但這一時期，《國語》研究也有新的領域出現，就是對《國語》音義的研究和《國語》具體篇章的研究。此外，在這一時期，有不少學者開始重新思考《國語》的作者問題、《國語》與《左傳》關係的問題等等。總體而言，這一時期的《國語》研究大致包括四個方面：1. 學者對《國語》的基本認識；2.《國語》在隋唐時期的基本面貌；3. 柳宗元《國語》研究；4.《國語》音義研究。

---

　　① 張立文：《中國學術通史總序》，見載於向世陵：《中國學術通史·魏晉南北朝卷》，北京：人民出版社 2004 年版，總序第 9—10 頁。

一、兩晉南北朝隋唐時期學者對《國語》的基本認識

這一時期，對《國語》性質、作者以及《國語》與《左傳》的關係進行研究的有孔晁、傅玄、孔衍、劉炫、劉知幾、啖助、趙匡等人。

（一）孔晁對《國語》的基本認識

孔晁，西晉五經博士，爲王學的代表人物。衆所周知，在中國經學史上，漢代以今古文之爭著稱，各派之間相互攻擊。至於東漢之末，由於鄭玄集古今文之大成，王肅也兼通今古文。這樣，就由今古文之爭演變爲鄭、王之爭。王肅著《毛詩注》《毛詩義駁》《毛詩奏事》《毛詩問難》攻擊鄭玄，兩派之爭自魏至晉，孔晁即是王學在晉代的主要代表人物。《詩·小雅·六月》孔穎達疏云："孔晁，王肅之徒也。"[1] 馬國翰所輯《聖證論》序言謂："孔晁説黨於王，則晁固王學輩之首選也。"孔晁著有《逸周書注》，但是今本《逸周書》六十篇中，僅有四十二篇保留有孔晁注。劉重來認爲孔晁注"爲後人閱讀和研究《逸周書》提供了方便"，"可作校勘《逸周書》的佐證"，"對解開歷史懸案有重要價值"[2]。孔晁又著有《國語注》，詳見下文。

《左傳·僖公十一年》孔穎達疏引孔晁云："左丘明集其典雅令辭、與經相發明者，以爲《春秋傳》。其高論善言，別爲《國語》。凡《左傳》《國語》有事同而辭異者，以其詳於《左傳》而略於《國語》，有於《國語》而略於《左傳》。"[3]

可見，孔晁對《國語》作者和内容的認識，和韋昭基本一致。孔晁又進一步指出"凡《左傳》《國語》有事同而辭異者，以其詳於《左

---

① （清）阮元校刻：《十三經注疏》，北京：中華書局1980影世界書局本，第424頁。

② 劉重來：《〈逸周書〉孔晁注芻議》，中國歷史文獻研究會、華中師範大學歷史文獻研究所編《中國歷史文獻研究》（二），武漢：華中師範大學出版社1988年版，第86—93頁。

③ （清）阮元校刻：《十三經注疏》，北京：中華書局1980影世界書局本，第1802頁。

傳》而略於《國語》，有於《國語》而略於《左傳》"，這是目前所見傳世文獻中第一次提到《左傳》《國語》相同内容文字不同的存在狀態問題。根據孔晁的意見，《左傳》《國語》内容相同的，一定詳略互見。

在王充《論衡》看來，《國語》之作是因爲《左傳》"辭語尚略"，故選録以爲《國語》"以補"。而韋昭、孔晁認爲《國語》是記載"嘉言善語（高論善言）"。在王充《論衡》看來，《國語》只是《左傳》的補充。而在韋昭和孔晁看來，《國語》和《左傳》的功能不完全相同。

（二）傅玄對《國語》的基本認識

傅玄（217—278），西晉人，《晉書》本傳載："玄少孤貧，博學善屬文。解鍾律，性剛勁亮直，不能容人之短。""玄少時避難於河内，專心誦學。後雖顯貴，而著述不廢。撰論經國九流及三史故事，評斷得失，各爲區例，名爲《傅子》。爲内、外、中篇，凡有四部六録，合百四十首，數十萬言。并文集百餘卷，行於世。玄初作内篇成，子咸以示司空王沈。沈與玄書曰：省足下所著書，言富理濟，經綸政體，存重儒教，足以塞楊墨之流遁，齊孫孟於往代。每開卷，未嘗不歡息也。不見賈生，自以過之，乃今不及信矣。"

今所見傅玄《國語》評斷，見於《左傳·哀公十三年》孔疏，云："《吳語》説此事云：吳公先歃，晉侯亞之。與此異者，《經》書公會晉侯及吳子，《傳》稱公會單平公、晉定公、吳夫差。吳皆在下，晉實先矣。《經》據魯史策書，《傳》采魯之簡牘，魯之所書必是依實。《國語》之書，當國所記，或可曲彼直己，辭有抑揚，故與《左傳》異者多矣。鄭玄云：不可以《國語》亂周公所定法。傅玄云：《國語》非丘明所作。凡有共説一事而二文不同，必《國語》虛而《左傳》實，其言相反，不可强合也。"①

孔穎達通過《吳語》記載黄池之會與《春秋》《左傳》主盟、先歃者不同這一點出發，認定《春秋經》和《左傳》都采魯國史策簡牘，最

---

① （清）阮元校刻：《十三經注疏》，北京：中華書局1980影世界書局本，第2171頁。

爲可信。而《國語》八語由於各從本國立場記事，所以在記載上有曲
筆。並且認爲《國語》與《左傳》内容不同的原因大致在此。這一説法
的前提在於，信定魯國史策所載的真實性，認爲魯史不容懷疑。建立在
魯史絕對權威、不容置疑角度上的信念恐怕也是值得懷疑的。爲了證實
自己推斷的合理性，孔穎達引述了鄭玄和傅玄的看法。從其所引鄭玄言
論看，鄭玄對《國語》所記内容的真實性是持否定態度的，所以纔會説
出"不可以《國語》亂周公所定法"的話。從鄭玄所言看，鄭玄認爲
《國語》是不足信的，至少凡《國語》與《春秋》經傳記載不同者，鄭
玄是不取《國語》的。因爲周公定法，而周禮在魯，故周公所定之法即
《春秋經》所傳。而傅玄則認爲《國語》非左丘明所作，認爲一事而二
文不同，一定是《國語》有曲筆，不足信，不知道傅玄具體證據何在。
從傅玄表述可知，認爲《左傳》可信而《國語》不可信，一人之書不可
能存在一可信一不可信的情况，因而斷定《國語》作者非左丘明。傅玄
這個説法頗影響後人。但孔穎達似乎對傅玄的説法有所保留，如孔穎達
在《左傳·襄公二十六年》疏中即謂《左傳》《國語》二書記一事而有
差別，或許是"丘明傳聞，兩説兩記之"①，這就比傅玄之説更爲客觀
一些。

（三）劉炫對《國語》的基本認識

劉炫爲隋朝經學家，《北史·儒林傳》載："劉炫，字光伯，河間景
城人也。少以聰敏見稱，與信都劉焯閉户讀書，十年不出。炫眸子精明，
視日不眩。强記默識，莫與爲儔。左畫圓，右畫方，口誦，目數，耳聽，
五事同舉，無所遺失。""尚書韋世康問其所能，炫自爲狀曰：《周禮》
《禮記》《毛詩》《尚書》《公羊》《左傳》《孝經》《論語》，孔、鄭、
王、何、服、杜等法，凡十三家，雖義有精粗，並堪講授。《周易》《儀
禮》《穀梁》，用功差少。史、子、文集、嘉言故事，咸誦於心。天文、
律曆，窮覈微妙。至於公私文翰，未嘗假手。""著《論語述議》十卷，

---

① （清）阮元校刻：《十三經注疏》，北京：中華書局1980影世界書局本，第1992頁。

《春秋攻昧》十卷，《五經正名》十二卷，《孝經述議》五卷，《春秋述議》四十卷，《尚書述議》二十卷，《毛詩述議》四十卷，《注詩序》一卷，《算術》一卷，并所著文集，並行於世。"可見劉炫成就斐然。孔穎達《左傳正義》多引劉炫之説而非之。今所見劉炫關於《國語》的評論多見於孔疏中。

　　《左傳·襄公二十六年》孔疏云："《楚語》説此事云：'雍子謂欒書曰：楚師可料也。在中軍王族而已。若易中、下，楚必歆之。'韋昭云：'中、下，中軍之上下也。歆，猶貪也。簡易欒范之行，示之弱，以誃楚也。'是韋昭已讀爲'簡易'之'易'，故杜從之也。此與《楚語》俱述聲子之言。《傳》言鄢陵之敗，苗賁皇之爲。《楚語》亦論鄢陵之役，而云雍子之爲。二文不同，或丘明傳聞，兩説兩記之也。劉炫以爲《國語》非丘明所作，爲有此類往往與《左傳》不同故也。"又《左傳·昭公十二年》孔疏云："劉炫以爲《楚語》云：靈王城陳、蔡、不羹，使僕夫子皙問於范無宇曰：今吾城三國，賦皆千乘，亦當晉矣。諸侯其來乎？對曰：是三城者，豈不使諸侯之惕焉。彼再言三城，無四國也。縱使不羹有二，或當前後遷焉，非是並有二也。炫謂：古四字積畫，四當爲三，以規杜過。今知不然者，以三之與四，古雖積畫錯否難知，但今諸儒所注《春秋傳》本並云四國，無作三者。《國語》是不傳之書，何可執以爲真而攻左氏？劉雖有所規，未可從也。"[1]

　　從孔穎達引述劉炫之言來看，劉炫的觀點和傅玄相同，即以《國語》作者非左丘明，其理由也和傅玄相同。在引述傅玄觀點的時候，孔穎達未進行辨析。而在引述劉炫觀點之後，孔穎達則表達了比較明確的反對意見，認爲劉炫之説"未可從"。兩段例子都用《楚語》，一個是記論鄢陵之役者不同，一個是二書數字有別。前者，劉炫據以爲《國語》非左丘明所作，後者則引《國語》數字以規《左傳》。從孔穎達的表述看，他並不同意《國語》作者非左丘明的説法，認爲"二文不同，或丘明傳聞，兩説兩記之"，對於劉炫以《國語》數字作爲證據改《左傳》

――――――――――

[1]　（清）阮元校刻：《十三經注疏》，北京：中華書局 1980 影世界書局本，第 1992、2064 頁。

"四" 字爲 "三" 的做法表示不滿，認爲 "《國語》是不傳之書，何可執以爲真而攻左氏"。也就説，即便孔穎達承認《國語》的作者是左丘明，但仍然認爲《國語》並非《春秋》傳，故而不能作爲否定《左傳》的證據，這和上文表述雖然不同，但在認爲《國語》記事或有不實之處亦勢所必然這一點上是一致的。

《左傳·成公十六年》孔疏云："《周語》稱郤至見召桓公，與之語，召桓公與告單襄公，非郤至自與襄公語也。襄公論郤至將死，答召桓公語耳，非語諸大夫也。其文與此小異。其意與此大同。《周語》詳而此《傳》略。先賢或以爲《國語》非丘明所作，爲其或有與《傳》不同故也。驟稱其伐，謂數數自伐其功。《周語》説郤至自伐之言多矣，其辭不可具載。"[1] 孔穎達用具體内容進一步印證孔晁 "凡《左傳》《國語》有事同而辭異者，以其詳於《左傳》而略於《國語》，有於《國語》而略於《左傳》" 的論斷。並且指出，在他之前有人已經指出《國語》的作者不是左丘明。其所謂 "先賢" 當即指傅玄、劉炫等。

孔穎達引劉炫之言，皆非之。由此可知，劉炫不贊同《國語》作者爲左丘明，理由即《國語》《左傳》多有不同之處。孔穎達引述前人説法，但他自己並没有明確表態《國語》的作者和《左傳》作者異同的問題，卻對劉炫的論斷表示了懷疑，從側面對《國語》與左丘明的關係進行了判定。

(四) 盧照鄰對《國語》的基本認識

唐代學者對於《國語》的性質、作者以及與《左傳》關係等研究較多。初唐四傑之一的盧照鄰《釋疾文序》云："蓋作《易》者，其有憂患乎？刪《書》者，其有栖遑乎？《國語》之作，非瞽叟之事乎？騷文之興，非《懷沙》之痛乎？"[2] 盧氏的這一説法當昉自司馬遷《報任安書》和《太史公自序》"左丘失明，厥有《國語》" 一語。當然，瞽叟

---

① （清）阮元校刻：《十三經注疏》，北京：中華書局 1980 影世界書局本，第 1920 頁。
② 中華書局輯注：《唐文評注讀本（上）》，上海：中華書局 1936 年版，第 48 頁。

較之“左丘”更爲寬泛，而且也不相同。司馬遷的言論更注重個體性，是左丘失明而後作，而盧照鄰“瞽叟之事”强調《國語》作者的身份職能，即瞽叟之職事。文人之言，取一時慷慨，信否難斷，唯備一説而已。

（五）劉知幾對《國語》的基本認識

劉知幾（661—721），字子玄，彭城人，唐代著名史學家，參與撰寫《唐書》《武后實録》《中宗實録》《高宗實録》等，著有《史通》一書，爲我國史學名著。其論辨《國語》文字，即見於《史通》一書中。《史通·內篇·六家》云：

> 《國語》家者，其先亦出於左丘明。既爲《春秋内傳》，又稽其逸文，纂其别説，分周、魯、齊、晉、鄭、楚、吳、越八國事。起自周穆王，終於魯悼公，列爲《春秋外傳國語》，合爲二十一篇。其文以方《内傳》，或重出而小異。然自古名儒賈逵、王肅、虞翻、韋耀之徒，並申以注釋，治其章句。此亦六經之流，三傳之亞也。暨縱横互起，力戰爭雄，秦兼天下而著《戰國策》。其篇有東西二周、秦、齊、燕、楚、三晉、宋、衛、中山，合十二國，分爲三十三卷。夫謂之策者，蓋録而不序，故即簡以爲名。或云：漢代劉向以戰國游士爲策謀，因謂之《戰國策》。至孔衍又以《戰國策》所書未爲盡善，乃引太史公所記，參其異同，删彼二家，聚爲一録，號爲《春秋後語》。除二周及宋、衛、中山，其所留者，七國而已。始自秦孝公，終於楚漢之際。比於春秋，亦盡二百三十餘年行事。始衍撰《春秋時國語》，復撰《春秋後語》，勒成二書，各爲十卷。今行於世者，唯《後語》存焉。按其書《序》云：雖左氏莫能加。世人皆尤其不量力，不度德。尋衍之此義，自比於丘明者，第謂《國語》非《春秋傳》也。必方以類聚，豈多嗤乎？當漢氏失馭，英雄角力，司馬彪又録其行事，因爲《九州春秋》，州爲一篇，合爲九卷。尋其體統，亦近代之國語也。自魏都許、洛，三方鼎峙，晉宅江、淮，四海幅裂，其君雖號同王者，而地實諸侯所在。史官

記其國事爲紀傳者，則規模班、馬。創編年者，則議擬荀、袁。爲是《史》《漢》之體大行而《國語》之風替矣。

又《史通·内篇·體二》云：

按春秋時事入於左氏所書者，蓋三分得其一耳。丘明自知其略也，故爲《國語》以廣之。然《國語》之外，尚多亡逸。安得言其括囊靡遺者哉？

從劉知幾的記載來看，他贊同《左傳》《國語》作者爲左丘明。至於作《國語》之由，認爲《左傳》較略。這和《論衡》的説法近似。對於《國語》性質的認定，劉氏認爲《國語》爲“六經之流，三傳之亞”，即《國語》是準經的地位，此語和韋昭“實與經藝並陳”近似。此外，劉知幾推度孔衍的觀點，推測孔衍認爲《國語》和《春秋》没有關係，不是《春秋》的傳，這也應該是傳世文獻中所見談議《國語》非《春秋》傳的較早的言論。對於劉知幾以《國語》爲六家之一，吕思勉持反對意見，謂：“《國語》一書，則只可謂與《尚書》同體，而不可别爲一家。何者？古代記事之史，體至簡嚴，今所傳之《春秋》是也。（孔子之修《春秋》，雖借以明義，然其文體則仍魯史之舊。）其記言之史，則體極恢廓。蓋其初意，原主於記嘉言之可爲法者。然既記嘉言，自亦可推廣之而及於懿行；（言行本難截然劃分）既記嘉言懿行之可爲法者，自亦可記莠言亂行之足爲戒者也。故《國語》者，時代較後之《尚書》也。其所記雖殊，其體制則與《尚書》無以異也。”[1] 這個看法比明人《國語》“初變《尚書》體”更進一層，也是後來一些學者把《尚書》《逸周書》《國語》歸爲一體的主要原因所在。張三夕區分了劉知幾《史通》中“家”與“體”兩個概念，故認爲劉知幾以《國語》爲六家之

① 吕思勉：《吕思勉全集》第17册，上海：上海古籍出版社2016年版，第228—229頁。

一，未嘗不可，① 亦可備一説。

（六）柳宗元對《國語》的基本認識

柳宗元，唐代著名文學家。其關於《國語》的看法見於《與吕道州温論〈非國語〉書》等相關文章以及《非國語》一書中。

《與吕道州温論〈非國語〉書》云：“嘗讀《國語》，病其文勝而言尨，好詭以反倫。其道舛逆，而學者以其文也，咸嗜悦焉。伏膺呻吟者至比六經，則溺其文，必信其實，是聖人之道翳也。”《與楊誨之第二書》云：“其他但用《莊子》《國語》文字太多，反累正氣。果能遺是，則大善矣。”《答韋中立論師道書》云：“參之《國語》，以博其趣……此吾所以旁推交通而以爲之文也。”《報袁君陳秀才避師名書》云：“文以行爲本，在先誠其中。其外者，當先讀六經，次《論語》、孟軻書皆經言。左氏《國語》、莊周、屈原之辭稍采取之。”其《非國語序》云：“左氏《國語》，其文深閎傑異，固世之所耽嗜而不已也。而其説多誣淫，不概於聖。余懼世之學者溺其文采，而淪於是非。是不得由中庸以入堯舜之道，本諸理作《非國語》。”②

以上是柳宗元對於《國語》總評價的所有言論。首先，柳宗元認同《國語》作者爲左丘明的説法，這一點没有異議。他對《國語》的批評主要在《國語》的内容，認爲《國語》“言尨，好詭以反倫”，“累正氣”，“其説多誣淫”。但是《國語》的辭采又是寫作應該吸取的，還是需要“博取其趣”的。後世學者如蘇軾等每以柳宗元文宗《國語》而詆詬之，實未瞭柳宗元本旨。至於《國語》載史的可信度，柳宗元還是秉持鄭玄以來的觀念，即以《左傳》所記爲實而以《國語》所記爲虚。

---

① 張三夕：《批判史學的批判：劉知幾及其史通研究》，武漢：華中師範大學出版社 2010 年版，第 220—221 頁。
② 尹占華、韓文奇校注：《柳宗元集校注》，北京：中華書局 2013 年版，第 2066、2137、2178、3131 頁。

(七) 啖助、陸淳等人對《國語》的基本認識

《新唐書》卷二○○《啖助傳》云："啖助，字叔佐，趙州人，後徙關中。淹該經術。……善爲《春秋》，考三家短長，縫綻漏闕，號《集傳》，凡十年乃成，復攝其綱條爲例統。……又《左氏傳》《國語》，屬綴不倫，序事乖剌，非一人所爲。蓋左氏集諸國史以釋《春秋》，後人謂左氏，便傳著丘明，非也。助之鑿意多此類。"

五代劉昫《舊唐書》卷一八九《陸質傳》云："陸質，吳郡人。本名淳，避憲宗名改之。質有經學，尤深於《春秋》。少師事趙匡，匡師啖助，助、匡皆爲異儒，頗傳其學，由是知名。"柳宗元《唐故給事中皇太子侍讀陸文通先生墓表》中推崇啖、趙、陸等人的經學，認爲："有吳郡人陸先生質，與其師友天水啖助洎趙匡能知聖人之旨。故《春秋》之言，及是而光明。使庸人、小童皆可積學，以入聖人之道，傳聖人之教。是其德豈不侈大矣哉！"

以上爲史書中對於啖助、陸淳等人的記載，以及柳宗元對這幾位學者經學成就或春秋學成就的評價。從《新唐書》所載看，啖助認爲《國語》《左傳》不同，《國語》非左丘明所作，即《左傳》之左氏亦恐非左丘明。

又陸淳《春秋集傳纂例》卷一云：

啖氏依舊説，以左氏爲丘明，受經於仲尼。今觀《左氏》，解經淺於《公》《穀》，誣謬寔繁。若丘明才實過人，豈宜若此？推類而言，皆孔門後之門人。但公、穀守經，左氏通史，故其體異耳。且夫子自比，皆引往人，故曰竊比於我老彭。又説伯夷等六人云：我則異於是。並非同時人也。丘明者，蓋夫子以前賢人，史佚、遲任之流，見稱於當時耳。焚書之後，莫得詳知，學者各信胸臆，見《傳》及《國語》俱題左氏，遂引丘明爲其人。此事既無明文，唯司馬遷云"丘明喪明，厥有《國語》"，劉歆以爲《春秋》左氏傳是

丘明所爲。且遷好奇多謬，故其書多爲《淮南》所駁。劉歆則以私
意所好，編之《七略》。班固因而不革，後世遂以爲真。所謂傳虛
襲誤，往而不返者也。或曰：司馬遷、劉歆與左丘明年代相近，固
當知之。今以遠駁近，可乎？答曰：夫求事實，當推理例，豈可獨
以遠近爲限？且遷作《呂不韋傳》云：不韋爲秦相國，集門客千
人，著其所聞，集爲八覽、六論、十二紀，號爲《呂氏春秋》，懸
之秦氏。及其《與任安書》，乃云："文王幽而演《周易》，仲尼厄
而修《春秋》。屈原放逐，乃賦《離騷》；左丘失明，厥有《國語》；
孫子臏脚，《兵法》修列；不韋遷蜀，世傳《呂覽》。"則遷所論不
韋，《書》與《傳》自相違背若此之甚，其説丘明之謬復何疑焉？
劉歆云：左氏親見夫子。杜預云：凡例皆周公舊典。禮經，按其傳
例云：弑君稱君，君無道也。稱臣，臣之罪也。然則周公先設弑君
之義乎？又云：大用師曰滅；弗地曰入。又周公先設相滅之義乎？
又云：諸侯同盟，薨則赴以名。又是周公令稱先君之名，以告隣國
乎？周以諱事神，不應有此也。又云：平地尺爲大雪，若以爲災沴
乎？則尺雪豐年之徵也，若以爲常例，須書乎？不應二百四十二年，
唯兩度大雪。凡此之類，不可勝言。則劉、杜之言淺近甚矣。左氏
決非夫子同時，亦已明矣。或曰：若左氏非授經於仲尼，則其書多
與《汲冢紀年》符同何也？答曰：彭城劉惠卿著書云：《記年》序
諸侯列會，皆舉其謚。知是後人追修，非當世正史也。至如齊人殲
于遂，鄭棄其師，皆夫子褒貶之意，而竹書之文亦然。其書鄭殺其
君某，因釋曰：是子亹。楚囊瓦奔鄭，因曰是子常。率多此類。別
有《春秋》一卷，全録左氏傳卜筮事，無一字之異。故知此書按
《春秋》經傳而爲之也。劉之此論當矣。且經書紀子伯莒子盟於密，
左氏經改爲紀子帛。《傳》釋云魯故也，以爲是紀大夫裂繻之字緣
爲魯結好，故褒而書字，同之内大夫，序在莒子上，此則魯國褒貶
之意。而竹書自是晉史，亦依此文而書，何哉？此最明驗。其中有
鄭莊公殺公子聖，春秋作段，魯桓公紀侯莒子盟于區蛇，如此等數

事，又與公羊同。其稱今王者，魏惠成王也，此則魏惠成王時史官約諸家書，追修此紀，理甚明矣。觀其所記，多詭異鄙淺，殊無條例，不足憑據而定邪正也。<u>且《左傳》《國語》文體不倫，序事又多乖剌，定非一人所爲也。蓋左氏廣集諸國之史，以釋《春秋》。傳成之後，蓋其家子弟及門人見嘉謀事跡多不入傳，或有雖入傳而復不同，故各隨國編之，而成此書，以廣異聞爾。</u>自古豈止有一丘明姓乎？何乃見題左氏，悉稱丘明？近代之儒又妄爲記錄云：丘明以授魯曾申，申傳吳起，起傳其子期，期傳楚鐸椒，椒傳虞卿，卿傳荀況，況傳張蒼，蒼傳賈誼。此乃近世之儒欲尊崇左氏，妄爲此記。向若傳授分明如此，《漢書》張蒼、賈誼及《儒林傳》何故不書？則其僞可知也。①

《新唐書》所載啖助言論或即從陸淳文中得，《學林》卷一"啖助"條亦收之。這一派的言論具有一定啟發意義。

（八）釋法琳對《國語》的基本認識

釋法琳爲唐代高僧。其《辯正論》卷七《品藻衆書篇》云："至若史書所述，全關儌儻。《春秋》之言，彌在研射。儒風亡於攻戰，老、莊過於遣蕩。《國語》尚虛，左丘譏詐。假令五經百氏，莫非翰林體骨；《爾雅》《離騷》，足爲緣情根本。源其人倫詳備者，豈過禮與《孝經》乎？"② 其對《國語》的評價類於柳宗元。

此外，孔穎達在《五經正義》中也表達了自己的看法，見上文所引。八家說法大體包括這樣幾個方面：（1）懷疑作者身份，即左丘、左氏未必是左丘明；（2）《國語》《左傳》非一人所爲；（3）承認二書作

---

① （唐）陸淳：《春秋集傳纂例》，臺北：臺灣商務印書館《景印文淵閣四庫全書》第146冊，第384—386頁。

② （唐）釋法琳：《辯正論》，《新脩大正藏》第52冊，第541—542頁。

者皆爲左丘明者，認爲二書不同，即《國語》未如《左傳》之正。這些觀點對後世產生了較深遠的影響，一直影響著後世對《國語》作者、《國語》和《左傳》關係的判定。

二、兩晉南北朝隋唐時期《國語》文本的存在形態

兩晉南北朝隋唐時期，仍然是中國圖書傳播史上的寫本時代。漢代形成的各家注本，此時仍以寫本的形式流布。另外，這一時期產生的類書、史書、文史名注、小學專書引述了一定數量的《國語》條目，爲《國語》文本比對提供了資料。至於唐代，形成以各家注者姓氏爲版本區別標誌的標錄形式。

（一）該時期《國語》傳本的區分

這一點，在《國語舊音》中有比較好的體現。撮錄其條目如下：

> 無奧，音“郁”，又一号反，賈本作“冥”。
>
> 注㧅，士角、士鏃二反。賈本作“鏃”。
>
> 踦跂，上丘知反，下丘氏反，賈本作“跛”，布我反。注云：“踦，蹇也。”
>
> 嗛嗛，口玷反。賈作“謙”，言小務大。
>
> 注輕挑，音“桃”。《左傳》作“宨”。賈作“佻”。
>
> 憓，音“惠”，唐本爲“慧”。
>
> 麗土，音“歷”。唐、賈與韋同，孔晁爲“酈”。
>
> 于婁，《舊音》：“婁”。賈、孔本並作“婁”。
>
> 爲瘉，《舊音》：“庾”。賈、孔並作“愈”。愈，勝也。
>
> 與剸，音“專”。賈、唐、孔作“專”。
>
> 同䐁，之與反。唐、賈、孔作“諸”。
>
> 注山㙡，音“騷”。唐、賈、孔並同。祖沖之《述異記》作

"猱"。富陽有之，人面玃身，一手一足，俗云能知人姓名，必中傷之。

《國語舊音》有 12 條涉及明確標注的傳本，明確提到賈本、唐本、孔本。① 可見，在《國語舊音》撰寫的時代，《國語》的傳本以注家作爲主要區別標記。當然，這一標識方式，恐怕還是受到韋昭《國語解》對賈、唐、虞三家標注形式的影響。

(二) 該時期的《國語》寫本

這一時期，流傳至今的寫本材料只有敦煌殘卷寫本《國語·周語下》殘卷。這個本子現藏甘肅敦煌研究院，收入段文傑主編《甘肅藏敦煌文獻》第二卷《敦煌研究院藏敦煌文獻》（下）中，標識爲"敦研三六八《國語》卷三《周語下》（2－1）"和"敦研三六八《國語》卷三《周語下》（2－2）"，該寫本正文大字，注文小字雙行。第一頁 22 行，第二頁 24 行，合共 46 行。因第一頁之 21 行與第二頁之第 1 行、第一頁之 22 行與第二頁之第 2 行重，第一頁之第 1 行只有"民乎"二小字，實即 43 行。寫本雙行小字共計 1159 字、單行大字共計 792 字。又第 2 行有 9 字正文誤入注中，實際寫本殘卷存録《國語》正文 790 字、注文 1081 字。

筆者《甘肅藏敦煌寫本殘卷〈國語·周語下〉校記》以金李本與敦煌寫本殘卷對校，發現該寫本殘卷《國語》注共 47 處，金李本《國語》韋注相同部分共 60 處，汪遠孫《國語三君注輯存》相同部分存賈逵注 6 條、唐固注 1 條，其中賈逵注有 3 條與寫本注不同，唐固注與寫本注、賈注、韋注並同。另外，由於寫本殘缺造成的文字不全除外，寫本殘卷《國語》正文和今本相較，異文共有 34 個，可以分爲幾種情況：（1）與今傳《國語》各本用字意義相同而形體稍異者，有"猷""爲""鐘""間""嚚""明""聰""聽"等共 8 個；（2）和今本《國語》用字相

___

① 具體辨析，可參拙著《〈國語補音〉異文研究》，臺北：蘭臺出版社 2015 年版，第 391—401 頁。

較，屬於音近通假者，有"曾""麓""邢""振""有""臧"等 6 個；
（3）和今本《國語》用字爲古今字關繫者，有"屬""納"等 2 個；
（4）和今本《國語》用字相較，聲符或形符不同而讀音意義全相同者，
有"和""旣""萷""汙""惛"等 5 個；（5）屬於同義詞替代者，有
"財""困""弗""稱""均""失""入""廿"等 8 個；（6）因字形相
近而訛誤者 2 個，爲"贏""稠"；（7）和今本相較，爲聯綿字的初始字
形，2 個字符，爲"豈弟"；（8）同音而誤者 1 個，爲"聆"。當然這 34
個並不是所有今本皆與寫本異，如明道本即用"和""汙""麓"等，與
寫本一致。衍文一處，即爲"口入納味"之"入"。詞序不同者 3 處：
（1）"樂易"，今本作"易樂"；（2）"惑眩"，今本作"眩惑"；（3）
"德言昭聽"，今本作"聽言昭德"。此外，寫本注脱一"而"字，比今
金李本多出"而""之""能""也"等 4 字。① 關於這個殘卷寫本的研
究，目前共有五篇專門研究論文：蘇鎣輝《敦煌寫本國語解殘卷》（《史
語所集刊》外篇第 4 種，1961 年）、王利器《跋敦煌寫本〈國語賈逵
注〉殘卷》（《王利器論學雜著》，1990 年）、饒宗頤《敦煌所出北魏寫
本〈國語·周語〉舊注殘葉跋》（《敦煌吐魯番研究》第 1 卷，1996
年）、筆者《甘肅藏敦煌寫本殘卷〈國語·周語下〉校記》（《敦煌研
究》2009 年第 3 期）和劉偉《敦煌寫本〈國語〉及注殘卷若干問題辨
析》（《齊魯學刊》2021 年第 1 期）。其中蘇鎣輝、饒宗頤皆以今存賈逵
注條目與寫本注對勘，得出"必非賈逵之注"（饒宗頤語）的結論。而
王利器則從賈逵家世師承以及韋注"增字解經"等方面入手，認定此寫
本殘卷注當即賈逵之注，因此王利器的文章題目即以"國語賈逵注"立
題，實際並無直接證據。饒宗頤更進一步推斷"此殘葉可能即唐固之
《國語》注"，然而這種推斷同樣也沒有任何的事實依據，只是一種臆
測。筆者通過對寫本注及正文的考辨，認爲寫本注確實不是賈逵的，但
也不好説就是唐固的，根據目前的材料無法確定其作者歸屬。當然，寫
本注確實有很多地方比韋注清通、明白易曉，有些注文比韋注更爲符合

---

① 　拙稿《甘肅藏敦煌寫本殘卷〈國語·周語下〉校記》，《敦煌研究》2009 年第 3 期。

《國語》原文之意。劉偉主要對該寫本的真實性、遞藏情況等等進行了較爲詳細的辨析。

（三）該時期群書引《國語》的基本情形

這一時期産生的史書、文史名注、類書、小學書以及相關著述等對《國語》以及相應的諸家注解都有所徵引。由於從《國語》中抽離，進入新的文本單位之中，故而這些材料得以較接近當時《國語》傳本原貌的形式保留。

1. 史書引《國語》

兩晉南北朝隋唐時期産生的史書，在二十四史序列的有《三國志》《後漢書》《晉書》《南史》《北史》《宋書》《齊書》《梁書》《陳書》《魏書》《北齊書》《隋書》《舊唐書》等。

今檢《晉書・律曆志上》："乃紀之以三，平之以六，成於十二，天之道也。""及周景王將鑄無射，問律於泠州鳩，對曰：'夫六，中之色，故名之，一曰黄鐘。所以宣養六氣九德也。由是第之。二曰太蔟，所以金奏贊陽出滯也。三曰姑洗，所以羞潔百物，考神納賓也。四曰蕤賓，所以安静神人，獻酬交酢也。五曰夷則，所以詠歌九德，平人無貳也。六曰無射，所以宣布哲人之令德，示人軌儀也。爲之六間，以揚沉伏而黜散越也。元間大呂，助宣物也。二間夾鐘，出四隙之細也。三間中呂，宣中氣也。四間林鐘，和展百事，俾莫不任肅純恪中也。五間南呂，贊陽秀也。六間應鐘，均利器用，俾應復也。'"

又《晉書・五行志下》："伯陽甫曰：'天地之氣，不過其序；若過其序，人之亂也。陽伏而不能出，陰迫而不能升，於是有地震。'""劉歆以爲國主山川。山崩川竭，亡之徵也。"

《宋書・禮志一》載：永嘉二十年宋太祖詔云："古者從時脈土，以訓農功，躬耕帝籍，敬供粢盛。"又晉武帝太康六年，散騎常侍華嶠奏："先王之制，天子諸侯親耕千畝。"

《宋書・禮志五》：宋後廢帝元徽四年，司徒右長史王儉議公府長史應服朝服，曰："《春秋國語》云：'貌者情之華，服者心之文。'"

　　《隋書・禮儀志二》："又《國語》云：'王即齋宮，與百官御事並齋三日。'乃有沐浴祼饗之事。前代當以耕而不祭，故闕此禮。《國語》又云：'穉臨之，太史贊之。'則知耕藉應有先農神座，兼有贊述耕旨。"

　　除了《宋書・禮志五》引自《晉語五》之外，其他所引皆出自《周語》。

　　2. 文史名注引《國語》

　　楊端志《訓詁學》下册附有歷代傳注訓詁書目，其中兩晉南北朝隋唐時期分别在第三至第五部分。[①] 所收各家注，今習見者大致有：（1）經部，杜預《春秋經傳集解》、范甯《春秋穀梁傳集解》、皇侃《論語義疏》、孔穎達《五經正義》、陸德明《經典釋文》、李鼎祚《周易集注》、賈公彥《周禮疏》《儀禮疏》《禮記疏》；（2）史部，孔晁《逸周書注》、裴駰《史記注》、裴松之《三國志注》、李賢等《後漢書注》、顏師古《漢書注》、司馬貞《史記索隱》、張守節《史記正義》；（3）子部，范望《太玄經注》、向秀《莊子注》、郭象《莊子注》、張湛《列子注》、郭璞《山海經注》、酈道元《水經注》、楊倞《荀子注》、成玄英《莊子疏》、尹知章《管子注》、尹知章《鬼谷子注》、杜牧《孫子注》；（4）集部，李善《文選注》，五臣注《文選》。

　　今以郭璞注四種、前四史注爲例，以見這一時期注釋著作引述《國語》之大概。

　　（1）郭璞注引《國語》

　　郭璞（276—324）注四種，指的是郭璞注《爾雅》、郭璞注《方言》、郭璞注《山海經》和郭璞注《穆天子傳》。《爾雅》郭注用宋監本，亦即周祖謨《爾雅校箋》所用之《天禄琳琅叢書》宋刻本。檢《爾雅》郭注引《國語》計15條，其中13條稱名作"國語"，2條稱名作"外傳"。另外"塪"字監本未録，他本則有之，其注引《外傳》曰："枕由以塪。"如加上這一條，則共引《國語》16條，稱名作"外傳"者3條。《方言》郭璞注引《國語》共5次，稱名皆作"外傳"。《山海

_____

　　① 楊端志：《訓詁學》下册，濟南：山東文藝出版社1992年版，第685—696頁。

經》郭璞注引《國語》4 處，一處爲暗引，另外三處一處稱名作“國語”，二處稱名作“外傳”。《穆天子傳》郭璞注引《國語》1 處，稱名作“國語”。郭璞注四種引《國語》一共 25 處，其中《周語上》《晉語四》各 4 處，《魯語上》3 處，《魯語下》《晉語二》《晉語五》各 2 處，《周語下》《齊語》《晉語一》《晉語七》《晉語八》《鄭語》《吳語》《越語下》各 1 處。其中稱名作“國語”者 16 處，稱名作“外傳”者 9 處，《方言》注全用“外傳”，《爾雅》注、《山海經》注則“外傳”“國語”同現。尤其《周語上》“穆王將征犬戎”章，《山海經》注引稱“外傳”而《穆天子傳》注引稱“國語”。按照常理，一個作者對於其引用書稱名應該是一致的，出現不一致的情況大約可以這樣去看待：首先，不同的稱名體現著作者對於《國語》這部書的認識的變化，《國語》若稱“國語”，則是唯一部語書，可子可史；假如稱作“外傳”，則經學之輔翼。可能從某一個側面説明郭璞對《國語》這部書性質的認識是有變化的；其次，由於《國語》這部書性質的變化從而稱名不同，則可以看出郭璞這幾部傳注著作的撰述時間上是有不同的，《爾雅》注、《山海經》注應該是與作者觀念變化相始終的，《方言》注則可以看作是其把《國語》作爲經學輔翼觀念時期的撰述，《穆天子傳》注則可以看作是其把《國語》作爲語類書這一觀念時期的撰述。就郭注引《國語》總體而言，和今傳《國語》公序本系統更爲接近。[①]

(2) 裴松之《三國志注》引《國語》

《史記》《漢書》《後漢書》《三國志》合稱“前四史”，爲中國傳統史學要籍。《史記》三家注、《漢書》顏注、《後漢書》章懷太子注、《三國志》裴注又爲四部史學要籍之名注，非唯於四部史書之價值極大，於訓詁學、歷史學之普遍價值亦極大。其注皆廣引前此典籍以及通人之説以證成語義、史實，故於《國語》多有引用。《史記》三家注引《國語》87 處，《漢書》顏注引《國語》17 處，《後漢書》章懷太子注引《國語》58 處，《三國志》裴注引《國語》6 處。裴注引《國語》6 條

① 詳參拙稿《郭璞注四種引〈國語〉校證》，《經學研究論壇》（中國臺灣）2018 年第 4 期。

中，大體上可以分爲：同於今傳《國語》某一版本系統者；與今傳《國語》不同者。後者又可以分爲：可正今傳《國語》之失者；今傳《國語》可證裴注引文未當者；裴注引文雖與今傳《國語》不同，義亦可通者。①

（3）《史記》三家注引《國語》

《史記》爲中國第一部紀傳體史書，《史記》三家注爲重要的史學注釋，也是重要的訓詁著作。其中裴駰爲南朝宋人，裴松之（372—451）之子。司馬貞和張守節皆爲唐開元時期人物。三家注引述《國語》以及韋注條目較多，足資與今傳《國語》相考校。趙生群教授曾爲《〈史記〉三家注引〈左傳〉〈國語〉考校》一文，以三家注引《國語》12 處與上海古籍出版社之點校本《國語》相較。今檢三家注本引及《國語》87處，涉及《國語》內容文字者 83 處。就《國語》的稱名而言，《集解》引徐廣即稱《國語》爲《外傳》。至《正義》《索隱》則各稱《國語》爲《春秋外傳國語》1 次，其他則多稱《國語》，又有稱篇名者，如稱《周語》《齊語》《鄭語》等。明確引文出處者，《周語上》《周語下》《晉語一》各 6 處，《周語中》《鄭語》《越語上》《越語下》各 7 處，《魯語上》2 處，《魯語下》《齊語》《晉語四》各 3 處，《晉語二》4 處，《晉語三》《晉語八》《晉語九》《楚語上》《楚語下》各 1 處，《吳語》10 處。就引《國語》本文數量而言，《索隱》最多。當然，其中有幾條雖號稱引《國語》而實不見於今傳《國語》，有的或誤記，如或本自《春秋文耀鉤》而以爲《國語》者；有的實爲《國語》注而逕稱《國語》。其所稱引《國語》本文大多和《國語》公序本相近，亦有一些條目和《國語》明道本相近，和明道本《國語》相近的主要是文字，而和公序本相近的則爲內容，或可從這一方面進而探討《國語》在唐代的傳播情形。引《國語》注文，大多和今傳韋注基本相同，不同者或爲《國語》舊注。《索隱》對《國語》本文與韋注評議頗多，非唯有益於《史記》之研究，實對《國語》暨韋注研究亦大有裨益。

---

① 詳參拙稿《〈三國志〉裴松之注引〈國語〉校札》，《長安學術》第 10 輯。

（4）《漢書》顏注引《國語》

班固（32—92）《漢書》爲有漢一代史實之重要著作。由於去古未遠，多引述前此典籍以輔成立論，如《漢書·五行志》中相關内容即與《國語》《左傳》等先秦典籍内容相同，可資考校。顏師古（581—645）《漢書注》又爲《漢書》注釋中之主要著作，顏注集合前此《漢書》注釋成果，並廣會群籍以爲佐證。今檢其注，徵引《國語》凡 17 處。所引《國語》用例，不僅有益於《國語》之考校，亦有益於《漢書》之整理及《國語》相關研究。《漢書》注引《國語》文字與今傳《國語》文字稍有不同，這些不同之處有的兩者皆可通，有一些則可能是因爲字形相近等相關原因而發生的譌誤。此外，《漢書》標點以及《國語》各本標點也還有一些可商之處。①

（5）《後漢書》注引《國語》

《後漢書》爲南朝宋人范曄所撰，其注則爲唐章懷太子李賢等所爲。《後漢書》注雖然在訓詁學史上的聲名沒有《史記》三家注和《文選》李善注那麼響，但也自有其價值所在。據載，該注初撰於上元二年（675），永隆元年（680）年結束，在時間上後於顏師古《漢書注》，大約和李善生活時間相仿佛。今所檢尋《後漢書》注引用《國語》之本爲中華書局 1965 年點校本，引《國語》58 處。②

（6）《文選》李善注引《國語》

清代學者汪師韓《文選理學權輿敘》謂《文選注》"所引述，新舊《唐書》已多不載。至馬氏《經籍考》，十存一二耳"，"其中四部之録，諸經傳訓且一百餘，小學三十七，緯候圖讖七十八，正史、雜史、人物別傳、譜牒、地理、雜術藝，凡史之類及四百。諸子之類百二十，兵書二十，道、釋經論三十二。若所引詔、表、箋、啟、詩、賦、頌、贊、

---

① 詳參拙稿《中華書局點校本〈漢書〉顏注引〈國語〉校證》，《東亞文獻研究》（韓國）第 14 輯。

② 詳參拙稿《中華書局點校本〈後漢書〉注引〈國語〉校證》，《澳門文獻信息學刊》第 8 輯。

箴、銘、七、連珠、序、論、碑、誄、哀詞、弔祭文、雜文集，幾及八百。"① "據駱鴻凱《文選學》統計，《文選》李注引經部 215 種，史部共 352 種，子部共 217 種，集部共 798 種，以上四部凡 23 類 1582 種，另有舊注 29 種，總共 1611 種。"② 李善《文選注》爲古籍校勘、輯佚之淵藪，已經成爲共識，兹不待言。根據對胡克家本《文選》李善注的統計，李善注引《國語》並賈逵、韋昭之注共 460 處，引賈逵 189 處，引韋昭 89 處。可見李善注在《國語》舊注輯佚和考校方面的重要價值。黄丕烈《札記》引李善注 8 次，汪遠孫《考異》引《文選》57 處，其中引李善注 9 次。今人有以李善注引賈逵注爲研究對象者。

3. 類書引《國語》

明清學者對類書在校勘、輯佚方面的價值已經有深入認識，並大量利用類書資料解決相關問題。當代學者也對類書在考據方面的價值進行了多方面的總結。如劉葉秋《類書簡説》認爲類書可以 "校勘考證古書"，"搜輯古書佚文"，但同時他也指出："利用類書的引文來校勘、考證現存的古籍的内容，是一種辦法，但進行必須慎重。因爲類書也有很多錯誤，不能輕信。"③ 劉葉秋是從類書有錯這個角度討論依據類書進行考校時需要審慎。拙著《唐代類書引〈國語〉研究》認爲類書爲古書校勘提供了材料基礎，爲尋繹今傳刊本之外的其他各本《國語》信息提供了可能，爲探討《國語》用字問題提供了依據，爲《國語》訓詁問題提供了參照。④ 實際上，"類書在根據自己的分類標準進行古書輯録的時候，所選取的語段在類書中要構成一個獨立的表述單位，也即脱離開原書的前後文語境之後照樣還是一個相對完整的語段，爲達到這種語段的表義效果，類書編纂者會把標示前後文語境的字句替換或者省去。從類書編纂的角度而言，是一種技術處理，而非文字上的奪訛。這是我們在

① （清）汪師韓：《文選理學權輿自序》，讀書齋叢書本。

② 郭康松：《論李善〈文選注〉的文獻學價值》，《第一屆饒宗頤與華學國際學術研討會論文集》，濟南：齊魯書社 2016 年版。

③ 劉葉秋：《類書簡説》，上海：上海古籍出版社 1980 年版，第 35 頁。

④ 拙著《唐代類書引〈國語〉研究》，濟南：齊魯書社 2018 年版，第 38—47 頁。

探討類書或者相關書籍引書問題時所要注意的。"① 筆者認爲這對理性認
識類書在專書校勘中的作用很有幫助。

　　兩晉南北朝隋唐時期，類書編纂比較發達。王燕華謂："自《皇覽》
初創，時至南北朝時期，出現了中國類書史上的第一個發展期。類書之
體應和儒學復興、文學創作所需，而抄撰之風爲類書的發展提供了資料
準備，圖書分類學的完善爲類書奠定了學術基礎，學術界尚博的風氣促
進了類書之體的産生和發展。"② 又謂："隋唐時期類書繼續發展，體例
新創，在數量上幾乎是此前歷代類書總和的一倍，隋唐類書的繁榮局面，
一方面固然是類書本身不斷變革發展的結果，但更爲根本的原因，還是
決定於促進類書發展的社會文化基礎和歷史條件。筆者認爲，隋唐類書
的發展，是盛世文化的功業、文化的融合、科舉制度的發展、專門知識
查找的新需求等各種因素共同作用的結果。"③ 王燕華根據張滌華《類書
流別》，統計出魏晉南北朝時期類書一共 18 種，王氏統計出隋唐時期官
私類書 58 種，合計 76 種，數量還是相當可觀的。④ 其中徵引《國語》
語句較多的莫過於唐代的《北堂書鈔》《藝文類聚》《群書治要》《初學
記》《白氏六帖事類集》等五部類書。拙著《唐代類書引〈國語〉研
究》對五種類書引述《國語》條目進行了比較詳盡的辨析，撮録其大要
如下。

　　(1)《北堂書鈔》引《國語》

　　以孔廣陶校本《北堂書鈔》作統計，以陳禹謨本、文淵閣《四庫全
書》本作爲參校，發現《北堂書鈔》引述《國語》107 條。《北堂書鈔》
三種版本中，由於文淵閣四庫本即據陳禹謨本，故二本基本相同。孔廣
陶校本與陳本則差別較大。總體來看，陳本所引《國語》與公序本同，

　　① 拙稿《日本漢文寫本類書〈秘府略〉引〈國語〉校證》，《齊魯文化研究》第 13 輯。
　　② 王燕華：《中國古代類書史視域下的隋唐類書研究》，上海：上海人民出版社 2018 年版，第
42 頁。
　　③ 王燕華：《中國古代類書史視域下的隋唐類書研究》，上海：上海人民出版社 2018 年版，第
89—90 頁。
　　④ 王燕華：《中國古代類書史視域下的隋唐類書研究》，上海：上海人民出版社 2018 年版，第
52—54、96—101 頁。

孔廣陶本則有依從明道本者。孔氏用力很勤，於《書鈔》舊本之失多能指出，故張以仁《國語斠證》《國語舊注輯校》等著在辨析《國語》文句時亦多參孔本。由於《書鈔》徵引宏富，亦有舊本或陳本不誤而孔氏校誤者。汪遠孫《國語三君注輯存》自《北堂書鈔》輯録賈逵注 16 處，鄭注 1 處，"注曰" 7 處，其中有的條目唯《書鈔》所有。可見《北堂書鈔》仍具有《國語》舊注輯佚功能。就所比勘《國語》各本的條目而言，各本之間的異文多爲同音字或形近字，同音字則具有相同相近的語義或功能，形近字則由於認識的不同成爲《國語》公序本、明道本的區别特徵。①

（2）《藝文類聚》引《國語》

《藝文類聚》引《國語》22 處，另外卷四有一處介子推故事，末注"《國語》云介子推"字樣，並非出自《國語》，故不計。《藝文類聚》引《國語》22 條中，有 3 條稱"春秋外傳"，3 條中唯有 1 條爲今傳《國語》所具，另外一條的"又曰"部分和另一條内容皆非今傳《國語》所有，其中"又曰"部分見於《逸周書·太子晉解》，還有一條尚未明出處。其他 19 條皆稱"國語"，約可分爲三種情况：一是《藝文類聚》各本文字有異者；二是《藝文類聚》引《國語》爲節略《國語》原文者；三是《藝文類聚》引《國語》與今傳《國語》文字有異者。第三種又分爲：一本字誤；兩本文字不同而於語境皆通；一本有之字，今本所無。文字字形差異主要表現在俗字較多，譌字亦偶有出現。《藝文類聚》所引與今傳《國語》文字有不同，但《藝文類聚》所引亦符合語境，存在著《藝文類聚》所引與今傳《國語》皆通的情况。這種情况究竟是《藝文類聚》對其所據《國語》有所改竄還是另有所本，還需要進一步深入研究。②

（3）《群書治要》引《國語》

阮元《揅經室集》外集卷二"《群書治要》五十卷提要"云："所

① 詳參拙著《唐代類書引〈國語〉研究》，濟南：齊魯書社 2018 年版，第 52—164 頁。
② 詳參拙著《唐代類書引〈國語〉研究》，濟南：齊魯書社 2018 年版，第 165—209 頁。

采各書并屬初唐善策，與近刊多有不同。如《晉書》二卷尚爲未修《晉書以》前十八家中之舊本。桓譚《新論》、崔寔《政要論》、仲長統《昌言》、袁準《正書》、蔣濟《萬機論》、桓範《政要論》，近多不傳，亦藉此以存其梗概，洵初唐古籍也。"① 清丁丙《善本書室藏書志》卷十九云："是書題魏徵等奉撰，明非出一人手也。卷帙與《唐志》合，《宋史·藝文志》即不著録。前有徵序，《玉海》所引序文與此相同。後有天明七年國子祭酒林敬信序、天明五年尾張國校、督學臣細井德民考例。蓋日本人以卷子本擺印。天明五年當乾隆五十年。流入中華，儀徵阮元録以進呈，其中子書多近今關佚之本，惟缺第四、第十三、第二十共三卷。"②《群書治要》卷八引《周語》一章，《晉語》四章，《楚語》二章。《治要》引《國語》爲篇幅計，省去一些文字，於文義無礙。就《治要》所引《國語》幾部分而言，皆有助於資政治國。③

（4）《初學記》引《國語》

《初學記》引《國語》38 條，既具有《國語》舊注輯佚與比勘功能，又具有《國語》文本比勘功能。④

（5）《白氏六帖事類集》引《國語》

宋紹興本《白氏六帖事類集》引述《國語》中，標《國語》出處者 96 見，不標出處而文字出於《國語》或與《國語》相同者 137 處，合共 233 處。《白帖》引文數量大，故重複條目較多。《白帖》引文和《國語》本文相較，有這樣幾種情況：一是《白帖》引文爲約略《國語》本文者；二是《白帖》引有省文；三是《白帖》引文與《國語》詞序不同；四是《白帖》引文與《國語》本文用字不同。其中《白帖》引文與《國語》本文用字不同的情況又可以分爲：二字之關係爲形近字；二字之關係爲古今字；二字之關係爲音近字；二字之關係爲異體字；二字語義或語法功能相近；《白帖》用字與《國語》一本同。《中華再造善本工

① （清）阮元撰，鄧經元點校：《揅經室集》，北京：中華書局 1993 年版，第 1216—1217 頁。
② （清）丁丙：《善本書室藏書志》，清光緒二十七年（1901）錢塘丁氏刻本，本卷第 20 頁。
③ 詳參拙著《唐代類書引〈國語〉研究》，濟南：齊魯書社 2018 年版，第 210—279 頁。
④ 詳參拙著《唐代類書引〈國語〉研究》，濟南：齊魯書社 2018 年版，第 280—352 頁。

程》影印《國語》遞修本爲南宋初期刻印復經南宋遞修之本，《白帖》
爲南宋紹興本，故二書刻字風格接近。《白帖》凡標注出處條目亦唯出
"國語"，不出篇名。同時在引文中有注文，皆不標所自，有些和《國
語》韋注不盡同，或有採自他注者。由於《白帖》是備詩文創作需要的
語句輯匯，且有時爲了行文方便，也對《國語》原文文字或詞序進行了
改易。或許正是《白帖》的這一特點，汪遠孫、張以仁等無論是舊注輯
佚還是《國語》異文考校都沒有參考《白帖》。從《白帖》所引《國
語》條目來看，其中注文可以增進對《國語》本文或者韋注的理解，所
釋亦甚爲精當，如釋《晉語五》"庾辭"爲"作隱語"等；所引述《國
語》正文或約略《國語》本文，或減省字句，亦頗有益於《國語》考
校。①

　　通過對唐代五部類書引述《國語》條目的具體辨析，拙著《唐代類
書引〈國語〉研究》總結如下：

　　　　五部唐代類書徵引《國語》在内容既有相同之處，也有不同的
　　地方。《北堂書鈔》《藝文類聚》《初學記》《白氏六帖事類集》在
　　引用形式上比較接近，每一條目引用例句都比較少，當然就其細端
　　而言，則《初學記》《白氏六帖事類集》形式更爲接近，而《北堂
　　書鈔》和《藝文類聚》更相接近。《群書治要》這種按照專書進行
　　排列，對其中某幾篇章進行全文徵引的則比較特殊。這當然是和類
　　書的編纂目的和類書功能密不可分。就五部類書引用《國語》正文
　　字數而言，其中《北堂書鈔》970 字，《藝文類聚》917 字，《群書
　　治要》1772 字，《初學記》1100 字。數量相對比較可觀，給校勘比
　　對提供了資料上的保證。
　　　　根據對這幾部類書的歷時考察，可以發現：（1）類書的舊注輯
　　佚價值漸次減弱，《國語》本文與《國語》韋注的異文比勘價值漸
　　次增强。唐代印刷術較晚纔比較有規模，刻書匪易。但《國語》各

① 詳參拙著《唐代類書引〈國語〉研究》，濟南：齊魯書社 2018 年版，第 353—528 頁。

個注本還未佚失，故而爲唐代類書總體引述《國語》各家注提供了前提。後經晚唐五代戰亂，圖籍散佚，賈逵、孔晁等各《國語》注本或已亡佚，即便當時尚在世間也已頗難找尋，而《國語》韋昭注則完且較易得，故宋代類書《太平御覽》《册府元龜》等引述以韋注爲主甚至只能引用韋注。科技的發展使得宋代印刷術興盛，卷帙浩繁的圖籍編纂、刻印成爲可能，由於卷帙浩繁，徵引必然宏富。在隋唐時期的類書中一條三五十字，而在宋代類書中動輒幾百字，甚至幾千字的引文十分常見。故而爲《國語》文本和韋注的比勘提供了豐富的材料。(2) 各家類書引注不同。《玉燭寶典》引了唐固、孔晁、韋昭三家注，《北堂書鈔》只引賈逵注，《藝文類聚》《初學記》引了賈逵、唐固、虞翻三家，而《藝文類聚》則不引注文，《群書治要》《白帖》引注不標注出處。可能和編纂者的學術背景、類書的功能、編纂類書較容易參照到的注本以及其他原因有關。這一點，在其他書引《國語》注中也存在。如《文選》李善注和慧琳《一切經音義》引賈逵注和韋昭注，前者引韋昭注較多而後者則引韋注數量很少，《史記》三家注引述《國語》注文方面也有傾向性，有多引韋注，有多引唐固注者。(3) 由於隋唐時期《國語》各個注本還能見到，唐代類書引述《國語》文本相比宋代類書更爲複雜。這一點，從《舊音》《補音》和《國語》文本的比勘也可以看出。無論賈逵注還是唐固、孔晁等注，和韋昭注本在文字上都有差別。尋繹、比較這些差別，可以爲《國語》韋昭注本之外的其他《國語》注本的梳理與研究提供可用的材料和較爲可信的證據，同時，對推動和深化今傳《國語》文本的整理和研究具有借鑒意義。(4) 和小學書的編纂一樣，類書的編纂也講究繼承性，即前代或前此類書的材料會被後來編纂類書時直接利用而不再去查找原書。隋唐幾部類書引用的《國語》材料中有相當一部分是重複的。材料雖然重複，又由於傳抄、刊刻以及其他原因，同樣引文也還會有不同。這些不同固然屬於類書引書的內部問題，但同樣對於解決或者進一步認識理解《國語》文本具有一定的啟示和意義。

　　類書引述，往往會採用複述或增删詞語的方式，客觀上造成和《國語》本文的文字不同。這些不同既能促進對《國語》文本的重新審視，也可藉以考察類書編纂者的思想觀念及其價值傾向等。當然，由於類書在傳抄、刊刻過程中的一些技術性問題，也會造成引文和《國語》文本之間的差異。如上所述，《國語》的文本形態在唐代及其以前是韋昭注本和賈逵、唐固、虞翻、孔晁甚至鄭衆、孫炎等人的注本並行，從各書所引賈逵注本的情形來看，賈逵注本與韋昭注本文字上有較大的差别，甚至二者對於文本中具體語詞或典章制度的認識也是不同的。而類書所據究竟爲何本決定了其文本情形。類書所引《國語》舊注爲《國語》注釋研究提供了資料。通過《國語》舊注與韋注的比較，可以深化對《國語》文本的理解以及對韋注的進一步認識，有時也起到匡正韋注的作用。正如張以仁所說："然鄭、賈諸賢，固當世名儒碩學。《韋解》雖稱採其精善，所揚棄者未必盡皆糟粕。即韋氏目爲糟粕，未必盡人皆以爲糟粕也。且孔晁之注，韋所未及，豈無信善以資採擷？"（張以仁：《〈國語舊注輯校〉序言》，氏著《張以仁先秦史論集》，頁154）即便是類書編纂者約略韋注或自爲之注，也仍然具有較大價值。類書自注往往可以：（1）補《國語》各注本之所未釋，豐富《國語》的註釋，能够起到推動對《國語》理解的研究的作用；（2）原本有注而類書自注者，爲《國語》注和《國語》文本的重新論定提供了借鑒資料，更容易發現問題。

　　類書引述往往徵引多家注解，擇善而從。則其在文本書寫上恐也還有著編纂者個人對文本本身的理解。今天所見到的《國語》文本只是韋昭注本諸多傳本中的兩種，而且這兩種傳本皆校訂刊刻於本文所考察的幾部類書之後。凡此，皆可以造成類書引文和《國語》文本之間的差别。無論出於何種原因，其引文皆爲《國語》文本比勘提供了材料基礎和可能。①

---

① 拙著《唐代類書引〈國語〉研究》，濟南：齊魯書社 2018 年版，第 537—540 頁。

以上，對於五部唐代類書徵引《國語》條目基本意義之總結，以及在此基礎上得出的規律性表述，都可以看出唐代類書所引《國語》的材料價值和學術價值。

4. 小學書引《國語》

兩晉南北朝隋唐時期，是中國語言學史上的關鍵時期，何九盈謂："魏晉南北朝時期是中國語言學發展的關鍵時期。在此期間，不僅語義學、修辭學有新的發展，而且出現了一門新學科——漢語音韻學。從此以後，中國語言學的内容更爲豐富了，語言學作爲一門獨立的學科，也更顯示了自己特有的生命力。"① 小學書在兩漢的基礎上，進一步大量湧現。較著者如張揖《廣雅》、顧野王《玉篇》、陸法言《切韻》、陸德明《經典釋文》、玄應《一切經音義》、慧琳《一切經音義》等等。今以《玉篇》《經典釋文》《一切經音義》爲例，以見其引《國語》之大概。

(1)《玉篇》引《國語》

《玉篇》爲南朝顧野王所撰，書成之後進呈梁簡文帝蕭綱，簡文帝嫌其繁蕪，既命蕭愷等人進行刪削，後又經過幾次增字減注，到宋代經陳彭年等重修，成《大廣益會玉篇》，顧本原書面貌幾無。清末，黎庶昌、羅振玉等相繼在日本發現《玉篇》寫本零卷，或摹寫或照相，刊刻行世，至 1985 年由北京中華書局將黎庶昌摹寫本和羅振玉照相本合刊，名爲《原本玉篇殘卷》，此其得名。此外，尚有日本東方文化書院本所收較全，《叢書集成新編》和《續修四庫全書》所收《玉篇零卷》即用東方文化書院本。故海内通行的《玉篇》殘卷本子實際上是兩種，《古逸叢書》本、羅振玉本之合刊本和東方文化書院本。整部殘卷引用《國語》例證的有 95 個字頭，共引《國語》116 次。②

(2)《一切經音義》引《國語》

《一切經音義》二十五卷，又名《玄應音義》《衆經音義》，唐釋玄

---

① 何九盈：《中國古代語言學史》，廣州：廣東教育出版社 2000 年版，第 86 頁。
② 詳參拙稿《〈原本玉篇殘卷〉引〈國語〉例辨正》，《東亞文獻研究》第 3 輯（2008）。

應撰。海內久不傳，孫星衍等自佛藏中發現，與莊炘、洪亮吉、錢坫合校並加補正刊行，有乾隆五十一年（1786）莊炘刻本，實即清乾隆丙午（1751）咸寧縣署刻本之覆刻，前有莊炘所撰之序，另有道光乙巳（1845）海山仙館叢書本，《續修四庫全書》即收錄海山仙館叢書本。《一切經音義》一百卷，又名《慧琳音義》《大藏音義》，唐釋慧琳撰，成書於元和二年（807）。海內久不傳，有高麗藏本、日本元文二年（1737）洛東獅谷白蓮社據高麗藏本翻刻本、《大正新修大正藏》本、頻伽精舍本、丁福保《正續一切經音義》1924 年合編本、上海醫學書局1926 年排印本等版本。今檢《玄應音義》注文中明確標注出《國語》者共 51 處，《慧琳音義》注文中明確標注出《國語》者共 104 處，合共155 處。①

（3）《經典釋文》引《國語》

陸德明《經典釋文》自序謂該書"古今並錄，括其樞要；經注畢詳，訓義兼辯；質而不野，繁而非蕪"。黄侃謂《經典釋文》爲小學所需輔助書籍中最切要者，"以其書於經典異同多所考正也"②，揭示了《經典釋文》在文獻校勘方面的價值。《經典釋文》引述《國語》條目有限，僅十數條而已。在這十數條中，引有賈逵注、孔晁注、韋昭注各 1處，另有 1 處標《國語》者，實亦引自注解。

5. 其他著作引《國語》

除了史部典籍、文史名注、類書、小學書之外，還有其他一些典籍也對《國語》以及注釋有所徵引，如杜臺卿《玉燭寶典》。該書"是以《禮記·月令》、蔡邕《月令章句》爲綱，采集大量文獻，附以'正說''附說'，綴輯而成的歲時民俗類著作"，"反映了先民時令風俗的演變軌跡，對我們認識兩漢、魏晉南北朝至隋唐時期的天文、曆法、農學、時令等諸多文獻具有重要意義，對中國歲時文化的傳播和發展產生了重要

---

① 詳參拙稿《〈一切經音義〉三種引〈國語〉例辨正》，《中國俗文化研究》第 6 輯（2010）。
② 黄侃：《黄侃國學講義錄》，北京：中華書局 2006 年版，第 45 頁。

影響"①。日本學者吉川幸次郎謂："此書之可貴處別有二端。唐以前舊籍,全書早亡者,此書或載其佚文,一也;雖全書尚存,賴此書所引之文可校正今文,二也。"② 根據研究,《玉燭寶典》引書282種,即經部101種,史部49種,子部54種,集部60種,道經1種,佛經17種。③今據《古逸叢書》本統計,《玉燭寶典》引《國語》共16處。總體而言,"所引正文與今傳《國語》文字有不同,有的是屬於文本脫漏,有的則是因爲體例因素而造成的省文,有的可能是所據《國語》本子的因素和今傳《國語》一本不同。其所引注文中,唐固注釋義與韋昭注基本相同,孔晁注釋義與韋昭注則有差別。未標注出處者雖有的在唐固下,有的在孔晁下,有的在韋昭下,但在韋昭注下的注文與今《國語》韋注相比並不完全相同,則恐唐固下、孔晁下之注文亦未必即爲唐、孔原來注文,但是仍然可以和今傳《國語》各注進行比勘以進行《國語》語義的探討。從《玉燭寶典》引文看,其所參據韋昭注亦非一本,則知韋注《國語》多本的現象早已形成。總之,《玉燭寶典》提供了今傳《國語》之外、宋代以前的《國語》文本材料,具有比勘功能;其所引《國語》舊注,具有輯佚和比勘價值"。④

總而言之,兩晉南北朝隋唐時期的諸多典籍所引《國語》資料,爲《國語》文本的比對、佚注的輯考提供了很多材料。清及近現代《國語》佚注輯考的材料來源,也多以這一時期的著述爲主。拙著《小學要籍引〈國語〉研究》曾經統計過各家輯佚來源,如下:

---

① 朱新林點校:《玉燭寶典·題解》,《中華禮藏·禮俗卷·歲時之屬》第一冊,杭州:浙江大學出版社2016年版,第48頁。
② 轉引自郝蕊《〈玉燭寶典〉的再度整理》,王曉平主編《國際中國文學研究叢刊》第4集,上海:上海古籍出版社2016年版,第170—178頁。
③ 張東舒:《〈玉燭寶典〉的文獻學研究》,雲南大學碩士研究生學位論文,2014年。
④ 詳參拙稿《古逸叢書本〈玉燭寶典〉引〈國語〉校證》,《中國俗文化研究》第八輯(2014),第6—33頁。

輯者	書名	注者	條數	材料來源
王謨	漢魏遺書鈔	賈逵	197	《文選注》《史記集解》《藝文類聚》《北堂書鈔》《國語解》《經典釋文》《初學記》《後漢書注》《書正義》
		唐固	37	《國語解》《史記集解》《藝文類聚》
勞格	讀書雜識	賈逵	2	《文選注》
黃奭	黃氏逸書考	賈逵	201	《國語解》《文選注》《史記集解》《史記索隱》《藝文類聚》《北堂書鈔》《初學記》《後漢書注》《經典釋文》
		鄭眾	30	《國語解》《文選注》
		唐固	105	《史記集解》《初學記》《太平御覽》《國語解》《史記索隱》《禮記正義》《文選注》《詩正義》《孟子疏》《國語舊音》
		王肅	8	《左傳正義》《史記集解》
		孔晁	55	《國語舊音》《詩正義》《太平御覽》《左傳正義》《禮記正義》《周禮正義》
		虞翻	31	《國語解》《初學記》《史記集解》《水經注》《玉海》
馬國翰	玉函山房輯佚書	賈逵	277	《文選注》《一切經音義》《史記集解》《禮記正義》《國語補音》《玉篇》《北堂書鈔》《太平御覽》《開元占經》《左傳正義》《後漢書注》《書正義》《初學記》《列子釋文》《通志》《廣韻》《經典釋文》
		鄭眾	5	《國語解》《詩正義》
		虞翻	36	《國語解》《初學記》《左傳正義》《史記集解》《後漢書注》《水經注》
		唐固	94	《史記集解》《國語解》《國語補音》《詩正義》《後漢書注》《文選注》《太平御覽》
		孔晁	38	《國語補音》《左傳正義》《經典釋文》
王仁俊	玉函山房輯佚書續編	賈逵	106	《唐玉篇》（103）《姓解》（3）
		虞翻	1	《姓解》

輯者	書名	注者	條數	材料來源
汪遠孫	國語三君注輯存	賈逵	330	《文選注》《北堂書鈔》《史記正義》《一切經音義》《國語解》《史記集解》《國語舊音》《唐類函鈔本》《禮記正義》《史記索隱》《太平御覽》《開元占經》《論語疏》《初學記》《左傳正義》《經典釋文》《書正義》《周禮注疏》《荀子注》《廣韻》《通鑑注》《列子釋文》《後漢書注》《詩正義》《孟子疏》
		唐固	89	《史記集解》《國語解》《詩正義》《通典》《禮記正義》
		孔晁	47	《經典釋文》《左傳正義》《周禮疏》《禮記正義》《國語解》《國語舊音》《詩正義》《太平御覽》
		虞翻	37	《史記集解》《國語解》《水經注》《初學記》《玉海》《史記索隱》《史記正義》《左傳正義》《文選注》
		鄭衆	5	《國語解》《文選注》《北堂書鈔》
		服虔	10	《周禮疏》《詩正義》《儀禮疏》
		呂叔玉	1	《周禮》杜子春注
		王肅	1	《左傳正義》
		或説曰	1	《國語解》
		注《國語》者	1	《左傳正義》
		注曰	64	《禮記正義》《太平御覽》《周禮疏》《文選注》《北堂書鈔》《書正義》《元和郡縣志》《藝文類聚》《玉篇》《玉海》
		説曰	10	《國語解》
		《國語》曰	1	《左傳釋文》
		或曰	1	《國語解》
		無標示	3	《國語解》
新美寬 鈴本隆一	本邦殘存典籍による輯佚資料集成	賈逵	350	《原本玉篇》《玄應音義》《慧琳音義》《希麟音義》《漢和年號字抄》《文選》《令集解》《五行大義》《法華經》並《法華經釈文》《三教指歸覺明注》《切韻》《中論》
		孔晁	9	《玉燭寶典》
		唐固	15	《玉燭寶典》

續表

輯者	書名	注者	條數	材料來源
劉師蒼 劉師培	國語賈注補輯	賈逵	600 餘	《一切經音義》
張以仁	《國語》舊注的界定及其佚失情形	服虔	11	《儀禮疏》《周禮注疏》
張以仁	國語舊注輯校	賈逵	481	《玄應音義》《慧琳音義》《希麟音義》《慧苑音義》《文選注》《國語解》《經典釋文》《書疏》《通鑑注》《國語舊音》《初學記》《太平御覽》《北堂書鈔》《詩疏》《禮疏》《史記正義》《後漢書注》《列子注》《玉篇》《廣韻》以及王、黃、蔣、汪的舊注輯佚等
		唐固	73	《國語解》《史記集解》《通典》《初學記》
		虞翻	25	《史記集解》《史記索隱》《史記正義》《初學記》《水經注》《玉海》
		孔晁	46	《左傳疏》《禮記疏》《詩疏》《周禮疏》《國語舊音》《太平御覽》《事類賦》
		鄭衆注	7	《國語解》《文選注》《北堂書鈔》
		王肅	1	《左傳疏》
		三君注	12	《國語解》《史記索隱》
		無名注	139	《國語解》《初學記》《太平御覽》《北堂書鈔》《藝文類聚》《通鑑注》《慧琳音義》《玉海》《玉篇》《國語舊音》《周禮疏》《禮記疏》《文選注》

　　從各家輯佚來源可以看出，兩晉南北朝隋唐時期的材料占了很大比重，可見這一時期材料的重要性。

三、兩晉南北朝隋唐時期《國語》注釋

經過了東漢三國時期的《國語》注釋繁榮期之後，兩晉南北朝隋唐時期的《國語》注釋著作相對較少，所知者唯孔晁《國語注》一種。

孔晁，史書無傳。嚴可均輯《全晉文》云：“晁，泰始初爲五經博士。有《逸周書注》八卷。”① 樊善標根據史料記載，總結孔晁著有《尚書義問》《國語注》《周書注》《晉明堂郊社議》。孔晁的著作中，只有《逸周書注》比較完整地保存下來，今傳五十九篇《逸周書》中，有四十二篇保留有孔晁注。“晉代五經博士孔晁給《逸周書》作注，從此《逸周書》有了注本流傳於世，對《逸周書》的整理和傳播做出了重要貢獻。在孔晁做注時，社會上流行許多本子，諸如《克殷》《大武》篇孔注中能見到某本作某的注文。晉太康年間汲郡出土的《周書》，是新發現的本子。唐顏師古注《漢書・藝文志》時指出傳世本《逸周書》殘存四十五篇。在隋唐志著錄中有孔注本和汲冢本。”② 可見孔晁注《逸周書》的基本流傳和價值所在。

檢《大唐郊祀錄》卷八 “魏乃兼修帝社，孔晁與劉熹議雖不同” 下云：“孔晁與劉熹皆魏博士也。”③ 而《隋書・經籍志》則稱孔晁爲晉五經博士。劉師培也認爲孔晁和王肅同時，他説：“考《隋志》於晁所作書，雖題晉五經博士，實則晁與王肅同時。知者，《舊唐書・元行沖傳》載行沖《釋疑》云：‘子雍規玄數十百件，守鄭學者，時有中郎馬昭，上書以爲肅謬，詔王學之輩占答以聞。又遣博士張融按經論詰。融等召集，分別推處，理之是非。具《聖證論》。王肅酬對，疲於歲時。’ 是融

---

① （清）嚴可均：《全上古三代秦漢三國六朝文》，石家莊：河北教育出版社 1997 年版，第 760 頁。

② 周寶宏：《逸周書考釋・前言》，北京：社會科學文獻出版社 2001 年版，第 9 頁。

③ （唐）王涇：《大唐郊祀錄》，上海：上海古籍出版社輯印《續修四庫全書》第 821 冊，第 326 頁。

評《聖證論》，蕭尚生存也。蕭卒於甘露元年(《三國志》本傳)，年六十八。此事必在其前。又觀《詩·皇矣》疏、《周禮·媒氏》疏、《禮記·祭法》疏所引《聖證論》，均先引孔晁答昭之語，繼列融評。則斯時晁年已長。"① 故樊善標認爲："孔晁在公元二五六年至二六五年之間和馬昭爭論學術時，不可能太年輕，所以和韋昭的年紀不會相差太遠。""孔晁治王肅之學，兩人時代相近，孔晁很可能是王肅的及門弟子。"② 樊善標統計孔晁《國語》注今存 53 條。他認爲有些條目，孔晁注和韋昭注極爲接近。如：

《晉語六》"欒武子將上軍，范文子將下軍"孔晁："上下，中軍之上下也。《傳》曰：欒書將中軍，士爕佐之。又曰：欒、范以其族夾公行。"韋注："上下，中軍之上下也。《傳》曰：欒書將中軍，士爕佐之。又曰：欒、范以其族夾公行。"

《鄭語》"羋姓夔越不足命也"孔晁："熊繹玄孫曰熊摯，有疾。楚人廢之。立其弟熊延。熊摯自棄於夔。子孫有功，王命爲夔子。"韋注："夔越，羋姓之別國。楚熊繹六世孫曰熊摯，有惡疾，楚人廢之，立其弟熊延，摯自棄於夔，其子孫有功，王命爲夔子。"樊善標云："除'玄孫'和'六世孫'不同外，兩注差異微不足道。"

《楚語下》"諸侯祀天地、三辰及其土之山川"孔晁："三辰，日、月、星也。祀天地，謂二王後也。非二王後祭分野山川而已。"韋注："三辰，日、月、星也。祀天地，謂二王之後；非二王之後，祭分野星、山川而已。"樊善標云："兩注幾乎全同。"

《魯語上》"既其葬也，焚，煙徹於上"孔晁："已葬而柩焚，煙徹槨外。"韋注："已葬而火焚其棺槨也。徹，達也。"

《魯語上》"古者大寒降，土蟄發"孔晁："大寒下，夏之十二月；蟄蟲發，夏之正月也。"韋注："降，下也。寒氣初下，謂季冬建丑之月，大寒之後也。土蟄發，謂孟春建寅之月，蟄始震也。《月令》'孟春

① 劉師培：《周書説略》，民國寧武南氏校印本，第 2 頁。
② 樊善標：《孔晁〈國語注〉與韋昭〈國語解〉》，《大陸雜誌》第 103 卷第 3 期（2001 年）。

蟄始震，魚上冰，獺祭魚'也。"樊善標謂："建丑即夏曆十二月，建寅即正月。韋解訓釋'徹''降'二字，孔注則串解全句，似乎是後者參考了前者的訓義，但改用另一種形式表達。"

此外，樊善標還注意到孔晁注和其他舊注相同的例子。比如與賈逵注有兩個相同的例子，《晉語五》"舍於逆旅寗贏氏"《左傳·文五年》疏謂："賈逵、孔晁皆以寗贏爲掌逆旅之大夫。"《晉語九》"東方之士孰爲愈"《國語舊音》謂："賈、孔曰：愈，勝也。"和服虔注也有兩條相同的例子，如《楚語下》"使名姓之後"《周禮·春官·宗伯》疏："孔、服注：聖人大德之後。"又《楚語下》"玉帛之類"《周禮·春官·宗伯》疏："孔、服注：禮神玉帛。"

又樊善標認爲："王肅也曾注《國語》，孔注或許旨在發揮師說，可惜王注佚文極罕見，難以核實。但王學的特點在孔注中仍有間接的體現。"樊氏舉《魯語下》二例，《魯語下》"是故天子大采朝日，與三公、九卿祖識地德"孔晁："大采，謂袞冕。"韋注："禮：'天子以春分朝日，示有尊也。'虞說曰：'大采，袞織也。祖，習也。識，知也。地德所以廣生。'昭謂：《禮·玉藻》，天子玄冕以朝日。冕服之下則大采，非袞織也。《周禮》：'王者搢大圭，執鎮圭，藻五采五就以朝日。'則大采謂此也。言天子與公卿因朝日以修陽政而習地德，因夕月以理陰教而糾天刑。日照晝，月照夜，各因其照以修其事。"又《魯語下》"少采夕月，與大史、司載糾虔天刑"孔晁："少采，謂黼衣而用玄冕者。"韋注："或云：少采，黼衣也。昭謂：朝日以五采，則夕月其三采也。"

樊氏揭出，"天子以春分朝日""冕服之下"分別是鄭玄《周禮·春官·典瑞》注和《禮記·玉藻》注。"又，《玉藻》本作'玄端以朝日'，鄭注認爲'瑞'是'冕'之誤，韋解遂以鄭玄說改訂原文，並作爲駁斥虞說的根據。虞翻既以大采爲袞織，黼衣和袞織同類，下文'或云：少采，黼衣也'應該也是虞注。孔晁注和虞翻注義近，而與韋解相遠，應該是因爲兩家都不贊同鄭學的緣故，而不一定有因襲的關係。"

從以上可知，孔晁的生活時代是有疑點的，他到底是魏人還是晉人，也並沒有一致的說法。此外，孔穎達《左傳正義》引孔晁、服虔之說，以孔晁在服虔之前，恐是尊孔之義，未必真以孔晁爲服虔之前人物。今仍以前賢成説，以孔晁爲晉人，而措置於這一時期之中。

由於孔晁是王肅弟子，王肅之學後來多已湮没，孔晁之學也隨之亡逸。宋元明時期《國語》研究，幾乎不再提到孔晁了。到了清代，輯佚學興起，孔晁《國語》注纔又一次得到較大的關注。董增齡《國語正義》雖非專門輯佚舊注，但引述賈逵、唐固、孔晁等人佚注條目都非常可觀，僅孔晁注就引有 36 條之多。

正如樊善標所云：“孔晁大概是傳統的經學家。韋解‘因賈君之精實，采虞唐之信善’兼有衆美，而且長於史實考辨，可謂從經注邁向史注的代表作。孔晁會不會站在經學的立場抗衡韋注呢？何況韋解承用了很多鄭玄的説法，這也是王肅一派所不滿意的。魏晉之交，史注的特徵剛剛在少數著作中出現，距離成形還有很長的發展過程，雖然孔注成書在後，態度却更傳統，這是可以理解的。”[①] 所論可參。

四、兩晉南北朝隋唐時期《國語》音義研究

兩晉南北朝隋唐時期，是中國音韻學的發生發展和繁榮時期。李恕豪認爲，魏晉以後音韻學研究興盛的原因有時代因素，有語言本身因素，也有外來因素。時代因素主要包括兩點：其一，魏晉南北朝時期的戰爭造成了各民族的融合與雜居，不同民族在交流中的語言障礙首先體現在語音上，對語音研究是一種刺激；其二，魏晉南北朝時期又是中國文學形式化的時期，追求聲律和諧的需要，促使語音研究發展。從語言本身的因素而言，先秦的人們已經進行語音分析的嘗試，經過兩漢時期的繼續發展，至魏晉南北朝時期終於促使音韻學正式產生。外部原因，主要是佛教的傳入，古印度的語音學、語法學等相關知識對當時的中國人有

---

① 樊善標：《孔晁〈國語注〉與韋昭〈國語解〉》，《大陸雜誌》第 103 卷第 3 期（2001 年）。

所影響和觸動，爲建立中國音韻學産生了積極的影響。① 音韻學的産生
發展方面上的標誌之一是韻書的産生，之二是音義書的産生。"一般説
來，注釋讀音的書叫'音'，解釋語義的書叫'義'，合起來叫'音義'。
古代漢字以音寄義，音切與訓詁相爲表裏，標注、考辨字音主要是爲了
辨析字義，以便讀通經文及其注文。'音義'或稱'釋文'，'釋文'即
解釋文獻語言的音和義，'音義'即注音以釋義，則'音義'和'釋文'
都是音義書。我國的音義文獻非常豐富，形成了自成體系的一類，也就
構成了漢語音義之學的文獻基礎。"② 據萬獻初統計，陽海清等編《文字
音韻訓詁知見書目》收各種小學著作4813種12067部，其中音義類1111
部，接近所收小學書總量的10%。史書記載，魏之王肅著有《周易音》
《毛詩音》《三禮音》，又伏儼、鄭氏、孟康、韋昭等人著有《漢書音
義》，諸葛亮著有《漢書音》。至於兩晉時期，音義書越趨繁多，如王
廙、韓伯、徐邈、李軌、袁悦之都著有《周易音》，徐邈、李軌等又有
《古文尚書音》《尚書音》，徐邈、江淳、阮侃、劉昌宗、李軌又有《毛
詩音》……爲什麼這一時期産生了如此多的音義書呢？萬獻初通過音義
與傳注的比較認爲："音義具有兼跨經學、小學衆多門類的特點，包含
著多元的語言因素。首先，音義與傳注（包括箋疏）不同。傳注是通過
解釋詞語來疏解經（注）文的意義，以釋義爲主，注釋的著眼點是詞義
和文意。音義則以注音爲主，因音辨義，注音又以辨析字音爲多，此外
纔輔之以訓釋詞義、校勘異文、辨明句讀、疏通文理，雖然注音的目的
是爲了明義，但音義的著眼點和辨注對象主要是讀音。因此，傳注是文
意解釋型的，音義是音讀辨析型的；傳注主要是語文學的，音義主要是
語言學的；傳注多是經學的内容，而音義主要是小學的内容。"③ 音義書
的大量産生恐怕和兩漢時期的經學師門家法有很大關係，同一部經書，
傳承不同，釋義不同，語音上也會有所區別，此外，由於當時的北人南

---

① 李恕豪：《中國古代語言學簡史》，成都：巴蜀書社2003年版，第407—409頁。
② 萬獻初：《音義文獻與漢語音義學研究》，《長江學術》第五輯，第201—209頁。
③ 萬獻初：《音義文獻與漢語音義學研究》，《長江學術》第五輯，第201—209頁。

遷、少數民族内遷，授受傳承，都需要因音辨義。音義書正是爲了明確標記這一區別，并採用專書的形式固定下來。在一時代學術背景下，《國語》音義研究著作也因之産生。

（一）劉芳《國語音》

《北史》卷四二《劉芳傳》云："芳撰鄭玄所注《周官儀禮音》、干寶所注《周官音》、王肅所注《尚書音》、何休所注《公羊音》、范甯所注《穀梁音》、韋昭所注《國語音》與范曄《後漢書音》各一卷，《辯類》三卷，《徐州人地録》二十卷，《急就篇續注音義證》三卷，《毛詩箋音義證》十卷，《禮記義證》十卷，《周官》《儀禮》義證各五卷。"可見，劉芳（453—513）的音義撰述是非常豐富的。遺憾的是，劉芳的著作今皆亡佚。朱祖延《北魏佚書考》輯有劉芳《毛詩箋音義證》9條、《禮記義證》5條、《徐州人地録》4條。① 吉光片羽，彌足珍貴，劉芳學術，賴以蠡測。

從《劉芳傳》可知，其祖輩一直在南朝爲官，劉芳過繼給伯父劉遜之，由於其父劉邕參與劉義宣叛亂，纁和伯母畏罪北逃，先到青州，後至梁鄒城，最後遷到平齊郡，時劉芳十六歲。帶有南學基礎的劉芳，一邊爲人備書，一邊篤志向學，南北交融，熠熠生輝，成爲當時北朝之學的中流砥柱。當然，這也和當時北朝對教育的提倡以及學術風氣有關。據《魏書·梁越傳》載："顯祖天安初，詔立鄉學，郡置博士二人，助教二人，學生六十人。後詔：大郡立博士二人，助教四人，學生一百人；次郡立博士二人，助教二人，學生八十人；中郡立博士一人，助教二人，學生六十人；下郡立博士一人，助教一人，學生四十人。太和中，改中書學爲國子學，建明堂辟雍，尊三老五更，又開皇子之學。及遷都洛邑，詔立國子太學、四門小學。""高祖欽明稽古，篤好墳典，坐輿據鞍，不忘講道。劉芳、李彪諸人以經書進，崔光、邢巒之徒以文史達，其餘涉獵典章，關歷詞翰，莫不縻以好爵，動貽賞眷。於是斯文鬱然，比隆周、

---

① 朱祖延：《北魏佚書考》，鄭州：中州古籍出版社 1985 年版，第 8—11、120—121 頁。

漢。世宗時，復詔營國學，樹小學於四門，大選儒生，以爲小學博士，員四十人。雖黌宇未立，而經術彌顯。時天下承平，學業大盛。故燕、齊、趙、魏之間，横經著録，不可勝數。大者千餘人，小者猶數百。州舉茂異，郡貢孝廉，對揚王庭，每年逾衆。”“漢世鄭玄並爲衆經注解，服虔、何休各有所説。玄《易》《書》《詩》《禮》《論語》《孝經》，虔《左氏春秋》，休《公羊傳》，大行於河北。王肅《易》亦間行焉。晉世杜預注《左氏》，預玄孫坦、坦弟驥於劉義隆世並爲青州刺史，傳其家業，故齊地多習之。自梁越以下傳受講説者甚衆。”

劉芳是在這樣的時代和地域學術背景下，從事治學的。現在已經無法知道，劉芳在南朝的時候已研治韋昭注《國語》，還是到了北朝之後纔治《國語》。但至少可以證明，韋昭注《國語》在北魏時期已經傳入北朝，且有相應的研究成果出現。

《國語》研究者中，李步嘉較早注意到劉芳《國語音》，備引《魏書》文字以爲梳理，最終發出“惜劉芳音今之不傳”[1] 的浩歎。

(二) 唐人《國語音》

宋庠《國語補音敘録》云：“先儒未有爲《國語》音者。蓋外内《傳》文多相涉、字音亦通故也。然近世傳《舊音》一篇，不著撰人名氏。尋其説，乃唐人也。何以證之？據解‘犬戎樹惇’引‘鄩州羌’爲説。夫改善鄩國爲州，自唐始耳。然其音簡陋不足名書，但其間時出異聞，義均雞肋。”李步嘉對宋庠“先儒未有爲《國語》音”的説法提出批評，謂宋庠並未注意到劉芳《韋昭注國語音》，這是對的。宋庠對《舊音》的評價，有過於貶低之嫌。但他完全保留《舊音》條目，爲後世留下了比較完整的資料，這是難能可貴的。

清代馬國翰根據宋庠《國語補音》的體例，輯出《國語音》一卷，收在“補經編·春秋類”中，於書前撰有序云：“庠多空言，排斥似未

爲允論也。"① 對宋庠過於貶低《舊音》的學術價值提出了批評。檢馬國翰序全文，基本撮録宋庠《敘録》而成，無關大要。但他對宋庠排詆《舊音》的言論進行了批評，這是值得稱道的。

民國時所編《續修四庫全書提要》對馬國翰輯本《國語音》進行了著録，撰者爲沈兆奎②，對馬國翰輯本所據底本、《舊音》引書、輯本價值等進行了比較客觀的評價。

1.《舊音》的内容

本書原名當爲《國語音》而非《舊音》，宋庠以"舊音"名之，有兩層意思：其一，該書流傳較久，在宋庠看來屬於舊已有之；其二，宋庠需要在舊音的基礎上補充擴展，相對於宋庠的《補音》而言，此音當以"舊"字稱之。馬國翰改爲《國語音》，至當。

《舊音》的内容和音義類著作基本相同，校勘異文、解釋詞語、標明音讀、辨析文字、揭明世系是其主要内容。

（1）校勘異文

《舊音》保存了一定數量的異文，如上文所引的以賈逵、唐固、孔晁注本爲區别標記的異文。此外，還有《國語》其他各本的異文或《舊音》作者當時習見的異文。

①或作、或爲之例

《舊音》在行文中，以"×或作×"或"×或爲×"，保存了一定數量的異文材料。"或作""或爲"之間的區别不大，以異體字、同音字、同義詞爲主，也包括形近字等。

異體字，如："注鮌也，古本反，禹父也，或作'骸'。""注并幹，并或爲'併'，下古旱反。""注二十贙，贙或爲'嚚'。""之慽，胡暗反，或爲'憾'。""注蚌，音捧，或爲'蜯'。"

①　（清）馬國翰：《玉函山房輯佚書》，上海：上海古籍出版社1989年版，第2972頁上。

②　沈兆奎（1885—1955），字無夢，號羹梅，吳江人。曾作爲隨員赴日本考察教育，民國後曾任大理院書記官、司法部秘書、河南煙草局局長等，1949年以後就職於上海文物保管委員會。與張允亮、徐森玉同爲傅增湘"藏園三友"。著有《無夢庵詩》《無夢庵詞》《無夢庵文》《江西青雲譜志》等，參加了《續修四庫全書總目提要》《清儒學案》的編纂以及《晚晴簃詩匯》的校勘工作。《續修四庫全書總目提要（稿本）》，濟南：齊魯書社1996年版，第22册，第230頁。

同音字，如："爲摯，音至，或爲'贄'。""注觳，户交反，或爲'嶚'。""榆，音渝，本或爲'渝'。""注毁隃，音踰，或作'愉'。""講貫，古患反，或作'慣'。""懰民，户圭反，或作'攜'。""祠服，音均，或爲'均'。""既鎮，音田，或爲'填'。""無斃，音斃，或爲'敝'。""不孫，音遜，或爲'遜'。""君楫，音揖，或作'揖'。""注纍祖，力追反，或爲'纝'。""苟僖，音熙，或爲'釐'。""佐雒，一容反，或作'饔'。""注左偭，音偃，或作'鄢'。""注鼓鈞，音均，或爲'均'。""不憺，音攜，或爲'攜'。""魚蟜，音矯，或爲'矯'。""注于鄑，或作'欘'，音醉。""辨夭，音妖，或爲'妖'。""注橐皋，音託，或爲'洛'。""獮惇，獮或作'彌'，下音敦。"

古今字，如："餚烝，户交反，或爲'肴'。""注賈重，音稼，或作'價'。""注殷溟，米丁反，或作'冥'。""秸，或作'藉'。""苛我，音何，或爲'荷'。""不知，音智，或爲'智'。""厭，一閻反。或爲'饜'。""之卬，牛亮反，或爲'仰'。""注麗姬，麗，或爲'驪'，力移反。""之虚，音袪，或爲'墟'。""荆壓，音鴨，本或作'厭'。""注叔嚮，音向，或爲'向'。""注知起，音智，或爲'智'。""無厭，一閻反，或爲'饜'。""莫隊，音墜，或爲'墜'。"

同義詞，如："疾顛，丁田反，或作'債'。""注辨瞭，音了，或爲'察'。""可捐，音月。又五括反，本或爲'損'。""修遠，或爲'悠'。"

形近字，如："而函，音咸。或爲'舀'，音滔。"

②《國語》其他傳本異文

明確標注爲《國語》其他傳本異文的，如："注威之，火悦反，從火戌，謂陽氣至戌而盡。諸本或作'滅'。""脅骿，上朽業反，下步田反，再檢'骿脅'，諸本多作'骿'。""而瘊，昌爾反。《説文》訓廣，而引此文，非義也。或昌也反。注云：'傍擊。'頗近之矣。又諸本多爲'瘴'，土佐反。《説文》：'馬病也。'亦會傍擊之義。"

③他書引文異文

引述他書引文作爲參照。如："聆隧，音琴。《禮》《傳》疏引此文作'黔'。"

④他書異文

引述他書異文作爲參照。又分爲小學書，和《國語》内容有重合的《左傳》《史記》等典籍。

引小學書異文作爲參考的有："注復陶，復，芳目反，《字林》作'蝮'。""鎛本，《字統》爲'碑'，音端，《字苑》音劓。"

引經籍異文作爲參考的有：A. 引《左傳》異文的，如："注于鄄，音絹。《内傳》作'甄'。""苟檜，古外反。《内傳》作'會'，本亦無此'檜'字，但從《傳》，未知孰是。""而澌，口曷反。今以'渴'之'渴'代'竭'，以'竭'之'竭'代'渴'。《左傳》及孔晁注並爲'愒'。""咯血，《左傳》作'嘔'，並一口反。賈逵曰：'面汙血曰嘔，或曰咯血爲嘔。'孔晁作'喀'，音客。""注苟櫟，音歷。《左傳》作'躒'。""雛俞，《左傳》作'榆'。""注輕挑，音桃。《左傳》作'窕'，賈作'佻'。"B. 引《尚書》《周禮》《禮記》等其他經籍異文的，如："于郜，音皓。《尚書》作'鎬'。""螭蛾，上音汭，下音蟻。《周禮》《禮記》皆爲'蟻'。""諓諓，以淺、子淺二反，善言也。《尚書》從'諞'音辨，乃佞人之言也。"C. 引《史記》或其他相關典籍異文的，如："注母涼，《史記》作'閭'。""注山繅，祖沖之《述異記》作'獴'。"

⑤辨明文字

此外，還有辨明正文用字的例子。如："匱神之祀，讀者以'之'爲'乏'，然匱是乏義，無宜重也。"《國語》有以"匱神乏祀"者，《舊音》認爲"匱""乏"同義，如果是"乏"字，語義重複了，因此認爲此處字當作"之"。又如："奚啻，音式豉反，韋作'諦'，誤也。"今檢韋注云："奚，何也。何啻，言所聞非一也。"並未改變。或《舊音》時代所見韋注本《國語》有"啻"字作"諦"者。從"口"從"言"之字每多混用，致有此誤。"黄能，乃來反，或作'熊'。熊非入水之獸。能，三足鼈也。按《説文》《字林》皆云：'熊，屬也，足似鹿。'今作'能'爲勝。""能""熊"字形相近易混誤，《舊音》從詞義辨析入手，以“能”爲貼合文義語境之字。

⑥揭明《國語》其他傳本字誤

直接揭明他本異文錯誤，如：“之裂，音例。《説文》：‘餘也。’諸本爲‘褢’者誤。”“注蓑薜，上音梭，又小回反，下步戾反。諸本或作‘襞’，誤。”“配亨，如字，虛庚反。諸本多誤爲‘享’。”“注帑藏，上天朗反，下才浪反。字從子者音奴。或爲‘弩藏’者誤也。”“依槃，音柔。《説文》曰：‘和田也。’或爲‘國’者誤。”“注橐皋，音託，或爲‘洛’。諸本爲‘柘’，之夜反，誤也。”所揭明各本誤字大致包括形似和音同兩種。

（2）解釋詞語

顧名思義，揭明語義、商榷舊注是音義類著作主要内容之一。從形式上而言，《國語舊音》解釋詞語有直陳語義、引他書揭明語義、引《國語》其他注解揭明語義、引他書例句作爲補充説明等形式。

①直陳語義

所謂直陳語義，就是不藉助其他典籍材料，直接進行解釋。根據解釋對象，大致可以分爲：A. 解釋人物。如“祭公，莊界反。周公之後。”“注以契，小列反。商祖也。”“注鮌也，古本反，禹父也，或作‘骸’。”“注寺人披，匹皮反。閹官也，一名伯楚，文公時爲勃鞮，勃鞮亦官名。”B. 解釋性狀。如：“耆艾，上音祁，東齊人謂尊爲耆艾。”此説實據《方言》，檢《方言》卷六云：“叟、艾，長老也。艾，老也。東齊、魯、衛之間，凡尊老謂之叟，或謂之艾。”“注中退，音退。柔和貌也。”[1]“分族，扶問反。一爲‘介’。介，大也。言大族於周。”[2]“注嬖大，必計反。賤而得幸曰嬖。”今檢《玉篇·女部》引《春秋傳》曰：“賤而獲幸曰嬖。”又陸德明、李賢引《謚法》曰：“賤而得愛曰嬖。”C. 解釋動詞。如：“注威之，火悦反，從火戌。謂陽氣至戌而盡。諸本

---

[1] 今檢《漢語大詞典》“退”字義項8“柔和貌”下引韓愈《劉統軍碑》“幼如舒退，少長好事”爲例句。若《舊音》所述不誤，則韋注例子比韓愈用例早。

[2] 毛傳：“介，大也。”

或作'滅'。"《舊音》之釋本《說文》。D. 解釋謚號。如："注赧王，
女限反。慙恥之號也，《謚法》無之。"今檢《說文·赤部》："赧，面慙
赤也。周失天下於赧王。"《舊音》之釋本《說文》。E. 解釋器具。如：
"罟麗，上音獨，下音鹿，小網也。""襏襫，上音鉢，下音釋。蠻夷
衣。""韅盾，上丘位反，繡韋也。""注二十罋，汲器也。"F. 解釋動
物。如："注山繰，音騷。唐、賈、孔並同。祖沖之《述異記》作
'猱'。富陽有之，人面獶身，一手一足，俗云能知人姓名，必中傷之。"
"龍犺，斶、書二音。犺，龍尾也。"G. 解釋數字。如："注挾日，子愜
反。又音匝。自甲至癸，凡十日爲挾。"

　　②引他書揭明語義

　　《舊音》多處往往引他書揭明語義。引據之書，以小學書爲主，也
包括其他典籍注釋或者通人說法。如："惇篤，丁昆反。《爾雅》云：
'惇，厚也。'""瘴憒，丁佐反。《方言》：'楚謂怒爲瘴。'晁云：'瘴
起，憒盛也。盈滿，震動也。言陽氣起而盛滿，則震動發也。'""伐夭，
音夭。孔傳《尚書》云：少長曰夭。""鯤，音昆。賈曰：'魚子也。'
《莊子》曰：'大魚之名。'""執枹，音浮。《字林》云：'擊鼓槌也。'"
"枷芟，上音加，下音衫。《淮南》謂之柍。許慎曰：'枷，連枷也。'
《方言》曰：'自關而西或謂之拂，音弗。'《廣疋》曰：'柫，謂之枷。'
賈逵曰：'柫，所以擊也。'又音嫁。《禮》曰：'男女不同椸枷。'今爲
架。""疾耰，音優。《說文》：'摩田器也。'""槍刈，上音鏘，下音乂。
《說文》：'槍距也。一曰推槍，所以平土也。'《倉頡篇》曰：'木兩頭
銳者也。'""既鎮，音田。或爲'填'。《廣雅》云：'填，塞也。'賈逵
曰：'填，加也。'又'填之以土'。""黃能，乃來反，或作'熊'。熊
非入水之獸。能，三足鼈也。按《說文》《字林》皆云：'熊，屬也，足
似鹿。'今作'能'爲勝。"所引之書，有《爾雅》《廣雅》《方言》《說
文》《倉頡篇》《字林》等小學書，又有《尚書》孔傳、《莊子注》等經
典文獻名注。

　　③引《國語》其他注解爲釋

　　《舊音》在辨析語義的時候也引述《國語》其他注解爲釋。如"瘴

憒"條引孔晁注。又如："一墢，鉢、伐二音。賈逵曰：'粗廣五寸，二粗爲耦，一墢深尺。'""注母涼，音梁。賈注：'母，無字。'《史記》作'閭'。""穽鄂，上音静，賈曰：'陷也。'下音愕，柞格也，所以誤禽獸。""洄涕，音恂。賈云：'恂，彈也。'""至挾，音叶。賈逵曰：'挾行也。'"所引爲賈逵注和孔晁注，以賈逵注爲多。

④既引他説，又引例句補充

《舊音》有既引他説揭明語義，又引他書例句爲補充者。如："鮞，音而。《説文》及賈竝曰魚子。《吕氏春秋》：'魚之美者，有東海之鮞。'"既引述《説文》和賈逵注文爲釋，又引《吕氏春秋》例句作爲説明。

⑤引他書作爲輔助理解

有引他書爲例輔助語義理解者。如："注禘祫，上音弟，下音洽。《禮緯》曰：'三年一祫，五年一禘。'"引緯書爲例。

⑥辨明韋注

有辨明韋注者。如："犬戎樹惇，注云：'樹，立也。言戎立性惇樸。'據下文云'守終純固'一也，言戎天性專一，義與惇樸不殊，非本旨也。按鄠州界外羌中見有樹惇，蓋是犬戎主名明矣。"

⑦保存異説

保存異説。如："注洒洒，相承音銑，非也。注云：'寒貌。'或爲説：按《本草》爲色洗，洗是寒貌。"

從《舊音》保存《國語》語義解釋而且某些解釋和韋注相同這一點上可見，《舊音》是單行的。

（3）標明音讀

標明音讀是《舊音》的主要内容。用反切，或用直音，以直音爲主。反切以"××反"出之，直音以"音×"出之。

音讀多數直接標出，有少數引述他人。如："允王，左氏于況反。""注戮，音六。嵇康、吕静音留，《字林》音遼。"

有的揭明讀音標示的依據，如："注共和，注'厲之亂，公卿相與共和而修政事'。按《汲冢書》，共音恭，共伯名和。"實際上是駁斥韋注。

　　撮録《國語》或韋注原文二字皆需標注讀音者，則以"上××反，下××反"或"上音×，下音×"以示區別。

　　又有一字多音者，亦標出之，如："注姪娣，上大結、直乙二反，下音第。"又如："輯睦，'集''緝'二音。""注姑洗，如字，或音小典反。""注眩瞀，茂、務、邈三音。"分別標記"姪""輯""洗""瞀"的多個讀音。

　　又有一字多音，注明字之所在者，如："將殺，音申志反，後'虐上爲殺'同，餘皆如字。"

　　又有別音，亦指出之，如："注鳴璆，音球，俗音虯。"指出"璆"之俗音。

　　又有多音字，在每個音注後面標明意義或用法的。如："注公倭，一禾反，東國名。又一皮反，《詩》曰：'周道倭遲。'""稡，音策。或作'籍'。又士亦反，與《莊子》'擉鼈于江'音同。擉，音士角反。""蕃殖，音植。注：'殖，長也。蕃，息也。'按《廣雅》云：'殖，積也。'《説文》云：'殖，脂膏久也。'一音職，《考工記》'樴'爲'脂'，共音'職'。夫以蕃既訓息，殖乃無宜又訓長也。孔子曰：'賜不受命而貨殖焉。'謂蓋藏積而不用如脂膏久而致脂也。孔注《尚書》'弗殖貨利'，乃以'殖'爲'植'，訓之爲生，殆不然矣。""而瘏，昌爾反。《説文》訓'廣'而引此文，非義也。或昌也反。注云：'傍擊。'頗近之矣。又諸本多爲'瘥'，土佐反。《説文》：'馬病也。'亦會傍擊之義。""苹驔，上音浮。下音隗，山名也，在密縣。又音愧，謂馬淺黑色。""耨，乃豆反。《世本》曰：'垂作耨。'《釋器》曰：'斸斸謂之定。'丁脛反。《廣雅》曰：'定謂之耨。'賈逵曰：'耨，鎡錤也。'《吕氏春秋》曰：'耨六寸，所以間稼。'《纂文》曰：'耨如鏟，柄長三尺，刃廣二寸，以刺地除草。'《釋名》曰：'所謂耨鉏，薅禾是也。'""隙間，音澗，訓空隙。音閑，則訓防禁也。""郇櫟，上音詢，下音躒，晉地也。按《左傳·桓十五年》：'鄭伯突入于櫟。'音歷，在陽翟。《漢書》：'高祖初都於櫟。'音藥，在高陵。凡有三音。"

又恐不能精準標注，標反切復以直音出之者，如："以暴，步木反，音瀑。"

凡下文重複出現的語詞語音相同者，往往注明之，如："大惡，一故反。注及下竝同。""注賓見，乎徧反。下'而見''一見''來見'竝同。""注以風，方夢反。下注'風誦'同。""薦罍，丑亮反。卷內同。""注裸器，音古亂反。下同。"

正文與注文讀音不同者亦指出，如："傳語，音禦，注音馭。"

闡明讀音改變原因。如："而不悖，步沒反。梁主以佛有悖音，乃改悖爲背。"

有注音兼釋義者，如："以司，音伺，古字通。"

有引他書爲例，爲例句中文字注音者，如："其鎛，音博，田器也。《詩》云：'痔乃錢鎛。'又曰：'其鎛斯趙。'趙音掉，痔音峙，錢音剪。"

（4）分析文字

①對文字結構進行分析

如："注烕之，火悦反，從火戌，謂陽氣至戌而盡。諸本或作'滅'。"今檢《説文·火部》："烕，滅也。從火戌。火死於戌，陽氣至戌而盡。"可見，《舊音》此處的文字結構分析實際上出自《説文》，而非《舊音》自撰。

②對文字收録進行揭示

如："注踸蹇，《説文》《字林》《玉篇》《珠叢》並無'踸'字，義與'蹳'同，音盤。"今檢《宋本玉篇·足部》有"踸"字，或爲後增入者。《龍龕手鑑》有"踸"字。

③通過語義解釋辨析文字

此類較少，如："僮子，音同。古以童字爲隸，以僮爲穉，與今反。""童""僮"音同可通。今檢《説文》云："童，男有辠曰奴，奴曰童，女曰妾。""僮，未冠也。"《廣韻·上平·東》云："僮，童僕。"《類篇·人部》"僮"字條下引《説文》"未冠也"，仍存古訓。

④揭示文字關係

《國語》中往往有通假現象存在。《舊音》亦時時爲指出。如："王

説，古‘悦’字。”“注夙蚤，古‘早’字。”“注傲幸，古堯反，通作
‘徼’。”“注闓，古‘開’字。”

又有異體字或古今字等，亦揭出之。如：“注享食，古‘飼’字。”
“有崈，古‘崇’字。”“注沇，古‘流’字。”“注宣徧，古‘遍’字。”
“桌，篆文‘栗’字。”“注圜丘，古‘圓’字。”“雍，即‘乘’字也。”
“注鎛鉏，古‘鋤’字。”“乏虆，古‘薦’字。”“氾舟，古‘汎’字。”
“夜陳，今作‘陣’。”“綠衣，鄭爲‘褖’，士免反。”“注大鎌，音廉，
俗作‘鐮’。”

（5）揭明世系

《舊音》於周、魯、齊、晉、鄭、楚、吳、越，每語之下，引述杜
預《世族譜》以及相關資料，明其世系。如下：

> 周，杜預《世族譜》云：“黃帝之苗裔，姬姓，后稷之後，封
> 於有邰。其後世衰，后稷之子不窋乃失其職，竄於西戎。至十有二
> 代孫，曰太王，爲狄人所逼，邑於岐山之下居焉。王孫文王受命，
> 武王克殷而有天下，傳至幽王，無道，爲犬戎所殺。幽王子平王東
> 遷，乃居王城。”

> 魯，姬姓國也，成王封叔父周公之子伯禽於曲阜，是爲魯公。

> 齊，黃帝之胤也，昔伯益爲堯四岳，佐禹治水有功，委以心膂，
> 因而受姓焉。或曰封於申，或曰封於呂。呂尚則其後也，佐周滅紂，
> 封之於齊，蓋少昊之墟、蒲姑之野，都於營丘。《禮記》所謂“太
> 公封於營丘”是也。

> 晉，姬姓之國，周成王母弟叔虞所封之地，本太岳之野，夏禹
> 所都之墟，南臨晉水。後叔虞子燮父封爲晉侯，至十代孫昭侯始弱
> 分國，封其叔父成師於曲沃，是爲桓叔。桓叔寖强，晉潘父殺昭侯，
> 而納桓叔，不克，晉人乃立昭侯之子孝侯於翼，更爲翼。其後，桓
> 叔之子莊伯伐翼，殺孝侯，翼人又立其弟鄂侯。鄂侯之子哀侯爲莊
> 伯子武公所滅，盡有晉地，以其寶器賂周王，王命武公爲晉君，而
> 始列於諸侯。

鄭，杜預《世族譜》云："鄭，姬姓，周厲王母弟桓公友之後也，封於咸林，今京兆鄭邑是也。幽王無道，乃徙其人於虢、鄶之間，遂有其地，今河南新鄭是也。"

楚，《史記·楚世家》：顓頊之後也，陸終生六子，少曰季連，芈，後姓。至鬻熊爲文王，師成王，封熊繹於楚，居丹陽。宋忠曰："丹陽郡在枝江縣。"至楚文王，自丹陽徙於郢，在南郡江陵縣也。

吳，太伯之後也，周太王少子季歷賢，將立爲嗣。太伯，太王之長子也，乃讓季歷而奔荆蠻，文身斷髮示不可用。是爲句吳。宋忠曰："句吳，太伯所居之地。"

越，《史記·世家》：越，夏禹之後，少康庶子也。封於會稽，以奉禹之祀，斷髮披草萊而邑焉。《周禮》職方氏掌之國，在海中。郭璞云："越，即西甌，今建安都是也。亦曰蛇種。"

2.《舊音》的學術價值

作爲唐代的一部音義著作，《舊音》具有輯佚價值、古書勘校價值、音韻學價值、訓詁學價值和文字學價值。

（1）輯佚價值

如沈兆奎所云："《舊音》所引者，有李斯《倉頡篇》、服虔《通俗文》、呂忱《字林》、呂静《韻集》、何承天《纂文》、諸葛穎《桂苑珠叢》並後世不傳之笈。"説明《舊音》所引的部分典籍已經亡佚，賴《舊音》等典籍得以保存吉光片羽。如任大椿《字林考逸》卷六"能"字下即引《國語補音》卷三作爲輯佚材料來源。

此外，《舊音》所引賈逵、孔晁注，以及《舊音》所引賈逵注本、唐固注本、孔晁注本資料，皆具有輯佚價值，爲我們瞭解賈逵等人注本的實際面貌提供了依據。即便是韋昭注本《國語》，《舊音》也提供了不同於今本的信息，如"奚齊"條，謂韋作"諦"即是。

（2）古書勘校價值

《舊音》所引古書較多，所引典籍文字和今傳版本有一些差異，爲古書勘校提供了材料和視角。如《舊音》引《説文》云："殖，脂膏久也。"今傳《説文》多本"久"後有"殖"字。又《舊音》引孔注《尚書》"弗殖貨利"，今傳《尚書》"弗"作"不"，而《群書治要》《長短經》引《尚書》字則作"弗"。又《舊音》引《方言》："楚謂怒爲瘅。"今檢《方言》第六云："戲、憚，怒也。齊曰戲，楚曰憚。"又《舊音》引《釋名》曰："所謂耨鉏，薅禾是也。"今檢《釋名·釋用器》云："耨以鉏，嫗耨禾也。"《舊音》引《説文》："槍，距也。一曰推槍。"今檢《説文·木部》云："槍，歫也。一曰：槍，欀也。"引郭璞云："越，即西甌，今建安都是也。"今"都"字作"郡"。無論對勘校《舊音》引書，還是勘校《舊音》本書，都是具有積極意義的。

（3）音韻學價值

《舊音》是音義著作，標音、辨音是其主要職能。《舊音》中的直音和反切材料成爲音韻學研究的重要材料。根據張以仁統計，《舊音》"標注字音凡一千一百餘處，直音的有六百餘處"，數量還是比較豐厚的。張以仁通過考校，認爲《舊音》"的系統，和《切韻》一系並不十分吻合"①。

（4）訓詁學價值

《舊音》解釋了很多詞語，有的繼承前人，也不乏自撰者。爲研究《國語》訓詁提供了視角，也爲訓詁學史研究或者音義學術史研究提供了資料。

（5）文字學價值

《舊音》在臚列異文過程中，對一些漢字之間的關係進行了闡明。保存了一批漢字應用史料，爲漢字學和漢字應用研究提供了材料。

五、柳宗元《國語》研究

柳宗元（773—819），字子厚，河東人。唐代著名的文學家、思想

---

① 張以仁：《國語舊音考校》，載於氏著《國語左傳論集》，臺北：東昇出版事業公司1980年版，第184頁。

家，其著作有《柳河東集》傳世。劉大傑認爲："柳宗元是唐代現實主義的散文家，進步的思想家。他是韓愈散文運動有力的支持者、宣傳者，在中國散文史上，有重要的地位。"① 侯外廬等人認爲："他同時在中國唯物主義和無神論發展史上有重要的貢獻。"②

柳宗元《國語》研究主要著述即《非國語》。李益文等《讀柳宗元的〈非國語〉》等謂："《非國語》完成於八〇九年，也就是永貞革新失敗、柳宗元被貶永州的第四年。"③《柳宗元集校注》也認爲："《非國語》共六十七篇，非一時所作，完稿當在元和四年。"④《隋唐五代經學學術編年》繫《非國語》之作在唐憲宗元和三年（808），直接依據爲清人文安禮《柳先生年譜》"元和三年戊子，有《貞符》《非國語》"之語⑤。李益文等和《隋唐五代經學學術編年》繫年相差一年。

（一）《非國語》寫作背景及寫作動機

柳英英謂："中唐是一個多事之秋，經歷了安史之亂，再也難以恢復到往日的輝煌。與此同時，儒學在漢唐注疏的捆綁之下也逐漸失去了發展的動力。爲了經邦濟世，也爲了重振儒學，啖助、趙匡、陸質等人在學術界掀起了一場'新春秋學'運動。'新春秋學'勇於批判、大膽懷疑，提倡恢復儒學在先秦及漢初經世致用的傳統，在學術界掀起了一股思想解放運動，受到了當時有識之士的關注和贊同。柳宗元本人不但積極投身於這一運動中，而且拜陸質爲師，跟隨其學習春秋學。柳宗元的《非國語》正是"新春秋學"思想影響下的產物。"⑥ 關於寫作目的和動機，柳宗元在《非國語序》以及《與吕温論〈非國語〉書》《答吳武陵論〈非國語〉書》兩封書信中已經闡述得很清楚。《柳宗元集校注》

① 劉大傑：《柳宗元及其散文》，《光明日報·文學遺產》第 219 期。
② 侯外廬等：《柳宗元哲學選集·序》，北京：中華書局 1964 年版，第 1 頁。
③ 李益文等：《讀柳宗元的〈非國語〉》，《西北大學學報》1975 年第 1 期，第 78—83 頁。
④ 尹占華、韓文奇校注：《柳宗元集校注》，北京：中華書局 2013 年版，第 3132 頁。
⑤ 孔德凌、張巍、俞林波：《隋唐五代經學學術編年（下）》，南京：鳳凰出版社 2015 年版，第 695 頁。
⑥ 柳英英：《〈非國語〉——柳宗元述道之作》，《北華大學學報》2015 年第 1 期，第 86—90 頁。

總結云：“文章具有讀後感的性質，先簡引《國語》中的言論，然後加以批評，提出自己的看法。短小精悍，却説理透徹，擊中要害。所涉及的問題則包括哲學、歷史、政治、經濟、文化、道德等各個方面，集中反映了柳宗元反天命、反迷信的唯物主義思想。故柳宗元作《非國語》之意，並非單純針對其書，乃借此以發表自己的思想、見解與看法。”① 此實通達之論。

（二）《非國語》的内容

關於《非國語》的内容及主旨，前人多有揭示。陳祥耀謂《非國語》主旨“尤在申天無意志及鬼神不足信之説”，並舉《料民》《伐宋》《三川震》《卜》諸篇爲證。② 章士釗認爲“子厚最惡稱天以誣人”，“子厚最惡飾禮以欺民”，“言必稱神，肆其迂誕，爲子厚所鄙恥”，“子厚之輕視禮樂，固與墨家非樂、薄葬之義未同”，“子厚惡夫立數核史”。③ 李益文等《讀柳宗元的〈非國語〉》謂《非國語》“通過對儒家經典《國語》的逐條批判，從哲學、政治、經濟、軍事、音樂、禮儀等多方面反映了柳宗元的法家思想，給我們研究柳宗元的整個思想提供了一個綱目”。柳英英認爲：“柳宗元認爲《國語》一書存在有違儒家宗旨的内容，毫無疑問他是從儒者的眼光來看的。”④ 吉林師範大學歷史系注《柳宗元〈非國語〉譯註（選）·前言》謂：“柳宗元運用曲折而又犀利的筆法，從哲學、政治、軍事、經濟、音樂、文化等各方面對《國語》中宣揚的儒家的荒謬説教，進行了尖鋭的揭露和批判。”⑤ 是從其身份立場的角度來看待柳宗元對《國語》的批判。可見，《非國語》的内容涉及多個方面。

---

① 尹占華、韓文奇校注：《柳宗元集校注》，北京：中華書局2013年版，第3132頁。
② 陳祥耀：《外集及〈非國語〉》，氏著《唐宋八大家文説》，福州：福建教育出版社1995年版，第91頁。
③ 章士釗：《柳文指要》，北京：中華書局1971年版，第952—978頁。
④ 柳英英：《〈非國語〉——柳宗元述道之作》，《北華大學學報》2015年第1期，第86—90頁。
⑤ 吉林師範大學歷史系注：《柳宗元〈非國語〉譯註（選）》，北京：人民文學出版社1976年版，第2頁。

1. 《非國語》篇目

今以《非國語》六十七篇與《國語》篇次對應，《國語》章目篇次用上海師大校點本。

《非國語》篇次	《國語》篇目卷次			《非國語》篇次	《國語》篇目卷次		
滅密 1	一・2	5	15	獲晉侯 35	九・6	5	
不藉 2	一・6			慶鄭 36	九・8		
三川震 3	一・10			乞食於野人 37	十・1	8	
料民 4	一・9			懷嬴 38	十・9		
神降於莘 5	一・12			筮 39	十・11		
聘魯 6	二・8	3		董因 40	十・12		
叔孫僑如 7	二・9			命官 41	十・15		
郤至 8	二・10			倉葛 42	十・16		
柯陵之會 9	三・1	7		觀狀 43	十・19		
晉孫周 10	三・2			救饑 44	十・20		
穀洛鬬 11	三・3			趙宣子 45	十一・3	3	
大錢 12	三・5			伐宋 46	十一・4		
無射 13	三・6			鉏麑 47	十一・5		
律 14	三・7			祈死 48	十二・9	2	
城成周 15	三・9			長魚矯 49	十二・11		
問戰 16	四・1		7	戮僕 50	十三・3	1	
躋僖公 17	四・11			叔魚生 51	十四・3	8	
莒僕 18	四・12			逐欒盈 52	十四・1		
仲孫它 19	四・16			新聲 53	十四・7		
殯羊 20	五・9			射鶪 54	十四・8		
骨節專車楛矢 21	五・18、五・19			趙文子 55	十四・16		
輕幣 22	六・8		1	醫和 56	十四・17		
卜 23	七・2	3	37	黃熊 57	十四・19		

續表

《非國語》篇次	《國語》篇目卷次			《非國語》篇次	《國語》篇目卷次		
郭偃 24	七·2			韓宣子憂貧 58	十四·20		
公子申生 25	七·4			圍鼓 59	十五·2	3	
狐突 26	七·9	4		具敖 60	十五·3		
虢夢 27	八·3			董安于 61	十五·7		
童謠 28	八·5			祝融 62	十六·1	1	
宰周公 29	八·6			褒神 63	十六·1		
荀息 30	八·8			嗜芰 64	十七·3	1	3
狐偃 31	八·8			祀 65	十八·2	2	
輿人誦 32	九·1			左史倚相 66	十八·7		
葬恭世子 33	九·2			伍員 67	十九·5	1	
殺里克 34	九·3						

　　以上海師大古籍整理組點校本《國語》分章作爲標準的話，《非國語》67 篇，摘録自《國語》65 章，其中《周語》15 章，《魯語》7 章，《晉語》37 章，《楚語》3 章，《齊語》《鄭語》《吳語》各 1 章。有合《國語》二章爲一者，如第 21 篇；也有析《國語》一篇故事爲二者，如第 23、24 章，第 30、31 章，第 62、63 章。其臚列次序大致和今傳《國語》篇卷次序相應，但也有不同者，如第 3 篇和第 4 篇在《國語》中正好次序顛倒，第 51 篇和第 52 篇在《國語》中次序顛倒。不知道柳宗元別有深意，還是無意爲之。

　　首先，這是《國語》研究著述第一次較爲集中的立目。《國語》本書原無立目，此前《國語》研究著述囿於體例，亦皆未有篇目。《非國語》立目相對簡單，大致依照《國語》篇卷次序依次臚列，揭示了所撮録《國語》篇章的内容。67 個標題中，以動詞參與標目的篇題有 29 個，占了 43.3%；其他則爲名詞參與標目。動詞參與標目的，一般以動賓形式標目，也有以狀中形式或獨立動詞形式標目的，基本概括《國語》相關篇章的主要内容。另外，名詞作標目的比較複雜，有人名、職業或職官名、神仙名、山名、會盟名等等，揭示篇章涉及的主要事物。篇題爲人名者往往以言論爲主，其他則爲事類。

其次，可以看出柳宗元對《國語》某些篇目措置的看法以及對某些篇章分合的意見。前者如"倉葛"一篇，柳宗元没有放在《周語》討論，而是置於《晉語》部分討論。顯而易見，認爲《國語》"倉葛"錯出在《周語》，故而不在《周語》討論。這一處理反映了柳宗元在批評《國語》過程中，對《國語》篇章問題的具體認識。此外，"骨節專車楛矢"在《國語》原書中是兩章，柳宗元放在一個題目下討論，究其原因，恐怕因爲二者宣揚的主題相同，即都在贊頌孔子的博物。這種處理方式，對合理認識《國語》篇章的沿革以及篇章的重新釐定是有參考價值的。

2. 《非國語》內容

陳揚炯主要從法治思想和"反天命"的唯物主義觀點兩個角度對《非國語》內容進行了評述。[1] 上海師範大學中文系一（三）班、吳淞煉焦制氣廠工人理論隊伍《唐柳宗元〈非國語〉淺評》從反天命思想、法治思想、重農思想三個方面對《非國語》內容進行評析。[2] 牛寶彤編著《唐宋八大家通論》從哲學、政治、軍事、經濟、文化等方面對《非國語》內容進行介紹。認爲柳宗元在哲學方面主要批判"天人感應論"和迷信思想，政治方面主要"表現柳宗元富於改革精神的政治主張"，軍事方面主要涉及戰爭的決定因素、戰爭失利的原因等等，經濟方面論述"都是古爲今用，有感而發，具有很强的現實性"，音樂上"否定了'聖人制禮作樂'的傳統觀念"，代表著進步的藝術觀念。

柳宗元認爲密康公之母讓兒子獻三女的行爲"非正"，藉千畝爲"禮之飾"，認爲山川是"天地之物"，"自動自休，自峙自流"，"自鬪自竭，自崩自殃"，非關天道人事，認爲仲山甫以料民諫實際上是"愚

---

[1] 陳揚炯：《一部尊法反儒的戰鬥作品——讀柳宗元的〈非國語〉》，《光明日報》1974 年 8 月 15 日。亦見《讀一點法家著作》，鄭州：河南人民出版社 1974 年版，第 82—91 頁。

[2] 上海師範大學中文系一（三）班、吳淞煉焦制氣廠工人理論隊伍：《唐柳宗元〈非國語〉淺評》，油印本。

其君”，認爲神降於莘實際上是“力不足”，進而暴露了《國語》作者的
“迂誕”，認爲劉康公精準推斷二君、三君之説爲虚誕，認爲王孫説爲周
天子所出謀略“未必周之福”，認爲左丘明記載郤至之事多有附會，認
爲單襄公推斷晉國君臣之言類乎“巫史”，認爲單襄公論晉周之十一德
“合天地之數”非“德義之言”，認爲王室之亂和穀雒鬭無關，對單穆公
時代的周朝幣制持懷疑態度，認爲單穆公以樂器附會政事、伶州鳩以樂
律附會人事、師曠以説新聲即謂“公室其將卑”是不可信的，認爲衛彪
傒“當身”“速及”之説近乎巫史，必“追爲之”，認爲曹劌所論可謂
“知戰之本”，然其言猶可商，認爲展禽之言不當有，認爲里革“更書”
的處理方式“直”，認爲仲孫它之父在而仲孫它自作主張，“未適乎中
庸”，認爲瀆羊之説“誣聖”，認爲左氏取“骨節專車楛矢”之舉實“知
聖人也亦外矣”，認爲齊桓公的舉動非僅“輕幣”可以概括，確乎有其
“仁義”在，認爲史蘇之卜“害於道”，認爲郭偃“讒口之亂不過三五”
的言論“愚誣”，認爲公子申生“不敬”“不孝”“不忠”“不貞”，認爲
狐突之舉非可以“善深謀”視之，認爲虢之亡不在於夢，認爲童謡無可
取之處，認爲宰周公的言論偏頗不可取，認爲荀息之言非中非正，認爲
狐偃不讓重耳趁獻公死去之機回晉國是“迂”，認爲郭偃“衆口，禍福
之門”的言論“愈陋”，認爲改葬恭世子而國人誦之事屬於後人追記，
認爲郭偃“不祥罷天之罰”的説法屬於“遷就而附益”，認爲公孫枝之
言使得秦穆公“舍大務小、違義從利也甚”而“霸之不能”，認爲慶鄭
雖罪當誅而其仍可用，而夷吾不能用之，認爲子犯“十有二年必獲此
土”的言論是“後之好事者爲之”，認爲重耳接受懷嬴是權宜之計，而
秦穆公以懷嬴與重耳或“習西戎之遺風”，認爲重耳回國故當受擁戴，
不必依賴卜筮，認爲重耳掌權“取於人事備矣”，不必藉助董因“歲在
大梁”之説，認爲重耳任命官員不根據才能却根據族姓親疏，故“晉國
之政可見矣”，認爲《晉語》復載倉葛或別有深意，否則“則毫矣”，認
爲觀骿脅的是曹國，而晉文公討伐鄭國以“觀狀”爲由是左丘明“多爲
誣者且毫”，認爲箕鄭之言“遠”，認爲趙宣子“輕人之死”，拿別人的
性命作爲驗證韓獻子的方法，“猶不可以爲君子之道”，認爲趙宣子“是

反天地而逆民則也，天必誅焉"的言論不可取，認爲鉏麑置趙盾之大德而不顧，却因爲早朝假寐而停止暗殺行動，不值得稱道，認爲生命長短與祈禱無關，故范文子祈死"亦妄之大者"，認爲左丘明對長魚矯的記載"惑甚"，認爲魏絳殺揚干僕人以示懲戒的方式"非能刑也"，認爲叔向之母因聲辨德"不足書以示後世"，認爲陽畢因樂書殺厲公而罪樂盈是錯誤的，認爲叔向以唐叔射兕的故事來羞辱平公的方式不恰當，認爲秦后子"怠偷甚矣，非死逮之，必有大咎"的説法是荒謬的，認爲醫和是"妄人"，認爲鯀之爲熊是"好事者爲之"，且謂人在生病的時候做一些怪夢是正常的，不必大驚小怪，認爲叔向論"貧"是對的，但是對樂書的評價是錯的，認爲攻城之際叛城投降的情況分三種，並非都不能接受，認爲范獻子不知具敖之名不必慚愧，認爲董安于不受賞會起壞的引領作用，認爲先祖有成就的子孫不一定有成就，認爲所謂"褻神之流禍，是好怪者之爲，非君子所宜言"，認爲内外有別，家庭内部"恩掩義"，屈建去芰是逆舉，認爲祭祀"所以佐教，未必神之"，認爲王孫圉以人爲寶是對的，但是過於誇大了左史倚相，認爲伍子胥的選擇超乎常理。

可見，柳宗元對《國語》的批評帶有隨文評點的性質，所評各篇側重不同，大致以德行、仁義、中正作爲基本標準。所述絕大多數都具有積極意義，但也有一些論點值得商榷。今撮録數條，並引幾家評斷，以見其大致：

　　三川震

　　幽王二年，西周三川皆震。伯陽父曰："周將亡矣！夫天地之氣，不失其序；若過其序，民亂之也。陽伏而不能出，陰迫而不能蒸，於是有地震。今三川實震，是陽失其所而鎮陰也。陽失而在陰，源必塞。源塞，國必亡。若國亡，不過十年，數之紀也。夫天之所棄，不過其紀。"是歲也，三川竭，岐山崩，幽王乃滅，周乃東遷。

　　非曰：山川者，特天地之物也。陰與陽者，氣而遊乎其間者也。自動自休，自峙自流，是惡乎與我謀？自鬭自竭，自崩自缺，是惡乎爲我設？彼固有所逼引，而認之者不塞則惑。夫釜鬲而爨者，必湧溢蒸鬱以糜百物；畦汲而灌者，必沖蕩濆激以敗土石。是特老圃者之爲也，猶足動乎物，又況天地之無倪，陰陽之無窮，以澒洞轇轕乎其中，或會或離，或吸或吹，如輪如機，其孰能知之？且曰："源塞，國必亡。""人乏財用，不亡何待？"則又吾所不識也。且所謂者天事乎？抑人事乎？若曰天者，則吾既陳於前矣；人也，則乏財用而取亡者，不有他術乎？而曰是川之爲尤！又曰"天之所棄，不過其紀"，愈甚乎哉！吾無取乎爾也。

孫望謂："'三川震'闡明了地震川竭是自然現象，是物質運動的結果，它跟人事的盛衰興亡、死生吉凶沒有關係，從而有力地駁斥了反動統治階級宣揚的唯心主義'天命論'和'天人感應'的神學迷信思想。"[1] 柳宗元《非國語》評注組謂："在這篇文章中，柳宗元正面闡述了'天人相分'的唯物主義見解，對唯心主義天命觀進行了深刻的批判。"[2] 劉鑫全謂："柳宗元從觀念意識上，把自然界的'自動自休，自峙自流''自鬬自竭，自崩自缺'視爲獨立運轉的規律。這是對東漢王充物質世界'自生'（自己運動）非'故生'（受天的支配而運動）的繼承和發揮，也是對董仲舒天帝主宰萬物的有力批駁。"[3]

骨節專車楛矢

吳伐越，墮會稽，獲骨節專車。吳子使好來聘，且問之仲尼。仲尼曰："丘聞之，昔禹致群臣於會稽之山，防風氏後至，禹殺而戮之。其骨節專車，此爲大矣。"仲尼在陳，有隼集於陳侯之庭而死。楛矢貫之，石砮，其長尺有咫。陳惠公使人以隼如仲尼之館問之，仲尼曰："隼之來也遠矣，此肅慎氏之矢也。"

---

① 孫望：《柳宗元〈非國語〉譯注（選刊）》，《南京師大學報》1974 年第 4 期。

② 湖南省法家著作注釋研究班柳宗元《非國語》評注組編：《柳宗元〈非國語〉評注》，長沙：湖南人民出版社 1976 年版，第 17—18 頁。

③ 劉鑫全：《昏眼讀〈非國語〉》，天津：天津古籍出版社 2016 年版，第 15 頁。

非曰：左氏，魯人也，或言事孔子，宜乎聞聖人之嘉言，爲
《魯語》也，盍亦徵其大者，書以爲世法？今乃取辯大骨、石砮以
爲異。其知聖人也亦外矣。言固聖人之耻也，孔子曰："丘少也賤，
故多能鄙事。"

劉鑫全謂："左氏與柳氏對上文的理解，都有些各取所需，自以爲
是，都没説到'點子'上。要理解孔子的'弦外之音'，第一要看事情
本身是否真的發生過，即是否靠譜；第二再看'大骨'是什麼動物的遺
骨；最後，孔子的'弦外之音'自會水落石出。"① 劉鑫全進而指出：
"孔子爲何要拿大禹召集諸神開會説事呢？孔子時代，禮崩樂壞，周天
子不靈了！孔子假大禹號令諸神，正是要人們記住當今之天下是誰家之
天下？不要忘了周天子的權威！防風氏遲到了，禹殺了他；如今有誰敢
犯上作亂，不該殺嗎？此其一。其二，能綱紀天下者方爲神，社稷爲公
侯，皆隸屬於王者。言外之意，他們不屬於霸者。弦外音則是警告吳國
企圖憑武力稱霸天下是類同防風氏以身試神威！形同送死。毋庸説，諸
侯稱霸，已經不知幾人。孔子警告的，又不僅僅是吳國了。總之，孔子
論巨骨，時時不忘政治，這讓後人産生很多聯想。一位聖人，也受時代
制約，但他指點江山，引導世風的匠心、苦心或許給今人更多的啟發與
教益。"②

公子申生
申生曰："棄命不敬；作令不孝；間父之愛而嘉其貺，有不忠
焉；廢人以自成，有不貞焉。"
非曰：申生於是四者咸得焉。昔之儒者，有能明之矣，故予之
辭也略。

---

① 劉鑫全：《昏眼讀〈非國語〉》，天津：天津古籍出版社 2016 年版，第 111—112 頁。
② 劉鑫全：《昏眼讀〈非國語〉》，天津：天津古籍出版社 2016 年版，第 113 頁。

柳宗元《非國語》評注組謂：“柳宗元這種反對‘愚忠’‘愚孝’的思想，在當時的歷史條件下，是有進步意義的。但他沒有完全擺脫儒家‘忠孝’的框框，更沒有聯繫路綫鬥爭來深刻揭露儒家提倡‘忠孝’的反動實質，這又表現出他的歷史和階級的局限性。”① 劉鑫全引陸淳《春秋微旨》“申生進不能自明，退不能違難，雖具愛父之心，而乃陷之於不義，俾讒人得志，國以亂離。古人云：‘小仁，大仁之賊也。’其斯之謂歟”，並謂：“申生的死，有很多獨特處。放在當今社會，自知被害，不申辯，不逃避，處處爲君父和驪姬著想，説明沒有政治頭腦，不像個嗣君。諸葛亮説過：‘申生在内而亡，重耳在外而安。’此言耐人尋味。時代不同了，孝道也講求與時俱進。”②

鉏麑

靈公虐，趙宣子驟諫。公患之，使鉏麑賊之。晨往，則寢門辟矣，盛服將朝，早而假寐。麑退而歎曰：“趙孟敬哉！夫不忘恭敬，社稷之鎮也。賊國之鎮不忠，受命而廢之不信。”觸庭之槐而死。

非曰：麑之死善矣。然而趙宣子爲政之良，諫君之直，其爲社稷之衛也久矣，麑胡不聞之，乃以假寐爲賢耶？不知其大而賢其小歟！使不及其假寐也，則固以殺之矣。是宣子大德不見赦，而以小敬免也。麑固賊之悔過者，賢可書乎？

清代李元度《鉏麑論》云：“夫伐國不問仁人，麑果知有忠信，必不肯爲刺客以事無道之靈公。趙盾身爲執政，其人果賢，麑必先知之，而不肯往刺，既夜入其家，則固不知忠信爲何物矣，而謂片時之恭敬，遂足格盗必而使之視死如歸，無是理也。且麑不忍刺盾，詭稱將剚刃而或覺焉，又或力言盾之賢以保全之，公未必罪麑也。必慮棄君之命爲失

① 湖南省法家著作注釋研究班柳宗元《非國語》評注組編：《柳宗元〈非國語〉評注》，長沙：湖南人民出版社1976年版，第111頁。
② 劉鑫全：《昏眼讀〈非國語〉》，天津：天津古籍出版社2016年版，第129、131頁。

信，抑思君之命，果治命邪，亂命邪？況既觸槐死矣，'不忘恭敬'數語，又誰聞而誰述之邪？《公羊傳》書此事，謂入其門無人門焉者，入其閨無人閨焉者，上其堂則無人焉，此於情事爲合，向使盾之左右聞之，則群起而執之矣，冀求死將不可得，又烏能從容就死若是哉？"① 清人徐時棟《煙嶼樓讀書志》卷五云："公使鉏麑殺趙盾，而冀死於趙氏庭槐之側，誰殺之乎？曰觸槐而死。則自殺矣，而乃述其臨死之言，誰聞之乎？其言曰：'賊民之主不忠，棄君之命不信。'夫靈公雖無道，非民之主乎？而盾弑之，非賊民之主乎？此子也才，吾惟子之賜；不才，吾惟子之怨。非先君之所以命盾者乎？而盾相靈公而至於不君，非棄君之命乎？惝怳之言，正所以實盾罪者。"② 柳宗元《非國語》評注組謂："柳宗元把左丘明贊揚的鉏麑指斥爲'見小不見大'的庸人，能够悔改的殺人犯，根本不能作爲賢者來記載。他心目中的賢人，是地主階級的革新派，是堅決推行法制路綫的良才。"③ 劉鑫全謂："柳宗元很糾結。柳宗元講了五句話：一、鉏麑自殺是對的。二、你鉏麑事前不知道趙盾是個好官兒嗎？三、'假寐'與'爲政之良'哪個重要？四、你若遇不上'假寐'，是否就下手殺死趙盾了？五、這'犯罪中止'值得載入史册嗎？總之，柳氏認爲，你早應瞭解趙盾，就不該接受行刺之命。瞬間的假寐怎比得日常的瞭解深刻？意謂：假寐使之不忍下手是不可信的。最終頂多鉏麑是個'犯罪中止'。前提是'犯罪'，所以不值得肯定。柳氏之所以不肯直白，愚以爲是被晉太史董狐的'趙盾弑其君'以及孔子評趙盾'古之良大夫'這些話束縛住了。柳氏跳不開歷史局限。"④

嗜芰

① （清）李元度撰，王澧華點校：《天岳山館文鈔·詩鈔》，長沙：嶽麓書社 2009 年版，第 37—38 頁。

② （清）徐時棟：《煙嶼樓讀書志》，上海：上海古籍出版社輯印《續修四庫全書》第 1162 册，第 506 頁。

③ 湖南省法家著作注釋研究班柳宗元《非國語》評注組編：《柳宗元〈非國語〉評注》，長沙：湖南人民出版社 1976 年版，第 185 頁。

④ 劉鑫全：《昏眼讀〈非國語〉》，天津：天津人民出版社 2016 年版，第 236—237 頁。

屈到嗜芰。將死，戒其宗老曰："苟祭我，必以芰。"及祥，宗老將薦芰，屈建命去之，曰："國君有牛享，大夫有羊饋，士有豚犬之奠，庶人有魚炙之薦。籩豆脯醢，則上下共之。不羞珍異，不陳庶侈，夫子其以私欲干國之典？"遂不用。

非曰：門內之理恩掩義。父子，恩之至也，而芰之薦不爲愆義。屈子以禮之末，忍絕其父將死之言，吾未敢賢乎爾也。苟薦其羊饋，而進芰於籩，是固不爲非。《禮》之言齋也，曰："思其所嗜。"屈建曾無思乎？且曰違而道，吾以爲逆也。

蘇軾謂："柳子之愛屈到，是疢之美。子木之違父命，藥石也哉！"[1]茅坤謂蘇軾之説"辨而正"[2]。王世貞《讀楚語論》："夫不忍於一薦之小禮，而棄忘其父之嗜好，其不孝小也。急於揚己之名，而不諱其父之誤，其不孝大也。夫建也，挾左右廣之甲，而欲無禮於盟主之上卿，棄諸侯之信，而不之顧，此夷狄也，而何有於小禮也？其父生不得志於鼎俎，而又銜建之驚桀，故示微於宗老。而建卒弁髦之，寧不違道也？或云屈到之芰，建可薦也。建之不薦，《左氏》可無稱也。《左氏》之稱，柳子可無非也。柳子之非，蘇子可無譏也。蘇子之譏，子可無衷也。甚矣，儒者之好持論也。余無以對。"[3]袁枚《駁蘇子屈到嗜芰議》則謂："是蘇子之陋，非柳子之陋也。"故袁氏認爲："君子之於孝也，審其大小輕重而已矣。"[4]劉鑫全謂："柳與蘇面對屈建'去芰'這件事的思維論證方法是有本質區別的。柳氏只從父子人性關係層面反對屈建'去芰'，甚至還建議'苟薦其羊饋而進芰於籩，是固不可非'。而蘇氏則首肯屈建是個懂得爲人子之道的人，但在是否以芰爲祭這件事上，卻從聖人對死的禮制之重視，從曾子等三位賢人臨終的言行，聯繫屈到的社會

① 曾棗莊、舒大剛主編：《三蘇全書》第14册，北京：語文出版社2001年版，第227頁。
② 轉引自郭預衡主編，徐志奇、胥洪泉等注譯：《文白對照唐宋八大家文鈔》第4册，廣州：廣東教育出版社2002年版，第304頁。
③ 轉引自吳文治編：《古典文學研究資料彙編·柳宗元卷》，北京：中華書局1964年版，第255頁。
④ 轉引自《柳宗元集校注》，北京：中華書局2013年版，第3261—3262頁。

地位及聲譽，從多個角度來看待這件事。蘇軾運用的是互聯立論思維方法，遠遠高於柳宗元的就事論事。"①

從以上五則《非國語》所論，可見柳宗元持論。從後世對柳氏《非國語》的評議，可見對柳宗元持論的基本認識。

（三）《非國語》的學術史意義

陳揚炯謂："《非國語》是瞭解柳宗元的唯物主義觀點、尊法反儒思想和探討唐代儒法鬥爭的重要著作。"② 章士釗謂："子厚《非國語》者，王充《論衡》之流亞也。特《論衡》語詳，而《非國語》於短峭見意。《論衡》所涉極廣，而《非國語》專一而精。故其義感人也深，而說尤易入，古來析理之書，此種最爲重要。"③ 章士釗把《非國語》作爲《論衡》一類著作來看待，可見對《非國語》的重視程度。柳英英認爲：1.《非國語》一書極具批判色彩；2. 柳宗元的《非國語》開創了經典解釋的新範式；3.《非國語》這本書充斥著對原始儒家的回歸及對孔子的尊崇。④ 瀋陽市黎明機械廠、黎光機械廠、瀋陽市五七幹校《非國語》注釋小組 1974 年 10 月内部印製過一部《〈非國語〉選注》，選注十八篇，分爲三類，分別爲"柳宗元反對天命觀，堅持樸素唯物主義的思想路綫""柳宗元反對禮治，堅持法治的政治路綫""柳宗元反對'任人唯親'，堅持'任人唯賢'的組織路綫"，這三條實際上都屬於柳宗元《非國語》的進步意義。馮友蘭也認爲："柳宗元的這種唯物主義主張，還表現在他所作的《非國語》中。"⑤

以上所論，只是就《非國語》的思想史意義而言。就《國語》研究意義上論：

---

① 劉鑫全：《昏眼讀〈非國語〉》，天津：天津人民出版社 2016 年版，第 312 頁。
② 陳揚炯：《一部尊法反儒的戰鬥作品——讀柳宗元的〈非國語〉》，《光明日報》1974 年 8 月 15 日。後收錄於《讀一點法家著作》，鄭州：河南人民出版社 1974 年版，第 82—91 頁。
③ 章士釗：《柳文指要》，《章士釗全集》第 9 卷，上海：文匯出版社 2000 年版，第 766 頁。
④ 柳英英：《〈非國語〉——柳宗元述道之作》，《北華大學學報》2015 年第 1 期。
⑤ 馮友蘭：《中國哲學史新編》，《馮友蘭全集》第 9 卷，鄭州：河南人民出版社 2001 年第 2 版，第 599 頁。

1. 柳宗元開啟了《國語》系統評點的先河

柳宗元之前的很長一段時間內，只有零散的《國語》評點，如《呂氏春秋》《列女傳》等因爲文體或撰述體例的需要，在選入的《國語》片斷之後施以評議。只有到了柳宗元，纔比較全面地爲《國語》六十五篇施加了評點。當然，其評點還只是思想方面的，和明清時期以文章技法、文學鑒賞等爲主體內容的綜合評點還存在著一定的區別，這也是需要指出的。但柳氏開啟《國語》系統評點之風，這也是不爭的事實。

2. 對《國語》思想價值予以重新認定的勇氣

無論整體還是局部反思《國語》的思想價值以及價值取向，此前的《國語》研究都很少涉及這一點。只有到了柳宗元，對《國語》進行了整體反思，而且還對具體篇章的思想價值、價值取向等等進行了批判性總結。柳宗元《非國語後記》云："宋、衛、秦，皆諸侯之豪傑也。左氏忽棄不錄其語，其謬耶？吳、越之事無他焉，舉一國足以盡之，而反分爲二篇，務以相乘，凡其繁蕪曼衍者甚衆，背理去道，以務富其語。凡讀吾書者，可以類取之也。《越》之下篇尤奇峻，而其事多雜，蓋非出於《左氏》。吾乃今知文之可以行於遠也。以彼庸蔽奇怪之語，而黼黻之，金石之，用震曜後世之耳目，而讀者莫之或非，反謂之近經，則知文者可不慎耶？"柳宗元的這一反思，爲明清《國語》評點學跳出傳統價值藩籬，對《國語》中的人、言、事進行重新評價起了很好的引領作用。

3. 成爲後世《國語》評點的基礎

無論後人對柳宗元的觀點肯定還是否定，不得不說的是，後來的評點絕大多數都以柳宗元的評點作爲基礎。明清以及日本《國語》評點在匯集前人評點時，往往以柳宗元《非國語》作爲主要匯集對象，充分體現出柳宗元評點在明清時期《國語》評點者心目中的地位。

（四）《非國語》的研究

《非國語》在後代一直很受重視。宋元時期反對者較多。至於明代，由於評點學興起，故學者在編纂評點材料時，往往引錄之，但却没有專門研究《非國語》者。日本江户時期學者有研討《非國語》者，如渡邊操等。又，日本松山堂1909年版《昌平叢書》有《柳文》，全收《非國語》。又片山沖堂《沖堂先生遺稿》中也有《讀非國語》的篇章。日本松本肇於2000年出版《柳宗元研究》，其中第四編"否定の深層"第一章即從内容、批判依據、創作源泉、與陸淳《春秋微旨》關係等角度對《非國語》進行專門研究。可見，日本學界對《非國語》的重視是有傳統的。

　　20世紀後半段的一個時期内，柳宗元被奉爲法家人物的代表，其很多著述得到了廣泛的關注，各種柳著的選注本較多見，《非國語》也不例外。該時期的《非國語》選本，有單獨成書的，也有和柳氏其他詩文合集的。前者如黎明機械廠、黎光機械廠、瀋陽市五七幹校《非國語》注釋小組《〈非國語〉選注》、《活頁文選·非國語選》（1975）、湖南省法家著作注釋研究班柳宗元《非國語》評注組編《柳宗元〈非國語〉評注》（1976）、吉林師範大學歷史系《柳宗元〈非國語〉譯注（選)》（1976），後者如侯外廬等《柳宗元哲學選集》（1964）、大連紅旗造船廠等柳宗元詩文注釋組《柳宗元詩文選注》（1974）、王友三編《中國無神論資料選注與淺析》（第2册，1977）、湖南省柳宗元詩文選注組《柳宗元詩文選注》（1979）等。還有以論文形式發表的，如孫望《柳宗元〈非國語〉譯注（選刊)》（《南京師大學報》1974年第4期）。此後也有諸多的文選選録《非國語》部分篇章進行評注。2016年，劉鑫全《昏眼讀〈非國語〉》出版，代表著《非國語》最新的研究成果。

　　研究論文方面，20世紀70—90年代有秦珮珩《柳宗元的革新精神在〈非國語〉中的體現》（《鄭州大學學報》1974年第1期）、李益文《讀柳宗元的〈非國語〉》（《西北大學學報》1975年第1期）、陳揚炯《一部尊法反儒的戰鬥作品——讀柳宗元的〈非國語〉》（《光明日報》1974年）、張漢綱《淺談柳宗元的無神論肆行——讀〈非國語〉札記》（《廣西民族學院學報》1983年第2期）、萬平《評柳宗元〈非國語〉》（《華中師範學院研究生學報》1984年第3期）、秦松鶴《從〈國語〉到〈非國語〉的思想變革：柳宗元的"輔時及物"之文》（《北京師範大學學報》1990 年第 3 期）等論文對《非國語》進行研究，此後賈名黨、李伏清、王永梅、史繼東、王洪臣、郭明月、楊敏、柳英英、李輝等也對《非國語》有比較深入的研究。此外，還有探討柳文與《國語》關係者，如李丹的研究。

這些研究對於深入認識《非國語》的思想史價值、文章學價值等，都具有助力作用。

六、兩晉南北朝隋唐時期《國語》著述的著錄

兩晉南北朝時期，史書沒有專門的藝文志，官修書目也沒有留下來，學者的《國語》著述只散見在傳記資料中。唐人修纂《隋書·經籍志》，前代文獻資料得以分類保存。今檢《隋書·經籍志·經》下云："夫經籍也者，先聖據龍圖，握鳳紀，南面以君天下者，咸有史官，以紀言行。言則左史書之，動則右史書之。故曰'君舉必書'，懲勸斯在。考之前載，則《三墳》《五典》《八索》《九丘》之類是也。下逮殷、周，史官尤備，紀言書事，靡有闕遺。則《周禮》所稱：太史掌建邦之六典、八法、八則，以詔王治；小史掌邦國之志，定世系，辨昭穆；內史掌王之八柄，策命而貳之；外史掌王之外令及四方之志，三皇、五帝之書；御史掌邦國都鄙萬民之治令，以贊冢宰。此則天子之史，凡有五焉。諸侯亦各有國史，分掌其職。則《春秋傳》，晉趙穿弒靈公，太史董狐書曰'趙盾殺其君'，以示於朝。宣子曰：'不然。'對曰：'子爲正卿，亡不越境，反不討賊，非子而誰？'齊崔杼弒莊公，太史書曰'崔杼弒其君'，崔子殺之。其弟嗣書，死者二人。其弟又書，乃舍之。南史聞太史盡死，執簡以往，聞既書矣，乃還。楚靈王與右尹子革語，左史倚相趨而過。王曰：'此良史也，能讀《三墳》《五典》《八索》《九丘》。'然則諸侯史官，亦非一人而已，皆以記言書事，太史總而裁之，以成國家之典。不虛美，不隱惡，故得有所懲勸，遺文可觀，則《左傳》稱《周志》，《國語》有《鄭書》之類是也。"歸《國語》入經部"春秋類"

下，總共收錄六部《國語》著述，如下：

> 《春秋外傳國語》二十卷（賈逵注）。
> 《春秋外傳國語》二十一卷（虞翻注）。
> 《春秋外傳章句》一卷（王肅撰。梁二十一卷）。
> 《春秋外傳國語》二十二卷（韋昭注）。
> 《春秋外傳國語》二十卷（晉五經博士孔晁注）。
> 《春秋外傳國語》二十一卷（唐固注）。

並謂："《左氏》，漢初出於張蒼之家，本無傳者。至文帝時，梁太傅賈誼爲訓詁，授趙人貫公。其後劉歆典校經籍，考而正之，欲立於學，諸儒莫應。至建武中，尚書令韓歆請立而未行。時陳元最明《左傳》，又上書訟之。於是乃以魏郡李封爲《左氏》博士。後群儒蔽固者，數廷爭之。及封卒，遂罷。然諸儒傳《左氏》者甚衆。永平中，能爲《左氏》者，擢高第爲講郎。其後賈逵、服虔並爲訓解。至魏，遂行於世。晉時，杜預又爲《經傳集解》。《穀梁》范甯注、《公羊》何休注、《左氏》服虔、杜預注，俱立國學。"《隋書·經籍志》所著錄的六部《國語》著作大致反映了《國語》在唐代初年的流傳情況。

小　結

兩晉南北朝時期是《國語》注釋發展的低迷期，又是《國語》音義類著作的發生期，還是《國語》點評類著述的發軔期。東漢時期，《左傳》研究興起且至繁榮之境，故而東漢三國時期的《國語》研究也隨之繁榮，出現了諸多的《國語》研究著述。至於西晉，由於傳統經學遇到了佛學、玄學的挑戰，經學研究出現滑坡，《國語》注釋也僅孔晁一人。但是，這一時期音義體裁的出現，使得《國語》音義著作隨之產生。雖然劉芳《國語音》的相關材料已經不可得見，但是劉芳《國語音》對唐人《國語音》以及《國語補音》肯定有著直接或間接的影響。此外，《國語舊音》既確立了《國語》音義撰述的基本範式，又爲後世提供了輯佚材料和校勘材料，同時又成爲《國語補音》的研究基礎。這一時期，一些學者開始對《國語》的作者、《國語》《左傳》關係、《國語》文風以及影響等等開始有了更多理性思考，對後代的深入研究起到了引領和啟發作用。

第五章　宋元時期《國語》研究

　　宋代的學術風氣在繼承前代的基礎上有所變化。張立文謂："北宋在重文的學術環境中,在尊師重道的激蕩下,民族精神和生命智慧釋放出來,打破了漢唐以來'疏不破注'的家法、師法的網羅,破除了《五經》爲聖人之言的迷信,揭起了'疑經改經'的大纛,以義理解經的宋學取代以訓詁考據解經的漢學,換來了經學的新時代。"① 戴維謂:"中國經學史自宋代劃分爲前後兩個時期,宋以前,是漢學系統,是政治的、神學的、家法的、章句的,而宋以後,是宋學系統,是理學的、思辨的、自由的。宋學區別於漢學還有一個重要的方面是官學地位的不同,漢學系統是以官學爲中心的,而宋學是以地方學派爲内核,官學的地位極大地被削弱了。"② 宋代經濟的繁榮帶來了文化的繁榮,宋代統治者重視教育、重視文化、重視讀書人,宋代讀書人的地位得到了進一步的提高。由於宋代教育的普及度較高,故而讀書人總體數量較前爲多。印刷術的提高使得書籍的刻印和傳播成爲比較普通的事情。在這一時代背景下,《國語》也得到了宋代學者的諸多關注。宋代的《國語》研究較之前代,也有了一定進展,主要表現在幾個方面:(1)《國語》性質等相關問題的評論;(2)《國語》的刊刻與校訂;(3)《國語》音義的研究;(4)《國語》的評斷;(5)柳宗元《非國語》研究。

---

　　① 張立文:《中國學術通史總序》,見載於張立文、祁潤興:《中國學術通史·宋元明卷》,北京:人民出版社2004年版,總序第11頁。

　　② 戴維:《春秋學史》,長沙:湖南教育出版社2004年版,第310頁。

一、宋人對《國語》性質等相關問題的評論

《國語》的問題始終集中在：（1）《左傳》和《國語》作者是否爲一人；（2）設若是一人，則左丘明、左氏所謂爲何？（3）《國語》内容及其思想；（4）《國語》的語言特點。《國語》的語言特點應該是從唐代柳宗元開始注意到之後，在宋代文章學興盛的大背景下再次被提出的。

（一）宋人對《國語》成書年代的研討

前代學者往往認爲《國語》後於《左傳》，然司馬光的父親司馬池則認爲《國語》之成在《左傳》前。司馬光《述國語》云：

> 　　先儒多怪左丘明既傳《春秋》，又作《國語》，爲之説者多矣，皆未通也。先君以爲，丘明將傳《春秋》，乃先采集列國之史，國別分之，取其菁英者爲《春秋傳》，而先所采集之稿，因爲時人所傳，命曰《國語》，非丘明之本志也。故其辭語繁重，序事過詳，不若《春秋傳》之簡直精明渾厚遒峻也，又多駁雜不粹之文，誠由列國之史學有薄厚，才有淺深，不能醇一故也。不然，丘明作此複重之書何爲邪？然所載皆國家大節，興亡之本。柳宗元邪佞之人，智識淺短，豈足以窺望古君子藩籬，而妄著一書以非之。竊懼後之學者惑於宗元之言，而簡棄此書，故述其所益以張之。

司馬池不僅闡述了關於《國語》成書在《左傳》之前的觀念，而且對《國語》的思想内容以及文章風格形成的原因都作了探討，對柳宗元《非國語》提出了批評。此外，司馬池主張"丘明將傳《春秋》，乃先采集列國之史"，繼承了韋昭等人的表述方式，認爲《國語》是左丘明"采集"而成者。這個區分是很科學的，即"傳"是著作，而"采集"或"采録"則爲輯纂，只是作了文字調整或潤飾，更多地保留了原材料

的面貌。

張耒的説法與司馬池近似。陳亮《蘇門六君子文粹》卷十録張耒《宛丘文粹一‧正國語説》云：

> 學者多言左丘明説傳《春秋》，必求信其書於後世，安肯更爲一書，生異端哉？蓋《國語》者，丘明傳《春秋》所取諸國之書也。丘明採擇綴緝於其間，故《國語》之言繁而丘明之文約。計丘明所取諸國之語不止于此，其徒所得者止此耳。正其説曰：《左氏》出《國語》。《國語》者，諸國之史。

張耒也認爲《國語》在《左傳》之前，而且明確提出《左傳》出自《國語》。且比司馬氏父子更進一步指出，《國語》是"諸國之書"，是左丘明傳《春秋》的材料，則其作者非左丘明明矣，但是今天看到的《國語》應該是左丘明的門徒編纂的。張耒對《國語》的内容、來源、作用、編纂都作了斷定。

但也還有主張《國語》成書在《左傳》之後的，如葉適《習學記言》卷四五云："此書（按：指《管子》）之出在《左氏》後，《國語》之成在此書後也。"[①] 按照葉適的觀念，《管子》成書在《左傳》之後，而《國語》成書在《管子》之後。

（二）宋人對《國語》編者、作者的研討

上所引司馬光《述國語》可知，司馬光父子贊成《國語》的編者爲左丘明，張耒則認爲是左丘明的弟子。此外，晁公武、朱熹、陈造等人也認爲《國語》作者是左丘明。當然，也有對《國語》編著者爲左丘明表示懷疑的，如黄震。

---

① （宋）葉適：《習學記言》，北京：中華書局 1977 年點校本，第 668 頁。

（三）宋人對《國語》分卷的研討

《國語》分卷，宋人晁公武有論述。其《郡齋讀書志》卷一下"春秋外傳國語二十一卷"條云：

> 右魯左丘明撰，吴韋昭弘嗣集鄭衆、賈逵、虞翻、唐固四家説，成此解。皇朝宋庠爲《補音》三卷。班固《藝文志》有《國語》二十一篇，《隋志》云二十二卷，《唐志》云二十一卷。今書篇次與《漢志》同，蓋歷代儒者析簡併篇，互有損益，不足疑也。要之，《藝文志》審矣。陸淳謂與《左傳》文體不倫，定非一人所爲，蓋未必然。范甯云《左氏》富而艷，韓愈云《左氏》浮夸。今觀此書，信乎其富艷且浮夸也，非丘明而誰？柳宗元稱《越語》尤奇峻。豈特《越》哉，自《楚》以下類如此。

晁公武這裏只提到了韋昭注，恐怕反映了當時《國語》存世注本的實際面貌，即晁公武的時代，《國語》其他各注早已不在人間了。關於歷代著録《國語》篇、卷不一的事情，晁氏"蓋歷代儒者析簡併篇，互有損益，不足疑"的看法甚是公允而達觀，但這種意見實出宋庠《國語補音敘録》，非晁氏獨得自造。此外，晁公武的題解中還結合前人説法，對《國語》的語言特點進行了總結，即"富艷且浮夸""奇峻"。

（四）宋人對《國語》内容的研討

宋代評議著作中對《國語》内容作總結者不少，如黄震《黄氏日鈔》卷五十二《讀雜史·國語》即云：

> 《國語》起穆王伐犬戎，訖越句踐滅吴。分國以紀謀議。凡陰陽律呂、天時人事、逆順之數焉。其文宏衍精絜，韋昭注文亦簡切稱之。昭謂左丘明作，迹其事事必要禍福爲驗，固與《左傳》類。然考其歲月，《春秋傳》以諡載趙襄子，已非出於孔子所稱之丘明。

今《國語》避漢諱，謂魯莊嚴公，又果左丘明之作否耶？惟事必稽
典刑，言必主恭敬，周衰之崇虛邪説，一語無之。是足詔萬世也。

如前所述，黃震以《國語》爲雜史。然而從《隋書·經籍志》一直
到《明史·藝文志》，《國語》都列於經部春秋類《三傳》之後。明代諸
賢，始有編纂書目，從黃震之例，列《國語》入史者。清代編纂《四庫
全書》，則把《國語》移出經部，《四庫全會薈要》置《國語》於史部
別史類，而閣本《四庫全書》則置《國語》於史部雜史類下，尋其措置
"雜史類"的源頭，或即昉自黃震。

黃震在這一段話中總結了《國語》記載史實的時間起訖、《國語》
的内容、《國語》本文與韋注的文風、《國語》作者、《國語》價值等相
關問題。"分國以紀謀議"既是對《國語》内容的認定，又是對《國語》
書名的最好詮釋。按照黃震的説法，《國語》的"語"即"謀議"，這種
認識和《國語》實際完全相符合。對《國語》價值的認定，黃震和柳宗
元不同。柳宗元認爲《國語》"不概於聖"，因此柳氏看重《國語》的文
學價值而不認同其道統價值，而黃震則認爲《國語》"事必稽典刑，言
必主恭敬，周衰之崇虛邪説，一語無之。是足詔萬世也"。由於學術立場
以及看問題的角度不同，所以認識容有不同。

（五）宋人對《國語》《左傳》的比較分析

由於《國語》與《左傳》的關係問題，故宋代學者多將《國語》
《左傳》一起討論，往往多以爲《國語》不如《左傳》。如黎靖德《朱
子語類》卷八三即云：

《國語》與《左傳》似出一手，然《國語》使人厭看。如齊、
楚、吳、越諸處又精采。如紀周、魯自是無可説，將虛文敷衍，如
説籍田等處，令人厭看。左氏必不解是。丘明如聖人所稱，煞是正
直底人，如《左傳》之文，自有縱橫意思。《史記》却説"左丘失
明，厥有《國語》"，或云：左丘明，左丘，其姓也。《左傳》自是

左姓人作，又如秦始有臘祭，而左氏謂虞不臘矣。是秦時文字分明。
（賀孫）

　　朱熹此處認爲《國語》"虚文敷衍，令人厭看"，又謂左丘明當姓
左，《左傳》文字爲秦時文字。李耆卿《文章精義》云："《易》《詩》
《書》《儀禮》《春秋》《論語》《大學》《中庸》《孟子》，皆聖賢明道經
世之書，雖非爲作文設，而千萬世文章從是出焉。《國語》不如《左
傳》，《左傳》不如《檀弓》，敘晉獻公驪姬申生一事繁簡可見。""六經
是治世之文，《左傳》《國語》是衰世之文。"① 不僅僅認爲《國語》不
如《左傳》，甚而認爲《國語》《左傳》爲"衰世之文"，可見其對《國
語》的評價、認識與朱熹觀點的前後繼承性。所謂"衰世"當即指其所
記載之時代，時周王室正走下坡路，禮崩樂壞，權下於諸侯。
　　王應麟《漢藝文志考證》卷三云："《國語》二十一篇。《司馬遷傳
贊》：左丘明爲《傳》，又纂異同爲《國語》。《史通》曰：左丘明既爲
《春秋内傳》，又稽逸文，纂别説，分周、魯、齊、晉、鄭、楚、吳、越
八國，事起周穆王，終魯悼公，爲《外傳》。《國語》，六經之流，三傳
之亞也。陸淳謂與《左傳》文體不倫，定非一人所爲。太史公曰：左丘
失明，厥有《國語》。石林葉氏曰：按《姓氏譜》有左氏，有左丘氏，
則豈一家之言乎？唐、啖、趙之徒頗知之，然未有以傳其説也。宋氏曰：
自魏晉以後，書録所題皆曰《春秋外傳國語》。是則《左傳》爲内，《國
語》爲外，二書相副，以成大業。《説文》引《國語》'侊飯不及一食'
'於其心伏然''兵不解医'，其字多異。"② 可見，王氏綜合前人説法，
最後則提出《説文》引《國語》與王氏當時之《國語》文字已多不同。
則許慎或者許慎之後一直到徐鉉之前的較長時期内，《國語》多家注本
流行，而典籍所據，每每據《國語》的某一傳本作爲引用來源。

─────────

　　① （宋）李耆卿：《文章精義》，臺北：臺灣商務印書館《景印文淵閣四庫全書》第 1481 册，
第 804 頁。
　　② （宋）王應麟：《漢藝文志考證》，臺北：臺灣商務印書館《景印文淵閣四庫全書》第 675
册，第 36 頁。

（六）宋代其他學者對《國語》相關問題的研究

宋人文集中較多涉及《國語》相關内容，有言及《國語》全書者，亦有對《國語》某一語進行評議者。王柏（1237—1274）《魯齋集》卷四《續國語序》云：

> 昆侖旁薄之廣大，前瞻後際之無窮，宇宙之間，人之所以靈於萬物者，以至理獨會於此心，可以知來而藏往，可以原始而反終也。天開文明，河圖斯出，聖心默契，畫卦造書。而後三墳、五典、八索、九丘傳於世。後一千八百六十有餘年，吾夫子秉道統之傳，任述作之責，咸黜舊聞，斷自唐虞而已。夫子豈不欲備上古之淳風，考制作之本始，探幽賾而昭陽德也？顧其荒誕鄙野，厖雜殽亂，或訛其旨，或失其傳，非可以立人極，闡世教，爲萬世帝王之法程。於是因民心之感以正其情，刪《詩》者，所以導其和也。因治世之事以達其道，定《書》者，所以立其教也。因民用之疑以極其變，繫《易》者，開物之書也。因亂世之事以悼其失，作《春秋》者，立法之書也。天地忽否，吾道荆榛，《詩》《書》厄於秦、楚烈焰之中，漢之儒者不能追亡補逸，以足百篇之義，乃過用其心於百篇之表，矜功衒博，詭聖誣經，如畫鬼神，誑惑群愚，而莫能證其形似也。大抵翻空者易奇，覈實者難工。異哉，太史公之爲書也。唐虞之上增加三帝，曰黄帝，曰顓頊，曰帝嚳。論其世次，紀其風績，驚駭學者，以吾夫子之未及知也。吁，學至於吾夫子而止，夫子之所不書，太史公何從而知之？缺其所不知，不害其爲學夫子也。至我本朝，蘇黄門始曰：“太史公淺近而不學，疎略而輕信。”朱子屢稱此言，最中其病。及觀黄門之《古史》，又上及於三皇，以伏羲、神農、黄帝充之，若與《大傳》同。以少昊、顓頊、帝嚳、唐、虞謂之五帝，終與《大傳》異。其輕信何躬自蹈之乎？堯、舜，吾知其爲帝也；禹、湯、文、武，吾知其爲王也；皋、夔、稷、契、伊、傅、周、召，吾知其爲賢也。吾何從而知之？以吾夫子之書而知之

也。夫子，聖人也。前聖之相傳，至吾夫子而止。後學之取信，亦
至吾夫子而止。於吾夫子而止，於吾夫子不得取，吾信烏乎取？吾
信唐、虞之上，三皇五帝之有無離合，吾不得而信也。出於吾夫子
之言，吾之所信也。其或出於諸子百家之書，非吾之所敢信也。雖
百篇之義，固不得而追補，然其大經大法，巍乎粲然如日月五星之
麗乎天，未見其不足也。千載之下，猶未聞有法而行之者，以追帝
王之餘風，尚何求於茫茫，不可致詰之外哉？《春秋》之書，吾夫
子之親筆也，其人可信也，其時可近也，傳之者失夫子之意多矣。
曾不是之求，乃舍近而求之遠，棄實而求之虛，何耶？天地之內，
一日之間，事如沙塵，何可勝紀？大者無出於三綱五常，而至微者
亦皆有理。三代既遠，自漢而下，其見於史者十有七，不過存一二
於百、千、萬、億之中，而學者猶罕能盡觀而徧考也。我朝治平間，
先正司馬公奉旨編成《資治通鑑》，合一千三百六十二年之事爲二
百九十四卷。君臣出治之本，天人相與之際，規諫之從違，刑政之
得失，善可爲法，惡可爲戒，採摭刊削，井然有條，最爲三代之下
甚盛之書也。文公朱先生以之編《通鑑綱目》五十有九卷，大書爲
綱，分注爲目，綱倣《春秋》，目倣《左傳》，踵編年之成文，還策
書之舊制。門人李方子爲《後語》，精覈明暢，發揮本旨，羽翼麟
經，殆無餘蘊。僕嘗聞朱子曰：左氏於《春秋》，依經以作《傳》，
復爲《國語》二十一篇，國別事殊，或越數十年而遂其事，蓋亦近
《書》體，以相錯綜云。示以建安袁公樞爲《本末》，其部居門目始
終離合之間，又皆曲有微意，其錯綜溫公之書，亦《國語》之流
矣。於是考《國語》之爲書，始於周穆王，終於周定王，凡四百八
十有餘年，止八國之書，合一百八十有二章。唐之柳宗元乃以《國
語》文勝而言厖，好怪而反倫，學者溺其文，必信其實，是聖人之
道翳也，遂作《非國語》六七十篇，以望乎世者愈狹，而求相於呂
化光，豈不愚哉？司馬公曰：《國語》所載，皆國家大節，興亡之
本。宗元豈足以望古君子藩籬，妄著一書以非之？宋秦公嘗敘之曰：
自魏晉以後，書錄所題皆曰《春秋外傳國語》，是則《左傳》爲內，

《國語》爲外，二書相副，以成大業。凡事詳於內者略於外，備於外者簡於內，先儒亦以爲然。以是知《左傳》《國語》不可偏廢。袁公《本末》之書，歷年幾兩倍於《國語》，而不過二百三十八章，或者疑其太簡，且病於無所發明。然時益近而事益多，此勢之所必至；事益多而詞益少，此可以見其筆力之精也。不觀其博則不知其精，不知其精則不切於用。爲士者以萬物皆備之身，而不以古今自任，不以經綸自期者，亦自遏其躬而已。僕因考《通鑑》之初語，即《外傳》之終語也。以是知司馬公之意，未嘗不拳拳於《外傳》。於是分門約語，附諸儒之論辨，編爲《續國語》，凡若干卷，合若干章，以備一家之支流餘裔。竊嘗疑之，《左傳》《國語》文氣不同，未必出於一人之手。《左傳》之文浮，《國語》之文質。浮者近於誣，質者近於冗。《左傳》多詳事情，《國語》多陳制度。然重見者亦少，雖間有之，而詳略且異，若故相避然，此可疑者一也；見於《春秋》者，猶有一百二十四國，今《國語》止列其八，他皆不足取乎？況陳、宋、衛、秦皆大國也，亦無一語之可紀，何耶？此可疑者二也；齊之內政，不見於經，而出於《管子》。先儒皆以爲非管仲書，疑戰國之士僞爲之，豈有七百餘年之齊，別無它語，獨刪節此書乎？此可疑者三也；漢興之初，亦以周之舊典禮經廢墜湮滅，諸儒幸得其傳，皆欣然存之而不疑，司馬公已定爲列國之舊史矣，非左氏之文也。嘗聞諸國各有史而不相知，秦併六國始盡得之，往往私相傳録，皆非全書。左氏文之而爲傳，《國語》疑未經穿鑿者。秦其本國也，宋、衛非秦所滅，所以獨無與？自入《通鑑》以來，周止亡國之語耳，非可續也。魏、趙、韓分晉而《晉語》亡，田和篡齊而《齊語》亡，越已滅吳，楚復滅越、滅魯，韓滅鄭，齊滅宋，故國所存，惟楚而已。吁！中原禮義之國，帝王聲教文物之地，俱已丘墟，雖秦、楚亦未幾而亡矣。此天地之大變，古今之奇禍也。烏在其爲可續哉？雖然，僕之所續者書也，非續其國也。誠以國言之，魯固亡矣。而有不亡者存，以吾夫子之聖，亘萬世而不可磨滅。門人子孫，斑斑於後世，遠夷暴君亦莫不歆謁致敬，至今猶然。雖周公、伯禽之封國，實成湯、微子之苗裔也。遂以《續魯語》爲首，上以黜夫子之所不取，下以續夫子之所傳。《續魯語》者，亦所以《續宋語》也。又以補袁公《本末》備云。

　　王柏這篇序文論述了很多問題，應該引起重視。王氏把《國語》放在學術史的宏闊背景下進行討論，對《國語》與《左傳》的關係，《國語》的文風，《國語》的性質、成因以及相關問題都做出了自己的判定。有些看法頗有異於前説。元危素《危學士全集》卷十《王柏補傳》云："王柏字會之，婺州金華縣人。大父崇政殿説書，師愈，從楊時氏受《易》、《論語》，既又從朱熹氏、張栻氏、呂祖謙氏遊……吳師道知柏之學一傳金履祥，再傳許謙，謙之學益密矣。師道言柏所著書，有《讀易記》十卷，《涵古易説》一卷，《大象衍義》一卷，《涵古圖書》一卷，《讀書記》十卷，《書疑》九卷，《詩辨説》二卷，《讀春秋記》八卷，《論語衍義》七卷，《太極衍義》一卷，《伊洛精義》一卷，《研幾圖》一卷，《魯經章句》三十卷，《論語通旨》廿卷，《孟子通旨》七卷，《書附傳》三十卷，《左氏正傳》十卷，《續國語》三十卷，《困學之書》四卷，《文章續古》三十卷，《文章復古》七十卷，《濂洛文統》二百卷，《儗道志》廿卷，《朱子指要》十卷，《詩可言》廿卷，《天文考》一卷，《地理考》二卷，《墨林考》十六卷，《大爾雅》五卷，《六義字原》二卷，《正始之音》七卷，《帝王曆數》二卷，《江左淵源》五卷，《伊洛精義》八卷，《襪志》二卷，《周子》一卷，《發遣三昧》廿五卷，《文章指南》一卷，《朝華集》十卷，《紫陽詩類》五卷，《家乘》五十卷，《文集》七十五卷，總之爲七百七十卷。嗚呼，何其博哉！古未嘗有也！而魯經要矣。"[①] 可見，王氏之《續國語》三十卷亦和《國語》有關，可惜未能傳世。

---

① 引自錢伯城等主編：《全明文》第 2 冊，上海：上海古籍出版社 1994 年版，第 475 頁。

二、宋代《國語》的刊刻與校訂

由於宋代經濟文化繁榮，印刷技術改進，宋代以前的傳世文獻結束了單純以寫本爲文本形態的存在方式，改成以固化的刻印方式保存與傳播。印刷術的發達使得文本形態更爲固化，《國語》也因之有了校訂和刊刻。

(一)《國語》的校訂

漢代劉向整理中府秘書，確立了典籍的校讎範式。後世典籍刊刻或者研究往往以校讎爲先導，《國語》亦然。且《國語》各家注本頗多，流傳頗雜。如王觀國《學林》卷一"疑異"即云："《左氏傳》《國語》皆左丘明所纂，《國語》傳本訛謬最多。"①

1. 天聖明道時期的《國語》校訂

今傳明道本二十一卷之後有"天聖七年七月二十日開印""江陰軍鄉貢進士葛惟肖再刊正""鎮東軍權節度掌書記魏庭堅再詳""明道二年四月初五得真本凡刊正增減"各一行。除了和公序本有諸多異文的不同外，該本還在《周語》部分保留了若干條音注，據方韜考證爲唐人舊音②，清人於此實多有較精當論斷，亦可參。

《國語》在天聖七年（1029）刊印時，葛惟肖、魏庭堅爲之校刊。宋王象之《輿地紀勝》卷九"江陰軍·人物"下有"葛惟肖"，云："葛惟肖，字天策。五歲能屬文，經史一覽不忘。嘗上《萬言賦》，應日誦萬言科。李迪爲浙漕，訪之，詢兩漢三十六事，隨聲應答，取書質之，無一差者。李大驚曰：'唐陳諫之流也。'"③ 魏庭堅資料較少見，唯檢得

---

① （宋）王觀國撰，田瑞娟校點：《學林》，北京：中華書局1988年版，第33頁。
② 方韜：《韋昭〈國語解〉文獻考釋》，《中國典籍與文化》2021年第2期。
③ （宋）王象之編著，趙一生點校：《輿地紀勝》，杭州：浙江古籍出版社2012年版，第354頁。《記纂淵海》卷九亦采《輿地紀勝》之説。

其於天聖元年（1023）曾爲紹興府從事，又擔任過渭州軍事推官、昭陽
節度掌書記等職，撰有《四夷龜鑑》三十卷。

　　這個本子使得《國語》天聖明道本得以確立。雖然清初以來的學者
都未曾見過天聖明道本《國語》的真容，但絲毫不影響學者們對這一
《國語》傳本的狂熱追捧。

　　2. 景祐年間的《國語》校訂

　　根據汝企和研究，北宋政府一共進行過十三次圖書的校勘，《國語》
的校勘在第十次，與《荀子》《文中子》同時進行。《宋會要輯稿·崇儒
四·勘書》云："景祐四年十月十七日，翰林學士李淑言：'切見近日發
解進士多取別書、小説、古人文集，或移合經注以爲題目，競務新奧，
朝廷從學取士，本欲興崇風教，返使後進習尚異端，非所謂化成之義也。
況考較進士，但觀詞藝優劣，不必嫌避正書，其經典子書之内有《國
語》《荀子》《文中子》，儒學所崇，與六經通貫，先朝以來，嘗於此出
題，只是國序未有印本，欲望取上件三書，差官校勘、刻板，撰定音義，
付國子監施行。'詔可。"① 從後來宋庠既校訂《國語》又別撰《國語補
音》三卷的行爲來看，則頗合於景祐四年（1037）李淑建言"差官校
勘、刻板，撰定音義"。天聖二年，宋庠始登科名。景祐四年之時，宋庠
三十八歲。根據《宋史》本傳："庠天聖初舉進士，開封試禮部皆第一，
擢大理評事，同判襄州。召試，遷太子中允直史館，歷三司户部判官，
同修起居注。再遷左正言。郭皇后廢，庠與御史伏閣爭論，坐罰金。久
之，知制誥。時親策賢良茂才等科而命與武舉人雜視，庠言非所以待天下
士，宜如本朝故事，命有司設次具飲膳，斥武舉人令別試。詔從之，兼史
館修撰，知審刑院。"也就是説，宋庠校訂《國語》的行爲實際上是一次
官方行爲而非個人行爲。則宋庠校訂《國語》當在景祐四年之後。

　　3. 其他學者對《國語》的校訂

　　宋庠校訂《國語》之外，尚有其他學者校訂《國語》。如王庭珪

　　① （清）徐松：《宋會要輯稿》，上海：大東書局 1935 年影印本，第 55 册，崇儒四之八。考
較，原作"孝較"，據苗書梅點校本改。

《盧溪集》卷四十三《故段夫人墓誌銘》云："故廬陵秀才李愷字彥强之夫人曰段氏，其先臨淄人，至唐段成式爲吉州刺史，因家焉，今爲吉州廬陵人。父諱賁，字仲實，官至承議郎。方布衣時，以文行知名縉紳間……承議公既登第，調筠州高安縣主簿，時蘇太史謫監高安酒稅，一見，異其材，日與論説古人製作關鍵，手爲校正《國語》等書。承議公由是文章益進。夫蘇、黃以文章擅天下，而承議公乃得俎豆兩公門下賓客之列，其風流人物，可想而知也。"① 此事，劉才邵《樵溪居士集》卷十二《段元美墓誌銘》亦載，其文云："門下侍郎蘇公謫居筠州之年，仲實登第爲高安主簿，方書一考，因得摳衣叩質疑義，大蒙賞接，至親筆爲校正《國語》《戰國策》，其書至今傳寶焉。"② 可見，蘇轍曾經爲段賁校正《國語》一書。此屬私誼，且書雖經校訂而不付諸刊刻。

則有宋一代，見於載籍之校訂《國語》者亦數人。此外，南宋紹興年間刊刻《國語》當然也有校訂者，唯無記載，難知其詳。

（二）宋代《國語》的流傳與刊刻

現在可知宋代《國語》刊刻時間最早的是天聖明道本。不管在天聖明道之前還是在天聖明道之後，恐怕都有數量不少的《國語》寫本流傳。宋庠在校訂《國語》的時候曾參《國語》各本十五六種，可見當時流傳《國語》本子數量之多。目前所能見到的完整本子只有公序本和明道本。公序本、明道本之前、之後的諸多《國語》本子雖然不存，但其片段恐怕會被引述在這一時期產生的各種典籍中，尤其在類書中體現最爲明顯。宋代的出版業發達，經濟繁榮，所編《太平御覽》《册府元龜》都有千卷之巨。《四庫總目提要》謂《太平御覽》"凡分五十五門，徵引至爲浩博，故洪邁《容齋隨筆》稱：'太平興國中編次《御覽》，引用書一千六百九十種，其綱目並載於首卷，而雜書、古詩賦又不能具録。'以

---

① （宋）王庭珪：《盧溪文集》，臺北：臺灣商務印書館《景印文淵閣四庫全書》第 1134 册，第 302 頁。

② 曾棗莊、劉琳主編：《全宋文》第 176 册，上海：上海辭書出版社、安徽教育出版社 2006 年版，第 73 頁。

今考之，無傳者十之七八"，又謂："宋初去古未遠，即所采類書亦皆具有淵源，與後來餖飣者迥別，故雖蠹蝕斷爛之餘，尚可據爲出處。世所傳宋以前書刻考見古籍佚文者僅六七種。"① 這是從輯佚的角度上來肯定《太平御覽》的價值。張金龍認爲《太平御覽》"所引用資料除了從更早期類書中轉引之外，仍然有不少條目應該是編撰者從原書中摘録的"②，這個説法是符合事實的。陸曼炎謂："《御覽》卷帙浩瀚，徵引賅博，有的説輯自古籍，有的説原出類書，但保存遺佚的價值，却是一樣的。"③可謂達觀公允之論。正因《太平御覽》引用古籍較多，其所引古書往往和該書的傳世刻本有文字差異，故後世以《太平御覽》等類書進行文獻校勘就成爲很常見的事情。南宋的王應麟、明代的楊慎都根據《太平御覽》進行過古籍校勘。"有清一代，校勘大家輩出，顧炎武、盧文弨、戴震、錢大昕、段玉裁、王念孫、王引之、顧廣圻等都在校勘古籍上獨有建樹，而他們在校勘時都無一例外地運用了《御覽》，校勘成果可信度高。"④ 此類議論移至《册府元龜》以及其他大型類書，照樣適用。

根據《太平御覽》的引用體例，對《四部叢刊三編》所收《太平御覽》進行全面統計，得《太平御覽》引《國語》共 262 條。在這 262 條中，實際上有 11 條非今傳《國語》所有，可以分作兩類，一類是出自其他傳世文獻，一類或許是《國語》佚文。另外 251 條皆見於今本《國語》。《册府元龜》引述《國語》180 多條。唐代五大類書中，《北堂書鈔》引述《國語》107 條，《藝文類聚》引《國語》22 條，《群書治要》引《國語》九章，《初學記》引《國語》38 條，《白氏六帖事類集》引《國語》234 條。⑤ 所引條目大多數字數很少，最少的只有幾個字。《群書治要》引述體例與其他幾部類書不同，但就其所引字數而言，仍然不能和宋代類書相比。《群書治要》卷八徵引《楚語下》如下：

①　（清）永瑢等：《四庫全書總目》，臺北：臺灣商務印書館《景印文淵閣四庫全書》第 3 册，第 855 頁。

②　張金龍：《魏晉南北朝文獻叢稿》，蘭州：甘肅教育出版社 2017 年版，第 59—60 頁。

③　陸曼炎：《中國七大典籍纂修考》，長沙：嶽麓書社 2013 年版，第 11 頁。

④　周生傑：《太平御覽研究》，成都：巴蜀書社 2008 年版，第 298 頁。

⑤　詳參拙稿《唐宋類書引〈國語〉研究》，南京師範大學博士學位論文，2013 年。

　　靈王爲章華之臺（章華地名）與伍舉升焉曰美夫對曰臣聞國君服寵以爲美（服寵謂以賢受寵服以是爲美）安民以爲樂（以能安民爲樂）聽德以爲聰（聰明有德也）致遠以爲明（能到遠人）不聞其以土木之崇高雕鏤爲美（彫謂丹楹鏤謂刻桷也）先君莊王爲匏居之臺（匏居臺名）高不過望國氛（氛祲氣也）大不過容宴豆（言宴有折俎籩豆之陳）木不妨守備（不妨城壕守備之林）用不煩官府（財用不出府藏也）民不廢時務官不易朝常先君是以除亂克敵而無惡於諸侯今君爲此臺也國民疲焉財用盡焉年穀敗焉（敗廢其時務也）百官煩也（爲之微發）數年乃成臣不知其美也夫美也者上下外內小大遠邇皆無害焉故曰美也若於目觀則美（於目則美德則不也）財用則遺是聚民利以自封而瘠民也胡美之爲（封厚也胡何何以爲美）天君國者將民之與處民實瘠君安得肥（安得獨肥言將有患）故先王之爲臺榭也（積土爲臺無室曰榭）榭不過講軍實（講習也軍實戎士也）臺不過望氛祥（凶氣爲氛吉氣爲祥）其所不奪穡（稼穡之地）其爲不遺財用（爲作也）其事不煩官業（業事也）其日不廢時務（以農隙也）瘠磽之地於是乎爲之（不害穀立也磽确）城守之木於是乎用之（城守之餘然後用之）官寮之暇於是乎臨之（暇閒也）四時之隙於是乎成之（隙空閒時）夫爲臺榭將以教民利也（臺所以望氛祥而備灾害榭所以講軍實而禦寇亂皆所以利民也）不知其以遺乏也（知猶聞也）若君謂此美而爲之正（以爲之得事正也）楚其殆矣（殆危也）

　　鬬且廷見令尹子常（鬬且楚大夫子常囊瓦）子常與之語問畜貨聚焉歸以語其弟曰楚其亡乎不然令尹其不免乎吾見令尹問畜聚積實如餓豺狼（實財也）殆必亡者昔聞子文三舍令尹無一日之積恤民之故也（積儲也）成王每出子文之祿必逃王止而後復人謂子文曰人生求富而子逃之何也對曰夫從政者以庇民也（庇覆也）民多曠者而我取富焉（曠空也）是勤民以自封也（勤勞也封厚也）死無日矣我逃死非惡富也故莊王之世滅若敖氏唯子文之後在至于今爲楚良臣是不先恤民而後己之富乎今子常先大夫之後（先大夫子囊也）而相楚君

無令名於四方四境盈壘（盈滿也壘壁也言壘壁滿四境之內）道殣相望（道冢曰殣）是之不恤而畜聚不厭其速怨於民多矣（速召也）積貨滋多蓄怨滋厚不亡何待期年子常奔鄭

王孫圉聘於晉（王孫圉楚大夫也）定公饗之趙簡子相問於王孫圉曰楚之白珩猶在乎（珩佩上之橫者）對曰然簡子曰其爲寶也幾何矣（幾何丗也）曰未嘗爲寶楚之所寶者觀射父（言以賢爲寶也）能作訓辭以行事於諸侯（言以訓辭交結諸侯也）使無以寡君爲口實（口實毀弄也）又有左史倚相能道訓典以敘百物（敘次也物事也）以朝夕獻善敗于寡君無忘先王之業又能上下悅于鬼神（悅媚也）使神無有怨痛于楚國（痛疾也）又有雲夢曰金木竹箭之所生也（楚有雲夢藪澤名也）龜珠齒角皮革羽毛所以備賦以戒不虞者也（龜所以備吉凶珠所以衛火災角所以爲弓弩齒所以爲弭賦兵賦也）所以供幣帛以亨於諸侯（亨獻也）寡君其可以免罪於諸侯而國民保焉（保安也）此楚國之寶也若夫白珩先王之玩也何寶焉（玩玩弄之物也）

而《册府元龜》卷七八〇引《楚語下》首章如下：

觀射父，楚大夫也。昭王問（昭王，楚平王之子昭王熊軫也）曰：《周書》所謂重黎實使天地不通者，何也（《周書》，穆王之相甫侯所作《呂刑》也。重黎，顓頊之臣。《呂刑》曰：乃命重黎絕地天通。謂少皞之末，民神雜糅，不可方物，顓頊受之，命南正重司天以屬神，火正黎司地以屬民，是謂絕地與天相通之道）？若無然，民將能登天乎（若重黎不絕天地，民豈能上天乎）？對曰：非此之謂也。古者民神不雜（雜，會也。司民，司神之官各異），民之精爽不攜貳者，而又能齊肅衷正（爽，明。攜，離。貳，二。齊，一。肅，敬。衷，中也）。其知能上下比義（義，宜），其聖能光遠宣朗（聖，通。朗，明），其明能光照之，其聰能聽徹之（徹，達），如是則明神降之（降，下），在男曰覡，在女曰巫（覡，見鬼者。《周禮》：男亦曰巫）。是使制神之處位次主（處，居也。位，祭位。次主，次其尊卑先後），而爲之牲器時服（牲，牲之毛色小大也。器，所當用也。時服，四時服色所宜也），而後使先聖之後之有光烈（烈，明也），而能知山川之號（號，名），高祖之主（高祖，廟之先也），宗廟之事，昭穆之世（父昭子穆，先後之次。《春秋》：躋僖公，謂之逆祀也），禮節之宜，威儀之則，忠信之質（質，誠），禋潔之服（潔祀曰禋）而敬恭明神者，以爲之祝（祝，大祝，掌祈福）。使名姓之後能知四時之生（名姓，謂舊族，若伯夷，炎帝之後，爲堯秩宗也。生，嘉穀韭荫之屬），犧牲之物玉帛之類，采服之儀，彝器之量（彝，六彝。器，俎豆。量，小大也），次主之度（疏數度也），屏攝之位（周氏云：屏，并也。并攝主人之位。昭謂：屏，屏風，攝形如今要扇，皆以分別尊卑，爲祭祀之位，近漢亦然），壇場之所（除地曰場），上下之神，氏姓之出（所自出也），而心率舊典者，爲之宗（宗，大宗伯，掌祭祀之禮）。於是乎有天地神民類物之官，是謂五官（類物，謂別善惡器用之官）。各司其序，不相亂也。禍災不至，所求不匱。及少皥之衰也，九黎亂德（少皥，黃帝之子金天氏也。九黎，黎氏九人也），民神雜糅，不可方物（同位，故雜糅。方，猶別也。物，名也）。夫人作享，家爲巫史（夫人，人人。享，祀也。巫主接神，史次位序。言人人自爲之），無有要質（質，誠），民匱于祀而不知其福（言民因匱於祭祀而不獲其福），神狎民則，不蠲其爲（狎，習。則，法。蠲，潔也。其爲，所爲也），嘉生不降，無物以享，禍災薦臻，莫盡其氣（薦，重。臻，至。氣，壽命之氣也）。顓頊受之（少皥氏没，顓頊氏作受承），乃命南正重司天以屬神（南，陽位。正，長也。司，至。屬，會也。所以會群神，使各有分序，不相干亂。周禮則宗伯掌祭祀），命火正黎司地以屬民（唐尚書云：火當爲地。北，陰位。周禮則司徒掌土地人民，使復舊常），無相侵瀆（侵，犯），是謂絶地天通（絶地民與天神相通之道）。其後，三苗復九黎之德（其後，高辛氏之季年。三苗，九黎之後。高辛氏衰，三苗爲亂，行其凶德，如九黎之爲，堯興而誅之），堯復育重黎之后，使復典之（長育也。

堯繼高辛氏，平三苗之亂，繼育重黎之後，使復典天地之官羲氏、
和氏是也），以至于夏商。故重黎氏，世敘天地而別其分主者也
（敘，次。分，位也）。其在周，程伯休父其後也。當宣王時，失其
官守，而爲司馬氏（程國伯爵。休父，名也。失官守，謂失天地之
官而以諸侯爲大司馬。《詩》曰：王謂尹氏，命程伯休父是也），寵
神其祖，以取威於民，曰：重實上天，黎實下地（寵，尊也。言休
父之后世尊神其祖，以威耀其民。言重能舉上天，黎能抑下地，令
相遠，故不復通），遭世之亂，而莫之能禦也（亂，謂幽王以下。
禦，止也）。不然，夫天地成而不變（言天地財成不復變改也），何
比之有（不相比近）？又楚子期祀平王（子期，楚平王之子結也。
平王，恭王子昭王父），祭以牛俎於王（致牛俎於昭王）。王問於觀
射父曰：祀牲何及（王感俎肉而問牲用所及）？對曰：祀加于舉
（加，增也。舉，人君朔望之盛饌）。天子舉以太牢，祀以會（太
牢，牛、羊、豕。會，會三太牢，舉四方之貢）；諸侯舉以特牛，祀
以太牢（特，一）；卿舉以少牢，祀以特牛（少牢，羊、豕）；大夫
舉以特牲，祀以少牢（特牲，豕也）；士食魚炙，祀以特牲；庶人
食菜，祀以魚。上下有序，民則不慢。王曰：其小大何如？對曰：
郊禘不過繭栗（角如繭栗。郊禘，祭天），烝嘗不過把握（把握，
長不出狀）。王曰：何其小也？對曰：夫神，以精明臨民者也，故求
備物，不求豐大（備物，體具而精潔者）。是以先王之祀也，以一
純、二精（一純，心純一。明潔爲精。二精，玉帛）、三牲、四時、
五色、六律、七事、八種（七事，天、地、民、四時之務。八種，
八音）、九祭、十日、十二辰以致之（九祭，九州助祭也。十日，
甲至癸也。十二辰，子至亥也。擇其吉日令辰以致神也），百姓、千
品、萬官、億醜、兆民、經入、畡數以奉之（百姓，百官，受氏姓
也。千品，姓有徹品，十爲千品。五物之官，陪屬萬，爲萬官。官
有十醜，爲億醜。天子之田九畡，以食兆民，王取經入以食萬官），
毛以示物（物，色），血以告殺（明不因故），接誠拔取以獻具爲齊
敬也（接誠於神，拔毛取血，獻其備物也。齊，潔也。《詩》云：

執其鸞刀，以啟其毛，取其血膋）。敬不可久，民力不堪，故齊肅以承之（肅，疾。承，奉）。王曰：芻豢幾何（草食曰芻，穀食曰豢）？對曰：遠不過三月，近不過浹日（遠，謂三牲。近，謂雞鶩之屬。浹日，十日）。王曰：祀不可以已乎（已，止）？對曰：祀所以昭孝息民（昭孝養，使民蕃息），撫國家、定百姓也，不可以已。夫民氣縱則底（氣，志氣。縱，放。底，止也），底則滯，滯久不震（滯，廢。震，懼也。言無祭祀，則民無所畏忌，無所畏忌則志放，志放則遂廢滯，難復恐懼也），生乃不殖（生人物也。殖，長也。不長，神不降福也）。是用不從（不從上令），其生不殖，不可以封（封國）。是以古者先王日祭、月享、時類、歲祀（以事類曰類。日祭于祖考，月薦於曾高，時類及二祧，歲祀於壇墠），諸侯舍日（有月享），卿大夫舍月（有時祭），士庶人舍時（歲乃祭也）。天子徧祀群神品物（品物，謂若八蜡，所祭猫、虎、昆蟲之類），諸侯祀天地三辰及其土之山川（三辰，日、月、星。祀天地，謂二王後。非二王後祭分野星山川而已），卿大夫祀其禮（禮，謂五祀及祖所自出），士庶人不過其祖（祖，王父），日月會于龍尾（尾，龍尾，謂周十二月、夏十月也。日月合辰於尾上。《月令》：孟冬日在尾），土氣含收（含收，收縮，萬物含藏），天明昌作（昌，盛。作，起也。謂天氣上也。是月，純坤用事），百嘉備舍（嘉，善也，時物畢成，舍入室），群神頻行（頻，並也。並行，欲求食），國於是乎烝嘗，家於是乎嘗祀（烝，冬祭。嘗，嘗百物也。《月令》：孟冬，大飲烝。《傳》曰：閉蟄而烝），百姓夫婦擇其令辰（十二辰），奉其犧牲，敬其齊盛，潔其糞除，慎其采服，禋其酒醴，帥其子姓（禋，潔也。子，衆子。姓，同姓也），從其時享，虞其宗祝（宗主祭禮，祝主祀祈），道其順辭，以昭祀其先祖，肅肅濟濟，如或臨之。於是乎合其州鄉朋友婚姻，比爾兄弟親戚（合，會。比，親也）。於是乎弭其百苛，殄其讒慝（弭，止。苛，虐。殄，覆也。止覆，謂解怨除恨），合其嘉好，結其親暱（合、結，謂於此更申固之），億其上下，以申固其姓。上所以教民虔也，下所以昭事上也。天子禘郊之事，必自射其牲（牲牛），王后必自舂其粢（粢，器實也）。諸侯宗廟之事，必自射其牛，刲羊擊豕（刲，刺。擊，殺），夫人必自舂其盛（在器曰盛。上言粢，下言盛，互其文）。況其下之人，其誰敢不戰戰兢兢以事百神？天子親舂禘郊之盛（帥后舂之），王后親繰其服（服，祭服。《祭義》：夫人繰三盆，則王后其一盆，與《周語》王耕一發，班三之）。自公以下至於庶人，其誰敢不齊肅恭敬，致力於神民？所以攝固者也，若之何其舍之也（如何廢之）？王曰：所謂一純、二精、七事者，何也？對曰：聖王正端冕，以其不違心，帥其群臣，精物以臨監，享祀無有苛慝於神者，謂之一純（端，玄端之服。冕，大冠。監，視也。不違心，謂心思端正，服則端冕也）。玉帛爲二精，明潔爲精。天地民及四時之務爲七事。王曰：三事者何也？對曰：天事武，乾稱剛健，故武。地事文，地質柔順，故文（《易》曰：坤爲文）。民事忠信，以忠爲行。王曰：所謂百姓、千品、萬官、億醜、兆民、經入、畡數者，何也？對曰：民之徹官百（徹，達也），自以名達於上者，有百官也。王公之子弟之質，能言能聽，徹其官者（質，有賢質也。能言能聽其官職也）而物賜之姓，以監其官，是爲百姓（物，事也。以功事賜之姓）。官有世功，則有官族（若司馬太史之屬），是姓有徹品，十於王，謂之千品（謂一官之職，其寮屬徹於王者有十品，百官故有千品十之），五物之官陪屬萬，爲萬官（五物，謂天地神民類物之官也。臣之臣爲陪，謂有陪貳。相佐助，復有十等，千品故萬官也），官有十醜，爲億醜（醜，類也。以十醜承萬，爲十萬，十萬曰億，古數也。今以萬萬爲億），天子之田九畡，以食兆民（九畡，州九之內有畡數也。食兆，兆民耕而食其中也），天子曰兆民，王取經入焉，以食萬官（經，常。常入正稅）。

《册府元龜》本條引述《國語》材料，包括正文和注文一共 2751 字。比唐代的《群書治要》所引《國語》字數要多出好幾倍。《太平御覽》引《國語》雖不如《册府元龜》，但仍具有一定篇幅。如《太平御覽》卷二〇二引云：

  《國語》曰：襄王使邵伯過及内史過賜晉惠公命，吕甥、郤芮
相晉侯不敬，晉侯執玉卑，拜不稽首。内史過歸，以告王曰："晉不
亡，其君必無後。且吕、郤將不免。"王曰："何故？"對曰："《夏
書》有之曰：衆非元后，何戴？后非衆，無以守邑。（邑，國。）在
《湯誓》曰：余一人有罪，無以爾万方；万方有罪，在予一人。（在
余一人，乃我教道之過。）在《盤庚》曰：國之臧，則維汝衆；（今
《商書·盤庚》是也。臧，善，國俗之善，則維女衆，歸功於下
也。）國之不臧，則惟余一人，是有逸罰。（逸，過。罰，罪也。國
俗之不善，則維一人，是我有過，其罪當在我也。）如是則長衆使
人，不可不慎。人之所急在大事，（大事，戎、祀也。）先王知大事
之必以衆濟，故被除其心以和惠人，（被，拂也。）考中度衷以莅
之，（莅，臨。考中，省己之中心，以度人之中心，恕以臨之也。）
昭明物則以訓之，制義庶孚以行之。（義，宜。庶，衆。孚，信。當
制立事，宜爲衆所信也。）被除其心，精也；（精，潔。）考中度衷，
忠也；（忠，恕也。）昭明物則，禮也；制義庶孚，信也。然則長衆
使人之道，非精不和，非忠不立，非禮不順，非信不行。今晉侯即
位而背内外之賂，（背外，不與秦也。背内，不與里、丕田也。）虐
其處者，弃其信；（虐其處者，殺里、丕之黨。）不敬王命，弃其
禮；施其所惡，弃其忠；（己所不欲，勿施於人。所惡於下，无以事
上。今晉侯皆施之於人，故曰弃其忠也。）以惡實心，弃其精。
（實，滿。）四者皆弃，則遠不至而近不和矣，（四者，精、忠、禮、
信。）將何以守國？古者先王既有天下，又崇立上帝明神而敬事之，
於是乎有朝日月以教人事。（禮，天子以春分朝日，以秋分夕月。）
諸侯春秋受職于王以臨其人，大夫、士曰恪位著以儆其官，（中庭
之左右曰位。門屏之間曰著也。）庶人、工、商各守其業以共其上，
猶恐有墜失也，故爲車服、旗章以旌之，爲班爵、貴賤以别之，爲
令聞嘉譽以聲之。猶有散、遷、懈慢而著在刑辟，流在裔土，於是

乎有蠻夷之國，有斧鉞、刀墨之人，而況可以淫縱其身乎？夫晉侯
非嗣也，而得其位，（嗣，適嗣也。）豐豐怵惕，保位戒懼，猶曰未
也。若將廣其心而遠其鄰，凌其人而卑其上，將何以固守？夫執玉
卑，替其摯；拜不稽首，誣其王。摯替無鎮，誣王無人。夫天事恒
象，任重享大者必速及，故晉侯誣王，人亦將誣之；欲替其鎮，人
亦將替之。大臣享其祿，不諫而阿之，亦必及焉。”襄王三年而立晉
侯，八年而隕於韓，十六年而晉人殺懷公，無胄；秦人殺子金、子
公。（子金，呂甥。子公，郤芮之子。）

可見《册府元龜》《太平御覽》等宋代類書較之唐代類書，在引述
材料上篇幅較長，字數較多。這就爲文獻比對提供了豐富的材料基礎。

除了宋代官修的大型類書之外，一些學者輯纂的史書對《國語》材
料也多有徵引，如蘇轍《古史》、劉恕《通鑑外紀》等引述《國語》材
料也比較多。另外一些禮學資料如《禮書》《儀禮經傳通解》等，也引
述了不少《國語》材料。這些材料，一部分成爲後世彙編資料的來源，
同時所選入的大量《國語》片段，都可以和今傳《國語》各本比較參
證。尤其宋代的類書以及彙編材料大多產生在宋明道本、公序本問世前
後不久的時間段中，爲《國語》宋代傳播研究提供了材料，爲尋繹明道
本、公序本之外的《國語》諸本綫索提供了資料。

目前可知，北宋《國語》至少刊印過三次，天聖、明道間二次，治
平元年（1064）一次。南宋則刊刻過多次，如紹興十九年（1149）刻
本，現浙江圖書館就藏有《國語》紹興十九年刊本一頁，中國臺灣“國
家圖書館”藏有紹興十九年刊明弘治南監修補本。就目前所見到的資料
而言，兩宋《國語》起碼刊刻過四次，北宋的三次都是官刻，其中一次
還是北宋朝廷下詔校訂刊刻。

1. 天聖明道本

錢世興之後，世人無睹天聖明道刻本《國語》真容者，該本具體詳
細，則難以知道。清初學者多數依據以錢氏藏天聖明道本《國語》原本
鈔出的錢鈔本，或以該本爲底本的傳錄本或校宋本。從天聖明道本刊刻

至宋庠校訂《國語》，有數年或者十數年的時間，宋庠當能夠參照到天聖明道本。宋人校勘尚無詳細記錄版本的習慣，宋庠校訂《國語》所參"官私十五六種"中的其他諸本與明道本的異同，很難尋繹蛛絲馬跡。檢《國語補音》所引《國語》諸本中，有文字與今明道本同者，或即參天聖明道本，也或參與天聖明道本文字特徵相近之本。另外，朱熹《儀禮經傳通解》、蘇應龍《諸子瓊林》所引《國語》，多與今傳明道本有相合之處，爲瞭解明道本《國語》兩宋時期的流傳情況提供了參照。

2. 治平元年刊本

治平元年二月二十五日中書省劄子云："景靈宮使武寧軍節度使檢校太師同中書門下平章事宋庠劄子奏，臣在河北準中書劄子節文，奉聖旨，令寫錄新校《國語》一本，并所撰音義文字進呈，今已寫錄畢工，然只是私家獨立校對，深恐尚有譌謬，蒙宣取，又不敢隱藏其書，謹具進呈。所有臣私撰到《補音》三冊，止因讀頌之時，深記音切，其首篇略敘校讎本末，元非奏御文字，故辭語平簡，無公式之□，不敢一例進呈，已別繳納中書訖，奏聞事，又據宋庠狀，其《國語》十冊已具進呈訖，其《補音》三冊，止是私家校讎時粗具音讀，元非奏御文字，不敢一例進呈，別繳納中書申聞事。右奉聖旨，《國語》并《補音》，共一十三冊，宜令國子監開板印造，仍令張公庠與書庫監官專切管勾劄附國子監，準此。"① 中書省劄子內已包含了宋庠向朝廷闡述校訂《國語》以及撰作《國語補音》的基本情況。按照劄子中所記，由李淑發起的《國語》校訂活動，最終交由宋庠獨立完成。中書省奉旨，使國子監合刻《國語》和《補音》，此爲《國語》公序本之始。陳造《江湖長翁集》卷三十一《題國語》云："左丘明傳紀諸國事既備矣，復爲《國語》。二書之事，大同小異者多，或疑之。蓋《傳》在先秦古書，六經之亞也。紀史以釋經，文婉而麗。《國語》要是傳體，而其文壯，其辭奇，畢萃

---

① 轉引自阿部隆一《故宮博物院藏沈氏研易樓捐贈宋元版本志（上）》，魏美月譯，《圖書館學情報學研究·臺港及海外中文報刊資料專輯》1987 年第 5 期。《兩宋名賢小集》卷三二二"張泗州集"下云："張公庠，字元善，皇祐元年進士，有《泗州集》。"曾任著作郎、中散大夫、京西轉運副使、臨邛太守等職。

于此，學者表表讀之乃可。吾家藏是書，乃監本也。句而音之。是書字尤大，紙不惡，尤可寶惜，而制置袁公自成都致房州見贈焉。驀山絶壑凡四千里。噫，公之意厚！所遺物在此不在彼，吾敢忘諸？"① 這是宋人文集中不多見的著録《國語》版本的文字，其中提到的監本未知是指北宋國子監本還是南宋國子監本。

3. 南宋嚴州本

治平元年刊本《國語》《補音》今皆不存。附有中書劄子之《補音》也是後刻本。如潘祖蔭《滂喜齋藏書記》卷一《宋刻國語補音三卷（一函三册）》云："《國語》宋公序《補音》，明人刻本散見各條之下，非原書面目矣。此本三卷，尚是公序舊第。後有治平元年中書省劄一道云：'《國語》并《補音》共一十三册，國子監開板印造'，末有一行云：'右從政郎嚴州司理參軍薛鋭校勘。'遇宋諱玄、懸、殷、匡、恒、徵、敬、竟、樹、頊、桓、完皆缺筆。頊神宗名，桓欽宗名，皆在治平後，當是南宋時嚴州覆刻。犬戎樹惇，惇字犯孝宗諱不缺，是孝宗以前本也。每半葉十行，行二十字，字畫方勁，與北宋槧無異。"② 施廷鏞《古籍珍稀版本知見》即著録："《國語補音》三卷，宋刊。後有治平元年（即 1064 年）中書省劄一道，云：'《國語》並《補音》共一十三册，國子監開板印造。'末有一行云：'右從政郎嚴州司理參軍薛鋭校勘。'宋諱避至頊、桓，名皆在治平後。半葉十行，行二十字，字畫方勁。"③ 按照潘祖蔭和施廷鏞的記述，他們所見到的宋本爲南宋嚴州本。

4. 南宋監本

北宋南遷之後，於紹興十三年（1143）重新修建國子監，收集圖書、組織雕版校勘。紹興十九年（1149）即重新刊刻《國語》。另左藏庫保存的《國語》書版至淳熙年間即有毀壞，如左藏庫淳熙三年

---

① 拙撰《〈國語〉歷代序跋題識輯證》，濟南：齊魯書社 2018 年版，第 96 頁。

② （清）潘祖蔭撰，葉昌熾編，潘承弼增補：《滂喜齋藏書記》，上海：上海古籍出版社輯印《續修四庫全書》第 926 册，第 427 頁。

③ 施廷鏞編著，李雄飛校訂：《古籍珍稀版本知見録》，北京：北京圖書館出版社 2005 年版，第 1 頁。

（1176）刊刻《春秋經傳集解》卷後題記中云："淳熙三年四月十七日，左司廊局内曹掌典秦玉楨等奏聞，壁經、《春秋》《左傳》《國語》《史記》等書，多爲蠹魚傷牘，不敢備進上覽，奉敕用棗木椒紙各造十部，四年九月進覽，監造臣曹棟校梓，司局臣郭慶驗牘。"舊版部分毀壞，故對舊版進行續補，使版完具之後繼續刊刻書籍，此之謂修補本。經過修補的版片在流傳過程中仍然會有斷爛等毀壞情形，後人繼續修補刊刻，此之謂遞修本。

後世著録較多的《國語》宋刻宋元遞修本，即爲南宋初刊、南宋中期補版，至元時又由西湖書院補版的刊本。《張元濟古籍書目序跋匯編》著録云：

《國語》二十一卷、《補音》三卷，吳韋昭注、宋庠音，宋刊本六册。

前有《〈國語解〉序》。每卷首行書名題"某語第幾"，下題"國語"，再下題"韋字解"，《補音》卷首《國語補音敘録》直連目録，每卷首行題"補音卷第幾"。半葉十行，行二十字，間有至二十二字者，小注雙行，行二十字。宋諱避玄、弦、眩、朗、敬、徵、驚、竟、境、弘、殷、匡、筐、胤、耿、恒、貞、徵、懲、讓、署、樹、竪、頊、姤、桓、垣、完、構、媾、購、慎等字。刻工姓名：王進、張昇、江孫、李棠、江泉、劉寶、楊思、楊明、單宥、張明、牛明、方迁、駱元、成通、方通、駱昇、明刁、王玠、陳良、尹忠、孫昇、孫日□爲一類。蔣榮、蔡邠、陳浩、馬松、何澤、陳彬、陳壽、徐義、詹世榮爲一類。字體鎸法，稍有圓峭渾畫之别。又有板心上記字數者，其刻工爲陳新務、陳秀、何建、丁銓、楊十三、陶□、齊明、良富、徐良、盛久、繆珍、熊道瓊、石茂、王桂、文玉、應華、徐文、陳允升、張三、王榮、徐泳、係元、洪福、朱曾、徐榮、茅文龍、周鼎、王六、蔣佛老、汪亮、吳千七、趙遇春、朱六、金交、今友、蔣罝、王壽三、李祥、視明、李庚、何慶、何通、章文一、陳寧、曹榮、胡勝、沈貴、李德瑛諸人，蓋爲元代覆

刻也。自天聖明道本出，世人均不滿於公序本。錢遵王舉《周語》
"昔我先王世后稷"及"皆免冑而下拜"二事；錢竹汀又舉《周語》
"瞽獻典""高位實疾顚"，《魯語》"笑吾子之大也"，《齊語》"鹿
皮四分"，《鄭語》"依嵺、歷華"，《吳語》"公孫雒"六條，以爲
公序本不如明道本之證。陳芳林、許周生多有駁辨，汪遠孫《明道
本考異序》亦謂兩本各有優劣。觀其所列他書所引之異文及諸家所
辨之異字，是本之勝於明道本者，亦指不勝屈。且汪氏所見者，爲
明人許宗魯、金李之覆本，猶未能盡公序宋刻舊本之長。《周語》
"陽伏而不能出，陰迫而不能蒸"解，是本云"陽氣在上，陰氣在
下，陰氣迫之使不能升"，明道本則作"陽氣在下，陰氣迫之使不
能升"，意已不完。金李本、張一鯤本乃將明道本"陽""陰"二字
互易，語意更不可通。即此二事，亦足證公序本之勝，而明人覆本
之更多訛謬矣。板心高標準尺二十二寸二分，廣三十寸四分，而紙
幅乃高至四十五寸一分，廣至六十寸。本式之鉅，極所罕見。書用
蝶裝，疑猶是宋代舊制。①

顧志興對刻工時代也予以區分，謂："此書《直齋書錄解題》卷三
著錄，題作《國語注》。北京圖書館藏有宋刻宋元遞修本，框高 21.4 釐
米，廣 14.7 釐米。十行，行二十字（間有二十二字），注文雙行，行字
同。白口，左右雙邊，宋諱缺筆至慎字。卷中刻工爲南宋初葉杭州地區
良工張昇、卓宥、張明、方通、駱昇、王介、嚴忠等，另有南宋中葉杭
州馬松、何澤、陳彬、陳壽、詹世榮等爲第一期補版工，第二期補版工
人爲元何建等。此書初刻於南宋初期杭州，元時版送杭州西湖書院，西
湖書院重整書目中有《國語》一目，即此書，爲南宋監本。此書紙幅寬
大，結體方正，爲浙本傑作。又，景定《建康志》'書籍門'史類有

---

① 張元濟撰，張人鳳編：《張元濟古籍書目序跋匯編》，北京：商務印書館 2003 年版，第
491—492 頁。

'監本《國語》'記載，疑即此書。"① 至《中國版刻圖錄》，又進一步將元代補版刻工繆珍、熊道瓊、茅文龍、蔣佛老、何慶、李德瑛數人列入。

李致忠注意到該本避諱字有避、有不避的現象，並舉卷十二"鄉事之殷"正文"殷"字不避注文卻缺末筆避諱，認爲"這顯然是避諱不嚴肅的表現，此爲監本不應有的現象"，又解釋云："然南宋國子監版本，並非都是本監所刻，而是下杭州鏤板，或令官府私宅，乃至書商所刻版片送監，即成監本。本書諱字混亂，此蓋是原因之一。又此本疊經南宋及元時遞修，原刻避諱而補版不避，亦是此書諱字混亂原因之一。"② 李氏所説的後一種原因恐怕是造成該本諱字有避、有不避的重要原因。

5. 今存《國語》宋刊本概述

今存南宋監本無完整的版本，都經過後世的補版，有宋刻宋元遞修本和宋刻元明遞修本兩種。

（1）宋刻宋元遞修本《補音》《國語》即北京國家圖書館所藏並在2006年影印入《中國善本再造工程》第二輯中的《國語》，收入《第一批國家珍貴古籍名錄》，標號爲00478。該本也是目前可知的《國語》公序本系統中存世最古且完整的本子。李致忠爲寫提要云：

《國語》出自何人，説者不一。韋昭《國語解序》謂左丘明爲《春秋》作傳，"其明識高遠，雅思未盡，故復采錄前世穆王以來，下迄魯悼知伯之誅，邦國成敗、嘉言善語、陰陽律呂、天時人事順逆之數以爲《國語》"。其意顯指左丘明爲《國語》之撰著者。《國語》所記之事與《左傳》俱迄智伯之亡，時代復亦相合，但"其文不主於經，故號曰《外傳》"（韋昭《國語解序》）。亦即《國語》又稱爲《春秋》的《外傳》。因知韋昭認爲的《國語》作者與《左傳》同是一人，即左丘明。

① 顧志興：《浙江出版史研究——中唐五代兩宋時期》，杭州：浙江人民出版社1991年版，第54—55頁。
② 李致忠：《昌平集》，上海：上海古籍出版社2012年版，第450頁。

晁公武《郡齋讀書志》卷三著録之《春秋外傳國語》二十一卷，陳振孫《直齋書録解題》卷三著録之《國語》二十一卷，均直謂左丘明所撰。但根據不過都是《漢書·藝文志》的説法，他們亦不全信。其書内容"包羅天地，探測禍福，發起幽微，章表善惡者，昭然甚明，實與經藝竝陳，非特諸子之倫也"（韋昭《國語解序》）。故歷來注家蜂起。成帝之世，劉向始更考校，是正疑謬；章帝時大司農鄭衆爲之訓解；侍中賈逵又敷而衍之；至建安、黄武之間故侍御史虞翻、尚書僕射唐固更采摭所見，以賈逵之説爲主而損益之。韋昭之《國語解》，便是斟酌諸家之説，揚長避短，參以己意而成。

韋昭（204—273）字宏嗣，因回避晉司馬昭之名諱，改名韋曜，三國吳吳郡雲陽（今江蘇丹陽）人，好學善屬文。從丞相掾除西安令，還爲尚書郎，遷太子中庶子。奉孫和命撰《博弈論》。孫亮即位，爲太史令，封高陵亭侯，爲侍中，常領左國史。鳳凰二年（273），以持正忤孫皓，下獄死。事跡詳《三國志》卷六十五。昭之所以要重解《國語》，是認爲"諸家（注釋）並行，是非相貿，雖聰明疏達識機之士知所去就，然民間初學，猶或未能祛過，不自料，復爲之解"（韋昭《國語解序》）。

《補音》三卷，爲宋宋庠所撰。宋庠（996—1066）初名郊，字伯庠，後改名庠，字公序，安州安陸（今湖北雲夢縣）人，徙開封雍丘（今河南杞縣）。北宋仁宗天聖二年（1024）進士第一。累遷翰林學士。寶元二年（1039），除參知政事，與宰相吕夷簡論事不合，出知揚州、鄆州。復入參政，改樞密使。皇祐元年（1049）拜相。三年，爲諫官包拯奏劾，出知河南府。旋加使相，充樞密使，封莒國公。英宗即位，改封鄭國公，請老致仕。卒謚"元憲"。與弟宋祁俱以文學知名，時稱"二宋"。事跡詳《宋史》卷二百八十四。

庠作《國語補音》之緣起、宗旨、原則，其《國語補音敘録》道的明白："先儒未有爲《國語》音者，蓋外内傳文多相涉，音亦通故邪！然近世傳舊音一篇，不著撰人名氏，尋其説，乃唐人也……然其音簡陋，不足名書，但其間時出異聞，義均雞肋，庠因暇，輒録其所闕，不覺盈篇。今因舊本而廣之，凡成三卷。其字音反切除存本説外，悉以陸德明《經傳（典）釋文》爲主……唯陸音不載者，則以《説文》《字書》《集韻》等附益之，號曰《國語補音》。”

《直齋書録解題》卷三將《國語》《國語注》《國語補音》三者分別著録，表明陳振孫作《直齋書録解題》時，三者已各自獨立流行。《四庫全書總目·國語補音》提要謂“夾注其下曰‘庠自撰附于末’，知其初本附韋昭注後，後人以昭注世多傳本，遂鈔出別行”。因知附于昭注之後而又混然一書者，當屬初本，此本即如此。

此本開本鋪陳，行格疏朗，皮紙印造，墨色瑩潔，堪稱宋本之上乘。《涵芬樓燼餘録》史部謂此本“前有《〈國語解〉序》。每卷首行書名題‘某語第幾’，下題‘國語’，再下題‘韋氏解’，《補音》卷首《國語補音敍録》直連目録，每卷首行題‘補音卷第幾’。半葉十行，行二十字，間有至二十二字者，小字雙行，行二十字。宋諱避玄、弦、眩、朗、敬、徵、驚、竟、境、弘、殷、匡、筐、胤、耿、恒、貞、徵、懲、讓、署、樹、豎、頊、姤、桓、完、構、媾、購、慎等字。本式之巨，極所罕見。書用蝶裝，疑猶是宋代蝶裝。”

《中國版刻圖録》亦謂此本“宋諱缺筆至慎字。卷中刻工約分三期：南宋初葉杭州地區良工張昇、卓宥、張明、方通、駱昇、王介、嚴忠等爲第一期；南宋中葉杭州補版工人馬松、何澤、陳彬、陳壽、詹世榮等爲第二期；元時杭州補版工人何建、繆珍、熊道瓊、茅文龍、蔣佛老、何慶、李德瑛等爲第三期。因推知此書當是南宋初期杭州地區刻本，疑即南宋監本。迭經宋元兩朝補版，元時版送西湖書院，《西湖書院重整書目》中有《國語》一目，蓋即此書。每冊首葉有‘東宮書府’朱文方印，當是元時官書，明太祖滅元得之，以貽懿文太子者。紙幅寬大，結體方整，可稱浙本傑作”。

檢此書諱字，上述所舉，實有避有不避者。如卷十二“鄉事之殷”正文中“殷”字不缺末筆，而注文“事戎事也，殷盛也”中

"殷"字反缺末筆，這顯然是避諱不嚴肅的表現，此爲監本不應有的現象。然南宋國子監版本，並非都是本監所刻，而是下杭州鏤板，或令官府私宅，乃至書商所刻版片送監，即成監本。本書諱字混亂，此蓋是原因之一。又此本疊經南宋及元時遞修，原刻避諱而補版不避，亦是此書諱字混亂原因之一。故《涵芬樓燼餘録》所舉諱字，不盡可靠。

此本鈐有"東宫書府""涵芬樓藏""海鹽張元濟經收"等印記。"東宫書府"一印，乃朱元璋東宫太子之印。朱元璋滅元，得到元時不少官書，其後有送東宫者，有送大本堂者，也有送諸王之藩者，此即送東宫者。今藏中國國家圖書館。[1]

《中華再造善本工程》所出爲經折裝，六册，前五册爲《國語解》，第六册爲《國語補音》。2017 年 5 月，國家圖書館出版社又推出《國學基本典籍叢刊·宋本國語》，由杜澤遜審定，尚學峰撰寫序言，共四册，採用灰度影印。該本比《中華再造善本工程》本好的地方是，有些避諱字描畫痕跡以及斷版補修的痕跡比較容易看出。該本有些地方和今傳黄刊明道本相同，或校刻過程中曾根據明道本進行過校改。

（2）北京大學圖書館收購的日本大倉文庫藏本，該本的明補部分有確切紀年，爲弘治十七年（1504）南監補刊。原爲晚清日照丁少山舊藏，後流入日本，歸大倉文庫，2014 年入藏北京大學圖書館。日本學者尾崎康對該本有詳細著録，如下：

國語二一卷　補音三卷　吳韋昭注（補音）宋宋庠撰
至明弘治一七年遞修　八册　大倉文化財團藏
後補灰色表紙（二九·八×一八·六），金鑲玉裝（料紙高さ二四·八）。"依宋本校國語（少山珍藏）"の外題，右に"一二三國語四五魯語"と墨書した元表紙を剥がしたちしい一紙が，副紙

---

① 李致忠：《昌平集》，上海：上海古籍出版社 2012 年版，第 448—450 頁。

に包まれている。次紙に"國語注及音（渕如爲恂齋主人題）"の題簽を貼り，（丁少山）の白文印をそれと台紙の雙方にかけて捺す。その左に"此孫渕如先生手題本在函外光緒三年／五月廿八日得此書於歷城西門内先生手跡／恐有剥落因移於此少山尋記"との丁少山の手跋がある。

韋昭の國語解敍，國語目錄があって本文。首葉かち弘治一七年修葉で，白口の版心上象鼻にその補刊記があり，下象鼻に監生鮑捷の名が入っている。この期の監生に他に王言、蔣纓らがいる。これより多いのが粗黑口の明修葉で，監生鄧志昻、留成、陳浚、秦淳などの名があり，弘治よりやや早い時期のものと思われる。原刻はおそちく絶無で，どく少い比較的古い白口の葉も南宋中期か元の修であろら。江和、范太ちの刻工名がみえる。補音三卷が終った次葉に，"右國語二十一卷補音三卷刻自元大德間歲久／欠壞不便觀覽大司成蘭溪章公與小司成泰和／羅公謀補刊之命鑴召匠重刻七十五板修刻六／十八板遂成全書二公之心可謂公且仁矣繼二／公者皆以二公心爲心庶是書刻用賴云／弘治十七年七月既望／南京國子監監丞赤城戴鑴識"と弘治一七年の修について述べちれている。

全卷の隨所に朱筆で校字が書入れてれ，卷二一末に丁少山が次のように朱書している。"天聖七年七月二十日開印／江陰軍鄉貢進士葛惟肖再刊正／鎮東軍權節度掌書記魏庭堅再詳／明道二年四岳望日得眞本刊正增較"。

藏印は"艮善／印信"（陰）"東吳／高氏""道甫／曾經／借閲"（嚴長明）"丁／少山"（陰）"少山／考藏""大倉／文化／財團"。①

北京大學圖書館入藏後，組織專家編寫了《北京大學圖書館藏大倉文庫書志》，也對該本進行了著録，如下：

---

① ［日］尾崎康：《日本現在宋元版解題·史部（上）》，《斯道文庫論集》第 27 輯（1993年），第 235—290 頁。

國語二十一卷補音三卷

宋紹興杭州刻元大德西湖書院修明弘治十七年（1504）南京國子監續修本

DC0036 八冊

三國吳韋昭解，宋宋庠撰。

韋昭（204—273），字弘嗣，吳郡雲陽人。官至中書僕射，封高陵亭侯。宋庠（996—1066），字公序，原名郊，入仕後改名庠，安州安陸人，後徙居開封雍丘。天聖二年殿試第一，官至兵部侍郎同平章事。

書高 29.8 釐米，寬 18.7 釐米。版框高 22.5 釐米，寬 15.3 釐米。每半葉十行，行二十字，小字雙行，字數同。白口，黑雙魚尾，左右雙邊。上魚尾下方記“國語”及卷次，下魚尾下方記葉次。修版大黑口，四周雙邊。弘治修版版心上記“弘治十七年補刊”，下記補刊監生姓名。

卷一首葉第一行上題“周語上第一”，空一格刻“國語”，空二格刻“韋氏解”，第二行正文。

書首有韋昭“國語解敘”，國語目錄。《國語補音》卷首宋宋庠撰“國語補音敘錄”，書末有弘治十七年南京國子監監丞戴鏞識語。

書根墨書冊次。原書衣墨題“依宋本校國語”，署“少山珍藏”。書首襯葉貼書籤篆題“國語注及音”，署“淵如爲恂齋主人題”，旁有光緒三年少山墨筆注，鈐“丁少山”朱印。書中鈐“東吳高氏”“艮善印信”“丁少山”“道甫曾經借閱”“大倉文化財團藏書”朱印。

案語：清末丁少山據宋明道二年本朱筆。[1]

“東吳高氏”不知何人，檢徐邦達《古書畫過眼要錄》著錄《兩擾

---

[1]　北京大學圖書館編：《北京大學圖書館藏大倉文庫書志》，北京：中華書局 2014 年版，第 300 頁。

帖》鑒藏印記即有 "東吳高氏"①，未知是一人否。整體而言，《北京大
學圖書館藏大倉文庫書志》所提供的信息未如尾崎康著録詳細。這個本
子，清代《國語》研究者中只有陳樹華參照過，稱之爲 "元大德本"。
其所附《國語補音》，錢保塘曾以該本對校《微波榭叢書》本，並撰有
《札記》，作爲光緒二年（1876）尊經書院刊本之一種刊行。

（3）日本静嘉堂文庫藏本。這個本子尾崎康也有著録，如下：

> 國語二一卷　補音三卷　吳韋昭注（補音）宋宋庠撰
> ［南宋前期］刊［南宋中期・元・明］遞修　一二册
> 後補音暗褐色表紙（二七・九×一七・八）襯裝。
> 本文首題 "周語上第一　國語　韋氏解"。左右雙邊（二一・
> 四×一四・八），一〇行，二〇字，注文小字雙行。版心白口，單黑
> 魚尾，"國語幾（丁付）" と題し，下方に刻工名を刻る。元明の修
> 葉に雙魚尾のものが多く，南宋中期修葉から上象鼻に大小字數が
> 入る。
> 宋諱欠筆は玄敬徵匡竟境胤恒徵讓瑣桓慎鵪字に行われる。刻
> 工名は，原刻が王玠、王寔、江泉、李杲、李棠、卓宥、張明、駱
> 元，南宋中期修が徐文、徐義、馬松、陳彬、劉寶，元修が今友、
> 文玉、王六、王榮、王壽三、朱曾、江厚、李祥、李德瑛、洪福、
> 范太、范茂、范雙評、茅文龍、盛允、曹榮、蔣黿、繆珍、魏海，
> 明修は監生の二字を冠するかち版下抄手であろうが，留成、陳浚、
> 秦淳、鄧志昂。卓宥の刻葉に慎字欠畫がある。北京圖書館藏本は
> 元までの遞修本であるが，《中國版刻圖録》（圖三一）の解説は，
> 南宋初葉杭州地區良工，南宋中葉杭州補版工人，元時杭州補版工
> 人と稱している。ただしにの本は明修が多い。
> 尾題は "越語下第二十一　國語"，次に國語補音敘録があり，

---

① 徐邦達著，故宮博物院編：《古書畫過眼要録・元明清書法 3》，北京：紫禁城出版社 2006 年版，第 1060 頁。

"補音卷第一" と題して補音三卷がある。

藏書印は"寶晉／山房""小山／勞長／齡章"（陰）"閩楊浚雪滄／冠悔堂藏本"、"虞山孫氏慈／封丙舍圖書""虞山孫仲／孝維收／藏圖書"、"主司巷舊家""西齋""松歸／郡""李印／承祖""子子孫孫／承之／□□"、"歸安陸／樹聲叔／桐父印"（陰）"臣陸／樹聲"（陰）"歸安陸／樹聲所／見金石／書畫記"（陰）。

傳本は少く，台北の故宮博物院沈氏研易樓の補音三卷が原刻，前述の北京圖書館本が宋元遞修，他は至明修であるが，それも次揭本の外には台北の中央圖書館本しか存在が確認されない。[①]

從尾崎康的著録來看，静嘉堂文庫本和大倉文庫本並不完全相同。檢静嘉堂文庫本和國家圖書館藏宋刻宋元遞修本也多有不同。國家圖書館藏宋刻宋元遞修本左右雙邊，静嘉堂文庫本很大部分改成了四周雙邊，即便同是左右雙邊的版面，字體也不盡相同。另外，由於遞修過程中依據底本、遞修刻工不同等相關因素，文字也頗有差異。以《齊語》爲例，以見二本之異同：

《齊語》共十五頁，其中静嘉堂本有七葉雙邊。文字問題：（1）"設象以爲民紀"注"設教象之法於象魏也"之"也"，静嘉堂本誤作"曰"；（2）又同注"使萬民觀焉挾日而斂"之"觀""挾"，静嘉堂本誤作"官""挍"；（3）國圖本注文"國"，静嘉堂本多改作"国"；（4）"制國以爲二十一鄉"注"城郭之域"，静嘉堂本"域"字作"或"；（5）國圖本注文"商"字，静嘉堂本多作"商"；（6）"勸綏謗焉"注"動""也"處，静嘉堂本爲白板；（7）"犧牲不略則牛羊遂"注"略奪也遂長也"，静嘉堂本爲白板；（8）鄰國未吾親也，静嘉堂本脫"未"字；（9）審吾疆場，静嘉堂本"場"誤作"塲"；（10）"反其

① ［日］尾崎康：《日本現在宋元版解題・史部（上）》，《斯道文庫論集》第 27 輯（1993 年），第 235—290 頁。王紹仁《皕宋樓藏書流布及宋元版追蹤》所著録信息，未能溢出尾崎康所論之外。

侵地"注"衛乏四邑"之"乏",静嘉堂本改正作"之";(11)"出廬于曹"注"是爲戴公",静嘉堂本"戴"誤作"載";(12)小國附協,静嘉堂本"附協"作"協附"。除了異體字問題之外,静嘉堂本多處出現墨釘、白板,而且錯字比國圖本要多。整體而言,補版較多,出現了很多新的問題。

以上三種,爲《國語》宋刊現存之基本情況。這三個本子,都不是完整的宋版公序本,以中國國家圖書館藏宋刻宋元遞修本保留宋版原貌最多,其版本價值不言而喻。這三個殘宋本也爲公序本《國語》在宋代的實際面貌提供了較可靠的依據。

三、宋代《國語》音義研究

宋代《國語》音義研究主要就是宋庠的《國語補音》。宋代《國語》研究成系統規模者,唯推宋庠一人。宋庠既是《國語》公序本的確立者,又撰作《國語補音》行世以爲《國語》專門著作。宋庠《國語補音》價值及其研究情況,拙著《〈國語補音〉異文研究》引言中有較詳梳理,如下:

作爲一部宋代音義著作,《國語補音》的研究具有如下價值:(1)音韻學及音韻學史價值。宋庠《國語補音序》云:"今因舊本而廣之,凡成三卷,其字音反切,除存本説外,悉以陸德明經傳《釋文》爲主,亦將稽舊學、除臆説也。惟陸音不載者,則以《説文》《字書》《集韻》等附益之,號曰《國語補音》。"則《國語補音》所存《舊音》對於研究唐代語音有其語料學價值,即便是宋庠《補音》雖然參照了《經典釋文》《説文》《集韻》等書中的材料,相信也還具有一定的語料價值,對於宋代音韻學及語音史的研究也具有其積極作用;(2)文字學價值。《國語舊音》和《國語補音》保留了很多《國語》異文,每言正俗、通假,有的還指明字形原理，如："注辠輕【補音】即今'罪'字。《説文》：'犯法也。從自從辛，言辠人蹙鼻苦辛之憂。秦以辠似皇字，改爲罪。罪，捕魚竹網也，從網從非。'並徂賄反。今作'辠'，得字之正。此書諸篇多作'辠'，不復重解。"即言明"罪""辠"二字之所由始。凡此之類，皆可以爲文字學研究提供相應的研究材料；（3）訓詁學價值。《國語舊音》和《國語補音》不僅僅注音、辨字，而且對於《國語》疑詁還進行釋解，不僅對《國語》語義研究有很重要的意義，對於漢語訓詁學研究也具有相當程度的積極意義；（4）《國語》版本價值。《舊音》每言賈本、孔本、唐本、虞本，此皆今所不能見者，而《舊音》提供了相關方面的異文，另外《國語補音》每言"人間衆本""別本""俗本""善本""此本"等，經統計，《國語舊音》和《國語補音》此類條目有194條，無疑爲我們研究宋庠時所能參閱到的《國語》版本及異文提供了資料和方便；另外，宋庠《國語補音》條目字頭用字實際上本身就是一種《國語》版本。宋庠根據《舊音》作《補音》，所做《補音》無非是兩種操作程式，其一即將《舊音》條目箋注在某部《國語》之上，然後自己在該部《國語》各條之下作箋識，最後一一迻錄出來成爲一帙；另外一種方式則是直接將所做各條目別紙另寫，而手頭亦當以一部《國語》作爲參照。也就是説宋庠《補音》條目用字原則上應該錄自一種《國語》版本，這樣，宋庠《國語補音》條目字頭用字本身就具有版本價值，而且絲毫不遜色於傳世的任何一種《國語》本子；（5）《國語》本體研究價值。作爲《國語》的音義著作，《國語補音》音切對《國語》語詞語境義的確定，其辨字對於《國語》文本用字的確定，其釋義包括典章文物、地理沿革的闡釋，所有這些對於《國語》文本的理解都具有相當重要的參考價值。另外，《國語補音》條目字頭用字作爲一種《國語》本子的用字和今本《國語》進行比較，可以爲《國語》版本的流變提供更爲翔實的材料和更爲清晰的版本源流脈絡；（6）漢字構形的研究價值。《國語補音》中出現了大量異體字，這些異體字的構形恰恰可以爲漢字構形的歷時研究提供豐富的材料。①

其實，漢字構形研究完全可以歸到文字學裏面去，故上述所謂六方面價值，實際上是五個方面。此外，《國語補音》還有文獻比勘或輯佚價值。《國語舊音》《國語補音》徵引的一些文獻和今傳文獻仍有一定的文字差異，《舊音》如宋所說產生於唐代，《補音》產生於北宋前期，所徵引文獻絕大多數都是後世傳本。《舊音》《補音》引書除了《倉頡篇》《經典釋文》《爾雅》《方言》《釋名》《廣雅》《字書》《字林》《說文》《玉篇》《字林》《聲類》《切韻》《集韻》《韻集》《雜韻》《音韻》等小學書，復引杜預《世族譜》、《詩經》、《禮緯》、《書》、《史記》、《世本》、《漢書》、《汲冢書》、《考工記》、《論語》、《呂氏春秋》、《纂文》、《内傳》、《禮》、《禮》康成注、《古文尚書》、《毛詩》、《謚法》、顏之推、《韓詩》、《莊子》、《珠叢》、祖沖之《述異記》、《神異經》、《家語》、《淮南》、《周官》、《本草》、《韓詩外傳》、《春秋公子譜》、《春秋吳晉公子及國人名譜》、應劭《漢書》、孟康《漢書》。其中，《韻集》《字林》等一些文獻早已失傳，故《舊音》《補音》也是後世輯佚的重要來源，前文已經提及。

此處唯再強調者，即清代多家每每將《補音》與宋庠校訂《國語》混而爲一，至稱公序本《國語》爲“補音本”者亦所在多有，實際上著者的著作和校訂者校訂的書還是不一樣的，這一點必須明確。和《舊音》能參據賈、虞、唐、孔諸本不同，宋庠《補音》則唯參據韋昭注本之衆本、俗本、別本等等。

（一）《國語補音》的版本

《國語補音》版本存世較多。《〈國語補音〉異文研究》據著錄資料梳理之，引如下：

---

① 參見拙著《〈國語補音〉異文研究》，臺北：蘭臺出版社 2015 年版，第 13—14 頁。

　　《文字音韻訓詁知見書目》著録《補音》版本 19 種，分別爲：宋刻宋元遞修本、宋刻元明遞修本、嘉靖五年（1526）本、明刻本、清丁丙（1832—1899）跋明刻本、王寀廷（1877—1952）録何煌校黄丕烈跋明刻本、瞿熙邦（1908—1987）録清顧廣圻（1770—1839）校明刻本、微波榭叢書本、王國維（1877—1927）校微波榭叢書本、慎始基齋影湖北先正遺書本、1986 年臺灣商務印書館影文淵閣四庫本、1989 年上海古籍出版社影文淵閣四庫本、文溯閣四庫本、文津閣四庫本、文瀾閣四庫本、清顧廣圻校葉景葵（1874—1949）跋清鈔本、清李文田（1834—1895）跋清鈔本、清孔繼涵（1739—1783）跋孔廣栻（1755—1799）録雍乾間學者陳樹華校明正德十二年（1517）明德堂刻本。實際上 “1983 年臺灣商務印書館影文淵閣四庫本、1989 年上海古籍出版社影文淵閣四庫本、文溯閣四庫本、文津閣四庫本、文瀾閣四庫本” 可統稱之爲 “四庫本”。《中國善本書目》著録《國語補音》版本 13 種，除去《文字音韻訓詁知見書目》已録者，尚有正德十二年明德堂刻本，此本著録爲二卷，其他皆著録爲三卷，審國圖藏陳樹華校本即爲正德二卷本。另慎始基齋影湖北先正遺書本的稱法是不對的，湖北先正遺書本爲盧氏所刊印，當爲 “慎始基齋刊湖北先正遺書本”，其實即微波榭本的覆刻，因該書前有牌記 “沔陽盧氏慎始基齋用微波榭本景印” 字樣。確切地説，應該是 “慎始基齋刊湖北先正遺書本影微波榭本”，范希增（1899—1930）《書目答問補正》名爲 “沔陽盧氏編湖北先正遺書影印微波榭本”，亦至當。又王國維《兩浙古本考》曾著録南宋監本《國語補音》三卷。此外，北京大學圖書館尚收有成都盱眙吳氏尊經書院同治十三年（1874）刻本，北京大學、浙江大學圖書館並收有成都盱眙吳氏尊經書院光緒二年（1876）宋庫《國語補音》與清錢保塘（1832—1897）撰《札記》合刊本，北京大學索書號爲 415.4/3000，浙江大學索書號爲綫/621.776513/3000，在臺灣國家圖書館館藏查詢系統尚檢索到宋紹興間（1131—1162）刊明南監修補本，又根據日本 “全國漢籍データベース” 檢索，日本有明

弘治十五年（1502）刊本、二松學舍加藤常賢（1894—1978）先生
維軒文庫本、関大内藤文庫鈔本、嘉永二年（1849）鈔本等四種，
此皆爲《文字音韻訓詁知見書目》、《中國善本書目》所遺漏。①

除此之外，尚見中國臺灣"故宮博物院"藏宋紹興刊明弘治間遞修本、
宋孝宗時嚴州刊本、日本江户間鈔本，皆三卷。此《國語補音》刊本之大端。

（二）《國語補音》的内容

《國語補音》是一部增廣之作，是在前人《國語音》的基礎上增補
而成的。總體内容包括補音、釋義、校勘三個方面。全書包括敘録、正
文兩部分。

1. 《國語補音敘録》

宋庠《國語補音敘録》是繼韋昭《國語解敘》之後，又一篇重要的
《國語》研究文獻。該文首先回顧了《國語》性質、流傳、研究之大略，
其文云：

> 按班固《藝文志》種別六經。其春秋家有《國語》二十一篇，
> 注："左丘明箸。"至漢司馬子長撰《史記》，遂據《國語》《世本》
> 《戰國策》以成其書。當漢世，《左傳》秘而未行，又不立於學官，
> 故此書亦弗顯。惟上賢達識之士好而尊之，俗儒弗識也。逮東漢，
> 《左傳》漸布，名儒始悟向來《公》《穀》膚近之説而多歸左氏。及
> 杜元凱研精訓詁，木鐸天下，古今真謬之學，一旦冰釋，雖《國
> 語》亦從而大行。蓋其書並出丘明，自魏晉以後書録所題，皆曰
> 《春秋外傳國語》，是則《左傳》爲内、《國語》爲外，二書相副，
> 以成大業。凡事詳於内者略於外，備於外者簡於内。先儒孔晁亦以
> 爲然。自鄭衆、賈逵、王肅、虞翻、唐固、韋昭之徒並治其章句，
> 申之注釋，爲六經流亞，非復諸子之倫。自餘名儒碩士好是學者，

---

① 參見拙著《〈國語補音〉異文研究》，臺北：蘭臺出版社2015年版，第17—18頁。

不可勝紀。歷世離亂，經籍亡逸，今此書惟韋氏所解傳於世，諸家章句遂無存者。然觀韋氏所敘，以鄭衆、賈逵、虞翻、唐固爲主而增損之，故其注備而有體，可謂一家之名學。惟唐文人柳子厚作《非國語》二篇，擴摭左氏意外微細，以爲詆訾，然未足掩其洪美。

在這段文字中，宋庠根據班固對《國語》的類別歸屬，確定《國語》爲經學之春秋家。自班固至宋庠，《國語》之爲經學，幾無異議。宋庠説法，也是對韋昭《國語解敘》"匪特諸子之倫，亦與經藝竝陳"的進一步補充和提升。宋庠闡述司馬遷採擇《國語》材料編寫《史記》，是對韋昭"賈生、史遷頗綜述焉"的進一步説明。宋庠指出，《國語》研究的發展演化軌跡和《左傳》研究的興起與發展密切相關，進而對《左傳》《國語》二書的關係進行了説明。宋庠的説明和《論衡》觀點不同，《論衡》認爲《國語》是補充《左傳》的。宋庠認爲《左傳》《國語》互有詳略，故二書是相互補充的關係，並引孔晁説爲同調，進而對唐前《國語》研究進行了簡要回顧。尤其對韋昭《國語解》給予較高評價，認爲韋昭《國語解》是在對舊説進行採擇的基礎上撰成的，故謂"其注備而有體，可謂一家之名學"。進而指出了《非國語》的偏頗之處，認爲柳宗元《非國語》抨擊《國語》有失偏頗。批評《非國語》之偏失，是宋以後學者之共識。而昌發此説者，當以宋庠爲較早。

宋庠進而對《國語》歷代著述進行了較爲詳細的著録，謂：

左篇今完然與經籍並行無損也，庸何傷於道？因略記前世名儒傳學姓氏列之左方。

後漢大司農鄭衆，字仲師，作《國語章句》，亡其篇數。

漢侍中賈逵，字景伯，作《左氏春秋》及《國語》解詁五十一篇，《左傳》三十篇、《國語》二十一篇。《隋志》云"二十卷"，唐已亡。

魏中領軍王肅，字子雍，作《春秋外傳國語章句》一卷。《隋志》云："梁有二十二卷。"《唐志》亦云"二十二卷"。

吳侍御史虞翻，字仲翔，注《春秋外傳國語》二十一卷。

吴尚書僕射唐固，字子正，注《春秋外傳國語》二十一卷。

吴中書僕射、侍中、高陵亭侯韋昭，字弘嗣，注《春秋外傳國語》二十一卷。《隋志》云"二十二卷"，《唐志》二十一卷，與今見行篇次同。

晉五經博士孔晁，注《春秋外傳國語》二十卷。《唐志》二十一卷。

右按：古今卷第多不同。或云"二十一篇"，或"二十二"，或"二十卷"。然據《班志》最先出，賈逵次之，皆云二十一篇。此實舊書之定數，其後或互有損益，蓋諸儒章句煩簡不同，析簡併篇，自名其學，蓋不足疑也。要之，《藝文志》爲審矣。

在這段文字中，宋庠對漢魏晉時期的七家《國語》著述進行了著錄，涉及職官、字號、著述名稱、卷次，以及前代《藝文志》《經籍志》所載卷次，並記其存佚。除了王肅的著作卷帙差異懸殊外，其他幾家卷帙著錄的差異往往在"二十""二十一""二十二"三個數字上。宋庠認爲，二十一篇是《國語》的定數，之後的篇卷分合，恐怕和學者們對卷次處理標準不同有關，並非是内容有區別。這個認識還是比較通達可采的。宋庠除了揭出鄭衆注"亡其篇數"外，對賈逵注亡逸的時期也進行了揭示，認爲賈逵注亡在唐代。從各書引述賈逵注的情況來看，宋庠的這一結論是符合事實的。

文題既名"國語補音敘録"，還是要回到"補音"上，故宋庠又涉及《國語補音》的撰作起因及撰作方式。其文云：

又按：先儒未有爲《國語》音者。蓋外内《傳》文多相涉、字音亦通故邪？然近世傳《舊音》一篇，不箸撰人名氏。尋其説，乃唐人也。何以證之？據解"犬戎樹惇"引"鄫州羌"爲説。夫改善鄫國爲州，自唐始耳。然其音簡陋，不足名書，但其間時出異聞，義均雞肋。庠因暇輒記其所闕，不覺盈篇。今因舊本而廣之，凡成三卷。其字音反切，除存本説外，悉以陸德明經傳《釋文》爲主，亦將稽舊學、除臆説也。唯陸音不載者，則以《説文》《字書》《集韻》等附益之，號曰《國語補音》。其聞闕疑，請俟鴻博，非敢傳之達識，姑以示兒曹云。

　　其撰作動機之一，即《舊音》"簡陋，不足名書"。這一説法有其合理性，也有其片面性。説其合理，是因爲《舊音》只有1042條，確實較少，作爲一部書不够厚重，而且《舊音》往往採用直音法標注讀音。但以《舊音》"時出異聞，義均雞肋"則屬苛評，非爲公允之論，前文已經述及。關於《舊音》的産生時代，宋庠推斷在唐，以"改善鄯國爲州，自唐始耳"。對宋庠的這一推斷，謝啟昆提出懷疑，謂："庠自序云'夫改鄯善國爲州，自唐始耳'，考《魏書·地形志》有鄯州，列於涼州、瓜洲之間，是始於元魏也。庠説誤矣。"① 錢保塘《國語補音札記》謂："《漢書·西域傳》有鄯善國，此誤倒。按：魏、隋書《地志》均有鄯州。《廣韻》：'鄯州，本漢破羌縣，地屬金城郡。魏孝昌二年置鄯州。'《太平寰宇記》同，又云：後周爲樂都郡。隋初，郡廢，置鄯州。煬帝初，州廢，置西平郡。唐武德二年，又置鄯州。天寶元年，改爲西平郡。乾元元年，復爲鄯州。上元二年，爲吐蕃所陷，遂廢，入河州。是唐之鄯州即魏、隋之鄯州，爲今甘肅西寗府地。若漢之鄯善國，本名樓蘭，近白龍堆，在今噶順沙磧南，遠在西寗府西，尚千餘里，非鄯州地也。宋氏誤合爲一。"② 也就是説，在謝啟昆和錢保塘看來，宋庠的證

　　① （清）謝啟昆撰，李文澤、霞紹暉、劉芳池校點：《小學考》，成都：四川大學出版社2015年版，第709頁。

　　② （清）錢保塘：《國語補音札記》，光緒二年（1876）成都尊經書院刊本，第1頁。今檢李福敏《馬衡藏書及題跋》（《故宮博物院院刊》2005年第2期）中載有馬衡批校微波榭叢書本本條云："《漢書·西域傳》有鄯善國，此誤倒。按《魏書》《隋書》地志均有鄯州。《廣韻》：'鄯州本漢破羌縣地，屬金城郡，魏孝昌二年置鄯州。'《太平寰宇記》同，又云：後周爲樂都郡，隋郡廢置鄯州，煬帝初，州廢，置西平郡，乾元元年復爲鄯州，上元二年爲吐蕃所陷，遂廢入河州，是唐之鄯州即魏、隋之善州，爲今甘肅西寧府地。若漢之鄯善國本名樓蘭，近白龍堆，在今噶順沙磧南，遠在西寧府西尚千餘里，非魏隋之鄯州地也。宋氏誤合爲一。"此段考證，李福敏謂爲"寥寥數語，將鄯善國之歷史沿革考證得一清二楚，足見其考據學之功底"。通過對比不難看出，馬衡的這段批校實際上録自錢保塘《國語補音札記》，並非馬氏自撰。

據是站不住脚的。但張以仁從《舊音》當中找到了內證，進一步佐成宋
庠的結論①。

宋庠在這段文字中，講到自己撰作《國語補音》的基本方式，即完
全保留《舊音》條目，在《舊音》的基礎上進行增廣。其所補音，以
《經典釋文》所存音切爲主，《經典釋文》闕略的，用《説文》大徐本、
《集韻》等書中反切。换言之，按照宋庠的説法，其《補音》的音切都
是有所本的。

宋庠《敘録》次列《國語》目録，如下：

目録
周語上第一
周語中第二
周語下第三
魯語上第四
魯語下第五
齊語第六
晉語第七
晉語第八
晉語第九
晉語第十
晉語第十一
晉語第十二
晉語第十三
晉語第十四
晉語第十五
鄭語第十六
楚語上第十七

---

① 張以仁：《國語左傳論集》，臺北：東昇出版事業公司1981年版，第183—184頁。

　　楚語下第十八

　　吳語第十九

　　越語上第二十

　　越語下第二十一

　　補音三卷

　　按諸本題卷次敘各異。或有先題國語卷第幾作一行，次又別題曰某語，次下又別題曰某公，疑皆後人以意妄自標目。然不能得其定本，未知孰是。庠家舊藏此書，亦參差不一。天聖初，有宗人同年生緘假庠此書，最有條例。因取官私所藏凡十五六本，校緘之書，其閒雖或魯魚，而緘本大體爲詳。又題號諸篇較若畫一，並不箸卷字，但曰某語第幾，其閒唯一國有三篇或二篇者，則加上、中、下以爲別。然不知此目興自何世及何人論次，決非丘明所自造。蓋歷世儒者各有章句，並擅爲部第，莫可知已。唯此本題卷不與諸家類，今輒據以爲正云。

　　在這段文字中，對於《國語》各卷標目以及校訂《國語》的基本依據，都進行了分析。宋庠指出，他所看到的《國語》題卷並不統一，推論爲“後人以意妄改”，尤其目錄自注中提到某些本子《晉語》每卷之下注明某公等等，實際上並不能完全涵蓋本卷内容。故而此處臚列的《國語》目錄是採用宋緘藏本。

　　綜上可知，宋庠《國語補音敘錄》既是一篇《國語》學術史文獻，也是一篇説明校訂《國語》、撰作《補音》動機和方式的文獻，正可與宋代校書活動以及中書省劄子所言相印證。

　　2.《國語補音》内容

　　書名既然叫“國語補音”，因此“補音”是本書的主要内容。全書共有補音 3238 條，是《舊音》總條目的三倍。

　　（1）揭明體例

　　關於《舊音》《補音》體例，宋庠在行文中都有所揭示。如下：

周

杜預《世族譜》云："黃帝之苗裔，姬姓，后稷之後，封於有邰。其後世衰，后稷之子不窋乃失其職，竄於西戎。至十有二代孫，曰太王，爲狄人所逼，邑於岐山之下居焉。王孫文王受命，武王克殷而有天下，傳至幽王，無道，爲犬戎所殺。幽王子平王東遷，乃居王城。"

【今按】《舊音》每國之前，特於國名下序其世系始末甚詳，他皆倣此。

注之稱

史證反。

【今按】此字在注。《舊音》不分正文與注，今凡在注者竝加"注"字以別之。後倣此。

謀父

音甫。

【今按】諸經史惟父母字外，其餘凡涉地名或人之名字，皆音甫，古多借父字爲之，伯陽父、尼父之類是也。《說文》甫字從父用男子之美稱。經史以二字通用，但音別耳。《舊音》多以人所通識之字爲音，據先儒音訓，雖有此例，但須灼然易曉、古今共悉者。以音異字，則亦無嫌。但《舊音》用字多傷淺俗。今凡《舊音》自有反切者，竝如故。自餘漏音及引字不甚稽古，率加反切，竝題曰"補音"。或於義未了，又加"今按"以爲釋。後皆倣此。

宋庠對撰作體例進行了交代。第一條是對《舊音》撰述體例的揭示，謂八國語之每語最首，揭示該國世系始末，這是《舊音》的撰述體例。第二條揭出《舊音》在撮錄條目的時候，正文和韋注並不區別。《補音》則凡注文都在撮錄文字之前加"注"以示區分。第三條是對《舊音》直音用字的批評，並對補音對象的說明。宋庠認爲，《舊音》直音多依據前輩學者音訓材料，用“人所通識之字”作爲直音用字。又進而認爲直音用字必須“灼然易曉、古今共悉”，以這個標準來看待《舊音》“人所通識”的標準，似乎並没有什麼區别。但宋庠又指出《舊音》使用的直音用字“淺俗”。從標音角度而言，只要讀音相近，“人所通識”，“淺俗”似乎並無不妥。因此，宋庠對《舊音》直音用字“淺俗”的批評似稍嫌偏狹。宋氏《補音》補充大致包括幾個方面：①《舊音》直音“不甚稽古”者，宋庠補以反切。檢點《補音》發現，除了少數的幾個直音如“父音甫”“瞽音古”等保留《舊音》未加補充之外，大量的直音音注，宋氏都補充了反切音注；②《舊音》他處已有音注，而未能注某篇出現之字，《補音》移用《舊音》他處音注補充之。如“謀父”下有直音音注，而“忌父”下無之，《補音》爲增“音甫”補之；③《舊音》雖有反切音注，宋庠認爲仍需注出者，另補反切。如“注于囿，于目反，一音‘又’。【補音】于救反”，《舊音》出反切，宋庠認爲其音標記效果不佳，故又補反切。另外，有的地方《舊音》有反切，但是和《經典釋文》不同，宋庠也會補充反切。如“丕山，匹皮反。【補音】《尚書》備悲反”，《舊音》以“匹皮”音“丕”，“人所通識”。但《補音》又補充《尚書音義》音切，恐怕還是出於認爲《舊音》“用字多傷淺俗”“不甚稽古”的原因。④《舊音》無注音，《補音》新增音切條目。《補音》較《舊音》，新增音注 2000 條，所增音注皆爲反切。新增補音條目如有語義、文字等相關問題的探討，絕大多數直接起下文，偶爾會加“按”字。

除了補音之外，還對“於義未了”之處加“今按”以爲辨析。全書共增添“今按”253 處。二百多條“今按”大致包括：

（1）揭明體例，已見上文。

（2）揭明他處音注當同。如“兵戢，側立反。【今按】下‘載戢’同”，是揭明其他語境中出現的“戢”字讀音相同。這一類“今按”和“補音”區别不大，因爲有的“補音”也並不出現音注，只是説明某處文字讀音與此相同，如“注樂歌【補音】竝如字，下‘樂章’同”，唯此處是《舊音》音注下所加，而“樂歌”爲新增條目。又如：“大難，奴汗反。【今按】下'大難''懼難''避難''此難'竝同。"

（3）探討《舊音》以及字音。如"允王，左氏于况反。【今按】《詩經》無此音，若據韋注，則當如字爲允"，本條是對《舊音》音注的評價，認爲《舊音》所謂"左氏"反切不見於《詩經音義》。並進而認爲，根據韋昭注文來看，"王"字不當讀去聲，而當如字，也就是説，宋庠認爲《舊音》音注不確。又如"注壇墠，上音彈，下音善。【今按】彈又有'憚'音，非定訓也"，即謂《舊音》所用直音用字是個多音字，故謂《舊音》音注實際上是無效的。又如："注共和，注：厲之亂，公卿相與共和而修政事。按《汲冢書》，共音恭，共伯名和。【今按】《舊音》雖出此説，然韋氏自依《史記·周紀》爲注。則'共'當如字。"對《舊音》音注提出異議。又如："一墢，鉢、伐二音。賈逵曰：'耜廣五寸，二耜爲耦，一墢深尺。'【今按】《説文》作'坺'，云：'一臿土也。'音蒲撥反，《切韻》即有鉢、伐二音。又作'垡'，音同。"對《舊音》音注進行補充説明並提供異文。又如："不解，古買反。【今按】《語》曰：'日服其鎛，不解于時。'文意以謂不懈于時，則解當音佳賣反。借此懈字，從去聲。作古買者，從上聲。音義俱別矣。"通過對《國語》原文的解釋，對《舊音》音注提出商榷。又如："隙間，音澗，訓空隙。音閑，則訓防禁也。【補音】古閑反。【今按】'隙'既訓'間'，則當音'人間'之'間'。"此處認爲《舊音》當根據語義存一音，不當又出"音閑，則訓防禁也"一句。又如："辟邪，音璧。【補音】上匹亦反，下似嗟反。【今按】'辟'字凡有數音。其音璧者，即皇王后辟君也；音闢者，大刑之名也；音僻者，邪僻之謂也；音避者，避遠之辭也。今據正文曰'其君貪冒辟邪'，即不當音璧，宜從邪僻之音。《論語》曰：'師也辟。'亦音匹亦反。注謂子張才高過人，失在邪辟而文過。《舊音》曰'璧'，其巨失乎？"這是對《舊音》音注的質疑，指出該字是一個多音字，《舊音》音注不符合文義。又云："于鄗，音皓。《尚書》作'鎬'。【補音】胡老反。【今按】此字又有'郝'音，常山縣漢世祖即位爲高邑者，非周地也。宜從'鎬'。"揭明又音。

（4）揭明異文。如"戎翟，大的反。【今按】本或作'狄'，音同"，揭明有的本子"翟"作"狄"，語音相同。今傳《國語》公序本和明道本中，公序本絕大多數字作"翟"，明道本絕大多數字作"狄"。又如："注伊扈，音户。【補音】侯古反。【今按】《史記》共王名繄扈，《世本》《人物表》作伊扈。"此處揭明《史記》所載恭王之名與韋注、《世本》、《人物表》不同。又如："而鎮，音珍。【今按】《史記》作'填'。《周禮·春官》：'天府掌國之玉鎮。'音珍。《説文》亦云：'壓也。'"揭明《史記》異文。又如："注母涼，音梁。賈注：母，無字。《史記》作'閭'。【補音】龍張反。【今按】《世本》及《古今人物表》竝作'母涼'。"在《舊音》提供了《史記》異文之後，宋庠提供了《世本》《古今人物表》的文字，證明《國語》韋注之載是有理據的。依據校訂《國語》所參各本揭明《國語》異文，是《補音》的重要內容之一。

（5）揭明古今字。如"注要服，音腰。【補音】於遥反。【今按】《説文》要即'腰'字，加'月'字者，俗相承耳。下文注所引'要服'竝同"，本條揭明"要"即"腰"字。《玉篇·肉部》："腰，本作'要'。"又如："徧戒，古文'遍'字。【今按】古文無此'遍'字，《説文》及諸韻作'徧'者正，作'遍'者俗。"按照宋庠理解，《舊音》揭明"徧"的古文爲"遍"，但宋庠認爲"遍"非古文，實俗字。

（6）提醒讀者。如"注賓見，乎徧反，下'而見''一見''來見'竝同。【今按】注中'見'字非一，不止《舊音》所引，皆當以意求之"，認爲《國語》"見"字多見，《舊音》只是撮舉幾例而已，並且進一步指出其他多處"見"字是否讀作《舊音》給的音注，也未盡然，還需要通過語境語義求之。

（7）對《舊音》釋義提出商榷。如："犬戎樹惇，注云：'樹，立也。言戎立性惇樸。'據下文云'守終純固'，一也，言戎天性專一。義與'惇樸'不殊，非本旨也。按鄯州界外羌中見有樹惇，蓋是犬戎主名明矣。【今按】《舊音》輒建此説，雖似有理，然傳疑失實，未足以誚先儒。且蠻夷姓名，隨世變易，殊音詭韻，未始有極，矧千歲之外尚襲舊名者耶？或戎人姓名，偶與舊文相會，安可執而爲據？又譏'樹惇'與'純固'同義，便云'非本旨也'，且經史之辭，首末重複者不可勝紀。

今略舉數節：《詩》云：'昭明有融，高朗令終。'解者曰：'昭，明也。朗，亦明也。'二句之内，三字一訓。《書》曰：'無黨無偏，王道便便；無偏無黨，王道蕩蕩；無反無側；王道正直。'今按，偏、黨、反、側皆一義也，安可謂辭之重歟？經誥、大訓，但取全義而已，寧如末世綴屬之士，專爲避忌之文哉？而舊作音者，欲以淺近臆説詆前賢篤論，過矣。"《舊音》不贊同韋注"立性惇樸"的觀點，認爲"樹惇"應該是犬戎主名，並非是一般的動賓關係。宋庠針對《舊音》的這種説法提出異議。認爲《舊音》的説法表面上看是有道理的，但是却忽略了人名在流傳中因爲字形、語音都發生了變化。而且歷經年所，犬戎國主不可能襲用舊名。故而認爲《舊音》以偶然相會爲據，不足取。另外，指出《舊音》以"樹惇""純固"同義爲"非本旨"是錯誤的，因爲"經史之辭，首末重複者不可勝紀"。對其結論以及論據都提出了質疑。又如："而不悖，步没反。梁主以'佛'有'悖'音，乃改'悖'爲'背'。【今按】經典及諸儒，悖字多音布内反，罕從'步没'者。諸傳記亦未見梁武改'悖'爲'背'之説。將作音者別有所按邪？"

（8）揭明異體關係。如："粢盛，上音咨，下音成。【補音】上即夷反，下尚征反。【今按】後又有作'齍'者，音同字異，義則一。"説明二字爲異體字關係。又如："攜貳，下圭反，或作'携'。【今按】'携'字俗譌。"認爲"携"爲俗譌之字。其實漢碑中已有"携"字，《廣韻》以爲"攜"字之俗。李鋆綜合各家，認爲："綜上各家之説，或以'携'爲'攜'之俗，或以爲非。然'攜'之作'携'，漢晉以來即有是例，故'携'可爲'攜'之異體。"[1]

（9）揭明《舊音》音注失次。如："薦醴，音禮。【今按】又有'淳濯饗醴'，是首字。舊出音於此，失其次。"按照宋庠的説法，凡施音注，一定要先置於首見字之下。《舊音》此處施注，不是首見字，故謂之"失次"。實際上，這類問題在《國語補音》中依然存在。張一鯤本散音注入正文，也做了這部分工作。又如："耨，乃豆反。《世本》曰：'垂作耨。'

《釋器》曰：'斫斸謂之定。'丁脛反。《廣雅》曰：'定謂之耨。'賈逵曰：'耨，鎡錤也。'《吕氏春秋》曰：'耨六寸，所以間稼。'《纂文》曰：'耨如鏄，柄長三尺，刃廣二寸，以刺地除草。'《釋名》曰：'所謂耨鉏，嬶禾是也。'【今按】《舊音》前已音'耨'字，至此又廣引衆説，先後失其次。"又："山父，音甫。按《舊音》失次，今移。"

（10）探討韋注。如："以括，【補音】古活反。【今按】韋注云：'括，魯武公長子伯御也。戲，括弟懿公也。'下文云：'魯人殺懿公而立伯御。'即括也。按《史記·魯世家》：'宣王立戲爲魯太子，戲立，是爲懿公。九年，懿公兄括之子伯御與魯人攻殺懿公而自立。'據《史記》，則伯御乃括之子明矣。又按班固《人物表》：'伯御，魯懿公兄子。'與《史記》合。疑韋注失之。"

（11）揭明通假。如："注大招，音韶。【今按】招，即'韶'字，假借，非止爲音。"認爲此處不僅僅是標音，而且還揭明了被注字與音注字之間是本字與借字的關係。

《國語舊音》《國語補音》的撰述體例和《經典釋文》一致，屬於音義體著作，所以内容豐富，涉及問題較多，對後世《國語》研究有諸多啓發。

（三）前人對《國語補音》的著録

南宋吕祖謙《吕氏家塾讀詩記》已經徵引《國語補音》之説作爲依據。陳振孫《直齋書録解題》卷三即云："丞相安陸宋庠公序撰，以先儒未有爲《國語》音者，近世傳《舊音》一卷，不著撰人名氏，蓋唐人也。簡陋不足名書，因而廣之。悉以陸德明《釋文》爲主，陸所不載，則附益之。"陳振孫《解題》實據宋庠《敘録》，馬端臨《文獻通考》、謝啓昆《小學考》皆用陳氏之言。

《四庫總目提要》云：

唐人舊本，宋宋庠補葺。庠字公序，安陸人，徙居雍邱。天聖二年進士，第一歷官檢校太尉、平章事、樞密使，封莒國公，以司空致仕，諡文憲。事蹟具《宋史》本傳。自漢以來，注《國語》者凡賈逵、王肅、虞翻、唐固、韋昭、孔晁六家，然皆無音。宋時相傳有音一卷，不著名氏。庠以其中“鄜州”字推之，知出唐人，然簡略殊甚，乃采《經典釋文》及《説文》《集韻》等書補成此編。觀《目録》前列二十一篇之名，詳注諸本標題之異同，後列補音三卷，夾注其下，曰“庠自撰”附於末，知其初本附韋昭注後，後人以昭注世多傳本，遂鈔出別行，明人刊本又散附各句之下，閒多脱誤，蓋非其舊。此本猶從宋本録出，其例存唐人《舊音》於前，《舊音》所遺及但用直音而闕反切者，隨字增入，皆以“補注”二字別之。其釋正文者，大書其字，夾注其音；其釋韋昭注者，亦大書其字，而冠以“注”字爲別。較陸德明《經典釋文》以朱墨分別經注，輾轉傳寫，遂至混合爲一者，頗便省覽。自記稱舊本參差不一，最後得其同年宋緘本，大體爲詳，因取公私書十五六本，與參互考正，以定是編。其辨證最爲詳核，惜其前二十一卷全佚，僅存此音也。又庠此音實全收唐人舊本而附益其説，故謂之補。諸家著録惟署庠名，殊爲失考。今仍標唐人於前以存其實焉。

該文對宋庠生平、撰作緣起以及内容、體例等進行了揭示，並對其價值進行了總結，對宋庠《國語補音》的存現形式進行了分析。

（四）《國語補音》的研究

《國語補音》研究直到清代纔出現。清代《國語補音》研究主要有陳樹華、王煦、錢保塘三家，陳樹華、錢保塘以考校爲主，王煦以仿作、續補爲主。三位學者皆爲浙江人，這也是很值得玩味的事情。

段玉裁《經韵樓集》卷八《陳芳林墓志銘并序》云：“乾隆辛丑，余自巫山引疾歸南陔，多暇，補理舊業。得盧召弓、金輔之、劉端臨諸君爲友，盧、金二君爲余言蘇州陳君芳林，以所著《春秋内外傳考正》五十一卷相示，余讀之，駭然以驚。曰：詳矣，精矣。内外《傳》乃有善本矣，迻書其副，藏於家，用以訂阮梁伯《十三經校刊記》。顧余不識陳君。壬子冬，移居姑蘇。嘉慶辛酉，君乃自晉歸，容兒頎然，嚴毅厚重，相見恨晚，并得其《國語補音訂誤》及詩集觀之。詩集摘采於青浦王氏《湖海詩傳》矣。其全集三千七百首，生平舉動一一可稽，如白樂天之《長慶》也。余與君居相近，然不能數見，遽於九月哭君溘逝。余歸自蜀，今三十年，舊友如盧、金輩鮮有存者。"① 段玉裁所云陳芳林實即陳樹華。但陳樹華《訂誤》未能傳世，今所見者爲孔廣栻傳録本，存有 1000 多條，以考校文字、是正疑謬爲主。

王煦倣《經典釋文》作《國語釋文》八卷，復作《國語補補音》二卷補《補音》之可商，共 63 條，辨別文字，是正讀音。前有王氏自撰序文，後有其孫王鏗撰跋。對《補音》研究具有一定意義。錢保塘《札記》附於尊經書院刻《補音》之後，因該刻本爲錢保塘以微波榭本爲底本，據宋刻元明遞修本校成者。錢氏《札記》共 65 條，大多數條目在明舊刻本與孔本不同並確定取捨，也有一些條目討論語義或注音等，且對宋庠的一些論斷提出批評，如上文所舉以宋庠混淆鄀善國與鄀州者即是。關於陳、王、錢三氏校理《國語補音》詳細，可參本文第七章"清代《國語》研究概觀"相應部分。

近現代研究《補音》者較少。現代之研究情形，拙著《〈國語補音〉異文研究》引言已經提及，茲不贅述。

總體而言，《國語補音》是迄今爲止爲數不多的《國語》音義體著述之一，是古書音義著作博興後時代的産物。這部書是對《國語舊音》的擴充，同時也是《國語》語詞讀音、異文勘校、語義探討的研究著作。此外，由於宋庠校訂《國語》時參考的本子，今天不可能看到了，宋庠《國語補音》所保留的異文就成爲探討北宋前期及其以前《國語》傳本文字情形的最重要的間接材料。這部書既是陸德明《經典釋文》形成的音義體裁訓詁專書在宋代的延續和發展，又是宋代音義體裁訓詁專書的重要成果，也成爲後來諸多小學書的引據材料之一。

除了《國語補音》之外，宋代還有一部《國語音略》，《通志》著録，已佚，不能知其詳細。又《宋史·藝文志》收録魯有開（1017？—

---

① （清）段玉裁撰，趙航、薛正興整理：《經韻樓集》，南京：鳳凰出版社 2010 年版，第 198 頁。

1091?)《國語音義》一卷，已佚。魯有開，《宋史》卷四二六有傳，字元翰，青州壽光人，"好禮學，通《左氏春秋》"，著有《三禮通義》五卷、《春秋指微》十卷、《詩集》十卷等，均已亡佚。

四、宋人《非國語》研究

宋代人對柳宗元的古文很看重，受柳宗元的影響很大，如蘇軾、范溫、張戒、朱熹等，都認爲柳文是做文章的典範。根據潘玉濤研究，宋代最早編輯柳宗元集子的是穆修，此後則有晏殊、宋祁等人。①《文苑英華》收錄柳宗元文章近二百篇，未能收入《非國語》，潘玉濤認爲："應該是當時的編選者沒有看到。"但宋人對柳宗元《非國語》頗有批評，如司馬光、蘇軾、江惇禮、葉真、林概、沈作喆、王觀國、葉適、黃唐等人，這些批評或存於專集，或文集中有一定數量的條目。

（一）宋人對《非國語》的總體批評

宋人對《非國語》的評價，多是批判的，但是批判立論的角度並不相同。有的由詆其人品而及其著述。如上文所引司馬光《述國語》，司馬光認爲《國語》"所載皆國家大節，興亡之本"，故對《非國語》提出批評，謂："柳宗元邪佞之人，智識淺短，豈足以窺望古君子藩籬？而妄著一書以非之。竊懼後之學者惑於宗元之言，而簡棄此書，故述其益以張之。"② 有的從學術核心立論，對其《非國語》持反對意見。如和司馬光同時代的蘇軾，在詩文方面受柳宗元影響很深，但對柳宗元的《非國語》也持批判態度。蘇軾《報江季恭書》云："《非國語》，鄙意不然之，但未暇著論耳。子厚之學，大率以禮樂爲虛器，以天人爲不相知云云。

---

① 潘玉濤：《宋代柳集的編集與評價》，《中國學研究》第十一輯，第115—124頁。
② （宋）司馬光著，李之亮箋注：《司馬溫公集編年箋注（五）》，成都：巴蜀書社2009年版，第247—248頁。

雖多，皆此類也。此所謂小人無忌憚者。君正之，大善。至於《時令》
《斷刑》《貞符》皆非是，予謂學者不可不知。"① 論其學術核心，並譏
其人。蘇軾對《非國語》的具體篇章也有評斷，詳見下文。有的則從
《非國語》不能撼動《國語》重要性的角度對《非國語》進行評斷。如
宋庠《國語補音敘録》謂："唐人柳子厚作《非國語》二篇，攟摭微細，
以爲詆訾，然未足掩其鴻美。" 劉恕《通鑑外紀序》謂："唐柳宗元采摭
片言之失，以爲誣淫不概於聖，作《非國語》六十七篇。其説雖存，然
不能爲《國語》輕重也。"② 有的則是從《非國語》持論和文風角度立
論進行評論。如黃震《黃氏日鈔》卷六十《讀文集·非國語》云："子
厚以《國語》文深閎傑異，而説多誣淫，作《非國語》。愚觀所非，獨
駁難多造理，文亦奇峭。"③ 有的則從柳氏受用《國語》而反擊之的角度
爲説，如宋人王繼祀謂："柳氏之文，大抵得之《國語》者多，而子厚
反非之，蓋欲掩古以自彰也。"④ 另外，還有從柳氏宗《國語》精熟故知
之深切的角度立論，如陸遊《老學庵筆記》引徐敦立云："子厚《非國
語》之作，正由平日法《國語》爲文章，看得熟，故多見其疵病，此俗
所謂没前程者也。"⑤ 此外，還有以詩歌進行評論者，如朱翌《次韻胡明
仲見寄二首（其二）》云："柳州《非國語》，意恣亂詩書。去草絶根本，
立言推緒餘。斷疑先近似，反己問何如。歲晚飄零甚，歸歟指敝廬。"⑥

有的進行總體評價。如戴仔《非國語辨》謂："觀《非國語》之書，
而見宗元之寡識也。夫孔子不語怪力亂神，不語之，則是矣。謂其盡無，
固不可也。上古之世，風氣初開，天地尚闇，民神之道雜糅弗章，自顓
帝分，命重黎秩敘天地，然後幽明不相侵瀆。《書》所謂'絶地天通，

① 吳文治主編：《古典文學研究資料彙編·柳宗元卷》，北京：中華書局1964年版，第43頁。
② （清）朱彝尊撰，林慶彰、蔣秋華、楊晉龍等主編：《經義考新校》，上海：上海古籍出版社2010年版，第3808頁。
③ （宋）黃震：《黃氏日抄》，臺北：臺灣商務印書館《景印文淵閣四庫全書》第708冊，第502頁。
④ （清）朱彝尊撰，林慶彰、蔣秋華、楊晉龍等主編：《經義考新校》，上海：上海古籍出版社2010年版，第3808頁。
⑤ 吳文治編：《中國古典文學資料彙編·柳宗元卷》，北京：中華書局1964年版，第113頁。
⑥ 吳文治編：《中國古典文學資料彙編·柳宗元卷》，北京：中華書局1964年版，第94頁。

罔有降格'者也。不但古爲然也。今深山大藪之中，人跡鮮至之地，往往產異見怪，民人益繁，而後聽聞邈焉。故近古之書，多言怪神，不足異也。不特《國語》言之也。《書》六十篇，往往有是焉：《盤庚》告其群臣，諄諄乎乃祖乃父告我高后之説。周公説於三王，《金縢》之册至今存焉。故記曰：夏道尊命，殷人尊神，率民以祀神，先鬼而後禮，彼誠去之未遠也。《周官·宗伯》有巫祝禱祠之人，掌詛盟檜禜之事。攻説及乎毒蟲，厭禳施於夭鳥，牡橭以殺淵神，枉矢以射怪物。世之讀者往往懷子厚之見，遂以爲非周公之書。夫《國語》之書，皆先王之遺訓；《周官》之書，乃先聖之典禮。其大經大法，章明較著者，與日月俱懸。其小未能明者，存之以俟其通耳。故孔子曰：'多聞闕疑，慎言其餘，則寡尤；多見闕殆，慎行其餘，則寡悔。'觀子厚與吳武陵、呂溫書，知不免乎後來之悔，尤矣！夫古之爲享祀朝聘，以觀威儀，省禍福也。故古之觀人也，受玉而惰，受脤而不敬，或視遠而步高，或視下而言徐，與夫言之偷惰、手之高下、容之俯仰，皆有以見其禍福。何者？其民氣素治，故其亂者可得而察也。子厚見夫今人之亟有是而未嘗死亡也，則以訾古，此朝菌蟪蛄之智也。夫知人而後可以知天，子厚不知民則，焉知天道？伯陽父、仲山甫、王子晉、單穆公、單襄公、伶州鳩、史伯、衛彪傒、觀射父九人，語言皆不可訾，訾之其爲不知大矣。公孫僑如之貪邪，郤至之汰侈，矜伐不可獎，獎之其爲同德明矣。子貢曰：文武之道未墜於地。在人，賢者識其大者，不賢者識其小者。吾讀《國語》之書，蓋知此編之中，一話一言，皆文武之道也。而其辭閎深雅奧，讀之味尤儁永。然則不獨其書不可訾，其文辭亦未易貶也。故予爲之説曰：嗜古者好古書，便今者喜俗論。嗜古者多迂談，便俗者多疏快。予迂誕之徒也，亦因以自道云。"[1]

　　當然，也有對柳宗元《非國語》進行正面評價者，如朱熹《朱子語類》卷一三九云："《非國語》之類，辨得皆是。"高似孫《子略》卷三

　　[1]　（明）王瓚、蔡芳編，胡珠生校注：《弘治溫州府志》，上海：上海社會科學院出版社2006年版，第648—649頁。

云："柳子厚常謂：'左氏《國語》，其深閎傑異，固世之所耽嗜而不已也。而其説多誣淫，不概於聖。余懼世之學者，惑其文采，而不論其是非，作《非國語》。'昔讀是書，殊以子厚言之或過矣，反覆《戰國策》，而後三嘆《非國語》之作，其用意切、用功深也。"① 又王若虛則謂《非國語》"雖不盡佳，亦大有是處，而温公、東坡深罪之，未爲篤論也"②，所述較爲客觀公允。

實際上，從《非國語》獨傳而其他《非國語》著述皆未能傳世這一事實就可以看出，宋人《非國語》批判的影響度相對較低。但宋人對《非國語》，批判多於正面評價，也是不争的事實。

(二) 宋人《非國語》研究專著

宋人爲《非國語》專書者，有江端禮、劉章、葉真、林概、顧文英等。

晁説之《嵩山文集》卷十九有《江子和墓志銘》記述江端禮履歷較詳，謂："子和嘗病柳子厚作《非國語》，乃作《非非國語》。東坡見之曰：'久有意爲此書，不謂君先之也。'"③ 江端禮《非非國語》卷數内容，載籍中没有任何進一步的資料言之。

《宋史·藝文志》唯載葉真《是國語》七卷，其人、其事、其書，皆不詳。

林概《辨國語》三卷，四十篇。《宋史》卷四百三十二有傳，謂概"著《史論》、《辨國語》"，只是未言篇、卷，《宋史·藝文志》則謂《辨國語》三卷。明弘治年間陳道編《八閩通志》卷六二《人物·林概傳》則云林概"著史論百篇，《辯國語》四十篇"④。

劉章，《宋史》卷三九〇有傳，謂："劉章字文孺，衢州龍遊人。少警異，日誦數千言，通《小戴禮》，四冠鄉舉。紹興十五年廷對，考官

---

① 吳文治編：《中國古典文學資料彙編·柳宗元卷》，北京：中華書局 1964 年版，第 135 頁。
② 吳文治編：《中國古典文學資料彙編·柳宗元卷》，北京：中華書局 1964 年版，第 184 頁。
③ 吳文治編：《中國古典文學資料彙編·柳宗元卷》，北京：中華書局 1964 年版，第 625 頁。
④ 拙撰《〈國語〉歷代序跋題識輯證》，濟南：齊魯書社 2018 年版，第 21 頁。

定其級在三，迨進御，上擢爲第一，授鎮江軍簽判。是冬，入省爲正字。
明年。遷秘書郎兼普安、恩平兩王府教授，遷著作佐郎。"未言其著述。
《宋歷科狀元録》卷五則謂劉章"少警異，日誦數千言。通《小戴禮》，
著有《剌剌孟》《非非國語》"。① 明人黄瑜《雙槐歲鈔》卷六言劉章事
跡尤詳，可參。② 其《非非國語》卷數、内容不詳。

顧文英《柳氏國語辨非》，其書不傳。今檢劉克莊（1187—1269）
《後村先生大全集》卷一百一十一《顧貢士文英〈詩傳演説〉〈柳氏國語
辨非〉後敘》云："顧貢士文英示余《詩傳演説》《柳氏國語辨非》各
二十卷……《國語辨非》之書，是丘明而非子厚，亦与世之隨聲附響者
絶異。世謂《國語》廼未修《左傳》，非也。子厚於《左傳》無疑，而
獨不取《國語》，亦非也。司馬遷云：'左丘失明，厥有《國語》。'以
《國語》爲失明後所作，則《傳》成於《國語》之先矣。子厚非其誣，
又非其耄。君持論欲與子厚爭雄，所謂豪傑之士矣。顧氏自國子博士，
乾淳間以律賦擅名天下場屋，至今傳誦。余先人與博士昆仲辛丑同年，
余與君大父行君任、君謀、君房、君審、君立及君尊公雲卿明府皆厚善，
異哉，萃於一門盛矣哉！"③ 言其《國語辨非》大略，可以參酌。

是有宋一代，五部《非國語》批評著作，皆未傳世。

（三）宋人《非國語》批評札記

此外，宋代對《非國語》進行批評的還有王觀國、黄唐、沈作喆、
葉適、黄震等學者，其説皆存於相關著述中。

1. 王觀國對《非國語》的批評

王觀國，字彦賓，長沙人。曾任左承郎、汀州寧化縣知縣、祠部郎
中等職。④ 著有《學林》十卷。李慈銘謂："余深喜之，其論字學尤精

---

① 拙撰《〈國語〉歷代序跋題識輯證》，濟南：齊魯書社 2018 年版，第 23—24 頁。
② 吴文治：《中國古典文學資料彙編·柳宗元卷》，北京：中華書局 1964 年版，第 220 頁。
③ 曾棗莊主編：《宋代序跋全編》，濟南：齊魯書社 2015 年版，第 5285—5286 頁。
④ 余嘉錫：《四庫提要辨證（二）》，長沙：湖南教育出版社 2009 年版，第 763 頁。

確，惟論史及古人，亦不能無小舛。"① 批評《非國語》見於其《學林》
卷七，題云"柳子厚非國語"，一共涉及《非國語》7 條。分別爲"不
藉""穀雒鬭""三川震""大錢""卜""童謠""新聲"。其中"不藉"
條對柳宗元"古之必藉千畝者，禮之飾也""未若時使而不奪其力，節
用而不殫其財，通其有無，和其鄉間。則食固人之大急，不勸而勸矣"
等言論提出了批評，謂："禮，天子親耕，以共粢盛，王后親蠶，以共祭
服。粢盛衣服皆備，然後可以享宗廟。蓋王者身致其誠，以盡孝道，舉
此以率天下，皆知勸於耕，勸於蠶。其意若曰：思天下匹夫匹婦，有惰
於耕而受其饑者，有惰於蠶而受其寒者，今我以天子之尊，且不敢忘耕
事也，我親率之，冀天下皆知勸於耕，而民無受其饑者矣。以王后之尊，
且不敢忘蠶事也，我親率之，冀天下皆知勸於蠶，而民無受其寒者矣。
亦猶聖人躬儉以率天下也。聖人豈能必天下之不爲侈靡哉，吾示之以儉，
則天下觀而化，庶幾侈靡之習可革也。然則王者親耕籍，實爲政之大者。
至於'時使而不奪其力，節用而不殫其財，通其有無，和其鄉間'，此
亦爲政之不可缺者，豈爲耕籍而遂廢之哉？若夫不能'時使而奪民之
力'，不能節用而殫民之財，以至有無之不通，鄉間之不和，是人君失政
治之道，非藉千畝之過也。若曰藉千畝者，徒舉也，非實惠也，則向所
謂躬儉者亦徒舉耶？"② "穀雒鬭"條則針對柳宗元提出的"天將毀王宫
而勿壅，則王罪大矣，奚以守先王之國？壅之誠是也，彼小子之譊譊者
又足記耶？王室之亂，且卑在德，而又奚穀洛之鬭而徵之也"的觀點，
評云："觀太子晉諫語文而辨實可嘉，秦漢以來文士未能過，非譊譊之
徒也。"③ "三川"條，針對柳宗元提出的"山川者，特天地之物也。陰
與陽者，氣而遊乎其間者也。自動自休，自峙自流，是惡乎與我謀？自
鬭自竭，自崩自缺，是惡乎爲我設"的言論，提出："竊謂天地之有山
川，猶人身之有支體、氣血也。天地陰陽之氣不和，則有山崩、水竭之

①　（清）李慈銘撰，由雲龍輯：《越縵堂讀書記》，北京：中華書局1963年版，第1145頁。
②　（宋）王觀國撰，田瑞娟點校：《學林》，北京：中華書局1988年版，第216頁。
③　（宋）王觀國撰，田瑞娟點校：《學林》，北京：中華書局1988年版，第217頁。

災。一人之身陰陽之氣不和，則變而爲疾。聖人與天地同體，懼陰陽之氣不和，則爲災爲疾。夫爲災爲疾者，變也。故《春秋》書沙鹿崩、梁山崩者，記變也。《左氏傳》曰：國主山川，故山崩川竭，君爲之不舉。降服乘縵，徹樂出次，祝幣史辭以禮焉。三川震，伯陽父曰：'周將亡矣。'意謂王者不能修德以召和，而變見焉。則國有亡之道也。"① 根據研究，王觀國在政治思想上，體現出反對迷信、破除愚昧的政治觀，矛盾的認識論和辯證的宗教觀，儒家道統及明君賢臣善民思想，在史學思想上，體現了對古代社會禮法的傳承、對古代歷史記錄者的要求、對古代史書史料的選取，即執禮守制、循名責實，求事之實、求事之始，言必有據、據必可信。② 王觀國所論《非國語》數則，即是其思想的具體體現。

2. 黄唐對《非國語》的批評

黃唐，字雍甫，福州人，曾任考功郎中等官，刻有《禮記注》《毛詩正義》等，著有《柳文雌黄》，對柳宗元《非國語》有諸多批評。《柳文雌黄》今未見傳本。但是黃唐對柳文的批評爲《新刊增廣百家詳補注唐柳先生文》收錄。今檢《非國語》部分所錄黃唐批評《非國語》有"不藉""穀洛鬥""問戰""輕幣""懷嬴""戮僕"諸條。如"不藉"條，黃唐云："藉田之舉，其爲勸率之意深矣。子厚獨曰亡是亦足以爲國，愚恐《無逸》之書，人主不復聞，農桑之殿最，何以加於守令乎？"③ "穀洛鬥"條，黃唐云："人君所畏者天，惟天命可以警之。今言三川之震，付之不知，穀洛之溢，可壅而不害，則天自天、人自人，靡所敬忌，人主何憚而不爲？獨不見姚崇不信災異，卒開明皇很天之心而爲天寶之亂乎？"④ "問戰"條柳宗元謂："劌之問洎嚴公之對，皆庶乎知戰之本矣。而曰夫'神求優裕於饗'，'不優，神不福也'。是大不可。

---

① （宋）王觀國撰，田瑞娟點校：《學林》，北京：中華書局 1988 年版，第 217 頁。

② 胡雪穎：《王觀國〈學林〉研究》，廣西大學碩士學位論文，2015 年。

③ （唐）柳宗元撰，尹占華、韓文奇校注：《柳宗元集校注》，北京：中華書局 2013 年版，第 3137 頁。

④ （唐）柳宗元撰，尹占華、韓文奇校注：《柳宗元集校注》，北京：中華書局 2013 年版，第 3162 頁。

方鬪二國之存亡，以決民命，不務乎實，而神道焉是問，則事機殆矣。既問公之言獄也，則率然曰'可以一戰'，亦問略之尤也。苟公之德可懷諸侯。而不事乎戰則已耳；既至於戰矣，徒以斷獄爲戰之具，則吾未之信也。劌之辭宜曰：君之臣謀而可制敵者誰也？將而死國難者幾何人？"黃唐則謂："子厚非魯公君臣不知治人而求卜於神，是矣。謂斷獄爲不足以戰，則未必然。僮者怒於一笑而齊侯辱，饔者忿於一羹而華元敗，赦食馬者足以出秦繆公，遺翳桑者足以救趙宣子，事以一端起，則言亦因之。使治獄者不由公道，戮及非辜，怨結士卒，一戰取衄，安知無如羊斟之類乎？東萊呂伯恭曰：子羔爲衛政，刖人之足。衛亂，子羔走郭門，刖者守門曰：'於此有室。'子羔入，追者罷。子羔將去，謂刖者曰：'吾親刖子之足，此乃子報我之時也，何足逃我？'刖者曰：'君之治臣也先，後臣以法，欲臣之免於法也，臣知之。獄決罪定，臨當論刑，君愀然不樂見於顏色，臣又知之。此臣之所以脫君也。'子羔一有司耳，有哀矜之意，人猶報之若是，況莊公君臨一國，獄必以情，人之思報，豈子羔比耶？宗元乃曰'以斷獄爲戰之具，吾未之信'，歷舉將臣、士卒、地形之屬，宗元之言，皆所謂戰，而非所以戰也。"[1]周振甫謂："我們看《國語》時可能看不出問題來，看了柳文，好像深入些，看出了問題；再看黃文，好像更深入些，也看出了柳文的問題。那麼我們不妨仿照他們的讀法，再來讀《國語》和柳、黃兩家的文章，看看他們的批評對不對，《國語》有沒有問題。魯迅在《再論雷峰塔的倒掉》裏，指出孔子生在巫鬼極盛的時代。當時，在作戰前都要求神保佑，這是時代的風氣。柳宗元和黃唐用唐朝、宋朝人的認識來要求春秋時的曹劌是不恰當的。應該把曹劌放在他所處的巫鬼極盛的春秋時代來要求他，看他在戰爭問題上，對民和神的位置是怎樣擺的。他說：'民和而神降之福。'他把'民和'放在'神佑'之上，這在當時是進步的。更重要的，他否定了可以靠祭神來作戰，更是進步的。因此的，《國語》裏的記載，

不該受批判，是正確的。至於第二點，黄唐指出，柳講的是‘所爲戰’，
《國語》裏講的是‘所以戰’，兩者是有很大差别的。這樣看來，《國語》
裏記的是對的，反映了當時人的思想情況。柳宗元對講神的批評是不恰
當的，没有考慮到批評别人不能離開對方所處的時代。黄唐在第一點上
同柳一樣不恰當。在批柳的第二點上，他看到了柳的批評落空了，《國
語》講的是‘所以戰’，柳批的是‘所爲戰’，黄的眼光看得更深入
了。"① 可見，黄唐對《非國語》的批評是具有積極意義的。

3. 沈作喆對《非國語》的批評

沈作喆，字明遠，號寓山，歸安人，紹興五年（1135）進士，著有
《寓簡》《寓山集》等。其《寓簡》十卷，自序謂："予屏居山中，無與
晤晤，有所記憶，輒寓諸簡牘。"② 是其書之所以得名。《四庫提要》謂
沈作喆之學出蘇軾，故 "非惟才辨縱横與軾相似，即菲薄王安石、牴牾
伊川程子，以及談養生就禪悦，亦一一皆軾之緒餘"③。姚繼榮、姚憶雪
認爲 "沈書於考證古事，多有可取"④。

今檢《寓簡》卷二有 "宣王不藉千畝" "晉平公説新聲" "朝不及
夕"，卷四有 "三川皆震" "夫成天地者其子孫未嘗不章"。"不藉" 條，
沈作喆云："先王之爲是禮也，蓋以身先天下，驅以歸諸本，不可廢也。
如宗元之言，是聖王之典禮舉爲無用也，亡之可也。男女居室足矣，何
必昏禮也？加布其首足矣，何必冠禮也？仰天俯地而祭之足矣，何必南
北郊也？飲食酹之足矣，何必禘祫烝嘗也？如是，則夷狄而已矣。左氏
徵戰于千畝，則誣矣。"⑤ "説新聲" 條，柳宗元云："耳之於聲，猶口之
於味，苟悦新味，亦將卑乎？" 沈作喆云："子厚之言非也。人之視聽、

① 周振甫：《文章例話》，北京：中國青年出版社 2006 年版，第 31—32 頁。
② （宋）沈作喆：《寓簡》，臺北：臺灣商務印書館《景印文淵閣四庫全書》第 864 册，第
105 頁。
③ 《寓簡》卷前提要，見臺北：臺灣商務印書館《景印文淵閣四庫全書》第 864 册，第 104 頁。
④ 姚繼榮、姚憶雪：《唐宋歷史筆記論叢》，北京：民族出版社 2016 年版，第 589 頁。
⑤ （宋）沈作喆：《寓簡》，臺北：臺灣商務印書館《景印文淵閣四庫全書》第 864 册，第
114 頁。

好惡，與夫嗜欲之反常者，是固有卑亂死亡之理，夫何譏焉？"① 又 "朝不及夕" 條："趙文子視日，曰：'朝不及夕。'后子曰：'趙孟將死矣，非死必有大咎。'《内傳》亦云：'人主偷必死。'子厚曰：死與大咎，非偷之，能必乎爾也。偷者自偷，死者自死耳。子沈子曰：子厚之言非也。君子朝以聽政，畫以訪問，夕以修令，夜以安身，固有常業也。而堕偷弗務焉者，非其聲色嗜欲之浸淫，神明之毫昏，則其病蠱之潰攻，精爽之消亡也。其有不獲死乎？且起居動静，語言之間，雖一嚬一笑，災祥見焉。故季札以樂卜，趙孟以詩卜，襄仲歸父以言語卜，子游子夏以威儀卜，沈尹戌以禮卜，蓋精神之所寓。不可誣也。"② 如 "三川震" 條，柳宗元認爲："山川者特天地之物也，陰陽者氣而游乎其間者也，自動而休，自止自流，是惡乎與我謀？自鬪自竭，自崩自缺，是惡乎與我設？" 沈作喆云："子厚之學，謂天人爲不相知，茫乎昧乎，治亂善惡無所主，災祥爲不足畏也。是使有國者逆天而慢神，爲惡而弗知懼也。日月星辰之行悖於上，山川崩竭於下，陰陽之氣謬戾於其間，而曰吾弗預知也。彼形而然耳，彼氣而然耳，治亂非所感也。是賊夫君者也。"③ "其子孫未嘗不章" 條，柳宗元云："凡言盛德之及後嗣者，皆勿取。" 沈作喆云："若是，則爲善者何以勸矣？夫爲善者之不幸而不昌其身也，則子孫猶有望焉。世之知是理之不誣也，故中人之可與爲善者，競於爲善矣。夫孰不願其子與孫之盛大耶？不然，則盛德百世祀與積善餘慶者非耶？"④ 對柳宗元的諸多説法進行了批評。

4. 黄震對《非國語》的批評

黄震（1213—1281）爲南宋時期著名學者，著有《黄氏日鈔》一

① （宋）沈作喆：《寓簡》，臺北：臺灣商務印書館《景印文淵閣四庫全書》第 864 册，第 115 頁。

② （宋）沈作喆：《寓簡》，臺北：臺灣商務印書館《景印文淵閣四庫全書》第 864 册，第 115 頁。

③ （宋）沈作喆：《寓簡》，臺北：臺灣商務印書館《景印文淵閣四庫全書》第 864 册，第 126 頁。

④ （宋）沈作喆：《寓簡》，臺北：臺灣商務印書館《景印文淵閣四庫全書》第 864 册，第 126 頁。

書。今所常見《黃氏日鈔》之版本有《文淵閣四庫全書》本等，又有點校本，如《全宋筆記》中所收。

　　黃震批評《非國語》條目在《黃氏日鈔》卷六十，多爲《非國語》的節録，共節録 23 條。凡黃震有評議者，直接在柳文之後加"愚謂"二字以别之。如"不藉"條，黃震云："愚謂子厚論勸農之本善矣，謂勸農之禮可亡則過矣。是禮也，古人體夫愛民，一念真誠之發，豈姑以是飾乎?""三川震"條，黃震云："愚謂人者天地之心，天地不得其寧，而曰惡與乎我，此子厚怨天之論所發也。""將鑄無射"條，黃震云："愚謂子厚之論是矣，而立語易也。禮樂皆由人心生，聖人因而文之，還以導人心者也。人生而有舉動，聖人因其舉動而約之禮，否則肆矣。人生而有謳吟，聖人因其謳吟而和之樂，否則蕩矣。約之禮而和之樂，隨其事而施之用。上自朝廷，下達閭巷，使人日習而悠然契焉，非心邪念淫聲慢色不得以干其間，此古人禮樂之用，而治定作樂，則又子孫象祖宗之功德，以薦之郊廟，所謂隨其事而施之用之大者也。單子、伶州鳩論樂之成政殖財，誠誕而無理。子厚獨指其象治，而謂不能移風易俗，又矯之太過。故曰立語易也。"① 對柳説既有批評，也有肯定。

　　以上對《非國語》進行評議者四家，都涉及"不藉""三川震"條，説明宋人對《非國語》的認識大致是相同的，代表了一種時代價值取向。

五、宋代其他學者的《國語》研究

　　宋代的圖書版刻業發達，類書、彙編資料大量湧現。《國語》作爲先秦要籍經常被徵引或採録，有時爲了使讀書者易曉，編纂者還隨文進行注釋。這些雖然不是自覺研究，但仍可以作爲一種參照。此外，也有一些學者對《國語》進行了較全面或細緻的研究，如蘇軾、葉適、黃

---

　　① （宋）黃震：《黃氏日抄》，臺北：臺灣商務印書館《景印文淵閣四庫全書》第 708 册，第502—505 頁。

震、王應麟、朱熹等人。

（一）劉敞《國語》研究

王偁《東都事略》卷七十六《劉敞傳》云："敞爲人博學守道，以故流離困躓。然不修威儀，喜諧謔，雜以嘲誚，每自比劉向也。所著文集暨五代《春秋内傳國語》《經史新議》《東漢刊誤》《詩話録》《芍藥譜》《漢官儀》凡百卷。"[①] 晁公武《郡齋讀書志》亦謂："《内傳國語》十卷，右劉敞戇父所作也。以其異於《外傳國語》，故曰内傳云。其兄敞原父題辭。"[②] 即將《左傳》分國別重新輯纂，頗類於近人韓席籌《春秋左傳分國集注》之分國者。《左傳》《國語》頗有異同，其所分類，亦有益於《國語》研究。

（二）蘇軾《國語》研究

三蘇之中，蘇轍不僅幫人校正《國語》，自己在編纂《古史》時也採録了不少的《國語》語段。蘇軾對《國語》也當不陌生，故纔能對江端禮言欲撰文駁柳宗元《非國語》之説有深切體會。其《文集》中即有《續楚語論》一篇，即是對柳宗元《非國語》"嗜芰"的駁斥。該文也有題作《屈到嗜芰論》者。閻若璩謂："東坡《續楚語論》，即東坡《非非國語》。"[③] 對蘇軾的學術立場進行了揭示。章士釗云："子瞻之論甚辨，其義似正，而辭實狡，且故以子厚之道，還治子厚之身，乃尋垢索瘢而爲是文，非子瞻由衷之言也。何以言之？且子厚平生論政，維民之極，違民而就私，固解人之所必不爲，子瞻有契於柳，此誼爛熟於胸，夫何待言？適子瞻之徒江端禮有《非非國語》之作，子瞻自言曾有意爲此，而姑讓端禮居先，則一旦《國語》論題在手，不有至大至剛之正義，以

① （宋）王偁：《東都事略》，臺北：臺灣商務印書館《景印文淵閣四庫全書》第382冊，第390頁。
② （宋）晁公武撰，孫猛校證：《郡齋讀書志校證》，上海：上海古籍出版社2011年版，第1229頁。
③ （宋）王應麟著，（清）閻若璩、何焯、全祖望等注，欒保群、田松青校點：《困學紀聞》，上海：上海古籍出版社2015年版，第226頁。

服端禮而領與誦，將不如不言爲愈，於是子瞻之荒言出矣。"① 對蘇軾的
論辯風格進行了揭示。

此外，蘇軾著有多篇策論評論先秦人物，凡涉及《國語》人物者，
亦有助於《國語》人物研究。

（三）晁補之《國語》研究

晁補之（1053—1110）爲蘇門四學士，著有《雞肋集》七十卷。
《四庫總目》謂晁補之"古文波瀾壯闊，與蘇氏父子相馳驟"。《雞肋集》
卷五二有《答劉壯輿論國語書》一篇，全文錄如下：

> 補之再拜。辱書以《國語》二事相切磋甚厚，所援據通洽而議
> 近正。又以知別後學問之益殊欣喜也。然齊桓、晉文同功一體，皆
> 仲尼之徒所不道。雖晉文入異，此但一事，未可言優於桓也。亦不
> 當稱周之盛德，以類其跡之近似者，以大重耳、子犯之謀而疑。後
> 世凡聖人所以與霸者，非與其假仁義也，與其假仁義以成功而民賴
> 焉。方其走狄避患，區區竊仁義之跡，以圖濟其私，未足稱於大君
> 子之前也。亡人從者，其文義可觀，而士溺焉。若進疑於岐山、盟
> 津，退不失爲季札，則僭且不類甚矣。岐山盟津來書所謂擬人必於
> 其倫者，此甚不可，若退爲季札，則非重耳之本心也。岐山去國而
> 成國，無齒岐之異，夫何所待？盟津以國爲天下，退修德以待之，
> 非諸侯公子失國、反國之比。又重耳以讒出，逃父之誅，不與奚齊、
> 卓子爭立足矣。國人自殺奚齊、卓子，國無君而已。義嗣入，可也，
> 胡爲乎委幼？且不肖之夷吾，以敝晉而流禍如此，其酷哉！若曰：
> 桓討子糾，則高梁之事與生實奚辨？壯輿其未之思耶？凡補之爲此
> 論者，以樞夫假仁義之微情，使當其分而止，不欲使夫譎甚而疑聖
> 也。豈善冀芮之謀，以子犯爲誠不及者哉？以謂夷吾，亦晉嗣，苟
> 可以入而存國雖，走梁而援秦，奚不可者，卒其不與夷吾，則入晉

① 章士釗：《章士釗全集》第九卷，上海：文匯出版社 2000 年版，第 774—775 頁。

而不能善晉也。苟善晉，《春秋》亦將與之，使桓、文徒竊仁義之名，以濟其私而成其功，民無所賴，則《春秋》猶不與。《公羊》論享國長短，美見未見，固非是。要之，《春秋》隨事褒貶，無始終善者也。其曰實與而文不與，迺補之猶反是。聖人於齊晉，皆文與而實不與。實不與者，以其假仁義。文與者，無王不得已也。孟子謂彼善於此，爲至論。壯輿疑於王跡，則假者之情，後終不得而誅矣。又苟息事始意，壯輿許息之死再得來問，乃與補之論其悖者無異。苟息，世未有知其非者也。獨吾兩人非之耳。凡小人之事主也，生則阿其欲以蒙利，死則擇利而背之。苟息阿獻公之生，罪也。死則曰"雖無益也，將焉避之"，是豈小人之所能哉？故後世惑焉，以其復言亂信義之實，而左氏述其忠正。《公羊》類夫孔，非壯輿卓然自信，幾何不須而靡也。召忽死子糾，天下不稱其是，亦不誅其非，始無善而終無惡也。苟息死奚齊，論者至今謂夫疑於信義也。否則，苟息何足議哉？雖然，苟息愚，不幸，既許其君以死矣。至於不濟，壯輿以謂寧死而不貳之爲良，抑貳而不死之爲是，將死與不死，於苟息無輕重，皆不可也。天下固無皆不可之義，壯輿必能處之矣。惟其要終之義，不足以捄初之惡，與其苟免如犬彘，則死爲可進，故補之以謂進苟息以甚，苟免之禍。知宗元爲學《春秋》而通者，不然，則可以死如召忽，可以無死如管仲，要其終，義所在何如耳？張禹、李勣蒙喪邦之舊，事與苟息類，而禹、勣皆不死，爲愧於苟息。若曰漢、唐事，禹、勣不得預其禍，則狐掘之，必狐埋之，己首禍而身不預，則何如？餘非面不盡。補之再拜。

劉壯輿（1059—1120），即劉羲仲，壯輿是他的字，劉恕長子，著有《五代史糾繆》《通鑑問疑》《歐陽子列傳》《十二國史》《太初曆》《漫浪野錄》《文編》等。晁氏本篇是答劉氏之問。晁補之主要討論《國語》中齊桓、晉文以及苟息之事。此有關於王霸以及忠義，皆屬於倫理範疇。

（四）朱熹《國語》研究

朱熹（1130—1200）多種著作中多引《國語》故事爲證，可見對於《國語》的熟稔程度。尤其《儀禮經傳通解》一書，多採録《國語》以及韋注疏解《儀禮》經傳文字，所引《國語》文字，多可與今傳《國語》比勘。其《語類》以及文集中亦多及《國語》評價與討論。今檢其文集以及《語類》中言及《國語》文字，大致包括如下内容：

1. 關於《國語》作者以及《左傳》《國語》成書先後

朱熹《策問》云：

> 問：《漢·藝文志》春秋家列《左氏傳》《國語》，皆出魯太史左丘明。蓋自司馬子長、劉子駿已定爲丘明所著，班生從而實之耳。至唐柳宗元，始斥《外傳》爲淫誣不概於聖，非出於左氏。近世劉侍讀敞又以《論語》考之，謂丘明自夫子前人，作《春秋》内、外傳者，乃左氏，非丘明也。諸家之説既異，而柳子之爲是論，又自以爲有得於《中庸》。二三子論其是非焉。①

在這段話中，朱熹對《左傳》《國語》作者問題進行了梳理。朱熹認爲司馬遷、劉歆等定《國語》作者爲左丘明，班固不過從前説而已。他認爲，到了唐代柳宗元纔認爲《國語》非出於左丘明。而劉敞則認爲左丘明是孔子之前的人物，《左傳》《國語》的作者是左氏，不是左丘明。朱熹關於劉敞學術觀點的保留極具資料價值，後世研究劉敞《春秋》學觀點者，多從朱熹引述出發。南宋時期的學者多認爲"劉敞治經

---

① （宋）朱熹撰，朱傑人、嚴佐之、劉永翔主編：《朱子全書》第24册，上海：上海古籍出版社、安徽教育出版社2002年版，第3474—3475頁。

異於傳統，對於轉變北宋學風影響巨大"①。朱熹最後總結，認爲異説之出始於柳宗元氏，而柳宗元自認爲其觀點頗符合經理。後世學者又對柳説復有辨正。

又《朱子語類》卷八三云：

> 問："齊侯侵蔡，亦以私，如何？"曰："齊謀伐楚已在前。本是伐楚，特因以侵蔡耳，非素謀也。"問："《國語》《左傳》皆是左氏編，何故載齊桓公於《國語》，而不載於《左傳》？"曰："不知二書作之先後。温公言先作《國語》，次作《傳》。又有一相識言，先《左傳》，次《國語》，《國語》較老如《左傳》，後看之。似然。"（揚）②

本段文字，主要涉及《左傳》《國語》成書前後問題的探討，也是綜述既有觀點，並非個人觀點，但表達了傾向性，即認爲《左傳》先於《國語》。

此外，朱熹在《跋〈通鑑紀事本末〉》中云：

> 古史之體可見者，《書》《春秋》而已。《春秋》編年通紀，以見事之先後。《書》則每事別記，以具事之首尾。意者，當時史官既以編年紀事，至於事之大者，則又採合而別記之。若二《典》所記，上下百有餘年，而《武成》《金縢》諸篇，其所紀載，或更數月，或歷數年，其間豈無異事？蓋必已具於編年之史，而今不復見矣。故左氏於《春秋》，既依經以作傳，復爲《國語》二十餘篇。

---

① 楊新勛：《劉敞疑經析論》，氏著《經學蠡測》，南京：鳳凰出版社 2012 年版，第 155 頁。宋人關於左丘明與《左傳》關係的討論，可參張尚英《宋代〈春秋〉學專題研究》（長春：吉林人民出版社 2010 年版）。

② （宋）朱熹撰，朱傑人、嚴佐之、劉永翔主編：《朱子全書》第 17 冊，上海：上海古籍出版社、安徽教育出版社 2002 年版，第 2856 頁。

國別事殊，或越數十年而遂其事，蓋亦近《書》體以相錯綜云爾。然自漢以來，爲史者一用太史公紀傳之法，此意固不復講。至司馬溫公受詔纂述《資治通鑑》，然後千三百六十二年之事，編年日繫，如指諸掌。雖託始於三晉之侯，而追本其原，起於智伯，上系《左氏》之卒章，實相受授。偉哉書乎，自漢以來，未始有也。然一事之首尾，或散出於數十百年之間，不相綴屬，讀者病之。今建安袁君機仲乃以暇日，作爲此書，以便學者。其部居門目，始終離合之間，又皆曲有微意，於以錯綜溫公之書，其亦《國語》之流矣。①

從文中的表述可知，朱熹贊同《左傳》成書早於《國語》。這和王應麟不同，根據王應麟的行文表述，王應麟以《國語》先於《左傳》。

2. 對《國語》特點以及語言風格的評價

朱熹文集和《語類》中，有多處文字論及《國語》語言風格。

如其《答余正甫》云：

但渠亦好《國語》等書。熹竊以爲，唯《周禮》爲周道盛時聖賢制作之書。若此類者，皆衰周末流文字，正子貢所謂"不賢者識其小者"。其間又自雜有一時僭竊之禮，益以秉筆者脂粉塗澤之謬詞，是所以使周道日以下衰，不能振起之所由也。至如《小戴‧祭法》首尾皆出《魯語》，以爲禘郊祖宗皆以其有功於民而祀之，展轉支蔓，殊無義理。凡此之類，棄之若可惜，而存之又不足爲訓。故《小戴》殊別其文，不使相近，讀者猶不甚覺，豈亦有所病於其言歟？②

從本段文字，可見朱熹對《國語》的整體認識。

---

① （宋）朱熹撰，朱傑人、嚴佐之、劉永翔主編：《朱子全書》第 24 冊，上海：上海古籍出版社、安徽教育出版社 2002 年版，第 3827 頁。

② （宋）朱熹撰，朱傑人、嚴佐之、劉永翔主編：《朱子全書》第 23 冊，上海：上海古籍出版社、安徽教育出版社 2002 年版，第 3080 頁。

又其《偶讀謾記》云：

　　《禮書》，此書異時必有兩本。其據《周禮》、分經傳，不多取《國語》雜書迂僻蔓衍之説，吾書也。其黜《周禮》，使事無統紀，合經傳，使書無間別，多取《國語》、雜記之言，使傳者疑而習者蔽，非吾書也。劉原父嘗病何休以不修《春秋百二十國寶書》《三禮春秋》，而予反病二書之不傳，不得深探聖人筆削之意也。異時此書別本必將出於信饒之間，石橋之野故箱敗篋之間，其亦足以爲予筆削之助乎？十月十八夜，因讀余正父修《禮》而書。①

又《朱子語類》卷四九云：

　　賢者識其大者，不賢者識其小者。大者如《周禮》所載，皆禮之大綱領是也。小者如《國語》所載，則只是零碎條目是也。（燾）②

《朱子語類》卷八三云：

　　《左氏》一部書，都是這意思，文章浮艷，更無事實。蓋周衰時自有這一等迂闊人。觀《國語》之文，可見周之衰也。某嘗讀宣王欲籍千畝事，便心煩。（人傑。十四年）③

《朱子語類》卷八四云：

---

　　① （宋）朱熹撰，朱傑人、嚴佐之、劉永翔主編：《朱子全書》第 24 册，上海：上海古籍出版社、安徽教育出版社 2002 年版，第 3423 頁。
　　② （宋）朱熹撰，朱傑人、嚴佐之、劉永翔主編：《朱子全書》第 15 册，上海：上海古籍出版社、安徽教育出版社 2002 年版，第 1672 頁。
　　③ （宋）朱熹撰，朱傑人、嚴佐之、劉永翔主編：《朱子全書》第 17 册，上海：上海古籍出版社、安徽教育出版社 2002 年版，第 2862 頁。

"余正父欲用《國語》而不用《周禮》。然《周禮》豈可不入？
《國語》辭多理寡，乃衰世之書，支離蔓衍，大不及《左傳》。看此
時文章若此，如何會興起國家！"坐間朋友問："是誰做？"曰："見
説是左丘明做。"（賀孫）①

因理會所編《禮》書分經分傳，而言曰："經文精確峻潔，傳
文則詞語泛濫。《國語》所載事跡多如此。如今人作文，因一件事
便要泛濫成章。"（人傑）②

《朱子語類》卷一三七云：

《國語》文字多有重疊無義理處，蓋當時只要作文章説得來多
爾，故柳子厚論爲文有曰"參之《國語》以博其趣"。（廣）③

《朱子語類》卷一三九云：

有治世之文，有衰世之文，有亂世之文。《六經》，治世之文
也。如《國語》，委靡繁絮，真衰世之文耳。是時語言議論如此，
宜乎周之不能振起也。至於亂世之文，則戰國是也，然有英偉氣，
非衰世《國語》之文之比也。（饒録云："《國語》説得絮，只是氣
衰，又不如戰國文字更有些精彩。"）楚漢間文字真是奇偉，豈易及
也。（又曰："《國語》文字極困苦振作不起，戰國文字豪傑，便見
事情。非你殺我，則我殺你。"黄云："觀一時氣象如此，如何遏捺

① （宋）朱熹撰，朱傑人、嚴佐之、劉永翔主編：《朱子全書》第 17 册，上海：上海古籍出
版社、安徽教育出版社 2002 年版，第 2889 頁。
② （宋）朱熹撰，朱傑人、嚴佐之、劉永翔主編：《朱子全書》第 17 册，上海：上海古籍出
版社、安徽教育出版社 2002 年版，第 2889 頁。
③ （宋）朱熹撰，朱傑人、嚴佐之、劉永翔主編：《朱子全書》第 18 册，上海：上海古籍出
版社、安徽教育出版社 2002 年版，第 4234 頁。

得住，所以啟漢家之治也。"）（佩）①

從以上表述可見，朱熹認爲周朝八百年有治世、衰世和亂世三個階段，反映這三個階段的史實文章當然也要按照三個階段特色進行區分。據學者研究，朱熹的三世說對後世有重要影響，多有從之者。②《左傳》《國語》反映春秋末戰國初期的史實，按照朱熹的標準，都應該是"衰世之文"。但朱熹重點在評《國語》之文風，而且明確表示《國語》"大不及《左傳》"。"衰世之文"的特徵是什麼呢？從語言上看，是支離蔓衍、委靡繁絮、重疊無義理，其結果即"辭多理寡"，故其"讀宣王欲籍千畝事，便心煩"；從記事上看，是"零碎條目"；從禮儀上而言，是"僭竊之禮"。

此外，《語類》卷一三七云：

《國語》中多要說人有不可教則勿教之之意。（廣）③

本句主要討論《國語》的特點。《朱子語類選注》點評云："對於頑固如老油條的惡人，自然是不可教的，教了也白搭。然人的惡性非天定，如有點希望還須教他，畢竟世間多一個好人要比多一個惡人好得多。"④這是超離《國語》文本的評點。《國語》當中類似情節確實存在一定數量。比如單襄公論郤至，却不會勸誡。比如晉國大臣都知道晉獻公欲廢太子，但在初次進言之後即不再諫阻了。又如范武子教范文子，其實是明哲保身，無益於社稷國家。知果論知瑤、子高論白公勝，也都是這一

① （宋）朱熹撰，朱傑人、嚴佐之、劉永翔主編：《朱子全書》第18冊，上海：上海古籍出版社、安徽教育出版社2002年版，第4288頁。
② 參見聶安福《中國古代文論中的"三世"之文說》，見載於高克勤、侯體健編《半肖居問學錄》，上海：上海人民出版社2015年版，第203—210頁。
③ （宋）朱熹撰，朱傑人、嚴佐之、劉永翔主編：《朱子全書》第18冊，上海：上海古籍出版社、安徽教育出版社2002年版，第4234頁。
④ 龍文玲等編：《朱子語類選注》，桂林：廣西師範大學出版社1998年版，第1024頁。

類型。朱熹揭示的這一點，更能促進對《國語》文本的深入理解和《國語》所記述歷史階段及該國的價值觀念。

3. 針對《國語》具體篇章或具體問題進行討論

朱熹對《國語》具體篇章或具體問題也有討論。如《朱子語類》卷七八對《國語》"百姓"語義的探討：

> 平章百姓，只是近處百姓。黎民，則合天下之民言之矣。《典》《謨》中百姓只是說民，如"罔咈百姓"之類。若是《國語》中說百姓，則多是指百官族姓。(廣)①

《國語》"百"字104見，"百姓"40見，可見"百姓"在《國語》中出現頻次較高。朱熹認爲《國語》中的"百姓"多指百官族姓，和《典》《謨》中"百姓"的用法和意義不同。韋昭多處施注，釋"百姓"爲"百官"，朱熹之説正與韋注相呼應。

《朱子語類》卷八三對《左傳》《國語》所載里克事的分析：

> 晉里克事，只以《春秋》所書，未見其是非。《國語》載驪姬陰託里克之妻，其後里克守不定，遂有中立之説。他當時只難里克，里克若不變，太子可安。由是觀之，里克之罪明矣。後來殺奚齊、卓子，亦自快國人之意，且與申生伸冤。如《春秋》所書，多有不可曉。如里克等事，只當時人已自不知孰是孰非，況後世乎？如蔡人殺陳佗，都不曾有陳佗弑君蹤跡。會王世子，却是威公做得好。(賀孫。九年)②

> 或問："《春秋》書'晉殺其大夫荀息'，是取他否?"曰："荀

---

① （宋）朱熹撰，朱傑人、嚴佐之、劉永翔主編：《朱子全書》第16冊，上海：上海古籍出版社、安徽教育出版社2002年版，第2641頁。
② （宋）朱熹撰，朱傑人、嚴佐之、劉永翔主編：《朱子全書》第17冊，上海：上海古籍出版社、安徽教育出版社2002年版，第2857頁。

息亦未見有可取者，但始終一節，死君之難，亦可取耳。後又書'晉殺其大夫里克'者，不以弒君之罪討之也。然克之罪則在中立。今《左傳》中却不見其事，《國語》中所載甚詳。"（廣。十年）①

認爲《國語》記載里克史實較詳，故能够提供更多有效信息。從《國語》所載里克以中立之辭對優施來看，里克是造成太子申生被逼自縊的關鍵一環。在朱熹看來，里克做事情前後態度很成問題，若不依驪姬，則無由答應中立。若依驪姬，則不必有後來殺死奚齊、卓子之事。表現出對里克選擇前後矛盾的不理解，從而發出"如里克等事，只當時人已自不知孰是孰非，況後世乎"的浩歎。

對《魯語下》展禽論祀爰居一篇也多處言之。《答余正甫》中即謂《禮記·祭法》多本《魯語》，主要是從行文角度而言。又《朱子語類》卷八七云：

　　李丈問："四時之祫，高祖有時而在穆。"曰："某以意推之如此，無甚緊要，何必理會？禮書大概差舛不可曉。如《祭法》一篇，即《國語》柳下惠説祀爰居一段，但文有先後。如祀稷、祀契之類，只是祭祖宗耳。末又説有功則祀之，若然，則祖宗無功不祀乎？"（淳。義剛錄略）②

這是在提到禮書是否可據問題時，涉及《祭法》和展禽論祀爰居一篇的關係問題，並對篇章中的觀點提出質疑。

對《周語下》律吕問題也有討論。《朱子語類》卷九二有兩條涉及此類問題，如下：

　　① （宋）朱熹撰，朱傑人、嚴佐之、劉永翔主編：《朱子全書》第17册，上海：上海古籍出版社、安徽教育出版社2002年版，第2857頁。
　　② （宋）朱熹撰，朱傑人、嚴佐之、劉永翔主編：《朱子全書》第17册，上海：上海古籍出版社、安徽教育出版社2002年版，第2977頁。

七聲之説,《國語》言之。(人傑)①

問:"《國語》云:'律者,立均出度。'韋昭注云:'均,謂均鍾,木長七尺,係之以弦。'不知其制如何?"曰:"韋昭是箇不分曉底人。《國語》本自不分曉,更著他不曉事,愈見鶻突。均只是七均。如以黃鍾爲宮,便用林鍾爲徵,太簇爲商,南呂爲羽,姑洗爲角,應鍾爲變宮,蕤賓爲變徵,這七律自成一均,其聲自相諧應。古人要合聲,先須吹律,使衆聲皆合律,方可用。後來人想不解去逐律吹得。京房始有律準,乃是先做下一箇母子,調得正了,後來只依此爲準。《國語》謂之均,梁武帝謂之通。其制十三弦,一弦是全律底黃鍾,只是散聲。又自黃鍾起至應鍾有十二弦,要取甚聲,用柱子來逐弦分寸上柱取定聲。立均之意本只是如此。古來解書,最有一箇韋昭無理會。且如下文'六者,中之色','六'字本只是'黃'字闕却上面一截,他便就這'六'字上解,謂六聲天地之中。六者天地之中自是數,干色甚事!"(文蔚)②

第一條是對《國語》律學價值的肯定,第二條則是對《國語》"均"字語義的探討,並進而涉及對韋昭注釋的評價。朱熹在回答之初,先對韋昭進行定性,認爲"韋昭是個不分曉底人",進而對"立均出度"之"均"進行了解釋,認爲"均"只是律準。進而對"六者,中之色"中"六"字提出了新的看法,認爲"六"字是"黃"字之壞。後世多有引述朱熹此説爲據者。

另外,朱熹生前未能完成的《儀禮經傳通解》引述典籍較多。根據李少鵬的梳理,朱熹大約在淳熙七年(1180)即開始準備編纂《通解》。其編纂分工爲:"朱熹負責提綱和通稿,黃榦負責喪禮和插入注疏,吳必大負責祭禮。至朱熹去世前,已完成了家、鄉、學禮三部分和邦國禮

---

① (宋)朱熹撰,朱傑人、嚴佐之、劉永翔主編:《朱子全書》第17冊,上海:上海古籍出版社、安徽教育出版社2002年版,第3083頁。

② (宋)朱熹撰,朱傑人、嚴佐之、劉永翔主編:《朱子全書》第17冊,上海:上海古籍出版社、安徽教育出版社2002年版,第3083—3084頁。

的小部分，共計二十卷（實爲十九卷，第十五卷原缺）的内容，加上尚
未脱稿的邦國禮（其餘三卷）一起，題名曰《儀禮經傳通解》。王朝禮
部分，即卷二十四至三十七，也由朱熹撰寫，但只是草稿，因此題舊名
曰《儀禮集傳集注》（這一部分刊印前又經過黄榦的訂正）。"① 該書引
述《國語》之周、魯、齊、晉、楚等語多處故事，可與今傳《國語》正
文、韋解進行比勘。此外，朱熹還對所引述的《國語》以及韋注多有評
議，可資考校。如其引述《國語·周語下》"夫六，中之色也，故名之
曰黄鍾"正文及韋注之後，加案語云：

> 六字之義，注雖粗通，然似亦太牽合矣。下章《漢志》正作
> "黄"字，而其它説亦多出此。疑此"六"字本是"黄"字，劉歆
> 時尚未誤，至韋昭作注時乃減其上之半而爲六耳。又法云"九寸之
> 一"亦疑有誤，當是去其三分之一。

可見朱熹案語至少提出兩點：1. 認爲正文"六"字是"黄"字的
壞字；2. 注文"九寸之一"不當。正因"九寸之一"不當，故後世
《國語》刊本多有改"一"爲"六"者，尋繹原始，朱熹當爲首倡者。
此外，朱熹《儀禮經傳通解》所引《國語》多與明道本相合，也可看出
至少在南宋時期，《國語》明道本還具有一定的傳播廣度。

總之，朱熹對《國語》的評議雖皆隻言片語，不成系統，但往往有
啓人深思之處，對《國語》研究是具有積極意義的。宋代《國語》研究
中，朱熹是除宋庠之外，對《國語》關注較多的學者。

（五）葉適《國語》研究

葉適（1150—1223）是南宋時期著名思想家，主要著作爲《水心先
生文集》《水心先生別集》以及《習學記言》五十卷。《習學記言》爲
葉氏研讀四部書的評論彙編。孫之弘序云："《習學記言序目》者，龍泉

---

① 李少鵬：《〈儀禮經傳通解〉研究》，吉林大學博士學位論文，2017 年。

葉先生所述也。初，先生輯録經史百氏條目，名《習學記言》，未有論述。自金陵歸，間研玩群書，更十六寒暑，乃成《序目》五十卷。"① 其中《周易》四卷，《尚書》一卷，《毛詩》一卷，《周禮》《儀禮》一卷，《禮記》一卷，《春秋》一卷，《左傳》兩卷，《國語》一卷，《論語》一卷，《孟子》一卷。可見，葉氏是把《國語》放在經部進行討論的。《習學記言》中研習《國語》的評論在第十二卷，共計 38 條。《習學記言》之《文淵閣四庫全書》本分爲"周至晉"和"鄭至越"兩部分，而北京中華書局 1977 年點校本則分爲周、魯、齊、晉、鄭、楚、吳、總論八個部分。各語評論條目最後署所屬周天子或各國諸侯之名，總説者注"總論"。今用中華書局 1977 年點校本録文。例如：

祭公謀父諫征犬戎。自春秋以來讀之，便爲迂緩。然穆王時，上接成、康，兵偃刑措久矣，一旦征行倉猝，暴師於遠，是始禍也。其語如此，正合事宜爾。古今遼闊學者不推其世觀之，難乎得其要矣。"修"字尤宜細看。（穆王）

本條是所評《周語》第一條，涉及祭公謀父諫穆王征犬戎故事，故末注"穆王"二字。

又如：

周人之論，尚德尊伯，薄功厚本，嚴報應，崇鬼神，至東遷後風流不改，然坐視俗壞道淪，亦不能反也。《周語》所記雖皆古意，極有不通於世者。如叔向、子産、晏子乃無此病，然與時降升，先民之所存者鮮矣。惟孔子渾融，不見其隙爾。（總論）

本條是對《周語》部分的整體評論，故歸入總論中。

就其評議《國語》內容而言，大致如下：

---

① （宋）葉適：《習學記言》，北京：中華書局 1977 年版，第 759 頁。

1. 對《國語》大臣諫言或史實發生存在不同的看法

對臣子諫言不認同，繼續尋找其他原因。如上文所引祭公謀父諫穆王征犬戎一段，其觀點和祭公謀父不同。他認爲祭公謀父講的這些理由都不成立，不能征伐的主要原因還是周王朝偃武多年，驟然興兵，恐怕會出師不利。葉氏認爲這個理由應該更符合事實，並進而指出本篇之中，"修"字很關鍵。

認爲《國語》時代的反面人物，可能在後世被認爲是能臣。如謂："榮夷公專利，在當時大爲異事，故曰'王人者導利而布之上下'。由後言之，爲材臣矣。"可以看出其務實的觀念。黄宗羲曾在《宋元學案》中評價永嘉學派，謂："永嘉之學，教人就事上理會，步步著實，言之必使可行，足以開物成務。蓋亦鑒一種閉目合眼，矇瞳精神，自附道學者，於古今事物之變不知爲何等也。"顔炳罡云："葉適學問關注的重心不在於空談心性，虚説命理，而是進行實務性研究，提出了一系列解決國計民生、收復失地、還我山河的應對之策。"① 葉適的這種思想也反映在《習學記言序目》各書的評點之中。總體而言，表現了對《國語》中諸臣陳述理由的不認同。如論《齊語》云："昭穆固無治效可論，舍文武而論昭穆，豈是時已變周制耶？然其語不類春秋時，蓋未足據。"

2. 繼續發揮《國語》篇章中義理

如論《魯語》云："義理有擇而無降，謂'陷而入恭'，誠非矣。老子於道德仁義各有'失'字。（哀公）"不僅對閔馬父的觀點提出補充，並且進一步進行延伸。

如論《齊語》云："以束矢鈞金聽訟，亦古義也。輕罪移甲兵，小罪謫金分，是有罪者皆不刑，非治法也。"

如論《晉語》云："'民生於三，事之如一''報生以死，報賜以力'，真古語也。然則後世師道乍存乍亡，其成德不及古人也。（武公）"葉適筆下的"古語"，當具真知灼見與經典性兩個特徵，其謂欒共子之

① 顔炳罡：《葉適的思想品格與浙商精神》，朱曉鵬主編《哲學傳統與浙江精神論集》，上海：上海古籍出版社 2012 年版，第 148 頁。

言爲古語，體現了葉適對“民生於三，事之如一”以及“報生以死，報賜以力”價值觀念的認同。進而蕩開一筆，從後世師道之不能恒常的角度出發，認爲後世之“成德不及古人”。韓愈等提倡師道，當然是因爲其時不重視師道，程明道主張“師道尊嚴”，其義也在振發師道。故葉適談古而及“今”。

3. 對《國語》記事真實性表示懷疑

如論《齊語》云：“凡拂戾之説，皆不知古道，而徒爲異辭者也。獨言其能厚施薄報，隱武行文，存亡繼絶，則不得而異，蓋當時與後世所共知耳。按《左氏》于晉楚稱霸，立法定制，皆明著其故，及其他諸侯嘯小變政易令，亦必載之。此史家大事，記注者之所重也。烏有盡周公太公之法，自新其國，而曾無一言及之乎？以其書考之，管仲猶能遵舊法而號令諸侯，故從簡書，修德禮，舉賜履，索包茅，問南征，當時所謂義士，後世所謂迂儒也。若此者，《左氏》之所記也。若《齊語》《管子》之書，非余所知也。（桓公）”

4. 認爲《左傳》有采擇《國語》之處

在《左傳》《國語》關係問題上，葉適認爲《左傳》在《國語》之後，抄綴《國語》而内容詳略、觀點又有不同。如云：

《常棣》詩，《國語》以爲周公作，與《左氏》異。《左氏》采《國語》，凡數百言者約以數十字而已。（襄王）

本條首先指出《國語》《左傳》二書在記載《常棣》一詩作者問題上的不同，進而指出《左傳》采《國語》，却又簡略用語。葉適在《魯語》部分的評點也涉及《左》《國》問題，謂：“莒僕事，《魯語》與《左氏》詳略大異。《左氏》雖記舜之功，然近於浮矣（宣公）。”此處涉及《國語》《左傳》敘事特色的問題。臚列二書文字如下：

《國語·魯語上》	《左傳·文十八年》
莒太子僕弒紀公，以其寶來奔。宣公使僕人以書命季文子曰："夫莒太子不憚以吾故殺其君，而以其寶來，其愛我甚矣。爲我予之邑。今日必授，無逆命矣。"里革遇之而更其書曰："夫莒太子殺其君而竊其寶來，不識窮固又求自邇，爲我流之於夷。今日必通，無逆命矣。"明日，有司復命，公詰之，僕人以里革對。公執之，曰："違君命者，女亦聞之乎?"對曰："臣以死奮筆，奚啻聞之也！臣聞之曰：'毀則者爲賊，掩賊者爲藏，竊寶者爲宄，用宄之財者爲奸。'使君爲藏奸者，不可不去也。臣違君命者，亦不可不殺也。"公曰："寡人實貪，非子之罪。"乃舍之。	莒紀公生大子僕，又生季佗，愛季佗而黜僕，且多行無禮於邦。僕因國人以弒紀公，以其寶玉來奔，納諸宣公。公命與之邑，曰："今日必授。"季文子使司寇出諸竟，曰："今日必達。"公問其故。季文子使大史克對曰："先大夫臧文仲教行父事君之禮，行父奉以周旋，弗敢失隊。曰：'見有禮於其君者事之，如孝子之養父母也。見無禮於其君者誅之，如鷹鸇之逐鳥雀也。'先君周公制《周禮》曰：'則以觀德，德以處事，事以度功，功以食民。'作《誓命》曰：'毀則爲賊，掩賊爲藏，竊賄爲盜，盜器爲姦。主藏之名，賴姦之用，爲大凶德，有常無赦，在《九刑》不忘。'行父還觀莒僕，莫可則也。孝敬忠信爲吉德，盜賊藏姦爲凶德。夫莒僕，則其孝敬，則弒君父矣；則其忠信，則竊寶玉矣。其人，則盜賊也；其器，則姦兆也。保而利之，則主藏也。以訓則昏，民無則焉。不度於善，而皆在於凶德，是以去之。昔高陽氏有才子八人，蒼舒、隤敳、檮戭、大臨、尨降、庭堅、仲容、叔達，齊聖廣淵，明允篤誠，天下之民謂之八愷。高辛氏有才子八人，伯奮、仲堪、叔獻、季仲、伯虎、仲熊、叔豹、季狸，忠肅共懿，宣慈惠和，天下之民謂之八元。此十六族也，世濟其美，不隕其名，以至于堯，堯不能舉。舜臣堯，舉八愷，使主后土，以揆百事，莫不時序，地平天成。舉八元，使布五教于四方，父義、母慈、兄友、弟共、子孝，內平外成。昔帝鴻氏有不才子，掩義隱賊，好行凶德，醜類惡物，頑嚚不友，是與比周，天下之民謂之渾敦。少皞氏有不才子，毀信廢忠，崇飾惡言，靖譖庸回，服讒蒐慝，以誣盛德，天下之民謂之窮奇。顓頊氏有不才子，不可教訓，不知話言，告之則頑，舍之則嚚，傲很明德，以亂天常，天下之民謂之檮杌。此三族也，世濟其凶，增其惡名，以至于堯，堯不能去。縉雲氏有不才子，貪于飲食，冒于貨賄，侵欲崇侈，不可盈厭，聚斂積實，不知紀極，不分孤寡，不恤窮匱，天下之民以比三凶，謂之饕餮。舜臣堯，賓于四門，流四凶族，渾敦、窮奇、檮杌、饕餮，投諸四裔，以禦螭魅。是以堯崩而天下如一，同心戴舜，以爲天子，以其舉十六相，去四凶也。故《虞書》數舜之功，曰'慎徽五典，五典克從'，無違教也。曰'納于百揆，百揆時序'，無廢事也。曰'賓于四門，四門穆穆'，無凶人也。舜有大功二十而爲天子，今行父雖未獲一吉人，去一凶矣。於舜之功，二十之一也，庶幾免於戾乎！"

這一段故事,《左傳》確實比《國語》長出不少,《左傳》記言成分更高。徐仁甫謂此爲《左傳》采《國語》例證之一,云:

> 《國語》莒太子僕弒紀公;《左傳》因之先敍太子僕弒紀公之原因。《國語》宣公以書命季文子,里革遇之而更其書,則季文子不知此事,故全文無季文子關係。《左傳》季文子使司寇出諸竟,季文子使大史克對,大史克對中亦以季孫行父爲言,則全文皆與季文子有關。至於内容,《國語》臣聞之賊、藏、宄、姦四句,即《左傳》誓命之賊、藏、盜、姦四句,大同而小異耳。餘皆《左傳》增之。考《漢書·翟方進傳》載方進奏曰:"昔季孫行父有言曰:'見有善於君者,愛之若孝子之養父母也;見不善者,誅之若鷹鸇之逐鳥爵也。'"舊日學者以爲方進引《左傳》,不知《左傳》全書作"如"不作"若",放進引之,無改"如"爲"若"之必要。相反,乃《左傳》作者鈔放進奏,既改"若"爲"如",又改實詞"有善"爲"有禮",改"不善"爲"無禮",改"愛之"爲"事之"也。《史記·舜本紀》有"昔高陽氏有才子八人"云云一大段,《左傳》作者用其文而增飾之,以成此文。學者可校理之,見《左傳》采《史記》卷,兹不重錄。張西堂《左氏春秋考證序》説:《國語》中里革所説的,在《左傳》中變成了"先君周公制周禮曰""作誓命曰",意義既較明顯,文辭也美得多了。我們讀到這裏,大可以明瞭周公之禮是如何産生的,左氏傳是如何改編的。所謂"十六族四凶",我們從前總認爲是真的。崔㷛甫告訴我們説:"於《堯典》人名無一同者,是於禹契爲蔽,於十六族爲攘功。"(《史記探源》)看來只是改編的一段欺騙人的謊話罷了(見《古史辨》第五册)。按《左傳》采書,時有虛構,以成其文之美,又無害於義理,不得以謊言視之,張説可商。[1]

---

[1] 徐仁甫:《左傳疏證》,成都:四川人民出版社1981年版,第35—36頁。

就《左傳》采《國語》，以《左傳》出在《國語》之後這一點而言，徐仁甫可謂葉適千年之後的知音。

葉適又謂：

> 以《國語》《左氏》二書參較，《左氏》雖有全用《國語》文字者，然所採次僅十一而已。至《齊語》不復用，《吴》《越》語則採用絕少。蓋徒空文，非事實也。《左氏》合諸國記載，成一家之言，工拙煩簡，自應若此，惜他書不存，無以徧觀也。而漢魏相傳，乃以《左氏》《國語》一人所爲，左氏雅志未盡，故別著《外傳》，餘人爲此語，不足怪。若賈誼、司馬遷、劉向不加訂正，乃異事爾。

在本條中，葉適對《左傳》采《國語》進行了總體評述。認爲《左傳》采《國語》有其標準，數量也並不多。按照葉適的觀點，雖然《左傳》有内容全與《國語》相同之處，但總量並不多，而且也不是每一語都有採用。認爲《左傳》無絲毫采《齊語》處，對《吴語》《越語》採擇也少，其主要原因在於《齊語》《吴語》《越語》少有實際史實。

整體而言，葉適《習學記言》作爲一部學術札記，帶有評點性質。但這種評點，又和後世的評點存在本質區别，主要立足於思想基礎上，並非研討其文章技法。劉園園指出《習學記言》之特色在於"習學之用"，"大膽質疑，不落窠臼"，"注重實證"[1]，這些特點在其評述《國語》諸條中同樣得到了體現。

（六）真德秀《國語》研究

真德秀（1178—1235）爲南宋時期思想家。《宋史》本傳載："自侂胄立僞學之名以錮善類，凡近世大儒之書皆顯禁以絕之。德秀晚出，獨慨然以斯文自任，講習而服行之。黨禁既開，而正學遂明于天下。後世

---

[1]　劉園園：《葉適的思想學術與文學》，南京大學博士學位論文，2016 年。

多其力也。所著《西山甲乙藁》《對越甲乙集》《經筵講義》《端平廟議》《翰林詞草》《四六獻忠集》《江東救荒録》《清源雜志》《星沙集志》。"真氏有《文章正宗》二十卷,《續集》二十卷,總四十卷。真德秀關於《國語》的研究主要見於其《西山甲乙藁》《對越甲乙集》以及《文章正宗》中。

真德秀《文集》中有《進故事》,引用《吴語》等《國語》語段,且爲之注,注與韋注不盡同。拙稿《〈國語·吴語〉韋昭、真德秀注比較》即通過與韋注的比較,得出:真德秀《進故事》則直釋其義,體現宋人注釋尚簡約的特徵。對於具體語詞的訓釋體現了語言發展演化的時代特點,在韋昭時代需要出注纔能明瞭的詞義,在真德秀的時代已經成爲常用義,不需出注了。①

《文章正宗》,今存世有宋版、明版、清版以及日本刊本等。今檢嘉靖四十三年(1564)序刊本,全書爲詩文選輯,分詩文爲辭令、議論、敘事、詩歌四類。任競澤認爲《文章正宗》的文體四分法"不但最爲簡約,某種程度上已接近了現代西方的'三分法'和中國現代文學分類上的'四分法'。其分類方式完全打破了以體類體裁劃分類目的傳統思維方式,而以文體的表達功能或者説表現方式來概括歸併文類"。② 真德秀《文章正宗綱目》云:"正宗云者,以後世文辭之多變,欲學者識其源流之正也。自昔集録文章者衆矣,若杜預、摯虞諸家,往往湮没弗傳,今行於世者,惟梁《昭明文選》、姚鉉《文粹》而已……夫士之於學,所以窮理而致於用也。文雖學之一事,要亦不外乎此。故今所輯,以明義理、切世用爲主。其體本互古,其指近乎經者,然後取焉。否則,辭雖工,亦不録。"③ 故《四庫提要》謂其"持論甚嚴,大意主於論理而不論

① 拙稿《〈國語·吴語〉韋昭、真德秀注比較》,《逢甲人文社會學報》第 23 期(中國臺灣),第 1—27 頁。
② 任競澤:《宋代文體學研究論稿》,北京:商務印書館 2011 年版,第 68 頁。
③ (宋)真德秀:《文章正宗綱目》,東洋文化研究所藏嘉靖四十三年序刊本,第 1 頁。

文"①。郭紹虞指出："此書在文學批評史上有相當影響，也是事實。"②

　　《國語》主要分布在《文章正宗》卷一"辭命一、辭命二"、卷四"議論一、議論二"、卷五"議論三、議論四"、卷六"議論五"四卷之中，共 33 篇，其中卷一收《周襄王不許晉文公請隧》（周中）、《越使諸稽郢行成於吳》（吳語）、《王孫圉對趙簡子》（楚語下），卷四收《祭公謀父諫周穆王伐犬戎》（周上）、《召公諫監謗》（周上）、《芮良夫諫專利》（周上）、《虢文公諫不藉千畝》（周上）、《仲山父諫立少》（周上）、《富辰諫以翟女爲后》（周中）、《内史過論晉君臣》（周上）、《單襄公論陳必亡》（周中）、《太子晉諫壅川》（周下）、《單穆公諫鑄大錢》（周下），卷五收《里革諫夏濫淵》（魯上）、《伍舉論章華之臺》（楚語）、《白公子張諫靈王》（楚語）、《展禽論祀爰居》（魯上）、《郤叔虎論伐翟柤》（晉）、《范文子論戰》（晉）、《趙簡子使尹鐸爲晉陽》（晉）、《莊馳兹賀趙簡子》（晉）、《士茁論智氏之室》《晉》、《左史倚相規申公》（楚）、《藍尹亹告子西》（楚），卷六收《伯陽父論三川震》（周）、《單襄公論郤氏必亡》（周）、《單襄公論晉君臣》（周）、《子叔聲伯論郤氏多怨》、《季文子論妾與馬》（魯）、《史蘇論驪姬敗國》（晉）、《趙宣子論事君》（晉）、《鬪且論子常必亡》（楚）、《敬姜論勞逸》（魯）。

　　真德秀在《文章正宗綱目》中對辭命、議論等進行了界定。如其謂："《周官》太祝作六辭，以通上下親疏遠近曰辭，曰命，曰誥，曰會，曰禱，曰誄。内史，凡命諸侯及孤卿大夫則策命之，御史掌贊書，質諸先儒注釋之説，則辭命以下皆王言也。太祝以下掌爲之辭，則所謂代言者也。以書考之，其可見者有三，一曰誥，以之播告四方，《湯誥》《盤庚》《大誥》《多士》《多方》《康王之誥》是也；二曰誓，以之行師誓衆，《甘誓》《泰誓》《牧誓》《費誓》《秦誓》是也；三曰命，以之封國命官，《微子》《蔡仲》《君陳》《畢命》《君牙》《冏命》《吕刑》《文

　　①　（清）永瑢等：《四庫全書總目》，臺北：臺灣商務印書館《景印文淵閣四庫全書》第 5 册，第 33 頁。

　　②　郭紹虞：《中國文學批評史（下）》，北京：商務印書館 2017 年版，第 26 頁。

侯之命》是也。他皆無傳焉。意者，王言之重惟此三者，故聖人録之以
示訓乎……故今以爲編之，首書之諸篇，聖人筆之爲經，不當與後世文
辭同録。獨取《春秋》内外傳所載周天子諭告諸侯之辭，列國往來應對
之辭，下至兩漢詔册而止，蓋魏晉以降，文辭猥下，無復深純温厚之指，
至偶麗之作興而去古益遠矣。學者欲知王言之體當以《書》之誥、誓、
命爲祖而參之以此編，則所謂正宗者，庶乎真可識矣。"① 其謂 "議論"
云："議論之文，初無定體，都俞吁咈發於君臣會聚之間，語言問答見於
師友切磋之際，舉凡秉筆而書、締思而作者，皆是也。大抵以六經、
《語》《孟》爲祖，而《書》之《大禹謨》《皋陶》《益稷》《仲虺之誥》
《伊訓》《太甲》《咸有一德》《説命》《高宗肜日》《旅獒》《召誥》《無
逸》《立政》，則正告君之體，學者所當取濾。然聖賢大訓不當與後之作
者同録，今獨取《春秋》内外傳所載諫争論説之辭，先漢以後諸臣所上
書疏封事之屬，以爲議論之首，他所篡述，或發明義理，或剖析治道，
或褒貶人物，以次而列焉。書記往來，雖不關大體而其文卓然爲世膾炙
者，亦綴其末。學者之議論，一以聖賢爲準的，則反正之評、詭道之辯，
不得而惑，其文辭之瀘度，又必本之。此編則華實相副，彬彬乎可觀
矣。"② 這是真德秀對 "辭命" "議論" 兩種分類的界定與基本認定。所
引《國語》33 篇皆出此二類之中，"辭命" 類僅有 3 篇，而 "議論" 類
則有 30 篇，此真德秀對《國語》對話類型的基本認定，也比較符合
《國語》事實，蓋《國語》中天子與大臣對話較少，更多的是諸侯與臣
子之間的對話。

《文章正宗》的貢獻之一是標目。《左傳》《國語》這一類的書籍是
沒有篇名的，《文章正宗》爲引述的材料標出篇名。其篇名之標立，不
像柳宗元《非國語》僅以三二字簡單標目，而是突出主題、主體以及結
果，通過篇名可以瞭解篇章内容大要。所選《國語》33 篇中，"××論"
之類篇名就有 16 篇，"××諫" 之類篇名有 10 篇，尚有以 "對" "賀"

① （宋）真德秀：《文章正宗綱目》，東洋文化研究所藏嘉靖四十三年序刊本，第 1—2 頁。
② （宋）真德秀：《文章正宗綱目》，東洋文化研究所藏嘉靖四十三年序刊本，第 2—3 頁。

等話語類動詞名篇者。可見，《文章正宗》在給《國語》標目時注重突出《國語》文體特徵並且又能較完整精準地概括篇章内容。故而，這些篇目及其語言構成形式，爲後世《國語》標目者所繼承。

　　《文章正宗》的貢獻之二，是凡《國語》内容與《左傳》同者，真德秀往往引《左傳》作爲參照。這種對勘方式爲後世文選效法。如《文章正宗》卷一"周襄王不許晉文公請隧"標題下小字注云："《國語》，下同。"又云："僖公二十四年初，甘昭公有寵於惠后，惠后將立之，未及而卒。昭公奔齊。王復之。頹叔、桃子奉太叔，以狄師伐周，大敗周師，王出適鄭。二十五年，晉侯殺太叔，納王。晉侯朝王，王享醴命之宥。請隧，弗許，與之陽樊、温、原、攢茅之田。太叔即甘昭公也。"引證《左傳》，對《國語·周語中》所述史實的前因後果進行了補充，有益于讀者瞭解整個史實。

　　《文章正宗》的貢獻之三，是真德秀在進行編選時，對韋昭注文進行了採擇。仍以"周襄王不許晉文公請隧"篇爲例。《文章正宗》在選取本篇時，對於注文，有删，有減。"删"，體現了真德秀對注文是否有益於正文理解的標準，和韋昭的時代發生了變化。比如本篇"以順及天地，無逢其災害"下，韋昭有注，謂："順，順天地尊卑之義也。若相侵犯，則有災害。"《文章正宗》不録。又多處注文有所減省，體現在兩個方面，其一：韋昭徵引前人舊説之後復加己意，《文章正宗》在衆説中選擇其一，其他説法予以減省不録。如本篇"請隧焉"下，韋昭注云："賈侍中云：隧，王之葬禮，闕地通路曰隧。昭謂：隧，六隧也。《周禮》：天子遠郊之内有六鄉，則六軍之事也，外有六隧，掌供王之貢賦。惟天子有隧，諸侯則無。"《文章正宗》編選本篇時，本處注文只用"賈侍中云：隧，王之葬禮，闕地通路曰隧"注文，其他部分省減，代表了真德秀對"隧"字訓詁的傾向。其二，韋昭注文雖然簡約，但也往往徵引舊籍以事陳説，《文章正宗》編選時，只保留釋義部分，徵引部分則省掉。如本篇"其餘以均分公侯伯子男"韋昭注云："其餘，甸服之外地也。均，平也。周禮：公之地方五百里，侯四百里，伯三百里，子二百里，男百里。"《文章正宗》編選只録入"其餘，甸服之外地也。

均，平也"一段注文。又"外官不過九品"韋昭注："九品，九卿。周禮：内有九室，九嬪居之；外有九室，九卿朝焉。"《文章正宗》編入之後，將注文減省爲"九品，九卿"四字。又，韋昭注文中有的語句屬於補充成分，《文章正宗》編選時減省，如本篇"先王豈有賴焉"韋昭注云："賴，利也。言無所利，皆均分諸侯。"《文章正宗》省掉"皆均分諸侯"五字。

採擇韋注之外，真德秀對一些注文進行了商討。如同篇"其叔父實應且憎，以非余一人，余一人豈敢有愛也"韋昭注："應，猶受。憎，惡也。言晉文雖當私賞，猶非我一人。"《文章正宗》選入之後僅保留"憎，惡也"三字注文，而於三字之後加按云："愚按，且憎，言口是而心非之也。"真德秀的這一解釋符合語境，又合乎語義，十分確當。此類按語，往往加在原注文之後，以圈號隔開。今檢所引 30 多篇《國語》文選中，此類商榷文字還有多處，讀者可參。

《文章正宗》貢獻之四，爲後世《國語》評點奠定了基礎。根據孫琴安研究，《文章正宗》評點主要有"書前總評，旁批，在分段落之處，都用一粗黑横綫劃出。在有些文章的末尾，則加一段相關的評語或按語"[1]。就《文章正宗》所選的《國語》而言，評語往往位於篇末，以"按"或"愚按"緊接在正文之後。如"周襄王不許晉文公請隧"篇末，真德秀評云："此篇要領在'班先王之大物以賞私德'一語。後云'余敢以私勞變前之大章'，蓋覆説此意也。晉文之定襄王，自以爲不世之大功。其請隧也，蓋寖寖乎窺大物之漸。襄王目之曰'私德'，曰'私勞'，所以折其驕矜不遜之意。玩其辭氣，若優游而實峻烈，真可爲告諭諸侯之法。"對本篇的主題句以及論述語言等等進行了揭示。後世《國語》評點，往往於篇章主題句、論述層次、語言特徵進行揭示，尋其原始，當自《文章正宗》。

從《文章正宗》所引文字上看，其引述《國語》來源爲公序本《國語》，但和今傳公序本《國語》也並不完全一致。

---

① 孫琴安：《中國評點文學史》，上海：上海社會科學院出版社 1999 年版，第 36 頁。

（七）黄震《國語》研究

黄震所論《國語》部分在《黄氏日抄》卷五二"讀雜史"類中。雜史之名，較早見於《隋書·經籍志》。首先把《國語》放入雜史的却是黄震。除前面引到的總論一條外，周、魯、齊、晉、鄭、楚、吴、越並皆有論，共八論。往往總論是非或者選取一二具有特徵之處進行平議，而又摘録一些語詞，或僅僅臚列，或引録注文，或别加案語。

總論已見本章第一部分，此處不贅。其評《周語》云：

> 召穆公謂民當道之使言而不可防，芮良夫謂利當布之上下而不可專。此萬世不刊之明訓，足以進之六經，不俟屬流彘而後知其言之足信也。萇弘之見殺，特坐右劉文公以預晉范氏亂耳。若曰"天之所壞，不可知"而罪其城成國，則凡國家中微皆當棄之，不爲而爲之，輒爲逆天乎！且天亦何嘗不欲支人之國耶？

對《周語上》第三和第四篇、《周語下》最後一篇等三篇進行了評價。認爲召穆公的話和芮良夫的話是"萬世不刊之明訓"，通過對召穆公、芮良夫之言的評判，比韋昭進了一步，認爲僅憑這兩句話，《國語》是可以進入"六經"的。當然，在黄震這兒，"六經"是一個整體概念，指的是先秦經學元典，而非真正六部經典。甚至在黄震看來，芮良夫、召穆公二者之言的價值之高遠，是不必有驗證性結果的設置來增强其可信度的。但是，黄震的這一論斷和出發點似乎也可以昭示，《國語》爲什麽一直未能進入經學元典，根本點在於"經"之言是不需要結果驗證的，哪怕是具有史料或史學價值的《春秋》，甚至因《春秋》而同樣上升到經學元典地位並且和《國語》内容基本相同的《左傳》，它們只是在客觀闡述史實，哪怕《左傳》中含有類似驗證性結果的篇章，但這些篇章絶非《左傳》的主要部分或重要部分。故而黄震只是表述芮良夫、召穆公之言"足以進入六經"。"足以"的語言表述，表明黄震也並不認爲《國語》就是事實上的"經"。恐怕這也是黄震把《國語》從經部春秋類中拿出放置在史部雜史類下面進行討論的一個重要因素。對於《周語下》末章的基本觀點和認識，黃震則持批評態度，認爲萇弘之死的真實原因很簡單，而篇章過於拔高。

其評《魯語》云：

> 魯臣謀議雖必于典禮，抑亦其文耳。三家日强，公室日卑，禮於何在？惟季冶爲季武子給使迎襄公，而璽書繆以取卞爲卞人叛，既而知其使予欺君也，致禄不出，此爲知禮。

黃震對《魯語》以及魯國實際的國情給予了揭示。他認爲魯國所謂講禮只是形式的問題，實際上魯國大權已經不在公室，旁落大夫了。由實際國情引出"禮於何在"之問，意在揭示名存實亡之實。進而對《魯語下》季冶致禄一篇進行了針對性點評，認爲季冶在整個事件中體現出的纔是"知禮"。章弓認爲："季冶自己並没有做欺君之事，只是帶來了一封欺騙信，還是在不明真相的情況下。由此可見季冶對君主的忠誠之心、持美保潔的高尚品行。季冶的形象啟示著人們如何做一個誠實的人，那就是不做欺人騙人的虧心事，一旦蒙蔽失誤，應當主動地自責悔改，撒手不做。"[1] 黃震雖未細緻討論，但其以季冶爲知禮的理由恐怕與章弓之言是一樣的。

其論《齊語》云：

> 管仲爲游士八十人，奉以車馬，使説諸侯。異日卒以捭闔亂天下者，此殆其作俑歟？

黃震只是針對《齊語》管仲派游士周游天下巡説諸侯之事進行了評議，認爲這是縱橫家變亂天下的濫觴。黃震這種看法可謂目光炯炯，洞見真相。蓋此游士，亦即養士之風的權輿，至戰國時期，養士成爲一種

---

① 袁暉主編：《歷代寓言·先秦卷上》，北京：中國青年出版社2011年版，第127頁。

風尚。士人各爲其主，奔走天下，鼓動遊説，逞謀略與口舌之利，天下紛紛，乃開一新局面。當然，管子此舉初衷只是交好鄰國，未有他意。從周王朝天下一統的局面來看，管仲此舉却帶了一個壞頭。

又黃震論《晉語》云：

> 晉文公讀書三日，曰：行未能咫，聞則多矣。其臣趙衰行年五十，守學彌惇。悼公之幼事單襄公也，立無跛，視無還，敬必及天。嗚呼，世豈有不學而可以爲國，又豈有空文無實而可以言學者哉？

黃震在九卷《晉語》中舉了三個人，即晉文公、趙衰和晉悼公，晉悼公事單襄公實出《周語》。黃震認爲，這三個人的共同特點是“學”。晉文公讀書、趙衰守學、晉悼公學行。黃震最後指出，勤學是治國的前提條件，務實是勤學的重要體現。晚近時期，流傳有一則故事，袁世凱與人言自己和張之洞的區別云：“張中堂是講學問的，我是不講學問，我是講辦事的。”辜鴻銘聽聞此言的直接反應：“誠然。然要看所辦是何等事。如老媽子倒馬桶，固用不著學問。除倒馬桶外，我不知天下有何事是無學問的人可以辦得好。”① “天下有何事是無學問的人可以辦得好”與黃震“豈有不學而可以爲國”正相呼應。《晉語》尚有范獻子論人不可以不學的記載。當然，范獻子是出了差錯之後的感悟，和晉文公、趙衰、悼公力行之後的結果和體現又不完全相同。

黃震論《鄭語》云：

> 方幽王時，史蘇謂鄭桓公曰：成天地之大功者，其子孫未嘗不章。虞、夏、商、周是也。周衰，楚、齊、秦必將代興。謂楚之祖祝融司天，齊之祖伯夷典禮，嬴之祖伯翳能議萬物以佐舜。則武王之後惟在也，已而皆然。然其所由興者，非其道矣，其子孫之責歟？抑世變耶？

_____

① 辜鴻銘：《辜鴻銘講論語》，天津：天津社會科學院出版社 2014 年版，第 258 頁。

文中“史蘇”當是“史伯”之誤。黃震針對《鄭語》中史伯探討的這一段進行點評，認爲“成天地之大功者，其子孫未嘗不章”一句道理顯明。當然其中還有更深層的理解和思索。黃震在末尾所云“然其所由興者，非其道矣，其子孫之責歟？抑世變耶”，體現了黃震冷静和理性的思考，認爲每代興盛，實際上意味著前代衰敗，而其興衰的原因比較複雜，是後世子孫的問題，還是社會變化的因素，給出了思考維度。李山謂：“在太史伯悠然地歷數虞夏商周所以興起的歷史時，他實際也無言地表示出了這樣一個冷峻的事實：任何王朝有興起就有滅亡。虞夏商三代都‘未嘗不章’，然而它們也都是未嘗不亡。説他們的興起，實際也是在説它們的滅亡。史家的思維就是在長時段觀察一個王朝的興亡。於是，王朝的興衰，就是歷史的宿命。”① 所揭示意味深沉，亦頗能得《鄭語》此段之旨趣，且可與黃震之説相呼應。

黃震論《楚語》云：

> 觀射父對昭王重黎之問，稱古者民神不雜，自少皞衰，九黎亂，夫人作享，民匱于祀，顓頊受之，乃命南正重司天以屬神，命北正黎地以屬民，使復舊常，是爲絶地天通。其後三苗、九黎之亂德，堯乃育重黎之後，以至夏商，故重黎世敘天地而别其分主。愚謂楚俗尚鬼淫祀至今，觀射父之論，極其本本源源矣。

黃震在《楚語》兩卷中，選取《楚語下》首章觀射父復楚昭王問一篇中的片段進行引述並評騭。商代人尚鬼，此後楚人亦尚鬼。如《吕氏春秋》即謂：“楚人信鬼。”《漢書·地理志》亦謂楚人“信巫鬼，重淫祀”。黃震認爲觀射父本篇主要揭示了楚人尚鬼淫祀的本源。

又黃震論《吴語》云：

> 古之邇讎人而見殺者，齊騶馬繻以胡公入於具水，邴歜閻職戕

① 李山：《西周禮樂文明的精神構建》，石家莊：河北教育出版社2014年版，第398頁。

懿公於囿竹，晉長魚蟜殺三郤於榭，魯圉人犖殺子般於次，闔閭親
見殺於越。夫差忘不共戴天之讎，而甘其子女土木之咶，此豈足與
謀國？而子胥依之不去，復强諫取禍。意者，進專諸以弑君僚，進
要離以戕慶忌，進孫武教兵禍楚，以鞭親嘗北面平王之尸，胥之禍
結在吳，有不容逭者歟？

雖然評論《吳語》，但其中文字"齊驪馬繻以胡公入於具水，邴歜
閻職戕懿公於囿竹，晉長魚蟜殺三郤於榭，魯圉人犖殺子般於次"則出
《楚語下》末章，以便引出"闔閭親見殺於越"一句，該句接續上文，
形成一個完整的敘事單元。

又黃震論《越語》云：

> 春秋戰國近五百年以功名始終者，惟范蠡一人，且其言曰：
> "君辱臣死。昔者，君王辱於會稽，所以不死者，爲此事也。今事已
> 濟，請從會稽之罰。"陳誼堅謙而不可破，吳滅即行，曾不留刻，蠡
> 真烈丈夫哉！

評《越語》主要在贊譽范蠡，以范蠡爲春秋戰國五百年間"以功名
始終"唯一人。引述《越語下》末章范蠡辭行之言作爲論述依據。

可見，黃震八論帶有評點性質，唯所論不注重具體篇章標目，只是
於其所摘録的語段所涉及人物進行評騭。故黃震《日鈔》所論《國語》
各語部分亦可看作宋代重要的《國語》評點資料，具有較高的社會思想
意義。黃震又在論各語之下，撮録各語中重要詞句，並引録韋注，時而
自爲案語以辨析之，帶有比較大的隨意性。此類也唯《周語》《晉語》
《楚語》《吳語》《越語》有之，其中《周語》最多，有22條，有一條
爲後補，附在《越語》下面。《楚語》最少，只有2條。《晉語》10條，
《鄭語》4條，《吳語》3條，《越語》4條。今以《周語》爲例，以見其
一斑。"賓服者享荒服者王"注云："遠夷，世一見王也。"實釋"荒服
者王"四字，和"賓服者享"沒有關係，且注文撮録韋昭注文而成。

"農祥"注"房星也，立春農祥正"即直接撮録韋注。"一墢"注"一耜之墢也○王耕一墢班三之"，圈號前面是注文，但是注文和韋昭"一耦之發"不同，圈號後面是補充注文所在語句。"料民"注"料，數也"直接引録正文和韋注，"三川"注"涇、渭、洛。按《戰國策》注，謂羲陽邑"，在引録韋昭注文之外，還補充其他注釋材料。所引《戰國策》注，出《戰國策·齊策二》"入三川"高誘注："三川，宜陽邑也。"宜陽爲韓地，和羲陽不同，或黃震誤識。另外，《戰國策》之"三川"爲具體地名，而《國語》之"三川"爲三條河流，二者非一事，黃震不進行辨別而雜引之，是爲不審。"地震"注"陽伏而不能出，陰迫而不能烝"，是以《國語》原文中文字解釋地震發生的原因。"杜伯射宣王于郭"注"注謂殺杜伯非辜明年伯射殺王"，其中"郭"字爲"鄗"字之誤，注文仍撮録韋昭注。"穆王"注"丹朱馮房后生穆王"，是以正文釋之。由此可見大致。

黃震《黃氏日鈔》論《國語》部分實際上也是一種評點，誠如《四庫提要》所説，所論所録都帶有比較大的隨意性，撮録注文以及商討，似也未能深入。但其評論各條，多能發人深思。黃震對韋昭注的認識，也爲後人所借鑒。

（八）王應麟《國語》研究

王應麟（1223—1296），南宋時期著名學者。《宋史》本傳載其"九歲通六經"，可見天資聰穎異常，故其"所著有《深寧集》一百卷，《玉堂類藁》二十三卷，《掖垣類藁》二十二卷，《詩考》五卷，《詩地理考》五卷，《漢藝文志考證》十卷，《通鑑地理考》一百卷，《通鑑地理通釋》十六卷，《通鑑答問》四卷，《困學紀聞》二十卷，《蒙訓》七十卷，《集解踐阼篇補注》，《急就篇》六卷，《補注王會篇》，《小學紺珠》十卷，《玉海》二百卷，《詞學指南》四卷，《詞學題苑》四十卷，《筆海》四十卷，《姓氏急就篇》六卷，《漢制考》四卷，《六經天文編》六卷，《小學諷詠》四卷"，著述可謂宏富。清人王鳴盛指出，考據學是王應麟學術的底色。傅璇琮認爲："王應麟學術著作，多著力於注疏、考辨、輯佚，善於融文獻學、考據學、目錄學於一爐。"①

除上文引述其《藝文志考證》中關於《國語》的記述之外，王應麟
關於《國語》的論述主要見於其《困學紀聞》卷六，以討論《春秋》與
《左傳》爲主，亦往往涉及《國語》。

其中有對《國語》作者及成書的總結，如：

> 劉炫謂《國語》非丘明作(《傳》言鄢陵之敗苗賁皇之爲，《楚
> 語》云雍子之爲，與《傳不》同。傅玄云《國語》非丘明作，有一
> 事而二文不同)。葉少蘊云古有左氏、左丘氏，太史公"左丘失明，
> 厥有《國語》"，今《春秋傳》作左氏，而《國語》爲左丘氏，則
> 不得爲一家，文體亦自不同，其非一家書明甚。左氏（王荆公以爲
> 六國時人）蓋左史之後，以官氏者。朱文公謂左氏乃左史倚相之
> 後，故其書楚事爲詳（鄭漁仲云：左氏世爲楚史）。司馬氏謂左氏
> 欲傳《春秋》，先作《國語》，《國語》之文不及《傳》之精也。

本段主要梳理前人對《國語》作者以及《左傳》《國語》成書前後
的看法。大致梳理了前人的幾種觀點：1. 認爲《國語》的作者不是左
丘明；2. 認爲左氏、左丘氏非一人，其淵源不同，故而《國語》《左
傳》作者不是一家；3. 朱熹謂左氏爲左史倚相之後；4. 司馬光認爲
《國語》是左氏傳《春秋》之前的準備材料，故而其文未如《左傳》精
到。王應麟對之前學者關於《國語》《左傳》作者以及《國語》《左傳》
成書問題的主要觀點進行了梳理，具有學術史意義。

有對韋昭注的商榷。如：

> 史趙曰："自幕至於瞽瞍，無違命，舜重之以明德，寘德於
> 遂。"《魯語》："幕，能帥顓頊者也，有虞氏報焉。"韋昭注云：

① 傅璇琮：《〈王應麟著作集成〉總序》，氏著《書林清話》，鄭州：大象出版社 2015 年版，
第 169 頁。

"幕，舜之後虞思也，爲夏諸侯。"《鄭語》："虞幕，能聽協風，以成樂物生者也。"注亦以爲舜後虞思。按《左氏》，則幕在瞽瞍之先，非虞思也。

《楚語》伍舉曰："德義不行，則邇者騷離，而遠者距違。"（注："騷，愁也。離，畔也。"）伍舉所謂"騷離"，屈平所謂"離騷"，皆楚言也。揚雄爲《畔牢愁》，與《楚語》注合。

第一條糾正韋昭注釋人物錯誤，以幕非虞思。崔述《唐虞考信録》卷一引《左傳·昭公八年》"自幕至於瞽瞍無違命，舜重之以明德"，又引《魯語》"幕，能帥顓頊者也"以存參。復詳考論，謂："《大戴記·帝繫篇》云：'黃帝産昌意，昌意産高陽，是爲顓頊。顓頊産窮蟬，窮蟬産敬康，敬康産句芒（《史記》作望），句芒産蟜牛，蟜牛産瞽瞍，瞽瞍産重華，是爲帝舜。'《史記·五帝本紀》因之。余按《春秋傳》云：'陳，顓頊之族也。自幕至於瞽瞍無違命。'《國語》云：'幕能帥顓頊者也，有虞氏報焉。'則舜之先，顓頊之後之有一幕必也，何以記之世次無之？而句芒，據《春秋傳》，乃少暭氏之子，亦不得爲顓頊裔也。且《大戴記》以堯爲黃帝之玄孫，則是堯與舜之高祖敬康爲同高祖兄弟。男女辨姓，人道之大防也，況於近屬？堯安得以其女妻舜？舜安得遂取之？而上下相距至四五世，舜之年又安得與堯之女等乎？蓋謂舜之出於顓頊可也，謂顓頊、舜與古帝王之皆出於黃帝則不可。謂幕有功德而傳於世，可信也；謂舜先世之名，無不歷歷皆傳於世，則不可信。然則《大戴》之文，不若《春秋傳》之爲近理矣，而《傳》文又與《國語》同，或當不誣，故棄彼而采此，說並見前'黃帝及堯建極篇'中。"又於本段之後復加考論云："韋昭《國語解》云：'幕，舜之後虞思也。爲夏諸侯。'按《傳》此文，則幕乃舜祖，非舜後也。且《國語》稱上甲微帥契，高圉大王帥稷，皆在湯武前，惟杼在禹後，則以爲帥禹。若幕果在舜後，何不謂之帥舜？乃謂之帥顓頊乎？韋氏蓋因《大戴》《史記》敘先世無幕，故曲爲之說。而以幕爲思，所謂因誤而益誤也。

今正之。"① 崔述辨析較詳，可作爲王應麟之注脚。第二條辨析韋昭注釋義錯誤，以"騷離"爲"楚言"。傅山亦謂"騷離"與"離騷"："兩字顛倒用之，想當時楚國好用此語耶?"② 富金壁曾梳理古今"離騷"訓詁七種，經過排比最終認定"離騷"二字爲同義並列複合結構，故"騷離""離騷"同素逆序義同，並謂王應麟之説雖是，"猶未達一間，當謂'伍舉所謂騷離，屈平所謂離騷，其義一也'。"③ 或許確如富金壁所説，王應麟之説"未達一間"，但王氏早於富氏八百年，即已注意到此一問題，並做出近於合理的解釋，也是難能可貴的。

有對《國語》人物的評價。如：

> 寺人披之斬袪，芋尹無宇之斷旌，其儔一也。披請見而晉文讓之，無宇執人於宮而楚靈赦之，楚靈之量優於晉文矣。
>
> 《晉語》：伯宗索士庇州犂，得畢陽。及欒忌之難，諸大夫害伯宗，畢陽實送州犂於荆。畢陽之孫豫讓，見《戰國策》。祖孫皆以義烈著，所謂"是以似之"者。太史公不書於傳，故表而出之。

這兩條中，第一條通過晉文公和楚靈王對待寺人披和芋尹無宇的不同態度，進而得出楚靈王寬容度大於晉文公的結論，給後世充分認識諸侯國君提供了維度，即可以通過不同君臣的近似行爲，對君臣的性格等等進行判斷。第二條是通過《國語·晉語五》所載畢陽之事，進而聯想到《戰國策》所載豫讓之事，認爲祖孫二人"皆以義烈著"，由於《史記》未能具載，故特爲揭出，以示揄揚。

有對《國語》異説的揭示。如：

---

① （清）崔述：《唐虞考信錄》卷一，見載於氏著《考信錄》，上海：商務印書館1937年版，第94頁。

② （清）傅山撰，尹協理主編：《傅山全集》第3册，太原：山西人民出版社2016年版，第100頁。

③ 富金壁：《〈離騷〉二題》，中國訓詁學會《中國訓詁學報》編輯部編：《中國訓詁學報》第二輯，北京：商務印書館2013年版，第132—134頁。

　　《晉語》：知宣子將以瑤爲後，知果曰：“不如宵也。”弗聽。知
果別族於太史，爲輔氏。（《通鑑》取此）《戰國策》：張孟談因朝智
伯而出，遇智過轅門之外。智過入見智伯，曰：“二主殆將有變。”
智過言之不聽，出更其姓爲輔氏。（《韓非子》同，云更其族）智
過，即智果也。二説之先後不同。

　　在看待知果別族爲輔氏的原因上，《晉語》和《戰國策》不一樣，
王應麟特爲揭出。

　　有探討《國語》稱謂多義者，如：

　　《晉語》：欒氏之臣辛俞曰：“三世仕家君之，再世以下主之。”
（注：大夫稱主）優施謂里克妻曰：“主孟啗我。”（注：大夫之妻稱
主）《左傳》醫和謂趙孟曰：“主是謂矣。”魏戊曰：“主以不賄聞於
諸侯。”此大夫稱主也。齊侯使高張來唁公，稱“主君”。子家子
曰：“齊卑君矣。”主君，大夫之稱也。《史記·甘茂傳》：樂羊拔中
山，魏文侯示之謗書。樂羊曰：“此非臣之功也，主君之力也。”
《戰國策》：梁王魏嬰觴諸侯於范臺，魯君曰：“主君之尊，儀狄之
酒也；主君之味，易牙之調也。”魏以大夫爲諸侯，故猶稱主君。

　　本條由《晉語》稱“主”但意義有別引出。“主”之所指有二：大
夫、大夫之妻。又由《左傳》《史記》《戰國策》所載得出，大夫之
“主”也可稱作“主君”。此皆非職官，實是對話中的尊稱。

　　有用《國語》校他書之誤者，如：

　　《皇王大紀》：“景王二年（襄三十年），楚公子圍至晉。晉趙武
子軗鳴玉以相。”按《楚語》：“王孫圍聘於晉，定公饗之，趙簡子
鳴玉以相。”蓋楚昭王時軗者，武之孫也。今以王孫圍爲公子圍，以
軗爲武之子，皆誤。

　　古者，孫以王父字爲氏。子産，子國之子，《國語》謂公孫成

子，《左傳》謂公孫僑（子產之子始爲國氏）。致堂作《子產傳》曰"國僑"，非也。

《晉語》竇犫對趙簡子曰："君子哀無人，不哀無賄；哀無德，不哀無寵；哀名之不令，不哀年之不登。"味其言，見其賢矣。《史記》：孔子將西見趙簡子，聞竇鳴犢之死，臨河而歎。《索隱》云："鳴犢，犫字。"《通鑑外紀》於周敬王二十八年書"簡子殺鳴犢"，三十年書"竇犫對簡子"，誤也。

一共三條。第一條用《楚語》糾正《皇王大紀》之誤。《皇王大紀》是南宋時期胡宏（1106—1162）編纂的史書，共八十卷，分三皇紀、五帝紀、三王紀三個部分，大量引述先秦文獻而成。此處，王應麟以《楚語》記載校訂《皇王大紀》之失。第二條以《國語》《左傳》記載論證《子產傳》稱謂之誤。關於"孫以王父字爲氏"，楊希枚有較詳盡考釋，謂較早記載見於《公羊傳·成公十五年》，經過對先秦諸多譜系記載的排比，推斷出有"孫以王父字爲氏"制度出現於魯、鄭、宋、陳、蔡、齊等黃河中下游與淮水之間的中原地帶，最終推衍出先秦時期實際存在著"子孫以父祖名字爲氏"的制度①，讀者可參。王應麟認爲子國是子產的父親，故而《子產傳》不當稱"子產"爲"國僑"。如果按照楊希枚的觀點，則子以父字爲氏也是正確的，《子產傳》所稱不爲誤矣。第三條，王應麟根據《晉語》和《史記》記載，竇犫字鳴犢，以此斷定《通鑑外紀》記載有誤。既然竇犫字鳴犢，不容有敬王二十八年簡子殺鳴犢而三十年竇犫對簡子之事，故王應麟認爲《通鑑外紀》記誤。

又有以他書證今本《國語》之誤者，如：

《鄭語》依、疇、歷、莘，《史記·鄭世家》注"莘"作"華"。《水經注》："黃水徑華城西，史伯曰：'華，君之土也。'韋

---

① 楊希枚：《漢族的姓氏與"孫以王父字爲氏"的制度》，大陸雜誌編輯委員會編：《大陸雜誌叢書》第一輯第三冊《先秦史論集下》，臺北：大陸雜誌社1967年版，第283—288頁。

昭曰：莘，國名。秦白起攻魏，拔華陽。司馬彪曰：華陽，在密縣。"《括地志》："華陽城在鄭州管城縣南。" 可以證今本之誤。(按下文 "前華後河"，則上文當作 "華")

本條以《史記·鄭世家》注、《水經注》等校《國語》本文 "莘" 爲 "華" 字之誤。從王應麟所引録《國語》文字可知，其所據爲公序本。汪遠孫《國語明道本考異》以《詩譜》及《御覽》皆作 "華"[①]。

又有討論《非國語》以及後世非之者。如：

> 江端禮嘗病柳子厚作《非國語》，乃作《非非國語》。東坡見之，曰："久有意爲此書，不謂君先之也。" 然子厚非《國語》，而其文多以《國語》爲法。

本條主要記載宋人對《非國語》的探討。江端禮作《非非國語》，得到蘇軾的贊譽。王應麟謂柳氏文風 "多以《國語》爲法" 之説，吕祖謙也曾論及。清人劉熙載《藝概》亦言之，並進一步指出："東萊謂柳州文出於《國語》，蓋專指其一體而言。"[②] 總之，王應麟指出《非國語》在宋代的研究以及柳宗元文法所自。

王應麟《國語》研究條目雖少，涉及領域却比較多，對後世《國語》研究具有啓發意義。

(九) 其他學者的研究

除了以上學者的《國語》研究之外，宋代其他學者也有一些《國語》方面的研究。如吕祖謙《左傳國語類編》、沈虚中《左氏國語要略》等，今皆不存。今檢光緒間何紹基等編《重修安徽通志》卷二百二十九

---

① （清）汪遠孫：《國語明道本考異》，北京：商務印書館 1959 年版《國學基本叢書》本《國語》，第 325 頁。

② （清）劉熙載：《藝概》，上海：上海古籍出版社 1978 年版，第 23 頁。

"廣德州" 下收有沈虛中傳，謂引自《續通鑑綱目》《萬姓統譜》，傳云：
"沈虛中，字太虛，廣德人。宣和中進士，官翰林院知制誥。天資聰慧，
博洽有聞。所著有《資治通鑑事類》《左氏國語要略》《考異》《國史要
綱》《桐川集》。官至吏部尚書，時秦檜病，帝命虛中草檜及其子熺制，
並令致仕。"① 卷三三六下則著録沈虛中《左傳國語要略》十卷、《左傳
國語考異》三卷。王圻《續文獻通考》卷一百七十三《經籍考》云沈氏
《左氏國語要略》十卷、《考異》三卷。陳第《世善堂藏書目録》卷上收
沈氏《左國要略》一卷，《左國考異》三卷。

　　有的並非專門進行《國語》研究，著述中連類而及，雖然條目比以
上八位學者的《國語》評議條目更少，但對《國語》研究仍有意義。南
宋時期的學者陳騤（1127—1203）所著《文則》是一部比較系統的修辭
學著作，其中也有對《國語》的研究與評價。如：

　　　　二曰隱喻。其文雖晦，義則可尋。……《國語》曰：没平公，
　　軍無秕政。（秕，穀之不成者，以喻政）又曰：雖蝎譖，焉避之？
　　（蝎，木蟲。譖從中起，如蝎食木，木不能避也）②

　　　　《國語》載《詩》曰：其類維何？室家之壼。君子萬年，永錫
　　祚胤。類也者，不忝前哲之謂也。壼也者，廣裕民人之謂也。萬年
　　也者，令聞不忘之謂也。祚胤也者，子孫蕃育之謂也。單子朝夕不
　　忘，成王之德，可謂不忝前哲矣。膺保明德，以佐王室，可謂廣裕
　　民人矣。若能類善物以混厚民人者，必有章譽蕃育之祚，則單子必
　　當之矣。此既引《詩》文，又釋其義以斷之，是三體也。③

　　　　大抵經傳之文有相類者，非固出於蹈襲，實理之所在，不約而
　　同也……《左氏傳》載周子曰："二三子用我今日，否亦今日。"
　　《國語》載吳王曰："孤之事君在今日，不得事君亦在今日。"此不

　　① 拙撰《〈國語〉歷代序跋題識輯證》，濟南：齊魯書社 2018 年版，第 21—22 頁。
　　② （宋）陳騤：《文則》，上海：商務印書館 1937 年《國學基本叢書》本，第 7 頁。
　　③ （宋）陳騤：《文則》，上海：商務印書館 1937 年《國學基本叢書》本，第 9 頁。

約而同，四也。《國語》載觀射父曰："先王之祀也，以一純、二精、三牲、四時、五色、六律、七事、八種、九祭、十日、十二辰以致之。"《左氏傳》載晏子曰："先王之濟五味和五聲，以平其心，成其政也。聲亦如味，一氣、二體、三類、四物、五聲、六律、七音、八風、九歌以相成也。"此不約而同，五也。①

　　第一段指出文章寫作中有隱喻的用法，進而以《國語》中兩句爲例。第二段指出古書在引述中還進行釋義。第三段指出古書有文句相同，非出蹈襲，實由情理所致而使不約而同者。此種義例總結對俞樾《古書疑義舉例》等一類書籍的古書體例發掘是有積極意義的。

　　此外，李耆卿《文章精義》、王觀國《學林》、吳曾《能改齋漫録》以及相關的筆記類著作中也有關於《國語》的條目。李耆卿謂："《國語》不如《左傳》，《左傳》不如《檀弓》，敘晉獻公、驪姬、申生一事，繁簡可見。"可和本書第一章相關内容相呼應。另外，《學林》還有一些條目，雖非專爲《國語》而設，但對解決《國語》中的文字訓詁問題照樣有啓發意義。如："《左氏傳》或言行李，或言行理，皆謂行使也。但文其言，謂之行李，又謂之行理耳。"②《國語》也有"行李"，故本條照樣適用於解決《國語》的訓詁問題。又如："《左傳》言'驪姬'，又言'麗姬'，而字書有'孋姬'，三字不同，而同音'驪'也。《史記》言'酈山'，《漢書》言'麗山'，《唐書》言'驪山'，三字不同音而同音'驪'也。"③也可用於解決《國語》《補音》"驪""麗"字形不同的問題。

　　又南宋洪邁（1123—1202）所輯《經子法語》卷一九摘録有《國語》正文與注。今所見《經子法語》有二種版本，一爲烏程張鈞衡據景鈔宋本刊本，一爲南圖藏清抄本。根據所引録正文語句，共引録《國

---

① （宋）陳騤：《文則》，上海：商務印書館 1937 年《國學基本叢書》本，第 26—27 頁。
② （宋）王觀國撰，田瑞娟點校：《學林》，北京：中華書局 1988 年版，第 20 頁。
③ （宋）王觀國撰，田瑞娟點校：《學林》，北京：中華書局 1988 年版，第 345 頁。

語》400 條 1355 字。甚至有的還引録《國語補音》，如"廿穀"注摘録
了《補音》所引顏之推《稽聖賦》："魏嫗何多，一孕四十。"顏之推賦
見王利器《顏氏家訓集解》後附。王利器云："《佩觿》序原注、焦氏
《筆乘》六引。器案：'魏'當作'鄭'，此事見《竹書紀年》晉定公二
十五年：'鄭一女生四十人，二十人死。'"① 焦循《俗書刊誤》卷五云：
"廿，諸書皆音入，而集反。《説文》：二十并也。顏之推《稽聖賦》：
'魏嫗何多，一孕四十。中山何夥，有子百廿。'"② 又顧炎武《音論》卷
下云："宋宋庠《國語補音》'行玉二十穀'下云：'按諸本二十字無作
廿者，《舊音》獨出廿字如此，則當音入。顏之推《稽聖賦》云：魏嫗
何多，一孕四十。中山何夥，有子百廿。此其證。'"③ 明徐應秋《玉芝
堂談薈》卷四云："周哀王八年，鄭有一婦人，生子四十，二十子爲人，
二十子死。顏之推賦：'魏姬何多，一孕四十。'"④ 又洪邁《容齋隨筆》
卷六謂："晉侯使太子申生伐東山皋落氏，以十二月出師，衣之偏衣，佩
之金玦。《左氏》載狐突所歎八十餘言，而詞義五轉。其一曰：'時，事
之徵也。衣，身之章也。佩，衷之旗也。'其二曰：'敬其事，則命以
始。服其身，則衣之純。用其衷，則佩之度。'其三曰：'今命以時卒，
閟其事也。衣之尨服，遠其躬也。佩以金玦，棄其衷也。'其四曰：'服
以遠之，時以閟之。'其五曰：'尨涼，冬殺，金寒，玦離。'其宛轉有
味，皆可咀嚼。《國語》亦多此體，有至六七轉，然大抵緩而不切。"⑤
既評《左傳》，又評《國語》。這些爲學者平常讀書、論道所得，皆有助
於《國語》以及相關研究。

　　又宋末元初的戴表元（1244—1310）對《國語》也有研究。其《剡
源集》卷二三《讀國語》云：

---

　　① 王利器：《顏氏家訓集解》（增補本），北京：中華書局 1993 年版，第 723 頁。

　　② （明）焦竑：《俗書刊誤》，臺北：臺灣商務印書館《景印文淵閣四庫全書》第 228 册，第
562—563 頁。

　　③ （明）顧炎武：《音論》，臺北：臺灣商務印書館《景印文淵閣四庫全書》第 241 册，第 30 頁。

　　④ （明）徐應秋：《玉芝堂談薈》，臺北：臺灣商務印書館《景印文淵閣四庫全書》第 883 册，
第 96 頁。

　　⑤ （宋）洪邁：《容齋隨筆》，上海：上海古籍出版社 2015 年版，第 43—44 頁。

《國語》有二十一篇，用周公本及《補音》點校，自有此書來最善本也。當宋公時，韋氏註已始行，蓋古註如賈、唐諸君之善者，韋氏悉擇而收之矣。宋公又博洽大儒，所定本信無憾。余讀之久，時時見韋氏千百中有十一過當，而註家緣名拆義，於文人瀾趨皐拆之勢，導之多不得暢。故此書所爲，與《内傳》相出入者，亦或病之，以爲難讀。竊不自勝悾悾之愚，遇有所疑標識卷顔，其可通者悉斷爲句，豈獨私諸家塾？共學之士參其如彼，決其如此，亦將有以教我者焉。此書不專載事，遂稱《國語》。先儒奇太史公變編年爲雜體，有作古之材。以余觀之，殆放於《國語》而爲之也。

戴氏的這段文字信息頗豐，提到了《國語》的版本，《國語》的校勘，《國語》韋注得失，個人研習《國語》之大略，以及《國語》的史學撰作範式的形成等内容。

戴表元用"周公本及《補音》點校"之"周公本"頗堪玩味，不知是周公所贈還是周公所刊。審其文集中有爲周公謹父詩集所作序。從下文"自有此書來最善本"則可知，此所謂"周公本"者必宋人無疑，則其所謂周公當即周密（1232—1298），未知是周密所刻抑或周密所贈。且戴表元認爲此本爲《國語》之最善本。從其所記述看，戴表元對《國語》也下過一番功夫，只是沒有流傳下來。此外，他認爲《史記》的雜體式史學撰作範式不是首創，《國語》實其濫觴。所説也具有一定道理。

此外，像王當《春秋臣傳》所收人物，多用《國語》篇章，亦有用《左傳》而與《國語》内容相同者，在有些人物傳記後面，王當往往撰有"贊曰"，對傳主進行評價，也可以看作《國語》人物之評點。

六、宋人對《國語》及其相關研究著作的著録

宋代既有官修書目也有私人書目，皆對《國語》及其相關著作予以著録。如上引晁公武《郡齋讀書志》對《國語》的著録。此外還有《崇

文總目》《直齋書録解題》等目録學著作也對《國語》有所著録。黃鎮偉云："宋代是我國古代學術文化事業進入雕版印刷傳播時代的第一個繁盛期，相對於手寫傳播時代，新時期的文化傳播規模和圖書閱讀狀況都出現了令人眼花繚亂的新奇變化，晁、陳二目正是這種歷史變化的真實記録。兩宋時期，記録宋代國家藏書、反映社會閱讀狀況的書目有很多，其中比較著名且保存至今的，除了晁、陳二目外，還有國家書目《崇文總目》和私藏目録《遂初堂書目》，但是後者都没有解題，尤其是《崇文總目》成於宋初，基本没有涉及宋人著述和宋代的編刊活動。所以，晁、陳二目自然成爲研究者瞭解宋代圖書出版和傳播情况的主要依據。"① 實際上無論是有解題的《郡齋讀書志》《直齋書録解題》，還是無題記的《崇文總目》《遂初堂書目》以及成於宋代的《新唐書·藝文志》，對於瞭解唐宋時期的《國語》撰述以及研究，都具有極其重要的資料意義。按其所收内容，大致分爲：收録前代《國語》著述之目録、兼收宋代《國語》著述之目録二種。

（一）收録前代《國語》著述之目録

此類目録包括《新唐書·藝文志》、宋庠《國語補音敘録》、晁公武《郡齋讀書志》等。宋仁宗認爲《唐書》淺陋，下詔重修。歐陽修、宋祁、范鎮等先後參與，最後由歐陽修主持纂成《新唐書》。《新唐書·藝文志》云：

> 左丘明《春秋外傳國語》二十卷
> 王肅《國語章句》二十二卷
> 唐固注《國語》二十一卷
> 虞翻注《國語》二十一卷
> 韋昭注二十一卷

---

① 王餘光主編，黃鎮偉著：《中國閱讀通史·隋唐五代兩宋卷》，合肥：安徽教育出版社2017年版，第297頁。

　　　孔鼂解二十一卷
　　　柳宗元《非國語》二卷

　　一共收録了 7 部著作。所載《國語》卷數和《漢書·藝文志》不
同。而其著録王肅注卷數、孔晁注卷數和宋庠《敘録》所載不同。關於
這一點，宋庠《國語補音敘録》給予了比較達觀的看法，認爲："其後
或互有損益，蓋諸儒章句煩簡不同，析簡併篇，自名其學，蓋不足疑
也。"宋代王堯臣等修纂的《崇文總目》是現存最早的官修書目，全書
六十六卷，著録圖書 3000 多部，3 萬多卷。該書著録《國語》在卷二春
秋類中，云：

　　《春秋外傳國語》二十一卷
　　左丘明撰，吳侍中領左國史亭陵侯韋昭解。昭參引鄭衆、賈逵、
虞翻、唐固（二人皆吳臣），合凡五家爲注，自所發正者三百十事。
　　《非國語》二卷
　　柳宗元撰

　　可見，《崇文總目》只著録韋昭《國語解》和柳宗元《非國語》。對
韋昭《國語解》的著録主要涉及韋昭以及韋昭參合多家注釋。對柳宗元
《非國語》的著録則非常簡單，僅僅標注書名、卷次、作者而已。《郡齋
讀書志》的著録方式、内容和《崇文總目》相同，唯更加詳盡。所著録
《國語》已經見前，又其著録柳宗元《非國語》云："《非國語》兩卷，
右唐柳宗元子厚撰。序云：左氏《國語》，其文深閎傑異，而其説多誣
淫。懼學者溺其文采，而淪於是非。本諸理，作《非國語》。上卷三十
一篇，下卷三十六篇。"比《崇文總目》所著録詳盡得多。

（二）兼收宋代《國語》著述之目録

　　北宋時期形成的《新唐書·藝文志》《崇文總目》的共同特點，即
不收宋人著述，其根本原因還是北宋立國未久。進入南宋以後，書目資

料不僅收録前代《國語》著述，對於宋代《國語》著述也進行收録。此類著作有尤袤《遂初堂書目》、鄭樵《通志·藝文略》、陳振孫《直齋書録解題》等。

尤袤（1127—1194），字延之，號遂初居士，紹興十八年進士，家富藏書。編有《遂初堂書目》一卷，該書目共分 44 類，其分類在繼承舊有分類的基礎上有所創新。全書收書 3000 多種，有些標注了版本，開私家藏書目標注版本的先河。今檢《遂初堂書目·經總類》有"舊監本國語"，"春秋類"中又有"國語"。"監本"的概念，宋人陳造的《題國語》中也存在，謂："吾家藏是書，乃監本也。"① 其説詳見前文。尤袤不稱監本，而稱"舊監本"，則其所録《國語》有可能是北宋治平元年刊本，而非南宋紹興年間國子監刊本。

又鄭樵《通志·藝文略一》"經類"下分易、書、詩、春秋、國語、孝經、論語、爾雅、經解等小類。把《國語》和《春秋》平列，與前人把《國語》置於春秋類《三傳》之後是有著本質區别的。前者是把《國語》作爲春秋類下的一個子類，是附屬於春秋類中的。而鄭樵把《國語》獨立出來，與《春秋》平列，至少可以代表鄭樵對《國語》的基本認識，即《國語》一書和《春秋》雖有牽連，但並不是類屬的關係。當然，有的學者認爲鄭樵把《爾雅》《國語》與其他經部典籍並列，是不當之舉，認爲《爾雅》當入小學，《國語》當歸史類。② 這種觀點，明顯是以後世的圖書分類標準來審視鄭樵的圖書分類。今《通志·藝文略》"國語"類下著録如下：

《春秋外傳國語》注解　章句　非駁　音

《春秋外傳國語》二十卷賈逵，《春秋外傳國語》二十一卷虞翻，

《春秋外傳國語》二十二卷韋昭，《春秋外傳國語》二十卷晉五經博士

---

① 拙撰《〈國語〉歷代序跋題識輯證》，濟南：齊魯書社 2018 年版，第 96 頁。
② 侯賽華、布仁圖：《鄭樵及其〈通志·藝文略〉淺識》，《山西廣播電視大學學報》2017 年第 1 期。

孔晁，《春秋外傳國語》二十一卷唐固

　　右注解五部，一百四卷

　　《春秋外傳章句》二十二卷王肅

　　右章句一部，二十二卷

　　《非國語》二卷柳宗元

　　右非駁一部，二卷

　　《國語補音》三卷宋庠，《國語音略》一卷。

　　右音二部，四卷

　　凡《國語》四種九部，一百三十二卷。

　　在《國語》著錄史上，爲《國語》研究著述進行再分類，鄭樵當屬首創。即便在後世衆多的書目資料中，如此明晰地爲專書著述進行細緻分類的也不多見。鄭樵把《國語》著述分爲注解、章句、非駁、音四種類型，至少可以看出，在鄭樵的觀念中，注解和章句是有區別的。另外，《通志》收錄前代《國語》著述比《新唐書·藝文志》多出賈逵注，其注解五部排序似乎並無標準，既非按卷次多寡，也非完全依照時代先後。另外，各家卷次多寡也不相同，和《新唐書·藝文志》記載各異，其來源值得研究。所著錄九部《國語》著述中，只有《國語音略》無作者信息，但又排列在宋庠之後，或鄭樵認爲此書是宋庠之後的學者撰寫。

　　此外，兼錄前代與當代學者《國語》研究著述的書目爲陳振孫《直齋書錄解題》。陳振孫，字伯玉，號直齋。周密《齊東野語》卷十二云："今年惟直齋陳氏書最多，蓋嘗仕於莆，傳錄夾漈鄭氏、方氏、林氏、吳氏舊書，至五萬一千一百八十餘卷，且仿《讀書志》作解題，極其精詳。"[①]《四庫提要》亦謂："其例以歷代典籍分爲五十三類，各詳其卷帙多少，撰人名氏，而品題其得失，故曰'解題'。雖不標經、史、子、集之目，而核其所列，經之類凡十，史之類凡十六，子之類凡二十，集

---

① （宋）周密：《齊東野語》，臺北：臺灣商務印書館《景印文淵閣四庫全書》第 865 册，第 758 頁。

之類凡七，實仍不外乎四部之説也。"① 今檢陳振孫《直齋書録解題》經部春秋類下云：

《國語》二十一卷

自班固志《藝文》，有《國語》二十一篇，左丘明所著。至今與《春秋傳》並行，號爲外傳。今考二書雖相出入，而事辭或多異同，文體亦不類，意必非出一人之手也。司馬子長云："左丘失明，厥有《國語》。"又似不知所謂。唐啖助亦嘗辨之。（案：晁公武《讀書志》云：班固《藝文志》：《國語》二十一篇。《隋志》二十二卷，《唐志》二十一卷，今書篇次與《漢志》同。蓋歷代儒者析簡併篇，互有損益，不足疑也。）

《國語注》二十一卷

吳尚書僕射侍中吳郡韋昭撰。采鄭衆、賈逵、虞翻、唐固，合五家爲之注。昭字子正，事孫皓，以忤旨誅死。《吳志》避晉諱，作韋曜。

《國語補音》三卷

丞相安陸宋庠公序撰。以先儒未有爲《國語》音者，近世傳《舊音》一卷，不著撰人名氏，蓋唐人也。簡陋不足名書，因而廣之。悉以陸德明《釋文》爲主。陸所不載，則附益之。

《左氏國語類編》二卷

呂祖謙撰。與《左傳類編》略同，但不載綱領，止有十六門，又分《傳》與《國語》爲二。（案：《宋史·藝文志》注：祖謙門人所編。）

《七經小傳》三卷

劉敞撰。前世經學，大抵祖述注疏，其以己意言經，著書行世，自敞倡之。惟《春秋》既有成書，《詩》《書》《三禮》《論語》見

_____

① （清）永瑢等：《四庫全書總目》，臺北：臺灣商務印書館《景印文淵閣四庫全書》第2冊，第762頁。

之小傳，又《公羊》《左氏》《國語》三則附焉，故曰七經。

　　陳振孫共著録著作五種，《國語》《國語注》屬於前代著作，後三種屬於宋代著作。對《國語》的著録，涉及《國語》作者、篇卷，和《左傳》的關係等等，其間涉及前人對《左》《國》關係的研究等。《國語注》主要涉及韋昭生平以及韋解基本情況。陳振孫對《國語》的作者意見，大致繼承了隋唐以來的看法，即《左傳》和《國語》絕非一書。何廣棪《陳振孫之經學及其〈直齋書録解題〉經録考證》雜引各種材料對陳氏所著録著作五種進行疏證①，可參。

　　整體而言，宋代《國語》研究缺乏系統性的著作，唯一值得稱道的即宋庠《國語補音》。這部書在《國語音》的基礎上增廣成三卷，成爲《國語》研究史上唯一一部完整保存至今的音義著作。此外，這一時期，《國語》開始有了雕版刻本，能夠以更加精準而固化的方式進行廣泛流傳。作爲一部先秦要籍，《國語》也成爲宋代官方修訂的圖書之一，進而在傳承的衆本之外，有了宋人校訂且經官方推行的本子，後世影響巨大的兩個版本——明道本和公序本都在北宋中前期産生。北宋時期，衆多《國語》材料被類書材料、史書材料、小學著作以及史傳注釋材料徵引，使得宋代以及宋前《國語》文本以他書引文的形式得到了部分保存，成爲後世《國語》比勘的重要依據。另外，北宋以來的學者對《國語》的作者、《國語》與《左傳》的關係、《國語》成書、《國語》風格特徵、韋昭注、《非國語》等相關問題進行了研究。從蘇軾、江端禮、王觀國等人的相關資料可知，宋人對《非國語》主要持批判態度，這一觀念對宋元之後的《非國語》研究造成了一定影響，並且這種影響也波及海外，致使日本江户時期的漢學家依然對《非國語》多持批評態度。

---

　　① 何廣棪：《陳振孫之經學及其〈直齋書録解題〉經録考證》，新北：花木蘭文化出版社2006年版，第273、275、276、311、368頁。

七、元代《國語》研究

　　元代《國語》研究體現在三個方面：1. 補修《國語》，以廣傳播；
2. 零散研究；3.《非國語》批判。

　　元代立朝時間較短，文化也不發達，但繼承了南宋時期的刻書傳統，
對於南宋時期的雕版進行了修補。元代將南宋國子監改爲書院，繼承了
南宋國子監的雕版。"整理院藏宋板書，從現有文獻記載來看，始於江
浙廉訪使周德元，時在延祐六年（1319）。而真正有組織的大規模行動，
則見於至治、泰定、至正年間。如至治癸亥（三年）夏至泰定甲子（元
年）春整理書板，歷時約三個季度（1323 年夏—1324 年春），整理出版
經史子集圖書各爲 51、36、11、24 種，合計 122 種，並著録成《西湖書
院重整書目》。"① 今檢《西湖書院重整書目》經部書目如下：

　　　　易古注　易注疏　易程氏傳　書古注　易復齋説　書注疏　詩
古注　詩注疏　穀梁古注　穀梁注疏　埤雅　論語古注　論語注疏
　論語講義　儀禮古注　儀禮經傳　春秋左傳注　春秋左傳疏　公
羊古注　公羊注疏　孝經注疏　孝經古注　孟子注疏　文公四書
大學衍義　國語注補音　春秋高氏解　禮記古注　禮記注疏　周禮
古注　周禮注疏　儀禮注疏　儀禮集説　陸氏禮象　葬祭會要　政
和五禮　文公家禮　經典釋文　群經音辨　爾雅古注　爾雅注疏
説文解字　玉篇廣韻　禮部韻略　毛氏增韻　博古圖　孔氏增韻
文公小學書②

　　目前存世的几部宋版《國語》，都經過了元代的遞修。其宋代部分

一致，當是南宋初期之本，而後世遞修時間不同、遞修部分不同，因之
有了區別。

除遞修了宋代的《國語》本子之外，元代的《國語》研究整體比較
薄弱，這也和元代的整個社會文化水平以及社會背景有很大關係。當然，
元代的《國語》學術史總結在宋人的基礎上有了進一步發展。元人文集
中也有一些詩文涉及《國語》相關問題。

（一）元人著述中涉及的《國語》研究

元人著述中涉及的《國語》研究大致包括三個方面：1.《國語》性
質的認定；2.《國語》具體問題研究；3.《國語》語言風格以及相關
研究。

1.《國語》性質的認定

程端禮（1271—1345）《程氏家塾讀書分年日程》卷三《朱子學校
貢舉私議》“策則諸史時務亦然”注云：“諸史則《左傳》《國語》《史
記》《兩漢》爲一科；《三國》《晉書》《南北史》爲一科；新、舊《唐
書》《五代史》爲一科；《通鑑》爲一科。”[1] 馬端臨《文獻通考》謂此
爲朱熹之私議，則程端禮所述仍是朱熹觀念，而非程氏個人觀念。當然，
至少可以看出程端禮是贊成朱熹之説的。

此外陳繹曾（1286？—1345）《文式》亦及《國語》，多用唐宋學者
言論，鮮少個人見解。又陳氏《文筌》以文體論，歸《國語》於敘事；
以家法論，歸《國語》於史，與《國策》《史記》等同列；又其“諸家
有材氣之別”下云：“《國語》善敘事、議論，亦出左邱明。較之《春秋
内傳》，失之方。”[2] 對《國語》特點及與《左傳》區別予以總結。陳氏
以《國語》爲史，恐亦取劉知幾之説。

以上二家，雖然都把《國語》看作史，但細微處又不全一致。程端

---

[1] （元）程端禮：《程氏家塾讀書分年日程》，臺北：臺灣新文豐文化出版公司 1984 年輯印
《叢書集成新編》第 3 册，第 36 頁。

[2] （宋）陳繹曾：《文式》，上海：上海古籍出版社輯印《續修四庫全書》第 1713 册，第 503 頁。

禮贊成朱熹把經部中的《左傳》和《國語》《史記》《兩漢書》並列，而陳繹曾則把《國語》和《國策》《史記》並列。這兩種説法，都是在劉知幾《史通》史家分類的基礎上進一步細化的結果，代表了宋元時期一部分學者對《國語》的基本觀念和態度。同時，這種歸類標準對明清時期《國語》圖書歸類以及古文選本對《國語》類別歸屬産生了一定影響。

元吳澄《吳文正集》卷五五《跋誠齋楊先生易傳草藁》云："人以《國語》爲《春秋》外傳，非正釋經，而實相發明。"① 此説《國語》之性質與作用。

元劉實《敏求機要》卷八 "諸子" 下收《國語》，次《家語》，次《老子》等。此又異於前説。《國語》研究史上，前此只有韋昭謂《國語》 "匪特諸子之倫"，此外，似無其他學者歸《國語》入子部。劉實此一分類，恐即受韋昭《國語解敘》影響而來。劉實又云："《國語》篇目有二十，周三，魯二，齊語一，晉九，鄭一，楚分三，吳、越二卷。《國語》畢。"② 以《越語》爲一卷，此恐前此、後此以《國語》爲二十卷的基本狀態，即《越語》不分上下。"分三" 之 "三" 恐 "二" 字之誤。

2. 吟詠歌頌

例如元陳基（1314—1370）《夷白齋稿》卷二《讀國語二首》云：

成周昔重幣，欲以母權子。用此實王府，爲計無乃鄙。塞川以爲潢，川竭潢亦毀。至哉單穆公，論列一何偉。當世不見用，後王宜鑒此。

厲王怒聞謗，乃使衛巫監。欲逞一己欲，冀彼萬口箝。防民甚防川，川壅宜蚤決。民言苟不宣，禍至無乃烈。先王置謗木，政恐有遺。瞽史與曚瞍，賦誦左右規。百工及庶人，人賤言不廢。聖亦擇葑菲，賢當受耆艾。

① 轉引自湛之編：《楊萬里范成大資料彙編》，北京：中華書局1964年版，第45頁。
② （元）劉實：《敏求機要》卷八，知不足齋刊本，本卷第1頁。

陳基的這兩首詩爲讀單襄公諫景公鑄錢故事和厲王弭謗故事之作。第一首詩是對單穆公諫言的贊美，認爲單穆公之言具有借鑒價值。第二首詩是對厲王弭謗的反思。

3. 對具體篇章問題的考釋

元人李冶（1192—1297）《敬齋古今黈》原書四十卷，清人修《四庫全書》時從《永樂大典》輯出八卷，按經、史、子、集臚列，每部分兩卷。劉葉秋（1917—1988）、顏慶餘有相關評述，可以參看。《敬齋古今黈》卷一考證《國語》1 條，文云：

> 《國語》：楚觀射父爲昭王言祭祀云："祀加於舉。"且曰："百姓、千品、萬官、億醜、兆民、經入、畡數以奉之。"又鄭史伯爲桓公説"和實生物，同則不繼"云："合十數以訓百體，出千品具萬方，計億事材兆物，收經入行畡極。"韋昭注云：計，算也。材，裁也。賈、唐説皆以萬萬爲億。鄭後司農云：十萬曰億，十億曰兆。從古數也。經，常也。畡，備也。數極于畡，萬萬兆曰畡。自十等至千品、萬方，轉相生，故有億事、兆物。王收其常入，舉九垓之數也。
>
> 李子曰：以定名論數，宜從古率。以考數論數，宜從今率。蓋億萬之數，今率必盈萬萬，而古率祇以十之而已。十之者，一進位也。是其循前後之名則順，而其爲數則局促而易窮。謂盈萬萬者，所進之位又有二等，一則萬之後、億之前四進位而一改名；一則凡億之後，須八進位而一改名。是其於前後之名，或若參差不齊，而其爲數則廣大，而爲用則不可以遽窮焉。蓋數有通率，有進率、退率，不可一概論也。自一、二、三、四而至十，此數之通率也；自一、十、百、千而至於萬，此數之進率也；自分、釐、毫、絲而至於忽，此數之退率也。其進數無窮，而退數亦無窮。今且以進數言之，自一至十爲通率，固不必論。自十至百、自千至萬之類，爲十進亦可，爲一進亦可。夫一與十，不曰始終之極歟？不曰相懸之甚歟？然得爲一進，而又得以爲十進者，爲有進率，而又有通率也。

然通率猶子，而進率則猶父焉。父統子業，故取一進位，而不取夫十進位也。自十至百，猶不拘于通率，而況自萬以上乎？故自萬以前，每進改名，自萬以後，雖用進率，而其名或改，或不改，是以有古今之別也。自萬至億一進而改名者，古率也；四進而改名者，今率也。自億至兆以上，又與此不同矣。自億以上，依古率則一進而改名，依今率則至八進位，然後得改名也。故今之算數，自一至億，凡八進位；自億至兆，亦八進位。等而上之，至於京、垓、秭、壤、溝、澗、正、載，皆若是而已矣。韋昭注前已著賈、唐之說，後雖復引鄭司農古數之語，而卒言“萬萬兆曰垓”，則昭之意實用賈、唐說耳。史伯論數云“十、百、千、萬、億、兆、經、垓”，觀射父論數云“百、千、萬、兆、經、畡”。垓、畡古字通用，今作垓，亦作陔，皆同。經亦數也。今算術大數曰億、兆、經、垓。邵堯夫《皇極》，數於億、兆之後，即繼之爲京。求之音義，經正爲京耳。而韋昭注云“經，常也”，經固訓常，而非史伯、觀射父之意也。詳《國語》本旨，自十、百而上皆進一位以命數，昭不及此，而遺經誤解，已爲背戾，乃復云萬萬兆曰垓，則是於古今之數兩俱不得其說也。爲韋注者，奚自而宜？宜云“萬萬兆曰經，萬萬經曰垓”，則得其正矣。

首次指出韋昭訓釋錯誤，並從古代計數單位不同的角度進行了仔細分析。清人中也多有及此者。如陳瑑《國語翼解》卷五云：“徐岳《術數記遺》曰：‘黃帝爲法，數有十等，及其用也，乃有三焉，謂上、中、下也。其下數者十十變之，若言十萬曰億、十億曰兆、十兆曰京也。中數者萬萬變之，若言萬萬曰億、萬萬億曰京也。上數者數窮則變，若言萬萬曰億、億億曰兆、兆兆曰京也。’甄鸞注：案《詩》云：‘胡取禾三百億兮’毛注曰：‘萬萬曰億。’此即中數也。鄭注云：‘十萬曰億。’此即下數也。徐援受記云：‘億億曰兆，兆兆曰京也。’此即上數也。鄭注以數爲多，故合而言之。今賈、虞從中數，與毛公同；鄭從下數，與《箋》詩同。韋所據即《箋》詩之說。從古數者，從古數之下數也。

'姟，備'者，王尚書云：凡字從亥者皆有姟、備、多、大之意。《説文》：'佲奇，非常也。''晐，兼晐也。'《小爾雅》：'該，備也。'《廣雅》：'姟，多也。'《廣韻》：'姟，盛也。'竝聲近而義同。胡韋云數極于姟也？下文'九畡之田'解：'田九畡，九州之極數。'姟與畡一也。"① 俞樾《群經平議》卷二九云："此文云：'合十數以訓百體，出千品，具萬方，計億事，材兆物，收經入，行姟極，自十至姟皆數名也。韋訓經爲常，失之矣。"② 孫詒讓《籒廎述林》卷二《〈國語〉"九畡"義》云："宏嗣之意蓋以九畡之田爲通九州言之，故上文云'合十數以訓百體，出千品，具萬方，計億事，材兆物，收經入，行姟極'。《楚語》亦云：'百姓、千品、萬官、億醜、兆民、經入、姟數以奉之。'韋從賈、虞（宋庠本唐），説皆以萬億曰兆，萬萬兆曰姟，北宋明道本正如是。宋庠校本則改爲十億曰兆，萬萬曰姟，兩文不同。近代治《國語》者如龔氏麗正、董氏增齡、汪氏遠孫咸未能疏證其義。考甄鸞《五經算術》、徐岳《數術紀遺》並云黃帝爲法，數有十等，及其用也，乃有三焉。十等者，謂億、兆、京、垓、秭、壤、溝、澗、正、載也。三等者，謂上、中、下也。其下數者，十十變之，若言十萬曰億、十億曰兆、十兆曰京也。中數者，萬萬變之，若言萬萬曰億、萬萬億曰兆、萬萬兆曰京也。上數者，數窮則變，若言萬萬曰億、萬億曰兆、萬兆曰京也。而《一切經音義》引《算經》則以中數爲上數、上數爲中數，其等互易，數則大同。《王制》正義則以'十萬曰億'爲小數，'萬萬曰億'爲大數。賈、虞、韋即從大數爲説，宋庠改從小數，非也。今校《國語》上文並十數遞乘，則自當以十萬曰億、十億曰兆、十兆曰經、十經曰垓計之，故《御覽》七百五十引《風俗通》云：'十十謂之百，十百謂之千，十千謂之萬，十萬謂之億，十億謂之兆，十兆謂之經，十經謂之垓，十垓謂之秭，十姟謂之選，十選謂之載，十載謂之極。'是'經'

① （清）陳瑑：《國語翼解》，廣雅書局本，本卷第 16 頁。
② （清）俞樾：《群經平議》，上海：上海古籍出版社輯印《續修四庫全書》第 178 冊，第 480 頁上。

即《算術》之'京'(《廣韻》'秭'注:《風俗通》兆生京。則仍作
'京',與《御覽》異)。'畡'、'姟'即垓。《説文·土部》引《國語》
亦作'垓',應説自是《國語》塙詁。若如賈、唐、韋説,則以'萬萬
曰億'爲起數,故姟得積成'萬萬兆',實非《國語》義也……若如宋
庠校本從下數計之,雖合於《國語》之義,然韋既云'九州極數',則
又必不止九萬萬畡,其誤明矣。"① 李冶之説爲汪遠孫等人所引用。

又《敬齋古今黈》卷三云:

> 《史記》載四凶事。《堯本紀》云:"舜言於帝,請流共工於幽
> 陵以變北狄,放驩兜於崇山以變南蠻,遷三苗於三危以變西戎,殛
> 鯀於羽山以變東夷。"《舜本紀》則云:"流渾沌、窮奇、檮杌、饕
> 餮於四裔,以禦魑魅。"全引左氏語。或曰欲其事互見,予以爲非
> 是。《春秋左氏傳》及《國語》皆丘明筆,中間事同而語異者幾半,
> 蓋當纂集之時,其文字重複,不能具載,或具於此而闕於彼,或著
> 於彼而没於此,緝之爲《春秋傳》《國語》二書,各自爲義,所以
> 一事二説,爲互見也。今《史記》一書而所載不同,其意雖若互
> 見,然於文字實爲冗複。此在史筆最關利害,不可不深察也。

本條探討《史記》撰述問題,兼及《國語》。《舜本紀》和《堯本
紀》都是引述《左傳》之語,但是内容不同。有説者謂"欲其事互見",
李冶不贊同這種觀點。在李冶的表述中,他認爲左丘明是《左傳》和
《國語》的作者。《左傳》和《國語》"事同而語異"是因爲纂輯之時
"文字重複,不能具載,或具於此而闕於彼,或著於彼而没於此",爲
"互見"之法。此類説法,是把《左傳》《國語》放到同等位置上進行評
價,具有一定的進步性。當然,李冶是言《史記》連及《國語》,故未
能深入。

---

① (清)孫詒讓著,雪克點校:《籀廎述林》,北京:中華書局2010年版,第91—93頁。

（二）《非國語》批判

宋代成爲《非國語》批判的高潮時期，出現了好幾部《非國語》的批評著作。元代承其餘緒，仍有對《非國語》批判的著作問世，如虞槃《非非國語》。虞槃爲虞集之弟，《元史》有傳，《元史》卷一百八十一云："槃幼時，嘗讀柳子厚《非國語》，以爲《國語》誠可非，而柳子之説亦非也。著《非非國語》，時人已歎其有識。"但是虞槃的《非非國語》已經亡佚，且後世無引用之者，無法知其詳細。

（三）《國語》著述著録

元代學者對《國語》著述的梳理，主要體現在三個方面：1. 官修史書；2. 學者專門著作；3. 學者文集中涉及。官修史書即元人所修《宋史》，學者著作即馬端臨《文獻通考》。

1.《宋史·藝文志》著録《國語》

元至正三年（1343），元順帝下詔修纂《宋史》《遼史》和《金史》，先後由脱脱、阿魯圖任總裁官。今檢《宋史·藝文志》著録韋昭注《國語》二十一卷，葉真《是國語》七卷，柳宗元《非國語》二卷，《國語音略》一卷，宋庠《國語補音》三卷，林概《辨國語》三卷，劉敞《内傳國語》十卷，吕祖謙門人編《左氏國語類編》二卷。

除了韋昭注《國語》二十一卷、唐柳宗元《非國語》二卷屬於前代《國語》著述外，《宋史·藝文志》收録的其他幾部著作都屬於宋代著述。葉真《是國語》、佚名《國語音略》、林概《辨國語》、劉敞《内傳國語》、吕祖謙《左氏國語類編》似皆未能傳世。明陳道《（弘治）八閩通志》卷六十二、明陳鳴鶴《東越文苑》卷三之《林概傳》則謂林著有《辯國語》四十篇。從柳宗元《非國語》六十七篇析爲上下二卷的狀態來看，林概四十篇和三卷恐怕也是匹配的。當然，《宋史·藝文志》也不是没有遺漏，像江端禮的《非非國語》、魯有開的《國語音略》就没有收入。

2. 馬端臨《文獻通考》對《國語》著述的梳理

馬端臨（1254—1323），字貴與，號竹村。其《文獻通考》共三百四十八卷，分爲二十四門，每門之下又分若干子目。《四庫提要》謂該書“條分縷析，使稽古者可以案類而考”。姚名達《中國目録學史》尤其提出《文獻通考》中的《經籍考》七十六卷，謂：“大體雖據晁公武、陳振孫二家之書，而宋世館閣之書亦備，除盡録二家解題外，兼引《漢》《隋》《新唐》三志及宋《三朝》《兩朝》《四朝》《中興》各國史藝文志，《崇文總目》《通志·藝文略》，各史列傳，各書序跋及文集，語録之有關係文字，每書皆有解題，每類各述小序。凡各種學術之淵源，各書内容之梗概，覽此一篇而各説俱備。雖多引成文，無甚新解；然徵文考獻者，利莫大焉。較諸鄭樵之僅列書目者，有用多矣。後世朱彝尊撰《經義考》，章學誠撰《史籍考》，謝啟昆撰《小學考》，即仿其例，在目録學中別成一派，對於古籍之研究，貢獻最鉅。”[1] 其説可參。關於《文獻通考·經籍考》部分，今人連凡著有《〈文獻通考·經籍考〉研究》一書，考辨較細微，讀者可參。

今檢馬端臨《文獻通考》卷一八三《經籍考》著録《國語》及相關研究著作，云：

《春秋外傳國語》二十一卷

《崇文總目》：左丘明撰，吴侍中領左國史亭陵侯韋昭解。昭參引鄭衆、賈逵、虞翻、唐固（二人皆吴臣），合凡五家爲注，自所發正者三百十事。

量氏曰：班固《藝文志》有《國語》二十一篇。《隋志》云二十二卷，《唐志》云二十一卷。今書篇次與《漢志》同。蓋歷代儒者析簡併篇，互有損益，不足疑也。要之，《藝文志》審矣。陸淳謂與《左傳》文體不倫，定非一人所爲，蓋未必然。范甯云“《左氏》富而豔”，韓愈云“《左氏》浮夸”。今觀此書，信乎其富豔且

---

① 姚名達：《中國目録學史》，長春：吉林出版社 2017 年版，第 158 頁。

浮夸矣。非左氏而誰？柳宗元稱《越語》尤奇峻，豈特《越》哉？
自《楚》以下類如此。

巽巖李氏曰：昔左丘明將傳《春秋》，乃先采集列國之史，國
別爲語，旋獵其英華，作《春秋傳》。而先所采集之語，草藁具存，
時人共傳習之，號曰《國語》。殆非丘明本志也。故其辭多枝葉，
不若《内傳》之簡直峻健甚者，駮雜不類，如出他手。蓋由當時列
國之史材有厚薄，學有淺深，故不能醇一耳。不然，丘明特爲此重
複之書，何邪？先儒或謂《春秋傳》先成，《國語》繼作，誤矣。
惟本朝司馬温公父子能識之。

陳氏曰：自班固《志》言左丘明所著，至今與《春秋傳》竝
行，號爲外傳。今考二書雖相出入，而事辭或多異同，文體亦不類，
意必非出一人之手也。司馬子長云"左丘失明，厥有《國語》"，又
似不知所謂。唐啖助亦嘗辯之。

《朱子語録》曰：《國語》委靡繁絮，真衰世之文耳。是時語言
議論如此，宜乎周之不能振起也。《國語》文字極困善，振作不起。
《國語補音》三卷

陳氏曰：丞相安陸宋庠公序撰。以先儒未有爲《國語》音者，
近世傳《舊音》一卷，不著撰人名氏，蓋唐人也。簡陋不足名書，
因而廣之。悉以陸德明《釋文》爲主，陸所不載，則附益之。
《非國語》二卷

鼂氏曰：唐柳宗元子厚撰。《序》云：左氏《國語》，其文深閎
傑異，而其説多誣淫。懼學者溺其文采而淪於是非，本諸理，作
《非國語》。上卷三十一篇，下卷三十六篇。
《左傳國語類編》二卷

陳氏曰：呂祖謙撰。與《左傳類編》略同，但不載綱領，止有
十六門，又分《傳》與《國語》爲二。

其所著録《國語》，徵引前此諸家探討《國語》之説，具有資料彙
編性質，提供了學術史資料，體現了《文獻通考·經籍考》作爲輯録體

的特點。所收唐人著述而外，收録宋人著作二種，皆録自陳振孫《直齋書録解題》。

小　結

宋代的雕版印刷技術成熟且較普及，使得漢以來流傳的典籍結束了寫本形態，由寫本的一本數傳，到雕版印刷的化身千萬，使典籍以更加固定化的文本形式得以保存和流傳。宋人刊刻的幾種《國語》本子成爲後世刊刻、校勘、研究《國語》的主要憑藉。這一時期，一些學者針對《國語》的性質、作者、文風以及與《左傳》的關係等問題，在唐人的基礎上進行了更爲廣泛而深入的探討。音義類著作在唐人的基礎上有所發展，宋庠《國語補音》成爲《經典釋文》之外漢傳典籍中不可多得的單種古籍的音義類要籍，是《國語》韋解之外的又一個《國語》研究分支。宋元時期的學者對柳宗元《非國語》關注較高，批評多於肯定，這一基本立場對明清時期《國語》評點也具有一定的影響。宋代學者無注《國語》者，這也體現了宋代學術的特點，由於宋代《春秋》之學舍傳求經，故對《左傳》的關注度降低，從而也降低了對《國語》的關注度。宋元時期目録學發達，對《國語》及其著述的著録也日趨精密和科學化。

第六章 明代《國語》研究

　　王毓銓等認爲："明代學術思想的發展，大體經歷了程朱理學爲官方學術和皇朝統治思想，王守仁'心學'的崛起與廣泛傳播，反對聖賢偶像、封建禮教束縛的'異端'思潮的濫觴以及明後期反理學或心學空疏誤國，倡導'實學'這樣曲折的過程。各種學説並立，名家輩出與有識之士對理學或心學的修正批評，以及啓蒙色彩的新思想的出現，爲明末清初黄宗羲、顧炎武、王夫之等進步思想家總結和終結宋明理學，批判封建專制統治，爲早期啓蒙思想的進一步發展，創造著思想條件，也爲明清之際實學思潮的形成推波助瀾。"① 孫欽善認爲，明代的考據學在前代基礎上繼續發展，"梅鷟、胡應麟等的辨僞成果和楊慎、焦竑、陳第、方以智的考據成果，都是比較紮實的，對清代的辨僞學、考據學都産生了直接的影響。"② 就《國語》而言，明代是《國語》刊刻史上最爲繁榮的時代，也是《國語》評點學興起和勃發的時代。在這一時期，很多學者沿襲前代説法，對《國語》成書、作者、篇卷内容、性質、文體風格等等進行了重新梳理與探討。在這一時期，學者們繼續沿襲宋以來探討柳宗元《非國語》的理路，對《非國語》進行更爲廣泛細緻的分析。明代是理學和心學興盛的時代，對《國語》、韋昭注的考據以直下己義爲主，同時注重從語境釋義，也較注重《國語》内容和《左傳》内

---

① 白壽彝總主編，王毓銓主編：《中國通史》第 9 卷《中國時期　明時期上》，上海：上海人民出版社 2015 年版，第 344 頁。
② 孫欽善：《中國古文獻學史》，北京：中華書局 1994 年版，第 693 頁。

容的系聯。明代又是評點學大發展的時代，《國語》評點在這一時期也取得了諸多成績。《國語》作爲一部先秦要籍，被明代的《天中記》《山堂肆考》《永樂大典》等大型類書徵引，同時也被《名疑》《古詩紀》等作爲采輯先秦逸詩的材料。另外，像《文章辨體彙編》《文編》等彙編資料也大量徵引了《國語》，使得《國語》以別樣形式存在於這些大型類書、彙編資料中。

一、明人對《國語》的基本認識

（一）《國語》作者問題

在《國語》作者或纂輯者問題上，明人並無新的認識，主要還是陳述漢以來形成的兩種觀點。其一，《國語》爲左丘明所作；其二，《國語》作者非左丘明。

絕大多數學者都認同《國語》出自左丘明之手。如黃佐云：“謹按《藝文志》，左氏以《春秋傳》雅思未盡，故復採録前世穆王以下，訖於魯悼智伯之誅，邦國成敗，嘉言善語，陰陽律吕，天時人事逆順之數，以爲《國語》，凡二十一篇。”唐樞《刊〈國語〉序》云：“《國語》，史家者流，世稱《春秋外傳》，出左氏。”李維楨《孫司馬〈左國選評〉題辭》云：“定、哀之間，魯君子左丘明論集其文，作《左傳》三十篇。又撰異同，號曰《國語》二十篇。”李維楨《〈左氏内外傳異同〉序》云：“志與書，何國蔑有？否則，孔子何據作《春秋》，左氏何以有《傳》與《語》也？”鄭道興《刻〈國語抄評〉序》云：“《國語》一書……信非左氏不能作。”孫希夔《敘〈國語抄評〉後》云：“《春秋》後，左氏内外二《傳》稱素臣，傳翼經。”董光宏《〈國語髓析〉序》云：“世傳《左》《國》實出一手。”沈明倫《〈國語公穀合編〉序》云：“蓋聞丘明至賢，親受孔子，作《左傳》曰《内傳》，《國語》曰《外傳》。”劉城《春秋外傳國語人名録》云：“世稱《國語》亦左氏手。”也有的直接采録前人之説，如茅元儀《〈春秋内外傳〉序》云：“謂丘明既爲《春秋內傳》，又稽其餘文，纂別說八國事爲《外傳國語》者，劉子玄也。"①

其他著作中也有類似說法，如《千一錄》卷七云："'左丘失明，厥有《國語》'，此司馬子長語也。而曰出於劉歆父子，而曰皆漢儒之文，不亦謬乎？！《左傳》《國語》皆丘明之書，《左傳》蓋可稱《國語》耳。"②《儼山外集》卷二四《史通會要上》云："《國語》亦出於左氏丘明，既傳《春秋》，又稽其逸文遺事，分周、魯、齊、晉、鄭、楚、吳、越八國，起自周穆，終于魯悼，列爲《國語》，合二十一篇，亦經傳之流亞與？"③《少室山房筆叢·乙部史書佔一》云："謂《國語》出於左氏，胡以徵也？丘明作傳之後，文或餘於紀載也，事或軼於編摩也。"④

另外，有的學者認爲《國語》即便不是左丘明所作，也當是仿《左傳》之作。如明人朱右《〈春秋傳類編〉序》即謂："《國語》之書，前輩亦未定爲何人。詳其詞氣，要非左氏之筆，蓋亦做左氏而自爲一家者。"⑤

當然，也有的學者引述兩種說法，不別去從。如李士實《重刊〈國語〉序》云："不知出何人手。宋氏謂爲左氏書，而吾朱子則謂爲後人所爲也。"⑥

還有學者對前代《國語》作者的認識進行了梳理，如李維楨《〈左氏內外傳異同〉序》云：

　　劉子玄謂："丘明既爲《春秋內傳》，又稽其遺文，纂別說八國

---

① 以上諸家之說，參見拙撰《〈國語〉歷代序跋題識輯證》，濟南：齊魯書社 2018 年版，第 107、126、148、151、155、157、161、180、177、188 頁。

② （明）方弘靜：《千一錄》，上海：上海古籍出版社輯印《續修四庫全書》第 1126 冊，第 205—206 頁。

③ （明）陸深：《儼山外集》，臺北：臺灣商務印書館《景印文淵閣四庫全書》第 885 冊，第 138 頁。

④ （明）胡應麟：《少室山房筆叢·乙部史書佔一》，臺北：新文豐文化出版公司輯印《叢書集成續編》第 10 冊，第 271 頁上。

⑤ 拙撰《〈國語〉歷代序跋題識輯證》，濟南：齊魯書社 2018 年版，第 99 頁。

⑥ 拙撰《〈國語〉歷代序跋題識輯證》，濟南：齊魯書社 2018 年版，第 110 頁。

事，爲《外傳國語》。"司馬公謂欲作《春秋》，先作《國語》。兩書先後未可知。論齊事者，劉炫、傅玄以事異同，疑《國語》非丘明作；論其理者，柳子厚《非國語》，江鄰幾非柳，蘇子瞻是之；論其文者，司馬以《語》不及《傳》之精，韓退之謂浮夸，朱子謂委靡繁碎。要以列國記言之史，或舂容大篇，或寂寥短章，就而成之，惟《齊語》多取《管子》，其他國則與《内傳》文自一手筆也。《内傳》十二公事，隱、桓、莊略，僖、文以下漸詳，當是年久近、篇籍全佚不同之故，而文則無異矣。孔晁云："左丘明集典雅命辭，與經相發明者，爲《春秋傳》；其高論善言别爲《國語》。凡事同辭異者詳于《傳》而略于《語》，詳于《語》而略于《傳》。"此論得之。《史記》云："左丘失明，厥有《國語》。"而不及《傳》。是時《傳》未立學官，至劉向父子始行，而朱子疑左氏楚人倚相後，説楚事爲詳。然晉事詳不在楚下，《國語》晉最多，將又晉人耶？或謂《春秋傳》爲左氏，《國語》爲左丘氏，人非一姓，書非一家，亦臆度無確據。或謂《左傳》出漢人者，春秋之文、戰國之文、西漢之文，殊不難辨。春秋時文，舍《語》，誰爲《傳》敵？漢人能之乎？漢史莫如子長。子長稍近《戰國策》，與二《傳》自異也。或謂《傳》與《語》終智伯，疑非左氏，智伯滅在獲麟二十七年後，左氏後獲麟又十四年，相去十六年，或其門人輩續此事，猶左氏續十四年也。或謂以列國史彼此流傳不一，左氏並收，故《傳》《語》有異同，猶《春秋》書陳侯甲戌、己丑之卒，從兩赴也。余因《史通》題《左氏内外傳》而載其異同，凡八十篇，倣前人《班馬異同》云。夫素王有素臣，亦有亂臣若常秩、倚閣者，紛紜之議，復何怪焉。①

　　李維楨在這篇序文中，總結了自漢晉來學者對《國語》作者的不同意見。最終認定孔晁的觀點最爲通達可采。

---

① 拙撰《〈國語〉歷代序跋題識輯證》，濟南：齊魯書社 2018 年版，第 151—152 頁。

整體而言，對於《國語》作者問題，明代學者多是對前人說法進行重複，並無新的突破與進展。

（二）《國語》卷數、歸類和內容

1. 《國語》卷次著錄以及《國語》從經部到史部的歸類變化

明人書目對《國語》卷次的著錄，往往爲二十卷或二十一卷，如《國史經籍志》卷二經部春秋類下設立"外傳"，著錄有《春秋外傳國語》二十卷（賈逵）、《春秋外傳國語》二十卷（虞翻）、《春秋外傳國語》二十卷（韋昭）、《春秋外傳國語》二十卷（晉孔晁）、《春秋外傳章句》二十卷（王肅）、《國語補音》三卷（宋庠）、《國語音略》一卷。① 《澹生堂藏書目》經部春秋類下著錄《春秋外傳國語》二十卷，四册、韋昭解、宋庠補音；《國語抄評》十二卷，四册；孫文融批評《國語》四卷，二册；柳子厚《非國語》一卷，見本集；張文定《釋國語》一卷，見本集。② 陳第《世善堂藏書目》卷上經部春秋類中載廣德沈虛中《左國考略》一卷、《左國考異》三卷，吕祖謙《左氏國語類編》，《國語解》二十一卷。③ 朱睦㮮《萬卷堂書目》卷一春秋類下收韋昭《國語》二十卷④。

也有著錄爲其他卷數者，如《百川書志》經部春秋類下收三種："《國語》八卷，左邱明傳；《非國語》二卷，唐子厚柳宗元撰，上卷三十一篇，下卷三十六篇；韋氏解《春秋外傳國語》二十一卷；《國語補音》三卷，宋宋庠補音。"⑤

---

① （明）焦竑：《國史經籍志》，上海：上海古籍出版社輯印《續修四庫全書》第916册，第301頁。

② （明）祁承㸁：《澹生堂藏書目》，上海：上海古籍出版社輯印《續修四庫全書》第919册，第566頁。

③ （明）陳第：《世善堂藏書目》，上海：上海古籍出版社輯印《續修四庫全書》第919册，第495頁。

④ （明）朱睦㮮：《萬卷堂書目》，上海：上海古籍出版社輯印《續修四庫全書》第919册，第454頁下。

⑤ （明）高儒：《百川書志》，上海：上海古籍出版社輯印《續修四庫全書》第919册，第335頁下。

　　《國語補音》則往往著録爲三卷，如上文所引。也有著録爲兩卷者，如萬曆《開封府志》卷二十六著録宋庠《國語補音》二卷。還有的著録爲九卷，如朱睦㮮《萬卷堂書目》①。

　　除了卷次之外，還有以册數進行標記者，《文淵閣書目》卷一經部春秋類下收《國語》一部八册缺、《國語》一部六册缺、《國語》一部三册缺、《國語補音》一部一册完全。明代錢溥編纂的《秘閣書目》經部春秋類下著録《國語》八册。張萱等人編纂的《内閣藏書目録》在史部下著録注《國語》七册不全、又七册不全。明徐圖等人編纂的《行人司重刻書目》在史部正史稗史雜記類下著録有《國語》四册。

　　從以上著録可見，絶大多數學者按照《漢書・藝文志》《隋書・經籍志》的分類標準，把《國語》歸到經部春秋類下，甚至有的專門在經部設立"外傳"一類。又晁氏《寶文堂書目》"諸經總録""經部・春秋"下俱載《國語》，春秋類中載《國語》，注謂："楚刻，武功縣刻。"② 這一措置方式也比較特殊，既在諸經總録中收録《國語》，又在經部春秋類中收録《國語》。

　　也有一些書目或著録資料將《國語》歸入史部，如趙用賢（1535—1596）《趙定宇書目》天字號史書下著録《國語》四本。趙琦美（1563—1624）《脈望館書目》玄字號史類正史門下著録《國語》四本。《沈氏學弢》"史籍"下收《國語》，徐渤《徐氏家藏書目》在史部旁史類下收録《國語》二十一卷，張萱《内閣藏書目録》卷二史部通鑑類之後著録《注國語》七册不全，又七册不全③。從《文淵閣書目》到張萱《内閣藏書目録》的變化，可見《國語》在明代皇家圖書歸類中的變化。張萱《内閣藏書目録》的分類標準和對《國語》的措置次序，對清代《四庫全書》中《國語》的編纂以及《四庫全書總目》中《國語》的著

---

　　①　（明）朱睦㮮：《萬卷堂書目》，上海：上海古籍出版社輯印《續修四庫全書》第919册，第455頁上。

　　②　（明）晁瑮：《寶文堂書目》，上海：上海古籍出版社輯印《續修四庫全書》第919册，第19頁。

　　③　（明）張萱：《内閣藏書目録》，上海：上海古籍出版社輯印《續修四庫全書》第917册，第23頁上。

録産生了重要影響。

2.《國語》内容的概括

前代對《國語》内容的概括，無如韋昭詳盡者。故明代學者在言及《國語》内容時，多采韋昭之説，如黄佐等。也有進行更爲詳盡的概括者，如張一鯤《刻國語序》云：“《語》中記其國中事，堇堇什一耳。而上徹於七律、六閒、斗柄、天黿之遠，下逮乎三綱五際、忠文仁讓之教，鉅包乎千品、萬官、億醜、九畡之衆，微及於鯤鮞、麂麌、鷇卵、蚳蝝之細，幽闡乎回禄、夷羊、檮杌、鸑鷟之怪，明著於首領、股肱、手拇、毛髮之顯。幽章咸記，鴻纖並載。”① 張一鯤序應該是明代學者中概括《國語》内容最爲詳盡細緻的。而且張一鯤意識到《國語》載事的典型性和有限性，這也是難能可貴的。

3.《國語》的風格特徵及其影響

繼宋人對《國語》的風格特徵總結探討之後，明人在這一方面又進行了諸多探討。如胡應麟《少室山房筆叢·乙部史書佔一》云：“《國策》之文粗，《國語》之文細；《國語》之氣薾，《國策》之氣雄；《國語》，左氏末弩乎？《國策》，馬氏先鞭乎？”② 通過《國語》《國策》二書的比較，揭示《國語》的文體以及語言風格。當然，這種認識還是沿襲朱熹《國語》乃衰世之文的看法，只是所述更爲細緻。

胡纘宗《願學編》卷下云：“讀九經、四書以培其德性，讀《老》、《列》、《莊》、《荀》、楊、王、《左傳》、《國語》、《史記》、《漢書》以修其文辭，旁及諸子百家以廣識見。”③ 可見，胡氏把《國語》《左傳》等同於史書，認爲對於文辭是有好處的。換言之，胡氏所論，主要是《國語》等書在文章語言層面的審美功能。

焦竑《國史經籍志》卷三云：“述史者體有不一，而編年、紀傳其

---

① 拙撰《〈國語〉歷代序跋題識輯證》，濟南：齊魯書社 2018 年版，第 135 頁。

② （明）胡應麟：《少室山房筆叢·乙部史書佔一》，臺北：新文豐文化出版公司輯印《叢書集成續編》第 10 册，第 271 頁下。

③ （明）胡纘宗：《願學編》，上海：上海古籍出版社輯印《續修四庫全書》第 938 册，第 452 頁下。

概也。編年者，以年繫事，詳一國之治體，蓋本左氏。紀傳者，以人繫事，詳一人之事跡，蓋本史遷。大較各有所長，而編年爲古矣。何者？紀表志傳自爲篇章，不無煩複，故蕭穎士謂子長創爲不合典訓。嘗深非之。然左氏依經爲傳，而《國語》一書國別事殊，或越數十年而竟其義，亦知事詞散出，難於綴屬，而自相錯綜如此矣。"① 此説又見於其《澹園集》卷二十三 "編年" 條、《澹園續集》卷一《刻通鑑紀事本末序》。焦竑主要指出作爲一部史書，《國語》不同於編年，也不同於紀傳體，當別爲一體，這或許是其別立 "外傳" 一門的原因所在。

羅明祖《羅紋山全集》卷四《讀國語》云："大凡周秦之文，雖繁簡詳略不馴，要有一段渾渾生成的意。間或脱悮，政如斷琴、古鏡，以不漆不拭爲老。乃章句之儒，必削去以附己，又以是天下，何其迂而汰也！京中苦無《外傳》，趣良賈重價購之，獲此本，索然遂記。" 又云："《國語》一書温柔渾厚，《周》《魯》最近，《晉》《楚》便有奇杰之氣，《吳》《越》亦成《國策》子書矣。"② 羅明祖認爲《國語》中的《周語》和《魯語》最得儒家温柔敦厚之旨，而《晉語》和《楚語》則有變化，至於《吳語》和《越語》則已和《國策》無異。

孫鑛《居業次編》卷三《與吕甥玉繩論詩文書》云："盲史字精而有法。《國語》初變《尚書》體，是今文祖。《國策》仍依劉向古本爲佳。" 又卷三《與吕美箭論詩文書》云："《國語》《國策》正是史，安得謂是子？不敏向擬刻周先四籍，經史子外，其一種乃是雜。若名曰集，恐未能盡也。" 又云："《國語》是《内傳》之變正宗，所選諸篇爲世人所誦讀者委果板，若夫《晉》《楚》《吳》《越》語，中間實多奇變，有絶活潑馳騁者，但雖騁而終不失其鍊，所以妙也。内《吳語》尤工，若耐心一細讀，當自知耳。" 又《與吕甥玉繩論詩文書》云："世人皆談漢文、唐詩，王元美亦自謂詩知大曆以前，文知西京而上。愚今更欲進之，

---

① （明）焦竑：《國史經籍志》，上海：上海古籍出版社輯印《續修四庫全書》第916冊，第330頁。

② 拙撰《〈國語〉歷代序跋題識輯證》，濟南：齊魯書社2018年版，第175頁。

古詩則建安以前，文則七雄而上。文則以《易》、《周禮》、《禮記》、三
《春秋》、《論語》爲主，兩之《語》《策》……《戴記》《老子》《春秋
經》《管子》《三傳》《國語》，美哉周之盛也，其若此乎？文而巧，新
而無窮，皆西京也。"①孫鑛既探討了《國語》在史學上的重要價值，又
對其性質給予了進一步論證。認爲《國語》是《尚書》撰述方式的改
變，是後來古文的源頭，是作文祖法的對象。其"《國語》《國策》正是
史，安得謂是子"之説，當針對韋昭"匪特諸子之倫"而言。

可見，明人注意到了《國語》的史學價值、文章學價值，故而對
《國語》進行了重新認定和釐定。

（三）《左》《國》關係及其比較

關於《左傳》《國語》的關係問題，明人頗多探討。如上孫鑛謂
"《國語》是《内傳》之變"即是。

孫鑛是從正變的角度探討《國語》和《左傳》的關係，還有的學者
從翼經傳的角度對《左》《國》關係進行探討。當然，這一説法實際上
是王充《論衡》之成説，唐宋以來學者多有承襲其意者。如胡應麟《少
室山房筆叢·乙部史書佔一》云："謂《國語》出於左氏，胡以徵也？
丘明作傳之後，文或餘於紀載也，事或軼於編摩也。附經弗燕郢乎？入
傳弗贅疣乎？故別創篇名也，翼《春秋》爲《内傳》，稱《國語》爲外
傳，猶之子内篇、外篇也，文内集、外集也。内外傳，或矛盾焉，兩存
之，以備考也，或致疑焉，非也。"②又以《國語》之文與《國策》相較
云："《國策》之文麤，《國語》之文細；《國語》之氣蔚，《國策》之氣
雄。《國語》，左氏末弩乎？《國策》，馬氏先鞭乎？"③從文氣、文風等角
度對《國語》《國策》進行了對比分析。

---

① 分別見（明）孫鑛：《居業次編》，北京：北京出版社 1997 年輯印《四庫禁毀書叢刊·集部》第 126 册，第 215、222、213 頁。

② （明）胡應麟：《少室山房筆叢》，臺北：臺灣商務印書館《景印文淵閣四庫全書》第 866 册，第 220—221 頁。

③ （明）胡應麟：《少室山房筆叢》，臺北：臺灣商務印書館《景印文淵閣四庫全書》第 866 册，第 221 頁。

　　當然也有從文字繁簡與文章學的角度進行比較者，如張志淳《南園漫録》卷七"文繁簡"條云："《國語》載晉侯使隨會聘於周一事，《左傳·襄公十六年》亦載之，共七十餘字，其視《國語》共四百三十八字者，繁簡何如也？然以文章觀之，則《左傳》之文劣矣。夫二書均左氏筆也，而繁簡之間優劣頓異，知文章者固不可徒以簡單爲上也。意左氏必以著於傳者爲不足，顧又於《國語》發之與？"①

　　總之，明代學者對《左》《國》關係的認識，除了繼承前代説法之外，還從文章學角度、表述的文字繁簡角度等進行了對比分析。這一點，在明代《國語》評點中表現得尤爲明顯。

二、明代《國語》的刊刻及影響

　　明代時期，《國語》的刊刻相當繁榮。一方面，遞修前代留下的版片；一方面重新刻版，形成了大量的新刻本。和宋代《國語》刻本不同，明代的《國語》刻本除了一定數量的官刻本之外，還有相當數量的私刻本。就刊刻時間上而言，明代的弘治、正德、隆慶、嘉靖、萬曆、天啟、崇禎年間都有《國語》刻本問世，而且有的時代還不止一種。如弘治年間即有弘治十五年（1502）李士實序本、弘治十七年（1504）補修宋刻元修本，正德十二年（1517）有海寧許相卿明德堂本，嘉靖年間則有嘉靖四年（1525）許宗魯宜静書堂本、嘉靖五年（1526）姜恩刻本、嘉靖五年陝西正學書院本、嘉靖六年（1527）姜恩音注本、嘉靖七年（1528）金李澤遠堂本、嘉靖十五年（1536）葉邦榮刊本等，萬曆年間則有萬曆六年（1578）童思泉本、萬曆年間張一鯤本、萬曆十年（1582）楊際盛本、萬曆年間李克家本、萬曆十二年（1584）傅光宅本、萬曆十三年（1585）吳汝紀刻本、萬曆十五年（1587）劉懷恕刻本、萬

---

① （明）張志淳：《南園漫録》，臺北：新文豐出版公司輯印《叢書集成續編》第18册，第89—90頁。

曆間胡東塘本、萬曆十八年（1590）朱朝聘本、萬曆年間二乙堂本、萬曆二十年（1592）光裕堂本、萬曆四十七年（1619）閔齊伋裁注本，天啟、崇禎年間則有天啟六年（1626）鍾人傑刻本、崇禎九年（1636）盧之頤刻本、葛氏永懷堂本等。其中以萬曆年間刻本最多，並且以萬曆年間的張一鯤本流通最廣，明清時期翻刻張一鯤本的也最多。從文本內容上看，明代《國語》刊本可以分爲韋注本、韋注補音合刊本、白文本、評注本、選本或刪注本等，韋注本包括明弘治本、明正德本、許宗魯本、金李本等；韋注補音合刊本分爲兩類，其一爲《補音》附於《國語》之後，如宋刻宋元遞修本、宋刻元明遞修本、明德堂本、正學書院本等；另外一種爲《補音》散入《國語》正文各相應位置，如朝鮮集賢殿校本、張一鯤本、李克家本、文盛堂本等；白文本，目前所見明代刊本中只有吳勉學本一種；評注本則包括穆文熙評本及其系列版本，如《國語鈔評》、劉懷恕本、鄭以厚本、永懷堂本等，此外還包括公鼐、呂邦燿的《國語髓析》，但《國語髓析》不錄注文，和穆評系列不同；選本或刪注本則包括《百家類纂》本、姜恩本、二乙堂本、閔齊伋本、陳仁錫本、盧之頤本等。如果從版本系統上進行分類，則可以分爲遞修本、弘治本、明德堂本、張一鯤本。弘治本、明德堂本下可以有許宗魯本、金李本、童思泉本、詩禮堂本、《國語鈔評》等；張一鯤本下則可以分爲張一鯤本及其覆刻本、李克家本、吳汝紀本、劉懷恕本等，劉懷恕本下又可以分爲鄭以厚本等。此外，明代《國語》刊刻有一個獨特的現象，即所有中國本土的明代《國語》刻本都屬於公序本系統。明道本《國語》除了朝鮮集賢殿校本之外，似無其他刊刻。下面，介紹幾種明代時期的《國語》版本如下。

（一）李士實序本

弘治十五年李士實序本，即許宗魯所謂"大名本"。該書爲黑口，四周雙邊，半葉十行，行二十字。書前有李士實序，云：

> 《國語》，周、魯、齊、晉、鄭、楚、吳、越，八國語也。古

者，列國皆有史官紀載時事，疑即此書。是書也，事各具一初終，文則不相聯屬。意記者刪其繁蕪，而撮其樞要若此哉！然不知出何人手，宋氏謂爲左氏書，而吾朱子則謂爲後人所爲也。夫古今家國一也，未始不由君子而治，亦未始不由小人而亂。君子之道行，則國家蒙其利，而臣主同其休。乃或嚔不得施，則時之不幸也。於君子何損哉？夫前事之不忘，後事之師也。安知前言往行之中，不有後世可行之策耶？言而可行，又何必必己出哉？是以魏相欲以仲舒之策施之孝宣之朝，子瞻欲以陸贄之議以爲哲宗之治。然則《國語》之所載，豈無今日之可行者哉？大名郡守韓君福得許節推讚舊本，屬清豐令陸君崑重梓以行，不可謂無補也。陸君字如崑，歸安人，起家進士，其尹邑也，甚宜其民，蓋予觀學兩浙時佳士也。書成，予故得而序之。

弘治十五年，歲在壬戌夏四月上旬，賜進士通議大夫刑部右侍郎前都察院右副都御史豫章李士實撰。

據《中國書法大辭典》載，李士實，明江西豐城人，或作新建人。今檢曹安《讕言長語》云："天順六年，予校文江西。新建縣乏舉，予以落卷中取一可者。其卷不批倒，隨取之，乃李士實也。李登進士，筮仕刑部主事，陞郎中，今爲提學副憲，有文名。"可見李士實當爲新建人。又陳洪謨（1476—1569）《繼世紀聞》卷五云："刑部侍郎李士實，字若虛，南昌人，素有詩名。及善書，與李東陽交厚。及致仕，避宸濠之害，居別郡。"[1] 又焦竑（1541—1620）《國朝獻徵錄》卷四十六有李士實傳，可參。李士實爲成化丙戌（1466）進士，正德中爲右都御史，以附宸濠伏法，有《世史積疑》二卷等著作。

在這篇序文中，李士實對《國語》內容進行了概括，對《國語》特點、形成進行了推斷。按照李士實的看法，《國語》當是各國史官所記

---

① （明）陳洪謨：《繼世紀聞》，上海：上海古籍出版社輯印《續修四庫全書》第433冊，第332—333頁。

史料的彙編。李士實同時指出《國語》的特點，即"事各具一初終，文則不相聯屬"，《國語》各篇相對獨立。他認爲造成"事各具一初終""文不聯屬"的原因在於後來的編輯者"删其繁蕪，而撮其樞要"，李士實指出的這一點十分重要。古書的形成過程中，都面臨原始材料的篩選和重組問題。以《論語》爲例，當年孔門弟子各有所記，其繁簡之情也非今本《論語》如此，孔門後學在編輯成書的過程中，肯定對原始材料進行篩選。《國語》一書，其原始材料絕非今本《國語》這個樣子，斯可斷言。故李士實認爲《國語》一書的形成基於"删其繁蕪，而撮其樞要"，既突出了《國語》選材的精要，也突出了《國語》"語"的特點。

對於《國語》的作者，李士實只是引録前人之説，認爲有兩派觀點，一派認爲是左丘明，一派認爲是後人所爲。此外，李士實對《國語》的功能進行了揭示，"夫前事之不忘，後事之師也。安知前言往行之中，不有後世可行之策耶？言而可行，又何必必己出哉？"即《國語》之記言、記事對現實是有借鑒功能的，這種借鑒功能，被後世學者概括爲"史鑒功能"。

前人對弘治十五年本多有著録。如耿文光《萬卷精華樓藏書記》卷三十三云："明人刻書，任意變亂，而古書之面目遂不可識……又見明覆宋本，前有弘治十五年李士實序，每葉二十行，行二十字，小字雙行，板心有字數及刻工姓名，'讓'字缺筆，蓋覆南宋刊本，而字體粗惡，不足藏也。"[1] 邵懿辰《增訂四庫簡明目録標注》即録懿榮云："弘治十五年大名郡守韓福得許節推讚家舊本，屬清豐令陸崑刻補音本，有李士實序。黑口，每半葉十行，行二十字，附《補音》三卷。"[2] 從版本系統上而言，弘治十五年本是明德十二年本的底本，在整個明代《國語》版刻史上具有重要的地位，在河北刻書史上也具有很重要的地位。

---

[1] 耿文光：《萬卷精華樓藏書記》卷三三，民國山西省文獻委員會編《山右文獻初編》本，本卷第3頁。

[2] （清）邵懿辰撰，邵章續録：《增訂四庫簡明目録標注》，上海：上海古籍出版社1959年版，第233頁。

（二）南監修補本

南京國子監是明代的重要刻書機構，其中既有新刻，也有對前代版片的補修。根據曹之統計，明代南監對版片的補修一共有七次，第一次是洪武十五年（1382）十一月太祖上諭補修，第二次是永樂二年（1404）三月成祖上諭補修，第三次是正統六年（1441）四月祭酒陳敬宗上言補修，第四次是成化初年御史董綸進言補修，第五次是嘉靖七年（1528）沈麟等進言補修，第六次在萬曆年間，第七次在天啟二年（1622）。章懋、羅欽順弘治十七年（1504）補修《國語》在明代補修舊版的第四次和第五次之間。

明補修本《國語》目前存世有好幾部，晚清的幾位藏書家都進行過著錄，國內的幾家圖書館也都有收藏。特別值得一提的是，2014 年，日本大倉文庫落戶北京大學圖書館，其中就有一部清末丁少山校宋本《國語》（附《補音》），即是此本。該本最早的記載者就是戴鏞。戴鏞字允大，戴復古（1167—1248）十世孫，明弘治時期太平人（今浙江温嶺市）。成化二十二年（1486）舉人，曾任六安學正、南京國子監監丞等，整理刻印過戴復古《石屏詩集》。戴鏞任職國子監期間重修過一些古籍，如《玉海》《國語》等。孔廣栻校錄《國語補音訂誤》載其識語云：

> 右《國語》二十一卷，《補音》三卷。刻自元大德間。歲久缺壞，不便觀覽。大司成蘭溪章公與少司成泰和羅公謀補完之，命鏞召匠重刻七十五板，修刻六十八板，遂成全書。二公之心可謂公且仁矣。繼二公者，皆以二公心爲心，庶是書可永賴云。
>
> 弘治十七年七月既望，南京國子監監丞赤城戴鏞識。①

這是目前可知對宋刻元明遞修本補修情形最早且較詳盡的文字。從戴鏞記述可知，進行補修的是章、羅二位，具體負責召集工匠刻板的是

---

① 拙撰《〈國語〉歷代序跋題識輯證》，濟南：齊魯書社 2018 年版，第 106 頁。

戴鏞。當然，從戴鏞的記載也可看到，明版重刻七十五，又修六十八，總一百四十三。《國語》全書加上《國語補音》板片恐怕還不到五百片。根據黃佐的記述，此本存三百八十四，破者六，則共三百四十片。明新刻七十五板，恐也有這三百四十片中的。假設全部爲新刻，則共四百一十五片。這樣計算下來的話，弘治年間的這次修補占到全書板片的 27% 還要多一些。都穆（1458—1525）也著録過此本，其《南濠居士文跋》卷一 "古本《國語》" 云："《國語》惟南京國子監有板，惜乎歲久，字多漫滅。雖時或刊補，而猶非完書也。此蓋藏于宋武穆之孫珂，近予友御史王君得之，出以相示。觀其刻畫端勁，楮墨精美，真古書也。余嘗訪御史君，每一披誦，則心目爲之開明。竊因是而有所感。古書自《五經》外，若《左氏傳》《戰國策》等以及是書，皆學者所當究心，而往往奪于舉子之業。好古之士雖未嘗無，坊肆所市率皆時文小説，求如此書，豈可得哉？嗚呼！宜乎今人之不如古也。"① 黃佐（1490—1566）《南廱志·經籍志》又謂："刻自元大德間，歲久缺損。弘治十七年七月，祭酒章懋、司業羅欽順命監丞戴鏞召匠，重刻七十五板，修刻六十八板，遂成全書。"② 今檢章懋《楓山集》、羅欽順《整庵存稿》都没有對此次補修的記載。恐怕章、羅謀議補修《國語》之事即在弘治十七年，而戴鏞是《國語》補修事宜的具體執行者。

這次補修有比較明確的標記，即陳樹華所謂："其重刻者，板心有 '弘治十七年補刊' 字樣，不致牽混，使後來有所稽。弘、嘉已前人與萬曆已後人用心迥别，即刻書可見。"③ 繆荃孫《藝風藏書續記》卷四 "史部第五" 下有《國語》二十一卷，著録云：

> 宋刊元修明印本。首行篇名在上，大題在下，題曰 "韋氏解"。每葉二十行，每行二十字。高七寸，廣五寸。黑口，雙邊。版心有

① （明）都穆：《南濠居士文跋》，上海：上海古籍出版社輯印《續修四庫全書》第 922 册，第 626 頁。

② 拙撰《〈國語〉歷代序跋題識輯證》，濟南：齊魯書社 2018 年版，第 107 頁。

③ （清）陳樹華：《春秋外傳國語考正·論例》，中國國家圖書館藏盧文弨抄本。

字數及刊工姓名，元修之葉版心"國"字作"国"。無字數。有
"監生某某"銜名。"匡""殷""貞""敬""恒""構""慎"皆缺
避，當爲孝宗時所刻。考至元廿四年，國子監置生員二百人。延祐
二年增置百人。興文署，掌刊刻經史，皆屬集賢院，見《元史·百
官志》及《秘書志》。此必南宋監板，入元不全，修補完善，所以
板心有監生銜名。此本以成化二十餘年册紙印行，尚在弘治許讚重
刻之前，殊爲可寶。漢明帝諱"莊"，諱"莊"之字曰"嚴"。《魯
語》凡"莊公"皆作"嚴公"，猶存漢人傳鈔之舊，明道本則皆改
爲"莊"矣。"公父文伯飲南宮敬叔"條"魯大夫辭而復之"，天聖
明道本作"魯夫人辭而復之"，當以此本爲長。惜佚去《補音》三
卷。首行有"復吾"白文方印，序末有"己亥夏四月得自保定書
坊，聽雨樓鐵眉記"。有"李"字圓印朱文、"嘉瑞"方印白文、
"嵐石山房"方印白文，天津李鐵眉中丞藏書也。①

繆荃孫從李嘉端處購得此書，後又歸入傅增湘雙鑑樓。檢傅增湘
《藏園群書經眼錄》卷四"史部二·雜史類"下著錄有"國語解二十一
卷，吳韋昭解；補音三卷，宋宋庠撰"，著錄云："宋刊元明遞修本，半
葉十行，每行二十字，白口，左右雙欄，板心上方記大小字數，下方記
刊工人名。宋諱避至構字止，慎字不避。元補板無字數及刊工人名。明
補黑口四周雙欄，下方記監生某人，蓋已入南京國子監矣。印紙用明成
化、弘治時江南職官户口等册，有鳳陽縣、巢縣、全椒縣、無爲州等處
官印。按：此書舊爲繆荃孫氏所藏，前有'己亥四月得自保定書坊聽雨
樓錢眉記'墨書識語一行，鈐有'李嘉瑞''嵐石山房'兩印。宋刊存
者近百葉，補刊只寥寥數葉耳，雖爲南監補修，而全帙特爲罕覯，因以

① 繆荃孫：《藝風藏書續記》，張廷銀、朱玉麒主編《繆荃孫全集·目錄1》，南京：鳳凰出版社2013年版，第212—213頁。

善價收之。藏園記。"① 傅增湘著録該書用紙比繆荃孫要細緻。②

　　這部《國語》所附《補音》也有脫離《國語》單行者，如吉林省圖書館藏有宋刻元明遞修公文紙本《國語補音》一部，鈐有"吳同遠印""公望""盱眙吳氏望三益齋藏書之印"，另有一方印"茝華吟舫"。茝華吟舫爲朱筠（1729—1781）室名。朱筠、朱錫庚（1761—?）編有《椒花吟舫書目》。《椒花吟舫書目》著録有《國語補音》一套三本。根據朱錫庚《宋本蒲陽居士文集》題記，乾隆庚子（1780）夏，正陽門外失火，朱氏宅第受災，藏書有損。又根據翁心存《椒花吟舫跋》，朱氏藏書大半爲劉喜海所得，翁氏得者僅零篇斷簡。而劉喜海的藏書又被其子斥賣。但是目前看到的這個本子上面沒有劉喜海的藏書鈐印，是否由朱氏流入劉氏，尚不敢斷論。至少，是由朱氏流出，最後流落到書肆，這是可以斷言的。錢保塘在書肆見到並買下這部《國語補音》，撰有跋文如下：

　　　　舊刻《國語補音》三卷，得於都門內城書肆，不知其爲何刻也。細審之，有一種字體清勁方整絕類，率更多避宋諱，其爲宋刻無疑；有一種柔婉圓勁，不避宋諱，當是元刻；其板心有監生名氏者，則明刻也。中間稍有漫漶，有宋元刻僅存半截而明刻補成之者，亦有未補者。脫第三卷第一葉，補以《國語》卷三第一葉，板心亦有監生名氏，大題在下，小題在上，尚存古式。當是源於宋刻而

---

① 傅增湘：《藏園群書經眼録》，北京：中華書局1983年版，第274頁。
② 李佳《歷代〈國語〉版本著録匯考》（《古籍研究》2008卷上）云："該書與繆荃孫所藏絕非一書。據二書解題：繆氏書僅有二十一卷《國語》，無《補音》，傅氏書除二十一卷《國語》外，還有《補音》三卷；繆氏書黑口雙邊，傅氏書爲白口雙邊；繆氏書'構''慎'等字皆缺避，傅氏明確說其書'宋諱避至構字止，慎字不避'。那到底是怎麼回事呢？經仔細辨別，我們發現，可以認定兩書共有的印章，識語其實並非完全相同的：其一，繆氏書'首行有復吾白文方印，序末有"己亥夏四月得自保定書坊，聽雨樓鐵眉記"'，而傅氏書爲'前有'，則識語的位置不同，且傅氏書少'復吾'白文印；其二，繆氏書有'李'字圓印、'嘉端'方印、'嵐石山房'，共三印，而傅氏書則僅'鈐有李嘉端、嵐石山房兩印'。則實際上是兩部書。我們認爲情況很可能是這樣的：清李嘉端曾同時在保定書坊得到兩部善本《國語》，一部歸繆荃孫（再案：實際與陸心源在《皕宋樓藏書志》《儀顧堂題跋》所著録的那部宋本《國語》是同版的兩部，說見上文），一部後歸傅增湘。而傅氏不知李嘉端有兩部《國語》，故以爲自己'善價'所買的是繆氏舊藏的那部。"亦可參。

《補音》附於《國語》後者。紙背有成化年字，蓋當時以官簿文書餘紙印此者，聞存朱方印之半，則不可辨識矣。光緒元年，余據此本爲吳勤惠公校刊《國語補音》於成都。公甚愛此書。明年，公歸淮南里第，贈書四種，此書與焉。其書與近刻之異同已詳余所校《國語補音札記》中。①

關於這個版本，日本的尾崎康在其《日本現在宋元版解題‧史部（上）》（《斯道文庫》第 27 輯）中也進行過比較詳細的著錄，詳見本書"宋元時期《國語》研究"部分。後來，大倉文庫本入藏北京大學圖書館後，北大圖書館編輯《北京大學圖書館藏大倉文庫書志》，著錄得並不詳盡，但《北京大學圖書館藏大倉文庫善本圖錄》所收卷一首頁書影版心上確實刻有"弘治十七年補修"字樣。這個本子是現存國家圖書館藏宋刻宋元遞修本、日本静嘉堂藏宋刻宋元遞修本之外又一個較古的《國語》本子。

（三）明正德十二年本

《本朝分省人物考》卷四十三"許應元"條下云："許應元，字子春，錢塘人，嘉靖壬辰進士……所著有《水部稿》，所撰次有《春秋內傳》《國語》《史記抄》漢語若干卷。"② 瞿冕良《中國古籍版刻辭典‧明德堂》謂："明浙江海寧人許相卿的室名。相卿字伯台，號雲村，正德十二年進士，仕至兵科給事中。正德十二年（1517）刻印過宋宋庠《國語補音》2 卷（半頁 11 行，行 21 字）。嘉靖十五年（1536）刻印過自撰《史漢方駕》35 卷。卒後，子聞造刻印過其遺稿《雲村先生文集》14 卷《年譜》1 卷《遺事》1 卷《賁隱存編》4 卷（9 行 18 字）。"③ 陳心蓉《嘉興刻書史》謂："《重刊國語》七卷，吳韋昭注；《國語補音》

---

① 拙撰《〈國語〉歷代序跋題識輯證》，濟南：齊魯書社 2018 年版，第 388 頁。
② （明）過庭訓：《本朝分省人物考》，上海：上海古籍出版社輯印《續修四庫全書》第 534 冊，第 152 頁。
③ 瞿冕良：《中國古籍版刻辭典》（增訂本），蘇州：蘇州大學出版社 2009 年版，第 533 頁。

二卷，宋宋庠撰，正德十二年（1517）海寧許相卿明德堂刊本，中國科學院有藏。"① 另外，葉德輝《書林清話》記錄有劉氏明德堂。檢方彦壽《建陽刻書史》專門記載建陽劉氏有書林劉氏明德堂，謂："書林劉氏明德堂，從正德十二年（1517）至清康熙二十八年（1689）營業時間長達172年，刻本10種。知名的刻書家，有在明嘉靖刻書，有時自稱'書户'的劉輝。正德十二年（1517）刻印吳韋昭注《國語》七卷、宋宋庠撰《國語補音》二卷。半葉十一行，行二十一字，黑口，四周雙邊。"② 福建省地方志編纂委員會編《福建省志·出版志》則著錄爲："《國語解》21卷，明正德十二年（1517年）建陽劉輝明德堂刻本。"③ 看來，明代同時期存在兩個明德堂，且都刊刻過《國語》（附《補音》），只是一個七卷本，一個二十一卷本，至於究竟哪一個是書林明德堂刊刻，哪一個是海寧明德堂刻，似乎並未釐清。

（四）許宗魯刻本

過庭訓《本朝分省人物考》云許宗魯爲陝西咸寧人，正德年間進士④，曾任雲南道御史、湖廣提學、太僕少卿等職。並謂："所著《少華集》《續集》與《遼海》《歸田》諸集數十卷，其詩足繼唐音，文復精典，有漢魏風。而作字又精詣古法。諸行草、大小楷書，雜置法帖中，人莫能辨。至老，猶能作小楷字。當其得意時，一揮輒數十紙不倦。得其詩翰者，咸珍玩藏之，謂當代二絕云。"⑤ 檢《明詩綜》收許宗魯詩二十二首，《明史·藝文志》載《許宗魯全集》五十二卷。又《傳是樓書目》載其所著《古今韻》五卷、《少華山人前集》十三卷、《少華山人續集》十五卷等。許氏曾刻印《爾雅》《韻補》《杜工部詩》《老子》等

---

① 陳心蓉：《嘉興刻書史》，合肥：黃山書社2013年版，第446頁。

② 方彦壽：《建陽刻書史》，北京：中國社會出版社2003年版，第313頁。

③ 福建省地方志編纂委員會編：《福建省志·出版志》，福州：福建人民出版社2008年版，第166頁。

④ 據明凌迪知《萬姓統譜》卷七六載，許宗魯爲正德丁丑（1517）進士。

⑤ （明）過庭訓：《本朝分省人物考》，上海：上海古籍出版社輯印《續修四庫全書》第536冊，第80頁。

書，郎菁於許宗魯刻書情況梳理較詳，可以參看①。

　　許宗魯宜静書堂於明嘉靖四年（1525）年刊《國語解》二十一卷，不附《補音》。陳樹華《春秋外傳考正論例》謂："嘉靖四年，咸寧許宗魯宜静書堂本（字參篆、隸，意在復古。而譌體疊出，亥、豕未除）。"②今檢許宗魯序云：

　　　《國語》舊有監本、閩本、大名本。監本久而脱，閩本惡而俗，大名本侈而訛，齊之弗即也，覽者病焉。魯視學於楚，參校累旨，頗若完正。乃命學正王鐅覆校董刻。刻凡三月，工乃告緒。列次如古，而獨略宋氏《補音》，懼繁也。書成，以授諸生，或問曰："子之亟刻《國語》者，何也？"許子曰："存故也。""夫存故者何也？"曰："遠者易亡，邇者易章。易亡者亡之，則其跡泯矣；易章者章之，則其説棼矣。跡泯則途翳，説棻則由惑，故君子閔焉。"曰："夫若是，則宜存者衆矣，何首於兹？"曰："謂其可以翼經而裨訓也。夫《國語》之爲義也，先其趣，若有俟焉；究其歸，若有繼焉；衍其支，若有備焉；約其原，若有萃焉。故談化而天人之蘊藏洩矣。稱典而聖賢之謨烈明矣，原基而邦國之治亂見矣，昭分而倫理之序次辨矣，述制而爭尅之糾紛熄矣，顯賢而才能之用舍慎矣。故讀祭公犬戎之諫，知王度之不可荒也；讀厲王謗言之監，知民口之不可防也；讀子晉穀洛之議，知造化之不可干也；讀襄王辭隧之詞，知章憲之不可僭也；讀管子内政之作，知霸業所繇肇也；讀戲括廢立之因，知典命所以失也；讀叔孫之行，知魯人之教悖；讀敬姜之訓，知后妃之化遠；讀驪姬之讒，知荒惑之禍深；讀狐趙之輔，知圖大之謀審；讀六卿之戒，知成人之責當重；讀倚相射父之善，知楚人之得其寶矣。若夫員亡而吳從，蠡用而越伯，則尤有昭鑒存焉。故曰可以翼經而裨訓也。是弗可存矣乎？"於是諸生唯唯受業

①　郎菁：《許宗魯刻書考略》，《圖書館雜誌》2011 年第 6 期。
②　（清）陳樹華：《春秋外傳國語考正·論例》，中國國家圖書館藏盧文弨抄本。

而退，充然若有得焉者。

嘉靖四年十月朔，咸寧許宗魯伯誠父謹序

　　許宗魯這篇序文内容比較豐富，在回顧了《國語》通行版本的問題之後，簡要敘述了校刻經過以及諸生提出的問題。首先提到了《國語》的三種版本，即監本、閩本和大名本。監本即南監修補本之底本，大名本即李士實序本，閩本不知何謂。對這三種版本，許氏的評價是"監本久而脱"，"閩本惡而俗"，"大名本侈而訛"。按照許宗魯的理解，監本由於年深日久，有脱漏，故其所參恐怕爲南監修補本而非原本，否則不存在"脱"的問題。"大名本侈而訛"之"訛"恐怕是説李士實序本存在較多訛字，"侈"字未知何指。其次交代了自己校勘的過程以及委託刊刻等問題。至於刊刻《國語》的原因之一，即"存故"，具體分析了流布《國語》的價值，即："謂其可以翼經而裨訓也。夫《國語》之爲義也，先其趨，若有俟焉；究其歸，若有繼焉；衍其支，若有備焉；約其原，若有萃焉。故談化而天人之蕴藏洩矣。稱典而聖賢之謨烈明矣，原基而邦國之治亂見矣，昭分而倫理之序次辨矣，述制而争尅之糾紛熄矣，顯賢而才能之用舍慎矣。"並且舉了《國語》十四個例子來説明《國語》的"翼經""裨訓"的功能與價值。而對這十四個例子的點評，也是許宗魯對《國語》典型篇章的具體總結。

　　關於許宗魯本，前人已經有較爲詳盡的著録。如《天禄琳瑯書目》卷七云：

　　《國語》二函十六册
　　吴韋昭解，二十一卷，前昭序、宋宋庠《補音序》並《注解諸家名氏》《諸國世系説》。
　　《諸國世系説》後有許宗魯識語，則此書當爲宗魯所刊。弟書首空載宋庠序文，而其補音並未採録，體例不符，未爲盡善也。凌迪知《萬姓統譜》載：宗魯，字伯誠，長安人，正德丁丑進士，嘉

靖初任湖廣提學僉事，剛明峻潔，不爲權勢所屈。博學能詩文，所
取皆知名士，擢山東副使，屢遷至僉都御史，尋免歸。①

2006 年，上海敬華本場上拍一部天禄琳瑯舊藏許宗魯本《國語》二
十卷，就是《天禄琳瑯書目》著録的這部。又如丁丙（1832—1899）
《善本書室藏書志》卷八云：

國語二十一卷明刊本，韋昭解

右爲樊川許氏宗魯宜静書堂刊本。前列韋昭序，次《國語補音
序》。宗魯志云：按《宋志》，《補音》三卷，音釋最詳，意義頗繁，
附出則篇章不屬，別集則考閲亦艱，姑爾緩刻，獨存其序，志有此
書。次《國語》注解諸家名氏，若鄭衆、賈逵、王肅、虞翻、唐
固、韋昭、孔晁、宋庠，皆録其爵秩撰述。次諸國世系説，凡周、
魯、齊、晉、鄭、楚、吳、越，皆祖春秋世系圖書於首。次《國語
古文音釋》，閩中王鉴識云：“許子刻《國語》成，授鉴復校，既去
六書，惟學士采焉。然童子授讀，尚迷心目，因校，隨筆以備遺忘，
校終，得字凡五百有奇，命曰《國語古文音釋》，附於卷首，以便
初學云。”②

又鄒百耐《雲間韓氏藏書題識彙録·史類·國語二十一卷》云：
“明許宗魯刊本。每半葉十行，行大小二十字，單邊，白口。每葉板心上
刊有‘國語第幾’，上魚尾下刊有‘某語幾’，下刊有‘宜静書屋’四
字。所刻皆用古體。首有《國語註解諸家名氏》及《諸國世系説》。卷
首標題次行上題‘某語幾’，下題‘韋昭解’。卷末有蛾術老人跋語。藏
章有‘□靈’朱文方印、‘宋印學璟’白文方印、‘光萬’朱文方印、

---

① （清）于敏中等：《天禄琳瑯書目》，上海：上海古籍出版社 2007 年版，第 220 頁。
② （清）丁丙：《善本書室藏書志》，上海：上海古籍出版社輯印《續修四庫全書》第 927 册，
第 253 頁上。

'曹岳起印'朱文方印、'何焯之印'朱文方印、'顧印廣圻'白文方印、
'藝蕓書屋'白文方印、'汪印士鐘'白文方印。某氏手跋曰:'嘗謂宋
元本之可寶者,不但其文義字句間與後世刊本不同,足以考正譌謬,即
書寫結體亦自典雅可愛。然亦有坊肆刊本,其字畫每多俗體。識者但賞
其古樸,以云考校學問則未也。此《國語》十册,字體悉從《説文》,
必非坊肆傭工所爲。辨其紙板,應是宋元間物,誠善本也。蛾術老人
跋。'下鈐'□笙'朱文長方印。韓氏手跋曰:'咸豐戊午五月,蘇州金
順甫處見宋抄《太玄經》,字文絶似此。右跋以爲宋元間物,當不誣也。
此書去年在金處見之,至是遂攜歸。七月二十三日記。'"① 著録更爲詳
盡具體。

該刻本在衆多《國語》刻本中獨樹一幟。全書採用所謂"古字",
實際上有很多是形聲字去掉形符以膺之。其版刻字形爲篆書直接楷化字。
對於許氏的這一特點,葉德輝《書林清話》已經提到,《清話》卷七
"明許宗魯刻書用説文體字"云:

> 明嘉靖間閩中許宗魯刻書好以《説文》寫正楷,亦是一弊。吾
> 家有《國語》韋昭注一種,板心有"宜静書屋"四字,望之殊爲古
> 雅。然宋岳珂《九經三傳沿革例》"字畫"一條云:"其有駭俗者則
> 通之以可識者。"注謂如宂之爲宜、晉之爲晉之類,皆取石經遺文。
> 又云:"非若近世眉山李肩吾從周所書古韻及文公孝經刊誤等書,
> 純用古體也。"可知刻書字貴通俗,在宋已然,何況今日?許氏於嘉
> 靖七年刻《吕氏春秋》,亦係古體字。畢氏沅經訓堂校刻吕書,其
> 引據諸本目列之第三,云此從宋賀鑄舊校本,字多古體,是畢氏直
> 以許刻源本宋槧,而不知其自我作古也。顧此亦嘉靖間風氣如此。
> 吾藏嘉靖十年陸鉞刻《吕氏家塾讀詩記》,亦係如此。在明人則又

---

① 鄒百耐纂,石菲整理:《雲間韓氏藏書題識彙録》,上海:上海古籍出版社 2013 年版,第
24 頁。

過於好古矣。①

　　正因爲其所刻《國語》用字特點，故丁仁編《八千卷樓書目》稱許宗魯所刻《國語》爲"許宗魯刊古字本"②。這種刊刻方式使得有些本來易認的文字難以辨識，因此閩中王鋆（曾任刑部郎中）爲之作《國語古文音釋》，對該書中的 525 個字進行了辨識。《音釋》最末有王氏識語云："子許子刻《國語》成，授鋆復校。三豕既去，六書惟故，學士采焉。然童子授讀，尚迷心目。因校，隨筆以備遺忘，校終，得字凡五百有奇，命曰《國語古文音釋》，附於首卷，以便初學。凡直注者，本文也；凡稱'同'者，通用也；凡稱'音'者，音同義異也；凡稱'異'者，文各見而義亦異也。閩中王鋆謹識。"今檢王氏《國語古文音釋》共 525 條，以《國語》卷次爲序，其中大量是許氏刻本古字與通行字的對照。另有標注"×音×"者 23 條，標注"××異"者 4 條，標注"××同"者 4 條，注音用直音法，標注"××異"者多爲異體字，標注"××同"者爲古今字。就整體上而言，王氏《國語古文音釋》專爲許氏所刻《國語》而作，並無獨立性，也很難談到學術價值。

　　該書不刻《國語補音》，只是把《國語補音敍錄》《國語補音》各語前國家世系摘録附於書前。全書依次爲韋昭《國語解序》、宋庠《國語補音序》、《國語》諸家名氏、諸國世系表、目録、古文音釋、國語正文。宋庠《國語補音敍錄》文中本列有漢以來各家《國語》注解大略，許氏則從宋庠《敍録》中删去，把《國語》注家諸家名氏單列於後。但其所列諸家名氏有誤，如"左傳三十篇"，許本誤爲"三十一篇"；又

---

　　① 葉德輝：《書林清話》，臺北：世界書局 1988 年版，第 184 頁。"閩中"爲"關中"之誤，此誤或因"閩中王鋆"而誤許宗魯亦爲閩中人。此點，郎菁《許宗魯刻書考略》已經揭出，郎文見載於《圖書館雜誌》2011 年第 6 期，第 75—78 頁。許宗魯刻本《國語》所署爲"宜静書堂"，葉德輝誤識。

　　② （清）丁丙藏，丁仁編：《八千卷樓書目》，上海：上海古籍出版社輯印《續修四庫全書》第 921 册，第 115 頁。又劉薔《海外佚存——哈佛燕京圖書館藏〈八千卷樓藏書志〉》謂"所謂之《八千卷樓藏書志》，實則《善本書室藏書志》的未定稿"，可從。見氏著《清華園裏讀舊書》，長沙：嶽麓書社 2010 年版，第 297 頁。

"春秋外傳國語章句二十一卷"，許本誤爲"一卷"。又許氏在《諸國世系表》後面加案語云："按《補音》所載諸國世系凡例不一，若無統紀。今祖春秋世系圖類書于首，以便觀者。"但是以許氏《諸國世系表》和《補音》各語卷首諸國注解對照，則二者實無二致，唯許氏將散見八處之文輯合於一處而已。

許宗魯本書前若干文獻排序具有引領意義。在中國本土《國語》各本中，許宗魯本首次將宋庠《國語補音敘録》置於韋敘之後，復列注家名氏，復列諸國世系。此一方法或從經傳中借鑒而來。後此之張一鯤本則在此基礎上更進一步將《補音》各條散入《國語》相關正文之下，則許宗魯本其權輿也。許宗魯本雖號稱漢魏風格，改字多依《説文》，但亦有自造者。且因爲改字，產生了較多的異詞同形，如其改"右"作"又"，遂使"又""右"難以辨別；又"亨""享"皆改作"亯"，人爲造成識別的繁難；改"粟""栗"作"桌"，使初讀者難以區分。此外，反"印"爲"抑"，反"正"爲"乏"，反"㘓"爲"絕"，改"戎"作"戒"，改"于"作"亐"等，此皆從《説文》者，並不易於閱覽。當然也可以換個角度，許宗魯本可看作《國語》文本還原之作，即將先秦文獻恢復到先秦時期的文字以及本文狀態。然此等還原，恐很難完成，蓋文字產生時代不同，《説文》之前具體文字問題較爲複雜，先秦文獻的定型、流傳過程相當複雜，很難用某一時代或者《説文》用字去涵蓋某一先秦文獻文本的用字面貌。從表面上看，此等字體還原式的刊本看似有據可依，實仍雜糅難定。通過對宜靜書堂本《國語》、金李澤遠堂本《國語》的比較來看，二者的版本來源大致近似，即如汪遠孫所云"皆從公序本重刊"，無可置疑。但是宜靜書堂本在分章、具體文字上和金李本也還存在著一些差異，有些差異可以很明顯地看出是刊刻錯誤或脫漏。但有些差異則不存在是非的問題，而是兩可。此外，許宗魯本有和今明道本相同的地方，或許在校勘過程中參考過明道本。該本和明弘治本、明德堂本有些地方是相同的，尤其和明德堂本之間相同之處甚多，恐怕就是以明德堂本爲底本刊刻而成的。

歷來對《國語》許宗魯本的注意較少，在清代以及近現代的諸多

《國語》研究者中，只有陳樹華、汪遠孫等寥寥數人進行《國語》勘校時參照了許宗魯本。

（五）正學書院本

正學書院原爲宋儒張載講學之地，元代許衡主持學事，後省臣議建爲正學書院，合祀張載、許衡及楊元甫，入明後被毀。弘治九年（1496），提學副使楊一清重建，大學士李東陽寫有《重建正學書院記》述其沿革。又郭述賢《正學書院摭遺》，對正學書院沿革有較詳細記述，亦可以參考。①

正學書院本《國語》全書依次爲韋昭《國語解序》、唐龍《國語序》、《國語解》正文、趙伸《國語後序》、《國語補音》。共5冊，前四冊爲《國語解》，後一冊爲《國語補音》。

唐龍《國語序》云：

> 六經而後，《國語》猶近古焉。何也？《詩》有《國風》，以言乎列國之風也。匪徒言也，蓋善惡著則美刺興，美刺興則勸懲得。宣理以導民，設教以訓俗，紀政以表方。被之者油油然忘其入矣。夫《國語》所語者，皆八國當時行事，上僑于《國風》，世有升有降，道有醇有疵，義有大有小，文有盛有衰，莫之乎同也。至諸本善惡以成美刺，因美刺以昭勸懲者，其極則一而已。是故大者莫如《周語》。宣王，周之賢君也。王不藉千畝，虢文公諫之，弗聽，乃喪南國之師。伐魯，立孝公，仲山甫諫之，弗聽，諸侯從是而不睦。苟不因《雲漢》之變，側身修行，則中興之績或愁焉。其次莫如《齊語》。桓公，中主而已。親逆管仲于郊而與之坐，問焉，于是乎定民、興國、修法、寄政，外攘諸夷，内屏周室，赫焉霸矣。是故咈諫者，雖賢者猶僨事也。任賢者雖中主，猶強國也。斯可以訓矣。

---

① 郭述賢：《正學書院摭遺》，中國人民政治協商會議碑林區委員會文史資料研究委員會編《碑林文史資料》第2輯，第116—120頁。

他語猶夫是也。尚謂不足竊附於《國風》乎？蓋風以風之，默乎語也，感人深矣。語以道之，暢乎風也，亦庶幾乎感人也。故曰：六經而後，《國語》猶近古焉。石以爲錯，不曰非玉不用也；藥以攻疾，不曰非五穀不食也。是故君子取之矣。侍御史雨山郭子自微觀風於秦，克慎彝典，遂修古訓，乃推其緒於是書，而布諸學官，弟子員毋亦有風之之道哉？或曰：闡藝文，明史法。斯又不但已也。

唐龍的序文主要探討《國語》的價值。其中心觀點即"六經而後，《國語》猶近古焉"，以《詩經》之《國風》作比，謂《國風》著善惡、興美刺、得勸懲，宣理以導民，設教以訓俗，紀政以表方。唐龍認爲《國語》可以比儕《國風》，認爲《國語》的呈現功能和《國風》也具有相似性，即"本善惡以成美刺，因美刺以昭勸懲"，也就是説，唐龍十分重視《國語》的世風教化功能。唐龍認爲《國語》八語中，最能體現著善惡、興美刺、得勸懲，宣理以導民，設教以訓俗，紀政以表方功能的是《周語》，其次是《齊語》。之所以提及這兩語，前者載周宣王多事，《齊語》專門記載齊桓公。前者雖致中興，但多有瑕疵，後者刮垢磨光、砥礪勤懇，終成霸業。其中結果的形成，在於納諫與否。因此，唐龍所舉之例，具有襯托效果。最後引"或曰"之説，謂《國語》除了教化功能之外，還有"闡藝文，明史法"的功效。唐龍"闡藝文"的説法，可以爲後來《國語》評點或者明代評點興盛之先聲。"明史法"則昉于劉知幾《史通》。

又趙伸《國語後序》云：

嗚呼！文至《六經》極矣。爰及八國風聲，士習傷于時變，而謀偉偉，而論議種種，是故褒貶微而是非著，義利顯而誠僞分。夫誠僞分則近道，是非著則尊周。春秋上下，曰經，曰傳，曰記，並行于世。然皆出于史氏之紀載，輯而成編，是故《國語》之有以也。夫周之末季，王室寢弱，諸侯强僭，當時君臣上下裂于封土，賢士大夫鍾乎其間，繫于名者淪于去，狃于勢者諱于親。蓋有所謂

角其智力而名位繫焉，博其詞章而應對見焉，數其往來而情文露焉，
又有所謂道其常變而利害肆焉，一人一時之事邈乎其□此不相及也。
嗚呼！文至《春秋》，六經之文也。《國語》，非傲之《春秋》已乎？
海内梓行，無慮數十餘種。然字苦，音腴，簡脱，句斷，學者讀之
恒病焉。侍郎郭公雨山風紀于斯，究心邃古。一日，諭之予曰："八
國之語裨翼六經，一時争相崇尚，盍其刻之以傳？"乃出諸善本式
焉。予遂請之提學漁石唐公，曰："吾方有事于斯，不可也已。"于
是檄華州吳學正嘉祥、韓城縣魏教諭琦枕于正學書院，黜聰覃力，
逾三月而始校成。然則學之者果以時而盡病其文爲哉？夫文以時病，
則功利齊矣，詭隨晉矣，淫濫鄭矣，而吳、越諸國又皆不與中國之
盟，而可乎哉？

嘉靖丙戌冬十二月，東萊趙伸序

　　趙伸的觀點和唐龍呼應。從趙伸序文來看，正學書院本《國語》是
由郭自微提議并出示善本，經提學唐龍允可，由學正吳嘉祥和教諭魏琦
枕校訂而成的。其原因在於"内梓行無慮數十餘種。然字苦，音腴，簡
脱，句斷，學者讀之恒病焉"，其目的在於"克慎彝典，遂修古訓，乃
推其緒於是書，而布諸學官"。
　　葉德輝《書林清話》等皆予以著録。清葉昌熾（1847—1917）《緣
督廬日記抄·戊子十二月》云："廿九日，……前在廠肆得明刻《國
語》，再同有二本，出以對勘。再同一本前有嘉靖五年孟冬初吉蘭溪漁
石子唐龍序，云：'侍御史郭公自微觀風於秦，推其緒於是書，而布諸學
官。'後有嘉靖丙戌冬十二月東萊趙伸序。又一本無序跋，似明初本，行
款與嘉靖本同，疑即爲嘉靖本所自出。兩本皆附宋公序釋音，别刻在後。
余本則釋音附入當條之下，且有删節，非其舊矣。"① 潘祖蔭、顧廷龍編

　　① （清）葉昌熾：《緣督廬日記抄》，上海：上海古籍出版社輯印《續修四庫全書》第576冊，
第464—465頁。

著《明代版本圖錄初編》卷五曾對該本進行著錄①。《陝西雕版源流考》謂正學書院本《國語》"校讎精審，被推爲善本"②。潘祖蔭、顧廷龍編著《明代版本圖錄初編》謂正學本《國語》框高 19.2 公分，寬 13.9 公分。今檢正學本《國語》每半頁 9 行，行 20 字，小字雙行，白口，左邊雙邊。中縫居中題"國語×"，下標本卷頁碼。上海圖書館藏本鈐有"上海圖書館藏""合衆圖書館藏書印""武林葉氏藏書印"。國家圖書館藏本襯頁後面書有"嘉靖五年陝西巡按御史郭雨山刊於正學書院"一行題識。"國語解序"上有"劉盼遂印"，下有"嘉惠堂丁氏藏書"篆文章。"國語序"下有"廉讓間屃藏書印"。卷一首頁上分別鈐有"退""讀""彊圉涒灘"等章。嘉惠堂爲丁申、丁丙的藏書處，廉讓間居爲范迪襄（1858—1935）藏書處。文中根據陳仁錫、孫應鰲的評點施有圈點。

（六）姜恩音注本

瞿冕良《中國古籍版刻辭典》（增訂本）云："姜恩，明四川廣安州人，字君錫，嘉靖二年進士，任武功縣令。嘉靖四年（1525）刻印過焦延壽《焦氏易林》2 卷（半頁 12 行，行 24 字）。"③ 今檢《柳州市志》又載姜恩《刻〈玉溪存稿〉引》一篇，自稱"篆江子"，文末署云："時嘉靖乙卯歲夏五月望日，廣安姜恩書於閩之盡補軒。"④

姜恩本全稱《監本音注國語》，目錄二十卷，其中《越語上》《越語下》合爲一卷。今檢國家圖書館藏本，四周單邊，單魚尾。半頁 10 行，行 20 字，注文小字雙行。篇章之間多數單行另起，也有的以"○"隔開作爲標記，後者以《周語上》爲主。該本實無"音注"，故名不副實。

① 潘祖蔭、顧廷龍編著：《明代版本圖錄初編》，《民國叢書》第五編第 100 册，上海書店 1996 年版，本卷第 7—8 頁。

② 見載於上海新四軍歷史研究會印刷印鈔分會編《歷代刻書概況》，北京：印刷工業出版社 1991 年版，第 520—528 頁。

③ 瞿冕良：《中國古籍版刻辭典》（增訂本），蘇州：蘇州大學出版社 2009 年版，第 445 頁。

④ 柳州市地方志編纂委員會編：《柳州市志》第七卷，南寧：廣西人民出版社 2003 年版，第 632 頁。

另，該本《越語上》"遂滅吳"下以"○"隔斷，"○"與"越王勾踐即位三年"之間有"敬王二十六年初"七字衍文。

姜恩刻本《國語》在明代《國語》刊刻史上具有比較特殊的地位。該本全錄《國語》正文，韋注則删削較多。另外，該本吸納明道本成分較多，比《摘藻堂四庫全書薈要》本還早，但該本影響較低。嘉靖以前，《國語》傳本未見有韋注删削本。《國語》傳本對韋注進行删削改易，或自姜恩刻本始。此後的盧之頤本、陳仁錫本、鍾人傑本等即便没有受到姜恩本的直接影響，但論《國語》刊刻史上這種編錄體例的先導之舉，姜恩刻本可謂居首。

（七）金李刻本

拙著《小學要籍引〈國語〉研究》《〈國語〉考校——以明本四種校勘條目爲對象》已經對金李本有所論列，此處不贅。文獻載籍中關於金李及其澤遠堂的記載較少。蘇鎣輝《敦煌寫本國語解殘卷》謂："據昌瑞卿先生見告，此澤遠堂刊本係出自宋紹興監本；亦即四部叢刊所據以影印者。然則此南宋監本，既非自明道本出，豈別有所本歟？抑又有進者，澤遠堂本國語解不僅正文多與寫本同（如'故聖人樹德於民'之'人'作'王'），即注文亦有同於寫本（如'以遂八風'句注云：'遂，猶順也。'）者。是尤足供研究斯學者之考索矣。"[1] 昌瑞卿即昌彼得，湖北孝感人。歷任"中央圖書館"特藏組主任，臺灣"故宫博物院"圖書文獻處處長、副院長等。其云金李本出自宋紹興監本，當有依據。許培基《蘇州的刻書與藏書》云："金李，蘇州人。其'澤遠堂'於嘉靖七年（1528）覆宋刻的韋昭注《國語》二十一卷，宋體字摹刻精妙，宋諱都缺筆，惟淳字不缺，因其源出於南宋初本。"[2] 有的學者以金李澤遠堂爲藏書樓，故以澤遠堂本《國語》爲家刻本[3]。清人臨校、校宋有用金

① 蘇鎣輝：《敦煌寫本國語解殘卷》，見載於氏著《敦煌論集》，臺北：臺灣學生書局1969年版，第301—303頁。
② 許培基：《蘇州的刻書與藏書》，《文獻》1985年第4期，第211—236頁，本條在第220頁。
③ 見江澄波等編著《江蘇刻書》，南京：江蘇人民出版社1993年版，第129頁。

李本者，如沈寶研校宋本、黃丕烈臨校本等即以金李本爲底本。後來商
務印書館輯印《四部叢刊》，其中《國語》底本即用金李澤遠堂本。關
於這一點，有學者曾做過解讀。汪家熔云："《四部叢刊》以古本相號
召，用宋、元、明古本是長處，但也是弱點所在。古本雖是宋、元、明
刻本，並非原作者（注疏者、校勘者）認定的初刻本。我們講'書貴初
刻'，並非主張書貴'古'刻。先秦著作，宋代刻版時離漢代原注疏已
很遠，開始刻書大都未經校訂。自原注疏人至刻版這段時間，這些書是
靠傳抄延續，傳抄時魚魯豕亥是免不了的，更何況元明翻刻本。至於明
代刻本，除作者本人自刻，有擅自改動古書的毛病。正是宋、元、明代
刻書的這些毛病，爲清代樸學家提供了眾多研究課題。乾嘉學派的樸學
成果是公認的，它基本補救了宋、元、明本的缺陷，回復了先秦典籍原
貌……《四部叢刊》要以古本相號召，就拒絕了清代人的研究成果，實
用性就稍微差些……這就是《四部叢刊》講究古刻帶來的致命弱點。"
"因講究古本，商務的《四部叢刊》未能用最好本子。如《國語》，到清
嘉慶年間，已清楚只有宋代天聖、明道間的一個刻本最好，當時僅有一
本爲黃丕烈所有。黃校正後按原樣翻刻，並附校記。當時的學者錢大昕、
段玉裁在序裏都充分肯定黃丕烈翻刻本因爲附有校勘記而不動原貌，其
學術價值超過了天聖明道原本。商務的《四部叢刊》因黃刻本是清嘉慶
刻本，在它的採收規格裏'不入流'而不被採用，而用講不清楚的所謂
'明金李澤遠堂刊本'！中華《四部備要》就用黃丕烈本排印。"[①] 金李
本確實出現了前代版本不曾有過的文字訛誤或改易，陳樹華多有揭示。
但因此就說金李本質量較低，恐亦汪氏對《國語》金李本、黃刊明道本
並不真正瞭解而誤下斷言。金李本的價值雖然未必高於黃刊明道本，但
絕對不低於黃刊明道本。而且經過清初、中期的學者對明道本的推崇與
追捧，整個清代的公序本《國語》刻本極少，學者最方便利用的還是明
代張一鯤本的翻刻本。而黃刊明道本則出現了很多覆刻本。相對而言，

① 汪家熔：《近代出版人的文化追求：張元濟、陸費逵、王雲五的文化貢獻》，南寧：廣西教育出版社 2003 年版，第 256—258 頁。

公序本並無精刻本供學者使用。商務印書館《四部叢刊》影印金李本肯定有這方面的考慮。當然，商務印書館《四部叢刊》本和金李本原本是不同的，《四部叢刊》本由於所據底本不佳，有些地方根據明道本作了更動，這也是讀者在使用的時候需要注意的。《國語》公序本至金李本出現了不少新的問題，這也是需要指出的。同時，金李本應是張一鯤本校刻時所據本之一。

（八）葉邦榮刻本

葉邦榮，字仁甫，福建閩縣人。明嘉靖元年（1522）舉人，卒年七十八。嘉靖三年任連州學正，後遷英山縣知縣，嘉靖十二年（1533）任吉安知州。任英山縣知縣時，曾改建學宮。刻印過《國語》（嘉靖十五年）、《楚辭集注》（嘉靖三十八年）、《夷堅志》等，嘉靖五年修訂《湟川志》六卷，著有《樸齋先生文集》十二卷。葉邦榮刻本《國語》半葉10行，行20字，四周雙邊，白口，白魚尾，不附《補音》，六冊，書前有唐樞序①。華東師大圖書館、中國臺灣"國家圖書館""故宮博物院"圖書館有藏，清人趙懷玉《亦有生齋集》曾記之。明以來公私藏書目著錄者較少，《天一閣書目》《中國古籍總目》有著錄。檢葉邦榮刻《國語》序云：

君子曰：語也者，史之流，《春秋》之所與也，《春秋》之時勢而已矣。《春秋》之作，維時而振勢者已矣。維政維治，維風維俗，以明失得，以懸順逆，以斂統紀，所以謚民有上下也。政敝而不可已則離，治敝而不可返則貳，風敝而不可止則流，俗敝而不可解則亂，故君子慎用情焉。是故語者，哀離合貳，坊流紀亂，將以戮實也。不然，則已詭善善否否，是是非非，將以懲志也。不然，則已誣去誣屏詭。大道為公，政之紀也，經之則也，治亂之蹤也，上下於是乎綜矣，春秋之法備之也。豈直夫言之為撰？古我先王之為物

---

① 拙撰《〈國語〉歷代序跋題識輯證》，濟南：齊魯書社2018年版，第126—127頁。

作則也，都俞籲咈，與世相忘，語未始有聞也。其次修緜，以禮示民不驕；其次議事，以制示民不貪；其次合會以盟，示民不亂。語勢而至於盟會之極。噫，亦風俗之既薄也，故曰"王者之跡熄而《詩》亡，《詩》亡然後《春秋》作"。《春秋》，周道其衰乎？《國語》，春秋其盛乎？盛衰之機，世道之會也。舍是經可以無作，舍是語可以無傳也，是故君子傳言以樹政也，傳政以樹教也，傳教以樹俗也。夫俗以昭政，政以考言，言以傳世，所以聯屬天下，備遠存忘而求其餘烈者也。語其可以盡刬乎哉？苟彰往者按其故乎，則淑慝之類分；苟觀變者會其世乎，則順逆之介章；苟□辭者挹其文乎，則化裁之體具；苟訏謀者訂其□乎，則變通之用行邇而不偪、遠而不攜，上而能比，下而能萃。君子知是四者，識微而慮遠，□□而□□□□下之勢從之矣。故曰：春秋之所與也。雖然，文勝則史意離，爲工風會者、趨事往者惑，亦曷取哉？亦曷取哉？先王之軌，不可軼矣。《春秋》，盡性之書，猶有典刑之中天焉。因書會道，因道論心，因心繩語，因語制宜。是故昭茲貽來，其往鑒矣；起敝維風，其流止矣；英華和順，其辭達矣；敘倫宣憲，其策正矣。可以存體，可以定名，可以經國，可以長世，合古今而一之道也，將不在茲乎？於乎！觀《語》，亦可以觀《春秋》矣。

"史之流"之說當出劉知幾《史通·六家第一》，劉氏以《尚書》《春秋》《左傳》《國語》《史記》《漢書》爲六家，結末云："於是考茲六家，商榷千載，蓋史之流品。""《春秋》之所與"，蓋謂《國語》可補《春秋》，爲《春秋》經資助。葉氏全文從政、教、俗的角度論證《國語》的功能，謂《國語》可以鑒往昭來、"敘倫宣憲"，"可以存體，可以定名，可以經國，可以長世"。看重《國語》的政教功能，和李士實、唐龍的觀點具有相似性。明代學者的這一觀點對日本江戶時期的學者有重要影響。

（九）　童思泉刻本

董文舉，字思泉。其書坊名涵春樓，瞿冕良《中國古籍版刻辭典》云："涵春樓，明萬曆年間吳興人童文舉的書坊名。文舉字思泉。刻印過《墨子》6 卷，《國語解》21 卷，晉王叔和《脈訣》10 卷。"[①] 所刻《國語》爲萬曆六年（1578）刊本。其識語云：

> 是編梓行久矣。但翻刻者衆，差謬愈多，讀者患焉。本坊懇求博洽君子重加考訂，與舊刻不同，買者辨之。萬曆戊寅仲春月，思泉童氏謹白。

其中，《國語解敍》爲手寫上版，字法精妙，頗足觀瞻。次爲童氏按，次《國語》正文，卷一至卷四爲一册，卷五至卷十一爲一册，卷十二至卷二十一爲一册，無目録。今檢南京圖書館藏本首頁鈐"恬安"篆章一、"蘇南區文物管理委員會藏"篆章一、"槐蔭堂主"篆章一，其中"槐蔭堂主"篆章爲陰文。童氏刊刻之時或分《國語》爲六個部分，故於卷一、卷三、卷六、卷十、卷十四、卷十八首頁版心最下分別書"禮""樂""射""御""書""數"六字以別之。凡頁碼"一"皆書作"乙"。此實爲童氏自售之辭，不可據信。該本錯訛較多，拙著《〈國語〉考校——以明本四種校勘條目爲對象》有詳辨，可參。

（十）　張一鯤刻本

張一鯤（1523—1611），字伯大，一字鵬化，號翼海，又自號九洞居士，四川定遠（今武勝縣）人。隆慶五年進士，曾任臨潼令、南京江西道監察御史等。萬曆九年（1581）刻《戰國策》，《國語》也當刻在此時前後。其《刻國語序》揭示了《國語》的内容，對於《國語》的功能以及價值都作出了不同於韓愈、柳宗元的評價。按照張一鯤的看法，《國

---

① 瞿冕良：《中國古籍版刻辭典》（增訂本），蘇州：蘇州大學出版社 2009 年版，第 829 頁。

語》可謂内容豐富。"翼其内而固之",也就是説《國語》是補充《左傳》並解釋《春秋》的。認爲《國語》諸書是瞭解周王朝典制的最好的參考材料。最後交代了校訂刊刻《國語》的過程。瞿冕良《中國古籍版刻辭典》謂:"李時成,明湖廣蘄水人,字惟中。隆慶五年進士。萬曆間刻印過宋朱長文《墨池編》6卷,宋方大琮《鐵庵方公文選》6卷,《文章正宗選要》4卷。"[①] 未提及李時成刻《左傳》之事。最早著録張一鯤本《國語》的目録著作當爲《天禄琳瑯書目》,該《書目》卷七"國語二函十二册"下云:

> 吴韋昭解,宋宋庠補音,明張一鯤輯。二十一卷。前一鯤序,昭、庠二序。書首標題次行刊"明侍御史蜀張一鯤、楚李時成閲,虞部侍郎豫章郭子章、選部郎東粵周光鎬校"。一鯤序稱:先是同年李惟中刻《内傳》於督學署中,不佞與郭相奎取《外傳》,各分四國訂之,注仍韋氏,益以宋氏《補音》,條注其下。字劃剞劂,一放《内傳》,庶幾稱左氏完書云云。一鯤等四人,《明史》俱無傳。朱彝尊《明詩綜》載:郭子章,字相奎,泰和人,隆慶辛未進士。歷官都御史,巡撫貴州,進兵部尚書。周光鎬,字國雍,潮陽人,隆慶辛未進士。除寧波推官,升南京户部主旨,改吏部,歷郎中。出知順慶府,屢遷僉都御史。撫寧夏,入爲大理寺卿。一鯤、時成二人亦未載。考《明太學進士題名碑》,此四人者皆登隆慶辛未進士。序所稱李惟中者,即時成之字。其刊刻是書,蓋合四同年而互相讎校者也。碑載,張一鯤,四川重慶府合州定遠縣人;李時成,湖廣黄州府蘄水縣人。

這和張一鯤個人在《刻國語序》中的記述是有差别的。按照張一鯤的説法,《國語》一書是他和郭子章兩個人每人四語讎校完成的。當然,在張一鯤本《國語》書内標出者,又多了李時成和周光鎬,故《天禄琳

① 瞿冕良:《中國古籍版刻辭典》(增訂本),蘇州:蘇州大學出版社2009年版,第318頁。

瑯書目》之説也有所據。

清代耿文光《萬卷精華樓藏書記》著録云：

> 郭子章、周光鎬校刊。此本譌字最多。明人刻書最好改亂次第，而公序原著遂不可知。前有韋昭序、宋庠《補音敘録》、校補凡例七條。公序因唐人《舊音》簡略不足名書，因廣爲三卷，各自爲書。今本散於各句之下，其音以陸氏《釋文》爲主，唯陸音不載者，則以《説文》《集韻》等書附益之。其敘録一篇，先敘注釋家，次列鄭衆、賈逵、王肅、虞翻、唐固、韋昭、孔晁凡七人，各具時代、官字並所著，是爲傳學姓氏。次案語，先考卷數，後敘撰音次，《周語》至《越語》目録次敘題卷，並所據之本，其十五六本，皆不知爲何本，唯以天聖初假諸宗人同年生鍼者，爲最有條理，題號畫一。宋序凡五節，最爲分明。唯原本難見，明人翻刻之書不知傳自何人，所據何本，於宋音多所增删。韋序結尾數句亦與黄本不同。又《補音》有辨證《舊音》者，亦概從删削，其本不足貴也。又有吳勉學校本，有正文，無音注。凡《國語》多與《戰國策》合刻。余所藏諸本皆然。①

耿文光揭出一個事實，即在《國語》刊刻中，往往《國語》與《國策》合刻。這一刊刻方式，當從南宋時期開始，至明清時期演化爲一種風尚。此外，潘景鄭《著硯齋書跋》也著録了張一鯤本，可參。②

關於張一鯤本的刊刻時間，幾位學者進行過推斷，其中大野峻認爲刊刻在萬曆九年（1581），其依據是同年張一鯤刊刻了《戰國策》，張一鯤本《戰國策》前之《刻戰國策序》後有"萬曆九年辛巳重九日巴郡後學張一鯤撰"的字樣。因爲張一鯤萬曆九年刻《戰國策》，就推斷該年

① （清）耿文光：《萬卷精華樓藏書記》，山右歷史文化研究院編《山右叢書初編》第9册，上海：上海古籍出版社2014年版，第230—231頁。
② 潘景鄭：《著硯齋書跋》，上海：上海古籍出版社2007年版，第52頁。

也刊刻《國語》，理由雖然並不充分，但是結論倒可以作爲參考。今檢
《中國古籍善本書目·史部》收録有萬曆十年楊際熙刻本《國語》（周洪
才《孔子故里著述考》也予以收録），其著録格式與張一鯤本一致。不
知楊際熙本是否即是仿刻張一鯤本。楊際熙爲廣西容縣人，嘉靖三十七
年戊午科（1558）舉人。據《國榷》卷七十載，萬曆五年（1577）七
月，知縣張一鯤、楊際熙爲監察御史，"鴻謨、一鯤、學孟、一脈、際熙
並南京"，則楊際熙與張一鯤本萬曆五年之後爲同僚。萬曆辛巳（1581）
之後，楊際熙外遷爲雲南僉憲①。假如《中國古籍善本書目》著録不誤，
則楊際熙刻本當是在雲南任上刊刻的。其所據底本或即爲張一鯤本。則
張一鯤本的刊刻時間下限可提前到萬曆九年，即與其刻《戰國策》前後
相隔不久。② 也可以進一步證成大野峻之説。

　　張一鯤本影響深遠，擴大了《國語》的傳播，成爲後來很多《國
語》選本或評本的材料來源，後世滋生了一定數量的子版本。張一鯤本
《國語》系統源流大致如下：

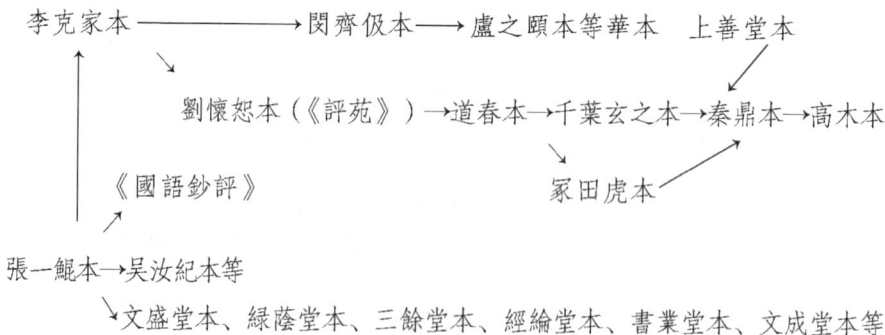

　　關於張一鯤本的文獻價值及其影響，拙稿《張一鯤刻本〈國語〉及
其系統考述》有詳細説明，此處不贅，讀者可參③。

---

　　① 光緒二十三年刊本《容縣志》也有楊際熙的傳記，可參。
　　② 筆者推斷張一鯤本《國語》刊刻時間在萬曆五年至萬曆十三年之間，俞志慧等根據張一鯤
本《國語》上的刻工活動時間，進一步推斷出張一鯤本刻本的上限當在萬曆六年。
　　③ 拙稿《張一鯤刻本〈國語〉及其系統考述》，《海岱學刊》2016 年第 2 期，第 265—285 頁。

（十一）吴汝紀刻本

吴汝紀本刊刻於萬曆乙酉（1585）。該本除了書末附有吴汝紀跋文之外，和張一鯤本原本完全一樣。吴汝紀，新都（今安徽歙縣）人①。除了刻有張一鯤本《國語》之外，吴氏還刊刻過《韋蘇州集》《陶淵明集》等。劉履芬舊藏張一鯤本《國語》一部，今藏北京大學圖書館。劉氏跋云：“同治己巳秋做客吴閶，爲中江李方伯鴻裔購得明刊本《國語》。方伯見之欣然，謂明時蜀刻以《國語》爲最，幸而得之。逾月後從常買處別購此本，檢閲一過，則中佚兩紙。既從借抄補，並細加校閲，則方伯本行款雖同，字跡較遜，又復多吴跋（吴汝紀跋），洵屬蜀本覆刻，而此則祖本也。補抄兩紙行款少，高印從復刻影寫，吴跋是分書。兩紙不利明摹，輒書尾志之。庚午（同治九年）三月十八日吴門寓樓書

---

① 吴汝紀本《國語》，中國臺灣“國家圖書館”有藏。吴氏《跋國語後》署“萬曆乙酉秋七月朔新都後學吴汝紀肅卿甫謹跋”。根據灤縣志編纂委員會所編纂之《灤縣志》（石家莊：河北人民出版社 1993 年版）第二十八章“政府·縣級政權”所列歷代職官表，吴汝紀曾於萬曆四十年，任灤縣同知（見該書第 459 頁）。但是其籍貫却標注爲南直隸人，也即新安人。又各種文獻記載中記載新安吴汝紀刻有《韋蘇州集》《陶淵明集》等。是“新都”“新安”混淆，還是吴汝紀確實有二人？存在疑問，故寧忌浮《漢語韻書史·明代卷》“明代韻書作者籍貫分省統計”下把吴汝紀列爲籍貫不詳（上海人民出版社 2009 年版，第 18 頁）。今檢道光年間《新都縣志》，並没有吴汝紀的記載。審劉尚恒《徽州刻書與藏書》“明代徽州刻書”一章中詳論吴姓刻書人，提及吴汝紀，云：“吴汝紀（字肅卿，新都人），嘉靖間刻唐韋應物《韋蘇州集》8 卷，萬曆十三年（1585）刻《國語》21 卷《補音》3 卷，萬曆末署年刻晉陶潛《陶淵明集》10 卷。”（揚州：廣陵書社 2003 年版，第 73 頁）根據《美國國會圖書館藏中文善本書續録》“古今韻括”下云：“明吴汝紀纂輯。明萬曆間刻本，四册一函。半葉八行二十字，小字雙行同。四周單邊，白口，單黑魚尾。匡高 20.7、寬 12.3 釐米。正文卷端題‘古今韻括卷之一’，下署‘新都吴汝紀肅卿甫纂輯，上元李世澤嘉紹甫校閲’。吴汝紀，安徽歙縣人，曾官福建布政使司正理問，另撰有《老子疏略》二卷。正文前有萬曆丙申（二十四年，1596）仲冬吉月上元友人如真老生李登《古今韻括序》，萬曆丁酉（二十五年，1597）孟春賜進士出身奉議大夫南京吏部驗封清吏部司郎中剡城周汝登《古今韻括序》《刻古今韻括凡例》，還淳居士《七音三十六母反切圖》附識語，目録。周序云：‘吴肅卿氏，崛起新都，僑居白下。雅嗜古籍，以韻學爲文字之祖。遂慨然下帷，留心考訂，總諸家而括之，以集其成。’”（范邦瑾編，上海：上海古籍出版社 2011 年版，第 20 頁）審康熙年間《徽州府志·選舉志·舍選》“歙縣”下有“吴汝紀”，謂其爲布政司理問（第 1460 頁）。民國《歙縣志·選舉志·仕宦》“布政理問”“州同”下亦載有“吴汝紀”之名（石柱國等修《民國歙縣志》，江蘇古籍出版社，第 190 頁），這和《灤縣志》以及《美國國會圖書館藏中文善本書續録》的記載是一致的。但是《歙縣志》没有吴汝紀的傳記。這樣看來，所謂“新都吴汝紀”之“新都”並非四川新都縣，而是新都郡，實屬徽州府、嚴州府的古稱，是凡吴汝紀的記載文字中出現“新都”“新安”都是可取的。

江山劉履芬。"① 邵懿辰《增訂四庫簡明目録標注》云："明萬曆乙酉新
都吳汝紀重刊張本，云張、李、郭、周四先生南都校本《國語》。張歸
蜀，其本入蜀。此又重刊。"② 邵氏的這句話也見於《藏園訂補邵亭知見
傳本書目》③。可見莫友芝《邵亭知見傳本書目》較早著録吳汝紀本，並
撮録其跋文。邵懿辰《目録標注》的標點很清楚，謂張一鯤得罪之後歸
鄉，故其刻本入蜀。而吳汝紀所刻之本蓋依張一鯤本而成，故謂"重
刊"。學者有不識，以吳汝紀以張一鯤入蜀之本重刊，因誤吳汝紀爲蜀
人。今檢吳汝紀跋云：

> 昔人以書秘枕中，蔡中郎得王充《論衡》爲至寶，不傳於世。
> 然則今左氏《國語》之贋本漫刻，不爲斯人幸耶！第左氏《春秋
> 傳》托麟經顯於世，而《國語》奚忝雁行，顧托之，無若麟經，而
> 贋本漫刻，又適爲瑶璞滋垢焉，良工將過而弗視，兹其顯於世不
> 《春秋傳》若可嘻已。不佞從弱冠僻嗜墳籍，而於《國語》無佳本，
> 每深惜之。既而張、李、郭、周四先生官南都，出一校本，遂爲學
> 士龜鏡。時不佞受業郭先生之門□，獲數帙爲珍藏。無何，張先生
> 歸蜀，本遂入蜀，東南之士□看多成觖望。即不佞所藏，浸爲知者
> 索去，間餘一帙。因規規然直嗟曰："是碩果也夫！"竊志梓之，未
> 逮也。爰今讀《禮》山中，既暇，得以掄工董厥事，精審詳訂，累
> 易朔而事竣。其注釋剞劂，一遵四先生之舊。凡魚豕之譌，更蒐剔
> 殆盡。且以廣蜀本之所未廣，抑俾並美《春秋傳》云。時萬曆乙酉
> 秋七月朔，南都後學吳汝紀肅卿甫謹跋。

從其序文可知，吳汝紀受業於郭相奎。吳汝紀認爲《左傳》是解釋

① 轉引自沈乃文：《藏書家劉履芬》，見載於宫曉衛主編《藏書家》第18輯，第18—22頁。
劉履芬研究大概，可參閱趙莎莎、鮑恒《劉履芬研究綜述》（《浙江海洋學院學報》2015年第5期）。
② （清）邵懿辰撰，邵章續録：《增訂四庫簡明目録標注》，上海：上海古籍出版社1959年
版，第233頁。
③ （清）莫友芝撰，傅增湘補：《藏園訂補邵亭知見傳本書目》，北京：中華書局2009年版，
第273頁。

《春秋經》的，故《左傳》藉《春秋》而顯於世。《國語》作爲《春秋外傳》也顯於世。吳汝紀主要擔憂的是，《國語》刻本失真，故有"不佞從弱冠僻嗜墳籍，而於《國語》無佳本，每深惜之"之語，進而指出張一鯤本的價值。從其"其注釋剖剟，一遵四先生之舊。凡魚豕之譌，更蒐剔殆盡"的表述可知，吳汝紀本對張一鯤本是有所校訂的，但是學界對於吳汝紀刻本《國語》的研究不多。

（十二）李克家刻本

今檢道光十年（1830）雷學淦、曹師曾[①]等編《新建縣志》卷三十九《人紀文苑》詳記李克家及其父李鼎之事。記李克家云：

> 李克家，字嗣宗。父鼎嘗於萬曆間上書籌邊防、海防十二事，爲當寧所嘉許，語在鼎傳中。克家承世學，通星緯雲氣風角鳥情諸象占，薈萃綴輯，成《戎事類占》書。張壽朋見而奇之，謂是虎父生虎子也，爲敘之以行世。朱謀㙔推其綜學博奧，宅心忠仁，有憂世濟時之抱焉。（《戎事類占序》）
> 按：省志載李克家係元時富州人，自另爲一人。[②]

檢《四庫全書總目》謂《戎事類占》爲元人李克家所撰，並謂："考《江西通志》，李克家，字肖翁，南昌富州人。至正末，任本學教諭，遷遼陽儒學提舉，即其人也。"[③] 此即《新建縣志》案語所云"自另爲一人"。也就是説，元明時期江西有兩位李克家，元代李克家爲富州人，而明代李克家爲新建人。《續修四庫全書》第 1051 册所收明萬曆二十五年（1597）厭原山館刻本《戎事類占》，前有張壽朋《李嗣宗戎事

---

① 雷學淦，字湘鄰。乾隆五十九年（1794）中舉，嘉慶二年（1797）任新建知縣，後升任義寧州知州，著有《結鄰集》《百壽圖考》等。曹師曾，字雲浦，晚號稀堂。

② （清）雷學淦、曹師曾：《新建縣志》，道光十年（1830）本，本卷第 18 頁。李鼎言海防等事並見於張壽朋《戎事類占序》。

③ （清）永瑢主編：《四庫全書總目》，北京：中華書局 1965 年影印本，第 938 頁上。

類占序》、孫汝澄《戎事類占題辭》，書後有黃岡蔡正茂《戎事類占後序》①。張序云："吾郡西山李嗣宗，督學公之孫，大司寇之從孫，孝廉長卿先生之子也。"又云："太祖高皇帝再造區夏，洗腥膻而還文物。"②張序中的長卿即李克家之父李鼎的字，雷、曹二氏撰《新建縣志》載明人李克家之父李鼎爲萬曆戊子（1588）舉人。張序中的太祖高皇帝即指明太祖朱元璋（1328—1398）。僅從張壽朋序文，即可知《戎事類占》作者實爲明代新建李克家，而非元代富州李克家。又蔡序云："國朝劉青田稍有窺見。然一試於錢塘、鄱陽之濱，而其他不能用也。李君從空引手，挈之中天，嗟嗟忠臣愛國，不却毛髮。善醫者不施藥而施方，李君嘉惠環宇，不其至焉。李君方少年，才品學識爲吾儒大弟子，乃從令孝廉同抱杞憂，雅習時務，於經濟業，匪不删勒成卷。蓋宇宙之事乃其家事，而此書特其一耳。不佞於宇內，嚮往其令孝廉者二十年，兹得抵掌於蔣山之下，一有參證，而因與於寧馨傾蓋之譚，即謂世間神品在是，非謂父書之讀比也。"③ 從蔡序"李君方少年"來看，蔡序撰作之時，李克家只是一個青年人。蔡序撰作自當在萬曆二十五年（1597）前不久，至遲在萬曆二十五年當年。此時李克家既然被稱作"少年"，恐怕年齡不會超過二十五歲。

李克家本卷一首頁前半面"國語卷一"下別一行題"吴高陵亭侯韋昭解"，又別一行題"宋鄭國公宋庠補音"，張一鯤本則在一行中。李克家本首頁版心上爲"國語卷一"，中爲"周上"，下右爲"喻鎧寫姜良刻"，下左爲該頁字數"五百二十"。張一鯤本首頁版心無"周上"，版心下右有"李宗文刻"四字，無字數統計。每頁有字數統計，在《國語》傳世各本中，李克家本是唯一的一種。拙稿《張一鯤刻本〈國語〉及其系統考述》曾對李克家本、張一鯤本前五卷進行對勘，就二本異文

---

① 檢四川省塾江縣志編纂委員會編纂《塾江縣志》第二十三篇《人物·唐至清代縣行政長官表》載萬曆初年湖北黃岡蔡正茂任職塾江，時蔡氏爲舉人。（成都：四川人民出版社 1993 年版，第749 頁）

② 上海古籍出版社輯印：《續修四庫全書》第 1051 册，第 303 頁上。

③ 上海古籍出版社輯印：《續修四庫全書》第 1051 册，第 469 頁下。

比對而言，李克家本錯誤較張一鯤本少，當是根據張一鯤本校正之後的結果。

李克家本在日本有一定影響，一些《國語》勘校者據以勘校《國語》。

（十三）吳勉學刻本

吳勉學字肖（一作"有"）愚，又字師古，明安徽歙縣豐南人。精通醫學，家富藏書，勤於刻書。根據秦宗財研究，吳勉學刻書特色包括：1. 功德傳世，奉正統爲脈流；2. 注重質量，以善本競上游；3. 刊刻醫籍，獨具市場特色；4. 合資聯營，以大手筆稱雄。① 關於這一點，賈晉珠《吳勉學與明朝的刻書世界》也有較詳細梳理，可參。② 吳勉學本《國語》在《國語》版刻史上的特殊價值在於，它是《國語》諸多傳本中僅有的一部白文本。該本當以張一鯤本或其翻刻本爲底本。整體而言，吳勉學本刊刻精審，字體美觀，在明後期《國語》刊本中堪稱精品。

以上十餘種明代《國語》刻本中，李士實序弘治十五年本是後來各本的祖本，金李本是較精之本，張一鯤本是傳播最廣之本，許宗魯本是最有特色之本，吳勉學本是唯一的一部白文本。十三種刻本中，既有官刻本，也有私刻本。刊刻地域廣泛，刊刻者身份多元。除了以上十三種刻本之外，明代尚有較多的《國語》評點本，大抵據張一鯤本或其傳刻本爲底本。

三、《國語》及其著述的相關考校

明代關於《國語》及其著述的考校，基本存在於筆記類著述中，很

① 秦宗財：《明清文化傳播與商業互動研究——以徽州出版與徽商爲中心》，北京：學習出版社2015年版，第251—254頁。
② 賈晉珠：《吳勉學與明朝的刻書世界》，見載於米蓋拉、朱萬曙主編《徽州：書業與地域文化——法國漢學》第13輯，北京：中華書局2010年版，第20—49頁。

少有專門著作。即便有以專門著作形式出現的，如張邦奇《釋國語》，實亦條目寡少，且僅收録在其文集中。今謹據其時代先後，大致梳理如下。

（一）顧大韶《炳燭齋隨筆》對《國語》的考校

明代没有《國語》考據訓詁類的專門著作，札記類著作或小學著作中偶有《國語》以及韋注考校條目。如顧大韶《炳燭齋隨筆》即是。顧大韶（1576—?），字仲恭，常熟人，通内典以及《詩》、三《禮》等，著有《炳燭齋隨筆》《顧仲恭文集》。司馬朝軍謂《炳燭齋隨筆》“爲博涉群書時，隨筆考辨所記，説經者居其半”。① 今檢《炳燭齋隨筆》全書考校條目共 266 條，涉及《國語》12 條，臚列如下並略爲辨析：

> 《國語》及《周本紀》俱謂自后稷至文王爲十五世。孔氏《公劉疏》云：自虞至周由千三百歲，必每世在位皆八十許年，子必將老始生，乃可充其數。不近人情之甚！以理而推，實難據信。此言甚明爽。愚謂：自公劉以後世數必無誤。惟不窋失國，而自竄於戎狄之閒，此時不過西戎一部落耳，國無史官，家無譜牒，自後至鞠陶，不知凡幾世矣，其君長名字皆以僻陋在夷、都不記憶，至公劉遷邠，而始復爲聲教之國，始有文字相傳，鞠陶既是公劉之父，無容不記憶，所以復見於史册耳。度不窋至鞠陶，不下三四百年，公劉之遷當在夏末商初也，謂不窋生鞠陶者妄也。

［按］本條對周先世之世系提出質疑，謂其世數和時間段不匹配。這種觀點在明清諸世比較多見。

> 《晉語》“詢於八虞”賈逵云：八虞，周八士，皆爲虞官。或云：八士皆南宫氏。《晉語》“八虞”之下別云“謀於南宫”，則八

① 司馬朝軍：《續修四庫全書雜家類提要》，北京：商務印書館 2013 年版，第 104 頁。

虞非八士。

[按] 顧大韶此處根據 "或云" 之説和《晉語》 "謀於南宮" 相矛盾進行質疑。楊慎《八士考》認爲此八人出南宮氏。《逸周書・和寤》《武寤》都有 "尹氏八士" 之句，《論語・微子》 "周有八士"，賈逵注或即據《論語》釋《晉語》。楊寬認爲八士恐非虞官，" '咨於二虢' 既然指文王之弟虢仲、虢叔，爲文王之同一輩，'詢於八虞' 必然指文王之長一輩，當爲虞之八兄弟"①。李零傾向於《晉語》八虞即周之八士。同時，李零又據《晉語》語境認爲："'八虞' 與 '二虢' 並列，恐怕不是八位虞官，而是虞國的八位賢臣。" 他認爲："吴就是虞。'八虞' 可能是太伯、仲雍之後的某一代，兩支各四子。"② 楊、李的認識基本相同。

《左傳》且曰獻狀，謂令曹人自供其觀骿脅之狀也。《國語》 "淫於觀狀"，淫，大也，過也，謂鄭無禮於晉君，其罪大過於觀狀也。

[按]《國語・晉語四》本文爲 "淫觀狀"，無 "於" 字。是鄭國大臣叔詹之言。晉以 "誅觀狀" 伐鄭，但是歷史上並無鄭觀重耳骿脅的記載，可見所謂 "誅觀狀" 只是晉爲伐鄭找的理由。叔詹臨刑大聲疾呼 "使淫觀狀，棄禮違親" 當是情急憤激之辭，顧氏以 "其罪大過觀狀" 釋之，符合語境文義。

玄王勤商，十四世而至於湯，又三十一王而後至於紂。乃后稷勤周十五王而遂至於文。文與紂同時也，何殷之王皆短折而周之君皆長世耶？非也。蓋后稷之子孫世爲后稷，至不窋而始失其官，則

---

① 楊寬：《西周史》，上海：上海人民出版社 2016 年版，第 651 頁。
② 李零：《兩周族姓考》，氏著《茫茫禹跡》，北京：生活・讀書・新知三聯書店 2016 年版，第 85—86 頁。

自后稷以至不窋不知凡幾世矣，而所記憶者止有開國之后稷與失官之不窋而已。周人亦據其所記憶者而歷數之，以定其昭穆，非世數止於此千年之間，至少亦必三十餘世。

［按］本條和第一條一樣，是對商、周世系和時間的質疑。

《左傳》云："自幕至於瞽瞍無違命，舜重之以明德。"《國語》云："幕，能帥顓頊者也，故有虞氏報焉。"注者皆以幕爲舜之後虞思也。愚竊有未安，即以內、外《傳》之文義推之。自幕至瞽瞍無違命，言舜之先世即有德而舜又重之以明德也，安得先言後世而後及先世乎？即先言後而追及於先，則追及於舜可矣，又何越舜而追言瞽瞍乎？若幕果爲舜之後，則當云"幕能帥舜者也"，亦如下文"杼能帥禹"之例，安得云"能帥顓頊"乎？以理論之，幕必是顓頊之子孫，舜之遠祖，但其世數不可考耳。《鄭語》亦以虞幕與商契、周棄並稱，而云其後皆爲王公侯伯，則幕爲有虞之祖無疑。報者，有功而不及祖，有德而不及宗，又不可同於無功德之祧墠，故別爲祭以報之。此義詳見《家語》，有虞氏祖顓頊矣，宗舜矣，故幕不祖不宗而爲報耳。

［按］本條對幕的身份進行質疑，並進行了論證。本條也是清代《國語》考據中，諸多學者關注的內容。

《晉語》云："羊舌肸習於《春秋》。"《楚語》云："教之《春秋》，而爲之聳善而抑惡焉。"蓋周制，各國之史皆以"春秋"爲名，非特魯史爲然也。但各國多別自立，如晉《乘》、楚《檮杌》之類，而魯則守周之舊名耳。《墨子·明鬼篇》曰：著在宋之《春秋》，著在燕之《春秋》，著在齊之《春秋》。可見，《春秋》非獨魯史之名也。

〔按〕本條揭示"春秋"爲周代各國國史之共名，各國於共名之外，又有獨立之名，唯魯國守周之舊，襲周舊名以爲專名。《孟子》謂："晉之《乘》，楚之《檮杌》，魯之《春秋》，一也。"

《楚語》"啟有五觀"注以爲太康昆弟也。竊謂啟之不肖子孫，惟太康耳。厥五弟五人俟於洛汭，述大禹之戒以作歌，皆賢人也，安得列於姦子之數耶？注謂觀爲洛汭之地，豈五子皆即畢命於此，後人哀之而總稱曰五觀耶？然則謂啟有五觀者，謂太康不肖而致有五觀之禍耳，非指五觀爲姦子也。《晉語》稱郤有車轅、趙有孟姬、欒有叔祁、范有巫冶，或指人，或指事，或指地。蓋《外傳》句法如是，讀者當以義求之。

〔按〕本條對《楚語》"啟有五觀"一句提出新解，並從表述手法上進行推求。

《齊語》"使海於有蔽，渠弭於有渚，環山於有牢"，此三句本難解，而"渠弭"二字尤僻。注云："渠弭，裨海也。"益不可解。今細思而曲通之。海謂大水也。北人通稱大水曰海，至今猶然。海於有蔽，謂軍行次於大水邊，令本國預設藩舍，以爲遮蔽也。裨猶言小也。裨海者，小水也。渠即溝渠之渠。弭，止也。軍行至於溝渠邊，不能徑度，則必暫止，故謂之渠弭，既暫止，則令本國預爲除地以爲可止之處也。環山而行，所歷多荒僻無人之地，或致匱乏，則令本國預備牛、羊、豕以犒師也。蓋魯、衛、燕既得侵地，雖有此費，亦所甘心。而齊之反三國侵地，非曰直舉而與之也，亦有所用之耳。此管子之謀也，未知然否。

〔按〕本條主要對"渠弭"二字提出見解。黃模《國語補韋》即引顧大韶之説爲説。

無驪姬之讒，則晉國不亂，而重耳無由得國。無夏姬之妖，則巫臣不奔，而吳不通於上國。故晉之伯也，驪姬之力也。吳之伯也，夏姬之力也。天生尤物，必有關世道，非偶焉而已也。

［按］本條意在説明晉文公之所以能够稱霸，得虧有驪姬讒言，使得晉國動亂。否則，無驪姬則無獻公之昏，獻公不昏，則申生順利即位，何有重耳享國伯侯之事。楚本雄霸天下，若非夏姬，則一直强悍，夏姬通於巫臣，巫臣奔晉，遂使楚國國君漸次昏瞶，致有伍子胥之禍，憤而奔吳，是以吳王稱霸。這是在説明事物之間的因果關係。最後歸結到"天生尤物，必有關世道"，還是傳統上"紅顏禍水"的翻版。

晉文請隧，韋昭注以"六遂"之遂解之，謂天子六卿六遂，諸侯有鄉無遂，故曰王章也。然觀《費誓》"魯人三郊三遂"之語，則諸侯之有遂明矣。此解爲失，當從杜預隧地而葬之説爲是。

［按］本條指斥韋昭注非是。顧大韶未能見賈逵注，故以杜預注爲是，不知此説實出賈逵。

《國語》"犬戎樹惇能帥舊德"，樹惇必其君之名也，玩文勢可知。

［按］本條揭出樹惇或當爲犬戎君名。後世頗有與顧説同者。

《國語》敍宣王不籍千畝而終之以戰於千畝，似覺無謂。蓋自宣王即位不籍千畝，至三十九年荒蕪已久，而千畝遂成戰場矣，故終之以此，非無謂也。

［按］揭明宣王不籍千畝章篇末"戰於千畝"的作用。

十二條中，有的解釋典制，有的解釋人物，有的解釋世系，有的解釋語義。其研究路數和基本體式，和李元吉《讀書囈語》基本相同，即多不事徵引，直下己意。所討論諸問題，對《國語》研究有一定積極意義。

（二）陳霆《兩山墨談》對韋昭注的商榷

也有專門對韋昭解提出批評意見者，如陳霆《兩山墨談》。陳霆（1477？—1550），字聲伯，號水南居士，晚號可仙道人，浙江德清人。弘治十五年（1502）進士，曾官刑科給事中、刑部主事等。著有《水南稿》《兩山墨談》《山堂瑣語》《渚山堂詩話》《渚山堂詞話》等。《四庫總目》謂《兩山墨談》："考證古籍，頗爲詳贍，而持論每涉偏駁。如據《國語》王子晉屬宣、幽、平之言，謂周宣與厲、幽、平相等，謂許衡、姚樞不當仕元，謂至正二十六年即當削元之統，皆乖謬殊甚。又輕信小說，如紅綫、蘇小妹之類，並引爲故實。"[1] 其批評韋昭注條目在該書卷三，如下：

> 《國語》爲韋昭注，然謬誤頗多。今姑摘其數處，皆顯可見者。《周語》"民用莫不震動""民用和同"注以"用"爲田器。今按："用"乃虛字。《周書》"民用僭忒"即此句法也。"襄王賜晉惠公命"中云："在《湯誓》曰：余一人有辠，無以萬夫；萬夫有辠，在余一人。"至十三年，鄭人伐滑中云："《書》有之曰：必有忍也，若能有濟也。"注謂今《書》無此言，決爲散逸。今按：二言見存于《湯誥》《君陳》等篇，但字句小異耳。《魯語》："公父文伯飲南宮敬叔酒，以露睹父爲客，相延食鼈。"注謂："衆賓相進使食鼈。"今按：相延者，款導之意，謂賓語相款使食也。又："文伯之母，季康子之從祖叔母也。康子往焉，闈門而與之言，皆不踰閾。"注以闈爲闢，謂闢門也。今按：闈者，馬不出門之貌。謂敬姜身在門內而與康子語也。《晉語》："趙宣子言韓獻子於靈公，以爲司馬。

① （清）永瑢等：《四庫全書總目》，臺北：臺灣商務印書館《景印文淵閣四庫全書》第 3 冊，第 723—724 頁。

河曲之役，宣子使人以其乘車干行，獻子戮之。衆咸曰：'韓厥必不没矣。其主朝升之而莫戮其車，其誰安之?'"注謂獻子因趙盾以爲主，盾升之公朝，莫喻遠也。今按：春秋大夫稱主。優施謂里克妻曰："主孟啗我。"注謂：主，從夫稱也。時韓厥出宣子門下，故論者謂宣子爲其主。莫，古"暮"字。又靈公虐，趙宣子恒驟諫，"公使鉏麑賊之，晨往，則寢門闢矣，盛服將朝，尚而假寐。麑嘆而言曰：'不忘恭敬，社稷之鎮也。'觸庭之槐而死。"注謂："庭，外朝之庭也。"《周禮》：王之外朝三槐爲三公之位。則諸侯之朝，三槐，三卿位焉。今按：本文曰"晨往"，則麑爲晨造趙所矣。既而感悟其忠，乃觸槐而死，則所觸爲趙庭之植也。《鄭語》桓公爲司徒，簡於史伯中云："虞幕，能聽協風，以成樂物生者也。"注謂：虞幕者，舜之後虞思也。今按：虞幕爲舜所自出。史趙曰：自幕至於瞽叟，無違命。舜重之以明德，觀自幕至叟，及重之明德之語，則非舜之後可知。①

《兩山墨談》批駁韋注 7 條，所指出的問題分別爲：本爲虛字而韋昭誤釋爲實詞義，今本《尚書》有之而韋昭誤以爲不見，韋昭誤釋動作，韋昭誤釋場所，韋昭誤釋人物。

《炳燭齋隨筆》《兩山墨談》雖非專門研究，要對《國語》以及韋昭解的進一步研究具有一定的參考價值。

（三）明人對柳宗元《非國語》的研究

宋元以來，對柳宗元《非國語》的研究也是《國語》研究的重要組成部分。明人在這方面也有相應的成果。如胡直《恒廬精舍藏稿》續稿卷八《亡友月塘曾君墓志銘》載曾君著有《非非國語》一卷，張邦奇亦著有《釋國語》一卷。

---

① （明）陳霆：《兩山墨談》，上海：上海古籍出版社輯印《續修四庫全書》第 1143 册，第 245—246 頁。

此外明人的各種著作中，有對柳宗元《非國語》的批評。如上文所引《沈氏學弢》中即有對《非國語》的相應批評。又胡應麟《少室山房筆叢·乙部史書佔一》云：“柳宗元愛《國語》，愛其文也；《非國語》，非其義也。義詭僻則非，文傑異則愛，弗相掩也。好而知惡，宗元於《國語》有焉。論者以柳操戈入室，弗察者又群然和之，然則文之工者傷理倍道，皆弗論乎？（虞槃作《非非國語》，余欲作《非非非國語》，爲柳解嘲，第未見本書）”① 胡應麟的評説似更爲客觀公正。但是有些評價則直接認爲柳宗元之非《國語》實爲“操戈入室”，如陸深《儼山外集》卷五云：“世目薄行人爲没前程。此語亦有所自。柳子厚作《非國語》，人以爲子厚平生作文，得《國語》最深，因知其短長而持之，故謂子厚爲没前程。然則以夫子之道反害夫子，從古已然，可歎也。”② 張燧《千百年眼》卷七云：“柳子厚平日法《國語》爲文章，而其後也，作《非國語》，歷詆其疵病不少置。陸放翁曰：坡公在嶺外，特喜子厚文，朝夕不去手，與陶淵明並稱二友。及北歸，與錢濟明書，乃痛詆子厚《時令》《斷刑》《四維》《貞符》諸篇，至以爲小人無忌憚者，豈亦《非國語》之報耶？”③ 凡此，皆可見明人對柳宗元《非國語》的基本立場。

（四）楊慎《國語》綜合研究

楊慎（1488—1559），字用修，號升庵，祖籍江西廬陵，祖上遷居四川。楊慎爲正德六年（1511）進士，殿試第一，授翰林院編修，又任經筵講官、殿試受卷官等職。嘉靖三年（1524），因“議大禮”被流放雲南，直至終老。

楊慎一生著述宏富，明人簡紹芳《楊慎年譜》謂楊慎一生著作四百

① （明）胡應麟：《少室山房筆叢》，臺北：臺灣商務印書館《景印文淵閣四庫全書》第 886 册，第 226 頁。

② （明）陸深：《儼山外集》，臺北：臺灣商務印書館《景印文淵閣四庫全書》第 885 册，第 36 頁。

③ （明）張燧：《千百年眼》，北京：北京出版社輯印《四庫禁毁書叢刊·子部》第 11 册，第 297 頁。

餘種，王文才等人認爲應該有二百八十種以上①。關於後世楊慎著述的
整理情況，白建忠《楊慎文學評點研究》緒論部分有專門語段涉及，讀
者可參。孫琴安把楊慎看作明代文學評點的先驅人物和傑出代表。根據
白建忠統計，楊慎評點過《楚辭》《文選》《文心雕龍》《李詩選》《杜
詩選》《三蘇文範》《空同詩選》《張愈光詩文選》《雪山詩選》《鈐山堂
詩選》《涇林詩集》《朱謝陂詩選》《澤秀集》《執齋先生選集》《汪白泉
先生選稿》等十幾種。根據白建忠研究，楊慎並没有專門評點過《楚
辭》《文選》，今見楊慎關於《楚辭》《文選》的評點，是後世學者從楊
慎《丹鉛總録》中輯出的。②楊慎的《國語》評點，後世亦有引録之者，
其中條目引録自楊慎的相關著述。

1. 《丹鉛總録》對《國語》的評點考校

《丹鉛總録》是楊慎的筆記，《千頃堂書目》著録爲小説家類。包括
《總録》二十七卷，《續録》十二卷，《餘録》十七卷，《新録》七卷，
《閏録》九卷。《四庫全書總目提要》謂爲“考證諸書異同”之作③。

今檢該書收録《國語》之卷，卷二“水鬭河僵”條、“三江”條、
“五湖”條，卷四“菱芰辨”條，卷八“銙璪”條，卷九“蠱瘴”條、
“隱民”條，卷十二“跳出”條，卷十三“譬況”條、“吕梁碑”條、
“查字考”，卷十四“蠱冶通用”條、“施舍”條，卷十六“青鳥司啟”
條，卷十八“莊子解”條，卷十九“諺語有文理”條，卷二十“張繼
詩”條、“幽陽”條，卷二十五兩條，卷二十六一條，卷二十七一條。
又《升庵集》卷四十二“陟方”條、“平王之孫”條，卷四十三“公子
賦河水”條，皆可資《國語》評點考校。大致包括如下内容：

（1）補充舊説。如卷二“水鬭河僵”條云：

　　《國語》曰：“穀洛鬭，將毁王宫。”注不言其鬭之狀。宋紹興

① 王文才、張錫厚輯：《升庵著述序跋·前言》，昆明：雲南人民出版社1985年版。
② 白建忠：《楊慎文學評點研究》，北京：人民出版社2019年版，第13—14頁。
③ （清）永瑢等：《四庫全書總目》，臺北：臺灣商務印書館《景印文淵閣四庫全書》第3冊，
第582頁。

十四年，樂平水鬭有司奏言，何衝里田水中頹爲物所吸，聚爲一直行，高平地數尺，不假隄防而水自行里南程氏家，井水溢亦高數尺，夭矯如長虹，聲如雷，穿墻毀樓，二水鬭於杉墩，且前且却，約十餘刻乃解。以後印前，穀洛二水之鬭應亦如此也。正德中，文安縣水忽僵立。是日，天大寒，遂凍爲冰柱，高五丈，四圍亦如之，中空而傍有穴。後數日，流賊過文安，鄉民入冰穴中避之，賴以全者頗多土人，謂之河僵，亦前史罕見也。慎當書之實録中。

賈逵、韋昭等只是釋二水相鬭，至於具體情形，並未交代。楊慎引宋紹興十四年、明正德年間鬭水事以明之。

（2）考證舊説。比如"三江""五湖"，韋昭有解，韋昭前後亦頗有解之者。楊慎集合前人之説，復爲之解。如下：

《禹貢》曰："三江既入。"諸注家三江之説極多。《國語》："子胥曰：'三江環之，民無所移。'"韋昭注曰："三江，松江也，錢塘也，浦陽也。"《秦語》云："越王擒之於三江之浦。"范蠡曰："與我争三江五湖之利者，非吳與？"《吳越春秋》曰："范蠡乘舟出三江之口。"《越絶書》云："出三江之口，入五湖之中。"蔡沈《書傳》主庾仲初《吳都賦》注："松江下七十里分流，東北入海爲婁江，東南流者爲東江，并松江爲三江。"張守節《史記正義》曰："三江者，在蘇州東南三十里，名三江口，一江西南上七十里，至太湖，名曰松江，古笠澤江；一江東南上七十里，自蜆湖，名曰上江，亦曰東江；一江東北下三百餘里入海，名曰下江，亦曰婁江，於其分處，號曰三江口。"顧夷《吳地記》云："松江東北行七十里，得三江口，東北入海爲婁江，東南入海爲東江，并松江爲三江是也。言理三江入海，非入震澤也。"按：太湖西南湖州諸溪，從天目山下，西北宣州諸山有溪，並下太湖。太湖東北流，各至三江口入海。其湖無通彭蠡湖及太湖處，並阻山陸。諸儒及地志等解三江既入，皆非也。《周禮·職方氏》云："揚州藪曰具區，川曰三江。"按：

五湖三江者，韋昭注非也。其源俱不通太湖，引解三江既入，失之遠矣。鄞山黃氏曰："世之說三江者甚衆，率與地理不合。至稅安禮《禹貢指掌圖》一出，指豫章九出彭蠡者爲南江，以足經文中江、北江之數，其論始定。"然審如其說，於震澤何關耶？其曰歷丹陽、毗陵入今大江者爲北江，首受蕪湖東至陽羡者爲中江，分於石城過宛陵入具區者爲南江。三江在震澤上下，而皆入海。其說似矣。然丹陽、毗陵之入江者，特港脈一二，詎應影附大江而謂之江？而首蕪湖、分石城之二水皆在震澤上流，又可以江之入海言耶？以今所見，受震澤水東入於海者惟吳松一江，不見其二也。舊有安亭一江，由青龍鎮入海，罔利者慮其走商稅，塞之。又有白蜆一江，以通青龍，今亦塞而耕稼之。王半山《送裴如晦宰吳江》詩曰："當知耕牧地，往往茭蒲青。三江斷其二，洪水何由寧？"豈禹三江之舊迹在是，有可訪而復之者耶？抑水之爲水，有源有委，舊說具區三萬六千頃，積之既多，泄之已難矣。熙寧八年，旱，太湖淺露，見丘墓街井，是昔爲高原，今爲汙澤也。湖之浸淫，又不知其比舊增多幾千頃，非源委之不究而致然耶？慎按：蔡沈、黃震之說，皆於下流求之，名以地訛，號隨世改，恐非《禹貢》三江之說也，曷於上流發源求？徐鉉注《說文》云："江出崏山，至楚都名南江，至潯陽爲九道，名中江，至南徐州名北江，入海。"郭璞《山海經注》："岷山，大江所出也；崍山，南江水所自出也；崌山，北江水所自出也。"三江皆發源於蜀而注震澤，《禹貢》紀其源而及其委耳，豈區區爲吳地，記其瑣瑣改易不常之名乎？觀《禹貢》三江之說，當以此意求之，則余之言，雖大禹復生，不能易矣。

五湖之說有二。《周禮》："揚州其浸五湖。"《國語》："與我争三江五湖之利者非吳耶？"《史記·河渠書》："於吳則通渠三江五湖。"《貨殖傳》曰："夫吳有三江五湖之利。"《太史公自敘》曰："登姑蘇，望五湖。"此五湖者，即具區也。其派有五，故曰五湖，一名震澤，一名笠澤。張勃《吳錄》云："五湖者，太湖之別名，以其周行五百里、三萬六千頃，故以五湖名。"《義興記》："太湖、

射湖、貴湖、陽湖、洮湖爲五湖。"酈道元《水經》謂:"長塘湖、
射貴湖、上湖、渦湖、太湖爲五湖。"張守節《史記正義》云:"莈
湖、游湖、漠湖、貢湖、胥湖,皆太湖東岸五灣,爲五湖。"虞翻
云:"太湖有五道,東通長洲松江,南通安吉霅溪,西通宜興荆溪,
北通晉陵渦湖,西南通嘉興韭溪。"陸魯望云:"太湖上稟咸池之
氣,一水而五名。"其名大同小異,皆《禹貢》之所謂震澤也。王
勃文"襟三江而帶五湖",則摠言南方之湖,洞庭一也,青草二也,
鄱陽三也,彭蠡四也,太湖五也。

《國語》"三江""五湖"自虞翻、韋昭以來,頗有研討之者,各家
觀點不一。楊慎雜引經史文獻,多方推求,雖未必爲信論,要亦對該問
題之深入研究起到一種推動作用。

(3) 以《國語》爲例證進行相關考證。如卷四"菱芰辨"云:

《武陵記》:"四角三角曰芰,兩角曰菱。"其字不一。《説文》
作"薐",注曰:"楚謂之芰,秦謂之薢茩。"芰,菱也,果也。薢
茩,英明也,菜也。殊已混淆。相如賦"外發芙蓉蔆華",則芰實
也。又相如《凡將篇》云:"薐從遴,字作'蘧'。"《爾雅》:"薐,
蕨攗,即英明也。"《爾雅疏》作"英光",馬大年《嬾真子録》誤
作"英光",史繩祖已辨之。黄公紹云:"許慎所注全是菜也。"又
《國語》"屈到嗜芰",蓋英明之菜,非水中芰也審矣。《爾雅》既以
水中之芰釋菜,《説文》又以菜釋水中之芰,由蔆名不一,所以致
惑。今按:菱,今之菱角。芰,今之雞頭。《楚辭》:"緝芰荷以爲
衣。"若是菱葉,不可爲衣也。緣楚人名菱爲芰,所以致後世解二物
不分,又以英明參之,愈益淆亂。楚人名菱爲芰,見《爾雅疏》,
得此一解,可破前説之紛紛矣。

該條以《國語·楚語上》"芰"爲例證,作爲其推論的佐證。又卷
十三"訂訛類"下"查字考"以《國語》爲例證,證明"槎"訓邪斲,

文獻中有實際用例。

（4）評述《國語》。如《丹鉛總録》卷二七"瑣語類"下云：

> 愚觀自古史籍，至宋而憾焉。非憾乎人也，所憾於上之人壞古修史之法也。史始於《尚書》《春秋》，大抵皆一人之筆。《尚書》雖雜出，然而紀一事自一篇，一篇自一人。《春秋》則孔子特筆，而門人一辭不能贊者矣。《春秋三傳》，各以其意釋經，而其事傳焉。若《國語》，若《世本》，若《戰國策》，皆一家言。自《史記》下十七代之書，亦皆一人成之。

本條蓋慨歎後世史書成於衆手，回溯前代史書皆一人所爲。其中舉《國語》爲例，謂爲"一家言"。

（5）質疑舊説。如卷二十五"瑣語類"下云：

> 《史記》《世本》《國語》載后稷至文王凡十五世。愚按：后稷始封至文王即位，凡一千九十餘年，而止十五世，可疑也。或曰：上古人多壽考，然而父子相繼三十年爲一世，常理也。以十五世而衍爲一千九十餘年，即使人皆百歲，亦必六十而娶、八十始生子而後可叶其數，豈有此理邪？稷與契同封，契至成湯四百二十餘年，凡十有四世，而稷至文王年倍而世半之，何稷之子皆長年，而契之子孫皆短世乎？此又可證也。夫以周家帝王之世，國史載之，猶難明若此，近世家譜可盡信乎？

又其卷十三"訂訛類"下"吕梁碑"條云：

> 羅泌云：嘗見漢劉耽所書《吕梁碑》字爲小篆，而訛泐者過半，其可讀者僅六十言。碑中序虞舜之世云："舜祖幕，幕生窮蟬，窮蟬生敬康，敬康生喬牛，喬牛生瞽叟，瞽叟産舜。"質之《史記》蓋同，而不言出自黄帝，此可以洗二女同姓、尊卑爲婚之疑矣。又

他碑所載，后稷生台璽，台璽生叔均，叔均而下數世始至不窋，不
窋下傳季歷，猶十有七世。而太史公作《周紀》，拘於《國語》"十
有五王"之説，乃合二人爲一人，又删縮數人，以合十五之數，不
知《國語》之説十五王，皆指其賢而有聞者，非謂后稷至武王千餘
年而止十五世。太史公亦迂哉！

這兩條都是對周世系和時間匹配度問題的質疑，和顧大韶同。
(6) 訂正舊説。如卷十四"訂訛類"下"施舍"條云：

"施舍"二字，《左傳》《國語》《周禮》凡屢見焉，而解各有
異，今總攝而論之。《左傳》晉悼公即位，"施舍己責"注："施恩
惠，舍勞役也。"魏絳請施舍，注同上。楚平王施舍寬民，注："施
恩惠，舍逋負。"叔向言齊桓公施舍不倦，注："施恩舍逋。""士會
構楚，旅有施舍"，《左傳》凡五見。《國語》"鑄無射篇"云："布
憲施舍于百姓。"注："施恩舍罪。"與《左傳》註意合。惟單襄公
過陳不禮云"縣無施舍"，"所以施舍賓客負任之處"。此舍字，如
"出舍于郊"之"舍"，不音捨也，與《左傳》"旅有施舍"正相
對。又云："聖人之施舍也。"注："施，予也。舍，不予也。"此與
前後訓注不同，亦不合本文意，未知是否。又《齊語》云："施舍
分寡。"注："施德也。舍，舍禁也。"《楚語》云："明施舍以道之
忠恕。"注："施己所欲，原心舍過，謂之忠恕。"《周禮》"凡征役
之施舍"注："施，當爲弛。"

本條針對先秦文獻尤其是《左傳》《國語》《周禮》中的"施舍"
進行討論。臚列較詳。謂"施舍"四義：①施恩舍罪（役）；②施住宿
之地；③予，不予；④施當爲"弛"。王引之則認爲《左傳》《國語》
"施舍"皆賜予之義。肖慧蘭根據研究認爲，先秦"施舍"根據讀音不
同分爲三種：①讀作 shīshě，有三義，分別爲：A. 賜予，給人財物；
B. 予，不予；C. 施予，免除。②讀作 shīshè，有二義，分別爲：A.

寓所；B. 施，助動詞；舍，人名。③讀作 shǐshě，義爲免於服役。① 可作爲楊慎之後討論此一問題的補充。

（7）確立新説。如卷九"人事類"下"隱民"條云：

> 《春秋左傳》："隱民皆取食焉。"《國語》："勤恤民隱而除其害也。"隱民，貧民也。《詩》曰："如有隱憂。"古字"殷"與"隱"同。②

此説又見於焦竑《筆乘》，文云："昭二十五年'隱民多取食焉'，《國語》'勤恤民隱而除其害也'，《詩》云'如有隱憂'，隱當讀爲殷。隱、殷古通用。"③ 只是和楊慎本條具體表述有些差異而已。

（8）文例探討。如卷十二"史籍類"下云：

> 凡傳中引古典，必曰《書》云、《詩》云者，正也。《左傳》中最多。又有變例。如子産答子皮云："子於鄭國，棟也。棟折榱崩，僑將厭焉。"此乃引《周易》"棟橈凶"之義而不明言《易》。魯穆叔論伯有不敬曰："濟澤之阿，行潦之蘋藻，寘諸宗室，季蘭尸之，敬也。"此乃引"有齊季女"全詩之義而不明言《詩》。蓋一法也。又引《書·太誓》所謂"商兆民離，周十人同"者，衆也。據《太誓》原文云："受有億兆夷人，離心離德；予有亂臣十人，同心同德。"省二十字作八字，而語益矯健。此蓋省字，又一法也。郤至聘楚，辭享云："百官承事，朝而不夕，此公侯所以干城其民也，故《詩》曰：'赳赳武夫，公侯干城。'及其亂也，諸侯貪冒，侵欲不已，爭尋常以盡其民，略其武夫以爲己腹心股肱爪牙，故《詩》

---

① 肖慧蘭：《應徹底否定"'施舍'古有二義説"——"施舍"古義再考釋》，《武漢大學學報》1996 年第 3 期。

② 鍾泰謂："隱約，窮困也。《左傳·昭二十五年》'隱民皆取食焉'杜注曰：'隱約窮困。'是隱約、窮困一義。"（《讀莊偶記》，見載於《鍾泰學術文集》，上海：上海人民出版社 2012 年版，第 344 頁）

③ （明）焦竑：《焦氏筆乘》，上海：上海古籍出版社 1986 年版，第 185 頁。

曰：'赳赳武夫，公侯腹心。'"此先言《詩》意而後引《詩》辭，又一法也。宋陳騤曰："古文取《詩》即云《詩》，取《書》即云《書》，蓋常體也。或以《康誥》爲'先王之令'（見《國語》），《周書》爲'西方之書'（見《國語》），以《咸有一德》爲'尹告'（《禮記》），以《大禹謨》爲'道經'（《荀子》），不曰《仲虺之誥》而曰'仲虺之志'（《左氏》），不曰《五子之歌》而曰'夏訓有之'（《左氏》），直言《鄭詩》《曹詩》（《國語》），止稱'汋曰''武曰'（《左氏》），或稱'芮良夫'（《左氏》），或稱'周文公'（《國語》），指《那》頌卒章爲亂辭（《國語》），摘《小宛》首章爲篇目（《國語》），數章之末章既謂之'卒章'，一章之末句亦謂之'卒章'（並《左氏傳》）。凡此似亦略施雕琢，少變雷同，作者考焉，毋誚毋補。"陳氏之言，予論有契焉，故並載之。

本條意在探討古書引《詩》《書》正變之例，正例自然是標注清楚。變例則包括用古書語句之義，約略古書文字，先釋其義後引其文。最後引述陳騤《文則》之説以爲呼應。

2.《丹鉛續録》對《國語》的評點考校

又楊慎《丹鉛續録》中也有若干條目涉及《國語》。其書卷一"經説·國語"涉及《國語》3條，如下：

> 天根見而水涸
> 唐一行曆引《周書·時訓》曰："天根朝覿，爰始收潦。"《國語》之文本《周書》也。

本條説明《國語》之言語有所本。

> 杜伯射王于鄗
> 注引《周春秋》，其文不悉。按：顔之推《冤魂志》亦引《周春秋》，頗詳，文又奇瑋。今補載之。周杜國之伯名爲恒，爲周大

夫，宣王之妾曰女鳩，欲通之杜伯，不可，女鳩訴之宣王曰："恒竊與妾交。"宣王信之，囚杜伯於焦，其友左儒爭之，王不許，曰："汝別君而異友也。"儒曰："君道友逆，則順君以誅友；友道君逆，則師友以違君。"王怒曰："易而言則生，不易而言則死。"儒曰："士不枉義以從死，不易言以求生。臣能明君之過，以正杜伯之無罪。"九諫而王不聽。王使薛甫與司工錡殺杜伯，左儒死之。杜伯既死，即爲人見王曰："恒之罪何哉?"召祝而以杜伯語告之，祝曰："始殺杜伯，誰與王謀之?"王曰："司工錡也。"祝曰："何不殺錡以謝之?"宣王乃殺錡，使祝以謝杜伯，司工錡猶爲人而至曰："臣何罪之有?"宣王告皇甫曰："祝也與我謀而殺人，吾所殺者又皆爲人而見，奈何?"皇甫曰："殺祝以兼謝焉。"又無益也。皆爲人而至，祝亦曰："我焉知之? 奈何以爲罪而殺臣也?"後三年，遊於圃田，從人滿野。日中，杜伯乘白馬，素衣，司工錡爲左，祝爲右，朱衣，朱冠，起于道左，執朱弓、朱矢，射宣王中心折脊，伏於弓矢而死。

本條補充韋昭注。楊慎認爲，雖然韋昭注引述《周春秋》，但是不够詳細。故又以顏之推《冤魂志》所引《周春秋》故事補充之。

> 使海於有蔽，渠弭于有渚，環山于有牢(《國語》《管子》同)
> 賈侍中云："有蔽，言可依蔽也。渠弭，褌海也。"尹知章《管子注》曰："使海於有蔽，或遇水災，教令泄於海，使有蔽盡也。渠弭於有渚，教之穿渠弭，亘於河渚也。環山於有牢，教之立國，城必依山以爲綱紀而有牢固。"按：尹說比賈有發明，宜表出之。

本條出《齊語》，《齊語》本句話和《管子·小匡篇》基本相同，楊慎在比較了《國語》賈逵注和《管子》尹知章注之後，認爲尹知章注勝於賈逵注，故特標出之。

又"左傳"下"晉於是乎作爰田"條云：

爰田，《國語》作“轅”，皆假借字也。爰，當作趄。許慎曰：“趄田，易居也。”爰田之制，古者田三歲一易，以同美惡。商鞅始開阡陌，今民各復常業，不復之易。

本條是《左傳》的條目。先秦爰田，又作“轅田”“趄田”等。楊慎在明田制之不同。關於爰田制度，古今學者頗多討論。拙著《小學要籍引〈國語〉研究》引述各家，頗多討論，可參。[①]

3.《翰苑瓊琚》對《國語》的評點

另外有一部署名楊慎編《翰苑瓊琚》，《四庫總目》謂：“舊本題明楊慎編。其書餖飣補綴，類鄉塾兔園册子。中間割裂《尚書》，尤爲庸妄。疑非慎之所爲。”[②] 故鄧瑞全、王冠英主編《中國僞書綜考》亦謂“疑僞”[③]。今檢《四庫全書存目叢書補編》第4册收入此書，爲吉林省圖書館藏明天啟年間刻本。此本校勘不精，頗多錯字。《翰苑瓊琚》引録《國語》大多節選，所選《國語》有篇題，篇題下注明事件主體或篇章内容，事件主體在篇題最下大字出之，往往涉及的是主要行爲人物，緊挨篇題往往也會有小字注文，對篇題所涉及的事件原委進行標注。如“諫密侯”下云：“時有三女奔之。”“諫用榮公”下云：“時厲王悦榮夷公。”“諫監謗”下云：“時厲王任衛巫。”如此之類。篇内有句讀，以“、”斷開，部分正文下有注文，有些選文篇末緊接句子或單獨另起有評點探討。所引《國語》篇目在第一、第二兩卷，依次爲却晉侯重耳請隧、却晉之請僇衛侯、諭晉士會、諫密侯、諫用榮公、諫監謗、諷幽王、諫壅川、如齊告糴、諫魯侯如齊觀社、對晉行人、答范宣子、答子服它、訓子公父歜、諭季康子、對宰孔、止公子重耳、謝秦使、舉元帥、戒趙武、止争鄭、止戰楚、憂勝楚、飭諸大夫、辭賜欒、戒趙武、戒夫、復命吴王、諷智伯瑤、對君夫差、對趙簡子、答子西、求言、對君句踐、

① 拙著《小學要籍引〈國語〉研究》，新北：花木蘭文化出版社2014年版，第161—164頁。

② （清）永瑢等：《四庫全書總目》，臺北：臺灣商務印書館《景印文淵閣四庫全書》第5册，第140頁。

③ 鄧瑞全、王冠英主編：《中國僞書綜考》，合肥：黄山書社1998年版，第798頁。

止越王許戰、辭榮于越、勸籍田、悼虢之請土于神。有些只是語段選錄，
並無相應的評點。

文内注文和韋注不完全相同。如"内官不過九御"楊慎注："王宫
有九嬪，而女御分屬之。""外官不過九品"楊慎注："三公與六卿爲
九。""改玉改行"楊慎注："玉者，王鎮圭，公桓圭，侯信圭，伯躬圭，
子穀璧，男蒲璧。行，步也。玉進而改，則更其常度。""而縮取備物以
鎮撫百姓"楊慎注："縮，直也。"此注和李元吉説同。"諷幽王"篇
"侏儒戚施，寔御在側"注："《十月之詩》云：仲允膳夫，聚子内史，
蹶惟趣馬。惟師氏之類皆是。""諫壅川"篇"不寶澤"注："皆因其自
然。"此注和韋昭"不爲此四者，爲反天性也"意思相同。有原無注文，
此增添之者，如"諷幽王"篇"是物也"注："物，謂所爲。"

檢其評點，有對舊説檢點取捨者，如"却晉侯重耳請隧"篇末云：
"隧者，天子外朝之馳道，以大朝會諸侯者，周公營洛所建也。諸侯内屏
所朝者，卿大夫不應有隧，以僭王禮，却之是也。舊説隧爲王禮葬之墓
道，恐誤。"對賈逵之説提出質疑。

有對説話辭氣進行揭示者，如"却晉侯重耳請隧、却晉之請僇衛
侯"總評云："兩番却晉議論，皆詞嚴義正，能令雄侯回慮。設當時而
得周召在廷左右之，亦足爲周令主，可以中振。比跡宣王，惜乎其溺於
靡也。雖然，使後王而能申此却義，顧王章、懲逆政，豈至爲威烈之命
三晉、安王之侯田齊耶？"對周襄王的辭令給予較高評價，又對其無良
臣佐助表示遺憾。

有對事件發生原因進行揭示者，如"諭晉士會"評云："時晉使會
平王室，王享之肴烝，會私問其故，王聞而召諭之，會歸而講求典禮，
能遷善也耶！"既解釋了王享殽烝的原因，又對士會聞善而徙的舉動表
示了贊賞。"諫壅川"評云："時穀、洛二水鬬，將毀王宫，王欲壅之。"
《翰苑瓊琚》所錄《國語》語段既爲截取，則事件發生的前因後果往往
不存，故又費詞揭示其發生原因。

有揭示其影響者，如"止戰楚"評云："山巨源之止晉伐吳，祖此
意。"

有揭示人物功勞成就者，如"復命吳王"評云："亦能正名于百一，比于管仲，有一溉之功。"

"對君夫差"評云："讀作，應作鷗鶸桑上觀，毋第曰可以鳩吳宗已也。"

有贊揚深謀遠慮者，如"答子西"評云："亶策吳之成敗，如錐□□，可謂長于料事。"

有點評軍事者，如"止越王許戰"評云："兵猶主客之勢、陰陽之變、遲速之宜，要在廟算勝也。"對決定戰爭的諸因素進行了提示，並認爲戰爭的關鍵在於勝利。

有對篇章記事以及附會質疑者，如"勸籍田"評云："籍田之諫，未必宣王不聽。《國語》以不籍千畝附會王師之敗績千畝，故難取信。"宣王是周中興之主，故對本條史料的真實性提出質疑。

有對事件結果原因進行揭示者，如"諫監謗"評云："王弗聽召穆公之忠言，尋有彘之變。"

有對敘事風格進行揭示者，如評伶州鳩論律云："敘律呂簡潔，勝太史公。"認爲《國語》所載伶州鳩敘律呂之事簡潔，這個看法較爲別緻。

整體而言，《翰苑瓊琚》篇目較少，且皆選録語段。又其評點不是每篇都有，文內注釋也比較分散。但其評點照樣有引人思考之處，同時對後世也具有一定影響。

以上對楊慎《丹鉛總録》《丹鉛續録》《翰苑瓊琚》研討《國語》條目進行了梳理，可見楊慎《國語》研究既有語義探討，也有地理考證、整體評價、篇章評點，涉及範圍較廣。當然，楊慎的《國語》考校和評點，恐非僅此。湯賓尹《國語秋型》引述楊慎《國語》評點條目67條，數量也不算少，可見楊慎《國語》評點考校條目具有一定的體量。希望隨著《楊慎全集》的整理，其《國語》方面的研究資料也被發掘出來，進一步豐富楊慎的學術研究資料，同時也助力於明代前中期《國語》研究的全面整理與深入。

(五) 李元吉《國語》綜合研究

此外，有對《國語》、韋昭解、柳宗元《非國語》皆有平議者，即李元吉《讀書囈語》。

李元吉，字允慶，號履齋，陝西大荔人。《皇明貢舉》卷九記其籍貫爲"陝西同州"。萬曆八年三甲進士，曾官户部郎中。著有《讀書囈語》《雜書囈語》《老莊蠡測》《評批本朝兩新命諸集》《屯居隱恤編》《真定公集》等①。其《讀書囈語》十卷，《續修四庫全書》收入中國科學院圖書館藏崇禎十六年河濱公署刻本。全書十卷，一卷一題，分別爲《四書》《易經》《書經》《詩經》《春秋》《禮記》《左傳》《國語》《戰國策》《史記》。書前有金毓峒崇禎癸未（1643）書序，謂："李履齋先生與先君子同年舉進士，官恒山太守，縣車數十年，好古樂道，博極群書，論著甚富。往有《老莊蠡測》一編，左蘿石給諫爲序以傳，約識精言，不減王、郭。余讀之，如嘗鼎一臠，顧以未窺全豹爲憾。客歲秋闈，撤棘後，從先生幼子孝廉得《讀書囈語》十卷，蓋自《四子》《五經》暨《左》《國》《史記》，各有論著，闡微言，析疑義，每豎一解，多發昔賢之所未發，真能窮經者也。"又謂："先生以《老》《莊》括子之津梁，以《左》《國》諸家舉史之涯略，而精神所注，獨在窮經。"② 根據金毓峒序可知，李元吉是金毓峒的父執，李元吉以《左傳》《國語》爲"史"，以"囈語"二字名書有"自遜"之意。司馬朝軍則認爲"囈語"二字恐非自謙，實是"解嘲"，謂："其名'囈語'，蓋取夢話。此非謙辭，實乃解嘲之語。如曰：'醫道甚難，巫術最賤，而夫子以病無恒而並舉之，豈昔之巫真能降神附體而爲人造福耶？'又曰：'緣木求魚，或謂非求魚木上，是求魚不以鉤餌網罟，而但以一木取魚也，固亦有理。然今南蠻人往往以木叉叉魚，是緣木亦可求魚也。'又曰：'淫威，舊説亦

---

① 《陝西同州府續志》卷九《經籍志》，南京：鳳凰出版社 2007 年影印《中國地方志集成·陝西府縣志輯 19》，第 418 頁。

② （明）李元吉：《讀書囈語》，上海：上海古籍出版社輯印《續修四庫全書》第 1143 册，第 441—442 頁。

未盡善，余意即‘寅畏’之誤耳。言其客有此寅畏之德，故周天子嘉之，而錫之以甚大之福也。’如此別解，殆類囈語。”① 雖司馬氏之語稍嫌刻薄，但從他所選取的《讀書囈語》例子來看，至少説明李元吉的有些説法並不高明。當然，司馬朝軍在下文也承認《讀書囈語》“亦間有嘉言”。夏傳才主編《詩經學大辭典》中對李元吉《讀詩囈語》的評價，則比較平和②，可參。

今檢李元吉讀《國語》部分一共 73 條。大致内容如下：

1. 駁正韋注

李元吉對韋注提出質疑，並對《國語》語詞作出新的解釋。如該卷第 1 條云：

> “王幾頓乎”，幾訓近，頓訓罷。言王勤民而觀兵於遠，所謂疲中國以事外夷，兵玩而無震者也。蓋與起句爲相應。

韋昭原注云：“幾，危也。頓，敗也。”只解釋詞義，不串講句義。李元吉不僅重新解釋了“幾”“頓”二字，而且串講了句義。此外還從首尾呼應的角度揭示了此句與本篇首句的對應關係。

又如：

> 縮取備物，縮訓直，言晉果爲天子直取此備物以葬，則可也。以爲“引取”，似迂矣。

韋昭謂：“縮，取也。”李元吉認爲韋注“縮”字不確，以“縮”當訓“直”。故訓中有訓“縮”爲直者，如《禮記・檀弓上》“古者冠縮縫”孔穎達疏謂：“縮，直也。”③《孟子・公孫丑上》“自反而不縮”朱

---

① 司馬朝軍：《續修四庫全書雜家類提要》，北京：商務印書館 2013 年版，第 196 頁。
② 夏傳才主編：《詩經學大辭典》，石家莊：河北教育出版社 2014 年版，第 452 頁。
③ （清）阮元校刻：《十三經注疏》，北京：中華書局 1980 年影世界書局本，第 1282 頁上。

熹集注謂："縮，直也。"① 馬瑞辰以《詩·大雅·緜》"縮版以載"之"縮"爲直，謂："古以直爲縮。"② 依韋注，"縮取"爲同義並列複合結構；依李元吉説，"縮取"爲狀中結構。

另如：

> 郈敬子請以班徙次，則自上達下，當徙者多矣。故公亦弗取。敬子非自以爲罪如孟文子也。

這是針對韋昭"敬子自以有罪，君欲黜之，故請從司徒徙里舍也"注而發。又《魯語下》"事其君而任其政，其誰由己貳"韋昭云："言楚臣方事其君，當其政，其誰肯從己時而使諸侯有攜貳者也。"李元吉云："誰繇己貳，言楚臣方任君政，誰肯懷疑貳之心，而不爲君求説侮也。非諸侯貳也。故下云'説侮不懦'，言欲爲君説侮必不懷怯懦之心，執政皆不疑貳，以楚之大而難魯，誰能待之也。"③ 韋昭以"貳"爲"使諸侯攜貳"，李元吉以"貳"爲楚臣之"疑貳"。

2. 駁正柳宗元《非國語》

引録或評判柳宗元《非國語》的觀點，成爲宋以來《國語》研究的一項主要内容，李元吉《讀書囈語》也莫能外。該卷第 2 條云：

> 柳子厚以媚於神、求福用民爲巫之太而非之。然而未允也。"媚"訓"順"，所謂"媚兹一人"是也。凡人以誠事神，自能致福。蓋事神誠，則行事必不敢違理逆民，自爾福至。不藉千畝，則無事神之誠矣。克是心也，將慢神而虐民矣，何福之有？

今檢柳宗元《非國語·不藉》云："古之必藉千畝者，禮之飾也。

---

① （宋）朱熹：《四書集注》，長沙：嶽麓書社 1987 年標點本，第 332 頁。
② （清）馬瑞辰：《毛詩傳箋通釋》，北京：中華書局 1988 年校點本，第 819 頁。
③ （明）李元吉：《讀書囈語》，上海：上海古籍出版社輯印《續修四庫全書》第 1143 册，第 507 頁。

其道若曰：吾猶耕云爾。又曰：吾以奉天地宗廟。則存其禮誠善矣。然而存其禮之爲勸乎農也，則未若時使而不奪其力，節用而不殫其財，通其有無，和其鄉閭，則食固人之大急，不勸而勸矣。啟蟄也得其耕，時雨也得其種，苗之猥大也得其耘，實之堅好也得其獲，京庾得其貯，老幼得其養，取之也均以薄，藏之也優以固，則三推之道存乎亡乎，皆可以爲國矣。彼之不圖，而曰我特以是勸，則固不可。今爲書者曰：'將何以求福用人?'夫福之求，不若行吾言之大德也；人之用，不若行吾言之和樂以死也。敗於戎而引是以合焉，夫何怪而不屬也? 又曰'戰於千畝'者，吾益羞之。"① 李元吉總結爲 "柳子厚以媚於神、求福用民爲巫之太"。實際上，柳宗元《非國語・料民》云："吾嘗言，聖人之道，不窮異以爲神，不引天以爲高。故孔子不語怪與神。"② 韋昭訓 "媚" 爲 "說"，李元吉解爲 "順"，並以《詩・大雅・下武》"媚茲一人" 爲例。王冰總結，多數學者把 "媚" 看作動詞，釋作 "愛" 或 "愛戴"，但馬瑞辰以來的一些學者則將 "媚" 釋作形容詞 "好"。③ 也就是說，《下武》之 "媚" 和《國語》本句之 "媚" 當非一致。就《國語》本句而言，"媚" 是動詞，無可置疑。當然，李元吉意不在此。他在這裏主要講的是，事神誠則 "行事必不敢違理逆民"，是有積極作用的。

3. 質疑《國語》載事的真實性

《國語》有一些篇章記載神怪之事，李元吉對這類現象表示了質疑。如該卷第 4 條云：

> 丹朱爲神，房后爲馮，是皆不可曉者。且神降於莘而以爲必丹朱，又不可曉也。且虢君夢神立於西，策史以爲蓐收也。且安知此神之非蓐收而以爲丹朱乎?

---

① 湖南省法家著作注釋研究班柳宗元《非國語》評注組編：《柳宗元〈非國語〉評注》，長沙：湖南人民出版社 1976 年版，第 8—9 頁。

② 湖南省法家著作注釋研究班柳宗元《非國語》評注組編：《柳宗元〈非國語〉評注》，長沙：湖南人民出版社 1976 年版，第 21—22 頁。

③ 王冰：《〈詩經・大雅・下武〉"媚茲一人，應侯順德" 新證》，《平頂山學院學報》2014 年第 4 期。

《周語》記載了房后協于丹朱之事，然後認爲降于莘之神爲丹朱，這是出於周大夫内史過的推斷。李元吉認爲"不可曉"，認爲這是没有憑據的説法。

4. 在《國語》舊説多種中，進行傾向性選擇

今存韋昭注本《國語》在施注時，往往徵引賈逵、唐固、虞翻之説，徵引之後又加己説。這就給後世學者創造了比較的機會，在諸説之中決定去取。李元吉《讀書囈語》對於賈逵、韋昭等人説法不同的注釋，也給予了傾向性的意見。如：

> 晉文請隧，賈以爲掘地，韋以爲六隧，以死生服物觀之，賈説似勝。

可見，李元吉更傾向於賈逵之説。

5. 對於《國語》原文無解釋之處，李元吉給予解讀

《國語》原文有些地方舊無注釋，其語義又值得探討，李元吉爲之解釋。如：

> "有優"二語，謂民農事畢則優逸，而竭力罷敝於工役也。謂陳不脩農功而勤民築臺於夏氏也。

這是對《周語中》"單襄公論陳必亡"篇"有優無匱，有逸無罷"的解釋。

又如：

> 用善不肯，勸君用善，君不從也。專則不能，民專爲善則不能自全也。是以至於殄滅而君隨以殺也。

《魯語上》第十五章"用善不肯，專則不能"，《國語》舊注無釋，故李元吉釋之。今此句多斷作"用善不肯專，則不能使"，謂用善人不

能專一，則不能用之。

6. 對《國語》内容性質進行論定

李元吉謂："《國語》一書，記外國國語也。乃齊止記桓、仲，鄭止記遷新鄭一事。至宋、衞、陳、蔡、曹、滕等國，略無一語記之，何其寥寥也？吴、越之語，止記越報怨一事耳，一而足矣，乃爲三焉，何喋喋也？《越語》之下似乎單爲范蠡作傳者。而列國諸賢，如晏嬰、子産、華元、向戌等亦多矣，盡無記焉，令人不滿云。"① 對《國語》選材標準提出批評。

李元吉的生平雖然不詳，從其著述可知，屬於理學家一路。他的《讀書囈語》撰寫比較隨意，算不上正宗的訓詁考據之作，但在以評點爲主的明代，已經顯得難能可貴了。

（六）鄭維岳《國語旁訓便讀》

鄭維岳，字申甫，號孩如，泉州南安人。萬曆四年（1576）舉人，曾任遂昌教諭、五河知縣、曲靖同知等。著有《四書正脈》《四書定説》《四書知新日録》《大學存古》《中庸明宗》《論語學脈》《孟子聖諦》《易經密義》《易經意言》《禮記解》《群書考采録》《國語旁訓便讀》《國策旁訓便讀》《史記旁注便讀》《左傳旁訓便讀》，參與增補《鼎雕增補單篇評釋昭明文選》等。

《國語旁訓便讀》二卷，上卷收《周語》《魯語》《齊語》，其中《周語》十九篇，《魯語》十二篇，《齊語》五篇，《晉語》三十九篇，《楚語》十一篇，《吴語》五篇，《越語》六篇。類似的書還有陳臥子本，該書全稱爲"新刻陳先生選釋國語辯奇旁訓評林"，屈萬里撰有提要，謂："陳先生選釋國語辯奇旁訓評林，四冊一函。題明陳子龍選，張溥註。明末葉刊本。九行二十字，板匡高一七·三公分，寬一二公分，上欄高三公分。是書題'華亭陳子龍臥子父選輯，婁東張溥天如父註釋，

---

① （明）李元吉：《讀書囈語》，上海：上海古籍出版社輯印《續修四庫全書》第1143册，第511—512頁。

臨川陳際泰大士父評林，潭陽楊居寀素卿父繡梓。’扉葉題：‘合刻國語國策辯奇’，‘張侗初李卓吾兩先生纂’，‘書林清白堂梓’。按：本館藏有《國策辯奇》一書，其書襲自鄭維岳之《戰國策旁訓便讀》，此本與彼書刻於同一書坊；疑鄭氏亦有此書，而書賈襲取之。張侗初、李卓吾、陳卧子、張天如諸人，殆皆依託也。《四庫全書總目》未著錄。”① 筆者曾引述該本首卷前半面，上欄引李九我之言，實是孫鑛之語。② 但是“周語”下又注“二十三首”，非如鄭維岳《便讀》之十九篇，就其兩行的注文看，似簡略《便讀》而成。

《國語旁訓便讀》的刊刻方式在《國語》諸本中別具一格，該本四周雙邊，半葉正文大字七行、注文小字七行，注文在正文之右，多撮録韋昭注釋而成，也有在韋昭注的基礎上發揮者，如“謀父諫征犬戎”章“動則有威”韋昭注：“威，畏也。”《便讀》云：“人畏之。”也有新增者，如同篇“以致戎于商牧”之“致”，韋昭原無注，《便讀》云：“具。”是謂此處“致”義爲“具”。

總體而言，該書有普及之功，少研覈價值。當然，有些釋義對理解《國語》本文也有一定的積極作用。

（七）劉城對《國語》人名、地名的彙録

劉城（1598—1650），字伯宗，改字存宗，號嶧峒，安徽貴池人。明末諸生，入清不仕。著有《春秋左傳地名録》《春秋左傳人名録》《春秋外傳國語地名録》《春秋外傳國語人名録》《讀書略記》《古今事異同》《古今名賢年譜》《古今初學記》《嶧桐集》等。

1.《春秋外傳國語地名録》

《春秋外傳國語地名録》一卷，附在其《春秋左傳地名録》之後，有明崇禎年間刻本。《四庫存目叢書》即用泰州市圖書館藏崇禎刻本影

---

① 屈萬里：《普林斯敦大學葛思德東方圖書館中文善本書志》，臺北：聯經出版事業公司1984年版，第142頁。

② 拙著《小學要籍引〈國語〉研究》，新北：花木蘭文化出版社2014年版，第206—207頁。

印。今檢該本輯纂各語地名之先，先列國名，國名按照周、四夷、少典、
黄帝、少昊帝、帝嚳、虞、夏、商分别，前總言其國夷數量，次列舉，
列舉國名，多數不出注釋，少數有釋文，大致介紹該國基本情況。謂周
之列國凡六十有八，四夷凡三十，少典、黄帝無一國，少昊帝、帝嚳、
虞夷一種，夏凡五國，商凡五國、夷一種。按照《國語》卷次依次臚列
《國語》出現的地名。以《周語》三卷爲例，如下：

　　周語上：
　　　商牧——即謂商郊牧野也。
　　　涇上——涇，周水名。
　　　彘——晉采地，有人太，厲王流於此。
　　　召——畿内采地，召公初食邑也。
　　　千畝——周籍田也。宣王三十九年，與姜氏之戎戰於此。
　　　樊——周采地。
　　　南國——謂江漢之間也。
　　　大原
　　　西周——鎬京地。
　　　三川——涇、渭、汭也。
　　　伊——水出熊耳。
　　　洛——水出冢領。
　　　河
　　　岐山——三川之源。
　　　圉門——王城門也。
　　　莘——虢地。
　　　崇山——高山也。夏居陽城所近地。
　　　聆隧——夏時地名。
　　　丕山——大邳山也，在河東。
　　　牧——即牧野。
　　　鄗——即鎬京也。

　　韓——晉地，即韓原。見僖十五年。

　　衡雎——鄭地。見僖二十八年。

　　踐土——鄭地。

周語中：

　　郟——洛邑。

　　陽——畿內邑。

　　温——晉河陽。見僖二十八年。

　　殽——晉地。見僖三十二年。

　　原——周采地，後賜晉田，爲原大夫邑。

　　范——晉采地。

　　單——周成王封少子臻邑，後爲氏。

　　鄢——鄭地。見魯成十六年。

　　趙——周穆王封造父地，後爲氏。

　　欒——晉采地。

周語下：

　　柯陵——鄭西地。見魯成十七年。

　　翼——晉別都。

　　穀——水名，在王城之北。

　　羽山——堯殛鯀地。

　　羊舌——晉采邑。

　　崋——北山。

　　成周——在瀍水東，王城也。

　　魏——晉邑。

　　翟泉

　　大陸——晉藪。

　　注釋簡明扼要。所釋地名，以韋昭注爲主，韋昭注不載者，則以杜
預注爲主，韋、杜兩家注不載者，則不出注。《左傳》同時記載的地名，
往往注明“見×公×年”。

2.《春秋外傳國語人名録》

《春秋外傳國語人名録》未見，今據其《嶧桐文集》收録《春秋外傳國語人名録》序，云：

> 予録地名，《外傳》別出，故人名亦如之。世稱《國語》亦左氏手，以采摭博富，繹經不盡，乃別用義類，成書而外之，以別乎《内傳》云爾。按《春秋》之義，内中國禮義之人，外亂賊之人，斷斷然也。我觀後世，有一系之人而祖父内、子孫外者矣，有一姓之人而伯叔内、仲季外者矣，有一人之身而少壯内、末路外者矣，有不得已之人而魂魄内、衣冠外者矣。之數人者，律以春秋之法，當何等乎？嗟乎！在三代之世，其傳外也。外傳之人，則皆内逮乎今日。其氏族内也，而人則皆外，吾烏乎傳之，悲哉！

從其《左傳地名録》《國語地名録》的編纂方式來看，劉城《春秋外傳國語人名録》主要還是輯録之功，缺少清人那樣考證精審、辨析細密的人名、地名解詁研究。

除此之外，楊慎著述中也有相應條目涉及《國語》語義訓詁等問題，詳見上文。總體而言，明代在《國語》考據研究方面整體比較薄弱。即便一些研討文義者，比較重視語境，直接切入語義探討，缺乏詳盡論證。另外，在詮釋文義的時候，比較注重揭示其思想價值。

四、明代《國語》評點

評點作爲術語出現較晚。《中文大辭典》釋爲："批評圈點釋文之優劣也。"《辭源》（修訂版）謂："中國古代文學批評方式之一。形成於南宋。士人讀書，於切要處，往往以筆標抹、圈點、批注，遂開評點一法。如呂祖謙《古文關鍵》、樓昉《迂齋評注古文》、謝枋得《文章軌範》、羅椅《放翁詩選》、劉辰翁《箋注評點李長吉歌詩》等，皆是其例。影響廣泛。"① 夏征農、陳至立主編《大辭海》"評點"條云："文學批評術語。是指在文學文本上使用眉批、夾批、出（折）批、尾批、總評、論贊、圈點塗抹等一種或幾種形式對文本進行闡釋、評價，並在此過程中表達評點者的思想觀念、審美情趣，給讀者指示閱讀門徑的一種批評形式。一般認爲，嚴格意義上的文學評點始於南宋，而盛行於明末清初，衰於清末，涉及詩文、戲曲、小説等文體，而尤以戲曲、小説之評點影響最大。早期的評點以注音、釋義爲主，明代萬曆年間形式漸趨完善，更加注重文本主旨、風格、章法關鍵等的點撥闡發。它的流行與成熟，並非僅是一種單純的文學現象，而是一種與傑出文人的介入、書坊出版、文本傳播、八股時文、商業目的等要素，具有一定關聯的文化現象。"② 所釋較全面綜合。羅根澤指出，評出現得比較早，點則較晚。羅先生還從《爾雅》《切韻》《洪武正韻》等小學書釋"點"字，總結云："漢晉所謂點指以筆滅字，唐宋所謂點指以筆點畫，元明以後所謂點指以筆點注。點畫是長抹，點注是圓滴。"③

可見，"評點"實包括評與點二種，而評先於點產生。點的產生恐怕在標點符號產生之後，至少應該是在閱讀帶有隨意性和個性化傾向的背景下產生，在這種狀態下，點就帶有批評或鑒賞的特徵，而非僅僅區分句讀、明別語詞而已。有的學者認爲，評點最初確乎是兩種行爲。換言之，"評點"始爲兩個單音節詞的連用，後來凝固成一個合成詞。這個合成詞的語義實際上是兩個單音詞語義的疊加。而至後來，"點"的指向也向"評"轉移，故而"點""評"二字有同義的傾向。這種看法，恐怕是把評點研究重視評而忽略點的研究傾向和評點體現形式混同的認識。實際上，評點一直是評、點並行的，尤其在評點學異常繁榮的明清時期的評點著作中，其表現尤爲顯著。今人關注評點論著，更多關注其

---

① 何九盈、王寧、董琨主編，商務印書館編輯部編：《辭源》（第三版），北京：商務印書館2015年版，第3796頁。

② 夏征農、陳至立主編：《大辭海·中國文學卷》，上海：上海辭書出版社2015年版，第9頁。

③ 羅根澤：《中國文學批評史》，北京：商務印書館2017年版，第972頁。

評語，研究點的似乎並不多見。張洪海認爲"評點"有兩個含義，即"評論圈點"和"評論比量"，並認爲"前者是原初義，是指在文本上圈點評批；後者爲原始義和衍生義的聚合義，是廣義，此廣義甚至擴大到了文事之外的人事"①，實際上"評論比量"之義仍是"評"字之義，和"點"的關係不大。與其說"評論比量"是"評點"語義本身的變化，不如說是評點對象、形式、手段方式的複雜化的現實使得"評點"在評論圈點的語義基礎上有所衍化。

另外，有的學者把注釋與評點進行了區分，如黃永武即謂："圈點批評是較主觀的，而箋注則較客觀；圈點批評可與作者爲敵，指摘詩中的缺點；而箋則不得矜伐非毁，宜守'尊題'的原則；圈點批評可以全出個人的愛憎，而箋注則在考訂詳實，須有證據。又評詩者可以就全集中選評若干首，全首中選評若干句若干字，作爲批評對象，而箋注則務求詳備完整。"② 這是從體裁的角度進行的嚴格區分。實際上，注釋和評點之間很難有嚴格的界限區分。當然，就内容的純粹角度而言，注釋中含有評點内容的較少見，而評點著述中往往有一定比例的注釋存在，並且評點中的注釋是純客觀的，不摻雜主觀色彩的。換言之，音義注釋也是評點内容之一，但並非評點之主體，且和注釋著述的精深度和專門性不同而已。

孫琴安認爲明代是中國評點文學的全盛期，明初評點文學尚處於寂寞期，明代中後期進入全盛時段。孫氏認爲明代評點文學進入全面繁榮和空前發展有四個標誌，分別爲：評點隊伍的空前壯大、彙評和集評本的層見迭出、評點合刻本的紛紛問世、小説評點的空前崛起。③ 郭英德、謝思煒《中國古典文學研究史》謂："到了明代，評點之風大盛。這時候不僅詩文經史有評點，小説、戲曲也多有評點。一方面繼承宋代以來詩文評注的方式，另一方面也從八股文寫作得到啟示和刺激，明代的評點之學在傳統的文學賞鑒、品評方式之外，另闢蹊徑，形成一種獨特的

---

① 張洪海：《〈詩經〉評點史》，上海：上海社會科學院出版社 2018 年版，第 5 頁。
② 黃永武：《中國詩學——考據篇》，臺北：臺灣巨流圖書公司 1977 年版，第 77 頁。
③ 孫琴安：《中國評點文學史》，上海：上海社會科學院出版社 1999 年版，第 107—116 頁。

批評方式。它的目的主要是爲人們指點賞析作品、創作作品的具體途徑，因此特別重視揭示‘作文之用心’，對於作家的創作意圖、創作方法，對於作品的遣詞、造句、修辭、構思以及結構上的抑揚、開闔、奇正、起伏、轉折等方面的藝術技巧，都進行了細緻入微的評點。許多評點往往獨具隻眼，辨析入微，對讀者理解和學習文學作品的藝術構思和表現方式大有裨益，對文學作品的普及也產生了巨大的影響。”①

《國語》評點和明代評點文學的進程基本一致。明代中期的《國語》評點主要出現在文選和著述中，中後期則以《國語》專書評點或《國語》《左傳》合評爲主。評點形式有著很多不同，有僅僅留下評點條目而書不傳的，有僅有總評的，有集評和自評相雜的，有純收自評的，也有針對《非國語》的批評但同時點評《國語》的，有評兼釋義的，有夾批、眉批兼篇末評點的。有專書，有專卷，有條目。總體而言，明代《國語》評點作者隊伍龐大，評點形式多樣，評點內容多面，評點影響深遠。今依據時代先後，擷取數家，以見明代《國語》評點之繁盛。

（一） 湛若水《國語》評點

湛若水（1466—1560），字元明，號甘泉，廣州增城人。弘治五年舉人，弘治六年從學於陳獻章，弘治十八年進士，歷任國子監祭酒、吏部尚書、禮部尚書、兵部尚書等。爲陳白沙江門心學中重要傳人，並最終形成自己的“湛學”，與王陽明各自講學，分立門户。著有《格物通》《古文小學》《二禮經傳測》《春秋正傳》《心性圖》《白沙詩教解》《甘泉先生文録類選》《甘泉先生文集》《泉翁大全集》《甘泉先生續編大全》《湛子使南録》《湛若甘泉文集》等。其《格物通》一書共一百卷，有嘉靖七年本、嘉靖十二年本、《四庫全書》本和同治五年資政堂本。《四庫提要》云：“是編乃嘉靖七年若水任南京禮部侍郎時所進。體例略仿《大學衍義》，以致知並於格物，而以格物統貫誠意、正心、修身、齊家、治國、平天下六條。凡誠意格十七卷，分審幾、立志、謀慮、感

---

① 郭英德、謝思煒：《中國古典文學研究史》，北京：中華書局1995年版，第478頁。

應、徵戒、敬天、敬祖考、畏民八子目。正心格三卷，無子目。修身格
九卷，分正威儀、慎言語、進德業三子目。齊家格十三卷，分謹妃匹、
正嫡庶、事親長、養太子、嚴内外、恤孤幼、禦臣妾七子目。治國格十
四卷，分事君、使臣、立教、興化、事長、慈幼、使衆、臨民、正朝廷、
正百官、正萬民七子目。平天下格四十四卷，分公好惡，用人、理財三
子目。而用人之中又分學校、舉措、課功、任相、任將、六官六目。理
財之中又分修虞衡、抑浮末、飭百工、屯田、馬政、漕運、勸課、禁奪
時、省國費、慎賞賜、蠲租、薄斂、恤窮、賑濟十四目。皆雜引諸儒之
言，參以明之祖訓，而各以己意發明之，大致與邱濬《大學衍義補》相
近。而濬書多徵舊事以爲法戒之資，此書多引前言以爲講習之助。二書
相輔而行，均於治道有裨者也。"① 關於前人時賢對《格物通》的種種評
價，劉杜《湛若水〈格物通〉研究》多有徵引②，讀者可參。今檢《格
物通》書前《纂要録》，謂誠意格八目、正心格、修身格三目、齊家格
七目、治國格七目、平天下格三綱二十目皆有採自《國語》者。從其徵
引來看，《左傳》《國語》往往位於經部諸書最後，可見湛若水對待《春
秋》和看待《左傳》《國語》是不同的。至少在湛若水的心目中，有以
《左傳》《國語》爲史書的意向。

引述《國語》的卷次及《國語》條目：卷一、卷三十、卷四十一、
卷五十一、卷五十七、卷六十九、卷七十六、卷八十六各 2 條，卷六、
卷二十八、卷三十八、卷五十九、卷七十二、卷七十八、卷八十八、卷
九十二各 4 條，卷七、卷三十二、卷三十四、卷五十、卷五十三、卷八
十一、卷九十四、卷九十七、卷九十九各 1 條，卷十 9 條，卷十七、卷
十九、卷三十六、卷六十四、卷六十七、卷八十三、卷八十七各 3 條，
卷二十二、卷二十四、卷九十五各 5 條，卷四十四、卷五十各 6 條，總
共徵引《國語》112 條，其中《周語》40 條，《魯語》23 條，《齊語》4

① （清）永瑢等：《四庫全書總目》，臺北：臺灣商務印書館《景印文淵閣四庫全書》第 3 册，
第 57—58 頁。
② 劉杜：《湛若水〈格物通〉研究》，華中師範大學碩士學位論文，2016 年。

條，《晉語》37 條，《楚語》11 條，《越語》1 條。這個引用數據，和
《國語》各語的地位以及篇幅是基本相當的。

湛若水《格物通》先引述典籍語段，然後以"臣若水通曰"另起，
釋義、評點、闡發。引述典籍語段首出時，必揭明某書某章，如下文繼
續引用，則不再出書名。所引典籍篇章語段，往往按照在原書中的先後
次序進行編排的。如《格物通》卷一引《國語》三條，如下：

（1）《國語·晉語》史蘇曰：伐木不自其本，必復生；塞水不
自其源，必復流；滅禍不自其基，必復亂。

臣若水通曰：史蘇，晉大夫，占卜之史也。基，根本也。夫天
下之事，皆起於幾微，君子不可不早見其幾也。獻公伐驪戎，滅其
子而寵其姬，起百姓以自封，禍將長矣。史蘇伐木塞水之喻，可謂
先見其幾矣。人君明於先見之幾，而絕其未萌之禍，則國家豈至於
危亂也哉？

（2）《晉語》郭偃曰：夫人美於中，必播於外，而越於民，民
實戴之，惡亦如之，故行不可不慎也。必或知之。

臣若水通曰：言有美善於中心，必播布於外，揚越於民。下民
必或知其善否矣。夫誠中形外，一善一惡，自有不可揜者。惠公出
共世子而改葬之，臭達於外，安能掩其惡於天下後世哉。為人君者，
豈可不謹於善惡之幾乎！

（3）晉文公問於郭偃曰："始也，吾以國為易。今也難。"對
曰："君以為易，其難也將至矣；君以為難，其易也將至矣。"

臣若水通曰：文公名重耳。以為易，則輕忽之心生，故其難將
至；以為難，則兢業之心生，故其易將至。難易之勢，係乎敬怠之
間。為人君者，可以知安危之幾矣。善乎，文公之問而郭偃之對也。
仰惟聖明，勵精圖治，必留神而審其幾焉，天下國家幸甚。

第一條引述出自《國語·晉語一》，因為這一條《國語》首出，故
標注書名。第二條還是《國語》的內容，則僅標卷名，不再標出書名

了。至第三條，由於還是出自《晉語》，連篇名標注也不用了。這三條依次出自《晉語一》《晉語三》《晉語四》。《格物通》在雜引《國語》各語的時候，也大都按照周、魯、齊、晉的順序依次臚列。

當然，具體引述的時候，有時也會打破常規。如卷五十五所引，即不完全按照序次。如下：

(1)《國語·周語》祭公謀父曰：先王之於民也，茂正其德而厚其性，阜其財求而利其器用，明利害之鄉，以文脩之，使務利而避害，懷德而畏威，故能保世以滋大。

臣若水通曰：茂，勉也。阜，大也。大其財求，不障壅也。鄉，方也。示之以好惡。鄉，方也。文，禮法也。保，守也。滋，益也。《書》曰："正德、利用、厚生惟和。"謀父之言，蓋本諸此乎？夫民衣食不足則禮義不興，故利用阜財，所以厚生而正其德也。夫然後民知務利而避害，懷德而畏威也。爲萬民之主者，可不求諸？

(2)《魯語》曹劌曰：夫禮所以正民也。是故先王制諸侯，使五年四王一相朝也。終則講於會，以正班爵之義，帥長幼之序，訓上下之則，制財用之節，其間無由荒怠。

臣若水通曰：王，謂來王事天子也。歲聘以脩業，間朝以謀禮，五年之間四聘於王國，將朝天子，先相朝也。終，畢也。謂朝畢則習禮於會，以正爵次、序尊卑之義。其間，朝會之間也。夫先王之治天下也，必立禮以正之，群牧師長講會以訓帥之，所以正民也。是故朝會之典各有常期，故天子郊則諸侯會焉，諸侯祀則卿大夫佐焉，講會以正班爵，訓道以制財用，故怠荒之心無自而生也。爲國以禮，豈虛語哉？

(3)《魯語》公父文伯之母曰：昔聖人之處民也，擇瘠土而處之，勞其民而用之，故長王天下。夫民勞則思，思則善心生；逸則淫，淫則忘善，忘善則惡心生。沃土之民不材，淫也；瘠土之民莫不嚮義，勞也。

臣若水通曰：境确爲瘠。瘠土利薄，又勞而用之，使不淫逸。

不淫逸，則向義，故長王天下也。沃，肥美也。不材，器能者少也。善心生，故向義也。夫善惡之幾，思與忘而已矣。故天之欲成是人也，使之動心忍性，增益其所不能，思而已爾。故能嚮義而知方焉。公父文伯之母斯言，誠萬世治民之良法也。君天下者，其可不求諸？

(4)《晉語》管敬仲曰：畏威如疾，民之上也；從懷如流，民之下也；見懷思威，民之中也。畏威如疾，乃能威民。威在民上，弗畏有刑。從懷如流，去威遠矣，故謂之下。其在辟也，吾從中也。

臣若水通曰：敬仲，夷吾字。疾，病也。懷，心也，從心所思，如水流行，民之下行也。見懷思威者，見可懷則思可畏，民之中行也。能畏上，乃能威下。能威民，故在人上也。弗畏有刑者，不畏威，則有刑罪也。去威遠，言徒知可懷，而不知思威，故相去之遠為下也。辟，罪也。弗畏有刑，故曰罪也。高不在上，下欲避罪，故曰從中也。夫聖人之治萬民也，仁以育之，義以正之，故德以化之，其仁乎？刑以威之，其義乎？是故使民畏其刑而慕其德，禁其欲心而動其畏敬，民不縱欲，則不溺於懷。民知敬義，則必知畏矣。管敬仲謂民之上者必畏威，民之下者必從懷，至於其中，則見懷思威也。君子之居民上，可不觀民以自考耶？

(5)《晉語》范文子曰：吾聞君人者，刑其民成而後振武於外，是以內和而外威。

臣若水通曰：刑其民，謂以刑正其民。成，平也。天地生萬物，而成之以秋。聖人正萬民，而治之以刑。故武也者，刑之大者也。苟內治不平，豈能振武於外？故聖人必明刑弼教於其國，然後國無不和，外無不威，而武斯振矣。治天下者，當以正民為先。

(6)《齊語》管子曰：昔聖王之處士也使就閒燕，處工就官府，處商就市井，處農就田野。令夫士，群萃而州處，閒燕則父與父言義，子與子言孝，其事君者言敬，其幼者言悌，少而習焉，其心安焉，不見異物而遷焉，是故其父兄之教不肅而成，其子弟之學不勞而能。夫是故士之子恒為士。令夫工，群萃而州處，審其四時，辨其功苦，權節其用，論比協材，以旦莫從事，施於四方，以飭其子

弟，相語以事，相示以巧，相陳以功，少而習焉，其心安焉，不見
異物而遷焉。是故其父兄之教不肅而成，其子弟之學不勞而能，夫
是故工之子恒爲工。令夫商，群萃而州處，察其四時而監其鄉之資，
以知其市之賈，負任擔何，服牛輅馬，以周四方，以其所有，易其
所無，市賤鬻貴，旦莫從事於此，以飭其子弟，相語以利，相示以
賴，相陳以知賈，少而習焉，其心安焉，不見異物而遷焉，是故其
父兄之教不肅而成，其子弟之學不勞而能，夫是故商之子恒爲商。
令夫農，群萃而州處，察其四時，權節其用，耒耜枷芟，及寒，擊
菒除田，以待時耕。及耕，深耕而疾耰之，以待時雨。時雨既至，
挾其槍刈耨鎛，以旦莫從事於田野，脫衣就功，首戴茅蒲，身衣襏
襫，霑體塗足，暴其髮膚，盡其四支之敏，以從事於田野。少而習
焉，其心安焉，不見異物而遷焉。是故其父兄之教不肅而成，其子
弟之學不勞而能，是故農之子恒爲農。野處而不暱，其秀民之能爲
士者，必足賴也。

　　臣若水通曰：萃，集。州，聚也。物，事也。權，平也。賴，
贏也。槍，椿也。芟，大鐮也，所以芟草也。監，視也。資，財也。
視其貴賤有無也。背曰負，肩曰擔。荷，揭也。襏襫，蓑薜衣也。
茅或作萌，萌，竹萌之皮，所以爲笠也。暱，近也。夫先王之處民
也，士、農、工、商各有其地，所以專其業也。地壹則事專，事專
則業專，業專則志定矣。民志定，則天下治矣。齊桓師管子之言，
猶足以成霸圖，況明君聖主，本之以誠，而化之以道者乎？

　　本卷引述《周語》1 條，《魯語》2 條，《晉語》2 條，《齊語》1
條。前三語都是按照在《國語》篇卷次序編排的，而獨於《齊語》則排
於《晉語》之後。或以前五篇皆宏觀、籠統地強調君民關係問題，而
《齊語》分士農工商具體論述之故，而以《齊語》殿後。

　　湛若水引述《國語》，往往以《國語》中人物之嘉言善語爲主。故
往往以"×語××曰"出之，從卷一、卷五十五所引諸條可以看出。當
然，也有少數人物對話。人物對話實際上也是爲引出嘉言善語服務的。

引述之後，湛若水別起一行對所引述的《國語》嘉言善語進行講解，包括對人物身份的解釋，對其中涉及的詞語和句子的解釋，對該段話語深遠意義的揭示和借鑒作用的揭示，等等。以卷六所引爲例：

（1）《國語·魯語》叔孫穆子曰：君子是以患作，作而不衷，將或導之，是昭其不衷也。

臣若水通曰：穆子，魯卿叔孫豹。患作，慮患其所作也。衷，中也，不得衷以亂事也。季武子背盟伐莒，以動諸侯之兵，穆子幾不免矣。廼能慷慨舍生，不爲貨免，且懼作之不衷，以攜世卿之心，可謂明且遠而慮患深，卒以庇魯之宗，宜矣。然則君天下者，其可不作事謀始而思所以善其後乎！

（2）《晉語》宮之奇曰：唯忠信者能留外寇而不害。除闇以應外，謂之忠；定身以行事，謂之信。

臣若水通曰：宮之奇，虞大夫。留外寇，謂舍晉軍於國也。去闇應外之忠，安身行事之信，皆謀慮之深者也。虞公舍晉軍於國而導之虢，可謂能去闇安身深長之慮乎？使虞公能用宮之奇言，豈至危亡也哉？後之爲人君者觀此，亦可以爲不用臣下謀慮之戒也已。

（3）《晉語》郭偃曰：夫衆口，禍福之門也。是以君子省衆而動，監戒而謀，謀度而行，故無不濟。內謀外度，考省不倦，日考而習，戒備畢矣。

臣若水通曰：偃，晉大夫。監察衆口以爲戒，謀事揆義而後行，內謀於心，外度於事，日自考省，不倦習而行之，戒備之道畢於是矣。天民一也，輿人之言，天心在焉。君子鑒惠公之隕師，亦可以知懼矣。爲人君者，誠能內外謀度、戒而後行，則動罔不臧，而天人協應矣，可不慎哉！

（4）《楚語》藍尹亹曰：君子臨政思義，飲食思禮，同宴思樂，在樂思善。

臣若水通曰：思者，衆善之原也。平仲立威於樽俎，子罕慟哭於陽門，自古忠賢之臣，未有不慷慨竊歎於時者也。然孰與訏謨遠獻之爲賢哉？苟能隨事而致思，不溺於飲食宴樂之間，則撥亂反正、變危爲安，猶反掌爾。而何以徒付之竊歎爲乎？此吴、楚之辯。子西自屈於藍尹亹也，爲人君者其慎之哉！

以上四段，分別出自魯國叔孫穆子、虞國宫之奇、晉國郭偃、楚國藍尹亹四位大夫。除了藍尹亹未作解釋之外，湛若水對其他三位的身份都進行了解釋。湛若水結合語境，對這四段話進行了串講和闡發。其解釋，在結合韋昭注的基礎上，使之更爲通俗易懂。以卷六引第 1 條爲例，韋昭注云：“患作，患所作不得衷，以亂事也。衷，中也。”湛若水則釋爲：“患作，慮患其所作也。衷，中也，不得衷以亂事也。”湛若水以“慮患”釋“患”字，更能彰顯“患”字在本文語境中的心理動詞義，更容易理解。而第 4 條對“思”字的解釋，則非語義訓詁，而是貼合語境所進行的哲理闡發了。

劉杜認爲，《格物通》六格中，誠意、正心、修身三格主要講“内聖”之事，而齊家、治國、平天下三格主要講“外王”。他把前三格内容概括爲三個方面：1. 審幾立志以正内心萌念；2. 敬天法祖以察心術隱微；3. 進德修業以擴充天理。其中進德業的方法又概括爲數條：（1）遷善改過；（2）知行並進；（3）進德修學；（4）尊師親友。同時，劉杜認爲湛若水的經世思想主要體現在治國、平天下兩格中。從政治方面而言：（1）湛若水贊同分封制；（2）在君臣關係上，湛若水認爲君臣當各盡其道，即“君之使臣，臣之事君，以禮以忠而已”；（3）湛若水提出“君民一體”的觀點，即君主在對待民時當推己及人；（4）湛若水認爲治國，當以正朝廷、正百官、正萬民爲事。朝廷正則四方正，朝廷正則綱紀正，朝廷正則名實正；百官正則民自正，名分正而百官正。從人事方面而言，大致包括：（1）湛若水主張在用人問題上要注重德行、公開公正、不徇私情、賞罰分明、任人以賢；（2）湛若水主張在課功方面賞罰公正。從經濟方面而言：（1）湛若水主張設立掌管山林川澤的虞衡官掌控自然資源的開發利用，同時，湛若水反對將山林川澤作爲國家或個人追求利益的資本；（2）主張重農而抑浮末；（3）主張寓兵于農、兵農合一；（4）主張節約纔是生財之道。從文教方面看：（1）首先指出"寅恭"爲"立教之本"；（2）主張禮樂是教化的主要内容；（3）認爲"明人倫而成德才"是文教的關鍵内容；（4）認爲"學校之教，風化之本"爲"國之元氣"。[①]

今以其所引述評點《國語》爲例，對以上所提諸點進行印證。例如《格物通》卷七引云：

> 《周語》内史興曰：禮所以觀忠、信、仁、義也。忠，所以分也；仁，所以行也；信，所以守也；義，所以節也。忠分則均，仁行則報，信守則固，義節則度，分均無怨，行報無匱，守固不偷，節度不攜，若民不怨而財不匱，令不偷而動不攜，其何事不濟？又曰：樹於有禮，艾人必豐。
>
> 臣若水通曰：忠分則均者，謂心中不偏，故處物得其平也。攜，離也。樹，種也。艾，報也。豐，厚也。禮者，天理之形體也。忠、信、仁、義，禮之本也。忠分、仁行、信守、義節，上之所以感人者誠矣；無怨、無匱、不偷、不攜，下之所以應上者至矣。故曰：禮以觀德，德以卜世。晉侯之郊勞恭命，則其興可以必矣。況天子有天下之大，其可不以忠、信、仁、義存心，以禮自守，以濟豐亨豫大之福哉？《易》曰："視履考祥。"此之謂也。

這一條出自《周語下》末篇，内史興等奉周天子賜晉文公命，强調晉文公守禮。湛若水首先指出："忠分則均者，謂心中不偏，故處物得其平也。"可見他對"忠"的功能重要性的體認，認爲這個是基礎。接著解釋了幾個單音節詞語，和韋昭注文相同。進而指出"禮"是"天理"的形體，也即外在表現形式。而忠信仁義又是"禮之本"。由於"上之所以感人者誠"，故"下之所以應上者至"，此亦所謂君民一體。而晉文公之所以能有此表現，在於其正心立德，"以忠、信、仁、義存心，以禮

---

① 劉杜：《湛若水〈格物通〉研究》，華中師範大學碩士學位論文，2016 年。

自守"。最後建議天子心存禮本，以禮自守。

又如卷十引《周語》云：

> 《國語·周語》召公曰：天子聽政，使公卿至於列士獻詩，瞽
> 獻典，史獻書，師箴，瞍賦，矇誦，百工諫，庶人傳語，近臣盡規，
> 親戚補察，瞽史教誨，耆艾脩之，而後王斟酌焉，是以事行而不悖。
>
> 臣若水通曰：召公，穆公虎也。典，樂典也。史，外史也。師，
> 小師也。瞍賦公卿列士所獻詩也。誦，謂箴諫之語也。近臣，謂騶
> 僕之屬也。補，補過也。察，察政也。夫公聽則明，偏聽則昏，故
> 君失之者臣得之，父失之者子得之。《書》曰："匹夫匹婦，不獲自
> 盡，人主罔與成厥功。"言當悉有衆善也。厲王徒得衛巫以監謗，是
> 自蔽其耳目，而塞其聰明也。爲人君者，可不以召公之言而自儆乎？

所引出自《周語上》第三篇。依據韋注解釋詞語和術語之後，即提
出"公聽則明，偏聽則昏"的主張。這一主張是"兼聽則明，偏聽則
暗"的另一表述形式，道理是一樣的。最後引用《書》言以明廣開言
路，廣泛吸取意見的好處。而厲王不但不能偏聽，且"自蔽其耳目，而
塞其聰明"，最後向天子提出儆戒。卷十所引《國語》9 條無不説明此
義。如第 2 條引《周語》單襄公曰："昔先王之教，茂帥其德也，猶恐
隕越。"湛氏云："勉循其德，尤恐隕越，戒慎之至也。況不循德者，可
不恐懼乎？陳靈公罔念妃匹，而率其卿佐以淫於夏氏，朝有政弗卹，門
有賓弗禮，怠棄孰甚焉。其顛隕死亡無日，宜哉。此深可爲爲人上者之
戒。"第 3 條引《魯語》公父文伯之母曰："天子大采朝日，與三公九卿
祖識地德，日中考政，與百官之政事，師尹惟旅牧相宣序民事，少采夕
月，與太史司載糾虔天刑，日入監九御，使潔奉禘郊之粢盛，而後即安。
諸侯朝脩天子之禁令，畫考其國職，夕省其典刑，夜儆百工，使無慆淫，
而後即安。卿大夫朝考其職，畫講其庶政，夕序其業，夜庀其家事，而
後即安。士朝而受業，畫而講貫，夕而習復，夜而計過無憾，而後即安。
自庶人以下，明而動，晦而休，無日以怠。"湛氏云："凡若此者，皆憂

勤惕厲之意。《易》曰：'君子安不忘危，所以昭聖功也。'故天子至貴，不廢宵旰之勞，朝脩陽政，夕治陰教，日中序外事，日入課內績，是以身安而化成也。一或不儆而怠勝敬焉，丹書凶危之戒，可不鑒哉！斯理也，自天子至於士庶一也。"第 4 條引《晉語》趙襄子曰："吾聞之，德不純而福祿並至謂之幸。夫幸非福，非德不當離，離不爲幸。"湛氏云："趙襄子德不足以來遠，而卒有伐翟之勝，臨飯色恐，亦足以見其幸致之福，不足樂也。然其論福德之言，亦庶乎知儆戒者歟？後之爲人君上者，其毋以幸致之福自安也哉！"第 5 條引《晉語》士蒍曰："戒莫如豫，豫而後給。"湛氏云："言先有備而後可以及事，若夫後時而戒，則緩不及事矣。《商銘》有之：'嘰嘰之德，不足就也；嘰嘰之食，不足狃也。'故君子作事，謀始斯，永終譽。若驪姬棄天違人，迂求賈怨，以是承君之恩，是謂不豫。不豫則不給，不給則後悔無及矣。《詩》曰：'其何能淑，載胥及溺。'語曰：'人無遠慮，必有近憂。'此之謂也。爲人君者，其可以溺於目前之欲，而貽不及之禍乎？惟聖明深思而豫，戒之以成聖德，幸甚！"第 6 條引《晉語》范文子曰："吾聞古之王者，政德既成，又聽於民，於是乎使工誦諫於朝，在列者獻詩，使勿兜風聽臚言於市，辨妖祥於謠，考百事於朝，問謗譽於路，有邪而正之，盡戒之術也。"湛氏云："夫士資諍友，繩愆違也。君資諍臣，防驕寵也。故大禹設鞉，周公握髮，恒慮昌言之不聞。蓋人之心，有所儆則覺，覺則善心生，無所儆則昏，昏則邪心生。大聖且不忘箴戒，況中人乎？文子言考德必於觀民，審政存乎風聽，以盡儆戒之術，真可謂至言歟？使趙武聞言而信，則晉之三恥豈必逞之鄢陵哉？甚矣，儆戒之術，爲人主者，不可不深致意也。"第 7 條引《晉語》范文子曰："唯聖人能無外患，又無內憂，距非聖人，必偏而後可，偏而在外，猶可救也。疾自中起，是難。"湛氏云："聖人之心純乎天理，兢兢業業，故不待外患之警，而自泰然，故無內憂也。若非聖人，則必有外患之警，而後能脩省，故內憂不作。范文子重有感於鄢陵之役，以爲去外患，孰若存之，而爲內恐懼脩省之地也。《孟子》曰：'無敵國外患者，國恒亡，然後知生於憂患，而死於安樂也。'爲人君者，其可不因外患而自警乎？"第 8 條引

《晉語》知國曰：“夫君子能勤小物，故無大患。”湛氏云：“夫莫大之禍，起於須臾之不忍，故一念不謹，或以貽四海之憂，一日不謹，或以致千百年之患。君子惟其慮也遠，故邇亦不泄。惟憂也大，故細行是矜。襄子好大喜盈，自謂八柄由己，豈知晉陽之難基於藍臺之宴乎？夫然後知知國之言真藥石也。有國有家者，爲深長之慮，其可以不謹於近小乎？”第9條引《楚語》：“昔衛武公年數九十有五矣，猶箴儆於國曰：自卿以下，至於師長士，苟在朝者，無謂我老耄而舍我，必恭恪於朝，朝夕以交戒我，聞一二之言，必誦志而納之，以訓道我。在輿有旅賁之規，位宁有官師之典，倚凡有誦訓之諫，居寢有暬御之箴，臨事有瞽史之道，宴居有師工之誦。史不失書，矇不失誦，以訓御之，於是乎作懿戒，以自儆也。”湛氏云：“衛武公年將盈百，而不忘規戒之辭，其惕屬之心如此，此天理之所以長存，而爲大賢也歟？此所以爲有斐君子，而民之不能忘也。彼子瞀以老耄遠謗，得非武公之罪人歟？後之爲人君者，其尚以武公爲法，以子瞀爲戒。”都是根據《國語》言語事件推衍一般道理，告誡爲上者應當儆戒。

再如誠意格中卷十七“畏民下”所引《國語》3條，在在說民之重要。如第1條引召公曰：“民之有口也，猶土之有山川也，財用於是乎出；猶其有原隰衍沃也，衣食於是乎生。口之宣言也，善敗於是乎興，行善而備敗，所以阜財用衣食者也。夫民慮之於心，而宣之於口，成而行之，胡可壅也？若壅其口，其與能幾何？”湛氏云：“夫人君考德，必聽於民，故百工陳諫，庶人傳語，嘗使之宣其情而勿壅也。屬王乃使衛巫以監謗，是壅民之口，民將叛之，亡無幾矣。爲人君、居民之上者，慎勿壅其口以自潰也。”第2條引內史過曰：“不親於民而求用焉，民必違之。”湛氏云：“人君、臣妾，兆民貢賦萬國，以勢視之，何者？非其所當用財者，民之心也。失其民，則失其心矣。而欲用其財，可得乎？《傳》曰：‘有德此有人，有人此有土，有土此有財。’又曰：‘未有上好仁而下不好義者也。’是故慈保惠懷，薄斂輕徭，親民之謂也。虢公動匱百姓以逞其違，雖欲利，將焉利哉？內史過謂求用先於親民，此真君天下者所當法。”第3條引單襄公曰：“《書》曰：民可近也，而不可上也。

《詩》曰：愷悌君子，求福不回。在禮，敵必三讓。是則聖人知民之不可加也，故王天下者必先諸民，然後庇焉，則能長利。”湛氏云：“夫人君居九重之上，故常有輕視下民之心，則凡縱欲以害民者，無不至矣。惟聖人之心，能畏於民嵓而不敢忽，故有不可上、不可加之心，則知所以畏矣。《傳》曰：得乎丘民而爲天子。有天下者，可不懼乎？”指出要“聽民”“親民”“得民”，因爲民心、民力關乎國家社稷。

又如卷十九“正心中”引《周語》單穆公曰：“夫耳目，心之樞機也。故必聽穌而視正，聽穌則聰，視正則明，聰則言聽，明則德昭，聽言昭德，則能思慮純固，以言德於民，民歆而德之，則歸心焉。”湛氏云：“夫人心之神，皆發於耳目，故《書》曰：‘不役耳目，百度惟貞。’百度者，心之謂也。故耳和目正，則心亦正而常存矣。夫然後思慮純固，言順德昭而民心歸焉。爲人君者可不慎耳目之好，養其心以爲化民之本乎？伏惟聖明留意焉。”又引《晉語》竇犫曰：“君子哀無人，不哀無賄；哀無德，不哀無寵；哀名之不令，不哀年之不登。”湛氏云：“富、貴與壽三者，皆人之欲也。然所欲有甚於此者，有德、有人、令名之謂也。《孟子》曰：‘君子有終身之憂，是其所哀者大矣。’爲人上者德修，則人歸名從，而彼皆所性不存者矣。簡子能信竇犫之言，則哀樂得其正，情不蕩而性不鑿矣乎？”又引《楚語》觀射父曰：“聖王正端冕，以其不違心，帥其群臣精物以臨監享祀，無有苛慝於神者，謂之一純。”湛氏云：“不違心謂心思端正。則服正端冕，夫純心者享神之本也。故正端冕，無苛慝純心之謂也。語曰：惟聖人爲能享帝心之純也。聖人純其心，以承天之心，故昭孝息民，天神來格，而錫福無疆也。爲天地民物之主者，可不知所以養其心耶？”指出正心之要。

又如卷二十八“進德業下”引《周語》：“有神降于莘，王問於内史過曰：‘是何故？固有之乎？’對曰：‘有之。國之將興，其君齊明衷正，精潔惠和，其德足以昭其馨香，其惠足以同其民人，神饗而民聽，民神無怨，故明神降之，觀其政德而均布福焉。’”湛氏云：“夫人君之德，所以協上下而致休徵，通于神明者，一理之感應然也。故夏興而祝融降於崇山，商興而檮杌次于丕山，非其大驗邪？内史謂莘神降以觀德政。

有天下者，可不務脩德政，以爲天地神人之主乎？"又引《周語》富辰曰："夫義，所以生利也；祥，所以事神也；仁，所以保民也。不義則利不阜，不祥則福不降，不仁則民不至。古之明王不失此三德者，故能光有天下，而龢寧百姓，令聞不忘。"湛氏云："三德，仁、義、祥也。有此三德，則福利民至，理之自然。非爲三者而後脩德也。周、鄭，兄弟之國也。武莊之平桓，有大勳勞者也。如以游孫伯之故而棄之，則周亦不義、不祥、不仁矣，尚何以昌其業乎？是故光有天下，而令聞赫然，必其謹是三德者也。爲人君者，其可不勉諸？"又引《晉語》范文子曰："夫王者成其德而遠人，以其方賄歸之，故無憂。"湛氏云："《大學》曰：'是故君子先慎乎德。有德此有人，有人此有土，有土此有財，有財此有用。'故古之明王必文德脩備，然後遠人來歸，方物畢至。反之，則憂在我矣。奚其樂此？厲公伐鄭文子，止之，以見惟德爲能動人也。伏惟皇上爲天下四方之主，而四夷各以方物入貢，豈非聞風慕義而來乎？惟益脩德以賓服之，幸甚！"又引《晉語》范獻子曰："人之有學也，猶木之有枝葉也。木有枝葉，猶庇蔭人。而況君子之學乎？"湛氏云："學以成德，德以潤身，是故可以知本矣。范獻子以人猶木也，學猶枝葉可以庇蔭，得矣。惜乎，不知枝葉之暢茂由於根本也。語曰：'君子務本，本立而道生。'是故道生，則仁民愛物，而可以保蔭四海矣。故人君求聖學以脩德，以庇天下，不可以不知本。"根據《國語》事件、言語，指出在上之人要"務修德政""謹修德行"。

如卷三十"謹妃匹上"引《周語》："周襄王降翟師以伐鄭，王德翟人，將以其女爲后，富辰諫曰：'不可。夫婚姻，禍福之階也。利內則福由之，利外則取禍。今王外利矣，無乃階禍乎？'"湛氏云："夫人孰爲大禮？爲大禮孰爲大？大昏爲大，故婚姻之際，人道之始，聖人慎焉。況人君身先兆庶，唯民所視，而可以不謹乎？姜、任世爲妃嬪，非翟之此。襄王迺欲舍姜、任而右翟女，怠棄七德，禍階從茲始矣。然則妃匹之禮，可不慎歟？可不慎歟？"又引《晉語》司空季子曰："異姓則異德，異德則異類。異類雖近，男女相及，以生民也。同姓則同德，同德則同心，同心則同志，同志雖遠，男女不相及，畏黷敬也。黷則生怨，怨亂毓災，災毓滅姓，是故取妻避其同姓，畏亂災也。故異德合姓，同德合義，義以道利，利以阜姓，姓利相更，成而不遷，乃能攝固，保其土房。"湛氏云："異姓相及，同姓不相及，所以遠別章敬也。否則，怨亂毓災，其何以保其土居，以端風化之本乎？人君於此，盍亦知所慎焉！"從風化、人道、德行等方面探討婚姻的重要意義。

湛若水六格，除了正心格無子目，其他五格有 48 子目。所引《國語》依次在審幾上、謀慮下、感應上、儆戒二、畏民下、正心中、正威儀下、慎言動中、進德業三、謹妃匹上、正嫡庶上、事親長上、養太子上、嚴內外上、御臣妾上、事君使臣中、使衆臨民、正朝廷上、正百官上、正萬民上、公好惡、學校二、舉措二、課功上、任相上、任將上、修虞衡上、抑浮末上、屯田上、勸課、禁奪時、省國費一、慎賞賜上、蠲租、薄斂上、恤窮上、賑濟上 37 個子目中，事實上也是爲《國語》相關嘉言善語進行了分類。這一分類，比真德秀《文章正宗》要更爲細緻周詳，涉及了作爲史料的《國語》內容的方方面面，對於釐清《國語》思想具有重要的參考價值和學術意義。當然，湛若水的《格物通》是給帝王看的，故其分類與社稷、君臣、國家、社會等和統治相關聯的成分占很大比重，既是《格物通》的特點，也是《格物通》的缺憾。湛若水對《國語》相關條目的解釋和講評，對深入認識《國語》相關條目的基本思想和現實功能，同樣具有很重要的價值。

（二）孫應鰲《國語》評點

孫應鰲（1527—1584），字山甫，號淮海，貴州清平衛人，即今貴州凱里爐山鎮。十九歲時從泰州王門弟子徐樾學，得陽明之學與心齋之學。中進士後，又曾追隨蔣信學，蔣信先後師從王陽明、湛若水。王路明根據清人所作孫應鰲年譜，梳理其著述繫年較詳[①]，可以參考。趙廣升經

---

① 王路明：《明代黔中王門大師孫應鰲思想研究》，北京：群言出版社 2007 年版，第 21—30 頁。關於孫應鰲研究，可參看《孫應鰲事略及相關研究平議》，《思與言》第 51 卷第 3 期（2013 年 9 月），第 125—153 頁。

過爬梳，統計孫應鰲著述共有 18 種，① 可謂宏富。今趙廣升整理編校有
《孫應鰲全集》，收録孫應鰲《淮海易談》《四書近語》《左粹題評》《莊
義要删》《孫山甫督學文集》《學孔精舍詩稿》《諭陝西官師諸生檄文》
《幽心瑶草》並《孫應鰲碑刻輯佚》。關於其成就，清人已有高度評價，
如田雯在《黔書》中認爲孫應鰲等人 "以理學、文章、氣節著"，莫友
芝認爲孫應鰲 "以儒學經世，爲貴州開省以來人物冠"②，則其人、其
文、其學，皆黔省之佼佼者。其生平成果，趙廣升已匯集爲《孫應鰲全
集》出版，讀者可參。③

　　孫應鰲《國語》評點見於《左粹題評》，該書撰成於嘉靖四十二年
（1563）陝西任上。孫氏所據的材料實明人施仁所纂《左粹類纂》。該書
共十二卷，編爲十五門，有明嘉靖年間錫山安國弘仁堂刻本，又有嘉靖
癸亥（1563）年孫應鰲批點本，又有萬曆十一年（1583）任養心
（1547—？）刻本。孫應鰲批點本即《左粹題評》。該書之錫山安國弘仁
堂刊本，《四庫存目叢書·子部》見收，左右雙邊，序文半葉 7 行，行
16 字，正文半葉 11 行，行 22 字。依次爲黄省曾嘉靖己丑（1529）七月
四日序、顧聞己丑八月既望序、凡例、音釋、左粹類纂目録、正文。卷
一首頁署 "吴郡後學施仁編集"。今檢嘉靖癸亥本，前有孫應鰲《左粹
題評》序，又有黄省曾《左粹類纂》序，又有凡例、音釋，次下則爲
《左粹類纂》目録。卷一首頁題署 "吴郡施仁編集　如皋孫應鰲批點"，
依次爲類別解説、卷前目録、正文。每篇之前無篇題，首行頂格以示區
别。正文内有注文，剪裁韋昭注、杜預注而成，上欄外有眉批，小字，
行七字。首條標署 "孫應鰲題評"，其他則不標，直書評點内容。又正
文篇章最後有引述前人評點者，亦以小字出之，如 "襄王拒晉文請隧"
篇後即有真德秀評。萬曆本則依次爲黄省曾序、姚士觀序、任養心敘、
孫應鰲敘、凡例、音釋、正文。首卷前半面署 "吴會施仁編集" "維揚

---

　　① 趙廣升：《孫應鰲研究綜述》，《凱里學院學報》2016 年第 5 期，第 92—95 頁。

　　② （清）陳夔龍：《〈黔詩紀略後編〉序》，見載於汪文學《貴州古近代文學理論輯釋》，北京：民族出版社 2009 年版，第 419 頁。

　　③ （明）孫應鰲撰，趙廣升整理：《孫應鰲全集》，貴陽：貴州民族出版社 2016 年版。

孫應鰲批點”“河東任養心校閲”。檢黃省曾《左粹類纂序》云：

> 昔左氏羅集國史寶書，以傳《春秋》。其釋麗之餘，溢爲《外傳》，是多先王之明訓。自張蒼、賈生、馬遷綜表以來，千數百年播誦於藝林不衰。世儒雖以浮誇閎誕爲病，然而文詞高妙精理，非後之人操觚者可及。① 善乎劉生之評，謂其“工侔造化，思涉鬼神，六經之羽翮，而述者之冠冕也”，不其信與！近世往喆之好左氏而予得接其緒論者，若吴郡守鑁王公、無錫二泉邵公、河南空同李公，皆游涉二《傳》，樂而忘疲者也。故王公蘊英揚華，每吐之撰造，且揭其酬對者，別録而研覽；邵公於玩繹而有得者，矩武器言而標之簡端；李公則又精洞神會，與之深化，故發於菁藻，渾無左氏之跡矣。迨於今之天下文章，翕然渝變，日入於保捷深詭之體；百五十餘年，漸涵程雅之式，俱閣廢不省，而憂之者則憂其學左氏而趨之也。固有鉤象奧綴而流於晦曖者。然童嬰未習其出，尤爲妖奇刑範之言，一切斥咲而庸腐之。予則以爲此恐心術之變若或使之，初非左氏之咎也。且子之所知好左氏者，莫如三公。今三公者之文，皆紆餘光白，果有促捷深詭之態乎？是以知非左氏之咎也。予友施宏濟氏，博古敦行，潛心下帷，以《春秋》舉。乃析別二《傳》之文，自制命至於夢卜，定爲十有五目，以轄萃其言，凡若干卷，命曰《類纂》，於古隱而難通者，務酌諸家而曲暢其義，使學者不勞披觀，可以因類而求，沿文以討，若八音殊奏，聽之者易入而領也，其心可謂勤矣。通方君子必於施子乎是德也。或曰：左氏所記，多衰世之事，殆不可以訓乎？予曰：桀紂淫虐，醜跡備録於商周之典，仲尼所書，其皆善者否乎？既曰史矣，則善鑒惡戒，皆可訓也。夫何疵焉之有？嘉靖己丑七月四日。

---

① 黃序本段内容，爲朱彝尊《經義考》所引。拙撰《〈國語〉歷代序跋題識輯證》未能檢核，故未著出處。今補正前説。

　　黃氏表達了對《國語》的基本看法，並對明代遊藝《左》《國》的三位學者進行了斷定和評判。最後，對施仁纂輯此書的基本內容進行了評說。又顧聞①《左粹類纂序》云：

　　　　言曷爲粹也？道斯粹也，豫道而言文，斯成矣，可以憲民矣。夫言易乎哉？粵古姬姚三代，睿辟閒佐聲諸上下，説理者率先焉。周軌既越，魯史斯削。崇王以貞，則陳義以詔遠六經，並憲流照古今，夫亦聖賢吐發道潤而從文之孔章，齊弗朽已。是故六經，言之至粹也。丘明蒙《春秋》之遺瀍，闡君臣之熙猷，著爲內外二《傳》，其英聲哲論，囊括□分，繹正剔幽，君子謂相經駢史，于左氏有取焉。觀夫素王譽其耻恭，大史采其制作，品德商辭，凡所敘述，果多誣乎哉？故其徵義以騰文，託情以紓華，帥禮由彝，善亦衆矣。顧其書人別事，殊雜出互見。雜則思或糾矣，互則明或爽矣。故雖昭慮遐探者，亦病之。施子淳材淵學，耿篤自植，游心遺經，考業左氏，間彙其《傳》《語》，析卷分類，繫之以目，別體要也。首紀王言，次標群説，昭倫典也。弘經既朗，賤藝不忘，備國緒也。因類□辭，稱貞辯應，矢風戒也。帙成，題曰《左粹類纂》。施子於是乎知言矣。自今觀之，制命展而莊，諫静共而警，誡諭桌而誠，辯説利而章，議論穆而才，賦詩思而哲，盟載情而肅，謡誦幾而理，謀略卒而力，政事禮而能，勸薦舉廣而能公，節義劲而能裁，辭讓輯而能仁，億料微而中，夢卜詭而微，哀兹衆物，粲焉爲文，無弗據于道，可謂粹矣。其或事弗緣衷、言之不疢者，又惡足累也。施子於是乎知言矣。是弗可以憲而傳之也乎？卷凡十有二，類凡十有五，目凡七百七十有六。施子名仁，字宏濟，嘉靖戊子同余舉于鄉。己丑八月既望，周山顧聞撰。

顧氏交代《左粹類纂》編纂緣起內容等更爲詳明具體。

_____

①　顧聞，字行之，號周山主人，明江蘇吳縣人。

孫應鰲《左粹題評序》云：

> 左氏內、外二《傳》，世未有不稱美者，豈非以羽翼聖經邪！故論世則事核，綜變則術該，辯理則意密，程藝則旨深，信樞管文字，莫能相爲競高矣。然稱美而能舉其辭者鮮矣，能析其義尤鮮。雖諸家各有采錄，然未睹大體，甚者模擬以爲引重，乃又振暴其短。獨吳郡施宏濟摘粹類纂，可謂諸家決正。余爲諸生時，亦妄有采錄。既仕，見施氏所纂而罷。於是即施氏所纂爲加批評，以明己意，庶幾參會作者之辭義焉。嗚呼，學士大夫總攬古今，欲擷其精英是矣。顧一卷之中，淑可爲法，忒可爲戒，退足資理，邇能鑑形，皆犁犁然莫之關省。即識無不博，微無不通，於一己奚有哉？是又非特讀左氏者當知已。嘉靖癸亥七月望，如皋孫應鰲書。

孫應鰲序文首先揭明《左》《國》之成就及價值，次論及編選之不易。繼而言施氏編選之精當。萬曆年間任養心刻本刪去顧聞序，在黃省曾序和孫應鰲序之間增入姚士觀《左粹類纂序》和任養心《左粹類纂敘》二篇，姚序如下：

> 侍御任公校《左粹類纂》，以壽諸梓。既成，不佞得受讀焉。竊噴嘆曰：美哉！斌斌乎，左氏之粹備是矣。夫二篇所載，淵源深大、沉懿雅麗，洵命世才而儒者至夸之著述，罕聞古今卓絕，則其不可與《公》《穀》同年而語明甚。吾獨以爲，一左氏也，其書湮淪於戰國秦漢間，雖肄之者數十家，而統系如綫，未大彰顯。又幾更代，而得劉歆、杜預，始以其學授徒入解，陪廟廷之議，蔚爲儒宗。然劉炫與預一時也，其議疏最爲魁楚者，而猶然短左氏之失。光武朝，欲立左氏博士，范升爭之，且條其淺末者數也。夫非親炙劉歆之學者耶？何其鷙也！蓋作者傳世，因於所遇久矣。我朝大化淳流，嘉、隆以來，一二鉅工，稍修震澤之緒，擷華《左》《國》，而摛之文辭，業鉛槧者見以爲高也，靡然從之，以至今日。士無論

山陬海澨，皆知有左氏而譚藝者。於太史氏而作，《春秋》繇斯以
譚，攄意因乎聖言，流藻托之經旨，其淵源信不誣哉！然丘明亦以
其書，與《春秋》驂乘而出。故論者得引《春秋》法繩之曰縱橫，
曰艷而誣，蓋至今燦焉。不知《春秋》、史、外，傳心之要典也。
聖人筆削如化工之自然，而肖者翹者，自形自色，各臻其妙。若左
氏，猶未免爲巧工也。以二《傳》當之《春秋》，誠知其不類。試
舍經而令之，與秦漢之士操簡而譚，則咸陽之懸金、江都之繁露，
不啻奴僕命蔀，方幽於作者之員神，未能朗契而肖之毛、貌之間。
曰：吾能左氏也。則劉、范儒者，且操戈叱之，何也？劉、范以其
學識不左氏也，故有牴牾。而攄發性靈，析所疑二，則亦切劘焉而
有得者之券也。今之趨左氏者，自鉥句範，至腐毫驚夢而不能休，
然能睹其旨歸、鏡其同異如二子者鮮矣。九鼎之味，食者辨之，垂
涎者竊其一臠有餘適也，何暇爲旨否之問也。故漢晉諸儒者，矛盾
於左氏，而左氏之教明令也，奉左氏如準繩，而其真境愈捍格而無
所入。名實之間、得失之效，夫非可睹於前事耶？嗟嗟，綜古博今，
非學不詠；微顯闡幽，非識不達。吾願學者，設誠求焉，而毋徒榮
悅之工也，儻亦不虛左氏今日之遇哉！

萬曆癸未春三月朔，賜進士第巡按
直隸督理學校監察御史豫章姚士觀書。

任養心敘文如下：

　　《左傳》《國語》俱出左丘明氏也。而世儒率醇疵之者，其說自
朱子始。夫朱子所云，獨以藉田諸篇稍曼衍其說而乏神采耳。其他
如謀父述五服以抗師，州鳩鳴八風以龡度，展禽表十五祀以綴淫，
叔向引八郤五大夫、三卿以抑寵，諸斯類者，華實並茂，經藝畢陳，
視《左傳》奚讓也？製錦者，舒不盈幅，而精纚倍蓰，未必非一人
之手，況《左傳》《國語》上下且二百四十年？或者載筆殊時，值
其年之盛衰而屬思之敏頓、考事之真贗，因之不可知也，何害其爲

丘明書哉？昔晉儒以《三傳》殊指，猶爲之曲而暢之作調人。以七萬餘言，今二《傳》一書，而議者反枘鑿焉也，此與夫《公羊》之徒墨守師説而膏廢《左》《穀》者何異歟？大抵《左傳》爲内、《國語》爲外，凡事詳於内者略於外，備於外者簡於内，此宋庠見以爲然，而二《傳》皆出丘明之斷案也。丘明蓋與孔子同時。《釋文敘》云：孔子不遇，乃與魯君子左丘明觀，緩頰而雌黄之，亦勳引左氏，以彼其嚮往，豈誠盡出漢晉諸子上哉？通今學古，環於元會而速之風聲，不知其胡然而然也。此左氏之所幸爲遭也。然不佞所患者，士非無左氏之才，而無左氏之學之識。韓宣子見《春秋》曰："周禮盡在是矣。"魯司鐸災，敬叔命出御書，時百國籍咸萃焉。丘明躬爲太史，恣所採搜，含英吐藻，有自來也。而況漱洙泗之芳潤哉？夫士也，藉令面墻爲閼，豐之矣。今議者於彼猶葑採之，於此則玉碎之，何也？則無乃非通論者歟？維揚淮海孫公，既昉施氏，合二《傳》之粹者爲一，以破拘攣之見，又分類加評注焉。其於左氏也深意。舊本刓漫不可以句，予故手釐正之，而稍增定其義例之所未及者，以付之梓，爲可傳也。既成，弁數語於篇端。

萬曆十一年春閏二月，賜進士第文林郎欽差巡按直隸監察御史河東任養心書于維揚仕學軒。

姚士觀語較玄遠，而任養心語則平實。任養心對否定《國語》論説大概進行了梳理，進而肯定了《國語》的價值，論定《左傳》《國語》皆爲左丘明所作，復闡述《左粹類纂》勘校大略。

該書凡例十二條，如下：

一、合内外二《傳》，彙次本呂氏《類編》、真氏《正宗》；

一、《内傳》亦以諸國彪列，本句龍氏分國紀事；

一、國統先周，尊王也；次魯、晉、蔡、衛、鄭、曹、虞、虢、隨，同姓也；次宋、陳、齊、秦、薛、邾、莒，異姓也；而各以大小序，楚大而後邾，吳姬而後楚，僭王也；晉武穆且後封而先蔡，世霸也；齊始霸而後三恪，則又貴王賤霸也；

　　一、年經事，緯體也。類分則以辭矣，故不以年紀其間，義繫於年者，仍以某年冠之；

　　一、自制命以後列敘諫、誠、辯、論諸門，奇環卓犖，正見國有人焉。是故論疾一也，子産繫之鄭，醫和繫之秦；

　　一、地名代有沿革，諸註與今志多不同，故略之；

　　一、左氏於列國卿大夫不獨稱名，或以字，或以諡，或以爵。讀者卒難識別，故從林氏，悉具名於其下；

　　一、朱氏節本註中詳載本末，以見事之始終，甚便觀覽，今多倣之；

　　一、註參用韋氏、杜氏、林氏，所易曉者不復録；

　　一、字音切大略録附卷首，以備參考；

　　一、所引儒先論斷，悉撮其精要者，故或無全文；

　　一、比事日抄，以資佔畢便檢閱，夫固有畫脂鏤冰之失。若其舛漏，尚竢大方。

　　《音釋》案卷臚列，以直音或反切兩種方式進行標注，反切相對用得多一些。亦間或辨析文字，如卷二"皐"字注："古罪字。"卷五"沭"注："古流字。"又同卷："箭，與簫同。"八卷："㺄，古蒐字。"即不注音而辨析文字。施氏所分十五門，分別爲制命（卷一，14 條）、諫諍（卷二，90 條）、誠諭（卷三，88 條）、辯説（卷四，88 條）、議論（卷五，107 條）、賦詩（卷六，19 條）、盟載（卷六，9 條）隱語附（卷六，2 條）、謀略（卷七，76 條）、政事（卷八，70 條）、薦舉（卷九，9 條）、節義（卷九，36 條）、辭讓（卷十，41 條）、逆料（卷十一，85 條）、夢卜（卷十二，43 條），大致以其内容或形式爲分類標準。除了制命門外，其他各門所引都按照國別依次臚列，首以周，次以魯，次以晉，次衛、次鄭，以與周王室親疏和爵位高低爲次。凡此，凡例中皆有説明。唯其所引各篇之下不注出處，爲讀者翻檢原文帶來一定困難。今用萬曆本進行孫應鰲評點的辨析以及相關辨析。

　　觀其所立篇題，大體以"主謂賓"形式出現。這種形式實際上是概括篇義而成的。當然，這也和《左》《國》文體性質和特徵相符合，二書無論記言記事，總要有人物，有行爲，有對象或結果，故篇題大致要關注到這幾個方面。

　　所選篇章中，有的是截取一段，有的是截取數段，有的是《左》《國》雜合在一起。這是施仁纂集時的標準和方式，以人物、事件爲主軸，與此無關者可以略去，與此相關者可以添補。孫應鰲題評只是把《左國類纂》作爲基本材料，對於其分類，《題評》並無相應的分別。檢全書涉及《國語》者184條，幾乎囊括《國語》全書。實際上，其中《左傳》和《國語》內容相同的篇章題評，也可以作爲研究《國語》評點的參照。今仍以孫應鰲評點《國語》作爲主要考察對象。

　　孫應鰲注意篇章中人物語言語義的進一步申說以及人物語言真實意圖的揭示，如其評"襄王拒晉文請隧"云："言先王之供於己者，非有所利。見辭地請隧，出於利也。言私德、私勞，見若有大公之功，自有公賞之典也。其曰'光裕大德'，曰'有地而隧'，詞若勸焉，所以折不臣之心者至矣。結構綿密，無復遺恨。""言先王之供於己者"云云，"言私德私勞"云云，是對周襄王話語語義的進一步申說，揭明晉文公辭地請隧之有所圖，然非"大公之功"，故不當有"公賞之典"。下面又進一步揭出襄王所謂"光裕大德""有地而隧"之語表面上好像是勉勵，實際上是揭露其不臣之心，制止其行爲，這是對襄王話語的實際意圖進行揭示。最後"結構綿密，無復遺恨"則是對襄王話語的結構層次以及話語最後取得效果的揭示。正因爲周襄王論證結構細密，最終纔有"文公遂不敢請，受地而還"的結局，維護了周朝的規則制度。

　　孫應鰲注重人物話語依據、篇章主題句的揭示以及對話情境中結篇話語力度的揭示。如其評"襄王不殺衛成"云："根據天常。'政自上下'四句乃本領，後面不過發明。此因君臣以及父子，洞暢之甚。'何私衛侯'，結最有力。""根據天常"四字是總評周襄王話語的依據。上作下行，君臣父子，是基本規則，也是中國傳統社會的倫理大法，也即孫應鰲下文所謂"因君臣以及父子"。接著指出"政自上下四句乃本

領"，"本領"二字之義類似今天所謂之"核心"。孫應鰲指出"夫政自
上下者也。上作政而下行之不逆，故上下無怨。今叔父作政而不行，無
乃不可乎"是全篇的主題和核心，其他話語都是圍繞這一主題展開的。
襄王話語的展開，仍然從君臣以及父子，都是社會倫理的基本規則，從
社會基本倫理規則入手展開討論，能夠一下子讓對方明白，故孫應鰲謂
之"洞暢之甚"。孫應鰲同時又認爲襄王結句"不然，余何私於衛侯"
有力度。關於此一篇，今學者也有論之者，如董芬芬云："表面周襄王似
乎就衛成公之事而言，認爲臣執君於禮不合，會導致君臣父子沒有尊卑
之別，如此違背禮法怎麼能稱霸諸侯呢？周襄王處處強調禮法，就是暗
示晉文公，按周禮，禮樂征伐出自天子，有周天子在，誅殺諸侯這事還
輪不到晉侯。襄王拒殺衛成公，的確不是偏袒他，而是重在維護王室的
權威，但表面上似乎處處爲晉文公的霸業著想，這是典型的言在此而意
在彼的辭令藝術。"[1] 同樣揭出周襄王言辭中的表面形式與隱含意義。

　　孫應鰲注重對長篇大論進行分節分層辨析，如其評"定王饗士會殽
烝"云："只一殽烝之問，遂致許多辨析，所謂以大題目說小事情者。
大約四段：'禘郊之事'以下，見宴饗原由；'唯夫戎翟'以下，見此禮
之中正；'王室一二兄弟'以下，備詳其禮；'王公諸侯有飫'以下，則
以示禮之義遠也。'五味實氣'四句，語義精華。"孫應鰲首先指出本篇
的主要特徵，即其是以小事情引入，但通篇說的却是大問題。孫應鰲進
而把全篇分成四個部分，對每部分的主要内容進行了概括總結，同時對
全文中的精華句子進行了揭示。

　　孫應鰲注重揭示篇章的主體風格，注重揭示篇章中心大義。如其評
"祭公謀父諫征犬戎"云："文極醇正。'耀德不觀兵'爲主腦，終篇反
覆不過此意。歷敘后稷，以及武王；載述邦甸，以及征伐；末以犬戎實
之，敷陳曲至。""醇正"二字，是孫應鰲對全篇整體風格的高度濃縮概
括。爲什麽醇正呢？孫鑛謂《國語》本篇"初變《尚書》調，是今文
祖"。又云本篇"行文微似《周禮》"，俞長城也説這篇文章"允爲古文

---

① 董芬芬：《春秋辭令文體研究》，上海：上海古籍出版社 2012 年版，第 252 頁。

之冠"，都可作爲孫應鰲"醇正"之説的注脚。同時孫應鰲指出本篇的大義所在，即"耀德不觀兵"五字，這五字實際上是祭公謀父立意所在，後世評點在在所説者，也在這五字上面。指出這五字之後，孫應鰲認爲全篇所有的結構話語都圍繞著這五個字展開，故其謂："終篇反覆不過此意。"進而依照原文論述順序次序揭出"反覆"論證的基本層次。孫應鰲於"勤恤民隱而除其害"上又評云："'勤恤民隱而除其害'便是'耀德'，'修文''修名'亦'耀德'也。"其評點又落在"耀德"二字上，與其所揭示主題前後呼應。

孫應鰲注重對文中關鍵語段或關鍵話語的點評。如其評"召公諫監謗"中"是障之也。防民之口甚於防川。川壅而潰，傷人必多，民亦如之。是故爲川決之使道，爲民者宣之使言"云："至言。"認同召公虎此處所揭示出的道理。如評"仲山甫諫立魯戲"中"夫下事上，少事長，所以爲順也。今天子立諸侯而建其少，是教逆也。若魯從之而諸侯傚之，王命將有所壅；若不從而誅之，是自誅王命也。是事也，誅亦失，不誅亦失"云："'自誅王命'，警策殊至。"指出這四個字的示警作用。

同時也注重篇章中手法運用的揭示。如其評"召公諫監謗"篇"天子聽政，使公卿至於列士獻詩……若壅其口，其與能幾何"云："天子聽政一段，自是本理。而首以川譬之，後以山川、原隰衍沃譬之，各極旨趣。"指出了該文運用譬喻手法進行論述，並且取得了比較好的效果。另如其評"單旗諫鑄錢"云："川原之喻最是。"蓋謂本篇"且絶民用以實王府，猶塞川原而爲潢汙也"一句中，以"川原"喻"民用"很恰當。另如其評"士蒍諫將大子"中"貳若體焉，上下左右以相心目，用而不倦，神之利也。上貳代舉，下貳代履，周旋變動，以違心目，其反爲物用也，何事能治"云："以體喻事，繁而不殺。"又評同篇"夫大子，國之棟也。棟成乃制之，不亦危乎"云："又以棟喻，簡而不晦。"這是説本篇所用比喻，無論語句繁密還是語句簡約，都恰到好處。

孫應鰲注重篇章前後照應的揭示，如其評"虢文公諫不藉田"篇"夫民之大事在農，上帝之粢盛於是乎出，民之蕃庶於是乎生，事之共給於是乎在，和協輯睦於是乎興，財用蕃殖於是乎始，敦庬純固於是乎成”云：“‘上帝粢盛’六句，見‘大事在農’；‘稷爲大官’以下，正見其爲大事也。”蓋謂這幾句話中，“大事在農”一句是總括，而六句“×之××於是乎 V”則是對“大事在農”的具體化。下文“稷爲大官”之下所言，正是大事的具體行爲。另如其評“臧孫辰請賞重館人”云：“‘魯之班長’應‘晉不以故班’，‘又先諸侯’應‘晉必親先者’。”

　　孫應鰲注重語篇中具體語句功能的揭示。如其評“仲山甫諫料民”中“民不可料也！夫古者不料民而知其少多”云：“治民之官各盡其職，而民生可殖，故引‘司民’以下告之。”揭示出下文“司民協孤終，司商協名姓，司徒協旅，司寇協姦，牧協職，工協革，場協入，廩協出”這一排比句表述的功能所在。又云：“治民之事各得其理，而後民業可興，故引‘治農於藉’以下告之。”這是指出下文“王治農於藉，搜穫亦於藉，獮於既烝”這一表述單元的價值所在。最後又揭出：“示少惡事，正見不可料處。”所評又與前評呼應，並且對應主題。另外，孫氏評“世子晉諫壅川”中“共工用滅”一段話云：“引共工、鯀、禹，以啟下惱淫之失、忠信之得。”這是揭示太子晉引述共工至禹諸人治水傳説的功能。

　　孫應鰲注重揭示篇章中的過渡段落或過渡語句。如其評“世子晉諫壅川”中“若啟先王之遺訓，省其典圖刑法，而觀其廢興者，皆可知也。其興者，必有夏、呂之功焉；其廢者，必有共、鯀之敗焉。今吾執政無乃實有所避，而滑夫二川之神，使至於爭明，以妨王宮？王而飾之，無乃不可乎？人有言曰：‘無過亂人之門。’又曰：‘佐雝者嘗焉，佐鬭者傷焉。’又曰：‘禍不好，不能爲禍。’《詩》曰：‘四牡騤騤，旟旐有翩，亂生不夷，靡國不泯。’又曰：‘民之貪亂，寧爲荼毒。’夫見亂而不惕，所殘必多，其飾彌章。民有怨亂，猶不可遏，而況神乎？王將防鬭川以飾宮，是飾亂而佐鬭也，其無乃章禍且遇傷乎”云：“結上啟下，換節移源。”蓋謂本段內容是過渡，起到承上啟下的作用，章節內容也發生了轉換。八個字總結了本段內容的作用。

　　孫應鰲注重揭示篇章的警世作用以及普遍性。如其評“單旗諫鑄錢”中“若匱，王用將有所乏，乏則將厚取於民，民不給，將有遠志，是離民也"云："後世敗亡，何有不罹此者？"揭示出統治者橫征暴斂會造成敗亡的惡果，並且認爲後世敗亡往往就是因爲征斂過當，使民不聊生。

孫應鰲注重關鍵語句特徵揭示，如其評"單旗諫鑄錢"中"將民之與處而離之，將災是備而召之，則何以經國？國無經，何以出令？令之不從，上之患也"云："文極頓挫。""頓挫"是明清評點家經常運用的術語，指的是文字富有變化。林紓《春覺齋論文》曾謂："頓處必須言外有意，筆外有神，纔算活著。"① 林紓的論述正可對應孫應鰲所揭示《國語》這幾句話的特徵。

注重對作者用意進行揭示。如其評"單旗論鑄鐘"云："要以發明心之樞機，以示樂之本原也。"又評云："此骨子，樂之本原在此。"又評云："此皆樂之本原，真爲精美。"一篇評點而三及"樂之本原"。《禮記·樂記》謂："凡音之起，由人心生也。人心之動，物使之然也。感於物而動，故形於聲。聲相應，故生變；變成方，謂之音；比音而樂之，及干戚羽旄，謂之樂。"又謂："德者，性之端也；樂者德之華也；金石絲竹，樂之器也。詩言其志也，歌詠其聲也，舞動其容也，三者本於心然後樂器從之。是故情深而文明，氣盛而化神，和順積中，而英華外發，唯樂不可以爲僞。"也就是说，德、樂是相生相成的。單穆公認爲樂器的鑄造要做到"聽和"，只有"聽和"纔有"德昭"。因此，音樂和政治、統治是息息相關的。這既是單穆公在在強調之處，也是孫應鰲揭示之處。

在評點時注重現實或後世觀照。如其評"匠師慶諫丹楹刻桷"云："一師而有此諫，視後身都丞輔至導啟，爲之當如何者？"《魯語》本篇，一個工匠從魯莊公對父廟修整這樣一件小事上，引申出大道理。他認爲魯莊公的父親魯桓公以儉約聞名而治，魯莊公應該繼承這種遺志並傳之長久，不應該因自己奢侈就改造桓公之廟使其蒙羞。從而引申出"儉，德之共也；侈，惡之大也"的道理。當然是難能可貴的。所以，孫應鰲

---

① 劉錫慶主編：《中國寫作理論輯評（近代部分）》，呼和浩特：內蒙古教育出版社 1992 年版，第 263 頁。

評點此處，有一番感慨，蓋謂一個主管工匠的人竟然有這樣通達深遠的進諫之言，以這樣的身份職位，和後世的一些宰輔大僚輔佐君主的言行相比，後世的宰輔都無法和匠師慶相提並論。

有對篇章中人物語言以及人物的價值評斷，如其評"臧孫辰請求晉釋衛侯"中"班相恤也，故能有親。夫諸侯之患，諸侯恤之，所以訓民也"云："忠厚可掬。"蓋謂臧文仲魯臣，而能出於公義，爲衛侯説情，且説情又出於公心，無一絲一毫見不得光處。另如其評"狐突諫戰翟"云："申生真可謂善處父子矣。喻言以疑，擇術以厚，君子有餘悲焉。"對申生給予比較高的評價。又如其評"齊姜陳懷安"云："知齊，知文公，敘接輕妙。姜氏引臨汝之詩、莘莘之詩，及西方之書、鄭詩、管仲之言、瞽史之記，何物女流，能通透若是。"對齊姜的通達給予很高評價。

也對篇章中的語句進行語義疏導。如其評"臧孫辰請賞重館人"中之"若少安，恐無及也"云："少安，言少緩也。"此釋"少安"之義。又評同篇"而又先諸侯，其誰望之"云："其誰望之，言他不能及也。"亦釋語義。

涉及三方面對話，對對話各方進行評點。如"里革斷罟匡君"一篇，先有里革之諫，又有宣公之答，復有師存之言。孫應鰲評之云："里革之正諫，宣公之聽言，師存之啟沃，敘述流動。"

也有對篇章中涉及的人事行爲進行評點的，如其評"齊姜諫懷安"中"姜與子犯謀醉而載之以行"云："兩謀相合，何事不成。"這是本篇結尾處。齊姜在勸諫重耳不成的情況下，和重耳的舅舅子犯合謀把重耳灌醉了，弄到車子上離開了齊國。孫應鰲從這件事情得到的啟示是，二者謀劃的目的方向一致的話，一定會成功。

大臣進諫，往往用正話反説的方式。最爲顯著的例子就是叔向諫射鴳一事，其文云："平公射鴳，不死，使豎襄搏之，失。公怒，拘將殺之。叔向聞之，夕，君告之。叔向曰：'君必殺之。昔吾先君唐叔射兕於徒林，殪，以爲大甲，以封於晉。今君嗣吾先君唐叔，射鴳不死，搏之不得，是揚吾君之耻者也。君其必速殺之，勿令遠聞。'君怃怳，乃趣赦之。"孫應鰲評云："此謂反諫。"反諫者，正話反説而諫，從"君忸怩，乃趣赦之"的結果來看，效果奇佳。

揭明論證方式，並揭明對後世古文創作的借鑒作用。如其評"伍舉諫筑章華臺"云："此因靈王之稱一美，遂以美字極言之。絕好文字。反正論疏，意有互發。韓《諍臣論》内數問字本此。"本篇所述，蓋謂楚靈王修築章華臺，登臺而問伍舉"臺美夫"，伍舉引出一段談論何者爲美的議論，其言語中有"美"字的句子有"臣聞國君服寵以爲美""夫美也者，上下、内外、小大、遠邇皆無害焉，故曰美""若於目觀則美……胡美之爲""其有美名也，唯其施令德於遠近，而小大安之也""若君謂此臺美而爲之正，楚其殆矣"等，故孫應鰲謂之"反正論疏，意有互發"。從韓愈的《諍臣論》論述層次及其用語來看，確實與伍舉諫章華臺有幾分相似。

總體來看，孫應鰲的評點涉及人物、行爲、話語方式、方法技巧、篇章結構層次、關鍵詞句、篇章大義等等，比較全面。同時涉及《國語》篇章 180 多則，幾乎囊括了《國語》全部。根據王路明研究，孫應鰲在政治上以儒家之禮爲政治制度準則，以"求仁"爲最高的政治追求，堅持從善務實的匡世觀；在哲學上，主張天人合一、即仁是心的心學本體論，主張生生不息、陰陽交感的變易發展觀，主張中和時中、與時偕行的中道方法論，主張格物致知、知行合一的道德認識論；在倫理上，主張"唯善不朽"的人性論，"求仁爲宗"的道德規範，"忠則必誨""善繼善述"的忠孝觀，"戒謹恐懼"的慎獨思想；在文學上，主張言志、體情、正心、養氣。[①] 凡此種種，都在孫應鰲《國語》題評中有所體現。

就明代《國語》評點史而言，孫應鰲具有比較廣泛的影響，穆文熙《國語鈔評》、湯賓尹《左國秋型》、閔齊伋《國語裁注》對孫應鰲的評點都有所引用。由於穆文熙輯評東傳日本，故而孫應鰲的評點也爲日本學者千葉玄之等所引述。

---

① 王路明等：《明代黔中王門大師孫應鰲思想研究》，北京：群言出版社 2007 年版。

（三）張邦奇《國語》評點

張邦奇（1484—544），字秀卿，又字常甫，號甪川，鄞縣人。弘治十八年（1505）進士，曾任翰林院檢討、湖廣提學副使、南京國子監祭酒、南京吏部侍郎、禮部尚書、兵部尚書等。有《張邦奇集》傳世。《明史》本傳謂其"年十五作《易解》及《釋國語》"，並謂："邦奇之學，以程朱爲宗。與王守仁友善，而語每不合。"其《釋國語》收在《養心亭集》卷七。其序云：

> 予年十四五讀《通鑑》，至昭王滅密事，以爲康王之母言雖有徵，然其所言卒亦婦人女子之見，無足取也。後讀子厚《非國語》，則知前人固言之矣。《非國語》凡六十七篇，如辨滅密以後數十事，有可取者。然左氏之説多不概於聖，特其小者耳，而子厚非之，乃或有甚於左氏者。予又惜夫左氏之無以自白也，作《釋國語》。

此序正可與《明史》本傳相應。序文還交代了他之所以作《釋國語》的原因，即柳宗元《非國語》有甚於《國語》者，張氏起而爲《國語》辯白。

又檢其跋云：

> 夫知道者，可與有言。道或未明，徒以其意見而取辨焉，是使求道者倀倀焉，眩是非而莫之辨。此讀前言者之所當慎也。子厚作《非國語》，以左氏背理去道而非之耳。《國語》誠有可非也，而柳子之説亦非也。虞仲常蓋非之矣，然予未見其書。兹因讀柳子之文，姑以其管見著于篇，俟考正焉。
>
> 予少業舉子，日有課程，歲惟清明、端陽、重陽及除日自假一日，以節其勞。會試下第歸，用課程不改。《柳柳州集》素所誦習，獨以其非《國語》者爲無益舉業也，弗觀。弘治壬戌十二月丁卯歲除當假，始取《非國語》讀之，謂其多畔於道，爲之辨説十五條。

蓋頃刻而成，未始加點竄也。當其時，予年十有九，而志見若此。迄今三十有四年，年且踰不惑矣，而識不加進，德不加修，何哉？偶檢舊稿，爲之憮然。

跋文分兩段，第一段再次強調其撰作《釋國語》之緣起。第二段講述撰作及董理《釋國語》之時間，即張邦奇十九歲的時候寫就，而董理舊稿的時候已經五十多歲了。

《釋國語》一共十五條，分別爲不藉、三川震、柯陵之會、大錢、無射、律、輕幣、卜、宰周公、伐宋、新聲、趙文子、醫和、祝融、祀。所取標題即《非國語》原有之標題。標題之下不再引《非國語》原文，以"釋曰"直接論議，凡柳氏議論，根據論議需要，直接穿插在正文中。如下：

不藉

釋曰：禮，天理之節文也，豈復有飾乎禮者哉？柳子曰："必藉千畝者，禮之飾也。"非矣。且古之藉千畝者，以奉天地宗廟。然而勸農之道亦無不寓焉耳，豈曰特以是勸乎哉？柳子見夫三推者，果無益於事，故以爲存亡乎？皆可以爲國而不知時，使而節用通有無，而和鄉閭，皆於是乎始，何者？三推之道，誠敬之道也。誠敬者，君德之大本。舍是而可以爲國乎哉？故曰不藉。

三川震

幽王二年，西周三川皆震。伯陽父曰："周將亡矣。"柳子非之，以爲陰陽之氣遊乎天地間者，無與於我。若是，則天心之仁愛人君者泯矣，人君之畏天之威者弛矣。信然也，《春秋》亦可無作矣。夫殷宗修德于祥桑之生，周成警悟於風雷之變，天果無與於人，而假爲是乎哉？《傳》曰："致中和，天地位焉。"是失中和，則天地不位矣。天地之不位，安得以爲陰陽之潰洞輵轕，而不可知也。山峙而川流，雖夫人小子，皆知其爲常也。地震而川竭，雖夫人小子，皆知其爲變也、常也。變也，知者則曰人事或以致之也。夫天地之變，人或致之，則其爲亡國之徵也，豈不信哉？而何非之有？
豈柳子於天人相與之際，固未之或知也與？

柯陵之會

釋曰：君民，禍福之徵，固有動乎四體者，況合諸侯民之大事
也。於是乎觀存亡，故容之俯仰之間，端木氏察其有死亡之道焉。
若柯陵之會，晉厲公之視遠步高，三郤與國佐之言犯、迂、伐、盡，
亦謂其有死之道而已矣。單子何尤乎？《中庸》曰："至誠之道，可
以前知。"至誠之道，果巫史乎哉？

大錢

釋曰：錢貨之流於天下，貴乎因時制宜，使輕重勿過而已矣。
景王將鑄大錢，單穆公不可，曰："可後而先之，謂之召災。"此
言，而何非之有？

無射

釋曰：柳子非單子"取於鍾之備也"，"怪而不信"。柳子蓋不
知樂者也。且其言曰："樂之來，由人情出也，其始非聖人作也。聖
人以爲人情之所不能免，因而象政令之美，使之存乎其中，是聖人
飾乎樂也。"然則樂果無用物也？樂本可以無作，聖人特徇人情而
爲之，是聖人導人之欲也，又病其然，又強假而問飾之，則聖人所
以宣八風之氣，所以平天下之情者，於樂何有？吾故曰：柳子不知
樂者也。柳子又曰："孟子曰：'今之樂猶古之樂也。''與人同樂，
則王矣。'吾獨以孟子爲知樂。"且予聞之，孔子之答顏淵曰："樂
則韶舞。"又曰："放鄭聲。"今樂、古樂，何可同也？柳子固不知
樂，然亦不知孟子。

律

釋曰：非伶州鳩之言已見於"無射"下。

輕幣

釋曰：桓公之輕幣重禮，其事有無不可知，若仁義則吾知非桓
公之有也決矣。然仁義既非其有，則其以利交天下也亦宜。

卜

釋曰：既曰："卜者，道之無所用也。"又曰："聖人用之。"既曰聖人"以毆陋民"，又曰："非恒用而徵信。"則是聖人之作卜筮，説怪誕以誣吾民也與？柳子之説不辨而失自見矣。

宰周公

釋曰：君子道其常而已，一失其道以出，亦不足以死乎？使獻公之出果失道耶？則雖幸而不死，孔子之言猶信也。

伐宋

宋人殺昭公，趙宣子請師以伐宋，曰："是反天地而逆民則也，天必誅焉。晉為盟主而不修天罰，將懼及焉。"夫以下弒上，固天命所必誅也。宣子既取於天，又懼其及而後請其意，則非純乎公道者。柳子不能以是非之，乃曰："古之殺奪有大於宋人者，而壽考樂佚不可勝道，天之誅何如也？"嗚呼，天下之惡，豈復有大於弒其君者？然而天之施報疏而不失，亦其常也。古之帝王賞曰天命，罰曰天討。夫固謾為此説，以謟天罔人哉？柳子之嘗言，蓋曰彼蒼蒼者焉能與吾事而暇知之？柳子不知天命而不畏也，其病源在乎此矣。予請進柳子以天命之説。天者，理而已也。人既逆於理矣，而富壽樂佚果理也哉？理之所誅，無可以幸而獲宥者，是則疏之享年亦不可謂之幸耶。以其跡之粗者言之，則有幸、不幸之説。然而幸不幸者，百有一焉耳。君子弗論也。若徒指其百一之或然者而言之，曰某惡貫天而天弗誅，某善及人而天不佑，嗟乎，此世之所以多亂賊也。且取必於善惡之報而歸怨於於太虛之無情，此庸奴豎子之常見，而柳子述之，嗚呼，亦見其陋甚也已。

新聲

淫樂之足以蠱人心志，載於史可考也，觀於俗可徵也，而柳子獨未之達耶？何為其非師曠之説也。師曠之聰尚矣，柳子其聾乎？

趙文子

釋曰：柳子未嘗明理，故論人死生之際，顧以其幸、不幸者言之，其何膚末之甚也。《左傳》言"人主偷必死"，謂其理而已矣。柳子則曰："偷者自偷，死者自死。"夫以理言之，則雖趙孟不死，后子之言猶信不明乎理，則趙孟雖死，猶以爲非其偷之所致也。然則爲盜賊者，不以桎梏死，固不足以死乎？柳子所以爲膚末之見也。孔子曰：“人之生也直，罔之生也幸而免。”幸、不幸之間，理無與焉耳。

　　醫和

　　釋曰：和之言晉君曰：“諸侯服，不過三年；不服，不過十年。”亦有深見，何取於榮衛脈理哉？孟子曰：“無敵國外患者，國恒亡。”蓋常人之情，生於憂患死於安樂，亦其勢也。柳子之作敵戒曰：“敵存滅禍，敵去召過。”此和之意也。今於其言則非之，則吾惡乎信？

　　祝融

　　釋曰：史伯曰：“成天地之大功者，其子孫未常不章。”以爲祝融之後世伯夏商，於周爲侯伯，爲在楚也。此取必太過執而不通焉者。若舜之後則虞思陳胡公之屬，夫子以爲子孫保之，此亦未嘗不章之驗也已。若曰舜之功德大於祝融也，而必期其後之盛於昆吾、大彭、豕韋，則亦史伯之執而不通者耳。然君子之論，亦於其理之常者。《易》曰：“積善之家必有餘慶，積不善之家必有餘殃。”則凡盛之及後嗣者，亦固理也。有不盡然者，幸、不幸焉而已也。幸、不幸焉者，置而勿論可也。理之常者，柳子欲勿取焉，何哉？

　　祀

　　釋曰：昔先王有至德要道以順天下，民用和睦，上下無怨者，孝而已也。祀既所以昭孝，則所以息民，所以撫國，所以定百姓者，亦庸有外是乎？此祀之不可已，其所係有大焉者，而柳子不知也。

　　張邦奇認爲：君德宜敬，天人相與自有其道理，四體關乎禍福，幣制當因時制宜，柳子不知樂，齊桓公不仁而以利交天下亦其所宜，柳子之説有相互矛盾處，當信天命，柳子所論膚淺，柳子用醫和之言而非之等。《釋國語》十五條，恐亦隨機批點，並非有意安排。但所評皆持理中正，了無偏頗，亦柳氏之諍臣。故其所評，有益於柳氏《非國語》之深入研究，對理解《國語》也是有幫助的。自宋代以來，王觀國、葉適等辨析柳氏，多存乎《學林》《習學記言》中。宋元專門《非國語》著作，則多散佚。而張邦奇十五條《釋國語》，以收錄於文集中而傳世，對於深入認識《國語》以及《非國語》，是有一定幫助的。

（四）孫鑛《國語》評點

孫鑛（1543—1613），字文融，初號越峰，中年改爲月峰，別署月峰主人，浙江餘姚人。明萬曆二年（1574）會元，官至南京兵部尚書。孫氏一生學問多門，著述宏富。王孫榮曾撰《孫月峰先生著述知録》[1]，將孫鑛的著述分爲撰著、批評、編纂、增訂四類，共收錄九十多種，可謂富贍。孫鑛個人文集有《月峰先生居業》四卷、《月峰先生居業次編》五卷、《月峰先生居業餘編》三卷、《姚江孫月峰先生全集》十二卷、《孫氏文稿》等。其評點文獻衆多，觀其所評之書，有《詩經》《尚書》《禮記》《周禮》《左傳》《公羊傳》《穀梁傳》《國語》《戰國策》《史記》《漢書》《後漢書》《史漢異同》《三國志》《晉書》《宋元綱鑑》《荀子》《韓非子》《莊子》《列子》《管子》《老子》《鄧子》《關尹子》《劉子》《文子》《吕氏春秋》《淮南子》《商子》《春秋繁露》《無能子》《李太白詩》《杜工部詩》《文選》《古今翰苑瓊劇》《古文四體》《韓昌黎集》《唐柳先生集》《六一集》《蘇東坡集》《三蘇文苑》《琵琶記》《西廂記》等。

孫鑛評點《國語》，世傳有萬經校輯本《國語國策全集》，康熙二十四年（1685）刊本，首都師範大學圖書館有藏[2]。王孫榮謂：“《評國語》，明季甬江萬氏校刊，寫刻本，四冊，卷數不詳。有後人跋語云：‘孫月峰評書十餘種，世重其書，惟其《國語》評本傳本絶罕，此明季甬江萬氏校刊本，合明穆、孫二家評語於一編，璧合珠聯，殊足珍也。’

---

① 王孫榮：《孫月峰先生著述知録》，《天一閣文叢》第 7 輯（2009 年），第 112—127 頁。
② 見首都師範大學圖書館 1994 年 10 月編製《首都師範大學圖書館藏普通古籍目録》。

據今人文泉清《書林碎玉三則》著録。"① 程繼紅在其《明清〈國語〉評點研究》中把孫應鰲和孫鑛混爲一談，以《國語評苑》引述孫應鰲33條評點材料來探討孫鑛的《國語》評點，顯然是不合適的。明人中較早且較系統引述孫鑛評點的當屬閔齊伋裁注《國語》，但是閔齊伋引述孫鑛評點並不標明出處，而是以朱色區別。直到盧之頤校訂閔氏裁注《國語》的時候，纔把陶望齡、孫鑛的名字作了標注。今檢閔齊伋裁注《國語》朱色評點，僅卷一就有90條之多，還不算文内夾批，可見孫鑛評點《國語》之豐富。

　　孫鑛注重揭示《國語》文體風格及其淵源。如評"祭公謀父諫伐犬戎"云："初變《尚書》調，是今文祖。"指出《國語》既是對《尚書》文體風格的繼承，又開創了新的局面。清人錢泳云："袁簡齋先生嘗言虞、夏、周以來即有詩文，……文當始於《尚書》，一變而爲《左》《國》，再變而爲秦漢，三變而爲六朝駢體，以至唐宋八大家。八家之文，又變爲時藝文，至時藝亦不復能再變矣。"② 可與孫鑛之説相呼應。又評本篇云："行文微似《周禮》。"孫鑛評點《國語》中，好幾處出現"似《周禮》"的説法，如評"虢文公諫不藉千畝"云："絶似《周禮》。"是對《國語》文獻禮學和禮制價值的認定。

　　注重揭示篇章起句形式及其特點，如評"祭公謀父諫伐犬戎"中"穆王將征犬戎，祭公謀父諫曰：不可，先王耀德不觀兵"云："開門見山。"謂本篇起句直入主題。關於"開門見山"之法，王夫之有論，謂："有所謂'開門見山'者，言見遠山耳，固以縹緲遥映爲勝。若一山壁立，當門而峙，與面牆奚異？曹子建有'面山背墼'之語，彼生長譙、

<hr />

① 王孫榮：《孫月峰年譜》，北京：大衆文藝出版社2009年版，第287頁。檢《寧波詞典》編委會編《寧波詞典》"萬經"條云："萬經（1659—1741），清初經學家、史學家。字授一，號九沙，鄞縣（今寧波市）人。傳父萬斯大、叔萬斯同及從兄萬言之學，又問業於應撝謙、閻若璩。清康熙四十二年（1703年）進士，歷官翰林院庶吉士、編修、山西鄉試副考官、提督貴陽學使等。後因事罷歸。晚年重修《寧波府志》，增補其父萬斯大《禮記集解》數萬言，續纂萬言《尚書説》《明史舉要》，以成萬氏史學、萬氏經學。清乾隆初，舉博學鴻儒科及薦修三禮，不就。其著作因遭火災，多有散佚。僅存《分隸偶存》二卷傳世。"（上海：復旦大學出版社1992年版，第353頁）

② 轉引自張聲怡、劉九州編《中國古代寫作理論》，武昌：華中工學院出版社1985年版，第82頁。

許，已居鄴城，未嘗有山，恨不逼近危崖。若使果有此室，豈不是倒架屋？劣文字起處，即著一斗頓語説煞，謂之開門見山，不知向後跟從何處下筆？此筆從‘仕宦而至將相，富貴而歸故鄉’來，彼作法於涼，重複申説，一篇已成兩橛，何足法也？若‘環滁皆山也’，語雖卓立，正似遠山遥映耳。”① 以王夫之之説對應孫鑛此處評《國語》起句之語，則《國語》開篇起句亦正有“遠山遥映”之妙，而非“一山壁立，當門而峙”。又如評“魯武公以括與戲見王”云：“突稱括、戲起，絕不道所以。讀後諫辭乃明，亦是簡法。”從文章作法的角度來講，這也屬於開門見山之一種，是直接切入，引人入勝之法。又評“王將鑄無射，問律於伶州鳩，對曰：律所以立均出度也”云：“直述。”蓋謂伶州鳩應景王之問，直接展開，並不枝蔓掩飾。又如評“晉文公既定襄王於郟，王勞之以地，辭，請隧焉。王弗許，曰：昔我先王之有天下也”云：“平鋪起。”蓋謂敘述平直，不尚技法。

注重揭示《國語》中關鍵語句的警示格言作用。如其評“祭公謀父諫征犬戎”中“耀德不觀兵”云：“警策。”另如，評“爲川決之使道，爲民者宣之使言”云：“警策。”評“其德足以昭其馨香”云：“精理。”又評“使大宰以祝史帥狸姓奉犧牲粢盛玉帛往獻焉，無有祈也”云：“名理。”評“君臣無獄”“君臣皆獄，父子將獄，是無上下也”云：“大論。”評“高位寔疾僨，厚味寔腊毒”云：“名言。”評“備有未至而設之，有至而後救之，是不相入也”云：“善論。”評“從善如登，從惡如崩”云：“格言。”

駁正韋注，如評“夫兵戢而時動”云：“時動似謂征伐，非講武。”蓋韋注云：“時動，謂三時務農，一時講武。”但是孫鑛認爲此處“時動”似指征伐而言。孫氏之言可以引發對韋昭注釋精準與否的進一步思考。另如本篇“守終純固”韋注：“終，謂世終。”孫氏云：“終，似‘終王’之終。”其評“以犯獵吳國之師徒”云：“獵，如‘獵獸’之‘獵’，解云‘震也’，恐非。”

---

① （清）王夫之著，傅雲龍、吳可主編：《船山遺書》，北京：北京出版社1999年版，第4643頁。

注重揭示《國語》篇章中句式的特點及缺點，如其評"茂正其德而厚其性，卑其財求而利其器用"云："平鋪。"又評"時序其德，纂修其緒，修其訓典，朝夕恪勤，守以敦篤，奉以忠信"云："辭稍堆。"認爲祭公謀父此段論述用語稍嫌堆砌。如評"有不祭則修意，有不祀則修言，有不享則修文，有不貢則修名，有不王則修德，序成而有不至則修刑"云："排句轉生下，甚錯綜有致。"又云："體排而勢邁。"另如評"使公卿至於列士獻詩，瞽獻典，史獻書，師箴，瞍賦，矇誦，百工諫，庶人傳語，近臣盡規，親戚補察，瞽史教誨，耆艾修之"云："句法三變。"

注重揭示句子所體現的語氣，如其謂"天地百物皆將取焉，胡可壅也"云："以詠歎，便不厭重。"蓋謂此句有詠歎之氣。

兩個文句相連，揭示其主體。如"成而行之，胡可壅也？若壅其口，其與能幾何"，孫氏評云："胡可，其與。"蓋謂二問句句式相類，"胡可""其與"結構相對。

注重揭示篇章效果的影響。如"虢文公諫不藉千畝"篇上評云："《藉田賦》以爲諫絕得法。"此處是説虢文公的進諫絕妙得當。

注重揭示文字技巧，如評"虢文公諫不藉千畝"云："敘事有典故，用意以工辭，章法。"檢閱氏裁注《國語》文內頗多"字法""句法""章法""篇法"點評用語，亦當出於孫鑛評點。總之，體現了明代學者對於煉字、煉句、謀篇的重視。

在評點過程中，注意以《國語》與《左傳》進行比較。如評"十五年有神降於莘"云："辭太鋪，不如《內傳》之勁。"《國語》此事亦見《左傳·莊公三十二年》。兩篇文字比較，《國語》字數比《左傳》多了一倍。顧立三云："從內容看，《左傳》較《國語》爲簡省，吾人可見意同，排列亦同，許多瑣碎者《左傳》用一語以包含，但重要之詞句則全同。"① 顧立三之説可與孫鑛之説相呼應。孫鑛對於《國語》用語不簡省的現象，也往往指出，如上所列。又如其評"曹劌論戰"篇云："稍

① 顧立三：《左傳與國語之比較研究》，臺北：文史哲出版社1983年版，第39頁。

堆。" 即謂《國語》用字不如《左傳》簡省。

對描寫對象和語言表達進行揭示,如其評"昔昭王娶於房,曰房后,實有爽德,協於丹朱,丹朱馮身以儀之,生穆王焉,實臨照周之子孫而禍福之"云:"事怪而語莊。" 蓋謂所記之事實屬怪誕,而其用語莊嚴肅穆。

又時而對篇章内容表達直觀看法。孫鑛評點《國語》中多處出現"可厭"的字眼,其評"賜晉文公命"篇、評"鄭人伐滑"篇俱謂"可厭",評"隨會聘周"篇則謂:"更可厭。" 評"劉康公聘於魯"篇云:"大可厭。" 評"晉孫談之周"云:"可厭之甚。" 評"叔向説《昊天有成命》"云:"以訓詁入正文,最可厭。" 評"文公欲弛孟文子之宅"云:"此《國語》中最可厭文法也。"

注重語句前後結構變化,常用"錯綜有致"評之。

可見,孫鑛比較注意句式長短、結構、起伏等形式的問題,同時也注意内容的思想警示功能等等。從某種程度上而言,孫鑛的評點細緻具體,且具有針對性。關於這一點,蹤凡《明代學者對漢賦的評點》中就已經指出,蹤氏認爲:"孫鑛對漢賦作品的藝術結構進行了較爲細緻的剖析,這是他批點工作的主體部分,也是它對漢賦進行宏觀論斷的基石。""孫氏的微觀研究還體現在他對具體句子的分析乃至詞句的校勘上。" 並總結云:"孫氏既有宏觀研究,也有微觀探討,前者以後者爲基礎,後者與前者相照應,體例嚴謹,觀點精湛。"[①] 此語同樣適用於評價孫鑛的《國語》評點。王書才認爲孫鑛《文選》評點準則有三個理論來源,分別是:(1)李東陽、前後七子的復古思潮;(2)鍾嶸《詩品》的"滋味説"與"推源溯流"法;(3)嚴羽《滄浪詩話》的評詩理論。本於此,王書才認爲孫鑛評點文章有兩個主體傾向,其一即以立古爲標準,"推崇古風,貶抑近今"。孫鑛認爲最妙的文章還是先秦之文,在《文選》評點中多用"古""古樸""古峭"一類的字樣點評。從孫鑛"古"

---

① 蹤凡:《明代學者對漢賦的評點》,見載於王友勝主編:《中國文學傳播與接受研究:2010年中國文學傳播與接受國際學術研討會論文集》,長沙:嶽麓書社 2013 年版,第 466—487 頁。

字表述上，王書才總結出："其所謂'古'，即表意含蓄、筆力遒勁、結構渾然，畦徑條理不甚分明；章法跌宕有致；味致濃郁，餘味優長，風格質樸；出語自然而不雕琢，句式不求對仗。"① 其二即以嚴羽理論爲源頭，採取李東陽以來的"格調説"。王書才總結云："孫鑛評點《文選》多講字法、句法、章法、煉字。"② 正因爲孫鑛在評點上廣泛吸取前人理論，在評點實踐中既注重宏觀評點，又注重微觀評點，所評具體細緻，故影響較大。這一點，在《國語》評點上表現得也很突出。正因爲這樣，孫鑛的評點纔爲後世廣泛徵引，如閔齊伋裁注《國語》、盧之頤訂正《國語》、高嵀《國語鈔》對孫鑛的評點都有所引述。

（五）陶望齡《國語》評點

陶望齡（1562—1609），字周望，號石簣，晚號歇庵居士，會稽人。父陶承學，曾任南京禮部尚書。陶望齡十七歲時即"致力於古文詞，搜討百氏，力追先秦，所稱中原七子，非其好也"③，萬曆十七年（1589）會試第一，殿試一甲第三。曾任翰林院編修、國子監祭酒等職。其學宗泰州學派，文學觀念與公安派接近。著有《解老》二卷、《解莊》十二卷、《歇庵集》二十卷等，編有《國語約選》稿本傳世。萬曆三十九年（1611），曾有人刻印過他的文集《陶文簡公文集》十三卷，今《四庫禁毀書叢刊》收録其《陶文簡公文集》，《續修四庫全書》收録其《歇庵集》。其《國語約選》，今有稿抄本，藏在浙江上虞圖書館，尋檢不易。好在其評點《國語》的一些條目又見於閔齊伋裁注《國語》、盧之頤訂正《國語》中。前曾統計出閔齊伋裁注《國語》之《周語》部分引録陶望齡評點條目有 16 條。今又檢盧之頤訂正《國語》中所引述陶望齡説，有 90 多條。今以盧之頤訂正本《國語》所載陶望齡《國語》評點爲材料，試爲辨析之。

---

① 王書才：《文選評點述略》，上海：上海古籍出版社 2012 年版，第 243 頁。
② 王書才：《文選評點述略》，上海：上海古籍出版社 2012 年版，第 244 頁。
③ （明）陶奭齡：《先兄周望先生行略》，見載於陶望齡《歇庵集》附録。

陶望齡注重《國語》內部各語的主體特徵比較。如其謂:"《周語》辭勝事,《晉語》事勝辭。"認爲《周語》重在記言,而《晉語》記事勝於記言。從某種程度上來講,這是有道理的。《國語》八語篇幅不同,全書雖以"語"名,但不完全是"語",還有記事,尤其到《吳》《越上》二語,記事成分很高。就《周語》《晉語》來看,《周語》即便記載史實,只是平敘過程,不注重情節;而《晉語》記載史實,比較注重情節和細節,像優施教驪姬向獻公哭訴的情節、里克闘莫的情節、晉文公重耳出亡過程中的諸多情節,在《周語》中是見不到的。辭勝,則注重引述。《國語》一書引述古語88條,其中《周語》引述14條;引文41條,其中《周語》引22條。① 也可以和陶望齡之説呼應。

陶望齡注重從事實出發,對篇章觀念提出質疑。如其評"祭公謀父諫征犬戎"云:"犬戎近鎬,爲子孫憂,驅而遠之,豈曰非算?惜乎,伐之者與諫伐者俱見不及此。"董增齡《國語正義》也提到:"西周都鎬京,於九州偏在西方。犬戎在雍州邊裔,去鎬京近而爲荒服者。"指出犬戎雖在荒服,但是距離鎬京很近。《國語》對周穆王是持批評態度的,對祭公謀父的觀點是贊同的。因爲祭公謀父遵從的是先王之制,歷代學者也多從此點去否定穆王,稱是祭公謀父。而陶望齡從地理位置以及國家安全的角度出發,認爲周穆王的做法是可取的。進而指出不管是周穆王還是祭公謀父,竟然都没能從鎬京安全的角度看到征伐犬戎的必要性。這一發現,可謂讀書得間。當然,這恐怕和陶望齡一貫主張性靈偏至、不因襲他人、不拘泥舊説有一定關係。

陶望齡注重揭示《國語》篇章内容的要點。如其評"晉文公既定襄王於郊"云:"請隧事簡,而此乃最詳。"請隧只有幾個字,但是周襄王不許請隧的論述却篇幅很多,故陶望齡評之。從這一側重也可以看出陶望齡所概括的"《周語》辭勝事"這一特點。

陶望齡注重篇章中兩種不同狀態或方式的對應。如評"夫亦皆天子

之父兄甥舅也，若之何其虐之也”云：“找得嚴厲，‘德’‘虐’字相
照。”這是針對上文“王以晉君爲德，故勞之以陽樊，陽樊懷我王德，
是以未從於晉，謂君何德之布以懷柔之”而言的，上文處處言德，分三
層意思：（1）陽民懷王德；（2）王以晉君爲有德；（3）陽民謂晉君布何
德。而此處則謂“若之何其虐之也”，故陶望齡謂“找得嚴厲”。

　　認爲《國語》中有鋪排太過之處，如其評“隨會聘于周”云：“破
敔之疑數言，可竟叨叨浮漫，無可采者。”本篇主要是周定王回應隨會
之疑，用了很長的篇幅進行解釋。這篇文字應該是重要的禮學文獻，講
述朝聘、宴饗之事。但從行文上而言，確實比較冗長。陶望齡從文風的
角度認爲其“叨叨浮漫，無可采者”，孫鑛也評爲“更可厭”“將焉用”，
和陶望齡持論幾乎一致。此文章學認識與史學價值認識之不同。

　　對韋注提出質疑，如評“夫戰也微謀，吾有三伐”云：“微謀，言
不止於善謀以終，上文‘已實謀之’意。《檀弓》‘雖微晉而已’亦如此
解，注‘軍無謀策’似未是。”韋昭注云：“微，無也。軍無計謀。”實
際上“微”是假令性否定詞，韋昭沒有認識到這一點，以之爲全然否
定，確實不够妥當。明人多注意之，如公鼐亦謂：“戰也微謀，言不獨戰
之謀由我而決，且更別有三伐也。注云‘微，無也，言軍無計謀’，意
似未明。”可見，通過上下文語境對具體詞語進行仔細揣摩之後得出較
爲精準的解釋。又如評“亂，治也”云：“亂，是曲終之義。”日本江户
時期學者關脩齡、恩田仲任俱引述了陶望齡的説法，秦鼎引述的赤城之
説亦謂“亂”爲“樂之卒章”。清人俞樾也認爲“亂”是曲終之義，與
陶望齡説同。

　　注重對某些虛詞功能的揭舉。如其評“雖齊國子亦將與焉”云：
“‘雖’字一轉，亦自有法。”認爲此處“雖”字應用得當。

　　對《國語》中某些敘述方式後世的應用進行揭示。如其評“有夏雖
衰，杞、鄶猶在；申、吕雖衰，齊、許猶在；唯有嘉功，以命姓受祀，
迄於天下。及其失之也，必有慆淫之心間之”云：“交互，今爲厭套。”
在陶望齡看來，“交互”的寫法，至於明代已爲俗套了。

　　對《國語》申述引文內容進行評述。如其評“夫旱麓之榛楛殖，故

君子得以易樂干禄焉。若夫山林匱竭，林鹿散亡，藪澤肆既，民力彫盡，田疇荒蕪，資用乏匱，君子將險哀之不暇，而何易樂之有焉"云："解《詩》好。"《國語》這段文字是對上文所引《詩·旱麓》"瞻彼旱麓，榛楛濟濟，愷悌君子，干禄愷悌"的串講。陶望齡認爲解説得當，深得意旨。

另外，對《國語》某些篇章的文獻價值和學術價值進行了揭示，如評"單穆公諫鑄無射而爲之大林"云："古樂不傳，《樂記》亦不備，《周語》數篇可以參考。"這是對《國語》論樂律三篇的文獻價值和學術價值進行的肯定。舊傳六經，《詩》《書》《禮》《樂》《易》《春秋》，而《樂經》亡逸，今傳唯《禮記·樂記》一篇。像《國語·周語下》單穆公諫鑄鐘、伶州鳩論律這麼詳盡的先秦樂律資料，是其他先秦典籍中没有的。故而陶望齡認爲《國語》幾篇是探求先秦樂律、樂制的重要資料。清人紀大奎曰："余讀《周官》所載周律之制，可謂備矣。六吕不用，故缺焉。諸儒之誤若彼，不亦宜哉！至《國語》始有六間之律，律吕不可兼用，於兹益信。余考古經傳言律，《周官》而外，《外傳國語》最詳焉。"[1] 也肯定了其文獻價值。今之研究上古樂制、樂律者，莫不以之爲參照。而評點中揭示其文獻價值與學術價值者，陶望齡應該是比較早的一個。

陶望齡評點也偶及校勘，如其評"王將鑄無射，問律於伶州鳩"云："一本無'州'字。"蓋謂某本只作"伶鳩"，無"州"字。

偶爾對《國語》正文進行解釋。如評"王將鑄無射，問律於伶州鳩"云："六律六吕，雖以鍾名，皆截竹爲筒也。其曰'鑄無射'，蓋以金鑄爲鍾，而其聲中無射耳，所謂'度律均鍾'。"評"犧者，實用人也"云："用人，是操生殺之柄，與'爲人用'相反。"已經不是思想意義、文章技法方面的點評，而是釋義了。秦鼎《國語定本》引述陶望齡之説。

---

① （清）紀大奎：《古律經傳附考》卷四，北京：北京出版社 2000 年輯印《四庫未收書叢刊》第 3 輯第 9 册，本卷第 1—6 頁。

可見陶望齡的評點涉及揭示價值、辨正韋注、解釋語詞、注重比較、辨明特徵等等，不僅具有文章學與評點學價值，也具有訓詁價值和語法學價值。

（六）鍾惺《國語》評點

鍾惺（1574—1625），字伯敬，號退谷、退庵，又號止公居士、晚知居士，晚年修習内典，取法名斷殘。原籍江西吉安，其高祖始遷於湖北竟陵。萬曆三十八年（1610）進士，與錢謙益爲同年。曾任禮部行走、北京工部主事、南京禮部主事、南京禮部儀制司郎中、福建提學僉事等。鍾惺在詩文創作和文學批評方面成就很高，爲竟陵派領袖。著有《隱秀軒集》《五經纂注》《詩經圖史合考》《毛詩解》《鍾評左傳》《鍾評詩經》等，編有《史懷》《资治通鑑正史大全》等。由於鍾惺名氣很大，後世僞託鍾惺的著作不少，王世貞、《四庫提要》、謝國楨等有所辨正，可參。鍾惺關於《國語》的評點主要見於《史懷》和《周文歸》二書中。

1.《史懷》對《國語》的評點

《史懷》是一部獨立著作，不是依傍文選的評點本。鍾惺曾經在給熊極峰寫的信中説起：“弟向欲作《二十一史詳略》，附於各史簡末，隱括事文，竊取其義。計成功無時，姑撮其論事者，自《左》《國》起，訖於宋、元，勒成一書，名曰《史懷》。‘史懷’者，取謝康樂‘懷抱觀古今’之意。今刻完九卷，《左》《國》至《史記》在是矣。”① 此後增益到十七卷，即《左傳》二卷，《國語》《戰國策》各一卷，《史記》五卷，《漢書》《後漢書》各三卷，《三國志》二卷。鍾惺去世之後，其門生又把《晉史懷》三卷放進去，成了二十卷。至於《史懷》的版本，胡濤、吕丹丹有專文論及，兹不贅述。以《左傳》《國語》等與《史記》《漢書》等平列爲“史”，可見鍾惺對《國語》的體認。

---

① （明）鍾惺著，李先耕、崔重慶標校：《隱秀軒集》，上海：上海古籍出版社1992年版，第483—484頁。

今檢《四庫存目叢書·史部》所收蔣氏輯十七卷本《史懷》前有鄒之麟序云："伯敬之胸懷欲筆之書者百未竟一，即筆之書，而所謂史懷者，又十未竟一，大略可想見也。標一字于紛雜之中，彌見精詳，豎一義於語言之外，彌見淵洽，比人綴事，各具端委，真足益人志意。作是觀者，可第曰文人之書乎哉？"

根據鄭艷玲研究："《史懷》的評論主要從兩個方面展開，一是評史，二是評文。"① 吕丹丹謂："鍾惺的這部《史懷》，其意不在'句讀之學'，而在有用於當世。故其摘録史籍、評論歷史，多不争一字之正譌，一事之真偽，而思當世之教訓。其難能可貴之處在於，其所思所想、所評所論，既關乎世道人心，又見乎個人才性情。""其關乎世道人心之處，在於凸出國家、個人：談國家，重點著墨在管理、運作國家的君臣和國家機器本身所面臨的問題上。談個人，則敘讀書治學、修身處事、全身之道，一片殷切。至於其見乎個人才學、性情之處，則體現在他的文本細讀功夫，突出的有史學、文學兩個方面；同時，在佛學和較爲先進的女性觀方面也有所表現。"② 吕丹丹對《史懷》研究比較全面，唯用《史記》例子較多，於鍾惺評《國語》部分則引述較少，且缺少對鍾惺評點《國語》之評騭。今檢《史懷》卷三《國語》部分，分爲書名評點、篇章評點，以八國爲次，每篇評點自成一段。但書名評點卻置於"周語"之下，似屬不倫。各語之下，以《國語》篇章先後爲次，但條目多寡與《國語》各語篇章數量並不完全匹配。其中《周語》9 條，《魯語》7 條，《齊語》6 條，《晉語》12 條，《鄭語》1 條，《楚語》2 條，《吳語》5 條，《越語》2 條，總共 44 條。有的條目由於引述《國語》本文較長，還以"本文"標識，本文之下加"○"評點，以與正文區別。如其評《吳語》之例：

$\boxed{\text{本文}}$ 王乃入命夫人，上背屏風而立，夫人向屏。王曰："自今

---

① 鄭艷玲：《鍾惺評點研究》，北京：人民日報出版社 2006 年版，第 97 頁。
② 吕丹丹：《〈史懷〉研究》，湖北大學碩士學位論文，2015 年。

日以後，内政無出，外政無入。内有辱，是子也；外有辱，是我也。吾見子於此止矣。"王遂出，夫人送王，不出屏，乃闔左闔，填之以土，去笄，側席而坐，不埽。王背檐而立，大夫向檐。王命大夫曰："食土不均，地之不修，内有辱於國，是子也；軍士不死，外有辱，是我也。自今日以後，内政無出，外政無入，吾見子於此止矣。"王遂出，大夫送王不出檐，乃闔左闔，填之以土，側席而坐，不埽。○越卧薪嘗膽二十年，生聚教訓，又當吴艾陵、黄池之後，吴驕而越怒，吴惰而越奮，吴卒而越暇，吴亂而越整。不待兩軍相當而勝負決矣。然填土左闔、側席不埽，使人之夫妻君臣困苦至是，揆之天道人情，亦安有物極而不反者。古之善處勝者，能使人不吾復，晉敗齊於鞌，齊侯歸，七年不飲酒、不食肉，晉侯聞之，曰："嘻，安有使人之君七年不飲酒、不食肉者?"盡歸齊之侵地。此齊之所以終不能復晉之處勝有道也。

另外，有二事並於一處總評者，如《魯語》下云：

里革論泗淵一事，虞衡月令，本末犁然。乃知春秋大夫進諫於君，雖極小事，皆有一部掌故，詳確有據，非自騁其辨博，正尊其所聞，以明不敢欺也。實臣子恪慎之義。爰居止魯東門，展禽以爲海將有災，海之鳥獸知而避之，臧文仲命國人祭焉。執政者有此舉動，豈不乖張可笑。此不博之過也。事君者安可以不學？嘗謂子産之論實沈駘臺、剡子之論官吏、史墨之論龍見，舉遠抉幽，如探囊得物。愧文士虛過一生。

今檢其書名評點云："國有語，紀一國之事也。一國之中，以一人一事爲始終。變編年爲傳紀之萌也。"此説是就"國語"書名而言，蓋謂《國語》八國語，每國語，皆"紀一國之事"。一國之中，往往以時代爲序，"以一人一事爲始終"。比如《周語上》，先周穆王征犬戎，次周恭王滅密，次厲王事。另如《晉語一》，先武公、次獻公、次惠公、次文公等等，每一晉國國君，仍然大致按其時間前後爲序，以一事爲一篇。鍾惺此説抓住了《國語》的主體特徵。另外，《春秋》《左傳》是編年體史書，鍾惺認爲《國語》是紀傳體之萌芽。汪遠孫《借閒隨筆·國語非完書》："《國語》敘事雖不盡有年月，然未嘗越次。"① 蓋亦與 "一國之中，以一人一事爲始終" 相呼應。

又評 "周語" 云："《國語》列周，蓋以列國待周也。三頌列魯，蓋以天子待魯也。此周之所以爲《春秋》也。素王、素臣，其微可睹矣。"本條主要探討《國語》既然是列國之語，爲什麼要列入被尊奉爲天子的周，鍾惺認爲《國語》以列國對待周，並以《詩經》三頌列《魯頌》"以天子待魯" 爲依據。鄭艷玲認爲，鍾惺如此表述，是從體例上來總結分析周王室的衰微。②

檢其篇章評點，有對篇章中重要語句的評價。如："祭公謀父之諫征犬戎也，曰：'夫兵戢而時動，動則威，觀則玩，玩則無震。' 兵家最簡確之言，在此數語。孫、吳説不出。" 這是從軍事理論的角度肯定了祭公謀父這幾句話的重要思想意義。並且認爲孫武、吳起概括不出這麼簡練、精確的道理。

有對篇章反映的君臣關係問題的評點。如 "恭王游於涇上，密康公從，有三女奔之，其母曰：'必致之於王。' 康公弗獻。一年，王滅密。密母此言，蓋預知王之忮而虐也。從古下之不順乎上，由上之苛求於下。上苛求於下，而下不能應則怨，怨則畔，畔而上無以制之。此陵替之所以不可反也。" 鍾惺從這一篇中概括出了君臣關係的一般規則。他首先指出密康公母親之所以如此勸説密康公，是因爲她瞭解周恭王的 "忮而虐"。在這個基礎上推衍論之，自古凡是臣下對君主不順從的，往往由於君主苛求太過。君主對臣下要求過於苛酷，臣下無法滿足君主要求則有怨言，有怨言則有離畔之心，臣下離畔到了君主無法控制的局面，就會發生朝代興替的問題。概言之，鍾惺認爲該篇具有借鑒意義和教化

① （清）汪遠孫：《借閒隨筆》，《振綺堂叢書初集》本，第 2 頁。
② 鄭艷玲：《鍾惺品評〈國語〉》，《五邑大學學報》2015 年第 4 期。

意義。

揭示人物良好的動機未必收到預期效果。如其謂：“厲王虐，國人
謗王，召公告王曰：‘民不堪命矣。’王怒，得衛巫，使監謗者，以告，
則殺之。國人莫敢言，道路以目。夫召公告王，本欲因民情以止王之虐，
反博得監謗一事，又益一虐焉。不仁者，可與言哉？”天子暴虐，國人謗
譏，故而召公以民情相陳。沒想到的是，厲王根本不從自己施政的角度
思考自己的問題，却一心一意想著自己的權威受到挑戰，要設法弭謗。
所以說召公的好心反而爲虐民又增一事。故而最後鍾惺發出“不仁者，
可與言哉”的慨歎。

揭示《國語》載事的用心所在。如其謂：“宣王，中興之主。《國
語》載其四事而譏者三焉。曰不藉千畝，曰爲魯武公立戲，曰料民，皆
三大事也。其意曰：以宣王而猶如此也。又曰：宣王之世已如此矣。此
周衰之所以益不可爲也。《春秋》始隱公，左氏傳之，又作《國語》，曰
外傳，其事辭自隱公而上之，探本之言，其感深矣。”周宣王是周王朝的
中興之主，史有定評。《左傳·召公二十六年》即謂“宣王有志，而後
效官”，《詩經·大雅·江漢》也贊頌云：“明明天子，令聞不已，矢其
文德，洽此四國。”此處，鍾惺提出質疑。既然周宣王是中興之主，其正
面事跡可載者必多，爲什麼《國語》記載宣王四件事情，有三件都是譏
刺宣王的呢？鍾惺認爲《國語》的編者在載事措置上是有深意的。雖然
有宣王中興，但周由西周而東周，最終走向覆滅，恐怕是“淵源有自
來”。故而鍾惺揣測《國語》編者之用意，作爲中興之主的周宣王尚且
如此昏聵而不明理，也就是説周朝到了宣王的時代已經走下坡路了。進
而鍾惺認爲，《國語》編者通過記載周宣王三件負面事件，意在揭示周
之衰亡非一日蹴就，實積漸而來。進而鍾惺探討了左丘明傳《春秋》又
編《國語》的深層原因，蓋欲“探本”，也就是爲周王朝最終覆亡尋找
原因。鍾惺的這段話，對《國語》之編纂、《國語》編者選材之用心，
體會深沉。鄭艷玲認爲鍾惺是從整體記述上來體現周王室的衰微，其説
可參。

其評論人物事件語言，有往往別具隻眼者。如其謂：“惠王三年，三

大夫出王而立王子穨，子穨飲三大夫酒，樂及徧儛。鄭伯見虢叔，謂子穨樂禍，禍必及之。而曰‘盍納王乎’，妙在以此段議論，作納王機緣。見子穨之不足戴，而使人一意於王，無生疑懼。此王之所以得入也。乃是定難應變妙手。若專料子穨之敗，而無益於王，則其言亦有何關係。”這是鍾惺對鄭厲公的評價，最終認定其爲“定難應變妙手”。孫琮謂：“樂禍一語，天人理數皆在其內，然只從成敗上起見，尚屬有所爲而爲。王處於鄭，卒賴其力，見王之因不失親。虢叔許諾，克成厥功，見鄭厲公之謀不失人。”雖後於鍾惺，尚無鍾惺此等透脫觀念。

揭示問題解決的關鍵所在。如其謂：“周之衰也，猶能舉先王舊章，以折有功之彊國，如‘請隧’一事，晉伏不敢動，此爲國以禮之效也。然亦知晉文公創霸業，本以尊王二字招號天下，請隧無王，一經點破，遂失其所以創霸之具，而奪其招號天下之名。晉不得爲晉矣。宜其心折氣餒，而帖然退聽也。”晉文公勤王有功，周襄王賞以土地，固辭而請隧。周襄王拒其請隧之舉。鍾惺認爲周襄王以舊章折晉文，是“爲國以禮之效”，即以禮法治國所產生的效能。接著，鍾惺進一步指出，其實問題的關鍵，恐怕還是由於晉文公打著“尊王”的口號號令諸侯，今則請隧破壞其“尊王”的面目，會無法號令諸侯。不僅指出周襄王以禮法折晉文之舉，而且指出了晉文公“雖不敢請而退”的實質所在。鄭艷玲認爲本條是鍾惺從具體內容上來體現周王室的衰微。

對文中所言道理規則進行補充或引申說明。如其謂：“單子謂齊國子立於淫亂之國，而好盡言以招人過，怨之本也。愚謂：盡言，不必言人過也。凡窮極事理、闡透才思，使物無遁情，亦人鬼所忌。古今文人著述，往往有之，可不慎哉。”單襄公認爲齊國佐之所以招致殺身之禍，是因爲他揭示別人過錯語言直率，毫無顧忌。鍾惺則認爲語言直率不一定僅指指摘別人過失。凡是把事物規則說透、才藻冠絕者，使得對方或者事物沒有任何一點兒掩飾，這是人鬼都忌諱的。故有“天嫉英才”之說，蓋英才者，可“窮極事理、闡透才思”。後世有云：“處事須留餘地，責善且戒盡言。”也是鍾惺所說的這個道理。另外，民間傳說，民間術士、測字看相者，往往不得善終，蓋以其洩露天機，使“物無遁情”

之故。當然，這和我國一直以來講究“平和中正”有關，所謂“平和中正”，即不偏不倚，且有餘地，不能“盡”致。這就由事件本身上升到了普通規則，具有警世教化意義。

對篇章中關鍵詞說理透徹的贊揚。如其謂：“單襄公謂晉悼公‘其行也文’，歷數其敬、忠、信、仁、義、智、勇、教、孝、惠、讓，而曰‘此十一者，夫子皆有焉。天六地五，數之常也。經之以天，緯之以地，經緯不爽，文之象也’。以十一善而祇足了‘文’之一字，豈易言哉？經天緯地曰文，從來訓故未有若此明盡者。”這是對單襄公“文”字解釋的肯定。如謂：“王將鑄無射而爲之大林，單穆公曰：‘無射有林，耳不及也。’又曰：‘其察清濁也，不過一人之所勝。’又曰：‘細抑大陵，不容於耳，非龢也。’龢者，形與物相安之謂也。器小受大，物過於形，滿則溢，傾則危。凡事皆然。孔子所以致感於攲器也。大哉言乎，天人消息之理不出此，一事一言得之。”鍾惺從單穆公論樂聲“龢”領悟到萬事萬物之所以“龢”，進而對單穆公之言進行了肯定。

對人物行爲進行贊揚。如謂：“魯饑，臧孫辰請糴於齊，公曰：‘誰使？’對曰：‘辰也備卿，辰請如齊。’議事之人，即以身任事，絲毫無趨避，可爲人臣事君之法。”作爲臣子，不僅僅爲君主出謀劃策，而且還執行謀策，並不因爲事情艱難而推脫或請君主委派他人，且直接說出“賢者急病而讓夷，居官者當事不避難，在位者恤民之患，是以國家無違”的話，可謂耿介中正之臣。鍾惺對臧孫辰進行了贊揚。

有對語言形式表達效果的評點。如謂：“桓公自莒反於齊，使鮑叔爲宰，辭曰：‘若必治國家者，則非臣之所能也。若必治國家者，則管夷吾乎？’‘若必治國家者’一語兩言之，情辭篤至，感動人主，全在於此。人臣告君，其文有必不可省者，此類是也。”這是對鮑叔語辭表達形式效果提出贊許。“若必治國家者”一語的復用，使得表達效果突出，收到意想不到的效果。

楊愛軍認爲，《史懷》具有：1. 評史特點，主要表現在：（1）鍾惺在評史時不是就事論事，而是針對時弊，寄託他的經世之志；（2）論史書，指出其容易被人忽略的一面。2. 評文特點，主要表現在：（1）兼顧到文章的字法、句法以及行文風格，並能概括出寫作規律；（2）表現出重情的傾向；（3）評語中時融入禪意。① 鄭艷玲認爲：“鍾惺品評《國語》主要集中在三方面：一是通過《國語》的編寫以及涉及的事件，進而表達自己對周王朝以及君臣的具體觀點和看法；二是對《國語》中表現比較出色的歷史人物進行品評，分析其道德高低、智慧高下以及個性優劣；三是對《國語》的敍事藝術、寫人藝術以及結構體例等進行點評。”② 具體到鍾惺的《國語》評點而言，仍以鄭艷玲總結比較精當具體。

2.《周文歸》所錄鍾惺《國語》評點

有的學者認爲，由於鍾惺評點的出色，“鍾惺的《國語》品評也被出版商選擇、輯錄，進而出現了不少題名鍾惺的《國語》著述，如陳仁錫、鍾惺評的《國語》，陳淏子輯、鍾惺評的《國語》，鍾惺評選的《國語文歸》等等。這都反映了鍾惺品評《國語》的影響。”③ 關於《周文歸》，楊愛軍《〈周文歸〉研究》根據陳淏子《周文歸大凡》“讀書本在於吾徒，論文何假乎伯敬？今假鍾名鼎望以罔利者先生不少，不可信也。今稽議漢而評周者先生誠多，可不面乎？乃於是纂評宗伯敬，標佐月峰，參諸名家，附愚管見，私自條也，公求正也。至如圈點，悉本鍾、孫”之言推斷：“這段話反映出三方面的信息，其一是因爲鍾惺在晚明評點學方面的巨大影響，當時就有許多人借他的名聲而作僞；其二是陳淏子對鍾惺、孫鑛極爲推崇，反映了晚明時人們的一致看法；三是本書的評點屬於集評，評語以鍾惺、孫鑛爲主，另外，還彙集了自宋代至明代後期的名家評語，也附入陳淏子、范德建、蔣仲光等人的評語，所以，《四庫全書總目》題爲鍾惺所編，確有些不合情理。”楊愛軍比較審慎，最終仍然依從了《四庫全書總目》的説法。

今檢《四庫全書存目叢書》收錄《周文歸》爲清華大學圖書館藏崇

① 楊愛軍：《〈周文歸〉研究》，西北師範大學碩士學位論文，2008 年。
② 鄭艷玲：《鍾惺品評〈國語〉》，《五邑大學學報》2015 年第 4 期。
③ 鄭艷玲：《鍾惺品評〈國語〉》，《五邑大學學報》2015 年第 4 期。

禎年間刻本，前有顧錫疇序云："《左氏》及《公》《穀》氏先經、後經、錯經，各有精義，然而依經翼經，絕不臆斷附會，此治理之樸也。若哀悼涕溢於紙上，則樸莫若《檀弓》；敘事屬詞，列國興滅，燦於指掌，則樸莫若《國語》。"認爲《國語》兼有記言與記事之妙。全書二十卷，依次爲《周禮》《考工記》《檀弓》《家語》《左傳》《國語》《公羊傳》《穀梁傳》《戰國策》《楚辭》《逸周書》，其中《國語》在第十一至第十三卷中。《周語》18篇在卷十一，《魯語》9篇、《齊語》3篇、《楚語》5篇、《晉語》4篇在卷十二，《晉語》17篇、《鄭語》1篇、《吳語》6篇、《越語》2篇在卷十三。每卷卷首有各篇篇題，篇題大致皆撮錄篇章大義而成。分別爲：祭父諫征犬戎、召公諫厲王止謗、芮伯論榮夷公好專利、宣王不藉千畝、仲山父諫王立戲、宣王料民太原、伯陽父論周將亡、内史過論虢亡、襄王拒晉文公請隧、倉葛不服晉、定王論饗禮、單子知陳之亡、單襄公知郤至之敗、單子料齊晉君臣、單襄公論子周得晉、太子晉諫壅川、單穆公論鑄大錢、單穆公論鑄無射（以上《周語》）、臧文仲請糴於齊、展禽論祀爰居、里革斷罟匡君、穆子不肯以貨免難、惠伯說韓宣子、敬姜論勞逸、敬姜明其子之令德、孔子論防風氏之骨、孔子辨肅慎氏之矢（以上《魯語》）、桓公用管仲、管仲治齊、桓公會諸侯於葵丘（以上《齊語》）、伍舉不美章華臺、左史倚相儆公子亹、士亹申叔時論教太子、子囊議恭王謚、靈王拒子張之諫（以上《楚語》）、獻公史蘇論、禮記以危言劫獻公、太子敗翟於稷桑、重耳辭位、姜氏行重耳、胥臣論傅讙、宣子禮韓厥、文子冠見諸大夫、文子論外患内憂、悼公新政、晉逐欒盈、辛俞不背欒氏、張老止文子作室之僭、叔向賀韓獻子之貧、穆子使夙沙釐相翟、閻没叔寬以食諫、董安于辭戰賞、伯樂免尹鐸、史安論良臣、知果先見、士茁論室不宜美（以上《晉語》）、鄭謀遷國（以上《鄭語》）、諸稽郢行成於吳、申胥諫吳王勿許越成、申胥諫吳王勿伐齊、越王命范蠡襲吳、吳人刦盟先歃、越師入吳夫差自殺（以上《吳語》）、吳許越成越竟滅吳、范蠡始終伐吳之策（以上《越語》），共60多篇，選文比例和各語的篇幅比重基本相當。但是《國語》八語排序却打破慣常習慣，把《晉語》《鄭語》排在《楚語》之後、《吳語》《越語》之前，未知別有深意，還是無意安排。

根據楊愛軍研究，《周文歸》有注釋和評點，其中評點採取圈點、眉批、尾批的形式。就《周文歸》的《國語》部分而言，實際上還包括夾批。所據《國語》底本當爲明李克家本，其注“先王耀德不觀兵”云：“耀，明也。觀，示也。不以小事而示威武。”明本中作“小事”之本爲李克家本。注中音注用直音或反切。其釋義以韋注爲基礎，又不完全囿於韋注。如“載戢干戈，載櫜弓矢”韋昭注云：“載，則也。干，盾也。戈，戟也。櫜，韜也。言天下已定，聚斂其干戈，韜藏其弓矢，示不復用也。”《周文歸》注改爲：“載，既也。聚斂干戈，韜藏弓矢，示不輕用。”改易“載”字注釋，復改注文“復”爲“輕”。前者是改變具體語詞訓詁，後者是改變注文意義。其中夾批內容，與閔齊伋裁注《國語》近似，夾批、尾批屬於輯評性質，夾批收錄有孫鑛76條、鍾惺43條、陳渼子49條，胡揆17條、穆文熙14條、范德建9條、蔣尚賓6條、孫應鰲4條，唐順之、魏之允各3條，董份、陳仁錫各2條，柳宗元、丘濬、王世貞、王悦、鄭樂各1條；尾批收錄有鍾惺27條、爻一26條，仲衍9條，仲光8條，孫鑛6條，歸有光、穆氏各2條，董潯陽、姚令寬、王宗尹、王鳳州、范德建、黃震、唐順之、惟信、子成、建白、王叔元、明卿、楚□各1條，尚有1條由於字跡漫漶，無法辨別。

僅就鍾惺評點而言，眉批、尾批一共引述70條，除了見於《史懷》的條目之外，尚有如下條目：

（1）寄生殺之權於鬼物之口，愚甚！（“王怒，得衛巫，使監謗者”批）

（2）不曰樂官而曰音官，反覺□妙。（“瞽帥音官以省風土”批）

（3）敘事反覆次第如重峰疊嶂，萬狀崔嵬，而音節之硜鏘、風神之蒼醇，故丘明本色。（“宣王不藉千畝”篇末評）

（4）看以下幾簡，不過真有典要之書。（“若國亡不過十年，數之紀也”批）

（5）“衰”字有斟酌。（“其衰也，杜伯射王於鄗”批）

（6）篇中以死後射王誣杜伯，丹朱匹房后生穆王，語皆不經，而文字不可易。（"内史過論虢亡"篇末評）

（7）以下議論□□深入。（"故祓除其心以和惠民，考中度衷以蒞之"批）

（8）大罵酒食之徒。（"其血氣不治，若禽獸焉，其適來班貢，不俟馨香嘉味"批）

（9）武子賢者也，而觳燕之禮罔識，其他可知。定王深論析意，其尚有姬公之遺歟？（"定王論饗禮"批）

（10）築臺夏氏，自無暇治田矣。（"民將築臺於夏氏"批）

（11）文至此，更奇□醒□。（"至於王使，則皆官正涖事，上卿監之。若王巡守，則君親監之"批）

（12）以敘事作案，妙！（"柯陵之會，單襄公見晉屬公視遠步高"批）

（13）聞□□□□閒行即今坐馳。（"神無閒行"批）

（14）三舉人言，一步繫一步。（"人有言曰：'無過亂人之門。'又曰……又曰……"批）

（15）肆而隱，曲而中，絕去倚靡。惟《國語》一書宜熟讀。讀之不累局，不傷氣。（"太子晉諫壅川"篇末評）

（16）"皇妣"句，大有精神，具見原本。（"則我皇妣大姜之姪伯陵之後、逢公之所馮神也"批）

（17）以"皇妣"□之，以"太祖后稷"□之，妙。（"我太祖后稷之所經緯也"批）

（18）敘律呂處，簡潔勝太史公。（"單穆公論鑄無射"篇末評）

（19）善於《顧命》。（"文仲以鬯圭與玉磬如齊告糴"批）

（20）引證典實俱佳。（"周棄繼之，故祀以爲稷"批）

（21）"罪非"句甚得地步。（"且罪非我之由，爲戮何害"批）

（22）□□□□□有不動者，惠伯其有辭哉？（"齊師退而後敢還，非以求遠也，以魯之密邇於齊而又小國也"批）

（23）山川亦有紀綱。（"山川之靈足以紀綱天下者，其守爲神"

批)

（24）悦□□禮大司馬窠白語。（"制國以爲二十一鄉"批）

（25）議多功少罷士也、罷女也。（"罷士無伍，罷女無家"批）

（26）伯勢赫然可想，管子之功。（"一戰帥服三十一國，遂南征伐楚"批）

（27）□容處□此桓公伯□本色。（"諸侯之使垂橐而入，梱載而歸"批）

（28）此爲諡君父者之準。（"夫事君者先其善，不從其過"批）

（29）手扶雲漢，分天章，列箴規諫誦一段，是《尚書》官師相規之旨。（"左史徵公子亹"篇末評）

（30）氣沛如決川，惜全是諷諫意，而王不悟。（"靈王不納子張之諫"篇末評）

（31）荒淫舉動可羞可鄙，敗亡之症，入膏肓矣。（"獲驪姬以歸，有寵，立以爲夫人"批）

（32）前言夜半，此言夜半，皆深語。惟夜半而其言刺入。（"夜半，召優施曰：曩而言戲乎"批）

（33）事險而文醇。（"太子敗翟於稷桑"篇末評）

（34）□語緊切。（"管敬仲有言，小妾聞之曰"批）

（35）看此一語，則十九年周旋之功，自見不可當譃語看。（"若無所濟，余未知死，誰能與豺狼争食"批）

（36）援古引詩。女流之通透未有若姜氏者。（"姜氏行重耳"篇末評）

（37）文法顛倒錯綜，長短間雜不齊，前後輝映開闔，種種入神。（"胥臣論傅讙"篇末評）

（38）□□□□數語，是判文子趨向。（"善矣，從欒伯之言可以滋"批）

（39）可補《儀禮》之未備。（"文子冠見諸大夫"篇末評）

（40）筆致鬆俊悠揚，如輕雲薄霧。（"張老止文子作室之僭"篇末評）

（41）□□□□□□又可乎？（"叔向見韓宣子憂貧"批）

（42）以相反之詞爲控機之妙，用神於文哉！（"叔向賀韓宣子之貧"篇末評）

（43）魏子賢者也。賢者自愛其名，梗陽之賊過未成而諫者先頌言之，可乎？二子以食諫，醉飽之外，不加一語。若不知有梗陽之事者，婉轉入人，使魏子自止，亦若初無是事焉。滅其所醜而失其愧，代爲之全其名焉。此諫賢者之道也。（"閻没叔寬以食諫"篇末評）

（44）起語更端，用四"夫"字，不止□□，更有承法。（"夫吳之與越""夫申胥華登""夫一人善射""夫謀"批）

（45）昔《老子》云："惟天下之至柔馳騁天下之至堅。"讀此信哉！（"諸稽郢行成於吳"篇末評）

（46）自古極諫之士，未有若此者，可謂烈忠矣。（"乃匍匐將入棘闈"批）

（47）雄之所言，亦救戰之道，但於吳之存亡無補耳。（"危事不可以爲安，死事不可以爲生"批）

（48）謀得精，斷得確。（"孤將以舉大事大夫舌庸乃進對"批）

（49）行軍布置，若常山□勢。吳越之不□，何待兵變哉？（"王乃之壇列，鼓而行之"批）

（50）此"句踐"以下爲歸後之事。文勢不貫，當會其意。（"句踐之地"批）

（51）自處非人，是拙於辭命處。（"黿鼉魚鱉之與處"批）

這51條，都未見於《史懷》。從這51條來看，《周文歸》所收鍾惺評點用語精要，靈活多變，品評内容多樣。另外，《史懷》所收《晉語》，自《晉語二》直接到《晉語九》，中間並無選録，恐有脱漏。如從《周文歸》所輯出鍾惺評點條目中的第43條，與《史懷》撰述風格極其接近，但並不見於《史懷》，可爲一證。

另外，還有的條目，《史懷》本有，而至《周文歸》，文字稍有不

同。如《史懷》云："單襄公謂晉悼公'其行也文'，歷數其敬、忠、
信、仁、義、智、勇、教、孝、惠、讓，而曰'此十一者，夫子皆有焉。
天六地五，數之常也。經之以天，緯之以地，經緯不爽，文之象也'。以
十一善而祇足了'文'之一字，豈易言哉？經天緯地曰文，從來訓故未
有若此明盡者。"《周文歸・國語・周語・單襄公論晉周得晉》篇末評
云："逐字辨析，從來訓詁未有若此明盡者。"另如《史懷》云："里革
論泗淵一事，虞衡月令，本末犁然。乃知春秋大夫進諫於君，雖極小事，
皆有一部掌故，詳確有據，非自騁其辨博，正尊其所聞，以明不敢欺也。
實臣子恪慎之義。爰居止魯東門，展禽以爲海將有災，海之鳥獸知而避
之，臧文仲命國人祭焉。執政者有此舉動，豈不乖張可笑。此不博之過
也。事君者安可以不學？嘗謂子產之論實沈駘臺、剡子之論官吏、史墨
之論龍見，舉遠抉幽，如探囊得物。愧文士虛過一生。"《周文歸・國
語・魯語・里革斷罟匡君》篇末評僅錄"里革論泗淵一事，虞衡月令，
本末犁然。乃知春秋大夫進諫於君，雖極小事，皆有一部掌故，詳確有
據，非自騁其辨博，正尊其所聞，以明不敢欺也。實臣子恪慎之義"一
段文字。另如《史懷・國語・魯語》："［本文］公父文伯卒，其母戒其妾
曰：'吾聞之，好內，女死之；好外，男死之。今吾子死，吾惡其以好內
聞也。二三婦之辱共先祀者，請無瘠色，無洵涕，無搯膺，無憂容，有
降服，無加服，從禮而靜，是昭吾子也。'○此母之爲其子愛名有甚於哀
其死者。人生最不可禁之情，惟名心足以禁之，名之於人何如哉？然愛
其子之名，乃深於愛其子者也。崩摧中一部禮經，出其齒頰，是何等識
見？是何等學問？'慎終'二字，足以當之。"《周文歸》無""'慎終'
二字，足以當之"一句。又《史懷・晉語》："趙簡子歎曰：'吾願得范
中行之良臣。'史黯侍曰：'將焉用之？'簡子曰：'良臣，人之所願也。
又何問焉？'對曰：'臣以爲不良故也。今范中行之臣不能匡其君，使至
於難，又不能定而棄之，則何良之爲？'漢吳王濞反上，曰：'吳王誘天
下豪傑，白頭舉事。'袁盎對曰：'吳有銅鹽，利則有之，安得豪傑而用
之？誠令吳得豪傑，亦且輔王爲義，不反矣。'其言皆有至理。使千古亡

國之臣，死有餘愧。然黯之言正，而益之言詔。言有正而實詔者，意各
有在，不可不察。"《周文歸·國語·晉語·史黯論君臣》篇末唯云：
"言言至理，使亡國之臣死有餘愧。"另《史懷·吳語》："晉之處勝有道
也。"《周文歸·國語·吳語·越師入吳夫差自殺》篇末評"也"改作
"矣"。二書可互相參證。

　　無論《周文歸》是否鍾惺編選，僅從保留衆多鍾惺評點條目這一點
而言，其資料價值就可見一斑。楊愛軍認爲："《周文歸》的評語之多，
在古代散文選本中是很突出的。這些評語，或力排衆議，或闡幽發微，
或宏論滔滔，或一語中的，將零散的評語和文章結合起來看，就能看出
所評選文章的特點和評點者的匠心。"楊愛軍概括《周文歸》評語具體
表現，一是對本文的重視，包括：（1）對部分典籍成書情況的推測；
（2）注重立意。二是對文法的分析，包括：（1）重視結構分析；（2）重
視敘述技法的分析；（3）注重從文法的角度對文本進行綜合評點；（4）注
重語言分析；（5）通過評點總結作文之法。三是重視風格淵源，具體表
現爲：（1）評點者以個人審美觀爲出發點，對文章風格作出分析；（2）注
意到先秦典籍的風格，並通過橫向比較說明；（3）注重揭示源流。楊愛
軍認爲："《周文歸》系統地對南宋以來的評點做了匯總，具有承前啟後
作用，使讀者能粗綫條地掌握評點學的發展史，瞭解各個時期、不同評
論者的評文側重和評文特點，對後世的文學評點産生了一定影響。"① 對
《周文歸》的整體評價是值得參考的。

　　3. 鍾惺《國語》評點的影響

　　鍾惺等一批明代學者的評點，受到了清初學者的批評，甚至遭到錢
謙益、顧炎武等人的基本否定。《四庫全書總目》對明代評點持貶斥態
度，並歸責於以鍾惺爲主的竟陵派。② 但清初的古文選本和《國語》選
本依然有引用鍾惺評點者。如徐與喬《初學辨體》之《國語》選文即引
述鍾惺評點 6 條，孫琮《山曉閣國語選》引述鍾惺 11 條，可見鍾惺評點

---

① 楊愛軍：《〈周文歸〉研究》，西北師範大學碩士學位論文，2008 年。
② 楊愛軍：《〈周文歸〉研究》，西北師範大學碩士學位論文，2008 年。

在清初評點中的影響。

不僅如此，鍾惺評點還遠播海外，影響了日本《國語》研究。如日本江户時期學者千葉玄之重訂《韋注國語》引述鍾惺評點 181 處，可見其影響。

鄭艷玲在《鍾惺評點研究》中認爲：① "鍾惺的評點提出了不少新穎的見解，對後代文學思想産生了一定的影響"；② "推動和發揚了文學評點的批評方式和價值"；③ "鍾惺繼承和發揚了公安派的 '性靈説'"；④ "鍾惺的評點揚棄了公安派 '性靈' 的一些局限"。同時，鄭艷玲也認爲鍾惺評點中的文學批評觀念是矛盾的，其評點理論高度不够。① 《史懷》《周文歸》中的《國語》評點，也體現了鍾惺評點的學術價值及其局限。

（七）穆文熙《國語》評點

穆文熙（1528—1591，一説 1528—1611，一説 1532—1617），字敬甫，號少春，北直隸大名府東明人。嘉靖四十一年（1562）進士，曾任行人司行人、工部都水司員外郎、禮部精膳司員外郎、尚寶司司丞、吏部稽勳司員外郎等。辭官歸里，築有 "逍遙園"，讀書會友。明過庭訓《本朝分省人物考》云："穆文熙，東明人，嘉靖進士。少穎悟，經籍無所不窺，尤尚節義。莊廟初，給事石公星以言忤，廷杖幾斃，文熙奮不顧身，周旋醫藥，得不死，解官歸。士論高。之後歷官憲副，浩然而歸。所居有逍遥園，坐起一編，文藻蔚然爲一代名家。所著有《逍遥園集》《左》《史》《戰國纂評》諸書行於世。"② 又李廷機《李文節集》卷二十《憲副少春穆先生墓志銘》載其生平事跡較詳，也可以參看。關於穆文熙的專門研究很少，目前僅見殷陸陸《穆文熙及其〈四史鴻裁·史記〉研究》和相關論文。另，穆文熙《史記鴻裁》也由殷陸陸點校，由陝西

---

① 鄭艷玲：《鍾惺評點研究》，北京：人民日報出版社 2006 年版，第 141—146 頁。
② （明）過庭訓：《本朝分省人物考》，上海：上海古籍出版社輯印《續修四庫全書》第 533 冊，第 232 頁。

師範大學出版社 2015 年出版。

　　穆文熙所評《左傳》有較多版本和選本。其所評《國語》也有多種版本，《國語鈔評》有萬曆十二年（1584）傅光宅、曾鳳儀刻本，又有萬曆十三年（1585）徐元朋刻本、萬曆十五年（1587）劉懷恕《春秋戰國評苑》本、萬曆十八年（1590）朱朝聘《四史鴻裁》本、萬曆二十年（1592）鄭以厚光裕堂《國語評苑》本、萬曆年間金陵胡東塘刻本。

　　萬曆十二年刻本《國語抄評》卷一下別行分行題署“明吏部考功員外郎魏郡穆文熙批輯”“山東道監察御史同郡劉懷恕校閱”“吳縣知縣聊城傅光宅、長洲知縣耒陽曾鳳儀同刊”。萬曆十八年刻本《四史鴻裁》本首卷分行題署“明魏郡穆文熙敬甫批輯”“同邑劉懷恕士行校正”“東郡朱朝聘希尹閱梓”。萬曆年間金陵胡東塘《新刻穆先生批點國語鈔評林》題署與傅光宅刻本同，當即從傅光宅本翻刻。《國語鈔評》並沒有全錄《國語》正文，注文也往往省略，但該本撮錄柳宗元、穆文熙、孫應鰲、石星、劉懷恕等人的評點資料於書眉之上，集柳宗元《非國語》主要評點與有明一代《國語》評點之大成。

　　劉懷恕刻本半葉九行，行二十字，每頁都記有刻工姓名。每卷首行題“國語第×”，別一行題“吳高陵亭侯　韋昭解　宋鄭國公　宋庠補音”，又一行題“明吏部考功員外穆文熙編纂　兵部左侍郎石星校閱（河南道監察御史劉懷恕、江西道監察御史沈權）校”，不錄張一鯤《刻國語序》，保留張一鯤本《校補國語凡》。關於劉懷恕本，殷陸陸謂：“按：六十一卷，明穆文熙輯。是書《四庫全書總目》著錄稱：‘是編凡左傳三十卷、國語二十一卷、戰國策十卷，左傳用杜預注，陸德明釋文而標預名不標德明之名；國語用韋昭注，宋庠補音；戰國策用鮑彪注，參以吳師道之補正。均略有所刪補，非其原文，蓋明人凡刻古書例皆如是。謂必如是，然後見其有所改定，非徒翻刻舊文也。’《四庫全書存目叢書》影印《春秋左傳評苑三十卷首一卷國語評苑六卷戰國策十卷》時將此條目附錄其後，此舉不妥。《存目提要》著錄的六十一卷書由《春秋經傳集解三十卷首一卷》《國語二十一卷》《戰國策十卷》三書合刻，均屬明萬曆十五年劉懷恕刻《春秋戰國評苑》本，現以單行本的形式分別藏于各圖書館。而《四庫存目叢書》是據明萬曆二十年鄭以厚光裕堂本影印，書後鄭以厚的跋語介紹此次刊刻情況時僅言'春秋左傳評苑、國語評苑、戰國策評苑、增補評註名世文宗、合併太史文華傳議是五書，本堂敦請名士精校之。'并未講明此書是否以十五年劉懷恕刻本爲基礎刊刻，二者之間的淵源尚待以原書查核。另外，二者的《國語》部分還有二十一卷和六卷之別，有六卷《國語》的本子《四庫》并未著録，《存目叢書》的《國語》部分却是六卷，此也是不合情理之處。"① 鄭以厚本底本即劉懷恕本，鄭以厚光裕堂本《國語評苑》六卷之本並無不合理處。

《國語鈔評》篇題往往出現人物、對象和行爲，如下：

卷一周：謀父諫征犬戎、恭王滅密、召公諫厲王止謗、芮伯論榮公專利之害、宣王子請立、宣王不藉千畝、中山父諫王立戲、宣王料民太原、伯陽父論周將亡、鄭厲公虢叔復納惠王、內史過論虢亡、內史過論惠公君臣之敗、太宰知文公之霸、富辰諫以翟伐鄭、富辰諫取翟女、晉圍陽樊不下、周不殺衛成公、王孫滿知秦師之敗、定王論饗禮、單子知陳之亡、康公論叔孫東門之叛、王孫說論僑如之詐、單襄公知郤至之敗、單襄公論齊晉君臣之敗、單襄公論子周得晉、太子晉諫雍川、叔向論周之興、單穆公論鑄大錢、單穆公論鑄無射、賓孟以雄雞感王、彪傒論萇劉不終；

卷二魯：曹劌論戰、匠師慶諫丹楹之叛、夏父展諫宗婦執幣、臧文仲請糴於齊、展喜入齊請平、僖公請復衛君、臧文仲請賞重館人、展禽論祭爰居、孟文子郈敬子不從毀宅之命、宗有司論僖公不可躋、里革更書逐莒太子僕、里革斷罟匡君、聲伯辭晉邑、里革論晉君見殺之過、季文子儉德、叔孫拜《鹿鳴》之三、叔孫論三軍不可作、魯伐秦先濟、叔仲勸襄公如楚、公冶不義季氏、楚公子圍殺郟敖代之、穆子不肯以貨免難、惠伯說韓宣子、敬姜語季孫肥、敬

① 殷陸陸：《穆文熙及其〈四史鴻裁·史記〉研究》，陝西師範大學碩士學位論文，2015年。

姜怒公父文伯、敬姜不應康子、敬姜論勞逸、閔馬父論恭、仲尼不對田賦、敬姜明其子之令德、仲尼辨防風氏之骨、仲尼辨肅慎氏之矢；

卷三齊、晉：桓公用管仲、管仲治齊、內政寄軍令、桓公會諸侯於葵丘、欒共子死哀侯、獻公史蘇論卜、史蘇知亂本、荀息里克丕鄭論大子、晉伐翟柤、優施爲驪姬謀去大子、二五爲驪姬謀出三公子、士蔿諫大子將下軍、驪姬以危言劫獻公、里克諫大子伐東山、大子敗翟於稷桑、晉殺大子逐群公子、重耳夷吾出奔、舟之僑論虢亡；

卷四晉：宮之奇去虞、卜偃以童謠論虢亡、宰孔止獻公如會、里克殺奚齊卓子驪姬、秦人立惠公、冀芮論夷吾無黨、惠公興人之誦、惠公悔殺里克、惠公殺丕鄭丕豹奔秦、晉背秦糴秦穫惠公、秦歸晉侯、惠公殺慶鄭、重耳徧歷諸國；

卷五晉：文公入於絳、勃鞮頭湏說文公、文公治晉、文公定襄王於成周、文公救宋與楚爲城濮之戰、文公伐鄭詹伯行說、箕鄭論救饑以信、晉諸臣讓德、胥臣論教因材質、胥臣薦冀缺、甯瀛氏論陽處父、趙孟舉韓厥爲司馬、宣子請師伐宋、趙穿弒靈公、范武子讓德、武子杖擊文子、郤獻子分謗、郤獻子敗齊師、絳人論梁山崩、伯宗之妻賢智、趙文子見諸大夫、文子與郤至論伐鄭、晉敗楚師於鄢陵、郤至見楚王下奔、文子論睦内圖外、文子欲釋楚鄭以爲外患、文子再論伐楚鄭不可、欒書殺三郤弒厲公立悼公、長魚矯犇翟、韓厥不與欒書之黨、悼公新政；

卷六晉：悼公用人復伯、魏絳戮楊干、祁奚薦其子、魏絳和戎、穆子辭公族大夫、張老以卿讓魏絳、晉侯賞魏絳、司馬侯論德義之樂、晉滅欒氏、向母知叔魚伯石之敗、訾祏止范宣子爭田、宣子與獻子論訾祏、叔向諫殺豎襄、叔向論君子之比、叔向使子員對秦鍼、晉人以信服子木、叔向請歇楚人、文子固請於楚免叔孫、張老止文子作室之僭、文子與叔向論于九原、秦后子論趙文子、醫和論晉侯疾、叔向均二公子之禄、子產論黃能、叔向賀韓獻子之貧、叔向論三姦罪狀、穆子不受皷人之降、穆子使夙沙釐相翟、范獻子論人不可不學、董叔乞請於叔向、魏獻子却梗陽人之賂、董安于辭賞、簡子賞尹鐸、史墨止簡子適簍、少室周致右於牛談、史墨論良臣、壯馳茲賀簡子求賢、竇犫論人化、知果論瑶不可立、士茁論室不宜美、知國論人不可耻；

卷七鄭、楚：鄭謀遷還國於虢鄶之間、士亹申叔時論教太子、子囊議恭王謚、子木祭不薦芰、聲子説子木還湫舉、與伍舉論章華臺、申無宇諫城陳蔡不羹、左史倚相謗子亹、靈王不納子張之諫、左史與子期論從違、觀射父論天地、鬭且論子常之敗、昭王不罪藍尹亹、昭王賞及鄖懷、藍尹論吳之敗、王孫圉對簡子之問、文子辭梁、子高諫子西召白公勝；

卷八吳、越：諸稽郢行成於吳、申胥諫吳王勿許越成、申胥諫吳王勿伐齊、吳王殺申胥、越王命范蠡襲吳、吳人劫盟先歃、夫差告勞於周、大夫種昌謀伐吳、越師入吳夫差自殺、吳許越成越竟滅吳、范蠡三策、范蠡始終伐吳之策。

《國語評苑》實屬於集評性質，不僅收録穆文熙評語，也收有柳宗元以來之諸家評語。穆文熙評語共 149 條，其中 11 條稱 "穆子"。檢其内容，大致分爲如下數端。

有對篇章中事件或内容的補充説明。比如 "謀父諫征犬戎" 篇 "庶民弗忍，欣戴武王，以致戎於商牧" 穆評云："武王不得已而用兵，不失爲耀德。今無故而觀兵犬戎，去武王之師遠矣。" 這是爲祭公謀父之説作補充。按照祭公謀父開篇所云，"先王耀德不觀兵"，今武王 "致戎於商牧"，從表面上看，這與前面所論是矛盾的，或者説是和武王 "耀德不觀兵" 這個説法違背的。故而穆文熙爲之解説云："武王不得已而用兵，不失爲耀德。" 是從迴護主題的角度進行評説。其實祭公謀父下文已經説明了："先王非務武也，勤恤民隱而除其害也。" 當然和穆文熙的角度不盡相同，同樣説出了武王用兵是不得已。和謀父不同的是，穆文熙直接以穆王和武王對比。

對篇章中關鍵語句的功能進行揭示。如"謀父諫征犬戎"篇"其無乃廢先王之訓而王幾頓乎？吾聞夫犬戎樹惇，能帥舊德而守終純固，其有以禦我矣"穆評云："舉先王之訓，見不可伐；有以禦我，見不能伐。皆極諫也。"穆文熙以"不可"和"不能"區別"先王之訓"和"有以禦我"的不同功能。天子立國，當以守先王之法爲本，《周語》處處都在體現這一觀念。先王之訓，是立國的根本，是施政治國的依據。今穆王的動機不符合先王之訓，即謀父所謂"廢先王之訓"，這是大逆不道的行爲，是謂"不可"。犬戎氏本來恪遵傳承以來的"終王"之訓，並沒有任何過失，面對穆王的征討，是有理由抵制的，穆王並無勝算，是謂"不能"。

有對人物行爲的評價。如"召公諫厲王止謗"篇穆評云："厲王怒謗，固非；使巫監謗，尤非。以生殺之權，而寄之於鬼物之口，則將何所不至哉！"這是對周厲王止謗行爲的評價。認爲厲王怒謗已經是錯誤的行爲，派衛巫監謗就是錯上加錯了。最後揭出周厲王這種行爲的惡劣影響。如評"叔孫拜鹿鳴之三"云："大凡主人以過禮加人，未必不知，特用以嘗試客子耳。叔孫不拜文王而拜鹿鳴，魯國守禮，所以晉雖強大，終不敢侮。"對叔孫穆子守禮的行爲進行贊揚。

有對人物的綜合評價。如穆評榮夷公云："榮公好利，蓋桑弘羊之流耳。以利中厲王之欲而求進其身者也。"穆文熙認爲榮夷公和桑弘羊是一類人。桑弘羊出身富商家庭，曾主持推行鹽、鐵和酒的專賣制度。其專賣制度，和《國語》本篇之"專利"有相同之處。同時指出，榮夷公以利投周厲王所好不過是爲了周厲王能夠提拔自己而已。既給讀者在理解榮夷公這個人物特點上做了很好的類比，又爲讀者進一步理解榮夷公以利悅周厲王的行爲動機進行了揭示。又如評召公云："召公以子代宣王，免之於難，俟其長而立之。中興之功當爲第一。"召公爲了保住宣王的性命，把自己的兒子交給國人，使得宣王幸免於難，這纔有了後來的宣王中興的歷史局面。故穆文熙對召公給予很高的評價。以親子代君主幼子赴死的事情，也成了中國文學典型。

有對事件危害的揭示，如評周宣王立戲之事云："廢嫡立庶自此始。

至於春秋，則傚尤者衆，而亂日長矣。"嫡長制是宗法社會中的一貫繼承規則。《公羊傳·隱公元年》謂："立嫡以長不以賢，立子以貴不以長。"周宣王見到魯武公的兩個兒子，喜歡魯武公的小兒子，並以天子之尊立戲爲魯國國君繼承人，由此引發了魯國動亂。穆文熙認爲廢長立幼的行爲就是從周宣王立戲開始的。春秋時期，很多諸侯國發生了類似行爲，引發了更多的動亂。又謂周宣王料民云："宣王號中興賢王，而乃不藉千畝、料民太原兩事，廢政駭人，索然寡味。周道於是寖衰矣。"指出周宣王中興之時，周王朝已經呈現衰敗的景象了。

穆文熙意識中仍然有天道輪回、天人感應的思想在，如其評伯陽父論周衰云："天地之變，皆人事所致。伯陽論陰陽，而不以人事驗之，則亡國之君顧不及爲藉口也哉！"對伯陽父客觀評論災害有所保留。

徵引其他史實以形成對比。如評王子穨之亂云："孫林父逐君而擊鍾，事亦類此。然林父聞季札之言，遂終身不聞樂，所以不及於害。而王子穨樂禍，宜其見殺矣。"事件類似，一個聞言而改，一個樂禍，故其結果不同。

對《國語》所記之事提出批評，如其評杜伯云："杜伯死諫，人臣之常，必且安之，爲何得死後射王以其心乎？是生不爲亂而死爲亂也。誣杜伯甚矣！"認爲杜伯活著的時候是忠臣死諫，這樣的人，怎麼可能死了之後報復周天子呢。因此認爲這是對杜伯的誣蔑。

有對篇章中人物用語的評點。如評周襄王不許請隧云："弗許隧，語至此甚佳。至'更姓改物'以下，毋亦大甚乎？王待有功諸侯，恐亦不宜爲此語也。"這是對周襄王話語的評價，認爲周襄王話語"弗許"很合場合身份。至"更姓改物"，稍嫌語氣太大，對待有功諸侯，這樣說是不適宜的。

對篇章中人物話語的整體評價。如評內史過論晉惠公君臣云："內史論惠公執玉、稽首二事，猶爲占卜家之語。至謂廣心遠鄰、凌民卑上，以及呂郤相事不敬，則信乎非求長之道乎？"評內史過論晉文公云："內史以有禮占文公之伯。文公後果納王於鄭，必納王而後足以見有禮也。樹艾之言，淺乎望有禮矣。"《周語上》末兩篇是內史過對晉惠公和晉文公行爲所出的預測性評價，穆文熙通過分析内史過所舉事端，肯定其預測依據。通過對晉文公後來納王於鄭之事，以與内史過"樹於有禮，艾人必豐"呼應。又對里革更書逐莒太子評云："里革之筆直於南史，而説辭之善，尤能免禍，蓋異人也。"

有對事件的補充解釋。如評倉葛不服晉云："陽樊，畿内之邑，固不宜賜人。晉文即有功，亦不得輕有所受。君臣俱失，所以陽人不服，而來倉葛之呼也。"這是從陽樊的地理位置上推斷倉葛之所以不服晉的原因。按照穆文熙的理解，陽樊是畿内之地，本屬天子，是不應該賞賜諸侯的。作爲諸侯，晉文公不該輕易接受天子賞賜。按照穆文熙的觀念，周襄王和晉文公在授受問題上俱有不足之處，故而引發陽人不滿。

有對篇章中人物語言的不認同，如其評"周不殺衛成公"云："因元咺與成公訟殺叔武事，故執之，未爲不是，必殺之，則非王以上下爲言，其尚有典刑哉？"認爲衛成公和元咺爲了殺叔武的事情引起糾紛，由於衛成公毫無理由殺了叔武，應該被捉拿執法，不能因爲周襄王的"政自上下"而幸免。此處提出，任何事由，都應該依照法規，不應該因爲天子之言而有所更動。穆文熙的這段評點觀點鮮明。

有對篇章中所記典型事件影響的評價，如評點單襄公論陳必亡篇中"今陳侯不念胤續之常，棄其伉儷妃嬪，而帥其卿佐，以淫於夏氏，不亦瀆姓矣乎"云："只此一節便足亡國，又何用上三事乎？"

由篇章記事出發，揭示事件的警世作用和借鑒意義。如評"康公論奢儉"云："儉則足用，侈則不恤其匱，而憂必及之。豈惟足判四子，古今興亡亦鮮不由此。人主長服此語，則何往不足哉？""成由勤儉敗由奢"已成爲中國人普遍信奉之理。穆文熙從具體事件出發，進行普遍性揭示。另如評單襄公論晉君臣云："襄公論晉侯以容，論三郤以言，精辭奧義，深中膏盲。自非至愚讀之，未有不夾然悟、悚然懼者矣。"

有對篇章中語言表現力的揭示，如評郤至佻天之功云："夫子即克也。以下，述郤至自誇之詞，切中鄙夫驕態。"評單穆公諫鑄無射云："景王之世，九鼎且岌岌不能守矣，尚欲作林鐘以廣侈心乎？穆公始論妨民之財，繼論乖先王之制，皆極切當。"

　　有對人物語言深度的比較，如評單穆公諫鑄無射、伶州鳩論律云：
"單公之論猶在於樂，州鳩則直以民心之好惡言之，其利害更精切矣。"
兩相比較之下，認爲伶州鳩所論更能切中利害。

　　有對篇中史料價值及學術價值的揭示，如評伶州鳩論律云："州鳩
論律呂一章，合以天文，應以人事，當爲樂經。惜哉此學之不講矣。"對
伶州鳩論律呂給出很高的評價。這一點，也成爲明清評點家的共識。

　　對《國語》符驗之説提出批評。如評衛彪傒論莧劉不終云："存亡
雖有天數，人事不可不盡。彪傒以莧弘城周爲支天所壞，遂卜其終，恐
未必然。至於劉氏之亡於再世，獻子執焚於大陸，左氏俱牽合以爲符驗，
誣甚矣。"此類事情，後世學者也注意到了。如梁啟超就曾經説："《左
氏》記的預言和卜卦，沒有不奇中的。"[1] 同時梁啟超也指出，在一定條
件下的預測是有道理的，但是事事必中，似乎就有些不太令人可信。穆
文熙此處指出的也是這一點。

　　引證《左傳》作爲類比進行評點。如評臧文仲求糴於齊云："此與
《左傳》晉乞秦糴之意頗同，而命祀一語尤見一體之情。齊人歸玉而予
之糴，其知恤鄰之義矣。"

　　對篇章中比喻句功能進行揭示。如評"季武子取卞"云："言借楚
伐卞，勝不可，不勝亦不可，故不如予之，甚得處變之權。醉、醒二句，
喻過舉甚當，令人渙然自釋也。"

　　揭示出篇章中語段所揭示行爲對後世的影響。如評"季武子取卞"
中"榮成子曰：子股肱魯國，社稷之事，子實制之，唯子所利，何必卞？
卞有罪而子征之，子之隸也，又何謁焉"云："張良躡足，以真王封韓
信，意蓋本此。蓋當其時，亦不得不然耳。"韓信申請假齊王，張良等偪
于形勢，勸劉邦認同韓信做齊王。和本篇有異曲同工之妙。

　　整體而言，穆文熙評點重點在人物評價、事件評價，以及人物語言、
行爲方面的評點，幾乎不涉及篇章、語言風格、用語特點等。穆文熙的

---

　　[1]　梁啟超撰，陳引馳編：《梁啟超國學講錄二種》，上海：華東師範大學出版社1997年版，第
245頁。

評點版本衆多，流傳較廣，穆文熙之後的評點家多有引用之者。

　　另，石星（1538—1599）和劉懷恕皆是穆文熙同鄉，又交情匪淺，與穆文熙有生死之誼。又石星與王世貞等交往頗深。同邑劉懷恕又出自石星門下①。故《國語鈔評》中也收録了部分石星和劉懷恕的條目。今檢《國語評苑》收録石星評點 1 條，如下：

　　　　石星曰：靈王城三國，本欲以服晉，而無宇所引，則皆尾大不掉之事，而楚竟坐是以亡，豈不可爲千古之鏡哉！（《楚語上》“靈王城陳、蔡、不羹”）

　　石星這一條主要針對楚靈王、范無宇是否在國都之外設大城的問題。楚靈王認爲陳、蔡、不羹三國可以築成大城，和楚國國都相呼應，以威懾中原諸侯。范無宇指出這種做法的危害性。況且鄭莊公之臣祭仲就曾指出過：“都城過百雉，國之害也。”故石星以爲楚靈王城三國而終亡之事，可以爲千古借鑒。
　　《國語評苑》收録劉懷恕評點 5 條，分別如下：

　　　　（1）劉懷恕曰：重耳此時不入，吾不知其故。機會一失，遂屬夷吾，而亂事用長矣。是誰之過與？柳州之非，良是。（《晉語二》“秦人立惠公”）
　　　　（2）劉懷恕曰：公子縶知重耳之賢而没於利，秦穆遂固而惑其説，以立夷吾，君臣俱失，宜其見背也。（《晉語二》“秦人立惠公”）
　　　　（3）劉懷恕曰：以衛文公之賢，而乃不禮於重耳，其臣諫之懇切而不從，豈非命與？（《晉語四》“晉文公過衛”）
　　　　（4）劉懷恕曰：叔向引射兕事，以耻平公，而豎襄得以不死，此自高出諫諍之外，而優孟、東方朔借之爲猾稽，皆能悟主。宗元

---

　　① 楊忠艷碩士學位論文《論石星》（山東師範大學，2010 年）介紹石星一生較詳，可以參看。

撥之，非是。(《晉語八》"叔向諫殺豎襄")

　　(5) 劉懷恕曰：靈王作臺以耗材，臺成而請諸侯與登之，不來則懼之以威，放情肆志，靡所止極，不亡何待？(《楚語上》"靈王為章華之臺")

　　第一條是對重耳拒秦使進行點評。柳宗元有説，而劉懷恕附議者。檢柳宗元評云："狐偃之為重耳謀者，亦迂矣。國虛而不知入，以縱夷吾之昏殆，而社稷幾喪。徒為多言，無足采者。且重耳，兄也；夷吾，弟也。重耳，賢也；夷吾，昧也。弟而昧，入猶可終也；兄而賢者，又何栗焉？使晉國不順而多敗，百姓之不蒙福，兄弟為豺狼以相避於天下，由偃之策失也。而重耳乃始悵悵焉遊諸侯，陰蓄重利，以幸其弟死，獨何心歟？僅能入，而國以霸，斯福偶然耳，非計之得也。若重耳早從里克、秦伯之言而入，則國可以無向者之禍，而兄弟之愛可全，而有分定焉故也。夫如是，以為諸侯之孝，又何戮笑於天下哉？"至於柳宗元、劉懷恕等人的看法是否全面，可以討論，但至少代表了一種傾向。第二條是講在重耳和夷吾中間，秦穆公、公子縶是知道重耳賢德的，但夷吾送禮給公子縶，最後秦國囿於"置服不置德"之説，舍重耳而立夷吾。劉懷恕認為在選擇重耳、夷吾繼承晉國國君之位方面，秦國君臣都有過失。因為這次過失，釀成後來秦、晉之間諸多糾紛禍事。劉懷恕的分析有一定道理。第三條談議衛文公，衛文公好善，《詩·鄘風·干旄》美之。又衛國人作《定之方中》，美衛文公能復國養民。[1]《左傳·閔公二年》："衛文公大布之衣，大帛之冠，務材訓農，通商惠工，敬教勸學，授方任能。元年，革車三十乘；季年，乃三百乘。"又陳去病有《衛文公通商惠工論》謂："衛自懿公好鶴，結怨於民，守禦無人，為狄所滅，衛其殆矣哉！文公集遺民，立新政，以為欲富國，必通商，欲强兵，必惠工。元年革車三十乘，季年乃三百乘，此通商惠工之明效也。是商務工政，

---

① 趙逵夫編：《先秦文學編年史》，北京：商務印書館2010年版，第559頁。

實中興之秘策，自强之要圖，文公其明證矣。"① 總之，衛文公是一代明君，此固然也。也證明劉懷恕之言不謬。導致劉懷恕無法理解的是，一個靠勵精圖治、復興衛國的衛文公，怎麽會對晉文公無禮。即便有寧莊子懇切的諫言，衛文公照樣未能採納。劉懷恕最終認爲這可能是命數所定，非人力所可改者。但是《晉語四》也給衛文公不禮晉公子重耳提供了前提，即 "衛文公有邢、翟之虞"，故 "不能禮焉"，韋昭也謂："是歲，魯僖十八年。冬，邢人、翟人伐衛，圍菟圃，文公師於訾婁以退之，故不能禮焉。" 這樣看來，衛文公不禮重耳是有客觀原因的。第四條是對柳宗元《非國語》的反對意見。檢《非國語》云："羊舌子以其君明暗何如哉？若果暗也，則從其言，斯殺人矣。明者固可以理諭，胡乃反征先君以耻之耶？是使平公滋不欲人諫己也。" 後人認爲柳宗元的看法 "體現了他‘務明其君，非務愚其君’的一貫思想"②。劉懷恕則認爲叔向採用迂迴方式進行諫言，是一種相當好的方式，取得了預期效果，故以柳宗元之非爲 "非是"。二者的出發點不同，故認識有差別，也在情理之中。第五條是對楚靈王築章華之臺的評點，認爲楚靈王 "放情肆志，靡所止極"，覆亡是理所當然的事情。石星和劉懷恕的評點都是事理評點，不涉及篇章結構、句式用詞等等技術評點層面的問題。

（八）陳仁錫《國語》評點

陳仁錫（1579—1634），字明卿，號芝臺，澹退居士，長洲人。萬曆二十五年（1597）舉人，天啟二年（1622）以殿試第三授翰林院編修。後任經筵講官、國子監司業。崇禎七年（1634）授南京國子監祭酒，未赴而卒。著述豐富，有《無夢園初集》《無夢園遺集》《經濟八編類纂》《皇明世法録》《潛確居類書》《古文奇賞》等傳世。關於其著述以及相應研究，有沈陽《陳仁錫刻書、著作考》（北京師範大學歷史學院碩士

① 轉引自紹興縣政協文史資料工作委員會 1986 年 6 月編《紹興文史資料》第 4 輯《徐錫麟史料》，第 15 頁。

② 湖南省法家著作注釋研究班柳宗元《非國語》評註組：《柳宗元〈非國語〉評注》，長沙：湖南人民出版社 1976 年版，第 202 頁。

學位論文，2011 年）、陳賀達《陳仁錫〈史記〉評本與中華本互校札記》（南京師範大學碩士學位論文，2013 年）、黃傳星《晚明作家陳仁錫研究》（北京師範大學文學院博士學位論文，2018 年）等，可參。沈陽經過爬梳各種資料之後，認爲陳仁錫編撰的書有《陳太史無夢園初集》三十四卷、《無夢園遺集》八卷、《潛確居類書》一百二十卷、《堯峰山志》六卷、《皇明世法録》九十二卷、《周易大全》、《荒政考》、《西湖月觀紀》、《周官五禮考》、《周禮句解》六卷、《集注句解》一卷、《義經易簡録》八卷、《全吳籌患預防録》，陳仁錫點評的書有《國語》二十一卷、《戰國策》十二卷、《資治通鑑綱目》五十九卷、《續資治通鑑綱目》二十七卷、《宋元通鑑》一百五十七卷、《資治通鑑綱目前編》二十五卷、《綱鑑要編》二十四卷、《大學衍義》四十三卷、《大學衍義補》一百六十卷、《甲子會紀》五卷、《藏書》六十八卷、《續藏書》二十七卷、《漢書》一百二十卷、《後漢書》一百三十卷、《史記》一百三十卷、《史記評林》一百三十卷《難字直音》一卷、《三國志》六十五卷、《古今文統》十六卷、《古文爭奇》十二卷、《韓昌黎先生全集》四十卷《外卷》十卷《補集》一卷、《東坡先生文集》七十五卷。陳仁錫編選的書有《詩品匯函》四卷、《文品苔函》三卷、《啟品有函》二卷、《史品赤函》四卷、《子品金函》四卷、《逸品繹函》二卷、《賦品寫函》二卷、《書品同函》二卷。《皇明表程文選》八卷、《皇明論程文選》六卷、《皇明策程文選》六卷、《經世八編類纂》二百八十五卷、《蘇文奇賞》五十卷、《古文奇賞》二十二卷、《續古文奇賞》三十四卷、《奇賞齋廣文苑英華》二十六卷、《四續古文奇賞》五十三卷、《明文奇賞》四十卷、《奇賞齋古文彙編》二百三十六卷、《諸子奇賞前集》五十一卷、《諸子奇賞後集》六十卷、《丘瓊山先生大學衍義補贊英華》六卷、《戰國策奇抄》、《文奇》二十卷。陳仁錫校訂的書有《類編箋釋國朝詩餘》五卷、《類選箋釋草堂詩餘》六卷、《類編續選草堂詩餘》二卷、《性理標題綜要》二十二卷、《性理標題會要》二十二卷、《名世文宗》三十卷、《陳明卿太史考古詳訂遵韻海篇朝宗》十二卷。可見陳仁錫著述批點之宏富。

　　孫琴安云："與當時許多評點家一樣，陳仁錫在進行評點時，雖然對文章的體例、史實都不放過，各加批語，以發其微言大義，但他也曾把很多的注意力，集中在對文章的藝術風格的評點，對於文章中的好處，他也盡自己的能力，一一標出，或加評語，或與他書進行廣泛聯繫比較，以挖掘其中的特色。"① 今陳仁錫《國語》存於其所編《續古文奇賞》《奇賞齋古文彙編》以及《史品赤函》中。根據黃傳星《晚明作家陳仁錫行年考》，陳仁錫於萬曆四十六年（1618）編纂《古文奇賞》，天啟元年（1621）編纂完成《續古文奇賞》。黃傳星認爲《奇賞齋古文彙編》"應該是其兄弟子侄在《奇賞》系列基礎上重新編訂而成"②。沈陽認爲《史品赤函》有可能是偽作，同時他認爲："陳仁錫刊刻評選《諸子奇賞》、《明文奇賞》、《古文奇賞》等等又體現出了明末文壇崇尚'奇'的特點，晚明資本主義萌芽開始産生，經濟發展，從而人們心理上開始傾向於接受新奇事物，如陸雲龍的《明文奇豔》等。一方面是其所刻書目所體現出的特徵，另一方面又説明了他是這一特徵的引領者和推動者。"③ 下面依次來看。

　　1. 《續古文奇賞》對《國語》的評點

　　《續古文奇賞》共三十四卷，依次爲選經，包括：武經（一、二卷）、《大戴禮記》（卷三）、《春秋左傳》（卷四、卷五、卷六）、《公》《穀》合傳（卷七）、《國語》（卷八、卷九）；選子，包括：《列子》《墨子》《商子》（卷十）、《管子》（卷十一、卷十二）、《晏子》（卷十三）、《鶡冠子》（卷十四）；選集，包括：《文苑英華》（卷十五至卷三十四）。全書前有目錄，《國語》目錄僅及各語，沒有篇題。卷內也不設篇題。正文中注釋，有夾批，有圈點，評點在欄外。不置評點的《國語》篇章則不收入，如《周語上》首兩章就沒有收入，只有置評點的篇章纔全文録入。注釋大致撮録韋昭注而成。

_____

① 孫琴安：《中國評點文學史》，上海：上海社會科學院出版社1999年版，第129頁。
② 黃傳星：《陳仁錫著述刻書考略》，《斯文》第三輯。
③ 沈陽：《陳仁錫刻書、著作考》，北京師範大學歷史學院碩士學位論文，2011年。

檢其夾批，數量相對較少。有補充對話對象者，如"神降于莘，王曰：'今是何神也？'對曰……"，陳仁錫於"對曰"旁批"太史過"，是補充對話對象。

欄外評點總體數量很少，每一條的字數也比較少。由於所參爲《四庫存目叢書》本，當時影印技術不佳，頁面模糊，字體不清，有些難以識讀。

2.《史品赤函》對《國語》的評點

《史品赤函》四卷，有明末刻本，今收在《四庫全書存目叢書·史部》第 148 冊。卷一收歷代帝王和《左傳》，卷二收《國語》《戰國策》，卷三收《史記》，卷四收西漢、東漢。其序云："古史品擅奇者四家，左聞人蒞而奇，《戰國策》雄而奇，司馬太史遷憤而奇，班孟堅固核而奇。"其凡例云："《史函》大約取諸史所最當意、諸名公所最契心，雖習見習聞，亦有領新表異者，附于篇，均有神舉業云；評註蒐羅歷代諸史文集，刪其繁蕪，掇其玄精，間以管見品騭之；評註出自諸名公者，載姓氏；出自管見者，則云按；出自諸名公而訂自鄙意者，則不載姓氏，亦不云按；批點如〇者精華、、者文采，◎者精華文采之極。〇者關鍵主意，●者點綴，、者字法句法，｜者事之綱，－者一段小截，—者一篇大截也。"[1]

《四庫總目》謂："是編所録，上起古初，下迄於《晉書》，或采其文，或節録一二事，茫無義例。尤時時參以僞撰。如《雲長遇害不屈》一篇，不知其從何來，而《劉聰辱懷湣》一篇，稱聰爲漢昭烈玄孫，云出《續三國志》，亦未見有是書也。"[2] 對其所採用史料的真實性存有疑問。

今檢《史品赤函》所收《國語》21 篇，一篇在歷代帝王中，其他 20 篇在《國語》下。以"襄王拒晉文請隧"爲例，篇題之下小字解釋篇

---

[1] （明）陳仁錫：《史品赤函》，濟南：齊魯書社輯印《四庫存目叢書·史部》第 148 冊，第 3 頁。

[2] （清）永瑢等：《四庫全書總目》，臺北：臺灣商務印書館《景印文淵閣四庫全書》第 2 冊，第 420 頁。

章主要内容。正文有點斷，注釋，欄外有評點，篇末有總評。卷二下書
“春秋外傳”，不書“國語”，和《續古文奇賞》不同。有篇題，分別爲
祭公謀父諫征犬戎、召虎諫監謗、匠師慶諫丹楹之□、樂榮諫伐季氏、
單子知陳必亡、里革斷罟匡君、敬姜教子以勞、管仲相桓霸業、管仲定
四民之居、胥臣論傅讙、叔向賀韓宣子貧、文子冠見諸大夫、竇犫論人
化、郵無正論壘培、伍舉諫筑章華臺、子張諫靈王、藍尹亹勸子西修德、
王孫圉論楚寶、諸稽郢行成於吳、句踐聽范蠡謀吳。篇末引述羅大經、
楊東山、姚寬之説。爲了評點主題集中，有些篇章中段落次序進行了更
動，如“管仲定四民居”本在“管仲相桓霸業”中間，單獨析出別爲一
篇，而使《齊語》首尾自成一篇。

　　“祭公謀父諫伐犬戎”欄外評點數量較多，第一條云：“祭，畿内之
國。周公之後，爲王卿士。謀父，字也。”此措置韋注於欄外，作爲對正
文中地名、人名的解釋。第二條云：“文極醇正，‘耀德不觀兵’爲主
腦，終篇反覆，不過此意。□敘后稷以及武王，載述邦制以及征伐，末
以犬戎之□□實之，敷陳曲是。”本條揭示全文風格及本篇主題，然後
揭示本篇議論綫索。第三條云：“敘后稷之德。”這一條是對“昔我先世
后稷，以服事虞夏”的評點，《周語》“后稷”爲動賓關係表職官，非人
名，評點誤以“后稷”爲周之先祖。第四條云：“不窋之德。”謂“我先
王不窋”以下敘不窋之事。第五條云：“武王之德。”謂“武王昭前之光
明而加之以慈和”。第六條云：“商紂不德。”評點“商王帝辛，大惡於
民”。第七條云：“已前許多議論，此用‘先王非務武也’兩句截住，照
上‘耀德不觀兵’看，‘非務武’即‘不觀兵’之謂；‘勤恤民隱’即
‘耀德’之謂。兩相呼應，□倒一文法。”是對“先王非務武也，勤恤民
隱而除其害也”的評點。第八條云：“敘先王之制。”是對“夫先王之
制”下的内容揭示。第九條云：“敘先王之訓。”是對前文的揭示。第十
條云：“修意、修言即是政事，則不祭□是將征伐之名，刑罰之辟□方是
征伐□□説又不至則增修，始終是‘不觀兵’之意。”仍然以此一部分
内容與主題呼應。第十一條云：“舉先王之訓，見不可伐；有以禦我，見
不能伐。皆極諫也。”引述前人成説。第十二條云：“白狼、白鹿，犬戎

所貢。穆王責犬戎以非禮，暴兵□□□□□□□□□□□。”對結尾進
行揭示。又尾評云：“韋昭謂日上食于祖考，月祀曾高，時享二祧，歲貢
壇墠，於《祭法》略相表裏，與《周禮》殊不合。漢法，日祭于寢，月
祭于廟，時祭於便殿。亦類此。竊恐歲貢不專指祭言。觀下文‘終王’
可見。”是亦引前説而又有按斷者。就《史品赤函》這一篇評點而言，
可謂細密周全。又評“單子知陳必亡”，欄外十二條，逐段逐層評點，
至最後又進行總結。又如“文子冠見諸大夫”欄外評點，將各個大夫對
趙文子説的話分爲戒詞、贊詞和斷詞，逐個進行揭示，可謂細緻，又別
有匠心。

　　“召虎諫監謗”欄外評 4 條，分別爲：“衛巫，衛國之巫也。以巫有
神靈，有謗必知之。厲王恐謗已非，至使衛巫監謗，而以生殺之權等之
于巫祝之口，則將何所不至哉！”“使字直貫至‘斟酌焉’，止‘天子聽
政’一段。□是正理而首以川譬之，後以山川原隰衍沃譬之，各極旨
趣。”“行善而備敗，即子産所謂‘其所善者，吾則行之；其所惡者，吾
則改之’之意。”“與上‘國人莫敢言’相照應，見王之監謗適自取辱
耳。”第一條評點，襲前人之意。第二條揭示動詞的指向和統轄作用，同
時對修辭功能進行揭示。第三條以《左傳》子産之言進行了類比，第四
條注意到了篇章的前後照應。尾評云：“防川之論切。至子産不毀鄉校，
意亦如此。”對召公諫謗之言給予高度評價，並以子産不毀鄉校之論與
此類比。

　　其尾評時用《左傳》進行説明。如“匠師慶諫丹楹之侈”云：“按
《內傳》云：儉，德之共也；侈，惡之大也。先君有共德而君納諸大惡，
無乃不可乎？詞亦簡而盡。”因《國語》此文而評及《左傳》之文。

　　有的評點語言近似排比，層層推進，如評“樂瑩諫伐季氏”云：
“按，襄公不能令其臣而欲借楚以威之，吾悲其爲君；季武子不能忠順
不失、以事其上，敢於襲卞而不顧，吾悲其爲臣。樂成伯曰：不能令於
國而恃，魯侯其誰暱之。是太阿之倒持者也。吾又謂世道悲矣。”對本篇
中的君臣情狀以及當時世態表達了悲慨之情。

　　對句法進行强調揭示，如評“單子知陳必亡”篇“收而場功，偫而

奋桐”云：“句法鮮整可愛。”又評同篇“其貴國之賓至，則加班一等，益虔。至于王使，則皆官正涖事，上卿監之。若王巡守，則君親監之”云：“句法奇。”

往往以《國語》人物故事與相關人物故事進行比較，如評“里革斷罟匡君”云：“此與匠慶諫丹楹，同是工匠中奇品。而師存一言猶有成周‘工箴’‘瞽諫’□□不忘，與無□自相喚應。”即以里革與匠師慶進行對比。

評點中時而對虛詞進行細緻解釋。如評“管仲相桓霸業”篇中“夫爲其君動也。若宥而反之，夫猶是也”云：“‘夫’字指管仲，猶言此人也。爲其君，爲子糾也。夫猶是，言仲他日報公，猶今日報糾。”所揭或可商討，然其研討之細密，於此可見。

揭示《史品赤函》具體篇章選錄《左傳》《國語》的標準，如評“管仲相桓霸業”篇云：“《左傳》述鮑之薦語云：‘夷吾之才治于侯高，相可也。’其詞大略，故不錄而錄此。”指出《左傳》雖然也載有鮑叔牙薦管仲的内容，和《國語》相比，其文較簡略，故舍《左傳》而錄《國語》。

凡《國語》《左傳》内容相同之處，也往往揭出。如“管仲相桓霸業”篇中“天子使宰周孔致胙”云云一段，欄外評云：“此段亦見《内傳》。”

“管仲相桓霸業”篇之篇題主要體現管仲相桓公而成霸業，故欄外評一一揭出伯功，云“伯功之大者一”“伯功之大者二”“伯功之大者三”“伯功之大者四”“伯功之大者五”。

評點强調警世作用。如評“管仲定四民之居”云：“嘗聞善經國者，必先整頓其民。管子之論四民也，總是欲業成于專一之意，即王道亦不外此。厥後教大成、定三革、隱五刃，朝服以濟河，而無怵惕焉。文事勝矣。君子謂桓之霸近王，以此。”指出管仲在齊桓公霸業進程中的推動作用及其政策的精良。

有對文章結構層次以及内容推演變化的評點，如評“管仲定四民之居”云：“此段文章井井條條，最易讀易曉。”評“文子冠見諸大夫”

云："讀吳季子觀樂篇及趙文子冠見篇，須看其每段文法變化之妙。"

有對篇章觀點的商榷，如評"胥臣論傅讙"云："論教世子，而舉疾病之質以概善良，似非所以爲訓。或亦因陽處父非可傳之人乎？然謂必先有善質而後教可施，世有幾文王哉？予不敢終然於胥臣之言，但其前後敘八疾處，顛倒錯綜，文法大整，文機大圓，最妙。"是不贊同其觀點，而盛贊其敘事。

有對語言特徵的評點，如評"伍舉諫築章華臺"云："此篇近似漢人文字，大不類周秦語。但一種澎湃鏗鏘之聲，亦自可人。此□一陳章華□矣。畢林艮嶽，不鑒于此，豈其臣無伍舉哉？"同時也言及後世之事。

尾評也有分析主題、揭示照應者，如評"藍尹亹勸子西修德"云："子患政德句是綱領，與篇末'修德待吳'句照看。厥後夫差爲越所滅，藍尹之言乃驗。"既指出主題思想，又揭示出前後照應，並指出藍尹亹符驗之準。

亦引他事比附。比如評"王孫圉論楚寶"云："按楊東山云，昔其衰五羊時，會倉市三使者皆閩浙人，酒邊各盛言其鄉里果核魚蝦之美，復問某鄉里何所産。其笑曰：他無所産，但産一歐陽子耳。三公笑且憨。此與王孫圉論楚寶之意略相似，皆能令人魂消。"

從《史品赤函》所選二十一篇來看，評點細密，涉及各個方面問題。程繼紅也指出，《史品赤函》"力圖糅合前人之評，主要是吸取穆文熙和孫月峰二人之長，但往往流於直接抄襲，《史品赤函》的眉批部分幾乎全鈔穆、孫二人之評。陳氏《國語》評點的最大特色，在於對評點形式的進一步開拓：以一個實例或引用名言進行評點，並在評點中直抒胸臆"。[1] 概括可謂允當。

3.《奇賞齋古文彙編》對《國語》的評點

《奇賞齋古文彙編》，共 236 卷，有崇禎七年（1634）刻本，收入《四庫全書存目叢書·集部》。全書前有"略紀"，有總目，各書之前又有具體篇章目錄。其中"選經"三十六卷，分別爲《周禮》《儀禮》

---

[1] 程繼紅：《明清〈國語〉評點研究》，安徽師範大學碩士學位論文，2007 年。

《大戴禮》《水經》《太玄經》，"選史"四十八卷，分別爲《春秋左傳》
《春秋公穀合傳》《春秋鐫》《春秋賞析》《春秋詞命》《戰國策》《國
語》《越絕書》《呂氏春秋》《春秋繁露》《漢天子之文》《應制之文》
《薦舉之文》《守相之文》《彈駁之文》《乞休之文》《理財之文》《議禮
之文》《皇太子之文》《藩國之文》《災異之文》《籌邊之文》《將師之
文》《夷虜之文》《議律之文》《訟冤之文》《治河之文》《侯王之文》
《策士之文》《奏記之文》《三國之文》，此外則爲"選子"四十六卷、
"選集"一百六卷。從其排序和選録範圍上看，確實有混亂之處。從時
代上而言，《戰國策》不當位於《左傳》《公穀》與《國語》之間。從
性質上而言，以《呂氏春秋》《春秋繁露》爲史，恐亦非其例。《國語》
在《續古文奇賞》列入經部，至此又列入史部，一人之標準不可能前後
差異如此之大。

　　今檢《國語》收入卷五十四至卷五十九。第五十四卷前先録韋昭
《國語序》，次列本卷篇章目録，按《國語》原卷次排列，卷五四爲《周
語》，卷五五收《魯語》《齊語》，卷五六至卷五八收《晉語》《鄭語》，
卷五九收《楚語》《吳語》和《越語》。篇題用每篇首句。每語之下，用
《國語補音》注文。正文施圈點，偶有夾批。正文之下有注。檢《國語》
明刻本中，國家圖書館藏李克家本作"小事"，而上海圖書館藏李克家
本則作"小小"不作"小事"，日本內閣本批校即云李本作"小小"，是
日本內閣本批校所參李克家本與今上海圖書館所藏爲一本。曲阜詩禮堂
本中，孔毓圻本、乾隆丙戌詩禮堂校樣本尚作"小小"，而乾隆丙戌詩
禮堂刻本也即孔傳鐸本則改作"小事"。《四庫全書薈要》本、《文淵閣
四庫全書》本、《文津閣四庫全書》本皆作"小事"。從這個校改例子上
看，四庫館臣修纂《國語》時所用的底本當是乾隆丙戌詩禮堂本而非其
早期刊本。但是四庫館臣在纂修《國語》之時尚參考了張一鯤本、許宗
魯本等相關刻本，即便是作"小事"，也很難說四庫本是根據乾隆丙戌
詩禮堂本而非據陳仁錫本等。日本刻本中，道春點本、千葉玄之本、冢
田本、秦鼎本、高木本作"小事"，是知劉懷恕本也作"小事"，而《奇
賞齋古文彙編》本《國語》正作"小事"。可見，《奇賞齋古文彙編》

本《國語》所據底本當即李克家本、劉懷恕刻本之類。今以《四庫存目叢書》影印本爲對象，以見其評點之大端。

欄外有評點，評點字數較少，條目也不多。今檢"祭公諫伐犬戎"章一共三處圈點，第一條謂"戎翟□□人有□"，第二條字跡漫漶，第三條謂"真小心語"，在"王幾頓乎，吾聞犬戎樹惇"上。"恭王游於涇上"章於"夫獸三爲群"上批云："從坤卦爲文，爲易□，貼出來，下語不易。""小醜備物，終必亡"上批云："'小醜'二字入神。""厲王說榮夷公"篇"天地百物皆將取焉，胡可專也"上批："淺言之而危。""彘之亂"篇"昔我驟諫王，王不從，以及此難。今殺王子，王其以我爲懟而怒乎"上批云："'驟'字、'懟'字，古人□□之語。""魯武公以括與戲見王"篇"若不從而誅之，是自誅王命也"上批："令之不從，則爲自誅。""宣王既喪南國之師"篇"治民惡事，無以賦令"上批云："惡事人之□□爲政□□。""幽王三年西周三川皆震"篇"若國亡不過十年，數之紀也"上批："看以下幾箇，不過正有典要之□。""晉文公既定襄王於郟"篇"而縮取備物以鎮撫百姓"上批云："《左傳》全學《國語》□□者《國語》皆有之□□□左是不知□□□□□□□□□故皆□之。""王至自鄭"篇"余懼其無後"上批："'無後'二字□□好。""晉侯使隨會聘於周"篇"夫戎翟冒没輕儳，貪而不讓，其血氣不治，若禽獸焉"上批："大罵酒食之徒。"又於"武子遂不敢對而退"上批："古人虛心處。""定王使單襄公聘於宋"篇"縣有序民"上批："民不可不序。""定公八年使劉康公聘於魯"篇"以恭給事則寬於死"上批："死不可逃而可寬，亦奇言。""柯陵之會"篇"目體不相從，何以能久"上批："'從'字妙，即不言□喻□。""靈王二十二年，穀雒鬥"篇"神無閒行"上批："閒行妙。神無閒行，即□□□也。""及其失之也"上批："□失古□。"

可見，《奇賞齋古文彙編》之《國語》評點用語簡短，多及具體語詞。從其"《左傳》全學《國語》"之言可知，陳仁錫認爲《國語》在《左傳》之前。《奇賞齋古文彙編》卷五十四收《周語》三十四篇，一共四十八處眉批。《續古文奇賞》卷八選入《周語》二十八篇，眉批六十二處，和《奇賞齋古文彙編》本評點頗有異同，可資比對。

　　陳仁錫的《國語》評點影響比較深遠，不僅被其門生夏璋繼續刊刻入二乙堂本《國語》中，還爲後世評點家引用。

（九）劉祜《國語》評點

　　劉祜，字淑修，號拙齋，東萊掖縣人，嘉靖癸丑（1553）進士，曾任大同巡撫。所編《文章正論》十五卷《緒論》五卷，總二十卷，現存有萬曆十九年（1591）揚州官署刻本，《四庫全書存目叢書·集部》第309册收録。《四庫提要》謂："是書録歷代古文，自《左傳》訖於元季。以足垂法戒者爲正論，以詞勝而理未足者爲緒論。自序擬諸真德秀《文章正宗》、崔銑《文苑春秋》。其持論未嘗不正。然以李密《陳情表》列諸緒論，義頗未安。又以宋人五經之序升諸《左》《國》之前，亦涉標榜之習。德秀姑無論，恐尚未能逮銑也。"[1] 前四卷爲先秦文章，其中《左傳》《國語》雜合選録，收在卷一至卷四中。卷十六爲緒論《左》《國》文。

　　卷一先列程子《易傳序》《春秋傳序》、朱子《詩經集傳序》、蔡氏《書經經傳序》、胡氏《春秋傳序》、陳氏《禮記集註序》，全文圈點，欄外有評點，緒論選文評點往往在文末。

　　所選《國語》篇目主要集中在卷一、卷四、卷十六内，有祭公謀父諫伐犬戎、召公諫監謗、芮良夫知厲王敗、虢文公諫不藉田、仲山甫諫立魯戲、仲山甫諫料民、伯陽父知周亡、周襄王不許晉文公請隧、襄王不許殺衛成、富辰諫后狄女、倉葛不服晉、太子晉諫壅川、諫鑄大錢、諫鑄大鍾、宰孔料齊桓晉獻、内史過知晉君臣不終、内史興知晉文必霸、内史過知虢亡、單襄公言陳必亡、文仲教僖公恤衛侯、臧孫辰告糴于齊、展禽論祀爰居、宗有司止逆祀、穆叔不欲作三軍、敬姜論勞逸、欒共子死節、史蘇戒大夫女禍、史蘇戒大夫亂本、狐突諫戰翟、杜原款死申生、叔詹盡辭就烹、叔向譽單靖公、叔向以德示趙文子、范文子不欲伐鄭、諸大夫勉趙文子、夙沙釐從鼓子、管仲論處四民、齊姜諫懷安、申叔時論教太子、子桑百里議輸晉粟、左氏倚相規申公、王孫圉論楚寶、鬬且論子常必亡、申包胥論戰事、葉公諫用王孫勝、季文子論妾與馬、桓公霸諸侯、管仲使反侵地、狐偃冀芮託國議、狐偃冀芮復國議、趙宣子論伐宋、悼公初政、叔向賀韓宣子憂貧、郵無正論壘培、伍舉論章華之臺、白公子張諫靈王、昭王賞儺，共 57 篇。

《文章正論》評點有輯評，有自評，以自評爲主。

1. 劉祜自出《國語》評點

劉祜《文章正論》自出《國語》評點共 27 條。分別爲 "祭公謀父諫征犬戎" 眉批云："穆天子年耄德昏，從化人遊西王母，造父駕八駿，窮車轍馬跡，犬戎之征豈以不享？亦秦皇、漢武惟心也，思我王度式如玉、式如金然乎？故曰不有《祈招》詩，徐方御宸極。" 認爲周穆王亦秦皇、漢武求仙之意。"召公諫監謗" 眉批云："天下有道，則庶人不議民而謗焉，宣之、防之一也。即使王不監謗，其免於巇乎？召公曰：思樂而喜，思難而懼，人之道也。因敗可以爲功，吾何爲不□庶曰可以□而修德政乎？" "芮良夫知厲王敗" 篇眉批云："人臣欲得其君，鮮有不以專利之術啟之者。甚哉，利之難言也。公之天下則爲利，壅之一人則非利猷猷，爲廟堂之府□□有不竭之倉，有天下者，慎毋與民爭尺寸之利。" 從榮夷公之事進一步揭示其普遍意義，即歷代佞臣之欲接近君主，必以利欲誘之。而戒在上者勿與民爭利，則得長久。"虢文公諫不藉田" 眉批云："《邠風·七月》《周書·無逸》，王業根本，帝王心法之要也。自上以下，而淫心舍力，何以長王天下乎？樊侯談藉禮甚備，惟曰求福用民，則誣。王以千畝之敗爲不藉田之應，尤誣。" "仲山甫諫立魯戲" 眉批云："天子政令不可不慎。臣之法也，子孫之效尤也。王之立戲不足以定魯，一傳而奪宜臼以予伯服，遂足以亡周。噫，宣其基禍之主哉！" "仲山甫諫料民" 篇眉批云："天地曠曠，物之熙熙，以一元之氣，生育長養，曷料物之多寡哉？無一物而爲其所料，亦無一物而不關於其心。天之所以爲天也，人之法天，亦若是而已矣。" "襄王賜齊桓胙" 雖出自

《左傳·僖公九年》，但是和《齊語》內容相同，故其評點也可用作《齊語》相同部分之評點，謂："天子優臣，諸侯謹禮，使者從容將命，俱可見之。伯之假也，即老氏之因也。襲蔡而伐楚，征戎而令燕，會柯而信曹沫，受胙而畏天威，桓豈無爲而爲哉？若曰知子之爲取政之□也。""周襄王不許晉文請隧"眉批云："桓不敢以文武之胙忘咫尺之天威，文乃挾定郊之功，邀先王之大物，文不如桓也，故曰私德、曰私勞所以深抑其自功之心。""襄王不許殺衛成"篇眉批云："溫之會，挾己之私，乘人之釁，爲臣以執君，不義甚矣。善乎宛濮之盟曰：不有居者，誰守社稷？不有行者，誰扞牧圉。咺亦何仇哉？""倉葛不服晉"篇眉批云："晉文公定襄王之難，乃臣子所當爲之事也。襄王以畿內之地界之，微弱甚矣。晉文辭地請隧，至不獲命，乃圍陽而爭之，君不君、臣不臣也。倉葛明大義，尤見三代直道之風，而晉文貪饕無上之罪益彰矣。""諫鑄大錢"篇眉批云："鑄錢豈特害民，亦非其時矣。劉陶所云養魚鼎沸之中、棲鳥烈火之上，必至焦爛者，此之謂也。以炎炎其亡之宗周，即陰陽爲炭、萬物爲銅，其有濟乎？""諫鑄大鍾"眉批："單穆公之説精矣，以音決民心離合，又以心爲耳目樞機，至州鳩陳守官以儆王，而終之曹好曹惡，乃深切著明。誰謂聲音不與治通也。""宰孔料齊桓晉獻"篇眉批云："齊、晉二國一口道破矣。輕致重遣是齊侯病根，不違輕行是晉公死法。""內史興知晉文公必霸"篇眉批云："君利臣而曰'樹於有禮，艾人必豐'，臣利君而曰'民未知義，於是乎定襄王以示之義'。""內史過知虢亡"眉批二條，其一云："□神而徵之民，述古而驗諸今，爲不誣矣。"其二云："杜伯忠也，焉有生爲忠臣而死射其君乎？至丹朱馮房后，則又失之野。"本條雖未標出處，但仍可知是襲前人説。"單襄公言陳必亡"篇題下有"不授時、不恤農、不懷賓、不率□四段"，是對全篇進行層次和段落劃分，眉批二條，其一云："治國之政，無微不理；亂國之政，雖大必棄。送往迎來，執事之大，九□之一也。蔑視王使，其無王乎？人亦無之，其亡決矣。"其二云："陳之將亡，事非一端，而君臣宣淫於夏氏，尤其亡國之斧斤云。""文仲教僖公恤衛侯"眉批云："高季迪訐人所壯。文仲者，不過以救難臨班、脫成公之急耳。余竊以仲有可賢者。君爲臣綱，成公免則元咺之罪著。天冠地履，尚亦有賴哉?”
“臧孫辰告糴于齊”眉批云：“急於民事，恪於命辭。但一年不熟，遂至
上下相顧，重臣自往。魯國預饑之術疏矣。”“史蘇戒大夫女禍”眉批
云：“史蘇、郭偃言雖稍別，各極禍福淺深之趣。”“史蘇戒大夫亂本”
眉批云：“申生不得其死，祁奚由以召禍，雖由驪姬之女戎，談獻公好兵
不已，殺人之子多矣，禍及子孫，宜哉！重耳之霸猶爲倖與?”“狐突諫
戰翟”云：“狐突逆申生於下國，豈生不用其言而死猶能以精氣相感召
乎？申生而有太伯之行，晉無三世之亂矣。”“叔詹盡辭就烹”眉批云：
“□布請烹，茅焦解衣，鄧芝赴鼎，皆襲詹之術也。然詹言甚正大。”
“叔向以德示趙文子”云：“歃盟永矣，歃而爭先，鄙孰甚焉。葵丘不
歃，彼固有所以服之也。以趙武而來楚之爭武之德□矣。”“范文子不欲
伐鄭”眉批云：“灼見憂端，真知國體。”“諸大夫勉趙文子”眉批云：
“三郤雖亡人之言，然哉趙文子，則亦所謂季孫之惡我藥我也。”“齊姜
諫懷安”云：“文之興也，姜與有力焉。三良輔其外，姜氏激其內，文
之興沛然，孰能禦之?”“子桑百里議輸晉粟”云：“公孫枝之言，欲以
甚晉君之罪也。百里奚之言，欲以廣暴君之仁也。一念之公□少異而人
□頓殊。”此外還包括對“左史倚相規申公”“葉公諫壅王孫勝”的
評點。

　2. 劉祜引述他人《國語》評點或言論

　劉祜引述者有《老子》、柳宗元、潘星海、穆文熙等十數家。

　其中引述潘星海 6 處，分別爲“富辰諫后狄女”篇眉批引潘星海
云：“襄之隗獻之酈也，隗以早□故身奔旋定其禍淺邢以終惑故子賊國
亂其禍深，利內、利外之戒，男戎、女戎之箴，精天人矣。”“伯陽父知
周亡”篇引潘星海云：“治亂，運也。運之所隆，必生明聖之君。授之
者天也，告之者神也。由是觀之，主乏顯懿，谷竭山崩，亦運而已矣。
周德若二代之季，豈□哉？龍驪已兆於夏商，孤箕遂徵於夫婦。”“太子
晉諫壅川”引星海云：“穀雒鬭，非必神怒，蓋亦若河決云耳。壅之固
不可，聽之亦不可。中多推引興亡，而傲之以飾亂、佐鬭，竟不言何如
處置。則禹之書瀹決排非耶?”“叔向譽單靖公”引潘星海云：“國之興，

不獨臣賢，天不祐周，主世昏弱。單靖之敬，僅亦守府，‘一姓不再興’，宜其然乎?”“管仲論處四民”又引潘子曰：“管仲之成民以此。”對富辰之論、太子晉之諫、單靖公之敬、管仲之處民，表達了贊同。星海爲潘可大之字，引述中又有標爲“潘可大”者2條，“史蘇戒大夫女禍”眉批引潘可大云：“晉諸大夫若史蘇、郭偃、士蔿、里克、狐突輩，皆知亂本，莫肯一啟口爲公言之。聽言則對，譖言則退，豈妖艷内昏，雖言無益于此，勸賢所以先遠色也。”“葉公諫用王孫勝”引潘可大曰：“孔子惡似而非者，狷似直，彊似剛，子西惑於其似。葉公灼見其非，迺棄德而近讐，終釀殺身之禍。人固不知，知人亦不易哉！”

引述穆文熙評點5處，分別爲“内史過知晉君臣不終”篇眉批引穆文熙云：“晉侯非嗣踐祚不正，其始且以賄得國，又安知恭敬爲何物?”“欒共子死節”引穆文熙云：“民生於三，視之如一。而死君一節當視大義何如? 食人之食，固宜死人之事。然明於義者必不罔食。”“夙沙釐從鼓子”引穆文熙曰：“夙沙之無二心，穆子之能嘆□，可謂兩難。”“范文子不欲伐鄭”眉批又引穆文熙云：“不憂外而憂内，不憂敗而憂勝，不憂戰而憂怨，是善憂國者。”所引穆文熙四條皆評點晉國之事，認爲晉惠公之得國以賄，故知其不知恭敬。對欒共子、夙沙釐、范文子等表示了贊揚。又“王孫圉論楚寶”引穆文熙云：“澤、藪、珠、玉、皮、毛、齒、革，與仁賢同類並稱，孰謂楚爲知所賢?”

引胡時化2條，“敬姜論勞逸”引胡時化云：“敬姜及叔向母，皆賢婦也。所稱説民淫、民勞，甚美、甚惡，□□龜鑑也。”揭明了敬姜和叔向之母作爲古代賢德婦女的代表，而敬姜之言的寶貴及其借鑒意義。“鬬且論子常必亡”引胡時化云：“宣子憂貧，叔向賀之，貧而可賀，貨馬不必問也。宣子賴向之言，以幾於德。子常悖□之訓以罹于亡。貧富之間，禍福速哉！”

其他各家引述各1處，如下：

“展禽論祀爰居”引黄汝憲云：“孤竹之荒有鳥曰鶌，嘉陵之墟有鳥曰鷮，扶桑之野有鳥曰搖光。此三禽者，《爾雅》不得而載焉。由此觀之，凡海外之荒國，其無名之禽，惡可窮哉?”此録自黄憲《天禄閣外史》卷二"天文"。此處評點主要關注爰居一類禽鳥之罕見，謂物類神奇，有很多慣常不知者。

"宗有司止逆祀"引唐荆川曰："僖公，魯之賢君也。魯欲尊僖，曷若'昭前之光明而加之以慈和，事神保民'爲尊大矣。孰與以非禮躋之?"唐順之以祭公謀父口中之周武王繼承文王等前賢之志爲類比，認爲魯之做法之不當。

"史蘇戒大夫亂本"眉批引林次崖云："驪姬非欲禍晉，不過去群公子，爲己子地耳，跡似報父之讐而申其欲，亦天也，非人之所能爲。"林次崖即林希元（1481—1565），字茂貞，號次崖。正德十一年（1516）舉人，正德十三年進士，歷任南京大理寺評事、南京大理寺正、南京大理寺丞、廣東按察司僉事等職。著有《易經存疑》《四書存疑》《程文繩尺》《太極圖解》《讀史疑斷》《古文類鈔》《考古異聞》等。林希元指出驪姬不是爲了搞垮晉國，只是爲自己的兒子争取君主之位。但把驪姬"報父之讐而申其欲"歸之於"天"，未能從現實角度出發，是其弊。

"杜原款死申生"引張子云："無所逃而待烹，申生其恭也。"此出自張載《西銘》。揭示了對申生態度的贊賞。此與後世之"天下無不是的父母"同觀。

"諸大夫勉趙文子"引柳宗元云："三郤亦晉之良也，不幸俗侈□驕，以罹于難。《傳》乃附會，文致其罪，真所謂天下之惡皆歸焉。"所引未知出於何處。

"管仲論處四民"引《老子》云："至治之極，鄰國相望，雞犬之聲相聞，民皆甘其食，美其服，安其俗，樂其業，至老死不相往來。"又引太史公曰："善者因之，次利導之，次教誨之，次整齊之，最下者與之争。"是以《老子》與《史記》之言與管仲措施證發，指出管仲在治理百姓方面以及外交方面措施之得當。

"申叔時論教太子"引尹敬吾云："胥臣之傳讙曰：是在讙也。教者，因體能質而利之者也。"是用胥臣之言與申叔時之言相互證發。又引周紹曰："立傳之近有六君子，合叔時之説觀之，知所擇傳，知所爲傳矣。"

從以上所引諸例來看，《文章正論》注重對內容的評點，主要包括：
（1）評價篇章中人物行爲之是非；（2）評價篇章中所講道理之是非；
（3）評價篇章中所提及之人物；（4）聯繫實際，揭示其警示意義。所引
他人評點，有柳宗元、穆文熙、胡時化等，也有其他學者的相應言論或
記述，甚至秦漢典籍中的相關言論，凡足以補充説明篇章宗旨者，也往
往引述之。可見，《文章正論》具有評點學術價值和資料價值。

（十）焦竑對《國語》的選録與評點

署名焦竑的《國語》選録或評點文獻有《中原文獻》《新鐫重訂增
補名文珠璣》《新鐫百家評林國語天梯》三種。

署名焦竑（1540—1620）編選《中原文獻》分經史子集，其中以《國
語》爲史集第一卷，所選《國語》篇目有 32 篇，皆有篇題，分別爲：謀
父諫征犬戎、召公諫厲王止謗、芮伯論榮公專利之害、宣公不藉千畝、仲
山甫諫王立戲、宣王料民太原、內史過知晉君臣必敗（以上《周語上》）、
襄王拒晉文請隧、倉葛不服晉、襄王不殺衛成公、單子知陳之亡（以上
《周語中》）、單穆公論鑄大錢（以上《周語下》）、里革斷罟匡君、聲伯辭
晉邑、敬姜論勞逸（以上《魯語》）、桓公用管仲（以上《齊語》）、獻公
史蘇論卜、史蘇知亂本、驪姬以危言刦獻公、太子敗翟于稷桑、胥臣論教
因材質、文子不欲伐鄭、叔向賀韓宣子貧、簡子賞尹鐸（以上《晉語》）、
子木祭不薦芰、伍舉諫築章華臺、鬭且論子常之敗、王孫圉對簡子（以上
《楚語》）、諸稽郢行成于吳、申胥諫吳王勿許越成、吳許越成越竟滅吳
（以上《吳語》）、范蠡諫伐吳（以上《越語》）。

觀所選《國語》首頁前半面題"新鐫焦太史彙選中原文獻史集卷
一""脩撰漪園焦竑選，少傅穎陽許國校　編修石簣陶望齡評　脩撰蘭
嵎朱之蕃注""新安庠生　汪宗淳啟□父　汪元湛若水父　許繼登爾先
父　汪宗伋子淑父　閱梓"。先列書名"國語"，"國語"下云："左氏將
傳《春秋》，乃先采列國之史，國別爲語，謂之外傳，以故辭多枝葉，
不若《內傳》簡直峻健，蓋由當時列國之史材有厚薄，學有淺深，故不

能醇一耳。"① 次列×語，次列篇題，次列正文，正文皆頂格，有圈點，正文中生僻字之下有音注，以直音爲注，只寫直音字；或標聲調。文末偶爾有一二注文，雙行小字出之。欄外有注釋，皆撮録韋昭注文。

從分類上而言，《中原文獻》中的《國語》歸類和焦竑《國史經籍志》不同。《國史經籍志》把《國語》歸入經部春秋類"外傳"下，所收有《春秋外傳國語》二十卷（賈逵）、《春秋外傳國語》二十卷（虞翻）、《春秋外傳國語》二十卷（韋昭）、《春秋外傳國語》二十卷（晉孔晁）、《春秋外傳章句》二十卷（王肅）、《國語補音》三卷（宋庠）、《國語音略》一卷②，《中原文獻》則歸入史集，一學者而前後觀點差異過大，《中原文獻》的真偽確實值得懷疑。所以《四庫提要》即疑此書爲偽，謂："其自序云：'一切典故無當於制科者，概置弗録。'識見已陋。至首列《六經》，妄删改。以全書難窮，只揭大要，其謬更甚！雖耽於禪學，敢異論，然在明人中尚屬賅博，何至顛舛如是。殆書賈所偽託也。"③ 史振卿謂焦竑"爲人謙遜"，其所見焦竑序文中從未有"焦竑曰"，序文末署款也不符合焦竑用語習慣，故認爲《中原文獻》序文爲偽作。④ 但既然有此一目，姑置於此以備存考。

此外，尚有焦竑選輯《新鐫重訂增補名文珠璣》一部，不分卷，哈佛大學圖書館有藏。九行二十字，四週單邊，白口，單魚尾，書眉上刻評。選録《左傳》《國語》《檀弓》《公羊》《穀梁》等文，書前有焦竑序和史鳴皋叙，次爲《名文珠璣譚藪》，首爲"讀左氏"，選録韋昭、宋庠、黃省曾、孫應鰲、姜南之言。此後依次爲讀諸子、讀賈誼、讀司馬相如、讀司馬遷等，例與"讀左氏"同。又次爲《名文珠璣考實》，依次對左丘明、檀弓、公羊等進行簡單介紹。又次爲全書目録，篇題單行，

① （明）焦竑選，（明）陶望齡評，（明）朱之蕃注：《新鐫焦太史彙選中原文獻》，《四庫全書存目叢書·集部》第330册，第147頁。
② （明）焦竑：《國史經籍志·經類》，《續修四庫全書》第916册，本卷第25頁。
③ （清）永瑢等：《四庫全書總目》，臺北：臺灣商務印書館《景印文淵閣四庫全書》第5册，第165頁。
④ 史振卿：《焦竑著述考》，氏著《〈焦氏筆乘〉研究》，濟南：齊魯書社2013年版，第299—300頁。

所選録《國語》有"召公諫監謗""祭公謀父諫征犬戎""襄王拒晉文請隧""倉葛不服晉""單子知陳必亡""臧文仲請糴于齊""敬姜教子一勞""里革斷罟匡君""晉人請秦立君""竇犫論人化""郵無正論郤培""士茁懼室美""晉叔向賀韓宣子憂貧""王孫圉論楚寶""藍尹亹勸子西修德""子囊議恭王謚""叔詹盡辭就烹""諸稽郢行成于吳"十八篇，不選《齊語》《鄭語》《越語》，篇章次序亦不按《國語》篇卷。正文中有注，注小字雙行，大體約略韋注而成並時有音注，是其選録自張一鯤本之類《國語》本子。書中有圈點，欄外有評點，文内有夾批，篇末有尾評。文内有誤字，如"其與能幾何"注云："與，亂也。""亂"實"辭"字之誤。篇末尾評並非每篇都有，如"叔詹盡辭就烹"篇就没有尾評。評點涉及範圍比較廣，如"召公諫監謗"欄外評點云："以巫有神靈，有謗必知之。厲王怒謗己非，至使衛巫監謗，而以生殺之權寄之于巫祝之口，愚哉！""子産不毀鄉校，意亦如此。"分別對"得衛巫，使監謗者"和"爲民者宣之使言"進行評點，前者揭示巫之功能，後者以史作類比。又"民不堪命"旁夾批："句。""於是國人莫敢出言"旁夾批："應前。"前者揭示提頓，後者揭示照應。又本篇尾評云："國家失道之敗，每起於言路閼塞。厲王胡憒憒焉！微宣王側身修行，雲漢憂勤，周祚幾斬矣。"對"言路"之重要性進行了揭舉。

要之，其選録標準以及評點仍具一定價值。

另有署名焦竑集評《新鐫百家評林國語天梯》二十一卷，《中國古籍善本書目》著録有明建陽書林種德堂熊沖宇刻本。又署焦竑集評《新鐫百家評林國語全編》二十一卷，有明萬曆二十一年（1593）熊雲濱刻本，山東大學圖書館有藏，六册一函，半頁十行，行二十二字，小字雙行。白口，四週單邊。頁眉有評點。[①] 希望相關研究者可以展開系統研究，對焦竑的《國語》評點進行深入挖掘。

---

① 山東大學圖書館編：《山東大學圖書館古籍善本書目》，濟南：齊魯書社 2007 年版，第 76 頁。

（十一）方岳貢《國語》評點

方岳貢（？—1644），字四長，穀城人。天啟二年（1622）進士，曾任户部主事、户部郎中、松江知府、山東副使兼右參議、左副都御史等。編有《歷代古文國瑋集》《諸子國瑋集》《國瑋集》，刻印有《松江府志》《農政全書》等。《明史》卷二五一有傳。《四庫全書存目叢書·集部》第366册收録其《歷代古文國瑋集》。

今檢《歷代古文國瑋集》目録，依次爲：《左傳》選録八卷，《公羊傳》選録兩卷四十五篇，《穀梁傳》選録五十六篇，《國語》選録四卷七十八篇。其中《國語》在卷十一至卷十四。所選《國語》篇目爲：祭公諫征犬戎、召公諫監謗、榮夷公專利、宣王不藉千畝、宣王料民太原、襄王拒晉請隧、晉侯圍樊、定王饗隨會、單子知陳之亡、穀雒鬭、景王鑄大錢、景王爲無射大林（以上《周語》）、夏父論宗婦執幣、臧文仲請糴于齊、僖公請復衛侯、臧文仲祀爰居、里革逐莒太子、里革斷罟、里革歸過晉君、季文子儉德、叔孫拜鹿鳴之三、叔仲勸襄公如楚、穆子不以貨免難、惠伯免平子于難、敬姜論勞逸、敬姜明子之令德、仲尼不對田賦（以上《魯語》）、桓公用管仲、管子治齊、桓公霸諸侯（以上《齊語》）、史蘇郭偃論卜、晉伐翟柤、優施爲驪姬謀去太子、驪姬危言刼獻公、優施説來里克、宰孔正晉獻公如會、秦伯納惠公、箕鄭論救飢、文公學讀書于臼季、胥臣論傅讙、寧嬴氏論陽處父、趙孟禮韓厥、宣子請師伐宋、武子杖擊文子、趙文子見諸大夫、范文子不欲伐鄭、文子欲釋荆鄭爲外患、晉悼公復伯、辛俞從欒氏出奔、叔向懷司馬侯、趙文子斲椽不礱、趙文子游九京、叔向均二公子之禄、叔向賀宣子之貧、穆子使夙沙釐相翟、董叔娶范氏、趙簡子賞尹鐸、竇犨論人化、知果别族爲輔氏、趙襄子走晉陽（以上《晉語》）、子木祭不薦芰、伍舉論章華臺、倚相儆子亹、倚相見子期筓妾、子期與王論祀法、昭王不罪藍尹亹、藍尹亹論吴之敗、王孫圉對簡子、子西召伯公勝（以上《楚語》）、諸稽郢行成于吴、申胥諫許越成、申胥諫伐齊、吴晉會于黄池、吴王刼盟、大夫種倡謀伐吴（以上《吴語》）、越王謀破吴、范蠡三策、范蠡謀伐吴（以

上《越語》），其中《周語》12 篇，《魯語》15 篇，《齊語》《越語》各
3 篇，《晉語》30 篇，《楚語》9 篇，《吳語》6 篇。今所參爲《四庫全書
存目叢書‧集部》所收首都師範大學圖書館所藏明本，其中卷十四第五
葉、第二十葉是後來手抄配補的，已非原刻。

　　檢其正文，先列《國語》書名，次列篇題，篇題下注明某語，正文
頂格，不録注文，有圈點，有夾批。欄外有評點。

　　1.《歷代古文國瑋集》中的《國語》夾批

　　夾批有對關鍵字句內容的概括，如“兵戢而時動”夾批云：“兵
法。”蓋謂“兵戢而時動”爲用兵之良法。有的夾批在前此關鍵字詞認
定基礎上提出自己的新見，如“國人莫敢言，道路以目”夾批云：“人
知以‘目’字深，不知‘道路’字尤佳。”前人多措意於“目”字之重
要，但方岳貢指出“道路”尤有深意。也有的夾批指出語句的功能，如
“爲民者宣之使言”夾批：“一句爲下段之綱。”有對語句價值的肯定，
如“天地百物皆將取焉”夾批：“奇理可思。”有對篇章中對引文闡釋的
意見，如“《大雅》曰：‘陳錫載周。’是不布利而懼難乎？故能載周以
至于今”夾批：“解《詩》絶奇。”有對關鍵語句所反映思想或措施的正
面評價，如“若是，乃能媚於神而和於民矣”夾批：“國家大計。”指出
關鍵句子所體現出的兆頭，如“不謂其少而大料之，是示少而惡事也”
夾批：“宣王荒怠之焰已見其漸。”有對句子篇章功能的揭示，如“其興
者，有夏呂之功焉”夾批：“一收，又拓開。”蓋謂本句既是上一段內容
的總結，又是下一段的開篇，有承前啟後的作用。有對篇章中語句所呈
現狀態的指向對象進行揭示的，如“專則不能，使至於殄滅”夾批：
“獨夫。”蓋謂有此行徑者，當以“獨夫”視之。有對篇章語句所體現措
施功能的揭示，如“爲游士八十人，奉之以車馬衣裘，多其資幣，使游
于四方”夾批：“意在空人之國，使鄰國皆失其所恃。”對齊桓公和管仲
採取這一措施的真實意圖進行了揭示。有對篇章中語句所體現狀態共性
的揭示，如“何口之有？口在寡人，寡人弗受”夾批：“古來聽□之君，
其自信未嘗不若此。”揭示出古來自信滿滿的君主其言語心態，無不如
此張狂無忌。有對篇章中人物語言功能的揭示，如“當之者戕焉”夾

批："其言皆□。"有的通過篇章中人物具體語言總結其特征者，如"吾秉君以殺太子"夾批："庸臣故態，可憎。"表達了對里克這一類臣子的不滿。有對篇章語言所描述人物性狀的概括性總結，如"在母不憂，在傅弗勤"夾批："質善。"蓋謂文王本質。又如"于是乎用四方之賢良"夾批："賢良贊之。"蓋謂文王啟用賢良之人以爲佐助。有對系列措施最終效果的揭示，如"億寧百神"夾批："濟可竢。"對語句隱含的揭示，如"死者若可作也"夾批："目前無人。"蓋謂此假設表明當下尚無有此類情況。另如"宜及于難而賴武之德以沒其身"夾批："欒書□君何德可賴。"蓋謂此句反映出來的直接意思是沒有什麼可以依賴的。

除了《存目叢書》本字跡漫漶無法認清的兩三條，《古文國瑋集》之《國語》部分的夾批基本如是，可見其評點條目相對較少。從其評點可見，方岳貢注重關鍵詞的提取，注重深層語義的揭示，注重思想內涵的揭示，注重語句功能的揭示，是其夾批之主要特點。

2.《歷代古文國瑋集》中的《國語》眉批

其眉批 217 處，其中有明確標出爲徵引前說者，所引學者有柳宗元、真德秀、穆文熙、陶望齡、鍾惺、王世貞、何孟春、李衷一、丘濬等，徵引條目總體數量較少，其中以徵引鍾惺條目最多，也不過五六條而已，帶有集評性質。絕大多數眉批當爲方岳貢自撰。

檢其內容，有對篇章整體風格和文體的定性。如評"祭公謀父諫伐犬戎"云："此古今諫體第一章疏也。變風變雅，繼斯以作。婉而至詳，盡而不汙，其猶盛周之文乎?"對《國語》首篇從文體定位、篇章整體風格分析，最終給了很高的評價。方氏認爲，這一篇是臣子諫辭的開篇之作，具有引領和示範作用。認爲祭公謀父所論，注重到了對象，對天子進諫，自然要"婉"而不能直，在具體分析論證的時候做到詳細、全面而又不蕪雜，故而認爲這篇諫辭代表著盛周的氣象。又評"晉侯圍樊"云："不犯王命，不畏疆禦，婉折周至，誠爲君子之言。"

對具體語段表述風格給予評點，如評"昔我先世后稷以服事虞夏"一段云："□陳創業艱難，有周文、召康遺風。東遷以後，無此風調矣。"首先指出這一段內容的用意，然後指出這一段表述的風格，認爲接近周、召當年風格。

又通過篇章具體語言表述進行進一步補充陳說，如評"先王非務武也，勤恤民隱而除其害也"云："穆王侈志，只是不惟民，此一篇之旨。"通過祭公謀父的表述，揭出周穆王從來不關心百姓死活，並進一步指出一篇宗旨所在。明清諸多《國語》評點者，往往謂"耀德不觀兵"爲全篇中心，但從未有如方岳貢者揭出該篇的深層內涵。其實征犬戎以炫耀武力，深受其害的還是平民百姓，故此揭出其"不惟民"，即從來不爲百姓考慮。與此相對的，則是周之先王全心全意體恤黎民，故有"又增修於德無勤民於遠"之舉，方氏評云："一意恤民，終始以之。"

對事件結果進行得失評斷，如其評"得四白狼四白鹿以歸，自是荒服者不至"云："得狼、鹿而失戎狄，果孰利與？"

對篇章中人物行爲進行評判並上升到普遍意義的角度考慮，如其評"國人謗王"云："□蔽君之聰明直諫謂之誹謗，後世衣冠而誣者何多也。"這裡面有兩層意思，一層是對"國人謗王"之"謗"的理解，一層是對這種行爲的認定。兩層意思合在一起，是對"國人謗王"之"謗"的肯定，並以"後世衣冠"之行作爲反襯。

對篇章語段表述內容的進一步申說，如其評"所怒甚多而不備大難，以是教王，王能久乎"云："專利之人，人怨于下，神恫于上，故曰'所怒甚多'。卜式有云'烹弘羊，天乃雨'，非無說也。"

指出《國語》篇章所載典制的史料價值。如其評"王即齊宮，百官御事，各即其齊三日，王乃淳濯饗醴。及期，鬱人薦鬯"一段云："后世藉田之禮可稽□者，賴此存。"對本篇的史料價值進行了肯定。

對其中所載制度進行肯定，如其評"土不備墾，辟在司寇"云："□農有罰。後之刑書，何少此一條？"

對職任進行總結，如其評"農師一之，農正再之，后稷三之，司空四之"一段云："司空以下各有專官，而皆相率于農事。後世僅領之户曹，其于勸農之道，不大疏與？"通過本篇各個官員職任的總結，引申出後世農官在勸農方面的疏於職守。

對篇章中語句進行升級式概括，如其評"三時務農而一時講武，故征則有威，守則有財"云："兵農合一。"其評"王治農於藉，蒐于農隙，耨獲亦於藉，獮於既烝，狩於畢時，是皆習民數者也"云："藉田，所以習民數也。王不藉千畝，遂有料民太原之舉，二者□寔相承。"

有對人物行爲的評價，如其評"襄王拒晉請隧"云："襄王屬主也。嚴氣正辭，使強諸侯震懼，國家舊章舊法足恃如此。"認爲周襄王雖然是處於弱勢的天子，但依憑舊有章法，又以義正辭嚴，故阻止了晉文公的無理要求。

總體而言，《歷代古文國瑋集》選錄《國語》篇目較多，篇題以概括篇章大義爲主，有圈點，有評點。其評點既具有輯評性質，又有個人的獨得之見。

（十二）湯賓尹《國語》集評

湯賓尹，字嘉賓，號睡庵，直隸宣城人，萬曆二十三年（1595）進士，曾任南京國子監祭酒。有《睡庵集》《睡庵文稿》《睡庵稿》《新鋟湯會元四書題旨》《四書衍明集注》《新鋟湯會元遴輯百家評林左傳秋型》《劓刷湯會元遴輯百家評釋國語秋型》《湯會元注釋四大家文選評林》等書。《國語秋型》是《左國秋型》全書的一個部分，全書分四卷，目錄在前，分篇目編排。次則爲內容，無序。全稱《劓刷湯會元遴輯百家評釋國語秋型》，卷一首頁前半面首行題"新刻湯會元精遴評釋國語秋型卷一"，後分五行，分別作"春坊　九我　李廷機　精校""編脩　荊巖　楊道賓　參閱""會元　霍林　湯賓尹　遴輯""玄冥子　林世選　詮次""自新齋　余良木　繡梓"，又別行題"國語"，次則"祭公諫征犬戎"，下標注"周語"。

根據章宏偉《明代科舉與出版業的關係——以湯賓尹爲例》，湯賓尹科舉中式的當年，湯賓尹第一本書《四書衍明集注》就由書林光裕堂鄭以厚刊刻。該書由陶望齡作序，陶望齡是湯賓尹的座主。萬曆二十四年（1596），湯賓尹又和自新齋余良木、雙峰堂余象斗聯合，刊刻了

《新鍥湯會元遴輯百家評林左傳秋型》四卷、《新刊湯會元精選評釋國語
秋型》四卷、《新刻湯會元精選評釋國語狐白》四卷、《新刻湯會元輯注
國朝群英品粹》十六卷、《新刻評注歷子品粹》十六卷。萬曆二十五年
（1597），湯賓尹又有《新鐫翰林評選歷科四書傳世輝珍程文墨卷》六
卷、評點本《新鍥會元湯先生批評空同文選》五卷、《新鍥會元湯先生
批評滄溟文選》五卷、《新鍥會元湯先生評林弇州文選》四卷、《新鍥會
元湯先生批評南明文選》四卷由書林詹霖宇刊刻。"短短的兩三年時間
裏，湯賓尹是很受書商關注、重視的作者，出書數量是可觀的。這是一
位剛由科舉出身的作者、新科會元，對於大量應舉之士來說，是頗有號
召力的，自然是書商尋覓的理想暢銷作者。短短兩三年，與湯賓尹合作
的書商就有光裕堂鄭（名世）以厚、自新齋余良木、雙峰堂余象斗、書
林詹霖宇，可見當時出版的活躍。"①　張獻忠指出："建陽余氏刻書也很
善於藉助名人效應，從署名上看，余象斗刊刻的圖書不僅很多都是名人
編纂，而且也都是名人校訂，如他刊刻的《新鍥朱狀元蕓窗匯集百大家
評注史記品粹》和《新鍥百大家評注歷子品粹》就分別署名'湯賓尹校
正''湯賓尹校'。余良木自信齋刻的《新刊湯會元精選評釋國語類型》，
署'李廷機精校'。但是這些是否是託名，還須進一步考證。"②　張獻忠
的推斷也不無道理。

　　《左國秋型》刊刻在萬曆二十四年（1596），此時湯賓尹剛剛進士及
第，而李廷機、楊道賓必不是春坊、編修之職。今檢李廷機萬曆二十五
年（1597）升少詹事兼試講學士，萬曆二十四年時李尚未有此官職。楊
道賓是否此時還任編修，則未可知。

　　《左國秋型》之《國語秋型》共四卷，第一卷收《周語》，第二卷收
《魯語》《齊語》以及《晉語》一部分，第三卷收《晉語》，第四卷收
《楚語》《吳語》《越語》。書前有目錄，目錄爲撮錄語義而成。據目錄，

　　①　章宏偉：《明代科舉與出版業的關係——以湯賓尹爲例》，見載於氏著《十六—十九世紀中
國出版研究》，上海：上海人民出版社 2011 年版，第 33—35 頁。
　　②　張獻忠：《從精英文化到大衆傳播——明代商業出版研究》，桂林：廣西師範大學出版社
2015 年版，第 246 頁。

其中《周語》收入 27 篇,《魯語》收入 16 篇,《齊語》收入 4 篇,《晉語》收入 63 篇,《楚語》收入 13 篇,《吳語》收入 9 篇,《越語》收入 3 篇,不錄《鄭語》,共錄 135 篇。其中一篇還附有《檀弓》。篇題如下:
《周語》:謀父諫征犬戎、召公諫厲王止謗、芮伯論榮公專利、宣王不藉千畝、仲山甫諫王立戲、宣王料民太原、伯陽父論周將亡、内史過論虢亡、内史過知晉君臣必敗、内史興知晉文必霸、富辰諫以翟伐鄭、襄王拒晉文請隧、倉葛不服晉、襄王不殺衛成、王孫滿知秦師必敗、定王論饗禮、單子知陳之亡、康公料魯卿休咎、王孫説論僑如之詐、單襄公知郤至之敗、單子料齊晉君臣必敗、單子物色悼公、太子晉諫壅川、單穆公諫鑄錢、伶州鳩論鑄鐘、伶州鳩論律、賓孟以雄雞感主;《魯語》:曹劌論戰、曹劌諫如齊觀社、匠師慶諫丹楹之侈、夏父展諫宗婦執幣、臧文仲請糴於齊、展喜入齊請平、臧孫辰請求晉釋衛侯、臧文仲請賞重館人、展禽論祭爰居、里革斷罟匡君、里革論晉君見殺之過、叔孫重拜鹿鳴、叔仲勸襄公如楚、樂榮諫伐季氏、穆叔料公子圍、穆子不以貨免難、敬姜論勞逸、仲尼不對田賦;《齊語》:鮑叔薦管仲、管仲論政、内政寄軍令、桓公霸諸侯;《晉語》:欒共子死節、史蘇郭偃論女禍、史蘇知論政、申生不肯早圖、郤虎論伐翟、二五謀出三公子、士蒍知申生不立、里克諫殺太子、晉殺太子申生(附《檀弓》)、宰孔止獻公如會、里克議殺奚齊、晉人請秦立君、惠公興人之誦、郭偃料惠公冀芮、晉背秦糴、秦侵晉獲惠公、公孫枝議歸惠公、惠公殺慶鄭、齊姜諫懷安、甯速請禮晉公子、僖負羈請禮晉公子、叔詹請禮晉公子、重耳欲避舍報楚、子餘善答秦賦、子犯授璧請亡、豎頭須見文公、勃鞮見文公、叔詹盡辭就烹、箕鄭論救饑、胥臣論傅謹、甯嬴氏論陽處父、宣子論伐宋、諸大夫勉趙文子、文子欲釋鄭楚爲外懼、文子戒幸勝、悼公初政、悼公用人復霸、魏絳戮揚幹、祁奚薦其子、魏絳和戎、魏絳辭樂、陽畢議逐欒盈、辛俞從欒盈、師曠論樂、叔向論射鷃、叔向不患楚、叔向以德示文子、文子請楚釋叔孫、張老止文子礨桷、叔向議賦禄、叔向賀韓宣子貧、穆子不受鼓人降、夙沙釐從鼓子、閻没叔寬諫受賂、郵無正諫殺尹鐸、史黯論良臣、壯馳兹賀求賢、竇犨論人化、士茁懼室美、趙襄子懼幸勝、知果諫立瑤、知國請備難、趙襄子不肯行賄;《楚語》: 申叔時論教太子、子囊議恭王諡、屈建不以芰祭、伍舉諫築章華臺、倚相儆子亹、子張驟諫、倚相止子期立妾、鬬且料子常必敗、藍尹亹見昭王、鬬辛勸弟存君、藍尹亹勸子西修德、王孫圉論楚寶、葉公諫用王孫勝;《吳語》: 諸稽郢行成于吳、申胥諫平越、申胥諫伐齊、吳王殺申胥、王孫雄決計長晉、夫差告勞于周、申包胥論戰爭、伐吳軍政、越王不許吳成;《越語》: 大夫種行成於吳、范蠡諫戰吳、范蠡不肯平吳。

正文分兩欄, 上欄收評點, 下欄主要收錄正文。篇題獨立一行, 篇題下標出處。正文另起, 有注文。正文中加有圈點。正文後面亦有圈點, 同屬集評性質。檢其所輯, 其中楊慎 68 條, 丘濬 47 條, 穆文熙 45 條, 汪道昆 28 條, 許應元 23 條, 孫應鰲 22 條, 張之象 21 條, 楊道賓 18 條, 王世貞 16 條, 李光縉 14 條, 王偉、茅坤各 13 條, 吳澄 11 條, 柳宗元、吳國倫各 10 條, 鄒嶧山 9 條, 閔如霖、董份、凌稚隆各 8 條, 何孟春、玄冥子、陸西星各 7 條, 唐順之、李廷機、屠隆、林希逸、羅大經、田汝成各 6 條, 王慎中、陸弘祚、真德秀各 5 條, 姚寬、胡時化各 4 條, 黃震、吳鼎、焦竑、胡氏、沈加則各 3 條, 余有丁、李攀龍、高棅、劉兌陽、林希元、馮叔吉、陸深、茅瓚、李夢陽、顧允成各 2 條, 舒芬、袁黃、陳仁祖、袁了凡、黃洪憲、陳懿典、王廷相、何洛文、柯維騏、康海、錢福、邵寶、陳如崗、王麟洲、王荊石、郭子章、姚翼、麥秸隆、司馬氏、公羊子、姚弘、孔四教、陳訢、王士性、陸方壺、黃葵陽、歸有光、高似孫、王陽明、鄭維岳、王錫爵、申時行、陸日葵、李光綬、郁離子、凌約言、黃洪亮、謝枋得、呂東萊、顧涇陽、陶望齡、王鏊、李維楨加湯賓尹各 1 條, 另有加按評點 44 條, 尚有不加按之評點數十條, 共輯錄 90 多家。此外還有部分評點置於篇末, 如穆文熙、郁離子、凌約言、閔如霖、真德秀等 33 家共 46 條評點置於篇末, 檢其內容特點, 實和上欄評點並無區別。

所引諸家中, 以楊慎最多。署湯賓尹的評點僅一條, "單襄公論陳必亡" 篇評云: "湯賓尹曰: 瓠里子自吳婦歸粵, 相國使人送之, 曰: '使自擇官舟以渡。' 送者未至, 於是舟泊于滸者以千數。瓠里子欲擇之而不能識。送者至，問之，曰：'舟若是多也，惡乎擇！'對曰：'甚易也。但觀其敝蓬折檣而破颿者即官舟也。從而得之。'瓠里子仰天歎曰：'今之治政[①]，其亦以民爲官名與？則愛之者鮮矣。'意此單子所以料陳亡也。"引述《郁離子》故事以與單子論陳必亡事相類比。

作爲一部集評著作，湯賓尹搜羅之富，在《國語》評點史上可謂罕見。從上所列湯氏所輯諸家履歷可見，其搜羅明代諸人中，非學術名家，即科舉新貴。整體而言，體現了以下幾點特徵：

其一，資料豐富。《國語秇型》搜羅了90多家評點，這90多家評點除了極少數有《國語》評點專書，大多數都散見於其他評點材料中。《國語秇型》將這些材料搜集在一起，使得讀者有得一書而衆書畢具的便利。

其二，文獻保存價值。明人著作，亡逸較多。《國語秇型》所收有些學者的評點資料，因爲湯賓尹此書而流傳後世。

其三，對評點人物的倚重。由於湯賓尹的書是追求商業利益的，故而有些人的評點雖然只有一兩條，也收錄其中，不能否認其學術價值，但也要考慮到書商爲了倚重名人以獲取最大利益的動機。

總的來看，《國語秇型》一書對全面認識明代中後期《國語》評點還是具有很大價值的。

另外，有一部書和《國語秇型》內容一致，有必要提一下。檢點材料過程中，見晚近石印本《明選古文神駒》，眠羊署簽。其中《國語》共四卷兩冊，今僅見後兩卷殘本，不知刻書年代以及刊刻書坊。卷三包括《晉語三》至《晉語九》，卷四包括《楚語》《吳語》和《越語》。卷目下題"麻城梅之煥彬甫父編次，直隸孫承宗椎繩父校閱"，次篇名，篇名下小字注明"×語"，欄外爲評點，引述各家評語。粗檢之下，發現有孫應鼇、胡氏、姚弘、王偉、穆文熙、沈加則、王世貞、陸西星、茅鹿門、楊愼、王愼中、丘濬、林希逸、許應元、張之象、柳宗元、陳沂、田汝成、汪道昆、王士性、鄒峰山、何孟春、李廷機、楊道賓、淩

---

① 治政，原作"政治"，今徑據《郁離子》乙正。

稚隆、吴國倫、張之象、胡時化、陸弘柞、李光縉、黄洪憲、陸方壺、汪南溟、劉兑陽、黄葵陽、吳澄、余有丁、唐順之、鄒嶧山、歸有光、焦竑、高儀、高似孫、羅大經、王陽明、林希元、姚寬、楊東山、茅瓚、王錫爵、申時行、陸日葵、孫柏潭、吳川樓、閔如霖等人的評點。通過對比《國語秎型》，發現其評點和《國語秎型》幾乎完全相同。

檢顧洪、張順華編《顧頡剛文庫古籍書目》所收《教育部平津區特派員辦公處清理近代科學圖書館所存敵方掠取顧頡剛教授圖書目録》中有《明選古文神駒六種》一函二十册，注明"光緒刊本"①，無具體書坊名稱。又王葆心《續漢口叢談》卷三云："長公爲明季邊臣之最，予嘗求其著述而不得。今秋在漢市得其所選古文四種，皆世不嘗見者。光緒《黄州藝文志》亦不載其目。周氏《楚寶》載長公别傳，稱其官庶常。在館中時，高陽孫文正承宗性嚴重，獨推重之。今觀其《左傳評選》八卷、《秦漢文神駒》四卷，皆文正爲之序，推挹甚至。又有《史記神駒》四卷，則衷純子序之，不知何人。《三蘇文駒》六卷，則陶石簣序也。皆吾鄉人所不知者。但不知《麻城志》曾著録其目入《藝文》否？容考之。（别有《國語神駒》四卷，爲沈淮評選。《戰國策神駒》四卷，爲許獬評選。坊刻合爲六種。）"② 王葆心所謂"坊刻合爲六種"恐即指"明選古文神駒六種"而言。但，正如王葆心所説，舊集不載。突然就冒出這麽一部書來，雖云明人評選，而其刻本除了光緒年間石印之外，並無其他傳本。故頗疑此《國語神駒》實《國語秎型》的翻印，而託名明代大僚者。

這裏還要涉及另一問題，即明代開始興起的古書集評。黄霖、曾紹皇曾對此一現象進行過研究。曾紹皇認爲："'集評'現象是明清時期評點文學全面繁榮的重要標誌之一。"③ 就《國語》評點而言，穆文熙《國語鈔評》、湯賓尹《國語秎型》等都屬於輯評性質，前者頗有個人心得，

① 顧洪、張順華編：《顧頡剛文庫古籍書目》，北京：中華書局 2011 年版，第 995 頁。
② 王葆心著，陳志平、温顯貴點校：《續漢口叢談·再續漢口叢談》，武漢：湖北教育出版社 2002 年版，第 69 頁。
③ 曾紹皇：《試論明清時期文學名著的"集評"現象》，《復旦學報》2012 年第 5 期。

後者基本屬於輯纂。這些書展示的不僅僅是著者個人的評點成果，還包含了前此學者的評點成果，既具有學術價值，又具有資料價值。

（十三）公鼐、吕邦燿《國語》評點

公鼐（1558—1626），字孝與，號周庭，蒙陰人。萬曆二十九年（1601）進士，曾任翰林院編修、左庶子、國子監祭酒、禮部右侍郎、詹事府詹事，死後贈禮部尚書，諡文介。爲明萬曆年間山左三大家之一，有《問次齋集》行世，今所存者，唯《問次齋稿》《問次齋續稿》《問次齋西遊稿》。王士禛（1634—1711）《池北偶談》謂公鼐"詩文淹雅，絕句尤工"①。關於公鼐的文學主張、生平等等，有數篇期刊論文及碩士學位論文可以參照。又王春華《沂蒙儒學史》第七章"明清（鴉片戰爭以前）時期沂蒙地區儒學的傳播與發展"第二節"若干傑出人物對儒學的傳承與踐行"有"公鼐的思想"一節，概括公鼐思想有如下幾點：（1）求真務實的理念；（2）熱愛家鄉、熱愛祖國的濃厚意識和對"豺狼當道"的憤懣之情；（3）反對模擬復古的變革思想；（4）重民愛民思想。並謂"理學是公鼐思想的主流"。② 可參。吕邦燿是公鼐的外甥，字玄韜，原爲麗水縣人，後入錦衣衛，隸籍順天。萬曆二十五年（1597）中舉，萬曆二十九年中辛丑科進士，歷任兵科右給事中、河南副使、河南儒學提舉等職。中共麗水市蓮都區委宣傳部、麗水市蓮都區文學藝術界聯合會編著《蓮都歷史人物》中有《詩人吕邦燿》一篇③，記載吕邦燿生平事跡較詳，可以參閱。吕邦燿刊刻過公鼐的文集，還刊刻過《宋宰輔編年録》，撰寫有《宋宰輔編年録續録》。又馮兆娜《公鼐年譜》謂公鼐與傅光宅有交往，傅光宅曾校刻《國語鈔評》，未知對公鼐有無影響。

二人所撰《國語髓析》，有兩種刊本，梁隆吉刻本爲藍印本，唐暉

---

① （清）王士禛著，文益人校點：《池北偶談》，濟南：齊魯書社2007年版，第197頁。

② 王春華：《沂蒙儒學史》，北京：中央文獻出版社2012年版，第430—435頁。

③ 中共麗水市蓮都區委宣傳部、麗水市蓮都區文學藝術界聯合會編著：《蓮都歷史人物》，北京：中國文史出版社2009年版，第132—134頁。

印本爲墨印本。梁隆吉印本每卷"東蒙公鼐、古燕吕邦燿同批評"下別
一行題"安邑曹于汴、東岱宋熹同校正",而唐暉印本則在"東蒙公鼐、
古燕吕邦燿同批評"下別一行題"崑山葛錫璠、勾甬董光宏同校正",
每卷卷尾題"開封府推官唐暉校刻"。今檢唐刻本書前有董光宏《序公
孝與吕玄韜〈國語髓析〉》一篇,云:

今世學士大夫蓋無不艷稱《左》《國》矣。顧《左》之行廣,
學者往往能默存之,亦能精言之。而《國語》僅摽其郛以去深於國
者,未數數見也。世傳《左》《國》實出一手,而人於二書淺深異
者,何故?《左傳》序事而裁之以意,成一家言,其詞奇宕可喜,
令人讀之,不覺入于吻而投于咽。《國語》則因事以見國,因語以
見事,凡列國之制度文爲,與夫應對酬和之語,盡舉而登之尺幅。
驟讀焉,曲折而繁瑣,顧其條理井井,竅會耆若,能莊、能諧、能
夷、能夏,能以數語而摹興衰,能以數百言而肖王會。酣讀之,不
自知其身之不在周列國也。然以浮心淺目讀之,未有不難其曲折而
繁瑣者也。夫聞人能以爲《國》之手爲《左》,使人讀《左》者幾
不知有《國》,而今之人乃不能以讀《左》之口讀《國》,至難
《國》于《左》哉!則其求之者未精也。予同年吕玄韜與其舅公孝
與,于書無所不窺,于古人之法度無所不蒐,獮而爬剔所讀《國
語》,節有評,句有剖。凡一切開闔、剝換、照應、串插之妙,肌分
理析,黎然目中,壹似聞人搦管時,若爲之貿其神而相其筆者。壬
子之冬,玄韜與予有入汴之役,行篋中偶出以示予。予戲謂玄韜:
"《國語》以子甥舅,身無完肌,亦家無賸寶矣。抑《國語》不斬以
其秘公之子,而子乃以斬公之天下耶?"乃固請梓之,因請名之曰
《國語髓析》。昔柳子厚生平酷摹《國語》而晚有非《國》之論,昔
人以爲文士逢蒙。然予謂子厚僅能爲柳氏《國語》耳,豈遂能爲
《國語》哉?又惜夫子厚之不見孝與、玄韜,試相與抵掌而爲《國
語》一吐氣也。故千百世而下,孝與、玄韜氏殆《國語》知己夫!
寧直知己哉?即謂之功臣可也。

交代原始頗詳，可參。《國語髓析》唯録《國語》正文，其底本當爲張一鯤本之類。正文中有圈點，偶有夾批，有些夾批和欄外評點有呼應之處。以橫綫標在句尾，標明段落層次。公、吕評點録於欄外，其中吕邦燿評點 169 條，包括《周語》30 條，《魯語》17 條，《齊語》7 條，《晉語》75 條，《鄭語》6 條，《楚語》17 條，《吳語》7 條，《越語》10 條；公鼐評點 61 條，包括《周語》11 條，《魯語》2 條，《齊語》3 條，《晉語》25 條，《楚語》6 條，《吳語》7 條，《越語》7 條。

檢公鼐、吕邦燿評點《國語》文字，有探討《國語》整體風格者，如公鼐云："看《國語》文字，以曲折爲主，次求其奧麗處，大率全以虛字斡旋，如夫、故、昔、及之類，後倣此。"此處公鼐指出《國語》的總體語言風格，認爲"以曲折爲主"。進而指出《國語》中虛詞的功能。《國語髓析》比較早地揭示出虛字的整體運用及其作用。

揭明《國語》語彙應用的基本規則，如吕邦燿謂："以首句用'先王'字，故終篇屢用'先王'。後多如此。"指出"祭公謀父諫征犬戎"篇開始用"先王"，所以本篇多用"先王"。檢本篇"先王"出現 8 次，頻次還是比較高的。吕邦燿進而指出《國語》多篇中都有高頻語彙出現。

辨明韋注。如公鼐云："不窋非稷之子。譙周、歐陽永叔、羅泌已辯之詳矣。韋註蓋據《史記》爲説耳。"這是對"我先王不窋用失其官"韋注"不窋，棄之子"的辨正。首先提出和韋注不同看法，即以不窋非稷之子，繼而指出，此説前人已有詳辨，揭出譙周、歐陽修、羅泌三家。最後指出韋昭注文所本，謂韋昭據《史記》爲説，並非自爲之注。又如公鼐云："司空，即六卿之司空，蓋道路乃冬官之事。註云'卿官'，非也。"日本明治時期學者高木熊三郎亦謂："司空不視塗，亦有屬官，卿不必親巡。此不必題卿官，屬官亦皆司空矣。"也質疑韋昭注的精準性。另如公鼐云："戰也微謀，言不獨戰之謀由我而決，且更別有三伐也。註云：'微，無也。言軍無計謀。'意似未明。"又吕邦燿評"政不旅舊"云："註以旅爲師旅。愚意，或覊旅之義，意謂踈遠也。"此釋和後來俞樾的辨明意思基本一致，勝於韋注。又吕邦燿評"井田疇均"云："《説文》：'疇，耕治之田也。'賈逵曰：'一井爲疇。'杜預曰：'竝畔爲疇。'註曰：'麻地。'與《禮·月令》註疏同，恐不然。朱子解《孟子》取《説文》。"此處評點實際上是訓詁，引述《説文》、賈逵注、杜注、韋注，進行對比，最終認爲韋注"不然"。從其表述來看，吕邦燿更傾向於《説文》的解釋。

對前人未能引述《國語》進行揭示。如吕邦燿云："胡氏《通鑑》九十九卷註云：'奕世載德，班彪《王命論》之言。'反不上引《國語》，想一時落筆之誤。"此爲《資治通鑑》卷九九"燕王奕世載德"胡三省注。吕邦燿指出胡三省注文揭明語句出處，不用《國語》而用班彪《王命論》，認爲其揭明來源靠後。

揭明語義轉折。如公鼏云："此後段極轉折處。"正文中於"有不祭"旁標"轉"，後"於是乎有""今自""吾聞"旁標"轉"字。

揭明句式變換，如篇中於"序成而有不至則修刑"旁夾批云："一段終引長句法。"蓋前句式一貫，至此則"有不 V 則修 O"，句式變長，故爲之評點揭示。

揭明語句前後呼應。如吕邦燿云："'觀兵'及'先王'字，俱應首句。"此謂"予必以不享征之且觀之兵，其無乃廢先王之訓而王幾頓乎"之"觀兵""先王"呼應前文"先王耀德不觀兵"一句。

揭示人物行爲動作的隱含義。如吕邦燿云："王怒、王喜四字，描出厲王剛愎心事。"

引證古書補充篇章中所揭示典制。如吕邦燿云："王氏紀聞曰：《王制》：'太史典禮，執簡記，奉諱惡。'《保傅傳》謂：'不知日月之時節，不知先王之諱與大國之惡，不知風雨雷電之眚，太史之任也。'愚謂人君所諱言者，災異之變，所惡聞者，危亡之事，太史奉書以告君，召穆公所謂史獻書者也。"這是引用王應麟《困學紀聞》的説法，對"召公諫厲王弭謗"篇"史獻書"的補充説明。吕邦燿好引述《困學紀聞》，其所評點條目，共有 9 條引述《困學紀聞》作爲證據。又如吕邦燿評"天子免衛侯"云："李氏《世紀》云：'桓公會不邇三川，盟不加王人。文公會幾内，盟子虎矣。桓公寧不得鄭，不納子華，懼其獎臣抑君。文公則爲元咺執衛侯矣。此天子所以有正譎辨。"此全引王應麟之説。今檢顧炎武《五經異同》引楊慎云:"五霸莫大於桓、文,桓、文之事莫大於會盟,會盟莫大於葵邱、踐土。然葵邱之會,定太子以安王室,公義也,故曰齊桓公正而不譎。踐土之會,挾天子以令諸侯,私情也,故曰晉文公譎而不正。此宋橫浦張九成之説,殊爲理長。《集註》所言,雖皆二公之事,乃其小者爾。當表出之,聖人復起,不易斯言矣。"又謂楊慎云:"桓、文雖並稱,而文固非桓匹也。或曰桓公二十餘年,養晦蓄威,始能向楚。文公一駕,而城濮之功多於召陵。桓公屢盟數會遲回,晚歲始會宰周公。文公再合而于溫之會,捷于葵邱。桓公終身與諸侯周旋,會鄄失魯,盟幽失衛,首止失鄭,葵邱失陳。文公三會,則大侯小伯莫有不至,其得諸侯又盛於桓公。今曰文非桓匹,何也? 曰:文公之功多於桓公者,罪亦多於桓公這兒有;事速於桓公者,義則害於桓公者也;名盛於是桓公者,實衰於桓公者也。《春秋》不以功蓋罪,不以事掩義,不以名誣實。桓公得江黃而不用以伐楚,文公則謂廢致秦不足與楚争,楚抑而秦興矣,此桓公之所不肯爲者也。桓公會不邇三川,盟不加王人;文公會畿内則伉矣,盟子虎則悖矣,此桓公之所不敢爲者也。桓公寧不得鄭,不納子華,懼其獎臣抑君,不可以訓。文公爲元咺執衛侯,則三綱五常於是廢矣,此又桓公之所不忍爲者也。觀此,則吾夫子正譎之論,孟子獨表桓公五禁而不及晉文,余謂文非桓匹,豈一人之私言乎?"[1] 可爲吕邦燿引述王應麟説之註脚。

揭明人物異稱。如公鼐云:"《墨子》:'厲王染於厲公長父榮夷終。'即夷公也。"揭明《墨子》"榮夷終"即《國語》"榮夷公"。

揭明篇章中人物解經的重大學術價值。如吕邦燿云:"祭父謀父、芮良夫之引《周頌》《周雅》,内史過之引《夏書》《湯誓》《殷庚》,富辰之解'兄弟鬩于牆',單子之解'無從非彝',叔向之解《昊天有成命》,叔孫豹之解《皇皇者華》,閔馬父之解'自古在昔',史老之解

① (清)顧炎武:《五經異同》,上海:上海古籍出版社2012年《顧炎武全集》點校本,第303—304頁。

《説命》，觀射父之解重黎，與夫冷州鳩之論樂、論律，展禽、觀射父之論祀，王孫圉之論寶，其於經學大有發明，漢人訓詁未能或之先也。”由於《左傳》《國語》多在對話語境中引《詩》《書》，徵引典籍之後，爲了進一步明確表達需要，往往會對徵引典籍語句進行解釋，吕邦燿認爲這些解釋“於經學大有發明”，代表著中國元典最初的解讀和闡釋。尤其像叔向説《昊天有成命》，已經成爲中國訓詁學的最早最好的例證。明人尚空疏之學，吕邦燿能注意及此，確乎目光獨具。

揭明行文風格，如吕邦燿評“古者大史順時覛土”以下一段云：“議論、敘事之體，文似《周禮》。”對於這段記載的評論，明人意見頗有一致之處，蓋謂此處爲籍田禮之忠實記録，故以《周禮》目之。又如吕邦燿評單子論陳君臣一段云：“議論、敘事之文，逐段一體，逐句一法，崚嶒錯落，精切緊嚴。西漢文字多倣之。賈生《治安策》□其格，而氣色蒼古不及。”這裏指出史傳散文的總體特點，即議論、敘事夾雜，故此類文體需要逐段看，逐句看，因爲行文風格、體式隨著表述需要不斷變換。吕邦燿進而指出西漢文章風格多模仿《國語》此類，最後舉出具體例證，以賈誼《治安策》爲例與《國語》進行風格對比，認爲《治安策》形式相近而“氣色蒼古不及”。又吕邦燿揭示召桓公轉述郤至話語云：“通篇代人説話，文法若郤至在面前，辭令神品。”對《國語》人物描寫以及語言描寫之出神入化給予揭示。

對柳宗元的意見提出批評。如吕邦燿云：“征則有威，守則有財，何福如之？如此求福，亦先王之所不廢也。子厚羞之，過矣。”這是針對“宣王不籍千畝”中“征則有威，守則有財”而發，柳宗元《非國語》云：“今爲書者曰：‘將何以求福用人？’夫福之求，不若行吾言之大德也；人之用，不若行吾言之和樂以死也。敗於戎，而引是以合焉，夫何怪而不屬也？又曰‘戰於千畝’者，吾益羞之。”吕邦燿對柳説提出批評。吕邦燿評點言及柳宗元之説十二處，其中十處持批評意見，二處則持贊成意見。

《國語髓析》在韋注和三君之間決定去取。如公甯云：“唐固謂伯陽父即柱下史老子，未必然。韋註周大夫，焉是。”此條是對“伯陽父論地震"篇"伯陽父曰"韋昭注"伯陽父,周大夫"的肯定。唐固注見於《史記·周本紀》集解所引。可見,公鼐在評點《國語》之時,還參照過《史記》,至少對《史記》三家注熟悉,故而引以作比對。另如呂邦燿云:"賈謂:王者葬禮闕地通路曰隧。昭謂:天子有六隧,掌責賦,諸侯則無。據下文隧義,韋說爲是。"

揭明《國語》用句簡明有力。如呂邦燿云:"呂、郤將不免,只二語收住,且意味詳盡。"蓋謂"十六年而晉人殺懷公,無胄,秦人殺子金、子公"一句精要而信息豐富。

以《内傳》與《外傳》相互證發,如呂邦燿云:"《内傳》劉子曰:'民受天地之中以生,所謂命也。是以有動作、禮義、威儀之則以定命也。'中即是忠,分即是則。且此篇文義亦全與《内傳》相合。一取焉,一貶焉,均得定命之法。"劉子之言出《左傳·成公十三年》。呂邦燿評點針對"晉文公必霸"篇中的"忠所以分也",引述《左傳》相互證發,最終認定《國語》《左傳》的原則是一致的。又如呂邦燿評單襄公論晉君臣云:"議論章句,與《内傳》叔向論單子意同。"呂邦燿評太子晉諫壅川云:"二段文氣,與《内傳》晏子論誅祝史二段相類,亦與神降于莘篇同。"又呂邦燿評"王將鑄無射問律於伶州鳩"云:"此篇當與《内傳》剟子答昭子鳥名官之篇參看,練格布勢,總出一法。而《内傳》短不厭簡,《外傳》長不厭煩,各極其妙。"又謂:"《内傳》曰:'楚公子美矣,君哉?曰:二執戈者前矣。曰:蒲宮有前,不亦可乎?'較此簡勁。"

對前人評點進行點評。如呂邦燿論"襄王拒晉文請隧"云:"王氏《紀聞》以真文忠《文章正宗》取此篇爲首,有感於寶慶之臣。不知文忠有此意否?然議論却嚴正。"真德秀《文章正宗》卷一"辭命"首篇即選入《國語》"襄王拒晉文請隧",立篇題爲"周襄王不許晉文公請隧",篇尾評云:"此篇要領在'班先王之大物以賞私德'一語。後云'余敢以私勞變前之大章',蓋覆說此意也。晉文之定襄王,自以爲不世之大功。其請隧也,蓋寖寖乎窺大物之漸。襄王目之曰私德、曰私勞,所以折其驕矜不遜之意。玩其辭氣,若優游而實峻烈,真可爲告諭諸侯之法。"王應麟推測真德秀之所以把本篇置於《文章正宗》卷首,可能有感于宋代寶慶諸臣。吕邦燿從更理性的角度指出,是否真德秀有此深意,難以斷定。但指出真德秀的議論"嚴正"。

對篇章中的判定規則以及標準進行評點,如吕邦燿謂:"視遠、步高,語犯、逗、伐,不過動乎四體至誠,且以此知禍福焉。即鬼躁、鬼幽、管輅,亦於行動之間占何、鄧之不終也。但報應渺茫,機緘微妙,謂人未必一一如此而應也則可,若以單子之語,謫其爲迂之大者,則謬矣。"

揭示二字古通。如"室如縣罄"吕邦燿云:"罄,《内傳》作'磬',二字古通用。'如'字,杜作'而'解,韋作'似'解,韋説爲是。"並且較早對杜注、韋注進行了比較研究。

揭示事物之異名。如公鼐云:"雜縣,爰居之異名。漢元帝時,瑯琊有大鳥如馬駒,時人謂之爰居。"

揭示《國語》文章風格之影響。如上謂賈誼《治安策》與《國語》似,又謂魯仲連不肯帝秦文末段倣此。

揭示出《國語》各卷或篇章間風格之不同。如公鼐云:"《齊語》不及他事,惟桓公任管子一節,或後人錯綜《管子》之事而成,非《國語》原書。大率《國語》惟《齊語》及《吳》《越》與他篇多不類。識者自能辨之。"認爲《齊語》《吳語》《越語》敘事議論風格和他篇不同。又云:"敘管子治國,與他篇不同,絶似秦人或漢初語。"進一步指出《齊語》文字有後人攙入的可能性。公鼐又評"即位數年,東南多有淫亂者"一段云:"敘事雄勁,不類《國語》文字。"揭示其語言風格與《國語》整體語言風格的差距。

揭示《國語》篇章事件,對後來思想流派的影響。如吕邦燿評"爲游士八十人"云:"此皆用間之術也。我國縱橫捭闔之端寔肇於此。"齊桓公派游士八十人遊説天下,吕邦燿認爲彼等所施,無非離間、反間方式,進而指出,後世縱橫、捭闔之術實發端於此。

可見,公鼐、吕邦燿欄外評點總體數量不多,但内容極其豐富,涉及文字辨析、辨明語義、探討韋注、揭明異稱、參佐《内傳》、評述柳子、評點句法、揭示風格、闡述影響等諸多方面。

其文內評點，不署名字，以夾批形式出現。大多文字簡短。如"祭公謀父諫征犬戎"篇中，"耀德不觀兵"夾批云："捻意。""載戢干戈，載櫜弓矢"夾批："入《詩》辭，緩文之法。""有不祭則修意"夾批："轉。""序成而有不至則修刑"夾批："一段終引長句法。""於是乎有刑不祭"夾批："轉。""於是乎有刑罰之辟"夾批："轉。""今自大畢伯仕"夾批："轉。""吾聞夫犬戎樹惇"夾批："轉。""其何以禦我矣"夾批："句。""得四白狼四白鹿以歸"夾批："收。""自是荒服者不至"夾批："斷。"

"捻意""轉""句""收""斷"，是《國語髓析》篇內評點的慣用術語。"捻意"指的是本篇的主題所在，"轉"指的是語義表述出現變化，"句"指的是諫辭的最後結束語，"收"指的是不納諫言而行動之後的結果，"斷"則是對諫辭的事實性驗證。當然不是每篇都有"句""收""斷"，"捻意"則各篇大體皆具。《周語上》其他各篇類似者，如"恭王游於涇上"篇"必致之於王"爲"捻意"，"康王弗獻"爲"收"，"一年，王滅密"爲"斷"；"召公諫厲王弭謗"篇，"是鄣之也"爲"捻意"，"國人莫敢出言"爲"收"；"芮良夫論榮夷公"篇，"好專利而不知大難"爲"捻意"，"天地百物皆將取焉"爲"申意"；"宣王不藉千畝"篇，"民之大事在農"是"捻意"；"仲山甫諫立戲"篇，"不順必犯"是"捻"；"宣王料民大原"篇，"古者不料民而知其少多"是"捻"，"於是乎又審之以事"爲"轉"，"治民惡事"爲"變文法"，"且無故而料民"爲"轉"；"伯陽父論地震"篇，"周將亡矣"爲"捻"；"賜晉惠公命"篇，"夏書有之曰"夾批"引證總題"，"先王知大事必以衆濟也"夾批"挽回貫穿文法"，"於是乎有朝日"夾批"轉"，"夕月以教民事君，諸侯春秋"夾批"長議論句法。韓退之文多倣此"，"猶曰未也"夾批"句法婉"，"任重享大者"夾批"事理人情"；"賜晉文公命"篇，"晉不可不善"夾批"捻"，"且禮所以觀"夾批"轉"，"樹於有禮"夾批"又申"。可見，《國語髓析》文中夾批注重篇章主題揭示，並且注重篇章圍繞主題所展開的表述，是蕩開一筆，還是繼續申述，一一爲讀者標出，此外，也揭示《國語》文風影響。

由於《國語髓析》注重虛詞和提句之詞的功能，故往往於篇章中重要虛詞處或提句之詞處加以虛框"□"，特爲標出。以"祭公謀父諫征犬戎"篇爲例，"夫兵戢"之"夫"、"是故周文公"之"故"、"先王之於民也"之"先"、"故能保世"之"故"、"昔我先世"之"昔"、"及夏之衰也"之"及"、"我先王不窋用失"之"我"、"至於武王"之"至於"、"是先王非務武也"之"是先王"、"夫先王之制"之"夫"、"有不……則修……"之"有"與"則"、"於是乎有"之"於是乎"、"而又不至"之"又"、"則又增修"之"則又"、"是以近無"之"是以"、"今自大畢伯仕"之"今"、"自是荒服者不至"之"自是"，皆以虛框標出。這些詞普遍具有提起下文、語氣轉換的作用。

整體而言，公鼐、吕邦燿的《國語髓析》在明清《國語》評點中是獨樹一幟的，其切入細密、評點深入、引證多方，不僅僅注重篇章結構以及文章技法，還注重虛詞功能，句式之間的起承轉合，而且還注重語義探討、思想探討。在崇尚空疏之學的明代，可謂獨樹一幟。其學術價值自不待言。對於《國語》的理解與深入研究不無裨益。

（十四）陳深《國語》評點

陳深，字子淵，號潛齋，浙江吳興人。嘉靖二十八年（1549）舉人，曾任雷州府推官。著有《十三經解詁》《周易然疑》《春秋然疑》《周禮訓雋》《諸史品節》《諸子品節》。

《諸史品節》，《四庫總目》著錄爲三十九卷，《四庫總目提要》謂："是書所采，自《國語》以及《後漢書》，皆隨意雜鈔，漫無體例。"今檢三十九卷本《諸史品節》前四卷録入《國語》，標目爲"晚周文"。其書依次爲陳深《諸史品節序》、目録、凡例、正文。《四庫存目叢書·史部》收入湖北省圖書館藏萬曆二十一年（1593）刻四十一卷本，該本前無陳深序，凡例有缺頁。檢目録，三十九卷本第三十卷後有"又第三十卷"，實際上是四十卷本。四十一卷本直接改"又第三十卷"爲"第三十一卷"，以下依次遞增，至四十卷止，實際上也是四十卷。故《存目叢書》所收四十一卷本，實當爲四十卷本。《四庫存目叢書》本除了缺少陳深序外，其他和三十九卷本相同。半頁九行，行二十字，四周雙邊，單魚尾，分兩欄，上欄評點，下欄録正文。正文有圈點，以橫綫標出段落。

檢其序文云："不佞少覽《四庫書目》，甚深艷慕。謂晉無郝參軍、王仲任其人，得毋窺豹乎？迺彙子史裒卷八十，而臝儓署'品節'，蓋單萍漫之金於支離，益其技尚未有盡也。曩歲鐫《諸子》，擬稍間合《諸史》爲一，而會遠近鉅公日捐貲剥啄，毋敢秘，遂出《諸子》樹前茅。而迄今癸巳夏，始得卒《諸史》，一竟桑榆之癖……不佞竊按，昔之史家有二，編年最左氏，而紀傳最司馬。左氏以經亞旅素王，已若揭二曜而天行，何敢卑之入史？而至若《外傳》，輯諸國之語，附之獲麟。短長掮奇譎之譚，齊於《國策》。"① 又其凡例云："史莫盛於《國語》《戰國策》、司馬遷，其聖于文者乎？敘事則化工之肖物也。班氏賢於文者乎？人巧極，天工錯矣。"又云："晚周以來，有《國語》《國策》二書，世稱壯麗。幼嘗耽嗜隨行，餐以飴口，倦以爲枕，瞥目疏記，彙而成帙，近取閱之歡，情溢得意處不覺撫掌盧胡。復精加遴擇，録爲兹集壓卷。豈徒六藝之菖蒲，百家之臒臒，抑亦學海之蛟龍，文河之星斗也。譬如日月，終古常見而光景常新，其二書之謂歟？"② 尤其強調《國語》的史學功能以及敘事文法。

檢《國語》部分，僅標"×語"，無篇名。正文内偶有注釋，皆撮録張一鯤本《國語》者，又有夾批。篇末用橫綫截住，《周語》篇與篇之間用豎綫上半截加粗以示區別，又篇章中有粗綫標識重點語句。所選録《國語》篇目，《周語》有"祭公謀父諫征犬戎""宣王不籍千畝""伯陽父論地震""襄王拒晉文請隧""倉葛不服晉""周定王論殽烝""單襄公論陳君臣""單襄公論晉君臣""太子晉諫壅川""單穆公諫鑄

① （明）陳深輯：《諸史品節》，美國國會圖書館藏本。
② （明）陳深輯：《諸史品節》，濟南：齊魯書社 1997 年輯印《四庫全書存目叢書·史部》第132 册，第 1、2 頁。

大錢”“單穆公諫鑄無射而爲之大林”“伶州鳩論律”“劉文公與萇弘欲城成周”“縠雒鬬”（自“太子晉諫壅川”中析出），《鄭語》全録不分篇，《魯語》有“曹劌諫如其觀社”“臧文仲求羅於齊”“展禽論祀爰居”“文公欲弛孟文子、郈敬子之宅”“里革更書”“里革斷罟”“季文子相宣成”“叔孫穆子拜饗”“季武子爲三軍”“襄公如楚”“虢之會諸侯之大夫尋盟未還”“平丘之會”“露睹父爲客”“敬姜論勞逸”，《晉語》有“史蘇占卜勝而不吉”“烝于武公”“優施獻謀”“士蒍言於諸侯大夫”“優施教驪姬夜半泣公”“驪姬謂公”“優施飲里克”“重耳出亡及柏谷”“虢公夢在廟”“宮之奇諫而不聽”“葵丘之會”“獻公卒里克將殺奚齊”“里克及丕鄭使屠岸夷告公子重耳於翟”“呂甥出告大夫曰”“公子縶弔公子重耳于翟”“丕鄭之子曰豹”“穆公衡雕戈出見使者”“公子行過五鹿”“康叔文之昭也”“過曹曹共公亦不禮”“秦伯歸女五人”“董因迎公於河”“公屬百官賦職任功”“文公誅觀狀以伐鄭”“文公學讀書於臼季”“文公問於郭偃”“文公問於胥臣”“陽處父如衛”“宋人殺昭公”“范文子莫退於朝”“靡笄之役也，郤獻子伐齊”“伯宗朝以喜歸”“趙文子冠”“鄢陵之役晉伐鄭荊救之”“君知士貞子之帥志博聞而宣惠於教也”“平公六年謂陽畢曰穆侯以至於今”“范宣子與龢大夫爭田”“訾祏死范宣子謂獻子曰”“叔向見司馬侯之子”“諸侯之大夫盟于宋”“宋之盟楚人固請先歃”“平公有疾秦景公使醫龢視之”“叔向見韓宣子憂貧”“董叔將取於范氏”“下邑之役董安于多”“虢之會魯人食言”“趙文子爲室”“秦后子來仕”“中行伯既克鼓”“趙簡子使尹鐸爲晉陽”“趙簡子問於壯馳兹”“知宣子將以瑤爲後”“晉陽之圍”，《楚語》有“莊王使士亹傅太子箴”“鬬且廷見令尹子常”“王孫圉聘於晉”“子西使人召王孫勝”“子期祀平王”，《吳語》有“吳王夫差起師伐越，越王句踐起師逆之江”“吳王夫差乃告諸大夫曰孤將有大志於齊”“吳王夫差既許越成乃大戒師徒”“吳王還自伐齊乃訊申胥”“吳王夫差既殺申胥不稔於歲”“吳王昏乃戒令秣馬食士”“吳王夫差既退于黃池”“吳王夫差還自黃池”“楚申包胥使於越越王句踐問焉”“王乃入命夫人”“王乃命有司大狗”，《越語》有“越王句踐棲於會稽之上”“越王句踐即位三年”“王召范蠡而問焉”“又一年王召范蠡而問焉”“又一年王召范蠡而問焉”“又一年王召范蠡而問焉”。凡例已經表述，篇不必全引，故其每篇所引也並不完整。

檢上欄評點，有對篇章記事以及功能的揭示，如其評《周語》首章云：“此記春秋以前事，托始於穆王，以續《呂刑》云耳。”蓋謂《國語》上續《尚書·呂刑》。陳桐生在其論述中亦言及《國語》與《呂刑》的前後承序關係，參見本書第九章“近七十年來《國語》研究”部分。

有的上欄評點引述他人而不注出，如《周語》首章第二條“《周語》辭勝事，《晉語》事勝辭”，此實陶望齡之說，陳深引之，但却未能注出。又本篇第三條評點“穆王以犬戎近鎬，必爲子孫憂，故欲征之。然卒弒幽王者犬戎。彼祭公謀父者，遺其憂者也”，亦陶望齡之說。

對《國語》是否爲《春秋外傳》提出質疑，如“宣王不籍千畝”上評云：“穆王、宣王、幽王皆春秋以前事，不傳《春秋》可知。”《國語》所載史事時間上限遠早於《春秋》《左傳》，這也是歷代學者認爲《國語》不傳《春秋》的一個重要因素。

對《左傳》《國語》二書進行對比，如“襄王拒晉文請隧”評云：“請隧事，《傳》略而此詳。所謂事同而辭異也。”又“倉葛不服晉”評：“陽樊事，亦《傳》略而《語》詳。兩人下筆稍異。”是以《國語》《左傳》二書載同一事件詳略有別，而以二書作者爲二人。如評“莒太子僕殺紀公”云：“此與《左傳》稍異，一事而異其文。”又根據《左傳》《國語》二書記事不同，而懷疑其作者，云：“莒僕事，《左傳》特詳，與此不同。則此書非左氏作明矣。”又評“宣公夏濫於泗淵”云：“此事《左傳》不載。”又評“季文子相宣成”云：“此與《左傳》事同詞異。”又如評“叔孫穆子聘於晉”篇云：“此與左氏事義俱通，奈何重出？其非一手無疑。”進一步從二書記事的角度探討二書作者問題。又評“虢之會，諸侯之大夫尋盟未還”云：“事義與《左傳》皆同，若曰左筆，則焉用重出也。”又評“陽處父如衛反過甯”云：“此與《左傳》事同，而詞更倍之。”又評“宋人殺昭公”云：“《左傳》無。”“麇笄之役，郤獻子伐齊”云：“《左傳》無。”

對篇章內容進行簡評，如"隨會聘於周"評云："鉅品。"又如評"單穆公諫鑄大錢"篇"耳之察龢也，在清濁之間，其察清濁也，不過一人是所勝"云："精矣精矣。"又如評"襄公如楚及漢欲還"篇云："妙品。"又謂《魯語》榮成伯之言"君之於臣，其威大矣"云："妙品。"又評"虢之會，諸侯之大夫尋盟未還"云："妙品。"

對行文風格進行評點，如評周定王爲隨會講殽烝云："破殽烝之疑，數言可盡焉。用是滔滔浮濫，去《左氏》遠矣。"認爲《國語》本篇語言過於拖沓，不如《左傳》。又評"單襄公論陳君臣"云："辯論博洽，終歸浮濫。"又評"柯陵之會"云："美秀而文，終歸浮濫。"

對句式的技法影響進行評點，如評"太子晉諫雍川"之"度之天神，則非祥也；比之地物，則非義也；類之民則，則非仁也；方之時動，則非順也；咨之前訓，則非正也；觀之《詩》《書》與民之憲言，皆亡王之爲也"云："六朝皆用此章法。"

揭示語句的實用功能，如其評"單穆公諫鑄大錢"之"小大利之"一段云："經世濟物之語，至今是賴。《左氏》無。"對《國語》的經濟思想功能進行了初步揭示。

對《國語》篇章對所引典籍文句的解釋進行價值判斷，如評"單穆公諫鑄大錢"篇"《詩》亦有之曰：瞻彼旱麓，榛楛濟濟，愷悌君子，干祿愷悌。夫旱麓之榛楛殖，故君子得以易樂干祿焉。若夫山林匱竭，林鹿散亡，藪澤肆既，民力彫盡，田疇荒蕪，資用乏匱，君子將險哀之不暇，而何易樂之有焉"云："解《詩》好。"

對《國語》篇章的學術史價值進行揭示。如評"單穆公諫鑄無射而爲之大林"篇云："古樂不傳，《樂記》亦不備。《周語》數篇可以參考。"此實襲陶望齡之説而不出注。又評"王將鑄無射問律於伶州鳩"云："此可與《樂記》並傳，非深於道而能文，何以及此？"對其學術價值進行了揭示。

對其紀時造成的影響進行揭示。如其評"昔武王伐殷，歲在鶉火，月在天駟，日在析木之津，辰在斗柄，星在天黿"云："此篇分夏周紀年不同，愈滋後世之疑。"對篇章中提及的典章制度等進行評點，如其評管仲云："管仲變周制，使兵農異處。制國爲二十一鄉，國中之上皆爲兵；制鄙爲五屬，立五大夫，鄙野之民皆爲農。農不知兵，兵不知農。農以食兵，兵以衛農，兵、農各異其事，至今千餘年不變也。"

評天文樂律與人事關聯，如評"及析木者，有建星及牽牛焉，則我皇妣大姜之姪、伯陵之後，逄公之所馮神也"云："此後皆徵言記事這個，必有所受也。"又評"王以黃鍾之下宫，布戎于牧之野"云："微之又微。"

其評點多數較短，也有長篇引述前人論述者，如其評"劉文公與萇弘欲城成周"篇全録吕温《古東周城銘並序》，今檢柳宗元《非國語·問戰》後附《古東周城銘序》云："魯昭公三十二年，周萇弘合諸侯之大夫城成周。晉女叔寬曰：'天之所壞，不可支也。萇弘違天，必受其咎。'異歲，周人殺萇弘。左氏明徵，以爲世規。俾持顛之臣，沮其勝氣；非所以勵尊王、垂大訓也。"[1] 當然，也有學者認爲，柳宗元緬懷萇弘，實際上在緬懷"永貞革新"。

揭出《左傳》記事缺憾，如評《鄭語》云："《傳》載鄭事甚多，獨不及遷都事。"如評《魯語》"曹劌諫莊公如齊觀社"云："凡魯事，《左傳》俱不載。"又評"敬姜論勞逸"云："敬姜事，《左傳》不載，蓋二書見聞有詳略也。"又評《齊語》云："桓公事，《左傳》大略而此獨詳。詳且雋。兩家所聞不同，而記有詳略也。"

對篇章中具體所指進行揭示，如評《鄭語》"當成周者，南有荊蠻、申、吕、應、鄧、陳、蔡、隨、唐；北有衛、燕、狄、鮮虞、潞、洛、泉、徐、蒲；西有虞、虢、晉、隗、霍、楊、魏、芮；東有齊、魯、曹、宋、滕、薛、鄒、莒；是非王之支子母弟甥舅也，則皆蠻、荊、戎、狄之人也。非親則頑，不可入也。其濟、洛、河、潁之間乎！是其子男之國，虢、鄶爲大，虢叔恃勢，鄶仲恃險，是皆有驕侈怠慢之心，而加之以貪冒"云："此鄭，乃西都之鄭，未及東方河、洛、溱、洧也。"

---

① 湖南省法家著作注釋研究班柳宗元《非國語》評注組編：《柳宗元〈非國語〉評注》，長沙：湖南人民出版社 1976 年版，第 80 頁。

對篇章中思想進行揭示，如評《鄭語》"夫和實生物，同則不繼，以它平它謂之和，故能豐長而物生之，若以同裨同，盡乃棄矣"云："論及和同。"

對於不同篇目展現同一人物的不同風貌進行揭示，如評"臧文仲如齊請糴"云："此記臧文仲之忠。"評"展禽論祀爰居"云："此記臧文仲之不智。"

注意揭示對話對象不同而有不同語氣，如其評魯孟文子對文公之言云："對君之辭，和而靜。"

對導致事件結果的原因進行揭示，如總評孟文子、邱敬子之宅得存云："二臣皆以辭命之善，故得免弛。"如評晉三大夫謀立儲云："丕鄭意在夷吾，不忠。里克意在重耳，正也。故夷吾入而殺之，然曰中立，則有取死之道。"如評立夷吾之事云："吕甥請于秦，欲立夷吾。夷吾在梁，梁近秦故也。"

注重揭示段落的功能，如評"宣公夏濫於泗淵"篇中"水虞於是乎講"幾句云："森然三段提起。"

對篇章語句進行補充說明或者進行進一步提示，如其評《魯語》"襄公如楚欲還"篇"予爲先君來，死而去之，其誰曰不如先君"云："言後臣後王不肯自謂不如先君，而致諸侯之貳也。"又評"將謂喪擧，聞喪而還，其誰曰非侮也"云："言楚人必以魯爲侮己，不欲常己之身而有二心之諸侯也。"又其評"魯既不違夙之取下也，必用命焉，守必固矣"云："利害在目前而析之如指掌，可不危懼，足稱纖乎？"如評"平丘之會"篇"欒氏之亂，齊人閒晉之禍，伐取朝歌，我先君襄公不敢寧處"云："追敘舊誼，聳悟晉人。"又評"露睹父爲客"云："此必睹父爲上客而公父文伯主人也。"如評《齊語》"管子於是制國以爲二十一鄉"云："制兵，國中之士皆爲兵。"評《齊語》"一朝之便，皆有終歲之計，莫敢以終歲之議，皆有終身之功"云："制農，伍鄙之民皆爲農。"評《晉語一》"伯氏不出，奚齊在廟，子盍圖乎"云："欲立奚齊以試諸事，以觀人心。"又評《晉語一》"不忍人，必自忍也。且吾聞之，甚精必愚，精微易辱，愚不知避難"云："申生竟爲其所料。"又評

《晉語一》"貳若體焉，上下左右以相心目，用而不倦，身之利也。上貳代舉，下貳代履，周旋變動，以役心目，故能治事以制百物"云："軍中隱患微情。"又評《晉語二》"今夫以君爲紂。若紂有良子而先喪，紂無章其惡而厚其敗，鈞之死也，無必假手於武王而其世不廢祀"云："謂紂有良子，殺父而自立，則不必假手於武王，而國神無恙。後世但知子之賢聖，而不知紂之惡也。驪姬言申生欲殺獻公，其意如此也。"又評《晉語二》"若勝翟，則善用衆矣，求必益廣，乃可厚圖也"云："言勝翟則申生貳名大而敵國屬心。"又評狐偃、冀芮各自爲重耳、夷吾確定出亡地點云："狐、冀各爲其主謀，並中機絡，深切事情。"又評"有神人面白毛虎爪，執鉞立於西阿"云："西方主兵，謂將有晉兵也。"又評伐虢滅虞篇云："寇知其釁而歸圖焉，知虞之不自護其唇齒，則無虞之心易爲圖也。"

對篇章語段的創作者或來源進行揭示。如評《齊語》"諸侯甲不解纍，兵不解翳，弢無弓，服無矢，隱武事，行文道，帥諸侯而朝天子，諸侯稱順焉"云："揄揚功德，如泉源混混，明珠纍纍。此必管、鮑、賓、隰之所自爲，不似史官所記。"通過其行文特點對其記録或創作進行了初步判定。

對人物對話情態進行揭示，如評《晉語一》"飲而無肴，夫驪戎之役，女曰勝而不吉，故賞女以爵，罰女以無肴，克國得妃，其有吉孰大焉"云："浮主自喜之狀。"

對語言效果進行揭示，如評《晉語一》"優施教驪姬夜半而泣謂公曰"云："巧言如簧，枕邊刺耳。"如評《晉語二》"君盍老而授之政。彼得政而行其欲，得其所索，乃釋君。且君其聞之，自桓叔以來，孰能愛親，唯無親，故能兼翼"云："此處頓挫妙不可言，非名筆，焉能克俏。"如其評優施飲里克酒一段云："摹寫妙極。"

對人物語言前後矛盾之處進行揭示，如其評"葵丘之會"宰周公對獻公之言云："以宰孔之言，則齊桓信俠義之主，而晉宜從矣。何又勢利教之無往？"

對篇章中人物智謀進行評價。如其謂"里克及丕鄭使屠岸夷告公子重耳於翟"云："重耳宜入，而舅犯沮之，非也。柳子厚曰：'國虛而不知入，以縱夷吾之昏殆，而社稷幾喪。徒爲多言，無足采者。且重耳兄也，夷吾弟也，重耳賢也，夷吾昧也。弟而昧入，猶可終也，兄而賢者，又何栗焉？使晉國不順而多數，百姓之不蒙福，兄弟爲豺狼以相避於天下，由偃之策失也，而重耳乃始悵悵然焉游諸侯，陰蓄重利，以幸其弟死，獨何心歟？'"

對地名等進行標注。如其評"過五鹿"云："五鹿，衛地。"

從其上欄點評看，《諸史品節》評點《國語》涉及行文語言、段落、技巧、人物、事件成因、結局、思想意義、注重《左》《國》對比等等。其篇中夾批數量較少，有音注、有評點、有釋義等。評點中引述柳宗元《非國語》，對其他各家《國語》評點也有引述，但標注出者少，多數屬於襲用。總體而言，《諸史品節》對於深入理解《國語》文本、研討人物、領會其價值是具有積極意義的。

（十五）閔齊伋《國語》輯評

近人閔爾昌（1872—1948）編《碑傳集補·逸民二》有《閔齊伋傳（《湖州府志》）》，云："閔齊伋，字及武，號寓五，烏程人，明諸生。不求進取，耽著述。批校《國語》《國策》《檀弓》《孟子》等書，匯刻十種，士人能饎一字之訛者即贈書全帙，展轉傳校，悉成善本。著有《六書通》，盛行於世。"[1] 略述閔氏一生大要。趙紅娟據資料，謂閔齊伋是湖州烏程閔氏家族首位進士閔珪（1430—1511）的五世孫，又是閔一範的第五個兒子，故閔齊伋自號"遇五"（或"寓五"），字及武。[2] 烏程閔氏刊刻圖書的最大特徵是套印。葉德輝（1864—1927）《書林清話》卷八《顏色套印書始於明季盛於清道咸以後》云："朱墨套印，明啟、

---

① 閔爾昌錄，本社編輯部編：《碑傳集補》卷三十六，臺北：文海出版社有限公司1980年版，本卷第1頁。

② 趙紅娟：《著名刻書家閔齊伋的家世與生平活動考》，《杭州學刊》2017年第2期。

禎間有閔齊伋、閔昭明、淩汝亨、淩濛初、淩瀛初,皆一家父子兄弟,
刻書最多者也⋯⋯五色套印,明人無之⋯⋯斑斕彩色,娛目怡情,能使
讀者精神爲之一振。然刻一書而用數書之費,非有巨貲大力,不克成
功。"① 揭明烏程閔氏以及閔齊伋在套版印刷方面的基本情況以及套版印
刷的特徵。陶湘(1871—1940)所編《明吳興閔板書目》對閔氏套版印
刷也進行了揭示。閔齊伋一生刊刻圖書之詳情,趙紅娟《閔齊伋的編刊
活動、刊刻特點與影響及其刊本流布》一文所言較詳②,謂閔齊伋編撰
活動可細分爲撰、編撰、編輯、輯評、裁注、批校六類。關於閔齊伋一
生刻書的數量,該文認爲:"作爲明代著名的刻書家,閔齊伋究竟刻了
多少書,很難精確統計。杜信孚《明代版刻綜錄》列有 37 種,謬誤之
多,令人驚詫。"

"裁注"這一術語來自閔氏刻本自署,如閔氏所刻《國語》《國策》
每卷最後一行皆署"皇明萬曆己未仲秋烏程閔齊伋遇五父裁注"字樣,
故後來的目錄著作也多著錄爲"裁注",也有的著錄爲"裁注集評",如
潘承弼、顧廷龍《明代版本圖錄》、陶湘《明吳興閔板書目》以及哈佛
大學燕京圖書館藏本等即著錄爲"裁注集評"。還有的把閔刻本《國語》
書名直接著錄爲《國語裁注》,如杜信孚《明代版刻綜錄》、瞿冕良《中
國古籍版刻辭典》等。關於"裁注"的具體名義及其特點,趙紅娟《閔
齊伋的編刊活動、刊刻特點與影響及其刊本流布》一文進行了比較詳盡
的説明與界定,謂:

　　　所謂裁注,就是對所輯評語去粗存精,所裁注之家一般是該書
　　重要評家。先輯後裁,輯是裁的基礎,裁是輯的更進一步,是輯者
　　擇取意識的體現,兩者密不可分。如閔齊伋萬曆四十七年刊三色本
　　《國語》九卷就兼有輯評和裁注雙重性質。跋曰:"注《國語》者,

---

① 葉德輝撰,紫石點校:《書林清話》,北京:北京燕山出版社 1999 年版,第 213—214 頁。
關於套版印刷的起源,曹之《中國古代印刷術的起源》有探討,可參。
② 趙紅娟:《閔齊伋的編刊活動、刊刻特點與影響及其刊本流布》,《文獻》2014 年第 2 期。

漢有鄭衆、賈逵，魏有王肅，吳有虞翻、唐固、韋昭，晉有孔晁。
歷世久，多所散佚。其以全書傳者，獨韋氏解耳。弘嗣因鄭、賈之
精確，采虞、唐之博贍，輯而成書。患不在寡，若之汰之，或者有
所未盡與。夫晐精愒以了義，當不厭詳；期指點而會心，宜擧其要。
竊不自量，輒爲裁注如右。"韋昭注《國語》原有二十一卷，閔齊伋
僅把它刪減爲九卷，故跋曰"裁注"。正文每卷卷尾題有"皇明萬
曆己未仲秋烏程閔齊伋遇五父裁注"字樣。眉端有三色批語，其中
側重於評文的朱色批語和側重於評史的藍色批語就是閔齊伋裁注部
分，而其墨色眉批則爲閔齊伋所輯柳宗元、真德秀、穆文熙、孫應
鼇、汪道昆、屠隆等各家評語。總之，裁注離不開輯評，閔齊伋所
刊這類裁注之書，不僅輯評重要評家評語，加以裁注，而且還輯錄
其他諸家之評。

　　這個界定和閔氏"裁注"事實還是有一定距離的。韋昭注本《國
語》二十一卷，閔齊伋合併爲九卷，檢核閔氏《國語》與二十一卷本
《國語》內容並無區別，故非"刪減"。據筆者對閔刻《國語》檢視，所
謂"裁注"，實際上是對韋昭注文和所附《補音》注文的裁剪刪削。今
以《周語上》首章"穆王將征犬戎"爲例，各種韋昭注本《國語》皆施
注 65 處，閔齊伋裁剪爲 30 條，且有兩條屬於韋昭注本《國語》一處施
注之下者。如"先王耀德不觀兵"韋昭注："耀，明也。觀，示也。明
德，尚道化也。不示兵者，有大罪惡，然後致誅，不以小小（事）示威
武也。"而裁注則爲："耀，明也。觀，示也。"可見閔齊伋所謂裁注不
僅裁剪了條目數，還裁剪了具體注文的字數。還是以"穆王將征犬戎"
爲例，黃刊明道本韋昭注文一共 1387 字，公序本注文上下相差不會超過
二十個字。而閔齊伋裁注本《國語》本篇注文一共 234 字。另外，由於
張一鯤本開始把《補音》散入《國語》正文之下，閔齊伋本則把這部分
文字進行裁剪去取，置於上欄之外，一些音切則直接置於正文中相關文
字之旁，以"夾批"形式出現。是所謂"裁注"包括兩個方面：其一，
裁剪韋昭注文條目數量以及具體注文字數；其二，剪裁"補音"條目及

具體條目字數，移出正文置於欄外或作爲夾批處理。關於約簡韋昭注文這一點，王重民已經揭出，他在《中國善本書提要》"史部·雜史類·國語九卷"下云："裁注者，謂約簡韋昭《注解》而成。"[①] 至於引述前人評語，固當爲"輯評"，即輯録各家評語，置於《國語》相應位置。檢閔氏裁注《國語》三色套印本引述評語標注出處者有：柳宗元（引19條）、穆文熙（引11條）、孫應鼇（引4條）、汪道昆（引2條）、唐順之（引2條）、屠隆、真德秀、陸弘祚、王慎中、王世貞、茅坤等十一家，此外尚有不標出處之評語多處。這一部分只能是"輯評"，恐怕不能涵蓋在"裁注"中，故陶湘《明吳興閔板書目》、潘承弼與顧廷龍編著的《明代版本圖録初編》等著録閔氏裁注《國語》爲"閔齊伋裁注集評"，至當。

閔齊伋裁注《國語》，各家著録頗多。從其刊刻形式上而言，有單色墨印、朱墨雙色套印、朱墨藍三色套印等。單色墨印本的特徵是欄外評語少。正文中小字夾批往往：1. 注明反切，注反切時多數只注反切上下字，少數也出現"切"字。2. 注明本字或語義相近之字。欄外評語共撮録柳宗元、穆文熙、孫應鼇、汪道昆、唐順之、屠隆、真德秀、陸弘祚、王慎中、王世貞、茅坤等十一家四十四條，此外尚有不標出處之評語多處，總體數量很少。姚伯嶽謂閔刻本套印本外部特徵："評者只一人的，朱黛分之，評注有多人者，以顏色區分評家；彙集各評家之本，以主要評家爲一色，其他各評家爲一色。當然，也有個別套印本評家衆多，不明其分色的意義。"[②] 這一說法和《國語》的實際情形不同。閔本《國語》所收十一家評點皆用黑色印製，即便在套印本中，所收十一家評點也是墨色而非雜以他色。朱墨雙色套印本主要增加了朱色圈點和批校。文內夾批楷體，偶爾行書，欄外評語行書體。朱色夾批往往：1. 說明《國語》用語的功能；2. 揭示《國語》用詞的承接與照應。欄外評

① 王重民：《中國善本書提要》，上海：上海古籍出版社1983年版，第114頁。

② 姚伯嶽：《閔齊伋與明代末年的套版印刷》，見王紹仁主編《江南藏書史話》，上海：上海古籍出版社2009年版，第583—609頁；該文又收録在姚伯嶽《燕北書城困學集》，長沙：嶽麓書社2010年版，第99—126頁。

語和文内旁批皆不注出處。從盧之頤的訂正本來看，閔刻《國語》套印本中的欄外朱色評語多爲孫鑛之言，文内朱色夾批也有出自孫鑛者。從閔刻本《國語》之雙色套印本和三色套印本上可見，正文有逗無句，著重之處加朱色圈點或逗標識。朱色逗有實心、空心二種，藍色逗皆實心。又有少數正文處用藍色圈點。由於三色套印是在二色套印的基礎上刻成，故朱色圈點之後往往有藍色圈點。注文中，凡釋詞，被釋詞下加墨點，釋文下加墨圈以示一句解釋終了。串講句義，凡釋文中有成句者，句下亦加墨圈標識。

仔細檢點閔齊伋裁注《國語》三色套印本發現，墨色眉批至少並非如此簡單。檢閱齊伋裁注《國語》上欄外墨筆内容大致有四個方面：1. 標記異文别字或文字關係；如"戎翟之閒"欄外注云："翟，或作狄。""閒，古'間'字。語中凡'間'俱作'閒'。《説文》亦無'間'字。""召公告王曰"上欄外注云："召，或作'邵'。"2. 解釋詞義；"耆艾修之"上欄外注云："東齊人謂尊爲耆艾。"3. 標識讀音沿革或語詞用法；如"夫先王之制"欄外注云："夫音扶。後凡語端及助語'夫'字並同，不再音。""是以事行而不悖"欄外注云："悖，步没切。一説，梁武以佛有悖音，改悖爲背。按：經史及諸儒多布内切。"4. 引録評語。四方面内容，前三種内容都來自《補音》。引述評語則來自前此《國語》評點本。

上欄外朱筆行書筆體，多是對篇章正文的文學、敘事、議論、鋪墊、照應等等技法的評議，也有對其整體風格或者文句反映情感傾向的揭示。仍以"穆王將征犬戎"章爲例，開首即謂："初變《尚書》調，是今文祖。"總評《國語》敘事技法的傳承及其影響。"先王耀德不觀兵"夾批"警策"二字，欄外書"開門見山"四字，以明其議論風格。"夫兵戢而時動"夾批"只頂兵來。"欄外云："時動似謂征伐，非講武。""先王之於民也"欄外云："行文微似《周禮》。""阜其財求而利其器用"欄外云："平鋪。"是論其語言風格。而"莫不欣喜，商王帝辛"欄外云："凡原評字法俱用點，恐其混於句讀，易以尖圈，更不注評。"是總説套印本體例。也有解釋語義者，如"而使舌人體委與之"欄外注云："舌人，即今之通事。"從套印本上還可以看出以墨印本書版爲底版而改易墨圈未盡的情形。

上欄藍筆批校亦楷書，數量相對朱墨二色批校要少。從盧之頤訂正本可知，閔刻本《國語》藍色評語出自陶望齡。如"穆王將征犬戎"章欄外墨批三處，朱筆批點十三處，而藍筆批點只有兩處。整卷《周語》，藍色批點共十六處，可見其收錄陶望齡評點數量相對較少。"周"上欄外批點云："《周語》辭勝事，《晉語》事勝辭。"是以《晉語》作爲參照，總體説明《周語》的"語"體特徵明顯。又另一條云："犬戎近鎬，爲子孫憂。驅而遠之，豈曰非算？惜乎，伐之者與諫伐者俱見不及此。"本條確乎評事。又"晉文公既定襄王於郟"章欄外藍批："請隧事簡，而此乃最詳。"仍然是對卷首"《周語》辭勝事"的呼應。檢點《周語》十六處藍筆批點，發現藍筆批點實際上是對墨筆批點和朱筆批點的補充，並非只是"評史"。

趙紅娟指出："閔齊伋是中國出版史套色印刷的標杆人物。"① 姚伯嶽認爲："明代萬歷年間，在江南一帶，隨著商品經濟的發展，文化的普及程度也越來越高，對傳統經典的介紹和批評著作在社會上日益流行，這種批評本不是以往的'詁經'之作，不是象牙塔中的高深學術研究，而是爲了解説書中難點、要點、疑點的'論文'讀物。套印本圖書就是爲了滿足這一社會需求應運而生的。"並且認爲"閔齊伋開創了明代末年的套版印刷事業，並且將之推向了巔峰"，"引領了明末湖州的套版印刷進程，形成了以閔、淩兩大家族爲核心的明代套版印刷書業"，"閔、淩二氏精美的套印本圖書成爲後人爭相收藏的寶貴文化遺産"。② 就閔齊伋本《國語》而言，約有如下幾點：

第一，豐富了《國語》評點方式。

《國語》評點最早可以追溯到《吕氏春秋》，此後則《列女傳》等皆

① 趙紅娟：《閔齊伋的編刊活動、刊刻特點與影響及其刊本流布》，《文獻》2014 年第 2 期。

② 姚伯嶽：《閔齊伋與明代末年的套版印刷》，見王紹仁主編《江南藏書史話》，上海：上海古籍出版社 2009 年版，第 583—609 頁；該文又收錄在姚伯嶽《燕北書城困學集》，長沙：嶽麓書社 2010 年版，第 99—126 頁。

有條目。發展到《非國語》，確立了以價值判斷對《國語》言事進行評議的基本理路。至於明代，這一評點形式得到廣泛應用。其基本形式都是眉批，如穆文熙《國語鈔評》、湯賓尹《國語秇型》等所輯錄評點都是以眉批的方式存在的。至閔齊伋裁注《國語》，才把文内評點作爲一種方式。此外，其裁注的方式也爲後來所繼承。如後於閔齊伋的夏璂二乙堂本《國語》即採取裁注方式，清代儲欣《國語選》等也採取這種方式，即對注文進行條目和具體注文字數上的删削。

第二，爲後來《國語》刻本所效仿。

現在所見的盧之頤訂正本《國語》，其底本即閔齊伋本《國語》。盧之頤（1599—1664）訂正本《國語》卷次、注文格式全依閔齊伋本，凡閔齊伋套印本朱藍批校不標出處者，盧之頤儘量標明了出處。盧之頤本正文删去閔齊伋本墨色夾批，閔齊伋《國語》中的朱色夾批則基本予以保留。通過盧之頤本可以瞭解，閔齊伋本所引朱批多爲孫鑛評點，所引藍色批校多爲陶望齡批點，而閔氏不標出處，容易使讀者造成誤會。

第三，爲後來的日本《國語》研究著作所引述。

明清時期的中國本土《國語》研究者少有參照閔齊伋本者，日本《國語》研究者則比較多地參照閔齊伋本。而且往往引錄閔齊伋個人之説以及其所引評點資料。如户崎允明《國語考》多處引述閔齊伋之説。今檢《國語考》全書分四卷，合共1460條。該書徵引宋以來學者有：閔齊伋61條，宇惠3條，太宰純79條，關脩齡60條，陶望齡6條，朱仲晦2條，楊慎1條，房玄齡1條，劉績1條，化龍公子1條，孫鑛1條，江海邊1條，服元喬1條，白駒1條，盧1條，唐順之1條。其所徵引閔齊伋條目僅次於徵引太宰純，可見户崎允明對閔齊伋的重視。此外，早於户崎允明的千葉玄之《韋注國語》、關脩齡《國語略説》也多有徵引閔齊伋之處。當然，他們把閔本沒有注明出處的評點等等也多計在閔齊伋名下了。可見閔齊伋本《國語》在日本學者中的影響。

第四，爲後來的日本《國語》校勘的參照之本。

渡邊操、千葉玄之、關脩齡、秦鼎等日本江户時期學者都相當注意《國語》版本的對勘和考校。渡邊操所參據的是崇禎年間的盧之頤本，此後千葉玄之、户崎允明也主要參校盧本和閔齊伋本。到了葛西質、秦鼎，才參照到黃刊明道本的覆刻本。此外，秦鼎《國語定本》則參照陳仁錫本、鍾惺評本、閔齊伋本等明代後期的本子。

總之，裁注《國語》經過閔齊伋的單色刊印、兩色套印、三色套印，爲《國語》的傳播做了很大的貢獻。其注文經過裁削，要言不煩而又對於理解正文多有裨益。其所輯評點豐富，對讀者也具有很大的幫助。故而在《國語》版刻史和《國語》傳播中都具有比較重要的地位。

（十六）盧之頤《國語》輯評

盧之頤（1599—1664），字子繇，又字繇生，號晉公，自號蘆中人，浙江錢塘人。其父盧復，既通醫學，又習佛學，曾著《綱目博議》。盧之頤幼承家學，著有《本草乘雅》《本草乘雅半偈》《傷害金鎞疏鈔》《金匱要略摸象》《摩索金匱》《痎瘧論疏》《學古診則》，是錢塘醫派的重要人物，開創醫學書院教育模式，其傳人有張志聰（1610—1680?）等。盧氏有溪香館①，輯刻有十二家評《昭明文選》《詩經》《國語》《戰國策》《合刻周秦經書》《合諸名家批點諸子全書》《三經晉注》等書，校有《廣成子》《尹子》《黃先生洪範明義》《黃先生儒行集傳》《黃先生月令明義》《考工記》等書。

張元濟《明新建李克家校刊本〈國語〉跋》云："明代所刻有張一鯤本，有金李本，有許宗魯本，有葛端調本，有盧之頤本。"② 較早提及

---

① 據章宏偉《十六—十九世紀中國出版研究》，盧之頤溪香書屋（溪香館）、盧之頤月樞閣是明代天啟年間杭州府新生的私人出版機構，又謂："崇禎時期雖然已是末代王朝，但杭州府的私人出版依然繁盛，之前的出版機構如起於萬曆時期的張師齡白雪齋、讀書坊段景亭、張起鵬（張賓宇）毓秀齋仍在出書，起於天啟時期的閔啟祥崇禎九年刊明釋大惠撰《儀注備簡十卷》、崇禎十二年刊《李杜全集》，盧之頤月樞閣刊自著《本草乘雅半偈十一卷》、盧之頤溪香館刊《三經晉注》、《國語注十卷》、《合刻周秦諸書十種二十八卷》，陸雲龍崢霄閣崇禎四年刊《翠娛閣評選行笈秘稿》。崇禎六年刊《皇明十六家小品》、崇禎八年刊《近思錄十四卷》、崇禎十五年又以翠娛閣刊《遼海丹忠錄八卷四十四回》，崇禎年間還以崢霄閣、翠娛閣刊《禪真後史十卷》、《鍾伯敬先生文集十一卷詩集五卷》、《翠娛閣評選明文歸初集三十四卷》、《翠娛閣評選明文豔十二卷》，可見這些老牌出版機構的活躍。"（上海人民出版社 2011 年版，第 231 頁）

② 張元濟：《張元濟全集》第 10 卷，北京：商務印書館 2010 年版，第 110 頁。

盧之頤訂正本《國語》。今所參盧之頤訂正本《國語》爲日本公文書館藏本，有四册本和六册本二種，四册本每册末鈐有"享和癸亥"印，書眉有少量朱筆批校，文中有圈點。六册本無批點。該本四周單邊，單魚尾，白口，半葉九行，行二十字。欄外評點，文內夾批，文末義注、音注低一格小字，各自一段。

盧之頤訂正本《國語》卷次、注文格式幾乎全依閔齊伋本，凡閔齊伋套印本朱藍批校不標出處者，盧之頤儘量標明了出處。盧之頤本正文刪去閔齊伋本墨色夾批，閔齊伋《國語》中的朱色夾批則基本予以保留。又將閔本音注內容置於篇末義注之後，閔本無音注的，則自輯音注附於義注之後。今檢檢閔氏《國語》三色套印本全書引述評語標注出處者有柳宗元（19 處）、穆文熙（11 處）、孫應鼇（4 處）、汪道昆（2處）、唐順之（2 處）、屠隆、真德秀、陸弘祚、王慎中、王世貞、茅坤等十一家，盧之頤訂正本標出處者有孫鑛（247 處）、陶望齡（96 處）、柳宗元（22 處）、穆文熙（12 處）、孫應鼇（5 處）、汪道昆（2 處）、屠隆（2 處）、茅坤（2 處）、唐順之（2 處）、真德秀（1 處）、王慎中（1 處）、王世貞（1 處）、楊道賓（1 處）。

今檢閔齊伋《國語》與盧之頤《國語》二本之第一篇：閔齊伋本欄外評點 19 條，藍色 2 條，墨色 4 條，其餘爲朱色。墨色 4 條中，1 條是引用穆文熙評點，另外三條注音或釋字。朱色 1 條講述輯評規則，其他各條均爲評點。盧之頤本欄外評點 11 條，除了閔本的三條音注或釋字、輯評規則外，還有"平鋪""於是乎""章法""無乃"未錄。

閔本文內 10 處墨色夾批，2 處釋字，8 處注音。閔本的這 10 處夾批連同欄外三處音注和釋字，盧之頤本置於全篇最末，依次排列。需要增加或强調被釋位置的，也增加表述成分。除了閔本已有 13 處音注、釋字材料外，另外加了一條，即"'要服'之'要'，平聲"一條。

此外，閔本文內夾批還有朱色批點 22 處，其中"字法"批點 5 見，"雅字"批點 4 見，其他分別爲"只頂兵來""警策""錯句對""耀德""指事""戢而時動""典故""妙旨""只承讓告""耀德""不觀兵""直指失""佳事"，盧之頤本完全保留，唯"錯句對"之"錯"誤作

"鈍"。

篇末釋義注文，盧本不如閔本有句讀更便讀者。此外，盧本有錯字，如"韜藏其弓矢"之"其"，盧本誤作"囊"。又盧本注文有改字，如"三時務農一時講武"之"一時"，盧本改作"餘則"。

從二本第一篇對比可見，盧本對閔本進行了改造，即有些字數較少的評點刪掉了，注文改字。注文改字這一例，代表了先秦數字表述和後世數字表述的區別，在一個總數範圍內，當總數被切分爲 A 和 B 的時候，A 之外的就是 B，故只需要明確 A 就可以，B 只需要用"其餘"概括。但是在先秦兩漢的時候，A 和 B 都需要明確，這種明確，一方面是數據表述的需要，另外一方面恐怕也是句式規整的需要。

此外，從上面統計的盧之頤本所收評點可知，除了錄自閔齊伋本的評點之外，盧之頤還有可能參照過湯賓尹《左國秋型》，因爲楊道賓的評點很少見於其他《國語》評點著述。

盧之頤訂正本《國語》在中國本土幾乎沒有影響，因爲這個本子上的評點，在閔齊伋本上基本都可以看到。無論是刻書業的影響還是學術知名度，閔本似乎都比盧之頤本要高。盧本雖云訂正，刊刻似並非精審，在衆多的明代晚期刻書坊《國語》刻本中，也並不特別出色。另外，盧之頤和其父以醫學名世，這些都影響了盧之頤訂正本《國語》的傳播。但在東鄰日本，盧之頤本却影響很大。表現在兩個方面，其一，把盧之頤訂正本《國語》作爲重要的參校對象；其二，把盧之頤本《國語》注當作重要的注本看待。恐亦所謂"墻內開花墻外香"者。

（十七）葛鼐等的《國語》評點

明代萬曆年間，崑山人葛鼎、葛鼐、葛鼏、葛鼏等人創建的刻書坊永懷堂，曾經刻印過《十三經古注》《史記匯評》《漢書匯評》《後漢書匯評》《國語》《戰國策考正》《孔子家語》《管子》《韓非子》《韓昌黎集注》《紀效新書》《本草原始》等，又自輯《古文正集》二十九種三三十三卷，《二編》二十二種二十四卷，《葛端調編次諸家文集》二十一

卷等。① 永懷堂《國語》刻本，陳樹華、張元濟都有著録，今清華大學
圖書館尚藏有其本，日本江户後期學者千葉玄之校訂《國語》時，每云
“華本”如何，其所謂華本當即指永懷堂本《國語》而言。其《古文正
集二編》，《四庫總目》著録，云：“《古文正集二編》，楊廷樞、顧緗二
序及鼐自爲序，言皆不及鼏，文中評語亦止載鼏字。蓋鼐爲鼏兄，附名
其間，實則鼏作也。鼏字端調，吳縣人，崇禎庚午舉人。是書題曰二編，
當以先有初編，此爲續集。”檢《古文正集》收鄭以偉《送葛生南歸序》
後附葛鼏題記後所署“癸酉冬日葛鼏端調父記”，則指葛鼏字端調，非
葛鼐字端調。今以《古文正集》作爲討論對象。

　　《四庫存目叢書補編》收入之《古文正集》共十卷，著録爲葛鼐、
葛鼏評輯，北京師範大學圖書館、江蘇省常熟市圖書館藏明崇禎永懷堂
本。書前有陳仁錫《古文正集敘》、鄭以偉《送葛生南歸序》、葛鼏《自
序》。每卷之前當有目録，因爲第二卷是有的，但是第一卷前無之，恐脱
漏。板框内無行格。先出書名，書名下出篇名，篇名下端書作者，正文
有圈點，有夾批，篇末有評，空一格，評有總結前人，也有葛鼏自撰。
第一卷收《左傳》《國語》。其中《國語》部分有缺葉，今檢現存卷目
中，《國語》收祭公諫征犬戎、召公諫監謗、襄王不許請隧、單子知陳
必亡、叔向論周復興、臧文仲請告糴于齊、展禽論祭爰居、里革斷罟匡
君、季文子儉德、叔仲勸襄公如楚、敬姜論勞逸、齊桓公用管仲、管子
治齊、驪姬危言劫獻公、范文子、趙文子見諸大夫、悼公新政、叔向賀
宣子貧、趙簡子、鄭桓公謀遷國、子囊議恭王謚、王孫圉對簡子、申胥
諫許越成、夫差殺申胥，《四庫存目叢書補編》本《古文正集》所存
《國語》共二十四篇。

　　文内夾批比較靈活，有解釋人名者，如“祭公諫征犬戎”篇“是故
周文公之頌”夾批：“即周公。”有解釋詞語者，如“齊桓公用管仲”篇
“人與人相疇”夾批：“疇，匹也。”實用韋昭注。

　　又有對辭氣的點評，如同篇“夫先王之制”夾批：“文勢沛如。”

① 瞿冕良：《中國古籍版刻辭典》（增訂本），蘇州：蘇州大學出版社 2009 年版，第 176 頁。

進行補充説明，如"召公諫監謗"篇"得衛巫，使監謗者，以告，則殺之"夾批："以巫有神靈，有謗必預知之。"此用韋昭注。

有對篇章中人物語言態度的評點，如"襄王不許請隧"篇"以創制天下，自顯庸也"夾批有云："王待有功諸侯，恐亦不宜爲此語也。"

有揭示語句之表達功能者，如"單子知陳必亡"篇"今陳國道路不可知，田在草間"夾批："形容。"又"齊桓公用管仲"篇"三釁三浴之"云："形容。"

有揭示篇章起始不同一般者，如評"展禽論祀爰居"篇首句"海鳥曰爰居"云："起語□。"

有揭示人物對話生動者，如評"齊桓公用管仲"篇"施伯對曰：殺而以其尸授之"云："似三國人作用口角。"

篇末評點有輯自前人者，其中"祭公諫征犬戎"篇、"趙文子見諸大夫"篇引孫鑛評點，"召公諫監謗"篇、"臧文仲請告糴于齊"篇、"敬姜論勞逸"篇、"悼公新政"篇、"申胥諫許越成"篇引穆文熙評點，"襄王不許請隧"引真德秀評點，"單子知陳必亡"篇、"叔向論周復興"篇、"齊桓公用管仲"篇、"鄭桓公謀遷國"篇引孫應鰲評點。① 皆見前文，此處不贅。

他人評點較罕見於他本稱引而見於此本者，有"展禽論祀爰居"篇引劉子威評點，謂："文仲始而祭爰居，誠爲不知。及聞季子之言，遂書爲三筴紀之，人孰無過，過而能知，知而能改，則亦無改其爲知矣。""季文子儉德"篇用王陽明評點，謂："世人皆習聞季氏强臣，豈知其自處之儉、言論之高如此乎？子服過而能改，亦足徵賢。""管子治齊"篇引王鳳洲評點，云："近代鄉約之法，亦祖此意。但虛文從事，鮮有實效，非法之過也。""驪姬危言刧獻公"篇引楊慎評點："優施所以爲驪姬策者，謂以子殺父，言殊無理。但獻公暱於讒妾，而危迫之詞，自讒

---

① （明）葛鼐、葛蕭評輯：《古文正集十卷二編不分卷》，濟南：齊魯書社 1997 年輯印《四庫全書存目叢書補編》第 48 册，第 115、126、116、119、122、127、131、116、117、118、124、129 頁。

妾出之，所以不覺傾聽，而斷絕其骨肉也。若施之教姬夜半而泣，乃是優氣。""范文子"篇引李本寧評點，云："士會父子所言，無非求免於禍，而免禍獨在於讓，則讓道乃人之不可一時忽者也。""夫差殺申胥"篇引某氏①云："直言難聽，豈惟夫差！即有中人之資，見其戰勝，亦未有不拂諫者矣。"分別針對篇章中的人物行爲給予相應評價，甚至指出其歷史價值和警示功能。

"召公諫監謗"篇葛鼐評點以"鼐識"出之，謂："'是故爲川'下，伍本有一'者'字，較家藏宋本無之，今從古。鼐識。""里革斷罟匡君"篇葛鼐評點謂："句法秀鍊，約繁爲簡，妙有生趣，外如雨雹子諸篇，並皆典則文字，然奇雋不如遠甚。""叔仲勸襄公如楚"葛端調評："議論深摯，轉筆沉快，不能更易一字。"又"悼公新政"篇葛端調評點云："敘用人處，文如層波疊浪，令人意傾。""叔向賀宣子篇貧"篇葛端調評云："旨趣曉然，讀之可以忘憂。""趙簡子"篇葛端調評云："文詞詳明適體，足以與誡。未曉司馬公何以不錄也。""子囊議恭王謚"篇葛端調云："可爲謚君父者之準。""王孫圉對簡子"篇葛端調云："説得不腐，文彩焕然。"分別涉及校勘、探討文章句法、篇章結構、行文風格、篇章功效等等。

可見，《四庫存目叢書補編》本《古文正集》所存《國語》二十四篇，兼具輯評性質，其中評點關注到具體字詞、語句、篇章、辭氣、對話、思想意義、警示功能等，對於深入理解《國語》相關文本具有積極意義。

（十八）葉明元《國語》評點

葉明元，字可鳴，號星洲，福建同安人，隆慶丁卯（1567）、戊辰（1568）聯第進士，曾任石埭知縣、南京刑部郎中、南安知府、貴州按察副使、廣西右參政等職，在地方上以興學爲任。著有《評注國語》《檀弓注》《左國列傳》等。其子葉啟翼，娶妻同邑陳福山孫女。傳見民國《同安縣志》。

---

① 《四庫全書存目叢書補編》本字跡模糊不可識，故以某氏出之。

今檢《國語抄評》十二卷爲萬曆十六年（1588）刻本，日本公文書館有藏，本處研討所用，即爲此本。共收《國語》一百四十二篇。該書卷一首頁前半面署"溫陵葉明元可鳴甫輯，嘉禾張汝正中甫、吳熟陳堯仁汝元甫閱，溫陵鄭道興在熙甫、大庾孫希夔子樂甫校"。

《國語抄評》上下雙欄，下欄爲《國語》正文以及注釋，半頁九行，行十六字。上欄爲評點，小字，行六字，共有評點三百三十三條，少數條目僅寥寥數字，大體包括音注、段落評點、人物評點等相關内容。

書前有序文二篇，一篇爲葉明元序，一篇爲鄭道興序，如下：

> 不概於聖。余繹其編，若周内史、魯叔孫、晉史蘇、郭偃、楚藍尹、葉公之流，類決人禍福，於容止言動之間，而隨事證驗，迂迂不越其紀數，茲疑柳氏所謂誣者。要之，事有先兆，誠可前知，古今同符，非欺我也。即語稍涉於附會，亦欲明天人徵應之機，以昳鑑戒，豈爲背聖人之意哉？《洪範》敘九疇而終之，庶徵福極，詩人頌禱，稱百禄萬壽，與子孫之千億不一而足。必若柳氏之見，亦將以爲誣妄不經耶？夫孔子作《春秋》以正大法，譚者目爲素王，左氏即所記爲《傳》，以鋪張其事而翼聖經，所謂素臣也。《國語》又復闡《左傳》之所未詳，異詞同義，論諸臣列，則亦分猷宣力于外而贊王化者也。有經不可無傳，有《左傳》，不可不參之《國語》。譬之王人，外臣疎曖，遐邇不同。揔之，爲天子任職、司民、協成、化理，均不可挲矣。是烏用摘求其疵，而倡爲異論，以疑學者。不佞備員留曹時，嘗手録是書，以一題冠其一事而細加删注批評，積久成卷，置之笥中。近偶僚友張君仰山、陳君笠澤、鄭君鰲峯暨孝廉孫君印池索觀之，固欲付諸梓。余辭不獲，因授孫君，更爲校正，而僭次其説如此，亦竊效爲左氏忠臣云。時萬曆戊子春仲，書于南安之君子堂。

這篇序文録自日本公文書館所藏本，文首恐有脱漏。就現存篇目看，其首先揭示《國語》中所記人物之預見性，進而指出柳宗元所謂"誣"

者大約指的就是《國語》諸人事件預測的精準度問題。通過舉例、論證《國語》價值，對柳宗元的觀點給予了批評。序文最末，交代了此書寫作以及刊刻的經過。按照葉明元的説法，《國語抄評》一書撰寫於其"備員留曹"時。根據《吏部職掌》："隆慶四年，大學士掌管吏部事高題議養病事例，本部移咨都察院，轉行各撫官備行，境内養病官務要及期赴部，方准敘用。若到部在三年之外，雖稱三年之内，給文仍照違限，罷職不敘……進士葉明元、聶良杞病痊到部，違限亦在三年之外，照例不准付選。"① 葉明元所謂"備員留曹"，或即指此時。萬曆十五年（1587）時，葉明元在南安知府任上。可知此書即刻於南安。據其序文可知，葉明元《國語抄評》主要涉及三個方面：題篇、删注、點評。

鄭道興序云：

> 《國語》一書，漢《藝文志》載二十一篇，今傳于世是已。其事，則列國諸史，興廢、存亡、燉惡、訓戒具在；其文則華藻富艷，膾炙人口。信非左氏不能作。唐柳子厚作《非國語》排之，彼豈不以其間或誇且誣乎？嗟夫，士患理不明耳。苟知至而識融，則雖異端雜説，皆足爲吾儒助。矧是書，世所稱"外傳"，與《内傳》共翼乎《春秋》者，很因非之而盡非之，非也。蓋今寓内操觚之，士爭傳誦之矣，果且謂才鋒所榷，雲蒸霞變，令群采靡靡失哉？亡亦以語本訥誨昕居，居今鏡古，迪造不朽，於此亦有所藉手也。往鄭衆、賈逵、虞翻、唐固諸君子，各有註釋，傳于世者，唯韋氏解。顧大義雖明，疑繆錯出，學者不無病焉。寅長星洲葉公，博極群書，未爲郎時，業已究心于是，乃擇其腥腞而泡膏液，汲其沉齊而引清沛，辯釋疑義，洞若觀火。蓋酌于諸家者什之一，于韋氏者什之五六，而評之以新得語，具公自敘中。雖然，公翱翔文史乎，廼不獨以文重也。迫其展采勤施，甚籍籍而有聲。則公之于是編也，儻所

① （明）李默、黄養蒙等删訂：《吏部職掌》，濟南：齊魯書社1997年輯印《四庫全書存目叢書·史部》第258册，第108頁。

謂遡流獲源非耶？不佞與以梓里同官，誼重兄弟。眼出是編相示，
得卒業焉。蓋不佞曩所焚膏繼晷而未得者，今皆渙然、怡然，遂謀
剞劂，而僭敘之。竊自附于一臠窺鼎矣。業是編者，務緣筏以竟津，
毋還珠而買櫝，是爲得之。若屑屑獵殊采馥，即令足逸驚飈，鏃拆
纖芒，左氏在伯仲間，亦與耳食等耳。豈公嘉惠意哉！

　　萬曆戊子夏五月既望，南安司理閩錦田鄭道興頓首拜書。

　　鄭道興序所持觀點與葉明元同，即認爲柳宗元《非國語》對《國
語》的批判實際上是言過其實。另外，鄭序對葉明元一書的内容進行了
介紹。按照鄭道興的意見，葉明元《國語抄評》非僅確立篇題、刪削注
釋、施加評點三者。鄭道興認爲葉明元在採擇舊注上下了很大的功夫，
即其序文所謂"乃擇其腥臊而浥膏液，汲其沉齊而引清沸，辯釋疑義，
洞若觀火。蓋酌于諸家者什之一，于韋氏者什之五六"者。

　　序文之後爲目録，共分十二卷，其中《周語》《魯語》各兩卷，《齊
語》《鄭語》《楚語》《吳語》《越語》各一卷，《晉語》三卷。目録末
云："十二卷，共計一百四十二篇。"目録中時有雙行小字者。各卷篇題
依次爲：卷一《周語》上篇：祭公諫征犬戎、召公諫厲王監謗、芮良夫
諫用榮夷公、虢公諫不藉千畝、樊仲山父諫立魯少子、宣王命魯孝公爲
侯伯、仲山父諫料民太原、鄭厲公納惠王、内史過論神、内史過論晉惠
公君臣、内史興言晉文公必霸、富辰諫以狄伐鄭；卷二《周語》下篇：
襄王不許晉文公請隧、晉侯圍陽、單襄公言陳必亡、劉康公論魯大夫儉
侈、單襄公言晉侯三郤必亡、單襄公言晉孫周必得國、周太子晉諫靈王
壅穀洛水、單穆公諫鑄大錢、單襄公伶州鳩諫王鑄鐘、景王問律於伶州
鳩；卷三《魯語》上篇：曹劌問長勺之戰、夏父展諫宗婦用幣、臧文仲
請糴于齊、展禽犒齊師、臧文仲言僖公請免衛侯、臧文仲往晉分地、展
禽論祀爰居、文公欲弛孟郖之宅、里革更宣公之書、里革諫濫魚、子敬
聲伯不受邵犨與邑、季文子答仲孫子服；卷四《魯語》下篇：叔孫穆子
聘晉拜樂、叔孫穆子諫季武子爲三軍、諸侯伐秦及涇莫濟、叔孫穆子言
楚公子圍不大夫、叔孫穆子不以貨求免於楚、季平子子服惠伯謝晉、季

康子問於公父文伯之母、公父文伯退朝朝其母、敬姜戒文伯之妾、閔馬
父笑景伯言恭、孔子辨防風骨肅慎矢、孔子不對田賦；卷五《齊語》
篇：桓公逆管仲、管子論成民之事、管子論定民之居、桓公行參國伍鄙
法度、管仲語桓公從事諸侯、桓公之霸；卷六《晉語》上：欒共子死哀
侯、史蘇郭偃論驪姬之禍、史蘇知亂本、獻公使奚齊烝祭、獻公發翟柤、
獻公使太子伐東山、驪姬譖殺申生、虢公賀夢、宮之奇去虞、重耳不從
里丕之請、晉呂郤等立夷吾、國人誦惠公、韓原之役惠公獲於秦、呂甥
逆惠公於秦、叔詹諫鄭文公禮晉公子、楚成王送重耳入秦、秦伯饗公子
重耳、寺人伯鞮見晉文公、文公定周伐原、城濮之戰、文公問救饑、文
公學讀書於臼季、文公問國難易、文公問胥臣傳謹；卷七《晉語》中：
臼季薦冀缺、嬴氏從陽處父及山而還、趙宣子舉韓厥爲司馬戮其車、趙
宣請伐宋、公使鉏麑賊趙宣子、范文子莫退於朝、師反范文子後入、梁
山崩傳召伯宗、趙文子冠、范文子不欲爭鄭、鄢陵之役范文不欲戰、范
文子言鄢陵之慼、悼公入晉、悼公用人復伯、魏絳斬揚干之僕、祁奚薦
子午自代、魏絳和戎、韓獻子辭公侯大夫張老辭卿、辛俞犯令從欒盈、
叔孫穆子范宣子論不朽、范宣子與蘇大夫爭田、范宣子思誓祐、叔向諫
赦豎襄、叔向見司馬侯之子、叔向抑子朱、趙文子當楚裏甲之變、叔向
諫趙文子先楚人插血、醫龢對趙文論穀蠱；卷八《晉語》下：秦后子楚
子干來仕、叔向見韓宣子賀憂貧、邢侯殺叔魚雝子於朝、中行穆子不受
鼓畔、鼓子之臣風沙鱉從行、范獻子問具山敖山、董叔取於范氏、閻沒
叔寬諫魏獻子勿受賄、尹鐸增晉陽壘、郵無正進諫趙簡子、史黯諫趙簡
子嘆范史行之良臣、趙簡子問於壯馳茲、趙襄勝翟不怡、智宣子將以瑤
爲後、智襄子爲美室、智伯國諫智伯、襄子晉陽之圍；卷九《鄭語》：
桓公問於史伯避難；卷十《楚語》：楚王與子亹申叔論教太子、蔡聲子
說子木還湫舉、子囊議謚、子木去芝、伍舉論章華之臺、范無宇論城陳
蔡不羹、左史倚相見申公子亹、白公子張論己諫、左史倚相對司馬子期
笄妾、鬭旦論子常必亡、藍君亹去昭王、子西嘆於朝、王孫圉聘晉論寶、
魯陽文子辭梁、葉公子西召白公勝；卷十一《吳語》：夫差伐越句踐求
成、申胥諫吳王伐齊、夫差讓申胥申胥自殺、越王句踐伐吳；卷十二

《越語》：越王困會稽歸而報吳、句踐事吳謀吳始末。篇題基本都是撮録篇章大義而成。

　　檢其評點，或揭示篇章主題，如"祭公謀父諫征犬戎"篇評云："'耀德不觀兵'爲一篇大旨。德亦就征伐上言，蓋不得已而用兵，則兵亦德。有意以示兵則謂之觀。"指出本篇的主題思想，但同時對"德"的體現方式進行了細緻剖析。

　　或劃分段落層次，並進行總結。如"祭公謀父諫征犬戎"篇評云："'自先王之於民'至'除其害也'爲一段，是言先王與周先世專於耀德，而非觀兵。""自'先王之制'至'遠無不服'爲一段，是言先王所以馭諸侯夷狄之道，即不得已而征伐，亦不過欲以德懷之。""末段甚言伐犬戎之不可。""通篇只三段，詞明義正。"評"仲山父諫料民太原"篇云："末段數語，反覆言料民之不可。"評"單穆公諫鑄大錢"云："至此是以匱用離民言。""至此，是以備災言。""末反覆辨論以結之。"又評"單穆公伶州鳩諫王鑄鐘"云："首數語，言不可鑄大鍾以重民匱。""自'而不及'至'焉用之'爲一段，是反覆言大鍾之不及聽而無益於樂。""末段以耳目之視聽而推及於言之出令、口之發言，以見聲不和則不明、不聰、不信、不度，政紛民離，皆因之。所以甚言鑄大鍾之不可。"

　　對篇章句式特點進行揭示，如評"祭公謀父諫征犬戎"篇"×服者V"系列句子云："以下疊文有法。"

　　對篇章中語句的警世功能進行揭示，如評"召公諫厲王監謗"篇"防民之口甚於防川"數句云："'防川'數語可爲千古名句。"又評本篇"口之宣言也，善敗於是乎興，行善而備敗，所以阜財用衣食者也。夫民慮之於心而宣之於口，成而行之，胡可壅也"云："末世能體認此語，則可無復諫自用之失。"評"劉康公論魯大夫儉侈"云："此以儉侈論人，又不在容貌、言語之間，足垂世教矣。"

　　以《國語》人物行事作參照，進行警世性揭示。如"芮良夫諫厲王用榮夷公"評云："按榮夷公所謂專利，不過私天地百物之利於己，不以公之，猶能害及王室。況後世之招權納賄、藉公市私者乎？芮良夫之言可深者矣。""虢公諫不藉千畝"篇評："齋祭而藉，既藉而狗，省耨、省穫，周爰執事，藹然視農夫、埜民，如家人父子之相親，此先王盛世氣象，今安可睹哉！"

說明文句的前後呼應關係，如評"虢公諫不藉千畝"篇"夫民之大事在農，上帝之粢盛於是乎出，民之蕃庶於是乎生，事之供給於是乎在，和協輯睦於是乎興，財用蕃殖於是乎始，敦龐純固於是乎成"云："'上帝'六句，正見爲民大事。"

揭示篇章關鍵詞句背後的深層内涵，如"虢公諫不藉千畝"篇"是故稷爲大官"上評云："大事，大官，見農所係重也。"如評"内史過論神"篇"神饗而民聽，民神無怨，故明神降之"云："言神而附之以民，自是正論。"又評同篇"不禋於神而求福焉，神必禍之"一段云："内史過丹朱往獻之說似近杳茫。而親民、禋神之論，則得事神之本矣。"評"襄王不許晉文公請隧"篇云："觀此，周政猶未甚下移也。"

揭明部分文字音讀，如《周語》"虢公諫不藉千畝"篇"古者大史順時覗土"上評："覗音脉。"《魯語》"夏父展諫宗婦執幣見哀姜"篇"夫婦贄不過棗栗"評："桌音栗，義同。"《齊語》"管仲論成民之事"篇云："何音荷。""賈音價。"《楚語》"左史倚相見申公子亹"篇"臨事有瞽史之道"評云："道音導。"

總結重要語段内容，如"虢公諫不藉千畝"篇"先時九日，大史告稷"上評："以下言古藉田之禮。"評"仲山父諫料民太原"篇云："前段至'何料焉'，是言有協民之官，又有審事之時，自能知民之多少，不待料也。"如評"内史過論晉惠公君臣"篇"夫執玉卑，替其摯也；拜不稽首，誣其王也"云："此即受王命一節論之。"

揭示篇章段落安排，對驗證性結果進行揭示。如"虢公諫不藉千畝"篇"三時務農而一時講武，征則有威，守則有財"上評："論藉田而終之以講武、征守，見農可寓兵，而姜戎之敗，卒符虢公之言矣。"

對篇章中人物用語進行評價，如評"樊仲山父諫宣王立魯少子"篇云："以順逆壅命、誅命辨論，語不繁而意甚痛切。"評"富辰諫以狄伐鄭"篇富辰之言云："以婚姻之所由善惡，別利之内外，而詳歸於王之棄鄭親狄，以謂‘廢七德而利外’，富辰亦善論矣。”如評“單襄公言陳必亡”篇云：“單襄公即所睹，以卜陳之將亡，可謂深明天道人事之故者。而篇中分別廢教、棄制、蔑官、犯令四段，引據議論，明盡有法，文亦足式矣。”不僅對單襄公的預見給予肯定，對單襄公的議論體式也給予正面評價，認爲是作文之法式。又評“單穆公伶州鳩諫王鑄鐘”云：“伶州鳩專以五音辨論細大之不可踰，以見大鍾之不得爲和，而末言匱財罷力，離民怒神，議論亦正。”

評價韋注之是非。如評“宣王命魯孝公爲侯伯”篇“宣王欲得國子之能導訓諸侯者”注“賈侍中云：國子，諸侯之嗣子。或云：國子，諸侯之子欲使訓導諸侯子也。唐尚書云：國子，同姓諸侯能治國子、養百姓者。昭謂：國子，同姓諸姬也。凡王之子弟謂之國子。訓導諸侯，謂州伯者”云：“按昭説是。”評“單襄公言晉孫周必得國”篇“天地所胙，小而後國”韋注“胙，福也”云：“小而後國，按：韋解未是。言天地所福，雖小，而後必得國也。”

對篇章中語句進行解釋或總結。如評“宣王命魯孝公爲侯伯”篇“不干所問，不犯所咨”云：“不干所問，遵遭訓也。不犯所咨，倣故實也。”如評“富辰諫以狄伐鄭”篇“夫兄弟之怨，不徵於它。徵於它，利乃外矣”云：“不徵於它，言不徵召它國，指王召翟伐鄭也。”“富辰諫以狄伐鄭”篇“民乃攜貳，各以利退”云：“以利退，言求利其身而退自營也。”評“襄王不許晉文公請隧”篇“先民有言曰：改玉改行。叔父若能光裕大德，更姓改物，以創制天下，自顯庸也，而縮取備物以鎮撫百姓”云：“末數語，焉晉文尚當在侯位，未可遽請隧。詞甚嚴峻，晉文寧不凜然！”評“單襄公言晉侯三郤之必亡”篇“高位寔疾僨，厚味寔腊毒”云：“此非臆度論人，蓋是正理。”評“問律於伶州鳩”篇“龢平則久，久固則純，純明則終，終復則樂，所以成政也”云：“按：所論龢聲成政，是矣。至積德以感人心，則其本又不在音而在政。鳩□未之及也。”《魯語》“曹劌問長勺之戰”篇“器不過用”評：“器不過用，即簿正祭器之意。”《魯語》“季平子子服惠伯謝晉”篇“無有處人”評：“無有處人，言無安處不從軍之人也。”《齊語》“管仲語桓公從事諸侯"篇"使海於有蔽"等云:"'使海於有蔽'三句,愚謂當作譬喻。言親某國而爲主,如海濱之有屏蔽、渠水之有渚地、環山之有牢牧,皆謂鄰國可依附之勢,若謂真言海、渠、山,則衛安有海乎?"

揭示篇章中人物言行。如評"鄭厲公納惠王"篇云:"愚謂惠王之黨納,不在子積之樂禍與否。如度其必敗而後勤王,非忠矣。故鄭厲公之納王則是,而言則未當。"又評"富辰諫以狄伐鄭"篇富辰"以其屬死之"云:"富辰非徒言者。"又評"晉侯圍陽"云:"倉葛一言解晉侯之圍,豈以小邑爲無人乎?"

對柳宗元《非國語》的觀點進行肯定,如評"内史過論神"篇"昔昭王娶於房,曰房后。實有爽德,協於丹朱。丹朱馮身以儀之,生穆王焉"云:"此以房后似丹朱而馮生穆王,説似迂誕,宜柳子非之。讀者姑闕略焉可也。"

對篇章中人物進行評價,如評"内史過論晉惠公君臣"篇云:"晉惠得國後,所不厭人心處多,而其承王命又不敬,故内史過一見而備譏其素,以決其必敗,亦善觀人矣。"這是對内史過善於通過人物行爲對其結局進行預測的正面評價,和其自序相呼應。又評"單襄公言晉侯三郤之必亡"云:"單襄公一立談間,而卜人之君臣,其禍敗應於十餘年之後,歷歷不爽。春秋諸賢,以言、動觀人,類如此。"

對篇章中語句進行評點,如評"内史過論晉惠公君臣"篇"今晉侯即位而背外内之賂"云:"此譏其素。"此以輔證前説。評"内史興言晉文公必霸"篇"臣入晉境,四者不失,臣故曰晉侯其能禮"云:"即一事而述其數美。總之,以敬王命爲主,故又曰晉侯其能禮。"評"周太子晉諫靈王壅穀雒水"篇"我又章之,懼長及子孫,王室其愈卑乎"云:"此述王室興衰之故以警之。"如評"單穆公伶州鳩諫王鑄鐘"篇"財亡民罷,莫不怨恨,臣不知其龢"云:"以民怨爲不和,甚是。"對伶州鳩的觀點表示了贊同。

對比人物。如評"内史興言晉文公必霸"篇"逆于境,晉侯郊勞,館諸宗廟,饋九牢,設庭燎"云:"此便見晉文公之異於惠公處。"

評價篇章整體語言風格或敘事議論特點。如評"仲山父諫料民太原”篇云：“此篇語不多而詞意甚詳切。”又評“單穆公諫鑄大錢”云：
“是篇據事反覆辨論，理明詞委。相如《諫獵》略祖之。”指出後世對其
文風的模仿。又評“景王問律於伶州鳩”篇云：“此篇列敘六律六間之
制，度功用以底和樂，而歸之於政，是亦可大論樂者。”

探討語言技法，揭示寫作示範作用。如評“單襄公言晉郤至之必
亡”篇“晉既克楚於鄢，使郤至告慶於周”云：“此可爲敘事之法。”又
評本篇云：“敘召桓公述與郤至應對之言，繁而不亂，甚有法。”評“單
襄公言晉孫周必得國”篇“言敬必及天，言忠必及意”數句云：“數語
不厭疊出。”評“周太子晉諫靈王壅穀雒水”篇“唯有嘉功以命姓受祀，
迄於天下；及其失之也，必有慆淫之心閒之”云：“論興廢相因之理甚
精。”又評同篇“度之天神，則非祥也。比之地物，則非義也。類之民
則，則非仁也。方之時動，則非順也。咨之前訓，則非正也”云：“總
括甚敷暢有法，漢劉谷諸家宗之。”不僅揭示其風格，而且指出其影響。

從用語揭示時代特徵，如評“單襄公言晉孫周必得國”篇“言讓必
及敵”云：“以讓屬敵，見春秋之異於戰國處。”從這一句表述能夠看出
時代特徵，可見其體味細膩。

《國語抄評》有將《國語》多篇合作一篇者，評點中進行了説明，
如《魯語》“季康子問於公父文伯之母”云：“按，此舊本分三段，因同
爲敬姜及與季康子問答之事，故録爲一。”“公父文伯之母戒其妾”篇
云：“二事皆記失子之博物，故録爲一。”

揭示《國語》引文出處，如《魯語》“叔孫穆子聘晉拜樂”篇“樂
及《鹿鳴》之三”云：“《鹿鳴》之三，《鹿鳴》《四牡》《皇華》三篇
也。”

以他書故事相較。如評《魯語》“公父文伯之母戒其妾”云：“《檀
弓》載敬姜恨諸内人之皆行哭失聲以爲子之多曠於禮。意亦相仿。”又
評同篇云：“《檀弓》稱晝哭穆伯而文伯晝夜哭。與此不同而意無相悖，
蓋‘莫’即‘在夜’矣。”

以後世典制比附，如《齊語》“管仲定民之居”篇“人與人相疇，
家與家相疇”評云：“今保甲法略倣之。”又同篇“制鄙三十家爲邑，邑

有司；十邑爲卒，卒有卒帥；十卒爲鄉，鄉有鄉帥；三鄉爲縣，縣有縣帥；十縣爲屬，屬有大夫；五屬，故立五大夫，各使治一屬焉。立五正，各使聽一屬焉"評云："此亦略似今之州、縣、里、甲規制。"

整體而言，葉明元《國語抄評》和公鼐、吕邦燿《國語髓析》一樣，是獨立的評點著作。其較《國語髓析》優勝之處在於正文之下有注，這樣便於讀者檢核語義，增進理解。但不可否認的是，《國語抄評》並非嘉善之本，刻本中俗字較多，且時有錯訛。另外，有些篇章還有省文現象。但其評點則涉及《國語》的方方面面，甚至對韋注都有評議，不僅具有文學價值、文章評點學價值，還具有訓詁價值。

（十九）邵景堯對《國語》的摘録與評點

邵景堯（1560—?），字熙臣，號芝南，浙江象山昌國人，曾與人結社，有"浙東十四子"之目。邵景堯爲萬曆二十六年（1598）進士殿試第二名，曾任翰林院編修、國子監司業、司經局洗馬、左諭德等。修纂萬曆《象山縣志》十五卷，著有《邵太史詩文集》，輯有《新刻邵太史評釋舉業古今摘粹玉圃珠淵》。

《新刻邵太史評釋舉業古今摘粹玉圃珠淵》一書，由萬曆年間金陵李潮聚奎樓刊刻於萬曆二十七年（1599），書牌中書"金陵李少泉繡梓"，今收在《故宫珍本叢刊》第491册。書前有顧起元萬曆己亥（1599）序、玉圃珠淵凡例、目録。

其凡例一云："今之爲類書者，無慮數十家。然以博則山藏海納，病之乎無所歸；以約則沙遺水棄，病之乎蛙蟲而有所局。故懼其濫也，或摘其段而不録其全，或採其句而不竟其意。懼其局也，既搜其古而復羅其今，既取其長而復收其短，雖氣有斷續、詞有單全，總之詞調切于操觚，法門備于問穎，既可供左指右揮之資，亦或免枅栵枝指之誚。"這恐怕是本書編纂的主要原因。凡例二云："不以天爲蓋，無以概覆幬之全；不以地爲輿，無以包持載之成。故兹編選擇，首《左傳》，次《國語》，次《國策》，次先秦，次《史記》，次西漢，次東漢，次諸子百家。分類

摘粹，真千枝異葉而皆茂于山，百川異源而皆歸于海者矣。"① 是敘其編
排次第及所選録書籍。凡例六云："諸家詞意儲精未易管窺者，則詳加
疏解；句調明顯，無俟訓註者，則僅用品題。至于精華神妙，加〇〇，
文采加、、，提綱照應加——，緊關加 ⬚ ，國名地名加 ⬚ ，人名
加——，一披卷而判若黑白。讀者機躍然如有入矣。"② 全書十卷，前三
卷分别收入《左傳》《國語》《國策》，其中收入《國語》65 篇。《周
語》有謀父諫征犬戎、召公諫厲王止謗、芮伯論榮公專利之害、宣王不
藉千畝、仲山甫諫王立戲、伯陽父論周將亡、内史過論虢亡、太宰知文
公之霸、富辰諫以翟代鄭、晉圍陽樊不下、王孫滿知秦師之敗、單襄公
論子周、單穆公論鑄大錢 13 篇，《魯語》有曹劌論戰、匠師慶諫丹楹之
侈、展禽論祭爰居、里克論晉君見殺之過、仲尼不對田賦 5 篇，《齊語》
有桓公用管仲、管仲治齊、内政寄軍令 3 篇，《晉語》有欒共子死哀侯、
史蘇知亂本、二五爲驪姬謀出三公子、驪姬以危言刧獻公、里克諫太子
伐東山、晉殺太子逐群公子、宮之奇去虞、里克殺奚齊卓子驪姬、秦人
立惠公、惠公輿人之誦、惠公悔殺里克、重耳徧歷諸國、箕鄭論救饑以
信、郭偃論難易、寧嬴氏論陽處父、趙孟舉韓厥爲司馬、宣子請師伐宋、
郤獻子敗齊師、趙文子見諸大夫、文子與郤至論伐鄭、文子論睦内圖外、
文子欲釋楚鄭以爲外患、文子再論伐楚鄭不可、長魚矯犇翟、晉滅欒氏、
晉人以信服子木、叔向請先歃楚人、叔向賀韓獻子之貧、穆子不受鼓人
之降、穆子使夙沙釐相翟、史墨論良臣、竇犫論人化 32 篇，《楚語》有
士亹申叔時論教太子、與伍舉論章華臺、鬭且論子常之敗、藍尹論吳之
敗、王孫圉對簡子之問、子高諫子西召白公勝 6 篇，《吳語》有諸稽郢
行成于吳、申胥諫吳王勿許越成、吳王殺申胥、越王命范蠡襲吳 4 篇，
《越語》有范蠡三策、范蠡諫許夫差行成 2 篇。

正文分兩欄，上欄列評點，下欄爲正文，正文有韋昭注。上欄評點

① （明）邵景堯：《新刻邵太史評釋舉業古今摘粹玉圃珠淵》，海口：海南出版社 2001 年輯印
《故宫珍本叢刊》第 491 册，第 3 頁。

② （明）邵景堯：《新刻邵太史評釋舉業古今摘粹玉圃珠淵》，海口：海南出版社 2001 年輯印
《故宫珍本叢刊》第 491 册，第 5 頁。

一共82條，除了有些條目襲自前人外，還有一部分來自自撰。大致包括：

對人物作用的肯定。如《越語》"范蠡三策"篇評："范蠡之諫可謂切直。而勾踐不從，乃有會稽之敗。厥後竟成伯業者，所謂'人恒過而改'者也。""范蠡誅許夫差行成"篇評："句踐亦有不忍之心，不有范蠡之諫，幾部蹈吳轍哉？"強調了在吳越之戰最後關頭，范蠡起到了關鍵作用。

對關鍵語句價值或思想性的揭示。如《周語》"康公論叔孫東門之儆"篇評："儉之一字，方國家存亡所係，可不慎與？"《晉語》"文子與郤至論伐鄭"篇"我王者乎哉"評云："我王者乎哉，語佳而有含蓄。善聽者不必用鮮矣。"《越語》"范蠡三策"篇"夫國家之事，有持盈，有定傾，有節事"評云："可玩定傾、節事。"分別對"儉德"之重要、"我王者乎哉"之意味、范蠡"定傾""節事"之意義進行了揭示。

由於選錄篇目對篇章進行了剪裁，有些前因後果需要補充。如《晉語》"晉人以信服子木"評云："諸侯之大夫盟於宋，楚令尹子木欲襲晉軍曰：若盡晉師而殺趙武，則晉可弱也。文子聞之，謂叔向曰：若之何？故對此。""史墨論良臣"篇評云："趙簡子嘆曰：吾願得范中行之良臣。故史墨對此。"《楚語》"與伍舉論章華臺"評云："靈王爲章華之臺，與伍舉升焉，曰：臺美夫？伍舉故對此諷王。""藍尹論吳之敗"篇評："子西歡於朝：吾聞君子唯獨居思念前世之崇替興衰殯喪，於是有嘆。今吾子臨政而嘆，何也？故子西發明其意。"《吳語》"越王命范蠡襲吳"篇評："吳晉爭長未成，邊遽乃至，以越亂告。吳王懼，乃合諸大夫而謀之。"實即補充事件背景。實際上在選錄篇目的時候，完全可以把相關內容選錄進去。在這一點上，和葛鼐等編《古文正集》相同，即因節略采錄而不得不説明背景。

對大夫評論或臣子諫言進行評價。如《晉語》"趙文子見諸大夫"唯録韓獻子之語並評云："與善之言，即聖賢曷加？凡人皆當時時省此也。""文子欲釋楚鄭以爲外患"評："文子此言，蓋真見厲公之不足以立功，而姑以外患懼之。其憂深，其慮遠矣，何晉之諸臣獨不見反乎？"

"叔向請先歃楚人"評云:"以德立論,深得伯王之體。凡夫聞此,可銷争心。""寶犫論人化"篇評云:"興化而亡,小化而大,人之化也,奚啻於物?若以形身而化者,昧化理者也。"《楚語》"士亹申叔時論教太子"評云:"據士亹之論,則人之善惡已定,不必用教,乃舉丹朱、商均諸惡以例之。此見噎廢食之論,不可爲訓。"又本篇評云:"春秋以世猶爲近古,故教太子之法猶詳。莊王申叔講而行之,俱可想見其賢。""鬭且論子常之敗"評云:"論子常之敗,若龜卜之驗。""王孫圉對簡子之問"篇評云:"圉之言楚國之寶,使知君子之貴於白珩可矣。而其云倚相之德則何如哉?倚相之道若此,則觀之妄者,又何以爲寶,非可以夸於敵國。"《吳語》"吳王殺申胥"篇評云:"直言難聽,豈惟夫差!即有中人之資,見其戰勝,亦未有不拂聽者矣。"認爲伍子胥的諫言過於直接,不但夫差聽不進去,只要處在勝利者位置上,碰到別人潑冷水,恐怕都不會採納。

通過臣子諫言及其結局,對人物進行評價。如《吳語》"吳王殺申胥"篇評云:"子胥非吳之昵親也。其始交闔閭以道,故由其謀。今嗣君不合,國無可救,於是焉去之可也。出則以□□□人,而又入以即死,是非吾所知也。然則員者,果狠人也歟?!"

對人物談話主題進行概括。如評《楚語》"子高諫子西召公孫勝"篇子高話語云:"誅子西不當召白公勝。"

對諫言辭采和情感進行評價。如《周語》"康公論叔孫東門之侈"篇"若登年以載其毒"評:"'登年'句論入極細。"《周語》"單穆公論鑄大錢"評:"'民之與處'數句文極頓挫,'川原'之喻最是。"《晉語》"穆子使夙沙釐相翟"篇"委質爲臣無有二心,委質而策死,古之法也"評云:"忠貞之氣,萬古凜然。"《楚語》"子高諫子西召公孫勝"篇子高"吾聞國家將敗,必用姦人而嗜其疾、味其子之謂乎"之言下評:"激切若此,乃終不悟。豈國家之敗,亦自有數?"

推測深層内涵。如《周語》"單襄公論子周得晉"篇"立無跛"一段評云:"數事可謂相人之法,君子、小人莫能掩矣。"《晉語》"穆子不受鼓人之降"篇評云:"城之畔,而歸己者有三:有逃暴而附德者,有屈力而愛死者，有反常以求利者。穆子曰：以城來者，必將求利於我。是。焉知非向之二者耶？"

針對論者不同場合下言論進行比較之後，提出批評。如《晉語》"叔向賀韓獻子之貧"評云："叔向言貧之可以安，則誠然。其言樂書之德，則悖而不信。以下逆上，亦可謂行刑耶？前之言曰樂書殺屬公而厚其德，今曰無一卒之田。前之言曰樂氏之誣晉國久矣，用書之罪以逐盈，今而離桓之罪以亡於楚。則吾惡乎信。"

對言論效果進行揭示。如《晉語》"叔向請先歃楚人"評云："叔向以信自持，無歃楚人之血。宋遠地步絕，足以服楚。"

對有些言語提出質疑。如《周語》"單穆公論鑄大錢"評："古今之言宗幣者多矣，是不可一貫，以其時之升降輕重也。今夫病大錢者，吾不知周之時何如哉？其曰召疾，則未之聞也。存民又於《內傳》曰：王其心疾死乎？其爲書皆以此矣。"《晉語》"宣子請師伐宋"篇"今宋人殺其君，是反天地而逆民則也，天必誅焉"評："盟主之討殺君也宜矣。若乃天者，則吾焉知其好惡。"

揭明語句呼應。如《周語》"單襄公論子周得國"篇"必善晉周，將得晉國。其行也文。能文，則得天地"評云："此段應'敬必及天'下句，抱以文字名德甚奇，豈亦有見於經天緯地曰文者乎？此段應'立無跋'數句。"

總體而言，邵景堯注重段落大意的分析，注重思想內容的評點，對於文章技法等則較少關注。

宋代以來，王觀國、葉適等辨析柳氏，多存乎《學林》《習學記言》中。宋元專門《非國語》著作，則多散失。而張邦奇15條《釋國語》，以收錄於文集中而傳世，對於深入認識《國語》以及《非國語》，是有一定幫助的。孫鑛比較注意句式長短、結構、起伏等形式的問題，同時也注意內容的思想警示功能等等。正因爲這樣，孫鑛的評點纔爲後世廣泛徵引，如閔齊伋裁注《國語》、盧之頤訂正《國語》、高嶙《國語鈔》對孫鑛的評點都有所引述。陶望齡注重《國語》內部各語的主體特徵比較，注重從事實出發、對篇章觀念提出質疑，注重揭示《國語》篇章内容的要點，注重篇章中兩種不同狀態或方式的對應，認爲《國語》中有鋪排太過之處，對韋注提出質疑，注重對某些虛詞的功能進行解釋，對《國語》中某些敘述方式在後世的應用進行揭示，對《國語》引文而復申述其義的内容進行評述，對《國語》某些篇章的文獻價值和學術價值進行了揭示，偶及校勘，陶望齡的評點涉及揭示價值、辨正韋注、解釋語詞、注重比較、辨明特徵等等，不僅僅具有文章學與評點學價值，也具有訓詁價值和語法學價值。鍾惺關於《國語》的評點主要見於《史懷》和《周文歸》二書，鍾惺等一批明代學者的評點，受到了清初學者的批評，甚至遭到錢謙益、顧炎武等人的基本否定。《四庫全書總目》對明代評點持貶斥態度，並歸責於以鍾惺爲主的竟陵派。① 但清初的古文選本和《國語》選本依然有引用鍾惺評點者。如徐與喬《初學辨體》之《國語》選文即引述鍾惺評點 6 條，孫琮《山曉閣國語選》引述鍾惺11 條，可見鍾惺評點在清初評點中的影響。不僅如此，鍾惺評點還遠播海外，影響了日本《國語》研究。如日本江户時期學者千葉玄之重訂《韋注國語》引述鍾惺評點 181 處，可見其影響。陳仁錫的《國語》評點影響比較深遠，不僅被其門生夏璓繼續刊刻入二乙堂本《國語》中，還爲後世評點家引用。劉祜《文章正論》選録《國語》57 篇，評點有輯自前人，有自出，以自出爲主。《文章正論》注重對内容的評點，主要包括：（1）評價篇章中人物行爲之是非；（2）評價篇章中所講道理之是非；（3）評價篇章中所提及之人物；（4）聯繫實際，揭示其警示意義。所引他人評點，有柳宗元、穆文熙、胡時化等，也有其他學者的相應言論或記述，甚至秦漢典籍中的相關言論，凡足以補充説明篇章宗旨者，也往往引述之。這樣看來，《文章正論》兼具集評性質，具有評點學術價值和評點資料價值。焦竑編選《中原文獻》分經史子集，其中以《國語》爲史集第一卷，所選《國語》篇目有 32 篇。陳深《諸史品節》欄上點評涉及行文語言、段落、技巧、人物、事件成因、結局、思想意義、

---

① 楊愛軍：《〈周文歸〉研究》，西北師範大學碩士學位論文，2008 年。

注重《左》《國》對比等等。其篇中夾批數量較少。有音注、有評點、有釋義等。評點中引述柳宗元《非國語》，對其他各家《國語》評點也有引述，但注出者少。總體而言，對於深入理解《國語》文本、研討人物、領會其價值是具有積極意義的。閔齊伋《國語裁注》豐富了《國語》評點方式，裁注《國語》經過閔齊伋的單色刊印、兩色套印、三色套印，爲《國語》的傳播做了很大的貢獻。其注文經過裁削，要言不煩，而又對於理解正文多有裨益。其所輯評點豐富，對讀者具有很大的幫助。故而閔齊伋裁注《國語》在《國語》版刻史和《國語》傳播中都具有比較重要的地位。盧之頤訂正本《國語》在中國本土幾乎沒有影響，因爲這個本子上的評點，在閔齊伋本上基本都可以看到，而且閔本無論是刻書業的影響還是學術知名度，似乎都比盧之頤要高。另外，盧本雖云訂正，刊刻似非精審，在衆多的明代晚期刻書坊《國語》刻本中，也並不特別出色，盧之頤和其父又以醫學名世，這些都影響了盧之頤訂正本《國語》的傳播。但在東鄰日本，盧之頤本却影響很大。表現在兩個方面，其一，把盧之頤訂正本《國語》作爲重要的參校對象；其二，把盧之頤本《國語》注當作重要的注本看待。《四庫存目補編》本《古文正集》所存《國語》二十四篇，兼具輯評性質，其中評點關注到具體字詞、語句、篇章、辭氣、對話、思想意義、警示功能等，對於深入理解《國語》相關文本具有積極意義。葉明元《國語抄評》和公鼐、呂邦燿《國語髓析》一樣，是獨立的評點著作。其較《國語髓析》優勝之處在於正文之下有注，這樣便於讀者檢核語義，增進理解。但不可否認的是，《國語抄評》並非嘉善之本，刻本中俗字較多，且時有錯訛。另外，有些篇章還有省文現象。但其評點則涉及《國語》的方方面面，甚至對韋注都有評議，不僅具有文學價值、文章評點學價值，還具有訓詁價值，於此可見其學術價值。邵景堯注重段落大意的分析，注重思想内容的評點，對於文章技法等較少關注。此明代《國語》評點之大略。

另外，明代還有一些《國語》評點本或選入《國語》一定數量篇目的古文選本。如署"新都太史春臺張應元選評"的《徽郡新刊訂正國語選評要覽》即其中之一。該本用張一鯤本爲底本，注文頗有省略，每篇出篇題，分上下兩欄，上欄評點，下欄爲正文，正文半葉十行，行二十字，正文及注皆加圈點。該書既具有集評性質，也有自評條目。王聖俞《王聖俞評選國腴》二卷，亦爲此類著作。孫殿起《販書偶記續編》有著録，謂："《左國腴》四卷，明廣陵王納諫撰，萬曆辛亥刊，《左腴》二卷，《國腴》二卷。"① 吉林省圖書館把館藏《國腴》定爲孤本，皮劍英等《館藏古籍孤本提要》謂："《國腴》實爲《國語》選……《國腴》選輯了其中絕大部分，計上卷《周語》9 篇，《魯語》4 篇，《齊語》4篇，下卷《晉語》9 篇，《楚語》4 篇，《吳語》4 篇，《越語》5 篇，並爲各篇加了篇名。篇末、天頭略有評語。版式與一般明刻本不同，手寫體，無欄綫，8 行，行 20 字。"② 通過著録可知，該本亦兼具輯評性質。曾棗莊認爲："《文通》三十一卷，對前人的文體研究成果進行了匯總，將文體研究和文學批評聯繫在一起，是一部比較系統周密的文體學著作。"③ 朱荃宰《文通》並未直接評點《國語》，但通過《文通》引《史通》對《國語》的觀點，亦可看出朱荃宰《國語》的有關看法。此外，還有王世貞編纂、鍾惺增訂之《名文拔萃》二十二卷。該本半葉九行，行二十字，左右雙邊，單魚尾。其中卷二選録《左傳》《國語》部分篇章，所選《國語》先列篇題，篇題下標出所出某語，正文另起頂格，有注，亦簡略韋注而成，施有圈點，關鍵語句處加雙圈。上欄外有小字評點，行四字，字數一般較短。篇末引録各家評點，以"××曰"出之，篇末評點空一格，一行未完需要續出者再空兩格。

　　明代評點學是中國評點學的鼎盛時期，《國語》評點在明代中後期得到了最大程度的發展，既有專門《國語》評點著作，也有選録《國語》篇章的古文選本。《國語》評點著作中，除了公鼐、吕邦燿録取《國語》全文之外，其他幾部都對《國語》進行了節録。節録《國語》

---

　　① 孫殿起録：《販書偶記續編》，上海：上海古籍出版社 1980 年版，第 45 頁。日本内閣文庫有藏本。

　　② 皮劍英等：《館藏古籍孤本提要》，《圖書館學研究》1994 年第 4 期。

　　③ 曾棗莊：《中國古代文體學》，上海：上海古籍出版社 2012 年版，第 734 頁。

原文的幾部《國語》評點著作，注釋上也對韋昭注文進行了裁减。這些評點著作大多數都以張一鯤本或張一鯤本的子版本爲底本，有的在此基礎上還參酌了其他版本。比如閔齊伋本以李克家本爲底本，同時參據了金李本等。這些評點著述，從内容和形式上形成了自評、集評兼自評和集評三種形式，其中第二種形式對清代《國語》評點影響較大。古文選本選録《國語》篇目多寡不一，有節録，有全篇録入。所探討 25 位《國語》評點者中，浙江籍 8 人，江蘇籍、山東籍各 4 人，湖北籍 3 人，安徽籍 2 人，廣東、福建、貴州、四川各 1 人。明代浙江籍《國語》評點研究占據多數，既有輯評，也有自評。整體而言，明代《國語》評點體例漸趨完善，評點内容涉及專書研究以及文章技法等方方面面，不但對《國語》文章評點研究、文獻訓詁研究具有重要的學術史意義，對文章學、評點學和古籍闡釋學也有重要的學術價值。張素卿謂："今人理解古典，探索其價值，總不離乎閲讀，而閲讀的起點即始自離章辨句。準此而言，古文評點家逐句逐段地細膩微觀，分析作品的命字修辭、布局結構以及綱領宗旨等，正是閲讀活動的一種具體展示。如此閲讀，可以説是理解古典的基礎工夫，其中運用的術語、方法或觀念，更可提供中國文學批評學、修辭學，乃至解釋學，極寶貴的資源。古文評點分析的資源如何探掘發展，誠爲古典文學研究值得開發的領域。"[①] 對評點的功能以及價值進行了揭示，對評點資源的利用和研究前景進行了展望。

五、明代對《國語》著述的著録

明代目録學發達，公私藏書目較多。對《國語》的著録也比較豐富。明代的幾部官修目録著録相對簡單，臚列書名、本數或册數，官修著録較詳者唯《南廱志·經籍考》，私人目録一般著録也比較簡單，但

---

① 張素卿：《〈國語〉的"語"：形式與内容——從評析〈祭公諫穆王征犬戎〉出發》，《中國古典文學研究》（創刊號），第 1—22 頁。

多列卷數，可資考校。從歸類上看，有從舊説歸入經部春秋類者，有從新説歸入史部雜史類者，還有歸入史部旁史類者，也有歸入史類正史門者。凡此，詳見本章第一部分。

小　結

　　明代《國語》研究具有比較鮮明的時代特色。從對《國語》的性質上來看，既有遵從前代以《國語》爲經書的認定，又有一些學者在繼承前代觀念的基礎上，對《國語》的性質作出重新探討。一些學者在《國語》史部細目的措置上進行了很多有益的探索，爲清代官修《四庫全書》以及《四庫總目提要》對《國語》的措置提供了理論前提和實踐基礎。一些學者從文章學、表述方式等角度對《國語》和《左傳》的關係進行了重新審視，爲進一步探討提供了視角和維度。明代是整個《國語》刊刻史上最爲繁榮的時代，不僅補修了宋元時代的壞版，使其繼續發揮作用，而且多次刊刻《國語》，使得《國語》公序本系統在明代的子版本異常豐富，不僅從版本學的角度提供了很多資料，在《國語》推廣方面也做出了很重要的貢獻，比如張一鯤本和閔齊伋本，都是明代《國語》的重要實用傳本。唯一遺憾的是，明道本在明代中國本土的流傳顯得有些單薄。和整個明代的學術風氣相匹配，明代學者在《國語》音義考校方面進展較少，主要成就體現在《國語》評點和《國語》編選上，形成了比較完整的《國語》評點系統，評點內容多樣，涉及《國語》一書的方方面面，對於《國語》版本考校、語義探討、文章學、評點學以及思想價值、《國》《左》比較等各個方面都有所揭示。既有學者自評，也有集評，既有《國語》專書，也有古文選集。其評點對清代《國語》評點以及日本江戶時期的《國語》研究都產生了極其深遠的影響。

郭萬青◎著

國語研究史

（中册）

燕山大學出版社

·秦皇岛·

第七章　清代《國語》研究

　　有清一代學術，爲中國傳統學術之殿軍。前代的幾乎所有學術成果，在清代都得到了繼承和發展。其中尤以乾嘉樸學爲鼎盛且影響深遠。乾嘉時期的經學、古籍研究、歷史考據等都達到了新的高度。有學者云："有清一代的學術，領域寬廣，內涵宏富，門類衆多，探究精深，既有對以往傳統學術進行總結的氣魄，又有適應時代的急劇變化而勇於開新的精神。作爲清代學術精華的體現，在清初，是學者治學的博大氣象和經世精神，在乾嘉時期，是樸學家嚴密考證的科學態度以及乾嘉別派在哲學、史學理論領域內富有理性主義的思考，在嘉道以後，則是以復活今文經學的形式闡釋變革、進取的哲學觀和歷史觀，爲禦侮圖强的需要而開創認識世界和向西方學習的新風氣。"[1] 清代《國語》研究是在這樣的時代大洪流中，繼承前代，超邁千古，成爲《國語》研究史上第二個繁榮的階段。在《國語》刊刻之外，就研究內容而言，可以分成六個方面：一、《國語》學術史梳理；二、《國語》版本及著録；三、《國語》校勘；四、《國語》注解及訓詁考據；五、《國語》及《國語》舊注輯佚；六、《國語》評點。就時間上而言，校勘、評點較早，學術史梳理著録次之，訓詁考據、舊注輯佚主要集中在嘉慶時期及之後。

① 　陳其泰、李廷勇：《中國學術通史（清代卷）》，北京：人民出版社 2004 年版，第 622 頁。

一、清代《國語》的傳抄及版刻

就整個《國語》版刻史而言，明代《國語》刊刻最爲活躍，出現了很多具有重要版本價值的《國語》本子。清代《國語》版刻總體上不如明代，但也出現了不少好的本子。從形態上看，可以分爲刻本、寫本兩種。按照版本系統，大體可以分爲：1. 張一鯤本的重刻及流通；2. 明道本抄本的流傳及刻本的最終確立；3. 詩禮堂本的刊刻和四庫本的形成。

（一）張一鯤本的重刻及流通

明代《國語》各本中，弘治十五年（1502）本是正德十二年（1517）本的底本，而正德十二年本又是正學書院本等的底本，張一鯤本又以金李本等爲底本。關於張一鯤本及其相關情況，拙稿《張一鯤本〈國語〉及其系統考述》已經進行了比較詳盡的探討，可參。① 清人翻刻張一鯤本頗多，如文盛堂本、綠蔭堂本、三餘堂本、經綸堂本、書業堂本等等，都是張一鯤本《國語》的翻刻本，這類本子的共同特徵是將韋昭《國語解敘》末句和張一鯤《校補國語凡》首句割去，使二文合爲一體，脣充"南宋鮑彪校本"以惑讀者。此外，乾隆年間朝鮮內閣活字本、朝鮮哲宗十年（1859）內閣活字本，皆翻刻自張一鯤本，可見張一鯤本的影響。

（二）明道本之錢鈔本、毛鈔本的流傳及黃刊明道本的刊刻

中國本土明道本《國語》的流傳脈絡比較模糊。明代前期並無關於

---

① 拙稿《張一鯤本〈國語〉及其系統考述》，《海岱學刊》2016年第2期，第265—285頁。

明道本的精準記載，唯今所見嘉靖五年姜恩刻本《監本音注國語》二十卷雖是公序本系統，但是其中參照了不少的明道本成分，許宗魯本雖然屬於公序本系列，但該本文字也頗有與明道本相同之處。另外，朝鮮經筵舊藏本也是明道本的一個本子，因爲以經筵舊藏本校訂而成的朝鮮集賢殿校本雖然有著衆多的公序本的特徵，但就其主要版本特徵而言，也還當屬於明道本版本的序列。①

1. 毛鈔本、錢鈔本的流傳

明末清初，唯知錢謙益絳雲樓有明道本《國語》刻本一部，毛扆汲古閣抄本和錢曾抄本都鈔自錢謙益絳雲樓。此後，陸貽典據錢鈔本作校宋本，惠棟據錢鈔本之傳録本以及陸貽典之傳録本進行了《國語》的勘校考訂。此外，如何焯、戴震、段玉裁、盧文弨、黃丕烈等乾嘉時期的校勘大家進行《國語》校宋和校訂所依據的傳本應該大都是錢鈔本的傳録本。段玉裁《重校明道二年國語序》謂："常熟錢氏從明道二年刻本影鈔者在其家，顧君千里細意校出。" 明確指出黃丕烈所據爲錢鈔本。但也有一些學者並未明確指出所據抄本究竟是錢鈔還是毛鈔。如何焯《跋〈國語〉(舊鈔天聖明道本)》云："虞山錢宗伯舊藏宋仁宗天聖七年所開《國語》，明道二年復經刊正者，最爲古本。矜慎不肯借傳，即同好亦罕得見。康熙甲子，余交其從孫孝修，嘗爲道之。後見其族孫遵王所撰《敏求記》，亦甚貴其書。己丑夏，吳興書賈忽以傳本來鬻，余驚喜，以重值購焉。此書與今世所行南宋本增損多不同，其可從是正者居十之六七，亦閒有當據別本者。"② 只是説 "傳本"。另如錢大昕爲黃刊明道本所作序文也未明確是何鈔本。盧文弨題識："影宋鈔《國語》，乃未經宋公序校正之本，宋指以爲俗本者是也，然其中煞有好處。盧文弨識。"③《鈕非石日記》"七月十九日" 下云："詣黃蕘圃家，觀影抄天

① 關於朝鮮經筵校本的明道本歸屬問題，可參拙著《〈國語〉考校——以明本四種校勘材料爲對象》(新北：花木蘭文化出版社 2015 年版) 和拙稿《明清時期〈國語〉明道本的流傳、鈔校與刊刻》(《華夏文化論壇》第 17 輯)。

② (清) 何焯：《跋〈國語〉(舊鈔天聖明道本)》，見載於《義門先生集》卷九，上海：上海古籍出版社輯印《續修四庫全書》第 1420 冊，第 230 頁。

③ 中國國家圖書館藏盧文弨校跋本。

聖七年《國語》，末有義門跋二。"① 也只是説"影宋鈔"，並没有確指
是毛鈔還是錢鈔。至葉德輝謂"影宋鈔出自常熟錢遵王藏書"②，直接把
毛鈔忽略掉了。但是錢鈔本原本究竟去了何處，史無明確記載。毛鈔本
在《汲古閣秘本書目》中有明確的記載，整個清代前期及中期只有汪中
《國語校文》有依據毛鈔本進行《國語》的校訂和校宋記録，其他學者
校勘《國語》明確所依據來源者則爲錢鈔本。陸心源《儀顧堂題跋》對
毛鈔本有較詳盡著録。

從陸心源的記述可見，毛氏父子對該抄本鍾愛異常，鈐章竟達二十
二處之多。此後毛鈔本歸入潘末處，後輾轉入黄丕烈處，又入於汪士鍾
處，後又歸蔡廷相，最後歸陸心源。可見其傳流有序，却又没有傳録本
流傳。至於其和錢鈔本之間究竟差别幾何，清人無人言及。島田翰以皕
宋樓藏書舶載而東，河田羆編有《静嘉堂秘籍志》，該書卷五予以著録，
如下：

> 《國語》毛抄天聖明道本（吴韋昭注）抄五本
>
> （志）《國語》二十卷（汲古閣毛氏影寫宋天聖明道本）
>
> 吴韋氏解
>
> 自序
>
> 按：末有"明道二年四月初五日得真本"一行，"天聖七年七
> 月二十日開印"一行，"江陰軍鄉貢進士葛惟肖"一行，"鎮東軍權
> 節度掌書記魏庭堅"一行。汲古閣本，即黄氏士禮居刊本所祖也。
>
> 案：《儀顧堂題跋》云："天聖明道本《國語》二十一卷，題曰
> 韋氏解。毛氏汲古閣影宋抄本，每頁二十二行，每行二十一字，小
> 字雙行，每行三十一字，前有韋昭序，末有'天聖七年七月二十日
> 開印、江陰軍鄉貢進士葛惟肖再刊正、鎮東軍權節度掌書記魏庭堅
> 再詳、明道二年四月初五日得真本凡刊正增減'四行。嘉慶中，黄

---

① （清）鈕樹玉：《鈕非石日記》，瀋陽：遼寧教育出版社1998年點校本，第4頁。

② 中國國家圖書館藏盧文弨校跋本。

蕘圃影摹板行，絲毫不爽。此則其祖本也。卷首在毛晉二字朱文連珠印（以下載毛氏印記凡十行，今省）。此書從絳雲樓北宋本影寫，原裝五本，見《汲古閣秘本書目》，後歸潘稼堂太史，乾嘉間爲黃蕘圃所得，黃不能守，歸于汪士鍾，亂後歸金匱蔡廷相，余以番佛百枚得之。毛氏影宋本尚有精于此者，此則以宋本久亡，世無二本，故尤爲錢竹汀、段懋堂諸公所重耳。"《提要》云：昭字宏嗣，雲陽人，官至中書僕射。《三國志》作韋曜，裴松之注謂爲司馬昭諱也。①

和陸心源《儀顧堂題跋》相比，河田羆《静嘉堂秘籍志》並沒有提供更豐富的信息。此後，禹域學者罕睹毛鈔本《國語》真容。傅增湘、嚴紹璗等曾親見毛鈔本，然而兩位學者都是文獻學大家，而非專門研究《國語》者，故雖於毛鈔本有所著録，而其梗概，仍未有溢出陸心源《皕宋樓善本書志》、河田羆《静嘉堂秘籍志》的著録内容之外者。如傅增湘《藏園群書經眼録》云："《國語解》二十一卷，吳韋昭撰。明末毛氏汲古閣影寫宋刊本，半葉十一行，每行十九至二十字不等，注雙行三十一字。鈔楷極爲古雅，見《汲古閣秘本書目》。黃氏士禮居刊本即從此出。（日本静嘉堂文庫藏書，己巳年十一月十三日）"《藏園訂補郘亭知見傳本書目》云："明末毛氏汲古閣影寫宋刊本，十一行十九至二十字，注雙行三十一字。《汲古閣秘本書目》著録，黃氏士禮居刊本即從此出。日本静嘉堂文庫見，皕宋樓舊藏。"② 前者只是對毛氏汲古閣影寫本鈔功進行了評價，後者著録更簡。又嚴紹璗《日藏漢籍善本書録》云：

---

① ［日］河田羆編：《静嘉堂秘籍志》卷五，宇賀正躬 1919 年版，本卷第 9—10 頁。該本 "《國語》二十卷" 欄外批云："二十，當作 '二十一'。" "每行二十一字" 欄外批云："二十一字，當作 '二十字十九字不等'。" 卷首在，杜澤遜等點校本據《儀顧堂題跋》改作 "卷首有"，是。

② 傅增湘：《藏園群書經眼録》，北京：中華書局 1983 年版，第 274 頁。（清）莫友芝著，傅增湘訂補：《藏園訂補郘亭知見傳本書目》，北京：中華書局 2009 年版，第 273—274 頁。

國語二十一卷

［吳］韋昭解

明汲古閣毛氏影寫宋天聖明道本　共五册

靜嘉堂文庫藏本　原黃蕘圃　汪士鐘　蔡廷相　陸心源皕宋樓
等舊藏

【按】每半葉十一行，行十九字或二十字不等。小字雙行，行
三十一字左右。

卷前有韋昭《序》。末有"（宋）天聖七年（1029）七月二十
日開印"，"江陰軍鄉貢進士葛惟肖再刊正"，"鎮東軍權節度掌書記
魏庭堅再詳"，"（宋）明道二年（1033）四月初五日得真本凡刊正
增減四行"。

陸心源《儀顧堂題跋》卷三著録此本並曰：

"此書從絳雲樓北宋本影寫，原裝五本，見《汲古閣秘本書
目》。後歸潘稼堂太史，乾嘉間爲黃蕘圃所得。黃不能守，歸于汪士
鐘。亂後歸金匱蔡廷相。余以番佛百枚得之。毛氏影宋本尚有精于
此者，此則以宋本久亡，世無二本，故尤爲錢竹汀、段懋堂諸公所
重耳。"

卷首有"毛晉""宋本""甲"等朱印。卷三與卷七末有"毛
晉""汲古主人""斧季""毛扆之印"等朱印。卷四、卷八、卷十
二、卷十七前皆有"毛晉"連珠印。卷十一末有"汲古閣""毛晉
之印""毛氏子晉""筆研精良人生一樂""毛扆之印""斧季"等
朱印。卷十六末有"毛晉書印""汲古得修綆""毛扆之印""斧
季"等朱印。卷二十一末有"毛晉私印""子晉""汲古主人"等
朱印。

【附録】據《商舶再來書目》記載，光格天皇享和二年（1802）
中國商船"天字號"載天聖明道本《國語》一部抵日本。又據光格
天皇文化元年（1804）《改濟書籍目録》記載，中國商船"亥十番"
號亦載天聖明道本《國語》一部抵日本。

光格天皇文化元年（1804），日本刊《國語》二十一卷。此本

題“覆宋天聖明道本”。文化三年（1806）由京都矢代仁兵衛等重印。①

鈐印著録較前細緻，但也僅及毛氏鈐印，後世藏家有無鈐印，並没有提及。另，該提要提供了《國語》東傳日本以及日本翻刻《國語》的一些信息。而於毛氏影寫本《國語》内容，基本没有涉及。故傳增湘、嚴紹璗著録資料提供給學界的有關毛抄本的有效學術信息極其有限。希望將來有志於斯學之士東渡日本，能够到静嘉堂文庫一睹毛氏影寫本《國語》真容，或複製，或抄録，使此《國語》版本學上之重要文獻，能够爲國内研究者所參照。

2. 黄刊明道本的刊刻及其影響

黄丕烈讀未見書齋於嘉慶庚申（1800）刊刻天聖明道本，該本全稱爲“黄丕烈讀未見書齋嘉慶庚申重雕天聖明道本《國語》”。黄丕烈題跋云：“繼得影寫明道本，囑余友顧澗蘋正之。宋本之妙，前賢所校實多闕遺，遂一一考訂，如下書中稱‘影宋本’者，皆盡美盡善處也。而今而後，《國語》本當以此爲最，勿以尋常校本視之。”② 關於此書的刊刻情形，顧廣圻在其題識中有所説明，謂：“今蕘圃黄君乃以真本見借，所獲抑何奢歟！爰悉心讎勘，凡兩踰月始克歸之。自今而後，宋公序以後本當以覆瓿矣。”③ 但是黄丕烈和顧廣圻都没有提到這個本子就是毛鈔本，也没有説這個本子是錢鈔本或錢鈔本之傳録本。唯段玉裁序中謂黄丕烈得錢鈔本，至於是錢鈔原本還是傳録本，段氏亦未言。顧氏又謂：“此蕘圃所收影鈔本，即據之重雕者，余别得首三卷，較之寫手尤精，故用以上板，而仍留此，他時儻别得之本以下復出，遂可轉爲補全，竹頭木屑，正未必無用也。己未冬至前一日，澗蘋書。第六、第十、第十九、廿、廿一，共五卷，此類余以爲寫手不佳，故重摹付刊，而此遂剩，合訂爲

① 嚴紹璗：《日藏漢籍善本書録》，北京：中華書局2007年版，第459頁。
② （清）黄丕烈撰、潘祖蔭輯，周少川點校：《士禮居藏書題跋記》，北京：書目文獻出版社1989年版，第22頁。
③ （清）顧廣圻撰，王欣夫整理：《顧千里集》，北京：中華書局2007年版，第284頁。

一本存之，俾他日有考焉。潤覽書。"① 顧氏後者的題識和前者並不相同，恐怕後者的記述更接近事實。故筆者認爲黃刊明道本《國語》底本即黃丕烈校宋本，參照本爲黃丕烈、顧廣圻所收影鈔本殘卷。章鈺得陸貽典校宋本真本，云："吾吳士禮居黃氏刊天聖明道本《國語》爲覆宋佳刻，稱重藝林。其《札記》序語謂：'用所收影鈔者開雕餉世。'蓋即指校宋本《國語》跋所謂'繼得影寫明道本也'。惟是本果否即爲錢遵王影寫絳雲樓宋刻真本，抑係傳錄之本？蕘翁並未揭明。與金壇段氏序文謂'用錢氏原抄付梓'云云，微有不同。"② 章氏之説可作一個旁證。按説陸貽典據錢鈔本做校宋本，假如黃丕烈據錢鈔本或錢鈔本之傳錄本刻《國語》的話，二本之間差別不會太大，但章鈺却檢出陸貽典校宋本和黃刊明道本之間多種不同，約可分爲四類：（1）陸改明本與黃本異者，共9條；（2）陸仍明本與黃本異者，共88條；（3）陸注字不改字而黃本與注字同者，共8條；（4）明本存字陸校塗去，黃本作空格者，2條。③ 葉德輝用盧文弨校宋本和黃刊明道本進行比對，認爲盧文弨校宋本"與世行黃氏士禮居影刊明道本一一符合"④，而盧文弨據以校宋之影鈔本得之紀昀，至於該影鈔是錢鈔還是毛鈔，並無交代。如果葉德輝所説不誤，則盧文弨校宋本和黃刊明道本之間具有某種淵源關係。而黃刊明道本的底本問題，恐怕還要進一步考察。

黃刊明道本具有多個版本形態。從文字形式上看，可以分爲刻本和排印本兩種。刻本又可以分軟體字和硬體字兩種。排印本則分爲仿宋字本和鉛字本兩種。從所附成分上看，則可以分爲附《札記》本、附《札記》《考異》本兩種。從内容差異而言，則可以分爲黃氏原刻本、覆刻黃氏本、仿刻黃氏本、重刻重排本等，各個本子之間差異還是比較大

---

① （清）顧廣圻撰，王欣夫整理：《顧千里集》，北京：中華書局2007年版，第285頁。

② 見王文進《文禄堂訪書記》，上海：上海古籍出版社2007年版，第90—91頁。

③ 拙稿《〈國語〉明道本的流傳、鈔校與刊刻》，《華夏文化論壇》總第17輯（2017年），第83—97頁。

④ 中國國家圖書館藏盧文弨校跋、葉德輝跋本《國語》。

的。①

　　黄丕烈對明道本《國語》的行世具有重要的意義。黄刊明道本的刊刻，使得明道本《國語》有了固定的文本形態，同時化身千萬，使更多的學者有了可以依據的版本。可見黄丕烈對於《國語》明道本的廣泛傳播與文本形態的固化，貢獻是巨大的。但同時也需要明確一點，黄刊明道本並不就是明道本，這也是學者在參考相應文獻版本時需要注意的。

（三）闕里孔氏對《國語》的校刊

1. 詩禮堂及詩禮堂本《國語》的著録

　　詩禮堂爲孔廟中建築之一。相傳孔子教其子孔鯉以"不學《詩》，無以言；不學禮，無以立"，後人爲紀念其事，遂築此堂。孔尚任曾在詩禮堂爲康熙帝講經，孔繼汾曾在詩禮堂爲乾隆帝講經。

　　各種文獻中對於詩禮堂本《國語》記載頗爲少見。首見於《四庫總目提要·國語》中，云："此本爲衍聖公孔傳鐸所刊。"②且謂爲户部員外郎章銓家藏本。汪由敦《松泉集》卷十五云："年來覓韋昭《國語解》於京師書肆，迄不可得。今年秋，衍聖公廣棨入覲，餉以家刻《國語》。發而讀之，韋氏之名没矣，而註則全裝成。適有知武舉之命，乃攜之棘闈，以公餘爲之句讀。其譌字及篇段之不當屬而屬者，舛誤不少，惜不得善本是正，率以意改之。浹日而卒業，喜天之假以日而愜所願也。書諸末簡以志幸。"③可見孔廣棨送給汪由敦的家刻本《國語》絶非後來孔繼涵於乾隆丙戌年（1766）刊刻而成的，而是孔傳鐸兄弟三人校刻成的孔毓圻本《國語》。又黄丕烈《士禮居藏書題跋記》卷二云："是書爲山

　　①　拙稿《〈國語〉明道本的流傳、鈔校與刊刻》《從"菓""菓"之異試談黄刊明道本《國語》及其覆刻本的版本系統》（《安徽文獻研究集刊》第 5 輯）有詳辨，可參。

　　②　（清）永瑢等：《四庫全書總目》，臺北：臺灣商務印書館《景印文淵閣四庫全書》第 2 册，第 146 頁。

　　③　（清）汪由敦：《松泉集》，臺北：臺灣商務印書館《景印文淵閣四庫全書》第 1328 册，第 845 頁。孔廣棨（1713—1743），字京立，號石門。孔傳鐸（1673—1732）之孫，孔繼濩之子，孔昭焕（1742—1783）之父。雍正九年（1731）襲封衍聖公。

東孔氏校刊本，書中確有改正處，特校未盡耳。"① 黃氏用爲校宋本之匯校本。又李慈銘云："過倉橋以三百錢買得孔傳鐸詩禮堂所刻韋注《國語》一部。傳鐸字振路，襲封衍聖公，㒷軒檢討之祖父也。《國語》經明代坊刻，譌脱甚多，此本雖無所校訂，較之後日吳中黃蕘圃所刻，相去懸殊，然誤字尚少，亦近刻之佳者。蓋孔氏自振路好爲古學，聚書甚多，至其子户部主事繼汾與其從子户部主事繼涵，皆研精著書，各有師法。至其孫檢討，遂爲漢學大家。繼涵號荭谷，所刻《微波榭叢書》，中有宋庠《國語補音》，蓋以補是刻之所未及者也。"② 這是有清一代學者對《國語》詩禮堂本的著錄情況。

2. 孔毓圻本與孔傳鐸本

檢各圖書館所藏詩禮堂本《國語》，多謂爲乾隆丙戌（1766）孔繼汾所刊本。然詩禮堂本至少經過兩次刊刻，第一次刊刻當在康熙年間，與乾隆刊本不盡相同。康熙年間印本首單行"×語×第×"，別起兩行署"闕里"，"闕里"左右兩行行綫上分別署"孔毓圻翊宸鑒定""孔毓埏宏興參訂"，下分三行署"子姪傳錝、傳鐸、傳鉅仝校"。乾隆丙戌詩禮堂刊本則首行題"國語第×"，別一行居下題"雲陽韋昭弘嗣注"，又別一行居下題"闕里孔傳鐸振路校"，又別一行頂格題"×語×"，另行起爲正文。每卷之後，孔毓圻本爲"×語×第×終"，而孔傳鐸本則作"國語第×終"，下同。乾隆丙戌本後附孔繼汾跋，云："右《國語》二十一卷，吳高陵亭侯韋昭注，先公同吳注《戰國策》重刻。汾偕從弟繼涵補校此版，魚豕字少於《國策》，蓋彼版全未及校，而此則校而未畢者也。喜其易施功，故初校自《國語》始，閒有可疑處，苦無善本訂證，久而弗就。《國策》得吳注舊刻，先校完可印。此版雖補削粗完，而疑竇尚闕如焉。又有注無音，欲增刻宋庠《補音》，分附於各卷之末，顧未能得其原本。現有明侍御張一鯤所刻者，既多譌字，且有所增損，

---

① （清）黃丕烈撰、潘祖蔭輯，周少川點校：《士禮居藏書題跋記》，北京：書目文獻出版社1989年版，第22頁。

② （清）李慈銘著，由雲龍輯，本社重編：《越縵堂讀書記》，上海：上海書店出版社2000年版，第412—423頁。

非復宋氏本書，不足依據。搜刻亦尚須俟諸異日。乃歎天下事，視爲難者匪難，視爲易者大不易也。乾隆丙戌夏四月闕里孔繼汾識。"對於孔傳鐸本校勘經過等予以説明。詩禮堂本以明代明德堂本爲底本，又參照多本校刻而成。

拙稿《〈書目答問〉史部國語類補證：以現行三種匯補著作爲主》通過比對，認爲詩禮堂本經過多次刊刻，最初當刻於康熙年間，此後則有乾隆丙戌本以及乾隆丙戌校樣本，康熙年間本可稱爲孔毓圻本，乾隆年間本可稱爲孔傳鐸本。[1] 國家圖書館藏本有 "世居趙北燕南地" "孔荭谷" "壽彭曾觀" 等章，爲王籛跋本。筆者以自藏孔毓圻詩禮堂本前三卷《周語》與國家圖書館藏孔傳鐸詩禮堂本對校，比勘二本異同，得 81 條。根據異同類型，分爲如下幾個類别：（1）二本異文是異體字關係；（2）二字爲本字與借字關係；（3）二字爲古今字關係；（4）二字形近；（5）二字音近音同；（6）二字無字形、字音上的關聯；（7）一本之字，另本無；（8）語序顛倒。[2] 今將孔毓圻本、孔傳鐸本前三卷異同詳列如下：

（1）二本異文是異體字關係

①異文部分構件不同，爲異體字關係

A. 商/商

詩禮堂本之圻本部分 "商" 字作 "商"。如：商頌亦以（圻），鐸本 "商" 作 "商"；河竭而商亡（圻），鐸本 "商" 作 "商"；夷羊神獸牧上商郊牧野（圻），鐸本 "商" 作 "商"；湯誓商書（圻），鐸本 "商" 作 "商"；鄭商覺之矯以鄭伯之命告之（圻），鐸本 "商" "告" 分别作 "商" "犒"；故遂克商有天下（圻），鐸本 "商" 作 "商"；四岳之後商周（圻），鐸本 "商" 作 "商"；夏商之季（圻），鐸本 "商" 作 "商"；虞夏商周金幣三等（圻），鐸本 "商" 作 "商"；大蔟爲商南吕爲羽

---

① 拙稿《〈書目答問〉史部國語類補證：以現行三種匯補著作爲主》，《圖書資訊學刊》2014年第 2 期。

② 拙稿《清代〈國語〉的傳抄與刊刻》，《唐山師範學院學報》2018 年第 1 期。

（圻），鐸本"商"作"啇"；大蔟正聲爲商（圻），鐸本"商"作
"啇"；商紂都也（圻），鐸本"商"作"啇"。

此外，"敵"字構件"商"，圻本"商"有作"啇"者。又二本
"適"字構件"商"字有作"啇"者。

B. 氺/小

涉及黍/𥝢、恭/𣏕兩組字。詩禮堂本之孔毓圻本字作"黍""恭"，
而詩禮堂本之孔傳鐸本則作"𥝢""𣏕"。

C. 鬩/鬮

兄弟讒鬩（圻，注及下同），鐸本"鬩"作"鬮"。

D. 燮/爕

范士燮也（圻），鐸本"燮"作"爕"。

②二字本不同，但也算作異體字

A. 謐/謚

周公旦之謐（圻），鐸本"謐"作"謚"；下同。

B. 底/厎

日月底于天廟（底，至也）（圻），鐸本"底"作"厎"。

（2）二字爲本字與借字關係

①懋/茂

懋正其德（懋，勉也）（圻），鐸本"懋"作"茂"。

②悦/説

媚悦也（圻），鐸本"悦"作"説"。

③伏/服

晉文公討不伏（圻），鐸本"伏"作"服"。

④被/披

寺人被以告公（圻），鐸本"被"正作"披"。

⑤籍/藉

厲王之流籍田禮廢（圻），鐸本"籍"作"藉"。

（3）二字爲古今字關係

豈敢厭縱其耳目心腹（圻），鐸本"厭"作"猒"；注同。

（4）二字形近

①二字的部分構件相同

A. 相同構件爲"禾"

風氣秋時候至（圻），鐸本"秋"正作"和"。

B. 相同構件爲"殳"

在殷庚曰（圻，注同），鐸本"殷"正作"般"。

C. 相同構件爲"一"

鬯酒之圭長尺一寸（圻），鐸本"一"作"二"；八十七分寸之一千六百三十二（圻），鐸本"十二"作"十一"。

D. 相同構件爲"女"

世本云密須姞姓（圻），鐸本"姞"正作"姞"。

E. 相同構件爲"帥"

三師秦三將（圻），鐸本"師"正作"帥"；言勉師其德（圻），鐸本"師"正作"帥"；師象禹之功（圻），鐸本"師"正作"帥"。

F. 相同構件爲"三"

順義順王義也（圻），鐸本"王"作"三"；襄王從鄭至三城也（圻），鐸本"三"正作"王"。

G. 相同構件爲"木"

待重於宋地之君（圻），鐸本"宋"正作"采"。

H. 相同構件爲"系"

孫方六十里（圻），鐸本"孫"正作"縣"。

I. 相同構件爲"匕"

其次必比（圻），鐸本"比"正作"此"；名北樂爲屬（圻），鐸本"北"正作"此"。

J. 相同構件爲"侯"

侯不在疆（侯侯人也，圻），鐸本"侯"正作"候"。

K. 相同構件爲"戍"

朝見東方建成之初（圻），鐸本"戍"正作"戌"；下同。

L. 相同構件爲"止"

地有五行金木水火上也（圻），鐸本"上"正作"土"。

M．相同構件爲"尸"

臀屁也（圻），鐸本"屁"正作"尻"。

N．相同構件爲"是"

唐提也（圻），鐸本"提"作"堤"。

O．相同構件爲"｜"

言武王夢與十合（圻），鐸本"十"正作"卜"。

P．相同構件爲"艽"

墾田若藪（圻），鐸本"藪"作"蓻"，注同。

Q．相同構件爲"礻"

謂其能以嘉社殷富（圻），鐸本"社"正作"祉"。

R．相同構件爲"口"

左杖黄鉞后秉白旄（圻），鐸本"后"正作"右"。

S．相同構件爲"冒"

公潛曾（圻），鐸本"曾"正作"會"。

T．相同構件爲"欠"

歆猶歆歆喜服（圻），鐸本"猶歆"作"猶欣"。

U．相同構件爲"离"

正南爲离（圻），鐸本"离"作"離"。

②二字整體字形相近

A．次/沃

淳次也（圻），鐸本"次"作"沃"。

B．自/日

魯語曰自入監九御（圻），鐸本"自"作"日"。

C．昔/背

子囊不欲昔（圻），鐸本"昔"正作"背"。

D．三/已

至今三十四王也（圻），鐸本"三"正作"已"。

E．入/八

和入音克諧（圻），鐸本"入"正作"八"。

F. 五/二

惠王十九年魯僖之五年（圻），鐸本"五"誤作"二"。

（5）二字音近音同

①定/鄭

新定之於王城（圻），鐸本"定"作"鄭"。

②子/至

王子自鄭（圻），鐸本"子"正作"至"。

③費/廢

絶民用謂費小錢（圻），鐸本"費"作"廢"。

（6）二字無字形、字音上的關聯

①必先不窋（圻），鐸本"必"作"不"。

②不以小小而示威武（圻），鐸本"小小"作"小事"。

③傳曰黍稷其（圻），鐸本"其"作"非"。

④百姓直官也（圻），鐸本"直"作"百"。

⑤朝見謂夏北十月（圻），鐸本"北"正作"正"。

⑥守祀不替非典（圻），鐸本"非"正作"其"。

⑦則本輕而末寡（圻），鐸本"輕"正作"竭"。

⑧將有遠志氏逋民也（圻），鐸本"逋"正作"離"。

⑨爲宮法云九寸之一（圻），鐸本"寸之一"作"分之六"。

⑩不名其初臣歸功於王（圻），鐸本"王"作"上"。

⑪鍾聚曲細也（圻），鐸本"曲"作"也"。

⑫敗服戎輅之服戎輅之服（圻），鐸本"敗服戎"作"賜之大"。

（7）一本之字，另本無

①而匹偶以生穆（圻），圻本脱"王"字，鐸本則有之。

②考中□省己（圻），鐸本"省"前補"考"字，圻本脱。

③晉侯□□王十（圻），鐸本補"皆納"二字。

④鎮爲陰所鎮笮也笮莊陌反（圻），鐸本無"笮莊陌反"四字。

（8）語序顛倒

①天子田藉千畝（圻），鐸本"田藉"作"藉田"。

②稷以告（以大史之言告王）王曰（圻），鐸本作"稷以告王（以大史之言告王）曰"。

③（官有世功受氏姓也）夫人奉利而歸諸上是利之内也（十億曰兆夫人猶人人也）（圻），鐸本作"（官有世功受氏姓也十億曰兆）夫人奉利而歸諸上是利之内也（夫人猶人人也）"。

④思身能信（思誠其身乃爲信也易曰體信足以長）愛人爲仁（言愛人乃爲仁），鐸本作"思身能信（思誠其身乃爲信也）愛人爲仁（言愛人乃爲仁易曰體仁足以長人）"。

⑤墮堙庳高（圻），鐸本作"墮高堙庳"。

⑥故亡其氏蹖獘不振（蹖僵也振救也）姓絕後無主（圻），鐸本"姓"字移次於"氏"字之下。

通過二本對勘可知，孔毓圻本與孔傳鐸本存在著諸多方面的不同，二本互有正譌，而孔毓圻本譌處多爲孔傳鐸本所改正。汪由敦所云孔氏家刻《國語》實即孔毓圻本，黄丕烈所用實爲孔傳鐸本。

要之，闕里孔氏刻本《國語》，是清代爲數不多的公序本的新版本，又是《四庫全書》據以寫定的底本，在《國語》版本史和清代《國語》傳播中具有重要的價值。

2. 微波榭本《國語補音》

闕里孔氏不僅刊刻了《國語》，也刊刻了《國語補音》，爲《微波榭叢書》之一種，由孔繼涵刻成。關於孔繼涵的學術成就，有學者認爲："就其生平學術活動而言，可分爲三個方面：一是校勘收藏大量書籍，使其成爲清代著名的藏書家與校勘學家；二是刊刻許多機具價值的書籍，使得古代典籍及戴氏之學得以流布；三是撰寫了若干著作，在經義闡發、地理考據、科技算學研究以及文學創作等方面，皆有令人贊許的獨特見解，尤有爲世稱慕的可觀之處。"① 孔繼涵《重刊趙注〈孟子〉跋》云：

---

① 廖柏榕：《孔繼涵及其〈微波榭叢書〉研究》，東吳大學碩士學位論文，2010 年。

"癸巳之冬，東原徵赴京師，予謁諸寓，即出是本與宋刻《國語》及
《補音》本見付。余喜劇，遂重校授梓。"① 此其刊刻《國語補音》緣起，
時爲乾隆三十八年（1773）。又國家圖書館藏明正德十二年（1517）明
德堂刊二卷本《國語補音》有孔繼涵跋語數則，《國語補音敘錄》旁書
"乾隆乙未二月，借陳君（樹華）本，頁廿行，行廿二字。付兒杕謄一
過"一行②。書後有跋語云："元大德本、明弘治本、嘉靖本傳注行款皆
合。今坊間刻本承譌襲謬，不堪寓目。如萬曆本（張一鯤、李時成、郭
子章、周光鎬閱校，則有巴郡張一鯤本）、葛本（穆文熙纂，葛重訂）
輒删補《補音》，逐條附入，取便讀者，失却古書面目，予所不取。"此
段錄自陳樹華《春秋外傳國語考正論例》。又孔氏跋云："乾隆癸卯校刻
此書，校一過。秋七月六日辛卯，晨起，大雨初止，點完於秀南閣。"又
一行語云："弘治十五年刊本，治泉手校。"又云："壬辰六月，假得滋
蘭堂主人所藏元刻《補音》並何小山先生手校本，時適抱病。八月杪病
起，起互勘一過。"③

可見，孔繼涵於乾隆壬辰（1772）借得何焯手校本對校《國語補
音》。乾隆癸巳（1773）拜見戴震，得戴震所付《國語補音》，下定決心
刊刻。戴震所付，恐即宋刻元明遞修本，也即陳樹華、孔廣杕所謂之大
德本。孔繼涵借得陳樹華《國語補音訂誤》，命孔廣杕謄錄在明德堂本
上，此時距獲得戴震贈本又二年。根據其書後跋語，陳樹華校閱宋刻元
明遞修本、弘治十五年刊本、嘉靖五年正學書院本、張一鯤本、葛端調
本等。孔繼涵參照陳氏校本，於乾隆癸卯（1783）始刻成《國語補音》，
同年十二月十八日，孔繼涵卒。

楊守敬曾疑孔氏微波榭本《補音》以正學書院本爲底本刊刻，從孔
繼涵跋文可知，其實據宋刻元明遞修公文紙本，清人錢保塘又進行比較
證實，詳見下文。

---

① （清）孔繼涵：《雜體文稿》，上海：上海古籍出版社輯印《續修四庫全書》第1460冊，第
426頁下。
② 拙撰《〈國語〉歷代序跋題識輯證》，濟南：齊魯書社2018年版，第225頁。
③ 拙撰《〈國語〉歷代序跋題識輯證》，濟南：齊魯書社2018年版，第227頁。

清人盧文弨曾有志刊刻單行本《國語補音》，最後没有實現。微波榭叢書本《國語補音》是整個《國語補音》刊刻史上爲數不多的單刻本。孔繼涵在刊刻之前，多方讐校，並參閲多位學者的校勘成果，應該説是清代中期《國語補音》的精善之本。該本既是後世《國語補音》考校的重要版本，又是後世影刻的底本。如民國時期沔陽盧氏慎始基齋刻《湖北先正遺書》本《國語補音》即用微波榭本影印。清人錢保塘、今人張以仁校勘所用《補音》皆爲微波榭本。

不管在《國語》還是在《國語補音》方面，曲阜孔氏都爲學術界提供了較爲精善的刻本，在《國語》刊刻史上留下濃墨重彩的一筆。

（四）四庫系列本《國語》的編纂

清人修纂《四庫全書》，是整個中國文化史和圖書史上的盛事。乾隆三十八年（1773），四庫館開館不久，乾隆皇帝下令要先期修成《四庫全書薈要》。故《四庫全書薈要》和《四庫全書》同步進行，而前者先於乾隆四十三年（1778）和乾隆四十五年（1780）修纂完成，此後閣本《四庫全書》漸次修纂完成。作爲一部先秦要籍，《國語》都列在内。

1.《四庫薈要》本《國語》

《四庫全書薈要》鈔成兩部，一藏摛藻堂，一藏圓明園味腴書屋。藏於味腴書屋者毁於圓明園大火。藏於摛藻堂者，外界罕睹。今藏於中國臺灣"故宫博物院"，由臺灣世界書局 1988 年影印出版《景印摛藻堂四庫全書薈要》500 册，《國語》在 203 册，至此學界纔得以瞻其豐采。1997 年，吉林人民出版社從世界書局影印本中選出 150 種，精裝 100 册，《國語》在第 40 册。

檢《四庫全書薈要總目·史部七·别史一》"國語"下云："《國語》二十一卷，吴中書僕射、雲陽韋昭注。今依前户部尚書臣王際華所上國朝孔傳鐸刊本繕録，據南北宋本、明槧本張一鯤本、許宗魯本恭校。"① 可見，《薈要目録》的説法和《四庫全書總目提要》不盡相同，

---

① 臺灣世界書局 1988 年《景印摛藻堂四庫全書薈要目録》，第 150 頁。

《四庫全書總目提要》"國語二十一卷"下注云："户部員外郎章銓家藏本。"關於四庫所用底本的進呈流程等，我們並不瞭解其詳。但通過《四庫薈要總目》的記載，我們知道《四庫薈要》所用底本爲詩禮堂之孔傳鐸本，至於章銓家藏本是孔毓圻本還是孔傳鐸本，不是很確定。從用字上來看，文淵閣本所用底本爲孔傳鐸本的可能性也比較大。《周語上》"我先王不窋用失其官"注："周之禘祫，文、武不先不窋。"陳樹華《春秋外傳考正》謂"嘉靖本始誤'不'爲必"。[1] 也就是説在明代的一些刻本中，"不先"之"不"被誤刻作"必"。今檢明金李本、張一鯤本、李克家本、孔毓圻本字即作"必"，而明德堂本、許宗魯本、正學書院本、孔傳鐸本字作"不"，薈要本、文淵閣本、文津閣本字亦作"不"；另《周語上》"日月底于天廟"，孔傳鐸本、薈要本、文淵閣本"底"字作"厎"；又《周語上》"十九年，晉取虢"注："惠王十九年，魯僖之五年。"詩禮堂本之孔傳鐸本、薈要本、文淵閣本、文津閣本"五"字作"二"，也可以爲證。實際上詩禮堂本的底本就比較模糊，大約根據明代的多種刊本如明德堂本、張一鯤本等校刻而成。四庫本在編纂的過程中雖然以詩禮堂本爲底本，又用詩禮堂本參據過的明代其他刊本作爲校本，就使詩禮堂本作爲底本的成分大大削弱了。

　　《摛藻堂四庫全書薈要》所用《國語》底本爲王際華藏本，或許和王際華以總裁身份負責《四庫全書薈要》的編纂有關係。至於《四庫全書總目》何以在"雜史類"《國語》下又改用"户部員外郎章銓家藏本"，江慶柏教授指出，即便《薈要提要》與文淵閣《提要》《總目》相同，但圖書來源依然不同。江慶柏以《虎鈐經》爲例，最後得出："《四庫全書》之所以要將大量的圖書來源進行改換，可能有政治上的考慮"，"《薈要》是爲皇帝御覽而編纂的，在記名問題上無需太多顧忌。而《四庫全書》則是面向國家的圖書，具有顯示國家文化力量、政治力量的目的。因此在記名問題上會有多方考慮，如果處理不好，會引起負面影響。筆者認爲，這纔是在《四庫全書總目》中，要將大量圖書來源

[1]　（清）陳樹華：《春秋外傳國語考正》，國家圖書館藏盧文弨抄本，本卷第 4 頁。

重新改易的原因。由於同一部書只能著録一個進書者，在《薈要總目》
和《總目》中分別標注不同的進書者，實際上也就擴大了表彰對象。"①
張升云："《薈要》有自成系統的參修人員（還有自己的一套謄録及供
事），其中雖多與《四庫》任事諸臣相同，但也有與《四庫》任事諸臣
不同的。和聚珍館與四庫館的關係相似，薈要處與四庫館的關係，也是
既有從屬，又有相對獨立的關係。"② 張氏總結了四庫薈要以及四庫各本
的抄録流程，如下：

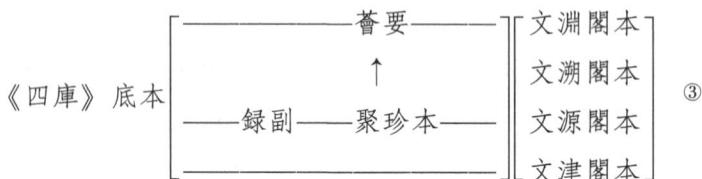

　　這樣看來，薈要本《國語》和《四庫全書總目》所云《國語》應該
一致纔是。張升引録吳哲夫《四庫全書薈要纂修考》，吳氏認爲：在辦
《薈要》時，第一份《四庫》也在抄，爲求速度，將來源不同的書一同
發下繕録了事，所以，閣本與《薈要》著録來源會不同。《摘藻堂四庫
全書薈要》與《四庫全書總目》所據《國語》底本來源的不同，既有吳
哲夫所説的緣由，恐怕江慶柏老師的推斷也具有一定道理。
　　薈要本《國語》後面不附《國語補音》，這是四庫薈要本《國語》
和閣本《國語》最大的區別。此外，薈要本《國語》某些卷後附有校勘
記，這是薈要本和閣本的又一不同之處。有學者指出："《薈要》在抄寫
時，乾隆皇帝多次督促要嚴加校勘，又因爲是皇帝經常瀏覽之書，因而
繕寫精心，校勘細緻。雖然難免有錯誤，相對而言比《全書》要好，可
謂精抄、精校本。"④ 通過薈要本、文淵閣本、文津閣本《國語》的比對

① 江慶柏：《四庫全書薈要研究》，南京：鳳凰出版社 2018 年版，第 157 頁。
② 張升：《四庫全書館研究》，北京：北京師範大學出版社 2012 年版，第 56 頁。
③ 張升：《四庫全書館研究》，北京：北京師範大學出版社 2012 年版，第 113 頁。
④ 李春光：《古籍叢書述論》，瀋陽：遼瀋書社 1991 年版，第 228 頁。

發現，這種説法是可信的。

　　薈要本《國語》和閣本另外的一個區別，就是《國語》的措置和閣本不同，薈要本置《國語》於史部別史類，閣本《四庫全書》置《國語》於史部雜史類。"別史"之名創自南宋陳振孫《直齋書録解題》，認爲"以處上不至於正史，下不至於雜史者"①。"可見，別史是隨著時代發展，史籍繁多、圖書分類細密而誕生的。但是，從史籍分類的角度看，別史和正史本没有什麽不同。一般説來，凡不能列入正史，而又關係一朝大事的史書稱爲別史。由於界限不明，所以自宋至清初，目録學者多不贊成設別史一目。"② 但《四庫薈要》之前，並無將《國語》歸入別史的用例。又明徐𤊟《紅雨樓書目》設立"旁史"一目，且將《國語》歸入其中。其"旁史"之目應和"別史"相當。則論置《國語》於別史之始，當首推徐𤊟《紅雨樓書目》，而《四庫薈要》踵之。如前所述，張萱等編《内閣藏書目録》雖然没有二級分類，但把《國語》置於通鑑類典籍之後，這和《四庫全書總目》的措置方式是一致的。閣本《四庫全書》和《四庫全書總目》改置《國語》於雜史，可能認爲雜史之例既創自《隋書·經籍志》，且自南宋黄震即置《國語》於雜史，學者更易接受之故。

　　吳哲夫對《四庫全書薈要》和《文淵閣四庫全書》進行比對，認爲二者：（1）據以謄録之版本不同；（2）校勘詳略互殊；（3）圖書目録及歸類有別；（4）書前提要内容繁簡不一。③ 薈要本《國語》和其他幾閣本《國語》相比，其書前提要缺少六十七事具體例證，薈要本"國語原序"、文淵閣本"自序"皆未當。薈要本韋昭《國語解敍》末有"吳韋昭撰"四字，文淵閣本無之。正文部分而言，薈要本從明道本改字較其他幾閣本爲多。今以文淵閣本與薈要本《周語》部分相較發現，薈要本

　　① （清）永瑢等：《四庫全書總目》，臺北：臺灣商務印書館《景印文淵閣四庫全書》第 2 册，第 111 頁。
　　② 謝玉傑、王繼光主編：《中國歷史文獻學》（修訂版），上海：上海古籍出版社 2014 年版，第 149 頁。
　　③ 吳哲夫：《四庫全書纂修之研究》，臺北："故宫博物院"1990 年版，第 199—209 頁。

從明道本改者多處，如《周語上》"薈獻典"之"典"，薈要本從明道本作"曲"；《周語上》"大史八之"注"掌逆官"之"逆"，薈要本從明道本作"達"；《周語中》"則順而建德"，薈要本從明道本改"建德"作"德建"；《周語中》"辰角"注"倉龍之角"，許宗魯本、薈要本從明道本作"蒼"；《周語中》"膳宰致餐"及注，薈要本從明道本改"餐"作"饗"；《周語下》"立均出度也"注"有弦"，薈要本從明道本改"弦"作"絃"。但也有不遵從明道本之處，如《周語下》"足高日棄其德"注"步高失宜"之"宜"，薈要本作"儀"，"宜"字從明道本，"儀"字從公序本。總體而言，薈要本改從明道本之處，比文淵閣本、文津閣本要多。當然，從明道本改字不一定是改對的，也有改錯的。如《周語上》"師箴"注："師，小師。"薈要本、文淵閣本、文津閣本就誤從明道本改作"少"，陳樹華指出："宋本'小'作'少'，非。"①顧廣圻代黃丕烈所作《札記》亦謂："當依別本作'小'。"②

也有從明代公序本者，如從明德堂本、正學書院本改者，《周語下》"慎成端正得之相也"注"上事爲下出"，薈要本從明德堂本、正學書院本改"出"作"也"。有從許宗魯本之處，如《周語上》正文及注"聆隧"之"聆"，薈要本誤從許宗魯本改作"聆"；從張一鯤本之處，如《周語上》"幽王二年"之"二"，薈要本從許宗魯本、張一鯤本、詩禮堂本作"三"；有從李克家本改者，如《周語下》"衆口鑠金"注"可消之也"，薈要本從李克家本作"銷"。

另有沒有依據、直接校改者，如《周語上》"有神降于莘"注"莘，虢地"之"地"，薈要本改作"邑"；《周語中》"侮人百里"注"百里諭遠也"，薈要本"諭"改作"喻"；《周語中》"是又犯先王之令也"注"無從非彝"，薈要本改"非"作"匪"；《周語下》"十四王"注"謂厲宣幽平桓嚴"，薈要本改"嚴"作"莊"。

另有誤處，如《周語上》"今晉侯即位而背外內之賂"，薈要本誤倒

① （清）陳樹華：《春秋外傳考正》卷一，國家圖書館藏盧文弨抄本，本卷第11頁。
② （清）黃丕烈：《校刊明道本韋氏解國語札記》，《士禮居叢書》本《國語》，第2頁。

作"內外"。

這種改動，和《四庫全書薈要總目》所云"據南北宋本、明槧本張一鯤本、許宗魯本恭校"是基本相應的。

2. 四庫閣本《國語》

此處所指四庫閣本，是指七大閣而言。七閣之中，文宗閣毀於咸豐三年（1853），文源閣毀於英法聯軍火燒圓明園。文瀾閣大半毀於咸豐十一年（1861），後經丁申、丁丙兄弟搜集抄配，實際上是一個配補本，已非原貌。文津閣本於 1914 年運抵北京，1915 年移交京師圖書館，今藏中國國家圖書館；文溯閣本歸入遼寧省圖書館，1966 年轉至甘肅省圖書館；文淵閣本 1925 年歸入故宮博物院圖書館，1933 年隨古物南遷，今藏中國臺北"故宮博物院"。經丁氏兄弟配補之文瀾閣本藏浙江省圖書館。民國時期，商務印書館曾從文淵閣本中選出二百三十一種本，至 1935 年影印完成《四庫全書珍本初集》，1969 年臺灣商務印書館重印，其中並無《國語》；文淵閣本運至臺灣以後，由臺灣商務印書館於 1982—1986 年出版《景印文淵閣四庫全書》1500 冊合索引共 1501 冊，上海古籍出版社於 1987 年原樣再版，使《文淵閣四庫全書》廣布宇內，爲學界重要參考資料，其中《國語》在第 406 冊；2005 年，北京商務印書館與中國國家圖書館聯手，推出《文津閣四庫全書》影印本，分十二合一縮印 500 冊裝和四合一縮印 1500 冊裝兩種，《國語》在前者第 140 冊，在後者第 403 冊；2004 年，杭州出版社和浙江圖書館簽署合作出版《文瀾閣四庫全書》的協議，2015 年精裝出版《文瀾閣四庫全書》1559 冊。存世的《四庫全書》三部半，除了文溯閣本尚未面世之外，其他幾閣都已面世。今所討論者，爲文淵閣本和文津閣本。

（1）文淵閣本《國語》

上文已經對文淵閣本和薈要本進行了比對。可見，文淵閣本在依從明道本方面，比薈要本要少一些，但比文津閣本程度要高。如《周語上》"三十二年"，薈要本、文淵閣本從明道本在"年"下增"春"字，文津閣本則仍公序本。在一些重要版本系統區別方面，薈要本、文淵閣本二本也保持著一致性。如公序本《周語上》"昔我先世后稷"，薈要

本、文淵閣本"先"後都依照明道本增"王"字，文津閣本則未改。總
體上，薈要本依從明道本較文淵閣本爲多，但也有文淵閣本依從明道本，
而薈要本反而未曾改字的例子。如《周語上》"幽王二年"之"二"，薈
要本從詩禮堂本作"三"，文淵閣本、文津閣本則從明道本作"二"。

此外，文淵閣本有些文字錯誤，是薈要本沒有的。比如《周語上》
"瞽告有協風至"注："春風曰融風。"文淵閣本"曰"誤作"日"。《周
語中》"其抑下滋甚"注："滋，益也。"文淵閣本"益"誤作"甚"。

（2）文津閣本《國語》

文津閣本與薈要本、文淵閣本用字不同，如《周語上》"脉其滿眚，
穀乃不殖"注："眚，灾也。言陽氣俱升，土膏欲動，當即發動變寫其
氣。不然，則脉滿氣結，更爲灾病，穀乃不殖。"薈要本、文淵閣本
"灾"作"甾"，文津閣本字則作"災"。

雖然從總體上看，文津閣本錯誤較多。但也有薈要本、文淵閣本誤，
而文津閣本不誤的情況。如《周語上》"猶恐其有墜失也"，許宗魯本、張
一鯤本、詩禮堂本、薈要本、文淵閣本等脱"其"字，文津閣本則有之。

另外，文津閣本誤字較多。如《周語上》"乃以其子代宣王"，文津閣
本"乃"誤作"及"。今以薈要本爲底本，比對文津閣本《越語下》，如下：

定傾者與人

［按］文津閣本"人"誤作"天"。

注：始以伐人終害之

［按］文津閣本"伐"誤作"代"，其多處"伐"誤作"代"，
如下注文"有所斬伐""言伐吳於是事尚危也""請伐吳也""遂興
師伐吳"等句中"伐"字皆誤作"代"。

注：無令空田廢業

［按］文津閣本"田"誤作"日"。

間，隙也。時還則胙在越，而吳事有釁隙也

［按］文津閣本"隙"作"隟"。下注文"吳事無釁隙"，文津
閣本字亦作"隟"。

五穀睦孰

［按］文津閣本"孰"作"熟"。

唯舟與車（唯舟與車）

［按］文津閣本"唯"作"惟"。下文"唯謀不遷"，文津閣本字亦作"惟"。

注：相道爲輔，矯過爲弼

［按］文津閣本"矯過爲弼"誤作"矯爲弼弼"。

注：以不忠正者也偷苟且也

［按］文津閣本無"者"下之"也"字，衍一"且"字。

注：使于齊屬其子于鮑氏

［按］文津閣本"于"作"於"。

注：謂饑困愁怨

［按］文津閣本"饑"作"飢"。下注文"救饑疾也"，文津閣本字亦作"飢"。

王怒曰道固然乎

［按］文津閣本"然"作"如是"。

注：稻蟹新也

［按］文津閣本"新"誤作"也"。

蹶而趨之唯恐不及

［按］文津閣本"趨"作"進"。

注：無過天道所至

［按］文津閣本脱"至"字。

與之俱行

［按］文津閣本"之"誤作"時"。

注：用人之道因人爲制

［按］文津閣本"因"下衍"因"字。

注：言敵以剛强來

［按］文津閣本"强"作"彊"。

盈吾陰節而奪之利

[按] 文津閣本"利"字誤入注文。

王曰諾弗與戰

[按] 文津閣本"弗"誤作"今"。

注：唐尚書云重禄寶璧

[按] 文津閣本"寶璧"誤作"實壁"。

注：使越棲於會稽時也

[按] 文津閣本"稽"誤作"越"。

往而復來辭俞卑

[按] 文津閣本"俞"作"愈"。

助天爲虐者不祥

[按] 文津閣本"助天爲"誤作"者不祥"。

莫知其所終極

[按] 文津閣本"終"誤作"極"。

由以上諸例可見，文津閣本誤字較多，而且有的文字錯得莫名其妙。

3. 四庫本《國語》及其主要特徵

就文字的精準度而言，文津閣本文字錯訛最多；就吸納明道本成分而言，薈要本多於文淵閣本，薈要本、文淵閣本又多於文津閣本。顧頡剛和張政烺對文津閣本都有過評議。顧頡剛云："四庫書校對甚不可恃。袁詩亭君以鈔本袁易《静春居集》覆校，四庫本殊不及知不足齋本，誤字甚多。或館臣校勘，專於文淵閣一本，而此外以不易爲皇帝所見，遂甚輕忽歟？現存京師圖書館一部，係熱河文津閣中物。"[①] 然張政烺《清代〈四庫全書〉的編纂》云："文津閣在熱河避暑山莊，建築完好。民國初年，熊希齡任熱河都統，將文津閣本搬至北京，撥歸北京圖書館。就質量而言，此部爲最佳。因爲清帝每年有半年住於熱河，春末夏初即去，秋末圍獵後方才回京。文津閣藏本即專供皇帝翻閱之用。清高宗讀《四庫》，好從中挑錯，以炫其淵博。所以這一部鈔寫特別認真，有些書

---

① 顧頡剛：《顧頡剛讀書筆記》第一卷，北京：中華書局2011年版，第141頁。

是紀昀親自校改。可惜三十年代印《四庫全書珍本》，所選印者不是文津閣本，而是文淵閣本。"① 通過對文津閣本《國語》的校勘，看不出張氏所謂 "就質量而言，此部爲最佳" 的特徵。如上文所指出的文津閣本的文字錯誤，都是極爲明顯的。

由於《四庫全書》是皇家修書，集合最優人力與資源校勘抄寫，又具有較爲嚴格的工作流程，相對而言錯誤率較低，比之《國語》中之精刻本尚有勝之。但由於是寫錄本，流傳較少，學者少有論及者。其後形成的《四庫全書總目提要》也是比較權威的古籍目錄學著作，涉及古籍考訂的各個方面，如其中的《國語》提要和《補音》提要，皆極爲精審，論證謹嚴。《四庫總目提要》中的《國語》提要和《國語補音》提要，代表著清代《國語》《國語補音》序跋提要的較高學術成就，是後世研討《國語》、韋注、宋音的重要參考文獻。

除了以上《國語》傳本的抄錄和刊刻之外，還有康熙四十二年（1703）閔齊伋裁注《國語》重刻，董增齡《國語正義》稿本的流傳以及刊本的產生。總體而言，整個清代，《國語》明道本和公序本都有刊刻，而黃刊明道本《國語》彰顯於世二百餘年。清刻公序本則相對比較少，除了張一鯤本、閔齊伋本的重刻外，清代新刻公序本只有詩禮堂本一種，且在《國語》版刻史上影響不大。四庫各本尤其是薈要本、文淵閣本雖然抄寫精審，但由於根據明道本以及相關刻本進行了校改，從版本系統的純淨度上而言，是繼朝鮮集賢殿校本、姜恩刻本之後又一個雜合的《國語》本子，且係抄本，流傳不廣，對清代《國語》研究影響有限。

二、清人對《國語》的學術史梳理

韋昭《國語解敘》是《國語》研究史上第一篇重要的學術史文獻。

---

① 張政烺：《古史講義》，北京：中華書局 2012 年版，第 415 頁。

宋庠繼韋昭之後，在其《國語補音敘録》一文中對歷代《國語》研究成
果進行了梳理平議。此後晁公武《郡齋讀書志》、鄭樵《通志》、陳振孫
《直齋書録解題》、馬端臨《文獻通考》等都對歷代《國語》研究概況進
行過梳理。至於清代前期，對歷代《國語》研究進行學術梳理的有《古
今圖書集成》和朱彝尊的《經義考》。

（一）《古今圖書集成》對《國語》學術史的梳理

《古今圖書集成》是現存最大的一部類書，初由陳夢雷主持，以協
一堂和個人藏書爲基礎，花了五年時間編成，康熙皇帝賜名《古今圖書
集成》，命重加編校。至雍正朝，命蔣廷錫主持修纂，至雍正四年
（1726）編完，並印製銅活字版六十五部。該書正文一萬卷，目録四十
卷，分訂五千二十册，裝五百二十函。分爲六彙編、三十二典、六千一
百十七部，每典各自分卷，分類十分精細。其中"理學彙編"中的"經
籍典"類似目録性質，對古今圖書進行了比較詳盡的著録。

經籍典按照經、史、子、集順序排列，史部部分自三百六十七卷始，
依次爲讖緯部彙考、《國語》部彙考、《國語》部總論、《戰國策》部彙
考、《史記》部彙考一、二、三、四、總論……也就是説，《古今圖書集
成》把《國語》置於正史前面，這一分類標準值得引起注意。《國語部》
在第三百六十八、三百六十九兩卷，分爲《國語》部彙考一、彙考二、
彙考三、總論一、總論二、《國語》部總論三、藝文、紀事、雜録幾個
部分。第三百六十八卷目録如下：

國語部彙考一
　周（總一則）
國語部彙考二
　吳韋昭國語解（自序）
　宋宋庠國語補音（自序）
　明張一鯤合刻韋宋國語（自序）
國語部彙考三

漢書藝文志（春秋）

隋書經籍志（春秋）

唐書藝文志（春秋）

宋史藝文志（春秋類）

鄭樵通志（春秋略）

王應麟漢書藝文志考證（春秋）

馬端臨文獻通考（春秋考）

明王圻續文獻通考（春秋考）

國語部總論一

唐劉知幾史通（國語家）

國語部總論二

柳宗元非國語上（滅密、不藉、料民、三川震、神降于莘、聘魯、叔孫僑如、邻至、柯陵之會、晉孫周、穀洛鬪、大錢、無射、律、城成周、問戰、躋僖公、莒僕、仲孫它、賷羊、骨節專車、楛矢、輕幣、卜、郭偃、公子申生、狐突、虢夢、童謠、宰周公、苟息）

第三百六十九卷目錄如下：

國語部總論三

柳宗元非國語下（狐偃、輿人誦、葬共世子、殺里克、獲晉侯、慶鄭、乞食於塗人、懷嬴、笠、董因、命官、倉葛、觀狀、救饑、趙宣子、伐宋、鉏麑、祈死、長魚矯、戮僕、逐欒盈、叔魚生、新聲、射鷃、趙文子、醫和、黃能、韓宣子憂貧、圍鼓、具敖、董安于、祝融、襃神、嗜芰、祀、左史倚相、伍員）

國語部藝文

與呂道州溫論非國語書　唐柳宗元

答吳武陵論非國語書　前人

答劉莊輿論國語書　宋晁補之

屈到嗜芰論　蘇軾

策問　朱熹

跋古本國語　明都穆

國語部紀事

國語部雜録

從目録可以看出，《古今圖書集成》囊括了此前《國語》的所有著
録資料以及重要的學術史資料，每一類別下基本按照時代先後次序進行
臚列，客觀反映了《國語》著録和《國語》研究的軌跡。

彙考一主要著録《國語》作者、篇卷等等，《古今圖書集成》編者
首先聲明：“周王之時，左丘明著《國語》二十一篇。”次一行按云：
“《史記·周本紀》不載。”下按云：“《太史公自序》：左丘失明，厥有
《國語》。”又次一行引《漢書·司馬遷傳贊》，又次一行引晁公武《郡齋
讀書志》。①

彙考二收録三篇序録，即韋昭《國語解敍》、宋庠《國語補音敍
録》、張一鯤《刻國語序》，前兩篇序文是《國語》學術史方面的重要文
獻。韋昭的《國語解敍》是《國語》研究史上第一篇完整的文獻。韋昭
結合前人説法，在《敍》中對《國語》的作者、成因、性質、内容、價
值、研究狀況以及個人研究目的等作了比較周全的敍述，有著很多的真
知灼見在内，需要引起重視。宋庠《國語補音敍録》則是《國語》研究
史上第二篇重要學術文獻，對《國語》的流傳、作者、研究等等做出更
爲詳盡的描述，並且對宋代《國語》的流傳以及個人校勘《國語》、撰
作《國語補音》的緣由都做了説明。《國語補音敍録》第一次給出了
《國語》二十一卷的目録並且在某些卷次之下進行了補充説明，這都是
前所未有的。可見宋庠《敍録》的學術價值之高。《古今圖書集成》把
這兩篇文獻選入彙考，體現了編選者敏鋭的學術眼光。張一鯤的序文原
名《刻國語凡》，《古今圖書集成》易名爲《明張一鯤合刻韋宋國語二十
卷》。張一鯤這篇序文主要揭示了《國語》内容及性質、《國語》與《左

---

① 中華書局影印本《古今圖書集成》，上海：中華書局 1934—1940 年版，第 585 册，第 6 頁。

傳》的關係、《國語》功能、校刻《國語》的緣由等等。從學術價值上而言，張一鯤序自然無法和韋昭、宋庠二序相比。但從《國語》流傳的角度而言，張一鯤本是公序本發展到萬曆時期滋生的新版本，擴大了《國語》的影響，爲《國語》傳播作出了不可磨滅的貢獻。

彙考三收錄正史藝文志和通志的著錄資料，對歷代《國語》研究進行了梳理，藉此可見歷代研究脈絡源流。

總論一只收錄劉知幾《史通》之言。總論二、三却全文錄入柳宗元《非國語》。劉知幾《史通》第一篇名謂“六家”，分爲《尚書》家、《春秋》家、《左傳》家、《國語》家、《史記》家、《漢書》家。其中《國語》家一段文字，敘述了《國語》的作者、成因、分卷、起訖、與《左傳》的關係，以及歷代注釋著作等。最後給《國語》定性爲“此亦《六經》之流，《三傳》之亞也”。這一段總論實際上和韋昭、宋庠等人敘錄中所言並無二致。至於總論二、三將柳宗元《非國語》全部收入，名謂總論，實則分論各篇，非專門討論《國語》之大問題者。

藝文部分收錄了柳宗元論《非國語》文二篇，晁補之、蘇軾、朱熹、都穆文各一篇。晁補之文論《國語》，蘇軾文論嗜芰，朱熹文論唐代學者以《國語》作者非左丘明之非，都穆文探討《國語》版本，各有側重。

紀事部分收錄古書中所載讀《國語》或《國語》研究者之事，按照時代先後臚列。先《孔叢子》載陳涉讀《國語》，次則《後漢書·賈逵傳》，次則《三國志·魏志·王肅傳》，次則《三國志·魏志·鍾會傳》，次則《三國志·吳志·呂蒙傳》注引《江表傳》，次則《晉書·束晢傳》，次則《梁書·王筠傳》，次則《唐書·柳公權傳》，次則《宋史·宋庠傳》，次則《宋史·儒林傳·王柏傳》，次則《宋史·林概傳》，次則《元史·虞集傳》，囊括了古史中讀《國語》者和《國語》研究者的基本信息。

雜錄部分依次臚列《老學庵筆記》“徐敦立侍郎頗好謔”條、《却掃編》“張舍人言柳子厚平生爲文章專學《國語》”條、《玉堂漫筆》“晉悼公告群臣之詞”條、《日知錄》“《國語》之言高高下下者”條、“昔在有虞，有崇伯鯀"條、"至於玄月，王召范蠡而問焉"條，前兩條言柳宗元學《國語》而反《國語》，《玉堂漫筆》一條言《國語》《左傳》記載異同優劣，《日知録》三條是具體考證，涉及語義訓詁。

《古今圖書集成》對《國語》的著録和學術史體例是一次很有益的嘗試，爲後世進行《國語》研究資料彙編提供了方法方式上的範例和借鑒，具有重要的學術史意義和方法論意義。

（二）《經義考》對《國語》學術史的梳理

朱彝尊《經義考》卷帙龐大，體例精審，《四庫總目提要》云："每一書前，列撰人姓氏、書名、卷數，其卷數有異同者，次列某書作幾卷，次列存、佚、闕、未見字，次列原書序跋、諸儒論説及其人之爵里。彝尊有所考正者，即附列案語於末。雖序跋諸篇，與本書無所發明者，連篇備録，未免少冗，而源委詳明，足稱博贍。"王欣夫謂："清朱彝尊的《經義考》三百卷，是總結歷代經學書籍的大目録。"①

從內容的全面性與集中性而言，朱彝尊的《經義考》要比《古今圖書集成》全面而集中。當然，《古今圖書集成》所録前人序跋也有爲朱彝尊《經義考》所未録者，如陳仁錫《〈國策〉〈國語〉選評序》，《古今圖書集成·經籍典·戰國策部》收録，而朱彝尊《經義考》則闕略。二書的共同特徵，就是引用諸説不注出處，以至於其中引用的某些資料很難找到出處。尤其朱彝尊《經義考》徵引宏富，引述較多，所採王繼祀、陶望齡、黃省曾之説都不容易找到其出處。

《經義考》梳理《國語》內容在該書卷二百九。依據時間先後，順次臚列《國語》、鄭衆《章句》、賈逵《解詁》、王肅《章句》、虞翻《國語注》、唐固《國語注》、韋昭《國語注》、孔晁《國語注》、柳宗元《非國語》、宋庠《國語補音》、魯有開《國語音義》、林概《辨國語》、江端禮《非非國語》、沈虛中《左氏國語要略》、張九成《標注國語類編》、吕祖謙《左氏國語類編》、戴仔《非國語辨》、劉章《非國語》、

① 王欣夫：《文獻學講義》，上海：上海古籍出版社2016年版，第79頁。

無名氏《國語音略》、虞槃《非非國語》、葉真《是國語》、張邦奇《釋國語》、曾于乾《非非國語》、穆文熙《國概》、劉城《春秋外傳國語地名錄》、劉城《春秋外傳國語人名錄》）。

每部書下，如有藝文志著錄的，先徵引藝文志材料之著錄卷次，卷次有異説者，小字注出。次明該書之存佚狀態，非常見書，則注明存佚狀態所自。次臚列各説，包括作者小傳、著作序言以及相關評論等。以所著錄《國語》爲例，首出《國語》書名，次引録《漢書·藝文志》，次引《史記》"左丘失明，厥有《國語》"之説，以下依次引録王充、傅玄、孔晁、劉熙、劉炫、劉知幾、陸淳、《崇文總目》、司馬光、晁公武、《朱子語類》、李燾、陳振孫、陳造、真德秀、王應麟、黃震、戴表元、黃省曾、王維楨、王世貞、陶望齡諸家之説，涉及《國語》作者、《國語》内容及性質、《國語》與《左傳》的關係、《國語》價值等相關方面。

從學術史角度上講，朱彝尊《經義考》對《國語》歷時研究脈絡的梳理是東漢以至明代《國語》研究的第一次歷時總結，而且是比較全面的歷時總結。雖然只是輯纂，但是朱彝尊對《國語》本體研究、《國語》注釋、《國語》評點、《國語》專題研究等相關研究類別的歸納與分立，對今天深入梳理和研究《國語》研究史，照樣具有參照意義和價值。

三、清人《國語》版本系統的確立、著錄與考訂

（一）《國語》版本名稱的演進

《國語》傳本和版本名稱具有階段性特徵。《國語舊音》以前的時代，對《國語》傳本的命名是以其注者爲區分標準的。至於注者所注《國語》究竟是幾個傳本，各傳本之間的異同如何，是這一時期《國語》研究者未曾考慮到的問題。宋庠《國語補音》對《國語》傳本和刊本的命名多種，也比較複雜。大體從傳本反映内容的精準度角度命名，如宋庠《國語補音》中出現了"善本""俗本""眾本""諸本""今本"

"此本""一本""舊本""市本"等名稱，而"舊本""市本"則是從傳本或版本來源命名的。至南宋時期，則出現了以出版機構命名的《國語》刻本名稱，如陳造《題〈國語〉》就提到"監本"之目，尤袤《遂初堂書目》下也有"舊監本"之目。明代則出現了以出版地命名的版本名稱，如許宗魯《刻國語序》中提到的"閩本""大名本"即是以出版地命名。

清人以及同時期的日本學者對《國語》的版本名稱稱謂比較多樣，如有：1. 以所附著作爲名者，如補音本；2. 以版刻人或校勘人命名的，如《四庫薈要目録》提及的張一鯤本、許宗魯本，另如錢士興等人提到的公序本，王煦等提到的"宋公序本"，劉青藜提到的吳勉學刊本；又有單稱姓氏的，如渡邊操稱盧之頤校訂本爲"盧本"，秦鼎稱閔齊伋《國語裁注》爲"閔本"；還有單稱名字的，如户崎允明《國語考》謂閔齊伋本爲"齊伋本"；3. 以版刻時期皇帝年號命名，如陳樹華提到的明道本、嘉靖本、萬曆本，另外如弘治本等，以及清人在在提及的天聖明道本；另外也有在朝代後加年號的，如陳樹華提到的"元大德本""明弘治本"；另外，有簡稱者，如秦鼎稱明道本爲"明本"；4. 確切紀年命名，如錢大昕所謂宋明道二年槧本、陳樹華所謂明弘治十五年本、段玉裁所謂明道二年《國語》等等；5. 以朝代命名者，如《四庫薈要》、惠棟、趙懷玉等稱宋本，錢士興所謂南宋槧本；6. 刻書人、書坊、籍貫合稱，如陳樹華所謂"咸寧許宗魯宜静書堂本""吳郡金李澤遠堂本""崑山葛氏本"等；7. 以版刻地命名，如趙懷玉所謂"閩本"等；8. 以初刻或翻刻命名，如錢士興所謂"吳門翻宋本"等；9. 對於摹刻本或影寫本等的特定稱謂，如惠棟有"影宋本"之目，一些學者有"校宋本"之目等。此外，還有"元本""舊本""真本""鈔本""今本""臨校本"之目。版本名目繁多，體現了清代學者對《國語》版本認識的細緻與深入。

(二) 清人《國語》版本著録

清代是《國語》公序本、明道本兩大版本系統正式確立的時期，同時也是公序本、明道本兩大版本系統内部支系逐漸明晰且確立的時期。因此，對具體《國語》版本考訂的論述較爲少見。但在官私書目的著録和一些題跋當中仍然有一些相關材料。

　　清代著録《國語》的官方書目有《天禄琳瑯書目》《天禄琳瑯書目後編》《四庫全書總目提要》《四庫全書簡明目録》《書目答問》等；著録《國語》的私家書目中題跋更多，如毛扆《汲古閣秘本書目》、錢謙益《絳雲樓書目》、錢曾《述古堂書目》《讀書敏求記》、朱筠《椒花吟舫書目》、莫友芝《邵亭知見傳本書目》《持敬居書目》、黄丕烈《士禮居藏書題跋記》、丁丙《善本書室藏書志》、陸心源《皕宋樓善本書志》、耿文光《十萬卷樓藏書精華記》、楊以增《楹書隅録》、楊守敬《日本訪書志》、繆荃孫《藝風堂藏書目》等。

　　這些書目著録《國語》的方式有詳有略，有的只著録作者、著作名稱，如黄虞稷《千頃堂書目》於經部春秋類下收許應元《春秋内傳列國語》（字子春，杭州人，嘉靖壬辰進士，廣西右布政使）、虞槃《非非國語》，對許應元履歷作了標注，虞翻《非非國語》則僅標出作者、著作名稱。[1] 且著録種類較少。

　　有的僅著録書名、版刻，如《絳雲樓書目》經部春秋類下收“宋刻内傳國語”[2]，僅此六字。

　　有的則著録版本形態、書名、册數，如《季滄葦藏書目·宋元雜板書》經部下收：“抄本《國語》，五本；《國語》二十一卷，十本；元板《國語》二十一卷，四本。”[3] 錢曾《錢遵王述古堂藏書目録》經部春秋類下收“國語韋昭注二十一卷，四本，北宋本影抄”[4]，著録方式大致相

　　① （清）黄虞稷撰，潘景鄭整理：《千頃堂書目》，上海：上海古籍出版社1990年版，第64、70頁。
　　② （清）錢謙益：《絳雲樓書目》，上海：上海古籍出版社輯印《續修四庫全書》第920册，第328頁。
　　③ （清）季振宜：《季滄葦藏書目》，上海：上海古籍出版社輯印《續修四庫全書》第920册，第612頁。
　　④ （清）錢曾：《錢遵王述古堂藏書目録》，上海：上海古籍出版社輯印《續修四庫全書》第920册，第432頁。

同。另如《宋存書室宋元秘本書目》史部宋本下著錄"宋本《國語》十八卷，八册二函"，史部校本下著錄"校本《國語》二十一卷，四册一函；校本《國語補音》三卷一册；何義門校宋本《國語》二十卷，八册"①，仍然側重版本形態、卷數、册數。《傳是樓書目》經部春秋類下收錄《國語》刊刻、著述較多，出書名、卷次、注者或校訂者、册數，如"經部·元字三格"《春秋》類下收"《春秋左國評苑》六十一卷，明穆文熙，三十本"，"元字四格"下收"《左國腴》四卷，明王納諫，二本"，同格之下又收："《國語》二十一卷，吳韋昭解，三本；又一部，六本；又一部，三本；又一部，二本；又一部，四本。《國語鈔》四卷，明焦竑，二本；《國語鈔評》八卷，明穆文熙，四本；《國概》六卷，穆文熙，一本；《國語》九卷，明盧之頤訂正，四本；《國語彙評》十卷，王鳳生，四本。"② 有的册數未必是刊本原本的形態，而是作者收存此書的面貌。

另外，《八千卷樓書目》卷四史部雜史類下收錄較多："《國語》二十一卷，吳韋昭注，明嘉靖刊本、明刊黑口本、明刊本、重刊明道本、高麗刊本、士禮居本、許宗魯刊古字本。《國語補音》三卷，唐人舊本，宋宋庠補輯，嘉靖刊本、明刊黑口本、微波樹本。《國語補韋》四卷，國朝黃模撰，原刊本。《國語補注》一卷，國朝姚鼐撰，南菁書院本。《國語輯存》四卷，國朝汪遠孫撰，原刊本。《國語發正》二十一卷，國朝汪遠孫撰，原刊本、《續經解》本。《國語考異》四卷，國朝汪遠孫撰，原刊本。《國語翼解》六卷，國朝陳瑑撰，廣雅書局本。《國語補校》一卷，國朝劉台拱撰，續經解本。《國語釋地》三卷，國朝譚澐撰，味義根齋本。"③ 著錄較全，版本信息也最豐富。

《汲古閣珍藏秘本書目》下收："《國語》五本一套，從絳雲樓北宋

① （清）楊紹和藏並編：《宋存書室宋元秘本書目》，上海：上海古籍出版社輯印《續修四庫全書》第 927 册，第 143、144、145 頁。

② （清）徐乾學：《傳是樓書目》，上海：上海古籍出版社輯印《續修四庫全書》第 920 册，第 652、653、654 頁。

③ （清）丁丙：《八千卷樓藏書目》，上海：上海古籍出版社輯印《續修四庫全書》第 921 册，第 115 頁。

板影寫，與世本大異，即如首章'昔我先王世后稷'，今時本脫'王'字，蓋言先王世爲后稷之官也。此與《史記》合。他如此類甚多，此特其一爾。六兩。"① 這個著録其實帶有敍録性質。

《鐵琴銅劍樓藏書目録》史部雜史類下云："《國語》二十一卷，《補音》三卷（明刊本），題韋氏解，有序。《補音》則宋庠以唐人舊本補輯。書中注明補音者，乃宋氏增也。明人刻《國語》散附各條下，多脫誤。此正德刊本尚仍宋本之舊，惟校讎未善，間有謬字。如《魯語》'踦跂'注云：'賈本作破，布我反，注云：跛，蹇也，誤作"蹄，蹇也"。'舊爲賴古堂藏本。（卷首有櫟園周氏藏書朱記）"②

可見清初的書目資料，基本上列《國語》入經部春秋類。《四庫全書總目》頒行天下之後，藏書家自覺地列《國語》入史部雜史類了。

錢士興在其識語中謂："宋板《國語》二本，一摹吾家明道二年刻本，比真本不差毫髮；一是宋公序補音刻本，段節分明，注解詳備。合而觀之，此書遂無遺憾。嘉靖中吴門翻宋本，闕誤多矣。錢士興記。"③ 這是《國語》明道本與公序本名稱的首次明確提出，也標志著《國語》明道本系統和公序本系統的正式確立。此後錢曾《讀書敏求記》接受了這一説法，並對公序本和明道本系統進行了進一步的確定。

（三）清代序跋題識中對《國語》的考定

王國强謂："清代是題跋最盛的時代，也是題跋最具價值的時代。"④

---

① （清）毛扆：《汲古閣珍藏秘本書目》，上海：上海古籍出版社輯印《續修四庫全書》第920 册，第 556 頁。《續修四庫全書》影印本上有題識"予藏有惠定宇先生手校《國語》甚精"和"此即所謂明道本也，黄復翁曾以付梓"兩段。

② （清）瞿鏞：《鐵琴銅劍樓藏書目録》，上海：上海古籍出版社輯印《續修四庫全書》第926 册，第 182 頁。

③ 錢謙益《先父景行府君行狀》云："先君諱世揚，字孝成，一字偶孝。"（錢謙益著，錢曾箋注，錢仲聯整理：《牧齋雜著》，上海：上海古籍出版社 2007 年版，第 745 頁）不見有"士興"之名，方良《錢謙益年譜》則謂："字孝成，又字士興、偶孝。"並謂錢世揚"生於嘉靖甲寅年九月初十日，卒於萬曆庚戌年五月十六日，享年 57 歲"。（方良《錢謙益年譜》，北京：中國書籍出版社2013 年版，第 3 頁）

④ 王國强：《中國古籍序跋史》，武漢：武漢大學出版社 2015 年版，第 120 頁。

清代《國語》序跋題識也是《國語》研究史上數量最多、内容最豐富、學術價值最高的時代。這類題跋資料，有收録成帙爲題跋專輯，有的則散見於文集中，有的附在《國語》相關刊本或抄本之後。拙撰《〈國語〉歷代序跋題識輯證》共收録古今序跋199篇，其中清代序跋76篇，佔到38.19%。這些序跋題識大致包括：一、公序本、明道本系統的版本特徵；二、明道本、公序本學術價值和版本價值分析；三、明道本抄本的流傳遞藏；四、黄刊明道本的價值及學術意義；五、張一鯤本的版本特徵及其校勘；六、許宗魯本的版本特徵；七、清人遞相校宋的學術活動及其依據；八、金李本的基本特徵及其校勘；九、《國語補音》的版本源流；十、遞修本的時代標識及其主要特徵；十一、詩禮堂刊本的價值及其影響；十二、《國語》的性質、作者；十二、《國語》和《左傳》的關係；十三、《國語》具體版本的校勘；十四、《國語》的文章風格；十五、《國語》論著的基本内容、學術價值。概括言之，這些序跋題識至少具有三個方面價值：1. 爲後世留下了較爲完整的明清時期《國語》傳本與刻本資料；2. 對於研究清代刻本的底本以及淵源提供了證據；3. 正式確立了《國語》的兩大版本系統。①

  1. 《國語》作者考訂

  《國語》的作者問題一直是歷代《左》《國》研究的基本問題，即左丘明是否是《國語》作者。清代贊同者有之，《四庫全書總目》認爲："《國語》出自何人，説者不一，然終以漢人所説爲近古。"② 漢人之説，即司馬遷、班彪、班固之説，認爲《國語》爲左丘明所作。可見，《四庫提要》贊同左丘明爲《國語》作者的説法。清代主此者不乏其人。如徐銘硯《〈國語選〉序》云："《内傳》不可删，《外傳》不可不删。蓋自'左邱失明，厥有《國語》'，是書最爲晚成，其一生之全力俱注於《左氏春秋》一書，而此特以餘力游衍者也。又自矜淹博，故其言哤；好語

---

  ① 參見拙撰《〈國語〉歷代序跋題識輯證·序言》。
  ② （清）永瑢等：《四庫全書總目》，臺北：臺灣商務印書館《景印文淵閣四庫全書》第2冊，第145頁。

災祥，故其言鑿。以致韓昌黎目爲浮誇，柳河東摘其疵謬，不虚也。"①
趙懷玉《校正〈國語〉序》云："左邱明既爲《春秋内傳》，又稽其逸
文，纂其别説，分周、魯、齊、晉、鄭、楚、吴、越八國，事起自周穆
王，終於魯悼公，别爲《春秋外傳國語》，合二十一篇，以方《内傳》。
或重書而小異，雖入於史家者流，而實則附經義以行者也。"② 汪之昌也
謂《國語》《左傳》作者當爲一人，"讀《國語》者謂敘述率與《左氏
傳》不符爲疑，則猶《新序》《説苑》同出劉向手而説多歧。"③ 趙懷玉
仍以《國語》爲經，而汪之昌以劉向《新序》《説苑》之異，比附《左
傳》《國語》記述矛盾而實亦出左丘明一人手筆。

　　張習孔從文風上認爲《國語》《左傳》作者"斷非一人之筆"，謂：
"《左傳》字語勁潔，詞意圓美。雖有冗長處，不過數篇，然無弱句累字
也。《國語》庸弱猥瑣，讀之令人生厭。"④ 這種説法，仍是理學家習氣。

　　清代有些學者則認爲左丘明是《國語》的編輯者。如魏裔介《〈左國
欣賞集〉序》云："《國語》乃各國之史，丘明取而採輯之。"⑤ 徐經
《讀國語》云："《國語》文體與《左傳》不同，後人遂疑非左氏筆，别
左邱爲一人。不知左氏傳《春秋》，博採列國之史事，以排纂而成篇，
故成一家之文。既乃擇諸史之渾厚、雄邁、奇變、駿屬諸作，録而集之，
故其文氣仍是各國之體，不能同於一家之文。且周、魯自異於齊、楚，
而吴、越又不同於晉、鄭，當日各國多有史才，其文章因囿於風氣。何
以？視《語》與《傳》不同，疑非左氏，並臆爲左邱《國語》。信非左
氏自作，而經左編輯，即稱爲左外傳，亦無不可。司馬公謂《國語》不
及《左傳》之精，蓋未細加詳審。劉炫、葉少藴紛紛於姓名而辨别，則
豈能知左者者乎？"⑥ 賀濤《讀國語》云："左氏既采諸國之史爲《春秋

　　① 參見拙撰《〈國語〉歷代序跋題識輯證》，濟南：齊魯書社 2018 年版，第 199 頁。
　　② 參見拙撰《〈國語〉歷代序跋題識輯證》，濟南：齊魯書社 2018 年版，第 307 頁。
　　③ 參見拙撰《〈國語〉歷代序跋題識輯證》，濟南：齊魯書社 2018 年版，第 382 頁。
　　④ （清）張習孔：《雲谷卧餘續》卷三，濟南：齊魯書社 1997 年輯印《四庫全書存目叢書·
子部》第 114 册，第 203 頁。
　　⑤ 參見拙撰《〈國語〉歷代序跋題識輯證》，濟南：齊魯書社 2018 年版，第 192 頁。
　　⑥ 參見拙撰《〈國語〉歷代序跋題識輯證》，濟南：齊魯書社 2018 年版，第 309 頁。

傳》，所未采者更編次之爲《外傳》。其曰《國語》，諸史舊名耳，以傳之因之也，故亦名傳爲《國語》。傳有内、外之異，而其爲《國語》則同。"① 又陸次雲謂："《國語》，列國之語也。《左傳》，左氏之傳也。明是二書，而相傳以爲皆丘明所作。然《國語》之文質，而《左傳》之句樸而趣，《國語》之調排而《左傳》靈而變。明是列國有書而丘明輯之。且因其書中之事與《春秋》相表裏者從而傳之，一則述一則作也。"② 段玉裁云："《國語》者乃孔子觀書於周室，網羅放佚，彙而存之，及其受經作傳，則又不無去取同異，邱明爲魯太史，是以踵經十四年西狩獲麟至於十六年夏四月己丑孔丘卒而後經止。《史記·年表》《自序》，《漢書·藝文志》言《左氏傳》《國語》皆繫之左邱明，已爲定論。"③ 這幾家説法，都提出"採輯""排纂""編次""輯""述"之語，蓋謂周及列國史料原本俱在，左丘明並非原創，只是對這些材料進行了匯集、排比、編纂而已。這一認識可謂通達透脱，體貼細緻。

趙翼《陔餘叢考》卷二有一條名爲"《國語》非左丘明所撰"，謂："韋昭亦以爲左邱明采穆王以來下訖魯悼，其文不主于經，號曰外傳。顏師古本此衆説，故註《藝文志》，直以《國語》爲左邱明撰。宋庠因之，亦謂出自邱明。今以其書考之，乃是左氏采以作《傳》之底本耳。古者列國皆有史官記載時事，左氏作《春秋傳》時必博取各國之史以備考核，其於春秋事相涉者，既采以作《傳》矣，其不相涉及、雖相涉而采取不盡且本書自成片段者，則不忍竟棄，因删節而並存之，故其書與《左傳》多有不畫一者。如襄王伐鄭一事，《左傳》以《常棣》詩爲召穆公所作，而《國語》則以爲周文公所作；晉文公返國一事，《左傳》記是年九月晉惠公卒，明年正月秦伯納公子重耳，而《國語》則十月晉惠公卒，十二月秦伯納公子；鄢陵之戰，《左傳》苗賁皇在晉侯之側曰：'楚之良在中軍王族而已。'而《晉語》作苗棼皇，《楚語》則云：'雖

---

① 參見拙撰《〈國語〉歷代序跋題識輯證》，濟南：齊魯書社 2018 年版，第 404 頁。

② （清）陸次雲：《析疑待正》，上海：上海古籍出版社輯印《續修四庫全書》第 1136 册，第 260 頁。

③ （清）段玉裁撰，趙航、薛正興整理：《經韻樓集》，鳳凰出版社 2010 年版，第 74—75 頁。

子謂欒書曰：楚師可料也，在中軍王族而已。' 如果左氏一手所撰，何不改從畫一，而彼此各異若是乎？可知《國語》本列國史書原文，左氏特料簡而存之，非手撰也。魏晉之人以其多與《左傳》相通，遂以爲左氏所作耳。又如長勺之戰，《魯語》曹劌與莊公論戰數百言，《左傳》但以'小惠未徧，小信未孚' 數句括之；鄢陵之役，范文子不欲戰，《晉語》述其詞累幅不盡，至分作三四章，《左傳》但以"外甯必有內憂，盍釋楚以爲外懼" 數語括之。正可見左氏以此爲底本，而別出鑪錘，筆奪天巧，豈其示巧於此，而復作《外傳》以示拙也？竊嘗論之，左氏之采《國語》，仙人之脫胎換骨也。《史記》於秦漢以後，自出機杼，橫絕千古，而秦漢以前，采取《國語》《左傳》，則天吳紫鳳，顛倒裋褐也。《漢書》之整齊，《史記》則屈驥騄以就衡軛也。觀於諸書因襲轉換之間，可以悟作文之旨矣。（王充《論衡》云：'左氏傳經，詞語尚略，故復選録《國語》之詞以實之。' 唉助謂《國語》非一人所爲，蓋左氏集諸國史以釋《春秋》，後人便傳著邱明也。是亦不以《國語》爲邱明所作。）"[1] 雖然沒有明確説，但仍然以爲左丘明是《國語》的采輯編纂者。

　　也有的學者認爲，作者問題是非難定，可以擱置不論。如浦起龍《古文眉詮》云："馬、班二史亟稱《國語》，皆定撰人爲左丘明，後人或疑其非是，是與非是可且勿論。"[2] 他認爲，把《國語》作者定爲左丘明始自司馬遷、班固，後人或疑或是，可以暫時擱置。

　　這些討論對於深化和認識《國語》成書以及編纂是有積極意義的，尤其魏裔介、徐經等人提出的左丘明和《國語》之間不是著者和著作的關係，而是編者和材料的關係，發人深省。

　　2. 對《國語》性質的討論

　　關於這一點，明人也有討論，無非延續班固以來的兩派意見，即認定《國語》或經或史的問題。

---

① （清）趙翼：《陔餘叢考》，上海：上海古籍出版社輯印《續修四庫全書》第 1151 册，第 406—407 頁。

② 參見拙撰《〈國語〉歷代序跋題識輯證》，濟南：齊魯書社 2018 年版，第 203 頁。

　　清人認同《國語》是史書的有魏裔介、賀濤、高嵉、吳景熹、查揆等。但認同《國語》爲經的仍然大有人在，最顯著的是清代乾嘉時期的很多經義研討著作，所研討著述中都有《國語》之目。如臧琳《經義雜記》、王引之《經義述聞》、徐養原《頑石齋經説》、俞樾《群經平議》、許瀚《通介堂經説》等。甚至直到曾國藩《求闕齋讀書録》，也還把《國語》置於《左傳》之後，明以《國語》爲經。甚至有的學者還在傳統的十三經之後別加《國語》等典籍列爲十五經、二十一經等名目。如段玉裁主張在十三經之外，增《大戴禮記》《國語》《史記》《漢書》《资治通鑑》《説文解字》《周髀算經》《九章算術》八書，合爲"二十一經"。章學誠在其《清漳書院流別條訓》中即謂："愚謂《三禮》之外，當增《大戴禮記》；《三傳》而外，當增《國語》，統十五經而分爲五部，學者縱或不能盡讀，不可不知所務也。"① 又謂"十五經（十三經外，加《國語》《大戴禮記》）乃樑柱"。黄侃先生早年十五經之目與章學誠同。甚至到了近代，徐樹錚提倡把《國語》《國策》附在十三經的《左傳》後面，合爲"十五經"②。不論是十五經還是二十一經，《國語》都在增收之列。

　　此外，還有對《國語》體裁的研討，即認爲《國語》是記言體。如查揆《讀國語》謂："《國語》，記言之體也。所記上自穆王，下迄魯悼，明與《春秋傳》不同。"③

　　3. 對《國語》内容以及功能的基本概括和認定

　　有對《國語》所載史事時間上下限的概括，如高嵉《國語鈔序》云："《國語》一書，乃春秋以前迄戰國之初、列國數百年之史也。"④

　　有對其各語措置以及史學史價值的肯定，如吳景熹《〈國語選〉序》云："《國語》一書，始西周之末，迄戰國之初。實穆王以後數百年之史

① （清）章學誠著，倉修良編注：《文史通義新編新注》，北京：商務印書館 2017 年版，第607 頁。
② 見鄭逸梅《藝林散葉》，哈爾濱：北方文藝出版社 2017 年版，第 540 頁。又見徐一士編《一士類稿　一士談薈》，北京：書目文獻出版社 1984 年版，第 199 頁。
③ 參見拙撰《〈國語〉歷代序跋題識輯證》，濟南：齊魯書社 2018 年版，第 357 頁。
④ 參見拙撰《〈國語〉歷代序跋題識輯證》，濟南：齊魯書社 2018 年版，第 244 頁。

也。麟經爲經，《左傳》爲傳，皆不可爲史。即曰編年紀月，已開百代之史法矣。而詳内而略外，先魯而後列國。此特一國之史，而非天下之史。獨《國語》首冠以周，尊王也。史家先本紀，祖此。次魯、次齊、次晉、次鄭，重中國諸侯也。史家繼以世家，祖此。厥後，乃及楚、及吴、及越，外夷也。史家終以列傳，祖此。故《國語》雖稱外傳，而實穆王以後數百年之史也。"①

有對各語語言風格的概括，如高嶼《國語鈔序》云："《周》《魯》典瞻肅穆，其先王之遺澤乎！《晉》《楚》寬博雄邁，其霸國之餘風乎！夫差以侈心致敗，故《吴語》多悲壯；句踐以陰謀取勝，故《越語》多沉鷙。"② 賀濤亦謂"《周語》多典雅之辭"③。

有對《國語》的整體認識，如汪之昌謂："嘗綜二十一篇，大要而論，大都與禮典相參證。即諸短章，無非嘉言懿行居多。"④ 認爲《國語》兼具子書之長，謂："然則《國語》一書，其犖犖大者，洵可備禮家之參訂，寓記事于記言，《漢志》列諸《春秋》家，吾謂兼有子家之長已。"⑤

有對《國語》篇章内容價值的揭示，如汪之昌《書國語後》則評價篇章之學術思想價值，謂："《魯語》'海鳥'篇，《禮記·祭法》采之。《晉語》'趙文子與叔向游于九京'，亦見《禮記·檀弓》，固不待言。'穆王征犬戎'篇，約舉藩服遠近之差，諸侯朝見之期。'厲王虐'篇，使公卿至列士獻詩云云，與左史倚相臚舉'在輿有旅賁之規'諸語，具見古昔之求言。'宣王不藉千畝'篇，耕藉之典可稽。'賜晉文公命'篇，錫命之典略備。'單襄公聘宋'篇，所采爲國家用民力，柔遠人之規制。'景王鑄大錢''鑄無射'二篇，則又作幣、制樂之微旨斯存。'文公在翟'篇'司空季子同姓爲兄弟'之説，'鄭桓公爲司徒'篇

———————————

① 參見拙撰《〈國語〉歷代序跋題識輯證》，濟南：齊魯書社2018年版，第200頁。
② 參見拙撰《〈國語〉歷代序跋題識輯證》，濟南：齊魯書社2018年版，第244頁。
③ 參見拙撰《〈國語〉歷代序跋題識輯證》，濟南：齊魯書社2018年版，第404頁。
④ 參見拙撰《〈國語〉歷代序跋題識輯證》，濟南：齊魯書社2018年版，第383頁。
⑤ 參見拙撰《〈國語〉歷代序跋題識輯證》，濟南：齊魯書社2018年版，第384頁。

‘史伯八姓’之對，則皆分別氏姓最有關係。‘隨會聘周’之論殽烝、‘子期祀平王’篇之論祀牲、饗賓祀神之品物貴賤正復差殊。‘文公問胥臣’‘莊王使士亹’二篇，可參《大戴·保傅》之記也。‘趙文子冠而歷見晉廷諸臣’，是即《禮》經見賓之謂也。‘吳王爭長黃池’篇，藉見春秋軍制之變也。”① 舉例研討《國語》諸篇，以明《國語》的禮學價值。

有對《周語》伶州鳩論律章史料價值以及學術史價值的揭示，如袁翼《書〈周語〉後》：“明穆文熙《〈國語〉評苑》謂單穆公、伶州鳩諫鑄無射二篇，合以天時，應以人事，當是《樂經》所遺。余謂周景王時，大臣如單子、伶官如州鳩，猶及見王府遺書，故於陰陽正變之聲、六氣九德之本，剖析入微。此必《樂經》中精義，二人採以立言，當爲夫子所取耳。”② 在穆文熙評說的基礎上，進一步對單穆公、伶州鳩論樂之價值進行了揭示。

有對《國語》文章學功能的揭示和認定。如魏裔介《〈左國欣賞集〉序》云：“《國語》乃各國之史，丘明取而採輯之，其精者皆已入《傳》，或全用其詞，或但取其事而潤色，以己筆合類校觀，其詳略、繁簡燦然可睹矣。事與文不在《春秋》二百四十年者，則亦紀載靡遺。此在善讀者詳玩而得之，間嘗取而詳訂焉，約以百篇。竊以爲六經之外，簡古藻麗，可爲文之程式儀型者，莫《左》《國》若也。”③ 徐友蘭《重刻左國腴詞序》謂：“《左氏》《外傳》無奇不搜，無美不備，氾濫淫泆，極文章之大觀。”④

有對《國語》《左傳》關係的揭示，如張習孔贊同《國語》在《左傳》前之説。清周龍官《〈四書左國輯要〉序》云：“是《左傳》以傳《春秋》，即以傳《四書》，而《國語》又傳《傳》者也。”⑤ 徐銘硯《〈國語選〉序》云：“此在陸先生之於《國語》，是以有去有取，而寧

① 參見拙撰《〈國語〉歷代序跋題識輯證》，濟南：齊魯書社 2018 年版，第 383—384 頁。
② 參見拙撰《〈國語〉歷代序跋題識輯證》，濟南：齊魯書社 2018 年版，第 377 頁。
③ 參見拙撰《〈國語〉歷代序跋題識輯證》，濟南：齊魯書社 2018 年版，第 192 頁。
④ 參見拙撰《〈國語〉歷代序跋題識輯證》，濟南：齊魯書社 2018 年版，第 393 頁。
⑤ 參見拙撰《〈國語〉歷代序跋題識輯證》，濟南：齊魯書社 2018 年版，第 210 頁。

約毋濫也。若夫去取之意，先生嘗自言之。其言曰：《國語》文字有全用《內傳》者，可置；有繁冗駁雜不及《內傳》者，可刪；有勝於《內傳》者，可録。以《外傳》輔《內傳》，此讀《國語》法也。其《內傳》缺而特見於此者，則又际乎其文。"①

當然，也有借古喻今者，如翁同龢《國語跋》云："左氏明王道、黜霸功，窮天人之微而驗之於威儀、動作之際，淵乎懿哉！余又有感於《齊》《越》二篇，以爲果有人焉，師其法而變其意，亦足扶孱弱而政隆平也。"②

有對《國語》材料來源以及各國史材的論列評議者，如查揆《讀國語》謂："曰《國語》者，明各國之史記，而未嘗有所增損，亦與《內傳》不同也。不然，同述一時一人之言，內、外《傳》繁簡各異，而並存之，究孰優孰劣耶？抑於此可以覘列國之文獻盛衰也。《晉乘》最著，董狐而外，良史必有家法。楚則左史倚相之倫，淹通《墳》《典》。二國之史即不能如魯史記，要亦詳慎賅備，燦然可觀，故采録獨多。鄭則人文頗盛，子産博物，尤爲列國名卿所未及，而《內傳》所録既多，此遂從略。今所存《鄭語》惟周史對桓公之詞，似爲《春秋》之鄭張本，其實亦周語，非鄭語也。《齊語》專采《管子》，間有字句偶異，或傳寫不同，於此尤足爲仍各國載籍原文之一證。秦、宋、衛皆大國，而采録不及者，《秦誓》一篇已經孔子謦正入《書》。此外未聞有良史如晉、楚之盛，文章言語可取者。嗺宋則文獻不足，孔子已歎之。衛有史魚、蘧瑗諸人，亮節高風，當時豈無所建白，乃遭逢衰亂，竟不得與魯之臧僖伯、展禽同被著録，蓋必其後世史失其官，爲可悲也。若其敘述吳、越尤爲詳贍，記言而兼記事，所以補《內傳》之未備，則體例稍變。吳之季札爲一時聞人，流風所被，其國之彬彬已可概見，所爲史記必有可觀。而越之范蠡、文種，所以佐其君成伯業者，經濟規畫，亦亞於管子，故所載用兵決勝，當必自有載記，而左氏得而取之。噫！吾讀《國語》，而

① 參見拙撰《〈國語〉歷代序跋題識輯證》，濟南：齊魯書社2018年版，第199頁。
② 參見拙撰《〈國語〉歷代序跋題識輯證》，濟南：齊魯書社2018年版，第401—402頁。

知文獻之繫於其國者蓋重矣。”① 認爲《鄭語》實即周語，其實明人評點《國語》時，有的就把《鄭語》置於《周語》之後，或即以《鄭語》爲周語。此外，查撰對有些國語及其大夫之事未能列入《國語》表示了遺憾。

賀濤則從材料來源進而探討《國語》可能有後來材料攙入的成分，其《讀國語》云：“《周語》多典雅之辭。……諸子之書往往言晉之趙氏。《晉語》則以簡子、襄子事坿焉。……簡子夢癘，告語諸大夫，董安于受言而藏之，趙之有史也久矣。左氏時，其史當未出，而《晉語》載之，後人羼入耳。《吳語》以越事爲主，所述越事，又詳言大夫種之謀，而不及范蠡，《越》之上篇亦如之。其下篇則專言范蠡，而不及大夫種。既皆非史法所宜，而造端離辭，亦不類史氏所纂，而近於晚周諸子之所爲。《漢·藝文志》兵權謀家有《大夫種》二篇、《范蠡》二篇。疑後人取此二書坿之《國語》。不然，宋、衛諸夏大國，《春秋》經傳具其事甚備，而獨無史存，吳、越處乎蠻荒，通中國最晚，而又先亡，乃能有史以傳世，何哉？”② 認爲《晉語》記載了趙簡子、趙襄子之事，恐後人羼入。又認爲《國語》中的《吳語》和《越語》有可能是後人以《大夫種》《范蠡》二書附入《國語》而成。

4. 明道本的版本及其價值的梳理

錢謙益藏本毀於火災之後，文獻著録中再無明道本《國語》原刻本的著録了。清人對明道本的記載主要是三個形態：①鈔本；②校宋本；③黃刊明道本。

鈔本又分毛鈔和錢鈔。清人對毛鈔本有所著録的只有毛氏《汲古閣藏秘本書目》和陸心源《毛抄天聖明道本〈國語〉跋》。毛氏著録、陸氏跋文皆見前文。錢鈔本有臨鈔本，故流傳較廣，清代學者關注較多，前文已有簡單論列。如何焯《跋〈國語〉（舊鈔天聖明道本）》云：“虞山錢宗伯舊藏宋仁宗天聖七年所開《國語》，明道二年復經刊正者，最

---

① 參見拙撰《〈國語〉歷代序跋題識輯證》，濟南：齊魯書社 2018 年版，第 357—358 頁。
② 參見拙撰《〈國語〉歷代序跋題識輯證》，濟南：齊魯書社 2018 年版，第 204—405 頁。

爲古本……己丑夏，吳興書賈忽以傳本來鬻，余驚喜，以重值購焉。此書與今世所行南宋本增損多不同，其可從是正者居十之六七，亦間有當據別本者。昔宋公序假其宗人緘所藏《國語》，取官私凡十五六本互校，乃作《補音》。此出於天聖，正與公序同時。不知其云得真本者，即公序所見與否？亦特其一耳。"① 這是從正面角度的評價。顧廣圻幾篇跋文對明道本影寫本的評介與校刻經歷也有所記述，前文也已論列，可參。

校宋本談及的較少，葉德輝《郋園讀書志》對盧文弨以吳汝紀刻本爲底本校宋本有所著錄，謂：

《國語》韋昭解二十一卷（明萬曆乙酉吳汝紀刻本，盧抱經以宋本校過）

抱經先生收校《國語》，其底本爲明萬曆乙酉吳汝紀刻本，注用吳韋昭解，附宋宋庠《補音》，其宋本則未經宋庠校定之本。第一卷上方有先生手書小楷云："影宋鈔《國語》，乃未經宋公序校正之本，宋指以爲俗本者是也，然其中煞有好處。盧文弨識。"案：影宋鈔出自常熟錢遵王藏書，錢撰《讀書敏求記·經部》"韋昭解《國語》二十一卷"云："吾家所藏《國語》有二，一從明道二年刻本影鈔，一事宋公序補音南宋槧本。間以二本參閱，明道本《周語》云'昔我先王世后稷'，注曰：'后，君也。稷，官也。'則是'昔我先王世君此稷之官也'，考之《史記·周本紀》亦然。而公序本直云'昔我先世后稷'，讀者習焉不察，幾譌爲周家之后稷矣。襄王二十四年'左右皆免冑而下拜'注曰：'免冑，則不解甲而拜。'蓋介冑之士不拜，秦師反是，所謂'無禮則脫'也。公序本又去'拜'字，與注文大相違背。微明道本，於何正之？"今世所行《國語》，皆從公序本翻雕，知二字之亡，由來久矣。盧即據以校勘，與世行黃氏士禮居影刊明道本一一符合，雖一筆一劃小有異同，亦必照校。前輩讀書心細，下筆不苟，如此可見。卷一上方闌

① 參見拙撰《〈國語〉歷代序跋題識輯證》，濟南：齊魯書社 2018 年版，第 195—196 頁。

邊上有"抱經堂印"四字朱文篆書方印，下方有"文弨讀過"四字
朱文篆書方印，卷末吳跋後有"盧文弨"三字白文篆書方印、"紹
弓別字磯漁"六字朱文篆書方印。前張一鯤序下亦有"文弨讀過"
一印，又有"胡氏豫波家藏圖書"八字朱文篆書長方印。卷第一闌
邊外有"胡爾榮印"四字白文篆書方印、"豫波"二字朱文篆書方
印。胡爲浙之海昌人，道光時學者，著有《破鐵網》二卷，上卷記
所見古書，下卷記所見書畫碑貼、一二古物，蓋亦藏書故家也。其
餘一二印記，無足重視。從子嶠甫購自友人，出以呈覽。爲考其收
藏原委於此，以見珍秘。①

此外就是對黃刊明道本的著録與揭示，如錢大昕《重刊明道二年
〈國語〉序》云："《國語》之存於今者，以宋明道二年槧本爲最古……
予嘗論古本可寶，古本而善乃珍寶，於此本見之矣。"段玉裁《重刊明
道二年〈國語〉序》云："今公序所據之本皆亡，惟此歸然獨存。其譌
誤誠當爲公序所黜，而其精粹又未必爲公序所采，是以薈圃附之考證，
持贈同人。此存古之盛心，讀書之善法也。"②王煦謂："今坊刻流行，
率多譌舛。欲求善本，則有吳門黃氏新刻在。"③汪之昌亦謂《國語》
"以黃薈圃刻本爲最善"。都對黃刊明道本進行了贊揚。周中孚《鄭堂讀
書記》雖然著録黃刊明道本，但其中觀點多撮録前人，且多涉及《國
語》及《國語》注釋，對黃刊明道本所涉甚少。④

但也有對明道本版本價值提出質疑者，如趙懷玉《校正國語序》謂
常熟錢遵王印寫宋刻本"之譌亦復不少"，"大抵宋本之劣者，往往不如
後世校本之善。而今之藏書家輒奉爲金科玉律，相率承譌而不敢易，是

———————————

① 葉德輝等撰，湖南圖書館編：《湖南近現代藏書家題跋選（第1冊）》，長沙：嶽麓書社
2011年版，第67—68頁。

② 參見拙撰《〈國語〉歷代序跋題識輯證》，濟南：齊魯書社2018年版，第279、280、283頁。

③ 參見拙撰《〈國語〉歷代序跋題識輯證》，濟南：齊魯書社2018年版，第369頁。

④ （清）周中孚：《鄭堂讀書記》，上海：上海古籍出版社輯印《續修四庫全書》第924冊，
第259—260頁。

又好古者之惑也。"① 許宗彦《天聖明道本〈國語〉跋》謂："近有影鈔天聖明道本，世以爲勝于公序本。蓋不然也。"② 這兩家都認爲明道本恐怕未必爲精善之本。在整個清朝一邊倒地贊頌明道本爲善本、古本的大背景下，二位學者的理性思考是值得肯定的。此外，王煦也認爲明道本有訛誤，並對部分條目進行了校勘。

5. 公序本系統版本的著録與價值認定

清人序跋題識中對公序本著録更多，舉凡清代能够見到的前代公序本系統的版本，絶大多數都得清人著録品題，如陳樹華《〈春秋外傳考正〉論例》中對公序本之元大德本、弘治十五年李士實序本、許宗魯本、金李本、張一鯤本、葛端調本的臚列，陸心源《宋槧〈國語〉跋》對宋刻宋元遞修本的著録，對弘治十五年刻本刊刻情形以及與宋刻宋元遞修本關係的論定，楊守敬《日本訪書志》、葉德輝《郋園讀書志》對金李本以及葉德輝對吴汝紀本的著録等。另如劉青藜《跋〈國語〉》對吴勉學本的介紹："《國語》二十一卷，明新安吴勉學刊本也。前有宋元憲宋庠《國語補音敍録》，而篇中顧無音釋。然雕刻工緻，印摹亦佳，遠出近刻之上。"③ 可見清代學者對《國語》公序本系統中各個版本的關注。

又孔繼汾評張一鯤本云："現有明侍御張一鯤所刻者，既多譌字，且有所增損，非復宋氏本書，不足依據。"④ 陸心源對張一鯤本也有類似評價。趙懷玉《校正國語序》云："嘉靖間閩中葉邦榮雕本，注多譌舛。"⑤ 對葉邦榮刻本的錯訛進行了揭示。

段玉裁跋語中，對時人挖掉金李本題記冒充宋刻本的行爲有所揭示⑥。瞿中溶對金李本有詳細記述，謂："翻宋本《國語》（六册廿一卷），大板，每葉廿行，行廿字。板匡左右內有細綫摺口，板心中題

---

① 參見拙撰《〈國語〉歷代序跋題識輯證》，濟南：齊魯書社 2018 年版，第 308 頁。
② 參見拙撰《〈國語〉歷代序跋題識輯證》，濟南：齊魯書社 2018 年版，第 329 頁。
③ 參見拙撰《〈國語〉歷代序跋題識輯證》，濟南：齊魯書社 2018 年版，第 198 頁。
④ 參見拙撰《〈國語〉歷代序跋題識輯證》，濟南：齊魯書社 2018 年版，第 221 頁。
⑤ 參見拙撰《〈國語〉歷代序跋題識輯證》，濟南：齊魯書社 2018 年版，第 307 頁。
⑥ 參見拙撰《〈國語〉歷代序跋題識輯證》，濟南：齊魯書社 2018 年版，第 222 頁。

'國語幾'，下題葉號。首卷首行上題'周語上'，中題'國語'，下題
'韋氏解'，卷末尾行則無'韋氏解'三字，餘同，他卷放此。前有序二
葉，每葉十四行，行十五字。首題'國語解敘'次行下題'韋昭'二
字，尾行'國語解敘'下旁注'畢'字，其下題小字云：'嘉靖戊子吳
郡後學金李校刻於澤遠堂。'此本款式古雅，字體端勁，照依宋本翻刻，
避諱缺筆之字甚爲周密，一如其本來面目。故骨董家往往去序末'嘉靖
戊子'題識，僞作宋本衒售。"[①] 認爲金李本"有勝於明道本之處"，和
許宗彥、趙懷玉等爲同調。

6. 清人序跋題識對《國語》的校勘

在認定版本價值的時候，有些學者在其序跋題識中提出具體的校勘
條目作爲例證，如錢曾《讀書敏求記》對明道本和公序本的勘校比較。
又錢大昕《重刊明道二年〈國語〉序》中舉四例，云："予於《敏求
記》所記之外，復得四事：《周語》'瞽獻曲'注：'曲，樂曲也。'今
本'曲'皆作'典'；'高位實疾顛'，今本'顛'作'債'；《鄭語》
'依疇歷華'，今本'華'作'莘'；《吳語》'王孫雒'，今本'雒'作
'雄'。此皆灼然信其當從古者，今世盛行宋公序《補音》，而於此數事
並同今本，則公序所采正未免失之觕疏。至如'荊嫣'之譌爲'劓嫣'，
《補音》初無'劓'字，是公序本未誤。然不得此本，校書家未敢決
'劓'之必爲'荊'。"[②]

趙懷玉《校正〈國語〉序》比對明道本錢抄本與葉邦榮刻本："《周
語》'王將鑄無射'篇'我太祖后稷之所經緯也'注引《晉語》'辰以
成善，后稷是相'，蓋辰爲農祥，周先后稷所經緯以成善道。相，視也。
宋本乃作'農以成善，后稷是祖'，則宋本之誤也。《魯語》'海鳥曰爰

---

① 參見拙撰《〈國語〉歷代序跋題識輯證》，濟南：齊魯書社 2018 年版，第 354 頁。
② 此據錢大昕《重刊明道二年本國語序》。錢大昕《十駕齋養新錄》卷十三 "國語" 下則謂
錢氏所記之外，復得六事，除了本序舉到的四處，另外兩處分別爲 "《魯語》'笑吾子之大也'，今
本'大'下有'滿'字（古書'大'與'泰'通，泰即汰也。《檀弓》'汰哉叔氏'）；《齊語》
'麤皮四分'注：'分，散也。'今本'分'皆作'个'（《管子》書亦作'分'）、'散'作'枚'"，
見《續修四庫全書》第 1151 册，第 253—254 頁。王煦《國語補補音序》舉錢大昕以明道本爲正之
例，即以錢大昕《重刊明道二年本國語序》爲參照。

居' 篇 '抒能帥禹者也' 注：'抒，禹後十世。' 按《史記》'抒' 作
'予'，'十世' 當作 '七世'，是宋本與閩本俱誤也。《齊語》'翟人攻
邢' 篇 '鹿皮四个'，閩本注：'介，枚也。' 宋本作 '分'，注：'分，
散也。' 其説雖皆可通，不如 '个' 之爲愈也。《晉語》'獻公卜伐驪
戎' 篇 '遇兆，挾以銜骨，齒牙爲猾'，閩本注：'大夫占色。' 與《周
禮》同。宋本改爲 '占兆'，則又宋本之誤也。"① 指出明道本也有錯誤。
同時，以閩本指稱葉邦榮本。關於葉邦榮本之詳細，參見本書 "明代
《國語》研究" 相應部分。

許宗彦謂明道本未必善本，提出多條校勘證據，謂：

　　《周語》"昔我先世后稷"，天聖本有 "王" 字。按韋解曰：
"后，君也。稷，官也。父子相繼曰世。謂棄與不窋。" 下云："我
先王不窋。" 韋解曰："不窋，棄之子。周之禘祫文武，不先不窋，
故通謂之王。" 尋韋于上釋 "世" 字，于下釋 "王" 字，則下稱
"先王" 而上惟云 "先世" 可知也。戴東原謂不窋以上闕代系，此
本與韋異義，以《史記》爲證可也，以天聖本爲證，則天聖固不足
證韋氏誤矣。"瞽獻典"，天聖本作 "曲"，《左傳·襄十四年》正義
亦引作 "曲"。《補音》云："本或作曲，非。蓋西周以前未有以聲
歌爲曲者，歌曲自是周末語耳。" 公序所校當矣。"王耕一墢下" 韋
解，天聖本無之。考之《詩·載芟》正義與《文選·籍田賦》注，
皆與公序本合。"左右免胄而下，超乘者三百乘"，天聖本作 "下
拜"，又增韋解廿餘字。按，傳明云 "師輕而驕，輕則寡謀，驕則
無禮"，若過門而下拜，雖非禮，不可謂之驕矣。《魯語》"室如懸
磬" 韋解曰："但有榱梁，如懸磬也。" 此釋 "懸" 字之義，天聖本
脱去 "但有榱梁" 四字，則正文云 "如縣磬"，解亦云 "如縣磬"，
可乎？《鄭語》"褒人有獄，而以爲入"，天聖本脱去此句及韋解。考
《詩·白華》正義引此傳甚詳，並及韋解，又豈得謂天聖本在孔氏前

---

① 參見拙撰《〈國語〉歷代序跋題識輯證》，濟南：齊魯書社 2018 年版，第 308 頁。

乎？凡如此類不可悉數。①

在許宗彥的表述中，並不認同清代學者把"先""世"之間有"王"字作爲文本正確的依從標準，認爲"先世"是有道理的。同時，許宗彥認爲公序本"典"字是正確的，《補音》校是。認爲公序本注文與唐代所引注文合，而明道本有脱誤。總之，許宗彥肯定公序本之是，論定明道本有誤。

瞿中溶跋文中據明道本對金李本進行了校勘②，不僅據以與明道本對校，還以之與其所持之本對校。

王煦《〈春秋外傳國語補補音〉敘》校勘黄刊明道本條目如下：

　　攷諸别書，足證宋本之譌者，復得七事：《周語》"壘穢暴虐"，《説文》："壘，鹿行揚土也。"今作"麤"；"墾田若藝"，《説文》："藝，艸木不生也。"今作"藝"；"邵鞏見，其語訏"見賈誼《新書》，今作"迂"；"火無炎煇"見李善《景福殿賦》注，今作"灾"；《晉語》黄帝之子一爲苟姓，見《廣韻》，今作"苟"；獻詩者使勿兜，《説文》："兜，靧蔽也。讀若瞽。"今作"兜"；以諒趙鞅之故，《毛詩釋文》云："'涼'，本亦作'諒'，佐也。"今作"諄"。③

從其考辨可見，王煦通過他書校明道本之誤。

此外，還有學者對前此學者的校勘經歷進行歷時性梳理和總結。在這方面做得比較好的就是黄丕烈《士禮居題跋記·校宋本國語二十一卷》，在該題跋中，黄丕烈歷述了錢遵王、錢士興、葉石君、陸貽典、李明古、惠棟、朱邦衡遞相校宋以及他自己訪校明道本抄本的基本過程，爲後世梳理版本源流留下了翔實的資料。

7. 對唐前《國語》注本的評價或商榷

趙懷玉《校正〈國語〉序》謂："鄭衆、賈逵、王肅、虞翻、唐固之徒皆申以注釋，今諸家並已散佚，所行於世者以韋氏解爲最古。其注簡而有要，大率參摭虞、唐之説而損益之。"汪之昌謂："注《國語》者，以韋宏嗣爲最古。"又趙懷玉認爲韋昭注亦有可商者，謂："《晉語》'獻公伐驪戎'篇'驪姬請使申生主曲沃以速縣'注：'虞御史云：速，疾也。縣，縊也。'夫曰速申生之死，則主曲沃在魯莊二十八年夏，縊於新城在魯僖四年十二月，相距十一年，不可謂速，且不能逆料其必以縊死。是虞既誤於前，而韋引之亦誤也。"王煦謂："舊有鄭衆、賈逵、王肅、虞翻、唐固諸注皆散軼不傳，惟韋宏嗣解獨行於世。雖兼采衆氏，成一家言，而尚未詳善。"[1]

董增齡《國語正義序》也對韋注有所點評，並謂韋昭解雖存完本，但仍有亡逸。汪之昌亦謂韋注有所亡逸。

8. 對唐以來《國語》著述源流、得失之評價

評價得失，無非贊譽、批評二者。批評者，則有趙懷玉對柳宗元《非國語》、王煦對宋庠《國語補音》的評價。趙懷玉《校正國語序》："唐柳子厚作《非國語》固有當理解處，然不揆今古，每以後世臆見懸斷前人。信如所言，則《内傳》可非者亦多，何必《國語》？宜宋江端禮有《非〈非國語〉》之作，而躧之者復有劉章、虞槃輩也。"這是對柳宗元《非國語》的基本認定，認爲柳宗元有主觀武斷之處。王煦評價《舊音》《國語補音》："唐人箸有《舊音》，俚不可訓。至宋公序作《補音》，自以爲深於小學，不婢韋氏功臣，而其實迂疏掛扇，尟所發明。"認爲《舊音》"俚不可訓"，而宋庠《國語補音》疏漏較多，且少發明。

贊頌者，如王引之、汪之昌對董增齡《國語正義》的評價，陳奐對汪遠孫《國語校注本三種》的評價等。王引之在《國語正義序》中對董增齡《國語正義》有所贊許。汪之昌亦謂："董增齡撰《國語正義》，凡

---

① 參見拙撰《〈國語〉歷代序跋題識輯證》，濟南：齊魯書社 2018 年版，第 307、382、368 頁。

諸家釋《國語》之説，搜采尤備。"陳奐《〈國語校注本三種〉序》謂：
"服韋氏解，歎其簡潔，治慮以精，瑜瑕不掩，乃節取宏嗣之注，以表揚
左邱之傳。韋氏採舊解，有舊解之佚見於群籍者，捋集之，曰《古注輯
存》。韋解流刻，皆非舊本，據明道本爲主而公序本輔於下，又博取群籍
援引者，載記之，曰《考異》。韋解雖主乎賈，并參已意，意未申與義
不合者，乃申之，乃補之，辯難而駁正之，曰《發正》。都凡前言、懿
行、通人、達詁，有可賴以發明，皆録之。"① 對汪遠孫《國語校注本三
種》多有揄揚。

又有揭明校刻之底本，論列刊本源流者。如錢保塘《國語補音札記
序》謂微波榭本《補音》云："保塘取明修舊刻本校之，方知孔本實源
於此。其先後次第稍有不同者，孔氏自據通行《國語》本移正之也。"②
又錢保塘《舊本〈國語補音〉跋》中有對宋刻元明遞修本《國語補音》
特徵的詳細記述及論定，如下：

> 舊刻《國語補音》三卷，得於都門内城書肆，不知其爲何刻
> 也。細審之，有一種字體清勁方整絶類，率更多避宋諱，其爲宋刻
> 無疑；有一種柔婉圓勁，不避宋諱，當是元刻；其板心有監生名氏
> 者，則明刻也。中間稍有漫漶，有宋元刻僅存半截而明刻補成之者，
> 亦有未補者。脱第三卷第一葉，補以《國語》卷三第一葉，板心亦
> 有監生名氏，大題在下，小題在上，尚存古式。當是源於宋刻而
> 《補音》附於《國語》後者。紙背有成化年字，蓋當時以官簿文書
> 餘紙印此者，閒存朱方印之半，則不可辨識矣。光緒元年，余據此
> 本爲吳勤惠公校刊《國語補音》於成都，公甚愛此書。明年，公歸
> 淮南里第，贈書四種，此書與焉。其書與近刻之異同已詳余所校
> 《〈國語補音〉札記》中。③

① 參見拙撰《〈國語〉歷代序跋題識輯證》，濟南：齊魯書社 2018 年版，第 373 頁。
② 參見拙撰《〈國語〉歷代序跋題識輯證》，濟南：齊魯書社 2018 年版，第 387 頁。
③ 參見拙撰《〈國語〉歷代序跋題識輯證》，濟南：齊魯書社 2018 年版，第 388 頁。

　　吳勤惠公即吳棠（1812—1876），字仲宣，號棣華，安徽盱眙人，同治七年（1869）調任四川總督，光緒元年（1875）因病奏請開缺，光緒二年三月回籍，閏五月病逝於滁縣，諡勤惠。錢保塘所得宋刻元明遞修公文紙本《國語補音》贈於吳棠，吳棠歿後，其藏書最終展轉入藏吉林省圖書館。今吉林省圖書館藏有宋刻元明遞修公文紙本《國語補音》一部，鈐印有"吳同遠印""公望""盱眙吳氏望三益齋藏書之印"，另有一方印"荼華吟舫"。錢保塘對宋刻元明遞修本《國語補音》的宋刻、元修、明修特徵進行了比較詳盡的揭示。

　　又楊守敬《日本訪書志》對微波榭本《國語補音》源流的論定如下：

　　　　宋元憲作《國語補音》，取官私所藏十五六本參校，得多失少。自明人附刊入韋注中，而單行本遂微。自黃蕘圃刻明道本，顧千里爲《札記》、汪小米爲《考異》，宋氏之書遂多疵議，傳世舊本唯見孔氏《微波榭叢書》中。近日，盱眙吳氏又從孔本翻刻于成都，末附錢保塘《札記》。稱以明修舊刻本校孔本，知孔本實從明本出，又以舊刻校正孔本數處。今以照此本，則與錢君所稱舊本多合，而錢君不言是明嘉靖正學書院刊本。豈錢君所據本佚趙仲一序耶？此本澁江道純舊藏，余從森立之得之。①

　　楊氏指出了微波榭本《國語補音》在整個《國語補音》刊刻史上的重要性，進而又揭明盱眙吳棠成都尊經書院刊本的校理及其版本淵源。進而指出微波榭本《國語補音》的底本。

　　周中孚《鄭堂讀書記》對《國語補韋》《左國腴詞》《國語合評》有所著錄。雖然周中孚對《國語》刻本的著錄較少有美善之處。而對這幾種《國語》著述的著錄與評價倒頗中肯，如謂黃模《國語補韋》內容與書名不相匹配。又論列《左國腴詞》《國語合評》等書，此前人所未及處，故能給後學以門徑。

---

　　①　參見拙撰《〈國語〉歷代序跋題識輯證》，濟南：齊魯書社 2018 年版，第 414 頁。

此外，《國語》研究者往往會在序跋中交代撰述經過，給讀者提供著作的背景等。如顧廣圻爲黃丕烈代作《校刊明道本韋氏解國語札記序》、董增齡《國語正義序》、汪遠孫《國語校注本三種序》、譚澐《國語釋地序》、錢保塘《國語補音札記》，都在序文中交代撰作緣起、基本方式等等。另如上文所及孔繼汾校訂孔傳鐸本《國語》所撰跋文，即述説其校刻經過。王鏗爲《春秋外傳國語釋文》所撰跋文，則較爲詳細敘述王煦《國語釋文》《國語補補音》之大致。牟庭交代其是正疑謬之具體，識語上半臚列《國語》語次，謂："《周語》一至三、《魯語》四五、《齊語》六、《晉語》七至十五、《鄭語》十六、《楚語》十七、十八、《吳語》十九、《越語》二十、二十一。"下半面臚列校正字數，謂："通共是正五百六十五字，丁丑三月下浣識。又是正一千一百二十九字。通前一千七百〇四字。又是正一百九十四字，通前一千八百九十八字。又是正一百〇一字，通前一千九百九十九字。又是正一字，通共兩千字，己卯四月。又是正四字。"又單行大字言其書所自，謂"甲子四月，購於登州書坊"。① 凡此，皆提供了比較重要的信息。

9. 清代《國語》序跋題識中的學術史梳理

著作者研討典籍，必然要追溯前此之研究，論定其是非，作爲自己研究開展的前提，此之謂學術史梳理。此種論述，往往存於序跋題識之中，以序爲主。《國語》著述也不例外，清代《國語》研究者在序文中往往梳理歷代《國語》研究，評價其得失，梳理其存佚。如董增齡《國語正義序》、汪遠孫《國語三君注輯存序》、吳曾祺《國語韋解補正序》都有對歷代《國語》研究的基本回顧，且其中頗有中肯之言。

總之，清代《國語》序跋題識對《國語》作者、成書、《左》《國》關係、刊本源流及優劣、著述大致等等都有所論列，爲後世提供了精審的結論和較爲翔實的資料。

---

① （清）牟庭：《國語校注》，中國國家圖書館藏本。

（四）清代古籍辨僞學背景下的《國語》認定

在清代古籍辨僞的學術背景下，一些學者對《國語》的真僞等進行了討論。清代的古籍辨僞學比較發達，但針對《國語》的辨僞相對較少。清代前期，僅姚際恒《古今僞書考》認爲《國語》"未足定其著書之人"，即不能確定《國語》的作者。清代晚期，纔有康有爲、崔適等人攻擊劉歆，辨僞《左傳》而兼及《國語》。他們根據《漢書·藝文志》載有劉歆《新國語》五十四篇（注云劉歆分《國語》）以及《左氏傳》三十卷和《國語》二十一篇的記載，認爲原本只有一部《國語》，劉歆把和《春秋》有關的割離出去別爲《左傳》，所剩叢殘仍爲《國語》。其考辨大略，錢玄同《重論經今古文學問題》言之較詳，可以參考。①

有清一代藏書爲歷代藏書之冠，私人藏書家輩出，藏書目衆多，在前代學術成果和時代學術規約啟發之下，對《國語》及其著述進行了著録，搜羅之全，超邁前人。乾隆年間，皇家修纂《四庫全書》及《四庫總目》，對《國語》諸多問題的釐定也是一種促進。清代《國語》序跋題識數量之大，有賴于清代整體學術尤其是古籍整理考訂方面的巨大成就，有些學者因爲考訂經義或研討《左傳》，因而涉及《國語》，有些學者則專門對《國語》進行相應考訂，有專門著作，有群書考訂，有直接體現在刻本中的校勘考訂條目，其研究心得及相關評議，多在題識序跋中有所體現。

四、清人的《國語》校勘

今見最早的《國語》勘校實踐始於唐固。此後《國語舊音》《國語

---

① 錢玄同：《重論經今古文學問題》，《錢玄同文集》第 4 卷，北京：中國人民大學出版社 1999 年版，第 179—182 頁。

補音》都保留有一定校勘條目。而公序本本身就是宋庠以宋緘本爲底本，參校衆本校訂而成的一個本子。明道本的刊刻也經過了江陰軍鄉貢進士葛惟肖等人的校勘。除了韋昭《國語解》、宋庠《國語補音》之外，其他的校勘行爲沒有留下具體的資料，無從查考了。《國語》校勘最有成就的要算清代。錢玄先生云："清代是校勘學的全盛時期。清初學風厭棄宋明之理學，而崇尚樸學，亦即漢學。清代的樸學，它的涵義很廣，概括説來，遵循漢代鄭玄等經師治學精神，並以文字、音韻、訓詁爲基礎，對經傳及其他古籍作校訂、注釋、考據工作。所以清代的校勘學、訓詁學、考據學等更深入，更周密，富有求實的科學精神，均超越前代。"① 錢老這一精準概括爲清代《國語》校勘能够取得重大成就提供了很好的注脚。羅積勇等也認爲："清朝統治中國的三百年，是古籍校勘史上的巔峰時期。這一時期，無論是官方校勘還是私家校勘，都成就斐然。"② 羅積勇等認爲，清代校勘質量高、校勘理論達到新的高度，其原因首先與校勘發展的階段性密不可分；其次是力矯不讀書的空疏學風也促進了清代校勘學的發展；另外，清朝的政治環境也是促進清代校勘發展的重要原因。③ 概括言之，可以從類型、方式、形態、内容、意義等幾個方面進行簡要梳理。

（一）清人《國語》校勘類型

清代的《國語》校勘，從目的上分爲兩大類型：1. 校宋本的校勘；2. 版本異文的校勘。前者屬於"死校"，是在某一傳本缺失狀態下，依據傳本對任意一個《國語》版本進行改訂之後形成的和某傳本完全相同的本子。如陸貽典依據錢鈔本，對張一鯤本《國語》進行文字刪訂，最終形成陸貽典校宋本。惠棟依據錢鈔本傳録本，對劉懷恕刊本進行刪訂，最終形成惠棟校宋本。黄丕烈以詩禮堂本爲底本，依據錢鈔本傳録本和

---

① 錢玄：《校勘學》，南京：江蘇古籍出版社1988年版，第153—154頁。
② 羅積勇等：《中國古籍校勘史》，武漢：武漢大學出版社2015年版，第303頁。
③ 羅積勇等：《中國古籍校勘史》，武漢：武漢大學出版社2015年版，第303—305頁。

前代校宋本，形成新的校宋本。其他如顧之逵以金李本爲底本、盧文弨以吳汝紀本爲底本、顧廣圻以李克家本爲底本、丁少山以宋刻元明遞修本爲底本等，依據明道本傳録本或後來的刊本，形成校宋本。這一類都在提供明道本的復本，具有作爲參校本的價值意義，校勘正誤的價值則相對較低。而版本異文的校勘能比較完整匯集異文、比對取捨，是對《國語》文本釐定和推動《國語》研究做出貢獻的基礎工作。故本書研討，主要是後者。

（二）清人《國語》校勘方式

文字刊誤商榷類的《國語》勘校行爲，較早的當屬王懋竑。按照校勘方式方法、依據版本等相關標準，清人《國語》校勘可以分爲這樣幾種：1. 對某一本進行校勘，不參照他本。如王懋竑的《國語存校》即是對張一鯤本覆刻本進行的校勘，全卷 375 條，基本採用理校方法。2. 依據他本進行校勘。如惠棟依據傳抄宋本進行校勘。陳樹華依據元大德本、明弘治本、許宗魯本、金李本對傳抄本明道本進行校勘。顧廣圻依據公序本別本對黃刊明道本進行校勘。陳奐依據金李本、許宗魯本對黃刊明道本進行校勘。汪遠孫依據金李本、許宗魯本、黃刊明道本進行校勘。李慈銘對公序本、黃刊明道本進行校勘。

（三）清人《國語》校勘形態

清代校勘《國語》的形態有四種：1. 專門著作。如王懋竑《國語存校》、黃丕烈《校刊明道本韋氏解國語札記》、汪遠孫《國語明道本考異》、錢保塘《國語補音札記》。2. 札記、題跋。如關於公序本"昔我先世后稷"、明道本"昔我先王世后稷"的異同問題，戴震、王應奎、李慈銘等於其札記中言之。3.《國語》研究著作以及筆記類著作。如董增齡《國語正義》、汪遠孫《國語三君注輯存》《國語發正》、王引之《經義述聞》中皆有關於《國語》具體文字的校勘問題。4.《國語》刻本批校或所附校勘記。如惠棟批校本、孔繼涵批校本、牟庭校注本、陳奐批校本等都有相關的校勘文字，《四庫全書薈要》本《國語》後附有校勘記。尤其陳奐依據金李本、許宗魯本對黃刊明道本的校勘，實是汪遠孫《國語明道本考異》修訂、刊刻的重要依據和材料基礎。

　　從參據版本的全面性上而言，清代無出陳樹華之右者。陳樹華既參考到元大德本等前代重要版本，復參考弘治本、嘉靖本、萬曆本，無論從時代跨度，還是從《國語》版本的精審度與全面性而言，陳樹華在清代《國語》校勘中都是最高的。

（四）清人《國語》校勘内容

　　清代《國語》校勘涉及《國語》的各個方面。以清初王懋竑和清中後期的汪遠孫校勘實踐内容爲例。

　　王懋竑《讀書記疑》卷十一爲考校《國語》部分，共 375 條，從内容上看，大致包括個五方面：1. 訂正譌字以及衍、脱、倒乙；2. 闡明文字通假之理；3. 明韋注所本；4. 疏證制度；5. 補釋文義。

　　汪遠孫《國語明道本考異》在清代《國語》校勘史上條目最豐富，涉及内容最豐富。《考異》全書共 3198 條，校勘韋解 1799 處，校勘《國語》正文 1399 處，校勘正文與校勘韋解之比爲 0.78∶1，這和《校刊明道本韋氏解國語札記》校勘正文與韋解的比例不同，後者之比爲 1.53∶1。其内容大體包括以下幾個方面：1. 臚列二本異文，不別是非；2. 臚列二本異文，且明是非去取；3. 他書文字與《國語》不同，臚列之以別是非；4. 臚列二本異文，且辨明文字關係；5. 臚列二本異文，以《舊音》《補音》録文輔證公序本；6. 臚列二本異文，引類書輔證；7. 揭明二本篇章起訖不同；8. 揭明二本異文，引他書釋其中一本文字；9. 揭明二本異文，辨別是非且説明理由；10. 揭出明道本字誤，引公序本正字爲證；11. 揭明所據明道本、重刻公序本文字與《補音》文字不同；12. 不別異文，唯以明道本文字作爲討論對象；13. 臚列異文，不出公序本，實言公序本與明道本異文者；14. 唯以金本與明道本文字相校；15. 以《舊音》録文與今本《國語》相校；16. 録文，直接引《札記》之説；17. 以他書引文校《國語》文字；18.《發正》《三君注輯存》有説者，臚列異文之後注明“説見《發正》”“詳《發正》”“詳《三君注輯存》"；19. 引《補音》《述聞》《札記》等考校結論，進行文字辨析；
20. 不别異文，直接判定字誤；21. 揭出明道本空格之處，公序本有字；
22. 評價《國語》題卷。

　　除了可以算作專著的《國語》校勘之外，還包括序跋題識中的校
勘，已見上文論列。清代大量的學術筆記中關於《國語》的校勘材料也
頗有一些。流傳下來的清人《國語》批校本，其中也有對《國語》的校
勘。清代學者的學術著作中，往往涉及《國語》的校勘問題，如戴震、
段玉裁、王念孫等學者的專著中，涉及《國語》的問題時，也往往在版
本異文、他書異文方面進行勘校判定。

（五）清人《國語》校勘意義

　　這些校勘：1. 深化和細化了《國語》的版本系統，使得我們對
《國語》的版本源流具有更爲明晰的認識；2. 爲《國語》具體文本的勘
定以及具體的語詞訓詁提供了依據和思考維度，爲恢復《國語》文本的
本來面貌提供了材料和理論支撐；3. 爲後世的《國語》勘校與勘定提
供了材料與典範。

（六）清人《國語》校勘著述

1. 王懋竑《國語存校》

　　王懋竑（1668—1741），字予中，號白田，清代江蘇寶應人。康熙五
十七年（1718）進士，曾任安慶府教授、翰林院編修、上書房行走等。
後辭官歸里，閉户著書。著有《白田草堂存稿》《朱子語録注》《讀書記
疑》《朱子年譜》《白田雜著》等。錢大昕撰有《王先生懋竑傳》，言王
氏一生學行較詳，可以參看。① 俞樾在《讀書記疑》序文中以王應麟
《困學紀聞》比擬之，評價較高。蕭穆《敬孚類稿》卷五《跋〈讀書記
疑〉》謂該書"中多微言奧論，考訂群書字句謬誤，均確有根據，實開

---

　　① （清）錢大昕撰，陳文和主編：《錢大昕全集》（增訂本）第 9 册，南京：鳳凰出版社 2016
年版，第 614—619 頁。

高郵王氏父子《讀書雜志》《經傳釋詞》《經義述聞》等書之先聲"①，司馬朝軍則謂蕭穆"擬之失倫"②。從王懋竑《國語》考校實際來看，司馬朝軍對蕭穆的批評是有道理的。

《國語存校》一共 375 條。每卷單獨一段，從韋序、宋敘目録、第一卷至第二十一卷。其中韋序 5 條，宋敘目録 6 條，第一卷 38 條，第二卷 31 條，第三卷 49 條，第四卷 18 條，第五卷 22 條，第六卷 12 條，第七卷 15 條，第八卷 16 條，第九卷 22 條，第十卷 36 條，第十一卷 11 條，第十二卷 14 條，第十三卷 14 條，第十四卷 10 條，第十五卷 11 條，第十六卷 4 條，第十七卷 11 條，第十八卷 5 條，第十九卷 16 條，第二十卷 1 條，第二十一卷 7 條。《國語》原文大字，考校小字，條目之間自然區分。涉及注文的，往往以"注××"出之，且"注"上空一字，或本條目上下俱空。如第四卷"注穰"、第九卷"注人而"、第十卷"注相公"、第十一卷"注郤之子"、第十二卷"注成季氏"、第十三卷"注其林"、第十四卷"注人木"、第十五卷"注書名於菜"、"注二字"、第十七卷"注受熊繹"、"注王必欲戰"、第十八卷"注三王後"、第十九卷"注宋怨"、第二十卷"注天時没"上空一字，第五卷"注禮"上下俱空一字。其中有些卷次中注明補充條目，以"補"字出之，"補"字上下各空一字以示區分。類此者有第二卷 3 條、第三卷 4 條。内容主要爲兩個方面，一個是校勘，一個是訓詁考據。有些條目比較單純，或單校勘，或單考據。有些條目先校勘再考據。以後者居多。下面從校勘和訓詁考據兩個方面來看。

（1）校勘

校勘内容包括校勘訛字、校勘倒乙、疑有脱誤、疑有衍文等四種。

①校誤字

A. ×當作 ×

《國語存校》運用這一校勘形式，往往在能够確定所校《國語》本子是錯別字的地方。如《韋序》"實爲"王懋竑云："爲，當作'與'。"

① （清）蕭穆撰，項純文點校：《敬孚類稿》，合肥：黄山書社 2014 年版，第 133 頁。
② 司馬朝軍：《續修四庫全書雜家類提要》，北京：商務印書館 2013 年版，第 209 頁。

"亂義"王懋竑云："亂，當作'辭'。""過切"王懋竑云："切，當作'竊'。"《宋敘目録》"目造"王懋竑云："目，當作'自'。"第一卷"存公"王懋竑云："存，當作孝。"

也有省略誤字，直接以"當作×"出之者，如第四卷"注穰"王懋竑云："當作'穗'。"

B. ×字誤，當作×

這類的判斷指向更爲明顯。類此的例子，如《宋敘目録》"有一篇"王懋竑云："'一'字誤，當作'數'。"

C. ×或作×

這類只是給出可能性指向，並不能完全確定。如《宋敘目録》"當漢出"王懋竑云："出，當作'世'，或作初。"

D. ×疑作×

這實際上是"×當作×"的變體，確定性比"×當作×"形式要小一些。如第四卷"之子曰麇"王懋竑云："之，疑作'麋'。"

E. 疑誤

遇有難解而不能決者，以"疑誤"出之。如第二卷"司所"王懋竑云："二字疑誤。""乃蠻夷之國主"王懋竑云："疑誤。"又第四卷"衆所召伐也"王懋竑云："'召'字疑。"

②校倒乙

《國語存校》校勘倒乙，往往以"二字乙"出之。如《韋序》"亦所以覺"王懋竑云："'所''以'二字乙。"《宋敘目録》"善鄯"王懋竑云："二字乙。"

也有直接云某字在某字上下者，如第三卷"於翼東門葬"王懋竑云："葬字當在'於'字上。"

③疑有脱誤

懷疑正文有脱誤。如第二卷"新定之"王懋竑云："疑有脱誤。"此外尚謂字、句有疑者多處。

④疑有衍文

懷疑正文有衍文。如第十四卷"公室之不回"王懋竑云："'不'字疑衍。”“盍密和”王懋竑云：“密猶親也。注無解，或二字衍。”

（2）訓詁考據

雖然《國語存校》絕大多數條目只是撮録正文，討論也往往牽涉到韋注。

①解釋文義，並謂韋注不確

凡《國語存校》認爲韋注不確當者，往往以“未然”“未當”“非是”結論。

以“未然”結論者，如第一卷“讓不共、告不王”王懋竑云：“不貢、不王，皆四裔之地，先王所以待之者。其輕如此，蓋未嘗以中國之法繩之也。註謂‘地遠者罪輕’，猶未然。”“百物之所生也，天地之所載也”王懋竑云：“此言百物生於利，天地亦載於利，故下云‘天地百物皆將取焉’，注未然。”“牧協職、工協革”王懋竑云：“二語不甚相入。《國語》多如此。注未然。”

以“未當”結論者，如第一卷“其極”王懋竑云：“極，中也。未當。”第四卷“解曹地”王懋竑云：“解，散也。注‘削也’未當。”

以“非是”結論者，如第二卷“微謀”王懋竑云：“言非止於謀也。註謂‘軍無計謀’，非是。”第三卷“和均”王懋竑云：“均當與‘鈞’同。三十斤爲鈞。注以關爲門關之征，亦非是。”第九卷“里丕死禍”王懋竑云：“謂死於禍也。註以禍字屬下句，非。”

也有直接指出韋注“誤”者。如第三卷“元閒大呂”王懋竑云：“注：‘法云三分之二。’此以三分損益言之，蕤賓以下生大呂，三分損一而取其二，故云三分之二。此注多誤。今改正云：三分之二下生，得四寸二百四十三分之五十二，倍之得八寸二百四十三分之一百四。‘下生律’三字原在‘一百四’之下，誤。‘律’當作‘得’，移於‘三分之二’下。”不但指出注文錯誤，而且對注文進行了校勘。

也有的指出韋注“無據”“無確據”者。如第一卷“瞽獻典”王懋竑云：“瞽史，即上‘瞽史’。注別指樂太師、太史以當之，以異於前之樂師外史。恐未有確據。”第十卷“二蔡”王懋竑云：“當是文王弟。注謂管叔初亦爲蔡，無據。”又同卷“諏於蔡、原”王懋竑云：“注：‘蔡公、原公。'疑即上所指爲二蔡者。原初爲蔡,未可知也。則前注以爲管蔡,非矣。"

②指出韋注的依據或來源

如第一卷"立我烝民"王懋竑云:"韋注從毛《傳》。"這是揭明韋注的來源。第三卷"道成王之德"王懋竑云:"是詩道成王之德,蓋指成王誦。下文云'故曰成',語自分明,韋注從舊説。"揭明韋昭注文的依從。

③對韋注進一步申述

認爲韋注未盡,對正文的解釋還有進一步申述的必要。如第一卷"耨穫亦如之"王懋竑云:"注:'如之,如耕時也。'則先王不特親耕,耨穫亦親之矣。仲山父亦云:'耨穫亦於籍。'"

④揭明韋注與他注釋義不同

如第一卷"陽癉"王懋竑云:"註:'厚也。'《補音》:'病也。'"只是揭明二者注文不同,並没有做出判斷。

也有揭明韋注與其他注文不同並且做出判定者。如第四卷"大刑用甲兵"王懋竑云:"用甲兵,謂伐也。賈侍中注是。"此處直接給出傾向,認爲賈逵注是正確的。

⑤揭明韋注,彌合内、外《傳》

如第二卷"周文公之詩"王懋竑云:"《内傳》以爲召穆公作,當從《外傳》。注謂穆公復修作《棠棣之歌》,蓋强合之。"

⑥揭明韋注釋文的獨特語境

如第二卷"百姓、兆民"王懋竑云:"注:'百姓,百官。'對下'兆民'言之。"蓋謂"百姓"與"兆民"對文,故韋昭釋"百姓"爲"百官",與今"百姓"之義不同。

⑦揭明《國語》引文與原書不同

《國語》引先秦典籍多種,以《詩》《書》爲主。其中引文,或不見於今本,或與今本文字有異。凡此,王懋竑亦爲揭出。如第一卷"載周"王懋竑云:"《詩》作'哉',語辭。蓋所傳不同。"認爲《國語》引《詩》和今本《詩經》不是一個來源。

⑧不取韋注、自出機杼

有韋昭已經注釋，王懋竑認爲其釋未協，棄而不取，別爲新注者。如第二卷"自上下者也"韋昭注云："當從王出也。"王懋竑則云："言當自上及下，尊卑之分不可亂也。"另如"而不行"韋昭云："不行，謂不順也。"王懋竑則謂："不行，謂不可行也。即下所云'逆鄭'。""微我"韋昭云："微，無也。"王懋竑則謂："微，非也。即'無'之義，而微別。"

⑨有抄撮注文者

《國語存校》有的條目僅僅抄録注文，並無新説，頗疑尚未録出考校文字。如第二卷"犧象"王懋竑云："注：'犧，犧尊，飾以犧牛；象，象尊，以象骨爲之飾。'"第三卷"四伯"王懋竑云："注謂四岳也，爲四岳伯，故稱四伯。"實皆撮録韋注。

⑩韋注前後釋文不一，爲釐定一釋

隨文注釋的特點是靈活多變，一個詞哪怕語境、意思基本相同，也會出現不同的釋文。《國語存校》對此類釋文給予釐定劃一。如第三卷"言爽"王懋竑云："注：'爽，貳也。'前卷'爽，亡也'，後又云：'爽，差也。'當定從'差'。"又於"爽二"下云："爽，即差失之義。不必改。"另如第十卷"出陽人"王懋竑云："《周語》注：'出，放令出也。'此云'降也'。當從《周語》注。"

⑪對韋注釋文未能體會者

《國語存校》對韋注釋文不能體會者亦往往揭出，以"未詳"出之。如第三卷"腊毒"王懋竑云："注'腊，亟也'，未詳。"蓋謂對韋昭的注文未能理解、存有疑問。日本學者秦鼎《國語定本》亦有此類表述。

⑫認爲《國語》原文難解、韋注没能解決問題

《國語存校》認爲《國語》有些文字不好懂，韋昭注文强爲之解，但並不能解決問題。如第三卷"敬，文之恭也"王懋竑云："以下多難以確解。《國語》文多有如此者。注依文解義，皆無發明。今亦無以考正。姑略之。"類此者另如第三卷"廣，壹也者，廣裕民人之謂也"王懋竑云："此等處難以詳解。注亦缺。"另如第三卷"宣養六氣九德也"

王懋竑云："凡解義處，都不可深求。注隨文釋之，未有確義。"

⑬對《國語》正文訓詁提出見解

《國語》正文訓詁多有，尤以《昊天有成命》最爲訓詁學家所津津樂道，《國語存校》亦及之。第三卷"基始也"王懋竑云："以下可見古人訓詁之詳。然以'命'爲'信'，則不可解。'熙，廣也'，鄭改'廣'爲'光'，而'命'字則不疑。又'肆，固也'，'固'字亦不然。"

⑭《國語》與他書記載不同，認爲《國語》記載有誤

《國語》與先秦其他典籍往往有内容參差之處，如上文論列引《詩》。而此處所言，非僅文字之異，還包括人物、語序等等。《國語存校》揭出並認爲《國語》誤。如第四卷"有虞氏禘黃帝而祖顓頊"王懋竑云："《祭法》'有虞氏郊嚳而宗堯'，當從《祭法》。《國語》蓋誤，賈侍中注亦强解耳。"指出，此處記載當從《祭法》，並順帶指出賈逵注也是"强解"。

⑮注音且釋義

對於有些多音字，《國語存校》揭明讀音並釋義。如第五卷"相延食鼈"王懋竑云："相，去聲。古者，飲酒必有相。"但是此處之"相"當作副詞解，故當讀平聲，不當讀去聲。

⑯揭明《國語》文字

如第五卷"僮子"王懋竑云："同'童'。"蓋謂"僮"與"童"音同義通。

⑰揭明文字與語境關係

第九卷"不更厥正"王懋竑云："此承上'正'字言之。"

從校勘的角度而言，王懋竑所據並非良本，當是張一鯤本的翻刻本。張一鯤本遭清代藏書家詬病，指其謬誤較多，張一鯤本之後刻本文字之非更可想見。故王懋竑所校出的文字錯誤，絕大多數都是劣本造成的文字訛誤，不具備普遍意義。雖然他自己説"宋氏《補音》原自爲一卷，今本附各條下。據今本凡例亦有删補，非宋氏之舊矣。當更考宋本正之"，但其治學宗義理，並未及此。馬叙倫（1885—1970）《讀書續記》

即謂："王所據爲劣刊也。王白田之學長於性理，校勘疏證，均其所疏。"① 這個評價是有道理的。總體而言，王氏的探討具有一定積極意義，對於認識張一鯤本《國語》、對於韋昭注的進一步深入研究都具有學術價值，未可一概否定。

2. 惠棟《國語》校勘

惠棟（1697—1758），字定宇，號松崖，江蘇吳縣人。其學以昌明漢學爲任，在漢代易學方面具有重要影響，著有《易漢學》《易例》《周易述》《古文尚書考》《後漢書補注》《九經古義》《明堂大道録》《松崖文抄》，爲清代吳派考據開宗立派。家有紅豆書屋，藏書甚富。惠棟一生校勘《國語》多次，今檢《士禮居藏書題跋記·國語二十一卷校宋本》録有多條惠棟校勘《國語》時的題記，如下：

> 乾隆丁卯，照影宋本校，頗有俗字，不及新本之古。
> 十月，從錢氏本再校，松崖棟記。
> 壬申正月上元，再閱一過。
> 二月七日，又閱一過。（均在卷末）
> 朱墨校宋本《國語》，墨筆得之友人，朱筆得之沈寶硯。云陸敕先校本也。敕先本，寶硯秘不示人，此特其臨本耳。壬申八月廿八日記。松崖。
> 墨筆所校，與寶硯本略同，惟未校注耳。又記（均在卷首）
> 壬申九月，又從陸敕先本校對一過。
> 十月，從錢氏本再校。
> 宋公序本改從古字，頗失舊觀，當略從十之四五，餘當仍明道本刻刊也。壬申十月望後再記，松崖。②

---

① 馬敘倫：《讀書續記》卷二，北京：北京市中國書店1986年版，第48頁。
② （清）黃丕烈撰、潘祖蔭輯，周少川點校：《士禮居藏書題跋記》，北京：書目文獻出版社1989年版，第22頁。

　　南京圖書館藏有一部金李本，爲丁丙舊藏。其中卷七至卷一四是用黃丕烈本配補的，該本前六卷爲惠棟校本，前二卷全施圈點，天頭地角寫有校語，於正文中有增字、删字、改字、倒乙以及校語等痕跡。前六卷正文當中的增字、删字、改字、倒乙以及校語等不計，唯天頭地角的校語就有 200 多條。今檢《校刊明道本韋氏解國語札記》，引惠棟 155 處，很多條目實際上引自惠棟校本的改字部分，並非校語。從清代校勘學家的治學特點來看，《札記》引述的惠棟、錢大昕屬於吳派，而《札記》引述的段玉裁屬於皖派。蓋以"惠氏推崇漢儒舊説，比較謹守家法，所以有人認爲吳派泥古保守"①，而皖派往往採用綜合的小學手段和校勘方法尋求本義。從校勘的角度而言，吳派不好改字，而皖派好主觀改字。

　　觀《校刊明道本韋氏解國語札記》所引惠棟之説，一種爲直接引述，稱"惠云"；一種爲轉述惠棟校勘成果，稱"惠引"，二者實際區別不大。如：

　　　　至于武王
　　　　惠云：《史記》"至于文王武王"。
　　　　欣戴
　　　　惠云：《史記》"訢"。
　　　　而又
　　　　惠云：《史記》"有"。
　　　　伯士
　　　　惠引《史記》同。別本作"仕"。
　　　　實有
　　　　惠引《説苑》"是有"。
　　　　憑身
　　　　《補音》作"馮"。

　　① 錢玄：《校勘學》，南京：江蘇古籍出版社 1988 年版，第 155 頁。

是實

惠引《説苑》無"實"字。

臨照

惠云：《説苑》"監燭"。

神壹

惠云：《説苑》"一神"。

逢福

惠引《説苑》"豐福"。

以上 10 條可以看出，"惠云""惠引"實際上没有區別。没有區別，却用不同的表述方式出之，恐怕只有一種可能，即有些校語是顧廣圻親見惠氏校本，故以"惠云"出之；而有些校語則屬於顧廣圻轉引他人校録，非出自惠氏原本或非顧氏親見，故以"惠引"明之。拙撰《〈國語〉歷代序跋題識輯證》指出，惠棟《國語》校本至少有四個，其一是惠棟校本真跡，另外三種分别爲朱邦衡臨校本、黄丕烈臨校本和顧廣圻臨校本。惠棟校本底本爲劉懷恕刻本，黄丕烈臨校本爲金李本，顧廣圻臨校本爲李克家本。但是惠棟校本真跡是否只有一種，不好判斷。南京圖書館所藏丁丙舊藏黄丕烈臨校本所録惠棟校語，與《校刊明道本韋氏解國語札記》所引多有不同之處。國家圖書館藏有一部過録本，也與《校刊明道本韋氏解國語札記》所引多有不同。另外，《校刊明道本韋氏解國語札記》所引絶大多數惠校條目僅臚列異文，也有辨别甲乙並進行考校者。如：

協風

惠云：許叔重曰："劦，同力也。"引《山海經》"惟號之山，其風若劦"。郭本《山海經》作"颽"，即此。和風爲劦，同力爲和。

按：本條主要探討"協"字得義以及字形問題。先引《説文》"劦"字訓釋，並謂《説文》引《山海經》與郭璞注本不同。指出"協風"之

"協"命義所自。

　　鎮陰
　　惠云：《史記》"填"，《老子銘》"陰不填陽"，當作"填"。丕
烈案："鎮""填"古字通。《五行志》亦作"填"。

　　按：本條以他書異文爲校，即謂《史記》與《國語》用字不同。又
以《老子銘》輔證，指出字當作"填"。"鎮""填"皆從"真"得聲，
古書中多有通用者。

　　《解》：孟文伯歊
　　惠云：當作"歠"。丕烈案：此涉公父文伯歊而誤。考《舊
音》，歊音觸，是其誤已久，公序好駁《舊音》。此獨沿之，何歟？

　　按：本條揭明韋注文字當作某字，直接給出判斷。
　　因爲黃丕烈臨校本和顧廣圻校録本文字有別，在引述黃丕烈臨校本
之外予以存異。如：

　　越録
　　惠云：《吴越春秋》作"越次"。（顧廣圻校録本"吴越春秋"
作"趙燁"）

　　按：此處正文用黃丕烈臨惠棟校本，而注文中則用顧廣圻校録本，
明二本有別。
　　另如：

　　肥胡
　　惠云：左思賦作"祀姑"，劉逵引《外傳》同。（顧廣圻校録本
"賦"作"集"）

按：此處也標記出黃丕烈本與顧廣圻校錄本之不同。既然可以這樣標注，那就説明二人所得皆非惠棟校本之真本。

囊者在南京圖書館檢得明李克家刻本《國語》膠卷，原本藏北京國家圖書館，南圖所藏膠卷爲"國會圖書館攝製北平圖書館善本膠片"《國語》二種之一，爲顧廣圻過錄段玉裁校語之校本，有題記多處。李本書後附有宋庠《國語補音敘錄》，《敘錄》前有顧氏過錄惠棟題記以及顧氏個人跋語，爲王輯《顧千里集》所未收者。三段分別爲"宋公序本改從古字，頗失舊觀，嘗略從十之四五，餘當仍明道本刊刻也。壬申十月望松涯　右惠松涯先生校本真跡，在周漪塘家。近黃蕘圃翻刻明道二年本，予悉取入《札記》中，足以表其微矣。嘉慶甲子重閲記　明道本未爲宋公序所亂，惜惠先生所見乃從陸敕先校本，殊未得真。至惠先生援引他書之説，陳樹華《考證》輒掇稽略盡，今錄於旁行者是也。異日當并合爲一書，庶小門生區區之意云。顧廣圻記"，第二段主要交代惠棟校本的藏家以及對惠棟校本的利用情形。南京圖書館藏金李本前六卷爲惠棟校本，前二卷全施圈點，天頭地角寫有校語，於正文中有增字、删字、改字、倒乙以及校語等痕跡，是以所見其他校宋本以及《史記》《説苑》等文校改金李本者。從顧廣圻"惠松涯先生校本真跡，在周漪塘家"的記載看，南圖藏本當爲黃丕烈的過錄本而有殘缺，故丁丙復取黃刊明道本配補。可見顧氏"悉取入《札記》中"與事實大有出入。[1]可能有兩點原因：其一，顧氏所漏收的惠棟校語或校文爲顧氏不贊同惠氏者；其二，《札記》本爲顧廣圻代筆之作，非個人著述，故未全錄惠氏校語。以第二種原因的可能性最大。顧廣圻在使用黃丕烈校錄本的同時，也根據自己所作校錄本作了校勘。此外，國家圖書館藏有一部過錄本《國語》，除了李慈銘鈐印外，其他鈐印等等都是畫上去的，這個本子徧錄惠棟、黃丕烈等人批校《國語》資料，比南圖本、《札記》所收更爲完備，若整理出來，對惠棟、黃丕烈《國語》研究將有更爲深入細

---

① 見王重民《中國善本書提要補編》，北京：書目文獻出版社 1991 年版，第 3 頁。又詳參拙稿《顧廣圻題跋佚文一則》，《澳門文獻信息學刊》2015 年第 3 期。

緻的發現。

　　從以上諸條，可以看出惠棟校勘《國語》之體例及其關注點所在，即重視《國語》本文和漢代以來的傳世文獻、碑刻的對勘，但在《國語》版本校勘方面缺乏深入。從黃丕烈《士禮居藏書題跋記》可見，黃丕烈對惠棟校勘成果非常重視，職是之故，《校刊明道本韋氏解國語札記》中也吸收了數量不少的惠氏校勘記。

　　3.《四庫全書薈要》對《國語》的校勘

　　如前所述，乾隆三十八年（1773）五月，四庫館開始編纂《摛藻堂四庫全書薈要》。薈要本《國語》爲乾隆四十二年（1777）校呈，書鈔兩部，一存摛藻堂，一存味腴書屋，後者於英法聯軍侵略中國時毀於圓明園之火。後清室善後委員會接收宮室，點檢收藏，始知《四庫全書薈要》尚在人間，陳仲益發爲《孤本〈四庫全書薈要〉之發見》①，對《四庫全書薈要》之編纂等進行初步研究，介紹給世人。1949 年，國民黨政府將《四庫全書薈要》運往臺灣，臺灣世界書局於 1985 年影印出版。

　　《四庫全書薈要》和四庫七大閣本在圖書分類、圖書所用底本、校對精審與否方面都存在差異。就《國語》而言，薈要本和文淵閣本、文津閣本存在諸多不同之處，包括書前提要以及《國語》正文等各個方面。此外，與閣本不同的是，《四庫全書薈要》所收典籍卷後往往有校勘記，薈要本《國語》亦然。今檢薈要本《國語》校勘記一共 43 條，分別置於卷二、卷四、卷六、卷九、卷十二、卷十八、卷二十一之後。《四庫全書薈要總目·史部七·別史一》"國語"下云："《國語》二十一卷，吳中書僕射、雲陽韋昭注。今依前户部尚書臣王際華所上國朝孔傳鐸刊本繕録，據南北宋本、明槧本張一鯤本、許宗魯本恭校。"② 孔傳鐸本校正孔毓圻本錯誤不少，是詩禮堂二本中的精善之本。薈要本所據

　　① 陳仲益：《孤本〈四庫全書薈要〉之發見》，《中華圖書館協會會報》1925 年第 2 期，第19—22 頁。
　　② 臺灣世界書局：《景印摛藻堂四庫全書薈要目録》，臺灣世界書局1988 年影印本，第150 頁。

南北宋本具體詳細無法得知，但從其校勘記屢屢所稱之“宋本”看，其所據宋本當爲明道本的校宋本或傳録本，非真宋代之原本。至於薈要本是否參考過公序本系統《國語》的宋本亦或宋刻後世遞修本，不得而知。所參張一鯤本是明萬曆年間刊刻的本子，也是明刻本中流通最廣、影響最大的版本。所參許宗魯本是明代嘉靖五年刻本，採用篆書楷化字以及古字，偶有與今傳明道本相同之處，在《國語》諸多刻本中比較獨特。四庫薈要本《國語》所附校勘記尚未引起《國語》研究者之注意。從校勘內容看，大致包括校脱文、校譌文、校衍文和校異文等四個方面。其中校脱文 16 處，校譌文 23 處，校衍文和校異文各 2 處。今各舉數例並爲辨析如下。

（1）校脱文

①謹案：卷一第二頁前一行“昔我先王世后稷”，刊本脱“王”字，據宋本增。（第 27 頁）

［按］校勘記所謂“刊本”即指孔傳鐸本。文淵閣本有“王”字，文津閣本無之。有無“王”字，是《國語》公序本與明道本之間的版本區分標志。校勘記以刊本“脱”，意謂刊本之祖本或者《國語》之原本當有，《國語》原本本有“王”字還是後來所加，恐不能遽下斷論。清代學者多以有“王”字爲是。張以仁則提出質疑，謂：“細玩之，實難斷其當有‘王’字也。”[1] 近來學者，則於前人之説仍有依從，有謂無“王”字亦通者[2]，有謂有“王”字更勝者[3]。

②第十六頁後六行“其丹朱之神乎”，刊本脱“之神”二字，

---

① 張以仁：《國語斠證》，臺北：臺灣商務印書館 1969 年版，第 4 頁。

② 如拙稿《李慈銘〈讀書簡端記〉補箋》，《中央大學人文學報》第 52 期（2012 年 10 月），第 1—35 頁。辛德勇《公序本〈國語〉“我先世后稷”文證是》，《文史》2014 年第 2 期，第 151—173 頁。

③ 如劉偉《讀〈國語〉札記一則》，《文史》2013 年第 3 期，第 187—188 頁。

據宋本增。（第 27 頁）

［按］明德堂本、許宗魯本、張一鯤本等無"之神"二字，宋刻宋元遞修本有"之神"二字。今檢《説苑》作"其丹朱耶"，又《通志》卷一八一引亦無"之神"二字。《左傳正義》、柳宗元《非國語》、《文獻通考》引有"之神"，《爾雅疏》引無"之神"。當然，從上文"王曰：今是何神也"來看，答語最後落在"丹朱之神"上最爲妥當。故張以仁認爲此處有"之神"二字"上下承照，章法緻密"①。此處假如無"之神"二字，蒙上文而省，似亦不爲誤。故汪遠孫云："公序本無'之神'二字，《爾雅疏》及《説苑》並同。"②

③第七頁後七行"魯僖公二十五年也"，刊本脫此句，據宋本增。（第 27 頁）

［按］汪遠孫《考異》謂："已見上篇注。此疑衍。"③ 與薈要本校勘記意見不同。此與上請隧事在同一年，故此處不出"魯僖公二十五年"亦可通，不必以公序本爲脫。

④第十頁後三行"季范武子字"，刊本脫"武"字，據宋本增。（第 27 頁）

［按］檢本篇前文"晉侯使隨會聘于周"注云："隨會，晉正卿士蔿之孫、成伯之子，士季武子也。"又"范子私於原公曰"注云："范子，隨會也。"則此處"士季"注文謂"季，范子字"並没有什麼不妥。汪遠孫僅指出異文，不言是非。薈要本校勘記過於依從宋本。

---

① 張以仁：《國語斠證》，臺北：臺灣商務印書館 1969 年版，第 57 頁。
② （清）汪遠孫：《國語明道本考異》，北京：商務印書館《國學基本叢書》本，第 272 頁。
③ （清）汪遠孫：《國語明道本考異》，北京：商務印書館《國學基本叢書》本，第 275 頁。

⑤謹案卷三第一頁前五行"經書，公會尹子、單子、晉侯、齊侯、宋公、衞侯、曹伯、邾人伐鄭。六月乙酉，同盟于柯陵"，刊本"齊"下誤脱十七字，衍"國佐邾人"四字，並據宋本增删。(第 55 頁)

[按] 今檢汪遠孫《考異》云："公序本作'公會尹子、單子，晉侯、齊國佐邾人于柯陵以伐鄭'。案：公序本是也，'單子'係後人誤增，下注云：'單襄公時命事而不與會，故不書。'是注無此二字矣。韋宏嗣所據之《經》，在魯成公十六年，《經》書：'公會尹子，晉侯、齊國佐伐鄭。'《内傳》云：'公會尹武公及諸侯伐鄭，諸侯之師次于鄭西。'杜預云：'柯陵，鄭西地。'然則'鄭西'即'柯陵'，《内傳》'鄭西之師'即《外傳》'柯陵之會'。下文《傳》云：'十一年，諸侯會于柯陵。'簡王十一年，正魯成公十六年，會柯陵在前，而盟柯陵在後，本屬兩時兩事，故韋注云于柯陵以伐鄭，此通内、外《傳》以釋之，其説當矣。明道本乃據十七年《經》書'同盟于柯陵'，遂誤合《國語》，改竄韋注，不知傳、注皆不可通也。"① 與薈要本校勘記相比，汪説似更合理。

⑥謹案：卷五第二頁前四行"覒賜也"，刊本脱此三字，據宋本增。(第 76 頁)

[按] 四庫本據明道本增此三字注文，而汪遠孫《考異》却謂此三字注文當衍，因爲上文已經有注，故此處不當再出。今檢遞修本等公序本上文和本處字皆作"況"，而四庫本則從明道本上文作"況"、此處作"覒"。又檢朝鮮集賢殿校本、惠棟校宋本、顧廣圻校跋本、黃刊明道本兩處字皆作"覒"，但沈寶研校宋本、孔繼涵校宋本則一處作"況"、一處作"覒"。由此可見，四庫本所依據之宋本，當是沈寶研校宋本一系。王引之《經義述聞》卷六引《國語》上句字亦作"況"。檢《左傳正義》引本處上句字則作"覒"。從公序本作"況"，從明道本作"覒"，

---

① (清) 汪遠孫：《國語明道本考異》，北京：商務印書館《國學基本叢書》本，第 278 頁。

二字上下相隔數句，似當一律。故此處不必再出注文。汪遠孫之説是。薈要本校勘記不可從。

　　⑦第三十頁前一行"若是，則文王非專教誨之力也"，刊本脱"若"字，據宋本增。（第 129 頁）

　　[按] 今檢宋刻宋元遞修本、明德堂本、許宗魯本、金李本、正學書院本、張一鯤本、閔齊伋本、吳勉學本、詩禮堂本等公序本皆無"若"字。陳樹華《外傳考正》云："宋本'是'上有'若'字，依宋本，自當以'是'字爲句，'則'字屬下。然詳繹文義，仍從衆本爲愜順。"① 故陳樹華釐定正文不取"若"字。汪遠孫《考異》僅僅指出二本不同，不別去取。今檢《册府元龜》卷七三二、卷七四〇、《通志》卷九十引皆有"若"字。其上下文云："臣聞：昔者大任娠文王不變，少溲於豕牢而得文王，不加疾焉。文王在母不憂，在傅弗勤，處師弗煩，事君不怒，孝友二虢，而惠慈二蔡，刑于大姒，比於諸弟。《詩》云：'刑于寡妻，至于兄弟，以御于家邦。'於是乎用四方之賢良。及其即位也，詢于八虞而咨于二虢，度於閎夭而謀於南宮，諏於蔡、原而訪于辛、尹，重之以周、邵、畢、榮，億寧百神，而柔和萬民。故《詩》云：'惠于宗公，神罔時恫。'若是，則文王非專教誨之力也。"黃刊明道本"若是"連用 9 處，除本處用例之外，另外兩處"若是"和"則"連用，《周語中》"若是，則閽乃内侮""若是，則必廣其身"。《周語中》兩例"若是"前只有古語徵引，並無事實陳述。《晉語四》本篇"若是則"前主體成分爲文王經歷，屬於事實陳述。事實陳述是真實存在且已經發生的，似不當用"若"字，陳樹華之説可從。

　　（2）校譌文

　　①第四頁後一行"以責犬戎而示之兵法也"，刊本"法"譌

---

① （清）陳樹華：《春秋外傳考正》卷十，國家圖書館藏盧文弨抄本，本卷第 19—20 頁。

"非"，據宋本改。（第 27 頁）

[按] 文淵閣本、文津閣本與薈要本同。此注文對應的正文爲"且
觀之兵"，即陳兵威懾之，陳兵威懾自然是"示之兵"，"示之兵法"恐
未允。公序本多本作"非"，蓋其注文當斷爲"以責犬戎而示之兵，非
也"，"以責犬戎而示之兵"是注文陳述正文"且觀之兵"之義，"非
也"是注文增文爲釋，以揣測祭公謀父言下之意。就注文與正文的匹配
度而言，公序本更合，薈要本及四庫閣本改從明道本，恐非。

②第十頁後五行"大史掌達官之治"，刊本"達"訛"逆"，據
宋本改。（第 27 頁）

[按] 文津閣本與薈要本同。文淵閣本字仍作"逆"。遞修本、許宗
魯本、張一鯤本字作"逆"。朱熹《儀禮經傳通解》引字亦作"逆"。
《周禮·春官·大史》云："大史掌建邦之六典以逆邦國之治，掌法以逆
官府之治，掌則以逆都鄙之治。"《周禮》原文作"逆"，韋昭此處用
《周禮》文進行解釋。故《札記》云："當依別本作'逆'。"① 汪遠孫
云："'達'字誤，公序本作'逆'。"②

③第十三頁後六行"邠、岐之所近也。三川，涇、渭、洛"，
刊本"邠"訛"蓋"、"洛"訛"汭"，並據宋本改。（第 27 頁）

[按] 許宗魯本"邠"誤作"涅"。明德堂本、金李本、張一鯤本等
皆作"蓋"。遞修本作"邠"，與明道本同。邠、岐皆周之發祥地，然就
絕對地理位置而言，岐距鎬京較邠距鎬京更近，且岐更爲周之發祥地，
故雖"蓋岐"與"邠岐"皆近事情，然恐以作"蓋"字更勝。檢王太岳

---

① （清）黄丕烈：《校刊韋氏解明道本國語札記》，第 242 頁。
② （清）汪遠孫：《國語明道本考異》，北京：商務印書館《國學基本叢書》本，第 270 頁。

《四庫全書考證》本處校語云："'三川，涇、渭、洛'，刊本'洛'訛'汭'，今改。"① 王太岳僅錄後半句，或認爲"蓋"字不誤。汪遠孫僅臚列異文，不別甲乙。

④第二十二頁前七行"守節不淫信也"，刊本"節"訛"禮"，據宋本改。（第 27 頁）

［按］遞修本、姜恩本與明道本同。汪遠孫謂："疑'禮'誤，《太平御覽·封建部五》作'守法'。"② 後文有"行禮"，此處不當再有"守禮"。俞志慧謂："《太平御覽》卷二百二作'守法不淫'。觀文中連續三次分—行—守—節的言説，而'禮'只是本段話頭的總冒，'法'字則於上下文均無著落，知當以明道本作"節"爲是。"③ 可從。

⑤卷二第四頁前一行"盧由荊譌"，刊本"盧"訛"廬"，據宋本改，注同。（第 27 頁）

［按］校勘記"譌"字爲"媯"字之誤。薈要本"荊"字，文津閣本同，文淵閣本作"剬"。但張一鯤本、文淵閣本注文"荊夫人""荊楚"之"荊"並未改從"剬"。又許宗魯本字作"盧"，當是從明道本而改。文津閣本字仍作"廬"。汪遠孫云："盧，金本作'廬'。《漢書·地理志》'廬江郡'應劭曰：'故廬子國。'"④ 是亦不以作"盧"字爲誤。舒大剛《春秋時期少數民族分布研究》云："盧，字又作'廬''纑'，皆同音通假。盧，史書常稱爲'盧戎'，杜預注爲'南蠻'。清代學者都認爲即《尚書·牧誓》八國之一，曾參加武王伐紂之師。僞孔傳

① （清）王太岳：《四庫全書考證》，上海：商務印書館 1940 年版，第 1465 頁。
② （清）汪遠孫：《國語明道本考異》，北京：商務印書館《國學基本叢書》本，第 273 頁。
③ 俞志慧：《〈國語〉韋昭注辨正》，北京：中華書局 2009 年版，第 21 頁。
④ （清）汪遠孫：《國語明道本考異》，北京：商務印書館《國學基本叢書》本，第 274 頁。

説：'盧、彭在西北。'當屬於西戎系統，爲史稱'盧戎'的遠因。《逸周書·王會篇》記成周之會，'卜盧以紽牛'孔晁注：'卜盧，盧人，西北戎也，今盧水是。' 是盧人原在西北，隨武王伐紂，一部東遷定居於荆州，成爲南蠻之國。因其新遷處本濮人舊址，故稱'卜盧'。卜通'濮'。其本部仍留在西北，居於盧水，在魏晉南北朝時，以盧水胡的名稱活躍於西方。《國語·周語中》'盧由荆嬀'韋昭注：'盧，嬀姓之國。荆嬀，盧女，爲荆夫人。荆，楚也。' 盧東遷後，冒姓嬀氏，嬀爲舜後，盧人姓之，當是漸染華風所致。"① 這樣看來，字作"盧"或"廬"都通，不必以爲誤字。

⑥第十三頁前六行"縣方十六里"，刊本"十六"訛"六十"，據宋本改。(第 27 頁)

[按]《文章正宗》卷四、《儀禮經傳通解》卷二二亦引作"六十"。遞修本則作"十六"。董增齡曰："《周官·小司徒》'九夫爲井，四井爲邑，四邑爲邱，四邱爲甸，四甸爲縣'鄭《注》：'甸之言乘也，讀如衷甸之甸，甸方八里，旁加一里，則方十里，爲一成。積百井九百夫，其中六十四井三百七十六夫，出田稅三十六井三百二十四夫，治洫，四面爲縣，方二十里。'案：此注甚明，韋解原本必作"縣方二十里"，後人傳寫譌爲六十里。明道本又疑六十里不近人情，妄改爲十六里，皆未檢《周禮注》也。"② 賈公彦《周禮正義》云："云'四甸爲縣，方二十里'者，甸方八里，縣應方十六里，云方二十里，據通治洫旁加一里爲成而言。"③ 汪遠孫《考異》亦謂公序本誤倒。本條改是。

⑦卷二十第一頁前七行"言在衆子同姓之列者"，刊本"言"

---

① 舒大剛：《春秋時期少數民族分布研究》，北京：文津出版社 1994 年版，第 205—206 頁。
② (清) 董增齡：《國語正義》卷二，光緒庚辰式訓堂刊本，本卷第 27 頁。
③ (清) 阮元校刻：《十三經注疏》，北京：中華書局 1980 年影印本，第 712 頁。

訛 "年"，據宋本改。(第198頁)

[按] 遞修本、明德堂本、正學書院本、金李本、張一鯤本、孔傳
鐸本、黃刊明道本 "言" 作 "年"，許宗魯本則作 "言"。姜恩本此處無
字。惠棟校宋本此處不出 "言" 字，或其所參傳錄本字亦作 "年"。而
孔繼涵校宋本則出 "言" 字，蓋其本出戴震。汪遠孫《考異》唯云：
"年，作 '言'。"① 張以仁云："作 '年' 無解，作 '言' 是也，蓋由音
誤。然金、秦、董、日、時、崇各本皆作 '年'，《考異》所云作 '言'
者不知何本。"② 恐汪遠孫據許宗魯本而校，而且這一條應該是汪遠孫自
己檢尋許宗魯本所得，因爲陳奐替汪遠孫校《國語》所用許宗魯本缺
《越語》二卷。回到問題本身， "言" 屬於訓詁術語，用於串講句義。
"年" 則表示年齡。 "國子姓，言在衆子同姓之列者" 中之 "言" 作謂語
中心詞，連接主語和賓語； "國子姓，年在衆子同姓之列者" 整句是一
個主述關係， "國子姓" 仍然是主語，而 "年在衆子同姓之列者" 是小
句作述語，在這個述語小句中， "年" 是主語， "在" 是謂語中心詞，而
"衆子同姓之列者" 是賓語。 "年" 與 "言" 意義、語法功能都不相同，
不能等同視之。王念孫《讀書雜志·餘編》指出韋昭注非是，以《喪大
記》鄭注 "子姓，謂衆子孫也" 爲釋。

(3) 校衍文

①第六頁前七行 "脩師傅理瞽史之教以聞于王"，刊本復衍
"脩" 字，又脱 "師傅" 二字，據宋本刪增。(第27頁)

[按] 薈要本、文津閣本字作 "脩"，文淵閣本字作 "修"。薈要本
字作 "于"，文淵閣本、文津閣本作 "於"。孔傳鐸本作 "脩，脩理瞽史
之教以聞於王"，遞修本、許宗魯本、張一鯤本同。黃刊明道本作 "師

① (清)汪遠孫：《國語明道本考異》，北京：商務印書館《國學基本叢書》本，第338頁。
② 張以仁：《國語斠證》，臺北：臺灣商務印書館1969年版，第325頁。

傅修理瞽史之教以聞於王”，較薈要本及四庫本注文更通順合理。今檢
惠棟校宋本刪一“脩”字並於“脩理”前增“師傅”二字，沈寶研校宋
本亦然。未知校勘記所據校宋本有誤，還是核對不謹，發生倒乙。本處
注文對應正文爲“耆艾修理”，“脩（修）”在注文中作爲被釋詞出現，
公序本和明道本釋語不同，公序本不出現“修理”行爲的發出者，而明
道本出之。故汪遠孫云：“‘師傅’二字，公序本作‘修’字，義俱
通。”① 當然，從注文的規整性和表義的完整性上而言，此處以明道本
爲優。

　　②第十三頁前一行“司空掌道路者”，刊本“司空”下衍“卿
官”二字，據宋本刪。（第27頁）

　　[按] 遞修本等作“司空卿官掌道路也”。陳抄本釐定作“司空卿官
掌道路者”。審《周禮》六卿，即謂天官冢宰、地官司徒、春官宗伯、
夏官司馬、秋官司寇、冬官司空。又《公羊傳·文公八年》“宋人殺其
大夫司馬，宋司城來奔”何休注云：“諸侯有司徒、司馬、司空，皆卿
官也。”②《詩·大雅·緜》“乃召司空，乃召司徒”鄭玄箋云：“司空、
司徒，卿官也。司空掌管國邑。”③《左傳·莊公二十六年》“晉士蒍爲大
司空”杜預注云：“大司空，卿官。”④ 則公序本系統韋昭注文“司空”
下有“卿官”二字不誤。汪遠孫僅臚列異文，不別去取。當然，下文高
木熊三郎已經提出“視塗”這種事情不一定卿官親自做，其屬官也是
“司空”的範疇，恐怕這是認爲公序本韋昭注“卿官”不當有的重要原
因。“掌道路”實際上也是司空的職任之一，又不是説司空僅僅掌道路，
故有“卿官”不誤。“掌道路也”是對司空職能的陳述，而“掌道路者”
是對司空職官的介紹，用詞不同，語氣語義效果不同，基本語義則沒有

① （清）汪遠孫：《國語明道本考異》，第268頁。
② （清）阮元校刻：《十三經注疏》，北京：中華書局1980年影印本，第2269頁。
③ （清）阮元校刻：《十三經注疏》，北京：中華書局1980年影印本，第510頁。
④ （清）阮元校刻：《十三經注疏》，北京：中華書局1980年影印本，第1780頁。

什麼區別。

（4）校異文

①第十頁後五行"媾厚也遂終也"，刊本作"媾厚于其罪也"，據宋本改。（第129頁）

［按］姜恩本、文淵閣本作"遂終也媾厚也"，唯姜恩本"終"誤作"縱"，此處對應正文爲"彼己之子，不遂其媾"，文淵閣本注文次序與正文相應。遞修本、許宗魯本注與薈要本同。明德堂本、正學書院本、金李本、張一鯤本等作"媾厚于其罪也"。陳樹華謂："'媾，厚也。遂，終也'，補修元本、許本與宋本合。（補修元本'終'字作'縱'。案《毛詩》鄭箋：'遂猶久也。'則作'終'爲是。）弘治本'厚'下空三字。嘉靖本始誤作'媾厚於其寵也'。"① 弘治本空三字，明德堂本源自弘治本，故添補闕字而誤，後之刻本遂沿其誤。可見公序本多本之誤。

②謹案卷十四第三頁後八行"三世事家君之"，刊本"事"作"仕"，據宋本改。（第151頁）

［按］遞修本、明德堂本、許宗魯本、正學書院本、金李本、張一鯤本等公序本系統字皆作"仕"，《困學紀聞》卷六引字作"仕"，與公序本同。汪遠孫《考異》謂："依注，作'事'。"② 蓋韋注云："三世爲大夫家臣，事之如國君也。"汪説可從。薈要本等改是。

薈要本《國語》所附43條校勘記以校譌文和脱文爲主。從上面的分析可見：（1）薈要本《國語》出校勘記或不出校勘記，似乎比較隨意。比如有無"王"字，是公序本與明道本版本特徵之一，薈要本出校勘記。同樣作爲公序本、明道本版本系統特徵的"瞽獻曲（典）"，薈要

① （清）陳樹華：《春秋外傳考正》卷十，國家圖書館藏盧文弨抄本，本卷第7頁。
② （清）汪遠孫：《國語明道本考異》，北京：商務印書館《國家基本叢書》本，第318頁。

本從明道本改作"曲"，却未出校勘記。（2）校勘記對明道本過於迷信，校勘記中多條據明道本而改，而明道本文字本誤，薈要本以及此後的四庫本不審，却將本來正確的改錯。（3）《四庫全書薈要目録》雖云校勘時根據南北宋本、張一鯤本、許宗魯本，從校勘記來看，似乎更多依從明道本，許宗魯本、張一鯤本也有參照，相對要少一些。另外，像"放"爲"敖"字之誤，除了詩禮堂本有誤外，其他公序本各本以及校宋本皆不誤，校勘記不取所參諸本却遠求諸《左傳》，也是不可思議的事情。這和徐仁甫批評吳曾祺是一樣的。[1]（4）校勘記謄寫過程中有誤字，有與薈要本本文不一致之處，皆未能校出。

4. 陳樹華《國語》和《國語補音》校勘

（1）陳樹華生平大要

陳樹華（1730—1801），字芳林，號冶泉，浙江仁和人，曾任湖口知縣，終奉政大夫。著有《春秋内外傳考正》《國語補音訂誤》等。清人段玉裁撰有《陳芳林墓志銘並序》，著録陳氏一生始末較詳，如下：

> 乾隆辛丑，余自巫山引疾歸。南陔多暇，補理舊業，得盧召弓、金輔之、劉端臨諸君爲友。盧、金二君爲余言蘇州陳君芳林，以所著《春秋内外傳考正》五十一卷相示。余讀之，駴然以驚曰："詳矣，精矣，内外《傳》乃有善本矣。"迻書其副，藏於家，用以訂阮梁伯《十三經校刊記》，顧余不識陳君。壬子冬，移居姑蘇。嘉慶辛酉，君乃自晉歸，容皃頎然，嚴毅厚重，相見恨晚。并得其《國語補音訂誤》及詩集觀之，詩集摘采於青浦王氏《湖海詩傳》矣。其全集三千七百首，生平舉動，一一可稽，如白樂天之《長慶》也。余與君居相近，然不能數見，遽於九月哭君溘逝。余歸自蜀，今三十年舊友如盧、金輩鮮有存者。吳門王禮堂、江艮庭、錢曉徵、汪明之皆樂數晨夕，亦相繼凋喪。若君則相識才數月，而旋失之，可不哀哉！

---

① 詳參本書第八章相應部分。

　　辛未，君子承宗等將葬，請余志墓，余不敢辭。按狀，君諱樹華，字芳林，號冶泉，誥官兩廣都轉鹽運使。君以乾隆元年恩蔭貢生，補授湖南武岡州州同。公事註誤，回籍家居十載，閉戶著書。《內外傳考正》蓋成於此時也。已而得江西靖安縣縣丞，嗣陞湖口縣知縣。大吏保薦，特授山西澤州府同知，旋以到任遲延，降補鄉寧縣知縣，乾隆六十年也。君莅官能聽斷，長官前侃侃辨論，無阿諂。姚巡撫棻、王藩司昶、善觀察泰皆服其才。其於民事，雖無某事某事可指，殆古所謂“日計不足，月計有餘”者與？讀君《遺命》一篇有云：“早知窮達有命，恨不十年讀書。吾所著惟《內外傳考證》《宋氏補音訂誤》可壽。”蓋君以勤學自任如此。

　　君生雍正庚戌，享年七十有二。妻吳氏，誥封宜人，克謹婦道，卒嘉慶辛未，享年八十有四。子三：承宗，安徽試用主簿；次翊宗。啓宗，君長子也，後君之伯父拱乾爲孫。女三，適吳鋐、孔廣彬、吳雲錦。嘉慶十六年月日，葬君於某縣某鄉某原，吳宜人合窆焉。

　　銘曰：或謂之循吏，或謂之儒林。古字古言，精熟有過於劉歆。千秋而後，過其墓者，知君於左氏之學蓁深。①

前人對其《春秋內外傳考正》也有過平議，如蔣光煦（1813—1860）《東湖叢記》卷五《春秋內外傳考證》云：

　　元和陳芳林樹華，著《春秋內外傳考證》五十一卷。自序云：“樹華性好《春秋左氏傳》，研精覃思久矣，每見俗本承譌，文義益晦，心病之。因念漢石經遺字，僅載于《隸釋》《東觀餘論》《廣川書跋》諸書。魏晉石經俱已湮沒，蜀宋石經年代較近，廼蜀石經絕無，宋石經多行體，未可全據，亦罕覯拓本。唯《唐開成石經》，歷千百歲劫火之餘，雖遭殘闕，巋然獨存。海內士林取則，此殆有

<hr />

①　（清）段玉裁撰，趙航、薛正興整理：《經韻樓集》，南京：鳳凰出版社 2010 年版，第198—199 頁。

神靈呵護者。至國初，顧亭林先生著《金石文字記》，信劉昫《唐書》貶石經語，遂詳校《易》《書》《詩》《三禮》《三傳》《論語》《爾雅》，識其謬戾。孰謂所據摹本屬入明嘉靖西安王堯惠等補刻，正《左傳》誤字計九十餘條，唐刻誤者實止數條。而石經與監本異同處，轉致疏漏，甚或以是爲非。朱竹垞先生弗察，全卷盡録《經義考》中。《開成石經》受誣多矣。竊懼其日就磨泐也，爰取《春秋左氏傳》，校讀再三。復假得南宋慶元重雕淳化元年監本《春秋正義》、南宋相臺岳氏《集解》本及架上元明諸刻本，並舊本陸氏《經典釋文》，悉力互勘，準古酌今，期歸至當，兼審定句讀，俾使誦習。字體放石經，通乎俗而不失乎古意，行欵則依岳本。《釋文·左氏音義》六卷，附於《經傳集解》三十卷後，庶不紊舊次。又慮人之習非勝是也，撰《考正》七卷，采異同，羅衆説，無關文字者略焉。明代刻本流傳最廣，間亦標舉其脱誤，使知釐正疑似皆有根據。亭林先生云：讀九經自考文始，考文自知音始。至哉斯言！樹華幼承庭訓，獲侍師嚴，長大無成，端居却埽，聊從事鉛槧，孜孜矻矻，繼晷焚膏，但冀少補藝林，即糾前修微失，識者諒必深鑒苦衷，恕其妄而教之耳。乾隆三十有五年庚寅，吳郡陳樹華識。"又云："庚申冬晚，余由山右解組歸里，獲睹蕘圃黄君丕烈新刊明道二年《國語》，即用影鈔原書雕板，其嘉惠海内學者，功匪淺鮮矣。又附《札記》若干條，别爲一卷，志異同，評得失，更見公心。鄙著《考正》弆篋有年，因取録之，就正士林諸君子。嘉慶六年辛酉春正月，冶泉陳樹華識於響山書屋。"案：段懋堂大令玉裁《經韻樓集》有《陳芳林墓誌銘》，謂所著尚有《國語補音訂誤》及詩集，均未見。[①]

陳樹華生活在乾隆年間，正值清代學術的鼎盛時期，而其本人又是

---

① （清）蔣光煦：《東湖叢記》，上海：上海古籍出版社輯印《續修四庫全書》第 1162 册，第 731—732 頁。

乾嘉學術中重要的鏈條性人物。他是梁履繩的舅舅，又是孔廣彬的岳父，還和段玉裁有所往還。其《内外傳考正》能得盧文弨抄録，可見其價值之大。陳氏著述爲稿本，流布未廣，故前人對陳樹華的系統研究不多。陳樹華《春秋經傳集解考正》稿本收入《續修四庫全書》，得以廣布，近幾年來陳樹華研究有所改觀。趙永磊《清儒陳樹華行年輯考》（《中國經學》第 14 輯）對陳樹華一生行止進行了比較詳盡的梳理。吕東超通過研究洪亮吉《春秋左傳詁》，發現洪亮吉之説多有攘襲陳樹華《春秋經傳集解考正》之處。吕東超《陳樹華之學術及其應有之地位》（《經學文獻研究集刊》第十五輯）認爲陳氏的《春秋經傳集解考正》體現在四個方面：纂集勤，主要體現在廣求異本而采異同和引據龐博而羅衆説兩個方面；講求規範；立論謙謹；屢創新説。吕東超最後結論爲："陳氏以顧炎武、惠棟爲歸趨，爲樸學一派，而其旨趣則在校勘，其成就亦在校勘。陳氏對《左傳》興趣特深，所著《春秋經傳集解考正》在當時頗具影響，乾嘉諸儒除對其盛譽有加外，引其説者亦復不少，甚或襲其説而有之。其所撰《考正》不啻爲《春秋經傳集解》文本考異之大成，在阮元《春秋左傳正義校勘記》問世前，與浦鏜《正字》、山井鼎《考文》堪稱鼎足，爲經書校勘領域之力作，此即其在清代左傳學史上應具之地位。"這段話移來評價陳樹華的《國語考正》，依然恰當。

（2）《春秋外傳國語考正》

陳樹華《春秋外傳國語考正》存世抄本有三個，其一爲盧文弨抄本，今存北京中國國家圖書館；其二爲魏氏續語堂抄本，今存蘇州圖書館；其三爲袁廷檮貞節堂藍格抄本①，今藏中國臺灣"國家圖書館"。今檢國家圖書館藏盧文弨抄本鈐有"抱經堂寫校本""盧文弨印""海鹽張元濟經考""涵芬樓""北京圖書館藏"等章，抄本左右雙邊，單魚尾，版心上書"外傳考正"，魚尾下書卷次，卷次旁注明某國，版心下記頁碼。半葉 20 行，行 20 字，注文小字雙行。全書依次爲《春秋外傳考正論例》《國語解敘》以及《國語》各卷。凡校《國語》正文，空一格；校注文，空兩格，不書

---

① 袁廷檮（1764—1810），字又愷，又字壽階，吳縣人。有"紅蕙山房"藏書萬餘卷。

"注"字。撮録文字和校勘內容之間空一格，校勘內容另行起者都比首行低兩格。別有校勘考辨文字於校勘內容中者，小字雙行。

　①《春秋外傳考正論例》

　陳氏《春秋外傳考正論例》梳理了公序本和明道本兩種版本系統的基本來歷和善本。首先臚列宋庠校定《國語》以及元明衆本：

> 宋鄭國公宋庠勘定韋昭解左丘氏《國語》二十一卷，並據唐人《舊音》作《補音》三卷，流傳宇內。宋代槧本絕少，所習見者元大德本（弘治十七年，南京國子監丞戴鏞識云："元大德間刻本歲久缺壞，重刻七十五板，修刻六十八板。遂成全書。"云云。），明弘治十五年本（前有刑部右侍郎李士實序，云："大明郡守韓福得許節推贊舊本，屬清豐令陸崑重梓。"），二本俱別刻《補音》。嘉靖四年咸寧許宗魯宜靜書堂本（字參篆、隸，意在復古。而譌體疊出，亥、豕未除。），嘉靖戊子，吳郡金李澤遠堂本（雕刻甚工，前後無敘跋。），二本不刻《補音》，今坊間徧行。萬曆年間，蜀張一鯤、楚李時成閱本，將《補音》增刪割裂，附於韋注後，頓改舊觀。嗣經翻刻，譌謬更不可枚舉。崑山葛氏本猶踵其弊，下此無論矣。余故廣求善本並名家校本，悉心雠訂，冀稍復古書面目。

　這一段內容主要交代《國語》公序本的由來，重要版本情況等等。陳樹華所見到的本子有宋刻元明遞修本、明弘治十五年李士實序本、嘉靖四年許宗魯本、嘉靖七年金李本、萬曆張一鯤本、崑山葛氏本。陳樹華從是否附有《補音》的角度進行梳理，明弘治十七年補修本和弘治十五年本都別刻有《國語補音》，許宗魯本和金李本都不刻《補音》。如果從歷時的角度來看，明代公序本《國語》刊刻經歷了保持宋刻原貌——不附《補音》——散《補音》入正文等三個階段，這三個主要階段都有重要版本。陳樹華以南監補修本爲元大德本，和弘治十五年李士實序本成爲其校勘《國語》的重要參照之本。明代嘉靖年間，《國語》刻本較多，出現了許宗魯本、姜恩刻本、正學書院本、金李本和葉邦榮本。除了正學書院本附有《補音》外，許宗魯本、金李本、姜恩本、葉邦榮本等都不附《補音》。陳樹華揭出了許宗魯本和金李本的主要特徵，即許宗魯本"字參篆、隸，意在復古。而譌體疊出，亥、豕未除"。此外，許宗魯本還有和明道本《國語》相同的特徵，似在以明德堂本爲底本刊刻的基礎上，還參照了明道本《國語》。金李本確實如陳樹華所説"無敘跋"，金李個人的生平資料罕睹，但絲毫不妨礙金李本成爲明代嘉靖時期甚至整個明代刊刻精良直追宋刻的《國語》善本。陳樹華在具體行文過程中以"嘉靖本"稱金李本，以"許本"稱許宗魯本，可見金李本在陳樹華心目中的位置。陳樹華認爲許宗魯本和金李本"坊間徧行"，這倒可以從陳奐校勘《國語》工作中得到證實，陳奐在幫汪遠孫校訂黃刊明道本《國語》時所參公序本就是許宗魯本和金李本。但是清人修纂《四庫全書》的時候卻只參照許宗魯本，並未參照金李本。而清代以及晚近的藏書目和售賣書目中，著錄金李本者明顯多於許宗魯本，恐怕主要還是由於許宗魯本不實用之故，既不能像張一鯤本那樣附有《補音》，又不如金李本那樣字體美觀賞心悦目。張一鯤本的具體情況，拙稿《〈國語〉張一鯤本及其系統考述》中有較詳盡梳理，此處不贅。① 陳樹華對張一鯤本的評價主要有二：其一，"將《補音》增删割裂，附於韋注後，頓改舊觀"；其二，"嗣經翻刻，譌謬更不可枚舉"。前者造成的後果：一是改變了《補音》獨立傳播的形態，使《補音》由《國語》的附屬部分轉而成爲《國語》的有機組成部分，有利於《國語》和《補音》的配合使用，客觀上增大了《補音》的傳播與普及，這是積極的一方面；二是由於張一鯤並没嚴格按照《補音》次序以及《補音》注文照錄，對《補音》内容有所删損，且打亂原來次序，甚至改變音讀，使《補音》在傳播過程中不夠純粹，甚至遭到誤解。這一點，從日本學者研習《國語》過程中對音注的批評即可看出。陳樹華揭出，張一鯤本翻刻很多，由此造成的文字訛誤也很多。這一點也是事實，從王懋竑《國語存校》就可以看出。

① 拙稿《〈國語〉張一鯤本及其系統考述》，《海岱學刊》2016 年第 2 期。

陳樹華對《國語》公序本的重要版本和名家校本進行搜羅，其意在
"稍復古書面目"。陳樹華對明道本《國語》的評價和後來的學者不同，
如下：

> 虞山錢氏有宋明道二年刊本（傳十一行，行二十字，注雙行三
> 十字。），此本頗異。錢遵王有印抄本①，如陸敕先、葉石君輩，並
> 凡藏書家均有校本。其間是非混殽、前後歧誤，觸目皆是。案，宋
> 庠《補音序》以天聖中得同年生緘之本爲準，又用官私所藏凡十五
> 六種互校，是其所見之本不爲少矣。天聖爲仁宗年號，明道乃仁宗
> 改元。又案，宋庠《目録》標識諸本題卷，則知明道所據刊刻之元
> 本蓋亦其習見也。錢遵王《讀書敏求記》于《補音》中業已言之詳
> 切著明者，顧弗深考，輒舉明道本之非是者筆之于書，貽誤後學，
> 一何疏也。

陳樹華認爲各家校宋本"是非混殽、前後歧誤，觸目皆是"，這從
章鈺對校陸貽典校宋本和黄刊明道本的異文就可以看出。陳樹華校訂
《國語》之時，明道本《國語》尚無固定形態的刻本，各家校宋並不完
全相同。這一點，段玉裁也曾指出。另外，陳樹華指出，明道本《國
語》是宋庠校定《國語》時參照的本子之一。這一觀點值得重視。何焯
也曾指出："公序假其宗人緘所藏《國語》，取官私凡十五六本互校，乃
作《補音》。此出於天聖，正與公序同時。不知其云得真本者，即公序
所見與否？亦特其一耳。"顧廣圻亦謂："傳校本外間多有，予亦屢見
之，錯誤脱落均所不免。"學者之所以推重明道本，其中最重要的原因
在於清初已難得見到宋本，而此明道本之抄本，正如何焯所云，從時間
上而言，"此本最古"。陳樹華尤其指出錢曾判斷偏頗，貽誤後學。貽誤
後學或有言過之處，但重視《國語》明道本之始作俑者，當首推錢曾
無疑。

---

① 印，或爲"影"字之誤。

《國語補音訂誤》原本附於《考正》之後，只是當時學者對《考正》更有興趣，忽略了《補音訂誤》，遂使《補音訂誤》隱没不傳於世。陳樹華認爲《補音》"蕪累重複處頗多"，此一點完全符合《補音》事實。《舊音》《補音》的撰述體例因襲《經典釋文》，在撰寫時恐怕也是隨文注音，後集輯爲一帙，故有一字音注前後凡數十見，"蕪累重複"實際上是其撰述特徵。關於這一點，筆者在《國語補音異文研究》中也有所探討，認爲《補音》的撰寫是在《舊音》的基礎上增廣，其最初恐怕是隨文補音，最後輯爲一帙，故有重複出現的條目，且這部分條目不在少數。另外，陳樹華認爲《補音》的有些結論"疏謬、不可從"。今檢孔廣栻録本《國語補音訂誤》上欄、下欄俱有研討條目，上欄75條，主要商討文義；下欄282條，主要涉及版本校勘。

此外，在校勘中，陳樹華還涉及他書引文的問題，他確立的規則如下：

> 凡它書徵引《外傳》字句，有節取大義者，有轉寫脱誤顯然者，姑置弗采。其似無關重輕而不可廢者，摘取靡遺。其徵引韋注字句與今本不合者，有見輒録。俾識古人元注，往往爲後人增删，須藉互證也。

按照陳樹華的説法，凡是他書引述《國語》文句，節取大義者和轉録有誤者不録。其他的則進行摘録考校。此外，徵引韋注者，凡與今本不合者，必録。

在比較公序本和明道本版本異同上，陳樹華主要確立了兩條體例：

> 一、明道本異同若一一標舉，殊苦煩碎，兹于傳文，則擇其善者從之，兩通者徧録之，非是者概置之。其韋注字句亦詳加參定，胥歸至當。至若助語詞（如"也""矣"之類），諸家校本互異，第所增損，有與它書徵引相合，或文義較更明順完足者，則從之。無謂而贅者，悉仍見行衆本。元明諸本傳注間有異同去取，放此。

一、余手校《內傳》，字放石經，不事驚俗。《外傳》雖未列于學官，然古字多存，較勝《內傳》。其中字體有互異而不可兩從者，則舉一例其餘（如"竟""雍"加"土"，"絜""原"加"水"，"放""效"加"人"之類，不可從。今皆勘正。）。有舊本相承互異及經典所習見而不必改歸劃一者，則仍之。（如"協""恊"，"龢""和"，"流""沇"，"貌""皃"，"離""雝"，"鍾""鐘"，"于""於"，"搜""捜"，"修""脩"，"役""伇"，"猒""厭"，"艸""艸"，"灾""災"，"懤""攜"，"遲""遟"，"婚""昏"，"娶""取"，"鑑""鑒"，"罪""辠"，"驩""歡"，"嘆""歎"，"導""道"，"禦""御"，"贄""摯"，"蝶""蠂"，"殰""犢"之類。）

葉、陸兩家校本號為詳密，但有不當改而據宋本妄改疑誤將來者。（如"殺"改"弑"，"游"改"遊"，"知"改"智"，"箸"改"著"，"藝"改"藝"，"逻"改"退"，"辠"改"罪"，"離"改"雍"，"龢"改"和"，"桌"改"栗"，"益"改"盍"，"陳"改"陣"，"農"改"農"，"暴"改"暴"，"烝"改"蒸"，"大"改"太"，"敝"改"弊"，"它"改"他"，"弦"改"絃"，"蚤"改"早"之類。）是皆不曉字學，並不契勘《補音》，泥轉寫之差誤，蔑僅存之古文。老成名宿猶蹈此弊，毋怪後生矣。《國語》自宋氏《補音》本盛行，眾刻漸就湮没，海內流傳若明道本者所僅見矣。要之，字句之間，宋氏校訂去從豈無疏漏？全賴互參得失。即如元大德本、明弘治本皆宗《補音》本也，間有與明道本合者，足知俗本又微失宋氏之舊矣。至《補音》三卷，由嘉靖本未刊刻，萬曆本妄加增删割裂，此編幾亡。故余作《外傳考正》訖，復為《補音訂誤》一卷附於後。

陳樹華首先探討行款，如對韋昭《國語解敘》行款探討如下：

弘治本"敘"作"序"，序十行二十字。弘治十七年補修元大德本行款字數同（非《補音》者但稱“元本”）。嘉靖四年咸寧許宗魯本序十行，行十八字，嘉靖本敘七行，行十五字（此即指吳郡金李刻本）。第二行之下，補修元本及嘉靖後本並標“韋昭”二字（下空二格），許本序末有“韋昭序”三字。案：弘治本無之，與宋明道本合，較爲近古。

根據陳樹華考察，弘治十七年補修本、李士實序弘治本的序文行款與正文相同，皆十行二十字。今檢國家圖書館藏宋刻宋元遞修本、明德堂本亦同。又“周語上第一”云：

> 弘治本首行如是，與宋公序訂正本合，今從之。宋明道本首行標“國語卷第一”，次行復題“周語上”。元本、嘉靖本首行“周語上第一”五字之下、“韋氏解”之上復加“國語”二字，共爲一行，尤無意義。“第”字依《說文》當作“弟”爲正，然“第”字經典習見，今仍之。宋本傳文十一行，行二十字，注雙行三十字。元本、弘治、嘉靖本、許本傳文並十行，行二十字，注雙行行二十字。萬曆本始于注後攙入《補音》，行款字數不足爲據矣。許本雖用篆隸，然中多不古不今而譌俗者，至字句之差誤，約略與弘治本不同。今但校其字句，至點畫不能悉舉也。

《國語》各本行款多有不同。拙撰《〈國語〉考校——以明本四種校勘條目爲對象》對此也有所揭示。① 陳樹華對《國語解敘》的校勘主要從版本異同的角度入手，正俗字等問題往往引述字樣學類書籍或《說文》等小學書來進行輔證，《國語》正文的校勘則從多個方面入手，此陳氏校勘之大要。陳樹華校勘《國語》錄文亦用公序本而略有更動，所列《國語》語句實際上是陳樹華斟酌各本勘定之後的，故陳氏的《考

---

① 拙撰《〈國語〉考校——以明本四種校勘條目爲對象》，新北：花木蘭文化出版社 2015 年版，第 1—2 頁。

正》不僅僅是一部《國語》校勘學著作，也可以作爲一種新型《國語》定本進行參照。

②《春秋外傳考正》正文

今檢盧文弨抄本撮録《國語》正文，空一字，撮録《國語》注文，空兩字，考校部分與録文之間空一字分開。考校内容中別有他述者再空一字。陳氏校勘著重在這樣幾個方面：一是二本文字互異；二是一本有衍文或脱文；三是文字倒乙現象。檢其所析文字異同關係以及相關校勘如下：

A. 二字爲古今字關係，以古字爲是而今字非。如：

其淵原深大
宋本、許本"原"字不加偏旁，餘本多誤。

[按]陳樹華從宋本和許宗魯字作"原"的角度，認爲其他各本作"源"字誤。這還是從文獻是否用古字的角度進行判定的。

下訖魯悼知伯之誅
知字從弘治本、許本校。衆本多作"智"，非。

[按]知、智相較，"知"爲古字。故陳樹華認爲當作"知"，不當用"智"。

B. 古文字楷化與隸省字。如：

穆王已來
許本"穆"作"穆"，第石經已從隸省，今仍之。

C. 選擇古今皆宜之字。如：

實與經藝竝陳

嘉靖本"與"字始誤"爲"字。宋本凡"蓺"字皆作"藝"。許本凡"蓺"字皆作"埶"。今從衆本作"蓺"，用適古今之宜。

D. 各本之中進行合理取捨，尤其是一本文字語氣未足、未完，陳氏則取另一本。如：

在荒服之中
從宋本增"之中"二字。

［按］此處依據明道本增補"之中"二字，恐怕認爲"在荒服"三字語氣未足，故補"之中"二字以足語氣文義。另如：

須于洛汭是也
宋本無"是也"二字。

［按］雖然明道本没有"是也"二字，從陳樹華的角度來看，此處以有"是也"二字語氣更爲完足，故釐文從公序本。另如：

巡守告祭之樂歌也
從宋本增"也"字。（後凡類此不復出）

［按］有"也"字更能增陳述語氣，故陳樹華從宋本。也有明道本多字，但是陳樹華並不依從增添者。如：

故陳其功
宋本"功"下有"德"字。案：《史記正義》引無之。

［按］雖然明道本有"德"字，但是唐代的《史記正義》引述此句無"德"字，故陳樹華不取明道本而從公序本。

E. 在論證過程中，注重引述他書引文進行論證。如：

先王燿德不觀兵

燿，注本作"耀"，古無"耀"字。案：范曄《後漢書·蓋勳傳》引此作"燿"，章懷太子注引《國語》及韋注並同。今從勘正。《文選》李善注《班叔皮·北征賦》引作"昔我先王"，非。

［按］陳氏首先揭出古有"燿"無"耀"，然後引述范曄《後漢書》以及章懷太子所引韋注爲證，認爲《國語》文字當作"燿"。接著指出《文選》李善注引述錯誤。

F. 陳氏在有些地方，只是揭出宋本和後世諸本的異文，雖然沒有明確給出意見，但通過錄文已經確定取捨。如：

不以小事而示威武

宋本無"而"字，句末有"也"字，仍之爲允。（後凡類此不復識）元明諸本"小事"作"小小"。

［按］考校文字中只是揭出元明諸本作"小小"，並沒有給出直接意見，但是在錄取正文中直接用"小事"，表明了自己的取捨傾向。彭益林也指出"小小"不辭，當以"小事"爲是。

G. 另外，對於形似字進行嚴格區分。如：

文公，周公旦之譴也

元本已下"譴"作"謚"，非。（唐人書石經已用此字）張守節《史記正義》引韋注無"也"字。（後凡類此不復識）

［按］《説文·言部》："譴，笑皃。從言益聲。""謚，行之迹也。從言、兮、皿。闋。"陳樹華認爲唐代石經中已經不再區分。但是以《説文》爲依據的文字學家還是主張區分的，如張有（1054—?）《復古

編》卷四云："諡，行之迹也。从言、兮、皿，俗作'謚'，非。"① 張有之所以這樣主張，可見當時二字混同已經比較普遍。陳樹華依從《説文》，認爲字當作"諡"爲正，故正文仍釐作"諡"。

另如：

> 不障擁也
>
> 元明諸本"障"作"鄣"，與《舊音》合，非是。嘉靖本已下"擁"作"甕"，非。

[按]"鄣""障"形符不同，後世刻本已經混用。王煦曰："《説文》：'鄣，紀邑也。''障，隔也。'《唐韻》：鄣，諸良切；障，之亮切。依六書，邑名之'鄣'從邑，隔斷之'障'從阜。經傳雖閒有互用之處，乃傳寫誤也。韋注'鄣'當作'障'。甕，《説文》作'雍'，小篆作'䍃'，無'甕'字。《補音》作'甕'，俗也。今則俗書流行，不可改矣。"② 從正字角度看，字當以作"障"爲是，故陳樹華釐正文作"障"。

H. 二字皆可通者，僅指出二字之異，不進行進一步辨析。如：

> 干，盾也
> 宋本"盾"作"楯"。

[按]"盾"和"楯"是一對古今字，在作爲軍事護具這一點上意義是相同的。但是《國語》產生的時代肯定沒有"楯"字，故陳樹華雖不言是非，但是録注文用"盾"不用"楯"。

I. 雖然有些地方傾向於用古字，爲了從俗、從通起見，還是選擇今字。如：

> 韜藏其弓矢
> 藏當作“臧”，但經典已從艹頭，改之驚俗，故仍之。（許本凡
> “藏”字皆作“臧”）

［按］除了許宗魯本，《國語》各本都作“藏”。臧，本義爲奴隸，但在先秦時期又用作“藏”。《説文》收“藏”“臧”二字，訓“臧”爲善，訓“藏”爲匿。徐鉉謂：“《漢書》通用‘臧’字。从艸，後人所加。”①

J. 他書引注有爲今本韋注所無者，爲之輯入相應文句之下。如：

> 樂章大者曰夏
> 《史記正義》引韋注此句上有“信哉武王能保此時夏之美”十一字。案：此十一字乃解“允王保之”之句，自當入下。

［按］本條帶有輯佚性質。從完整性上而言，唐前《國語》注釋成果中，只有韋昭《國語解》是最完整的，但這並不代表《國語解》在流傳過程中沒有佚文。《史記正義》所引就是一例。但歷來學者輯佚，更注重賈逵、鄭衆、唐固、虞翻、孔晁等人注釋材料的輯録，在韋注輯佚方面似乎沒有開展過實質性工作。陳樹華之後，董增齡《國語正義序》也指出韋昭注在流傳過程中有佚失情形出現。此外，汪之昌也曾指出，詳見上文。關注韋昭注的佚失情形，陳樹華可謂道夫先路。

K. 一本借字，一本通行字，陳氏取通行字。如：

> 懋正其德
> 元明諸本“懋”作“茂”，與《史記》合。兹從宋本作“懋”，

---

① （漢）許慎撰，（宋）徐鉉校定：《説文解字》，北京：中華書局1963年影印本，第27頁。

注同。説詳鄙著《補音訂誤》。

　　［按］　《國語》諸本以及《史記》都作"茂"，但陳樹華仍然取"懋"字。因爲"懋"字從心，符合本處語境。其《國語補音訂誤》云："宋本傳、注皆作'懋'。《説文》：'懋，勉也。'自當以懋爲正。"可見，在版本用字的選擇上，陳樹華更注重能够體現語境文義的用字，不怎麼贊成用借字。另如：

　　　　以文脩之
　　　　宋元、弘治、嘉靖本"脩"字從攸從月。許本、萬曆本作"修"，與《史記》合。案：《説文》："修，飾也。""脩，脯也。"自當以"修"爲正，第兩字經典多通用，兹準舊本，無須畫一。（許本作"修"，前後畫一）

　　［按］"修""脩"二字語相同、字形相近，但當以"修"爲正。但是陳樹華考慮到古書中"修""脩"二字多混用不別，故此處並不要求劃一。另如：

　　　　守以惇篤
　　　　宋本"惇"作"敦"，與《史記》合。然當以"惇"爲正。

　　［按］"惇""敦"二字皆從"享"得音，則義亦當同源，故可通用。就字形表義的角度而言，自以"惇"字最合。故陳樹華不取"敦"字。
　　L. 經典相沿之字，陳氏也會提出意見。如：

　　　　用耒耜之屬
　　　　耜，當作"枱"。案：經典已多作"耜"，故仍之。

　　［按］此處，陳樹華秉持從俗的觀念，未改變原文文字。《説文》有

"枏" 無 "枒"。王筠謂:"古以木爲之,後世以金。"① 這恐怕是陳樹華以字當作 "枏" 的理據。唐以來,寫本、刻本多以 "枒" 形,故陳樹華雖揭出本字,但在釐定原文上,仍舊從俗。

M. 他書引文與本書異,僅揭出而不取。如:

> 使務利而避害
> 《史記》"使" 下有 "之" 字,"避" 作 "辟"。

[按] 假如按照許宗魯的崇古態度,正文 "避" 字應該改作 "辟",因爲《左傳》當中就有 "辟" 字。但陳樹華不因爲《史記》作 "辟" 字就改變《國語》本書文字。這就看出,陳樹華在處理他書引文異文時候的基本態度和觀點。即僅揭出其異,但是並不把他書引文作爲改訂本書的重要依據和標準。另如:

> 供日祭也
> 《史記正義》引韋注此句至 "供歲貢" 句下皆無 "也" 字。

[按]《史記正義》引韋注與《國語》韋注本文的共同特點是句式規整,陳樹華也只是揭出《史記正義》引文之異。又如:

> 去夏而遷於郣
> 《詩正義》引韋注 "郣" 作 "豳"。案:《舊音》云:"郣,本作豳。"

[按] 陳樹華揭出《詩正義》引作 "豳" 字,《舊音》謂《國語》本亦作 "豳"。《玉篇·豕部》:"豳,古郣字。" 但是陳樹華並未因此改訂本書文字。因爲 "郣" 字字形更符合表義的顯性特徵。另如:

---

① (清) 王筠:《説文句讀》卷十一,北京市中國書店 1983 年影印本,本卷第 29 頁。

篡脩其緒

《史記》"篡"作"遵"。(徐廣曰：遵，一作選)

[按] 本條仍然遵循了本書無異文，不會根據他書異文改變本書文字的基本校勘規則。當然，關於《史記》"遵"字，後世也有討論之者，如張以仁認爲："蓋以時語爲訓也。《史記》每以訓詁字易經文。此其慣例，不可遽據以定《國語》之非。"① 可引爲陳樹華同調。又如：

欣戴武王

《史記》"欣"作"訢"。

[按] 顧野王《玉篇》謂"欣"與"訢"字同。有學者認爲，《説文》既然"欣""訢"同收且二字義、音全同，"當是一字異寫"。另外，"訢"還有別音別義，文獻中用"訢"的"欣喜"義的用例比較少見。雖然存在他書引文不足爲據的因素，恐怕此處還有從通行字的考慮在。

陳樹華認爲，有的他書異文更爲符合《國語》本文，由於没有直接的本書依據，也並不武斷改定，只是在考辨中給出自己的傾向性意見。如：

至于武王

《史記》作"至于文王武王"。《文選》李善注《謝玄暉‧齊敬皇后哀册文》引作"至於文武"。是此處"武王"上脱去"文王"。然不敢以意增。

[按]《史記》和李善注引有"文王"，清代校勘《國語》的幾位學者也都認爲應當文武並具，當然具體意見有區別。但《史記》和李善注

_____

① 張以仁：《國語斠證》，臺北：臺灣商務印書館 1969 年版，第 5—6 頁。

都是他書異文，其中李善注屬於他書引文異文，《國語》本書没有直接
證據證明《國語》原文作"至於文武"或者"至於文王武王"，所以陳
樹華雖然揭出此處有脱文，但並不主觀改定。這就體現了十分審慎的態
度。實際上周武王纔是真正滅商、使周得天下的第一個君主，故單言武
王並無不合理之處。至於《史記》，則以意補之，可以作爲參照，但不
必以此作爲判定《國語》本文是非的依據。另如：

> 是先王非務武也
> 《史記》"是"下有"故"字。

[按] 此句承接上句而來，故需要連接成分，"是""是故"都符合
這一要求。由於没有直接版本證據，故而陳樹華只是指出異文，並不遵
從改訂。

再如：

> 莫不欣喜
> 宋本"不"作"弗"。案：《史記》作"無不"，李善注《謝玄
> 暉詩》引作"莫不"，當仍之。

[按] 陳樹華對於"不""弗"之别並不看重。這裏主要勘校雙重否
定的異文問題。雖然《史記·周本紀》作"無不"，但李善注引文作
"莫不"，故陳樹華在這兒仍然依從公序本《國語》作"莫不"。

N. 在《國語》重要的校勘點方面，有更爲審慎的辨析。衆所周知，
錢曾、戴震、徐養原、陳奐、汪遠孫、翁偉等人把"昔我先世后稷"和
"昔我先王世后稷"作爲明道本勝於公序本的一個重要標誌。陳氏本條
校勘如下：

> 昔我先王世后稷
> 宋本"先"下有"王"字，與《史記》合。錢遵王《讀書敏

求記》以宋公序本無"王"字爲非。案《内傳·魯成公十六年》孔穎達正義引此有"王"字，而《昭公九年》正義及《詩·大雅·緜篇》正義引此並無"王"字。蓋傳本不同。或疑此處既有"王"字，韋氏不應舍此而解下"我先王不窋"句。愚謂此泛指周先王，本不必解，因下文獨以"先王"稱"不窋"，故韋氏引"契"爲"玄王"以證明之。正不必泥而致疑也。

[按] 陳樹華並不認爲有無"王"字是區分版本是非的重要標誌，而是通過他書引文也存在有無"王"字歧異的現象，指出有無"王"字只是傳本不同。但同時又傾向於此處有"王"字，故錄文有"王"字，且對韋注此處不釋"先王"而釋於下文的觀點提出了商榷意見，以此爲泛指，"本不必解"。既在版本依從上做出選擇，又給出更爲合理的解釋。

O.《左傳》《史記》與《國語》用字不同，陳氏以其非譌俗而各從其舊。如：

棄稷不務

《史記》"棄"作"弃"。案：石經及舊本《内傳》"棄"皆作"弃"，但《外傳》多作"棄"，本非譌俗，當仍其舊。

元明諸本"不"作"弗"。（《内傳·昭九年》正義引此同）宋本作"不"，與《史記》及小司馬氏《索隱》引《國語》、《詩正義》引《國語》合，故從之。類此，實無關輕重也。

[按] "弃""棄"通用，故陳氏雖有石經、舊本爲依據，但仍從《國語》原書。另外，陳樹華認爲"不""弗"語義相同，且後世否定副詞以"不"爲常見，故從明道本。

P.《國語》各本字體未能劃一，爲釐定之。如：

謂啟子大康也

　　宋元明諸本此處 "大" 作 "太"，後又多作 "大"，殊欠畫一。
今皆勘從 "大"，以不加點爲古，經典均如是也。

　　[按] 因爲《國語》本書前後 "大" "太" 同現，而 "大" 又爲古
字，經典多用，故陳樹華釐定爲 "大"。另如：

　　奕世載德
　　宋、元、弘治、嘉靖本 "奕" 作 "弈"，非。許本、萬曆本作
"奕"，是也，與《史記》合。

　　[按] 諸本中有 "奕" "弈" 之異，陳樹華明確指出 "弈" 字錯誤，
以 "奕" 字爲是，並且以《史記》用字作爲旁證。實際上，"弈" 之構
件 "廾" 和 "奕" 之構件 "大" 可混用不別，這兩個構件參與造成的字
如 "莫"，有的古書 "莫" 字構件 "大" 即寫作 "廾"。當然，從正字
的角度而言，"弈" "奕" 不同。此處當從陳樹華釐作 "奕"。另如：

　　除畿内
　　宋本 "畿" 作 "旬"。案：上有 "并畿内" 之句，作 "畿" 爲
是。(類此似兩通而不當從者，後不復識)

　　[按] 明道本作 "旬"，陳樹華根據上文語境，推斷此處以作 "畿"
爲是。這些釐定是通過上下文以及語義關係來進行確定的。這一類的例
子還有：

　　皆以所貢助祭於廟
　　宋本 "皆" 作 "必"。

　　[按] 此處不取明道本而取公序本。實際上宋刻宋元遞修本也作
"必" 不作 "皆"，可見該例不能作爲版本特徵。彭益林認爲 "皆" 字最

當，謂："作'皆'是也。上注包舉甸圻、男圻、采圻、衛圻，下引
《孝經》所謂'四海之内，各以其來祭'是其證。"① 可參。

　　各本用字不同，陳氏不是在版本中確定，而是根據字書進行文字的
釐定。如：

　　　　此總言之也
　　　　宋本"總"作"揔"（嘉靖本同）。依彫本《説文》，當作
　　"總"。元本、弘治本作"總"。（石刻、唐張參《五經文字》引
　　《説文》作"總"，自必有本）今從之。經典雖多用"揔"字，究
　　屬非是。

[按] 此處揭出《國語》各本用字不同，但是釐定文字的標準依據
却不是哪一個《國語》的版本，而是雕刻本《説文》。
　　Q.《國語》本書文字前後字形不一者，釐定爲一個字形。如：

　　　　大惡于民
　　　　此"于"字從《史記》改。以上下文皆作"于"也。（萬曆本
　　凡"于""於"字雜出，皆無依據，遠遜嘉靖本）

[按] 首先指出，本條是根據《史記》改的。按説《史記》是他書
異文，本不足爲據。陳樹華進而又指出上下文同語法位置用字都作
"于"，提出了本書依據。根據何樂士、趙大明的研究，《左傳》"於"
"于"之别還是十分明顯的。作爲產生在《左傳》之前的一部著作，《國
語》的"於""于"用法也當有比較嚴格的界分。但是由於《國語》只
是準經典，未如核心經學文獻的用字整齊劃一，且有石經等進行用字的
規範和規定，在用字上不具備穩固性，故而"於""于"用字比較混亂
且並不完全具備《左傳》"於""于"的界分特點。包括在"弗""不"

①　彭益林：《〈國語·周語〉校讀記》，《華中師範大學學報》1985 年第 5 期。

的區分上也是如此。曩據上海古籍出版社點校本統計，點校本《國語》"弗"字95見，"不"字1892見。據王亭統計，《國語》祇有1869見"不"字爲《國語》本文語料且用爲否定副詞，否定副詞"弗"則88見[1]。劉雲峰則統計《國語》中表一般性否定的"不"1815見，"否（不）"15見，表判斷否定的"不"1見，"弗"字統計89見[2]。而周廣干則統計爲"不"字副詞用法1817例，"弗"字89例，與劉雲峰統計近似[3]。拙著《近百年來〈國語〉校詁研究》統計汪遠孫《考異》揭出凡明道本用"不"而公序本用"弗"者21處，明道本用"弗"而公序本用"不"者3處。檢汪氏所揭公序本、明道本"不""弗"不同之處，"弗（不）"後皆跟不帶賓語動詞與表狀態詞，除了1見爲"弗（不）"後爲助動詞"能"、1見"弗（不）＋去"作主語外，其他都在謂語位置。就其語法功能而言，二者並無差異，可以替換。[4] 可見，《國語》在流傳過程中用字有較爲隨意之處。此外，陳樹華進一步指出，張一鯤本在"於""于"上應用的混亂程度遠超過金李本。進一步印證了其在《論例》中指出的張一鯤本"嗣經翻刻，譌謬更不可枚舉"。

R. 在引述著作篇目名稱上，一本簡約，一本精準，陳氏從精準。《國語》韋注引書與原書文字不同，從原書。如：

> 夏書序曰：大康失邦
> 宋本無"夏"字。元明諸本"邦"作"國"，今從宋本作"邦"，與《書序》合。

［按］明道本無"夏"字，公序本有"夏"字。按説有無"夏"字並不影響。但是陳樹華從引述著作篇章名稱精準的角度出發，認爲應該

① 王亭：《〈國語〉否定詞研究》，暨南大學漢語言文字學碩士論文，2007年。
② 劉雲峰：《〈國語〉副詞語法研究》，廣西師範大學漢語言文字學碩士論文，2007年。
③ 周廣干：《〈國語〉〈左傳〉副詞比較研究》，北京師範大學漢語言文字學碩士學位論文，2008年。
④ 拙著《近百年來〈國語〉校詁研究》，南京：鳳凰出版社2016年版，第186—187頁。

有"夏"字，故從公序本釐文。在"邦""國"的問題上，陳樹華認爲當從《書序》本文作"邦"。蓋漢代爲避劉邦諱，改"邦"爲"國"，石經中尚有此類避諱例子。劉建國曾經對漢代"邦"字避諱進行過研究，他説："王符在其《潛夫論》中引《尚書》三條，其中一條是引自《古文尚書》。即《潛夫論·思賢》引'《書》曰：人之有能，使循其行，國乃其昌。'此條引自《今文尚書·洪範》，文字稍有出入。《古文尚書》的《仲虺之誥》有'國乃其昌'。只是因避漢高祖劉邦之諱，把'邦'字改爲'國'字。這就是説從司馬遷《史記·夏本紀》引《五子之歌》的'大康失邦'改成'帝大康失國'到王符《潛夫論》把《仲虺之誥》的'邦乃其昌'改成'國乃其昌'，即前145年至後162年的二百多年間避諱漢高祖劉邦的'邦'字《古文尚書》傳本。"① 按照這個規則，《書序》原本固作"邦"字。

S. 在版本異文方面，往往會指出異文首次出現的版本或時代。如：

> 文武不先不窋
> 嘉靖本"不先"始誤"必先"。（此等雖似無謂，然一一識之，俾後有所考）

[按] 此處揭出"不先"誤作"必先"從金李本開始，金李本之前不誤，揭出這一異文產生的版本和時期。陳氏自注中揭示校勘歷時脈絡的意義在於爲後人梳理提供綫索。今檢張一鯤本、李克家本、綠蔭堂本、鄭以厚本、陳仁錫本、詩禮堂本之孔毓圻本、道春點本、千葉玄之本、《國語略説》等"不先"之"不"字亦作"必"。董增齡《國語正義》刊本作"必"，但是其稿本則作"不"。以"不先"爲是的最主要依據，即《左傳》有此句。冢田本字作"不"，不知道是否參閱明道本。檢其序作在寬政十二年（1800），其書刻在享和元年（1801），與中國嘉慶五年（1800）、六年（1801）相對應。黃丕烈刊刻《國語》於嘉慶庚申

---

① 劉建國：《先秦僞書辨正》，陝西人民出版社2004年版，第39頁。

(1800)，冢田虎看到黃刊明道本的可能性是存在的。至於冢田氏本處是據黃刊明道本還是據明道本的其他傳本，恐怕還要進行深入探求。上海師大點校本字作"必"不作"不"，是從公序本。當然，韋注全文爲："不窋，棄之子也。周之禘祫文武不（必）先不窋，故通謂之王。"韋注"文武"與《左傳》不同。在《左傳》，"文武"爲主語，開國之君，蓋周之祖在不窋之前尚有多人，故祭"不先不窋"。而在韋注，則周棄、不窋皆周之先皆可謂之"先王"，皆在周祭祀範圍内，故"禘祫文武"之時，必以"不窋"爲先，非僅先不窋而已，不窋特其先王之一，故纔有韋注下文"故通謂之王"之語。若作"不先不窋"，則下句"故通謂之王"無所措置。是作"必"者是，作"不"者看似有據，實則與韋注本文語義並不相符。

T. 公序本各本字體不劃一者，選擇從古本。如：

> 而自竄于戎狄之閒
> 萬曆本"于"作"於"，與《史記》合。今從嘉靖已上本作"于"。

［按］雖然萬曆本和《史記》都作"於"，但是萬曆本之前的金李本等作"于"，所以陳氏取"于"字。也就是說雖然本書後期版本與早期的他書引文相合，而本書的早期版本另作別體，從本書的早期版本釐定文字。另如：

> 庶民不忍
> "不"字從宋本，與《史記》合。李善注張平子《東京賦》及劉越石《勸進表》引此並作"不忍"。

［按］"不"字從宋本是版本依據，遵從《國語》的最早傳本。"與《史記》合"是他書依據，李善注引作"不"是他書引文依據。另如：

　　維民所止

　　宋本作"維"，與《詩》合。元明諸本解作"惟"。案：石經
《內傳》及官私諸本凡涉語詞，概從"口"旁，其引《詩》《書》
本文概從"心"旁。此固不必一例也。

　　［按］此處釐定文字，遵從《國語》較早版本，並且指出既然是引
文，自當與原書文字相合爲是，故提出原書證據。又指出，《左傳》石
經以及傳世諸本引用《詩》《書》虛詞用字和《左傳》本書虛詞用字的
不同和基本規則。最後揭出，既然是虛詞用字，不必要求一例。恐怕在
陳氏看來，公序本字作"惟"是根據《左傳》引《詩》《書》文字進行
改訂的，《國語》早期本子用字當作"維"。

　　U. 公序本、明道本中，一本比另一本多字，陳樹華揭出並予取
捨。如：

　　辛紂名

　　宋本"辛"上有"帝"字，不必增。"名"下本有"也"字，
從宋本刪。(後凡類此，不復識)

　　［按］明道本把"帝辛"作爲被釋，顯然是不妥當的，和"紂名"
並不匹配，故陳樹華認爲"不必增"。公序本"名"下有"也"字，明
道本無之，陳樹華從明道本刪"也"字。"×，×也"和"×，×"兩
種注釋格式的區別主要就在"也"字上。陳樹華此處從明道本刪"也"
字，還是出於明道本是《國語》早期版本的緣故。另如：

　　各以其職來祭者也

　　從宋本增"者也"二字。

　　［按］公序本無"者也"二字。陳樹華從明道本增"者也"二字，
以足成語氣。

V. 公序本、明道本文字語序不同，從其中一本，並提出證據。如：

夷蠻要服

　　宋本作"夷蠻"，與《史記》合，《正義》引韋注亦以"夷"在"蠻"上，並從勘正。元本已下皆作"蠻夷"。案：《尚書·禹貢》正義引《國語》亦作"夷蠻"。其引韋注字句則多參差增損，故置不録。

[按] "夷蠻""蠻夷"同素逆序。清代學者依從不同，後之學者也往往各有依從，如陳樹華、王樹民依從"夷蠻"，汪遠孫、徐元誥、張以仁依從"蠻夷"。陳樹華認爲明道本"夷蠻"和《史記·周本紀》相同，《史記正義》引韋昭注文也是"夷"上"蠻"下。因爲《史記·周本紀》文字和《國語》本篇基本相同，故而《史記》是第一證據，《史記正義》引韋注是第二證據。而《尚書·禹貢》正義引《國語》則是間接證據。既有版本依據，又有旁證，故認爲公序本《國語》"蠻夷"是倒文。陳樹華的結論可信與否可以探討，但他每定依從，必進行多方證據的態度，是值得肯定的。

　　從上面所引述的陳樹華校勘諸例來看，陳樹華注重版本的不同特徵，注重字形、語義、語境。總體而言：①陳樹華《外傳考正》和《内傳考正》撰述體例一致；②陳樹華《外傳考正》是清代《國語》第一部比較系統的校勘學著作；③爲《札記》《考異》確立了基本學術範式；④校訂意見絶大多數公允可從；⑤由於陳樹華是清代《國語》校勘中唯一依據公序本之宋刻補修本、李士實序本等明代早期版本的學者，故而對文字致誤的具體版本有比較精確的結論。

　　當然，不可否認，陳樹華的校勘也存在一定問題：①標準不一；②版本不全，在版本依從和版本特徵上不够精準。

　　(3)《國語補音訂誤》

　　陳樹華認爲《國語補音訂誤》和其《内外傳考正》可壽，但三者命運不同。《國語補音訂誤》僅存孔廣栻過録本。孔廣栻過録《國語補音訂誤》在明正德十二年明德堂二卷本《國語補音》上，欄上、欄下俱有，欄上數量較少，以研討文義爲主。欄下數量較多，文字較短，往往比對刊本，以明道本爲校，也校《補音》譌文脱字等。總共 357 條。今撮舉數條，以見其大略。

　　惇篤
　　陳校：明道本傳文作“敦篤”。

［按］是以明道本《國語》本文校異文。

　　注珤
　　陳校：明道本韋注“寶”。

［按］是以明道本本文校異文。

　　茂正
　　《補音》：莫候反，通作“懋”。
　　陳校：宋本傳注皆作“懋”。《説文》：“懋，勉也。”自當以“懋”爲正。

［按］陳氏在文本上主張用正字，且正字以《説文》出現過的爲標準。就本處而言，“茂”借字，“懋”本字。公序本作“茂”而明道本作“懋”，故陳氏引明道本指出異文，又引《説文》揭明《説文》已經收有“懋”字，最後認爲《國語》本文字當寫作“懋”。

　　戎翟
　　陳校：明道本傳注，凡“翟”字俱作“狄”。

［按］此處又揭示《國語》公序本與明道本版本系統的區別。

臭惡
《補音》：並注同。
陳校："臭"上脱去"注"字。"注同"二字有誤。

［按］"臭惡"二字爲韋注，故陳校《補音》撮録文字上脱"注"字，是。又《補音》其他刊本"注同"作"如字"，陳謂"有誤"，是。

注以繰
陳校："以"字衍。

［按］此處校《補音》有衍文。

注賴贏
陳校：《齊語》"相示以賴"注"賴，贏也"似當移入二卷中。

［按］按照釋文首見應當見於最早出現該詞文本的規則，陳樹華認爲《齊語》注文當移入《周語中》中。

伯姞
《舊音》：巨七反。
陳校：元板匡七反。按《釋文》"姞"字用其乙、異吉二反。此作巨七，或是"異""己"之譌。

［按］此根據《經典釋文》校《補音》切音用字。

注醫衍
陳校：元明諸本韋注作"毉"。

［按］此據《補音》，揭出《國語》韋注諸本用字。

從以上幾個例子來看，陳樹華的《國語補音》校勘比較綜合，既校《國語補音》之譌文、脱字、衍文、反切問題，也根據《補音》校《國語》本文，還以《補音》作爲例子，校《國語》版本問題。由於該書未能刊行，且清代《國語補音》研究並不繁榮，故陳樹華《國語補音訂誤》除了被闕里孔氏用作校刻微波榭本《國語補音》之外，幾乎没有什麼影響。

（4）學術價值及影響

陳樹華《春秋外傳國語考正》雖然只是以抄本流傳，但影響很大，汪遠孫等都引述過他的説法。王引之在爲董增齡《國語正義》做敘時還提及陳樹華《考正》可參。只是學者采録，往往僅及數條，且往往采録和自己結論相同的作爲佐證而已。故陳樹華《國語》考校的總體價值依然被埋没了。從其考校來看，版本採用多爲明代前中期版本以及宋元舊本，不僅彙録版本異文，而且注重采録他書異文作爲參照。這就比惠棟僅臚列他書異文前進了一大步，也比王懋竑僅據劣本進行理校前進了一大步。其校勘方法方式，實際上爲《校刊明道本韋氏解國語札記》《國語明道本考異》等確立了基本範式，顧、汪在版本上未能多參古本，只是細密度上超越了陳氏而已。此外，陳樹華在撮舉條目時，已經進行了文本釐定，故其《考正》不是一般的《國語》校勘著作，有爲《國語》釐定文本的性質。陳樹華在臚列異文、申明證據之後也勇於取捨，頗具識斷，這也是勝出顧、汪之處。其《國語補音訂誤》對《國語補音》的異文釐定也具有參考價值。

5. 汪中《國語》校勘

汪中（1744—1794）著有《經義知新記》《大戴禮記正誤》《述學》等。後人輯有《江都汪氏叢書》、《汪中集》（王清信、葉純芳點校，“中央研究院”中國文哲研究所籌備處2000年出版）、《新編汪中集》（田漢雲點校，廣陵書社2005年出版）。《新編汪中集》收録汪中的所有著作，包括《經義知新記》、《春秋列國官名異同考》、《大戴禮記正誤》、《舊學蓄疑》、《廣陵通典》、《策略謏聞》、《文宗閣雜記》、《文宗閣雜記續編》、《文宗閣雜記三編》、《國語校譌》（附《國語校文》）、《文集》

（共八輯）、《詩集》（共五卷），又收有附錄三種。其《國語》研究成果有兩種定名，一名《國語校文》單獨成册，由劉嶽雲校訂刊刻①，有靈鶼閣叢書本，中華書局 1925 年輯印《中國學術叢書》第一種《江都汪氏叢書》即收入此本；一名《國語校讁》，在《經義知新記》中，《經義知新記》有《清經解》本，後又有《叢書集成初編》本。除了單行的《國語校文》和《國語校讁》外，《經義知新記》中尚有研討《國語》散見札記數條。

《國語校讁》和《國語校文》條目相同，不同之處在於《國語校文》有題記，有劉嶽雲校語。檢《國語校文·周語上》末行之後題記云："乾隆四十三年五月，寓江寧之内橋，借代州馮按察使景鈔宋本校。毛斧季故物也。"《汪容甫年表》於乾隆四十三年（1778）載，"五月，復至江寧，八月回里。與劉先生書云：某因馮按察南來正當急難之際，挺身營護，竟克有濟，久宿鍾山書院，得受寒濕。八月中歸而瘧作，醫者誤以爲虛損過投大補大寒之劑遂至絶命者二，及乎病後，則體反加壯也。"② 是知汪中校訂《國語》在乾隆四十三年，比陳樹華校訂《國語》時間要晚。此外，《國語校文》有"嶽雲按" 5 條，在《校文》相應位置。從汪氏題記可知，其所校爲毛抄本之傳録本，至於用何本録文，則未可知。總之，汪中《校文》共 64 處，其中純校勘條目 35 條，其他則屬於研討語義和韋注的條目。校勘涉及本校、對校、他校和理校等方式，往往以"×，宋作×""×本誤""正文（注文）字誤""×當作×""×脱"出之。臚列異文 17 條，在明道本僅靠抄本傳播的時代，起到了保存文獻的功效。其臚列異文且進行正誤判斷的條目則具有較高學術價值，對於《國語》版本文字釐定具有積極作用。35 條純校勘條目中，有些條目是斠正版本錯誤的，尤其指出明道本異文有誤者五處，另有三條

① 劉嶽雲（1849—1917），字佛青，一字佛卿，號震庵，寶應人，劉元浩之子，與劉寶楠次子劉恭冕爲族兄弟。光緒五年舉人，光緒十二年進士，曾任户部主事、郎中、紹興府知府。著有《格物中法》《食舊德齋雜著》等，曾掌尊經書院。（此據張舜徽《清人文集別録》、李曉宇《四川省城尊經書院及其學術嬗變研究》）

② （清）汪喜孫：《汪容甫年表》，北京：北京圖書館出版社 1999 年輯印《北京圖書館藏珍本年譜叢刊》第 111 册，第 54 頁。

指出明道本有脱文，明確揭出公序本有誤的條目並没有。從汪中的校勘可以看出，明道本《國語》實際上只有“異本”的價值，而非“善本”的價值。另外，汪中據《新書》校“彤”字爲“彤”字之誤、據注文校正文字誤、據正文校注文字誤，另有理校數處，對於深入研討《國語》具有積極意義。考辨韋注以及《國語》本文語義者比較多，一定數量條目直指韋注“誤”“非”。此外，汪氏另有補釋《國語》數處。下面撮舉數例，以見其校勘考辨之大致。

（1）校闕文。如：

爲已憭矣
“憭”下缺一字。

［按］陳樹華所見宋本同。

（2）校版本異文。如校出明道本比公序本多字。例如：

昔我先世后稷
“先”下，宋本有“王”字。

［按］此純爲校勘文字，臚舉異文。屬於其中一個本子比另一個本子多字或少字的現象。此類在《國語校文》當中還有一些。如：

民之有口也。
宋無“也”字。

［按］本例校出公序本比明道本多了句尾語氣詞，從《國語》上下文來看，有“也”字更能足成語氣。另外，還有韋注文字不同的。如：

震雷出滯
注：雷乃發聲，始電。

宋作"始震電"。

[按] 此處揭出明道本韋注"電"前有"震"字。

另如,二本文字字體稍有區別。如:

奕世載德,不忝前人
注:奕,亦前人也。
亦前,宋作"奕"。
嶽雲按:疑韋注□本作奕世□□亦前人也。

[按] 今檢黃刊明道本及其覆刻本、上善堂本、秦鼎本、高木本、寶善堂本等"亦前人"之"亦"作"弈",不作"奕"。《新編汪中集》本爲韋注前闕文補"疑"字,韋注後、"本"前闕文未補字,此處當補"宋"字。至於"奕世""亦前"之間,則不敢臆斷。總之,汪中此處所校屬於字形部分相同,但是意義不同的字。也有的條目屬於校語法功能、意義基本相同,但字形不同的。如:

事神保民,莫不欣喜
莫不,宋作"弗"。

[按] 此處舉出明道本和公序本文字之異,但二字意義、功能基本相同。

此外,還有校倒乙的。如:

猶其有原隰衍沃也
宋作"猶其原隰之有衍沃也"。

[按] "有"字語序不同,涉及"原隰""衍沃"的語義關係。

(3) 校譌文。如:

匱神之祀

注：匱神之祀，不耕藉也。

正文"之"，宋作"乏"。據注，則"乏"當作"之"。

［按］這是根據韋注文校正明道本正文文字錯誤。還有根據正文校勘明道本注文有誤字的。如：

害於政而妨於後嗣。

注：害政，賊爲政之道也。

賊，宋作"敗"。據正文，"賊"爲是。

［按］"賊""敗"形近易誤。汪中通過正文"妨""害"，認爲明道本韋注"敗"是誤字。此外，也有根據上下文進行校勘的。如：

今吾聞子積歌舞不思憂。夫出王而代其位，禍孰大焉！臨禍忘憂，是謂樂禍。

不思憂，宋作"不息，樂禍也"。據下"是謂樂禍"，仍當以此本爲是。

［按］根據上下文語境，汪中最終認定公序本是正確的。

（4）揭出明道本有脱文。如：

川源必塞

下脱"原塞，國必亡"五字。

［按］本條校明道本有脱文。

（5）揭明衍文。如：

王使游孫伯請滑。

注：游孫伯，周大夫。

"周大夫"下，宋有"伯爵也"三字，衍。

[按] 游孫伯爲人名，故"伯"不得以"爵"釋，故汪氏揭其爲衍文。

（6）辨韋注。針對韋昭注文提出個人意見。這是汪氏《校文》不同於純粹校勘著作的一點。

①韋昭原照《國語》本字注，汪中改爲通借。如：

懋正其德而厚其性

注：性，情性也。

中按："性"與"生"通。《內傳》曰："正德、利用、厚生，謂之三事。"

[按] 本條對韋昭注提出不同意見，認爲此處之"性"讀作"生"。汪中之説與王念孫、施國祁之説同。當然，王念孫、施國祁考校更爲周詳。追其原始，實際上明人湛若水《格物通》中就顯出此中端倪了。湛若水《格物通》卷五五云："《書》曰：'正德、利用、厚生惟和。'謀父之言蓋本諸此乎？夫民，衣食不足則禮義不興，故利用、阜財，所以厚生而正其德也。"[①] 可見湛若水也不贊成韋昭注。

②韋昭原釋作名詞，汪中釋作虛詞。如：

民用莫不震動，恪恭於農

注：用，謂田器也。

用，猶用是也。注非。

[按] 韋昭認爲"用"是名詞，農業器具。但日本的太宰純以及中

_____

① （明）湛若水：《格物通》，臺北：臺灣商務印書館《景印文淵閣四庫全書》第716册，第485頁。

國清代以後的學者一致性地認爲此處之"用"當爲"用是"之義。

③謂韋注釋族名錯誤。如：

> 宣王既喪南國之師
>
> 注：喪，亡也。敗於姜戎氏時所亡也。南國，江漢之間也。《詩》曰："滔滔江漢，南國之紀。"
>
> 此"喪南國之師"事闕。據《内傳》曰："我諸戎，四岳之胄裔。"又曰："允姓之奸，居於瓜洲。"則姜氏之戎，即西戎也，與江、漢無涉。注非。

［按］本條有關史實考證。吳曾祺即用汪中之説。今有以"南國之師"之"南國"爲南陽者。汪氏《校文》直接揭明韋注"注非"者多處。

此外，有爲韋昭注文尋求依據者，如：

> 館諸宗廟
>
> 注：館，舍也。舍於宗廟，尊王命也。
>
> 中按，《聘禮》："卿館於大夫，大夫館於士，士館於工商。"然則王之卿士，其館於孤卿之廟與？晉侯以宗廟舍之，故云"尊王命"。

［按］汪中以韋昭解釋簡明，故引《聘禮》以輔證，復申述之。

④也有的條目認爲韋昭注文有贅餘。如：

> 帥傅氏及祝、史
>
> 注：傅氏，狸姓也。在周爲傅氏。
>
> 傅氏，其姓狸也。"在周爲傅氏"五字枝贅。

［按］此處即認爲韋昭注文冗贅，故以"在周爲傅氏"五字當删。

（7）補充書證。如：

其亡也，同禄信於聆遂

《墨子·非攻篇下》："天命融隆火①於夏之城間西北之隅。湯奉②桀衆以克有③，屬諸侯於薄。"

［按］此屬補證。引《墨子·非攻》故事以證《國語》正文之言。

（8）韋昭往往引述賈、唐之説且按己意。汪中考辨之後，進行依從取舍。如：

鄭武、莊有大勳力於平、桓。

注：唐尚書云："王奪鄭伯政，鄭伯不朝，王伐鄭，王伐鄭，鄭祝聃射王中肩，豈得爲功？'桓'當爲'惠'，《傳》曰：'鄭有平、惠之勳。'"昭謂：鄭世有功而桓王不賞，又奪其政。聃雖射王，非莊公意。又《詩敘》云："桓王失信，諸侯背叛。"明桓王之非也。下富辰又曰："平、桓、莊、惠皆受鄭勞。"明各異人，不爲誤也。

中按：若如唐説"桓"作"惠"，則"莊"當作"厲"。厲平子頹之亂，莊不與惠相當。然韋説是也。

［按］比較唐説之後，認爲韋説更可信從，依從韋注。

由上可見，汪中《國語校文》雖然條目有限，但就其著述內容而言，絕非單純的校勘，校勘之外還有訓詁考校。汪氏經學、訓詁學成就深宏，也體現在《國語》研究方面。後世引述者較多，也可以看出其影響。

---

① 原作"大"，據《墨子》本文改。
② 原作"東"，據《墨子》本文改。
③ 《墨子》本文"有"下有"夏"字。

6. 劉台拱《國語》校勘

劉台拱（1752—1805）生前著述未曾刊行，去世之後，生平稿件大多散佚，今所存者有《論語駢枝》《儀禮傳注》《經傳小記》《國語補校》《方言補校》《淮南子補校》《漢學拾遺》《荀子補注》等，後人輯爲《劉端臨先生遺書》《劉端臨先生文集》。今人輯有《寶應劉氏集》，收有《劉台拱文集》。張舜徽謂劉台拱"一生以宋賢之義理涵養身心，而以漢儒之訓詁理董經籍，各取所長，不爲門户"，又謂其遺書"雖爲書甚簡，而陳義彌精，疏通經傳，援據詳確，而俱以文從字順之法讀之，諫然而解"①。李曉明《清代寶應劉氏家學考述》"寶應劉氏之經學"和"寶應劉氏之校勘學"兩章中闢有專節介紹劉台拱之經學成就與校勘學成就，謂："劉台拱在校勘《國語》《荀子》《淮南子》《方言》過程中，綜合利用了對校、本校、他校、理校等校勘方法，發現了訛、衍、脱、倒、句讀之誤等多種錯訛現象，考其亥豕，删去衍贅，補充奪缺，力圖恢復典籍的原貌。劉氏校勘不局限於版本，以異文作爲主要的考訂對象；對致訛之由進行分析，保證校勘的質量；始終秉持著審慎的態度，不武斷臆測；在校勘的同時，進行注釋，形成了校注一體之體例。劉台拱之校勘對舊有成果進行駁正與完善，這部分舊有成果既有典籍舊注之校，也有清代校勘名家之校，劉氏校勘成就不菲。"② 根據阮恩海《劉端臨先生遺書後跋》，道光初年，劉台拱之子劉次源自劉台拱生前所校書中録出《國語補校》一卷③，是其著述定名定卷之始。《國語補校》最早刊入劉次源所編《劉端臨先生遺書》，後又收入王先謙《清經解續編》卷二百八。正如李曉明所統計，劉台拱《國語補校》一共 45 條，涉及《周語》10 條，《魯語》13 條，《晉語》11 條，《齊語》《楚語》《越語》各 2 條，《吳語》4 條。今舉其十例，並略爲辨析如下，以見劉氏考校之大略：

---

① 張舜徽：《清人文集别録》，武漢：華中師範大學出版社 2004 年版，第 245—246 頁。

② 李曉明：《清代寶應劉氏家學考述》，華中師範大學歷史文獻學專業博士學位論文，2016 年。

③ 劉文興：《劉端臨先生年譜》，《北京大學國學季刊》1932 年第 2 期，第 315—396 頁。

（1）昔我先王世后稷

補音本無"王"字。錢曾《讀書敏求記》據《史記·周本紀》當有"王"字。此本有"王"字是也。近人有以補音本爲是者，其言曰：按韋解曰："后，君也。稷，官也。父子相繼曰世，謂棄與不窋。"下云"我先王不窋"韋解曰："不窋，棄之子。周之禘祫文武，不先不窋，故通謂之王。"尋韋於上釋"世"字，於下釋"王"字，則下稱"先王"而上惟云"先世"可知也。案：此說非也。昔我先王世后稷，言世長稷官。《史記索隱》曰：譙周案《國語》云"世后稷以服事虞夏"，言世稷官是也。"世"字下屬，"先世"二字不得連文。昔、我、先三字不成辭語，有"王"字是也。文王追王，武即身而王，不窋未追王，然禘祫之禮，文武不先不窋，故通謂之王。上文"我先王"渾舉之詞，故不釋。下文"我先王不窋"似不窋亦稱王，故疏明之，非上文"先世"而下文"先王"也。

［按］此校版本異文。劉氏的辨析比較前人之說，更具有理據性。觀劉氏校理，先別甲乙，次明去從。這一條是明道本和公序本區別的重要標記，從錢曾到陳樹華，都曾有過辨析，汪中只是列出異文，沒有任何意見。劉台拱不僅證明有"王"字爲什麽合適，還講明無"王"字爲什麽不合適。從正反兩個方面進行論證，更具有可信度。

（2）及夏之衰也，棄稷不務，我先王不窋用失其官。韋注：不窋，棄之子也。

案：《史記·周本紀》作"去稷不務"，《索隱》曰：《國語》曰"棄稷不務"，此云"去稷"者，是太史公恐棄是后稷之名，故變文云"去"也。又曰：《帝王世紀》曰：后稷納姞氏，生不窋。而譙周案《國語》云"世后稷以服事虞夏"，言世稷官，是失其代數也。若以不窋親棄之子，至文王千餘歲唯十四代，實亦不合事情。

［按］此處是以《國語》本文與他本異文對校。從這一條可以看出，

非專門從事專書研究的學者在校勘關注點上的隨意性。陳樹華《國語考正》、汪中《國語校文》主要關注明道本"不"和公序本"弗"的區别。陳專門研究《國語》，所以比較强調版本之間的對校，汪中雖非專門研究者，在這個校勘點上也主要關注《國語》版本之不同。而劉台拱則與上述二人不同。此處劉台拱不關心公序本、明道本異同，却別具只眼，以《周本紀》與《國語》對校。

　　（3）吾聞夫犬戎樹惇

　　此文，或謂"樹"字句絕，"惇"字屬下，其説非也。案：《水經注·河水篇》云：河水又南樹頹水注之。趙君一清曰：《史記·周本紀》曰："吾聞犬戎樹敦。"《方輿紀要》云："周穆王時犬戎樹惇居此，有城在寧夏衛西。周涼州刺史史寧曰：樹敦、賀真二城，吐谷渾之巢穴也。"《魏書·地形志》"朔州神武郡領殊頹縣"今注云："樹頹蓋語出戎，方音之異耳。"據此，則"樹惇"當是犬戎之君名。其後，以人名爲地名也。

　　[按]"樹"字絕句、"惇"字下屬，是王引之《經義述聞》的主張。劉台拱提出不同意見，認爲此處"樹惇"不當分屬，實爲犬戎君名。

　　（4）瞽獻曲

　　補音本作"瞽獻典"。近人謂西周以前未有以聲歌爲曲者，歌曲自是周末語，作"典"是。案：韋解明云"曲，樂曲也"，作"曲"當不誤。

　　[按] 此處揭出公序本與明道本之異。今檢《潛夫論·潛歎》作"獻典"，汪繼培（1751—1819）《潛夫論箋》云："典，《治要》作'詩'。按《周語》云：'使公卿列士獻詩，瞽獻曲。''曲'或誤爲'典'。王氏所用《國語》本與韋昭不同，未敢據彼以補此也。"彭鐸（1913—1985）校正云："此仍當依今本《國語》作'使公卿至於列士獻

詩,瞽獻曲'韋注:'瞽,樂師。曲,樂曲也。'作'典'者訛字。《史記·周本紀》及《集解》引韋注'曲'作'典',誤與此同。古書曲、典二字多相亂,《荀子·正論篇》:'今子宋子嚴然而好説,聚人徒,立師説,成文曲。'王念孫曰:'曲,當爲典,謂《宋子》十八篇也。'彼'典'誤爲'曲',猶此'曲'誤爲'典'。'使三公至於列士獻典',文有譌脱,非別本如此也。"① 又彭鐸《文言文校讀》收録"邵公諫厲王弭謗"一篇,"瞽獻曲"注云:"《潛夫論·潛歎》'曲'作'典'。或謂歌曲是周末語,西周以前未有以聲歌爲曲者,作'典'是。鐸按:《國語》成書於戰國末,'曲'字不誤。"② 其説恐即用劉台拱之説。但劉台拱謂"當不誤",可見劉台拱也未敢必。劉台拱所謂近人,不知誰氏。

(5)夫水土演而民用也水土無所演

一説,"夫水"句,"土演而民用也"句,"水土無所演"當作"土無所演",衍"水"字。案:《水經注·濟水一》:"滎口石碑云:川無滯越,水土通演。""水土"二字連文,一説非是。

[按]"一説"者,王引之《經義述聞》之説。劉台拱引述《水經注》文字,以"水土"二字連文使用,故謂王引之説非是。

(6)鄭伯南也

案:《國語》作"南",《左傳》作"男"。此文韋注引賈侍中云:"南者,在南服之侯伯也。或云:南,南面君也。"是作"南"。《左》昭十三年《傳》"鄭伯男也"正義引鄭衆、服虔云:"鄭伯爵在男服也。"是作"男"。又引賈逵云:"男當作南,南謂南面之君也。"是賈據《國語》改《左傳》。又引《周語》云"鄭伯男也",

① (漢)王符著,(清)汪繼培箋,彭鐸校正:《潛夫論箋》,北京:中華書局1979年版,第106頁。

② 彭鐸著,趙逵夫整理:《文言文校讀》,蘭州:甘肅人民出版社2007年版,第13頁。

是孔據《左傳》改《國語》。其實"南""男"通。《論語》"子見南子"孔注舊以南子者，皇疏本、《釋文》本俱作等以爲男子者。（《史記·周本紀》：漢興，求周苗裔，封其後嘉三十里地，號曰周子南君。子南，當即子男。以子南爲氏，恐非；以爲邑號，亦非。）

［按］本處是以他書異文校勘。《左傳》《國語》二書内容相同，而用字不同。劉氏不僅明二書不同，還比較了二書注文的差異。最終認定"男""南"二字通，可謂通達。

（7）故未承命
江聲曰：一本作"故不承命"。

［按］江聲"故不承命"一語不見於今所參《國語》諸本，未知出自何處。

（8）無亦擇其柔嘉
《説文》："脜嘉，善肉也。""柔"即"脜"。《晉語》"無亦晉之柔嘉，是以甘食"同。

［按］此處是釋字，非關校勘。揭明《國語》"柔"即《説文》"脜"字。當然，"脜"字從"肉"，更能從字形上彰顯語義。

（9）氏曰有呂，謂其能爲禹股肱心脊，以養物豐民人也。韋注：呂之爲言脊也。
案：《説文》："呂，脊骨也。象形。昔太嶽爲禹心呂之臣，故封呂侯。脊，篆文呂，從肉從旅。"案，此則"呂""脊"同。

［按］本條商榷韋注。劉台拱指出，"呂"是本字，"脊"是後起字，故以韋注"呂之爲言脊"之言實是不通本字之理。這個揭示很具見地。

汪中觀點與劉台拱同。

　　（10）自后稷之始基靖民

　　韋注“基，始也”本《釋詁》，然“后稷之始始靖民”不辭。《釋詁》又云：“基，謀也。”言始謀靖民，與下文“基德”“基禍”訓始別。

　　[按] 本條商榷韋注。首先揭出韋昭注有所本，但是用於此處不辭。接著又以《釋詁》“基”的其他訓釋作爲此處的注文。清代學者中，陳偉也認爲“基”訓“始”，則“始始”不辭，陳偉據《方言》“基，據也”訓此處之“基”爲“據”。日本學者冢田虎、高木熊三郎則認爲此處之“基”當訓爲“立”，不當訓爲“始”。日本學者沒有據故訓爲釋的習慣，直接從語境文義入手。蕭璋認爲“基”當訓爲“奠基”之義，與冢田虎等人訓爲“立”的意見是基本一致的。李丹丹認爲此處“基”當訓作“謀”，實劉台拱首倡。蕭旭贊同劉説。

　　綜上可見，劉台拱《國語補校》45 條，校勘方面包括：（1）校版本異文，主要以補音本與明道本相校；（2）以他書異文校《國語》，包括《左傳》《史記》等内容與《國語》相同而用語不同的對校；（3）以他書引文異文校《國語》，《説文解字》《史記索隱》等所引《國語》本文與今傳《國語》不同，劉氏引以爲校；（4）校錯簡、衍文、奪字、倒乙；（5）釋文字、釋詞語；（6）對韋注進行糾正、補充、維護。校勘過程中使用本校、對校、他校、理校等校勘方式方法，對《國語》包括韋注在内的語詞訓詁、典章制度等等進行了疏證，多言而有據、信而有徵。雖其條目寡少，仍不失爲清代《國語》校釋方面的重要著作。劉台拱的《國語補校》和汪中的《國語校文》一樣，名雖爲“校”，實際上涉及了《國語》研究的方方面面。

　　7. 牟庭《國語》校勘

　　牟庭（1754—1832），字陌人，號默人，山東棲霞人。少時聰穎，成績優異，有“山左第一秀才”之譽。乾隆六十年（1795）優貢，曾任官

城縣訓導。後多次不第，雖放棄仕途，專心學問。汪中曾與牟庭書信往
還，探討學問。郝懿行因同鄉之便，頗受牟庭指點。根據王志民主編
《山東重要歷史人物》所載，牟庭一生著述豐碩，有《詩切》《同文尚
書》《周易柱》《周公年表》《名士年表》《古今年表》《楚辭述芳》《投
壺算草》《兩句與兩股較帶縱》《春秋算草》《學易録》《左傳評注》《國
語評注》《明史論》《繹老》《道德經釋文》《方雅福書》《釋參同契》
《校正崔氏易林》《校正韓詩外傳》《校正晏子春秋墨子吕氏春秋韓非子
淮南子》《校正説文》《雪泥書屋遺文》等。① 又有《雪泥書屋雜誌》等
著作傳世。

　　今檢國家圖書館有《國語校注》一部，原爲王懿榮藏本。該本爲明
清時期文盛堂刻本《國語》。牟氏在天頭地脚寫有批校，又於文中點斷
改定。

　　牟庭的校勘，以理校和他書異文爲主。他書異文主要是和《國語》
篇章内容相同的《左傳》《史記》《漢書》《説苑》《孔子家語》《管子》
等書，以其異文爲依據，對《國語》本文進行校理。今揭舉數例，以見
其校勘之大略：

　　　　(1) 至於武王，昭前之光明
　　　　據《史記》，有"文王"二字。當增正。
　　　　(2) 帥舊德而守終純固
　　　　能帥其先人之舊德，而又守終王之訓，純一貞固，必能禦我者
也。注並非也。樹黨爲"橄"句絶，"惇"屬下讀。"能"字誤，當
删正。《晉語》曰："知藉偃之惇帥舊職而共給也。"可證。
　　　　(3) 衆以美物歸女
　　　　據文義之字，□文"物"當作"而"。衆以美，謂衆而且美也。
考《史記》亦與此同，則西漢時《國語》本已誤。

---

　　① 王志民主編：《山東重要歷史人物》第 3 卷，濟南：山東人民出版社 2009 年版，第 488—
489 頁。

（4）是故爲川決之使導

"川" 下當有 "者" 字，據《史記》增正。《呂覽》亦有 "者" 字。

（5）瞽獻曲

襄十四年《左傳》疏引作 "瞽陳曲"。此蓋唐以後寫本譌爲 "獻典" 也。據注，"樂典" 字難曉，故知當是 "樂曲"。然古人謂樂歌爲曲者不多見，惟《周語》三卷 "少曲與焉" 韋注曰："曲，章曲也。" 其詩樂少章曲。是其一證也。《莊子·大宗師》曰："或編曲，或鼓琴。" 亦一證。

（6）以是教王，王能久乎

"能" 上當有 "其" 字，據《史記》增正。

（7）膳夫農正陳藉禮

"膳夫" 二字似涉後文誤衍，當刪正。

（8）其后稷省功

"其" 字疑衍文，當刪正。

（9）仲山父諫曰：不可立也。

此文殘闕。據《史記·路史家》增八字刪一字，乃頗可讀。

（10）政之不立

之，當作 "將"。

（11）若魯從之而諸侯傚之，王命將有所壅。若不從而誅之，是自誅王命也。

據文意，當云 "若魯不從，而不誅，王命將有所壅。若魯從之，諸侯傚之，而誅之，是自誅王命也"。漢時寫本已錯亂，故《史記》亦與此同，但文義不協，不得不正也。

可見，牟庭主要依據《史記》等他書異文材料作爲參照，對《國語》本文進行改易。此外，則根據文意，對《國語》本文作出衍、誤的判斷，並且進行校正。在清代《國語》校勘實踐中，運用他書異文改易《國語》的現象比較多見，王引之、汪遠孫等都有過類似改易情形。但像牟庭這樣，過於信從他書異文，勇於改易本書的校勘，却還是比較罕見的。此類做法，南宋鮑彪亦嘗爲之，吳師道對之有所批評，謂："蓋鮑專以《史記》爲據。馬遷之作，固采之是書，不同者當互相正，《史》安得全哉！事莫大於存古，學莫善於闕疑。夫子作《春秋》，仍'夏五'殘文。漢儒校經，未嘗去本字，但云某當依某，某讀如某，示謹重也。古書字多假借，音亦相通。鮑直去本文，徑加改字，豈傳疑存舊之意哉？比事次時，當有明徵，其不可定知者，闕焉可也，豈必强爲傅會乎？"①吳氏批評鮑彪之語，移用於批評牟氏，照樣適用。當然，牟庭的校勘結論雖未必可信，但爲比對《史記》《國語》文字細節提供了參照。

8. 黄丕烈、顧廣圻《國語》校勘

黄丕烈（1763—1825），字紹武，一字承之，號蕘圃、紹圃，又號復翁、佞宋主人等，長洲人。精於考校，極富藏書，刻書多種，江標撰有《黄丕烈年譜》，可參。傳有《士禮居藏書題跋記》《蕘圃藏書題識》等，又余鳴鴻、占旭東點校有《黄丕烈題跋集》（上海古籍出版社 2013 年版），收錄較全。黄氏藏書極富，與周錫瓚、袁廷檮、顧之逵有"藏書四友"之目。傅增湘謂："夫蕘圃當乾嘉極盛之時，居吳越圖籍之府，收藏宏富，交友廣遠，於古書版刻先後異同及傳授源流靡不賅貫，其題識所及，聞見博而鑒別詳，巍然爲書林一大宗。"②王欣夫亦謂："清代乾隆、嘉慶、道光時，蘇州多藏書家，而尤以黄丕烈最爲傑出。""他每得一書，必詳細地校勘，往往附以題識，由於見聞之廣，論斷之精，名言法語，可采的很多，所以，後來談藏書的都推他爲一大宗。"③黄丕烈對《國語》的重要貢獻主要在於收藏《國語》公序本之要籍和明道本之傳鈔本並在此基礎上刊刻了《國語》，使從清初開始的明道本傳鈔形態有了固定的文本。關於黄丕烈的研究大致，廖婉伶碩士學位論文中有較

① （元）吳師道著，邱居里、邢新欣點校：《吳師道集》，杭州：浙江古籍出版社 2012 年版，第 474 頁。

② 傅增湘：《思適齋書跋序》，《約翰聲》1937 年，第 128—129 頁。

③ 王欣夫：《文獻學講義》，上海：上海古籍出版社 2016 年版，第 71 頁。

爲清晰周詳的學術史梳理①，此處不贅。

顧廣圻（1766—1835），字千里，自號思適齋居士，江蘇吳縣人。曾與鈕樹玉等求學於錢大昕，後拜江聲爲師。一生多爲黃丕烈、阮元、孫星衍等人校書，是清代吳派校勘學中的重要代表人物，"是清代第一流的校勘專家"②。日本學者神田喜一郎即謂乾嘉校勘名家之中，"尤以顧千里先生爲魁傑，蓋先生以校勘爲畢生之業，是以成績獨優也"③。顧廣圻自 31 歲始，專門在黃丕烈家中從事古書校勘。顧廣圻研究一直是文獻學研究的重要方面，既有專門著作，也有爲數較多的碩博論文和期刊論文。前者如李慶《顧千里研究》，後者如張志雲《顧廣圻校書刻書研究》、聶帥《顧廣圻校勘學研究》、侯賽華《〈思適齋書跋〉研究》等。

《國語》諸多傳本轉至黃丕烈、顧廣圻之手，細加讐校，最終產生了黃刊明道本《國語》，且附有《札記》一卷。《校刊明道本韋氏解國語札記》，署名爲黃丕烈。實際上真正完成者則爲顧廣圻。關於其中原委以及相關研究，拙撰《〈國語〉歷代序跋題識輯證》中有相應梳理，讀者可參。④

《校刊明道本韋氏解國語札記》包括序文一篇以及相應的校勘條目。其序云：

> 《國語》自宋公序取官私十五六本校定爲《補音》，世盛行之。後來重刻，無不用以爲祖。有未經其手如此明道二年本者，乃不絕如綫而已。前輩取勘公序本，皆謂爲勝。然省覽每病不盡，傳臨又屢失其真，終未有得其要領者。丕烈深懼此本之遂亡，用所影鈔者開雕以餉世。其中字體前後有歧，不改畫一。闕文壞字，亦均仍舊，無所添足，以懲妄也。讎字之餘，頗涉《補音》及重刻公序本，綜其得失之凡而札記之。金壇段先生玉裁嘗謂"《國語》善本無逾

---

① 廖婉伶：《黃丕烈翻刻宋本研究》，臺北大學碩士學位論文，2017 年。
② 錢玄：《校勘學》，南京：江蘇古籍出版社 1998 年版，第 156 頁。
③ ［日］神田喜一郎原著，孫世偉譯：《顧千里先生年譜》，《國學》（1926），第 1—17 頁。
④ 拙撰《〈國語〉歷代序跋題識輯證》，第 274—278 頁。

此"，其知爲最深，今載其校語。惠氏棟閱本，借之同郡周明經錫瓚家，亦載之以表。微參管窺者，以"某案"别之。旁述見聞，則標姓名。諸注疏及類書援引，殊未可全據，故多從略。總如干條爲一卷。至於勝公序本者，文句煩簡、偏旁增省，隨在皆是。既有此本，自當尋桉而得，苟非難憭，不復悉數矣。嘉慶四年十月二十七日吳縣黃丕烈書。①

這篇序也是顧廣圻代筆之作，已收入《顧千里集》中。序文大致包括：（1）宋庠校訂《國語》之後，公序本獨擅勝場，但仍有别本流傳；（2）前人以明道本校勘公序本，往往有明道本勝於公序本者；（3）明道本傳世稀有，傳臨失真；（4）黃丕烈欲開雕刻書，使明道本化身千萬；（5）重刻明道本的基本思路和工作方式；（6）作《札記》之緣起；（7）《札記》引述各家因由以及《札記》主要内容。

黃刊明道本《國語》（附《札記》）"字體前後有歧，不改畫一。闕文壞字，亦均仍舊，無所添足，以懲妄也"的工作規則是顧廣圻"不校校之"校勘思想的重要體現。錢玄先生曾經對顧廣圻"不校校之"進行解讀，謂："所謂'不校'者，不改動底本；所謂'校之'者，附校記辨各本之是非。這是一種比較慎重的態度。"② 這種校勘方式對完整保存舊本起到了絕對關鍵性的作用。

《校刊明道本韋氏解國語札記》一直附在黃刊明道本《國語》之後，由於黃刊明道本重刻、坊刻者多，故而也有不同的版本形態。大致包括刻本、石印本、鉛印本三種形態。刻本中又包括黃氏刻本、崇文書局刻本、永康退補齋刻本、尊經書院刻本等幾種。今檢《札記》按照《國語》卷次順次臚列，難能可貴的是，每一篇别起單獨排列，爲讀者檢尋提供了便利。《札記》共678條，勘校《國語》正文410條，勘校注文268條。以

---

① （清）黃丕烈：《校刊明道本韋氏解國語札記》，北京：商務印書館1959年《國學基本叢書》本，第241頁。

② 錢玄：《校勘學》，南京：江蘇古籍出版社1998年版，第156頁。

“丕烈案”出之者共 224 條，僅加“案”字者 2 條。引惠棟 164 條，稱“惠云”；引段玉裁 85 處，稱“段云”；引夏文燾 8 條，則標爲“夏文燾曰”；引錢大昕、鈕樹玉各 2 條，分別稱爲“錢先生曰”“鈕樹玉曰”。凡以公序本對校之處，悉以“別本”稱之。多辨明甲乙，並爲按斷。

《札記》引段條目多數臚列異文，但考辨條目要明顯多於惠棟，這當然和段玉裁個人的校勘學思想有很大的關係。羅積勇等人所編《中國古籍校勘史》總結段玉裁的校勘特色謂：（1）從小學入手校勘；（2）以理校爲主，綜合運用其他方法，勇於改字；（3）校勘定是非最難；（4）善於根據文獻體例來校勘。職是之故，《札記》所引段玉裁條目多有考辨。

《札記》在引述惠、段、錢、夏、鈕等人之説之後，往往出“丕烈案”以下己意。整體而言，《札記》的内容包括這樣幾個方面：

（1）臚列異文

因爲《札記》是版本校勘，故而臚列異文是其主要方面，亦即序文所云“頗涉《補音》及重刻公序本，綜其得失之凡而札記之”。主要以《補音》、別本（即公序本）對校，臚列異文。所校異文，注文情況相同者説明“解同”，具有普遍性者説明“後同”。凡以《補音》爲校者，多數僅出“《補音》作×”，不別去取。以“別本”爲校者，則多數在臚列異文之後進行判斷選擇。明道本、公序本之異不僅僅是同一語法位置上用字不同的問題，還包括闕、衍、倒乙等各種情況，《札記》往往以“別本有”“別本無”等出校。

檢《札記》以《舊音》爲校者 26 處，以《補音》爲校者 298 處，其中有幾處是以《補音》輔證別本。以別本爲校者 185 處，其中明確標注“依別本”者 81 處，81 處“依別本”中有“當依別本”79 處，“此依別本”2 處，依從別本之處占到以別本校勘條目的 44%，比例不可謂不高。指出這一點，意在表明，這個數據就可以説明明道本並非如《札記序》中所云“《國語》善本無逾此”。

（2）校勘格式

格式包括兩種，一種是行文中文字之間是否有空格，另一種是章節起訖是否一致。前者較少，《札記》僅及 2 處，爲：

憀□矣

别本“憀”下不空。丕烈案：此本間附《舊音》，疑此亦是音，印本模糊，影寫遂闕，後準此。别本者，重刻宋公序本。

招□

此所空，乃《舊音》“音翹”二字也。丕烈案：宋公序謂他書未獲爲翹之意，是未考李善注《吳都賦》“翹闕，翹與招同耳”，公序類此者多，兹不悉出。

[按] 第一條是校明道本“憀”下有空格，這一點，汪中也予以校出。但汪中並没給出解釋。《札記》認爲明道本《國語》“間附《舊音》”，懷疑這裏也是舊音，但由於印本模糊，以致影鈔過程中因辨認不清遂以爲闕文而空格。第二條同樣。根據我們對《國語》明道本的統計，一共施注 5629 處，而注音只有 14 處，在 14 處注音中，有 1 處引用虞翻音注，韋昭注音 13 處。根據注音方法的不同分爲讀若（讀如）、直音和反切三類。（1）《國語》韋注用“讀若”（讀如）的注音方式注音共有 3 個字，其中用“讀若”2 次，字爲“腊”“浚”；“讀如”1 次，爲“吾”。（2）《國語》韋注用“直音”方式注音的字共 6 個，爲“懃”“覾”“墢”“聆”“艾”，其中“墢”有 2 音。6 個直音都在《周語上》。（3）《國語》韋注用“反切”方式注音的字共 4 個，爲“筥”“瘴”“淳”“省”，4 個字都在《周語上》。總之，“憀”下空格、“招”下空格或直音用字。

（3）辨明文字

在文字辨别上，往往涉及異體字、通假字、古今字等問題。

①辨析音同音近字。這一類中，有的音同音近字之間屬於通假關係，有的則屬於記音符號不同。

懋正

《補音》作“茂”，《解》同。丕烈案：以古字改今字，宋公序之失在此。餘字悉然。

[按] 本條屬於版本異文。"懋""茂"之別，是明道本和公序本版本區別的重要標誌。《札記》認爲公序本"以古字改今字"，並且認爲這是宋庠的一大過失。檢古書中"懋""茂"二字多通用，如《左傳·昭公八年》引《周書》"惠不惠，茂不茂"杜注："茂，勉也。"但是宋代的《太平御覽》《通鑑前編》引《國語》字皆作"懋"，《册府元龜》引《國語》字則作"茂"，《册府元龜》《太平御覽》編纂都在宋庠之前，而一作"懋"一作"茂"，可見宋庠之前《國語》就存有異文，並非宋庠"以古字改今字"。

　　榮夷公
　　惠云：《吕覽》曰"榮夷終"。丕烈案：《墨子》亦作"終"，《史記》作"公"，"公""終"聲相近。

[按] 本條屬於以他書異文進行校勘。

　　《解》：驪
　　《補音》作"騻"。丕烈案："驪"字是也。《内傳正義》引賈逵曰"色如霜紈"，蓋賈本《内傳》，字從"霜"，故義如此。

[按] 此校版本異文。《説文》未收"驪""騻"二字，《玉篇》有之。二字在記音表義上似無區別，《類篇》"驪""騻"二字平列。《札記》取"驪"字，蓋取賈逵之命義。
　　②辨析形近字。往往二字構件基本相同，字形極其相似，流傳之中造成異文。

　　獻曲
　　別本作"典"，《解》同，《補音》云："本或作'曲'，非。"

惠云：《史記》作"典"。盧學士文弨云：南宋本《禮記·表記》正
義引作"曲"。丕烈案：依《解》，"曲"字是也，裴駰用韋《解》。
疑《史記》"典"字，後人據公序所說改之，如今《表記》正義亦
改作"典"。

［按］本條屬於版本異文。此處辨別形近字。"典""曲"字形相近
易混。明道本作"曲"而公序本作"典"。《札記》認爲，根據韋注，
"曲"字爲是。並且認爲《史記》的"典"字是後人根據《國語補音》
改的。

　　瞖帥
　　《補音》作"帥"。丕烈案："帥"見《隸釋·唐扶頌》《漢碑
字原·五質》。又《五經文字》謂："帥，或从市者，訛。"此本後
屢用，皆同。段云：俗帥字，見《干禄字書》。

［按］本條屬於版本異文。《札記》引述古代字書與段玉裁說。劉台
拱亦及此條，說與段玉裁同。

　　乏祀
　　《補音》作"之"。丕烈案：《内傳·襄十四年》文同，各本皆
作"乏"。《舊音》："匱是乏義，無宜重也。"此正謂"樹敦"與
"守純固"義不殊之類。宋公序一駁一從，何歟？《魯語》曰"大懼
乏周公太公之命祀"、《楚語》"乏臣之祀也"，皆可證。

［按］本條屬於版本異文，一作"乏"一作"之"，二字字形相似。
《札記》以《左傳》作爲佐證，同時引述《舊音》之說。

　　幽王二年
　　惠云：《史記》同。丕烈案：謂《周本紀》也。又《十二諸侯年

表》亦在二年,《漢書·五行志》亦云二年。別本作"三年",誤。

[按] 本條校版本異文。惠棟引《史記·周本紀》,《札記》又補充
《十二諸侯年表》和《漢書·五行志》爲證。

　　桷
　　《補音》作"搞"。丕烈案:"桷"字是也。唐石經《內傳》襄
九年"陳畚桷",字亦从木。惠氏《左傳補注》云:"《正義》曰
'从手',此臆説也。"詳見本書。

[按]《札記》首先揭明《補音》與其所校本不同,然後斷定從
"木"者是,次引石經材料以爲文獻依據,又引惠棟之説以爲論證依據。
③辨析音近義通字

　　或專
　　惠云:"或",《史記》作"有"。丕烈案:古"或""有"音義同。

[按] 本條屬於以他書異文進行校勘。《札記》辨別音義相同字。古
"九有""九或"同。

　　固班
　　別本作"故班"。丕烈案:此淺人改之也,"固"本與"故"
通。"掌故"亦作"掌固",詳盧學士《鍾山札記》。

[按] 本條屬於版本異文。《札記》謂二字音同義通,並引盧文弨之
説爲證。盧文弨《鍾山札記》卷四"掌固"條云:"固本與'故'通,
掌故亦所作'掌固'。"①

────────────────
① (清)盧文弨:《鍾山札記》,北京:中華書局1985年《叢書集成初編》本,第57頁。

④構件相同字辨析。這一類字並不相同，但是其部首或構件相同，語音、語義都有區別。如：

　　觥飲

　　《補音》作“觥飯”。惠云：《説文》引作“侊飯不及一食”。鈕樹玉曰：“今本《説文》多後人所改。”案：《集韻》《類篇》引《説文》並作“侊飲不及一餐”，亦誤也。當依《廣韻》引作“侊飯不及壺飱”，《玉篇》同。

［按］“飯”“飲”屬於同形符字，二者語義、語音都不同。惠棟以《説文》異文作爲校勘依據。《札記》引述鈕樹玉説，以此作爲《説文》之説不能作爲證據的佐證。今本多作“觥飯不及壺飱”，《古今諺》《風雅逸篇》《古詩紀》《古謠諺》《先秦漢魏晉南北朝詩》都收録本句。王輝斌《商周逸詩輯考》謂：“此篇當爲東周初期或西周晚期‘古逸’。”[①]指出當作“觥飯”。

（4）辨析倒乙

　　《解》：縣方十六里

　　別本作“六十”，《補音》“施舍”下亦作“六十”，皆誤倒。丕烈案：此説《周禮·地官》鄭注云“方二十里者，甸方八里，旁加一里而數之也”。韋云“方十六里”者，不數旁加也，非有異義。

［按］此校版本異文，以公序本爲誤倒。

（5）辨析闕文

公序本、明道本不僅存在文字不同或者倒乙的現象，其中某本還存在闕文現象。即一本有的文字，另一本中不存在。《札記》也予以校出，並爲辨析。如：

---

①　王輝斌：《商周逸詩輯考》，合肥：黄山書社 2012 年版，第 369 頁。

《解》：遂以贄見於卿大夫

別本下有"先生"二字。段云：此當作"鄉大夫先生"，鄉大夫謂每鄉卿一人之鄉大夫，及同一鄉中仕至卿大夫者，《鄉飲酒禮》《鄉射禮》所謂遵者也。鄉先生，同一鄉中，嘗仕爲卿大夫而致仕者也。皆見《儀禮》鄭注。必皆云鄉者，謂同一鄉。《周禮》重鄉飲、鄉射，以鄉三物賓興之意也。唐、賈、孔、《儀禮》《禮記》正義作"卿大夫"，誤。陸氏《禮記釋文》音"香"，不誤。韋云"鄉大夫先生"，省下"鄉"字，正可見韋所據作"鄉大夫"也。下文臚舉若而人，安知不有致仕者乎？

［按］此校版本異文，公序本有"先生"二字，明道本無之。《札記》引段玉裁説，段謂公序本是。

（6）辨析史實人物

《解》：堵寇

《補音》作"堵俞彌"。丕烈案：《内傳·僖廿年》"公子士洩堵寇帥師伐滑"，又《廿四年》"公子士洩堵俞彌帥師伐滑"。此廿四年事也，故宋公序依《内傳》作"俞彌"。詳韋意，蓋以俞彌即寇，故説廿四年事而亦云堵寇，必《内傳》舊説如此也。杜以爲二人，與韋不同，其讀廿年"洩"字下屬，則誤甚。鄭有洩氏，有堵氏，不聞有洩堵氏也。杜知其不可通，故廿四年仍讀"洩"字上屬。若曰廿年者乃洩氏，而堵寇名也，曲爲遷就，其失自不能掩。後有撰《名號歸一圖》者，且并廿四年而謂之洩堵俞彌，豈非證成杜失乎？

［按］《補音》與明道本韋解人物名稱不一致。《札記》引述《左傳》之文爲之辨析。

《解》：原伯毛也

別本無此四字，惠云：《索隱》曰："唐固據《左傳》文，讀

'譚'爲'原'。"丕烈案：韋本唐義，蓋以毛爲原伯名，疑所據《内傳》文如此也。今《史記集解》載唐注作"譚伯，周大夫原伯、毛伯也。"衍下"伯"字，與小司馬所説既異，文亦不詞，乃不知者用杜氏《内傳》文改之。

[按] 此校版本異文。

《解》：孟文伯歜
惠云：當作"穀"。丕烈案：此涉公父文伯歜而誤。考《舊音》歜音觸，是其誤已久，公序好駮《舊音》，此獨沿之，何歟？

[按] 此處釋人物名稱之誤。

《解》：公叔祖類
別本無"叔"字及"類"字。丕烈案：宋公序云：《周本紀》《古今人表》皆作"公祖"。考今《集解》《索隱》皆作"公祖叔類"，是韋正用《周本紀》文，公序誤也。唯《人表》作"公祖"。

[按] 此校版本異文。《札記》引述《補音》《史記集解》和《史記索隱》，認爲人名當用"公叔祖類"，不當作"公祖"，公序本誤。

（7）釋地理之不同
公序本、明道本有些地名用字不同，或者稱謂不同，《札記》爲辨析之。如：

《解》：錢唐江
《補音》出"浙江"。丕烈案：蓋宋公序本"錢唐江"作"浙江"也。考《尚書》釋文、《夏本紀》索隱引作"錢唐"，陸德明、小司馬所據與此本同矣。夏文燾曰：案《水經·江水》注云："韋昭以松江、浙江、浦陽江爲三江。"則與公序本同。

　　[按] 明道本作"錢塘江"而公序本作"浙江"。《札記》謂唐代的陸德明、司馬貞引與今明道本同，而北魏時期的酈道元則引述與公序本同。未能決。

　　《解》：海口
　　段云：王伯厚曰："當作'浹口'。"《通典》《元和郡縣圖志》引章皆正作"浹口"。丕烈案：段據《困學紀聞》説也。《補音》"浹口即協反"自不誤，別本亦作"海"，非公序之舊矣。

　　[按] 此處是《補音》與今傳《國語》各本異文。段玉裁引王應麟之説。檢《困學紀聞》卷十"地理"下云："'甬句東，今句章東，海口外洲'，當作'浹口'，蓋傳寫之誤。"① 段玉裁引述《通典》《元和郡縣志》以爲佐證。《札記》根據《補音》與今傳公序本之間的文字差異認爲，今傳公序本已經不是宋公序原校本了。

　　貝水
　　丕烈案：《史記·齊世家》索隱引宋衷同。夏文燾曰：按《水經·巨洋水篇》注云即《國語》所謂"具水"矣。袁宏謂之"巨昧"，王韶之以爲"巨蔑"，亦或曰"朐瀰"，皆一水也，而廣其目焉。"具""巨""朐"聲相近，則"具"字是也。此作"貝"，乃字形相涉而誤，《解》同。

　　[按] "貝""具"字形相近而混誤。宋衷説與明道本同。夏文燾謂《水經注》引《國語》作"具"，袁宏、王韶之之説進一步證明此處字當作"貝"。
　　(8) 釋形制
　　明道本、公序本正文或注文往往在名物上存在異文，《札記》引述

---

① （宋）王應麟：《困學紀聞》，上海：上海古籍出版社 2015 年點校本，第 311 頁。

通人典籍中對於該名物的形制特徵的研究與記載進行辨析。如：

　　《解》：如懸磬也

　　別本上多"但有榱梁"四字。丕烈案：歙程先生瑤田《通藝錄》有"室如懸磬"之圖，謂："室之上宇北出斜下，以交於北墉，直如磬鼓，宇斜如磬鼓也。"鄙意以爲此室如懸磬，猶言徒四壁立意。重墉直如磬鼓，則不得云"但有榱梁"。此本無之，是也。

　　［按］此校版本異文。《札記》則謂程瑤田《通藝錄》有圖。今檢程瑤田之説在《通藝錄·樂器三事能言·磬氏爲磬圖説》中。今人葉國良亦頗考此一形制。《札記》最終認定明道本是，公序本非。

　　(9) 補證前説

　　《札記》在引述惠、段之説後，往往加案語，進行補充説明。

　　有的在惠棟、段玉裁揭明異文之後，指出惠棟依據的版本。如："耀德　惠云：《史記》'耀'。丕烈案：依毛本《集解》也。"此處即指出惠棟所依據的《史記》版本。

　　有的在惠棟揭出異文之後，繼續補充。如："民亂之　惠云：《史記》同。丕烈案：《五行志》亦同。別本'亂之'二字倒誤。"惠棟指出《史記》文與明道本同，《札記》又補充《五行志》引與明道本同。

　　在惠棟、段玉裁結論基礎上進行進一步補充。如："鎮陰　惠云：《史記》'填'，《老子銘》'陰不填陽'，當作'填'。丕烈案：'鎮''填'古字通。《五行志》亦作'填'。"惠棟指出明道本"鎮"字當作"填"。《札記》進一步指出二字古通，並指出《五行志》也作"填"。似是對惠棟之説有微議。

　　明確指出惠棟依據之他書異文不可爲據。如："反胙於絳　惠云：《管子》曰'成周反胙於隆嶽'。丕烈案：韋解'南城於周'別爲句，'嶽濱'屬下讀。今《管子》多譌字，異同每不可訂。"惠棟以《管子》作爲校勘對象。但是《札記》指出《管子》傳本多譌字，不可爲據。

　　《札記》和《春秋外傳國語考正》《國語存校》《國語校文》都不

同。《春秋外傳考正》意在明道本、公序本的基礎上校成定本。《國語存
校》《國語校文》都是校讀札記，前者依據張一鯤本之重刻本，後者依
據明道本。《札記》則是附在黃刊明道本之後，寄託了顧廣圻"不校校
之"的校勘學思想。總體而言：《札記》是《國語》兩大版本系統確立
以來第一部以明道本《國語》爲底本，對校公序本和《補音》的《國
語》校勘學著作；《札記》引述了清代很多學者的校勘成果，體現了樸
素的學術品格，同時爲《國語》校勘研究保存了大量的學術史料；《札
記》在臚列異文的基礎上，進行了一定程度的去取判定，爲後來的《國
語》校勘樹立了典範；《札記》雖然以明道本《國語》爲底本，並且
《札記序》中甚至以段玉裁"《國語》善本無逾此"鼓吹，但是在具體校
勘的時候，並不回護明道本，結論客觀可信；《札記》影響深遠，不僅
對此後中國本土的《國語》研究具有重要影響，而且遠播海外，對日本
《國語》研究也具有深遠影響。

9. 汪遠孫《國語》校勘

汪遠孫（1794—1836），字久也，號小米，又號借閒漫士，浙江錢塘
（今杭州）人。幼穎悟，十歲受經，清嘉慶二十一年（1816）舉人，曾
官内閣中書。著有《國語校注本三種》《借閒漫筆》《借閒生詩》《借閒
生詞》《詩考補遺》《漢書地理志校本》《經典釋文補續偶存》《清尊集》
等著作，並曾校《集韻》等書①，可見其治學範圍較廣。錢塘汪氏世代
藏書，汪憲（1721—1771）時取李白《送王屋山人魏萬還王屋》"十三
弄文史，揮筆如振綺"遺意，築振綺堂，藏書累至六萬餘卷。汪憲次子
汪璐（1746—1813）編撰有《振綺堂藏書題跋》二卷，汪璐子汪誠

---

① 孫詒讓《方成珪雪齋傳略》："成珪研精小學，勤於校讐，官奉所入，悉以購書，儲藏數萬
卷，丹黄殆徧。嘗謂古韻書之存者，莫善於《集韻》，因據宋槧本，及近時段玉裁、嚴杰、汪遠孫、
陳慶鏞校正曹刻之誤，復以《方言》《説文》《廣雅》《經典釋文》《玉篇》《廣韻》諸書，正宋槧
及景祐元修之誤，爲《集韻考正》十卷。"（孫詒讓撰，徐和雍、周立人輯校：《籀廎遺文》，北京：
中華書局2013年版，第8頁）提到清代《集韻》校勘的時候，也提到了汪遠孫。

（？—1816）編有《振綺堂書目》①。汪誠即汪遠孫之父。

　　從内容上看，汪遠孫《國語》研究主要體現在校勘、訓詁和輯佚三個方面。其《國語校注本三種》中的《國語明道本考異》屬於《國語》校勘著述，《國語發正》屬於《國語》訓詁著述，《國語三君注輯存》屬於《國語》舊注輯佚著述。

　　《國語明道本考異》有《國語校注本三種》本、崇文書局本、永康退補齋本、尊經書院本、《四部備要》本、《國學基本叢書》本等。從形態上而言，可分爲刻本和排印本，以刻本爲多。由於刻工、排版以及後期校勘的問題，各本文字也有差池，主要是形近字訛造成的問題。

　　書前有汪氏自序，云：

　　　　舊題“天聖明道本國語”。天聖，宋仁宗年號。明道，乃仁宗改元。卷末署云“天聖七年七月二十日開印，明道二年四月初五日得真本，凡刊正增减”，是明道二年以天聖印本重刊也。近代盛行宋公序《補音》，明人許宗魯、金李皆從公序本重刊。兩本各有優劣，而後是非、異同判焉。今刻以明道本出大字，公序本輔行小字於下，它書所引之異文及諸家所辨之異字，亦皆慎擇而采取之。讀《國語》者，庶乎知其異而是非可識也！

　　汪遠孫《國語校注本三種》以黄刊明道本爲底本，故《考異》序首先介紹明道本基本情形，對天聖明道本之得名進行介紹。之後對參校的許宗魯本和金李本做了簡要介紹，接著指出明道本、公序本二本“各有

---

　　①　汪曾唯《振綺堂書目跋》云：“余家自明季遷杭，代有藏書，高大父魚亭公嗜之尤篤，點注丹黄，插架甚富，朱朗齋茂才文藻爲輯《振綺堂書録》，摭其要旨，載明某某撰述，何時刊本，某某鈔藏，校讀，評跋於後，手編十册。曾大父春圃公又本《書録》手編《藏書題識》五卷，皆珍秘之本也。大父十村公，凡有善本求售者，又不惜重貲，增益架上，年近始衰，病中手編《振綺堂書目》五册，首録高宗純皇帝恩旨並御賜書、御題書、進呈書，後分爲經、史、子、集四部。先考昆弟六人，繼承先志，遇有佳帙，購求又夥。伯父小米公、又村公，叔父子惠公、幼能公，自道光丙申至丁未先後謝世，伯父少洪公、先考蓉垞恐子侄年幼書籍散佚，重繕《振綺堂簡明書目》二册，請長洲陳碩甫師奂檢校一過，注明何人編撰，以便翻閲。”（轉引自劉尚恒、鄭玲《安徽藏書家傳略》，合肥：黄山書社2013年版，第266頁）言振綺堂幾代人始末較詳備，可參。

優劣”，表現出客觀的態度。最後揭出《考異》的基本體例。從其序文可以看出，“存異文”是其初衷。《考異》和《札記》都以黃刊明道本作爲底本，但二者又有不同。《札記》的存在，很大程度上是體現顧廣圻“不校校之”的校勘學思想，雖然其學術價值很大，但其初衷並不是爲了讓《札記》成爲獨立的校勘學著作，而是依附黃刊明道本而行。《考異》以黃刊明道本爲底本，是主動選擇。從汪遠孫《考異序》看，《考異》選擇底本的原因主要在於其存世最古。參校本選取許宗魯本和金李本，不知道是汪遠孫的主動選擇還是聽從陳奐的建議。陳奐在道光乙未（1835）曾幫助汪遠孫以許宗魯本和金李本校勘過黃刊明道本，並且自己過錄了一部。既然是幫忙，恐怕還是聽從汪遠孫的建議。故選擇許宗魯本和金李本作爲參校本，當是汪遠孫個人的意見。四庫館修纂《四庫全書薈要》，許宗魯本即是參校本之一。陳樹華撰寫《春秋外傳考正》時，許宗魯本和金李本都是參校本。汪遠孫參校本的選擇，和前輩學者不謀而合，可見這兩個參校本的版本價值。此外，汪遠孫也很重視他書引文異文和前輩學者的校勘成果。

《札記》《考異》撰作目的不同，故而在異文校勘的全面性上也有區別。《札記》條目中的絕大多數條目，《考異》都予以繼承。從這一點上來看，《考異》又是一部總結前脩之作。

《考異》的内容大體，前文已經言及，此處不贅。《考異》所涉内容大體與《札記》相同，而又有發展：（1）行款格式問題，比如對《國語》題卷進行考辨，揭示出《國語》分章不同；（2）多數條目僅臚列版本異文，不別甲乙；（3）較多引證他書異文。

汪遠孫認爲，古書注釋徵引典籍，未必字字與原書一致。凡明道本、公序本韋注有與原書文字不同者，可能更接近韋注原貌。而韋注文字和原書相同者，可能是後來據原書對韋昭注文進行了改動。可見其見解通達可采。在辨析文字的時候，汪遠孫以《説文》收錄與否，作爲《國語》字形的判斷標準。在對校版本異文時，往往徵引他書文字作爲參照和佐證。

辨析版本異文，碰到的兩個字，其中一個字是另一個字聲符構件、且二字語音、語義或用法相同的時候，汪遠孫以"古今字"視之。《考異》出現"古今字"42處，所涉及的字如下：

盾—楯　邵—召　尊—罇　任—姙　益—溢　馮—憑　解—懈
道—導　它—他　縣—懸　麗—酈　蚤—早　槳—漿　辟—避
鹿—麓　中—仲　不—否　圭—珪　知—智　尸—屍　咨—諮
游—遊　汏—汰　稟—廩　敖—傲　隊—墜　孫—遜　箸—著
虛—墟　皃—貌　風—諷　舍—捨　隋—墮　蓺—藝　慾—欲
扞—捍　疏—蔬　冢—塚　邪—耶　絜—潔　禽—擒　昌—閶

除了極少數的字是通假、異體字之外，絕大多數的字都是今天所謂的古今字的關係。除此之外，還有的以"×，古×字"出之。如：

仰君

公序本"仰"作"卬"，下同，《舊音》作"卬"。案："卬"，古"仰"字。

此外，汪遠孫還引入了正俗字的概念。在校勘版本異文的過程中，很多處指出字形爲俗。如：

發—墢　醫—毉　膳—饍　克—剋　弦—絃　復—蝮　豫—預
邨—鄯　廛—壥　肇—肇　恥—耻　蓋—蓋　滑—猾　堵—聲
岐—歧　蒲—蒱　祅—妖　陳—陣　鬚—鬢　址—趾

此外，汪遠孫在校勘明道本和公序本時，用了"是也""非""誤""脫（疑脫）""衍（疑衍）""倒（誤倒）""竄"等術語，每一處只統計有明顯判斷傾向的版本。在校勘過程中，有些條目並没給予主觀判斷，而是引述前人成説，實際上也代表了汪遠孫的一種態度。其中公序本、明道本所占頻次如下：

	是也	非	誤	脱	衍	倒	竄
公序本	262	51	42	112	59	6	0
明道本	31	3	96	141	87	13	1

後六項是兩個版本系統出現的問題，其中公序本270處，明道本341處。從汪遠孫所舉錯誤看，明道本錯誤率是公序本的1.26倍。而在汪遠孫校出的正確用例上，公序本却是明道本的8.45倍。這比《校刊明道本韋氏解國語札記》在校勘過程中對校出的依從公序本的數量和比例要高得多。從汪遠孫的校勘結果可見，清人在《國語》研究中，過度抬高了明道本。

汪遠孫在校勘中引證比較豐富。除了許宗魯本、金李本二本作爲參校之外，《考異》還參照了《國語舊音》、《國語補音》（參校微波榭本和其他本）、《春秋外傳考正》、《校刊明道本韋氏解國語札記》、《經義述聞》、《國語校譌》、陳奐、顧廣圻校録本等相關著作。此外，在具體條目探討中參考了相當多的典籍。分類列如下：

經部：《詩經》《尚書》《禮記》《周禮》《儀禮》《左傳》《公羊傳》《穀梁傳》《詩地理考》《經史問答》

小學：《説文》《爾雅》《方言》《廣雅》《玉篇》《一切經音義》《經典釋文》《五經文字》《廣韻》《集韻》《説文解字注》

史部：《史記》《説苑》《漢書》《後漢書》《戰國策》《列女傳》《竹書紀年》《通典》《山海經》《三國志》《资治通鑑》《水經注》《吳越春秋》和漢碑

子部：《孟子》《吕氏春秋》《荀子》《墨子》《風俗通義》《淮南子》《莊子》《管子》《潛夫論》《太玄經》《新書》《孔子家語》《算經》《韓非子》

類書：《太平御覽》《北堂書鈔》《藝文類聚》《群書治要》《玉海》

集部：《文選》注

除此之外，還引述通人。另外，陳樹華的《春秋外傳考正》、董增齡《國語正義》當時還只是以抄本行世，汪遠孫都一一寓目，足見其在

《國語》考校的時候搜輯之勤，佔有材料之全面。

總體而言，《考異》大致有三個特點：

（1）校勘的細密程度空前絕後

汪遠孫所校勘條目雖然有 3198 條，還不包括一些不影響文義的語氣詞。如《考異》卷一"解周公之胤矣"下云："凡'若''也'等字，有無異同，無關文義者，不悉載。"① 可見其細密程度之高。而且這種細密程度在《國語》校勘史上是空前的。

顧廣圻爲黃丕烈所作《校刊明道本韋氏解國語札記》共 678 條，《越縵堂讀書簡端記》所録李氏校讀《國語》共 216 條。另外，尚有讀《校刊明道本韋氏解國語札記》2 條，跋尾 7 條。鄭良樹《國語校證》分上、中、下三篇分別發表於《幼獅學誌》第七卷第 4 期、第八卷第 1 期和第八卷第 2 期，上篇從《周語上》至《齊語》，中篇爲《晉語》，下篇從《鄭語》至《越語下》，總近 600 條。張以仁《國語斠證》全書共校理《國語》正文 849 條，韋注 177 條，合共 1026 條。拙著《〈國語〉考校——以明本四種校勘條目爲對象》1333 條。從數量上看，都未能超過汪遠孫。

此後《國語》校勘，除非做系列版本的匯校整理，否則很難再超越《考異》的細密程度。

（2）雖然以陳奐校勘爲參照，但又與陳校不同

今國家圖書館藏有一部陳奐校跋本黃丕烈刊明道本《國語》，張元濟予以著録，張人鳳編《張元濟古籍書目序跋匯編（中册）》云："又一部，清黃氏士禮居覆宋本，四册，陳碩甫校藏。陳氏以明嘉靖許宗魯及金李兩刊本校過，頗有異同。陳碩甫記：'道光乙未，寓杭州汪小米家。爲校讎許李（當作"金"字，原誤）刻公序本於黃刻明道本上，因自録一過。奐記。'"② 雖然汪遠孫《考異》是以陳奐校勘爲參照的，但二者並不完全相同。陳奐對《國語解敍》進行了校勘，汪遠孫《考異》不包

---

① （清）汪遠孫：《國語明道本考異》卷一，清道光丙午振綺堂刊本，本卷第 1 頁。

② 張人鳳編：《張元濟古籍書目序跋匯編（中册）》，北京：商務印書館 2003 年版，第 493 頁。

括《國語解敘》。陳奐嚴格區分許宗魯本和金李本，汪遠孫則謂"許、金兩本間有異同，不復悉載"，陳奐以許、金二本相校時往往直稱"許""金"，汪遠孫則以"公序本"籠統稱之。陳奐校出條目，汪遠孫有的並沒有，如"彘之亂，宣王在邵公之宮"，陳奐校謂："另行。"汪遠孫《考異》並無本條。總體而言，由於陳奐是在刻本上進行對校，多用校勘符號，表述性文字較少。而汪遠孫《考異》更精細化，以《周語上》首章爲例，陳奐一共校出黃刊明道本與許、金本異文 12 處，而汪遠孫《考異》則校出 44 處，所校出條目是陳奐的 3 倍多。可見，《考異》固然一定程度上參照了陳奐的校勘成果，但汪遠孫《考異》較陳氏校勘具有更多的創獲。

（3）影響較大

汪遠孫《國語》三書中，影響最大的還是《考異》這部書，當然這種影響也是到了近代纔實現的。李慈銘《越縵堂讀書簡端記》、吳曾祺《國語韋解補正》、徐元誥《國語集解》、楊樹達《國語集解》都對《考異》有所襲用或稱引。此後張以仁《國語斠證》以及相關的《國語》研究論著都對《考異》多有引述。

總之，《國語明道本考異》是清代《國語》校勘史乃至整個《國語》校勘史上第一部，也是迄今爲止唯一的一部考辨細密之作，其學術價值尚未全面發掘。

10. 李慈銘《國語》校勘

李慈銘（1830—1894）著述的相關情況，王重民《李越縵先生著述考》、盧敦基《李慈銘研究》、張桂麗《李慈銘年譜》有專門介紹，讀者可參。其一生行止，有張桂麗《李慈銘年譜》可參。李慈銘治經學重實證而不廢義理，治史成果零散，多爲批注，又長於人物研究。張桂麗謂："越縵治學，遵循乾嘉諸儒實事求是之原則，主張調和漢宋，以宋學補漢學，出入經史，創獲良多。然而其學博而無統，雜而寡要，在西學東漸之時，始終是保守態度，是清學之守衛者。"評價還是比較客觀的。

李慈銘藏書絕大多數入藏中國國家圖書館，由於其手校書有二百多種，故而整理其批校文字，成爲幾代學者工作的重點，先後有蔡冠洛、俞奇曾、王重民、許國霖、王利器、薛英等人進行彙録工作，有《越縵堂讀書記》《越縵堂讀書簡端記》《越縵堂讀書簡端記續編》《越縵堂讀書簡端記補》《越縵堂讀書簡端記三編》。2006 年，北京圖書館出版社又將所有材料彙編爲《越縵堂讀書簡端記全編》出版。常見者還是王利器纂輯的《越縵堂讀書簡端記》和《越縵堂讀書簡端記續編》。

李慈銘《國語》方面的研究，主要在《越縵堂讀書記》和《越縵堂讀書簡端記》中。《越縵堂讀書記》中有對《晉語四》"黄帝之子二十五人，其同姓者二人而已"、《魯語上》"幕能帥顓頊者也，有虞氏報焉"、《鄭語》"虞幕能聽協風以成樂物生者也"的考校。除此之外，還有對《國語》刊本的評價一條，如下：

　　過倉橋以三百錢買得孔傳鐸詩禮堂所刻韋注《國語》一部。傳鐸字振路，襲封衍聖公，㠊軒檢討之祖父也。《國語》經明代坊刻，譌脱甚多，此本雖無所校訂，較之後日吴中黄蕘圃所刻，相去懸殊，然誤字尚少，亦近刻之佳者。蓋孔氏自振路好爲古學，聚書甚多，至其子户部主事繼汾與其從子户部主事繼涵，皆研精著書，各有師法。至其孫檢討，遂爲漢學大家。繼涵號葒穀，所刻《微波榭叢書》，中有宋庠《國語補音》，蓋以補是刻之所未及者也。予家舊藏明刻《國語》，中有宋元憲《補音》，其誤至不可讀。微波榭所刻單行本，校勘甚精，予都中曾有之。同治丁卯二月初七日①

這一條是對孔傳鐸詩禮堂本《國語》的評價，兼及其他。㠊軒是孔廣森的號，又作巽軒，孔繼汾次子。孔繼汾爲孔傳鐸第四子，孔繼涵爲孔傳鉦之子，孔傳鉦爲孔傳鐸三弟。李慈銘此處主要交代孔氏自孔傳鐸始好爲古學，著述校刻，孔繼涵、孔繼汾在此基礎上精研學術，刊刻古書，遂成經學一脈。在這段話中，李慈銘提出《國語》經過明代坊刻之後，文字訛脱，可謂劣本，而孔傳鐸刊本應該是清代《國語》刻本中之

---

① 張桂麗《李慈銘年譜》失收此條，當補。

"佳者"，李氏此説比較客觀。但是李慈銘把孔傳鐸本拿來和黄丕烈重刊明道本比較，似乎未爲允妥，蓋二本非出一源，且黄刊明道本版本文獻價值確實比較高，但並不代表其存在的問題少，汪遠孫《考異》通過以許宗魯本、金李本對校黄刊明道本，數據表明，黄刊明道本的版本錯誤數量較大，遠遠高於許宗魯本和金李本。因此，李慈銘黄刊明道本《國語》佳善的説法，應該采前人成説，非別有創發。五年之後，經由李氏自己校勘明道本一遍之後，其觀點就發生了很大改變。除了論及孔氏詩禮堂《國語》外，還論及孔氏《微波榭叢書》本《補音》。孔氏《國語補音》的相關介紹已見前文，此處不贅。

同治丁卯（1867）十一月初十，汪遠孫的孫子汪子淵向李慈銘等售賣振綺堂刻書，李慈銘買下《國語校注本三種》等書①。李慈銘校《國語》始於壬申（1872）十一月初四，當日校完一卷，至初五夜校完前三卷，十一月初十日校完前九卷，十一月十七日校完前十六卷，十一月二十日校完二十一卷，壬申冬至日校完《校刊明道本韋氏解國語札記》，十月二十日同時校完《國語明道本考異》。李慈銘在《校刊明道本韋氏解國語札記》卷三校札之末跋云：

> 此三卷中，所據明道本最佳者，卷一之"昔我先王世后稷"句，多"王"字耳，然未可深信，予已於卷首論之矣。至卷一"夫榮公好專利"句，多一"夷"字，卷三"襄公曰驪"上多一"單"字，則其失亦不小矣。餘惟注文稍稍有增益處，然脱誤者亦甚多，乃知世所行宋元憲本，未可非也。近時寶貴宋槧，骨董家言耳。②

李氏這一段話，和俞志慧統計李氏校勘出明道本之失是匹配的。在清代學者一邊倒地盛贊明道本的大環境中，李氏不爲前輩學者所言迷惑，

---

① 張桂麗《李慈銘年譜》後附《越縵堂書目》中有"國語三君注輯存五册"，"國語三君注輯存"恐爲"國語校注本三種"之誤，因爲《國語校注本三種》一般裝幀分五册或六册，《國語發正》三册或四册，《考異》一册，《輯存》一册。《輯存》四卷而分五册，聞所未聞。

② 王利器：《越縵堂讀書簡端記》，天津：天津人民出版社1980年版，第77頁。

通過自己校勘得出接近事實本身的結論，這是難能可貴的。

其《國語》校勘成果由王利器先生纂輯入《越縵堂讀書簡端記》中。所用《國語》版本爲湖北崇文書局重雕黄刊明道本《國語》，參校多用公序本《國語》及《國語補音》參校並論定是非，其説多有可采，數量亦相當可觀，總有 216 條。關於李慈銘的《國語》校勘成績，俞志慧教授曾進行過檢點統計，謂：“比起公序本來，明道本衍 39 處，脱 58 處，倒 9 處，誤 110 處，凡 216 處（同條不重複計），而這 216 條，李慈銘大抵説得有理有據。”① 經過這樣一番檢視之後，俞志慧一改前人以黄刊明道本爲底本的習慣，改用金李本作底本進行校勘辨析，可謂卓識。此後筆者撰有《李慈銘〈讀國語簡端記〉補箋》一文發表，對《讀國語簡端記》24 條考校進行了辨析，發現李氏簡端記大致包括：解詁語義、辨明文字、指明名物形制、揭出公序本與明道本語序不同、指明公序本與明道本音讀不同、指明一本脱誤，前三類大體屬於訓詁學範圍，後三者則大體屬於校勘學範圍。就所涉及的 24 條而言，大多數襲自汪遠孫《國語明道本考異》而非李氏自得獨造。簡端箋識襲用前人而不注出的現象較爲常見，大約有兩個方面原因：其一，因爲讀書隨手做的筆記而非正式研究札記或專門著作，隨手迻録以備參考，故唯用前人之説而不注明出處②；其二，古人雖然有“不掠美”的美德，但是没有明確的著作權意識，故時有引用他人論點而不注出的習慣。李氏引用前人之説而不注出亦不外乎以上兩種原因。此外，李氏所批校的許多條目只是簡單箋識而未能深入探討，這大約和李氏讀書貪多務雜而不能深入有關。李氏於經、史、子、集四部書則幾乎無書不讀，劉體智（1879—1963）評之云：“蒓客記所讀之書全無宗旨，嫌其太雜。經史子集，無一不有，讀之未畢，隨手劄記，難免首尾不貫……同光以來，文人不篤志於學，咸

---

① 俞志慧：《國語韋昭注辨正》，北京：中華書局 2009 年版，前言第 8 頁。

② 又其“校刊明道本國語札記畢”跋尾云：“同治壬申冬至，日在壬寅，據士禮居原刻本校訖，其新刻誤者徑改之，本誤者乙其旁，而識其眉尚，多取王氏念孫父子、汪氏遠孫之説，間坿管見，黄氏《札記》已及者，或亦仍之，取便讀耳。越縵學人李慈銘記。”可見，李氏早有説明，只是引述時“取便讀”，非有意掠美前人。

以書籍作談柄，爲欺人之計，悉是類也。"① 後來有學者對李氏所讀之書進行過統計，包括經部 185 種，史部 213 種，子部 207 種，集部 287 種，總共 892 種。② 劉體智語雖過激，亦有其合理之處。

今檢《讀國語簡端記》校勘《國語》各卷條目，其中《周語》49 條，《魯語》39 條，《齊語》16 條，《晉語》138 條，《鄭語》25 條，《楚語》54 條，《吳語》41 條，《越語》30 條。另外，尚有讀《校刊明道本韋氏解國語札記》2 條，跋尾 7 條。檢其明確標出清人成果者，大致有汪遠孫 50 處，王念孫 19 處，王引之 17 處，陳樹華、項名達各 5 處，俞樾 3 處，劉台拱、《札記》各 2 處，胡克家、洪頤煊、全祖望、錢大昕、汪中、董增齡各 1 處，標注出處者幾占其校勘條目的一半。今録其數條並爲辨析，以明李氏校勘之大端。

　　　　"我先王不窋用失其官" 注：不窋，棄之子也
　　　　汪氏遠孫曰："不窋非棄之子，譙周（《史記索隱》）、孔穎達（《詩疏》）已規其謬。今更列四證以明之。《史記·劉敬傳》：'周之先自后稷，堯對之邰，積德絫善，十有餘世。公劉避桀，居豳。'《漢書》及《新序·善謀下篇》同。《世本·周紀》后稷至公劉僅四世。劉敬漢初人，其言十餘世必有所據。此一證也。《史記·匈奴傳》：'夏道衰，而公劉失其積官，變于西戎，邑于豳。其後三百有餘歲，戎狄攻大王亶父，亶父亡走岐下。其後百有餘歲，周西伯昌伐畎夷氏。'《漢書》同，亦以公劉當夏后之末，夏后氏繼世十七王四百三十二歲，斷不止后稷、不窋、鞠三世。此二證也。《列女傳·棄母姜嫄傳》：'其後世居稷，至周文、武而興爲天子。'其曰'世'，'世'斷非傳子而止。此三證也。《海內經》：'稷之孫曰叔均，始作牛耕。'《路史發揮》引《夏氏之書》云：'帝俊（即帝

① （清）劉體智著，劉篤齡點校：《異辭録》，北京：中華書局 1988 年版，第 153 頁。
② 王標：《作爲文化實踐的讀書——以李慈銘〈越縵堂日記〉爲中心》，《杭州師範學院學報》2007 年第 4 期，第 14—21 頁。

嚳）生稷，稷生台璽，台璽生叔均。'與《山海經》合。周家雖譜
牒散亡，台璽、叔均其軼，猶見於他説。此四證也。"慈銘案：《史
記》于"后稷卒，子不窋立"下云："不窋末年，夏后氏政衰，去
稷不務，不窋以失其官，而奔戎狄之間。"則子長固謂不窋已值夏
氏之衰，使爲棄子，豈有如此之壽？是《史》文"子不窋立"之
"子"字，明是後人傳寫者，因下文子鞠、子公劉等，俱有"子"
字而妄加之者，子長斷無不檢至此也。譙周引此文"世后稷"語以
正之，是矣；但各本俱作"昔我先世后稷"，此本多一"王"字，
諸家以爲奇獲者，以其可證后稷非止一世，語尤顯明耳。然觀韋氏
解"先王"二字于"我先王不窋"之下，而不解于此句之下，則此
句本無"王"字可知。蓋曰"昔我先王世后稷"者，"先"字當略
讀，謂昔我之先世爲后稷也。古人無以"先""世"連文者，未可
誤讀之，而遽以有"王"字者爲真古本矣。

[按] 前文在總結各家校勘時，已多引本條明之。而多家皆以有
"王"字爲是。李慈銘一反前人，以無"王"字不誤。檢《左傳·昭公
九年》孔穎達正義、《毛詩·豳譜》正義、《毛詩·緜》正義、宋段昌武
《毛詩集解》卷一五引正義、宋魏了翁《毛詩要義》卷八引正義、宋魏
了翁《毛詩要義》卷一六上"國語史記不窋遷豳而詩言公劉"條、宋嚴
粲《詩緝》卷一六、宋金履祥《通鑑前編》卷九、王欽若《册府元龜》
卷三二五、真德秀《文章正宗》卷四、元梁益《詩傳旁通》卷五以及元
以後典籍引皆與公序本同。又《史記·周本紀》首出"王"字，《左
傳·成十六年》孔疏、宋吕祖謙《吕氏家塾讀詩記》卷一六引孔氏曰、
宋魏了翁《春秋左傳要義》卷二九、馬端臨《文獻通考》卷二六四、明
黄淮《歷代名臣奏議》卷二二六引《國語》亦俱有"王"字。同爲孔疏
《左傳》，一引有"王"字，一引則無"王"字。同爲魏了翁一人之著
作，一本有之，一本無之。各書所引，有無"王"字亦紛錯雜出。而明
道本出，清人咸以有"王"字者是，正李氏所謂"諸家以爲奇獲者，以
其可證后稷非止一世，語尤顯明耳"。

何辭之有與

何辭之有與，宋公序本作"何辭之與有"，是也。

[按]"與"即"歟"，句末疑問句語氣詞。公序本之"與"，句中語氣助詞，二者皆通。張以仁《國語虛詞集釋》雖然以爲《國語》中甚少見"與"字作句末語氣詞之例，但仍以公序本爲是。

"故名之曰黄鍾"注：法云九寸之一

項氏名達曰："'九寸之一'句誤，應云：'黄鍾九分之六。'"

[按]此處所引並下文三處引項名達（1791—1823）語係轉引自汪遠孫《國語發正》。項名達爲汪遠孫同年，杭州人，《清史稿·列傳二百九十四·疇人二》有傳，謂："項名達，字梅侶，仁和人。嘉慶二十一舉人，考授國子監學正。道光六年，成進士。改官知縣，不就，退而專攻算學。三十年，卒於家，年六十有二。著述甚富，今傳世者，但有《下學庵勾股六術》及《圖解》，復附勾股形邊角相求法三十二題，合爲一卷。以勾股和較相求諸題術稍繁難，爰取舊術稍爲變通。"汪遠孫《國語發正》引項氏計40條，多及音律、算法之類。

稰魚鼈以爲夏犒

案："稰"當爲"篅"，見《説文》。

案："犒"當作"槁"，公序本不誤，犒師之犒，本亦作槁，此又誤從之耳。

[按]陳瑑《翼解》云："'犒'當爲'槁'。其作'犒'者，錢詹事謂軍師共槁牛，以師枯槁，作饋之餉，本从木，後人因'犒牛'字，妄改爲牛旁。"① 或李氏所本。"稰"字亦不誤，詳見拙稿《〈類篇〉引

---

① （清）陳瑑：《國語翼解》卷三，清光緒廣雅書局刊本，本卷第11頁。

〈國語〉例辨正》及《〈舊音〉〈補音〉所據〈國語〉考實》。① 又惠士奇《禮説》卷一云："籍、蔟、捈、擭，文雖異，而音義皆同也。"② 惠棟《左傳補注》卷二云："《外傳》云：'以膏沐犒師。'服虔曰：'以師枯犒，故饋之飲食。'高誘《淮南子》注曰：'酒肉曰餉，牛羊曰犒，芬其指犒也。'謹案：《禮記》言'犒'，非古字。古文作'稾'，或作'槁'，張揖撰《廣雅》始从牛旁……《説文》無'犒'字，《周禮·小行人》云：'若國師役，則令槁檜之。'注云：'故書槁爲稾。'鄭司農曰：'稾當爲槁，謂犒師也。'先鄭不言字誤，明古犒字本作稾，或作槁，與服子慎枯犒之説合。張有《復古編》云：'鎬，餉也，从金、高，別作犒，非。'《五經文字》注：'勞師，借槁字爲之。'案《説文》：'鎬，溫器也。'以'鎬'爲'犒勞'字，無據。"③ 張以仁云："《廣博物志》四九亦引作'槁'。《説文》無'犒'字。段玉裁《説文注》云：'計《左》《國》皆本作稾，今本作犒者，亦漢人所改。''稾'即'槁'字。《説文》：'稾，木枯也。'引申凡乾之義。"④ 於義皆通，未可遽爲是非。

負任擔荷

"擔荷"，公序本作"擔何"，是也。"擔"俗字，"荷"借字。

［按］《補音》作"儋何"，汪遠孫《考異》云："公序本作'儋何'，《舊音》同。案'擔荷'字皆俗。"⑤《説文·人部》："何，儋也。從人可聲。"徐鉉曰："儋何即負何也，借爲'誰何'之'何'。今俗別作'擔荷'，非是。"⑥《管子·小匡篇》即爲"擔荷"，《一切經音義》卷九八"荷蓧"注引顧野王曰："荷爲負任擔荷也。"又《一切經音義》

① 拙稿《〈類篇〉引〈國語〉例辨正》，《古籍整理研究學刊》2009 年第 6 期。拙稿《〈舊音〉〈補音〉所據〈國語〉考實》，《東亞文獻研究》第 11 輯（2012 年）。

② （清）惠士奇：《禮説》，《景印文淵閣四庫全書》第 101 册，第 407 頁下。

③ （清）惠棟：《左傳補注》，《皇清經解》本，本卷第 3—4 頁。

④ 張以仁：《國語斠證》，臺北：臺灣商務印書館 1969 年版，第 144 頁。

⑤ （清）汪遠孫：《國語明道本考異》，北京：商務印書館《國學基本叢書》本，第 294 頁。

⑥ （漢）許慎撰，（宋）徐鉉新附：《説文解字》，北京：中華書局 1963 年影印本，第 163 頁下。

卷一二"荷擔"注云:"《説文》並從人作'何儋',都甘反。《玉篇》
云:'負任儋何也。'今經文'荷'字從'草','擔'從'手',俗用,
非本字也。"① 明黄學海《筠齋漫録》卷三引《管子》字亦作"儋何"。
王念孫《讀書雜志》第十二《荀子第八》"任負車"條云:"'百仞之
山,任負車登焉'楊注曰:'負,重也。任負車,任重之車也。'念孫
案:古無訓'負'爲'重'者,余謂'負'亦'任'也。《魯語》注
曰:'任,負荷也。'《楚辭·九章》注曰:'任,負也。'連言'任負'
者,古人自有復語耳。倒言之則曰'負任',《齊語》'負任擔荷'是
也。"② 若以王念孫"復語"視"擔荷",恐亦近焉。

　　公命殺杜原款

　　　"欵"當作"款",左邊構件本從出、從示,隸省作"款",今
　　多作"欵",此作"欵",則宋時俗誤字耳。

　　[按]《國語》正文"款"字4見,皆在《晉語二》。檢明道本之黄
刊明道本、崇文本、博古齋本、蜚英館本、錦章書局本等,又注2見,
合共6見,其中5見作"欵",正文"杜原欵將死"字作"欵","此作
'欵'"者或即言此字,然是從'上',非從'匕'。'上'恐'止'字脱
去一豎而成。《五經文字·欠部》云:"欵款,上《説文》,下經典相承。
隸省作'欵',非。"③《干禄字書·上聲》云:"欵款,上俗下正。"④ 敦
煌寫卷中字作"欵"或"款"。是由"欵"字之"示"易爲同音字
"矢",而復譌作"天""夫"等形。左上即隸省作"士","士""土"
形近易混,又或省譌作"上","上""匕"形近,"止""上"形近,故
得混用而有此異形。則其混誤已久,非宋時始如此。又明道本中無作

　　① (唐)慧琳:《一切經音義》,上海:上海古籍出版社輯印《續修四庫全書》第197册,第
956頁下;第196册,第424頁。
　　② (清)王念孫:《讀書雜志》第十二,北京:北京市中國書店1985年版,本卷第27頁。
　　③ (唐)張參:《五經文字》,臺北:臺灣商務印書館《景印文淵閣四庫全書》第224册,第
285頁。
　　④ 施安昌編:《顔真卿書干禄字書》,北京:紫禁城出版社1990年版,第39頁。

“欵”形者，或誤識。

又注蔬草菜之屬可食者

“萆”字誤，公序本作“草”，又無“屬”字。

　　［按］汪遠孫《考異》云：“‘萆’字誤，公序本作‘草’，無‘屬’字。”① 則李氏之説本汪氏。陳瑑《翼解》卷五云：“《説文》：‘蔬，菜也。’《爾雅》郭注：‘凡草菜可食者通名爲蔬。’《解》‘萆菜’之‘萆’蓋‘草’之誤。（‘萆薢’，藥名，又有‘萆荔’，皆不可食。）”② 所謂“説文”者，實徐鉉《説文新附》。《一切經音義》卷一七“蔬食”注引《字林》“蔬菜也”。則公序本注可斷作：“蔬，草，菜之可食者。”

物一無文

陳氏樹華曰：“‘物一無文’，‘物’當作‘色’。”

　　［按］汪遠孫引陳樹華《考正》云：“‘物’當作‘色’。”③ 李氏引陳樹華説或本汪氏。“物”即“色”，《楚語下》“毛以示物”韋注云：“物，色也。”《周禮·春官·雞人》“辨其物”鄭玄注云：“物，毛色也。”④ 朱駿聲云：“《穆天子傳》‘收皮效物’注：‘謂毛色也。’《周禮·雞人》‘辨其物’注：‘毛色也。’《保章氏》‘以五雲之物’注：‘色也。’《左·隱五傳》‘取材以彰物采謂之物’，疑‘物’字本訓‘牛色’，轉注爲凡色，凡有形者皆有色，又轉注爲形質，爲事類也。”⑤ 孫詒讓《周禮正義》云：“凡物各有形色，故天之雲色、地之土色、牲之

　　① （清）汪遠孫：《國語明道本考異》，北京：商務印書館《國學基本叢書》本，第 326 頁。
　　② （清）陳瑑：《國語翼解》卷五，清光緒廣雅書局刊本，本卷第 14—15 頁。
　　③ （清）汪遠孫：《國語明道本考異》，北京：商務印書館《國學基本叢書》本，第 327 頁。
　　④ （清）阮元校刻：《十三經注疏》，北京：中華書局 1980 年影印本，第 773 頁上。
　　⑤ （清）朱駿聲：《説文通訓定聲》，武漢市古籍書店 1983 年影臨嘯閣本，第 624 頁。

毛色通謂之物。"① 皆 "物" 可訓爲 "色" 之證。

檢尋《越縵堂讀書簡端記·國語》部分，我們看到，李慈銘在比勘明道本和公序本的過程中，有意抬高公序本的版本價值，所校 216 條中，"公序本作××，是也""此誤""此脱"的表述出現概率很高。或感於有清一代學者往往於明道本不吝贊美之辭，而於公序本則頗多批評，故發爲校勘，補偏救弊，以正本清源。這和清人修纂《四庫全書》時，一以明道本爲標準肆意改動公序本文字形成鮮明對比。

11. 錢保塘《國語補音》校勘

錢保塘（1833—1897），字鐵江，號蘭伯，浙江海寧人，咸豐九年（1859）舉人。同治戊辰（1868）以教習得知縣籤，四川大府重其名，聘主尊經書院。光緒後歷任清遠、定遠、大足等縣。著有《帝王世紀續補》一卷、《考異》一卷，《春秋疑年錄》一卷，《重校物理論》一卷，《夏氏考古錄》四卷，《辨名小記》一卷，《光緒輿地韻編》一卷，《清風室文集》十二卷，《詩集》五卷，《國語補音札記》一卷。王善生《什邡縣知縣錢保塘傳》，記載錢保塘事跡較詳，可參。②

光緒二年（1876），成都尊經書院翻刻崇文書局本《國語》。是年，吳氏望三益齋並刻《經典釋文》《國語補音》，錢保塘《札記》即附《國語補音》之後，共 65 條，包括《敘錄》2 條、《周語上》9 條、《周語中》8 條、《周語下》11 條、《魯語上》4 條、《魯語下》7 條、《齊語》3 條、《晉語一》4 條、《晉語二》2 條、《晉語三》1 條、《晉語四》5 條、《晉語六》1 條、《晉語七》1 條、《晉語八》1 條、《鄭語》2 條、《楚語上》4 條、《楚語下》1 條。尊經書院本《補音》以微波榭叢書本爲底本，錢保塘以明修舊刻本校字，觀其《札記》，主要包括辨別異文譌字、辨明引書、辨別音讀等幾方面內容，對於進一步整理和研究《國語補音》具有學術意義。

---

① （清）孫詒讓撰，王文錦、陳玉霞點校：《周禮正義》，北京：中華書局 1987 年版，第 2124 頁。

② 王善生《什邡縣知縣錢保塘傳》，見中國人民政治協商會議四川省什邡縣委員會文史資料組編印《什邡文史選輯》第 2 輯，第 38—40 頁。

要之，清代的《國語》校勘約略可以分爲兩個時期，前期以校宋爲主，即恢復明道本的本來面目。由於各家所據抄本不同，抄本又疊經傳鈔，與原鈔、原刊本就會有更多文字差異，故各家校宋本不完全相同，校宋本和原抄本恐亦有別，校宋本和黃刊明道本也不一樣。章鈺曾詳校陸貽典校宋本和黃刊明道本，所得異文數量不少，足以説明問題。雖然清初有王懋竑從事《國語》校勘，但王氏是校理群書，《國語》勘校只是其群書校理中的一方面工作，且據劣本校勘，不能看作比較完善的《國語》校勘工作。清代中後期，校宋的工作仍有學者繼續在做，《國語》的勘校也有專門學者從事，如惠棟、盧文弨、顧廣圻、黃丕烈、汪遠孫等等。這些校勘成果保留了大量的異文材料，爲後世判別版本價值、深入《國語》研究提供了依據；同時，這些校勘在版本釐定、異文取捨、語義研討、韋注辨正等方面也都有創見，爲深化《國語》研究做出了貢獻。此外，學者校勘《國語》除了依據《國語》版本、理校之外，還大量地使用了他書異文、他書引文異文。有的學者在使用他書異文校改釐定《國語》的時候過於依賴他書異文，勇於改易《國語》本書文字，不够慎重。牟庭在這一方面表現最爲突出。這種方法和方式，值得引起反思。《國語補音》由於附於《國語》之後，陳樹華、錢保塘等也進行了專門校勘，二氏校勘條目都不多，前者比較綜合，後者則比較專門，既爲後世《國語補音》校勘提供了證據和材料，同時也爲後世《國語補音》的深入整理與研究預留了很大的空間。整體而言，清代《國語》校勘，是整個《國語》研究史上校勘的高峰。

五、清代《國語》訓詁考校

清代《國語》研究是整個《國語》研究史上最爲輝煌的時期，出現了諸多的《國語》研究著作，且多以傳注的形態存現。從具體形式上看，仍然包括專門著作和札記兩類。前者包括董增齡《國語正義》、黃模《國語補韋》、牟庭《國語校注》、龔麗正《國語韋昭注疏》①、譚澐《國語釋地》、汪遠孫《國語發正》、陳瑑《國語翼解》、吳曾祺《國語韋解補正》等，後者則包括朱亦棟《群書札記》、王引之《經義述聞》、許灝《通介堂經説》、陳偉《愚慮録》、俞樾《群經平議》等。有些學術札記《國語》條目較多，單獨分卷，如王引之《經義述聞》、俞樾《群經平議》、于鬯《香草校書》等，有的學術札記考辨《國語》條目較少。注釋考校内容涉及《國語》的普通詞語以及天文、曆法、禮儀制度、地理等各個方面的專門用語，並涉及對韋注的補正商榷。

董增齡《國語正義》、吳曾祺《國語韋解補正》是清代《國語》爲數不多的兩部全録《國語》本文與韋昭注的《國語》研究專著。董增齡《國語正義》採用張一鯤本的重刻本爲底本，參照明道本，並臆改《國語》本文與韋注。今檢董增齡《國語正義》刊本 1425 條，其中絶大多數是疏證韋注的，也有韋不出注而董增齡補出的。就内容上而言，在典章制度、歷史地理方面用功較多，在訓詁上用力較少。其所訓詁，基本上引徵他書以輔成或反對韋注，缺乏比較精純的小學功夫。且其對韋注訓詁提出商榷者，亦多可商。吳曾祺《國語韋解補正》採用黄刊明道本爲底本，考校條目共 1042 條，考校過程中參考了衆多的清人成果，董增齡的《國語正義》也在其參考之列，所辨有益於《國語》研究者不少。從注解的基本存在形態而言，可以分爲刊本、寫本和批校三種形式。從著述類型上，可分爲專著、札記二種；專著又根據具體内容不同，可分

---

① 李元度《國朝先正事略》卷三五云："段先生玉裁……其女夫曰龔麗正，字闇齋，仁和人。嘉慶丙辰進士，官郎中，以戀堂爲師，能傳其學，著有《國語韋昭注疏》。"又清潘衍桐《兩浙輶軒續録》卷一八"龔麗正"注下亦云龔氏"箸有《國語韋昭注疏》"。孫詒讓《〈國語〉"九畡"義》謂："近代治《國語》者如龔氏麗正、董氏增齡、汪氏遠孫咸未能疏證其義。"(雪克點校《籀廎述林》，北京：中華書局 2010 年版，第 91 頁) 審其言，似見過龔著。又黄侃先生謂："龔麗正《國語韋昭注疏》有刊本。"(黄延祖重輯：《黄侃日記》，北京：中華書局 2006 年版，第 684 頁) 但各種館藏皆未見，亦未見清以來學者有著録者，該書當已亡佚。今檢《李鴻章張佩綸往來信札》中有李鴻章於光緒十二年 (1886) 十二月初四日寄張佩綸信函中有"《國語注疏》令述兒檢寄"一語(《李鴻章張佩綸往來信札》，上海：上海人民出版社 2018 年版，第 557 頁)，所云《國語注疏》未知是龔麗正之本，還是董增齡《國語正義》，存此備考。另，舊傳洪亮吉有《國語韋昭注疏》十六卷，各種書籍也多録其名，其實爲誤傳，拙稿《洪亮吉未作〈國語韋昭注疏〉辨》(《文獻》2010 年第 1 期) 已辨其非，可參。

爲綜合性著述和專題性著述。下面，按照時代先後，臚列各家，並略爲
研討，以見其前後演化之跡。

（一）沈寶研《國語》訓詁考校

沈寶研，一作寶硯，名岩，字穎谷，"在康雍間校書頗有名者"①，
爲何焯弟子。其藏書印有"寶研""穎谷""岩"，題署則有"寶研老
人""寶研"等。全祖望集中有二詩，題爲《沈寶研以其子不肯習舉爲
虞詩以解之》和《周忠介公墨城詩爲沈寶研作》，又有《宋樞密蔣文穆
公端研記》一文，其中云："吾友中，吳寶研居士沈君李巖，其人雅有
研癖，所酷嗜者尤在古研，其藏弆最富，惜不得與共賞之，乃以是記郵
寄之。"説明沈寶研和全祖望是有交往的。

清及近代著録資料中，沈寶研校跋本數量比較可觀。今檢中國國家
圖書館藏有沈寶研校本《國語》，爲金李刻本。沈寶研除了把金李刻本
校改成明道本之外，還有校語若干條，大體內容包括：1. 考辨《國語》
文字當存與否；2. 以他書異文校《國語》或韋注；3. 訓詁語義，或以
他書故訓釋正文，或直釋語義；4. 考辨宋本文字異同；5. 揭明章節起
訖；6. 辨明句讀；7. 揭示音注。沈氏校本以校勘爲主，申明語義條目
較少，但也頗有可采。如：

> 其適來班貢
> 按《正韻》，適然猶偶然也。《韻會》：適來，猶爾來也。

［按］《周語中》"其適來班貢"韋昭注釋"適"爲"往"，日本江
戶時期學者太宰純曾對韋注提出質疑，認爲"適"當訓作"祇"。日本
學者關脩齡認爲當釋作"偶"，恐亦本《洪武正韻》。關脩齡之後的日本
學者大多數接受"適"釋作"偶"的看法，秦鼎還特別提出此處"適

---

① 羅振常撰，汪柏江、方俞明整理，吳格審定：《善本書所見錄》，上海：上海古籍出版社
2014 年版，第 29 頁。

來"和下文"以時相見"相對。中國本土學者除了沈寶研外，似無專門研討《國語》此處"適"字者。故沈寶研指出"適來"之"適"爲偶然之義，尤爲難得。

　　　且夫戰也微謀
　　　微謀，言我不惟有謀也。

　　[按] 韋昭釋"微"爲"無"，是意識到"微"的否定性語義效果。沈氏以"我不惟有"釋之，是以"微"爲非全然性否定詞。今檢公鼐《國語髓析》以及鍾惺、陶望齡等人皆主此說，清初王懋竑也主此說。日本學者千葉玄之、關脩齡、恩田仲任皆引鍾惺、陶望齡之說。

　　　使至於争明以妨王官
　　　葛氏云：明者，顯示災異，欲王知微也。

　　[按] 穆文熙《國語鈔評》即云："明即異也，顯示災異，欲王知微耳。"沈寶研引葛氏之說與穆文熙基本相同。所謂葛氏，或即葛氏永懷堂刻本《國語》。

　　　元閒大吕，助宣物也
　　　《漢書·律曆志》：吕，旅也。言陰大旅，助黄鍾宣氣而牙物也。

　　[按] 此處直接引《漢書·律曆志》之言以釋"吕"字之義。

　　　五家爲軌，故五人爲伍，軌長帥之
　　　所謂節制之師，與周合法。

　　[按] "節制之師"爲典故，出《荀子·議兵》，謂："秦之鋭士，不可以當桓文之節制；桓文之節制，不可以敵湯武之仁義。"謂軍紀嚴

整。沈寶研認爲管仲之法是桓公軍隊軍法嚴整的保障。

君何以訓矣

君何以訓矣，君指武公。且君知成之從也，君似指哀侯，言侯但知我之將從戰以死，不知其不死而待命於曲沃也。

［按］韋昭注云："君，武公也。言君知成將死其君，爲從臣道也，故使止臣，未知成不死而待君於曲沃之爲二也。"清人中對這一條提出討論的較多。如汪中《經義知新記》云："'且君知臣之從也'二句。君，哀侯也。言哀侯知共子之從己而拒武公，不知其事武公于曲沃，時哀侯已死故也。《內傳》：子家對叔孫婼曰：'羈也，君知其出也，而未知其入也。'語正同。注非。"① 王引之《經義述聞》卷二一云："上二'君'字皆指哀侯，下一'君'字乃指武公。待，止也。《爾雅》：'止，待也。'《廣雅》：'止、待，逗也。'《論語·微子篇》'齊景公待孔子'，《史記·孔子世家》作'止孔子'。《魯語》'其誰云待之'，《說苑·正諫篇》作'其誰能止之'。是'待'與'止'同義。言哀侯未死時，但知其從哀侯，而未知其止於曲沃爲武公臣也。既從哀侯，又貳於武公，故曰從君而貳也。定元年《左傳》子家羈曰：'若羈也，則君知其出也，而未知其入也。'語意正與此同。皆謂無以對死君耳。韋氏不得其解，乃曰：'君，武公也。言君知成將死其君，爲從臣道也，故使止臣，未知成不死而待君於曲沃之爲貳也。'迂回而難通矣。"② 楊樹達認爲韋解"糾結不可通。蓋此文'君'字不全指武公。'君何以訓矣'之君，謂武公也，'君知成之從'之君，謂哀侯也。'君焉用之'之君，又謂武公也。韋注不知，故誤釋耳"。③ 從學術溯源的角度而言，沈寶研是較早提出這一看法的。

———————————

① （清）汪中：《經義知新記》，北京：中華書局1985年版，第28頁。
② （清）王引之：《經義述聞》，上海：上海古籍出版社2016年版，第1215—1216頁。
③ 楊樹達編著：《漢文文言修辭學》，北京：科學出版社1954年版，第93—94頁。

齊侯好示，務施與力

力，威力，謂北伐山戎、南伐楚也。

[按] 韋昭釋 "力" 爲 "功"。《周禮·夏官·司馬·司勳》云："治功曰力。" 韋昭注與沈寶研説並不矛盾。董立章認爲此處之 "力" 與 "功" 通①，恐未當。當然，沈寶研釋作 "威力"，似更能與語境相貼合。

吾誰使先

吾誰使先，言當使誰先往之二公子所擇而立之。

[按] 沈氏此處所釋未允，存在兩方面問題：其一，未意識到 "吾誰使先" 是疑問句中代詞賓語前置；其二，未意識到 "若夫" 之 "若" 作動詞。以至於下文懷疑 "若夫" 之 "夫" 是 "釋" 字之誤。故而沈氏所釋較韋注更退一步。

歲之二七，其靡有微兮

靡有微者，謂子圍亦亡也。注有誤。

[按] 韋昭不釋 "微" 字，釋句云："無有微者亦亡，謂子圍。" 可見，沈説仍本韋注。段玉裁謂："古亦假 '微' 爲 '尾'。"② 黃丕烈《札記》認爲韋注 "是讀 '微' 爲 '尾' 而解之也。'微''尾' 古同字"③。説雖云據韋注，實與段玉裁之説相承。章太炎認爲："微、無雙聲……《晉語》'其靡有微兮'，通以今語，猶曰没有什麼。"④ 石雲孫亦云："微，猶尾，義爲小。"⑤ 可爲證。

① 董立章：《國語譯注辨析》，廣州：暨南大學出版社 1993 年版，第 367 頁。
② （清）段玉裁撰，許惟賢整理：《説文解字注》，南京：鳳凰出版社 2015 年版，第 705 頁。
③ （清）黃丕烈：《校刊明道本韋氏解國語札記》，北京：商務印書館 1959 年《國學基本叢書》本《國語》，第 253 頁。
④ 章太炎：《新方言》，《章太炎全集》，上海：上海人民出版社 2014 年版，第 14 頁。
⑤ 石雲孫：《釋 "小"》，合肥：黃山書社 2011 年版，第 52 頁。

姬、酉、祁、己、滕、葴、任、茍、僖、姞

按，《路史·國名紀》“祈”作“祈”，“茍”作“苟”。祁，少昊後。祈，黃帝後。戰國有苟變，子思薦之，胥臣曰：姬、紀、祈、酉、滕、葴、任、苟、釐、佶、儇、依、姜，皆以國而爲氏。紀音劇。

［按］此釋國族名。

季子曰：誰之不如

誰之不如，言誰不如女也。輕率之辭。

［按］韋昭謂：“言汝不如誰，可以求其次。不欲其高遠。”按照韋昭的理解，“誰之不如”當爲賓語前置句，而沈寶研直接解釋爲一般句式。按照沈寶研的理解，此句的意思是：“你不如誰呢，可以求取你想要的。”何明新即從韋注的解釋，進而認爲：“溫季子‘誰之不如，可以求之’的話，雖含勸戒，却少點肯定優點的熱情。”[1] 董立章的翻譯和沈寶研理解相近，謂：“你的才幹不比任何人差，可去求得官職。”[2] 蕭旭則認爲：“誰猶我也。”以“誰之不如，可以求之”義爲：“言汝今不如我，可以求而至如我也。”[3]《國語》下文張老云：“若夫三郤，亡人之言也，何稱述焉。”另外，從《國語》全書看，郤至是一個自大的人，可以體現在《周語中》佻天之功、《周語下》“其語伐”。《晉語六》三郤，在《周語下》首章中都有體現，郤錡“語犯”，郤犨“語迂”，郤至“語伐”，此外單襄公專門講了這幾種語言的顯性表現“犯則陵人，迂則誣人，伐則掩人”。郤錡言于趙文子云：“美哉！然而壯不若老者多矣。”體現其“語犯”的個性。郤犨言于趙文子云：“抑年少而執官者眾，吾安容子。”恐怕體現其“語迂”的個性。而郤至之言，固當體現其“語伐”的個性。于鬯以“誰”爲溫季子

---

①　何明新：《先秦散文概論》，重慶：西南師範大學出版社1995年版，第72頁。
②　董立章：《國語譯註辨析》，廣州：暨南大學出版社1993年版，第484頁。
③　蕭旭：《古書虛詞旁釋》，揚州：廣陵書社2007年版，第382頁。

自指，恐怕就是從這個角度立意的。

    盍密和

    盍密和，密，相親也。言與鯀大夫相親，則和好之所全者大而
爭田之小忿可平也。

[按] 韋昭僅解釋"和"字。沈寶研此處補充注釋。

    戎狄必昌，不可偪也。昌，盛也。偪，迫也。
    近。

[按] 韋昭釋"偪"爲迫，沈寶研直釋爲"近"。

    鄭後司農云：十萬曰億，十億曰兆
    按《風俗通》：十兆曰京，十京曰垓。"京"與"經"通，
"垓"與"姟"通。

[按] 此釋數字用字問題。
另外，批校本卷十六末頁空白處有題識解釋"鄢""蔽""補""丹
舟"等，如下：

    鄢，《史記·鄭世家》注：正義曰：鄢音烏古反。今新鄭縣南
鄢頭有村多萬家，舊作"鄢"，音偃。《路史·國名紀》：鄢，妘姓。
春秋二鄢，一在晉，一鄭地。《隱十一年》："王取鄢。"今在懷。杜
云："緱氏西南有鄢聚。"
    蔽，《路史·國名紀》史伯云：鄢蔽。一作"弊"。
    補，《路史·國名紀》炎帝伐補遂，史伯云：鄢蔽補丹是也。
    丹舟，《史記》注引《路史》作丹，據宋本作"舟"。按《國
名紀》，丹，丹朱之國，有丹山，丹水出焉。又鄧之西鄉亦有丹水。

舟人秃姓，楚地昔常壽過克息舟城而居之者。

依，《路史·國名紀》黄帝之宗。史伯説十邑，有依、疇、歷、華，皆鄶邑，後屬鄭。韋昭云國。

㶏㶏，《路史·國名紀》作疇，《風俗通》云：古之諸侯有摯疇氏。《國語》韋昭注：摯疇，二國，任姓。

歷，《史記·鄭世家》屬公出居邊邑櫟，《索隱》曰：櫟音歷，即鄭初得十邑之"歷"也。

華，《史記·鄭世家》注：虞翻曰：十邑，謂虢、鄶、鄢、蔽、補、丹、依、㶏、歷、華也。《路史·國名紀》鄭十邑有華。又云：華，商世侯伯之國，國莘。

從以上諸條來看，沈寶研的《國語》研究主要體現在詮釋地名、分析語境、解釋普通詞語、解釋典制等方面。雖然一直湮没無聞，但對考校《國語》是有積極意義的。

（二）惠棟《國語》訓詁考校

惠棟（1691—1758）學本顧炎武，以昌明漢學爲任，著述豐美。[①]李開《惠棟評傳》共十一章，除第一章介紹惠棟成長的人文學術環境和時代主潮之外，其他幾章都是對惠棟學術領域的介紹，分別爲考論僞古文《尚書》和鄭玄述逸篇、惠棟的《詩經》研究和詩文評、惠棟的《三禮》學研究、惠棟的《春秋》學研究、惠棟《易漢學》要論、惠棟《周易述》系列著作考論、惠棟的《論語》研究和世界觀特點、惠棟的史學、惠棟的語言文字學。可見惠棟研究領域之廣泛。故李開謂惠棟"是清代著名經學家、哲學家、語言文字學家，吳派經學的創始人和領袖人物"[②]，《清史稿·儒林傳》謂："清二百餘年談漢儒之學者，必以東吳惠

---

① 民國《吳縣志·藝文考四·元和縣》，《中國地方志集成·江蘇府縣志輯11》，南京：江蘇古籍出版社1991年版，第954頁。另外，漆永祥撰有《東吳三惠著述考》（《國學研究》第十四卷，第363—427頁），於惠棟祖孫三代著述考之頗詳，可參。

② 李開：《惠棟評傳》，南京：南京大學出版社2011年版，第3頁。

氏爲首."清代學者對惠棟有很高的評價,如清人黄廷桂謂惠棟"博通經史,學有淵源"①,錢大昕謂:"惠氏世守古學,而先生所得尤深。擬諸漢儒,當在何邵公、服子慎之間,馬融、趙岐輩不能及也。"② 關於惠棟研究之大致,錢慧真《惠棟研究述評》有較詳盡梳理,可參③。

惠氏家富藏書。惠棟的祖父惠周惕"奮志讀書,晨夕不輟,遂博通六藝,《九經》經文、《國語》、《戰國策》、《楚辭》、《史記》、《漢書》、《三國志》,皆能闇誦"④。在這種家庭氛圍影響下,惠棟"雅愛典籍,得一善本,傾囊弗惜,或借手鈔,校勘精審,於古書之真僞,瞭然若辨黑白"⑤,今傳世有惠氏批校本多種,韋力《批校本》下編《著名批校家及其批校本》"惠棟"一章中著録惠棟批校本十種,但並無《國語》。惠棟《國語》批校本藏於中國國家圖書館,所用爲劉懷恕刻本。國家圖書館藏惠棟校本卷一首頁右上角有"二月廿七"墨筆題識四字。惠棟校本有五,一爲惠棟校本真跡,一爲朱邦衡臨校本,一爲黄丕烈臨校本,一爲顧廣圻臨校本,此外還有韋力所收殘本。⑥ 惠棟校訂《國語》之事,惠氏自己並無明文記載,其《國語》校跋題識也僅見於批校本《國語》上,其後的乾嘉諸儒多次引述。《士禮居藏書題跋記·國語二十一卷校宋本》載有惠棟校勘《國語》的基本經歷,已見前文,兹不贅述。

又韋力藏本上有"癸酉十二月朔日閱畢,松崖"墨筆題識,則惠棟的《國語》校讀活動有確切紀年的時間,從乾隆丁卯(1747)開始,至癸酉(1753)十二月,有六年之久。乾隆丁卯,惠棟用影宋本進行校對,結果發現影宋本頗多俗字,不如新本(即元明以來公序本)用字古。這在《國語》版本史上是一次重要發現,將明道本和公序本用字主

① (清)江藩:《漢學師承記·宋學師承記》,上海書店1983年版,第22頁。

② (清)錢大昕:《惠先生棟傳》,見載於錢大昕撰、陳文和主編:《嘉定錢大昕全集》(增訂本)第九册,南京:鳳凰出版社2016年版,第626頁。

③ 錢慧真:《惠棟研究述評》,《殷都學刊》2009年第4期,第59—65頁。

④ (清)錢大昕:《惠先生士奇傳》,見載於錢大昕撰、陳文和主編:《嘉定錢大昕全集》(增訂本)第九册,南京:鳳凰出版社2016年版,第611頁。

⑤ (清)江藩:《漢學師承記·宋學師承記》,上海:上海書店出版社1983年版,第22頁。

⑥ 詳細可參拙撰《〈國語〉歷代序跋題識輯證》,第254—271頁。拙稿《〈國語〉明道本的流傳、鈔校與刊刻》,《華夏文化論壇》第十七輯(2017),第83—97頁。

要特徵揭示出來。此後三百年間很少有以如此簡潔之語將明道本、公序本文字特徵揭示如此明晰者，至 2009 年始有俞志慧《〈國語〉韋昭注辨正》再次揭示出公序本、明道本的這一版本特徵，俞氏所概括公序本與明道本七種區別中，前四條都屬於文字差異，如下：

一、公序本多存古字、生詞，明道本多該從熟字、常用詞；
二、公序本多存借字，明道本多改從本字；
三、公序本多存初文，明道本多改從後起字；
四、公序本多用正字，明道本多改用俗字。①

雖然有些具體術語可商，但細緻周詳地揭示出《國語》兩種版本的文字區別特徵，實在是難能可貴的。而追溯其說之源頭，惠棟實首倡之。

惠棟所謂“影宋本”，實後來《國語》版本學上之“校宋本”，非原抄本，亦非原鈔本之傳錄本。至丁卯十月，纔用錢鈔本校勘一過。從這兒也可以輔證其所用“影宋本”非抄本，實校宋本。至壬申（1752）八月所記，主要表述其校本中兩種顏色字跡之所本。墨筆校改，只云得之友人，具體誰氏，並未明說。希望將來通過惠氏著述的進一步挖掘，可以解決此類問題。惠氏對於朱筆校改交代得比較清楚，謂得之沈寶研。據沈寶研謂爲陸敕先校本，並說明沈寶研得陸敕先真本而秘不示人，給惠棟參照的只是沈寶研的臨校本。

惠棟借用沈寶研轉錄陸敕先校本進行對校。從惠棟題記來看，乾隆壬申是他校勘《國語》最爲頻繁的一年。“宋公序本改從古字，頗失舊觀，當略從十之四五，餘當仍明道本刻刊也”是惠棟對公序本和明道本二本優劣的斷定。惠棟在乾隆丁卯的時候已經注意到明道本“頗多俗字”，又認爲公序本“改從古字，頗失舊觀”。由於宋庠校訂《國語》發生在明道本刊刻之後，清代學者認爲公序本《國語》的古字是宋庠改成，而非《國語》原本具有的。這種判斷有一個假定性前提，即明道本

① 俞志慧：《〈國語〉韋昭注辨正》，北京：中華書局 2009 年版，前言部分第 7 頁。

最古。可是清人却忘記了，宋庠所據的底本是宋緘家藏本，安知這些古字不是宋緘家藏本原本所具，又安知宋緘家藏本必然晚於明道本？又安知與明道本同時代或者前於明道本產生時代的《國語》他本一定是明道本的樣子而非公序本的樣子？這些問題都是不好回答的。但惠棟對於二本優劣的認識頗有可採，他並不認爲明道本比公序本好，認爲《國語》的校訂應該取公序本“十之四五”，其他的則從明道本，這個説法在清代幾乎一邊倒地傾向於明道本的洪流中，還是客觀而清醒的。

惠棟的《國語》部分校勘成果已爲《校刊明道本韋氏解國語札記》引述，更多的校辨成果並未爲後世所重。顧廣圻在爲黃丕烈做《校刊明道本韋氏解國語札記》後有個研究計劃，打算將惠棟、陳樹華等人的《國語》考校成果單獨析出。顧廣圻一生校書工作太過勤苦，故這一計劃最終未能實現。惠棟校《國語》，往往據《左傳》《説苑》《漢書》《補音》等書，多揭明異文，少數也辨明去取。關於惠棟校勘，前文已有辨析，此處不贅。惠棟對《國語》的考釋成果也頗值得重視。今研討其條目，大致包括如下內容：

1. 考辨文字，如《周語上》次章“女三爲粲”惠棟云：“《説文》曰：‘三女爲奻，众美，从女奻省形。’案：此則奻从女不从米。吕忱《字林》作姕。”這是考辨“粲”之本字。從同源字的角度而言，“粲”“姕”語義同源。從字形示義的角度，自然以“姕”爲正。

2. 揭明《國語》正文對其他典籍的説明作用。後世典籍中的某些語句，可作爲前此典籍中某一篇章或語句的解釋。惠棟爲揭出。例如《周語上》第三章“是故爲川決之使導”惠棟云：“爲川者決之使導，此《禹貢》義疏也。爲，《吕氏春秋》作治。”惠棟認爲《國語》本句可以作爲《禹貢》義疏，《禹貢》中出現較多的動詞即爲“導”（“道”）字，講述了大禹治水的過程，這一過程是“爲川者決之使導”的具體行爲，“禹的貢獻在於疏導九河，使不通變爲通”①，而《國語》本句則是規則或規律總結，故惠棟以爲《國語》本句可以爲《禹貢》義疏。此外的例

① 金景芳、吕紹綱：《〈尚書·虞夏書〉新解》，瀋陽：遼寧古籍出版社1996年版，第321頁。

子，還有《周語上》"夫事君者險而不懟"惠棟云："險而不懟，怨而不
怒，《小雅》所由作也。""險而不懟，怨而不怒"在《國語》中是臣子
對君主的基本態度。《史記·屈平賈生列傳》云："《小雅》怨誹而不
亂。"惠棟説與《史記》近似。另如《周語下》"能文則得天地，天地所
胙，小而後國"惠棟云："《禮記》'文王之所以爲文也'，引此爲義
疏。"

3. 解釋詞語。《國語》中某些詞語，韋昭原有注文，但未爲完善。
惠棟引述故訓爲之重新疏解。如《周語上》"而後王斟酌焉"韋昭注云：
"斟，取也。酌，行也。"惠棟云："高誘曰：'斟酌，取其美而行。'上
酌民言取諸此。"高誘"斟酌"的注釋出自《吕氏春秋·達鬱》，揭示出
了"斟酌"的目的與要求，即行其美。韋昭注和高誘注沒有本質區別，
高誘注實際上也把"斟酌"看成合成詞，只是高誘注揭出了"斟"的對
象。惠棟引之，主要也在揭明這一點，故謂"上酌民言，取諸此"。

4. 補充韋注。惠棟對韋昭注言有未盡之處，進行補充説明並按下己
意。如"宣王即位，不藉千畝"韋昭云："藉，借也。"惠棟云："助者
藉也。雖用亦助于此，可見助法當廢于宣王。"韋昭以"借"釋"藉"，
用聲訓。惠棟則用義訓。另外，惠棟根據《周語上》的記載，認爲籍田
禮廢於周宣王之時，不僅釋義，還釋典制。

5. 商榷韋注。惠棟對韋昭注文中可商的條目予以商榷。如《周語
下》"厚味寔腊毒"韋昭注云："腊，亟也。"惠棟云："《説文》：'昔，
乾肉。'籀文作𦠧，从卤，𦠧與腊同。腊訓久，不訓亟。"實際上賈逵就
訓爲："腊，久也。言味厚者其毒久。"2015 年 11 月，曾就此一問題請
教業師。師謂先秦釀酒，以發酵爲主，酒放置時間長，發酵較久，其味
自然醇厚；但是由於長時間發酵，肯定有壞掉的，壞掉的這部分就是因
爲放置時間較長而致有毒了。根據提示，翻閱相關資料，知我國古代釀
酒過程分爲穀物蒸煮、發酵、過濾、貯藏。上述各家也提到《周禮》中
有昔酒、清酒和事酒的分類。其中昔酒是經過儲藏的酒。在酒的儲藏過
程中，有的酒大約因爲封閉不嚴以及其他因素，可能壞掉了，這部分酒
就是"厚味寔腊毒"的狀態。"厚味"是預期，但是在厚味形成過程中

也可以導致有毒的結果。審韋昭之義，蓋謂"亟毒"爲加速至於毒境。味厚者必時久，唯"腊"可持久且致"味厚"之境。另如《魯語上》"敢犒輿師"韋注："輿，衆也。"惠棟云："輿，車也。師以輿爲主，故云輿師。"

6. 在版本依從問題上，堅持文本的語義語境第一位原則，並不一味依從明道本。如"班三之"韋注："班，次也。三於下，各三其上也。王一墢，公三，卿九，大夫二十七。"惠棟云："《玉海》引注與宋本同：班，次也。王耕一墢，一耦之發也。耜廣五寸，二耜爲耦。一耦之發，廣尺深尺。別宋本如此。然《玉海》所引與宋庠本同，則別本非也。"

7. 補充史實。如《周語下》"昔共工棄此道也"惠棟云："共工治水在鯀前，見《汲郡紀年》。"《今本竹書紀年·帝堯陶唐氏》："十九年，命共工治河。"王國維疏證："《周語》：'昔共工棄是道也，虞於湛樂，淫失其身，欲壅防百川，墮高堙庳，以害天下。'是共工本是水官，又曾治水，故遂有先鯀治河之説。"①

8. 揭明韋昭出注之深意。如《周語下》"是道成王之德也"韋昭注："是詩道文武能成其王德。"惠棟云："賈誼《新書》引叔向言，以成王爲武王子。故弘嗣辨之。"《新書·禮容語下》引述"叔向説《昊天有成命》"章，賈誼認爲："成王者，武王之子，文王之孫也。"叔向釋爲"是道成王之德也。成王能明文昭，能定武烈者也"，後人每以此立論，叔向所云"成王"是周成王誦還是"成其王功"，聚訟千年未有定論。毛氏立傳，不釋"成王不敢康"之"成王"，詩序云："郊祀天地也。"鄭箋云："文王、武王受此業，施行道德，成此王功，不敢自安逸。"② 明釋爲"成此王功"，韋注謂此詩爲"謂成王即位而郊見，推文、武受命之功，以郊祀天地而歌之也"，明釋爲成王祭祀天地之歌。並釋"昊天有成命，成王不敢康"云："昊天，天大號也。二后，文、武也。

---

① 王國維撰，謝維揚、房鑫亮主編：《王國維全集》第 5 卷，杭州：浙江教育出版社 2010 年版，第 207 頁。

② （清）阮元校刻：《十三經注疏》，北京：中華書局 1980 年影印世界書局本，第 587 頁下。

康，安也。言昊天有所成之命，文、武則能受之。謂修己自勸，以成其
王功，非謂周成王身也。賈、鄭、唐説皆然。”“天大號”之説與鄭玄
同。且明謂“成王不敢康”者謂文武，非謂周成王。孔穎達以生不稱
謚，故以此詩作於成王初。也就是説現傳文獻中，一直到唐代，祇有賈
誼一人明確説“成王不敢康”是指周成王誦，① 其他皆作動賓結構處理。
各家的理由無非是：(1) 贊成成王誦者以叔向之釋《昊天有成命》即云
成王誦，如姚際恒《詩經通論》卷一六云：“《國語》叔向曰道成王之
德，及成王，能明文昭、定武烈，此一證也。”② 俞樾云：“《國語》載叔
向説是詩云：‘是道成王之德也。成王，能明文昭、能定武烈者也。’則
成王爲周之成王無疑。”③ 贊成“成王”爲動賓結構者以叔向之釋《昊天
有成命》即爲動賓結構，如紀大奎云：“自歐陽子以成王爲成王誦，朱
子引《國語》證之，後儒或未之信，何也？曰：《國語》‘是道成王之
德，成王能明文昭、能定武烈’之語，以爲成王誦固然矣，即以爲成王

_____

　　① 清徐璈《詩經廣詁》卷二六引匡衡曰：“昔者成王思述文武之道，以養其心，休烈盛美，
皆歸之二后，而不敢專其名。是以上天歆享，鬼神祐焉。”徐氏特别注明“《漢書》本傳引《詩》”，
徐氏云：“此則齊家亦以成王爲武王之子，不獨賈傅也。”(《續修四庫全書》第 69 册，第 621 頁)
清陳壽祺《魯詩遺説考》卷六之一《昊天有成命》引《禮容語》並加案云：“攷《漢書·匡衡傳》，
衡引此詩亦言，昔者成王思述文武之道，休烈盛美，皆歸之二后，而不敢專其名。是齊魯詩説皆如
此……四家之詩師不同，故説多殊旨也。”(《續修四庫全書》第 76 册，第 294 頁) 檢《漢書》本
傳：“衡復上疏曰：‘臣聞治亂安危之機，在乎審所用心。蓋受命之王，務在創業垂統傳之無窮，繼
體之君心，存於承宣先王之德，而緣大其功。昔者成王之嗣位，思述文武之道以養其心，休烈盛美
皆歸之二后，而不敢專其名。以上天歆享，鬼神祐焉。其《詩》曰：“念我皇祖，陟降廷止。”言成
王常思祖考之業，而鬼神祐助其治也。’”顏注云：“休，亦美也。烈，業也。后，君也。二君，文
王、武王也。《周頌·閔予小子》之詩言成王常念文王、武王之德，奉而行之，故鬼神上下臨其朝
廷。”[(漢) 班固撰、(唐) 顏師古注：《漢書》，北京：中華書局 1965 年點校本，第 3338 頁] 匡
衡之言明是因《閔予小子》而發，非《昊天有成命》至明，顏注引毛鄭注以注匡衡之言，並不能證
明匡衡所言即爲釋《昊天有成命》。故此説不取。
　　② 按：姚氏舉三證，除此之外，另有二證：“賈誼《新書》曰：‘后，王也。二后，文王、武
王也。成王者，武王之子、文王之孫也。文王有大德而功未既，武王有大功而治未成，及成王承
嗣，仁以涖民，故稱昊天焉。’此一證也。楊雄謂康王之時，頌聲作於下，班固謂成康没而頌聲寢。
此一證也。”見於 (清) 姚際恒：《詩經通論》卷一六，上海：上海古籍出版社輯印《續修四庫全
書》第 62 册，第 218 頁。
　　③ (清) 姚際恒：《詩經通論》卷一六，上海：上海古籍出版社輯印《續修四庫全書》第 62
册，第 218 頁。

業之義，亦未嘗不可。此所以或不信也。"① 胡承珙云："觀其釋'二后受之'爲讓德，而以始於德讓爲成王。則所言'成王'即二后，竝非指成王誦甚明。鄭、賈、唐固皆如此解，非韋昭一人獨從毛説也。惟賈子《新書·禮容篇》雖亦引叔向語，而與《國語》大異，以此'成王'爲文王孫、武王子。孔疏所云'時人有疑是成王身'者，蓋即用《新書》之説。"② 則贊成成王誦説者以叔向之釋爲據，實本賈誼《新書》而非《國語》。(2) 傳言周公制禮作樂，歌必從之，故頌當作在成王初，即蘇轍所謂"周公制禮，禮之所及，樂必從之，樂之所及，詩必從之，故頌之施於禮樂者備矣，後世無容易之"，故"成王不敢康"之"成王"非成王誦，故姚際恒云："毛鄭輩必以成王作成其王解，固泥于凡頌皆爲成王時周公作耳。"③ (3) 郝敬云："朱子改爲祀成王，則詩當作于康王後，郊廟之歌，周公所定一代憲章，後王詩焉得列《天作》《我將》之間?《周頌》三十一篇無康王以後詩。泥文生解，引《國語》爲徵。按《國語》解'成'字之德，無以辨其必爲王誦也。"又云："又據《商頌》祀武丁，謂《周頌》亦當有康王以後詩。夫《商頌》古樂僅存，無容再删。周公所定內外百祀之樂，夫子删存，止三十一篇，焉得更有後人制作雜其中? 有之，亦當附《小毖》《載芟》後，不宜攙入祖考廟樂之前，不然，則頌亦錯亂矣。"④ (4) 詩序云該詩爲郊祀天地，而詩中僅及天不及地。郝敬云："又據《周禮》圜丘方澤，謂天地不當合祀。蓋信以《周禮》爲周公之書，承訛久矣。夫廟祀，考、妣合食。王者，父天母地，母不得别父，地不得殊天，陰不得離陽，妻不得違夫，此理甚明。今拘《周禮》，謂天地當分祀，則自不肯以此詩爲郊祀天地之詩，

① （清）姚際恒：《詩經通論》卷一六，上海：上海古籍出版社輯印《續修四庫全書》第 62 册，第 218 頁。

② （清）胡承珙撰，郭全芝校點：《毛詩後箋》，合肥：黄山書社 1999 年版，第 1519 頁。

③ （清）姚際恒：《詩經通論》卷一六，上海：上海古籍出版社輯印《續修四庫全書》第 62 册，第 218—219 頁。

④ （明）郝敬：《毛詩序説》卷八，上海：上海古籍出版社輯印《續修四庫全書》第 58 册，第 621 頁。

何怪乎?"① (5) "成王"與"二后"並提。如李山即云:"詩篇'二后'與'成王'並提,'成王'指周成王確定不移。"② 聚訟紛紜,莫衷一是。就上面統計,從絕對數量上來講,主張祀成王者或成王誦者占多數,古代51家,近代、今人37家,合共88家;主張祀天地、"成王"爲"成其王業"者,古代27家,近代、今人3家,合共30家。但是這裏面絲毫看不出哪一方的證據更充分。支持率高的説法並非證據更充分,而在於宋代疑經的興起以及歐陽修、朱熹在文學史和理學上的地位,元明清三代贊成朱熹學説者很多本身就説明了這一點。近人、今人祇是在更大程度上接受前代學説而已。惠棟揭出這一點,意在表明韋昭不贊同賈誼的觀點。

9. 揭明《國語》正文之學術史意義。如《周語下》"基,始也。命,信也"惠棟云:"訓詁之學始於此。"《周語下》叔向説《昊天有成命》"夙夜,恭也;基,始也。命,信也。宥,寬也。密,寧也。緝,明也。熙,廣也。亶,厚也。肆,固也。靖,龢也"這一段文字是中國訓詁學史上最早的系統地對一首詩進行釋詞、串講句義、揭明章旨的訓詁實踐典型。後來的一些訓詁學教材專門把整段內容作爲先秦訓詁萌芽最有説服力的篇章,周大璞《訓詁學要略》、洪誠《訓詁學》、郭在貽《訓詁學》、陳綬《訓詁學基礎》、楊端志《訓詁學》、王寧《訓詁學原理》等皆以此爲範例,且以之爲正文訓詁的例證。叔向的解釋也被後來的《爾雅》、毛傳所接受,充分説明了其解詩的可信度和準確程度。在清代《國語》研究史上,惠棟是較早揭示這一點的學者。

10. 揭明典制出處。如《魯語上》"嚴公如齊觀社"惠棟云:"觀社之説見《墨子》。漢晉人之注皆非也。"今檢《墨子·明鬼下》謂:"燕之有祖,當齊之社稷、宋之有桑林、楚之有雲夢也。此男女之所屬而觀也。"此即惠棟所云。惠棟認爲漢、晉所注皆非。魯莊公如其觀社之事也

---

① (明)郝敬:《毛詩序説》卷八,上海:上海古籍出版社輯印《續修四庫全書》第58冊,第621頁。

② 李山:《周初詩歌創作考論》,汕頭大學新國學研究中心編《新國學研究》第2輯,北京:人民文學出版社2005年版,第198頁。

載於《左傳》，賈逵謂："觀社者，觀祭社，諱淫。"晉人范甯《穀梁傳集解》云："尸，主也。主爲女往爾，以觀社爲辭。"今檢惠棟《九經古義》卷十三云："廿三年《經》：'公如齊觀社。'鄭氏《六經奧論》云：'公如齊觀社，《左氏》曰：非禮也。《公羊》曰：蓋以觀齊女也。《穀梁》曰：非常曰觀。觀，無事之辭也。案：《墨子》曰：燕之祖，齊之社稷，宋之桑林，男女之所聚而觀之也。則觀社之義，《公羊》爲長。'（以上皆鄭氏説）。棟案：《左傳·襄廿四年》云：'齊社蒐軍實，使客觀之。'《外傳》云：'夫齊棄大公之法，而觀民於社。'然則觀社非古也，故《左氏》以爲非禮。"① 惠棟認爲觀社並非古制，故此處謂"漢晉人之注皆非"。曾祥旭云："以曹劌之語可知，在齊國，社祭已非單純對社神的祈禱，而是民衆聚會的節日。莊公入齊觀社，並非以虔誠之心求子或祈雨，而是帶著滿足感官慾望的目的去看尸女的春會儀式。而這種帶有原始放縱的風俗，已受到文明的挑戰與質疑，曹劌開宗明義正是以'禮'作爲勸阻之理由。在此君臣對話中早已出現'欲'與'禮'之間的對立，以及以'禮'節'欲''止欲'的儒家政治道德教化內涵的具體引申。"② 可見，所謂社禮實際上有男女歡會的意味，非惠棟所云"非古"。

11. 揭明《國語》中對於典制定性之所本。如《魯語上》"國有饑饉，卿出告糴，古之制也"惠棟云："《周書·糴匡篇》曰：'大荒，卿參告糴。'故云古制。"《逸周書·糴匡篇》云："大荒，有禱無祭。國不稱樂，企不滿墼，刑罰不脩，舍用振穹。君親巡方，卿參告糴，餘子倅運，開廩同食，民不藏糧，曰有匡。"陳逢衡即引《魯語上》事以釋《逸周書》。在惠棟看來，《糴匡篇》是早於《國語》的記載，今學者進一步指出《糴匡篇》是政書，屬於政策類。因此，臧文仲纔謂"古之制"。

---

① （清）惠棟：《九經古義》，臺北：臺灣商務印書館《景印文淵閣四庫全書》第 191 冊，第 476 頁。

② 曾祥旭：《西漢後期的文學和儒學》，開封：河南大學出版社 2016 年版，第 6 頁。

12. 評點人物。對《國語》中人物言語行爲進行價值判斷。如《齊語》"若必治國家者，則管夷吾乎"惠棟云："齊臣能薦賢，則良臣也。"本條是對鮑叔牙的點評。惠棟認爲臣子能够不戀棧貪位，能够向君主舉薦賢才，這樣的臣子是"良臣"。《國語·晉語九》史黯曾經探討過"良臣"的標準，謂："夫事君者，諫過而賞善，薦可而替不，獻能而進賢，擇材而薦之，朝夕誦善敗而納之。道之以文，行之以順，勤之以力，致之以死。聽則進，不則退。"鮑叔牙能够向國君薦賢，符合"良臣"的標準。

在考辨過程中，時引賈逵、唐固、孔晁之説以及相關典籍故訓，作爲依據。這些舊注往往轉引自《文選注》《史記集解》等資料，是後來《國語》佚注輯佚的主要來源。當後世汲汲於佚注搜輯時，惠棟已經關注到舊注與韋注的比較研究了。

整體而言，惠棟對《國語》的考校，爲顧廣圻樹立了典範，使得《校刊明道本韋氏解國語札記》在版本依從上比較理性。惠棟的《國語》研究成果由於以批校本的形態存世，所以流通不廣，未能得到應有的重視。[①]

（三）孔廣栻《國語》訓詁考校

孔廣栻（1755—1799），字伯誠，號一齋，孔繼涵之子，乾隆四十四年舉人。著有《左國蒙求》《春秋土地名考異》《南北史意撫》《春秋人名地名同名錄》《春秋世族譜》《微波榭雜鈔》《國語解訂譌》《藤梧館詩抄》，其中《春秋》各書，皆續父業。孔繼涵父子校閲《國語》《補音》多歷年許，並有序跋記其事。首先，曲阜闕里曾刊刻《國語》，從孔毓圻、孔傳鐸至孔繼汾、孔繼涵祖孫三代著意於此。孔繼涵、孔繼汾

---

① 漆永祥《東吳三惠著述考》指出："東吳惠氏，自有聲始，精研漢學，代有藏書。傳經四世，至惠棟總其大成。清儒治學，溯源流，重家法，惠氏爲之表率。惠棟雖終老諸生，但其學却影響巨大，爲清代考據學派之領袖，又與戴震、錢大昕成爲乾嘉時期學術界之代表人物，在清代學術史上有著重要地位……唯惠氏之書，藏者、學者難以睹其全貌。"（《國學研究》第 14 輯，北京：北京大學出版社 2004 年版）不得不説是一件憾事。今蘇州大學有整理東吳三惠全集之舉，希望可以藉此將惠棟的批校本搜羅輯録齊全，以有益於學界。

兄弟對詩禮堂孔毓圻本進行校勘並校刻爲孔傳鐸本。又孔繼涵題記云：
"乾隆壬辰夏四月廿一日，謄完於京城太僕寺街宅；乙未十月朔，又校
一過。"王鍌曾對孔繼涵乾隆壬辰與乾隆乙未的兩次《國語》校勘活動
進行推測，云："乾隆壬辰爲三十七年，乙未爲四十年，癸巳爲三十八
年。是孔氏稿謄校時在東原先生未付宋本之先，則稿校所據非戴本，而
乙未委校時，蓋戴本與段茂堂稱東原有明道本在乙丑，爲三十四年，是
時所見，較孔見爲早也。"[①] 又孔繼涵、孔廣栻父子曾校《國語補音》並
刻入《微波榭叢書》中，説詳見前。

《國語解訂譌》今傳鈔本，實際上是把孔廣栻校閲《國語》的校語
輯成一帙。其中《周語》161 條，《魯語》82 條，《齊語》30 條，《晉
語》200 條，《鄭語》33 條，《楚語》83 條，《吳語》44 條，《越語》15
條，共計 648 條。多引經史注疏以及其他典籍所引《國語》文句以與
《國語》本文相校。如：

(1) 穆王將征犬戎
《周禮·秋官·大行人》"蕃國"疏引此，"將征"作"初伐"。
(2) 昔我先世后稷
《左傳·成十六年》"立我烝民"疏引此作"昔我先王世后稷"。
《昭九年傳》"我自夏，以后稷"節引此無"王"字。《詩·齒譜》
疏同。《書·武成》引《周語》云："昔我先王后稷"，《長發》疏
同。韋昭云："王之先祖，故稱王。"
(3) 有威讓之令，有文告之辭
《文心雕龍·檄移第二十篇》引此疊一"令"字。
(4) 其無乃廢先王之訓而王幾頓乎
《爾雅·釋言》疏無"其"字。
(5) 得四白狼四白鹿以歸
《大行人》疏無"四白狼"三字。

① 拙撰《〈國語〉序跋題識輯證》，濟南：齊魯書社 2018 年版，第 223 頁。

（6）恭王遊於涇上，密康公從

《詩·唐風·綢繆》疏引"密康公遊"。

可見，孔廣栻引述經史注疏以及相關典籍引述《國語》文句與今傳《國語》相校，只標異同，不別甲乙。引文異文校勘和他書異文校勘是孔廣栻校勘的主要方式。版本異文校勘相對較少，所用《國語》本子往往稱作"一本""元本""補音本"等，偶爾也用《國語補音》進行校勘。仍然以臚列異文爲主，並不去取判定。

也引述文獻舊注所引韋昭注文以與今傳《國語》韋注相較，如：

（7）本見而草木節解

注：本，氐也。謂寒露之後十日，陽氣盡，草木之枝節皆理解也。

《吳都賦》引：本，氐也。謂霜降之後生氣既衰，草木枝葉皆節理解落也。

用《文選》李善注引以與今傳韋注本相校。今傳韋注作"寒露"而李善注引作"霜降"。此處韋注本《月令》，《月令》既作"寒露之後十日"，則當從《月令》。是李善注引文改字。

（8）十月成梁

注：夏令，夏后氏之令，周所因也。除道所以便行旅，成梁所以便民，使不涉也。

《月令·仲秋》疏引此注"除"作"治"，"旅"下有"通也"二字，"便民使"佐"使民"二字，無"也"字。

此處以《禮記·月令·仲秋》正義引韋注與今本《國語》韋注相校。就注文語境而言，"除""治"二字語義是等同的。當然，孔廣栻在校勘韋注方面也只臚列異文，不進行辨別。

另外，引述群書所引《國語》舊注與韋注相較，也是孔廣栻考校《國語》的一項重要内容。如：

(9) 夫兵戢而時動

韋昭注：戢，聚也。

《歎逝賦》注：戢，藏也。

(10) 阜其財求

注：阜，大也。

《魏都賦》注：阜，長也。

(11) 注：載，成也。

《弔魏武文》注：載，猶行也。

(12) 歲貢

注：歲貢于壇墠

《古詩》注：貢，獻也。

(13) 厲王説榮夷公

注：榮，國名。夷，謚也。

《尚書·肅慎之命》疏引《晉語》“周召畢榮”云云，注《國語》者皆云：榮，周同姓。

(14) 三十九年，戰于千畝，王師敗績于姜氏之戎

注：姜氏之戎，西戎之別種、四岳之後也。《傳》曰：我諸戎，四岳之裔胄。言宣王不納諫務農，無以事神使民，以致弱敗之咎也。

《祈父》疏引此有孔晁云：宣王不耕籍田，神怒民困，爲戎所伐，戰于近郊。

(15) 注：演猶潤也。

《長笛賦》注：演，引也。

(16) 厚味寔腊毒

注：腊，亟也，讀若廟。昔酒焉，味厚者其毒亟也。

《七命》賈逵曰：腊，久也。（《七啟》注同）言味厚者其毒久也。《周禮·天官·酒人》“昔酒”注：今之酋久曰酒，所謂舊醳者

也。疏言：昔爲久酉，亦遠久之義，故《周語》云味厚（厚味）實昔毒。酒久則毒也。

所引舊注，以賈逵注居多，也有孔晁注，絕大多數只是臚列而不進行辨析。

也有用《說文》故訓與韋注相較者。如：

（17）卻至佻天

注：佻，偷也。

《說文》：卻至挑天。擾也，从手兆聲，一曰撟也。

這一條既是校勘也是辨析語義。首先，《說文》用字和今傳《國語》用字不同；其次，《說文》釋義和韋注釋義不同。韋注本《爾雅》爲訓。盧文弨以"佻""挑"同。也有的學者以"貪"在侵部、"佻"在宵部，以侵宵對轉，二字語義可通。①

也有舊注有釋，而韋昭不注，孔氏攟出，以爲補充者。如：

（18）鄭伯南也

《左傳‧昭十三年》疏：王肅注《外傳》及《左傳》皆云：鄭伯爵而連男言之，猶言曰公侯，足句辭也。

（19）邵公曰：昔吾驟諫王，王不從，是以及此難。

注：及，至也。

《周易‧屯卦》釋文：難，賈逵注《周語》云：畏憚也。

（20）親戚宴饗

《兩都賦》注引賈逵曰：不脫屨升堂曰宴。《左傳‧宣十六年》疏引此云：注《國語》者皆云：禘祭宗廟，郊祭天地，則有全其牲

_____

① 吳澤順：《漢語音轉研究》，長沙：嶽麓書社 2006 年版，第 7 頁。郭芹納《訓詁學》亦言"佻""偷"語音上的關聯（見氏著《訓詁學》，北京：高等教育出版社 2005 年版，第 69 頁），可參。

體而升於俎，謂之全烝。王公主饋即享禮也，禮志立成者名爲饋，半解其體而升於俎謂之房烝。《傳》言體薦，即房烝也。親戚宴享則宴享禮同，皆體解節折乃升於俎，謂之殽烝也。

（21）承王命以爲過賓于陳而司事莫至

《穀梁》疏：今臣承王命以過陳，司事莫至。

（22）共之從孫

《崧高》疏引"共"下有"工"字。《左傳·隱末年》疏引《周語》堯命禹治水，共之從孫四岳佐之，胙四岳國，命爲侯伯，賜姓曰姜，氏曰有呂。賈逵云：共，共工也。從孫，同姓末嗣之孫。四岳，官名，大岳也，主四岳之祭焉。（又《莊二十年》疏）姜，炎帝之姓，其後變易，至於四岳，帝復賜之祖姓，以紹炎帝之後。

（23）基德十五而始平

《修楚元王墓》顏注：太王基德十五王而始平也。

當然，也有孔氏自己對《國語》進行疏解之處。如：

（24）夫粲，美之物也。衆以美物歸女，而何德以堪之

粲，美物也。女則小醜，何以堪之。

韋昭並未進行串講，孔氏補充句義。如：

（25）夫何次之有，昔先大夫荀伯自下軍之佐以政，趙宣子未有軍行而以政，今欒伯自下軍往

《左傳》疏無"夫"字、"昔"字，"政"字上并有"爲"字。栻按：《左氏傳》"先軫超五等爲將"，云尚德也。又趙武自新軍超四等代爲偃將上軍、荀首以下軍大夫超九級佐中軍。

此處是對郤至所舉諸人越次而得高位晉臣的補充説明，特別提到先軫"尚德"，以與郤至"佻天之功"相對比。

此外，孔氏還引述同時期其他學者的意見，其中引胡竹巖六處，如下：

(26) 且吾聞之：成之生也，其母夢神規其臀以墨

胡竹岩先生曰：之，本作"晉"。墨，《左傳·桓六年》疏引作"黑"，《宣二年》疏、元本同。《禮記》"不以隱疾"疏同，無"其母"二字。

(27) 景王二十一年將鑄大錢

注：省之不孰耳。

胡竹岩先生云：省，本作"考"。

(28) 大不出鈞

注：鈞，所以鈞音之法也。以木長七尺有弦繫之以爲鈞法。

胡竹岩先生曰：薛瑩書建初二年，太常樂丞鮑鄴上言，請作十二月均，各應其月氣。知鈞音之法漢時尚有師傳不？《後漢·律志》注。

(29) 武王發行

胡竹岩先生云：武王發商師。

(30) 邇者騷離

胡竹岩先生曰：叛誤改及。栻按：及，"反"之訛。

(31) 屏攝之位

注：周氏云：屏者并也（一本"屏，并也"），攝主人之位。昭謂：屏，屏風也。攝形如今要扇皆所以分別（一作"明"）尊卑，爲祭祀之位，近漢亦然。

胡竹岩先生云：扇，本作"屏"。《漢制考》作"扇"。"分別"作"分別"。按：《漢制考》云：在傳巡群屏攝注祭祀之位。《正義》：鄭衆云：攝束茅以爲屏蔽。

引陳樹華、沈廷芳之説各一次。如下：

(32) 虞幕能聽協風以成樂物生者也

陸機《宣猷堂詩》注"物生"作"生物"。陳氏樹華曰：依韋注，當作"成物樂生"。《綱目》作"成物樂生"。

（33）以休懼其動

《周禮·春官·瞽矇》"世奠繫"鄭注引此"休"作"怵"，陸德明《釋文》：怵，敕律反，北本作"休"。沈廷芳云：休、懼，分承"昭""廢"。作"怵"字誤也。

也有一些條目，孔氏先引文獻，然後加有案語進行辨析，如：

（34）惡有釁

注：釁，孔也。

孔，一本作"兆"。曹植《責躬詩》注："釁，兆也。謂罪萌兆也。"《陸機·答賈長淵詩》注："釁，兆也。言禍有兆。"栻按：下"子叔聲伯如晉"節云云，"若鮑氏有釁"注："釁，兆也。"則"兆"作"孔"，其訛甚明。

孔廣栻云"一本"，而不云明道本，可見孔廣栻尚無公序本、明道本的版本系統觀念。既然孔廣栻無此概念，則至少可以證明孔繼涵、孔繼汾等俱無此等概念。

（35）芈姓夔越，蠻芈蠻矣

夔，一本作"蒙"。《左傳·宣八年》疏引作"歸"。《周禮·夏官·職方氏》"八蠻七閩"注："玄謂：閩，蠻之別也。《國語》曰：'閩芈蠻矣。'"疏按："按《鄭語》'蠻芈蠻矣'注云：謂上言叔熊避難於濮蠻，即隨其俗。如蠻人也，故曰蠻……彼蓋後人轉寫者誤。鄭玄以'閩'爲正。叔熊居濮如蠻，後子從分爲七種，故謂之七閩也。按經，閩雖與蠻七、八別數，其本是一，俱屬南方也。"

孔廣栻此處所謂"一本"，仍爲明道本。本條揭示《左傳正義》引

《國語》用字不同。今檢《路史》卷二十一云："是以聖人務其本，乃封爕于歸。"注云："歸即爕。"並引《鄭語》本句爲證。《鄭語》"蠻芉蠻矣"韋注："蠻芉，謂叔熊在濮，從蠻俗。"《周禮疏》約略引述之。是本條仍引舊說疏證異文。

　　（36）廣運百里

　　注：東西爲廣，南北爲運。

　　杖按：運蓋"遠"字（去聲）聲轉耳。《方言》卷六"遙廣遠也"節注引韋注云云，蓋廣亦可言遠。

　　夏味堂《拾雅》卷一九云："東西爲陌、爲廣、爲横、爲緯、爲營，南北爲阡、爲運、爲從、爲經、爲徑、爲輪、爲袤。"① 清乾嘉時期學者朱亦棟《群書札記》卷一云："《周禮·大司徒》'以天下土地之圖周知九州之地域、廣輪之數'馬氏曰：'東西爲廣，南北爲輪。'廣運，猶廣輪也。然則《虞書》所謂'帝德廣運'，亦言乎堯之德東西南北無所不被耳。"② 孔廣栻從聲轉的角度進行解釋，認爲"運""遠"義通，如果這樣理解的話，那"廣""運"是同義複合，"廣運"就是合成詞而非連綿詞了。《越語》本文先講述越國四至，而後有"廣運百里"總結之言，故《越語》"廣運"類似今所謂"方圓""幅員"。

　　總體而言，孔廣栻爲後世《國語》校勘提供了異文材料，做了很多前期工作。尤其在異文比較方面，較早進行了他書異文和引文異文的對校，對後來的《國語》校勘具有一定的引領作用。另外，孔繼涵、孔廣栻父子校刻《補音》，爲後世留下了比較精善的《補音》刊本。在校勘《國語補音》的過程中，抄録陳樹華《國語補音訂誤》於明德堂本《補

_____

① （清）夏味堂：《拾雅》，上海：上海古籍出版社輯印《續修四庫全書》第 192 冊，第 286 頁。

② （清）朱亦棟：《群書札記》，上海：上海古籍出版社輯印《續修四庫全書》第 1155 冊，第 16 頁。

音》上，爲後世保留了一份完整的研究資料。孔廣栻《國語解訂譌》的有些條目，對《國語》訓詁考校也不無裨益。

（四）董熜《國語》訓詁考校

根據趙紅娟研究，湖州董氏起於宋代董貞元。至元明之際，董貞元八世孫董仁壽入贅南潯沈氏，董仁壽成爲南潯董氏一支的始祖。南潯董氏，自明代董份開始，代有英才。董熜和董增齡都是南潯董氏一支中的成員。董熜世系如下：

董份→董嗣成→董廷勳→董漢策→董師植→董熜

董熜（1680—1747），初名臣燮，字謂瑄，一字訥夫，號南江。雍正甲寅（1734）召舉博學鴻詞，曾經做過松陵書院山長，有經師、人師之目，《兩浙輶軒錄補遺》卷四載陳世修序略曰："謂瑄沉静嗜學，家富藏書，又嘗遊其外王父曹秋岳先生之門，倦圃所藏人間不經見書，謂瑄獨窺之，故學有原本。"董熜著有《南江詩集》四卷、《南江文集》二卷、《南江集》二十四卷，編有《明詩選》《董氏詩萃》等。關於其文學成就等等，趙紅娟《明清湖州董氏文學世家研究》有較詳論述，可以參看。①

《讀國語札記》一卷，收入《萬潔齋叢刊》。該叢書爲周子美（1896—1998）所輯②，1934 年夏季始編，1940 年完成抄本，後入藏上海圖書館。收書七種：清陳景雲《兩漢訂誤》四卷、清嚴可均《平津館金石萃編》二十卷、黃紹箕《鮮庵先生廣藝舟雙楫評論》四卷、清董熜《蛾子時述小記》一卷、清董熜《讀國語札記》一卷、清王翰青《東游草》一卷、清王翰青《野鶴詞》一卷，計清人六種，近人一種。清人中，王翰青、董熜又各有二種。《萬潔齋叢刊》編輯緣起，羅莊（1896—1941）已於序中言之，謂："吳興劉氏嘉業堂庋書數十萬卷，外子爲任編目之役，枕藉其中者，凡九閱寒暑。暇則選秘册手録之，匯爲

---

① 趙紅娟：《明清湖州董氏文學世家研究》，北京：中國社會科學出版社 2011 年版，第 111—120 頁。

② 周默，原名延年，又名周然，字君實，號子美，別署萬潔齋主人，浙江吳興人。

《萬潔齋叢書》。"[1] 周子美謂《讀國語札記》"乃董熜讀《國語》心得，共28則，多考證文章"[2]，所言符合董熜《讀國語札記》實際。

今檢董熜《讀國語札記》包括"觀兵""襄王使賜晉文公命""以百姓兆民之用""其叔父實應且憎""季文子孟獻子皆儉叔孫宣子東門子家皆侈""晉厲公視遠步高""思身能信""成王不敢康""關石龢均""紀之以三""夫六中之色也""人犧實難己犧何害""婦贄不過棗栗""冥勤其官而水死""嘗禘烝享之所""季武子取卞榮成子云云""主有語肥也""若外單善而内辱之""好艾好内""我對以忠貞""不穀願聞之""取妻避其同姓""賜公南陽陽樊温原州陘絺鉏攢茅之田""公令醫守之""爲嬖邑宸宇""微者則是行""昔我先王世后稷　左右皆免胄而下拜""幕""觥飯不及壺餐"，大致按照《國語》卷次編排，後三則類似補遺，也是按照卷次編排的，實際29則，言及《國語》三十一事。

大致包括：正音、評點、釋普通詞義、釋典制、釋稱謂、補充例證、商補韋注、校正文。商補韋注中又包括：對韋解提出質疑、校韋解引文、校韋解、駁韋注、釋韋解所本、對韋注進行補充説明。並引前人之説，如《白虎通》、朱熹、真德秀、穆文熙、邵寶等等以證。

《國語》公序本和明道本兩個版本系統的區别標誌之一，即《周語上》"昔我先世后稷"之"先"下有無"王"字。董熜也進行了討論，如下：

> 錢曾曰：家藏《國語》有二：一從明道二年刻本影鈔，一是宋公序（名庠）補音南宋槧本。間以二本參閲。明道本《周語》云："昔我先王世后稷。"注曰："后，君也。稷，官也。"則是昔我王世君此稷之官也。考之《史記·周本紀》亦然。而公序本直云"昔我先世后稷"，讀者不察，幾謫爲周家之后稷矣。"襄王二十四年，秦

① 《周子美學述》，杭州：浙江人民出版社1999年版，第36—37頁。羅莊《初日樓稿》有記載，亦可參。

② 《周子美學述》，杭州：浙江人民出版社1999年版，第38頁。

師將襲鄭，過周北門，左右皆免冑而下拜”注曰：“言免冑，則不解甲而拜。蓋介冑之士不拜，秦師反是，所謂無禮則脫也。”公序本又失去“拜”字，與注文大相違背。微明道本，何以正之？今世所行《國語》皆從公序本翻雕，知二字之亡來久矣。

《史記索隱》曰：譙周按《國語》云：“世后稷以服事虞夏。”言世稷官，是失其代數也。若不窋親棄之子，至文王千餘歲，唯十四代，亦不合事情。按此尤可爲“世后稷”之證。

初疑“先王世后稷”，“王”字不可以目祖紺以上。兒子豐垣舉《日知錄》云：周人之追王，止于太王，而祖紺已上至后稷則謂先公，《詩》“禴祠烝嘗，于公先王”是也。通言之，則亦可稱之爲王。《書·武成》“惟先王建邦啟土”、《周語》太子晉諫靈王“自后稷之始基靖民，十五王而文始平之，十八王而康克安之”是也。證據之妙，愈見古本之確。

總體來看，董燉的觀點和清代的主流觀點一致，即認爲明道本“先王世”是，而以公序本“先世”非，並且列舉證據進行證明。其說和後來戴震等人的說法基本相同。

正音類札記只有一條，爲“觀兵”之“觀”，董燉云：“‘先王耀德不觀兵’韋昭注：‘觀，示也。’宋氏庠無音釋。當讀如《觀卦》之‘觀’，音去聲。《左傳》‘觀兵于氐箕之山’《釋文》曰：‘觀，舊音官，讀《爾雅》者皆官唤反。’又楚子伐陸渾之戎，遂至于洛，觀兵于周疆。亦應音。”董氏認爲“觀兵”之“觀”當讀去聲。今檢故訓，去聲之“觀”爲名詞義，《釋名·釋宮室》云：“觀，觀也，於上觀望也。”平聲之“觀”爲動詞，《說文·見部》：“觀，諦視也。”《國語》此處“觀”爲動詞，自當讀平聲。

董燉評點《國語》條目有數條，如“襄王使賜晉文公命”條云：“‘內史興曰：其君必霸，逆王命敬’，同一錫命晉侯也，惠公以不敬亡，文公以敬興，興亡之機決于此矣。”《周語上》後兩章主要記述內史興在跟從天子使臣賜晉惠公命和賜晉文公命的過程中，對惠公和文公的表現

進行的判定，其統治長久與否的重要標誌就是"敬"與"不敬"，故董
熄認爲"敬"是"興亡之機"，這是從德行上對諸侯統治進行判定。董
熄揭示這一點，主要還是從惠公、文公二君的興亡上提供借鑒的。這種
評點，自柳宗元《非國語》、真德秀《文章正宗》以來成爲一種風尚，
不僅具備一般評點意義，而且還有現實借鑒意義。又"季文子孟獻子皆
儉叔孫宣子東門子家皆侈"條云："季、孟之得以儉，叔孫、東家之失
以侈，爲人臣者可以鑒矣。雖然，儉非鄙陋也，晏子曰：'嗇于己，不嗇
于人，謂之儉；嗇于人，不嗇于己，謂之吝；嗇于人，并嗇于己，謂之
愛。儉者，君子之德也；吝與愛，小人之事也。'"董熄首先指出奢侈是
不對的，叔孫宣子、東門子家的行爲和後果是後世做人臣者的"前車之
鑒"。董熄同時指出"儉非鄙陋"，引述晏子的話作爲論據。晏子對吝、
嗇、愛嚴格區分。但今衆書引述，多用錢大昕《十駕齋養新録·儉》
篇。清人陳宏謀所輯《五種遺規》引《化書》曰："奢者富不足，儉者
貧有餘。奢者心常貧，儉者心常富。季元衡儉説約：貪饗以招辱，不若
儉而守廉。干請以犯義，不若儉而全節。侵牟以聚仇，不若儉而養福。
放肆以逐欲，不若儉而安性。"注云："若璩按《炳燭齋隨筆》，嗇于己，
不嗇于人，謂之儉；嗇于人，不嗇于己，謂之吝；嗇于人，并嗇于己，
謂之愛。儉者，君子之德也；吝與愛，小人之事也。斯言出晏子。如晏子
者，真能儉者也。"① 但今本《晏子春秋》以及先秦典籍中無此語。另如
"取妻避其同姓"條云："重耳於子圉則弟之子，於懷嬴則甥女，亂倫甚
矣。"董氏所評和《國語·晉語四》要表達的意思沒有直接關聯。《晉語
四》著重在講同姓不婚的危害，董氏則揭出重耳娶懷嬴爲妻實喪失倫理。
重耳入秦，秦穆公以懷嬴許重耳，重耳也是有顧慮的，但趙衰給出了理
由，重耳也就接納了。説明晉人、秦人並非没有倫理意識，這種政治婚姻
有時是迫於形勢。

董熄對一詞多義現象有所關注。如"以備百姓兆民之用"條云：
"韋昭云：'百姓，百官有世功者。'然後'鎮撫百姓'又指民。前後違

---

① （清）陳宏謀：《五種遺規》，北京：綫裝書局 2015 年版，第 321 頁。

反，似屬可疑。"《國語》"百姓"41見，韋昭釋"百姓"四處，皆以"百官"釋之。董燉所指出的，是"百姓"的多義問題。朱湘蓉做過統計，《國語》33例"百姓"中27例指"民衆"，另外6例指"百族長"。[①]也可以看出《國語》"百姓"作爲一個合成詞具備多義性。則韋昭遇到"百姓"指"百官"之處即注，遇到"百姓"指民衆之處則不注，恐怕已經反映出韋昭對《國語》"百姓"的基本認識。因爲注釋總要注生僻難通之處，而避其普遍易曉者。董燉未能仔細審讀，故有此疑。

韋昭之後有釋之者，董燉引之以補釋韋注。如"其叔父實應且憎"條云："真西山曰：'言口是而心非之也。'較韋解'應猶受'更明顯。"真德秀串講，故得其整體。韋昭釋詞語，故只得其片段。各家對"應且憎"的理解約可分爲如下幾個方面：1. 對"應"的解釋有五種：（1）"應"是"受"義；如韋昭、汪遠孫、林雲銘、沈鎔、葉玉麟、吳金華、蕭旭、黃晨；（2）"應"是平聲；持這一説法的有李元吉；（3）"應"用同"膺"；持這一説法的爲日本學者渡邊操；（4）"應"改讀"瘖"；持這一説法的爲于鬯；（5）"應"爲副詞，"應該"之義；持這一説法的爲吳金華先生早年發表的論文以及熊焰。2. 對"且"的解釋有四種：（1）"且"作連詞表順承關係；持這一説法的爲蕭旭、熊焰；（2）"且"作連詞表轉折關係；持這一説法的爲張以仁、吳金華；（3）"且"改讀作"詛"；持這一説法的爲董立章；（4）"且"爲"見"之壞字。吳金華先生早期、熊焰。3. 對"憎"字的解釋有二種：（1）"憎"爲"惡"義；如韋昭、真德秀、林雲銘、沈鎔、葉玉麟等；（2）"憎"有"吝"義。如林雲銘等。此外還包括對"應且憎"的整體認識等。就《周語》本句而言，周襄王假如"班先王之大物以賞私德"，是"亂百度"。作爲臣子的晉文公，即便面對"亂百度"的襄王，雖然内心不滿於他的做法，但表面上仍需接受周襄王所班的"先王之大物"。這是襄王從晉文公的角度進行假設性陳述。如此而言，則"應且憎"爲聯合結構，作全句的述語成分，"其叔父"的"叔父"作主語。"且"是連詞表示轉折。

---

① 朱湘蓉：《"百姓"溯源》，《唐都學刊》1999年第3期，第85—86頁。

真德秀的解釋比較明白，但並不完全符合語境文義。

董熜對韋注引文進行校勘。如“思身能信”條云：“韋引《易》曰：‘體信足以長人。’按：《文言》‘君子體仁足以長人’，無‘體信’句。”《經典釋文》：“體仁，京房、荀爽、董遇作‘體信’。”清人晏斯盛《易翼説》認爲“體信”是錯的。韋昭既然引用《易》以證“思身能信”之義，説明“體信，足以長人”恐怕仍具有其合理意義。檢《易》虞翻注云：“乾爲人，爲信。”[①] 惠棟《周易述》卷十六曰：“體信足以長人，故乾爲信。”[②] 鄭玄注云：“體，生也。”[③] 體仁、體信，皆足以“長人”者，清人崔適有《體信足以長人解》，亦可參。可見，韋昭所用《周易》之本與今傳本不同，屬於京房、荀爽、董遇等本。再如“冥勤其官而水死”條云：“韋解云：‘冥，契後六世孫根圉之子也。’按：《史記·殷本紀》作‘曹圉’，《索隱》曰：‘《系本》作糧圉。’”王玉哲謂：“曹圉，《殷本紀》索隱引《世本》作‘糧圉’，《禮記·祭法》正義引《世本》作：曹圉—根國—冥，則多出‘根國’一世；《古今人表》、《魯語上》韋昭注作‘根圉’，則‘根圉’蓋爲‘曹圉’之訛，並非多出一世。”[④] 陳夢家謂：“《祭法》正義所引《世本》多出根國一世，這是由於注文誤入正文。《殷本紀》‘曹圉卒’《索隱》云‘《世本》作糧圉也’，而《古今人表》和《魯語上》韋昭注則作‘根圉’。有此諸異文，可推測‘根國’一名致譌之由來：曹圉—［糟圉］—糧圉—［粮圉］—根圉—根國。”[⑤] 雖然没有直接證據證明陳夢家推斷的可靠性，但是陳夢家的這一推斷無疑爲各本異文的深入研究提供了視角。

另外，《周語下》“叔向説《昊天有成命》”章“成王”到底是動賓關係，還是成王誦，從漢代賈誼開始有了新説。後來學者多依從於二者。清代的很多學者也大都討論過這個問題，董熜也不例外。“成王不敢康”

---

① （唐）李鼎祚撰，王鶴鳴、殷子和整理：《周易集解》，北京：中央編譯出版社 2011 年版，第 257 頁。

② （清）惠棟：《周易述》，臺北：臺灣商務印書館《景印文淵閣四庫全書》第 52 册，第 187 頁。

③ 張舜徽：《鄭學叢著》，武漢：華中師範大學出版社 2005 年版，第 137 頁。

④ 王玉哲：《中華遠古史》，上海：上海人民出版社 2000 年版，第 188 頁。

⑤ 陳夢家：《殷虚卜辭綜述》，北京：中華書局 1988 年版，第 337 頁。

條云："按：'成王不敢康'並無'修己自勤以成其王功'意。故朱子據
《國語》採歐陽《時世論》以斥小序'郊祀天地'之謬及毛、鄭'周公
作頌於成王時'之非。其論足以發千古之覆。又言：《國語》所謂'始
德讓，中於信寬，終於固龢，故曰成'者，叔向蓋言成之所以爲成，以
是三者。正猶子思之所謂'文王之所以文'、班固所謂'尊號曰昭'，不
亦宜乎者耳。韋昭何以知其必謂文武以是成其王道，而不王誦之謚乎？
蓋其爲説本於毛、鄭，而不悟其非者。王伯厚《困學紀聞》因《詩序》
辨，復據《賈誼書・禮容語》引叔向曰：'二后，文王、武王。成王者，
武王之子、文王之孫也。文王有大德而功未就，武王有大功而治未成。
及成王承嗣，仁以臨民，故稱昊天。'此論尤足以證韋注之非。又范蜀公
正書亦謂《昊天有成命》言文武受天命以有天下，而成王不敢以逸豫爲
也。亦見《困學紀聞》。"可見，董熿支持朱熹觀點，並且引述王應麟
《困學紀聞》作爲佐證。

　　董熿在研究《國語》過程中，也連及相關研究，並以《國語》爲證
據，對他人觀點進行平議。如"人犧實難，己犧何害"條云："邵氏寶
解《左傳》云：'人犧則用在人，故曰實難，喻劉單之立王猛；己犧則
用舍在己，故曰何害，喻王自立子朝。'證以《國語》，似未然。"爲什
麽以《國語》爲證，董氏並没有詳細説明。日本學者秦鼎《春秋左氏傳
校本》云："韋解與杜少異。按：犧者，寵養之名，因喻寵子爲犧。今
寵愛爲犧者，乃實用人。此人字對牲而言。人犧之人，指他人而言。假
人，假人以權也。猛、朝共是王子，然猛無寵，與他人無異。一説：己
爲人犧實難，以人爲己犧何害。此蓋古語，故王嘿晤。"[1] 董增齡《國語
正義》引述《左傳正義》和邵寶《左觿》之言，謂："昭二十二年
《傳》疏：'他人之有純德，寵之如犧，後實招禍難矣。己子之有純德，
寵之如犧，有何害也。但人有親疏，若疏人被寵害爲犧，實爲禍難。若
己家親屬寵愛如犧，有何患害？他人謂子猛，親屬謂子朝。'顧炎武
《杜解補正》引邵寶《左觿》曰：'言人犧，則用在人，故曰實難。喻

單、劉之立王猛，己犧，則用舍在己，故曰何害，喻王自立子朝。’案：
猛、朝並王子，雖有愛憎之分，不得以他人斥猛。孔氏故違韋解，曲從
杜訓，其説非也。邵氏以人指單、劉，亦與宏嗣立異。下文‘人異于
是’，‘雞’與‘人’對言，則‘人犧’之指雞明矣。”① 日本學者近藤
元粹也認爲孔疏“於注外妄生枝葉，致使傳文益晦澀”，認爲韋注“雖
太簡，自合傳旨”②。孫園園謂：“此篇實際上是在講子朝的老師賓孟爲
了能讓子朝做太子，便將自己在郊外所見到的雄雞自斷其尾的事報告給
周景王，藉機説明人和牲畜是不一樣的，從而暗示周景王，讓子朝做太
子是没有什麽妨害的。賓孟的話處處是在拿人與牲畜（雞）作對比，而
並没有提及‘他人’。‘人犧實難，己犧何害’一句應翻譯作‘給人作犧
牲的確很難，而自己作犧牲有什麽害處’，言外之意是‘子朝自願作爲
犧牲（當太子），有什麽禍害’。”③ 孫園園的解釋應該是最符合語境文義
的，可從。董熜此處只是揭示“可疑”，並没有進一步詳細論證。

　　揭示韋解所本，也是董熜《札記》的内容之一。如“婦贄不過棗
栗”條云：“《白虎通義》曰：‘棗，取其朝早起；栗，戰慄自反也。’韋
解本此。”今檢韋注云：“棗取蚤起，栗取敬栗。”《禮記·曲禮下》云：
“婦人之摯，榠、榛、脯、脩、棗、栗。”鄭玄注：“婦人無外事，見以
羞物也。”孔疏謂：“棗，早也；栗，蕭也。”與《白虎通》、韋解釋同。
吕思勉以《禮記·禮運》“居山以魚鼈爲禮，居澤以鹿豕爲禮”爲依據，
謂：“贄必各用其所有。而男贄以禽鳥，女贄以榠榛棗栗，可見其一事
獵，一事農矣。”④ 聞一多説得更爲明確，謂：“原始社會之求致食糧，
每因兩性體質之所宜，分工合作，男任狩獵，女任採集，故蔬果之屬，
相沿爲女子所有。”⑤ 可見鄭玄的看法與後世接近。而《白虎通義》用聲
訓解之，韋昭從之。

　　① （清）董增齡：《國語正義》卷三，成都：巴蜀書社 1985 年影式訓堂本，第 72 頁。
　　② ［日］近藤元粹：《增注春秋左氏傳校本》卷二十四，日本明治十五年（1883）刊本，本卷
第 28 頁。
　　③ 孫園園：《國語韋昭注研究》，南京師範大學碩士學位論文，2006 年。
　　④ 吕思勉：《讀史札記》，南京：譯林出版社 2016 年版，第 154 頁。
　　⑤ 聞一多：《古典新義》，上海：上海古籍出版社 2013 年版，第 96 頁。

　　董熄每引成説以與《國語》相應。如"晉厲公視遠步高"條云："偏喪則視遠步高，内懼則目動言肆，皆所謂'動乎四體'也。"明黄汝亨（1558—1626）制藝《動乎四體》云："即四體觀道，而動可知矣。夫道無在不形者也，動則幾生，故至誠前知之。蓋不動而變者誠也，隨動而見者亦誠也，誠則形矣。如國家之祅祥，如蓍龜之吉凶，固可逆而知矣。我以形論之，四體囿於造化之中，而物焉者之不能爲化也；以道觀之，四體具有造化之撰，而神焉者之不能秘藏也。當其未動，不感不應，聚於無爲之先；當其有動，不疾不徐，兆於不言之喻。愚不肖者，動之爲妄形，而間或以一念之凝，有安舒泰寧之象焉。愚不肖不知也，以誠之未嘗或絶也。賢知者，動之爲德機，而間或以一念之惰，有輕浮儇佻之象焉。賢智不知也，以誠之不容稍假也。蓋四體者，官之所止，而動則神行，神行則官不得不從，而順逆判於俯仰之際；四體者，氣之所布，而動則志壹，志壹則氣不得不隨，而得失著於静躁之間。故六合非廣，四體非狹，天地非大，吾身非小，千載非遥，一念非近。静則俱閉，鬼神莫知；動則俱開，吉凶先見。故誠者天之道，動者人之情也。以人觀天，以情觀道，故至誠可以前知也。豈別有退藏之秘，揣摩之術哉？"[①] 明人陳樂泰亦有《動乎四體》制藝文，可爲董熄注脚。又"若外單善而内辱之"條云："此即'匿怨而友其人'意。""匿怨而友其人"出《論語·公冶長》，即今之"笑裏藏刀"。董熄以《論語》成文釋《國語》之義，可謂確當。

　　以他書引文異文校《國語》。如"觥飯不及壺餐"條云："《説文》引《國語》作'侊飯不及一食'。"《容齋隨筆·續筆》卷六"《説文》與經傳不同"即引有此條，引述《國語》作"觥飯不及壺餐"。惠棟謂《説文》"一食"爲"壺飧"之誤。王筠《句讀》云："《越語》'觥飯不及壺飧'韋注：'觥，大也。'案：當作'壹飧'。'壹飧'見《梁孝王世家》，'一飧'見《三國志·賈詡》注。《史記·淮陰侯傳》如淳

---

　　① 龔篤清主編：《八股文彙編》，長沙：嶽麓書社2014年版，第343頁。

注：‘小飯曰飱。’侁飯不及壹飱者，盛饌非一時可具，不及小飯之療飢也。”① 這個理解和大多數學者理解不同。許慎之後學者絕大多數以《國語》韋昭注爲依據，判定許慎解錯，引錯。冀小軍通過空海《篆隸萬象名義》，發現有些證據可能對許慎之説有利。其引述承培元《説文引經證例》之説，並認爲承説“在訓詁上缺少根據，其説不足論”，並認爲承氏參考了董增齡的《國語正義》。冀小軍認爲董增齡以特定語境的特殊用法來解釋諺語，“顯然是不妥當的”。經過周密討論，冀小軍認爲訓“觖”爲“大”實屬“孤證單行，難以成立”，通過對“兒觖”的考求，認爲“觖”和“兒觖”用作酒器的代稱，此外，“觖”還有“罰”義。根據《名義》“觖小器，壺大物”的記載，謂：“‘觖飯不及壺飱’本是民間俗諺（韋注：‘諺，俗之善語’），‘壺’自然也是百姓日常所用之物。在這條諺語中，‘觖’指精美的酒器，取其貴而小；‘壺’則指陶壺或瓠壺，取其賤而大，故《名義》曰‘侁（觖），小器；壺，大物’。對飢者而言，‘觖飯’自然‘不及壺飱’。《方言》卷五：‘蠲，桮（杯）也。吴越之間曰蠲。’《太平御覽》卷八百五十引《風俗通》：‘吴郡名酒杯爲蠲，言大餓人得一蠲飯無所益也。’是吴越之間至漢時猶有此語，正可爲‘觖飯’作注脚。”② 和傳統理解不同，可備一説。

　　總體而言，董熜《讀國語札記》處在清朝前期，雖然考辨條目不多，但涉及《國語》研究的多個領域，既有自柳宗元以來的評點，又有正音讀、辨語義、釋典制人物、辨韋注、校勘、補證等各項內容。這些內容，基本構成了清代《國語》研究的各個方面。在考辨過程中，董熜注意引述前代説法，如《白虎通》、柳宗元、邵寶、穆文熙等諸家説法。當然，由於並非專門之作，存在隨意性，有些考辨並不深入，這也是需要指出的。

　　清代浙江在《國語》考校方面頗有創獲，出現了董熜、陳樹華、董

① （清）王筠：《説文句讀》卷十五，北京市中國書店 1983 年影印本，本卷第 18 頁。
② 冀小軍：《“觖飯不及壺飱”舊説辨正——以〈篆隸萬象名義〉印證〈説文〉一例》，《中國文字》新三十八期（2012 年）。

增齡、汪遠孫、李慈銘等在《國語》研究史上具有重要地位的學者。而
南潯董氏前有董熸，後有董增齡。尤其董增齡《國語正義》，是清代
《國語》研究史上唯一一部體大思精的著作。其中緣由，頗值得研討。

(五) 牟庭《國語》訓詁考校

牟庭《國語校注》亦校亦注，上文已經對其《國語》校勘進行了梳
理，對其過度依賴他書異文、勇於改易《國語》本書的校勘情形進行了
揭示。在《國語》訓詁考校方面，牟庭對韋注提出諸多商榷意見。換言
之，指斥韋注之非，是牟庭《國語校注》訓詁考校的重要部分。當然，
還對《國語》流傳、《國語》文字等進行了考校。

1. 指斥韋注之非

如上所言，指斥韋注之非是牟庭《國語校注》的重要內容之一。今
擷數例如下，以見其大略。

(1) 夫兵戢而時動
韋注：時動，謂三時務農，一時講武，守則有財，征則有威也。
時動，言有時一用之耳。注非。戢，斂也，藏也。
(2) 玩則無震
韋注：震，懼也。
二卷"君之武震"注："震，威也。"此注非。
(3) 以文修之
韋注：文，禮法也。
故能保世以滋大
韋注：保，守也。滋，益也。
以文修之，求懿德也。保世滋大，允王保之也。注俱無當。
(4) 侯衛賓服
侯衛，謂侯服之外奮武衛者，即《禹貢》之綏服。周謂之賓服
也。注以五圻亂之。非也。

（5）耆艾修之

修之，謂修治王身。注非也。

（6）夫利，百物之所生也

韋注：利生於物也。

利所以生百物而載天地者也，注非。

（7）使神人百物無不得其極

韋注：極，中也。

古微書引《元命苞》曰："極者，藏也。"《莊子・則陽篇》司馬注曰："極，平頭屋也。"余按：錢、穀所藏，其屋平頭，故謂之極。無不得其極，言皆得其廩藏也。莫菲爾極，言皆是后稷之廩藏也。故爲布利之義。舊訓極爲中，非矣。

（8）宣王即位，不藉千畝

韋注：藉，借也。借民力爲之。

《史記》集解引瓚曰："藉，蹈藉也。"

（9）陽癉憤盈

韋注：癉，厚也。

《素問》注："癉，熱也。"又曰："癉，謂淫熱也。"此注讀"癉"爲"亶"，非也。此言陽熱憤盈於下，則土氣必震發於上。此說覭土之意也。《方言》曰："憤，盈也。"

從以上九例來看，牟庭對韋注的商榷主要建立在：（1）對《國語》語詞句子的深切理解；（2）韋昭《國語解》同詞注文的不同解釋；（3）他書故訓。在此基礎上案以己意，對韋注提出商榷。就本處涉及的九條而言，第一條對"時動"的解釋，確實道人所未道，具有新意。第2條是通過韋昭後文的解釋來駁正韋昭本條注釋之非。第3條不是探討韋注的是非問題，而是探討韋昭的解釋對象和解釋角度。第4條是通過文獻記載佐證，論辨韋注之非。第5條對"修"對象的理解和韋昭不同。第6條是根據正文判定韋昭解釋錯誤，實際上是對主客體關係的認識問題。第7條則引述緯書以及故訓，對韋昭注提出駁正。第8條則是引述他書故訓，以斥韋注之非。蓋韋注用聲訓解釋，非解釋語境之義。第9條則引述《素問》並串講句義，以證韋注之非。皆極具參考價值。

2. 解釋文字

牟庭經常解釋文字。往往在涉及他書異文時，對異名同實或異文同義現象涉及的文字進行解釋，也有的對《國語》本文或韋昭注文字進行解釋。大致分爲語音相同或相近、古字義通等。

（1）語音相同或相近

有的屬於異名同實問題。如：

> 韋注：犬戎，西戎之別名，在荒服。
> 《大雅·緜》作混夷，《皇矣》作串夷，《孟子》作昆夷，《書大傳》作畎夷，《説文》引《大雅·緜》作犬夷。犬、畎、昆、混、串皆聲近字。

對“犬戎”在先秦時期其他典籍中的文字形式進行了臚列，並指出諸多“×＋夷”形式中，×位置上的文字都是語音相近之字。

有的則屬於語音相近且語義相同。如：

> 纂修其緒
> 纂，《史記》作“遵”。徐廣云：“一作選。”余按：《詩》“舞則選兮”，《韓詩》作“纂兮”。纂、選古字同。

“纂”“遵”聲近義同，“纂”“選”音近義同。

有的《國語》用字屬於通假字，直接揭明，並指出本字。如：

> 女三爲粲
> 粲，假借字也。《説文》作㛨，《詩釋文》引《字林》作“姕”。

本條指出《國語》"粲"字爲假借字，引《説文》《字林》之字以爲本字。

對《國語》用字進行改讀釋義。如：

夫事君者險而不懟

韋注：君，諸侯也。在危險之中不當懟。懟，謂若晉慶鄭怨惠公愎諫違卜，棄而不戰。

險，當讀爲"憾"。《楚語》曰："憾而不貳。"《内傳》曰："叔父有憾於寡人。"謂諫而不從，爲有憾也。諫雖不從，未可謂之危險。此"憾"字聲誤爲"險"。注非也。《史記》亦作"險"者，西漢時本已誤也。

本條指出《國語》"險"當讀爲"憾"，並由此推斷該字本爲"憾"，後因聲誤爲"險"字。進而推測這種文字錯誤在西漢時期已經發生了。

又如：

弗震弗渝，脉其滿眚，穀乃不殖

韋注：震，動也。渝，變也。眚，災也。言陽氣俱升，土膏欲動，當即發動、變寫其氣。不然，則脉滿氣結，更爲災病，穀乃不殖。

寫之，韋注非也。不震動之，不輸也。弗震弗輸。是渝、輸古字通。《公羊》《穀梁》作"輸平"。鄭人來渝，平公外也。《春秋·隱六年》寫其氣，使達於。當讀爲輸，謂輸。《廣雅疏證》曰渝。

本條認爲《國語》"渝"當讀爲"輸"。

(2) 從字形上對《國語》用字進行注釋

如對《國語》用字的古文字形進行揭示。如：

古者大史順時覼土

韋注：覼，視也。

《説文》："覥，衺視也。"籀文作覍。

本條先引述《説文》的解釋，對韋昭注釋進行了補充，進而揭出"覥"字的籀文形式。

也有的指出，他書引文用字和《國語》本文用字不同。如：

王耕一墢

《吕氏春秋·上農》高注引《傳》曰"王耕一發"，《孟春紀》高注引《國語》曰："王耕一發"。

本條揭出《吕氏春秋》高誘注引《國語》字作"發"，與《國語》"墢"字不同。

有的則因字形相近的問題，揭明《國語》用字問題。如：

王治農於藉

治農當作"始耕"。《真古文尚書》"來始滑"，《僞古文》作"在治忽"，《律曆志》引作"七始詠"。此治、始字相混之證。既"始"誤爲"治"，因以"耕"改作"農"也。

"治""始"字形相近易混，牟庭揭示出古書中既有二字相混之例，並以此推斷《國語》"治"字爲"始"字之誤。進而指出"農"當爲"耕"字之誤。

3. 對涉及的引文、他書進行考校

《國語》中多引典籍之言，牟氏在考校過程中，往往也對引文、引書問題進行考校。如：

在《湯誓》曰："余一人有辠，無與萬夫；萬夫有辠，在余一人。"

《論語》引此文，孔安國注曰："此伐桀告天之文。"《墨子》引

《湯誓》，其辭若此。庭按：《墨子·兼愛篇》引湯説曰："今天大旱，即當朕身履，未知得罪于上下，有善不敢蔽，有罪不敢赦，簡在帝心。萬方有罪，即當朕身；朕身有罪，無及萬方。"孔安國以爲引《湯誓》者，似兼《國語》之文而言之也。又《吕氏春秋·順民篇》曰："昔者湯克夏而正天下。天大旱，五年不收，湯以身禱于桑林曰：余一人有罪，無及萬夫；萬夫有罪，在余一人。無以一人之不敏，使上帝鬼神傷民之命。"然則古書《湯誓》之篇首言興師把鉞以告令師，其下又有告天之文，又有克夏五年桑林禱雨之文，而伏生僅傳其首之數簡，非全篇也。即孔安國壁書亦無得多者。故《論語》注稱《墨子》引《湯誓》也，韋注云"則已散亡矣"，得之。梅氏《僞古文》取此以作《湯誥》，甚謬戾矣。大旱禱雨之辭自可謂之湯誓，與今《湯誓篇》無涉。

本條主要對《國語》所引《湯誓》進行考辨。

另如，牟庭考校既參考《史記》，又連帶對《史記》進行考校。如上文引述《史記》同《國語》一樣字作"險"，並推斷《國語》文本西漢時期就發生了文字錯誤。另如：

若魯從之而諸侯傚之，王命將有所壅。若不從而誅之，是自誅王命也。

據文意，當云"若魯不從，而不誅，王命將有所壅。若魯從之，諸侯傚之，而誅之，是自誅王命也"。漢時寫本已錯亂，故《史記》亦與此同，但文義不協，不得不正也。

牟庭在《國語》校勘、訓詁方面用力甚勤，條目衆多。其訓詁細密程度超過清代前期其他《國語》著作。其校勘條目雖然未如汪遠孫《國語明道本考異》多，但牟庭並非臚列甲乙，而是根據相應證據，敢於提出自己的意見。牟庭《國語校注》學術價值當在董增齡《國語正義》、汪遠孫《國語發正》之上。應該是韋昭注之後，整個中國傳統社會中最

爲體大思精的一部《國語》研究專著。其《國語校注》的學術價值，有
待進一步深入開掘。

（六）董增齡《國語》訓詁考校

董增齡是清代乃至整個《國語》研究史上一位很重要的人物，主要
生活時期應該爲嘉慶、道光時期，具體生卒年代不詳。東京大學人文研
究所收有光緒六年會稽章氏式訓堂刊本《國語正義》12 册，並根據董增
齡爲《國語正義》所作自序"今年踰四十。平日所聞於師友者。恐漸遺
忘。是以就己撰集者。寫録成編。奮蜣蜋之臂。未克當車。矢精衛之誠。
不忘填海。歲在閼逢閹茂。始具簡編。時經五稔草創初成"文字，推斷
董增齡大約乾隆四十五年（1780）以前生，其《國語正義》成於嘉慶十
九年（1814）。現在我們可以根據《國語正義》稿本中董氏校改的簽條
知道，在嘉慶二十五年（1820）的時候，《國語正義》還在修訂之中。

1. 董增齡生平與交游

董增齡個人生平資料比較簡略，生卒年代不詳。王引之、徐養原、
施國祁等皆以"歸安董增齡"稱之。周慶雲所纂《南潯志》卷二十《人
物三》謂："董增齡，字慶千，號壽群，歸安廩生。（汪《志》）博雅士
也。（王引之《國語正義》序）善治《春秋》，兼善醫道，著述有《規
杜繹義》《論語雅言》《金匱集解》《江海明珠》《國語正義》。（汪
《志》）其《國語正義》援據該備，自先儒傳注及近世通人之説，無弗徵
引。又於發明韋注之中，時加是正。可謂語之詳而擇之精矣。（王序）"①
又周《志》卷四一《著述二》云："董增齡（見《人物傳》）《規杜繹
義》八卷（自序）、《論語雅言》二十卷（自序、嘉慶乙亥德清徐養原
序、己卯穀山蔡之定序）、《國語正義》二十一卷（閼逢閹茂自序、道光
二年王引之序）、《金匱集解》二十二卷（嘉慶十九年自跋）、《江海明
珠》二卷。"② 周慶雲的《南潯志》是在汪曰楨（1812—1882）《南潯鎮

---

① 周慶雲：《南潯志》，早稻田大學圖書館藏秀水陶葆廉癸亥（1923）孟冬跋本，本卷第6—7頁。
② 周慶雲：《南潯志》，早稻田大學圖書館藏秀水陶葆廉癸亥（1923）孟冬跋本，本卷第10頁。

志》的基礎上纂成①，其材料也基本采自汪《志》。關於董增齡生平，大體如是。趙紅娟著《明清湖州董氏文學世家研究》於董氏家族考證頗詳，但對董增齡個人，也僅僅引述巴蜀書社1985年影印本《國語正義》出版説明作爲補充。今據丁輝、陳心蓉《嘉興歷代進士研究》，其中有"金衍宗六女適歸安董增齡子董開榮"一條②。知董增齡有子名開榮，字勤甫，著有《育蠶要旨》，有清同治十年（1871）刊本。如果進一步深入發掘，或可得董開榮之詳細資料。今檢稿本《國語正義》中有"昆孫董蠡舟"之語。《爾雅·釋親》："兄之子、弟之子相謂爲從父晜弟。子之子爲孫，孫之子爲曾孫，曾孫之子爲玄孫，玄孫之子爲來孫，來孫之子爲晜孫，晜孫之子爲仍孫。"邵晉涵《正義》云："昆孫又爲遠孫之統稱。"梁章鉅《稱謂録》亦主是説。劉熙《釋名·釋親屬》謂："來孫之子曰昆孫。昆，貫也，恩情轉遠，以禮貫連之耳。"是或邵晉涵説之所本。又《左傳·昭公十六年》："子張，君之昆孫子孔之後也。"杜預注云："昆，兄也。"則"昆孫"亦指自己哥哥的孫子。無論"昆孫"義謂哪一種，都説明董增齡和董蠡舟之間的親族關係。汪曰楨《南潯鎮志》卷十三"董熉"條下系有"董師植""董豐垣""董肇鏗""董增齡""董蠡舟""董恂"等人，其中董師植爲董熉之父，董豐垣爲董熉之子，董肇鏗爲董熉從孫，而董增齡、董蠡舟、董恂皆列爲董熉之族人，謂："董氏族人以著述名者，嘉慶時有增齡，字慶千，號壽群，歸安廩生，善治《春秋》，嘗疏《國語》韋昭注，兼善醫學。道光時有蠡舟，字濟甫，

---

① 汪曰楨《南潯鎮志》四十一卷，咸豐六年（1856）編修、同治二年（1863）刊印。汪曰楨《南潯鎮志》卷一三《人物二》"董熉"後附云："董氏族人以著述名者，嘉慶時有增齡，字慶千，號壽群。歸安廩生。善治《春秋》，嘗疏《國語》韋昭注，兼善醫學。"（上海古籍出版社2002年輯印《續修四庫全書》第717冊，第283頁）又汪志卷三〇《著述二》云："董增齡（見人物附傳）《規杜繹義》八卷（寫本存〇自序）、《論語雅言》二十卷（寫本存〇自序、嘉慶乙亥德清徐養原序、己卯穀山蔡之定序）、《國語正義》二十一卷（寫本存〇閼逢閹茂自序、道光二年高郵王引之序）、《金匱集解》二十二卷（寫本存〇嘉慶十九年自跋）、《江海明珠》二卷（寫本存）。"（第479頁）今巴蜀書社與《續修四庫全書》收録董增齡《國語正義》，《四庫未收書輯刊》收入董增齡《論語雅言》。又《雪橋詩話續編》卷五謂："董增齡字慶千，號壽群，烏程廩生，著有《國語正義》，《春柳》詩云：'鵝黃初染色偏嬌，旅客無端折柳條。最愛石塘春水緑，半匳波鏡映纖腰。'"（北京：北京古籍出版社1991年影印求恕齋本，本卷第30頁）

② 丁輝、陳心蓉：《嘉興歷代進士研究》，合肥：黃山書社2012年版，第237頁。

號鑄範，監生，貫穿經史，尤精三禮，著書甚多，兼善詩畫。蠡舟從弟恂，字謙甫，號壺山，府學生，工詩，能醫，亦通經學，嘗疏《夏小正》，並重修《南潯鎮志》。"① 並未對董增齡、董蠡舟家世給予更詳盡的著錄。

董增齡與徐養原爲中表兄弟，又與施國祁交往較密。徐養原（1758—1825），字新田，號飴庵，浙江德清人，嘉慶六年（1801）副貢生。其父徐天柱（1734—1793），曾官翰林院編修，著有《天藻樓詩稿》，其母程宜人著有《菠蘿密室琴譜》。徐養原少年時期隨父宦游北京，從名家問學，其學問大爲錢大昕所歎賞。曾至阮元詁經精舍講學，分擔《尚書》《儀禮》的校勘。著有《明堂説》《井田議》《周官故書考》《儀禮古今文異同疏證》《論語魯讀考》《律吕臆説》《管色考》《頑石盧經説》等。支偉成《清代樸學大師列傳》謂其"爲人舍書籍外無嗜好，非疾病喪紀不輟業，誦讀孜孜，考論矻矻，迄老弗衰"②。施國祁（1750—1824），字非熊，號北研，南潯人，與同爲南潯人的張鑒、楊鳳苞肄業於詁經精舍，著有《金史詳校》十卷、《金史札記》三卷、《元遺山集箋注》十四卷、《年譜》一卷、《金源雜興詩》一卷、《禮耕館詩文集》、《禮耕堂叢説》、《吉貝居雜記》、《史論五答》等。與楊鳳苞等並稱爲"南潯三先生"。陸心源曾輯刻《湖州叢書》，收錄徐養原、嚴元照、楊鳳苞、施國祁等人的著作 12 種。徐、施都對《國語正義》的撰寫有過建議和商榷。

以上即爲董增齡生平交游之大略。其年齡當和徐養原、施國祁相仿佛。

2. 董增齡《國語正義》流傳及刊本

董增齡《國語正義》形態分爲寫本、刊本、點校本三種形態。而寫本又可以分爲征求意見本、清稿本兩種。

---

① （清）汪曰楨：《南潯鎮志》，上海：上海古籍出版社輯印《續修四庫全書》第 717 册，第 283 頁。

② 支偉成：《清代樸學大師列傳》，上海：泰東書局 1925 年版，第 190 頁。

（1）《國語正義》寫本

董增齡《國語正義》最初以稿本行世，其早期寫本分別呈送施國祁、徐養原，後來又曾以全本謄清稿呈送王引之，征求意見。其撰作的同時就以部分稿子請正於徐養原和施國祁，徐養原和施國祁都有回復信函。呈送給王引之的寫本，王引之仔細校閱之後，撰有《國語正義序》置於卷端。

施國祁《國語新疏説（與董壽群）》云：

> 蒙示大著《國語·周語》上、中二卷新疏，訓詁精，援引博，可與邵氏《爾雅疏》、王氏《廣雅疏》並列爲參。且可度越尊先世所製《尚書大傳》《識小編》而上之。允乎不朽之作也。此書少日亦曾校讀，稍附鄙説其間，約得數篇，久爲好友取去，今止記《犬戎章》“茂正其德而厚其性，阜其財求而利其器用”韋解云：“性，情性也。”按數語乃本《大禹謨》三事，義當作“性，生也”。（《周官·大司徒》辨五地之物生，杜讀“生”爲“性”。《孝經》毀不滅性，《喪服》四制作生。高誘注《呂覽·本生篇》：“生，性也。”《白虎通·情性篇》：“性者，生也。”《大戴禮·三本篇》“性之本也”，《荀子》《史記》皆作“生”。惟《左氏·昭八年傳》“莫保其性”杜預注：“命也。”非。亦可見晉義與漢義之流變。）此係注誤。又《降莘章》王曰：“其誰受之？”對曰：“在虢土。”王曰：“然則何爲？”韋解云：“何爲在虢。”按：下文“逢福”“貪禍”之咎並據，然則語氣當作“在虢何爲”。此係刊誤。二説僭識格上。至韋序中率附就商數則，不過以剪裁詳略之處，小參末議矣。外如《北門章》“免冑而下”，辨無“拜”字，似當先取《左傳》《呂覽》等文而以尊説終之。竊謂“拜”有等差，“擅”字亦有拜義，豈必稽首始稱拜耶？（《周禮·九拜》“九曰肅拜”鄭注：“肅拜，但俯下首，今時擅也。”）又《魯朝章》“方上鋭下”，韋氏無解，補疏甚核。然柳州之非辨，亦須備引以駁正之。再考《補音序》云：“取官私所藏十五六本，以宋緘大體爲詳。”諸本固不可得，而自元明以迄國朝，亦當有十餘刻。外如《古微書》《五行大義》等書，其文體

大略相近，皆宜博采以附證之。凡此，悉不揣之瞽言，不知有合尊聽否？若夫"共和""千畝""鄭南"之疏義，"三川""命圭""請隧"之訂文，自非宿學宏材，安能精當至此。行止思思，未敢贊詞。略見一斑，可徵全豹。他日録成後，即宜仿水周林刻拓，以蜜香紙萬番傳示當世。正所謂左氏孤行，杜氏孤行，董氏亦孤行也。①

可知，董增齡給施國祁閱覽的稿本僅有《周語上》《周語中》兩卷。施國祁對董增齡《國語正義》評價甚高，認爲可以和邵晉涵《爾雅正義》、王念孫《廣雅疏證》並列爲三，甚至超過了董豐垣的《尚書大傳》和《識小編》。就學術影響而言，恐怕施國祁的評價稍有過之。而就專書正義而言，董增齡《國語正義》確乎爲《國語》研究不可多得之作。同時施國祁也提到自己曾校讀《國語》，只是校本爲人取而未還，故在本文中講述了對《國語》具體文本的幾條意見。今檢上海圖書館稿本眉端有"性，生也""當云'在虢何爲'"識語，從施國祁"二説儹識格上"的表述看，稿本識語即便不是施國祁原校批，也和施國祁之説相同。但是刊本《國語正義》並沒有採納施國祁的這兩條意見，不知道是刊本所據抄本上沒有這兩條，還是刊刻時故意隱去。"左右免冑而下"條涉及行文問題，今檢董增齡本條疏證云：

> 錢曾《讀書敏求記》："明道二年刊本作'左右皆免冑而下拜'。"又引韋解曰："言免冑，則不解甲而拜。"錢氏謂"介冑之士不拜"，秦師反是，所謂無禮則脱也。齡謂：此文不應有"拜"字，蓋望闕拜舞，後世之禮。古者，天子諸侯偏揖群臣，臣各就位而立。此每日視朝之禮，不聞有拜。何以城門之外反施以拜？《吕氏春秋·先識覽》亦載此事，但言"當囊甲束兵，左右皆下，以爲天子禮"，不言當拜。《左傳》載此事亦無"拜"字。《國語》即謂脱

---

① （清）施國祁：《國語新疏説》，見載於宋志英選編《國語研究文獻輯刊》第五册，北京：國家圖書館出版社2012年版，第25—27頁。

"拜"字，豈《左傳》亦與之同脱乎？滿言忽"下"、忽"超乘"，故言"輕而無禮"。若下而拜，則宜言恭而無禮，不當言"輕而無禮"。成十七年《傳》：郤至"見楚子，必下，免冑而趨風"。下而免冑，已是敬之極，則故必使工尹襄問之，蓋以答其敬也。則秦師既（稿本"既"相原有"不必拜"三字，抹去）下，更不必拜。必謂此《傳》當有"拜"字，未敢雷同符和也。（稿本本面浮簽云："許宗彦亦云：能明言'師輕而驕，輕則寡謀，驕則無禮'，則無禮如過門而下拜，雖非禮，不可謂之驕矣。"）

可見，董增齡本條行文已經接受施國祁建議，先引述《吕氏春秋》《左傳》文字，然後進行辨析論述。施國祁認爲董增齡"方上鋭下"條辨析甚確，同時指出應該引述柳宗元《非國語》的話進行進一步辨析。董增齡疏證如下：

《説文》："狼似犬，鋭頭。"狼性貪戾，宣伯之鋭下似之，故知其觸冒人。文元年《傳》："穀也豐下，必有後于魯國。""鋭"與"豐"正相反，宜其負罪奔齊，子孫不存於魯也。

也就是説，在董增齡、施國祁看來，"相由心生"，内心非良善之人，在外貌上會有顯現。但是柳宗元似乎不這樣認爲，他説：

諸侯之來，王有賜予，非以貨其人也，以禮其國也。苟叔孫之來，不度於禮，不儀於物，則罪也。王而刑之，誰曰不可？若力之不能而姑勿賜，未足以懲夫貪陵者也，不若與之。今使王逆詐諸侯而蔑其卿，苟興怨於魯，未必周之福也。且夫惡叔孫者，泰侈貪陵則可矣，方上而鋭下，非所以得罪於天子。[1]

① 湖南省法家著作研究班柳宗元《非國語》評注組：《柳宗元〈非國語〉評注》，長沙：湖南人民出版社 1976 年版，第 37—38 頁。

今人認爲："柳宗元用先秦法家'明法'和'非相'的進步觀點看，給予了尖鋭的批判。他强調指出，處理同諸侯國之間的關係，必須按照一定的制度辦事，不能因爲一個人的問題而'逆詐諸侯'；至於討厭叔孫僑如'泰侈貪陵'是可以的，但不應該'以貌取人'。"① 進一步申述了柳宗元的觀點。可見董增齡、施國祁和柳宗元的出發點不同，施國祁建議董增齡順帶駁斥一下柳宗元，但董增齡並没有採納施國祁的建議。此外，施國祁還就廣泛徵引《國語》版本以及參考相關資料方面給董增齡提供了建議。董增齡對前者並没有採納，《國語》版本雖然不少，蓋董增齡居於南潯一鎮，恐搜羅不易。而對施國祁所建議後者，固屬董增齡《國語正義》的一大特色，但施國祁所提及之《五行大義》《古微書》也並没出現在董增齡的文獻徵引之列。

徐養原《與董慶千論〈國語正義〉書》云：

> 承示大著《國語正義》，此書爲《春秋》外傳，治古文者必兼綜焉。而韋注孤行，未有爲之疏者。吾兄此作，洵屬不可少之書。捧讀數過，疏解詳明，條流淹貫，深合體製，必傳無疑，佩服佩服。惟略有可商者：既依注作疏，則注義不可輕駁。劉光伯《規杜》三百事，孔沖遠一一闢之，疏例固當如是。惟楊士勛《穀梁疏》頗糾范氏之失，然亦微文見義，不顯攻也。尊著攻詰韋注，詞氣有過峻處，似宜斟酌。又賈逵、孔晁等注，見於他書者凡數十條，統須抄納。有韋注暗用舊説者，有孔晁同乎韋注者，亦或各有異同，須爲之疏通而證明之。如"女三爲粲"，《御覽》三百八十引賈逵曰："粲，美貌也。"此韋注暗用賈説也。"夫榮公好專利而不知大難"，《周易·屯卦》音義引賈逵曰："難，畏憚也。"此韋注所缺也。"農祥晨正"，《御覽》二十引唐固曰："農祥，房星也。晨正，謂晨見東方立春之日也。"此暗用唐説而小異也。《春秋·文九年》疏引孔

---

① 湖南省法家著作研究班柳宗元《非國語》評注組：《柳宗元〈非國語〉評注》，長沙：湖南人民出版社 1976 年版，第 38—39 頁。

晃曰："陽氣伏於陰下，見迫於陰，故不能升，以至於地動。"此孔
注同乎韋注也。又有他書引韋書而今本無者，如《禹貢》疏引韋昭
云："以文武侯衛爲安王賓之，因以名服。"今本無此語。此類亦不
多見，偶有數條，宜録之以備參考。至宋元以後諸人之説，似可無
庸捃摭。近世通儒，若顧氏、閻氏、惠氏、戴氏，其精審處突過前
人。然多直抒己見，於疏例亦難闌入。鄙見如此，未識高明以爲然
否？去歲承手教論"經入姟極"之義，鄙意億、兆、經、晐居十數
之四，經與京一聲之轉，字異義同。弟持此説久矣。來論主韋，義
與鄙説不同。鄙説又無顯證，不敢固執，故久而未報。今據韋注作
疏，則從韋説例所宜然。固無庸立異也。弟向有筮説及景王鑄無射
解，今節録承教，便中即祈指示爲感。①

　　徐養原首先對《國語》和董增齡《國語正義》進行了總體評價，認
爲《國語》作爲《春秋》外傳，是"治古文者必兼綜"之書。由於
《國語》一書的價值，以及韋注的孤行，進而認爲《國語正義》確乎
"不可少"。指出《國語正義》的特點爲"疏解詳明，條流淹貫，深合體
製"。同時指出，董書雖名"正義"，實違注疏之旨。另外指出董增齡攻
詰韋注太過，"詞氣有過峻處，似宜斟酌"。關於徐養原指出的這一點，
董增齡在自序中有所申述，詳見下文。
　　此外，徐養原給董增齡提出幾條建議：首先是對《國語》佚注的收
録問題。徐養原認爲應該全部録入。從董增齡自序來看，他接受了徐養
原的建議。董增齡和徐養原都不是專事輯佚之人，故而對於佚注的存量
估計不足，也是可以理解的。從徐養原的這一條建議來看，他希望《國
語正義》兼具保存文獻的功能。其次，徐養原認爲韋注和韋昭前後注家
對同一語言點的注釋有些是相同的，而韋昭未標出處，或有暗用舊説之
處。而後於韋昭之孔晃也當有暗用韋昭注者，需要在全然抄納佚注的基
礎上進行辨析。並列舉賈逵注 2 條，唐固注、孔晃注各 1 條作爲例子進

① （清）徐養原：《頑石廬文集》，《清代詩文集匯編》第 453 册，第 740 頁。

行示範。董增齡基本採納了徐養原的建議。如"女三爲粲"韋解："粲，美貌。"董疏云："《太平御覽》三百引賈逵注：'粲，美也。'韋本賈義。《説文》：'三女爲姦，从女奻省聲。'《字林》從女奻不省。《詩·鄭風》毛傳：'粲，餐也。''今河北人呼食爲餐。'則'餐'當作'姿'。《詩·唐風》'見此粲者'毛傳：'大夫一妻二妾。'彼雖失時而爲昏禮之正，故有'適''庶'之名。此則越禮而來，唯知伯姑爲三女中之一人，其二不必爲娣姪也。"從上圖藏稿本可以看出，"《太平御覽》三百引賈逵注：'粲，美也。'韋本賈義"一句話是後來添加上去的，另外"難，畏憚也"一條也是後加上的，可見董增齡接受了徐養原的建議。其三，韋昭佚注有爲他書引述而今本《國語》缺失者，當録入。董增齡自序中也表明了相同的看法。徐養原舉證的《禹貢》疏引述韋昭之言，董增齡《國語正義》亦已用之。其四，宋元以後的諸家説法，不必録入。董增齡《國語正義》參《補音》較少，宋元以後的《國語》研究者整體較少，但有些重要言論如朱熹等人之説，仍録以備參。其五，清代學者的一些意見，屬於專門研究，本非爲注書而發，故與注疏體例不合，不宜録入。這一點，董增齡並没有採納徐養原的意見。檢董增齡《國語正義》徵引惠士奇《禮説》較多，其他如錢大昕、王鳴盛、邵晉涵等人的成果，也多有引用，甚至有些地方存在主觀襲用的情況，如董增齡對《禮説》《爾雅正義》多處襲用而未注出。其六，貢獻出自己對《國語》兩處的意見。一處爲《鄭語》"經"字的解釋，韋昭釋"經"爲"常"，徐養原謂"經"與"京"通，亦數字之一。根據徐養原的陳述，似董增齡初以韋昭之説爲是。今檢刊本《國語正義》本條疏證云："《詩·伐檀》《豐年》毛傳並云：'萬萬曰億。'《伐檀》《楚茨》鄭箋並云：'十萬曰億。'是賈、唐用毛義，韋用鄭義也。《伐檀》疏曰：'萬萬曰億。'今數然也。倘以時事言之，故今《九章算術》皆以萬萬爲億，《箋》以《詩》《書》古人之言，故以古數言之。知古億十萬者，以田方百里者，于今數爲九百萬畝，是億爲十萬也。徐岳《數術記遺》言黃帝法有十數，數有三等。十數者，億、兆、京、垓、秭、壤、溝、澗、正、載。三等者，上、中、下也。下數十十變之，若十萬曰億、十億曰兆、十兆曰京也。中數萬萬變之，若萬萬曰億、億億曰兆、兆兆曰京也。甄鸞曰：
'毛注中數也，鄭注下數也。上數宏廓，世不能用。'古人淳樸，則用下
數。至秦漢以後，始用中數也。'經，常也'者，《漢書·食貨志》：'自
天子以至封君，湯沐邑皆各爲私奉養，不領於天子之經費。'顏師古注：
'經，常也。'韋解似本班義。李冶《敬齋古今黈》謂經即京，十兆曰
京，京、經字異義同。今徐養原亦主此説。李冶又謂姟即核。按《漢
書·司馬相如封禪書》服虔注：'姟，重也。天有九重。'義與韋異。並
采其説，以俟審定。"董增齡不僅揭出韋昭注文所本，而且引述李冶、徐
養原之説備存。徐養原《頑石廬經説》卷六有《黃鍾之宮解》《旋宮説》
《三樂説》《景王鑄無射解》，卷七有《鳧氏爲鐘説》《磬氏爲磬説》《鐘
磬不並用説》《樂器應律説》《樂器雜説》《雅樂論》《俗樂論》《算律
論》《樂本説》，卷十有《律管説》《相生説》《聲律論》《琴論》《瑟
論》等論樂之文，尤其《景王鑄無射解》是《國語》研究史上第一篇全
面論述該篇的文獻，十分重要。檢刊本《國語正義》引述徐養原之説 7
處，其中即有卜筮、説律者。

董增齡在吸收徐養原和施國祁意見的基礎上，手稿謄清後又請正於
王引之。王引之爲之校批，並撰序一篇書於稿本《國語正義自序》之
後，文云：

> 歸安董文學增齡，博雅士也。所著《國語正義》援據該備，自
> 先儒傳注及近世通人之説，無弗徵引。又於發明韋注之中時加是正，
> 可謂語之詳而釋之精矣。曏予爲《經義述聞》一書，謹志家公之
> 説，附以鄙見，其中亦有考證《國語》者。他日寫定，當以就正於
> 董君。茲先於董君之書志數語而歸之。道光二年五月戊寅高郵王引
> 之敘。

在這篇序文中，王引之從兩個方面對《國語正義》進行了評價：其
一是"援據該備，自先儒傳注及近世通人之説，無弗徵引"，説明董增
齡《國語正義》搜羅資料全面；其二是"於發明韋注之中時加是正，可

謂語之詳而釋之精"，贊揚董增齡功夫精到，既能發明韋注，又能對韋注進行辨正，故謂之"語之詳而釋之精"。此外，王引之在董增齡的手稿天頭上批了很多條意見，有些是加了"引之案"的，舉例如下：

(1) 國語正義卷第一

引之案：元和陳芳林先生《春秋外傳考正》多允愜處，似可參考。

(2)《周禮·太師》注："大呂又上生夷則之九五。"蓋大呂三分損一，上生大呂。大呂長八寸三分七厘六毫，取六寸減二寸，爲四寸在，又以餘二者，爲十八分，又以餘三分七厘六毫者爲三分三厘八毫，添前爲二十一分强，減七分得十四分强在，添前四寸，共得五寸五分强，計當得五寸五分五厘一毫也。《史記·律書》："夷則，言陰氣之賊萬物也，其於十二子爲申。申者，言陰用事，申賊萬物，故曰申。"《淮南·天文訓》："律受夷則。夷則者，易其則也，德以去矣。"《太平御覽》引高注："德以去，生氣盡也。"《時則訓》"律中夷則"高注："夷，傷也。則，法也。是月陽衰陰盛，萬物凋傷，應法成性，故曰夷則。"《白虎通義》："夷，傷也。則，法也。言萬物始傷，被刑法也。"《漢書·律曆志》："則，法也。言陽氣正法度而使陰氣夷當傷之物也。"案：諸家並訓"夷"爲"傷"。今韋解以"夷"爲"平"，《詩·周頌》"岐有夷之行"，是"夷"亦得有"平"義也。

引之案：諸家以"夷"爲"傷"，與《國語》之意不合，似可不引。以"夷"爲"平"出於正文，非韋解以意爲之也。

(3)《周禮·大師》注："黃鍾初九也，下生林鍾之初六。"賈疏："黃鍾長九寸，下生林鍾，三分減一，去三寸，故林鍾長六寸。"《淮南·天文訓》："林鍾者，引而止也。"又《時則訓》"季夏之月，律中百鍾"高注："百鍾，林鍾也。是月陽盛陰起，生養萬物，故曰百鍾。"《白虎通義》："林者，衆也。言萬物成熟，種類多也。"（所引《白虎通義》恐亦出《史記·律書》"律中林鍾"正義，今所見《白虎通義》卷三無"言"字）《漢書·律曆志》：

"林，君也。言陰氣受任，助蕤賓君主種物，使長大楙盛也。"韋解用《淮南》、班固兩家之義。《史記·律書》："林鍾者，言萬物就死，氣林林然。其于十二子爲未。未者，言萬物皆成，有滋味也。"案：《月令》："季夏……神農將持功。"則萬物生王（頗疑"王"字爲衍文，或爲"長"字之誤。）之時。至七月，律中夷則。《方言》："夷，傷也。"則六月不得遽言就死，故韋不用之也。

引之案：訓"林"爲"君"及"萬物就死"之說，俱與《國語》不合，似可不引。

（4）錢大昕曰："古法，歲星與太歲常相應，歲星自丑右行，太歲自子左行，歲移一次，周則復始。如歲星在星紀，則太歲必在子；歲星在鶉火，則太歲必在未。《三統術》上元起丙子歲，依歲術步之，則武王克商之年當直辛未。孔氏《詩》疏云：'文王受命十三年，辛未之歲。殷正月六日殺紂。'孔疏所言，與《國語》'歲在鶉火'之文正相合……而後人譜紀年者，皆以周克殷爲己卯歲，相較差八年者，蓋古術太歲與歲星皆有超辰之法，歲星一百四十四年而超一辰，則太歲亦超一辰。年逾久，則超年亦漸多。今人以漢高帝元年爲乙未，武帝太初元年爲丁丑，而班孟堅於漢元年引《漢志》曰'太歲在午'，於太初元年引《漢志》曰'歲名困敦'。孟堅所引者，西京之注記，則西京猶用超長之法，而東漢臺官已鮮知之……相沿到今。以今法溯古年，則武王克殷固宜在己卯……而古法則必爲辛未……若《竹書》'辛卯'、皇甫謐'乙酉'之說，則誕而不足信矣。"

王引之云：太歲超辰之說出於劉子駿，古人無是也。丙子、丁丑則十月爲歲，跨兩年之故，非超辰也。錢說非。

（5）成九年《傳》疏引應劭《漢官儀》曰："法冠，一曰柱後冠。《左傳》'南冠而縶'，則楚冠也。秦滅楚，以其冠賜近臣。御史服之，即今獬豸冠也。古有獬豸獸，觸不直者，故執憲以其形用爲冠，令觸人也。"《史記·高祖本紀》"高祖爲亭長，以竹皮爲冠"《索隱》引應劭云："一名長冠。"蔡邕《獨斷》云："長冠，楚制也。""南冠"文在"二卿"下,則二卿並南冠也。

　　引之案:"棄冠冕而南冠以出",則君臣並南冠也,非獨二卿而已。

　　(6)"楛矢貫之"者,宣六年《傳》"以盈其貫",劉炫據梅賾
《泰誓》"商罪貫盈",以爲紂之爲惡,如物在繩索之貫,則貫謂洞
胷徹腋也。

　　引之云:貫、盈之解與此無涉,似可不引。

　　以上所舉六例,都是加了"引之案"的,可以確定爲王引之的修改
建議或意見。第一條是向董增齡提供學術信息。仁和陳樹華在《左傳》
《國語》校訂方面成就斐然,冠絕一時。其書雖以抄本行世,但黄丕烈、
顧廣圻、汪遠孫等都有參照。故王引之此處建議董增齡宜參考其書。但
董增齡居處閉塞,交游未廣,故未能參及。第2條意見是針對具體條目
的問題,實際上是撰述的基本規則問題。按照王引之的看法,韋昭訓
"夷"爲"平"是《國語》正文本有之義,非韋昭刻意訓釋,董增齡所
引此前此後諸説都應從這個角度來進行佐證。但是董增齡引述的大量資
料都是訓"夷"爲"傷"的故訓材料,和韋注"平"的釋義無關,故王
引之認爲"與《國語》之意不合",王引之在序文稱《國語正義》"援
據該備"只是總體言之,此處牽涉具體條目的材料徵引與使用問題,王
引之的批評還是有道理的。並未見董增齡對王引之這一條的回應和更動。
第三條和第六條與第二條的基本觀點一致,即凡故訓與《國語》不合或
無關者,可以不予引用。實際上這是學術研究中材料徵引方面的一個規
則問題。曩者負笈隨園之時,方師在不同的場合講過考辨類札記運用材
料的問題,方師在學禮堂訪談録中談到徐復先生當年垂示方師等及門弟
子論文撰寫選取用例之法:"一定要寫非常精到的例子,他説我要説明
這個問題,要在幾十種例子裏面,選擇最恰當最能説明問題的例子。"①
徐復先生的出發點和王引之對董增齡的批評並不完全相同,但在精選用
例和材料,與語境貼合、與要論證的注文結論貼合這一方面,二者是毫

────────────

　　① 王鍔主編:《展也大成——學禮堂訪談録》,南京:鳳凰出版社2018年版,第57頁。

無二致的。第四條屬於商榷文字，王引之不認同錢大昕“超辰”之説。對於錢大昕的説法，孫星衍《再答錢少詹書》[1]也表達了不同意見，和錢大昕進行了探討。董增齡此處並没接受王引之的建議。第五條是對董增齡訓釋的商榷，從《國語》本文以及韋昭注解來看，王引之的意見是對的，蓋陳國君臣三人並爲南冠，非僅二卿而已。今從稿本中也未能看出董增齡有什麽意見或回應。

王引之將謄清稿還給董增齡後，董增齡又在王引之建議的基礎上，對謄清稿進行了删補改易，多處貼有簽條。汪遠孫等都曾參考董增齡的説法，不知道是轉録他人，還是經眼董增齡稿本。此一稿本疊經流傳，至於周慶雲之手。但式訓堂刊本與手稿本頗多不同之處，凡是簽條補充者，刊本皆未録人，即便正文部分，刊本也多有與稿本不同之處，可見式訓堂刊本所用底本恐怕是手稿本的傳録本，或别有所本。章壽康《式訓堂自己卯後續藏書目》收有“國語正義六本抄”[2]，上海圖書館藏周慶雲原藏稿本爲八册，與章壽康藏《國語正義》抄本形態不盡同。章壽康藏六本之抄本恐即式訓堂刊本《國語正義》的底本，與周慶雲藏稿本不同。至於二者之間的關係，還需進一步尋繹研討。

（2）《國語正義》的刊印

今檢《國語正義》刊刻者章壽康（1850—1906），字碩卿，浙江會稽人，曾官嘉魚縣知縣，生平以藏書、刻書爲事，藏書處名小石山房、式訓堂，曾輯刻《式訓堂叢書》初集十四種四十二卷、二集十一種三十二卷、三集十二種五十三卷[3]。董增齡《國語正義》雖由式訓堂刊刻，但並不在《叢書》之内。該書刊刻於光緒庚辰（1880）冬，則章壽康所收《國語正義》抄本六册恐即在光緒己卯當年或光緒庚辰上半年。刊本牌記三行，行七字，云：“光緒庚辰冬會稽章氏式訓堂開雕福山王懿榮

① （清）孫星衍：《再答錢少詹書》，氏著《問字堂集》，駢宇騫點校，北京：中華書局1996年版，第129—132頁。

② 章壽康《式訓堂自己卯後續藏書目》，哈佛大學圖書館藏民國三年（1914）王仲華抄本。

③ 見繆荃孫《章碩卿傳》，《繆荃孫全集·詩文1》，南京：鳳凰出版社2014年版，第484—486頁。關於《式訓堂叢書》之詳細，可參王柏涵《〈式訓堂叢書〉初探》（《第十屆有鳳初鳴——漢學多元化領域之探索全國研究生學術煙台會論文集》，2015年，第277—298頁）。

署耑." 全書依次爲董增齡《國語正義序》、王引之《國語正義敍》、《國語敍》、《國語正義》全文。王引之序文無標題，序文末注明"寫本失載，玆於《南潯鎮志》録出"，可見，式訓堂刊刻董增齡《國語正義》所用底本絕非周慶雲藏稿本，而章壽康所收抄本六册上並無王引之敍。由於刊刻促進流傳，故式訓堂刊本進一步擴大了董增齡《國語正義》的影響，海內外多家藏書機構收藏有式訓堂刊本《國語正義》，是刊本之流布價值。但刊本的流布也使得董增齡的稿本學術價值一直隱没未能爲世所知。由於董增齡没有什麼名氣，故有的學者誤以作者爲董斯垣，如俞樾《春在堂隨筆》卷三即謂："江浙之開書局也，余曾有續刻《皇清經解》之議，因博訪通人，搜羅衆籍……董氏斯垣之《國語正義》……"① 即誤"董增齡"爲"董斯垣"，張之洞《書目答問》誤同②。20 世紀 20—40 年代，日本主導的"東方文化事業總委員會"組織中國學者編纂古籍提要，著録《四庫總目》未收以及《四庫全書》編成之後問世的書籍，約計三萬四千種，整理之後以油印本的形式分藏中日研究機構。1972 年，臺灣商務印書館據京都大學人文科學研究所藏油印本出版排印本，收書約計一萬一千篇左右。1993 年，中國科學院圖書館以所藏稿本《提要·經部》爲底本整理出版；1996 年，齊魯書社影印出版中國科學院圖書館全部館藏稿本。其中《國語正義》提要如下：

　　《國語正義》二十一卷（光緒庚辰會稽章氏式訓堂刻本）。清董增齡撰。增齡字□□，浙江歸安人。注《國語》者，漢有鄭衆、賈逵，魏有王肅，吳有虞翻、唐固、韋昭，晉有孔晁，凡七家。今惟韋解尚在，孤行天壤間已千五百餘年，未有爲之疏者。增齡以韋解固援經義而許、鄭諸儒有未翕合者，依文順釋，義有難安，況墨守

① （清）俞樾：《春在堂隨筆》，瀋陽：遼寧教育出版社 2001 年點校本，第 41 頁。甚至今人編的《湖州名人志》還謂"董增齡字斯坦"（沈文泉編著《湖州名人志》，杭州：杭州出版社 2009 年版，第 298 頁）。
② 據載，章壽康曾於光緒元年協助張之洞編纂《書目答問》，此時或章氏尚未與聞董增齡《國語正義》之事。

一家之説，殊非實事求是之意。用此作爲正義，采擷群經舊説，間下己意，並援楊氏《穀梁正義》間與范氏之注語具抑揚，則知疏不破注之例，古人亦所不拘。故如篇中《魯語上》"幕能帥顓頊者也，有虞氏報焉"解："幕，舜之後虞思，爲夏諸侯。"《疏》謂："《路史》言窮係出虞幕，則幕在項後舜前，昭八年《傳》史趙先言幕，次言瞍及遂，則幕爲舜祖無疑。故《内傳》孔《疏》引孔晁《國語注》：'幕能修道，功不及祖，德不及宗，故每於歲之大烝而祭焉。'謂之報，言虞舜祭幕，明幕是舜先矣。"《晉語四》楚成王以周禮之九獻，"庭實旅百"解："周禮：上公出入，五積饔餼九牢，米百有二十筥，醯醢百有二十甕，禾二十車，芻薪倍禾。"《疏》謂："《周禮·大行人》：'上公九獻，侯伯七獻，子男五獻。'《儀禮》：'主人酌以獻賓，賓酢主人。主人又酌以酬賓，乃成一獻之禮。九爲獻酬，而禮始畢也。'《儀禮·覲禮》'四享皆束帛加璧，庭實唯國所有'鄭注：'四，當三。初享，或用馬，或用虎豹之皮；其次享，三牲、魚、腊、籩豆之實、龜也、金也、丹漆絲纊竹箭也，其餘無常貨，非一國所能有。唯國所有，分爲三享，皆以璧帛致之，是爲庭實旅百是也。'莊二十三年《傳》'庭實旅百，奉之以玉帛'是也。今宏嗣所引五積九牢之等乃掌客致饔之禮，非享禮也。"此糾正韋解皆極允當。又《楚語上》"則三萃以攻其王族，必大敗之"解："萃，集也。時晉有四萃。"《疏》謂："鄢陵之役，晉止有三軍，古一、二、三皆積畫而成。襄二十六年《内傳》誤以三作四，故杜注亦但言四面合攻，不言四軍。宏嗣言晉時有四軍，未免依襄二十六年《傳》'四萃'望文生義也。"《越語下》"使王孫雄行成於越"解："雄，吳大夫。王孫，姓也。"《疏》謂："王孫，吳先王之孫。與夫差同族，非姓也，姓則姬耳。《越世家》作公孫雄，則王孫非姓矣。"是二條亦核惟出有漏者。《晉語四》"昔管敬仲有言"解："敬仲，夷吾字也。尊敬仲，謚也。"後篇臼季曰："齊桓親舉管敬子。"解："敬字，管子之謚也。"《齊語》"而敬百姓"無解，《周語中》"以備百姓兆民之用"解："百姓，百官有世功者。"此并本注可移補之，保不譽耳。①

《續修四庫全書提要（稿本）》揭出《國語正義》的價值，並舉例説明董增齡對韋解誤注以及疏漏的糾正“極允當”，同時也揭示其不足。至王欣夫又有評價，謂：

清人於群經皆有新疏，《國語》爲《春秋》外傳，故沾經者兼及焉。據張之洞《書目答問》著録新疏有三家，曰洪亮吉、龔麗正、董斯坦（作“垣”，印誤）。洪書有旌德吕氏刻本，今絶未之見。龔、董二書則云未見傳本。麗正爲段茂堂壻，定庵父，果有成書，不容不刻。烏程諸董，乾隆時通經者有豐垣，今傳《尚書大傳輯本》《識小編》諸書。稍後有增齡，撰《國語正義》。不聞有“斯垣”，必由記憶之誤。是三家者，實無其書。惟增齡書僅存，至光緒閒，始由章氏付梓以傳。案：增齡字慶千，諸生，與徐新田爲中表，以學問相切磋，而遺書晚出，流傳又不廣，故論著罕及。惟譚仲儀《復堂日記補録》云：“規模平正，僅守通行本，所見稍陋。”章太炎先生《檢論·清儒篇》一及之，亦無評斷，聊以備數而已。新田《頑石廬文集》未刊稿，有與慶千論此書云：“承示《國語正義》，疏解詳明，條流淹貫，深合體制，必傳無疑。惟略有可商者：既依注作疏，則注義不可輕駁。劉光伯《規杜》三百事，孔沖達一一辟之，疏例固當如是。惟楊士勛《穀梁疏》頗糾范氏之失，然亦微文見意，不顯攻也。尊著攻詰韋《注》，詞氣有過峻處，似宜斟酌。又賈逵、孔晁等注，見於他書者，凡數十條，統須鈔納。有韋《注》暗用舊説者，有孔晁同乎韋《注》者，亦或各有異同，須爲之疏通而證明之。又有他書引韋書而今本闕者，宜録之以備考”云云。今讀慶千《自序》，於後説已如新田議，采掇諸家以補宏嗣之義矣。於前説則辨謂“竊意許叔重、鄭康成兩君爲漢儒宗主。自三

① 《續修四庫全書提要（稿本）》第1册，濟南：齊魯書社1996年版，第196—197頁。

國分疆，而儒學爲之一變。宏嗣生於江南擾攘之秋，抱闕守殘，視東漢諸儒，已非其時矣。其所解固援經義，而與許、鄭諸君有未僉合者，依文順釋，義有難安。況墨守一家之説，殊非實事求是之心。用是採擷諸經舊説，閒下己意，非求爭勝於青藍，不敢面諛鹿馬。檢楊氏《穀梁正義》，閒與范氏之注，語具抑揚，則知疏不破注之例，古人亦所不拘。今註釋韋《解》之外，仍援許、鄭諸君舊詁，備載其後，以俟辨章。譬導水而窮其源，非落葉而離其根也。"是説也，雖違唐人義疏之正軌，猶存許、鄭舊詁於不廢，與新田各有所見，可互參焉。慶千又有《規杜釋疑》《論語雅言》二書。新田皆爲作序，惜已失傳。①

　　王欣夫首先據《書目答問》所載清代《國語》新疏三家，對於三家進行了一定程度考辨，認爲洪亮吉、龔麗正兩家必屬誤傳②，而董斯垣亦當爲董增齡之誤。進一步揭示了董增齡《國語正義》影響較小的原因以及近世聞人譚獻、章太炎對《國語正義》的評價，又引述徐養原之言以與董增齡自序對照，謂二人所見可以互參。亦文獻家存典故之旨意焉。

　　1980 年 1 月，日本京都中文出版社首次影印出版刊本《國語正義》。1985 年，成都巴蜀書社據式訓堂本影印《國語正義》，影印時脱掉一頁，又不録王引之序文，未能稱爲完備。其前言有頗可采者。該出版前言撮録董增齡《國語正義序》大義，揭出《國語正義》之價值，以該書 "爲漢唐以來《國語》諸家注釋之集大成者" 也符合事實。但謂《國語正義》"基本上保存了宋刻本的原貌"，則爲不實之辭。

　　1996—2002 年，上海古籍出版社輯印《續修四庫全書》，收入式訓堂本《國語正義》，在《續修四庫全書》第 422 册。此後又有新編《續修四庫全書總目提要》，其中《國語正義》提要爲余和祥所撰。該提要

① 王欣夫撰，鮑正鵠、徐鵬標點整理：《蛾術軒篋存善本書録》，上海：上海古籍出版社 2002年版，第 874—875 頁。
② 拙稿《洪亮吉未作〈國語韋昭注疏〉辨》（《文獻》2010 年第 1 期）論證了洪亮吉無《國語韋昭注疏》之書，正可補證王欣夫之説。後吕東超考證，認爲洪亮吉有作《國語釋地》的計劃。

據董增齡《自序》立説，又能揭示本書要旨，可謂《國語正義》提要之後出轉精者。

（3）《國語正義》點校本

除了韋昭《國語解》有上海師大校點本之外，其他《國語》研究專著很少有點校整理本出現。《國語正義》在很長一段時間内，是靠巴蜀書社影印本和《續修四庫全書》本爲學者所瞭解的。《中華大典》的一些分典在纂輯的時候録入了《國語正義》的某些内容①，可以算作《國語正義》部分篇章的標點本。2018 年 6 月，由金曉東點校整理的《國語正義》，與黃懷信點校的《逸周書》、謝保成點校的《貞觀政要》同列《儒藏》（精華編）第一三七册，由北京大學出版社出版。金點本《國語正義》共 598 頁。前有《校點説明》，對董增齡、《國語》及其注本、《國語正義》秉持家法、《國語正義》與後世集解之比較、《國語正義》之不足、《國語正義》傳本、校點所参典籍等。

正文依照《正義》原文順序，"解""疏"二字黑體，"〇"號僅加在疏文之前。校勘記排在當頁，全書共加校勘記 562 處，往往查證《國語正義》所引諸書，標出《國語正義》在引證過程中衍、脱、改、誤之處，在正文中直接改正。也有據《國語》他本進行校勘者，如《魯語下》"閔馬父笑"校勘記云："'父'，原脱，今據宋公序本《國語》

---

① 如《中華大典·哲學典·儒家分典·範疇總部·經典、先秦部分·世界觀分部》"天"中就收録了《周語上》《周語中》《周語下》《晉語一》《晉語三》《晉語四》《晉語五》《鄭語》《越語下》董增齡《正義》部分篇章語段，見《中華大典·哲學典·儒家分典三》，昆明：雲南教育出版社 2007 年版，第 2362—2370 頁；"天命"中收録了《周語下》《晉語四》《晉語八》《吳語》《越語上》《越語下》董增齡《正義》部分篇章語段，見《中華大典·哲學典·儒家分典三》，第 2408—2412 頁；"天道"中收録《周語中》《周語下》《晉語三》《越語下》部分，見《中華大典·哲學典·儒家分典三》，第 2423—2425 頁；"氣"中收録《周語下》，見《中華大典·哲學典·儒家分典三》，第 2453—2455 頁；"陰陽"中收録《周語上》部分，見第 2492—2493 頁；"數"中收入《周語下》部分，見第 2505 頁；"心性論分部""神"中收録《周語上》《周語下》《魯語上》《楚語下》部分篇章語段，見第 2568—2579 頁；《政治哲學論分部》"君臣"中收録《越語下》部分語段，見第 2657 頁；"義利"中收入《周語中》部分語段，見第 2664 頁；《道德修養論分部》"德"中收入《晉語六》部分語段，見第 2689 頁；"仁"下收入《晉語三》部分語段，見第 2707 頁；"和"下收入《鄭語》部分語段，見第 2773 頁。

補。"① 《晉語二》"以爲淵"校勘記云："'淵'，明道本《國語》作
'渠'。注同。"② 實際上《國語正義》稿本"父"字未脱，或刊本誤脱，
亦或刊本所據鈔本誤脱。還有少數屬於字形相近發生訛誤形成的校勘記，
如"牀笫之不安邪"校勘記云："'笫'，原作'第'，今據宋公序本及
明道本《國語》改。"③ 都是據《國語》别本校勘《國語正義》的例子。
但這個點校本存在諸多問題。首先，由於點校者不明《國語》版本系
統，往往據"宋公序本"校改。實際上董增齡《國語正義》的很多文字
問題不是版本系統問題，而是刊本本身的問題；其次，點校者在文獻檢
核方面不够細緻，文獻徵引方面存在的諸多問題並未發現；第三，點校
者在點校過程中滋生了一些新的問題。

　　考慮到式訓堂刊本《國語正義》傳播較廣，筆者以式訓堂刊本爲底
本、通校稿本，對《國語正義》進行了全面整理，由巴蜀書社出版，希
望提供給《國語》研究者和學界一部《國語正義》的可用之本。

　　以上是《國語正義》傳本的基本概況。大致分爲寫本、刻本和排印
本三種，寫本又有稿本與抄本之别，刻本又有原刻本和影印本之别。寫
本中，以上海圖書館所藏稿本最具文獻價值與學術價值，影印本則以
《續修四庫全書》本較勝。排印本則是《儒藏》本以及筆者整理本。

　　3. 董增齡《國語正義序》

　　董增齡《國語正義序》是《國語》研究史上又一篇系統探討《國
語》作者、流傳、散佚、注解的文獻，應該引起重視。

　　(1) 關於《國語》作者

　　在這篇序文中，董增齡篤信漢人内外傳作者皆爲左丘明之説。對於
隋唐以來學者以二書記載一件事情而内容有别否定二書作者爲同一人的
説法，董增齡以韋昭"其文不主于經"作爲依據，並以《左傳》《史記》
同書而所記不同爲例進行了反駁。認爲"作傳者必有外傳以曲暢其支

　　① 北京大學《儒藏》編纂與研究中心：《儒藏》精華編第一三七册，第243頁。
　　② 北京大學《儒藏》編纂與研究中心：《儒藏》精華編第一三七册，第314頁。
　　③ 北京大學《儒藏》編纂與研究中心：《儒藏》精華編第一三七册，第293頁。

派"：

> 太史公《自序》："左丘失明，厥有《國語》。"《漢書·藝文志》："《國語》二十一篇，左丘明著。"漢儒之説彰矣。隋劉光伯、唐陸淳、柳宗元始有異議，摭拾異同，毛舉細故。後人遂指《魯語》皇華五善、語言六德文與《左》違；《内傳》謂魯哀十七年楚滅陳，魯哀二十二年越滅吳，《外傳》謂吳既滅之後，尚有陳、蔡之君，執玉朝越；黃池之會，《内傳》先晉人，《外傳》先吳人；《周語》自穆王至幽王，《鄭語》獨載桓、武，而莊公以下無聞，皆《春秋》以前事，以傅會劉、柳之説。然宏嗣明言《國語》之作"其文不主於經"，則固不必以經爲限矣。至内、外《傳》同出一人，而文有異同。試以《史記》例之。《鄭世家》以友爲宣王庶弟，《年表》又以友爲宣王母弟；黃池之會，《晉世家》謂長吳，《吳世家》又謂長晉。遷一人之説，其不同如此。至《内傳》，則成十六年苗賁皇曰"請分良以擊其左右，而三軍萃於王族"，襄二十六年聲子述苗賁皇曰"吾乃四萃於其王族"，是左氏各承晉、楚兩史舊文，慎以闕疑，不敢參以臆斷也；又成十六年"塞井夷灶"二語屬之士匄，襄二十六年又屬之苗賁皇。《内傳》一書如此，又何疑《外傳》《内傳》之有參差乎？班氏《藝文志》言《公羊傳》十一卷，《公羊外傳》五十篇，《穀梁傳》十一卷，《穀梁外傳》二十一篇，則作傳者必有《外傳》以曲暢其支派。《國語》之爲《左氏外傳》正同一例。《公》《穀》二家外傳已逸，安知彼之《外傳》不與其《内傳》亦有牴牾乎？故宏嗣斷以爲出左氏之手。

在這段序文中，董增齡舉了一些例證，説明一部古書當中記載同一事件内容有不同。蓋左丘明"各承舊史，慎以闕疑，不敢參以臆斷"，"《内傳》一書如此，又何疑《外傳》《内傳》之有參差乎？"並以韋昭《國語解敘》之言作爲佐證。

（2）《國語》在漢代的流傳

《國語》得到漢人的關注，董增齡依據《新書·禮容語》引述《國語》之言，推測"《國語》之出亦當在漢文帝之世"：

> 《内傳》之出，獻自北平侯張蒼，《外傳》不知何時始出。賈子《新書·禮容下篇》載單靖公、單襄公事，皆采《國語》，則《國語》之出亦當在漢文帝之世。《儒林傳》載賈生治《春秋左氏傳》，今又兼述《國語》，則賈生亦以《内傳》《外傳》之同出左氏也。

董增齡以賈誼兼治《左傳》《國語》，從而推斷賈誼也認爲二書同出左丘明，恐爲武斷之談。

根據班固《藝文志》《國語》二十一篇和《新國語》五十四篇的記載，認爲漢代《國語》有兩種，今傳者爲《藝文志》所載二十一篇本。董氏根據載籍引述《國語》内容不見於今本者，認爲今本《國語》或有散佚。當然不排除有的典籍雖然標注引自《國語》，實際上引自他書：

> 班氏《藝文志》既載《國語》二十一篇，又載《新國語》五十四篇，劉向所分。則漢時《國語》有兩本，今所傳二十一篇與班《志》合。然《公羊疏》第六卷引《國語》曰："懿始受譖而烹哀公。"《公羊疏》第二十一卷引《國語》曰："專諸膳宰，僚嗜炙魚，因進魚而刺之。"《史記·夏本紀》裴駰《集解》引《國語》曰："敷淺原一名博陽山，在豫章。"《水經·河水》注引《國語》曰："華嶽本一山，當河，河水過而曲行，河神巨靈手蕩脚蹋，開而爲兩，今掌足之跡仍存。"《水經·瓠子河》注引《國語》曰："曹沫挾匕首劫齊桓公返遂邑。"《史記·補三皇本紀》索隱引《國語》曰："伏羲風姓。"《夏本紀》正義引《國語》曰："滿於巢湖。"《鄒魯列傳》索隱引《國語》曰："楚人卜和得玉璞。"《禮·祭法》疏引《國語》曰："神農之子名柱，作農官，因名農。"《文選·東京賦》注引《國語》曰："分魯公以少帛綪茷。"《文選·盧諶·贈

劉琨詩》注引《國語》曰："齊大夫子高適魯，見孔子曰：'而今而後，知泰山之爲高，淵海之爲大也。'"今本皆無之，則逸者不少矣。然裴駰引"敷淺原"一條，酈道元引"華嶽"一條，《文選》注引"子高"一條，其文與《國語》絕不類，議者疑之。

吳戈推斷"《新國語》至遲在唐代已經亡佚"，在其《〈國語〉〈新國語〉與"故事類史書"》中，吳戈總結了清代以來關於《新國語》一書的內容、性質及其與《國語》的關係的幾種觀點，主要包括：（1）顧實認爲"劉向重新編定《國語》成《新國語》"，沈長雲沿襲顧氏之說；（2）姚振宗提出《新國語》是《國語》的改變本，張舜徽認同姚氏之說；（3）康有爲認爲《新國語》爲《國語》全本，劉向、劉歆父子重新編排成爲《國語》《左傳》兩部書；（4）胡念貽認爲《新國語》是對《左傳》內容的重新編定。吳戈最終推斷《新國語》記載的內容應該是《左傳》《國語》內容之外的春秋時期的故事類史料，"《新國語》一書成於劉向、劉歆父子之手，主要以國別體的方式收錄了許多春秋時期的人物對話，與《國語》中的記載類似。"[1] 清代《國語》研究者似無他人考慮過《國語》《新國語》的關係問題，董增齡的這一探討是有價值的。另外，對於《國語》散佚的情形以及他書引《國語》而不見於今傳《國語》的情況，董增齡的判斷也是嚴謹且符合事實的。

（3）《齊語》《越語》的來源與真偽

關於《國語》中《齊語》與《管子》的關係、《越語》與其他各篇不同的問題，董增齡也都一一進行了梳理。認爲《越語》可能是偽作，以孔晁本二十卷作爲證據：

> 《齊語》一篇皆《管子·小匡篇》之辭，《管子》遠出《左氏》之前，必不預知《國語》之文而襲之，竊疑《齊語》全亡，而後人

---

① 吳戈：《〈國語〉〈新國語〉與"故事類史書"》，《南京師範大學文學院學報》2016 年第 1 期，第 180—183 頁。

采《小匡》以補之與？説者又謂《越語》下卷，疑非《國語》本文，其與他卷不類。又《國語》敘事雖不盡有年月，然未嘗越次，今上卷已書越滅吳，下卷復從句踐即位三年起，他國無此例。《内傳》無范蠡姓名，《外傳》止《吳語》一見，在五大夫之列，旅進旅退而已，至此卷乃專載蠡策，若滅吳之事蠡獨任之者，殊非事實。《藝文志·兵權謀》有《范蠡》二篇，此殆其一，但攙入當在劉向以前。齡案：孔晁本二十卷。則第二十一卷，孔博士已不信其《國語》真文矣。

除了《國語》和《左傳》的關係備受關注之外，《國語·齊語》和《管子·小匡》的關係也是後世學者比較關注的。董增齡認爲管子生在左丘明之前，故不能預知《國語》之文。但管子並非《管子》一書的作者，這也是絶大多數研究者的基本認定。《管子》成書過程，恐怕並不比《國語》成書過程簡單。所以究竟是《小匡》抄《齊語》還是《齊語》全亡而後人采《小匡》補足，似未能遽下斷論。當然，董增齡的這一探討是有積極意義的。此外，董增齡還探討了《越語下》和《國語》全書體例不一的問題，最終認定恐是《范蠡》一篇攙入。董增齡之前的學者，公鼎等也對《齊語》《吳語》《越語》的來源問題進行了探討，董增齡所言較公鼎更爲詳盡。

（4）《國語》版本系統

另外，董增齡序文涉及《國語》版本系統以及《國語正義》版本依從問題：

宋公序《補音》本及天聖本兩家並行，近曲阜孔氏所刻用《補音》本。今兼收二家之長，而用《補音》本者十之七八云。

董增齡的生活時期，《國語》公序本、明道本的版本系統已經完全確立，並且已經成爲學者的共識。由於明代張一鯤本的通行量極大，故董增齡此處"補音本"實指張一鯤本《國語》而言。董增齡揭出這一點之後，又指出曲阜詩禮堂本屬於公序本系統，以補音本爲底本。今檢詩禮堂本的版本來源問題比較複雜，恐怕是以明德堂本爲底本，又復參校多種本子而成。最後揭出《國語正義》版本依從標準，謂取補音本"十之七八"，也即以公序本《國語》爲主，兼采明道本之長。凡文字取明道本者，多予以注出，如《周語下》"高位實疾顛"董增齡云："顛，宋公序本作'債'，今從明道本。"《魯語下》"笑吾子之大也"董增齡云："宋公序《補音》本'大'下有'滿'字，明道本無'滿'字。"不僅標注，而且還給出依據。如"高位實疾顛"引述錢大昕之説，"笑吾子之大也"引述徐養原之説。當然，依從明道本的數量十分有限。實際上，董增齡《國語正義》是以張一鯤本的後刻本如維揚文盛堂本等一類《國語》本子爲底本，所謂取《補音》本"十之七八"與事實並不完全相符。

(5)《國語》歷代訓詁

此外，董增齡序文還簡略梳理了此前的《國語》注家，並指出"唯韋解尚存"，但同時指出韋解也有散佚條目。采摭舊注，對韋昭注進行補充，是《國語正義》的一項内容：

> 爲之注者，有漢鄭衆、賈逵，魏王肅，吳虞翻、唐固、韋昭，晉孔晁七家。今唯韋解尚存，然已間有逸者，如《禹貢》疏引韋解云："以文武侯衛爲安王賓之，因以爲名。"《文選·東京賦》注引韋解云："絳莋，大赤也。"今本皆無之。鄭注則他書徵引者僅有數條。其餘四家賈、王、虞、唐，除韋所引外，則《史記》集解、索隱、正義，《詩疏》，《周禮疏》，《春秋左傳疏》，《公羊疏》，徵引爲多。孔出韋後，亦見於諸疏及《史記》注。今皆采掇，以補宏嗣之義。

首次對《國語》研究進行歷時梳理的是韋昭，第一次進行比較清晰梳理的則是宋庠。董增齡序文僅指其名，並没有對七家進行評價。唯獨揭出韋昭注雖存，但仍然有散佚。董增齡揭出的這一點很重要，清代以來的學者，主要關注《國語》佚注的輯佚，很少有學者認識到韋昭注其實也有散佚的問題存在。董增齡進而指出其他各家注的一些條目散見於各書之中，對輯佚來源進行了揭示。采擷各家注，以補充韋注，前此的惠棟、孔廣栻等都曾進行過嘗試。實際上，除了經史注釋，董增齡也利用《太平御覽》等大型類書保留的《國語》舊注材料，在《國語正義》中經常引用各種舊注進行比勘疏證。董增齡《國語正義》刊本徵引各種文獻所存賈逵注 6 條，賈逵《左傳》注 25 條，賈逵《國語》注 30 條，徵引孔晁注 4 處，孔晁《國語注》30 處，服虔《國語注》1 處，鄭衆注文 5 處，唐固《國語》注 4 處，明確標注虞翻《國語》注 4 處。可見董增齡搜羅之勤。

（6）《國語正義》撰述的相關問題

董增齡序文的最後一部分，交代了《國語正義》撰述緣由、條例、內容、成書過程等等：

> 韋解孤行天壤間已千五百餘年，未有爲之疏者。竊意許叔重、鄭康成兩君爲漢儒宗主，自三國分疆，而儒學爲之一變，宏嗣生於江南擾攘之秋，抱闕守殘，視東漢諸儒，已非其時矣，其所解固援經義而與許、鄭諸君有未盡合者，依文順釋，義有難安，況墨守一家之説，殊非實事求是之心。用是採擷諸經舊説，間下己意，非求爭勝于青藍，不敢面諛夫鹿馬。檢楊氏《穀梁正義》間與范氏之注語具抑揚，則知"疏不破注"之例，古人亦所不拘。今銓釋韋解之外，仍援許、鄭諸君舊詁，備載其後，以俟辨章，譬導水而窮其源，非落葉而離其根也。韋解體崇簡潔，多闕而不釋，《史記》集解、索隱、正義，及應劭、如淳、晉灼、蘇林、顏師古等家《漢書》注，章懷太子《後漢書》注，凡于馬、班正文採取《國語》者，各有發揮，或與韋解兩歧，或與韋解符合，同者可助其證佐，異者宜博其旨歸，並采兼收，以彙古義。錞、鼓不同音而皆悅耳，茶、火不同色而皆美觀也。國邑、水道，以《漢·地理志》《後漢·續郡國志》爲主，而參以《水經注》、《元和郡縣志》、杜氏《通典》諸

家，並列我朝所定府、廳、州、縣之名，庶覽者瞭然。至於宮室、
器皿、衣裳之制度，則孔、賈諸疏具存，止擷簡要，不事詳敘。唯
是賦性顓愚，疏於搜討，況草茅孤陋，既不獲窺秘府鴻章，廣資聞
見，又不獲交四方碩彥，共得切磋，固蔽是虞，未敢自信。今年踰
四十，平日所聞于師友者，恐漸遺忘。是以就已撰集者，寫錄成編。
奮螳螂之臂，未克當車；矢精衛之誠，不忘填海。歲在閼逢閹茂，
始具簡編；時經五稔，草創初成；勉出所業，就正君子。倘披其榛
蕪，匡其繆誤，俾得自知其非，庶免飽食終日無所用心之責，則重
拜大賜，感且不朽矣！

在這一部分中，董增齡首先對《國語正義》之作進行了説明，即
"韋解孤行天壤間已千五百餘年，未有爲之疏者"。從四大部類的分屬上
來看，《國語》一直在經部春秋類，而且還是先秦留下來的典籍。唐代
以至於宋代，先秦其他經部各書都有了正義，唯獨《國語解》無之。這
種現象值得引起重視和研究。周予同認爲經有三個特點：（1）"經是中
國封建專制政府'法定'的古代儒家書籍"；（2）"經是以孔子爲代表的
古代儒家書籍"；（3）"經本身就是封建專制政府和封建統治階級用來進
行文化教育思想統一的主要工具"。① 張居三認爲按照周予同的這個標
準，《國語》不是經書，並進一步指出，"最重要的是它不解《春秋》"，
"《國語》不但不得孔子的真傳，內容上對孔子論大骨、論楛矢事跡的記
載也頗與'孔子不語怪力亂神'相悖"②，歷代置《國語》於經部恐怕
主要還是《國語》和《左傳》的關係問題所致。所以韋昭《國語解敘》
説《國語》"匪特諸子之倫"，説明即便在韋昭的心目當中，《國語》至
少不能和真正的經典等齊劃一，這恐怕就是《國語》經過東漢三國西晉
的研究繁榮之後，一直到董增齡《國語正義》之前，未有爲《國語》疏

---

① 周予同著，朱維錚編：《周予同經學史論著選集》（增訂版），上海：上海人民出版社 1996
年版，第 844—845 頁。

② 張居三：《〈國語〉爲何不是"經"書》，《光明日報》2007 年 7 月 26 日。

者的原因所在。董增齡接著回顧了三國時期和東漢時期的學術特徵。在
董增齡看來，許慎和鄭玄是漢代儒學的集大成者。許慎師承賈逵，著有
《五經異義》《說文解字》，《五經異義》已經亡逸，清陳壽祺輯有《五
經異義疏證》。"許慎按照經學中的問題進行分類，在每一個問題上羅列
各家觀點，最後提出自己的斷語，其斷語大多贊同古文經學的說法，但
有時也採取今文經學的說法，或者並存今、古文兩種說法。這表明許慎
已經突破今、古文經學的限制，而以是否合理作爲自己的取捨標準，具
有調和今、古文經學的通學特色。"① 許慎的《說文解字》是千古奇書，
不僅是文字學的重要著作，也是訓詁著作。其價值，學者多已言之，如
陸宗達即謂："《說文》是我國語言學史上第一部分析字形、說解字義、
辨識聲讀的字典。""《說文》在中國語言學史和世界語言學史上占有重
要的地位"②。王寧等謂："《說文解字》本來就是一部從文字訓詁出發而
映射至百科萬物的漢字文化庫。"③ 許慎撰作《說文》的立意很高："蓋
文字者，經藝之本，王政之始，前人所以垂後，後人所以識古。故曰本
立而道生，知天下之至嘖而不可亂也。今敘篆文，合以古籀，博采通人，
至於小大，信而有證。稽撰其說，將以理群類，解謬誤，曉學者，達神
恉。分別部居，不相雜廁。萬物咸睹，靡不兼載。厥誼不昭，爰明以
諭。"可見其振興古文之雄心與法度。鄭玄是兩漢經學的集大成者，著
有《駁五經異義》《六藝論》《三禮目錄》，遍注群經。有學者認爲：
"思想淡化，學術方興，這是兩漢經學發展的一個大趨勢。因爲，爲漢家
立法的工作在董仲舒的時代已經基本完成了，後人需要做的只是傳播、
修補，'微言大義'讓位於訓詁、考據，而注重經書文本本身的訓詁、
考據本來就是古文經學的特色，所以，經學發展到東漢，今文經學逐漸
爲古文經學所兼容、會通。這種會通之學早在東漢初年的賈逵等人就已

---

① 張立文主編，周桂鈿、李祥俊著：《中國學術通史》（秦漢卷），北京：人民出版社 2004 年
版，第 238 頁。
② 陸宗達：《說文解字通論》，北京：北京出版社 1981 年版，第 5、8 頁。
③ 王寧、謝棟元、劉方：《〈說文解字〉與中國古代文化》，瀋陽：遼寧教育出版社 2000 年
版，前言頁。

經開始，而鄭玄則是其最高代表。這種會通之學相對而言還是較接近古文經學的，所以把鄭玄的經學稱爲古文經學、綜合學派或者是通派、鄭玄學派都無可無不可。"① 鄭玄不僅對《五經異義》提出不同的看法，而且還時常引述許慎《説文》作爲佐證。也就是説，董增齡認爲許慎和鄭玄是"漢儒宗主"的説法是没有問題的。董增齡同時認爲三國時期開始，"儒學爲之一變"，王肅之學盛行一時，有學者謂漢魏晉時期正是中國學術轉型時期，而"王肅經學的價值，不僅在於他有別於鄭學的經學著作本身，還在於他著書的放大及其所帶來的影響"②，當然"王肅注經，大半簡明切要，平易近人"③，這也是需要指出的。但此後儒學進入與玄、佛、道並列的時代，或此即董增齡所謂"一變"。董增齡認爲，不管是吳國所處的外部格局還是吳國的内部環境，韋昭的生活時代都非安定局面，故以"抱闕守殘"視之。就韋昭的一生學行而言，著有《國語解》《漢書音義》《洞紀》《吳書》《辨釋名》《孝經解贊》等，其中《國語》《孝經》是經學，《辨釋名》《漢書音義》爲小學，可以看出韋昭主要的學術成就在史學和經學兩方面，其經學研究並不涉及五經或以五經爲基礎的經學核心内容，僅在《國語》《孝經》方面下功夫。東漢時期的賈逵、鄭玄、服虔等都是博通群經，《内》《外》皆治，而韋昭僅治《外傳》。另外，當時的薛瑩曾謂韋昭"篤學好古，博見群籍，有記述之才"，這倒可以爲韋昭爲什麼史學著述豐厚而經學著作寡少作一個註脚，無論是時代環境還是韋昭個人學養以及學術成就而言，都確實不能和東漢時期的大儒相比。基於如上推斷，董增齡認爲韋昭《國語解》雖然引述經義不少，但所引述和許慎、鄭玄解説不同，又往往依從《國語》本文，因文解義，"殊非實事求是"。董增齡的這一段陳述内容，主要爲撰作《國語正義》張本。一直到清代，作"正義"者雖未完全遵守

---

① 張立文主編，周桂鈿、李祥俊著：《中國學術通史》（秦漢卷），北京：人民出版社 2004 年版，第 246 頁。

② 張立文主編，向世陵著：《中國學術通史》（魏晉南北朝卷），北京：人民出版社 2004 年版，第 403 頁。

③ 李振興：《王肅之經學》，上海：華東師範大學出版社 2012 年版，第 2 頁。

"疏不破注"之例，但對原注進行攻訐者，似不多見。故董氏此舉爲其表兄徐養原所不能認同，徐養原《與董慶千論撰〈國語正義〉書》云："既依注作疏，則注義不可輕駁。"[①] 董增齡序文中 "檢楊氏《穀梁正義》間與范氏之注語具抑揚，則知 '疏不破注' 之例，古人亦所不拘" 即是對徐養原的回應。

此後內容，則是董增齡《國語正義》援引《國語》佚注以及東漢經學家觀點的交代。凡 "正義"，必 "採擷舊説，間下己意"，這是疏證體研究著作的基本撰述方式。正義，本身兼有博采前人、會通諸義，以求確解的特點。故孔穎達《五經正義》卷帙浩繁，一句之下動輒引述多家。董增齡《國語正義》完全繼承了疏證體的這一撰述方式，徵引了大量經緯、諸子、史書舊注，並通人之説，其一當然是爲了詮釋《國語》，其二恐怕也有輯纂舊注、嘉惠後學的意思，因爲韋解簡約，不多徵引，故董增齡廣采舊注，並廣采《史記》《漢書》徵引《國語》文字，"各有發揮，或與韋解兩歧，或與韋解符合，同者可助其證佐，異者宜博其旨歸，並采兼收，以彙古義"，薈萃舊注、辨明韋注、詮釋地理、疏解制度，此其大要。

序文最後一段內容，是董增齡對自己撰作《國語正義》心曲做的交代。董增齡頗爲自謙，謂："唯是賦性顓愚，疏於搜討，況草茅孤陋，既不獲窺秘府鴻章，廣資聞見，又不獲交四方碩彦，共得切磋，固蔽是虞，未敢自信。" 從序文知道，該書是董增齡四十歲以後寫的，前後一共寫了五年的時間，書成之後，又向王引之等請益。從稿本中簽條題署的日期以及王引之序文撰作的時間可知，董增齡《國語正義》的修訂至少從

---

① （清）徐養原：《頑石廬文集》，《清代詩文集彙編》第 453 册，第 740 頁。有的學者認爲前人沒有注意到徐養原爲董增齡諸著所寫序文，實際上王欣夫先生早已經注意到徐養原和董增齡之間的關係，並在論列董增齡學術時徵引徐養原之説以爲補充説明。另外，吕友仁通過爬梳文獻，認爲 "疏破注" 並非只有幾個零星的孤例，而是群體現象。不僅是群體現象，而且是正常現象，是題中應有之義。應該説，'疏破注'，很正常，無須大驚小怪；'疏不破注'，倒反常了。準確地説，既有 '疏不破注'，又有 '疏可破注'，二者兼備，這纔合乎孔穎達撰《五經正義》時的原始設計"。（氏著《〈禮記〉研究四題》，中華書局 2014 年版，第 197—198 頁）吕氏的見解倒可以爲董增齡《正義》撰作的註脚。

嘉慶二十四年（1819）、二十五年（1820）一直持續到道光二年
（1822）。

董增齡這篇序文極具學術史價值。有些《國語》研究上的問題還是
董增齡首次提出。

4.《國語正義》的內容

正義體對原書序文往往進行疏證。董增齡也不例外，但是由於千五
百年無疏韋注者，故董增齡的《韋昭國語解敍正義》是《國語》研究史
上第一篇全面研究《國語解敍》的文獻。其周詳細密程度，可謂空前絕
後。今以《國語解敍》頭一段內容爲例，以見董增齡疏證之特色，括弧
內注明稿本和刊本的不同。

　　　　國語敍【疏】《國語》首以周，殿以越。周何以稱國？穆王時，
周道始衰，《書》言"荒度作刑"，《史記》言"王道衰缺"，蓋已
兆《黍離》《國風》之漸。迨平王，周、鄭交質，直言結二國之信。
雖號令止行于畿內，而爲天下共主，故首列焉。次魯，重周公之後、
秉禮之邦也。次齊，美桓公一匡之烈也。次晉，見其主盟十一世，
有夾輔之勳，且文之伯繼乎桓也。次鄭，鄭出厲王，於諸姬爲近，
又與晉同定王室也。次楚、次吳，以其爲重黎之後、泰伯之裔，不
使其迹之湮沒弗彰焉。終之以越，見閩蠻强而中夏無伯主，春秋亦
于是而終矣。漢儒言："《國語》，左氏之外傳。"蓋《內傳》與經相
隸，故謂之《傳》。《釋名》："傳，傳也。以傳示後人也。"《外傳》
與《內傳》相補，故謂之語。《說文解字》："語，論難（稿本無
"難"字，當係脫漏。）也。"《說文繫傳》："論難曰語。語者，午
也。言交午也。吾言爲語。吾，語詞也。言者，直言；語者，相應
答。"《國語》載列國君臣朋友相論語，故謂之語。爲之解者，漢大
司農鄭衆作《國語章句》，漢侍中賈逵作《國語解詁》二十一篇，
魏中領軍王肅作《國語章句》一卷，吳侍御史虞翻注《國語》二十
一卷，吳尚書僕射唐固注《國語》二十一卷，吳中書僕射侍中高陵
亭侯韋昭《國語解》二十一卷，晉五經博士孔晁注《國語》二十

(稿本"二十"下原有"一"字，抹去。眉端有識語云："卷目與《隋志》小異。"當是從眉批删。其眉端識語，絶大多數皆爲王引之手跡。)卷。在宏嗣前者，鄭司農（稿本抹去"司農"，旁書"衆"字。眉端識語云："商作衆。"從識語改。）等五（稿本"五"原作"六"，抹去"六"字，旁書"五"。）家；在宏嗣後者，孔晁一家。自司農以下諸詁訓並散逸，《國語》注之存于今者，唯章解爲最古。黄東發（稿本抹去"東發"，旁書"氏震"二字。眉端識語云："商作氏震。"又眉端别一行云："識名，所以尊經也。"）稱其簡潔有體，而先儒舊訓往往散見其中。宏嗣自言兼采鄭衆、賈逵、唐固、虞翻之注。今考所引鄭説、虞説寥寥數條，唯賈説、唐説援據駁正爲多。今大體依章解爲正。敍（稿本"敍"誤作"序"。）者，舒也。舒展已意以次第經傳之義。宏嗣述已作解之意，故謂之敍也。

昔孔子發憤于舊史（稿本眉端識語云："本於《論語》。"），**垂法于素王。**【疏】此推《國語》與《左傳》同源于《春秋》而溯其宗於孔子也。杜預《春秋序》："《春秋》者，魯史記之名也。"《周禮》：有外史掌邦國四方之事、達四方之志。侯侯（稿本"侯侯"作"諸侯"，是。）亦各有國史，韓宣子適魯，見易象與《魯春秋》曰："周禮盡在魯矣。吾乃今知周之德與周之所以王。"韓宣（稿本此處無"宣"字，當係脱漏。）子所見，蓋周之舊典《禮經》也。周德既衰，官失其守，上之人不使春秋昭明，赴告策書，諸（稿本"諸"原作"多"，抹去之後，旁書"諸"字。）所記注，多違舊章。仲尼因魯史策書成文考其真僞而志其典禮。上以遵周公之遺制，下以明將來之法。其教之所存、文之所害，則刊而正之，以示勸戒。其餘則即（稿本"即"原作"采"，抹去，旁書"即"字。）用舊史。史有文質、辭有詳略，不必改也。憤，《説文》："懣也。"《周語》："陽癉憤盈。"孔子憤昭定以降臣子道喪也。周禮之法制自周公。隱七年《書名例》云："謂之禮。"《經》十一年"不告例"云："不書於策，明書於策，必有常禮。"孔穎達謂："五十發凡正是周公舊制。"天災無牲，卒哭作主。諸侯薨于朝，會加一等；夫人不薧于寢則不致。豈孔子始造此言乎？又公女嫁之送人尊卑哭諸侯之親疏等殺二分二至之書雲物，皆《經》無其事、《傳》亦發凡者。若左氏以意作《傳》，主説孔子之經何須發傳。定四年《傳》："備物典策以賜伯禽。"典策則史官記事之法也。董仲舒《對策》："孔子作《春秋》，先正王而繫以萬事。是素王之文焉。"賈逵《春秋序》云："孔子覽史記，就是非之説，立素王之法。"鄭康成《六藝論》："孔子既西狩獲麟，自號素王，爲後世受命之君制明王之法。"《孔子家語》稱齊太史子餘曰："天其素王之乎？"孔穎達謂："素，空也。無位而空王之也。子餘美孔子而深原天意，非孔子自號爲素王也。"此宏嗣謂孔子秉周公五十發凡之義而著萬世之軌也。**左丘明因聖言以攄意，託王義以流藻，其淵源深大、沈懿雅麗，可謂命世之才、博物善作者也。**【疏】此又明邱明爲素臣，受經於聖人，而作傳以闡彰其義也。嚴彭祖謂孔子將修《春秋》，與左邱（稿本"邱"作"丘"，下同。）明乘，如周，觀書於周史，歸而修《春秋》之經，邱明爲之傳。劉歆謂左邱明親見夫子好惡與聖人同。班固謂仲尼與邱明觀魯史記，有所褒貶，口授弟子，退而異言。邱明恐弟子各安其意以失其真，故論本事而作傳。荀崧謂孔子作《春秋》，邱明、子夏造膝親受。劉知幾謂邱明躬爲魯史，受經於仲尼。權德輿謂仲尼因周公之志而修經，邱明受孔子之經而爲傳。攄，舒也。班固《答賓戲》："猶攄意乎宇宙。"服虔曰："孔子作《春秋》，於春每月書王，以統三王之正。《經》與《傳》並託始于此。"班固《東都賦》"鋪鴻藻"、陸機《文賦》"述先士之盛藻"注、《尚書》孔傳："藻，水草之有文者。以喻文焉。"**其明識高遠，雅思未盡，故復采録前世穆王以來，下訖魯悼智伯之誅，邦國成敗、嘉言善語、陰陽律吕、天時人事、逆順之數，以爲《國語》。**【疏】上既言作《内傳》，此言《内傳》所未著（稿本"未著"下有"者"字，有"者"字更是。），復作《國語》以經緯之也。采者，擇也。《秦始皇本紀》："采上古帝位號，號曰皇帝。"班固《西都賦》"奚斯魯頌，同見采于孔氏。"録者，記也。隱十年《公羊傳》：

"《春秋》録内而略外。"言左氏擇而記之以爲《國語》。《周本紀》："昭王南巡守，不返，立昭王子滿，是爲穆王。穆王即位，春秋巳五十矣。"《汲郡古文》："穆王十二年，王北巡守，遂征犬戎。"《國語》託（稿本"託"作"托"。）始于此年，上包穆、共、懿、孝、夷、厲、宣、幽八王，至平王方入春秋，春秋後二十七年爲魯悼公十四年。智伯帥韓康子、魏桓子圍趙襄子於晉陽，韓、魏反與趙氏謀殺智伯于晉陽之下。事具見《晉語》及《戰國策》。**其文不主於經，故號曰《外傳》，所以包羅天地、探測禍福、發起幽微、章表善惡者，昭然甚明，**【疏】《史記·太史公自序》："左邱（稿本"邱"作"丘"，下同。）失明，厥有《國語》。"班固《司馬遷傳贊》："左邱明論輯其本事以爲之傳，又纂異同爲《國語》。"《漢書·藝文志》："《國語》二十一篇，左邱明作。"然上包八王，下汔三家分晉，與經文不相鈐鍵，中復有與《内傳》傳聞異辭者，猶《説苑》《新序》同出劉向而時復牴牾，蓋古人著書，各據所見舊文，疑以傳疑，不似後人輕改也。《漢書·律曆志》（稿本眉端識語云："仿古法，應書'高宗廟諱'四小字。不則竟作'厤'字。見于《舊聞考》。"）稱曰《春秋外傳》，王充《論衡》云："《國語》，左氏之外傳也。《内傳》詞語有詳亦有略，故復選録《國語》之辭以補之。"劉熙《釋名》云："《國語》亦曰外傳。"漢人所説最爲近古，劉熙又謂："《春秋》以魯爲内，以諸侯爲外，外國所傳之事。"考書中明有《魯語（稿本"語"原誤作"論"，抹去，旁書"語"字。）》，而以爲外國所傳，且《周語》可以稱外乎？其説非也。包羅天地者，如伶州鳩論三位五所、伯陽父論三川震之等。探測禍福者，如内史過論夷吾、内史興論重耳之等。發起幽微者，如敬姜方績之等。章表善惡者，如驪姬伏辜、王孫圉稱觀射父、左史倚相之等，皆足補《内傳》之未詳也。**實與經藝並陳，非特諸子之倫也。**【疏】《禮》有《經解篇》，始有經名。《離騷》王逸注："經，徑也。"劉熙《釋名》："如徑路無不通，可常行也。"王延壽《魯靈光殿賦》"觀藝于魯"注："六經也。"《漢書·藝文志》："凡六藝一百三家，三千一百二十三篇。《樂》以和神，《詩》以正言，《禮》以明體，《書》以廣聽，《春秋》以斷事。五者，蓋五常之道相須而備，而《易》爲之源。"（稿本抹去"五者，蓋五常之道相須而備，而《易》爲之源"，删削允當。）《國語》源出于《春秋》，故漢《藝文志》列之公羊之次。諸子之在宏嗣以前者，儒、道、陰陽、法、墨、縱横、雜、農、小説、賦、歌、詩、兵、天文、五行、著龜、雜占、形家、醫家、經方、房中、神仙、方技，共四百八十五家。（稿本原作"儒五十三家，道三十七家，陰陽二十一家，法十家，墨六家，縱横十二家，雜二十家，農九家，小説十五家，賦歌詩八十六家，兵五十三家，天文二十一家，五行三十一家，著龜十五家，雜占十八家，形法六家，醫經七家，經方十一家，房中八家，神僊十家，方技三十六家"，眉端有"商，用纍栝語，似不必繁引"校語，故此段抹去，改用"儒、道、陰陽……房中、神仙、方技"諸字。）《曲禮》："儗人必以其倫。""倫"訓"類"也，言其超于子而晉于經者（稿本無"者"字，無"者"字更是。）也。

每疏證一義，必徵引諸書，以次第説明。僅此一段，就引述了《書》、《史記》、《釋名》、《左傳》、《公羊傳》、《説文解字》、《説文繫傳》、《國語補音》、《春秋經傳集解》、《孔子家語》、《汲郡古文》、《戰國策》、《曲禮》、《周禮》孔穎達疏、董仲舒《對策》、賈逵《春秋序》、鄭康成《六藝論》、劉歆、班固、荀崧、劉知幾、權德輿、服虔、陸機《文賦》、《尚書》孔傳、王充《論衡》、《離騷》王逸注、王延壽《魯靈光殿賦》、漢儒等等之言。可以印證王引之"援據該洽"之説。對韋昭《國語解敍》的疏證既有語義訓詁，又有學術史梳理，還包括詮釋典籍内容及其得名、史實補充等。韋昭《國語解敍》謂："去非要，存事實，凡所發正，三百七事。"董增齡先引述《四庫總目提要》之説，謂"合於所正譌字、衍文、錯簡，亦不足三百七事之數"，進而推斷："其傳爲有誤，以六十爲三百與？"雖推斷未必接近事實，但是這種探討無疑是有意義的。如"因賈君之精實，采唐、虞之信善，亦以所覺，增潤補綴，

參之以《五經》，檢之以《內傳》，以《世本》考其流，以《爾雅》齊
其訓"董疏云："此宏嗣論諸家之注，因自明其作解之由也。'檢之以
《內傳》'者，《漢書·司馬遷傳贊》：'孔子因魯史記而作《春秋》，邱
（稿本'邱'作'丘'。）明論輯其本事以爲之傳，又纂異同爲《國
語》。'宏嗣就兩書同異而互爲鉤核，故云'檢'也。'以《世本》考其
流'者，班固又言：'《世本》錄黃帝以來至春秋時帝王公侯卿大夫祖世
所出。司馬遷據《左氏》《國語》，采《世本》《戰國策》，述《楚漢春
秋》，接其後事，訖于天漢。'蓋遷本《左傳》《國語》《世本》之等以
成《史》。宏嗣祖遷意，據《內傳》《世本》以作《國語解》也。'以
《爾雅》齊其訓'者，鄭康成《駁五經異義》：'《爾雅》，孔子門人所
作，以釋六藝之言。'劉熙《釋名·爾雅》：'爾，昵也；昵，近也。雅，
義也；義，正也。'張晏《漢書注》亦云：'爾，近也；雅，正也。'王
充《論衡·是應篇》：'《爾雅》之書，五經之訓。'劉勰《宗經篇》：
'《書》實紀言而訓詁茫昧，通乎《爾雅》則文義曉然。'齊，同也。
《爾雅》誠九流之津涉，故必折衷于同也。（稿本'折衷于''同也'之
間有'是始協于'四字。）"解釋《世本》《爾雅》等書的內容以及其得
名。對《國語解敘》中的部分語詞進行解釋，有直陳語義者，如："敘
者，舒也。舒展己意以次第經傳之義。"董增齡未加引述，直接釋義。有
直陳語義且舉例説明者，如"左丘明因聖言以攄意"董疏云："攄，舒
也。班固《答賓戲》：'猶攄意乎宇宙。'"此處直接訓釋語義，並引述班
固《答賓戲》爲例。"攄"之訓"舒（抒）"，故訓多有。而"攄意"之
用也有所本。雖然董增齡沒有明言，恐怕也有爲韋昭用語尋找出處的考
慮。當然也有表面上看似乎是直陳語義，事實上仍化用古書者，此類如
"頗綜述焉"董疏云："綜，推而往，引而來也。《漢書·宣帝紀》：'綜
核名實。'"今檢《列女傳》云："推而往，引而來者，綜也。"是知董增
齡的解釋實本《列女傳》而未注出。有引故訓兼出陳述以明語義者，如
"《釋名》：'傳，傳也。以傳示後人也。'《外傳》與《內傳》相補，故
謂之語。《説文解字》：'語，論難也。'《説文繫傳》：'論難曰語。語者
午也，言交午也……吾言爲語。吾，語詞也。言者，直言；語者，相應

答.'《國語》載列國君臣朋友相論語，故謂之語。"本條主要解釋"傳"
和"語"兩個字，引述《釋名》以釋"傳"義，引述《説文解字》《説
文解字繫傳》以釋"語"義。當然，董增齡引述《説文繫傳》之説當本
《康熙字典》而非引自《繫傳》原書。檢《繫傳》作"言吾爲語""吾，
語聲也"，《康熙字典》引述則改字、倒序。董增齡引述《釋名》之後引
出"語"字釋義，認爲："《外傳》與《内傳》相補，故謂之語。"恐基
於前人"左史記言，右史記事"之説，以《國語》爲記言之書，以補
《左傳》，所以纔以"語"名書。在引述《説文》《繫傳》對"語"的解
釋之後，以"相論語"釋"國語"之"語"，頗得意趣。又以"列國君
臣朋友"釋"國"字，也有一定的道理。引述故訓兼舉例證者，如"孔
子發憤"董疏云："憤，《説文》：'懣也。'《周語》'陽癉憤盈'，孔子
憤昭定以降臣子道喪也。"首先引述《説文》以釋"憤"字之義，接著
引述《周語》作爲例證。但是檢核《周語》韋注："憤，積也。"與
《説文》釋義不同。《周語》"憤盈"同義連文，恐與"發憤"之"憤"
不盡相同。當然，從"充滿"義上而言，二者倒是一致的。所述"孔子
憤"之"憤"倒是完全可以和"孔子發憤"之"憤"字相應。也有僅
引故訓而不作補充者，如"素王"董疏唯引孔穎達謂："素，空也。無
位而空王之也。"董氏直接引述孔疏，不作補充。用補充史實的方式，使
讀者對《國語解敘》涉及的史事進行詳細的瞭解。如"遭秦之亂，幽而
復光，賈生、史遷頗綜述焉"董疏云："此序列漢以來傳《國語》之人
也。《秦始皇本紀》：'三十四年，李斯請史官，非秦紀，皆燒之。非博
士官所職，天下敢有藏《詩》《書》、百家語者，悉詣守尉雜燒之。令下
三十日不燒，鯨爲城旦。'《漢書·藝文志》：'漢興，改秦之敗，大收篇
籍，廣開獻書之路。賈誼，洛陽人，年十八，以能誦《詩》《書》、蜀
文，稱于郡中。河南守吳公聞其秀材，召置門下。文帝初立，聞河南守
吳公治平爲天下第一，徵以爲廷尉。乃言誼年少頗能通諸家之書，文帝
乃召以爲博士。'（稿本夾批云：'賈子《新書·禮容語下篇》載單靖公、
單襄公事，皆采《國語》。'刊本有此句。）《太史公自序》：'遷生龍門，
年十歲則誦古文。'《索隱》曰：'遷及事伏生。'是學誦《古文尚書》。

（稿本抹去‘遷及事伏生。是學誦《古文尚書》’諸字，別增‘引’字，更爲‘轣栝’。）劉氏以爲《左傳》《國語》《系本》等書，是亦名之古文也。《五帝本紀》：‘予（稿本‘予’作‘余’。）觀《春秋國語》，其發明五帝德、帝系姓彰矣。’是賈生及遷皆能綜而述之。綜，推而往，引而來也。《漢書·宣帝紀》：‘綜核名實。’述，《説文》：‘循也。’《儀禮·士喪禮》注：‘既受命而申言曰述。’”董增齡首先總體指出這幾句話意在“序列漢以來傳《國語》之人”，接著對“秦之亂”進行史實補充，接著對“復光”進行史實補充，然後對賈誼、司馬遷“綜述”之事進行史實補充，最後解釋“綜”“述”的詞義。

《國語正義》正文，《國語》原文大字單行，韋昭解小一號字單行附於正文之後，董增齡正義小字雙行。韋注以“解”標識，董增齡正義以“疏”標識，式訓堂刊本全書共 1425 條，其中疏解正文者 29 條，疏解有注文者 1396 條，即便疏解有注文的地方，有的也是在疏解正文而非疏解注文。疏解正文 29 條中，《吳語》5 條，《楚語下》4 條，《周語中》《晉語六》《晉語七》《晉語八》《鄭語》《越語上》《越語下》各 2 條，《魯語上》《魯語下》《齊語》《晉語一》《晉語四》《楚語上》各 1 條。“疏”字之下先出疏證範圍，往往以“××（至）××”出之，“至××”下以“○”與疏證內容隔開。疏文內容則雜取各家，爲之辨說。大致包括如下內容。

（1）疏通韋注

本書以“正義”爲名，疏通韋注是其主體，也是其重要內容。主要包括對韋注普通詞語解釋的疏證、對韋昭典制解釋的疏證、對韋昭器物解釋的疏證、對韋昭人物解釋的疏證、對韋昭物名解釋的疏證、對韋昭史實解釋的疏證、對韋昭地理解釋的疏證、對韋昭天文曆法解釋的疏證等。

對韋注普通語詞解釋的疏證主要體現在：①通過引徵故訓對韋注進行補充。如《周語上》韋解：“觀，示也。”董疏云：“《穀梁·隱五年傳》：‘非常曰觀。’《説文》：‘示，所以示人也。’”既通過徵引故訓解釋被釋詞，也通過徵引故訓解釋釋詞，進而探討韋注釋詞和被釋詞的語義關係。如《周語上》韋解"干，盾也"董疏云："昭二十五年《公羊傳》注：'干，盾也。以朱飾盾。'《爾雅·釋言》'干，扜也'孫炎注：'干，盾，所以自扜蔽。'《方言》：'楯，自關而東謂之楯，或謂之干。'是'干''盾'一也。"通過故訓徵引，補充了"干"的形制、功能，通過《方言》補充了"干""盾"稱謂的區域，進而得出"'干''盾'一也"的結論，指出韋昭是以同義詞相互訓釋。②揭示韋昭釋義的來源。如《周語上》韋解"后，君也"董疏云："'后，君'，《釋詁》文。《説文》：'后，繼體君也。象人之形，施令以告四方，故厂之，从一、口。發號者君也。'《易·姤卦》象傳云：'后以施命誥四方。'"揭出韋昭注文據《爾雅·釋詁》，又引述《説文》以明"后"字之所以得義。如《周語上》"幽王二年，西周三川皆震"韋解"震，動也。地震，故三川亦動也"董疏云："《漢書·五行志》應劭注：'震，地震。三川竭也。'顏師古注：'川自震耳，故將壅塞，非地震也。'案：韋解本應注，其義爲長。"董增齡根據應劭注文和韋昭注文的相似性認爲韋昭解釋本於應劭。當然不排除這種可能性。韋昭對《漢書》也很熟悉，當熟悉應劭注。但二者並不完全相同，應劭謂"三川竭"，韋昭謂"三川動"，應劭注文或即本《國語》本文。另如《周語上》"惠王三年"韋解："惠王，周莊王之孫、釐王之子惠王毋涼也。"董疏云："《史記·周本紀》：'釐王五年崩，子惠王閬立。'《索隱》曰：'《世本》名毋涼。'是宏嗣從《世本》。"本條疏證韋昭所注人物，董增齡以《世本》所載惠王之名與韋昭同，即謂韋昭從《世本》。這也和韋昭《國語解敍》"以《世本》考其源"之説相應。如"工協革"韋解"革，更也"董疏云："《易·雜卦》傳：'革，去故也。'故'革'以'更易'爲義。"韋昭以"更"釋"革"，董增齡則引述《易傳》"革，去故"之言作爲"革"有"更易"之義的依據。實際上《説文》已謂："革，獸皮治去其毛，革更之。"蓋謂"革"的形成是經過變易的，名詞而兼動詞義。另如"陰迫而不能烝"韋解"烝，升也"董疏云："賈誼《鵩鳥賦》'雲烝雨降兮'李善注引《素問》：'地氣上爲雲。'是'烝'有'升'義。"③駁正韋注。董增齡在疏證中並不遵守“疏不破注”的成説，對於韋昭注進行大膽質疑。如《周語上》“伯陽父曰：周將亡矣”韋解：“伯陽父，周大夫。”董疏云：“《周本紀》：‘幽王（稿本‘幽王’下有‘以’字）褒姒爲后，以伯服爲太子。伯陽父曰：禍成矣。’《集解》引唐固曰：‘伯陽父，周柱下史老子也。’司馬貞曰：‘幽王元年至孔子卒三百餘年，老子當孔子時，唐固説非也。’案：《漢·五行志》服虔注：‘伯陽父，周太史。’得之。”唐固、服虔、韋昭三家對伯陽父的解釋不同，董增齡獨取服虔之説。其實除了唐固所釋太過具體，服虔和韋昭的解釋並不矛盾。蓋太史也是大夫之一。韋昭取“大夫”之説，義更籠統，並不誤。當然，董增齡通過徵引《國語》佚注以及故訓對韋昭注進行辨疑而不一味迴護的做法還是值得嘉許的。

對韋昭典制解釋的疏證主要體現在：①釋諡號。如《周語上》“商王帝辛”韋解“辛，紂名”董疏云：“《史記·殷本紀》：‘帝乙長子微子啓，啓母賤，不得立嗣。少子辛，辛母正后，辛爲嗣。帝乙崩，子辛立，是謂帝辛，天下謂之紂。’《集解》：‘《諡法》曰：殘義損善曰紂。’《書》言：‘獨夫受。’受、紂聲相近，紂爲諡，故知（稿本‘知’原作‘名’，抹去，旁書‘知’字）辛爲名。”本條實際上是補釋韋注，因爲韋昭説“辛”是商紂之名，牽涉到“紂”字，故董增齡引《史記》以明“辛”爲名，引《集解》所引《諡法》以明“紂”爲諡。②釋服制。如《周語上》“邦内甸服”韋解“邦内，謂天子畿内千里之地。《商頌》曰：‘邦畿千里，惟民所止。’《王制》曰：‘千里之内曰甸。’京邑在其中央。故《夏書》曰：‘五百里甸服。’則古今同矣。甸，王田也。服，服其職業也。自商以前并畿内爲五服。武王克殷，周公致太平，因禹所弼，除畿内，更制天下爲九服。千里之内謂之王畿（稿本此處‘王畿’之‘畿’誤作‘圻’，抹去，改正作‘畿’）。王畿之外曰侯服，侯服之外曰甸服，今謀父諫穆王，稱先王之制，猶以王畿爲甸服者。甸，古名，世俗所習也。故周襄王謂晉文公曰‘昔我先王之有天下也，規方千里以爲甸服’是也。《周禮》亦以蠻服爲要服，足以相況矣”董疏云：“《詩·殷武》疏：‘《禹貢》五百里甸服，每言五百里一服者，是堯舊服，每

服之外更言三百里、二百里者，是禹所弼之殘數也。堯之五服，服五百
里耳，禹平水土之後，每服更以五百里輔之，是五服服別千里，故一面
而爲差至于五千也。'王肅《難鄭》曰：'禹功在平治山川，不在拓境廣
土，土地之廣三倍于堯，《書》傳無稱焉。不知《經》言弼成五服至于
五千，若五服之廣猶是堯之舊制，何弼成之有乎？凡言至于者，皆從此
到彼之辭，明是自京師至于四境爲五千耳。若其四面相距爲五千，則經
文從何而往而言至于哉？'王鳴盛曰：'禹弼成五服，至于面各五千里，
四面相距爲方萬里。湯承夏衰，更制中國方三千里之界，亦分爲九州，
而建千七百七十三國焉。故鄭以《王制》所言爲殷制。迨周公輔成王，
致太平，復禹之舊，考禹制，去王城五百里曰甸服，于周爲王畿，其弼
當侯服，其外五百里爲侯服，當甸服，其弼當男服，其外五百里爲綏服，
當采服，其弼當衛服，其外五百里爲要服，與周要服相當，去王城三千
五百里，四面相距方七千里，是九州之內也。要服之弼當周夷服，又其
外方五百里曰荒服，當周鎮服，其弼當周藩服，去王城五千里，四面相
距方萬里。是周九服即禹弼成之五服而分之者也。'"③釋禮制，如"日
祭"韋解"日祭，祭于祖考，謂上食也，近漢亦然"董疏云："《尚書大
傳》：'祭者，薦也。薦之爲言在也。'《漢書·韋玄成傳》：'日祭于
寢……寢，日四上食。'以下皆約漢制言之，周亦當近是。"因爲韋昭説
"近漢亦然"，故董增齡引《尚書大傳》以釋"祭"字，引《韋玄成傳》
以釋"日祭"。④釋職官。《國語》職官名詞所在不少。羅春英統計出
《國語》職官稱謂277個，分爲農林（26）、卜筮（24）、軍事（51）、禮
儀（17）、工商（12）、教育（11）、伎藝（21）、朝廷外官（74）、宮廷
內官（41）等九大類別。①韋昭往往注出其職權範圍，董增齡又爲疏證
之。如《周語上》"司空除壇於籍"董疏云："《荀子·王制篇》：'修隄
梁、通溝澮、行水潦、安水藏，以時決塞。歲雖水旱凶敗（《荀子·王制
篇》'水旱凶敗'作'凶敗水旱'），使民有所芸艾，司空（《荀子·王制
篇》'司空'下有'之'字）事也。'《淮南·時則》'正月官司空'高

---

① 羅春英：《〈國語〉中的職官稱謂語》，廣西師範大學碩士學位論文，2003 年。

注：‘司空主土，春土受嘉穀，故官司空。’《大戴禮·盛德篇》：‘司空之官以成禮。’潘安仁《籍田賦》‘青壇蔚其嶽立兮，翠幕以雲布。結崇基之靈祉兮，啓四塗之廣陌’呂延濟注：‘春上青，故用青壇。’李善注：‘崇基，謂壇也。’”董增齡引述《荀子·王制》對司空職分的記述，又引《淮南子》高誘注等進行補充説明。⑤釋樂制。如《周語上》“樂及徧舞”韋解：“徧舞，六代之樂也。謂黃帝曰雲門，堯曰咸池，舜曰蕭（稿本‘蕭’作‘簫’）韶，禹曰大夏，殷曰大濩，周曰大武。一曰：諸大夫徧舞也。”董疏云：“《周官·大司樂》‘舞雲門’鄭注：‘黃帝曰雲門。黃帝能成名萬物，以明民共財，言其德如雲之所出。’《吕氏春秋·仲夏紀》：‘黃帝又命伶倫與榮，將鑄十二鐘以和五音，以施英韶，命之曰咸池。’《樂記》‘咸池備矣’鄭注：‘黃帝所作樂名，堯增修而用之。咸，皆也。池之言施也，言德之無不施也。’《漢書·禮樂志》顔注：‘池，言其包容浸潤也。’《吕氏春秋·仲夏紀》：‘舜立，仰延乃拌瞽史（稿本“史”作“叟”，是）之所爲瑟，益之八弦，以爲二十三弦之瑟。帝舜乃令質修《九招》《六列》《六英》，以明帝德。’《大司樂》鄭注：‘大磬，舜樂也。言其德能紹堯之道。’《吕氏春秋·仲夏紀》：‘禹立，降通漻水以導河，疏三江五湖，注之東海，以利黔首，命皋陶作爲《夏籥》九成，以昭其功。’《大司樂》鄭注：‘大夏，禹樂也。禹治水傅土，言其德能大中國也。’《樂記》‘夏，大也’鄭注言：‘禹能大堯、舜之德。’《吕氏春秋·仲秋紀》：‘湯率六州以討桀罪。功名大成，黔首安寧，湯乃命伊尹作爲《大濩》。’《大司樂》鄭注：‘大濩，湯樂也。湯以寬治民而除其邪，言其德能使天下得所也。’《漢書·禮樂志》：‘濩言救民也。’《吕氏春秋·仲夏紀》：‘武王以六師伐殷，六師未至，以鋭兵克之于牧野，乃薦俘馘于京，太室命周公爲作《大武》。’《大司樂》鄭注：‘大武，武王樂也。武王伐紂，以除其害，言其德能成武功也。’《内則》：‘十三舞勺，二十舞大夏。’《大司樂》：‘以樂舞教國子。’鄉大夫賓興賢能曰和容，是皆士大夫親舞。襄十六年《傳》：‘晉侯與諸大夫宴于温，使諸大夫舞，曰：歌詩必類。’杜注謂：‘使諸大夫起舞以助宴飲。’王子積享三子，則徧舞自指三子起舞。若六代之樂，則

《雲門》以祀天神,《咸池》以祭地示,《大磬》以祀四望,《大夏》以祭山川,《大濩》以享先妣,《大武》以享先祖,于享臣無當也。"

對韋昭器物解釋的疏證主要體現在:①釋兵器。如《周語上》"載戢干戈,載櫜弓矢"韋解"干,盾也。戈,戟也。櫜,韜也"董疏云:"昭二十五年《公羊傳》注:'干,盾也。以朱飾盾。'《爾雅·釋言》'干,扞也'孫炎注:'干,盾,所以自扞蔽。'《方言》:'楯,自關而東謂之楯,或謂之干。'是'干''盾'一也。《淮南·時則訓》'孟夏,其兵戟'高注:'戟有枝幹,象陽布散也。'《禮説》云:'三鋒戟。《方言》謂之'三刃枝','單枝曰戈,雙枝曰戟,南楚宛郢謂之匽戟。'《廣雅》所謂'雄戟'(稿本'戟'作'戟',是),張揖曰'胡中有'者……《春秋疏》(稿本'春秋疏'作'《春秋》孔疏',更爲規範):'子……有上刺之刃,有下鉤之刃。'……謂胡如鉤内利。《禮圖》畫戟,兩旁有枝,胡中無,三鋒向上而下無鉤。此聶氏臆造也……'《詩疏》:'櫜者,弓衣,一名韜。'故納弓于衣謂之韜弓。昭元年《傳》:'請垂韜而入。'《荀子·解蔽篇》:'倕作弓,浮游作矢。'楊倞引《世本》云:'夷牟作矢。'《周官》:'司弓矢,掌六弓、四弩、八矢之法。'《爾雅》:'弓,有緣者謂之弓,無緣者謂之弭。'《方言》:'箭,自關而東謂之矢,江淮之間謂之鏃,關西曰箭。'《釋名》:'矢,指也,言其有所指而迅疾也。'"②釋禮器。如《周語上》"奉犧牲玉鬯往獻焉"韋解:"玉鬯,鬯酒之圭,長尺二寸有瓚,所以灌地降神之器。"董疏云:"《詩·旱麓》箋:'圭瓚之狀,以圭爲柄,黃金爲勺,青金爲外,朱中央。'案:鬯圭尺二寸,《冬官·玉人》文。《春官》'典瑞'注引漢禮:'瓚槃大五升,口徑八寸,下有槃,口徑一尺。'則瓚如勺,爲槃以承之也。"③釋農具。如《齊語》"耒、耜、枷、芟"韋解:"枷,枷也,所以繫草也。芟,大鎌,所以芟草也。"董疏云:"《荀子·性惡篇》楊注:'枷,從木旁弗,擊也。'《方言》云:'自關而西謂之枷,今之農器連枷也。'《漢書·王莽傳》:'予之北巡,必躬載枷。'顏注:'枷,所以擊治禾者也,今謂之連枷。'則枷以擊禾,韋解'繫草',疑即'擊'字之誤。《方言》:'刈鉤,自關而西或謂之鎌。'《釋名》:'鎌,廉也。體廉薄也。其所刈稍稍取之，又似廉者也。'《周官·稻人》：'凡稼澤，以水殄草而芟夷之。'鄭康成謂六月大雨時行，以水病絕草之後生者，秋至水涸而芟之。明年乃稼。則鎌爲芟草器，即名之爲芟也。"《國語》中器具詞多有，如兵器、禮器、食器、量器、樂器等，董增齡每引故典釋之。

對韋昭物名解釋的疏證，主要體現在韋昭對《國語》出現的諸多植物、動物名稱的解釋方面，董增齡每引典籍予以補充説明。如《周語上》"得四白狼四白鹿以歸"董疏云："《太平御覽》引《尚書璇機鈐》：'湯受金符帝籙，白狼銜鉤入殷朝。'《水經注·瀠水》：'又東北逕白狼堆南，魏烈祖道武皇帝于是遇白狼之瑞。'《後漢書》：'滕撫稍遷涿令，太守以其能，委任郡職行春，兩白鹿隨車，挾轂而行。'《水經注·洭水》：'又逕含洭縣西。咸康中，郡民張魴爲縣有善政，有白鹿來游。'則白狼、白鹿，古以爲瑞，故貢之。《傳》言是役所得止此，以示戒後世。《後漢書·西羌傳》曰：'穆王西征犬戎，獲其五王，又得四白狼、四白鹿（稿本作"四白鹿、四白狼"，與范曄《後漢書》語序同。前頁有浮簽，云："梁玉繩曰：《山海·西山經》：孟山多白狼、白虎。郭璞注引《國語》作虎，謂虎名魋。疑今本鹿字譌。亦得爲一解。"此條寫在"即其事也"之下）。'即其事也。"董增齡分別引述文獻敘述白狼、白鹿在後世文獻中的記載。當然，有些引述有問題，如范曄《後漢書》卷三八《滕撫傳》云："滕撫字叔輔，北海劇人也。初仕州郡，稍遷爲涿令，有文武才用。太守以其能，委任郡職，兼領六縣。"晉謝承《後漢書》："鄭弘爲臨淮太守，行春，有兩白鹿隨車，挾轂而行。"董增齡誤二事爲一。董增齡又引述梁玉繩的説法，以"鹿"字或爲"虎"字之譌，亦備一説。《吳語》"望之如荼"韋解："荼，茅秀也。"董疏："'荼，茅秀也'者，《爾雅·釋中》：'藗、芀，荼。'《詩·鄭風》毛傳：'荼，英荼。'孔疏云：'荼是茅中秀出之穗。言英荼者，英是白貌。'《漢書·禮樂志》：'顏如荼。'應劭曰：'野菅，白華也。'顏師古曰：'菅，茅也。'《考工記·鮑人》：'望而眡之，欲其荼白也。'茅秀色白，故言白者，多取象焉。"

對韋昭史實解釋的疏證主要體現在：①補充人物資料方面，上文已經述及，可參。②解釋國族。如《周語上》"穆王將征犬戎"董疏云："犬戎，《史記》《漢書》作'畎'，《史記索隱》、小顏云：'即昆夷也。'（稿本抹去'史記索隱小顏'六字，別書'司馬貞、顏師古'，更規範。）《山海經》：'黄帝生苗，苗生龍，龍生融，融生吾，吾生并明，并明生白，白生犬，犬有二，是爲犬戎。'《山海經》：'有人面獸身，名犬夷。'（稿本抹去'《山海經》：有人面獸身，名犬夷'十一字。）賈逵云：'犬夷，戎之別種。'《吕氏春秋·壹行篇》高誘注：'犬戎，西戎之別。'《周書·王會解》：'犬戎，駮馬。'《王制》：'西方曰戎。'故知爲西戎之別名。（稿本抹去'《王制》：西方曰戎。故知爲西戎之別名'十四字。）《水經·河水注》引《穆天子傳》'壬戌（稿本抹去"壬戌"二字。），天子至於雷首。犬戎觴天子於雷首之阿'，下即引'趙盾田于首山'，謂即此地。則雷首在晉境，與'荒服'之説悖矣。"先指出"犬戎"之異文異稱，然後揭出其地域所在。③釋世系。往往在解釋歷史人物過程中會牽涉到歷史人物的世系問題，如《周語上》"召公告王曰"韋解"召公，召康公之後、穆公虎也，爲王卿士"董疏："《詩》正義依《世本》，穆公是康公十六世孫。案：召康公當康王時尚在，康王至厲王止七世，而召公乃傳十六世。又《燕世家》自召公以下九世至惠侯。燕惠侯當厲王奔彘、共和之時。其封燕之一支止九世，而留王朝之一支乃傳十六世乎？《世本》之言莫可詳也。"韋昭解釋人物往往會講到此人是何人之子，或者何人之後，董增齡在疏證過程中就會追溯其世系，以明其終始。韋昭此處解釋召公爲召康公之後，故董增齡追溯其世系至召康公，引述《世本》之説而復疑之。④釋補史實。韋昭在解釋史實的時候，用語較簡單，往往有語焉不詳之憾。董增齡詳引各書，爲補充史實。如《周語上》"宣王長而立之"韋解"彘之亂，公卿相與和而修政事，號曰共和。凡十四年而立宣王"董疏云："《莊子》：'共伯得乎共首。'司馬彪曰：'共伯名和，諸侯知其賢，請以爲天子。即王位十有四年，大旱，屋焚。卜曰：厲王爲祟。乃立宣王。共伯復歸于宗，逍遥得意于共山之首。'《吕氏春秋》：'共伯和，其行好賢仁。厲王之難，天子曠絶，而天下皆來請矣。'案：祟既見於卜，則必厲王已崩。厲王崩，即應立宣王。設使不旱不焚，共伯必久居王位不去矣。何異莽之居攝乎？則《莊子》《吕覽》之説非也。《魯連子》云：‘衛州共城縣，本周共伯國。共伯名和。厲王奔彘，諸侯奉和行天子事，號曰共和元年。十四年，厲王崩，共伯使諸侯奉王子靖爲宣王。共伯復歸國于衛。’《史記正義》引《世家》駁之曰：‘釐侯十三年，厲王奔彘，共和行政。二十八年，宣王立。四十二年，釐侯卒，太子共伯餘立。共伯弟和攻共伯于墓上，共伯自殺，和爲衛侯。’据《正義》所引，則共伯之弟名和，顯是兩人，非共伯名和也。況釐侯之薨，宣王在位已十五年，前此二十九年爲流彘之歲。共伯安得爲諸侯而入輔王朝乎？則《魯連》（稿本‘説’下有‘之’字）説非也。《漢書·人表》承《莊子》《吕覽》《魯連》之説，列共伯和于厲王之後。顔師古尊《漢書》，因注：‘共音恭。’但《莊子》半屬寓言，《魯連》亦多橫議，未可據也。則班固之説非也。《汲冢古文》：‘厲王十二年出奔彘。十三年，共伯和攝行天子事。二十六年，王陟于彘。周定公、召穆公立太子靖爲王。共伯和復歸其國。’案：厲王三十七年己未，王流于彘。三十八年庚申，共和攝政。五十一年癸酉，王崩于彘。灼然可徵。乃訛‘三十八年’爲‘十二年’、訛‘五十一年’爲‘二十六年’，年歲已多繆誤，則事跡更屬荒唐。故《通鑑外紀》（稿本‘通鑑外紀’原誤作‘資治通鑑’，已改正）棄而不采，則《汲冢》之説非也。《水經·清水》注：‘重門城在共縣故城西北二十里……漢高帝八年，封盧龍（稿本“龍”作“罷”，是）師爲共侯，國即共伯之故國也。共伯即歸帝政，逍遥于共山之上。山在國北，所謂共北山也。’此影射《莊子》之説而爲之者。隱元年‘鄭叔段出奔共’杜注：‘今汲郡共縣。’則‘共’似即共伯國。但襄二十二年《傳》富辰言文昭十六國、武穆四國、周公之允六國，而共無聞焉。《鄭語》史伯言當成周者，南北東西各國，又己姓、董姓、彭姓、秃姓、妘姓、曹姓之封，而共無聞焉。既非勳戚之邦，又非神聖之胄，而令其總攝萬幾乎？則酈氏之説非也。《路史》引向秀、郭象，謂共和者，周王之孫懷道抱德，食封于共。厲王之難，諸侯立之。宣王立，乃廢。案：鄭子儀在位十四年，原繁尚不敢召突，共和既爲王孫而且賢，即位已十四年之久，諸侯何事廢之？且《傳》

言召公以其子代王，則國人謂是宣王。孔穎達曰：‘《國語》雖不言殺，必殺之矣。’于王之子尚攻殺之，何愛于王之孫而舍之乎？則向秀、郭象之說非也。《史記》：‘周公、召公二相行政，號曰共和。’其說至當。周、召以三公而兼六卿，故曰‘公卿’。此韋解從《史記》之義。昭二十六年《傳》‘諸侯釋位以間王政’疏云（稿本‘疏云’作‘孔疏’）：‘周、召二相行政，號曰共和。’是其釋位以治王政之事。則孔亦從《史記》也。”

對韋昭地理解釋的疏證主要體現在對韋昭注涉及的水道、山川、州國、郡縣等地名的疏證上。如《周語上》“祭公謀父”韋解“祭，畿內之國”董疏云：“《史記正義》引《括地志》：‘故祭城，在鄭州管城縣東北十五里，鄭大夫祭仲邑也。’（稿本抹去‘《史記正義》引《括地志》：故祭城，在鄭州管城縣東北十五里，鄭大夫祭仲邑也’二十八字。）《釋例》云：‘祭城在河南，上有敖倉，周公後所封也（稿本抹去“也”字，今檢《釋例》有“也”字。）。’案：今開封府東北十五里有祭伯城（稿本抹去‘今開封府東北十五里有祭伯城’十三字，旁書‘此東遷後改封，非謀父舊國。舊國當在今陝西西安、鳳翔二府境內’二十六字。）。”孔祥軍《清儒地理考據研究》認爲董增齡在考辨《國語》地理方面做了如下工作：A. 考辨同名異地。如《周語上》“自竄於戎翟之間”董疏：“《生民》毛傳：‘邰，姜嫄之國，堯見天，因邰而生后稷，故國后稷於邰。’毛奇齡曰：‘古無封國母家之理，若《疏》所言，或滅或遷，則其後太王又娶有邰氏女，名太姜矣。’案：邰地有二，姜姓之邰邑在瑯琊，襄十二年《經》‘莒人伐我東鄙，圍台’杜注：‘瑯琊費縣南有邰亭，哀公時齊遷景公子于駘。’則入齊矣。在今山東沂州（稿本‘州’下有‘府’字）費縣境內。稷封之邰，國在武功。昭九年《傳》‘魏駘芮岐畢吾西土’杜注：‘駘在始平武功縣所治釐城，后稷受此五國。’‘駘’即‘邰’也。武功隸（稿本脫‘武功’，後補。‘隸’原作‘在’，抹去改作‘隸’。）今陝西乾州。（稿本‘乾州’下原有‘釐城縣，言釐城縣在今縣南八里，明置邰城驛于此’諸字，抹去。）”B. 孔祥軍認爲“駁正韋解地理之誤”是董增齡的另一項主要工作。如《周語上》“幽王二年，西周三川皆震”韋解“三川，涇、渭、洛，出於岐山也”董疏：“涇水，《漢·地理志》：‘出安定涇陽縣开頭山東南，至京兆陽陵縣入渭。’渭水，《漢·地理志》：‘出隴西郡西南鳥鼠山西北南谷山，東至京兆船司空縣入河。’洛水，《括地志》：‘一名漆沮水，源出慶州洛源縣白於山東南，流鄜、丹、同三州，至華陰北，南流入渭。’王伯厚《詩考》引《寰宇記》：‘漆水自耀州同官縣東北界來，經華陰縣，合沮水。’沮水，《地理志》出北地郡路縣東，今坊州宜君縣西北境。《寰宇記》：‘沮水自坊州昇平縣北子午嶺北下，合榆谷、慈馬等川，遂爲沮水。至耀州、華原合漆水，至同州朝邑縣東南入渭。’齡謂：漆、沮合流，至同州已與洛會，然後入渭。《寰宇記》不言合洛者，略也。《職方氏》：‘雍州其浸渭、洛。’《水經注》‘渭水又東過華陰縣，洛水入焉，闞駰以爲即漆沮水’是也（稿本抹去‘闞駰以爲即漆沮水是也’諸字）。《淮南·墜形訓》‘洛出獵山’注：‘獵山在北地西北夷中。洛東南流入渭。’《説文》：‘洛水出左馮翊歸德北夷中，東南入渭。’全祖望據程泰之説，謂：‘漆在沮東，至華原而西合于沮。沮在漆西，受沮而南，遂東合于洛。洛又在漆、沮之東。至同州而始合。’杜君卿亦謂：‘漆、沮爲洛者，三水合流也。’王伯厚謂：‘北條荆山在襄德縣西，正洛水之源。’齡案：《地理志》《禹貢》：‘北條荆山在襄德縣南，下有彊梁原，洛水東南入渭。’雍州濅則襄德荆山是洛如渭之地，非洛水發源之地矣。至《禹貢》‘導洛自熊耳’之‘洛’即《水經注·洛水》‘至成皋西入河’，此‘入河’之‘洛’與伯陽父所言‘三川之洛’迥別。後漢改‘洛’爲‘雒’者，即熊耳之洛也。三川所出之山：涇水，據《地理志》，出笄頭山，《淮南》一名薄洛山，故涇一名薄洛水；渭水，《水經注》出首陽縣首陽山渭首亭南谷山，在鳥鼠山西北，縣有高嶺，嶺上有城號渭源城，渭水出焉。洛即漆沮（稿本抹去‘即漆沮’諸字），出洛源縣白於山。皆非岐山也。韋解謂涇、渭、洛出于岐山，蓋因《淮南·本經訓》‘江河三川絶而不流’高注：‘三川，涇、渭、汧也，出于岐山。’又《淮南·俶真訓》亦云：‘三川涸。’注亦謂涇、渭、汧。不知上文言醢鬼侯之女、菹梅伯之骸，則涇、渭、汧者，商紂時所竭之三川。涇、渭、洛者，周幽時所竭之三川也。三川均非發源（稿本‘源’下有‘于’

字）岐山。宏嗣尚沿《淮南》注之説耳（稿本'尚沿'原作'舉'，'之説耳'原作'而承其誤'）。"孔祥軍認爲："董氏不僅依據傳世文獻，言之鑿鑿地指出三川所出確非韋昭所解，而且追溯韋氏錯誤的由來，又從此源頭加以否定，可謂精審允當。"[1] C. 董增齡對前人誤説亦多辨正。如《周語上》"商之興也，檮杌次於丕山"韋解"大邳山在河東"董疏："《漢書·溝洫志》'大伾'下引《尚書》鄭注：'在修武、武德之界。'張揖、顏師古云：'在成皋。'《爾雅》：'山一成曰伾。'山止一成，不必指最高之山以當之也。《水經注》：'洛水……東逕成皋北，又東逕大伾下，……又東合氾水。'氾水爲成皋所屬，而修武故城在今獲嘉縣北，地在城（稿本'城'作'成'，是）皋之東南。武德故城在今武陟縣，地在成皋之東。《漢書》臣瓚注、《尚書》僞孔傳獨創爲大伾在黎陽之説，《括地志》因言：'大伾山，今名黎陽東山。又曰青壇山，在衛州黎陽南七里。'果如瓚等及《括地志》所言，則黎陽地近冀州而居北。《禹貢》'東過洛、汭'之下必云'北至大伾'，何以云'至于大伾'乎？則大伾之在洛、汭東明矣。《地理志》顏注：'洛、汭入河處，故曰山在河東。'"孔氏認爲："董氏所駁雖稍欠説服力，但亦有合理之處，據今人考證大伾所在確非黎陽，當在成皋、修武之間。"[2] 孔祥軍認爲《國語正義》"雖非專究地理，但也頗有見地，其主要的研究方法即將文獻徵引與地望辨析相結合，可謂《國語》地理考釋之功臣"，孔氏也指出"董氏引文稍欠嚴謹，多滋訛誤"，關於這一點，將在下文詳細論之，此處不贅。

對韋昭天文曆法解釋的疏證主要體現在：①釋天文。《國語》在記敘農業、音樂、史實的同時，會涉及天文星象，董增齡雜引各書詳細説明。如"農祥晨正"董疏云："《太平御覽》二十引唐固注：'農祥，房星也。晨正，謂晨見東方立春之日也。'韋即用唐義。（從稿本看，這些文字是後來添加的）《説文》：'辰者，農之時也。故房星爲辰田候也。'《史記》集解（'集解'二字當作'正義'）：張晏曰：'龍星左角曰天

① 孔祥軍：《清儒地理考據研究·先秦卷》，濟南：齊魯書社 2015 年版，第 221 頁。
② 孔祥軍：《清儒地理考據研究·先秦卷》，濟南：齊魯書社 2015 年版，第 223 頁。

田，則農祥也，晨見而祭（檢《史記正義》本文‘晨見而祭’作‘見而祭之’）。’《正義》：‘《漢書儀》云：龍星左角爲天田，右角爲大（檢《封禪書》正義本文“大”多作“天”）庭。天田爲司馬，教人種百穀爲稷……辰之神爲靈星，故于（檢《封禪書》正義本文“于”作“以”）壬辰日祀靈星于東南。’《東都賦》薛綜注：‘農祥天駟，即房星也。晨時正中也，謂正月初也。’張銑注：‘房星，正月中晨見南方，農祥之候（稿本“農祥之候”誤作“農之祥候也”）。’”董增齡整理《國語正義》的時候，似未見到《國語》佚注輯佚資料，出於保存舊注、嘉惠將來的目的，靠個人爬梳所得，一一隸於《國語》各條之下，並以與韋昭注相比較。此處即以唐固注與韋昭注相較，認爲韋昭用唐固之説。當然，從前文可知，這個工作，是董增齡在接受徐養原的建議之後爲之的。然後雜引各書，詳釋房星位置等等，爲讀者提供了很大方便。②釋曆法。如“陰陽分布”韋解“陰陽分，日夜同也”董疏云：“馬融、王肅注《尚書》：‘日永，則晝漏六十刻，夜漏四十刻。日短，則晝漏四十刻，夜漏六十刻。日中、宵中，則日夜各五十刻。’《尚書》鄭注：‘日中、宵中者，日見之漏與不見者齊也。’（所引馬融、王肅、鄭玄等注實亦出《詩·東方未明》孔疏）《詩疏》謂：‘冬至，則晝四十五，夜五十五。夏至，則晝六十五，夜三十五。春、秋分，則晝五十五半，夜四十五（稿本“四十五”作“四十四”，是）半。’案：諸家皆以晝夜爲百刻。今法分晝夜爲九十六刻，當春、秋二分，晝得四十八，夜得四十八也。”古人分一晝夜爲一百刻，據學者考察起於商代。漢哀帝時改爲一百二十刻，新莽政權之後被廢。梁武帝時改百刻爲九十六，但到大同十年又改用一百零八刻。至於董增齡生活的時代，以一晝夜爲九十六刻。據學者研究，九十六刻是利瑪竇調和中西方計時單位的產物。經過康熙年間百刻與九十六刻之爭後，九十六刻隨之確立。① 董增齡不僅引述古

① 參見馬偉華、關增建：《九十六刻制在中國的確立》，江曉原、劉曉榮主編《文化視野中的科學史——〈上海交通大學學報〉（哲學社會科學版）科學文化欄目十年精選文集（中）》，上海：上海交通大學出版社 2013 年版，第 54—61 頁。

制，亦引述今制，溝通古今。③釋災異。如《晉語三》"晉饑"韋解：
"穀不熟曰饑。"董疏云："《爾雅·釋天》：'穀不熟爲饑。'襄二十四年
《穀梁傳》：'一穀不升謂之嗛，二穀不升謂之饑，三穀不升謂之饉，四
穀不升謂之康，五穀不升謂之大饑。'《墨子·七患篇》：'一穀不收謂之
饉，二穀不收謂之旱，三穀不收謂之凶，四穀不收謂之餽，五穀不收謂
之饑。'雖名各參差，其實五者皆饑也。"

此外，還包括對韋昭其他注釋的疏證。行爲動詞，是禮類書籍和史
書中常見的動詞。《國語》中動詞尤其多見，韋昭所釋不在少數，董增
齡也多予以疏證之。如《周語上》"三女奔之"韋解"奔，不由媒氏也。
三女同姓"董疏云："《內則》'奔則爲妾'鄭注：'妾之爲言接也。聞
彼有禮，走而往焉，以得接見于君子也。'《周官·媒氏》：'中春之月，
令會男女，奔者不禁。'《疏》謂：'若有父母不嫁不娶（《周禮疏》作
'不娶不嫁'）之者，自相奔就，亦不禁之。'蓋媒氏謀合兩家之男女，
使異類得爲伉儷。故鄭康成謂：'齊人名麴麩曰媒。''猶和合得成酒
醴。'（此句爲賈疏之言且無'醴'字，非鄭注之言）不由媒，則六禮不
備也。《內傳》：'泉邱人有女……奔孟僖子，其僚從之。''僚'有
'友'義，其非一姓可知。此《傳》總言三女而不言同僚，知此是同一
姓也。"

涉及器具動作，往往會涉及形制問題。韋昭解釋之，董增齡疏證之。
如《周語上》"王耕一撥"韋解"一撥，一耜之撥也。王無耦，以一耜
耕"董疏云："撥，宋公序《補音》引《切韻》有'戔''伐'二音，又
作'垡'。《考工記》：'匠人……耜廣五寸，二耜爲耦，一耦之伐，廣尺深
尺，謂之畎。'是匠人之伐即撥也。鄭注：'古者耜一金，兩人併發之。
其壟中曰畎，畎上曰伐。伐之言發也。今之耜岐頭兩金，象古之耦也。'
孔《疏》：'耜謂耒頭金，金廣五寸，耒面謂之庇，庇亦當廣五寸。二耜
爲耦者，二人各執一耜，若長沮、桀溺耦而耕。此兩人耕爲耦，共一尺，
一尺深者謂之畎，畎上高土謂之伐……發土于上，故名伐。'案：兩人並
頭，各執一耜發土，故曰耦。王者尊，無與敵，故用一耜而獨發之，而
所發之土仍是廣尺、深尺。《詩·載芟》疏、《文選·籍田賦》所載（稿

本無‘所載’二字，是）李善注並引作‘一粍之發’，而不言‘一耦之發’也。”本條所釋實際上是“墢”之名義的問題。董增齡首先引述《國語補音》言及“墢”之讀音以及異文的問題，次引《考工記》以及鄭注、孔疏，以明墢之工作面的形成所需工具的形制、尺寸等等。

《國語》涉及很多引文，韋昭往往釋其篇名、內容、存佚等等，董增齡也往往疏證之。如《周語上》“是故周文公之頌曰”董疏云：“鄭康成《詩譜》：‘周頌者，周室成功致太平德治之詩。其作在周公攝政、成王即位之初。頌之言容，天子之德，光被四表，格于上下，無不覆幬（稿本“幬”作“燾”，今檢《詩譜》字作“燾”），無不持載，此之謂容。於是和樂興焉，頌聲乃作。’《詩疏》引《中侯摘雒戒》云：‘曰若稽古，周公旦欽惟皇天順踐阼即攝七年，鸞鳳見，蓂莢生，青龍銜甲，玄龜背書。’此說文公作頌時事。頌，自民之歌謠而言周公之頌者，以周公攝政、歸功成王，歌其先人之功，事由不涉于己，故得自爲風雅也。”先引述鄭玄之語，疏證“頌”與“周頌”，次引緯書疏證本詩出現時候的徵兆，最後作總結。

（2）校勘

董增齡《國語正義序》謂以補音本爲主，兼采明道本。既然有底本，有參照本，不可避免地遇到版本異文問題。校勘，也就成爲《國語正義》必有之事，但相對較少。

所校諸例中，有公序本和明道本版本系統的異文問題。如《周語上》“昔我先世后稷”董疏云：“宋公序本‘昔我先世后稷’，天聖本‘先’下有‘王’字。錢敏求、黃丕烈並（稿本‘並’作‘皆’）從天聖本。梁玉繩曰：《周本紀》有‘王’字，而譙周引此無‘王’字。許宗彥云：韋《解》于下先王不窋始釋王字。則此唯云‘先世’可知。齡案：許說是。《周本紀》有‘王’字者，後人所加也。襄二十九年《傳》孔疏曰：‘《月令》首種不入，鄭注：首種爲稷也。’《國語》虢文公曰：‘民之大事在農，是故稷爲大官。’然則百穀稷爲其長，遂以稷名爲農官之長。《漢書·百官公卿表》‘棄作后稷’應劭注：‘棄，臣名。后，主也。爲此稷官之主。’（稿本此下原有‘《詩·長發》“元王桓撥”孔疏：

湯有天下而稱王，即湯之始祖亦以王言。《尚書·武成》昔先王后稷，是其爲王之祖，故呼爲王。非追號爲王也。是稷稱王之義'諸字，抹去)"這是校版本異文。本條是《國語》公序本、明道本異文的經典案例，清代許多學者都涉及本條的勘校，並且給出了贊同明道本的意見。董增齡引録了梁玉繩和許宗彦的説法。梁玉繩（1745—1819）是《史記志疑》的作者，許宗彦（1768—1818）是梁玉繩的妹夫。梁玉繩僅揭出異文，許宗彦則明確表示了傾向，即以公序本無"王"字爲是。董增齡贊同許宗彦之説，並進行了進一步的論證。

也有的不明確指出版本，僅以"一本"出之，揭明致誤原因或給出勘定依據。如《齊語》"築葵、兹晏、負夏、領、釜丘"董疏云："葵，《管子·小匡篇》作'蔡'。《晉語》'負葵'，一本作'負蔡'，蓋形似致譌也。"《鄭語》"鄢、蔽、補、丹"董疏云："一本作'舟'，或引昭十三年《傳》'克息舟城而居之'爲解。按：《詩正義》引作'丹'，則作'舟'者非也。"《吳語》"一介嫡男，奉槃匜以隨諸御"韋解："槃，承盥器也。"董疏云："一本作'盟器'，非。"作"盟器"之本，今檢有三餘堂本、緑蔭堂本。此等《國語》刻本皆自明末維揚文盛堂本而來。恐明末之文盛堂本即已誤作"盟"。王懋竑《讀書記疑》已經揭出。董增齡所謂"一本"實即其所據之底本。

還有的以他書引文異文進行校勘。如"今三川實震，是陽失其所而鎮陰也"韋解："鎮，爲陰所鎮筶也。"董疏云："鎮，《史記·周本紀》《漢書·五行志》並作'填'，《漢書》應劭注：'失其所，失其道也。填陰，爲陰所填，不得升也。'"《漢書·五行志》《史記·周本紀》的材料來源肯定是《周語》，但是具體用字不同，故董增齡取以爲校。實際上《説苑》字亦作"填"，與《史記》《漢書》同。《札記》云："惠云：'《史記》填。《老子銘》：陰不填陽。當作填。'丕烈案，鎮、填古字通，《五行志》亦作'填'。"① 《札記》言是。顔師古注云："填，音竹刃

<hr />

① （清）黄丕烈：《校刊明道本韋氏解國語札記》，北京：商務印書館《國學基本叢書》本，第243頁。

反."① 是"填"音"鎮"。洪誠謂："《史記》《漢書》借'填'爲
'鎮',常見。"② 此即一例。韋注云："鎮,爲陰所鎮筰也。"《史記集
解》引韋注爲釋,《漢書》應劭注或爲韋注之所本。從上一條來看,董
增齡是見到黃刊明道本《國語》的,當然也參照了《札記》。就本條而
言,自然以惠棟校出最早,而後顧廣圻闡述原因,董增齡僅校異文,而
未能進一步申述。

（3）對《國語》正文進行解釋

如前文所述,刊本《國語正義》1425 條疏證中,尚有少數條目並非
疏證韋注,而是直接解釋《國語》正文。如《周語上》"三川竭,岐山
崩",韋昭無釋,董疏云："《漢·五行志》又言:'劉向以爲,陽失在陰
者,謂火氣來煎枯水,故川竭也。山川連體,下竭上崩,事埶然也。'此
川竭致山崩之義。"《國語》只記載了結果,至於導致因由,也僅從人事
附會的角度講。董增齡引述《五行志》之言,力圖從客觀科學的角度對
自然災害給予合理的解釋。《越語下》"遂乘輕舟,以浮於五湖,莫知其
所終極",韋昭無注,董疏云："《越世家》:范蠡報會稽之恥,'裝其輕
寶珠玉,自與其私徒屬乘舟浮海以行,終不反。浮海出齊,變姓名,自
謂鴟夷子皮,耕于海畔。''齊人聞其賢,以爲相……閒行以去,止于
陶……致貲累巨萬,天下稱陶朱公。'《貨殖傳》索隱引《韓子》云:
'鴟夷子皮事田成子,成子去齊至燕,子皮從之。''蓋范蠡也。'《越世
家》集解引張華曰:陶朱公冢在南郡華容縣西,樹碑云'是越之范蠡'
也。《正義》又引《括地志》云:'濟州平陰縣三十里陶山南五里有陶朱
公冢。'據《貨殖傳》及《越世家》所記,皆蠡去越後之事。然隨地改
名,跡行詭秘,當時載筆者疑以傳疑,故云'莫知其所終極'也。"

總之,董增齡《國語正義》涉及《國語》和韋解的方方面面。釋地
理,則包括《國語》以及韋解所涉及的山河、州川、郡縣、國族、采邑
等;釋動物,則包括《國語》及韋解涉及的禽鳥獸畜蟲等;釋器具,則

---

① （漢）班固撰,（唐）顏師古注:《漢書》,北京:中華書局1965 年版,第1451 頁。
② 洪誠:《訓詁學》,南京:江蘇古籍出版社1984 年版,第32 頁。

包括《國語》及韋解涉及的兵器、農具、禮器、樂器、雨具、食器、盛器等；釋禮制，則涉及祭祀禮、籍田禮、冠禮、軍禮、相見禮、朝聘禮、賜命禮、燕禮等。疏證韋解，包括對韋解的語義補充、史實補充、本原說明、駁斥補正等多個方面。從上面所舉諸例可知，董增齡徵引宏富，這一點，孔祥軍也已經提到。董增齡《國語正義》的訓釋方式和方法最爲明顯的特點即是廣徵博引，其引用文獻格式大體包括：1. 書名全出；2. 只出篇名；3. 只出作者；4. 暗引襲用。由於董增齡研究過《金匱要略》，對醫學典籍比較熟悉，故《國語正義》中引述到《黃帝内經》《外臺秘要》《論神農本草》《神農本草經》《蜀本草》《本艸》《本艸檢遺》《圖經本草俗傳》等醫學典籍。董增齡的疏證基本用典籍説話，以疏通文義、補充材料爲主。今檢董增齡《國語正義》徵引經部類文獻如下：

經部之《易》類文獻：《周易》、注、疏、京房《易傳》、《焦氏易林》、《周易集解》、《易乾鑿度》、《周易述義》、伏曼容《易注》、《九家易》；《書》類文獻：《尚書》、《尚書大傳》、注、疏、閻若璩《尚書古文疏證》、胡渭《禹貢錐指》；《詩》類文獻：《毛詩》、《齊詩》、《韓詩》、《韓詩外傳》、《韓詩章句》、鄭康成《詩譜》、《毛詩正義》、王應麟《詩地理考》、王夫之《詩經稗疏》；"三禮"類文獻：《周禮》、注、疏，姜上均《周禮輯義》，《禮記》、注、疏，《儀禮》、注、疏，《大戴禮記》、孔廣森《補注》、《禮緯》、惠士奇《禮説》；樂類文獻：《樂緯動聲儀》、朱子《琴律・説太史公五聲數》、姜夔《大樂議》、蔡氏《律吕新書》、《樂律表微》；《春秋》類文獻：《春秋運斗樞》，《春秋左氏傳》注、疏，顧炎武《左傳杜解補正》，惠棟《左傳補注》，何休《春秋解詁》，《春秋公羊傳》、注、疏，《公羊説》，《春秋穀梁傳》、注、疏；《論語》以及《四書》類文獻：《論語》、注、疏，皇侃《論語疏》，《孟子》、注、疏，閻若璩《四書釋地》，《孝經》、注、疏；群經總義和小學類：《經典釋文》、《五經異義》、《駁五經異義》、《九經古義》，《爾雅》、注、疏、邵晉涵《爾雅正義》，《小爾雅》，《釋名》，《方言》，《廣雅》，《説文》、大徐、《説文繫傳》，《六書故》《急就篇》《隸釋》《字林》《玉篇》《類篇》《正字通》《衆經音義》《一切經音義》《廣韻》《集韻》

和宋庠《國語補音》。僅僅從經部文獻的徵引上就可以看出，董增齡《國語正義》一書引書十分豐富。

5.《國語正義》材料徵引及存在問題

前曾在《上圖藏〈國語正義〉稿本價值初探》一中揭示董增齡《國語正義》一書考辨條目"又有襲用他人而不出注者"，其徵引材料則存在"剪裁不當、引文重複、文字錯訛、張冠李戴、標注不完整等問題"。① 具體言之，刊本《國語正義》在引文方面的問題約分爲三個方面：（1）引文和原文有差別；（2）引文和其他文字有交叉；（3）引文出處標注不準確。

（1）《國語正義》引文和原文有差別

一般認爲，古人引用往往憑藉記憶，故引文與原文存在一定差異。這種情況在《國語正義》的引文中經常出現，且表現爲多種情況。

1）文字問題

①引文改換用字

以董增齡引述典籍文字和傳世文本相對照發現，董氏在引述過程中經常改換原書文字。原因大致有二：其一，古人引述典籍，多憑記憶，事後未能檢核，故而有文字上的出入；其二，古人引述，所據典籍版本與今天我們所參照的版本不同。兩種可能性都存在。

A. 文字改換之後，語義上講得通。如：

> 孔穎達曰："天子之於諸侯謂之爲賓。賓者，敵主之辭……此則天子與諸侯之義耳。若諸侯與天子，皆純臣矣。"

[按] 引文中二"與"字，今檢《毛詩·周頌·臣工》孔疏本文作"於"。上文明云"天子之於諸侯謂之爲賓"，則此處二"與"字固當從本文作"於"，此屬引誤。但是獨立出現，"與"字似乎也講得通。

---

① 拙稿《上圖藏〈國語正義〉稿本價值初探》，《文獻》2018 年第 4 期，第 113—123 頁。

昭二十九年《傳》"稷，田正也"《疏》："《月令》：'孟春行冬令，則首種不入。'鄭玄：'首種爲稷也。'"

［按］孔疏本文"爲"作"謂"。爲、謂雖然具體語義不同，但在此語境中，作爲訓詁術語，皆可通。

《正義》："《漢書儀》云：'龍星左角爲天田，右角爲大庭。天田爲司馬，教人種百穀爲稷……辰之神爲靈星，故于壬辰日祀靈星于東南。'"

［按］檢《史記·封禪書》正義本文"大"作"天"，"故于"之"于"作"以"。"大""天"當屬於字誤。但是"故于"之"于"改作"以"仍然是通的。

《水經·渭水》注："沇水西北逕杜縣之杜京西，西北流逕杜伯冢南，杜伯與其友左儒事宣王。儒無罪見害，杜伯死之。"

［按］《水經注》"事"作"仕"。在本文語境中，"仕"和"事"皆通用，甚至董增齡改寫之"事"尚勝於《水經注》原文"仕"字。

案《呂氏春秋》："密須之民，自縛其主，以予文王。"

［按］今《呂氏春秋·用民》"以予"作"而與"。在本文語境下，"以予"之"以"和"而與"之"而"用法雖然不同，表義上則無二致。

《周官·籩人》疏："籩是竹器者，以其字竹下爲之……云'如豆'者，皆面徑尺，柄尺，依漢禮器制度知之也。"

　　［按］賈疏本文"依漢禮器制度"作"亦依漢禮"。董增齡改字之後，並没有改變語義。

　　　《爾雅·釋地》："邑外謂之郊，郊外謂之牧。"邵晉涵曰："《説文》：'距國百里爲郊。'据天子郊畿千里而言，百里之國，則十里爲郊……近郊半之。"

　　［按］檢邵晉涵《爾雅正義》原文作"以百里爲遠郊，以五十里爲近郊"，則董氏"近郊半之"之"之"指"百里"而言。
　　B. 改字之後，語義不通，如：

　　　《路史後紀》："黄帝次妃嫫母，生禺陽，生封于任……禺生儵梁……儵梁生番禺……番禺生奚仲，奚仲生吉光，建侯于辥。又十二世，仲虺爲湯左相，始分任。祖巳七世成遷爲摯，有女歸周，是誕文王。"

　　［按］《路史》"生封于任"之"生"字作"受"，是。此處改字之後，不辭，故不通。這類的例子在董增齡《國語正義》引述當中比較多見。
　　②引文有誤字。如：

　　　《淮南子》謂與高辛争帝，《史記》謂高陽誅之，荀卿以爲禹代。

　　［按］今檢《荀子·議兵篇》曰："禹伐共工。"則董氏"代"字爲"伐"字之誤。

　　　《風俗通義》："水艸交厝，多之爲澤。澤者，言其潤澤萬物，以阜民用也。"

［按］"多"當爲"名"字之誤。檢《風俗通義》本文字即作"名"。

《爾雅》"十藪"則有魯之大野、周之焦穫，而不列鉅鹿也。

［按］今檢《爾雅·釋地》"穫"作"護"。

《漢書·食貨志》："理民之道，地著爲本。""民年十二受田，六十歸田。七十以上，上所養也。七歲以上，上所長也。十一以上，上所强也。"

［按］《漢書·食貨志》本文"七歲以上"作"十歲以下"。"七""十"字形相近混誤，而"上""下"之異則恐爲誤識。

前三例，屬於字形相近造成的混誤。最後一例，則比較複雜，既有字形混誤，也有誤識。

③原文本無其字，引述過程中增字。董增齡在引述過程中增字，造成衍文。如：

《周官·瞽矇》"諷誦詩，世奠繫"鄭注："諷誦詩，謂闇讀之，不依詠也。鄭司農云：'諷誦詩，主詩誦詩以刺君過。'"

［按］稿本"主"下無"詩"字，是。刊本衍"詩"字，不辭。恐怕刊本所據的抄本本來就已誤增"詩"字。

孔穎達曰："案《三統曆》：'立春日在危十六度，正月中日在室十四度。'《元嘉曆》：'立春日在危三度，正月中日在室一度。'""日行遲，一月行二十九度半餘；月行疾，一月行天一帀，三百六十五度四分度之一，過帀更行二十九度半餘，逐及于日，而與日會，所謂之次，謂之爲辰。""娵訾，亥次之號。立春之日，日在危十六度。月半雨水之時，日在營室十四度。"

［按］孔疏本文無"所謂之次"四字，董增齡引述時誤衍，不辭。又孔疏本文"之日"之"日"作"時"，此恐涉下文"日在"之"日"誤。

《周官》："冪人掌共巾冪……祭祀，以疏布巾冪八尊，以畫布巾冪六彝。凡王巾，皆用黼。"

［按］今檢《周禮》本文無"用"字。
④引述過程中有脫文。如：

《禮記·月令》鄭注："孟春之月，祈穀于上帝。上帝，太微之帝也。"《疏》："太微爲天庭，中五帝座：蒼曰靈威仰，赤曰赤熛怒，黃曰含樞紐，白曰白招拒，黑曰汁光紀。郊天，各祭所感帝。"

［按］稿本"中"下有"有"字，是，因鄭注原文就有"有"字。"中五帝"不能説不通，至少語義不夠完足，加一"有"字，無論是語法還是語義，都更完足。

《荀子·王制篇》："宰爵知賓客、祭祀、饗食、犧牲之數。"

［按］《荀子·王制篇》本文"數"上有"牢"字。今檢《王制》云："序官：宰爵知賓客祭祀饗食犧牲之牢數，司徒知百宗城郭立器之數，司馬知師旅甲兵乘白之數。"是董增齡引述時脫"牢"字。

《春秋繁露·執贄篇》："羔有角而不任，設備而不用，類好仁者；執之不鳴，殺之不諦，類死義者；羔食於其母，必跪而受之，類知禮者。故羊之爲言猶祥與？故卿以爲贄。"

［按］今檢《春秋繁露》本文"卿"下有"大夫"二字，董增齡引脱。

⑤在引述過程中，董增齡《國語正義》存在引文次序顛倒的問題。如：

> 《周官·媒氏》："中春之月，令會男女，奔者不禁。"《疏》謂："若有父母不嫁不娶之者，自相奔就，亦不禁之。"

［按］不嫁不娶，今檢《周禮疏》作"不娶不嫁"。這種顛倒只是顛倒語序，倒無礙於文義表達。

> 《詩·桑柔》箋："芮伯，畿內諸侯，王卿士也。良夫，字。"

［按］稿本"良夫字"作"字良夫"，稿本是。又稿本"良夫"下有"疏"字，是。"良夫字"和"字良夫"不但在語法結構上不同，表義也不一樣。刊本《國語正義》的倒序是錯誤的。

> 《荀子·王制篇》："修隄梁、通溝澮、行水潦、安水藏，以時決塞。歲雖水旱凶敗，使民有所芸艾，司空事也。"

［按］今檢《荀子·王制篇》"水旱凶敗"作"凶敗水旱"，"司空"下有"之"字。"凶""敗""水""旱"四字平列，語序顛倒並不影響文義。

> "《西山經》曰：'峚山之玉，堅粟精密……'郭璞云：'玉有粟文，所謂穀璧。'唐代宗即位，楚州獻定國寶十有二，其三曰穀璧，白玉也，如粟粒，無彫鐫之跡……又泰冒之山多藻玉。《說文》云：'璪，如水藻之文。'……粟謂之穀，藻謂之蒲，文理出於天然，非關彫琢。'養人''安人'，其說妄矣。"

［按］本段文字實引自惠士奇《禮說》。今檢《禮說》卷十四本文

"粟謂之穀，藻謂之蒲"在"非關彫琢"下。離開惠士奇《禮説》的前後文語境，僅以本段内容攙入董氏疏證中，亦可通。

《内經》："岐伯曰：'天食人以五氣，地食人以五味。五氣入鼻，藏于心肺……五味入口，藏于腸胃，味有所藏，以養五氣，氣和而生，津液相成，神乃自生。五色修明，音聲能彰。'"

［按］今檢《内經·六節臟象論》原文"五色修明，音聲能彰"八字在"五味入口"之上。這段引文，至"神乃自生"已經結束，似不必再有"五色修明，音聲能彰"八字。此處語序顛倒實成贅餘，不如按照《内經》原文次序。

⑥引文與原文文句有差別。此處有差別還不是簡單地增字或删字問題，而是句子甚或語義有較大區別。例如：

《大戴禮·保傅篇》"天子春朝朝日，秋暮夕月"孔廣森補注："舊説：春分朝日，秋分夕月。《公冠篇》云：'于正月朔日迎日于東郊。'《春秋·莊十八年》：'迎日于東郊。'《穀梁傳》曰：'……王者朝日。'由此言之，朝日以朔，夕月以望與？顔師古曰：'朝日以朝，夕月以暮，皆迎其初出也。'"

［按］今檢孔廣森《補注》本文"于正月朔日"之"于"字作"以"，"迎日于東郊"作"春，王三月，日有食之"，"朝日以朔"之"以朔"作"於朝"。又孔廣森原書"顔師古"作"顔籀"。"于（於）""以"之異可能在語義上沒有大的差别。但《春秋·莊公十八年》之言則完全對不上，恐"迎日于東郊"涉上文引《公冠篇》而誤。"朝""朔"二字形近而誤。

《史記索隱》：商均封虞，即今之梁國虞城。夏代猶封虞思、虞遂。宋忠曰："虞思之後，箕伯、直柄中衰，殷湯封遂于陳以祀舜。"

［按］《史記索隱》本文"祀舜"作"爲舜後"。"祀舜"和"爲舜後"語義不同。

惠棟曰："《汲郡古文》：'帝辛十六年，帝使重帥師滅有鄶。'此高辛時之鄶，非西周之鄶。王符之説失之。"

［按］惠棟《九經古義》卷五本文"古文"下有"云"字，又惠棟《九經古義》卷五本文"此高辛時之鄶，非西周之鄶"作"左史戎夫所云'重氏之鄶君以亡'是也。《世本》云：'陸終娶鬼方氏妹，曰女嬇，生子六人，四曰求言，是爲鄶人。鄶人者鄭是。（宋衷曰：求言，名也，妘姓，所出鄶國也。）陸終在高辛之後，或因有鄶之墟而封之，後爲鄭武公所滅耳"，董增齡約略惠棟之言而概括之。

2）引事問題

在董增齡引述古書中，有誤二事爲一事的。如：

《後漢書》："滕撫稍遷涿令，太守以其能，委任郡職行春，兩白鹿隨車，挾轂而行。"

［按］今檢范曄《後漢書》卷三八《滕撫傳》云："滕撫字叔輔，北海劇人也。初仕州郡，稍遷爲涿令，有文武才用。太守以其能，委任郡職，兼領六縣。"晉謝承《後漢書》："鄭弘爲臨淮太守，行春，有兩白鹿隨車，挾轂而行。"董增齡誤二事爲一。實際上雖同爲《後漢書》，作者不同，所載不同，仍然需要區別分明。

3）没能區分引文的正文和注文

董增齡《國語正義》徵引的文獻，有的行文中有自注，原書可能是以小字標識，董增齡引用時不審，誤以爲正文，這樣就造成正文讀不通或語序失當。如：

《禮説》："管以候十二月之氣，氣至則風動，風動則吹灰……不出爲衰，全出爲猛，半出爲和。風出乎土，故候風必以土。……漢官靈臺待詔有候風十二人。又星官有風隅，占四隅之風。《内經》：六氣之位，土位之下，風氣承之。……康成據《五行傳》，風爲土氣，土乃木妃……東方之木合于中央之土……而爲夫妻。"

[按]《禮説》卷九"保章氏"下云："管如篪，六孔。十二月之音，以候十二月之氣。氣至則風動，風動則吹灰。古之制，管以候氣者，所以候風也。然氣應有早晚，灰飛有多少。説者謂，吹灰不出爲衰，全出爲猛，半出爲和，豈其然？風出乎土，故候風必於土，古有候風地動儀，蓋保章之術也。虞幕能聽協風，以成樂物生，非所謂察天地之和者乎？音官省風，省以此五行。《傳》曰：思心之不容，是謂不聖。厥咎霿，厥罰恒風。貌、言、視、聽以心爲主，金、木、水、火以土爲中，雨、暘、寒、燠以風爲本。凡思心傷者病土氣，土氣病，故其罰常風。候風而知地動者，亦以此。漢官靈臺待詔有候風十二人，又星官有風隅，占四隅之風，四隅有四鉤，并四中爲十二風隅角也，故一名風角。六氣之位，土位之下，風氣承之，故風勝則地動，《陰陽大論》言之詳矣。知其説者豈獨張平子乎？（賈逵、服虔皆謂風屬東方，説本《管子》。康成據《五行傳》風爲土氣，土乃木妃，故箕好風，東方之木合於中央之土，大言之爲陰陽，小言之爲夫婦。兩説未嘗相背也。孔穎達駁之，誤矣。且《内經》亦以風屬東方也。《陰陽大論》又云風承土。兩説豈相背乎？巽爲風，爲木，《管子》之説本乎《易》也。）"可見《禮説》本文，"内經"二字在注文中，且所引非"六氣之位，土位之下，風氣承之"之語。

《禮説》："司商者，大司樂……協名姓者，同姓合族，異姓主名，故《昏禮》問名……太師掌同律以合陰陽，陰柔陽剛……殷之德陽，以子爲姓；周之德陰，以姬爲姓。殷王以男書子，周王以女書姬。姓有陰陽，出於律吕。……《天問》：'啓棘賓商。'……

《荀子》:‘審詩商。’古樂皆名商……故大司樂一名司商。”

[按] 今檢《禮説》卷八“春官三·小史”下云:“司商者,大司樂。瞽矇,其屬也。協名姓者,同姓合族,異姓主名。故《昏禮》問名。協,猶合也。《詩》曰:‘文王初載,天作之合。’聯兄弟也。定世繫者,蓋以協名姓,聯兄弟歟?太師掌同律以合陰陽。陰爲柔,陽爲剛,陰陽合,剛柔分,鼓瑟、鼓琴以播其音。《易林》曰:‘剛柔相呼,二姓爲家。’此之謂也。殷之德陽,以子爲姓。周之德陰,以姬爲姓。故殷王以男,書子;周王以女,書姬。姓有陰陽,出於律呂,不鼓琴瑟,焉能定之?《天問》:‘啟棘賓商。’賓商,樂章名。棘,猶革也。(古棘、革通)改定樂章(古樂皆名商,賓商誤爲賓天,猶《詩》商誤爲誅賞,字之誤也)。《荀子》曰:‘審詩商。’商者,五帝之遺聲。大招有楚勞,商楚之樂也。故大司樂一名司商。”可見“古樂皆名商”五字原爲“改定樂章”下注文,且在所引《荀子》文之上,董氏剪裁且顛倒語序。

(2) 引文與作者自撰之辭或與其他引文交錯出現

一般徵引材料,都是把引述文字作一個獨立單元存在。但董增齡在引述的時候,往往在一個獨立引文中間插入他書引文。或者由於不標出處,兩段不同的引文銜接在一起,容易使人誤會爲同一來源。

1) 明明全引某書,但在中間又插入他書引文,宜被誤會爲自撰之辭。如:

惠士奇曰:“《周書》:‘諸侯奉圭,當其朝而皆布乘黄。’《覲禮》:‘侯氏奠圭,及其享,而亦陳四卓。’此朝覲也,皆先以圭致命,然後陳馬於庭,而享禮行焉。諸侯之贐亦如之。《雜記》曰:‘上介贐執圭,將命,陳乘黄大路于中庭。’此非圭以馬與?”《白虎通》:“半圭曰璋。”“璋以皮者,亦以璋先之。故曰‘圭璋’,特謂皮馬不上堂……璧以帛、琮以錦,謂帛錦之上以璧琮加之。”“方中圓外曰璧……圓中牙身玄外曰琮。”《儀禮·士昏禮》鄭注:“古文‘錦’皆作‘帛’。”“蓋古‘錦’‘帛’通,故不曰錦而皆曰帛。璧琮九寸，諸侯以享天子，而諸侯自相享，則以璪璧琮。享諸侯，束帛加璧；享夫人，束帛加琮。此享禮之璧琮，曰加也。"琥，刻玉爲虎形。半璧曰璜。"天子饗諸侯。諸侯自相享酬以繡黼，而將以琥、璜終南，諸侯受顯服曰黻衣繡裳。《采菽》：天子命諸侯曰'玄袞及黼'，此王錫繡黼之文。其錫之也，王拜送爵以琥璜將之，故曰琥璜爵。"

[按] 今檢惠士奇《禮説》卷十三云："《周書》：'諸侯奉圭，當其朝而皆布乘黃。'《覲禮》：'侯氏奠圭，及其享而亦陳匹卓。'《康王之誥》：'布乘黃朱。'謂陳四黃馬而朱鬣。《覲禮》：'匹馬卓上，九馬隨之。'卓猶的也，以素的一馬爲上，此朝覲也。皆先以圭致命，然後陳馬於庭，而享禮行焉。諸侯之賵亦如之。《雜記》曰：'上介賵執圭，將命，陳乘黃大路于中庭。'此非所謂圭以馬歟？蓋弔之賵，猶聘之享，故其禮亦如之。聘享或以皮，或以馬。《聘禮》曰：'庭實皮則攝之。'《聘記》曰：'庭實隨入，左先，皮馬相間可也。'則聘亦以皮馬矣。惟聘用璪圭，璋短一寸爲異耳。璋以皮者，亦以璋先之，故曰圭璋，特謂皮馬不上堂。《老子》曰：'拱璧先駟馬。'拱璧者，圭璋也。此圭璋曰先也。璧以帛，琮以錦，謂帛錦之上，以璧琮加之。《士昏禮》注云：'古文錦皆作帛。'蓋古錦、帛通，故不曰錦而皆曰帛。璧琮九寸，諸侯以享天子。而諸侯自相享，則以璪璧琮。享諸侯，束帛加璧；享夫人，束帛（帛讀爲錦）加琮。此享禮之璧，琮曰加也。琥以繡、黃以黼者，謂天子饗諸侯，諸侯自相享，酬以繡黼，而將以琥璜。終南，諸侯受顯服曰黻衣繡裳。采菽，天子命諸侯曰元袞及黼。此王賜繡黼之文。其錫之也，王拜送爵，以琥璜將之，故曰琥璜爵。《詩》曰：'承筐是將。'此大饗之，琥璜曰將也。""方中圓外曰璧……圓中牙身玄外曰琮"出《禮説》卷七引《白虎通》。《禮説》全書未引《白虎通》"半圭曰璋"之言。董增齡中間插入《白虎通》之説，又插入《儀禮》鄭玄注，又插入個人表述"琥，刻玉爲虎形。半璧曰璜"，把完整的一段引文割裂爲幾個部分。

　　《爾雅·釋器》:"圭大尺二寸,謂之玠。"玉人之鎮圭也,天子守之。《周官·大宗伯》鄭注:"鎮,安也,所以安四方。鎮圭者,蓋以四鎮之圭爲瑑飾。圭長尺有二寸。""公,二王之後及王之上公。雙植謂之桓,桓,宮室之象,所以安其上也。桓圭蓋亦以桓爲瑑飾,圭長九寸。""'信'當爲'身',聲之誤也。身圭、躬圭,蓋皆象以人形爲瑑飾,文有麤縟耳。欲其愼言行以保身。圭皆長七寸。""穀,所以養人。蒲爲席,所以安人。二玉蓋或以穀爲飾,或以蒲爲瑑飾,皆徑五寸。"惠士奇曰:"四方象鎮,雙植象桓,玉之體也。直身象信,曲身象躬,玉之形也。粟文象穀,藻文象蒲,玉之采也。其瑑飾則無文焉。瑑者,頫聘之圭璧,卿大夫執之以頫聘天子及聘問諸侯,故加瑑飾以別之。六瑞則不瑑也,故曰大圭。不瑑,美其質也。康成依漢禮而言,遂謂六瑞皆瑑。如其説,則與頫聘之圭璧何異乎?"《西山經》曰:'崟山之玉,堅粟精密……'郭璞云:'玉有粟文,所謂穀璧。'唐代宗即位,楚州獻定國寶十有二,其三曰穀璧,白玉也,如粟粒,無彫鐫之跡……又泰冒之山多藻玉。《説文》云:'瑔,如水藻之文。'……粟謂之穀,藻謂之蒲,文理出於天然,非關彫琢①。'養人''安人',其説妄矣。""《曲禮》:凡摯,天子鬯,諸侯圭,不別言子、男璧,是子、男同執圭。《雜記》引贊大行曰:'圭:公九寸,侯、伯七寸,子、男五寸。'是子、男不執璧。先儒謂《曲禮》不言璧,略也。案:《曲禮》言贄,自天子、諸侯、卿大夫、士、庶人以迨婦人、童子野外軍中,何獨子、男而略之……《覲禮》:天子當依南面立,諸侯入廟門右坐,奠圭玉,再拜。言諸侯,則子、男在其中;言奠圭而不言璧,則子、男執圭可知……《玉人》云:'天子執冒以朝諸侯。'説者謂冒方四寸,邪刻之以冒諸侯之圭璧……夫圭銳而璧圜,冒可冒圭而不可以冒璧,且未聞天子有兩冒也。亦必無舍子、男而不冒也。"

---

① 《禮説》卷十四本文"粟謂之穀,藻謂之蒲"在"非關彫琢"下。

[按]"《曲禮》：凡摯"一段文字當出萬斯大（1633—1683）《周官辨非》。今檢《周官辨非》云："《曲禮》曰：凡摯，諸侯圭玉，別言子男璧，是子男同執圭也。《贊大行》曰：圭，公九寸，侯伯七寸，子男五寸。是子男不執璧也。獨此言子男執璧。先儒據此，遂于《曲禮》云不言璧，略也；於《贊大行》云子男執璧。作此贊者，失之。夫《曲禮》言摯，自天子，達諸侯，且詳及卿大夫、士、庶人，以至婦人、童子，野外軍中，何獨于子男而略之？《贊大行》則更詳其長短之度。蓋公、侯、伯、子、男，爵列雖五，而車旗服物之等維三。大率降殺以兩，則九寸、七寸、五寸之文，必有所據。奈何是此而非彼乎？《考工記·玉人》列公、侯、伯命圭，其九寸、七寸，與《贊大行》同，而子男獨闕，其同于《贊大行》所言可知也。《玉人》註曰：'故書或云，命圭五寸謂之躬圭。'故書，謂漢初所遺《考工記》古本。杜子春云：'五寸當爲七寸。玄謂五寸者，璧文之闕亂存焉。以愚觀之，故書所謂命圭五寸即子男之圭，正與《贊大行》相合，其亦謂之躬圭，此或是文之誤耳。'杜子春因其謂之躬圭，乃謂五寸當爲七寸。夫七寸之圭，伯所守也。伯圭，上文已見，豈容復出乎？鄭玄謂五寸者璧，則亦知爲子男之所執，而不知其實爲圭也、凡皆泥于子男執璧之文耳。載考覲禮，天子當依南面立，諸侯入廟門右坐，奠圭玉再拜，言諸侯，則子男在其中矣。言奠圭玉而不言璧，則子男亦執圭可知矣。《禮器》云：'禮有以少爲貴者。'圭璋特此，謂諸侯朝聘用圭璋，圭璋皆特達。享禮用璧琮，則以束帛薦之，若子男執璧，則璧亦有特時矣，《禮器》何以不及乎？《顧命》云：'上宗奉同瑁。'《玉人》云：'天子執冒以朝諸侯。'説者謂瑁方四寸，邪刻之，以冒諸侯之圭璧，以齊瑞信。夫圭方而璧員，瑁可以冒圭，而不可以冒璧，<u>且未聞天子有兩冒也</u>，亦必無置子男而不目也。則五等皆圭，益無疑矣。況圭以爲摯，手之所執，當朝覲行禮之時藉，獨子男執璧若奉槃，然尚何禮度之足言乎？又按，諸侯始封，天子錫之介圭，傳諸子孫，永久不易，是曰命圭。朝聘用以爲信，禮畢皆反之。覲禮、聘禮班班可考也。璧非天子所命，庭實用之，祭祀用之，贈遺燕好用之，

傳記昭然，不得與圭溷也。"① 董增齡文字與《周官辨非》基本意思是一致的。假如不仔細檢尋，還以爲後面這一部分也出自惠士奇《禮説》。

2）引自他書文字，不注出處，而緊跟另外引文，易被誤會成一個出處。如：

> 《遂人職》曰："以歲時稽其民人……簡其兵器……以起征役。"則六遂亦當出六軍，鄉爲正，遂爲副。鄭衆云："六遂之地在王國百里之外。""王國百里爲郊，鄉在郊内，遂在郊外。"

［按］今檢《周禮》本文"民人"作"人民"，"征"作"政"。又檢"王國百里爲郊，鄉在郊内，遂在郊外"之言出《尚書正義》卷二十。《國語正義》以這種方式出現，易被誤會成鄭衆之語。

（3）引文出處問題

1）實係引用，但不標出處，宜被誤會成《國語正義》自撰之辭者。如：

> 《詩·鄭風》毛傳："粲，餐也。""今河北人呼食爲餐。"

［按］"今河北人呼食爲餐"一句爲《爾雅》郭璞注文。董增齡引述而不標注，宜被讀者誤認爲是董增齡個人的表述。

> 《周禮·司巫》："掌巫降之禮。""司巫與神通，故掌下神之禮。楚人名巫爲靈子，言靈降其身也。《離騷》《九歌》皆歌其事。"

［按］"司巫與神通，故掌下神之禮。楚人名巫爲靈子，言靈降其身也。《離騷》《九歌》皆歌其事"一段話出惠士奇《禮説》。檢董增齡

---

① （清）萬斯大：《周官辨非》，上海：上海古籍出版社輯印《續修四庫全書》第 78 册，第 416—417 頁。

《國語正義》一書多處引述惠士奇《禮説》與邵晉涵《爾雅正義》，但却不出注。有些地方，甚至進行了主觀改竄，使之在文字表述形式上易被誤會爲董增齡個人的意見。

> 昭十五年《傳》"鏚鉞秬鬯"杜注："鏚，斧也。鉞，金鏚。"《疏》："《廣雅》曰：'鏚、鉞，斧也。'俱是斧也。蓋鉞大而斧小。……《尚書·牧誓》'王左仗黄鉞'孔《傳》：'以黄金飾斧。'是鉞以金飾也……《王制》：'諸侯錫鈇鉞，然後殺。'"《周官·司刑》"墨刑五百"鄭注："墨，黥也，先刻其面，以墨窒之。""非事而事之，出入不以道義，而誦不祥之辭者，其刑墨。"

[按] "非事而事之，出入不以道義，而誦不祥之辭者，其刑墨"一段出《尚書大傳》，《周禮》鄭玄注亦引之。若非檢尋，易誤爲董增齡個人表述。

> 《漢書·食貨志》應劭注："量資幣多少有無，平其輕重也。"顏師古注："凡言幣者，皆所以通貨物、易有無也。故金之與錢，皆爲幣也。"案：《周官·職幣》："用邦財之幣，振掌事者之餘財。"物謂之幣，幣謂之財，抍其不足而檢其羨焉，故曰振，謂廢者起之，亂者治之，委者作之，滯者流之，則天下無棄物，而財恒足矣。

[按] 董氏此條用惠棟《禮説》卷二。今檢《禮説》卷二云："<u>物謂之幣，幣謂之財</u>，財謂之賦，司書入之職，歲敘之巾車之毁折，入其齎泉府之賖，貸納其餘，是爲掌事者之餘財，亦曰幣餘之賦，各爲書以楬之，辨其物而良塩分，奠其録而貴賤定，<u>抍其不足，而檢其羨焉，故曰振，謂廢者起之，亂者治之，委者作之，滯者流之，則天下無弃物而財恒足矣</u>。"

2) 有些材料屬於轉引，但不注轉引來源，以直引形式出現。如：

　　《禮説》曰："鄭司農云:'鬱十葉爲貫,百二十貫爲築。'許叔
重云:'十葉爲貫,百廿貫築。以煮之爲鬱,其文从鬯。彡,其飾
也。'明鬯皆和鬱。……應劭曰:'鬱,芳艸也。百艸之華,煮以合
釀黑黍。'或説今鬱金者。"《説文》:"鬯,穀之馨香也。象嘉穀在
裏中之形。匕,所以扱之。鬯以秬釀,鬱艸芬芳,攸服以降神,从
凵爲器,中象米,匕所以扱之。"

[按]《禮説》本文"叔重"下有"亦"字。又《禮説》卷五亦引
《説文》"鬯"字之言。但在董增齡的行文表述中,《説文》"鬯"字注
似是董氏直接引用。

　　馬融、王肅注《尚書》:"日永,則晝漏六十刻,夜漏四十刻。
日短,則晝漏四十刻,夜漏六十刻。日中、宵中,則日夜各五十
刻。"《尚書》鄭注:"日中、宵中者,日見之漏與不見者齊也。"

[按] 馬融、王肅、鄭玄等注實亦出《詩·東方未明》孔疏,董增
齡以轉載爲直接引用。

　　《説文》:"演,水脈行地中。"《漢·五行志》應劭注:"演,
引也。所以引出土氣者也。"

[按]《文選·郭璞·江賦》"潛演之所汨涌"李善注引《説文》作
此。今《説文》云:"演,長流也。一曰水名。"可以看出,本處引《説
文》也是轉引而非引自原書。

　　方中圓外曰璧……圓中牙身玄外曰琮。

[按] 本句出惠士奇《禮説》卷七引《白虎通》。

《漢·郡國志》："陳，庖犧所都，舜後所封。"

[按] 刊本、稿本"漢"上俱脫"後"字。又本句實出《後漢書·郡國志》注引《帝王世紀》之言，非《郡國志》之言。董氏失檢。

《史記·律書》："亢者，言萬物亢見也。""氐者，言萬物皆至也。"《夏小正》云："四月：初昏，南門正。""十月：初昏，南門見。"南門者，亢上下之星也。亢四星曲而長，故《天官書》云："亢爲疏廟……其南北兩大星曰南門。""小正以識亢星所在，氐四星側向以承袛。"故《爾雅》云："天根，氐也。"《史記·天官書》索隱引孫炎注："角、亢下繫于氐。若木之有根，故云亢、氐之間也。"《眾經音義》引《爾雅音義》："天根，爲天下萬物作根袛，故曰天根。"

[按] "小正以識亢星所在，氐四星側向以承袛"及其以上文字實出邵晉涵《爾雅正義》，下文《史記·天官書》索隱引孫炎注、《眾經音義》引《爾雅音義》亦出《爾雅正義》同條。董增齡割裂《爾雅正義》引述文字，重新排序，給讀者以董氏自引的假象。

《儀禮·聘禮》歸饗餼五牢于賓館：飪一牢，鼎九，設于西階前。腥二牢，陳于東階之前。南陳并上飪一牢。所謂死牢三。又餼二牢，陳于門內之西。

[按] 此本《左傳》孔疏之言，並非直接引自《儀禮·聘禮》。今檢《儀禮·聘禮》云："君使卿韋弁，歸饗餼五牢。上介請事，賓朝服禮辭。有司入陳。饗：飪一牢，鼎九，設于西階前……腥二牢，鼎二七，無鮮魚、鮮臘，設于阼階前，西面，南陳如飪鼎，二列……餼二牢，陳于門西，北面東上。"又："上介：饗餼三牢，飪一牢，在西，鼎七，羞鼎三，腥一牢，在東，鼎七；堂上之饌六。西夾亦如之。筥及甕，如上

賓。餼一牢。門外米、禾視死牢，牢十車，薪芻倍禾。"孔疏引用節略且次序不盡與原書同，董增齡不審，直接標《儀禮》書名。

《月令》孟冬言昏危中，仲冬言昏東壁中。不言昏營室中者，營室在危東壁之間。孔穎達謂十六度，日行一度，至十月半而室中，十一月初而壁中也。

[按] 本段文字實出邵晉涵《爾雅正義》卷九 "營室謂之定" 條，王先謙《詩三家義集疏》卷三中亦引本段文字，標爲 "邵晉涵云"。

3）誤繫出處。有的引文由於疏於檢核，把引文出處弄錯了。如：

故鄭康成謂："齊人名麴麰曰媒。""猶和合得成酒醴。"

[按] "猶和合得成酒醴"，此句爲賈疏之言且無 "醴" 字，非鄭注之言。董增齡誤繫在鄭玄名下。

《史記集解》：張晏曰："龍星左角曰天田，則農祥也，晨見而祭。"

[按] "集解" 二字當作 "正義"。又檢《史記正義》本文 "晨見而祭" 作 "見而祭之"。是本條不但誤繫出處且引文文字有異。

僖三十三年《傳》"餼牽竭矣" 孔穎達曰：" '餼' 與 '牽' 相對，是 '牲' 可牽行，則 '餼' 是已殺。殺又非熟……謂生肉未煮者……其實餼亦生。哀二十四年《傳》：'餼臧石牛。'是以生牛賜之也。"

[按] 此實本《詩·瓠葉》孔疏，並非孔穎達《左傳正義》。

《詩·小明》："虔共爾位。"

〔按〕今檢《詩》，唯《大雅·韓奕》有"虔共爾位"四字，董氏引誤。

4）引述標注出處，但是出處有誤字。如：

又謂之農率，《周小正》："農率均田。"

〔按〕"周"當爲"夏"字之誤。

5）原書誤繫作者或注者，董氏直接引用，未及檢出。如：

隱十一年《傳》孔《疏》："《世本》：'息國，姬姓。'此'息侯伐鄭'，責其不親親，知與鄭國同姬姓。莊十四年《傳》：'楚文王滅息。'其初則不知誰之子，何時封也。《地理志》汝南郡有新息縣，故息國也。應劭曰：'其後東徙，故加新云。'其後東徙，當云'故息'，何以反加'新'字乎？蓋本自他處而徙此也。"

〔按〕今檢《漢書》，注文"其後東徙，故加新云"繫於"孟康"名下，非應劭。桂馥已揭出其異，《説文·邑部》"鄎"字《義證》云："今汝南新鄎者，《漢志》汝南郡有新鄎縣，孟康曰：'故息國，其後東徙，故加新云。'馥案：隱十一年《左傳正義》引作應劭語，且辨之云：'若其後東徙，當云故息，何以反加新字乎？蓋本自他處而徙此也。'"①

6）引述一位作者的多部著作，只標注作者名，不標注著作名。如：

《周禮·秋官》鄭注："凡行刑，必先規識其所刑之處，乃後刑之。"《疏》："規識在體，若衣服在身，故曰服。"《尚書·洛誥》孔《傳》："卜，必先墨畫規，然後灼之。"王鳴盛曰："墨者，煙煤

---

① （清）桂馥：《説文解字義證》，上海：上海古籍出版社1987年影印本，第559頁。

所成。"

［按］檢賈疏原文"故曰服"作"故名規識爲服也"。引王鳴盛説出
氏著《尚書後案》。此説實出漢《墨史雜記》引《説文解字》之釋。董
增齡引王鳴盛之書不限於《尚書後案》。包括董增齡引述孔穎達，有
《左傳正義》，有《詩經正義》，而時有僅標"孔穎達"者，給讀者精準
檢尋造成煩難。

7）作者和著作不匹配。如：

> 襄十二年，季孫宿師救台，遂入鄆。昭元年取鄆。楊氏《六書
> 故》之説："春秋有二鄆，莒在魯東，莒、魯所争東鄆也。公待於
> 鄆，西鄆也。文公城諸及鄆，不聞與莒争。及成公時，楚伐莒入鄆，
> 則鄆自爲莒邑。"

［按］《六書故》明明是戴侗著作，而董氏誤標爲"楊氏"。

以上所標十八例，是《國語正義》在徵引過程中存在的諸多問題，
有稿本的問題，也有刊本的問題。此後《國語正義》的整理與研究，恐
怕要注意《國語正義》的類似問題。不僅注意其明引之處，還要看到其
暗用前人之處。董增齡在引述的時候經常襲用惠士奇《禮説》、邵晉涵
《爾雅正義》的材料而不出注。標明出處的材料，有些也變換語序，爲
讀者造成檢核的麻煩。通過考察其引述材料及方式，可藉以考察董增齡
之學術淵源及學術旨趣。

6.《國語正義》的學術價值

（1）是《國語》注釋史上第一部疏證體著作

董增齡《國語正義序》已經提到，韋昭注之後一千五百年間，無有
爲其書疏證者。故而董增齡《國語正義》是韋昭注的首部疏證之作，雖
然其對韋昭注並非處處維護，但大體不離疏證要旨，爲進一步理解、整
理和研究韋昭注提供了視角。

（2）具有《國語》集解的性質

所謂集解，即集衆説於一體，爲讀者提供最全面的學術信息。顧頡剛曾對集解有過界説①，分集解爲兩種，一種即資料齊全，屬於輯纂類；一種則在參考衆多資料的基礎上案以己意。前者屬於資料彙編，後者則兼具資料彙編與研究著作雙重性質。董增齡《國語正義》屬於後者，這部書産生在《國語》佚注輯佚尚未博興的時代，而搜輯佚注、考校異文、徵引故訓，對讀者瞭解《國語》研究之全豹是有貢獻的。由於董增齡之前，清代《國語》研究成果不多，能爲董氏所引述者就更爲少見。而《國語正義》引述佚注多家，十分難得。

（3）《國語》研究史上的重要著作

回溯整個《國語》研究史，《國語》專門著作數量相對較少，且細密程度普遍不高。就民國以前《國語》研究史流傳至今的著作而言，考校條目超過1000條的《國語》著作並不多。就中國本土而言，僅有韋昭《國語解》、宋庠《國語補音》、牟庭《國語校注》、董增齡《國語正義》、汪遠孫《國語明道本考異》、吳曾祺《國語韋解補正》、徐元誥《國語集解》等七部著作而已。考校數量不能説明全部問題，但至少可以説明部分問題。僅從這個角度而言，董增齡《國語正義》就顯得尤爲重要。

（4）對後來的《國語》研究具有一定影響

清代《國語》研究主要以考辨體爲主，細密度如董增齡者，似整個清代唯董增齡一人。晚清吳曾祺撰作《國語韋解補正》，其中公序本云云者，多據董增齡《國語正義》，而其考辨條目整體較簡約，數量比董增齡少三分之一。雖然董增齡的《國語正義》在很長時間內以寫本形式流傳，但其後的《國語》研究者仍然有引述之者。如汪遠孫《國語發正》即引述董增齡《國語正義》之説多處，且多以董氏之言爲解，不再別立新説。又《發正》尚引董增齡其他著作，如《晉語四》"秦伯賦六月"汪遠孫《發正》云："《內傳·僖二十三年》杜注云：'《六月》，

① 顧頡剛：《顧頡剛讀書筆記》卷十四，北京：中華書局2008年版，第39頁。

《詩·小雅》道尹吉甫佐宣王征伐，喻公子還晉，必能匡王國。其全稱詩篇者，多取義首章。'劉光伯駁之，《春秋》賦詩，雖舉篇名，不取首章。歸安董氏增齡《規杜繹義》云：'韋宏嗣亦不用義取首章之説。'與劉合。"是汪遠孫用董增齡《規杜繹義》之説。可見，即便在董增齡《國語正義》僅以寫本傳世的時期，汪遠孫仍然引用多條。足見汪遠孫搜羅之勤，亦可見董增齡《國語正義》在汪遠孫心目中的學術價值與地位。式訓堂本《國語正義》面世之後，學界引述之者就更爲多見。甚至有的學者進行其他古籍的匯釋工作，也會徵引董增齡《國語正義》，如王利器《呂氏春秋注疏》就有多處直接徵引《國語正義》。

當然，董增齡《國語正義》總體水平不高，顧頡剛謂"董書平庸"[1]，説是。故董增齡《國語正義》的輯纂功能大於著述價值。且其立論，多有瑕疵。即便如此，我們仍然要看到《國語正義》的學術貢獻及其在《國語》研究史上應有的地位，未可一概抹煞。

（七）洪頤煊《國語》訓詁考校

洪頤煊（1765—1837）《讀書叢録》二十四卷，包括經史子部文獻五十餘種，前六卷依次分別爲《易》《尚書》（卷一）、《周書》《毛詩》（卷二）、《周禮》《儀禮》（卷三）、《禮記》《大戴禮》（卷四）、《春秋左氏傳》（卷五）、《國語》《公羊傳》《穀梁傳》（卷六）。司馬朝軍謂該書"仿錢大昕《十駕齋養新録》而作，雜考群經子史。書中多考證群書字詞，亦有通論之語"[2]。賈慧如的碩士學位論文提要扼要介紹了《讀書叢録》的内容、方法及價值[3]，其説對瞭解洪氏《讀書叢録》是有幫助的，可以參考。

《讀書叢録》所考《國語》一共十二條，分別爲"春秋外傳""稷爲天官""艾""腊毒""越哉""無洵涕""被羽""觀狀""應且增"

---

① 見顧頡剛 1962 年 11 月 15 日覆黃永年函。引自曹旅寧《黃永年與心太平盦》，西安：三秦出版社 2015 年版，第 12 頁。

② 司馬朝軍：《續修四庫全書雜家類提要》，北京：商務印書館 2013 年版，第 265 頁。

③ 賈慧如：《試論洪頤煊〈讀書叢録〉的文獻學成就》，北京師範大學碩士學位論文，2007 年。

"訓及諸夏""譁釦""接龢"，其中第 1 條爲通論，其他各條爲具體條目考校。《周語》《晉語》各 3 條，《魯語》《吳語》各 2 條，《楚語》1 條。

"春秋外傳"條是對宋庠"外傳之稱始於韋昭"的批評，認爲東漢時期即有之，引《隋書·經籍志》著録賈逵《春秋外傳國語》以及《漢書·韋玄成傳》引《春秋外傳》爲證。

"稷爲天官"條，今傳《國語》作"大官"，段玉裁等皆校出《尚書正義》引作"天官"，洪頤煊補充賈公彦《周禮疏序》亦作"天官"，汪遠孫《國語發正》又補充了《太平御覽》《北堂書鈔》引例，遂以《國語》"大官"當爲"天官"之誤。洪頤煊認爲是涉韋注"爲大事"之"大"而誤改正文。其實，無論字作"天"作"大"，都在於説明，因爲農業的重要性，故而稷是很重要的官職。如果從這個角度來看，恐怕字作"大"更合適。朱瑞華《〈國語〉疑難字、詞、句辨正》經過仔細推求，認爲還是應該作"大官"，可證。①

"艾"條，駁韋注，認爲"艾"無"報"義。既然和"樹"對言，當作"刈"，有"穫"義。此説在中國本土，當爲首創。此後，王煦、俞樾、沈鎔、石光瑛等並謂"艾"當訓"刈"，收穫之義，但俞樾則釋爲"養"，與洪頤煊等不同。日本學者中，皆川淇園較早釋爲："使其内得此物謂之艾。"② 實即收穫之義。後秦鼎則直接釋以"艾"通作"刈"。

"螫毒"條，引《鄭語》韋注、《文選》李善注引賈逵注，謂"極""亟""久"同義。

"越哉"條，駁韋注，認爲此處"越"當釋爲"過"，謂"過於禮"，與下文"信吾過也"相呼應。今檢曾國藩亦主此説，謂："越，過也。言臧孫祀爰居過乎禮法之外也。"③

"無洵涕"條，以"眩""眴"古字通，故認爲"洵"即"泫"字。

① 朱瑞華：《〈國語〉疑難字、詞、句辨正》，上海大學碩士學位論文，2015 年，
② 見日本京都大學圖書館藏皆川淇園批校本。
③ 陳書良校點：《曾國藩讀書録（修訂全本）》，長沙：嶽麓書社 2017 年版，第 106 頁。

《説文·水部》："洄，過水中也。""泫，湝流也。"《集韻》釋 "洄" 爲 "揮涕"，當本韋注。洪頤煊之説，今多有從之者。

"被羽" 條，駁韋注，引《周禮·司常》"析羽爲旌" 以及《孟子》爲證，以 "羽" 非鳥羽，實旌旗之屬。又釋 "被" 爲 "負"。洪氏之説可從。

"觀狀" 條，駁舊注，謂："文公返國，伐曹、伐鄭，皆名其師曰觀狀，謂觀其前日所過之功狀。"又謂《左傳·僖公二十八年》"獻狀" 與 "觀狀" 同，"觀、獻聲相近"①。

"應且增" 條，引《周語中》"實應且憎"、《左傳·成公十三年》"應且憎"，謂《晉語》此處 "增" 當作 "憎"。《晉語》此處 "增" 爲 "憎" 字之借，亦或 "憎" 字之誤。

"訓及諸夏" 條，駁韋注，引《史記·五帝本紀》"能馴明德" 徐廣注、《周禮·地官·序官》注，謂《楚語》"訓" 當讀作 "馴"，謂 "服及諸夏"。其實，此處 "訓及諸夏" 和上文 "撫征南海" 語義效果一致，"訓及" 和 "撫征" 相近，故洪釋似優於韋注。

"譁釦" 條，引《説文》"釦" 字之釋，認爲《吳語》"釦" 字當爲 "叩" 字，與韋注義近。王念孫亦謂 "釦" 字不通，謂："釦當讀爲听，字或作响，俗作吼。"② 都是從音近義通的角度找本字。

"接穌" 條，駁韋注，引《周禮》鄭注、《孫子兵法》注，以 "接穌" 即 "交和"，兩軍相對之義。王引之不贊同洪頤煊之説，認爲穌即軍門，每和立兩旌，"又各有左右，或先或後，以次立之，故曰 '接和'。"王又引一説云 "接穌，地名"。③ 王説優於洪説。

總十二條，分別爲駁宋庠之失一條，駁韋注六條，明正字三條，探討同源一條，校勘文字一條。結合語音、字形、語境、對文進行綜合考校。雖其訓釋有未當者，要皆有益於進一步深入思考。

---

① （清）洪頤煊：《讀書叢録》，上海：上海古籍出版社輯印《續修四庫全書》第 1157 册，第 606 頁。

② （清）王引之：《經義述聞》，上海：上海古籍出版社 2016 年點校本，第 1276 頁。

③ （清）王引之：《經義述聞》，上海：上海古籍出版社 2016 年點校本，第 1279—1280 頁。

（八）王念孫、王引之《國語》訓詁考校

高郵王氏父子的《國語》研究成果，主要見於《經義述聞》一書中。關於《經義述聞》一書的學術成就，學者多有揭示，如曾國藩謂《經義述聞》"博洽精深"，葉德輝謂《經義述聞》爲"經神學海"①。黃侃曾經指出治小學之法有三端：1. 一事必剖解精密；2. 一義必反復推求；3. 一例必展轉旁通。② 黃侃所説三端也正是《經義述聞》一書特點所在，單殿元《王念孫王引之著作析論》也正是從黃侃所言三點上揭示了《經義述聞》的學術特點。單殿元認爲，從文獻學的角度而言，《經義述聞》成就有五：1. 發現錯簡；2. 發現脱文；3. 發現衍文；4. 發現訛字；5. 訂正誤讀。從訓詁學的角度而言，《經義述聞》成就有三：1. 發現了一些字書、韻書、注疏皆不載的詞義；2. 發現了詞與詞之間、詞義與詞義之間的聯繫性和相關性；3. 發現古籍中所蘊含的義例。從古音學的角度而言，《經義述聞》成就有二：1. 古韻研究成就；2. 古音學的運用（包括用於校勘、破解假借）。③ 韓陳其認爲《經義述聞》解決問題的方法大致有三種：1. 因聲求義（文字通假、連語字形、考求語源）；2. 循境求義（通過分析詞語搭配關係、通過分析相關句式、通過分析篇章語境）；3. 匯比求義（旁徵博引説解、一字之争頗見高下、舉一反三觸類旁通）。④ 以上各家比較全面揭示了《經義述聞》的學術價值和學術方法，可以參考。

今檢壽藤書屋道光七年刻本《經義述聞》共 32 卷，其中《國語》收在《經義述聞》卷二十、二十一兩卷中，共考辨《國語》171 條。其中第二十卷考辨七十三條，第二十一卷考辨九十八條，包括《周語》46 條，《魯語》16 條，《齊語》11 條，《晉語》59 條，《鄭語》3 條，《楚

---

① 葉德輝撰，湖南圖書館編：《湖南近現代藏書家題跋選》（第 1 册），長沙：嶽麓書社 2011 年版，第 92 頁。

② 黃侃撰，黃焯編次：《文字聲韻訓詁筆記》，上海：上海古籍出版社 1983 年版，第 8 頁。

③ 單殿元：《王念孫王引之著作析論》，北京：社會科學文獻出版社 2009 年版，第 289—349 頁。

④ 韓陳其：《〈經義述聞〉評介》，見載於柳士鎮主編《中國典籍精華叢書——語文名著》，北京：中國青年出版社 2000 年版，第 122—187 頁。

語》18 條，《吳語》11 條，《越語》7 條。171 條《國語》考辨中，標有"家大人曰"者 79 條，其他條目標有"引之按"。包括訓詁語義、校勘文字、揭明通假同源、勘斷句讀等。

　　具體而言，《經義述聞》研討《國語》大體包括如下內容：1. 通過互文釋義；2. 通過通假釋義；3. 通過他書以證《國語》有脱文；4. 改變句讀以釋義；5. 辨析虛詞具體所指釋義；6. 通過語境釋義；7. 改變音讀釋義；8. 因版本異文而謂某本是；9. 從事理角度和韋注釋文，定該句有衍文；10. 通過下文，證此處有訛字；11. 通過比較杜注，證韋注非是；12. 揭明《國語》本文字當爲古某字；13. 二字音同義通；14. 通過二字連文同義的角度，揭明韋注誤；15. 通過他書以及語境，揭明本書文字有誤；16. 因韋注，揭明《國語》本文字當改讀；17. 因上下文及韋注，揭明本書文字有誤；18. 據韋注，證正文文字誤倒；19. 揭明二字平列，韋昭注文錯誤；20. 揭明韋昭注文因字形相近而有訛誤；21. 揭明韋注有誤，改換原文句讀；22. 據古文字，揭示本書文字有誤；23. 通過上下文語境，揭明韋注有誤；24. 據他書引文，證本書文字有倒誤；25. 從同源角度，揭明韋注有誤；26. 字有多義，韋注釋義未當；27. 揭明本書文字爲借字，韋昭因借字而誤釋；28. 據他書證本文文字有誤；29. 揭明因字通而字誤；30. 因《爾雅》以及他書，證韋注有誤；31. 依韋注以及他書，證紀年之誤；32. 依對文以及下文韋注，證韋注本處有誤；33. 因同義連文，而證韋注有誤；34. 據上下文以及語音關係，確定韋昭所言異文爲是；35. 據聲訓，繫同源爲義。劉寧以《經義述聞·國語》二十多條爲例，探討了高郵二王的訓詁方法，總結出王氏所用訓詁方法有形聲溯義法、依句辨義法、據文釋義法，其中依句辨義法又分爲解詞序、解虛詞、解修辭、解句式、解特點，據文釋義法又分爲異詞同境同義、同詞異境異義、句通未必文通。此外，劉寧還指出王氏運用語言規律校正文字，包括校脱、校衍、校誤。① 亦可參酌。

① 劉寧：《從王氏〈經義述聞·國語〉談訓詁方法》，中國訓詁學研究會紀念段王學術討論會參會論文（1983. 10. 24—28），油印本。

今撮舉《述聞》之《周語》部分 4 例，略爲辨析，以見王氏父子《國語》研究之大致。

1. 玩則無震

《周語》"夫兵戢而時動，動則威，觀則玩，玩則無震"韋注曰："震，懼也。"

家大人曰：震亦威也。上言"威"，下言"無震"，互文耳。下文倉葛曰："君之武震，無乃玩而頓乎？"《晉語》曰："車有震，武也。"韋注竝曰："震，威也。"文六年《左傳》："其子何震之有？"賈逵注亦曰："震，威也。"（見《史記·晉世家》集解）成二年《傳》："畏君之震，師徒橈敗。"義亦同也。杜注："震，動也。"失之。《商頌·長發》箋曰："震猶威也。《春秋傳》曰：'畏君之震，師徒橈敗。'"

［按］王念孫本條使用了互文見義、正反材料對比、引證權威訓詁的方法，對本句"震"當訓"威"給出了肯定性結論。另外，還通過韋昭在《國語》他處對"震"字的解釋、賈逵釋"震"爲"威"的訓詁來進行佐證，引述杜預錯誤的解說作爲反面，並引述鄭玄對《左傳》的訓詁作爲對杜預注的駁斥，作爲對本處"震"當訓"威"的有力補充和輔證。至汪遠孫《國語發正》，在王說的基礎上又提供了異文材料進行佐證。汪遠孫認爲《説苑·指武篇》"兵不可玩，玩則無威"正用《國語》本文，故《國語》此處之"震"即《説苑》此處之"威"，以此作爲《國語》"震"字當訓作"威"的證據。至於張以仁，則謂汪遠孫、吳曾祺、中井積德與王念孫之説"不謀而合"①。

2. 厚其性

"先王之於民也，懋正其德而厚其性，阜其財求而利其器用"
韋注曰："性，情性也。"

家大人曰："性"之言"生"也。《樂記》："方以類聚，物以
群分，則性命不同矣。"鄭注："性之言生也。命，生之長短也。"
昭八年《左傳》："今宮室崇侈，民力彫盡，怨讟竝作，莫保其性。"
謂保其生也。十九年《傳》："吾聞撫民者，節用於內而樹德於外，
民樂其性而無寇讎。"謂樂其生也。《荀子·禮論篇》："天地者，生
之本也。"《大戴禮·禮三》本篇"生"作"性"。《秦策》："生命
壽長。"《史記·范雎傳》"生"作"性"。文七年《左傳》曰："正
德、利用、厚生，謂之三事。"杜解"厚生"爲"厚生民之命"。此
云"懋正其德"，即正德也。云"厚其性"即"厚生"也。云"阜
其財求而利其器用"，即"利用"也。成十六年《傳》曰："民生厚
而德正，用利而事節。"襄二十八年《傳》曰："夫民生厚而用利，
於是乎正德以幅之。"文六年《傳》曰："時以作事，事以厚生。"
皆其證也。

［按］本條引述權威故訓，引述《左傳》"性"字語境義，引述他書
"性""生"異文，復引述《左傳》相近語境中的相似語詞與相似用法，
最終得出《國語》此處"性"字當通作"生"的結論。可謂確鑿不移。

3. 險而不懟
召穆公曰："夫事君者險而不懟，怨而不怒。"韋解"險"字
曰："在危險之中。"

引之謹案：險謂中心憂危之也。此與下句"怨而不怒"皆以心
言，非以境言。下文單襄公曰："君子將險哀之不暇，而何易樂之有
焉。"《荀子·榮辱篇》曰："安利者常樂易，危害者常憂險。"是
其證。

［按］王引之首先聯繫下句，對"險"字之義進行推斷，復引述下

文和《荀子》之言進行進一步論證。王引之的推斷比較符合本文語境。張以仁則認爲王説未可據從。張氏認爲："《述聞》單襄公、荀子二證，以證"險"有訓憂危者則可，以證此文之險當訓憂危則不足。此其一也。'險而不懟''怨而不怒'，一以境言，一以心言，自無不可，實不必求其一律。此其二也。險訓危險，其例本書及古籍俯拾皆是，自較憂危之義爲常見，此其三也。此文'險'字實承前文'國人圍之''是以及此難'二語而來，若以境言而訓'危險'，自與前文文義緊扣，章法顯然。此其四也。有此四端，以足韋解，則無煩別立新訓矣。"①

4. 不舉

"司寇行戮，君爲之不舉"，又《晉語》："川涸山崩，君爲之降服，出次乘幔不舉。"韋注竝曰："不舉，不舉樂也。"此二事又見莊二十年、成五年《左傳》，杜注竝曰："不舉，去盛饌。"

引之謹案：杜説是。韋説非也。成五年《傳》："山崩川竭，君爲之不舉，降服乘幔，徹樂出次，祝幣史辭以禮焉。"襄二十六年《傳》："古之治民者將刑，爲之不舉，不舉則徹樂。"既云不舉，又云徹樂，則不舉非徹樂矣。《天官·膳夫》："王日一舉，鼎十有二，物皆有俎，以樂侑食，大喪則不舉，大荒則不舉，大札則不舉，天地有災則不舉，邦有大故則不舉。"鄭注曰："殺牲盛饌曰舉。"鄭司農引《春秋傳》曰："司寇行戮，君爲之不舉。"此"不舉"爲去盛饌之明證。且"王日一舉"之下始云"以樂侑食"，則所謂舉者，以盛饌言之，非謂作樂明甚。《王制》："然後天子有食日舉句以樂句食日舉。"即所謂王日一舉也。以樂，即所謂以樂侑食也。故鄭注云："天子乃日舉，以樂侑食。"俗以"日舉"二字屬下讀，非是。而昭十七年《傳》："三辰有災，君不舉。"《漢書·五行志》引左氏説曰："不舉，去樂也。"則西漢時已誤解矣。又案《禮記》："凡去樂者，謂之不舉樂。"《雜記》："父有服宮中，子不與於樂；母有服

---

① 張以仁：《國語斟證》，臺北：臺灣商務印書館1969年版，第29頁。

聲聞焉，不舉樂；妻有服，不舉樂於其側。"又"君於卿大夫，比
葬不食肉，比卒，哭不舉樂。爲士，比殯不舉樂"是也。去盛饌者，
則但謂之不舉，《檀弓》《玉藻》之"君不舉"，《文王世子》之
"公素服不舉"是也。二者絕不相同。而《檀弓正義》既引庾蔚説
以"舉"爲"舉饌"，又誤以爲"舉樂"，則辨之不明矣。

[按] 對《國語》《左傳》相同内容相同語詞的注釋進行比較，確定
取捨。再引證《左傳》中"不舉""徹樂"同時出現的語段，進一步證
明"不舉"非"徹樂"。再引證《周禮》鄭注。此外，揭示出誤以"不
舉"爲徹樂非自韋昭始。多方引證，反復推求。

從以上四例，基本可見高郵王氏的基本方法。由於高郵二王的學術
地位和影響，故其《經義述聞》的影響頗大，《經義述聞》的研究方法
也爲後來學者所繼承。如俞樾《群經平議》、于鬯《香草校書》等後來
的《國語》繁式考辨體著作，在研究内容、研究方法和方式上，基本遵
循王引之《經義述聞》的路數。當然，由於學識等原因，後來者的學術
影響以及結論的精準性要遜色於王引之《經義述聞》很多。後來的《國
語》研究著作也多引《經義述聞》爲證。如汪遠孫《國語發正》即引述
王念孫《讀書雜志》、王引之《經義述聞》多條，吳曾祺《國語韋解補
正》也多處引證王引之的説法。

高郵王氏爲乾嘉時期訓詁學之重鎮，以音義相通之理，以相關材料
爲佐證，對傳統典籍中的僻字疑句多能有精妙之論，在《國語》方面也
是如此。雖然如此，王引之《經義述聞·國語》仍然存在諸多問題。比
如，王氏的有些考證條目求之過深，反未能解疑釋滯；有的條目參照他
書異文，但却以他書異文爲依據，輕改本書。關於此點，已經有學者指
出，如張以仁、何有祖、蕭敬偉、劉卓異等。

關於異文的利用問題，張以仁在其《國語虛詞集釋序言》中就曾經
進行過批評，認爲《經傳釋詞》一類的虛詞著作異文的利用過於寬泛。
張氏以《經詞衍釋》"是故猶乃也"條所舉《左傳》僖公二十八年"公
説，乃拘宛春於衛"，《晉語》作"是故拘宛春于衛"爲例説明，這種通

過異文比附以"是故"與"乃"用法相近的方式是勉强的，這樣既可以舉《左傳》"乃"釋《晉語》"是故"，也可以舉《晉語》"是故"釋《左傳》"乃"字。張氏認爲："我們不能確定《國》《左》二書著作的先後，又不知它們有否因襲的關係。這種可左可右的證據實在毫不足取。由於異文的發生、認定以及異文的種類等問題所加於異文身上的不同的色彩，可能使得異文的利用價值發生若干差距，是他們從未想到的。"① 張氏的説法是很確當的。這種情況，不僅體現在王引之虛詞研究中，在《經義述聞·國語》的一些條目中也存在。如：

　　至于武王
　　"至于武王，昭前之光明而加之以慈和，事神保民，莫弗欣喜，商王帝辛，大惡於民，庶民不忍，欣戴武王，以致戎于商牧。"
　　家大人曰："至于"下當有"文王"二字，周人敘述祖德，未有稱武王而不及文王者。此文自"莫弗欣喜"以上皆兼文武言之，自"商王帝辛"以下乃專言武王耳。《史記·周本紀》載此文正作"至于文王武王"，《文選·齊敬皇后哀策文》注引此云："至于文武，事神保民，莫弗欣喜。"所引從略，而亦兼文武，則原有文王二字可知。

　　［按］王念孫之説不可從，不能因爲《史記》有"文王"二字，就斷定《國語》應當有此二字。周武王纔是真正滅商、使周得天下的第一個君主，故單言武王並無不合理之處。至於《史記》，則以意補之，可以作爲參照，但不必以此作爲判定《國語》本文是非的依據。《文選》注雖云引自《國語》，恐難以爲信據。原書既可通，不必據他本異文遽爲改易。前文所引牟庭《國語校注》和王念孫的結論相同，也是輕據他書異文，勇於改字。這種做法是不可取的。

　　許諾

---

① 張以仁：《國語虛詞集釋序言》，臺北："中央研究院"歷史語言研究所 1968 年版，第 10 頁。

孤敢不順從君命長弟許諾

家大人曰："許諾"二字涉下文"吴王許諾"而衍。上文吴王責晉侯曰："君億負晉衆庶……將不長弟，以力征一二兄弟之國。"故此文董褐復命曰："君若無卑天子，而曰吴公，孤敢不順從君命長弟。"此下不當有"許諾"二字也。《左傳正義》《文選注》引此皆無"許諾"。

［按］何有祖《慈利竹書與今本〈吴語〉對勘》謂："今據慈利簡，'長弟'後有'許諾'二字，知各本下之'許諾'二字並非衍文。現最早見于南宋張洽《春秋集注》（四庫本）作'孤敢不順從君命長弟許諾吴王乃退就幕而會'。依此本，可斷讀作：孤敢不順從君命長弟。許諾，吴王乃退就幕而會。"① 劉卓異也撰文指出，王氏父子根據他書引文校勘本書是錯誤的，並進一步考訂了"許諾"在本句中的語法和語義。②

陽不承獲甸

"陽不承獲甸而祇以覿武，臣是以懼"韋注曰："言陽人既不得承王室爲甸服，又懼晉不惠卹其民，適以震威燿武而見殘破。"

家大人曰：據韋注，則正文本作"陽不獲承甸"，今本"獲""承"二字誤倒，則文不成義。

［按］張新武認爲王念孫之説非是，張氏謂："'不承獲甸'者，不繼往昔獲甸服之地位也。陽本周王之邑，周王以陽賜晉文公，則陽將成爲諸侯之邑，故曰'不承獲甸'。'承'在這裏是'繼'的意思。《詩·秦風·權輿》：'於我乎，夏屋渠渠，今也每食無餘，于嗟乎，不承權輿。'毛傳：'承，繼也。'《左傳·宣公十二年》：'子擊之，鄭師爲承，楚師必敗。'杜注：'承，繼也。'《廣雅·釋詁四》亦有'承，繼也'

---

① 何有祖：《慈利竹書與今本〈吴語〉對勘》，簡帛網。
② 劉卓異：《〈國語·吴語〉不衍"許諾"二字考》，《古籍整理研究學刊》2018 年第 3 期。

之訓。'不承獲甸'本來就講得通，爲什麼一定要倒乙爲'不獲承甸'呢? 且倒乙爲'不獲承甸'之後，'承甸'兩字是什麼結構? 若如韋注解爲'承王室爲甸服'，則'承'之義爲'奉'。'承王室爲甸服'是連動結構，這個結構省略前一動賓結構的賓語和後一動賓結構的動詞，才能形成'承甸'一語，古文有這樣的句法嗎?"① 蕭敬偉、郭鵬飛贊同張新武的看法，認爲:"若從王念孫之説，把'不承獲甸'倒乙作'不獲承甸'，並依韋注解'承甸'爲'承王室爲甸服'，'承甸'此一連動結構便省略了兩個語法成分，因而不合古文句法。案張説可從。王念孫改'不承獲甸'爲'不獲承甸'，實不可信。"② 蕭、郭文中對《經義述聞·國語上》六條考辨提出不同意見，至少説明，王引之《經義述聞》對《國語》的考校並非條條完美，還是有商討空間的。

　　雖然王氏《經義述聞》存在上述問題，但其學術價值與學術貢獻仍然是巨大的。僅就《經義述聞》所考校的《國語》171 條而言，絕大多數條目發人所未發，有益於《國語》語義之正確理解，對推動《國語》研究具有十分積極的意義。

(九) 朱亦棟《國語》訓詁考校

　　朱亦棟，字獻公，號碧山，上虞人。乾隆三十三年（1768）舉人。曾官平陽教諭，著有《松雲樓稿》《群書札記》《十三經札記》等。《兩浙輶軒續録》卷十引《校官詩録》云:"獻公經師人師，望若山斗，師錢嘉定，友邵二雲。著有《十三經札記》《群書札記》二種，均有心得。"③ 其《國語》研究成果主要保存在《群書札記》一書中。李慈銘云:"閲朱亦棟《群書札記》。亦棟原名芹，嘉慶時諸生。書凡十卷，雜

　　① 張新武:《讀〈國語〉札記》，《新疆大學學報》2008 年第 6 期。
　　② 蕭敬偉、郭鵬飛:《王引之〈經義述聞·國語上〉斠正》，《人文中國學報》（第十九期），第 205—220 頁。
　　③ （清）潘衍桐編纂，夏勇、熊湘整理:《兩浙輶軒續録》，杭州:浙江古籍出版社 2014 年版，第 558 頁。

考古義，頗有心得。於近時孔衆仲之《詩聲類》詆之甚力，蓋於古今聲韻，亦能參互而知其原，故往往中孔氏之病。惟讀書未多，時有村塾陋語。據其凡例言所著尚有《十三經札記》已先刊行。是亦吾越好古之士，而學者罕知，深可歎也。其書刻於歿後，編次無法，且多誤字。"①其書"考辨古代典籍及其歷史語言，涉及五經之外的典籍有《國語》《戰國策》《史記》《管子》《荀子》《莊子》《淮南子》《漢書》《楚辭》《文選》《世說新語》《杜詩》《山海經》《困學紀聞》《廣雅》《金樓子》《說文解字》《庾子山集》《顏氏家訓》《西京雜記》《水經注》《逸周書》《抱樸子》《陳檢討四六》等數十種。或考證名物制度，或校正文字，或辨別前人考論得失，疏通證明。其所作考釋，精義紛呈，多有碻論"②，今所常見者爲《續修四庫全書》第1155冊所收清光緒四年武林竹簡齋刻本，總十六卷，李金松點校本即以此本爲底本。

朱亦棟考辨《國語》部分在《群書札記》卷一，共40條，分別爲：共和、稷爲大官、伯御、回祿、夷羊、臨民以五、舌人、七律、黃鐘、夷則上宮、龜於何有、知也夫、山死、君武公、比而亡夏、速縣、伯氏不出、好艾、蔟收、君實有郡縣、佞田、乎云、青陽、咠聞、觸槐、董祁、天啟之心、虞幕、褒姒、天咠、司敗、尚勝、魯陽文子、奚斯、不稔於歲、遷軍接龢、行人奚斯、賈島佛、廣運、衆口鑠金，其中《周語》11條，《魯語》3條，《晉語》13條，《鄭語》3條，《楚語》4條，《吳語》4條，《越語》2條。從考辨《國語》各條來看，"衆口鑠金"是《周語下》的條目，却排在《越語》後面，即可以印證李慈銘所云"編次無法"之語。今略檢幾條，以見其考辨之法。

1. 共和

韋昭《國語》注："厲之亂，公卿相與和而修政事，號曰共

① （清）李慈銘：《越縵堂讀書記》，上海：上海書店出版社2015年版，第793—794頁。
② 李金松：《群書札記整理說明》，《群書札記》，北京：科學出版社2016年版，整理說明，第1—2頁。

和。”宋庠《補音》按：舊説《汲冢書》“共”音“恭”，共伯名和。然韋氏自依《史記·周紀》爲注，則“共”當如字。考《竹書紀年》：厲王十三年，王在彘，共伯和攝行天子事，號曰共和。二十六年，大旱，王陟于彘，周定公、召穆公立太子靖爲王。共伯和歸其國，遂大雨。此其事也。《史·周本紀》：召公、周公二相行政，號曰共和。按《書》云：同寅協恭和衷哉。則兩“共和”皆可作平聲讀也。

[按] 本條主要探討“共和”之“共”的讀音問題。“共”讀gòng，多用爲副詞；讀gōng，多與“恭”同。關鍵在於“共和”得名，源於“共伯和”還是召公、周公共同行政。古書記載有區別，按照《竹書紀年》，“共和”得於“共伯和攝行天子事”，則“共和”之“共”與“共伯和”之“共”同；《史記》則謂周公、召公一起攝政，從《史記》的記載看，則“共和”之“和”當讀gòng。朱亦棟根據《尚書·皋陶謨》“同寅協恭和衷哉”，認爲《史記》《竹書紀年》“共和”之“共”皆可讀平聲。今見幾種《尚書》本子，以同寅、協恭、和衷爲句，而非“恭和”爲句。則朱亦棟的依據恐怕不能成立。如此，則《史記》“共和”尚不能與《竹書紀年》“共和”同音。

　　2. 稷爲大官

　　《周語》：“夫民之大事在農，上帝之粢盛于是乎出，民之蕃庶于是乎生，是故稷爲大官。”韋注：“民之大事在農，故稷之職爲大官。”按《尚書》孔傳：《國語》云：“稷爲天官。”豈“大官”即“天官”之誤耶？又毛詩《傳》云：“后稷後作司馬。”《尚書刑德考》亦云稷爲司馬。

[按] 段玉裁、汪遠孫等也校出“天官”異文，且汪遠孫也認爲“天官”是，張以仁《國語斠證》贊同汪遠孫之説。朱瑞華對《國語》中“大＋N”組合的使用狀況進行考察後認爲《國語》中“大＋N”這

一組合形式是比較常見的，"大"在這一組合中修飾後面名詞，而且有些連用已經凝固成詞。職是之故，朱瑞華推斷"大官"作爲臨時的組合出現是極有可能的，又根據同時期的其他典籍中沒有發現一例"天官"，最終朱瑞華推斷"天官"之"天"當是"大"的訛字。① 朱氏的推斷不無道理。這裏牽涉到他書引文異文的功能以及標準的尺度把握問題。

3. 伯御

《周語》："魯武公以括與戲見王，王立戲。"韋注："武公，伯禽之玄孫、獻公之子武公敖也。括，武公長子伯御也。戲，括弟懿公也。"宋庠《補音》：案韋注"括，武公長子伯御也"，今考《史記·魯世家》"宣王立戲爲魯太子戲，章爲懿公。九年，懿公兄括之子伯御與魯人攻殺懿公而自立"，則伯御乃括之子明矣。又按班固《人物表》："伯御，懿公兄子。"與《史記》合。今以括爲伯御，疑失之。案下云"魯侯歸而卒，魯人殺懿公而立伯御"，是立長也，韋不從《史記》，蓋亦別有所見也。

[按] 此處涉及韋注和《史記》記載的問題。韋昭認爲括即是伯御，《史記》則認爲伯御是括之子。宋庠疑韋注有誤，董增齡以宋説爲是。趙翼《陔餘叢考》、恩田仲任、汪遠孫、王煦、陳瑑等皆認爲韋昭注誤。唯朱亦棟、張以仁等頗能體貼韋注。朱謂："韋不從《史記》，蓋亦別有所見也。"張以仁謂："宋庠《補音》以《史記》爲是……《發正》則謂……而以宋庠之説爲是。竊謂班《表》、《漢志》、《列女傳》皆晚出之書，《漢志》之説或別有來源，其他蓋以《史記》爲藍本，不足以爲《史記》之證。韋注之説，如非別有所據，則純就《國語》文義得來。此章之命意在王命不可輕易犯順，魯君繼承之習在於立長，今棄長立幼，是犯魯習之順，故卒歸結於立括，以全不可犯順之微意，是以韋氏謂伯

---

① 朱瑞華：《〈國語〉疑難字詞辨正》，上海大學碩士學位論文，2015 年。

御爲括也。"① 比朱亦棟説更爲周詳。

4. 回禄

《周語》："昔夏之興也，融降于崇山；其亡也，回禄信于聆隧。"韋注："崇，嵩高山也。夏居陽城，嵩高所近。回禄，火神。再宿爲信。聆隧，地名。"考《史記·楚世家》，重黎爲帝嚳，高辛居火正，甚有功，能光融天下，帝嚳命曰"祝融"，其弟吴回爲重黎，後復爲祝融，居火正。吴回生陸終。是則回，吴回也。禄，或即陸終耳。《左·昭十八年》"禳火於玄冥回禄"杜注："玄冥，水神。回禄，火神。"孔疏："玄冥祭修熙，不知回禄祭何人。或云回禄即吴回也。"融降崇山事無所見，考《墨子·非攻篇》"夏德大亂，天命融降"原作"隆"，疑誤火於夏之城間西北之隅，疑即回禄信于聆隧之事也。沈約《竹書紀年》注："祝融之神降于崇山，乃受舜禪，即天子之位。"

[按] 此考傳説人物，引證古書，指出回禄爲一人、還是爲二人之事。

5. 舌人

《周語》："惟夫戎翟則有體薦，故坐于門外，而使舌人體委與之。"韋注："舌人，能達異方之志，象胥之官也。"按此則今之通事，舌人二字甚新。張平子《東京賦》"重舌之人九譯，僉稽首而來王"薛綜注："重舌，謂曉夷狄語者。九譯，九度譯，言始至中國者也。"許氏《説文》："譯，傳四方之語者。"

[按] 此釋職官。《禮記·王制》云："五方之民，言語不通，嗜慾不同。達其志，通其欲，東方曰寄，南方曰象，西方曰狄鞮，北方曰譯。"《周禮·秋官·序官》有象胥，韋注正取《周禮》之説。朱亦棟

"舌人二字甚新"之語較費解，或以名稱新奇之故。此即出於周天子之口，則當時必有此稱。又朱氏引《說文》"四方"，檢《說文》本書作"四夷"。

6. 黿於何有

《魯語》"黿於何有？而使夫人怒也"韋注："於何有，猶何禮有黿也。"案：《吉甫詩》"炰鼈膾鯉"，《韓侯詩》"炰鼈鮮魚"，則飲酒之禮，固有黿矣，此與"禮讓乎何有""從政乎何有"語意正同，言何難有黿而羞小者，以使夫人怒也。"禮"字或是"難"字之誤。

［按］王懋竑謂："言黿至微末之物，何至以小而使客怒。注未然。"金聖歎則謂："言黿何難。"朱一清、程自信注爲："猶言黿值幾何。"① 王海棻總結謂："'何有'作謂語，前有介賓短語作狀語。介賓短語的賓語在介詞前。整個句式的意思是'對……有什麼關係''在……方面有什麼困難'等。"② 從語法、語義的角度進行了概括。職是之故，朱亦棟認爲韋注"禮"字是"難"字之誤。但"禮""難"二字字形懸遠，語音又不相近，不具備訛混的基本條件。《吉甫詩》"炰鼈膾鯉"陳奐《詩毛氏傳疏》引《魯語》此章並云："此謂正加之饌，皆無黿也。"③ 按照陳奐的理解，正式的宴席，應該不加黿。本來宴席不該有黿這道菜，公父文伯越禮上了這道菜，却因爲黿的形制較小而惹露睹父不高興。昔人云："食饗之禮，所以仁賓客也。"從訓詁術語上來看，韋注用"猶"，意在比擬，而非實指。另外，從本篇上文也可以看出，"食黿"是一次比較特殊的饗禮規格，故而特別揭出。從這些角度來看，韋注不誤。金聖歎、王海棻等主要從通則角度對"於何有"進行概括，至於是否進一

---

① （清）金聖歎選編，朱一清、程自信注：《天下才子必讀書》，合肥：安徽文藝出版社 2003 年版，第 129 頁。

② 王海棻：《古漢語疑問詞語》，杭州：浙江教育出版社 1987 年版，第 316 頁。

③ （清）陳奐：《詩毛氏傳疏》卷十七，道光二十七年陳氏掃葉山莊刻本，本卷第 20 頁。

步反映語境内容，恐也未必。"何禮有黿"是對"黿於何有"的顯性解釋，"何難有黿"是對"黿於何有"的隱性和引申性解釋。二者之間似非涇渭相對，截然不同。

7. 知也夫

《魯語》"女知莫如婦，男知莫如夫"韋注言："處女之知不如婦，童男之知不如丈夫。""公父氏之婦知也夫"韋注："知也夫者，凡婦人之情，愛其子，欲令妻妾思慕而已，今敬姜乃反割抑，欲以明德，此丈夫之知，故曰知也夫。"宋庠《補音》云："按此是歎美之詞，夫當作'扶'，韋氏解云：'此丈夫之知。'恐誤。"案：《曲禮》"若夫坐如尸，立如齊"鄭注言："若欲爲丈夫也。"其誤與此正同。

[按] 沈濤《交翠軒筆記》卷三亦及本條，謂："'知也夫'讀爲'丈夫'之'夫'，猶《禮記》'若夫坐如尸立如齊'注：'若夫，言若欲爲丈夫也。'初不以爲發語。韋解'夫'字正與鄭同。宋宋庠《補音》云：'夫，當作扶。'誤。"[1] 沈濤較朱亦棟更能理解古人。當然，朱亦棟的解釋是對的，此處之"夫"確實是虚詞。

8. 速縣

《晉語》"驪姬請使申生處曲沃以速縣"虞御史云："速，疾也。縣，縊也。"案：此"縣"字當如字讀，與"楚莊王縣陳""文王縣申息"之義同，即《左·閔元年》士蔿所謂"分之都城也"。二五言之於外，驪姬請之于内，故公許之，不得以後有新城縊經事，韋注："縊經，頭搶而縣死也。"預指申生之死立説也。虞説似誤。

[按] 關於本條。本書第三章"唐固《國語》研究"部分已經有考

辨，此處不贅。

9. 乎云

《晉語》穆公曰："若無天乎？云若有天，吾必勝之。"韋注："云，言也。晉所行若言無有天也。"案：此"乎"字作"烏"字解，謂：若無天道，尚何言也。若有天道，則我必勝之耳。

[按] 王念孫、劉台拱、俞樾、張以仁、徐仁甫等人多著眼於"云"字。關注"乎"字者，朱亦棟還是第一個。從朱氏串講句義而言，絲毫看不出"乎"字作"烏"字解的痕跡。

10. 咫聞

《晉語》："文公學讀書于臼季、胥臣也。三日，曰：'吾不能行也咫（句），聞則多矣。'"案："行"字與"聞"字對，"咫"字與"多"字對。言非知之艱，行之維艱，猶俗語所謂"知得一丈，不如行得一尺"也。或以"咫聞"二字連用，似失句讀。

[按] 本條辨析句讀。朱亦棟謂"行""聞"相對、"咫""多"相對甚是，但是認為全句義為"非知之艱行之維艱，猶俗語所謂知得一丈不如行得一尺也"則誤。蓋本句強調讀書之妙，所謂"秀才不出門，便知天下事"者是也，非謂知不如行。《國語》研究史上也很少有人對本句有別解者。《國語》各本中，亦未見有以"咫聞"連讀者，未知朱氏何本。後世以"咫聞"連用作為書名者比較多見，如明吳載鰲《宙書咫聞》、清陳遷鶴《閒居咫聞》、鄧枝麟《海粟園咫聞》、沈荃《春秋咫聞》《周易咫聞》等，實皆用晉文公"吾不能行也咫，聞則多矣"之遺意。或許朱亦棟是從後世書名多有"咫聞"，而以"咫聞"二字連讀。

11. 天啟之心

《鄭語》"是天啟之心也"韋注："啟，開也。有心字誤。"案：

此與下"天奪之明"、《左傳》"天誘其衷""天假之年"同一句法，"心"字非誤也。張平子《西京賦》："天啟其心，人甈之謀。"蓋用此也。《晉語》："非天，誰啟之心?"

[按] 季永興《古漢語句讀》引録朱亦棟本條，以爲"清代學者對一些具體的句法現象的研究很多頗見功力"① 的證據。王引之《經義述聞》卷二一有"天啟之心"條，結論與朱亦棟同。

　　12. 尚勝
　　《楚語》："子西使人召王孫勝，沈諸梁聞之，見子西曰：'若召而近之，死無日矣。吾知逃而已。'子西笑曰：'子之尚勝也。'"韋注："子言論議好尚勝人也。"案：《左·哀十六年》子西曰："勝如卵，余翼而長之。"則以白公爲無能。爲此勝字即指白公説，言勝何惡之能爲，而子乃推而上之，説得如此利害也。韋注似未得其解。

[按] 宋祚胤《論古代漢語主語和謂語之間的"之"字》據《國語》本句韋注，作爲主謂之間雖有"之"字、但古人仍看作一個獨立完整句子的有效例證。這個解釋符合本文語境，"之"字雖然在主謂之間，確實起不到取消獨立性的作用。梁銀峰進一步指出："這種獨用的'主＋之＋謂（＋也）'結構往往帶有一定的強調或夸張語氣，具有明顯的感情色彩。"② 朱亦棟則是把"勝"看作白公勝之名，與韋昭以"勝"爲動詞不同。朱亦棟引述《左傳·哀公十六年》文字，認定公孫勝是無能之輩。董立章以"尚"爲"過高地評判"③，説與朱亦棟同。從《楚語》本章來看，葉公子高知道子西召白公勝而問對白公勝的安排，子西

　　① 季永興：《古漢語句讀》，北京：商務印書館 2001 年版，第 194 頁。
　　② 梁銀峰：《上古漢語時間從句"主語＋之＋謂語（＋也）"探索》，復旦大學漢語言文字學科《語言研究集刊》編委會編《語言研究集刊》第十二輯，上海：上海辭書出版社 2014 年版，第163 頁。
　　③ 董立章：《國語譯註辨析》，廣州：暨南大學出版社 1993 年版，第 700 頁。

回答"欲置之境",葉公子高發表了長篇議論闡述了起用白公勝的害處,子西回云:"德其忘怨。余善之,夫乃其寧。"葉公子高針對子西的回答又作了長篇回應,於是纔有了子西"子尚勝也"之言。從對話上看,子高確實力求讓子西接受自己的觀點,故而針對子西的兩次回答都作了否定性應對。韋昭謂爲"子言論議好尚勝人"是有道理的。從韋解,"尚""勝"二字同義連文。當然,如果把"尚勝"之"勝"理解爲白公勝,也講得通,唯未如韋解更貼合語境。

13. 遷軍接龢

《吳語》"明日遷軍接和,斬有罪者以徇"韋注:"上下皆和也。"案:《周禮·大司馬》"以旌爲左右和之門"鄭注:"軍門曰和。今謂之壘門,立兩旌以爲之。"則此所謂"接和"正指軍門也,韋注誤。

[按] 本條揭示韋昭注釋有誤。蓋以《周禮》有明文,且鄭玄有注。王引之、楊樹達並謂"龢"爲軍門。章太炎先生《新方言》亦引《周禮》鄭注,以《吳語》此處"和"字爲軍門,可證。姚旅《露書》卷二云:"《國語》伐吳軍政篇:明日遷軍接龢。按《孫子》軍爭篇:交和而舍。和,軍門也。接龢,亦交和耳。注曰:上下皆和。"[1] 洪頤煊《讀書叢録》卷六"接龢"條亦謂:"交和即接和。"[2] 陸宗達認爲:"和就是'摩'的假借,'和'和'摩'古都在匣紐歌韻,是同音字,所以和就是'摩',也就是戲。《國語·吳語》:'遷軍接和。'《孫子·軍事篇》'交和而舍'魏武帝注曰:'軍門爲和門,兩軍相對爲交和。'所謂接和、交和就是在作戰時,兩軍指揮作戰的旗幟相接相交的意思,所以又把'接和''交和'作爲兩軍交鋒的軍事用語。"[3] 對於陸宗達的這種説法,

---

① (清)姚旅:《露書》,上海:上海古籍出版社輯印《續修四庫全書》第1132冊,第529頁。
② (清)洪頤煊:《讀書叢録》,上海:上海古籍出版社輯印《續修四庫全書》第1157冊,第606頁。
③ 陸宗達:《陸宗達語言學論文集》,北京:北京師範大學出版社1996年版,第389—390頁。

汪少華提出了不同意見，認爲"和"之得名，不由於旌旗。汪少華認爲鄭玄注"軍門曰和"有兩種説法，其一取義於"和諧"，其二以爲是"桓"的音轉。汪氏進而認爲："'軍門正因樹起大旗而叫和'，恐怕不符合《周禮》及鄭注原意。"引述孫詒讓之説謂："'立兩旌以爲之'是和門的設立方式，不是和門的得名緣由。"進而認爲："即使'軍門正因樹起大旗而叫和'，也不能得出'接和、交和就是在作戰時兩軍指揮作戰的旗幟相接交'的結論。"引述《吳語》本句並謂："'遷軍接和'是對越過軍隊備戰訓練狀態的描述。上文兩次説'徙舍'，下文説'遷軍'，'遷'當與'徙'同義，指軍隊的遷徙調遣。何謂'接和'？韋昭注：'上下皆和也。''和'是一國軍隊士氣的最高境界、百姓人氣的最佳狀態。""無論從韋注還是孫説，'接和'都不是兩軍交鋒。因爲其時越、吳兩軍尚未交戰，下文'於是吳王起師，軍於江北。越王軍於江南'可證。"① 汪少華的這一説法不惟辯駁陸宗達之説，且可以應對朱亦棟之説。但汪氏把"接和"作爲一個整體進行解釋，和其所舉諸例仍不能等齊。關於"和"字，有二種説法：1. 軍門；2. 和諧。關於"接和"有兩種説法：1. 上下皆和；2. "接和"爲地名。王引之、朱亦棟等俱取軍門之説。今《國語》譯注諸書多有從軍門之説者。曹建國、張玖青注云："和：軍門。接和：依次建立軍門。或曰接和爲地名。"② 説本王引之《經義述聞》。

14. 廣運

《越語》"廣運百里"韋注："東西爲廣，南北爲運。"按：《周禮·大司徒》"以天下土地之圖，周知九州之地域、廣輪之數"馬氏曰："東西爲廣，南北爲輪。廣運，猶廣輪也。"然則《虞書》所謂"帝德廣運"，亦言乎堯之德東西南北無所不被耳。

---

① 汪少華：《"交綏""死綏"考辨》，孫力平主編《錢江學術》第 2 輯，南昌：百花洲文藝出版社 2005 年版，第 203—207 頁。

② 曹建國、張玖青注説：《國語》，開封：河南大學出版社 2008 年版，第 359 頁。

[按] 此引馬融説，以"廣運""廣輸"義同。章太炎以幅隕、廣員、廣均、廣運語義相同①，可從。朱亦棟此處只是揭出詞形不同而詞義相同。劉台拱等於此有詳考，皆可參。

15．衆口鑠金

《周語》諺曰："衆心成城，衆口鑠金。"賈逵曰："鑠，銷也。衆口所惡，金爲之銷亡。"按：此與"同心之斷金"正是的對。言于五事爲火，《左傳》"離火"也，于人爲言，故曰"衆口鑠金"也。《風俗通》曰："衆口鑠金，俗説有美金于此，衆人咸共詆訿，言其不純。賣金者欲其售，因取鍛燒以見真，此爲衆口鑠金。"按：俗有"真金不怕火"之説，蓋本於此。

[按] 朱亦棟此處不注重解決《周語》的問題，是以"衆口鑠金"爲引子，引述《左傳》《風俗通》來探討"衆口鑠金"的基本含義和後世俗語的對應性。

從以上 15 例來看，朱亦棟在論證過程中注重對文、句法，注重引證《左傳》。雖然只有 40 個條目，所涉内容較爲廣泛，對《國語》研究具有積極意義。

（十）黃模《國語》訓詁考校

黃模，字相圃，號書厓，清代錢塘人，清嘉慶五年（1800）歲貢，善書法，懂詩律，著有《壽德堂詩集》八卷、《夏小正分箋》四卷、《異議》二卷及《武林先雅》《竹書詳證》《國語補韋》《蜀書箋略》《三家詩補考》《武林先雅》等。黃模生活時代和黃丕烈（1763—1825）大體同時，亦乾嘉時期人物。

其《國語補韋》共四卷，張之洞《書目答問》云未見，范希曾

---

① 章太炎：《國故論衡》，上海：上海古籍出版社 2006 年版，第 59 頁。

（1899—1930）《書目答問補正》云："嘉、道間刻。"① 但嘉、道間刻本著録較少。清人書目中，僅見《八千卷樓藏書目》有著録。《國語補韋》除了嘉、道間刊本之外，還有梅里何氏抄本，今藏傅斯年圖書館。後來的常見版本爲民國24年（1935）汴京邵瑞彭古鑑齋有影刻本和北京中華書局1959年12月出版的《史籍叢刊》本。

邵瑞彭（1887—1937），一名壽籛，字次公。淳安縣人。邵瑞彭早年就讀浙江省立優級師範，參加同盟會、南社。先後任北京大學、民國大學教授，與吳承仕、高步瀛等建思辨社，研究樸學。1931年任河南大學國文系主任，寓居開封，潛心治學。工詞章，精古曆算學。著有《泰誓決疑》《揚荷集》《山禽餘響》等著作70餘種。邵瑞彭在《重刊〈國語補韋〉序》中云：

自宋宋公序、明陶望齡而外，絶少顓治《國語》者。豈真書有通塞，猶人之有禄命歟？近三百年樸學昭明，説經之書積若丘山。《逸周》《大戴》既爲士林肄業所及，治《國語》者亦比肩而起。如劉氏台拱、汪氏中、董氏增齡、洪氏亮吉、姚氏鼐、陳氏瑑、王氏煦、王氏念孫、黃氏奭、龔氏麗正、汪氏遠孫、陳氏奂、譚氏澐、俞氏樾、劉氏師培，凡十許家。或造專書，或爲條記，類能闡發古義，析難解疑。學者苦其不能盡見，而黃氏模《國語補韋》四卷尤屬難得。《書目答問》雖舉其名，注則云"未見傳本"。昔王葵園祭酒刊《續經解》於江陰南菁書院，曲園、越縵二先生爲草目録，黃氏此書在焉，而《續經解》竟遺之。殆搜采未逮歟？民國二十二年夏，於大梁市肆見黃氏《夏小正異義》及此書，版式與浙刊《杭氏七種》相類。《異義》收入《續經解》，傳世已廣。此書爲同、光以來難得之本，不圖無意遇之，喜不自勝。適涵楚使君建牙汴水有網

① （清）張之洞撰，范希曾補：《書目答問補正》，上海：上海古籍出版社2001年版，第86頁。新近由北京中華書局所出《增訂書目答問補正》、北京國家圖書館出版社所出批校本《書目答問補正》於范希曾之説亦無深入説明。

絡文獻之思，因出資授梓，依原書景刻，予弟子武福鼐爲之校字。
竣工之日，輒書所懷，以爲之序。黄氏字相圃，杭人，與吳聖徵祭
酒友善。他所著有《壽花堂詩集》，事蹟略見《杭郡詩輯》。列名參
校之吳清漣諸人，則祭酒之子姓也。①

　　邵瑞彭回顧了宋以來《國語》研究之大致。他指出清代三百年樸學
之專書研究中，《國語》的研究是伴隨著《逸周書》《大戴禮記》的研究
而興盛起來的，這一觀點倒是此前没有人提到過。邵瑞彭提到，俞樾和
李慈銘都曾起草《續清經解》目録，黄模《國語補韋》都列在内，説明
俞、李兩位對《國語補韋》的重視。但是王先謙《續經解》只是刻了
《國語發正》等幾種，遺漏了《國語補韋》，主要原因恐怕還是原刊本難
得，並非有他。1933年夏天，邵瑞彭在開封書市上看到《國語補韋》和
《夏小正異義》的刻本，以《國語補韋》難得一見，因重新刊刻推廣之。
該刊本爲紅印本，四周雙邊，單魚尾在上三分之一處，魚尾上書"國語
補韋"，魚尾下書卷次，下標頁碼，頁碼下有"古鑑齋"三字。白口，
半葉十行，行十九字，小字雙行。《國語》大字，黄模補釋小字。邵瑞
彭爲《國語補韋》的廣泛流布做出了很大貢獻。

　　中華書局1959年印行的石印本《史籍叢刊》一共10册，《國語補
韋》在《史籍叢刊》第二册。第一册前有《出版説明》，云："《史籍叢
刊》包括宋朝劉放著作一種，清朝黄模著作一種、林國贊著作兩種，近
人陳漢章著作三種，共七種。……黄模字相圃，與吳錫麟友善。所著
《國語補韋》四卷，錫麟子侄輩爲之校刻，印行未廣。清人治《國語》
者自劉台拱、汪中以下凡十餘家，皆有傳本，惟黄書難得。張之洞《書
目答問》雖舉其名而注云未見，王先謙刻《續經解》時亦搜求未得。今
據原刻本重印。"② 中華書局的石印本《國語補韋》印行數量有限，今比

---

　　① 宋志英選編：《〈國語〉研究文獻叢刊》（第一册），北京：國家圖書館出版社2012年版，
第481—484頁。
　　② 中華書局編輯：《史籍叢刊》，北京：中華書局1959年版。

較少見。各大學圖書館庋藏者多爲 1935 年刊本，宋志英選編《〈國語〉研究文獻叢刊》，所用即爲 1935 年刊本。

以上是《國語補韋》傳本的大致情形。至於《國語補韋》的確切撰述時間，很難得知了。其《國語補韋》一書當作於黄丕烈讀未見書齋本行世之後，因其《補韋》中已經引用到了黄丕烈《札記》成果。

檢《國語補韋》四卷分部，分別爲《周語》一卷，《魯語》《齊語》一卷，《晉語》《鄭語》一卷，《楚語》《吴語》《越語》一卷，其中《周語》57 條，《魯語》36 條，《齊語》22 條，《晉語》64 條，《鄭語》9 條，《楚語》23 條，《吴語》22 條，《越語》14 條，總 247 條。檢其所補，多引諸家之説，少有個人創發。247 條之中明確加 "模案" 者唯 28 處。其中引《補正》45 條，引《札記》7 條，引陶望齡 18 條，徐文靖 8 條，賈逵 7 條，顧大韶 6 條，儲欣、孫鑛各 5 條，惠棟 4 條，趙一清 3 條，孫志祖、王鳴盛、顧棟高各 2 條，引齊召南、黄震、黄宗羲、趙佑、唐固、孫琮、閻若璩、顧炎武各 1 條。此外尚引《史記》《尚書》《爾雅》《三禮》《説文》《竹書紀年》《説苑》《水經注》等書以及相關注解等等。《鄭堂讀書記》卷十九云："書匡以《國語》韋注尚有未備，故爲之補。夫既爲補韋，必如惠松匡之《左傳補注》，究極訓詁，博極群書，從此毫無賸義，方無忝于補之一字。乃僅掎摭近代人書以疏通之，所引古書殊覺寥寥，且併《竹書紀年》亦援以爲證，試與之讀王伯申《經義述聞》第十二卷，當爽然自失矣。"[1] 這個評價還是比較公允的。此處尤其值得一説的是黄模所引某氏《補正》，佔到全書條目的 20%，徵引如此頻繁，却又不標出作者，唯謂爲 "某氏"，殊難理解。今檢其引《補正》諸條如下：

1. 茂正其德而厚其性（茂，宋本作 "懋"。韋《解》："懋，勉也。" 當作 "懋"。）

---

① （清）周中孚：《鄭堂讀書記》，上海：上海古籍出版社輯印《續修四庫全書》第 924 册，第 260 頁。

茂正其德，脩道之教也。教化不行，則民性薄。（某氏《補正》）

2. 日祭月享

日祭，喪之朝夕奠也。月祀，朔日朝廟之祭也。在喪則爲朔奠。（《補正》）

3. 將導利而布之上下者也

布之上下，謂上自后、君、公，下及士、農、工、商，各有應享之利也。（《補正》）

4. 及期，鬱人薦鬯，犧人薦醴，王裸鬯，饗醴乃行

王裸鬯，祭耤田之神也。饗醴，乃自饗知然者。耕耤宜有祭而王自饗，不應用裸。（《補正》）鄭氏《周禮》注曰："醴，今甜酒。"

5. 虞于耤東南，鍾而藏之，而時布之于農

帝耤所收祭祀不能盡用，故布之于農，使爲種勸耕。（《補正》）

6. 司民協孤終，司商協名姓，司徒協旅，司寇協姦，牧協職，工協革，場協入，廩協出

司商即司市也。賈行居無常，故登其名姓而協之，知然也。司徒協旅，案上地、中地、下地以起徒役，則農民之數具矣。牧即《周官》所謂藪，牧養藩鳥獸也。場即園圃，毓草木也。牧協職、場協入，則雜民之數具矣。工協革，則百工之數具矣。廩協出則府史胥徒奚隸之數具矣。司寇協姦，則刑人、罷士之數具矣。凡民之數皆具，不宜獨遺商賈。且司商之名別無所見。舊說：人之始生，吹律合之以定其姓名。無所據，義亦未安。士之數，司士掌之。此言民數，故不及司士。而司民協孤終，則統四民之籍矣。牧曰職者，馬有圉、牛有牧，各有職事以服事其上也。工曰革者，老疾退減、少壯增入，更易無常也。（《補正》）

7. 忠，所以分也

謂有忠實之心，然後可以分之以體事應物也。故曰"忠分則均"，又曰"分均無怨"。（《補正》）

8. 規方千里

規，所以爲圜，言就勢周回而取之，以方千里爲度，非截然正

方以爲千里也。(《補正》)

9. 以待不庭不虞之患

不庭，不來朝也。《尚書》曰："征不庭。"(《補正》)

10. 目以處義

目有見，然後能處置進退俯仰之宜，而威儀以類也。(《補正》)

11. 夫天地成而聚于高，歸物于下

言混沌既判而成天地，則聚于高者爲邱陵，歸于下者爲川澤。(《補正》)

12. 是故聚不阤崩而物有所歸

二水鬭，是不歸其壑也；將毁王宫，是聚者阤崩也。(《補正》)

13. 民患輕，則爲之作重幣以行之。于是有母權子而行，民皆得焉

謂之權者，以少當多，必取其值，如權之兩相稱也。(《補正》)模案：王莽一刀平五百大布，黄干之類昉諸此。但行法不善耳。黄即衡平，衡者權也。

14. 匏竹利制

匏竹以人氣發聲，其清濁高下利于裁制以適其宜。下云"匏竹尚議"即擬議所以制之之法也。(《補正》)

15. 工史書世，宗祝書昭穆

《周官》：大師帥瞽而廞作匬諡，瞽矇世莫繫，小史奠繫世，小宗伯辨廟祧之昭穆，大祝作六辭以通上下親疏遠邇。與此所述一一脗合，則《周官》爲周公之舊典明矣。(《補正》)

16. 苟芈姓實嗣，其誰代之任喪

謂其國無變亂，嗣位者實芈姓也。小國自有當共之喪。紀魯君中道而還，則誰代爲任此乎？(《補正》)

17. 祖識地德

祖，始也。識，記也。仲春，陽氣烝、土脈發，始記農工之所宜也。(《補正》)

18. 師尹惟旅，牧相宣序其事

師，六官之貳。《周官二》曰"師掌官成以治凡"是也。尹，

一官之正，如膳夫太僕之類。旅，衆士也。牧，都鄙之長，相都鄙之屬。《周官》所謂"立其兩、設其伍、陳其殷"也。蓋周天子與公卿考百官之政事，而師尹及衆士、都鄙之長及其屬則宣序民事。惟，助語辭。(《補正》)

19. 少采夕月，與太史載糾虔天刑

司載疑即秋官司民，以歲登下萬民死生之數，故又名司載。刑以秋冬，故秋分之後糾虔之。太史與司載聯事者，太史嘗建六典正歲年頒之于官府也。(《補正》)

20. 宗不具不繹，繹不盡飫則退

天子諸侯有內外宗，佐后夫人薦徹籩豆。卿大夫亦宜有宗女贊事。《記》所謂"觀于祭祀、禮相助莫"、《詩》所謂"有齊季女"，皆是也。舊說宗臣則不應曰不具，蓋敬姜寡也，必宗女盡至乃行繹祭之禮，又不盡飫而退耳。(《補正》)

21. 昔禹致群神于會稽之山

舜巡四岳，望秩于山川。《春秋傳》載晉主齊盟，載書之辭亦曰名山名川，群神群祀。蓋禹致群神而秩祀之也。韋昭以文連"防風氏後至"遂謂群神爲主山川之君，誤矣。致，與《周官》"致禽"同義，謂屬聚之也。(《補正》) 棪案：《水經注》："會稽之山，古防山也。亦謂之茅山，又曰棟山。"《越絕書》云："棟猶鎮也。"蓋《周禮》所謂揚州之鎮矣。

22. 山川之靈足以綱紀天下者，其守爲神

言名山大川爲一方之鎮，其靈氣足以紀綱天下，而爲神者多即其守土之君也。蓋上世守土者有明德或神明之胄，即爲神以主其山川，如《春秋》所稱臺駘爲汾神之類。(《補正》)

23. 使無忘服也

服，事也。《周書·畢命》："纘乃舊服。"(《補正》)

24. 先王制土籍田以力而砥其遠邇

謂籍民之力以田也。砥其遠邇，謂近地多力役，則薄其租稅；遠則每加。遠邇有差，乃得其平，即《周官》載師之法也。(《補

正》)

25. 令夫士，群萃而州處

周制：五州爲鄉，士及工商不出其州。然後邑居皆近而作業便。《記》曰："州有序、國有學。"是鄉學皆設于州也。故《周官》考德行道藝，糾過惡，皆州長主之。鄉大夫獨三年大比興賢能而已。於農亦曰州處者，死徙不出州也。(《補正》)

26. 權節其用

權衡、節制所用之器物也，故工與農同文。(《補正》)

27. 生之族也，故壹事之

師教生食，皆生我之類也，故事之如一。(《補正》)

28. 且君知成之從也，而未知其待于曲沃也

此君謂哀侯，言哀侯知己之從而戰守也，而不知其待新君之命于曲沃也，故鬭而死。與《左傳》子家羈對叔孫曰"君知其出也，未知其入也"意正相類。(《補正》) 樂共子，名成。

29. 驪姬請使申生處曲沃以速縣，重耳處蒲城，夷吾處屈，奚齊處絳，以徼無辱之故

速縣，及時舉樂以祭也。曲沃，宗邑，必有桓叔之廟，獻公都絳，不得時祭于曲沃，故請使申生居之以得以時祭。其後晉襄公既祥烝于曲沃，而後出伐衛，則曲沃有祖廟，而晉君不得歲時親祭明矣。(《補正》) 模案：韋注引虞説，謂："速，疾也。縣，緡也。縣，胡蠲切。"《補正》依其音而易其義，尚未確。惟孫氏鑛曰："縣如'楚莊縣陳'之'縣'較妥。觀後篇驪姬賂二五，使言于公曰：'若使太子申生主曲沃，而二公子主蒲與屈，乃可以威民而懼戎，且旌君伐。'使俱曰：'狄之廣莫，于晉爲都，晉之啓土，不亦宜乎?'前後二篇只一意。'速縣'即'啓土'。"孫説是也。

30. 軍有左右，闕從補之，成而不知，是以寡敗

言古者制軍必三，中軍倘有闕隙，則左右二軍從而補之。事成于內而敵人不知，是以寡敗也。闕，如軍帥死病，或敵之精銳萃之。(《補正》)

31. 若以下貳上，闕而不變，敗弗能補也

變，移易也。今以下軍貳上軍而無左右，則中軍有闕，不能移易以相救也。設一軍敗，則不能補也。(《補正》)

32. 變非聲章，弗能移也。聲章過數則有釁，有釁則敵入

言軍中有變易，非聲章于衆，不能移也。聲章過數，則釁見矣。(《補正》)

33. 亡人何國之與有? 君實有郡縣

顧大韶曰："《周書·作雒解》：'千里百縣，縣有四郡。'則縣有百里，郡方五十里。"(《困學隨筆》) 言己雖得國，不敢專也。如郡縣之爲秦有耳。(《補正》)

34. 爲禮而不終，耻也；中不勝貌，耻也；華而不實，耻也；不度而施，耻也；施而不濟，耻也。門不閉，不可以封，非此用師，將無所矣。二三子敬乎?

秦伯既以國君之禮饗重耳，欲興師納之，故告其大夫如此，意謂以國君之禮饗之而不能納是爲禮而不終也。若實無納之之心而虛體貌焉，是中不勝貌也，華而不實也，不度其人之可而妄施之，與施德而卒無成勞，皆可耻，非塞此五耻不可以振起國勢，此正宜用師之所，故戒群臣以敬軍事也。古者疆界樹封有崇隆以爲觀示之義，故以爲喻。(《補正》)

35. 與其君臣不相聽以爲諸侯笑也，盍姑以違蠻夷爲耻乎

文子已見亂國弒君之徵，故云。(《補正》)

36. 知鐸遏寇之恭敬而信彊也，使爲輿尉。知籍偃之率舊職而共給也，使爲輿司馬

輿，衆也。猶《春秋傳》所謂"輿帥"也。元尉、元司馬主中軍，則輿尉、輿司馬必掌上下軍及新軍。軍事者，有元侯而無輿侯。蓋侯以伺敵，中軍主謀，故設之，餘軍不皆設也。《周官》輿司馬主車，比異義者，以與輿尉竝舉也。(《補正》) 楊農先曰："《左傳》祁奚爲中軍尉，魏絳爲司馬，即所謂元尉元司馬也。張老爲侯，奄鐸遏爲上軍尉，籍偃爲之司馬而無下軍之尉與司馬。可與此注相

證。"(《補正》附）顧棟高曰："《國語》以中軍尉爲元尉，上軍尉爲輿尉，而《左傳》自有輿尉。襄十九年：'軍尉、輿尉皆受一命之服。'又三十年：'廢其輿尉。'《正義》服虔云：'軍尉、輿尉主發衆，使民以時。趙武將中軍，若是，軍尉當是中軍尉也。則中軍尉亦稱輿尉。'"（《春秋大事表》）

37. 諸侯之爲日在君側，以其善行，以其惡戒

"爲"當作"裔"，言亡國之子孫日在君側，以示太子不可不教也。以其善行，謂以諸國之先所以保世者，教太子使行之。以其惡戒，謂以其後自蹈之惡跡爲戒也。故公感其言而問以孰能，乃對以叔向習于春秋，而使傅太子彪也。習于春秋，則知諸侯善敗之迹。孔子告哀公曰："君平明而視朝，日昃而退。諸侯之子孫必有在君之末庭者，君以此思勞，則勞焉將不至矣。"即此義也。（《補正》）楊農先曰："言諸侯所爲皆在方策，可以陳之左右，故曰'日在君側'。"（《補正》附）

38. 今既無事矣，而非和，于是加寵，將何治焉

言范氏世有功德，及宣子之時内外無事，無可著勳勞者。今與和相非，轉加寵焉，可以昭德，何用治和之罪焉？故宣子感其言而益和田也。（《補正》）

39. 今子老楚國而欲自安也

天子諸侯之卿皆稱老。《春秋傳》劉文公曰"天子之老"、楚伯州犁曰"將不得爲寡君之老"是也。（《補正》）

40. 余左執鬼中，右執殤宫

成獄之書曰中。《周官·小司寇》："登中于天府，士師受中協日刑殺。"《晉語》以回鬻國之中執鬼中，言操殺人之柄。執殤宫，言能夷滅人之子孫也。（《補正》）

41. 以一純二精三牲四時五色六律七事八種九祭十日十二辰以致之

五色，玉幣、牲之別也。九祭，《周官》太祝所辨，或曰即九獻也。（《補正》）

42. 國馬足以行軍，公馬足以稱賦

《周官·校人》："凡軍事，物馬而頒之。"蓋以駕五戎之萃。足以稱賦者，大國三軍，次國二軍，小國一軍，所畜公馬必與相稱也。不及齊車、道車之馬者，用數寡也；不及會同田車之馬者，所用即兵車也。(《補正》)

43. 乃必有偶，是以帶甲萬人以事君也

必有偶者，一人致死，必有與之敵而爲所殺者，故曰"帶甲萬人"。又曰："傷君王之所愛。"謂傷吳人也。(《補正》)

44. 事不究，不可强成

究，盡也。此言節事者與地，如溝洫不治，耕耨不勤，人事未盡。雖得天時，不可以强成歲功也。(《補正》)

可見，《補正》內容涉及多個方面，但主要以句義串講爲主。即便《補正》所附諸說，也一一標注。如此脈絡清晰的著述，竟然不知誰氏？比較罕見。不知誰氏且不爲辨析，詳明原始，僅以"某氏"言之，也比較費解。筆者前嘗推測，《補正》或許是黃模自撰、自引。這種撰述方式，清人倒是有其例，如史夢蘭、陶樑等人，都曾在自己的著作中引述自己另外一部尚未刊布或最終未能成形的著作。可是引述自己著作而不注明，也不多見。而且，從上述一些條目的"模按"中可見，黃模對《補正》之說又有商榷意見。這就更加難以斷定了。《國語補韋》所引《補正》的作者問題，還需進一步考察。

正如周中孚所言，黃模《國語補韋》大量徵引他人之說，但這並不代表黃模沒有自己的觀點和研究。檢《國語補韋》內容大致包括：1. 校勘;2. 釋義；3. 評點。

1. 校勘

校勘往往在撮録正文之下小字出之。如：

茂正其德而厚其性 (茂，宋本作"懋"。韋《解》："懋，勉也。"當作"懋"。)

昔我先王世后稷(《史記》與《詩疏》同, 今脱"王"字。從
宋本。)

幽王二年, 三川皆震 (今本"二"作"三", 韋注: "三川,
涇、渭、洛也。""洛"譌作"汭"。)

第 1、2 條以宋本與其所参本相校, 並進行取捨依從。第 3 條則釐定
正文之後進行校勘, 説明今本與釐定正文之不同。其所謂宋本, 實即黃
刊明道本。《國語補韋》既然在黃刊明道本之後, 且已參《札記》, 所校
當對《札記》有所補充增益, 否則, 毫無意義。這兩條校勘, 實即毫無
意義的。當然, 黃氏志不在校, 隨筆爲之, 也可以理解。

單純以他本文獻進行校勘或者異文匯證者, 則放在正文中。如:

回禄信于聆隧

《竹書》: "帝癸三十年冬, 聆隧災。"按《左傳》疏引作"黔
隧",《説文》作"聆遂闕"。

本條,《國語》"聆隧", 黃模引述《竹書紀年》爲證。又加案語,
引述《左傳正義》和《説文》異文。

此外, 有的校勘只是爲語義解釋服務, 故而校勘在正文中。如:

瞽獻典

齊召南曰: "《左傳》瞽爲《詩疏》引《周語》云: '瞽陳曲。'
今本《國語》作'瞽獻典', 以孔疏證之, 則曲字是。但古人言詩
歌不言曲; 言曲蓋始于此《詩譜》, 亦作'曲'。"(《左傳考證》)
模案: 宋本《國語》曰: "瞽獻曲。"韋解: "曲, 樂曲也。"俱不作
"典"字。又《國語》"城周篇": "衛彪傒言飫歌少曲。"韋解:
"曲, 章曲也。"則周時已稱詩歌爲曲矣。

齊召南在其著述中以《國語》今本爲例進行了説明, 認爲《國語》

字當作"曲"。黄模案語又以宋本《國語》"曲"字作爲佐證，護衛了齊召南的説法，復引《周語下》末章之言，認爲"瞽獻典"之"典"當作"曲"字。文内校勘，帶有語義解釋和辨析的成分，故比正文之下校勘細密，有理有據。

整體而言，黄模校勘由於條目較少，所見《國語》版本不廣，幾乎無新發現校勘點，其所校勘，前人多已言及，整體價值不高。

2. 釋義

《國語補韋》釋義條目較多，内容涉及方面較多。概括言之，約有如下數則：

（1）補釋舊注

舊注有些文字過簡，未能詳明之處，引徵古書以補充之。如：

> 伯陽父
> 唐固曰："伯陽父，周柱下史老子也。"（《史記》注）
> 模案：《水經注·渭水篇》有伯陽谷、伯陽水、伯陽城、伯陽川。酈道元曰："蓋李耳西入往逕所由，故山原畎谷往往播其名焉。"據此知老子字伯陽也。

唐固只是注出伯陽父的身份、職官，並未具體説明來源。黄模引述《水經注》中有"伯陽"的地名，並引述酈道元之説。酈道元認爲"伯陽"類地名顯示了李耳出關經由路綫。黄模根據這些證據，佐證老子姓李名耳字伯陽。可信與否，是另外要討論的問題。黄模尋找證據，論證唐固注文的合理性，這種方式至少是可取的。

（2）質疑

對於《國語》所記史實以及韋注解釋，有時引他書質疑其精準度。如：

> 杜伯射王于鎬
> 徐文靖案：《周語》云："杜伯射王于鎬"韋注："鎬，鎬京

也。"引《周春秋》謂杜伯射王于圃田,與《國語》異。(《竹書統箋》)

模案:《周春秋》,今惟見顔介《冤魂志》中,其述杜伯事殊鄙誕。考《墨子》云:"昔周宣王殺其臣杜伯而不辜。杜伯曰:'吾君殺我而不辜。若以死者爲無知則止矣。若死而有知,不出三年,必使吾君知之。'其三年,宣王合諸侯而田于圃,車數百乘,從數千人,滿野。日中,杜伯乘白馬、素車、朱衣冠,執朱弓,挾朱矢,追宣王,射之車上,中心折脊,伏弢而死。"情節小異。然亦云"田于圃"不云"射于鎬"也。《水經注》載杜伯之國與冢皆在鎬京,則杜伯者,西京畿内諸侯也。

《國語》各本實際上都寫作"鄗",《左傳正義》《禮記正義》《穀梁正義》《説苑》等字皆作"鎬"。又《國語補音》認爲字當作"鎬",黃模釐字作"鎬"者或以此。徐文靖指出《國語》記載和韋昭所引《周春秋》記載不盡相同,主要區别在於射王地點有差異。黃模案語首先揭出《周春秋》引文出處,進而指出表述的荒誕不可爲據。同時引述《墨子·明鬼》所載杜伯射王故事,證明徐文靖所言"與《國語》異"。

當然,也有質疑韋注的精準性的。如:

賜晉惠公命
後"賜晉文公命"注"命服",此注不當曰"命圭"。

黃模認爲下章"賜晉文公命"之"命"注和本章"賜晉惠公命"之"命"注釋應當一致,而韋注前後注文不同,一爲"命服",一爲"命圭"。黃模認爲都應該釋作"命服"。

(3)釋地理名詞。如:

晉文公既定襄王于郊
郊,山名。

韋昭注謂："郟，洛邑王城之地。"黄模認爲是山名。韋昭的説法被杜預採用，《左傳·襄公二十四年》"齊人城郟"杜注云："郟，王城也。"黄模之説出《水經·谷水注》引京相璠之説。山在今河南洛陽市北北邙山。然既云"晉文公既定"，則郟恐非山名。

（4）辨文體之起源。如：

> 吾聞之《大誓故》曰："朕夢協于朕卜，襲于休祥，戎商必克。"
> 今《大誓》有此文，《尚書後辨》以爲僞書。昭七年《左傳》衛史朝曰："筮襲于夢，武王所用也。"即"故"字之意乎？韋注："故，故事也。"然當是書名。《漢書·藝文志》"毛詩故訓傳"今注疏本改"故"爲"詁"。案：古人尊師傅，故謂之"故"。師古注："故者，通其指義也。"晁氏曰："《詩》有《韓故》《魯故》《齊后氏故》《孫氏故》《毛詩故訓傳》，《書》有大、小夏侯《解詁》。"前人爲故之尚如此。此云《大誓故》，則書之有故古矣。

韋昭謂："《大誓》，伐紂之誓。故，故事。"黄模引述他説，揭示在《大誓》本文真僞方面存在的問題。辨析"故"當爲書名，徵引舊説以爲輔證。揭出"故"之爲體由來已久。

（5）辨明語義。如：

> 水虞于是乎禁罝罜麗
> 今本脱"罜"字。"罜"音獨。賈逵曰："罜麗，小罟也。"模案：《晉志·獨鹿篇》曰："獨鹿獨鹿，水深泥濁。"太白《獨漉篇》曰："獨漉水中泥，水濁不見月。"獨漉言其義，獨鹿舉其音，皆是物也。但宋本"罜"字亦因上文"禁罝羅"而誤衍。罝，兔罟，水虞安得禁之？

《國語》公序本和明道本文字稍有不同。《札記》云："《補音》無'罜'字。丕烈案：李善注《西京賦》引有'罜'字，又《荀子·成相篇》楊倞注引亦作'禁罝罜麗'。賈逵曰:'罜麗,小罟也。'韋與賈同。
唐人《舊音》云:'上音獨,下音鹿。'公序乃於正文删'罜',於注文
'罝當爲眔'改云'罝當爲罜'。"① 公序本《國語》無"罜"字,黃模
認爲公序本脱漏。在黃模看來,"罜"字改讀作"獨","罜麗"義同
"獨鹿","獨鹿""獨漉"同,也就是賈逵所釋之義。黃模所問"罝兔
罟,水虞安得禁之"確實值得參考。

此類考辨在《國語補韋》中占較大比重。另如:

> 鼈于何有,而使夫人怒也
> 言何吝于鼈,而用其小也。

(6) 駁正舊説。如:

> 防風氏後至,禹殺而戮之
> 《竹書》:"帝禹八年春,會諸侯于會稽,殺防風氏。"或謂防風
> 是汪芒氏君之名,此"氏"字蓋衍。模案:《竹書》明稱防風氏,
> 又子貢名賜,孔子稱爲賜氏,則氏字非衍也。

黃模所謂"或謂",實《札記》之説,謂《國語》及《史記》"防
風氏"之"氏"字皆衍文。汪遠孫《考異》又引《思玄賦》注引無
"氏"字,對《札記》之説進行補證。黃模引《竹書紀年》以及孔子稱
謂子貢之説,以"氏"字非衍。

(7) 揭明韋注依據。如:

> 隱五刃
> 《管子》"隱"作"偃"。五刃,五兵也。諸説不同,《周禮·

---

① （清）黃丕烈:《校刊明道本韋氏解國語札記》,北京:商務印書館《國學基本叢書》本,
第248頁。

司右》"五兵"注:"弓矢、殳、矛、戈、戟。"《司兵》"五兵"
注:"戈、殳、戟、夷矛、酋矛。"《穀梁傳》注:"矛、戟、鉞、楯、
弓、矢。"《淮南》注:"刀、劍、矛、戟、矢。"韋解依《淮南》。

本條揭示出故訓對"五刃"的記載不同,韋昭解從《淮南》高誘注。
(8)説明協韻。如:

輿人誦之曰:"佞之見佞,果喪其田。"
"佞"與"田"叶,讀爲"年"。《公羊》三十年《經》:"天王
殺其弟年夫。"二《傳》作"佞夫"。

本條辨析協韻。輿人所誦屬於韻文,自然需要協韻。黄模認爲,
"佞"本字與"田"不協,故改讀作"年"以與"田"協韻。江有誥
《先秦韻讀》則謂:"佞之見佞(平聲),果喪其田(徒人反,真部)。"①
(9)辨明句讀。如:

既(句)里丕死禍(句)公隕于韓
從孫執升句讀。案:韋注:"禍,謂貪惏之禍。"則韋氏句讀本
如是。《音義》誤分"禍公隕于韓"爲句也。

本條明確指出依從孫琫句讀。《經義述聞》卷二一也涉及本條,謂:

"里丕死禍,公隕於韓",韋以"里丕死"絶句,注云:"惠公
二年春,殺里克;秋,殺丕鄭。"下文"禍公隕於韓"注云:"禍,
貪忕之禍。秦伐晉,戰於韓,獲惠公以歸,隕其師徒,在魯僖十五
年。"家大人曰:"禍"字或自爲一句,或下屬爲句,皆文不成義,
當以"里丕死禍"爲句,死禍謂死於禍,(里丕死禍,猶《周語》

① (清)江有誥:《先秦韻讀》,《音學十書》之四,本卷第1頁。

言"郤至死難") 即上文所云"喪田不懲，禍亂其興"也。(或謂韋
注"禍，貪忲之禍"五字本在"里丕死禍"之下，後人誤移置於
"公隕於韓"之下，非也。上文"喪田不懲，禍亂其興"，"禍"字
韋氏無注，而此"禍"字獨有注，明是以此"禍"字爲惠公隕於韓
之禍，與上文"禍亂其興"謂里不見殺者不同，故特注以明之也。
且上文"得國而狃，終逢其咎"韋注曰："謂惠公也。狃，忲也。"
此云"禍，貪忲之禍"，則"貪忲"二字明指惠公而言，非指里丕。
然則，"禍，貪忲之禍"五字本在"公隕於韓"之下，非後人移置
明矣。此韋氏之誤，不必曲爲之諱也。)①

王引之的辨析，較黃模之説更爲明晰。唯黃模所謂"音義"不知何
謂，或即"韋注"之别稱歟？

辨析句讀，是黃模辨析語義之外的一個重要内容。此類條目另如：

> 文公學讀書于臼季，三日，曰："吾不能 (韋句) 行也忕 (韋
> 句) 聞則多矣。"

> 忕是近意，當以"吾不能行也 (句) 忕聞則多矣 (句)"，言近
> 來所聞多矣。

本條是通過語義辨析進行句讀辨析，牽涉到"忕"字上屬爲句還是
下屬的問題。黃模的認識和朱亦棟相同。辨已見彼處，此處不贅。

(10) 評析人物。如：

> 畢陽實送州犁于荆

> 畢陽之孫豫讓，見《戰國策》。祖孫皆以義烈著，所謂是以似
> 之者。

---

① (清) 王引之：《經義述聞》，上海：上海古籍出版社 2016 年點校本，第 1224 頁。

本條涉及人物介紹與評價。

可見，《國語補韋》探討涉及多個方面。總體而言，《國語補韋》具有一定的學術價值，在某些條目辨析上進行了有益的探討。不可否認的是，正如周中孚所説，有些條目考辨僅僅徵引他人，絕少斷定。即便有斷定的條目，有些不知所云。如《晉語四》"少溲于豕牢而得文王，不加疾焉"《補韋》云："疾，亦作'病'。韋解'病，痛'似誤。按：疾，速也。言無疾如此，申上文'少溲'。"韋昭此處注文明云"言其易"。黃模却易字爲訓，以韋昭他處注文附會。

（十一）姚鼐《國語》訓詁考校

姚鼐（1732—1815），字姬傳，一字夢谷，世稱惜抱先生，清桐城人。乾隆二十八年（1763）進士，曾官刑部郎中，充《四庫全書》纂修官。選有《古文辭類纂》，著有《惜抱軒全集》[①]。其《國語》研究成果主要見於《國語補注》和《惜抱軒筆記》卷四史部一中。其中《國語補注》共26條，包括《周語》1條，《魯語》6條，《齊語》13條，《晉語》5條，《吳語》1條。今檢《惜抱軒筆記》卷四史部一"《國語》"下包括《周語》4條，《晉語》1條，共5條。二者相加，一共31條。此外，姚鼐還有《辨鄭語》一篇，加在一起共32條。大體包括：釋職官、校異文、辨事理、別去取、明地理、明時令、釋習俗、明語義指向、明衍脱等。今於其辨析《國語》周、魯、齊、晉各語分別撮録一條，並予以疏補，以有益於姚氏《國語》考辨之深入研究與整理。

周語

瞽獻典，史獻書，師箴，瞍賦，矇誦，百工諫，庶人傳語，近臣盡規，親戚補察，瞽史教誨，耆艾修之。

此文再言瞽史，韋注以前瞽爲樂師，後爲太師，前史爲外史，後史爲太史。吾謂此皆兼言太師、太史以下官也。而自矇誦以上，

---

① （清）姚鼐：《惜抱軒全集》，北京：中國書店1991年版。

言當時也；自百工諫以下，言臨事，王有過而諫誨之。（筆記）

［按］張以仁云："韋解'瞽'爲'樂師'，而謂下文'瞽史教誨'之瞽爲'樂太師'。《發正》則引樂太師以訓此樂師，云：'瞽，樂師，謂大師也。《周語下》注：瞽，樂大師。《周禮·大史》鄭注云：瞽即大師。大師，瞽官之長。'然韋訓'史獻書'云：'史，外史也。'訓'瞽史教誨'之史云：'史，太史也。'知韋氏蓄意以別前後二瞽史，而汪氏合而疏之，太悖韋意矣。且一瞽史而前後沓出，於文亦不宜贅疣如此。是以姚姬傳曰：'此文再言瞽史。韋注以前瞽爲樂師，後爲太師，前史爲外史，後史爲太史。吾謂此皆兼言太師、太史以下官也。而自矇誦以上，言常時也。自百工諫以下，言臨事王有過而諫悔之。'（《惜抱軒全集·筆記》卷四）以仁案：姚氏之説，雖頗彌縫韋訓，然猶未得。此文自'使公卿至於列士獻詩'至'而後王斟酌焉'一氣暢然下貫，其間決無可分事言之之跡象，姚氏於不可分處強作解人也。竊謂下文'瞽史'，本是一職，非瞽與史也。韋氏強分，汪氏妄合，姚氏過解，皆由誤爲二職之故。此文除'使公族至於列士獻詩'爲籠統之詞外，其餘列士、瞽、史、師、瞍、矇、百工、庶人、近臣、親戚、耆艾皆同職一事，而百工、庶人、近臣、親戚、耆艾皆結合名詞，不可分拆，是知'瞽史'一詞亦宜然也。此其爲證者一。此瞽史如分爲二職，則與上文瞽、史重出，匪特職司混亂，文亦贅疣矣，此其爲證者二；《周語下》云：'吾非瞽史，焉知天道。'《晉語四》云：'瞽史之紀曰：唐叔之世，將如商數。'又：'瞽史紀曰：嗣續其祖，如穀之滋，必有晉國。'《楚語上》云：'臨事有瞽史之導。'是'瞽''史'連文，合爲一詞，其例多有，此其爲證者三。瞽史所職，知天道，曉未來，其身份甚高，而意見有權威性，故司誨導而主休咎，與瞽之爲樂官、史之爲書吏者迥不相同也。此其爲證者四。《楚語》一例謂：'在輿有旅賁之規，位寧有官師之典，倚几有誦訓之諫，居寢有褻御之箴，臨事有瞽史之導，宴居有師工之誦，史不失書，矇不失誦。'與《周語》文雖參差，而意則大同。而亦'瞽史'與'師工'（韋解：'師，樂師也。工，瞽、矇也。'）、'史'並出，

非巧合也。此其爲證者六。舉此六證，知‘瞽師’非合樂官之‘瞽’與
書吏之‘史’言之也明矣。是則此‘瞽獻曲’之瞽爲‘樂師’，韋解不
誤。‘師箴’之師爲‘太師’‘小師’。‘瞽史教誨’之‘瞽史’則别是
一地位頗高、近乎師保之職。歷來注家皆有所蔽，故詳爲論證之。又此
‘瞽’既是官稱，則不必皆無目也。竹添光鴻云：‘《春官》瞽矇有上瞽、
中瞽、下瞽，《周頌》謂之矇瞍。《周語》曰：瞽告有協風至。《鄭語》
史伯言虞幕能聽協風，以成物樂生者也。然則瞽之掌樂，固世官而宿業，
若虞夏之后夔矣，不必其父子祖孫皆有廢疾也。’其説是也。下瞍矇亦
然。又姚鼐以‘瞽獻曲’爲‘瞽獻典’，云：‘此字仍當從宋公本作典。’
其説純出臆測，且引證亦有錯誤，不可從也。‘瞽獻曲’者，謂瞽爲歌
曲也。《周禮·春官》鄭注：‘凡樂之歌，必使瞽、矇爲焉。’《左·襄十
四年傳》作‘瞽爲詩’，竹添《會箋》訓爲‘瞽爲歌詩’，是知津者
也。”① 其説可參。

魯語

日中考政，與百官之政事，師尹惟旅（句）牧相宣序民事

師尹，庶官之長也。旅，陳也。牧，治民者。相，其副也。言
天子考百官政事之時，庶官之長則惟陳奏其事，牧相則宣達民事於
天子。（補註）

[按] 韋昭只解釋了“宣”“序”二字，其他文字引三君之説與
“一曰”之説爲釋。三君謂“師尹”爲“大夫官”，“一曰”謂師尹爲
“公”，姚鼐則謂師尹爲“庶官之長”。今檢張政烺主編《中國古代職官
大辭典》因《尚書》孔疏釋“師尹”爲：“周朝諸正官合稱，位卑於卿
士。”② 根據三君的理解，“旅”“牧”“相”三者是並列關係，都是名
詞，該句的謂語中心詞是“惟”。按照姚鼐的理解，這是兩個句子，其

① 張以仁：《張以仁先秦史論集》，上海：上海古籍出版社 2010 年版，第 423—424 頁。
② 張政烺主編：《中國古代職官大辭典》，鄭州：河南人民出版社 1990 年版，第 461 頁。

中"師尹惟旅"一句,"牧相宣序民事"一句,"惟"在"師尹惟旅"句中是虛詞,"旅"纔是該句的謂語中心詞。另外,對於"牧"和"相"的解釋,姚鼐和韋昭所引三君之説也不相同。按照姚鼐的理解,"牧"和"相"應該是官長和副手的關係。這就牽涉到本句的標點以及具體理解的問題。

先看標點問題。大約有以下幾種方式:(1)日中考政,與百官之政事,師尹惟旅、牧、相宣序民事(多種《國語》標點本);(2)日中考政,與百官之政事,師尹惟旅,牧、相宣序民事(姚鼐);(3)日中考政,與百官之政事師尹,惟旅牧相,宣序民事(周法高、徐復觀、《漢語大字典》);(4)日中考政,與百官之政事,師尹惟旅牧相,宣序民事(上海中醫學院主編《古文講義》);(5)日中考政,與百官之政事、師尹惟旅、牧、相宣序民事(蕭旭《群書校補》)。

釋義的主要問題有二:(1)"惟(維)",三君以"惟"爲動詞,陳列;王引之《經傳釋詞》以"惟"爲連詞,"與,及"。王引之的釋義是周法高斷句的依據。但是也有釋"惟"爲"與"不斷開的,如王彥坤主編《古代漢語教程》即釋"維"爲"與",斷作"日中考政,與百官之政事,師尹惟旅牧相宣序民事"。(2)王引之認爲"政事"之"政"通"正",謂"百官之"之"之"字與"宣序"之間諸字皆爲職官之義。

今檢全句云:

> 是故天子大采朝日,與三公、九卿祖識地德;日中考政,與百官之政事,師尹維旅、牧、相宣序民事;少采夕月,與大史、司載糾虔天刑;日入監九御,使潔奉禘、郊之粢盛,而後即安。

"天子"是這一段的主語。"大采朝日""日中考政""少采夕月"處於同一語法位置,"與三公……""與百官……""與大史……"處於同一語法位置。前、後二句都是"與+職官+動賓結構"的句式。從對文的角度而言,本句也應如此,則"百官"是通稱,而"政事""師尹""旅""牧""相"是具體職官。這也是王引之解釋的出發點所在,王引之之説是有一定道理的。

齊語

三釁三浴之

韋注：以香塗身曰釁。按《周禮·鬯人》：“大喪之大渳，設斗共其釁鬯……凡王之齋事，共其秬鬯。”註云：“給淬浴。”然則釁浴止是一事，三以秬鬯，使之三浴耳，略如《楚辭》所云“浴蘭湯”“沐芳華”之意。以香塗身見之佛戒，似始於西域，未必中國有之也。（補註）

[按] 汪遠孫云：“‘釁’從分聲，故通作‘熏’也。”有學者據韋注認爲“熏”爲“釁”之引申①。黃刊明道本字作“疊”，注云：“以香塗身曰疊，或爲薰。”張一鯤本、金李本與遞修本同。《説文·釁部》：“釁，血祭也。象祭竈也。”《周禮·春官·大祝》“隋釁”鄭玄注云：“凡血祭口釁。”又《龜人》“上春釁龜”鄭注云：“釁者，殺牲以血之，神之也。”錢大昕《廿二史札記》云：“《周禮》本作釁，疊即釁之省也，薰、釁聲相近。”朱駿聲云：“假借爲熏，又假借爲薰。”《周禮·春官·宗伯·女巫》“女巫掌歲時祓除釁浴”鄭玄注云：“釁浴，謂以香薰草藥沐浴。”孫詒讓云：“蓋讀釁爲薰也。”②《管子·山權數》“一日而釁之以四牛”戴望云：“宋本作疊。”《故訓匯纂》引《文選》陸機《豪士賦》序“一簣之釁”舊校云：“善本釁作疊。”孫詒讓云：“疊即釁之變體。”又云：“疊者，釁之俗。”因“疊”字不見於《説文》，或宋人每好用之，宋刻中多見。汪遠孫引《補音》云：“疊字俗。”③ 姚云韋注誤，然所説亦未爲洽。孫詒讓云：“《齊語》釁、浴對文，韋注訓爲以香塗身，則釁與浴小異。”④《太平御覽》卷九三五引注文字作“菫”，張以

---

① 徐雲震、徐梅編著：《錯別字考辨》，上海：上海人民出版社1998年版，第76頁。
② （清）孫詒讓撰，王文錦等點校：《周禮正義》，北京：中華書局1987年版，第2076頁。
③ （清）汪遠孫：《國語明道本考異》，北京：商務印書館《國學基本叢書》本，第294頁。
④ （清）孫詒讓撰，王文錦等點校：《周禮正義》，北京：中華書局1987年版，第2077頁。

仁以此即賈逵注，云："《御覽》引此無注者名，當是《國語》舊注。汪氏亦收此條，他家皆未收。"① 《説文·堇部》："堇，黏土也。"徐鍇《繫傳》云："今人謂水中泥黏者爲堇。"《玉篇·堇部》："堇，草也。《禮》堇塗，塗有穰草也。"《説文·土部》："墐，涂也。"段注云："墐當爲堇。"王筠云："墐乃堇之分别文。堇本静字，可以用爲動字。"《詩·豳風·七月》"塞向墐户。"《説文·艸部》："菫，草也，根如薺，葉如細柳。蒸食之，甘。"《説文·中部》："熏，火煙上出也。"《説文·艸部》："薰，香草也。"《廣韻·問韻》："薰，薰香。""釁"上古音在曉紐文部，中古在曉紐震韻，"堇"上古在群紐文部，中古在群紐諄韻，"熏"上古、中古皆在曉紐文韻，則"釁""熏"上古同音，"釁""堇"疊韻。就語義上而言，"釁""堇"可通，因"釁"之義本是縫隙，由縫隙到彌縫也叫"釁"，彌縫就是用膠泥或者泥抹上，"塗抹"是其動作表徵，無論是釁鼓還是釁何物，其動作表徵爲塗抹，"堇"爲黏土，是彌縫或者塗抹所用材料裏面黏合力比較好的一種，故"墐户"是以黏土塗抹門縫使之密合無間。從"堇"之字亦多有此語義特徵。而"熏"則無此動作表徵，"熏"的語義表徵是狀態義，即彌漫，是煙氣或者香料的彌漫擴散，和塗抹的動作義不同。故此處韋注"或爲"當作"堇"，非作"熏""薰"，《太平御覽》引"堇"字是。又《敦煌俗字典》所收録"蕫"② 爲"薰"之俗字，與"堇"近似。又孫詒讓引《吕氏春秋·贊能篇》云："管仲至齊竟，桓公被以燧火，釁以犧猳。"云："與《本味篇》説湯被伊尹事略同。"③ 高誘注云："殺牲以血塗之爲釁。"如按照高注，則"釁""浴"本爲二事，而韋注所以釋"香塗"者，以《周禮》"釁浴"故，然《周禮》之"釁浴"實一詞。錢玄先生《三禮辭典》引述《周禮》鄭注、《楚辭》以及相關著述，釋"釁浴"爲"以香草汁沐

---

① 張以仁：《〈國語〉舊注輯校》，見載於氏著《張以仁先秦史論集》，上海：上海古籍出版社2010年版，第246頁。

② 黄徵：《敦煌俗字典》，上海：上海教育出版社2005年版，第469頁。

③ （清）孫詒讓撰，王文錦等點校：《周禮正義》，北京：中華書局1987年版，第2077頁。

浴"①。韋昭釋"釁"爲"以香塗身",姚鼐謂以香塗身未必中國所有。
檢《大智度論·釋淨佛國土品第八十二之下》謂:"或有菩薩以天塗香,
天竺國熱,又以身臭故,以香塗身,供養諸佛及僧。"這和中國本土在重
大活動之前進行沐浴的出發點不盡相同。但是姚鼐揭出此處"釁浴"本
爲一事,恐比韋昭注要更合事情本身。

晉語

囂瘖不可使言

"囂",疑止是語言不分明也,與"瘖"皆是生有是病,註非。
古人詆面柔者爲籩籩,詆體柔者爲戚施,詆不道忠信者爲囂,固皆
比之於有疾耳。(補註)

[按]《説文·㗊部》:"囂,語聲也。"《説文·疒部》:"瘖,不能
言也。"《左傳·僖公二十四年》富辰曰:"口不能道忠信之言爲囂。"韋
昭引《左傳》原文以釋"囂"字之義。但是《左傳》對"囂"字的解
釋屬於語境義,針對狄人而言,恐怕不具備普遍適用性。所以韋昭釋
"囂"字有失偏頗。王引之《經義述聞》則謂"囂"義爲"不能言",
朱駿聲《説文通訓定聲》謂"囂"字本義"亦瘝疾之一,有聲而不能語
者",王、朱之説近似,即"囂"之義爲"不能言"。如此,則"囂"
"瘖"屬於同義並列關係的複合結構。姚鼐所言"語言不分明"雖與二
説不同,但仍然是從表達的角度來解釋"囂"字,是可取的。

姚鼐信奉程朱理學,故其考辨中有著宋學尚疑尚簡的特點,相關條
目之下只是簡要説明理由,並不進行繁瑣考證。其中某些條目的考辨確
實能發前人所未發,對韋注提出補充性意見。有些考辨條目對進一步深
入探討《國語》的撰寫原因具有啟發意義。有些考辨條目則似嫌武斷。
總體而言,姚鼐的《國語》考辨條目雖然有限,但在清代《國語》研究
史上仍具有積極的學術意義,其中某些考辨論説對深入研究《國語》具

---

① 錢玄、錢興奇編:《三禮詞典》,南京:鳳凰出版社 2014 年版,第 1293 頁。

有啟發意義。

（十二）王煦《國語》訓詁考校

王煦（1758—1837），字汾原，號空桐，浙江上虞人。著有《説文五翼》《文選七箋》《小爾雅疏》《春秋外傳國語釋文》《國語補補音》《空桐子詩草》《毛詩古音》《嘉慶續修湘鄉縣志》等，皆傳於世。光緒間《上虞縣志》有傳。

清人書目中很少有著録《國語釋文》與《國語補補音》二書者，唯《上虞縣志》著録。此後范希曾《書目答問補正》予以著録。徐復先生（1912—2006）《國語譯註序》曾提到王煦《國語釋文》一書，是現當代學者中較早注意到王煦《國語》研究成果者。今從事《國語》研究的學者中，俞志慧較早注意到王煦二書的學術價值，並臚列其目。今所見爲觀海樓咸豐戊午（1858）重鐫《國語釋文》，全書依次爲王氏自序、《國語》是非考、《釋文》目録、正文。《國語釋文》正文先列《釋文》卷次，次列《國語》卷次，次列篇名，次則録《國語》正文及注以爲考校，共399條，對《國語》進行語音、訓詁以及異文方面的考辨。《國語釋文》在王煦序後又載《〈國語〉是非考》（附）一篇，對柳宗元《非國語》、江端禮《非非國語》、劉章《非非國語》、虞槃《非非國語》、曾于乾《非非國語》、葉真《是國語》進行了著録，撮録序文或前人之説。最後加按云：“柳子厚以《國語》爲誣淫，未免過當。此五人者，乃左丘氏之干城也。書雖散失，而其人不可不傳，故附志於此。”認爲柳宗元對《國語》的評價失之公允，江端禮等五人駁斥《非國語》之作雖然未能傳世，但是五人的這種精神是值得傳頌的。所評較公允客觀。宋庠認爲《舊音》“簡陋不足名書”，王煦則認爲《舊音》“俚不可訓”。同時，王煦認爲宋庠《國語補音》“迂疏掛扇，尟所發明”，其識可謂偏狹。按照王煦的説法，他直接邁過宋庠、《舊音》，據《經典釋文》而直追《國語》，可見其自視甚高。

今撮舉王煦《國語釋文》數條如下：

1. 玩則無震 ［解］震，懼也。

熙桉："震"即"威"也。《內傳·文六年》："辰嬴賤其子，何震之有?"又成二年："畏君之震。"皆以"震"爲"威"也。《說苑·指武篇》云："兵不可玩，玩則無威。"

2. 昔我先王世后稷（宋庠本脫"王"字）［解］父子相繼曰世，謂棄與不窋。

熙桉：《史記》裴駰《集解》引唐固云："父子相繼曰世。"是韋氏所本。戴氏震曰："世后稷者，世其后稷之官也。"錢氏曾亦以公序本爲譌。

3. 公行下衆 ［解］下衆，不敢誣衆也。禮：國君下卿位，遇衆則式禮之也。

熙桉：《史記》"公行下衆"《集解》云："公之所行，與衆人共議也。"與韋解異。然《列女傳》引是文作"公行下衆"，《韓詩外傳》："子貢曰：禮過三人則下，二人則式。"《說苑·立節篇》亦云然，與韋義合。

4. 王御不參一族 ［解］一族，一父子也，故取姪娣以備三，不參一族之女。

熙桉：姪娣，宋本作"異姓"。惠氏棟曰：《史記》注引同。公序本誤也。

5. 先時九日 ［解］先立春日也。

自今至於初吉 ［解］初吉，二月朔日也。《詩》曰："二月初吉。"

先時五日 ［解］先耕時也。

及期 ［解］期，耕日也。

熙桉：韋氏以先時九日爲先立春日也，繼云"自今至於初吉"，初吉猶言元日元辰耳。此正指立春日言之，觀下文"距今九日"云云，可見韋引《毛詩》以爲二月朔日，似誤。耕藉未有在二月者也。又下文云"先期五日"亦謂先立春五日也，又云"及期"乃立春日也。韋一以爲耕時，一以爲耕日，義亦未曉。又按《月令》鄭

注："郊用上辛耕藉用郊後吉亥。"則自有定期，無庸卜而擇也。

6. 麤穢暴虐(《補音》：麤，七如切)

煦桉：宋庠音"麤"爲七如切，是讀爲"精麤"字也。檢《説文》："塵，鹿行揚土也。"《康熙字典》"塵"字下引《周語》云"塵穢暴虐"，是"麤"當加"土"作"塵"，即"塵"字。今本《周語》作"麤"，乃譌字也。《玉篇》："塵，埃也。雉珍切。"《廣韻》："塵，鹿行揚土也。"《説文》本作"塵"。

7. 《夏書》曰："衆非元后何戴？后非衆，無與守邦。"[解]書，逸《書》。

煦桉：二語見《大禹謨》而韋云"逸書"者，蓋《大禹謨》乃東晉偽古文也。考《漢書》，《古文尚書》出孔子壁中。武帝時，孔安國爲之傳，將獻之，會巫蠱事起，不列於學官。劉向作《別錄》，班固作《藝文志》，俱未之見，其有見引於經典者，諸儒皆謂之"逸書"。

8. 墾田若蓺[解]蓺，猶蒔也。言其稀少猶若蓺物。

煦桉：《説文·丮部》"埶"字注云："穜也。"《艸部》"蓺"字注云："艸木不生也。"《唐韻》"埶"魚祭切，"蓺"姊入切，音義迥殊。據本文，似當從"艸木不生"之義，若訓"蓺"爲"蒔"，其義難通。宋公序既沿韋氏之譌，且又闌入俗字。詳《補補音》。

9. 四軍之帥旅力方剛[解]旅，衆也。

煦桉：《詩·小雅》"旅力方剛"毛傳："旅，衆也。"是韋注所本。揚子《方言》作"膂"，云："力也。宋、魯曰膂。"《周官·考工記·函人》："權其上旅與其下旅。""上旅謂要以上，下旅謂要以下"。人力多在於旅，故曰旅力，亦通作"呂"。《説文》："呂，脊骨也。"昔大嶽爲禹心呂之臣，故封呂侯。《漢書·律曆志》云："呂，膂也。"

10. 夫戰，盡敵爲上，守龢同順義爲上[解]守和同，謂不相與戰而平和也。順義，順王義也。

煦桉：戰與守對文也。戰以盡敵爲上，守以和同順於義理爲上。

11. 畔戰而擅舍鄭君，賊也

煦桉：上文“姦仁爲佻（注謂獲鄭伯而赦之)”，“賊”似當作“佻”。

12. 郤犨見，其語迂［解］迂，迂回，加誣於人。

煦桉：下文云“迂則誣人”，故韋氏望文爲義，以爲加誣於人也。但語之迂者多不近情，嫌與誣人意不屬。因檢賈誼書引此篇“迂”作“訏”。《説文》：“訏，詭訛也。”“詭訛”則與誣人意屬矣。又《後漢書·袁安傳》“竇憲言辭驕訏”注謂發揚人之怒。

舉凡《國語》及韋注中文字、釋義、版本、引書等等，皆爲王煦《國語釋文》關注內容，雖其名爲“釋文”，實溢出《經典釋文》範例不少。其中有些條目師法前人，比如第 1 條，王引之等已經言之，王煦此處所言實未出王引之外。校勘著重版本異文和他書異文，如第 2 條、第 3 條和第 4 條即是。有的條目則是根據上下文語境及注文進行理校，如第 11 條。引述他書故訓以及《國語》佚注，揭示韋注所本，如第 2 條和第 9 條。亦時對韋注進行補充解釋，如第 3 條和第 7 條。辨析文字、探討正譌，如第 6 條、第 8 條。駁正韋注，如第 5 條、第 8 條、第 10 條、第 12 條。尤其第 10 條，通過駁正韋注，分析句讀，言簡約而創見高，可謂“得間”。有些互見之例實際上差別不大。比如第 8 條謂“詳見《補補音》”，今檢王煦《春秋外傳國語補補音》云：“蓺，俗字也。《説文·丮部》‘埶’字注云：‘穜也。’（從丮從坴）又《艸部》‘蓺’字注云：‘艸木不生也。’（從艸從執）本傳‘蓺’字正合《説文》‘艸木不生’之義。韋氏訓‘蒔’固非。公序沿韋氏之譌，以爲‘蓺’即‘藝’字，更誤。”除了不標字音之外，其他探討和《國語釋文》基本相同。

《春秋外傳國語補補音》二卷，版同《國語釋文》。其中《周語》《魯語》《齊語》爲一卷，其他爲一卷，共 63 條。《國語補補音》專爲《國語補音》而作，商討《國語補音》文字、音讀、語義等等。從方法上而言，和《國語釋文》相同，範圍上則比《國語釋文》要窄，有些內容和《國語釋文》相同。今檢其《國語補補音》序云：

余束髮讀《國語》，即讀宋公序《補音》。既愛之，而復感之，何也？愛其動遵《説文》，而又感其時與《説文》盭也。其遵《説文》者，如謂“亹”當作“娓”、“昭”當作“佋”之類是也。其盭《説文》者，如謂“蓺”即“藝”字、“餐”爲“孫”音之類是也。歲甲戌，客游吴門，得黄蕘圃新鐫景宋本，簡端弁宫詹錢竹汀先生敘云：“錢遵王《讀書敏求記》舉《周語》‘昔我先王世后稷’及‘皆免胄而下拜’二事證今本之誤，是固然矣。予於《敏求記》所記之外復得四事：《周語》‘瞽獻曲’注：‘樂曲也。’今本‘曲’作‘典’；‘高位實疾顛’，今本‘顛’作‘僨’；《鄭語》‘依㽥歷華’，今本‘華’作‘莘’；《吴語》‘王孫雒’，今本‘雒’作‘雄’。此皆灼然，知其當從古者。今世盛行宋公序《補音》而於此數事並同。今本則公序所刊正，未免失之牴疏。至如‘荆嬀’之譌爲‘薊嬀’，《補音》初無‘薊’字，是宋公序本未譌。然不得此本，挍書家未敢決‘薊’之必爲‘荆’。余嘗論古本可寶，於此本見之矣。”以上錢氏所指各條，皆挍諸宋本而得之者也。煦則挍諸别書，足證宋本之譌者，復得七事：《周語》“⿱麤土穢暴虐”，《説文》：“⿱麤土，鹿行揚土也。”今作“麤”；“墾田若蓺”，《説文》：“蓺，艸木不生也。”今作“藝”；“郤犨見，其語訏”見賈誼《新書》，今作“迂”；“火無炎燀”見李善《景福殿賦》注，今作“災”；《晉語》黄帝之子一爲茍姓，見《廣韻》，今作“荀”；獻詩者使勿𠑹，《説文》：“𠑹，廱蔽也。讀若瞽。”今作“兜”；以諒趙鞅之故，《毛詩釋文》云：“‘涼’，本亦作‘諒’，佐也。”今作“諄”。此皆灼然知古今本之爲同誤者。因補公序《補音》而並補之，異日質之竹汀先生，或又僂指曰：“共得十三事也。”

道光十六年二月花朝，八十一老人王煦汾原氏識於觀海樓西簃

本序主要表述其研讀《國語》《國語補音》，深然《國語補音》以《説文》爲依據之事。王煦認爲，《國語補音》和今傳公序本《國語》是不匹配的，這種不匹配是公序本後世刻本的問題。關於《國語補音》和

公序本《國語》的關係問題，前曾探討，兹不贅述。① 但《國語補音》
爲宋庠專門著作，而《國語》爲宋庠校訂古籍，二者之間容有異同，當
屬正常。王煦在序文中檢視多條，可補錢曾、錢大昕者，以明道本優於
公序本，前文已經言及。對於《國語補音》疏漏，則少言及。今擇《國
語補補音》八條，以見其大略。

1. 茂正其德而厚其性［補音］茂，莫候切，通作“懋”。

［補補音］按：《爾雅·釋詁》：“茂，勉也。”通作“懋”。《尚
書·皋陶謨》“懋哉懋哉”，《漢書·董仲舒傳》引作“茂哉茂哉”。
又通作“楙”，《漢書·律曆志》：“林鍾助蕤賓，君主種物，使長大
楙盛。”師古曰：“楙，古‘茂’字。”

2. 而自竄於戎翟之間［補音］翟，或作“狄”，音同。

［補補音］按：《説文》：“翟，山雉，尾長者。”“狄，赤狄別
種。”截然二字。惟本書多以“翟”作“狄”。然以假借則可，終當
以“狄”爲正焉，後放此。

3. 荒服者王［解］各以其所貴琊爲摯。［補音］琊，古“寶”
字，後同。摯，音至，或作“贄”。

［補補音］按：《説文》無“琊”字，《玉篇》引《聲類》云：
“琊，古文‘寶’字。”《後漢書·光武紀》：“珍琊萬倍。”“摯”正
“贄”俗。

4. 國人謗王［解］謗，誹也。［補音］誹，芳匪切。《説文》
即音匪。

［補補音］按：許氏訓釋文字，但云“讀若某”，無所謂音也。
兩漢諸儒説經解然。今本《説文》本所附切音乃孫愐《唐韻》耳。

5. 龢寧百姓［補音］龢，篆文“和”字。按：龢、和古今字
通用，非專篆文。

［補補音］按：《説文》：“龢，調也。讀與‘和’同。”（《言

部》云："調，和也。"）《口部》云："和，相應也。""調"與"相
應"自是兩義。曰"讀與'和'同"者，言音同而義異也。《晉
語》"范宣子與䣊大夫爭田"篇，䣊邑之字作"䣊"，和好之字作
"和"，則不得謂古今字也。以"䣊"爲"和"之篆文，亦未見所據
（《説文》"和"作"咊"）。

6. 左右免冑而下　［補音］兵車參乘，御在中央，故左右下也。
冑，兜鍪也。免，脱也。脱冑而下，敬天王也。

［補補音］按：宋本作"左右皆免冑而下拜"，韋注："左，車
左也。右，車右也。言免冑，則不解甲而拜矣。"與此全別。此乃公
序見《内傳》無"拜"字而刪之也。錢氏曾《讀書敏求記》曰：
"介冑之士不拜，秦師反是。"足證韋氏原本自有"拜"字。

7. 膳宰致餐　［解］熟食曰餐。［補音］餐，音孫。

［補補音］按：《説文》"餐"從食夋聲（七安切），吞也。或
體作"湌"，又餐餔也，從夕、食（思魂切）。鄭司農《周官·宰
夫》注："飱，夕食也。"又《詩》"有饛簋"毛傳："飱，孰食。"
是"餐"與"飱"音義迥殊。公序以餐音孫誤也。孫奕《示兒篇》
云："字音之譌，有以'餐'爲'飱'者。"意正指此。又按：宋本
"餐"作"䉰"，則韋原以"䉰"爲孰食，與"飱"義合。皆公序
本傳譌耳。（熟，當作"孰"）

8. 火無灾燀　［解］燀，焱起皃。［補音］焱，必遥切。

［補補音］按：灾，當作"炎"，見李善《景福殿賦》注，《釋
文》詳之矣。"焱"乃是"焱"字。《説文》："焱，火華也。"從三
火，以冉切。而公序本誤作"猋"，從三犬，必遥切。按：《説文》：
"猋，走皃。"音義迥殊。殆《舊音》之譌而公序因之，魯魚豕亥，
斷不可從。

從上面列舉的8條可見，《國語補補音》既然名爲"補"，其一是補
證，其二是補正，其三是補釋。補證者，《補音》不誤，《補補音》引證
典籍，予以補充證明，如第1條、第2條、第3條；補正者，《補音》所

釋未穩，《補補音》糾正之，如第 4 條、第 5 條、第 7 條、第 8 條；補釋，則往往溢出《補音》，通過《補音》注文和韋昭注進行比對，探討《國語》和韋注文本問題，如第 6 條。

總體而言，王煦《國語釋文》和《國語補補音》都涉及《國語》用字正誤、正借、正俗等問題。《國語釋文》主要關注版本異文、引文異文和他書異文的校勘、《國語》版本的優劣、《國語》語義探討、韋注釋義探討等。兩書相加，總共 462 條，其數量多於王懋竑《國語存校》，少於《國語翼解》。但王煦二書在《國語》文獻以及《國語》考校上之價值，要高於陳瑑《國語翼解》。對於王煦《國語》考校的學術價值，還需進一步深入研討。

（十三）沈濤《國語》訓詁考校

沈濤（1792—1861）①，字西雝，號匏廬，浙江嘉興人。嘉慶十五年（1810）舉人，曾任知縣、宣化、大名、正定等地知府、鹽法、糧儲道等職。嘗求學於段玉裁，十七八歲時嘗師從陳詩庭。陳奐稱沈濤爲段玉裁"高弟子"，對其贊許有加。沈濤著有《説文古本考》《十經齋文集》《銅熨斗齋隨筆》《交翠軒筆記》《瑟榭叢談》《金石著録考》《常山貞石志》《論語孔注辨僞》《匏廬詩話》《柴闢亭詩集》《真古文尚書學》《説文札記》等。②

沈濤《交翠軒筆記》卷三探討《國語》三條，分別爲《周語下》"疾債""疾顛"問題、《魯語下》"知也夫"之"夫"是否釋作發語辭的問題、《齊語》汶山韋注錯誤問題。又其《銅熨斗齋隨筆》卷三探討

---

① 此據申暢、陳方平等編《中國目録學家辭典》，該書繫沈濤生卒爲（？ 1786—1850）（鄭州：河南人民出版社 1988 年版，第 212 頁）。檢張壽安《十九世紀傳統經學的知識擴張與典範轉移》注云："沈濤從學段玉裁在嘉慶五年（1800），段玉裁 66 歲，沈濤只有 8 歲。天資卓穎，目爲神童。十四歲獲見於阮元，録爲詁經精舍生，嘉慶十五年舉人，年僅 19 歲。"（景海峰、黎業明編《嶺南思想與明清學術》，上海：上海古籍出版社 2017 年版，第 444 頁）按照張的説法，則沈濤生年當在乾隆五十八年（1793）。又檢鍾哲宇《沈濤生平學術及其著作考述》（《書目季刊》2009 年第 3 期）繫爲 1792—1861，今從鍾説。

② 謝剛主：《談沈濤的著述》，傅璇琮編《書林漫録·初集》，北京：中華書局 1980 年版，第 243—246 頁。鍾哲宇：《沈濤生平學術及其著作考述》，《書目季刊》2009 年第 3 期，第 87—106 頁。

《國語》五條，分別爲：《周語上》"世后稷""墢"、《晉語》"孟""管仲之謚""九京"。總體而言，釋《周語》3 條，《魯語》《齊語》各 1 條，《晉語》3 條，共釋《國語》8 條。《交翠軒筆記》各考辨條目無標題，《銅熨斗齋隨筆》各考辨條目有標題。從其引錄《國語》正文可知，其所據《國語》版本爲明道本。

《周語上》"世后稷"條，謂"后"當作"居"字，引《詩經正義》引鄭注、《列女傳·棄母姜嫄傳》"居稷"爲證，謂："后稷乃國人尊之之號，其所居之官實曰稷，不曰后稷也……則應作'居'不應作'后'，下文'我先王不窋用失其官'注：'失稷官也。''失'字正與'居'字相應。"①

《周語上》"墢"字條，以《呂氏春秋》注引作"王耕一發"且《説文》無"墢"字，推定："賈、韋舊本作'發'不作'墢'。莒公云：'今案《説文》作坺，云一臿土也。'則'發'乃'坺'之假借。"②

《交翠軒筆記》謂《周語下》公序本"疾債"之"債"，明道本作"顛"，引《文選》李善注引《國語》以及《法藏碎金》引《國語》皆作"疾顛"爲證據，謂宋以前本皆作"顛"字。可和臧庸、錢大昕呼應。

《交翠軒筆記》謂《魯語》"公父氏之婦知也夫"之"夫"當讀作"丈夫"之"夫"，引《禮記》"若夫坐如尸"鄭注爲證，並謂："初不以爲發語。韋解'夫'字正與鄭注同。宋庠《國語補音》云：'夫當作扶。'誤。"③

《交翠軒筆記》謂《齊語》"望汶山"韋注"汶山，楚山"誤，引《禹貢》《史記索隱》《水經注》《漢書·地理志》謂《齊語》此處"汶山"當指"岷山"，謂："今此山在四川茂州東南，楚之疆域不應至此。

---

① （清）沈濤：《銅熨斗齋隨筆》，上海：上海古籍出版社輯印《續修四庫全書》第 1158 册，第 632 頁。

② （清）沈濤：《銅熨斗齋隨筆》，上海：上海古籍出版社輯印《續修四庫全書》第 1158 册，第 633 頁。

③ （清）沈濤：《交翠軒筆記》，上海：上海古籍出版社輯印《續修四庫全書》第 1158 册，第 587 頁。

韋氏以爲楚山，蓋誤。"①

《晉語二》"孟"字條，實際上是校《史記索隱》"孟者且也"中的"孟"字。蓋《索隱》引《晉語二》文而訓釋與韋昭不同。校《史記索隱》字當作"盍"，並謂司馬貞引《國語》字作"盍"，是明韋昭之時《國語》即有二本，一本字作"盍"，一本字作"孟"。字作"孟"者釋從韋昭；字作"盍"者釋從《索隱》爲"且"。

《晉語四》"管仲之謚"條，根據《國語》兩處韋注"敬仲，管夷吾之字"和"敬子，管子之謚"解釋不同，對管子名、字、謚號進行了分析，謂："管夷吾字仲，故桓公稱爲仲父，後人因其謚敬，遂稱之爲管敬仲，非字敬仲而謚敬子也。韋注'字'字恐是'謚'字之誤。"②

《晉語八》"九京"條，公序本"九京"韋注"京當爲原"、明道本"九原"韋注"原當爲京"不同，沈濤據《風俗通》引《爾雅》"邱之絶高者爲京，謂非人力所能成，乃天地性自然也"，認爲《晉語八》本處字當作"京"。又引《禮記·檀弓》"從先大夫于九京也"鄭注："京蓋字之誤也，當爲原。"據此，沈濤依從明道本韋昭注改原爲"京"之説，認爲公序本的正文、韋注是"後人據鄭以改韋，遂至京、原互易"。又根據漢碑字形推斷，"京"寫作"原"應該是"隸變之誤"③。

湯璥評價《交翠軒筆記》云："先生之爲是書也，擷六藝之菁，薈百家之指，凡群經諸史、地輿名物、凡將滂喜、時語方言、斗簡瓠編、吉金樂石……莫不月旦其詞，繩糾其舛。"④ 李慈銘謂《交翠軒筆記》"考據經史，最爲精密"⑤。《銅熨斗齋隨筆》是沈濤晚年著作，學者謂：

---

① （清）沈濤：《交翠軒筆記》，上海：上海古籍出版社輯印《續修四庫全書》第1158冊，第587頁。

② （清）沈濤：《銅熨斗齋隨筆》，上海：上海古籍出版社輯印《續修四庫全書》第1158冊，第633頁。

③ （清）沈濤：《銅熨斗齋隨筆》，上海：上海古籍出版社輯印《續修四庫全書》第1158冊，第633頁。

④ （清）湯璥：《交翠軒筆記後序》，上海：上海古籍出版社輯印《續修四庫全書》第1158冊，第607頁。

⑤ （清）李慈銘撰，由雲龍重輯，本社重編：《越縵堂讀書記》，上海：上海書店出版社2000年版，第724頁。

"此書於考訂筆記中，頗見功力，不僅於古籍之文字錯訛、釋義不洽者多所訂正，尤能不爲名家成説所囿，自出新見。"① 觀其考證《國語》八條，可知前人時賢之譽非虛。所考訂八條中，校正訛誤、辨明正借、糾正韋注，多信而有徵。在《國語》版本問題上，信從明道本。尤其難能可貴的是，在詞語的解釋上，能夠注意到詞語注釋的歷時性特徵。故沈濤所探討，有益於《國語》之進一步整理與研究。

（十四）陳琭《國語》訓詁考校

陳琭字聘侯，號恬生，更號小蓮，自號六九學人，陳詩庭（1760—1806）長子。陳琭爲道光二十四年（1844）舉人，精於小學，承敘家學，著有《説文引經考證》《六九齋撰述稿》《説文引經互異説》《説文舉例》《春秋歲星算例》等。今檢《嘉定縣志》卷十九"文學"類下有陳氏傳記，卷二十四著録其《六九齋撰述稿》三卷、《説文引經考證》八卷，卷二十五著録其《國語翼注》六卷，卷二十七著録其《六九齋詩稿》。《國語翼注》下注云："陳琭著。周二卷，魯、齊、晉、吳各一卷。以韋氏爲本，疏通其義，間補其闕，尤詳於訓詁。"② 《清代學人列傳》謂陳琭"年十七而孤""卒年五十九"，則1806年時陳琭十七歲，前十七年爲1790年，則陳琭的生卒年代大體爲1790—1848。

陳琭的著作生前未能刊行。其《國語翼解》初爲十六卷，桂文燦《經學博采録》即云陳琭"未刊之書尚有《國語翼解》十六卷"，中國臺灣"中央研究院"歷史語言研究所藏有《國語翼解》十六卷朱絲蘭抄本一部四册。又劉毓慶、張小敏編著《日本藏先秦兩漢文獻研究漢籍書目》著録有《國語翼解》十六卷，云東京大學文學部中國哲學中國文學研究室藏藤塚氏望漢盧鈔本，小島文庫、學習館圖書館藏清光緒十八年（1892）廣雅書局據傳鈔本刊。廣雅書局本則釐爲六卷。嚴一萍輯印《百部叢書集成》，用十六卷本補六卷本之未備。是《國語翼解》有三個

---

① 司馬朝軍：《續修四庫全書雜家類提要》，北京：商務印書館2013年版，第278頁。
② 《嘉定縣志》卷二十五，本卷第5頁。

版本：原抄本十六卷、廣雅書局本、嚴一萍本。抄本不易見，故嚴一萍本爲傳世最佳之本，關於此本詳細及《國語翼解》諸本之大略，嚴一萍有跋文論及，可參。① 新文豐文化出版公司《新編叢書集成》所收用嚴一萍本，《叢書集成初編》以及上海古籍出版社輯印《續修四庫全書》用廣雅書局本。

對《國語翼解》評價較早的爲徐仁甫，其《陳聘侯〈國語翼解〉跋》云："嘉定陳瑑字聘侯，一字恬生，長於書數之學，故自稱六九學人。有《六九齋撰述稿》《説文引經考證》《春秋歲星算例》《説文舉例》，皆精深閎遠，發前人所未發。又取經傳及近儒惠、戴、錢、段、邵、盧、王、程氏諸家之説，以輔韋昭之所不及，成《國語翼解》六卷。其書多以聲音解釋字義，而不免於穿鑿附會。……余恐學者讀陳氏之書而不知去取，故舉而正之。"② 徐仁甫的這篇文章撰寫於 1949 年 1 月 4 日，是目前所見到的最早對陳氏《國語翼解》進行研究的論撰。袁英光謂："陳氏以《尚書》《爾雅》《説文》《左傳》《考工記》《周書》《史記》《漢書》中的資料，解釋《國語》。以疏通文義，闡明史實見長。可資研究《國語》及先秦史參考。"③ 許嘉璐主編《傳統語言學辭典》則謂："《國語翼解》，注釋書。清陳瑑撰，16 卷。書今傳於世。該書綴集王念孫、王引之、錢大昕、戴震、盧文弨、邵晉涵諸家的説解，而采嘉定王映江的説法最多。臚列之餘，時下案語，辯駁證釋。"④ 余和祥提要云："是書據諸經傳及近儒諸説，考據參證，補韋昭所不及。於《國語》之文句字意，作條辨式考證，而非全書注解，多有精辟之見，能就字義訓詁推廣深入，求其特定義訓。"⑤ 並舉陳氏《周語》"夫兵戢而時動""是故周文公之頌曰""肆于時夏""三女奔之"考校四例説明。這

---

① 見拙撰《〈國語〉歷代序跋題識輯證》，濟南：齊魯書社 2018 年版，第 528—532 頁。
② 徐仁甫：《乾惕居論學文集》，北京：中華書局 2014 年版，第 27—28 頁。
③ 中國歷史大辭典·史學史卷編纂委員會編：《中國歷史大辭典·史學史卷》，上海：上海辭書出版社 1983 年版，第 275 頁。
④ 許嘉璐主編：《傳統語言學辭典》，石家莊：河北教育出版社 1990 年版，第 154 頁。
⑤ 傅璇琮總主編：《續修四庫全書總目提要·史部》，上海：上海古籍出版社 2014 年版，第 83—84 頁。

是今所見有關陳瑑《國語翼解》的所有評介。總體而言，包括三方面内容：一、陳瑑《國語翼解》善於利用經史資料進行輔證；二、引述清代諸儒成説；三、《國語》研究的學術價值不高。

今檢《國語翼解》六卷本，《周語上》爲一卷，《周語中》《周語下》爲一卷，《魯語》爲一卷，《齊語》至《晉語四》爲一卷，《晉語五》至《楚語》爲一卷，《吳語》《越語》爲一卷，並非如《嘉定縣志》所云各爲一卷。從分卷上即可以看出《周語》考辨所占比例之大。嚴一萍本《國語翼解》共605條，其中《周語》158條，《魯語》86條，《齊語》39條，《晉語》178條，《鄭語》19條，《楚語》46條，《吳語》48條，《越語》31條。

《國語翼解》往往撮録《國語》原文以及韋注，次引古書故訓或各家説法，最後加以按斷。大致包括如下内容：

1. 爲韋昭注釋尋找依據

韋昭《國語解》注釋簡明，凡訓詁語義，往往直出訓詁，不事徵引。陳瑑《翼解》往往標出故訓資料，以示韋昭注有所本。如："夫兵戢而時動"解："戢，聚也。"陳瑑即引述《爾雅·釋詁》："戢，聚也。"以示《釋詁》爲韋昭注解所本。

2. 故訓有異説者，引述之並進行去取。仍以"戢"字之釋爲例。在揭示韋注來源之後，即引述《説文》異訓，以明古訓不同。並最終進行去取。如下：

> 夫兵戢而時動
> 解：戢，聚也。
> 《爾雅·釋詁》："戢，聚也。"《説文》："戢，藏兵也。"《詩》曰："載戢干戈。""戢"通作"輯"。《尚書》"輯五瑞"，《史記》作"揖五瑞"，《集解》引馬融云："揖，斂也。"《釋詁》"戢"本與"斂""收"等字同訓"聚"。《説文》："斂，收也。"瑑案："戢"本爲凡聚之義，而許君藏兵之訓，戢專屬兵言，義尤長。《左》隱公四年《傳》云："夫兵猶火也，弗戢將自焚也。"

經過對 "戢" 字語境義的分析，最終認定許慎《説文》訓釋更合本文。實際上變相地對韋昭注進行了糾正。

3. 言明通借

通過研討《國語》文字，連類而探討古書中相應文字的意義和用法。如上例中，不僅探討故訓中 "戢" 字釋義之不同。由 "戢" 連帶考察 "戢" 之借字 "輯"（"揖"）。當然，陳瑑之所以指出這一點，在於引出 "戢" "斂" "收" 三字同訓的結論。此類有音同字通，有音同音近義通等。

4. 結論之後，引述古書用例爲佐證。仍以 "戢" 字之訓爲例。陳瑑經過詳細比較與與語境推求得出《國語》本處 "戢" 字當從《説文》訓作 "藏"，下文接著引述《左傳·隱公四年》的文字作爲佐證。

5. 《國語》韋注兩處而釋義不同者，爲之辨説。如：

> 觀則玩
> 解：玩，黷也。
> 《易·繫辭》"所樂而玩者" 馬融曰："玩，貪也。"《左》昭二十六年《傳》："玩求無度。" 服虔曰："玩，貪也。" 韋氏於《晉語》注云："玩，偷也。" 案 "貪" "偷" 聲相近，"貪" "黷" 義相成，故《内傳》云 "黷貨無厭"。《説文》："玩，弄也。" "忨，貪也。"《春秋傳》曰："忨歲而潵日。" 翫，習猒也。《春秋傳》曰 "翫歲而愒日"，是 "玩" 與 "忨" "翫" 俱通。《文選》注："玩，猶愛也。" 又云："猶愛弄也。" "翫，猶悦也。" 義皆相因。

本句韋昭注 "玩" 爲 "黷"，《晉語》韋注 "玩" 爲 "偷"。陳瑑先引述故訓中 "玩" 有訓 "貪" 之例，然後以 "貪" "偷" 一聲之傳，又謂 "貪" "黷" 義近，這樣展轉論證之後，最終結論認爲韋注 "黷" "偷" 釋語不同，其義則無别。

或以韋昭訓釋方式不同，如：

> 是故祓除其心
>
> 解：祓，猶拂也。
>
> 前"祇祓"解既云："祓除矣。"此云"祓猶拂"者，以聲爲義也。

前者直訓，以義訓之。此處"×猶×"訓釋，以聲訓之。

6. 以韋昭訓釋作爲佐證論證文獻學史公案

韋昭在訓釋史實的時候，往往進行徵引。當韋昭注文和相應文獻内容相同的時候，可以把韋昭注文作爲一種佐證，對相應文獻的産生年代進行探討。如下例：

> 是故周文公之頌曰
>
> 解：文公，周公旦之謚也。《頌》，《時邁》之詩。武王既伐紂，周公爲作此詩，巡守告祭之樂歌也。
>
> 案：《詩序·時邁》："巡守祭告柴望也。"韋不明言《詩序》而説與之合。據此亦可以破鄭漁仲魏黄初四年始行《詩序》之説。

韋昭在本條注釋中涉及《時邁》的撰作時間以及功能，注文中出現"巡守告祭"的字眼。陳瑑認爲韋昭的説法和《詩序》"巡守祭告柴望"之説是相合的，但是韋昭却没有説明本條來源於《詩序》。陳瑑通過這樣的推斷認爲，鄭樵魏黄初四年《詩序》始行的説法是錯誤的。其内在邏輯是，如果黄初四年有了《詩序》，韋昭是應該引據的，但事實是韋昭自爲之注而未能引《詩序》，可見《詩序》晚出。這種推論具有一定的主觀性。

7. 對韋注釋義提出商榷

對韋昭注文不够滿意，提出商榷。如：

> 肆于時夏
>
> 解：于，於也。
>
> 案：此解全依本經毛、鄭爲義。其云"于，於"者，錢詹事

云：于、於兩字義同而音稍異。《尚書》《毛詩》例用"于"字，《論語》例用"於"字，唯引《詩》《書》作"于"。今字母家以"於"屬影母，"于"屬喻母，古音無影、喻之別也。

陳瑑首先指出韋昭注文本於《詩》毛傳、鄭箋。又引述錢大昕的説法，以"于""於"二字義同而音異。所引錢大昕説出錢氏《十駕齋養新録》卷一"于於"條。"今字母家"以下文字，是陳瑑個人的表述。"字母家"者，蓋陳瑑對於音韻學家之稱謂，以其主要探討古聲韻而名之。《續修四庫全書提要》認爲這是陳瑑辨析細密的表現。實際上陳瑑只是引述錢大昕之言而已，辨析細密之功當屬錢大昕。而"字母家"云云者，補證錢大昕"音稍異"之説。當然，至少説明在韋昭注文這一問題上，陳瑑的個人傾向性。而且，從音義相通的角度進行探討，是陳瑑《翼解》慣常使用的方法之一。

8. 補證韋注

韋昭釋義無問題，引古書以明韋昭立義有所本。如：

> 阜其財求
> 解：阜，大也。
> 《書·周官》"阜成兆民"，言大成也。《秦風》"駟驖孔阜"，言馬甚肥大也。《爾雅·釋地》："大陸曰阜。"言陸之大者也。皆以阜爲大。

陳瑑引用《周官》《秦風》《爾雅·釋地》中"阜"字，以明韋昭釋"阜"爲"大"之確當。帶有疏證的意味。

《翼解》中這類條目比較多。比如韋昭釋謚號，《翼解》引述相關材料：

> 厲王説榮夷公
> 解：夷，謚也。

《周書·謚法解》："克殺秉政曰夷，安心好静曰夷。"《左·僖二十二年傳》正義引作"安民好靖"。

韋昭注文指出"夷"爲謚號，陳瑑引《謚法解》以明"夷"字命意，並引《左傳·僖公二十二年》正義，以明《謚法解》存在引文異文。

韋昭釋史實，陳瑑爲補充之。如：

乃以其子代宣王
解：厲之亂，公卿相與和而修政事，號曰共和。
案：《史記》託始，共和以前不書甲子，以上世荒遠難稽也。共和即後世建元之義，則可以共和爲甲子紀元之所自始。

韋昭僅僅揭示出共和的命義，即"相與和"，故名"共和"。陳瑑引述《史記·周本紀》之文以補釋之，並認爲共和當有後世建元之義。

另外，韋昭對葬制的注釋，陳瑑也予以辨析，最爲顯著的用例即晉文公請隧，如下：

請隧焉
解：賈侍中云：隧，王之葬禮。昭謂：隧，六隧也。
《左·僖二十五年傳》云"請隧"，惠徵士云："杜依賈逵，以爲王之葬禮。韋昭曰：隧，六隧之地。見《周禮》。此可備一説。"瑑案：賈、韋之説皆是也。其實韋兼用賈義，即以本經證之。本經云："王勞之以地，辭。請隧焉，王不許，曰：昔我先王之有天下也，規方千里以爲甸服，以供上帝、山川、百神之祀，以備百姓兆民之用，以待不庭不虞之患。其餘以均分公、侯、伯、子、男。"云云。據此，則晉顯係請六隧之地，故王據天子規甸之制以折之。然晉既辭所勞之賜地而不受矣，又何取乎六隧之地？請隧者蓋請六隧之地，開地通路爲天子之葬禮。本經又云："亦唯是死生之服物采章。"是晉請於六隧，開地以爲葬禮，故王又引死生之服物以示之，韋於下注云："采章,采色文章也。死之服,謂六隧之民引王柩輅也。"然則天子之葬禮曰隧者,於六隧之地開地通路,即用六隧之民引王柩輅,非僅掘地及泉隧之謂。韋既據《周禮》以六遂爲隧,未嘗不兼用賈氏葬禮之説。

韋昭引述賈逵注之後,又別爲説。杜預依賈逵爲注,惠棟認爲韋昭注也可備一説。陳瑑則認爲"賈、韋之説皆是",並且通過語境進行論證。

9.《國語》用字,韋昭釋之,而故訓中無有類似解釋,陳瑑找尋與該字音同、義同之字,以明韋昭有所本。如下例:

纂修其緒

解:纂,繼也。緒,事也。

"纂""纘"同音,亦同義。《説文》:"纘,繼也。"《書·仲虺之誥》"纘禹舊服"、《豳風》"載纘武功",皆訓"纘"爲"繼"。《禮·祭統》則云:"纂乃祖服。"《漢書·班固敘傳》:"纂堯之緒。"皆以"纂"爲"纘"。"緒,事"也本《爾雅·釋詁》,《周官·官正》云:"稽其功緒。"

今檢《故訓匯纂》,訓"纂"爲"繼",從韋昭始。陳瑑檢尋與"纂"音義相同之字"纘",引述《説文》訓釋,復引述《仲虺之誥》《豳風》之句以明"纘,繼"之有用例。又引《祭統》《班固敘傳》以明"纂""纘"通用。

10. 陳瑑往往溢出《國語》之外,探討語詞的普遍性問題。如探討該詞的其他語義探討:

讓不貢

解:讓,譴責也。

《説文》:"讓,相責讓也。"《周官》:"掌救萬民之衰惡過失而誅讓之。"《左·僖五年傳》："公使讓之。"杜注："譴責之。"案"讓"以"譴責"爲正義，"卑讓""揖讓"皆字之假借。《漢書》"揖讓之容"作"攘"，則"卑讓"亦當爲"攘"。

在對韋昭注文進行疏證之後，接著指出"讓"的"譴責"義是正解，而"卑讓""揖讓"之"讓"字當爲"攘"，以《漢書》"揖讓"之"讓"作"攘"爲證。這樣的例子比較多見，另如：

吾能弭謗矣
解：弭，止也。
《玉篇》："弭，止也。"《左》襄二十五年《傳》："自今以往，兵其少弭矣。"注："弭，止也。"案：《爾雅·釋詁》："尼，定也。"郭注："尼，止也。"止亦定也。《釋文》："謝羊而反，顧奴啟反，'尼'與'弭'音近，《孟子》'止或尼之'。"

陳氏疏證韋昭注文，以後於韋昭之小學書以及故訓疏證之。接著陳氏蕩開一筆，以《爾雅》、郭注同條中對於"尼"的不同訓釋爲依據，而以"定""止"同義。再如：

命農大夫咸戒農用
解：農大夫，田畯也。
《爾雅·釋言》："畯，農夫也。"郭注："今之嗇夫是也。"案：田畯亦謂之農率，《夏小正》曰："農率均田。"又謂之田舍，《月令》曰："命田舍東郊。"又謂之司嗇，《小雅·甫田》鄭箋："田畯，司嗇，今之嗇夫也。"此經下文又謂之農正。

韋昭以"田畯"釋"農大夫"，陳瑑補充"畯""田畯"的釋義和用例，指出農大夫在古書中有多種異稱。此釋補釋職官。
另外，還有對各種典章制度的補釋。如補充田獵制度：

蒐于農隙

解：春田曰蒐。蒐，擇也。禽獸懷姙未著，搜而取之也。

田獵之在四時者，春蒐、夏苗、秋獮、冬狩，《爾雅》《周禮》《左傳》俱同，惟《公羊》桓四年《傳》云："春曰苗，秋曰蒐，冬曰狩。"何休注："苗，毛也。"明當見物，取未懷姙者。蒐，簡擇幼稺，取其大者。狩，猶獸也，冬時禽獸長大，遭獸可取。不以夏田者，春秋制也。以爲飛鳥未去於巢，走獸未離於穴，恐傷害於幼稺。今韋氏既曰"春田曰蒐"矣，下"獮於既烝"解曰："秋田曰獮。獮，殺也。""狩於畢時"解曰："冬田曰狩，圍守而取之。"是韋於春蒐、秋獮、冬狩之名，與《爾雅》《周禮》《左傳》同，而不言夏田，又與《公羊》同也。《穀梁》則云："春曰田，夏曰苗，秋曰獮，冬曰狩。"是名不同而亦有夏田也。《禮記疏》引何休《說運斗樞曰》"夏不田"，《穀梁》有夏田，其義爲短。杜預《左傳》注云："蒐，索，擇取不孕者。"賈公彥《周禮》疏云："蒐，搜也。春時鳥獸字乳，搜擇取不孕姙者。"皆與韋同義。又《爾雅》："獮，殺也。"《說文》："秋田也。"鄭注《夏官》云："秋田主用罔中殺者多也。"《詩疏》引李巡云："圍，守取之，無所擇也。"鄭注《夏官》云："言守取之，無所擇也。""獮，殺""圍，守"之義，亦韋與諸家不異也。

本條給韋注提供依據，並分析四季狩獵方式以及名稱之不同。

補釋地理名詞。如：

融降于崇山

解：崇，崇高山也。夏居陽城，崇高所近。

《說文新附》："嵩，中岳嵩高山也，從山從高，亦從松。韋昭《國語》注云：古通用崇字。"是大徐所見韋注本有此句，以是推之，則韋義之傳于今者脫落不少也。《後漢·郡國志》："潁川陽城有嵩高山。"注："《禹貢》有外方山，即嵩也。"

此處引《説文新附》和《後漢書·郡國志》進一步補充韋昭注文。同時也揭示出韋昭注有脱佚的情形。這個觀點和董增齡在《國語正義敘》表達的觀念是一致的。即韋昭《國語解》雖然是目前傳世最爲完整的，但具體注文條目仍有佚失情形存在。

11. 從音義相通角度解釋釋詞和被釋詞的關係。如：

帥舊德而守終純固
解：帥，循也。純，專也。
《禮·王制》："命鄉簡不帥，教者以告。"鄭注："帥，循也。"又《漢書·循吏傳》："蕭曹以寬厚清浄爲天下帥。"注："帥，遵也。"遵猶循也，《説文》："蕁，从艸尃聲。"孫恤讀爲"常倫切"，後人遂作"蒓"，是"純""專"一聲。案：古音皆重脣，"純"當爲"職倫切"，音諄，則與"專"近。純專者，以同聲爲義也。

韋昭在本句中注釋了兩個詞。陳瑑揭出"帥"字韋注所本，並進一步指出《漢書》顔注"帥，遵"之"遵"義與"循"通。進而指出"蒓""蕁"異體字，則"純""專"應該爲同音字。然後根據"古無輕脣音"的原理，指出"純"的反切上字當爲"職"。進而指出韋昭"純，專"之訓實際上是聲訓。

12. 對韋注用字進行探討。如：

其有以禦我矣
解：禦，猶距也。
以"距"訓"禦"爲扞拒之義，"距"與"拒"通，《釋名》："距，拒也。"

韋昭此處以"距"釋"禦"。"距"本爲名詞，《説文·足部》："距，雞距也。"但本處"禦"字處在謂語中心詞的位置上，本爲動詞，故陳瑑以韋注此處"距"與"拒"通，並引《釋名》爲依據。

13. 以他書異文校《國語》用字，如：

邵公告日

案：《書·召誥》《詩·召南》皆作"召"，《甘棠》箋云："召伯，姬姓，名奭，食采于召。"《廣韻》："邵，邑名。又姓，出魏郡，周文王子邵公奭之後。"是"邵""召"通用也。《史記·白起傳》："周邵吕望之功。"亦作"邵"，與此經同。又《内傳》"召陵"，《史記》亦日"邵陵"。

陳瑑以《國語》本文字作"邵"而《詩》《書》皆作"召"，故探討之。《國語》版本中實有"邵""召"之異。實際上公序本字作"召"，明道本字作"邵"。類似的例子如：

杜伯射王于鄗

解：鄗，鄗京也。

"鄗"即"鎬"。《後漢·馮衍傳》"西顧豐鎬"注云："文王都豐，武王都鎬。"然《説文·邑部》："豐，周文王所都。""鄗，常山縣，世祖所即位，今爲高邑。"《金部》："鎬，武王所都，在長安。"則"鎬京"之"鎬"當以從金者爲正，文從邑者爲假借也。

《國語》字作"鄗"，《札記》已經揭出《説苑》字作"鎬"。陳瑑此處特别指出作爲地名，"鎬""鄗"同。進而指出二字雖然都指稱地名，但所指地名並不相容，故以"鎬京"之"鎬"爲正，而以"鄗"字爲借字。

另外對於《國語》中的有些人名，陳瑑也引述相關典籍異文進行説明。如：

秦人殺子金子公

解：子金，吕甥。子公，郤芮之字也。

　　呂甥，《内傳》又稱瑕呂飴甥。王尚書曰："瑕呂飴甥字子金。"
飴、貽古通。《周頌》"貽我來牟"，《漢書·劉向傳》引作"飴我
釐麰"。子金者，指所貽而言。猶得臣字子玉，指所得而言也。舉金
玉者，貴之也。郤芮字子公者，芮小也，公大也。《説文》："芮芮，
草生貌。"徐鍇《繫傳》："芮芮，細貌。"潘岳《西征賦》"蕞芮於
城隅年"善注引《説文》云："芮，小貌。""蕞""芮"疊韻，
"蕞"亦訓小，見《左·昭七年》"蕞爾國"杜注。《尸子·廣澤
篇》云："公，大也。"《爾雅·釋詁》疏、《釋名》："公，廣也。"
廣亦大也，田廣明字子公，見《漢書·酷吏傳》。

　　本條引述《左傳》以明人名不同，並引王引之《春秋名字解詁》以
釋得名之義。

　　從上述内容可以看出，陳瑑《國語翼解》大致包括：1. 回護韋注；
2. 以他書異文考辨；3. 很注重運用音義相通的方法；4. 引述清代相應
成果較多；5. "案"字措置具有隨意性。

　　《國語翼解》産生於清代後期，書成之後久未刊行，故影響較小，
至徐元誥始予以徵引，徐元誥一共徵引陳瑑 40 條。至徐仁甫發表文章，
又給予較低的評價，認爲其穿鑿較多。整體而言，《國語翼解》確實如
張舜徽所言，"囿於識小之科，門庭已褊"。但作者既名其書爲"翼解"，
已經在暗示讀者其旨趣所在，不必苛責太過。即便如此，《國語翼解》
對於研討《國語》語義、韋注是非、異文勘校仍然具有一定學術意義。

（十五）汪遠孫《國語》訓詁考校

　　汪遠孫《國語》訓詁考校成果主要體現在其《國語發正》一書中，
《國語發正》爲汪遠孫《國語校注本三種》中最重要的著作。《國語校注
本三種》，清道光二十六年（1846）振綺堂刊本。該刊本高 24 厘米，寬
15 厘米（内版框高 17 厘米，寬 12.2 厘米），半頁十一行，行二十字。
單魚尾，白口，左右雙邊。其中《國語發正》二十一卷，《國語明道本

考異》《國語三君注輯存》各四卷，共二十九卷①。書名由趙之琛
（1781—1852）題簽②，題簽後半面爲牌記，"道光丙午閏五月振綺堂汪
氏刊藏"。全書依次爲陳奐序、《國語三君注輯存》序、《國語校注本》
總目、《國語三君注輯存》四卷、《國語發正》序、《國語發正》二十一
卷、《國語明道本考異》序、《國語明道本考異》四卷，各書之後最末頁
欄外左下角均標有"武林富元熙栞"六字③。此後汪康年輯《振綺堂遺
書》，又把《三種》輯入④。2012 年，宋志英選編《〈國語〉研究文獻輯
刊》，也輯入《三種》，即用振綺堂刻本。辛德勇則謂《國語校注本三
種》傳世多後印本，初印本較罕見⑤。

關於《國語校注本三種》撰述以及刊刻始末，陳奐序文言之較詳。
撮録其文如下：

　　先是，小米喜讀《漢書·地理志》，又留心於《春秋國語》及
陸氏《經典釋文》。聞京都藏書之家有舊鈔本，出重財購得之，欲
作《釋文注》若干卷。余曰："《釋文》無善本，《集韻》之所散
載，猶是不經改之書。對《集韻》校《釋文》，裁得善本。本子已
定，正是非、辨得失，廓清之功偉矣。"于後已《釋文》之學，遂
併心致力於《春秋國語》無厭倦。服韋氏解，歎其簡潔，治慮以
精，瑜瑕不掩，乃節取宏嗣之注，以表揚左邱之傳。韋氏採舊解，
有舊解之佚見於群籍者，捋集之曰《古注輯存》。韋解流刻，皆非

　　① 《國語校注本三種》實爲汪遠孫三種《國語》研究專著的合集，非其中一種《國語》專著
的又名。而杜信孚《同書異名通檢（增訂本）》誤認爲《國語校注本三種》是《國語三君注輯存》
的又名（南京：江蘇人民出版社 1982 年版，第 191 頁）。
　　② 趙之琛，字次閑，號獻父、獻甫，又號寶月山人。清代著名篆刻家和書畫家，曾爲阮元摹
寫鐘鼎款識。
　　③ 張振鐸編《古籍刻工名録》謂富元熙所刻"字近歐體，寫刻典雅"（上海書店出版社 1996
年版，第 250 頁）。
　　④ （清）莫友芝撰，傅增湘訂補：《藏園訂補邵亭知見傳本書目》，北京：中華書局 2009 年
版，第 275 頁。
　　⑤ 辛德勇：《書林剩話》，見載於氏著《未亥齋讀書記》，上海：華東師範大學出版社 2001 年
版，第 3—25 頁。

舊本，據明道本爲主而公序本輔於下，又博取群籍援引者，載記之曰《考異》。韋解雖主乎賈，并參己意，意未申與義不合者，乃申之，乃補之，辯難而駁正之，曰《發正》。都凡前言、懿行、通人、達詁，有可賴以發明，皆録之。余時時貢其疑，小米或韙之。

（遠孫）卒之日，弟亞虞名适孫，陳其兄遺書，請任以校讎之役。余喟然曰："朋友之道義而合，朋友死，書不可不傳於世。"諾亞虞請，既受書而不辭。維時余作《毛詩疏》稿未脫清，亞虞亟趣爲之。朝夕披覽，寒暑無少閒，盤桓於西湖之水北樓。樓後他屬，又優游歲月，信宿於館驛後之觀馴齋。其齋與樓也，皆小米讀書地也。亞虞懸乃兄像於堂壁間，對之如見良友焉。余作句云："君去更無知己友，我留且讀未刊書。"蓋紀其實也。亞虞曰："子之書録稿矣，吾兄之書落成矣。"其將趣而鋟諸版，可乎？亞虞忽得舌强病。余有事於嘉禾，及返，視亞虞病危急，竟目瞑而長逝矣，癸卯十月十八日也。

少洪名邁孫，倩善書法者蔣君芝生，爲伯兄寫《國語》本，以壽諸版。問敘於余，余爲之哭朋友，直書記其事。①

陳奐序文提供了很重要的信息：1. 汪遠孫的《國語》研究是在陳奐的幫助下進行的；2. 汪遠孫《校注本三種》的寫作順序有先後，即先撰《輯存》，次撰《考異》，最後撰成《發正》，並對各書内容、特徵

---

①　對於汪遠孫《國語校注本三種》，錢泰吉《曝書雜記》卷下亦有記載，云："錢唐汪小米舍人遠孫，與余有校史之約，惜其早世，未能成。小米所校《漢書地理志》極精審，與大興徐星伯松《西域傳補注》，衍石兄以刻本畀余，可以並傳。其於《國語》用力尤深，嘗輯賈氏逵、虞氏翻、唐氏固之説，爲《三君注輯存》而以王氏肅、孔氏晁兩家附焉，凡四卷。於韋氏注，則解譌者駮之，義缺者補之，辭意有未昭晰者詳説之。搜輯舊聞，博求通詁，苟可明者，皆收録焉，爲《發正》二十一卷。又以公序本校明道本，凡他書所引之異文，及諸家所辨之異字，亦皆慎擇而采取之，爲《明道本考異》四卷。歲丙申，小米即世，其弟亞虞延陳碩甫於家，爲編定遺草。碩甫亦得自定所撰《毛詩疏》，皆亞虞主之也。癸卯冬，亞虞又没。小米之子曾撰年少好學，歲甲辰亦卒。碩甫感念故交，不負委任，力爲小米編定所著書，閱數年而成。亞虞之弟少洪，乃延吳門蔣芝生爲繕寫授梓。亞虞名适孫，小洪名邁孫，皆與余善。少洪今亦下世，其子曾本於辛亥得鄉舉，汪氏詩書之澤，當未艾也。（汪小米所著書）"（竇水勇校點，瀋陽：遼寧教育出版社1998年版，第79頁）又桂文燦《經學博采録》卷八云："（汪遠孫）孝廉勤於著述，嘗作《陸氏經典釋文補》，體例謹嚴，又爲《國語義疏》，績溪胡竹邨户部嘗稱之，亦必可觀也。"（《續修四庫全書》第179册，第71頁）

進行了精要評述；3. 汪遠孫的書由其弟弟适孫倡議，最終由汪邁孫成其事。《曝書雜記》謂蘇州蔣芝生善楷書，曾爲祁刻《説文系傳》寫楷。

《稿本續修四庫全書總部·史部》著録"《國語》校注本三種二十九卷（振綺堂本）"云："《國語》校注本二十九卷（振綺堂本），著録。清汪遠孫撰。遠孫字小米，浙江錢唐人。是書總名《國語校本三種》，前有長洲陳奐序，内分《三君注輯存》四卷、《發正》二十一卷、《考異》四卷，共二十九卷。其曰'輯存'者，三君謂漢賈逵、吳虞翻、吳唐固也，其實鄭、服、孔晁亦並録入。其曰'發正'者，則以韋注間有瑕瑜，可資考訂，搜輯舊聞，博求通語，苟可明者，皆收入焉；抑有疑者，必備參焉；解謬者駁之，義缺者補之，辭意有未昭晰者後詳説之。爰列三例，依傳作卷，爲《發正》，所以發其疑而正其僞也。曰'考異'者，則以明道本出大字，宋公序《補音》本輔行小字於下，它書所列之異文及諸家所辨之異字亦皆慎擇而采取之。遠孫之於此書，可謂用功勤矣。而奐序猶以其早卒，草創初成，修飾未備云。"① 劉咸炘謂《國語校注本三種》"《發正》廣徵群書，兼采近人之説，詳而不蕪。《考異》專校字。此三書可抵作疏，嚴密勝於繁博也"②。王樹民謂汪遠孫《國語校注本三種》爲清代摘列《國語》及韋解有關文句加以校勘詮釋著作中之"最重要者"③，雖未必合乎事實，但可以看出對汪遠孫《國語發正》的重視程度。

除了《國語校注本三種》本外，《國語發正》還有《續皇清經解》本，在南菁書院刊《皇清經解續編》卷六百二十九至卷六百四十九，長沙王賓、善化劉鐸校字。《續經解》本不收汪氏自序，唯録《發正》全書。

今檢汪遠孫《國語發正序》云："《國語》向稱《外傳》，與《内傳》相爲表裏，綜述義文，説家董出，自漢迄晉，散佚無存。今所玩存者，唯韋氏注而已。注中都採古訓，又并參己意，實事求是，卓而鉅觀。

① 中國科學院圖書館整理：《續修四庫全書總目提要（稿本）》第1册，濟南：齊魯書社1996年版，第398頁。
② 劉咸炘：《推十書（增訂全本）》丁輯，上海：上海科學技術文獻出版社2009年版，第545頁。
③ 王樹民：《曙庵文史雜著》，北京：中華書局1997年版，第356頁。

然學道無窮，而偏漏難掩之，此中得失，閒有瑜瑕，可資考訂，去就需才。遠孫妄不自揣，研慮多年，搜輯舊聞，博求通語，苟可名者，皆收錄焉；抑有疑者，必備參焉。解謬者駁之，義缺者補之，辭意有未昭晰者復詳説之，爰列三例，依傳作卷，爲《發正》二十一卷。所以發其疑而正其似也。未諳左丘之良史，敢稱宏嗣之諍臣。聊具見聞，竊存知解，至於觀得失、定去就，仍俟後賢爲傳作疏者。"對《國語》的研究尤其對韋昭《國語》研究之成就及缺憾進行了評述，並對個人《國語發正》的撰作緣起、主要内容作了大體陳述。"發正"一書之得名，當源於韋昭《國語解敍》"凡所發正"之語。從《國語發正序》可知，汪遠孫對韋昭注的評價是很高的。

《國語發正》廣引舊説，證成己義，共考辨《國語》889 條。下面做一下大致梳理。

1.《國語發正》的基本内容

根據《發正序》，汪遠孫《發正》主要做了三個方面工作，"解謬者駁之，義缺者補之，辭意有未昭晰者復詳説之"，實際上《發正》涉及内容相當廣泛。今細檢尋，《發正》内容大體如下：

（1）補充史料。如以孔疏引《世本》補充穆王世系，並呼應韋昭《國語解敍》"以《世本》考其流"之言；如以《山海經》補充犬戎史跡，以《説文》、《逸周書》孔注補"祭"地史料等。

（2）駁正韋注。所駁斥者大致分爲：①韋昭釋人物錯誤，如韋昭謂《周語上》首章"祭公謀父"之"謀父"爲字，汪遠孫則謂："韋以爲字，非也。祭地不詳所在。"②韋昭注時代錯誤。如《周語上》"及夏后氏之衰也"韋昭注："衰，謂啟子大康廢稷之官，不復務農也。"汪遠孫則謂："遠孫既斷其非父子矣。夏之衰亦不當是大康，蓋謂孔甲時也。"③韋注釋地理錯誤。韋昭注云："密，今安定陰密縣是也，近涇。"汪遠孫云："密、友，二姬姓，在河南。《漢書·地理志·河南郡》'密故國'臣瓚注：'密，姬姓之國，見《世本》。今在河南開封府密縣東七十里，有姞姓者，在安定。'《地理志·安定郡》：陰密，《詩》密人國，亦稱密須。《内傳·昭十五年》'密須之鼓'杜注：'密須，姞姓國，在安定陰

密縣。'《通志·氏族略》:'密須氏,《世本》:商時姞姓之國。涇州靈臺
有密康公墓,今在甘肅平涼府靈臺縣西五十里。'據此,則安定之密姞
姓,非姬姓也。《周語中》云:'密須由伯姞。'伯姞蓋三女中一人,亦
以嬻姓致亡。應劭注《地理志》以河南之密爲姬姓,誤與韋同。《史
記·齊世家》索隱云:'密須,姞姓,在河南密縣東,故密城是也。與
安定姬姓密國別。'亦踵宏嗣之誤。"④韋注釋職官錯誤。如韋昭注:
"列士,上士也。"汪遠孫謂:"《說苑·臣術篇》:'三公者,所以參王事
也。九卿者,所以參三公也。大夫者,所以參九卿也。列士者,所以參
大夫也。列士統上士、中士、下士言之,位有三等,故曰列。'韋專屬上
士,非也。"⑤韋昭釋義錯誤,如《周語上》"玩則無震"韋昭謂:"震,
懼也。"汪遠孫則謂:"震亦威也。對上動則威而言。"

(3)尋繹韋注所本。如《周語上》"肆於時夏"韋昭注云:"夏,
大也。言武王常求美德,故陳其功德。"汪遠孫云:"'夏,大',《周頌》
毛《傳》文。'言武王'以下,皆用鄭《箋》義。"《周語中》"若能有
濟也"韋昭注云:"若猶乃也。濟,成也。"汪遠孫:"《小爾雅·廣言》
云:'若,乃也。'《僞古文》作'其乃有濟'。'濟,成',《釋言》文。"
《周語下》"三襲焉"韋注:"襲,合也。"汪遠孫云:"'襲,合',《小
爾雅·廣言》文。"

(4)訓詁疑義。如《周語上》"阜其財求",韋昭不釋"求"字,
汪遠孫則謂:"求,古'賕'字。賕亦財也。"

(5)補證前人。《周語上》"昔我先王世后稷"韋昭注云:"父子相
繼曰世,謂棄與不窋也。"汪遠孫則謂:"不窋非棄之子,譙周(《史記索
隱》)、孔穎達(《詩》疏)已規其謬。今更列四證以明之。"

(6)引證古書以明古字通用。如《周語上》"邦外侯服"韋昭注云:
"侯服,侯圻也。"汪遠孫云:"圻,《周禮·大司馬》作'畿',古字通
用。"《周語中》"歸乃講聚三代之典禮"汪遠孫云:"講聚,《內傳》作
'講求',《說文》:'逑,斂聚也。'求、逑古通用。"

(7)引證古書以明異稱。如《周語上》"侯、衛賓服",汪遠孫云:
"賓服,《禹貢》作'綏服'。"

（8）補釋韋注。如《周語上》"有三女奔之"韋昭注："三女，同姓也。"汪遠孫云："姓之言'生'也。同姓，猶言同產矣。"

（9）釋文字正借、正俗、古今。《周語上》"三女爲粲"韋昭注："粲，美貌也。"汪遠孫引《說文》"三女爲姦。姦，美也"並云："姦，正字；粲，假借字。"又汪遠孫云："'坺'正字，發、伐假借字，'墢'俗字，字異而義同。"又汪遠孫云："烝、胾古今字。"

（10）釋文字音同義通。如汪遠孫云："'拔'與'茇'同，《說文》'茇'字注：'茇，艸根也。'春艸根枯，引之而發土爲撥，故爲之茇。"

（11）辨音注之非。如汪遠孫云："犧音素何反，《補音》'許宜反'，非也。"

（12）判斷版本是非。如黃刊明道本《周語上》"班三之"韋昭注："班，次也。王耕一墢，一耦之發也，耜廣五寸，二耜爲耦，一耦之發，廣尺深尺。三之，下各三其上也，王一墢，公三，卿九，大夫二十七也。"汪遠孫云："公序本'一墢'下《解》有'一墢，一耜之墢也，王無耦，以一耜耕'十四字，無'王耕'至'深尺'二十五字。案：公序本是也。"

（13）辨析句讀。《周語中》"無亦擇其柔嘉"汪遠孫云："《說文》：'柔嘉，善肉也。'當於'嘉'字逗，疑許所見《外傳》作'腬'。"

（14）釋文字字形相近。如《周語下》"晉侯爽二"韋昭注云："爽，當爲'喪'字之誤也。"汪遠孫云："爽、喪，形、聲、義竝相近。"

（15）揭明韋注訓詁與同時期訓詁相同。如《周語下》"爲晉休戚"韋昭注云："休，喜也。"汪遠孫云："'休，喜'，《廣雅·釋詁》文。"

（16）改讀文字爲釋。《周語下》"淫失其身"汪遠孫云："失，讀爲'佚'。"

（17）指明《國語》用字問題。如《魯語上》"以膏沐犒師"汪遠孫云："其字當作'㸌'，說文無'犒'字。"

（18）揭明韋注引文所在具體篇卷。如《魯語上》"其次用斧鉞"韋昭注云："《書》曰：後至者斬。"汪遠孫云："後至者斬，今文《大誓》文。"

（19）揭明三君注之失。如《晉語四》"惠慈二蔡"韋昭引三君云：
"二蔡，文王子，管叔初亦爲蔡。"汪遠孫云："下文'諷于蔡原'韋注
云：'蔡，蔡公，此即二蔡之一也。'《列女傳》稱《周南·茉莒》詩爲
蔡人之妻作，是文王時先有蔡國矣。三君説'二蔡，文王子'恐非是。"

（20）引證古書釋古人名字有異文。如《晉語五》"得畢陽"汪遠孫
云："《列女傳》作'畢羊'，陽、羊古字通用。"

（21）揭明版本是非。如《晉語八》汪遠孫云："檹正字，摇、縣竝
省借字，明道本作'拱木'，非。"

（22）引證時賢以明制度。尤其引徵項名達之説幾十條，都是關於
天文、曆法、樂律的論述。

2. 《國語發正》的特點

（1）方法多樣

《發正》所用方法大致有：明文字之古今、通假、正俗；徵引史籍；
採擇前人時賢成説；採用對文。

（2）徵引宏富

汪氏振綺堂四代藏書宏富，據説有六萬餘卷，汪遠孫《發正》徵引
了大量的材料，這些材料中，有些非尋常讀書人所有。

另外，汪遠孫交游廣泛，家學淵源，其親屬交游皆爲一時之選。汪
誠之妻是梁履繩（1748—1793）之女[1]，汪遠孫之妻梁端是梁玉繩
（1745—1819）長孫女。而陳樹華則是梁玉繩等人的舅舅。陳樹華的女兒
又是孔廣彬的妻子。黃模兒子黃士珣曾在汪遠孫家坐過館[2]。《國語發

---

① 梁履繩妻爲孔繼汾（1721—1786）之女，孔繼汾幫助其父校訂詩禮堂本《國語》並刊行於世。梁德繩（1771—1847）的丈夫是許宗彥（1768—1818）。許宗彥曾對《國語》明道本與公序本之優劣有很中肯的意見，詳見前文。

② 李榕《民國杭州府志》卷一四六云："黃模字相圃，錢塘人，嘉慶五年拔貢，得詩法於丁敬、沈廷芳、吳穎芳。少與舒紹言、吳錫麒、姚思勤、項朝棻、吳錫麟稱'城西六子'，同賦新年雜詠，徵據賅博，可與南宋雜事詩並傳。生平淡於榮利，親喪後，不復應舉。研精著述，其撰輯經義掌故，皆典核，詩律最細，與錫麒有一時李杜之目。子士珣，字蔣泉，歲貢生，少從諸父執游，多所薰習，工律賦，守唐賢法度，壯客四方，留心當代故實，歸居城北，仿厲鶚《東城雜記》例，爲《北隅掌錄》，勤求文獻。又館汪遠孫家，校《咸淳臨安志》最精覈。又佐吳振棫續輯杭郡詩。時之撰述家欲有所考訂，必待士珣爲揚榷也。（《武林人物新志》，諸可寶撰傳）"言黃模父子事跡較詳，可參。

正》徵引時賢之説有：陳奐(《詩毛氏傳疏》《學詩餘識》)、汪中(《經義知新記》)、董增齡(《國語正義》《規杜繹義》)、王念孫(《讀書雜志》《廣雅疏證》)、王引之(《經義述聞》《經傳釋詞》)、胡承珙(《毛詩後箋》)、洪頤煊、項名達、阮元(《十三經注疏校勘記》)、胡匡衷(《侯國官制考》《儀禮釋官》)、全祖望(《經史問答》)、段玉裁(《説文解字注》《尚書譔異》)、胡渭(《禹貢錐指》)、戴震(《毛鄭詩考正》)、嚴傑、錢大昕(《潛研堂文集》)、邵晉涵、金鶚(《求古禄禮説》)、梁玉繩(《清白士集》《史記志疑》《漢書人表考》)、閻若璩(《四書釋地》)、程瑶田(《通藝録》)、臧琳(《經義雜記》)、梁履繩(《左通補釋》)、汪繼培(《潛夫論箋》)、惠棟(《左傳補注》《九經古義》)、牟房、胡培翬、金榜(《禮箋》)、任大椿(《弁服釋例》)、顧祖禹(《方輿紀要》)、孔廣森(《禮學卮言》)、惠士奇(《禮説》)、顧炎武(《日知録》)、何焯、黃丕烈(《札記》)、許宗彥、陳樹華(《國語考正》)、郝懿行(《山海經箋疏》)、顧廣圻(《韓非子識誤》)、王鳴盛(《尚書後案》)、孔廣森(《大戴禮記補注》)、畢沅(《吕氏春秋注疏》)。乾嘉時期主要《國語》研究者之間的關聯，可以以汪遠孫和其妻梁端爲參照，大致勾勒其間關係如下：

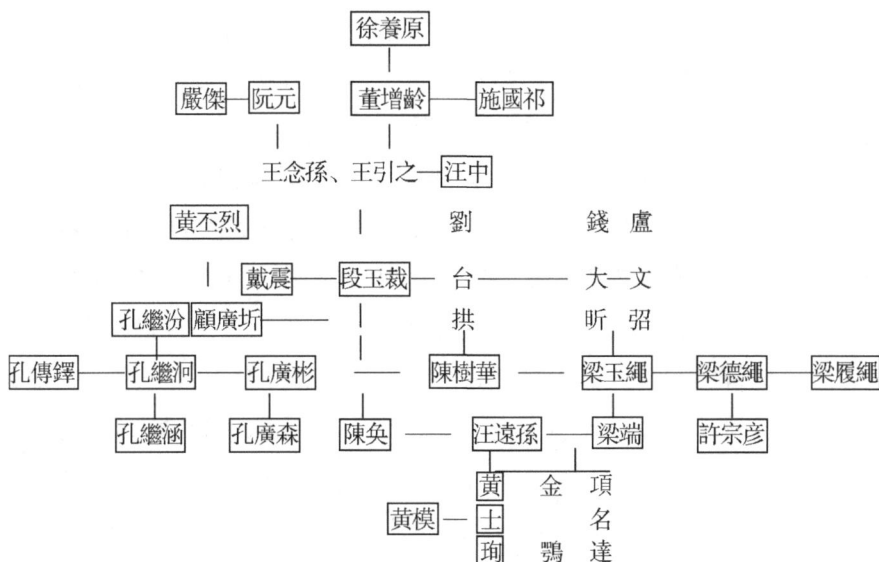

以汪遠孫、梁端夫婦二人爲基點，形成一個比較龐大而複雜的關係
網絡，其中包括同年、朋友、師生、兄弟、翁婿、甥舅、夫妻等等。尤
其在汪遠孫《國語發正》的撰寫與刊刻時期，陳樹華《外傳考正》、董
增齡《國語正義》都是以稿本或抄本形式存在的，汪氏得以參考到，實
屬不易，也可見其搜羅之勤與交游之廣。

（3）影響未廣

如果給清代《國語》研究進行分期的話，大體可以分爲前期、中期
和後期。汪遠孫的研究處於中後期的時間段，而中後期的研究相對薄弱，
僅有陳瑑《國語翼解》、俞樾《群經平議·國語》、陳偉《愚慮録》、譚
澐《國語釋地》等，但是這幾部著作對汪遠孫《國語發正》的研究成果
都没有徵引。直到吳曾祺《國語韋解補正》，纔對汪遠孫《國語發正》
有所徵引。此後徐元誥《國語集解》因其體例，對汪氏成果多有徵引，
引《發正》《考異》共 156 條。

綜上可見，對汪遠孫《國語》訓詁考校的整理與研究，還有很大空間。

（十六）俞樾《國語》訓詁考校

1. 俞樾生平學術

俞樾（1821—1907），字蔭甫，號曲園，浙江德清人。道光三十年進
士，咸豐二年授翰林院編修，咸豐五年任河南學政，咸豐七年被罷職，
自此無意仕途，專心講學著述。繆荃孫《清誥授奉直大夫誥封資政大夫
重宴鹿鳴翰林院編修俞先生行狀》謂：“先生既返初服，乃一意治經，
以高郵王氏爲宗，其大要在正句讀、審字義、通古文假借，由經以反諸
子，皆循此法，冀不背王氏之旨。其《群經平議》則繼王氏《經義述
聞》而作，《諸子平議》則竊附《讀書雜志》之後，《古書疑義舉例》
則小變《經傳釋詞》之例而推衍之。先生之私淑王氏、謹守家法，不苟
如此。”① 章太炎先生《俞先生傳》云：“年三十八，始讀高郵王氏書。

---

① 繆荃孫著，張廷銀、朱玉麒主編：《繆荃孫全集·詩文1》，南京：鳳凰出版社2014年版，
第287頁。

自是説經依王氏律令。五歲，成《群經平議》，以剿《述聞》，又規《雜志》作《諸子平議》，最後作《古書疑義舉例》。治群經，不如《述聞》諦，諸子乃與《雜志》抗衡。及爲《古書疑義舉例》，軸察鰓理，疏綜比昔，牙角纔見，細爲科條，五寸之榘，極巧以玨，盡天下之方，視《經傳釋詞》益恢郭矣！"① 關於俞樾研究之狀況，魏慶彬認爲："1950年以前，學界研究仍多集中於俞樾生平，涉及經學也僅存泛論。"② 1970—1980年，曾昭旭《俞曲園學記》首次對俞樾經學進行系統研究；1980年之後，俞樾經學研究受到較多關注。魏慶彬對俞樾研究進行了階段性劃分和梳理，讀者可參。③

俞樾《國語》研究存於《賓蔭集》《茶香室叢鈔》《茶香室經説》《春秋名字解詁補義》《春在堂隨筆》《古書疑義舉例》《湖樓筆談》《群經平議》《諸子平議》中，主要見於《古書疑義舉例》《群經平議》二書中。

2. 俞樾對《國語》的整體評價

（1）俞樾對《國語》一書得名的意見

俞樾認爲"語"是先秦時期一種固定體裁。其《湖樓筆談》卷二云："《論語正義》云：'此書所載，皆仲尼應荅弟子及時人之辭，故曰語。而在論下者，必經論撰，然後載之，以示非妄謬也。'竊謂荅述曰語，雖本鄭君《周官注》，然《論語》得名，未必以此。《禮記·樂記》曰：'且女獨未聞牧野之語乎？'疑古史記載，自有語名。牧野之語，乃周初史臣記載之書也。左丘明著《國語》，亦因周史之舊名。孔門諸子論撰夫子緒言而名之曰語，固有所仿矣。"④ 近些年公布的簡帛材料和一些學者的研究表明，"語"作爲一種文體，在先秦語言生活以及載籍中充當著很重要的角色。因此，俞樾認爲《論語》也好，《國語》也好，之所以以"語"名之，是因襲舊有的體裁名稱，而非獨得自造。其説頗

① 章太炎：《太炎文録初編》，上海：上海人民出版社2014年版，第217頁。
② 魏慶彬：《〈茶香室經説〉研究》，復旦大學博士學位論文，2017年。
③ 魏慶彬：《〈茶香室經説〉研究》，復旦大學博士學位論文，2017年。
④ （清）俞樾：《俞樾全集》第7册，杭州：浙江古籍出版社2017年點校本，第354頁。

有見地。

　　俞樾《賓萌集》卷三之《釋荆楚》又謂《國語》全書内容云："《國語》者，當時列國紀載之書也。"① 在俞樾看來，《國語》是記載當時列國之事的書籍。俞樾是把周、魯、齊、晉、鄭、楚、吴、越等量齊觀的，之所以如此，恐怕和俞樾對《左傳》《國語》的看法是有關係的。

　　（2）俞樾對《國語》性質以及相關認定

　　《湖樓筆談》卷一云："凡傳所以釋經也。孔子傳《易》，實刱斯體。如《經》曰：'潛龍勿用。'《傳》則釋之曰：'陽在下也。'又曰：'龍德而隱者也。'又曰：'下也。'又曰：'陽氣潛藏。'皆舉經文而申明之，所謂傳也。子夏之傳《喪服》，公羊、穀梁之傳《春秋》，毛公之傳《詩》，皆用斯體。《夏小正》之有傳，亦其類也。獨《左氏傳》則不然，蓋左氏非傳《春秋》也。孔子欲作《春秋》，先聚寶書。及《春秋》成，而寶書皆糟粕矣。所謂得魚忘筌，得兔忘蹄也。然諸書所載，皆本當時國史二百四十年事實，具在於斯，其聚之也既難，其棄之也亦可惜。於是左丘明乃編纂之，潤色之，自成一書，與《春秋》本不相涉。間有舉經文而釋之者，不過竊聞緒論，一知半解，依附聖經以自尊寵。微言大義，非所聞也。所采取不盡者，别爲《外傳》，即今《國語》是矣。《左傳序》正義述《家語·觀周篇》云：孔子將脩《春秋》，與左丘明乘如周，觀書於周史，歸而脩《春秋》之經，丘明爲之傳，其爲表裏可知。左氏當日亦自有蒐羅采輯之功，是故孔子之作《春秋》，探驪而得珠者也；左氏之傳，皆鱗爪也。公、穀之徒，發明經義，譬猶焦明翔乎寥廓也。若左氏者，所謂羅者猶視乎藪澤也。然其文章靡麗，敘述詳明，遂爲史家之鼻祖，雖不附《春秋》，而其書自不可廢。由是相承傳注之外，别有紀傳之體。《史記·平原君傳》徐廣注引《魏公子傳》曰：趙惠文王弟，是戰國記載已有傳之名，而太史公史記遂有列傳矣。故愚謂：《左傳》者，當列之《史記》之前，使成一史，不當厠之《春秋》之後，强

---

① （清）俞樾：《俞樾全集》第 11 册，杭州：浙江古籍出版社 2017 年點校本，第 66 頁。

名一經也。"① 俞樾認爲《左傳》不當厠於經部，而當列入史部。他的主要理由就是經傳 "皆舉經文而申明之"，而《左傳》成書的基礎是孔子當時脩纂《春秋》所依據的寶書材料，故當 "自成一書"。關於俞樾的這一觀點，張舜徽曾經評之云："《春秋》一書，本爲魯史，詳其事者，則《左傳》也。古人稱舊史亦曰傳，故書雅記中凡云 '傳曰' '傳又之'，皆是已。《左傳》非爲釋經而作，自成一書，與《春秋》並行不悖。間有舉經文而釋之者，特取以爲證耳。《朱子語類》卷八十五云：'《左氏》是史學，《公》《穀》是經學。' 昔人早已道及，此公論也。"② 朱熹之論，俞樾復有此論且詳明之。要之，俞樾認爲《左傳》不當在經部而當爲史書，而與《左傳》相表裏之《國語》則亦不當在經部，是可知矣。

當然，這只是俞樾在探討典籍性質時候進行的學術思考。在專書探討的時候，俞樾還是依從傳統的圖書歸類標準，歸《左傳》《國語》於經部，其《群經平議》共平議《周易》《尚書》《周書》《毛詩》《周禮》《儀禮》《大戴禮》《禮記》《公羊傳》《穀梁傳》《左傳》《國語》《論語》《孟子》《爾雅》等十五部經學要籍，他所認爲該歸入史書的《左傳》《國語》也赫然在列。而在探討《續清經解》的時候，俞樾也把《左傳》《國語》的相關研究成果列入。其《春在堂隨筆》卷三云："江浙之開書局也，余曾有續刻《皇清經解》之議。因博訪通人，搜羅衆籍，戴子高望以書目一紙見示，採擷略備。乃當事諸君子，莫有從余意者。余窮老且病，此志終不果矣。而子高所詒書目，猶在篋中，因録於此，竢後之君子……《春秋》則有若龔氏自珍之《春秋決事比》、魏氏源之《春秋公羊古微》、柳氏興宗之《穀梁大義述》、洪氏亮吉之《春秋左傳詁》、梁氏處素之《左通補釋》、臧氏壽恭之《春秋左氏古義》、朱氏右曾之《春秋左氏傳疏》、董氏斯垣之《國語正義》、黃氏模之《國語

① （清）俞樾：《俞樾全集》第7册，杭州：浙江古籍出版社2017年點校本，第336頁。
② 張舜徽：《清人筆記條辨二》，瀋陽：遼寧教育出版社2001年版，第310頁。

補韋》、汪氏遠孫之《國語古注輯存》《國語韋注補正》《國語明道本考異》。"① 從這個目錄排列順序來看，先列《春秋》研究成果，次列《公羊》《穀梁》研究成果，次列《左傳》研究成果，次列《國語》研究成果，和俞樾對《左傳》性質認定的主張倒是可以相呼應。另外，戴子高所擬書目中《國語》的幾部著作，代表了晚清學者對整個清前、中期《國語》研究史的基本認識，系統的《國語》研究著作到清代中期纔產生，而且都集中在浙江，這也是頗值得玩味的事情。

3. 俞樾對《國語》的考辨

俞樾對《國語》具體條目的考辨主要體現在《群經平議》一書中，《春在堂隨筆》《湖樓叢談》《古書疑義舉例》《茶香室經説》也有少數條目涉及。

（1）《古書疑義舉例》對《國語》的考辨

《古書疑義舉例》是俞樾的一部極有創見的著作，寫定于同治七年（1868）。支偉成認爲："《古書疑義舉例》，條理畢貫，視《經傳釋詞》變而愈上，且益恢廓矣。"② 周斌武認爲："《古書疑義舉例》一書，可算是清儒訓詁學著作中一部不可多得的書籍。""俞氏針對閲讀古書時，經常會碰到的有關文字、語法修辭以及校勘和版本各方面的問題，加以臚陳條貫，歸納爲八十八條例證，每一條例證再舉出若干實例，用以參證。這些例證，對於閲讀古籍來説，正可以當作解句析疑的一種犀利工具，足以啓發後學，解除古書古文裏的疑難。"③ 許威漢在文章中提到，唐文治"屢述俞樾《古書疑義舉例》可爲訓釋古文獻之重要參考"，"20 世紀 50 年代，王遽常、郭紹虞、朱東潤、張世禄諸師亦曾謂治漢語言文字，是書不可不讀。"由俞樾開始，開創了古書體例撰寫的新篇章，此後，續補《古書疑義舉例》之作不斷湧現，足以看出俞樾在這一方面的開創性貢獻。本於此，許威漢認爲："《古書疑義舉例》將傳統訓詁學提

---

① （清）俞樾：《俞樾全集》第 19 册，杭州：浙江古籍出版社 2017 年點校本，第 53—55 頁。
② 支偉成：《清代樸學大師列傳》，長沙：嶽麓書社 1998 年版，第 124 頁。
③ 周斌武：《〈古書疑義舉例〉札記》（上），吳文祺主編《中華文史論叢增刊：語言文字研究專輯》，上海：上海古籍出版社 1982 年版，第 246 頁。

高到了新的水準，既具綜合性，又富啟發性，歷史價值與現實價值都很高。時在今日，作爲語言文字工作者，對俞書無疑尤應高度重視和弘揚。這是學術發展的需求，也是學術發展的必然，因爲任何學術不是從零出發的，繼承與創新是有機的統一。"① 王其和也說："《舉例》在中國訓詁學史上占有重要地位，它不僅對傳統訓詁學進行了系統總結，同時又開啟了近現代訓詁學的先聲，成爲訓詁學上的模範名著，直到今天仍然是閱讀先秦兩漢文獻不可或缺的重要訓詁著作。"② 但是對俞樾《古書疑義舉例》所舉諸書例句分析，學者多有不同意見，如徐仁甫即謂："俞氏《古書疑義舉例》七卷，凡八十八例，其所立例，多本前人，故大體皆是。惟其取證，好用己說，則非皆當；甚至有本無定見，或自相矛盾者，亦舉以爲證。斯不免貽誤後生，眩惑來學。"③ 也是首先肯定俞樾《古書疑義舉例》一書的總體價值，同時認爲俞樾用例及分析存在問題。朱啟明、周斌武等有長文探討《舉例》之義例及考辨，徐仁甫先生也有專著涉及《舉例》，可參。近十年來，王其和比較關注俞樾研究，發表論文著作，多有勝義，對俞樾的訓詁成就及其存在的問題多有揭示。以《古書疑義舉例》爲對象的碩博論文就有 10 篇之多，也可以見其影響。

今檢《古書疑義舉例》涉及《國語》的一共有 15 條，如下：

①古人之文，又有没其文於前，而見其義於後者。《書·微子篇》："我祖底遂陳于上，我用沈酗于酒，用亂敗厥德于下。"按："底遂陳于上"蓋以德言。紂所亂敗者，即湯所底遂而陳者也。"德"字見於後而没於前，《枚傳》不達其義，乃曰"致遂其功，陳列于上世"，則上句增出"功"字矣。《國語·晉語》："鄢陵之役，荆壓晉軍，軍吏患之，將謀。范匄自公族趨過之，曰：'夷竈湮井，

① 許威漢：《論晚清一部重要的訓詁學著作——俞樾〈古書疑義舉例〉研析》，《許威漢語文研究文存》，北京：中華書局 2008 年版，第 29 頁。
② 王其和：《俞樾〈古書疑義舉例〉失誤管窺》，《山東師範大學學報》2010 年第 1 期。
③ 徐仁甫：《古書疑義舉例辨正》，四川辭書出版社編《詞典研究叢刊》（6），成都：四川辭書出版社 1985 年版，第 132 頁。

非退而何?’"按:楚壓晉而陣,晉無以爲戰地,軍吏將謀者,蓋謀退也,非畏楚而退,乃欲少退使有戰地耳。然軍勢一動,不可復止,必有潰敗之憂。范匄爲夷竈湮井之計,則不必退而自有戰地,乃不退之退也,故曰"非退而何"。"退"字見於後而没於前,韋注不達其義,乃曰"平塞井竈,示必死,楚必退",則文義不合矣。(文没於前而見於後例)

[按] 周秉鈞主編《古漢語自學手册》、黄典誠主編《訓詁學概論》以及申小龍、宋永培主編《新文化古代漢語》贊同俞樾的意見。孫德謙《古書讀法略例》云:"楚既壓晉爲軍,晉之軍吏,乃謀退楚耳。韋注言楚必退,則將謀者,明明謀退楚矣。統以下文之'非退而何'與'既退荆師於鄢',兩言'退'字,則上之'將謀',其爲謀退楚也,文義不自明乎?"[①] 徐仁甫云:"古語簡質,造成兩可。自退、退楚,説俱能通。俞氏之没前見後、孫氏之統下自明,其實一也。録之以備一説。"[②] 徐仁甫之説較圓通。

②《管子·小匡篇》:"其相曰夷吾,大夫曰甯戚、隰朋、賓胥無、鮑叔牙,用此五子者何功?"按:"五子"當作"四子",淺人見上有五人而改易其數,不知非作書者之意也。此本《國語·齊語》之文。其文曰:"惟能用管夷吾、甯戚、隰朋、賓須無、鮑叔牙之屬而伯功立。"此是齊國史記所載,乃當時公論也。《小匡》一篇,多與《齊語》同,蓋管氏之徒刺取國史以爲家乘,於是更易其文,專美夷吾。明桓公之霸,由其相夷吾,若用此四子,何功之有?下文曰:"則唯有明君在上,察相在下也。"正見齊桓明君,夷吾察相,相得而成,非由此四子也。以《齊語》參校,改易之迹顯然

① 孫德謙:《古書讀法略例》,上海:上海書店出版社1983年版,第98—99頁。
② 徐仁甫:《古書疑義舉例辨正》,四川辭書出版社編《詞典研究叢刊》(6),成都:四川辭書出版社1985年版,第137頁。

矣。（古書傳述亦有異同例）

［按］余嘉錫認爲俞樾之説"真明於古人著作之體矣"①。從本條可知，俞樾認爲《小匡》用《齊語》文字改竄而成。《小匡》《齊語》之間的關係問題牽涉較多，成爲後來學者關注的一個方面。

　　③《國語·魯語》"齊孝公來伐"章曰："昔者成王命我先君周文公及齊先君太公曰：'女股肱周室，以夾輔先王。'"按：曰齊先君太公者，別於魯先君太公也。魯亦自有太公，即伯禽是也。上文"魯饑"章"大懼殄周公、太公之命祀"，周公旦、太公伯禽竝謂魯先君，蓋古始封之祖竝有"太"稱，説詳《群經平議》。此云"齊先君太公"，正古人屬辭之密。《左傳》易其文曰："昔周公、太公股肱周室，以夾輔成王。"則删改原文而失其義矣。又韋昭注"夾輔先王"句曰："先王，武王也。"蓋此本成王之命，故美其夾輔武王之功；《左傳》易之曰"夾輔成王"，抑又失其義矣。轉相傳述，非復元文，雖古書亦不能無此失也。（古書傳述亦有異同例）

［按］本條主要在表述古書行文之謹嚴細密。另外，從俞樾的論述來看，似以《國語》表述更接近《國語》《左傳》原始材料的本來面目，而《左傳》則改換文字，不似舊本。至少，在俞樾看來，《國語》《左傳》皆據舊有材料而成，二者有共同的材料來源，只是《國語》是彙編性質，而《左傳》是個人撰述性質，故《國語》較《左傳》更接近原本。俞樾的這一認識頗具參考價值。

　　④又如規矩字皆實字。《國語·周語》："其母夢神規其臀以墨。"韋注曰："規，畫也。"此"規"字活用也。……經典中如此者不可勝舉。（實字活用例）

---

① 余嘉錫：《目錄學發微　古書通例》，上海：上海古籍出版社2013年版，第225頁。

〔按〕俞樾所謂的"實字活用"實即今所謂之"名詞活用作動詞"。在俞樾看來，"規"本爲名詞，而用在謂語中心詞位置上，韋昭又以動詞義釋之，是"規"字活用。

⑤莊三十一年《公羊傳》："旗獲而過我也。"解詁曰："旗獲，建旗縣所獲得以過我也。"按：此解非是。閔二年《左傳》"佩，哀之旗也"杜注曰："旗，表也。"然則"旗獲而過我"，謂表示其所獲之物而過我也。蓋旌旗之屬，所以表示行列。《國語·晉語》"車無退表"韋注曰："表，旌旗也。"故"旌"與"旗"竝有表義。僖二十四年《左傳》"且旌善人"、哀十六年《傳》"猶將旌君以徇於國"杜注竝曰："旌，表也。"旗之爲表，猶旌之爲表也。旌、旗皆實字而用作表示之義，則實字而活用矣。解者不達此例，乃以爲"縣所獲於旗"，豈旌君以徇於國，亦將縣之於旌乎？（實字活用例）

〔按〕段玉裁把這種現象概括爲"體用同稱"，《説文·木部》"梳"下段注云："器曰梳，用之理髮亦曰梳。凡字之體用同稱如此。"① 俞樾此處解釋的韋昭注、杜預注的這種注法，實際上就是對語詞本身體用同詞的一種注法。旌旗是器具本身，同時又是一種體現形式。

⑥《國語·晉語》："若無天乎？云若有天，吾必勝之。"王氏念孫曰："'云'字當在'若'字下，'若無天乎'爲一句。'若云有天'爲一句。"今按：王説是矣，而未盡也。古本蓋止作"若無天乎？若云天，吾必勝之"。云即有也。《廣雅·釋詁》曰："云，有也。"文二年《公羊傳》曰："大旱之日短而云災，故以災書。此不雨之日長而無災，故以異書也。""云災""無災"相對爲文，云災即有災也。此以"無天""云天"相對爲文，正與彼同。"云""有"二字同義而誤衍，傳寫又誤倒之耳。（兩字義同而衍例）

---

① （清）段玉裁：《説文解字注》，上海：上海古籍出版社 1981 年影經韻樓本，第 258 頁。

［按］對《國語》"若無天乎"一句，王其和認爲王念孫的意見是對的，進一步指出雖然"云"可訓爲"有"，但"云"也可作句子助詞，因此"若云有天"之"云"應該是助詞，湊足音節而已①。

　　⑦《國語·晉語》："不可以封國。"按："國"字衍文。《楚語》曰："其生不殖，不可以封。"韋注曰："封，國也。"此作"不可以封國"者，蓋由別本作"國"，後人旁記于此而誤屬入也。（以旁記字入正文例）

［按］向熹主編《古代漢語知識辭典》即以此作爲古書衍文原因之一。董立章接受了俞樾的意見，其《國語譯註辨析》以"國"爲衍文。

　　⑧《國語·晉語》："吾觀晉公子，賢人也。其從者，皆國相也。以相一人，必得晉國。"按：僖二十三年《左傳》曰："吾觀晉公子之從者，皆足以相國；若以相，夫子必反其國。"疑此文"一人"二字乃"夫"字之誤。"以相"絶句，即《左傳》所謂"若以相"也。"夫必得晉國"絶句，即《左傳》所謂"夫子必反其國"也。"夫"者指目其人之辭，説詳襄二十三年《左傳正義》。今誤作"一人"二字，義不可通矣。（一字誤爲二字例）

［按］俞樾此説，爲許威漢《訓詁學》、程千帆《校讎廣義·校勘編》、任學良《句讀學論稿》所引述。"以相一人，必得晉國"，阜陽漢簡"説"類殘簡"晉公子亡之曹無禮"章作"若以相夫子必反晉"，與《左傳》近同。學者謂"可證俞氏之卓識"②。鄙意以爲，《國語》本文既通，不必從《左傳》改字。

---

① 王其和：《俞樾〈古書疑義舉例〉失誤管窺》，《山東師範大學學報》2010 年第 1 期。
② 鄭邦宏：《出土文獻與古書形近訛誤字校訂》，上海：中西書局 2019 年版，第 42 頁。

⑨《禮記·檀弓篇》："從母之夫，舅之妻，二夫人相爲服。"按："夫"字衍文也，"二人"兩字誤合爲"夫"字，學者旁識"二人"兩字以正其誤，而傳寫誤合之，遂成"二夫人"矣。《國語》"夫"字誤分爲"一人"二字，《檀弓》"二人"字誤合爲"夫"字。甚矣古書之難讀也。（二字誤爲一字例）

⑩文九年《公羊傳》："非王者則曷爲謂之王者？王者無求。"按："王者"字不當疊。上文言"王者無求"，故此發問，言"非王者曷爲謂之王者無求"。今疊"王者"字則無義矣。《國語·晉語》："夫利君之富，富以聚黨，利黨以危君。"按："富"字不當疊，"利"與"賴"古字通。此言"賴君之富以聚徒黨，又賴徒黨以危君也。"今疊"富"字，義反隔矣。……凡此皆兩句相連而誤疊者也。（字以兩句相連而誤疊例）

［按］俞樾認爲《公羊傳》之"王者"是衍文，原句當作"非王者則曷爲謂之王者無求"。其《群經平議》中亦主此説。另外，俞樾認爲《晉語》"富"字也不當重複。"利""賴"相通之理，俞樾《諸子平議》也曾言之。

⑪《國語·周語》："是日也，瞽帥音官以省風土，廩於藉東南，鍾而藏之，而時布之於農。"按：是日者耕藉之日也，甫耕未及斂也，何遽及此。且王所藉田以奉盛盛，何以布之於農乎？疑"廩於藉東南鍾而藏之而時布之"十三字當在下文"耰穫亦如之"之下、"民用莫不震動恪恭於農"之上，"於農"二字即涉下文而衍。幸衍此二字，爛脱之迹尚未盡泯，可以校正。今移至下文曰："耰穫亦如之。廩於藉東南，鍾而藏之，而時布之，民用莫不震動，恪恭於農。"如此，則文義自順矣。（簡策錯亂例）

［按］本條是根據衍文校錯簡。俞樾《群經平議》亦主此説。張以仁《國語集證》贊成俞樾的説法，並根據賈逵注認爲《國語》此句"錯

亂也久矣"①。但張以仁《國語札記》又有不同説法，謂："御廩神倉，似不應於籍田時始營建。且此時始耕，何來收成，以供鍾聚？是以俞樾《平議》以爲此文當出於下文‘耕耨亦如之’句下，錯簡於此也。今案，此蓋就始耕播種言之，或係存放五穀種子所在，故臨時營於東南生長之處，祈福於神，下文所謂‘時布之于農’者，五穀之種，播植之時不齊，依時布之於農也。如此，韋解固有未妥，俞校亦自不當。"② 可見，俞樾此説仍有探討餘地。

⑫其，古文作"亓"。《周易·襍卦傳》："噬嗑，食也。賁，其色也。"蓋以食、色相對成文，加"其"字以足句也。其從古文作"亓"，學者不識，遂改作"无"字，雖曲爲之説而不可通矣。《周書·文政篇》："基有危傾。""基"字叚"其"爲之，蓋古字通用。《詩·昊天有成命篇》："夙夜基命宥密。"《禮記·孔子閒居篇》作"夙夜其命宥密"，是其證也。因"其"字從古文作"亓"，學者不識，改作"示"字，"示有危傾"義不可通矣。《國語·吳語》："伯父多歷年以没其身。"語意甚明，因"其"字從古文作"亓"，學者不識，改作"元"字，"以没元身"義不可通矣。（不識古字而誤改例）

[按] 本條是在古文字的基礎上進行校勘。按照俞樾的邏輯推斷，"其"的古文字是"亓"，"亓"和"元"字形近。《吳語》本作"多歷年以没其身"，因古文而作"以没亓身"，後人不識古文而誤"亓"作"元"，是以今傳《國語》作"元身"是錯誤的。曹建國、張玖青注説《國語》注釋採用俞樾之説。今檢"元身"一語也見於漢代，1980 年冬山東棗莊台兒莊區張山子公社發現熹平三年殘碑上就有"［不］幸早殁，

---

① 張以仁：《張以仁先秦史論集》，上海：上海古籍出版社 2010 年版，第 462 頁。
② 張以仁：《張以仁語文學論集》，上海：上海古籍出版社 2012 年版，第 258 頁。

喪失元身”的説法①。就《國語·吳語》本文而言，雖然周天子對著吳國使者王孫苟説話，但其對話對象實如吳王夫差親臨。此時吳國已經取得霸主地位，王孫苟向周天子匯報，周天子當然要對吳王示好，故“多歷史年以没元身”實際上帶有祝福之義，故“元”字似並不誤。俞樾從古文的角度探討通例没有問題，但在分析具體例證的時候似乎要考慮到語境。今檢王倩倩《俞樾訓詁特色探究》云：“黄池盟會後，吳王夫差命令王孫苟向周天子報功，周天子嘉勉了吳王夫差的功績，並作出了‘多歷年以没元身’的祝願和‘秉德已侈大哉’的評價。韋昭釋‘元’義爲善，‘元身’就是美德之身，‘多歷年以没善身’即是祝願夫差健康長壽。俞樾則指出‘元身’並非先秦常語，且‘没身’一詞在先秦秦漢時期較爲常見，指終身，如《老子》：‘没身不殆。’於是他從‘元’字字形入手，推測‘元’可能是‘亓’的形訛，‘其’用以指代吳王。‘多歷年以没其身’，亦是祝願夫差長壽之意。雖然俞樾的推測並没有確鑿的證據可以證明，但却也有一定的啟示作用。一是‘其’在秦漢時期確有寫作‘亓’形的，如馬王堆帛書《春秋事語》《縱横家書》《老子甲》中的‘其’均有作‘亓’形之例，且‘亓’與‘元’二字字形確實極近，存在形近致訛的可能性。再者‘元身’的用法僅見於此，而‘没身’用例頗多，後世亦多有沿用，所以俞樾從質疑‘孤例’的角度提出‘元’字本當作‘亓’的推斷很具參考價值。”② 王倩倩同樣指出了《吳語》原文的合理性，又從一般規則的角度指出俞樾這條通例的可參考性。

⑬君，古文作“𠈌”。《國語·晉語》：“楚成王以君禮享之。”謂以國君之禮享之。下文“秦穆公饗公子如饗國君之禮”正與此同。因“君”字從古文作“𠈌”，學者不識，改爲“周”字。《管子·白心篇》：“知苟適可爲天下君。”猶下文言“可以爲天下王”

---

① 陸錫興：《熹平三年殘碑補釋》，《文物》1985 年第 3 期。
② 王倩倩：《俞樾訓詁特色探究》，復旦大學博士學位論文，2017 年。

也。因"君"字作"冏"，學者不識，亦改爲"周"字。（不識古字而誤改例）

[按] 其實不必從秦穆公饗重耳之禮來看，本句下文即有證據。楚成王饗禮，重耳欲辭，子犯云："亡人而國薦之，非敵而君設之，非天，誰啟之心？"從子犯的回答就可以看出，楚成王之饗重耳是用招待國君的禮節。陳戍國認爲："所謂'以周禮享之'，可見周天子招待諸侯用九獻、庭實旅百之禮。'國薦之''君設之'，亦即此意。春秋時期猶存此禮。但楚成王用此禮，則屬僭越。"① 又謂："楊伯峻先生以《晉語四》證明'九獻，庭實旅百'爲國君相饗燕之禮。竊謂《晉語》明言此禮爲周禮，其在春秋則必爲周禮之演變無疑。《周禮·大行人》把'饗禮九獻'説爲王室招待上公之禮，應有根據。其在春秋則確爲國君相饗燕之禮。又楊先生根據俞樾之説改'周禮'作'君禮'，沒有説別的理由，恐未必是。其實'周'字未必錯，不必改。而子犯語'國薦之''君設之'，倒是'九獻，庭實旅百'爲春秋諸侯相饗之禮的有力證據。"② 陳戍國這個意見值得參考。

⑭《國語·周語》："叔父若能光裕大德，更姓改物，以創制天下，自顯庸也。"按："創""制"二字同義。《論語·憲問篇》釋文曰："創，制也。""顯""庸"二字亦同義。"庸"讀爲"融"。下文"榖洛鬬"章"顯融昭明"，彼作"顯融"，此作"顯庸"，一也。《鄭語》"命之曰祝融"章注："融，明也。"然則"顯融"二字止是一義，"顯融昭明"四字亦止是一義。又曰："制戎以果毅，制朝以序成。"按："果毅"二字一義，"序成"二字亦一義。序，次也。成，亦次也。言制朝廷之位，則以次序也。《儀禮·覲禮篇》鄭注曰："成猶重也。"凡相重者即有相次之義，故成爲重，亦爲

① 陳戍國：《中國禮制史（先秦卷）》，長沙：湖南教育出版社1991年版，第289—290頁。
② 陳戍國：《中國禮制史（先秦卷）》，長沙：湖南教育出版社1991年版，第325頁。

次；猶序爲次，亦爲重。《史記·趙世家》正義曰："序，重也。"
足證其義之通矣。又曰："棄衮冕而南冠以出，不亦簡彝乎?"按:
"簡彝"二字同義。《爾雅·釋詁》："夷，易也。""彝"與"夷"
古字通，簡彝即簡易也。又曰："若能類善物以混厚民人者。"按:
"混厚"二字同義，混亦厚也。《說文·心部》："惲，重厚也。"今
"惲厚"字皆以"渾"爲之，而"混"與"渾"又通用，故混厚即
渾厚矣。又曰："四閒林鍾，和展百事，俾莫不任肅純恪也。"按:
"和展"二字同義。展，布也。和展，猶和布也。《周官·太宰之
職》："正月之吉，始和布治于邦國都鄙。""和"讀爲"宣"，和布
者，宣布也。說本王氏引之。然則和展亦猶宣布也。以上諸條，並
二字同義，而韋注皆失其解。(兩字一義而誤解例)

[按] 本條主要揭示《國語》中同義並列現象。按照俞樾的理解，
《國語》"創制""顯庸""果毅""序成""簡彝""混厚""序成""和
展"皆二字同義並列現象。現逐條説明。董立章不同意"創制"同義之
説，謂："創制，創立法度。俞樾《古書疑義舉例》誤釋爲同義詞連
用。"① 實際上此處以俞樾所説爲是。"創制天下"中，"天下"是"創
制"的賓語，則"創制"二字當爲謂語動詞。若如董氏所解，則"制"
爲名詞，"天下"作補語表處所，與本文語境不合。俞樾以"庸""融"
二字通，故以此處"顯庸"爲"顯融"。韋昭釋"庸"爲"用"，董立
章謂"顯庸"爲"公開採用"。蕭旭認爲俞樾的説法是對的。筆者認爲，
此處"顯庸"二字即《周語中》首篇"明賢""庸勳"二事，"顯明賢
能""庸功勳勞"。從周襄王的意思出發，晉文公請隧而襄王不與。請，
是認爲自己有這樣的資格與條件；襄王不與，則是襄王不能"明賢"
"庸勳"。所以襄王纔假設晉文可以自己創制天下，自己明己之賢而庸己
之勳。"庸"字不必改讀爲釋。韋昭以"殺敵爲果，致果爲毅"釋"果
毅"，"殺敵爲果，致果爲毅"出《左傳·宣公二年》。俞樾《群經平

---

① 董立章:《國語譯注辨析》，廣州:暨南大學出版社1993年版，第54頁。

議》也探討了"序成",比《舉例》討論細緻。蕭旭謂:"成,終也。俞樾拘于'序成''果毅'對文,謂'成亦次也',失之。且俞氏所舉例證,亦無直接證據證明'成'可訓'次序'。"① 蕭旭之説可從。石光瑛和俞樾觀點相同,以"簡彝"爲"簡易"。但日本《國語考》則認爲"簡"訓作動詞"簡棄",高木熊三郎訓"簡"作"簡忽",董立章、戎輝兵也訓作"簡棄",與《國語考》同。即"簡彝"爲動賓關係,而非並列關係。俞樾以"混厚"二字同義連文,至當。韋昭釋"展"爲"審",郭丹則釋云:"和展百事:宣布各種事物。和,宣。展,布。"②和俞樾所論相同。

⑮《國語·楚語》:"吾聞君子唯獨居思念前世之崇替。"按:"崇""替"二字對文。韋注曰:"崇,終也。替,廢也。"是未達"崇"字之義。《文選·東京賦》薛綜注曰:"崇猶興也。"然則崇替猶言興廢。(兩字對文而誤解)

[按] 俞樾這一條爲多位學者所引述,以爲對文見義之確證。吳鴻逵《"對文"新論》對"對文"的産生、概念的産生以及在清代的發展進行了比較周密的梳理。吳氏認爲俞樾所謂的對文比之高郵王氏等前賢,則"與衆不同,別樹一幟,這表現在他單提'對文',並把'對文'明確解釋爲反義詞的相對成文",吳氏進而認爲:"俞樾的觀點有承先啓後的重大作用。承先,是就形式上説,是位置對應,結構相同的兩個部分。比如説'曲直''從革'都是並列詞組;啓後,是就形成對文的詞義來説,它們互爲反義詞,例如上述'崇替'即是。"③ 徐元誥和傅庚生都認同俞樾的觀點,采以爲説。吳曾祺説法與俞樾之説相同。蕭旭贊成俞樾、

① 蕭旭:《群書校補》,揚州:廣陵書社 2011 年版,第 88 頁。
② 郭丹主編:《先秦兩漢文論全編》,上海:上海遠東出版社 2012 年版,第 51 頁。
③ 吳鴻逵:《"對文"新論》,見載於氏著《語文學論叢》,成都:電子科技大學出版社 1994年版,第 26 頁。

吳曾祺之説①。很多學者以此作爲韋昭注非、俞樾考辨精微的例證。還有的學者把是否採納俞樾這一説法作爲辭書義項是否更新的例證②。但高振鐸認爲："在《楚語下》的具體語言環境中，還是韋昭注'崇，終也'爲對。這是因爲把'崇替'解爲'終廢'，也即滅亡之意，纔與'殯喪'同是令人悲傷的，所以'於是有歟，其餘則否'。如果把'崇替'講成'興廢'，那麼不僅與'殯喪'不諧，而且人們對'興廢'應該是既高興又悲哀，便不可能只是'歟'了。可見把'崇'注爲'興''存'都是不合適的。當然，'崇業'的'崇'應是尊敬、推重之意。在修訂本《辭源》中'崇'字9個義項中，也沒有'興'這一項，相反却把'崇替'列爲詞目，釋爲'滅亡'，並引《楚語下》中的這句話，還是根據韋解釋'崇替'爲滅亡的。"③ 今檢王力《字史》謂："唐朝以前，只有'隆替''陵替'一類的説法。'隆'是'興隆'，'替'是'衰微'，'隆替'等於説'盛衰'，亦可説成'崇替'。"④ 王力先生的説法倒可以爲韋注之合理性與高振鐸之辨提供佐證。而蕭旭則認爲："高振鐸申韋注，失之。"⑤

從上面十五條來看，俞樾共發現《國語》文例十一種，分別是：文没於前而見於後例、古書傳述亦有異同例、實字活用例、兩字義同而衍例、以旁記字入正文例、一字誤爲二字例、字以兩句相連而誤疊例、簡策錯亂例、不識古字而誤改例、兩字一義而誤解例、兩字對文而誤解。這對我們進一步認識和理解《國語》具體語詞文句具有很重要的意義。

---

① 蕭旭：《群書校補》，揚州：廣陵書社 2011 年版，第 196 頁。

② 例如陳增傑在其《〈中文大辭典〉的優點和問題》（《辭書研究》1982 年第 1 期）一文中就指出，"崇替"詞條，諸橋轍次編的《大漢和辭典》取韋注爲義，而《中文大辭典》則據俞樾《古書疑義舉例》考辨釋爲"興廢"。以此作爲《中文大辭典》"利用前人在語言文字方面的研究成果，訂正了舊辭書的一些謬誤"的例證。另外，關於"替"字，吳汝綸在其《尚書故》中提出一個新説法，認爲"崇替"之"替"當訓作"偏下"（見吳汝綸《尚書故》，上海：中西書局 2014 年版，第 210—211 頁）。

③ 高振鐸：《如何借鑒韋昭〈國語解〉——爲古籍作注應注意的問題》，見全國首屆古籍注釋改革研討會、靳極蒼編《古籍注釋改革研究文集》，太原：山西人民出版社 1989 年版，第 44—45 頁。

④ 王力：《字史》，見載於王力《王力語文散論》，北京：商務印書館 2002 年版，第 198 頁。

⑤ 蕭旭：《群書校補》，揚州：廣陵書社 2011 年版，第 196 頁。

當然，具體專書句子分析，學者多有不同意見，比如以上所引諸家之説，既有贊同俞樾之説者，也有不贊同俞樾者，可以繼續進行探討。但就揭示《國語》這些文例而言，對於進一步理解《國語》還是有相當的好處。

王其和《俞樾訓詁研究》第三章專門闢爲"《古書疑義舉例》研究"，認爲俞樾《古書疑義舉例》的成就體現在訓詁學、語法學、修辭學、稱名學、校勘學和特殊文例諸多方面，而其不足則主要體現在語法、校勘、詞彙訓詁和編排體例方面。① 所評可參。

（2）《群經平議》對《國語》的考辨

俞氏《群經平議》撰寫於同治元年（1862）至同治三年（1864）之間，同治六年（1867）春全書刻成。此後又有《春在堂全書》本、《清經解續編》本等。根據孟巍隆和王其和的梳理，《群經平議》存在稿本、同治六年單行本、同治十年《春在堂全書》本、《續修四庫全書》本、《清經解續編》本、《儒藏》本等。2017 年，浙江古籍出版社出版《俞樾全集》，2020 年始，鳳凰出版社陸續出版新整理本《俞樾全集》，是《群經平議》又有《俞樾全集》本二種。

《國語》部分在《群經平議》二十八、二十九兩卷中，其所據《國語》爲張一鯤本系統，檢其考辨《晉語八》"公室之不回"可知。兩卷一共 131 條，其中《周語》38 條，《魯語》16 條，《齊語》5 條，《晉語》42 條，《鄭語》4 條，《楚語》13 條，《吳語》9 條，《越語》5 條。俞樾對各語的考辨基本符合各語文本篇幅所占《國語》全書的比例。從俞樾考辨的方法來看，以用通假改讀和語義探討爲主，其中言明《國語》文字通假改讀者 52 條，直接以韋昭失解者 38 條。此外，還包括判定《國語》文字或句子有誤者 16 條，有闕文者 3 條，句讀有問題者 9 條，衍文 5 條，倒文 2 條，錯簡者、聲誤者、用法理解不同者各 1 條，詞類定性不同者 2 條，其中還用到對文、同義連言等方式，另有韋昭以爲單音節詞合用而俞樾以爲爲複音詞者等不同的認定標準等。王倩倩的

---

① 王其和：《俞樾訓詁研究》，濟南：齊魯書社 2011 年版，第 242—293 頁。

博士論文《俞樾訓詁特色探究》主要以俞樾平議《春秋》四傳條目爲考辨對象，當然也涉及《國語》，對俞樾的訓詁方法、結論進行了逐條探討，可以參考。今舉《群經平議》數例如下，以見俞樾考校《國語》之方法與成就。

  ①商王帝辛，大惡於民。(周語)
  韋解曰："大惡，大爲民所惡。"
  樾謹按：下句"庶民弗忍"始以民言，若此句已言大爲民所惡，則不必更言庶民弗忍矣。"大惡於民"猶云大虐於民也。《廣雅·釋詁》曰："虐，惡也。"是"虐"與"惡"同義。

  [按] 韋昭解本句爲被動。在韋昭看來，"大惡於民"之"於"爲介詞，引介出動作主體。故韋昭以"爲……所"式釋《國語》之"於"字式。俞樾認爲韋昭的解釋是錯誤的。因爲下文纔標識民的態度，此處"惡"應該是一般動詞，其動作發出者爲"商王帝辛"，"民"是"惡"的作用對象。這是從語義關係和句法的角度來分析。進而俞樾指出，"惡""虐"同義，故此處"惡"實即"虐"。從語義關係上講，俞樾的説法是站得住脚的。下文既然説"庶民弗忍"，則此處一定先表述商王對民的殘暴行爲，否則"弗忍"缺乏事實對應。

  ②其無乃廢先王之訓而王幾頓乎?
  解曰："幾，危也；頓，敗也。"
  樾謹按：幾乃語詞。《易·小畜》"上九，月幾望"虞注曰："幾，其也。""王幾頓乎"猶言王其頓乎。頓者，勞罷之意。《戰國策·秦策》"吾甲兵頓"高誘注曰："頓，罷也。"穆王廢先王之典而勤兵以遠，故言"王其頓乎"。下云："得四白狼、四白鹿以歸。"是穆王此行未嘗危敗。若從韋解，則祭公所言爲已甚矣。

  [按] 韋昭釋"幾"爲形容詞，而俞樾以之爲虛詞中的推度副詞。

實際上王引之《經傳釋詞》先於俞樾言之，謂："幾，詞也。頓，猶廢也。"① 已經揭出"幾"當訓爲虛詞了。以"幾"爲推度副詞，確實很符合語境文義。另外，釋"頓"作"敗"與釋"頓"作"罷"、作"廢"意思相近。當然，犬戎邊遠，王師征遠，肯定會師勞力罷，故以"罷"字釋之最當。從下文"得四白狼四白鹿以歸"的結局看，周穆王並沒有"敗"，故韋昭釋"頓"作"敗"也並不允當。

　　③近臣盡規。
　　解曰："盡規，盡其規以告王也。"
　　樾謹按：韋解"盡"字未得其義。盡者，進也。《爾雅·釋詁》："藎，進也。""藎""盡"義通。《漢書·高帝紀》"主進"師古注曰："進字，本作賮，又作䞌，音皆同耳。古字叚借，故轉而爲進。"然則"進規"之爲"盡規"，猶"主賮"之爲"主進"也。韋氏以本字讀之，失其義矣。

　　［按］韋昭釋以本字，俞樾釋以借字。從上下文來看，所有句子都是"S＋V＋O"形式，從語義的角度看不出謂語動詞"V"的特徵性意義，故而此處"盡""進"其實都能講得通。

　　④而後王斟酌也。
　　解曰："斟，取也；酌，行也。"
　　樾謹按：韋以斟酌爲取而行之，此非古義也。《白虎通·禮樂篇》："周公曰酌，言周公能輔成王，能斟酌文武之道而成之也。"《説文·女部》："妁，酌也。斟酌，二姓者也。"然則斟酌乃古時常語，蓋斟酌本雙聲字。《廣雅·釋詁》曰："斟，酌也。"是二字同義，凡酌酒，不可太過，亦不可不及，貴適其中。孔明《出師表》

---

　　① （清）王引之、孫經世：《經傳釋詞（附錄補及再補）》，北京：中華書局 1956 年版，第 110 頁。

曰："斟酌損益。"以"斟酌"與"損益"竝言，最得古人語意。此
傳所謂斟酌者，蓋合公卿以下諸人之言而可否之、去取之也。今俗
語凡度量事物皆曰斟酌，乃古語之存者。

［按］韋昭單釋"斟酌"，俞樾則謂"斟酌"爲古常語，屬於雙聲連
綿詞。俞樾所説甚是。

⑤夫王人者將導利而布之上下者也。

解曰："導，開也。"

樾謹按：導與道同。《法言·問道篇》曰："道也者，通也。"故
"導"亦爲"通"。上文"是故爲川者決之使導"注曰："導，通也。"
下文"川氣之導也"注曰："導，達也。""達"亦"通"也。然則
"導利而布之"者，通利而布之也。韋訓爲開，於義稍迂。

［按］韋昭釋"導"爲"開"，整部《國語》，韋昭釋"導"字9
處，分別爲：(1)"導，通也"（《周語上》"是故爲川者決之使導"
注）；(2)"導，開也"（《周語上》"將導利而布之上下者也"、《楚語
上》"教之詩，而爲之導廣顯德"注）；(3)"導，訓也"（《周語上》
"則德以導諸侯"、《晉語二》"是以導民"注）；(4)"導，達也"（《周
語下》"川，氣之導也""夫成子導前志以佐先君，導法而卒以政"
注）；(5)"導，開導也"（《晉語三》"述意以導之"注）；(6)"導，行也"
（《楚語下》"而導之以訓辭"注）。俞樾以"道""導"二字同，《法
言》訓"道"爲"通"，以爲"導"也當訓"通"。又通過韋昭其他注
有釋"導"爲"通""達"者，故以此處"導"字亦爲"通"義。其實
"開""通"義亦相同，《吕氏春秋·樂成》"夫開善豈易哉"高誘注、
《晉語八》"夫樂以開山川之風也"韋昭注、《逸周書·程典》"德開"
孔晁注、《慧琳音義》卷六"開闢"注引《文字典引》並云："開，通
也。"又《小爾雅·廣詁》云："開，達也。"是"開""通""達"三字
義同。韋注不迂。王倩倩亦謂："俞、韋相較當以韋説爲佳，'導'字本

義爲導領，引申之有引導、引誘義，若爲積極向引領，則有啟發開導義，啟發即是疏通迷津，故‘導’字又有疏通、通導義。所以無論是釋爲‘開’義還是釋爲‘通’義，都是有合理之處的。但是俞樾的論證思路存在明顯錯誤，我們絕對不能因爲 A 與 B 同，B 有 C 義，就推導出 A 有 C 義來，這個推論公式只在 A、B 都是單義詞時才有效。俞樾完全没有考慮到一詞多義的情況，故而導致錯誤。"① 可爲補證。

⑥夫事君者險而不懟。

解曰："在危險之中不當懟。"

樾謹按：如韋義，則與下文"怨而不怒"不一律矣。"險而不懟"疑當作"慊而不懟"。《淮南子·齊俗篇》"衣若縣衰而不慊"高注曰："慊，恨也。""慊而不懟"言雖恨而不懟，正與下文"怨而不怒"同義。古字"險"與"嶮"通。《爾雅·釋山篇》釋文引《字林》曰："嶮，山形，似重甗。"《集韻》引《字林》曰："險，山形，如重甗。"是其證也。"險"與"嶮"通，故亦與"慊"通矣。

[按] 牟庭《國語校注》謂："險當讀爲‘憾’。"王引之《經義述聞》謂："險謂中心憂危之也。"已經把"險"釋作心理動詞了。俞樾則進一步從語境出發，破字爲訓，以此處"險"爲"慊"之借字。爲了使二字相通，先證"險"與"嶮"通，展轉通借，實嫌迂曲。張以仁謂："余曩者以爲：‘王、俞二説，均較韋注爲長。然險既可通，則無煩輾轉假借。險、慊二字，古雖同部，聲實有曉、溪之異。又無其他相假例證。徑從王説可也。’（見筆者《國語札記》，《大陸雜誌》第三十卷七期）今則於二説復有疑議：《述聞》單襄公、荀子二證，以證‘險’有訓憂危者則可，以證此文之險當訓憂危則不足。此其一也。‘險而不懟’‘怨而不怒’，一以境言，一以心言，自無不可，實不必求其一律。此其二

---

① 王倩倩：《俞樾訓詁特色探究》，復旦大學博士學位論文，2017 年。

也。險訓危險，其例本書及古籍俯拾皆是，自較憂危之義爲常見，此其三也。此文'險'字實承前文'國人圍之''是以及此難'二語而來，若以境言而訓'危險'，自與前文文義緊扣，章法顯然。此其四也。有此四端，以足韋解，則無煩別立新訓矣。"① 張以仁說法可參。

⑦廩於藉東南，鍾而藏之，而時布之於農。

解曰："廩，御廩，一名神倉。東南，生長之處。鍾，聚也。謂爲廩以藏王所藉田，以奉盛布賦也。"

樾謹按：上文曰："是日也，瞽帥音官以省風土。""是日"即耕藉之日也，此承上文而言，則亦與同日可知。是時甫耕，未及收也，何遽及此？且王所藉田以奉盛，何以布之於農乎？竊疑"廩於藉東南而時布之"此十三字爲錯簡，當在下文"耨穫亦如之"之下，"於農"二字爲衍文，涉下句"民用莫不震動，恪恭於農"而衍也。當云："耨穫亦如之，廩於藉東南，鍾而藏之。而時布之，民用莫不震動，恪恭於農。"如此，則文義自順矣。簡策錯亂，誤入上文，幸衍"於農"二字，轉可因以訂正耳。

[按] 此條亦見《古書疑義舉例》。張以仁贊同俞樾之說。楊寬則認爲俞樾的校勘是錯的，楊寬認爲："最初'籍田'的收穫，名義上除了'以奉盛'之外，確是還要'時布之於農'的。虢文公在下文中談到'籍禮'的作用時，就曾說：'若是乃能媚於神而和於民矣，則享祀時至而布施優裕也。''享祀時至'就是'以奉盛'，'布施優裕'就是指'時布之於農'；'媚於神'是指'享祀時至'的效果，'和於民'是指'布施優裕'的效果。由虢文公看來，'籍禮'的舉行，表示'王事唯農是務'，在'籍禮'舉行後廣泛的巡查和監督勞動，可使庶人'恪恭於農'和'不懈於時'，達到'財用不乏，民用和同'；'籍田'的收穫用

---

① 張以仁：《國語斠證》，臺北：臺灣商務印書館1969年版，第29頁。

來享祀和布施，可以'享祀時至而布施優裕'，做到'媚於神而和於民'。"①

⑧司商協名姓。

解曰："司商，掌賜族受姓之官。商，金聲清，謂人始生，吹律合之，定其姓名。"

樾謹按：聲有五，不當獨舉"商"之一聲以名官也。"商"當讀爲"章"，古音相近。《尚書·牧誓》"我商賚女"《釋文》曰："商，徐邈音章。"又《水經·漯水注》："商、漳，聲相近。"竝其證也。《漢書·律曆志》曰："商之言章也。"是二字聲近義通。《呂氏春秋·勿躬篇》"臣不如弦章"，《韓非子·外儲説篇》作"弦商"。僖二十五年《左傳》杜注曰："商密，今南陽丹水縣。"《續後漢書·郡國志》："南陽丹水縣有章密鄉。"竝古字通用之證。《説文·音部》："樂竟爲一章，從音十；十，數之終也。"然則司樂者謂之司章，正取於樂竟爲一章之義，因叚商爲之。學者遂不得其解矣。

［按］俞樾用通假的方式，證"司商"之"商"讀爲"章"，並舉古書注解以及異文爲證，董立章從之。黃模、陳偉則疑"司商"即"司市"。秦鼎則謂："《周禮》無司商職，蓋司宮商者。"② 張以仁然其説。張清常云："司商當即爲司音律者，如何去協名姓，舊注不詳。《漢書·藝文志》術數略五行家有五音定名十五卷，書早已亡逸。儘管没有法子知道這一套法術的詳細情況，也還可以從漢朝一些舊籍中找出零星片斷的材料……上古樸素的審音辨字之術，因爲雜有五行的配五音這種辦法，於是從周秦時'司商協名姓'，演變爲漢朝的'五音之家用口調名姓及

　　① 楊寬：《"籍田"和"籍禮"的歷史》，見載於氏著《西周史》，上海：上海人民出版社1999年版，第273—274頁。
　　② ［日］秦鼎：《國語定本》卷一，日本文化六年刊本，本卷第12頁。

字，用名正其字，口有張歙，聲有外内以定五音宫商之實'後來一方面
發展成爲李登《聲類》'以五聲命字'，另一方面就發展成爲巫術。"①
張清常的研究比較周詳而系統，不僅搜集資料去證實吹律定名這種方法
的一些情況，甚至還對漢朝以來的這一習俗進行了考察，可以爲吹律合
聲這一解釋的實際存在提供很好的證據，可以信從。

⑨陽失而在陰。

解曰："在陰，在陰下也。"

樾謹按：在陰下而但曰"在陰"，文義未了。"在"當讀爲
"載"。"載"從𢦏聲；在從才聲，亦或從𢦏聲。《州輔碑》："𢦏賁
不濡。""在"作"𢦏"，是其證也。故"在""載"古得通用。陽
失而載陰，謂陽在陰下、以陽載陰也。

[按] 俞樾改讀。張以仁云："韋蓋求與前訓相合而爲此加字之訓
也，一不慎則全盤之累。此韋解之所以處處枘鑿而煞費周章也。陽失而
在陰即上文所謂'陽失其所而鎮陰'，陽壓陰則陽在陰上也。陽在陰上，
陰不能處，此劉向《説苑》所謂陽氣大盛而至大旱者也。《漢書·五行
志》劉向以爲火氣來煎枯水，故川竭，亦此意也。俞樾不知此義而謂
'在'爲'載'之假字，謂陽失而在陰爲'陽失而載陰'。不知'陽伏
而不能出''陰迫不能烝'實爲二事。凡陰陽失位，或陽在陰位，或陰
在陽位，皆足以致地震，乃曲爲此義以就韋説，遂逐處費解矣。"②

⑩拜不稽首，誣其王也。

解曰："誣，罔也。"

樾謹按：拜不稽首，乃不敬，非誣罔也。"誣"蓋"輕"字之

① 張清常：《李登〈聲類〉和"五音之家"的關係》，見載於《張清常文集》第一卷，北京：
北京語言大學出版社 2006 年版，第 128—138 頁。

② 張以仁：《張以仁先秦史論集》，上海：上海古籍出版社 2010 年版，第 477—478 頁。

誤，古書從"巫"、從"𡉼"之字往往相溷。《顏氏家訓·書證篇》
所謂"巫混經旁"是也。《大戴記·曾子立事篇》"喜之而觀其不誣
也"，《周書·文王官人篇》作"喜之以物，以觀其不輕"。《戰國
策·韓策》"輕強秦之禍"，韓子《十過篇》作"輕誣強秦之禍"，
蓋"誣"即"輕"字之誤而衍者，竝其證也。"拜不稽首"，故爲
"輕其王"，下文云："誣王無民。"又云："故晉侯誣王，人亦將誣
之。"諸"誣"字皆當作"輕"。韋據誤本作注，失其義矣。

[按]　此處以原書有誤字。俞樾先以"巫""𡉼"二字古書形近易
混，舉多例以明。最終結論，認爲韋昭據誤本作注而失其義。徐元誥從
俞樾説。"巫""𡉼"二字形近易混是可以説得通的，甚至"𡉼""坐"
二字形近亦易混[1]。但是否因此就可以認定《國語》本文是錯字，恐怕
還要回到本書本文進行分析。石光瑛引《廣雅·釋詁》"誣，欺也"之
訓，並謂："欺有欺貌、欺罔二義。晉侯拜不稽首，是欺貌其上，非欺罔
也。"[2]　張以仁謂俞樾輕改，不可從，言是。戎輝兵、蕭旭不贊同韋昭之
説，戎氏同意俞樾對語義的闡釋，而不贊同其對字形的解釋。戎輝兵旁
參故訓、聯繫語境，以爲"誣"即可訓作"不敬"。蕭旭則改讀爲釋，
亦不可從。王倩倩對本條考辨較詳，謂："晉惠公在接受周襄王使者的
頒賜任命時禮器拿的很低，跪拜時也不稽首，内史過認爲晉惠公對周王
不敬，晉國將有災禍。韋昭認爲面對使者時跪拜不稽首，是誣騙君王。
俞樾則認爲這種行爲表達的不是誣騙，而是輕視。《顏氏家訓》曾指出
從‘巫’之字有與從‘𡉼’之字相混同的情況，俞樾認爲這里的‘誣’
就是‘輕’的形近訛誤，並引《大戴禮記》《周書》《戰國策》《韓非
子》爲證，甚至認爲《周語》下文中的幾處‘誣’字也都當作‘輕’
俞樾説形近訛誤字的證據恐嫌不足。首先，《顏氏家訓》認爲古書流傳
過程中會有訛錯，加上古多假字，所以今本定非古本原貌，‘巫混經旁’

①　詳見拙稿：《説"𡉼莝"》，《華夏文化論壇》第8輯（2012年），第165頁。
②　石光瑛：《國語韋解補正》卷一，《中山大學文學院專刊》第1期（1930年）。

就是其例。但是依此就説《周語》本處'誣'字是'輕'字之形訛，不足爲據。再看俞樾所舉文例，《大戴禮記·曾子立事》中説要想知曉一個人的品性，可以觀察他在怒、懼、喜、近諸色、飲食等一系列事情上的態度和表現，其中'喜之而觀其不誣也'，盧辯解詁'誣，妄也'，汪照不同意其釋義，認爲這里與《文王官人》所記録的識人方法相類，《文王官人》的記載是'喜之以物，以觀其不輕'，所以這里的'誣'字是'輕'字的誤字。王念孫同意汪照的觀點，並從事理出發認爲'喜與誣妄義不相承'，遇喜而不輕佻方是君子之爲。王念孫又引《戰國策·韓策》'輕强秦之禍'句在《韓子·十過》作'輕誣强秦之禍'認爲《十過》有衍字，增衍的原因也是由於'輕、誣'二字形近。俞樾接受了王念孫的觀點，並進一步認爲下文的兩處'誣王'也都是'輕王'的誤字，未免求之過深了。從盧辯的注文可以推知他所見之本《曾子立事》作'誣'，而《文王官人》中的識人之法'喜之以物以觀其不輕，怒之以觀其重'，似有'喜、怒''輕、重'相對之意。且《文王官人》與《曾子立事》記載的觀人之法本就不完全相同，若説'喜之而觀其不誣也'文字有誤，那《曾子立事》的'怒之，而觀其不悁也'與《文王官人》的'怒之以觀其重'是否都有文字訛錯呢？所以《曾子立事》與《文王官人》的用字差異並非'誣、輕'錯訛的確證。且王念孫所見《韓子·十過》'輕誣强秦之禍'的文字是形近致訛還是注、引文竄入原文尚未可知，故此亦未可確信。晉惠公因爲接受的是内史過的頒賜而未親面周襄王，行爲失檢，跪拜不稽首，説他是欺罔周王也無不可，下文内史過指出晉惠公欺罔君王就會失去百姓，別人也會欺瞞他，故此晉國將受到報應，一系列'誣'字上下相承，若説都是訛字，還需更有力的證據。俞樾是從義理角度入手得出結論的，並沒有足夠的證據，這顯示他傾向於由義入手考慮問題的方式。俞樾將《周語》本句的'誣'與《大戴禮記·曾子立事》中的'誣'相聯繫，從其他記載觀人之法的文句入手，選擇更適合君子行爲的遇喜卻不輕佻當作應有的涵義，然後以輕佻義爲前提認爲'誣'字是訛字，並説《周語》這里也出現了相同的錯訛，這是在預設的詞義的前提下尋找本字。俞樾存在預設詞義的傾向，並且他會優先考慮聲音相近的假借字，如果没有合適的音近假字，再從字形關係去找形近訛誤字。俞樾的這個傾向，導致了不少錯誤結論，受到很多非議。"① 對俞樾考辨結論以及所提出的證據一一進行了辯駁。

⑪叔父若能光裕大德，更姓改物以創制天下，自顯庸也。

解曰："創，造也；庸，用也；謂爲天子造制度，自顯庸於天下。"

樾謹按：韋解"創制""顯庸"並未得其旨。"創""制"二字同義。創，造也，《孟子·梁惠王篇》"可使制梃"趙注曰："制，作也。""作"亦"造"也，故《論語·憲問篇》"裨諶草創之"《釋文》曰："創，制也。"然則"創""制"一也，"創制天下"猶言創造天下耳。"顯""庸"二字亦同義。"顯"，明也；"庸"讀爲"融"。《鄭語》"命之曰祝融"韋《解》："融，明也。"下文"穀洛鬭，章顯融昭明"。彼作"融"者，正字，此作"庸"者，叚字。然則"顯""庸"亦一也。"自顯庸"猶言"自顯明"耳。韋氏解"顯融"曰："融，長也。"亦失其旨，"顯融"與"昭明"止是一義。

［按］俞樾以同義連言與文字正借之理釋"創制"和"顯融"。本句中，韋昭僅釋"創""庸"二字，在串講中將"創制"改作"造創"，認爲"創""制"二字意義相同。所以韋昭釋"創"字不誤，釋"創制天下"則有問題，因爲周天子此處指出，晉文公假如自己創造天下，自顯明，六隧云云，不必請而有之。假如晉文公還是周家諸侯，還要從天子之令。實際上對晉文公的無禮要求進行了委婉批評。韋昭"爲天子造創制度"之釋，恐與文義相違。俞樾謂"創制天下"義爲"創造天下"者是。

李慈銘《越縵堂讀書記》謂俞樾《群經平議》："其書涵泳經文，務抉難詞疑義，而以文從字順求之，蓋本高郵王氏家法，故不主故訓，惟求達詁，亦往往失於武斷，或意過其通，轉涉支離。然多識古義，持論有本，證引疏通，時有創獲，同時學者，未能或之先也。"① 可謂持平公允之論。

（3）《茶香室經説》對《國語》的考辨

俞樾《茶香室經説》撰成於光緒十三年（1887），共十六卷。羅雄飛認爲："該書與《群經平議》相比，治經風格頗有不同。具體表現是，單純的文字校勘在全書中所占的比重明顯減少。而文字的訓詁則占有突出的地位。因此之故，書中有關名物制度乃至史實的考證和義理方面的探討較多，而純然以'古文假借'考訂文字的内容較少。相應地，'改經字'的情況也就不太多。章太炎謂俞樾'好改經字'，又謂其'晚年稍自斂'。這正反映了不同時期俞樾治經風格的這種變化。該書還進一步突出了對'内證'的運用，説經往往結合時代背景、名物制度、經典行文的内在邏輯、甚至個人的生活經驗而'逆以己意'。如果俞樾作《群經平議》尚遵前人繩墨的話，此書則更能體現俞樾本人的'主體性特徵'。該書行文不拘泥於文字，而更多地體現爲一種邏輯的運用。與此相應，該書多以疑似之見立説。"② 魏慶彬認爲《茶香室經説》"充分反映了俞樾晚年的學術觀念""對以往的觀點有所更新""各條目均出自俞樾主講各精舍時的課程内容"。③ 魏慶彬的博士學位論文也是目前唯一一部有關《茶香室經説》的專題研究著述。《茶香室經説》雖然主要探討《周易》《尚書》《毛詩》《周禮》《儀禮》《禮記》《春秋公羊傳》《春秋穀梁傳》《左傳》《論語》《孟子》《爾雅》等書的問題，但在探討過程中引用了很多書籍，也涉及《國語》。據魏慶彬統計，《茶香室經説》引史部書很多，但是"引用頻率最高的是《史記》《漢書》《國語》《後漢書》"，其中引《國語》25 處，且多用韋昭注。雖非專門研究《國

① （清）李慈銘著，由雲龍輯，本社重編：《越縵堂讀書記》，上海：上海書店出版社 2015 年版，第 112 頁。

② 羅雄飛：《俞樾的經學思想與經學研究風格》，成都：電子科技大學出版社 2014 年版，第 48 頁。

③ 魏慶彬：《〈茶香室經説〉研究》，復旦大學博士學位論文，2017 年。

語》，亦具有參考價值。有涉《詩》二條，雖然是《詩經》之言，也涉及《國語》，可藉以窺其法式，如下：

①《常棣篇》"兄弟鬩于牆，外禦其侮"箋云："禦，禁。務，侮也。兄弟雖内鬩，而外禦侮也。"釋文云："務如字。《爾雅》云：侮也。讀者又音侮。此從《左傳》及《外傳》之文。"愚按：《國語·周語》、僖二十四年《左傳》並引作"外禦其侮"，於是《爾雅·釋言》遂有"侮，務也"之訓，而鄭箋從之，幾不知《毛詩》之本作"務"矣。夫内外《傳》引經每有異文。《周易·文言傳》"嘉會足以合禮"，襄九年《傳》作"嘉德作以合禮"；《尚書·益稷篇》"明庶以功"，僖二十七年《左傳》作"明試以功"。豈可以《左傳》之"德"字改《周易》之"會"字、以《左傳》之"試"字改《尚書》之"庶"字乎?《釋文》既云"務如字"，則《毛詩》舊説未必訓"侮"，仍當以"務"字本義釋之。《周易·繫辭傳》"唯幾也，故能成天下之務"集解引虞注曰："務，事也。""禦"當作"御"，《正義》曰："定本經'御'作'禦'。"是《正義》本作"外御其務"，今作"禦"者，以定本改正義本也。御者，治也。《思齊篇》"以御于家邦"箋云："御，治也。"然則外御其務者，外治其事也。言雖内鬩，而有外事至，則仍共治之也。毛義或當如此。《左傳》晚出，引經不盡可信。《爾雅》亦後人所附益。毛公六國時人，其説此詩未必用内外《傳》説也。(《茶香室經説》卷三"外禦其務"條)

[按]《棠棣》一詩，《國語·周語中》首章引之。段玉裁《詩經小學》卷二云："《春秋》内、外傳引《詩》'外禦其侮'，《爾雅》：'務，侮也。'按：言'務'爲'侮'字之假借。"① 夏炘《讀詩札記》謂《國

① （清）段玉裁：《詩經小學》，上海：上海古籍出版社輯印《續修四庫全書》第64册，第197頁。

語》"兄弟讒鬩，侮人百里"二句可以爲《詩經》此二句注脚。陳奐《詩毛氏傳疏》卷十六云："内、外《傳》引《詩》皆作'侮'。侮爲本字，務爲假借字。故《傳》以侮釋務也。《周語》富辰曰：'古人有言曰：兄弟讒鬩，侮人百里。周文公之詩曰：兄弟鬩于牆，外禦其侮。若是則鬩乃内侮，而雖鬩不敗親也。'僖二十四年《左傳》引《詩》曰：兄弟鬩于牆，外禦其侮。如是，則兄弟雖有小忿，不廢懿親。鬩牆爲小忿，外禦侮爲不廢親。此《傳》所本也。"① 段玉裁、陳奐都認爲"侮""務"可通。

俞樾的探討更爲細緻。他揭出，由於《左傳》《國語》引文與《棠棣》本文不同，出現了引文異文，引文異文和本文往往義近，所以《爾雅》纔有"務，侮"的訓釋，鄭玄在注《詩》過程中又根據《爾雅》進行解釋。俞氏的結論是，他書引文異文不可以作爲改易本文或訓釋本文的直接依據。又根據故訓記載，謂《棠棣》本文既然作"務"，則其"禦"字當作"御"，"御務"者，治事之謂。這和《左傳》《國語》引作"禦侮"不同。關於他書引文異文的問題，朱承平在其《異文類語料的鑒別與應用》中有更爲詳盡的分類與評述，讀者可參。而尋其本原，或俞氏之探討爲其昉乎？

②《昊天有成命篇》："昊天有成命，二后受之，成王不敢康，夙夜基命宥密。"箋云："文王、武王受其業，施行道德，成此王功。"正義曰："此詩作在成王之初，非是崩後，不得稱成之謚。所言成王，有涉成王之嫌。韋昭云：謂文武脩己自勤，成其王功，非謂周成王身也。鄭、賈、唐説皆然。是時人有疑是成王身者，故辨之也。"愚按：成王，爲成此王功，固自古相傳之師説矣。然《國語》載叔向説是詩云："是道成王之德也。成王，能明文昭、能定武烈者也。"則成王爲周之成王無疑。韋注曰："是詩道文武，能成其王德也。"若然，當云"是道文武之德"，不當云"是道成王之

德”也。又云：“始於德讓，中於信寬，終於固和，故曰成。”此“成”字乃釋“昊天有成命”之“成”，與上文“夫道成命者”句相應，非“成王不敢康”之“成”也。孔穎達引其文入此處，乃增一“王”字於句末，云：“始於德讓，中於信寬，終於固和，故曰成王。”如此，則成王乃詩人撰造之語，非周成王矣。但《國語》原書具在，實無此“王”字。孔氏所據本誤邪？抑臆加邪？夫毛公之説古矣，然不能古於叔向，舍叔向而從毛公，竊所未安，鄭、賈、唐之説更無論矣。然則此詩將從後儒，謂成王以後之詩乎？是又不然。《尚書·酒誥篇》“王若曰”釋文云：“馬本作‘成王若曰’。注云：言成王者，未聞也。俗儒以爲成王骨節始成，故曰成王。或曰：以成王爲少成二聖之功，生號成王，没因爲謚。衛、賈以爲戒成康叔以慎酒，成就人之道也，故曰成。此三者，吾無取焉。吾以爲後録《書》者加之，未敢專從，故曰未聞。”愚謂：馬意以爲録《書》所加，然則《畢命》何不加“康”字？《吕命》何不加“穆”字？《文侯之命》何不加“康”字乎？俗儒三説，當以第二説爲信，正以其能成文武之德，故生號之曰成王，及其没也，遂以爲謚。古人固有生而立號者，《史記·殷本紀》曰：“於是湯曰：吾甚武，號曰武王。”即其例矣。此篇及《噫嘻篇》之“成王”，皆可以此説之。（《茶香室經説》卷四“成王”條）

[按] 這一條和上一條不同，上條主要涉及引文異文的問題。本條則主要是古人解釋之言與後世注釋異同的問題。《昊天有成命》正義在疏證鄭箋“成此王功”四字的過程中，給出爲什麽“成王”不是周成王誦而是動賓結構“成其王功”的理由：1. 不得生稱謚；2. 韋昭明言“非謂周成王身”。俞樾首先揭出“成此王功”是“自古相傳之師説”，有其淵源。接著就指出叔向對該詩的解釋，認爲從叔向的解釋來看，“成王”應該就是“周成王”。接著指出韋注和叔向解釋正文無法對應，又指出叔向釋“成”字之指向。接著指出正義引述《國語》時增字以迴護毛、鄭之説。最後提出規則，即前人之説不同，從舍標準問題。按照

俞樾的理解，要從古。叔向解釋最古，俞樾認爲當從叔向。俞樾的這一
說法理解起來没有問題。但是首先要有一個前提，即叔向釋《昊天有成
命》確實是從語言角度出發而非偏離《昊天有成命》文本進行語境性解
讀。由於叔向釋《昊天有成命》運用了揭示詞語、串講句義、揭明章旨
等後世訓詁學之成法，故古今訓詁學者認同了叔向解釋的訓詁學價值，
並没有對叔向之說進行過質疑。因此這一篇就成爲訓詁發生的主要實例。
關鍵問題在於對叔向"成王，能明文昭、定武烈者也"的理解上，俞樾
認爲叔向這句話説的是周成王，但是也有學者不這麽認爲。梁錫鋒認爲
《昊天有成命》和成王誦没有任何關係，舉三點理由：（1）若"成王"
爲成王誦，合文武而爲三王，可叔向説全詩主旨爲"道成王之德"，與
理不通；（2）若是成王誦，則全詩分兩部分，前部分贊文武，後部分贊
成王誦，可是叔向最後的總結是"始於""中於""終於"，一氣貫通，
與理不合；（3）若"成德"爲成王誦之德，則對應復興的初興當是成王
誦，但是按照叔向的意思，是文武初興。以其前後矛盾，故理解爲成王
誦是錯誤的。[1] 李慶把《昊天有成命》存在的問題進行列舉，並認爲有
進一步探討的必要，未置結論。[2] 從絶對數量上來講，主張祀成王者或
成王誦者占多數，古代 51 家，近代、今人 37 家，合共 88 家；主張祀天
地、"成王"爲"成其王業"者古代 27 家，近代、今人 3 家，合共 30
家。但是這裏面絲毫看不出哪一方的證據更充分，支持衆多的説法原因
在於宋代疑經的興起以及歐陽修、朱熹在文學史和理學上的地位，元明
清三代贊成朱熹學説者很多本身就説明了這一點。近人、今人只是在更
大程度上接受前代學説而已。馮浩菲對毛、鄭解釋和朱、范、魏三家解
釋比較後，認爲毛、鄭之説有三便："第一，祀合寫文、武二王受天命、
締造周家王朝的事情，符合《周頌》篇幅短小、主題集中的文法。第
二，由於歌頌文、武二王創王業、革殷命、定天下之功勳，既符合《大

① 梁錫鋒：《〈昊天有成命〉屬〈大武樂章〉考辨》，《四川師範大學學報》2004 第 2 期，第
91—96 頁。
② 李慶：《關於〈詩經·周頌〉中〈大武〉諸詩的探討——王國維〈周大武樂章考〉商榷》，
《復旦學報》2005 年第 5 期，第 80—87 頁。

序》所論以其成功告神明的體例，又符合《小序》‘郊祀天地也’的篇
章詮釋。第三，由於所歌之主是文、武二王，在周公之前，符合該詩由
周公所定的傳統説法。”而朱氏之説則有三不便：“第一，短短七句詩，
既寫文王、武王，又寫成王，主題分散，而且輕重顛倒，既不符合《周
頌》篇幅短小、主題集中的文法，也不符合一般行文法則。第二，由於
受命締造周家王業，以致成功的是文、武二王，成年年幼，確乎無與於
其事。故既與《大序》所論頌詩體例不合，又與《小序》所解篇意不
合。第三，由於成王與周公同時，而且周公先薨，與詩由周公所作的傳
統説法不合。”故而馮氏進一步認爲“成王”的解釋“還是按毛、鄭的
觀點解釋較爲可靠。‘成是王事’或‘成此王功’的意思是從前二句導
出，因爲二后受天命之後不可能戛然而止，無所作爲，其唯一的目標就
是‘成此王功’。”① 馮説從文本與主題的角度立意，此前人所未道及者，
其説可從。另外，俞樾探討了《昊天有成命》的時代問題，古來學者多
有以成王以後有此詩，依據是生不稱諡。但俞樾指出生稱諡是有其例的。
郭沫若也認爲成王是生諡。俞樾揭出成王諡號云云，雖然不能成爲《昊
天有成命》產生時間的有效證據，但這一論斷是具有方法論意義的。

　　俞樾一生治學範圍廣泛，經學、子學、史學各個方面皆有力作傳世。
治經以正句讀、審字義、通古文假借爲職事。梁啟超認爲俞樾《群經平
議》“全應用《經義述聞》的方法，繼續有所發明。價值也僅下《經義
述聞》一等”②，楊緒敏認爲，俞樾一生學術成就可以用“博大精深”四
字概括③。“但是，由於俞樾的學識才力都不及王氏父子，因此在他的著
作中，尤其是在《群經平議》中有不少武斷之處，其中最主要的錯誤在
於忽視語言的社會性，在缺乏大量的材料或強有力的證據的情況下，僅
僅根據古音通假去解釋文字，從而失去了王氏父子嚴謹的治學態度”④。

① 馮浩菲：《鄭氏詩譜訂考》，上海：上海古籍出版社 2008 年版，第 196—197 頁。
② 梁啟超：《清代學者整理舊學之總成績》，北京：商務印書館 1999 年版，第 34 頁。
③ 楊緒敏：《晚清學界宗師俞樾的學術成就及其影響》，氏著《敏學齋史學探研集》，合肥：
黃山書社 2012 年版，第 434 頁。
④ 李恕豪：《中國古代語言學簡史》，成都：巴蜀書社 2003 年版，第 403 頁。

《古書疑義舉例》《群經平議》中探討《國語》的文字，都存在著認識片面、濫用通假、不審文義等等問題。但不可否認的是，俞樾對《國語》性質以及具體語句的探討是有積極意義的，對進一步深入《國語》研究具有推動作用。俞樾的《國語》考校在後世也具有一定影響，其《群經平議》中的考辨條目也被吳曾祺、沈鎔、徐元誥等民國時期的《國語》研究者多次引述。

（十七）鄭知同《國語》訓詁考校

鄭知同（1831—1890），字伯更，遵義人，鄭珍之子。道光二十五年（1845）入榕城書院，其學受到翁同書賞識，擢爲秀才。光緒初年，入張之洞幕府。光緒十三年（1887），任廣雅書局總纂，曾刊刻鄭珍《汗簡箋正》《親屬記》及其自撰之《説文本經答問》《六書淺説》。《續遵義府志·人物傳·鄭知同列傳》謂："知同學，一本許、鄭以成家法。其少年所勘定，皆刻徵君集中。自著書有《説文述許》《説文商議》《説文譌字》《説文本經答問》《經義慎思篇》《愈愚録》《隸釋訂文》《楚辭通釋解詁》。徵君以專注一書，其義晦澀，説者皆昧厥旨，並段昔之説亦然。知同爲《六書淺説》《轉注考》。徵君以文至桐城，紀律森嚴，苟取法只是，亦恐失之窘迫，乃自作文曰《漱芳齋文稿》。詩不專一門户，有《屈廬詩鈔》。其餘叢稿鱗襲，多未成書。"① 並未著録鄭氏《國語箋》一書。該書較早著録於孫殿起《販書偶記·古史類》中，云："《國語箋》無卷數，遵義鄭知同撰，底藁本。"②

鄭知同《國語箋》一書，今藏中國國家圖書館普本古籍庫，著録號爲45187，已收入《遵義叢書》。書前有題識，云："刊正處引證極博，間有溯意未然者，箋其上，還以就正。同治乙丑三月廿四日□□識。"則鄭氏《國語箋》至少同治乙丑（1865）已經基本成型，可看作鄭知同早

---

① 轉引自鄭知同撰，龍先緒箋注：《屈廬詩集箋注》，北京：中國文聯出版社2004年版，第213頁。

② 孫殿起：《販書偶記》，日本京都：株式會社中文出版社1979年版，第119頁。

年之作。鄭知同《國語箋》箋記 59 條，分別爲：財求，先世后稷，廩
於藉東南鍾而藏之，國子導訓諸侯，王治農於藉耨穫亦於藉，陽失在陰
川源必塞，瞽獻曲（以上《周語》），鑽笮，外朝，防風氏（以上《魯
語》），三釁，政不旅舊，縷纂以爲奉（以上《齊語》），隸農，速縣，大
志重、重債易疾，年同以愛，好艾，堅樹在釋義，吾誰使先若夫二公子
而立之，賈君，叔振，大政，貌濟、濟蓋，廷槐，上軍、下軍，非退而
何，三郤自殺，覆宗，文錯，人殺，其宗器，施邢侯氏（以上《晉
語》），陝愛，鄢，斟姓（以上《鄭語》），訓典，文詠物，富都那豎，不
規東夏，天咫、咫聞則多矣，倚几，妬其讒慝，貝水，誰之故，子之尚
勝也（以上《楚語》），二三之老，炎炎，辟易，遂疑計惡，王偄左畸，
赤米，壇列，越三戰敗吳，夫婦三百（以上《吳語》），帶甲萬人以事
君，美女八人，生丈夫、生女子、公與之餼，禮先一飯，不可取、不可
迫（以上《越語》）。其中“廷槐”有目無篇，故實則 59 條。今撮舉數
條爲例，以見鄭氏考校《國語》之大端。

1. 先世后稷

“昔我先世后稷，以服事虞夏”韋注云：“父子相繼曰世。”《史
記·周本紀》索隱引唐固注同。宋明道二年本“先”下有“王”
字，戴氏震據以説周先世不窋以上闕代系，謂周之先王世世爲后稷
之官，由不窋失官上溯至棄，不知幾傳。知同按：戴説誠是。而明
道本不可據。下文“我先王不窋用失其官”韋氏始解“王”字云：
“周之禘祫文武，不先不窋，故通謂之王。”可證此處本無“王”
字，當由《史記》增之，後校《國語》者依之轉增。今本無之是
也。據唐氏、韋氏解“世”字義，自是讀“我先”一逗，“世”字
屬下“后稷”，爲世掌其官，不以“先世”聯讀解爲先代也。則無
“王”字，句義未嘗有異。

2. 王治農於藉耨穫亦於藉

韋注上句云：“藉，藉於千畝也。”注下句云：“言王亦至於藉考
課之。”按：此上下文皆仲山父舉習知民數之事。帝藉千畝，耕藉之

民有限，何以能知畿内民數？蓋此藉非帝藉，乃民間助耕公田之藉。一井之田九百畝，其中爲公田，八家皆私百畝，同養公田，此助耕之藉也。字本作“耤”。耤者，借也。古帝藉與公田，皆民力爲之，故並謂之耤。（《説文》云：“藉，帝耤千畝也。古者使民如借，故謂之耤。”許專以帝耤解“耤”字，不言助耕公田，義實兼之）經典通作“藉”。（帝藉，如《月令》“躬耕帝藉”等是。助耕公田之“藉”，如《周禮》“以興鋤利民”，鄭大夫讀“鋤”爲“藉”，《大疋·韓奕》“實畝實藉”，《王制》：“古者，公田藉而不税。”《左傳·宣六年》：“穀出不過藉。”《魯語》：“先王制土藉田。”等文皆是）有公田百畝，即知民有八家，計公田若干，即知民數有若干，故於農民耕作及穮穫，時王治其事於田間，即民數可定。韋注失之。

3. 陽失而在陰川源必塞

韋注上句云：“在陰，在陰下也。”注下句云：“國依山川，今源塞，故國將亡也。”知同按：上文“陽伏而不能出，陰迫而不能烝”注云：“烝，升也。陰氣在下，陽氣迫之，使不能升也。”上既言陰在陽下，此又言陽在陰下，背舛不可通。蓋所據本誤。《史記·周本紀》《漢書·五行志》載此文皆作“陽失而在陰，原必塞”，以“陰”字屬下句，無“川”字，爲兩漢時本，當依之。但既斷“陰”字下屬，則“陽失而在”句，又不可通。（《索隱》依韋注斷“陰”字屬上讀，不思下“原必塞”原字無所指，不可從）據《説苑·辨物篇》作“陽溢而壯，陰原必塞”，知“失”本作“溢”，因上句“陽失其所”致誤。在本作“壯”，“在”“壯”形近致誤。《史記》《漢書》當本同《説苑》，今係後人依韋本《國語》改。此二句承上“陽伏”“陰迫”二句而言，陽氣本宜散在上，既伏而不能出，故充溢於地中而壯盛，陰氣亦宜隨陽流通於上，既爲陽所迫而不升，故其源閉塞。水者陰也，陰源既塞，則水源亦塞，故下文言“川源塞，塞必竭”。

4. 瞽獻曲

“天子聽政，使公卿至於列士獻詩，瞽獻曲，史獻書”韋注云：

"無目曰瞽。瞽，樂師。曲，樂曲也。史，外史也。《周官》：外史掌三皇五帝之書。"知同按：瞽獻曲，"曲"字今本作"典"，與注不合。宋明道本作"曲"爲是。然三代無以樂章稱爲曲者，至宋玉《對楚王問》始有"其曲彌高，其和彌寡"之言。蓋周秦間始有此名，且既言"瞽獻曲，史獻書"，下文又云"瞽史教誨"，不應複出。韋注下"瞽史"云："瞽，樂太師。史，太史也。掌陰陽天時禮法之書。"以下"史"爲太史，以別於獻書之史爲外史，是矣。而瞽要是樂師，上下無別。蓋"瞽獻曲"三字，韋本誤賸，古本無之。《潛夫論·潛歎篇》云："有周之制，天子聽政，使三公至於列士獻詩，（依魏徵《群書治要》所引，今本"詩"作"典"，非，乃後人涉誤本《國語》"瞽獻典"之文妄改）良史獻書。"文出《國語》，是王符所見本無三字，其"公卿"作"三公"，"史"上有"良"字，或以意增改，或所見本異，皆不可定。

從以上4例來看，鄭知同考校《國語》，幾乎不參校前人的《國語》研究成果。他主要關注三點：1．校勘；2．辨析韋注；3．辨析正文。前者關注版本問題或者流傳問題，後兩者主要是語義方面的問題。考校比較注重引述《説文》成果，這也和他的研究旨趣相應。此外，在《國語》《左傳》內容相同而文字不同的問題上，鄭知同的認識比較通達，認爲當各從本書，不必強合。總體而言，鄭知同的《國語》研究成果對於認識《左傳》和《國語》關係、探討《國語》以及韋昭注是有積極學術意義的。

（十八）于鬯《國語》訓詁考校

于鬯（1854—1910），字醴尊，一字東廂，自號香草，南匯人。一生未仕，致力於學術，曾主持"芸香草堂"，並創辦"治經會"，著有《周易讀異》《尚書讀異》《儀禮讀異》《新定魯論語疏正》《戰國策注》《史記散筆》《香草校書》《香草續校書》等。其《國語》研究成果集中在《香草校書》中。該書對《春秋》四傳的排序依次爲《左傳》《國語》

《穀梁傳》《公羊傳》，這個編排規則可以見出于鬯對《國語》的基本認識，和于鬯《校書》序中所謂"《周書》《大戴》附列"之説相應。于鬯校《國語》共三卷，分別在《香草校書》卷四四、卷四五、卷四六，共109條，其中《周語》22條，《魯語》6條，《齊語》3條，《晉語》40條，《鄭語》4條，《楚語》12條，《吳語》11條，《越語》11條。其校書之例，先標卷次，次撮舉《國語》原文，考辨以"鬯案"另起。

熊焰《于鬯〈春秋〉四傳〈校書〉訓詁研究》揭示于鬯校勘《春秋》四傳内容、條例、特點頗爲細緻。熊焰經過總結統計，認爲于鬯四傳《校書》訓詁主要内容包括：1. 解釋字詞；2. 分析句讀；3. 探討語法；4. 説明修辭；5. 發凡起例；6. 考訂典制；7. 補明史實；8. 校勘文本。揭示于鬯所用訓詁術語包括：1. 揭示虛詞；2. 校勘文本；3. 標明句讀；4. 説明字音；5. 標識聲訓；6. 表明意向。揭示于鬯訓詁方法謂：1. 利用對文，推求詞義；2. 根據異文，比照詁義；3. 聯繫字音，因聲求義；4. 扣緊原文，語境求義；5. 邊檢典籍，集例見義；6. 多種方法綜合運用。揭示于鬯《春秋》四傳校書訓詁特色爲：1. 讀書精審，察幽入微，常能發人之所未發；2. 重視前賢時説，是是非非，當仁不讓于師；3. 較多關注考明史實與解釋詞的所指義；4. 熟悉名物典章制度，重視其於訓詁中之作用；5. 同條之中，往往正誤同存，瑕瑜並見。熊氏所揭示于鬯考校《春秋四傳》的内容、術語、方法、特色等，同樣適用於其《國語》考校。

從内容上而言，于鬯考校《國語》主要涉及校勘文字、訓詁語義、探討韋注等幾個方面。今略舉數例説明如下。

1. 民用莫不震動

鬯案："用"猶言"用是"也，"用是"猶言"由是"也（詁家"由"多訓"用"，王引之《經傳釋詞》云："由可訓爲用，用亦可訓爲由，一聲之轉也。"張嘯山先生《舒藝室隨筆》以"用"爲"申"之倒文，"甬"爲"粤"之倒文）。此承上文而言，故曰"民用是莫不震動恪恭于農"。韋解"用"爲"田器"，誤矣。此

"用"與上文"農用"之"用"絶異。上文"農用"自田器，此"用"自語辭。若云民田器莫不震動恪恭于農，豈可通乎？且田器固可稱"農用"，而不可單稱"用"也。《周書·常訓篇》云："民是乏生。""是"亦猶言"用是"也。此"用是"而但曰"用"，彼"用是"而但曰"是"，古書語辭急省之例，可以比觀。

[按] 韋昭釋"用"爲名詞"田器"。于鬯認爲韋昭的解釋是錯的，此處"用"猶"以"，介詞，先引王引之《經傳釋詞》、張文虎《舒藝室隨筆》之説，以明"用"訓作"以"的理據。所引王引之説出《經傳釋詞》卷一，提出二字用法能够相同的重要理據在於"一聲之轉"。而張文虎則是從字形相近的角度進行證明。近來也有學者進一步從字形相近的角度進行論證。如王興才就認爲："'用''由'之所以能以互訓，除王引之《經傳釋詞》認爲是'一聲之轉'所促成以外，筆者認爲還有可能是因兩字形近而訛所致。'用''由'兩字形體十分相似。從筆畫、筆順及形體等角度看，都有可能導致人們在刻寫和傳抄過程中的誤看、誤寫。因爲不是有文獻中的'衍文''脱文'等現象存在嗎？其實，將'用'與'由'誤看誤寫從而造成二者互用的情況是極有可能發生的。"[①] 尤其王引之《經傳釋詞》的這一論斷，成爲後世"用""由"二字用法、意義相同的重要依據。于鬯首先引用王説，强調理據性。然後聯繫文本，指出上下文語境中"用"字的用法和意義是不同的，使用了替換法和古人辭例進行論證，可謂細膩。關於古人語急省文的問題，先於于鬯的劉淇已經提到，其《助字辨略》卷四云："《國語》注以民用爲田器，恐非。用即用是。但云用者，省文也。"[②] 熊焰説："于氏所言是。惜後人並未採用于氏正確結論，徐元誥《國語集解》釋'用'爲'謂田器也'，來可泓《國語直解》譯此句爲'民衆都揮動農具，恭敬謹慎地從事農業勞動'，薛安勤、王連生《國語譯註》譯作'田器没有不動起

---

① 王興才：《漢語語法和語法化研究》，成都：電子科技大學出版社 2009 年版，第 307 頁。
② （清）劉淇：《助字辨略》，北京：中華書局 1964 年印章錫琛校注本，第 181 頁。

來的，大家都恭敬地勞作'。均因襲韋注謬誤，當正。"① 熊氏之説可從。

2. 固有之乎

邕案："固"當讀爲"古"。《新序·雜事序》"晉平公船人固桑"，《説苑·尊賢苑》作"趙簡子舟人古桑"，是"古""固"二字通用之據。《左·文元年傳》云："君子以爲古。"彼"古"當讀爲"固"，説見彼校。此云"固有之乎"，則"固"當讀爲"古"，王問古有之乎？故下文内史過舉夏商周興亡以對，又結之曰："是皆明神之志者也。"（韋解云：志，記也。見記錄在史籍者也。）是明古有之也。又曰："王曰今是何神也。"彼"今"字正與此"固"字相照，則"固"之讀"古"益明矣。韋此解云："固，猶嘗也。"其意與讀爲"古"當不相遠。然徧考書傳未有訓"嘗"者。《説苑·辨物苑》載此無"固"字，則劉氏亦未察知其借字而刪之矣。

[按] 于邕認爲本處"固"字當通作"古"，先引述《新序》《説苑》記載同一人物而"固""古"不同作爲例證，又以《左傳·文公元年》"古"字當通作"固"作爲輔證，然後通過本文分析進行進一步論證。熊焰謂："于氏謂'固'當讀爲'古'，非是。古籍中'固''古'或可通用，但此處'固'依其常用義即可解釋順暢，不煩改讀。'固'有'素常''本來'之義。《孟子·梁惠王下》：'天下固畏齊之强也。'趙岐注曰：'素畏齊强。'焦循正義曰：'素、固同義。'《國語·越語下》：'道固然乎？'韋昭注：'固，故也。'此'故'取'本來'義。（《荀子·性惡》：'凡禮義者，是生於聖人之僞，非故生於人之性也。'楊倞注：'故，猶本也。'）'固有之乎'猶言'素常有之乎''本來有之乎'。韋昭釋'固'猶'嘗'，即'素常'義，不誤。于氏改讀爲

---

① 熊焰：《于邕〈春秋〉四傳〈校書〉訓詁研究》，北京：中國社會科學出版社 2013 年版，第 189 頁。

'古'，反顯得求之過深，多此一舉。"① 熊焰所言可從，于鬯所論非是。

3. 奉禮義成

鬯案："義"當讀爲"儀"，王引之《經義述聞》已及之。"成"當訓"盛"，王《述》猶未及也。故云"奉行禮儀而有成"也，必須用"而"字作轉，不免迂曲矣。不知"奉禮儀成"與上句"逆王命敬"相對爲文。"敬"字不須用"而"字作轉，則"成"字安得用"而"字作轉乎？《公羊·莊八年傳》云："成者何？盛也。"《釋名·釋言語》云："成，盛也。"則"成"有"盛"義，"盛"諧"成"聲，即讀"成"爲"盛"，亦無不可。"奉禮義成"謂奉行禮儀盛也。奉行禮儀盛者，上文"及期"以下皆是也。韋解云："謂三讓賓饗之屬皆如禮也。"既失上文"如"字之義（見上條），而此"成"字之義亦未得矣。《詩·鹿鳴篇》毛傳云："當有懇誠相招呼以成禮也。"孔義云："定本'成禮'作'盛禮'。"此尤的證。下同。

［按］于鬯認爲本處"義"當通作"儀"，"成"當訓作"盛"。所謂"成當訓'盛'"是改讀爲訓。改讀是于鬯校書的一大特色，今檢其《國語》考校部分"×（當）讀爲×"的判斷就有七處。于鬯先研討王引之《經義述聞》的問題，認爲王引之改"義"讀"儀"是有道理的，但是用"而"字進行語義轉接，反嫌迂曲。接著用對文證明"而"字之不必有。又引述《公羊傳》《釋名》"成"訓作"盛"之説爲證。然後研討句意，最後用《詩·鹿鳴》孔疏作輔證。熊焰謂："于氏根據上下文語義關係，認爲'奉禮義成'與'逆王命敬'相對爲文，故依從王引之説，以'義'當讀爲'儀'，極是。典籍中義、儀相通，不乏用例，如《尚書大傳》卷一：'尚考太室之義，唐爲虞賓。'鄭玄注：'義'當

① 熊焰：《于鬯〈春秋〉四傳〈校書〉訓詁研究》，北京：中國社會科學出版社 2013 年版，第 81 頁。

爲‘儀’。儀，儀禮也。謂祭太室禮，堯爲虞賓之也。’《史記·司馬相如列傳》：‘前聖之所以永保鴻名而常爲稱首用此，宜命掌故悉奏其義而覽焉。’《漢書·司馬相如傳》《文選·司馬相如·封禪文》‘義’並作‘儀’。而于氏以‘成’通‘盛’，則猶有可商。因爲‘逆王命敬，奉禮義成’二句均爲形容晉侯之辭。而‘盛’可用於形容‘禮儀’，却不可用於形容‘奉禮儀’之晉侯。筆者以爲，此‘成’宜讀爲‘誠’，取‘誠摯、真誠’義。一方面，‘誠’與‘敬’對文，詞性既相同，詞類又相類。二句對仗極其工整。另一方面，從語義上來看，‘奉禮義成’是説晉侯奉行禮儀時心意真誠，‘逆王命敬’是説晉侯迎接王命時態度恭敬。其三，成、誠通用，文獻中也有成例，此非孤證。《逸周書·柔武解》：‘以信爲動，以成爲心。’‘以成爲心’即‘以誠爲心’，王念孫以爲‘誠’古通作‘成’。《詩經·小雅·我行其野》‘成不以富，亦祇以異’馬瑞辰《傳箋通釋》曰：‘成即誠之假借。’又朱駿聲《説文通訓定聲·鼎部》亦曰：‘成，叚借爲誠。’”[1] 熊氏之説可從。就《周語上》篇章次序而言，先敘述惠公受命故事，次敘述文公受命故事，二者固然有時間先後的問題，但更主要的還是對照的成分更强烈一些。晉惠公不敬王命、不成禮儀，而晉文公則敬王命、成禮儀。這是一個比照。所謂“成”也就是合乎某種規則下的終了。不必因上文“敬”字而以此處也是一個表心理情態的詞。因爲禮儀是程序化的，形式上的，其檢驗標準即看整個程序是否符合周禮的標準而已。“奉禮儀成”，今諸多儀式之“禮成”，實際上都是基於合乎某種規則前提下的程序完成。高木氏謂晉文公“以公命侯伯之禮”爲僭越，恐怕這裏更能反映周室東遷之後，天子之威日下，能被諸侯國君推重即視爲有禮的明證。

4. 其叔父實應且憎

竺案：“應”蓋讀爲“瘖”，“應”字本作“應”，諧“雍”聲，

---

① 熊焰：《于鬯〈春秋〉四傳〈校書〉訓詁研究》，北京：中國社會科學出版社 2013 年版，第 89—90 頁。

“癰”諧“瘖”省聲，故“應”可讀爲“瘖”也。《詩·小戎篇》云：“虎韔鏤膺。”又云：“秩秩德音。”“應”與“音”叶，亦明“應”與“瘖”聲合矣。《説文·广部》云：“瘖，不能言也。”然則雖憎惡之，又不能言之，謂之應且憎，韋解訓“應猶受”，殆未確。《晉語》云：“懼子之應且增也。”彼“增”爲“憎”字之借，宋庠本正作“憎”。《左·成十三年傳》云：“狄應且憎。”是應且憎乃古人恒語。通諸處觀之，讀“應”爲“瘖”，則義無不通。《晉語》解亦謂“應受”，成《傳》杜解爲“應答”，亦未合也。

［按］于鬯此條仍屬改讀，展轉協聲，殊覺迂曲。但于鬯指出“應且憎乃古人恒語”一點，應屬卓識。熊焰謂：“‘應且憎’之‘應’，歷來言人人殊，聚訟紛紜而無定詁。韋昭訓‘應’猶‘受’，固誤。于氏讀‘應’爲‘瘖’，以‘不能言’釋之，亦非。因爲‘且’於此是一個表示遞進關係的連詞，含有‘不但……而且……’的意思，而無論是‘受’與‘憎’還是‘不能言’與‘憎’，都無法構成更進一層的關係。當代學者吳金華氏以爲‘且’乃‘見’之壞字，‘實應且憎’原作‘實應見憎’。據此，則其義爲‘實應憎我’。文從義順，當爲確詁。”① 筆者搜集各種説法，對“應”的解釋有五種，對“且”的解釋四種，對“憎”字的解釋有兩種。詳參前文董燨《國語》考校部分。此外還包括對“應且憎”的整體認識等。“實應且憎”在裴注《三國志》以及後世的相關文獻中出現多次，已經成爲固定結構使用。《三國志·魏志十三·華歆傳》注引《譜敘》云：“臣與相國曾臣漢朝，心雖悦喜，義形其色，亦懼陛下，實應且憎。”吳金華按云：“‘實應且憎’，謂外表佯爲贊同，内心實憎其廢。《左傳·成公十三年》載吕相絶秦語云：‘狄應且憎。’杜預注：‘言狄雖應答秦，而心實憎秦無信。’《國語·周語中》載周王語云：‘其叔父實應且憎。’韋昭注：‘應，猶受；憎，惡也。’又

---

① 熊焰：《于鬯〈春秋〉四傳〈校書〉訓詁研究》，北京：中國社會科學出版社2013年版，第87頁。

《晉語八》載祁奚語云：'懼子之應且憎也。'韋注：'外應受我，內憎其非。'然則陳群之辭，純係承用古語。《世説新語·方正》注引此文作'實應見憎'，觀其'且'字誤作'見'，則知寫刻者已不明其出典矣。"① 從吳金華教授的這段文字絲毫不出"當代學者吳金華氏以爲'且'乃'見'之壞字，'實應且憎'原作'實應見憎'"的意思。檢視熊氏所參實吳金華教授發表於《南京師大學報》1985 年第 3 期上的《三國志校詁》原文，該文第 8 條即爲熊氏所引文字，審原文爲："'且'字當爲'見'字之壞文，應據《世説新語·方正篇》注引之文校正。"是熊氏所本。但是吳金華教授既然已經在後來的著述中修訂了意見，恐怕還是依照其後來的意見爲是。另外，吳金華《古文獻研究叢稿》中更進一步解釋"實應且憎"爲："'實應且憎'是表面上贊同而内心却厭惡的意思。"② 可見，吳金華教授自己的觀點也是在不斷修訂和變化中的。而《古文獻研究叢稿》中的解釋和韋昭注最爲接近，但比韋昭注用語更爲透脱。所以以"且"爲"見"爲壞字之説實際上是没有的。假如"且"爲"見"字之誤的話，爲什麼文獻當中一直這樣用而没有提出異議者。也正因此，董立章等以"且"讀作"詛"也有其合理性。關於"應且憎"的句法關係也還需要進一步考察，因爲《國語》類似結構二見，另一見在《晉語八》。也就是説，《國語》的兩例"應且憎（增）"的話語主體都有晉人的參與。從《晉語八》韋注"外應受我，内憎其非"的解釋來看，"應且憎"表示表面上接受、内心反感的意思。則"且"仍然是連詞，而"應""憎"是兩種情態，前者是表面上的，後者是内心的，亦即真德秀所謂"口是而心非"。就《周語》本句而言，周襄王假如"班先王之大物以賞私德"，是"亂百度"。作爲臣子的晉文公，即便面對"亂百度"的襄王，雖然内心不滿於他的做法，但是表面上仍然接受周襄王所班的"先王之大物"。這是襄王從晉文公的角度進行假設性陳述。如此而言，則"應且憎"爲聯合結構，作全句的述語成分，"其叔

---

① 吳金華：《三國志校詁》，南京：江蘇古籍出版社 1990 年版，第 91 頁。
② 吳金華：《古文獻研究叢稿》，南京：江蘇教育出版社 1995 年版，第 376 頁。

父"的"叔父"作主語。"且"是連詞表示並列，當然這種並列也可以看成轉折關係。楊伯峻譯此句爲："如果頒發王朝高等儀節來酬報私人恩惠，您也會一面接受一面不滿，責備我的不應該，我難道敢吝惜？"①也可以作爲輔證。

通過以上四例，大體可見于鬯《國語》考校之法式。此外，于鬯還往往揭示韋昭注釋所本。尤其值得重視的是，于鬯能夠在此前學者幾乎一邊倒認爲明道本優於公序本的情況下，仍然具體問題具體分析，做出理性的判斷。如下：

> 三十二年春，宣王伐魯，立孝公，諸侯從是而不睦。宣王欲得國子之能導訓諸侯者。
> 鬯案：明道本如此。蓋韋之舊。然竊謂非也。曷以知韋之舊也。韋解云："導訓諸侯，謂爲州伯者也。"又下文"乃命魯孝公與夷宮"解云："命爲侯伯也。"蓋既言立孝公，則孝公既立矣。而又云"欲得國子之能導訓諸侯者"，不得不謂立州伯矣。故知韋之舊本如此。不然，豈韋不讀《史記·魯世家》乎？《世家》云："周宣王伐魯，殺其君伯御，而問魯公子能道順諸侯者，以爲魯後。"則明謂立孝公爲魯後，是即謂立孝公爲諸侯，非既立爲諸侯而又命之爲州伯也。然則國子者謂魯國諸公子也。能導訓諸侯者，導訓即《世家》謂"道順"。《世家》裴駰集解引徐廣曰："順，一作訓。""順""訓"二字古本通用，《書·洪範》"于帝其訓""是訓是行"，《史記·宋世家》兩"訓"字並作"順"。《周書·常訓篇》"人有常順""順在可變""因民以順民"，三"順"字皆當讀"訓"，此類未可偏徵。蓋謂能導順諸侯之職者。故下文云"然則能訓治其民矣"，即是能導順諸侯之職也，而不曰能順治諸侯也（"訓"實亦當讀"順"，但義得兩通）。宋庠《補音》本以"三十二年春，宣王伐魯，立孝公，諸侯從是而不睦"十九字繫於上章之末，以"宣王欲

得國子之能導訓諸侯者"句爲章首。如此則"立孝公"句自在前章，初無礙於此章之義，而義從《世家》，無疑矣。故知雖韋本之舊而竊謂其非也。凡公序本不及明道本之善，而分章往往勝明道本。如《晉語二》"驪姬賂二五使言於公"必當別爲一章者，而明道本不分，公序本分之。至於不當別章，而明道本輒分之者尤多，如"宰孔謂其御曰"章、"齊侯妻之"章、"姜與子犯謀"章、"衛文公有邢狄之虞"章、"曹共公亦不禮焉"章，不勝悉舉。公序本皆不分，此皆公序勝於明道者也（惟"秦饑"章、"六年秦定"章似公序不分）。抑此章章首，妄意實有闕文，故或以上章之末補之，蓋亦當如《世家》謂"宣王伐魯，殺其君伯御"，然後接"宣王欲得國子之能導訓諸侯者"句，方爲完備。止可言"殺伯御"，未可言"立孝公"也。

在清代學者絕大多數依從明道本的前提下，于鬯從分章的角度，認爲公序本優於明道本，揭其善處。俞志慧《國語分章商兌》亦以本章從公序本，可謂于鬯同調。

于鬯在《香草校書》序言中講到："自高郵《述聞》後有德清《平議》。德清《平議》後有此書。《平議》視《述聞》若有時過焉者，然力不逮矣。是書視《平議》若有時過焉者，力更不逮矣。"可見，于鬯對自己的學術成就是有清醒認知和理性評價的。根據熊焰統計，于鬯考辨《左傳》《國語》《公羊》《穀梁》四書共 405 條，七種"所得結論可信者 174 條，不足以信從者 156 條，正誤參半者 16 條，可備一說、有待進一步考察者 59 條"[1]，可信者占到 43%，不可信者占到 38%。如果把王引之《經義述聞》、俞樾《群經平議》、于鬯《香草校書》考辨《國語》條目可信從度做一個排序的話，王引之之說大致可信度占十之八九、俞樾之說可信度占十之六七，而于鬯考校之可信從度則僅有十之四

---

① 熊焰：《于鬯〈春秋〉四傳〈校書〉訓詁研究》，北京：中國社會科學出版社 2013 年版，第 223 頁。

五。但于邽在古書考校方面所下的功夫，對待學問的審慎態度，仍然值得我們學習和借鑒。

（十九）陳偉《國語》訓詁考校

陳偉（1840—1889），字耐安，號愚慮，諸暨人。同治十二年（1873）拔貢，光緒元年（1875）恩科舉人。曾從學俞樾於詁經精舍，著有《食古録》《居求録》《待質録》《愚慮録》等。俞樾《陳耐安庵所著書序》云："所著《愚慮録》五卷説經甚精。"① 謝國楨所撰《耐安類稿》提要中謂陳偉"少肄業於詁經精舍，屢試不第，刻意經術，以授徒力田自活。入夜讀書，聞雞乃止。考求經訓，證之以注疏、《説文》，每析一義，必求其當而後止。平日自道以漢學爲宋學，持身力行，一主於正"②。司馬朝軍謂《愚慮録》云："此書用編年體，起光緒十年（1884），迄光緒十五年（1889），每文之下注年月。以前三年爲多，後二年較少，己丑僅一條。編次失當，應以經書爲綱。其書頗有心得，'偉按'多達四百餘次，然好駁舊注，是其一短。此書爲經義筆記，似應入群經總義類。"③ 今檢上海圖書館編《中國叢書綜録（二）》、王紹曾主編《清史藝文志拾遺》、李晴編《新疆大學圖書館藏古籍書目（第3輯）》即列陳偉《愚慮録》於經部群經總義類④，與司馬朝軍之説可相呼應。陳氏考辨《國語》部分在《愚慮録》卷一，其中《周語》18 條、《魯語》9 條、《齊語》3 條、《晉語》53 條、《鄭語》3 條、《楚語》8 條、《吳語》7 條、《越語》1 條，合共 102 條。審其考辨，約分幾端：（1）辨明文字關係；（2）辨別語義；（3）考辨人物；（4）考辨韋注；

① （清）俞樾：《陳耐安庵所著書序》，見載於《春在堂雜文》卷六，沈雲龍主編《近代中國史料叢刊》第 42 輯，臺北：文海出版社 1973 年版，本卷第 26—27 頁。

② 吳格等整理：《續修四庫全書總目提要·叢書部》，北京：北京圖書館出版社 2010 年版，第662 頁。

③ 司馬朝軍：《續修四庫全書雜家類提要》，北京：商務印書館 2013 年版，第 328 頁。

④ 上海圖書館編《中國叢書綜録（二）》，上海：上海古籍出版社 1982 年版，第 177 頁；王紹曾主編《清史藝文志拾遺》，北京：中華書局 2000 年版，第 174 頁；李晴編《新疆大學圖書館藏古籍書目（第 3 輯）》，烏魯木齊：新疆大學出版社 1996 年版，第 23 頁。

（5）校勘訛脱、錯簡等；（6）甄別去取。確如司馬氏所説"頗有心得"。今撮舉數條，以見其大略。

1. 夫兵戢而時動，動則威
韋解：戢，聚也。威，畏也。時動，謂三時務農一時講武。
偉按：戢，藏也（見《左氏·宣十二年》杜解）。威，謂嚴威。《禮》曰："當其可之謂。"時《詩》有《六月》，不必皆在冬一時也（十月下同）。

［按］賈逵即釋"戢"爲"藏"，其實，"聚""斂""藏"三者義近，無論釋"戢"爲三者中哪一個，都是符合語境的。

2. 陰陽分布，震雷出滯
解：陰陽分，日夜同也。
按：謂盦易之气分散宣布。

［按］有的學者認爲，春分、秋分時候陰陽均等，故謂"陰陽分布"①，這是把"分布"看作狀中關係。而陳偉則是把"分布"看成並列關係。就《國語》本處而言，恐以看作狀中關係更合語境。

3. 今天子欲修先王之緒，而棄其大功，匱神之祀而困民之財
解：困民之財，取於民也。
按：王棄農功，則民亦懈於時，而必至乏財，是乃王困之也。觀上"民用莫不震動，恪恭於農"至"財用不乏"一段可見。

［按］陳偉和韋昭的認識角度不同，韋昭認爲民財困是由於天子取

___

① 唐明邦、程静宇主編：《中國古代哲學名著選讀》，武漢：武漢大學出版社1988年版，第36頁。

民之財所致，陳偉則認爲由於“王棄農功，則民亦懈於時”所致，陳偉謂自己的結論是通過上文得出，蓋上文有“不解於時，財用不乏，民用和同”之句①，“不解于時”則“財用不乏”，“解于時”則民財困就顯得順理成章。此處亦謂“棄其大功”，可見陳偉之説是有道理的。

4．請隧焉

解以賈云“隧，王之葬禮，闕地通路曰隧”者爲非，而改訓“隧，六隧也”。按：隧，即“遂”字。《説文》有“遂”無“隧”，韋説亦古。然以下文“死生之服物采章”及“備物大章”及“叔父有地而隧焉，余安能知之”等語觀之，似賈義爲長。《左傳》杜解同賈。

［按］陳偉解決本處問題，仍然通過上下文語境來推求語義。許子濱通過梳理古今各種説法，最終認定賈逵注最爲可信②，可和陳偉之説相呼應。

5．思身能信

解：《易》曰：體信足以長人。

按：今本《周易》作“體仁”。《釋文》：“體仁，京房、荀爽、董遇作‘體信’。”

［按］本條屬於異文校勘。《經典釋文》舉出京房等《易》與今本《易》文字不同。陸志韋認爲，“信”古字作“㥶”，與“仁”爲異文，

---

① 吾淳認爲：“財用也已經成爲這一時期一個很重要的用法。財用這一用法的出現應當與經濟生活或財富累積有著密切的關係，它應當也是這一時期社會發展的觀念結果。”（氏著《中國哲學的起源—前諸子時期觀念、概念、思想的發生發展與成型的歷史（修訂版）》，上海：上海人民出版社2015年版，第495頁）可參。

② 許子濱：《〈左傳〉“請隧”解》，見載於單周堯、陸鏡光主編《語言文字學研究》，北京：中國社會科學出版社2005年版，第81—89頁。

故"信""仁"形譌①。吴辛丑則指出,"'㥼'(信)與'㥼'(仁)屬於異字同形現象。"並且進一步指出"信""仁"屬於混用。②虞萬里在探討上博簡"上好㥼"之"㥼"字時,引"君子體仁"與《釋文》"體信",並且推斷:"追溯從心、身聲之字形,當爲'仁'之異體,或因其韻與'信'相同,且其形又與'信'之異體從言、身聲之形相仿佛,古人有'言爲心聲'之説,其形聲字之從心、從言者每多互替,遂以同字而通用之,或以爲音近而借用之。"③對於解決"體仁""體信"異文的成因,具有一定參考意義。

6. 老請守龜

解:守龜,卜人也。

按:《左氏·昭五年傳》:"國之守龜,其何事不卜?"(《禮·表記》:"諸侯有守筮。"鄭注:"守國之筮。"義亦同。)此文義當同之,不指守此龜之人,言蓋冢不寶龜,故老請守龜於朝而卜之。敬姜守禮,自與文仲輩不同。

[按] 韋昭釋"守龜"爲職任,陳偉引《左傳》釋"守龜"爲祭祀所用龜。汪遠孫也引《左傳》爲例,並謂《左傳》"守龜"與《國語》本處"守龜"同,是陳偉之説與汪遠孫同。王欣夫謂:"龜爲四靈之一,古者天子有寶龜,諸侯有守龜,以國寶視之。而《周禮·太卜》以邦事作龜之八命,凡國之大事,莫不卜以決吉凶。蓋龜之爲重若是。"④可證陳偉之説的合理性。

---

① 陸志韋:《經典釋文異文分析》,《陸志韋語言學著作集》(二),北京:中華書局1999年版,第551—647頁。

② 吴辛丑:《簡帛典籍異文研究》,廣州:中山大學出版社2002年版,第28頁。

③ 虞萬里:《上博簡、郭店簡〈淄衣〉與傳本合校拾遺》,見載於上海大學古代文明研究中心、清華大學思想文化研究所編《上博館藏戰國楚竹書研究》,上海:上海書店出版社2002年版,第426—439頁。

④ 王欣夫:《〈釋龜〉二卷》,見載於張金吾著《愛日精廬文稿》,南京:鳳凰出版社2015年版,第120頁。

7. 修舊法，擇其善者而業用之

解：業，創也。

按：既云"修舊法"，則不當云創。《爾雅》："業，敘也。"敘
用之，謂次弟用之也。下《晉語》"則民從事有業"解："業，猶次
也。"此當略同。

[按] 馮友蘭先生亦謂"業字費解"①。王引之《經義述聞》卷二六
謂《齊語》本句當釋爲："言擇舊法之善者而次敘用之也。（韋注：'業
猶創也。'失之）《晉語》曰：'信於事，則民從事有業。'韋注：'業猶
次也。'次猶敘也。"② 陳偉之説與王引之同。王念孫《讀書雜志》則釋
《齊語》此處"業"字爲"始"，與王引之《經義述聞》不同。郭鵬飛
認爲："文意是管仲對桓公行以霸術，提出分四民而居，以鞏固民生，發
展國力；又用事於諸侯之前，要'作内政而寄軍令'。此皆嚴法新猷。
桓公急於統合諸侯之志，溢於言表。因此，管仲謂'修舊法，擇其善者
而業用之'之'業'若釋爲'次序'，恐不合桓公心意，且'擇舊法而
次敘用之'，頗爲累贅，'業'字可有可無。韋昭訓'業'爲'創'，並
非無理，然'創新'或'創始'義於此亦稍覺突兀。竊以爲此'業'應
訓作'纂'，或作'修'。"③ 對於王引之、陳偉所引《晉語》"民從事有
業"的證據，郭鵬飛也進行了辨析，謂："文意是晉文公問救濟饑荒之
法，箕鄭對之曰'信'。衡諸文意，'信'爲國政之本，定而恒久，臣民
無所動心。'信於事，則民從事有業'，若從韋注，'民從事有其次敘'
與'信於事'無甚關係。王説可堪商榷。此'業'當爲'事業'，爲君
令有信，則民守其常業。"並舉《逸周書·史記解》"事無故業"潘振注
"政事無舊業"爲證。又謂訓"業"爲"敘"古書用例甚少。其説可參。

① 馮友蘭：《論管仲》，《哲學研究》編輯部編《中國哲學史論文集》第1輯，濟南：山東人
民出版社1979年版，第95—106頁。

② （清）王引之：《經義述聞》，上海：上海古籍出版社2016年點校本，第1563—1564頁。

③ 郭鵬飛：《王引之〈經義述聞·爾雅〉札記二則》，香港嶺南大學中文系編《嶺南學報：經
學的傳承與開拓》（復刊第3輯），上海：上海古籍出版社2015年版，第95—106頁。

以上七例，可見陳偉考校《國語》之大略，大致以《國語》本書作爲主要對象，徵引小學書、《左傳》爲參照，注重《國語》本書的前後互證。和鄭知同一樣，陳偉對前此《國語》研究關注很少。但是其考校《國語》條目仍具有學術價值。

（二十）譚澐《國語》地理訓詁考校

譚澐，湘潭人。同治十三年（1874）由桃源縣教諭轉任郴州學正。著有《禹貢章句》四卷、《古今冬至表》四卷、《春秋日月表》四卷、《國語釋地》四卷、《孟子辨證》二卷。此外，還參與過《同治陽城縣志》《光緒湘潭縣志》等方志的編纂，其中《湘潭縣志》還引述了譚澐的《湘潭古城考》。謝國楨所撰"味義根齋全書五種十八卷提要"云：

> 清光緒庚申味義根齋刻本。
>
> 清譚澐撰輯。澐，湘潭人，事跡不詳。長經史推步之學，嘗以《尚書·禹貢》，自漢以來，諸家注釋互有異同，得失參半，兼以山川形勢，古今變遷，地名又數改易，用是參考衆説，綜輯群書，推表山川，支分節解，然後此書首尾條理分晰，脈絡貫通，州域山川皆昭然可見，爰成《禹貢章句》兩卷。《春秋日月考》則推自隱公己未，迄哀公壬戌二百四十年間之朔望，足訂前史之誤。《國語釋地》則以韋解詳備有體，可稱一家之學，獨惜其於地理尚多闕略，因按籍推圖，詳爲考訂，以指示諸生。《古今冬至表》，爲續《春秋日月考》而作。大抵譚氏之學精於曆算，其所著諸書，皆爲考訂經史，有裨實用之學。據《國語釋地》序，稱其在彬陽課士，則澐亦積學之士也。①

介紹譚氏著述多種，對譚氏《國語釋地》一書，亦僅介紹大略而已。

① 吳格等整理：《續修四庫全書總目提要·叢書部》，北京：北京圖書館出版社2010年版，第671頁。

孔祥軍《清儒地理考據研究·先秦卷》對譚澐《國語釋地》有介紹，謂："是書專釋《國語》所涉地名，而偶作考證，考證之法以徵引舊説與辨方析理爲主，雖非辨極精微，然亦間有可采。"① 並進而指出譚澐對先秦同名異地現象多有考辨，並運用從音韻角度推考故地所在、細繹地理方位等方法，對杜預地理等多有駁正。列舉了《國語釋地》八條考辨作爲具體的説明用例②。張以仁《國語集證》、楊寬《西周列國考》都曾引述過譚澐《國語釋地》的相關條目。譚澐的相關著作，除了孔祥軍對《國語釋地》略作介紹之外，其他的尚無研究，也無整理。

《國語釋地》有郴州學署光緒三年（1877）本、味義根齋光緒六年（1880）本、民國抄本三種版本，以味義根齋本流通最廣。今檢《味義根齋全書》本《國語釋地》，以《周語》《魯語》爲一卷，《齊語》《晉語》爲一卷，《鄭語》《楚語》《吳語》《越語》爲一卷，其中《周語》66 條、《魯語》31 條、《齊語》31 條、《晉語》95 條、《鄭語》22 條、《楚語》39 條、《吳語》17 條、《越語》6 條，共 307 條。先引韋昭解，次及《水經注》等地理著作，或直接釋以今名，言其具體方位等，對研究《國語》地名以及地理具有一定價值。書前有序云：

> 曩讀書山齋，諸生從遊。有誦《國語》者，有疑義，輒以相質。竊謂韋昭註解詳備有體，可稱一家名學，獨惜其於地理尚多闕略。因按籍披圖，詳加考訂，以指示諸生。然草創粗具，未能成書也。光緒乙亥既來閩，閲課之餘，偶檢篋中，尋得舊藁。爰删其繁蕪，次其先後，輯成此編。蓋不欲遺棄舊聞，非敢當著述之目也。湘潭譚澐序。

該序揭明了《國語釋地》撰作的動因、目的，成書時間等等。從序文可知，該書之撰，起因於學生有以《國語》地理問題相質者。作者認

---

① 孔祥軍：《清儒地理考據研究第一冊·先秦卷》，濟南：齊魯書社 2015 年版，第 212 頁。
② 孔祥軍：《清儒地理考據研究第一冊·先秦卷》，濟南：齊魯書社 2015 年版，第 212—216 頁。

爲韋昭對於《國語》地理問題"尚多闕略",故詳爲考訂,以指導學生。但是成書時間却在光緒乙亥(1875)作者到福建之後,這和《國語釋地》的刊刻時間也相符。

今舉幾例,以見其考辨具體情形。

1. 周氏,黄帝之苗裔,姬姓,后稷之後也。

后稷封於邰,及夏之衰,后稷之後不窋失其官守,竄於西戎。再傳至公劉,立國於邠。及太王,爲狄所逼,去邠遷岐。文王滅崇,作豐邑。武王克殷而王有天下,居鎬京。及幽王見弑於犬戎,平王遷洛邑,都王城。平王四十九年,魯隱公之元年。敬王又都成周。敬王三十九年,魯哀十四年,獲麟之歲也。貞定王元年,《春秋》之傳終矣。貞定王以下十世二百二十六年,而周亡。(自周至越,凡八國始末大略皆本杜氏《世族譜》,然亦不盡從杜氏説)

[按]《國語舊音》引杜預《世族譜》云:"黄帝之苗裔,姬姓,后稷之後,封於邰。及衰,稷子不窋失職,竄於西戎。至十二代孫曰大王,爲狄逼,遷岐。至孫文王受命,武王克殷而有天下。至幽王,爲犬戎所殺。平王東遷,乃居王城。"此即譚澐"自周至越,凡八國始末大略皆本杜氏《世族譜》,然亦不盡從杜氏説"之本。是又約略後來史實而明之。至何光岳《周源流史》前言對於周始末之梳理,不過是譚澐本段内容的具體化和進一步條理化。

2. 穆王將征犬戎

韋昭解云:"犬戎、西戎之别名,在荒服。"又"戎狄荒服"解云:"戎狄去王城四千五百里至五千里也。"澐案:西周都鎬京,於九州偏在西方。犬戎在雍州邊裔,去鎬京近而爲荒服者。沙隨程氏曰:《禹貢》冀州之北,不可畫五服之地。《周官》:雍州之西不可畫九畿之地。而鄭氏鍔云:九州各以其山川界畫,而九畿自王畿出,四面畫之,地形不可整方,九服闊狹,相補而足。然則犬戎雖在荒服，不必果有四千五百餘里之遠，故犬戎氏世以其職來王，而穆王以其去畿甸近，欲以不享征之，使之同於賓服也。

［按］本條首先指出鎬京的地理位置，並指出韋昭以方圓釋具體距離是錯誤的。根據譚澐所引舊説，最終認定雖然犬戎在荒服，但荒服不必真距王城四千五百里至五千里遠。並以祭公謀父"賓服者享"之言爲依據，認爲周穆王征犬戎，實際上是把犬戎等同於賓服之内了。

　　3. 祭公謀父
　　解云："祭，畿内國名。"案：王朝卿士大夫，世食其采邑而供職貢於王者，謂之畿内諸侯。《括地志》云："祭城在鄭州管城縣東北十五里。"管城，今河南開封府鄭州也。

［按］此處引《括地志》之言實出《史記正義》。從譚其驤(1911—1992)主編的《中國歷史地圖集》（第一册）鄭國地圖上看，有二祭：一在今鄭州東北，距鄭州較近；一在鄭州西北，距鄭州較遠。檢《中國歷史大辭典·先秦卷》謂祭爲商之方國，後爲周之方國，此後爲祭公謀父封地，處今鄭州東北。今鄭州市金市區原祭城鎮祭城村，即在鄭東新區 CBD 商務區東北部，有祭伯城。譚澐引述《括地志》，並進一步指出管城所在。

　　4. 召公告王
　　召，畿内國名，今陝西鳳翔府岐山縣西南十里有召亭。京相璠曰："亭在周城南五十里。"

［按］引京相璠之説出《水經注·渭水》。從上文引《括地志》與本條來看，《國語釋地》引述古籍中引述之言，往往不再標明原來出處，給人造成《國語釋地》所用爲第一手資料的假象。這種情況，在董增齡《國語正義》中也屢屢見之。吳曾祺《國語韋解補正》、徐元誥《國語集

解》的著述也存在此類問題。

5. 厲王説榮夷公

解云："榮，國名。夷，謚也。"案：榮，今不知所在，蓋亦畿內之國也。《路史》以河南鞏縣西之榮錡澗，未知是否？

[按] 對於榮國所在，譚澐首先揭出榮國已不知所在，推斷應爲畿內之國。最後引述了《路史》的説法，但又對《路史》説法未能完全信從。張以仁《國語集證》謂："榮地未詳，當在王畿之內。"[①] 當即本《國語釋地》爲説。現代學者中，最早對榮伯封邑地址進行進一步推定的當是郭沫若《周公簋釋文》[②]。錢林書則謂榮爲西周畿內封國，在今陝西户縣西[③]。

6. 三年乃流王于彘

彘城，今山西霍縣。

[按] 因沿革明確，故本條不事徵引，直接釋文。

7. 戰於千畝

《左氏春秋傳·桓公三年》云："其弟以千畝之戰生。"顧氏炎武曰："杜謂西河界休縣南有地名千畝，非也。穆侯時，晉境不得至界休。《史記·趙世家》'周宣王伐戎及千畝戰'正義曰：'《括地志》云：千畝，原在晉州岳陽縣北九十里。'"澐案：岳陽縣今屬山西平陽府，晉穆侯之戰在此地。張守節以證宣王伐戎之戰則誤矣。

① 張以仁：《張以仁先秦史論集》，上海：上海古籍出版社 2010 年版，第 432 頁。
② 郭沫若：《周公簋釋文》，見載於氏著《金文叢考》，北京：新華出版社 1954 年版，第 302—309 頁。
③ 中國歷史大辭典·歷史地理卷編委會：《中國歷史大辭典·歷史地理卷》，上海：上海辭書出版社 1996 年版，第 601 頁。

姜戎在周之西，豈宣王西伐姜戎而東戰於晉之千畝原乎？蓋周別有千畝在姜戎之地耳。（界休故城在今汾州府介休縣東南十五里）

［按］孔祥軍認爲：“同名異地是先秦地理最爲常見的現象之義，譚氏於此亦有所得。”“此條譚氏先引顧氏之説引出千畝有兩説，一在介休，一在岳陽。此兩説實際上都與《左傳》有關，而以後者爲確，但《國語》所言宣王戰姜戎之千畝又另爲一地，不屬河東。此戰之後，宣王料民於太原，此太原地近鎬京，譚氏所謂‘在姜戎之地’確有道理。”① 許兆昌、劉濤《周代“千畝”地望考》認爲：“《國語·周語上》和清華簡《系年》中所載周人籍禮中的‘千畝’，以及與之相關的周宣王千畝之戰中的“千畝”當從孔晁、汪遠孫及楊伯峻先生所説，其爲一地名，地望在西周都城附近。”“文獻所載周人籍禮中‘千畝’的地望應在西周都城鎬京附近，‘晉穆侯千畝之戰’中‘千畝’的地望在西周晉國，前者是隨著周人遷徙從後者遷移而來，且兩者都與周人的農作文化有關。倘若明白於此，文獻中有關周人籍禮及晉穆侯千畝之戰的記載，便犁然可解。”②

8. 樊仲山甫

樊，一名陽樊，仲山甫采邑。《晉語》所謂“陽有樊仲之官守”者也。今河南懷慶府濟源縣東南三十八里有陽樊城。

［按］本條不僅釋地名，還引《國語》他處文字以爲輔證。汪遠孫雖未專門解釋《國語》地名，而於本條頗有考釋，謂：

《續漢書·郡國志》：“河內郡脩武陽樊。”劉昭引服虔曰：“樊仲山之所居，故名陽樊。”案《國語》云：“陽有樊仲之官守焉。”

① 孔祥軍：《清儒地理考據研究第一册·先秦卷》，濟南：齊魯書社2015年版，第211頁。
② 許兆昌、劉濤：《周代“千畝”地望考》，《古代文明》2014年第2期，第41—46頁。

"陽",《内傳》作"陽樊",今河南濟源縣地,在周東都畿内,仲山父所封之地在此。此封邑,非采地。韋云"食采於樊"恐未是。或謂王卿士無有侯爵,士不以東都之侯爲王卿士,食采當爲西都畿内,説者遂以漢杜縣之樊鄉爲仲山父所封,此一誤也(見《史記·周紀》正義引《括地志》);"陽樊",《内傳》一曰"南陽",説者遂誤爲漢之南陽郡,故以樊城在今湖北襄陽縣境者爲仲山甫封,因氏國焉,此又一誤也(見《水經·沔水注》及"比水"注引司馬彪説)。諸説皆不足據,當以服子慎爲定論。

汪遠孫的解説似更全面而可從。《中國歷史大辭典·歷史地理卷》"樊"字條云:"①西周畿内封國。在今陝西長安縣東南。《國語·周語上》有樊仲山父諫宣王立戲(魯懿公)事。一説即陽樊。在今河南濟源市西南。②亦作陽樊。春秋周邑,初屬鄭,後又屬晉。在今河南濟源市西南。蓋樊東徙於陽邑,故名。《左傳》隱公十一年(前712):周與鄭人蘇忿生之田十二,樊居其一。又僖公二十五年(前635),周襄王賜晉文公陽樊之田。"① 可見歷史地理研究學者對於樊仲山父的采邑和晉文公受賜的陽樊是一地還是二地,也還没有確定結論。

9. 宣王既喪南國之師,乃料民於太原

喪南國之師,蓋宣王征討南國而喪師耳,其事無考。南國,或荊蠻,或淮夷徐戎,皆不可知。若姜戎乃西戎,非南國也。解謂敗於姜戎時所失,非也。太原,顧氏曰:"《詩》'薄伐玁狁,至于太原。'計周禦玁狁,必在涇原之間。"今案:漢安定郡治高平縣,後廢,元魏改置平高。唐初,爲原州治,故城在平涼府固原州西南四十里。《小爾雅》云:"高平謂之太原。"則太原即今固原州也。

① 中國歷史大辭典·歷史地理卷編委會:《中國歷史大辭典·歷史地理卷》,上海:上海辭書出版社1996年版,第998頁。

［按］本條對史實、南國皆有所辨析，並結合前文姜戎之詩，認爲此處“南國”費解。另外，引述顧炎武之説仍出《日知録》。後加案語釋太原地理沿革，並根據《小爾雅》注文認爲“太原”只是一個普通稱謂，非今所謂太原。這裏的釋地還以訓詁作爲依據。

10．昔伊洛竭而商亡

伊水，今出河南陝州盧氏縣東南百六十里悶頓嶺北，至河南府偃師縣西入洛。洛水，今出陝西商州西北一百二十里冢嶺山，東流至河南河南府鞏縣東北入河。

［按］本條釋水道，涉及發源地、流經區域以及最終匯入地。

11．周乃東遷

東遷洛邑，王城也。在今河南府洛陽縣。周室之初，文王居豐，武王居鎬。至成王時，周公始營洛邑，爲時會諸侯之所。自是謂豐、鎬爲西都，而洛邑爲東都。及幽王，爲犬戎所滅，諸侯共立王太子宜臼，是爲平王，徙居東都。王城豐，故崇國，在西安府鄠縣。鎬京，在長安縣。王城者，《洛誥》所謂“澗水東、瀍水西”也。今洛陽城內西偏即王城故址。

［按］此處補釋《國語》本文。結合史實材料對周都城沿革、建立以及舊址所在進行了梳理。

12．回禄信於聆隧

聆隧，銒山之隧，一名銒隥。《水經·汾水注》云：“天井水出東陘山西南，北有長嶺，嶺上東西有通道，即銒隥也。”《穆天子傳》曰：“乙酉，天子西絶銒隥，西南至于鹽。”是也。案：銒隥在今翼城、沁水二縣界，即烏嶺。（平陽府翼城縣東三十五里，澤州府沁水縣西四十里）《後漢書·楊賜傳》引作“黔遂”（《竹書》：“帝

癸三十年冬，聆遂災。""聆"作"聆"。《説苑》引《國語》作
"亭隧")。

[按] 此處先揭示異名。又引《水經注》《穆天子傳》以明異名出處。
加案語解釋今地所在。又釋"聆隧"異文。兼有校勘《國語》之意。

13. 二十一年，以諸侯朝王於衡雝，且獻楚捷，遂爲踐土之盟
解云："衡雝、踐土皆鄭地。"是也。又云："在今河南温縣。"
則非也。温縣是時屬晉，不屬鄭。據《春秋左傳》"晉侯以五月癸
丑盟諸侯於踐土。至六月壬午始濟河北"，則衡雝、踐土在河之南，
不在河内之温矣。衡雝在今懷慶府原武縣西北五里。踐土，《括地
志》云："滎澤縣西北十五里有王宫城。城内東北隅有踐土臺。"滎
陽，今屬河南開封府。

[按] 本條指出韋注之非。

14. 陳有大姬
陳，侯爵，嬀姓，舜後，在今河南陳州府淮寧縣。

[按] 此釋國家所在，兼釋國君之爵及其來源。
譚澐《國語釋地》屬於地理專門研究。仇利萍總結譚澐内容爲三個
方面，即考察八"語"之歷史、古今地名沿革、山川水道變遷等單個方
面。又謂譚澐考證《國語》地理"不但承繼了當時綜考文獻、發異抉疑
的乾嘉之風，還能够不囿前賢而有所通變，注意證古與徵今並重，展現
出實事求是的學術精神"，對《國語》和韋注有補充匡正之功。① 前此有
劉城專門輯録《國語》地名，只是彙録，缺乏考證。又洪亮吉在研究歷

① 仇利萍、黄俊棚：《援古與通變：譚澐〈國語釋地〉考釋成就析論》，《中華文化論壇》
2020 年第 4 期，第 112—118 頁。

史地理的基礎上，有專門研究《國語》地名的計劃，然終未能成。譚澐的《國語釋地》彌補了這一不足，開出《國語》研究的新領域。

（二十一）吳曾祺《國語》訓詁考校

吳曾祺（1852—1929）爲晚近著名出版家、文章學家，福建侯官人①。著述頗豐。吳氏的《國語韋解補正》由上海商務印書館初版於清宣統元年乙酉（1909）六月，四冊。此外還有宣統三年（1911）正月第三版、宣統三年四月四版、民國三年（1914）六月七版、民國四年（1915）十二月十版、民國六年（1917）三月十一版、民國九年（1920）本、民國十二年（1923）八月十三版、民國十五年（1926）二月十四版、民國十六年（1927）八月十五版、民國二十二年（1933）十月國難後第一版。各版內容相同，依次爲：韋敘、《國語韋解補正》敘、凡例、周語上、周語中、周語下（第一冊）；魯語上至晉語三（第二冊）；晉語四至晉語九（第三冊）；鄭語至越語下（第四冊）。民國二十二年十月國難後第一版分上下冊，上冊至《晉語三》，其餘爲下冊。全錄《國語》正文及韋注，凡有可商者，於《國語》正文或韋注下加 “案” 字以相區別。每卷自爲頁碼。書由吳曾祺著，海鹽朱元善校訂②。此後不斷重印，發行量極大，對《國語》有普及傳播之功。吳曾祺《國語韋解補正自序》先述《國語》成書，次述其與《春秋》《左傳》的關係及其得名

---

① 關於吳曾祺的生卒年月，各書記載並不一致，其生年有 1850 和 1852 兩種，其卒年有記載作不詳者，另有 1922 和 1929 兩種。慈波《選文與論文：從〈涵芬樓古今文鈔〉到〈涵芬樓文談〉》根據吳氏《漪香山館文集》中《易箴》自注 “雖癸未（1883），余春秋三十有二” 以及潘祖鐘所撰《吳曾祺》言其卒於己巳（1929）八月十八日，今取此說。慈波文見《社會科學研究》2010 年第 6 期。

② 朱元善，筆名赤民、赤萌、天民，浙江海鹽人。民國元年前後入商務印書館編譯所，曾任編譯所雜志部部長，主編《教育雜志》《少年雜志》《學生雜志》《亞泉雜志》等，著有《兒童研究》，編有《教育研究實用主義問題》《天才教育論》《學校生活指導法》《學習與心理》《學校之社會的訓練》《公民教育論》《圖書館管理法》《勤勞教育論》《小學商業科教授法》等，譯有《英國少年義勇團》《職業教育真義》等，校訂《國語韋解補正》《手工教授法》《童子軍斥候必攜》《蒙台梭利教育法》等，發表了一些教育論文。王有亮編《〈教育雜志〉與近代教育考論》（北京：中央民族大學出版社 2012 年版，第 75—98 頁）、劉宗靈《媒介與學生：思想、文化與社會變遷中的〈學生雜志〉（1914—1931）》（成都：四川大學出版社 2017 年版，第 50—55 頁）有較詳細介紹，可參。

"外傳"之由來,再述司馬遷以來對《國語》作者爲左丘明之然疑,次述漢魏時期《國語》之研究以及韋注之内容、特點,次述清代《國語》研究之大略,最後述以撰作緣起以及著力所在。

吳曾祺《國語韋解補正》雖然號稱以黄刊明道本爲底本,實際上已經根據《國語》公序本對黄刊明道本《國語》本文進行了改易,共加案語 1042 條。就其所加案語而言,大體可分爲這樣幾個方面:(一)解釋韋注未及者,是爲補釋;(二)認爲韋注有誤而加案斷者,是爲辨正;(三)言文字之正俗、通假、訛誤者;(四)釋句法;(五)釋篇章分合;(六)釋地名;(七)明公序本與明道本之異。其案語多引王引之《經義述聞》、董增齡《國語正義》、黄丕烈《校刊韋氏解明道本國語札記》、汪遠孫《國語明道本考異》、汪遠孫《國語發正》等諸家之説,有些注出,有些没有注出。① 今撮録數條,略爲辨析,以見其《國語》考校之大致。

    1. 小醜備物,終必亡
    韋注:言德小而物備,終取之,必以亡。
    吳案:謂終至於亡,注"取之"二字不合。(《周語上》)

[按]本條對韋昭注進行駁正。按照吳曾祺的看法,本句"終"字爲時間副詞,亦可通。但是韋注似未可言"不合"。韋注之所以釋爲"取之"者,以語境爲三女奔之,此所謂"物備";密康公取之而未獻於王也,是所謂"終取之"。韋注以"言"字起,標明本句注文爲串講,非字字對應爲釋。徐元誥《集解》引吳氏爲説,實亦未解韋注之義。

    2. 王公立飫,則有房烝
    韋注:王,天子。公,諸侯。禮之立成者爲飫。房,大俎也。《詩》云:"籩豆大房。"謂半解其體,升之房也。

---

① 詳參拙著《近百年來〈國語〉校詁研究》,南京:鳳凰出版社 2016 年版,第 34 頁。

吴案：《詩》毛《傳》：“不脱履升堂謂之飫，故曰立飫。”

吴又案：陳氏云：“‘房’之言‘旁’也，‘旁’有‘偏’義。全體曰全烝，半體曰房烝，體解節折曰肴烝，三者所以别牲體之用。韋本《詩》爲訓，全烝、肴烝並升於俎，不得房烝獨以俎名也。”（《周語中》）

[按] 本條直接引舊説爲注。“陳氏云”者，實襲汪遠孫《國語發正》引陳奂《詩毛氏傳疏》之言，非吴曾祺别有所本。汪遠孫《發正》卷二云：“《内傳》：‘王享有體薦，宴有折俎，公當享，卿當宴。’《疏》云：‘《國語》王公立飫，即享禮也。《傳》言體薦，即房烝也。’案：孔説是也。享行於廟，廟中禮皆立成，故曰立飫。享禮久亡，無可考見。《内傳》昭五年‘設几而不倚，爵盈而不飲’，杜注成十二年《傳》説‘享’引之，此享禮立成之證。陳氏奂曰：‘房之言旁也，旁有偏義。全體曰全烝，半體曰房烝，體解節折曰肴烝，三者所以别牲體之用。韋本《詩》爲訓，全烝、肴烝並升於俎，不得房烝獨以俎名也。’” 吴氏實本汪遠孫《國語發正》而不注出。陳戍國認爲：“天子用享禮招待諸侯（公），用宴禮招待各國之卿。這本是西周王室之禮的遺存。有學者認爲《左傳》享之體薦與宴之折俎，即《周語中》之房烝與肴烝。但《周語中》另有‘體薦’，爲王室招待戎狄之方式，即其下文所説使戎狄坐諸門外，‘而使舌人體委與之’。是《春秋》内外傳不必盡同。又全烝、房烝只是虛設，不可食。而宴享各國之卿用折俎，可與共食之。” 孫詒讓《周禮正義》認爲房烝就是體薦，可見陳戍國不贊成孫氏説法。韋昭釋“房”，從“大”義上著眼；陳奂釋“房”，從“偏”“半”義上著眼，實際上是從房烝的實際情形上著眼。《説文·户部》：“房，室在旁也。”《釋名·釋宫室》亦謂：“房，旁也，室之兩旁也。”則“旁”爲“房”字之義。又檢孔《疏》亦謂房烝爲半解其體。則陳奂説更爲圓通。

---

① （清）汪遠孫：《國語發正》，道光丙午振綺堂本，本卷第7頁。
② 陳戍國：《中國禮制史·先秦卷》，長沙：湖南教育出版社2002年版，第363頁。

3. 見王孫説，與之語

韋注：説，周大夫也。

吴案：《漢書·人表》作"王孫閲"。(《周語中》)

[按] 本條以他書異文作爲比對材料。劉寶楠（1791—1855）《愈愚録》卷二云："'説'與'閲'亦通用，《詩》'我躬不閲'，《左》襄二十五年《傳》作'説'。昭七年《傳》'南宫説'，《禮記·檀弓》作'南宫閲'。《周語》'王孫説'，《漢書·古今人表》作'王孫閲'，是其證。"[1] 陳玉樹（1853—1906）《毛詩異文箋》卷二亦作此説。"説""閲"當皆從"兑"字得聲得義，人名用字，或有定音而無定形，故字或作"説"，或作"閲"。

4. 是三子也，吾又過於四之無不及

韋注：三子，荀、趙、欒也，得郤至四人。言己之材優於彼三人也，三人之中無有所不及也。

吴案：此倒句法，即"三皇可四"意。(《周語中》)

[按] 歷來對"是三子也，吾又過於四之無不及"一句的理解頗有參差。大致分爲兩種情況，第一種認爲《國語》本文文字有衍或語序倒置，第二種是在認同《國語》現有文本形式的前提下對《國語》本句作出的解釋。認爲文本存在問題的，有兩個方面的意見：（1）認爲"於四"是衍文；（2）認爲該句存在語序倒置現象。另外一種意見，認同《國語》既定的文本形式，對《國語》本句進行全句解釋，或者對本句的關鍵詞語進行解釋，甚至有的通過斷句來進行解釋。從韋昭注文看，"得郤至四人"在語義上是講得通的，但是"言己之材優於彼四人"就講不通，郤至怎麼可以把自己也算在比較對象之内呢？職是之故，後世

---

① （清）劉寶楠：《愈愚録》，上海：上海古籍出版社 2002 年輯印《續修四庫全書》第 1156 册，第 239 頁下。

的一些研究者認爲“彼四人”之“四”可能是“三”字的錯誤，如日本學者關修齡就認爲“四”恐“三”字之訛。也正由於這個緣故，許宗魯本、緑蔭堂本、道春點本、千葉玄之本、冢田虎本、董增齡本把“彼四人”之“四”與“三人之中”之“三”調換了位置，經過調換位置後的韋昭注文就變爲：“言己之材優於彼三人也，四人之中無有所不及也。”“優於彼三人”肯定是可以講得通的，但是“四人之中無有所不及”還是講不通。日本的秦鼎《國語定本》、高木熊三郎《標注國語定本》和中國近代的吳曾祺《國語韋解補正》、沈鎔《國語詳注》、徐元誥《國語集解》等則改“彼四人”之“四”字作“三”，這樣，韋昭注文就變爲：“言己之材優於彼三人也，三人之中無有所不及也”，上下“三人”相同，勉強可以講通。吳曾祺提出“倒句法”的觀點。今檢吳曾祺《涵芬樓文談》所附雜説云：“五帝可六、三皇可四，此等句法，竟似算博士口吻，非文體也。”[1] 所引“五帝可六”“三皇可四”出自貞觀十年（636）魏徵上疏，原文云：“誠能敷求時俊，上下同心，則三皇可追而四、五帝可俯而六矣。”吳曾祺此説是從句法、文例上考慮。

5. 晉不以固班

韋注：班，次也。

吳案：“固”或作“故”，“故”“固”通用。（《魯語上》）

　　[按]《札記》云：“別本作‘故班’。丕烈案，此淺人改之也，‘固’本與‘故’通，‘掌故’亦作‘掌固’，詳盧學士《鍾山札記》。”[2] 汪遠孫《考異》云：“公序本‘固’作‘故’，二字通。”[3] 是吳説所本。

————————

① 吳曾祺：《涵芬樓文談》，上海：商務印書館1933年版，第71頁。
② （清）黃丕烈：《校刊明道本韋氏解國語札記》，北京：商務印書館《國學基本叢書》本，第247頁。
③ （清）汪遠孫：《國語明道本考異》，北京：商務印書館《國學基本叢書》本，第288頁。

6. 咨才爲諏

韋注:"才"當爲"事"。《傳》曰:咨事爲諏。

吳案:咨才謂咨於才能之人,不必從《內傳》改作"事"。
(《魯語下》)

[按] 臧琳《經義雜記》卷二九云:"《魯語》云'咨才爲諏'者,
謂咨賢才之謀也。咨詢爲親戚之謀,咨諏爲賢才之謀,合親、賢之謀,
而謀無不周矣。《説文》云:'諏,聚謀也。'賢才須合聚謀之,又擇其
善者從之。《爾雅·釋詁》:'詢,信也。'親戚者,吾之諸父昆弟,其謀
爲吾所親信,不必聚合而擇之也。《國語》作'才',較二《傳》作
'事'義更精密,而韋注云'才當爲事',非也。"① 汪遠孫《發正》卷
五引臧氏之説並云:"《內傳》作'咨事',《外傳》作'咨才',本不相
襲,不必破從《內傳》。"② 或吳説所本。

7. 乃使公子縶弔公子重耳於狄,曰:寡君使縶弔公子之憂,又
重之以喪

韋注:奔亡之憂,加之以喪親也。

吳案:喪,讀"喪亡"之"喪",既弔其遭父憂,又弔其出亡
在外,語意方爲得體。若如注所解,下文"喪不可久"句竟説不出
去。(《晉語二》)

[按] 韋注之釋和吳説"既弔其遭父憂,又弔其出亡在外"並不矛
盾。審吳氏之義,謂"喪"當解爲名詞,則"喪不可久"之"喪"字纔
有著落。然而韋注實串講句義,非釋"喪"字。就語法關係而言,"喪"
"憂"皆作介詞"以"的賓語,爲名詞性成分。

① (清)臧琳:《經義雜記》,上海:上海古籍出版社輯印《續修四庫全書》第172冊,第
272頁上。
② (清)汪遠孫:《國語發正》,道光丙午振綺堂本,本卷第2頁。

8. 賜公南陽陽樊、温、原、州、陘、絺、組、攢茅之田

韋注：八邑，周之南陽地。

吳案：董氏《正義》"組"作"鉏"。

吳案：原在河南懷慶府濟源縣西北。州在懷慶府内縣東五十里。陘在懷慶府西北三十里，一名丹陘。絺在懷慶府河内縣。鉏在滑州衛南縣。攢茅，今懷慶府脩武縣北有大陸村，或云即攢茅也。(《晉語四》)

［按］此釋地理，兼及校勘。

9. 是故皆自殺

韋注：《傳》曰：三郤將謀於榭，長魚矯以戈殺之。言自殺，取其不校自殺之道。

吳案：注以此爲自殺，殊曲，竊意自殺當作見殺，因形近而譌也。(《晉語六》)

［按］吳説亦合，然未如韋注之不改字而釋更佳，"自殺"實即"自見殺"之義。殺雖由人，而禍則起於自身，故曰"自殺"，韋注不誤。

10. 其次疾人，固竪官也

韋注：官猶職也。

吳案：疾人，謂有疾人也。"疾"上宜有"竪"字，古人語簡，故不用。(《晉語八》)

［按］吳説誤。"疾人"之"疾"本爲名詞，此處活用作動詞，療人之疾。

商務印書館當年爲《國語韋解補正》所作廣告謂："此書采輯諸家之説而折衷之，於舊説多所訂正，間亦獨出己意以發明其義藴，實爲吳

先生生平最經營之作。此書出而《國語》無難讀之患矣。"① 對吳氏《國語韋解補正》較早進行研究的當爲徐仁甫，其撰有《書吳曾祺〈國語韋解補正〉後》一篇，既有總體評價，又有具體條目辨析，② 揭出吳曾祺的不足之處，也肯定了吳氏的貢獻，可爲參考。吳楓主編《簡明古籍辭典》著錄吳氏《補正》，云："吳氏以《國語》一書流傳既久，訛誤甚多，而韋注故訓尚疏，又感近人論著多不完備，乃以黄丕烈印行天聖明道本爲主，參校公序本，廣搜各家撰述，多依高郵王氏所釋，乃擇其説之合者，悉纂而輯之，於韋注有所補正。其中箋注者約八九百條，取於前人者居十之三四，出於己意者居十之六七，又有校對異文者百餘條，總計在千條以外，逐條俱加案語。"③ 評騭較爲全面。

總體而言，《國語韋解補正》：（一）凡校勘公序本、明道本之異者，大多黄丕烈《札記》、汪遠孫《考異》已詳辨之，吳氏承黄、汪之説而不出注，此等情況到徐元誥《國語集解》也未改觀，徐氏在其《集解》中往往云明道本如何、宋庠本如何，其條目亦大率爲黄、汪校語，而徐氏亦不注出。（二）汪遠孫《發正》引陳奐、項名達（1789—1850）等條目較多，其中引陳奐34條，引項名達40條，《補正》《集解》則唯云陳奐、項名達，不云自汪氏《發正》。此外，王引之《經義述聞》等所指出之條目，吳氏雖用其説亦有不出注之處。④（三）吳氏自出機杼之説者，有些是正確的，對於正確理解《國語》本文以及韋注具有積極意義及作用。有些還有欠妥當，未能盡與《國語》本文相合。而沈鎔《國語詳注》則多采吳氏爲説。進一步印證了拙稿《宋刻宋元遞修本〈補音〉〈國語〉比勘》所指出的"《詳注》大體因襲《補正》而自有所創發，

① 周振鶴編：《晚清營業書目》，上海：上海書店出版社2005年版，第349頁。
② 徐仁甫：《乾惕居論學文集》，北京：中華書局2014年版，第26—27頁。
③ 吳楓主編：《簡明古籍辭典》，長春：吉林文史出版社1988年版，第516頁。
④ 吳氏這種隱没前人的做法在近代《國語》研究中起了一個壞頭，讓後來學者尤其是非《國語》研究者在引述《國語》文獻或《國語》研究的時候，無法從材料中離析開原作者和引用者的關係，從而把該屬於原作者的冠名署在引用者的身上。如馮沅君《論〈左傳〉與〈國語〉的異點（附表）》引述時直接標《國語韋解補正》而不再對前此著述區分了。

因《詳注》中每每用吳曾祺《補正》之説"的説法①。並且在比對過程中發現，凡《補正》正文依從公序本之處，《詳注》亦並從之。雖其在例言中言："《國語》二十一卷，惟韋昭解傳於世，今所見者，有宋庠公序補音本及黃氏丕烈重刊之天聖明道本。二書互有出入，本編折衷於二者之間。"② 其用底本實爲吳氏之《補正》，故文字亦多從之。同時，吳氏《補正》的補注形式爲後來徐元誥《集解》的撰述提供了可仿效的範例和程式，並且爲《國語》集注的纂理提供了方式和方法。

（二十二）清代其他學者的《國語》訓詁考校研究

除了以上學者的《國語》研究著述外，還有其他清代學者的《國語》研究著述未能流傳下來，或未能被發現。如龔麗正之《國語韋昭注疏》，前人多次稱述，今未見傳本。再比如光緒間《金山縣志》載楊王猷撰《國語論斷》十卷、民國間《崇明縣志》載龔在明撰《國語補遺》、光緒間《嘉定縣志》載黃汝成《春秋外傳疏》。這些著作或者早已不在人間，或者尚待進一步探尋。如前所述，清代《國語》專門著作而外，還有很多學術札記、文集，其中涉及《國語》者不少，但並不是所有的札記類著作都像《群經平議》《香草校書》那樣，考辨《國語》的研究條目動輒有好幾卷。有的札記中涉及《國語》者僅寥寥數條或一兩條而已。此類著作較多，僅舉其要如下。

1. 收録《國語》札記 5 條以上者

清代學術筆記收録《國語》札記條目超過 5 條但又爲數不多者，有數種，此處僅以《拜經日記》《娛親雅言》《通介堂經説》爲例。

（1）臧庸《拜經日記》中的《國語》訓詁考校

臧庸（1767—1811）《拜經日記》有嘉慶二十四年拜經堂刊本，《續修四庫全書》即據以影印，共十二卷。王念孫謂該書："考訂漢世經師流傳之分合、字句之異同、後人傳寫之脱誤、改竄之蹤跡、擘肌分理，

---

① 拙撰《國語補音異文研究》，臺北：蘭臺出版社 2015 年版，第 388 頁。

② 沈鎔：《國語詳注·例言》，上海：文明書局 1926 年版。

剖毫析芒，其可謂辯矣。"① 臧庸《拜經日記》考校《國語》五條，在《拜經日記》卷十一，分別爲《周語上》"公行下衆王御不參一族""所怒甚多"、《晉語二》"公子縶反致命"、《晉語四》"妾告姜氏殺之""弗殺而反必懼楚師"。

"公行下衆王御不參一族"條，謂粲爲衆美之義，並謂《說文》"娑"爲正字、《毛詩》《國語》"粲"爲借字。又謂："《國語》本文當作'王田不取群，公行不下衆，王御不參族'，與上'獸三爲群，人三爲衆，女三爲粲'文法正同。今本有衍脱。"② 並引《史記·周本紀》爲證，又根據影鈔本字間距疏闊，判斷注文亦有脱漏，注文中勘定公序本注"姪娣"當爲"異姓"之誤。是釋字且校文字。朱駿聲亦謂宋本"公行下衆"非是③。

"所怒甚多"條，謂"怒"爲"怨"字之誤，引下文爲證，謂："怨則其常，怒則爲變，故下文云：'夫事君者險而不懟，怨而不怒。'於此尚不當言怒也。"又謂："'猶日'之'日'人實反，明道本作'日'是也，《補音》及《史記》並作曰，音越，非。"④ 引《呂覽》《墨子》證"榮夷公"即"榮夷終"，"公""終"音轉，韋注因下文"榮公若用"而以"夷"爲諡。是校字且辨明韋注。

"公子縶反致命"條，謂："今本皆重'穆公'二字。明道本每行大字二十，此行獨二十二字，細審之，兩'穆公'字皆特小，蓋原本作'公子縶反致命（句）穆公曰吾與公子重耳'，本不疊'穆公'二字，後反據俗本羼入也。當依原本删去'穆公'二字，古人文法都簡。"⑤ 是通

① （清）王念孫：《拜經日記敍》，《高郵王氏遺書》，南京：江蘇古籍出版社 2000 年版，第 131 頁。

② （清）臧庸：《拜經日記》，上海：上海古籍出版社輯印《續修四庫全書》第 1158 册，第 156 頁。

③ （清）朱駿聲：《經史問答》，上海：上海古籍出版社輯印《續修四庫全書》第 1159 册，第 32 頁。

④ （清）臧庸：《拜經日記》，上海：上海古籍出版社輯印《續修四庫全書》第 1158 册，第 157 頁。

⑤ （清）臧庸：《拜經日記》，上海：上海古籍出版社輯印《續修四庫全書》第 1158 册，第 157 頁。

過明道本行款校衍文。

"妾告姜氏殺之"條，和"公子縶反致命"條同樣，今本爲"妾告姜氏，姜氏殺之"，臧庸謂："明道本此行亦擠入'姜氏'二字，故此行二十三字。原本'姜氏'二字當不疊，讀'妾告（句）姜氏殺之（句）'。"① 仍校衍文。

"弗殺而反必懼楚師"條，同樣是校衍文，謂今本"弗殺而反晉國必懼楚師"中，"'晉國'二字，後人竄入。故明道本此行擁擠二十二字也。上文'請殺晉公子'已著'晉'，故此第云'弗殺而反'，反爲晉國可知。"②

五條內容爲校衍文、校誤字、別正字、辨韋注，校衍文是主要內容，且後三條的校勘方式比較新穎，從明道本行款出發，結合古文法，探討細緻，較爲可信。第一條和第二條結合上下文、對文，又以他書爲證，頗能引發思考。臧庸考校《國語》，無論內容還是方法，都對《國語》研究具有很重要的意義。

（2）嚴元照《娛親雅言》中的《國語》訓詁考校

嚴元照（1773—1817）《娛親雅言》共六卷，卷一爲《周易》《尚書》，卷二爲《毛詩》，卷三爲三禮（附《大戴禮記》），卷四爲《春秋》三傳（附《國語》），卷五爲《論語》《孟子》《孝經》，卷六爲《爾雅》。《國語》考辨條目附於《左傳》考辨條目之後，一共6條，其中《周語上》1條，《周語下》2條，《晉語一》1條，《吳語》2條。該本把"相望於艾陵"隸於《晉語》之下，殊屬失當。《周語上》1條討論"先王世"之"王"字有無的問題，《周語下》2條分別探討"聟"字與"貞定王""定王"問題，《晉語》1條探討"蝎譖"訓詁，《吳語》2條分別討論"篷"字與夫差爵位問題。其中又徵引徐養原、錢大昕之說。6條考辨中，徵引徐養原之說3處，徵引錢大昕、梁玉繩各1處。

---

① （清）臧庸：《拜經日記》，上海：上海古籍出版社輯印《續修四庫全書》第1158冊，第157頁。

② （清）臧庸：《拜經日記》，上海：上海古籍出版社輯印《續修四庫全書》第1158冊，第157頁。

（3）徐灝《通介堂經説》中的《國語》訓詁考校

徐灝《通介堂經説》分别研討《周易》《尚書》《毛詩》《周禮》《儀禮》《禮記》《左傳》《爾雅》《論語》《孟子》等經部要籍。研討《國語》附在《左傳》之後，總共 6 條，分别爲《周語上》"犬戎樹惇""監農不易"、《周語中》"服物昭庸采飾顯明文章比象周旋序順"、《周語下》"律度量衡"、《魯語下》"忠信爲周"、《鄭語》"未既齔"。謂樹惇爲人名，"監農不易"之"易"義爲治。於《周語中》條目，謂王引之説"稍覺牽强"，謂："韋解昭庸比象不誤。惟以明謂明德、順爲順禮，未是。《傳》但言明，不言明德；但言順，不言順禮也。明者明也。'序順'當是'順序'誤倒。昭庸顯明、比象順序，皆上一字虚下一字實，言昭其庸、顯其明、比其象、順其序耳。"① 於《周語下》句，據《漢書·律曆志》，謂韋注本《漢志》而有脱文，"當據《志》補之"。於《魯語下》句，認爲六德指的是"每懷與諏、謀、度、詢、周"。於《鄭語》句，謂"既"與"幾"通，"幾"訓"近"，故"未既齔謂未及齔也，韋説失之"②。是其 6 條考辨中，有校勘，有訓詁，對於深入探討《國語》幾處訓詁是有積極意義的。尤其《魯語下》《鄭語》考校條目，皆前此《國語》研究者甚少及之者，就更具學術價值。

2. 收録《國語》札記 5 條以下者

《國語》札記 5 條以下者往往即一二條、三四條而已。這種情況分兩種，一種仍以札記形式出現。如顧炎武《日知録》"高高下下"解，王弘撰《山志》卷四"傳奇"引《越語下》探討吴亡的原因在於"殺伍員而任伯嚭"③，尤侗《艮齋雜説》卷四對五湖的探討，《柚堂筆談》對"檿弧箕服"之"箕"字的探討，《癖談》卷四對鑄大錢原因的探討，《雪泥書屋雜志》對《晉語》"艾""外"通借的探討，俞正燮《癸巳類

① （清）徐灝：《通介堂經説》，上海：上海古籍出版社輯印《續修四庫全書》第 177 册，第 288 頁。

② （清）徐灝：《通介堂經説》，上海：上海古籍出版社輯印《續修四庫全書》第 177 册，第 289 頁。

③ （清）王弘撰：《山志》，上海：上海古籍出版社輯印《續修四庫全書》第 1136 册，第 61 頁。

稿》卷二"書《魯語》後"，俞正燮《癸巳存稿》卷一之"《魯語》'業及'""《鄭語》"二條，王筠《蛾術編》對《晉語》"發鈞"的解釋，曾國藩《求闕齋讀書録》對"越哉"之"越"和"天王豈辱裁之"之"豈"的訓釋，陳宗起《丁戊筆記》中對《晉語四》"青陽蒼林"的考訂等。另趙翼《陔餘叢考》卷二"韋昭注《國語》"一條，實集中討論《國語》韋注問題 4 條，即韋昭釋"遂"爲"郊遂"錯誤，當爲"禮之大者"，又謂伯御實括之子、幕實舜之先、韋昭避前朝諱實爲不當。喬松年《蘿藦亭札記》亦有多條，雖言語簡略，要亦增進思考。

　　另外一種實際上是以專題論文形式體現的，如戴震《戴東原集》卷一《周之先世不窋已上闕代系考》、成瓘《春暉載筆》之《〈國語〉所紀齊桓公九合諸侯條釋》、徐養原《頑石齋經説》卷六之《景王鑄無射辨》、孫詒讓《籀𢈪述林》卷二之《〈國語〉"九畡"考》，這類是以專門問題考據出現的，或關注一事，或關注一篇。

　　徐養原之《景王鑄無射辨》云："周景王將鑄無射，而爲之大林。無射者，鑄鍾而叶無射之一均。蓋專鑄無射一鐘，而以林鍾爲之副也。凡以律準聲者，無射爲宮，則林鍾爲羽。鑄無射而爲之大林，是並鑄宮、羽兩鐘也。大也者，不宜大也。故伶州鳩曰：'大不踰宮，細不踰羽。夫宮，音之主也。弟以及羽，今細過其主，妨於正。'細過其主，謂羽大於宮也。無射，律之小者，無射爲宮，當以林鍾之半律爲羽。今用林鍾全律，則無射四寸七分，林鍾六寸，是出均也。（均，謂一均之主，即宮聲也。一均之中，宮鐘最大。十二均中，黃鍾之羽鐘最重。特鐘黃羽重百二十斤，餘以次而輕，故曰'重不過石'。編鐘黃宮重三十斤，餘以次而重，故粟氏爲鬴重一均，其聲中黃鍾之宮。景王所鑄者特鐘也，然必五聲各爲一鐘，然後成均，非專鑄一鐘也。景王作大林，蓋用宮上生徵法。）故倍羽之大，踰于宮也。此但可施于瓦絲及石，鐘則非所宜也，故曰大林。'琴瑟尚宮，鐘尚羽，石尚角，匏竹利制'，尚字之義從損益來，上生下則損一，下生上則益一。琴瑟莫大於宮弦，塤莫大於宮孔，故曰'瓦絲尚宮'；鐘莫厚於羽鐘，故曰'鐘尚羽'；磬莫厚於角磬，故曰'石尚角'；匏管有短長，竹孔有高下，大抵亦尚宮，而宮無定屬，因時制宜，隨所議而尚之，故曰‘利制’。又曰‘尚議’，尚謂依之爲準則也。凡造器，先定其大者、厚者，其次以是爲差，故重者從細，輕者從大，尚之斯從之矣。濁聲爲大，清聲爲細，宮、商、角濁聲也，徵、羽清聲也，而五聲又各有清濁。金十聲，五正聲外有五清聲，其高至清羽而極；石十聲，五正聲外有二濁聲、三清聲，其高至清角而極，皆所謂‘重者從細’也。瓦、絲五聲，宮、商、角有正無清，徵、羽有濁無正，所謂‘輕者從大’也。細鈞有鐘無鎛，大鈞有鎛無鐘，甚大無鎛，此因論律而及，則細鈞、大鈞皆謂律也。‘鈞’與‘均’同，即上文‘立均出度’之‘均’，謂調也。律以立均，十二律即有十二均。以劉歆三統法推之，林、夷、南、無、應爲細鈞，太、夾、姑、仲、蕤爲大鈞。黃、大爲甚大，鐘、鎛俱特縣之鐘，即鐘師所擊者。對例則鐘小鎛大，散文則總謂之鎛，以其皆特縣。故大射樂縣笙鐘頌鐘之外，惟鎛（同鎛）而已，不更有特縣之鐘。蓋已該於鐘矣。知鎛非編縣者，無笙頌之別，故知《國語》此文之鐘，亦特縣者。編特異用，不可相爲有無。鐘以動聲，《孟子》所謂金聲也。將奏某鈞之樂，則擊某律之鐘，細鈞非無大聲，甚大之鈞非無細聲，甚大之細聲適當細鈞之大聲，不使樂聲爲器所掩，故俱有鐘而無鎛也。惟太、夾等五鈞，細聲、大聲本各明晰，故擊鎛以起調，而大者益昭，即小者亦不爲所掩也。七律者，以一律爲宮而説他律，爲商、角、徵、羽及二變也。一律準一音，凡七音，故曰七律。《左傳》疏（昭二十年）釋七音曰：武王既見天時如此，因此以數比合之，其數有七也。以聲昭明之，聲亦宜有七也。故以七同其數，五聲之外加以變宮、變徵也。此二變者，舊樂無之，聲或下會，而以律和其聲，調和其聲，使與五音諧會，謂之七音由此也。按伶州鳩始言七，繼言聲，終言律。孔疏此解最爲分明，蓋本意欲爲七音，恐其不和，乃以一律叶一音，以一律叶一音則天然有七音矣。音七，則律亦七矣。於是乎有七律。是七律固遂古所無，至是而始有也。觀數合聲，昭數語，知創始時蓋竭心目之力，始得成聲。原非自然之節奏，蓋偶一用之，以示欽崇天道之意耳。羽、厲、宣、嬴四樂，此周之用七律也。夷則爲宮，得夷、夾、無、仲、黃、林、太七律。黃鍾爲宮，得黃、林、太、南、姑、應、蕤七律。太蔟爲宮，得太、南、姑、應、蕤、大、夷七律。無射爲宮，得無、仲、黃、林、太、南、姑七律。黃、太聲濁，故曰下宮。夷、無聲清，故曰上宮。所用皆宮調也。宮有上下之別，而上宮、下宮又有黃、太、夷、無之別，故以四宮分隸四樂。四者並屬陽律，六閒不爲宮也、姑蕤在上下之閒，亦不爲宮也，長以上宮，亂以上宮，循環之道也。周之用七律，唯此而已。《春官》序樂事甚詳，大師掌六律六同，皆文之以五聲宮、商、角、徵、羽，無所謂七律者。至《左氏春秋》始云爲九歌、八風、七音、六律以奉五聲。九歌者，九德之歌。八風者，八佾之舞。七音者，羽、厲、宣、嬴七律之樂，并是樂事，故曰以奉五聲。唯六律爲正音之具，《左氏》拉雜言之，讀者勿以辭害意。《虞書》'在治曶'，今文作'采政忽'，《史記》作'來始滑'，唯《漢書》作'七始詠'，劉歆之僞詞也。七始見《大傳》，亦泛言之，非指舜樂。景王之鑄無射也，意中先有七律在，其問七律也，意中先有無射之上宮在。然而武王之奏無射，有容民之政焉。景王之鑄無射，則離民之器也。州鳩風諫之，旨微而顯矣。對編鐘言，則編縣爲鐘，特縣爲鎛，《禮經》之鎛是也。就特縣而論，則小者爲鐘，大者爲鎛，《國語》之'有鐘無鎛''有鎛無鐘'是也。特縣之法，每鈞五鐘，每鐘一虡，五虡而成一堵，有事陳於庭，則左右各一堵。《儀禮》：'笙鐘、頌鐘之南皆有鎛。'《説文》'鎛'字注云：'堵以二。'與《禮經》合。若盛樂所奏，不止一鈞，則左右異鈞。其餘燕飲、饗射，則左右同鈞矣。林、夷、南、無、應爲細鈞，細鈞非無宮、商之大聲，然概用鐘，而不用鎛。太、夾、姑、仲、蕤爲大鈞，大鈞非無徵、羽之細聲，然概用鎛，而不用鐘。黃、大爲甚大，亦不用鎛。蓋細鈞用鐘，大鈞用鎛，聲器相稱，然後鳴者可鳴，而昭者益昭，甚大則聲自昭，不假器以鳴之，故不用鎛也。"① 徐養原樂律研究深宏，故能對《國語‧周語下》本篇進行解釋，這也應該是第一篇全面從樂理角度對伶州鳩論律進行全文解釋的文獻。

---

① （清）徐養原：《頑石齋經説》，上海：上海古籍出版社輯印《續修四庫全書》第172冊，第374—375頁。

和徐養原的研究相比，孫詒讓的《〈國語〉"九畡"考》則更爲專門，其文云："《鄭語》：'故王者居九畡之田，收經入以食兆民。'韋注云：'九畡，九州之極數也。'《楚語》曰：'天子之田九畡，以食兆民，王取經入焉，以食萬官。'韋於《楚語》注云：'九畡，九州之内有畡數也。'宏嗣之意，蓋以九畡之田爲通九州言之，故上文云'合十數以訓百體，出千品，具萬方，計億事，材兆物，收經入，行畡極'。《楚語》亦云：'百姓、千品、萬官、億醜、兆民、經入、畡數以奉之。'韋從賈、虞（宋庠本唐），説皆以萬億曰兆，萬萬兆曰畡，北宋明道本正如是。宋庠校本則改爲十億曰兆，萬萬曰畡，兩文不同。近代治《國語》者如龔氏麗正、董氏增齡、汪氏遠孫咸未能疏證其義。考甄鸞《五經算術》、徐岳《數術紀遺》並云黄帝爲法，數有十等，及其用也，乃有三焉。十等者，謂億、兆、京、垓、秭、壤、溝、澗、正、載也。三等者，謂上、中、下也。其下數者，十十變之，若言十萬曰億、十億曰兆、十兆曰京也。中數者，萬萬變之，若言萬萬曰億、萬萬億曰兆、萬萬兆曰京也。上數者，數窮則變，若言萬萬曰億、萬億曰兆、萬兆曰京也。而《一切經音義》引《算經》則以中數爲上數、上數爲中數，其等互易，數則大同。《王制》正義則以'十萬曰億'爲小數，'萬萬曰億'爲大數。賈、虞、韋即從大數爲説，宋庠改從小數，非也。今校《國語》上文並十數遞乘，則自當以十萬曰億、十億曰兆、十兆曰經、十經曰垓計之，故《御覽》七百五十引《風俗通》云：'十十謂之百，十百謂之千，十千謂之萬，十萬謂之億，十億謂之兆，十兆謂之經，十經謂之垓，十垓謂之秭，十秭謂之選，十選謂之載，十載謂之極。'是'經'即《算術》之'京'（《廣韻》'秭'注：《風俗通》兆生京。則仍作'京'，與《御覽》異）。'畡''垓'即垓。《説文·土部》引《國語》亦作'垓'，應説自是《國語》壻詁。若如賈、唐、韋説，則以'萬萬曰億'爲起數，故畡得積成'萬萬兆'，實非《國語》義也。若然，畡、垓並當依下數，爲萬萬。九畡者，爲田九萬萬畝也。周王畿千里，爲地百同。依《周禮·大司徒》鄭注，百里爲一同，積萬井九萬夫，以一夫百畝計之，一同凡九百萬畝，百同積九萬萬畝。是一同即九兆之田，十同即九經之田，百同即九畡之田。《王制》云：‘方百里者，爲田九十億畝；方千里者，爲田九萬億畝。’亦正以下數言之，與《國語》可互證也。蓋三代聖王，建侯樹屏，各專其國，食其田，王所自食，不出畿服千里之外。九畡之田，自專據邦畿言之，而經入亦京入，謂畿内什一之賦，故云食兆民萬官，不得廣及九州也。賈、唐、韋不從下數，而從中數，遂以九畡爲九州之極數。不知周九州六服與王畿，凡七千里，積四千九百萬里（九服除夷、鎮、藩三服不數，故《周禮・職方氏》云：‘九州之外，謂之番國。’）即通九州計之，與九萬萬兆之數，亦必不合。若如宋庠校本從下數計之，雖合於《國語》之義，然韋既云‘九州極數’，則又必不止九萬萬畝，其誤明矣。”① 該文從中國古代計數單位探討，認爲賈逵、虞翻、韋昭解皆未然，結合版本，辨析明審，源流井然。這些研究專注某一問題，條分縷析，窮原竟委，學術價值很高。

3. 有些學術札記本來探討《左傳》問題而兼及《國語》，如臧琳（1650—1713）《經義雜記》中有些考辨《左傳》的條目，也頗有助於《國語》問題之研究。如卷五“室如縣磬”條、卷六“犧尊象尊”條、“三川實震”條、卷七“權子母輕重”條、“施、弛古通”條、“祠服振振”條、“欒、范易行”條、卷十四“李梅實”條、卷十七“辛未朝於武宫”條、卷二十一“伍舉實遭之”條、卷二十九“周咨諏謀度詢”條、“大城陳蔡不羹”條、卷三十“夢黄熊”條、“鬱香艸”條、“每懷靡及”條，皆與《國語》有關聯，對於推動或進一步深入研究《國語》以及韋注皆有裨益。此類著作在清代比較多，如惠棟《九經説》、戴震《經考》、邵晉涵《南江札記》、王紹蘭《王氏經説》、孫經世《惕齋經説》、雷學淇《介庵經説》、鄒漢勛《讀書偶識》、陳立《句溪雜著》等皆是。清代幾乎所有的《左傳》研究成果，都涉及和《國語》相同的内容，故對《國語》研究照樣有所啟示，如“鄭伯南也”的解釋，在《左傳》《國語》研究史上引起諸多學者的興趣，已經溢出《國語》《左傳》本書之外，成爲衆多學者討論的對象，拙撰《〈國語〉匯校集解輯評

---

① （清）孫詒讓：《籀廎述林》，北京：中華書局2010年版，第91—93頁。

（〈周語〉卷）》除了引述《國語》研究成果外，還引述了王紹蘭《王氏經説》等相關學術著作的論斷。拙撰《〈國語〉匯校集解輯評（〈周語〉卷）》引述《左傳》研究成果40餘種，亦可見《左傳》研究對《國語》研究的啟發意義。

此外，其他學術著作因爲考校涉及《國語》，對《國語》進行過考校，如段玉裁《説文解字注》、陳奐《詩毛氏傳疏》等①，也值得參考。

總之，清代是中國傳統學術的大總結時期。從傳統語言學上看，清代的古音學、語法學都很發達。在這一時代學術背景下，訓詁學得到了長足發展，學者自覺運用古音學成果，在考證時强調漢學家法，無徵不信，較之明代謹嚴有體。梁啟超《中國近三百年學術史》列有經學、小學及音韻學、校注先秦諸子及其他古籍、辨偽學、輯佚書、史學、方志學、譜牒學、曆算學及自然科學、地理學、政書、音樂學、金石學、佛學、編類書、刻叢書及目錄學、筆記及文集、官書，可見清代學術門類之繁雜與昌盛。對於專書整理而言，經學、小學、辨偽、輯佚、史學、曆算、地理、音樂、金石無不是整理古籍所需之學問，尤其像《國語》這種具有古樂學、天文曆法等内容的專書，就更需要相關學科的支撐，故徐養原、項名達等以音樂、曆算著稱者而有高論；洪亮吉研究地理，而爲董增齡《國語正義》所徵引，譚澐別創爲《國語釋地》一格，開出《國語》地理研究專門之新領域；《國語》之《周語》《魯語》部分，前人碑刻銘文中多有相同語句内容，是王昶《金石萃編》采《國語》以證碑刻，而陳樹華等采碑刻以與《國語》本文相參，蔣光煦采以與“周景王爲無射”相參；陳瑑、王煦、鄭知同，皆專治《説文》，其注重文字，研討形體，考校《國語》每每以《説文》爲依據；而汪中、劉台拱、王引之等爲乾嘉巨擘，每能破形體而繫源流，故其治《國語》又別有盛

---

① 參見小方伴子《段玉裁『説文解字注』における『國語』の引用テキスト》，《人文學報》第448號（2011年3月），第1—25頁；拙稿《〈詩毛氏傳疏〉引〈國語〉淺析》，《詩經研究叢刊》（第三十一輯），第48—54頁。

景；牟庭學問精純，讀書得間，每能發人所未發。汪遠孫承乾嘉之餘緒，又精研地理等，雖其《發正》多采前人，要亦有其創發與貢獻。吳曾祺處在清代整個傳統學術的終點上，砥礪前賢，研磨語義，也有自己的心得與貢獻。從研究者籍貫而言，清代包括《國語補音》在内主於校勘者11 人，其中浙江籍 4 人，江蘇籍 6 人，山東籍 1 人；從事《國語》訓詁考校的 24 人中，江蘇籍 6 人，浙江籍 11 人，山東籍 2 人，安徽、湖南、福建、貴州、廣東各 1 人。可見，清代江浙學者在《國語》校勘訓詁方面占有絕對優勢，爲《國語》文本釐定、訓詁考校作出了貢獻。此外，各種經義考校、雜撰筆記、學者文集、相應著作中，每每引《國語》爲證兼考校之。故有清一代《國語》訓詁考校成就爲《國語》研究史之冠，其研究方法、方式影響百代，其研究成果對推動《國語》訓詁考據、深化《國語》研究具有極其重要的學術價值和學術史意義。

六、清代《國語》輯佚

梁啟超在《清代學者整理舊學之總成績》中説：“書籍遞嬗散亡，好學之士，每讀前代著録，按索不獲，深致慨惜，於是乎有輯佚之業。”① 對輯佚産生的原因進行了表述。朱季海云：“輯佚之作，所以扶微起絶，飾闕補亡，誠有不得已者也。溯其濫觴，蓋起有宋。”② 對輯佚的功能及輯佚工作的興起作了概括論述。“輯佚”作爲術語出現得比較晚，但輯佚工作很早就出現了。今見《中華大典・文獻目録典・文獻學分典・輯佚總部》所收文獻論及此者，較早的有韓愈，宋元以來漸次增多，清代輯佚達到空前繁榮。曹書傑《中國古代輯佚學論稿》用兩章的篇幅來探討清代輯佚的繁榮。中國大陸地區有兩部專著專門以清代輯佚爲研究對象，喻春龍《清代輯佚研究》和郭國慶《清代輯佚研究》都以

---

① 梁啟超：《清代學者整理舊學之總成績》，北京：商務印書館 1999 年版，第 96 頁。
② 朱季海：《輯佚書議》，見載於氏著《初照樓文集》，北京：中華書局 2011 年版，第 315 頁。

清代輯佚作爲研究對象。另外，中國台灣地區陳惠美的博士學位論文《清代輯佚學》也以清代輯佚作爲研究對象①，討論較詳，可以參考。此外，學術刊物上發表的清代輯佚方面的論文也具有相當數量。從這些側面也可以看出清代輯佚的繁榮局面。關於清代輯佚的總體特點，曹書傑曾總結了八個方面：1. 輯佚工作者的隊伍壯大；2. 出現了以輯佚爲主業的學者；3. 輯佚的對象和範圍十分廣泛；4. 卷帙浩繁的大部頭輯佚著作開始出現；5. 輯佚類型多有創獲；6. 輯佚學者有師門傳承；7. 輯佚的體例和方法更趨完善；8. 輯佚的工作得到了朝廷的支持和重視。②

　　清代中後期是《國語》輯佚的黃金階段和重要時期，一些學者進行了《國語》輯佚的工作。當然，由於學者的具體學術背景、學術旨趣、學術動機、輯佚材料、輯佚方法以及相關的原因，表現在具體輯佚方面，也有很多差別。當代學者中，較早且較系統對《國語》輯佚進行總結和研究的是張以仁，張以仁同時也是《國語》舊注輯佚的集大成者，其《〈國語〉舊注的輯佚工作及其產生的問題》是《國語》舊注輯佚方面較早的總結之作，該文的第三部分"以往《國語》舊注輯佚的情形"和第四部分"以往輯佚成果之檢討"，對馬國翰、王謨、黃奭、蔣曰豫和汪遠孫等五位清代《國語》舊注輯佚的成就以及存在的問題進行了梳理總結。當然，由於張氏主要關注《國語》舊注輯佚，並非關注《國語》本文、《國語》韋注和《國語》舊音等等，其所關注的《國語》舊注並非全面，其梳理也主要爲其《國語舊注輯校》作理論鋪墊，並非全面。

　　從內容上而言，清代《國語》輯佚分爲四個主要方面：1. 《國語》佚文輯佚；2. 《國語》佚注輯佚；3. 《國語》韋昭注輯佚；4. 《國語舊音》輯佚。當然，在這些內容中，以《國語》佚注輯佚成就最大。

（一）《國語》佚文輯佚

　　《國語》流傳到現在，首尾全具，至少在篇卷上保持著相對的一致

---

① 喻春龍：《清代輯佚研究》，上海：上海古籍出版社 2010 年版。郭國慶：《清代輯佚研究》，北京：民族出版社 2011 年版。

② 曹書傑：《中國古籍輯佚學論稿》，長春：東北師範大學出版社 1998 年版，第 129—130 頁。

性，其各篇內文本沒有因文句脫漏而無法讀通的現象。從這個角度而言，《國語》佚文的存在是需要慎重看待的，而《國語》佚文的輯佚工作開展空間相對較小。故清人《國語》佚文輯佚，無論從作者數量還是輯佚成果上，都甚爲微薄。關於這一點，董增齡曾經進行過探討，他在《國語正義敘》指出，《公羊疏》、《史記》三家注、《水經注》、《文選注》等所引《國語》文句，"今本皆無之，則逸者不少矣"，同時指出一些引文"與《國語》絶不類，議者疑之"。董增齡指出的問題恐怕是存在的。但載籍中所徵引的"國語"云云，是否就是今傳《國語》的佚文，恐怕還要多番考求，不能簡單處之。就董增齡所舉的幾個例子來看，有的明顯和《國語》語言風格不同，有的明顯是典籍注文而誤爲正文，有的則是在《國語》本文基礎上改換文字。因此，《國語》佚文的輯佚需要確立標準，釐清關係，否則，易生混亂。

清代進行《國語》佚文輯佚的只有王仁俊（1866—1913）一人。王仁俊《經籍佚文》"專門輯補現存古籍或佚書古輯本缺脫之文，分爲經史子集四編"，經編有 13 種，史編有 21 種，子編 78 種，集編 2 種。其中《國語》佚文收在史編，僅一條，如下：

> 華岳當河，河神鉅靈手盪脚踏開而爲兩之(《路史前紀》三注)
> 俊按：《路史》"鉅靈氏或云治蜀，蓋以其跡躔焉"注曰：薛綜以鉅靈爲河神，蓋本《水經》所引，謂《國語》云云。今《國語》無此文。

按："脚踏"一類用法不見於先秦。《説文·肉部》："脚，脛也。"指小腿。"脚踏"之"脚"明顯指足，"脚"指"足"是中古的事情。今檢陳橋驛《水經注校證》卷四正文："左丘明《國語》云：華岳本一山當河，河水過而曲行，河神巨靈手蕩脚蹋，開而爲兩。"楊守敬謂："朱作左邱明《國語》云，《箋》曰：按巨靈事在薛綜《西京賦·注》，引古語云云，非左氏《國語》也，此誤記耳。守敬按：《初學記》五、

《御覽》三十九引薛綜《注》，亦作古語云，不第本書足據也。"① 從這個角度而言，輯佚者需要對輯佚材料進行多個版本的比對，並且對相應研究著作進行必要的關注。也就是説，王仁俊本條輯佚是不成立的。類似的佚文材料還見於《太平御覽》《太平廣記》諸書。如《文淵閣四庫全書》本《太平廣記》卷四九九《衲衣道人》全文云：

> 唐有士人退朝詣友生，見衲衣道人在坐，不懌而去。他日，謂友生曰："公好氈褐夫何也？吾不知其言，適且覺其臭。"友生答曰："氈褐之外也，豈甚銅乳。銅乳之臭，並肩而立，接跡而趨。公處其間，曾不嫌恥，乃譏予與山野有道之士遊乎？南朝高人，以蛙鳴及蒿萊勝鼓吹。吾視氈褐，愈于今之朱紫遠矣。"（出《國語》）②

民國時期哈佛燕京學社編纂的《太平廣記引書引得》即標注爲"國語【左邱明（魯）；四部叢刊及四部備要本等】"③ 即是想當然而爲之了。即便不看篇章風格、語言，僅僅從朝代記錄上就可以判斷出，此非先秦之《國語》甚明。若據此以之爲《國語》佚文，恐怕會貽笑大方的。類似的例子在《太平御覽》中同樣存在。筆者在《唐宋類書引〈國語〉研究》中對《太平御覽》引述《國語》的情形進行過簡單總結，如下：

> 根據《太平御覽》的引書體例，得《太平御覽》引《國語》共263 條。263 條中有11 條非今傳《國語》所有。這11 條可以分作兩類：一類是出自其他傳世文獻如《戰國策》《淮南子》《説苑》《新書》等書而誤書作《國語》者；另外一類則未知出處者，亦或爲《國語》佚文。另外252 條皆見於今本《國語》。④

---

① 陳橋驛：《水經注校證》，北京：中華書局 2007 年版，第 108、123 頁。
② （宋）李昉等：《太平廣記》卷四九九，《景印文淵閣四庫全書》本，本卷第 3 頁。
③ 《引書引得》，上海：上海古籍出版社 1990 年影印《太平廣記》後附，第 12 頁。
④ 拙稿《唐宋類書引〈國語〉研究》，南京師範大學博士學位論文，2013 年，第 116 頁。

《太平御覽》標引作《國語》而不能明出處的一則如下：

> 飄風之末，不能舉鴻毛。（卷九）

本句確實找不到出處。該句是一句陳述句，"飄風之末"是主語，"不能舉"是謂語，"鴻毛"是賓語。本句即便確實是《國語》的佚文，恐怕也是引述前人或者諺語格言之類。

王仁俊的輯佚成果長期以來只有稿本行世，外界難睹。故張以仁謂："清人王仁俊輯有賈逵的《國語解詁》，此書傳係手稿，現存上海圖書館，無法取得。"[1] 由於顧廷龍的推薦，上海古籍出版社於 1989 年 9 月出版《玉函山房輯佚書續編三種》影印本，臺北大化書局於 1990 年 3 月改名爲《玉函山房輯佚書補遺》翻印，這一重要輯佚學著作纔爲廣大學人所知。但就其《國語》佚文輯佚而言，確實難以成立。

（二）《國語》佚注輯佚

張以仁把《國語》佚注稱作"舊注"，謂："'國語舊注'，是指今傳《國語》韋氏解之外，時間在韋昭前後不遠，專爲《國語》一書所作的注解而言。"[2] 按説，談到"舊"，韋昭注也當包括在內，但韋昭注存留最爲完整，即便有散佚現象，也是隻字片語，不像韋昭前後的其他注解，已經不見完本。所以張先生在涉及舊注時排除掉韋昭注。既然如此，不如直接用"《國語》佚注"更爲直接明白。

張以仁統計《國語》佚注一共七家，分別爲鄭衆、賈逵、服虔、王肅、虞翻、唐固、孔晁。[3] 但清人輯佚主要涉及鄭衆、賈逵、王肅、虞翻、唐固、孔晁六家。

———

① 張以仁：《張以仁語文學論集》，上海：上海古籍出版社 2012 年版，第 207 頁。

② 張以仁：《左傳國語論集》，臺北：東昇出版事業公司 1980 年版，第 163 頁。這個觀點和其《〈國語〉舊注的輯佚工作及其產生的問題》一文表述完全相同。

③ 張以仁：《〈國語〉舊注的輯佚工作及其產生的問題》，《張以仁語文學論集》，上海：上海古籍出版社 2012 年版，第 203 頁。

從內容上看，多數輯佚者輯佚不限一家，往往涉及眾家佚注。如王謨、汪遠孫、馬國翰、黃奭、蔣曰豫、王仁俊等。只有曾國藩、勞格僅僅對賈逵注進行了補充輯佚。從學者旨趣上而言，前幾位是專門從事輯佚工作或《國語》研究工作的學者，而曾國藩和勞格只是讀書所及，並非專門從事此項工作。此外，還有從事過《國語》輯佚工作而其輯佚著述或未能傳世者，如陳鱣、黃汝成等。

眾家具體輯佚方式多有不同。有的以佚注者爲單位，每一家自成一卷，按照《國語》原文次序輯列佚注，如王謨、馬國翰、黃奭、王仁俊；有的則以《國語》原文爲次序，把相應佚注編次在《國語》相應正文之下，如汪遠孫和蔣曰豫即是這種輯佚方式。

其輯佚體例大體相同，先臚列《國語》原文，然後將所輯佚注列於《國語》原文之後。王謨、馬國翰、黃奭、汪遠孫、王仁俊輯錄都是正文一行、佚注一行，蔣曰豫則是《國語》原文大字，佚注小字。下面分別來看。

1. 王謨《國語》佚注輯佚

王謨（1731—1817），字仁圃，江西金谿縣人。乾隆三十三年（1768）舉人，乾隆四十三年（1778）進士。著述宏富，又輯佚漢魏佚籍，編成《漢魏遺書鈔》。根據褚贛生研究，王謨《漢魏遺書鈔》有四個輯佚特點：按錄鈎索，分類探求；博覽群書，廣泛蒐討；綜合排比，編次整理；考辨訂正，相互校勘。① 謝國楨則謂：“惜其書選擇未精，不無遺憾，然搜輯賅博，可供後人輯佚採輯之資。”② 所輯《國語》佚注在《經翼》第三冊，該冊收錄《春秋三傳翼》二十二種，其中賈逵《國語注》收在第二十一種。其《序錄》先引述《隋書·經籍志》著錄賈逵《春秋外傳國語》二十卷，次引述韋昭《國語解敘》學術史梳理部分，後加案語云：

---

① 褚贛生：《王謨及其文獻輯佚活動評述》，《文獻》1987 年第 2 期。
② 吳格等整理：《續修四庫全書總目提要·叢書部》，北京：北京圖書館出版社2010年版，第199頁。

　　宋庠《國語補註敘録》云：今惟韋氏所解傳於世，諸家章句遂無存者。然當唐世，賈書實自別行，故李善註《文選》每引賈逵、韋昭《國語》註，而韋解多即賈註，猶斑斑可考。且載賈註，則賈書固不以韋廢也。今故仍從韋解内鈔出八十一條，又《文選註》九十條，《史記集解》十二條，《後漢書註》三條，《經典釋文》三條，《類聚》一條，《書鈔》七條，《初學記》二條。（内附唐註三十餘條）

　　大致交代了輯佚賈逵注的動機，運用的輯佚材料等等。王謨認爲"賈書固不以韋廢"這一點是通達的。實際上這種現象後世也存在。比如日本冢田虎《增注國語》一共一千多條，而秦鼎《國語定本》只引述了冢田虎增注 64 條，佔到冢田虎所有條目的 1/20 左右，未引部分照樣具有很高的學術價值。後世引録前人注釋的時候，總有選擇傾向性，其選擇固不能淹没原書。從其《序録》來看，王謨輯佚所用材料七種，其中《文選注》和《國語解》爲其輯佚的主要來源，分別爲 90 條和 81 條，其他則零零星星，僅數條而已。另外，王謨還用到了《史記索隱》。其輯佚部分應該是分兩次進行，先輯佚出者順次録出，此後又進行核對，把漏掉的條目又順次録出作爲"補輯"部分附在後面，並没有隷到前此輯録相應條目之下。這類條目共 19 條，體例同前一致。

　　王謨輯賈逵注 196 條，輯唐固注 44 條，檢其體例，先臚列《國語》原文，空一格録賈逵注，多條佚注輯佚自一種書且注文順次排列者，於最後一條注文之後注明輯佚來源，如：

　　先王耀德不觀兵　　耀，明也。
　　載戢干戈　　戢，藏也。（並《文選註》）
　　載櫜弓矢　　唐云：櫜，韜也。
　　昔我先世后稷　　唐云：父子相繼曰世。（並《史記集解》）

　　在補輯部分中，也出現不録《國語》正文的情況，則在注文之後注明注文當在的位置。如：

子朝，景王之長子也。(《文選注》。按：此註當在"景王既殺下門子"篇)

揭明其應在篇章。如其敍錄所云，唐固注是附屬的，故條目中明標"唐云"。如果唐固注和賈逵注出於同一條目下，唐固注雙行小注出之。如：

宣王欲得國子之能導訓諸侯者　　國子，諸侯之嗣子。或云：國子，諸侯之子，欲使訓導諸侯子也。(唐云：國子，謂諸侯能治國子養百姓者。〇韋昭《國語解》)

爲了使唐注和出處有所區別，以"〇"隔開。凡韋昭注非直引賈逵注、以轉述形式出之者，亦以小字出之。如：

十月惠公卒，十二月秦伯納公子 (韋昭云：四傳魯僖公二十三年九月，晉惠公卒。而此云十月。賈侍中以爲閏餘十八，閏在十二月，後魯失閏，以閏月爲正月，晉以九月爲十月而置閏也。秦伯以十二月始納公子，公子以二十四年正月入晉桑泉。)

因爲賈逵注是韋昭注文轉述之辭，故小字出之以示區別。
又有引文文字不同而出校勘者。如：

作轅田　　轅，易也。(《文選註》："爰，易也。""轅""爰"字通) 爲易田之法賞衆以田，易其疆界也。
大刑用甲兵　　謂諸侯不式王命，則以六師移之。(《國語解》。《書·舜典》疏引賈逵註：用甲兵者，諸侯逆命征討之致也。)

第一條指出《文選注》引述用字與《國語》本文用字不同，但是二字字通。第二條則指出《尚書正義》引述賈注與《國語解》引述注文不同。

　　尚有校勘《國語》原文者，如：

　　　　天地之所祚　　祚，禄也。（今本作“胙”，無“之”字。《文選註》）

　　這是校勘《國語》正文。張以仁云：“《慧琳》46、72 及《玄應》1、9、18 引‘地’下皆有‘之’字，蓋賈本如是。”①

　　經過粗略對照發現，王謨撮録《國語》本文有以意爲之的現象。如“今自大畢伯士之終也”，《國語》公序本“士”作“仕”；“流王於彘”之“於”，公序本作“于”；“廩於藉東南”，公序本、明道本“於”作“于”，明道本“藉”作“籍”；“王勞之以地，文公辭，請隧焉”，今本《國語》無“文公”二字；“景王將鑄大錢”，今本《國語》無“景王”二字。而後兩條，王謨都標注引自《國語解》，而與今《國語》文字皆有不同。有的《國語》文字録自輯佚來源而與今本《國語》不同，如“繯山於有牢”，《國語》作“環”，《後漢書注》引作“繯”，王謨明顯根據《後漢書》注録文。

　　綜上可見，王謨在輯録佚注時，撮録《國語》原文比較隨意，並没有根據某一《國語》本子進行文字的釐定，而且還存在臆改的問題。但就《國語》佚注輯録而言，王謨是今天能見到的第一個確立基本體例和規範的，具有開拓之功。而且，王謨所輯録的賈逵與唐固注文數量可觀，爲學者認識和研究賈逵注提供了基本材料。這些，都是值得稱道的地方。王謨在輯佚時“選擇未精，不無遺憾”，但又確實“可供後人輯佚採輯之資”。

　　2. 馬國翰《國語》佚注輯佚

　　馬國翰（1794—1857）一生勤於著述，影響最大的還是《玉函山房輯佚書》，有傳言此書是馬國翰攘竊自章宗源者，晚清學者蔣士珵、楊

---

① 張以仁：《張以仁先秦史論集》，上海：上海古籍出版社2010年版，第198頁。

守敬、胡玉縉等力辨此説之誣，王重民、王君南、邱麗玟、趙晨也都提出新的證據，可證《玉函山房輯佚書》確實是馬氏自己的著作，並非剽竊他人。該書卷帙浩繁，搜羅極富，是清代輯佚書中部頭最大的一部著作。這樣一位學者，《清史稿》並未爲之立傳，王重民認爲是《清史稿》"最大的缺點"①，王重民爲馬國翰專門書寫傳記，並譽之爲清代輯佚第一家。從王重民梳理的材料可知，馬國翰從二十二歲開始即從事輯佚工作，可謂辛苦經營。邱麗玟著録了《玉函山房輯佚書》的八個刊本，分別爲濟南原刊本、清同治十年（1871）濟南皇華館書局補刊本、清同治十三（1874）年刻本、清光緒九年（1883）長沙嬭嬛館補校刊本、清光緒十年（1884）楚南湘遠堂刊巾箱本、清光緒十年綉江李氏補刊本／章邱李氏據馬氏刊版重印本、清光緒十五年（1889）綉江李氏補刊本、清光緒十八年（1892）湖南思賢書局本。邱氏所據《杭州大學圖書館藏綫裝書書目》著録同治十三年刻本，趙晨亦進行了考訂，直接隸於"同治十年濟南皇華館書局補刻本"之下。以上諸本中，唯湖南思賢書局本與前幾種差別較大，邱麗玟謂："此本之類目較他本多出'國語'一類，乃將補遺中它本皆入春秋類的《國語章句》《國語解詁》《春秋外傳國語虞氏注》《春秋外傳國語唐氏注》《春秋外傳國語孔氏注》《國語音》等6種，改列國語類，置於經編小學類之後。"② 恐怕還是思賢書局本不審，以先秦要籍之"國語"混同於小學之"國語"之故。

　　檢《續修四庫全書》所收《玉函山房輯佚書》，馬國翰輯佚《國語》部分在《玉函山房輯佚書補編》春秋類中，輯有後漢鄭衆《國語章句》一卷、後漢賈逵《春秋外傳國語解詁》二卷、吳虞翻《春秋外傳國語虞氏注》一卷、吳唐固《春秋外傳國語唐氏注》一卷、吳孔晁《春秋外傳國語孔氏注》一卷、《國語音》一卷。

　　和王謨相比：1. 馬國翰所輯《國語》佚注比王謨增多了三家，即鄭衆、虞翻、孔晁；2. 和王謨輯佚相同的兩家，具體輯佚內容有所增

---

① 王重民：《清代兩個大輯佚書家評傳》，《輔仁學志》第 3 卷第 1 期，第 1—45 頁。
② 邱麗玟：《馬國翰及其〈玉函山房藏書簿録〉研究》，臺北大學碩士學位論文，第 220 頁。

多。所輯賈逵注比王謨增多八十條，所輯唐固注比王謨所輯增多五十條；
3. 輯佚材料比王謨要豐富。以賈逵注輯佚爲例，王謨所用輯佚材料爲
《國語解》《史記集解》《史記索隱》《初學記》《藝文類聚》《北堂書
鈔》《文選注》《經典釋文》《後漢書注》，馬國翰則增加了《一切經音
義》《禮記正義》《國語補音》《玉篇》《太平御覽》《開元占經》《左傳
正義》《書正義》《列子釋文》《通志》《廣韻》等。類書擴大到宋代，
經學正義成爲輯佚來源之一，小學書成爲另外一個重要的輯佚來源。此
外，還增進了志書等等。4. 標注輯佚來源出處比王謨要具體。王謨只標
注書名，馬國翰標注已經具體到篇卷，爲檢核原書提供了方便。

馬國翰所輯注文，正文頂格一行，注文低一格一行，注文後小字標
注出處。説明文字，亦於小字注中言之。如：

> 周文公之詩曰：兄弟鬩於牆，外禦其侮
> 《常棣》，穆公所作。（韋昭《國語解》引賈、鄭）

此處不僅標出該條注文的出處，而且還説明爲什麽可以列入到鄭衆
中，即韋昭引述時稱"賈鄭"。這就需要揣摩韋昭《國語解》，對韋注表
述進行比較仔細的閲讀與分析。如下例：

> 侯，侯圻也。衛，衛圻也。言自侯圻至衛圻，其間凡五圻，圻
> 五百里，五五二千五百里，中國之界也。謂之賓服，常以服貢賓見
> 於王。五圻者，侯圻之外曰甸圻，甸圻之外曰男圻，男圻之外曰采
> 圻，采圻之外曰衛圻。《周書・康誥》曰"侯、甸、男、采、衛"
> 是也。（韋昭《國語解》云："凡此服數，諸家之説皆紛錯不同，唯
> 賈君近之。"則韋解用賈氏也。據補）

同樣需要對韋昭注文進行比較仔細閲讀、推敲，並且在此基礎上輯取賈
逵注成分。

也有一條佚注有不同輯佚來源，且文字稍有不同，馬國翰也於注末

小字中予以説明。如：

> 其詩曰：昊天有成命，二后受之，成王不敢康。
> 昊天，天大號也。二后，文武也。康，安也。言昊天有所成命，文武則能受之，謂修己自勤，以成其王功，非謂周成王身也。（韋昭解云：鄭、賈、唐説皆然。《詩·周頌·昊天有成命》正義引作"謂文武修己自勤"云云）

其中"《詩·周頌·昊天有成命》正義引作'謂文武修己自勤'云云"就是對鄭衆注異文的著録。可見，馬國翰在輯佚過程中，參考多本，不僅僅輯佚條目，還提供不同出處的異文資料，爲學者使用進一步提供了方便。由於參考到的輯佚材料比較多，同條注文就會出現異文問題，故而在標注出處之後，往往會記其異文。如：

> 阜其財求
> 阜，長也(《文選·左太沖·魏都賦》李善注)，厚也，亦盛也，大也。（釋玄應《大愛道般洹經音義》，《文選·陸佐公·石闕銘》注引：阜，厚也）

本條對賈逵注的輯佚出自三個文本，其中以《左思·魏都賦》李善注、《玄應音義》爲正文，而以《石闕銘》注所引作爲異文附於小注之中。本條輯佚條目還顯示出馬國翰在輯佚方面的另外嘗試，即所輯佚文屬於同條注釋，但是文字不同，如何排比的問題，類似於綴合。

有的佚注，韋昭《國語解》已經引述，其他文獻中也予以引述，在韋昭《國語解》之後同時標注出其他來源。如：

> 虢文公諫曰
> 文公，文王母弟虢仲之後，爲王卿士。（韋昭解，《史記·周本紀》裴駰集解）

從其撮録《國語》正文與注文來看，所用《國語》爲公序本系統。他書輯佚者，也多用他書所引《國語》正文，而於正文最後以小字形式標注該文字與今傳《國語》之異。如：

飾牲爲載書(《北堂書鈔》引《齊語》有"書"字)
飾牲，陳其牲。爲載書，加于牲上而已，不歃血也。（虞世南《北堂書鈔》卷八十一）

這是揭明《北堂書鈔》引用文字和今傳《齊語》不同。從馬國翰所引《北堂書鈔》來看，他所依據的是陳禹謨序刊本。又：

既填其甓矣（宋庠《補音》：鎮，或作填）

這是根據宋庠《國語補音》的異文材料進行説明。可見，馬國翰在輯佚方面，不僅提供給讀者一定的初級材料，還進行考證，提供給讀者更爲豐富的信息。甚至還用他書異文進行比對，如：

公孫雄（今《國語》作"王孫"，《史記》引作"公孫"）
公孫雄，吳大夫。（《史記·越世家》集解）

此外，還有少數條目並不提供佚注，只是提供正文異文。如：

南至於陶陰（宋庠《補音》：徛陰，賈作"陶"。）
吾伏弢略血 《左傳》作"嘔血"，面汗血曰嘔。（宋庠《補音》）
趙簡子田于婁。（宋庠《補音》"于婁"，賈、孔本並作"婁"）
趙簡子問於莊馳兹。（宋庠《補音》：壯音莊。賈、孔本同）
東方之士孰爲愈？（宋庠《補音》：爲瘉，賈、孔並作"愈"）
惡角犀豐盈（宋庠《補音》：角瑈，賈、唐、孔本作"犀"）

而黽鼀之與同渚（宋庠《補音》：陼，唐、賈、孔作"渚"）

由於馬國翰輯佚《國語舊音》，故在輯佚《國語》佚注之時，注意到了不同注家用字的不同。不僅豐富了佚注，而且豐富了《國語》文本信息。

馬國翰輯佚鄭衆注 5 條都來自韋昭《國語解》，輯佚賈逵《國語解詁》來源比較複雜。經過檢核，馬國翰所輯賈逵注出自韋昭《國語解》65 條，輯自《文選》注 96 條，輯自《經典釋文》1 條，輯自佛經音義（包括《玄應音義》《惠苑音義》等）28 處，輯自《國語補音》10 條，輯自《左傳正義》12 條、《尚書正義》2 條、《詩經正義》1 條、《史記集解》3 條、《後漢書注》3 條，輯自《北堂書鈔》1 條、《太平御覽》4 條、《初學記》4 條、《通志》2 條，輯自《說文》1 條、《玉篇》1 條、《廣韻》2 條，《經典釋文》1 條。在輯佚中，還參考到《集韻》等小學著作。

馬國翰輯佚虞翻注 36 條。其中輯自《國語解》17 條，輯自《初學記》1 條，輯自陳祥道《禮書》1 條，輯自《左傳正義》3 條，輯自《史記集解》14 條，輯自《後漢書注》1 條，輯自《水經注》2 條。

馬國翰輯佚唐固注共 93 條，其中輯自《國語解》80 條，輯自《史記集解》8 條，輯自《國語補音》5 條，輯自《後漢書》注、《詩經正義》各 1 條。其中僅臚列各本正文文字不同者 4 條。由於大量條目輯自《國語解》，故在注文末注明"韋昭《國語解》"，下幾個條目輯佚來源都相同者，則在最後一個條目後注"並同上"，爲了避免讀者遺忘，接連出自《國語解》較多者，則隔幾個條目之後重新標注。

輯録孔晁注 36 條。其中輯自《左傳正義》22 條，輯自《國語補音》13 條，輯自《經典釋文》1 條。輯《補音》者多以明不同注本文字不同。輯自《經典釋文》者實輯自《左傳》釋文。

另外，馬國翰還依據《國語補音》輯佚《國語音》一卷，並爲撰寫敘録。《國語音》和賈逵、鄭衆、唐固、虞翻等不同，這些學者名注雖然有的不見於本傳，但韋昭《國語解》往往徵引。而《國語音》在宋庠之前並無專門且明晰的記載，馬國翰因宋庠《補音敘録》及其《補音》撰寫體例而輯佚出《國語音》一卷，實在難能可貴。馬國翰敘録中揭示了《國語音》的特徵與價值：1.《國語音》體例與《經典釋文》相同，都屬於音義體訓詁著作；2. 宋庠撰寫《國語補音》是在《國語音》的基礎上加“補音”“今按”而成，可以認定宋庠《補音》完整保存了《國語音》的内容；3.《國語音》保存的一定數量賈逵、唐固、孔晁注本情況，可與韋昭注本相比勘，具有很重要的學術價值；4.《國語音》徵引的小學書，今已不存，故《國語音》具有文獻保存與輯佚價值；5. 對宋庠“簡陋不足名書”之説提出批評，肯定了《國語音》的學術價值。稿本《續修四庫全書提要》也對《國語音》進行了著録，其中内容多有參考馬序之處。同時，對該書的學術價值提出商榷，認爲進行學術研究還是參考《國語補音》，不必以馬國翰所輯爲依據。這個認識是有道理的。馬國翰所輯《國語音》共 1053 條，如果算上周、魯、齊、晉、鄭、楚、吳、越八語的音義條目，則爲 1061 條。僅從數量上來看，《國語音》就不是宋庠所説的“簡陋不足名書”，實際上《舊音》還是有很大的學術價值的。首先，《舊音》保留了很多音切，不論是唐人的音切還是唐代以前，都能爲漢語語音史的研究提供一定的資料參照。其次，《舊音》引録或者比較了賈逵、唐固、孔晁和韋昭注本文字的不同，爲我們提供了今傳韋昭注本之外的其他各家注本的一些資料，爲進一步研究《國語》的流傳脈絡提供了材料。再次，《舊音》指出了韋注的一些問題，爲後來的進一步研究提供了維度。如對“犬戎樹惇”的解釋，一直到清代，還有一些學者在這個基礎上進行進一步探討。此外，也提供了一些歷史背景材料，爲漢語史研究或史學研究提供了資料。如云“梁主以佛有悖音，乃改悖爲背”，宋庠以爲難以斷定。而且，《舊音》還對涉及的注文進行了疏證解説，如“彘之亂，公卿相與共和而修政事。按《汲冢書》，‘共’音‘恭’，共伯名和”即是對韋注“共和”的疏解等。

　　無論從輯佚的整體數量還是從輯佚的精細程度上而言，馬國翰都遠遠超過了王謨。

3. 汪遠孫《國語》佚注輯佚

汪遠孫《國語三君注輯存》没有輯入其他叢書，也未單獨刊印過，是《國語校注本三種》中唯一版本單純之作。汪氏自序云：“三君者，後漢侍中賈君逵、吳侍御史虞君翻、吳尚書僕射唐君固也。韋宏嗣采摭三君，并參己意，成《國語解》二十一卷。漢章帝時鄭大司農衆作章句，其書最爲近古，久亡其篇數。魏中領軍王肅、晉五經博士孔晁亦爲章句訓注，後先於韋而《解》不載。今遠孫不揣譾陋，捃羅舊聞，其三君説有見於《解》中，有不見《解》中者，悉録之，王、孔諸家亦載焉，于以識韋氏作解之去就，而衆説之足資取益也。稱三君者，仍宏嗣之本書也。錢塘汪遠孫譔。”汪遠孫第一次對韋昭《國語解》中出現的三君給出比較明確的範圍，即賈逵、虞翻、唐固三人。認爲韋昭的《國語解》是在參照三者《國語》注的基礎上完成的。並揭明《國語三君注輯存》一書之收録範圍及其目的。

《輯存》所輯條目撰述體例：先摘録《國語》原文，別行起以“×××曰”臚列所輯舊注條目，條目最下以雙行小字出材料來源，材料來源有兩個或多個者，以來源年代順序臚列。材料來源都具體到篇卷，便於檢尋。別有勘校考異之言，別行起以“案”字出之，全書加有案語135條。檢其案語内容，大體包括如下數端。

（1）揭出同一輯佚材料，來源不同，版本文字會有不同。如：

朝夕恪勤

賈逵曰：恪，敬也，勤勞也。（《北堂書鈔·政術部十》。案：今據曝書亭鈔本。陳禹謨刊本删去注文）

本條中，汪遠孫揭明自己所據的《北堂書鈔》是曝書亭鈔本，當然也參照了陳禹謨刊本，陳禹謨刊本只有正文，無注文。揭明同一輯佚材料來源的版本不同，内容也會有差別。

（2）揭出韋解注文所本。如：

侯、衛賓服

凡此服數，諸家之説皆紛錯不同，唯賈君近之。（韋解。案：注云云，韋蓋本賈説也。）

本條揭出韋注本賈注，故此處韋昭注文也可看作賈逵注文。

（3）揭明舊注當隸之處。如：

農祥晨正

賈逵曰：祥猶象也。（《華嚴經音義上》。下文“月之所立，辰馬農祥也”韋注：“祥猶象也。”此條或隸彼下。）

汪遠孫之所以繫本條於下文，恐怕認爲韋昭注既然是在三君注基礎上撰成，韋昭此處無注，則賈逵此處也當無注，故當隸在下文。

（4）資料來源標注精細。如注文中注明材料來源爲《北堂書鈔》，但案語中又揭明實本《唐類函》。如：

百官御事

賈逵曰：御，治也。（同上。此條據《唐類函》，鈔本無）

王乃淳濯饗醴

賈逵曰：饗，飲也。王沐浴飲醴酒。（同上。此條據陳本及《唐類函》，鈔本誤舛）

膳夫農正陳籍禮

賈逵曰：農正，農大夫，主敷陳籍禮而祭其神爲農祈也。（同上。“主敷陳”以下十三字，亦據陳本及《唐類函》，鈔本脱）

“同上”者，皆據《北堂書鈔》。汪遠孫同時指出本條實際上是根據《唐類函》本或陳禹謨本。之所以不據鈔本，其一是鈔本無本條，其一是鈔本有錯誤。《唐類函》是明俞安期（1551？—1618）編纂，有萬曆三十一年（1603）刊本。俞安期初名策，後改名安期，字羨長，蘇州吳江人，遷居宜興，終老南京。《唐類函》共分四十三部，每部之下又分若干目，以《藝文類聚》爲主，每條先臚列《藝文類聚》的材料，次列《初學記》《北堂書鈔》《白氏六帖事類集》的材料，刪去重複。《藝文類聚》内容簡略而其他三部類書材料詳盡的，就以其他三部類書材料補之。全書共 200 卷。而《北堂書鈔》很長時期以來一直以抄本行世，至明萬曆年間，陳禹謨進行校勘整理，纔有刊本行世。但是陳禹謨刪補太多，嚴可均謂："世咸謂明中葉後刻書無善本，是固然矣。然未有肆行竄亂，若陳刻《書鈔》之甚者也。"① 而鈔本、陳刻本和《唐類函》又是汪遠孫時代所能參據到的主要之本，故汪遠孫雖統以"北堂書鈔"稱之，遇其不同之處，仍出案語，以示路徑。

（5）輯佚來源有多處而文字不同，進行考辨。如：

> 宣王欲得國子之能導訓諸矦者
> 賈侍中曰：國子，諸侯之嗣子。或云：國子，諸侯之子，欲使訓導諸侯之子。（韋解。《北堂書鈔·設官部二十四》。案：《書鈔》"嗣子"下有"教諸侯"三字，無"或云"以後十六字。此或賈氏自存別説，或韋氏採他人之説，未能臆定，並存以備參考）

本條中，韋昭注所引賈逵注文與《北堂書鈔》所引不同，汪遠孫予以揭出。另外，就是"或云"之"或"是賈逵注文所引還是韋昭注文所引的問題。《北堂書鈔》沒有引述"或云"，故而汪遠孫認爲無法確定究竟是賈逵引述還是韋昭引述，因此"並存以備參考"，這是很審慎的做法。這種處理方式要比黃奭更爲客觀。另如：

---

① 嚴可均：《書陳禹謨刻本北堂書鈔後》，《嚴可均集》，杭州：浙江古籍出版社 2013 年版，第 271 頁。

其刑矯誣

賈逵曰：非先王之法曰撟，加誅無罪曰誣。(《一切經音義》十二。案：《華嚴經音義》上止引上句，"非"上有"行"字，蓋"刑"字之誤。"撟"作"矯")

本條揭明因輯佚來源不同產生的文字差別與訛誤。汪遠孫指出文字差別，同時指出訛誤。

(6) 校勘文字，揭明理由，並進行版本上的異同比較。如：

惠王二年 (各本誤"三年"，據《史記·周本紀》《十二諸侯年表》改正)

惠王，周莊王之孫、釐王之子，惠王毋涼也。(韋解。《舊音》云："賈注無'毋'字。"案：明道本亦無"毋"字)

《國語》各本皆作"惠王三年"，今檢汪遠孫《國語明道本考異》卷一云："'三'當作'二'，各本皆誤，《述聞》從《史記·周本紀》《十二諸侯年表》校正。案：下注云：'惠王十五年，魯莊公三十二年也。'作'二年'爲是。"① 是汪遠孫根據王引之《經義述聞》之説改訂《國語》文字，同時又揭出韋解所引賈逵注與《舊音》所引不同。其實在汪遠孫之前，陳樹華、黄丕烈、秦鼎都已經揭出。汪遠孫在《考異》中也揭出了《舊音》引賈注與韋解引賈逵之不同，最後得出"未知孰是"的結論。至少可以看出，汪遠孫在文字問題上不武斷主觀。至楊伯峻云："《史記》云名閬，《國語》韋注及皇甫謐《帝王世紀》均云名毋涼，蓋閬即毋涼之變音。"② 可參。

(7) 韋解唯云"三君"，汪遠孫據他書徵引以確定。如：

① (清) 汪遠孫：《國語明道本考異》，北京：商務印書館 1959 年版《國語》後附，第 271 頁。
② 楊伯峻：《春秋左傳注》(修訂版)，北京：中華書局 1991 年版，第 212 頁。

鸞鷟鳴於岐山

三君曰：鸞鷟，鳳之別名也。（韋解。《文選·南都賦》注引賈逵）

本條揭示出，雖然韋昭注引述稱三君，而《文選》注引述則只用賈逵。即便無法證實三君注文完全相同，至少可以證明三君注中賈逵注文和韋解所引是相同的。

（8）對注文進行考辨。如：

實有爽德

賈逵曰：爽，貳也。（《文選·東京賦》注。案：貳，當作"貢"。《爾雅》："爽，忒也。"貢，與"忒"同）

此處指出《文選》注所引賈逵注文"貳"字當爲"貢"字之誤，"貢""忒"二字同。陳瑑《國語翼解》説與汪遠孫同。張以仁謂："《國語》'貢'譌作'貳'，其例多有。參見王引之《經義述聞》卷二十'成事不貳、平民無貳'條。王繫此條於下文《周語下》'言爽曰反其信'條，不知《東京賦》明引正文，不當任意攀附也。"[1] 恐怕汪遠孫此處之説即本王引之《經義述聞》。

另如：

鄭伯南也

賈侍中曰：南者，在南服之侯伯也。或云：南，南面君也。（韋解。賈讀"南"爲"男"，古通用。鄭衆、服虔注《内傳》云："鄭，伯爵，在男服也。"或説，賈注《内傳》語也。）

汪遠孫在本條中指出"男""南"通用，且對或説提出自己的看法，根據鄭衆、服虔注文用"男"字，認爲是賈逵的《左傳》注文。

---

① 張以仁：《張以仁先秦史論集》，上海：上海古籍出版社 2010 年版，第 178 頁。

另如：

　　汩越九原
　　賈逵曰：湣，亂也。（《後漢書·張衡傳》注。案：湣、汩古字通。蓋賈本作"湣"。《爾雅·釋詁》："湣，治也。"郭注：湣，《書序》作"汩"，音同耳。亂亦治也）

此處也是因爲賈逵注文和《國語》正文用字不同，但是語義不别。汪遠孫爲揭出之。也有二字形音不通而語義相同者，也爲揭出。如：

　　野無奥草（《舊音》：奥，賈本作"冥"。案：《説文》："冥，幽也。"《詩·何草不黄》："有芃者狐，率彼幽草。"冥草，即幽草也）

本條是從語義的角度探討賈逵本、韋昭本雖然文字不同，但是二字語義無别。引述《説文》，有訓詁理據；引述《何草不黄》，有實際用例。還有的指明文字正俗，如：

　　則可以上下無隙矣
　　賈逵曰：隙，釁也。（《一切經音義》十四。案：釁，即"釁"之俗）

本條揭明"釁""釁"正俗字。"釁"正、"釁"俗的文字觀念，自《干禄字書》即已有之。類似的例子還有：

　　其以徼亂也
　　賈逵曰：邀，求也。（《文選·劉孝標·廣絶交論》。案：邀，俗"徼"字）

有些文字是文獻在流傳過程中發生改變的，汪遠孫也予以揭明。如：

穀雒鬭(雒,韋本作"洛",蓋後人所改)

本條認為韋昭本作"洛"為後人改字。實際上該字當作"雒"。張以仁云:"《國語》各本皆作'洛'。《史記·周本紀》集解及韋注、《左傳·昭二十三年》疏、《禮·中庸》疏、《詩·小雅·十月之交》疏、《御覽》六二引《國語》皆作'洛'。《左傳》僖十四年《疏》則引作'雒'。段玉裁《説文注》云:'自魏黃初以前,伊雒字皆作此,與雍州渭洛字迥别。'"① 可為汪遠孫注脚。

(9)不能確定為誰家注文者,以舊説視之。如:

襄王使大宰文公及内史興賜晉文公命

大宰文公,王卿士王子虎也。(韋解。案:《左氏》僖二十八年《傳》正義云:"注《國語》者皆以為大宰文公即王子虎也。"韋蓋本舊注為説)

既然《左傳正義》指出注《國語》者皆以此説,韋昭注既承襲前人,則此條亦當是前人之説。故汪遠孫輯之且為辨析。

(10)鄭衆、鄭玄,以姓氏稱引皆為"鄭",為辨析之,以明確所指。如:

周文公之詩曰:兄弟鬩于牆,外禦其侮。

文公之詩者,周公旦之所作《常棣》之篇是也。唯賈君得之。(韋解。是賈亦以《常棣》為周公旦所作)

鄭、唐二君以為《常棣》穆公所作。(同上。案:《詩·常棣序》箋云:"周公弔二叔之不咸,而使兄弟之恩疏,召公為作此詩而歌之以親之。"此鄭君,蓋指康成氏也。)

---

① 張以仁:《國語斠證》,臺北:臺灣商務印書館1969年版,第50頁。

汪遠孫根據韋解與鄭箋見解的共同性，從而認爲此處之"鄭"當指鄭玄，非指鄭衆。

（11）揭出所輯注文原有衍文。如：

> 狄人來誅，殺譚伯
>
> 唐固曰：譚伯，周大夫原伯毛伯也。（《史記・周本紀》集解。案："毛伯"二字衍，蓋後人以《左傳》加之。《索隱》云唐固據《左傳》文讀"譚"爲"原"，明以《外傳》之"譚伯"當《內傳》之"原伯"也。韋解本唐。明道本亦衍一"毛"字）

本條揭出唐固注有衍文，並指出司馬貞《史記索隱》認爲《左傳》"原伯"即《國語》"譚伯"。順便揭出韋昭注即本唐固。並進而揭出《國語》明道本也有衍文。可見，汪遠孫的輯佚考辨比較綜合。此類考辨頗有，另如：

> 親戚宴饗
>
> 賈逵曰：不脫屨升堂曰宴。（《文選・南都賦》注、《一切經音義》一。案："不"字衍。《儀禮・燕禮》"賓反入及卿大夫皆脫屨升就席"注云："凡燕坐必脫屨，屨賤不在堂也。"《韓詩》："脫跣而上坐謂之宴。"余友長洲陳奐曰：不，當作"下"。《禮記・鄉飲酒義》："降說屨升坐。"降即下也。《詩・常棣》傳："不脫屨升堂謂之飫。""不"亦"下"字之誤。賈用毛義）

本條考辨，既闡明己説，又采通人。汪遠孫根據《儀禮》本文及鄭注、《韓詩》，推定"不"是衍文，"不"字不辭。復引述陳奐之説，陳氏認爲"不"字爲"下"字之誤。考辨細緻，已經超出輯佚學的一般範圍，進入訓詁考據的領域了。

（12）對於鄭衆、賈逵、虞翻、唐固、王肅、孔晁之外的注文歸屬採取謹慎態度。如：

遂假道於陳以聘於楚

服氏注曰：是時天子微弱，故與諸侯相聘同。(《儀禮·聘禮》疏。案：服氏注《國語》見此疏及《周禮·王府》疏、《春官·序官》疏，未知是服子慎否？俟再考)

《後漢書·服虔傳》只述及服虔注《左傳》，未言其注《國語》，後世亦無其注《國語》的資料。故汪遠孫此處存疑，表現了謹慎的態度。

作爲《國語》研究者，汪遠孫在進行《國語》佚注輯佚的時候，就已經滲透了考辨的學術探討工作，這是其他專事輯佚的學者所不能及的。王季琛認爲《國語三君注輯存》源文獻多樣廣博、體例科學嚴密、輯錄精準得當、考校精準細緻。① 所述都是事實。

4. 黃奭《國語》佚注輯佚

黃奭（1809—1853）《黃氏逸書考》初時隨成隨刻，其後兵亂，藏版於僧舍。其後人繼承遺志，始謀刻梓，初刻名《漢學堂叢書》，所收未全。後王鑒與秦更年整理增補，於民國十四年（1925）重新刊行，以《黃氏逸書考》名之②。民國二十三年（1934），江都朱長圻又據王、秦增補本校定補刻，使其内容更加完備。③《續修四庫全書》所收和廣陵書社 2004 年影印本皆據朱長圻補刻本。是書分爲《漢學堂經解》《通緯》《子史鉤沉》和《通德堂經解》，共輯佚書 285 種。所輯《國語》佚注在《子史鉤沉》中，包括鄭衆《國語解詁》、賈逵《國語注》、唐固《國語注》、王肅《國語章句》、孔晁《國語注》、虞翻《國語注》等六家佚注，其中輯佚鄭衆注 30 條（包括正編 18 條，附錄 12 條），賈逵注 201條，唐固注 105 條，王肅注 8 條，孔晁注 55 條，虞翻注 33 條。

---

① 王季琛：《對〈國語三君注輯存〉的文獻學研究》，廣西民族大學碩士學位論文，2016 年。

② 曹書傑認爲《漢學堂叢書》和《黃氏逸書考》之名都不符合該書實際。該書實當名爲《漢學堂逸書考》。見曹書傑《黃奭輯佚書書名辨——〈漢學堂叢書〉〈黃氏逸書考〉名僞論》，《圖書館學研究》1989 年第 6 期，第 87—89 頁。今則仍以王鑒、秦更年以及朱長圻校本書名最爲通行。

③ 冀淑英：《黃奭的輯佚工作》，《北京圖書館同人文選》編委會編：《北京圖書館同人文選》（第 2 輯），北京：書目文獻出版社 1992 年版，第 314—316 頁。今檢《子史鉤沉·鄭衆國語解詁》第四、第五頁版心上端標 "民國甲戌"，下端標有 "江都朱氏補刊" 的字樣，即其證。

黄奭輯佚《國語》佚注體例與王謨、馬國翰基本一致，先録《國語》正文，次行低一格録所輯佚注。注文後小字注明出處。所輯鄭衆《國語解詁》出處標注比較詳盡，有些標注具體到篇，如：

> 射不過講軍實
> 軍所以討獲曰實。（《文選·吴都賦》注）

不僅標出《文選》，連《吴都賦》的篇名也予以標出，爲使用者查找來源提供了極大的便利。而在輯賈逵《國語註》中，則只標《文選註》《史記集解》而不具體到篇名。所輯賈逵注涉及的類書書名爲四個字的不出全名，而以"類聚""書鈔"等出之，亦不名卷次。

除了標注出處之外，也對注主、注文歸屬等等進行考辨。如：

> 鸑鷟鳴於岐山
> 鸑鷟，鳳之別名也。（韋解引三君云。案：三君，謂鄭、賈、唐）

這是説明輯佚來源，怕讀者不清楚"三君"，故又加案語解釋三君所指，以便明確本條注文的歸屬情況。另如：

> 鄭伯南也
> 南謂子男，鄭，今新鄭，新鄭之於王城在畿内，畿内之諸侯雖爵有侯伯。周之舊法皆食子男之地。（韋解。案：《鄭志·答趙商》亦有此語，見《詩·鄭譜》正義）

本條指出注文還出現在其他文獻中。《鄭志》爲鄭玄之孫鄭小同編纂，記載鄭玄與其門人趙商、張逸等人問答之辭。黄奭出此案語，意在説明該注具有屬於鄭衆的可能性，並不能證明該注具備屬於鄭衆的確定性。當然，輯佚而復探討考辨，還是有積極意義的。當佚注出現在兩種文獻中，且一種標明歸屬而另一種没有明確標識時，黄奭亦標出。如：

> 火見而清風戒寒
>
> 火，心星也。清風，寒風也。（《書鈔・歲時部四》）。案：《御覽》三十四不言是鄭注）

黃奭根據《北堂書鈔》所引，定此條爲鄭衆注，但同時指出《太平御覽》引此注文並沒有說是鄭衆注，給讀者留下綫索，以便進一步檢尋考辨。

古書注釋往往引述前人而不明確，以"說云"出之，《國語》注中亦往往有之。今檢《國語》韋昭注及所引前人注文中往往有"說""一說"等稱引方式。黃奭專門爲之考辨。如：

> 晉侯端委以入
>
> 韋解引說云：衣玄端冠委皃，諸侯祭服也。案："昊天有成命，二后受之，成王不敢康"韋解引賈、鄭、唐說："言昊天有所成之命，文武則受之，謂脩己自勤以成其王功，非謂周成王身也。"據此，則所引說云，即是三君之說。又有引虞說，引賈、虞說，然不知孰爲賈、孰爲唐、孰爲虞，故一概附於鄭注之末，以備參考。

這也是黃奭所輯鄭衆注多於其他各家所輯的主要原因所在。但以《周語上》韋解引賈、鄭、唐說，去推論所有"說"都應該是三君之說，證據似乎不足。這也是爲什麼黃奭之外，其他各家輯佚鄭衆注條目比黃奭少很多的原因。當然，黃奭的這一探討無疑值得肯定且有意義。也正因爲此，黃奭在輯錄鄭衆《國語解詁》時分爲正篇和附錄兩部分，而把所有韋解稱引"說"云云者，悉入附錄之中，以與正編區別。

黃奭還在某國語專屬注文最末一條下標出注文所在。如所輯鄭衆《國語解詁》：

> 昊天有成命，二后受之，成王不敢康

言昊天有所成之命，文武則能受之，謂脩己自勤①以成其王功，非謂周成王身也。（韋解引賈、鄭、唐說。已上《周語》）

蓋前文已輯有《周語》鄭衆注文4條，合本條共5條，故總之"已上"。假如所輯本國語注文僅1條，則直接注明"×語"。所輯賈逵注總之"以上"。"已""以"用字不同，義則無別。

把三君之說歸屬到鄭衆之下②，似未允。實際上，韋解所謂三君，恐怕更多指賈逵、唐固、虞翻，鄭衆並不包括在內。

所輯賈逵注，雖名"賈逵國語注"，實唐固注也附輯之。凡賈逵注正文別一行直接書注文，而唐固注則標"唐云"。賈逵注、唐固注同條者，賈注大字，唐固注小字出之，賈逵注內附輯唐固注38條。如：

於今再矣
於今，單襄公時也。晉厲公即黑臀之孫也，黑臀之後二世爲君，與黑臀當三世矣。（唐云：時晉景公在位，成公生景公，故言再。○《國語解》）

景王將鑄大錢
虞夏、商、周金幣三等，或赤，或白，或黃。黃爲上幣，銅錢爲下幣。大錢者，大於舊，其賈重也。（唐云：大錢重十二銖，文曰大泉五十。○《國語解》）

先王制諸侯，使五年四王一相朝也
王謂王事天子也。歲聘以志業，閒朝以講禮。五年之閒，四聘於王，而一相朝者，將朝天子，先相朝也。（唐云：先王，謂堯也。

---

① "勤"字原誤作"動"，今徑改正。
② 黃奭《子史鉤沉·唐固國語注》"鷟鷟"條云："三君，謂鄭、賈、唐。"是其輯鄭衆注之理據。

五載一巡守，諸侯四朝。○《國語解》）

一家之注有不同出處者，根據正文順序進行系聯，每部分注文之後標注出處。如所輯賈逵注云：

> 大路龍旂九旒渠門赤旂
>
> 大路，諸侯朝服之車，謂金路。（《史記集解》）鉤樊纓九就龍旂九旒也。渠門亦旂名。赤旂，大旂也。（《國語解》○以上《齊語》）

《史記集解》和《國語解》都引述了賈逵注，但是注文不同，黃奭在輯佚的時候，根據原文順序進行了編排處理。

少數條目還對文字進行了辨正。如輯佚賈逵注云：

> 作轅田
>
> 轅，易也。（《文選註》："爰，易也。""轅""爰"字通）爲易田之法，賞衆以田易疆界也。（唐云：讓肥取境也）

對王謨《漢魏遺書鈔》有所繼承。① 此外，在按照《國語》篇卷順序輯佚賈逵注之後，最後又有補入，共 19 條。補入部分中，考校文字 2 條，辨明注文 2 條。

除了收錄在賈逵注中的唐固注之外，《子史鉤沉》還別輯《唐固國語注》，分正編和附錄兩部分。所輯唐固注體例和賈逵注不同，出處具體到篇卷。凡出自韋注者，注明"韋解"，而不是像所輯賈逵注那樣注作"國語解"。另外，篇中有考辨文字。如：

---

① 張以仁認爲黃奭所輯賈逵注直接采自王謨《漢魏遺書鈔》，列舉了六條證據，確鑿無疑。（張以仁《〈國語〉舊注的輯佚工作及其產生的問題》，《張以仁語文學論集》，上海：上海古籍出版社 2012 年版，第 208 頁）

狄人來誅，殺譚伯

譚伯，周大夫原伯毛伯也。（《史記·周本紀》集解。案：《索隱》云：《左傳》太叔之難，獲周公忌父原伯。唐固據《傳》，又讀"譚"爲"原"。）

唐固注文與正文有區別，故揭明原因，實際上也揭明唐固注文依據。類似的條目還有《齊語》《晉語》部分，如：

士鄉十五

士與農共十五鄉。（同上。案：《管子·小匡篇》云："商、工之鄉六，士、農之鄉十五。"此唐説所本。）

命火正黎司地以屬民

火當爲"北"。（韋解。案：臣瓚注《漢書》以爲古文"火"字似"北"。見《史記·厤書》索隱）

所輯唐固注附録部分共 18 條，所收包括兩個方面：一、韋注引賈，且明言唐從賈者，黃奭以賈注即唐注。《國語舊音》注明賈、唐等本文字者，也繫在唐固注下。二、《禮記正義》引"注云"云者，黃奭以爲唐固注。且黃奭進行了考辨。"故名之曰黃鍾，所以宣養六氣九德也"條云："《禮記·月令》正義引注云：十一月建子，陽氣在中。六氣，陰、陽、風、雨、晦、明。九德，金、木、水、火、土、正德、利用、厚生。作事宣徧，黃鍾象氣伏地，物始萌，所以徧養六氣九功之德。案：《國語》下文'二曰太蔟，所以金奏贊陽出滯也。'《禮》正義引賈、唐云：'太蔟正聲爲商，故爲金奏，所以助陽出滯物也。'據此，則上下文所引'注'皆賈、唐注可知。"此處推斷和上文推斷引"説"云云基本一致。此類注文共有 7 條。

黃奭所輯王肅《國語章句》體例與前相同，出自《左傳·昭公十三年》正義者 1 條，出自《史記·孔子世家》集解者 7 條。所輯孔晁注也分正編與附錄部分。附錄部分的輯錄標準與所輯唐固注附錄部分第一種相同，出自韋注者 1 條，8 條出自《國語舊音》。所輯虞翻注共四頁，前兩頁爲江都朱氏補刊。

總之，黃奭在王謨輯佚之後，標注輯佚材料來源更爲具體，分類更爲合理。但校勘不精，偶有錯字。

5. 蔣曰豫《國語》佚注輯佚

蔣曰豫（1830—1875），字侑石，號後白石生，江蘇陽湖人。今檢《蔣侑石遺書》書首《常州二子傳》載蔣曰豫事跡較詳。《清史列傳·文苑傳四》也記載有蔣曰豫的事跡，對其生平事跡記載較略，而言其著述頗詳。光緒五年（1879）重修《陽湖縣志》也載有蔣曰豫的傳記，字數較二家少得多。又知，山東大學已故教授蔣維崧（1915—2006）即蔣曰豫曾孫。① 《續修四庫全書總目提要》謂："曰豫喜言考據，辭章本爲餘事，然其究述經子，頗爲粗疏。"② 對其經史考據之學評價不高。蔣曰豫生平著述輯爲《蔣侑石遺書》十六卷，蓮池書局光緒三年（1877）刊本③，包括《滂喜齋學錄》十一卷、《問奇室詩集》二卷《續集》一卷、《問奇室文集》一卷、《秋雅》一卷。其中《滂喜齋學錄》包括《詩經異文》四卷、《韓詩輯》一卷、《論語集解校補》一卷、《國語賈景伯注》一卷、《離騷釋韻》一卷、《許叔重淮南子注》一卷、《兩漢傳經標》二卷。全書版式相同，四周雙邊，白口單魚尾，半葉十行，行二十二字，小字雙行。《滂喜齋學錄》版心上書"滂喜齋學錄"，單魚尾內書卷次，卷次之下小字書具體名稱，版心下書頁碼。

《國語賈景伯注》在《滂喜齋學錄》卷七，"國語賈景伯注"題下注

---

① 劉佳《話說金文·當代金文書法高峰——蔣維崧》謂："蔣維崧出身官宦兼學者世家，其先祖明代進士二人，清代進士二人。清代先祖直接與常州學派結緣，甚至有的還是中堅力量。曾祖父蔣曰豫，字侑石，是晚清有名學者，長於經史及聲韻訓詁之學。喜歡篆刻並擅長書法，《清史列傳·文苑傳》有傳。"（濟南：山東人民出版社 2012 年版，第 634 頁）

② 轉引自孫克強、楊傳慶、裴哲編著：《清人詞話》，天津：南開大學出版社 2012 年版，第 1748 頁。

③ 蓮池書局亦稱畿輔通志局，李鴻章於同治十年在保定蓮花書院設立，以黃彭年爲總纂官，主持編纂《畿輔通志》。

云：“鄭仲師、虞仲翔、唐子正、孔晁注附。”可見，蔣曰豫的《國語賈景伯注》並非專收賈注，還收録了鄭衆、虞翻、唐固、孔晁等注。今統計蔣曰豫所收各家條目，其中鄭衆 18 條，賈逵 237 條，唐固 31 條，虞翻 11 條，孔晁 16 條。實與汪遠孫《國語三君注輯存》撰述方式基本相同。

其撰述體例爲：大字撮録《國語》原文，輯録注文小字出之，標注“××注”，注文之後直接標出處。注文中又時出雙行小字對注文進行校勘考辨。

也有少數條目自亂其例，如《晉語四》“今將婚媾以從秦”注云：“《大灌頂經音義》引賈逵注：重婚曰媾。媾，厚也。”即未遵其輯佚之常例。出處也有標錯者，如《周語中》“如行人”注云：“孔晁注：行人，使人也。以使人之禮禮志，不從聘者之賜禮也。韋注本。”韋昭生在孔晁之前，不得本孔晁。偶有校勘正文之處，如“吾冀爾朝夕脩”，“冀”字下注云：“一作‘覬’。”

總體而言，蔣曰豫的輯佚體例較爲精嚴，較黄、王、馬等質量要高。由於學識見識所限，其輯佚範圍未能超邁前人。

6. 王仁俊《國語》佚注輯佚

王仁俊在《國語》佚注輯佚方面的成就主要體現在《玉函山房輯佚書續編》中。所輯《國語》在經編春秋類，包括《國語賈氏注》《國語虞氏注》各一卷。自《唐玉篇》所輯者爲《國語賈氏注》，自《姓解》輯出者爲《國語賈注》。《國語賈氏注》基本體例爲：先摘録《國語》正文頂格，次一行低一格録注文。正文第一條“謙謙之德”小字注云：“唐玉篇，下文同。”後此輯佚條目注文後皆小字書“又”，蓋明皆出《唐玉篇》。臚列順序以在《玉篇》中的出現先後爲次，不以《國語》篇卷爲次。輯自《姓解》者僅 3 條，不出正文，僅臚列注文，其注文也是按照在《姓解》中出現的先後次序臚列的。《國語虞氏注》僅 1 條，也輯自《姓解》，出正文及注文，正文下小字注“《姓解·任》下”，注文下小字注“同上”，又別行低一格。全文如下：

國語虞氏注

漢　虞翻　撰

語

黃帝二十五子得姓者一十四人(《姓解・任》下)

虞翻曰：二人同姓，酉、祁、己、滕、葴、任、荀、釐、姞、允、儇、依十二人，爲十二姓。(同上)

俊按：《姓解》雖不引《國語》，然碻爲《國語》文。

　　王仁俊輯《國語》佚注中，唯本條加有按語。王仁俊立足於前人輯佚成果，進行重輯和補輯，其工作得以展開有兩個重要因素：其一，要比前人做得細密；其二，輯佚來源有爲前人所不及者。就《國語》佚注輯佚而言，王仁俊所用的兩種材料都在前人輯佚材料之外，爲《古逸叢書》本《玉篇零卷》《姓解》，此前人皆未能寓目者。

　　他所用的《唐玉篇》就是《玉篇零卷》，又叫《原本玉篇殘卷》，顧野王撰，成書於梁大同九年（543）。成書不久，蕭愷等人即對顧氏原書進行刪改。該本到了宋代就已經亡逸了。後來，黎庶昌出使日本，與楊守敬廣泛蒐求在中國本土已經失傳的古籍，得到《玉篇》殘卷，摹刻入《古逸叢書》。《古逸叢書》始於光緒壬午（1882），告成於光緒甲申（1884）。由於《古逸叢書》本《玉篇零卷》不是照相影印，而是採用摹寫的形式，故而有些文字錯誤。王仁俊在輯佚賈注時未能一一省察，照單全録。侯紀萍謂："王氏在補輯前人作品的基礎上，仍勤苦埋首古籍，搜綴遺文佚語，亦有心於前朝所漏之史料文獻的纂輯，爲後世學者留下寶貴的研究資料。清代輯佚學至王仁俊實已近黃昏，民國之後，輯佚之業逐漸式微，王仁俊在晚清輯佚學上的貢獻，就更值得深入探析了。"①這個説法是很中肯的。尤其王仁俊根據《玉篇》輯出的 106 條賈逵注，可補前人所輯之失。一直到 20 世紀 80 年代的時候，張以仁還以未能見

---

①　侯紀萍：《王仁俊的輯佚成就初探》，《有鳳初鳴年刊》第 3 期（2007 年）。

其輯佚爲憾事①。

7. 清代其他學者對《國語》佚注的輯佚

以上幾位學者，或專事輯佚，或專門研究《國語》，所得《國語》佚注較多，且多有專門著作。另外還有些學者也從事過專門輯佚，但是其輯佚著作只見於著録中，如陳鱣（1753—1817）即輯有《國語》賈逵注，今却未能見傳本。《非石日記鈔》乾隆壬子二月廿九日下有"海寧陳氏所著《賈氏國語注》（其圖章曰'新坡卿印'）"之句②。陳鴻森謂該書即陳鱣之書，並謂："考吳兔床《拜經樓藏書題跋記》録先生《北海經學七録》識語，自署'新坡陳鱣'（卷一，頁廿一）；又《南部新書跋》末題'新坡陳鱣記于六十四硯齋'（卷二，頁十二）；跋吳兔床《國山碑考》，末題'新坡鄉人陳鱣跋'（《拜經樓叢書》本）。'新坡卿'蓋先生早年自號也。"定陳氏輯佚著作名爲《集賈氏國語注》③。此稿是否還存於人間，待考。又清光緒年間《松江府續志》著録朱大韶有《國語賈注輯》，亦未見傳本，有待進一步發掘。此外，勞格、曾國藩等也都進行過輯佚，一二條而已，非專門之作，要亦補輯前人。至於孔廣栻、牟庭、董增齡等，考校《國語》時，偶爾涉及舊注，往往引古書而論述之④。

劉師蒼（1874—1902）有《國語注補輯》，未見傳本。劉師培（1884—1919）繼其堂兄遺志，撰《國語賈注補輯》。其稿未知存否。今僅見《左盦集》卷二收録《國語賈注補輯自序》，敘其輯録體例、判定標準等等。其序文如下：

> 近人輯《國語》賈注者，以歷城馬氏、甘泉黃氏爲較備。嗣錢

---

① 張以仁：《〈國語〉舊注的輯佚工作及其產生的問題》，《張以仁語文學論集》，第 207 頁。

② （清）鈕樹玉：《鈕非石日記》，瀋陽：遼寧教育出版社 1998 年點校本，第 1 頁。

③ 陳鴻森：《清陳鱣年譜》，《中央研究院歷史語言研究所集刊》第六十二本（1993 年 3 月）第一分，第 214—215 頁。

④ 董增齡《國語正義敘》云："其餘四家賈、王、虞、唐，除韋所引外，則《史記》集解、索隱、正義，《詩疏》，《周禮疏》，《春秋左傳疏》，《公羊疏》，徵引爲多。孔出韋後，亦見於諸《疏》及《史記》注。今皆采掇，以補宏嗣之義。"詳見前文。

塘汪氏撰《國語三君注輯存》，雖挦集不僅賈注，然別白精審，恒出馬、黃二家右；惟慧琳《一切經音義》注未克睹。夫音義所引賈注約六百則，説爲他籍所未引亦不下三百則。所因之文均標賈達注《國語》，或曰賈注《國語》，或曰賈達《國語》注。有引《國語》而並引賈注者，（如卷四引"醉而怒，醒而喜"賈注云"醉除爲醒"、卷八引"偃五刃"賈注"刀、劍、矛、戟、矢之屬，是五也"、卷二十引"親戚饗宴"賈注"不脱屨升堂曰宴"是也。惟以僅引注文恒例。）有僅引賈本異字而弗引注文者，（如卷六、卷七十引賈達註《國語》"纔"並爲"財"字，二十一引賈達注《國語》"瓣"字作"埠"字是也。）有僅標《國語》及《國語》云而亦爲賈注者，（如卷一引《國語》"遂，信也，從也"，《選注》引"遂，從也"作"賈達曰"，則此確爲賈注。有可由本書所引證明者，如卷二十四引《國語》云"該，備也"，卷三十、三十九、四十九均引爲賈注。卷二十九引《國語》"叡，明也"，卷五十一、六十六均引爲賈注是也。亦有僅標《國語》莫克定其果屬賈注者，如卷二引《國語》"慧，智也"、卷二十七引《國語》"謂勸教之"、卷四引《國語》云"爰居，海鳥也，漢元帝時瑯琊有大鳥如馬駒，時人謂之爰居"是也。）有僅標"賈達曰"而亦爲語注者，（如卷五引賈達曰"眩，惑也"，卷二、卷三十二、三十九、四十五、五十三、六十九、七十五、八十八、九十五均引爲"國語注"；卷二十四引賈達云："以刀有所鋸斷也。"卷七則先引《國語》，後引賈注此文；又卷八十七引賈達云："非先王之法曰摘。"卷一、卷二十一均引作《國語》注，此均確爲《國語》注者。若卷七十七引賈達云："叫，呼也。"此或《左傳》賈注之文，非必《國語》注也。）有同一注文而數引者，（如卷十一、卷十七、二十九、三十、三十二、三十九、四十、四十一、四十二、四十四、四十七、五十一、六十二、六十三、六十四、六十六、六十七、六十八、八十九均引"羸，病也"，卷七、卷十五、三十、三十九、五十一、六十二、六十三、六十六、六十七均引"誆，惑"是也。）有併兩注之文合引者，（如卷七十六引"阜，厚也，長也"，訓"厚"爲《周語》"所阜財用"注，訓"長"爲《魯語》"助生阜也"注。卷四十六引"祚，禄也，又位也，報也"，訓"禄"爲《周語》"天之所祚"注，訓"位"爲《晉語》"天祚將在五族"注是也。）彙而觀之，有足證《集解》襲用賈注而不著所本者，（如《周語》集解"給，足也"，卷四十一引賈注同。"濟，成也"，卷一、卷七及三十二、五十七、七十七引賈注同。"静，潔也"，九十六引賈注同。《晉語》集解"竄，隱也"，卷十一及十八、六十四引賈注同。"秉，執也"，卷十七及二十九、六十四、八十九引賈注同。"藝，極也"，卷七引賈注同。是也。此均足證韋説之所出。）有足證賈注與他注互有同異者，（如二十一引"憤，盛也"與《舊音》所引孔晁注同。又卷十、卷十八、二十九引"沃，美也"與《史記集解》引唐固"有漑曰沃"稍殊是也。）有足證賈本異於韋本者，（如卷三十、卷四十五均引"燿，明也"，則《周語》"燿德"，賈本作"燿"。四十六引"婾，苟且也"，則《周語》"守固不偷"，賈本作"婾"。五十三引"懱猶滅也"，則《周語》"蔑棄五則"，賈本作"懱"。四十六引"愞，下也"，則《魯語》"不懦"，賈本作"愞"是也。又有明引《國語》而確爲賈本者，如卷四十六、卷七十、卷七十二引《周語》"天地之所祚"下引賈注，是賈本"所"上有"之"字。卷十一引《齊語》"疲士""疲女"下引賈注，卷四、卷八、卷十三、卷十六引賈注並作"疲，勞也"，是賈本"罷"作"疲"。十六引《魯語》"計成而後動"下引賈注，是賈本"行"作"動"。五十四、八十引《晉語》"勠力一心"下引賈注，則賈本"戮"作"勠"。五十一引《楚語》"大能掉小也"下引賈注，則賈本"小"下有"也"字。四十六引《吳語》"驟救傾危以時"下引賈注，則賈本有"危"字。卷四十三引《越語》"贏縮轉訛"下引賈注，則賈本"化"作"訛"是也。）有足證賈注別本異文者，（如卷十三、卷五十四引"邀，求也"，九十五又引"徼，求也"，則《周語》"徼徼"，賈注有作"徼"、作"邀"二本。四十一引"爍，銷也"，八十五又引"鑠，消金也"，則《周語》"鑠金"，賈注有作"鑠"、作"爍"二本。卷二十、二十三、二十四、四十、六十三、七十引"攓，衣甲也"，四十八、六十八又引"攪，衣甲也"，則《吳語》"攓甲"，賈注有作"攓"、作"攪"二本。十五、二十三引"偶，對也"，十九又引"耦，對也"，則《越語》"乃必有偶"，賈注有作"偶"、作"耦"二本是也。）有足證他籍節引注文者，（如《選注》引"耀，明也"，卷十四所引則作"耀，示也，明也"。《華嚴經音義》引"鮮，寡也"，卷二十一所引則作"鮮，寡也，寡猶薄也"。《選注》引"涸，竭也"，卷十一所引則作"涸，竭，竭亦涸也"，二十九所引又有"涸，盡也"之文。《選注》引"綴，連也"，卷十所引則作"綴，連也，續也"。《衆經音義》引"縮，退也"，三十六、四十四、五十二所引則作"縮，盡也，退也"。以上所舉，或係賈注分釋兩語，《音義》引而合之，與"祚""皁"同例。有足證前籍節引者，如《選注》引"旌，表也"，五十七所引下有"取其標幟"四字。《選》注引"釁，兆也"，八十二所引下有"言有禍兆也"五字。《衆經音義》引"霸，把也，言把持諸侯之權也"，八十五所引"也"上有"行方伯之職"五字。《選注》引"鸑鷟，鳳之別名也"，八十一所引"鳳"上有"神鳥也"三字是也。有合他籍所引乃成全文者，如《論語》皇疏引"十六斗曰庾"，九十九所引又有"大曰倉，小曰庾"之文。《舊音》引"跛，蹇也"，十六、三十一、七十六所引又有"跛，行不正也"之文。《選注》引"權，秉也"，卷六所引有"執勢謂之權"五字，十七所引又有"權，平也"之文。《選注》引"暇，間也"，卷三、卷四、卷五所引又有"暇，安也"之文是也。有足證他籍所引有挩字者，如《華嚴經音義》引"遽，疾也"，七十五引"疾"作"速疾"。《衆經音義》引"捃，拾穗也"，八十引"穗"作"禾穗"。《後漢書》注引"折其鋒曰挫"，六十引"鋒"作"鋒銳"是也。）有足勘他籍所引文字訛誤者，（如《衆經音義》引"肴，葅也"，十三、十九、二十七、三十三、三十七、六十四引"葅"作"俎"，則"葅"爲"俎"之誤。）

有足證他籍所引舊注非賈注者，（如《魯語》"中刑用刀鋸"，《周禮》疏引《國語》注"用刀以剸之，鋸以笮之"，今觀卷七引賈注云"以刀有所鋸斷，謂大辟宫劓刖等刑"是也，則彼非賈注矣。）惟《音義》卷帙浩繁，研尋匪易。昔伯兄張侯先生致力《國語》，欲集賈注爲一編，未成而殁。師培思承兄志，頻年流離，未遑編録。及旅金陵，蟄居多暇，爰仿汪書之例，輯《音義》所引各注文，附掇《國語》本文之下。（如二十九引"纂，集也"，知爲《周語》"纂修其德"注；八十、八十八引"箴，教也"，知爲《周語》"師箴"注；卷二、卷六、卷十一、三十二、三十五、四十二均引"險，危也"，知爲《周語》"險而不懟"注；七十八引"佚亦淫也"，知爲《周語》"淫佚"注；卷三及卷三十九引"度，揆也"，知爲《周語》"度衷"注；卷六引"遷，易也"，知爲《齊語》"不見異物而遷"注；四十六、四十八、七十八並引"沮，非也"，知爲《晉語》"衆執沮之"注；卷八及十二引"辱，耻也"，知爲《晉語》"辱也"注是也。又如二十二引"珍，寶也"爲《魯語》"珍玉"注，二十二引"珍，美也"則爲《楚語》"珍異"注，十一及二十三引"填，加也"爲《晉語》"既填其藪"注，與《吴語》"填之以土"注别，均分列注文，使之不相雜同。）誤者正其訛字，（如卷十一引"重昏曰媒"，"媒"爲"媾"之誤。十六引"懱，來也"，"來"爲"末"之訛。三十二引"肴，俎豆也"爲衍文。八十七引"蠪，螮也"，"螮"爲"蝶"之訛。八十八引"鷉，亦名鴈"，"鴈"爲"鳸"之訛。卷九十二引"露，蓋也"，"蓋"爲"蓋"之訛是也。）疑者别著按詞，（如卷四十五引"軍猶屯也，從車勹聲。旅，軍五百人也，從㐱，以旅相俱也，故從㐱"，六十一引"該從言，有作'垓'，非也"，六十六引"霖，滯雨也，從雨林聲"，似非賈注，存以俟考。）成《國語賈注補輯》一卷。《慧琳音義》而外有爲希麟《續音義》所引者，（卷一六則、卷二三則、卷三五則、卷五五則、卷六一則，計二十則。）亦按文附列。有書抄不誤而汪氏據誤本摘録者，（汪引《書抄》，蓋據朱竹垞舊藏本，然遠遜孔刊。以孔刊勘之，《周語》"班三之"及"帥音官"，各注訛挩數十字。《吳語》"出火竃"注亦挩引數語，均當據孔刊補正。又《周語》"民之蕃息"注，注據陳禹謨本增"蕃，息也"三字，亦當據孔刊刪省。惟孔刊《書抄·禮儀部》引《齊語》注"上下主天神也，言群臣也"，亦有訛挩。）亦據孔刊訂正，附綴卷末。若夫《國語》異文，《慧琳音義》及他籍所引恒出汪氏《考異》外，別爲《考異補》，擴而充之以成《集釋》。雖有志未逮，然海內達儒從事斯業，以補董《疏》，固師培之所深冀也。①

從其自序可知，《國語賈注補輯》的工作，是劉師培於 1908 年至 1909 年一段時間，住在南京大行宮兼任兩江師範學堂教習時所爲。其書根據汪遠孫《國語三君注輯存》的體例爲之。輯佚來源爲慧琳《一切經音義》、希麟《續一切經音義》，謂該書收錄賈逵注 600 條左右，實際上這是重複計算。如果汰其重複，慧琳《一切經音義》收有賈逵注在 230 條左右。劉師培對《一切經音義》引用賈逵注的體例進行了梳理，對賈逵注輯佚條目的功能進行了總結，對汪遠孫輯佚誤端進行了揭示和訂正。此外，劉師培提出了自己的研究計劃，即首先對於他書引《國語》異文進行搜集，成《明道本國語考異補》，進而在此基礎上撰作一部《國語集釋》。惜其未成。

可見，清代從事《國語》佚注輯佚者之籍貫，多爲江蘇，其次則浙江，其次則爲山東、江西。衆家之中，以汪遠孫所輯最爲精審謹嚴。

（三）《國語》韋昭注輯佚

因爲《國語》韋昭注保留比較完整，至今尚無專門輯佚韋昭注者。但清代董增齡、汪之昌等人已經注意到韋昭注也有逸失的情形了。董增齡《國語正義敘》指出"今唯韋解尚存，然已間有逸者"，並揭出兩條。可見，董增齡已經注意到，即便流傳到今天、保存比較完整的注釋著作，

---

① 劉師培：《劉申叔遺書》，南京：江蘇古籍出版社 1997 年版，第 1220—1222 頁。

恐怕其具體條目仍有逸失。雖然目前未見有專門的韋注輯佚論著，但韋注逸失的情況應該是存在的。

（四）清人《國語》佚注輯佚的總結

張以仁《〈國語〉舊注的輯佚工作及其產生的問題》在“以往輯佚成果之檢討”中對於清人《國語》佚注輯佚進行了比較周詳的探討。該文分爲兩個部分，第一部分是對各家所輯資料出入的原因探討，第二部分是對各家輯佚存在問題的清理。張以仁認爲，各家所輯材料有出入的原因不外乎三個原因：其一，搜集範圍有大小的區別；其二，輯佚者態度有嚴謹與疏略的區別；其三，輯佚者處理資料的方式不同。在這三方面中，張以仁都舉了具體的例子佐證，是可信的。

張以仁認爲《國語》輯佚存在的問題主要包括四個方面：1. 資料選擇的尺度不齊。與舊注無關者有之；同類資料，處理不一的情況也存在；2. 資料的出處處理不當，細分則包括體例不當、錯引出處等方面；3. 資料的隸屬不當，有誤認作者、誤繫正文、數注合繫一處、一注分繫數處等情況；4. 注文本身又有諸多訛誤。有的捨舊注不錄，有的字誤，有的產生衍文，有的誤增字，有的誤倒，有的誤刪，有的誤脫或資料不足而誤脫，有的誤以正文爲注文，有的以他書之注羼入。① 正因爲張以仁對清代《國語》佚注輯佚有清醒的認識和周詳的分析，故而在其《國語舊注輯校》中纔嚴明體例，在資料出處、隸屬方面的處理比較嚴格謹慎。

郭國慶在《清代輯佚研究》一書中闢有專章，對清代輯佚失誤進行探討，認爲清代輯佚失誤可以分爲以存爲佚、闕輯失采、重出誤收、刪削改竄、編排雜亂、來源不明六個方面。② 除了第一個方面在《國語》輯佚當中並不存在外，其他幾個方面問題也同樣存在於《國語》輯佚中。

---

① 張以仁：《〈國語〉舊注的輯佚工作及其產生的問題》，《張以仁語文學論集》，第 203—227 頁。
② 郭國慶：《清代輯佚研究》，北京：民族出版社 2011 年版，第 142—174 頁。

總的來講，清代《國語》輯佚尤其是佚注輯佚：1. 爲後世提供了
《國語》佚注的基本材料，爲推動《國語》研究提供了保障；2. 形成了
比較規範的輯佚體例，爲後世輯佚工作確立了基本範式；3. 輯佚來源不
斷擴展豐富；4. 各具一定文獻價值和學術價值。就學術價值而言，自然
以汪遠孫《國語三君注輯存》最爲精善。

七、清代《國語》評點

孫琴安《中國評點文學史》認爲明末清初是中國評點文學的群星璀
璨期，出現很多評點大家，所舉有金聖歎、毛宗崗、李漁、錢謙益、馮
舒、馮班、邢昉、黄宗羲、王夫之、陸次雲、陸雲龍等，孫氏認爲："這
些評點大師不僅學問淵博，精通經史，而且文學修養很高，對文學作品
有著一種敏鋭的觀察能力。他們或側重於詩文評點，或側重於小説、戲
曲評點，涉及面都很寬，所作評點的文字和風格也各不相同，自成家數。
他們在明人文學評點的基礎上，又大力開拓，把中國的文學評點推到了
一個從未有過的高峰，並且對清代的文學評點産生了極其深遠的影
響。"① 孫氏進而認爲："清代散文評點中影響較大、更受讀者歡迎的，
還是那些通代之選的散文讀本，如吳楚材、吳調侯評選的《古文觀止》、
常安評選的《古文披金》、浦起龍的《古文眉詮》、過珙評選的《古文評
註》、汪基評選的《古文嘈鳳新編》、于在衡的《古文分編集評初集》
等。由於這些散文選本多從先秦至唐宋元明，各代的代表作家和代表作
品集于一函，且所作評點甚精當，故均有對應影響和相當的讀者群。"②
這些古文選本的價值，張志公已經注意到了，他在《傳統語文教育初
探》一書第四章"進一步的閱讀訓練和作文訓練"中專門闢有一節"閲
讀教材——古文選註評點本，詩歌選本，涉獵用書"中，對古文選本的

---

① 孫琴安：《中國評點文學史》，上海：上海社會科學院出版社 1999 年版，第 175 頁。
② 孫琴安：《中國評點文學史》，上海：上海社會科學院出版社 1999 年版，第 312 頁。

價值和評點價值已經有了比較明晰的認識。他説：“所有這些選本，大都有注、評（或批）和圈點。注，是解釋字義、名物、典故等等；評（或批），是指點文章思想内容上或寫作方法上的要點；圈點，是用符號（畫在字旁的圓圈、黑點、直綫、三角，畫在段落末尾的短横等）標示重要的詞句或段落的劃分。這些，一般總稱爲評點。”①　並從文章的選法、編法和注釋評點的角度對古文選本進行了分類列舉。孟偉認爲清代古文選本在選家身份和選本特點方面具有顯著的共性特徵：1．提高八股文寫作水平是清代古文選本編選的最終目的；2．崇尚理學，發揮教化作用是清代古文選本編選的重要宗旨；3．清代古文選本的選家普遍具有教師身份，選本具有便於初學的特點。另外，他認爲清代古文選本評語一般具有三方面内容：1．對文章歷史背景與思想内容的闡釋；2．文章創作經驗的總結；3．文章的鑒賞品評。②　當然，具體古文選本還會有一定的差異。張志公、孫琴安、孟偉等人對清代古文選本的整體認識是值得肯定的。

　　清代《國語》評點承明代評點而又有新的發展和變化。《國語》專書評點比之明代大量減少，而古文選本中《國語》具體篇章評點則比較多見。程繼紅在其《明清國語評點研究》中對清代《國語》評點有過大致的界定。他認爲金聖歎是承前啓後的清初《國語》評點，而林雲銘則是明清《國語》評點的高峰，燕毅是清代《國語》評點的後勁。程繼紅謂：

　　　　就《國語》評點總體的影響面和《國語》評點水準所達到的高度、深度而言，清代的《國語》評點可以乾隆朝爲界限分爲前後兩個時期。前期，金聖歎由明入清，他的《國語》評點帶有晚明獨抒性情的餘緒，評點筆觸伸入到人物心靈的底層，多新穎之見。接著，《國語》評點達到了歷史的高峰，其標誌是林雲銘的評點。林氏評點注重對《國語》爲文特點進行細密地論析，達到了精深的求實境

---

① 張志公：《傳統語文教育初探》，上海：上海教育出版社1962年版，第126頁。
② 孟偉：《清代古文選本的編選、評點及其文學批評意義》，《北方論叢》2015年第1期。

界。康熙後期，吳楚材、吳調元所編的《古文觀止》是流傳極廣的古文評點本，其中對《國語》的評點部分，既有對前人評點的繼承，又多新見。以徐乾學、唐德宜爲代表的康熙朝大臣的評點，傳承"文以載道"的思想，重在闡發治國平天下的大道理。《古文淵鑒》由康熙帝選定篇目，並親自作序加以傳播，更擴大了它的影響力。王之績的《評注才子古文》對金聖歎的評點極其崇拜，同時也敢於提出自己的新見，爲《國語》評點領域的思想爭鳴增添了亮色。乾隆時期，《國語》評點繼續發展，于光華的《古文分編集評》，彙集了在他之前的代表性評點。其時出現的三位評點家浦起龍、俞寧世和儲欣又各有自己的特色。浦起龍重寫作方法的評點，俞寧世重文章歷史意義的評點，特別是評點《國語》文對柳宗元文風的影響。而儲欣的評點，由於多從史學的角度論證，往往多精當新穎之論，極具思辨性。燕毅的《國語》評點代表了清後期《國語》評點的成就，立論實在而精當。民國時期，王益吾的《國語精華》以及王覺斯手批的《國語讀本》、秦同培的《國語評注讀本》，一方面承載著作爲古文教科書的功能，另一方面繼續以文學評點這種最具我們民族特色的方式，對《國語》進行了批評和鑒賞。清代的《國語》評點一方面繼續兼重思想内容和文學藝術方面的評點，另一方面在思想内容上不斷向求新穎、求深透方向發展，在形式上向求嚴密、求系統性方向發展。特別是從康熙後期，《國語》評點充滿了敢於懷疑和革新的精神，對前人的評點不盲從，持論精當。從而顯示出與明代《國語》評點不同的特色。①

這裏還牽涉對具體評點者的時代問題的認定等等。就形式上而言，清代《國語》評點中，古文選評多於《國語》專門評點著作，而且《國語》專門評點著作也只是選編評點，不錄《國語》全書。從時間上而言，清代前期、中期的《國語》評點多於清代中後期。從評點内容上

---

① 程繼紅：《明清國語評點研究》，安徽師範大學碩士學位論文，2007 年。

看，有集中對文章技巧進行評點者，也有涉及《國語》内容、注釋者。今依其時代先後臚列，以見其先後嬗變之跡。

（一）王鐸《國語》批點

王鐸（1592—1652）對《國語》的評點主要體現在《王覺斯批點國語讀本》一書中。《王覺斯批校國語讀本》"國語第一"下題云："王氏琅華館丁亥八月批。"丁亥爲1647年，是時王鐸已近晚年。所用《國語》本子爲張一鯤原刻本，中闕一頁，後抄配。今所見王鐸批本爲遼瀋書社1934年影印本，該本採用彩色印製，朱墨爛然可觀。據韓玉濤統計："王鐸的批語一共四百六十三條，合計二千二百餘字。腰批極少，多是眉批。每卷總批之後，再做細批。先墨筆，再朱筆；又圈又點又劃綫；直綫之外，還有橫綫。重重疊疊，朱墨燦然，洋洋大觀。在明末清初的評點本中，是價值很高的一部力作。"① 全書分六册，第六册書後有題跋七，依次爲己未（1919）豸公識②、嘉慶戊辰（1808）張香海識③、己未（1919）丁葆筠識④、癸酉（1933）陳寶琛跋⑤、癸酉（1933）胡嗣瑗

---

① 韓玉濤：《書論十講》，南京：江蘇教育出版社2007年版，第206頁。又以《王鐸的旋律論——〈王覺斯手批《國語》讀本〉書後》爲題，載於氏著《寫意——中國美學之靈魂》，深圳：海天出版社1998年版，第216頁。本書所引韓玉濤之説悉出該文。

② 胡永年，字松喬，又字豸公，號匏齋，錦縣人。1912年任法庫知縣，1913年任蓋縣知縣，1921—1922年任遼陽縣知事，任滿後回鄉居住。生平好藏古泉，拓爲《匏齋泉考》。胡永年死後，其收藏以及著作歸張學良，九一八事變後，歸僞滿博物館。抗戰勝利後，其藏品、著作散出，由李文信購得後獻給瀋陽博物館。（據王成科編著《遼陽近現代人物録》，瀋陽：遼寧民族出版社2010年版，第165頁）

③ 張香海（？—1861），字牟子，山東蓬萊人。道光十五年（1835）舉人，曾任梓潼縣、豐都縣、安縣知縣。著有《宦蜀紀程》四卷、《東牟紀事》二卷、《關外遊歷記》、《詩經典確》，又纂有《梓潼縣志》六卷等，有《牟子全集》傳世。

④ 丁毓賓（1872—1922），庠名丁葆筠，字子貞，號松石、畏可，廩貢生，鴻臚寺序班，候選部司務，改捐正四品道員、直隸試用道，賞戴花翎，誥授中議大夫。民國時期，曾出任黃縣第一屆商會會長。善書法，晚歲以隸書名，終生醉心於金石收藏。（據蔣惠民《黃城丁氏家族》，濟南：山東大學出版社2004年版，第49頁）

⑤ 陳寶琛的跋只有一行："癸酉孟冬二十三日，閩縣陳寶琛觀。"鈐有"陳伯潛"朱文陰文方印。

跋①、康德元年（1934）寶熙題記②和甲戌（1934）袁金鎧③《王覺斯手批國語讀本綴言》。今迻録其跋文如下。

胡永年謂："王孟津畢竟有學識，觀所手批《國語讀本》，不獨書瀟勁秀，冠絶一時，其見解明通，評騭簡當，亦自不俗。己未六月，購此書於蓬萊故家，破碎不堪，郵寄都門廠肆，重加裝褫，護以錦函。匏齋長物又增一種，晴窗展閱，愉快奚如！張跋附後，爰公識。"

張香海謂："嘉慶戊辰年春三月，萊陽趙先生瞵應試來登州，窘於貲，持此易錢作歸耳，多不應者，余得之，鐙下披閱，迺歎古人讀書不厭千迴，丹黄之加匪伊朝夕，而玩味之久，至旁批、頂批，無處不見體會之精、尋繹之妙，斷非後輩所能及也。張香海謹識。"

丁葆筠云："張香海，字牟子，蓬萊人，清道光朝優貢舉人，以知縣分發四川，歷任梓潼、郫都等縣，頗著政聲，後調安縣，抵任未逾月而黔匪入境，掘地道毀城，牟子先生以糧、援兩絶，朝服懷印，坐大堂，罵賊以殉，大吏以事聞於朝，詔準原籍及（事）死事本地方建立昭忠專祠以報之，曠典也。著有《牟子詩文抄》若干卷藏於家。讀書時見理明，臨事時惜身切④，益於孟津有微詞焉。而先生竟千古矣。是書爲爰

---

① 胡嗣瑗（1869—1949），字琴初、晴初，號自玉，貴陽開陽人。光緒庚子、辛丑並科舉人，清末癸卯進士。辛亥革命後，曾任江蘇省金陵道道尹、天津北洋法政學堂總辦、江蘇督軍公署秘書長、張勛内閣左丞。張勛復辟失敗，隱居於杭州"五峰草堂"。溥儀移居天津後，胡嗣瑗任清室駐天津辦事處顧問。參與籌建僞滿洲國，僞滿洲國成立後，任執政府秘書長、參議等。著有《直廬日記》。

② 寶熙（1868—1942），字仲明，號瑞臣、沈盦，滿洲正藍旗。光緒十八年進士，光緒二十年授翰林院編修，光緒二十九督山西學政，光緒三十年任國子監祭酒。僞滿洲國成立後，曾任執政府内務處長、參議府參議，1937年解職。工詩文，書法，有《東游詩草》傳世。

③ 袁金鎧（1870—1946），字潔珊，又字兆庸，晚號庸廬，盛京禮部漢軍正黄旗人。光緒十五年秀才，光緒二十六年優貢，光緒三十二年任遼陽州警務局總董。宣統元年任奉天諮議局副議長。此後歷任奉天省財政司司長、奉天軍政兩署秘書長、中東路董事長、北京故宫博物院管委會第二副委員長、《奉天通志》館副館長、僞滿洲國參議府參議、僞尚書府大臣、宫内府顧問。袁氏喜藏書，尤注意東北文獻，著有《中庸講義》《誦詩隨筆》《備廬詩存》《備廬文存》，並參與《清史稿》《奉天通志》《遼陽縣志》的編纂。（據王成科編著《遼陽近現代人物録》，瀋陽：遼寧民族出版社2010年版，第185—186頁）

④ "讀書時見理明，臨事時惜身切"爲張香海全書末卷第十頁王鐸朱筆批點夾縫中題識，其一云："讀書時見理明，臨事時惜身切，覺斯高語。"另一云："已不料他日之一敗塗地，重爲三歎。牟子。"

公邑侯所得，不識牟子爲人。筠與張氏數世姻親，知之頗詳，謹記其顛末於右。至孟津先生之文，世久有定評，是書固依然可寶也。下禮己未秋九月，黃縣後學丁葆筠識。"鈐"丁葆筠印"陽文朱方印和"畏可"陰文朱方印。

胡嗣瑗云："孟津王文安在勝國時書名擅海内，與倪文正、黃忠端相驂靳。右《國語》批點本，自識爲丁亥八月，則已當本朝順治三年，可謂人書俱老矣。癸酉臘日胡嗣瑗。"鈐"臣嗣瑗印"。

寶熙云："生平見明人手批本書十數種，大抵於文章義法、字句源流多所發明，而於考據名物辨析異同之處不甚經意，蓋一時風尚使然。孟津此作亦明賢批點古書之流亞，濃圈密點，朱墨淋漓，凡古事之得失、文字之高下，隨筆著論，均能深中肯綮，不爲膚説淺言。孟津書畫名家，雖不以文學顯，然手批是書，首尾完具，精神議論，實有其獨到處。沾溉文人，獲益不少，此書林之大觀也。康德紀元四月，寶熙題記。"

袁金鎧《王覺斯手批國語影印綴言》云："古籍精蘊，評騭維難；妙翰瑰奇，藝林罕觀；琛花瓖寶，宜廣流傳。王覺斯手批《國語》揭文章之奧突，擅筆墨之精酣，原本藏交通部丁大臣解元處，余獲拜觀，驚爲未有，惠假付印以公同好，乃囑孫笙舞、金靜庵兩君經辦，以此希世之珍可愛書之癖，亦千載一時之機會也。甲戌四月袁金鎧識。"

這七篇題跋，除了陳寶琛的題跋唯記日月之外，其他六篇大致上講了這樣幾方面内容：1. 王覺斯批校本《國語》的流傳；2. 王覺斯手批本的價值；3. 收藏者的生平大要。

韓玉濤從五方面證實這個批校本是可靠的，不是贗品。其一，由於王鐸留下手稿衆多，其弟王鑨謂順治十年（1653）刊八十二卷本《擬山園選集》所刻大致是王鐸著述的十分之四五。王鐸平素閱讀，遊藝四部。至其晚年關注到《國語》並進行批點，韓玉濤認爲是"有可能"的。第二，本書首冊首卷首行有王鐸手筆題識，全書後又有題跋七篇，七篇題跋揭示出這部書流傳有序。而卷首王鐸親筆則直接昭示其真實性。第三，文筆可靠。韓玉濤認爲："王鐸的美學評論，少至一字，多至二十字，很短，很精，字字句句，珍珠一般，都像迸發出來的一樣。他不像後世的邏輯鬼，大段壓人，令人窒息，而是點點滴滴，點到而已。'聞所聞而來，見所見而去'。內涵豐富而筆墨精當。《手批》的迸發式語句，與他的《文丹》《王子》乃至《語藪》，風格是一致的。"第四，思想可靠。韓玉濤認爲《讀本》和王鐸的《文丹》思想具有相似性，而且《文丹》特有的詞彙，在《讀本》中仍然可以體現。韓玉濤謂："王鐸美學的特殊範疇、特殊用語，《手批》和《文丹》是一致的。《手批》正是《文丹》思想的具體應用。"第五，批校中有趣事記載，進一步證實其真實性。韓玉濤發現《手批》卷十四首頁有墨批云："稚子戲，誤墨也。"① 王鐸批點《國語》的時候，家中小兒嬉戲誤批，故有此記。據韓玉濤統計，《讀本》全書中"誤墨"有三四處。

歷經多變，王鐸手批《國語》原本仍留存世間，今藏北京清華大學國書館，惟深閨密鎖，外界罕睹。而遼海書社本則成爲王鐸手批的最爲常見之本。歷經年所，實際上遼海書社本也並非處處可見。今檢學苑汲古——高校古文獻資源庫，僅北師大、華東師大、遼寧大學有藏。另外，南師大也藏有一部，惟著錄爲"《國語》21 卷"，筆者曾經目驗，實即"王覺斯手批國語讀本"。2012 年，北京國家圖書館出版社輯印《〈國語〉研究文獻輯刊》10 冊，其中第 9 冊收錄了王鐸批校本。由於《輯刊》是黑白複製影印，清晰度不高，無法區分王鐸朱墨兩色批校，實用價值也就打了折扣。

韓玉濤認爲王鐸手批《國語》具有書法價值和思想價值。在書法上，王鐸手批間有小楷，絕大多數是行書，這些行書是"老來之筆""自然流露"，韓玉濤謂之爲"王鐸晚年行書的淵藪"。另外，韓玉濤認爲王鐸手批《國語》表現了王鐸"晚年行書的兩種風範：一是古木槎枒，刪盡枝葉；一是豐潤秀拔，學米芾《復官帖》，可謂神似"。同時，韓玉濤認爲王鐸手批《國語》"思想是十分豐富的。既有文學，又有史學、哲學和美學"。

---

① 張升《王鐸年譜》推斷此兒當爲王無顔。（見張升《王鐸年譜》，上海：上海書畫出版社 2007 年版，第 208 頁）

今檢王鐸不僅《國語》本文中有評點，《國語解敘》《國語補音敘錄》中亦有。"國語解敘"題目上云："此序直遂，無古文筆力，空語《國語》矣。"本處批評韋昭《國語解敘》雖然撰寫於三國之際，但是却没有"古文"筆力。又評"欲世覽者必察之也"云："結句弱甚。"按照王鐸的看法，韋昭《國語解敘》最後一句話"弱甚"，所謂"弱甚"就是没有起到總結前文或者總結全文以及給人啟迪甚至震撼力的作用。古代詩文創作都很重視結句。宋人沈義父《樂府指迷·結句》："結句須要放開，含有餘不盡之意，以景結情最好。"元人王構《修辭鑒衡》引《麗澤文説》云："結文字須要精神，不要閒言語。"梁章鉅《退庵隨筆》引黄鉞堂云："吾友宋介山善古文，每喜以不結爲結。言後人文字之不及秦漢者，所爭在結處。凡結處，須乘勢結之。"① 可見宋以後文章技法，對結句很重視。王鐸此處批評韋昭結句太弱，即出於結句重要性的考慮。於《國語補音敘錄》目録上云："齊嚴。"這是對《國語補音》所録《國語》二十一卷目録的評價。

正文部分有密點、有墨筆圈、朱筆圈。墨筆點和朱筆點，又有空心豎綫、朱筆橫綫、結句"乚"，還有的朱筆圈墨筆圈疊加，有的字上直接朱筆圈住。全書墨筆批校 202 處，朱筆批校 274 處，其中墨筆批校一處説明書中亂點者爲童子戲，則墨筆《國語》批點實爲 201 處。朱筆、墨筆在内容上没有什麼本質區别。

從内容上而言，評點包括：校勘文字、考辨韋注、評點人物、評點史實、評點用字、評點句式、評點文章結構、評點前後照應、評點《國語》文句與古書相似、評點後世古文與《國語》文句相似、評點前人評點、《國語》文句與《左傳》比較等。今舉《周語》批點數例，以見其大略。

1. "吾能弭謗矣"上墨筆云："弭，一作'彌'。"

［按］本條屬於校勘。但是《國語》古今各本以及重要的古文選本

① 轉引自張聲怡、劉九州編：《中國古代寫作理論》，武漢：華中工學院出版社1985年版，第179—180、182頁。

都用"弭"字。明清文獻中複述史實者有用"彌"字者，如《毛詩講義》卷八、《經濟類編》卷二七言屬王事即用"彌"字。此外，《續宋宰輔編年錄》卷四、《涇野先生文集》卷三六《南陽府教授封翰林院檢討王先生墓碑》、《玄晏齋文抄》卷三、《自考記（丁巳五月）》、《閒情偶寄》卷十六等都有"彌謗"用法。或即王鐸所謂"一作"。"彌""弭"音同義通，故訓中有之。

2."襄王使大宰文公及内史興賜晉文公命"上墨筆云："敘處大約似《周禮》《儀禮》《禮記》。"

［按］《周語上》天子錫命有兩篇，一篇是錫晉惠公命，一篇是錫晉文公命。晉惠公背賂毀信，固不足言。晉文公一篇對錫命程式言之較詳。王鐸批校，主要是對晉文公錫命禮的程式性記載，謂其如同《三禮》一樣，提供了錫命禮的具體程式。蓋謂此章具有禮學價值。

3."晉文公既定襄王於郟"上墨筆云："讀此等文，宋文酸。淺率之甚。"

［按］王鐸對於宋人文字似乎頗具反感。批點中有多處涉及宋人文章的話，都是對宋人的批評。寇克讓認爲王鐸書法中有崇古之觀念。[①]從王鐸對《國語》的批點看，其崇古觀念不惟反映在書法思想中，也反映在詩文創作和技法中。王鐸《跋瓊蕊廬帖》云："余於書、於詩、於文、於子，沉心驅智，割情斷欲，直思跂彼室奧。恨古人不見我，故飲食夢寐之。"又其《談古帖》云："惟誦古自夏、商、周、秦、漢，以韓昌黎止。六朝靡矣。"不及唐以下。可見其崇古觀念之深。詆責宋人，是其理念的具體體現。不僅此處，其《國語讀本》還有四五處譏刺宋人的語句。

4."請隧焉"上朱筆云："韋昭本《周禮》六隧説，極確可從。"

［按］本條説明韋昭有根據，進而認爲韋昭注是正確的。

5."有天下也"上墨筆云："據事主與後'有地'、前'勞之以地'九字甚合。"

---

① 寇克讓：《王鐸書法思想中的崇古觀念》，《書法研究》2002 年第 4 期。

［按］此處是談本句與上下文的前後照應。

6．"規方千里以爲甸服"朱筆云："規方千里爲甸服，當是説葬路。"

［按］此處是對《國語》本文進行解釋。上文明明認爲韋昭釋"隧"正確，此處又謂"規方千里以爲甸服"是説"葬路"，前後似矛盾。

7．"改玉改行"上墨筆云："'改'字、'變'字、'亂'字，字皆風霜。"

［按］謂"改""變""亂"三字"皆風霜"者，是謂此三字用字老道，變相指出周襄王言辭凌厲老辣。

8．"王至自鄭，以陽樊賜晉文公"上墨筆批云："精悍。"

［按］此篇開門見山，直出主題，故王鐸謂其文字風格精悍。

9．"脩其簠簋"上墨筆云："《禮記》文極相似。"

［按］此處謂《國語》文字與《禮記》文字相似。周定王對隨會所講的一段文字，實際上也屬於禮之程式，故王鐸認爲本段文字和《禮記》文字風格相同。實際上從側面揭示了該篇的禮學價值。

10．"陳侯不有大咎，國必亡"上云："'必亡'，伏後'其能久乎'案。"

［按］此謂文字前後照應。

11．"其貴國之賓至，則以班加一等，益虔"上墨筆云："韓文化此。"

［按］此謂韓愈文模仿《國語》語言形式。此明人已經揭出。

12．"無即慆淫，各守爾典以承天休"上墨筆："類《書》經。"

［按］此謂《國語》文字與《尚書》文字相似。王鐸這一見解和孫鑛對《國語》的評價近似。當然，孫鑛是從文體演變的角度對《國語》尤其是對《周語》進行探討。而王鐸僅就評點之句而言。

13．"季文子、孟獻子皆儉，叔孫宣子、東門子家皆侈"上朱筆："雙提伏一篇。"

14．"季、孟其長處魯乎？叔孫、東門其亡乎"上朱筆："又雙提，下作兩辭。"

15．"十六年，魯宣公卒，赴者未及，東門氏來告亂，子家奔齊"上朱筆："亦雙收。"

［按］"雙提""雙收"蓋謂兩種不同品行或性狀的事物以同一種句式表述其狀態或結果。

16．"王叔子譽諸朝，郤至見，召桓公與之語"上朱筆："只此'與語'萬物筆力，省却多少刺刺不休之詞，最宜玩。"

［按］文章之要，關鍵在於文字簡明而語義豐富。王鐸的批點即指出這一點。

17．"微我，晉不戰矣"上朱筆："描畫矜詡之狀。"

［按］此處謂《國語》描寫文字形象之妙。短短六個字，就把郤至志得意滿的情態描繪得淋漓盡致。

18．"且夫戰也微謀，吾有三伐"上墨筆："滿口驕泰。"

［按］此處評《國語》文字體現郤至的洋洋得意之狀。

19．"若是而知晉國之政"上墨筆："'知政'與後'得政'應。"

［按］此評《國語》文字的前後照應。

20．"吾曰子則賢矣"上朱筆："形容，文波漣漪。"

［按］此評《國語》文轉折起伏，多有波瀾，即"文似看山不喜平"之謂。

21．"昔先大夫荀伯自下軍之佐以政，趙宣子未有軍行而以政，今欒伯自下軍往"上朱筆："敘三人，簡句，亦變。"

［按］此謂本處敘事簡練，且錯落不同。

22．"是三子也，吾又過於四之無不及"上朱筆："代寫誇張。"

［按］此處評郤至之言矜誇恣肆。

23．"是其言也，君以爲奚若"上朱筆："'是其言'總收，述語有力。"

［按］此評收語有力。作爲一個語段的結語，確實是有力的，能夠激起對話者的思考，並引起讀者思路。有回峰頓挫之感。

24．"而況在侈卿乎"上墨筆："'侈'字對'謙'字。郤至之言亦侈。"

［按］此處批點指出"侈"字的對立面，同時揭明《國語》"侈卿"之"侈"運用的精妙。

25．"制朝以序成，畔戰而擅舍鄭君，賊也；棄毅行容，羞也"上朱筆："句皆鍊。"

［按］此處揭出《國語》文句凝練。

26．"雖吾王叔未能違難"上墨筆："倒上打轉王叔。"

［按］此評後文與前文照應。

27．"視遠步高"上墨筆："道理深邈，相法壽其理近。"

［按］此評單襄公所述人的行爲舉止與其德行相關之理甚是。實際上，單襄公此處主要從人物的言談舉止來窺測其內心。王鐸謂爲相法，也有道理。蓋謂"相由心生"。

28．"好盡言以招人過，怨之本也"上墨筆："是名言。"

［按］此處評單襄公之言是至理。單襄公的意思很明確，即國武子説話不留餘地，故易召怨。因此，留有餘地很重要。今謂"看破不説破"，理與單襄公所言同。

29．"立無跛，視無還……"上墨筆："詞涉迂張。"

［按］此處評敘述晉周之言迂闊誇誕，不盡可信。

30．"其行也文，文則得天地，天地所胙，小而後國"上墨筆："忒大了。"

［按］此處評單襄公論晉周用語過大，故有"忒大了"三字評語。王鐸批點《國語》時已經進入人生的末段，語言透脫天然，接近口語，下語直截了當。此類用語在其批點中較多見。

31．"夫敬，文之恭也；忠，文之實也……讓，文之材也"上墨筆："德能全備如此，唯孔子足以當之，斯論夸極。"

［按］王鐸認爲單襄公對晉周的評價過高，認爲所論晉周十一德恐怕只有孔子纔可以當得。至少，在王鐸看來，晉周是不符合的，故謂單襄公之論誇誕至極。

32．"此十一者夫子皆有焉"上朱筆："篤論。"

［按］上文爲"夸極"，此處又謂"篤論"，則恐王鐸認爲《國語》

此處的"夫子"與《國語》本文有別。《國語》"夫子"之"夫"爲遠指代詞，"夫子"者，晉周之謂。按照王鐸上文的評點，則恐其以此處"夫子"指謂孔子。

33. "經之以天，緯之以地，經緯不爽，文之象也。文王質文，故天胙之以天下，夫子被之矣"上朱筆："忒大。"

〔按〕與上文"忒大了"所指相同。

34. "靈王二十二年，榖、洛鬭"上墨筆："宗元非此篇。此篇精光神理，生龍活虎之文也。非之者謬矣。"

〔按〕對柳宗元《非國語》提出批評，認爲《國語》本篇所論以及行文有值得稱道之處。

35. "王欲壅之"上墨筆："大有開闔，小儒咋舌。"

〔按〕此處對文章風格進行評價。韓玉濤認爲"大開闔"指的是要從總體上把握其脈絡，分爲大段，抓住主題，從旋律的反復迴響中看出壯觀。所謂"小儒咋舌"指的是"後人，特別是宋人，沾沾自喜，風力都盡，根本駕馭不了這樣的'大局陣'，根本不懂得以旋律爲骨力這個道理"。

36. "其廢者必有共、鯀之敗焉"上朱筆："文字轄法。"

〔按〕此處對文字牽制功能進行點評。

37. "自我先王厲、宣、幽、平"上墨筆："周宣王，獨《國語》以不賢斥之，或亦多有未善也。《詩經》與《尚書》未可輕信歟？"

〔按〕這是由《國語》記載引申出來的對歷史人物的評價和認識問題。《國語》所載周宣王確實多負面事件，和"宣王中興"似乎無法掛上鉤。王鐸此處提出一個標準，即對歷史人物的評價不能僅僅信從經書之言，還需要尋找多種資料，爭取還原出一個完全的實體，從而得出精準全面的判斷並且給出合乎史實的評價。王鐸此語頗有見地。

38. "將焉用飾宮以徼亂也，度之天刑"上墨筆："大局陣。"

〔按〕以一小事而推衍及天刑人事，故謂"大局陣"。

39. "比之地物則非義也，類之民則則非仁也，方之時動則非順也，咨之前訓則非正也"上朱筆："文情風卷渦漩，海濤浩渺。"

［按］幾句話一氣呵成，氣勢恢宏，確如王鐸所言如“風卷渦漩，海濤浩渺”。

40．“及景王多寵人，亂於是始生。景王崩，王室大亂。及定王，王室遂卑”上朱筆：“一一應示。”

［按］這裏點出，文章結尾是對太子晉的預言一一應驗的明證。

41．“晉羊舌肸聘於周”上朱筆：“此篇文似《爾雅》。”

［按］羊舌肸說《昊天有成命》一節作爲中國訓詁學史上第一篇完整的故訓，是中國訓詁的源頭，故王鐸以似《爾雅》，是對叔向說《昊天有成命》一篇訓詁價值以及訓詁學史價值的認同。明清學者對此點多有揭示。

42．“夫旱麓之榛楛殖，故君子得以易樂干禄焉”上墨筆：“奇字法。”

［按］此處指出《國語》用字“奇”。韓玉濤曾經指出王鐸批點經常出現“奇”“奇字”等語。

43．“若夫山林匱竭，林鹿散亡，藪澤肆既，民力彫盡，田疇荒蕪，資用乏匱”上墨筆：“字法。”

［按］本段内容四字格式，又都是主述關係小句，可謂井然。“字法”一語，明人孫鑛多用之。

44．“二十三年，王將鑄無射而爲之大林”上墨筆：“此篇合下篇，馬遷、班固不采入樂書、律書，頓會史羨審寥矣。甚妙，義傳緝某記耳。”

［按］此處指出《國語》史料的獨特價值。

45．“夫鐘聲以爲耳也，耳所不及，非鐘聲也”上朱筆：“《楞嚴》《圓覺》之説法。”

［按］此處指出伶州鳩之言猶佛家之《楞嚴經》《圓覺經》之説法。

46．“猶目所不見不可以爲目也”上墨筆：“精妙，無人拈出。”

［按］王鐸認爲此處精妙，但是又指出前人未能拈出。

47．“上得民心以殖義方”上朱筆：“殖作‘生’解。”又墨筆：“《内傳》‘教之以義方，弗納於邪’與此同。然《内傳》‘方’字另從下讀，亦通。"

[按] 朱筆釋義，謂此處之"殖"即"生"義。墨筆以《左傳》與《國語》進行比較，認爲雖然兩書都有"義方"二字，但《左傳》"方"字可下屬。

從上面所引諸例可知，王鐸手批多數語句簡短、語言透脱，不落窠臼。由於手批是私人手筆，未必想到要公之於世，故其評説往往直抒胸臆，不轉彎抹角。這一點尤其體現在人物評價上，如評價敬姜，謂之有學問、大學問，贊譽之情表表可見。又如評價驪姬，則謂之"女奸雄"，謂"優施""二五"的行爲"不是人類"，皆真性情語。

韓玉濤對王鐸有所研究，其《書論十講》中專門有《王鐸論》一講，分爲王鐸的中庸論、王鐸的旋律論，在"王鐸的旋律論"中，韓玉濤直接以王批《國語》爲對象，對王鐸學説進行了評述。而在其《寫意——中國美學之靈魂》中，韓玉濤專門有"散文觀"一節對王鐸的文學觀念進行評述。根據韓玉濤的研究，王鐸手批有兩個指導思想。第一，"俗學輕議《左》《國》，何也"。韓玉濤認爲王鐸手批具有民主色彩，如對文姜、敬姜的肯定，韓氏認爲王鐸"幽光狂慧，發前人所未發"。王鐸批判宋文，直指公安三袁。第二，"古人豈無意爲文"。韓氏認爲，《國語》的文采、《國語》的"意"太突出，故其中有筆力，有旋律。韓玉濤認爲王鐸的"筆力—旋律論"包括三個環節：精鍊説、頓挫轉折説、反復説。在韓玉濤來看，王鐸借鑒了劉勰《文心雕龍》的"風骨"一詞，舉手批十三處批點，認爲王鐸強調"骨""力""氣""風""勢"等等。同時王鐸又重視陰柔之美，批點中亦有"古淡""水月之趣""水月光景"之語。

總體而言，王鐸手批對於《國語》文章學、文學，甚至訓詁研究都是具有積極意義的。王鐸生活於明清之際，書名甚盛，但他的《國語》批點流傳不廣，即便在張香海的時代，也幾乎没有任何影響。即使今天，學界更關注王鐸的書法成就，對其詩文成就也甚少關注。《國語》研究本就不太繁盛，幾乎從無學者關注王鐸批點。韓玉濤是最早從美學的角度對王鐸《國語讀本》的書法和手批進行結合討論的學者，但韓氏的討論頗爲感性，缺乏文章學或評點學方面更爲深入細緻的探討。因此，王鐸《國語》批點研究還需要深入研討。

（二）張習孔《國語》及《非國語》評點

張習孔（1606—?），字念難，號黃岳，歙縣人。順治五年（1648）進士，曾官刑部郎中、山東提學僉事等職。退隱黃山，潛心讀書數十年。著有《大易辨志》《繫辭學訓》《檀弓問》《使蜀紀事》《七勸口號》《詒清堂文集》《張黃岳家訓》《雲谷臥餘》《雲谷臥餘續》等書。其中《雲谷臥餘》二十卷，《雲谷臥餘續》八卷，共二十八卷。關於《雲谷臥餘》正續集，《四庫總目》評價較低，謂："其書喜議論而不甚考證，多以私臆斷古人，又果於自信……此自有詩文以來無人敢爲之事也。"① 周亮工對《雲谷臥餘》評價較高，謂其"獨抒所見，剖決群言"。何慶善認爲，《雲谷臥餘》正續集從六個方面表現了張習孔的學術主張：1. 戳穿陰謀，揭露騙術；2. 褒揚忠直，貶斥奸佞；3. 考辨史實，去偽求真；4. 考證事物，探源溯流；5. 訂正謠字，糾正訛誤；6. 批評名家，敢於挑刺。② 亦可參。

據云，張習孔於《雲谷臥餘》正續集耗費精力最多，該書於順治十八年（1661）刊刻行世，《四庫全書總目》列爲存目。今《四庫存目叢書》子部收錄《雲谷臥餘》二十卷、續八卷，用中國科學院圖書館清順治十八年刻本。該書卷二收非國語、郄犨語迁、曹劌論戰、齊桓重禮、善深謀、箕鄭策救饑、韓獻子戮干行、晉不脩天罰、對具敖 9 條，是針對《非國語》及其所非《國語》八篇的重新評價。卷八有立國非恃兵力、晉臣論衣袂等，雖論《左傳》，由於其内容與《國語》同，也可看作對《國語》的評點。又續集卷三有"《國語》非左氏筆""史蘇論晉禍""《國語》先《左傳》"三條。

---

① （清）永瑢等：《四庫全書總目》，臺北：臺灣商務印書館《景印文淵閣四庫全書》第 3 册，第 770 頁。

② 何慶善：《徽州學者張習孔〈雲谷臥餘〉平議》，《古籍研究》2005 年卷上，第 200—208 頁。

　　清代學者評價柳宗元《非國語》比較少見。檢《雲谷臥餘》卷二"非國語"云：

　　柳宗元作《非國語》，思深而筆雋，固可傳之業也。其中間有二三未當者，予稍摘出如後，如幽王二年，西周三川皆震，伯陽父曰："周將亡矣。"宗元非之曰："山川者，特天地之物也。陰與陽者，氣而遊乎其間者也，自動自休，自峙自流，是惡乎與我謀？自鬭自竭，自崩自缺，是惡乎爲我設……且曰'源塞國必亡''人乏財用，不亡何待'，則又吾所不識也。且所謂者天事乎？抑人事乎？若曰天者，則吾既陳於前矣；人也，則乏財用而取亡者，不有他術乎？而曰是川之爲尤。"張子曰：《語》固謂"水土潤演，民用生財"，川竭則水土無潤，不可用而財乏矣。匪川之故而誰哉？柳説非是。

　　可見，張習孔對柳宗元《非國語》是持肯定態度的，對其思想價值、文章風格予以總體肯定。同時，張習孔認爲《非國語》的具體批評值得商権，故"非國語"一條實際闡述了兩個方面，總體評説和具體篇章商権。這樣，張習孔對《非國語》的批評就不是八條而是九條。另外八條如下：

　　郤犨語迂
　　柯陵之會，郤犨見單襄公，其語迂。單子曰："晉將有亂，三郤當之。"宗元非之曰："以語之迂而宜死，則死者衆矣。且單子之語迂之大者，獨無謫耶？"張子曰：迂，非迂闊。注："迂回，加誣于人。"是也。《孟子》曰："言無實不祥。"不祥之實蔽賢者當之死，不亦宜乎？

　　曹劌論戰
　　長勺之役，曹劌問所以戰。莊公曰："不愛衣食于民，不愛牲玉于神。"劌曰："小賜不咸，獨恭不優，將何以戰？"公曰："聽獄，

雖不能察，必以情。"對曰："可矣。夫苟中心圖民，知雖不及，將
必至焉。"宗元非之曰："劌之間泊莊公之對，皆庶乎知戰之本矣。
而曰夫'神求優裕於饗''不優，神不福也'，是大不可。方闘二國
之存亡，以決民命，不務乎實，而神道焉是問，則事幾殆矣。既問
公之言獄也，則率然曰'可以一戰'，亦問略之尤也。苟公之德可
懷諸侯，而不事乎戰則已耳；既至於戰矣，徒以斷獄爲戰之具，則
吾未之信也。劌之辭宜曰：君之臣謀而可制敵者誰也？將而死國難
者幾何人？士卒之熟練者衆寡？器械之堅利者何若？趨地形得上游
以延敵者何所？然後可以言戰。若獨用公之言而恃以戰，則其不誤
國之社稷無幾矣。"張子曰：劌問所以戰，非問戰也。蓋欲審公平日
之爲治，即可以卜今日之應敵不至如衛人熒澤之潰、羊斟大棘之悖
也。豈誠以養民祀神及聽獄者，喋喋焉告語于行陳之間也乎？且人
民、社稷先王並重，神亦非可慢也。莊公固以養民、祀神並言，非
舍民而專求冥助也。治本既優，則所以臨敵制勝者，亦必有道矣。
宗元所言，將卒之智勇、器械之精良、形勢之利便，魯之君臣安知
其不講乎是也？左氏以爲此謀國之常，不足紀，而獨著夫所以戰者，
以示有國者不可以不知本耳。夫著書立言，與畫策紀事，豈可以同
軌而語哉？

　　齊桓重禮

　　齊桓公輕其幣而重其禮，故天下諸侯罷馬以爲幣、縷綦以爲奉、
鹿皮四箇，垂橐而入，稛載而歸。宗元非之曰："桓公之苟能弔天下
之敗，衛諸侯之地，……君得以有其國，人得以安其堵，雖受賦於
諸侯，樂而歸之矣，又奚控焉？悉國之貨以利交天下，若是耶，則
區區齊人，惡足以奉天下？己之人且不堪矣，又奚利天下之能
得……予以爲桓公之伯不如是之弊也。"張子曰：列國奉伯主，蓋
有常賦矣。輕幣重禮，特贄酬交際之小者耳。以小惠而致天下之常
賦，齊何弊之有？且《傳》云："厚往薄來。"亦豈竭其財以奉天下
者乎？

　　善深謀

敗狄于稷桑，反，讒言益起，狐突杜門不出，君子曰："善深謀。"宗元非之曰："古之所謂善深謀，居乎親戚輔佐之位，則納君於道；否則繼之以死……今狐突，以位，則戎禦也；以親，則外王父也。申生之出，未嘗不從，睹其將敗而杜其門，則奸矣！而曰'善深謀'，則無以勸乎事君也已。丕鄭曰：'君為我心。'里克曰：'中立。'晉無良臣，故申生終以不免。"張子曰：深謀避讒，突之奸也。左氏據事直書，宗元刺突，宜爾，安得舉左氏而非之？凡《左》《國》引君子之言，非自居也，或當時有此論斷耳。晉無良臣，申生不免，于左氏乎何尤？凡虢夢、郭偃卜伐驪、葵丘會之類，論其事之是非可也，不當以之非左氏。

箕鄭策救饑

晉饑，公問於箕鄭曰："救饑何以？"對曰："信。"公曰："安信？"對曰："信於君心，信於名，信於令，信於事。"宗元非之曰："信，政之常，不可須臾離之也，奚獨救饑耶？其言則遠也。夫人之困在朝夕之內，而信之行在歲月之外。是道之常，非知變之權也。"張子曰：此與曹劌論戰同一知本之言也，而子厚非之，無惑魯哀之迂徹矣。

韓獻子戮干行

趙宣子言韓獻子於靈公，以為司馬。河曲之役，趙孟使人以其乘車干行，獻子執而戮之。宗元非之曰："趙宣子不怒韓獻子而又褒其能也，誠當。然而使人以其乘車干行，陷而至乎戮，是輕人之死甚矣！彼何罪而獲是討也？《孟子》曰：'殺一不辜而得天下，君子不為。'是所謂無辜也歟？或曰：'戮，辱也，非必為死。'曰：雖就為辱，猶不可以為君子之道。舍是其無以觀乎？吾懼司馬之以死討也。"張子曰：干行當論事之大小，使出宣子，恐非大故，或如後世之所為犯規云耳。則干行蓋軍中時有，而致法亦司馬之常也。宣子冒焉，怙于恩舊，且以為細姑歟？或以辱訓戮當矣，豈誠陷人于死也哉？

晉不脩天罰

宋人殺昭公，趙宣子請師以伐宋云云。曰："是反天地而逆民則也，天必誅焉。晉爲盟主而不脩天罰，將懼及焉。"宗元非之曰："盟主之討殺君也，宜矣。若乃天者，則吾焉知其好惡而暇徵之耶？古之殺奪有大於宋人者，而壽考佚樂不可勝道，天之誅何如也？宣子之事則是矣，而其言無可用者。"張子曰：天爽善惡之報久矣，然君子不敢以是蔑天道。子厚蓋有激而言，豈正論乎？

對具、敖

范獻子聘於魯，問具山、敖山，魯人以鄉對。獻子曰："不爲具、敖乎？"曰："先君獻、武之諱也。"獻子歸曰云云……吾名其二諱，爲笑矣，唯不學也。宗元非之曰："諸侯之諱，國有數十焉，尚不行於其國，他國之大夫名之，無慙焉可也。魯有大夫公孫敖，魯之君臣莫罪而更也，又何鄙野之不云具、敖？"張子曰：謂魯不諱公孫敖，是也。謂犯諱爲無慙，非也。敖有平仄二音，安知魯君臣名不別音乎？

以上九則是張習孔對柳宗元《非國語》的批評。大體言之，張習孔認爲：1. 評價任何事物都不能脫離文本語境。第一則中，《周語上》該篇明明說"水土潤演，民用生財"，從這個表述可以看出"水土潤演"是"民用生財"的前提。好，現在山崩川竭了，當然民乏財用。有學者指出，古代城邦國家基本都是傍山依水，伯陽父也指出"國必依山川"，這都是本文的語境，正因爲這樣的認識前提，在"三川皆震"的時候，伯陽父纔發出"山崩川竭，亡之徵也"的呼喊。柳宗元並沒有深切認識到《國語》文本前後的邏輯性，只是憑己意評斷，認爲人事和自然無關，這是游離於文本之外的判斷，是不符合伯陽父表述本意的。張習孔指出這一點很重要。第三則相同。張習孔指出，曹劌問所以戰，而不是問戰。按照張習孔的理解，"將卒之智勇、器械之精良、形勢之利便"是所有君臣在戰爭面前都會想到的問題，魯國君臣也不例外。既然如此，曹劌問所以戰，而魯莊公答之，可見，戰爭不僅僅依靠兵力，故《雲谷臥餘》卷八謂："魯將禦齊師於長勺，曹劌問所以戰而公告之以惠民、信神，乃知古之戰者必有所以，非盡恃師武臣力也。"張習孔指出，戰爭最重要的還是民心問題。2. 對文本語詞的理解，要符合原文，不要偷換概念。第二則中，張習孔首先指出所謂"語迂"之"迂"不是迂腐，而是韋昭所謂的"加誣"，即説話無憑據，好誇大，以不實之辭害人。因此，這樣的人是很容易召禍的，死固宜然。而柳宗元評議中偷換了概念。3. 要注意區分作者、著作二者的界限，不可混淆。尤其體現在"善深謀"一語的歸屬上。張習孔認爲，柳宗元可以任意評判《國語》中的人物、事件，但是不應該非議左丘明。因爲《左傳》《國語》中的"君子曰"未必就是左丘明自己之言，"凡《左》《國》引君子之言，非自居也，或當時有此論斷耳"。張習孔的認識是比較體貼細緻入微的。對《左傳》《國語》"君子曰"作者歸屬的問題，張習孔之前注意者似不多見。而在本處，張習孔明確提出，"君子曰"之"君子"是否就是左丘明本人，是值得深思的。4. 要認識到古人的真實意圖及其傾向。在評價柳宗元非議曹劌論戰和箕鄭言救饑中，張習孔尤其強調了這一點。張習孔認爲，柳宗元根本没有注意到曹劌、箕鄭提倡此一點的真實意圖，其意在世道人心，而不在具體問題的解決方案和方法。換言之，曹劌、箕鄭所言非關具體而關大計。5. 張習孔認爲柳宗元在評論過程中，有非理性的思維，從而有非理性的結論，此不足取。這幾個方面既是張習孔研討《非國語》之所得，也應當成爲研讀典籍、體貼深意時所需謹慎面對者。故張氏之言具有普遍意義。此外，張習孔在分析《非國語》時，緊密結合《國語》本文語境、體貼文中話語的真實意圖，客觀上促進了《國語》文本的理解。

另外，有論及《國語》者三條，如下：

　　立國非恃兵力

　　魯將禦齊師於長勺，曹劌問所以戰而公告之以惠民、信神，乃知古之戰者必有所以，非盡恃師武臣力也。

　　晉臣論衣玦

　　晉侯使太子伐東山皋落氏，公賜之偏衣金玦，諸臣從太子者遂推測圖度，猜疑百端，論説紛然，有類巫覡，夫衣玦出君父之賜，豈有異意，而諸臣私議如此。使太子聞之而生心，豈事人之善道乎？釁自下開，豈惟姬氏速太子之死者，狐突、罕夷諸人也。

史蘇論晉禍

《國語》晉獻公滅驪子，獲驪姬以爲夫人，史蘇告大夫曰："亂本生矣。滅其父而畜其子，禍之基也。畜其子又從其欲，子思報父之耻而信其欲，雖好（上聲）色，必惡心，不可謂好（上聲），好（去聲）其色，必授之情，彼得其情以厚其欲，從其惡心，必敗國。國且深亂，亂必自女戎，三代皆然。"驪姬果作難，殺太子而逐二公子。君子曰："知難本矣。"余謂驪姬之譖，欲剪長子以立其子耳，豈爲報父耻哉？史蘇之言禍雖驗而生禍之情未得也。使三公子果殺而奚齊立，立而能定晉國，則姬氏之欲信矣，非更有惡心敗國也。史蘇以此爲斷，非所謂殺淫而讕以盗乎？

這三條是從《國語》本文出發，對《國語》進行評論。第一條，是在揭示古人處理問題的方式，即不局限、不拘泥於眼前的具體問題，而是從根本問題入手，著眼整體和全局，蓋謀一域必以謀全局爲先導。第二條，對晉國臣子肆意揣測國君與太子關係提出質疑。這一點，似乎值得商榷。在春秋諸國之中，晉國似乎是個特例。晉國君臣比較勢利、實用，非如周、魯守禮法、遵德行。這一點，從晉國諸行上可以看出。即以晉獻公發驪戎以驪姬爲夫人論，似乎其他國家或者歷史上很少有這樣的事情，取其國而納其女，且以爲寵夫人。又晉國三大夫之所選，尤其里克之言中立，絶非後世所謂股肱之臣所爲。又晉文公請隧，實有得寸進尺之嫌。知如是，則無望晉君賜太子偏裻金玦，而大臣不議論，那是不可能的了。且從古到今，君主賜臣子物品，有時確實有其寓意在，並非無異意者。張習孔不審，而非之，恐非是。史蘇論晉禍一節，張習孔認爲史蘇的判斷有正確的一面，也有不準確的一面。準確的，就是驪姬之亂確實發生。驪姬之亂，主要還是晉國國君人選的更迭問題。按照張習孔的理解，假如太子申生自殺、二公子出亡之後，奚齊之德行能够統治晉國的話，驪姬之欲即得償。因爲其本意就是要讓自己的兒子繼承晉國國君之位，並不是爲報國族之讎，使晉國敗落。從這個角度而言，張習孔認爲史蘇的預言和驪姬之亂的事實並不完全相符，是有一定道理的。

清代學者絕少有專門評議《非國語》者。張習孔處在明、清之際，承明人之緒餘，而能體察細微，從文本出發，洞察機理，發人所未發，確乎難得。他的評議，對《國語》《非國語》的深入研究都具有一定積極意義。

（三）原良《國語》評點

原良，本姓元①，字鳴喜，號耕溟，江西樂安象峰人。順治年間貢生，曾官寧都縣訓導。《樂安縣志》有傳②。著有《桑稠匯紀》《孝經疏義》《三山存業十編》《吏隱草》《步蒿草》《吏隱外紀》《顧諟堂詩稿》等。

《三山存業十編》又名《聽潮居存業》，入《四庫存目》，今收在《四庫存目叢書》中。書分十編，每編以四字立目，分別爲明宗正學、身世要則、史會大綱、友古特評、群古對觀、左國補議、讀餘誌略、玄圃餘珍、韻林隨筆、山野寙言。其中第六編《左國補議》卷首下云：“是編因呂氏之《議》未全，柳子之《非》稍刻，間取餘篇闡論，量補二書闕文。尤慮戰國陰謀，人心日壞，故《策》惟采乎近正，事則喜於離奇，聊任編裁，何辭掛漏。”③可見其此編之旨趣，即在補呂祖謙《古文關鍵》《東萊駁議》、柳宗元《非國語》之不足。第六編分目下列有選自《左傳》《國語》《戰國策》的篇目，所列篇目皆撮録起句而成，其中《左傳》10篇，《國語》7篇，《戰國策》13篇。《國語》7篇分別爲鄭人伐滑、莒太子僕、叔向見韓宣子、趙簡子嘆、晉陽之圍、屈到嗜芰、楚昭王奔郹，《周語》《魯語》各1篇，《晉語》3篇，《楚語》2篇。原

---

① 今檢同治間朱奎章修、胡芳杏纂《樂安縣志》卷七《選舉制·國朝歲貢》下有“元良，辛卯貢，象峰人，甯都訓導，有傳”字樣。（成文出版社有限公司1975年影印，第692頁）

② 同治間《樂安縣志》卷八，第755—756頁。

③ （清）原良：《聽潮居存業》，《四庫全書存目叢書》子部第114冊，第506頁。

良所選《國語》篇目中，只有屈到嗜芰是前後評點家比較關注者，其他幾篇則頗自出機杼。此外，所選《左傳》"晉侯朝王"篇、"昔荀吳帥師圍鼓"篇和《國語》晉文公請隧章內容相同，也可看作對《國語》的評議。

正文中引述《左》《國》原文小字，首行頂格，篇題不別行，直接在首行最開始。原良評議大字頂格。今錄其評議《國語》文字，以見其論議評點《國語》之大略。

其評"鄭人伐滑，王使游孫伯請滑，鄭人執之"篇云：

　　天子諸侯之分，猶冠履之相懸。雖在懿親，不能敵貴也；雖有大勳，亦藉天子之威靈也。臣何力之有焉？夫功莫周公若，親莫周公若。以叔父對幼沖，必稱王，必稱旦，凜凜於君臣無少越。及遭流言，即辟位居東，以俟王心自悟。至管蔡罪著，成王未嘗曲貸於親，命周公破斧誅之。蓋大義不得不然也。襄王使人請滑於鄭，已倒持太阿而授之柄矣。鄭文遂執天子之使，如大國諸侯蔑小國附庸然者，大逆不道，尚何言哉！王怒而伐之固義，但當命大司馬帥六師以臨鄭，或合列國諸侯助之，何難服此蕞爾之區？而乃用狄伐鄭，傷中國之義，而啟後世召虜為援之端矣。富辰不達於大義，若為鄭遊說然，沾沾於鄭之親好、鄭之勳舊，以前之微勞為大德，今之大逆為小怨。然則骨肉懿親，身有大勳勞，就執天子之使以行叛逆，而亦可免於誅戮耶？而僅以兄弟恩怨為解，置君臣上下不言，富辰烏得無罪？《傳》稱周、鄭交質，周、鄭交惡，又稱二國。呂伯恭以並列周、鄭，夷王國於侯國，無尊卑之辨，罪鄭罪周，尤重其罪於左氏。而富辰則曲為其說以止伐，不亦等視周、鄭耶？且僅言伐鄭之不可，而並不言引狄伐鄭之大不可也。然則為富辰奈何？曰：必諫止翟伐，而後聲鄭之罪於諸侯，命晉侯帥列國之師以討之。鄭雖跋扈，未有不屈於義而服焉者。

其評"莒太子以其寶來奔"云：

　　弑父弑君之賊，奔魯求容，宣公貪其寶而欲邑之，幾同亂命。蓋宣亦由簒得國，故莒以聲氣投合而來，容賊者之於賊一間耳。稍有人心，能無憤然！從來國書未有輒敢中更者，里革之奮筆更書，可謂直而勇。使里革操載筆之任，遇亂臣賊子，必能直書簡端，以彰萬世，奚媿南史乎！然非其職矣，意恣一時，未暇尋思，遂私易君書，冒死刑而不顧，何耶？吾爲里革，計有二説以處此。當其遇僕人也，得君致書之意，即執君之書，從僕人入奏，如後世之封還詞頭，因聲太子之罪而諫其予邑之惑，碎首死争，未有不能得者，兹其一。且書命季文子，文子□□□□，必不苟焉狥君□，不從僕於季氏之門，勸其以道正君，激其以義正□，文子明而熟於計，必有諷諍之術，以致其轉圜之聽者。兹又其一。乃計不出此，而公然矯命，狡焉舞文，其得免於刑戮，幸哉！豈度文子黨簒之流，必狥君也，故私爲奮筆乎？藉令漏誅於此，而長奸於彼，異時吾君有命，不戾理道之宜，而效尤者亦將中更，以恣其罔兩，將若之何。不幾於顛倒朝常，爲欺君誤國在教首哉？里革之處國事未可非，而其處君命不可訓矣。乃《傳》不載里革更書而載季文子之對，若鷹鸇逐鳥雀，及舉元愷誅四凶之語，以媿宣公云。二書並出左氏，而不同，何也？

其評"叔向見韓宣子"云：

　　史遷有言："千乘之王，百室之君，尚有患貧，況匹夫編户之民！"甚而極世之猥瑣以形求富之態，蓋激爲過當之言。而後之譏遷者，遂以爲實羞貧賤，則溺其旨矣。味遷之言曰：亡巖處奇士之行而長貧賤足羞，其意隱然自道。必巖處奇行而後可貧，非是則足羞，何嘗不矜重聘耶？然止及巖士之貧，未及朝士之貧，則韓宣子尤卓，止言富行其德，未言貧行其德，則叔向過遷遠矣。宣子以世卿而貧，固爲能德，令他人遇宣子必弔，弔之必曰："士非無賄患，無令名難，能唯德是蕃，人稱清白吏足矣。"或又曰：豐約何常，乘

除有數，安知今日貧，不爲異日富乎？乃叔向獨爲之賀，當拂意之
□，而進快心之語。番者能無愕然？晉虒祁之宮成，魯鄭皆來賀，
史趙曰："甚哉其相蒙也，可以弔而乃賀。"景公藏寶臺焚，晏子束
帛以賀。王參元失火，柳宗元以書賀。宮成而弔，臺焚宅火而賀，
事反而意深，足以消人俗情，廓人道襟。而叔向實先之矣。歷徵晉
國德、不德之報，以醒發世迷。凡人事之悖修、天道之輪轉，或食
報於其身，或取償於其後，可令聽者悚然。欒武子貧而有德，郤昭
子富而無德，欒桓子貪富，宜及難而賴父以免，見有儉德者，猶能
庇後也。欒懷子修□改行，而竟以父罪而亡，見無德者雖蓋愆，猶
殃及也。欒氏之善惡半，故天之禍福亦半之。郤氏富而淫，全犯造
物之忌，能無殄世乎？辛玄馭云：兒從宦時，番其衣食不能自給，
此好消息；番其貲貸充足、衣馬輕肥，此惡消息。其云好消息，即
叔向之所謂賀也；其云惡消息，即叔向所謂將弔不暇也。雖然，貧
何足賀？貧而能宣德行，順憲則，乃足賀耳。

其評"趙簡子嘆曰"一篇云：

　　趙簡子，春秋時所謂賢豪間者。然專擅晉權，奉邑侔諸侯，當
日殺竇犨，未詳其故。或忌忠直而死歟？宜孔子臨河而返，所謂鳳
凰不至其郊也。簡子以雀蛤能化，哀人之不能化，豈真有封邵化虎，
鄭毅夫、張路斯化龍之思耶？諒不若此之迂誕。蓋隱隱欲化家爲國，
而寓不臣之意爾。竇犨非忠於簡子，安能以無人、無德、無令名爲
之隱諷，舉中行、范氏之擅晉，其子孫放逐耕齊，以爲人如此其化
也。其説直而渾矣。惟渾□申悉之。夫人之化也，詎止此哉？歷山
之耕夫，忽焉而帝；傅巖之工築，忽焉而相；渭濱之釣叟，忽焉而
師。此古來之善變。朝襪褥而暮袞章者，未易更僕數也。以夏商天
下之共主，一旦爲南巢之囚、牧埜之鬼，以周室之懿親，一旦爲東
山之鬼、郭鄰之囚，此古來之不善變。朝冕藻暮赭衣者，亦未易更
僕數也。即以簡子、竇犨兩人論，簡子未幾而以晉臣追爲趙侯，竇

犖未幾而以忠魂變爲鵑血，一升諸天，一擠諸淵。斯豈非人化耶？
且變化之説何常？有兄弟各化者，蜀得亮爲龍，吳得瑾爲虎，魏得
誕爲狗。有一人而兩化者，閔鴻奇、陸士龍曰：“若非龍駒，即是鳳
雛。”有三人而一化者，華歆爲龍頭，管寧爲龍腹，邴原爲龍尾。
噫，此標榜者意爲品題耳。果孔明之龍、士元之鳳乎哉？要之，人
亦何□化，時至則自化。一人之身，用之則爲虎，不用則爲鼠，是
從用、不用之人而化也。見無禮於君者，如鷹鸇之逐鳥雀，至教而
不罰，則以爲鷹鸇不若鸞鳳。夫一人而時爲鷹鸇，時爲鸞鳳，則有
隨善、不善之人而化乎？吾獨怪夫貌猶是貌，不知心化爲何物者。
衣冠其象，禽獸其心，鬚眉以表嬈寺，裒博以蓋穿窬，嬉咲以藏戈
矛，温軟以滋蠆蝥，厚貌以深異骨，屬色以隱柔腸。一腔之内，肺
腑肝腸爲狗盜，爲狼貪，爲虎噬，爲鴆毒，爲狐媚，爲狡窟，此心
化爲諸異物矣。不并化其人爲烏有耶？

其評“晉陽之圍”篇云：

古今民情，無不愛其財與力者。浚之竭之，則我仇讐；寬之恤
之，則我父母。我不民繭絲，民必我保障，情勢然哉。尹鐸爲晉陽，
損其户，輕其賦，留恩于民，以備緩急之恃，而後人賴之。襄子承
其志以世其家，遇難不賄，而卜民心以歸。城池倉庫不恃，而惟恃
晉陽。晉陽城不必厚，倉不必實，而民心和洽，沉竈産蛙而無叛意
者，尹鐸之行仁義既效乎？而孟子謂“地利不如人和”，效死而民
弗去，亦不虛矣。馮煖爲田文收責於薛，矯命焚券，薛人德之。及
就國，而有扶老攜幼之迎，市義亦已效矣。但錢有貸、不貸之分，
則惠有及、不及之異。惠及者煦然，不及者汎然，未必盡如晉陽之
戴。然與不期衆寡，期於當厄，豈得謂小惠未徧，民弗與哉？姑以
趙之先君論之，趙宣子食靈輒于翳桑，寢以簞食與肉遺其母。靈公
命伏甲殺盾，輒倒戟以禦公徒，竟免之。簡子有白騾甚愛，胥渠疾，
醫曰：“得白騾之肝則起，否則死。”簡子殺白騾與之肝。亡何，趙

興兵攻翟廣門之官，左七百人，右七百人，皆先登而獲甲首。噫，
觴酒豆肉，爲惠幾何，尚能得人之死力如此，況于輕徭、薄賦、溥
惠于晉陽？盡晉陽之民而報效也哉！爲吏者亦去其繭絲而可矣。

其評"屈到嗜芰"篇云：

> 禮：孝子之祭其親也，三牲之俎，八簋之實，美物以備，水草
> 之菹，陸產之醢。小物以備，苟可薦者，莫不咸在，示盡物也。春
> 秋薦其時食，時物即羞，未有定品。孝子於齊日，思其所樂，思其
> 所嗜，蓋所樂所嗜，必有其物焉。吾親之精氣，若著存於是物，吾
> 即於是物如見吾親，此即未有遺命，當亦觸物動情，以致其獻，而
> 況有先人之命在乎？屈到生平嗜芰，遺命宗老祭必薦之。及宗老薦
> 而子木去之，論者以爲建從治命，不從亂命，其饗親也正矣。余以
> 爲芰時物也，果實而已，《禹貢》橘柚登朝，孔子啖桃侍君，曾參
> 蒸梨奉母，芰非其類耶？生而嗜之，不爲戾正，死而薦之，以爲傷
> 義，當不其肰。魏武子將卒，欲以嬖妾殉葬，其子魏顆竟嫁之。陳
> 乾昔疾，屬其子尊已曰："大吾棺，使二嬖子夾我。"及死，尊已
> 曰："殉葬非禮，況同棺乎？"弗從。若是者可謂不從亂命矣。薦
> 芰，子情也，禮亦宜之，是其命非如殉葬之亂命也，而乃以私干國
> 典乎？文王嗜菖蒲，不番武王蒲薦者，未嘗有命也。使文王有宗老
> 之屬，武王忍違之乎？曾皙嗜羊棗而參不忍食，非見父於羊棗，而
> 何以不忍也。使當日有薦棗之遺命，參忍違之乎？夫芰正菖蒲、羊
> 棗之屬，而薦芰亦獻羔、祭韭之常，感時觸物，孝子之思，不容已
> 已者，此何傷乎？而故忍於遺命哉？矯枉過當，而謂協祭義、本孝
> 情，吾不知也。

又其評"楚昭王奔郧"篇云：

> 晉文公、楚昭王、漢高帝，皆英主也。勃鞮將獻公命，困文公

於蒲城，斬其衣袪。及文公入國而未嘗讐勃鞮。季布爲項王將，數窘高祖於彭城。及高祖定天下，而未嘗讐季布。英君德宇之裕類如此。昭王初奔，將渡成臼，藍尹亹載孥不載王，竟去。及王歸國，不罪亹而反復其位，其與赦勃鞮、季布同一德宇矣。而更有異焉。懷以殺父故怨平王，是其讐一子胥之讐也。子胥不能忘而謂懷能已乎？然平王死可已矣。而并讐昭王，讐將何時已也。鄖公豈忘父而黨君哉？雖有父子兄弟之情，亦難易君臣上下之義，況急難奔投，而乘危賊之，即以之處衆人不可也，不得已而以王奔隨，委曲全君，可謂曰忠。歸而賞之宜也，乃並及懷，當賞者賞，當戮者亦賞，豈不驚疑于流俗乎？曰子期之二子吾知之矣。是昭王所特知，而非他人所能知。其禮於君者猶易知，而禮於父者則未易知也。王不致戮於懷幸矣，而且加美名，以爲孝能禮父，詘一己之私情，伸天下之公理，此可以善俗維風，勵世磨鈍，而又何難興楚哉！晉文、漢高，弗若之矣。何者？文公初亦拒勃鞮，使鞮非告呂、郤之難，則終不能免。漢高初亦索季布，使非朱家説滕公，則布終不免。而昭王不疇懷，無俟救解，即子西勸王戮懷，而王獨斷，免之且賞之，非有高世主之見者，能乎？

對於鄭文公執天子使、周襄王欲降翟伐鄭以及富辰之諫，原良都給予了評價，認爲鄭不臣，襄王失儀，富辰諫不及義。對里革改公書之事，表達了對里革的贊賞，同時揭明其不足之處，另外還補充了魯國國君之所以能够接受莒太子來奔請求的原因。對叔向賀貧一章進行了深入分析，並最後指出貧不足賀，"貧而能宣德行，順憲則，乃足賀"。針對趙簡子之欺化與不化的問題，原良既揭示趙簡子之用意，又展開多重論述。"晉陽之圍"一章，原良進一步論證了"我不民繭絲，民必我保障"的道理。"屈到嗜芰"章，原良表達了對子木的不理解，認爲子木僵化而不體親情。"楚昭王奔鄖"章，原良則對明君英主對曾經虐待或敵對過自己的臣僚的不計前嫌之舉進行了總體評述，認爲即便同樣不計前嫌，仍然有高下之分。總體而言，原良的評點：1. 能够綜合考慮到多重因素，從秩序層面、價值觀層面、君臣職責層面等進行綜合評議，啟發思考；2. 具有現實意義，其評趙簡子嘆，論人之化與不化一篇文字，具有現實指導意義；其對晉陽之圍的評點，對統治者愛民有警示意義；其論楚昭王奔鄖一篇文字，對於爲上者的胸懷包容等也提供了借鑒。總體上看，其評點，仍然以世道人心爲主要關注對象。

（四）金聖歎《國語》評點

根據周錫山統計，金聖歎（1608—1661）《天下才子必讀書》共十六卷，收文 352 篇，篇目按照時代先後排列，分先秦、漢晉、唐宋三大部分，其中補遺部分又收《左傳》等若干篇。《國語》在卷三，共二十八篇。① 篇題分別爲：召公諫厲王止謗、周襄王弗許晉文公請隧、單子知陳必亡、魯展禽論祀爰居、里革斷罟匡君、季文子儉德、叔仲勸襄公如楚、敬姜以豔逐文伯、敬姜弗應、敬姜教子勞逸、靡笄之役、范文子不欲伐鄭、叔向賀貧、范獻子自傷不學、董叔得繫于范、魏獻子悟三嘆、郵無正論壘培、竇犨論人化、士茁懼室美、子囊議恭王謚、王孫圉對簡子、藍尹亹告子西修德、諸稽郢行成於吳、申胥諫許越成、申胥諫伐齊、句踐謀伐吳、范蠡不許吳成。分別爲《周語》《楚語》各 3 篇，《魯語》7 篇，《晉語》9 篇，《吳語》《越語》各 2 篇。實際上"靡笄之役"在《晉語》原本中實是六篇文字，金聖歎合爲一篇。就其所選錄《國語》篇章涉及各語而言，《周語》不及《周語下》，《晉語》不及《晉語一》至《晉語四》，也不及《齊語》。每篇先有總評，然後有句評。今以《召公諫厲王止謗》爲例，以見其大略：

> 召公諫厲王止謗
> 前説民謗不可防，則比之以川；後説民謗必宜敬聽，則比之以山川原隰。凡作兩番比喻。後賢務須遂番細讀之，真乃精奇無比之文，不得止作老生常誦習而已。

---

① 周錫山編校：《天下才子必讀書·前言》，瀋陽：萬卷出版公司 2009 年版。

　　厲王虐，國人謗王。召公告王曰："民不堪命矣。"（命虐，故也）王怒，得衛巫，使監謗者，（巫有神靈，知誰曾謗也）以告，則殺之，國人莫敢言，道路以目。（四字，寫愈不堪，愈益謗。如畫）王喜，告召公曰："吾能弭謗矣，乃不敢言。"（大愚人語。爲此四字，所以必畫"以目"四字）召公曰："是鄣之也。（一字斷住）防民之口，甚於防川。（以民比川）川壅而潰，傷人必多；（獨寫川）民亦如之。（獨寫民）是故爲川者決之使道，爲民者宣之使言。（雙寫川、民○數句川、民，本甚明白，所以分注之者，要學其筆下鑿鑿然）故天子聽政，使公卿至於列士獻詩，瞽獻曲，史獻書，師箴，賦，矇誦，百工諫，庶人傳語，近臣盡規，親戚補察，瞽史教誨，耆艾脩之，而後王斟酌焉，是以事行而不悖。（"故"字起，"之"字止，"而後"字轉，"是以"字證，只是一句文字）民之有口也，猶土之有山川也，財用於是乎出；猶其有原隰衍沃也，衣食於是乎生。（上曰民口猶川，言謗口也；此曰民口猶山川原隰，言斟酌之口也。不惟不犯沖，須知正欲如此用筆，以力辨民口必宜敬聽，不宜怒而監之）口之宣言也，善敗於是乎興，行善而備敗，所以阜財用衣食者也。（上二句，本是精奇之論，故必須特與作釋。此特與作釋也）夫民慮之於心而宣之於口，（二語說謗之可寶如此，真是精奇無比）成而行之，胡可壅也？若壅其口，其與能幾何？"（其與，言其教誨我，即上王然後斟酌也，即精奇語）王弗聽，於是國人莫敢出言。三年，乃流王於彘。①

　　其總評大致說明本篇議論順序以及所用比喻，次告知讀者讀本篇之法以及本篇價值。篇內點評與釋義結合。篇內評點 14 處，其中純釋義 1 處，其他 13 處皆爲評點或兼釋義。評點涉及關鍵句子或者關鍵詞語的表達功能、句子的表達手法和方式、語段的起承轉合、上下文的照應關係、句子的精妙之處。

---

① 周錫山編校：《天下才子必讀書》，瀋陽：萬卷出版公司 2009 年版，第 65—66 頁。

　　金聖歎對《國語》二十八篇總評比較靈活隨意，如評"周襄王弗許晉文公請隧"云："其理甚直，其辭甚曲，其態甚婉，其旨甚辣。"寥寥十六字，對周襄王的陳辭進行了全方位點評。評"單子知陳必亡"云："此篇篇法不論，只細看其字法。"強調讀本篇的關鍵。評"魯展禽論祀爰居"云："看其議論處、敘述處、結束處，凡發出無數典故，真是疏快。"此處強調展禽之言中的典則和典故。評"里革斷罟匡君"云："沉毅而有扶疏之意，板整而有圓滑之能。"此處提醒讀者注意里革語言的語言特徵。評"季文子儉德"云："'吾亦願''然吾觀''吾是以''且吾聞'，只兩行文字，却作此三數折。誦之，婉媚之甚，而更不能知其婉媚乃在何處。某是以論文必原其心地，此只爲直從心地流出故也。"此評本篇語言之婉轉而不著痕跡。用語透脫，不落窠臼，篇篇評點著墨處各各不同。其評點確實如徐增序中所云："聖歎異人也。學最博，識最超，才最大，筆最快。凡書一經其眼，經其手，如庖丁解牛，膝理井然；經其口，如懸河翻瀾，人人滿意。不啻冬日之向火，通身出汗；夏日之飲冰，肺腑清涼也。"①

　　周錫山謂，"金聖歎高度評價《國語》的出色藝術成就，並給以精當的美學總結"，"對《國語》嫻熟運用藝術辯證法的高明藝術手段，給予高度重視，並一一析出，作精當分析"，"聖歎又著意揭出《國語》中後人難以達到的獨特成就"②。凡此，皆可以在金聖歎的總評中得到對應。孫琴安指出："金聖歎的評點雖常有他的精彩和獨到見解處，却也有發揮過甚處。"③ 孫氏認爲金聖歎的評點個性和特色主要體現在：1. 有膽識的創見；2. 極詳盡的分析；3. 精彩紛呈的語言；4. 自創各種名目。

　　就金聖歎的《國語》評點而言，可見其語言透脫，個性顯然。金聖歎所選《國語》各篇，無論篇題立意、總評還是篇內評點，對此後的

①　孫中旺編：《金聖歎研究資料彙編》，揚州：廣陵書社 2007 年版，第 59 頁。
②　周錫山編校：《天下才子必讀書·國語·導讀》，第 63—65 頁。
③　孫琴安：《中國評點文學史》，上海：上海社會科學院出版社 1999 年版，第 198 頁。

《國語》評點都具有較爲深遠的影響。

（五）徐與喬《國語》評點

徐與喬（1619—1691）[①]，字揚貢，崑山人，順治十八年（1661）進士，乾隆間《江南通志》、道光間《崑山縣志》、同治間《蘇州府志》有傳。杜門著述多年，成《初學辨體》一書，有康熙十七年（1678）易安齋刻本、敦化堂本等。徐氏尚輯有《增訂詩經輯評》四卷，有乾隆乙未（1775）友于堂本。又著有《五經讀法》《山陽草堂文集》《山陽草堂詩集》《三蘇辨體》《周易定本》等等。《初學辨體》又由譚尚忠增輯之後更名爲《經史鈔》，有乾隆五十五年（1790）刊本。從版本上看，康熙十七年刊本字體較小，今所見本或非初刻，因版面模糊，有些文字辨認起來比較費勁，如哈佛大學圖書館藏本即屬於此類。

《初學辨體》，亦名《經史辨體》《經史初學辨體》，題署爲"崑山徐與喬揚貢輯評"，共收錄《易》《書》《詩》《禮記》《春秋三傳》《國語》《國策》《史記》《漢書》《後漢書》等。書不分卷，以四部分類，先列書名，書名之下有小字注文進行解釋。其中《國語》在史部，收《周語》11 篇，分別爲：謀父諫征犬戎、召公論監謗、虢文公諫不藉田、襄公拒請隧、倉葛不服晉、單子知陳必亡、單襄公論郤至必亡、單襄公論晉君臣、太子晉諫壅川、單穆公諫鑄大錢、伶州鳩論律；《魯語》3 篇：里革斷罟匡君、敬姜教子、季文子相宣成；《齊語》2 篇：桓公用管仲、桓公霸諸侯；《晉語》4 篇：史蘇論卜、驪姬以危言劫獻公、悼公新政、郤無正論壘培；《楚語》2 篇：伍舉諫築章華臺、王孫圉論楚寶；《吳語》3 篇：諸稽郢行成于吳、吳王劫盟黃池、越師入吳夫差自殺；《越語》1 篇：越謀滅吳。其目錄篇題用字，有的和書中篇題用字不同。如目錄"越謀滅吳"之"滅"，篇中作"伐"。共選錄《國語》二十六篇。所選篇目多數與金聖歎不同。每篇先列篇題，其篇題也是撮錄該篇

---

① 徐與喬生卒年，根據王廣成《崑山徐氏家族的文化成就》，見載於杭穎主編《思路——崑山市文化發展研究中心研究成果選》，上海：學林出版社 2012 年版，第 191 頁。

語義而成。篇題之後再列正文，正文中有圈點，有夾批，旁批有音注、有評點、有說明。欄外有的有評點，有的有釋義，評點有句評、段評等。篇末有總評，有的篇章在總評之前還有文義解釋。欄外內容和篇末內容總體而言不够規整。總評輯有多家評點，有茅鹿門、孫月峰、邵瞻兩、屠赤水、鍾伯敬、真西山、王鳳州、朱東觀、唐荊川、穆文熙、王弇洲、孫應鰲、歸震川等，其中茅鹿門、真西山、朱東觀、王弇洲、孫應鰲各1條，屠赤水、王鳳州、唐荊川、歸震川各2條，邵瞻兩、孫月峰、穆文熙各3條，鍾伯敬6條。署"徐退山"之徐氏自評24條。26篇《國語》文選中，"里革斷罟匡君"篇、"史蘇論卜"下無徐退山評，"季文子相宣成"一篇下有徐退山評2條。

徐與喬把《國語》置於史部，這是自黃震《黃氏日抄》列《國語》入雜史之後，中國清代前期學者在著述中把《國語》置於史部的不多見的例子。按照徐與喬的觀點，《左傳》實際上也是史書，只是由於它是解釋《春秋》的，所以纔放在經部。徐與喬的這一觀點和此後的俞樾觀點近似。檢"國語"下徐與喬注云："左氏將傳《春秋》，先采集列國史，國別爲語，獵其英華，作《春秋傳》。而先所採集書草藁具存，時人傳習之，號《國語》，謂之外傳。"這一說法和歷來說法有區別。一般認爲《國語》是左丘明撰作《左傳》殘餘材料，輯纂而成。按照徐與喬的說法，左丘明在傳《春秋》之前採集列國之史，分國輯錄，實際上已經是《國語》的雛形了。《春秋傳》成，而草藁也爲時人所傳，故謂爲《國語》。這一闡釋倒頗具啟發意義，揭示出了《國語》作爲資料彙編的原生特徵。

今以"召公論監謗"爲例，行款一依康熙十七年增刪定本《初學辨體》，以見其評點之大略。

召公論監謗

厲王虐國人謗王召公告王曰民不堪命矣王怒得衛巫使監謗者
○　　　○　　　　○　　　　○○　　　○　察也○

以告則殺之國人莫敢言道路以目王喜告召公曰吾能弭謗矣乃
　○　　○　　○○○○形○容○○　○　　　　　　　　止也○
不敢言召公曰是鄣之也防民之口甚於防川川壅而潰傷人必多
　　○　　○練○字○妙○○○○○○○○○形○容○○○○○○○○○
民亦如之是故爲川者決之使導爲民者宣之使言故天子聽政使
○○○○　○○○○○○○　　　　　○
公卿至於列士獻詩瞽獻典史獻書師箴瞍賦矇誦百工諫庶人傳
以下透疊宣○之使○言　○　○　○　○　○
語近臣盡規親戚補察瞽史教誨耆艾修之而後王斟酌焉是以事
○　　○　　○　　○　　○
行而不悖民之有口也猶土之有山川也財用於是乎出猶其有原
　○○○挽○合○防○口○防○川○挽○論一○段○○○○○○分一○句○
隰衍沃也衣食於是乎生口之宣言也善敗於是乎興行善而備敗
○再○申○上○○○○○○○○○○○○○○疊○句○法○○○○○
所以阜財用衣食者也夫民慮之於心而宣之於口成而行之胡可
○合○應二○句○○○○○又一○喚○醒○○○○○○○○○○○
壅也若壅其口其與能幾何王弗聽於是國人莫敢出言三年乃流
○收○壅○字○陡○甚○言○不○久○也○　○○○○再○應○莫○敢○言○
王於彘
地名○

可見除了圈點之外，旁批是其文內的主要評點形式，涉及音注、釋義、評點關鍵詞、揭示文章起承轉合、揭示前後照應、揭示反復等等。篇首欄外有兩段，都是文義解釋。其一云："衛國之巫有神靈，謗必知，故使監之。"又一云："以目，側目以視，不敢言也。"

篇末內容如下：

鄣，防也。列士，上士也。獻詩以風也。瞽，樂師。典，樂典也。史，外史也。周禮：外史掌三皇五帝之書。師，小師也。箴刺王闕。瞍音叟，無眸子曰瞍。賦，賦列士所獻詩。有眸子而無見曰矇。誦，絃歌諷誦也。百工執藝事以諫。庶人卑賤不得達，傳以語上。近臣，驂僕之屬。瞽，樂太師、太史也，掌陰陽天時禮法之書，以相教誨。耆艾，師傅也。廣平曰原。下溼曰隰。下平曰衍。有溉曰沃。

孫月峰評：警策。

徐退山評：全在形容、譬喻、分合、單複處，見其錯綜遒鍊。説利害處，只“川壅而潰”二句，却是客面，而本面但以“民亦如之”一句淡淡綰合。“宣之使言”下極力鋪敘，然後以“民之有口也”一段迴合譬喻，又用“夫民”一段應“民亦如之”句，陡束出“壅”字。“三年乃流王”云云，正點醒“川壅而潰”之效。《左》《國》結處著後驗以應篇中議論，類如此。

第一段是文義解釋，從釋音讀的情況來看，徐與喬選《國語》所用底本亦張一鯤本系統。次列孫月峰點評，次列徐氏自評。孫月峰評點僅二字，指出該篇的警示功能。徐與喬自己的評點較長，首先指出該篇運用的各種行文方式，次指出該文的敘事以及議論軌跡，最後指出《國語》結篇往往給出應驗性結果這一基本規則。

徐與喬的總評目的性較强，所述也基本一致。如其評“謀父諫征犬戎”云：“‘耀德不觀兵’下若接‘德’字，便鈍弱。承‘兵’字提，接‘戢而時動’，德入‘兵觀則玩’兩句，兵出、德威、玩無震三層累下，反正擊射，十分隙折。凡五句，只二十三字，大開大闔，大起大落，大轉達側，抵後代一篇長文。其凌厲無前之氣、瘦健曲盤之骨，盡于二十三字内。柳子厚文字全脱胎于此。”評“虢文公諫不藉田”云：“詳陳藉田，先議論，次典故，篇終掉入講武、征則有威二句，隱伏敗績姜戎。案：此其典則文字。”評“襄王拒請隧”云：“評理直而詞曲，態婉而詞嚴。”評“倉葛不服晉”云：“起將德字提喝，中將武字承轉。字止二百，意凡十折。《國語》中短篇之最峭腴者。”評“單子知陳必亡”云：“各段鋪敘，先淺後深，先略後詳，層次如魚鱗，鍊法最净。”評“單襄公論郤至必亡"云："郤至見召桓公與之語六字中包下文無數語言，妙在偏不明敘，却在召桓公口中序述兩人語。一滿口矜許，一冷淡對答，口角如畫。單襄論斷，以一理敷作幾百言，不見其多。召桓述彼此語，事情千緒萬端，約之僅二百言，不見其少。"評"單襄公論晉君臣"云："論晉君臣，反正開闔，凡四五層，筆整而逸。論三郤只一轉一側，論國子總作餘波掉尾，凡三段，用三樣筆法而先又總挈一段，末又勉勵魯君一段，紀驗一段，段段遒警。"評"太子晉諫壅川"云："詞豐神腴，讀之亹亹，惟恐其盡。由其實處皆空，鍊處皆化。後代韓、柳學此，好用奇字疊句，未免多痕矣。"評"單穆公論鑄大錢"云："按《周禮》鑄錢始一品，至景王有二品。然單穆公述古一段，母權子、子權母云云，則景王前錢法大小輕重已非一品明矣。"評"伶州鳩論律"云："義精而詞燦，《史》《漢》諸家言律者皆不及。"評"季文子相宣成"云："觀此，則季文子之矢念固勤于德，故子于其三思而示之以再，其亦有取也。獻子囚其子而子能改過，即薦爲上大夫，皆賢矣哉。"又云："吾亦願、然吾觀、吾是以、且吾聞，作四層折頓。"評"敬姜教子"云："形容'勞'字曲盡。前段順筆正形，末段側筆反形。更遒勁。"評"桓公用管仲"云："上古陣法始于伍，其原出《易》卦參伍之數而變不勝窮。項氏學萬人敵，遇里中大役，即以兵法部勒，賓客子弟止用此參伍之數。管子以治軍者，治國曰'參其國而伍其鄙''三萬人方行天下'，藏于'五家爲軌'之中，即王政寓兵于農之意。"評"桓公伯諸侯"云："前篇作內政、寄軍令，此篇有事于諸侯，其要在反侵地以親鄰，即近交遠攻之策。蓋近未交，無以遠攻。擇其甚淫亂者而先征之，又遠攻之，次第摧枯折朽，服三十一國而伯勞赫然。然後伐楚，南征北討，計出完全。乃文格結構之妙，偏將細瑣極微事與大綱並形，又復將心曲極隱事與功績灼然顯著者並形，如桓公知諸侯云云、故使云云，使人鸚之義監其所好，此皆極隱微事；贖金以足甲兵，又極細瑣事。前後錯落，剪裁之妙，奧字峭句出之，如風發泉飛。熟讀深思，方知其妙。"評"驪姬以危言劫獻公"云："發端優施教云云，則通篇驪姬之言，皆優施言也。此古人一筆畫兩人之妙。"又云："紂有良子一段，柳州《箕子碑》從此發想。"評"悼公新政"云："章法離奇變動而字法圓警遒練，爲《過鬐》中第一等格調。"評"諸稽郢行成于吳"云："寫王孫雄，字字有生氣，序次方陣，萬人旌旗之色，鉦釦之聲震動紙上，馬遷、班、范自此脱胎矣。"評"越師入吳夫差自殺"云："謀于包胥一段，謀下五大夫一段，命夫人一段，命大夫一段，治兵一段，用兵一段，每段章法、句法、字法變化錯縱，淋漓盡致。敘戰陣，能令陣法如繪圖紙上。《左》《國》以後，惟《史記》能學步耳。"評"越謀伐吳"云："句踐深苦心事，正于極細瑣處曲折繪出，格以平而益整，氣以斷而愈續，當與《吳語》合觀，各臻極致。"可見，徐與喬在評點中，十分注重字、詞、句、章法的技巧，以及謀篇布局等等。

徐與喬《初學辨體》體例不够嚴整，夾批、篇末評分工不明確，夾批既釋音義，又進行文字語句評點，欄外主要釋義，但也有評點，篇末有釋義，又有評點。顯得比較凌亂。其例言只是對選篇、宗旨提出自己的設想，對行款標準並没有特別細緻的劃分。總體而言，徐與喬評點繼承了閔齊伋《國語裁注》的一些體例，但又未能做到嚴格劃分界域。當然，就徐與喬《國語》評點內容而言，細緻周全，揭出了方方面面的東西，對清代後來的古文評點和《國語》評點具有引領作用。孫琮《國語選》就引述了其評點文字，亦可見徐與喬之影響。

(六) 孫琮《國語》評點

孫琮（1638—?）①，字執升，又字質聲，號寒巢，又號禮菴居士，原籍安徽休寧，其祖父於萬曆年間徙居吳郡嘉善。家有山曉閣，藏書數千卷。善評點，時人稱其爲"國初江南隱君子"，著有《山曉閣詩》《山曉閣詞》等。王建玉根據孫琮個人著述推斷孫琮卒年當在甲申（1704）秋至乙酉（1705）冬之間。此外，孫琮和林雲銘之間還有交往，孫琮有

---

① 前筆者《〈國語〉歷代序跋題識輯證》在標記孫琮生年時，採用孫克强、楊傳慶、裴喆編著《清人詞話》中孫琮小傳的記載（天津：南開大學出版社2012年版，第504頁），今依從王建玉之說，繫在1638年。

《湖上晤閩中林西仲贈近著數種》一詩①，可爲證。據王建玉查考，"自康熙三年（1664）至康熙二十五年（1686）間，孫琮在山曉閣評點校刻古文。康熙三年刻《國策選》四卷，《史記》八卷；康熙五年刻《國語選》四卷、《公羊傳選》一卷、《穀梁傳選》一卷、《左傳選》十卷；康熙七年刻《西漢文選》七卷、《東漢文選》五卷；康熙十年刻唐宋八家文，包括《韓昌黎文選》四卷、《柳柳州文選》四卷、《歐陽廬陵文選》四卷、《蘇老泉文選》二卷、《蘇東坡文選》六卷、《蘇潁濱文選》二卷、《曾南豐文選》一卷、《王臨川文選》一卷；共有選集 16 種，64 卷。孫琮評點張溥撰《歷代史論》，成書於康熙康熙十六年（1677）秋。孫琮作《山曉閣選明文全集》二十四卷成書於康熙十六年，《續集》八卷成書於康熙二十一年（1682）。康熙二十年（1681），孫琮將古文選合併爲三十二卷，名爲《山曉閣選古文全集》。其中，《山曉閣選明文續集》《山曉閣文選》《山曉閣續明文選》因大量選入錢謙益文，在乾隆間修《四庫全書》時被列爲禁毀書。"② 可見，孫琮的《國語選》既有單行本，也有《古文全集》本。今檢錢肅潤（1619—1699）《文瀺初編》卷三收錄有孫琮《山曉閣左國選序》，謂：

> 六籍中，《易》《詩》《書》皆經聖人之手。而繼《易》《詩》《書》而作者，《春秋》也。是故有《春秋》而聖人之志明，文字之極定。蓋文章本乎教化，形乎治亂。教化發乎性情，治亂由乎理義，非徒以文而已也。藝成而下，文學抑於四科，而《春秋》既成，游夏不能措一辭。夫子曰："吾猶及史之闕文。"又曰："董狐，古之良史也。"乃知因魯史而有《春秋》，聖人所謂"述而不作"者。《左氏》《公》《穀》，皆以述爲作，得聖人之意者也。《春秋》之文，夫子所修，而《三傳》頗有異同，或三子各以意增損者，有之矣。漢承秦火以後，所編本經，但從《三傳》中取出而名之耳。朱

① 見王建玉：《孫琮及其文學研究》，揚州大學碩士學位論文，2018 年。
② 王建玉：《孫琮及其文學研究》，揚州大學碩士學位論文，2018 年。

子曰："孔子作《春秋》，當時亦須與門人講説。所以《左氏》《公》《穀》得個源流，只是漸漸爲偏舛。"劉子駿亦曰：丘明好惡與聖人同，親見聖人。而公、穀在七十子後，傳聞之與親見詳略不同也。是故《左氏》固非二《傳》比也。公羊高、穀梁赤皆爲子夏門人，而其後乃有魯學、齊學之别。漢興，崇經術，業《左氏》者有賈護、劉歆、鄭衆之屬，故得立學官。自胡毋生、董仲舒之徒出，而《公羊》興。申公、蔡千秋之學盛而《穀梁》起。紛紛異論，各承師授。嗜《公》《穀》者，指《左氏》之疵；喜《左氏》者，譏兩家之駁，故攻其短。《左》之失誣，《公》之失亂，《穀》之失鑿，而考其實，則事莫備於《左氏》，例莫明於《公羊》，義莫精於《穀梁》。此三家之長，豈可泯哉？左氏明識高文，雅思未盡，故復成《國語》，雖不主於經，號爲外傳，所以包羅天地、探測禍福、發幽闡微，實與經藝表裏。夫求聖人之道者，在求聖人之心；求聖人之心者，在明聖人之法。今合《三傳》而讀之，微詞奧義，昭如日月，凡所以尊君父、討亂賊、闢邪説、正人心，聖人持世之大權大法無不畢顯。迨夫編年變而經義散，傳經意者，家家以爲商僵；執史筆者，人人以爲遷、固。魏晉以降，無論東觀大集群儒而著述無主，條章靡立，弘綱正典暗而不宣，如唐、蕭、劉、韓、柳諸家所論，可爲浩歎矣。顧名臣大將，好觀《左氏傳》，賈逵且月讀一過。而漢唐以來，文章鉅公往往多所師法焉。至如柳柳州文學《國語》，又著《非國語》六十餘章，文人反攻，豈可盡信耶？東京何休墨守《公羊》，而又著《左氏膏肓》《穀梁廢疾》諸書，指釋甚詳，更多新義。倘後世史家有董狐、南史其人者，執簡以往；有朱紫陽其人者，綱依經、目依左，是非既明，經義自著，又何俟復加鍼砭，且流爲非議哉！①

此序正與孫琮 "康熙五年刻《國語選》四卷、《公羊傳選》一卷、

---

① （清）錢庸潤：《文瀷初編》卷三，本卷第29—30頁。

《穀梁傳選》一卷、《左傳選》十卷"的事實相應。錢肅潤謂孫琮序言云："議論純雅，粹然儒者之言。讀此文，而經學史學皆有所折衷矣。執升立言之正如此，此其書所以傳也。"① 筆者在南京圖書館所閱《山曉閣國語選》和哈佛所藏《重訂山曉閣古文全集》中《國語》選輯不盡相同。其一，南圖藏本《國語選》有些注釋，《古文全集》中已經刪掉了。比如"周穆王將征犬戎"中"吾聞夫犬戎樹惇"下，南圖藏《山曉閣國語選》孫琮有注云："韋昭注謂立性惇樸，似未合。照上'大畢伯仕'，恐是犬戎嗣君名。附識於此。"《古文全集》本則無。其二，二本總評文字也不盡相同，如南圖藏《山曉閣國語選》總評云："典雅。只此一篇可概全部。先儒謂《國語》衰世之文也。《國語》之文烏乎衰？輕棄先王之典而勤兵於遠，周之衰則自穆王始也，故作者托始焉。通篇以'先王耀德不觀兵'一語作主，有章法，有句法，有字法，有鋪敘，有關鎖。自'先王之制'以下，凡寫作七層，如疊浪相蹙，細紋成縠，文之至者也。"而《古文全集》本則作："'先王耀德不觀兵'是一篇大旨，開口特爲揭出，以後逐層披剥，都不出此意。前路引文公之頌，引周先之事，是申説'耀德不觀兵'，而於武王略帶'兵以時動'意。後路引先王之制，大略有七層。其修刑兩段，是申説'兵以時動'，而仍歸重在'耀德不觀兵'。看他鋪敘處皆有關鎖，所以鬆而愈緊，實而愈靈，是極有結構文字。典雅。只此一篇，可見一部《國語》之概。"雖意思大致相同，而文字差異相當之大。其三，二本選篇不同。《全集》本選《國語》六十一篇，而《山曉閣國語選》要多。比如《周語》部分，《山曉閣國語選》選入"恭王游於涇上""魯武公以括與戲見王""宣王欲得國子之能導訓諸侯者"，《古文全集》本則無。其四，即便相同的評點內容，用字也有差別。比如"厲王虐國人謗王"章"民不堪命矣"下，《山曉國語選》作"用語悚激"，《古文全集》"悚"改作"竦"。其五，二書引述前人評點不同。如"宣王不藉千畝"章評點，《山曉閣國語選》尚引述鍾惺之説，《古文全集》本則僅存徐揚貢之説。另如"宣王料民太原"

---

① （清）錢肅潤：《文瀵初編》卷三，本卷第 30 頁。

章評點，《山曉閣國語選》引述胡殿陳之説，《古文全集》本則無。凡此種種，讀者須細審之。

　　王蕓孫對《山曉閣選古文》形式和内容有比較詳盡的評述，他説其幼年家居所見之《山曉閣古文選》“所選古文自《左傳》起至明代止，略如《古文觀止》體例然，惟卷帙較多數倍，選刻均佳。書係清代刻本，版式爲窄長形，約等於昔年考秀才試卷篇幅的行數與字數。用極秀整的小楷寫刻，刻工甚精。在書刊中誠屬别緻稀見。所選文章，均用‘勾股法’，將全文分爲若干段落，眉目清楚。各行之間，夾有選文者的小字批語，説明何者爲起筆，何者爲承接。其他有關轉折、穿插、伏綫、迴護、反振、餘波等部分，更加逐一分析闡發，至爲詳盡。佳句則全句連圈，關鍵處則密點標示。文尾尚有總批，説明行文布局的各種優點與妙處。選編者爲孫琮，字執升，似係江南籍。現在徧查古典文學的文獻及掌故，未見斯人，想係當年教授制舉文的一位名師。大概因爲士子學做八股，亦須預先打好學古文的基礎，然後爲文始有法度，且筆力健舉，易於出色，故選些古文，詳細批點，以供此等用途。”① 其文雖係隨筆，但對《山曉閣選古文全集》的形式、内容、功能介紹得比較詳盡周全，值得參考。

　　今檢《古文全集》序言，既是針對其所選全部古文，故所述較《左國選序》更爲詳細，孫琮在梳理了對所選古文各書的基本情況之後，復云：“夫此數家之書，固上下千百年間著述之典型、操觚之杓的也。然猶人以代殊，文因時異。或以法勝，或以才長，或以嚴毅自飭，或以宕逸自雄，或情致纏綿，曲盡悠揚之度，或意氣激烈，直攄慷慨之風，或經術原本乎昔賢，或忠誠上格於君父。此余年來暇日，息心静氣，往復沉潛，殫一己之精力，以與諸家相晤對。未嘗敢易而置之，懼以輕心而致荒忽也；未嘗敢易而登之，懼以躁心而致混淆也；未嘗敢人置亦置、人登亦登，懼以徇衆而或失其實也；未嘗敢於不當置者而謬爲置、於不必登者而强爲登，懼以任意而或戾乎道也。始而誦其文，既而窮其理，又

① 王蕓孫：《山曉閣古文選》，《讀書》1987 年第 1 期，第 120 頁。

進而深思熟玩其神與氣，蓋涵濡之久而覺我之心無不可於古人相通者，即古人之心亦無不可於我相遇，其間輕重之衡、淺深之數，不啻幾經審度，而後持之不變，信之靡悔，心所自許，期以仰質古人，未必盡協衆志也。矧夫即專家而成書者，義取乎博該；集衆家而成書者，義尚乎精覈。余從前諸刻，皆以博該爲義也。若今兹是編，則於其前之析而爲異者，且復合而爲同，而又汰其可緩、增所未備。宗周漢，而魏晉名篇間亦採取；尊八家，而後先偉製兼爲遴擇。即精覈之中而自有博該之意。雖閎覽之士，或恨全豹未窺，然溯源以及委，睹本而知末，其於經生揣摩一家，則固儉歲布菽而豐年珠玉也。删訂之勤，余豈敢以自多。但於論輯群書，或亦庶幾可告無罪云。"大致交代了編選緣起以及編選規則。

前撰《〈國語〉匯校集解輯評（〈周語〉卷）》用《山曉閣國語選》，今本書用美國哈佛大學漢和圖書館藏《重訂山曉閣古文全集》本，以見其不同。《重訂山曉閣古文全集》本左右雙邊，序文半葉七行，行十九字。正文半葉九行，行二十五字。《全集》前有目録，目録第一篇下注明出處，依次爲：《左傳》卷一至卷四，《公羊傳》《穀梁傳》卷四，《國語》卷五、卷六，《國策》卷七、卷八，前漢文卷九至卷十二，《史記》卷十三卷十六，後漢三國文卷十七，兩晉南北朝文卷十八，韓愈文卷十九、卷二十，柳宗元文卷二十一，唐代文卷二十二，歐陽修卷二十三、卷二十四，蘇洵卷二十五、蘇軾卷二十六至卷二十九，蘇轍卷三十，曾鞏卷三十一，兩宋文卷三十二。其中《國語》共選入六十一篇，篇目分別爲：穆王將征犬戎、厲王虐國人謗王、厲王説榮夷公、宣王即位不藉千畝、宣王料民于太原、有神降于莘、襄王使召公過及内史過賜晉惠公命、晉文公既定襄王于郟、王至自鄭以陽樊賜晉文公、晉人執衛成公歸之于周、定王使單襄公聘于宋、柯陵之會、穀雒鬥將毀王宮、晉既克楚于鄢、景王將鑄大錢、王將鑄無射而爲之大林、長勺之役、哀姜至、魯饑、温之會、晉文公解曹地以分諸侯、海鳥曰爰居、宣公夏濫于泗淵、季文子相宣成、襄公如楚、虢之會諸侯之大夫尋盟未退、公父文伯退朝、季康子欲以田賦、桓公自莒反于齊、正月之朝鄉長復事、桓公曰吾欲從事于諸侯（以上卷五）、獻公卜伐驪戎、獻公伐驪戎克之、公之優曰施、公作二軍、優施教驪姬、葵丘之會獻公將如會、里克將殺奚齊、趙文子冠、鄢陵之役、祁奚辭于軍尉、箕遺及黃淵嘉父作亂、趙文子爲室、秦后子來仕、叔向見韓宣子、趙簡子使尹鐸爲晉陽、靈王爲章華之臺、鬭且廷見令尹子常、王孫圉聘于晉、子西使人召公孫勝、吳王夫差起師伐越、吳王夫差乃告諸大夫、吳王夫差既許越成、吳王還自伐齊、吳王夫差既殺申胥、吳王昏乃戒令秣馬食士、吳王夫差還自黃池、越王句踐棲于會稽之上、越王句踐即位三年而欲伐吳、王召范蠡而問、至于玄月（以上卷六）。從其篇題看，孫琜截取《國語》首句爲篇題，正與其《山曉閣古文選略》所云“是集于《左傳》則一遵經題，《國語》《戰國策》本來無題，止采篇首一語”相應。所用《國語》底本爲公序本系統。其中《周語》16 篇、《魯語》12 篇、《齊語》3 篇、《晉語》15 篇、《楚語》《越語》各 4 篇，《吳語》7 篇。

孫琜評《國語》只錄正文，有圈點，有夾批，篇末有總評，凡孫琜個人評點，往往於評點句尾小字署“孫執升”三字或“執升”二字。篇末總評引述前人者，悉以“××曰”出之。檢其引述，引明人中，以鍾惺最多，有 11 條，其他則依次爲陳明卿 4 條，王聖俞 3 條，葛端調、唐荊川、茅鹿門各 1 條，清人中引金聖歎 1 條、引徐與喬 5 條。

今仍以“厲王虐國人謗王”一篇爲例，以見其評點之大略。

厲王虐國人謗王

厲王虐國人謗王召公告王曰民不堪命矣王怒得衛巫使監謗者以
○　　　　○　　　　　　　○　危言竦激　○　　○　　○　　○
告則殺之國人莫敢　言道路以目　王　喜　告召公曰吾能弭謗矣乃不敢
○　　○　○○○○字○法○新○創　一○怒一喜寫○　　盡愚暴
言｜召公曰是鄣之也防民之口甚於防川川壅而潰傷人必多民亦如之
　○　　○　　○　○　　　○　　　○　　○　　　○　　　○
是故爲川決　之使導爲　民者宣之使言｜故天子聽政使公卿至於列士
○○○○○○　二○句○雙○合　　　　○　此段正説求言之意
獻詩瞽獻典史獻書師箴瞍賦矇誦百工諫庶人傳語近臣盡規親戚補察
　○　　○　　○　　○　○　○　○　　○　　　○　　○　　○

瞽史教誨者艾修之而後王斟酌焉是以事行而不悖民之有口也猶土
之有山川也財用於是乎出猶其有原隰衍沃也衣食於是乎生口之宣言
也善敗於是乎興行善而備敗所以阜財用衣食者也夫民 慮之於心
而宣之於 口成而行之胡 可壅也 若壅其 口 其與能幾何」王弗
聽於是國人莫敢出言三年乃流王於彘

陳明卿曰春秋以是非為賞罰左氏以禍福為賞罰聖人所不能懼者
左氏必欲使懼焉故篇末每著吉凶以明得失之報盛世懸器以招言未有
禁之使不得發者若怒其謗而禁之則在上之惡竟可無所不為矣篇中喻
言正論相間成文每于界畫處得粘續之妙看前後兩個莫敢想見一時蓄
怨之深流彘之禍乃肇於此人主亦何不知戒孫執升①

以上是孫琮"厲王虐國人謗王"篇的所有內容。篇內夾批主要揭示字法、句法、語氣效果、前後照應、段落大意、比喻功能、收束等等。篇末總評引述前人之說，復有己說。孫琮在文中往往用"一"或"∟"來標識篇章中的階段性論述。孫琮的點評既揭示出廣納民言的好處和弭謗的後果，又指出本篇的議論方式，即比喻和正論結合，二者結合運用，能夠收到意想不到的效果。此外，孫琮還特別指出篇章中"莫敢"的重複出現，更能增強國人怨憤心情，起到了增強表達效果的作用。最後，由篇章分析進而引出警世之語。這一點，倒和明代湛若水《格物通》的若干條目比較相近。誠如王芸孫所云，孫琮的總評是"說明行文布局的各種優點與妙處"的。如其評"穆王將征犬戎"云："'先王耀德不觀

---

① 《山曉閣國語選》孫琮評語云："先儒謂厲王是剛惡，幽王是柔惡，只此諫謗一事可見。"又曰："雖有剛柔之分，要之同歸於愚，亦只此監謗一節可見。篇中喻言、莊論相間，成文每於界畫處得粘續之妙。"

兵’是一篇大旨，開口特爲揭出，以後逐層披剝，都不出此意。前路引文公之頌，引周先之事，是申說‘耀德不觀兵’，而於武王略帶‘兵以時動’意。後路引先王之制，大略有七層。其修刑兩段，是申說‘兵以時動’，而仍歸重在‘耀德不觀兵’。看他鋪敘處皆有關鎖，所以鬆而愈緊，實而愈靈，是極有結構文字。”又云：“典雅。只此一篇，可見一部《國語》之概。”評“厲王說榮夷公”云：“通篇主意，總是說利之不可專。只一‘專’字，凡五提掇，詳而不雜，複而能變。其用意極激切，其措詞又雍雅。覺連篇纍牘者反遜此深長之味。”① 評“宣王不藉千畝”云：“典而質，似《周禮》。亦時似《汲冢書》。”又云：“周家以農事開國，故有《豳風》，有《豳雅》，有《豳頌》，其于農事特詳。蓋邦本民生，莫此爲急。此文通篇皆說重農，忽插入講武征守，結出兵農一致道理。大臣謀國，計慮深遠，窮源極流，無不周到。至於樸而有奧味，腴而非浮詞，自是三代法物。”② 評“宣王料民太原”云：“開口說‘民不可料也’，後而源源委委，說明不可料意。《周語》文類然。更宜與‘諫不藉千畝’合看。彼從重農說出先王寓兵深意，此於料民引入先王藉田妙用。可見《周禮》六官無不相通。”由上述諸例，可見孫琮評點之旨趣。王建玉認爲：“孫琮的評點本身帶有指點制舉的目的，這是出於謀生的需要。同時他的評語又保持著文人評點的特質，平衡文章思想教化和藝術價值。”③ 王建玉的這一評價是符合孫琮評點特徵的。

由於《山曉閣國語選》單行本刊行較少，而《山曉閣選古文全集》卷帙浩繁，學者全部得之本非易事。又由於孫琮的著作多部列入存目，甚至其《山曉閣選明文》還列入禁毀。四庫纂修館的這一舉措對孫琮著

---

① 《山曉閣國語選》孫琮評語云：“一篇主意總是不可專利，曰‘榮公專利’、曰‘而或專之’、曰‘胡可專也’、曰‘今王學專利’、曰‘匹夫專利猶謂之盜’，篇中凡五提掇前篇結曰‘乃流王於彘’、曰‘王流於彘’，是作者垂戒深處。”

② 《山曉閣國語選》云：“典而質似《周禮》，亦時似《汲冢書》。周家以農事開國，故有豳風、有豳雅、有豳頌。其於農事特詳。號文公者，殆即《小雅》中所指‘公卿有田，禄而力於農事’者乎？不然，何其言之詳以切也。通篇皆說重農，忽插入‘講武’‘征守’，結出兵、農一致道理。大臣謀國，所見者遠。如是如是。”

③ 王建玉：《孫琮及其文學研究》，揚州大學碩士學位論文，2018 年。

述的流傳肯定也會產生負面影響，對專事《國語》研究者檢尋孫琥《國語》評點、關注孫琥《國語》研究，客觀上造成了一定障礙。故其評點雖然精審可采，但影響似乎不大。雖然也有引述者，如《古文翼》就曾引述過孫琥的評點。但總體而言，孫琥《國語》評點似乎缺乏廣泛影響。關於其評點學價值，還需要進一步發掘和探討。

(七)《古文淵鑑》中的《國語》評點

《古文淵鑑》爲清徐乾學（1631—1694）等於康熙二十四年（1685）年奉旨編纂。陳廷敬（1638—1712）在《御選古文淵鑑後序》中云："乃者披丹函翠檢之藏書，展綈几牙籤之睹記，肇始《左》《國》，歷秦漢以來，下逮元明，君相臣士廟堂之顯跡，草澤之遺文，可以裨益政理、潤色隆平者，綜其篇什，擷其英華，加以御評，晰義闡辭，釐爲三集，欽定名曰《御選古文淵鑑》，正集八十卷，別集二十六卷，外集八卷。"①今存本皆六十四卷，《四庫總目》著録亦爲六十四卷。選録《左傳》（卷一至卷四）、《國語》（卷五至卷六）、《公羊傳》《穀梁傳》（卷七）、《戰國策》（卷八至卷九）等先秦散文。陸德海認爲《古文淵鑑》"所選文頗能代表先秦散文的水平"②。陸德海對《古文淵鑑》的評點進行了分析，認爲："《古文淵鑑》的批評不拘一格，或側重於分析文章内容事理，或注重批評文學風格，或注重揭示文章之法，三種不同側重點的批評前人都曾有過，《古文淵鑑》則將這三者集于一身；其評語出自三類人之手，一是康熙的批語，用黄筆；二是群臣的批語，用紅色標出；三是前人的評語，用藍。這三類批評也同樣不拘一格，兼具上面所說的三方面内容，如徐乾學等人的批評就側重第一方面内容，其他一些文臣往往注重後兩者。輯評部分也是兼收並蓄，既有吕祖謙、樓昉、茅坤等人側重於文法的批評，也收有程頤、葉適等人的論理之語，而康熙本人的

---

① 見載於張建偉、張玉玲、馬甫平整理：《陽城歷史名人文存》第四册，太原：三晉出版社2010年版，第196頁。

② 陸德海：《明清文法理論研究》，上海：上海古籍出版社2007年版，第169頁。

批評更是靈活，三者兼具。結合這兩點來看，《古文淵鑑》的批評也具
有集大成的特點。"① 今檢套印本，康熙評點位於每篇篇首，比清臣評點
和古人評點均高一格，以示尊顯。

　　據王亞楠考察，《古文淵鑑》有四色套印本、五色套印本和巾箱本
三個版本系統。王亞楠統計出《古文淵鑑》注釋位置有三處：作者下、
題目下、字詞句下。② 今所據爲五色套印本。今檢五色套印本書首無目
錄，目錄在每卷之下。卷目之下先出引文時代，次出引文出處典籍名稱，
次出篇名，次出引錄篇章。書名首出者，下有雙行小注。如《國語》下
云："班固《藝文志》春秋家有《國語》二十一篇，注左丘明著。左丘
明受經於仲尼，作《春秋傳》，復采錄前世穆王以來、邦國成敗、嘉言
善語，以爲《國語》，其文不主於經，故號曰'春秋外傳'。《左傳》爲
內，《國語》爲外，二書相副。凡事詳於內者略於外，備於外者簡於
內。"可見其注文雜用班固《藝文志》、韋昭《國語解敘》、宋庠《國語
補音敘錄》而成。篇題下則注明所在典籍篇卷，如"穆王將征犬戎"下
小字"周語"二字，即在告訴讀者出自《國語》具體某語。凡正文和注
文中出現的國家、民族名稱俱用"□"圈起，以示專有名稱。注文採用
舊注，往往進行刪削，注文中保留了部分音注，可知其所據《國語》底
本當爲張一鯤本或張一鯤本系統之本。以"穆王將征犬戎"爲例，張一
鯤本施注 67 處，《古文淵鑑》僅保留 25 處，具體注文條目的文字也進行
了簡省。

　　《古文淵鑑》選錄《國語》在卷五至卷六，共三十篇。篇目分別爲：
穆王將征犬戎、厲王虐國人謗王、厲王説榮夷公、宣王即位不藉千畝、
宣王既喪南國之師、晉文公既定襄王于郟、定王使單襄公聘於宋、穀洛
鬬、周景王將鑄大錢（以上《周語》）、海鳥曰爰居、宣公夏濫於泗淵、
公父文伯退朝、仲尼在陳、齊閭丘來盟（以上《魯語》）、桓公自莒反於
齊、正月之朝鄉長復事（《古文淵鑑》卷五）、桓公欲從事於是諸侯（以

①　陸德海：《明清文法理論研究》，上海：上海古籍出版社 2007 年版，第 171 頁。
②　王亞楠：《古文淵鑑研究》，鄭州大學碩士學位論文，2011 年。

上《齊語》)、文公問于胥臣、叔向見韓宣子（以上《晉語》)、莊王使
士亹傅大子箴、靈王爲章華之臺、左史倚相廷見申公子亹、靈王虐白公
子張驟諫、鬪且廷見令尹子常、王孫圉聘于晉（以上《楚語》)、吳王夫
差起師伐越、吳王夫差告諸大夫、吳王還自伐齊、吳王夫差還自黃池
（以上《吳語》)、越王句踐即位三年而欲伐吳（以上《越語》)。其中
《周語》9 篇、《魯語》5 篇、《齊語》3 篇、《晉語》2 篇、《楚語》6 篇、
《吳語》4 篇、《越語》1 篇。篇目選取和《國語》各篇卷的數量並不完
全相稱，佔到《國語》40% 多的《晉語》，僅從《晉語四》和《晉語
八》兩卷各選了一篇。

所選三十篇《國語》文中，其中康熙帝評點三十條，清臣評點六十
五條。清臣評點六十五條中，"臣乾學曰" 8 條，"臣熙曰" "臣德宜曰"
"臣正治曰" "臣鴻緒曰" "臣英曰" "臣士奇曰" 各 6 條，"臣焱曰"
"臣廷敬曰" "臣叔元曰" "臣社訥曰" 各 5 條，"臣岳頒曰" 2 條。輯録
前人評語二十六條，其中葉適 10 條，穆文熙 5 條，真德秀 4 條，金履祥
2 條，陳傅良、王應麟、唐順之、劉鳳、無名氏各 1 條。所輯前人評語
以葉適《習學記言》最多，次爲穆文熙、真德秀。可見，在輯録前人評
語上，《古文淵鑑》也有自己的擇取標準，並非全部收録。明清評點，
多好依傍柳宗元《非國語》，《古文淵鑑》却與之不同。陸德海和王亞楠
都認爲《古文淵鑑》選録前人評語，體現了 "兼容並包、注重互補" 的
理念，王亞楠認爲體現在三個方面：1. 對講究性命之學的宋明理學與講
究事功的浙東學派並重。2. 講究審美文采的文學家評語與講究抽象義理
的思想家評語雖有輕重之異，但是却並不偏於一端。3. 兼取不同觀點，
啟發讀者思考和深化對問題的認識。① 其總結可參。

陸德海認爲康熙帝評點比較靈活。實以帝王至尊，下語率以本性，
出言必關乎社稷人心，且無所顧忌。如評 "穆王將征犬戎" 云："布令、
脩德、不勤兵於遠，自是先王撫馭荒服之要道。穆王以不享征之，棄祖
訓矣。故先儒謂《國語》列周、《國風》列王，於此見周德之衰。" 評

---

① 王亞楠：《古文淵鑑研究》，鄭州大學碩士學位論文，2011 年。

"厲王虐，國人謗王"云："古稱愚者之言，聖人擇焉。雖邇言譾説，亦得以登於韜鐸而達之於上者，蓋古人容納之廣、忠厚之至也。"評"厲王説榮夷公"云："王者不言有無，況專之乎？榮公用而周敗，可爲千古嗜利之戒。"評"宣王不籍千畝"云："《周禮》因井田而制軍賦，故務農講武相爲表裏，篇中'征則有威，守則有財'二語，正見兵、農之合。"評"宣王既喪南國之師"云："古者治民之官，日與民相習，故不料而知其多少。至宣王時，農務漸弛，因師敗而遂有料民之舉，治兵急而治農之政愈緩矣。"評"晉文公既定襄王于郟"云："晉文自以功在王室，侈然自大妄請天子之禮，襄王舉先王之舊章以折服之，舒婉中倍極峻屬，遂使晉文愧悚退聽。皇哉，訓誥之文。"評"定王使單襄公聘於宋"云："廢教、棄制、蔑官、犯命，皆亡國之政也，而犯令尤甚。文中序次自有輕重。"評"穀洛鬬"云："大意揔在修德行政，穀、洛自然效舜，反復敷陳，極爲愷摯。"評"周景王將鑄大錢"云："景王改鑄大錢，原以救災備患，然不合民情，故單穆公以爲佐災，可見王道在乎固民。"評"海鳥曰爰居"云："無名之祀，聖王不録。《曲禮》曰：淫祀無福則。妄祀亦何益哉？此篇可與《禮經》相發明。"評"宣公夏濫於泗淵"云："藏罟不如寘里革於側，所謂在人不在笱也。通篇典麗謹嚴，洵文章機則。"評"公父文伯退朝"云："敬姜勞則思、逸則淫數語，可謂見道之言，當與《無逸》《豳風》諸篇同讀。"評"仲尼在陳"云："聖人博學多識，於此可見。"評"齊閭丘來盟"云："發揮蘊義甚大，非足恭之謂。"評"桓公自莒反於齊"云："鮑叔薦管仲於桓公，委寄以齊國之重，卒能顯名諸侯，取威定霸。孔子亦許其功而稱其仁，則鮑叔之推賢、桓公之善任，皆彰彰於後世矣。"評"正月之朝鄉長復事"云："規畫明整，治國如治家，誠伯佐才也。"評"桓公欲從事於諸侯"云："鋪敍伯功，幾同王道，但其親睦諸侯，全是以謀、以力，王伯之所由分也。至文之簡鍊典重，洵是《史》《漢》紀傳之祖。"評"文公問于胥臣"云："有聖質，然後有聖學。《詩》曰：'追琢其章，金玉其相。'皆質與學相須之義。"評"叔向見韓宣子"云："大夫憂賀，寧獨身之災殃將及國，故治世首禁官邪？"評"莊王使士亹傅大子葴"云："楚莊伯者，猶鄭重國本甚矣，豫教之宜備。"評"靈王爲章華之臺"云："敷論春容博大，如聆黃鍾、大呂，穆然清廟之音。"評"左史倚相廷見申公子亹"云："聞倚相之言，惕然而懼，子亹可謂能受善矣。"評"靈王虐白公子張驟諫"云："近臣諫、遠臣謗、輿人誦，用以自詁，三代盛王所由隆也。靈王以規爲瑱，禍及乾谿，宜哉！"評"鬭且廷見令尹子常"云："積偵蓄怨，語警切聳動，可爲當官之戒。"評"王孫圉聘于晉"云："春秋使臣皆極一時賢士大夫之選，故對揚鄰國，恒不辱命。"評"吳王夫差起師伐越"云："越君臣之陰謀全在廣侈吳王之心一語，麋鹿遊姑蘇者以此。"評"吳王夫差告諸大夫"云："申胥事前之言洞若觀火，吳越之興亡決矣，固不待鴟夷投江時也。"評"吳王還自伐齊"云："吳之申胥、楚之范增，老謀不用，屈志而死，千古同慨。"評"吳王還自黃池"云："陰謀猛鷙，君臣夫婦致死一心，積之二十年，吳安得不亡？記者歸美之於下群臣，集衆謀，有以也夫！"評"越王句踐即位三年而欲伐吳"云："敬怠之分，治忽所由關也，無時不敬，則可以久安長治。勾踐不能敬之於始，既危而後懼，隱忍圖功，僅乃獲濟□□亦章矣哉！"其所揭示，無非爲君者宜修德自守、納言利民、善用兵農，爲臣官者宜親民守分、知人善任。論及人事之際，也涉及篇章文風等等。

陸德海認爲徐乾學評點側重內容事理。其他人則注重文學風格和文章方法。今檢《古文淵鑑》所選《國語》之《周語》各篇，"穆王將征犬戎"下王熙曰："'耀德不觀兵'即所謂誕敷文德也。《國語》首此篇最有關。"陳廷敬曰："敘五服典雅深厚，版圖之數、朝貢之節略，盡之矣。古人立言，必詳於故實如此。"王熙之言在揭示文眼，確實屬於文章技法；而陳廷敬之言在揭示風格特徵。又"宣王即位不藉千畝"吳正治云："'民之大事在農'，真經術要語。稱引藉田有源有委，先王遺制，猶可考見一斑。左氏誠淵才也。"吳正治既評點關鍵句子，又對內容和作者進行點評。同篇王鴻緒云："周家以農事開基，故自天子公卿百吏庶民，無不以力田爲首務，其歌詠諧誡，往往見於詩書，至宣王時農政漸弛，未免視爲緩圖。此虢公所爲諄切以陳也。"此亦評內容事理。同篇張英云："仰觀晨正，俯察土脈，瞽告協風，王乃祗被，尊卑上下，莫敢不震動恪共於農，古人之敬民事如此。"此亦評事理内容。又"晉文公既定襄王於郊"吳正治云："請隧去問鼎一間耳。齊侯不敢貪天子之命，晉文姬姓而妄覬非分，此亦正與譎之分。篇中多用長句取勝，視《左傳》別爲一種得天子告諸侯之體。班史多祖之。"此既評事理内容，又評文章風格以及影響。又同篇高士奇云："守大物，折强藩，信乎禮之足以存國而辭命之不可已也。"此評事理内容。"定王使單襄公聘於宋"徐乾學云："先王不用財賄而廣施德於天下。讀《豳風》月令條理精密，可見三代盛時大概。"此評事理内容而兼文風。同篇韓菼云："敘次故實，與《周禮》相表裹，足知六典非偽書，其言月令，亦先於吕氏云。"此由事理而涉及文獻價值和學術史價值。同篇翁叔元云："因時警戒，謹蓋藏，成築功，野無曠土，百工趨事，而治道備矣。讀此，知爲國不可斯須去《周禮》。"此評事理。同篇勵杜訥云："有伏有應，有關鍵，有結束，文之以法勝者。"此評文章技法。"穀雒鬬"王熙云："'高高下下'四字括得一部《水經》，體勢疏朗，自然駿健。"此評用語。同篇宋德宜云："《盤庚》避河患、徙民作書三篇，皆有震動恪恭之意。靈王唯務壅川，不思修德，故商家五遷而猶强，周室一東而不振也。"此以《盤庚》作比而評内容事理。同篇王鴻緒云："凡水，導之則行，壅之則潰。太子晉深明治水之道。"此評事理内容。同篇張英云："'象天儀地''和民順時'爲一篇之大旨，遠徵博引，上下千古，皆以發明斯義。"此揭示篇旨。同篇高士奇云："天地之氣化，帝王之譜系，興亡之轍跡，皆於是篇中，可發覆也。古人言事，精極理數。"此評内容事理兼及風格。"周景王將鑄大錢"徐乾學云："湯旱、禹潦，皆鑄幣以拯民之困。患輕、患重，權母、權子，因時變，非規利也。無故廢輕作重，匱民財以自殖，未見其爲利矣。"此評事理内容。同篇孫岳頒云："鑄大錢，又鑄無射，民力幾何，其堪此也？穆公召災一語，可爲萬世輕變法者戒。"此評事理内容。《周語》九篇，清臣評點18條，多數涉及内容事理之點評，當然也涉及文章技法、文章風格、作者評價等等相關方面。

《古文淵鑑》所選《國語》篇目，注重君道、臣道、國家社稷等角度，故其選文和明清時期古文選本選文都有不同之處。《古文淵鑑》中的《國語》評點整體而言影響不大，除了徐乾學的評點被《國語鈔》徵引之外，其他並未被徵引過。可能由於《古文淵鑑》是皇家選本，在清代文字獄政策的社會背景下，學者應用起來還是心有忌憚的。另一方面，清代前期，各種古文選本很多，《評注才子古文》《古文觀止》《古文析義》等都具有一定的影響力，客觀上對《古文淵鑑》的影響是一種消解。

（八）林雲銘《國語》評點

林雲銘（1628—1697）①，字西仲，號損齋，福建閩侯人。順治十五年（1658）進士，曾官徽州府通判，康熙五年（1666）辭官歸鄉。著有《易解》《春秋體注》《鰓草》《四書存稿》《莊子因》《楚辭燈》《韓文起》《古文析義》《損齋焚餘》等。田雨露認爲："《古文析義》融會選、注、點、評多種批評方式，以指導閱讀爲指歸，致力於解析文義、探求文心，深入淺出，勝義迭出，因而流傳廣泛，對後世包括《古文觀止》在內的古文評點與研究產生了深刻的影響。"② 根據林雲銘《古文析義自序》，林雲銘早年不滿塾師授課的內容和方法，從很小的時候就開始獨立探索古文的閱讀方式，這種獨立探索而形成的閱讀方式對《古文析義》的編纂具有深刻的影響。康熙七年（1668）至康熙十三年（1674）隱居期間，林雲銘著意於《左傳》《國語》《史記》《漢書》以及唐宋古文的批點，由於離亂，稿件全部蕩盡。《古文析義初編》纂始於康熙十七年（1678），完成於康熙二十一年（1682）。《古文析義二編》纂始於康熙二十四年（1685），完成於康熙二十六年（1687）。《初編》重視"文以載道"，《二編》的編選原則比較寬泛。林雲銘過世之後，其族人林豐玉於康熙五十五年（1716）主持校勘，將《初編》和《二編》合在一起行世。今檢《初編》書前有凡例十七則，標明林雲銘古文選輯之目

---

① 關於林雲銘的生卒年，有官桂銓、金淵洙、劉文斌等進行過考證，確定林雲銘生年爲1628，卒年爲1697年。田雨露則以林雲銘之卒年爲1696年而無説明，兹從官、金、劉三氏，繫林雲銘卒年爲1697。

② 田雨露：《林雲銘〈古文析義〉研究》，華東師範大學碩士學位論文，2017年。

的、標準、評點之基本規則、方式等等，如下：

一、讀古文最忌在前後中間略解得數語，便囫圇讀過，其未解者一切置之，不知上下文既解不去，即鎖解者皆錯認也。茲編必細會全文血脈，每篇先諷誦數十遍，然後落筆詮釋，誓不留一句疑竇，致誤同志欣賞。

一、坊本古文中所引用典故，人人習知者偏加了許多註脚，繁冗可厭。稍有奇僻，則皆闕然不詳，亦何貴有此等註脚乎？是編凡係坊本未注者，悉爲拈出，或有舛誤，細細駁正。若從前解釋無訛，及舊載諸家評語，概不重録，恐掠古人之美也。注中得之良友賜教者，亦書某人姓名於下，恐掠今人之美也。

一、文所以載道也。是編凡忠孝義烈大節及時務經濟關係於國家興亡，或小題中立意正大者，方彙入選，其一切排偶粉飾、變亂是非之文，及有礙於時忌者，雖工緻可觀，概不敢録。

一、讀古文，當先細玩題目，掩卷精思，開手如何落筆。既讀過一段，復思一段之後應如何接寫，如何收拾。直到思路窮竭，方知古人有許多不及處。若開卷便一氣讀畢，縱能成誦，必茫無所得之人。此百試不一差者也。是編段段標出，或可爲好學深思者之一助。

一、讀古文要得篇中神理，如王荆公《讀鶡蘇表忠觀碑》云："似太史公《楚漢以來諸侯王表》，試問那一句相似。"此神理也。今人讀古，或遇不切舉業者，輒云不必究心，不知觀鬭蛇而字法進，觀舞劍而畫事工，亦思字與蛇何涉，畫與劍何涉乎？若不解此，縱全篇學步邯鄲，徒來醜婦臏里之誚耳。是編間有拈出，在善讀者會心，筆墨中不能盡也。

一、讀古文最忌先有成見橫於胸中。如讀太史公文，動解作憤怨；去讀長蘇海外文，動解作遷謫悲愴。去附會穿鑿，埋没了無數妙篇。是編止在本文尋出脈絡，或有言外感慨，亦無不躍躍欲出，悉空從前牽强之病。

一、讀古文最忌在未明其大旨，只記了從前坊本評語，謬加虛贊，如馬首之絡，篇篇可以移用，甚覺贅瘤。是編止解其大旨脈絡，佳處自呈，西施、王嬙，原不待揄揚而後美耳。

一、是編凡遇主腦結穴處，旁加重圈◎埋伏照應；竅郤處，旁加黑圈●；精彩發揮及點襯處，旁加密點、、、、；神理所注、奇正相生、字句工妙、筆墨變化處，旁加密圈。。。。；段落住歇處，下加截斷—，以便省覽。

一、是編小注內有逐句解釋之，下或遇段落應總解者，恐致相混，必加一小圈別之；或每句解釋畢，另有評語，亦加一小圈別之。如應釋字音，即列於本字之旁。觸目便覽，不煩檢閱。

一、是編全文中有明白易曉處，止於逐段下總評數語，以闡發通篇血脈。其深心結構出沒收縱有鬼斧神工之妙者，必逐句注出，不敢草率。

一、《檀弓》《公》《穀》等書，皆文字中最稱神奇者，選家惟以不甚切於制藝，登錄甚鮮。今於每種略採數則，以見天地間應有此種不可磨滅文字。若《莊子》一書，爲文字中鬼神，獨步千古。余既有全注行世，茲不選入，以此書不可不全讀故也。

一、是編小注有不能盡者，末加發明以通其脈絡。若小注已明，則別出議論於後。讀者須逐句看過小注，再看後段發明議論，方得全篇大旨。若草草看後段，是走馬看燈矣。

一、是編小注內有解字面者，有解大意者，有承襯上文者，有弔起下文者，有補文中語未及者，有用一二字分析辭句者。總爲全篇血脈著眼，不可以尋常訓詁一例看却。

一、古文選家多出於庸手，附會竊湊，巧借名家姓名定論而已。其實千部一律，毫無獨見。且較讎不精，亥豕傳訛，誤人不小。是編妍精有年，剞劂之後，復遍覓善本細較數過。不但無誤，字畫必精。讀者鑒余之苦心可也。

一、讀是編，不妨先取坊本閱過，有不能解了者，閱此更覺會心。尤能自出議論，可以別讀他文。

一、是編比坊本篇數稍有增益。若論古文，全書究不過一臠之味，此外尚有增補二編嗣刻，併選國朝名文，分爲經世、持世、榮世、小品四種，以成全璧。

一、古文之佳，不外敘事、議論二者而已。然議論之文，或有隨意抒發、無中生有；而敘事必將其人行過事實，平平寫去，又欲簡而能該、質而不俚，使其人之精神面目躍然畢現，方稱巨手。孫樵言史才難得者，猶云畫鬼易畫人難也。計古今擅其長者，《左》《國》外，當推《史》《漢》，但恐篇長艱於熟讀，惟於精神結聚處摘出數則，以爲操觚者法式。

今檢《古文析義初編》卷一選《左傳》33篇，卷二選《國語》12篇、《公羊傳》4篇、《穀梁傳》1篇、《檀弓》6篇、《戰國策》17篇。所選《國語》12篇目分別爲：召公諫厲王弭謗、襄王拒晉文公請隧、倉葛不服晉、臧文仲請求晉釋衛侯、臧文仲請糴于齊、敬姜論勞逸、驪姬以危言劫獻公、叔向賀韓宣子之貧、郈無正免尹鐸、王孫圉論楚寶、諸稽郢行成于吳、申胥諫許越成，其中《周語》《楚語》《吳語》各2篇、《魯語》《晉語》各3篇。《古文析義二編》卷一選《左傳》51篇，卷二選《國語》26篇，所選《國語》篇目分別爲：祭父諫征犬戎、仲山父諫王立戲、襄王不殺衛成、單子知陳必亡、展禽論祀爰居、里革斷罟匡君、叔仲昭伯論朝楚、子服惠伯説韓宣子、閔馬父論恭、齊桓公請管仲於魯、管仲作內政、重耳對楚成王、胥臣論傅讙、范文子論外患內憂、穆子使夙沙釐相翟、叔向譏董叔見執、寶犨論人化、伍舉論章華之臺、靈王不納子張之諫、藍尹亹不載楚昭王、申胥諫伐齊、吳王殺申胥、王孫雄謀先歃、吳王劫盟、越行成於吳、范蠡滅吳，分別爲《周語》《吳語》各4篇、《魯語》5篇、《齊語》2篇、《晉語》6篇、《楚語》《越語》各3篇。《古文析義》初編、二編合收《國語》38篇。呂軒瑜謂："《古文析義·凡例》曾提到'文章載道'，他所選錄的文章都是關於忠孝義烈大節，時務經濟，關係國家興亡的文章……或許是因爲其曾任官，而後又經歷了耿精忠之亂，被俘十八個月，因此對君臣關係特別關注，所謂

'忠孝義烈大節'，是他比別人更加看重的，而此也再次展現儒家思想在文人身上的影響。"① 從林雲銘所選《國語》各篇當中也可以看出其選文的側重。所選《國語》各篇篇題以概括篇章大義爲主。每篇先列篇題，次列正文，正文之下以注文形式進行點評。篇末又有總評，總評以"林西仲曰"起篇。今從《古文析義初編》《古文析義二編》中各選一篇，對應凡例，以見林雲銘評點法式。其一：

召公諫厲王止謗

厲王虐國人謗王②召公告王曰民不堪命矣王怒怒字與下喜字相對得衛巫使監謗者以告則殺之以巫能役使鬼神探知造謗者國人莫敢言道路以目莫敢言與下文乃不敢言篇末莫敢出一談相呼應道路以目恨尤甚也王喜喜得可笑告召公曰吾能弭謗矣乃不敢言既自言能止謗又加乃不敢言四字者所以笑民無甚伎倆召公曰是鄣之也鄣即是防非民無言是鄣之使不得宣也防民之口甚於防川川壅而潰傷人必多民亦如之民怨日積日多一發不可禦止是故爲川者決之使導所以平其流爲民者宣之使言爲治也所以平其心〇此段言止謗所以蓄禍見王弭謗之非故天子聽政使公卿至於列士獻詩陳其美刺瞽獻典樂典陳其邪正史獻書三皇五帝書治體存焉師箴有勤戒瞍賦矇誦賦所獻之詩誦典書與箴中之語欲其不忘百工諫以藝事通於道庶人傳語卑賤不能達以次相傳而語於王近臣盡規左右近王者親戚補察同休戚者補其闕而察其幾瞽史教誨太師奏樂太史掌禮禮樂教誨之具者艾脩之師傅乃合衆職而脩治之而後王斟酌焉是以事行而不悖所行之事皆合于理〇已上言天子聽政當斟酌于衆言以考得失庶人傳語四字最重見民言不可壅然連類並舉不見側重之跡妙民之有口也猶土之有山川也財用於是乎出猶其有原隰衍沃也衣食於是乎生口之宣言也善敗於是乎興行善而備敗所以阜財用衣食者也阜厚也〇此段言使民宣其言不但可以免其害併可以得其利以採用衣食爲比上七句言其爲物

---

① 呂湘瑜：《通代古文評點選本研究》，輔仁大學博士學位論文，2008 年。
② 原本用圈，出於行文方便計，今刪掉。

之相似下二句言其爲事之相同夫民慮之於心而宣之於口成而行之胡可壅
也若壅其口其與能幾何此段言民之有言原非易發於口乃素籌之於心可以見
之施行者如何阻遏得住若阻遏焉不久亦當決發傷人是不得其利即受其害矣○壅
字應上川壅而潰回顧警密王弗聽於是國人不敢出言三年乃流王於彘以事
應作結是國語常法

> 林西仲曰。厲王虐政之行。謗者非一人。何可盡誅。衛巫豈真能分別謗不謗
> 者。不過借神道。設教名色偶殺一二人。以示警耳。道路以目。不敢言而敢
> 怒也。厲王之喜。蓋以民之愚不能處。其轂中作用如此。可謂癡絕。召公所
> 諫語語格言。細看當分四段。第一段言止。謗有害。第二段言聽政全。賴民
> 言斟酌而行。第三段言民之有言。實人君之利。第四段言民之言非孟浪而
> 出。皆幾經裁度。不但不可壅實。不能壅者。廻抱防川之意。融成一片。警
> 健絕倫。世人不察立言層節。輒把此等妙文一氣讀却。良可惜也。

　　本篇出自《古文析義初編》。正文中評注 24 處，涉及釋義、評點。
其中純釋義者 14 處，純評點者 3 處，既釋文義又有評點者 7 處。其釋義
多采韋注，亦有自注之者，評點則頗爲細緻，正可與其凡例相對應。又
有篇末總評，對全文進行詳細評點。評點涉及前後照應、《國語》篇章
常態、文章風格、對人物的褒貶認定等等。從林雲銘釋義和韋昭注的比
較來看，韋昭更重視語詞訓詁、典章制度名物的解釋，而林雲銘更注重
從疏通文義的角度來進行解釋，更能使讀者迅速理解文義。另外，林雲
銘 "以事應作結是《國語》常法" 一句可謂卓識，揭出《國語》篇章結
構的基本特徵，已經從具體的篇章點評上升到普遍規則總結的角度。
　　其二：

仲山父諫王立戲

音現

　　魯武公以括與戲見王括戲二公子名見王者聽擇立爲世子也王立戲立少
也樊仲山父諫曰不可立也直喝破不順必犯凡不順理之事人必不能遵犯王
命必誅天子之命或違必當討正其罪故出令不可不順也不可不順以取犯而不
誅令之不行政之不立犯而不行既有妨於政體行而不順民將棄上即行而不

犯而不順理之事又不足以服民○已上泛論出令不順之弊夫下事上少事長所
以爲順也君臣得其分長幼得其序方謂之順今天子立諸侯而建其少是教逆
也少事長之道既廢則下事上之禮豈能獨存是教之逆也若魯從之而諸侯傚之
皆立少王命將有所壅前此立長之命不行若不從而誅之是自誅王命也罪其
不立少是自誅前此立長之王命也是事也誅亦失不誅亦失誅之則前此之王命
弛不誅則當此之王命輕天子其圖之勿輕立王卒立之魯侯歸而卒戲立爲懿公
及魯人殺懿公而立伯御史記伯御括之子○行之不順民果棄上三十二年宣
王伐魯立孝公恐政不立欲令不行諸侯從是而不睦教逆所致

> 林西仲曰。武公欲定世子。止當以括見王。何。爲。與。戲。同。往。且宣
> 王令主也。豈不知立長常法。乃。獨私。於。戲。耶。想。戲。必。有。賢。
> 於。括。處。武公與王。皆。冀。以。王。命。立。賢。或。可。已。爭。
> 而。不。知。王。命。正。不。可。不。順。仲山父之諫。可謂委曲詳盡。
> 見。得。此。著。一。錯。別。無。可。措。手。處。其行文轉折處。極圓
> 而雋。

其中正文。、符號，由於插入不易，故皆略去。本篇評注 19 處。純
釋義 16 處，純評點 1 處，釋義兼評點 2 處。

整體上看，《古文析義》對後來的古文選本影響很大。就其編選的
《國語》部分而言，對此後高嵣《國語鈔》的編纂都有很重要的影響。
此外，《古文析義》的《國語》部分對日本《國語》研究影響至巨，日
本江戶時期的《國語》研究學者關脩齡、千葉玄之、秦鼎等都曾引述林
雲銘的評點作爲參照。

（九）吳調侯、吳楚材《國語》評點

吳楚材（1655—?），名乘權，字子興，又字楚材；吳調侯，名大
職，字調侯。二人爲叔侄，浙江山陰人，以教私塾爲業。康熙三十三年
（1694）編成《古文觀止》一書，康熙三十四年（1695）刊刻行世。《古
文觀止》自問世以來，一直得到讀書人的青睞，幾百年來流傳不衰。全
書十二卷，選錄古文 222 篇。武漢强總結云，學術界一般認爲《古文觀

止》之所以長久不衰，主要有三點：1. 選篇精當合理；2. 點評穩妥、周全；3. 實用。① 今檢《古文觀止》選錄“周文”三卷，前兩卷爲《左傳》，第三卷依次選入《國語》11 篇、《公羊傳》3 篇、《穀梁傳》2 篇、《檀弓》6 篇。把《國語》置於《左傳》之後、《公羊》《穀梁》之前，代表了吳楚材、吳調侯叔侄對《左傳》《國語》關係的基本認識。所選《國語》十一篇，篇目分別爲：祭公諫征犬戎、召公諫厲王止謗、襄王不許請隧、單子知陳必亡、展禽論祀爰居、里革斷罟匡君、敬姜論勞逸、叔向賀貧、王孫圉論楚寶、諸稽郢行成於吳、申胥諫許越成，其中《周語》4 篇，《魯語》3 篇，《晉語》《楚語》各 1 篇，《吳語》2 篇。其選文標準值得重視。

根據武漢強研究，“《古文觀止》的評點有句中評和總評，即夾批和尾批兩種，句中評細針密綫地分布在具體的字、句、段之下，評點的內容亦豐富多樣：既講遣詞造句、鋪陳呼應，又講綱目結構、段落勾連；既講起承轉合、脈絡層次，又講來龍去脈、段落大意。而措辭簡明，點到即止。總評則包括通篇大旨、結構布局、行文氣勢、全篇規模以及藝術特色。文字短則數十字，長不過百餘字，簡潔省净，切中肯綮，極具概括力。句中評和篇末總評是相輔相成的，都能圍繞著每一篇文章的不同風格共同組成一個評價體系，使讀者在結合句中評讀完全篇後再讀總評，會產生一種縱觀全局、豁然開朗的感覺。”② 武氏所概括《古文觀止》評點比較全面。關於《古文觀止》的點評章法，陳琳有專門評説③，讀者可參。今以“召公諫厲王止謗”爲例，以見《古文觀止》評點之大略。

召公諫厲王止謗

厲王虐，國人謗王。謗誹也。召邵公召康公之後，穆公虎也，爲王卿

① 武漢強：《古文觀止選評研究》，西北師範大學博士學位論文，2009 年。
② 武漢強：《古文觀止選評研究》，西北師範大學博士學位論文，2009 年。
③ 陳琳：《古文觀止二吳評點所揭示的文章章法價值研究》，西藏民族學院碩士學位論文，2014 年。

士。告曰："民不堪命矣！"命虐，故不堪。王怒，怒謗者。得衛巫，使監平聲謗者，巫，祝也。衛巫，衛國之巫。監，察也。以巫有神靈，有謗輒知之。以告，則殺之。以謗者告，即殺之。〇寫虐命尤不堪。國人莫敢言，非但不敢謗也，深一層說。道路以目。以目相盼而已。〇四字妙甚，極寫莫敢言之狀，不堪命之極。王喜，"喜"字與上"怒"字相對。告召公曰："吾能弭米謗矣，弭，止也。〇監謗弭謗，寫盡昏主作用。乃不敢言。如此四字，極寫能弭謗伎倆，癡人驚口如畫。召公曰："是鄣之也。鄣，防也。非民無言，是鄣之使不得宣也。〇斷一句，便注定"川"字。防民之口，甚於防川；川不可防，而口尤甚。〇以民比川。川壅而潰會，傷人必多，壅，障也。潰，水勢橫暴而四出也。〇寫防川。民亦如之。寫防民。是故爲川者決之使導，爲民者宣之使言。爲，治也。導，通也。宣，猶放也。〇合寫川、民。〇"宣之使言"一句，是一篇主意。下俱是"宣之使言"。故天子聽政，一句領起。使"使"字直貫到底，根上兩"使"字來。公卿至於列士獻詩，陳其美刺。瞽獻典，樂瞽，樂師也。典，樂典。陳其邪正。史獻書，史，外史。書，三皇五帝之書。有關治體。師箴針，〇師，小師也，箴刺王闕，以正得失。瞍賦，無眸子曰瞍。賦，所獻之詩。矇誦，有眸子而無見越矇。誦，典書箴刺之語。百工諫，工，執藝事以諫。庶人傳語，庶人卑賤，見政事之得失，不能自達，相傳語以聞於王。近臣盡規，左右近臣各盡規諫。親戚補察。父兄子弟，補過察政。瞽史教誨，瞽，太師，掌樂。史，太史，掌禮。相與教誨。耆、艾修之，耆、艾，師傅也。合衆職而修治之。而後王斟酌焉，斟，取也。酌，行也。是以事行而不悖。所行之事，皆合于理。〇歷舉古天子聽言求治，句句與弭謗使不敢相反。民之有口也，猶土之有山川也，財用於是乎出；猶其有原隰衍沃也，衣食於是乎生。土，地也。其，指土而言。廣平曰原。下濕曰隰。下平曰衍。有溉曰沃。山川原隰衍沃，所以宣地氣而出財用、生衣食。〇一喻寫作兩層，妙。上以防川喻止謗，此以山川原隰衍沃喻宣言。口之宣言也，善敗於是乎興；跌出正意。行善而備敗，所以阜財用衣食者也。民所善者行之，其所惡者改之。阜，厚也。厚財用衣食，與山川原隰衍沃一般。〇正意喻意，又夾寫一筆，錯落入妙。夫民慮之於心而宣之於口，成而行之，胡可壅也？

若壅其口，其與能幾何?"民素籌之於心，而後發之於言。當成其美而見之施行，豈可壅塞? 若壅塞焉，其與我者能有幾何哉! 言敗亡即至也。○三"壅"字，呼應。王弗聽。於是國人不敢出言。三"莫敢言"，作章法。三年，乃流王於彘。流，放也。

> 文只是中間一段正講，前後俱是設喻。前喻防民口有大害，後喻宣民言有大利。妙在將正意、喻意夾和成文，筆意從横，不可端倪。①

正文之内有釋義，有評點。釋義大體撮録韋昭注解，然也有自出機杼者。安平秋認爲《古文觀止》在注釋方面有幾大特色：注重基礎以利初學、利用舊注而又改鑄舊注、訓釋詞義準確簡潔、注意對文義的疏解、對背景史實和人物關係的交代清楚明白、重視讀音。② 可謂切中肯綮。《古文觀止》釋義和點評之間、音注和釋義之間用"○"區別，生僻字、多音字之下又加直音標注。有的文字存有異文者，也於字下標注。全文評點 18 處，涉及文字表達效果的揭示、比喻對象和效果的揭示、領起句的揭示、對反復出現文字功能的揭示等等。總評主要是對篇章總體寫作方式和層次的揭示。所選篇章，有釋義、有點評，頗便於士子學習古文、模仿寫作之用。《古文觀止》所選《國語》11 篇，不引用前人評語，只下個人評述，且皆要言不煩。如其評"祭公諫征犬戎"云："耀德不觀兵是一篇主腦。回環往復，不出此意。穆王車轍馬跡遍天下，其中侈然有自大之心，不過觀兵犬戎以示雄武耳。乃僅得狼虎以歸。不但不能耀德，並不成觀兵矣。結出‘荒服不至’一語，煞有深意。"評"襄王不許請隧"云："通篇只是不爲天子，不得用意，却妙在俱用逆筆振入，無一筆實寫不許，而不許之意，一步緊一步，自使重耳神色俱沮。"評"單子知陳必亡"云："先敘事起，中分四段辨駁，引古徵今，句參字削，而分斷中又復錯綜變化，讀之不覺其排對之跡。自是至文。"評"展禽論祀爰居"云："一祀爰居耳，發出如許大議論。然亦只是無故加

---

① （清）吴楚材、吴調侯：《古文觀止》，杭州：浙江古籍出版社 2010 年點校本，第 58—59 頁。
② 安平秋：《評〈古文觀止〉二吴注》，《北京大學學報》1984 年第 4 期。

典一句，斷盡前云‘非是族也，不在祀典’，後云‘非是不在祀典’，總是不得無故加典也。文仲之失，在不能講功，而先在不能處物，是不智，乃以成其不仁也，結出海鳥之智來，最有味。”評“里革斷罟匡君”云：“述古訓處，寫得賓主雜然，具有錯綜變化之妙。入今事只‘貪無藝也’四字，是極諫意。宣公聞諫，私心頓釋。師存進言，意味深長，正堪並美。”評“敬姜論勞逸”云：“通篇只以‘勞’字爲主，自天子至諸侯，自卿大夫至士庶人，自王后至夫人，自內子士妻至庶士以下，無一人之不勞，無一日之不勞，無一時之不勞。讀此如讀《豳風·七月》詩。”評“叔向賀貧”云：“不先説所以賀之之意，直舉欒郤作一榜樣，以見貧之可賀，與不貧之可憂。貧之可賀，全在有德。有德自不憂貧。後竟説出憂貧之可弔來，可見徒貧原不足賀也。言下宣子自應汗流浹背。”評“王孫圉論楚寶”云：“所寶惟賢，自是主論。却著眼在雲連徒洲一段。蓋藪澤鍾美，皆堪有用，自當爲寶。正與玩好無用之白珩緊照。後一段于聖制議下，復按龜珠金玉、山林藪澤，皆可資之爲用者，跌到不暴華囂之美，處處針鋒相對。”評“諸稽郢行成於吳”云：“諸稽郢行成之詞，雖只是廣侈吳王之心，其中可罪者不少，如不敢忘天災、自强之心露、狐揖無成功，貌吳之意見矣，縱多巧辭，皆玩弄也。使非天欲棄吳，其説能終行乎?”評“申胥諫許越成”云：“夫差廣侈已極，只越曾足爲大虞乎一語，雖有百諫諍，亦莫之入矣。胥、種謀國之智，若出一轍，而吳由以亡、越由以霸，用與不用異耳。”可見，《古文觀止》的篇末總評仍然關注君臣關係、國家社稷，非僅汲汲於章句結構者。

由於《古文觀止》所評《國語》較少，故而在《國語》研究中影響較小，但是其評點注釋對此後古文選本的影響比較大。

（十）過珙《國語》評點

過珙，字商侯，號味齋，錫山人。《過氏宗譜》有其生平記載，可參。① 其父過松齡爲順治二十年（1663）進士。據李宛穎考證，過珙大

---

① 見李宛穎《過珙〈古文評註〉研究》，華東師範大學碩士學位論文，2018 年。

約生活在 1623 至 1706 之間。過珙編有《古文覺斯》，有康熙十一年
（1672）《紹聞堂精選古文覺斯定本》。後易名爲《古文評注》，有康熙四
十二年（1703）同德堂刻《重訂古文評注》、咸豐八年（1858）《聯業堂
詳訂古文評注全集》、1915 年黃越評選本、1926 年言文對照本、1949 年
上海博文書店考正譯釋本等。因書中收錄錢謙益《耦耕堂記》，該書於
乾隆四十三年（1778）遭禁①。今《四庫禁毁書叢刊》第 171—172 册收
有康熙十一年紹聞堂刻本《古文覺斯》。《申報》1933 年 8 月 19 日第二
張廣告"言文對照古文評注"下云："《言文對照古文評注》，全十二册，
一元八角，特價六折。此爲錫山過商侯氏所手輯，特依康熙木刻本，請
新文學家名家加譯白話，各二百三十五篇，自周、秦、兩漢以迄唐、宋、
元、明諸大家之宏文鉅製，分類輯入，原文有眉批、夾注、注音、評語，
極精詳，白話文尤暢順可愛。"今檢紹聞堂本，分上下兩欄，上欄小字，
行四字。下欄半葉九行，行二十二字。前有過珙自序、各卷目錄，全書
收錄文章共 218 篇，卷一爲《左傳》，卷二爲《左傳》《國語》《公羊
傳》《穀梁傳》，其中《國語》選入 9 篇，分別爲祭公諫征犬戎、召公諫
監謗、襄王不許請隧、單子知陳必亡、敬姜論勞逸、叔向賀宣子貧、王
孫圉論楚寶、諸稽郢行成於吳、范蠡不許吳成。

　　檢其選輯《國語》部分，上下雙欄，上欄是隨文評點，數量較少，
先列書名，次列篇名，次及正文，最後是篇末總評。上欄有評點。書名、
篇名下皆有注文，如"國語"下注云："左氏據《春秋》作傳，是爲内
傳；又採周與列國事作《國語》，謂之外傳。"篇名下一般注明"×語"，
如"祭公諫征犬戎"下注"周語"，"敬姜論勞逸"下注"魯語"。正文
相應文字之下有注文，注文有釋義、音注、評點。此外，正文中還有夾
批，數量極少。篇末總評中，除了過珙自己的評點之外，還於"敬姜論
勞逸"下引羅大經之説，於"王孫圉論楚寶"下引杭資能説，於"諸稽
郢行成於吳"下引孫執升説。

　　上欄評點數量較少，"祭公諫征犬戎"篇、"王孫圉論楚寶"篇各 1

---

① 見《清代文字獄檔·陳希聖誣告鄧謐收藏禁書案》。

條，"襄王不許請隧"篇5條，"單子知陳必亡"篇、"范蠡不許吳成"篇、"敬姜論勞逸"篇各8條，"叔向賀宣子貧"篇2條，"召公諫監謗"篇、"諸稽郢行成於吳"篇各4條。九篇選文，上欄評點一共42條。

有對具體用語精到的評價，如云："舉先王之訓，見不可伐；有以禦我，見不能伐。皆極鍊也。"有對篇中具體行爲的評價，如評厲王以衛巫監謗者的行爲云："寄生殺之權於鬼物之口，可笑。"有對關鍵句功能的揭示，如："'宣之使言'四字是一篇主意。以下層層疊疊、波波折折，無非寫此一句也。"對於同一本體出現的不同喻體功能進行説明，如："上曰民口猶川，言謗口也；此言民口猶川原隰，言斟酌之口也。不惟不犯重，須知正欲如此用筆，以力辨民口必宜敬聽，不宜怒而監之。"有對用語功能的評點，如"襄王不許請隧"篇"昔我先王之"評云："提出先王，有力。"有對人物用語規律或策略的揭示，如："將寫服物采章，先爲九御九品以爲頓挫。要細看其'不過'字、'足以'字、'而已'字、'豈敢'字。"有對論述節奏的評述，如"襄王不許請隧"篇"其若先王與百姓何"上評云："一步緊一步，直令文公無逃避處。"有對篇章記述章法的揭示，如"單子知陳必亡"篇"定王使襄公聘於宋"上評云："先敘事起，爲下單子議論之綱，下面辨駁方有來歷，此章法也。"有對徵事次序的揭示，同篇"故先王之教"上評云："每段先引古，後徵今，井井有次。"有對分層次論述的評點，同篇"今陳國道路不可知"上評云："四段中，分斷陳事，錯綜變化。"條數雖少，所揭皆能切中篇章要害，示人規範，啟人深思。

文内評點，則是對具體字詞、句子的評點。今仍以"召公諫監謗"爲例，以見其評點大略：

召公諫監謗

厲王虐，國人謗王。周厲王名胡，爲君暴虐，不恤國人，國人多有誹謗王者。召公告王曰："民不堪命矣！"召公，召康公之後穆公虎也，爲王卿士。聞國人謗，入告於王曰：民不堪暴虐之政令矣。王怒，得衛巫，使監謗者，衛巫，衛國之巫祝者。監，察也。以巫有神靈，能探知造謗者而使之監察焉。以告，則殺之。巫言有謗王者，王則殺之。**國人莫敢言，道路以目**。國人畏死，俱不敢言，而又愈恨其虐，道路相逢，惟彼此以目相視而已。四字寫愈不堪處，如畫。**王喜，告召公曰：“吾能弭謗矣，乃不敢言**。弭，止也。王謂吾使衛巫監謗，境內默然，吾能止謗矣。不惟不敢謗，即言亦不敢言矣。此段敘厲王監謗。**召公曰：“是鄣之也**。一字斷住。鄣者，非民無言，是障蔽之，使不得宣也。**防民之口，甚於防川**；鄣，防也。據君之得謗即殺，此非弭謗也，是猶防川而以土鄣之也。不知防民之口更甚於防川。此是以民比川。**川壅而潰，傷人必多**，獨寫川。**民亦如之**。獨寫民。謂若任川常流，即有決時，傷人數少。若壅塞其川，忽焉潰決，一時洶湧，傷人必多。川之不可防也如此，民之利害亦如川然。**是故爲川者決之使導，爲民者宣之使言**。雙寫川民，謂治川者必決其壅障而導之使流。流則往來無阻也。治民者，必宣諭下民，而使之盡言，則得失可知也。**故天子聽政，使公卿至於列士獻詩**，列士，上士也。詩有美惡，獻之而美惡在於上心矣。**瞽獻典**，無目曰瞽，樂師也。典，樂典也。樂有邪有正，獻之而邪正入於王耳矣。**史獻書**，外史掌三皇五帝之書，獻之，而知往古之治體。**師箴**，少師箴刺王闕，以正得失。聞箴而知今日之勸戒。**瞍賦**，瞍音叟。無眸子曰瞍。瞍則賦公卿列士所獻之詩。**矇誦**，有眸子而無見曰矇。誦則誦典書與箴中之語，欲其不忘。**百工諫**，工執藝事以諫，以其通于道也。**庶人傳語**，庶人卑賤，見政事之得失，不能自達，以次相傳而語于王。**近臣盡規**，左右近王之臣盡規諫以告王。**親戚補察**。自王以下，凡父子兄弟同休戚者，補其闕而察其幾。**瞽史教誨**，太師奏樂，太史掌禮，相爲教誨。**耆、艾脩之**，耆、艾，師傅也。合衆職而修治之，以聞於王。**而後王斟酌焉，是以事行而不悖**。不獨宣一人之言必合舉朝之言，而後王斟酌以行焉。是以所行之事皆合于理，而不悖謬也。奈何欲障民之口也。已上言天子聽政，當斟酌于衆言以考得失，正見民謗不可防看他故字起之字止而後字轉是以字，證只是一句文字。**民之有口也，猶土之有山川也，財用於是乎出**；山川所以宣地氣而出財用，口亦宣人心而言善敗，故民之口猶山川也。**猶其有原隰衍沃也，衣食於是乎生**。廣平曰原。下濕曰隰。下平曰衍。有漑曰沃。山川之有原隰衍沃，發育更繁。凡人之衣食皆於是乎生矣。然則山川原隰衍沃皆王之所不可少，何獨怪乎民之口哉？口之宣言也，善敗於是乎興；口之宣揚其言也，凡政之善敗皆於是乎興。行善而備敗，所以阜財用衣食者也。王能聽用其言，民所善者行之，民所惡者備之，正所以厚其財用衣食者也。此段言使民宣言，不但可以免其害，並可以得其利，以財用衣食爲比。夫民慮之於心而宣之於口，二語説謗之可寶如此。成而行之，胡可壅也？且民之言不易發也，乃素籌之於心而後宣之於口，念慮已成，自然要發於言語之間，如何阻遏得住。若壅其口，其與能幾何？"言若阻遏其口，不久便當決發傷人，是不得其利，即受其害矣。與者，猶言與你遏得幾時也。王弗聽。於是國人莫敢出言。三年，乃流王於彘。流，放也。彘，晉地。

又"防民之口甚於防川"夾批："此喻是主。""民亦如之"夾批："□正□。""使導爲民"夾批："爲句雙合。""是以事行而不悖"夾批："□□有力。""胡可壅也"夾批："收'壅'字。""其與能幾何"夾批："暗收'潰'字。"

從正文中的評注來看，注文在韋昭注的基礎上，更爲注重句義的串講。評則注重段落大意的總括，注重關鍵語句的表達效果的揭示，注重特殊句式應用的揭示。夾批往往是對關鍵詞、關鍵語句功能的揭示。

"敬姜論勞逸"篇末總評引述羅大經之説出《鶴林玉露》卷四，原文云：

楊誠齋夫人羅氏，年七十餘，每寒月黎明即起，詣廚躬作粥一釜，遍享奴婢，然後使之服役。其子東山先生啟曰："天寒何自苦如此？"夫人曰："奴婢亦人子也。清晨寒冷，須使其腹中略有火氣，乃堪服役耳。"東山曰："夫人老，且賤事，何倒行而逆施乎？"夫人怒曰："我自樂此，不知寒也。汝爲此言，必不能如吾矣！"東山守吳興，夫人嘗於郡圃種紵，躬紡緝以爲衣，時年蓋八十餘矣。東山月俸，分以奉母。夫人忽小疾，既愈，出所積券，曰："此長物也，自吾積此，意不樂，果致疾。今宜悉以謝醫，則吾無事矣。"平居首飾止於銀，衣止於紬絹。生四子三女，悉自乳，曰：“饑人之子，以哺吾子，是誠何心哉?”誠齋父子，視金玉如糞土。誠齋將漕江東，有俸給僅萬緡，留庫中，棄之而歸。東山帥五羊，以俸錢七千緡，代下戶輸租。其家采椽土階，如田舍翁，三世無增飾。東山病且死，無衣衾，適廣西帥趙季仁饋纈絹數端。東山曰：“此賢者之賜也，衾材無憂矣。”史良叔守廬陵，官滿來訪。入其門，升其堂，目之所見，無非可敬可仰、可師可法者，所得多矣，因命畫工圖之而去。誠齋、東山清介絕俗，固皆得之天資，而婦道母儀所助亦已多矣。《左傳》：文伯之母老而猶績，文伯曰：“以歜之家而主猶績乎?”其母歎曰：“魯其亡乎！使僮子備官而未之聞也。居，吾語汝！民勞則思，思則善心生；逸則淫，淫則噁心生。沃土之民不才，淫也；瘠土之民莫不向義，勞也。是故王后親織玄紞，公，公侯之夫人加以紘綖，卿之内子爲大帶，命婦成祭服，列士之妻加之以朝服，自庶士以下，皆衣其夫。社而賦事，烝而獻功，男女效績，愆則有辟，古之制也。吾冀而朝夕修曰：‘必無廢先人。’爾今曰：‘胡不自安。’以是承君之官，予懼穆伯之絶嗣也。”因是觀誠齋夫人，乃知古今未嘗無烈女，未嘗無賢母。

過珙引述減縮爲：“楊誠齋夫人羅氏，年七十餘，每寒月黎明即起，詣廚躬作粥一釜，遍享奴婢，然後使之服役。其子東山先生啟曰：‘天寒何自苦如此?’夫人曰：‘奴婢亦人子也。清晨寒冷，須使其腹中略有火氣，乃堪服役耳。’東山曰：‘夫人老，且賤事，何倒行而逆施乎?’夫人怒曰：‘我自有此，不知寒也。汝爲此言，必不能如吾矣！’夫文伯之母耄不倦勤，乃知古今來未嘗無賢母。”以後來之事與敬姜之事相比。“王孫圉論楚寶”下引杭資能説云：“不寶白珩，而寶賢人，自是正論。但此等語易入道學一流，此則俱從國家關係處立論，便不蒙腐，然已被後人盜襲，至成爛熟套頭。其又以雲連徒洲爲寶，則後人至今未見臨摹也。可見後人只是依樣亂説，古人則盡是真實見識、真實本事，看他三樣寶串作一片，便可信。至其句法參差歷落，段法長短不齊，最有紀律之文。"杭資能即杭永年，清初文人，編纂有《古文快筆貫通解》。杭氏此評，既指出王孫圉所寶的正確性，同時指出這種話語容易被後人蹈襲而成套話，最後指出古今人之不同和文本篇章結構規則之嚴整。

過珙個人總評比較短，如其評"祭公諫征犬戎"云："耀德不觀兵，正是'勤恤民隱'實際處，只此二語，培植成周太和元氣多少。王不聽，而僅得狼、鹿以歸，不但不能耀德，併不成觀兵矣。此左氏之微詞也。"評"召公諫弭謗"云："天下有道，則庶人不議。厲王弭謗，顯以無道自居，所謂欲蓋而彌彰也。以召公之忠言而不納，王之流，其川之潰，與微宣王側身修行，雲漢憂勤，周祚幾斬矣。"評"襄王不許請隧"云："晉方挾天子以令諸侯，胸中亦未必敢窺大物，隧地一請，特欲光照四國，以顯定襄之功耳。然名器之假，千古爲防。一則曰私德，再則曰私勞，兩'私'字，不但折倒文公併五伯，假公者聞之，再不得藉口衰周一綫微陽，却轉而春和景明矣。"評"單子知陳必亡"云："《小雅》不忍言幽、厲之惡，《春秋》每有恕桓文之辭。身爲人臣，而語及宮闈，幾于褻矣。看其凡不便措詞者，一一提出先王以壓倒之，便令言之者無罪，而聞之者足戒，可以爲法。"評"敬姜論勞逸"云："一篇俱從'績'字上生情。婦職之外，推而上之，王侯君公之勤于國，庶人之勤于家，何莫非績之義也。聖人不以淫許之。淫，佚也。婦之不淫，猶勤之謂與？"評"叔向賀宣子貧"云："寫欒家三世，得失分明。寫郤家一門，暫時熱鬧，至一朝而滅，莫之哀也。二語辭氣最是淒涼。如此看來，憂亦何必？叔向之賀，真是曠古奇識。柳子厚賀王參元失火，從此學來。"評"王孫圉論楚寶"云："前以賢人爲寶，後以地利爲寶，俱從國家關係處立論，便令簡子譁囂之美，啞然失色，真可謂識寶之人。"評"諸稽郢行成於吳"云："《老子》云：惟天下之至柔，馳騁天下之至堅。吾于諸稽郢、大夫種之詞有感焉。夫以越之君臣所謀，土地所産，甲兵所聚，豈肯甘心于吳者。甜言鴆毒，何不悟也？"評"范蠡不許越成"云："看他十年生聚、十年教訓，設使二十年間，句踐早没于國，雖有百蠡，將焉用之？幸天不絶越，得報會稽之恥，是蠡之成功，皆天意也。特其扁舟泛湖若真鴻高舉，遠不可及，可爲古今來明哲保身之冠。"從

《古文覺斯》總評來看，特別注重對事件、人物的評價，重視事件本身的教化意義。

李宛穎對過珙《古文覺斯》(《古文評註》) 的影響進行過比較詳明的梳理①，讀者可參。過珙《古文覺斯》在《國語》的評點方面雖然篇目不多，但仍具有一定影響，且對《國語》研究具有一定學術價值。

(十一) 謝有煇《國語》評點

謝有煇，字立夫，清代前期人物，曾中雍正甲辰 (1724) 鄉試。乾隆年間所編《長洲縣志》卷二五 "人物四" 下云："謝志發……子有煇，字立夫，中雍正甲辰鄉試，教諭懷寧。課士有方，五年膺卓異，典知浙之縉雲縣，盡革陋規，衙齋蕭寂，至種菜自給，凡二年，以勘災中風寒，疾沒。縉雲數廉吏，至今首屈指焉。" 又《蘇州府志》卷三十九 "雍正二年補行癸卯正科" 下載："長洲謝有煇，立夫，縉雲知縣。" 可知，謝有煇曾擔任過知縣。謝有煇所纂《古文賞音》十二卷，有康熙四十六年 (1707) 師儉閣本，又有嘉慶三年 (1798) 紅杏齋刻本。今所用為紅杏齋重刊本。其書前有謝有煇康熙四十六年序、嘉慶三年宋思仁敘、凡例十條，各卷目錄置於每卷之前，前兩卷為《左傳》，卷三為《國語》《公》《穀》。其凡例之三云："《國語》有補《傳》之未備者，或簡質可備法戒者，方收入此集。若華贍而不免繁縟者，不盡錄也。" 今檢《古文賞音》選入《國語》25 篇，篇目分別為：祭公謀父諫穆王征犬戎、召公諫厲王止謗、襄王不許晉文公請隧、晉圍陽樊不下、單子知陳之亡、魯臧文仲請糴于齊、魯里革更書逐莒僕、魯里革斷罟、魯季文子儉德、魯季敬姜論勞逸、魯閔馬父論恭、晉驪姬以危言劫獻公、晉胥臣論教因材質、晉范武子杖擊文子、晉伯宗之妻賢智、晉張老止文子作室之僭、晉叔向賀韓宣子之貧、晉穆子不受鼓人之降、晉穆子使夙沙釐相嶧、晉董安于辭趙簡子賞、晉趙簡子使尹鐸、楚王孫圉論以善為寶、楚藍尹亹論吳之敗 (附《左傳》異同)、越諸稽郢行成于吳、吳申胥諫許越成，

其中《周語》5篇、《魯語》6篇、《晉語》10篇、《楚語》《吳語》各2篇。篇題大體上囊括本篇大義而成。所選或皆如謝有煇所云"補《傳》之未備","簡質可備法戒"。

《國語》下小字注云："注本韋昭,但取幼學便讀,其說之費解者,不揣鄙陋,稍加增删。"每篇先列篇題,篇題之下小字標注出自何語,有的還對涉及的君主進行解釋。正文中有隨文小注,凡謝氏自己在文中的評點,在注文後加"〇"隔開。無注文者,正文之下以"〇"隔斷,以注文形式出之。又有注文之下直接加"愚意"二字進行辨析者。正文旁有圈點,欄外有評點,篇末有總評,總評中凡謝有煇個人評點多於段末注"立夫"二字。

其首篇首頁欄外評點云:"左氏欲爲《春秋傳》,故先著《國語》。今先敘穆、恭、厲、宣時事,其以爲周德之所自衰乎?抑姑述其所聞乎?夫黍離之降爲國風,爲王跡熄也。此其爲一統□□而列于《國語》,恐亦亂其例矣。"是謝氏對《周語》列入《國語》的基本看法。

欄外評點一共15處,有總評《國語》產生的原因以及《周語》列入《國語》的體例問題,如首篇評點。有揭明版本異文的,如"敬姜論勞逸"章"懼干季孫"評:"干,一本作'忓'。""胥臣論教因材質"章"是則文王非專交回"評:"一本'是'上有'一'字。"有釋音注者,如"胥臣論教因材質"章"僬僥不可使舉"評:"僬僥,音焦遥,西南夷名。"又本章"嚚瘖不可使言"評:"嚚音銀,瘖音因。"有釋文義者,如"敬姜論勞逸"章"日中考政""日入監九卿"欄外評云:"日中、日入異辭者,猶《尚書》之言日中星鳥、宵中星處。"如"藍尹論吳之敗"附哀元年《傳》"室不崇壇,器不彤鏤,宮室不觀"欄外評云:"築土曰壇。彤,丹也。鏤,刻也。不觀,不爲臺榭。"又本處附《傳》"死知不曠"欄外評云:"不曠,謂能恤其□□。"有補充史實者,如"伯宗之妻賢智"章"諸大夫害伯宗"欄外評云:"《左》:晉三郤害伯宗,譖而殺之,及欒弗忌。"另"穆子使夙沙釐相翟"章欄外評云:"昭二十二年載,穆子襲鼓滅之,使涉佗守之。"有揭明旨意者,如"叔向賀韓獻子之貧"章欄外評云:"大旨在規獻子。賀之,却是客意。"

文中注末評點數量較多，"祭公謀父"章有 10 處，"召公諫止謗"章有 6 處，"襄王不許晉文公請隧"章有 3 處，"晉圍陽樊不下"章有 5處，"單子知陳之亡"章 12 處，"臧文仲請糴於齊"章 1 處，"里革更書"章 1 處，"里革斷罟"章 2 處，"敬姜論勞逸"章 13 處，"驪姬以危言"章 10 處，"胥臣"章 1 處，"武子杖擊"章 1 處，"叔向賀"章 5處，"穆子不受鼓人之降"章 2 處，"簡子賞尹鐸"章 2 處，"藍尹論吳之敗"章 1 處，"王孫圉"章 6 處，"諸稽郢"章 14 處，"申胥諫吳王"章 7 處，共 102 處。大體包括引證前人評點、總括篇旨、解釋文義、商榷韋注、分析段落、揭明音注、補充史實、校勘異文、揭明内涵、棄舊注而另立新説等内容。今以《周語》五篇爲例，以見其大略。

"祭公謀父"篇"先王耀德不觀兵"注"昭明德化，不以小小而示威武"後評云："一篇主意。"這是揭明"先王耀德不觀兵"是整篇立論的基礎和核心思想。"觀則玩，玩則無震"注"輕動則人不畏"後評云："如此看來，兵之不宜輕動明矣。""允王保之"注"信哉武王能保此時夏之美"後評："按：朱子《詩》注謂求懿美之德，以布陳于中國，則信乎王之能保天命也。""故能保世以滋大"下評云："又舉先王以申耀德不觀兵之意。""而自竄於戎翟之間"注"韋注：不窋去夏遷邠，邠西接戎，北近翟"後評云："按《詩·公劉》遷邠，《史記》公劉子慶節國豳。""是先王非務武也，勤恤民隱而除其害也"注"武王雖嘗用兵，然不得已而動，仍不失耀德之意"後評："以上摠見先王之耀德不觀兵如此。""歲貢"注"貢于壇墠"後評："疑是三年五年朝聘之貢。""是以近無不聽，遠無不服"下評："極言先王之耀德不觀兵，而其效如此。""且觀之兵"下評："以不享征之，是借名。主意全在觀兵。""其有以禦我矣"注"禦我，見其必不心服"後評："穆文熙曰：舉先王之訓，見不可伐；有以禦我，見不能伐。""自是荒服者不至"下評："此要其役言之，以爲觀兵者之戒。"

"召公諫止謗"篇"以告則殺之"下評："告則殺之，不待按驗。""國人莫敢言，道路以目"下評："以目相視，喻意，恐言之，即涉于謗也。""乃不敢言"下評："玩'乃'字，是喜極語。""召公曰：是障之也”注“障，防也”後評：“是防塞之，不可謂弭謗。”“決之使導”下評：“導之則勢緩而不至于決。”“爲民者宣之使言”下評：“宣之使言，則足以發其好惡，而不至合怒，以下皆宣之使言也。”“瞽獻典”注“瞽，樂師。典，樂典”後評：“一本作‘曲’。”“而後王斟酌焉”下評：“斟酌二字有味，不特能聽其言，直將見之行事。”“是以事行而不悖”下評：“爲天子者，只宜宣之使言如是。”“所以阜財用衣食者也”注“阜，厚也”後評：“民所善者行之，其所惡者備之，則言者無所顧忌而上實資以益善其政，民皆盡力以事上，是使財用衣食出不窮而生不竭也。”“夫民慮之於心而宣之於口，成而行之”下評：“民之出言，本非容易。”“於是國人莫敢出言”下評：“不但不敢謗，乃至莫敢出言，其爲必潰之勢無疑。”

“襄王不許晉文公請隧”篇“以待不庭不虞之患”注“庭，直也。不直，猶不道。不虞，不虞度而至之患”後評：“按《周書》四征弗庭，蔡注謂弗來庭者。”“以臨長百姓，輕重布之，王何異之有”下評：“輕重布之，貴賤各有等也。王何異之有，言帝王皆然。愚意，‘何異之有’與‘亦唯是’三字呼應，謂天子諸侯之別唯有此耳。除此之外，王何異焉。”“其叔父實應且憎，以非余一人”下評：“外雖應之，心必憎之，非其不能守禮。”“先民有言曰：改玉改行”注“佩玉所以節行步，天子諸侯遲速有節”後評：“諸侯若爲天子，則改佩天子之玉，而就天子之行步矣。”“余一人其流辟於裔土，何辭之與有”下評：“不敢禁止叔父矣。”

“晉圍陽樊不下”篇“宜吾不敢服也”下評：“不以不服爲罪，反以不敢服爲宜。”“若之何其虐之也”下評：“倉葛之言，觸怒晉君極矣。又扯出天子之父兄甥舅來，使晉君不敢行彊。”

“單子知陳之亡”篇“川無梁”注後評：“伏下廢教。”“縣無施舍”注後評：“伏下棄制。”“以入夏氏”注後評：“伏下犯令。”“留賓弗見”下評：“伏下蔑官。”“民將築臺於夏氏，及陳”下評：“上已在陳境，此□至國中言。”“是廢先王之教也”下評：“此第一段，言陳之廢教。”“是棄先王之法制者也”下評：“此第二段，言陳之棄制。”“是蔑先王之官也”下評：“此第三段，言陳之蔑官。”“是又犯先王之令也”下評：“此第四段，言陳之犯令。”“九年，楚子入陳”下評：“靈公身受大咎，其國幸而不亡。”

　　從以上五篇的文中評點，可以見謝有煇評點内容之豐富。總評則附在每篇最末，評語最後多署“立夫”二字，多直下己意，也有引用他説者。其評以分析文義、講義節、正人心、明人倫爲主，很少涉及文章技法。如其評“祭公謀父諫征犬戎”篇云：“兵力足以及于犬戎，勢可謂盛矣。不知盛而不節，正衰機之所自伏。耀德不觀兵，上古哲王之明訓也。自是荒服者不至，後世百王之炯戒也。”評“召公諫止謗”云：“先王立爲諫法以貽子孫，而王方以監謗爲得計，置召公言於罔聞，是知其失而逞欲者也。辟之流王于彘，又可悔乎哉？”評“襄王不許晉文公請隧”云：“真西山曰：此篇要領在‘班先王之大物以賞私德’一語。後云‘余敢以私勞變前之大章’，蓋覆説此意也。晉文之定襄王，自以爲不世之大功。其請隧也，蓋寖寖乎窺大物之漸。襄王目之曰‘私德’、曰‘私勞’，所以折其驕矜不遜之意。玩其辭氣，若優游而實峻烈，真可爲告諭諸侯之法。割王畿之地以益自削弱，亦非王章也。然寧賜以地，不許請隧，即是唯名與器不可以假人之意。觀其答文公處，義正而嚴，辭婉兒確，宜文公不敢復請也。”評“晉圍陽樊不下”篇云：“襄王賜晉侯地，《左傳》謂四邑，《國語》謂八邑，晉文若能辭之，則視齊桓之還諸侯侵地，更覺正大。乃敢稱兵于天子之境。首圍陽樊，次復圍原，獨不慮爲諸侯口實乎？倉葛之呼，殊足吐氣。然流離播遷，比原民之苦更倍矣。”評“單子知陳之亡”云：“決陳侯之咎，一一驗之於人事，是謂信而有徵，可以爲覘國之法，可以爲警誡之箴。陳文莊公評是文曰：此篇文最齊整。凡四大段，而至末又摠括之教、制、官、令四字，應前文有歸著。”評“藍尹論吳之敗”云：“一夕之宿，臺榭陂池必成，六畜玩好必從，其爲勢力之盛何如？而藍尹知其自敗，不能敗人，真覘國良法。使吳有賢臣，毋寧亦以是諫其君哉？何不聞有繼相國而興者也。”本條後附《左傳·哀公元年》故事以爲對照，並評云：“《左傳》《國語》出於一人之手，其所傳異辭若是。”評“王孫圉論以善爲寶”云：“就簡子一言之失，暢發其論，以折倒晉庭之士，自是專對之才，然未免鋒鉆太露，視以孫穆子之重拜，□□甯武子之不答，賦《湛露》《彤弓》，遜一籌矣。"評"諸稽郢行成於吳"云："物必先腐也，而後蟲生之。吳王惟有廣侈之心，故可以約辭動，迨再許之平，而越乃還玩吳于股掌之上矣。舊注指此爲哀元年敗越夫椒之事。林西仲謂哀十一年，吳將伐齊。《國語》篇首云：'吳王既許越成。'則是年吳又伐越，□乎無疑，確甚！"評"申胥諫吳王勿許越成"云："子胥之諫非不力，料越之辭非不智，然愚猶咎其夫椒之役之諫，不能無議焉。夫吳王之蓋威好勝，子胥知之審矣。而乃以過視吳，以少康視越，宜其不相入也。夫差同伙人立於庭，出入必謂己曰：'夫差，爾忘越王之殺爾父乎？'苟以此言激之，當必有動。失此機會而侈心既肆，其後更難挽回矣。"

從以上評點可以看出，謝有煇篇末總評主要關注篇章思想内容以及教化作用的揭示，當然也涉及篇章字法，如評"單子知陳之亡"即涉及篇章結構分析。此外還涉及《左傳》《國語》異同問題、篇章的思想史價值問題等等。和金聖歎等人的評點相比，其篇末總評的點評主體、主題都相當突出，具有自己的特點。欄外評點和文内評點，對深入研究《國語》都具有一定的學術價值。此書刊刻較早，嘉慶年間又得重刊，但作者影響力較小，故其《國語》評點對《國語》研究的影響相對較低。當然，高塙《國語鈔》曾選入謝有煇評語，説明其評點還是受到後世關注的。

（十二）周静專等《國語》評點

周静專、周星若編輯《古文易知録》，十分罕見。今在《舶載書目》中見其梗概①。謂山陰周静專、星若輿輯，同邑吳楚材參訂。有序，爲康熙丙申（1716）仲冬年家眷弟姚廷傑澄齋撰。全書十二卷，周文共四

---

① ［日］大庭脩：《宫内廳書陵部藏舶載書目（附解題）》，日本關西大學東西學術研究所1972年版，第17册，第1頁。按：清代前期，有數量較多的古文選本，其編選主要爲了普及文章技法等等服務的，故而不受到收藏者的重視。有些選本今已很難見到了。

卷，其中前二卷收《左傳》，第三卷收《國語》十二篇、《公羊傳》三篇、《穀梁傳》二篇、《檀弓》六篇。其中所選《國語》十二篇分別爲：祭公諫征犬戎、召公諫厲王止謗、襄王不許請隧、倉葛不服晉、展禽論祀爰居、里革斷罟匡君、敬姜論勞逸、驪姬以危言刦獻公、叔向賀貧、王孫圉論楚寶、諸稽郢行成於吳、申胥諫許越成。周静專、周星若、吳楚材還曾編過《綱鑒易知録》，有多種印本。

（十三） 儲欣《國語》評點

儲欣（1631—1706），字同人，號在陸，世稱在陸先生，祖籍山東曲阜，後定居江蘇宜興。康熙二十九年（1690）中舉，終生以著書、教書爲事。著有《春秋指掌》三十卷、《在陸草堂集》六卷、《在陸草堂詩集》，編選有《唐宋十大家文全集録》和《古文七種》（《國語選》《國策選》《公羊選》《穀梁選》《史記選》《漢文選》《唐宋八大家類選》）等。《四庫提要》謂："欣以制藝名於時，而古文亦謹潔明暢，有唐宋家法，大致於蘇軾爲近。"《國語選》是《古文七種》之一，其編選目的是爲科舉服務的，胡秀經認爲："儲欣編選《古文七種》的目的是爲了嘉惠後學，指導科舉時文寫作，是儲欣講學時所用的教材。"[1]

1.《國語選》的版本

根據苗俊玲、付瓊《儲欣及其所編家塾文學選本考述》，《國語選》和《公穀選》是由儲欣再傳弟子史更期、任環、吳景熹、徐銘硯集資刊行的。始由受祉堂刻於雍正戊申（1728），此後乾隆乙丑（1745）、乾隆丙戌（1766）、乾隆甲辰（1784）等時期又曾重刊。[2] 此外，又有乾隆乙巳（1785）二南堂梓行本，又乾隆癸巳（1773）同文堂新鐫本，又咸豐壬戌（1861）新刊本。又静遠堂嘉慶癸酉（1813）重刊本、光緒九年（1883）重刊本等。又有乾隆間書業堂《儲選七種》簽、蔚文堂藏版用受祉堂原本。又中山圖書館尚有二南堂刊八卷本一部一册、同治元年

---

① 胡秀：《儲欣古文理論及批評研究》，華中師範大學碩士學位論文，2017 年。
② 苗俊玲、付瓊：《儲欣及其所編家塾文學選本考述》，《廈門廣播電視大學學報》2013 年第 1 期。

（1862）四卷本一部二冊。可見儲欣《國語選》流傳甚廣。

　　2.《國語選》選録篇目及選録標準

　　今見儲欣《國語選》版本二種，其一爲雍正戊申受祉堂刻本《國語選》，首爲徐銘硯序、次爲《國語選》名録、次爲吳景燾序、次爲《國語選》正文；其一爲光緒九年静遠堂重刊本，該本依次爲吳景燾序、《國語選》目次、《國語選》正文。吳氏書序，雍正、乾隆、咸豐年間爲行書，静遠堂本改爲楷書。静遠堂本目次最後有案語，謂：“童年讀《國語》，每苦辭意深奥。故先生是選，篇後多有尾注。兹照原書，逐句加入注釋。非敢變舊，思宗先生意而擴充之也。其眉評亦移置行閒，使合他種以爲一。”可知静遠堂本的體例和受祉堂本不同。

　　儲欣《國語選》共四卷，其中《周語》一卷，收 18 篇；《魯語》《齊語》一卷，收《魯語》14 篇、《齊語》3 篇；《晉語》《鄭語》一卷，收《晉語》28 篇、《鄭語》1 篇；《楚語》《吳語》《越語》爲一卷，其中收《楚語》8 篇、《吳語》7 篇、《越語》4 篇。全書總共收《國語》83 篇。

　　徐銘硯序云：

　　　　《内傳》不可删，《外傳》不可不删。蓋自左邱失明，厥有《國語》，是書最爲晚成，其一生之全力俱注於《左氏春秋》一書，而此特以餘力游衍者也。又自矜淹博，故其言哤；好語災祥，故其言鑒。以致韓昌黎目爲浮誇，柳河東摘其疵謬，不虚也。所貴好學深思之士精於決擇，作初學津梁。譬如玉焉，攻其片瑕，則全瑜見矣；譬如醴焉，漉其糟粕，則精華出矣。此在陸先生之於《國語》，是以有去有取，而寧約毋濫也。若夫去取之意，先生嘗自言之。其言曰：《國語》文字有全用《内傳》者，可置；有繁冗駁雜不及《内傳》者，可删；有勝於《内傳》者，可録。以《外傳》輔《内傳》，此讀《國語》法也。其《内傳》缺而特見於此者，則又际乎其文。嗚呼，觀先生所自言已盡之矣，予不贅。戊申長至後三日，門下後學徐銘硯謹識。

　　徐序 “《外傳》不可不删” 實爲儲欣《國語選》張本，並且對《國語選》的選録原則作了説明，即所選録皆 “勝於《内傳》者”。其所選録各語篇目，以該篇首句作爲篇名，和陳仁錫、二乙堂本的立目標準一致。所選八國語篇目有：《周語》選入 “穆王將征犬戎”“厲王虐，國人謗王”“厲王説榮夷公”“宣王不藉千畝”“魯武公以括與戲見王”“宣王料民於太原”“西周三川皆震”“襄王賜晉惠公命”“鄭人伐滑”“晉文公既定襄王於郏”“王至自鄭”“温之會”“定王使單襄公聘於宋”“晉既克楚於鄢”“柯陵之會”“穀洛鬥”“敬王將鑄大錢”“城成周”，《魯語》選入 “魯饑”“温之會”“海鳥曰爰居”“莒太子殺紀公”“宣公濫於泗淵”“季文子相宣成”“襄公如楚”“平邱之會”“季桓子穿井”“公父文伯退朝”“吳伐越，墮會稽”“仲尼在陳”“齊閭邱來盟”“季康子欲以田賦”，《齊語》選入 “桓公自莒反於齊”“正月之朝”“桓公欲從事於諸侯”，《晉語》選入 “獻公伐驪戎”“獻公田”“公之優曰施”“優施教驪姬夜半而泣”“反自稷桑”“既殺夷齊卓子”“元年春”“文公問於郭偃”“文公問於胥臣”“宋人殺昭公”“范文子暮退於朝”“趙文子冠”“鄢陵之役”“悼公與司馬侯升臺”“平公射鷃不死”“趙文子爲室”“秦后子來仕”“叔向見韓宣子”“中行伯既克鼓”“范獻子聘於魯”“董叔將娶於范氏”“趙簡子使尹鐸爲晉陽”“趙簡子問於壯馳兹”“趙簡子嘆”“知宣子將以瑤爲後”“知襄子爲室美”“還自衛”“晉陽之圍”，《鄭語》選入 “桓公爲司徒”，《楚語》選入 “屈到嗜芰”“靈王爲章華之臺”“左史倚相廷見申公子亹”“靈王虐”“司馬子期欲以其妾爲内子”“鬥且廷見令尹子常”“子西嘆於朝”“王孫圉聘於晉”，《吳語》選入 “吳王夫差起兵伐越”“吳王夫差告諸大夫”“吳王夫差既許越成”“吳王還自伐齊”“吳王夫差既殺申胥”“吳王昏乃戒”“吳王還自黃池”，《越語》選入 “越王句踐棲於會稽之上”“越王句踐即位三年”“王召范蠡而問”“至於玄月”。《國語選》所選篇目和徐銘硯序文所言是相應的，各篇絶大多數不出於《左傳》。而在儲欣看來，所選《國語》内容有勝於《左傳》之處。總之，這些篇目都可以補充、輔證《左傳》。這是《國語選》的選目原則，也是《國語選》的主要編選目的。

吴景熹序云：

　　《國語》一書，始西周之末，迄戰國之初。實穆王以後數百年之史也。麟經爲經，《左傳》爲傳，皆不可爲史。即日編年紀月，已開百代之史法矣。而詳《内》而略《外》，先魯而後列國。此特一國之史，而非天下之史。獨《國語》首冠以周，尊王也。史家先本紀，祖此。次魯、次齊、次晉、次鄭，重中國諸侯也。史家繼以世家，祖此。厥後，乃及楚、及吴、及越，外夷也。史家終以列傳，祖此。故《國語》雖稱外傳，而實穆王以後數百年之史也。學者讀史，不可以不窺其全，無以識其變。學者讀史，亦不可不纂其要。不纂其要，無以得其精。況《國語》，班固《藝文志》止云二十一篇，其後鄭衆、賈逵、王肅、虞翻、唐固、韋昭、孔晁、宋庠之徒爲之解詁、音釋，其多至二十卷，更二十一卷，更二十二卷，各有不同，何歟？即《藝文志》二十一篇中分而析之歟？抑或憑其胸臆有所竄入，以僞而亂真歟？則是今所傳《國語》可信者半，可疑者亦半也。必讀者半，不必讀者半也。弘覽之士雖專務博綜，而揣摩之家要歸於簡練，夫亦各從所好也云爾。學者誠欲由博而反約，或守約而後博，則在陸先生所選具在，未必非纂要取精之一助也。試伏而誦之，不特《國語》之精華畢萃於是，而即穆王以後數百年間所謂觀法之原、得失之林，亦可略見一班矣，必全豹乎哉？予家與先生誼系世好，故先生所選古今文讀本並珍之什襲，而《國語》尤重而習之，不輕以示人者。今謹出之，以公諸世。雍正戊申臘月望前一日，門下後學吴景熹謹識。

　　吴序對《國語》性質、影響、流傳、去取以及《國語選》的價值進行了比較全面的闡述。吴景熹認爲《國語》和《左傳》不同。《左傳》是後來史學撰述體例的開創者，但《左傳》是一國之史，而《國語》是列國之史。並且進一步揭出了《國語》對《史記》以及後來史書體例的影響。對於《國語》篇卷記載不同的問題，吴氏認爲不排除後來研究者

"竄入"的嫌疑，故而認爲"《國語》可信者半，可疑者亦半也。必讀者半，不必讀者半也"，這也是爲《國語選》張本的説法，但和徐銘硯持論不盡相同。徐氏是從《國語》内容以及語言特點的角度來立論的，吴氏則是從《國語》内容真僞的角度來立論。凌揚藻《蠹勺編》卷四即以"史裁備於《國語》"爲題，選録了吴景熹序文"《國語》一書"至"數百年之史也"一段文字，可見吴景熹這一論斷的影響。

整體而言，《國語選》的編選篇目數量還是比較多的。

3. 《國語選》的評注内容

孫琴安認爲："儲欣的評點，較之一般的評家要精細一些。先不説評語，僅以點論，就有圈有點，圈中又有圓圈——'○'和三角圈——'△'，點中則用黑逗點'、'，時大時小，不知何意，或爲刻印不當所致。圈點以外，他在文中還時加批點，皆爲旁批，其批點多不繁複，有如宋人，只在關鍵處或起承轉合和總括處纔加標示。每文之題目下，還有一段題解。"① 誠如静遠堂本目録後案所言，《國語選》至静遠堂本，在體例上較以前之本有所變化。受祉堂本正文内無注，少有的幾個注文以夾批形式出現，注文放置在篇末評語之後。被釋語往往截取兩個音節，且施注較少，如"穆王將征犬戎"一篇，受祉堂本一共 11 處注文；而静遠堂本隨文爲注，注文較爲繁密，"穆王將征犬戎"一篇共 62 處注文。不管注文條目多寡，具體注文字數都極爲簡單，可知是爲明曉語義而施，率從韋昭注化來，無關訓詁考據。受祉堂本欄外有評語對段意進行概括，静遠堂本則移至篇内。如"先王之制"，受祉堂本於欄外書"周制"二字，静遠堂本則移"周制"二字於"先王之制"旁。此外，受祉堂本篇内夾批有關於文義者，静遠堂本則移至相關文字之下以雙行小注出之。如受祉堂本"明利害之鄉"句旁注云："向，方也。""序成而有不至"旁注云："五者次序已成。""犬戎樹惇"旁注："立性惇樸。"静遠堂本率皆移至文中。受祉堂本印製比較粗糙，有墨釘、印脱之處，如"周文公之頌曰載戢干戈"旁批當爲"虚證"二字，但是受祉堂

---

① 孫琴安：《中國評點文學史》，上海：上海社會科學院出版社 1999 年版，第 238 頁。

本印脫"虛"字；又"四白鹿"欄外"周之敗端"，受祉堂本"之敗"二字處爲墨釘。總體而言，静遠堂本比受祉堂本印製精審，但也存在脫省現象。如"周之敗端在于此矣"，静遠堂本即無"矣"字，當是印脫。

《國語選》篇名用每篇首句，在篇名立目上直承陳仁錫等，該篇内容與《左傳》同者，往往於篇名之下注明某公某年。篇章内評點往往著重於文章結構、語言風格、論述特點等等。篇末總評風格多樣，涉及較多。今檢《國語選》全書一共 81 條總評，多者不過百字左右，少者三四字。今臚列其《周語》各篇總評如下：

1. 《周書》以穆王終，《周語》託始穆王，明其繼《書》而作也。（"穆王將征犬戎"章）

2. 厲王無道甚矣，《傳》止載二條，以其塞人言、擧專利也。嗟乎！此亡國之本也。城門開、言路閉而宋亡，拜三公悔不小靳而漢亡。兼斯二者，不亡何待？（"厲王虐，國人謗王"章）

3. 利歸則難作。中人之性，見利思難，可矣。（"厲王説榮夷公"章）

4. 沈博絕麗之文。按宣王憂旱之詩曰："耗斁下土，寧丁我躬。"勤民至矣，而憚勞於一墢，殊不可曉。（"宣王不藉千畝"章）

5. 明不順之害，反覆穿透。（"魯武公以括與戲見王"章）

6. 宣王承厲王之後，赫然中興，見於二《雅》之所歌，焜耀百世，可謂盛矣。傳者徒以姜戎之敗，齒之廢滅而少之，捃拾"料民"一節，爲後嗣妖祥，何其刻而誣也。（"宣王料民於太原"章）

7. 柳子非其但論天事，不言人事，然當時人事斷無可補救者。第歎息於天之亡周而已。（"西周三川皆震"章）

8. 有結構。（"襄公賜晉惠公命"章）

9. 鄭執王使，不得不怒，但當告於諸侯以圖之，不當用翟耳。文於諫用翟處尚略。（"襄王十三年，鄭人伐滑"章）

10. 即《内傳》未有"代德"二語，彼約而能該，此煩而不厭。晉文請隧，帝制自爲矣。襄王不許，嚴辭責之，差强人意。

（"晉文公既定襄王於郟"章）

11．意嚴而辭婉。（"王至自鄭"章）

12．惟大義可以服人，雖悍侯，不能不屈於屓主也。（"溫之會"章）

13．先敘後論，論分四段，此古文間架之祖也。（"定王使單襄公聘於宋"章）

14．柳子曰："單子罪郤至之伐，當矣。因以歷數舍鄭伯下楚子逐楚卒，咸以爲奸。則是後人乘其敗以追咎之也。郤氏誠良大夫，不幸其宗侈而不能制，以及於禍。今必求其惡，以播於後世，然則有大惡，幸而得終者，固已掩矣。世俗之情固然耶？"戰以盡敵爲上，單子之言誠不可易矣，信斯言也。溫季鄢陵之役，三奸耶？三伐耶？成敗論人，固世俗之見。然是非難以昧昧也。柳州儻有慨於當日之囂嘵，而爲是說歟？（"晉既克楚於鄢"章）

15．斷處確有至理，非漫言禍福者。（"柯陵之會"章）

16．未免誇多鬭靡矣。然以是供人採取，則衣被無窮。（"靈王二十二年穀洛鬭"章）

17．柳子深非召災之說，以爲未之前聞，不知民離則災必至，本是一串事，固亦未可深非也。（"景王二十一年將鑄大錢"章）

18．末幅比類激烈，孔明所以歎息痛恨於桓靈也。（"城成周"章）

孫琴安認爲："儲欣之評文，向以精鍊著稱，多則數十字，少則一二句。"① 《國語選》評語正可印證孫氏之言。程繼紅認爲："儲氏的《國語》評點，多結合柳宗元的《非國語》展開議論。他對柳宗元之評，在尊重柳文的前提下，又有自己的獨立判斷。同時他的評點史學味很濃厚，具有强烈的求實精神和歷史感，並具有很强的思辨性。"② 儲欣《國語選》81 條總評中，明引柳宗元者 7 處。儲欣所評涉及甚廣，有對《國

---

① 孫琴安：《中國評點文學史》，上海：上海社會科學院出版社 1999 年版，第 238 頁。
② 程繼紅：《明清〈國語〉評點研究》，安徽師範大學碩士學位論文，2007 年。

語》史學價值或經學價值的認定，有對《國語》敘事或者史裁的評價，有對《國語》文章結構、用詞的評價，有對《國語》具體篇章主題的揭示，有對《國語》《左傳》記事的比較，有對《國語》思想的評價等等。既有對整篇的評述，也有對篇章某一部分的評述。

孫琴安、胡秀等認爲儲欣在思想上以儒爲宗，在爲文之法上主張學習唐宋諸家之法，"以古文爲時文"，强調才、氣在文章中的作用；在情感上，認爲做文要直抒胸臆，於樸實無華的文字中表達真摯的感情。[①]儲欣的這一主張，和王鐸不同。可見，儲欣在繼承前代《國語》評點的基礎上又有創發。

（十四）俞長城《國語》評點

俞長城（1668—1722?）[②]，字寧世，一字桐川，號碩園，桐鄉人。康熙二十四年（1685）進士，官編修，"年五十五卒於維揚"[③]。編選有《可儀堂一百二十名家制義》《一百二十名家全稿》，著有《可儀堂文集》《俞寧世文集》等。其《可儀堂文集》二卷絶大多數與《俞寧世文集》重複。

其《國語》評點並没有專門集子流傳。于光華《古文分編集評》引俞説 32 條，高嵣《國語鈔》引述其評點 54 條，具有一定規模。汪基《古文喈鳳新編》也引述俞長城數條。汪基、高嵣去俞長城一百多年，何從得之，不知其詳。或俞氏當時本有專書，因何佚之，也不知其詳。凡此，都值得進一步探討。高嵣《國語鈔》篇末總評引述多家，帶有輯評性質，而所引俞長城之説尤多，且絶大多數置於總評首條，居於明人評點之前，足見高嵣對俞長城評點的重視。今以《國語鈔·周語》引述俞長城評點爲例，以見俞氏《國語》評點之大略。

---

① 孫琴安：《中國評點文學史》，上海：上海社會科學院出版社 1999 年版，第 238 頁。胡秀：《儲欣古文理論及批評研究》，華中師範大學碩士學位論文，2017 年。
② 多位學者以俞長城生平不詳，今從宋志强之説，以其生年在 1668 年，卒年在 1722 年存疑。
③ 《光緒桐鄉縣志·人物下·經學》，本卷第 5 頁。

1. 犬戎，荒服也。以不享征之，失其制矣。先王于當征者，猶務德不務兵，況不當征者乎？篇首書“征”，結書“荒服”，大義了然。“先王耀德不觀兵”是統論，“先王之制”是切論。“耀德”輕帶“觀兵”，論觀兵，重耀德。變《尚書》樸質渾穆之風，節奏舒徐，波紋蕩漾，神氣又極深厚。允爲古文之冠！（“祭公諫征犬戎”篇）

2. 於耽情溺志中，説得驚魂蕩魄，與《内傳》叔向母議論相敵。（“密母戒子”篇）

3. 喻雋矣，又變化議核矣，又疏宕。〇漢文帝除誹謗妖言，詔庶幾可以媲美。（“召公諫厲王止謗”篇）

4. 專利不知大難，是一意，亦是兩意。首句提明，以下專利矣。又“不知難”是一層；不專利尚當知難，何況專利，又一層。祇兩層意跌宕，文筆圓變，遂覺畦徑莫測。（“芮良夫論榮夷公專利”篇）

5. 徵事古核，運筆峭質，立議周匝，布局渾成。文至此，學士才人一齊束手。〇全用敘事體，中以提綴分出界限，乃密中之疏。有耕即有穫，以一句對上四百餘字。全篇論務農，忽入講武句，爲戰于千畝作案，乃拙中之巧。（“虢公諫不藉田”篇）

6. 下事上，少事長，王命本順也。若少不事長，則下不事上，王命教之逆矣。故魯人從之，則王命之順者不行；不從而不誅，則王命之逆者又不行。若不從而誅之，是以王命之逆者誅王命之順者，此自誅也。窮究是非利害，徹始徹終，屈曲堅峭，莫作輕快文字讀。（“仲山父諫立戲”篇）

7. 料民之故，因官失其職，民數不詳，又不能耕籍蒐狩之禮，故有此非法之舉。且喪師而料民，有盡民用力之意，政疏而心忍矣。一事中看出無窮關係，真名臣之言。（“仲山父諫料民”篇）

8. 地何以震？地震何以便當亡國？其所以然之，故實説得出，此後言災異之祖也。（“伯陽父論地震”篇）

9. 説先王百姓，以分折之。説大物明德，以理論之。〇大物非由私賞，不可請。定王雖有功，先王視之，則私勞也，不當請。有德

則物自至，不必請。意嚴而深，詞婉而勁。（"襄王不許請隧"篇）

10. 一篇皆呼聲，忽抑忽揚，如泣如訴，使聞者惻然動心。拙手敘寫，竟若面談。則文情呆滯，不能淪入肺腑矣。倉葛有詞，陽人賴之，所謂明主可以理奪也。（"倉葛呼晉師"篇）

11. 義正詞嚴。提一"逆"字，不但寬釋衛君，並以折服霸主。當與"請隧"篇參看。（"襄王不許殺衛侯"篇）

12. 飫禘主敬，宴饗主和。隨季來周，待之以和爲貴。一曰"修舊德以獎王室"，一曰"王室之一二兄弟，和協典禮，和同可觀"，結重總在"和"字。○全烝有重用之者，有輕用之者。重用在於禘郊，輕用在於戎翟。即房烝、殽烝亦各有所辨，何論全烝？三段界限如是。（"定王論饗禮"篇）

13. 中間板板四段證據詳確，議論正大，而筆調又風韻。總敘總束，結構謹嚴。○每段徵古而以人字入事，徵古每段長衍入，今却用短節，便有峭致，有含蘊。○玩其前後錯綜相應，處得變化法。（"單襄公論陳亡"篇）

14. 敘次收拾，最瑣最括；提掇包裹，最寬最謹；發揮疏解，最微最核；轉折承接，最圓最變。理法俱造絕頂。（"單子論齊晉君臣"篇）

15. 包括乾坤，馳騁今古，理則精深博大，氣則逸宕紆回，真宇内宏篇傑製也。○壅川逆天意，妨民用。"天"字、"民"字前後關鍵。○禦災莫如修德，即"洊水儆余"之旨。子晉之賢，可以中興周室，惜乎其不壽也。（"太子晉論壅川"篇）

16. 重幣困民則不可作，天無大災則不必作，不可作而作之，爲離民。不必作而作之爲召災。祇此二意，翻覆跌宕。月峰評云："斷處每如不斷。"得此神理。（"單穆公諫鑄大錢"篇）

俞長城評"祭公諫征犬戎"，首先揭明祭公諫諍緣由，即穆王的動議不符合古制。而後按照祭公的論述指出，穆王征犬戎之不當，蓋謂先王務德不務兵，對當征者首先以德撫綏，何況不當征者，犬戎在不當征之列，而穆王欲征之，可見穆王動議之不當。整篇文章開始出現"征"字，最後出現了被征對象的畿服範圍"荒服"，在不征之列，更能反襯穆王動議之荒謬。接著指出全篇中"耀德不觀兵"是主題，而"先王之制"是論述主題之切入點和關鍵因素。重在"耀德"，但論述"耀德"的時候不廢"觀兵"，而論述"觀兵"重點襯托"耀德"。最後揭出，《國語》首篇的這種寫法，改變了《尚書》質樸渾穆的文風，認爲本篇"節奏舒徐，波紋蕩漾，神氣又極深厚"，把這一篇看作"古文之冠"。分析結構，論述主旨，最後又給予總體評價。而評述"密母戒子"只是一句話，認爲本篇教化功能大於一切，把耽情溺志的危害說得"驚心動魄"，認爲此篇可以和《左傳》叔向之母教訓匹敵。今檢《左傳·襄公二十一年》云："初，叔向之母妒叔虎之母美而不使，其子皆諫其母。其母曰：'深山大澤，實生龍蛇。彼美，余懼其生龍蛇以禍女。女敝族也。國多大寵，不仁人間之，不亦難乎？余何愛焉？'使往視寢，生叔虎，美而有勇力，欒懷子嬖之，故羊舌氏之族及於難。"叔向之母和密康公之母都深深懂得"小丑備物，終必亡"的道理，故而二者在認識上、論述方式上具有一致性和可比性。俞長城以此類比，使《內傳》《外傳》相互輝映。從下面一條以漢文帝故事作類比來看，俞長城擅長連類而及，從熟悉的篇章進而聯繫到相關篇章，然後對主題、論述方式方法等等進行反復說明。

整體而言，俞長城注重對篇章主題思想和主體內容的闡發與揭示，重視對中心思想和主題的揭示，注重文章的論證方法方式和論述次序的揭示，注重文章結構層次的揭示，注重字法和句法的揭示，注重對比，注重修辭手法的揭示，注重對篇章中所涉及人物的評價。所評每條不盡包括各個要素，每條評點都能抓住篇章特徵進行重點點評，既從文章學的角度揭示技法，又能從思想的角度進行教化。故其書雖未能傳世，而高崧《國語鈔》選輯 67 篇《國語》，引述俞長城評點 54 條。僅從這一點，也可以看出俞長城《國語》評點的價值所在。

（十五）楊繩武《齊語》評點

《文章鼻祖》，清代楊繩武編選，共六卷。"楊繩武（1675—1750），字文叔，江蘇吳縣人。自少能文，朱檢討彝尊來吳，主張大受孝廉，船集四方豪俊。繩武時在座討論經義，折中同異，而學益精深。中康熙五十二年（1713）進士，選庶吉士，授編修。居京師，好汲引士類。大學士王掞深相引重，館閣大著作，多出其手。主講浙江敷文書院，再主江寧鍾山書院，以實學教人，所甄拔多入館閣。乾隆庚午（1750）殁，年七十六。"①《四庫提要》云："是編録六代以前詩文凡十四篇，各爲評注：一《堯典》，二《禹貢》，三《洪範》，四《國語·桓公自莒反》一篇，五《左傳·城濮之戰》，六《鄢之戰》，七《鄢陵之戰》，八《史記·項羽本紀》，九《高祖本紀》，十《封禪書》，十一《平準書》，十二《漢書·霍光金日磾傳》，十三《古詩爲焦仲卿妻作》，十四庾信《哀江南賦》，皆鴻筆也。然以爲千古文章盡從此出，則繩武一家之説矣。"所評頗具參考價值。該書有乾隆二十八年（1763）刻本。今《四庫存目叢書·集部》即收録該本。

楊繩武撰有例言，謂："《左》《國》，傳之祖。""凡人雖善屬文，必不能每篇斤兩悉稱，必有其一生極得意之筆，爲全力所貫注者。視其全力貫注之處，而稱等其斤兩，然後其人之本領身分高下乃定。《外傳·齊語》《内傳·城濮邲鄢陵》，左邱明全力所關注也。"故其將《國語》《左傳》置於《尚書》之後、《史記》之前，也頗見用心。

其書分兩欄，上欄爲評點，下欄爲正文，正文有圈點，有注文，正文下有注，注亦謂評點内容。有夾批，篇末有評。《齊語》全篇選入。檢其文内注釋 12 條，例如：

"桓公使請諸魯，如鮑叔之言"注："省。"蓋謂鮑叔之言已見上文，此處僅以"如……"出之者，蒙上省文。

---

① 丁璐：《乾隆江寧文壇人物譜——以〈隨園詩話〉爲中心》，上海大學碩士學位論文，2015年。

"參其國而伍其鄙，定民之居，成民之事"注："四句一篇要領。"
此處揭明《齊語》這幾句的主題作用。

"管子對曰：未可。國未安"下注："與後'交鄰'一段遙對。"此
處揭明本句與下文的呼應作用。

"管子對曰：作內政而寄軍令"下注："此句又是一篇要領。制國、
制鄙，總不出內政、軍令。"此處揭明本句的主題作用。

"桓公曰：伍鄙若何"下注："以下言制鄙，所謂'伍其鄙'也。"
此處仍揭示本句與下文的對應性。

夾批只有1條，即"君有此士也三萬人，以方行於天下"旁批：
"此種□，開孫吳戰國文字風氣。"屬於探討語言風格以及影響方面的
評點。

上欄評點較多，例如：

"昔聖王之處士也……處工……處商……處農……"上批："四段排
對。"

"其父兄之教不肅而成，其子弟之學不勞而能"上批："皆所謂成民
之事也。"

又批："四段文字相類而不嫌其複，其氣疏以達，其詞宏以肆，用不
著并疊減省之法也。"

"於是制國，五家爲軌，軌爲之長；十軌爲里，里有司……"上批：
"此是制國、寄軍令之竇。"

"伍之人祭祀同福，死喪同恤，禍災共之；人與人相疇，家與家相
疇，世同居，少同游"上批："總是使一國之人呼吸痛癢，無不相關。
一旦有事，則如手足之捍頭目、手足之衛心膂，有寧死而不可解者，千
古練兵之道□□易此此段一氣翻作數層，極力鋪張，極力描寫。"

"國子退而修鄉，鄉退而修連，連退而修里，里退而修軌，軌退而修
伍，伍退而修家"上批："此先近而後遠，先內而後外，先自治而後人，
層層推廣出去，形容軌、里、連、鄉之制，其妙如此。此段亦一氣翻作
數層，極力鋪張，極力描寫。"

"制重罪，贖以犀甲一戟；輕罪，贖以鞼盾一戟；小罪，讁以金分"

上批："三段排對。"又批云："三段中三句亦一樣，而不嫌其□。"

"故大國慚愧小國協附唯能用管夷吾、甯戚、隰朋、賓胥無、鮑叔牙之屬而伯功立"上批："大結束。通篇全力注此一句。管夷吾是主，甯戚諸人帶説。"

可見，上欄批點內容主要揭示層次，揭示句式排比及其變化，揭示功能等。

篇末有八段評點，依次如下：

> "參其國，伍其鄙，定民居，成民事"四句，一篇要領。而"作內政、寄軍令"，又四句之要領也。以此治內，即爲安國之本。又加之修舊法、滋民財以安之，以此治外，即爲親鄰之本。又加之反侵地、重皮幣以親之。國既安，鄰既親，然後擇其甚淫亂者征之，於是兵車會三，乘車會六，帥諸侯朝天子而伯功立。通篇層次段落，關串如此，要其所以致此者，非桓公之能，管仲之力也。故篇首云："欲治國家者，其管夷吾乎？"篇末云："唯能用管夷吾、甯戚、隰朋、賓須無、鮑叔牙之屬而伯功立。"管夷吾是主，諸人帶説。一起一結，歸重管夷吾。則通篇文字，爲齊桓公鋪張揚屬處，皆爲管夷吾發揮描寫處也。要知《齊語》此篇，是贊管夷吾，不是贊齊桓公。以管夷吾爲主，不以齊桓公爲主。
>
> 《周禮·夏官》：萬二千五百人爲軍，軍將皆命卿。二千五百人爲師，師帥皆中大夫。五百人爲旅，旅帥皆下大夫。百人爲卒，卒長皆上士。二十五人爲兩，兩司馬皆中士。五人爲伍，伍皆有長。《齊語》："五家爲軌，軌長帥之；十軌爲里，里有司帥之；四里爲連，連長帥之；十連爲鄉，鄉良人帥之；五鄉一帥，故萬人爲一軍。"即此制也。《地官》：五家爲比，使之相保；五比爲閭，使之相受；四閭爲族，使之相葬；五族爲黨，使之相救；五黨爲州，使之相賙；五州爲鄉，使之相賓。《齊語》："伍之人祭祀同福，死喪同恤，居同樂，行同和，死同哀。"即此意也。管仲制國、制鄙諸政，大概原本《周禮》，又損益以己意者。而作內政、寄軍令，亦

古者寓兵於農，無事則爲農，有事則爲兵之意也。管仲之學術根柢如此，與《周禮》所以造周者何異？但《周禮》所言者，王道政教之實；而管子所言者，陰謀富强之術也，此純雜之辨歟？

《左傳》所紀桓公創伯之事，只此篇所載兵車會三、乘車會六兩句，足以該之。至其平日設施布置之方，未之明備也。《管子》一篇，語復瑣碎凌雜，獨此篇兼總條貫，鋪陳終始，宏深鉅麗，精警嚴密。管夷吾固天下才，而左邱明亦真千古文章之雄伯哉！

上半篇所設施，皆爲下半篇用。下半篇事，《左傳》之所詳也，此只撥其大略而點次之。上半篇事，《左傳》之所詳也，此乃條分縷晰而陳説之。觀於《國語》《左傳》詳略之際，可以識文章避就之法矣。

此篇文字多用複句。成民之事一段，内"少而習焉，其心安焉，不見異物而遷焉，父兄之教不肅而成，子弟之學不勞而能"語，凡四見。親鄰一段，"使海於有蔽，渠弭於有渚，環山於有牢"語，凡三見。"於子之鄉，有居處好學，慈孝於父母，聰慧質仁，發聞於鄉里者，有則以告"三段，凡兩見。而皆不嫌其複文。字固有兩種，有一字不肯複者，《舜典》"歲二月巡狩協時月正日"等句，只一見；南岳曰如岱，禮西岳曰如初，北岳曰如西禮，一字不複。《左傳》"騁而左右"一段，只用苗賁皇在晉侯之側，亦以王卒告補之，亦一字不複。總須看全篇文體，有舒徐者，有峻急者，有排列者，有并疊者。《舜典》鄢陵，并疊峻急者也；《齊語》此篇，舒徐排列者也。於《舜典》中亦鋪敘四段，則緩散無力矣。於《齊語》此篇亦併作一段，則蕭索無味矣。至如《檀弓》有若問於曾子節，是非夫子之言也、夫子有爲而言之也，凡兩見。《公羊傳》宋人及楚人平一篇，易子而食、析骸而炊、軍有七日之糧，語凡三見。此又專以複筆見奇者。複一句，醒一句；複一層，警一層。又非舒徐排列之説也。

此篇文字多用排比。士、農、工、商四段排對，制國、制鄙兩段長短相對，安國、親鄰兩段亦長短相間遙對。中間小排比處尚多。末段"荆州諸侯莫不來服"三段排對，"諸侯稱順焉"四段排對，

“禁暴諸侯”“示權中國”又兩段排對。通篇單行處絕少。蓋文字須看全體，有整肅者，有跌宕者。跌宕則不利於排，整肅則不嫌於排。經傳文字整肅者多，故用排者亦多。《史》《漢》而下，便專以跌宕見長矣。

《國語》文字最精采者，《齊語》《越語》。《齊語》治大國之事，故其文多整齊嚴肅。《越語》治小國之事，故其文多刻苦奮厲。讀《齊語》，見一時都鄙內外，立綱陳紀，雷厲風行，真如身之使臂，臂之使指，國安得不富，兵安得不强？讀《越語》，見一時君臣上下，苦身戮力，早作夜思，莫不有死之心，無生之氣，耻安得不雪，仇安得不復？事皆千古之奇事，文皆千古之至文也。不錄《越語》者，《越語》非一篇，事多重複，全錄不可，摘錄不可，故姑置之，而附論於此。

篇中寫管仲治齊，逐層布置，事事著實，無一空著。文字亦逐層結構，字字著實，無一空設。學術經濟，事事具備，真可坐而言、起而行，精實致用之文。後世惟漢賈誼《治安策》有此本領，晁錯言兵事諸書根柢亦從此出。宇宙間有數大文字也。

篇末評點是文内評點和上欄評點的總結和延伸。第一條評點進一步揭示了《齊語》整篇的主題，並對《齊語》通篇所突出呈現的人物進行了揭示，認爲管仲是《齊語》整篇突出贊頌的人物。第二條指出，《齊語》所載管仲種種方法，和《周禮》所載制度比較接近，蓋謂管仲諳熟《周禮》而改易以用於齊國之政。同時又指出管仲之法與《周禮》之制的不同，《周禮》正大光明，而管仲之法則充滿權謀。第三條則將《左傳》記事和本篇記事做了對比，認爲本篇周詳優於《左傳》。又以《管子》全書與本篇對比，認爲本篇爲《管子》全書中最優者。根據《文章鼻祖》的看法，似《管子·小匡》和《齊語》是等同的。以管子之曠世奇才與左丘明之千古奇文相媲美。第四條探討《左傳》《國語》詳略之法。當然，其探討是建立在以左丘明爲《左傳》《國語》作者的基礎上。認爲凡《左傳》詳盡之處，《國語》掇其大端。並且認爲，《左傳》《國語》這種詳略互見

的方式，當成爲作文者之圭臬。第五條指出本篇所用句式多用重複，以
《舜典》《左傳》《檀弓》《公羊傳》作對比，對句式重複和句式不複的語
境以及文體區別都給予了揭示。第六條主要指出《齊語》句式排比、排
列，即段落上的排列與句子上的排比，還是從體裁上去揭示如此呈現的原
因所在。第七條揭出《國語》一書最精采之篇章，莫如《齊語》《越語》
二篇，又對《齊語》《越語》二篇進行了對比分析，最後得出之所以不選
《越語》而選録《齊語》的理由。最後一條對本篇進行總結，指出該篇寫
管仲治理齊國事跡，結構上"逐層布置"，文字上也是逐層推進，謂其
"真可坐而言、起而行，精實致用之文"，給予很高的評價。

像這樣探討《國語》單篇，精心撰構，從形式到内容，從本體到學
術史，從本體點評到多方比較，《國語》評點中並不多見，斯可寶也。

（十六）汪基《國語》評點

汪基生卒年不詳。著有《三禮約編》，有乾隆四十八年（1783）三
多齋刊本、嘉慶九年（1804）刻本等。汪氏又編有《古文喈鳳》《古文
喈鳳新編》。沙超有考證，謂《古文喈鳳新編》的前身應該是《古文喈
鳳》，"編纂者署名：江乘汪基敬堂。根據其内地濯泉吳鏡泉撰《敬堂古
文喈鳳新編序》'余内兄汪子方湖''敬堂者方湖之齋名也'等記載，編
纂者姓名汪基，字方湖，號敬堂（以書齋爲號）；姓名前的'江乘'爲
地名。又據《新編序》記'汪子方湖近徇書客之請，集坊選古文而增删
之'可知，《古文喈鳳新編》是汪方湖先生應出版商的請求，在坊選
《古文喈鳳》基礎上經增删而編纂成的；至於'坊選'中的'坊'係何
人，就不詳了。再據編纂者《輯古厄言》末"婺水敬堂學人識"推斷，
作者係江西婺水兩岸當時一個名叫'江乘'（類'吳鏡源'前的'濯
泉'）的地名。"①《古文喈鳳新編》有雍正十一年（1733）善成堂刊本、
乾隆四十五年（1780）大盛堂刊本、嘉慶、道光壬辰（1832）敬書堂刊
本、光緒年間刊本、民國時期石印本。雍正間刻本分上下兩欄，上欄小

---

① 沙超：《破解諸葛躬耕地千年懸案》，鄭州：文心出版社 2010 年版，第 204 頁。

字，行六字。下欄半葉十行，行二十二字，白口，四周單邊，單魚尾。其書卷一載《孔子家語》20篇，《檀弓》10篇；卷二載《春秋左氏傳》26篇；卷三載《春秋左氏傳》22篇，《公羊春秋傳》5篇，《穀梁春秋傳》4篇；卷四載《國語》10篇，《戰國策》11篇，《楚詞》3篇，全書共選古文204篇。所收《國語》10篇，篇目分別爲：祭公諫征犬戎、襄王拒請隧、單子知陳必亡、臧孫辰告糴于齊、里革斷罟、敬姜訓子、齊請管仲于魯、叔向賀宣子之貧、王孫圉論楚寶、越行成于吳，其中《周語》《魯語》各3篇，《齊語》《晉語》《楚語》《吳語》各1篇。

其評點之體例，依次是先録書名、再録篇名，然後是正文和總評。書名和篇名下都有注文，正文中也有評註，既包括點評，也包括釋義。上欄以點評爲主，兼釋語義。"國語"下云："一名春秋外傳。相傳亦左邱明作。左氏既爲《春秋傳》，又稽其逸文，纂録周及魯、齊、晉、鄭、楚、吳、越七國事，起自周穆王，迄于魯悼公之世，別爲是編，凡三百七事。賈逵、王肅、虞翻、韋昭等並爲之註解。"又於上欄云："韋昭序云：'其文不主于經，故號外傳。'桐川俞氏謂爲列國史官所作。司馬氏云：'左邱失明，厥有《國語》。'言其所刪録耳。"對"國語"進行補充説明。篇名之下先注明出自何語，然後對篇名涉及的人名、地名以及篇章大義和讀音等等進行解釋，如"祭公諫伐犬戎"下云："周語○祭，周畿內國。祭公字謀父，周公之後，爲王卿士，食祭，故稱祭公。犬戎，西戎，即昆夷。穆王三十五年，其嗣子以其貴珤來王，王欲征以不享，是以賓服之禮責荒服，非古之制也，故諫之。○祭音債，一音祭。征，一作徵。父，音甫。""襄王拒晉文公請隧"下云："周語○襄王，惠王太子，名鄭，母早死。惠王後娶陳女媧氏，是爲惠后，有寵，生子叔帶，欲立之，未及而崩，子帶奔齊，襄王復。帶又通于襄王所立翟后隗氏。十六年，王廢翟后。周大夫頹叔、桃子奉帶，以翟師攻王。王出居鄭。翟立帶爲王，居温。十七年，晉文公納王于周而殺帶。○掘地通路曰隧。天子之葬禮也。晉文以諸侯而請用其禮，故拒之。"體例雖然和"祭公諫征犬戎"有所不同，但釋義、釋事的内容基本相同。

文内釋義在韋注的基礎上有所合併改易。如"祭公諫征犬戎"一篇至"不觀兵"，韋昭施注三處，《古文晳鳳》則合爲一處，謂："穆王名滿，昭王子。耀，明觀示也。言先王但光明其德以示訓導，有大罪者乃致征討，不以小事而示兵威焉。"對韋注進行了裁剪，注釋上依從李克家本、二乙堂本、陳仁錫本等一類本子。正文之下評註中，先列音注，評點、釋義位置並不嚴格區別。文内評點以申明上下文關係和語義爲主。如同篇"允王保之"下云："橐音高〇申言不觀兵之故。又引《周頌·時邁篇》以爲先王之證。戢，斂。玩，瀆。震，懼也。兵以時動，則有威，否則玩褻而人無所畏。文，周公謚。載，則。橐，韜也。言武王誅紂，天下已定，不復用兵也。肆，陳。時，是。夏，中夏。允，信也。言武王常求懿美之德，以陳布于中國。信乎王之能保天命也。"

上欄評點除了少數語義釋讀之外，更多地是對關鍵詞語、關鍵語句的點評。如"祭公諫征犬戎"篇上欄第一條引張氏云："開口提出先王，以悚王。'耀德'句，一篇之綱。"這是對"先王耀德不觀兵"七字的分析，認爲這七個字是全篇的總綱領。第二條云："時動，舊注謂：三時務農，一時講武。似泛。又訓樂章大者曰夏。謂武王陳其功于是夏而歌之。信哉武王能保此時夏之美。與《詩》注異。存參。"此處指出韋昭注文和《詩經》注文不同。第三條云："段段提先王，宛是周公家法。"第四條云："周禘祫，必先不窋，故通謂先王。"此處引述韋昭注文。第五條云："疊醒'德'字。俞氏云：'八字該十數公。'"此條評"奕世載德，不忝前人"，所引俞氏即俞長城，而在高嵣《國語鈔》文内夾批中亦有評，但未署出處，《古文晳鳳》對於俞長城點評尚有考辨之功。其上欄評點中引述俞氏、張氏、朱氏、程氏、穆氏、臧氏、陳氏、林氏、孫月峰之説。第六條云："帝嚳子棄始爲后稷，子不窋繼之，故云世。"此釋"昔我先世"之"世"，本韋昭"父子相繼曰世"之説。第七條云："周之先世至武王行征伐，然亦是耀德不觀兵，正使穆王不得藉口。"此申明武王伐紂在祭公論述中之義。第八條云："勤恤民隱，是耀德之實。俞氏云：束住，以武王示法。"揭出祭公謀父所云"耀德"的實質性內容是"勤恤民隱"。第九條云："提句爲後半篇綱領。"是揭出"夫先王之制"這句話的領起作用。第十條云："列言五服之職，正爲犬戎第宜王而不享伏案，重'荒服'

句。"揭出祭公謀父之所以詳言五服之制，其主要目的還是説明犬戎的次序在荒服之中，"王"是其正常禮儀，不當以不享征之。第十一條云："圻，界也。賓，從也。"這是對注文中提到的"圻"字和"賓服"之"賓"字進行釋義。第十二條云："日祭于祖考，上食也。月祀于高曾，時享于二祧，歲貢于壇墠。五世以上廟爲祧，去祧爲壇，去壇爲墠。"此釋正文中"日祭月祀時享歲貢"五事之義。第十三條云："修意五者，是耀德；修刑，乃是用兵。"第十四條云："兩'於是乎'正見兵不得已而用。"第十五條云："勤民于遠，正對'征犬戎'言。"第十六條云："上皆陳述先王，此方轉入時事。仕，一作'氏'。"此條不僅評點文意轉接，還進行了文字校勘。第十七條云："全旨道明打轉先王緊。"第十八條云："穆氏云：舉先王之訓，見不可伐；有以禦我，見不能伐。"不必翻看明人點評，從《古文啍鳳》即可知余誠等人評點有襲攘前人而不出注者。第十九條云："點明'荒服'，本爲犬戎言也。"

總評亦時引用前人，如"祭公諫征犬戎"章、"叔向賀韓宣子貧"章引述"俞碩園先生"，"敬姜訓子"章附雲路評，這是單獨引述者。另有在點評中述及者，與汪氏個人點評渾然一體，此類則有真德秀、汪慕巖等。汪基總評涉及對篇章語言風格、結構、層次的評價。如其評"祭公諫伐犬戎"云："先王耀德不觀兵一語已吸盡西江水，以後層次洗刷，不離此旨，議論醇正，結構綿密，吾弟慕巖謂《左傳》爲《史記》開山、《國語》爲《漢書》鼻祖。誠然。"此處揭示本篇主題曉暢明白，以下議論敘事皆緊密圍繞這一主題展開，並結合其弟弟的評論，給予《國語》很高評價。評"襄王拒晉文公請隧"云："晉重自矜勤王爲不世大功，故請隧而不疑。王第視爲私德、私勞，不敢易先王之大典以徇其請，何等正大。真西山謂其詞氣若優游而寔峻烈，可爲告諭諸侯之法。"本條則分別從晉文公的角度和周襄王的角度進行陳述，又引真德秀之説評價其辭氣風格。評"單子知陳必亡"云："入手伏案，中分四段相應，末總結以斷之，整整齊齊，間架勻稱，構撰謹嚴，已開時藝家數，援古律今，典贍中寓條理，敘列中見變化。又與塗澤者迥異。"此總評篇章結構，並謂其"援古律今"之法，實是時藝寫作之濫觴。評"臧孫告糴於齊"云："文仲有盛名而莫逭于不仁不智之戾。此有義舉，尚不失爲魯勳。詞令之善，可匹《內傳》。宜齊之歸玉而予之纑也。"這是對臧文仲詞令功能的揭示。評"里革斷罟匡宣公"云："典贍不必言。注語備見精核。一結別有洞天，豁人心境。"對篇章總體評價，對注文的精準全面以及結尾的意味深長進行了揭示。短短十六個字，蘊含豐富。評"敬姜訓子"云："世祿之家鮮克由禮。敬姜勞其身以善子心，洵賢母也。余弟慕巖云：拈一'勞'字，從上説到下，謂子公父也；從男説到女，姜自謂也。前截段段收鎖，後截即從本段總束。全文整暇之中自具變化。至後説到己身，字字肫摯，語語懇切，不啻聲泣俱下。尤妙在'夫民勞'一段，義蘊遙深，闡發精透，故夫子贊歎，即如其言而與之。若無此數語，便是一空强調矣。"又附雲路評云："勞字是處家之道，即居官之法。大夫以官世其家，尤宜寶此爲一字箴。敬姜既以勞訓其子，他日于季康子之問，又稱述其先姑之言曰；'君子能勞，後世有繼。'與此文意旨正合。彼夫皂隸之降、門墻之壞，大都坐不能勞耳。"汪基、汪慕巖、雲路都抓住"勞"字，以之爲居家、居官之要訓，慕巖從文章結構分析，雲路從下文對應處入手。評"齊桓公請管仲于魯"云："叔牙之請仲于魯而薦于桓，已見《內傳》。此作敘述加詳，蓋惟其知之也深，故其謀之也切。仲之比諸生我，非過也。若心知其賢而不與並立，文仲果何以免于不仁之譏乎？"又別起評云："齊國語四篇皆載桓公創伯事，若本篇，成民之事、分處士農工商，定民之居、制國二十一鄉，以及作內政而寄軍令，居委軌、里、連、鄉，出則卒、伍、軍、旅，訪賢才以鄉屬，贖刑罰以甲兵。南北東西不勞戎車，而服順仁寬廣惟，憑禮德而稱，莫非管子左右之力意欲。《合鈔》爲舉業根柢，恐讀者驚，猶望洋即首篇，亦第依《析義》本節錄，以志梗概。好學之士，自當卒業全文。"本條主要辨析鮑叔牙薦管仲之思想德化意義，別起評點主要辨析《齊語》全篇並述節選之根據及其作用。評"叔向賀宣子貧"云："貧爲六極之一，亦何足賀？惟卿大夫修德是務而貨利不尚，足以保身而庇後，此貧乏之爲好消息也。叔向之賀貧，正勉宣子之宣德；貧乏之不足憂，正見惟德之足賀。識解獨高！援引欒、郤作證，借鑒不遠，倍爲警切。

世禄之家，應奉此爲左箴右銘。碩園先生云：説一'德'字，便將'貧'字壓倒；説一'難'字，便將'貧'字抬高。層疊員轉，玩誦不厭。"也在揭示叔向之言之教化意義和深遠影響，並引俞長城之説爲證。

綜上可知，汪基《古文喈鳳》：1. 評點細密；2. 注重引證；3. 注重比較；4. 注重思想教化；5. 具有參證功能。從《古文喈鳳》有諸多刊本以及石印本來看，這部古文選本在後世有著比較高的影響。

（十七）余誠《國語》評點

余誠，字自明，江蘇上元人。羅羽淳認爲其生活時代"在康熙中後期到乾隆初期"[1]。編著有《時文小題》《周易講義》《古文釋義》。據劉珍妮、羅羽淳考證，《古文釋義》有初刊本和再刊本之別，初刊序文寫於乾隆四年（1739），再刊序文寫於乾隆八年（1743）。[2] 從其初刊序文可知，自雍正十一年（1733）始，其友人就囑託余誠編一部古文選行世。至乾隆四年編成刊刻，此後又進行了一次校對工作，於乾隆八年再版。《古文釋義》的版本情況，羅羽淳論文梳理甚詳，可以參照。根據羅羽淳統計，《古文釋義》共收文147篇，其中收先秦文72篇，72篇先秦文中《國語》10篇。今檢《古文釋義》所收10篇《國語》文在卷三，篇目分別爲：祭父諫征犬戎、召公諫監謗、襄王不許請隧、倉葛不服晉、單子知陳必亡、敬姜論勞逸、叔向賀韓宣子憂貧、王孫圉論楚寶、越行成於吳、范蠡不許吳成。《周語》4篇，《魯語》《晉語》《楚語》《吳語》《越語》各1篇。

今檢乾隆八年本《古文釋義》上下雙欄，上欄小字行六字，下欄半葉十行，行二十二字，四周單邊，單魚尾。卷三之下先列《國語》書名，上欄有對《國語》書名的評註。書名之後列篇題，上欄有對應的對篇章歷史時代的解釋。正文有夾批、圈點，夾批較多。上欄有對正文的對應的評點。正文之後是總評。總評之後是音義，對正文涉及的詞語進

① 羅羽淳：《余誠〈古文釋義〉研究》，臺灣師範大學碩士學位論文，2017年。
② 劉珍妮：《〈古文釋義〉選評研究》，華中師範大學碩士學位論文，2015年。

行注音、釋義。羅羽淳認爲："'音義'的獨立，有別於隨文注解、夾注夾評的方式，呈現出點評與注釋分離的現象，雖失去音義解釋的即時性，却使得批評成爲主體，使之更强有力地附著於文本之上，避免造成雜亂，干擾閱讀。"其説可參。"音義"之後是序解，按照羅羽淳的分析，"'序解'的内容基本上接近白話翻譯，是順著選文的原句，再把内容複述一遍，不涉及文藝技巧的探討，以雙行小字的形式呈現。建立'序解'的目的，是爲了追求内容解説的完整度，確保讀者在風格技巧的説明，以及逐句逐段的點評之外，能確實將全篇讀得通透。序解的篇幅大約佔據了《古文釋義》的一半，它不作高遠的評議，而作簡述文意之用，顯示余誠對預期讀者的程度考量，也顯示他的用心。而這種用淺白的筆墨複述文意的作法，與今日參考書和部分古文書籍附錄的翻譯有同工之妙。"① 這和牟庭《詩切》注釋之後用七言詩把相應《詩經》相關篇章翻譯的意趣是相同的。今以"召公諫監謗"一篇爲例，以見余誠評點之大略：

召公論監謗　　《周語》曰：召音邵，監平聲。

左丘明

厲王虐國人謗王召公告王曰民不堪命矣王怒得衛巫使監謗者以告則殺之國
　此○段敍厲王○之命如監謗作案　　　　　○一怒○一喜寫　盡昏愚情態○　○

人莫敢言道路以目王喜告召公曰吾能弭謗矣乃不敢言召公曰是鄣之也防民之口
　○形容　○此○段　敍○王以監謗告召公爲下　○諫也　○此一段言○止謗所以

甚於防川川壅而潰傷人必多民亦如之是故爲川者決之使導爲民者宣之使言故天
○蓄禍見　○王弭謗之非　○　　○　　　、　　一○篇主意　　○此一段

子聽政使公卿至於列士獻詩瞽獻典史獻書師箴瞍賦矇誦百工諫庶人傳語近臣盡
○言天○子聽政亦當斟酌、於○衆論以○考得失○○看此○段故○字起之○字住而後

規親戚補察瞽史教誨耆艾修之而後王斟酌焉是以事行而不悖民之有口也猶土之
○字　○轉是　○以字收六　○十字只成　○一句　○　○　束住　○此一段言○使民

有山川也財用於是乎出猶其有原隰衍沃也衣食於是乎生口之宣言也善敗於是乎
　宣言不但可　○以免其害　併○可以得其利　分一○句再申上　○　○　疊句法○

---

①　羅羽淳：《余誠〈古文釋義〉研究》，臺灣師範大學碩士學位論文，2017 年。

興行善而備敗所以阜財用衣食者也夫民慮之於心而宣之於口成而行之胡可壅也
　○　○　合應一句　　　　　○　此　段言○但遏將不得　○其利而必　○受其害　○

若壅其口其與能幾何王弗聽於是國人莫敢出言三年乃流王於彘
反掉○作收　○此一　　○段　　以天不聽謗而亡　　○其國結　○

　　諫詞只天子聽政一段在道理上講其餘俱是在利害上講而正意又每與喻意夾寫筆法新警異常
至前後敘次處捕寫王與國人以及起伏照應之法更極精細最是國語中道鍊文字

　　音義 厲王名胡，夷王子。召公名虎，召康公奭之後，世爲王朝卿士，
諡爲穆。衛巫衛國之巫祝者，以能役使鬼神，知造謗者，故使監謗。監察也。
弭止也。音米。鄣同障，防也。潰決也。音會。導通也。宣猶成也。列士
上士也。瞽無目曰瞽樂師也。典樂典也。史外史也。《周禮》：外史掌三皇五
帝之書。師少師也。箴刺王闕。瞍無眸子曰瞍。音叟。矇有眸子而無見曰矇。
語去聲。耆音祈。艾師傅也。原隰音羽。衍沃廣平曰原，下濕曰隰，下平曰
衍，有漑曰沃。阜厚也。夫平聲。幾上聲。流放也。彘晉地。

　　序解 周厲王爲君暴虐，不恤其民，國人多有怨謗王者。時召公爲王卿
士，聞國人之謗，乃入告王曰：從古之君有暴虐者，不過使民無所措手足而
已。今聞國人之謗，是民不堪其命矣。王庶幾修德以改之，王聞言，不但不思
改過，反勃然大怒，欲殺謗者無從知其微誰，因得衛國之巫者，以其通神靈，
有謗必知，乃使之監察焉。巫奉王命，得謗王者以告王，王即殺之。自是國人
畏殺，俱不敢言，而實愈恨其虐，道路相逢，惟以目視而已。王乃喜，告召公
曰：子慮民謗，是止知國人有口而不知國法之嚴也。今喜得衛巫監謗，有謗者
即殺之，子無憂謗，吾能止謗矣，非獨不敢謗，即言亦不言矣，其快爲何如？
召公曰：據君之得謗者即殺之，非弭謗也。是防川而以土障之也，不知防民之
口更甚於防川，若任川常流，即有決時傷人尚少，若壅塞其川，忽焉潰決，一
時洶湧，傷人必多矣。川之不可防如此，民之利害亦如川然，是故治川者必決
其壅障而導之使流，流則往來無礙也。治民者必宣諭下民而使之盡言，則得失
可知也。故古之天子臨朝而聽政，不欲虛臨而無所聞，因使公卿以至於列士皆
獻詩焉，詩有美惡，獻之而政之美惡在於王心矣。又使瞽獻樂典焉，樂有邪
正，王聞之，而音之邪正入於王耳矣。外史則獻三皇五帝之書，少師刺王之闕
略，以正得失，則使之獻箴觀書，而知古之治體，聞箴而省今之是非矣。如有
目無瞳之矇，則賦公卿列士所獻之詩。有睛無見之矇，則誦典書與箴之語，百
工之匠亦許執藝事諫王，如木以從繩則正，石可以攻玉，言凡有益於君，則不

妨進言，庶人卑賤在下不能自達，亦得傳語於王左右之近臣，則責其進規，肺腑之親戚，則望其補察。醫師、太史知陰陽、天時、禮法，則合其教誨，凡諸箴規教誨之言彙集於冊，而使高年師傅之臣修飾之時警於王，合舉朝之言，而令王斟酌以行之，是以王所行之事，上下相宣臣民，通便而不悖於理，王奈何欲鄣塞萬民之口，即王欲塞民之口者，以爲民口塞而王可以無事也，不知民之有口也，猶土之有山川也。山川，國之財用所自出也。民之有口，又猶山川之有高原下濕平衍潤沃也。凡民之衣食所由生也，山川原隰衍沃皆王之不可少，而民恃以爲命者，今王恣行虐令，使民不得遂其生，又何可壅塞其口哉？民口之宣言也，王政之善、虐政之敗，皆由民言以宣焉。王若聽其言之善者，體而行之，敗者備而止之，正所以厚其財用衣食者也。財用衣食雖出自山川，非民而不能生也。民既不得遂其生，王亦何以利其國乎？夫民不堪其命，痛心積慮而後出之於口，王能壅其口矣，能壅其心乎？吾見敗亡之立至矣，其與能幾何哉？幸勿以弭謗爲喜也。王終不聽而國人積怨無申，至三年而相率叛王，王乃逃於晉之彘。國人謂之流放，因其死而謚之厲，爲其暴虐而無人君之度也。

該篇上欄評點云："此亦春秋前事。首句只一'虐'字，揭出所以謗之根。""次句點清謗字，召公告王二句先作一小波。""'王怒'二字正寫虐字意。""'得衛巫'三字使含喜意。""'莫敢言'正是屬王所喜。""'道路以目'四字伏後'流王於彘'之根。""'喜'字正應'怒'字，作關目。""'告召公'三句上結，'召公告王'下起召公之諫。""'乃不敢言'在王口中説出，應上'莫敢言'。'是鄣之也'四字已斷定，鄣字法新奇，亦即生出下喻意。""'防民之口'二句是從正意入喻意。""'川壅而潰'二句是從喻意中透發出正意。""'民亦如之'四字輕輕打合，筆法敏妙；'爲民者'七字是一篇骨子，却用'爲川者'句陪出，筆法奇變異常；'天子聽政'一段正寫'宣之使言'處。""篇中有此一段莊誦語，其覺典重有體。""'使'字直貫列修之，'使公卿'單行一句。""'瞽獻典'二句是三字句。""'師箴'三句是二字句。""'百工諫'一句又是三字句。""中間得此一句更覺錯綜變化。'庶人傳語'五句是四字句法。""自'使公卿'句至此，句法凡五變，參差錯落，可悟文家變換之妙。'庶人傳語'四字正關合'國人謗王'，是最重處。然從公卿等帶敘出，却使人不覺其重。”“‘民之有口也’遥接‘防民之口’處，申言喻意，接法亦大妙。此段及下段是正喻夾寫。”“‘財用於是乎出’等句又轉出一層。”“‘行善而備敗’二句是‘宣之使言’之利。”“‘慮之於心’四字，正見民言原非輕發，不可壅阻意。‘胡可壅也’一句，兩‘壅’字打轉前文，是神龍掉尾之法。”“‘若壅其口’二句是不宣之使言之害。‘莫敢出言’應前‘莫敢言’及‘乃不敢言’。‘流王於彘’結出不宣之使言之害。”

以上是余誠《召公諫監謗》評點的全部内容。文内夾批主要概括段落大意或關鍵句的表達效果。總評部分揭示篇章大致、結構層次和文章技法。上欄評點細密，幾乎照顧到了每一句的表達效果。整體而言，余誠的評點具有層次性和相當高的精細度。羅羽淳謂：“余誠評點的用意，在打破抽象的懸遠鑒賞，實實在在地指出文章的妙處在哪裡。透過遊走於正文間的評點，編選者得以在文章中的關鍵處及時現身説法，或爲讀者解惑，或提醒讀者切勿草草看過。換言之，選本的批點和評議部分，是編選者介於所選文章的原作者與讀者的溝通交流，是帶有批評價值的展現。”① 此言不僅是對余誠評點的揭示，同時也是對評點功能本身的揭示。羅羽淳把余誠的評點分爲内容評點、技法評點、風格評點。羅羽淳謂余誠評點内容大致包括：1. 讀出作品的感人之處；2. 讀出作品蘊含的道理；3. 讀出作品的教化意義。② 從“召公諫監謗”一篇點評，大致可以看出余誠在這幾個方面的體現。

余誠總評部分不僅對篇章進行評點，也時引前賢評點，或者對前賢評點作出判斷。如“謀父諫征犬戎”總評下即批評林雲銘云：“林西仲每喜作翻新之論。”於“倉葛不服晋”篇總評中引述孫琮，又對林雲銘點評提出批評。“敬姜論勞逸”總評引述過珙、林雲銘之説。“越行成於吳”總評中引述林雲銘之説，又批評林雲銘“每好雌黄若輩以寓高自位置”。不僅引述前人，且尤其對林雲銘進行了批評，這已經從評點本身

① 羅羽淳：《余誠〈古文釋義〉研究》，台灣師範大學碩士學位論文，2017 年。
② 羅羽淳：《余誠〈古文釋義〉研究》，台灣師範大學碩士學位論文，2017 年。

上升到評點批評的層面，對後世之人正確認識前代評點，具有一定的參考價值。

　　清代古文選本中，像余誠這樣格局清晰、評點細密，既照顧初學，又能進行深入探討的評點方式不多見。僅就余誠《國語》評點的部分而言，對深入認識《國語》具體篇章，是十分有價值的。

（十八）浦起龍《國語》評點

　　浦起龍（1679—1762），字二田，號三山傖父，又署東山外史，江蘇金匱上福鄉人，康熙三十七年（1698）秀才，雍正七年（1729）中舉，雍正八年（1730）進士，曾官揚州府學、蘇州府學教授，主講紫陽書院。著有《史通通釋》《讀杜心解》《釀蜜集》《不是集》等，並參與修纂《無錫縣志》。家有賁菽堂，藏書甚富。所編選《古文眉詮》七十九卷，歷時十七年匯成，由程鍾、方懋福匯參，有清乾隆九年（1744）三吳書院本，又有嶺南良産書屋光緒二十四年（1898）本。盧思逸根據浦起龍的記述，認爲："《古文眉詮》編選之初是由於試舉的多次失利，使得浦起龍對自己的時文寫作缺乏信心，便轉向古文的研讀，並非擁護當時'以古文爲時文'主張，也説明編選古文以備學習時文寫作之需不是《古文眉詮》最初成書時的目的……作爲學塾講學所用古文教材，《古文眉詮》的主要作用之一是幫助當時的學生理解文意，以進一步達成指導寫作的目的。因此在對文學性的鑒賞之外，必須同時完成指導學生按照選文的格式、風格學習寫作的教學任務。"進而認爲："《古文眉詮》又不僅僅是一部學塾讀本，書中還保留了浦起龍最初將《眉詮》當作讀書筆記寫下時'貌追高古'的文學品味。儘管採用坊評的形式，却堅守古文的品味，使用古文審美趣味指導文章創作。"① 《古文眉詮》編選之書有《左傳》《公羊傳》《穀梁傳》《國語》《戰國策》《莊子》《楚辭》《史記》《漢文》《唐宋八大家文》等。書前有《古文眉詮鈔例》一卷，論所鈔各書體例要旨。其中鈔例第四云：

① 盧思逸：《浦起龍〈古文眉詮〉評選研究》，華中師範大學碩士學位論文，2018 年。

《國語鈔》第四

　　馬、班二史亟稱《國語》，皆定撰人爲左丘明，後人或疑其非是，是與非是可且勿論，而號其書又曰"外傳"者，吳侍中亭陵侯韋昭敘云也。宋《崇文總目》稱韋氏參引鄭衆、賈逵、虞翻、唐固諸注爲之解，多所發正，世與《內傳》分行。夫文不循《經》，《語》可翼《傳》。而是鈔乃以綴《公》《穀》後者，劉都尉歆《六藝略》載《春秋》三十三家，第其先後如此。柳州嘗作《非國語》，仍曰"參之《國語》，以博其趣"，斯善用《國語》者也。鈔內篇次，一依原本分國，其齊、鄭、吳並通一卷爲一篇，越分上、下篇，四國文間有節句，實全錄之，直曰"齊語""鄭語""吳語""越上下語"，更不別置題目，與他國循事分條者不同耳。

　　浦起龍在本段文字中主要交代了這樣幾個問題：1. 對《國語》作者是否左丘明的討論擱置不論；2. 認爲"外傳"之説自韋昭《國語解敘》始。3. 韋昭注本的影響；4.《古文眉詮·國語鈔》的編排體例。第一個問題，作爲一部文選編者，認爲作者問題非當務之急，可擱置不論，是比較明智的行爲。第二個問題，浦起龍的認識明顯錯誤。蓋"外傳"之説始於《釋名》，韋昭不過本《釋名》之説立意而已，清人已揭出這種説法的錯誤。第三個問題，關於韋昭注參照鄭、賈、虞、唐的事實，韋昭《國語解敘》已有明確説明，浦起龍不採韋氏個人之説，而用《崇文總目》之言，顯係滯後之語。但浦氏對《國語》的功能認識是比較公允的，即從經學的角度而言，雖然《國語》和《春秋》經並不相合，但是《國語》確實是可以補《左傳》之未備。這一點，從王充《論衡》以來就已有明確認定。《古文眉詮》循舊例，把《國語》排在《春秋三傳》之後，並引述柳宗元之言，説明《國語》的文章學價值。

　　今檢三吳書院本《古文眉詮》題爲"桂林陳榕門　歸安吳牧園　兩先生鑒定""金匱後學浦起龍論次""三吳書院張承遠、王廷範彙參"。

　　《古文眉詮》書前有總目，以"第×鈔"標目，其中第一鈔爲《左

傳》，在前八卷；第二鈔爲《公羊傳》，第三鈔爲《穀梁傳》，在卷九；第
四鈔爲《國語》，在卷十、卷十一兩卷。《周語》收錄有“穆王將征犬戎”
“宣王不藉千畝”“晉文公請隧”“單襄公論陳國亡徵”，《魯語》收錄“公
父文伯之母”二條，《齊語》不別立標題，《晉語》收“趙文子冠”“趙簡
子使尹鐸爲晉陽”，《鄭語》不別立標題，《楚語》收“王孫圉聘於晉”，
《吳語》不別立標題，《越語上篇》《越語下篇》不別立標題，其中《吳
語》《越語》爲卷十一，其他在卷十。《齊語》雖然不別立標題，但有好幾
條篇末總評，説明浦起龍雖然沒有別立標題，事實上還是給《齊語》分章
的。浦起龍的收錄標準和明清時期衆多的《國語》選本不同，首先體現在
《周語》《魯語》《晉語》選錄篇數極少，而《齊語》《鄭語》《吳語》《越
語》全文收錄，這在明清時期衆多的《國語》選評本中是不多見的。盧思
逸認爲浦起龍選文的一個標準是“理念通達，不拘一格”，《國語》的選錄
應該就是其這一編選原則的具體體現。

　　書分上下雙欄，下欄錄《國語》，上欄錄評點。《國語》文先列標
題，標題下小字注明出自何語，也有的在標題下有文字校勘或者需要説
明者，如“宣王不藉千畝”下除了注明出自《周語》外，還注云：“藉，
作‘籍’。”揭明異文。於“周語”之下加圈隔開之後小字説明。別起一
行頂格錄正文，正文加圈點，正文中極個別地方有音義注文，雙行小字，
音義注文字數很少，或二三字，或五六字，或七八字，全文之後別起一
行雙行小字錄總評。上欄錄隨文點評。

　　注文大率簡括韋注而成，字數少且條目少，《穆王將征犬戎》章整
篇只有十一處注文，且每條注文字數很少，字數最多的只有六個字。内
容包括：1.注音。如“祭”下注文“債”，此注本文“祭”字讀音。
2.校勘。如“玩則無震”之“無”字下注云：“一作‘不’。”[①] 此標注

[①]　無震，董增齡本作“不震”。今所參各本中，董增齡以前《國語》各本未有作“不”字者，
然李贄《九正易因》、朱駿聲《説文通訓定聲·屯部第十五》“震”字注引《周語上》本篇字亦皆
作“不震”，而浦起龍此處亦謂有作“不震”之本，則當在明代就有此類本子，而爲李贄等所見，
而浦起龍取以爲校。“不震”爲狀中結構，“無震”爲述賓結構。雖文意不別，恐仍以作“無震”
爲符合《國語》本文。檢董增齡《國語正義》每每無所依據而臆改《國語》本文，此或即其一例。
但浦起龍已經如此引述，説明在浦起龍之前確實存在作“不”字的《國語》刊本或《國語》選本。

別本異文。3. 釋義。如"日祭"注"祭祖考","時享"注"享祧","歲貢"注"奉貢","終王"注"朝嗣王","序成而有不至"之"序"字下注"五者之序","大畢伯仕"注"犬戎氏之二君","犬戎樹惇"注"樹立惇樸"等。這些釋義,恐怕是浦起龍認爲最該揭明的。

上欄所揭明的,主要是本篇題眼、過渡、照應等相應文章技法類問題的闡發,如:"耀德不觀兵"上云:"'耀德不觀兵'五字作題目。"即謂該五字爲一篇綱領。"夫兵戢而時動"上云:"'夫兵'一接,先撇'觀兵',對'征戎'也。""載戢干戈"上云:"逆入'耀德'。""故能保世以滋大"上云:"以上總冒。""昔我先世后稷以服事虞夏"上云:"此段歷述先烈,詳言德而略言兵,未貼著犬戎。""奕世載德"上云:"奕世,鸒括累葉。""庶民弗忍,欣戴武王"上云:"以武王束住,轉就用民,下乃引先王中外之制,才貼到服戎本面。""荒服者王"上云:"荒服、終王等字對犬戎本職,與後關照。""先王之訓也"上分兩行云:"上言制,下言訓。""序成而有不至則脩刑"上云:"分一勒,修刑遞兵。""伐不祀,征不享,讓不貢,告不王"上云:"説到加兵,仍及近不及遠,針鋒緊對。""布令陳辭而又不至"上云:"頂令辭,再一勒。切對'遠人',至此方跌入本事。""今自大畢伯仕之終也"上云:"曰終也,曰來王,曰守終,正照'終王'奉職,應'觀兵'。""自是荒服者不至"上云:"繳荒服。終字照應。吾友萬如園指出云柳州説。"又篇末總評云:"《外傳》長於舉古。此傳竟以'耀德不觀兵'爲題,作論體由古以及近,先泛而後貼,敘次中有筋節,排比中有機杼。"既揭示出《國語》的一般規律,又對本篇從主體,到論述脈絡,到具體論述方法,進行了評論。可見,浦起龍尤其注重文章的起承轉合、前後照應以及關鍵句子、關鍵字眼。總評仍然注重論述條理、層次。從形式上而言,這種做法是對明人《國語》評點形式的繼承。盧思逸對《古文眉詮》評點體例進行過分析,他認爲:"《古文眉詮》的評點系統由解題、眉批、尾注、注釋、圈點幾種形式共同構成。卷首寫有寫作緣起與各選鈔的凡例,其中也反映了浦起龍的部分批評理論,但比較零散,書後無跋語。書中眉批用於主要劃分文章段落結構,梳理層次,有時也會有對文章語句的點評，但大都比較簡短；尾批負責對全文作整體分析，在《古文眉詮》使用情況主要分爲兩種：一是從文章文學性的角度展開分析，比如分析文章的段落銜接、章法特點、用字用句、整體風格，這是古文評點中比較常見的一種批評形式；第二種是對文章表達的内容、道理加以評論闡釋，這種情況一般出現在對議論文的批評中，而浦起龍選取了大量的政論文章，因此這一類的批評形式在《古文眉詮》中比較常見……注釋則一般用於注音、解釋典故，對評語有輔助闡釋的意義。"① 盧氏闢有專章對浦起龍《古文眉詮》的評點體例進行詳細説明。《國語》評點的基本規則，正是浦起龍《古文眉詮》整體評點的具體體現。

　　從篇末評點上來看，浦起龍更注重細節，注重提示關鍵詞的作用，注重揭示普遍規律，從篇章中闡發道理。如其評"宣王不藉千畝"云："耕籍典故，先事後事，徹始徹終，秩如籍記。此等文與《三禮》同功。"評"晉文公請隧"云："《外傳》多徵典故，獨此以議論爲辭命，清空一氣，殺活風生，具奪境奪人手段。"評"單襄公論陳國亡徵"云："前案中斷後繳，其中幅前二條化一爲兩，就民事言，本務荒矣。後二條，一就己身過賓言，切奉使也；一就陳侯淫亂言，決亡徵也。排而節，整而流。"評"公父文伯之母如季氏"云："敬姜訓家之語非一，此一條立臨朝預政之大防，非淺小關係。"評"公父文伯退朝"云："他日，敬姜語康子曰：'君子能勞，後世有繼。'足概此篇之旨。解方績，正是訓具官也。"又總評云："讀此二條，如身心禀訓於嚴明大家之側，心神肅然。"總評《齊語》云："《内傳》敘齊霸頗略，賴此補之。一部小《管子》。"評"趙文子冠"云："禮：既冠，遂以成人見於鄉先生。此文古意盎然，可附入《冠義》。冠禮廢久矣，亟登之，如摩挲上世法物。"評"趙簡子使尹鐸爲晉陽"二條云："前一條，尹鐸之官正文；後一條，別記讎壘一事。各饒遠韻。兩條徵趙宗興象。"評《鄭語》云："世未入春秋也，文伯先見如指掌，可作《左傳》略例。逞猾夏者楚也，故述荆芈特詳；兆東遷者幽，故論周弊尤詳。姜、嬴庶姓，則分截搭敘；晉乃同

---

① 盧思逸：《浦起龍〈古文眉詮〉評選研究》，華中師範大學碩士學位論文，2018 年。

宗，則繼周標舉。章法似亂實嚴。要之，悉是旁位。其主筆乃在虢、鄶之置鄭也。勢相引而緒相牽，又一絕奇體格。"評"王孫圉聘於晉"云："舊説以寶賢爲主，則雲連一蔽爲贅，而後幅國之寶六，更説不去矣。是泥于大學楚書之文故也，不知文旨，惟以有用與譁囂對拈。讀書能各審本義，乃無窒礙。"評《吳語》云："吳之爲越燼也，其稔禍不在受越成，而在淫名上國，故篇内於伐齊會晉事，特地大書。其首末詳種、郢之言，與越師之制勝，祇爲吳事領局。結局自與《越語》不同，自成《吳語》體製。通兩國語參會，乃見賓主，篇分七節看。"評《越語上篇》云："《越語》二篇，一敘句踐，一敘范蠡也。此爲敘句踐之文，凡三截，投款能卑，結衆能奮，受敵能果，無驕亢氣，無弛怠氣，亦絕無悠長氣，筆力鋭堅。當與《吳語》對審其不同處，各歸節骱。"評《越語下篇》云："特爲范少伯置此一篇，故凡涉兩國事實俱從略，專詳少伯之言，猶《齊語》之於管子也。伏如雌守，起若鷹擊，黃老流爲申商，觀于少伯益信。次第其節爲七，自成一予。"從這些總批看，浦起龍也比較重視篇章結構，同時重視思想内涵的揭示以及典章制度的相互印證。也正如盧思逸所説："《古文眉詮》中的評語大多出於浦起龍本人所作，原創度高，見解新穎獨到，足以代表一家之見。"[1] 至少，所評《國語》多出自浦起龍本人，少有因襲前人之處。

　　浦起龍的《古文眉詮》對高塒《國語鈔》以及後世古文評點都具有一定的影響。高塒在《國語鈔》中對浦起龍的《國語》評點有所稱引。

（十九）唐德宜《國語》評點

　　唐德宜，字天申，號介軒。其兄唐德咸曾任和州學正，編纂有《崑山人物志》。《崑新兩縣續修合志》卷三十一有唐德宜傳，云其"爲文簡質，不事藻飾，居恒志存經濟"[2]，該傳稱唐德宜"乾隆元年薦舉孝廉方

　　① 盧思逸：《浦起龍〈古文眉詮〉評選研究》，華中師範大學碩士學位論文，2018 年。
　　② 《崑新兩縣續修合志》，《中國地方志集成·江蘇府縣志輯16》，上海：上海書店 1991 年版，第525 頁。

正，以年老詔授六品頂戴”，纂修《崑山志稿》若干卷，“又以坊刻古文尠善本，悉心選錄，成《古文翼》行世”。《古文翼》八卷，有乾隆辛酉（1741）景山書屋刻本、同治十二年（1873）黃氏藝文堂刻本、光緒十九年（1893）湖南經國書局刊本、光緒二十七年（1901）石印本。乾隆年間本爲四周單邊，白口，半葉九行，行二十三字，前有唐德宜序、唐德咸序、凡例。同治本四周雙邊，半葉九行，行二十三字，單魚尾，書前有唐德宜原序、重訂例言、凡例、重訂《古文翼》小引。

今檢唐德宜序云：“文所以載道也，道備於聖賢，而文莫著於六經、四子書。其專發乎經書之旨者，則有濂、洛、關、閩諸君子。若《左》《國》《史》《漢》及唐宋諸大家，世所號爲古文者，似不專發經書之旨矣。然挾兩間之秘奧、析大道之精微，文瀾壯闊，法度謹嚴，不足以羽翼經書，吾不信也。國家以制藝取士，煌煌諭旨，令士子一趨於雅正清醇，殆欲羽翼經書，昭明大道，而不流於詭異怪僻也。夫時文自明迄今，名公鉅卿，以是擅場者不可勝數，原其得力，類皆澤乎古，故其文閎中肆外，疏宕流逸，而可傳於久遠。今之庸下者，舍古鶩今，徒膚詞蔓語，填砌滿紙，觀者厭之。高明之士，又別爲變格變調，攙入諸子佛經之語以駭人耳目。嗚呼，此不特陰背經書、顯違大道，不且與雅正清醇、煌煌諭旨大相刺謬乎哉？”闡明了他編纂《古文翼》的動機，是爲了補救當時因爲制藝寫作而廢吸取古文影響的不正之風。

《古文翼》前兩卷收《左傳》《公羊傳》《穀梁傳》，卷三收《國語》《戰國策》，每卷之前列有該卷目錄。其凡例第四條論《國語》云：“《國語》補《傳》所未備，簡質婉勁，可昭法戒，故即次《三傳》後。”這恐怕也是清代多種古文選本選入《國語》且次於《春秋》三傳之後的原因所在。

《古文翼》共收入《國語》21篇，分別爲：祭公諫征犬戎、召公諫止謗、襄王不許請隧、倉葛不服晉、單襄公知陳亡、臧文仲請糴、展禽論祀爰居、臧文仲請釋衛侯、里革斷罟、季文子儉德、敬姜論勞逸、桓公任用管仲、優施教驪姬、叔向賀韓宣子貧、趙簡子賞尹鐸、王孫圉對簡子、伍舉論章華之臺、諸稽郢行成於吳、申胥諫許越成、勾踐謀復吳讎、范蠡滅吳。正文先列書名，書名下小字注明，“國語”下注云：“按韋昭序，以爲亦左丘明著。左氏既爲《春秋傳》，復著《國語》。以《傳》爲内傳，以《國語》爲外傳。”並未有個人看法，只是撮録前人成説。次爲篇題，觀其所設篇題，多撮録篇章語義而成。篇題下注明出自某語，如“祭公諫征犬戎”下小字注“周”，次爲正文，頂格，正文中有注，注皆撮舉韋昭注删削而成。有圈點頓逗，有旁批，旁批數量較少。以“祭公諫征犬戎”爲例，“耀德不觀兵”旁批云：“一語揭出大意。”“茂正其德”旁批云：“申説‘耀德’。”“以文修之”旁批云：“申説‘不觀兵’。”“是先王非務武也”旁批云：“收束上，頓挫生姿。”“夫先王之制邦内甸服”旁批云：“歷敘古制，爲不享、征之作伏案。”“於是乎有刑不祭、伐不祀”旁批：“兩段明‘時動’之意。”“則又增修于德無勤”旁批：“仍結到‘耀德不觀兵’上。”“無乃廢先王之訓而王幾頓”旁批：“應前面幾個先王。”文末有總批，仿孫琮方法，總評下署“介軒”二字。有的篇章先引述前人評語，所列前人評語有真西山、徐陽貢、曹德培、曹德唐、孫執升、金聖歎、潘我持、張文一、王聖俞、倪稼咸、林西仲，其中引述孫琮評語最多，有5條，引述曹德陪和張文一各2條，引述其他各1條，所引各家姓名署於評語之下，然後列唐氏個人點評。總評相對較短，且有的篇章之後没有。如“倉葛不服晉”“季文子儉德”“敬姜論勞逸”“叔向賀韓宣子貧”“趙簡子賞尹鐸”“伍舉論章華之臺”“諸稽郢行成於吴”“申胥諫許越成”“句踐謀復吴讐”章就只引述了他人評點，唐氏個人並未施評。

所引諸家中，真德秀、林雲銘、金聖歎、孫琮、徐與喬，都是本書所關注的對象。曹德培、曹德唐、張文一、潘我持、倪稼咸的評點則比較少見。今撮録曹德培等人點評如下。

曹德唐評“展禽論祀爰居”云：“制祀本以報功，而馭世之大權寓焉。從此勘出政字，卓論不磨，運古更段段入化，轉換不窮。”曹德培評“單襄公知陳亡”云：“前案後斷，節節以先王作主，令人更無躲閃。通篇俱作引證體，而出筆古健，絶不覺其板重，由其運筆捷而關鎖嚴也。”評“里革斷罟”云：“引古寫得賓主雜然，只用一‘今’字打轉，何等圓净。斷罟、藏罟，涉想俱妙。師存一語，竿頭更進，尤婉而多風。”潘我持評"叔向賀韓宣子貧"云："貧何足賀？叔向故出一奇，以聳宣子之聽。及至説來，俱極平實道理。可悟小題文字，化平爲奇之法。"王聖俞評"伍舉論章華之臺"云："此篇若無奇，而敷論雍容，如朝廷之內，濟濟蹌蹌，具禮備樂，拜起舞蹈，無促節，無簡儀，自成博大之觀。今館閣文近此。"張文一評"趙簡子賞尹鐸"云："兩兩看來，極婉勁，又極光明。伯樂詞令甚妙，身份盡高。"評"諸稽郢行成於吳"云："握要全在文種數語。斟酌天心，盱衡人事，自是千古英雄。至諸稽郢行成之詞，不過廣侈吳王之心，一語了之。"倪稼咸評"申胥諫許越成"云："申胥諫詞，簡鍊實勝《內傳》。夫差愎諫，亦復神氣如生。"這幾位的評點主要關注文章技法。

　　唐德宜評"祭公諫征犬戎"云："挈一句爲綱，下逐節申説，關鎖甚緊，敍事更復典質。"評"召公諫止謗"云："中間正説求言，簡而該。前後喻言止謗，婉而勁。其章法兩兩照，尤有羅浮二山，風雨離合之致。"評"襄王不許請隧"云："愈轉愈緊，婉折中却復嚴峻，天王風範，千古不磨。"評"單襄公知陳亡"云："援古證今，以先王爲綱，以教、制、官、令爲目，炳炳琅琅，極整齊，亦極工麗。"評"臧文仲請糴于齊"云："文仲一對莊公，一語從者，一告齊人，篇凡三段，而恤國恤民，事君事神之道，無不包舉，文氣尤極樸茂。"評"臧文仲請釋衛侯"云："緩頰而談，曲折深細，末後一辭，尤覺絃外有音。"評"桓公任用管仲"云："排場甚富，而其中自具天然節奏。此謂長袖善舞。"評"優施教驪姬"云："即一泣，自鉤心動魄。聽其細細説來，覺得又懊恨，又害怕。那得不墮其術中。左氏真妙于傳神。"評"王孫圉對簡子"云："以未嘗爲寶句作主，以下偏説許多所寶，詞極敏妙。"評"范蠡滅吳"云："吳王此時，正文種所云'安受其燼'，乃無有命之候也。范蠡心狠手辣，英氣勃勃，視王孫雄如黃葉之遇秋霜矣。急管哀絃，一時並集毫端。"

　　唐德宜所引諸家評點，在文章結構層次、關鍵語詞運用、句與句之間的起承轉合以及整體文章布局方面都有相應評述。唐德宜個人評點所關注也在這幾個方面，但唐氏評價似乎更注重揭示語段的寓意及其表達功能。總體而言，唐德宜的評點對於《國語》文章學研究具有一定的積極意義。

（二十）高壋《國語》評點

光緒年間《南和縣志》卷七載："高壋，乾隆庚辰科，官酉陽州知州，著省嘉懿，某《國語鈔》《左傳鈔》《明文鈔》《國朝名文鈔》行世，採訪册。"① 《沁源縣志》卷三《名宦傳》有高壋傳，載其事跡："高壋，字梅亭，直隸順德府南和縣人，乾隆庚辰科舉人，三十二年委署沁邑，三十七年題署沁邑。公兩次蒞沁，内寬外和，肇興學校，風俗爲之稍變。有羅家莊王某者，以忤逆送其子，公召對，以德感其父子，不刑而化，如仇覽之遇陳元，此其較著者也。公爲人精明强幹，不煅煉周内，其政治殆加人一等，去沁之後，沁民思之，祀於靳公祠。"② 二書所載高氏事跡皆較簡略。今檢任書香、王德文所撰《高壋》③ 是今所見材料最全者，但對高壋著述所言較少。高壋除了《梅亭讀書叢鈔》之外，還在臨汾知縣任内，與吳士淳修《臨汾縣志十卷首一卷末一卷》（乾隆四十四年刻本）。《高梅亭讀書叢鈔》，包括《左傳鈔》四卷、《公羊傳鈔》一卷、《穀梁傳鈔》一卷、《國語鈔》二卷、《國策鈔》二卷、《史記鈔》四卷、《前漢書鈔》四卷、《後漢書鈔（附蜀漢文鈔）》二卷、《唐宋八家鈔》八卷、《歸餘鈔》二卷、《論文集鈔》二卷、《嘉懿集初鈔》四卷、《嘉懿集續鈔》卷四、《明文鈔初編》、《明文鈔二編》、《明文鈔三編》、《明文鈔四編》、《明文鈔五編》、《明文鈔六編》、《國朝文鈔初編》、《國朝文鈔二編》、《國朝文鈔三編》、《國朝文鈔四編》、《國

---

① 《光緒南和縣志》卷七，《中國地方志集成·河北省府縣志輯73》，上海書店、巴蜀書社、江蘇古籍出版社2006年影印，第412頁。

② 孔兆熊、郭藍田修，陰國垣纂：《沁源縣志》，臺北：成文出版社1976年影印民國二十二年刊本，第261頁。

③ 任書香、王德文：《高壋》，見載於中國人民政治協商會議南和縣委員會編《南和文史資料》第二輯，南和文史資料編纂委員會1995年6月第1次印刷，第164—165頁。任、王本文又見載於河北省南和縣地方志編纂委員會編《南和縣志》，北京：方志出版社1996年12月版，第595—596頁。至於其來源何處，尚需探尋。2017年11月份，筆者到邢臺任縣作國培送培到縣工作，請負責南和送培到縣的同事幫忙打聽。據云，城郭鄉孔村已經沒有姓高的了，《高壋》作者之一任書香已經去世。後來，聯繫到了南和政協，南和方志辦主任胡先生見告，王德文比任書香歲數還大，恐怕也已經去世了。胡主任還推測説，這篇傳記很可能就是根據舊縣志寫的。雖然沒有獲得進一步的資料，但是這一段因緣，倒頗值得紀念。

朝文鈔五編》等，每部獨立成書。清乾隆五十三年（1788）廣郡永邑楊氏培元堂刊本，共四十八册，正文九行二十五字，小字雙行，白口，四周雙邊。華東師範大學圖書館曾將館藏《高梅亭讀書叢鈔》影印出版，收在黄香文、吴平主編《華東師範大學圖書館藏稀見書匯刊》第15—39册。孫霞、楊挺認爲《高梅亭讀書叢鈔》具有校勘、補遺、輯佚功能，同時也具有傳統文章學價值①。這個評價是比較客觀的。

《讀書叢鈔》每一部都題署爲乾隆五十三年訂，和陽高梅亭集評，左下鈐朱文雙行牌記“廣郡永邑培元堂楊藏板”，正中爲書名。《國語鈔》二卷依次爲高塘序、《國語鈔》總目、《國語鈔》卷上目録、《國語鈔》卷上内容、《國語鈔》卷下目録、《國語鈔》卷下内容。

1. 序文

高序半頁八行，行十六字。其序云：

《國語》一書，乃春秋以前迄戰國之初、列國數百年之史也。司馬遷曰：“左邱失明，厥有《國語》。”班孟堅《藝文志》載左邱明著《國語》二十一篇，故前人以左氏《春秋》爲内傳、《國語》爲外傳。然時代先後不同，而篇章長短各異，似非出一人之手。且傳吴、越事特詳備，而宋、衛、秦之記闕如，是以後人疑之。蓋當時列國固多良史，如史嚚、史過、董狐、猗相、南史輩，類皆能備掌故、作訓辭，以爲一國之實録，猶晋之乘、楚之檮杌，固不獨左氏之傳《春秋》也。故曰此列國之史也。《周》《魯》典贍肅穆，其先王之遺澤乎！《晋》《楚》寬博雄邁，其霸國之餘風乎！夫差以侈心致敗，故《吴語》多悲壯；句踐以陰謀取勝，故《越語》多沉驚；齊霸諸侯，備載《管子》；政令規模，鄭謀遷國。該括列姓，興廢源流。其閎深詳核，《左氏》所有者可互相發明，無者可補所未備，實足以翼傳而行。而數百年觀法之原、得失之林，亦於是在矣。嗣是一變，而爲戰國縱横詭譎，而渾厚謹嚴之風遂不可復見。

---

① 孫霞、楊挺：《〈高梅亭讀書叢鈔〉的文獻價值》，《福州大學學報》2016年第2期。

噫！此世道升降之會，亦文章正變之分也夫？

乾隆五十三年六月上浣和陽高嶼

序文尾空白處鈐有陰文篆文"高嶼之印"和陽文篆文"梅亭"印。高嶼對《國語》的性質、作者提出了自己的看法，他認爲《國語》是一部史録彙編，認爲《左傳》和《國語》"非出一人之手"，同時指出《國語》各語的主體特徵以及《國語》的學術價值。

2. 篇目以及篇題

《國語鈔總目》分列卷上、卷下，標舉各語採擇的篇數，計《周語》十六篇、《魯語》十四篇、《齊語》一篇爲上卷，《晉語》二十篇、《鄭語》一篇、《楚語》六篇、《吳語》七篇、《越語》二篇爲下卷，總計六十七篇。

卷上、卷下細目，先列各語，於各國語下列舉各篇篇名，每行兩篇。臚列其各篇篇名，並附録穆文熙《國語鈔評》、劉懷恕刻《國語》篇名如下：

	《國語鈔》篇名	穆文熙本、劉懷恕本篇名	異同
周 語	祭公諫征犬戎	穆文熙、劉懷恕作"謀父諫征犬戎"	基本相同
	密母戒子	穆文熙、劉懷恕作"恭王滅密"	前者重言，後者重事
	召公諫厲王止謗	穆文熙、劉懷恕同。	
	芮良夫論榮公專利	穆文熙、劉懷恕作"芮伯論榮公專利之害"	基本相同
	虢文公諫不籍田	穆文熙、劉懷恕作"宣王不藉千畝"	前者突出諫體，後者突出事體
	仲山父諫立戲	穆文熙、劉懷恕作"仲山父諫王立戲"	基本相同
	仲山父諫料民	穆文熙、劉懷恕作"宣王料民太原"	前者突出諫體，後者突出事體
	伯陽父論地震	穆文熙、劉懷恕作"伯陽父論周將亡"	前者突出現象，後者突出本質
	襄王不許請隧	穆文熙無此篇，劉懷恕無篇名	
	倉葛呼晉師	穆文熙、劉懷恕作"晉圍陽樊不下"	前者重言，後者重事

續表

《國語鈔》篇名		穆文熙本、劉懷恕本篇名	異同
周語	襄王不許殺衛侯	穆文熙、劉懷恕作"周不殺衛成公"	前者強調言，後者強調結果
	定王論饗禮	穆文熙、劉懷恕同。	
	單襄公論陳亡	穆文熙、劉懷恕作"單子知陳之亡"	前者強調"言"
	單子論齊晉君臣	穆文熙、劉懷恕作"單襄公論齊晉君臣之敗"	後者優於前者
	太子晉論川壅	穆文熙、劉懷恕作"太子晉諫壅川"	"諫"優於"論"
	單穆公諫鑄大錢	穆文熙、劉懷恕作"單穆公論鑄大錢"	"諫"優於"論"
魯語	臧文仲如齊告糴	穆文熙、劉懷恕作"臧文仲請糴於齊"	基本相同
	臧文仲論請免衛侯	穆文熙、劉懷恕作"僖公請復衛君"	基本相同
	展禽論祀爰居	穆文熙、劉懷恕作"展禽論祭爰居"	相同
	里革斷罟	穆文熙、劉懷恕作"里革斷罟匡君"	後者更全面
	季文子論妾馬	穆文熙、劉懷恕作"季文子儉德"	前者表面化，後者更貼近本旨
	仲尼論墳羊	穆文熙無此篇，劉懷恕無篇名。	
	敬姜告季康子	穆文熙、劉懷恕作"敬姜語季孫肥"	基本相同
	敬姜弗應季康子	穆文熙、劉懷恕作"敬姜不應康子"	基本相同
	敬姜戒妾	穆文熙、劉懷恕作"敬姜明其子之令德"	後者概括全面
	敬姜論勞逸	穆文熙、劉懷恕同。	
	仲尼論骨節專車	穆文熙、劉懷恕作"仲尼辨防風氏之骨"	後者概括全面
	仲尼論楛矢	穆文熙、劉懷恕作"仲尼辨肅慎氏之矢"	後者概括全面
	齊閭邱來盟	穆文熙、劉懷恕作"閔馬父論恭"	前者表面化，後者更貼近主旨
	仲尼論田賦	穆文熙、劉懷恕作"仲尼不對田賦"	基本相同
齊語	齊桓公霸諸侯	穆文熙、劉懷恕分《齊語》爲四篇，分別題爲"桓公用管仲""管仲治齊""內政寄軍令""桓公會諸侯於葵丘"	

《國語鈔》篇名	穆文熙本、劉懷恕本篇名	異同
欒共子對晉武公	穆文熙、劉懷恕作"欒共子死哀侯"	前者重言，後者重事
郤叔虎論伐翟柤	穆文熙、劉懷恕作"晉伐翟柤"	前者重言，後者重事
驪姬夜半讒申生	穆文熙、劉懷恕作"驪姬以危言劫獻公"	前者優於後者
優施計動里克	穆文熙、劉懷恕此處不單獨分篇，總名爲"太子敗翟於稷桑"	
秦立惠公	穆文熙、劉懷恕作"秦人立惠公"	基本相同
胥臣論教因材質	穆文熙、劉懷恕同。	
郭偃論難易	穆文熙無此篇，劉懷恕無篇名。	
范武子杖擊文子	穆文熙、劉懷恕作"武子杖擊文子"	相同
趙文子冠	穆文熙、劉懷恕作"趙文子見諸大夫"	前者截首句爲題，後者言事
范文子論戰	穆文熙、劉懷恕作"文子與郤至論伐鄭"	前者突出主體，後者更爲全面
趙文子爲室	穆文熙、劉懷恕作"張老止文子作室之僭"	後者優於前者
叔向賀韓宣子貧	穆文熙、劉懷恕作"叔向賀韓獻子之貧"	基本相同
夙沙釐對中行伯	穆文熙、劉懷恕作"穆子使夙沙釐相翟"	前者重言，後者重事
董叔取于范氏	穆文熙、劉懷恕作"董叔乞請於叔向"	後者優於前者
趙簡子使尹鐸爲晉陽 尹鐸增培壘	穆文熙、劉懷恕兩篇作一篇，篇名作"簡子賞尹鐸"	
壯馳茲論興亡	穆文熙、劉懷恕作"壯馳茲賀簡子求賢"	角度不同
竇犨對趙簡子	穆文熙、劉懷恕作"竇犨論人化"	後者優於前者
知果諫立瑶	穆文熙、劉懷恕作"知果論瑶不可立"	後者優於前者
士茁論室美	穆文熙、劉懷恕作"士茁論室不宜美"	基本相同
鄭桓公謀遷國	穆文熙、劉懷恕作"鄭謀遷國於虢、鄶之間"	後者更全面

晉語 — rows from 范武子杖擊文子 through 士茁論室美

鄭語 — 鄭桓公謀遷國

《國語鈔》篇名		穆文熙本、劉懷恕本篇名	異同
楚語	左史倚相戒申公	穆文熙、劉懷恕作"左史倚相謗子亹"	前者優於後者
	伍舉論章華之臺	穆文熙、劉懷恕作"與伍舉論章華臺"	相同
	白公子張諫靈王	穆文熙、劉懷恕作"靈王不納子張之諫"	前者重言，後者重結果
	鬭且廷論子常必亡	穆文熙、劉懷恕作"鬭且論子常之敗"	基本相同
	昭王賞鄖公兄弟	穆文熙、劉懷恕作"昭王賞及鄖懷"	基本相同
	王孫圉對簡子	穆文熙、劉懷恕作"王孫圉對簡子之問"	基本相同
吳語（本一篇，熙俞本分爲七）	越行成於吳	穆文熙、劉懷恕作"諸稽郢行成於吳"	後者如突出人物
	吳許越成	穆文熙、劉懷恕作"申胥諫吳王勿許越成"	後者更全面
	申胥諫伐齊	穆文熙、劉懷恕作"申胥諫吳王勿伐齊"	基本相同
	吳王殺申胥	穆文熙、劉懷恕同。	
	王孫雄決策	穆文熙、劉懷恕作"越王命范蠡襲吳"	前者重言，後者重事
	吳長瞽盟	穆文熙、劉懷恕作"吳人劫盟先歃"	後者更全面
	越王句踐滅吳	穆文熙、劉懷恕作"越師入吳夫差自殺"	前簡約，後周詳
越語	句踐復仇始末（上篇）	穆文熙、劉懷恕作"吳許越成，越竟滅吳"	前者主題突出
	句踐陰謀（下篇）	穆文熙、劉懷恕《越語下》分二篇，分別爲"范蠡三策""范蠡始終伐吳之策"	

　　檢《國語鈔》各篇名，皆撮舉該篇内容大要而成，凡有諫、論之事者，率皆以"×論（諫）……"命名，確實比較能夠反映篇章主旨。當然，關於文本要旨概括之全面與否，和前後《國語》各篇篇名的確立都有一定的關係。從和穆文熙《國語鈔評》、劉懷恕本《國語》的篇名比較來看，發現多數篇名是不同的。高嵣之書後出，其篇名整體立意高於穆、劉，特別能夠突出《國語》"語"的特徵。但從完整反映篇章内容主旨方面來看，高嵣的有些篇名尚未如穆文熙、劉懷恕的高明。

　　3. 内容

　　其正文中縫上標"國語鈔"三字，魚尾下標卷次、篇名、頁碼。正文隨文施注，注用韋昭注，但是施注位置有所變動，一般具體到名物之下，常用詞不再解釋。如《周語上》首章首句"穆王將征犬戎"，前此之本往往在"犬戎"下施注云："穆王，周康王之孫昭王之子穆王滿也。征，正也，上討下之稱。犬戎，西戎之別名，在荒服。"《國語鈔》則分別在"穆王"下和"犬戎"下施注，"征"字注則略去。欄內多施圈點，行間又有夾批，揭明具體文字、語句的表達功能，如"穆王將征犬戎"之"征"字旁即有"征字書法"四字揭明"征"字章法，又"先王耀德不觀兵"旁有"主句"兩字揭明本句功能。每篇之末又或引述他人總評，或自爲評述。凡引他人之說，以"××曰"出之，高氏個人評點中出現引述，則以"××云"出之。

（1）分段評點

凡篇章內容較繁者，率皆在欄外進行逐段分析，每段起訖，都會在末字之下標識。如首篇《祭公諫征犬戎》，高嵣分四段進行評述，云：

①首段總冒。"耀德不觀兵"五字是通篇綱領。

［按］這是對《祭公諫征犬戎》開篇至"故能保世以滋大"一段文字的評述。刻本在"大"字下用橫綫進行了段落標識，於"將征犬戎"旁謂："征字，《書》法。"謂"先王耀德不觀兵"云："主句。"謂"夫兵戢而時動，動則威，觀則玩，玩則無震"云："征戎也。"謂"我求懿德"云："逆入耀德意。"謂"先王之於民也"云："提先王，先用虛領。"謂"保世以滋大"云："勒筆勁。""主句""逆入耀德意"正和其本段評述相呼應。高嵣對本段的總體認識和明人的認識也基本一致。如孫應鰲即謂："'耀德不觀兵'爲主腦，終篇反覆，不過此意。"

②二段泛引歷述先烈，詳言德而略言兵，至武王束住，就用武兜勒"務德"意，尚未貼著犬戎。

［按］"除其害也"之"也"下有橫綫標識。又高氏謂"昔我先世

后稷"云："一證先王，總是耀德之事。"謂"我先王不窋"云："再證先王。"謂"時序其德"云："點'德'字。"謂"奕世載德，不忝前人"云："八字該十數公。"謂"至于武王，昭前之光明而加之以慈和"云："再證先王。以武王爲觀兵之法。"謂"是先王非務武也"云："從'務武'作一跌。"謂"勤恤民隱而除其害也"云："仍縮入務德意。"與其總評相呼應。

③三段切引，歷舉先王中外之制，逐層遞入"荒服""終王"等字，緊貼犬戎本職，從"修德"遞到"修刑"，又從"令辭"歸入"修德"，前後一綫。

［按］此段切在"遠無不服"之"服"字下。高氏謂"夫先王之制"云："此句領起。"謂"戎翟荒服"云："對犬戎。"謂"先王之訓也"云："又領起。上言制，下言訓。"謂"有不祀則修言"云："此是耀德之事。"謂"序成而又不至則修刑"云："轉入觀兵。"謂"於是乎有刑不祭、伐不祀、征不享、讓不貢、告不王"云："此皆觀兵之事。仍及近不及遠，針鋒緊對。"謂"布令陳辭而又不至則又增修於德"云："針對遠人，仍歸'耀德'意。"謂"是以近無不聽而遠無不服"云："勒筆勁。"

④四段入事。繳應"觀兵"，曰"終也"、曰"來王"、曰"不享"、曰"守終"，正照應"終王"本職，文法細密。

［按］高氏謂"夫犬戎以其職來王"云："全局一一説明。"謂"自是荒服者不至"云："繳明荒服。"這四段總評是對全篇分層分段的評點，在欄外。又於全篇之末引俞桐川曰："犬戎，荒服也。以不享征之，失其制矣。先王于當征者，猶務德不務兵，況不當征者乎？篇首書'征'，結書'荒服'，大義了然。'先王耀德不觀兵'是統論，'先王之制'是切論。'耀德'輕帶'觀兵'，論觀兵，重耀德。變《尚書》樸

質渾穆之風。節奏舒徐，波紋蕩漾，神氣又極深厚。允爲古文之冠！"又引孫月峰曰："初變《尚書》調，是今文祖。"又引儲同人曰："《周書》以穆王終，《周語》托始穆王，以其繼書而作也。"

（2）分支評點

篇幅尤其繁複者，則將該篇分節，於每節之末進行分節評述，如《齊語》"齊桓公霸諸侯"一篇和《越語》"句踐陰謀"一篇，除了欄外有分段評述之外，還在每節之末進行本節評述。高嵣稱篇中所分爲"支"，如《齊桓公霸諸侯》一篇，實即《齊語》全文，高氏將篇首至"而慎用其六柄"劃作第一支，高氏於該支末謂："此爲第一支，乃成霸緣起、通局總冒也。前半敘兩國君臣語，虛攝全局；後半敘管子之對，實括下文。挈裘振領，此作第一頭。'定民之居''成民之事'二句，一篇之綱。'參其國''伍其鄙'二條，乃定民居內事也；'慎用六柄'句，提後鄉長五屬事。"

將"桓公曰成民之事若何"至"有司已於事而竣"劃作第二支，高氏於該支末謂："此爲第二支，乃成民之事，霸業實際也。前用總提，後用總束，中間士農工商，板分四段。群萃而州處，是其制；相與而習，是其功；心安不遷，是其效。民自爲俗，教不待官，可謂民事成矣。此作中腹。"

將"桓公曰定民之居若何"至"以征則彊"劃作第三支，高氏於該支末謂："此爲第三支，乃定民之居，亦霸業實際也。前言制國三軍之法，即所謂'參其國'也；後言制鄙五屬之法，即所謂'伍其鄙'也。皆從定民居內抽出條貫之，大抵在國是强兵之術，在鄙是富國之術。裁對分兩大段，鄉長復事是'參國'後事，五屬復事是'伍鄙'後事，皆兩兩分配，此亦中腹。"復謂："此就本支看，參國、伍鄙分對兩大段；合上一支看，此是定民之居，上是成民之事，兩支又作分對。雖詳略不同，而參錯中恰自然整齊。'以守則固'二句將參國、伍鄙通結在內，章法完整。"

剩餘部分劃作第四支，高氏於該支末謂："此爲第四支，乃霸功成立，通局歸宿也。親鄰國是先著，足兵甲是備著，擇淫亂而先征之、帥諸侯而朝天子是要著。迨至諸侯莫不來服，天王使宰致胙，稱順、稱仁、稱寬、稱廣、歸己、與己、信仁、畏武，而霸功可謂赫矣。推原于教大成、文事勝，暗結中二支'成民之事''定民之居'二條，歸本于管夷吾、鮑叔牙，明結首一支'則管夷吾乎''天下之才也'等句。鋪張盡致，正復收束謹嚴。此作一尾。"

各支之中欄外分段評點，文中則揭明關鍵詞，揭明句法、章旨以及起承轉合、上下相應之例。

（3）隨文評點

高壖評點，尤其注重具體文字語詞的運用和文句的前後照應。例如他對《密母戒子》的評點，如下：

高氏謂"夫獸三爲群"云："比興新峭。"謂"女三爲衆"云："此句主。"謂"王田不取群"云："承得明。"謂"夫粲，美之物也"云："提筆。"謂"而何德以堪之"云："歸到德，見得高。"謂"王猶不堪"云："轉折圓。"謂"小醜備物終必亡"云："結到辣。"篇末引俞桐川曰："於耽情溺志中，説得驚魂蕩魄，與《内傳》叔向母議論相敵。"高氏自云："讀犬戎篇，可以懲忿；讀此篇，可以窒慾。故並錄以爲篇首。"

隨文評點，涉及具體語詞的功能、意義，對語境的補充，對句義的串講，揭明關係，闡明前後上下的呼應與對應，探討敘事或議論技法，對例證引文進行歸類或定性，總之，涉及方面很多。其文中多用"提""束""收""頓""對""轉入"等字眼。

（4）篇末總評

篇末總評以引述他人之説爲主，被高氏引述者有俞桐川、孫月峰、儲同人、徐建菴、浦起龍、謝立夫、穆少春。其中引述俞桐川最多，共54條。引述浦起龍、儲同人各6條，穆少春2條，謝立夫、徐建菴、孫月峰各1條。如《祭公諫征犬戎》篇末總評云：

俞桐川曰：犬戎荒服也，以不享征之，失其制矣。先王于當征者，猶務德不務兵，是統論；先王之制是切論。論"耀德"輕帶

"觀兵",論"觀兵"重繳"耀德",變《尚書》樸質渾穆之風,節奏舒徐,波紋蕩漾,神氣又極深厚,允爲古文之冠。

　　孫月峰曰:初變《尚書》調,是今文祖。儲同人曰:《周書》以穆王終,《周語》托始穆王,以其繼《書》而作也。

《密母戒子》篇末總評云:

　　俞桐川曰:於耽情溺志中,説得驚魂蕩魄,與《内傳》叔向母議論相敵。○讀《犬戎篇》可以懲忿,讀此篇可以窒慾,故並録以爲篇首。

　　《祭公諫征犬戎》篇末總評用了俞長城、孫鑛、儲欣三個人的評點,《密母戒子》篇頗引述了俞長城的評點,高氏在最後還説明把《祭公諫征犬戎》篇和《密母戒子》篇放置在全書最前的原因所在。

　　4.《國語鈔》的學術價值

　　(1)保存評點資料

　　高嶋《國語鈔》篇末總評所引述諸家評點中,以引述俞長城最多,一共54條,占到《國語鈔》67篇中的81%。引述其他諸家皆有專書傳世,但是俞長城的評點今天確乎難以見到。高嶋引述的54條俞長城《國語》評點爲研究俞氏評點學以及俞氏《國語》評點具有保存文獻的價值。

　　(2)發展了評點體例

　　明代《國語》評點主要是隨文點評和篇末點評。如公鼐、呂邦燿所撰《國語髓析》、陳仁錫《奇賞齋古文彙編》是著者個人點評,全部刊於欄外,穆文熙《國語鈔評》、湯尹賓《國語秋型》、盧之頤訂正《國語》、署名梅之焕編次《國語神駒》則是在繼承前人評點基礎上,刊於全書上欄的隨文點評。鄭維岳《國語旁訓便讀》是在簡略韋注基礎上的隨文評點。孫琮《山曉閣古文選》之《國語選》、儲欣《國語選》,也都是在篇末進行總評。只有高嶋在專書點評中構建了隨文評點、分段以及分支評點、篇末評點的體例。這種評點體例照顧到了具體語詞的評點、段落評點、獨立篇章評點和全篇評點幾個方面，更加綜合有效，全面展示評點者對文本各個方面的認識。

（3）對後世評點影響深遠

今檢民國時期所出《國語》諸書中，秦同培《言文對照國語評注讀本》和中華書局版《國語精華》是帶有評點的本子。

其中《國語精華》由上海中華書局編輯發行，是該社出版的《中國文學精華》叢書之一種。雖然序稱民國四年（1915）鑄版，爲教科自修適用本，分上、下卷。至當年十一月份已出至第三版，此後續有重版。至1937年，又出版一册本，1939年再版，1941年第4版。書分上下欄，下欄印《國語》正文，上欄印段落大意及文章分析。正文中有小字注文，注文雙行。正文遍施圈點。《國語精華》實際上是以清代高塘《國語鈔》爲底本，刪削注文、去掉夾批，唯保留上欄評點而成。故其書實屬於舊著新刊，並不具備獨立性。經和高塘《國語鈔》對照發現，《國語精華》篇目和《國語鈔》完全相同，正文中保留韋注數量較少，欄外引錄高塘《國語鈔》的分段評點。

今檢該書序云：

秦以前之載籍，學子所喜諷誦者三，曰《左傳》，曰《國語》，曰《國策》。《國策》自爲部類，《左傳》《國語》時相爲出入。《漢志》載左邱明著《國語》二十一篇，司馬遷亦曰："左邱失明，厥有《國語》。"論者遂以《左氏春秋》爲内傳，《國語》爲外傳，二者異流而同源，讀《左傳》者不可不讀《國語》焉。和陽高塘梅亭爲之語曰："周、魯肅穆，見先王之遺澤；晉、楚雄邁，有霸國之餘風；夫差以侈心致敗，故《吳語》多悲壯；句踐以陰謀取勝，故《越語》多沈鷙；齊霸諸侯，載管子之政令；鄭謀遷國，詳列姓之興廢。《左氏》所有者，可互相發明；無者可補所未備。實足以翼《傳》而行。"其言善矣。然吾以爲讀《國策》者尤不可不讀《國語》。《國策》者，古今文字升降變遷之樞紐也。周秦以降，天地萬

物豁然改觀，而文字之渾灝流轉於氣數之中者，或龐駁而奧衍，或
劖削而矯戾，以之副物情而盡事變，蠭起錯出，不可殫述。詐僞萌
而淳固之氣漓，江河者必於濫觴，其端實自《國策》發之。求其機
軸相近、趣昭事博，一簡之内，卓然有三代之遺，將以救詐僞而稍
稍還之於淳固，懿與其《國語》與？民國四年五月，《國語精華》
鑄版告成，遂書是義以爲之弁。①

該序文只是撮録高塏《國語鈔》序文，並未交代《國語精華》和
《國語鈔》的淵源關係。從某種程度而言，對《國語鈔》是一種盜用。
當然，也從側面説明高塏《國語鈔》的影響。

總之，高塏《國語鈔》一書是在繼承明代和清代早期部分評點成果
的基礎上，創發體例，對所選《國語》六十七篇進行了比較細緻的文内
評點、分支評點和逐段評點，其内容涉及所選《國語》各篇的諸多方
面，是整個清代《國語》評點學方面重要的著作，在《國語》評點學史
上具有很重要的學術價值和地位，在畿輔評點史上也具有很重要的學術
價值和地位。

(二十一) 譚尚忠《國語》評點

上文提到，徐與喬《初學辨體》經由譚尚忠增輯，更名爲《經史
鈔》十種。譚尚忠（1724—1797）字因夏，號古愚、薔亭②，南豐縣人。
乾隆十六年（1751）進士，曾任户部主事、員外郎、郎中，御史兼户部
行走，刑部員外郎，河南按察使，山西布政使，山西巡撫，安徽巡撫，
雲南巡撫等。工書法，有《紉芳齋詩文集》傳世。《經史鈔》是譚尚忠
在雲南巡撫任上，請江西武寧人張望編訂而成。

---

① 中華書局編輯：《國語精華》，上海：中華書局 1915 年版。
② 徐世昌《晚晴簃詩匯》謂："譚尚忠，字古愚，又字希夏，號薔亭。"（北京：中華書局
1990 年版，第 3351 頁）本處據《江西省人物志》編纂委員會編《江西省人物志》（北京：方志出
版社 2007 年版，第 261 頁）和喬曉軍編著《中國美術家人名辭典·補遺一編》（西安：三秦出版社
2007 年版，第 532 頁）。

《經史鈔》署"崑山徐退山原本南豐譚古愚增輯"，有乾隆五十五年（1790）刻本。《初學辨體》四周單邊，無行格，半頁九行，行二十六字，無魚尾。《經史鈔》乾隆五十五年本左右雙邊，單魚尾，半頁八行，行十八字，上下雙欄，目録有行格。

今檢《經史鈔》書前有譚尚忠序，徐與喬《初學辨體自序》，《經史鈔凡例》，《退山例言》，《退山或問》。譚尚忠所增有三：1. 夾批內增評點；2. 欄外增注釋和評點；3. 篇末增譚評。欄外增者，悉出"增"字以與徐説相別，共58條。篇末總評以"譚古愚評"出之，共19條。當然也有删削之處，如《初學辨體》引述茅鹿門評點，《經史鈔》則無。又徐與喬篇末總評，譚尚忠《經史鈔》亦删去三處。

所增58條上欄注釋、評點，並非每篇都有，其中"謀父諫征犬戎""虢文公諫不藉田""伶州鳩論律""里革斷罟匡君""季文子相宣成""王孫圉論楚寶""諸稽郢形成于吳"等篇上欄無增輯條目。其他各篇有之，多少不等。檢尋各條，其中評點20條，釋義38條。評點往往從關鍵詞、句、轉折、層次入手進行點評。釋義又包括釋語詞之義，釋地名，釋事情前因，釋事件發生時間，釋句義、釋音讀、釋文字古今通借等。這是在徐與喬欄外評點釋義的基礎上進行補充的成分。

篇末點評19處，仍然關注關鍵詞語和層次轉折。如其評"謀父諫征犬戎"云："耀德、觀兵截然兩項，中鉤'不'字，化兩爲一。'兵戢而時動'，自下而逆上；'觀則玩，玩則無震'，上轉而層下。劍閣木門，高深峻隘如是。"評"虢文公諫不藉千畝"云："'古者'以下四百二十九字，直作一段，如謨、如誥，比《大田》《楚茨》諸詩光尤蒼黝。前六'於是乎'疊疊湧起，如巨浪震天，'是故'句六字一簇，如滴水不洩。驟風送雨之致，'農師'九句是也；迴風舞雪之妙，則'大徇亦如之'是也。一'是日也'，一'是時也'，長篇攢矗之中，機神一暢。"評"襄王拒請隧"云："前半高舉，每抑樂以取致，後半推縱，彌廉固而有威。"評"單子知陳必亡"云："比耦之文，不嫌攄實。每段提束，時起時落，格律齊整而陪宕。"評"單襄公論郤至必亡"云："譽朝下筆跡頓滅，從召桓與語出，見筆跡，忽又滅，從召桓述述以告與自言出見意象靈警，脱去常畦。召桓告單襄如所謂郤至者，意殆賢之，必接‘是其言也，君其以爲奚若’矣，却駮進一層，偏出氣足力厚。襄公口中先斷後論，一步實一步，一層提一層，雙結上文，頓挫一筆，跌宕一筆。”評“諸稽郢行成于吳”云：“《左傳·哀公元年》：吳王夫差敗越于夫椒，遂入越。越子以甲盾五千保于會稽。‘今逆之江’下無此數語，事狀未著，與下文殊不相發。”又云：“案此時越之不亡如帶，夫差其知之矣。諸稽郢之行成也，特婉約其詞以求延旦夕之命，伍員知之，夫差其亦知之矣。蓋夫差之爲人，好譽而喜功，將有大志於齊而不屑於越，故文種曰‘將必寬然有伯諸侯之心焉’，固已得其肺肝而行之謀。不然，三尺童子所不得欺，亦何辭命之足稱哉？”評“吳王劫盟黃池”云：“中多拗澀難解，當有所竄入。”評“越謀伐吳”云：“‘夏則資裘，冬則資絺，旱則資舟，水則資車’，良賈之道通於國矣。句踐資之二十餘年，卒以有濟彼夫差者，冬而焚裘、夏而毀絺者也。”

從譚尚忠的篇末點評來看，他和徐與喬一樣，比較重視文章結構、段落層次和關鍵語句等等的揭示。同時，他也提出了一些評點之外的問題，比如他認爲《吳語》“吳王劫盟黃池”一篇“中多拗澀難解，當有所竄入”，這是從文章的角度提出文本精準度的問題，對於探討《國語》一書流傳過程中產生的文本問題是具有積極意義的。

從《國語》評點史來看，譚尚忠的《經史鈔》似乎影響甚微，主要原因在於其依附於徐與喬《初學辨體》，獨立性較差。雖然刊刻精良，但後世《國語》評點以及古文評點者都很少給予關注。無論從其增補的釋義上，還是增補的評點上來看，譚氏的《國語》評點都具有一定學術價值，對於精準理解《國語》文本、把握《國語》文脈是有幫助的。

（二十二）吳汝綸、吳闓生《國語》評點考校

吳汝綸（1840—1903）是桐城派古文大家，同治四年（1865）進士，與張裕釗（1825—1894）、黎庶昌（1837—1898）、薛福成（1838—1894）並稱“曾門四弟子”，歷任深州、冀州知府，主保定蓮池書院，其生平著述輯爲《吳汝綸集》四册。吳闓生（1879—1950），吳汝綸之

子，原名啟孫，字辟疆，又名北江。早年留學日本，1912 年任北洋政府總統府內使，1916 年任北洋教育部次長，後任北洋國務院參議，1928 年任奉天萃升書院教授，後任北京古學院文學研究員，著有《周易大義》《尚書大義》《詩義會通》等。

吳汝綸點勘、吳闓生補訂之《國語》有宣統二年（1910）鉛印本，題名《吳桐城先生點勘國語》，半頁十二行，行二十八字，天頭闊大。此後又題名《桐城吳先生點勘國語》，民國七年（1918）都門書局排印，此本後又收入宋志英選編的《〈國語〉研究文獻輯刊》第 10 冊。書前有"桐城吳先生點勘國語目錄"，目錄後有吳闓生題記，謂："先大夫點勘《國語》本，唯前三卷及第十六卷有圈識，而評語則唯第十六卷後一條，別有臨錄姚姬傳先生點定本。今校付印，並載姚氏圈識，以便學者。其眉上加圈，亦姚氏所爲也。韋昭注頗多訛謬，略采取其可者，付期易通貫，亦間以鄙見附焉。《國語》之書，蓋輯錄而成，非出一人手。其與《左氏傳》相同甚者，則皆緣錄《左氏》以附益之，知言者可望而決也。庚戌十月初男闓生謹記。"

《桐城吳先生點勘國語》一書全錄《國語》正文，檢其所據刊本，亦黃刊明道本之列。而注文則簡省頗多，所錄較少，保留了一定數量的注文和音注，檢全書注文 409 處，多釋語詞、人物、器具、音注等。根據吳闓生的記述，吳汝綸除了《鄭語》有評點一條外，別無評語，則注文之簡省與勘定，亦出吳闓生之手。今檢《鄭語》篇後評點云："某案，《史記·鄭世家》約此文，繁簡殊勢，可以參觀文字之變。"揭出可以《鄭世家》和《鄭語》對讀。此外，吳闓生加了多條案語，以"闓生案"出之。另有解釋文字之通假、古今者，往往以"同×"出之。注文小字雙行，附於正文之中，其注多剪裁韋注而成，少數注文又以"韋云"出之，此外還有引述姚鼐者 4 條，以"姚云"出之。其中《越語下》引姚鼐二條置於欄外。又正文後偶有評斷，別行附後。該書鉛字排印，文字錯誤較多。以"闓生案"出之者共 27 條。27 條中，涉及文字校勘的 5 條，通過文字改讀進行訓釋者 5 條，釋文字通借者 1 條，直接訓釋語義者 12 條，釋句讀、評韋注之精當者、釋時代特徵者、釋文學表現手法者各1條。如下：

1. 涉及文字校勘

（1）有五勝以伐而敗。

闓生案：而，當作"五"。（卷二，第6頁）

（2）單襄公曰：驪此其孫也。

闓生案：此"單"乃"晉"之誤。（卷三，第2頁）

（3）吾固告君日得衆。

闓生案：此"日"當爲"曰"。驪姬言也。注謂"往日"，非。

（卷八，第1頁）

（4）善人在位。

闓生案："位"字疑衍文。（卷十四，第5頁）

（5）以心孤勾踐。

闓生案：心，疑"怒"之壞字。（卷十九，第1頁）

2. 以改讀訓釋

（1）則必廣其身。

闓生案：廣，讀"曠棄"之"曠"。韋注誤。（卷二，第5頁）

（2）遂滋民與無財。

闓生案：無，讀"蕃廡"之"廡"。韋注誤。（卷六，第2—3頁）

（3）以城來盈願。

闓生案：盈，讀爲"逞"，猶言逞欲也。"盈""逞"古字通。

（卷十五，第1頁）

（4）其隩愛太子，亦必可知也。

注：隩，隱也。闓生案：愛，讀爲"薆"。薆，亦隱也。（卷十

六，第3頁）

（5）妄其欺不穀邪？

闓生案：妄讀爲"亡"。亡其者，猶"無乃"也。（卷二十一，

第 2 頁）

3. 直接訓釋語義

（1）文公欲弛孟文子之宅。

弛，毀也。閭生案：弛，與“馳”同，互易也。（卷四，第 4 頁）

（2）余恐易焉。

閭生案：易者，移易也。《左傳》：“易之亡也。”又云：“又欲易余罪。”（卷四，第 5 頁）

（3）相延食鱉。

閭生案：相，蓋室老相禮者。韋謂眾賓相延，疑非。（卷五，第 4 頁）

（4）且君知成之從也，未知其待於曲沃也。

閭生案：此君，指哀侯。韋以爲武公，殊誤。（卷七，第 1 頁）

（5）且人中心唯無忌之，何可敗也。

閭生案：唯無，如《墨子》之言“唯毋”。唯毋者，雖也。言雖忌之，豈能敗其謀。（卷八，頁 1）

（6）民疾其態。

閭生案：態有驕侈之義，所謂“態色”“淫志”是也。（卷八，第 3 頁）

（7）不更厥貞。

閭生案：先大夫《易說》引此，以訓“貞”爲“心”。（卷九，第 1 頁）

（8）吾不能行也，咫聞則多矣。

閭生案：咫，疑當訓“僅”。後世謂“僅”爲“只”，蓋源於此。（卷十，第 11 頁）

（9）抑人之有元君，將稟命焉。若稟而棄之，是焚穀也。

閭生案：此借“稟”爲“廩”也。（卷十三，第 1 頁）

（10）懼子之應且增也。

闞生案：應且增，即"應且憎"。《左傳》"狄應且憎，是用告我"、《周語》"其叔父實應且憎，以非余一人"。"應且增"三字，古人恒語也。（卷十四，第2頁）

（11）於是加寵，將何治焉？

治，謂與和爲難。韋注誤。《史記》"與窋胡治乎"正與此同。（卷十四，第3頁）

（12）諸侯何望焉？爲此行也。

闞生案：焉，猶若也。《國策》"焉"字多訓爲"若"。（卷十四，第4頁）

4. 其他按語

（1）釋句讀

乃立奚齊，焉始爲令。

闞生案："焉"字下屬。焉，於是也。（卷八，第2頁）

（2）評韋注精當

且是衣也，狂夫阻之衣也。

狂夫，方相氏之士也。阻，古"詛"字。將服是衣，必先詛之。《周禮》：方相氏，黃金四目，玄衣朱裳，執戈揚楯以毆疫。闞生案：韋此注最精當，足正杜注《左傳》之誤。（卷七，第6頁）

（3）探討時代特徵

簡子乃還。

闞生案：春秋之末，風氣已開戰國。（卷十五，第3頁）

（4）討論文學表現手法

今申胥驟諫其王，王怒而殺之。

闞生案：吳國之事，皆於越王口中之。紀事之文之一變也。（卷二十一，第2頁）

（5）義不可決、而以舊注爲誤

驪姬請使申生生曲沃以速懸。

闓生案："速懸"未詳。虞御史謂速其緌，殆非。（卷七，第2頁）

綜上，吳闓生案語27條之中，涉及文字校勘的5條，以文字改讀進行訓釋者5條，直接訓釋語義12條，釋文字通借者、評韋注之精當者、釋時代特徵者、釋文學表現手法者各1條。校勘文字諸條有些是《國語》版本的共性問題，有些屬於吳氏點勘本的問題。訓釋語義諸條，有些和前人説法相同，有些自出機杼。所訓釋及與駁韋昭注諸條，有些對於深入研讀《國語》是有幫助的，但也不乏濫用通假、誤解詞語之處。吳氏點勘《國語》是民國時期出版的衆多《國語》排印本之一，由於民國時期鉛字排版過程中工人疏誤以及後續的校對審核機制尚不完善，故文字錯誤相對較多，吳氏點勘《國語》也不例外。作爲晚近的古文派大師，吳汝綸、吳闓生父子具有强烈的使命感，欲重振古文之局面，故而點勘古書、編輯古文選本，以見其意志之深沉。

（二十三）賀濤《國語》評點

賀濤（1849—1912），字松坡，河北武强人。光緒十二年（1886）進士，官刑部主事，師從張裕釗、吳汝綸，吟誦古文別有家法，時人有"南唐北賀"之稱，爲桐城派古文家。著有《賀先生文集》《讀史札記》等。《賀先生文集》卷二有《讀國語》一篇，和後來發表在《四存月刊》上的《賀松坡先生讀國語記》不完全相同。如下：

左氏既采諸國之史爲《春秋傳》，所未采者更編次之爲"外傳"。其曰"國語"，諸史舊名耳，以傳之因之也，故亦名傳爲"國語"。傳有内、外之異，而其爲"國語"則同。太史公曰："左丘失明，厥有《國語》。"殆指傳而言，豈有稱人著作，舍其所自爲書，而舉所編次者乎？後人不察，以比於《春秋》者爲傳，其別行者爲《國語》，而《國語》乃爲"外傳"之專稱。故班氏因太史公之言，遂以《外傳》爲左丘明著，亦不思之甚矣。《藝文志》："《國語》

二十一篇，劉向《新國語》分爲五十四篇。"《隋‧經籍志》所載賈逵、虞翻、王肅、韋昭、孔晁諸家《國語》，或二十卷，或二十一卷，或二十二卷，迭經更竄，不可考究其詳矣。

《周語》多典雅之辭。西京盛時，公卿内諫於王，多稱述成憲，其循守者素也。東遷後，王室微弱矣，而列邦不恭，猶能以禮折之，雖彊大不敢辨，蓋其時天子不復有事於諸侯，諸侯相侵，亦以周爲共主，莫之敢逼，故兵革之禍，視列邦爲少。君臣皆得從容學問，服習舊聞，非他邦所能及。此周公之澤也，然其微弱益甚矣。

諸子之書往往言晉之趙氏。《晉語》則以簡子、襄子事坿焉。太史公敘六國世家，亦惟趙爲詳，將由趙史美備而傳誦者多與？秦焚《詩》《書》，諸侯史記尤甚。趙與秦同祖，史多稱其先德，故得獨存，而太史公因得以爲據也。簡子夢痁，告語諸大夫，董安于受言而藏之，趙之有史也久矣。左氏時，其史當未出，而《晉語》載之，後人屬入耳。

《吳語》以越事爲主，所述越事，又詳言大夫種之謀，而不及范蠡，《越》之上篇亦如之。其下篇則專言范蠡，而不及大夫種。既皆非史法所宜，而造端離辭，亦不類史氏所纂，而近於晚周諸子之所爲。《漢‧藝文志》兵權謀家有《大夫種》二篇、《范蠡》二篇。疑後人取此二書坿之《國語》。不然，宋、衛諸夏大國，《春秋》經傳具其事甚備，而獨無史存，吳、越處乎蠻荒，通中國最晚，而又先亡，乃能有史以傳世，何哉？①

一共四段文字。第一段對《國語》的成書、得名、研究、分卷做了一定程度梳理。按照賀濤的看法，司馬遷"左丘失明，厥有《國語》"之"國語"實際上是《左傳》，因爲"國語"是各國史之舊名，所以不

① （清）賀濤：《賀先生文集》，上海：上海古籍出版社輯印《續修四庫全書》第1567冊，第150頁。

僅今本《國語》可稱"國語"，今本《左傳》也可以稱"國語"，要從
後者的角度來理解司馬遷"左丘失明，厥有《國語》"之義，不當以今
本《國語》歸入左丘明名下，但下文又云："左氏時，其史當未出，而
《晉語》載之，後人羼入耳。"恐怕此處主要主張左丘明不是《國語》的
作者，或者不能僅憑司馬遷的這句話去斷定左丘明就是《國語》的作
者。賀濤此見倒頗具巧思。第二段主要探討《周語》的語言風格，以及
《周語》順次各篇所體現的西周時期、東周春秋時期的周王室地位問題，
以及諸侯對周王室的基本態度，最終認爲周王室之所以在積弱之時還能
被奉爲天下共主，主要是周公制政的福澤所及，實際上已經體現周王室
衰微已甚。第三段，主要探討《晉語》。認爲《晉語》中多言趙氏、諸
子書中也多言趙氏，究其原因，或以趙氏流傳最多、史料豐富。趙、秦
同祖，見於《史記·趙世家》，謂趙與秦皆出顓頊女孫之後，賜姓爲嬴。
賀濤認爲，或許由於這個原因，秦焚書而存趙史。但左丘明的時代是無
法看到趙史的，故賀濤認爲《晉語》中有後來攙入的史料。第三段探討
《吳語》《越語》。認爲《吳語》和《越語上》專載大夫種，而《越語
下》專言范蠡，不論記事成法還是語言風格，都像出自諸子之手，而非
史家之言。賀濤又從吳、越的地域地位、與中原關係以及興亡時段進行
了論述，最終認爲《吳語》《越語》是後人附入，非《國語》原書所有。
這一點，民國時期的馮沅君也曾涉及，認爲《越語下》當係後人附入。
賀濤的見解，對於釐清《國語》各語的具體成編以及《國語》的最後成
書是具有積極意義的。

　　賀氏《賀松坡先生讀國語記》發表於《四存月刊》1921 年第 4 期，
已是賀氏歿後九年的事情。《四存月刊》爲四存學會刊物，該會成立於
1920 年 3 月，由徐世昌在北京組織，以"昌明周公、孔子之學"爲宗
旨。《四存月刊》於 1921 年 4 月創立，1923 年 3 月終刊，共出 20 期。

　　《賀松坡先生讀國語記》全文較短，按國別分段評點，引録如下：

　　　記敘之文有三：一曰紀年，《春秋》之類也；一曰紀人，《史

記》之類是也；一曰紀事、紀言，《尚書》《國語》之類是也。疑多
國史本文，故文多不相類。

《周語》三卷，起厲王，訖敬王。《周語》多典瞻之文。厲、宣
時，公卿往往稱述舊典，納諫於王，幽、平以後猶然，其應對疆，
侯亦多以禮折之。周室既衰，不能有事諸侯，諸侯紛爭，亦以周爲
共主，莫之敢侵，故兵革之事，視列國爲少，而公卿大夫尚得從容
文學，誦習舊聞，非他邦所能及，此周公之澤也。然其微弱益甚矣。
柯陵之會，單襄公所論，亦春秋時人習語，而文獨精。"轂洛鬭"
篇，宏闊精深而機局完整，柳子厚長篇似摹仿之。

《魯語》① 二卷，起莊公，訖哀公。"襄公如楚"篇文勝於
《傳》，《傳》所無者，展禽論爰居、里克斷罟、公父文伯退朝三篇，
皆精妙，而里革篇尤恢詭。文多典贍，如《周語》所謂周公之國，
禮文備物，史官有法也。

《齊語》一卷，言桓公事。謨略政法功業，總敘一篇，忽敘忽
斷，忽實忽虛，氣象渾淪，規模宏遠，其法出自典、謨。後世不見
此等文字。文字不類《左氏》，疑故齊史，或管子之徒依《管子》
爲之。

《晉語》九卷，起於武公，迄昭公。敘驪姬及三公子事詳於
《傳》，而言惠、文戰事則略語，於其事節節爲之，《傳》則總匯其
事而爲文。疑《語》因國史本體，《傳》乃自具鑪錘，此可悟融毋
銷內之法。敘晉人召二公子及請君於秦，最中情勢，《傳》乃略之。
"悼公即位"篇聲調可聽，於悼公只言其用人。《晉語》之末獨言趙
氏事，《史》敘六國世家，亦惟趙爲詳，諸書亦多言趙氏，疑趙史
詳美，人樂傳誦，故見稱於世者多，邱明時趙不當有史，疑後人附
入，秦焚《詩》《書》，諸侯史記尤甚，趙與秦同祖，多述其先德，
故得獨存，而史公因得以爲據也。簡子夢寤語諸大夫，董安于受之

---

① "魯語"之"魯"字，原文誤寫作"晉"，今徑改正。

而藏之，當亦私有記載。

《鄭語》一篇，記桓公與史伯語。論上古聖賢之後，衡量功德，相時審勢，而決其興亡。春秋時人往往有此遠識，左氏每喜記之。此篇尤深博而詳密，文勢愈推愈廣，收處尤闊遠。

《楚語》二卷，起莊王，訖惠王。"昭王問"篇言重黎之後，爲《太史公自序》所本。"子期祀平王"篇言祀事，有他書所未言者。楚之辭令，惟王孫圉對白珩之問爲善，子高論白公甚詳盡而微傷繁。

《吳語》一篇，記夫差勾踐事。分四段。第一段，越請成於吳，子胥諫吳王不聽，遂與越盟。第二段，子胥諫伐齊不聽，遂伐齊有功，子胥自殺。第三段，吳王北會晉於黄池，聞而越亂，以兵劫晉與盟而歸，而使告勝，齊會晉於周，敘劫晉盟極精采。第四段，越伐吳滅之。此段分三層：首謀興師，次臨行布置、在軍號令，次與吳戰。敘次諸事，析之使碎，排之使整，奇古絕倫。此篇以"謀"字爲主，首段大夫種獻謀，末段種唱謀，又與楚申包胥及五大夫謀，故結處云："能下其群臣，以集其謀故也。"

《越語》二卷，每卷一篇。上篇言越行成於吳及滅吳事。《吳語》云"諸稽郢行成於吳"，此則以爲大夫種。《吳語》已具事之本末，此止言越王戒勉國人，樂爲致死，沈金玉，以帶甲五千人致死，一人足當二人。（姚惜抱云：民知不勉力一戰，一人足當二人，故曰"有偶"。）是以萬人與戰也。若戰，君未必勝，亦不得其人民寶器，故下文云"無乃即傷君王之所愛乎"，不曰"與戰"而曰"事君"者，辭令宜然也。解殊不明了。下篇言范蠡始終之謀，篇末記范蠡去越事。《吳語》及《越語上》篇言大夫種而不及范蠡，此篇則專言范蠡。《漢書·藝文志·兵權謀家》有《大夫種》二篇、《范蠡》二篇，疑吳越事多取之二書。此篇多用韻，亦似諸子。

《齊》《吳》《越》三篇決非左氏之文，餘則出入傳文，互有詳略，敘事辭令皆一律，當出一手。其言善惡之效多傅會，甚於傳文，宜子厚之非之也。

《晉語》優施説驪姬及驪姬讒太子語甚艱深，而優施語尤生澀
難讀。宰孔論齊桓公最中霸者情事，其曰："既鎮其甍矣，又何加
焉?"尤足見桓公局量。孔子稱管仲器小，亦此意。孔論晉國形勢，
亦豪傑之見，其稱夫心夭昏，則春秋時人迂闊之談。

賀氏此文 1500 字左右，而涉及問題頗多。第一段涉及《國語》的
性質以及《國語》的成書問題。按照賀濤的理解，《國語》屬於記言體
的記敘文。這是從文體風格角度分類，而非經史子集四大部類進行分類，
和賀濤古文家重視文章風格有關。另外，賀濤提出，這些記敘文類有一
個共同的問題，就是最大程度保留了原始材料的風格特徵，故而每部書
各篇之間風格不同。第二段，主要探討《周語》。按照時間推進順序對
《周語》風格做了簡要分析，大致和其《讀國語》相近，最後指出《周
語下》單襄公論晉君臣篇和太子晉諫壅川篇的獨特之處，並且指出柳宗
元長文之所本。第三段論《魯語》。認爲《魯語》的文風和《周語》接
近，即"典贍"。此外，《魯語》的有些篇章可以補《左傳》之闕。第四
段論《齊語》，認爲這一篇風格獨異，有《堯典》《舜典》《大禹謨》
《皋陶謨》之風，和史家之言不類，推斷是管子後學依據《管子·小匡》
附入。第五段論《晉語》。從《左傳》《國語》載晉國之事有詳略差異這
一點上，推斷"《語》因國史本體，《傳》乃自具鑪錘"，也就是説《國
語》是舊史料的輯纂，而《左傳》則是作者個人手筆。此外，兼論《晉
語》有風格諸篇以及《晉語》趙氏、董安于之記載或出後人附益，後者
之論與《讀國語》同。第六段探討《鄭語》史伯話語之思想價值、時代
意義以及語言風格，以"此篇尤深博而詳密，文勢愈推愈廣，收處尤闊
遠"論之。第七段探討《楚語》，著重探討了其中四篇的影響及價值，
有爲《太史公自序》所本者，有爲後世提供文獻史料者，有敘事風格繁
簡得體者，也有敘事較繁者。第八段探討《吳語》，分段、分層進行分
析，並且揭示本篇文眼所在，得評點之成式。第九段探討《越語》。首
先探討《吳語》與《越語上》記載之異，又探討"是以戴甲萬人以事

君”之義。次則探討《越語下》記事與《吳語》《越語上》之異，所得結論與《讀國語》同。第十段，則直接指出《齊語》《吳語》《越語》都不是《國語》原書所當有，出後人附會，而其他各語則謂出左氏之手。又探討《國語》有過溢之辭，以柳宗元《非國語》所非者是。第十一段，又論《晉語》中涉驪姬各篇的語言、用詞特點，以及宰孔論齊之氣量以及宰孔之論的時代性。要之，賀濤二文，對各國語的主要内容，各國語的主要敘事特點以及重要篇章的敘事層次、語言特徵、敘事方法、作品影響等，進行了較爲深入的探討。無論對《國語》的性質、作者、成書以及主要風格特點的進一步深入研究，都是有學術價值的。

（二十四）　清代其他《國語》評點

以上是清代幾部《國語》評點本和十幾部選録《國語》篇數較多的古文選本的《國語》評點之大致。除此之外，清代也還有其他一些《國語》評點本和選本。前者如康熙間張星徽《管窺六種》、鮑衞《國語讀本》等。張星徽《管窺六種》三十二卷，《國語》在卷十七至卷二十一，撮録《國語》正文，每篇加有篇題，文内加圈點，有旁批、篇末批，篇末批於評點最末署“北拱”，亦引録前人，兼有輯評性質。鮑衞《國語讀本》不分卷，有康熙三年刻本和康熙十八年刻本等，《敘言》謂：“雖與《内傳》之文機杼稍別，而屬詞比事，不失雕繢組練之奇，宜乎好古者寶圭璧。致春秋以前之遺跡，亦炳若列眉，其有裨於後學，豈淺鮮哉？”體例和張星徽的評點基本相同，亦引録前人，兼有輯評性質。後者如《舶載書目》卷十著録寶永五年《大觀堂選》一部十二本，解題稱：“《大觀堂選》一部十二本十二卷。外題曰‘董其昌（平）［手］録古文’，卷一《國語》文十二、《國策》文二十。”① 刊刻於康熙四十三年（1704）的《古文集解》，程潤德編纂，書共八卷，其中卷二收《國語》七篇，分別爲：襄王拒晉文公請隧、敬姜教子逸勞、郵無正免尹鐸、王

---

① 　見朱姍：《舶載書目所載明人編總集考述》，《文獻》2016 年第 6 期。

孫圉論楚寶、諸稽郢行成於吳、申胥諫許越成、范蠡不許吳成。張瑩潔
謂《古文集解》評先秦文章"注重對義理、文法的闡發"，並引述對
"敬姜教子逸勞"評語"字法句法段段變換，起伏照應節節回環，末以
'不淫'二字遥應作結，天然機軸，尤舉業家亟熟玩之文"爲例進行説
明。① 刊刻於雍正十年的倪承茂輯《古文約編》十卷，其中卷三即輯有
《國語》若干篇，欄外點評較爲細密，篇末評點偶引他人，是該本亦兼
具輯評性質。刊刻於乾隆二十九年的《古文快筆》② 即選録《國語》三
篇，分別爲"召公諫厲王弭謗""叔向賀韓宣子憂貧""王孫圉論楚寶"。
和以上古文選本不同，《古文快筆》將所録篇目分段，正文單獨立段，
音注在相關文字之後，正文之後是釋義，釋義之後是評點，最後有總評。
檢其《國語》點評，似參合前人評點而成者。另外，李塨（1659—
1733）的《評乙古文》選入《國語》"范武子教子"一篇。另如康熙癸
未（1703）序本《古文卓觀》，康熙五十年序本的《古文廣注》，章懋勳
選輯的《古文典義解》，章懋勳參訂的《古文析觀解》等，也都選入了
一定的《國語》篇目，其評點也都有一定文章學和評點學意義。

　　從評點形式上而言，清代二十多種《國語》專門評點和古文選本評
點並無本質區別。從時代上來看，《國語》評選和收録《國語》的古文
評點選本大都產生在清代前期，評點活動熱潮一直持續到乾隆時期。和
明代相比，清代《國語》古文選本多於明代的古文選本。《國語》專門
評選著作中，除了王鐸的手批之外，其他正式刊刻的《國語》評點選篇
相對較少。和明代相比，清代各《國語》評點著作人似無倚重名流或新
中功名人士以牟取暴利的行徑。乾隆以後的《國語》評點和帶有《國

_____

① 張瑩潔：《程潤德〈古文集解〉考論》，《古籍整理研究學刊》2020 年第 4 期，第 91—
96 頁。
② 關於《古文筆法》的詳盡介紹，可參王天璽等人主編《中國彝族通史》第 3 卷，昆明：雲
南人民出版社 2012 年版，第 511—513 頁。亦可見左玉堂主編《彝族文學史》，昆明：雲南民族出版
社 2014 年版，第 699—710 頁。

語》的古文評點選本都比較少見。清代《國語》評點二十二家中，江蘇籍 10 家，浙江籍、江西籍各 3 家，安徽籍、河北籍各 2 家，河南籍、福建籍各 1 家，可見清代江蘇籍學者在《國語》評點方面的貢獻。除了明清之際的幾位，其他的《國語》評點者多數學問不高，一般具有經塾教書的經歷或塾師身份，比較側重初學入門，側重儒家正統思想觀念的宣傳並以之爲標準進行是非判斷，側重於字法、詞法、句法、章法的揭示，爲文章寫作提供方法和範例。當然，各個選本也存在不同，比如選篇的側重方面，具體篇章、語句的點評方面，都存在差異。就選錄篇目而言，各書多寡不一，其中有受其書體例的局限，也有對《國語》認知程度不同的因素。

　　各本所引《國語》篇章總量大約有 120 多篇。其中“祭公諫征犬戎”“召公諫厲王弭謗”“襄王不許請隧”“單襄公論陳必亡”“里革斷罟匡君”“敬姜論勞逸”“叔向賀貧”“王孫圉論楚寶”“諸稽郢行成於吳”九篇，各本基本選入；此外，“宣王不藉千畝”“倉葛不服晉”“太子晉諫壅川”“單穆公諫鑄大錢”“臧文仲如齊告糴”“展禽論祀爰居”“季文子相宣成”“襄公如楚”“桓公用管仲”“桓公欲霸諸侯”“驪姬夜半讒申生”“胥臣論教”“范文子論戰”“伍舉諫章華之臺”“藍尹亹告子西修德”“吳許越成”“吳王殺申胥”“吳王争盟”“勾踐滅吳”“勾踐既棲於會稽之上”“范蠡不許吳成”，絕大多數古文選本也予以收入。這些被古文選本選入的《國語》篇章，成爲後來古文讀本、文學作品選本和教材所選《國語》篇目的主要材料來源。

　　各本在篇目名稱標舉上不完全一致。有從明代繼承而來的以首句爲篇名的方式，也有從明代以來的概括篇章大義的命名方式。前者比較單純，後者比較複雜。因爲各家對篇章大義的概括不盡相同，故而篇章名稱也存在不同。即便篇章大義概括相同的，篇名也不大一樣。以“召公諫厲王弭謗”一篇爲例，本篇涉及主要人物爲召公和厲王，涉及主要事件爲：厲王虐，國人謗王，王使衛巫監謗，有謗則殺，厲王以爲弭謗。召公諫之，王不聽，終引起國人暴動。篇名往往以召公、厲王爲主，一般二者都有，如"召公諫厲王弭謗""召公諫厲王止謗""召公諫厲王監謗"，有的直接去掉"厲王"，也是可以的。更有的，從厲王處立篇名，以"厲王虐政""厲王暴政"名之，也通。這一篇大義簡單，篇名概括應該也很直截了當，但在篇目名稱上還有諸多的不同。其他各篇篇名不同，也就理所當然了。

各本評點體例也有諸多不同。體例上而言，首先是有無上欄評點的問題，其次是正文内有無注評的問題，另外如正文内有無夾批的問題等等。當然，像汪基《古文喈鳳》、余誠《古文釋義》創製的評點體例層次分明，詳細明了，可謂獨樹一幟。

即便對"國語"二字的評點也存在區別，雖然都是撮録前人成説，但在具體表述中仍然會摻雜入個人見解。比如《國語》産生在《左傳》前還是《左傳》後的問題，古文選本編輯者還是有自己的見解體現。

總體而言，清代《國語》評點和清代《國語》訓詁考據，二者在時間上雖然互有交叉，但確實存在著接續性和交替性。乾嘉學術的勃興，使得精英學術佔據舞台，而由清初形成的古書評點慢慢淡化在大衆視野之中。衆多評點者的生平資料相當缺乏，足以説明這一點。雖然如此，仍然要看到清代《國語》評點的重要學術價值，清代《國語》評點在《國語》普及傳播方面所做的重要貢獻，以及清代《國語》評點在梳理《國語》篇章、揭示《國語》思想價值觀念、教化世道人心等方面所起到的重要作用。

小　結

沈玉成、劉寧《春秋左傳學史稿》認爲，清代前期是由義理向考據過渡的時期，清代中期則處於考據學的籠罩之下。[①] 清代《國語》研究

① 沈玉成、劉寧《春秋左傳學史稿》，南京：江蘇古籍出版社1991年版，第257—259頁。

階段性特徵比較明顯，清代前期主要是《國語》校宋本的形成時期和《國語》評點學的發達時期。在這一時期，産生了明道本的兩大抄本，並在此抄本的傳録本的基礎上，學者爭相以各種公序本作爲底本進行校宋的工作。另外，承明代《國語》評點學之餘緒，《國語》評點在清代前期比較發達。和明代《國語》評點學不同，清代《國語》評點多出現於古文彙編或古文選集中，專門的《國語》評點專著相對較少，在内容、風格上也和明代《國語》評點存在著諸多不同。清代中期，隨著乾嘉學派的興起，學者們從事《國語》訓詁考據研究者慢慢增多。和清代《國語》評點相同，清代《國語》訓詁考據的專門著作相對不多，很多考據成果隱没在學術札記中。這也是《國語》繼東漢三國魏晉時期的第一次研究繁榮之後的第二個繁榮階段，學者們普遍利用古音學、文字學、校勘學、版本學、金石學、歷史地理學、古樂學研究成果和相關材料，對《國語》進行了細緻、深入的研究，爲後世《國語》的進一步深入整理提供了理論方法和結論，同時也爲《國語》的進一步傳播作出了貢獻。在訓詁考據興起的同時，《國語》及其佚注輯佚成爲清代《國語》研究的一個重要方面，專門從事輯佚的學者、從事《國語》研究的學者，其他相應的學者，對《國語》本文、《國語》佚注以及《國語》韋昭注進行了輯佚的工作，在方法方式、材料來源、佚文辨析等方面爲後世《國語》輯佚提供了基本範式。清代學者對《國語》性質的認定有其學術背景的影響，也有遵從官方認定的影響。如浦起龍即以《國語》爲史，主要還是因爲浦起龍研究《史通》，接受了劉知幾的觀點。而段玉裁、俞樾等人則沿襲《藝文志》以來的認定方式，仍然歸《國語》入經部。還有一些學者，在著録《國語》時遵從《四庫全書總目》的分類標準，把《國語》置於史部雜史類之下。晚清時期，康有爲、崔適等人對《國語》的真偽進行了辨證，他們的辨證更應該放在社會歷史的大背景下去考慮，不僅僅是純學術問題，可置勿論。梁啟超認爲，清代學者整理《國語》之勤，"實視《左傳》有過之無不及"。① 要之，清代《國語》研究内容多樣，方法多元，多本實事求是之意，對於深入研討《國語》的相關學術問題具有很高的學術價值。而清代諸多的《國語》研究還需要進行深入發掘和整理，使其真正的學術價值得以彰顯。

---

① 梁啟超：《中國近三百年學術史》，《梁啟超論清學史二種》，上海：復旦大學出版社 1985 年版，第 365 頁。

郭萬青◎著

國語研究史

（下册）

燕山大學出版社
·秦皇島·

第八章　民國時期《國語》研究

　　民國時期《國語》研究是整個《國語》研究史上時間較爲短暫的一個時期，總共不到 40 年的時間。但這一時期却是中國學術從傳統走向現代的轉折點，是中國傳統學術延續舊有的方法和路數繼續向前推進的同時，吸取西方學科方法以及學科分類進行現代化科學研究的關鍵時期。那一代學人的文采風流，在中國近代學術的各個門類的建樹上，如日中之陽，光照千古，影響至巨。這一時期，新舊思想碰撞、交融，舊方法和方式被重新估算，新方法被引入、探討並得到一定程度應用，新材料被發現並在此基礎上產生了新的學術路向。就《國語》研究而言，也同樣面臨新舊交替的問題。一批舊學深厚的學者仍然延續乾嘉學派形成的固定路數從事相關研究，另外一些學者接受近代學術的洗禮，依據各自的學科背景和知識體系，對《國語》展開各種研究。

一、民國時期《國語》的出版與刊刻

　　民國時期，一些出版單位影印或仿刻了明清時期《國語》刊本，成爲學者參考的重要版本。此外，一些出版單位出版了新點校本，一些學者對《國語》進行了白話翻譯，爲《國語》的普及與傳播起了推動作用。

（一）舊刻新印和點校本的出版

1. 舊刻新印

舊刻新印包括舊刻影印和舊刻重版。其中《四部叢刊》屬於舊刻影印，而黃刊明道本的一些石印本屬於舊刻重版。此外，還包括《國語補韋》《國語補音》等《國語》著述的重版等。

（1）《四部叢刊》本

《四部叢刊》是民國期間上海商務印書館輯印的一部大型叢書。張元濟《印行〈四部叢刊〉啟》謂該叢書："提挈宏綱，網絡巨帙，誠可云學海之鉅觀，書林之創舉矣！"① 張氏認爲這部叢書有七善：一是"皆四部之中家弦戶誦之書"；二是"仍存善本"；三是"廣事購借，類多秘帙"；四是"所求之本具於一編，省事省時"；五是"册小而字大，册小則便庋藏，字大則能悦目"；六是"版型紙色，斠若劃一，列之清齋，實爲精雅"；七是"使購者舉重若輕"。很多學者也争相以購置《四部叢刊》爲榮，代表性的有黃侃先生和吳梅先生，兩位先生對於購置《四部叢刊》以及存放等，在日記中有比較詳細的記載，可參。但也有學者指出該叢書存在的問題。如趙萬里就刊文揭出《四部叢刊》存在"所選各書之未足云備"，"所選諸書版本可議"，"校勘記及佚文補輯不可廢"，"版本之謬誤宜更正"，"印刷時多描改致失原本面目"。② 趙萬里所揭出的這類問題在《四部叢刊》本《國語》中也確實存在。同時，我們也需要認識到，《四部叢刊》確實把很多珍稀秘籍化身千百，嘉惠學界不少，這也是要肯定的。

《四部叢刊》本《國語》所用底本爲明嘉靖七年吳郡金李刻本。商務印書館編《縮本四部叢刊初編書録·〈國語〉二十一卷（杭州葉氏藏明嘉靖翻宋本）》云："吳韋昭注。《國語》自士禮居影刻宋天聖明道本，

---

① 張元濟：《張元濟全集》第 9 卷《古籍研究著作》，北京：商務印書館 2010 年版，第 3 頁。
② 趙萬里：《論商務印書館出版之〈四部叢刊〉》，1928 年 3 月 26 日之《大公報·文學副刊》。

宋公序本遂微。兩本互有短長，實未可甲彼而乙此。此明重刻公序本序
後有‘嘉靖戊子吳郡後學金李校刻于澤遠堂’一行，宋諱並闕筆。每葉
二十行，行大小均二十字。舊爲盛伯羲藏書，卷首有題字。”① 今檢《四
部叢刊》本《國語解敍》後原來題識挖去，墨筆書“嘉靖戊子吳郡後學
金李校刻于澤遠堂”一行，又另起一行題：“光緒癸巳，見一本于廠肆，
具有刻書姓名，此剜去，贋宋者也。三月一日伯羲記。”即《書錄》“舊
爲盛伯羲藏書，卷首有題字”所本。《四部叢刊》本《國語》初版綫裝
四册，後又出《四部叢刊初編縮本》洋裝縮本，《國語》和《汲冢周書》
同册，編號爲“〇五七”。縮本爲四合一拼版，切去中縫，把兩頁合在
一頁中。

　　《四部叢刊》本和底本形神酷似，但並不完全相同。關於這一點，
趙萬里已有揭示，黃永年《古籍整理概論》、杜少霞《試論〈四部叢刊〉
出版特點版本成就及局限》、封樹芬《略論〈四部叢刊初編〉影印本的
描潤改字等問題》、盧佳妮《〈四部叢刊〉初編散考》等都在自己的論著
中進一步指出。封氏尤其指出《四部叢刊》由於描潤、誤改給古籍整理
帶來了一些問題，而盧佳妮對《四部叢刊》描潤、改字等問題有更爲詳
盡具體的考察，可資參考。總之，《四部叢刊》本是一個新生版本，和
所據底本是不同的。這一點，在《國語》金李本原本和《四部叢刊》本
上也有體現。筆者在《〈國語〉考校——以明本四種校勘條目爲對象》以
及《〈國語〉匯校集解輯評（〈周語〉卷）》中對《四部叢刊》本和金李本
原本的諸多不同進行揭示，並進一步指出：“《叢刊》本和金李本不完全
相同，因爲在處理模糊字跡的時候，《叢刊》本有的是以意斷之，有的
則是參照黃刊明道本進行校改的。以意斷之的地方有些搞錯了，而參照
明道本的地方又没能守公序本的規矩。”②

　　《四部叢刊》本《國語》對於公序本的進一步傳播具有很重要的意

義。清代《國語》公序本的刊刻比較稀少，前期只有詩禮堂本的刊刻和四庫本的抄寫，此外就是張一鯤本覆刻本的重新刻印。自從黃丕烈刻印明道本《國語》之後，公序本《國語》各本再無刊刻。《四部叢刊》本《國語》的影印，無疑爲《國語》公序本的進一步研究與整理提供了資料。當然，也有學者提出了反對意見。如上文所引汪家熔之説。汪氏認爲黃丕烈刻本最好，實際上是不瞭解《國語》版本基本情況的錯誤判斷。《四部叢刊》被多次翻印，後來還被製作成光盤檢索版，傳播較廣。

（2）黃刊明道本及其覆刻本的石印

黃刊明道本在民國時期得到較多石印。石印的方式有兩種：其一，版式與黃刊明道本完全相同；其二，版式有變化。

第一種石印本比較多見，實際上絕大多數仿刻晚清時期的《士禮居叢書》本。該書有民國元年（1912）湖北崇文書局刻本、民國三年（1914）上海掃葉山房石印本、民國四年（1915）上海石竹山房石印本、民國十一年（1922）上海博古齋石印本①。此外還有單行本，如民國十三年（1924）上海掃葉山房石印本、文會堂本等。

第二種則改變版式，如民國十三年鴻寶齋書局本，半頁十四行，行三十字。另錦章書局石印本《國語》，半頁十六行，行三十二字。這些本子字體則仍黃刊明道本之舊。

石印本的發行，對黃刊明道本《國語》的傳播起了很大的作用。當然，這些石印本和黃刊明道本《國語》原本還是不一樣的。拙稿《從"菒""萛"之異試談黃刊明道本〈國語〉及其覆刻本的版本系統》《明清時期〈國語〉明道本的鈔校與刊刻》中已經有辨析，可參。②臺灣藝文印書館影印出版過《國語韋昭注》，上海古籍出版社推出過《四部精要》本，廣陵書社影印過《士禮居叢書》，都用黃刊明道本的石印本進

---

① 根據俞子林所著《書林歲月》所載，蘇州洞庭山人柳蓉邨，原爲茶葉店伙計，由於愛紙墨之馨香，故從事古書業，在上海漢口路開博古齋書肆。（上海：上海書店出版社2014年版，第20頁）南京師範大學圖書館藏有壬戌（1862）上海博古齋石印本《士禮居叢書》，則民國時期的博古齋本是承襲舊業。

② 拙稿《從"菒""萛"之異試談黃刊明道本〈國語〉及其覆刻本的版本系統》，《安徽文獻研究集刊》第5輯；《明清時期〈國語〉明道本的鈔校與刊刻》，《華夏文化論壇》第17輯。

行影印。

（3）《國語補音》的重版

《國語補音》一直是附在公序本《國語》之後刊行的。到了明代，金李本、許宗魯本等一些公序本《國語》之後不再附《補音》，張一鯤本等則散《補音》入正文且有改動。闕里孔氏爲復《國語補音》舊觀，因用舊本，參照陳樹華《國語補音訂誤》刊刻微波榭本《國語補音》，這是《國語補音》版刻史上的第一次別本單行，此後四川尊經書院又於光緒二年（1876）重新刻過一次。民國時期，湖北沔陽胡氏慎始基齋輯印《湖北先正遺書》，又將《國語補音》列入，用微波榭本影印，爲進一步傳播《國語補音》做出了一定貢獻。

（4）《國語補韋》的重刻

《國語補韋》爲清代黃模所撰，吳錫麟子弟爲之刊刻行世，傳世較少。至於民國時期，邵瑞彭爲之刊刻行世，促進了《國語補韋》的傳播。

2. 新點校本出版

《國語》圈點本，明代的時候就已經出現。民國時期的圈點，從明晰性上而言，没能比明代進步，其主要原因還是標識符號較少。明代的光裕堂本、二乙堂本等已經用了圈、點兩種符號，而民國時期的幾種圈點本只有一種標識符號，就是“.”。民國時期出版業發達，幾種《國語》點校本都比較通行，故而影響比較大。下面分別述之。

（1）《四部備要》本

《四部備要》是民國時期上海中華書局 1920 年開始輯印的一套大型叢書。和《四部叢刊》採取影印的方式不同，《四部備要》採用重新排版的方式進行統一排印①。《國語》在《四部備要·史部》，由於用聚珍

---

① 關於《四部叢刊》和《四部備要》的比較研究，前人多有論述。如李鼎霞《〈四部叢刊〉與〈四部備要〉》（《文史知識》1982 年第 3 期）、李向群《〈四部備要〉版本糾謬》（《陝西師大學報》1987 年第 3 期）、李春光《〈四部備要〉述略——兼談與〈四部叢刊〉異同》（《遼寧大學學報》1988 年第 2 期）、王湜華《〈四部叢刊〉與〈四部備要〉述略》（《中國出版》1991 年第 3 期）、崔文印《近代最有影響的兩部叢書》（《書品》2002 年第 1 期）、李曉傑《淺議“四部備要”與“四部叢刊”——以史部地理類籍刊爲中心》（復旦大學歷史系、出版博物館、中華書局編：《中華書局與中國近現代文化》）。

仿宋活字排版，故字體美觀且整齊劃一，保留了部分避諱字，每句最末右下用"．"斷開。每半頁十三行，行二十字。扉頁標注爲"上海中華書局據士禮居黃氏重雕本校刊"，單行本共六冊，該本依次爲段玉裁序、錢大昕序、韋昭《國語解敘》、目次、《國語》全書、《札記》、《考異》。《四部備要書目提要》對此有著錄，先列著者小傳，分別對左丘明、韋昭、黃丕烈、汪遠孫予以介紹，次列《四庫提要》，最後列卷目。

《四部備要》本《國語》是《國語》在民國時期的第一個標點本。由於價格相對較廉，發行量比較大，影響也較大。

後來中華書局在《四部備要》的基礎上，又選出若干種輯成《袖珍古書讀本》，其中也包括《國語》。以其開本較小，便於收存，也頗受歡迎。但學者中使用《袖珍古書讀本》者比較少見。今僅見錢玄（1910—1999）先生《校勘學》一書中列舉校勘條目時曾用此本①。

（2）《叢書集成初編》本

《叢書集成初編》是王雲五（1888—1979）主持編纂的一套大型叢書，於1935—1937年陸續由上海商務印書館發行。1985年起，北京中華書局用上海商務印書館本影印，並把當時未能印製的圖書補齊。陳抗認爲《叢書集成初編》的編印"貫徹了完備與實用的原則，在流傳孤本的同時，尤其注重適應各科研究的需要"②。

《叢書集成初編》全部採用洋裝，其中《國語》三冊，編號爲"三六八〇""三六八一""三六八二"。《叢書集成初編》本《國語》附《札記》一卷。内封謂："本館據《士禮居叢書》本排印《初編》，各叢書僅有此本。"全書鉛字排版，依次爲《國語》目錄、錢大昕《重刊明道二年〈國語〉序》、段玉裁《重刊明道二年〈國語〉序》、《國語》全書、《校刊札記》。斷句的標識方式用"．"，每章一個段落，和《四部備要》本相同。由於採用鉛字排版，故而滋生了一些新的文字錯誤。上海

---

① 見錢玄：《校勘學》，南京：江蘇古籍出版社1988年版，第49頁；南京：鳳凰出版社2019年版，第52頁；北京：商務印書館2019年版，第58頁。

② 陳抗：《〈叢書集成初編〉——一部完備而實用的古籍叢書》，《文史知識》1990年第6期。

書店出版社 1987 年曾經影印該本。

（3）《國學基本叢書》本

《國學基本叢書》是王雲五主持編纂的又一套較大型的叢書。王雲五《編印國學基本叢書四百種序》云："本叢書尚有特色二：一則所選各書皆爲注釋最精詳之本；二則各書均予斷句，可助閱讀。此與一般流通古籍，或側重善本者異其趣。""本書之印行，爲適應各方不同之需要，別爲三種型式。一爲精製本，括有全書四百種，以六十磅模造紙刷印，精裝四百冊。二爲甲種平裝本，亦括有全書四百種，以四十五磅模造紙刷印，分裝二千三百八十冊。三爲乙種平裝本，紙張裝訂悉如甲種，惟除去已刊入《萬有文庫薈要》之一百四十種，以增出之二百六十種分訂爲一千六百五十二冊，俾已備有《萬有文庫薈要》者得免重複，而以增出各書配合《文庫薈要》，版式既趨一律，且使《國學基本叢書》四百種得成全璧。"① 該叢書後於 1957 年又重印了一次，重印本書前有《重版説明》。20 世紀 80 年代，上海書店又影印了部分單冊，《國語》《戰國策》都在其中。

《國學基本叢書》本《國語》，實際上是在《叢書集成初編》本的基礎上又增入汪遠孫《國語明道本考異》，全書依次爲《國語》目録、段玉裁《重刊明道二年〈國語〉序》、錢大昕《重刊明道二年〈國語〉序》、《國語》全書、《札記》、《國語明道本考異》。

《四部備要》本、《袖珍古書讀本》本、《叢書集成初編》本、《國學基本叢書》本都是黃刊明道本的子版本，四者斷句也基本一致。但是具體差異也還是存在的，比如上文提到的錢序和段序的次序問題，四本並不一致。另外，有些文字也不相同，如段玉裁序，黃刊明道本及其覆刻本、《叢書集成初編》本字作"挍"，而《四部備要》本、《國學基本叢書》本字作"校"；又如黃刊明道本及其覆刻本、《四部備要》本、《叢書集成初編》本"袪"字，《國學基本叢書》本字改作"祛"；黃刊

---

① 王雲五《編印國學基本叢書四百種序》，見載於《王雲五全集》第 19 卷《序跋集編》，北京：九州出版社 2013 年版，第 317—319 頁。

明道本及其覆刻本、《四部備要》本、《國學基本叢書》本"夷蠻要服"
注"周禮行人職",《叢書集成初編》本"周"誤作"爲";《國語基本
叢書》本"衛巫"注文"衛巫",《叢書集成初編》本"巫"誤作
"誣";《國學基本叢書》本"瞽獻曲"注文"無目曰瞽",《叢書集成初
編》本"曰"誤作"如"。當然,二本的錯誤也多有相同者,《叢書集成
初編》本、《國學基本叢書本》"濯饗醴"注文"饗,飲也"之"饗"
皆誤作"餐",《叢書集成初編》本、《國學基本叢書》本"王其祗袚"
注文"袚"字構件"礻"誤作"衤"。此類問題,恐怕還存在一定數量,
讀者使用,還需慎重。

(4) 吴汝綸點勘本

該本是民國時期唯一的一部《國語》白文施點本,民國七年
(1918) 都門書局排印本。《桐城吴先生點勘國語》全録《國語》正文,
檢其所據刊本,亦黄刊明道本之列。而注文則簡省頗多,所録較少,保
留了一定數量的注文和音注,根據吴闓生的記述,吴汝綸除了《鄭語》
有評點一條外,別無評語,則注文之簡省與勘定,亦出吴闓生之手。此
外,吴闓生加了很多案語,以"闓生案"出之,另有解釋通假、古今
者,往往以"同×"出之。注文小字雙行,附於正文之中,其注多剪裁
韋注而成,少數注文又以"韋云"出之,引述姚鼐者4條,以"姚云"
出之,《越語下》引姚鼐二條置於欄外。又正文後偶有評斷,別行附後。
鉛字排印錯誤較多。又今檢全書注文 409 處,釋語詞、人物、器具等。
以"闓生案"出者共 28 條。該書流傳未廣,影響也較小。①

(二) 新譯新注本的出版

民國時期,《國語》有好幾種選譯本。其中包括秦同培注譯《國語精
華》、秦同培《言文對照國語評注讀本》、中華書局編輯部《國語精華》、
葉玉麟選注《國語》、葉玉麟《白話譯解國語》、張寄岫《左國選讀》等。

1. 秦同培《言文對照國語評注讀本》和秦同培注譯《廣注語譯國

---

① 詳參拙稿《吴闓生〈國語〉案語辨正》,《古籍整理研究學刊》2018 年第 4 期。

語精華》

　　秦同培，字于卿，近代無錫錫山人，曾學於南菁書院。編輯、選譯圖書多種，如《左傳精華》《國語國策精華》《史記精華》《左傳評註讀本》《史記評註讀本》《漢書評註讀本》《國語評註讀本》《兩漢書精華》《評註孔子家語讀本》《評註老子讀本》《精選廣注姚氏古文辭類纂》《評註文選讀本》《言文對照清代文評註讀本》《歷代文評註讀本》《撰聯指南》《易明尺牘句解》《品性論》《小學作文入門初集》《高級國文讀本》《言文對照高等論説新範》《新國文教授法》《新體學生大字典》，另編纂有《高級國文讀本》《中學新文範》《中學國語讀本》等教材多種，還譯述有《代數學問題詳解》《天然生活法》《精神衛生論》等。但是關於這位學者的資料很少，其生平也不詳。宋晶如履歷也沒有任何信息。從各種資料顯示看，他編輯、選注了很多圖書，還在姚江中學、慈溪小學擔任過教師、校長等。

　　《言文對照國語評注讀本》，上下册，錫山秦同培選輯，上海世界書局 1924 年 1 月石印本。該書也是《國語》的選本，共選《國語》六十篇，其中《周語》九篇，分別爲祭公諫征犬戎、邵公諫厲王止謗、富辰諫襄王、周襄王不許晉文請隧、單襄公論陳必亡、單襄公論晉將亂、叔向論單子必興、單穆公諫鑄大錢、單穆公諫鑄無射；《魯語》八篇，分別爲曹劌諫莊公觀社、展禽使乙喜犒齊師、展禽論祀爰居、里革諫漁、季文子儉德、敬姜論勞逸、孔子答專車骨之問、孔子答楛矢之問；《齊語》三篇，分別爲齊桓公用管仲、齊桓公服諸侯、齊桓公定伯功；《晉語》二十八篇，分別爲史蘇知難本、驪姬譖申生、申生伐東山、驪姬殺申生、晉惠改葬共世子、韓之戰、吕甥逆君、慶鄭就戮、晉文自狄適齊、齊姜醉遣晉公子、甯莊諫禮晉公子、晉文過曹、晉文過鄭、晉逆懷嬴、勃鞮求見、晉文使陽處父傅讙、臼季舉冀缺、甯嬴去陽處父、鉏麑觸槐、趙武始冠、祁奚舉親、醫和視晉平疾、叔向賀貧、中行伯克鼓、閻叔諫納賄、尹鐸爲晉陽、尹鐸增晉陽壘、趙襄子走晉陽；《鄭語》一篇，爲鄭桓公寄孥虢鄶；《楚語》五篇，分別爲屈建去芰不薦、倚相見申公、倚相止子期内妾、觀射父答昭王重黎之問、王孫圉論楚寶；《吴語》五篇，分別爲諸稽郢行成、申胥諫許越成、申胥諫伐齊、申胥死諫、吳晉黃池之會；《越語》一篇，爲越滅吳。每一篇後附有評語，下附注釋，最後附譯俗（即譯文）。書前有《編輯大意》一篇，交代編選大旨。《編輯大意》也收入《廣注語譯國語精華》中。

《廣注語譯國語精華》，秦同培注譯、宋晶如增訂，國學整理社出版，世界書局發行，1936 年 7 月製版、1936 年 7 月初版，1943 年 11 月、1948 年 5 月新版，多次重印。封面題"國語精華"，書內仍標"國語讀本"。比《國語評註讀本》篇目要多，如《周語》"邵公諫厲王止謗"下增"邵公保宣王"，"周襄王不許晉文請隧"下增"王孫滿言秦師必敗"，《魯語》"展禽使乙喜犒齊師"下增"重館人告臧文仲"，"里革諫漁"下增"里革答成公"，"季文子儉德"下增"仲尼答桓子"，《晉語》"勃鞮求見"下增"晉文伐原以信""文公問治國於郭偃"，"鉏麑觸槐"下增"范文子師勝後人"，"祁奚舉親"下增"叔向母善相"，"閻叔諫納賄"下增"董叔娶范祁"，共增多十篇。有的篇題增字，如"齊桓公定伯功"改爲"齊桓公立定伯功"。《國語精華》只有注釋和語譯，沒有評析。《國語精華》所錄《編輯大意》也和《國語讀本》相同，唯有些文字不同。相同篇目的《國語》選篇譯文基本相同，有的在具體文字、標點符號方面也有一定的差別。從"穆王將征犬戎"篇來看，二本注釋條目相同，注釋內容也基本相同，但施注位置有不同之處。白話翻譯基本相同，唯《讀本》"祭公謀甫"，《精華》改"甫"作"父"，譯文中《讀本》標分號之處，《精華》改作句號。

2. 中華書局編輯部《國語精華》

《國語精華》由上海中華書局編輯發行，是該社出版的《中國文學精華》叢書之一種。雖然序稱民國四年（1915）鑄版，爲教科自修適用本，分上、下卷。但是《中國文學精華》叢書初版卻在 1937 年，此後續有重版。書分上下欄，下欄印《國語》正文，上欄印段落大意及文章分析。正文中有小字注文，注文雙行。正文遍施圈點。《國語精華》實際上是以清代高嵣《國語鈔》爲底本，刪削注文、去掉夾批，唯保留上欄評點而成。故其書實屬於舊著新刊，並不具備獨立性。詳參前文。

3. 葉玉麟選注《國語》和《白話譯解國語》

關於葉玉麟（1876—1958），錢基博（1887—1957）《現代中國文學史》在"馬其昶"之後曾附論之，謂葉玉麟字浦蓀，刊有《靈覗軒文鈔》一卷。葉揚《祖父葉玉麟散記》云："至於在外面流行的以祖父名義發表的著作，比如《白話句解老子道德經》《白話譯解莊子》《白話譯解韓非子》《白話譯解墨子》《白話譯解戰國策》《白話譯解國語》《白話譯解孫子兵法》等等，大多由廣益書局出版，其實大多數是父親和我叔伯等一班子弟兵的作品，其中好像還包括葉家的'長房長孫'、我的大堂哥葉群，當年完全是爲了應付生計，真正是英文所謂的 potboilers 而已，當然凡是碰到疑難之處，他們隨時可以請教祖父。其中的《白話譯解孫子兵法》據說是同類書中的濫觴之作，頗受好評。另外，祖父還有《書經選注》《荀子新釋》《三蘇文選注》《歷代閨秀文選》等幾種，很可能倒是他自己做的。"① 葉揚的這段文字提供了比較精準的資料，對瞭解葉氏著述有一定幫助。

葉玉麟選註《國語》，收入王雲五主編之《萬有文庫》第一集中，上海商務印書館 1933 年初版。共選註《國語》五十四篇，包括：《周語》八篇，分別爲穆王將征犬戎、恭王遊於涇上、厲王虐國人謗王、魯武公以括與戲見王、晉文公既定襄王於郟、秦師將襲鄭、景王將鑄大錢、景王既殺下門子；《魯語》八篇，分別爲魯饑、莒太子僕弑紀公、季文子相宣成、季桓子穿井、季康子問於公父文伯之母、公父文伯之母如季氏、公父文伯退朝、公父文伯之母；《齊語》二篇，分別爲桓公欲從事於諸侯、桓公問；《晉語》二十七篇，分別爲武公伐翼、獻公伐驪戎、獻公田、公作二軍、優施教驪姬夜半而泣、反自稷桑、惠公入而背外內之賂、元年春、文公問於郭偃、文公問於胥臣、臼季使舍於冀野、陽處父如衛、宋人弑昭公、范文子暮退於朝、趙文子冠、悼公與司馬侯升臺、叔魚生、平公射鴳不死、趙文子爲室、叔向見韓宣子、范獻子聘於魯、

---

① 葉揚：《祖父葉玉麟散記》，見載於揚之水著《無軌列車》，上海：上海書店出版社 2008 年版，第 14—33 頁。

董叔將娶於范氏、梗陽人有獄、趙簡子欸、智宣子將以瑤爲後、智襄子
爲室美、還自衛；《鄭語》一篇，爲桓公爲司徒；《楚語》四篇，爲屈到
嗜芰、左史倚相廷見公子亹、司馬子期欲以妾爲内子、鬬且廷見令尹子
常；《吳語》三篇，爲吳王夫差既許越成、吳王還自伐齊、吳王夫差既
殺申胥；《越語》一篇，爲越王勾踐棲於會稽之上。每篇又分若干段，
段下施注。注基本從韋昭，涉及地理等則以新地名釋之。書前有例言一
篇、緒言一篇，都署爲葉玉麟。

《白話譯解國語》，葉玉麟（1876—1958）譯，上海大達圖書供應社
1935 年 8 月初版，1938 年上海廣益書局再版。書前有朱太忙序文一篇。
該書隨文施注，注文多依韋昭解，每篇後有譯文。共收《國語》六十三
篇，其中《周語》十三篇，爲穆王將征犬戎、恭王游於涇上、厲王虐國
人謗王、厲王説榮夷公、魯武公以括與戲見王、幽王二年西周三川皆震、
襄王十三年鄭人伐滑、王至自鄭、温之會、秦師過周北門、柯陵之會、
靈王二十二年穀洛鬬、敬王十年劉文公與萇弘欲城周；《魯語》八篇，
爲魯饑、齊孝公來伐、莒太子僕弒紀公、季文子相宣成、季桓子穿井、
季康子問於公父文伯之母、仲尼在陳、齊閭丘來盟；《齊語》三篇，爲
桓公自莒反於齊、桓公欲從事於諸侯、狄人攻邢；《晉語》三十一篇，爲
武公伐翼、獻公伐驪戎、優施教驪姬半夜而泣、獻公、虢公夢在廟、惠公
即位、秦師侵晉、文公在狄、齊侯妻晉文公、齊姜謀遣公子行、曹共公不
禮晉公子、寺人勃鞮、豎頭須、文公伐原、楚成王伐宋、文公伐鄭、文公
學讀書、文公論治國、臼季使舍於冀野、靈公虐、趙文子冠、反自鄢、無
終子嘉父、悼公使張老爲卿、叔魚生、平公射鴳不死、叔向見韓宣子、范
獻子聘於魯、冀叔將娶於范氏、智宣子將以瑤爲後、智襄子爲室美；《鄭
語》二篇，分別爲桓公爲司徒、周宣王時童謡；《楚語》四篇，分別爲屈
到嗜芰、左史倚相廷見申公子亹、司馬子期欲以妾爲内子、鬬且廷見令尹
子常；《吳語》《越語》各一篇，分別爲吳王夫差既許越成、吳王使王孫雒
行成於越。其譯文風格和秦同培不盡相同，詳見下文分析。

4. 張寄岫《左國選讀》

張寄岫的生平資料無從查考。《民國總書目》著録了他編過的很多

書。如《左國選讀》《晚明小品文選》《楚辭選讀》《婦女專册》《復興國語教科書》《中學國文補充讀本》等。《左國選讀》選取《左傳》《國語》《戰國策》三書中的一些篇章而成。全書分三册，書前有例言一篇，上册爲《左傳選讀》，中册爲《國語選讀》，下册爲《國策選讀》，上海商務印書館 1937 年 5 月版。《國語》部分選録自葉玉麟譯註本。共二十二篇，《周語》三篇，爲穆王將征犬戎、屬王虐國人謗王、晉文公既定襄王於郟；《魯語》六篇，爲魯饑、莒太子僕弑紀公、季文子相宣成、季康子問於公父文伯之母、公父文伯之母如季氏、公父文伯退朝、公父文伯之母；《齊語》二篇，爲桓公欲從事於諸侯、桓公問；《晉語》六篇，爲武公伐翼、獻公伐驪戎、優施教驪姬夜半而泣、反自稷桑、文公問於郭偃、文公問於胥臣；《楚語》一篇，爲鬬且廷見令尹子常；《吴語》三篇，爲吴王夫差既許越成、吴王還自伐齊、吴王夫差既殺申胥；《越語》一篇，爲越王勾踐棲於會稽之上。

各家選本所取篇目數量，列表如下：

	秦同培 1	秦同培 2	中華書局	葉玉麟 1	葉玉麟 2	張寄岫
周語	9	11	16	8	13	3
魯語	8	11	14	8	8	6
齊語	3	3	1	2	3	2
晉語	28	33	20	27	31	6
鄭語	1	1	1	1	2	0
楚語	5	5	6	4	4	1
吴語	5	5	7	3	1	3
越語	1	1	2	1	1	1
總計	60	70	67	54	63	22

各家選擇篇目的依據恐怕是多樣的，但是大體遵從這樣幾個原則：（1）教益性；（2）可讀性；（3）經典性。

（三）隨文注釋新著的出版

1. 吳曾祺《國語韋解補正》

吳曾祺《國語韋解補正》由朱元善校訂，上海商務印書館初版於宣統元年（1909），四冊綫裝。此後不斷重版，普及度極高，1927 年已經發行 15 版。至 1933 年，又出版國難後第一版，洋裝二册。《國語韋解補正》號稱以黃刊明道本爲底本，實際上已經根據董增齡《國語正義》改易了黃刊明道本的文字，這種做法對後來的《國語詳注》《國語集解》甚至上海師範大學古籍整理研究所整理點校本《國語》都具有一定的影響。關於該書詳細，可參本書第七章"清代《國語》研究"部分。

2. 沈鎔《國語詳注》

《國語詳注》，沈鎔（1886—1949）輯注，王懋校訂，上海文明書局民國五年（1916）九月初版，民國九年（1920）三月四版，民國十一年(1922)四月四版，民國十二年（1923）六月四版，民國十七年（1928）七月八版，民國廿四年（1935）五月十版，可見這部書的普及度也很高，幾乎每年重印一次。沈鎔《詳注》實際上是在參照吳曾祺《補正》的基礎上而成。沈鎔《國語詳注》襲用了《國語補音》每語之首下的解釋文字，分章按數字編排。正文只在某些文字下面指明正借字、古今字以及異體等文字關係，某些字下面標注讀音或聲調。注文置於每篇之後。書前亦根據張一鯤本、《國語補音》補上宋庠《國語補音敘錄》。關於其詳細，拙著《近百年來〈國語〉校詁研究》有考辨，讀者可參。要之，沈鎔《國語詳注》在近代《國語》註釋史上起著承前啟後的作用。

3. 徐元誥《國語集解》

徐元誥（1876—1955）[①]的《國語集解》是第一部正式出版的《國語》集解類著作，也是目前唯一一部真正意義上公開出版的《國語》集

---

① 此依《江西省志人物志》與《江西司法行政志》。另，劉國銘主編《中國國民黨百年人物全書》則繫徐元誥生卒爲1885—1956。《江西司法行政志》記載比較詳細，謂徐元誥"1955 年 10 月 13 日病逝於上海寓所，終年 79 歲"（南昌：江西人民出版社 1995 年版，第 187 頁），故從之。

解類著作。該書由上海中華書局於民國十九年（1930）二月出版發行，整個民國時期也僅版行了這一次。該書紙幅較大，書名由章太炎署撰，全書用聚珍仿宋排印，共分六冊，每半頁十一行，行二十字。直到 2002 年，王樹民、沈長雲的點校本出版之後，徐元誥《國語集解》纔得到了較多關注。

以上大致是民國時期《國語》以及《國語》著述出版的基本情況，各種《國語》傳本和注本、選譯本的出版刊行，擴大了《國語》的影響，爲《國語》的普及和深入研究提供了資料前提和保障。

二、民國時期《國語》訓詁考據

民國時期，以傳統訓詁考校方式對《國語》進行研究的有沈鎔《國語詳注》、徐元誥《國語集解》、楊樹達《國語集解》、石光瑛《國語韋解補正》、許維遹《國語選注》等。前四種是專書，後兩種是論文。

（一）沈鎔《國語》訓詁考據研究

1.《國語詳注》基本概況

《國語詳注》由上海文明書局初版於 1916 年 9 月①，分四冊。該書的普及度也比較高。至 1935 年已經發行至第 10 版，幾乎每兩年印行一版，可見其書的受歡迎程度，但是 1935 年之後未見有重印。全書包括：

---

① 鑒於有的著録資料把《國語詳注》繫於中華書局名下，有必要對上海文明書局做一簡單説明。上海文明書局由俞復（1866—1931）、廉泉（1868—1932）、丁寶書（1866—1935）成立於 1902 年 7 月 5 日，原名上海文明編譯印書局。該書局是較早編製新式教科書的出版機構之一。中華書局的創辦人陸費逵、世界書局的創辦人沈知方、大東書局的創辦人吕子泉都曾在上海文明書局任職。1915 年，文明書局被中華書局盤下，但仍然以文明書局名義進行出版發售。1932 年 9 月 7 日，文明書局登報宣告結束。沈鎔出版《國語詳注》的時期，正是文明書局盤入中華書局的時期。但其封面出版單位仍署文明書局，版權頁上“發行兼印刷者文明書局”“發行所文明書局”“發行所中華書局”“分售處中華書局”，實際上相當於中華書局旗下的可獨立運營的子公司。所以，《國語詳注》的出版單位仍爲文明書局。

例言、《國語解敘》、《國語補音敘録》、《國語詳注》正文。各册分卷與
吳曾祺《國語韋解補正》一致。《國語詳注》書前有《例言》一篇。沈
鎔在《例言》中對《詳注》的撰述方式方法等進行了交代，而且還進一
步回顧了《國語》研究大致，尤其對清代《國語》研究回顧，比吳曾祺
《序》文中交代得更爲詳盡。交代《詳注》的特點，即詳明地理、採擇
前人、間附己意、自爲音注。

沈鎔《詳注》實際上是在參照吳曾祺《國語韋解補正》的基礎上編
注而成。沈鎔《國語詳注》襲用了宋庠《國語補音》每語之首下的解釋
文字，對《國語》各卷進行了明確分章，每篇按數字編排，每卷自爲頁
碼。正文只在某些文字下面指明正借字、古今字以及異體等文字關係，
某些字下面標注讀音或聲調。注文置於每篇之後。故王樹民謂《國語詳
注》"惟存《國語》正文，摘列重要詞句，略作詮釋，其性質爲重注而
非補注"①。《國語詳注》書前亦根據《國語補音》以及張一鯤本系統之
例補上宋庠《國語補音敘録》，只是宋氏《敘録》没有另起一頁，而是
直接跟在韋昭《國語解敘》之後。通過比較《周語上》首章韋昭注和沈
鎔注發現，沈鎔注文總體和具體注文的字數都比韋昭要少。從這個角度
而言，"國語詳注"之"詳"是名不副實的。

2.《國語詳注》的内容

總體上看，《國語詳注》的主要内容是釋義，正如《例言》所言，
釋義絶大多數采自韋注，也擷采前賢的研究成果，當然也有一些獨得之
見。具體而言，釋義而外，還包括校勘、注音、釋字等幾個方面。

(1) 釋義

①多數採擇韋注，一部分對韋昭注進行了文字或語序更動

改換被釋。如《晉語八》"今周室少卑"韋昭注："卑，微也。"沈
鎔則謂："少，微也。"把原來的被釋進行了替換。

改換注語。如《晉語七》"二三子之制也"韋注："制，專制。"沈

---

① 王樹民：《國語的作者與編者》，氏著《曙庵文史雜著》，北京：中華書局 1997 年版，第
355—358 頁。

鎔注文改爲："制，專也。"《晉語八》"三代舉之"韋昭注："舉，謂不廢其禮。"沈鎔《詳注》改"禮"作"祀"。《晉語八》"是謂遠男而近女"韋注："遠師輔。"沈鎔《詳注》改"師輔"爲"師傅"。《晉語八》"鳶肩而牛腹"韋昭注："鳶肩，肩井斗出。"沈鎔改注文謂："鳶肩：鳶，鴟也。鴟肩上竦。"沈鎔的改動，肯定是服務於普及的需要，怕讀者讀韋昭注文比較隔膜，或不易理解，希望改動能夠增進理解。但是這種改動是否能夠保證和原文語義貼合，恐怕還是需要討論的。僅就舉到的這幾例而言，似乎並不完全理想。至少，韋注"師輔"要比沈鎔"師傅"語義更豐。當然，也有改得好的，比如沈鎔"鴟肩上竦"就比韋昭"肩井斗出"更容易理解。

改換注文順序。《晉語八》"無尋尺之禄，無大績於民故也"韋昭注："績，功也。八尺曰尋。"沈鎔《詳注》根據正文更換了兩條注文的順序，符合原文語序。

改換注文位置。如《晉語八》韋昭注"別，別爲朋黨也"原置於全篇末句"利己而忘君，別也"下。沈鎔則把該條注文繫於上文"君子比而不別"下，更爲適當。

韋注釋句，沈鎔改釋具體詞語。如《晉語八》"而以信覆之"韋注："覆驗其忠。"沈鎔則僅注"覆"字，謂："覆，蓋也。"實際上，韋昭所釋更爲精準，沈鎔"覆蓋"之説與義不協。

②不取韋注，別立新釋

《晉語六》"詎非聖人"韋注："詎，猶自也。"沈鎔注云："詎，苟也。"《晉語七》"以煩刑史"韋注："刑，刑官，司寇。史，太史，掌書法。"沈鎔則注云："刑史：謂刑官之史，掌刑書以贊治者。"《晉語七》"知羊舌職之聰敏肅給也"韋昭注："肅，敬也。給，足也。"沈鎔則謂："肅給，捷給也。"《晉語七》"使臣狃中軍之司馬"韋注："狃，正也。"沈鎔注文改"正"爲"就"。《晉語七》"且夫戎、狄薦處"韋昭注："薦，聚也。"沈鎔則謂："薦，草也。言狄人逐水草而居，遷徙無嘗處也。"《晉語八》"夫戮出于身實難"韋昭："難居也。"沈鎔則釋爲："難，患也。身自取戮，是足患也。"

③增注

沈鎔除了略去韋昭很多注釋，也別增新的注釋。比如《周語上》"財用蕃殖於是乎興"韋昭僅釋"殖"字，沈鎔又增"蕃"字注。"饗醴"，前人不釋"醴"字，沈鎔增注云："醴，甜酒也。"《晉語八》"專則不能"韋昭無注，沈鎔增"專"字注文云："專，專斷也。"類似的情況還有一些。

④適應時代發展，以最新的地理沿革或動植物名詞進行解釋

凡地理名詞，沈鎔皆用最新地理歷史釋之，對於有些河道之類，注重從發源地、流經地的角度進行解釋。如注"祭"爲"今河南開封縣東北十五里有祭伯城"，注商郊牧野在今河南汲縣，注"涇"爲"水名，源出甘肅化平縣西南大關山，東流經平涼，入陝西邠縣，至高陵縣，與渭水合"，釋"密"爲"今甘肅涇川縣南有密故城"，釋"郂"爲"今山西翟縣"，釋"樊"爲"樊在今山東滋陽縣西南"。有的則在舊有地名注釋的基礎上增加最新的地理，如釋"西周三川皆震"之"西周"云："西周：即鎬京也，在今陝西縣東三十里。"《晉語七》"雞丘"注："晉地，雞澤也，在今直隸永年縣東北六十里。"這也是沈鎔在《國語詳注·例言》中著重提出的一點。

有最新科學研究之物名，《詳注》亦以最新成果出之。如《晉語九》"鼉"注："鱷魚之屬。"認爲"鼉"是鱷魚一類。

⑤揭明異稱

《吳語》"沮汾"注："楚東鄙沮汾之間，乾谿也。沮，亦作'雎'，源出湖北房縣西南之景山，南流經荊門縣，與漳水合。"《吳語》"東門"注："即今吳縣城葑門，舊名鰌門，亦曰鮩門。"

注意某些詞語不常見用法的揭示。如《晉語九》"而無以尹鐸爲少"注："而，汝也。"蓋"而"常用作連詞，作第二人稱代詞不太常見，故釋之。

⑥打破成説，別立新釋

如《周語下》"今吾執政無乃實有所避"注："避，讀爲"淫辟"之"辟"，罪也。"

⑦正文凡有明確紀年之處，往往注出魯國國君紀年

此類處理方式，實際上是把韋昭注揭明魯國國君紀年移到正文之下。如《周語中》第九篇"簡王八年"下注："魯成十三年也。"《周語下》"靈王二十二年"下注："魯襄公二十三年也。明歲，齊人城郟。"《周語下》"景王二十一年"下注："魯昭之八年也。"

（2）校勘

《國語詳注》雖然以釋義爲主，但也存在一些校勘的條目，有理校，也有他校。

①理校

如以下幾例：《周語下》"黃炎之後"注云："炎，當作'帝'。禹出顓頊，四嶽出少暭，皆黃帝之後，炎帝在皇帝前，不應倒稱。"《齊語》"鮦陰"注："鮦，當作'岱'。岱，泰山也。岱陰，泰山之北也，齊地南以泰山爲界。"《晉語六》"是故皆自殺"注："疑'自'爲'見'字，形近之譌也。"《晉語六》"欒武子、中行獻子圍公於匠麗氏"注："圍當作'圉'，囚之也。"

②他校

他校，主要藉助《史記》《左傳》《管子》《韓非子》《春秋繁露》等書進行他校。有些前人已經指出，有些是獨得自造。例如：《楚語上》"休"注："喜也。《周禮疏》引作'忕'。"《吳語》"諸稽郢"注："越大夫。《史記》'諸'作'柘'。"《吳語》"戚"注："當作'忕'（音式），惕也。《説文》引《國語》：'於其心忕然。'"《吳語》"訊"注："當作'誶'，讓也。《説文》引《國語》：'誶申胥。'"《吳語》"舌庸"注："《内傳》作'洩庸'，《漢書》作'泄庸'。洩、泄並與'舌'音近，越大夫也。"《吳語》"王孫雒"注："吳大夫。《史記》作'公孫雄'。"《吳語》"大夫苦成"注："大夫苦成：《春秋繁露》作'大夫車成'。苦、車古音近也。"《吳語》"大夫皋如"注："《春秋繁露》作'大夫睪'。皋、睪形近而誤。"《越語上》"前馬"注："前馬，《韓非子》作'洗馬'，一作'先馬'。"

另有不出校而校改者。如《周語上》首章"欣戴武王"，沈鎔實從

《史記》，直接改“戴”作“載”。

　　③各本不同，確定依從

　　如《周語上》注云：“各本多作‘蠻夷要服’，今依明道本作‘夷蠻’。”當然也有不出校記直接改動者，如“矇誦”韋昭注公序本“《周禮》：矇主弦歌、諷誦。誦，謂箴諫之語也”，沈鎔從公序本。

　　（3）注音

　　《國語詳注》的注音主要體現在正文中。包括兩個方面：1. 注四聲，對於某些字，沈鎔《國語詳注》往往揭明平、上、去、入四聲；2. 採用直音方法注明字音，以“音×”方式出之。3. 採用反切注音。這一類比較少。如《周語下》“晉羊舌肸”，“肸”字下注：“許乙切。”《魯語上》第二篇“收攟而蒸”，“攟”字下注：“居連切。”第十四篇“欲予之邑”，“予”下注：“尺由切。”同篇“至於殄滅”，“殄”字下注：“徒典切。”同篇之中，下文依然同音者，則以“同此”出之。此外，還有一類“×讀爲×”，這一類實際上是在説明通假，並非專門注音。

　　（4）釋字

　　釋字包括兩個方面，出現在正文，往往指明本字。如《魯語上》“掩賊者爲臧”，“臧”下注：“通‘贓’。”《魯語下》“求説其侮”，“説”下注：“同‘脱’。”《魯語下》“諸姬不獲闚”，“闚”下注：“同‘窺’。”《魯語下》“公子圍反”，“反”下注：“同‘返’。”《魯語下》“吾語女”，“女”下注云：“同‘汝’。”

　　指明異體字。如《魯語上》“鮌鄣洪水而殛死”，“鮌”下注：“同‘鯀’。”

　　指明正字，如《越語上》“將免者以告”注云：“免，《説文》作‘娩’。”

　　指明兩字相通。如《晉語五》“畢陽”注：“晉士。《列女傳》作‘畢羊’。陽、羊古字通也。”《楚語上》“赧”注：“通‘戁’，懼也。”《吳語》“一个”注：“个、介古字通。”《吳語》“鴟鷾”注：“鷾，亦作‘夷’，革囊也。”《吳語》“勵士以奮其朋勢”注：“朋，與‘馮’通。”

《吳語》"肥胡"注："肥，古與'飛'通。"《吳語》"白裳"注："裳，一作'常'。賞、常通也。"

3.《國語詳注》特點

（1）注釋簡明全面

《國語詳注》雖然每條注語文字不多，但整體比較全面。僅篇末注釋就有 6440 條。又正文有音注、辨字和一些注釋。這樣的密集度已經超過了韋昭《國語解》，爲讀者掃清文字障礙、輕鬆閱讀帶來了極大便利。

（2）充分吸收前此研究成果

沈鎔《國語詳注》雖然注語簡約，但仍然充分吸收了前人成果，其例言中臚列云："清儒若王引之、汪中、段玉裁、惠周惕、洪頤煊、程瑤田、陳奐諸子，於此書多所發明，而董氏增齡之《正義》、黃氏丕烈之《札記》、汪氏遠孫之《考異》《發正》、吳氏曾祺之《補正》。"可見對清人成果還是充分吸收了的。

從分章上來看，《國語詳注》吸取了吳曾祺《國語韋解補正》的分章。例如，《周語上》吳曾祺分十三章，沈鎔分十四章；《周語中》，吳曾祺分十三章，沈鎔分十章；《魯語上》吳曾祺、沈鎔分十六章，《魯語下》吳曾祺和沈鎔分二十一章，《齊語》吳曾祺、沈鎔分七章，《晉語一》吳曾祺、沈鎔分九章，《晉語二》吳曾祺、沈鎔分九章，《晉語三》吳曾祺、沈鎔分八章，《晉語四》吳曾祺、沈鎔分二十三章，《晉語五》吳曾祺、沈鎔分十四章，《晉語八》吳曾祺、沈鎔分二十章，《晉語九》吳曾祺、沈鎔分二十二章，《鄭語》吳曾祺、沈鎔分二章，《楚語上》吳曾祺、沈鎔分九章，《吳語》吳曾祺、沈鎔分九章，《越語上》吳曾祺、沈鎔一章，《越語下》吳曾祺、沈鎔分八章。可見，沈鎔對吳曾祺研究的吸收。

注釋、校勘上也多繼承前人。如"祭公謀父"之"祭"，沈鎔與吳曾祺同。"時夏"之"夏"，沈鎔從吳曾祺釋爲"中國"；"奕世載德"之"奕世"，沈鎔從吳曾祺釋作"累世"；"當作'岱'"之説，采自王引之；"犬戎氏以其職來王"，沈鎔用賈逵注。

（3）有獨得之見

在充分吸收前人成果的同時，也有個人之見。如"耀德不觀兵"之"觀"，多釋爲"示"，唯沈鎔釋爲"視"。又如"載戢干戈"之"載"，前後皆釋其語義，唯沈鎔釋其詞性。

（4）編排方式新穎

《國語》自閔齊伋、盧之頤採用注文置於正文篇末的方式，此後並無繼承之者。至沈鎔，重新採用這種方式。其目的，讀者閱讀正文，不因注文隨處皆是而割裂其正文閱讀的連貫性，而又能給讀者提供掃除閱讀障礙的信息。讀書首要知其讀音，故把音注部分放在正文中，最長者不過4字，只占大字一個字的空間，不影響閱讀。這種方式爲讀者閱讀提供了方便，也是後來諸多譯注本採取的一種編排方式。在這一方面，沈鎔《國語詳注》至少起了一種引領作用。

4. 缺陷及影響

任何一個出版物或者著作都有缺陷，在所難免。沈鎔《國語詳注》排版中有一些錯誤。另外，由於《國語詳注》出版的時候，民國創建未久，出版機構排版字模未能及時更新，故而還有一些清代避諱字存在，比如《國語詳注》"玄"字，用的還是缺筆字模。這是辛亥革命後十幾年間出版物的一個共同特徵。此外，《國語詳注》的表述不夠嚴謹。比如《魯語上》"中刑用刀鋸"注："割劓用刀，斷截用鋸，亦有大辟，故《國語》曰：'兵在其頸。'"一書之內，至少要指示到《周語中》，再以《國語》表述，似不妥當。或此處"國語"當爲"周語"之誤。另外，觀沈鎔學行，似非長於專書訓詁者，故《國語詳注》中的一些解釋稍欠允妥，文字依從上也有欠妥之處。

作爲民國時期出版的第一部《國語》注釋著作，沈鎔《國語詳注》還是有一定影響的。如此後的葉玉麟選譯《國語》、張寄岫《左國選讀》都采沈鎔《國語詳注》，徐元誥《國語集解》也多有采《國語詳注》之處。例如"夫兵戢而時動"，韋昭釋爲："時動，謂三時務農，一時講武，守則有財，征則有威。"沈鎔則釋爲"因時而動"，言簡意賅。葉玉麟、張寄岫、秦同培都從沈鎔注。"流王于彘"，沈鎔釋"彘"爲"在今山西霍縣"，徐元誥從之。此外，《國語》排印本中標注生僻字四聲，從沈鎔《國語詳注》開始。此後葉玉麟編纂《國語》選注二種，用四聲標注，恐怕也是受沈鎔影響。由於沈鎔《國語詳注》意在普及，除了徐元誥等有所引用外，此後關注者較少。筆者在《近百年來〈國語〉校詁研究》一書中對《國語詳注》的 46 條注文進行了辨析，所得雖然有限，但還是校出了《國語詳注》的一些問題。《國語詳注》也存在著文字訛奪，同時由於《詳注》注釋較爲簡單，又囿於體例的緣故，故稱引前人説法而少注出。故筆者認爲："從某種角度上説，沈鎔《詳注》在近代《國語》注釋史上具有承前啟後的作用。而且，沈鎔的注解方式也是深得韋昭注釋簡明的要著，正因爲其注釋的簡潔，使得更多讀者易於接受，從而促進了《國語》的進一步傳播。"① 可供參考。

(二) 吳承仕《國語》訓詁考據研究

吳承仕（1884—1939）爲章太炎門下"五王"之一，著有《三禮名物》《經籍舊音辨證》《淮南舊注校理》《經典釋文序録疏證》《六書條例》等，後輯成《吳檢齋遺書》，陸續由北京師範大學出版社出版。

1925 年，吳承仕在《華國》第二期發表《絸齋雜識》，共 16 條，涉及《國語》4 條，其中《晉語》3 條，《越語》1 條。如下：

> 《晉語》"國無道而年穀豐熟"韋解："言國無道而年穀和熟，大不譴覺，必恃而驕也。"段玉裁曰："待，別本作恃。"案：作恃是也。覺，當爲告。天以災異譴告人君，乃漢人常語。《説苑》稱："楚莊王見天不見妖，而地不出孽，則禱於山川曰：'天其亡予歟?'"此注言天下譴告，必恃而驕，與彼文義同。
>
> 《晉語》"以鼓子苑支來"，《左氏·昭二十二年傳》苑支作"鳶鞮"。清儒治《説文》者，於"鳶"字形聲，議論蜂起。以此證之，知鳶音近"苑"，其來蓋古。

---

① 拙著《近百年來〈國語〉校詁研究》，南京：鳳凰出版社 2016 年版，第 121 頁。

《晉語》"黿鼉魚鱉，莫不能化"韋解："化，謂蛇成鱉，鼉石首成之類。"尋《論衡》說水潦不獻魚鱉，以能變化釋之。蓋古義也。蛇鱉相化，見於後世短書者，尚多有之，今亦有此語。

《越語》王怒曰："道固然乎？妄其欺不穀邪？"案：妄爲語詞，字屬陽部，對轉入魚，則爲無、爲莫。重言之，則爲無慮、模慮。《呂氏春秋·愛類篇》墨子曰："必得宋乃攻之乎？亡其不得宋且不義，猶攻之乎？"《審爲篇》子華子曰："君將攫之乎？亡其不與！"字亦作"忘"。《趙策》"不識三國之憎秦而愛懷邪？忘其憎懷而愛秦邪？"亡其、妄其、忘其，字異而音義文例並同。或讀《越語》爲誣妄之妄，則失之遠矣。

以上4條，是吳承仕《緇齋雜識》中研討《國語》文義者，第2條實際上是以《晉語》爲證據，研討"鳶"字。其他三條中，第一條研討韋注異文，以"恃"字爲是。因爲在本條注文中，公序本韋注字作"恃"而明道本韋注字作"待"，是以段玉裁有校，而汪遠孫已明言"'待'字誤"。吳承仕進而指出，韋注"覺"字當爲"告"字，謂爲漢人常語。又引《說苑》輔證。第三條屬於補釋性質，蓋謂蛇鱉轉化，多有記載。第四條探討"妄"字語義及用法，今已爲定論。

吳承仕研討《國語》條目雖然不多，但對於相關條目之深入理解與研究，不無裨益。

(三) 徐元誥《國語》訓詁考據研究

徐元誥一生經歷頗爲傳奇，既是政界要員，又是法學界權威，還在傳統人文學術方面卓有建樹。除主編《中華大字典》《中華字典》和倡修《辭海》外，還著有《管子釋疑》《說文》《法學通論》《民法》《國語集解》等書。其《國語集解》出版的時間，恰好是徐元誥辭職開辦律師事務所的時間。民國時期，《國語集解》僅頒行了一次，沒有重新出版過。當時校勘或未精審，徐氏精力有限，未能精心撰作，故學者評價不高。顧頡剛謂徐元誥《國語集解》"簡直有常識性的錯誤"[1]，楊寬也謂徐元誥《國語集解》"校勘不精，多錯脱字"[2]。2002 年，王樹民、沈長雲點校整理的《國語集解》出版，該整理本糾正了舊版的一些問題，但也增添了一些新的錯誤，俞志慧曾撰文予以指出[3]。2006 年，中華書局把王、沈點校本收入《中國史學基本典籍叢刊》，以"《國語集解》（修訂本）"的形式再版，仿照上海古籍出版社出版點校本的形式，加上了人名索引，内容並無多少更進。2019 年，中華書局又推出了《國語集解》簡體橫排本，作爲《中華國學文庫》的一種，當是在修訂本的基礎上做成的。不可否認的是，王、沈整理本擴大了徐元誥《國語集解》的影響。

1.《國語集解》的内容

拙著《近百年來〈國語〉校詁研究》《唐代類書引〈國語〉研究》對《國語集解》之内容、影響做了大致梳理。[4] 今細檢之，《國語集解》的内容大致包括兩個方面：（1）校勘；（2）釋義。校勘，有據前人之説爲校、有據版本爲校、有理校。釋義，則包括詮釋地名或國族名稱、臚列前人成説、訓釋詞語、闡明文字關係等。下面約略述之，以見《國語集解》之大端。

（1）詮釋地名、國族之名

作爲一部史學名著，大量的國族名稱和地名人名等，是史注不得不面對的一個問題。故地名注釋、國族注釋一直是歷代《國語》注釋著作的一個方面。徐元誥在地名注釋方面引用沈鎔《國語詳注》較多。除了

---

① 顧頡剛 1962 年 11 月 15 日致黄永年函，見曹旅寧《黄永年與心太平盦》，西安：三秦出版社 2015 年版，第 12 頁。王樹民《評〈國語集解〉》謂徐元誥《敍例》稱"太史公稱‘左丘失明，厥有《國語》’，又謂‘左氏欲傳《春秋》，先作《國語》’"，"所謂‘左氏欲傳《春秋》，先作《國語》’，乃司馬光之説，竟强加于司馬遷，直爲常識性的謬誤。"（《曙盦文史雜著》，北京：中華書局 1997 年版，第 356 頁）

② 楊寬：《怎樣學習春秋戰國史》，見載於舒穎雲、韋少波編：《歷史自學指南》，北京：中國展望出版社 1985 年版，第 44 頁。

③ 俞志慧：《徐元誥〈國語集解〉刊誤》，《古籍整理研究學刊》2008 年第 4 期。

④ 拙著《近百年來〈國語〉校詁研究》，南京：鳳凰出版社 2016 年版，第 121—141 頁；《唐代類書引〈國語〉研究》，濟南：齊魯書社 2018 年版，第 24—25 頁。

引用沈鎔對地名的注釋之外，徐元誥《國語集解》增加了一些地名注釋。如《周語上》"在虢土"，其他諸家無注地名者，徐元誥云："虢國於上陽，今河南陝縣東南有上陽城。"《周語中》"翟，隗姓也"韋昭注："隗姓，赤翟。"後此諸家無釋，徐元誥云："赤狄與北狄不同，赤狄乃錯居中國之一種，北狄乃與貉皆在北者。北狄亦稱白狄。"

（2）臚列各種説法，確定是非取捨

顧頡剛認爲，集解共分兩種，一種即資料齊全，屬於輯纂類；一種則在參考衆多資料的基礎上案以己意。前者屬於資料彙編，後者則兼具資料彙編與研究著作雙重性質。徐元誥的《國語集解》屬於後者。今檢《國語集解》全書徵引，凡著作能知道作者的絶大多數以"作者＋曰"出之①，而"元誥案"中的引述則以"作者（或典籍）＋云"或"作者＋謂"出之，且細分《舊音》與《補音》，把《經義述聞》中"家大人曰"的條目以"王念孫曰"出之。另外，汪遠孫《國語發正》引到的陳奐、項名達、陳樹華等人之説，《校刊明道本韋氏解國語札記》引用的段玉裁、惠棟等人之説，徐元誥《集解》并以本人出之。今檢《國語集解》全書所引，標注出處者有：《舊音》49 條，宋庠 83 條，惠棟 10 條，段玉裁 8 條，王念孫 60 條，汪中 11 條，陳奐 19 條，王引之 125 條，董增齡 12 條，黄丕烈 9 條，汪遠孫 156 條，陳瑑 44 條，俞樾 105 條，吳曾祺 205 條，沈鎔 28 條，錢大昕 4 條，劉績、洪頤煊、朱駿聲各 3 條，柳宗元《非國語》、劉炫、程瑶田、全祖望、《考正》、任大椿、尹桐陽各 2 條，孔晁、王應麟、程大昌、李治、李冶、嚴傑、胡承珙、吳弘基、戴震、惠士奇、何焯、金鶚、孫星衍、焦循、夏文燾、潘維城、李鋭、崔述各 1 條。尤其對《國語》研究著述的徵引，多經選擇，並未全引。除了歷代《國語》研究成果之外，《國語集解》還引述了《左傳》《三禮》《史記》《管子》本書、注解以及相關研究成果，爲《國語》集解的細密

---

① 也有少數仍以"著作名＋曰"出之，如清人引述陳樹華《春秋國語外傳考正》，徐元誥《集解》即以"《攷正》曰"出之。汪中《國語校譌》，除了以"汪中曰"出之外，《晉語八》"平公説新聲"章還有一條以"《校譌》云"出之。

化確立了基本範式。徐氏在《發正》《正義》《補正》的基礎上又徵引了其他一些説法，比如戴震、李冶等等。在臚列各種説法之後，進行了取捨依從。往往以"×説是"或"今據以訂正"出之。如《周語下》"日絶其義"，徐元誥《集解》"日"改作"曰"，謂："各本曰作日。惠棟、俞樾云云。惠、俞説是，今並據以訂正。"《周語下》"幽王二十二年"徐元誥云："穀、洛鬪與城郊前後兩年事，傳言穀、洛鬪耳，韋乃涉及城郊，於是誤注爲魯襄公二十四年。王據注校傳，以不誤者爲誤，亦未審耳。今據汪説刪正韋注。"

（3）校勘

吳曾祺《國語韋解補正》校勘部分采自《札記》《考異》，多不注出。沈鎔《國語詳注》直接采吳曾祺之説。徐元誥《國語集解》在校勘的處理方式上和吳曾祺《國語韋解補正》、沈鎔《國語詳注》基本相同，多不出注，攘襲前人。有的地方不出案語，直接根據前人校勘校改正文及注文。拙撰《〈國語〉匯校集解輯評（〈周語〉卷）》中發現此類例子較多，可以參看。凡徐元誥明確版本依從之處，往往是汪遠孫等人明確指明是非之處。當然，徐元誥也有案以己意理校之者。如《周語下》"晉將有亂，其君與三郤其當之乎"徐元誥云："二'其'字疑衍一。"

（4）訓詁語義

徐元誥的訓詁條目絶大多數和沈鎔《國語詳注》一樣，約略舊説而成，但也不乏個人見解。有的是在舊説的基礎上別立新説。如《周語下》"守終純固，道正事信，明令德矣"，至沈鎔始注爲："道，猶路也。"徐元誥或不贊同沈説，故注云："道，由也。謂所由正，所事信也。"有的在尋繹《國語》及韋昭注文時，發現精微，訓釋通達。如《周語下》"故名之曰'黑臀'，於今再矣"韋注："賈侍中云：於今，單襄公時也。晉厲公即黑臀之孫也，黑臀之後二世爲君，與黑臀滿三世矣。唐尚書云：時晉景公在位，成公生景公，故言再。昭謂：魯成十七年，單襄公與晉厲公會于柯陵，後二年而單襄公卒。其歲厲公殺，則襄公將死時非景公明矣。賈君得之。"徐元誥云："注謂魯成十七年，單襄公與晉厲公會於柯陵。考成十七年《經》載公會單子、晉侯伐鄭者再，

《内傳》及注均不言會於柯陵。而經曰：'六月乙酉，同盟於柯陵。'韋果指此而言，則當言盟，不當言會矣。"此處辨析精微，可謂得間。有的前人無釋，徐元誥爲注之。如《周語中》"夫人性，陵上者也"徐元誥云："夫人猶云凡人也。夫，猶凡也。見《經傳釋詞》。"《周語中》"奉義順則謂之禮"，前人不釋"則"字，徐元誥釋云："則，法也。"

（5）闡明文字關係

徐氏《集解》多處明文字假借、古今、異體、同源等關係。《周語中》"王孫說與之語，說讓"徐元誥云："下説，古'悦'字。"《周語中》"三陳而不整"徐元誥云："《説文》作'敶'，俗作'陣'。"

2. 《國語集解》特點及其價值

（1）《國語》研究史上第一部正式出版的《國語》集解類著作

董增齡的《國語正義》帶有集解性質，但本質上仍然是一部《國語》研究著作，而且是《國語》研究史上爲數不多的注疏類著作。由於條件限制，董增齡纂輯了一定數量的東漢三國時期舊注，但宋以後的《國語》研究成果吸收較少。故只能説帶有集解性質，還不是真正意義上的《國語》集解。徐元誥《國語集解》一書的出版，填補了這一空白。該書搜集較全，具有較强的資料價值。學者言及《國語》注本，也往往以此稱道徐元誥《國語集解》。如王樹民即云："徐元誥《國語集解》行世最晚，而能網羅各家之説，取補注形式，較其前各家爲加詳，讀《國語》者從而得到一定的便利。"① 這部書被 20 世紀五六十年代的一些哲學史著作列爲參考文獻，但是真正關注甚至徵引的却很少。自王樹民、沈長雲點校本出版以來，一些學者在引述《國語》的時候比較願意參照《國語集解》，主要也在於其集解性質。

（2）資料來源比較單一，材料不够全面

以上所列《國語集解》引述材料之中，最多的爲吴曾祺，其次是汪遠孫，其次是王引之，其次是俞樾，其次是宋庠，其次是王念孫，這幾

---

① 王樹民：《評〈國語集解〉》，見氏著《曙庵文史雜著》，北京：中華書局 1997 年版，第 356 頁。

家引述都在 60 次以上，《舊音》、陳瓊引用都在 40—50 條之間。其他所引惠棟、段玉裁云云，多見於黃丕烈、顧廣圻等人材料稱引。也就是説，徐元誥所據多爲二手材料。以陳樹華《春秋外傳國語考正》爲例，徐元誥之所以纔引述了 3 條，是因爲顧廣圻、汪遠孫引述陳樹華考辨條目就很少，所以徐元誥也跟著引述得少。從徐元誥的學行來看，政務繁忙、事務繁多。而作《集解》需要長時間的案頭功夫，徐氏恐難達到。另外，當時的條件限制，有些材料也很難收集齊全。所以趙生群教授謂："徐元誥的《國語集解》，我覺得做得還是不到位，材料還是少。"① 這個評價是符合《國語集解》事實的。

（3）初版本錯誤太多

《國語集解》1930 年本錯誤太多，誤字、脱文、衍文等比較普遍。徐仁甫《書徐元誥〈國語集解〉後》謂："近人徐元誥《國語集解》，中華書局排印本，訛奪甚多，當爲抄寫印刷之誤。然亦有徐氏自誤，而不能諉之別人者。"② 徐仁甫認爲除了排印錯誤之外，徐元誥個人造成的錯誤，包括謬誤、歧出、引書之誤、據誤本之過四方面問題，每一方面皆列舉了多條例子。王樹民《評〈國語集解〉》也説："《國語集解》之編撰方式雖善，其編撰工作則甚爲粗疏，成爲其書之最大缺陷，不僅多文字之誤，更時有硬性謬誤及自相脱節，或畫蛇添足，甚至無的放矢者。"③ 正因爲《國語集解》存在諸多的問題，故王樹民推測上海中華書

---

① 見王鍔主編：《允也君子——學禮堂訪談録》，南京：鳳凰出版社 2017 年版，第 135 頁。

② 徐仁甫：《書徐元誥〈國語集解〉後》，見於氏著《乾惕居論學文集》，北京：中華書局 2014 年版，第 29—30 頁。徐仁甫在近代《國語》研究方面具有開拓之功，先後對吳曾祺《國語韋解補正》、徐元誥《國語集解》都有比較懇切的認識與研究。徐仁甫《書徐元誥〈國語集解〉後》應該是比較早的《國語集解》研究文獻。由於《乾惕居論學文集》所收各文不是按照著述時間次序編排的，且編訂者又沒有説明，很難推斷具體撰述時間。徐仁甫 1984 年發表《晉語辨正》就已經運用了徐元誥《國語集解》，可見此前應該就對《國語集解》深有了解。《書徐元誥〈國語集解〉後》所揭出的問題也是徐氏《國語集解》這部書確實存在的，尤其引書問題，實際上從吳曾祺《國語韋解補正》開始，就大量徵引前人之説而不出注了，至於沈鎔，囿於《詳注》體例，故不出所自。徐元誥爲書倉促，故未能細審，其引述前人説更多未注出。故今以《國語集解》作爲引據來源者，往往不審，誤以前人之説爲徐元誥説。

③ 王樹民：《評〈國語集解〉》，見氏著《曙庵文史雜著》，北京：中華書局 1997 年版，第 356 頁。

局刊行者 "爲其初稿而非定稿"。徐仁甫和王樹民兩位先生的評介文字是《國語集解》研究的開拓性文獻，具有很高的指導意義和學術價值。

3.《國語集解》的價值探討及點校

雖然徐元誥《國語集解》存在這樣那樣的問題，不可否認《國語集解》的資料性價值。此外，徐元誥仍有其一得之見，對深入探討和整理《國語》仍具有一定學術價值。誠如上文所言，《國語集解》點校本出版之前，引用者較少，但並不是沒有。實際上徐仁甫、彭益林在20世紀80年代發表的公開文字中已經利用徐元誥《國語集解》的材料了。王樹民、沈長雲點校本《國語集解》對學者利用、研究徐氏《集解》起到了很大的推動作用。而對《國語集解》的系統研究也是從點校本出版之後纔出現的。王樹民謂："《國語集解》之疵誤雖多，而其書能容納清代以來校釋《國語》之成果，兩相權衡，可謂瑕瑜參半，如能正其疵誤，則嘉惠讀者可收事半功倍之效。爰加董理，標點全文之外，更著重校勘，共計寫成校記一千一百六十餘條，每條按序編號，而總附於每卷之末。原書所載序跋，則改爲附錄，刊於全書之後。全書由沈長雲同志標點初稿並摘出有關問題，而由我最後定稿，寫成校記。"① 可見該點校本的分工與撰述的基本情形。該點校本於2002年出版之後，又於2006年4月出版了第2次印刷本，書名改爲《國語集解》（修訂本），列爲中華書局的 "中國史學基本典籍叢刊"，修訂本在《前言》最末由沈長雲補加了一句 "此書初版前言爲王樹民先生一九八六年撰寫，現據以增補重撰"，書後仿照上海古籍出版社初版的點校本之例，加上了《國語》人名索引。俞志慧教授曾經對這兩個本子進行過對照，認爲這兩個本子點校基本相同，並對其中誤斷之處進行了刊斷，共得140多條，對其中的問題予以勘校。今翻檢之下，復發現幾處問題：（1）第91頁第5行 "汪遠孫謂，十七年，當作'十六年'。黃丕烈謂，後三年，當作'後二年'"，標點不够明晰，恐當作 "汪遠孫謂'十七年'當作'十六年'，黃丕烈

---

① 王樹民：《國語集解·前言》，徐元誥撰，王樹民、沈長雲點校：《國語集解》，北京：中華書局2002年版，第4—5頁。

謂‘後三年’當作‘後二年’”；（2）第126頁第3行“《內傳》昭二十年《左傳疏》”，此説不辭，當作“《內傳·昭二十年》疏”或“昭二十年《左傳疏》”；（3）第170頁前三行“明道本作『禁罝麗』，『罝』字衍，注『罝，當作罦麗』，上三字衍。而別本注又作『罝，當作眾麗』，眾爲罦誤。宋庠本注云『罦麗，小網也』不誤，而正文『禁罦麗』作『禁罝麗』，罝字亦誤”，這幾行中的“『』”都應該標作“「」”。（4）《周語中》“其叔父實應且憎”韋昭注：“應，猶受。憎，惡也。”王鐸批點本、高木熊三郎《標注國語定本》、吳曾祺《國語韋解補正》、《叢書集成初編》本、《國學基本叢書》本即斷句作“應，猶受。憎，惡也”，沈鎔《國語詳注》改注文爲“應，猶受也。憎，惡也”。而上海師範大學古籍整理小組點校本《國語》、鮑思陶點校本、王樹民和沈長雲點校本《國語集解》、梁谷整理本、鄧啟銅點校本、仇利萍《〈國語〉通釋》等新式標點本都沒有斷開，作“應，猶受憎惡也”，追溯這種標點的來源，首先是上海師大古籍整理小組點校不審，王樹民、沈長雲點校時參照上海師大點校本而不加辨別，故而其錯延續至今。可見這個點校本還存在諸多問題，希望將來有好此諸君可以做一個更爲精善的《國語集解》點校本，供讀者和學界使用。

（四）石光瑛《國語》訓詁考據研究

石光瑛（1880—1943，一作1879—1948），字楸（一作懋、茂）謙，又字太始，號蠧隱，浙江會稽人，出生於廣東。少穎悟，十歲讀徧十三經，繼續讀《資治通鑑》。十九歲歸試浙江，以明經第一補博士弟子員中癸卯科舉人，後應禮部試未就。十四歲始治經學，年十六著《三禮類箋》四十卷，會試途中毀於河。曾中科舉，後任教於廣州女子師範學校、教惠中學、廣東大學、中山大學等南方多所高校，以在中山大學文學院中文系任教時間較長，期間曾任中山大學圖書館館員、中山大學國學考試委員會委員等職。生前曾將部分古籍贈予廣東黃埔中正中學，今藏在海南師範大學圖書館。又石光瑛爲象棋高手，馳名廣東弈界，並輯有《聽松軒象戲譜》。根據陳新整理的《新序校釋》前言，石氏一生著述頗

豐，計有《新序校釋》《三國志校釋》《小學大綱》《國語韋解補正》
《意原堂日記》《恨綫草廬日記》等。根據李應偉（1901—1941）《石光
瑛傳》，石光瑛還有《匡謬正俗》十卷、《意林堂日記》十卷、《仰鄉齋
日録》一卷、《意原堂答問》二卷、《補晉本藝文志》四卷，又群經札
記、諸子校記若干卷。① 現在所見到的成爲專書出版的則唯《新序校釋》
一部，已由陳新整理，北京中華書局 2001 年版。2010 年 12 月 15 日，中
山大學新聞網發布消息，謂廣東省文物鑒定站潘鳴皋把一批石光瑛手稿
和批校古籍共 55 册無償捐贈給中山大學圖書館，如能整理問世，或對石
光瑛研究是一大助力。

1. 石光瑛《國語韋解補正》概況

李應偉《石光瑛傳》稱："先生以《國語》韋解多誤，譔《國語韋
解補正》廿一卷。"石光瑛《國語韋解補正》（卷一）第 2 條云：

> 懋正其德而厚其性【解】懋，勉也。
> 汪氏中曰：性與生通。《内傳》曰："正德、利用、厚生，謂之
> 三事。"（《國語校文》）
> 案：汪説是也。《晉語》"以厚民性"同，韋并以"情性"釋
> 之，誤。（詳見七卷）

從其"詳見七卷"的注文來看，至少《晉語一》也已經完稿。李應
偉記載無虛的話，石光瑛《國語韋解補正》全書已具規模。但是目前所
見到公開發表出來的《國語韋解補正》只有前 4 卷，分別發表於《中山
大學文學院專刊》1933 年第 1 期、1935 年第 2 期、1936 年第 3 期，其中
《周語上》14 條、《周語中》21 條、《周語下》10 條、《魯語上》9 條，
合共 54 條，《周語下》《魯語上》合刊一期。從總量上看，離成爲專書
還有一段差距。或其書即依《國語》卷次順次補正，以故有二十一卷之
目。石氏多用文字音義相通之理，探討《國語》文字的關係、語詞的確

---

① 許衍董編纂：《廣東文徵續編》第 4 册，廣東文徵編印委員會 1988 年出版，第 92 頁。

切含義，以及典章制度等，並斟酌去取前人相關研究成果以輔證之，又在具體條目探討中進行了方法論的探討。拙著《近百年來〈國語〉校詁研究》只對《周語上》14 條逐條進行了辨析。① 通過辨析可知，石光瑛補正《國語》所用版本爲黄刊明道本之覆刻本。其所補正《周語上》14 條中，雖有輯纂舊説之處，多數對進一步研討《國語》語義是有幫助的，但是也有少數條目言不及義。

2.《國語韋解補正》内容

54 條補正中，以考辨《周語中》條目最多，接近已發表條目的 40% 。所補正爲《周語上》"玩則無震""懋正其德而厚其性""阜其財求""利其器用""昔我先王世后稷""親戚補察""而後王斟酌焉""民用莫不震動""司寇行戮君爲之不舉""是何故固有之乎""其君齊明衷正""誣其王也""樹於有艾""遂爲踐土之盟"，《周語中》"兄弟之怨不徵於他""夫人奉利而歸諸上""王而蔑之，是不明賢也""夫禮新不閒舊""若能有濟也""請隧焉""以待不庭不虞之患""其餘以均分公侯伯子男""夫戎狄冒没輕儳，貪而不讓""川不梁""是故小大莫不懷愛""是蔑先王之官也""不亦簡彝乎""所以爲令聞長世""侈則不恤匱，匱而不恤，憂必及之""若登年以載其毒""必先導焉可以樹""四軍之帥旅力方剛""是三子也，吾又過於四之無不及""其何以待之""而郤至佻天之功以爲己力""姦仁爲佻""守和同順義爲上"，《周語下》"言爽日反其信""偏喪有咎""晉侯爽二""虞于湛樂""淫失其身""今吾執政無乃實有所避""刑政放紛""聽聲越遠""懼一之廢也""人犧實難，己犧何害"，《魯語上》"其爲選事乎""大懼乏周公太公之命祀""故皆有罪之地以分諸侯""晉不以固班""上甲微，能帥契者也，商人報焉""抑刑戮也，其夭札也""臣以死奮筆，奚害其聞之也""余恐易焉""無乃非相人乎"。其中《周語上》"阜其財求"之"求"、《周語下》"淫失其身""刑政放紛"、《魯語上》"余恐易焉""無乃廢相人乎"韋昭無注，是所謂"補"，其他則爲研討語義、校勘文字。

---

① 拙撰：《近百年來〈國語〉校詁研究》，南京：鳳凰出版社 2016 年版，第 142—152 頁。

（1）駁正韋注

石光瑛的 54 條考據以駁正韋注爲主，具體又有不同。

①韋昭不識互文

如《周語上》"玩則無震"韋昭謂："震，懼也。"石光瑛先引汪遠孫《國語發正》卷一之說，復辨析云："玩謂狎玩，震訓威，賈注是。上言'威'，下言'震'，互文耳。凡内、外《傳》'震'字，多作'威'義。《内傳·成二年》'畏君之震'（杜訓'動'，非）、《襄十一年》"則武震以攝威之"、《外傳·晉語》'君之武震無乃玩而頓乎'正與此語相發明，彼文韋解亦訓威。"不僅從互文的角度對《國語》正文進行了分析，還從《左傳》《國語》"震"字語義的普遍性上進行論證，從而在汪遠孫的基礎上進一步證明此處"震"字當訓作"威"，韋注訓"懼"是錯誤的。

②韋昭不解通假

如《周語上》"懋正其德而厚其性"韋昭謂："懋，勉也。厚情性也。"石光瑛引録汪中《國語校文》之說，謂汪中之說爲是，並謂《晉語》"以厚民性"之"性"與此處同，韋昭解作"情性"，也是錯誤的。

又《周語上》"樹於有禮，艾人必豐"韋昭謂："艾，報也。"石光瑛謂艾、刈二字通用，謂《漢書》多處"艾"字與"刈"同，又舉《禮記·祭統》"草艾則墨"注"艾，謂艾取草也"爲證。又從上下文證，謂"上言樹，下言刈，義正相應"。並對不改字爲訓的説法表示了認同。

《魯語上》"臣以死奮筆，奚啻其聞之也"韋昭謂："奚，何也。何啻，言所聞非一也。"石光瑛謂"奚啻""何但"一音之轉，故此句謂"死且不顧，何但聞之而已"。

③本一義而韋昭分二義釋之

如《周語上》"利其器用"韋昭謂："器，兵甲也。用，耒耜之屬也。"石光瑛引《尚書正義》"利用者，謂在上節儉，不爲糜費，以利而用，使財物殷阜，利民之用，爲民興利除害，使不匱乏，故所以阜財"，並謂："此解利用之義，至爲明晰。韋注以兵甲耒耜分釋，義反偏滯。"

這是揭明一個單音詞而韋昭分釋爲二義的例子。

此外，還有雙音節詞，韋昭則把每個單音詞拆開分釋的例子。如《周語上》"而後王斟酌焉"韋昭謂："斟，取也；酌，行也。"石光瑛謂："今人用'斟酌'字，多以裁奪之義當之……似勝韋注。"又引述《淮南·謬稱訓》《後漢書·馬武傳》謂句中"斟酌"都當釋作斟酒。最後謂："尋斟酌二字，本飲者之名稱。當以此爲本義。引申之，凡處事之審察分際者，謂之斟酌。或言酌量，一也。又量本度量之義，飲者量不可踰，故取爲名。而處事之審分際者，亦有商量之目，皆引申義也。"

《周語中》"其何以待之"韋昭訓"待"爲"備"，石光瑛指出《國語》"其××待之"多見，韋昭有三解，分別爲備、禦、假，"諸文意相同，而注各異，殊不可解，其實皆當訓禦……意本一貫，訓備、訓假，均屬望文生義。"

④韋昭不辨詞之虛實

如《周語上》"民用莫不震動，恪恭于農"韋昭謂："用謂田器也。"石光瑛謂此處"用猶因也，以也"。提出證據：A. 以、用一聲之轉，這是理論方面的；B. 提出實際用例。也分兩種，第一種是同一本書中前文用"以"、後文用"用"，二者句法一致，如《書·益稷》"書用識哉"和"侯以明之，撻以記之"爲前後句，句法一致，則"以""用"相同；另一種是本書用"以"，他書引錄改用"用"字的，舉《論語·憲問》"不以兵車"，《新序·雜事四》引作"不用兵車"，可證"用""以"用法相同。故《周語上》此處"用"爲虛詞，韋昭釋作實詞，不當。

又如《周語上》"是何故，固有之乎"韋昭謂："故，事也。固猶嘗也。"石光瑛謂："何故，猶何爲也，問辭。韋訓爲事，非。"也揭出韋昭誤以虛詞釋實義的問題。

⑤韋昭不明制度

《周語上》"司寇行戮，君爲之不舉"韋昭謂："不舉樂也。"石光瑛認爲"不舉"當謂"去盛饌"，舉鄭衆、鄭玄、杜預注釋作爲參照，又列舉八條證據，證明徹樂和不舉爲二事。同時又論證韋昭釋爲"不舉樂"也並非空穴來風，舉《漢書·五行志》引左氏説謂："不舉，去樂也。"《韓非子·五蠹》謂："司寇行戮，君爲之不舉樂。"以之爲韋昭釋義所本。又謂："先秦舊義本有此，但不可據以釋諸文耳。夫樂以侑食，膳減而樂徹，事本相因，言去盛饌則徹樂可知。故左氏於成五年、襄二十六年《傳》，並兼言之。《韓子》及《五行志》皆隨舉一端爲説，非不舉之全義（莊二十年《傳》疏云：'不舉者，貶膳食、徹聲樂也。'）而韋氏欲專據以解此傳，則甚疏矣。"

《周語中》"請隧焉"，韋昭謂隧爲六隧。石光瑛引述《周禮·秋官·司約》疏、《春官·冢人》疏以及賈誼《新書·審微篇》，謂賈逵等人之説是。韋注所創六隧之説"未詳所據"。

《周語中》"其餘以均分公侯伯子男"韋昭謂："其餘，甸服之外地也。均，平也。《周禮》：公之地方五百里，侯四百里，伯三百里，子二百里，男百里。"石光瑛謂韋注引《周禮》本《周禮·大司徒》文。但是《周禮》所言與《孟子》論周室班爵之制不合，而《周禮》晚出，故石光瑛謂當從《孟子》《王制》，不當從《周禮》。

⑥韋昭釋義不别微細，不明語境

如《周語上》"誣其王也"韋昭謂："誣，罔也。誣民，民亦將誣之。"石光瑛引《廣雅·釋詁》"誣，欺也"，謂"欺"有欺藐、欺罔兩個意思。石光瑛認爲此處之"誣"爲欺藐，而非欺罔。

《周語中》"且夫兄弟之怨不徵於他"韋昭謂："徵，召也。"石光瑛則謂此處"徵"有"證"義，"謂取證曲直于他人也（證驗字古衹作徵，證告也别一義）。韋訓爲召，雖亦本古義，然'不召于他'不成文理"。

《周語中》"王而蔑之，是不明賢也"韋昭謂："蔑，小也。"石光瑛認爲韋昭不以"蔑"之常用義"棄"訓之是對的，但訓"蔑"作"小"仍然不合語境，"蓋王以狄伐鄭，審己力不敵，是畏鄭也，而求助于外，其不小視鄭審矣"，石光瑛謂："蔑者蒙也，昧也。上文云'王而卑之，是不尊貴也'，下文'王而棄之，是不庸勳也'，'王而弱之，是不長老也'，'王而虐之，是不愛親也'，諸句法相同。卑與尊、棄與庸、弱與長、虐與愛，皆相對爲文。則此蔑字亦必與'明'義對。"通過上下對文進行了本證，又謂蔑、蒙、昧一聲之轉，找到語言學的依據，又引證古書中蔑、昧互用的例子，謂："明與昧蒙字義正相附，言鄭能守周之法典，而王不知，是不明賢也，韋訓爲小，則與明義無涉，且于上下文用字法不一律，失之遠矣。"又《周語中》"是蔑先王之官也"韋昭謂："蔑，欺也。"石光瑛謂："先王之官，即上文周之秩官。蔑，廢棄也。此非單子自謂，不當訓欺。（上文'不蔑民功'之蔑與此同義。明道本注云：'蔑，求也。'亦誤。當從別本作'棄'。）"

《周語中》"姦仁爲佻"韋昭謂："以姦僞行仁爲偷。"石光瑛謂此處"姦"當訓爲"盜"，"郤至無人禮勇而尸其名，故謂之盜。此姦字正釋佻字之義。又姦者亂也，相似亂真謂之姦。此兩訓乃此《傳》姦字之正詁。韋以姦僞釋之，非。下文並同。"

《周語下》"晉侯爽二"，韋昭謂"爽"當爲"喪"字之誤，石光瑛指出"爽"本有"亡"字之義，"不必改字"。

《魯語上》"故解有罪之地以分諸侯"韋昭謂："有罪，謂不禮文、觀駢脅也。"石光瑛則謂："曹恃楚而不事晉，晉故討之，所以爲罪也。不禮、觀脅，特私怨耳。"

⑦韋昭注雖本舊訓，語義猶隔

如《周語中》"必有忍也，若能有濟也"韋昭謂："若猶乃也。"石光瑛指出，韋昭注本《小爾雅》《方言》，是有依據的。《僞古文》"若能有濟"作"其乃有濟"，通過這一例證可知，"若"訓"其"。"能""乃"一聲之轉，古書多見通用。石光瑛進而對《僞古文》作爲證據的確鑿性提出傾向性意見，謂："古文雖僞，其以訓詁代正字，必本經師舊說，未可概斥爲誤也。"

《周語中》"以待不庭不虞之患"韋昭謂："庭，直也。不直，猶不道也。"石光瑛謂韋昭訓本《爾雅·釋詁》以及《詩·韓奕》毛傳。石光瑛同時指出，《詩·常武》"徐方既庭"之"庭"則訓爲"來王庭"。又引《左傳·隱公十年》"以王命討不庭"杜注爲輔證。謂："不庭，祇是不朝王庭，與'不享''不王''不祀'文法相同。左氏上言宋公不王，下云不庭，則不王即不庭也。不必曲爲之説。（毛公鼎有'率懷不廷方'之文，亦以不廷爲不朝，蓋古之常語)"

《周語中》"若登年以載其毒，必亡"韋昭謂："登年，所歷年也。載，行也。"石光瑛謂"登年"是"享大年"的意思。又謂韋昭"載"訓雖本故訓，然非本處當有之義，此處之"載"當訓作"成"。

⑧韋注不明連綿詞而誤識

《周語中》"夫戎狄冒没輕儳，貪而不讓"韋昭謂："冒，抵觸也。没，入也。"石光瑛謂"冒没猶貪也"，引《經義述聞·左傳》"何没没也"句爲説，謂韋注非是。

⑨韋昭增字爲訓

《周語中》"必先導焉，可以樹"韋昭謂："導者，導晉侯使升郤至以爲上卿，可以樹黨於晉也。"石光瑛謂："《傳》無以爲上卿之義，《解》增字釋之，殊覺牽强，有導引之義，先導猶先容，謂先通聲氣納交于郤至。則可以樹以爲己援也。"

⑩韋昭未通句讀

《周語中》"守和同順義爲上"韋昭謂："守和同，謂不相與戰而平和也。順義，順王義也。"石光瑛謂"守"字當單獨爲句，與上文"戰"字對，"和同順義"四字連讀，"謂和同而合乎義也，如注説，守和同三字連屬爲文，殊屬不詞"。

⑪韋昭受下文影響而誤解本文

《周語下》"偏喪有咎"韋昭謂："喪，亡也。步言視聽四者而亡其二爲偏喪。"石光瑛認爲偏謂闕其一，不當謂闕二。韋昭之所以釋爲"亡其二"，是受下文"晉侯爽二"的影響。

（2）韋昭注是，對韋注進行補充解釋

如《周語上》"親戚補察"韋昭引《傳》曰："自王以下，各有父兄子弟以察其過也。"石光瑛認爲："古無以異姓姻婭爲親戚者。凡親戚皆指同姓，父子兄弟通言之，近儒或以爲父子專稱，亦非。詳予所著《新序校注》中。韋氏尚知古義也。"這説明，石光瑛認爲韋昭對"親戚"的解釋是正確的，並且從社會史的角度論證"親戚"所指。石光瑛關於"親戚"之詳論，今見其《新序校釋·雜事》第五篇"内舉不回親戚”注。

另如《周語上》“其君齊明衷正”韋昭謂：“齊，一也。衷，中也。”
石光瑛引《禮記·中庸》疏、《荀子·修身》注釋“齊”與韋同爲證。
以《楚語》“齊肅衷正”，《周禮·春官·序官》注引作“中正”，《中
庸》有“齊莊中正”之句，證“衷”“中”古字相通。

《周語下》“聽聲越遠”韋昭謂：“越，迂也。”石光瑛謂“揚”
“越”“于”一聲之轉，“迂”“越”皆有“遠”義，“越”可訓“于”
而“迂”從于聲，故“越訓爲迂”。

（3）韋昭無注，爲之補釋

分兩種情況，一種韋昭僅釋句而不釋詞，石光瑛補釋其詞；另外一
種情況，韋昭連句子也沒有解釋，石光瑛補釋。

前一種情況如《周语上》“阜其財求”韋昭謂：“阜，大也。大其財
求，不鄣壅也。”石光瑛謂本句，韋昭不釋“求”字之義，因謂“求”即
“賕”字。並引古書中求、賕相通之例爲證。《魯語上》“晉不以固班”韋
昭謂：“班，次也。”未釋“固”字。石光瑛則謂“故”“固”二字通用。

後一種情況，如《周語下》“淫失其身”，韋昭無注。石光瑛謂
“失”即“佚”字。《周語下》“刑政放紛”韋昭無注，石光瑛謂：“紛、
放雙聲，字義亦相因。”是以“放紛”爲同義並列聯合結構。《魯語上》
“余恐易焉”韋昭無注。王引之釋“易”字爲延。石光瑛然王氏之説，
而補充之。又《魯語上》“無乃非相人乎”，韋昭無注。石光瑛引《儀
禮》鄭注“相人偶”爲依據，以相人爲儕類相持，故謂本句：“文子意
若謂，人之父兄食麤衣惡，而我美妾與馬，非人類平等之道耳。”

（4）商榷舊注

《魯語上》“抑刑戮也，其夭札也”韋昭謂：“不終曰夭，疫死曰札。
唐尚書曰：未名曰夭。失之矣。”石光瑛論唐固之失。又謂正文二“也”
字當讀“耶”。

（5）校勘

①從韋注和《國語》正文的對應關係角度校勘

如《周語上》“誣其王也”韋昭謂：“誣，罔也。誣民，民亦將誣

之。"石光瑛謂："《傳》言誣王，而韋以誣民釋之，意不可曉。疑上'民'字當作'王'。此句當繫在'誣王無民'句下，錯移于此。"是通過韋注和正文的對應關係，懷疑韋注中第一個"民"字當是"王"字之誤，進而認爲此處注文當置於"誣王無民"下。

②根據上下文進行校勘

如《周語上》"樹於有禮，艾人必豐"，石光瑛謂："上言樹，下言刈，義正相應。人，疑'入'字之譌，謂刈穫所入必豐也。"

另如《周語上》"二十一年，以諸侯朝王于衡雍，且獻楚捷，遂爲踐土之盟"韋昭注："文公以僖二十八年夏四月，敗楚于城濮。城濮衛也。"石光瑛謂："注'也'字當是'地'之譌。上文衡雍、踐土皆鄭地可證。"

③根據注文的前後邏輯進行校勘

如《周語中》"是三子也，吾又過於四之，無不及"韋昭謂："三子，荀、趙、欒也。得郤至四人，言己之材，優於彼四人也，三人之中，無有所不及也。"石光瑛謂本處《國語》及注文據金李本，"恐有譌字。既並郤至爲四人，何以郤至自言猶曰優於四人，注'優於四人'之'四'字，疑'三'之譌（古三、四字以積畫爲記，故易漏），但韋注亦非，'於'當讀'而'，言功過於三人，加己爲四，於三人無不及也。"

④校注文譌字

《周語下》"言爽，日反其信"韋昭謂："爽，貳也。"石光瑛謂注文"貳"字當爲"貣"字之譌。"貣""忒"字同。又"經緯不爽"韋昭釋"爽"爲"差"，差、忒同義。

⑤韋昭所記與《史記》記載不同

如《魯語上》"上甲微，能帥契者也，商人報焉"韋昭謂："上甲微，契後八世，湯之先也。"石光瑛謂《史記·殷本紀》敘世次，契至上甲微七世，少一世。

3. 石光瑛《國語》訓詁考據價值

以上是石光瑛《國語韋解補正》54 條考辨之大概。在考辨過程中，石光瑛運用文字學、音韻學、訓詁學、校勘學、禮學等相關理論，注重

《左傳》等相關典籍和《國語》内容以及語詞訓詁的相通性，此外還注意引述《左傳》《史記》等研究成果，對韋昭注進行了研討，有的還得出通例。雖然條目不多，但對研究《國語》具有一定學術價值。石光瑛《國語韋解補正》以黄刊明道本爲底本，又參王引之《經義述聞》、汪遠孫《國語發正》、俞樾《群經平議》等著作，則其《國語》研究當和前人不同，而與前人考辨結論同者則不必出。實際上，石光瑛的《國語》條目有些和前人重複，且無新意。如"玩則無震"之"震"訓作"威"條，王引之、汪遠孫都已先石光瑛詳細論證之；又"阜其財求"之"求"古字爲"賕"之説，汪遠孫亦先石光瑛詳論之。這也是讀者使用的時候需要注意的。

　　由於石光瑛對《國語》下過很大功夫，故其《新序校釋》亦多處徵引《國語》，不僅把《國語》及其研究成果作爲佐證材料，也對《國語》具體問題給予了研究。如《新序·雜事》第八則"無使失性"下即引《周語》"懋正其德而厚其性"、《晉語》"以厚民性"並韋昭注研討之。又同則"乏民之祀"下引《周語》"匱神之祀"並爲考辨，第十五則"是其曲彌高者"下引述公序本《周語》"瞽獻典"與明道本"瞽獻曲"，比較異同，以"曲"字爲是。凡此，皆可以看作對《國語》的研究。

（五）沈延國《國語》訓詁考據研究

　　沈建中編著《章太炎與湯國梨》書中有沈氏小傳云："沈延國（1914—1985 年），字子玄，浙江杭州人。幼承家學，並從師章太炎。曾任蘇州章氏國學講習會講師，兼《制言》雜誌編輯。參與籌辦上海太炎文學院，任教務長。後任私立光華大學中文系教授兼教務長。1949 年後，在上海、蘇州從事教育及古籍整理工作。主要著述有《鄧析子集注》《周易證釋》《逸周書集解》等。"① 張耘田編録《當代蘇州藝文志》

---

① 沈建中編著：《章太炎與湯國梨》，杭州：浙江大學出版社 2015 年版，第 54 頁。這段傳記同見於吳晨主編《章太炎與西湖》，杭州：杭州出版社 2013 年版，第 96 頁。

對沈氏著録較詳，謂："沈延國（1914—1985），籍貫浙江杭州。字子玄。平生致力古籍整理，得其父沈瓞民家傳，並師從章太炎，深得教益。畢業於江蘇省立蘇州中學，隨師蔣竹莊入光華大學專攻中國文學。大學畢業後，在蘇州章氏國學會任講師，兼任《制言》雜誌編輯，培訓國學人才。1930 年他配合湯國梨等，在上海籌建'太炎文學院'，任教務長，並主講中國文學課程，兼任誠明文商學院、南洋中學等國文教師。抗戰勝利後，返回母校光華大學擔任中國文學系教授兼教務長。1937 至 1948 年間，開設上海長江商行，實爲上海通向蘇北解放區輸送醫藥用品、紙張的一條地下運輸線。他擔任該行董事兼秘書。解放後，繼續從事教育事業，1972 年退休回蘇州富郎中巷故居。除致力整理古籍外，任滄浪區退休科技工作這協會理事，創辦並任東吳業餘科技進修學校副校長，開設古籍整理研究班 3 期。1985 年 10 月病逝家中。逝世前爲蘇州市、上海市、浙江省政協文史資料方面，編寫了很多搶救性的資料，在政協文史專輯中陸續發表著作甚多，有新編《呂氏春秋集解》、《鄧析子集證》、編校《章太炎全集》、《吳下集林》等。1949 年以前出版的書目已收入《蘇州民國藝文志》。"① 可見沈氏一生大概。沈延國《國語》研究成果主要體現在其《讀書雜録》中。

《讀書雜録》是沈延國發表在《制言》雜誌上的系列讀書札記，包括讀《荀子》《禮記》《淮南子》《禹貢匡謬》《周易孟氏學後語》等篇。其中《讀書雜録・國語》發表於《制言》半月刊第 15 期（1936），《讀書雜録・讀國語》發表於《制言》半月刊第 21 期（1936），前者對《魯語下》"無洵涕"條進行考辨，後者對《晉語八》"今夢熊入於寢門"之"熊"進行了考辨。今按《國語》次序録其二條札記如下：

1. 《魯語下》："吾惡其以好内聞也，二三婦之辱共先者祀，請無瘠色，無洵涕。"韋昭注曰："無聲涕出爲洵涕也。"

延國謹按：《舊音》引賈逵曰："洵，彈也。"洪頤煊《讀書叢

① 張耘田編：《蘇州當代藝文志》，揚州：廣陵書社 2009 年版，第 1083—1084 頁。

録》曰："洵，即'泫'字。《禮記·檀弓》：'孔子泫然出涕。'《一切經音義》十一：'眩，古文洵。'洵、眴二形。《文選·劇美新》'臣嘗有顛眴疾'李善注：'眴與眩古字通。''洵''泫'偏旁本通用。'"洪説似非。按：《孔子家語·子夏問篇》"洵涕"作"揮涕"。作"揮涕"於義較勝。蓋"揮""洵"篆文形似而譌。孫志祖《家語疏證》云："此襲《國語·魯語》。"《家語》襲録《魯語》作"揮涕"。是晉本尚不誤也。

2.《晉語八》：鄭簡公使公孫成子來聘，平公有疾，韓宣子贊授客館。客問君疾，對曰："寡君之疾久矣。上下神祇，無不徧諭也。而無除。今夢熊入於寢門，不知人殺乎（《説苑》作'人鬼'，徐元誥《國語集解》據《説苑》訂正）？抑厲鬼邪？（中略）昔者鯀違帝命，殛之於羽山，化爲黃熊，以入於羽淵。"韋昭注："夢，公夢也。熊似羆。"

延國謹按：《國語》作"黃熊"疑譌。江紹原《古國古代旅行之研究》（商務版六三頁）云："今本《國語》'黃熊'韋注：'熊似羆。'然古本似本文作'黃能'，注作'能似熊'。《左傳》舊本似亦作'能'，《論衡·無形篇》同。《國語》'熊'當作'能'頗是。《左傳》亦作'能'則不塙。考朱熹《楚辭注》云：'《左傳》言鯀化爲黃熊，《國語》作黃能，今本譌作黃熊者，乃淺人據《左》昭七年《傳》妄改。《論衡·無形篇》云：鯀殛羽山，化爲黃能。《山海經·中山經》郭璞注云：鯀化於羽淵爲黃能。《拾遺記》亦云：玄魚黃能。皆作黃能，是其例證。'"但江氏疑《左傳》"熊"亦作"能"，則不當。蓋《國語》作"能"而《左傳》當作"熊"。《述異記》云："黃能即黃熊也。陸居曰熊，水居曰能。"可證作"能"作"熊"，兩説並存。《左傳正義》引張叔皮論曰："鯀化爲熊。"又引傅玄《潛通賦》云："鯀變而成熊。"則《左傳》作"熊"可證也。是《國語》作"能"、《左傳》作"熊"，傳説不同已久，不當强合爲一也。

　　先看第一條。沈氏駁斥前人音近通假之非，從形近混譌的角度出發，認爲"洵"就是"揮"字，並進而認爲晉代的《國語》字本作"揮"。今檢"洵""揮"二字篆文分別作"洵""揮"，從二字篆文字形來看，"揮""洵"二字並不形似，除了"旬"字構件"勹"和"軍"字構件"冖"比較相似，二字的其他構件並不相似，誤互的幾率應該比較小。沈氏還從他書異文的角度，發現"洵涕"和"揮涕"可能混用了，即《孔子家語·子夏問篇》之"請無瘠色，無揮涕"。檢王肅注云："揮涕，不哭流涕，以手揮之。"可能正因爲《家語》的這段話，故《集韻·諄韻》云："洵，揮涕也。"但是"洵"字本身恐無"揮"的義蘊。《説文·水部》："洵，過水中也。"《爾雅·釋言》："洵，均也。"《爾雅·釋水》："水自河出爲灉。過爲洵。"《説文·水部》："泫，湝流也。"韋昭從本字爲釋，洪頤煊、段玉裁、俞正燮、朱駿聲等都認爲"洵"通作"泫"。今按《説文·勹部》："旬，徧也。是日爲旬。""洵"字從"旬"得聲，故《爾雅·釋言》："洵，均也。""洵涕"其實就是淚流滿面的意思。故"洵"字本字可通，不煩假借作"泫"。"揮"有抹掉、甩掉之義，和"洵""泫"不同，故《家語》"揮涕"是在《魯語》"洵涕"基礎上的演繹，而非"洵"是"揮"字之誤。沈氏此條不可取。

　　從沈氏對第二條正文的勘校來看，他是參考了徐元誥《國語集解》的，並指出了徐元誥《國語集解》改易本文的依據。該條主要辨析《國語》"黃熊"之"熊"爲"能"字之誤，並進而指出《左傳》"熊"、《國語》"能"各守本書，不必是非彼此。其實《國語》本書由於版本系統的不同，也存在"熊""能"的差別。宋庠《國語補音》卷三云："黃能，乃來反，或作'熊'。熊非入水之獸。能，三足鼈也。按《説文》《字林》皆云：'熊屬也，足似鹿。'今作'能'爲勝。謹按：《舊音》此説殆是。全取陸公《釋文》之意，但不盡耳。今再出之云：能，如字，一音奴來反，亦作'熊'音，雄獸名。能，三足鼈也。解者云：獸非入水之物，故是鼈也。一曰：既爲神，何妨是獸？按《説文》《字林》皆云'能，熊屬，足似鹿'，然則能既熊屬，又爲鼈類。今本作'能'者勝也。東海人祭禹廟不用熊白及鼈爲膳，斯寧鯀化爲二物乎？

庠又按：‘能’字本獸名，堅中而彊力，故人謂賢才者皆爲‘能’，用此義，乃知‘能’之如字，益通矣。”① 可見宋庠認爲《國語》字當作“能”。《楚辭·天問》“化爲黄熊”蔣驥注引《述異記》曰：“熊，神獸入水，陸居曰熊，水居曰能，蓋一物也。”② 清洪頤煊《讀書叢録》卷五云：“七年《傳》‘今夢黄熊入于寝門’《正義》：諸本皆作‘熊’字。梁主云：鯀之所化，是能鼈也。若是熊獸，何以能入羽淵？頤煊案：《釋文》唐石經皆作‘能’字，《爾雅·釋魚》：‘鼈三足，能。’《説文》：‘能，熊屬，足似鹿。’‘能’是本字，故或釋爲‘鼈’，或釋爲‘熊’。諸本徑改作‘熊’字，非是。”③ 清李貽德《春秋左氏傳賈服注輯述》卷一五云：“《正義》曰：諸本皆作‘熊’字，然則《釋文》云今本作‘能’者，知古本皆作‘熊’矣。其作‘能’者，流俗本也。”④ 可見認識也還是有分歧的。雖然沈氏未能知《國語》系統不同而有“能”“熊”之異，但是他的這一條見解通達，再以宋庠之説證之，則《國語》作“能”字可謂信論。今檢江紹原本書所論在頁六一，而非“六三”，沈氏誤識。

沈延國《國語》考辨條目雖僅 2 條，但其舊學功底深厚，意見通達，不僅對具體考辨《魯語》《晉語》二條有助益，對《左傳》《國語》二書相同内容的對待方式也同樣有助益。他認爲《左傳》《國語》“不當强合爲一”的觀點，可看作鄭知同之同調，尤其應該引起注意。

（六）許維遹《國語》訓詁考據研究

許維遹，號駿齋，山東榮成人，今檢其傳記有不同之處。中共榮成

---

① （宋）宋庠：《國語補音》卷三，國家圖書館出版社 2006 年輯印《中華再造善本工程》影宋刻宋元遞修本，本卷第 6 頁。

② （清）蔣驥：《山帶閣註楚辭》，上海：上海古籍出版社 1984 年點校本，第 88 頁。

③ （清）洪頤煊：《讀書叢録》，上海：上海古籍出版社輯印《續修四庫全書》第 1157 册，第 602 頁下。

④ （清）李貽德：《春秋左氏傳賈服注輯述》，上海：上海古籍出版社輯印《續修四庫全書》第 125 册，第 562 頁上。

縣委宣傳部編《富饒美麗的榮成》一書中有《經史訓詁學者許維遹》一篇①，和浦江清《無涯集》《許維遹先生辭世前後》所載頗有出入。② 這兩段材料對許維遹的生卒記載不同。浦江清《無涯集》是以日記形式記錄的，對於許維遹卒年記述當更可信，王啟才、李樹俠《許維遹〈呂氏春秋集釋〉貢獻發微》③ 記述許維遹生卒與浦江清説同。這兩段材料可以幫助增進對許維遹的學術路數及其一生大略之認識。今檢得許維遹歷年發表論作有《呂氏春秋集釋自敘》（《國學叢編》1931 年第 1 卷第 3 期，1—2 頁）、《棲霞牟默人先生著述考》（《國學叢編》1933 年第 2 卷第 2 期，1—10 頁）、《棲霞牟默人先生著述考》（《清華學報》1934 年第 9 卷第 2 期，411—476 頁）、《郝蘭皋夫婦年譜（附著述考）》（《清華學報》1935 年第 10 卷第 1 期，185—233 頁）、《國語選注》（《國文月刊》1940 年第 1 卷第 4 期，14—19 頁）、《國語選注（續）》（《國文月刊》1941 年第 1 卷第 7 期，31—34 頁）、《尚書義證·酒誥篇》（《國文月刊》1945 年第 35 期，24—31 頁）、《尚書義證·微子篇》（《國文月刊》1945 年第 36 期，17—20 頁）、《尚書義證·金縢篇》（《國文月刊》1945 年第 37 期，24—27 頁）、《釋釁》（《國學季刊》1946 年第 6 卷第 4 期，121—136 頁）、《饗禮考》（《清華學報》1947 年第 14 卷第 1 期，119—154 頁）④。

《國語選注》釋《周語上》"穆王將征犬戎""共王遊於涇上""厲王虐，國人謗王"以及"厲王説榮夷公"四章。《國語選注（續）》唯釋《周語下》"靈王二十二年，穀洛鬥"一章。其注釋之法，先錄出正文，凡注釋之處統一標號，正文之後依次出注釋條目。"穆王將征犬戎"

---

① 中共榮成縣委宣傳部編：《富饒美麗的榮成》，山東省出版總社煙臺分社 1986 年版，第 81—82 頁。
② 浦江清：《許維遹先生辭世前後》，見載於浦江清著，浦漢明、彭書麟編選《無涯集》，天津：百花文藝出版社 2005 年版，第 168—174 頁。
③ 王啟才、李樹俠：《許維遹〈呂氏春秋集釋〉貢獻發微》，《阜陽師範學院學報》2015 年第 2 期。
④ 浦江清《許維遹先生辭世前後》記載許氏"有《尚書義證》（近十篇）發表於《國文月刊》，有《饗禮考》《説釁》二文，發表於《清華學報》"，或有誤記。

章出注 31 條，“共王遊於涇上”章出注 9 條，“厲王虐，國人謗王”章出注 26 條，“厲王説榮夷公”章出注 13 條，“靈王二十二年”章出注 83 條。

其絕大多數條目引録韋昭注原文，也有一些條目引録王念孫、汪遠孫、陳奂等人之説。檢其五章 162 條注文中，引録韋昭注文 82 處、顧炎武《日知録》1 處、汪遠孫説 8 處、王念孫説 7 處、馬瑞辰説 1 處、陳奂説 1 處、王引之説 5 處、董增齡説 1 處，又引述汪中《述學補遺》1 處，引録桂馥《札樸》1 處，引録吳曾祺説 1 處。由於許氏對《吕氏春秋》相當熟悉，故注文中亦引高誘注以爲佐證，五章共引高誘注 5 處，其他則雜引經史文獻以爲佐證。凡許氏自出條目，以“案”字出之，五章中加“案”字注文共 64 條。大體包括：

（1）引他書以證《國語》本文語詞之義。如：

《詩·大雅·文王篇》：“不顯亦世。”《執金吾武碑》《中常侍樊安碑》並云：“亦世載德。”“亦世”即“弈世”，意猶世世也。

［按］這一條，以《詩經》、漢碑“亦世”，來證《國語》“弈世”。客觀上也言明了“亦”“弈”音同義通之理。

（2）引他書以輔證《國語》本文所言典制。如：

《史記·夏本紀》云：“天子之國，以外五百里甸服。”《尚書·禹貢篇》僞孔傳云：“爲天子服治田，去王城面五百里内。”

［按］這一條，通過引證《史記·夏本紀》、《尚書》孔傳，來進一步解釋《國語》所記“邦内甸服”。

（3）引他書異文證名稱雖異，只是角度不同。如：

賓服，《禹貢》、《夏本紀》作“綏服”。《夏本紀》云：“侯服外五百里綏服。”僞孔傳云：“綏，安也。服王者政教。”孔疏云：“綏者，據諸侯安王爲名；賓者，據王敬諸侯爲名。”

[按] 這一條解釋了 "綏服" "賓服" 名異實同，並且引述孔疏進一步補充解釋了命義的區別。

（4）直陳語義。如：

辟，法也。

[按] 這一條解釋 "於是乎有刑罰之辟" 句中 "辟" 字的意思。

終，卒也。猶言 "最後"。

[按] 這一條解釋 "小丑備物，終必亡" 句中之 "終" 字之義。

（5）揭明二字相通。如：

"邵" 與 "召" 通。《呂氏春秋·達鬱篇》作 "召"，高誘注："召公，周大夫召公奭也。"

[按] 由於許氏集釋《呂氏春秋》，故引《呂氏春秋》異文爲釋。一方面説明許氏對於《呂氏春秋》的熟稔，另一方面也説明許氏對《國語》版本系統的陌生。其實，這裏的 "邵" 字，《國語》公序本多作 "召"。當然，從這一條也可見出，許氏所據或即黃刊明道本之覆刻本。又如：

盡與進同。《列子》書多以 "進" 爲 "盡"，是其例。

[按] 這一條説明 "盡" "進" 音同可通，並以他書用例來進行佐證。又如：

《史記·周本紀》"或" 作 "有"，"或" "有" 古通用。

［按］這一條用《史記》異文，來證明"或""有"二字古通。

（6）注釋職官。如：

瞽史，史官名也，瞽非盲者。汪中《述學補遺·瞽瞍説》已言及矣。其職見於本書者，《周語下》云："單襄公曰：'吾非瞽史，焉知天道？'"《晉語四》云："瞽史之紀曰：'唐叔之世，諸如商數。'"又云："瞽史記曰：嗣續其祖，如穀之滋，必有晉國。"《楚語上》云："臨事有瞽史之導。"

［按］這一條實際上不同意韋昭所釋，從職官的角度重新對"瞽史"之"瞽"提出新説，並徵引《國語》本文用例作爲輔證。

（7）揭明韋注所本。如：

韋昭注：頌，《周頌·思文》也。經緯天地曰文。克，能也。蒸，衆也。莫，無也。匪，不也。爾，汝也。極，中也。言周公思有文德者后稷，其功乃能配於天，謂堯時洪水，稷播百穀，立我衆民之道，無不於汝時得其中者，功至大也。案：韋注本鄭箋，惟鄭箋云："立，當作'粒'。"案：立，古粒字。《禮記·王制篇》："有不粒食者矣。"不粒食猶不穀食也，立我蒸民猶穀食我衆民。韋讀"立"如字，與鄭異。

［按］這一條既揭明韋注所本，又指出韋注與鄭箋不同之處。

（8）佐證韋注。如：

韋昭注：《大雅·文王》之二章也。陳，布也。錫，賜也。言文王布賜施利以載成周道也。馬瑞辰云："陳錫，即申賜之假借。《漢書·韋玄成傳》'陳錫無疆'與《商頌》'列祖申疆'正同。"案：韋注"陳布"與"申"同義。"錫""賜"古爲一字，古彝器銘"賜"均作"錫"，是其例。《毛詩》"載"作"哉"，毛傳：

"哉，載也。" 鄭箋："哉，始。乃由能敷恩惠之施，以受命造始周國。" 韋與鄭異。

[按] 這一條引録馬瑞辰之説來佐證韋昭注釋的正確性，並且從同字的角度進一步輔證。

(9) 揭明同義。如：

韋昭注：既，已也，卿之有事者。案：既、已與"卒"同義。《史記·周本紀》作"卒以榮公爲卿士用事"，即韋注所本。《説文》："士，事也。" 古彝器銘"卿士"多作"卿事"，意更賅矣。

[按] 這一條揭明"既""已""卒"三字同義。既揭明韋注的注釋體例，又揭明韋注所本。

(10) 引小學要籍之言作注。如：

《爾雅·釋言》："懟，怨也。"

[按] 這條解釋"險而不懟"之"懟"。韋注無釋，許氏引《爾雅》之言解之。

(11) 釋虚詞。如：

而，猶"與"也。

[按] 此釋"而無饑寒乏匱之患"之"而"字，謂爲連詞。

之，猶"是"也。

許維遹《國語選注》選注《國語》五章内容大體包括如上。所用方法仍是傳統的訓詁方法，涉及語詞訓詁、異文勘校、制度研討等多個方面，對《國語》具體問題的研究具有一定的助力作用。

（七）楊樹達《國語》訓詁考據研究

楊樹達（1885—1956）在《國語》方面有一書一文，書爲《國語集解》，文爲《讀〈國語〉小識》。此外，其《中國修辭學》《漢書窺管》中也有一定條目涉及《國語》問題之研討。

楊樹達《國語集解》有手稿傳世，雷夢水《古書經眼録》云："《國語集解》二十一卷，長沙楊樹達撰，底稿本。以紅墨格寫，書口下刊有'長沙楊氏積微居鈔藏'，原無序跋，亦無封面。"① 楊伯峻（1909—1992）謂："中國書店曾派人至長沙收購書籍稿本，曾來嬸母處收購。依中國書店所開具的購得叔父遺稿目録，不但科學院所退還給嬸母的遺稿都在其中，且有叔父的日記、筆記及其他遺稿若干種，其數量超出於交於科學出版社者幾一倍（僅據其目録而言）。《國語集解》與《國策集解》都在其中。（《中國文字學形義篇》亦在其中，但不知流落何所。因書店售出，未曾登記。）中國書店收得後，俱以賤價售出。除《國語集解》係由民族學院圖書館以四十元（或八十元）收得外，其餘買主尚待調查。（其中叔父自叙等文、手批《漢書》等書，係由科學院圖書館收得。）"② 可知此稿幾經輾轉，最終入藏今之中央民族大學圖書館。從中央民族大學圖書館的門户網站上可知，楊樹達《國語集解》稿本 7 册，每頁 20 行，行 23 字，白口，單魚尾，紅格四週雙邊，版框高 23.8 厘米、寬 17.5 厘米。根據楊伯峻的目驗，"叔叔遺著散在外者我所見尚有《國語集解》藏民族學院圖書館，僅集鈔前人成説（由鈔手所抄），叔叔僅校閲一紙，未作定稿，故不能出版，亦無從整理。我已複製一份，交人參考"。③ 從楊伯峻的表述來看，楊樹達《國語集解》是請人抄就，僅

---

① 雷夢水：《古書經眼録》，濟南：齊魯書社 1984 年版，第 45 頁。
② 楊伯峻致楊德豫信函，轉引自楊逢彬《楊樹達先生的遺稿》，《東方早報》2014 年 8 月 17 日 "筆記" 版。
③ 楊伯峻致楊德豫信函，轉引自楊逢彬《楊樹達先生的遺稿》，《東方早報》2014 年 8 月 17 口 "筆記" 版。

輯纂前人舊説，今檢楊樹達《國語集解》謄抄本匯集了清代學者王懋竑、王引之、黄丕烈、汪遠孫、俞樾等人的《國語》研究成果，又補入李賡芸、葉大莊的部分研究。謄抄本上的緑筆校補，對墨筆謄抄多有校勘，又增入黄丕烈、汪遠孫等人的校勘成果，復按以己意，增入“樹達按”條目。“樹達按”大致分爲刊正文字、辨明文字關係、平議前人研究、補充解釋、辨正史實、揭明文字古韻歸屬等内容。從收録範圍上看，楊樹達《國語集解》僅撮録清代諸家之説，却漏掉黄模、董增齡、于鬯、吳曾祺諸人，未稱完備。無論墨筆謄抄還是緑筆校改，都存在體例不一致的情況。在徵引材料中，還存在把昔人考校中的引述材料改爲直接引用形式的情形。整體而言，楊樹達對所匯録諸家行文的改訂具有參考意義，其個人考校部分具有較高學術價值，但整部書的文獻價值不高，整理意義不大。當然，作爲一部資料彙編，當具一定資料價值。稿本之外，尚有楊伯峻傳録本，又聞清華大學尚有鉛印本。

楊樹達《讀〈國語〉小識》一篇“寫於一九四五年六月二十日，原稿僅僅一頁，大概是一時隨手所記”[1]，見載於北京中華書局1962年出版的《積微居讀書記》。其《積微居讀書記》一書爲讀群書之札記，經楊伯峻整理，由北京中華書局出版，此後又輯入《楊樹達文集》，由上海古籍出版社出版。所讀之書包括《尚書》《左傳》《國語》《後漢書》《莊子》《商君書》《晏子春秋》《吕氏春秋》和《説文》等，其中《國語》最短，共8條，駁正韋注、校勘文字、探究語義、商討音讀、揭明通假，大致採用文字訓詁音韻之法，既有頗中肯綮之論，亦有可商之處，這恐怕和非精心撰作、“一時隨手所記”有關。拙著《近百年來〈國語〉校詁研究》對《讀〈國語〉小識》全篇逐條進行了辨析，認爲其文：“多用聲韻之理，復旁及經史，左右勾稽，其方法規範已足資楷模。”[2]讀者可參。

楊樹達《中國修辭學》初版於1933年，後改名《漢文文言修辭

---

① 楊伯峻：《校後記》，見載於《積微居讀書記》，上海：上海古籍出版社2006年版，第308頁。

② 拙著《近百年來〈國語〉校詁研究》，南京：鳳凰出版社2016年版，第152—159頁。

學》，由北京科學出版社出版。其中有分析《國語》諸例。如分析《楚語下》"天子禘郊之事，王后必自舂其粢盛；諸侯祖廟之事，夫人必自舂其盛"云："上言粢，下言盛，互其文也。"①

又《周語上》："襄王使邵公過及内史過賜晉惠公命，晉侯執玉卑，拜不稽首。内史過歸，以告王曰：'晉不亡，其君必無後。'"楊樹達分析云："邵公及内史二人同名爲'過'，故下文必稱'内史過'以別之。《左傳·僖公十一年》亦記此事，其文云：'天子使召武公内史過賜晉侯命，受玉惰。過歸，告王曰："晉侯其後乎?"'此於上文既稱召武公，不著其名，不虞相混，故徑云'過歸告王'矣。又按：《左傳》《國語》文字別白清晰如此，而《史記·晉世家》記此事，尚誤以爲召公過讓之，要以二人同名過，致相混耳。"②

又《國語·晉語一》："武公伐翼，殺哀侯。止欒共子，曰：'苟無死，吾以子見天子，令子爲上卿，制晉國之政。'辭曰：'成聞之：民生於三，事之如一。父生之，師教之，君食之。非父不生，非食不長，非教不知，生之族也，故壹事之。唯其所在，則致死焉。報生以死，報賜以力，人之道也。臣敢以私利廢人之道，君何以訓矣？且君知成之從也，未知其待於曲沃也。從君而貳，君焉用之?'遂鬬而死。"楊樹達云："韋昭注釋'且君知成之從也'二句云：'君，武公也。言君知成將死其君，爲從臣道也，故連止臣；未知成不死而待君於曲沃之爲貳也。'糾結不可通。蓋此文'君'字不全指武公。'君何以訓矣'之君，謂武公也；'君知成之從'之君，謂哀侯也；'君焉用之'之君，又謂武公。韋注不知，故誤釋耳。"③

以上諸條，雖非專門研究《國語》，但對於理解《國語》用語、用字仍具有相當的參考價值。

---

①　楊樹達編著：《漢文文言修辭學》，北京：科學出版社 1954 年版，第 48 頁。
②　楊樹達編著：《漢文文言修辭學》，北京：科學出版社 1954 年版，第 83 頁。
③　楊樹達編著：《漢文文言修辭學》，北京：科學出版社 1954 年版，第 93—94 頁。

(八) 金其源《國語》訓詁考據研究

金其源（1881—1961）《讀書管見》，上海商務印書館 1948 年初版 1 冊，1957 年出版《讀書管見》上下冊。此外，坊間還流傳有油印本《讀書管見續編》（1959 年）、《讀書管見再續編》（1960 年），《續編》兩種，一種爲墨色油印，《續編》另一種和《再續編》爲藍印本，其中《續編》藍印本有一九五九年乙亥春分姚景瀛（1867—1961）九十三歲序，《續編》墨印本有壬辰夏日陳祖壬序和己丑夏日金其源自序，《再續編》前有王蘧常、陳奇猷、王珮諍三序和金其源自序。檢《續編》《再續編》中條目爲商務本所無，將來整理者還需要輯其油印本，以成全帙。今檢視《讀書管見》全書，其體例與《讀書雜志》《群經平議》等類似，商務 1948 年本所讀之書 36 部，1957 年本所讀之書共 38 部典籍，比 1948 年本增多兩部，移次一部。另外，涉及各典籍的考辨條目多少不一，兩個版次所讀同一部書的考辨條目多少也不一致。其中 1948 年本考辨《國語》條目爲 "以待不庭不虞之患""公父文伯之母季康子之從祖母也""政不旅舊""驪姬請使申生爲曲沃以速縣""立其薄者可以得重賂""利方以求入吾不能""吾誰使先若夫二公子而立之""既里丕死禍公隕于韓""公懼乘駟自下脫會秦伯于王城""可以戾也""商之饗國三十一王""乃出陽人""此諸臣之委室而徙退者將與幾人""使臣狃中軍之司馬""魯人食言""少懦于諸侯""啟有五觀""使不規東夏""夫子不居矣""於是乎作懿戒以自儆也""盜賊司目民無所放""皆曲相御莫適相非上下相偷"，共 22 條。至 1957 年本讀《國語》增至 25 條，次序也有所變動，依次爲所增條目爲 "晉侯爽二""以待不庭不虞之患""公父文伯之母兩句""政不旅舊""驪姬請使申生爲曲沃以速縣""國君好艾""利方以求入吾不能""夫二國士之所圖兩句""立其薄者可以得重賂""吾誰使先若夫二公子而立之""既里丕死禍公隕于韓""可以戾也""商之饗國三十一王""公懼乘駟自下脫會秦伯于王城""乃出陽人""此諸臣之委室而徙退者兩句""使臣狃中軍之司馬""魯人食言""少懦于諸侯""啟有五觀""使不規東夏""夫子不居矣""於是乎作懿

戒以自儆也”“盜賊司目兩句”“皆曲相御三句”，包括《周語》2 條，
《魯語》《齊語》各 1 條，《晉語》15 條，《楚語》5 條，《越語》1 條。
大體可以分爲：釋詞義、釋句義、釋稱謂、釋歷史、釋人物，其中以釋
詞義最多，21 條，其他每種 1 條。所用方法無非音義相通、他書引例、
上下文語境等。拙著《近百年來〈國語〉校詁研究》對金其源的 25 條
進行了逐條辨析，讀者可參①。

（九）民國時期其他學者的《國語》訓詁考據研究

　　民國時期一些研究者對《國語》具體名物進行辨析考訂。這類研究
和傳統訓詁的方法不同，注入了歷史學、神話學、社會學、古文字學等
方法。如江紹原《古代中國之旅行的研究》中對於“方相”“黃能
（熊）”的研究，林乾佑對《國語》五帝的研究，聞一多對“人殺”的
研究，等等。此外，還包括陳小松對伶州鳩論律的研究等。

　　1. 林乾佑《國語中之五帝——黃帝顓頊帝嚳堯舜一及禹》

　　林乾佑《國語中之五帝——黃帝顓頊帝嚳堯舜一及禹》發表於《國
立中山大學語言歷史研究所周刊》1928 年第 2 卷第 16 期。該文根據
《周語》《魯語》《晉語》和《楚語》中五帝的記載，做成一個系統如下：

$$
\text{有少} \left\{ \begin{array}{l} \text{黃帝—顓頊—帝嚳—堯—舜—禹} \\ \\ \text{炎帝} \end{array} \right.
$$

有少
蟜
氏典

　　林乾佑認爲“這個系統和《史記》的系統差不多”。另外，作者在
該文之中提出兩個疑問。其一，對各書所載共工氏和《魯語上》“共工
氏之伯九有也”的“共工氏”是否是一人產生疑問。其二，認爲《晉語
四》“黃帝之子二十五人，其同姓者二人而已”和“黃帝之子二十五宗，
其得姓者十四人”兩段記載是矛盾的，認爲：“第一，‘黃帝之子二十五

---

　　① 詳見拙著《近百年來〈國語〉校詁研究》，南京：鳳凰出版社 2016 年版，第 159—183 頁。

人，其同姓者二人而已'，這一句話如果正確，那麼，'其得姓者十四
人，爲十二姓'便是錯誤，因爲應該有十三姓。第二，開頭明明寫著
'惟青陽與夷鼓皆爲己姓'，接著又寫'惟青陽與蒼林氏同于黃帝，故皆
爲姬姓'，那麼，青陽可爲己姓，同時又可爲姬姓了。難道二十五人中有
兩個青陽嗎?"作者於文末發出"從此也可以明白整理中國數千年前的
歷史，的確是一件很繁難的事體"的感慨。該文實際上並沒有解決任何問
題，只是作了梳理工作，並提出了質疑，對繼續深入研究具有一定啟發。

2. 民國時期《國語》名字解詁

春秋名字解詁是王引之《經義述聞》開闢的一個新領域，即通過訓
詁學的方法對先秦文獻中出現的名字進行訓釋。後來的學者如俞樾、黃
侃、楊樹達等屢有增補。至於周法高，輯纂成說，編纂成《周秦名字解
詁彙釋》《周秦名字解詁彙釋補編》二書，其中也輯有晚近以來學者劉
師培、黃侃、楊樹達、于省吾、田吳焌、朱起鳳、溫廷敬、楊樹達、石
光瑛、陳槃、黃彰健、龍宇純等的名字解詁考釋成果，所收有《國語》
《左傳》二書中的名字解詁。另外，周書所未及之民國時期學者名字解
詁篇什，尚有梅寶琳《春秋名字解詁補》（刊於《文史雜誌》1913 年第
4 期，頁 11—18）、劉盼遂《春秋名字解詁補正》（《實學》1926 年第 1
期，頁 7—14；第 3 期，頁 17—22）二家之說。劉盼遂的文章只是對王
引之《春秋名字解詁》的補正，並無《國語》的相關條目。梅寶琳涉及
《國語》名字二條，分別爲"士蒍"和"伯鯈"，可參。

3. 江紹原《國語》名物研究

江紹原（1898—1983）爲民俗學家，所著《中國古代旅行之研究》，
商務印書館 1935 年出版。其中"黃熊"考訂已見上文。除了"黃熊"
之外，江氏還在該書中考證多端，如下。

（1）罔象

罔象之探討見於《中國古代旅行之研究》第 43—51 頁。江氏認爲
"'罔兩''罔象'是山川木石等等精怪的共同名"①，進而推斷出"《魯

<hr>

① 江紹原：《中國古代旅行之研究》，上海：商務印書館 1935 年版，第 50 頁。

語》所謂‘夔蝄蜽’‘龍罔象’都是混合名，猶如‘城隍菩薩’‘土地菩薩’‘關公菩薩’是混合名、‘耶穌基督’‘佛陀毘濕紐’是混合名”①，其推斷對於理解《魯語下》季桓子問於孔子章具有啟示意義。

（2）百物

江紹原認爲：“周秦古籍中所謂‘百物’往往不是百件物事而是百精或百物之精的意思。”② 進而認爲《國語·楚語》“明王聖人能制議百物以輔相國家”、《鄭語》“伯翳能議百物”之“百物”當“不只是草木鳥獸而是神物”③。

（3）墳羊

江紹原《中國古代旅行之研究》附錄第三部分有“關於‘罔兩’‘罔象’和‘墳羊’‘商羊’”專論，除了對“罔兩”“罔象”進行進一步探討外，還推斷“墳羊”和“罔兩”“罔象”同。④

（4）鬼中、殤宮

《中國古代旅行之研究》附錄第六部分“《楚語》‘鬼中’‘殤宮’何也”引證《國語·楚語》原文之後，又引述了韋昭、王念孫、吳曾祺、王國維等人之説，從王國維説釋“鬼中”爲鬼簿。進一步推斷“殤宮”和“鬼中”相同，即役鬼專書。同時將“執”解釋爲“命令在他左右的祝宗等官，爲他驅遣衆神”⑤。

江紹原非專門研究《國語》者，但從民俗學的角度對《國語》的幾個名物提出了大膽的假設性考證，對理解《國語》名物以及所在篇章具有一定的積極意義。

4. 聞一多對《國語》的考校

聞一多《璞堂雜業》爲其生前未刊之作，該編考校古籍三十二種。後經整理，輯入《聞一多全集》。該稿涉及《晉語八》《鄭語》各一條，

① 江紹原：《中國古代旅行之研究》，上海：商務印書館 1935 年版，第 51 頁。
② 江紹原：《中國古代旅行之研究》，上海：商務印書館 1935 年版，第 79 頁。
③ 江紹原：《中國古代旅行之研究》，上海：商務印書館 1935 年版，第 80 頁。
④ 江紹原：《中國古代旅行之研究》，上海：商務印書館 1935 年版，第 95—101 頁。
⑤ 江紹原：《中國古代旅行之研究》，上海：商務印書館 1935 年版，第 111—112 頁。

皆據徐元誥《國語集解》録文。如下:

> 不知人殺乎？抑厲鬼乎？（注：“人殺，主殺人。厲鬼，惡鬼。”
> 徐本“人殺”作“人鬼”，曰：“厲鬼亦主殺人，何必分而爲二？韋
> 蓋據誤本《國語》曲爲之説也。今從《説苑・辨物篇》訂正。”）
> 案：韋、徐二説俱誤。殺、祟古音近字通。《説文》引《尚書》
> “竄三苗”，《孟子》作“殺三苗”，是其比。此謂不知人爲祟乎？抑
> 厲鬼爲祟也？卜辭屢曰“有希”，即《説文》“殺”之古文“希”
> 字。（陳夢家説）孫詒讓、郭沫若俱讀爲祟，其説近確。然則“希
> （殺）”乃“祟”之本字，“祟”其後起形聲字也。（祟，從示出省。
> 出，假爲“殺”。）

> 王室將卑，戎狄必昌，不可偪也。（注：“偪，迫也。”）
> 案：《小爾雅・廣詁》：“逼，近也。”偪、逼通。不可偪，謂不
> 可親近。下文“非親則頑，不可入也”，又“其民沓貪而忍，不可
> 因也”，義俱相近。①

這兩條考校採取傳統札記體的方式。第一條通過對古書引文異文、
卜辭文字考釋研究成果的徵引，認定“殺”爲“祟”之本字。第二條，
則通過故訓、語境、語源，認定《鄭語》“偪”當通“逼”，從而訓作
“親近”。對《晉語八》“人殺”、《鄭語》“偪”字的確切理解是有啟發
意義的。

5. 陳小松《國語》伶州鳩論律研究

《國語》所載王將鑄無射而爲之大林與伶州鳩論樂之事，是中國古
代音樂史上的重要文獻。宋、明、清都有學者對其樂律進行研究，明清
學者都對該篇的重要史料價值進行了揭示。民國時期，《國語》研究整
體不如清代，故而對伶州鳩論樂的研究比較稀少。陳小松是民國時期的

---

① 孔黨伯、袁謇正主編：《聞一多全集（10）》，武漢：湖北人民出版社1994年版，第443頁。

唯一一位對“王將鑄無射而爲之大林”全篇進行綜合研究的學者。關於該作者的資料比較少見，1954 年 12 月 7 日，郭沫若曾致函陳夢家，咨詢陳小松其人①。今檢晚清民國期刊中署名作者爲陳小松的文章有《釋文古銘辭蔑曆爲敘動之專用辭》（《中和月刊》1942 年第 3 卷第 12 期，第 25—33 頁）、《〈國語〉“王將鑄無射而爲之大林”考》（《新中華》1948 年復刊第 6 卷第 20 期，第 38—43 頁）、《釋呂市》（《考古學報》1957 年第 3 期）等，另有多篇青銅器考證文章發表於上海《中央日報·文物周刊》。其發表在《考古學報》上的論文所署單位爲同濟大學。可見，陳小松主要研究金文。《〈國語〉“王將鑄無射而爲之大林”考》則是結合青銅器等材料專門研究《國語》樂律的論文。

《〈國語〉“王將鑄無射而爲之大林”考》一文一共 6 頁，首先引錄“王將鑄無射而爲之大林”全篇，之後是論文部分。論文共分前言、周景王所鑄鐘實名無射、無射宮鐘法定之均及其鐘數、無射宮鐘何以有大林、“王將鑄無射而爲之大林”章及《左傳》“天王將鑄無射”章難曉語句之通釋、結論六個部分。

陳小松謂：“《國語》‘王將鑄無射而爲之大林’一章，多爲樂律之言。韋注簡略，詞旨含混，至不易曉。《左傳·昭二十一年》‘天王將鑄無射’一章同紀一事，所紀簡於《國語》，尤爲難明。少時讀此二章，茫然不知所謂。第讀之而已，未遑深思也。”這是陳小松對《國語》“王將鑄無射而爲之大林”章的整體看法。陳小松治金文，梳理總結了阮元、孫詒讓、郭沫若、唐蘭、楊樹達等人的説法，謂：“是皆不主孫説而主阮説者。尋究阮説，但謂大林爲逾常之鐘，乖於律度，其爲獨一之鐘名乎？抑爲全堵之鐘名乎？‘王將鑄無射而爲之大林’一語之意義何若乎？皆所未言。郭、唐、楊三君於斯諸點亦並忽略。余心疑《國語》明言鑄無射，何以復爲之大林？此其間不能無故。阮既未詳究，遽下斷語，已嫌失之過早，郭、唐、楊三君奈何蹈其覆轍。而苟不究明其義，亦無

① 子儀編撰：《陳夢家年譜（下）》，陳思和、王德威主編《史料與闡釋》（總第五期），上海：復旦大學出版社 2018 年版，第 322 頁。郭沫若謂陳夢家云：“陳小松是誰？你知之否？”

以證阮説之必非。"職是之故，陳小松根據金文材料、前人撰述，最後結論云："大林乃施於無射均中特殊一鐘之稱，無射雖因有之而聲致不龢，然大體則仍中無射之律，全堵鐘名即不得因有之而不名無射，故景王所鑄，由周迄隋，均名無射也。"並論定周景王所鑄之鐘實名無射。論文第五部分對《國語》及韋昭注解中難以理解的語句進行了解釋，連韋注以及韋注所引在內共有9條，此9條拙撰《〈國語〉匯校集解輯評(〈周語〉卷)》皆予以引録。陳氏論文第五部分最後還引録《左傳·昭公二十一年》文，對《左傳》和《國語》所載進行了比較，並且對相關內容進行了對應性解釋，謂："《左傳》所載，不及《國語》詳盡，而言鐘之聲大則一，《傳》言'鍾楒'，又言'楒則不容，心是以感，感實生疾'，依注疏所釋，楒爲鐘聲橫大，橫大則爲心所不容，故不入心。然鐘聲何以橫大？橫大何以不容？心何以感？感何以生疾？凡斯種種，均難索解者也。今既推知《國語》無射因有大林而鐘生洪大之故，則此種種，乃可知矣。蓋無射鐘聲，法本應細，因有林鍾正聲應鐘而加洪，故謂之楒。楒者，橫大；橫大者，不合於理之大也，'楒則不容'即《國語》'細抑大陵，不容於耳'之意，'心是以感'即《國語》'聽樂而震'之意，蓋無射因有大林而鐘聲橫大，橫大而清濁不分，鐘聲不龢，聞不龢之樂而心感動不寧，不寧斯生疾矣。"該文在《國語》伶州鳩論律一篇的研究中具有舉足輕重的地位，值得引起重視。

　　民國時期的《國語》訓詁考據研究承清代《國語》訓詁考據研究之餘緒，絕大多數在研究方法、研究路數以及材料上沒有跟進。最爲關鍵的是，這些學者絕大多數都不是《左傳》《國語》的專門研究學者，往往身兼多職，《國語》訓詁研究僅順勢爲之，不能如清代學者浸淫考據數十年，所發者即便結論可商，而其方法、路數仍能啟人深思。像徐元誥既做官員又做律師，專書研究很難做到持久，故其書錯謬較多，爲後人詬病不少。而像江紹原等人用新的方法對《國語》問題進行研究，由於學非專門，又掩於其主體研究中，其他學者很少能夠注意到。此外有的《國語》研究實際上更傾向於普及需要，如沈鎔《國語詳注》、許維遹《國語選注》。沈延國、金其源皆是舊學深厚之人，但其《國語》考校皆非精心撰作，故所得有限。沈鎔《國語詳注》囿於體例不引前人，徐元誥《國語集解》攘襲前人而不出注，石光瑛考校中有與前人相同條目。故這一時期的《國語》訓詁考據研究整體而言比較薄弱，但對於《國語》研究資料之勾稽、《國語》本書之普及仍有較大貢獻。另外，沈鎔、徐元誥、石光瑛、沈延國、楊樹達、金其源等人對《國語》具體詞語的深入研究，對《國語》的進一步整理和研究仍然具有積極的意義。

三、民國時期《國語》諸問題暨《國》《左》關係研究

《國語》的真偽問題從隋唐時期即被提出。至於清末，康有爲在《新學僞經考》中對《左傳》《國語》的真偽問題提出新見，認爲《左傳》是劉歆割裂《國語》而成。此後一批學者本康有爲之説立論，如梁啟超、錢玄同等。今依照發表時間順序，臚列其説如下。

（一）晚清今文學影響下的《國語》《左傳》觀念

受康有爲等的影響，民國時期仍然有一批學者認爲《左傳》爲僞書，是劉歆從《國語》中分割出去的。持這一觀點的主要爲梁啟超、錢玄同。

1. 梁啟超《國語》《左傳》觀

梁啟超（1873—1929）關於《國語》《左傳》的論述主要體現在其《要籍解題及其讀法》和《古書真偽及其年代》兩種講義中。《要籍解題及其讀法》是1923年在清華的講義，1925年修訂成書。該書列有"《左傳》《國語》"一部分，該部分下又分列《左傳》之來歷、《左傳》不傳《春秋》、《左氏春秋》與《國語》、《左傳》《國語》之著作年代及其史的價值、讀《左傳》法之一、讀《左傳》法之二等六個方面。梁啟超在"《左氏春秋》與《國語》"一節中著重討論《左傳》《國語》"是一是二之問題"，梁氏根據劉逢禄《左傳春秋考證》、康有爲《新學僞經考》、崔適《史記探源》，總結爲五條。如下：

一、《國語》即《左氏春秋》，並非二書也。

二、其書分國爲紀，並非編年。

三、劉歆將魯惠、隱間迄哀、悼間之一部分抽出，改爲編年體，取以與孔子所作《春秋》年限相比附，謂之《春秋左氏傳》。其餘無可比附者剔出，仍其舊名及舊體例，謂之《國語》。

四、凡今本《左傳》釋經之文，皆非原書所有，皆劉歆"引傳釋經"之結果。內中有"君子曰"云云者亦同。

五、其餘全書中經劉歆竄入者當不少。①

梁啓超特別強調："今本《國語》與今本《左傳》，若析而爲二，則兩書皆可謂自亂其例，不足以列於著作之林；若合而爲一，則西周末東周初三百餘年間一良史也。其書則本名《國語》，或亦稱《左氏春秋》。《左氏春秋》者，猶《晏子春秋》《呂氏春秋》，純爲一獨立之著述，與孔子之《春秋》絕無主從的關係也。其由《左氏春秋》而變成《春秋左氏傳》，則自劉歆之引傳解經始也。"② 1957 年，蘇淵雷發表《春秋　國語　左傳》（《歷史教學問題》1957 年第 2 期）一文，其基本觀點即用梁啓超《要籍解題及其讀法》之論。但是梁啓超在 1927 年 2—6 月於燕京大學作的演講稿《古書真僞及其年代》中則認爲："《左氏》和《國語》的體裁和文章都各不相同，並無割裂的痕跡。從戰國到西漢末稱引《左氏》的不止一書，可見《左氏》不是劉歆僞造或從《國語》分出來的。"③ 和前説相比，具有很大不同。

也就是説，梁啓超對《左》《國》關係問題的認識經歷了變化，撰作《要籍解題及其讀法》的時候信從康有爲等人的觀點，認爲《左傳》《國語》本爲一書，都是《左氏春秋》。到了劉歆的時候，劉歆把和《春

① 陳引馳編校：《梁啓超國學講錄二種》，北京：中國社會科學出版社 1997 年版，第 55 頁。

② 陳引馳編校：《梁啓超國學講錄二種》，北京：中國社會科學出版社 1997 年版，第 55 頁。

③ 陳引馳編校：《梁啓超國學講錄二種》，北京：中國社會科學出版社 1997 年版，第 244—245 頁。馮沅君《論〈左傳〉與〈國語〉的異點》開篇即云："自清今文家説《左傳》是劉歆割裂《國語》而成後，梁啓超先生仍持其説。"説明馮沅君撰寫論文時，尚未看到梁啓超的最新意見。

秋》相合的部分抽出以爲《左傳》，其餘部分以爲《國語》。但到發表
《古書真僞及其年代》的時候，梁啟超改變了以前的看法，認爲《左傳》
《國語》體裁、文風都不相同，且無割裂的痕跡，而且劉歆以前有典籍
引用的情況可以參照，故而《左傳》和《國語》是二種書。陸侃如 1925
年 9 月入清華國學院，受業於梁啟超、王國維門下。1927 年，陸侃如
《左傳真僞考的譯者引言》發表在《國學月刊》第 7 期上。據其文章中
講，高本漢《左傳真僞考》1926 年 3 月出版之後贈送趙元任，趙元任轉
贈一本給李濟，李濟因爲衛聚賢研究《左傳》，就把贈書借給衛聚賢。
衛聚賢請陸侃如幫忙翻譯，陸侃如口譯，衛聚賢記錄，費時兩日夜譯成。
梁啟超關於《左傳》《國語》關係的改變，不知道是否受此影響。

　2. 錢玄同《國語》《左傳》觀

　　錢玄同（1887—1939），原名夏，字中季，浙江湖州人，近代著名語
言文字學家，先後師從章太炎、崔適，舊學功底深厚。在整理劉師培遺
著、謄寫章太炎著述方面用功很多。其著作今輯有《錢玄同文集》6 卷，
其日記有影印本和整理本兩種。錢玄同在 1931 年爲方國瑜點校本《新學
僞經考》作序，該序文經增改，以《重論經今古文問題》爲題發表在北
京大學《國學季刊》第 3 卷第 2 號（1932）上①。該文關於《國語》的
認識如下：

　　　　我以爲劉歆僞造古文經，他是有偏重的。特撰《周禮》，特改
　　《國語》爲《春秋左氏傳》，這是他認爲最重要的。

　　在該文的"《左傳》"一節中，錢玄同著重介紹了康有爲《新學僞經
考》的觀點，徵引其説云：

　　　　《國語》僅一書，而《志》以爲二種，可異一也。其一，"二十
　　一篇"，即今傳本也；其一，劉向所分之"《新國語》五十四篇"。

────────────────

　① 錢玄同：《重論經今古文學問題》，見載於《錢玄同文集》第五冊，第 132—219 頁。

同一《國語》，何篇數相去數倍？可異二也。劉向之書皆傳於後漢，而五十四篇之《新國語》，後漢人無及之者，可異三也。蓋五十四篇者，左丘明之原本也。歆既分其大半，凡三十篇以爲《春秋傳》；於是留其殘剩，掇拾雜書，加以附益，而爲今本之《國語》，故僅得二十一篇也。

錢氏認爲康氏的這個觀點"實在是至確不易之論"。錢玄同按周、魯、齊、晉、鄭、楚、吳、越順序，依次舉出《左傳》《國語》彼詳此略之事八端如下：

（1）《左傳》記周事頗略，故《周語》所存春秋時代的周事尚詳（但同於《左傳》的已有好幾條）。

（2）《左傳》記魯事最詳，而殘餘之《魯語》所記多半是瑣事；薄薄的兩卷中，關於公父文伯的記載竟有八條之多。

（3）《左傳》記齊桓公霸業最略，所謂"管仲相桓公霸諸侯，一匡天下"的政跡竟全無記載，而《齊語》則專記此事。

（4）《晉語》中同於《左傳》者最多，而關於霸業之犖犖大端，記載甚略，《左傳》則甚詳。

（5）《鄭語》皆春秋以前事。①

（6）《楚語》同於《左傳》者亦多，關於大端的記載亦甚略。

（7）《吳語》專記夫差伐越而卒致亡國事，《左傳》對於此事的記載又是異常簡略，與齊桓霸業相同。

（8）《越語》專記越滅吳的經過，《左傳》全無。

錢氏因而以爲："《左傳》與今本《國語》二書，此詳則彼略，彼詳則此略，這不是將一書瓜分爲二的顯證嗎？至於彼此同記一事者，往往大體相同，而文辭則《國語》中有很多瑣屑的記載和支蔓的議論，《左

---

① 《錢玄同文集》於"春秋"二字上加書名號，誤，今徑刪去。

傳》大都没有，這更露出删改的痕跡來了。"並引述高本漢的結論爲輔證。錢氏的這一論斷又見於顧頡剛的書信以及《〈左氏春秋考證〉書後》中①。

此外，朱芳圃 1928 年所撰《評衛聚賢古史研究》一文也贊同康有爲的説法，認爲"《左傳》《國語》當係一書，離而二之"，同時又認爲"《左傳》《國語》係據列國史記纂輯而成。誰人纂輯，因史料缺乏，無法考證"②。梁啟超和錢玄同的觀點直接承襲自康有爲《新學僞經考》，而梁啟超的觀點前後有變。實際上，梁、錢的討論始終圍繞著經學來，就史料的真實性和確定性而言，無論最初的書是《左氏春秋》還是《國語》，他們並没有進行過質疑。

（二）高本漢以來的《國語》《左傳》關係研究

前此的《左》《國》關係研究，絕大多數是從二書記事重複、體裁、風格等角度進行討論的。真正從語言角度進行《左》《國》關係研究的，瑞典漢學家高本漢首開端緒。此後一段時間，中國研究《左》《國》關係的學者，在高本漢的影響下，開始從語言比較的角度進行問題探討。

1. 高本漢《左傳真僞考》

高本漢（1889—1978），瑞典漢學家，中學時期就受過比較嚴格的語言訓練，"在比較語言學的故鄉接受了比較語言學的教育，受到良好的訓練"③，此後以畢生精力從事中國學研究，在青銅器研究、音韻學研究、文字學研究、訓詁語義研究、典籍整理與譯介等各個方面都有很高的成就④，尤以音韻研究和典籍翻譯爲中國學者所推崇。其著作宏富，譯成中文的有《中國音韻學研究》《左傳真僞考及其他》《中國語與中國

---

①　《錢玄同文集》第五册，北京：中國人民大學出版社 1999 年版，第 260—261 頁、第 294—318 頁。

②　朱芳圃：《評衛聚賢古史研究》，《國立中山大學語言歷史研究所週刊》1928 年第 59—60 期。

③　魯國堯：《智者高本漢，接受學與"高本漢接受史"》，《魯國堯語言學文集》，上海：上海古籍出版社 2013 年版，第 97 頁。

④　關於其學行和具體漢學成就，可參見張静河《瑞典漢學史》（合肥：安徽文藝出版社 1995 年版）、馬悦然《我的老師高本漢：一位學者的畫像》（李之義譯，長春：吉林出版集團有限責任公司 2009 年版）。

文》《中上古漢語音韻綱要》《中國語之性質及其歷史》《漢語詞類》《先秦文獻假借字例》《高本漢書經注釋》《高本漢詩經注釋》《高本漢禮記注釋》《高本漢左傳注釋》等。

（1）高本漢《左傳真僞考》緣起

高本漢有感于唐宋以來學者討論古書真僞的標準並不一致，認爲在接受其結論之前要論證一下其標準的可靠性與否。據其在《中國古書的真僞》中的總結，大致分這樣幾種：根據書中的史料可以決定一個不在某時以前的界限；古書（例如漢代和六朝的書）所引周代的書，如爲今本所無，那麼這今本是僞的；書的内容是"淺陋"的，所以這書定是僞的；書的文體並不給我們一個古奧的印象，所以書是僞的；後代編者或注者所述作者事跡被證明爲假的，那麼這書即是僞作；從各處集來的關於書籍傳授的史料，在時代上留出許多接不起頭的空當來，這就使人猜疑它是晚出的僞書；篇數或卷數，在各種古代記載裏，尤其在書目裏，是不同的；那麼這書一定被竄亂過，增加過，甚或重製過；所考證的書若引用一個已經證明爲僞的書，那麼這書本身也是僞的；一部書若有幾段同見於他書，那麼這一定是較晚的作品，即用這幾段再加些假材料做成的；一部書（所用語言）的文法系統有某種特點，這特點賦予它以獨有的性質，而決非後代僞造者所能想象或模仿的，那麼這部書是可信的。[①]

1926年，高本漢《左傳真僞考》在《哥德堡大學學報》第32卷第3號刊載。隨後，由中國學者陸侃如口譯、衛聚賢筆受，以《論左傳之真僞及其性質》爲題，分別發表在《北京大學研究所國學門月刊》1927年第1卷第6期第587—603頁和1927年第1卷第7—8期第712—736頁。1935年，陸侃如經過修改，增入《中國古書的真僞》等，定名爲《左傳真僞考及其他》，由上海商務印書館出版。

（2）高本漢的基本方法和結論

在《左傳真僞考》中，高本漢首先界定了真僞的標準，然後引述康

有爲及其以前諸説，並引證沙畹、飯島忠夫、弗朗克、雷格等人之説，進而提出討論典籍還要從典籍本書進行的方法論觀點。在陸侃如的譯本中，這句話被譯作："我自己相信的原則是，《左傳》之科學的研究應該注重《左傳》的本身。"①

高本漢首先把《史記》引述《左傳》文句和《左傳》本書作了對比，證明《左傳》是漢代以前的著作。進而以《論語》《孟子》作爲參照，通過"若"和"如"、"斯"解爲"則"、"斯"解作"此"、"乎"講作"於"、"與"字解作"乎"、"及"和"與"解作"和"字、"於"和"于"等對比了《左傳》和魯語的異同，得出"《左傳》不是孔子作的"，"《左傳》不是孔子弟子作的"，《左傳》是著作不是彙編的初步結論。並在此基礎上又和《國語》作了比較。得結論云："《國語》的文法和《左傳》是很相近的，固然它們中間在一個很重要一點是不同的——解作'好像'時《左傳》用'如'，而《國語》用'若'和'如'——所以這兩個不能是一個人作的（這是無須討論的，假使注意到這兩部書内容，它們互相不同）。（原注十四）但是就大體看來，兩部書的文法組織很是相同，所以它們可以説是同一方言的人作的，也許是屬於同一派。"②"我只選了幾種頂重要的中國古書的例子。假使詳細敍述漢以前的助詞的組織，那是超出這篇文章的範圍以外了。但是我，至少可以説這句話：在周秦和漢初書内，没有一種有和《左傳》完全相同的文法組織的。最接近的是《國語》，此外便没有第二部書在文法上和《左傳》這麼相近的了。"③"《左傳》有一律的文法，和《國語》很近，但不全同（和別的中國古書完全不同）。這種文法絕不是一個後來的僞造者所能想象或實行的，所以這一定是部真的書，是一個人所作的，或者是屬

---

① 見《陸侃如譯文集》，合肥：安徽教育出版社、時代出版傳媒股份有限公司2011年版，第160頁。

② 見《陸侃如譯文集》，合肥：安徽教育出版社、時代出版傳媒股份有限公司2011年版，第187—188頁。

③ 見《陸侃如譯文集》，合肥：安徽教育出版社、時代出版傳媒股份有限公司2011年版，第187—188頁。

於一派和一個方言的幾個人作的。"① 高本漢從詞語的運用上，考證《左
傳》不是僞書，是和《國語》接近但又不完全相同的一部著作。在論證
《左傳》過程中，同樣論證了《國語》這部書産生時代的可靠性和這部
書本身的真實性。

（3）中國本土學者對高本漢研究方法和結論的意見

高本漢的這一科學方法，實開出新的研究局面，"這是第一次使用
純語言學標準來解決一部古漢語典籍的文字學問題"②，其方法得到中國
學術界大多數學者的稱贊。胡適認爲高本漢的研究方法 "是用文法的研
究來考證古書的初次嘗試，他的成功與失敗都應該引起我們的注意"③。
衛聚賢謂："以文法上關係考證《左傳》的真偽，用這個方法去工作，
珂氏算是第一人。"④ 林語堂謂： "珂先生以西歐考訂學的方法，研究
《左傳》真偽的問題，在中國考訂古書史上可謂開一先例。"⑤ 王静如謂：
"高本漢曾著了一部《左傳真偽考》，把《左傳》的文法語助詞和別的古
書作了一個充分的比較研究，證明《左傳》是真實的，他所用的方法完
全是逃出了清季和近人因襲的今古文俗套，别創了從語言學立足的新法
來解釋《左傳》真偽的問題，給中國漸漸沉寂的考據界造了一條新
路。"⑥ 陳定民謂："前幾年，我們讀到了高氏的《左傳真偽考》，就發現
他的研究方法確實比我國學者進步，雖然他所考定的《左傳》的時代，
仍舊不免使我們懷疑。他的結論是否能够成立尚是問題，不過他所採用
的考證方法——以中國古代文法上之關係考證《左傳》——是值得我們

① 見《陸侃如譯文集》，合肥：安徽教育出版社、時代出版傳媒股份有限公司 2011 年版，第
191 頁。
② ［瑞典］馬悦然著，李之義譯：《我的老師高本漢：一位學者的畫像》，長春：吉林出版集
團有限責任公司 2009 年版，第 224—225 頁。
③ 胡適：《〈左傳真偽考〉的提要與批評》，嚴雲受編《胡適學術代表作》（中），合肥：安徽
教育出版社 2007 年版，第 132 頁。
④ 衛聚賢：《跋》，《國學門月刊》1927 年第 1 卷第 7/8 期，第 737—741 頁。
⑤ 林語堂：《左傳真偽與上古方音》（上），《語絲》1928 年第 4 卷第 27 期，第 4—27 頁。
⑥ ［瑞典］高本漢撰，王静如譯：《論考證中國古書真偽之方法·譯者引言》，《國立中央研究
院歷史語言研究所集刊》1931 年第 2 本第 3 分，第 283—295 頁。

欽佩的。"① 李侗亦謂高本漢用語言方法進行研究，"這可以算得中國從來今文學家所未夢見的考證方法"②。李孝遷謂："《左傳》真僞問題是古史研究的一大懸案。高本漢橫空介入，遂使疑古派氣勢大受折損，同時也爲古史研究提供了一種新'典範'——語言學的方法，不僅運用於《左傳》研究，而且普遍運用於古書辨僞，是一種較爲科學的文本斷代方法。"③ 張以仁認爲高本漢這種從文法方面來考證古書的方法，"已爲這個問題開闢了一條嶄新的途徑"④。張高評謂："高氏之説，雖不無可議，然開啟之功，終不可没。"⑤ 周廣干謂："高本漢的《左傳真僞考》開闢了依據文法進行考辨古籍文獻工作的新途徑，有導夫先路之功。同時高本漢也把語言學歷史比較法引入了漢語史研究，爲現代漢語史的研究和發展做出了重大貢獻，也爲我們的研究開拓了一個大有可爲的天地。"⑥ 認爲高本漢的"研究方法打破了以往學術界單純地從史學、經學或文學角度考辨《左傳》真僞的局限，開創了從語言角度考辨古籍真僞及關係的研究方法"⑦，進而認爲："這種從語言學角度對古籍真僞及成書年代等問題進行考察的方法是值得重視並進一步深入挖掘的。"⑧

當然也有對高本漢研究方法提出異議者，如黄肅發表在《國立四川大學季刊》1935 年第 1 期上的《珂羅倔倫〈左傳真僞考〉駁議》詳細考察了"于""於"的用法，認爲："珂氏蓋概乎其未有聞焉。是故作《易》卦爻辭者不以'於'，記考工者不以'于'。捝爻繫之時代，'于'

---

①　陳定民：《讀高本漢之中國語與中國文》，《中法大學月刊》1932 年第 1 卷第 5 期，第 103—126 頁。

②　李侗：《左傳真僞之考證》，《民鳴月刊》1937 年第 1 卷第 10 期，第 32—49 頁。

③　李孝遷：《域外漢學與中國現代史學》，上海：上海古籍出版社 2014 年版，第 103 頁。

④　張以仁：《從文法語彙的差異證〈國語〉〈左傳〉二書非一人所作》，氏著《國語左傳論集》，臺北：東昇出版公司 1980 年版，第 115 頁。

⑤　張高評：《左傳導讀》，臺北：文史哲出版社 1982 年版，第 62 頁。

⑥　周廣干：《從〈左傳〉和〈國語〉虛詞的比較看兩書的文獻關係》，北京師範大學漢語言文字學博士學位論文，2011 年。

⑦　周廣干：《從語言學角度考辨古籍成書問題的研究綜述》，陝西師範大學文學院編《長安學術》第八輯（2016 年），第 157—168 頁。

⑧　周廣干：《〈左傳〉和〈國語〉文獻關係考辨研究——以虛詞比較爲中心》，北京：社會科學文獻出版社 2021 年版，第 438 頁。

'於'異用也。互用因於聲假,私名地名,其義則同。珂氏蔽於異形,非'于''於'義殊也。聲異則義遷,聲通則義近,固華夏文言之公例。烏可以'於''于'之異形,皮傅泰西以自東也。然則逞億必而忽期驗,不足以稽古;持兩端而好攻難,不足以決疑。不通乎聲音之道、字例之條,不足以論於詞言。"① 從語音通假義通的角度,對高本漢的方法提出了修正。黃氏的觀點雖未必完全可信,但是其探討"于""於"的周密程度之高,確乎爲高本漢、馮沅君等所不能及。陳祖䶮則認爲通過"于""於"的考訂,恐怕是不妥當的,"余謂吾國書籍歷經大厄,而秦漢之間爲尤甚,斯時文字之用未宏,授受多由口耳,罕著竹帛,況又值古籀、篆、隸錯雜紛紜之際,今所傳之古書,其辭其字是否全出古人,實難憑信……據譌亂已久之古本,而欲憑其文法以定真僞,豈不難哉?"② 陳氏主要是從古書用字的角度出發,認爲假如可以在語言比較的時候尤其注意用字以及版本異文的問題,恐怕會更精密。金毓黼也不贊同高本漢的結論,謂:"考其所舉之證,嘗以文中于、於二字不同,以明時代先後。異國人讀中土古籍,不能深究文義,致有此呆板之推斷,吾國學子乃驚以爲創見而共詫之,豈能求得古人之真哉?"③ 同樣對高本漢的研究方法表示了質疑。這些質疑,從本質上而言,不是反對高本漢的研究方法,而是對該方法在實踐過程中如何應對文字應用的時代性問題、文字通假、文獻流傳中産生的語料可信度問題、研究者對文本的理解度等相關因素提出更爲精準的要求。這也是此後使用該類方法的時候必須注意的。尤其在探討兩書詞語應用問題上,確實需要把版本異文、他書引文異文等相關因素考慮進去,纔庶乎接近實際。

胡適認爲,高本漢《左傳》《國語》二書風格相近的結論,爲今文家提供了依據。④

---

① 黃蕭:《珂羅倔倫〈左傳真僞考〉駁議》,《國立四川大學季刊》1935 年第 1 期, 第 83—94 頁。該文又以 "黃于雍先生遺著" 署名,發表在《斯文半月刊》第 15—20 頁。
② 陳祖䶮:《讀〈左傳真僞考〉及古史研究》,《小雅》1930 年第 3 期,第 18—21 頁。
③ 金毓黼:《中國史學史》,北京:商務印書館 2007 年版,第 38 頁。
④ 胡適:《〈左傳真僞考〉的提要與批評》,見嚴雲受編《胡適學術代表作(中)》,第 139、143 頁。

2．林語堂的探討

林語堂（1895—1976）《左傳真偽與上古方音》發表在《語絲》第四卷第 27 期上，後收入其《語言學論叢》。該文第八部分專門探討 "論《左氏》《國語》同一方音"，在高本漢基礎上，列舉《國語》《左傳》十五事，進一步指出《左傳》《國語》方音也相同，"這自然不一定便是二書同出一人的憑據，因爲或者是互相參證的結果。但是至少也證明有二書原屬一書的可能"①。對於二書相同的原因，林氏作出如下推測：

　　這所以相同之故，我們只能推測，也許是原出一書，後經割裂，也許是二書出於一作者，也許是二書作者同一方音，而且曾經於著書時互相參證，互相依據。②

繼高本漢從若干詞語出現和用法的角度對《左傳》《國語》關係進行論證之後，林語堂又從古音的角度對《左》《國》二書中的異文、通假等等進行了論證，爲《左傳》《國語》二書之間的親緣關係探討做了補充。

3．馮沅君的探討

馮沅君（1900—1974）在《新月》1928 年第 1 卷第 7 期上發表了《論〈左傳〉與〈國語〉的異點（附表）》一文③，認爲高本漢《左傳真偽考》以及林語堂《左傳真偽與上古方音》"雖未斷定《左傳》與《國語》就是一書，但無形中給劉逢祿一派人添了些附有科學性的證據"，因此其論文的核心點即論證《左傳》和《國語》並非一書。檢讀該文，發現是從這樣幾個方面來論證的：①從二書相同內容而人物不同、兩書內容相同而事件結果不同、兩書記載同一事件而時間不同、兩書記載同一事件而具體時間順序先後不同、兩書記載同一人物而名字不同、兩書

---

① 林語堂：《左傳真偽與上古方音》（下），《語絲》1928 年第 4 卷第 28 期，第 4—17 頁。
② 林語堂：《左傳真偽與上古方音》（下），《語絲》1928 年第 4 卷第 28 期，第 4—17 頁。
③ 該文見載於《新月》1928 年第 1 卷第 7 期，第 146—182 頁。後收錄於袁世碩、張可禮主編《陸侃如馮沅君合集》第十二卷《馮沅君早年文史論集》，合肥：安徽教育出版社、時代出版傳媒股份有限公司 2011 年版，第 101—131 頁。

徵引同一首詩而作者不同等方面，徵引二書十五則內容作爲對比。②認
爲 "二書又各有其不同的、有系統的文法組織"，將高本漢《左傳真偽
考》中的語言比較進行了列表處理，進而認爲高氏的比較 "也未嘗無可
商量處"。馮沅君列舉《左傳》 "於" "于" 用法及頻次如下：

甲（auprès de）		乙（à）		丙（dans）	
於	于	於	于	於	于
五八一	八五	九七	五〇一	一九七	一八二①

　　馮沅君全面統計了《國語》中 "于" "於" 二字的用法和頻次，認
爲和高本漢所統計的《左傳》二字用法和頻次是不相應的，"解作乙講，
《國語》裏 '於' 比 '于' 多四倍。全書內用 '于' 者只有二十四處，
而用 '於' 者則有九十四處" "'于' '於' 解作丙時，用 '于' 者也只
十處，而用 '於' 者有一百五十五處，是一與十六之比"。馮沅君同時
指出 "《國語》內解 '及' 作 '和' 的地方遠不如 '與' 作 '和' 的地
方多。全書內只有二十五個 '及' 字，而 '與' 字却有一百五十五個，
二者竟是一與六之比"，即《左傳》和《國語》在這一點上也不相同。
另外，"邪（耶）" 的用法上，《國語》和《左傳》也不相同。此外，馮
氏還提出 "奈" 字 "不獨是《左傳》是所無，而且我認爲是《國語》
較《左傳》晚出之一證"，並進一步推證《越語下》只有 "奈" 字沒有
"若" 字，故而 "《越語下》是篇很晚出的東西，與《國語》他篇不
類"。總之，馮氏通過記載上的歧異和文法上的歧異兩個方面最終得出
"《左傳》與《國語》是兩部各不相干的書" 的結論。從方法論上而言，
是對高本漢的一種修正。從結論上而言，是高本漢、林語堂結論的深化
和推進。張高評謂："馮沅君考究《左》《國》文法，頗能補高本漢之缺
漏，推闡發明之處亦多。"②

---

① 袁世碩、張可禮主編《陸侃如馮沅君合集》第十二卷《馮沅君早年文史論集》，第110頁。
② 張高評：《左傳導讀》，臺北：文史哲出版社1982年版，第63頁。

4. 衛聚賢的探討

衛聚賢在《新月》1928 年第 1 卷第 9 期發表《讀〈論左傳與國語的異點〉以後》一文①，揭舉出馮沅君所舉十五則中的一些誤端。衛氏指出，同記一事而《左傳》《國語》時間不同恐怕是出於"《左傳》用周正，《晉語》用夏正"的緣故。因此《晉語》記載惠公卒在"十月"的"十"字恐怕是"七"字之誤。衛聚賢在文中著重探討了曆法問題。另外，從文法關係上探討了馮沅君所舉多例的不足據。此外，衛聚賢還通過《國語》《左傳》二書推崇的人物不同甚至相反，推斷"二者思想是相悖的"。

同年 9 月，新月書店出版衛聚賢《古史研究》，該書共分三編，分別爲"《春秋》的研究""《左傳》的研究""《國語》的研究"②。其中"《國語》的研究"一編分作期、作地、作者、辨僞四個部分。衛聚賢用比較明顯法、記載異同法、布局異同法、文體異同法、文法變遷法、本身考定法對《國語》的著作時期進行考訂，最後得出結論："（一）《周語》《楚語》係西元前四三一年，一個人的作品。（二）《齊語》《吳語》係西元前四三一年後三八四年前，一個人的作品。（三）《魯語》《晉語》係西元前三八四年後三三六年前，一個人的作品。（四）《越語上》係西元前三八四年後更後一個人的作品。（五）《鄭語》係西元前三一四以後，一個人的作品。（六）《越語下》係西元前三一四年後更後，一個人的作品。《國語》全部八國二十一篇，係六個人在六個時間輯錄而成的。"③衛聚賢從記載詳確、記載祖護、用楚方言、他人見證等四個方面來進行《國語》作地的探討，最終結論："（一）《國語》記載吳越事較《左傳》詳確，證明它是距吳越近的地方的作品。（二）《國語》記載祖護楚國，證明它是與楚國有關係的人作品。（三）《國語》多用楚國言，

---

① 《新月》1928 年第 1 卷第 9 期，第 100—112 頁。亦見錄於袁世碩、張可禮主編《陸侃如馮沅君合集》第十二卷《馮沅君早年文史論集》，第 132—141 頁。

② "《國語》的研究"見載於新月書店版《古史研究》。其《古史研究》於 1931 年作爲《古史研究》第一冊在上海商務印書館出版。"《國語》的研究"在新月版《古史研究》第 161—260 頁，在商務版《古史研究》第 117—186 頁。

③ 衛聚賢：《古史研究》，上海：新月書店 1928 年版，第 226 頁。

證明它是楚國的作品。（四）彼時有學者見到它，說它是楚國的產品。
《國語》全部是楚國的產品。"① 衛聚賢從作者與左丘明有關、作者與左
史倚相有關、關於儒家一派——左人郢等三個方面論證《國語》作者，
結論謂："據以上三條，證明《國語》的作者與左丘明、左史倚相姓左
的人有關，而且是齊國人孔子的學生或再傳學生到楚國作的；又前證明
《國語》的作期不是一時，最早的作期在周考王末年，爲《周語》《楚
語》兩篇，《周語》《楚語》作期在孔子卒後五十年左右，是作者尚能見
到孔子的。是《周語》《楚語》兩篇是孔子的學生作的，其餘《齊語》
《吳語》等是孔子再傳的學生作品。"② 最終得出："（一）《楚語》《周
語》爲左人郢於西元前四三一年作品。（二）《吳語》《齊語》爲左人郢
的兒子於西元前四〇〇年作品。（三）《魯語》《晉語》爲左人郢的孫子
於西元前三七〇年作品。（四）《越語上》爲左人郢曾孫於西元前三四〇
年作品。（五）《鄭語》爲左人郢的玄孫於西元前三一〇年作品。（六）
《越語下》爲《國語》一派人於西元前三一〇年後作品。《國語》全書係
左丘明子孫的作品。"③ 衛聚賢"辨僞"一節主要對《越語下》一篇提
出質疑，認爲"《越語下》的文字比較《史記》明顯，是《越語下》在
《史記》以後"，認爲當是黃老一派所作而竄入《國語》④。衛氏對《越
語下》的考證，和馮沅君的"《越語下》是篇很晚出的東西，與《國語》
他篇不類"結論基本相同。

衛聚賢的這一論點爲黃雲眉等人所不取。黃雲眉謂："若衛聚賢撰
《古史研究》，謂《國語》係楚國之產品，《楚語》《周語》乃左邱明後
人左人郢所作（左人郢見《史記·仲尼弟子列傳》），《吳語》《齊語》
爲郢子所作，《魯語》《晉語》爲郢之孫所作，《越語上》出郢之曾孫；
《鄭語》出郢之玄孫；惟《越語下》與全書異點頗多，當爲另一人所作。

① 衛聚賢：《古史研究》，上海：新月書店1928年版，第243頁。
② 衛聚賢：《古史研究》，上海：新月書店1928年版，第249頁。
③ 衛聚賢：《古史研究》，上海：新月書店1928年版，第255頁。
④ 衛聚賢：《古史研究》，上海：新月書店1928年版，第258頁。

一書而撰者六人，而五人又皆爲左邱明之子孫，恐無此事實，今不取。"①

　　朱芳圃、張蔭麟對衛聚賢的研究方法進行了商榷。朱芳圃《評衛聚賢古史研究》認爲衛聚賢的考證方法"待商榷之處頗多"②，認爲衛聚賢考證方面"取材既不精確，且又加以附會"，於是就産生了僞造事實、曲解古書、妄立系統等問題。張蔭麟則認爲衛聚賢的《古史研究》最精彩的部分"即《國語》作期之考定。衛君考定《國語》作期，其用七種方法，其中有五種方法皆不適用，至若適用之當否，更無足論矣"③，張蔭麟依次對衛聚賢所用的比較明顯法、記載異同法、布局異同法、文體異同法、逞顯本能法等五種方法進行了平議，認爲衛氏的方法並不適用。張心澂認爲衛聚賢所言是有道理的，其《僞書通考》初版本徵引衛聚賢論文之大略，至其《僞書通考》修訂本，張氏又加案語云："今本《國語》是魯國史官左邱氏做《春秋傳》所用剩的史料，已於上面春秋類《春秋左氏傳》下'心澂按語'內説明。《國語》是魯國的書，是魯國史官左邱氏的記載，記所知所聞本國及他國的事實和言語，以備修史之用，是史料性質，所以不稱爲《春秋》，不稱爲史，而稱爲《國語》。是左邱氏相傳，不是出於一人之手，所以文體不很一致。又係照所得別國的資料記載，有時是該國的原文，故有各該國的方言，如衛聚賢所説《晉語》用晉方言，《楚語》用楚方言之類。有的又是由別國展轉得來，故如衛氏所説，有用楚、齊、吳、越方言的。不能因此而定它的作地，若因此而定它的資料來源地，是可以的。"④ 認爲要分清原始材料來源和輯纂成書的差別。並且認定了《國語》的史料性質，這是難能可貴的。程

---

　　① 黄雲眉輯著《古今僞書考補證》爲金陵大學中國文化研究所叢刊甲種（1932）。此後於1959年由山東人民出版社出版，1972年由文海出版社出版。本處引文見金陵大學中國文化研究所叢刊甲種本，第309頁。

　　② 李輝編：《朱芳圃文存》，南京：江蘇人民出版社2018年版，第92頁。

　　③ 張蔭麟：《評衛聚賢〈古史研究〉》，見載於陳潤成、李欣榮編《張蔭麟全集》，北京：清華大學出版社2013年版，第1063頁。

　　④ 拙撰《〈國語〉歷代序跋題識輯證》即用《僞書通考》修訂本。張氏案語見《〈國語〉歷代序跋題識輯證》第507頁。

水金認爲衛聚賢、郭沫若對《國語》作者以及編者之説 "均爲鑿空臆説，强作解人，不足爲訓"①，耿天勤同樣認爲衛聚賢、郭沫若之説 "也都是憑主觀想象，無確鑿證據，不足以服人"②。

孫次舟的評價角度比較獨特，他認爲："衛氏的《古史研究》共分三編：一爲《春秋的研究》，二爲《左傳的研究》，三爲《國語的研究》。此三編中，以《國語的研究》爲較佳，以其尚未爲康有爲等所惑，且克證明現行《國語》與《左傳》記事之違異，以見現行《國語》並非《左傳》之前身也。"③

總之，衛聚賢對《國語》作者、作期、作地的推斷以及方法的運用，無論其結論正確與否，仍然是對《國語》研究的有益推動。

5. 德克·卜德的探討

德克·卜德（Derk Bodde，1909—2003），美國學者，研究漢學。1931—1935 年在北京攻讀中文，1938 年獲荷蘭萊頓大學哲學博士。著有《中國之傳統思想》等。卜德在《左傳》《國語》方面的研究，爲其發表在《燕京學報》上的《左傳與國語》一文。該文經顧頡剛修改潤色④，發表在《燕京學報》第 16 期⑤。

卜德論文認爲，高本漢《左傳真僞考》從語法的角度探討《左傳》《國語》是兩部書、不是一個作者的方法 "真是一個最有力的憑證"。爲了打破諸多疑點，卜德從《左傳》《國語》引《詩》以及 "帝" 和 "上帝" 的出現頻次兩個角度進行了比較。卜德統計出《左傳》引《書》46 次，引《詩》107 次，而《國語》引《書》12 次，引《詩》26 次。《國

① 程水金：《中國早期文化意識的嬗變——先秦散文發展綫索探尋》，武漢：武漢大學出版社 2003 年版，第 329 頁。

② 耿天勤：《〈國語〉若干問題研究的學術史梳理》，《漢籍與漢學》2020 年第 1 輯。

③ 孫次舟：《評衛聚賢著古史研究因論孔子未作春秋》，《圖書評論》第 2 卷第 5 期。

④ 顧頡剛 1934 年 10 月 14 日日記云："將卜德（Derk Bodde）所著《左傳及國語》漢文本重作，一天畢，約四千字……卜德，哈佛大學派到北平之研究生，來平兩年，竟能以漢文作文，其勤學可知。所作《左傳及國語》一文，寫來已數月，予初托孫海波君改，謝不敏。希白亦謂無辦法。予囑其寄來，今日費一日之力爲之，以舊稿改削不便，索性猜其意而重作之，居然可用矣。"（《顧頡剛全集·顧頡剛日記卷三》，北京：中華書局 2011 年版，第 247—248 頁）

⑤ 見《燕京學報》第 16 期，第 161—168 頁。

語》引《詩》只占《左傳》引《詩》的 1/8，而且《國語》引《詩》有 14 次在同一篇中。卜德認爲這種現象存在兩種可能：“（一）《左傳》和《國語》所根據的材料不同；（二）《國語》的作者對於《詩》學没有深研，或者他對於引《詩》的癖好及不上《左傳》的作者。”卜德又統計出《左傳》中出現“帝”或“上帝”8 次，而《國語》則有 10 次。這是卜德繼高本漢指出二書“如”字、“若”字出現和應用不同之後，又對《國語》《左傳》二書非同一作者提出的兩個證據。除此之外，卜德氏徵引錢玄同揭出八事及其結論，並謂：“這幾條固然是不容易打破的證據，但是我們應得承認：《左傳》中雖有許多瑣碎事，而作者對於大事情的記載確有歷史的觀念。我們也得承認：《國語》的作者特別歡喜論仁、義、禮、智等等好聽的美德和故事、寓言等等的玩意兒。我敢説：這兩部書的宗旨是不同的。《左傳》是一部有系統的歷史記載，故能表示一年一年的政治上的大事；然而《國語》不是通史，它只是好些演説詞的合編，所以容易含有許多不正確的傳聞，而不必用歷史的觀念對於大事作系統的記載。”本此觀念，卜德對錢玄同所揭舉八事予以一一辯駁，并認爲：“錢先生的證據固然有力量，也未必就可十分決定。”並揭舉《左傳》《國語》記載完全相同者六事。卜德在討論之後，結論如下：

> 《左傳》與《國語》有的部分是從同樣的史料裏出來的，或者是彼此相借用的，故同事而同文；有的部分是從不同史料裏取出的，故同事而異文；還有這一作者得到一部分很豐富的史料，能作暢盡的記載，而那一作者則全未得到，以致不能下筆。無論如何，一個人決不能從一部原有的書裏著成或改成兩部書——《左傳》和《國語》。

顧鈞謂：“卜德的論文就其本身來看，是很有價值的，而更有價值和意義的是，他直接參與了當時中國國内學術界的討論，並發出了自己的聲音，這對於一個年輕的美國漢學家來説，是難能可貴的。卜德的論文能發表在《燕京學報》上，本身就是一個很大的榮譽。"① 徐仁甫謂卜德《左傳與國語》一文，"就《左傳》《國語》二書所引《詩》《書》次數及稱帝或上帝多寡之不同，以及兩書中有同事而同文與同事而異文者四端，以明兩書之非一書，純用客觀事據，毫無唯心臆説。自瑞典漢學家高本漢就文法比較研究兩書之外，卜德氏蓋欲另闢蹊徑，以作研究。異邦人士之留心中土古籍，亦云至矣。"② 張高評謂："卜德氏據學識修養與用語習慣二端之異，以證二書非一人所作，其研究之方法頗可取，惜例證薄弱，楊向奎氏贊其‘無甚精義’，非公論也。"③ 可以作爲部分中國學者對卜德研究的評價。

6. 孫海波的探討

孫海波（1909—1972）在《左傳》《國語》方面的論述主要體現在《〈國語〉真偽考》《〈國語〉真偽續考》中。《〈國語〉真偽考》刊於《燕京學報》第 16 期，《〈國語〉真偽續考》刊登在《文哲月刊》第 1 卷第 10 期（1937 年 1 月），這兩篇論文意在探討《國語》和《左傳》成書及其關係問題。

孫氏在《〈國語〉真偽考》一文中首先回顧了左丘明的出現以及前人對左丘明與《左傳》《國語》的關係、前人對《左傳》與《春秋》之間關係的看法，然後著重回顧了康有爲、錢玄同、高本漢之説。其謂錢玄同之説云："錢氏之意，以爲《左傳》與今本《國語》二書，彼詳則此略，此詳則彼略，此乃一書瓜分爲二之顯證。至於彼此同記一事者，往往大體相同，而文辭則《國語》多瑣屑之記載與支蔓之議論，《左傳》則無，尤見刪改之跡。錢氏之説，殆繼康氏而發者也。" 高本漢從語法的角度論證《左傳》《國語》非出一人之手，孫氏認爲高本漢的説法 "明辯調達"，但同時認爲《左傳》《國語》兩書的區別 "非徒由文法足以判明"。孫海波又提出四條證據進一步證明《左傳》《國語》非爲一書。在

① 顧鈞：《美國第一批留學生在北京》，鄭州：大象出版社 2015 年版，第 86 頁。
② 徐仁甫：《跋美國學者卜德〈左傳與國語〉三事》，見載於氏著《左傳疏證》，成都：四川人民出版社 1981 年版，第 132—137 頁。
③ 張高評：《左傳導讀》，臺北：文史哲出版社 1982 年版，第 62 頁。

《〈國語〉真僞續考》一文中進行了比較條理的總結，

通過《左傳》《國語》《史記》所記相同事件内容的對比，孫氏進而認爲司馬遷《十二諸侯年表》所本爲《左傳》，當時《國語》尚未成書。孫氏又通過《國語》本書的探討來論證自己的這一觀點：

　　且吾聞今本《國語》爲晩出，不僅因《史記》以明也。即《國語》本書，敘事之沓複、筆墨之異趣，顯非出於一人之手。《周語》《魯語》《晉語》《楚語》敘事殊爲瑣屑，然《周語》中如"穆王征犬戎""恭王遊於涇上""厲王虐，國人謗王""厲王説榮夷公""宣王不籍千畝"諸端，多見《周本紀》中，或古史策之舊文。"十八年王黜狄后，富辰諫不聽，乃以其屬死"亦與《周本紀》同。《魯語》所記皆細事，《晉語》較詳，然如伐虢童謡之詞，冀芮對穆公之問，其文全同於《左氏》者，即由《國語》所撮録，而不同於《左氏》者，乃出於周秦時傳聞之異辭。《鄭語》爲史伯一人之語，吳、越《語》專記吳越興廢，雖不知掇自何書，與他語筆墨不同，其爲後人綴補者至明。《齊語》全同《管子·小匡》，亦與他語不類，蓋是抄取《管子》者。按《管子》一書，非管仲作，乃西漢好事者輯録成之，故其中多有漢人之文。而《小匡》一篇，吾友羅雨亭先生定爲漢初人作（見《管子探原》，中華書局出版）。今《國語》反録自《管子》，其成書之晩可知。夫如是，何疑乎其非一人之筆、一時之書也。

　　漢儒習尚，喜掇拾遺事，分析篇章，託之往古。或損益古籍，參附己意，易以新名。初無作僞之意，及後學附會，乃成作僞之實。而辨僞之學興，遂畀以作僞之名。如劉向《説苑》《新序》之類皆是也。方歆之校書秘府也，天下遺文畢具。歆既見《國語》之書，喜其事多與《春秋》相發明，因取以解經，而易其名曰《左氏傳》，復網羅舊章，爲今《國語》二十一篇以承其舊，別爲《新國語》五十四篇之名以亂其真，《國語》遂冒左氏之名以傳。余因學人詆其僞《左傳》而不及《國語》也，故詳及之，且以質世之治經今古文者。

在《續考》一文中，孫氏進一步指出：《左傳》真偽問題是今古文門户之見的問題。他認爲：“然則吾人之所以辨訂真偽者，當何所取徑？曰：當超今古文二派以外，依實事求是之精神以董理之。先秦之世，去今久遠，諸書撰述，載籍有缺，不能詳知。古人著述，不能浸木，輾轉流傳，賴諸抄録。及其傳録既久，其中有所附，如《荀子》篡入《左氏傳》之類皆是。而漢儒習尚，又喜掇拾遺事，分析篇章，託之往古。或損益古籍，參附己意，易以新名，以是古籍真贋厠雜者多矣。而猥云某者爲真、某書爲偽，洵非易易。吾人之所欲考訂，只辨明某書編成之時代，雅不欲確指作者之人，只論證某書史料之真贋，而不能涉及全書之真偽。”接著，孫氏對自己《國語真偽考》一文進行了複述與總結，在此基礎上進一步提出證據，以《漢書·五行志》所引“史記”十六事與今《史記》不合，引顔師古之説並清人齊召南、錢大昕之説，評云：“顔氏指‘史記’爲司馬遷所撰固謬，而齊召南、錢大昕以‘史記’乃《國語》之别稱爲解亦未是也。《五行志》所引諸書，如《左氏》《公羊》《穀梁》《易傳》，名稱詳明，未嘗隱約其辭，何以獨稱《國語》爲‘史記’，且《國語》所記，起於周初，迄於戰國之世，而《志》引‘史記’有秦始皇、二世時事，亦非《國語》所應有。是知《志》所之‘史記’，漢時會有是書，而今之所佚者也。其書之内容雖不可盡知，要之當起於周初，止於秦季，故《志》引之。其中所載之多國語，《太史公書》所未有，要當成於秦漢之間，史官之所撮録者。”孫氏將十六條史實一一與《史記》《國語》相驗，最後得出：“以上十六事，僅一、二、五、八、十一、十二七端見今本《國語》周、魯諸語，餘未知其所本。吾常思左氏《國語》一書，史遷本之於前，有漢諸儒稱述於後，爲古史之最可徵信者，班《志》果見《國語》，何以不引《國語》語，獨有取於史記？今《志》既傳‘史記’，知今本《國語》當時尚未成書也決矣。當劉歆取左氏《國語》之文以解經，則《國語》已附庸《春秋經》而爲‘《左氏傳》’，歆既取《國語》易名‘《左氏傳》’，不得云

《國語》已佚以淆聰聞，以是班氏據之，引《國語》則曰'《左氏》'或曰'《左氏傳》'，《左氏》所無者，別有取於'史記'之文以實之。歆既易《國語》爲《左氏傳》矣，而好事之徒，則撮録古籍記事之與《國語》相近者，僞纂今本《國語》，於是取《管子·小匡》爲《齊語》，記吳越之事者爲《吳語》《越語》，而剿取'史記'之文爲《周語》《魯語》，不幸'史記'之書佚，而其作僞之跡遂湮，今僅輯班《志》所引殘餘之文以明之，而使二千年來之疑案，一旦豁然明白，豈非快事？班《志》爲余前文所遺，今論次之於此，爲《國語真僞續考》。"從孫氏的論述可知，其《續考》主要增加證據以輔證前說，結論並未改變。

孫海波的考證仍然在高本漢的影響下進行，其考證同樣具有方法論意義。

7. 童書業的探討

童書業在1935年的《浙江省立圖書館館刊》第4卷第1期發表《國語與左傳問題後案》一文，童氏認爲："孫氏之説，較卜德氏益進，故《左傳》與《國語》非一書之分化之一結論，幾已可斷定矣。"[①] 但同時又認爲："孫氏又謂今本《國語》爲劉歆所僞造，其時代遠後於《左傳》（《左傳》即原本《國語》），則證佐未集，遽下斷語，殊屬錯誤，吾實不能不爲孫氏之大文惜也。"本於這種認識，童書業在其《後案》一文中探討了四個問題，其一是《國語》與《史記》著作時代之先後，其二是《國語》與《左傳》是否確非一書，其三是《國語》與《左傳》著作時代之先後，其四是《左傳》之原名問題。其中前三個問題都和《國語》有關。

童書業通過《周語》《鄭語》與《史記·周本紀》相同内容異文的比較，得出：凡《周本紀》較《周語》《鄭語》多出之詞語，必使文義顯明、完足而詞語淺顯；《周語》用字較《周本紀》用字爲古；《周語》作"榮夷公"，而《周本紀》作"榮公"，"不知周初本無謚法"；"《史

---

① 童氏此文原刊於《浙江省立圖書館館刊》第4卷第1期（1935年1月），第81—95頁；又見收於《童書業史籍考證論集》，北京：中華書局2005年版，第15—35頁。本書據中華書局本。

記》改王府爲王後宫，顯見時代之後"。又從《周語》篇章不以系年爲次序而《史記》改以時代先後編排的角度，認爲"《國語》成立在《史記》之前"，作爲對孫海波説的回應。

童書業又在整合前人時賢説法的基礎上，通過古史説之矛盾、紀事之重複、記載之衝突、文法之不同、文體之不類五個方面，論證《左傳》與《國語》非一書之分化。童書業主要從異文比較的角度，舉四節文字，認爲："皆《國語》文字繁於《左傳》。"如其分析《左傳》《國語》"有神降於莘"章云："如有神降於莘節，'國之將興'以下，《國語》凡一百九十一字，《左傳》括以三十九言，盡去敷衍支蔓之詞，文字遂大改觀。若《國語》在《左傳》之後，有良範在前，其文何致退化至此?"故其最終的結論即"《國語》成立在《左傳》之前"。

8. 楊向奎的探討

楊向奎 1936 年發表《論左傳之性質及其與國語之關係》一文[①]，全文共分兩編，上編論《左傳》之性質，下編論《國語》與《左傳》的關係。下編首先對高本漢、衛聚賢、孫海波、馮沅君、卜德、童書業等人的研究分别進行了評騭。最後總結云：

> 以上六人説法，雖立證取材各有不同，而結論則有共同之點，即《左傳》《國語》本非一書是也。高本漢之説法雖接近今文家之主張，然亦不能説《左》《國》本爲一書。衛聚賢氏謂《國語》爲楚人作，亦乏堅强之證據。案：《晉書·束皙傳》載魏襄王（或云安釐王）墓發現有《國語》三篇，言楚、晉事。故《國語》之編輯，當出魏國也。孫海波君之説《左》《國》非一書，自得其當，然以爲《史記》未引《國語》，因謂其書晚出，實較疏忽，《周本紀》《孔子世家》固多引《國語》之文，蓋《左》《國》同具之事，

---

① 楊向奎：《論左傳之性質及其與國語之關係》，《國立北平研究院史學集刊》第 2 期，第 41—81 頁。後收入楊氏學術文集《繹史齋學術文集》，上海：上海人民出版社 1983 年版，第 174—214 頁。

史遷墮引《左傳》；《左》所無者，則引《國語》也。謂《左氏傳》原非傳《經》之作亦失當，讀者參閱本文上章可知。然而問題之大體趨於解決者，則爲《左》《國》本非一書一點。

接著楊向奎引述錢玄同所揭舉八事，並謂：

　　錢先生據此八點，認爲《左》《國》爲一書之分化，粗看似有理由，然細按之，則均可解答。蓋二書取材除《齊語》《鄭語》另有所本，《吴》《越》二語晚出外，其餘《周》《魯》《晉》《楚》諸國語大抵相同，凡有詳略，皆《國語》重“言”，而《左傳》記“動”，顧名思義，《語》當記語，《春秋》當記事也(《左傳》原名或爲《左氏春秋》)。此項下有詳論。故因二書互有詳略一點，即謂二書源本爲一，未可云當。且先秦書籍，引用此二書之名稱亦不同。

對錢玄同之説提出異議。接著又論述《左》《國》體裁之不同、西漢以前《左》《國》名稱之不同，最後結論云：“《國語》之文法、體裁、記事、名稱等皆與《左傳》不同，故二者決非一書之割裂也。”認爲《國語》《左傳》原本二書，而非一書之分化。

9. 孫次舟的探討

1940 年，孫次舟發表《左傳國語原非一書證》於《責善》半月刊，分三期連載[①]。作者的出發點即在於“將以駁正清代今文家之妄説”。其文先辨正康有爲、錢玄同的説法，次則分幾個部分，第一部分爲“康、錢諸人謂劉歆改造《國語》之誤”，第二部分爲“《左傳》《國語》之體裁有異”，第三部分爲“《左傳》記事多異於《國語》”，第四部分爲“結論”。其結論云：“劉歆既無竄改古本《國語》之事，而現行《國語》與《左傳》，其成書之體裁既不相同，兩書言、事亦多歧異，即或

———————————

① 孫氏此文分三次連載於《責善半月刊》1940 年第 1 卷第 4 期第 2—6 頁、第 1 卷第 6 期第 7—10 頁、第 1 卷第 7 期第 11—16 頁。

所記之事相同，而字句亦頗有異。細加研核，兩書之本非一體，灼然甚明。"其方法雖未超過前人，但是所舉例子更爲細密。

10. 金德建的探討

金德建在《群雅》1941 年第 2 卷第 2 期上發表《漢代〈左傳〉〈國語〉二書合一不分之證》一文。作者首先引述韋昭《國語解敘》《漢書·藝文志》《論衡·案書篇》關於"外傳"的説法，並謂："《國語》之文既不主於經，號曰外傳，恐亦出於漢人所稱耳。"復引《左傳·僖公十一年》疏引孔晁云："左丘明集其典雅令辭，與經相發明者，以爲《春秋傳》，其高言善論，別爲《國語》。凡《左傳》《國語》有事同而辭異者，以其詳於《左傳》而略於《國語》，詳於《國語》而略於《左傳》。"金氏認爲孔晁"所論較韋昭等説爲實"，並申述之三端："一、無《國語》名稱號曰'外傳'之説；二、《左傳》與經相發明，而《國語》爲删剩之餘，則原始《左傳》《國語》合爲一書；三、既由一書分成二本，是以紀事凡詳於《左傳》，略於《國語》，詳於《國語》略於《左傳》。"作者進而推測"漢世左氏之學，劉歆一派僅傳《左傳》，此外若鄭玄、許慎皆兼《國語》，與《左傳》併爲一書"。舉《儀禮》鄭注、《説文》引《春秋傳》之言，《五經異義》引左氏説，實見於今本《國語》。以此爲證據，認爲今《國語》在漢世併爲一書。金德建的説法不可靠。《説文》對《國語》的稱謂多爲"春秋國語"，不能因爲出現對一本書的異稱而忽略了對該書本名的稱謂。

11. 顧頡剛的探討

20 世紀 30 年代，顧頡剛在燕京大學開設"中國上古史"課程，講義最後形成《中國上古史研究講義》，其中對《國語》的介紹開篇即謂："《國語》這部書的著作人和著作年代都不明瞭。"① 顧頡剛採用劉逢禄、康有爲的説法，認爲《國語》原本一部，劉歆從中割裂出《左傳》，今本《國語》是《左傳》採用之後的殘餘。顧頡剛既而認爲《國語》和儒家没有什麼關係，"《國語》所説的史事的信實的程度，和《三國演義》

---

① 顧頡剛：《中國上古史研究講義》，北京：中華書局 2002 年版，第 13 頁。

差不多，事件是真的，對於這件事情的描寫很多是假的。又它經過了漢代人的竄亂，當然裏邊説的古代史事雜糅著漢代的成分。"①

1942 年，顧頡剛在重慶開設"春秋戰國史"課程，劉起釪記有筆記，1982 年整理成書，即《春秋三傳及國語之綜合研究》，該書對《國語》有較詳細考訂，進而認爲："《左傳》作者及《史記》作者所見之《國語》，非今本《國語》，材料當較多也。"② 顧頡剛關於《左傳》《國語》真僞及其來源的一些思考還見於其諸多筆記之中。如 1939 年《浪口村筆記》"《國語》與《左傳》"條云："《國語》紀事，集中在幾件故事上，故有幾件故事，如驪姬之亂，晉文公出亡……都記得非常繁複細膩。《左傳》作者乃欲以之平均分配到全部《春秋》上，自然覺得有處太多，有處又太少，不能均勻，便不得不贋造些事實湊進去了。《左傳》作者將《國語》湊合《春秋》，一方面須使之無重出，一方面又要使不遺漏太多。使之無重出，删之可也，不至作假。使之不遺漏太多，則只得杜造故事以實之，隱、桓、莊數公時事是也。又《國語》中不記年月各條，《左傳》作者要勉强派定它年月，則事雖不僞而年月僞矣。今欲斷定其孰真孰僞，恐終被他混過去了。現在《左傳》是當初《國語》。現在《國語》是雜書拼湊。"③ 1949 年 5 月所記之《蘭課雜記》云："世稱《國語》注重言語，非也。史公作《史記》，每云'其事在某語中'，即謂在某某傳中也。語即事。"④ 對《國語》的記事功能進行了揭示。又 1947 年 10 月《逍遥堂摭録》云："《晉書·束皙傳》記汲冢書，云'《國語》三篇，言楚、晉事'，此亦可爲《國語》一書出於魏人之證也。"⑤ 認爲《國語》《左傳》出於魏人之手。

顧頡剛認爲《國語》有原本和今本之分，原本《國語》和《春秋》相合的一部分，被湊成《左傳》，今本《國語》則是各種材料雜湊的。

① 顧頡剛：《中國上古史研究講義》，北京：中華書局 2002 年版，第 13 頁。
② 顧頡剛講授，劉起釪筆記：《春秋三傳及國語之綜合研究》，九龍：中華書局香港分局 1988 年版，第 98 頁。
③ 見《顧頡剛讀書筆記卷四》，北京：中華書局 2011 年版，第 100 頁。
④ 見《顧頡剛讀書筆記卷四》，北京：中華書局 2011 年版，第 62 頁。
⑤ 見《顧頡剛讀書筆記卷四》，北京：中華書局 2011 年版，第 326 頁。

而且他的這一觀點和其學術生涯相始終。

12. 劉節的探討

1944 年，劉節發表《〈左傳〉〈國語〉〈史記〉之比較研究》一文①，全文分別爲 "小序" "古代史籍雛形與蛻變" "《左傳》與《國語》的比較" "《國語》與《史記》的比較" "《左傳》與《史記》的比較" "結論" 等幾個部分。作者在 "《左傳》與《國語》的比較" 一節中認爲：

> 康有爲先生以爲《左傳》是從《國語》裏分出來的。近人又有以爲《國語》的文章弱，是晚出。據作者看來，兩說都不十分可靠。文章弱，不一定是晚出的證據。中國古代像《國語》一類的國別史是很多的。我們說《周語》是從《周春秋》裏抄出來的；《晉語》是從晉之乘裏抄出來的；《齊語》雖然與《管子》有許多相合，我們可以說都是根據齊春秋裏的話而別自纂輯成書的，是否可以呢？說《左傳》根據《國語》，把國別史變作編年史，這話本是合理的。就是《國語》同《左傳》還有許多的違異的地方。說《左傳》裏的史料唯一的來源是《國語》，這句話也講不通。《左傳》《國語》兩書都有特色，而且都保存了許多希有的史料。光是說文章，當然《左傳》好得多。據我們的看法：《國語》是一部殘缺不完備的國別史，裏面有少許地方與《左傳》相同，却有許多地方與《史記》相同，又有許多地方爲《左傳》與《史記》都沒有的。《左傳》的分量比《國語》多，當然更有許多史料是《國語》所沒有的。說《國語》是作《左傳》的人抄輯了以後所殘賸的，也很可能。我們的見解是這樣：說《左傳》抄《國語》，或《國語》抄《左傳》，都不很合理。似乎是《左傳》所採輯的史料出於與《國語》同性質的書籍。

---

① 劉節：《〈左傳〉〈國語〉〈史記〉之比較研究》，《說文月刊》1944 年第 5 卷第 1—2 期。又收錄於作者的論文集《古史考存》（北京：人民出版社 1958 年版，第 306—340 頁）中。本書引文采自《古史考存》。

劉節最終在“結論”一節中認爲：

　　覺得説《史記》抄《左傳》一説，似是而非，《史記》抄《國
語》是一件事實；《左傳》抄《國語》也有可能。即使《左傳》是
抄《國語》，也不是現在這本《國語》。無論如何“左丘失明，厥有
《國語》”的這部《國語》，不是現在這部《國語》，大概是可信的。
還得再補充説明的，就是《國語》是國別史，《左傳》是編年史。
太史公所用的是《國語》，這一件事是出於他自己的話。現在就要
問像崔適《史記探源》的話，《左傳》大有抄《史記》的可能了。
我以爲崔適説《史記》有經後人動亂過的這一見解，可相信一部
分……我們現在對於《左傳》《國語》《史記》三部書的關係，總是
説不清楚的原因，却在於把古代史的情形太看呆板了。在先秦百
國春秋，這些書所記各國的史事，大概很實際的。古代的社會，與
秦漢以後的不同。各國的風俗又各不相同。秦始皇統一六國的政策，
是“書同文，車同軌”。李斯説：“古者天下散亂，莫之能一。是以
諸侯並作，語皆道古以害今，飾虚言以亂實。”我們再看現在所傳
的六國古器中的文字，確乎有許多不同。在古陶文、古泉文、古璽
文中，其字的形製，真是紛然雜陳。再來看《左傳》《國語》《史
記》三部書，其見解雖各有不同，但是可以看出都是經過儒家思想
澄清過一回的。假定我們認爲是同出於一學派的不同作者，而所根
據的，却是古代各國的實在史料，經過一番見解上與文字上的修飾，
於是每部書各有大同小異，是不是可以呢？所謂“群言殽亂，折衷
於聖”的精神，在中國古代史籍裏是到處瀰漫著的。

　　可見劉節也認爲有原本《國語》存在。這個觀點和顧頡剛先生的觀
點實際上是頗爲近似的。
　　以上是民國時期對於《國語》與《左傳》關係、《國語》真僞等問
題的大概。主要牽涉到：1.　《左傳》和《國語》是不是一個作者；
2.《國語》和《左傳》時間前後的問題；3. 是否有一個原本《國語》

的問題。所謂真僞，實際上主要涉及的不是史料，而是這部書的産生時期。學者所使用的方法則比較多樣，包括異文比較、事件比較、歷時比較、體裁比較、語言比較，尤其高本漢歷史語言比較法的介入，給《左傳》《國語》兩書研究注入了新鮮血液。但是黃蕭提出的古書異文的問題、“于”“於”二字同用混用的問題，孫海波提出的僅靠文法比較不够全面的問題，劉節提出的古書用字的問題，也是運用歷史語言比較的時候需要引起注意的。

（三）民國時期文學史材料、史學論著中對《國語》諸問題的認識

民國時期出版的一些文學史教材對《國語》問題也有探討，如顧實編纂《中國文學史大綱》即謂：“左氏之作，外有《國語》者，對《左氏傳》名《春秋内傳》，而名之曰《春秋外傳》焉。何故左氏同時作如此相似之二書，自來相承之説，以爲其作《左傳》而後，棄剩餘之材料爲可惜，故又别作一部云。然吾人殊不謂然，前已屢言三代之間，左史記言，右史記事，兩兩相待矣。左丘明殆亦仍此意而作二書，故《左傳》全以記事爲主，反是而《國語》惟記言，其間非有歷史事實之連鎖也。朱子評《國語》曰：‘萎靡繁絮，真衰世之文耳。是時語言議論如此，宜乎周之不能振起也。’（性理論文）然是評《國語》之内容，非謂《國語》之文章惡劣也。前已言之，周代之人，有狡猾陰險之弊，其詞資亦似有道而矜重，左丘明全其史家之責任，適如原狀而記録之，故自然之勢如此。至於描寫之精固，不能不曰大值贊賞者。是故歷史家有不甚可樂者，雖自己爲無佳趣之事，而亦不能不記也。要言之，則可曰‘《國語》者，腐敗之《書經》’，洵足顯春秋時代精神者也。”“由《左傳》而直春秋之歷史事實，由《國語》而得窺其時代精神。”[1] 可見顧實對《國語》文學價值和史料價值的肯定性態度。

陸侃如、馮沅君《中國文學史簡編》認爲《國語》是周代後期散文

---

① 顧實編纂：《中國文學史大綱》，上海：商務印書館 1926 年版，第 64 頁。

七部代表著作之一，認爲《國語》作者無考，約爲公元前三世紀的歷史作品，産生於山東，今本屬於半真半僞之作。① 楊蔭深《中國文學史大綱》約略韋昭《國語解敍》之言，對《國語》作者、内容進行了介紹，認爲《國語》"描寫雖較《左傳》爲弱，然有時亦頗有動人的敍述"②，以 "邵公諫厲王弭謗" 爲例進行了説明。容肇祖《中國文學史大綱》第六章 "春秋戰國的時代和記事與記言的演進" 認爲："記事的發展由甲骨文的單辭記事進而爲《尚書》之長篇記事，即記事文之開始，已算大進步了。由各個的單辭記事，而爲編年式的簡單記事，如《春秋》，又算是很進步的一回事。《尚書》或金文中有爲一段話一件事而記録至數百字的。進一步，便是彙集許多記事，以成爲一書——《國語》——出現了。《國語》的出現，真是記事文的大大的進步，由簡單記事，進而爲豐長記事，這是與文書物質的工具之難易有關係的。左氏的《國語》及《左傳》，其著書約在獲麟後五十年。大約那時文書工具已大大的進步了。《國語》之與《春秋》，也如《孟子》之與《論語》，汪洋大論，不比僅記綱目的簡陋。"③ 在這裏，容肇祖提出《國語》代表著重要的一個階段，這個提法和明人陶望齡等以《國語》爲《尚書》變體有相似之處。但容肇祖却是從書寫工具的進步上來看待的，並且他進一步推斷《國語》成書在春秋末期。

　　金毓黻《中國史學史》謂："若夫《國語》之作，是否與作《左傳》爲一人，本不甚關重要，惟二書各有詳略異同，可資互證之處甚多，凡研《左傳》者，必讀《國語》，其爲春秋時代古史之一，又不待論也。"④ 認爲《左傳》《國語》關係問題並不重要，强調了二書的重要史學價值。

　　詹安泰《中國文學史》在引述了康有爲、錢玄同、毛起的觀點之後，認爲："康氏各人的話是不很正確的。《左傳》和《國語》可能是一

---

①　陸侃如、馮沅君：《中國文學史簡編》，上海：開明書店 1932 年版，第 24—26 頁。
②　楊蔭深：《中國文學史大綱》，北京：商務印書館 1968 年版，第 14 頁。
③　容肇祖：《中國文學史大綱》，上海：開明書店 1947 年版，第 28 頁。
④　金毓黻：《中國史學史》，北京：商務印書館 2007 年版，第 37 頁。

個人的手筆，裏面也有類似的地方，可是，二書的句調、風格有相當大的差别，也是不容否認的。"觀點比較模糊，既認爲二書作者爲一人，又感覺二書風格確實不同。此外，詹安泰對《國語》的文學性予以揭示，指出《國語》是"富有現實主義精神的作品"，並認爲："《左傳》和《國語》的作者，雖然本著信史來寫作，但却加上許多想象，運用他獨有的筆調，寫出許多生動有趣味的歷史故事，使讀者有如讀小説一樣。像這樣具有相當高度的藝術性的作品，在文學史上，自然有它的價值和地位。"① 對《國語》文學價值的揭示，較前幾家更爲顯豁。

繆鉞《中國文學史講演録（唐以前）》謂《國語》《左傳》皆左丘明所作，又謂："《國語》一書，其文較《左傳》爲繁縟，且多排比之句，其撰作時代蓋又在《左傳》之後。"②

朱希祖《中國史學通論》於"中國史學之派别"下有"國别史"一類，謂"《春秋》以時間觀其通，《國語》以空間觀其别也"，並謂《國語》爲歷史文學，"蓋春秋之時，雖有百國春秋，然國自爲史，未聞聚國别之史而薈萃爲一書也。曰《詩》，有十五國風，於是《國語》因之而出。余嘗爲《中國古代文學史》，論《國語》之源流，以爲'劉知幾作《史通》，臚陳六家之史，明其條貫，著其源流，則以《左傳》爲編年之祖，《國語》爲國别之宗，分析史法，可謂精矣。若夫剖析而言，《左傳》多敘記之文，原始要終，巨細可見；至其記載言論，大抵甄綜典禮，折衝樽俎，間以策命之文多爲事而發，故名篇巨制，十之三四而已。《國語》則多論議之文，其所記注事端，大部爲語而發，簡而不繁，其重在語，猶《論語》也，分國而載，故稱《國語》。其書上追《國風》，下開《國策》，欲觀全周列國之文章，此三書爲其淵藪矣'。觀此則《國語》爲歷史文學，殆非附會之言乎。"③

---

① 詹安泰主編：《中國文學史》（先秦兩漢部分），上海：上海古籍出版社 2011 年版，第104—105 頁。

② 繆鉞：《中國文學史講演録（唐以前）》，《繆鉞全集》第六卷，石家莊：河北教育出版社 2004 年版，第 53 頁。

③ 朱希祖：《中國史學通論》，北京：商務印書館 2015 年版，第 31 頁。

陳功甫《中國史學史》謂："古史編年之法，至《左傳》而大備，而國別爲史，則始於《國語》。""《左傳》多敘記之文，原始要終，巨細畢見；《國語》多議論之文，其所記注，大都爲語而發，簡而不繫。此孫盛、習鑿齒、司馬光輩，所以皆能酌其餘潤，而流藻百世也。"①

董允輝引録《史通》、司馬光、俞樾之説，謂："《國語》爲左氏作傳之副産物，或亦著書時所匯之材料底本也。"又引録葉少藴、王安石、朱熹、鄭樵諸家以《國語》非丘明所作之説，認爲按照這些學者的意見，"左氏本人有疑問焉"。②

可見，民國時期出版的中國文學史、中國史學史著作，由於編者的學術立場、知識背景、學術旨趣、問題意識等存在差別，從不同側面對《國語》性質、内容、真僞、史學價值、文學價值等進行了介紹和探討。

四、民國時期的《國語》評點和翻譯

民國時期《國語》的評點雖然不如明清時期多，但仍有一定數量。如李澄宇《讀國語蠡述》、秦同培《國語評注讀本》等。翻譯則如上文所提到的幾家，如秦同培、葉玉麟、張寄岫等。

(一) 民國時期的《國語》評點

1. 李澄宇《讀國語蠡述》

李澄宇（1882—1950）③，原名李寰，別號瀛北，字瀛業，筆名洞庭。今岳陽縣筻口鎮人。曾創辦《岳陽日報》，歷任岳陽、華容、長沙

① 陳功甫等著，王傳編校：《中國史學史未刊講義四種》，上海：上海古籍出版社 2016 年版，第 9、10 頁。

② 陳功甫等著，王傳編校：《中國史學史未刊講義四種》，上海：上海古籍出版社 2016 年版，第 303、304 頁。

③ 今檢《湖南歷代人名詞典》、萬里主編《湖湘文化辭典》記李澄宇生卒年爲 1882—1950，華濟時編《20 世紀湖南文學作者中文著譯簡目》記李澄宇生卒年爲 1882—1952，岳陽市地方志辦公室編著《岳陽市志·人物志》記爲 1881—1955。

等地中小學教員，後任湖南省政府督辦參戰事務處秘書、總統府江西行營秘書、湖南省政府秘書、湖南民衆參議會參議、湖南省政府設計委員，抗戰期間又任教於大、中學校。根據尋霖、龔篤清編著《湘人著述表》，李澄宇著有《讀史蠡言》二十七種七十七卷、《萬桑園詩存》四卷、《未晚樓全集》三十九卷、《未晚樓文存》六卷、《湖南省志稿雜誌叢談稿》《未晚樓聯後稿》。①根據該著録資料，李澄宇《讀國語蠡述》二卷，收入其全集中。

今所見《讀國語蠡述》爲民國二十二年（1933）湘鄂印刷公司印行，楊鈞瘦金體字署篆。全書目録1頁、正文18頁，根據二十一卷依次編排，以“書××”名之。其中《書周語上》7則，《書周語中》10則，《書周語下》《書魯語上》《書晉語五》各5則，《書魯語下》《書晉語八》各4則，《書齊語》《書晉語七》《書楚語下》《書吳語》《書越語上》各3則，《書晉語一》《書晉語三》《書晉語六》各1則，《書晉語二》《書晉語九》《書鄭語》《書楚語上》各2則，《書晉語四》12則，《書越語下》6則，共86則。行文中有雙行小字注文，共16處，其中14處解釋地名，唯《書越語下》二處釋名物。評點之間結合古今，頗有肯綮之論。今擇其數則，以見其評點特色：

（1）先王耀德，後世觀兵，此歷史鴻溝也。故《國語》首穆王，特録此篇，《史記》作《周紀》亦録此篇。勤恤民隱而除其害，則兵中自有德在，所謂不得已而用之也。以是考歷代戰事，成敗得失可瞭然矣。（《書周語上》）

［按］該則揭出了先周時期和後世的不同之處，即“耀德”和“觀兵”的不同，前者是德治，後者則是武力。即便先周時期使用武力，也是在“勤恤民隱”的條件下，故謂“兵中自有德在”。同時也揭出《國語》首章用此篇的用意所在。最後指出查考歷代戰事成敗得失的關鍵在

於看其"兵中"是否有"德在"。

(2) 子產不毀鄉校，而厲王乃使衛巫監謗，終流於彘，匪不幸也。(《書周語上》)

[按] 本則通過子產不毀鄉校這件事情，和厲王弭謗作對比。實際上揭出厲王堵塞言路，使民敢怒不敢言，"流於彘"是必然結果，而非不幸。

(3) 古不料民而司民協孤終，司商協民姓，司徒協旅，司寇協姦，牧協職，工協革，場協入，廪協出，少多、死生、出入、往來皆可知。又審之以事。此誠善用統計也。今不務其實而競其名，即統計圖表多至不可紀極，將焉用乎？(《書周語上》)

[按] 本則揭出"古不料民而知其少多"的緣故即在於"統計"。同時揭出務實的重要性。

(4) 日本亦嘗大地震，而國轉盛，災異亦視人轉移耳。豈西周三川皆震，遂必滅周耶？(《書周語上》)

[按] 本則以日本是地震帶國家、但日本却逐漸強盛這一事實出發。認爲災異固然存在，但不是國家盛衰的根本原因。故認爲《周語》本章所言實際上是一種附會。

(5) "曹劌論戰"篇，《左傳》勝此，不惟後半勝也。即"余聽獄雖不能察，必以情斷之"，《左傳》作"小大之獄，雖不能察，必以情"，亦較遒煉。(《書魯語上》)

[按] 此則對比《國語》《左傳》相同内容。認爲《左傳》的記載

勝於《國語》。

（6）禮別男女，今則必效夷俗，惟恐有別，非不欲以人自處，殆不敢以人自處也，悲夫！（《書魯語下》）

［按］李澄宇生活時期正是中國大變革的時代，也是中國禮儀變革的時代，由以前的"男女有別，授受不親"到男女之間缺乏必要的界限。在李澄宇看來，這是不對的。這和李澄宇的學術立場、思想觀念是有關係的。從其著述來看，他屬於舊學者，而非新學派。

（7）敘驪姬亂事，較《左傳》詳盡而勁美遜之。此殆稻粱，彼其酒乎？（《書晉語一》）

［按］這是從整體敘事特徵上而言，且設喻來形象說明《左傳》《國語》在敘驪姬亂事方面的區別。

（8）敘優施飲里克有神。敘申生就死，遜《檀弓》，且遜《左傳》。（《書晉語二》）

［按］本條評議優施飲里克酒"有神"。又與《檀弓》《左傳》相同內容比較，認爲《國語》所載申生死事遜色於《檀弓》和《左傳》。

可見李澄宇從敘事特徵、主要內容、記事特點、時代地理、歷史典制、與其他典籍記事比較等多個方面對《國語》進行評點，其所評點，有前人所未及者，對於深入理解《國語》文意具有積極意義。

2.《言文對照國語評註讀本》

如上文所述，該書由上海世界書局印行，分上下兩冊。每一篇包括篇題、正文、評、註、譯俗五個部分。其中評的部分是對整篇的總評。今錄其所評《周語》《魯語》《齊語》部分如下：

一、周語

通篇以"德"字立柱。先取"玩兵"對勘，次舉周代歷史作證，次又取周制爲言，終乃拍合犬戎。詞旨排疊而至，如風檣陣馬，而一綫貫串，神不外散，極見凝厚之致，周文面目，如是如是。(評《祭公諫征犬戎》)

文首以厲王語作案，次從使導、使言兩意生發，反覆引證，一篇機杼，悉從此出。末以事實作結。篇中有喻意，有紀敘，有論斷。行文之變化，盡於茲矣。(評《邵公諫厲王止謗》)

襄王欲伐鄭，富辰諫以同室操戈之非，襄王欲娶狄女，富辰諫以利內、利外之得失，王皆不聽，終致及難。惜哉！觀其諫辭之中肯、引證之浩瀚、筆陣之酣舞，有若破竹。讀之，可增進才識不少。(評《富辰諫襄王》)

不能以大物賞私德一語，爲篇中之骨。首引文公請隧事，次舉襄王對答之辭，終乃説出結果。於以見襄王措詞之正大，通篇扼定不能以大物賞私德一旨，反覆申説，入情入理，此大處著墨之筆也。(評《周襄王不許晉文請隧》)

訴陳侯之過失，謂不咎其身、即亡其國。首引先王之教化作根據，後乃拍到正面，證明陳國之必亡，筆力著實，而遣詞之古奧、筆鋒之流利，的是周文本來面目。(評《單襄公論陳必亡》)

本文前半以簡括扼要勝，中段以論事周到取勝，末乃歸來前意，搆成一大宏篇。此非學識純正、富於辨才者不能。(評《單襄公論晉將亂》)

論單子必興，以"儉而敬"數語作柱意，下文即由此發揮，後乃引《詩經》語作證，末又舉單子之美德。文情極有生發。(評《叔向論單子必興》)

先舉古時鑄錢之意，次舉鑄造大錢之弊，眼光遠到，語氣透達。使人讀之，中心首肯，周文渾穆沖和之氣，於斯爲盛。(評《單穆公諫鑄大錢》)

此篇兩人議論，各有精采。單公之言大而正，伶州鳩之辭切而

要，兩番諫言，各有意致，明乎從多方面討論，立論自有生發，何患枯窘哉？（評《單穆公諫鑄無射》）

二、魯語

證引古制，究極流弊，詞鋒甚流利，理由亦充足，而詞氣一綫到底，神不外散，尤爲可貴！（評《曹劌諫莊公觀社》）

乙喜當兵臨國境之際，侃侃而談，折齊貪心，使自內愧而退，何等鋒芒。行文有此銳利之筆，何患不出人頭地。（評《展禽使乙喜犒齊師》）

展禽論祭祀之義，可爲深切，足破後世一切迷信。文辭亦排疊而至，有策馬當先、無堅不破之概。宜臧文仲爲之心折。（評《展禽論祀爰居》）

按此篇雖爲里革諫漁之詞，然實含有博愛之旨，宣公聞之而立悟，可謂勇於改過。文字之妙，全在末尾一折，使全篇生色不少。（評《里革諫漁》）

首寫仲孫它之言，泛而不實；次舉文子對答之辭，意旨正大。兩面對勘，使人恍然於奢侈之非計。末敘孟獻子囚子之事及文子贊美之辭。著墨不多，繳足正意甚力。布局亦自然，亦有姿致，此境不易幾也。（評《季文子儉德》）

此篇首敘文伯之言；中間一段偉論，足以懲警偷惰，尤難在出婦人口中，此其所以可貴也；末將嚴母口氣盡情發洩。世之以官位爲驕奢護符者，讀此文與前篇，可以爽然。（評《敬姜勞逸》）

通篇問答，中間“誰守爲神”作一曲折，然後歸到防風，便不直率。作文要能灑脱，愈脱離得遠，愈收束得緊，方見工夫。（評《孔子答專車骨之問》）

陳惠公只問矢何來，孔子却詳答以産地，兼及古王者分物之用意，使知陳國之由來，一種尊周嚴名分、守秩序之意，躍然紙上。此即小見大法也。（評《孔子答楛矢之問》）

三、齊語

此文長極矣，而讀之不覺其冗者，因其敘事造句均有變化，寫

得生龍活虎，使人讀之，不覺眉飛色舞。其論强齊之政策，足爲千古治國之真詮。桓公用以霸，誰曰不宜。（評《齊桓公用管仲》）

此篇妙在寫桓公欲服諸侯，全以和平之筆寫出之，並無一些自大氣。後節論致胙之禮節，一若與本題不相屬。實則步步逼緊，不肯抛離，所謂游刃有餘者也。（評《齊桓公服諸侯》）

此篇寫齊桓公之仁義，乃爲他後來定伯功立案。蓋以不如此，大功即難告成。首段是寫其仁義，中斷是寫其愛處，末段是寫其賢處。看他文字無一詞論斷，而波瀾起伏，讀之自覺生趣無窮。此又一種敘事寫法也。（評《齊桓公立定伯功》）

《周語》九篇、《魯語》八篇、《齊語》三篇，所評具有一定的代表性。大體包括：尋找全文文眼，也即作者所謂 "立柱"、所謂 "篇中之骨"，尋找全文主綫，尋找全文發端，分析篇章脈絡以及論證層次，分析論證方法及其脈絡，闡述敘事特徵，探討篇章筆力、辭藻之美，並涉及文章作法、思想意義等。秦同培所用評點術語也是中規中矩的傳統評點術語。

（二）民國時期的《國語》翻譯

民國時期的《國語》語譯都是選本，這和同時期的日本《國語》 "國譯" 是有區別的。日本同時期的《國語》 "國譯" 都是全本。當然，其中最主要的原因還是文化差異造成的。當時的中國知識界中人，絶大多數不看白話語譯也能讀懂《國語》，且研究者大多不會看語譯，語譯主要出於普及需要，故在選篇上很講究。而日本知識界中由於語言障礙問題，絶大多數不能讀漢文，故需全書翻譯或訓讀，這樣纔不失其整體性。如前文所述，專門的語譯本有秦同培兩種、葉玉麟兩種和張寄岫一種。

1. 秦同培《國語》翻譯二種

秦同培《國語》二種都有注、有譯。二書的施注位置有區別，《國語評注讀本》注釋編號置於施注點之正中，單字則在單字正中，雙音節詞則在雙音節詞之間，三音節詞則在第二個音節正中，四音節詞則在二三音節之間。而《國語讀本》施注編號則改在施注點右下角。

注釋標記，《國語評注讀本》以帶框"注"字標識，而《國語讀本》以"【注釋】"二字標識。注文中，《國語評注讀本》被注詞大字，注文小字雙行；《國語讀本》被注詞和注文字號相同，皆單行排列。注文標號，《國語評注讀本》用○圈字符標識，《國語讀本》用●圈字符標識。被釋詞有所不同，《國語評注讀本》較詳，如"先王世后稷"，至《國語讀本》則只保留"世后稷"三字，"邦內甸服"四字至《國語讀本》只保留"甸服"二字。注文中涉及典籍，《國語評注讀本》無標識，《國語讀本》則以"【】"標識。其注文內容也有區別。今以"祭公謀父諫征犬戎"爲例，以見其不同：

被釋詞	國語評注讀本	國語讀本
犬戎	一作畎夷，即昆夷。在今陝西鳳翔縣北。	西戎種名。亦名畎夷，又名昆夷。
祭公謀父	祭，國名，今河南開封縣東北有祭伯城。謀父，字也，周公之後，爲王卿士。	祭音瘵，畿內之國，周公之後也。謀父，字也。
載	語辭，則也。	助語辭，則也。
懿	懿，美也。	懿德，醇美之德也。
竄於戎狄之間也	竄，匿也。不窋失官，歸處於邰。邰在今陝西武功縣南。	竄，匿也。不窋失官，歸處於邰。邰在今陝西武功縣西南。
	邦內甸服：邦內，天子畿內千里之地也。甸，王田也。服，服其職業也。	甸服，天子畿內千里之地曰甸。甸，王田也。服，服其職業也。
	邦外侯服：邦外，邦畿之外方五百里之地也，謂之侯服，諸侯之近者，歲一來見也。	侯服，邦外，邦畿之外方五百里之地曰侯服，諸侯之近者，歲一來見也。

被釋詞	國語評注讀本	國語讀本
侯衛賓服	侯，侯圻也。衛，衛圻也。言自侯圻至衛圻，其間凡五圻，圻各五百里，五二千五百里，中國之界也。謂之賓服，常以服貢賓見於王也。	侯，侯圻也。衛，衛圻也。言自侯圻至衛圻，其間凡五圻，圻五百里，五五二千五百里，中國之界也。謂之賓服，常以服貢賓見於王也。五圻者，侯圻、甸圻、男圻、采圻、衛圻是也。
	蠻夷要服，衛圻之外蠻圻，去王城三千五百里，九州之界也。蠻圻之外夷圻，去王城四千里，謂之要服。要者，要結好信而服從之也。	夷蠻要服：蠻，蠻圻也。夷，夷圻也。九州之界。要者，要結信好而服從也。
祀	供月祀也。	供日祀也。①

通過比對發現，《國語評注讀本》注文大抵以沈鎔《國語詳注》爲依據，稍有增減。《國語讀本》在《國語評注讀本》的基礎上又有更進。

二者的譯文基本相同，一部分詞句有異。此外，二書都用新式標點符號，唯《國語評注讀本》無句號，凡句號處用"．"或"！"標識，而《國語讀本》用"。"標識。另外，《國語讀本》專名號標右，《國語評注讀本》標左。又《國語讀本》專名號統一用單綫標識，而《國語評注讀本》凡人物專名單綫，凡國族專名如"犬戎"等用雙綫標識。今以"祭公謀父諫征犬戎"爲例，以見二書翻譯之異同。録《國語評注讀本》文字，《國語讀本》不同之處，順次括弧內標出，如下：

周穆王要征討犬戎，祭公謀甫（《國語讀本》"甫"作"父"）就諫道："不好的！先王單講究榮耀他的道德，不講究誇示兵威的！那些兵要藏着，有機會纔動他，動了纔有威勢；（《國語讀本》分號作句號）倘若專給人觀看了，便同玩具一般，兵做了玩具，人家便

---

① 此"日"字實"月"字之誤。此類在二書中多有。如被釋"兵戢而時動"，《國語評注讀本》"兵"誤作"不"。又如"享"字下注文"采圻"之"采"，《國語評注讀本》誤作"柔"。

不怕他了!(《國語讀本》歎號作句號) 所以從前周公的頌贊詩上有句話道:'便藏了干戈罷!便袋了弓箭罷!我只須求得頂好的道德(《國語讀本》"頂好的道德"作"美德"),宣傳在這中華地方,我相信我王必能保守這天下了!(《國語讀本》歎號作句號)' 先王對於人民幹的事,總是勤勉矯正他的道德,厚他的天性;一面多積聚他們的財物需要,便利他們的器用;一面又發明利害的方向,把禮法整齊他們,使他們專做有利的,避掉有害的.(《國語讀本》點作句號) 於是人民都想念先王的德行,並且怕他的威嚴,這纔能保全世代,慢慢地擴充光大起來呢!(《國語讀本》無"呢"字,歎號作句號) 從前我們的先王,世世代代做后稷的官,服事着虞朝夏朝;(《國語讀本》分號作句號) 後來夏朝衰弱了,便丟掉后稷的官不做,我先王名叫不窋的(《國語讀本》改"我先王名叫不窋的"作"我先王不窋"),就因此(《國語讀本》無"就"字,"因此"移到"自己"之前) 失去官位,自己逃往戎狄的中間;(《國語讀本》分號作句號) 然而還不敢鬆懈,時時刻刻振作他的德行;繼續他的業務;修明他的教訓法制;不論早晚,總是很恭敬,很勤勞的做事.(《國語讀本》點作句號) 用厚道保守他的勢力;用忠信謀幹他的政治;歷代都是立脚在德行上,並不比從前人減色;(《國語讀本》分號作句號) 一直到了武王,除表顯了和從前一般的光明,另外再加上慈善和氣兩件事(《國語讀本》"慈善和氣兩件事"改作"慈和的仁德"),(《國語讀本》逗號作句號) 所以不論事奉神道保護百姓,沒有不歡喜他的;(《國語讀本》分號作句號) 那(《國語讀本》改"那"作"那時") 商朝的皇帝名辛,大大惹了人民的恨(《國語讀本》"惹"下有"起"字,"恨"前有"怨"字),許多百姓,再也耐他不住(《國語讀本》改"耐他不住"作"忍耐不住了"),於是大家都來愛戴武王,弄得(《國語讀本》改"弄得"作"因此") 興兵在商郊牧野的地方;(《國語讀本》分號作句號) 這樣看來,先王並不是專講武力,實在是勤苦着體恤人民的隱痛,替他們除箇害罷了!(《國語讀本》改"替他們除箇害罷了"作"不過替他們解除患害罷了"，歎號改作句號）那先王的制度，國內叫甸服，是種王田服事王家的；國外叫侯服，是做諸侯服事王家的；侯服以外，就是衛圻，叫做賓服，是保衛王家，以賓禮服事王家的；再外就是夷蠻，叫做要服，是要約了條款服事王家的；再外就是戎狄，叫做荒服，是服事王家，（《國語讀本》無此逗號）荒忽無常的；（《國語讀本》分號作句號）做甸服的，應每日供祭；做侯服的，應每月（《國語讀本》"月"誤作"日"）供祀；做賓服的，應依時供享；做要服的，每歲要有貢獻；做荒服的，每代總要來朝見一次；（《國語讀本》分號作句號）每日祭祖考；每月祀曾祖高祖；又按照定時享他的遠祖；遠的每年有貢獻；或每代朝見一次；這都是先王的教訓啊．（《國語讀本》點作句號）逢有不祭的，便表示一種告誡的意思；逢有不祀的，便發布一種告誡的號令；逢有不享的，便整頓一種法制；逢有不貢的，便整頓一種名分；逢有不朝見的，便修自己的德行；（《國語讀本》分號作句號）如果依了這一定的方法做，還有不來的，便整頓一種刑罰；（《國語讀本》分號作句號）所以有罰那不祭的（《國語讀本》"所以有"改作"就是"，此處以及後面的四個"那"字刪去）；伐那不祀的；征討那不享的；詰責那不貢的；曉諭那不朝見的；（《國語讀本》分號作句號）所以有種種刑罰的科罪，有攻打的兵卒，有征討的預備，有嚴斥的法令，有告諭的說話；（《國語讀本》分號作逗號）頒發法令，陳設了告示，還仍舊有不來的，那末總是自己的德行，不足以服人，於是格外修自己的德行，也並不煩勞遠地方的人民；（《國語讀本》分號作句號）所以近處的人民，沒有不依；遠處的人民，也自然沒有不服的了．（《國語讀本》"服"下無"的"字，點作句號）現在犬戎自從大畢伯氏兩人死去以後，依照他應盡的職分來朝見，天子倒說：'我定要照不享的規則征伐他，且把兵威給他看；（《國語讀本》分號作歎號）'這不是明明廢掉了先王的教訓，我王家的兵，反要弄得失敗了嗎？我聽說犬戎的酋長叫樹惇的（《國語讀本》無"的"字），很能依照他從前的德行幹事，並且保守得很堅牢，我看他一定有方法來抵擋我們了!”穆王不聽他的説話，便去征伐那犬戎，得了四隻白狼四隻白鹿回來，從此以後，凡是荒服的人民，便一概不來. (《國語讀本》“不來”下有“朝見了”，點作句號)

通過“祭公謀父諫征犬戎”篇的譯文比較可見，《國語讀本》比《國語評注讀本》標點更合理，在某些翻譯點上更符合口語特徵，也更符合語境。

2. 葉玉麟譯注兩種

葉玉麟的《國語》二種，一種是選注，一種是選譯。

（1）葉玉麟的《國語》選注

葉玉麟選注《國語》是王雲五主編《萬有文庫》時作爲商務印書館出版的《學生國學叢書》之一。該書前有例言，又有緒言。其例言云：

> 一、是編取《國語》全書，纂輯菁華，共録文五十四，以津逮初學。每章之首，本無題目，今依先輩選《國》《策》之例，皆以其首句列爲目次。學者如欲觀其全，除韋氏解外，近代若沈鎔之《詳注》、徐元誥之《集解》，雖尟觕獲，不妨互參，藉資考證。
> 一、凡所録舊注，則不復詳姓氏。其獨抒心得，闡明奧義者，乃各書姓氏於上。《國語》所載事多與《内傳》相同，故是編徵引《内傳》以附益之，便學者稽古之助。
> 一、《國語》刊本叢雜，是編皆依宋天聖明道本，而又以諸家刊本考定之。

例言三條，第一條大致交代選録篇目以及《國語》的可讀書目。同時對沈鎔《國語詳注》、徐元誥《國語集解》作出評價，認爲二書創獲較少，但是可以作爲參考讀物，這個評價出在沈鎔、徐元誥之世，可爲知言。第二條交代選注依據以及撰述體例，即舊注不録姓氏，確實有獨得之見者，則書姓氏。觀其全書引用出人名者，唯賈逵、應劭、高誘、柳宗元、戴侗、穆文熙、姚鼐數人。又因《左傳》《國語》内容多同，故每每引《左傳》爲校、或引《左傳》互證, 或引《左傳》作爲補充, 共引《左傳》89 處。第三條主要介紹注本所依據底本, 謂以天聖明道本爲依據, 又根據諸家刊本考定。檢其所用《國語》諸本, 爲閔齊伋裁注、儲欣《國語選》之類, 皆非嘉善之本。

其緒言一共四段。第一段是對《國語》學術史的梳理, 第二段是對《國語》成書、內容以及功能的認定, 以韋昭《國語解敍》之言最能體貼左丘明編纂《國語》之意。第三段是對《國語》重要篇章意旨的揭示, 最終認定《國語》所録篇章有"考鏡得失, 知盛衰之由"的功效。第四段, 主要説明選注意旨。

葉玉麟注文涉及的幾個方面和沈鎔《國語詳注》基本相同, 即釋義、校勘、注音。從"祭公謀父諫征犬戎"篇注文的比較來看, 葉玉麟選注《國語》更傾向於撮録韋昭注文。注音採用直音和國語注音字母兩種方式。葉玉麟注文中涉及校勘, 在注文中多以括弧標注, 以"按"字出之。檢其校勘, 所參照之本多爲普通刊本, 且多依從明道本。涉及他書異文的, 只是引述, 並不區別甲乙。該書對於普及國學、《國語》是有貢獻的。但注文多涉普及, 訓詁考據之功稍遜。該書又於 2018 年 9 月由北京商務印書館出版簡體橫排本, 作爲《學生國學叢書新編》的一種。該叢書王寧主編, 顧德希顧問。葉玉麟選注《國語》由陳曉強校訂。書前有王寧《總序之一——在閱讀中走近中華優秀傳統文化》、顧德希《總序之二——植入健康的文化基因》、目録、新編導言、原書緒言。檢核之下, 發現陳曉強校訂本和葉玉麟選注本不完全相同, 陳本在注文上做了一定程度改動。陳曉強校訂本對原有的一些注釋進行了合併, 改換注音方式, 使之適合現代閱讀需要。注文中的句尾語氣詞"也"大量删掉, 有些注釋進行了更動, 比如對韋昭注文引書進行了詳細標注。在地理注釋上則沿襲沈鎔、徐元誥等傳統, 用最新地理名詞。總之, 是以服務當代需要爲主。

(2) 葉玉麟的《國語》選譯

葉玉麟《白話譯解國語》, 書前有朱太忙序文一篇。該序大致撮録《四庫總目》等, 並且闡述了閱讀《國語》的重要性等等。

全書正文下有雙行小字注文，完全用韋昭注。正文用新式標點，注文不加標點。譯文在正文之後，低一行。譯文字號比注文稍大，採用新式標點。和秦同培的翻譯相比，葉玉麟的譯文部分口語特色更濃，意譯的意味更強烈，某些地方譯述流暢生動，但也有些地方還保留著比較濃重的文言氣息。仍以"祭公謀父諫征犬戎"爲例，如下：

周穆王將去征討犬戎國，臣子祭公謀父諫止他道："不可，古來聖王只重修德，不在用兵，因爲兵是聚起多數人民，到不田作時，才可一動。所以動則有威。如其好動兵，威就太褻黷了！人也不怕，文王詩頌上説：'收拾起干戈，藏好了弓箭。我只要修德，可以唱太平歌，真相信武王能保民也。'古來明君，一心修德，使人人性情忠厚，多開利源；使人不窮困，然後趁閒暇，講究兵事。訓練兵士以利害，指導他方向，仍重在講禮，約束大衆。使人人知道傾向有利益之方做去，避免危害，感德畏威，才能保守土地和王位。代代發展，如我先王后稷，世世作稷官。輔佐舜帝，到夏啟時，後夏朝衰敗，不用稷官；到我先王不窋時，此職遂廢。不窋到西邊邠地，近戎狄地方，不敢怠惰；時時自修繼續他先人功業，修明國家訓令和法典。早晚勤慎，用敦厚誠實心守之。用忠信之道事奉之。累代修德，不辱先人，武王時更加宣揚前人的輝光，加以慈愛和柔，所以事神同保民，莫不歡喜。紂王無道，大爲百姓仇怨，百姓忍不下，擁戴武王起兵，到牧野討紂。可見先王不是好武，是伐暴救民也。論先王制度，將京畿內外之土地，就距離遠近，分爲五等：在一千里內，如距京畿五百里曰邦內甸服，言其地在王田之內也；去京畿外五百里，名邦外侯服，言其近每年可來候望也；相隔二千五百里的，名侯衛，言其同中國，名賓服，如來賓也；至三千五百里的，遠至九州界上，名夷蠻，爲要服，有要結之意，使之信從而已；至四千五百里，至五千里的，則在九州外極遠處，名荒服，言其荒遠也。甸服最近，每日可來佐祭，侯服較遠，每月可來一次供祭祀。若賓服更遠，只論年一來進貢。若荒服更加遠，只一生一世來一次而已！凡此每日祭祖考，每月祀高曾，四時享祧始祖，按年貢祭壇場，一生祇因嗣王登極和自己即位來一次，此皆先王明訓也。如有不來佐日祭的，則示以意；有不來助月祭的，就下明令；有不來佐四時之享的，就修法典；有缺歲貢的，就示之尊卑名分；有不因嗣王登極，和自己即位來朝的，則惟有修德以懷之。如法定明白，仍有不遵的，才修刑伐去征討他。於是才有：刑不祭，伐不祀，征不享，讓責不貢，告誡不來朝王的一切行動。於是才有：刑罰的用，有攻討的兵，有出師的準備，有聲威的號令，有文言的告示，如其三令五申，依然不來。則惟有修德去感化，從不敢勞動萬民遠征，所以近者無不聽從，遠者無不貼服也。今自大畢伯士死後，犬戎國還來朝王，王必要去征伐他示威。豈非廢棄先王遺訓，而王自處於危亡乎！聽説犬戎能守舊德始終專一，恐怕他又準備了。"穆王不聽，竟帶兵去征伐，只落得四條白狼四隻白鹿回來。從此一來，那荒服者永遠不來了！

從這一篇譯文，大致可以看出葉玉麟翻譯的基本特點以及和秦同培譯文的異同了。

有意思的是，葉玉麟的兩部《國語》都得到了重版的機會，其選注《國語》被選入王寧教授主編的《學術國學叢書新編》，由商務印書館於2018年9月出版。而葉玉麟的《白話譯解國語》則選入李學勤教授主編的《國學經典釋讀》，由北京三聯書店於2019年11月出版。《國學經典釋讀》本《譯解國語》保留了朱太忙序。正文依照新式標點重新標點，不再附注，正文之下即是譯文，譯文也分段落。正文和譯文以字體分開，正文用楷體字，譯文用宋體字。葉玉麟的兩部《國語》注譯都得到再版，至少可以説明在普及國學方面還是有一定價值的。當然，秦同培也好，葉玉麟也好，他們都是接受傳統教育的舊時代知識分子，舊學深沉，行文自然也帶有時代的印跡，這也是需要指出的。

五、民國時期《國語》版本著録與考訂

民國時期的《國語》版本著録與考訂約計有兩個方面：1. 售書者對售賣書籍的著録與考訂；2. 版本目録學家以及相關學者的版本著録與考訂。從內容上可以分爲：1. 對《國語》版本信息的簡單著録；2. 對批校題跋的著録；3. 對《國語》版本的詳細著録與考訂。

（一）售書者對售賣書籍的著録與考訂

北京圖書館出版社 2003 年出版了由徐蜀、宋安莉主編的《中國近代古籍出版發行史料叢刊》28 冊，2008 年又出版了殷夢霞、李莎莎選編的《中國近代古籍出版發行史料叢刊續編》24 冊。此外，韋力主編《中國近代古籍出版發行史料補編》24 冊，2006 年由綫裝書局出版。其中多有一些《國語》版本或著述的相關信息。

絶大多數售賣目録著録書名，刊刻時代和刊刻者，冊數，用紙以及售價。今以《中國近代古籍出版發行史料叢刊》前九冊所收書店售賣書目中的《國語》類書籍爲例。

《中國近代古籍出版發行史料叢刊》第一冊所收《山東書局木板書籍目録》史部下收録：《國語》，仿宋明道本五冊，杭連紙二元，官堆紙一元八。《山東書局圖書目録》"精刻名抄、孤本秘籍"類下收録：《國語》，韋昭注，竹紙，黃丕烈刻本，五冊，五十元。《國語校注本三種》，清汪遠孫刻本，五冊，十二元。《江南書局書目》下之《退補齋書目》史部類下收録：仿宋明道本《國語》，吳韋昭注，伍本，竹連紙每部柒佰肆拾，官堆紙每部陸百。《直隸官書局運售各省書籍總目》收録：《國語》五本，湖北局，竹連紙，五錢七分。《直隸省城官書局運售石鉛印書目録》下收録：《國語國策》，六錢三分。《直隸書局圖書目録》史部下收録：《國語國策合刊》，士禮居本白紙初印十冊；《國語國策合刊》，局刊仿宋本，八冊；《國語國策合刊》，普通本竹紙，十冊；《國語國策合刊》，全上，十四冊；《國語》，明版白棉紙，五冊；《國語》，士禮居本白紙，五冊；《國語三君注》，汪遠孫①撰，竹紙初印，五冊；《國語三君注》，全上，五冊；《國語》，局刊本，竹紙，五冊。《北京直隸書局圖書目錄·木板書目錄》史部和《直隸書局圖書目錄》史部收錄相同，如下：《國語國策合刊》，士禮居本白紙初印，十冊；《國語國策合刊》，局刊仿宋本，八冊；《國語國策合刊》，普通本竹紙，十冊；《國語國策合刊》，全上，十四冊；《國語》，明版白棉紙，五冊；《國語》，士禮居本白紙，五冊；《國語三君注》，汪遠孫撰，竹紙初印，五冊；《國語三君注》，全上，五冊；《國語》，局刊本竹紙，五冊。《北京直隸書局木板書目錄補遺》收錄：《國語》，白紙，閩刻，四冊。《北平直隸書局民國十七年秋季新舊書目錄》：《國語》，湖北局，白紙四冊，洋三元；《國語國策》，湖北局，白紙十冊，洋十元；《國語》，士禮居叢書本，竹紙六冊，洋四十元；《國語國策》，湖北局，白紙十冊，洋八元；《國語三君注》，汪氏刻，白紙六冊，洋十元；《國語注解》，竹紙四冊，洋二元。又該目錄下尚有寄售書類，收錄有《國語》一部：《吳評國語國策》，有光紙四冊，洋一元五角。

　　《中國近代古籍出版發行史料叢刊》第二冊之《北平直隸書局民國二十年春季新舊書目錄》收錄：《國語國策》，孔氏詩禮堂刻，竹紙十冊，洋十元；《國語國策》，崇文局，白紙十冊，洋六元；《國語國策》，竹紙十四冊，洋二元八角；《國語》，崇文局，竹紙五冊，洋二元；《國語校注三種》，汪遠孫刻，白紙六冊，洋七元；《國語注解》，韋昭，竹紙四冊，洋一元二角。《民國二十二年秋季北京直隸書局書目錄》下收錄：《國語國策》五十四卷，黃丕烈刻，白紙六冊，洋六十元；《國語國策》五十四卷，詩禮堂刻，竹紙十冊，洋十元；《國語國策》五十四卷，湖北局，白紙十冊，洋七元；《國語》二十一卷，湖北局，白紙五冊，洋三元五角；《國語》二十一卷，湖北局，竹紙五冊，洋二元；《國語校注三種》廿九卷，汪遠孫，白紙六冊，洋七元。又"寄售書類"下收

---

① 孫，原誤寫作"縣"，今徑改正。

録:《國語國策》,光紙十册,洋一元五角。《民國二十五年春季北平直隸書局目録》下收録:《國語國策》五十四卷,黄丕烈刻,白紙六册,洋六十元;《國語國策》五十四卷,湖北局,白紙十册,洋七元;《國語校注三種》二十九卷,汪遠孫,白紙六册,洋七元;《國語正義》二十一卷,董增齡,白紙八册,洋三十五元;《國語補音》三卷,宋庠,竹紙一册,洋二元。

《中國近代古籍出版發行史料叢刊》第三册所收《二十二年直隸書局新收書目》下收録:《國語》二十一卷,嘉靖本,仿宋,棉紙十册,洋二百元。又該目録"諸家精刻除印本類"中收録:《國語》二十一卷,《國策》三十卷,黄丕烈刻,鏡人圈過,白紙六册,洋六十元。該目録"普通本類"中收録:《國語國策》,湖北局,白紙十册,洋八元。《北京直隸書局舊書目録》丙寅年新收到明版書下有:棉紙李刻《國語》,萬曆本,李克家刻本,八册三十元;棉紙葉刻《國語》,嘉靖本,葉邦榮本,八册一百元。新收到閔刻書籍類下:白紙五色批《國語》,五册,四十元。新收到家刻本類下:粉紙《國語三種》,汪遠孫著,六册十五元;竹紙黄刻《國語》,士禮居刻本,八册三十元。新收到普通書籍類下:竹紙陳仁錫批《國語》,八册五元;竹紙《國語正義》,歸安董增齡,八册四元。

《中國近代古籍出版發行史料叢刊》第四册所收《三友堂書目》載:《國語》二十一卷附《札記》一卷《考異》四卷,吴韋昭注,白紙五本,武昌局刊,二元二角;《國語國策》八卷,明陳仁錫評,明芸香閣刊,竹紙十本,十二元;《國語注解》二十一卷,乾隆刊,竹紙十本,一元;《國語國策》,成都書局刊,竹紙十本,四元;《國語》二十一卷,通行本,竹紙六本,一元。

《中國近代古籍出版發行史料叢刊》第六册所收《十九年中國書店書》卷八下著録:《國語國策》,書業堂本,十四本二元。《中國書店新舊書目(一)》著録:《國語二十一卷》《國策》十卷卷末一卷,闕里孔氏詩禮堂刻白紙,十二本,二十元;《國語》二十一卷《國策》十二卷,明陳仁錫、鍾惺合評,明刻,八本十六元;《國語》二十一卷《札記》

一卷《戰國策》三十三卷《札記》三卷，士禮居原刻，白紙闊大，六本五十元；《國語》二十一卷，明張一鯤校刻，白棉紙，六本六十元。《中國書店新舊書目》第二卷：《國語》二十一卷《戰國策》十卷，十四本，二元；《國語補音》三卷《札記》一卷，宋宋庠補輯，川刻初印，一本八角；《國語》二十一卷（天聖明道本）、《國策》三十三卷、《札記》三卷（剡川姚氏本），黃氏士禮居校刻，白紙，十本四十元。

　　《中國近代古籍出版發行史料叢刊》第七冊所收《中國書店新舊書目（二）》壬申九月第七卷書目收錄：《國語雋》，卷，明張鼐等評選，明刻，一本三元；《國語國策》三十一卷，四本二元；《國語》二十一卷《考異》四卷《札記》一卷《戰國策》三十三卷《札記》三卷，川刻，十本四元；《國語》二十一卷，明陳仁錫等評，明刻，八本十六元；《國語補音》三卷《札記》一卷，宋庠撰，一本八角；《國語國策》三十二卷，闕里孔氏詩禮堂校刻，白紙，十二本二十元；《國語選》四卷，宜興儲欣，一本五角。癸酉七月第九卷書目補遺下收錄：《國語》二十一卷，明萬曆刻白棉紙，六本二十四元。甲戌五月第十三卷書目下收：《國語》二十一卷，明巴郡張一鯤，白棉紙大字本，六本六十元；《國語校注本三種》二十九卷，汪遠孫，白紙闊大，五本八元；《國語》二十一卷《國策》十卷，闕里孔氏詩禮堂校考，白紙，十二本二十元；天聖明道本《國語》二十一卷《札記》一卷《考異》十卷，剡川姚氏本《戰國策》三十三卷《札記》三卷，湖北局刻，白紙，八本四元六角。民國二十四年九月第十七卷書目下收：《國語》二十一卷《戰國策》，石印巾箱本，白紙，八本三元；《國語》二十一卷，韋昭，涵芬樓影印，白紙，四本一元三角；《國語補音》三卷，宋宋庠，湖北先正遺書本，官堆紙，一本六角；《國語校注本三種》，汪遠孫，振綺堂刻，六本四元；《國語校注本三種》二十九卷，汪遠孫，白紙闊大，五本八元；《國語校注本三種》，振綺堂刻，白紙闊大，三本五元。

　　《中國近代古籍出版發行史料叢刊》第八冊所收《中國書店新舊書目（二）》之民國二十五年第二十卷書目下收：《國語》二十一卷，明穆文熙編纂，明刻白棉紙，六本二十四元；《國語校注三種》，振綺堂汪氏校刻《三君注輯存》《發正》《考異》，白紙初印闊大，五本八元；《國語》二十一卷，吳韋昭，明嘉靖金李刊本，白棉紙寄售，四本一百元。《中國書店戊辰年第二期臨時書目》下收錄：《國語》二十一卷《國策》三十三卷《札記》三卷，士禮居原刻，白紙闊大，十本五十元；又，湖北局刻，官堆紙早印，世本五元；又川刻，十本五元。《中國書店廉價書目》下收錄：《國語》二十一卷，明刻，白紙，六本，原價六十元，廉價四十元；《國語》，四本，原價一元二角，廉價八角；《國語》二十一卷《札記》一卷《考異》四卷《戰國策》三十三卷《札記》三卷，退補齋校刻，官堆紙，十本四元；《國語》二十一卷，明巴郡張一鯤，白棉紙，大字本，六本六十元；《國語校注本三種》二十九卷，汪遠孫，白紙闊大，五本八元；《國語》二十一卷《國策》十卷，闕里孔氏詩禮堂校考，白紙，十二本二十元。

《中國近代古籍出版發行史料叢刊》第九冊《文學山房書目》下收錄：《國語古本》二十一卷，吳韋昭解，宋宋庠補音，舊刻本，十二冊，十六元；《國語》二十一卷，韋氏解，舊刻本，六冊，三元；《國語》廿一卷《國策》卅二卷，坿《札記》，翻士禮居本，白紙闊大，八冊十四元；又四川影刻士禮居本甚精，廿冊十元；《重訂國語國策合注》十八卷，吳韋昭，通行本，一元二角；《國語考異》四卷，錢塘汪遠孫，一冊，六角。

以上可見，各書店比較注重精校精刻和舊刻，對清代的《國語》暨《國語補音》重要刊本以及明代的諸多刊本都有著錄。這些售賣書目不僅提供了《國語》的基本信息，甚至有的還會加上幾句說明文字，如《中國近代古籍出版發行史料叢刊》第十六冊所收《來青閣廉價書目》民國二十四年四月第一期下收："閔板評註《國語》九卷，烏程閔齊伋注，萬曆己未閔氏原刊本，五色套板，精印，棉紙寬大。閔刊本《國語》極少見。原裝五本，三十元。"[1] "閔刊本《國語》極少見"則是很

① 徐蜀、宋安莉主編：《中國近代古籍出版發行史料叢刊》第16冊，北京：北京圖書館出版社2003年版，第359頁。

明顯的廣告詞。從書店對具體圖書的標價可以瞭解當時對《國語》刊本的評估標準。

當然，民國時期著名的售賣書目即孫殿起《販書偶記》《販書偶記續編》。該書遵從《書目答問》對《國語》的處理標準，置《國語》於史部古史類下。《販書偶記》所載《國語》類書籍如下：

> 國語補韋四卷，錢唐黃模撰，無刻書年月，約嘉慶間刊。
> 國語三君注輯存四卷發正二十一卷考異四卷，錢塘汪遠孫撰，道光丙午振綺堂汪氏精刊，又名國語校注本三種
> 國語正義二十一卷，歸安董增齡撰，光緒庚辰冬會稽章氏式訓堂刊
> 國語翼解六卷，嘉定陳瑑撰，光緒壬辰廣雅書局刊
> 國語箋無卷數，遵義鄭知同撰，底藁本
> 國語韋解補正二十一卷，閩侯吳曾祺撰，民國四年鉛字排印本
> 國語集解二十一卷，吉水徐元誥撰，民國十九年以古宋字排印本①

《販書偶記續編》所收《國語》類書籍如下：

> 校補國語解二十一卷，吳韋昭解，宋宋庠補音，明穆文熙編，無刻書年月，約萬曆間劉懷恕等校刊
> 國語補韋四卷，清錢塘黃模撰，民國二十四年汴京古鑑齋重刊
> 國語韋解補正二十一卷，侯官吳曾祺撰，宣統元年鉛字排印本，宣統三年重排鉛字印本
> 國語狐白四卷，明湯賓尹輯評，萬曆丙申禩冬月自新齋余氏刊②

---

① 孫殿起：《販書偶記》，北京：中華書局1959年版，第118—119頁。
② 孫殿起：《販書偶記續編》，上海：上海古籍出版社1980年版，第44—45頁。

和《中國近代古籍出版發行史料叢刊》所收售賣書目不同的是，孫殿起《販書偶記》《販書偶記續編》對刊刻年代著録較詳，對無具體刊刻年代的刊本的刊刻時間進行了推測。此外，孫殿起保存了一些珍稀本子的信息，爲尋繹其傳播流程提供了資料和依據。

（二）版本目録學家以及相關學者對《國語》的版本著録與考訂

民國時期版本目録學家較夥，其著者如傅增湘、王重民、王國維、王文進、張元濟等，皆有書目傳世。尤其傅增湘生平藏書衆多，又壯遊南北、浮槎東瀛，手批目校，經眼所得，著諸筆端。王重民則旅美觀其藏書，詳細著録，較之一般藏書家之著録更爲科學化。王晉卿雖然只是一個書商，但其對典籍著録，詳細精到，提供了很多有價值的信息。

1. 傅增湘對《國語》的著録與考訂

傅增湘爲近代藏書大家。其題跋著録資料，被整理成《藏園群書經眼録》《藏園群書校勘跋識録》《藏園校勘讀書敏求記校證》《藏園訂補郘亭知見書目》等著作行世。其中《國語》著録多見於《藏園群書經眼録》和《藏園訂補郘亭知見書目》二書中。《藏園群書經眼録》史部雜史類著録《國語》九部，分別爲弘治十五年李士實序本、宋刻元明遞修本（附《補音》）三部、明刊黑口本、正學書院本、李克家本、金李本、毛氏汲古閣影鈔本。

傅增湘《藏園訂補郘亭知見書目》補《國語》八條，有的條目著録一種，有的條目下著録多種，檢所著録刊本，有宋刻元明遞修本、明嘉靖四年許宗魯本、明嘉靖五年陝西正學書院本、明嘉靖七年金李本、明刊黑口本、明萬曆年間張一鯤本、明萬曆十三年吳汝紀本、明李克家本、明萬曆刊本、明吳勉學本、明無注本、明末毛氏汲古閣影鈔本、嘉慶庚申黃丕烈刊本，其中和《藏園群書經眼録》相同者數種。

傅增湘所著録的這些《國語》版本信息，詳明行款，指出校跋識語，揭示存藏地，對於進一步探求《國語》版本或者具體《國語》某本的遞藏，具有重要的價值。

2. 王文進對《國語》的著録與考訂

王文進 (1894—1960)，又名王景德，字晉卿，別號夢莊居士，祖籍河北任丘。父親早逝，兄弟二人依母生活，十一歲曾入鄉塾讀書，十三歲輟學。會其兄開設德友堂書肆，王文進在其兄店中幫忙。1925 年，王文進開設文禄堂，發展迅猛，受到民國很多聞人的推崇。著有《文禄堂訪書記》。董康在爲《文禄堂訪書記》所寫序文中認爲："晉卿此書，雖爲販鬻之偶得，而發潛闡幽，斠訂同異，津逮學林，當與莫郘亭《知見傳本書目》、邵位西《四庫簡明書目標注》同其功用。"沈津認爲《文禄堂訪書記》的特點是："所載各書均屬罕見秘籍，且詳細著録，搜討宏博，考證精確。凡宋金元刻本，必詳考別其出，係刻於官司，或出於書坊，及刻時刻地，其行格書目、刊工姓名附列備考。宋元明清鈔本、名家手寫手校本，皆記其行格室名，並録跋語。"① 故其書學術價值很高，非尋常販賣書目可比。

今檢柳向春標點本《文禄堂訪書記》史部下收録《國語》二十一卷（清陸敕先、葉石君校景宋明道本）和《國語補音》（清何小山校明刻本）。

其《國語》著録如下：

《國語》二十一卷，吴韋昭注。清陸敕先、葉石君據景宋明道本校。又李明古校、張一鯤刻本。陸氏題曰："宋本半葉十行，行二十字，注雙行廿三字。共二百三十四葉。"卷末校記曰："校於豐玉堂。"書衣"遜敏齋藏本"題簽並印。有"宋本"印、"善本"印、"陸貽典又名貽芳""陸氏敕先考藏""葉樹廉""石君""葉衍珍楚""李鑑""明古""錢天樹""覼玄""毛純孝子文""王景子佳""清歡客""歸來草堂""遜敏齋藏""唐翰題""鶴安秘籍""重熹鑑定""石蓮闇藏書"各印。陸氏手跋曰："錢遵王景寫錢宗

① 沈津：《王文進與〈文禄堂訪書記〉》，《藏書家》第十輯，濟南：齊魯書社 2005 年版，第 37 頁。

伯家藏宋刻本與今本大異，今歸於葉林宗，借勘一過。戊戌夏六月六日，常熟陸貽典校畢識。”（“陸貽典”印）“葉石君爲余校此，今再校一過，改正處頗多。六月八日記。”（“敕先”印）葉氏手跋曰：“戴剡源先生讀《國語》曰：‘先儒奇太史公變編年爲雜體，有作古之材。以余觀之，殆放於《國語》而爲之也。’此真讀書好古之識。世無戴書人，但知蘇、歐通套評論之而已。洞庭葉石君識，時年六十有七。三月十一日識。”（“葉樹廉”印）附條李明古手記曰：“宋本《國語》從來希有，義門先生以不得購見爲恨事。此書晚出，可謂唐臨晉帖矣。末冊有跋語，原委可證。”唐氏手跋曰：“此條舊夾卷中，大似史西村手跡。石君後跋尾有‘明古’二字朱文印，則當時瀏覽所及，遂書於別紙亦未可知。余近於吳市得西村姓名印，並押於副而記之。戊辰七月，書於抱山廔。”（附“史鑑”印）“陸氏從錢遵王景寫錢宗伯家藏宋刊本勘校手寫，始仲春，訖於季夏，歲在戊戌，爲順治十五年。至同治元年壬戌，閱二百有四年。嘉興新豐鄉人得寶藏之。”（“福地散仙”印）“是書舊藏同里沈氏稻香齋。咸豐癸丑。子壽八弟得之，寄至南清河。子壽篤於友愛，無他嗜好，而於予所好者，必購以寄。是本爲陸敕先先生手校宋刊，後有題記並葉石君跋語，源流具在，予寶愛甚摯。甲寅旋里，攜之行篋中，家藏於吳門相溪吟舫。陳氏庚申之亂，賴容齋伯仲攜遊東海濱，得不罹於劫。壬戌冬十一月十四日，容齋自海門來訪，於淮浦舉以見歸，如逢故人，而子壽歿已兩日矣。嗚呼，傷哉！每一展卷，爲之泫然。同治二年春三月朔日，新豐鄉人唐翰題記於淮安郡丞公廨之唯自勉齋。”（“唐翰題”“歷劫不磨”印）“錢塘汪遠孫《明道本考異》所據宋公序《補音》，以明嘉靖間許宗魯、金李二本參訂異同。此本張侍御一鯤所刊許、金後，以所引異同證之，當與兩本無甚優劣。明道本外，以公序《補音》爲古，惜原本單行，經後人散附於卷中致失公序之舊耳。庚午二月十七日，重檢記。”（“晉昌”印）丁氏手札云：“日昨承命對《國語》，歸時略校一過，知其校勘精細異常，在黃氏未刻以前，洵秘篋也。黃刻從錢鈔影宋本重刊，每半葉十一行，行大字十九至二十二字，夾注三十至三十五不等。卷末署名及增減之‘減’字殘缺，並與校本相同。專此奉繳，祈即詧收。所有詩集即付去人帶下無誤。此請台安，不莊。世愚姪丁伊桑頓首。”章氏手跋曰：“吾吳士禮居黃氏刊天聖明道本《國語》爲覆宋佳刻，稱重藝林。其札記序語謂：‘用所收影鈔者開雕餉世。’蓋即指校宋本《國語》跋所謂‘繼得影寫明道本也’。惟是本果否即爲錢遵王影寫絳雲樓宋刻真本，抑係傳錄之本？蕘翁並未揭明。與金壇段氏序文謂‘用錢氏原抄付梓’云云，微有不同。此本紀蕘圃跋校本所謂‘陸敕先校真本，藏於西船廠（吾蘇巷名）毛氏者’。蕘翁當日未克親見，越百餘年，爲海豐吳氏得之。敕先於此書致力最深，再三讐勘，心細於髮，如字跡小有異同，必於第一見端摹眉上。‘通’字爲宋真宗后劉氏父名，仁宗立，尊爲皇太后，故天聖間避諱作‘迵’‘誦’，明道間復舊，是爲天聖刻本之真據。葉林宗題語具存。末黏‘宋本《國語》’云云一紙，乃義門弟子李明古鑑手跡，與書之後半眉上所黏校語係出一手。唐鷦菴以名字適同，目爲明之史西村，殊屬失考。前半欄下墨筆校語疑即李明古校出，由同人代爲繕正，友人或指爲義門弟子沈寶硯手書，證以蕘翁臨惠松崖校本跋語，謂‘陸敕先本寶硯秘不示人’，是此本先歸沈氏，後入毛子文家。寶硯校書甚多，似當年同學商量，審定迻錄，尚屬可信。毛氏印記既備列首尾，即蕘跋所記浙人。戴君經所臨之名，亦見於第六卷十五葉，合校勘諸尊宿彙成一書，精確可信。藏書簿錄中，鮮有過於此者。得見蕘翁所未見，可謂驚人秘笈矣。敬取士禮居刊本比勘，知敕先親見錢氏影宋真本與蕘翁所稱影鈔本尚多異同，一一記出。約分兩類：一爲陸改明本而與黃刊本異者；一爲陸仍明本而與黃刊本異者。陸仍明本尚可謂敕先係取明本之長，故未塗改。陸改明本則敕先校例精嚴，決非專輒爲之。據此，則黃氏所稱影寫明道本係屬傳錄之本，段序謂用錢氏原鈔付梓之説亦爲同好假借之詞也。因錄校記一通，謂石蓮先生正定。另有可備參考者，亦舉出附後。至墨筆校語及黏籤校語，是爲讀明本及影宋本互勘之助，則別録一分藏之，不復備列。後敕先校畢之二百五十七年，歲在閼逢攝提格孟冬大雪節，長洲章鈺謹記。”“甲寅秋日，海豐吳先生出秘笈命讀，因取吾郡士禮居景宋本比勘，成校記一卷。長洲章鈺記。”

陸改明本與黃本異者：卷三“執厲公而殺之於匠麗也”，陸改“殺”作“弒”，黃本仍作“殺”；“亦不可以施目也”，陸改“不可”作“可不”，黃本仍作“不可”。卷五“女知莫若婦男知莫若夫”，二“知”字陸均改作“智”，黃本均仍作“知”。卷八“抑撓志以從君”，陸改“撓”作“橈”，黃本仍作“撓”。卷十“進佐上軍爲升一等”，陸改“爲”作“外”，去“升”字，黃本“外”作“升”；“直直擊”，陸改上“直”字作“立”，黃本仍作“直”。卷十三“荀首時將上軍”，陸改“時”作“將”，仍存下“將”字，黃本作“荀首將上軍”；“顆之子魏頡也”，陸去“也”字，黃本有“也”字。卷十六“物一無文”，陸改“物”作“色”，黃本仍作“物”。

陸仍明本與黃本異者：敘“採唐虞之信善”，黃本作“虞唐”；“亦所以覺”，黃本作“以所”。卷一“奕世載德”，黃本作“弈”；“奕亦前人也”，黃本作“弈”；“且猶不堪”，黃本作“猶且”；“以巫人有神靈”，黃本無“以”字；“所以阜財用衣食者也”，黃本“所”上有“其”字；“不得掌事”，黃本“得”作“特”；“諸侯將避遠也”，黃本無“也”字；“降下也”，黃本“下”上有“謂”字；“則上衡”，黃本“上”作“尚”；“自以子繼父之位”，黃本“自”作“目”；“文公三讓後就也”，黃本“讓”下有“而”字；“心中則不偏也”，黃本“中”作“忠”。卷二“三德仁義祥也”，黃本無“德”字；“薄德而以地賂諸侯”，黃本作“德薄”；“其散亡乎”，黃本“散”作“敬”。卷三“振救也”，黃本“振”作“拔”；“黎民阻饑”，黃本“饑”作“飢”；“周靈王之子太子晉之弟也”，黃本作“周靈之太子晉止弟也”，脫“王”字、“子”字；“終則復故樂也”，黃本“復”作“奏”；“周之分野也”，黃本無“之”字；“凡神人以數合之”，黃本作“人神”；“而即慆淫”，黃本“慆”作“惛”。卷四“以正班爵之義”，黃本“班”作“斑”；

"薄其鴆不死"，黄本"不"上有"而"字；"故請從司徒里舍也"，黄本"徒"作"徙"；"凡祭秋日嘗"，黄本"祭"下有"祀"字。卷五"必當咨於忠信之人也"，黄本"咨"作"諮"；"旦至日中也"，黄本"旦"作"早"；"漆姓汪芒氏之姓也"，黄本"氏之"作"之氏"，無"姓"字。卷六"逆子糾於魯魯莊不即遣"，黄本"莊"上無"魯"字；"使均平相應也"，黄本作"平均"；"謂四時凝釋之間也"，黄本"凝"作"疑"；"火旂也"，黄本"旂"作"旗"。卷七"未知成不死而待君於曲沃之爲貳也"，黄本"貳"作"二"；"雖謂欲殺三公子也"，黄本"謂"作"爲"；"疆場無主"，黄本"場"作"埸"。卷九"謂異姓大夫曰舅"下無空格，黄本"舅"下空六格；"蛾析諫曰臣聞之"，黄本無"諫"字。卷十"汝謂武王也"，黄本無"謂"字；"故其聖敬之道"，黄本無"其"字；"效郵非義也"，黄本"義"作"禮"；"豫三至五有坎象"，黄本無"豫"字；"辰大火也"，黄本無"也"字；"遽見之"，黄本"見"上有"出"字；"馹傳也"，黄本"馹"作"駟"；"立其常官"，黄本"官"作"宫"；"加大夫之家田"，黄本"家"作"加"；"襄王周惠王之子"，黄本無"周"字；"昭叔襄王弟"，黄本"弟"上有"之"字；"以啓東道"，黄本"啓"作"求"。卷十一"其言匾非其實"（此葉影補），黄本"實"下有"也"字；"今陽子之情譖矣"（同上），黄本"譖"作"譕"；"譖辯察也"（同上），黄本"譖"作"譕"；"食采邑於賈"，黄本無"采"字；"字季它"（同上），黄本"它"作"佗"；"踰速也"，改"踰"作"諭"，黄本作"喻"。卷十二"何又加焉"，黄本"何又"作"又何"；"故王得免"，黄本無"王"字。卷十三"魯成公十六年"，黄本無"公"字；"請就死"，黄本"死"作"也"；"謂悼公元年"，黄本"謂"下有"初"字；"不犯戮揚干"，黄本"揚"作"楊"。卷十四"謂爲盟主總諸侯"，黄本"主"下有"以"字；"和晉邑之大夫也"，黄本"邑"上有"和"字；"歃飲血也"，黄本"飲"作"歃"；"夢公夢"，黄本無上"夢"字；"殛放殛而殺也"，黃本"放"下無"殛"字。卷十五"是余以狂疾賞也"，黃本"是"作"與"；卷十六"稻粱"，黃本"粱"作"梁"；"草菜"，黃本"草"作"艸"；"杞宋"，黃本"杞"作"祀"；"角犀豐盈"，黃本"豐"作"豊"；"角犀豐盈謂輔頰豐盈"，黃本"豐"均作"豊"。卷十七"不從其過行也"，黃本無"也"字，空一格；"叔段圖篡莊公"，黃本"篡"作"纂"；"往都亳"，黃本作"往亳都"。卷十八"羲氏和氏是也"，黃本"羲"作"義"；"放縱則遂廢滯"，黃本"廢"作"發"；"民耕而食其中也"，黃本"耕"上有"稱"字。卷十九"請王厲士"，黃本"厲"作"勵"。卷二十"覺差壹飯之間"，黃本"壹"作"一"。卷二十一"争者事之末也"，黃本"争"作"事"；"因人之善惡而福禍之"，黃本"福禍"作"禍福"；"至極也"，黃本"極"上有"謂"字；"謂以辭告越王"，黃本"謂"作"請"；"子聽吾言與子分國"，黃本"與"上有"吾"字。附陸注字不改字而黃本與注字同者：卷六"糾收也"，陸"收"旁注"牧"字，黃本同"牧"；"本其事行也"，陸"本"旁注"求"字，黃本同"求"；"赤旆大旂也"，陸"大"旁注"火"字，黃本同"火"；"遂人不至"，陸"遂人"旁注"遠又"二字，黃本同"遠又"。卷九"欲令更命"，陸"令"旁注"今"字，黃本同"今"。卷十"愛糞土以毀三常"，陸"三"旁注"五"字，黃本同"五"。卷十六"賈唐説"，陸"唐"旁注"虞"字，黃本同"虞"；"十億曰兆"，陸"十"旁注"萬"字，黃本同"萬"。附明本存字陸校塗去，黃本作空格者：卷十七"楚其難哉"，下解明本係"難以爲治"四字，陸校作方□，黃本空格。卷十八"臣何有於死"，下解明本係"何惜於死"四字，陸校作方□，黃本空格。其他字體異同，如"于於""侯矦""皃兒""修脩""龢和""寔實""灾災""鄣障""狄翟""鄩隝""懸縣""厤歷"之類，以無關宏義，舉不勝舉，故不備入記中。（"章鈺""茗理題記"印）案卷九"晉莫不怠"眉上黏附一條云："前五行注，硃添兩'也'字，似誤，闌下墨筆云云。'也'字似誤，語同而筆跡不同，是。

（鈺）跋中指爲李明古校出而爲沈寶硯寫定者，實非臆測。又保山吳偶能（慈培）新收寶硯臨校義門手校，硯箋與此闌下墨筆係出一手，更不必因沈氏未經署款，作然疑之辭也。承石蓮先生校，繕存清本，復加檢校記之。乙卯仲春。"（"式之""消磨夢境光陰""墨汁因緣"印）又清吳枚庵據景宋校張一鯤本。有"吳翌鳳家藏文苑"印。吳氏手跋曰："戊戌九月朔日，武林盧抱經學士以影鈔北宋本《國語》寄示，蓋宋庠未有補音前本也。爰取家塾舊藏對讀，一點一畫不敢脫落，亦珍重古本之至矣。枚菴。"①

《文禄堂訪書記》著録詳盡，其記載相當重要。尤其所保留的章鈺對黃刊明道本的點勘校閱與評價，對於我們重新認識和估價黃刊明道本的版本價值具有極其重要的學術意義。關於此點，拙稿《明清時期〈國語〉》明道本的鈔校與刊刻》有辨，讀者可參。

3. 張元濟對《國語》的著録與考訂

張元濟，字筱齋，號菊生，浙江海鹽人。是近代的藏書家、出版家。其生平著述輯爲《張元濟全集》10 册出版，其中 8—10 册是古籍整理著作專輯。第 8 册爲《寶禮堂宋本書録》《涵芬樓燼餘録》，第 9 册是有關《四部叢刊》《百衲本二十四史》的論述和《校史隨筆》，第 10 册是有關浙江嘉興、海鹽先賢著作題跋、其他古籍序跋，以及一些書信等。

張元濟有關《國語》著録考訂文字主要在《涵芬樓燼餘録》中，張元濟對遞修本《國語》的著録已見本書"宋元時期《國語》研究"部分，此處不再引録。其他如下：

《國語》二十一卷，吳韋昭注，明覆宋刊本，八册，段玉裁、顧抱沖、顧千里校，黃蕘圃汪閬源汪柳門舊藏。

段氏後跋指此爲明嘉靖時金李刊本，惟以韋氏敘後無澤遠堂牌記爲疑。按書中多避宋諱，韋敘末葉適損角，必牌記爲人割去。半

---

① 王文進撰，柳向春點校：《文禄堂訪書記》，上海：上海古籍出版社 2007 年版，第 88—95 頁。

葉十行，行二十字。段氏讎校精審，卷中復有遂按、廣圻按若干條，則顧抱沖及其從弟千里所續增也。

段玉裁跋　此《國語》爲孔繼涵浦伯所贈，與嘉靖戊子澤遠堂刊本無異，於時本爲勝，而闕誤尚多。因借東原先生以明道二年刻本合宋公序補音刻本校補者正之。明道二年本，蘇州朱奐文游所藏；嘉靖本，有"嘉靖戊子吳郡後學金李校刻於澤遠堂"十六字，在韋氏敍後。書中多避宋諱字，蓋仿宋刻也，或鑱去十六字，偽爲宋刻。乾隆己丑五月五日，跋於櫻桃斜街寓齋，時將之山右，段玉裁。

藏印"顧千里印""黄丕烈""蕘翁""汪士鍾藏""萬宜樓藏善本書印"。

又一部，清黄氏士禮居覆宋本，四册，陳碩甫校藏

陳氏以明嘉靖許宗魯及金李兩刊本校過，頗有異同。

陳碩甫記：道光乙未，寓杭州汪小米家，爲校讎許李（當作"金"字，原誤）刻公序本於黄刻明道本上，因自録一過。奐記。

藏印："曾在三百堂陳氏處。"

《春秋外傳考正》二十一卷，清陳樹華撰，稿本，二册。盧抱經校藏

元和陳樹華芳林撰。陳氏著有《春秋經傳經解考正》，已見前。陳氏以宋庠《國語補音》宋槧絕少，明萬曆張一鯤、李時成等增删割裂，附於韋注後，全失舊觀。嗣經翻刻，訛謬滋甚，因廣求善本並名家校本，悉心讎訂，撰爲是編。前有論例四條，綜敍纂述大意。盧抱經學士爲之校定，且多糾正。論例末陳氏自稱因萬曆本增删割裂，撰有《補音訂誤》一卷。此本不載，想遺佚矣。

藏印："盧文弨印""弓父""抱經堂寫校本"。[1]

---

① 張元濟：《張元濟全集》第 8 卷《古籍研究著作》，北京：商務印書館 2009 年版，第 258—260 頁。

張元濟又有李克家本《國語》題跋一篇，見於《張元濟全集》第 10
卷，文云：

> 錢遵王舉天聖本《周語》"昔我先王世后稷"及"左右皆免胄
> 而下拜"二語，謂公序本脱"王"字、"拜"字爲遜。此亦爲公序
> 本，檢二字故脱，然汪遠孫撰《明道本考異》，謂二本亦互有優劣。
> 明代所刻有張一鯤本，有金李本，有許宗魯本，有葛端調本，有盧
> 之頤本，此爲新建李克家所刊，極罕見。舊藏拜經樓吳氏，兼有兔
> 床先生手校之字，可珍也。公魯仁世兄命題，張元濟識。(1937 年 3
> 月 20 日)①

和王文進《文禄堂訪書記》一樣，張元濟的著録具有文獻資料價
值，比如段玉裁跋文、陳奂跋文的著録，爲學界提供了資料。此外，張
元濟對版本考訂更爲細緻。尤其對宋刻宋元遞修本《國語》的著録，是
較早從避諱、刻工分期等來進行版本鑒定以及遞修時期判斷的，揭示了
遞修本的價值所在，且進一步肯定了公序本的版本價值。"陳芳林、許
周生多有駁辨，汪遠孫《明道本考異序》亦謂兩本各有優劣。觀其所列
他書所引之異文及諸家所辨之異字，是本之勝於明道本者，亦指不勝屈。
且汪氏所見者，爲明人許宗魯、金李之覆本，猶未能盡公序宋刻舊本之
長"的論斷，指出了清人在版本依從和參照上的不足。

4. 王重民的著録與考訂

王重民 1939—1947 年在美國國會圖書館、普林斯頓大學圖書館觀
書，1947 年回國後，又繼續爲北京圖書館藏善本寫提要，北京大學任教
期間，又爲北京大學圖書館所藏善本撰寫提要。② 其所撰善本書目，由
後人輯成《中國善本書提要》《中國善本書提要補編》，雖係晚出，但其
撰作時間，實在民國時期。

---

① 張元濟：《張元濟全集》第 10 卷，北京：商務印書館 2009 年版，第 110 頁。
② 楊殿珣：《序》，見載於王重民《中國善本書提要》書首，上海：上海古籍出版社 1983 年版。

　　《中國善本書提要》收錄美國國會圖書館藏《國語》三種，分別爲吳勉學本、張一鯤本和閔齊伋本。每本記其册數，行款，辨明原委，鈐印等。如謂吳勉學本"僅刻《國語》白文，而卷端獨刻宋庠序，蓋從庠本出也"①，對於判斷吳勉學本的版本來源具有參考價值。

　　《中國善本書提要補編》收錄北京圖書館藏《國語》三種，分別爲金李本、許宗魯本、李克家本。著錄方式與《中國善本書提要》相同。如謂金李本"韋昭序後有'嘉靖戊子吳郡後學金李校刻於澤遠堂'一行，《四部叢刊》影印本無之，剜去以膺宋故也"②，這個表述，和上引段玉裁跋文"書中多避宋諱字，蓋仿宋刻也，或鑱去十六字，僞爲宋刻"相同，蓋即揭明金李本校刻之精，又進一步爲讀者揭示《四部叢刊》本雖題記爲後來墨筆添加，但仍爲金李本無疑。對許宗魯本的著錄，較金李本詳細。不僅梳理許宗魯生平喜好，還揭示該本藏印有僞。對李克家本的著錄則更爲詳盡。記錄刻工，臚列校跋，並指出王欣夫所輯《思適齋集外書跋》有所遺漏。③

　　5. 王國維對《國語》的著錄與考訂

　　王國維是近代著名學者，其生平著作被輯成《王國維遺書》《王國維全集》等。目錄學方面有《羅振玉藏書目錄》《兩浙古本考》《五代兩宋監本考》《傳書堂藏善本書志》等。

　　其中《羅振玉藏書目錄》撰於1913年旅居日本時。僅臚列書名、作者、刊刻者等基本信息。於史部別史類下錄《國語》類七條，爲《國語》武昌局刻黃刊明道本附《札記》《考異》，又二十一卷，又韋昭解、宋庠補音之明刊本，董增齡《國語正義》，汪遠孫《國語校注本三種》兩部，《國語翼解》一部。其所著錄似無新奇之處。然置《國語》於史部別史類，既與《四庫總目》不同，也與《書目答問》有別，當別有深意。《兩浙古本考》成書於1922年，屬於鉤沉之作。於"南宋監本"下

　　① 王重民：《中國善本書提要》，上海：上海古籍出版社1983年版，第113頁。
　　② 王重民：《中國善本書提要補編》，北京：書目文獻出版社1991年版，第3頁。
　　③ 顧廣圻校跋李克家本所錄題跋，筆者曾予輯出，別撰《顧廣圻題跋佚文一則》，發表於《澳門文獻信息學刊》2015年第3期。

據《景定建康志·書籍史》有監本《國語》，收《國語》二十一卷。①
此條也出現於《五代兩宋監本考》中。"元雜本"下，據《南廱志》，收
錄《國語注補音》，列在經部。②《傳書堂藏善本書志》史部下收錄《國
語》4 部，分別爲段玉裁校跋本《國語》、金李本、陝西正學書院本、陳
奐校黃刊明道本，分別臚列段玉裁跋、陳奐跋以及藏章，並揭出陳奐跋
中"許李"爲"許金"之誤③。亦揭出金李本題記往往被剜去以充宋版。
又揭出正學書院本"源出南監本"④，雖未必是，然其探討，對於進一步
釐清正學書院本版本來源具有參考價值。

　　此外，民國時期的目錄學者王雨、羅振常等也有相關的著錄，如王
雨對朱秋崖過錄詩禮堂本《國語》及其價值的揭示⑤，羅振常對《國語》
金李本版本來源的考證⑥，皆有資考證。

小　結

　　民國時期雖然短暫，却是一個十分重要的過渡時期。在繼承傳統研
究方法的基礎上，學者們借鑒其他學科或西方學者的研究手段，引入新
的方法，進行相關研究。這一時期的學者絕大多數具有深厚的舊學功底，
有些學者在學問路數上仍然以傳統學術研究範式爲依歸，以小學、校勘、
版本爲手段，對《國語》的疑詁、文獻傳承等等進行考訂，如石光瑛、
沈鎔、沈延國等。有的學者繼承康有爲等清代晚期學者疑古辨僞的學術
軌跡，對《左傳》《國語》關係、《國語》成書及作者等等問題繼續進行
探討和總結，如梁啟超、錢玄同、顧頡剛等。也有的學者在高本漢《左

---

　　① 　王國維撰，謝維揚、房鑫亮主編：《王國維全集》第 7 卷，杭州：浙江教育出版社 2009 年
版，第 16 頁。
　　② 　《王國維全集》第 7 卷，杭州：浙江教育出版社 2009 年版，第 68 頁。
　　③ 　《王國維全集》第 9 卷，杭州：浙江教育出版社 2009 年版，第 198 頁。
　　④ 　《王國維全集》第 9 卷，杭州：浙江教育出版社 2009 年版，第 197 頁。
　　⑤ 　王雨：《古籍善本經眼錄》，上海：上海古籍出版社 2006 年版，第 27 頁。
　　⑥ 　羅振常遺著，周了美編訂：《善本書所見錄》，北京：商務印書館 1959 年版，第 40 頁。

傳真偽考》以語言比對作爲主要手段的引領下，嘗試以語言比對作爲比較《國語》《左傳》二書異同的手段和方法，爲進一步釐清《國語》《左傳》關係以及《國語》成書提供了路徑，如馮沅君等。此外，還有的學者把統計學的方法或民俗學的方法引入《國語》成書考辨研究中，如衛聚賢、江紹原等。隨著近代科學化和學科化研究範式的形成，《國語》的研究也逐步從傳統走向現代。民國時期的學者在《國語》訓詁考據方面成就一般，無論沈鎔還是徐元誥，都非能浸淫學術者，前者務在普及，後者務在總結，此後秦同培、葉玉麟繼續以普及國學爲職事，故對《國語》訓詁深入研究不夠，即便是石光瑛，也多以掇拾前人成說爲主。在《國語》評點方面，以繼承前代評點成果爲主，即便新出評點，其基本思想内容，前人多已涉及，不過換用新的説法而已。沈鎔、秦同培、葉玉麟出於國學普及需要，適應時代發展，在地理解釋以及文本編排和標點符號上都緊跟時代步伐，爲進一步普及傳播做出了貢獻。隨著20世紀20年代整理國故的提出，出版界對《國語》的出版也漸次增多，出版家、目録學家、版本學家對《國語》舊本多有著録和考證，對前此被忽略的《國語》刊本和專著的價值予以揭示，對進一步研究《國語》版本沿革以及《國語》學術史的整理都具有積極意義。

第九章　近七十年來《國語》研究

　　近七十年來的《國語》研究真正邁入了專書研究階段。其基本標志，即1958年張以仁於臺灣大學中國文學研究所畢業，碩士學位論文《國語研究》完成。該論文共201頁，標誌著《國語》專書研究的正式開始。此後的學者，圍繞《國語》各方面的問題展開研究，而張以仁更是開闢了多個領域，其研究涉及《國語》版本文獻、《國語》校勘、《國語》及韋解訓詁、《國語》語言、《國語》歷史及人物考訂、《國語》舊注輯校、《國語舊音》考校、《國語》與《左傳》綜合研究等多個方面。自張以仁1958年碩士畢業，至其遺著《張以仁語文學論集》2012年在大陸出版，張以仁一生發表《國語》論文30餘篇，出版《國語》著作7部，可謂碩果累累。就20世紀單個作者發表《國語》論作數量及研究範圍和深度而言，至今尚無出其右者。即便就整個《國語》研究史而言，亦罕有其匹。而在中國大陸地區，傅庚生是近七十年來首次對《國語》進行專門討論和普及的學者。20世紀80年代之後，《國語》今譯今注逐漸增多。上海師範大學古籍整理組校點本《國語》的出版，爲《國語》新譯新注以及《國語》研究提供了極大便利。隨著《國語》出版的繁榮、《國語》舊本的深入發現，在前此《國語》研究的影響下，近七十年來《國語》研究在《國語》性質、作者、成書、《左》《國》關係方面又有了新的發展，對《國語》版本系統以及《國語》具體版本的認識更爲深入。筆者碩士學位論文《〈國語〉動詞語法試述》較早對《國語》的研究內容及規劃進行了初步總結，謂："如果由《國語》的動詞擴展到《國語》的綜合研究，則應當包括《國語》的語言研究、文獻研究、文學研究、思想與文化研究。在《國語》的語言研究中，可以展開《國語》的文字研究、辭彙研究、語法研究與修辭篇章研究。在《國語》的文學研究中，可以對《國語》的敘事、《國語》中的人物塑造、《國語》中的對話描寫等各個方面開展。在《國語》的文獻研究中，可以將宋代以前典籍中徵引《國語》的文句與今傳《國語》比勘，並廣泛地求取宋以後各種版本的《國語》，得出一個匯校本。在此基礎上力求得出一個最接近《國語》原來面貌的本子。並對涉及的《國語》各本與相關方面進行文獻上的研究。在《國語》的思想與文化研究中，首先要重新估價《國語》在先秦思想史以及中國思想史上的地位，通過對《國語》所包孕思想的研究，從而爲斷代思想史以及真正的社會思想史的撰寫提供有力的佐證與材料。在《國語》的文化研究中，涉及的典章制度、風土民情等都是具有很高價值的。"① 其中所述，實際上也是近七十年來《國語》研究的大致概況。隨著相關學科研究的深入和發展，近七十年來的《國語》史學研究、版本文獻研究、語言研究、文學和文章學研究、思想研究、引書研究、與相關典籍比較研究等都取得了很多成績。

一、近七十年來《國語》出版

近七十年來的《國語》以及相關著述出版，迎來一個新的階段。就其内容而言，大致包括四個方面：1. 舊刻舊著的影印或新印；2. 新點校本的出版；3. 新譯新注的出版；4.《國語》索引的編制。

（一）《國語》舊刻舊著的影印或新印

近七十年來，《國語》舊刻舊著，有的進行了影印，有的則進行重新印製。以前者較多，後者較少。

① 拙撰《〈國語〉動詞語法試述》，廣西師範大學文學院碩士學位論文，2006 年。此段文字，亦見拙著《〈國語〉動詞管窺》，成都：四川大學出版社 2008 年版，第 283 頁。

1. 舊刻舊著的影印或校點整理

近七十年來，《國語》的一些舊本舊刻得到影印機會，舊印得到了重新出版的機會，甚至有一些舊本舊刻或舊著得到整理點校出版。

（1）公序本《國語》的影印

前文述及的《文淵閣四庫全書》《文津閣四庫全書》《文瀾閣四庫全書》《摛藻堂四庫全書薈要》本《國語》以及宋刻宋元遞修本《國語》的兩次影印。1997 年濟南齊魯書社輯印《四庫全書存目叢書》，其中收有光裕堂本《國語評苑》。2000 年北京出版社輯印《四庫未收書輯刊》，其中收錄閔齊伋裁注本《國語》。

（2）黃刊明道本及其覆刻本的影印或點校

黃刊明道本及其覆刻本的影印也比較多。可知的有臺灣藝文印書館 1959 年、1967 年、1974 年影印本，臺灣世界書局 1973 年《增訂中國學術名著》第 1 輯影印本，臺北廣文書局 1979 年影印本，上海古籍出版社 1991 年《四部精要》影印本，2010 年廣陵書社影印《士禮居叢書》本，1995 年北京中國書店影印退補齋本《國語》，後者實際上是黃刊明道本的崇文書局本系列，附有《考異》四卷。2012 年《國語研究文獻輯刊》收入《校勘韋氏解明道本國語札記》，這是該《札記》的唯一一次別本單行。1999 年，齊魯書社輯印《二十五別史》，其中《國語》用黃刊明道本，由鮑思陶點校整理。2005 年，鮑思陶整理本又出版單行本。

（3）《國語》著作的影印或整理

1970 年臺北藝文印書館輯印《四部分類叢書集成》，收入劉台拱《國語補校》、《漢魏遺書鈔》本賈逵《國語注》。1972 年臺北藝文印書館輯印《四部分類叢書集成》，收《子史鉤沉》本虞翻《國語注》、《子史鉤沉》本孔晁《國語注》、《子史鉤沉》本王肅《國語章句》、《子史鉤沉》本唐固《國語注》、《子史鉤沉》本賈逵《國語注》、《子史鉤沉》本鄭眾《國語解詁》。2008 年，香港聚文書局影印《漢魏遺書鈔》本賈逵《國語注》。2012 年，國家圖書館出版社輯印《國語研究文獻輯刊》，收《漢魏遺書鈔》本賈逵《國語注》、蔣曰豫輯本《國語賈景伯注》、《子史鉤沉》本《賈逵國語注》《唐固國語注》《王肅國語章句》《孔晁國語注》《虞翻國語注》。《兩漢全書》收入點校整理的賈逵等注。

1983—1986 年、2005 年、2015 年，《文淵閣四庫全書》《文津閣四庫全書》《文瀾閣四庫全書》本《國語補音》得到影印。2006 年，宋刻宋元遞修本《國語補音》得到影印。2012 年，國家圖書館出版社輯印《國語研究文獻輯刊》，收入尊經書院本《國語補音》（附《札記》）。

1989 年臺灣新文豐文化出版公司輯印《叢書集成續編》，收南菁書院本姚鼐《國語補注》。2012 年，《國語研究文獻輯刊》收姚鼐《國語補注》、劉台拱《國語補校》、汪遠孫《國語校注本三種》。

1967 年臺灣藝文印書館輯印《百部叢書集成》、1985 年臺灣新文豐出版公司輯印《叢書集成新編》、2012 年國家圖書館出版社輯印《國語研究文獻輯刊》，收靈鶼閣叢書本汪中《國語校文》。

王引之《經義述聞》、俞樾《群經平議》是名著，故民國時期各種叢書也收入。1985 年，中國訓詁學會輯印《高郵王氏四種》，由江蘇古籍出版社出版，2000 年再版精裝本；1996—2002 年，《續修四庫全書》收入王引之《經義述聞》和俞樾《群經平議》。1996 年，王引之《經義述聞》作爲南海出版公司《傳世藏書》的一種點校出版。2016 年，王引之《經義述聞》作爲高郵二王著作集之一，點校整理之後，由上海古籍出版社出版。2017 年，《浙江文叢》本《俞樾全集》整理出版。2021 年，鳳凰出版社重新整理《俞樾全集》陸續出版。

1980 年，日本京都中文出版社影印《國語正義》，1985 年巴蜀書社影印董增齡《國語正義》，1996—2002 年輯印《續修四庫全書》收《國語正義》。2012 年，《國語研究文獻輯刊》收《國語正義》。2018 年，金曉東點校本《國語正義》由北京大學出版社出版，作爲《儒藏精華編》之一。2022 年，筆者整理的《國語正義》由巴蜀書社出版。

2012 年，《國語研究文獻輯刊》收譚澐《國語釋地》。

1965 年臺北藝文印書館輯印《百部叢書集成》收嚴一萍配補本《國語翼解》。1985 年臺灣新文豐文化出版公司輯印《叢書集成新編》收嚴一萍配補本陳瑑《國語翼解》，1996—2002 輯印《續修四庫全書》收廣雅書局本《國語翼解》。北京中華書局 1985—1991 年《叢書集成初編》

收《國語翼解》用民國時期排印本，該本實際上在民國時期《叢書集成初編目錄》中，用廣雅書局《史學叢書》本排印，爲未出之本，中華書局重新輯印時予以補齊。

2. 民國時期《國語》出版物重版

（1）民國時期影印本的重版或點校

1983 年臺灣商務印書館《四部叢刊正編》影印明金李本《國語》，2015 年上海古籍出版社出版胡文波點校金李本《國語》。臺灣新文豐出版公司 1989 年輯印《叢書集成續編》收《湖北先正遺書》本《國語補音》。

（2）民國時期重排本的重版

1956 年臺灣商務印書館、1958 年北京商務印書館，都重印《國學基本叢書》本《國語》（附《札記》《考異》）。又，臺灣商務印書館 1965 年平裝上下冊本《國語》。

又 1983 年臺灣商務印書館《萬有文庫簡編》本韋昭注《國語》。

1985 年臺灣新文豐文化出版公司輯印《叢書集成新編》，收《叢書集成初編》本《國語》；1987 年上海書店影印《叢書集成初編》本《國語》（附《札記》）。

1970 年、1983 年，臺灣中華書局重印《四部備要》本《國語》。

1991 年，北京中華書局重印《叢書集成初編》，收《國語校文》排印本。

2012 年國家圖書館出版社輯印《國語研究文獻輯刊》收開封古鑑齋本《國語補韋》。

（3）民國時期新出著作重版或點校

1954 年，臺灣世界書局重版秦同培《廣注語譯國語精華》。

2012 年，國家圖書館出版社輯印《國語研究文獻輯刊》收入吳曾祺《國語韋解補正》、沈鎔《國語詳注》、徐元誥《國語集解》、吳闓生點勘《國語》、中華書局《國語精華》、李澄宇《讀國語蠡述》。

1970 年，臺灣商務印書館《人人文庫》收入葉玉麟選注《國語》。2018 年，北京商務印書館出版葉玉麟選註《國語》點校本。2019 年，葉玉麟《白話譯解國語》由北京三聯書店點校出版。

3.《國語》舊著新印

1959 年，中華書局輯印《史學叢書》石印本，其中收黄模《國語補韋》。

(二)《國語》的新點校本

中華人民共和國建立之後不久，中華書局就開展了以《史記》爲對象的古籍新式標點整理工作。此後，"二十四史暨清史稿"、《资治通鑑》整理工作逐步鋪開。《國語》的新式標點本是隨著這一整理工作的開展而出現的。五十多年來，《國語》的新式標點本只有幾部。而在這幾部新式標點本中，上海師大校點本是最早的，爲後來的《國語》標點本提供了借鑒，爲後來的《國語》譯注和《國語》研究提供了材料和基本依據。下面按照其出版先後，略爲梳理，以見其大略。

1. 上海師範大學古籍整理組校點本

《國語》是上海師範大學古籍整理組負責點校的項目之一，具體點校時間以及點校進程不詳。虞雲國編著《程應鏐先生編年事輯》"1973年" 下云："仍在二十四史標點組，從事《宋史》標點。先後參加標點了《宋史》《尉繚子》《荀子簡注》《國語》等，尤以《宋史》標校用力最多。"[①] 從這個表述來看，《國語》整理工作大致在 1973 年前後。

(1) 出版説明

1978 年，上海師範大學古籍整理組校點的《國語》由上海古籍出版社出版。出版説明云：

> 《國語》相傳爲春秋時期左丘明所作。全書共二十一卷，分別記載西周末年至春秋時期（約公元前九六七年——前四五三年）周、魯、齊、晉、鄭、楚、吳、越八國的史事，是我國最早的國別史。原書保存史料比較豐富，所記史實也比較詳細生動。

---

① 虞雲國編著：《程應鏐先生編年事輯》，上海：上海人民出版社 2016 年版，第 345 頁。

漢朝以來，不少人對《國語》作過注釋。三國時期，吴國的韋昭（二〇四年——二七三年）的注本是現存的最早注本，它並保留了今已亡佚的東漢鄭衆、賈逵，三國虞翻、唐固等注本的片斷，有助於閱讀原書。校點時也吸收了一些前人的校勘成果，略加案語，以與原書相區别。

《國語》現存的版本，有宋代刻印的兩種本子，一種是明道本，一種是公序本。現據《四部備要》排印清代士禮居翻刻明道本爲底本，參校了《四部叢刊》影印明代翻刻公序本，整理出版，供讀者研究、參考。

本書是由上海師範大學古籍整理組和上海市五七幹校六連歷史組共同校點整理的。

一九七八年二月

該書 1981 年又經整理，出版説明最後一段改爲：“本書於一九七八年二月由吴紹烈、馬伯煌、徐光烈、陳九思、商韜、程應鏐、葉芳炎、劉秉彝、顏克述、魏建猷、羅君惕（以姓氏筆畫爲序），分卷校點。由徐光烈、商韜通讀。此次重版時，由徐光烈復看上册，吴紹烈復看下册，作了部分修訂。一九八一年三月。”這部整理校點本的參與者都是各方面的專家，其陣容之强大，至少在現代《國語》整理史上是空前絶後的。至於具體分卷分工，出版説明没有交代，目前也並未從公開的諸位參與者的資料中看到相關信息。但同時也出現另外一個問題，即彭益林所提到的“校者多至十一人，故本書體例不一，識見亦殊”①，這也是使用者在使用本書的時候需要時時警惕的。從出版説明可知，該本以《四部備要》本爲底本，以《四部叢刊》本爲參校本，部分參考了前人的校勘成果，全書加有案語 286 處，多引述前人校勘成果，或據校勘成果進行校勘依從。在案語表述中，直接以“公序本”代稱《四部叢刊》本。該書由上海古籍出版社 1978 年 3 月出版，版權頁署名爲上海師範大學古

---

① 彭益林：《〈國語·周語〉校讀記》，《華中師範大學學報》1985 年第 5 期。

籍整理組，上海古籍出版社的社址標注爲"上海紹興路5號"；至1982年9月第2次印刷的時候，署名改爲上海師範學院古籍整理組，上海古籍出版社的社址標注爲"上海瑞金二路272號"①；這兩次標注字數都爲415000字。至1988年3月第1版第1次印刷本，署名改爲"上海師範大學古籍整理研究所"，無字數標注。1998年出版的精裝一册本和1988年本基本相同。

全書依次爲出版説明、國語目録、國語卷第一至國語卷第二十一、國語解敍、國語人名索引。《國語解敍》放置在全書最後，也是該本首創。此後，《國語》諸多點校本或譯注本也都採取了這種形式。

（2）國語目録

國語目録頁末注云："原書無標題，目録中的標題是這次校點時新加的。"《國語》篇章之有標目，實際上從《列女傳》引用公父文伯之母始，但直到柳宗元《非國語》，纔算比較集中地爲《國語》六十多篇進行標目，但是柳宗元標目字數較少，很難完整涵蓋篇章大義。至真德秀《文章正宗》又爲所引《國語》三十數篇標目，字數較多，把事件涉及的關鍵人物、行爲、對象囊括其中，題目對内容的概括纔較爲完整。至於明人，爲《國語》標目有兩種形式，一種是囊括語義，一種是採擇首句。前者往往出現在節選中，似無爲各篇一一標目之二十一卷完本《國語》，後者則有完本，如李克家本、陳仁錫《奇賞齋古文彙編》之類，但是後者僅具備區别篇章作用，起不到涵蓋篇章内容的效果。學者往往以編選爲主，故完本《國語》並非各篇都有標目的情形至清代以及晚近，並未能够改變。甚至到傅庚生編《國語選》，也並未能够改變。但是傅庚生爲所選一百一十篇《國語》全部標目，實際上已經開現代《國語》標目之先河。從這個意義上而言，上海師大古籍整理組校點《國語》確實是中國《國語》史上最先且最完備爲《國語》各篇標目的本

---

① 兩次印刷本的不同，駱瑞鶴《〈國語〉標點舉例》（《廣西民族學院學報》1985年第2期）和彭益林《〈國語·周語〉校讀記》（《華中師範大學學報》1985年第5期）、《〈國語·晉語〉校讀記》（《華中師範大學學報》1986年第5期）已予以揭出，可參。

子。

　　這個本子的標目，成爲後來《國語》新點校本和各種今譯今注本標目的來源和基本依據。

　　（3）内容

　　其標目只體現在目録上，並不體現在内容中。正文標卷次，一語多卷者，在卷次之後另起一行標×語×，再另起一行録正文。正文篇章之間用標號分開，標號標在每一篇首行最開始。這個處理方式和沈鎔《國語詳注》的處理方式近似，唯沈鎔《國語詳注》標號用漢字數字且以黑框標出，比阿拉伯數字更爲醒目。

　　正文篇章較長者分若干段落，正文中用漢字方括號標注注釋順序，每段之後依次臚列注文。一個標號一段。這種分段、標注、列注的方式和中華書局版《二十四史》暨《清史稿》的形式相同，當是校點者同時參與《二十四史》之《宋史》點校，以彼模式移用到《國語》的校點整理中。

　　這種正文分段且逐段臚列注文的方式，較之隨文注釋體是一種進步，保證了讀者閱讀文本的相對完整性，同時又保證了及時爲讀者掃清閱讀障礙的便利。相對而言，沈鎔《國語詳注》全篇最末臚列注文，爲讀者檢核注文、掃清閱讀障礙客觀製造了翻檢之勞。而正文分段且逐段臚列正文，兩方面的問題都可以避免，確實是一種比較好的處理方式。

　　其施注位置，和《四部備要》本《國語》完全相同。所加案語，或單獨以注釋形式出現，或置於相應注文最後，置於注文後者空兩格加“案”以別之。單獨以注釋形式出現之案語，往往校正文，揭明公序本之異；出現在注文後者，往往校公序本韋注文字之異。所引諸家，以汪遠孫《國語明道本考異》爲主，也時引王引之《經義述聞》、汪遠孫《國語發正》等人之説。其未引述而直接校異同者，實汪遠孫《國語明道本考異》也已校出，校點本不引，以爲自出。僅舉一例。《周語中》“是三子也，吾又過於四之無不及”《國語》多本韋注：“三子，荀、趙、欒也，得郤至四人。言己之材優於彼四人也，三人之中無有所不及也。”汪遠孫《考異》謂：“四，公序本作‘三’，是也。”汪遠孫這一條，是根據許宗魯本校的。因爲許宗魯本"彼四人"之"四"即作"三",但是許宗魯本不是簡單地把"彼四人"之"四"改作"三",而且還把"三人之中"之"三"改作"四"。許宗魯本之後,三餘堂本、綠蔭堂本、道春點本、千葉玄之本、冢田本、董增齡本也做了這一更動。顯然,這個例子並不具備版本系統性,而校點本案云:"言己之才優於彼四人也,四,公序本作'三'。"① 這明顯是用汪遠孫《考異》之言而未加檢核。

校點本絕大多數情況下只是引述或直接揭出所用《四部備要》本《國語》和公序本《國語》異同,並不改動正文和注文。這種不改正文,只出校記的形式,還是延續清代學者"以不校校之"的路數,爲讀者保留了《四部備要》本的原貌,且爲讀者提供了《四部叢刊》本的異文,爲讀者比對提供了便利。當然,也有一些進行了改動,並在案語中進行了説明,校點本"據改"有七處。分別爲:

《周語下》"犧者實用人也"韋注:"用人,猶治也。自作犧,則能治也。"校點本在"猶治""能治"之後都加有"人"字,校案云:"'猶治人也。自作犧','人'字原脱,公序本'自'上有'人'字,《考異》卷一:'案自上"人"當在"猶治"之下,寫者誤倒。'今據改補。"②

《齊語》"陵爲之終"韋注:"以爲葬也。"校點本改"也"爲"地",校案云:"'地'原作'也'。《考異》卷二引《太平御覽》'也'應作'地',今據改。"③

《楚語下》"縱臣而得以其首領以没",校點本改"以"作"全",校案云:"'全其首領'原作'以其首領'。《考異》卷四:'《文選》注(《褚淵碑文》注引《國語》),'以'作'全'。'今據改。"④ "以胡公入於貝水",校點本改"貝"爲"具",校案云:"'具水'原作'貝水'。

① 上海師範大學古籍整理組校點:《國語》,上海:上海古籍出版社1988年版,第84頁。
② 上海師範大學古籍整理組校點:《國語》,上海:上海古籍出版社1988年版,第143—144頁。
③ 上海師範大學古籍整理組校點:《國語》,上海:上海古籍出版社1988年版,第226頁。
④ 上海師範大學古籍整理組校點:《國語》,上海:上海古籍出版社1988年版,第583頁。

《考異》卷四：'案'貝'當作'具'，《水經・巨洋水》注引《國語》作'具水'。'今據改，注文同。"①

《吳語》"於其心也戚然"，校點本改"戚"作"忕"，加校案云："忕，原作'戚'。《考異》卷四：'按，戚當爲忕字之誤也。《説文》：忕，惕也。引《國語》於其心忕然。'今據改，注文同。"②

又"乃令董褐請事"韋注："董褐，晉大夫司馬演也。"校點本改"演"爲"寅"，校案云："司馬寅原作'司馬演'。《考異》卷四據《左傳・哀公十三年》疏、《文選・王仲宣・贈文叔良詩》注引《國語》注'演'並作'寅'。今據改。"③

又"王背檐而立，大夫向檐"韋注："説云：'檐，屋外邊壇也。'唐尚書云：'屋名也。'昭謂：檐，謂之楣。楣，門户掩陽也。"校點本改"名"作"梠"，校案云："'屋梠也'原作'屋名也'。《發正》卷一九：'唐云"屋名"，"名"疑"梠"之誤。《説文》："楣，秦名，屋邊聯也。齊謂之檐，楚謂之梠。梠，楣也。"又云："椽，梠也。檐，椽也。"唐據《説文》，故以"檐"爲"屋梠"。'今據改。"④

"據刪"有二處，分別爲：

《晉語四》"公懼遽出見之"，校點本刪"懼"字，校案云："'公'下原有'懼'字。《考異》卷三：'"懼"字涉下"公懼"而衍。'今據刪。"⑤

《楚語下》"至於今令尹秩之"，校點本刪"令尹"二字，校案云："'今'下原有'令尹'二字，《考異》卷四：'"令尹"二字疑涉上文而衍，《周禮・酒正》先鄭注賈疏引《國語》作"至於今秩之"，可證。'今據刪。"⑥

從上面九例來看，校點本對正文或注文的改動是做了説明的，使讀

① 上海師範大學古籍整理組校點：《國語》，上海：上海古籍出版社1988年版，第588頁。
② 上海師範大學古籍整理組校點：《國語》，上海：上海古籍出版社1988年版，第597頁。
③ 上海師範大學古籍整理組校點：《國語》，上海：上海古籍出版社1988年版，第610頁。
④ 上海師範大學古籍整理組校點：《國語》，上海：上海古籍出版社1988年版，第624頁。
⑤ 上海師範大學古籍整理組校點：《國語》，上海：上海古籍出版社1988年版，第370頁。
⑥ 上海師範大學古籍整理組校點：《國語》，上海：上海古籍出版社1988年版，第573頁。

者有跡可循。但也有不作説明而徑改之處。如《四部備要》本《越語上》"寡人將助天威之"，校點本直接將"威"改作"滅"而沒有任何説明。相信此類例子在該本中當存在一定數量。故張以仁在1982年發表的《淺談〈國語〉的傳本》中云："坊間又有標點本《國語》，兼採明道、公序二本，並間採汪氏《考異》的意見，前列分段名目，末附人名索引，頗便於初學。可惜擅自增改，而泯其痕跡，使人不能據以追循二本之舊貌。"① 評價也還是符合事實的。

（4）特點及影響

上海師大校點本《國語》是第一部採用新式標點完整點校韋昭《國語解》的出版物，十位學者參與分工校點以及此後的分工覆核，保證了這部校點本的質量，是這部校點本影響深遠的前提。趙新德謂："上海古籍出版社校點本《國語》是目下最通行的善本。負責校點的諸位專家於前人校勘成果斟酌異同、謹慎取捨，所下案語要言不煩、清晰可觀，校點堪稱精審。"② 苗文利謂："經過這番點校整理，使《國語》文意昭然，爲我們閱讀和研究《國語》及韋昭注，提供了很大方便。"③ 可爲知言。

①是後來《國語》校點本、譯注本的主要參考依據

上海師大校點本《國語》之後，國內出現了數種《國語》的點校本。如嶽麓書社1988年李維琦點校本，1995年《傳世藏書》點校本，1997年遼寧教育出版社焦傑點校本，2002年中華書局王樹民、沈長雲點校《國語集解》本，2005年齊魯書社鮑思陶點校本，2008年上海世紀出版集團梁谷整理本，2010年東南大學出版社熊蓉、鄧啟桐點校本，2015年四川大學出版社仇利萍《〈國語〉通釋》本，2015年上海古籍出版社胡文波點校本。今檢《周語中》"其叔父實應且憎"上海師大校點本韋注："應，猶受憎惡也。"除了李維琦、焦傑點校本、《傳世藏書》點校本没

① 張以仁：《張以仁語文學論集》，上海：上海古籍出版社2012年版，第202頁。
② 趙成德：《〈國語〉句讀瑣記》，《古籍整理出版情況簡報》第182期（1990年）。
③ 苗文利：《〈國語〉點校本的標點失誤》，《古籍整理研究學刊》1991年第6期。

有韋注外，其他幾個本子都和上海師大校點本韋注斷句相同。但這個斷句是有問題的，正文明明有"應""憎"二字，故此處"應"只當訓作"受"，而不可釋作"受憎惡"。檢王鐸批點本、高木熊三郎《標注國語定本》、吳曾祺《國語韋解補正》、《叢書集成初編》本、《國學基本叢書》本即斷句作"應，猶受。憎，惡也"，沈鎔《國語詳注》改注文爲"應，猶受也。憎，惡也"。從這一條也可以看出上海師大校點本對後來點校本的影響。此外，上海師大校點本《國語》的分章以及篇題爲後來的點校本以及譯注本所繼承。筆者曾見楊光漢《國語譯注》手稿，即將上海師大校點本逐段剪貼在稿紙上，之後進行注譯。另如李維琦點校本不僅篇題基本相同，也像上海師大校點本一樣於書後附有人名索引。王樹民、沈長雲整理《國語集解》（修訂本）、簡體橫排本也附有人名索引。或都昉自上海師大校點本。

②被海外多家出版機構翻印

1978 年上海師大校點本出版之後的當年，臺北市九思出版社就進行了翻印，取名爲《國語（嶄新校注本)》，毛子水在 1979 年 8 月 9 日《聯合副刊》發表《整理古代經典的理想做法》一文，對九思本給予較高評價；1980 年，臺灣里仁書局以九思出版社用名又翻印了一次，與九思不同的是，里仁書局在全書之後附有毛子水《整理古代經典的理想做法》一文。毛子水當時不瞭解中國大陸地區《國語》出版的情況，以爲九思出版社本的《國語》是"'合格'的本子。雖說不盡合理想，但總算是現在最好的《國語》的本子"①，這個評價實應對上海師大校點本而言。

③爲很多文史學者研究《國語》的材料來源或參據《國語》時的主要依據

研究《國語》文史問題的相關學者，多以上海師大校點本爲材料來源。此外，很多文史研究者探討相應問題，參考《國語》的時候，都以

---

① 毛子水：《整理古代經典的理想做法》，臺北：里仁書局 1980 年版《國語》（嶄新校注本）後附，第 1 頁。

上海師大校點本作爲主要文獻依據。

上海師大校點本雖然影響深遠，但也有一些遺憾。對於明道本、公序本的特徵性差別沒有給予揭明，比如《周語上》"昔我先（王）世后稷""瞽獻曲（典）"，都沒有出校予以揭明，不知道是出於什麼考慮。此外就是張以仁提及的版本依從標準問題，以及校點過程中出現的標點以及相應錯誤。該本出版之後，也有一些學者針對校點問題提出諸多意見，如趙新德、駱瑞鶴、彭益林、楊世勤、王冬梅等。

2. 李維琦標點本

嶽麓書社 1988 年出版李維琦標點《國語·戰國策》合訂本，作爲該社出版的《古典名著普及文庫》的一種。該本簡體橫排，更能滿足現代讀者需要。書前有張舜徽撰寫前言，對《國語》《戰國策》的史學價值、文學價值進行了一定程度揭示。但沒有對依據的底本進行交代。書前列有目錄，篇題與上海師大校點本基本相同。只收正文，不收韋注。正文上有篇題，內容複雜、字數較多的篇章分段，分段也和上師大校點本基本一致。從二者篇題比較可知，李維琦本較上海師大本更簡明。通過《周語》部分篇題比對可以發現，上海師大本標目很詳細，基本把諫詞主體、對象和主題都包含在其中了，而李維琦本則盡量只保留諫詞主體和主題。當然，李維琦本有的改動也未能比較好地體現內容，如"羊舌肸聘於周"未能揭示內容，當改作"羊舌肸論單靖公"似更恰當。篇題首先要反映內容，其次要長短合適，盡量比較迅捷地傳遞給讀者相應信息。

整體而言，該本由於是簡體橫排，更便於普及。也有部分學者在引據《國語》時參照李維琦標點本。該本於 1988 年出版精裝本之後，又於 2006 年 11 月出了第 2 版簡裝《國語·戰國策》本，簡裝本刪去了人名索引。2015 年，嶽麓書社出版了李維琦點校《國語》單行本，爲該社推出的《古典名著白文本》之一。由於是《國語》單行本，故書前有《出版說明》兩段，大致交代《國語》產生時代、性質、內容、價值以及出版宗旨等。該本不再列人名索引，每卷卷目單獨一頁，其他與 1988 年本同。

3. 其他點校本

20世紀90年代以來，還出版過幾種《國語》點校本，依其出版時間先後臚列如下。

（1）焦傑點校本

20世紀90年代，遼寧教育出版社仿民國時期商務印書館《萬有文庫》之舉，輯印《新世紀萬有文庫》，分爲傳統文化書系、近世文化書系、外國文化書系三個類別。其中《國語》收在傳統文化書系，由焦傑校點。該書依次爲《新世紀萬有文庫》緣起、目録、出版説明、國語解敘、正文、校勘記。

該校點本的出版説明文字較少，但是比較精到，是有心之作。出版説明主要爲三段，第一段簡介《國語》卷次以及《國語》性質；第二段簡述《國語》的作者及各語的成書時期及和《左傳》的關係；第三段簡述《國語》的兩個版本以及點校依據和異同例子。但也存在表述不精準之處，比如對公序本的表述，出版説明謂：“北宋學人宋庠（字公序）注本。”這是錯誤的，宋庠根本沒有注釋過《國語》，僅僅校勘過《國語》，故公序本實爲宋庠校訂本而非注本。關於這一點，筆者在《國語補音異文研究》中已有明確表述，讀者可參。另外，從該校點本參據的底本和校本來看，和上海師大校點本完全相同，即以《四部備要》本爲底本，以《四部叢刊》本爲校本，所參前人校勘成果亦爲《校刊明道本韋氏解國語札記》《國語明道本考異》，點校方式爲：“底本有誤徑行改正，並在校勘記中作説明；底本不誤而對校本脱誤則不出校；是非難定時則寫入校勘記。”特別列舉了公序本和明道本在一些字形上的不同：“底本‘智’‘蓋’‘著’‘暮’‘蒸’‘戀’‘覘’‘殁’‘藝’‘聰’‘早’‘他’等，宋庠本均作‘知’‘葢’‘箸’‘莫’‘烝’‘茂’‘況’‘没’‘蓺’‘聰’‘蚤’‘它’全書多次出現，爲避重複，只在第一次出現時寫入校記，説明以下均同；又，底本‘狄’‘導’‘否’‘叛’‘祚’‘鮌’‘籍’‘弒’等，宋庠本多作‘翟’‘道’‘不’‘畔’‘胙’①

---

① 該本出版説明“胙”誤作“昨”，今徑改。

'穌''藉''殺'，唯個別處與底本同，則在第一次出現時在校記中用
'以下多作×'以事省略，並將與底本相同之處寫出。"把明道本、公序
本完全不同的字和高頻次不同的字都予以了揭示。

　　該本目錄僅標卷目，分章但沒有篇題，僅以漢字數字進行篇章標識，
正文中凡較長篇幅皆分段，涉及事件結果者，絕大多數都單獨另起一段。
在正文需要校勘之處標數碼，每卷自爲起訖，全書最後校勘記案卷臚列，
共 807 條。所揭以兩個版本用字不同、一本無字、一本誤字等爲主。校
勘記明確標出參據《國語明道本考異》者 9 條，明確標注參據《札記》
者僅 1 條且與引述《考異》重合。校勘記中注明據宋庠本改定語序、改
訂文字、據宋庠本補字、據宋庠本確定文句上下屬、據宋庠本確定篇章
分合等多處。從某種程度上而言，該本是繼上海師大校點本之後，整理
比較認真的《國語》讀物。

　　當然，該書也存在一定問題。有的標點不全。比如《國語解敘》
中，韋昭介紹自己注釋《國語》參據典籍多種，"參之以五經，檢之以
内傳，以世本考其流，以爾雅齊其訓"，其中"五經""内傳""爾雅"
上都加書名號，而獨遺漏"世本"，不知何意。也有判斷有誤者，如
《越語上》"乃致其父母昆弟而誓之"，焦氏謂："母，宋作'兄'。疑宋
誤。"實際上《越語上》開篇，句踐即謂"凡我父兄昆弟及國子弟"，故
此處亦當作"父兄"，作"父母"誤。

　　該書爲《新世紀萬有文庫》傳統文化書系之一，但出版傳統書非遼
寧教育出版社的強項，故該書似乎沒有任何影響，少人參據，《國語》
研究者也鮮少提及。

　　（2）鮑思陶點校本

　　2000 年 5 月，齊魯書社輯印《二十五別史》作爲山東省古籍整理規
劃項目，包括《帝王世紀》《世本》《逸周書》《古本竹書紀年》《國語》
《繹史》《楚漢春秋》《越絕書》《吳越春秋》《戰國策》《東觀漢記》
《續後漢書》《華陽國志》《九家舊晉書輯本》《十六國春秋輯補》《貞觀
政要》《續唐書》《九國志》《東都事略》《南宋書》《契丹國志》《大金
國志》《元朝秘史》《明書》《東華録》，爲校點整理本。其中《國語》

由鮑思陶（1956—2006）校點整理。2005 年 5 月，齊魯書社又出版平裝單行本。

　　檢該本目錄，依次爲國語解敘、《國語》正文及注、校點後記。校點後記一共四段。第一段簡述《國語》作者，第二段簡述《國語》性質、內容及價值，第三段簡述《國語》注者，第四段簡述《國語》兩大版本系統之所始、明清公序本、黃刊明道本、以及校點所據底本和校本。根據記述，其所據底本爲《士禮居叢書》本，參校“其他刊本”，未作具體說明，不出校記，僅在相應地方作標記，謂：“凡誤奪衍亂之跡，則統一以（　）號示其誤，以[　]號出其正，以存原貌，俾讀者有所採擇，亦段玉裁所謂‘存古之盛心，讀書之善法也’。”

　　該書目錄、正文皆標篇題，但篇題僅截取篇章首句而成，具備區別功能，不具備概括篇章語義功能。正文長者分段，注釋逐段臚列，序號聯排，不單獨起行。

　　（3）梁谷整理本

　　2008 年，上海世紀出版集團、上海古籍出版社推出《世紀人文系列叢書》，其中韋昭注《國語》由明潔輯評、金良年導讀、梁谷整理，依次爲導讀、整理說明、正文、國語解敘。其篇卷分章以及篇題都與上海師大校點本相同。

　　金良年的導讀是在爲 1994 年鄔國義等人《國語譯注》所作前言基礎上的擴充，涉及《國語》性質、作者、卷次、注者、文辭等方面，在《國語》性質的探討方面頗有肯綮之論。該書的整理說明主要涉及《國語》內容、《國語》作者、《國語》“語”的特點、《國語》分國記事的特點及缺陷、《國語》注本以及整理參據等。該書謂以黃刊明道本爲底本，重新分段，並加新式標點，並謂沿襲了上海師大校點本的篇題。有些篇題進行了改動，如《晉語四》上海師大校點本“文公修內政納惠王”爲一篇，梁谷整理本析爲兩篇，篇題也隨之變爲“文公修內政”“文公納惠王”。該本正文分段，往往將結果獨立爲一段，正文標注釋序號，注釋排在段落之下，注釋順次臚列，不單獨別行，各條注釋之間用三字空格間隔。所謂輯評，多選錄清人《國語》考校著作或篇章中的片段, 所選録者有柳宗元、汪中 (2 條)、汪遠孫 (9 條)、戴震、王念孫 (6 條)、俞樾 (32 條)、吳曾祺 (10 條)、王引之 (14 條)、陳瑑 (3 條)、董增齡 (2 條)、錢大昕、崔述、潘維城、沈鎔, 總共引述 84 條, 其中引用俞樾《群經平議》最多, 接近所輯總量的一半。所引評點中, 只有柳宗元、潘維城確實屬於評點, 引其他各家實際上屬於《國語》考據。這些材料爲讀者進一步理解《國語》、理解韋注提供了參證, 還是有意義的。

(4) 熊蓉、鄧啟桐點校本

該書是東南大學出版社推出的《國學經典書系·中國傳統文化經典注音全本》中的一種, 2010 年 5 月出版, 篇題、正文每個漢字全部標音。總體而言, 該書相對比較粗糙, 封面上的 "韋昭" 之 "昭" 就錯印成了 "詔"。另外, 把 "國語解敘" 改作 "自序", 於義不倫。本書既然叫 "國語", 則其作者自然是左丘明或戰國時期的人, 故 "自序" 不當。韋昭只是這部書的注者。若書名叫 "國語解", 則 "自序" 無問題。且 "五經" "世本" "爾雅" 都加書名號, 唯 "内傳" 不加書名號, 體例未能一致。其書實際上是以上海師大校點本爲依據, 注文中附全部上海師大校點本校案。正文大字, 正文中的借字旁注本字, 注文小字, 按照序號連排, 注文下空白處有插圖。

(5) 胡文波校點本

2015 年 8 月, 上海古籍出版社出版了胡文波點校《國語》。據該書前言可知, 該書以《四部叢刊》本爲底本, 避諱字、刻工誤刻字皆據明道本徑行改正。其他改字皆出校記。該書沿用了上海師大校點本的篇題, 正文、注文編排方式與上海師大校點本相同, 校勘記置於脚註。唯全書用簡化字, 必要的人名、地名保留繁體字。注釋用圈號數字標識, 校勘用方括號內數字標識。今檢其校記, 有的由於疏忽, 還是存在一些問題。今以《國語解敘》爲例, 該本在該篇出了四個校勘記, 其中有兩個是值得商榷的。

《國語解敘》校記 [1]: "攄, 明道本作 '據'。" 今檢黃刊明道本、《四部備要》本以及《國語》各本字皆作 "攄", 各書所引字亦皆作

“攄”，無作“據”者，未知胡氏何據。

《國語解敘》校記［3］：“特，明道本作‘物’。”今檢《國語》各本以及各書所引，字皆作“特”不作“物”，亦不知所據。

又該篇校記［4］校出公序本“所以”、明道本“以所”之異，却没有校出上句中公序本“唐虞”、明道本“虞唐”之異，可見出校還存在著一定的隨意性。另外，有些文字問題是金李本和《四部叢刊》本的問題，不具備版本系統區別特徵。由於校點者未參多本，有些誤字據明道本改正。如該書第 432 頁校記［1］：“好，原作‘如’，據明道本改。”實際上金李本之外的其他各本都作“好”不作“如”，從金李本注文也可以看出，此處“如”字當爲“好”字之誤，另第 419 頁“筓”字之誤作“等”亦同此。又比如《越語下》“寡人將助天滅之”之“滅”，黃刊明道本及其覆刻本誤作“威”，校點者亦未揭出。

總體而言，由於上海師大校點本校點在前，點校規範，嚴謹有度，並且多有版本比對及相關案語，爲後來的《國語》校點整理提供了諸多方便。

（三）《國語》新注、新譯

民國時期就有《國語》的新注、新譯，如秦同培、葉玉麟、張寄岫等，尤其秦同培、葉玉麟，基本確立了《國語》普及本譯兼注的基本形式。但這幾部都是選本，尤其張寄岫的《左國選讀》注釋基本上襲自葉玉麟，而葉玉麟注釋又襲自沈鎔《國語詳注》，秦同培雖然注譯自出，但其注文多用韋昭原注，譯文又帶有時代的特徵，在《國語》普及方面仍具有一定的局限性。故仍需要有新的譯注本出現，以適應新的時代，也需要以更精準的語言，對《國語》進行注釋和翻譯，以便於讀者普遍利用。1959 年，傅庚生選注《國語選》出版，語言通俗，且兼具普及性與學術性，代表著《國語》今注進入了一個新的階段。由於歷史的原因，20 世紀六七十年代僅有楊宏文《國語國策故事選譯》出版，選錄《國語》僅有三篇，該書創立了先出譯文再出原文的體例，爲了照顧讀者閱讀方便，注釋以隨文注釋體的形式出現，在被釋語句之後以括弧出之。20 世紀 80 年代，公開出版的只有馬達遠《國語故事選譯》一種，選錄《國語》26 篇，確立了題解、原文、譯文的基本體例。20 世紀 90 年代，《國語》譯注空前發展，出版了一批注釋詳明、譯文流暢、兼具普及性與學術性的《國語》全書的今譯今注讀物。這一時期的《國語》譯注，不僅對普及《國語》是一種帶動，對《國語》本體研究、此後的《國語》譯注發展也具有重要影響。

　　中國臺灣地區系統推出古籍今譯，實比中國大陸地區要早。王雲五《編纂古籍今注今譯序》謂："古籍今注今譯，由余歷經嘗試，認爲有其必要，特於中華文化復興運動推行委員會成立伊始，研議工作計劃時，余鄭重建議，幸承採納，經於工作計劃中加入此一項目，並交由學術研究出版促進委員會主辦。茲當會中主編之第一種出版有日，特舉述其要旨。"① 王雲五這一段話具有學術史意義，揭示出王雲五是中國臺灣地區"中華古籍今注今譯叢書"的倡議者。在出版了《今注资治通鑑》之後，王雲五認爲："若干古籍，文義晦澀，今注以外，能有今譯，則相互爲用；今注可明個別意義，今譯更有助於通達大體，寧非更進一步歟?"② 於是於 1967 年策劃出版經部今注今譯第一集十種，包括《詩經》（39124 字）、《尚書》（25700 字）、《周易》（24207 字）、《周禮》（45806 字）、《禮記》（99020 字）、《春秋左氏傳》（196845 字）、《大學》（1747 字）、《中庸》（3545 字）、《論語》（12700 字）、《孟子》（34685 字）③，今注體例云："今注方《资治通鑑今注》體例，除對單字詞語詳加注釋外，地名必注今名，年份兼注公元；衣冠文物莫不詳釋，必要時並附古今比較地圖與衣冠文物圖案。"④ 實際上並未能完全按照計劃進行。後來又加上《老子》《莊子》二書，易名爲"古籍今注今譯"，此十二種主編者爲商務印書館王雲五。中國臺灣地區的中華文化復興運動推行委員會推出《大戴禮記》《公羊傳》《穀梁傳》《韓詩外傳》《孝

　　① 王雲五：《王雲五全集》第 18 卷《最後十年自述》，北京：九州出版社 2013 年版，第 492 頁。
　　② 王雲五：《王雲五全集》第 18 卷《最後十年自述》，北京：九州出版社 2013 年版，第 493 頁。
　　③ 王雲五：《王雲五全集》第 19 卷《序跋編》，北京：九州出版社 2013 年版，第 377 頁。
　　④ 王雲五：《王雲五全集》第 18 卷《最後十年自述》，北京：九州出版社 2013 年版，第 493 頁。

經》《國語》《戰國策》《列女傳》《新序》《説苑》《墨子》《荀子》《韓非子》《管子》《淮南子》《孫子》《論衡》《説文解字》等古書的今注今譯十八種，由中華文化復興運動推行委員會、國立編譯館中華叢書編審委員會主編①。至1981年3月，除了《國語》《説文》外，其他各書都已經出版，"爲保存光輝燦爛的傳統文化作出了應有的貢獻"②，"文化遺産的不斷推出，對臺灣民衆進一步注重傳統文化、回歸真實的民族文化傳統起了積極作用"③。當時《國語》計劃由張以仁譯注，按説張以仁《國語》研究成績斐然，譯注選得其人。至於最終爲什麽没出，目前尚無進一步資料得知。

　　中國大陸地區至20世紀80年代初期重新提出古籍整理出版規劃。陳雲特別指出："整理古籍，爲了讓更多的人看得懂，僅作標點、注釋、校勘、訓詁還不够，要有今譯，爭取做到能讀報紙的人多數都能看懂。有了今譯，年輕人看得懂，覺得有意思，纔會有興趣去閱讀。今譯要經過選擇，要列出一個精選的古籍今譯的目録，不要貪多。"④ 在這一思想指導下，1982年8月23日經國務院批准的《古籍整理出版規劃》(1982—1990) 即列有"今譯"一項，《出版規劃説明》第三條謂："整理古籍，一方面要逐步滿足專業人員的基本需要；另一方面也要做好向社會廣大讀者和青年的普及工作。普及工作中的一項重要任務，就是對古代文史哲名著進行今譯，以便尚未掌握古代漢語的讀者可以讀懂，從而瞭解祖國的優秀傳統文化。此在規劃中專列了 '今譯' 一項，根據精選原則，先對於一批重要的、難懂的古籍全部進行今譯。"⑤ 該出版規劃"今譯"一共二十種，其中第一部分 (1982—1985) 八種，分別爲《詩

---

　　① 王學哲、方鵬程主編《商務印書館百年經營史1897—2007》謂："'古今今注今譯叢書'，五十册。本書名義上是由文復會主編，實際上是由王壽南負責執行主編的工作。"（武漢：華中師範大學出版社2010年版，第112頁）

　　② 古遠清：《臺灣當代文學理論批評史》，武漢：武漢出版社1994年版，第119頁。

　　③ 黄新憲主編：《傳統文化影響下的臺灣教育》，福州：福建教育出版社1993年版，第121頁。

　　④ 陳雲：《整理古籍是繼承祖國文化遺産的一項重要任務》，楊忠主編，全國高校古籍整理研究工作委員會秘書處編：《高校古籍整理十年》，南昌：江西高校出版社1991年版，第4頁。

　　⑤ 國務院古籍整理出版規劃小組編：《古籍整理出版規劃 (1982—1990)》，中華古籍網。

經譯注》《文心雕龍譯注》《尚書譯注》《戰國策譯注》《史記譯注》《漢書譯注》《老子譯注》《莊子譯注》，備註中注明《文心雕龍譯注》《老子譯注》已約稿，《莊子譯注》已發排；第二部分（1986—1990）十二種，分別爲《屈原集譯注》《世説新語譯注》《國語譯注》《吳越春秋譯注》《後漢書譯注》《三國志譯注》《貞觀政要譯注》《史通譯注》《孫子譯注》《荀子譯注》《吕氏春秋譯注》《淮南子譯注》。《國語譯注》列入出版計劃。

20 世紀八九十年代以來的《國語》今譯今注工作是在這樣的時代背景下得以發展起來的。就形式上而言，有選注、選譯，也有全注全譯，有的僅注，有的僅譯。自傅庚生《國語選》以來的《國語》今注今譯以及鑒賞類讀物如下：

1. 傅庚生注《國語選》，人民文學出版社 1959 年 6 月出版。

2. 楊宏文《國語國策故事選譯》，中華書局上海編輯所 1961 年 12 月編輯出版。

3. 馬達遠《國語故事選譯》，上海古籍出版社 1985 年 11 月出版。

4. 楊光漢《國語國策精華》上卷，1980 年手稿；《國語譯注》上册，1983 年手稿。

5. 高振鐸、劉乾先《國語選譯》，巴蜀書社 1990 年出版。

6. 薛安勤、王連生《國語譯注》，吉林文史出版社 1991 年 4 月出版。

7. 汪濟民、仲坤、徐玉侖、張學賢《國語譯注》，百花洲文藝出版社 1992 年 3 月出版。

8. 董立章《國語譯注辨析》，暨南大學出版社 1993 年 5 月出版。

9. 李維琦《白話國語》，嶽麓書社 1994 年 4 月出版。

10. 鄔國義、胡果文、李曉璐《國語譯注》，上海古籍出版社 1994 年 12 月出版。

11. 黄永堂《國語全譯》，貴州人民出版社 1995 年 2 月出版。

12. 易中天《新譯國語讀本》，臺北市三民書局 1995 年 11 月出版。

13. 史延庭編著《國語》，吉林人民出版社 1996 年 5 月出版。

14. 趙望秦、張艷雲、楊軍《白話國語》，三秦出版社 1998 年 5 月出版。

15. 秦峰《譯注國語》，江西高校出版社 1998 年 9 月出版。

16. 來可泓《國語直解》，復旦大學出版社 2000 年 6 月出版。

17. 蕭漾《國語故事》，華夏出版社 2004 年 7 月出版。

18. 胡果文《〈國語〉選評》，上海古籍出版社 2005 年 7 月出版。

19. 王芳、丁富生譯注《國語》，山西古籍出版社 2007 年 1 月出版。

20. 尚學峰、夏德靠譯注《國語》，中華書局 2007 年 12 月出版。①

21. 曹建國、張玖青注說《國語》，河南大學出版社 2008 年 3 月出版。

22. 劉倩、魯竹《國語正宗》，華夏出版社 2008 年 6 月出版。

23. 李德山注評《國語》，鳳凰出版社 2009 年 6 月出版。

24. 羅家湘等注譯《國語》，中州古籍出版社 2010 年 5 月出版。

25. 周鋒、郝建傑《〈國語〉文繫年注析》，廣西師範大學出版社 2011 年 7 月出版。

26. 高坊清編著《品〈國語〉話人生》，中國文聯出版社 2012 年 1 月出版。

27. 詹前編選《諸侯美政：國語選讀》，復旦大學出版社 2013 年 1 月出版，上海教育出版社 2017 年 7 月出版。

28. 黃榮華編《中華根文化教學設計》，上海東方出版中心 2017 年 11 月出版。

29. 陳桐生譯注《國語》，中華書局 2013 年 4 月出版。

30. 陳桐生選《國語》，中華書局 2017 年 “中華優秀傳統文化百部經典讀本”。

31. 何昆《嘉言鑄青史——聆聽〈國語〉》，大地傳媒海燕出版社 2013 年 12 月出版。

32. 張永祥《國語譯注》，上海三聯書店 2014 年 5 月出版。

33. 張華清譯注《國語》，山東畫報出版社 2014 年 7 月出版。

---

① 湖南人民出版社 2012 年 7 月出版的《大中華文庫》漢英對照本《國語》，漢譯即用尚學峰、夏德靠譯注《國語》。

34. 李迪南、侯少博譯注《國語》，長春出版社 2015 年 1 月出版。

35. 仇利萍《〈國語〉通釋》，四川大學出版社 2015 年 3 月出版。

36. 楊靖、李昆侖編《國語》，敦煌文藝出版社 2016 年 1 月出版。

37. 劉長江譯注《國語》，中國工人出版社 2016 年 8 月出版。

38. 沈長雲解讀《國語》，國家圖書館出版社 2020 年 12 月出版。

綜上，1959 年以來《國語》今譯今注，總共三十九種。除楊光漢二種爲手稿之外，其他皆爲正式出版物。傅庚生首先對《國語》進行選釋，此後楊宏文、馬達遠也對《國語》進行選注選譯。楊光漢的《國語譯注》雖然沒有出版，但和薛安勤、王連生《國語譯注》一樣，是比較早的《國語》全注全譯的開始。20 世紀 90 年代，除了高振鐸、劉乾先的《國語選譯》，《國語》的譯注以全注全譯爲主，選本在這一時期幾乎缺席。20 世紀 90 年代是《國語》譯注的黃金時期，也是學術質量最高的時期。進入 21 世紀之後，《國語》今譯今注除了幾種全本之外，出於服務對象以及叢書需要，又出現了多種選本注譯。除了何昆所撰爲純然評析之外，其他各家皆有注，多有譯。從體例上而言，傅庚生《國語選》只有注釋。楊宏文始有題解，隨文注釋和譯文。至薛安勤、王連生《國語譯注》，確立了題解、原文、注釋、譯文的基本體例。至來可泓，在文末另闢"評析"，進一步增強了撰寫者對相關篇章認識的成分。至胡果文，別立專題，分別評述，在從專題角度爲《國語》選本分類評選分析方面提供了範例。至陳桐生《國語》，則爲各卷別立題解，以另外一種較爲綜合形式出現。從譯注本的底本選擇上看，自馬達遠《國語故事選譯》以來，各家俱以上海師大校點本爲底本，在此基礎上進行取捨。從原創性角度而言，2008 年之後的《國語》注譯，原創性比較低。主要表現在：（1）注釋點和注文内容，被早期注譯著作基本涵蓋。尤其董立章《國語譯注辨析》採擇前人比較豐富，此後譯注本採擇前人之處多已見於董書。囿於譯本體例，各書不可能在注文中進行長篇考證。或出於普及需要，不事考證。或囿於撰寫者學術背景等問題，故釋義只能沿襲舊説。（2）從各家對"邵公諫厲王弭謗"篇譯文可知，各家譯文基本相同，差異主要表現在原文中的專名需不需要翻譯、具體語句的釋義不同引起的異文不同、對原文具體語詞的不同替代或翻譯形式等三個方面。當然，無論是何種譯注本，都對《國語》的普及傳播具有積極的意義。除了專門的《國語》譯注之外，還有古文選本、作品選本對入選的《國語》篇章進行的譯注。其中有對舊有古文選本的譯注，比如《古文觀止》有好幾種譯注本，其中所選的《國語》篇章譯注對《國語》相應篇章譯注是一種借鑒。另外，一些當代人自編的古代文學作品選或歷史文選中對《國語》相應篇章的譯注，同樣具有借鑒意義。此外，這些作品選在選錄《國語》篇目存在著前後繼承性，如《周語上》"召公諫厲王弭謗"和《越語上》全篇（往往以"勾踐滅吳"名篇）即是多種文選必選篇目。各譯註本具體詳細，可參本書附錄部分。

當然，除了古文今注今譯今校之外，還有一些名言彙編等，如牟宗艷、董輝《國語智慧名言故事》。此外，一些國家把《國語》翻譯成外文出版，如日本 20 世紀初期出版的林泰輔、桂湖村、冢本哲三對《國語》的"國譯"。後來，大野峻又有選譯《國語》和全本譯注《國語》，前者 1969 年由明德出版社作爲"中國古典新書"中的一種出版，後者分別在 1975 年和 1978 年由明治書院作爲"新譯漢文大系"中的一種出版。[①] 法國安德烈·赫爾曼譯、荷米·馬蒂補充的《國語·關於諸侯國言語一：周語》，1985 年由法國法蘭西學院高級漢語研究所出版。俄國塔斯金譯注《國語》，1987 年由莫斯科科學出版社出版。[②] 此外，還有韓文綫上版等。中國本土也有英譯本，如湖南人民出版社推出的《大中華文庫》即收錄《國語》的英文版，以尚學峰譯註本爲參照進行英譯，2012 年出版。這些外文譯本《國語》爲《國語》的海外普及傳播提供了便利。

（四）《國語》索引編製的演進

索引對專門研究的重要性早已是共識。我國索引編製起步較晚，20

---

① 參見拙稿《日本江户及明治時期〈國語〉著述綜論》，《古籍研究》（總第 66 卷），2017 年。
② 參見［英］魯惟一主編，李學勤等譯：《中國古代典籍導讀》，瀋陽：遼寧教育出版社 1997年版，第 283 頁。

世紀二三十年代纔有學者大力提倡。在這一時代背景下，哈佛燕京學社編製了很多中國古籍的引得，日本學者也編製了一些中國古籍的索引。《國語》的第一部索引20世紀30年代出版，第二部、第三部索引出版於20世紀70年代，第四部索引產生於1999年，第五部索引出版於2013年。前兩部索引成於外國學者之手，後三部索引成於中國學者之手，在編製體例上既有繼承又有發展。下面依次予以介紹。

1. 鈴木隆一《國語索引》

鈴木隆一（1904—2005），日本著名漢學家。編有《國語索引》《大戴禮記索引》《淮南子索引》等，又續補新美寬（1905—1945）編的《本邦殘存典籍による輯佚資料集成》，並和市原亨吉、今井清合作《禮記》。鈴木隆一編製的《國語索引》於1934年由日本東方文化書院京都研究所出版，1967年大安株式會社再版。民國時期的燕京大學圖書館於1934年當年購入鈴木的這部索引，並由于式玉（1904—1969）將《索引凡例》譯成中文發表在1934年10月1號《燕京大學圖書出版報》第69期上。該凡例是第一部《國語索引》的體例，確立了《國語》索引的基本範式。南京大學圖書館、中文系、歷史系合編的《文史哲工具書簡介》、淮陰師專編《活頁文史叢刊》、王餘光《中國歷史文獻學》皆據凡例，對該索引進行了介紹。

鈴木氏確立了以黃刊明道本爲底本編製索引的先例，後來的鮑吾剛《國語索引》（1973）、張以仁《國語引得》（1976）、劉殿爵（1922—2010）等人編《國語逐字索引》（1999）、李波與姚英等編《國語索引》（2013）等亦皆以黃刊明道本或者黃刊明道本的重刻、重校本作底本。根據統計，全書錄《國語》單字2390個，所收《國語》複音結構爲研究《國語》複音詞提供了材料基礎。關鍵的是，本書還收部分韋注，相對而言，較爲全面。缺陷是"不是一字一引，應用有時而窮"①。

2. 鮑吾剛編《國語引得》

鮑吾剛（Wolfgang Bauer，1930—1997），德國著名漢學家，1948年

---

① 張以仁《國語引得序》。

進入慕尼黑大學漢學學科學習，1953 年慕尼黑大學東亞研究所博士學位，1959 年完成漢學專業教授資格論文，1960 年成爲美國密執安大學客座教授，1961 年得到美國卡内基和福特基金會資助，在美國、中國香港、中國臺灣和日本等地從事學術研究。1997—1980 年，曾任美國國會研究會中國文化學科委員會委員，被一些學者認爲是繼衛禮賢之後德國最有影響的漢學家。著有《金匱——二千年中國短篇小説選》《中國——從帝國到共產主義》《中國與渴望幸福——中國思想史中關於天堂、烏托邦和理想的觀念》《中國面目——中國歷代文學史的自我表白》。德國漢克傑編有《鮑吾剛著作要目》，包括專著 16 種、論文 69 篇。① 其中《國語引得》（A *Concordance to the Kuo-yü*）於 1973 年由臺北出版，爲艾文博主編的《中文研究資料中心研究資料叢書》第 11 種，書分兩卷，上卷爲艾文博 1973 年所作序言、鮑吾剛著作目録、鮑吾剛 1972 年所作介紹、索引體例、字頻體例、索引，下卷爲《國語》本文、字頻統計。該書以《叢書集成初編》本《國語》爲底本，從國別開始記序號，正文每一個斷句前標序號。單字標依據出現頻度排列，僅標數字，不出字頭。又有字數表，統計出《周語》13396 字、《魯語》7174 字、《齊語》3686 字、《晉語》28751 字、《鄭語》1685 字、《楚語》7054 字、《吳語》4959 字、《越語》3656 字，總字數 70361 字。這應該是《叢書集成初編》本《國語》正文字數的第一次精確統計。此後的《國語》字數統計多以上海師大校點本爲底本進行，故字數與鮑吾剛統計有不同。如吉本道雅統計上海師大校點本《周語》13391 字、《魯語》7181 字、《齊語》3688 字、《晉語》28782 字、《鄭語》1686 字、《楚語》7065 字、《吳語》4951 字、《越語》3652 字，總字數爲 70396 字。這爲考校上海師大校點本和《叢書集成初編》本之間異同提供了基礎。

總體而言，鮑吾剛編製《國語引得》僅臚列數字，不出漢字，不利

① 參見漢克傑《德國漢學家鮑吾剛（附：鮑吾剛著作要目）》（見《國際漢學》第 1 期，北京：商務印書館 1995 年版，第 112—134 頁）、張西平《一代學術巨擘——記德國著名漢學家鮑吾剛》（見閻純德主編《漢學研究》第 2 集，北京：中國和平出版社 1997 年版，第 270—272 頁）。

於檢索，故張以仁謂："鮑氏的書，雖有多種用途，但就國人習慣來説，查檢原文方面，又嫌展轉不便。"① 所言甚是。

3. 張以仁編《國語引得》

張以仁是 20 世紀《國語》研究之重鎮。關於其介紹，詳見下文。張以仁編《國語引得》，1976 年 12 月由"中央研究院"歷史語言研究所刊行。包括序、凡例、筆畫檢字、拼音檢字和引得，引得全書共 850 頁。

從張以仁序言可知，其編製《國語引得》早於鮑吾剛，"由於個人職務繁雜，助手中途更換，又值物價波動影響印刷工作"，故比鮑編出版晚。鮑編已出，却還要出自己的引得，"一則仍然覺得它的便利，二則相同字例彙編一處，或許也另有功用"。從凡例可知，張以仁《國語引得》採用臺灣世界書局影印嘉慶庚申讀未見書齋重雕天聖明道本爲依據，在頁碼標注上既標黃刊明道本頁碼，也標世界書局新加頁碼，爲使用者提供了方便。另外，對於原文的俗字誤字進行了改正。這和鈴木隆一的處理方式正好相對。張以仁《國語引得》有《國語》單字 2626 個，而鈴木隆一《國語索引》單字僅 2390 字，可知雖然張以仁《國語引得》有改字，但仍最大程度保留黃刊明道本之原貌。

該書爲第一部全面適用的《國語》逐字索引，其編寫體例和哈佛燕京學社引得編纂處編纂之引得體例相同，頗便使用。唯《國語》研究薄弱，故參考之者鮮有。

4. 劉殿爵等編《國語逐字索引》

劉殿爵（1921—2010），肄業於香港大學中文系，曾赴英國攻讀西方哲學。1978 年任香港中文大學中文系講座教授，此後歷任文學院院長、《中國文化研究所學報》主編、吳多泰中國語文研究中心主任等職，英譯《論語》《孟子》《老子》等。1988—1992 年，設立漢達古籍文獻數據庫，把先秦兩漢所有傳世文獻電腦數據化。同時編纂《先秦兩漢古籍逐字索引叢刊》《魏晉南北朝古籍逐字索引叢刊》等。

《國語逐字索引》爲《先秦兩漢古籍逐字索引叢刊》史部第十五種，

---

① 張以仁《國語引得序》。

由商務印書館（香港）有限公司 1999 年 1 月出版，該索引執行編輯爲何志華。全書依次爲出版説明、凡例、漢語拼音檢字表、威妥碼—漢語拼音對照表、筆畫檢字表、通用字表、徵引書目、增字刪字誤字改正説明表、譌體改正説明表、《國語》原文、逐字索引、全書用字頻數表。

根據凡例，該書也用讀未見書齋重雕天聖明道本爲依據，根據相應文獻對《國語》本文進行了校改，加校改符號以示區別。該書繼鮑吾剛《國語引得》漢字字體以《大漢和辭典》正體字爲標準之後，以《大漢和辭典》和《漢語大字典》正體字爲標準。拼音檢字據《辭源》（修訂本）和《漢語大字典》，筆畫檢索依據《康熙字典》。據增字刪字誤字改正説明表，該索引依據《經義述聞》、備要本《國語》校改 83 處。《國語》原文之下，徵引《史記》《經義述聞》等以爲勘校，共有 309 條校勘記，簡單者僅明異字，複雜者則徵引高郵王氏之説。原文分國別標注篇章序號。其逐字索引格式與張以仁《國語引得》相同，先出單字字頭，以下依次臚列所在《國語》句子，該句子之後依次出所在篇章、頁碼、行數，檢索較張以仁《國語引得》更爲便利。根據該書字頻表可知，該書統計《國語》全書 70472 字，單字 2643 個，和前面幾家統計不盡相同。

該書直接附有原文，標注序號、行號，供讀者自行檢索，不必再翻檢原書。這一點，和鮑吾剛的編纂體例一致，唯鮑吾剛索引不附文字，使用不便。而該書不僅附有文字，還徵引校勘，編製字頻表，爲讀者提供了相當大的便利。南京大學翟雪艷的碩士學位論文，就以《國語逐字索引》作爲基本參照。

5. 李波等編《國語索引》

李波，畢業於北京大學中文系，後在哈爾濱師範大學中文系、黑龍江大學文學院任教。1985 年起即使用計算機整理大型上古文獻。出版有《史記索引》《十三經新索引》《漢書索引》《後漢書索引》《三國志索引（附裴松之注索引）》《戰國策索引》《史記字頻研究》《國語索引》等。

李波編《國語索引》具備了前幾種《國語》索引的長處，並從進一步便利使用的角度，以《四部備要》本《國語》爲底本，參校崇文書局本、《國學基本叢書》本、上海師大校點本、《四部叢刊》本、文淵閣四庫全書本、董增齡《國語正義》本、林蘭堂本、王樹民等點校《國語集解》、《國語補音》、《校勘明道本韋氏解國語札記》、《國語明道本考異》做成閱讀本，正文大字，標注行數，異文小字標注於正文之後，異文右上方標異文所出。這一方式利於《國語》考校，有利於使用《國語》時對校異文。在檢索方面，附有筆畫檢索、部首檢索、漢語拼音檢字、四角號碼檢字、人名檢索、地名檢索、專有名詞檢索等多種檢索方式，在單字索引之外，還附有人名索引、地名索引和專有名詞索引。

索引部分，先列字頭，字頭旁標出現次數，下依次臚列所在句子，句子後標注所在閱讀本頁碼及行數。根據該書檢索表統計，該書所載《國語》單字爲2624個。從專書索引的便利程度而言，李波編《國語索引》做到了最大程度的便利。其閱讀本提供了諸多異文，爲讀者比對提供了便利。索引的製作也是在電腦技術高度發展的時期進行，字形精準，全然覆蓋，且最好用。

五部索引，從應用的便利角度而言，劉殿爵《國語逐字索引》和李波《國語索引》最便使用。從參考價值角度而言，李波《國語索引》由於附有異文，可資考校，所以價值也最高。而《國語逐字索引》既經校改，則其文本具備了新點校本價值。

《國語》舊注舊刻影印本爲《國語》研究者提供了舊本舊著之原貌，《國語》點校本、《國語》著述之點校本，爲《國語》以及相應著述之傳播提供了方便，尤其《國語》點校本爲《國語》新譯注本以及相關文選的選篇提供了基本依據。《國語》今注今譯滿足了一般讀者學習傳統文化的需求，同時對《國語》研究也是一種檢驗和促進。《國語》外譯爲《國語》在海外的傳播提供了便利。《國語》索引的編製爲《國語》研究以及《國語》語詞檢索提供了便利。

二、近七十年來《國語》性質、作者等諸問題之研究

在學術史上，《國語》的性質問題和作者問題是相互交織在一起的。自漢代至民國時期，學者們對此類問題的關注尤爲突出。

民國時期的學者在傳統研究的基礎上，在《國語》和《左傳》關係方面進行了新的探討。20 世紀 70 年代以來，隨著《春秋事語》等一批文獻的出土，一些學者開始聯繫《國語·楚語上》"語"的功能的陳述，對《國語》性質提出更爲成熟的看法。對《國語》的作者問題在舊有的基礎上，也有了更爲理性的認識。此前學者一直圍繞《國語》的作者是否爲左丘明進行探討。近七十年來，學者們對《國語》的作者提出一些新的或合理的看法，甚至對《國語》的成書過程進行了更爲合理的勾勒。

(一) 各種史料對《國語》諸問題的探討與認定

1. 文學史教材對《國語》諸問題的認定

中國文學史教科書編輯委員會第一次擴大會議討論通過的《中國文學史教學大綱》認爲 "《國語》是記言文"，該大綱不贊同司馬遷、班固以來以《國語》作者爲左丘明的説法，因爲 "（1）《國語》記事雖終於智伯，然起於周初，與《春秋左傳》顯然不是一個系統；（2）《左傳》編年，而《國語》則分國記事，體例上有著根本的差別；（3）《國語》所記多有與《左傳》重複、抵觸、詳略互異之處"，故而該大綱認爲《國語》的作者 "應該是戰國時一個熟悉王朝及諸侯各國歷史掌故的人物"。從總體上，《大綱》認爲《國語》的文學價值遠遜色於《左傳》，但同時又認爲《國語》也有 "風趣絶佳的片段"。並以《越語下》句踐與范蠡的對話爲例，指出 "口語中的韻語是《國語》的特色之一"[1]。

---

[1]　中國文學史教科書編輯委員會第一次擴大會議討論通過：《中國文學史教學大綱》，北京：高等教育出版社 1957 年版，第 24—25 頁。

　　楊公驥《中國文學》第一分册云："《國語》是周朝和各封建侯國的官史私史的彙編。其中一部分可能經過左丘明整理；其中的一些重要的史料曾被左丘明轉引到《左氏春秋》中。但《國語》並不是左丘明一手編成，最後的編訂成書約略在戰國初期。"① 楊公驥接著指出，《國語》是分國編纂的史書，"以其性質論，其中有的是政治語録，有的是重大歷史事件的片斷記載，有的是傳説故事。所有這些語録、歷史片斷、傳説故事，大多是由歷史人物的議論、對話或相互駁難而組成的。因此，《國語》是採用語録文樣式寫成的歷史文學著作。"揭示了《國語》的"語"的本質。該書比較詳細地分析了《國語》所載獻公殺申生和重耳流亡故事，認爲"這故事是一個結構龐大的傳奇性的敍事詩式的故事"②，進而推斷："《國語》中夾雜有不少傳奇性的歷史故事。這些故事可能是根據民間傳説寫成的，並不是對歷史事件的真實記載。"③ 對《國語》記事的文學性以及材料來源進行了揭示。

　　十三院校中文系所編《中國文學史》在"戰國文學"第一章"歷史散文"中分三節，分別介紹《左傳》《國語》《戰國策》三部著作。該書和《大綱》同樣，認爲《國語》《左傳》體例、文筆都不一樣，很難講是出自一人之手，"至多也只是《左傳》編著者依據的以及剩餘的史料，又經後人整理編輯而成的一部詳略不勻、殘缺不全、著重記言的歷史著作"④，按照這部文學史的理解，至少《國語》經過三次整理過程，即原始稿件時期、《左傳》作者整理期、後人整理期。該文學史首先評析了《國語》的史學價值，認爲《國語》反映了春秋到戰國初期這一時期的情況，《國語》在意識形態上屬於儒家思想。認爲《國語》"記言的文筆又略較《左傳》淺顯"並推測其原因"或者由於這部書的從編寫到題名跟與它時代相近的《論語》相同，不無關係"，進而推測"當時以'語'字名書的，很可能記録的即當時口語，或接近當時的口語；猶之

① 楊公驥：《中國文學》第一分册，長春：吉林人民出版社1957年版，第403頁。
② 楊公驥：《中國文學》第一分册，長春：吉林人民出版社1957年版，第403頁。
③ 楊公驥：《中國文學》第一分册，長春：吉林人民出版社1957年版，第418頁。
④ 十三院校中文系編寫，達縣師範學院中文系1978年印製：《中國文學史（上）》，第71頁。

後代也有語錄體的書籍一樣"①。該書認爲，"《國語》繼承了我國古代記載史實、終於史實而寓褒貶的傳統。同時原作者和整理者的邏輯思維和形象思維也都運用得縝密而又靈活。通過語言藝術刻畫人物性格，形象鮮明，栩栩如生。也像《左傳》一樣，具有相當卓越的文學成就。"② 該書指出《國語》對後世史學、文學的影響也很深遠。對於《國語》整理過程的推測和構擬，恐以此書爲最早。該書還指出："《國語》除了史學、文學的價值外，還保存了自然科學史料，具有科學上的史料價值。"③ 揭示其自然科學史料價值，當屬首次。

北京師範大學中文系中國古典文學教研室編《中國文學史函授講稿》謂《國語》"可能是戰國時代的人根據各國史料整理而成"，也看到《國語》"並不是全面系統地記述各國情況，而是較多地記敘各國貴族的言論"這一點。同時，該書認爲《國語》"文字平淡樸實"，"在我國散文發展史上，也具有一定地位"④。

哈爾濱師範專科學校中國古代文學教研室編《中國文學史·先秦至魏晉南北朝》指出，《國語》是一部史料彙編，認爲《國語》的主要内容"是記述各國政治、外交活動中的一些諫辭或對話。在這些諫辭或對話中説理很充分，反映出來春秋時代政治變化的輪廓，以及當時一些風雲人物的精神面貌"⑤。該書認爲《國語》作者"運用語言方面的精煉程度不亞於《左傳》"⑥，指出《國語》善於描寫人物，《國語》中也有生動的具體描寫和事件敘述，故而認爲："《國語》作者不獨善於記言，而

---

① 十三院校中文系編寫，達縣師範學院中文系 1978 年印製：《中國文學史（上）》，第 72 頁。
② 十三院校中文系編寫，達縣師範學院中文系 1978 年印製：《中國文學史（上）》，第 73 頁。
③ 十三院校中文系編寫，達縣師範學院中文系 1978 年印製：《中國文學史（上）》，第 74 頁。山東師範大學中文系中國古代文學教研室 1983 年編《中國文學史》亦謂《國語》具有自然科學史料價值，或本此書。
④ 北京師範大學中文系中國古典文學教研室 1979 年 1 月編印：《中國文學史函授講稿（上）》，第 16 頁。
⑤ 哈爾濱師範專科學校中國古代文學教研室 1979 年 6 月編印：《中國文學史·先秦至魏晉南北朝》，第 120 頁。
⑥ 哈爾濱師範專科學校中國古代文學教研室 1979 年 6 月編印：《中國文學史·先秦至魏晉南北朝》，第 120 頁。

在記行、記事等方面也有很高藝術。"①

北京師範學院中文系古典文學教研室編《古代散文選注》謂："《國語》的作者不詳，司馬遷和班固都説是左丘明所作，後人多持不同意見，估計作者可能是戰國時期一個熟悉周王朝和諸侯各國歷史掌故的人物。"② 對《國語》作者所持觀點和《中國文學史教學大綱》意見基本一致。

姜書閣《中國文學史四十講》第三講 "先秦三部傑出的史傳散文——《左傳》《國語》和《戰國策》"第二節介紹《左傳》和《國語》，他認爲 "《國語》是分國記録的春秋史"，同時也認爲《國語》"可能是戰國初期一個熟悉各國歷史掌故的人根據各國史官的實録資料而編撰的"③，對《國語》作者所持觀點和《中國文學史教學大綱》意見一致。

袁行霈主編《中國文學史》第一卷由聶石樵、李炳海主編，其中第三章 "《左傳》等先秦敘事散文"有 "《國語》的文學成就"一節，主要介紹 "成書及體制"和 "記言爲主記事爲輔"兩方面内容，該書認爲《國語》是一部史料彙編，成書約在戰國初年，並對各語起訖以及内容做了簡要分析。認爲《國語》"主要反映了儒家崇禮重民等觀念"，並謂："《國語》以記言爲主，所記多爲朝聘、饗宴、諷諫、辯詰、應對之辭。《國語》記言文字在形象思維和邏輯思維方面都很縝密，又有通俗化、口語化的特點，生動活潑而富於形象性。"④

許威漢《先秦文學及語言例論》謂："《國語》是春秋時期各國史官記載的史料，内容主要是各國貴族的重要言論。"對《國語》内容進行了概括。又謂："《國語》爲彙編之書，非出一時一人之手，這從書的形

---

① 哈爾濱師範專科學校中國古代文學教研室 1979 年 6 月編印：《中國文學史·先秦至魏晉南北朝》，第 124 頁。

② 北京師範學院中文系古典文學教研室編：《古代散文選注》，北京：北京出版社 1980 年版，第 37 頁。

③ 姜書閣：《中國文學史四十講》，長沙：湖南人民出版社 1982 年版，第 31—32 頁。

④ 袁行霈主編，聶石樵、李炳海本卷主編：《中國文學史》第一卷，北京：高等教育出版社 2005 年版，第 105 頁。

式和内容兩方面都可以得到充分的證明。"① 對《國語》的成書進行了論定。

　　金啟華等主編《中國文學史》遵從傳統説法，以《國語》之作者爲左丘明，但其表述更爲穩妥，謂："左丘明在編著《左傳》以後，爲了不使手頭掌握的有益於治道的古史資料散失，便把它們按國別整理彙編，成爲《國語》。"② 從其表述看，該書是把左丘明作爲《國語》的整理者看待的。該書並引申叔時之言，以"語"爲歷史文獻之一種。

　　王文生主編《中國文學史》則把《國語》看作中國第一部記言體史書。③ 該書概括《國語》特色兩條，分別爲"重在記言，而不多記事"和"比較注重教訓，偏重説理"④。

　　陳容舒主編《中國古代文學史》在《左傳》之下討論《國語》，其説大致與上述幾家相同，認爲《國語》是我國最早的一部國別史，其文學性不如《左傳》。⑤

　　郭預衡主編《中國古代文學史長編（先秦卷）》是爲數不多的置《國語》於《左傳》之前的著作，可謂卓識。該書第四章"史家之文"分五節依次介紹《尚書》《春秋》《國語》《左傳》《戰國策》。在"《國語》"一節中，首先認定："《國語》是我國最早的一部國別史，也是《春秋》之後的一部重要歷史著作。從散文的發展看來，作爲史家之文，《國語》自具特點，較《尚書》和《春秋》又有了一些新的進步。"⑥ 接著分"《國語》概説""《國語》的思想特點""《國語》的文學價值"三個專題對《國語》進行介紹。該書在"作者及成書"下認定："此書乃各國史料彙編而成，並非出於一人、一時、一地。比較可信的説法是：《國語》主要來源於春秋時期各國史官的記述，它可能與左丘明的傳誦

① 許威漢：《先秦文學及語言例論》，鄭州：中州古籍出版社1984年版，第57頁。
② 金啟華等主編：《中國文學史》，南昌：江西教育出版社1989年版，第109頁。
③ 王文生主編：《中國文學史》（上），北京：高等教育出版社1989年版，第67頁。
④ 王文生主編：《中國文學史》（上），北京：高等教育出版社1989年版，第78頁。
⑤ 陳容舒主編：《中國古代文學史》（上），重慶：西南師範大學出版社1990年版，第64頁。
⑥ 郭預衡主編：《中國古代文學史長編（先秦卷）》，北京：北京師範學院出版社1992年版，第182頁。

有一定關係，後來經過熟悉歷史掌故的人排比潤色，在戰國初年或稍後編寫成書。"① "名稱和體例"下認爲《國語》和《左傳》"作者既非一人，內容亦自成體系，各爲一家，故所謂內外傳之稱，顯然不妥"②。同時，該書認爲《國語》具有"重民"（包括"民神並重，先民後神""論及君民，以民爲主"）、"尚禮"、"崇德"等思想特點。從文學價值的論述來看，該書也和前此諸多文學史不同，該書認爲："從文學的角度看來，《國語》具有不小的價值。它在一定程度上反映了春秋時代尖銳激烈的階級矛盾和錯綜複雜的政治鬥争，展現了那個時代政治變化的輪廓。它雖以記言爲主，但也注意寫人，不同程度地揭示了當時形形色色的政治人物的精神面貌。較之《尚書》與《春秋》，《國語》顯然已大有進步。此外，《國語》在記言中展現故事情節，不乏虛構和想象；文章的結構也有所創新；其語言大體平實暢達，風格則不盡一致。這些特點，體現了史家之文的新的發展。雖然總的看來，《國語》的文學成就尚不及《左傳》，但其少數篇章則又有所過之。在中國古代散文發展史上，《國語》産生了較大的影響。"③並具體總體爲"長於記言，言中見人""情節結構，有所創新""語言暢達，風格不一"等。其認識較全面，且每一論述之下必引述《國語》材料或古今説法以爲佐證，材料性較強。

又郭預衡主編《中國古代文學史》於"史家之文"下依次臚列《尚書》《逸周書》《春秋》《國語》《左傳》《戰國策》，關於《國語》作者和成書問題，表述大體和《長編》相同。該書指出《國語》所載史料是經過選擇的，謂："《尚書》多載訓誡之文，《春秋》所寓褒貶之言，《國語》則多記教誨之語。其目的雖都在善善惡惡，爲維護統治階級利益服務，但《國語》顯然按照某種明確的説教意圖，對史實作過一番選擇。

---

① 郭預衡主編：《中國古代文學史長編（先秦卷）》，北京：北京師範學院出版社 1992 年版，第 183 頁。

② 郭預衡主編：《中國古代文學史長編（先秦卷）》，北京：北京師範學院出版社 1992 年版，第 184 頁。

③ 郭預衡主編：《中國古代文學史長編（先秦卷）》，北京：北京師範學院出版社 1992 年版，第 191 頁。

其所記者，大都是能够從中引出某種教訓的言談和事件。較之《尚書》和《春秋》，《國語》已有新的發展，思想内容有一些新的特點。'重民''尚禮''崇德'，是其主要表現。其思想觀念固駁雜不純，但基本體現儒家思想傾向。"① 該書也指出："《國語》也重教誨，故其所記，多與國之興衰，事之成敗密切相關，富於政治色彩。這意味著自春秋以來，史家已能比較自覺地借鑒歷史經驗，通過有選擇的史事的記述，表達或寄託某種思想觀點了。但《國語》中也雜有不少關於天命神鬼、禍福預言的記述。這也許是巫史遺風的流播。作者津津樂道於此，反映了迷信、落後的觀念。"② 該書又從文學和社會歷史角度指出："《國語》在一定程度上形象地反映了春秋時代尖銳激烈的階級矛盾，展現了其時政治變化的輪廓。不少篇章深刻揭露了統治者的凶殘和窮奢極慾，揭示了廣大民眾處境的悲慘，爲後代提供了鮮明的歷史畫卷，具有不朽的認識價值。"③

馬積高、黄鈞主編《中國古代文學史》則認爲《國語》作者不明、思想比較駁雜，"《魯語》記孔子語含有儒家思想，《齊語》記管仲語則重霸術，《越語》寫范蠡崇尚陰柔、功成身退，帶有道家色彩。它隨所記對象不同而各有差異，没有貫串全書的統一思想。然而，各種思想的出現，却有助於思想史的探本求源。"④ 同時，認爲《國語》的史學價值和文學價值不可忽略。

傅正谷撰有《中國夢文學史》，對夢這一文學主題進行專門研究。在該書先秦兩漢部分中，傅正谷專門探討了歷史散文中的夢文學材料。傅氏認爲《國語》所載夢事"既是史的有機組成部分，又是文學表現的一種手法，同時還表現了夢在社會生活中的作用"，對《國語》所記五條夢事進行了具體分析，並認爲："《國語》中的夢事雖然大多數來自比它早的史籍，如《左傳》《尚書》，但它却有自己的側重點和特色。從文

---

① 郭預衡主編：《中國古代文學史》，上海：上海古籍出版社 1998 年版，第 66 頁。
② 郭預衡主編：《中國古代文學史》，上海：上海古籍出版社 1998 年版，第 67 頁。
③ 郭預衡主編：《中國古代文學史》，上海：上海古籍出版社 1998 年版，第 67—68 頁。
④ 馬積高、黄鈞主編：《中國古代文學史（上）》，長沙：湖南文藝出版社 1992 年版，第 66 頁。

學的視角來看，它也具有一定的文學性，除了在整個故事情節發展的過程中的重要作用外，還是刻畫人物性格特徵的一種表現手法。"①

趙明主編《先秦大文學史》第四編 "史官文化與史傳文學" 採用傳統成説，以左丘明編著《左氏春秋》之剩餘資料整理彙編成《國語》，並謂："《國語》不屬《左氏春秋》那類精心撰述式的著作，而是一部史料彙編式的史書，編者對所收資料只粗略進行了加工整理，很少潤色，全書很大程度上保留著原始的特性。"② 把左丘明看作編者，把《國語》看作史料彙編。

萬光治、徐安懷主編《中國古代文學史》第一章 "先秦文學" 有 "史傳散文" 一節，依次介紹《尚書》《春秋》《國語》《左傳》《戰國策》，和郭預衡主編《中國文學史長編》處理方式相同。該書認爲，"總體上看，《國語》的思想性和藝術性不如《左傳》，但在史學發展和散文發展上有重要價值"。認爲和《尚書》多載訓誡之語、《春秋》多寓褒貶之言不同，《國語》 "偏重教誨之語"，從這一點上推斷："編者在體例確定和材料選擇上，進行了有意識的安排，以突出《國語》之 '語' 的特點。"③ 該書對《國語》思想内容的概括和郭預衡主編《長編》基本相同。該書認爲："與同爲記言爲主的《尚書》比較，它突破了純粹記言的舊模式，而能在記言中以見人取勝。全書敘及 300 多個人物，這已遠非《尚書》可比，而且在所敘人物中，已出現了一些性格頗爲鮮明的形象。"④ 此外，該書以鉏麑自殺前之慨歎、驪姬夜半向獻公哭泣爲例，指出："《國語》所寫的故事中，尚有一些虛構、想象的成分，閃耀著文學的光輝。" 認爲："這些想象與虛構，豐富了人物形象，體現了情節與構思上的創新，不僅是《尚書》和《春秋》所無，也是《左傳》有所不及的。"⑤

---

① 傅正谷：《中國夢文學史·先秦兩漢部分》，北京：光明日報出版社 1993 年版，第 223 頁。
② 趙明主編：《先秦大文學史》，長春：吉林大學出版社 1993 年版，第 641 頁。
③ 萬光治、徐安懷主編：《中國古代文學史》，成都：電子科技大學出版社 1994 年版，第 29 頁。
④ 萬光治、徐安懷主編：《中國古代文學史》，成都：電子科技大學出版社 1994 年版，第 30 頁。
⑤ 萬光治、徐安懷主編：《中國古代文學史》，成都：電子科技大學出版社 1994 年版，第 30 頁。

　　何明新《先秦散文概論》認爲《國語》作者不是左丘明，謂《國語》當成於衆手，提出三點理由：（1）編寫體例缺乏完整而系統的連貫性；（2）全書語言風格不盡一致；（3）全書學術觀點、思想體系不一致。因此該書認爲《國語》"根據春秋戰國交際各諸侯國史官所編寫的史料匯集而成"，並且認爲《國語》"内容豐富，是一部很重要的古代文化典籍，具有突出的學術史料價值"①。該書認爲《國語》的史學成就主要體現在：（1）比較具體詳盡地記載了西周初年至戰國前期五百多年的上古社會政治情況以及上古歷史傳説；（2）系統反映了儒家政治思想；（3）揭露批判統治者的殘暴劣行；（4）記載了不少富於教育意義的故事和言論；（5）表現出豐富的教育、文藝思想。認爲《國語》的文學成就主要體現在：（1）以記人物的言論爲主和作者直述相結合的文章體制，創造了一種記言與敘事結合、夾敘夾議的散文寫法；（2）以記言來敘事和在敘事中寫人；（3）多姿多彩的語言藝術。② 所論較詳。

　　章培恒、駱玉明主編《中國文學史》"先秦文學"第二章爲歷史散文，按照《尚書》《春秋》《左傳》《國語》《戰國策》的順序進行介紹，該書總結出《國語》以記言爲主的事實，進而揭出除了《周語》略爲連貫外，其餘各國只是記載個別事件。該書推測《國語》"作者所掌握的原始材料就是零散的，他只是將這些材料彙編起來，所以各國史事的詳略多寡也不一樣"③，又指出《國語》的文字總體上"質樸"，但"《吴語》和《越語》在全書中風格較爲特殊"，尤其寫吴晉争盟一段文字，"宛如後世小説筆法"④。

　　國家教委高教司編寫的《中國古代文學教學大綱》在"先秦歷史散文"第一節概説部分指出："先秦時期歷史散文的大致發展過程。早期的歷史散文《尚書》，春秋戰國之際編纂成書的《春秋》《國語》和《左傳》，反映戰國時期社會風貌的歷史散文集《戰國策》。"謂："《國

---

① 何明新：《先秦散文概論》，重慶：西南師範大學出版社1995年版，第56頁。
② 何明新：《先秦散文概論》，重慶：西南師範大學出版社1995年版，第56—74頁。
③ 章培恒、駱玉明主編：《中國文學史》，上海：復旦大學出版社1996年版，第113頁。
④ 章培恒、駱玉明主編：《中國文學史》，上海：復旦大學出版社1996年版，第115頁。

語》是戰國初年編定的以記言爲主的歷史散文集，主要記載了春秋時期
的史實。其思想較爲複雜，表現了一定的民主思想，又反映了維護舊制
度、維護周禮的保守傾向，書中帶有不少迷信内容。《國語》側重記載
與治亂興亡有關的議論，寄寓歷史教訓，風格婉而多諷，平實剴切。人
物對話風趣生動，情態宛然，有的段落如同諷刺小品。在記言時能通過
簡潔的敘事，交待前因後果，再現歷史人物形象。有的章節增飾加工較
多，故事性强，富於傳奇色彩。全書材料來源不一，風格亦不一致。"①

張慶利主編《中國文學史話・先秦卷》置《國語》於《左傳》之
前，謂："與《左傳》系統全面記事不同，左丘明編纂《國語》時是按
照自己的思想旨趣和編選意圖，採用了重點選録的方式，不講求時間的
連續性。"②

褚斌傑編著《中國文學史綱要》第一册第五章 "春秋戰國時期的社
會變化和散文的勃興" 第二節 "歷史散文" 下依次探討《春秋》《左
傳》《國語》《戰國策》，該書認爲："從史學和文學角度看，《國語》遠
不如《左傳》，但也有個别篇章在史實上可補《左傳》之不足。"③ 又特
别指出："一般地説，《國語》重點在記言，因此記事簡略。但一些好的
片斷，往往能把記事和記言交叉進行而又融和爲一體，言爲事而發，事
又爲言的驗證，因而也較完整，富於一定的故事性。"④

劉人傑主編《中國文學史》雖然認爲《國語》在《左傳》之後，同
時又認爲："《國語》不屬《左傳》那類精心撰述式的著作，而是一部史
料彙編式的史書，編者對所收資料只粗略進行了加工整理，很少潤色，
全書很大程度上保留著原始的特性。由於它是採自各國的史料，所以風
格、語言等很不統一，如《周語》古奥像《尚書》，《魯語》風格接近
《論語》，《楚語》句法講究排比等等，與精心修飾、内容精鍊、語言簡

① 國家教委高教司編寫：《中國古代文學教學大綱》，北京：高等教育出版社1997年版，第
7—8頁。
② 張慶利主編：《中國文學史話・先秦卷》，長春：吉林人民出版社1998年版，第208頁。
③ 褚斌傑編著：《中國文學史綱要》第一册，北京：北京大學出版社1999年第2版，第126頁。
④ 褚斌傑編著：《中國文學史綱要》第一册，北京：北京大學出版社1999年第2版，第128頁。

潔、風格統一的《左傳》形成明顯對比。"①

　　廖群主編《中國文學史·先秦文學史》認爲："《左傳》非左丘明終稿，也不是專爲注《春秋》而作，則《國語》爲外傳説當難成立。《國語》雜記西周春秋時周、魯、齊、晉、鄭、楚、吳、越八國人物、事跡、言論，歷史頗不連貫，多重點記載個別事件，似爲部分列國史料的搜集匯總。其中許多内容，甚至包括具體言辭，都爲《左傳》所有，而《左傳》遠較《國語》系統，並經過了加工潤色。這表明《國語》極可能是《左傳》講誦撰述過程中所取材的主要素材之一。只因取材過程中有所取捨，參照其他史料又有所更易，所以造成了兩書異同並存的現象。現據司馬遷'左丘失明，厥有《國語》'（《報任安書》）的説法，可推斷這部《國語》的主要部分正是左丘明誦史所纂集的内容。"該書進而推斷："《左傳》《國語》雖出太史，按其範圍則亦當視爲私人纂述。"② 把《國語》看作著作。

　　揚之水《先秦詩文史》認爲："在没有掌握新的證據之前，《國語》的作者以及成書的時間，都已無法確考。大致可以説，它是戰國時代整理成編的一部史料集。"又云："若没有《左傳》，《國語》不至黯淡無光。"③ 認爲《國語》是史料彙編。

　　郭丹《中國古代文學史專題》在"《國語》和《戰國策》"一節中對"'深閎傑異'的《國語》"進行了介紹，謂："一般認爲《國語》的成書時間還稍早於《左傳》，《左傳》作者可能參考過《國語》。"在《國語》的思想傾向方面，沿用了郭預衡《中國文學史長編》的説法。並謂《國語》語言特色爲"人物語言大都長於説理，重於教訓""平實暢達"④。

　　曹道衡、劉躍進《先秦兩漢文學史料學》上編第一章"五經與經部典籍"第六節爲"《春秋》《左傳》和《國語》及歷代關於它們的研

　　① 劉人傑主編：《中國文學史》第 1 卷，北京：中國對外翻譯出版公司 1999 年版，第 97 頁。
　　② 廖群：《中國文學史·先秦文學史》，西安：太白文藝出版社 2004 年版，第 79 頁。
　　③ 揚之水：《先秦詩文史》，瀋陽：遼寧教育出版社 2002 年版，第 61 頁。
　　④ 郭丹：《中國古代文學史專題》，上海：學林出版社 2005 年版，第 57、61 頁。

究", 對《國語》進行了比較詳細的介紹。該書梳理了《國語》作者以及成書年代的各種説法, 並進行了平議。該書認爲: "古代的典籍大抵成於幾個人之手, 也許左丘明草創而其門人後學續成之, 這也有可能。未可據此否定司馬遷及班、韋之説。""《左傳》《國語》二書恐怕都出於衆手, 未必是左丘明一人所作; 至於二書是否同出一人之手, 羌無確證。""《國語》和《左傳》是否出於同一些人之手以及二書出現的先後, 由於史料缺乏, 現在很難得出確切的結論。從二書的文章風格看來, 即使有所不同, 亦頗相近, 應該產生於差不多同時。《左傳》的作者很可能見到過許多類似今本《國語》的單篇記載, 並以此爲根據。但斷言《國語》的成書'可能略早於《左傳》'却嫌草率。因爲今本《國語》究竟是誰所編? 已無可考。""《國語》的成書年代雖難確考, 而其中所保存的史料當寫成在戰國以前。""《國語》雖是一個史料彙編, 却非隨意雜湊之書, 更不是劉歆删取之餘的一些零星篇章。"① 對《國語》的史學價值和文學價值給予了肯定。

陳飛主編《中國古代散文研究》對《國語》研究進行了比較詳細的梳理, 對《國語》的性質、《左》《國》的先後以及《國語》的文學成就進行了論定, 如謂: "早期史書既有像《春秋》這樣的大事記, 也應該有比較詳細的記事記言文。《國語·周語》中邵公説的'史獻書'應該指的是後一種, 因爲只有記載比較詳細, 纔能對君主起到諷諫作用。《國語》應該屬於後一類史書, 它不是'作'而是'編', 編者只是對他手頭上既有的史料做了一些篩選彙編的工作。"② 同時該書認爲文學史把《國語》置於《左傳》之後不合理, 謂: "由於《國語》是既有史料的彙編, 而《左傳》從頭到尾是作者重寫, 《國語》編成應該在《左傳》之前, 就是説《國語》各篇是寫成於它所記載的歷史事件發生的那個時代。"③ 該書認爲, 《國語》既然反映其史料記載事件發生時代, 這些史

---

① 曹道衡、劉躍進:《先秦兩漢文學史料學》, 北京: 中華書局2005年版, 第132、133、134頁。
② 陳飛主編:《中國古代散文研究》, 福州: 福建人民出版社2005年版, 第142頁。
③ 陳飛主編:《中國古代散文研究》, 福州: 福建人民出版社2005年版, 第143頁。

料也能够反映這些時代的散文水平，因此“《國語》所反映的是《左傳》之前的散文水平，亦即從西周到戰國初年這一時期的歷史散文水平。這樣理解，不僅可以説明何以《國語》藝術成就不及《左傳》，而且也能解釋從佶屈聱牙的《尚書》、凝練嚴謹的《春秋》何以一下子就跨越到整飭詳瞻的《左傳》”。① 從這個角度看，《國語》在歷史散文發展史上具有承前啟後的作用。這一説法具有參考價值。

　　過常寶、侯文華《中國散文通史·先秦卷》認爲：“《國語》是一部載録君子‘嘉言善語’的史家著作，是在多種‘語’類文獻的基礎上纂輯而成的。《國語》中各篇的載録方式並不統一，從時間發展的綫索的編纂的順序來看，它有從零散載録到主題集中、從純粹記言到言事合一、從道德性向功利性過渡的趨勢。《國語》注重對‘語’的修飾，但敘事和描寫亦有很高的水平。”② 該書認爲《國語》一些部分描寫的人物、事件比較集中、次序井然，可以判定它們在進入《國語》之前就是完整成型的，如《晉語》。針對古今對《國語》成書以及和《左傳》時間先後的問題，該書認爲：“上古書的編纂非一時所成，可能會延續一個相當長的時間，或在編成後又屢經修訂增補，所以不宜以某些瑣屑痕跡來判斷其編訂時間。《左傳》在成書的過程中有可能借鑒過語體文獻，所以説《國語》在邏輯上可能成爲《左傳》的史料來源，但就文體本身而言，《國語》已經達到成熟的地步，它本身不是原始資料。《國語》有可能是與《左傳》同時出現的一種史官文獻。”③ 其看法頗值得參考。

　　陳戍國等《中國禮文學史》（先秦秦漢卷）認爲《國語》與《左傳》可以互證互補。謂：“其所不同者可以互補，譬如關於周王室政治、齊桓稱霸、吳越代興三方面，《國語》可以補《左傳》之闕。其所敘話題相同者多，其中矛盾較少，可以互證，譬如晉文公重耳流亡，兩書所

　　① 陳飛主編：《中國古代散文研究》，福州：福建人民出版社 2005 年版，第 143 頁。
　　② 過常寶、侯文華：《中國散文通史·先秦卷》，合肥：安徽教育出版社 2012 年版，第 100 頁。
　　③ 過常寶、侯文華：《中國散文通史·先秦卷》，合肥：安徽教育出版社 2012 年版，第 101 頁。

記情節大略相同，而《國語》細節更可觀。兩書都主要是春秋史實的記載，《國語》無意作《左傳》的附録，還是稱爲'春秋外傳'較好。"①其認定是在承認《國語》《左傳》二書相同性的既定事實而又各自獨立的基礎上得出的，對《國語》性質的界定仍具有思考意義。

可見，由於角度不同，各種教材對《國語》的界定也存在差別。有從其内容形式角度，把《國語》認定爲"記言文"的。有從原創性與否，把《國語》認定爲彙編的。此外，也有從史料價值、文學價值等角度進行認定的。還有的對《國語》成書等問題提出看法，尤其十三院校中文系所編《中國文學史》對《國語》成書過程的推測，對後來的研究具有啓示意義。此外，諸多教材對《國語》内容、語言特色、文章風格等進行了總結。一些教材對《國語》《左傳》先後的措置進行了調整，可以看出是對《國語》《左傳》成書時間先後問題認識的一種反映。

2. 史籍目録或解題著作對《國語》諸問題的認定

史籍目録比較重視《國語》内容、注釋、注本的揭示，多數贊同《國語》非一時一地一人所爲，强調《國語》在史書編纂方面的貢獻等等。當然，具體認識會有所不同。

周予同主編《中國歷史文選》認爲《國語》"所記史實，豐富生動，爲我國偉大史學名著《史記》所取材，是研究我國先秦史的重要資料，作者是誰，實不是一個重要問題"②，其"作者是誰，實不是一個重要問題"的看法和民國時期學者的看法基本相同，比較務實。

錢穆《中國史學名著》首先提出前人《國語》《左傳》同出左丘明之説"殊不可信"。接著提出讀《國語》應該分國來讀，認爲《魯語》"大抵鄒魯儒生多拘謹保守，故多經生儒家言"，"《齊語》只講管仲，與管子書裏材料相通。《晉語》則出三晉之士，韓、趙、魏三家，比較上重功利法制與縱横思想"③，進而指出："諸位讀《國語》，讀《魯語》

---

① 陳戍國等：《中國禮文學史》（先秦秦漢卷），長沙：湖南大學出版社2012年版，第78頁。

② 周予同主編：《中國歷史文選》，北京：中華書局1961年版，第55頁。

③ 錢穆：《中國史學名著》，北京：生活·讀書·新知三聯書店2000年版，第39頁。

就多儒家言，《齊語》就只講管仲，多法家言，《晉語》更較近讀歷史，《楚語》又是另外一種。在《國語》裏有一篇《鄭語》，其實這一篇《鄭語》只就是從《楚語》中分出來。又如《吳語》《越語》，《吳語》也只是從《越語》中分出，只講范蠡文種，講的是權謀權術，這些在春秋時代還没有，是後來新興的，而把來假託在范蠡身上。倘使我們這樣來看《國語》，便知《國語》材料也並非不可靠，但決不是説編《左傳》餘下來的材料便成《國語》。《國語》應是由另一人來編集，這些材料也是從各國來，但未能像《左傳》這樣匯在一塊而把來融鑄了。"① 對《國語》各語的特點、《國語》史料價值、《國語》的成書進行了研討。

朱傑勤《中國古代史學史》認爲《國語》《左傳》作者皆爲左丘明，"至於二書記載的事實有時互相出入，也不足爲奇的。我以爲《國語》的底本是左丘明最初分國家搜集的材料，未經嚴格整理的，當他寫内傳的時候，引用其中一部分，留下的材料，未經修改，可能與曾經過提煉和鑒别的《左傳》裏事實不盡相同。左丘明雙目失明後，更無法把它勒成專書。後人把他的舊稿刊行，稱爲《國語》，别爲外編。"② 對《國語》的材料來源、應用以及《國語》的編成進行了探討。

中國人民大學歷史系、山東大學歷史系、杭州大學歷史系合編《中國歷史文選》（上册）認爲："《國語》記載了春秋時代的重要言論，其中大部分論證精詳，生動形象，對西漢以後的散文有很大影響，在我國文學史上，占很重要地位。《國語》的作者，舊説認爲是魯國史官左丘明，其實是戰國時人把各國的史料彙編而成的。"③ 該書把《國語》看作最早的一部"按國分編"的國别史，同時從文學角度進行了介紹。

張孟倫《中國史學史（上）》第五章爲"《國語》作者的問題"，先梳理了"班固肯定《國語》是左丘明編纂的"，"劉知幾肯定《國語》是左丘明編纂的"，並對劉知幾的理由進行了概括，謂："第一，左氏搜

---

①　錢穆：《中國史學名著》，北京：生活・讀書・新知三聯書店 2000 年版，第 40 頁。
②　朱傑勤：《中國古代史學史》，鄭州：河南人民出版社 1980 年版，第 28 頁。
③　中國人民大學歷史系、山東大學歷史系、杭州大學歷史系合編：《中國歷史文選》（上册），濟南：山東教育出版社 1984 年版，第 97 頁。

集史料加以剪裁熔鑄著成《左傳》，又復採遺文逸事爲之排比編纂而成
周、魯八國國別史的《國語》。從而《國語》的文筆較《左傳》自是不
同。第二，《左傳》終於魯哀公，《國語》迄於魯悼公，所止年代，正是
相近。至於《左傳》因傳《春秋》故始於魯隱公，《國語》則記周一代
之始衰，故起於周穆王。則托始之點表面上雖説不同，而注重在政治上
的意義——《左傳》紀周之始衰始於東周之平王，《國語》紀周一代之
衰始於西周之穆王，則又是一致的。第三，因爲《國語》《左傳》有相
同而又不全相同，故名《左傳》爲‘春秋内傳’，《國語》爲‘春秋外
傳’；前者是專爲‘傳聖人之旨’作的，後者則只和《春秋》密切相關
而是經、傳的流亞。如此的一内一外，並不是它們有什麼相違相背。相
反，而是它們關係之深、表裏之切。王應麟以博古通今、明辨考證著稱，
而説它們‘相別以成大業’（《補漢書藝文志考證》）也就正是這個意
思——它們雖有不同之處，却同是以史事給《春秋》作解釋而爲姊妹篇
的史書。第四，從接近古代以來的漢魏名家鑽研《國語》且曾給予注釋
的，莫不以爲《國語》是由左氏纂輯的，並没有任何懷疑。”[1] 張孟倫認
爲劉知幾的説法是令人信服的，他提出三點理由：（1）韋昭的説法較爲
可信；（2）内外傳的説法，有它的根據；（3）距古較近且注釋《國語》
的漢魏學者從未懷疑過《國語》作者是左丘明。因此張孟倫最終認定
《國語》是左丘明編纂的。

劉建國《中國哲學史史料學概要》第四章“春秋時期哲學史史料”
第一節“《國語》《左傳》中的思想史料”，列《國語》於《左傳》之
前。謂伯陽父陰陽二氣之説存《周語》、五行之説存《鄭語》，太子晉氣
説存《周語》，范蠡唯物主義存《越語》。該書引録韋昭、劉熙之説，
謂：“韋、劉之説都有一定的道理，都是把《國語》稱爲《外傳》的理
由，暫且可以不去追究是否，因爲它不涉及史料的内容和真僞問題。”[2]
劉建國引述了《國語》成書年代的兩種看法，以《論語》中曾經提到左

① 張孟倫：《中國史學史（上）》，蘭州：甘肅人民出版社1983年版，第80頁。
② 劉建國：《中國哲學史史料學概要》，長春：吉林人民出版社1983年版，第74頁。

丘明，故左丘明非戰國時期人物，因此傾向於《國語》成書於春秋時期這一看法，進而認爲"《國語》現存的書和先秦的《國語》沒有什麼兩樣，是研究春秋時期諸國歷史和諸國思想的可靠史料"①。肯定了《國語》的史料價值。

顧志華認爲《國語》"保存的資料比較豐富，所記史實也比較詳細生動，是我們研究春秋史乃至上古史不可缺少的重要典籍"②，同樣肯定了《國語》的史料價值。

李宗侗《中國史學史》謂《左傳》《國語》"兩書所采材料相類似，而絕非同源"，故不認爲《國語》作者是左丘明，他認爲："《國語》與《左傳》不同處，尤在於《左傳》每事至少有年，有時甚而有月日，《國語》則無年月者多；且一事之始末，常不完備。劉知幾《史通》所舉史學六家，屬於上古史者有四，即尚書家、春秋家、左傳家、國語家。《春秋》與《左傳》同屬編年，具有編年體之各種條件；《國語》則零星片斷，只能謂之曰史料，不能與《春秋》及《左傳》等量齊觀也。"③ 從《國語》《左傳》二書對比的角度來介紹《國語》，並且認定《國語》爲彙編，而非著作。

高國抗《中國古代史學史概要》第四章"左丘明的《左傳》及《國語》"認爲："《左傳》與《國語》，兩者是有密切關係的。""《國語》中也夾雜有後人補充的一些材料，但它的最初編者應是左丘明。"④ 該書認爲《國語》"是一部重要言論的集子，一部片斷史料的彙編"，是"整輯排比而成的一部史料集子"。⑤ 針對《國語》《左傳》的不同，該書謂："《國語》是左丘明的史料彙編，它摘録列國史書原文，信以傳信，疑以傳疑，對其中的史料不一定經過考定；而《左傳》則是左丘明的一部著述，對所引用的史料必然要作一番鑒別考定，不照抄舊文。"⑥ 該書最終

① 劉建國：《中國哲學史史料學概要》，長春：吉林人民出版社1983年版，第75頁。
② 張舜徽主編：《中國史學名著題解》，北京：中國青年出版社1984年版，第6頁。
③ 李宗侗：《中國史學史》，北京：中國友誼出版公司1984年版，第24頁。
④ 高國抗：《中國古代史學史概要》，廣州：廣東高等教育出版社1985年版，第48頁。
⑤ 高國抗：《中國古代史學史概要》，廣州：廣東高等教育出版社1985年版，第49頁。
⑥ 高國抗：《中國古代史學史概要》，廣州：廣東高等教育出版社1985年版，第50頁。

認定："《國語》與《左傳》是姐妹篇，作者同爲左丘明；但《國語》是一部史料彙編，《左傳》是一部歷史著作。《左傳》中許多記載來源於《國語》，所以《國語》的史料價值很高，可與《左傳》合讀，是人們研究周代歷史的重要文獻。"① 同樣把《國語》看作史料彙編。

周佳榮《中國史學名著概説》中云："《國語》與《左傳》的區別，就是國別史和編年史的區別，詳略和重點自然各有不同。"又云："書中保存了許多珍貴的古代的史料（特別是春秋時期的），可與《左傳》相互參證；而且，這種按國記述史事的體裁，對後世頗具影響。"② 以《左傳》爲參照，對《國語》的史學歸屬、史料價值和影響進行了揭示。

賀卓君《中國歷史文選》認爲《國語》"很可能是當時各國史官的記載，經過某些人的略加編纂而成"③，又謂："《國語》的特色，除以'國'分類基本上不分主次外，另一主要特色便是對'語'的重視。語是古代以記言形式編成的一種書，《國語》便是集合各國之語以成的書。我們若把《國語》與《左傳》相比較，兩書所記的時間都是到韓、趙、魏三家滅智伯爲止，所記史事也很多相同，但事情的來龍去脈《左傳》往往比《國語》記得詳細，而當時人物的言論則是《國語》記得比《左傳》詳細……這是《國語》特色。《國語》的特色決定了它在史學史中特有的地位與價值。它以語爲主，與《左傳》互有詳略，決定了它與《左傳》同爲研究春秋時期歷史的不可缺少的書籍，同有重要的價值。它分國記事，又給中國史學界開創了國別史體裁，成了國別史之祖。"④ 對《國語》的語體特徵、史料價值、後世影響進行了揭示。

趙淡元主編《中國歷史要籍介紹及選讀》（上冊）仍然認爲傳統以左丘明同爲《國語》《左傳》作者的看法是對的，認爲只不過"二書性質不同，一爲歷史資料彙編，一爲歷史著作"。⑤ 並根據宋人李燾的説

① 高國抗：《中國古代史學史概要》，廣州：廣東高等教育出版社1985年版，第53頁。
② 周佳榮：《中國史學名著概説》，臺北：唐山出版社1986年版，第83—84頁。
③ 賀卓君編注：《中國歷史文選》，上海：華東師範大學出版社1987年版，第148頁。
④ 賀卓君編注：《中國歷史文選》，上海：華東師範大學出版社1987年版，第149頁。
⑤ 趙淡元主編：《中國歷史要籍介紹及選讀》（上冊），北京：高等教育出版社1988年版，第43頁。

法，認爲："《國語》是資料彙編，往往保持原來面目；《左傳》是著述，必然要經過考訂、修改。因此，二書出現的矛盾現象，不足以否定《國語》是左丘明所作。又《國語》記事，下迄魯悼公智伯之誅，同《左傳》一樣，也夾雜有後人所補充的一些材料在內，但它的最初編者應是左丘明。"① 該書總結了《國語》體例上的三個特點，即 "按照國別敘述史實""以記言爲主""史料彙編性質"。認爲《國語》對中國史學的貢獻主要有兩點，即 "爲國別體史書的發展開創了先河" 和 "爲我們研究春秋時期的歷史提供重要的參證"②。對《國語》《左傳》進行了對比和界定，對《國語》的特點、學術價值進行了總結。

　　蕭佩欽《中國歷史要籍介紹及選讀》謂："《國語》是我國第一部國別史，也是歷史散文的彙編。因其編纂原則是以 '語' 爲主，按國分類，故名《國語》。"關於作者，該書則謂："我們以爲此書非一時一人之作，因爲《國語》記載的內容 '駁雜不類'（李燾語），'自相矛盾者甚多'（崔述語）。寫法亦不一致，或用韻，或不用韻，或用秦方言，或用楚及他國方言，或不用方言；各篇布局亦有差異。左丘明可能最初搜集和保存過《國語》，而他的子孫或戰國史官又根據原有材料逐步增益，整理和加工。"③ 同樣認爲《國語》是一部彙編，作者非一人一時。

　　徐鵬、李慶《文化史名著舉要》謂《國語》的作者有三種說法：(1) 左丘明編；(2) 劉向匯集各種資料而成；(3) 很多人在不同時期陸續寫成。"現在一般是按照原來的樣子，題 '左丘明撰'，但未必可靠"④，因此該書傾向於第三種說法。

　　宋衍申主編《中國歷史要籍介紹及選讀》謂《國語》是 "研究春秋歷史的重要典籍"，"《國語》有六十餘事同於《左傳》所記，又有八事不同於《左傳》，這可能是依據不同之故，並非不可信"，"《國語》作爲

　　① 趙淡元主編：《中國歷史要籍介紹及選讀》（上冊），北京：高等教育出版社 1988 年版，第 44 頁。

　　② 趙淡元主編：《中國歷史要籍介紹及選讀》（上冊），北京：高等教育出版社 1988 年版，第 44—46 頁。

　　③ 蕭佩欽：《中國歷史要籍介紹及選讀》，廣州：廣東高等教育出版社 1989 年版，第 25 頁。

　　④ 徐鵬、李慶：《文化史名著舉要》，上海：上海教育出版社 1989 年版，第 71 頁。

一部國別史，它的特點是：詳於記言，略於記事；諸國并述，獨詳晉史；主寫中原，兼筆邊遠。其中一些記敘，反映了春秋時期各個地區政治、經濟發展的不平衡性；同時說明這個歷史時期的楚、吳、越的崛起，長江流域的歷史受到重視。"① 對《國語》的學術價值、特點進行了揭示。

劉蕙孫贊同劉知幾之說，謂《國語》當爲左丘明所輯，謂："《國語》於《周語》之下首列《魯語》，説明作者應係魯人，或具有《春秋》在魯宗周的思想體系。孟軻，鄒人，既然説出書名，則鄒魯應有其書。至於文筆不同，則《左傳》爲左丘明所寫，《國語》則左丘明失明以後，口授由他人執筆，亦未可知也。"② 認同左丘明對《國語》的重要貢獻。

陳仰光首先總結了宋代以來對《國語》作者爲左丘明的質疑緣由：(1)"傳統説法裏面既稱左氏，又稱左丘、左丘明，這是否就是一個人？"(2)"左丘明生活年代和《國語》《左傳》所記斷限有矛盾。"(3)"《國語》《左傳》兩書體裁不同，編纂手法迥異，所記史實詳異不一，多有重複抵觸，似應不是出自一人之手。"陳仰光進而認爲"這些疑義都是有一定道理的，但據此要完全否定傳統説法尚欠不足"，謂："現在流傳的《國語》全是左丘明所著這是不可信的，但不能否定左丘明是《國語》最初的編著者，或者《國語》中有左丘明傳誦的篇章這樣的説法。這裏講的並不是一回事，兩者是不等同的，而後一種説法看來是較符合邏輯的，它既能照顧到傳統説法而不將其完全抛棄，又能較好地解釋上述疑義，因此可能也是最接近歷史實際的。"③ 陳氏的這一認識較爲穩妥。陳氏根據顧炎武《日知録》推斷《左傳》"成之者非一人，録之者非一世"之語，認爲："《國語》的成書可能也是先由左丘明編著本書中的某些篇章，在展轉流行中又經人們匯集同類材料補充，最後由戰國

時期的學者最終成書。"① 在《國》《左》異同上，陳氏認爲："兩書除
了編著目的不同以外，一個是由左丘明親手撰作，再經流傳補充，最終
由後人完成；一個是由左丘明口誦某些篇章，由別人記述整理，再經流
傳補充，最終由後人成篇。"陳氏既而大膽推測，謂："《國語》中《晉
語》部分的記述和《左傳》最爲接近，可能同出一人，很可能出自左丘
明。"並臚列其原因云："《晉語》在全書中所載史事最多最詳，約占全
書五分之二，大約和《左傳》中記載晉國篇幅相同，這是其一。《國語》
全書僅《晉語》有九處史事後有‘君子曰’的評議，這是最初編著時就
有的，還是由後人所加，現無從考據，但這種以‘君子曰’來作論贊的
形式和《左傳》是一致的，‘君子’之稱可和司馬遷稱左丘明爲‘魯君
子’對照，是左丘明自稱還是後人門生的尊稱亦無以考實，但係指左丘
明當屬無疑，這是其二。《國語》全書中《晉語》所記與《左傳》牴牾
矛盾相對少一些，可能材料來源相同。全部《晉語》都用晉君紀年，外
賓至晉，皆稱‘××來’，有晉國史官的口氣，大約是左丘明口述材料
來源，別人整理所致，這是其三。《國語》唯《晉語》記載史事的過程
較多，如記‘驪姬之亂’和重耳的流亡等。雖仍偏重記言，但從全書來
看，《晉語》和《左傳》的敘事風格最爲接近，這是其四。"② 陳氏爲了
證明自己的推測，還特別比較了《左傳》《國語》申生歸福一段，認爲
"《左傳》更爲簡潔，《晉語》更近於原始材料"。陳氏復概括《國語》
的編纂特點云："體例是分國記載"，"記言爲主"，"一件事議論結束後，
往往點明這一事件發展的結果或其在歷史中的影響"，把《國語》看作
語體類史學著作。③ 陳氏認爲《國語》的史料價值主要體現在"《國語》
基本上勾畫了西周至春秋時期社會政治變動的大體趨勢"，"《國語》所
記頗爲廣泛，除政治大事以外，社會生活各方面均有涉及，有資於研究
先秦社會之全貌"，"《國語》所記史實不僅可以和研究春秋時期歷史的

---

① 倉修良主編：《中國史學名著評介》第一卷，濟南：山東教育出版社 1990 年版，第 56 頁。
② 倉修良主編：《中國史學名著評介》第一卷，濟南：山東教育出版社 1990 年版，第 57 頁。
③ 倉修良主編：《中國史學名著評介》第一卷，濟南：山東教育出版社 1990 年版，第 59—
62 頁。

基本參考史籍《左傳》互相參證，還可以補充《左傳》”等三個方面。①
陳仰光的探討比較全面詳細。

瞿林東《中國史學史綱》謂：“《國語》是戰國早期私人歷史撰述，
是逐步匯集周與各諸侯國所錄之‘語’編纂起來的，恐非一人一時所能
完成。”又謂《國語》的編纂順序“顯然是以周王室爲時代的標志，以
各諸侯國與周王室的關係的親疏爲編次的指導思想”。②

關於《國語》編纂的結構問題，謝保成主編《中國史學史（一）》
認爲：“《國語》是匯集各國史記中言論而成，晚期編排順序‘先王室而
後列國，先諸夏而後蠻夷’，透露出崇周尊王的思想，但同時又將周王
室與魯、齊、晉、鄭、楚、吴、越七國並列，匯集於一書，表示承認既
成事實的客觀態度。”③

劉建國《先秦僞書辨正》認爲：“《國語》爲左丘明所著，並且與
《左傳》爲姐妹篇，古稱内外傳是正確的。”其理由有七，即“歷史上早
期歷代史家對《國語》的作者有記載”，“歷代史志均有著錄”，“《國
語》各篇基本上仍是春秋時期的記言體，《國語》雖然是國別史，但是
就其體裁來説還是以對話形式形成的記言體裁”，“《國語》與《左傳》
的時代相合”，“《國語》與《左傳》的内容基本一致”，“《國語》反映
了春秋時期的時代背景”，“《國語》尚有多處有《爾雅》所釋之文字”。
該書概括了《國語》在體裁、哲學、政治、軍事、農業、文學等多方面
的價值，認爲“《國語》是中國文化史上一顆明珠”④。

李零《簡帛古書與學術源流》謂《國語》是史書中的事語類。又
謂：“春秋戰國時期，語類或事語類的古書非常流行，數量也很大。同一
人物、同一事件，故事的版本有好多種。這是當時作史的基本素材。”
“和古人説的‘傳’相比，如《尚書大傳》《韓詩外傳》，我看不出《左

① 倉修良主編：《中國史學名著評介》第一卷，濟南：山東教育出版社1990年版，第63—67頁。
② 瞿林東：《中國史學史綱》，北京：北京出版社1999年版，第143頁。
③ 謝保成主編：《中國史學史（一）》，北京：商務印書館2006年版，第127頁。
④ 劉建國：《先秦僞書辨正》，西安：陝西人民出版社2004年版，第203—211頁。

傳》爲什麼就不能算是‘傳’，《國語》爲什麼就不能稱爲‘外傳’。"①

陳廷亮《中國古代史學史概要》第一章第三節"《國語》與《左傳》"採信徐中舒說，認爲司馬遷從傳授系統上把左丘明看作《國語》《左傳》的作者。②

張豈之主編《中國思想史》認爲："《國語》的作者是左丘明，沒有異議。"③

可見，各種史學史、史料學教材大多數認同《國語》是一部彙編。一部分學者特別指出，縱然左丘明不是《國語》作者，但也在《國語》成書過程中起過很重要的作用。對《國語》特點、史料價值、學術價值及其和《左傳》關係等進行了揭示。

(二)《國語》作者及成書問題研究

近七十年來，學界對《國語》作者和成書問題仍然做了諸多方面的研究，有些是結合《左傳》成書和《左傳》作者進行探討，有些則是《國語》作者和成書的專門探討。按照作者著述發表前後臚列如下，以見其前後承襲變化之跡。

徐中舒《〈左傳〉的作者及其成書年代》謂："《國語》和《左傳》是記載春秋時代歷史的姊妹篇。韋昭《國語解敘》以《左傳》爲《春秋》內傳而以《國語》爲《春秋》外傳，雖然不很恰當，但此兩書其中大部分史料都應出於左丘明的傳誦。古代學術，最重傳授系統，誰是最初傳授者，誰就是作書的人。這猶如《公羊》《穀梁》寫定於漢初而此兩書仍說是公羊高、穀梁赤所作。近代瑞典學者高本漢利用古代文法研究《左傳》《國語》兩書，斷定兩書雖不出於一人之手，而文法則最爲接近，這就是此兩書具有密切關係最好的說明。司馬遷說，左丘明‘成《左氏春秋》’，又說，‘左丘失明，厥有《國語》’。他把此兩書的作者

---

① 李零：《簡帛古書與學術源流》，北京：生活·讀書·新知三聯書店 2004 年版，第 276 頁。
② 陳廷亮：《中國古代史學史概要》，西寧：青海人民出版社 2006 年版，第 7 頁。
③ 張豈之主編：《中國思想史》，西安：西北大學出版社 2016 年版，第 105 頁。

都歸之於左丘明，在傳授的系統上，應該是有根據的。"①

　　楊伯峻《〈左傳〉成書年代論述》認爲《國語》非左丘明所作，"就《國語》而論，也不是出自一人一時手筆"，並且認爲司馬遷"左丘失明，厥有《國語》"之説不可信。②

　　1979 年，徐仁甫在《社會科學研究》第 3 期發表《左丘明是〈左傳〉還是〈國語〉的作者?》，認爲《史記》所載《左氏春秋》指的是《春秋國語》而非《左傳》，進而認爲司馬遷僅見《國語》，未見《左傳》。認爲《左傳》成於《史記》之後，故左丘明是《國語》的作者。

　　1979 年，劉心予在《華南師範大學學報》第 4 期發表《先秦史傳文學試論》，其第六部分"《國語》"下謂《國語》"恐非《左傳》的作者所作。它可能不是一人一時的作品，原稿可能是出於春秋時代各國史臣的手筆，後由一人整理而成的。整理成書的時代可能在戰國初期"，直接給出結論，並未予以論證。

　　1980 年，徐寶成在《延邊大學學報》第 2 期發表《淺談〈國語〉作者》，認爲"《國語》不能是左丘明親筆著成，但其史料來源當是《左傳》的作者左丘明。也可以説，採集、起意於左丘明，而成書可爲左氏後裔或門徒"。其論證既不細密，結論也較模糊。

　　1982 年，尹衡在《文史知識》發表《〈國語〉漫談》，推斷《國語》成書於公元前 335 年之後不久，認定："《國語》是彙編之書，並非出自一時一人之手，但最後經人編排整理而成書，是比較接近事實的。"

　　1982 年，蔣立甫發表《〈左傳〉的作者及其成書時代考辨》，認爲《左》《國》作者同爲一人的唯一根據就是司馬遷"左丘失明，厥有《國語》"，"但是'失明'的左丘，與左丘明是否一人，不好武斷。雖《報任安書》中另一處有的本子作'左丘明無目'，但王先謙《補注》引王念孫説'後人不達而增入"明"字，則累於詞矣。景祐本及《文選》皆

　　① 徐中舒：《〈左傳〉的作者及其成書年代》，見載於吳澤編選，袁英光主編《中國史學史論集》，上海：上海人民出版社 1980 年版，第 73 頁。
　　② 楊伯峻：《〈左傳〉成書年代論述》，《楊伯峻學術論文集》，長沙：嶽麓書社 1984 年版，第 212—230 頁。

無明字’。所以也不能作爲是一個人的證據。根據本文前面一些考定，《左傳》與《國語》不像出自一人之手。如果硬要説‘失明’的左丘與左丘明是一個人，那只有王充的解釋略可通，即《左氏春秋》是根據國史加工的，而《國語》則只是選録一些國史加以編輯而已，作者没有多少加工。所以兩書的文章風格有很大不同，思想上也有牴牾之處，但由於作者時代相近，兩書的語法却相似。”[①]

施之勉《〈國語〉確爲左丘明作辨》（《大陸雜誌》第 67 卷第 4 期）引述崔述、梁玉繩對“左丘失明，厥有《國語》”的看法之後，又引述班彪以來至明代學者關於左丘明編纂《國語》的言論，又復引述董份“古之文人，取其意不泥其詞”之説，謂崔述、梁玉繩泥於司馬遷《太史公自序》之詞而不能取其意。

1985 年，王樹民在《文史》第 25 輯發表《〈國語〉的作者和編者》指出，“‘語’原是古代一種記言的史書”，“在春秋時期，各國的語還是由各國的統治者直接控制，到戰國初期，逐漸流入民間，因而有了不同的傳本，把當時流傳的各國的語集合起來，編成一書，編爲《國語》，即列國之語的意思。”又謂：“《國語》與《左氏春秋》既同記一個時期之事，内容自多相同或相關者，稍加比較，即可知《國語》多保存原文，故各部分之間頗不一致，而《左氏春秋》則爲已經作者潤飾修整者，全書如渾然一體。因此二書的某些材料來源可能爲出於一途，然不可謂二書即出於一手。”王樹民認爲《國語》的作者不是左丘明，《國語》非出一時一人之手，而是各國史官所作，由左丘氏編成，左丘氏有可能是戰國趙人，因其記趙事最詳。

譚家健在《河北師院學報》1985 年第 2 期發表《〈國語〉成書時代和作者考辨》，後增補收入其《先秦散文藝術新探》[②]。收入該書的文章一共分三部分，分別是“歷代關於《國語》作者之歧見”“《國語》成

---

① 蔣立甫：《〈左傳〉的作者及其成書時代考辨》，見載於《蔣立甫古典文學研究論集》，蕪湖：安徽師範大學出版社 2016 年版，第 17—18 頁。

② 譚家健：《先秦散文藝術新探》，北京：首都師範大學出版社 1995 年版，第 179—197 頁。譚家健：《先秦散文藝術新探》（增訂本），濟南：齊魯書社 2007 年版，第 225—247 頁。

書在《左傳》稍前補證""《國語》作者諸説商兑"。"歷代關於《國語》
作者之歧見"實際上是作者在《中國史研究動態》1994 年第 7 期發表的
《歷代關於〈國語〉作者問題的不同意見綜述》，搜羅歷代關於《國語》
作者的説法，最終總結爲四種意見：（1）《國語》《左傳》同出左丘明；
（2）二書非出一人；（3）《國語》在《左傳》之前；（4）《國語》在
《左傳》之後。"《國語》成書在《左傳》稍前補證"開篇即謂："《國
語》和《左傳》在體例、文字、思想上的差別很明顯，不像是一人手
筆。《國語》成書當在春秋末和戰國初期，其人可能是三晉史官。"在王
樹民以《國語》編者爲趙人基礎上又擴大了範圍，和沈長雲的觀點基本
一致。

夏經林認爲，《國語》是一部大致以春秋時代爲背景，以國爲本仍
信天而更重德爲其主體思想的"語"彙編。《國語》成書應早於戰國晚
期成書的《荀子》《韓非子》《呂氏春秋》，當在戰國中期，具體説該於
公元前 329—前 278 年之間。①

王文才《〈國語〉作者小考》（《青海師範大學學報》1990 年第 2 期）
指出，"《國語》一書在記事的時間上，確實存在著很大差距"，"《國
語》一書的文章風格之差異也是非常明顯的"，"《國語》一書的指導思
想也很雜亂"，"各國語在全書中的比例很不均衡"，故作者認爲"《國
語》確實非一時一人所作，而是各國史料的彙編"。

張漢東《左丘明對中國傳統史學的開創之功》（《山東師大學報》
1995 年第 6 期）認爲左丘明著《春秋》《國語》，孔子作《春秋經》尚
在左丘明之後。其觀念還是接受了劉逢禄、康有爲等劉歆離析《國語》
而爲《新國語》的觀念。

饒恒久《〈國語〉研究》（西北師範大學博士學位論文，2002 年）梳
理了古今關於《國語》成書的幾種看法，引楊向奎反駁孫海波説，受楊
向奎的啟發，對《史記》與《國語》進行全面對照，推論《國語》的成

---

① 夏經林：《〈國語〉的主體思想及其成書時代》，北京師範大學中國古代史碩士學位論文，
1990 年。

書年代，他認爲：（1）《史記》對《國語》的採用，説明司馬遷時的《國語》大體就是今本的規模；（2）《左傳》對《國語》中材料的引用和加工，證明《國語》的主體部分形成於《左傳》之前。對沈長雲《國語》晚於《左傳》説進行了駁斥。進而從《齊語》與《小匡》的關係、《越語》作時、《吳語》作時等《國語》内證，另外以出土文獻爲證，對《國語》成書年代進行了推定。最終認爲，司馬遷父子所見《國語》規模大致即今本《國語》的樣子，而且是先秦古本。《國語》的主體部分形成於《左傳》之前，從《齊語》《吳語》《越語》作時的具體考證，證明《國語》成書至少不晚於《左傳》，應該在勾踐在位之時，最終推定《國語》的成書時代確定在春秋末戰國初，當然“《國語》成書之後還有單篇流傳的情況”。饒氏認爲今所謂《國語》作者實際上是編者，故將《國語》原作者歸納爲三種：（1）邵公這樣的原作者；（2）當時記錄、整理的史官；（3）講誦增飾的瞽史。進而又對《國語》編者進行了推定，認爲《國語》的編者最有可能是生活於此期的史官或瞽史，並認爲司馬遷把《國語》的編者歸於左丘明應該是有根據的。

邵毅平《〈國語〉的作者與時代》（《圖書館雜誌》2004 年第 4 期）在梳理了各種説法之後，認爲歷來關於《國語》作者的各種説法“大抵皆止於想象猜測”，“倘僅就《國語》本文來看的話，則其作者似應是戰國前期人，姓名今已不詳；無論其人數爲單數抑爲複數，但可以肯定他（或他們）皆利用了各國的史料檔案；相應地，《國語》似應成書於戰國前期，與《左傳》約略同時代。”

梁濤《20 世紀以來〈左傳〉〈國語〉成書、作者及性質的討論》（《邯鄲學院學報》2005 年第 4 期）對《國語》作者及成書時代的一些學術觀點進行了梳理。

沈長雲《説〈國語〉出自戰國趙人之手》[①] 推斷“《國語》的編定者應當是戰國中後期的某位趙人”，先從《國語》載晉事最多，以《國

---

① 沈長雲：《説〈國語〉出自戰國趙人之手》，趙聰惠主編《趙文化論叢》，石家莊：河北人民出版社 2006 年版，第 389—395 頁。

語》編者熟悉晉國歷史爲依據，藉此推斷"《國語》出自晉國的後人，即三晉人之手"，進而以《國語》記晉事獨載趙氏之事爲多、《國語》使用趙氏祖先避諱文字，推測《國語》出於趙國人之手。對王樹民的推測進行了進一步論證。

史繼東認爲《國語》作者的提法不恰當，他認爲《國語》只有編撰者而没有真正意義上的作者。經過梳理前人，最終認爲："在没有充分的證據證明《國語》作者之前，對司馬遷'左丘失明，厥有《國語》'的説法應慎重對待，不應輕易否定。因此我們認爲《國語》應是魯國的史官左丘明所編撰，但左丘明僅是《國語》的始編撰者，即《國語》的體例、框架、主體部分爲左丘明所編，後來又經過學者們的修訂和補充。"① 耿天勤則將作者和編者嚴格區分，認爲左丘明是《國語》的編者。②

劉偉在《史之思——〈國語〉的思想視界》中把各家關於《國語》作者的説法概括爲六個方面：(1) 懷疑、否定而不提出新作者；(2) 左丘；(3) 左史倚相（或即左丘明）；(4) 左人郢及其後人；(5) 漢人（劉歆）僞作；(6) 三晉人（或三晉史官）。劉偉指出："應該以實事求是的態度看待《國語》的作者問題。在没有充分證據的情況下，可以存疑，但不能輕易否定古人的説法。"最後認定："今天我們所看到的《國語》經過了左丘明的初步整理，這個時間大致在春秋末到戰國初期；此後《國語》中的內容可能有所增益，這是古書發展中經常見到的情況。我們把《國語》的最初著作權納入左丘明名下，應該比較接近歷史事實。當然從嚴格意義上説，左丘明可能是《國語》最主要的編者，而不是作者。"③

張鶴認爲："《國語》的成書大致是這樣一個過程：《國語》中的文章首先由作者寫作、記録，在其流傳過程中瞽矇等傳誦者對其進行講誦、

---

① 史繼東：《〈國語〉文學研究》，北京：中國社會科學出版社2013年版，第54—66頁。
② 耿天勤：《〈國語〉若干問題研究的學術史梳理》，《漢籍與漢學》2020年第1輯。
③ 劉偉：《史之思——〈國語〉的思想視界》，濟南：山東人民出版社2013年版，第17—18頁。

增飾，最後由編者對這些文章進行選擇、編輯，遂成今本《國語》一書。《國語》的作者和編者應該是西周春秋時期不同時代不同國家的史官，《國語》的傳誦者則是由瞽矇擔任的講史。"① 在十三校文學史教材基礎上又一次系統提出《國語》的成書過程。

謝小剛認爲，研究《國語》《左傳》二書成書前後的許多切入維度中，最具代表性和影響力的切入視角可分爲史料分合視角、文本內容視角和文法系統視角。謝小剛認爲史料分合視角"有臆測之弊，但無意間啟發了文本內容視角"，謝氏對文本內容視角進行了比較詳盡的分析，指出："在文本內容視角下，人們往往以相似性作爲文本承前啟後的傳遞密碼，視不同點爲拋棄的或者新增的因素，這本無可厚非，問題是還需要論證這種傳遞是單綫的進化，任何旁支的相似性進入這種傳遞路徑時會打亂原有的判斷。這就要求研究者首先要考慮二書的成書及性質。"而文法視角首先需要的是文本的精純，在無法瞭解文本是否精純的前提下運用文法手段論證古書問題，結論可信度也就有限。謝小剛指出："對於二書先後問題，不論採取何種方法從哪個角度論證，都出現了不能兼及的疏漏，致使此問題難成確論。"② 謝氏在文末總結出五條意見，對此後探討《左》《國》先後以及古書先後問題具有方法論意義，謂："第一，先要明確古書成書的性質及體例，解決外圍問題。有成於眾人之手編定性質的書；有成於一人之手著作性質的書；有參考眾資料而成於一人之手的書。其屬性有編定性的，有著作性的，或者兩者兼而有之，其體例有精純也有駁雜。第二，材料本身反映的年代不同於寫作材料的年代與編纂成書的年代。書中所載的材料形諸書冊時間不一，有當場記載者，又有事後補記者，更有後來追記者。材料本身的年代是事件發生的年代，材料的寫作年代是史官記錄事件時的年代，成書年代是編者或者著者採集各種材料進行編排或加工的年代。對於史籍類的書，往往有

---

① 張鶴：《國語研究》，北京：學苑出版社 2013 年版，第 1—35 頁。

② 謝小剛：《〈左傳〉〈國語〉成書先後問題述評》，見載於趙逵夫主編《先秦文學與文化》第 5 輯，上海：上海古籍出版社 2016 年版，第 106—123 頁。

這三個年代的交叉，需要根據實際情形區別視之。第三，文法研究的古書須是體例精純之書。體例精純的書纔是自成文法系統的書。如果體例駁雜，且以個別字詞爲標準比對兩書進而探討成書先後，終會因論據的不穩而使結論陷入偏頗。文法研究不是唯一的視角，確定結論之得出還需要別的角度輔助論定。第四，文學進化觀念不一定適用於判斷古書成書先後。晚出者不必優於後興者，古書之優劣的形成有各種因素。第五，相同未必是抄錄，相似未必是改寫，不同未必是增删。抄錄、改寫、增删諸如此類結論的指出，需要第三方證據（外證）來論證抄錄、改寫、增删的可能性與必然性。"所論有頗可參者。

戎輝兵《〈國語〉作者、成書時代考論》（《南京師大學報》2018 年第 2 期）傾向漢魏傳統説法，認爲《國語》《左傳》同爲左丘明所作。提出的理由是：（1）"否認《國語》的作者是左丘明的主要依據經不起推敲，似是而非，不足爲據"；（2）從《國語》尊周宗魯的思想傾向以及"君子曰"的行文標誌上可見，《國語》與《左傳》關係密切。此外，作者認定《國語》的成書時代即左丘明的生活時代，並且認爲《國語》成書在《左傳》之後。認爲譚家健"《國語》成書當在《左傳》稍前，……其人可能是三晉史官"以及沈長雲"《國語》成書在戰國晚期，並很可能出自三晉人之手"之説不可信。

張居三首先澄清："《國語》的作者，實際上是指它的編撰者。"進而認爲："在没有鐵證出現的情況下，相信司馬遷之説應是務實的選擇。"① 説較穩妥。在《國》《左》成書等問題上，張居三認爲，《國語》略先於《左傳》成書，謂："《國語》所載的史料應該是原始史料或是接近原始的史料。"②

還有的學者對《國語》具體篇章成書進行研究，如邱鋒認爲《鄭語》應當出自楚地，其撰寫時間不應晚於戰國後期。③ 馬金霞引述前人

① 張居三：《〈國語〉文獻研究》，北京：中國社會科學出版社 2020 年版，第 43、45 頁。
② 張居三：《〈國語〉文獻研究》，北京：中國社會科學出版社 2020 年版，第 56 頁。
③ 邱鋒：《論〈國語·鄭語〉產生的地域和時代》，《甘肅社會科學》2007 年第 2 期。

關於《鄭語》成書地域及時間的論斷，經過比勘論定，認爲《鄭語》成篇至少當在公元前 295 年以前、公元前 369 年之後，《鄭語》中的“夫成天地之功者，其子孫未嘗不章，虞夏、商、周是也”的説法應在《楚辭·天問》之後，《鄭語》中五行思想要晚於《尚書·洪範》、早於出現五行相勝的《左傳》。從褒姒傳説的形成而言，馬金霞認爲《鄭語》的編定時代應晚於《天問》、早於《吕氏春秋》，最終認定《鄭語》寫定與《左傳》成書大體同時或略早於《左傳》。① 這個説法和夏經林對《國語》成書時間的推斷有重合之處，但上限較夏説早 40 年，下限較夏説早 17 年。關於《越語下》的成篇時間，唐蘭認爲在《黄帝四書》之後，李學勤則認爲在《黄帝四書》之前。饒恒久認同李學勤的看法。②

可見，關於《國語》的作者問題，意見頗爲參差。承認左丘明和《國語》之間關係的，存在左丘明和《國語》甚至《左傳》之間是傳誦者、最初編者、編者、作者等幾重身份，除了司馬遷“左丘失明，厥有《國語》”外，各家臚列原因又不相同。即便對“左丘失明，厥有《國語》”這一句話的理解，也多有不同，有信從者如施之勉、張漢東、張居三，有討論失明之左丘瞽史當爲官稱如陳桀，有另立新説者如李寶通。不承認左丘明和《國語》有關係之衆説，又有各種説法，大體以非一時一地一人所爲信從者較多，這種説法的立足點即謝小剛所謂之史料視角和文本視角。非一時一地一人，但總要有最後匯總整理者，故又有三晉之官、三晉之人、趙國人、趙氏等等説法。各種説法紛紜衆口，但都缺乏足够證據，難能爲學者普遍信從。故有提出《國語》作者可先擱置不論者。這就如同研究者紛紛撰文猜測《金瓶梅》作者蘭陵笑笑生真實身份一樣，林林總總提了各種説法，只能説哪種説法最爲合理或哪幾種説法更爲合理。合理，也不一定就對。如同劉偉、張居三等所説，後人評述，皆無確定性依據，都只是推測而已。既然非一時一人一地所作，

① 馬金霞：《〈鄭語〉疏證》，南開大學歷史文獻學專業碩士學位論文，2007 年。
② 饒恒久：《〈國語·越語下〉作時獻疑》，《紹興文理學院學報》2010 年第 5 期。

故張鶴提出《國語》成書的層遞型過程，比較合理，但也只是合理的推測。

(三)《國語》的編纂及史料來源研究

對《國語》編纂的研究，涉及編纂目的、編選標準、編選過程等相關問題的研究。《國語》史料來源的研究還涉及史料來源的處置問題等。

1962 年 10 月 16 日，白壽彝（1909—2000）在《人民日報》上發表《〈國語〉散論》，總結出《國語》編纂方面的四個特點，"第一，《國語》是打破春秋時期各國國史的限制，而把周王朝和諸侯各國的歷史匯合在一起的。這跟《左傳》的編寫有共同之處。但《左傳》是不分國別，只按年代來編次；《國語》是分別按照不同的國家，於每一個國家之內再按年代來編次"，"第二，儘管《國語》還沒有發展成為一部有完整形式的史書，但在全書的編次上也反映出一種全面安排的企圖"，"第三，《國語》的取材，或有不免失於瑣碎的地方，但與重要歷史事件有聯繫的記載是占了最多篇幅的"，"第四，《國語》在一條記載之後，往往指出這一事件發展的結果或歷史發展的趨勢來"，進而指出："《國語》有自己可以獨立的特點，把《國語》作為《左傳》'殘剩'的說法是不足取的。《國語》分國編纂的特點，對於後來的史書有一定的影響。"白壽彝的這一說法影響深遠。

白壽彝《中國史學的童年》（《中國史研究》1979 年第 1 期）謂《國語》"大約是戰國前期的東西。裏面收錄了各國記載的原始材料。看來編者是加了工的，記了周、魯、齊、晉、鄭、楚、吳、越各國歷史。周是第一位，魯是第二位，楚、吳、越在最後，還是按周和諸侯的關係安排了次序，而且諸夏在前，蠻夷在後。這個次序可以說是戰國初期的看法。到了戰國中期、後期就改變了"。白壽彝認為《國語》的編排反映了孔子一派的思想，把好幾國的歷史整理後合在一起，是各國國史的復合，注意了歷史事件的發展過程，用概括性的語言標識歷史發展的情況，並且認為《國語》對春秋時期歷史的發展，態度比孔子進步。

沈長雲《〈國語〉編撰考》（《河北師院學報》1987 年第 3 期）認為：

“《國語》各篇都應作成在左丘明之後，都屬於戰國時代取春秋之事而擬成文字者。不過，具體到《國語》的各個篇章，自然也還有早晚之分。其中周晉鄭楚四國之語及《魯語上》的風格比較一致，寫作時間當較早；《魯語下》則多記瑣事，甚或撇開歷史而專事說教，殆七十子後學所謂；《齊語》一卷全同於《管子·小匡篇》，蓋出稷下先生之手；《吳語》《越語》專記二國爭霸事而多兵權謀之語，尤其《越語下》只記范蠡，語言講求對仗韻律，作成時代當最晚。”並認爲白壽彝《國語》成書時間推斷失之靠前。而且認爲《國語》較《左傳》晚出，其内容取材於《左傳》及戰國時期各種雜說。推測《國語》最後成於三晉人之手。

　　李坤《〈國語〉的編撰》（《史學史研究》1988 年第 4 期）認爲《國語》編者把《魯語》《齊語》次於《周語》之後，是“因爲周初分封，魯爲周公，齊爲太公，其時皆對拱衛屏障周朝起了重要的作用。在西周、春秋時期，這兩國一直都是很有影響的國家”，引《周語》中“我周之東遷，晉、鄭是依”、《晉語四》“晉、鄭兄弟也”以揭示《晉語》《鄭語》次於《齊語》之後，謂“是出於表彰晉、鄭兩國在春秋初期助周東遷所建立的殊勳所致”，而且認爲是“先前古人也有持這一看法者，《國語》編者只不過是繼承罷了”。認爲“《楚語》記事主要是圍繞有關體德、守禮、誠祀方面的内容展開”，且《鄭語》有“唯荆實有昭德，若周衰，其必興矣”之言，謂“體現了編者對春秋時期楚國之所以興盛富強的看法”。至於《國語》不立秦語，李坤認爲出於三種因素：（1）《國語》編者的“周衰晉繼”思想及其親晉傾向；（2）從晉、秦兩國的記事可見編者的憎秦思想意識；（3）從《楚語》的史事處理亦可窺見編者褒楚貶秦的用心。① 因此，李坤認定“《國語》全書的布局謀篇和各國史料的選擇都是經過編者深思熟慮的”。進而總結《國語》的編撰特點爲：

---

　　① 夏德靠《〈國語〉研究》專門討論了李坤提出的三條理由，認爲“周衰晉繼”的説法具有片面性，而憎秦意識也並不可信（見該書第 127—129 頁）。夏德靠又提出秦語不入選的理由：一是《國語》中設立“語”的都是在春秋期間起著左右國際力量的國家，而秦國從秦穆公之後，在很長一段時間裏不作爲，沒有發揮作用；二是《國語》根據需要，把“秦語”的有關内容編於《晉語》之中，這是未能設立“秦語”的重要因素。此外，源於“秦語”的材料都有關秦穆公，可見《國語》編者對秦穆公的重視。（見該書第 129—131 頁）

（1）分國敘事，每語自成中心；（2）紀事本末方法的運用；（3）對比法。關於八國語排序的問題，夏德靠認爲反映了編者的三個思考點，即"周王室的衰敗、中原諸侯霸主的興亡及周邊諸侯的興盛"，而且"三者之間存在一種因果關係，周王室的衰敗導致中原諸侯霸主的興起，中原諸侯霸主的衰落又促使周邊諸侯的興盛"，故而夏氏認爲"《國語》編排的這一因果鏈達到歷史和邏輯的統一"①。可與李説相參。

張君《〈國語〉成編新證》（《湖北大學學報》1991 年第 2 期）認爲，過去之所以對《國語》成書未有圓滿結論是因爲學者們將視綫過分專注於某一魯儒或孔門弟子身上。張氏認爲，楚國的瞽史和學者在《國語》成編過程中起了很關鍵的作用，楚國具有傳語記言的制度，而且有重視誦習語書的傳統，進而勾勒了以《楚語》爲基礎的《國語》流傳、補充、作僞的路綫和過程，以及在這一進程中楚國人的重要作用。

葛志毅《史官的規諫記言之職與〈尚書〉〈國語〉的編纂》（《文史》2001 年第 3 輯）認爲《國語》的編纂成書比《尚書》稍後，其編纂材料應出自《尚書》之後的相當一段時間。

夏經林《論〈國語〉的編纂》（《中國史研究》2005 年第 4 期）認爲，"《國語》不可能是抄《左傳》的"，"不等於説《左傳》一定是抄《國語》而後於《國語》成書的，不過可以肯定《國語》確實保留了比《左傳》更爲原始的説法，而《左傳》是經過加工而成的。"最終認爲《國語》成書"應當晚於越王無疆的被殺之年，應當早於戰國晚期成書的《荀子》《韓非子》《吕氏春秋》諸書，早於秦攻破楚郢都之年，即當在戰國中期，具體説是公元前 329—公元前 278 年之間"，與其碩士學位論文觀點相同。

以上幾家主要從編纂原則、編纂時間等角度進行探討。既然《國語》非一時一地一人所爲，當然存在史料來源問題。關於這一點，前引諸説中已經涉及。張居三專門撰文探討這一問題，謂《國語》編撰者除了雜取周王室及各諸侯國"春秋"史料之外，還包括《詩》《禮》《樂》

---

① 夏德靠：《〈國語〉研究》，北京：知識產權出版社 2014 年版，第 135—136 頁。

《令》《故志》《訓典》以及瞽矇口述史料等等。對《國語》的史料來源進行了比較詳盡的梳理。① 張岩對《國語》史料來源進行了論析，認爲："造成《國語》八個部分之間諸多方面的不平衡和互異之處的主要原因，一是在不同來源的若干史料之間本身便存在著體裁、篇幅、内容、年代等諸多方面的互異之處，二是作者對史料的處理以輯録爲主，在融會貫通的編史方面下的功夫較少。從這個認識的角度看，《國語》的成書應是其編寫者對若干種文獻史料在以國別爲體例的選擇性輯録基礎上'粗加工'的結果。"② 此外，張岩還推測了《國語》的編纂過程。他認爲《國語》編寫過程至少包括六個步驟：（1）作者對教材類短文的廣泛收集，其數量多於被收入《國語》的短文；（2）對收集到的短文進行甄別去取；（3）對國別以及八個國別的排序等基本體例的設計；（4）確定被選中短文的國別歸屬；（5）對收入每一個國別的短文進行時序方面的編排；（6）在前幾個步驟的基礎上將史料抄編爲史書。③

關於《國語》的編纂目的，也有幾位學者撰文進行專門探討，如程水金《從鑒古思潮看〈國語〉之編纂目的及其敘述方式——兼論〈國語〉與〈左傳〉之關係》（《武漢大學學報》2008 年第 4 期）認爲《國語》是先秦鑒古思潮的産物，其編纂目的還是搜綴既往，鑒於當時，或戒於將來。夏繼先《"史鑒"與"敘史"之別——從〈國語〉與〈左傳〉的敘事結構差異看二者的編纂目的》（《河南大學學報》2013 年第 6 期）總結出《國語》雙綫並行的時空結構、"言""事"詳略失衡的元素構成、"一以貫之"的因果照應等三個特點，進而認爲《國語》的編纂目的即"以史爲鑒"。劉偉同樣認爲《國語》編者的主要意圖就是爲當時執政者提供政治參考。④ 張鶴認爲《國語》編者具有高度政治責任

---

① 張居三：《〈國語〉的史料來源》，《哈爾濱學院學報》2006 年第 12 期，第 89—94 頁。張居三《〈國語〉文獻研究》，北京：中國社會科學出版社 2020 年版，第 79—116 頁。

② 張岩：《春秋戰國文體源流考略——兼談〈國語〉〈左傳〉的史料來源和成書情況》，氏著《從部落文明到禮樂制度》，上海：上海三聯書店 2004 年版，第 401 頁。

③ 張岩：《春秋戰國文體源流考略——兼談〈國語〉〈左傳〉的史料來源和成書情況》，氏著《從部落文明到禮樂制度》，上海：上海三聯書店 2004 年版，第 437—438 頁。

④ 劉偉：《史之思：〈國語〉的思想視界》，濟南：山東人民出版社 2013 年版，第 199 頁。

感和强烈的職業精神，故其所選材料具有垂鑒意義，"編者通過王侯卿士大夫的治國之語論述社會歷史發展之規律，探討國家興衰治亂之根源"，故《國語》"全書在内容上有很强的倫理傾向，弘揚德的精神，崇尚禮的規範，爲當時的君臣之道提供了重要的借鑒"。① 李佳《〈國語〉編纂析論》(《史林》2014 年第 2 期) 認爲："《國語》是作者在明確的編纂目的指導之下，將采録到的語書資料選擇、充實、改寫、潤色而成的，雖然未盡統一，却具有内在的系統性。" 就編纂目的而言，程、夏、劉、李近似。但李佳認爲《國語》由於其功能性，故而"必須以對史料的極其熟悉爲前提條件，同時也應該是以已有一部編年體史書爲基礎"，故她認爲："《國語》當成書於《左傳》之後。"②

俞志慧認爲《國語》是一部"語"的摘編，故他不探討史料來源的問題，從"摘"的角度探討今本《國語》材料之所以被遴選得中的背景，俞氏認爲有三個背景：(1) 服務於"明德"的目的；(2) 諸侯代興；(3) 一姓不再興。俞志慧的這一角度，倒是比僅僅考慮《國語》史料來源更爲切近本旨。夏德靠也認爲俞氏之説"有其合理性"，並認爲《國語》文本的形成至少經歷三個過程，即"首先在記言傳統之下，產生大量的'語'類文獻"，"春秋時期出現文獻編纂的高潮"，"各國史官於是這些'語'類文獻進行整理、編纂的工作"③。

古書的完成是一個漸進的過程，尤其像《國語》這種彙編之書更是如此，其編纂目的的凸顯或也非定於一人，成於一地。故夏德靠認爲《國語》的編纂至少經歷了三個過程：(1) 先秦史官分職載録的職能形成的記言傳統以及史官經歷的由王朝而諸侯國而卿大夫家的下移進程，產生了大量的"語"文獻；(2) 周代非常重視文獻的編纂、整理工作。汲冢《國語》、慈利楚簡《吴語》意味著當時的各國之語已經具備基本《國語》的特徵；(3) 墨子能夠見到百國之語的事實説明，語類文獻在

---

① 張鶴：《〈國語〉研究》，北京：學苑出版社 2013 年版，第 136 頁。
② 李佳：《〈國語〉研究》，北京：中國社會科學出版社 2015 年版，第 86 頁。
③ 夏德靠：《〈國語〉研究》，北京：知識產權出版社 2014 年版，第 162—163 頁。

社會上的流傳已經普遍，作爲瞽史的左丘明有機會接觸這些文獻。① 楚國申叔時既然已經明瞭"語"的教化和借鑒功能，則恐此一類體裁已經在列國流行，故《國語》之成，也未必是編者編纂目的的體現，而是文體固有的功能以及時代需要。

（四）《國語》書名研究

關於《國語》書名，前人多有論説，詳見本書相關部分。近七十年來，學者對此也多有關注。如游國恩主編《中國文學史》等類著作認爲之所以名爲"國語"，一方面該書"分別記載周王朝及諸侯各國之事"，另一方面在於該書主要記言。張以仁云："《國語》之所以得名，實在是因爲它是一本選録的'辭語'的集子。再説得完善一點：因爲這部書是若干國家的嘉言善語的合録，所以叫做'國語'。"② 徐仁甫云："考《國語》全書，現存八國。各國之語，皆以言人分；而所言之事，則不必爲本國。"魯惟一主編《中國古代典籍導讀》則謂："《國語》，意爲有關國事的對話或議論。它是將春秋時期各諸侯國國君及各重要人物的言論照實記載下來並隨後從其他資料中加以補充而形成的。現存的這部著作就具有這類形式和由來。"③ 葉晨暉專門對《國語》書名進行了較爲詳細的研究，葉氏認爲："《國語》書名的涵義當是各國記録治國善言的册書彙編。"④ 可見對"國語"的"國"至少有兩種理解：（1）周王朝和諸侯國；（2）國事。對"語"的理解至少有三種，即：（1）言，即對話或議論；（2）善言；（3）記載嘉言善語之册書。從《國語》一書的形成及内容而言，葉晨暉對於"語"之解釋可采，而"國"則似仍以"國事"爲是。夏經林對《國語》書名的出現、異名等問題進行了基本梳

---

① 夏德靠：《〈國語〉敘事研究》，北京：知識産權出版社 2015 年版，第 47—58 頁。
② 張以仁：《國語左傳論集》，臺北：東昇出版事業公司 1980 年版，第 11 頁。
③ ［英］魯惟一主編，李學勤主持翻譯：《中國古代典籍導讀》，瀋陽：遼寧教育出版社 1997 年版，第 279 頁。
④ 葉晨暉：《〈國語〉札記三則》，《南京師大學報》1982 年第 2 期，第 48—50 頁。

理，亦可參。①

（五）《國語》性質研究

關於《國語》性質，以上所引各家多有討論。近幾十年來，又有數篇論文對《國語》性質多有探討，依其發表先後臚列於下，以見前後變化之跡。

劉心予《先秦史傳文學試論》（《華南師院學報》1979 年第 4 期）第六部分“《國語》”下云：“《國語》和《左傳》不同，它不是編年史，而是一部分國史，上起周穆王，下至魯悼公，綜敘周、魯、齊、晉、鄭、楚、吳、越八國的史實，側重記言。”認爲：“《國語》與《左傳》不但文體不同，詳略有別，而且句調風格也有很大差別，即使同記一個主題，也是往往取捨異趣，所記又詳於祀事，恐非《左傳》的作者所作。”又認爲：“由於《國語》以記言爲主，頗近於先秦諸子的哲理文學，但没有諸子哲理文學的銳利。”指出《國語》既具有史學特徵，又具有諸子特點。這一段話，或許是受了韋昭的影響。但所揭示的這一點很重要。

張以仁《從〈國語〉與〈左傳〉本質上的差異試論後人對〈國語〉的批評》（分上下篇載於《漢學研究》1983 年第 1 卷第 2 期和 1984 年第 2 卷第 1 期）開篇即謂：“《春秋》一經，含有聳善抑惡的意義；左氏之傳，則係以史證經，發明《春秋》的義例；而《國語》之書，其旨在於明德，它和《春秋》經傳不僅在表達方式上有很大的不同，在本質上也是頗有距離的。”謂“春秋和語是屬於不同的知識範圍，有不同的作用”，《國語》和《左傳》不同，“其來源或出自記言之史料。雖然依託史事，重點却在其中辭説部分”，“這二百四十餘篇記言的《國語》，其言或道忠信，或主禮讓，或尚謀略，或明德義，都不離所謂‘事必稽典型，言必主恭敬’的範圍”，故謂《國語》之本質爲“用記言的方式，求達到明德之目的，所以偏重説理”。

---

① 夏經林：《〈國語〉的主體思想及其成書時代》，北京師範大學中國古代史碩士學位論文，1990 年。

　　沈長雲沿用王樹民的看法，以《國語》"是按國別匯集成的'語'"①。宋瑞芝謂："《國語》一書，實際上也就是先秦各邦的'語'的匯集。"② 李坤不贊同史料彙編之説，他認爲："《國語》是在編者特定的政治思想和歷史觀指導下精心編撰成的有其較爲嚴密的内在邏輯、固定體裁、自成體系的一部史學早期的'語體'史書。"③

　　李丹認爲《國語》"更像一部統治者用來教導貴族子弟的教材"，提出三條證據，分別爲：（1）《國語》的内容半説教、半恫嚇，令人懷疑；（2）《國語》的編纂全無系統性，決不是歷史應有的模樣，只能以教材來解釋；（3）春秋時期教育情況證明《國語》可能用作教材。④ 後與韓兆琦聯名發表《試論〈國語〉一書的性質》（《北華大學學報》1993 年第 2 期），重申了這一觀點。該文認爲：（1）《國語》的説教性極强；（2）作爲史書，《國語》編纂没有系統性；（3）帶有春秋戰國時期教育情況的啟示。因而，該文最終認定《國語》集各國之語而成，"是教材而非史書"。張岩也認爲，《國語》80% 以上的短文實際上屬於"教材類短文"⑤，與李丹之説近似，强調《國語》的教化功能。

　　雷戈《〈國語〉是史家：先秦史家研究之三》（《西北師大學報》2000 年第 2 期）文分三個部分，分別爲"關於禮的論述"，"興亡感和命運感"，"形而上思考"。該文第一部分認爲《國語》論禮語調平平，且總把禮和其他方面結合論説，"這也恰恰説明，《國語》決非《左傳》之'剩餘'或'左氏之外傳'。"該文第二部分認爲《國語》興亡感或命運感具體體現在對夏商周三代興亡的歷史思考和對春秋各諸侯國興亡的現實思考兩個方面，認爲《國語》的歷史興亡感比《左傳》强烈鮮明。該文第三部分主要探討了《國語》的君主專制思想和重民保國思想。認爲《國語》作爲史家，"對歷史的反思比《左傳》更系統全面，歷史興亡感

---

① 沈長雲：《〈國語〉編撰考》，《河北師院學報》1987 年第 3 期。
② 宋瑞芝：《口述史學在史學研究中的功用》，《史學理論研究》1995 年第 3 期。
③ 李坤：《〈國語〉的編撰》，《史學史研究》1988 年第 4 期。
④ 李丹：《關於〈國語〉的幾個問題》，北京師範大學中國古代文學碩士學位論文，1991 年。
⑤ 張岩：《〈國〉〈左〉文體與王官之學》，《新原道》第 2 輯（2004）。

也更爲强烈。《國語》中的君主專制理論和重國保民思想與儒法兩家均有不少差異，其系統而紮實的分析表現出史家體系所特有的思想兼容性"。

程水金認爲："《國語》與《尚書》《逸周書》性質相同，是搜綴既往、尋覓古鑒思想前提下的産物。其編纂之目的，則在或鑒於當世、或戒於將來，故而其行文體例乃是就事析理，且往往是一事一議，不枝不蔓，以期於事簡而理明也。至於其編纂者爲何許之人，則是無關緊要的。"①

張岩認爲："一部史書的編寫，至少應有兩個主要步驟，即史料的收集和加工、整理。造成《國語》八個部分之間諸多不平衡和互異之處的主要原因，一是在不同來源的史料之間本身便存在體裁、篇幅、内容、年代等方面的互異之處，二是作者對史料的處理以輯録爲主，在融合貫通的編史方面下工夫較少。因此，《國語》成書應是編寫者對若干種文獻史料在以國別爲體例、選擇性輯録基礎上'粗加工'的結果，具有'半成品'的性質，其内容在很大程度上保留了史料被'加工'前的原貌。"②

夏經林《論〈國語〉的編纂》(《中國史研究》2005 年第 4 期) 認爲《國語》是"語"的彙編，"大量記録了春秋時期各諸侯國君與大臣的言行"。

黃麗麗《〈國語〉的性質與價值——由出土文獻引起的思考》(《江蘇大學學報》2006 年第 1 期) 認爲《國語》是先秦"語"類之集大成，先秦"語"集之最。

俞志慧認爲《國語》既不是《春秋》外傳，也不是國別史，他認爲《國語》是當時各國"語"的摘編。③ 摘編和彙編還有所不同，彙編是把

---

① 程水金：《中國早期文化意識的嬗變——先秦散文發展綫索探尋》，武漢：武漢大學出版社 2004 年版，第 329 頁。

② 張岩：《〈國〉〈左〉文體與王官之學》，《新原道》第 2 輯（2004）。

③ 俞志慧：《古"語"有之——先秦思想的一種背景與資源》，上海：華東師範大學出版社 2010 年版，第 108—131 頁。

能够搜集到的材料全部彙錄在一起，而摘編則把能够搜集到的材料進行選擇之後再彙錄在一起，帶有編纂者的主觀傾向。

陳桐生《〈國語〉的性質和文學價值》（《文學遺產》2007 年第 4 期）首先總結了漢以來對《國語》性質的三種認定，即 "《春秋》外傳" "雜史" 和 "國別史"。該文認爲對《國語》性質的認定，必須把握：（1）"《國語》之'語'是西周春秋時期一種記載君臣治國之語的文體"，（2）"《國語》是編不是著，是選不是作"，（3）"《國語》是'史料彙編'而不是'史'"，（4）"《國語》保留了史料的原貌"。基於這四點，陳氏認爲 "《國語》是一部主要記載王侯卿士大夫治國言論的原始史料彙編"。

李隆獻《〈國語〉概説》講義稿①第二部分即探討《國語》的性質，引述傳統上歸《國語》於經部《春秋》類以及《四庫提要》歸入雜史類的情況，又謂張以仁認爲當入經書類或子書類的情況，進而引述韋昭《國語解敘》、周予同《中國歷史文選》、楊寬《戰國史》、王樹民《〈國語〉的作者和編者》、張政烺《春秋事語解題》、來可泓《國語直解》等説法，最後謂張以仁早已認識到《國語》的 "語" 的性質且早已經進行過論述。李氏最終認定："《國語》可説是部兼有歷史與勸善性質的書。"

裴登峰《〈國語〉的地域文化圈特徵及性質》（《西北民族大學學報》2012 年第 6 期）總結歷代《國語》性質認定與陳桐生基本相同。該文認爲，"談《國語》性質，應該從全書性質相同的材料、不同國別的材料、同一國別内容不同的材料 3 個'基本事實'出發，所得結論或許更接近實際"，"《國語》是將性質不同、來源渠道不同、動機與目的不同、體例不同、文風不同、思想與主張不同的材料匯集在一起。各語自成其書，合各書爲一書而成《國語》，性質大略近似於後代的'類書'"，認爲《國語》應稱事語體。在其《〈國語〉研究》一書中重申了這一觀點。

李佳《〈國語〉性質諸説平議》（《中國經學》2015 年第 2 期）梳理

---

① 李隆獻：《〈國語〉概説》講義稿，標題後標注爲 2012，大約此時公布於互聯網，並非正式發表。

了國別史說、史料彙編說、語書說、外傳說之後，認爲："《國語》是一個奇特的書：它不從文字上解經，却有褒善貶惡、弘揚《春秋》大義的用心；雖然不以實録歷史爲目的，却在客觀上保存了許多珍貴的史料；採用對話的方式編寫，但記'語'却並非終極目的。"該文比較傾向於外傳說。而其《〈國語〉研究》則謂："《國語》是一本奇特的書，不以實録爲目的，却在客觀上保存了許多珍貴的史料；採用記'語'的方式寫作該書，但記'語'却並非終極目標；它不從文字上解經，却有弘揚《春秋》大義的用心；藉助歷史人物對具體事件鞭辟入裏的議論，用具體的史事作例證，引經據典、褒善貶惡，並結合歷史人物最終命運的否泰、國家的興亡成敗，來教化後人，闡發大義。只有掌握了《國語》的這些特點，纔能真正理解《國語》一書的性質。"① 所言頗具道理。

魏瑋《從重複敘事看〈國語〉的口頭講誦性質》（《西北師大學報》2016 年第 3 期）認爲《齊語》《晉語》《吳語》《越語》中出現了大量程式化的重複敘事，分爲語言重複和行爲重複，這種現象往往發生在瞽史講誦歷史的時候，常用重複敘事的手法來記憶歷史事件和嘉言善語，該文因此認爲"這四語是瞽史講誦的記録本"。

張永路《明德之"語"——〈國語〉成書性質的再審視》（《青海師範大學學報》2016 年第 3 期）經過論定認爲"《國語》實不在記史，而只是爲闡述其明德之理，借用一些歷史記述。而對於這些敘述，却並不在意其準確性和真實性"，故認定《國語》是一部"語"書。同時，張永路也不認同《國語》爲彙編之說，他認爲《國語》有鮮明的主題、精心的布局、統一的體例，故而認爲《國語》"是一部有著明確主題思想、精心布局、統一體例的完整著作"②。這個說法是有一定道理的。可以拿同爲語類文獻的《論語》做個參照。《論語》是孔門後學輯纂而成的，《論語》肯定也是主題明確、篇卷分合講究、前後體例一致的一部書。那《論語》究竟是孔子和弟子的言論彙編，還是一部著作呢？二者

---

① 李佳：《〈國語〉研究》，北京：中國社會科學出版社 2015 年版，第 88—106 頁。
② 張永路：《〈國語〉非史料彙編論辨》，《理論界》2015 年第 2 期。

其實是具有共通之處的。

李光柱梳理了以往《國語》性質的各種認識，最終認定《國語》主題明確、情境明確，是一部整一的敘事作品，而非彙編。[①]

張居三説較通達，謂："'史'是文獻的性質，也是内容，'語'則是文獻的表現形式。形式和性質、内容之間是不存在矛盾的。《國語》也是如此。"[②] 本於此，把《國語》看作重要的"語"類史書。

由上可見，關於《國語》的性質，大致分爲語體（語書、事語類）、記言體、國別史、史料彙編、政治教科書、《春秋》外傳等幾種。其學術界域無非經、史、子三者。史之界域較爲寬泛，劉知幾《史通》所論實際上就是寬泛的史料觀念，章學誠的"六經皆史"説也帶有類似的意味。經學界域是漢代就爲《國語》確立的基本定位，而子書之説始於韋昭。《國語》存古聖道但不與儒家思想全同，以之爲材料彙編亦未爲不可。只是一説到彙編，好像就没有系統，没有學術含量了。實際並非如此，今以鄭奠、麥梅翹編的《古漢語語法學資料彙編》，該書以及後來出的幾種書大致以此書爲範式。某種程度上而言，該書是古漢語語法學史的奠基之作。相信《國語》之於中國傳統學術史，其功能也是如此。先秦時期的典籍，其功能以及性質界定皆後世學者依據其内容特徵予以分類。在經學時代，賦予《國語》經學典籍的定性，是無可厚非的；由於隋唐以後諸家對《國語》爲左丘明編纂的懷疑，又由於劉知幾、黄震等對《國語》史學性質的論定，故至《四庫總目》，正式移《國語》入雜史，也是學術發展使然。無論經書、史書，都不能否定《國語》的撰述風格及特色，即以"語"爲主。隨著 20 世紀後半段出土文獻的發掘，尤其語類出土文獻的發掘和研究，學者們開始把《國語》歸入事語類史書。史書的認定，從唐代就不絶如縷，至於近代，學科劃分，固以《國語》爲史籍。語類出土文獻不過爲《國語》的史書性質再加一個限定詞

---

① 李光柱：《大歷史的戲劇性：先秦歷史敘事作品研究——以〈國語〉"超越反諷"的話語方式爲中心》，浙江大學美學專業博士學位論文，2016 年。

② 張居三：《〈國語〉文獻研究》，北京：中國社會科學出版社 2020 年版，第 66 頁。

而已。事實上，在學科化或科學化的今天，無論《國語》到底是什麼性質，都不能否定它和儒家思想之間的關聯、和先秦思想之間的關聯，也無法離析其因言論事、因事說理的基本風格和特點。因此，探討《國語》性質以及最後認定《國語》是什麼性質，對研究《國語》本體並無太大妨礙。而關於《國語》作者，言人人殊。但《國語》的成書肯定有原始材料的生成期、傳播期和收集彙編期等幾個階段，故而探討作者確實很難坐實。即便探討編者，各家各取有益於個人觀點的材料陳說，並無真實憑據。既然司馬遷有說，班固等人進一步確定，則恐至少在漢人看來，《國語》和左丘明之間有不可分割的關係。至於左丘明是傳誦者，是編者，還是作者，由於無進一步的佐證材料，又無其他相關證明，故不管怎麼探討，都嫌隔著一層，終難得到實處。至於論證《國語》作者或編者爲其他各處之人者，也只是爲佐成結論找有利證據，主觀或客觀忽略掉了不利證據，不能稱之爲全面。由於作者問題和成書年代問題是牽連在一起的，故《國語》作者問題的探討對《國語》成書年代的問題探討也有一定影響。此外，先秦典籍的形成都有一個比較複雜的過程。著作尚且如此，類似《國語》這樣的資料彙編更是如此，恐怕不能僅僅以其中所反映史料的早晚作爲成書時間上下限的標誌。

三、近七十年來《國語》學術史研究

由於《國語》研究相對不太繁榮，故《國語》學術史研究相對比較滯後。大致包括：（一）個案研究；（二）斷代研究；（三）較爲全面的學術史研究。

（一）近七十年來《國語》學術史個案研究

所謂個案，即對《國語》學術史上的專書、專人進行研究。近七十年來，《國語》舊注考校取得了一些成績。從研究廣度和深度的角度來看，研究比較充分的是韋昭《國語解》，其次是柳宗元《非國語》，再次是徐元誥《國語集解》，其他相關《國語》研究著作的研究成果相對較少。今大致梳理，以知其大概。

1. 近七十年來韋昭《國語解》研究

本書“三國時期《國語》研究”之“韋昭《國語》研究”最末謂：“由於韋昭注在漢唐以來的《國語》研究中一枝獨秀，故韋昭《國語解》是除《國語》本體研究之外研究最爲充分的一個分支，這也從側面體現了韋昭《國語解》的權威性和不可替代的學術價值。”近七十年來的韋昭《國語解》研究大致可以分爲韋昭《國語解》綜合研究、韋昭《國語解》訓詁方法與體例研究、韋昭《國語解》訓詁考據研究、韋昭《國語解》語言研究（詞彙、語法）、韋昭《國語解》經學暨史學研究、韋昭《國語解》與《國語》暨其他傳注比較研究等。

（1）韋昭注特點、價值的揭示

較早對韋昭注的特點價值進行較爲詳細研究的是彭益林《淺談〈國語〉韋注的特點和價值》（《華中師範學院研究生學報》第 3 期）及其《〈國語〉韋注試論》（《史學史研究》1984 年第 2 期）二文。前者總結韋注的特點爲：①韋昭注《國語》有充分的準備，持嚴肅的態度；②韋昭注《國語》有完備的體例；③精鍊的概括、簡賅的注文；④與《左傳》合讀，極方便讀者，成功地運用了比較法，是韋注的精華；⑤吸收前人成果，開史注集解之風。總結韋注的學術價值云：①是目前尚存的史注中年代較早、內容保存較完整的一部；②與前後注釋書關係密切，有承上啓下的作用；③保存的文字古義，是研究文字學、訓詁學的取材之處；④輯佚和校勘的來源和佐證；⑤對閱讀其他古籍也有一定參考價值；⑥給後學提供了淺明易懂的治學方法；⑦是打開《國語》這座寶庫、探取寶藏的鑰匙。後者總結韋注學術價值和前文相同。總結韋注學術特點和前文有所不同，分別爲：①韋昭爲注《國語》收集了很多材料；②韋昭注體例完備；③韋昭注《國語》言簡意賅；④韋昭往往以“檢之於《內傳》”的方法補《國語》之不足，具體表現在提示年代、介紹事件梗概、比較異同三個方面；⑤韋注實際已經使用了集解的形式；⑥覃研精思，凡經考訂，皆言之成理、持之有故。彭益林的兩篇論文總結比較全面，從韋注的材料準備到注釋體例，到行文等等，都給予了揭示。

高振鐸《借鑒〈國語解〉爲古籍作注》（《古籍整理研究學刊》1990 年第 2 期）謂韋昭注 "批判繼承前人和當代成果，根據典籍嚴謹地從事這一工作"，"保存許多寶貴訓詁資料，尤其在語言文字上是以簡潔稱著的"，"對我們今天在古籍整理研究工作中注釋古籍，仍有許多可以借鑒之處"。

苗文利《韋昭〈國語解〉研究》（1991 年山東大學中國古典文獻學研究生學位論文）總結韋昭《國語解》特點及其成就十點，分別爲：①《國語解》是普及性讀本；②注文簡妙精當；③參之以群書，檢之以《內傳》，考核精審；④善於批判繼承前人研究成果；⑤多聞闕疑，實事求是；⑥表現出明顯的歷史語言觀和方言觀；⑦在語法、修辭方面的注釋取得了很大成就；⑧在校勘方面取得了很大成就；⑨成功運用了因聲求義的方法；⑩繼承並發展了一些重要方法。

徐流等《史籍導讀與史料運用》（西南師範大學出版社 1997 年版）總結韋昭《國語解》注釋特點有三：①完備的注釋體例；②引經據典，兼采衆長，比較參證的史注方法；③簡潔精賅的語言風格。認爲韋昭《國語解》學術價值有三：①提供了漢魏史注之概貌；②在史注發展中承上啟下的作用；③爲文字學、訓詁學的研究提供了重要資料。

郝磊哲《韋昭〈國語解〉訓詁說略》（河北師範大學漢語言文字學碩士學位論文，2007 年）對韋注成就有所揭示，謂：①韋解多爲後人沿用，直接說明韋解在訓詁史上之地位與成就；②韋解表現出一詞多類及多義詞現象；③韋解體現了初步的語序觀念。

郭啟輝《韋昭〈國語解〉訓詁研究》（福建師範大學碩士學位論文，2008 年）總結韋注訓詁特點有六，分別爲：①保存和繼承了大量前人的訓詁成果；②大量採用例證來證明和完善自己的見解；③實事求是，大膽地指出並糾正《國語》文本及前人訓詁中的錯誤，並對各家之說給以評價；④態度嚴謹，尊重他人的見解、保存異說；⑤重視對禮法的解說；⑥訓詁內容點多面廣，訓釋方法種類繁多。

　　楊蕾《〈國語〉韋昭注訓詁研究》（重慶師範大學漢語言文字學碩士學位論文，2008 年）分別從語言綜合運用和史注的繼承發展兩個角度探討韋注的訓詁特點。楊蕾認爲，從語言綜合運用的角度看，韋注有簡潔明快、通俗易懂、材料豐富、體例完備、方法精當、善用"集解"形式等特點；從史注繼承發展的角度看，韋注具有科學性、簡明考證、敢於突破時代局限等特點。

　　張居三《〈國語〉韋解的特點和價值》（《古代文明》2008 年第 3 期）認爲《國語》韋注的特點有四：①體例完備，成一家之名學；②兼采諸家，比並釋疑；③徵引文獻廣博，注釋具有權威性；④訓釋簡括，緊扣原文。在《國語》韋注價值方面，張居三除了引述彭益林説法之外，還補充了一點，即"韋解溝通了《國語》與《春秋》經傳的關係，結果提高了《國語》的史學地位"。具體梳理與總結，可參其《〈國語〉文獻研究》。

　　徐朝暉《韋昭〈國語〉注研究》第三章"韋昭《國語》注詞彙研究"第二部分"韋昭《國語》注詞彙對現代詞典編纂的意義"，主要以《漢語大詞典》爲參照，探討韋注對詞典編纂的意義。徐氏認爲韋注在《漢語大詞典》訂補方面具有兩方面功能：①韋注出現的三國時代的新詞爲《漢語大詞典》作爲首引書證；②韋注可以彌補《漢語大詞典》在立目、釋義和書證方面存在的一些疏漏。探討韋注在辭書編纂方面的價值，徐朝暉當屬於比較早的，且多有詞例考校。

　　劉筠《韋注〈國語解〉注疏分析》（《濮陽職業技術學院學報》2010 年第 6 期）認爲《國語解》的注釋特點主要體現在：①檢之《内傳》；②體例周備；③兼采衆家；④考徵謹嚴。認爲《國語》貢獻包括：①保存歷史資料，開集解之先河；②拓寬注疏視野和方法。

　　蘇超《韋昭〈國語解〉詞彙研究》（浙江大學碩士學位論文，2012 年）從内容、語料等方面對韋注的研究價值予以總結。和徐朝暉一樣，蘇超以《漢語大詞典》爲例，認爲韋注可促進《漢語大詞典》修訂者有"增補失收條目""增補失收義項""提前滯後書證""補充孤例""補充中古語例"等作用。

李文思《〈國語〉韋注與六家輯注比較研究》（黑龍江大學碩士學位論文，2015 年）對韋注特點及文獻學價值也有總結，所揭示特點類似内容概括。

綜上，以上各家雖然學術背景不同、具體視角也有區別，大致注意到了韋注徵引資料、注釋體例、行文特徵、訓釋方法、訓詁形式、學術水平這幾個方面，由這幾個方面進而延及韋昭注的學術價值以及學術史價值等。

（2）韋昭《國語解》内容的揭示

在"三國時期《國語》研究"之"韋昭《國語》研究"中，已經引述了苗文利《韋昭〈國語解〉研究》對《國語解》内容的梳理。

此外，郝磊哲學位論文的分章即大致列舉韋注内容，分別爲：韋解承引古注、韋昭釋解詞義、韋昭釋解句意、韋解表現的語法分析、韋昭釋解修辭手法、韋昭釋解讀音，又有二級分類等。實際上，承引古注也是韋昭釋義的一部分内容。郭啟輝則從訓釋對象的角度進行内容概括，首先分爲釋詞、解句、解釋語法現象、説明修辭現象、考證名物典制天文地理等、注音辨字和校勘等六類，六類之下各分小類，分析比較細緻。楊蕾則根據韋注的釋義形式進行内容歸類，先分爲釋單詞單義或單句單義、釋多詞多義兩類。其中"釋單詞單義或單句單義"下又分爲解釋單個字或詞的含義，釋句，補充相關史事、地理沿革、人物關係等，校勘四類。而"釋多詞多義"下則分爲解釋多個字或詞的含義、釋詞且解句、對同一個問題從不同的角度進行分析解説或是校勘。總體而言，楊蕾總結韋昭訓詁内容較爲簡略，而總結韋昭釋語法部分較爲瑣碎。其總結韋注修辭未如郭啟輝詳盡。

王寒冬《論韋昭的文獻學成就》（安徽大學博士學位論文，2012 年）第一章"《國語解》研究"第二節即"《國語解》的基本内容"，分爲"史實'發正'""名物、字詞'發正'""語法'發正'""文意修辭'發正'""典制'發正'"，實際上即從歷史典制訓釋和語義訓釋兩大類對之進行概括。

還有一些學者對韋注訓詁内容的某一方面主要是語法方面進行梳理，

如黎輝亮《〈國語〉韋昭注語法注釋舉隅》（《海南大學學報》1985年第3期）就已經對韋昭注語法方面的内容進行了揭示，黎文認爲韋昭註釋語法分六個方面。張小樂《韋昭〈國語解〉語法修辭探研》（《臨沂師範學院學報》2006年第2期）則對《國語解》語法和修辭方面内容進行了梳理。郭啟輝概括韋昭釋修辭十四種。張小樂對韋昭注的分析和黎文基本相同，唯用語更加規範。何山《韋昭〈國語注〉的語法觀念》（《樂山師範學院學報》2006年第9期）實際上也是對《國語解》釋語法内容的梳理，何文分析較簡略，唯分爲分析實詞、分析虛詞、分析特殊句式三類。當然從邏輯分類上而言，當首先分爲釋詞類與釋句法兩類，詞類下再分實詞與虛詞，實詞下分名詞、動詞、形容詞、代詞等；虛詞下則分語氣詞、副詞、連詞等。孫良明《淺談韋昭〈國語〉注的語法分析——兼説古代漢語語法幾個特點》（2008年《漢語史研究集刊》）概括韋注語法分析爲：①調整詞序；②分析語詞組合層次；③分析句法結構；④分析名詞、謂詞指稱、陳述表達功能的轉化；⑤分析語義關係；⑥分析受事主語句、反詰句。尤其三、四、五三部分分析細密，頗有益於對韋注語法學方面條例的揭示與深入認識。

（3）韋昭《國語解》訓釋體例或訓釋方法揭示

郗政民、薛安勤《韋昭〈國語注〉的訓詞條例》（《西北大學學報》1989年第2期）是比較早地關注韋注訓釋條例的文章。郗、薛的文章共揭出韋注八種訓釋條例，分別爲：義隔相訓，連上爲訓，指明蘊義，區分方言，點明功用，求源爲訓，借義生訓，加詞、更詞爲訓。闡述語法本來也是訓詁的一項内容，故郗、薛二氏之文及之。

孫園園《〈國語〉韋昭注研究》、郝磊哲《韋昭〈國語解〉訓詁説略》、郭啟輝《韋昭〈國語解〉訓詁研究》、楊蕾《〈國語〉韋昭注訓詁研究》、齊芳《韋昭〈國語解〉直訓研究》等五篇碩士學位論文都是專門關注韋昭訓詁的。

孫園園的論文第一章揭出韋昭注的校勘方式和方法以及注音的方式和方法，可以和王寒冬博士論文相互説明。第二章分四節揭示韋昭的訓釋手段，分別爲：詞訓手段、句訓手段、通語法以明義、明修辭以釋義。

詞訓手段中又分探求詞義的手段和陳述詞義的手段。孫文在梳理韋昭訓詁條例上比較細緻，由於缺乏邏輯觀念，顯得比較凌亂。另外，探求詞義和陳述詞義兩者，前者屬於方法問題，後者則是方式問題，"以今釋古"和"以共名釋別名"恐怕很難截然分成兩種不同的類屬。怎樣區別方法和方式，在訓詁條例的總結上也一直是個難題。

郭啟輝的論文也闢專章總結韋昭《國語解》的訓詁方法、釋義方式和訓詁術語。郭啟輝大致根據普通訓詁學之成例，臚列了因聲求義、因文求義、比較互證三種方法，這三種方法實際上是訓詁學的普通方法和韋注訓詁事實的對應，並無發明。郭啟輝對韋昭《國語解》訓詁術語的分析比較細緻，是苗文利之後揭示韋注採用術語更爲細緻的一個。

楊蕾論文第一章即"《國語》韋注的訓詁條例及標音、校勘"，分聲訓、形訓、義訓、標音、校勘等五類，其中聲訓、形訓、義訓亦訓詁之常法。楊蕾總結韋注的聲訓分爲同源字和説明通轉兩類，形訓則分爲以形説義、説明字體法兩種，其中"以形説義"又分爲對象形字的形訓、對指事字的形訓、對會意字的形訓、對形聲字的形訓。此外，楊蕾還總結了韋注形訓的特點，謂：①有的依據整個字形或形符間組合關係；②有的依據該字的某一部分或某一字符；③有的根據該字所表具體事物的形狀或狀態、過程等；④有的根據該字所表具體事物所處位置。

徐朝暉《韋昭〈國語〉注研究》第二章第一節即依據周大璞主編《訓詁學初稿》，對韋注訓詁體例進行揭示，分爲六種：聲訓、義訓、觀境爲訓、運用語法手段訓釋、運用修辭手段訓釋、用校勘手段訓釋。

劉筠《韋注〈國語解〉注疏分析》（《濮陽職業技術學院學報》2010年第6期）從文字校勘、音義訓詁、語法分析、修辭解説、補充史實、名物制度職官注釋、引證文獻、天文曆法占卜注釋等幾個角度概括了韋注訓釋方法。

此外，林麗玲《韋昭〈國語解〉據異文爲訓詁考》（《臺北大學中文學報》第20期，2016年）認爲韋昭據他書異文爲訓，異文來源包括《左傳》、史書、五經、《管子》、漢代儒書、《國語》傳本。就異文類型而言，大致包括古今文字異文、互見文獻異文、引書異文、類書異文等。

林氏別闢蹊徑，爲韋注訓釋方式研究提供了另外的維度，且爲《國語》和相關典籍研究提供了參照。

在揭示韋注體例上，孫園園和徐朝暉比較細密。

（4）韋昭《國語解》語言研究

韋注的語言研究主要涉及韋注的詞彙、語法研究等相關方面。

①韋注詞彙語義研究

A. 韋注語義研究

齊芳《韋昭〈國語解〉直訓研究》的主體部分主要是"《國語解》直訓中的釋詞和被釋詞義位關係分析""《國語解》直訓中的釋詞和被釋詞義素關係分析"兩章。作者運用現代語義學的分析方法對韋注直訓進行研究，統計出《國語解》直訓詞條 2855 條，並在此基礎上根據其出現位置等進行下位分類。其論文的主體部分和著力點主要在義位關係分析。作者最後的結論認爲韋昭《國語解》的直訓總體上是科學合理的。

B. 韋注詞彙研究

韋注詞彙研究，可以分爲韋注複音詞的構詞研究、以訓釋《國語》單音詞爲對象的韋注複音詞研究、韋昭注詞彙研究和韋昭注新詞新義研究等幾個方面。

單純研究韋注詞彙的比較少見，目前僅見李麗《韋昭〈國語解〉複音詞研究》（四川大學碩士學位論文，2001 年）、《從〈國語〉韋昭注複音詞看漢語詞彙的發展變化》（《語言研究》增刊，2004 年 12 月）、《〈國語〉韋昭注聯合式複音詞研究》（《燕山大學學報》2005 年第 3 期），劉琳《〈國語〉韋注以雙音詞釋單音詞探析》（北京師範大學碩士 2007 屆學位論文），徐朝暉《韋昭〈國語〉注研究》第三章"韋昭《國語》注詞彙研究"，蘇超《韋昭〈國語解〉詞彙研究》等。

李麗的學位論文以韋注複音詞爲研究對象。《從〈國語〉韋昭注複音詞看漢語詞彙的發展變化》則是以韋注複音詞爲參照，關注漢語詞彙史的問題，《〈國語〉韋昭注聯合式複音詞研究》則是就韋注聯合式構詞的複音詞進行全然性研究，該文用統計的方法，從語義、構詞、詞性等多個角度進行考察，可以看作是《從〈國語〉韋昭注複音詞看漢語詞彙

的發展變化》的繼續和具體化。李麗的碩士論文已於 2016 年由燕山大學
出版社出版。

劉琳《〈國語〉韋注以雙音詞釋單音詞探析》（北京師範大學 2007 屆
碩士學位論文）通過對注釋單音詞的雙音詞進行形態結構分析、詞性分
析，並與被釋單音詞進行比較，瞭解三國時期漢語雙音詞的狀況，探討
漢語辭彙單音詞向雙音詞發展的某些事實和規律。劉琳在韋注雙音詞和
《國語》單音詞對應上做出的嘗試，爲研究上古漢語到中古漢語的演變
提供了必要的證據，是有意義的。

徐朝暉《韋昭〈國語〉注研究》第三章 "韋昭《國語》注詞彙研
究" 分 "從韋昭《國語》注詞彙看漢語詞彙複音化" "韋昭《國語》注
詞彙對現代詞典編纂的意義" 兩部分。"從韋昭《國語》注詞彙看漢語
詞彙複音化" 從韋昭用複音詞對《國語》單音詞注釋探討三國時期詞彙
福音化的具體面貌。從韋注中離析出 8700 多個詞條，對韋注複音詞的構
詞條分縷析，很是細密。不僅善於梳理，而且對其中的一些舉例多有考
證，對《國語》以及韋注釋義都有一定參考價值。

蘇超的碩士論文二、三、四章爲主體部分，分別爲 "韋解詞彙特點
及其在辭書編纂方面的價值" "韋解所反映的中古新詞與新義" "韋解雙
音詞構詞方式研究"。蘇超認爲韋解詞彙具有典型性和特殊性兩方面
特點。

以上都以探討韋注雙音詞或多音詞爲主。也有的碩士學位論文專注
於韋注單音詞，如王雪琦《〈國語〉與韋注單音詞對比研究》（四川師範
大學漢語言文字學碩士學位論文，2008 年）即其中之一。該文分析《國
語》和韋注對應性的單音詞部分是其論文主體，分爲靜態篇和動態篇，
靜態篇主要對和《國語》原文單音詞對應的韋注單音詞進行詞類和意義
劃分，動態篇則是把韋注單音詞和《爾雅》《史記》《漢書》《三國志》
進行對比。

除了韋注複音詞和單音詞的探討外，還有的學者以韋注和《國語》
本文語言進行比較研究。比如趙垚《〈國語〉〈國語注〉同義並列復用結
構研究》（重慶師範大學漢語言文字學碩士學位論文，2005 年）即對

《國語》和《國語注》同義並列結構進行了比較。按照趙垚統計，韋注中實詞義的同義並列複用結構共 1156 個，數量比《國語》本文要多。趙垚對韋注中有如此多數量的同義並列結構原因進行了探討，認爲首先是"注"體性質使然，此外還有時代因素，另外還有同義相訓的因素。這一點，倒和王雪琦的探討具有異曲同工之處。

劉亞男《〈國語〉與韋注語言對比研究》（山東師範大學中國古典文獻學碩士學位論文，2010 年）主要對《國語》和韋注的詞彙、語法進行了對比。詞彙部分的對比，主要涉及複音詞的對比。

②韋注語法研究

除了對韋昭注語法訓釋義例進行標舉之外，也有一些學者對韋注的語法進行研究。徐朝暉《韋昭〈國語〉注研究》第四章即"韋昭《國語》注語法研究"，分別對韋注詞法和句法進行了探討。注釋材料作爲語料，一般用於語義研究比較多，用於語法研究則比較少見。首先，注釋語料受文體的限制，不夠連貫；其次，注釋語料受被注釋對象的限制，語料價值不夠凸顯。而徐氏則別立蹊徑，對韋注的語法現象進行了比較深入的揭示，相信對於進一步開展注釋語料的語法研究是有裨益的。

劉亞男《〈國語〉與韋注語言對比研究》語法部分的比較，揭示了上古漢語到中古漢語發展過程中的一些現象。

（5）韋注經學研究

韋注經學研究主要體現在對韋昭注《詩》學、三禮學、《春秋》經傳、韋注經學立場及來源等問題的探討。

韋注經學研究主要以韋注所引《春秋》經傳、《詩》、《書》、《易》、《禮》以及相關各書爲研究對象展開。如樊善標《〈國語解〉用〈左傳〉研究》（《中國文化研究所學報》1998 年第 1 期）、張居三《韋昭〈國語解〉對〈春秋〉經傳的徵引》（《學習與探索》2012 年第 9 期）是對韋注春秋學之研究；樊善標《韋昭〈詩〉學探論》（《中國文化研究所學報》1999 年第 8 期）研討韋昭之詩學；樊善標之《韋昭〈國語解〉用禮書研究》（《中國文哲研究集刊》2000 年第 3 期）、池田秀三《〈國語〉韋昭注への覚え書》（《中國の禮制と禮學》2001 年 10 月）和《韋昭之

經學——尤以禮學爲中心》（《中國文哲研究通訊》2005 年第 15 卷第 3
期）研討韋昭之禮學。

　　1996 年，樊善標哲學博士學位論文完成，該論文包括前論、本論、
結論、附録等幾個部分，其本論部分分別爲“《國語解》用《左傳》研
究”“《國語解》禮説研究”“《國語解》和韋昭的《詩》學”“《國語
解》‘以《世本》考其流’研究”“《國語解》及諸家《國語》舊注比
較”，結論爲“《國語解》在注釋史上的地位”。其中“《國語解》用
《左傳》研究”“《國語解》禮説研究”“《國語解》和韋昭的《詩》學”
即屬於韋注經學研究範圍，這幾部分後來皆以單篇論文發表。

　　高橋康浩《韋昭研究：『國語』の解釋を中心に》（日本大東文化大
學大學院文學科博士學位論文，2008 年，又汲古書院 2011 年版同題著
作）第一章“韋昭《國語解》小考”第二、第三部分“韋昭注の傾向”
“鄭學の流入”，即是對韋昭的經學立場的揭示。

　　韋注引書的研究基本上對韋注引書的方式、引書的作用以及涉及的
經書與韋昭個人經學觀念等相關問題進行探討。池田秀三認爲韋昭雖然
立足於古文立場，然韋昭確爲一史家。這種身份認定有助於我們理解韋
注的簡切。我們可以從韋昭《國語解》中發現，5000 多條韋注中，幾乎
沒有韋昭個人的主觀評價，完全是在客觀地釋字、釋音、釋義、釋名物
典章制度人事等等。因此，池田秀三説韋昭是“史家”對我們進一步認
識韋注是有參考意義的。

　　(6)《國語解》成書年代研究

　　這一問題的研究較少，目前僅見樊善標《韋昭〈國語解〉成書年代
初探》（《大陸雜誌》92 卷第 4 期）和《韋昭〈國語解〉成書年代再探》
（《大陸雜誌》93 卷第 4 期）兩篇論文專門論及韋注成書時代，這兩篇文
章實際上是樊善標博士論文的一部分。樊氏的相關結論已經見於本書
“三國時期《國語》研究”之“韋昭《國語》研究”部分，此處不贅。

　　(7) 韋昭《國語解》與《國語》及其他傳注比較研究

　　韋昭注是現存《國語》保存最爲完整的注釋，無論輯佚其他何種佚
注，或者對其他佚注輯佚成果進行研究，都要和韋注進行比對。此外，

韋注在注釋史上具有很重要的地位，爲其他典籍注釋所參考，在研究相關典籍的時候，將該典籍注釋和韋注進行比較，也是應有之義。一些學者在這方面做出了有益的嘗試。

①韋注和其他《國語》佚注的比較研究

韋注和其他佚注的比較研究，比較集中的是李文思《〈國語〉韋注與六家輯注比較研究》。該文通過對鄭衆、賈逵、虞翻、唐固、王肅、孔晁等人《國語》佚注輯佚材料的分析，除了分析賈逵注對韋昭注的影響外，李文以其他幾家和韋注進行了比較。對於韋注以前的《國語》佚注比較，都是從韋注是否採用佚注入手進行分析，採用佚注的，和佚注是否完全相同；未能採用佚注的，分析其中原因。往往進行數量統計，並對具體注釋條目進行比較細緻的比對。

此外，筆者曾對敦煌殘卷本《國語·周語下》注和韋昭注進行過比較，樊善標對韋昭注和孔晁注進行過比較，高橋康浩對賈逵、唐固、韋昭三者注釋進行比較。相關論述已見前文，此處不贅。

②韋注和其他典籍名注的比較研究

杜預生於韋昭之後，而其《春秋經傳集解》多有參考韋注之處。清人洪亮吉指出杜注多處同於韋注。今人也頗有研究之者，如李僅《杜預〈左傳〉、韋昭〈國語〉注比較》（《儒家典籍與思想研究》第2輯）即以《左傳》《國語》相同或相似內容注釋爲研究對象，分爲一般注釋比較、地名注釋比較和人物注釋比較三種情況。相比韋注，李僅認爲“杜注更爲簡略”，“更傾向於通俗化，多結合上下文作注，比較靈活，有時失之草率；韋注則更多因襲甚至拘泥於古説”。關於杜預很少引用《國語》的原因，李僅認爲《國語》對《左傳》的依附性較強，而《左傳》對《國語》的依附性較弱。李氏“杜注更具體而‘現代’，史注特點明顯；韋注則更遵古而近於經注”這一發現和池田秀三的結論恰好相反，可以引起學者進一步深入思考。李氏發現二氏對春秋人物的注釋“大部分由於體例不同及《世族譜》的缺失，不易看出其中的關係。從現存《世族譜》推斷，杜注應該是詳於韋注的”，“二注多是在比較簡單的形式下相同或相似，不但不能肯定是杜用韋説，甚至不能肯定二者從前人之説"。對比細緻，結論相對可靠，可以引發思考者不少。

筆者曾以《國語》《孔子家語》相同篇章之韋昭、王肅注進行比較，冀由此探求王肅注《國語》的一些端倪。相關論述見"三國時期《國語》研究"，此處不贅。此外，筆者曾以韋注與真德秀注進行比較，讀者可參。①

（8）韋注引書研究

注釋中對典籍進行徵引作爲權威來源或補充解釋，是比較普遍的事情。探討注釋引書，也就成了學者關注的對象。其中包括張居三《韋昭〈國語解〉對〈春秋〉經傳的徵引》（《學習與探索》2012 年第 9 期）以及拙稿《韋昭〈國語解〉引〈詩〉箋補》（《詩經研究叢刊》第 27 輯）等。張居三統計出韋昭注直接徵引《左傳》99 條，間接徵引 197 條，合共 296 條，而《晉語》徵引 157 條，占到全部徵引條目的半數。通過分析徵引，對其作用進行了總結：①交代背景、補充史實；②考辨細節，作爲《國語》記史可靠性的佐證；③溝通了《國語》和《春秋》經傳的關係。研究比較細緻。拙稿《韋昭〈國語解〉引〈詩〉箋補》通過引《詩》探討了韋注和毛傳、鄭箋之間的淵源關係。此外，張居三對韋昭《國語解》所引文獻，從體例到內容進行了比較詳密的梳理與總結，亦可參。②

（9）韋注辨正

韋昭注是歷代學者研討《國語》都無法繞過去的，故對韋注的研究也就成了歷代《國語》研究的重要內容之一。近七十年來，對韋昭注的辨正總體數量不多，這和現代學科分立、學術期刊走向、學術論文標準具有一定關係，當然也和《國語》研究的熱度具有一定關係。從形式上而言，這類論著以札記條辨爲主，往往以韋注辨正或韋解商榷的形式出現。當然，一些以《國語》探討或者《國語》其他著述研討爲題的論著中，仍具有相當數量的韋解研討條目。

---

① 拙稿《王肅〈家語〉注、韋昭〈國語〉注的比較》，《唐山師範學院學報》2016 年第 4 期；《〈國語·吳語〉韋昭、真德秀注比較》，《逢甲人文社會學報》第 23 期（2011 年 12 月）。

② 張居三：《〈國語〉文獻研究》，北京：中國社會科學出版社 2020 年版，第 145—160 頁。

　　近七十年來對韋昭《國語解》的辨正，大致可以分三個階段，第一個階段是 20 世紀六七十年代，第二個階段是 20 世紀八九十年代，第三個階段是 21 世紀以來。這三個階段的不同，主要體現在學者群體、研究內容、研究數量三個方面。

　　較早開始對《國語》韋注進行辨正的，當屬張以仁。其《國語札記（一）》（《大陸雜誌》第 30 卷第 7 期，1965）、《國語札記（二）》（《慶祝李濟先生七十歲論文集》，1967）、《國語虛詞訓釋的商榷》（《歷史語言研究所集刊》第 37 本）都發表於 20 世紀 60 年代，此後又有《國語韋解商榷》（《孔孟月刊》1984 年第 3 期）發表。張以仁發表《國語札記》的時期，也是兩岸針對先秦兩漢專書開始專書語言研究的時期。在中國大陸地區，何樂士（1930—2007）於 20 世紀 60 年代在陸志韋（1894—1970）指導下從事《左傳》專書語法研究，並在長期的研究過程中形成了對專書語法研究的系統性看法，但何樂士的專書語言研究成果發表卻在 20 世紀 80 年代以後。中國臺灣地區的專書語言研究開展較早，尤其在專書虛詞研究方面開展較早且成果較多。檢尋中國臺灣地區 20 世紀 60 年代的專書語言研究成果有周富美《墨子虛字研究》（《台灣大學文史哲學報》第 15 本，1966 年）、張以仁《國語虛字集釋》（"中央研究院"歷史語言研究所專刊 55，1968 年）、劉德漢《史記虛詞集釋》（台灣大學中國文學研究所碩士論文，1968 年）、朱庭獻《尚書虛字集釋》（臺灣商務印書館，1969 年）、左松超《左傳虛字集釋》（臺灣商務印書館，1969 年），20 世紀 70 年代的研究成果有許壁《史記代詞與虛詞研究》（台灣師範大學國文研究所博士論文，1974 年）、黃啟原《杜甫詩虛字研究》（洙泗出版社，1977 年）、謝德三《〈呂氏春秋〉虛詞用法詮釋》（文史哲出版社，1977），20 世紀 80 年代前期則有倪志僩《論孟虛字集釋》（臺灣商務印書館，1981 年）、謝德三《墨子虛詞用法詮釋》（學海出版社，1982 年）、謝德三《墨子虛詞用法研究》（學海出版社，1984 年）等。張以仁《國語虛詞訓釋的商榷》及其相關論文是爲其《國語虛字集釋》張本之作，涉及韋注《國語》虛詞訓詁的辨識。《國語札記（一）》《國語札記（二）》雖不以韋注辨爲名，但實質上多是對韋注的辨析。其《國語韋解商榷》則是對《周語上》韋注 6 條進行的商榷。

20 世紀八九十年代則有張以仁、鄭良樹、徐仁甫、彭益林、董蓮池、苗文利等，以韋注爲辨正對象作爲篇題的論文占多數。21 世紀以來，有徐朝暉、陳燦、朱蕾、孫園園、呂蒙、張新武、李穎、俞志慧、袁金平、張海波、錢杭等，對韋注提出商榷或補正。此外，一些以"國語辨正"或"國語校補""國語疑義"等爲題的學術論文以及其他《國語》考校著述的論著中，也包含一定數量的韋注考校條目。

從方法上看，20 世紀六七十年代和八九十年代韋注辨正的方法相差不多，主要運用訓詁學的方法，偶爾用史學的方法。21 世紀以來的研究在運用傳統方法的基礎上進一步細密化，運用了語法學、史學、地理學等相關學科的方法。

從運用材料上來看，六七十年代主要運用傳統的材料，八九十年代論述有的運用了古文字材料，21 世紀以來的一些研究用到了出土文獻材料。

從條目上看，各家研討條目有同有不同。張以仁論文三篇研討韋注 59 條，張新武《讀〈國語〉札記》研討韋注 8 條、張新武《〈國語〉韋注辨正》8 條，陳燦 15 條，苗文利 16 條，李炳海 3 條，李丹丹 10 條，徐仁甫 29 條，呂蒙 9 條，龐光華 8 條，趙生群、蘇芃 11 條，王永超 2 條，李穎 4 條，朱蕾 20 條，彭益林 13 條，孫園園 19 條，徐朝暉《〈國語〉韋昭注札記》17 條、徐朝暉《〈國語〉韋昭注語法得失》8 條，葉曉鋒 27 條，李守奎 7 條，鄭良樹、葉晨暉、姜躍濱、一民、李銳、李素琴、董蓮池和王彩雲、張春雷、李家傲、賈旭東、袁金平、張海波、錢杭各 1 條。俞志慧、蕭旭、戎輝兵以及筆者考校韋注條目皆已有專書。俞志慧《國語韋昭注辨正》辨析 339 條，蕭旭《國語校補》辨析 921 條，戎輝兵《〈國語集解〉訂誤》辨析 112 條，俞、戎二氏考辨翔實，蕭旭考辨條目較多，皆有勝義。① 內容上主要涉及：①韋注誤，辨之；

---

① 關於俞志慧、蕭旭兩位先生的《國語》考校成就評述，可參拙著《近百年來〈國語〉校詁研究》，第 417、436 頁。戎輝兵的著作雖然以《國語集解》名書，實大部分爲韋注之考辨。

②韋注不誤而後人辨誤，辨之；③韋注意未完整，補充之；④韋注意完且無誤，引材料補充之；⑤韋注漏釋，補之。

關於韋解的失誤情況，以上諸位學者多有揭示。苗文利概括韋注失誤有七種情況：①拆詞爲訓，破壞了原詞的整體性；②有不明代詞所指而誤解；③有輕言假借而誤；④有不明假借而誤；⑤有不明語法而誤；⑥有誤解詞義；⑦有誤解文意。① 朱蕾概括韋注誤端爲九種：①不明對文；②不明互文；③不明連文；④不審上下文；⑤不明禮制；⑥不明修辭；⑦拆詞爲訓；⑧據誤字爲訓；⑨據倒文爲訓。② 徐朝暉《〈國語〉韋昭注語法得失》概括《國語》韋注語法失誤爲四種：①誤虛爲實；②誤實爲虛；③不明倒裝；④不明活用。③ 又徐朝暉《韋昭〈國語〉注研究》則把韋注失誤概括爲十一種：①增字解經；②誤虛爲實；③誤實爲虛；④不明構詞；⑤不明詞義；⑥不通語法；⑦不明修辭；⑧不明俗語；⑨不明語境；⑩不明通假；⑪校勘失誤。④ 孫園園概括韋注失誤情況爲八種：①不通語法；②不明同義連文；③無視對文；④無視互文；⑤不審語境；⑥拆詞爲訓；⑦誤虛爲實；⑧釋句不當。⑤ 王寒冬概括韋注失誤爲四種：①虛實不明；②增字爲訓；③不明修辭；④減字爲訓。⑥ 各家概括中，以徐朝暉《韋昭〈國語〉注研究》較爲晚出，且最爲全面而富有條理性。此外，張居三對韋昭注在訓詁學和文獻學領域的貢獻也有揭舉，可參。⑦

這些韋注辨正研究：①加深了對《國語》相關內容的理解與研究；②加深了對韋注的認識，釐清了韋注的一些問題；③提供了各種方法和維度，對繼續深入研究是一種借鑒；④在韋注辨正過程中運用了新的材料，提供了視角。

---

① 苗文利：《〈國語〉韋昭注的誤失》，《古籍研究》1995 年第 1 期。
② 朱蕾：《〈國語〉韋昭注詞義歧誤考訂》，《江西廣播電視大學學報》2004 年第 1 期。
③ 徐朝暉：《〈國語〉韋昭注語法得失》，《古漢語研究》2000 年第 4 期。
④ 徐朝暉：《韋昭〈國語〉注研究》，長沙：湖南師範大學出版社 2017 年版，第 30—45 頁。
⑤ 孫園園：《〈國語〉韋昭注研究》，南京師範大學碩士學位論文，2006 年。
⑥ 王寒冬：《論韋昭的文獻學成就》，安徽大學博士學位論文，2012 年。
⑦ 張居三：《〈國語〉文獻研究》，北京：中國社會科學出版社 2020 年版，第 166—170 頁。

綜上可見，近七十年來《國語》韋注研究取得了很多進展。除了承續明清以來訓詁考校餘緒之外，其他方面的研究都有獨特之處，且都爲進一步深入研究提供了方法視角和建設性意見。

2. 近七十年來《國語》佚注研究

近七十年來《國語》佚注整理與研究主要體現在：（1）已知《國語》佚注整理與研究，主要體現在：①日本學者鈴木隆一和新美寬對《國語》佚注的輯校，爲學界增添了新的材料，拓寬了輯佚來源的範圍；②張以仁《國語舊注輯校》以及《國語》舊注範圍界定等相關論文，爲《國語》舊注文本的釐定提供了範本，並對清代《國語》佚注輯佚各家進行了比較細緻的比對；③陳鴻森《國語》佚注校理雖無新鮮條目，但對相關條目考校仍具有一定參考價值；④《國語》佚注和韋昭注的比較研究，以李文思《〈國語〉韋注與六家輯注比較研究》爲代表；⑤清代學者輯佚成就研究，以王季琛《對〈國語三君注輯存〉的文獻學研究》爲主。王季琛主要對汪遠孫《國語三君注輯存》的體例編排、文獻採集、輯校特色、校勘與訓詁特色、輯佚價值等進行了梳理總結。（2）新發現《國語》佚注研究。主要體現在敦煌殘卷本《國語·周語下》注文的整理與認定上，先後有蘇鎣輝、饒宗頤、王利器、劉偉和筆者進行專門研究，前三位學者主要對注文作者進行認定，筆者則是通過韋注與該殘卷注文的比較，最後得出該注不屬於三君任何一家的結論。（3）佚注注釋內容及其特點評議。以張居三、李思文以及筆者的研究爲代表。

這些佚注研究：①爲《國語》注釋提供了新的材料，豐富了《國語》注釋；②爲《國語》訓釋增添了新的角度，爲此後《國語》研究提供了新的思路；③爲進一步深入整理和發掘《國語》佚注提供了範式。此後的《國語》佚注研究，可以在張以仁的基礎上，結合清代學者和日本學者的輯佚，運用大型數據庫，重新清理所有的輯佚材料，校勘比對，冀可得出更爲精善的《國語》佚注匯輯之本，供學界使用。

3. 柳宗元《非國語》研究

近七十年來《非國語》研究也取得了一定的成績。主要體現在：（1）注譯評析，尤以20世紀70年代最爲鼎盛，有多種正式出版發行和內部發行的全本或選本問世，其中尤以柳宗元《非國語》評註組編《柳宗元〈非國語〉評注》和吉林師範大學歷史系《柳宗元〈非國語〉評注（選）》影響最大。此外，章士釗《柳文指要》中也對《非國語》篇目有所涉及。這些評注對於深入認識柳宗元《非國語》的思想內涵，甚至對於深入理解和認識《國語》相關篇章都具有積極意義。（2）《非國語》風格研究。林伯謙《柳子厚非國語述論》（上）（下）（《中國語文》1981年第6期，1982年第1期）、鄭良樹《柳文與〈國語〉》、劉三富《柳子厚撰著〈非國語〉的旨趣》（《古典文學》1985年第7期上冊）對《非國語》文章風格等進行了揭示。（3）匯校整理。尹占華、韓文奇校注的《柳宗元集校注》中的《非國語》是近七十年來《非國語》匯校匯評之集大成者。該書臚列前此各家對《非國語》的解題、注釋、評點，並撰有校記。資料性極強，爲進一步研究《非國語》提供了比較豐富的資料。（4）《非國語》思想研究。自20世紀70年代以來，學者對《非國語》的思想多有闡發總結，如上海師範大學中文系一（三）班和吳淞煉焦製氣廠工人理論隊伍聯合寫作的《唐柳宗元〈非國語〉淺評》對《非國語》反天命思想、法治思想、“重農”思想的揭示，秦珮珩通過《非國語》探討柳宗元的革新精神，李益文對《非國語》法家思想的揭示，張漢綱對《非國語》無神論思想的揭示，賈名黨、周翔通過《非國語》對柳宗元經學思想的揭示，李伏清對柳宗元《非國語》疑古思想、“大中之道”思想的揭示，王洪臣對《非國語》明道意識以及政論性的揭示，郭明月對《非國語》反映的柳宗元歷史著作觀的揭示，李輝對以《非國語》爲中心的柳宗元“中道”思想的揭示，柳英英對《非國語》述道思想的揭示等，都豐富了《非國語》的認識，增進了《非國語》的研究。（5）《國語》《非國語》關係研究。如秦松鶴即通過《國語》《非國語》，研究儒家思想的變化。史繼東則通過《國語》《非國語》的比較，認爲柳宗元《非國語》對《國語》的批判是出於政治變革、輔時及物的目的，脫離春秋時期的社會現實，並不中肯。李丹《柳文與〈國語〉》（華中師範大學碩士學位論文，2004年）對《國語》和柳宗元思想、《國語》和柳宗元說理藝術和敘事藝術做了比較分析，揭示出無論思想還是藝術，柳宗元對《國語》都有所繼承和借鑒。黄敬欽揭示出《非國語》批評《國語》主要有七方面：數字迷信、"天命祥瑞"的偏執主張、"天人相應"的悖理言論、"封建"制度的缺失、"幣制改革"的適當性、引用童謡的無知、以貌取人的偏頗。對柳宗元《非國語》撰作的時代背景、歷代對《非國語》的評價進行了梳理，對《非國語》篇數、排序、觀念、漏評篇章等進行了分析。黄敬欽把《非國語》評論主題分爲：強調孝道，重視倫理觀念；闡揚"大中至正"思想；反對天命哲學思想，致力關心民瘼；評論"封建"制度缺失，力圖去弊，振興國運；破除相術預言的法則，還諸公道；批判天人相應的理論，力求符合自然科學原理；釐清神話傳説，回歸現實考量；指正童謡與歌謡的適當性，落實理性思考。黄氏的論文比較綜合。

《非國語》譯注或研究對《國語》研究成果藉助相對不足。黄敬欽的碩士學位論文又對《國語》用力較多，偏離其論文主題。

4. 近七十年來《國語舊音》《國語補音》研究

近七十年來，《國語舊音》《國語補音》研究相對較少。主要涉及兩各方面：（1）考校整理；（2）語音研究。

（1）《國語舊音》研究

《國語舊音》的研究以張以仁《國語舊音考校》（《史語所集刊》第43本第4分册，1971年）爲最早。此後李紅曾對《舊音》反切進行考校。筆者則以《舊音》引述賈逵、唐固、孔晁等注與今傳《國語》進行比對。

①張以仁《國語舊音》研究

張以仁《國語舊音考校》分序文和主體兩個部分，先發表於《史語所集刊》，後編入張以仁《國語左傳論集》（東昇出版公司1980年版）中。

《國語舊音考校序》認爲"宋庠謂《舊音》作者唐人，大概不成問題"。接著介紹了《舊音》的注音方式以及音讀標準問題，指出《舊音》音韻系統和《切韻》語音系統不同、反切用字不同的事實。關於《舊音》標音和《切韻》系統不同的因素，張以仁認爲除了語音系統不同外，還有可能：A.《舊音》標注的是通假字的音；B.《舊音》標音受《說文》《字林》《字統》等著作影響；C.《舊音》音讀文字有誤。故張以仁認爲研究《舊音》語音系統是不可能的事情，其《舊音考校》主要對有問題的字音加以討論。依據《國語》卷次，考校《舊音》181 條，占到《舊音》中總條目的 17.4%，涉及音韻、訓詁、校勘、考證諸多方面。今見《國語舊音考校》列音注字所在正文或注，凡音注字或需辨析之字以"〔 〕"標識。撮録正文無標識，撮録注文前標以"韋解"二字，句末標注微波榭叢書本《國語補音》頁碼。次列《舊音》音注，次以"以仁案"另起考校。下面，臚列數條並爲按斷，以見張氏《舊音考校》之大略。

　　　韋解：征，正也。上討下之〔稱〕。（七）
　　　舊音：尺證反。
　　　以仁案：之稱猶之名也。《禮記·天官·序官》"内饔"注："饔，割亨煎和之稱。""追，治玉之名。"注者或曰"之稱"，或曰"之名"，其義一也。稱，《說文繫傳》音"處陵反"。《廣韻》則有"處陵""昌孕"二切，一在平聲蒸韻，一在去聲證韻。《舊音》採去聲一讀，與《經典釋文》同。《儀禮·士冠禮》"願吾子之教之也"注"子，男子之美稱"及上文所引《禮記·天官·序官》"内饔"注，《釋文》皆曰："尺證反。"

　　〔按〕本條先釋"之稱"之義。再辨析"稱"字讀音與《廣韻》異同，再引述《經典釋文》，以《舊音》音切與《經典釋文》同。

　　　夫兵〔戢〕而時動。（七）
　　　舊音：莊立反。
　　　以仁案：《補音》云："今案下'載戢'同。"查《詩·周頌·時邁》"載戢干戈"《釋文》："側立反。"側，莊母。《左傳·隱公四年》："夫兵猶火也，弗戢，將自焚。"《釋文》："莊立反。"《舊音》蓋用《釋文》也。《廣韻》"阻立切"，莊母緝韻。

[按] 本條由《補音》補釋，檢得 "載戢"《釋文》音切的反切上字與《舊音》不同，但同紐。接著又檢到《左傳》"弗戢"《釋文》音注與《舊音》同。此處不云 "與《釋文》同"，而云 "用《釋文》"，蓋謂《舊音》此處音切來源於《經典釋文》。末附《廣韻》"戢" 字音切，且附所在聲韻，蓋謂《釋文》之 "側"、《釋文》《舊音》之 "莊"、《廣韻》之 "阻" 同聲紐，作爲反切上字都是適合的。

　　載 [櫜] 弓矢。(八)
　　舊音：音高。
　　以仁案：櫜，《舊音》凡三見，皆音高(《齊語》"垂櫜而入"，《晉語四》"右屬櫜鞬")。《補音》則皆作 "古刀反"。《詩·周頌·時邁》"載櫜弓矢"《釋文》音 "羔"。高、羔、古刀反皆同。

[按] 本條揭出三處 "櫜" 字，《舊音》皆用直音，《補音》皆用反切，《釋文》直音用字雖與《舊音》不同，但是是同音字，與《補音》反切同音。

　　肆于時 [夏]。(八)
　　舊音：户也反。
　　以仁案：《時邁》釋文："户雅反。"《舊音》與同。

[按]《舊音》所用反切下字與《釋文》不同。今檢郭錫良《漢字古音手册》"也" 古音在餘紐歌部、《廣韻》在餘紐馬韻開三上，"雅" 古音在疑紐魚部、《廣韻》在疑紐馬韻開二上。"也""雅"《廣韻》同韻調。故張以仁云 "《舊音》與同"。

　　允 [王] 保之。(八)

舊音：左氏于況反。

以仁案：《詩·時邁》篇釋文於此無音。《左傳·宣公十二年》亦引此詩，杜預注云："言武王既息兵，又能求美德。故遂大，而信王保天下也。"《釋文》亦無音。（竹添光鴻《左傳會箋》云："信王天下而保有之也。"）是杜氏訓以"霸王"之義，爲動詞。《舊音》因讀以漾韻"于況反"，而不讀陽韻"雨方切"。惟韋解則讀此王爲"武王"，與杜氏異。韋云："允，信也。信武王能保此時夏之美。"故《補音》云："若據韋注，則當如字爲允。"謂當讀平聲"雨方切"也。

[按]《經典釋文》無音，故張以仁引述杜預注，以《舊音》采杜預注"王"字動詞義，故讀去聲。但《舊音》既然給《國語》標音，當從《國語》注，而《國語》韋注"王"爲"武王"，故張氏引《補音》之説，以此處之"王"字爲平聲。按照韋昭的解釋，《舊音》的音注不妥。可見，音注和詞語訓詁之間的聯繫性。

韋解：不〔鄣擁〕也。（八）

舊音：上之亮反，下於勇反。

以仁案：鄣是鄣邑字，讀平聲陽韻。音之亮反者，壅隔之字，則當從阜爲"障"。是以汪遠孫《國語明道本考異》云："鄣非此義。"明道本作"障"不誤。"障"字《説文》大徐（鉉）"之亮切"，小徐（鍇）"止向反"。《玉篇》"之尚切"。"擁"則"壅"之誤，重刻公序本、明道本皆作"壅"。其音相同。

[按] 張以仁先辨字形字義，後引大、小徐及《玉篇》音，以示讀音相同。又辨《舊音》韋注用字。

韋解：示之以好〔惡〕也。（八）

舊音：……下音汙。

以仁案：汙，《廣韻》有"哀都""烏路"二切，而平聲者常見，不宜用作標音字，蓋讀者不知採何音也。參下文"大惡於民"，又韋注"又厭惡政事"，又《周語下》"其所曹惡"諸條，皆好惡之義，與此同。而《舊音》皆音"一故反"，因知此文《舊音》亦讀去聲之"汙"也。是以《補音》云："下烏路反。"

[按] 本條首先指出《舊音》直音用字選取不當，蓋"汙"爲多音字。幸好《國語》"惡"非一見，《舊音》標音非此一處，從別處《舊音》標音之字音義可知，本處"惡"字當讀去聲。

韋解：周之禘 [祫]。（八）
舊音：……下音洽。
以仁案：祫、洽同音"侯夾切"，《廣韻》洽韻字。《説文》大、小徐皆作"侯夾反"。陸德明《釋文》音"洽"（見《公羊》文二年《傳》），皆同。惟《補音》作"户甲切"。案"甲"是狎韻字，户甲切爲"狎""匣"等字。《補音》不知何所據以出此。豈宋庠方言"洽""狎"不分乎？

[按] 本條先指出直音用字和被注字音同，又指出《經典釋文》、大小徐《説文》音注與《舊音》同。進而指出《補音》音獨異，謂按照《補音》反切，無法切出"洽""祫"之音，對《補音》的語音來源提出質疑。最後提出一種可能性，即宋庠或許受方音影響。這是根據《舊音》考校《補音》音切的精準度問題。

韋解：《商頌》亦以 [契] 爲玄王也。（八）
舊音：小列反，商祖也。
以仁案：《周語下》"玄王勤商"韋注云："玄王，契也。"《舊音》謂契音"薛"，《補音》"息列反"。小列、息列，音皆與"薛"同。《經典釋文》亦音"息列反"（見《詩·商頌·玄鳥》及《尚書·舜典》等釋文）。惟《廣韻》"契"字在霽、迄、屑三韻，不入薛韻。然薛韻"薛"下有"卨"字，云："……殷祖也。或作偰，又作契。"毛際盛《説文解字述誼》云："案《詩·商頌·玄鳥》箋釋文，契本又或作偰。《漢書·古今人表》作卨。《米部》'竊'下注：'卨，古文契。'《厹部》'卨'：'蟲也。讀與偰同。'是偰爲正字，卨爲古文，契者假字也。……"然《廣韻》雖有"偰"字，却居屑韻，義亦不同（儍偰浄也）。薛韻則與"契"並附於"卨"下。似《廣韻》編撰者亦不以"偰"爲殷祖契之本字也。疑"卨"是本字。古人習以蟲獸爲名：禹、鯀、夔、龍、熊、羆皆其例也。"契"則假字。後復著人旁爲"偰"，許慎遂誤爲本字。

［按］本條先指出《補音》《舊音》《釋文》音同，次揭出《廣韻》"契"無薛音，而於《薛韻》中收"卨"，以"契"爲"卨"或體。又引述毛際盛之説，以"偰"爲正字、"卨"爲古文、"契"爲通假字。張以仁檢核《廣韻》發現，《廣韻》"偰"字在屑韻，且與"卨"義不同。故提出"卨"爲本字、"契"爲通假字的設想。按照張氏的推論，則古書中常以"契"這一借字標商祖之名，後著人旁作"偰"，使許慎誤以"偰"爲本字。換言之，即《舊音》《補音》《釋文》所標讀音爲本字音。

　　韋解：常以服貢賓 ［見］ 於王也。（九）
　　舊音：乎徧反。下而見、一見、來見並同。
　　以仁案："見"有二音，一爲"古電切"（《説文》大徐作"古甸切"，小徐作"經硯反"，皆同），義爲視見；一爲"胡電切"，義爲顯露（《易·乾卦》"見龍在田"《釋文》："賢遍反，示也。"《荀子·勸學》"天見其明"注："見猶顯也。"皆其例）使監（《左》昭二十年《傳》"乃見轑設諸焉"《釋文》："賢遍反。"《正義》："見謂爲之紹介，使之見光。"《左》僖二十四年《傳》"寺人披請見"《釋文》："賢遍反。"皆其例）。凡主動者音"古甸切"，被動者則

爲 "胡甸切"（後俗別作 "現" 字，以表顯露之義。《廣韻》始收
入霰韻）。是以《晉語三》"君其整列，寡人將見親見"（親自召見
也），《舊音》切以 "乎晛"。《晉語四》"勃鞮求見"，《舊音》切以
"禾徧" 也。又 "見"，《舊音》作 "乎徧" "乎晛" "禾徧" 等反，
《釋文》作 "賢遍反"。下字 "徧" "遍" 在《廣韻·線韻》，"晛"
在《廣韻·霰韻》，豈《舊音》於匣母 "見" 字，又有二音？今查
《廣韻·線韻》"徧" "遍" 字音 "方見切"，而 "見" 是霰韻字，
董同龢師《漢語音韻學》謂："見字不在本韻，恐怕是誤字。"（第
五章 "《切韻》系韻書"）然參以《釋文》《舊音》"見" 之以
"徧" "遍" 爲下字，則下字 "見" 非誤字矣。今復查故宫、敦煌本
《王韻》《唐韻》"徧" "遍" 均在霰韻，而《韻鏡》亦在霰韻，皆
與《釋文》《舊音》合。是《廣韻》誤以霰韻字入線韻明矣。《廣
韻》韻末字時有問題發生，徧、遍適在線韻之末。周祖謨《廣韻校
勘記》謂此字當入霰韻，良有以也。

[按] 本條首先揭出 "見" 的不同語音標示不同的語義，又揭出
《國語》"見" 字《舊音》有不同反切。進而探討《廣韻》反切用字的
問題，引述董同龢《漢語音韻學》論述，最終論定董同龢結論或有誤。

以上 10 例，可見張以仁對《舊音》的考校是多方面的，爲後來
《舊音》的整理和研究奠定了基礎。

②李紅對《舊音》反切的研究

李紅根據《國語補音敘錄》宋庠的表述，認爲《舊音》"不是脫胎
於《經典釋文》"，並進行了反切用字比對。該文以《舊音》501 個反切
和《廣韻》反切對比，發現完全一致的只有 160 個，故而認爲 "《舊音》
的反切絕對不可能來源於《切韻》系韻書"。《舊音》的反切上字用了
126 個字，其中有 24 個在《廣韻》的反切上字中沒有，進而推斷："《舊
音》作者反切上字使用的習慣與《切韻》音系也是不同的，不但使用了
《切韻》系韻書中不用的反切上字，在選擇反切上字的習慣上也有所不
同。" 又統計出《舊音》反切下字用 286 個，其中平聲 79 個，上聲 61

個，去聲 88 個，入聲 58 個，其中《廣韻》未見的反切下字 53 個共出現 85 次。又通過《舊音》反切發現《舊音》聲紐中"喻三與喻四分界極清，沒有相混。喻三與匣母的分界也很明確，這與《經典釋文》是不同的"推斷"《舊音》的時代有可能要早於《經典釋文》"。

張以仁的論文是對《舊音》的綜合考校，李紅的論文是對《舊音》撰作時代和語音系統的探討。

（2）近七十年來《國語補音》研究

近七十年來《國語補音》研究相對比較滯後。筆者自 2009 年開始，對《國語補音》關注較多。主要做了三方面工作：①先後對《國語補音》的幾種版本進行對校，雜引各種音義書，辨明異同，酌定是非；②對《國語》和《補音》用字進行了校訂，釐清《國語》和《補音》之間的關係；③對《補音》和《舊音》參訂《國語》各本進行了辨析。通過梳理發現，《國語舊音》《國語補音》不僅具有文字、訓詁、音韻價值，同時具有校勘、輯佚等文獻學價值，對《國語》校訂者和《補音》作者的宋庠進行了釐清，同時對《國語》版本系統進行了一定程度的釐定。對《國語》《國語舊音》和《補音》、漢字應用等不無裨益。此外，趙曒的碩士學位論文《〈國語補音〉研究》是對《國語補音》的綜合研究，對《國語補音》問題有較多梳理，亦可參。

5. 近七十年來《國語正義》研究

董增齡《國語正義》懸於天壤間三百年，真正專門關注者不多。關於董增齡的專門研究都在近十多年。大體關注幾個方面：（1）董增齡生平籍貫；（2）《國語正義》內容及價值；（3）《國語正義》傳本研究和《國語正義》的進一步整理。

董增齡籍貫問題，清人並無關注，《國語正義》標爲歸安董增齡，而范希增《書目答問補正》改爲烏程。檢《南潯志》《南潯鎮志》，南潯自古爲烏程地，未劃撥屬歸安。從這一點上看，范希增的改動是對的。至於董增齡自己、王引之、徐養原皆稱歸安的原因，目前並不清楚。但可以肯定的是，董增齡是南潯鎮人。

董增齡《國語正義》內容及價值，主要見於巴蜀書社影印本出版説明、《續修四庫全書史部提要》、拙稿《董增齡籍貫問題初探》《上圖藏〈國語正義〉稿本價值初探》《董增齡〈國語正義〉研究》、張軍《董增齡及其〈國語正义〉》、江陽《〈國語正義〉小考》、金曉東點校本《國語正義》前言、傅俊傑碩士學位論文《〈國語正义〉學術價值考述》等，諸文都對《國語正義》進行了分析。拙稿《董增齡〈國語正義〉研究》，是目前爲止對《國語正義》內容、價值、缺陷分析較爲全面的。拙撰《〈國語〉歷代序跋題識輯證》對於《國語正義》撰述意旨、董增齡與時人往還探討等也進行了一定程度探討，亦可參。①

董增齡《國語正義》一直以式訓堂刊本行世，日本中文出版社於1980年、巴蜀書社於1985年、上海古籍出版社於2002年分別出版了式訓堂刊本的影印本。直到2018年，始由金曉東以式訓堂本爲底本點校，入《儒藏精華編》中。筆者自2006年以來，即圈點《國語正義》，後又得見上海圖書館藏稿本，認識到稿本之文獻價值和學術價值較高。因以式訓堂本爲底本，以稿本通校，相互參證，進行了比較系統的整理，俾提供給學界一個更爲完整、可用的《國語正義》點校本。

整體而言，《國語正義》研究論文相對較少，研究相對薄弱。《國語正義》的學術價值尚待進一步開掘。

6. 近七十年來對清代其他學者《國語》研究論著的研究

（1）高嵣評點研究

明清時期的評點研究，此前只有程繼紅的碩士學位論文（安徽師範大學碩士學位論文，2007年）進行了斷代梳理，具有拓荒性質。《國語》評點專人研究比較少且晚。目前僅見拙稿《高嵣〈國語鈔〉初探》（《邢臺學院學報》2018年第2期）一篇，該文對高嵣《國語》評點及其基本範式進行了初步研討。

（2）王引之《經義述聞·國語》研究

對王引之《經義述聞·國語》研究較少，目前僅見零散研究，即劉寧《從王氏〈經義述聞·國語〉談訓詁方法》（1983年中國訓詁學研究

① 拙撰《〈國語〉歷代序跋題識輯證》，濟南：齊魯書社2018年版，第333—343頁。

會紀念段王學術討論會會議論文，中國揚州），郭鵬飛、蕭敬偉發表於《人文中國學報》2013 年上的《王引之〈經義述聞・國語上〉斠正》，戎輝兵發表在《中國經學》第 23 輯上的《高郵王氏〈國語〉校詁商榷四則》，苗江磊發表在《渭南師範學院學報》2017 年第 2 期上的《從〈經義述聞〉訂〈國〉〈左〉看高郵二王的考據方法》四篇論文。劉文的內容，前已介紹，此處不贅。蕭敬偉、郭鵬飛對王氏"勇於改字"之風運用《國語》具體實例進行了駁正，所論皆較可信。戎輝兵則對《經義述聞》"陽癉憤盈""單均刑法""民旁有慝""蓄聚積實"四條進行了辨正，涉及的相關訓詁考校也並辨析之。苗江磊認爲王氏父子治學的最大特色即"駁誤與創見"，具體到《國語》《左傳》方面，一方面訂正正文中的錯訛衍脫問題，一方面糾正古注。並統計出《國語》171 條中有 58 條訂正本文，113 條糾補韋注。總結王氏父子考訂方法有"根據'字形似而誤'訂正古文"，"參照異文訂正古文"，"藉助'音近而音同'糾補古注"，"引用字詞的釋義糾補古注"，"參照異文糾補古注"等。苗氏總結似未參照前人時賢關於高郵二王的相關著述。其他《國語》考校中也經常見對《經義述聞》的徵引與評騭，但系統研究《經義述聞・國語》的成果尚未見。

（3）汪遠孫《國語三君注輯存》研究

汪遠孫《國語》研究成績在清代屈指可數，但對汪遠孫的研究目前却很少見。目前僅見王季琛《對〈國語三君注輯存〉的文獻學研究》（廣西民族大學碩士學位論文，2016 年），該文共三章，分別爲"汪遠孫著述與《國語校注本三種》現存版本"，"《國語三君注輯存》的體例編排與文獻採集"，"《國語三君注輯存》輯校特色與價值"。但作者對《三君注輯存》的有些認識似有可商，如其謂《國語三君注輯存》"主要以評查韋昭《國語解》之優劣爲出發點，輯賈逵、虞翻、唐固之說，附以王肅、孔晁、服虔、鄭衆多家訓注"，既然是"輯存"之作，自以輯佚舊說爲職事。汪遠孫評查韋注之作爲《國語發正》，非《輯存》。但整體而言，《對〈國語三君注輯存〉的文獻學研究》代表著汪遠孫《國語》研究開始進入《國語》研究者的視野。又拙撰《〈國語〉歷代序跋題識輯

證》對汪遠孫《國語校注本三種》以及相關問題也有一定考訂，讀者可
參。①

（4）洪亮吉《國語韋昭注疏》辨析

自《書目答問》著録洪亮吉《國語韋昭注疏》（旌德吕氏刊本）以
來，學者多在論及清代《國語》重要注本時稱述之，甚至包括一定數量
的《國語》碩博學位論文列舉清代《國語》重要研究成果時也列入洪亮
吉《國語韋昭注疏》。事實上，世間却從未見過《國語韋昭注疏》的蛛
絲馬跡。筆者根據對洪亮吉全部詩文集的爬梳、洪氏及門弟子及其後人
的記述、學者的相關著録等資料，最後認定洪亮吉並無《國語韋昭注
疏》一書，此事應屬誤傳。相關學者已經採信了這一觀點。另，吕東超
經過梳理文獻之後發現，洪亮吉曾有《國語釋地》四卷的撰寫計劃，但
並未成書。

（5）陳瑑《國語翼解》研究

較早關注到陳瑑《國語翼解》的當屬徐仁甫和嚴一萍。徐仁甫主要
關注陳瑑《國語翼解》成就得失，嚴一萍主要關注《國語翼解》傳本優
劣，二者關注點不同。拙撰《〈國語〉歷代序跋題識輯證》對陳瑑生平、
《國語翼解》版本、著録等問題進行了梳理，亦可參。② 徐仁甫認爲《國
語翼解》"多以聲音解釋字義，而不免於穿鑿附會"③，又舉若干例子，
以證陳氏之失，謂："《越語》'先人有言曰，伐柯者其則不遠'韋解：
'先人，詩人也。'以'伐柯伐柯，其則不遠'明見於《詩》，故知先人
爲詩人也。而陳氏必謂'先'從'之'，'詩，之也'，同取義於'之'，
聲亦相近，故以先人爲詩人，斯穿鑿矣。《晉語九》'少釁於難'，俗作
'釁'，韋解：'釁猶離也。'謂遭難耳。陳氏必讀'離'爲'儷偶'之
'麗'，而以'釁'應作'亹'，其音若門若眉，即其義亦爲門若眉，皆
物之偶儷者，故曰'猶離'，斯附會矣。又'以諄趙鞅'解：'諄，佐

---

① 拙撰《〈國語〉歷代序跋題識輯證》，濟南：齊魯書社 2018 年版，第 361—366 頁。
② 拙撰《〈國語〉歷代序跋題識輯證》，濟南：齊魯書社 2018 年版，第 528—532 頁。
③ 徐仁甫：《乾惕居論學文集》，北京：中華書局 2014 年版，第 27—28 頁。

也。'王引之已證《國語》《玉篇》'諄'皆爲'諒'之誤，而陳氏猶引《玉篇》以證《國語》，何也？《周語》'縮取備物'解：'縮，引也。'而陳氏所見本'引'誤爲'弘'，遂謂韋以'弘'訓'縮'，取相反之義，猶'亂'訓'治'之例，其可笑乃至於此。且韋解《國語》引《詩》，皆與《詩序》相合。《晉語》《鄭語》《楚語》注（《楚語》注'《毛詩序》曰'）明引《詩序》者凡四見。陳氏獨據韋解《時邁》'巡守告祭'，謂韋不明言《詩序》，而説與之合。據此亦可以破鄭漁仲魏黄初四年，始行《詩序》之説。夫建安黄武之間，虞翻、唐固已注《國語》。宏嗣爲解，又在虞、唐之後，時《詩序》已大行於世。欲破漁仲之説，當别有説。若僅據韋引《詩序》，則不足以破之也。又陳氏既謂伯御與括非一人，又謂韋以括爲即伯御，當别有所據，此故爲闕疑之説也。賈侍中云：'隧，王之葬禮。'昭謂：'隧，大隧也。'兩説不同，韋自仞之。而陳氏乃謂賈、韋之説皆是，韋兼用賈義，此故爲調停之説也。余恐學者讀陳氏之書而不知去取，故舉而正之。"徐氏舉《越語》例出《越語下》，韋昭以其言爲《詩》，故以此處"先人"爲"詩人"，而陳瑑從字形和訓詁的角度推求"詩""先"同義，確實穿鑿。下舉《晉語九》第一個例子和《越語下》同。《晉語九》第二個例子，徐氏用王引之説爲據，謂陳氏不檢王説，而仍以《玉篇》所訓佐證韋注。民國學者高誼引述《晉語九》本條，亦以"諄"爲"諒"字之誤。但今一些古漢語詞典却采韋注，訓"諄"爲"佐"。王引之有説，陳瑑似不必定以爲圭臬，徐氏此條指摘似有苛責之嫌。《周語》之例，徐氏謂陳瑑據誤本而誤釋。陳瑑或據汪中《國語校文》爲説，汪中謂："引，宋本作'弘'。"今檢黄刊明道本等"引"字只有左半邊"弓"，並無右半邊，陳瑑、徐元誥皆從汪中改"引"作"弘"，實誤。徐仁甫所指陳瑑諸端多中肯之言，對於正確認識陳氏研究成果確有價值。

此外，嚴一萍對《國語翼解》傳本之梳理以及《國語翼解》全本之整理刊行是具有貢獻的。目前，尚無《國語翼解》的專門研究出現。相信隨著《國語》研究的深入和細密化，《國語翼解》將得到《國語》研究者的較多關注。

（6）李慈銘《國語》考校的研究

李慈銘的《國語》考校，先有王利器的批校整理，即王利器所輯《越縵堂讀書簡端記》中的《國語》批校部分。拙稿《李慈銘〈讀國語簡端記〉補箋》對李慈銘考校《國語》內容進行了梳理總結，對李氏以及李氏爲代表的札記體著述襲用前人而不出注的現象也進行了初步分析，對其學術價值進行了初步探討。①

（7）吳曾祺《國語》考校研究

清代是《國語》研究史上鼎盛的時代之一，清代《國語》研究的梳理與總結卻相對薄弱，遑論近代學者的《國語》研究探討。故吳曾祺《國語韋解補正》研究也比較少見。徐仁甫《書吳曾祺〈國語韋解補正〉後》既有總體評價，又有具體條目辨析，是比較早的《國語韋解補正》的研究文獻，謂："補者，補其所未備；正者，正其所未安。通觀全書，十得五六，蓋韋解尚須補正者爲不少也。吾謂治《國語》者，皆視《國語》爲《左傳》之餘，往往熟於《左傳》而反疏略於《國語》，於古人專精之力有間矣。雖吳氏亦不免。"② 既肯定了吳氏的成績，也指出其不足所在。筆者 2013 年以來發表《吳曾祺〈國語韋解補正〉校補》多篇，分別刊載於《健行學報》《淡江中文學報》等刊物，對吳曾祺《國語韋解補正》內容、成就等進行了分析，後收入《近百年來〈國語〉校詁研究》一書中，讀者可參③。另，王子玥碩士學位論文《〈國語韋解補正〉研究》（黑龍江大學，2022 年）亦可參。

（8）吳闓生《國語》點勘研究

吳汝綸點勘、吳闓生續成的《桐城吳先生點勘國語》涉及《國語》文字校勘、文字通假、文字改讀、語詞訓釋、句讀、時代特徵、文學描寫手法、韋注評價等方面。拙稿《吳汝綸父子點勘〈國語〉"闓生案"辨正》《吳闓生〈國語〉案語辨正》對之進行了初步分析和辨正。

---

① 拙稿《李慈銘〈讀國語簡端記〉補箋》，《中央大學人文學報》第 52 期。
② 徐仁甫：《乾惕居論學文集》，北京：中華書局 2014 年版，第 26—27 頁。
③ 拙著《近百年來〈國語〉校詁研究》，南京：鳳凰出版社 2016 年版，第 33—106 頁。

7. 徐元誥《國語集解》研究

徐仁甫和王樹民是較早關注《國語集解》的學者。徐仁甫《書徐元誥〈國語集解〉後》云：“近人徐元誥《國語集解》，中華書局排印本，訛奪甚多，當爲抄寫印刷之誤。然亦有徐氏自誤，而不能諉之別人者。”列舉了謬誤、歧出、引書之誤、據誤本之過四種情況，分別舉例辨析之。

王樹民（1911—2004）《評〈國語集解〉》（《河北師院學報》1988年第 3 期）是關於徐氏《國語集解》的第一篇公開評介文字，該文前半部分綜述《國語》基本情況以及《國語》研究概況，後半部分則對《集解》進行評介，指出《集解》存在的諸多問題。

王樹民 20 世紀 80 年代即以整理《國語集解》作爲古籍整理規劃項目，但該書的整理本直到 2002 年纔由北京中華書局出版。王樹民、沈長雲《國語集解》整理本的出版，爲學者閱讀研究帶來了方便，爲《國語集解》研究的開展提供了方便。該整理本出版之後的短短幾年，徐元誥《國語集解》研究就成爲《國語》研究、《國語》韋注研究之外研究論作較多的《國語》分支研究。

此外，仇利萍對《國語釋地》的内容、方法、學術價值進行了探討。筆者《近百年來〈國語〉校詁研究》《〈國語〉歷代序跋題識輯證》中也有相關篇章涉及專人專書研究。孔祥軍《清儒地理考據研究》中有對董增齡、譚澐《國語》地理考據的梳理和總結，亦可參。

（二）近七十年來《國語》學術史斷代研究

斷代研究是指針對某一時期的《國語》學術研究進行梳理而言。《國語》的學術史梳理比較晚，除了譚家健在 20 世紀 90 年代對《國語》作者進行過梳理之外，其他的斷代學術史梳理直到 21 世紀纔有學者涉及。目前所見，大致有如下幾篇：

梁濤《20 世紀以來〈左傳〉〈國語〉成書、作者及性質的討論》，《邯鄲學院學報》2005 年第 4 期。

陳鵬程《漢代〈國語〉學概述》,《蘭臺世界》2009 年第 12 期。

師璐露《近十年來〈國語〉文獻與文學研究述評》,《綏化學院學報》2009 年第 6 期。

李佳《20 世紀前期〈國語〉研究述評》,孫綠怡主編《春秋左傳研究:2008〈春秋〉〈左傳〉學術研討會論文集》,北京:中華書局、中央廣播電視大學出版社 2009 年版。

李佳《臺港及海外〈國語〉研究綜述》,《國際漢學研究通訊》第 1 期 (2010)。

陳鵬程、劉生良《近三十年來大陸地區〈國語〉文學性研究》,《社會科學家》2011 年第 8 期。

仇利萍、楊世文《〈國語〉學的奠基與展望——近 10 年來〈國語〉研究述評》,《北京理工大學學報》2012 年第 3 期。

郭萬青《1958 年以來的〈國語〉研究概覽》,《知識管理論壇》2013 年第 8 期。

陳鵬陳《戰國時期:〈國語〉研究的萌芽》,《赤峰學院學報》2013 年第 12 期。

卓敏敏《近三十年來〈國語〉研究綜述》,《湖北民族學院學報》2015 年第 1 期。

卓敏敏《近三十年〈國語〉與史官文化研究綜述》,《文藝評論》2015 年第 4 期。

謝小剛《〈左傳〉〈國語〉成書先後問題述評》,趙逵夫主編《先秦文學與文化》第 5 輯 (2016)。

郭萬青《日本江戶及明治時期〈國語〉著述綜論》,《古籍研究》第 66 卷 (2017)。

郭萬青《清代〈國語〉的傳抄與刊刻》,《唐山師範學院學報》2018 年第 1 期。

郭萬青《清代〈國語〉輯佚概觀》,《古文獻整理與研究》第 4 輯。

郭萬青《近四十年來〈國語〉文學研究述論》,《高雄師大國文學報》第 33 期。

其中，《20世紀以來〈左傳〉〈國語〉成書、作者及性質的討論》《20世紀前期〈國語〉研究述評》《近十年來〈國語〉文獻與文學研究述評》《近三十年〈國語〉與史官文化研究綜述》《〈左傳〉〈國語〉成書先後問題述評》《清代〈國語〉的傳抄與刊刻》《清代〈國語〉輯佚概觀》《近四十年來〈國語〉文學研究述論》屬於斷代專題學術史梳理，《近三十年來大陸地區〈國語〉文學性研究》《臺港及海外〈國語〉研究綜述》屬於地域性學術綜述。而《漢代〈國語〉學概述》《1958年以來的〈國語〉研究概覽》《〈國語〉學的奠基與展望——近10年來〈國語〉研究述評》《戰國時期：〈國語〉研究的萌芽》《近三十年來〈國語〉研究綜述》屬於斷代綜合研究。

1. 斷代專題研究

《20世紀以來〈左傳〉〈國語〉成書、作者及性質的討論》對20世紀的《左傳》《國語》成書、作者以及性質的研究進行了梳理。

程繼紅《明清〈國語〉評點研究》（安徽師範大學中國古代文學專業碩士學位論文，2007年）是比較早的《國語》專題斷代研究選題，而且針對的是《國語》評點最爲繁盛的明清兩個時期。該文分四章，分別是"評點之興盛與《國語》評點"，"明清《國語》評點內容研究"，"《國語》評點形式研究"，"評點之學的得失與《國語》評點之得失"。該文所及《國語》評點著述，以《四庫存目叢書》、安徽師範大學圖書館館藏和譚家健《先秦散文藝術新探》附錄書目爲主。總體而言，該文開掘了一批《國語》評點材料，其中有些材料頗爲罕見，對明清時期的《國語》評點進行了比較系統的梳理與總結，爲此後《國語》評點研究奠定了一定基礎。

李佳《20世紀前期〈國語〉研究述評》認爲，該時期的《國語》研究幾乎都和《左傳》緊密聯繫在一起，該文把這一時期的論題分爲三部分，分別爲"'《國語》《左傳》原爲一書，後被劉歆割裂爲二'說"，"'《國語》《左傳》非一書分化'說"，"關於《國語》的作者及其他"。該文也提到了石光瑛的《國語韋解補正》、許維遹《國語選注》、徐元誥《國語集解》，對石、許二家僅屬臚列，未予評述。該文認爲："20世紀前期《國語》研究的焦點，集中在書籍編纂等基本問題上，這些也成爲日後的重要論題之一。存在的主要問題是《國語》的研究附庸於《左傳》而未能獨立，且關注點集中，同時對《國語》文學價值探討極度貧乏，因而顯得有些單調。"該研究述評主要關注《國語》《左傳》作者及其關係問題，並不全面。

《近十年來〈國語〉文獻與文學研究述評》對 1999—2009 十年間的《國語》文獻、文學研究進行了梳理，主要包括"《國語》的作者及成書時代""《國語》的版本和性質""《國語》的史學價值和文學價值"等三個方面，所討論諸端往往溢出 1999—2009 十年之外，也溢出題目規範之外，作爲一篇綜述，梳理相對比較細緻。

《近三十年來大陸地區〈國語〉文學性研究》規定比較明確，在地域、時期、對象上都進行了界定，作者所界定的三十年爲新時期三十年，大致上對該時期内《國語》敘事藝術、人物塑造藝術、語言藝術等研究成果進行了梳理，最後總結云："《國語》文學性研究正日趨深入，對《國語》文學性的評價也日漸全面公允。其敘事藝術的研究由對篇章的肯定到對整體敘事本質的確認，人物塑造藝術的研究從塑造方式、形象内涵到原型意義的逐步深化，語言藝術的研究也漸趨深入，這些都昭示著《國語》文學性研究水平的提升和對其文學價值的進一步體認。"同時該文也指出了《國語》文學研究存在的不足，即"一是方法論的探索非常薄弱，二是研究視域的狹窄，三是研究隊伍的薄弱"。梳理條理井然，總結既肯定成績，又揭出不足。

《近三十年〈國語〉與史官文化研究綜述》比較側重史官文化研究的梳理，該文前兩部分是"關於史官文化方面的研究""關於史書和史官文化方面的研究"，第三部分纔是"關於《國語》與史官文化方面的研究"。在第三部分中，作者引述了郭東明、饒恒久、丁波三人的觀點，對《國語》的產生途徑做了梳理。實際上這一部分屬於《國語》撰述方式及成書的研究範疇。

謝小剛《〈左傳〉〈國語〉成書先後問題述評》對"《左傳》先成，《國語》繼作""《國語》早出，《左傳》後成"進行了比較詳細的梳理，材料也很全面，最後單列"困境與出路"，對研究二書成書先後的切入維度進行了總結與評析，對該論題的研究意義進行了揭示。具有一定的參考價值。

筆者《清代〈國語〉的傳抄與刊刻》對清代《國語》的傳抄與刊刻進行了初步梳理總結，從版本系統上、版本形態上、版本源流上，進行了一定程度的梳理，爲進一步深入研究奠定了基礎。《清代〈國語〉的傳抄與刊刻》《清代〈國語〉輯佚概觀》《近四十年來〈國語〉文學研究述論》是本書的前期成果，相關論述已見本書相應章節，此處不贅。

可見，斷代專題研究涉及比較廣泛，但總體數量有限，且各專題之間缺乏深度交叉，專題内部也還有深挖空間。總體而言，《國語》專題斷代研究相對還是比較薄弱的。

2. 斷代綜合研究

斷代綜合研究只有《漢代〈國語〉學概述》《〈國語〉學的奠基與展望——近 10 年來〈國語〉研究述評》《戰國時期：〈國語〉研究的萌芽》《近三十年來〈國語〉研究綜述》《20 世紀前期〈國語〉研究述評》《1958 年以來的〈國語〉研究概覽》等數篇文章。

陳鵬程致力《國語》研究史多年，且首次提出"《國語》學"這一概念，但發表出來的《國語》研究史方面的論文較少，只有五篇，其中專人二篇、斷代三篇。斷代專題已見上文。此外，還有《戰國時期：〈國語〉研究的萌芽》和《漢代〈國語〉學概述》兩篇爲斷代綜合研究。陳鵬程從思想流派的角度，將戰國時期《國語》的情況分爲"儒家對《國語》的接受與研究""法家對《國語》的接受與研究"兩種，大致進行了梳理。作者涉及《爾雅》《管子》《禮記》《韓非子》《荀子》等書對《國語》語句或篇章的接受。總體而言，梳理較爲簡單。其《漢代〈國語〉學概述》則分爲"經學視角下《國語》的接受與研究""漢代《國語》研究的史學及其他視角"兩個方面，認爲："漢代是《國語》學的發端。在這個時候，對《國語》作者的研究，對《國語》文獻的整理考訂，對《國語》的訓詁考釋，對《國語》的史學研究，都取得了較高的成就，並對後世《國語》學産生了深遠影響。"結論可參。

仇利萍、楊世文《〈國語〉學的奠基與展望——近 10 年來〈國語〉研究述評》認爲,漢代以來的《國語》研究主要集中在三個方面:"《國語》的作者與成書時代;對《國語》文句的校注、補正及考辨;文本的性質與價值。"同時認爲這些多爲單篇零散之作,無法全面體現《國語》的學術價值。同時又認爲近年來"學者們一方面以專題的形式對《國語》作者等問題進行系統歸納,另一方面則利用文獻學與其他學科綜合分析的方法對其文學特質及思想内涵等問題進行深入闡述,各方面的研究既各自獨立又緊密相聯,初步形成了'《國語》學'這一專門的學術領域"。該文認爲,《國語》研究取得了階段性成果,具體表現在:"其一,對《國語》存有争議的作者、成書時間及性質問題有了更爲明確的研究,并形成一定的共識;對於其價值的定位則更側重於思想層面。其二,通過不同視角對與《國語》相關的具體問題的探討是近十年研究的重點;這些研究雖從個案入手,但涉及的内容比較全面,方法上也不拘於一格,提出了許多新的見解。其三,隨著研究的深入,也有學者開始從學術史角度解讀《國語》在不同時代背景下的接受狀況,從而爲整體上認識《國語》的價值提供了新的視角。"同時認爲《國語》研究還存在諸多不足。由於作者對《國語》諸問題缺乏全面的瞭解,故對韋注以及相關問題的認識存在著一定偏差。其所總結也往往溢出近十年之外。

拙稿《1958 年以來的〈國語〉研究概覽》實際上是博士論文《唐宋類書引〈國語〉研究》引言部分的學術史綜述。該綜述把 1958—2012 年的《國語》研究可以分为九個方面,分別爲:(1)《國語》與相關典籍的比較或綜合研究;(2)《國語》版本研究;(3)《國語》校理與傳統訓詁研究;(4)《國語》語言研究;(5)《國語》思想研究;(6)《國語》制度或社會文化研究;(7)《國語》文學研究;(8)《國語》引相關典籍與相關典籍引《國語》研究;(9)《國語》作者以及相關問題研究。並對每個專題的基本研究狀況進行了分類梳理,所做總結比較簡單,略勝於無而已。

卓敏敏《近三十年來〈國語〉研究綜述》認爲:"漢唐清三代學者主要是對其作者、成書年代、與《左傳》關係等問題進行探討。民國和上世紀八十年代之前，《國語》研究集中在是否國別史、史料來源、與《左傳》關係等方面。當代學者的研究視野更加開闊，從文學、歷史學、哲學等方面多角度多層次對《國語》進行研究，已取得豐碩成果。"該文把近三十年來《國語》研究分爲"《國語》體例的研究""《國語》史料來源的研究""《國語》編纂意圖的研究""《國語》文學的研究""《國語》思想的研究""《國語》史學的研究""《國語》注解研究""《國語》敘事研究""從《國語》文本出發兼及《左傳》文本進行的研究""《國語》本文與《左傳》文本關係的研究""《國語》文本對後世文獻影響的研究"十一類。總結云："近三十年的研究主要從《國語》文本出發提出新的研究角度；《國語》和《左傳》的關係，從《國語》《左傳》文本出發進行研究仍是兩個重點。"並且認爲目前《國語》研究存在三方面不足："視野不够開闊，未能對《國語》進行縱橫兩方面多角度全方位的角度"，"對一些長久以來就存在的問題，雖有討論，仍無定論"，"研究隊伍薄弱，缺乏專門的研究人員"。該文每一專題之下的代表性論著搜集比較齊全，總結似嫌偏頗，但所揭不足也確實存在。

（三）近七十年來較爲全面的學術史研究

近七十年來較爲綜合的學術史研究，僅有拙稿《〈國語〉研究史論綱》《〈國語〉歷時研究鳥瞰》《日本江户及明治時期〈國語〉著述綜論》。

《〈國語〉研究史論綱》實際上是筆者博士論文《唐宋類書引〈國語〉研究》的引言部分，該文根據《國語》歷時研究中的標誌性著述或研究者或研究層面，把《國語》研究分爲"韋昭以前的《國語》研究""韋昭《國語》研究""魏晉隋唐時期的《國語》研究""宋元明時期《國語》研究""清代近代的《國語》研究""1928—1957年之間的《國語》研究""1958年以來的《國語》研究"等七個階段。同時，又根據專題，把《國語》研究分爲"《國語》相關問題研究""《國語》本體研究""《國語》研究論著研究"三方面。其中"《國語》相關問題研究"包括《國語》編者和作者、《國語》性質、《國語》年代起訖、《國語》

版本、《國語》與相關典籍的比較等；"《國語》本體研究"則包括《國語》的語言、文學、思想、典章制度、地理、風物等；"《國語》研究論著研究"則包括對《國語》研究文獻及其著者的專門研究。對每個階段的《國語》研究及接受情形進行了大致梳理。《〈國語〉歷時研究鳥瞰》是在《〈國語〉研究史論綱》基礎上的增補，如在"宋元明時期《國語》研究"最後補充了明道本的信息、"清代、近代《國語》研究"中補充了日本《國語》版本系統以及研究的基本情況。結語部分進行了更爲廣泛的探討。《日本江戶及明治時期〈國語〉著述綜論》則是對日本江戶以及明治時期的《國語》研究概況進行了初步總結，對這一時期的《國語》著述進行了統計和梳理。

以上是近七十年來《國語》學術史研究的基本大概。可見，《國語》學術史中的個案研究數量多於階段性或斷代研究數量，斷代研究數量多於綜合研究數量。從某種程度而言，一定的論著數量反映該專題的研究深度和廣度。總體而言，《國語》學術史研究還較爲薄弱。《國語》論著的研究中，只有《國語》韋昭注研究相對比較充分，其他《國語》專著的研究相對較少。這也是此前學者經常提及的《國語》研究的不足之處。相對個案研究而言，《國語》學術史綜合研究就更爲薄弱。當然，這一情況近些年來有所改觀。相信在《國語》專人、《國語》斷代專題的開展和研究下，《國語》學術史之研究必將進一步深入。

四、近七十年來《國語》與相關典籍比較研究

由於《國語》的部分內容和先秦時期典籍相同，兩漢時期的典籍往往徵引《國語》，故以《國語》爲參照系的典籍比較，如《國語》和《左傳》的比較研究、《國語》和《史記》的比較研究等，歷代往往有之。近七十年來，《國語》和相關典籍的比較研究仍然是《國語》研究的一個重要方面。

（一）《國語》《左傳》比較研究

由於《國語》和《左傳》内容的重合度較高，自漢代以來的學者，研討《左傳》者多通《國語》。西漢賈誼爲左氏學，而其《新書》多處徵引《國語》内容，可見對《左傳》和《國語》同樣熟悉。司馬遷《史記》内容有見於《左傳》者，也有見於《國語》者。又由於司馬遷"左丘失明，厥有《國語》"之言，後世對於《左傳》《國語》作者之事，也牽扯在一起。班固《漢書》也多處徵引《左傳》《國語》。至東漢，《左傳》立於學官，《國語》從而大行。漢代《國語》研究學者，無不精研《左傳》。是以後世研究《左傳》者多參《國語》，研治《國語》者必以《左傳》作爲參照。在中國典籍研究史上，似乎没有哪兩部典籍像《國語》《左傳》這樣，彼此牽連，相互印證補充。而兩部典籍的比較研究成果之豐富、範圍之廣博、探討之深入，也是其他典籍所無法企及的。

近七十年來，這一趨勢仍未改變。除了專題研究之外，也有學者把《國語》和《左傳》放在一起進行一般介紹，各種書目或史料學材料中多見，期刊論文則有蘇淵雷《春秋國語左傳》（《歷史教學問題》1957年第2期）、王義耀《〈左傳〉與〈國語〉》（《歷史教學問題》1982年第3期）等。下面依據研究内容，分別予以梳理。

1. 近七十年來《國語》《左傳》關係研究

以《國》《左》二書本爲二書的觀念，自高本漢以來，學者多有證發。相關論述參見本書"民國時期《國語》研究"中。此外，二書既然各自獨立，則有二書成書先後的問題，一般主張《左傳》早於《國語》，也有主張《國語》早於《左傳》者。前文所引各種文學史教材、史學史教材等亦多有關注這一方面論題者。近七十年來，學者於此多有措意。而關注較早、研究較深入者，當屬張以仁。此後，其他學者也針對這一論題發表了見解。

據王靖宇介紹，Burton Watson 的《早期中國文學》（*Early Chinese Literture*，哥倫比亞大學出版社1962年版）指出："《左傳》和《國語》

爲獨立二書，但其中一些記載和詞句相似，那可能是由於二者所採用的原始資料相同所致。一般來説，《國語》的文字比較散漫冗長，因此其中一些篇什可能爲後人寫成，較《左傳》爲晚。"① Burton Watson 承認《國語》《左傳》二書的獨立性，但同時認爲二書採用的原始材料相同。通過風格比較，認爲《國語》的一些篇章寫作晚於《左傳》。

關於《國語》《左傳》關係，張以仁先後發表有《論〈國語〉與〈左傳〉的關係》（《中央研究院歷史語言研究所集刊》第 33 本，1962年）、《從文法語彙的差異證〈國語〉〈左傳〉二書非一人所作》（《中央研究院歷史語言研究所集刊》第 34 本上册，1962 年）、《從司馬遷的意見看左丘明與〈國語〉的關係》（《中央研究院歷史語言研究所集刊》52卷 4 期，1981）等三篇論文。此外，他的《從〈國語〉與〈左傳〉本質上的差異試論後人對〈國語〉的批評》（《漢學研究》第 1 卷第 2 期，1983 年 12 月；《漢學研究》第 2 卷第 1 期，1984 年 6 月）也是以《國語》《左傳》關係作爲主要切入點的。

《論〈國語〉與〈左傳〉的關係》要點爲：①二書著作宗旨不同，《左傳》純爲記史，《國語》則旨在勸善。②二書同述一事而史實互相差異。其中時的差異 24 處，地的差異 14 處，人的差異 37 處，事的差異116 處。如果二書本爲一書之化分，不當重複如此；如二書本爲一書分化，則重出部分差異也不應如此。③二書全同部分 16 處。如二書爲一書分化，則無法解釋。④《史記》於《國》《左》重出而互相差異之處，或取《左傳》（60 多處），或用《國語》（30 多處），足證司馬遷所見《國語》《左傳》爲兩部書。⑤《晉書·束晢傳》關於《國語》及《師春》二書的記載，也可以證明先秦時《國語》與《左傳》非屬同一書。李佳認爲："張以仁將兩書進行了詳細的直接比較，言必有據，結論可信。"② 所言甚是。

《論〈國語〉與〈左傳〉的關係》通過舊説的梳理以及二書內容的

---

① 王靖宇：《中國早期敘事文研究》，上海：上海古籍出版社 2003 年版，第 219 頁。
② 李佳：《臺港及海外〈國語〉研究綜述》，《國際漢學研究通訊》第 1 期，第 274—287 頁。

比對，得出二書不同的結論。《從文法語彙的差異證〈國語〉〈左傳〉二書非一人所作》則依照高本漢提出的研究方法，從語言的角度對二書進行細緻分析。該文經過比較高本漢、馮沅君統計和分析之後，認爲“可以劃寬《國》《左》二書關係的鴻溝”。張以仁通過進一步比較二書詞語用法的不同、虛詞有無的差別、詞彙的差別，最後結論云：“不僅可顯出二書非同一書所化分，還可證明二書作者決非同一人。”進一步證實了他在《論〈國語〉與〈左傳〉的關係》中的結論。李佳認爲：“張以仁的研究細膩、紮實，爲我們更深入研究理解《國語》《左傳》兩書，提供了很大幫助。”① 其言可采。

《從司馬遷的意見看左丘明與〈國語〉的關係》是張以仁在以上二文發表二十年之後又重新思考《左》《國》問題的一篇宏文。該文先把司馬遷的意見歸納爲“《國語》的作者是左丘明”，“《國語》成於左丘明失明以後”，“左丘明是魯君子，曾根據孔子史記著《左氏春秋》”三點，進而提出“撰《左氏春秋》與《國語》的左丘明是否同一人”，“左丘明是否與孔子同時”兩個問題。經過反復研討，張氏最終認爲：“太史公所説的纂《國語》與《左氏春秋》的左丘明爲同一人，這個左丘明在太史公的觀念裏，係與孔子同時。”在這篇文章中，張以仁著重探討《國語》《左傳》二書的關係問題，主要探討左丘明和《國語》關係問題，他運用的兩個字眼值得關注，在《左氏春秋》上用“完成”，在《國語》上用“纂成”。李佳在複述張以仁之説時謂：“文章最後斷定，太史公所説纂《國語》與《左氏春秋》的左丘明爲同一人。”② 並沒有注意到張以仁在《左氏春秋》和《國語》表述上的區別。沒有注意到這一細微差別，就造成對張以仁“後記”中“古人於編纂與著作之見，分別亦不甚真切，《左傳》與《國語》二書，若一爲所著，一爲所編而略加潤色，則後世以爲同一人，亦非無此可能”這一説法的錯誤認識，認爲“張以仁不禁也有點猶豫了”，認爲張以仁“顯然開始反省自

① 李佳：《臺港及海外〈國語〉研究綜述》，《國際漢學研究通訊》第 1 期，第 274—287 頁。
② 李佳：《臺港及海外〈國語〉研究綜述》，《國際漢學研究通訊》第 1 期，第 274—287 頁。

己的觀點"。但張以仁在後記開篇即謂："本所《集刊》編輯會鑒於以仁曾爲文論《左傳》與《國語》非一人所作，而本文則謂二書皆出左丘明之手，有前後異説之嫌，因囑略綴數言以爲釋。以仁以爲，本文一則旨在考論史公之説，並非闡發個人對二書之意見，讀者稍加留意，應不致有此誤解。"則此處與前兩文探討固非同一問題，不應相混。而且此處亦特別標"完成""纂成"以區別之。

《從〈國語〉與〈左傳〉本質上的差異試論後人對〈國語〉的批評》是在前面三篇論文基礎上的進一步探討和延伸。該文共分"《春秋》《左傳》與《國語》本質上的差異"，"相關資料的介紹與分析"，"論柳宗元的'背理去道'"，"論以史書尺度平量《國語》文章之不當"，"結語"五部分。第一部分進一步申明了他的觀點，即："《國語》自有畛域，自有根源，既非志史敘事，並不依傍《春秋》。它用記言的方式，求達到明德之目的，所以偏重説理，這就是它的本質。"認爲柳宗元"忽略《國語》'明德'的本質恐怕是他的《非國語》最嚴重的缺失了"。而揭明《國語》明德的本質，也是他在《論〈國語〉與〈左傳〉的關係》所強調的。可見，張以仁觀點的前後一致性。張高評謂："張氏之論，雖循前賢舊軌，然發明與創獲獨多。所謂前修未密，後出轉精者，此之謂也。""張氏所推論，誠不刊之言也夫！"[1] 可謂知言。

徐復觀《兩漢思想史》第三卷第十二節"左氏晚年作《國語》，乃所以補《左氏傳》所受的限制"，標題就已經把意思表述清楚了，意謂："《左氏傳》爲依《春秋》而作，在取材上不能無所限制，對歷史的説明，亦不能無所限制。我認爲左氏晚年將他平日所收集的材料，編爲《國語》，主要是爲了補救這種限制。其次，是補救編定《左傳》時之所忽，或盡材料中的詳略異同，以增加歷史的説明力量及其完整性。也可以説，《國語》是配合《左氏傳》而作的。""《國語》所記，凡時間在《左氏傳》之先者，皆係爲《左氏傳》補充背景。而各國紀事的終結，決沒有超出《左氏傳》的終結。再加以文字上的兩相比勘，其出於左丘

---

[1] 張高評：《左傳導讀》，臺北：文史哲出版社1982年版，第64頁。

明一人之手，係以《國語》補《左氏傳》之不足，不應當有疑問的。"①
這個觀點和很多觀點都不同，可謂獨樹一幟。

　　楊伯峻在《春秋左傳注·前言》中列有"《左傳》與《國語》"一
節，認爲二書風格不同，《左傳》爲一人之手筆，《國語》非一人之手
筆。認同《左》《國》二書原本即二書。

　　張高評出版有《春秋》《左傳》方面著述 10 餘種，其《左傳導讀》
第三章"論《左傳》之作者及其與《國語》之關係"分兩節，第一節專
論《左傳》之作者，臚列古今各種説法，分爲"駁左氏非丘明""論左
氏爲丘明"兩大類。第二節"論《左傳》與《國語》之關係"分"論
《左》《國》非一人所作""論《左》《國》非一書之劃分"兩部分。在
"論《左》《國》非一人所作"中，張高評臚列傅玄、劉炫、柳宗元、趙
匡、葉夢得、陳振孫、宋庠之説，謂諸家之説"頗待商榷"，又對崔述
以下諸家之説進行平議。其謂"崔述考論古史，多富科學精神，其《洙
泗考信餘録》論'《國語》非左氏作'，識見尤卓犖可觀"，認爲崔述從
事辭、資材、體裁三個角度辨二書非一人所作，謂"其論雖稍嫌空泛，
然揭示綱目，以待善繼者，功亦足多"。次論及高本漢、卜德、馮沅君、
張以仁等。"論《左》《國》非一書之化分"先回溯並評析康有爲《新
學僞經考》所説之謬，次臚列高本漢《左傳真僞考》以及林語堂、馮沅
君、衛聚賢、孫海波、童書業、楊向奎、孫次舟、張以仁等人論題，謂：
"諸家説法或不同，而謂《左》《國》原非一書，則無異辭。"② 進而從
宗旨異趣、體裁殊類、文風迥別、記載乖違、文法不一、語彙差異、曆
正異數、名稱不同、卜筮存闕、史記據依十個方面，於各條之下引述前
此諸家之説進行了論析，最後結論云："《左傳》與《國語》爲性質相異
之二書，斷非一書之分化，證據確鑿。"③ 又張氏在其《〈左傳〉學研究之
現況與趨向》中把林慶彰《經學研究論著目録》關於《左傳》《國語》

---

① 徐復觀：《兩漢思想史》第三卷，上海：華東師範大學出版社 2001 年版，第 177、178 頁。
② 張高評：《左傳導讀》，臺北：文史哲出版社 1982 年版，第 65 頁。
③ 張高評：《左傳導讀》，臺北：文史哲出版社 1982 年版，第 72 頁。

關係的二十多個選題概括爲十二個，除了上面提到的十個之外，別增人物造型和敘事文學兩類，謂爲"不囿成就，勇於嘗試，運用新方法，調整新角度，遂有新發現，新成果"①。又張高評在《臺灣近五十年來〈春秋〉經傳研究綜述（下）》"《左傳》學研究與期刊論文"之"《左》《國》合論"中由司馬遷"左丘失明，厥有《國語》"引入，謂："形成千古疑讞：左丘明既已纂成《左傳》矣，何以再作《國語》？左丘明是否同時擁有《左傳》與《國語》二書之著作權？何以敘事傳人書地記時，尤其本質內容，存在許多差異？關於這方面之研究，張以仁之成果最具代表性，已詳前章論述。尚有學者專家從人物造型、天道概念、時代思想、刑法觀點、文史異同、敘事文學角度，以較論兩者差異。"② 對《國》《左》異同點之揭示，又增加不少。

1983 年，顧立三《〈左傳〉與〈國語〉之比較研究》出版，該書分爲上篇和下篇。上篇"《左傳》與《國語》撰寫取材之比較"分五節，分別爲"論見於《國語》而不見於《左傳》之記載""論《左傳》取材於《國語》簡省者""論《左傳》取材添補《國語》所缺者""論《左傳》說詞及論斷較《國語》之爲詳者""論《左傳》記載能說明歷史事件之前後原委，而《國語》記載所不能者"，下篇"《左傳》與《國語》對於歷史事件記載之分析"分十節，分別爲"鄭莊討不庭與攘夷""周鄭交質""周鄭交兵""鄭國始衰""齊桓稱霸""楚國的强大""宋襄圖霸""鄭依違晉楚二大之間""華元弭兵""向戌弭兵""子産相國"。上篇屬於分類比較，下篇屬於典型比較。顧立三在上篇第二節"論《左傳》取材於《國語》簡省者"後結云："見簡省少者，多有相同語句，此現象，推測一是《左傳》根據《國語》簡省而來，二是《國語》爲《左傳》敷成之作，三是兩書根據同一史料。由於觀念的不同，分別記出兩種不同之著作。以上三說皆有可能，在無他佐證之情況下，輕易下

① 張高評：《春秋書法與左傳學史》，上海：上海古籍出版社 2005 年版，第4—5頁。
② 張高評：《臺灣近五十年來〈春秋〉經傳研究綜述（下）》，《漢學研究通訊》2004 年第4期。

定論，似嫌武斷，認定第三説，比較穩妥。"① 顧立三是把《國語》和《左傳》看作史書對待的，認爲二書來源於同一史料。這是此前張以仁所未涉及者。

唐嘉弘《略談〈左傳〉和〈國語〉》臚列了漢以來各家對二書關係的論説，對二書的流傳以及成書先後進行了考訂，最後認爲："《國語》和《左傳》，既然曾經左丘明傳授，基本資料都應出於左丘明口誦。但在成書的順序上，似乎《國語》中大部分稍早，《左傳》較晚。"對二書不同或相反的記載，唐氏認爲："因編次《左傳》時，廣搜博采，傳聞異詞，來源有別，立場不同，或形近致譌等原故所造成，當爲合乎情理中的現象。《左傳》依據的文獻，除《國語》而外，還有許多其他的典册史籍。"② 唐嘉弘的探討比較細緻，和張以仁路數不同，與王靖宇研究有些近似。

王靖宇《從敘事的角度看〈左傳〉與〈國語〉的關係》選取了二書若干篇，從敘事的角度進行了比較之後認爲："《左》《國》二書由一書化分而成或由一人所作的可能性恐怕是小而又小，因爲我們很難想象，在敘事結構以及對人物個性描寫上如此不同的兩本書竟是出自一人之手，或甚至由一書化分而來。"③ 但同時也認爲："《左》《國》兩書間顯然也存在著非比尋常的密切關係。"關於二書內容重出的問題，王靖宇認爲張以仁提出的"那便是二書採用的材料相同。不同的兩部書，各就該書的需要，同時採用相同或不同的材料，這種情形一點也不足爲奇"這一假設"可能性固然很高，但在還沒有發現二書所依據的原始材料前，此一假設仍無法得到證實"④。王靖宇在張以仁假設之外，又提出《左傳》在成書過程中曾經參考過包括《國語》在內的大批現成材料的假設，而且認爲這種可能性極大。這種假設和唐嘉弘的推斷近似。同時，王靖宇

① 顧立三：《〈左傳〉與〈國語〉之比較研究》，臺北：文史哲出版社1983年版，第62頁。

② 唐嘉弘：《略談〈左傳〉和〈國語〉》，氏著《先秦史新探》，開封：河南大學出版社1988年版，第422—436頁。

③ 王靖宇：《中國早期敘事文研究》，上海：上海古籍出版社2003年版，第176頁。

④ 王靖宇：《中國早期敘事文研究》，上海：上海古籍出版社2003年版，第177頁。

提出第三個假設，即《國語》編寫中參考過《左傳》，但他自己也認爲
這個可能性極小，其理由是"可以理解一個作者何以要把一些零散的材
料變成一個有組織有條理的故事，但却很難想象會有人在先秦時期書寫
條件並不方便的情況下，把一個原來寫得完好的故事弄得散漫零亂起
來"①。王靖宇所闡述的理由，和徐仁甫被楊伯峻批評過的理由基本相
同，不具備充要條件。從王靖宇的論述來看，他認同《國語》《左傳》
本爲二書，且《國語》早於《左傳》。但同時也進行了延伸性的思考，
他在文章最後引述了顧頡剛《〈春秋〉三傳及〈國語〉之綜合研究》以
"鄢陵之戰"爲例論證《左傳》有改並《國語》而成書的跡象和劉起釪
在該書《後記》"《左氏春秋》主要採集了大量的晉、楚兩國史料及與之
有關各國的一些史料，所以是'薈萃衆史'，例如也曾採用了《國語》
中一些史料，故《左氏》成書又晚於《國語》"之言，並認爲"顧、劉
兩位先生的看法是可以理解的"，脚注中云："《國語》如果真是《左傳》
材料來源之一，那麼《國語》的材料又從何而來？《國語》的作者將本
來可能零散的材料收集成册的真正目的何在？《國語》中也有不少敘述
精彩的片段，那應該歸功於《國語》作者呢？還是原材料的作者？這一
系列的相關問題尚有待繼續搜證和探討。"② 另外，俞志慧對王靖宇以局
部探討帶動全書的研究方法提出質疑，謂："不是説王先生從《晉語》
中找例子找錯了——《晉語》之外的《國語》似乎也難以舉證出足够的
典型例子。""以《晉語》代替《國語》這樣的方法是典型的以偏概全，
其錯誤的根源在觀念上，即在寫作方法上先驗地視《國語》爲一部有機
統一的著作。事實上，《國語》八語自有其體例，《晉語》的敘事特色並
沒有在以記言爲主的《周語》《魯語》《齊語》《鄭語》《楚語》上體現
出來，反之亦然。即使是同樣以記事爲主的《吳語》《越語》，其敘事特
色也不與《晉語》一致，因此，《晉語》的特色只能代表它自己。"③ 俞

---

① 王靖宇：《中國早期敘事文研究》，上海：上海古籍出版社 2003 年版，第 177 頁。
② 王靖宇：《中國早期敘事文研究》，上海：上海古籍出版社 2003 年版，第 179 頁。
③ 俞志慧：《古"語"有之——先秦思想的一種背景與資源》，上海：華東師範大學出版社
2010 年版，第 117 頁。

氏對王靖宇的批評是有道理的。

沈玉成、劉寧《春秋左傳學史稿》謂《左傳》《國語》"它們各自獨立成書，《左傳》晚於《國語》，參考了其中的史料，甚至有些傳文可以看作是對《國語》記載的直接改編，但《國語》……只是《左傳》成書時所參考的衆多史料中的一種"。① 和唐嘉弘、王靖宇的觀點近似。可見，二氏也認爲《國語》《左傳》爲二書，且《國語》早於《左傳》。

王靖宇在《再論〈左傳〉與〈國語〉的關係》中首先引述了張以仁和沈玉成的觀點，並且再次申述了《從敘事的角度看〈左傳〉與〈國語〉的關係》的觀點，然後以《國》《左》二書"王子穨之亂"爲例進行了比較，認爲"二書彼此均有曾參考過對方的可能"，並推斷二書原材料可能相同。最後認爲："《國語》編著者在採用原材料時，似乎主要是轉鈔，並未對所轉鈔之材料再特意修整或加工，所以可以說《國語》比較接近原材料的原貌。《左傳》編著者則不同，在使用原材料時曾作過精細的篩選與修飾工作，所以全書的風格較一致，可以看出基本上是一個人的作品。正因爲如此，當二書在記事有重出部分時，就容易使讀者産生錯覺，以爲是《左傳》在採用《國語》。換言之，即以爲是《國語》在時代上較《左傳》爲早，乃後者所參考過的原材料之一。"② 則是從敘事角度對《左》《國》關係做出的新的解釋，即二書同源，但二書的前後卻無法確定。

王化鈺《〈左傳〉與〈國語〉比較研究》（《佳木斯師專學報》1996年第1期）謂："這說明《左傳》非是從《國語》中分出來的。"最終認爲："《國語》無論是對歷史事件的記述，描寫，還是文內所反映出來的思想觀點，文章風格等等，都與《左傳》有明顯區別。因此，很難斷定兩書是出自一人之手筆。"該文又認定"《國語》成書晚於《左傳》，而且它參考了《左傳》的某些歷史事實，據列國史料編纂而成"。

劉麗文《左丘明與〈左傳〉〈國語〉關係考論》（《聊城大學學報》

① 沈玉成、劉寧：《春秋左傳學史稿》，南京：江蘇古籍出版社1992年版，第376頁。
② 王靖宇：《中國早期敘事文研究》，上海：上海古籍出版社2003年版，第188頁。

2004 年第 3 期）認爲編撰《國語》是撰寫《左傳》的必經步驟，但今本《國語》非左丘明編撰之《國語》。劉麗文認爲司馬光的説法符合寫史邏輯，進而推斷："今存之《國語》當是戰國時另外的人將其所見各國史料集結而成的，左丘明的《國語》可能也是他參照的資料之一。而且，從今存之《國語》材料駁雜，有重複者，風格不一看，集結者基本未作什麼編撰整理。"作者又依據春秋時期特定整理歷史文化背景下的撰史邏輯程序，把《左傳》的編撰過程分爲六步：①廣泛搜集資料；②將所得資料按國別及事件分類之後輯爲一書，即如今日所見《國語》之類；③將上述資料按照國、事做進一步的史實和藝術上的加工處理，使之成爲一部國別體和紀事本末結合的史書，可能叫《國語》；④作編年體的大事記；⑤把第三步成的書按照大事記爲綱，分割成編年體史書；⑥分割後的編年體史書依據以魯爲内原則修改，並依據《春秋經》作解經處理。這一説法與班彪、韋昭等人的看法不同，倒和劉節的觀點相近。按照該文，《國語》有兩部，一部是左丘明做《左傳》的前期成果，另外一部是戰國時人依據其所見史料輯纂而成。左丘明《左傳》成書於左丘明《國語》之後。而左丘明纂《國語》和今傳《國語》没什麼關係。那就有另外一個問題，左丘明《國語》和今傳《國語》都是集結史料而成，今傳《國語》和左丘明《國語》的史料有無共同之處？或者説，今傳《國語》和《左傳》的共同之處應該如何理解？該文仍然未能回答這一問題。

張岩認爲："《國語》《左傳》應是同一個史料搜集和使用過程中兩個不同的撰寫結果。由於《左傳》側重歷史，《國語》側重言論，所以在寫進書中時出現了大同小異的情況。"進而認爲二書"都有鮮明的以魯國爲本位的特徵，更像是官修文獻而不像是私家著述"。針對《國語》《左傳》作者的問題，張岩提出作者群的設想，他認爲："具體撰寫《國語》《左傳》的人不是孔子而是左丘明（如果不是左丘明，至少是魯國的專職史官），他是孔子'修'《春秋》過程的協助者，是撰寫《國語》《左傳》的主持者，在他撰寫《國語》《左傳》的過程中也有協助者。"① 對左丘明和《國語》《左傳》二書的關係進行了肯定。

程水金《從鑒古思潮看〈國語〉之編纂目的及其敍述方式——兼論〈國語〉與〈左傳〉之關係》(《武漢大學學報》2008 年第 4 期) 從先秦史官文化與史官散文發展演進的宏觀視角對《國語》《左傳》關係進行了探討。該文認爲，先秦史官文化與史官散文的發展，大致經歷了互爲蟬聯的三個階段："(1) 傳世與不朽的歷史意念，導致了記事之史的分化，開創了中國古代'君舉必書'的歷史傳統；(2) 尋覓古鑒的現實動機，促進了歷史文獻的搜集與整理，'以史爲鑒'也因此成爲中國傳統人文精神中不可忽視的重要方面；(3) 歷史反思的學術潮流，形成了中國早期的史學自覺，暗寓褒貶的《春秋》及闡釋其'微言大義'的三《傳》，基本確立了中國古代評判歷史行爲的價值準據。"作者認爲第二階段中，"搜綴既往、尋覓古鑒這一文化階段本身，亦經歷了一個正—反—合的演變過程"，他認爲最初是以今文《尚書》爲主體的援例性的"以事爲鑒"，進而發展爲以《逸周書》爲主體的"以理爲鑒"，進而發展爲"熔事理於一體"的"以古爲鑒"模式，作者認爲"《國語》的編纂成書，正是適應了這一較高層次的鑒古要求"。通過對《國語》"以古爲鑒"的編纂目的和敍述方式的論析，最終認爲《國語》和《左傳》是編纂目的各不相同的兩部書。

夏德靠在對《國語》《左傳》觀點進行梳理，並對二書文本進行比較之後，認爲："《左傳》與《國語》是經過左丘明之手而得以流傳，但兩書畢竟屬於不同的體系。左丘明在收集各國之語的基礎上編纂《國語》，但這些各國之語早已存在，左丘明所做的工作只是傳誦、遴選，而很少對各國之語的文本進行改動，也就是說，《國語》更多地保留各國之語的原初形態。《左傳》則是用來解釋《春秋》的，這就決定它必須要以《春秋》爲基礎，圍繞它收集、整理材料，並對其進行改造……可以認爲左丘明在《國語》上主要是傳誦，而在《左傳》上更多的是創

---

① 張岩：《從部落文明到禮樂制度》，上海：上海三聯書店 2004 年版，第 297、304 頁。

製。"① 把左丘明對《國語》《左傳》二書的不同作用進行了區別。

可見，在認同《國語》和《左傳》爲兩部書這一大的觀念内部，各家對《國語》《左傳》關係的具體認識也還存在差異。認同二書具有相同的史料來源，但由於編纂目的不同而具有了不同的風格特徵，確實比較容易解釋二書内容雖有部分重合但又並行於世這一現象。

晚近以來，劉逢禄、康有爲等人認爲原只有《國語》，劉歆割裂之，離析部分成《左傳》，其餘爲今本《國語》。這一説法至民國時期尚有不少迎合者，隨著研究的進一步深入，這一説法越來越得不到認同。

徐仁甫早年間曾在四川大學中文系開設《國語》課。自 20 世紀 70 年代末以來，徐仁甫對《國語》《左傳》關係進行了比較深入的研究，先後發表了《〈左傳〉的成書時代及其作者》（《四川師範大學學報》1978 年第 3 期）、《馬王堆漢墓帛書〈春秋事語〉和〈左傳〉的事、語對比研究——談〈左傳〉的成書時代和作者》（《社會科學戰綫》1978 年第 4 期）、《左丘明是〈左傳〉還是〈國語〉的作者》（《社會科學研究》1979 年第 3 期）、《論劉歆作〈左傳〉絶句五十二首（選刊）》（《社會科學戰綫》1980 年第 2 期）、《論劉歆作〈左傳〉（與持不同意見的同志們商討）》（《文史》第 11 輯）、《再論劉歆作〈左傳〉——從〈左傳〉的事實和語言研究證明〈左傳〉成書在劉向後》（《抖擻》第 49 期）、《劉歆作〈左傳〉一證》（《中華文史論叢》第 2 輯）等學術論文，並著成《〈左傳〉疏證》一書。徐仁甫認爲司馬遷 "左丘失明，厥有《國語》" 之《國語》即司馬遷在在提及的《春秋國語》，也即司馬遷所言《左氏春秋》。而《左傳》這部書是劉歆根據春秋時期史料編纂，同時採用了《國語》《春秋事語》《史記》《新序》《説苑》的很多史料。也就是説，徐仁甫認爲《國語》和《左傳》是兩部書。但和以上諸家不同，他認爲《左傳》是西漢末年纔行世成書的。徐仁甫的觀點發表之後，引起了一些學者的反駁意見，如楊伯峻、洪成玉等發表文章對徐仁甫的觀點進行批評，徐仁甫又對反駁者的觀點及論證進行批評，堅持自己的論

---

① 夏德靠：《〈國語〉研究》，北京：知識產權出版社 2014 年版，第 101 頁。

點。凡此，皆見其《乾惕居論學文集》和《左傳疏證》。雖然徐仁甫在《左傳》作於劉歆這一學術觀點上著力頗多，但學界對其觀點少有信從之者。

總之，近七十年來，學者們從《左傳》《國語》二書關係角度著眼，主要還是接續清代民國時期二書關係的討論。從語法、詞彙、篇章、敘事、史實等方面入手，多種方法交叉使用，使得問題的認識進一步深化。

當然，這一時期還有以《國語》《左傳》爲題，但著重介紹二書，順及二書之特點的論述。如王義耀對二書分別進行介紹，也有少數篇幅涉及二書異同，謂《國語》“雖與《左傳》記載的是同一個時代，但《左傳》以敘事爲主，《國語》以記言爲多，内容詳略互異，有時還有矛盾。該書所記史實，豐富生動，是研究我國先秦史的重要資料”，最終認定：“《左傳》是編年史，循年列事，排列清楚；《國語》是國別史，分國記言，自成體系。”[1] 實際上也認爲二書各自獨立。

王曉鷗認爲，《國語》《左傳》關係問題，是 20 世紀二書研究的共同話題。她把觀點分爲三種：①一書割裂説，主此説者有康有爲、梁啟超、崔適、錢玄同、胡適等；②内外傳説，主之者有張孟倫、尹達等；③各不相干説，主其説者有章太炎、高本漢、錢穆、馮沅君、童書業、譚家健、王化鈺。關於二書成書年代，王曉鷗謂：“大體而言，《左傳》與《國語》可能是同時或稍晚出現的，《左傳》可能在一定程度上借鑒了《國語》的史實記載，是其成書時所參考的衆多普通史料之一。”[2] 仍然以推測之言出之。劉成榮認爲，學界對《國》《左》關係一直存在爭議，無論是認爲二書同出一人之手，還是認爲二書作者不同，還是認爲二書是一書離析而成，還是認爲二書是不相干的獨創，這些觀點“均不乏支持者，也有一些相關的證據，但是也因爲理由不夠充分而未能成爲定論。因此在這個問題上，硬要找出兩者的確定關係，恐怕只

---

① 王義耀：《〈左傳〉與〈國語〉》，《歷史教學問題》1982 年第 3 期。
② 王曉鷗：《〈左傳〉現當代研究史回顧》，《南京師大學報》2014 年第 3 期。

是徒勞”[①]。劉成榮的觀點值得重視。

2.《國語》《左傳》文學比較研究

《國語》《左傳》文學比較研究分爲綜合比較、具體内容比較兩類。綜合比較者如顧立三《左傳與國語之比較研究》（臺北：文史哲出版社1983）、郭預衡《〈國語〉〈左傳〉和〈戰國策〉比較談》（《中文自學指導》1985創刊號）、章明壽《半江瑟瑟半江紅——〈左傳〉與〈國語〉之異》（《上海教育學院學報》1987年第1期）、張黎麗《〈國語〉〈左傳〉比較研究》（南京師範大學古典文獻學專業碩士學位論文，2002）、黄連平《淺談〈國語〉和〈左傳〉的異同》（《商丘職業技術學院學報》2005年第6期）、黄連平《〈國語〉和〈左傳〉的異同比較》（《中國青年政治學院學報》2006年第4期）。顧立三的基本觀點已述如上。二書綜合比較研究也是基於文學研究而言的，故也放在本處討論。

（1）《國語》《左傳》文學綜合比較

郭預衡《〈國語〉〈左傳〉和〈戰國策〉比較談》認爲，在思想傾向方面，《國語》和《左傳》大同小異，以“曹劌論戰”爲例進行了探討。“在文章風格方面也是有同有異的。一般地説，《國語》之文，温文爾雅，多寓教訓。《左傳》的某些篇章，與之相同。但《左傳》的很多地方講究辭令，比《國語》更多‘騁辭’的文筆，更富於文采”。章明壽《半江瑟瑟半江紅——〈左傳〉與〈國語〉之異》認爲，從《左傳》重在記事、《國語》重在記言來探討二書字異没有問題，“但探討一篇優秀的歷史散文，其中記事、記言是難以截然分開的”，故而章氏提出：“《左傳》與《國語》之異在於：兩書均有記事和記言之文。而《左傳》尤長於記事，其記言方法與《國語》洵異；《國語》尤長於記言，其記言方法亦與《左傳》迥殊。”各舉多例對二書特徵及影響進行了論證，謂：“《左傳》文字，規模宏大，情韻並美，標誌著中國古代散文發展史

① 劉成榮：《從“驪姬之亂”看〈左傳〉材料的淵源與選擇——兼論〈左傳〉與〈國語〉〈公羊〉〈穀梁〉之關係》，見載於傅剛主編《〈春秋〉學的新視野與新方法——〈春秋〉三傳研討“饗門對話”集》，北京：北京大學出版社2020年版，第351頁。

上新的里程碑，對後代史傳散文和一般散文都有較大影響。而《國語》則把春秋時代論證精評、形象生動的言論記録下來，對後代政論文和一般論説文有直接的影響。”舉例謂二書記言不同，謂《左傳》禮法謹嚴，《國語》記言較長，偏於口語，“《左傳》爲文，體奇而變，多單偏句式，爲司馬遷《史記》所宗，實爲後代散體文之先導。《國語》爲文，體整而方，多複偶句式，爲班固《漢書》所宗，實爲後代駢體文之濫觴。”最終認定二書絶非出於一人手筆。

傅正義《戰國三大歷史散文比較論》(《渝州大學學報》1994 年第 2 期) 從思想傾向、體例、記言、記事、記人以及語言風格、修辭手法等方面，對《左傳》《國語》《戰國策》作了動態綜合比較。作者根據語言風格、修辭手法的比較，認爲《國語》和《戰國策》比較接近，而“《左傳》與《國語》又有一個明顯的由簡到繁、由低級到高級的發展脈絡”，因此，作者推定《國語》成書應該在《左傳》之後，並認爲至少《國語》一部分文字成在《左傳》之後。

張黎麗《〈國語〉〈左傳〉比較研究》(南京師範大學古典文獻學專業碩士學位論文，2002 年) 論文主體部分爲“《國語》《左傳》異同比較”，共分體裁比較、内容比較、思想比較、寫作方法比較、藝術手法比較和相關史實比較，實際上是以文學比較爲主而兼及其他。概述部分對《國語》内容、作者、版本、研究等做了基本梳理和介紹。同時指出當代“對於《國語》的思想、作者、考校、字詞辨析的研究明顯不足”，這個説法是比較符合《國語》研究實際的。至於論文篇題中何以置《國語》在前《左傳》在後，作者並没有説明。且其在行文中偶爾《左傳》在前《國語》在後，可見似非特别安排。作者把記言和記事之異、國别和編年之異都歸到體裁方面，内容方面則有記事年代範圍不同、所寫内容涉及國家不同、寫某一國之事所選事情範圍不同等，又從天人關係、政治方面、倫理道德觀念、軍事外交、社會生活及思想藝術等方面進行了具體内容的比較。思想方面主要從迷信思想、君臣觀、治國思想、修身思想、民主愛國思想等方面進行了比較，寫作方法則從選材、選材的思想傾向、組織材料方法、記事方法等方面進行比較，藝術手法則從藝術手法的運用、藝術成就兩個方面進行了比較，相關史實則從時間不同、涉及人物不同、事件不同三個方面進行了比較。相對比較細緻。

黃連平《淺談〈國語〉和〈左傳〉的異同》主要是從文學角度進行比較，也涉及二書之內容。該文首先認定《國語》和《左傳》既是兩部具有重要史料價值的歷史著作，也是先秦時期文學成就很高的敘事散文。認爲二書不僅內容互有交叉，反映時代大體相同，而且在思想傾向上也基本一致。同時指出，二書在表現形式上不同。最後認定《左傳》的藝術性更高、文學性更强、影響力更大。這些總結和結論，前此之諸多文學史料論著多已言之。

張鶴《〈國語〉〈左傳〉比較略論》（"2009 年兩岸四地'《春秋》三傳與經學文化'學術研討會"論文）認爲學界把《國語》置於《左傳》之後的論述"掩蓋了《國語》的真實價值"，"《國語》與《左傳》成書於同時甚至稍前"，該文從內容、風格和寫作特點三個方面對《國語》和《左傳》進行了比較，最後認爲《國》《左》二書在語言、編纂、寫作方面各具特色，由於《國語》供統治者垂鑒，故偏重記言說理，認爲二書分別代表了先秦時期"語"體作品和史傳散文的最高成就。

馬振方《〈國語〉與〈左傳〉的虛擬成分與文類辨析》（《中國典籍與文化》2011 年第 2 期）通過人物長話、創作預言、鬼神怪夢、悖理牴牾、不可知處五個方面對《國語》《左傳》的虛擬成分進行了辨析，最終認爲："《國語》應是綴集而成，不同篇卷並無統一的紀實要求，引入的史料或多或少，爲凸顯古人善言，羼入諸多虛造之語。""與《左傳》相較，《國語》多卷産生在前，虛擬成分的比重明顯爲多。它既非一人一時之作，不同篇卷與史著的距離也就不同。"

（2）以二書相近記載部分作爲探討對象的比較研究

王海燕《論〈左傳〉歷史文本中文學因素的發生——以〈國語〉的相近記載爲參照》（北京師範大學碩士學位論文，2003 年）內容分爲三個部分。第一章首先總結了《左傳》和《國語》比較中體現出來的一些文本特點。第二章在此基礎上分析了《左傳》所體現出的更爲自主的歷史寫作方式，反映了更爲突出的歷史主體意識。第三章又進一步分析了

《左傳》的這種歷史寫作，處於一種自由與約束之間的平衡狀態中。

關冰《〈國語‧晉語〉與〈左傳〉相關記載之比較》（《遼寧大學學報》2002 年第 5 期）先總結《左》《國》關係爲三類，即內外傳説、採集剪裁説、一書割裂説。次探討二書與晉之關係，認爲《左》《國》二書都和晉關係密切。次及二書之比較，對撰述目的、性質、記事、記言、記人等方面比較不同，最後結論謂："《國語》以'國'分目，記'語'爲主的特點，使它具備了許多史書所無法具備的優勢，敘事、記言及刻畫人物都有獨到之處。它所體現的先秦敘事散文的敘事傳統和語言藝術，對後代文學創作産生的深遠影響，更是不可抹煞的。"通觀作者全文，除了探討《左》《國》二書與晉之關係用到了"晉"之一字，其他部分並未使用《晉語》材料，實亦《左》《國》整體比較，而比張黎麗的比較簡略得多。但該文總結二書與晉之關係，引起部分學者注意。

黃耀《〈國語〉〈左傳〉所敘晉史比較研究》（重慶師範大學碩士學位論文，2007 年）也是以部分內容作爲《國》《左》比較的研究。作者總結謂：①大部分史實以原生態形式存在於《國語》中；②《國語》有堆積史實的特點，其繁冗處遭人詬病，但其富麗處也被忽略。同時把《國語》的藝術特色追溯到《尚書》，謂《國語》繼承了《尚書》口語精神和集中篇章寫人的手法，進而論述了《國語》對《史記》的影響。可以看出，該文以《左傳》作爲參照系，通過《晉語》對《國語》的文學特點、來源及其價值進行揭示。

（3）《國語》《左傳》以戰爭爲主體的文學比較研究

鄭金仙《〈左傳〉與〈國語〉敘事藝術比較研究——以春秋晚期吳楚、吳越之爭爲範圍》（高雄師範大學國文教學碩士班學位論文，2004年）通過《國》《左》三次戰爭的敘事對比，總結了六點：《左傳》用預言繫戰爭的成敗，《國語》敘戰爭情節較不完整，然姑蘇之戰也有較詳細的描述；《左傳》與《國語》對人物的描寫有其一貫形象，然二書同一人物塑造形象有其差異；三次戰役描寫，《左傳》《國語》皆認爲國君、主帥的品德已預示戰爭的勝負了；《左傳》有其一貫的中心思想，《國語》多爲禮的鋪陳；《左傳》具備短篇小説及話本的雛形，《國語》

重在意念的表達；《左傳》應爲左丘明所作，而《國語》爲輯録之本，且成書在《左傳》之後。作者通過比較，最後推斷云："《國語》爲輯録之書，《越語下》的作者當受戰國中晚期黃學思想的影響，則《國語》成書當於戰國中晚期，與《左傳》作者不同。"進而大膽推測："《國語》是輯録之本，用以作爲當時貴族的教本，以尚禮、重民來教育其子弟，然後人亦不斷編輯而入，終成爲我們現在所見到的版本。"

（4）《國語》《左傳》以人物事件爲主體的文學比較研究

以人物事件爲主體的比較，比較典型的是以重耳和驪姬爲主體的研究，也有的學者以子頹之亂爲主體。

①以重耳爲主體的比較

馬婷婷《〈國語〉〈左傳〉〈史記〉中的晉文公重耳形象比較研究》（《和田師範專科學校學報》2009 年第 4 期）通過《國語》《左傳》《史記》三書對重耳流亡和稱霸敘事的比較，認爲《國語》中的晉文公從善如流但缺少霸氣與沉著果斷的決策能力，《左傳》中的晉文公從一開始就充滿英雄氣概，《史記》中的晉文公形象更具立體感，司馬遷充分刻畫了人物成長與性格發展的過程，進而認爲"《國語》已有將某個人的言行集中在一起，向人物小傳過渡的趨勢"。以重耳形象爲切入點，進行《國語》《左傳》《史記》比較的還有邵珺《晉公子重耳之亡——比較〈左傳〉〈國語〉〈史記〉中的重耳形象》（《青年文學家》2016 年第 14 期）、劉起暉《論晉文公形象——從〈國語〉到〈左傳〉再到〈史記〉》（《西江文藝》2017 年第 9 期）、唐新淯《"重耳出亡"歷史事件在〈左傳〉〈國語〉〈史記〉中的差異分析》（《小說月刊》2019 年第 3 期）。唐新淯通過三書對重耳出亡的記述，發現："《左傳》的記敘是最簡略的，《史記》在大部分材料的選擇上都參考了《國語》的内容。《左傳》中某些情節的缺失是嚴重的，《國語》《史記》的情節幾乎相仿。"該文發現，和《左傳》《史記》相比，《國語》中驪姬、優施之間密談情節出現頻率較高，認爲有可能是《國語》作者"爲了記言而精心虛構的"。

②以驪姬形象和驪姬之亂爲主體的比較

以"驪姬之亂"爲例進行《國語》《左傳》比較的有樊雅茹《枕邊吹風的狐媚還是老謀深算的政客——淺談〈左傳〉〈國語〉〈史記〉"驪姬之亂"中驪姬形象的不同》(《新鄉學院學報》2011 年第 4 期)、李沁園《〈左傳〉〈國語〉比較研究看驪姬之亂——解構驪姬之亂》(《時代文學》下半月 2011 年第 7 期)、鍾靈《〈左傳〉〈國語〉對驪姬形象刻畫的對比》(《戲劇之家》2017 年第 20 期)、劉成榮《從"驪姬之亂"看〈左傳〉材料的淵源與選擇》等。樊雅茹認爲,《國語》《左傳》對驪姬的記載差異"反映了兩個文本記述的不同的男女社會地位觀和對天命觀的不同理解",《左傳》在於昭示晉獻公違背天意,而"《國語》則正視了驪姬在這場動蕩中的重要作用,使整個故事情節更加合乎邏輯,也體現了在《國語》中天命觀正在逐步淡化,取而代之的是人的自主作用不斷增強"。劉成榮認爲,《國語》和《左傳》在"驪姬之亂"事件的敘述上,"有很多相同之處,但具體材料的選用卻差異明顯。或者兩部書所用的原始材料相同,而在編寫的過程中,各自進行了取捨和改寫"①。

③以子頹之亂爲主體的比較

1990 年,鮑則岳(William G. Boltz)在 *Bulletin of the School of Oriental and African Studies* 第 3 期上發表的 Notes on the Textual Relation between the *"Kuo yu"* and the *"Tso Chuan"*(《〈國語〉與〈左傳〉的文本關係》),即以子頹之亂爲主體,用文獻校勘的方式進行了比較。此後,王靖宇也通過"子頹之亂"的敘事,對《國語》《左傳》進行了比較,詳見上文。

整體而言,《國語》《左傳》文學比較研究主要印證前此學者得出《國語》記言、國別以及《左傳》記事、編年等特徵,兼對前此《國語》特徵總結進行補充。在此基礎上,對《國語》文學敘事、人物描寫以及語言風格有了更爲清晰的認識。

---

① 見傅剛主編《〈春秋〉學的新視野與新方法——〈春秋〉三傳研討"夤門對話"集》,北京:北京大學出版社 2020 年版,第 357 頁。

3. 《國語》《左傳》語言比較研究

高本漢、馮沅君等人在探討《國語》與《左傳》關係時，已經運用語言比較的方式方法。但《國語》《左傳》語言比較的專門論文直到1986 年纔出現，即洪成玉之《〈左傳〉〈國語〉的語言比較》（張志公主編《語文論集》第二輯，北京：外語教學與研究出版社 1986 年版）。何永清《國語語法研究》對《國語》《左傳》語法進行了比較分析。又白兆麟《〈國語〉與〈左傳〉之假設句比較》（《淮北煤炭學院》2000 年第1 期）對《國》《左》假設句進行了比較。

洪文開篇即謂接續高本漢的觀點而來，他把高本漢關於《國》《左》語言比較總結爲八點，並對最後兩條提出商榷意見，指出《國語》《左傳》兩書都有句末疑問語氣詞"邪"（耶），《左傳》中的"若"有"像"的意義，只是用例較少。洪成玉在高本漢的基礎上既探討二書的相同之處，同時也發現了二書的不同之處。相同之處既有語義的，也有語法的，以語法爲主。不同之處主要是敘事、稱謂和曆法方面。洪氏最終認爲，二書同一時期產生，但《國語》早於《左傳》。相對而言，洪成玉的結論更爲客觀。

何永清梳理了馮沅君、張以仁《國語》《左傳》語言比較結論，進而從"語"之結構、"單句"、"複句"、"歎詞"、"介詞"、"遞繫"等方面對二書語法之不同進行了簡要總結，認爲："《國語》與《左傳》在語法上差異甚大，相同者少。"①

白兆麟《〈左傳〉假設複句研究》認爲管燮初《左傳句法研究》把假設複句歸入條件句不盡妥當。白氏認爲古籍中假設句大量存在，可以設立"假設複句"的名目。白氏從語法形式上，把《左傳》的假設複句分爲四種類型，每種類型又分各種格式，且列有圖表。又從假設複句前後兩部分的語義關係，把《左傳》的假設複句分爲九種類型。②《〈國語〉

---

① 何永清：《國語語法研究》，臺北：文史哲出版社 1987 年版，第 208—212 頁。

② 白兆麟：《〈左傳〉假設複句研究》原載《第二屆國際古漢語語法研討會論文選集》（北京：語文出版社 1998 年版），又載於氏著《文法學及其散論》，北京：九州出版社 2004 年版，第310—334 頁。

與〈左傳〉之假設句比較》實際上是爲了驗證前説。該文開篇對二書性質以及成書年代進行了説明，認爲"二書成書年代相近，都流行於戰國中後期，而且其字數也大體相當"，並對語料範圍進行了界定，基本區分了本體語料與外緣語料。白文以《國語》爲主，仍依前文把《國語》假設複句分爲四種類型。通過白兆麟的研究可知，二書假設複句各自有自己的特點，既有相同之處，也有不同的用例。

　　21 世紀以來，《國語》《左傳》二書語言比較主要體現在虛詞方面，如北京師範大學 2008 年就有劉永會《〈左傳〉〈國語〉介詞比較研究》、賀麗《〈左傳〉〈國語〉助詞比較研究》、周廣干《〈左傳〉〈國語〉副詞比較研究》等三篇碩士學位論文選題完成。此外，尚有朱婧《〈國語〉〈左傳〉語氣詞比較研究》（華東師範大學碩士學位論文，2020 年）。

　　劉永會的碩士論文以《左傳》和《國語》中的介詞爲研究對象，對兩部書中的 27 個介詞進行了深入細緻的調查研究，並從句法、語義、語用三個角度進行了對比。統計了它們在兩書中出現的頻率，比較其語法意義的異同。此外，還考查了介詞及其賓語在句中的位置以及兩書中特殊的介詞結構。賀麗的碩士學位論文以二書中的助詞爲研究對象，採用定量分析、數據統計等方法，對其中的助詞進行窮盡調查、全面描寫，歸納相關助詞的特點及其在兩書中使用的異同，並對一些語言事實進行説明。周廣干的碩士學位論文首先介紹了研究材料、意義和方法，並對副詞的判定標準、語法特點以及與相關詞類的區別進行了總體概括，對漢語副詞的研究歷史進行回顧，對研究中存在的問題進行歸納、梳理，並依據語法功能和意義雙重標準，將副詞分爲七個次類，共歸納出《左傳》各類副詞 227 個，《國語》各類副詞 166 個。最後得出：①《左傳》和《國語》的副詞在數量上存在較大差別；②否定副詞、謙敬副詞方面，兩部書幾乎不存在差別；③情態副詞、程度副詞、範圍副詞、語氣副詞和時間副詞，這五類副詞在具體運用中，兩書存在一些具體而微的差別。朱婧統計出《國語》和《左傳》共有的單獨使用的語氣詞有 13 個，共有的連用語氣詞 9 個，《國語》獨有的語氣詞 "而已矣"，《左傳》獨有的語氣詞有 "居" "矣哉" "已矣" "矣夫" "而已乎"，對二書的

"也""乎""矣""焉""者""夫""爲""哉""已""而已""邪"
"與""兮""居"進行了分別比較,對二書語氣詞運用特點進行了總結。

此後,周廣干在二書語言比較方面著力最多,其博士論文《從〈左傳〉和〈國語〉虛詞的比較看兩書的文獻關係》(北京師範大學,2011年)以及後來發表的期刊論文《〈左傳〉〈國語〉否定副詞比較研究》(《山西大同大學學報》2011年第1期)、《〈左傳〉〈國語〉程度副詞比較研究》(《南陽師範學院學報》2011年第11期)、《〈左傳〉和〈國語〉結構助詞"所""者"比較研究》(《南昌工程學院學報》2012年第5期)、《〈左傳〉〈國語〉連詞"若"的比較》(《廣西民族學院學報》2012年第4期)、《上古語氣詞"乎"構式分析——從〈左傳〉〈國語〉語氣詞"乎"談起》(《廣播電視大學學報》2013年第1期)、《〈左傳〉〈國語〉時間副詞比較研究》(《西南交通大學學報》2015年第4期)、《先秦漢語提賓助詞的使用特點——基於〈左傳〉〈國語〉的比較》(《西南交通大學學報》2017年第4期)、《從"兩文"的比較看〈國語〉〈左傳〉的語言差異》(《漢語史研究集刊》2019年第1期),是其《左》《國》虛詞比較研究以及相關成果的體現。

周廣干博士論文在碩士論文的基礎上,由副詞比較擴展到《國語》《左傳》其他虛詞比較研究,對兩書的每一個虛詞的語義語法功能都進行了全面而詳盡的考察、描寫和分析。一方面歸納和建構起兩書的虛詞系統,另一方面通過兩書虛詞的比較去審視和考辨它們之間存在的文獻關係。全文分七部分。緒論對《國語》和《左傳》已有的研究成果進行了總結。第二章至第五章分別對二書的介詞、連詞、語氣詞和助詞四類虛詞進行了全然性統計、分析和比較。第六章選取了《左傳》《國語》39組175項異文近300個具體虛詞,進行了具體的比較分析。經過比較,周氏發現:"《左傳》和《國語》的虛詞系統表現出非同一般的一致性,讓我們有足夠的理由去相信兩書之間存在的關係是十分密切的。"最終認定:"《左傳》和《國語》兩書是具有同一方言基礎的一批學者整理完成,兩書所用的語言同屬於齊魯方言;這些學者對史料進行了不同程度的整理、改編和加工;兩書各自的完成過程不會間隔很長的時間;

《左傳》《國語》的成書是早於《論語》《晏子春秋》和《孟子》的。"
同時對兩書虛詞在使用過程中表現出的個性和明顯差異的原因進行了分
析。結論較客觀可信。其成果已經匯爲《〈左傳〉〈國語〉文獻關係考辨
研究：以虛詞比較爲中心》一書，於2021年3月由社會科學文獻出版社
出版。

周廣干《從"兩文"的比較看〈國語〉〈左傳〉的語言差異》對40
多組兩書異文語料，從用詞、用字、語法等角度進行了比較分析。該文
通過比較認爲：①在常用詞及詞組方面，《左傳》使用的詞彙多爲先秦
漢語中的常用詞或詞彙的常用義；《國語》使用的詞義多爲非常用義。
《左傳》中的多數用詞較《國語》更易於理解、更接近該時期詞彙的原
貌。②在用字方面，兩書用字呈現出此有彼無的互補傾向。《國語》多
用分化字，《左傳》多用古字；《國語》使用該時期較少見的異體字形，
《左傳》則使用較常見的字形；《國語》用本字，《左傳》用通假字。
③在句法方面，《左傳》句式富於變化，相對靈活，《國語》相對保守。
進而推測："《國語》應該大量保留了原始史料，很少經過改寫，較少或
者沒有經過潤色加工，反映的應該是早於《國語》成書時期的語言；
《左傳》則是經過較多的修飾和潤色加工，從而在用詞、用字和句法方
面反映了這一時期的語言面貌，較靈活多變。"

總體而言，《國語》《左傳》語言研究主要體現在語法方面。語法比
較以句式爲早，但較成規模的是虛詞研究，以周廣干的《國》《左》虛
詞比較爲較全面系統，其結論爲《國語》《左傳》成書先後提供了依據，
爲《國語》《左傳》語言的深入研究提供了方法和相應結論。必須指出
的是，周廣干在《左傳》《國語》語料的確定性上存在偏差。這種偏差
首先體現在用字上。其《從"兩文"的比較看〈國語〉〈左傳〉的語言
差異》用字分析是以黃刊明道本作爲語料的，但是《國語》公序本用字
和明道本有諸多不同。如其所舉《國語·晉語九》"屬黶而已"之
"黶"，公序本作"厭"。其論文中統計出的5例"黶"字，公序本《國
語》除了《晉語八》作"黶"字之外，其他4處字皆作"厭"。《魯語
上》"弊邑之野"及統計出的9例"弊邑"、1例"敝邑"，公序本《國

語》除了《吳語》2 例用"弊邑"、《越語上》存在"弊邑""敝邑"的異文外,其他 7 例皆用"敝"字。另如明道本"卹"字,公序本絕大多數作"恤"。有的學者認爲《國語》公序本用古字當是據《左傳》而改。不排除這種可能性。但也無法排除公序本用字更符合《國語》原本的可能性。故而用字、用詞比較,一旦聯繫到該書的版本異文,似乎就不能那麽簡單統計,需要全面考慮。此外,在《國語》全書字數上,似也存在一些問題。按照前文梳理,各家統計《國語》全書字數大約爲七萬四百左右。但有的學者在論著中統計《國語》字數爲九萬字,殊違事實。數據的偏失,衝擊了具體語言現象定量分析的有效性。

此外,尚有吳澍時、錢律進《〈國語〉和〈左傳〉中"君子曰"之比較》(《古籍整理研究學刊》2010 年第 5 期)、陳詠琳《〈春秋〉內外傳"君子"與"君子曰"芻議》(《屏東大學學報》2016 年第 1 期),以《國語》《左傳》"君子曰"這一短語結構作爲探討對象。民國時期,楊向奎曾初步研究二書"君子曰"。近幾十年來,學者多單獨以《左傳》爲語料,對《左傳》"君子曰"進行深入研究,發表論文近 50 篇、碩士學位論文數篇。盧心懋、鄭惠方以《左傳》"君子曰"爲對象,通過考察《左傳》"君子曰",對《左傳》的功能、成書時期、性質及其與孔子的關係、君臣之道等等作了有益的探討[1]。楊向奎之後,以《左傳》《國語》兩書"君子曰"作爲考察對象的,僅此兩篇。吳澍時、錢律進對前人"君子曰"的看法做了梳理,對《國語》《左傳》中的"君子曰"做了統計分析和比較,最終認爲:"'君子曰'最初也許是史官或前人整理史料時托'君子'之名發出的議論,語言簡潔,寓意深刻,後人利用史料時充分利用這種評論形式,在內容上又做了補充。《國語》和《左傳》的'君子曰'文句、內容都不完全相同,和《左傳》相比,《國語》中的'君子曰'語言簡略,寓意深刻,更像是保留了史料的原貌。"從這個方面也説明《國語》成書早於《左傳》。又陳詠琳認爲:"《春秋》內外傳所記時人

---

① 盧心懋:《〈左傳〉"君子曰"研究》,新北:花木蘭文化出版社 2010 年版。鄭惠方:《〈左傳〉"君子曰"中的君臣之道》,新北:花木蘭文化出版社 2016 年版。

語意下之‘君子’，皆尊稱具備才德之貴族階級。其中，《左傳》‘君子曰’側重以禮、義爲首之‘道德’，《國語》‘君子曰’偏好善、知等‘才能’……在確立先秦‘君子’含義與《左傳》《國語》‘君子曰’取向後，推論《左傳》‘君子曰’有部分内容爲‘時人君子’所言，故非一人、一時、一地之作。反觀《國語》‘君子曰’因句法固定、短小精簡，評議對象與模式相近，或當爲編纂者一人之論贊。”所述頗有新意。

4. 以《國語》《左傳》作爲整體考察對象進行研究者

此亦分爲多個方面，有以《國語》《左傳》引述材料爲研究對象者，有以《國語》《左傳》本體爲研究對象者，有以他書引《國語》《左傳》爲考查對象者，就目前所得研究論文看，以前者爲多見。

(1) 以《國語》《左傳》引述材料爲對象者

先秦典籍每好引《詩》《書》《易》等以爲論據，《國語》《左傳》亦往往引之，學者於此多有考察。有整體探討《左傳》《國語》徵引文獻者，也有分文獻對二書所引材料進行探討者。前者較少，目前僅見蔡瑩瑩《敘事、論説與徵引——論〈左傳〉〈國語〉的典故運用》（臺灣大學中國文學研究所碩士學位論文，2013 年）、張偉《〈左傳〉〈國語〉文獻徵引與先秦地域文化考論》（山東大學儒學高等研究院碩士學位論文，2017 年）。蔡瑩瑩認爲二書引典籍具有“斷章取義”的特質，“一方面顯現出借重經典的歷史背景與權威性質，達成論説之效果與目的；另一方面却也將自身的話語不斷融入、參與經典之中，對經典之文進行各種靈活的化用與新銓……展現出春秋時期以明德與人文爲引領的論説態度。”通過對《左》《國》二書徵引史事的分析，蔡氏發現：“言説者的意圖與論説主題，往往對其所引用論述之史事内容產生影響與改變”；“春秋時人對歷史事件的認知並不混沌模糊，反而有某些清晰的界定與運用原則、言説傳統”；少數古史“似乎主要在於表現言説者的博物洽聞，亦有少數事例對歷史故事提出改造、辨證，而較爲著名的當代史事如晉文公事跡，則似乎逐漸成爲新的典範而被傳誦、講述，這些在春秋時人言談中顯得較爲特殊的事例，實則隱約具有某些戰國諸子與策士的言説特色”。張偉的論文分別對二書引書規律、特點以及體現出來的典籍流傳情況進行了論析。相較之下，蔡瑩瑩的探討更具綜合性和啟發性。

①《國》《左》二書引《詩》研究

以《國語》《左傳》引《詩》爲考查對象者，夏鐵生《〈左傳〉〈國語〉引〈詩〉說〈詩〉之研究》（臺灣大學中國文學系研究所碩士學位論文，1966年）是比較早從事這一專題研究者，檢其目錄，依次爲凡例、緒言、《左傳》引《詩》說《詩》部分、《國語》引《詩》說《詩》部分、《左傳》《國語》引《詩》相同部分、後言等，所分析引《詩》從文句、篇名、篇章、逸詩等角度進行論列。20世紀90年代末以來，中國大陸學者頗有從事此一專題研究者，如譚德興《〈左傳〉〈國語〉與漢四家詩》（《貴州文史叢刊》1998年第2期）、俞志慧《春秋詩學經典命題釋證——以〈左傳〉〈國語〉賦詩爲例》（《中國學術》第九輯，2002年）、李春青《論先秦“賦詩”“引詩”的文化意蘊》（《齊魯學刊》2003年第6期）、韓國良《從〈左傳〉〈國語〉賦引之詩看〈詩經·商頌〉的年代問題》（《陰山學刊》2006年第2期）、孫敏《〈左傳〉〈國語〉賦詩、引詩研究》（安徽師範大學碩士學位論文，2007年）、張中宇《〈國語〉〈左傳〉的引“詩”和〈詩〉的編訂——兼考孔子“删詩”說》（《文學評論》2008年第4期）、李遠振《淺析〈詩經〉在〈國語〉〈左傳〉中的表現》（《魅力中國》2010年第14期）、來森華《論春秋時期的〈詩〉文本闡釋及其特點——基於〈左傳〉〈國語〉中“賦詩”“引詩”的探析》（《蘭州交通大學學報》2011年第5期）、武河良《〈左傳〉〈國語〉列國用詩研究》（陝西師範大學碩士學位論文，2013年）、韓國良《從〈左傳〉〈國語〉所載逸詩的屬性看“孔子删〈詩〉”》（《安康學院學報》2015年第3期）、張鶴《〈左傳〉〈國語〉用〈詩〉比較》（《中國文化研究》2017年第4期）、曾小夢《先秦典籍引詩研究》（北京：商務印書館2018年版）、胡寧《春秋時期女性賦詩、引詩析論》（《安徽師範大學學報》2019年第6期）等。大致分爲這樣幾個方面：《左傳》《國語》引《詩》的文獻梳理；對《左傳》《國語》引《詩》說《詩》進行分析，進而論述其功能、價值和影響；以《左傳》《國語》說《詩》引《詩》爲對象，研究春秋時期《詩經》的闡釋；以《左傳》

《國語》引《詩》説《詩》爲對象，研究《詩經》之存佚演變情形；以《左傳》《國語》引《詩》説《詩》爲對象，探討孔子删《詩》問題。有些研究只是以二書引《詩》作爲材料，並不涉及《左》《國》引《詩》價值，有些研究則兼及二書引《詩》之價值。如譚德興認爲《左傳》《國語》所反映的主要是春秋時期的《詩》學，具有較强的功利性。通過比較發現，"無論對《左傳》還是《國語》，魯詩和毛詩的傾向性都表現得强些。這反映出魯詩與毛詩同《左傳》《國語》的關係更密切"。譚德興經過分析認爲，四家詩對《左傳》《國語》相同的《詩》義取捨不盡一致、對《左傳》《國語》有分歧之《詩》義論説不一致、毛詩對二書中《詩》義訓詁材料原文照搬表現最爲突出，而二書對四家詩的影響主要體現在訓詁方式、用《詩》方式、對漢代《詩》學具有重要影響。李春青認爲《左》《國》賦《詩》具有表達友好、表達請求或建議、表達諷刺或警告或批評等交往功能，從引《詩》人群和典籍引《詩》差異方面進行了梳理，進而對《詩》的功能變化進行了揭示。另外，曾小夢通過先秦群書引《詩》賦《詩》個案推求和綜合比對，對《詩》經典化和功能化進程也有考論。讀者可參。

②《國》《左》引《易》研究

以《國語》《左傳》引《易》以及《國語》《左傳》筮例爲考查對象，是《國語》《左傳》引書研究中一個重要的方面。較早的研究有李鏡池《〈左傳〉〈國語〉中易筮之研究》（《古史辨》第 3 册，1931 年）、尚秉和《〈左傳〉〈國語〉易象釋》（1943 年），實際上二氏更多關注《左傳》《國語》引《易》本體，對占法、卦象、卦辭、變卦等進行了研究，如李鏡池經過研究認爲，"《左傳》《國語》所載比《易傳》較爲詳盡切實""《左》《國》筮辭較《易傳》所釋爲切當"。尚秉和《〈左傳〉〈國語〉易象釋・緒言》云："春秋人談易象者，盡在《左氏》《國語》，恨其注不能解，或解之而誤。"是其撰作之目的，共分析十例，其中《左傳》八例、《國語》兩例，對《國語》"重耳筮得國"和"晉筮成果歸國"兩例進行了解釋。20 世紀 70 年代末以來，有高亨《〈左傳〉〈國語〉的周易説通解》（氏著《周易雜論》，齊魯書社 1979 年版）、李周龍《〈周

易〉十翼與〈左傳〉〈國語〉的易説》(《孔孟學報》第 51 期，1986
年)、［美］赫爾穆特·威廉《〈左傳〉〈國語〉中的易經占筮辭》(張善
文譯，《東嶽論叢》1986 年第 4 期)、劉玉建《〈左傳〉〈國語〉中卜例
(之一)》(《周易研究》1991 年第 4 期) 與《〈左傳〉〈國語〉中卜例
(之二)》(《周易研究》1992 年第 2 期)、歐陽維誠《〈左傳〉〈國語〉中
變占新考》(《長沙理工大學學報》1991 年第 4 期)、黃開國《〈左傳〉
〈國語〉與〈易經〉》(《孔孟學報》第 74 期，1997 年)、劉大鈞《〈左
傳〉〈國語〉筮例》(氏著《周易概論》，齊魯書社 1999 年版)、邢文
《〈左傳〉〈國語〉筮例的再認識》(國際儒學聯合會編《國際儒學研究》
第四輯，北京：中國社會科學出版社 1998 年版)、張意文與樊聖《〈左
傳〉〈國語〉中的〈周易〉筮法》(《大陸雜誌》2000 年第 2 期)、唐玉
珍《〈左傳〉〈國語〉引〈易〉考釋》(臺灣師範大學中國語文學類碩士
學位論文，2000 年)、彭俊傑《春秋時期易學演進過程之研究——以
〈左傳〉〈國語〉之〈易〉説爲依據》(華梵大學社會及行爲科學門碩士
論文，2000 年)、黃黎星《以象解筮的探索——論尚秉和先生對〈左傳〉
〈國語〉筮例的闡釋》(《周易研究》2002 年第 5 期)、韓慧英《〈左傳〉
〈國語〉筮數"八"之初探》(《周易研究》2002 年第 5 期)、廖婉利
《論〈左傳〉〈國語〉中"多爻變"之占筮》(社團法人中華民國易經學
會編《第四屆海峽兩岸青年易學論文發表會大會論文集》，臺北：社團
法人中華民國易經學會，2003 年)、韓慧英與劉震合撰《〈左傳〉〈國語〉
筮數"八"之初探》(社團法人中華民國易經學會編《第四屆海峽兩岸
青年易學論文發表會大會論文集》，臺北：社團法人中華民國易經學會，
2003 年)、李爾重《試循聞一多之路探索〈周易〉——〈左傳〉〈國語〉
引易情況掇拾》(聞一多殉難 60 周年紀念暨國際學術研討會論文，2006
年)、許蔚《〈左傳〉〈國語〉易例於〈周易〉之文本意義》(《周易研
究》2006 年第 1 期)、余培林《〈左傳〉〈國語〉"之八"舊説質疑》
(《中國學術年刊》第 29 期，2007 年)、蕭滿省《從〈左傳〉〈國語〉看
春秋卜筮之道與易學的關係》(福建師範大學碩士學位論文，2007 年)、
林奕《〈左傳〉〈國語〉中的〈周易〉筮例研究》(福建師範大學碩士學

位論文，2007 年）、王汝華《易筮隅窺——以〈左傳〉〈國語〉爲考察依據》（《台南科技大學通識教育學刊》2007 年第 5 期）、王曉黎《試論〈周易〉古經的早期文本化與經典化——以〈左傳〉〈國語〉易說爲例》（《文明探索叢刊》2009 年第 4 期）、王曉黎《〈國語〉〈左傳〉易說所體現的 "筮" 與 "德"》（《文明探索叢刊》2009 年第 10 期）、廖名春《〈左傳〉〈國語〉易筮言 "八" 解》（"2009 年兩岸四地 '《春秋》三傳與經學文化' 學術研討會" 會議論文）、盧秀仁《〈春秋〉內外傳筮法之 "八" 考訂》（高雄師範大學中國語文學類碩士論文，2009 年；花木蘭文化出版社 2013 年出版）、黃覺弘《讀〈左傳〉〈國語〉占筮二題》（《人文論譚》，2010 年）、龔傳星《器之爲道——〈左傳〉〈國語〉筮例的筮器問題》（《管子學刊》2010 年第 1 期）、黃黎星《聚訟紛紜論易筮——關於〈國語〉〈左傳〉筮例的評說》（《中州學刊》2010 年第 4 期）、李付保《〈左傳〉〈國語〉易例研究》（山東大學碩士學位論文，2010 年）、廖名春《〈左傳〉〈國語〉筮言 "八" 解》（《國學學刊》2012 年第 1 期）、張朋《春秋時期〈周易〉哲學内涵探究》（《哲學分析》2014 年第 6 期）、王化平《〈左傳〉和〈國語〉之筮例與戰國楚簡數字卦畫的比較》（《考古》2011 年第 10 期）、張金平與楊效雷《〈左傳〉〈國語〉引〈易〉類析》（《遼東學院學報》2014 年第 2 期；《殷都學刊》2015 年第 1 期）、劉震《清華簡〈筮法〉與〈左傳〉〈國語〉筮例比較研究》（《中國哲學》2015 年第 10 期）、吳克峰《中國邏輯史視域下的〈左傳〉〈國語〉筮例分析》（《周易文化研究》，2015 年）、王社莊《春秋筮占特徵及文化分析》（《周易文化研究》，2015 年）、劉卉子《〈左傳〉〈國語〉筮例中所見 "八" 再討論》（《長江大學學報》2016 年第 2 期）、楊虎《左氏易傳：〈左傳〉〈國語〉易學研究》（山東大學中國哲學博士學位論文，2017 年）、范育均《從出土易學文獻看〈左傳〉〈國語〉中的涉易材料》（西南大學中國古典文獻學碩士學位論文，2018 年）、王社莊《春秋易學筮法研究》（《社會科學動態》2019 年第 2 期）、蔡飛舟《〈左傳〉〈國語〉涉 "八" 筮例考》（《周易研究》2019 年第 3 期）等。這些論文對《國語》《左傳》所引《易》以及《國語》《左傳》之筮例、變爻等等進行了一定程度的探討，牽涉到文獻研究、易理研究、易象研究等相關方面，對於《國語》卜筮的深入認識與正確理解不無裨益。當然，也可以看到《左傳》《國語》筮例以及《周易》評議對《周易》研究的重要性。如高亨認爲："《左傳》《國語》中有不少春秋時人用《周易》占事或論事的記錄，這是春秋時人的《周易》説。《周易》古經自有了《十翼》以後，便不僅是筮書，而且跨進哲學著作的領域。這是《周易》學的一大發展。這一發展，首先是以當時的經濟基礎、政治局面、文化思潮等爲背景；其次則在於前代《易》説爲之基礎。要想説明後一問題，必須先研究《左傳》《國語》中的《周易》説，然後和《十翼》的《周易》説比較一下，纔能看出《十翼》作者對於春秋時人的説法，承襲了哪些，引申了哪些，揚棄了哪些，尤其是《十翼》作者有哪些創造。"① 楊虎也謂："'左氏易傳'的重大意義在於：它是從殷周之際《周易》古經神學觀念到戰國《周易》大傳哲學觀念之大轉換的中介環節。""'左氏易傳'蘊含著豐富的易學内容，有著重要的學術價值"，"'左氏易傳'文本形成於中國社會第一次大轉型時期，其思想反映了伴隨著社會轉型而來的觀念變革，這對於我們今天的易學哲學的發展，乃至於整個中國哲學的現代轉型具有先行的啟示意義。"② 從李鏡池、尚秉和，再到高亨、楊虎，對於《左傳》《國語》引《易》、説《易》價值的認識逐步深化，並且有著顯明的前後繼承性。

③《國》《左》引謠諺研究

明清時期學者以及近現代的古逸詩輯考著作，往往引述《國語》《左傳》等所引古謠諺作爲輯錄對象。以之爲直接研究對象，則從 20 世紀 80 年代開始，研究數量相對較少。今僅見期刊論文 1 篇、碩士學位論文 2 篇，即胡從曾《〈左傳〉〈國語〉引諺之變例》（《浙江師範學院學報》1983 年第 2 期）、謝小剛《〈左傳〉〈國語〉所引謠諺研究》（西北師範大學碩士學位論文，2011 年）、冀敏《〈左傳〉〈國語〉中"歌""謠"

---

① 高亨：《周易雜論》，濟南：齊魯書社 1979 年版，第 70 頁。
② 楊虎：《左氏易傳：〈左傳〉〈國語〉易學研究》，山東大學中國哲學博士學位論文，2017 年。

"諺"研究》（南京師範大學碩士學位論文，2012 年）。胡從曾對《左傳》《國語》引諺的正例和變例進行了説明，並對其價值進行了初步探討。謝小剛對《左傳》《國語》引謡諺進行了界定，對其内容形式、稱引功能、傳播研究進行了總結分析，認爲二書所引謡諺具有懲惡揚善與善惡報應、民本思想等思想傾向，並且認爲二書大量引述謡諺，主要有顯志達情、占卜預言、針砭時弊等三種功能。冀敏在謡諺之外加上了"歌"，對二書中的"歌""謡""諺"的特點、和時代生活的關係、神會文化功能以及文學價值、史學價值和影響等方面進行了探討，認爲《左傳》《國語》中的歌謡諺具有情感宣洩與疏導功能、教化認知功能、輿論傳播功能、上下層溝通功能和社交功能等。這些研究成果，爲進一步整理和研究《國語》《左傳》二書歌謡諺語奠定了基礎。

從上可見，以《國》《左》引《詩》、引《易》作爲研究對象者比較多見，而以二書引《書》作爲研究對象者則尚未有。一方面反映了先秦時期《詩》學、《易》學的興盛及其社會價值和學術意義，另一方面也要看到《左》《國》引述《詩》《易》和引《書》在稱述功能上具有一定的差别。

（2）以《國語》《左傳》本體材料爲考查對象者

以二書本體材料，即以二書的語言、史事、名物、思想觀念、文學敘事等進行綜合研討。

①二書語言研究

從事二書語言研究者，目前僅見論文 2 篇，爲汪少華《〈國語〉〈左傳〉"其與幾何"歧説梳理》（《南昌大學學報》2002 年第 2 期）和羅紅昌《〈左傳〉〈國語〉中一類特殊的介詞結構》（《漢語史研究集刊》第六輯，2003 年）。汪少華總結二書"其與幾何"的"與"歷來有四種解釋，分别爲加强語氣或表示停頓的語氣詞或助詞、倒裝句的語氣詞、副詞、實詞。經過分析，汪氏認爲本句之"與"和"其"都是表示反詰的語氣副詞。羅紅昌通過對《左傳》中八例和《國語》一例此類結構的分析，認爲《左傳》《國語》生動地記録和再現了當時口頭語言的真實面貌。

②二書史學及社會史料研究

20世紀80年代以來，學者以《左傳》《國語》二書作爲史料進行當時或夏商時期社會研究的依據或史料來源，或以二書所載史料對當時的相關社會身份進行研究。

A. 社會文化研究

首先是對二書所載歷史傳説等史料價值的認定。

如李啓謙謂："關於夏代的歷史狀況，在先秦兩漢的文獻材料中，多有記載，而其中以《左傳》《國語》的可靠性更大些。《左傳》中所引《夏書》《夏訓》的材料共十五條，所記夏代事跡者共十八則。《國語》中所引《夏書》《夏令》的材料共四條，所記夏代事跡者共十六則。"①詹子慶謂《左傳》《國語》所記"除了春秋當時的史事外，對三代歷史、包括夏代歷史多有涉及。其内容的古老性和真實性已被絶大多數學者所認可，而且多被各種史書所引用"，"這些史料雖很零散，但十分珍貴，而且有些資料獨一無二，我們把這批資料串起來，再用其他文獻來佐證，就成爲一部時隱時閃的夏史"②。李、詹二氏都認爲二書所載夏代史料，史學價值很高，對於勾勒夏史具有重要的作用。

而對於《左傳》《國語》中天象紀事的史料，有的學者持否定或懷疑態度。如張培瑜《略論〈左傳〉〈國語〉天象紀事的史料價值》(《史學月刊》2009年第1期)認爲："《左傳》《國語》記載的有關春秋日食的論斷、歲星位置、滅虢天象等等，均非觀測實録，它們都是戰國後人據傳聞依其時的天文知識推算附入的。""《左傳》《國語》中特有的天象記載，凡有年代可考、可返求者，無一真實。而史實年代更久更古更遠而無考者，如伶州鳩所述伐紂天象、武王克商'歲在鶉火'、唐叔始封'歲在大火'等等這類的天象記載，恐怕也很難令人相信其有别的什

---

① 李啓謙:《〈左傳〉〈國語〉中所見夏代社會》，見載於先秦史學會編《夏史論叢》，濟南：齊魯書社1985年版，第223頁。

② 詹子慶:《走近夏代文明》，長春：東北師範大學出版社2015年版，第28、29頁。

麽依據。"①

沈鴻《整合薈萃所呈現的洋洋大觀——〈左傳〉〈國語〉中的歷史傳説》(《山西大學學報》2009 年第 1 期) 主要論及二書對歷史傳説的處理方式。他認爲，和《尚書》《逸周書》相比，《左傳》《國語》中的歷史傳説增加了許多新的因素，往往帶有神話因素、傳奇色彩等等。

張偉《先秦兩大文化系統視域下的古史書寫——以〈左傳〉〈國語〉所載古史爲中心的考察》(《漢籍與漢學》2017 年第 1 期) 認爲《左傳》《國語》對古史的徵引具有以下特點：涉及大量上古帝王事迹，並已初步構擬出較爲完備的古史體系；出現夏、商、周連稱或虞、夏、商、周連稱的現象；引用古史的目的多種多樣，方式也十分靈活。並且認爲《左傳》《國語》中的古史徵引活動具有鮮明的地域特色。

史實研究方面，有以《左傳》《國語》記載史料爲依據與《史記》進行比較的，如梁曉雲《〈史記〉與〈左傳〉〈國語〉所記之吳越歷史的比較研究》(《河南大學學報》1997 年第 1 期) 認爲："《越語下》的作者受到戰國中後期對學術界已産生一定影響的黄學精神的熏染，於是在個人創作中給范蠡冠以戰國黄學的思想特徵，以這個人物爲對象，來闡發黄學的部分真諦，表達黄學思想針對現實政治的積極有爲的態度，以期在當時百家爭鳴的熱烈氣氛中對社會産生更大影響。"當然這一説法也是認爲《國語》成書較晚的學者的普遍依據和結論。作者通過比較三書的異點，印證的"所謂對'過去'的敘述如何因其包含的現實性因素而獲得普遍性"的理論具有普遍的方法論意義。

有通過《左傳》《國語》史料探討當時的家庭教育的，如徐少錦《〈國語〉〈左傳〉中的家庭道德教育及其現代價值》(《蘇州鐵道師範學院學報》1999 年第 5 期) 將當時的家庭教育内容概括爲恪守禮教、臣忠

---

① 新城新藏認爲《左傳》《國語》"歲星之占"實際上是按照公元前 365 年所觀測天象推導出來，故而認爲此類記載應該在公元前 365 年之後，以此推斷《左傳》在公元前 365 年前後成書。胡念貽既贊同新城新藏的看法，同時又認爲："此等歲星紀事的材料，是以戰國時代普通所信之周初年代者而推算的。但由此推斷《左傳》《國語》是公元前以後那幾年寫成的，却不能成立。《左傳》《國語》裏面的歲星紀事不是本書的作者所寫，而是後人寫了插進書中去的。"(胡念貽《〈左傳〉的真偽和寫作時代問題考辨》，《文史》第 11 輯) 所説頗爲審慎。

於君、謙恭禮讓、敬戒貪求、勤勞簡樸，把該時期家庭教育的基本方法概括爲以身作則法、平等交流法、强迫命令法，認爲該時期的家庭教育特點爲：德教是核心、母親是重要主體。其研究不僅對揭示《國語》《左傳》二書的教育思想有意義，對現代教育也有啟示作用。

有以《左傳》《國語》所載史料，研討春秋時期的文化現象的。如張戌梅《春秋时期的玉文化——以〈左傳〉〈國語〉为中心的考察》（東北師範大學碩士學位論文，2009 年）對《左傳》《國語》中所出現的玉的種類、功能等進行了統計總結，進而對春秋時期的玉文化和玉禮制進行了分析。

B. 社會職分研究

以《左傳》《國語》所載史料爲中心，對先秦時期的社會身份或職分進行分析的研究較爲少見。謝昆恭《先秦知識分子的歷史述論——以〈詩經〉〈尚書〉〈左傳〉〈國語〉爲中心》（臺灣大學歷史學研究所博士論文，2005 年）、饒恒久《先秦歷史的口述者——瞽矇職守與〈國語〉〈左傳〉的講誦增飾》（《社會科學戰綫》2006 年第 6 期）屬於這方面的研究成果。前者所用材料四種，《國語》《左傳》只是其所用材料之二。該文分列五章，第四、第五章以《左傳》《國語》爲材料研討此時期知識分子狀態及其價值，所列有“委曲如存、循環可覆”“封建宗法史述及其餘緒的强調”“個己當下處境之分説”“强大圖霸”“列國圖存”五節，認爲：“周王室的知識分子述遠古的實例，從素材上來看，最主要的對象不脱西周的封建宗法以及相關的人、事、規範、禮制，這種情況多少反映他們對此一内容的相對熟悉，在‘徵近代’的功能上，符合王室此一主體的現實應對、期望。”“‘明德’固然是《國語》的本質，唯欲其彰明猶賴言辭、理據，而言辭、理據常涉史跡；廣義而言，目的彰顯與方法、手段間是有機的關係。明德的體認，言者聽者互合符契，不也是一種普遍的福、利思維的具現。”所總結揭示者，不僅具有史學關照層面，而且具有方法論意義和現實意義。後者實際上是通過《國語》《左傳》的記載論述瞽矇這一職分的功能以及在《國語》《左傳》成書中的重要作用，認爲這些瞽矇人員也應該是《國語》《左傳》成書過程中的"作者"之一。作者行文中運用《國語》材料較多。而趙伯雄《〈左傳〉〈國語〉中所見之"家臣"》(《2008 年〈春秋〉〈左傳〉學術研討會論文集》)主要以《左傳》《國語》爲材料探討"家臣"這一社會身份，對"家臣"和大夫之間的關係進行了梳理和總結。

　　③二書思想觀念研究

　　以《國語》《左傳》二書所載思想觀念作爲整體研討對象的論文比較多見，從《國語》《左傳》論述春秋時期時代思想特徵、刑法思想、天道思想、心理學思想、教育思想、廉政思想、重民觀念、神靈觀、婦女觀、君子人格、家訓思想等等内容。具體文章有趙雅博《從〈左傳〉〈國語〉看春秋時代思想（上、下）》(《中國國學》第 17 期，1989 年；《中國國學》第 18 期，1990 年)、《〈左傳〉〈國語〉對刑的看法與思想》(《中華文化復興月刊》第 23 卷第 10 期，1990 年)、《〈左傳〉〈國語〉中的天道思想》(《哲學與文化》第 23 卷第 10 期，1996 年)、燕國材《〈尚書〉〈左傳〉〈國語〉的心理學思想研究》(《心理科學》1994 年第 4 期)、伍星明與黄生文合撰《〈左傳〉〈國語〉中的重民思潮》(《甘肅社會科學》1995 年第 2 期)、姚曼波《從〈左傳〉〈國語〉考孔子"筆削"〈春秋〉義法——突破"春秋學"千年誤區新探之二》(《社會科學戰綫》2001 年第 1 期)、李曉明《春秋時期君子人格研究——以〈國語〉〈左傳〉爲中心》(北京師範大學 2004 屆碩士學位論文)、王雪峰《春秋時期的神靈觀——以〈左傳〉〈國語〉爲例》(上海師範大學 2007 屆碩士學位論文)、白奚《從〈左傳〉〈國語〉的"仁"觀念看孔子對"仁"的價值的提升》(《首都師範大學學報》2007 年第 4 期)、王華《從〈左傳〉和〈國語〉看春秋時期的婦女及婦女觀》(上海師範大學 2010 屆學位論文)、吳秉勳《從"氣"概念論〈左傳〉與〈國語〉之思想史意義》(《東海大學文學院學報》第 52 期，2011 年)、張静《〈左傳〉和〈國語〉所載范氏家訓簡析》(《鄭州航空工業管理學院學報》2013 年第 2 期)、胡曉紅《春秋嘉言"敬"義發微》(《長江師範學院學報》2019 年第 6 期)等。

④二書文學敘事研究

上文已經述及王靖宇等人從文學敘事角度對《國語》《左傳》進行比較研究的情況。但以二書材料爲對象，進行文學敘事以及相關研究者相對較少。有以《左傳》《國語》材料作爲研討對象並對其敘事進行研討者，如史嘉柏（David Copley Schaberg）的博士學位論文 Foundations of Chinese Historiography：Literary Representation in *Zuozhuan* and *Guoyu*（哈佛大學比較文學系博士論文，1996 年）即以《左傳》《國語》爲對象，探討二書的文學表達模式以及由二者建立的中國古代歷史書寫體系。該論文後來修訂，改名爲 A Patterned Past Form and Thought in Early Chinese Historiography，由哈佛大學亞洲研究中心於 2001 年出版，獲得 2003 年的 "列文森中國研究書籍獎"[1]。有以《國語》《左傳》人物描寫作爲參照，與《史記》進行比較者，如陳雅萍《由〈左傳〉〈國語〉看〈史記〉人物形象的特出——以吳越争霸相關人物爲例》（政治大學國文教學碩士學位班碩士論文，2002 年），以探討《史記》的勾踐、夫差、范蠡、伍子胥人物形象描寫爲主體，在以《國語》《左傳》相應人物形象爲參照時，對《國語》《左傳》相應人物形象描寫也進行了分析；有以《國語》《左傳》爲對象，研討其文學特徵者，如甯登國《論〈國語〉〈左傳〉的諫體文學特徵》（《殷都學刊》2008 年第 2 期）統計出《國語》獨立成章的諫言 44 則、《左傳》70 則，認爲這些諫言體現了：疏直激切、怨而不怒的風格特徵；忠心耿耿、光明磊落的諫臣形象；三段推理、古今對比的論證方式。最後又根據二書不同的特點，結合富辰諫言進行了分析，認爲："既然同爲一人一事的諫言，其内容、風格竟迥然不同，除上述編者爲不同目的加工潤色的因素外，似乎它們並非來自相同史料記載或口耳傳聞，這一點大概是和當時最主要的口口相傳的傳播方式密切相關的。" 由諫言風格特徵之比較，進而對成書提出推測意見。

----

① 黄淑儀：《美國漢學中的〈左傳〉譯介與文學性研究》，《江西社會科學》2017 年第 2 期。史嘉柏的博士論文共 919 頁。其公開出版的專著後面附有 Chinese Character List、Index Locorum、Subject Index，全書共 503 頁。

作者另有專著《〈國語〉〈左傳〉記言研究》（社會科學文獻出版社 2020
年版），對二書記言史料的生成及演變、二書記言史料的區別、二書記
言史料的類型等進行了比較全面的分析，讀者可參。胡曉紅《從〈左
傳〉〈國語〉看春秋口宣之言的文章特性》（《洛陽師範學院學報》2018
年第 6 期）認爲，《左傳》《國語》中載錄的春秋口宣之言是春秋時期文
章的主要形態，大都十分簡短，而且條理清晰，邏輯嚴謹，呈現出書面
語的特徵。

⑤二書方術研究

以《國語》《左傳》所載方術材料爲研究對象者，如舒大清《〈左
傳〉〈國語〉相術預言略論》（《海南師範學院學報》2004 年第 3 期）認
爲《左傳》《國語》中的相術故事，一般被當作中國最早的相術學源頭，
並認爲《左傳》《國語》相術不僅限於術數，更體現在歷史預言的文化
意義上。該文統計出《左傳》《國語》有五處相術實例，對這五例相術
實例進行了解讀。劉瑛《〈左傳〉〈國語〉方術研究》（人民文學出版社
2006 年版）研究比較綜合，該書涉及了《國語·周語下》"伶州鳩論
律"、《晉語一》"見翟柤之氛"、《鄭語》《周語上》之"協風"、王孫説
與叔向母之相術、《魯語下》《晉語一》《晉語三》《吳語》之龜卜、《晉
語四》之筮占、《晉語二》之夢占相關方術之探討。該書對《左傳》以
及春秋時期方術的探討也有助於《國語》相關内容的理解。

⑥二書音樂研究

以二書材料爲對象進行音樂研究的數量也不多。有以二書爲材料研
究春秋時期音樂美學思想者，如吳毓清《禮樂思想的早期形態——從
〈左傳〉〈國語〉看春秋時期音樂美學思想》（《上海音樂學院學報》
1983 年第 3 期）認爲春秋時期音樂思想的主流是禮樂思想，具有兩大特
徵：以德、禮思想爲核心；以宗教思想爲羽翼。

以二書爲對象研究樂論者，如卓霞《〈虞書〉〈左傳〉〈國語〉樂論
簡析》（《絲綢之路》2004 年第 1 期）認爲《國語》樂論是對《虞書》
的一種承載和發展，尤其對"樂"功能的認識是《虞書》樂論的延續。
雖然該文標明以《虞書》《左傳》《國語》爲對象，實際上利用《國語》

材料最多。從這一點也可以看出，《國語》所載音樂史料在中國古樂史上的重要價值。

《左傳》《國語》中記載了大量春秋時期士大夫音樂理論的論述，楊釗《〈左傳〉〈國語〉中的樂理及文化意義》（《電影文學》2008 年第 9 期）認爲此類論述主要有三個方面：對中和之美的審美追求；樂具有倫理教化的作用；歌舞樂三位一體的綜合藝術。

周麗玲《中國音樂史視野中的〈國語〉與〈左傳〉》（《江西師範大學學報》2013 年第 5 期）認爲《國語》和《左傳》中的音樂具有社會功能與審美功能兩個方面，社會功能具體體現在以樂觀政、以樂諫政、樂以風德等方面，藝術審美層面主要體現在“和”上。周文對於藝術審美層面的概括較爲粗疏。

⑦二書名物或稱謂研究

由於《國語》《左傳》內容上有重合之處，故而在職官、名物、典章制度方面也有一些共通共同之處。以往學者往往在研討此類問題時，以《國語》《左傳》二書爲依據，綜合研討之。如葉國良《關於〈國語〉“鄭伯南也”與〈左傳〉“鄭伯男也”之解釋問題》（《孔孟月刊》1980 年第 3 期）綜述衆説，認爲《國語》“鄭伯南也”與《左傳》“鄭伯男也”所述之事不同，“子產所云，力言鄭爵之輕；富辰所言，則强調狄輕鄭貴。用心既異，文脈亦别，是宜分别解釋。”謂《國語》“鄭伯南也”之“南”指鄭伯朝王之方位而言，而《左傳》之“男”則指男服之“男”。邱德修《〈左〉〈國〉所見“不穀”考》（《漢學研究》，1991 年第 2 期）主要探討《左傳》《國語》中“不穀”命義。

⑧二書文體研究

張岩通過研究，認爲《國語》《左傳》存在讖語體、贊語體、勸諫體、問答體四種文體類型。並以《國語》具體篇章爲材料，對四種文體的基本構成進行了分析，如他分析出問答文體一般由一個或兩部分構成，讖語文體、贊語文體一般有兩個或三個部分構成，勸諫文體一般由三個到四個部分構成。並統計出《國語》中有這四種文體特徵的占篇幅總量的 80%，《左傳》中有這四種文體特徵的占篇幅總量的 50% 以上。並最終得出這類教材類短文對後世著述所産生的深遠影響。①

5. 以他書引《國語》《左傳》材料爲考校

以他書引《國語》《左傳》材料爲考校者，目前唯見 1 篇，即趙生群《〈史記〉三家注稱引〈左傳〉〈國語〉考校》（"2009 年兩岸四地'《春秋》三傳與經學文化' 學術研討會" 會議論文）。趙文辨析《史記》三家注引《左傳》71 條、《國語》11 處。

（二）《國語》《戰國策》比較及相關研究

《國語》與《戰國策》比較研究，未如《國語》與《左傳》比較研究豐富，但仍有一定的數量。

古代刻書，把《國語》《國策》合刻，當從南宋時期開始。至於明清晚近時期，這種情況比較普遍。甚至在當代，也還有一些出版社把《國語》和《國策》合刊在一起，比如嶽麓書社出版的李維琦點校本就是《國語》《國策》的合刊本。甚至一些史料教材和專著往往也把《國語》《國策》的介紹探討合在一個單元之内。如張新科主編《中國古代文學史》、傅璇琮和蔣寅主編的《中國古代文學通論》、朱維錚《中國史學史講義稿》、郭丹和陳節編著《精編中國古代文學史》、魏應麟《中國史學史》、謝貴安《中國史學史》、王樹民《史部要籍解題》、郭丹《先秦兩漢史傳文學史論》、方銘《戰國文學史論》等，都把《國語》《國策》合在一個單元之内進行介紹。

除了部分研究把《國語》《國策》和《左傳》放在一起比較或探討之外，《國語》《國策》比較或綜合研究主要體現在文學與語言兩個方面。

1. 《國語》《國策》文學研究

除了文學史教材、論著中對《國語》《國策》文學價值的基本介紹之外，還有數篇碩士學位論文涉及二書的文學比較或以二書爲内容的文學研究。如董璐《〈國語〉與〈戰國策〉女性形象比較研究》（黑龍江大

---

① 張岩：《〈國〉〈左〉文體與王官之學》，《新原道》第 2 輯（2004）。

學碩士學位論文，2013 年）是對《國語》《國策》兩部書中的女性形象進行比較研究，該文選錄典型，復又從人物性格、覺醒程度、女性地位以及所反映的思想等角度，對二書女性形象進行了多個角度的比較。而趙寧紅《先秦歷史散文中的女性形象研究》（陝西師範大學碩士學位論文，2013 年）、劉運巧《先秦史傳散文中女性形象內涵的趨深》（天津師範大學碩士學位論文，2018 年）、孫文花《先秦史傳散文中的語怪現象研究——以〈左傳〉〈國語〉〈戰國策〉爲中心》（天津師範大學碩士學位論文，2018 年），則是以《國語》《國策》以及《左傳》等先秦史籍中的女性形象或語怪現象作爲綜合考察對象，進行文學性研究。

2. 《國語》《國策》語言研究

把《國語》《國策》作爲整體，或者對二書語言進行對比研究的，也不多見。祝敏徹《〈國語〉〈國策〉中的疑問句》（《湖北大學學報》1999 年第 1 期）在這一方面應該是比較早的研究成果。祝氏認爲《國語》《國策》分別體現了春秋和戰國時期的語法特點，認爲對二書的疑問句進行歸納比較，具有一定代表性。根據結構特點，該文把二書的疑問句分爲用單詞幫助發問的句子、用結構幫助發問的句子。又根據疑問類型，把二書的疑問句分爲是非問、選擇問、正反問、委婉問、反問五個方面。該文最後列有"怎樣標點疑問句"一節，對上海師範大學古籍整理組校點本和王守謙等《戰國策全譯》中的疑問句標點問題進行了商討：①統計出上海師大校點本《國語》有"盍"字之句 29 處，其中 14句用問號、8 句用歎號、7 句用句號，指出"用歎號和句號的標點都是可商榷的"；②統計出《國語》《國策》二書中"豈……哉（乎、與、邪）" 86 處，其中 64 處標問號、18 處標歎號、4 處標逗號與句號，認爲這 22 處非問號，也應該改作問號；③二書原文標點和譯文標點不一致，原文非問號的，譯文卻是問號，譯文是對的；④二書句法相同的句子，有的標問號，有的標句號或歎號，實際上都應該標問號。其中第 3 條是針對王守謙等《戰國策全譯》而言。祝氏所揭舉，具有普遍指導意義。

此外，從事《國語》《國策》語言研究的主要爲陳長書所指導的碩士學位論文，有管永紅《〈國語〉與〈戰國策〉方言詞比較研究》、王林紅《〈國語〉與〈戰國策〉構詞詞素比較研究》、梁凡《〈國語〉與〈戰國策〉單音節同義動詞比較研究》、張瀟丹《〈國語〉與〈戰國策〉反義詞比較研究》、楊翠娜《〈國語〉與〈戰國策〉造詞法和構詞法的比較研究》。這幾篇碩士學位論文，最後修訂匯集爲《〈國語〉和〈戰國策〉詞彙比較研究》一書，由世界圖書出版廣東有限公司於 2017 年 1 月出版。既有數量統計、判定方法，又有具體詞語的辨析與探討，書後附有"《國語》構詞詞素總表""《戰國策》構詞詞素表""《國語》和《戰國策》中的共有詞素"等三個附表。該書數據翔實，考核細緻，爲專書詞彙比較研究提供了基本研究方式和路數。同時，對《國語》《國策》語義訓詁也不無裨益。

(三)《國語》《管子》比較及相關研究

《國語》《管子》的關係問題，主要體現在《齊語》和《小匡》關係的研究上。其研究大致分爲兩個方面：其一，《小匡》《齊語》的關係問題；其二，《國語》《管子》對比研究。

1.《齊語》《小匡》關係研究

《齊語》《小匡》孰先孰後、誰抄誰的問題，存在三方面觀點：《齊語》本於《小匡》；《小匡》本於《齊語》；兩篇有著共同的史料來源，在流傳過程中文本發生的變化不同。

(1)《齊語》本於《小匡》說

孔穎達認爲《管子·小匡》爲《齊語》之本。清代以來多有關注此一問題者。如董增齡認爲《齊語》本於《小匡》，康有爲《新學僞經考》認爲《齊語》取《小匡》。顧頡剛在《"周公制禮"的傳說和〈周官〉一書的出現》中認爲："編《國語》的人就把《小匡》一篇略加壓縮和修改，算作《齊語》。"① 關鋒、林聿時亦謂："與其説《小匡》抄襲《齊語》，恐怕不如説《齊語》是根據《小匡》的材料加以刪簡整理而

---

① 顧頡剛：《"周公制禮"的傳說和〈周官〉一書的出現》，《文史》第 6 輯（1979 年）。

來，更合情理一些。"① 晁福林贊同顧頡剛的觀點，並認爲："《管子》的許多篇和《齊語》確是戰國末期爲實現帝制而準備的東西……對於《齊語》的這種時代特徵必須十分重視。"②

徐復觀認爲《國語》截取《管子》的可能性大，他説："現《管子》一書，《大匡》第十八、《中匡》第十九、《小匡》第二十，綜述了管仲相齊桓公的始末。《大匡》中紀齊亂的經過，有的與《左氏傳》相同，而較《左氏傳》爲詳；《中匡》《小匡》紀管仲相桓公的情形，有的與《國語·齊語》相同，而較《齊語》爲詳。有關内政寄軍令的部分則大體相同，而較《齊語》較有條理。此種情形，到底是此三篇的作者取左氏《齊語》之文而加以敷衍，抑或齊國本流傳有此種紀録，編定《管子》者特加《大匡》《中匡》《小匡》之名，而被左丘明節取以入内外傳？我的推測，以屬於後者的可能性爲大。因敷衍議論較易，敷衍事實情節之委曲盡致實難。至其中在用辭上有與時代不合的，可解釋爲編定成書時的修飾，其相互間的異同，亦可歸於傳承中的出入或文字的訛誤。"③ 張固也認爲："傳世的'三匡'少數文句或經後人竄改，其主體内容却早於《左傳》《國語》，是後者的資料來源。"提出理由有四：① "三匡"原本最有可能出現於春秋晚期，或即其裔孫所爲。而《國語》是各國國語、家語的彙編，《左傳》是綜合各種史料創作的歷史著作，它們參考過三匡一類的材料是理所當然的；② "《大匡》《小匡》之間内容有無、詳略不同，正好相互補充，而《左傳》《齊語》相關内容之間並非如此"，《齊語》從桓公返國寫起，最後記桓公霸業獨不用問答體等做法，放到"三匡"中就好理解了；③《左傳》《國語》很早作爲春秋史書流傳，不易被竄改，而"三匡"或許受到後人更多的改動，變得更加明白易曉；④《齊語》有兩處抄襲《小匡》的痕跡比較明顯。並

① 關鋒、林聿時：《管仲遺著考》，見載於氏著《春秋哲學史論集》，北京：人民出版社1963年版，第183頁。

② 晁福林：《周代社會與"鄉遂制度説"》，見載於氏著《夏商西周史叢考》，北京：商務印書館2018年版，第883頁。

③ 徐復觀：《中國經學史的基礎：〈周官〉成立之時代及其思想性格》，北京：九州出版社2014年版，第318頁。

認爲《小匡》優於《齊語》。①

（2）《齊語》爲《小匡》之本説

俞樾認爲《小匡》本《齊語》，謂："《國語·齊語》是齊國史記，《小匡》一篇多與《齊語》同。蓋管氏之徒刺取國史以爲家乘。"② 余嘉錫贊成俞説，謂："此真明於古人著作之體矣。凡古書敘其身後之事者多，不遑悉舉，皆當以此例之。"③

羅根澤《管子探源》經過仔細比較，認爲《小匡》"篇中與《國語·齊語》同者甚多，二書比較，知其在《齊語》後"，認定《小匡》爲漢初人作④。程梅花贊同羅根澤之説，進而認爲《小匡》"在《齊語》基礎上進行了一些加工、演繹和充實，並增加了一些内容"⑤。

馮友蘭在其《中國哲學史新編》中認爲《管子》中没有管仲親筆寫的東西，如何利用《管子》中的材料研究管仲，需要有一個選擇標準。馮友蘭認爲《齊語》就是標準。他説："《齊語》就是一篇管仲傳。這篇傳相當完整地記載了管仲的思想、活動及齊桓公在管仲的輔佐下，在齊國所推行的一系列的封建制的改革和措施，也記載了這些改革、措施所取得的成績。這篇傳是講管仲本人的思想、活動的主要資料。拿這個標準看《管子》，就可以看出，《管子》中的《大匡》《中匡》《小匡》三篇所講的管仲，基本上同《齊語》相合的。特别是《小匡》簡直是照抄《齊語》。可以推論，《齊語》和這三篇是關於管仲本人的思想、活動的最早的記述。《齊語》本是齊國的國史。《管子》中的這三篇，至少《小匡》這一篇是從齊國國史裏面摘抄出來的。"⑥ 郭因贊同馮友蘭的觀點⑦。

白壽彝任總主編的《中國通史》第3卷有一段話："士、農、工、

① 張固也：《管子研究》，濟南：齊魯書社2006年版，第177—201頁。

② （清）俞樾：《古書疑義舉例》，《古書疑義舉例五種》，北京：中華書局1956年版，第44頁。

③ 余嘉錫：《目録學發微　古書通例》，上海：上海古籍出版社2013年版，第225頁。

④ 羅根澤：《管子探源》，長春：吉林出版集團股份有限公司2017年版，第244頁。

⑤ 程梅花：《史載管仲治齊言行之梳理與解讀》，《皖北文化研究集刊》第1輯，合肥：黄山書社2009年版，第78—94頁。

⑥ 馮友蘭：《三松堂全集》第8卷，鄭州：河南人民出版社1991年版，第111—112頁。

⑦ 郭因：《郭因文存》卷一，合肥：黄山書社2016年版，第258頁。

商謂之四民，始見於《國語·齊語》，同時見於託名爲管子所作的《管子·小匡》篇。四民作爲階級，應該產生於戰國時期，《齊語》（非全部《國語》）可能是經過後人的纂改的。"① 這段話的意思很明白，即認爲《齊語》的成篇時代較爲古老。

李學勤臚列了《齊語》《小匡》的異文情形，最終認爲《小匡》晚於《齊語》且本於《齊語》，並認爲"《齊語》和《小匡》爲大家提供了古書如何改動變化的佳例，使我們對古籍的形成過程有更多的瞭解，是很寶貴的"②。李根蟠云："《小匡》雖也記述管仲相齊之事，且內容以至詞句都與《齊語》雷同，而更淺近或更詳盡，說明《小匡》若非取材於《齊語》亦應與之有共同的材料依據；但是若把《小匡》和《齊語》細加比較，就可以發現《小匡》對《齊語》作了一些十分重要的，然而往往並不符合《齊語》原意的改動。"③ 在李學勤基礎上，就二者士農關係問題做了進一步比較。劉偉贊同李學勤的觀點，並比對了《小匡》《齊語》開篇部分，認爲二者既有文字和史實方面的差異，也存在由於時代演進而呈現的政治觀念、交涉程序等思想觀念上的差異和敘事上的差異，尤其詳陳了二者在敘事方面的差別之後，認爲《小匡》比《齊語》詳盡、二者敘事順序不同、《小匡》文學色彩更濃。因而認同《小匡》是戰國時人在《齊語》基礎上敷衍而成的觀點④。

趙守正也認爲《齊語》語言簡約古樸，體現其成文較早，而《小匡》周嚴明確，體現成文較晚，可見《小匡》成於《齊語》之後。⑤

郭麗不贊同《小匡》取自《齊語》的說法，認爲"齊國典籍應有自己的來源，不可能取自《國語》"，她認爲《小匡》內容比《齊語》詳盡，體現在三方面：《三匡》內容遠遠超出《齊語》的涵蓋範圍；《齊

① 白壽彝總主編，徐喜辰、斯維至、楊釗主編：《中國通史》第3卷《上古時代（上）》，上海：上海人民出版社2015年版，第689頁。

② 李學勤：《〈齊語〉與〈小匡〉》，《清華大學學報》1986年第2期，第49—53頁。

③ 李根蟠：《從〈齊語〉和〈小匡〉看周代的士農關係——"西周士爲自由農民"說質疑》，《中國經濟史研究》1999年第4期。

④ 劉偉：《史之思——〈國語〉的思想視界》，濟南：山東人民出版社2013年版，第41頁。

⑤ 趙守正：《管子通解》，北京：北京經濟學院出版社1989年版，第288頁。

語》内容較《小匡》有删減；《齊語》順序與《小匡》不同，而《齊語》順序不符合邏輯，"可能《齊語》在删減的過程中，没有搞清《小匡》的内在邏輯，在順序調整過程中出現了訛誤"。① 同樣以内容比較作爲切入點，却和劉偉的結論截然相反。

張居三梳理了前賢時哲對《小匡》《齊語》關係的基本意見，認爲："古人的研究只有些觀點，並無深入有力的論據。近代以來，學者的研究也多以史料考證爲前提，惟有羅根澤先生採用《齊語》《小匡》二者文字對比的方法展開研究，却不爲人認可。筆者認爲《國語·齊語》和《管子·小匡》在文字上基本一致，這是探討二者關係的前提。通過二者文字的細緻對比研究，可知羅氏《小匡》採用《齊語》這一論斷是正確的。"進而從語言表達方面、結構方面對《小匡》《齊語》進行了細緻比較，又别析"《齊語》不可能采自《小匡》"一節，對王樹民、羅根澤、顧頡剛、胡家聰之説進行申説。結尾處既認同胡家聰之説，又説"《小匡》採自《齊語》是毫無疑問的"。② 其結論似有些游移不定。

（3）兩篇有著共同的史料來源，在流傳過程中文本發生了不同的變化

胡家聰認爲羅根澤和顧頡剛主要著眼於二者先後和誰抄誰的問題，故而出現相反的意見，他經過研究認爲：《齊語》比《小匡》史料價值更高，更可靠；《小匡》文字繁細，經過仔細分析發現，文字繁細之處有的是後人抄寫增添，有的尚保存古底本痕跡。因此提出新的意見：《小匡》和《齊語》都出於同一個古底本，這個底本整理成編當在春秋戰國之際的齊國，二者都是古底本展轉傳抄之後的傳鈔本，傳抄過程中難免有改寫之處；接近古底本的傳鈔本被編入《國語》之後不再改動；出於同一底本的另一傳鈔本因爲文辭古奥被改動得簡單易曉之後，在劉向校訂《管子》之時收入《管子》，且劉向等人未對二者進行過校勘。③

① 郭麗：《簡帛文獻與〈管子〉研究》，北京：方志出版社 2015 年版，第 123—124 頁。
② 張居三：《〈國語·齊語〉與〈管子·小匡〉的關係》，《古籍整理研究學刊》2010 年第 5 期，第 66—71 頁。
③ 胡家聰：《〈小匡〉考辨》，《中國歷史文獻研究》（二）（1988 年），第 62—65 頁。

　　張連偉通過文本比對，發現《齊語》《小匡》大致存在幾點區别：《小匡》的内容多於《齊語》；《齊語》和《小匡》文字有異；有些史事的記載不同。張連偉提出新的看法，認爲二者之間不存在因襲關係。《小匡》用字比《齊語》明白易曉，故而不當存在《齊語》抄襲或壓縮《小匡》的情況。而：①《小匡》一有些内容爲《齊語》所無；②《齊語》有的地方因增字而誤；③《齊語》有疏漏、錯亂，《小匡》相對敘述完整。基於以上三點，張連偉認爲不管認定誰抄襲誰，都稍嫌武斷，他認爲二者的差異主要是史料來源、整理過程以及流傳方式的差異造成的。① 夏德靠通過《晏子春秋》來源的啟示，認爲"《管子》也是一部具有家史或'家語'性質的文獻。這樣，《小匡》與《齊語》最初應該出自管仲的家族文獻，亦即具有同源關係"②，表示了對胡家聰、張連偉觀點的贊同。

　　夏德靠把學者們對《小匡》和《齊語》的關係研究概括爲五個方面：一是《小匡》先於《齊語》；二是《齊語》先於《小匡》；三是《齊語》與《小匡》同源；四是《齊語》和《小匡》來源有别；五是原本《齊語》已亡，採《小匡》補之。③ 按照上文的臚列來看，還應該有一種説法，即原本《小匡》已亡，採《齊語》補之。

　　2.《齊語》《小匡》的史料價值研究

　　有的學者在比較先後的同時，對《齊語》或《小匡》的史料價值進行了揭示。如趙世超通過比較《齊語》和《小匡》，認爲《齊語》文章體裁風格與戰國諸子書類似，與《國語》的主體部分《周語》《魯語》《晉語》《鄭語》《楚語》等明顯不同，認爲《齊語》"提到的許多東西是否屬於春秋時期，也是值得斟酌"，並撮舉《齊語》所言夜戰晝戰、游士週流四方以及招納賢才之事，皆與春秋時期史實不符。④ 王志民認

　　① 張連偉：《〈國語·齊語〉與〈管子·小匡〉辨析》，《炎黄文化研究》第14輯（2012年），第179—183頁。
　　② 夏德靠：《〈國語〉研究》，北京：知識產權出版社2014年版，第121頁。
　　③ 夏德靠：《〈國語〉研究》，北京：知識產權出版社2014年版，第119—121頁。
　　④ 趙世超：《周代國野制度研究》，西安：陝西人民教育出版社1991年版，第26—27頁。

爲《齊語》“是對《小匡》不高明的抄襲與竄改，其史料價值不能作過高的估計”①。又景慶虹、張連偉《〈齊語〉與〈小匡〉釋疑》（《管子學刊》2012 年第 2 期）認爲《齊語》《小匡》的内容雖然有誇飾成分，但它記載的“四民分居”“三國伍鄙”等符合歷史發展趨勢，可與傳世文獻、考古發現等相印證，反映了春秋時期管仲改革的主要内容，具有重要的史料價值。實際上是對李學勤“叁國伍鄙”史料價值評議的一種回應。

而李根蟠《從〈齊語〉和〈小匡〉看周代的士農關係——“西周士爲自由農民”説質疑》（《中國經濟史研究》1999 年第 4 期）則是以《齊語》《小匡》爲史料解決史學問題，同時對《小匡》相比於《齊語》作了哪些改動進行了論述。

3.《國語》《管子》比較研究

牛力達通過對比發現，《齊語》的内容在《小匡》中都可以找到，只是：①文字、次序不同；②《小匡》比《齊語》篇幅多，除了繁簡不同外，還有不少内容是《齊語》没有的。通過文字比較，牛力達認爲《齊語》早於《小匡》。同時牛力達還對《管子·形勢篇》和《國語·越語下》進行了對比。此外，牛力達認爲《國語·周語下》單穆公云“古者，天災降戾，於是乎量資幣、權輕重，以振救民”之“古者”或即司馬貞《史記索隱》所云管子之《理人輕重之法》七篇。②

（四）《國語》《尚書》比較與相關研究

明人已經注意到《國語》對《尚書》體例的繼承與變化，今人也有及此者。然二書之比較研究成果相對較少。原因有二：①二書的内容重合度低；②二書的學術地位差距很大。雖然如此，仍有學者從事二書相關篇章或問題的比較研究。

---

① 王世民：《齊魯文化志》，上海：上海人民出版社 1998 年版，第 267 頁。
② 牛力達：《管仲思想初探——〈國語〉〈左傳〉與〈管子〉的比較研究》，見載於氏著《管學素描：在管子學研究的道路上》，2001 年 8 月印本，第 23—27 頁。

　　沈利斌、趙俊芳認爲《尚書·周書·無逸》與《國語·魯語下·公父文伯之母論勞逸》有共同之處，認爲兩“逸”之“逸”都與“勞”相對且都與“淫”關聯，而《無逸》之“逸”是“淫”的一個方面，《論勞逸》之“逸”則是“淫”的前提。認爲兩“逸”之文的文化内涵體現在：①周公和公父文伯之母論勞逸的出現具有特定的歷史文化背景；②都體現了“修齊治平”的儒家文化倫理價值觀念和人格理想；③都透露著中華民族勤勞務實、尚儉戒奢、積極進取的傳統美德和民族文化精神；④從《無逸》到“論勞逸”，體現了一種文化傳統和文化精神的傳承。進而又從論證方法、表達方式和語言特色方面對二者進行了比較。對於深入認識《國語》對《尚書》的繼承與創新具有積極意義。①

　　賈學鴻通過對《尚書·吕刑》和《國語·楚語下》“絕地天通”傳説的記載比較，發現《國語·楚語下》關於絕地天通的文字“當是由《尚書·吕刑》篇的記載申發而來”，其差别主要體現在：①絕地天通的過程有同有異，二者都把絕地天通的背景置於上古部族衝突的大背景下，《吕刑》没有交代具體時間，《楚語》則提出了兩個時段；②參與者有同有異；③兩處文獻絕地天通的内涵不同。最終得出結論：“絕地天通作爲原始部族時代的神話傳説，本身就包涵社會歷史與宗教信仰的雙重因素。《吕刑》從社會法制角度進行借鑒，現實政治目的背後彰顯的是原始宗教的神道觀念；《楚語》從宗教祭祀方面加以闡發，荒誕話題中透出的是更鮮明的理性光輝。由於社會的變遷，兩處文獻相比，絕地天通傳説的本然狀態，都塗上了人文色彩，但二者表現的明暗程度的差别，也昭示出文明發展的艱難與濡化過程。”② 其研究對於深入認識《楚語下》絕地天通之説具有積極意義。

　　此外，尚有以《尚書》《國語》相關資料進行古史研究者。如武剛比對了《尚書·酒誥》《國語·周語上》所載商周時期甸服制度的不同，

　　① 沈利斌、趙俊芳：《兩“逸”之比——〈尚書·無逸〉與〈國語·論勞逸〉對讀》，《四川教育學院學報》2000 年第 1—2 期，第 42—44 頁；又見《古籍研究》2000 年第 1 期，第 19—21 頁。
　　② 賈學鴻：《分屬於兩個系統的絕地天通傳説——〈尚書〉〈國語〉相關記載的對讀與辨析》，《古籍整理研究學刊》2012 年第 6 期。

認爲《尚書·酒誥》是對内外服制較早且較可靠的記載，《周語上》對内外服的記載和《酒誥》有出入，進而對二書服制記載的文獻背景、商周時期"甸服"的不同内容、内外服制度的基礎等問題進行了梳理總結。① 爲進一步深入研究二書畿服制度提供了思路。

（五）《國語》《禮記》比較研究

本書第一章"《國語》的生成與研究時期"即指出《禮記》《國語》内容多有重合之處，並對《檀弓下》所載重耳故事與《晉語》相關内容做了對比。此前，筆者曾對《魯語上》"海鳥曰爰居"篇與《禮記·祭法》相關内容做了比對分析，從形式上看，二者的不同包括部分語段在整篇内容中的前後順序不同、一本比另一本多字句、同内容位置上的用字不同等三種情況，這些差異反映了《魯語上》和《祭法》在體裁、撰著時代以及具體祭祀對象和祭法上的差别。就文本形式而言，《魯語上》"海鳥曰爰居"篇與《祭法》互有相補之處；就用字、用詞而言，從某種程度上體現了語言的發展變化規律，也反映了傳世典籍文獻用字方面的獨特性；就上古祭祀配祀的記載而言，正是《魯語上》和《祭法》在配祀上記載的不同造成了後人的困擾，至今仍莫衷一是。② 對於進一步認識和研究《禮記》《國語》相關篇章具有一定積極意義。

（六）《國語》《新書》比較研究

本書第二章"漢代《國語》研究概觀"部分對《國語》《新書》重合内容進行了揭示。從事《國語》《新書》相關内容比較者較少，但《新書》研究者在論述時常常引述《國語》研究資料以明之，足可説明二者之間在文本内容和語義訓詁上的相互證發，以及《國語》相關篇章和研究成果對《新書》研究的重要性。

---

① 武剛：《由〈尚書〉〈國語〉相關記載論商周時期甸服制度的變革》，王暉主編《西周金文與西周史研究暨第 10 届中國先秦史學會年會論文集》，西安：三秦出版社 2018 年版，第 304—312 頁。

② 拙稿《〈國語·魯語上〉"海鳥曰爰居"篇、〈禮記·祭法〉比勘》，《古文獻研究集刊》第 6 輯（2012 年），第 319—348 頁。

筆者《〈國語・楚語上〉與〈新書・傅職篇〉比勘》（《東亞文獻研究》第 7 輯，2011 年）、《〈國語〉〈新書〉〈漢書〉比勘三則》（《文津學志》第 4 輯，2011 年）、《“叔向説〈昊天有成命〉”〈國語〉〈新書〉比勘》（《先秦兩漢學術》第 16 期，2013 年）以及在後兩篇論文基礎上的《〈國語・周語下〉〈新書・禮容語下〉比勘》①，是《國語》《新書》文本比較方面的主要成果。

《〈國語・楚語上〉與〈新書・傅職篇〉比勘》一文經過比較發現，《楚語上》333 字，《傅職》294 字，《楚語上》共用單字 140 個，平均字頻 2.3786 次/字；《傅職》共用單字 138 個，平均字頻爲 2.1304 次/字。二者所用單字數量與字頻皆不盡相同。在同句法位置上用字也有很多不同，反映了自戰國初期至西漢早期漢語用字、詞彙以及由於社會制度的變化造成在某些觀念上的不同。《〈國語・周語下〉〈新書・禮容語下〉比勘》基本方法與《〈國語・楚語上〉與〈新書・傅職篇〉比勘》相同，在進行字頻統計之後，逐句對比，對其中的文字、詞彙、訓詁、句式等不同一一進行了辨析考證。對《新書》《國語》相關內容的研究具有積極意義。

（七）《國語》《史記》比較研究

可永雪認爲，《國語》是司馬遷寫作《史記》所重點依據的史書，《國語》史料素材對《史記》具有史源性價值和意義。《史記》對《國語》的援據、採用，主要有採用、關涉、未用三種情況，常用“取事約辭”或“取事棄辭”等辦法予以改寫或改造。《國語》的“觀人法”和對人物“爲人”的關注，在《史記》中得到了傳承。②

《史記》很多內容來自《國語》，而文字、句式多有變更，比較二書，可以發現從先秦到西漢時期漢語的變化。由於《國語》研究不夠深

---

① 拙著《〈國語補音〉異文研究》，臺北：蘭臺出版社 2015 年版，第 477—607 頁。
② 可永雪：《〈史記〉與〈國語〉的上溯比較研究》，《渭南師範學院學報》2015 年第 7 期，第 36—51 頁。

人，《史記》部頭太大，本體研究就已經很費工夫，專書語言比較研究就更需要精力和時間，故學者涉及此一專題者較少。除了語言研究之外，二書在人物、史事等方面也有異同之處，有的學者進行了一些嘗試。除了把《尚書》《左傳》《國語》等與《史記》進行聯合比較外，也有一些研究僅對《國語》和《史記》相關内容進行比較，主要涉及人物和事件比較。

可永雪對《國語》《史記》進行了全面比較，把差異分爲一般方面和寫人方面兩大類。一般方面包括字詞語句等語言文字問題、人事時地等史實問題、對某些人物作用功能的處理問題。寫人方面則概括爲：①對人物“爲人”的關注；②觀人法的時興；③成批描寫人物性格、人物心理的文字湧現；④少數寫人的心路歷程、寫性格衝突的作品的出現；⑤《國語》達到的文學高度；⑥《史記》從《國語》中汲取和學到了對人物“爲人”的關注、觀人法的繼承、對人物心理描寫的繼承。①

龔劍鋒、許鍇傑《〈國語〉與〈史記〉記述范蠡比較》統計范蠡的名字在《史記》中出現近 30 處，而《越語上》隻字未提，《越語下》則專門寫范蠡，故《史記·越世家》范蠡事跡多采《越語下》且進行取捨和增飾，使語言更爲緊湊，結構順序更爲合理，最後作者得出：“《史記》中的范蠡顯然要比《國語》中的更加人性化，如果説《國語》中的范蠡是一個神的話，那《史記》中的范蠡纔是一個真正的人。或者説《國語》中的范蠡是一個不完整的范蠡，只是作爲軍事家和政治家的范蠡而已。而《史記》中的范蠡就顯得更加完整了，范蠡不僅是軍事家、政治家，還是一個大商人，一個智者，一個父親。”② 又龔劍鋒、程光軍《〈史記·越王勾踐世家〉對〈國語·越語〉的取捨和補充》通過比對發現，《史記·越王勾踐世家》以《國語·越語》爲基礎，又收入了其他先秦歷史典籍的記載，對《國語》的記載進行了歸納取捨和補充，使歷史事

---

① 可永雪：《〈史記〉與〈國語〉的上溯比較研究》，《渭南師範學院學報》2015 年第 7 期，第 36—51 頁。

② 龔劍鋒、許鍇傑：《〈國語〉與〈史記〉記述范蠡比較》，中國歷史文獻研究會、大連圖書館編《典籍文化研究》，瀋陽：萬卷出版公司 2007 年版，第 512—521 頁。

件更加有條理。① 此外，何花專門對《國語》《史記》的越王勾踐形象進行了比較，認爲《史記》在採用《國語》史料的基礎上增加了卧薪嘗膽和誅殺功臣的行爲，使勾踐形象更加立體豐富。之所以產生記述不同的原因在於：（1）二書史料來源不同；（2）生死觀和榮辱觀不同；（3）史學觀和文學觀不同。②

張凱凌、李偉强對《史記》《國語》伍子胥之死的記載進行比較，認爲《史記》更能貫通前後，且寄寓了强烈的情感。③ 李偉强以吳越國事記載爲例，從文字繁簡、時地記述、正事軼事記載之異、貫古今與敘當時、言志寓情與平白曉暢、獨尊儒術與信百家等方面，對《國語》《史記》敘史風格進行了比較。④

李西西《結構·人物：〈國語〉與〈史記〉》（遼寧師範大學碩士學位論文，2017 年）在結構方面論述了《國語》《史記》體例溯源、《國語》《史記》結構傳承以及在結構基礎上的思想傳承等問題，在人物方面主要探討了二書的人物形象刻畫和人物評判。該文認爲，《國語》在記事上展示了紀事本末體的範式，與《史記》的紀傳體不同。《史記》在人物刻畫方面對《國語》有所繼承，也有所發展，認爲《國語》在結構和人物語言方面爲歷史散文的發展產生了深遠影響。

宋積良《同義連用形成的機制與原因——以〈國語〉〈史記〉中的同義連用爲例》（《安順學院學報》2008 年第 5 期）把《國語》《史記》兩部上古漢語語料中的同義連用内部構成作爲研討對象，分析了同義連用形成的機制及原因，認爲同義連用在組合上具有三個特點：（1）字形上存在許多同形旁的同義詞組合；（2）語音相同或相近組合；（3）語義

① 龔劍鋒、程光軍：《〈史記·越王勾踐世家〉對〈國語·越語〉的取捨和補充》，安平秋、趙生群、張强主編《史記論叢》第 4 集，蘭州：甘肅人民出版社 2008 年版，第 20—33 頁。

② 何花：《〈國語〉和〈史記〉中越王勾踐形象比較》，《渭南師範學院學報》2015 年第 3 期，第 72—75 頁。

③ 張凱凌、李偉强：《論〈史記〉〈國語〉伍子胥之死敘史別異》，《寧波工程學院學報》2017 年第 4 期，第 50—54 頁。

④ 李偉强：《〈史記〉〈國語〉敘史風格之異探究——以吳越國事的記載爲例》，《渭南師範學院學報》2017 年第 13 期，第 65—70 頁。

相同相近組合。並對這三種特點的形成機制與原因分別進行了探討。

　　以他書引《國語》《史記》材料爲考校者唯見 1 篇，爲朱珠《〈漢書〉顏師古注引〈史記〉〈國語〉考校》（《現代交際》2012 年第 3 期）。

（八）《國語》與其他典籍研究

　　有的學者從"語"這一文體特徵的角度對《國語》《論語》進行比較研究，如日本學者穀口洋《『國語』『論語』における'語'について》（《日本中國學會報》第 50 卷，1998 年）。有的從史官功能角度入手，對《尚書》《國語》編纂進行研究，如葛志毅《史官的規諫進言之職與〈尚書〉〈國語〉的編纂》（《文史》2001 年第 3 輯）。有的則從《國語》和其他典籍共有的自然現象入手進行綜合探討，如管洪生《〈詩經〉與〈國語〉中的地震》（《文史雜誌》2008 年第 5 期）。也有的著眼於《國語》與後世典籍之間的關係研討，如張居三《〈國語〉與〈越絕書〉〈吳越春秋〉的關係》（《文藝評論》2012 年第 8 期）。此外，拙撰多種側重於《國語》與《左傳》《史記》《漢書》《説苑》等典籍的相關內容比勘。凡此，可參拙著《唐宋類書引〈國語〉研究》《唐代類書引〈國語〉研究》等。近些年的《國語》碩博論文或專著中，有對《尚書》《國語》記言比較、《國語》《國策》敘事記言、《國語》《史記》文學風格、《國語》《世説新語》轉折複句比較、《國語》《左傳》結構以及《國語》和相關典籍的人物描寫等等比較研究者。亦皆可參。

　　綜上可見，《國語》和相關典籍的研究中，《國語》和《左傳》研究成果最爲豐富，這是由《國語》《左傳》關係決定的。《尚書》是《國語》體裁風格的來源之一，《國策》《史記》是《國語》風格的延續與深化，故而研討《國語》與《尚書》或《國語》與《國策》者也比較多見。其他典籍對《國語》內容的徵引與評議，可見《國語》一書的重要性。而通過《國語》和相關典籍的研究，不僅可以深化對《國語》的認識和研究，同時對相關典籍的研究也是一種促進。

五、近七十年來《國語》版本文獻研究

縱觀整個《國語》研究以及版刻史，有幾個關鍵性人物，自三國至於明代，關鍵人物至少有三個。第一個是韋昭。因爲韋昭的注是目前所見到的宋以前的《國語》注解中最完整的，另外，韋昭注綜合各家，保留了賈逵、鄭衆、唐固、虞翻等人的很多注解。韋昭對唐以後《國語》注釋的作用和價值是無可匹敵的。第二個是宋庠。宋庠之前的《國語舊音》以注家來區別版本。而到了宋庠的時代，由於韋昭之外的其他注本湮滅，則以文字正俗、表義確定與否作爲區分版本的重要依據，故而其《國語補音》中出現了"善本""俗本""市本""衆本"等《國語》版本的名稱。在當時北宋政府修書的號召下，宋庠校訂了《國語》，使得後世《國語》公序本在幾百年内流通頗廣。其《國語補音》同時也具有重要的文字學、訓詁學、音韻學以及版本學價值。第三個人就是張一鯤。雖然張一鯤不是第一個把《補音》繫入《國語》正文的，但是張一鯤本的影響相當深遠，後世翻刻版本衆多，爲《國語》的廣泛傳播作了巨大的貢獻。

近七十年來的《國語》版本文獻研究較之民國時期有了很大進展。主要體現在這樣兩個方面：（1）新發現傳本的發掘與研究；（2）《國語》傳世版本系統的認識與梳理。

這裏所説的"新發現傳本"指的是宋以來《國語》版本系統之外的其他《國語》傳本，按其產生年代，分別爲慈利楚簡本《吳語》、肩水金關漢簡本和敦煌殘卷本《周語下》。由於肩水金關漢簡本字數太少，學界没有給予關注。另外兩種關注較多。從事慈利楚簡本《吳語》研究者多爲古文字學者，對其分章、文字等等進行了分析。該本是《國語》流傳過程中的異本之一，可資對勘，但對於傳世本《吳語》的研究佐證意義不大。敦煌殘卷本是今傳有條目的《國語》各家注外的注本，注釋也頗有自己的特點。相關學者也予以研究，研討其寫本注家，並與今傳

《國語》以及韋注對勘。該本對《國語》訓詁等具有比較重要的學術價值。此已見本書相關章節，茲不贅述。

《國語補音敘錄》云：“庠家舊藏此書，亦參差不一。天聖初，有同年生緘假庠此書，最有條例。因取官私所藏，凡十五六本，校緘之書。其間雖或魯魚，而緘本大體爲詳。”可見宋庠校勘《國語》所參據《國語》各本之大略，即以緘本爲底本，其他十五六種爲參校本。宋庠校訂本《國語》於治平元年開雕刊印之後，此後公序本則大行於世，包括明道本在內的其他《國語》各本基本堙没。好在《舊音》《補音》每每在釋義注音之際，指明該字某本如何如何，爲我們提供了一些綫索，而這些綫索經與今傳公序本系統和明道本系統比照，或可見出一些《國語》版本的脈絡。筆者統計，《舊音》《補音》一共出現賈、唐、孔以及“俗本”“善本”“諸本”“今本”“一本”“衆本”“賈本”“此本”“舊本”等多種《國語》各本稱謂，不明版本而有異同者則曰“或作”“本或作”“或本作”等。經統計，賈、唐、孔各本之中，《舊音》涉及賈逵注本一共 11 條，其中和韋本不同者 9 條，與韋本同者 2 條；涉及唐固本 5 條，其中唐固本和韋本不同者爲“慧”“專”“諸”3 條，與韋本同者 2 條；涉及孔晁注 6 條，其中和韋本不同者 5 條，與韋本同者僅 1 條。涉及善本 9 條，其中與今傳《國語》不同者 2 條，與今傳《國語》俱同者 5 條，單與公序本系統同者 2 條；涉及俗本 6 條，與明道本系統同者 4 條，與今傳《國語》不同者 2 條。其他涉及各本、各條之處與今傳公序本系統、明道本系統也頗有異同。①

《國語》傳世版本系統很明確，即公序本系統和明道本系統。故《國語》版本文獻研究主要關注這兩個版本系統之間關係、版本系統內部關係、具體版本研究等。

（一）《國語》傳本綜合研究

《國語》傳本的綜合研究，以張以仁較早。其《淺談〈國語〉的傳

---

① 拙稿《〈舊音〉〈補音〉所據〈國語〉各本考實》，《東亞文獻研究》第 11 輯（2012 年）。

本》(《孔孟月刊》21 卷 3 期，1982 年) 即屬此類研究成果。該文對公序本和明道本分別作了介紹，公序本着墨較少，而於明道本着墨較多。在介紹公序本時且引述段玉裁《重刊明道二年〈國語〉序》，來申述"公序本行而諸本皆廢，亦未嘗不是可惜的事"之説，同時認爲段玉裁對公序本的批評也深具版本校勘之真見。張氏對公序本並沒有給予正面評價，只是表述了公序本定於一尊之後而衆本皆失的遺憾。張氏首先探討了明道本的名義問題，這一探討主要針對徐復觀的考證而發。針對徐復觀的考證，張以仁提出兩點：(1) 有些材料徐復觀沒有看到；(2) 徐氏對"天聖明道本"稱謂的理解不妥當。進而張以仁指出"明道本的好處在保存了傳本較古的面目"，並引述錢大昕序文爲證。關於公序本、明道本兩個版本的優劣問題，張以仁的看法比較達觀，他認爲："這兩種本子，實互有長短，並存則雙美。讀者參比其間，擇其善者而從之，實有百利而無一弊。"該文接著述及常見的兩種系統的傳本以及敦煌殘卷本，明確指出殘卷本注文"與今傳韋解不同，又不類賈逵之注，不知傳自何人"，實在王利器、陳鴻森之前即已有相應結論，可惜未能引起重視。該文對通行本的優長及不足也予以指出。該文對《國語》的版本系統及其優劣等等都有揭示，對於初學很有幫助。

張居三博士論文《〈國語〉研究》第三章"《國語》的版本和注本"對《國語》版本中的公序本、明道本、校宋本等進行了梳理和研究。認同段玉裁對公序本的批評，認爲"公序本獨行，沒有別本參照，給勘誤帶來了麻煩"，同時指出："公序本以陸德明《經典釋文》及東漢的《説文》等爲解字的依據，以當時的《集韻》解音，對文辭古奧之處多有明瞭的注訓，便於時人的閲讀和本子的流傳。"又指出："明道本的最大優點即保存了更多《國語》傳本的原貌，益於研究最初文本的記載和注釋，且可以據此訂正公序本。"實際上，這些認識，和張以仁的觀點沒有本質差別，只是換了一種表述方式而已。張居三最終認爲明道本更優，和清人的絶大多數觀念相同。

李佳《歷代〈國語〉版本著録彙考》(《古籍研究》2008 年卷上)主要彙録史書藝文志以及各種官修書目、家藏書目、日本漢籍目録中的

《國語》資料，爲資料檢尋提供了方便，同時也爲相關版本遞藏流傳研究提供了一些綫索。李佳《〈國語〉版本考論》（《國學研究》第 23 卷，2009 年）對公序本系統、明道本系統以及他重要明清刻本做了梳理和研究。主要對公序本系統中的宋代《國語》刊刻以及宋刊本刻工、金李本做了比較詳細的梳理和探討，對明道本系統中的兩個影鈔本、五個校本進行了介紹，最後指出：“明道本往往有遺漏或改寫的地方，而國圖藏宋刻宋元遞修公序本更接近原貌，更爲可信；但在具體字句上，兩本各有長短，故不可偏廢，當擇善而從。”這一説法，和張以仁的見解是相同的。此外，該文還對許宗魯本、葉邦榮本、張一鯤本、吳汝紀本、詩禮堂本、姜恩本做了簡單介紹。李佳的這兩篇文章，收入其《〈國語〉研究》一書中①。

　　俞志慧在其《〈國語〉韋昭注辨正》前言中對明道本系統和公序本系統的版本差別進行了綜合對比，認爲公序本、明道本的區別大致表現在七個方面：

　　一、公序本多存古字、生詞，明道本多改從熟字、常用詞；

　　二、公序本多存借字，明道本多改從本字；

　　三、公序本多存初文，明道本多改從後起字；

　　四、公序本多用正字，明道本多改用俗字；

　　五、明刻公序本尚保存部分漢、宋人名諱，清刻明道本則僅存清諱；

　　六、公序本與明道本正文及韋注句首與句末的語氣助詞每有此有彼無的現象，具體地看，公序本釋文多簡潔，很少用助詞“也”收束，而明道本釋文多從容，多用助詞“也”收束。相反，公序本在並列的幾條釋文之間往往用“也”字分隔，而明道本在這樣的情

---

　　① 李佳：《〈國語〉研究》，北京：中國社會科學出版社 2015 年版，第 1—46 頁。此外，張鶴《〈國語〉研究》書後也附有《〈國語〉版本、注本》，北京：學苑出版社 2013 年版，第 213—260 頁。

況下則很少使用"也"字;

七、在章次的分合上,公序本與明道本共有 22 處歧異。①

此外,拙撰《〈書目答問〉史部"國語類"補證:以現行三種匯補著作爲主》(《圖書資訊學刊》2014 年第 2 期)、《日本主要〈國語〉刊本考略》(《古籍整理研究學刊》2016 年第 6 期)、《〈中國古代典籍導讀·國語〉補正》(《澳門文獻信息學刊》2017 年第 1 期)、《清代〈國語〉的傳抄及版刻》(《唐山師範學院學報》2018 年第 1 期)、《〈中國古籍總目·史部·雜史類·事實之屬〉"國語類"疏補》(《古籍研究》2020 年第 2 期)、《〈國語〉傳本及其關係略述》(《古文獻整理與研究》第五輯,2020 年)屬於綜合梳理研討公序本、明道本各版本問題的論作,亦可參。

(二)公序本研究

除了以上研究在綜合探討中對公序本以及公序本系統內某些版本的著録與梳理外,還有一些學者針對公序本進行專門研究。

有綜合研討者,如日本學者大野峻《〈國語〉公序本之再評價》(《東海大學文學部紀要》第 22 輯,1974 年)。該文包括"公序本散逸説""公序本存在説""和刻本の性格""張一鯤本""公序本の再評價"五個部分,結合此前日本《國語》敘録材料,對《國語》公序本存佚古本進行了梳理和總結,對秦鼎本的版本特徵、對前此日本刻本《國語》的吸納進行了分析,對張一鯤本的刊刻時間、行款、文獻價值進行了簡要梳理,通過對汪遠孫《國語明道本考異》依從公序本或明道本的數據對照對公序本作出了更爲合理的評價。

有研究其刊刻者,如李佳《〈國語〉宋公序本刊刻考》(《安徽史學》2009 年第 1 期)對公序本宋代以後元明時期的刊刻和遞修情況作了梳

---

① 俞志慧:《〈國語〉韋昭注辨正》,北京:中華書局 2009 年版,前言第 7 頁。俞氏在二本文字用語界定方面具有自己的風格特點,與慣常不同。

理，並對今存各本和宋元明時期的對應進行了揭示。此外，張鶴也對公序本進行了簡單的梳理。①

　　有進行子版本對比者，如俞志慧《〈國語〉版本源流及公序本系統二子本之對比》（"2009 年兩岸四地'《春秋》三傳與經學文化'學術研討會"會議論文）、俞志慧《韋昭注〈國語〉公序本二子本之對比》（《齊魯學刊》2011 年第 4 期）對宋元遞修本、金李本進行了比對，謂金李本雖有一些錯誤，但在使用借字、正字、古字、生字時有其一貫的特色，在使用助詞"也"的時候也呈現出很大的一致性。而宋刻宋元遞修本在遇到公序本和明道本的異文時，總是一味依從明道本，以致模糊了作爲公序本傳本的特色。故俞氏認爲金李本更勝於遞修本。俞氏又以秦鼎本爲參照，指出金李本有刻工之誤，有修訂舊版之處，認爲金李本是一個修訂的公序本。實際上，金李本是一個修訂的公序本，這是刊本版刻過程中應有之義，無須贅言。然俞氏在參照金李本時，實用《四部叢刊》本，而非金李本原本。《四部叢刊》本雖號稱影印金李本，在修版過程中根據黃刊明道本做了一定的修訂，偶有未參《國語》各本而以意改者。故學者使用金李本時，當嚴格區分金李本原本與《四部叢刊》本影印金李本。

　　有研究子版本系統者，如筆者《〈國語〉金李本、張一鯤本、穆文熙本、秦鼎本之關係》（《長江學術》2012 年第 2 期）、《張一鯤本〈國語〉系統考述》（《海岱學刊》2016 年第 2 期）。前文對金李本、張一鯤本、穆文熙本、秦鼎本的版本特徵進行了基本梳理，認爲張一鯤本在校刻《國語》時很大程度上參照了金李本，當然張一鯤本還有其他來源，因爲金李本沒有《國語補音》，但是不足以否定張一鯤本和金李本之間的淵源關係；而張一鯤刻本又是穆文熙《國語》評本的版本依據，穆文熙《國語》評本復爲秦鼎《國語定本》之版本依據。由於參核《國語》公序本未廣，所論存在一定偏差。後文對張一鯤本系統進行了詳盡考述，認爲張一鯤刻本《國語》在《國語》版刻史上具有重要地位。在中國本

① 張鶴：《〈國語〉研究》，北京：學苑出版社 2013 年版，第 42—44 頁。

土《國語》刻本中，該刻本首次將《國語補音》音注條目散入《國語》本文之下，成爲最方便使用的《國語》版本。刻本甫出，即經翻刻，形成了《國語》公序本系統中的張一鯤本系統。根據對張一鯤本《國語》改易程度的不同，張一鯤本系統內部又可以分爲吳汝紀本、李克家本、劉懷恕本、文盛堂本等。而劉懷恕本經舶載而東，成爲日本《國語》公序本系統刊本的祖本。李克家本和其他各本不同，這個刻本是經過重新校訂的本子，雖然以張一鯤本爲底本，但是又和張一鯤本存在著諸多不同。考辨較細緻，可參。

有研究具體版本者，如筆者《小學要籍引〈國語〉研究》《〈國語補音〉異文研究》《〈國語〉考校——以明本四種校勘條目爲對象》《唐代類書引〈國語〉研究》《〈國語〉匯校集解輯評(〈周語〉卷)》中多有對公序本系統具體版本的考述。此外，筆者還有《宜靜書堂本〈國語〉考略》《秦鼎〈春秋外傳國語定本〉刊刻與流傳》《〈國語正义·魯語〉刊本、稿本校異》《上圖藏〈國語正义〉稿本價值初探》等單篇論文，以公序本具體刊本或傳本爲研討對象，對其內容、流傳、學術價值及文獻價值進行研討。

(三) 明道本研究

除了以上各種研究中對明道本《國語》進行論考之外，還有一些專門論文對《國語》明道本進行專門研究。或對其版本命名進行辨析，或對其流傳進行梳理，或對其系統進行梳理總結。

徐復觀《釋"版本"的"版"及士禮居〈國語〉辨名》(《中華雜誌》1968年第11期) 所以探討天聖明道本，是看到許倬雲《周人的興起及周文化的基礎》"犯了過多的錯誤"，作爲前輩學者的徐復觀發表《從學術上搶救下一代》(《中華雜誌》1968年第9期)，指摘許倬雲文章過失，提及《國語》天聖明道本的稱謂問題，謂："宋仁宗天聖共九年，明道僅二年。《國語》有天聖本，也有明道本。許君所看到的，不知是否從天聖年始刊，到明道年完成，因而稱爲'天聖明道本'?"張以仁於1968年10月8日致徐復觀函，指出"天聖明道本"的稱謂古有之，

至少在清代已是通常稱謂。徐復觀檢核資料，對“天聖明道本”的名義
重新提出質疑，認爲錢大昕、段玉裁只稱明道二年本，因此認爲“天聖
明道本”出於黃丕烈刻本扉頁，推測“其價值可因此易於求高”，並認
爲陸心源“毛氏影宋本，尚有精於此者。此則以宋本久亡，世無二本，
故尤爲錢竹汀、段懋堂諸公所重耳”之言是陸心源對毛抄本有微詞。徐
復觀的這一理解恐也未妥，陸心源“毛氏影宋本尚有精於此者”是以毛
鈔本《國語》與毛鈔其他宋本對比而言，非以毛氏影宋本《國語》有二
種，而以陸氏所得次於毛氏他鈔。當然，徐復觀指出的這一問題，應該
説是明道本版本名稱的規範性問題，是有價值的。雖然張以仁《〈國語〉
的傳本》針對徐復觀的論文，又找到了早於黃丕烈稱述“天聖明道本”
的證據，至於何焯爲什麼如此命名，個中原因很難知曉。從規範性和精
準性上而言，“天聖明道本”的確不是一個規範的版本名稱。

　　張鶴分明道本爲天聖明道本、明道影鈔本、士禮居本，並進行了梳
理。① 筆者《〈國語〉明道本的流傳、鈔校與刊刻》（《華夏文化論壇》第
17 輯，2017 年）認爲，《國語》明道本的流傳過程中有原宋刊本、校刊
本、影鈔本、校宋本、重雕本等幾種樣式。錢氏藏宋刊本已經毀於火災，
朝鮮集賢殿校刊本恐怕是目前存世最早的明道本刊本。中國本土流傳有
錢鈔本、毛鈔本兩部，錢鈔本疊經傳抄，下落不明，毛鈔本則輾轉入藏
日本靜嘉堂文庫。清代前期及中期的學者依據鈔本留下了一定數量的校
宋本，爲保存、流播明道本《國語》的實際面貌做了一定貢獻。黃丕烈
根據傳抄本、校宋本刻成的讀未見書齋重雕天聖明道本《國語》，第一次
使學者有了可以依據的固定的文本形態，對明道本《國語》的傳播具有極
大的貢獻。無論是抄寫的方式，還是後來石印、排印的方式，都不可避免
地存在失真的問題，故而在使用黃刊明道本及其覆刻本時也需要注意。

　　除了《國語》版本系統以及各版本的研究之外，還有的學者對《國
語》序跋題識進行輯錄考校，如筆者《〈國語〉歷代序跋題識輯證》即收
錄各種《國語》序跋題識 200 餘篇，此後又補輯十數篇，每一篇詳考作

---

① 張鶴：《〈國語〉研究》，北京：學苑出版社 2013 年版，第 36—42 頁。

者，言明體例、內容及其價值，對於全面整理《國語》文獻也具有一定的學術意義。

以上論著分別對《國語》傳本、《國語》刊本、《國語》版本命名、黃刊明道本、公序本及其子版本等進行了探討，發掘了一批《國語》傳本和刻本，豐富了《國語》版本系統，對《國語》版本系統進行了進一步的釐清，糾正了過去一些版本認識上的問題。總之，在《國語》版本研究方面取得了一定成果。但是《國語》的版本以及流傳情況仍需要進一步深入探討和研究，比如在黃刊明道本的內部系統方面以及宋前《國語》各本的流傳方面等等，雖然筆者《〈國語〉明道本的流傳、鈔校與刊刻》《〈舊音〉〈補音〉所據〈國語〉各本考實》進行了初步嘗試，但仍需進一步發掘和研究。再比如《國語》公序本內部的關係以及幾種宋代原刻經過宋、元、明時期遞修的本子的還原問題，都需要進一步進行細密化研究，從而進行符合時代特徵的版本還原，以便得其真相，繼而促進《國語》的整理與研究。

六、近七十年來《國語》校勘與傳統訓詁研究

傳統學術研究，雖然校勘、訓詁界限比較明確，但在具體撰述中二者往往存在交叉，訓詁中會有校勘的內容，或有的訓詁必以校勘爲先導，而校勘撰述中也會以訓詁爲手段或涉及訓詁。近七十年來，《國語》考校依然存在著訓詁、校勘牽連的現象。故本書把校勘和訓詁放在一起梳理。也有專門針對《國語》之校理者，如鄭良樹《國語校證》、張以仁《國語斠證》、趙國璋《〈邵公諫厲王止謗〉的一處錯簡》、李慈銘撰由王利器輯成的《越縵堂讀書簡端記・國語》、拙著《〈國語〉考校——以明本四種校勘材料爲對象》等。還有研究論著中含有不少《國語》勘校條目者，如俞志慧《〈國語〉韋昭注辨正》、蕭旭《〈國語〉校補》、拙著《〈國語〉動詞管窺》《小學要籍引〈國語〉研究》《〈國語補音〉異文研究》《近百年來〈國語〉校詁研究》《唐代類書引〈國語〉研究》等。

凡此，皆爲《國語》的進一步整理與研究起到助力作用。其中鄭良樹校理條目近 600 條。張以仁《國語斠證》校理條目 1026 條，其中校理《國語》正文 849 條，韋注 177 條。俞氏則主在韋注辨析，亦及《國語》本文之校理。蕭旭《國語校補》則校理《國語》共 921 條，筆者既有專門校勘著作校理《國語》1333 條，其他《國語》專著中也有一些《國語》勘校條目。此爲 1958 年以來校理《國語》之較集中者。

（一）《國語》校勘

從韋昭一直到晚近，歷代學者不斷進行《國語》勘校，似無止境。其中有幾個方面原因：（1）底本不同，參校不同。比如清人的校勘，王懋竑用張一鯤本系統，陳樹華用明道本傳鈔本，汪遠孫用黃刊明道本。王懋竑無參校本，陳樹華用宋刻元明遞修本、許宗魯本、金李本等明本參校，汪遠孫用許宗魯本、金李本參校。今人校勘《國語》，俞志慧選擇用金李本做底本，筆者則選擇用宋刻宋元遞修本做底本，而二者的參校本也並不完全相同。（2）底本相同，參校不同。同樣以黃刊明道本作底本校勘，汪遠孫用許宗魯本、金李本，而張以仁則用《四部叢刊》本、詩禮堂本、董增齡本、秦鼎本、崇文本。（3）底本相同，參校相同，細密程度不同。顧廣圻代黃丕烈所作《校刊明道本韋氏解國語札記》用黃刊明道本爲底本、金李本等爲參校本，僅得 600 多條，而汪遠孫用同樣的底本、參校本，由於校勘細密，得 3000 多條。（4）取捨不同。同樣的底本，同樣的異文，但在確定取捨是非方面，由於學術背景、識斷或傾向等因素，仍然會存在差別。近七十年來，尤其是近十幾年來，《國語》刊本層出不窮，爲《國語》舊刊校理提供了資料。另外，上海師大校點本出版之後，一批研究針對上海師大校點本以及相關的一些校點本，進行了糾繆工作。當然，和舊刊校理主要關注異文不同，校點本的校理主要關注標點和斷句問題。

1. 舊刊校理

近七十年來，《國語》舊刊校理分爲三個時期。第一個時期爲 20 世紀 60 年代末，第二個時期是 20 世紀 80 年代，第三個時期爲 21 世紀第二個十年。第一個時期，以鄭良樹、張以仁爲代表；第二個時期，以彭益林爲代表；第三個時期，以俞志慧和筆者爲代表。

（1）20世紀60年代末的《國語》舊刊校理

20世紀60年代末期的《國語》舊刊校理，主要爲鄭良樹《〈國語〉校證》和張以仁《國語斠證》，前者以期刊論文的形式分上、中、下三篇分別發表於《幼獅學誌》第七卷第四期（1968年12月）、第八卷第一期（1969年3月）和第八卷第二期（1969年7月），後者以專書的形式於1969年7月由臺灣商務印書館出版。此外，毛子水《整理古代經典的理想做法》也對《國語》10條進行了校勘考辨。

①鄭良樹《〈國語〉校證》

鄭良樹被稱爲"全能型的學者與文人"[1]。其在《國語》方面的主要貢獻即是《國語校證》。上篇從《周語上》至《齊語》，中篇爲《晉語》，下篇從《鄭語》至《越語下》，總近600條。鄭氏在弁言中云其所據本爲"黃丕烈讀未見書齋本重雕天聖明道本"，然觀其文，似據吳曾祺《國語韋解補正》。審其校語體例，與《國語斠證》相近，即先列《札記》《考異》之説，繼則徵引經傳注疏、類書或《國語》別本以爲按語。其按語絕大多數在明甲乙，有一少部分則辨明所以。另外，亦兼及賈注之引錄，凡《御覽》引注與韋注稍有不同者，鄭氏即疑爲賈逵注。所用《國語》版本有"補音本""公序本""定本""別本"之稱謂，除"定本"知爲日本學者尾張秦鼎《春秋外傳國語定本》外，"補音本""公序本"則未知何本。所引類書，多及《太平御覽》。《御覽》而外，旁及《藝文類聚》《北堂書鈔》《事文類聚》《記纂淵海》等。今撮舉數例，以見其大概。

A. 棄稷不務

汪遠孫曰：公序本"不"作"弗"，《史記》及《索隱》、《詩·縣》疏引皆作"不"。

---

① 毛策：《鄭良樹評傳》，馬來西亞：大將事業社2002年版，第12頁。

案：《左·昭九年傳》疏引"不"作"弗"，與公序本合。不、弗義同。

B. 事神保民，莫弗欣喜

汪遠孫曰：公序本"弗"作"不"，《文選》注作"不"。

案：《補音》本、定本"弗"並作"不"，《太平御覽》引同。

C. 衆以美物歸女

案：上文"有三女奔之"，韋解云："奔，不由媒氏也。"則三女之奔康公，蓋出於己意，無衆人之引進，亦無媒妁之辭，然則，"衆"字疑涉上文而譌也。《太平御覽》三八〇引"衆"作"今"，疑是。《史記》亦作"衆以美物歸女"，則其譌已久乎？

D. 使神人百物，無不得其極

案：無不得其極，謂無不得其至極也。上文云"布利於上下神人百物"，故神人百物各得其利而皆有所至極也。韋解訓極爲中，蓋非也。《晉語》："使知其極。"義與此近，韋解正訓作至，是其證。

E. 日月底于天廟

案：《北堂書鈔》引此凡五次，"日月"咸作"月日"；疑古本《國語》自作"月日"，不作"日月"。

F. 夏之興也，融降于崇山

黃丕烈引段玉裁云："《太平御覽》（三九）引此解云：'崇、嵩古通用。'"今各本皆爲淺人刪去"嵩、崇通用"之語。

案：《楚辭·遠遊》補注，《左·莊三二年傳》疏，《禮記·中庸》疏，《事類賦注》七，《太平御覽》三九、八八一，《天中記》八、十引此"融"上並有"祝"字，與下文"同禄"相對，疑是。今本韋解"融，祝融也"四字，疑是後人所補耳。《事類賦注》、《天中記》八引韋解亦有"崇、嵩古通用"六字。

G. 呂甥、郤芮相晉侯

黃丕烈曰：《補音》作"郤"。

案：《太平御覽》二〇二引"郤"亦作"郤"。郤、郤正俗字。

H. 以教民事君

案：《太平御覽》引此無"君"字，疑是。上文既云"古者先王既有天下，又崇立於上帝、明神而敬事之"（《御覽》引無"於"字，於義爲長），則此當云"以教民事"，不當云"以教民、事君"明矣。且上文皆云民事，不及事君，如"長衆使民""以和惠民""長衆使民之道"，此句乃總上文而言之。今本皆作"以教民、事君"，析爲二事，乃與上文不合矣。蓋淺人所妄增也。

I. 設庭燎

解：設大燭於庭，謂之庭燎。

案：燭與燎異，《儀禮》屢以燭與燎分別言之，如《士喪禮》曰："宵爲燎于中庭，燭俟于饌東。"《既夕禮》曰："二燭俟于殯門外，宵爲燎于門內之右。"又曰："滅燎、執燭。"是燎與燭不同之明證。《儀禮》屢言執燭、爲燎、設燎，是燭可執而燎不可執也。甲骨文有尞字，《説文》曰："尞，柴祭天也。"李孝定先生《集釋》云："栔文象燔柴之形，具義爲祭名，當即燔柴而祭柴之義也。"尞與燎同。設庭燎，蓋即於中庭燔柴以祭天也。"館諸宗廟，饋九牢，設庭燎"，皆所以禮太宰文公及内史過也。《周語中》云："火師監燎。"此燎字亦非大燭之義（韋解但云"庭燎"），亦設柴於地而燔之，不取祭天之義，但以爲明照耳，其用與大燭同。韋昭於此訓燎爲大燭，既失燎爲尞之義，亦失所以禮周使之義矣。

J. 以諸侯朝王於衡雍

黄丕烈曰：《補音》無"王"字。

汪遠孫曰：公序本無"王"字，有"王"字是也。

案：《定本》《太平御覽》引亦並無"王"字。

以上諸例，可見鄭良樹校勘之大略。筆者《近百年來〈國語〉校詁研究》對鄭良樹校理中的 37 條進行過辨析，大致包括三個方面：（1）鄭氏未據公序本而遽下論斷以爲今傳《國語》皆與類書引不同者；（2）鄭氏未參類書多本而讖語有誤者；（3）鄭氏論斷正確而猶有可補者。最終認爲："因爲鄭氏《校證》實爲三篇論文，而非專著，且祇是在黄氏《札記》、汪氏《考異》的基礎上檢尋類書或注疏材料所引《國語》文句進行校理，既没能判然公序本與黄刊明道本的界限，也未能根據真正的黄丕烈讀未見書齋本原刻，又在注疏或類書的版本上亦未能講求古本或版本齊全，有些結論顯得較爲草率。且往往在類書或注疏材料引據不同於今本《國語》者，輒下斷語以爲今本有誤或古有別本，實際上類書或注疏材料引據的《國語》材料祇可以作爲參考材料，除非有充足的證據證明今本《國語》錯誤，否則不足以據類書或注疏材料引據異文推翻今本。因爲引據材料本身在類書或注疏材料中是一個相對獨立的單元，有時候爲了服從於其類書體例或者注疏語言的整體特徵，會有增減字句的現象，尤其表現在虚詞或者主語等方面。另外，類書或者注疏材料引據《國語》尤其是篇幅不長時，未必是直接引用，很多情況下是據意而書，這就和《國語》原本有較大差別。在圖書文本形態没有刻本的歷史環境下，由於抄寫者的個體因素、時代的用字傾向以及時代的思想觀念等相關社會因素的影響，都會造成文本文字的差異，不僅僅表現在引據材料方面，即便是韋昭《國語解》也存在著諸多文字的差異，其文字差異存在的事實也恰好説明了韋昭《國語解》在流傳過程中疊經傳抄從而形成的韋昭《國語解》文本的文字歧異或語義乖舛是早就已經存在的，並非自公序本、明道本開始，相信在明道本之前就已經存在很大的差異了。也就是説，韋昭《國語解》的流傳是一個比較複雜的過程，祇是由於宋以前的《國語》本子流傳較少和宋以來《國語》版本系統相對比較單純而無法考求其詳。"① 同時指出："鄭良樹的《國語校證》三篇在《國語》校理研究方面還是做出了相當大的成績，是繼清人王懋竑、黄丕烈、汪遠孫之後《國語》校理方面的重要論作，和張以仁《國語斠證》一起成爲二十世紀《國語》校理的雙璧，而且這兩部著作都完成於二十世紀六十年代後期，雖然存在著一些不足之處，但其學術理路以及研究範式仍足以爲今日古籍校理之典範，其所發現以及相關論斷仍爲今日研

① 拙著《近百年來〈國語〉校詁研究》，南京：鳳凰出版社 2016 年版，第 208—209 頁。

究《國語》所必需，這是毋庸置疑的。”[1] 可參。

②張以仁《國語斠證》

張以仁從1958年完成碩士學位論文《〈國語〉研究》到1990年《春秋史論集》的出版，其研究《國語》持續30餘年。根據“中研院”史語所的張氏個人“研究人員著作”臚列，張以仁生前一共發表《國語》方面研究論文31篇，論著並結集著作5部，另外編輯《國語引得》1部，實即著作6部。其《國語》研究涉及《國語》的語言、版本、史學、《國語》與《左傳》關係、《國語》接受史、《國語》舊注整理與《國語》集證等多個方面。

根據《國語斠證·前言》，謂該書以士禮居本爲底本，輔以《國語》他本多種相互讎校。旁采“諸家成説，廣采古注、類書、關係書中材料，以理其訛脱，正其謬誤”，搜求勤苦，排比詳細，可謂精核之作。全書共校理《國語》正文849條，韋注177條，合共1026條。張以仁《國語斠證》斠證所用材料爲：①以世界書局影印黄刊明道本爲底本，公序本中用金李本、董增齡《國語正義》和秦鼎《春秋外傳國語定本》，其他明道本用日本重刊天聖明道本、廣州時務書局重雕天聖明道本、湖北崇文書局重雕天聖明道本；②廣引類書資料，其類書材料一直用到明代；③廣用經、史傳注資料中引文。其斠證内容涉及：①辨正異文，明確文字關係；②運用音韻訓詁語法等方法進行異文方面的探討；③運用史學方法進行考證。就其大多數條目而言，多爲各本異文的臚列。誠爲20世紀50年代以至於今日之《國語》校理集大成者。今撮舉數例，以見其大概。

A. 使務利而避害

以仁案：《周本紀》“務”下有“之”字。(第2頁)

B. 而自竄于戎狄之間

札記：《補音》作“翟”，後同。

---

① 拙著《近百年來〈國語〉校詁研究》，南京：鳳凰出版社2016年版，第209頁。

考異：公序本作"翟"，《舊音》同。案明道本除《晉語》"翟相"外，皆作"狄"。後放此。

以仁案：《周語下》"且夫長翟之人"，明道本亦作"翟"，非特"翟相"一見也。本條金、秦、董正文、韋解皆作"翟"，與世界書局影印明道本（以下簡稱"世界本"）不同。日、時、崇、《詩·齒譜》疏、《縣》疏、《御覽》三〇三皆作"狄"。《周本紀》凡二見，亦皆作"狄"。狄、翟正假、字。又"于"，秦、董、《周本紀》（二見）、《詩·齒譜》疏皆作"於"，而金、日、時、崇、《詩·縣》疏則皆作"于"。（第5頁）

C. 守以敦篤

札記：《補音》作"惇"。

考異：公序本作"惛"，《舊音》同。《史記》作"敿"。

以仁案：金、秦、董、《北堂書鈔》（以下簡稱"書鈔"）卷三十六、《御覽》三〇三皆作"惇"。日、時、崇則作"敦"。《說文》："惇，厚也。""敦，怒也、詆也。"則惇、敦正、假字。守以敦篤者，謂以敦篤守其先王之制度也。（第6—7頁）

D. 以致戎于商牧

考異：公序本"于"作"於"。凡"于""於"錯出，後不載。

以仁案："于""於"古音有異，關係語法甚巨。瑞典漢學家高本漢《左傳真偽考》一文有極精闢之討論。《考異》尚無此等觀念，但嫌瑣碎而不悉列，然今之校刊先秦古籍者則不可忽略也。下文凡遇"于""於"之異，悉列出之，以備參稽。此文秦、董及孔廣陶本《書鈔》三六引也皆作"於"（舊鈔本《書鈔》則作"于"）。金、日、時、崇、《周本紀》、《御覽》三〇三引皆作"于"。（第9頁）

E. 陽氣俱蒸

札記：《補音》作"烝"。

以仁案：金、秦、董本，《周頌·載芟》引正、解，《御覽》五三七、《玉海》七六皆作"烝"。日、時、崇、《書鈔》九一、《事類賦》四引皆作"蒸"。烝、蒸正假字。（第35頁）

相關辨析，可參筆者《近百年來〈國語〉校詁研究》。其基本考辨方法仍然延續黃丕烈《札記》、汪遠孫《考異》以明道本爲底本的傳統，並且參以金李本、董增齡本、秦鼎本等三種公序本和日本重刊天聖明道本、時務書局重刊天聖明道本和崇文本等黃刊明道本的覆刻本。筆者《近百年來〈國語〉校詁研究》辨析《國語斠證》84 條，包括：①張氏言文字關係未當；②張氏引文用例未當；③張氏言《國語》版本等未當；④張氏對於異文判定未當。

張以仁《國語斠證》是繼清人《札記》《考異》以及鄭良樹《國語校證》之後的又一部《國語》校理方面的力作，而且是 20 世紀《國語》校理方面成就最高的著作，在《國語》研究史上具有重要地位和深遠意義。

③毛子水《國語》校勘

上文提到，毛子水《整理古代經典的理想做法》認爲九思翻印的上海師大校點本是"一'合格'的本子"。他認爲："我們現在要從事整理古書的工作，應以現代學術水準爲程式。無論在審定本文，或選取注解上，都應盡力量做到最滿意的地步，務使現代閱讀古書的人可以免去許多誤文誤注所引起的疑惑。能够這樣，才可以算得合理想。"① 他提出《國語》的十處進行研討，多爲校勘，也有幾條爲考辨。相關研究者對毛子水的這一成果知之甚少，今全文臚列如下。

> 《魯語上》：夫苦成叔家欲任兩國而無大德，其不存也亡無日矣！
> 按："亡無日矣"，是《國語》和《左傳》二書裏都常見的詞句。但這裏的"亡"字是衍文，應刪去！
> 《魯語上》：其身之不能定，焉能予人之邑！
> 按："邑"字上的"之"字，衍文，宜刪；或，"之"應作"以"。

---

① 毛子水：《整理古代經典的理想做法》，臺北：里仁書局 1980 年版《國語》（嶄新校注本）後附，第 1—2 頁。

《晉語六》：獻子曰：“戒之！此謂成人。成人在始與善。始與善，善進善，不善蔑由至矣；始與不善，不善進不善，善亦蔑由至矣。”

按：“成人在始”四字句；下“與善”二字衍，應刪去！

《晉語七》：夫絳之智能治大官；其仁可以利公室不忘；其勇不疚於刑；其學不廢其先人之職。

按：“公室”下“不忘”二字，應移置“其學”上。“不忘其學”爲句，“不廢其先人之職”爲句，和前三句相偶。（不這樣讀便難通！）

《晉語八》：盍密和，和大以平小乎！

按：“密和”下疑脫去“諸侯”二字。（“盍密和諸侯，和大以平小乎！”）

《魯語上》：堯能單均刑法以儀民。

《鄭語》：夏禹，能單平水土以品處庶類者也。

按：兩“單”字韋都訓爲盡；未妥；朱駿聲訓爲大，較好。但“單”字有平義；“單均”“單平”應爲古人的複詞！

《晉語四》：晉公子敏而有文。

又：子犯曰：“吾不如衰之文也。”

按：這兩個“文”字，韋都訓爲文辭。實當訓爲儀文。儀文兼指文辭；講作“文辭”，可使人誤會爲專指應對的言語。（《論語》“以文會友”的“文”，指人和人相處的禮儀言，亦應訓爲儀文）

《晉語九》：獻子執而紡於庭之槐。

韋解：紡，懸也。

按：“紡”即現在我們所用的“綁”字。綁字雖然到明代《字彙》中才有，但不妨春秋時代我們的語言中便已有“綁”字。《國語》裏這個“紡”字，義當爲束縛，音當近“綁”而不是輕脣音。《説文》訓紡爲“網絲也”，而別的經典裏亦沒有用“紡”爲繃、縛的意義的；這也不足怪。我且舉一個許多人所熟知的例來説。《孟子》這部書，讀過的人必很多。《孟子》書中十多章用“忘”字作

"忘記"講，但也有一章用"忘"字作我們現在所用的"忙"字。（《公孫丑篇》："必有事焉而勿忘。勿忘，勿助長也。"）"忘"字這個用法，除《孟子》書裏一章外，別的書裏都沒有見過。（"忙"字用於急遽義，似始於唐人。）但我們不能不承認《孟子》這個"忘"字即我們現在所用的"忙"字！同樣，我們也不能不承認作《國語》的人在這句裏所用的"紡"字即我們現在所用的"綁"字！韋昭訓紡謂懸，實在太糊塗了。"紡""綁"二字語音上的關係，我且不提！懸有吊掛的意義。因女婿不敬女兒，便拿來弔在庭前樹上：范獻子雖不十分高明，恐亦不會這樣橫蠻！

《楚語上》：子尚良食；二先子其皆相子，尚能事晉君以為諸侯圭。

韋解：尚，猶彊也。良，善也。

按：韋訓尚為"猶彊"，不很妥；疑傳寫有誤。《文選·七發》注引賈逵注："尚，且也。"固可講得通，但不如訓尚為"猶"。聲子和椒舉，非特舊相識，且係世交，所以可以說很輕率的話。

《楚語下》：龜足以憲臧否則寶之。

韋解：憲，法也；取善惡之法。

按：韋解迂迴難通。《詩·假樂》："顯顯令德。"《禮記·中庸》引《詩》作"憲憲令德"。借憲為顯，蓋先秦所通行。"憲臧否"即是"顯臧否"。

以上十條，涉及校勘者皆用理校，較武斷。對舊注的研討，同樣因缺乏深入分析而有武斷之嫌。

（2）20 世紀 80 年代的《國語》校理

20 世紀 80 年代，彭益林在《國語》校理方面一枝獨秀。彭益林《〈國語·周語〉校讀記》和《〈國語·晉語〉校讀記》是專門的《國語》校讀論文，且僅限於對上海師大校點本《國語》中《周語》《晉語》兩語的校讀。在以校點本校讀過程中，時時參閱《國語》舊刊。此外，徐仁甫的《古書屬讀研究》多明《國語》及韋注句讀。

　　彭益林《周語》校讀中所涉及《國語》舊刊包括明嘉靖陸奎刻本、日本秦鼎《國語定本》、中山大學圖書館藏明刻本、北京圖書館（今中國國家圖書館）藏宋刻元修本、公序本（《四部叢刊》本）、《四部備要》本、明道本，而《晉語》校讀僅涉及公序本、明道本。其中明道本、公序本雖然在《國語》版本上是籠統稱謂，但在彭益林論文中實有所指，公序本（《四部叢刊》本）實際上是《四部叢刊》影金李本，和彭氏所參陸奎刻本（實即金李本原本）爲同一版本系統。而其所指稱明道本當即黃刊明道本，至於具體本子，彭氏未予交代，難知其詳。今撮舉《晉語》1 例以見其大概，如下：

　　　　《晉語五》

　　　　(16) 衹以解志。（第 402 頁）

　　　　韋注：衹，適也。

　　　　謹案："衹"，明道本原作"祇"。《考異》云："《舊音》祇作衹，音支。案：《說文·衣部》無'衹'，疑唐以前本無從衣之'衹'字。"汪氏此說出，故《四部備要》本依公序本及《考異》改作"祇"，今本又改作"衹"。

　　　　衹、祇、祇，爲"啻"之假借字，古書中用之較濫。嚴格說來，從氏之字與從氏之字古韻部不同，《廣雅·釋言》："衹，適也。"王念孫疏證云："衹音支，字從氏，各本作祇非。祇音脂，敬也，字從氏。"朱駿聲《說文通訓定聲》云："（諸書祇），皆衹之誤字。衹者緹之或體，緹、啻音相近也。"是王、朱之說相同，皆以祇爲誤字。故今本作"衹，適也"，與明道本作"祇"、公序本作"祇"皆相隔閡，其誤殊甚。

　　　　又汪氏"疑唐以前本無從衣之衹字"，實爲疑所不當疑也。段玉裁《說文解字注》云："衹，《五經文字·衣部》曰：'衹，章移切，適也。'《廣韻·五支》曰：'衹，章移切，適也。'《唐石經》'衹既評'、《左傳》'衹見疏也'、《詩》'衹攪我心'、《詩》《論語》'亦衹以異'，字皆從衣，正同張參《字樣》。而張參以前顏師古注《竇嬰傳》曰：'祇，適也。音支。'其字從衣，豈師古太宗朝刊定經籍皆用此歟？……近日經典訓適者皆不從衣，與唐不合。"段説可參。汪遠孫於《國語》頗多發正，於他書則亦有未盡知之處。"祇"字從衣，訓"適也"，亦見阮元《十三經·左傳·襄公二十九年》校勘記，阮云："祇見疏也，《石經》作祇是也。凡《唐石經》《廣韻》皆作祇。"綜上，汪氏謂唐以前無從衣之祇字，失之眉睫矣。

按：今檢《國語》之宋刻宋元遞修本、朝鮮經筵校本、明德堂本、許宗魯本、正學書院本、金李本、姜恩本、張一鯤本、吳勉學本、閔齊伋本、盧之頤本、三餘堂本、薈要本、文淵閣本、文津閣本、日本公文書館藏影寫朝鮮經筵校本字作"祇"，日本静嘉堂藏宋刻元明遞修本、孔傳鐸本字作"祇"。所參綠蔭堂本比較模糊，但大致看出字作"祇"。黃刊明道本及其覆刻本、上善堂本、崇文書局本字作"祇"，尊經書院本、寶善堂本、吳曾祺本、沈鎔本、徐元誥本字作"祇"，《四部備要》本、上海師大校點本字作"祇"。公序本系統内部文字不同，有"祇""祇"之異。而明道本系統内部，則有"祇""祇""祇"之異。《四部備要》本《國語》不是改作"祇"，而是直接改作"祇"。又對照了一下《袖珍古書讀本》本《國語》，發現字亦作"祇"。可見古書中"祇""祇"字形相似，故有混用者。而"礻""衤"字形相似，故亦易混誤。

此外，這一時期的《國語》舊刊校理還包括葉晨暉、楊燕民、趙國璋等人的研究成果。趙國璋《〈邵公諫厲王止謗〉的一處錯簡》（《南京師大學報》1980 年第 2 期）從語法的角度論定《周語上》"邵公諫厲王止謗"章"善敗於是乎興"一句發生了錯簡，注釋中對明道本、公序本進行了比對。葉晨暉《〈國語〉札記三則》（《南京師大學報》1982 年第 2 期）第二則認爲《吳語》《越語》"甬句東"當爲"甬東""勾甬東"之誤。楊燕民《〈國語〉校勘拾遺》雖然以上海師大校點本爲語料，但實際上所校是《國語》本體問題，無關今本點校。楊氏針對《國語·周語下》"單襄公論晉周將得晉國"中"言勇必及制"和"利制能義，事建能智” 進行了校理，認爲 “及制” 之 “制” 應作 “義”，“利制” “事建” 當爲 “制利” “建事” 之倒。① 孫德被《讀書偶記兩則》對 “召公諫厲王弭謗” 篇明道本 “猶其有原隰之有衍沃也” 提出校勘意見，認爲公序本 “猶其有原隰衍沃也” 是正確的，認爲 “原” “隰” “衍” “沃” 是土地的四種類型，“不可能在平原和窪地這兩種類型中包含平川和沃野這兩種類型”，又通過 “其” 字的指代作用、文義的分析、語法的分析，指出明道本的錯誤，可謂細緻精當。②

徐仁甫《古書屬讀研究》撰成於 1982 年 9 月，但正式面世卻在 2014 年。全書共七卷，分別爲誤讀現象三卷、誤讀原因和正讀方法各二卷，考校《國語》條目 20 餘處，既有句讀屬讀考校，又有字形辨識、訓詁考校。今臚列其句讀考校 3 條如下，以見其大略。

《國語·晉語五》：臼季使，舍於冀野，見冀缺耨，……曰，臣得賢人敢以告。文公曰……

[按]《晉語》共分九卷，卷爲一公。其五卷記襄公事，而首載臼季薦冀缺於文公，何也？韋昭曰：“在文公時，而於此言之者，以襄公能繼父志，用冀缺。” 此曲爲之説。本文當是上卷之末章，誤入下卷。（誤讀現象上·前卷之末誤爲後卷之首）

《國語·魯語上》：齊孝公來伐魯（日本本無 “魯” 字，是），臧文仲欲以辭告，病焉。

韋昭讀 “告” 以上爲句，“病焉” 又爲一句。注云：“欲以文辭告謝齊，病不能爲辭也。” 俞樾讀 “臧文仲欲以辭告病焉” 九字爲句，引《左傳·宣十五年》“寡君使元以病告”，謂義與此同。

[按] 下文曰 “願以子（指展禽）之辭行賂焉”，可見臧文仲以不能辭爲病。若如俞説，此文當作 “臧文仲欲以病告焉”，不當有

---

① 楊燕民：《〈國語〉校勘拾遺》，《內蒙古師範大學學報》1989 年第 2 期。

② 孫德被：《讀書偶記兩則》，《臨沂師專學報》1991 年第 1 期。

"辭"字,"病"亦不應在"告"下。今作"以辭告,病焉",則與
"以病告"句例顯然不同。可知韋讀是,俞氏連爲動賓讀之,非也。
(誤讀現象中・誤連動賓)

《國語・晉語四》:此三者君之所愼也,今君棄,無乃不可乎?
晉公子,善人也;而衛,親也;君不禮焉,棄三德也。臣故云。

[按] 臣故云,謂臣故以爲不可也。"臣故云"三字句,結上
文。《國語》全書,句例如此者,皆結上文。《周語下》"晉侯爽二,
吾是以云"韋注:"故言晉君當之。"《晉語一》"戎夏交捽,交捽是
交勝也。臣故云"韋注:"言晉勝戎,戎復勝晉。"《晉語三》"小人
忘而不思,願從其君而與報秦,是故云"韋注:"故言不免也。"
《晉語八》"夫文,蟲皿爲蠱,吾是以云"注:"故言惑以生蠱也。"
以上四句皆結上文,此句亦然。舊讀此句與下"君其圖之"連文,
大誤。不知"君其圖之"(句)乃冒下文。下文"君弗蚤圖",正承
"君其圖之"而言。《晉語一》"且君其圖之"上加一"且"字,其
爲冒下甚明。又《晉語一》"臣故云"下有"且懼有口",更可見
"臣故云"結上"且懼有口",乃冒下文,與此"臣故云"結上、
"君其圖之"冒下,文法相同。豈可合兩句爲一讀哉? (誤讀現象
中・結上誤爲冒下)

拙著《近百年來〈國語〉校詁研究》總結云:"由於時代的影響,
這一學術風尚在中國大陸的一定時期幾乎埋没,在《國語》這部典籍方
面則表現得尤爲明顯。徐仁甫《晉語辨正》以及彭益林《周語》《晉語》
的校讀論作,無疑對以傳統考據方法研究《國語》起了某種引領作用。
徐仁甫、彭益林之後,一定數量的學者也以傳統考據方法方式對《國
語》進行具體考辨,推動了《國語》具體問題研究的深入。"① 在引領
《國語》校理、洞開風氣方面,徐仁甫、彭益林等人的校理可謂有導夫

---

① 拙著《近百年來〈國語〉校詁研究》,南京:鳳凰出版社 2016 年版,第 417 頁。

先路之功。

（3）近十幾年來的《國語》舊刊校理

由於信息化時代的到來，世界上很多圖書館提供在綫資源，前輩學者終其一生都無緣一見的《國語》版本，今輕而易舉就可以看到。另外，《國語》研究進一步走向細密化。故而近十幾年來，《國語》舊刊校理又取得了一些新的進展，在前人的基礎上有進一步的創獲。比如俞志慧公開發表的兩篇對比宋刻宋元遞修本和金李本的論文，實際上就是新的勘校。此外，其《〈國語〉韋昭注辨正》中也有一些條目涉及《國語》的校勘。筆者近些年來對敦煌殘卷本《國語·周語下》的校理，對宋刻宋元遞修本《國語》及《國語補音》的校理，對《國語》明本四種的校理，以及以宋刻宋元遞修本爲底本進行的《國語·周語》的校理等，皆屬此類。

①以宋刻宋元遞修本《國語》與《國語補音》用字對勘

筆者在檢核南宋戴侗（1200—1284）《六書故》、真德秀（1178—1235）《進故事》以及《文章正宗》中引用《國語》的情況時，發現戴侗和真德秀所引《國語》用例和公序本基本相合。仔細比對，發現戴侗和真德秀引《國語》例句的某些用字和宋刻宋元遞修本又不完全相同。在進行相關例句比對的過程中，發現宋刻宋元遞修本《國語補音》用字和宋刻宋元遞修本《國語》的用字也不完全相同。進而認爲宋刻宋元遞修本《國語》雖然也屬於公序本序列，然而和《補音》比對，發現二者差別較大。遞修本是南宋初刊刻，且又歷經遞修，即便是初時依據宋氏原校本刊印，恐早已非宋氏原校原貌。因此，全面考查遞修本《補音》和遞修本《國語》的用字情況，可爲我們瞭解宋庠校勘《國語》的情況提供一定的材料，爲宋刻宋元遞修本之遞修情形提供一些具體例子，爲《國語》的全面系統整理和研究提供一定的參考。① 當然，沒有對其中遞修版片做進一步細緻區分，這是該研究的疏漏和不足之處。

---

① 拙著《〈國語補音〉異文研究》，臺北：蘭臺出版社 2015 年版，第 132—389 頁。

②以明本四種校勘材料爲對象進行的《國語》校勘

該研究基於筆者對漢語史上古語料的確定性認知的思考。一部漢語史語料面臨定字（定形、定音、定量、定序）、定義以及時代或地域的確定。而就《國語》這部書而言，其確定性需要四個方面材料："（1）出土的《國語》文本和傳世《國語》各個版本的校勘；（2）歷代《國語》研究著作的梳理與研究；（3）群書引《國語》資料的整理與研究；（4）先秦兩漢其他典籍包括相關時期的出土文獻與《國語》同内容篇章或語段的比對與研究。"① 基於此，《〈國語〉考校——以明本四種校勘材料爲對象》梳理了以《四部叢刊》影金李本《國語》爲底本，參照丁跋本、許宗魯本、童思泉本和金李本原本所得的 1333 條校勘條目，通過參照各種刊本，對 1333 條校勘條目進行了校勘比對。該書首次分《國語》爲版刻前時代的《國語》傳本、版刻時代的《國語》傳本，並揭示了一些新見版本價值。首次發現並應用了日本國會圖書館藏朝鮮經筵校本，並對該本學術價值和文獻價值進行了揭示，首次對詩禮堂本《國語》刊刻年代進行了揭示。在當代學者中首次運用明德堂本、許宗魯本、童思泉本、張一鯤本、李克家本、吳勉學本、詩禮堂本等一批明清重要刻本，並應用了一批日本刊本，如道春點本、千葉玄之本等。

③以宋刻宋元遞修本爲底本的《國語·周語》校理

筆者以宋刻宋元遞修本《國語》爲底本，參合更多的《國語》刻本以及近現代版本，對《周語》進行了全面的校理。先依照時代順序臚列各家勘校成果，再依據所參版本，在前人校勘成果的基礎上校對版本，辨明甲乙。如《周語上》"昔我先世后稷"句，引用了錢曾、惠棟、戴震、汪中、薈要本、陳樹華、許宗彦、徐養原、秦鼎、陳奐、汪遠孫、翁俌、籛跋本、楊守敬、葉玉麟、張以仁、來可泓等古今十幾家的說法，又出案語，別校所參衆本。進而對有無"王"字提出個人的意見，並徵引今人之說爲佐證。再如《周語下》"夫合諸侯，民之大事也"條，在

① 拙著《〈國語〉考校——以明本四種校勘材料爲對象》，新北：花木蘭文化出版社 2015 年版，第 3 頁。

臚列各家校語之後，在比較了各本異同之後，筆者又從字形的角度論證"民"字與"國"字異形形近因而造成混同混誤的原因，給各本文字不同提供了依據。搜集版本資料和研究資料比較豐富，校勘比較細密。[①]

④《國語》版本異文特徵的辨析

《國語》公序本系統和明道本系統之間具有特徵性異文，俞志慧曾對兩種版本系統的不同進行過總結，可參。但就特徵性異文而言，比較顯著的如《周語上》首章"昔我先世后稷""昔我先王世后稷"之別，且從清代以來，錢曾、惠棟、戴震、四庫薈要、徐養原、盛大士、陳奐、嚴元照、汪遠孫諸多學者以有"王"字爲正、以無"王"字爲脫誤，但也有陳樹華、許宗彥、董增齡、翁俸、楊守敬等認爲公序本無"王"字是。近七十年來，學者仍然依違於公序本、明道本之間。唯校勘、考證更爲細密而已。如傅庚生説較圓通，云："宋明道二年的《國語》刊本裏有'王'字，其餘各本都衹作'昔我先世后稷'，語意不很完足，因此一般的意見都認爲明道刊本好些。"[②] 張以仁考校衆本，最後以明道本接近原貌。[③] 劉偉《讀〈國語〉札記一則》認爲當從明道本。俞志慧《國語韋昭注辨正》、拙稿《李慈銘〈讀國語簡端記〉補箋》（《中央大學人文學報》第52期，2012年）、辛德勇《公序本〈國語〉"我先世后稷"文證是》（《文史》2014年第2期）則認爲公序本《國語》無"王"字是正確的。筆者認爲：首先要肯定韋注的正確，即"后稷"是官名，不是人名。則"先世后稷"之"世"自當與"先"字分開，即這個結構中的"先"是主語，"世"是狀語，"后稷"是謂語。不會造成誤解。"先"後無論有無"王"字，此處"后稷"只要是官名，"世"字必然做狀語。所以有韋注的"后，君也。稷，官也"之釋，有無"王"字，都不會造成誤解。因此，主有"王"字的説法，從語言的角度看是靠不住的。主有"王"字的學者認爲"先世"古書中少有分讀之例，然在本

---

① 拙撰《〈國語〉匯校集解輯評（〈周語〉卷）》，即版。
② 傅庚生：《國語選》，北京：人民文學出版社1959年版，第3頁。
③ 張以仁：《國語斠證》，臺北：臺灣商務印書館1969年版，第4頁。

句之中“先”字固屬“我”字限定，此無問題。另外，“先世”固少分讀之例，可“世”字作狀語的例子所在多有，固不能以“先世”少用分讀之例否認“世”有狀語之實。又“先”字作爲形容詞用作名詞實際上古書中比較多見，如《戰國策·趙策二》“事先者”鮑彪注：“先，先君。”司馬遷《報任少卿書》“行莫醜於辱先”李善注：“先謂祖也。”固“我先”之“先”作名詞性成分既有其根據，也符合語境。故無“王”字亦通，至於是否“公序本得其真”，不好遽下斷論。辛氏提出方法論問題，謂：“盧文弨考辨這一問題，最後總結説：‘夫韋注有失，尚當舍注以從本文之是。’對於利用《國語》爲史料做研究的人來説，固當如是；從爲《國語》勘定正確的文字這一角度來看，這句話講得似乎也很有道理。不過，在實際校勘古籍時，這樣的原則却很難把握。這主要包括：（1）是把文字校訂至最合理狀態，還是最符合作者原貌或是最符合作者本意的狀態？（2）是把文字校訂至某一版本固有的狀態，或者儘量保存每一個版本的原貌，令諸本並存不廢，還是綜合諸本，做出一部最完善的定本，甚至以此定本取代衆本？文義最爲合理，與最符合作者原貌或最符合作者本意這兩種狀態，往往不會重合爲一事，此其難以把握者之一。所謂最合理的狀態，往往意味着要統校諸本，並參校其他相關典籍，做出裁斷。這種校訂方式，看起來最顯美妙，現在最爲通行，但所做裁斷要基於校訂者的認識，而校訂者的學識難免會有深醇博雅與淺薄寡陋之分，對是非良窳的判斷，亦因人而異，所造成的消極後果也最嚴重，此其難以把握者之二。至於最符合作者原貌或是最符合作者本意的狀態，通常比較接近於復原最初的版本，對於古代經典來説，更尠有直接的憑據，若作間接的推斷，亦充滿不確定性，而且其實際可操作的空間，也不是很大，通常只局限於個別字句，此其難以把握者之三。”“清代考據學家對《國語》‘我先世后稷’這一文句的認識歷程，堪稱古籍校勘學史上的一個典型例證。中國古籍的校勘，是伴隨着清代漢學研究的興盛而臻於高度發達的，在受惠於考據學家精密深邃研究方法的同時，也在很大程度上遭受到當時考據學方法的消極影響。其中的弊病之一，就是在考辨史事和史籍時，往往過分局促地拘泥於每一個具體的文句而忽略大的歷史背景和古書通例，即如清人方東樹所批評的那樣，舉小略大，'雖有左驗而實乖義理'。顧千里等人在這一問題上最大的失誤，就是未能如許宗彥所說，首先從韋昭注釋《國語》的通例出發，來考察'先世后稷'一定是韋昭所據版本的原貌，其他文句差異的考辨，都必須服從這一前提，而在此前提之下，我們只能得出'天聖固不足證韋氏誤'的結論。"該論述不僅有資《國語》本條之考校，且具有方法論意義。

2. 點校本《國語》的校勘

20 世紀以來，《國語》點校本疊現，筆者《〈國語〉點校本舉隅》《近幾十年來出版的〈國語〉新點校本平議》予以梳理。這些點校本存在一些問題，一些《國語》校勘論文多圍繞《國語》點校本或譯注本展開。

（1）以上海師大校點本爲校勘對象的《國語》校勘

上海師大校點本《國語》在現代《國語》流播史上的地位之重要，毋庸置疑。由於其校點時代的特殊性以及參與人員的多元化，存在一定的校點問題也是必然的。20 世紀 80 年代以來，有相當一部分論文對上海師大校點本標點問題提出了商榷。

如駱瑞鶴《〈國語〉標點舉例》（《廣西民族學院學報》1985 年第 2 期）嚴格區分了上海師大校點本 1978 年本和 1982 年本，對其修訂給予了肯定，並對 1982 年本提出諸多校勘意見。他認爲 1982 年本標點可商榷的存在四方面問題：不當斷而斷；當斷而不斷；引用標點不能反映原文語法；引文的標點不能準確地反映事實。通過語詞所在句子的語法功能、前後句的邏輯關係、注文與正文的對應性、引文起訖、櫽括引用、史實等各個方面，對 1982 年《國語》23 處標點提出了商榷意見。絕大多數校改意見是正確的。

彭益林《〈國語·周語〉校讀記》（《華中師範大學學報》1985 年第 5 期）、《〈國語·晉語〉校讀記》（《華中師範大學學報》1986 年第 5 期）總共 50 條，前者 28 條，後者 22 條，前者涉及校點本校勘 16 條，後者涉及校點本校勘 11 條。彭氏嚴格區分了校點本第一次印刷本和第二次印刷本，對其標點、依從、文字等等提出了校改意見。

趙新德《〈國語〉句讀瑣記》（《古籍整理出版情況簡報》第 182 期，1990 年）針對上海師大校點本所作校勘 10 條，其中《魯語》"石砮長尺有咫"一條和駱瑞鶴校勘條目相同。該文研討《國語》正文標點 3 處，韋注標點 6 處，《發正》引《說文》標點 1 處。

李炳海《〈國語〉瑣記》（《古籍整理研究學刊》1990 年第 6 期）對校點本《晉語四》"胡爲文益其質"斷句提出商榷，所論詳明精當。又對校點本《晉語六》"使勿兜風聽臚言於市"、《鄭語》"以淳耀敦大天明地德"斷句提出商榷，也可引發進一步思考。並認同徐元誥對《鄭語》"物一無文"之"物"乃"色"字之誤的意見，謂校點本未予說明。此說值得商榷。

苗文利《〈國語〉點校本的標點失誤》（《古籍整理研究學刊》1991 年第 6 期）共校勘校點本 34 條，分爲六種類型。銳聲《新版〈國語〉等三例"焉"字句讀質疑》（《學語文》1994 年第 3 期）第一例和苗文利所校相同。

劉曉惠《〈國語·周語·晉羊舌肸聘周〉點校發疑》（《山西省教育學院學報》2001 年第 1 期）對上海師大校點本 1982 年本中的"於緝熙亶厥心肆其靖之"的斷句提出質疑，認爲"基，始也"之"始"當爲"儉"字之誤。

（2）對《國語》文本的標點斷句進行勘定

學者們除了對上海師大校點本《國語》標點斷句進行商榷外，還結合其他點校本或刊本，對《國語》本文進行勘定。

楊世勤《十二種版本〈國語〉斷句歧異例析》（《綏化學院學報》2006 年第 1 期）、王冬梅《十三種版本〈國語〉斷句歧異例析》（《現代語文》2006 年第 5 期）二文的條目和方法相同，是在參合不同校點本的基礎上，對上海師大校點本的九處標點提出商榷。其中"晉郤錡見其語犯"與駱瑞鶴相同，"胡爲文益其質"與李炳海相同，"乃立奚齊焉始爲令"與銳聲勘校相同。

張卉《〈國語〉斷句商榷一則》（《蘭臺世界》2012 年第 6 期）結合《四部備要》本、《叢書集成初編》本、上海師大校點本 1998 年本、王樹民等校點《國語集解》2002 年本，對《吳語》“昔吳伯父不失春秋必率諸侯以顧在余一人”及注“此晉述天子告讓之辭同姓元侯曰伯父吳伯父吳先君不失四時必率諸侯備朝聘之禮”斷句提出商榷，認爲正文當斷作“吳伯父不失春秋，必率諸侯以顧在余一人”，韋注斷作“此晉述天子告讓之辭。同姓元侯曰伯父。吳伯父，吳先君。不失四時，必率諸侯備朝聘之禮”。

劉偉《〈國語·周語下〉周官標點辨疑》（《古籍研究》2004 年上卷）針對《周語下》“單穆公諫周景王鑄大錢”篇“吾周官之於災備也”之“周官”要不要加書名號的問題，認爲此處周官“應該是泛指包括周王和下屬官員在內的各級行政人員及其組織”，故認爲此處“周官”不當加書名號。

3. 結合出土文獻對《國語》的勘定

劉偉謂：“從晚清和民國時期的史料四大發現，到 20 世紀 70 年代以來馬王堆帛書、郭店簡、上博簡、清華簡等多次重要發現，無論在內容還是方法上，都極大地促進了早期中國史各領域的研究。作爲先秦時期的重要文獻，《國語》研究也由此在深度和廣度上得到拓展。”[1] 以出土文獻或古文字進行《國語》文本的校勘檢核，是近十年來《國語》研究的新動向。如本書第一章所舉李守奎結合古文字對《國語》訓詁的考訂。此外，尚包括何有祖《慈利竹書與今本〈吳語〉試勘》，通過對校慈利竹書本和今本《吳語》，對前人的一些校勘意見進行了修正，對今本《吳語》斷句以及分章提出商榷。另，郭永秉《以簡帛古籍用字方法校讀古書札記》根據簡帛用字探討《越語下》“養而擇”之“擇”問題等。趙平安根據戰國秦漢文字辨《周語下》“故謂之嬴亂”之“亂”爲“乳”字之誤[2]，陳劍據戰國文字辨《齊語》“政不旅舊”之“旅”爲“遙（失）”之誤[3]，劉釗通過《清華簡》辨《越語下》“受其名而兼其

---

[1] 劉偉：《新出土文獻推動〈國語〉研究》，《中國社會科學報》2019 年 9 月 18 日。

[2] 趙平安：《金文釋讀與文明探索》，上海：上海古籍出版社 2011 年版，第 116 頁。

[3] 轉引自鄭邦宏《出土文獻與古書形近訛誤字校訂》，上海：中西書局 2019 年版，第 399—400 頁。

利"之"兼"爲"秉"字之誤①，石小力通過《清華簡》辨《吳語》
"昔不穀先委制於越君"之"委制"爲"秉利"②。當然，以出土文獻釋
讀傳世文獻的文字詞彙問題，恐怕還需要持謹慎態度，而且要多方推求，
否則會誤識誤解，滋生新的問題。③

　　總體而言，近七十年來的《國語》校勘取得了一定成績，表現在：
(1) 版本搜集以及資料參證比前人更爲全面。比如張以仁在校勘中運用
了黃刊明道本的多種覆刻本，還運用到了秦鼎《國語定本》；郭萬青、
俞志慧等在校勘時運用到了宋刻宋元遞修本、静嘉堂藏宋刻元明遞修本、
朝鮮經筵校本等前輩學者無法見到的版本材料；還有一些學者以出土文
獻爲參照，對《國語》文本和韋昭注解提出了勘定意見。(2) 校勘更加
細密。清人汪遠孫在《國語》校勘細密程度上達到了一個高度，今人在
汪遠孫的基礎上進一步細密化。筆者撰述《〈國語〉匯校集解輯評(〈周
語〉卷)》時，僅《周語》部分 (包括音注、韋注和少量的董增齡注)
校勘條目就有5000多。(3) 方法多樣，校勘結論更爲可信。張以仁在校
勘的過程中運用到語法學、文字學、音韻學以及史學考訂等相關方法。
對上海師大校點本提出校勘意見的學者還運用年代學、古音學、天文學
等方法，又結合近些年來的古文字和古文獻研究成果。論證翔實，結論
可信。由於韋昭《國語解》一直和《國語》並行，故韋昭《國語解》校
勘成果同樣豐富，但是其他《國語》研究論著的校勘相對薄弱。除了張
以仁對《國語舊音》及其所輯《國語》佚注進行考校、筆者對《國語補
音》《國語正義》進行比較集中的校勘之外，其他《國語》研究論著的
校勘工作還有待進一步開展，尤其有兩種傳本以上的清代《國語》研究
著述，需要全面開展校勘工作，以便對文本進行復原式釐定。

---

　　① 劉釗：《利用清華簡（柒）校正古書一則》，復旦大學出土文獻與古文字研究中心門户網
站，2017年5月1日。
　　② 石小力：《清華簡〈越公其事〉與〈國語〉合證》，《文獻》2018年第3期。
　　③ 參見鄭邦宏《出土文獻與古書形近訛誤字校訂》，上海：中西書局2019年版，第142—146頁。

（二）《國語》訓詁考校

拙著《近百年來〈國語〉校詁研究》引言對近百年來的主要《國語》校詁成果予以臚列。從訓詁發表形式上而言，有論文，有專著。從撰述形式上看，有研討訓詁者，有帶有集解或集注性質者。從對象上看，有針對《國語》本文的，有直接針對韋注的，有針對其他《國語》注釋著作而兼論《國語》訓詁的。從數量上而言，有的論文集中研討一處而成專論，有的論文考辨條目較多，以學術札記形式發表。

從時間上看，張以仁較早進行相關方面研究。如其 1964 年、1965 年、1967 年發表的《國語札記》以及 1967 年發表的《國語虛詞訓解商榷》、1972 年發表的《國語集證》即屬此類研究。

拙著《近百年來〈國語〉校詁研究》把近百年來《國語》校詁劃分爲三個階段，即 1909—1967 年間的《國語》校詁研究、1968—1984 年間的《國語》校詁研究、1985—2013 年間的《國語》校詁研究。而近七十年來《國語》訓詁研究可按照研究人員地域歸屬和研討內容，大致分爲 20 世紀六七十年代《國語》訓詁、20 世紀八九十年代《國語》訓詁、21 世紀《國語》訓詁。從研究人員地域歸屬上而言，六七十年代《國語》訓詁研究者以中國台灣地區爲主力，其中尤以張以仁最爲突出；70 年代末，中國大陸地區學者開始研討《國語》名物訓詁問題；至八九十年代，中國臺灣地區學者如張以仁等研究轉向，《國語》研究不再是其關注重點，而中國大陸地區學者在《國語》訓詁研討方面逐漸引領風潮，葉晨暉、彭益林、姚小鷗、姜躍濱、董蓮池、黃永堂等一批學者在《國語》名物訓詁方面都有相當數量的研究成果，尤以彭益林、徐仁甫等人成果集中且較突出；21 世紀以來的《國語》訓詁，仍以中國大陸地區學者爲主力，且呈現出具體語詞句子訓詁研究、訓詁叢札、訓詁專著等漸次發展的趨勢，研究人員激增，由上兩個階段的二三人、五六人激增到近二三十人，單篇期刊論文數量遠遠超邁前兩個時期，研究方法在舊有基礎上有所增益，在《國語》、韋注以及相關訓詁論著疑詁方面多有創發，以戎輝兵、俞志慧、蕭旭、郭萬青等研究成果較集中。

1. 20 世紀六七十年代《國語》訓詁研究

就《國語》訓詁而言，張以仁的研究主要體現在兩個方面：《國語》疑詁辨正；《國語》集注。

（1）張以仁《國語》疑詁辨正

除了在《國語斠證》《國語舊音考校》等相關論述中研討《國語》訓詁，張以仁的《國語》疑詁辨正主要體現在《國語札記》三篇中，上文已經統計出《國語札記》三篇研討韋注 59 條，此外還有專門針對《國語》正文的語義研討。撮録數條如下：

> 季康子欲以田賦，使冉有訪諸仲尼。
> 以仁案：《爾雅·釋詁》："訪，謀也。"此謂季康子使冉有以田賦之事謀於仲尼也。《晉語四》"諏於蔡原而訪於辛尹"、《晉語七》"故求元君而訪焉"，二"訪"字韋皆訓"謀"，此可從。

［按］本條是移韋注他處之釋義釋此。另外，從本條也可看出，韋昭注釋措置的隨意性，並非在首見字下施注。

> 驪姬以君命命申生曰：今夕君夢齊姜，必速祠而歸福。
> 以仁案：夕猶朝也，謂今朝君夢齊姜也。若訓爲暮夕字，則不可通矣。《小雅·白駒》"以永今夕"傳："夕猶朝也。"《洪範五行傳》注："將晨爲夕。"皆夕訓"朝"之證。

［按］《國語斠證》亦及本條，謂："又《初學記》引無'夕'字，疑以'夕'字費解而妄删之，不知'今夕'之義實爲昨夕。《左傳·襄公二十七年》會箋云：'昭三十一年"是夜也，趙簡子夢"云云，《晉語》"今夕君夢見齊姜，必速祠而歸福"，並言昨夜也。蓋周以建子爲正月，自子時以前屬前日，故今夕、是夜也皆斥前日之夜。自子時以後屬後日，故是夜也、今夕皆斥今夕寢後。'其説蓋是。前人不解此義，乃以'朝'釋'夕'之訓，以求合於文義，如《小雅·白駒》'以永今夕'

毛傳：'夕猶朝也。'《洪範五行傳》注：'將晨爲夕。'皆其例。此義不常見，故或以爲誤而刪之，若《初學記》是也。"① 本處比《國語札記》討論充分且結論也發生了變化。今檢《國語》"今夕"共 3 見，其中《晉語二》1 見，《晉語一》1 見，《吳語》1 見，分別爲《晉語一》"今夕君寢不寐"、《晉語二》"今夕君夢齊姜"和《吳語》"今夕必挑戰，以廣民心"。《晉語一》和《吳語》的"今夕"皆解作"今晚"毫無異議。而《漢語大詞典》《中文大辭典》以《晉語二》"今夕"解作"今晚"恐不合於事情，除非獻公有夢且當夜醒，驪姬當即以君命命申生。申生和晉獻公不在一地，故這種可能性沒有。即便是驪姬所派的使者轉述驪姬的話，驪姬發命令也要有一個時間段。今審《國語》各本譯注對於《晉語二》"今夕"的解釋可以分爲四種：（一）今天晚上；（二）昨天晚上；（三）晚上；（四）近來夜間。"今夕"作爲一個合成結構在先秦文獻中出現較少，其中《詩經》5 見，《吕氏春秋》1 見，《戰國策》1 見。而其固定意義爲"今天晚上"亦毫無疑問。就《晉語二》"今夕"而言，當以訓爲"昨晚"最合。又《逸周書·史記解》："維正月，王在成周。昧爽，召三公左史戎夫曰：'今夕朕寤，遂事驚予，乃取遂事之要戒，俾戎夫主之，朔望以聞。'"與《晉語二》"今夕"義同。其注云："言驚夢，宿欲知之也。"是周天子夜夢，至昧爽時分即召大夫問對，故曰"今夕"。又《晏子春秋》卷一云："景公舉兵將伐宋，師過泰山，公曹見二丈夫立而怒，其怒甚盛。公恐，覺，辟門召占曹者，至。公曰：今夕吾曹二丈夫立而怒，不知其所言，其怒甚盛，吾猶識其狀，識其聲。占曹者曰：師過泰山而不用事，故泰山之神怒也。請趣召祝史祠乎泰山則可。公曰：諾。"這是夜夢驚醒馬上召人解夢，故云"今夕"，亦即"當晚"之義。和《晉語二》共同的特徵是"夕"的時間段在"今"前而非"今"後。先秦其他文獻中"今夕"表義爲二：一是即時狀態，即對話環境即是當夜；一是將來狀態，即白天説話，所言者爲夜間即將發生或應當發生的行爲。《國語》3 例中，《晉語一》即爲即時狀態，《吳

① 張以仁：《國語斠證》，臺北：臺灣商務印書館 1969 年版，第 208 頁。

語》"今夕"則屬後者。而《晉語二》《逸周書》《晏子春秋》這3例的"今夕"則皆爲既時狀態，即已經發生而且在現代時間界定上應屬"昨晚"。目前檢尋先秦兩漢傳世文獻中"今夕"中的"夕"是既時狀態的用例者亦唯此3例。"夕"又作"昔"，《晏子春秋·內篇雜下·柏常騫禳鳥死將爲景公請壽晏子識其妄》云："柏常騫夜用事，明日問公曰：今昔聞鴞聲乎？公曰：一鳴而不復聞。"《說苑·辨物篇》亦載之，"今昔"字同。檢《史記·龜策列傳》"今昔壬子"《索隱》云："今昔，猶昨夜也。以今日言之，謂昨夜爲今昔。"因爲先秦時期沒有"昨天"這一時間段的明確界定，"昔"有時義爲"昨天"，或指日、夜又不明。"昔"義指昨日者，如《孟子·公孫丑下》："公孫丑曰：昔者辭以病，今日吊，或者不可乎？曰：昔者疾，今日愈，如之何不吊？"趙岐章句云："昔者，昨日也。孟子言我昨日病，今日愈，我何爲不可以吊。"《莊子·齊物論》："未成乎心而有是非，是今日適越而昔至也。"郭象注云："今日適越，昨日何由至哉？"成玄英疏引向秀注云："昔者，昨日之謂也。"《呂氏春秋·審應覽·淫辭篇》："昔者公孫龍之言甚辯。"高誘注："昔，昨日也。"又《左傳·宣公二年》："疇昔之羊子爲政"杜預注云："疇昔猶前日也。"孔穎達疏引《禮記·檀弓》鄭玄注"疇昔，猶前日也"爲證。然而《孔子家語·終記解》"予疇昔夢坐奠於兩楹之間"王肅注云："疇昔，猶近昨夜。"則王肅與鄭玄對"昔"字的解釋不同。《古今韻會舉要》卷二八《入聲》云："《增韻》：往昔，前代也。曩昔，向日也。疇昔，昨日也。又夜也。一夕，一昔也。《左傳》'爲一昔之期'。通昔，通宵也。《莊子》'通昔不寐'。昔昔，夜夜也。《列子》'昔昔夢爲國君'。"段玉裁《說文解字注》云："昔肉必經一夕，故古假昔爲夕。《穀梁經》'辛卯昔，恒星不見'、《左傳》'爲一昔之期'、《列子》'昔昔夢爲君'皆是。又引伸之，則假昔爲昨，又引伸之，則以今昔爲今古矣。今古之義盛行，而其本義遂廢。"是"昔"字義廣，但是它的基本義當爲"夕"。"昔者""疇昔""今昔"之時間義皆從"昔"之讀作"夕"來，故"昔"字義爲"昨夜"或"昨天"當爲語境義，而非固定義。即便是上所舉"昔"作"昨天"之釋諸例，其文獻時代亦在戰國後期。要之，先秦時期尚未衍生出對"昨天"或者"昨夜"的明確稱謂，則"今"這個時間段前、後之"夕"皆得云"今夕"。《晉語二》此處所謂"今夕"者，是"既今之夕"之謂。張以仁《國語斠證》所言是。

> 范文子暮退於朝。武子曰："何暮也?"對曰："有秦客廋辭於朝，大夫莫之能對也。吾知三焉。"武子怒曰："大夫非不能也，讓父兄也。爾童子而三掩人於朝，吾不在晉國，亡無日矣!"

> 以仁案：據《左傳》，范武子請老事在宣十七年。此事則更在請老之後。文子之子宣子。宣子之女欒祁爲欒黶妻，生子欒盈。至襄十八年盈將下軍。宣公十七年至襄公十八年，前後凡三十八年。三十八年而育三代，且第三代已爲下軍之將，則文子當年，至少亦當在三十內外，知"童子"一詞，非必專指未成年者而言也。父以呼其子，初不計其年齡之拆長幼耳，故《晉語六》范文子執戈逐范匄（宣子）亦以"童子"呼之，其事在成十六年，距襄十八年只得二十年，當時宣子亦在三十內外矣。高步瀛《秋日登洪府滕王閣餞別序注》（見《唐宋文舉要》）曾爲此説，特轉述其大意於上，以補《國語》注者之所未及。

[按] 張以仁的這個解釋很重要，折射出古今例同的意味。今西北話，長輩當面和晚輩説話，常常帶有"你娃""你這個娃娃"，實際上即此處"爾童子"之遺意。有一句長輩們經常講的話，"不管你當多大官，長多麽大，在媽（爸，或類似輩分）眼裏，你都是孩子"。范武子以父稱子"爾童子"，即如今西北人父輩稱子侄輩"你娃"。

拙著《近百年來〈國語〉校詁研究》辨析張以仁《國語札記》20條，大致分爲五個方面：一是韋注不誤，張氏誤以爲誤而別自爲説者；二是原字可通，不必以爲通借；三是張氏對《國語》本文的校理可商者；四是張氏校理不誤，然猶有可補者；五是通過張氏校理以及各本比勘可以確立黃刊明道本內部版本系統者。最後認定《國語札記》三篇論文雖非鴻篇巨制，但對《國語》研究以及瞭解張以仁《國語》研究成就仍具有重要意義。

(2) 張以仁《國語集證》

張以仁《國語集證》（《周語》上、中二卷）初以單篇論文形式發表，分爲三篇。其中《周語上》部分分爲兩篇分別發表於《中研院史語所集刊》第 44 本第 1 分册（1972 年）和第 2 分册（1972 年）上，《周語中》一部分發表在《中研院史語所集刊》第 51 本第 4 分册（1980 年）上，後來收入上海古籍出版社 2010 年版的《張以仁先秦史論集》中的《國語集證》（《周語》上、中二卷）即是這幾篇文章的合集。已經發表的《國語集證》（《周語》上、中二卷）而言，共集證 361 條，其中《周語上》集證 344 條，《周語中》部分集證 17 條，此外凡引述《國語》正文、韋注中尚加有案語多條，可謂引證宏富，涉及《國語》的文字考校、語詞訓詁、地理沿革、制度考訂以及史實證據等多個方面，廣引古今中外相關著作予以佐證。今撮舉 2 例如下，以見其大略。

　　穆王將征犬戎。

　　解：穆王，周康王之孫，昭王之子，穆王滿也。征，正也。上討下之稱。犬戎，西戎之別名也。在荒服之中。【嘉靖重刊公序本（以下簡稱"公序本"）無"之中"二字。汪遠孫《國語明道本考異》（以下簡稱《考異》）有説。】

　　集證：《史記·周本紀》："昭王南巡守，不返，卒於江上。……立昭王子滿，是謂穆王。穆王即位，春秋已五十矣。"《漢書·匈奴傳》顏師古注謂穆王滿爲"成王孫，康王子"，不知何據？或失檢耳。《孟子·盡心下》云："征者，上伐下也。"又云："征之爲言正也。"蓋韋解所本。然《孟子》實謂"征"之得名源於"正"，非謂"征"訓爲"正"也。此即後世所謂聲訓。韋氏不察，而以爲義訓，不可從也。此"征"自當訓"征伐"。《書·胤征》傳："奉辭伐罪曰征。"《詩·泮水》"恒恒于征"鄭箋："伐也。"《周禮·太卜》"以邦事作龜之八命。一曰征"鄭司農注："征謂征伐人也。"

皆其例。犬戎，卜辭已見，但稱爲"犬"。如："貞，勿退犬。"
(《燕大》二三四。轉引自陳槃庵師《春秋大事表列國爵姓及存滅撰
異》册六"犬戎"條。下同)"戊戌貞，令犬征田，若。"(《卜辭
通纂》別二；《內藤》二)其君則稱"犬侯"，如"貞，令多子族
眔犬侯寇周，古王事"(《通纂》五三八)。楊樹達謂即犬戎也(《積
微居甲文說》下，頁四二)。初居東方，夏桀時西遷入居豳、岐之
間(見王國維輯本《竹書紀年》頁二上、三下)。與商關係親密，
入周則世爲患矣。其名有畎戎、犬夷、畎夷、混夷、昆夷之異，丁
山父以夷、戎爲二族(見《殷商氏族方國志》"犬戎"條，頁一一
五)，槃庵師云："犬夷初居東方，後遷於西曰犬戎，同時亦有夷
稱。時地不同，故稱亦稍變，非族類之異也。'東夷、西戎、南蠻、
北狄'之說，以所居方位而固定其蠻、夷、戎、狄之號，古無是
也。"師說是也。《史‧齊世家》"文王伐崇，密須，犬夷"，《匈奴
傳》作"周西伯昌伐畎夷氏"，《周本紀》作"伐犬戎"，知犬夷、
犬戎其實一也。《匈奴傳》索隱云："韋昭云：春秋以爲犬戎。按畎
音犬。大顏云：即昆夷也。《山海經》云：黃帝生苗龍，苗龍生融
吾，融吾生并明，并明生白犬。白犬有二牡，是爲犬戎。《說文》
云：赤狄本犬種，字從犬。又《山海經》云：有人面獸身，名曰犬
夷。賈逵云：犬夷，戎之別種也。"王國維則以爲犬戎與鬼方、獯
鬻、玁狁、混夷、胡、狄、匈奴皆爲一事(見《鬼方昆夷玁狁
考》)，陳夢家云："這種混同是不對的。玁狁是允姓之戎，和鬼姓
是不同的種族。《孟子‧梁惠王下》'文王事混夷'，'大王事獯鬻'，
明二者非一。"(見《卜辭綜述》頁二七五)槃庵師亦云："《逸周
書‧王會篇》成周之會，山戎貢戎菽，犬戎貢文馬，匈奴貢狡犬；
《商書‧伊尹朝獻篇》伊尹爲四方令：正西有昆侖、狗國、鬼親；
正北有胡、代、翟、匈奴之等。由成周之會觀之，則犬戎與山戎有
別；由《朝獻篇》觀之，狗國即犬戎……鬼親即鬼方。是犬戎、鬼
方、胡、翟、匈奴並有別矣。"(見《春秋大事表撰異》册六"犬
戎"條)穆王時，其國或以爲在曼頭山北之樹敦城(張澍《姓氏辨

誤》卷二二，汪遠孫《國語發正》卷一，丁謙《穆天子傳考證》卷一，張棡《史讀考異》)，顧棟高《春秋大事表》謂樹敦城在陝西西寧府西北（即今青海西寧市，位於鎬京西千三百五十餘里）。榮庵師則認爲道遠可疑，周不可能遠涉千里以事征討。乃據《穆天子傳》以爲犬戎在今河北曲陽、行唐兩縣之北之太行山區。然該地距鎬京亦在千里以外，與西寧相差固無幾也。蒙文通則以爲在岍之北，河之南，爲漢安定界（今甘肅涇川），云："自夏以至西周之末，犬戎世爲邠岐之患，其必屬於周之近地可知。"而不贊成樹敦城之説。謂："夫'犬戎樹惇'豈謂城耶？北周唐世所謂樹敦城，夫何預犬戎之事？"（見《周秦少數民族研究》第二節《西戎東侵、犬封古國》，頁一八——一九）。愚案：《周語》此節以犬戎在荒服之中。五服觀念，雖晚出於《春秋》時代（參考翼鵬師《論禹貢著成的時代》一文），然其處地僻遠則無可疑。蒙氏安得謂在周之近地乎？若近王畿數百里地，則穆王征伐也固宜，誌史者何多乎祭公之諫哉！竊以爲城號樹敦，其名怪異，雖晚見於北周，其來宜有自也。今上溯《國語》，犬戎王有樹敦之名，後因以人名爲地名，固亦事理之常。則二者之間宜有某種關係存在可知已。特以戎騎飄忽，其活動範圍未必局限於樹敦城附近，穆王征之，或不必遠出千里之外也。岑仲勉以犬戎之根據地遠在于闐，逐漸東來，其説之得失未敢遽斷，姑誌之以待考也。（《張以仁先秦史論集》，第367—370頁）

[按]《孟子·盡心下》云："征者，上伐下也，敵國不相征。"真德秀曰："征，所以正人也。諸侯有罪，則天子討而正之，此春秋所以無義戰也。"[1] 關於犬夷，尹盛平在考辨各家、運用出土材料的基礎上總結爲："犬夷即畎夷、昆夷、混夷、緄夷、串夷，是東方夷族的一支，嬴姓，原居地在河南范縣一帶的秦地，其都邑稱爲垂，又稱犬丘，因此得

---

① （宋）真德秀：《西山先生讀書記》卷二四，臺北：臺灣商務印書館《景印文淵閣四庫全書》第705冊，本卷第17頁。

名爲畎夷，又稱秦夷。商代早期該族的一支進入陝西關中西部，其文化
遺存是商文化京當型，分布於興平、禮泉和扶風、岐山等地。殷墟卜辭
中的‘犬侯’，即西方畎夷之君；‘犬方’是多次奉王命率軍征伐周族的
主帥。周族遷岐，古公亶父‘實始翦商’，畎夷族被趕出了關中西部地
區，遷徙往甘肅禮縣一帶。商代晚期西方的畎夷仍是商王朝的諸侯國，
所以《後漢書·西羌傳》説：‘及文王爲西伯，西有昆夷之患。’”① 亦
可參。各家所釋不外這樣幾方面：（一）周穆王之名，與其年代之考證；
（二）韋昭訓釋之方法；（三）犬戎之源流以及聚居地。第一個問題韋昭
所釋最詳，董增齡引《史記·周本紀》爲訓。第二個方面，在明“征”
字之春秋義法以及韋昭訓釋之方式，即用聲訓。唯各家考證犬戎頗詳盡
而復雜，牽涉到犬戎名稱、族別、源流、居處遷徙等多個方面，以董增
齡、張以仁討論最多。又中國本土之研究者多謂犬戎之居在今陝西省鳳
翔縣境内，而桂湖村獨謂在今陝西省延安府膚施縣境内，與吳曾祺、沈
鎔、徐元誥等俱不同。鳳翔縣在今陝西寶雞市轄區，膚施即今延安市寶
塔區，恐當以鳳翔縣爲是。徐元誥引《漢書·匈奴傳》顏注引《山海
經》，並引吳曾祺之説。真德秀《文章正宗》謂“犬戎”爲“西戎別
名”，“別名”與“別種”不同。龜井昱《國語考》抄本書眉復識云：
“此見周室東遷之所由也。穆王不能耀德，輒動兵遠征，終失戎心。至於
厲后與申侯殺幽王，平王畏偪東遷焉。是穆王啟釁也。故曰‘自是荒服
者不至’。此乃所以託始之微意也。”② 是進一步對其“滅鎬京者犬戎也，
蓋所以繫始”之言的補充説明。根據《史記》記載，周穆王在位五十五
載。《夏商周斷代工程 1996—2000 階段成果報告（簡本）》推斷周穆王
元年爲公元前 976 年。也正因爲此，一些著作把《國語》所記史實的時
間上限定在公元前 976 年。綜合各種資料，列表如下：

① 尹盛平：《犬夷與犬戎》，原載《周秦社會與文化研究》，西安：陝西師範大學出版社 2003
年版；復收於其《周文化考古研究論集》，北京：文物出版社 2012 年版，第 465—477 頁。

② ［日］龜井昱：《國語考》，東京文庫藏抄本《國語考》卷一，本卷第 1 頁。

起訖記述方式	上限	下限
典型事件紀年	周穆王征犬戎	三家滅晉
周天子、魯諸侯紀年	周穆王二年	周定王十六年
	周穆王三十二年	周貞定王三十六年
	周穆王十二年	周貞定王十六年
	周穆王	魯悼公
		周敬王
公元紀年（公元前）	1005	453
	990	353
	976	440
	967	425
	965	472
	1000	335
	1004	
歷史階段劃分	西周末	春秋末
	西周中期	春秋之交
	西周	戰國初期
		春秋
分國別起訖	略	略

　　由於年代學以及共和元年以前紀年的闕失和史實資料的缺乏，各家之説也皆出個人見解，恐難取得一致意見。對於穆王的在位時間以及在位之年，由於各家推求方法不一，結論也頗參差。朱鳳瀚、張榮明編《西周諸王年代研究》綜合古今各種説法頗詳，可以參看。①

　　周文公之詩曰：“兄弟鬩于牆，外禦其侮。”
　　解：文公之詩者，周公旦之所作《常棣》之篇是也。（棠，公序本作“常”，《舊音》同。《考異》以“常”字是。《詩》作“常棣”也。下同。又次“詩”字公序本作“篇”）所以閔管、蔡而親兄弟。此二句，其四章也。禦，禁也，言雖相與很於牆室之内，（公序本“很”作“狠”，誤，參前文。）然能外禦異族侮害己者（公序本“猶”作“然”）。其後周衰（公序本作“周既衰”），厲王無道，骨肉

---

　　① 朱鳳瀚、張榮明編：《西周諸王年代研究》，貴陽：貴州人民出版社1998年版。

恩闕，親禮廢，（公序本重"親"字，《考異》以爲是）宴兄弟（公
序本下有"之樂絕"三字，《補音》出"樂絕"，《考異》以爲當從公
序本補此三字。《考異》是也。無則義不可通）。故邵穆公思周德之不
類，（公序本邵作"召"，下同。召、邵古今字）而合其宗族於成周。
復循《棠棣》之歌以親之。（循，公序本作"脩作"二字，二者皆可
通。脩作，謂脩而復之，非新作也，參下文《集證》）鄭、唐二君以
爲《棠棣》穆公所作，先之。（先，公序本作"失"，下有"矣"字，
《考異》謂公序本是）唯賈君得之。穆公，邵康公之後也（"後"下公
序本有"穆公虎"三字），至周公歷九王矣。（"至"字誤，公序本作
"去"。謂上距周公歷九王也。周公在前，不得云至。）

集證：《左·僖二十四年傳》云："召穆公思周德之不類，故糾
合宗族于成周而作詩曰：'常棣之華，鄂不韡韡。凡今之人，莫如兄
弟。'其四章曰：'兄弟鬩於牆，外禦其侮。'"後儒謂《常棣》之詩
穆公所作者，以此文爲最早證據。康成《詩箋》云："周公弔二叔
之不咸（此亦用《左傳》語），而使兄弟之恩疏。召公爲作此詩而
歌之以親之。"是以韋解謂"鄭、唐二君以爲《常棣》穆公所作"
也。韋解所謂鄭，即指康成（馬國翰、蔣曰豫輯《國語舊注》，皆
誤爲鄭衆之注。拙著《國語舊注輯校》有說），似《左傳》之說與
《周語》之文有異，故毛公傳《詩》，但云"閔管、蔡之失道"，而
不言作者，蓋亦躊躇二說之間而用闕疑之義也。然杜預注《左傳》
則別有會心，訓"作詩"爲作樂歌云："周厲王之時，周德衰微，
兄弟道缺。召穆公於東都收會宗族，特此作周公之樂歌也。"日儒
竹添光鴻《左氏會箋》申述之曰："作字有兩義：一則創造，一則
脩復。此'作'是'脩復'之義。古者新作詩，又歌古詩，並曰賦
詩。《呂覽》子產作詩曰：'子惠思我兮，褰裳涉洧。'則此作詩亦
非新作也。昔者周公作此樂歌，其後周德衰微，樂歌既廢，是以召
穆公脩復之，而使和兄弟也。《周語》富辰引《常棣》以爲周文公
之詩，内外必非異傳。韋注：'穆公復修作《常棣》之歌。'後儒據
作詩之言，遂以《常棣》爲召穆公之所作，至有並疑正《小雅》

者。不知下文引《常棣》之詞，而繼之曰'召穆公亦云'，是周公本作之，召穆公奏之，故曰'亦云'。亦，亦周公也。若果以《常棣》爲召穆公之作，則'孔子懼，作《春秋》'，亦以《春秋》爲創造之書乎？不通甚矣。"杜於《左傳》下文"周之有懿德也，猶曰莫如兄弟，故封建之"下注云："當周公時，故言周之有懿德也。"《會箋》云："懿德與周德之不類相照。詳味此二句，《常棣》之詩，周公作之而召公歌之，不待辨而明矣。"孔穎達亦據《左傳》及杜注而疏鄭箋，以箋意實謂穆公作此周公之樂歌，而非謂此《詩》爲召穆公所作（見《詩·常棣》及《左傳·僖公二十四年》疏）。是則韋昭已誤解康成於前矣。唐固之説，亦不知原貌如何。又于省吾《雙劍誃詩經新證》以二詩句皆言禦侮事，謂兄弟共戰於牆上，以禦外侮。說雖新穎可喜，於《詩》義亦可通，然似非《國語》此文之義。《周語》下文云："若是則閱乃内侮，而雖閱不敗親也。"《左傳》"如是則雖有小忿，不廢懿親"與此意同，以内争外閱二事爲訓甚明。牆者，謂牆内也，非牆上也。《會箋》云："古者，凡宫圍之以牆，故云閱於牆。外字以牆言之，而閱之在牆内者自見，言内雖很争，外能禦他人之侵侮。是天倫自然之情也。"（《張以仁先秦史論集》，第551—552頁）

[按] 僅對韋注，就有版本異文11處勘校。今先參合衆本，對張以仁的韋注校勘辨析如下：①集賢殿校本、黃刊明道本及其覆刻本、上善堂本、寶善堂本、吳曾祺本、沈鎔本、徐元誥本"篇"作"詩"。正學本、陳仁錫本、綠蔭堂本、道春點本、千葉玄之本、冢田本、黃刊明道本及其覆刻本、上善堂本、寶善堂本、吳曾祺本、徐元誥本"常"作"棠"。陳奐已揭出黃刊明道本與許宗魯本、金李本"篇"與"詩"、"棠"與"常"之異。檢綠蔭堂本、道春點本、冢田本下文字仍作"常"，則可能本處只是誤書，並非別有所據，但是音注字頭又作"棠"，是或基於《詩》題的常識。正學本則字皆作"棠"。而正學本屬於公序本系統。可見，未能徧查一個版本系統的多種刊本而輕言某一版本的共同特徵，是不妥當的。

②集賢殿校本、顧校明本、許宗魯本、正學本、金李本、叢刊本、張一鯤本、李克家本、緑蔭堂本、鄭以厚本、詩禮堂本、文津閣本、道春點本、千葉玄之本、冢田本“很”作“狠”，黄刊明道本及其覆刻本、上善堂本、寶善堂本、吳曾祺本、徐元誥本作“佷”。二乙堂本大約因爲“很”“狠”字的問題，故注文用“違”字。③集賢殿校本、薈要本、文淵閣本、文津閣本、黄刊明道本及其覆刻本、寶善堂本、吳曾祺本、徐元誥本等“然”作“猶”。④集賢殿校本、黄刊明道本及其覆刻本、上善堂本、寶善堂本、吳曾祺本、徐元誥本無“室既”二字，亦通。⑤黄刊明道本及其覆刻本、上善堂本、寶善堂本等皆不重“親”字。吳曾祺本重“親”字，是從公序本。⑥黄刊明道本及其覆刻本、上善堂本、寶善堂本無“之樂絶”三字。吳曾祺本從公序本增“之樂絶”三字。⑦顧校明本、明德堂本“召”誤作“郡”。或其欲刻寫“邵”字而誤作“郡”。集賢殿校本“邵”字處空白無字，當係漏刻。許宗魯本、正學本、金李本、叢刊本、張一鯤本、李克家本、緑蔭堂本、鄭以厚本、詩禮堂本、薈要本、文淵閣本、文津閣本、道春點本、千葉玄之本、冢田本、秦鼎本、董增齡本、高木本等“邵”字作“召”，下“邵康公”同。按照《國語》公序本、明道本的一般區別標準，公序本字往往作“召”，明道本往往字作“邵”。宋刻宋元遞修本作“邵”字，實際上是未能守公序本的慣例。⑧集賢殿校本、薈要本、文淵閣本、文津閣本、黄刊明道本及其覆刻本、上善堂本、寶善堂本無“作”字。許宗魯本、張一鯤本、李克家本、道春點本、千葉玄之本、冢田本“脩”作“修”，薈要本、文淵閣本、文津閣本、黄刊明道本及其覆刻本、上善堂本、寶善堂本、吳曾祺本作“循”。《詩正義》云：“言周公閔傷此管、蔡二叔之不和睦，而流言作亂，用兵誅之，致令兄弟之恩疏。恐其天下見其如此，亦疏兄弟，故作此詩以燕兄弟，取其相親也。此《常棣》是取兄弟相親之詩。至厲王之時，棄其宗族，又使兄弟之恩疏，召穆公爲是之故，又重述此詩而歌以親之。”① 宋人林堯叟云：“此詩乃周公閔管、蔡失道而

---

① （清）阮元校刻：《十三經注疏》，北京：中華書局 1980 年影世界書局本，第 408 頁。

作。今富辰以爲召穆公所作者，蓋樂章久廢，召穆公所作周公樂歌也。"①
以此，則公序本韋注"復脩作"者是。張以仁之釋正可解公序本注之義。
而明道本"復循"恐非，"循"則不必言"復"也，因上文並未言有因其
詩之事者。徐元誥《集解》"復脩作"改作"故復脩"。⑨顧校明本、許
宗魯本、正學本、金李本、叢刊本、張一鯤本、李克家本、綠蔭堂本、鄭
以厚本、詩禮堂本、薈要本、文淵閣本、文津閣本、道春點本、千葉玄之
本、秦鼎本、董增齡本、高木本"失之"下即有"矣"字。黃刊明道本及
其覆刻本、上善堂本、寶善堂本"失"誤作"先"。⑩集賢殿校本、正學
本、鄭以厚本、道春點本、千葉玄之本、冢田本、董增齡本"邵"作
"召"，黃刊明道本及其覆刻本、上善堂本、寶善堂本、吳曾祺本無"穆公
虎"三字。⑪黃刊明道本及其覆刻本、上善堂本、寶善堂本等"去"字作
"至"。吳曾祺《補正》改作"去"字，從公序本。"周公"作爲始祖，即
上溯的時間起點，故當云"去"，不當云"至"。韋昭注釋主要涉及《常
棣》一詩所作的背景、功用以及作者等，此下各家主要是從各個方面證實
或者反對這一點。《詩》孔穎達疏贊成韋昭之説。而楊伯峻《春秋左傳注》
（修訂本）則以《左傳》之説爲是。顧頡剛《〈詩經〉在春秋戰國間的地
位》引述了《周語中》和《左傳》的富辰之言，並謂："這首詩到底是周
文公做的，還是召穆公做的，還是一個無名的人做的？富辰説的到底是哪
一個人？《國語》與《左傳》的記載到底是哪一種靠得住？我們對於這些
問題都是回答不來的了！"②恐怕是比較通達的看法。

從以上 2 例，大致可以知張以仁《國語集證》之大略，既釋義，又
校勘，廣引《國語》以及相關著述進行論證，可爲《國語》之津梁。遺
憾的是，目前公布出來的僅有《周語上》全部和《周語中》的一部分。

（3）該時期其他學者的《國語》疑詁考校

這一時期尚有其他學者從事《國語》名物訓詁研究，如孫秀仁對"梏

---

① （明）明王道焜、趙如源同編：《左傳杜林合注》，臺北：臺灣商務印書館《景印文淵閣四庫
全書》第 171 冊，第 448—449 頁。

② 顧頡剛：《〈詩經〉在春秋戰國間的地位》，見載於檀作文選編《20 世紀中國古代文學研究論
文選·先秦卷》，北京：社會科學文獻出版社 2010 年版，第 95 頁。

矢石砮”的名物考訂，葉國良對“室如懸磬”和“鄭伯南也”的考訂等。

孫秀仁根據清人吴振臣《寧古塔紀略》、楊賓《柳邊紀略》記載，認爲“石砮”“楛木”即近代地質礦物學所謂“矽化木”，進而認爲楛木主要指樺木一類的硬質木材。又根據《清文匯書》把“楛矢”“樺木箭”並作一條，認爲“楛矢”“樺木箭”爲同物異名。[①] 葉國良備集漢人衆説，並以考古出土器物爲證，認爲：“磬之未懸，固類屋宇之形，既懸之後，蓋像柱楹摧折、墉墙崩頽以致屋宇傾覆之形。齊侯所以謂魯使云者，蓋魯國時當風旱之後，居室傾覆，野無蔬穀，人民多生活無著，故齊侯有‘何恃而不恐’之問，魯使者則對以風旱之災固小民之所恐，君子則知齊國必不趁災打刼也。《易林·乾之賁》云：‘室如懸磬，既危且殆，早見之士，依山谷處。’崔篆所謂‘室如懸磬，既危且殆’者，必非指‘府藏空虛’可知。蓋謂屋宇傾覆，甚爲危殆也。”[②] 葉國良認爲《國語》“鄭伯南也”與《左傳》“鄭伯男也”所述之事不同，“子産所云，力言鄭爵之輕；富辰所言，則强調狄輕鄭貴。用心既異，文脈亦别，是宜分别解釋。”謂《國語》“鄭伯南也”之“南”指鄭伯朝王之方位而言，而《左傳》之“男”則指男服之“男”。[③] 二説皆輯集前人衆説，又詳密論證。

2. 20 世紀八九十年代《國語》訓詁考校

正如上文所云，這一時期，研究人員地域發生轉移，中國大陸地區學者開始引領《國語》訓詁考校的風潮，或對《國語》某語訓詁進行辨正，如徐仁甫、彭益林等；或對《國語》某篇訓詁者，如牛龍菲、李浩等；還有一些學者對《國語》具體語詞、短語、句子以及名物進行考訂，如葉晨暉、彭益林、陳鈞、楊育坤、一民、徐學書、金口、姜躍濱、趙伯雄等人的考校；還有學者的《國語》訓詁考校出現在著述中，非以

---

① 孫秀仁、干志耿：《“楛矢石砮”探源》，《北方論叢》1978 年第 4 期。孫秀仁：《“楛矢石砮”新解》，《社會科學戰綫》1979 年第 1 期。

② 葉國良：《“室如懸磬”解》，《孔孟月刊》第 18 卷第 3 期（1979 年 11 月）。

③ 葉國良：《關於〈國語〉“鄭伯南也”與〈左傳〉“鄭伯男也”之解釋問題》，《孔孟月刊》第 19 卷第 3 期，第 15—20 頁。

單篇論文形式出現，如徐仁甫、王泗原的研究。

（1）徐仁甫《國語》訓詁考校

徐仁甫（1901—1988）在《國語》方面的主要成就體現在《晉語辨正》一文和《廣古書疑義舉例》一書中。另外，《古書引語研究》《古書屬讀研究》中也有一定數量條目涉及《國語》考校。

其《晉語辨正》所用方法多種：①分析字形；②分析語法；③辨明詞例；④語義訓詁。時引他書以爲佐證。多有創發，信然爲研讀《國語》必不可少的文獻。拙著《近百年來〈國語〉校詁研究》予以逐條箋補①，讀者可參。《廣古書疑義舉例》一書始分若干篇在《詞典研究叢刊》1981 年第 2 期、1981 年第 3 期、1985 年第 6 期上連載，後集成一帙由北京中華書局 1990 年出版。其書仿照俞樾《古書疑義舉例》，撰成八卷一百二十例，其中用《國語》條目有 41 條 28 處，其中涉及：《國語》的性質及相關問題；《國語》語句中句法義例；《國語》具體語詞名物的訓詁。其中疏解多利於《國語》之研讀與研究。拙著《近百年來〈國語〉校詁研究》亦進行箋補，② 讀者可參。

（2）王泗原《國語》訓詁考校

王泗原（1911—1999）《國語》研究成果主要體現在其《古語文例釋》一書中，該書 1988 年由上海古籍出版社出版，2014 年由北京中華書局出版修訂本。修訂本印刷比較清晰，增加了附錄內容，內文幾乎未作校改，即便原版沒有的書名號，修訂本照樣沒有添加。但修訂本前有出版說明，對王泗原生平著述有簡要介紹，謂："《古語文例釋》即針對古籍中的疑難問題，決嫌疑，明是非，從語法、文字、音韻、訓詁、校勘、句讀、章法等多角度入手，訓釋闡發，爲讀者通曉古籍提供了有益的方法。"今擇其數例，以見大略。

《國語·周上》記祭共謀父諫穆王曰：

---

① 拙著《近百年來〈國語〉校詁研究》，南京：鳳凰出版社 2016 年版，第 379—391 頁。
② 拙著《近百年來〈國語〉校詁研究》，南京：鳳凰出版社 2016 年版，第 391—409 頁。

　　昔我先王世后稷以服事虞夏（今本脱“王”字，《史記》有。按句法，有“王”字是）。及夏之衰也，棄稷弗務，我先王不窋用失其官，而自竄於戎翟之間，不敢怠業。……奕世載德，不忝前人。此后稷亦即司稷。若視爲君后之“后”，則前不得用“世”字，不得云“先王世后稷”，亦猶先王不窋之不得云先王世不窋也。後不得用“以”字，先王后稷以后稷服事虞夏，是何言也？“世”字、“以”字無著落，且下文“棄稷弗務”“用失其官”俱無所承。服事而不言何以，則服事虞夏者后稷其人，何與於夏衰之不務稷事？何與於不窋之失官？語意不通矣。故司爲動詞，稷爲所司之事。試以《左傳·僖二十一年》“任、宿、須句、顓臾，風姓也，實司大皥與有濟之祀以服事諸夏”句及襄二十五年所記鄭子産對晉人語“昔虞閼父”比而觀之：

[左]		任……		實	司	……祀	以	服事	諸夏
	昔	虞閼父		爲	周	陶正	以	服事	我先王
[國]	昔我先王		世	司		稷	以	服事	虞夏

《左傳》句一杜注：“司，主也。”即司稷之司義。於句法，《國語》之“后”相當於《左傳》句一之“司”、句二之“爲”，“稷”相當於《左傳》句一之“大皥與有濟之祀”、句二之“陶正”。《國語》“昔我先王”即下文之“前人”，包括自棄以下，不窋之前諸世之先王（不窋非棄之子，説見《史記·周本紀》索隱）。“昔我先王”句法語意與《尚書·盤庚》“古我先王”“古我前后”“古我先后”同，所指非但一世。司稷之官，世守也。故云世司稷，“世”乃“司”之狀語。“以服事虞夏”者，以司稷之職事服事虞夏也。逮夏衰捨稷不務，不窋因失其官，即失司稷之官也。（修訂本，第9—10頁）

　　[按] 本句主要探討“后稷”之“后”字當爲“司”字。但認爲作“后”字，前不得有“世”字，亦非。蓋“世”字在本句中作“狀語”，無論後面是“司稷”還是“后稷”，“世”字語義和句法功能都是固定的。“以”字例同。至於“后”是否爲“司”字一問題，張以仁亦曾引

葉玉森、李孝定之言研討之。其實，就本句而言，"后""司"於句義並
無影響。2019 年，孫機探討"司母戊"還是"后母戊"的一篇文章引起
了廣泛反響。孫機認爲應該是"后母戊"。高雄師範大學的蔡根祥教授
針對孫機的文章談了自己的看法，他認爲："其實'后'與'司'真的
是同一個字，其涵義也相同。只要相對於'王'而言，就可以看出來
了。'王'是最高權力者，爲'王'者執事的，皆可以稱爲'后'，也就
是'司'。王'后'就是爲'王'者執掌內闈的女主司，而朝廷爲王者
任命執掌各項事物的人，也可以稱爲'后、司'，如'后稷'掌管農耕
事務，可以稱爲'司稷'，當然也可以稱爲'后稷'。後世兩字形分化，
'司'成爲動詞，'后'成爲名詞，才有今天的'司、后'問題。而今日
的情形是：就字形而言是'司'，就涵義而言是'后'。而就古代而論：
字形是'司'，涵義是'司、后'相同。所以，我以爲尊重古人，字形
直釋爲'司'即可，讀者要有古代語文知識，知道此'司'字的涵義有
後世的'后'義，就不會誤會了。"① 蔡氏的看法是比較通達的。

"其與幾何"之語，數見於《左傳》《國語》，當爲春秋時習慣
說法。"與"字前人不得其解。

（一）若壅其口，其與能幾何？（國語·周上）韋注："與，辭
也。能幾何，言不久也。"謂即今語不能長久。

（二）鄭大夫盟於伯有氏。裨諶曰："是盟也，其與幾何？"（左
傳·襄二十九年）杜注："言不能久也。"

（三）趙孟將死矣。主民，翫歲而愒日，其與幾何？（左傳·昭
元年）杜注："言不能久。"

（四）其與幾何？無禮而好陵人，怙富而卑其上，弗能久矣。
（同上）杜注："言不能久。"

（五）當之者戕焉。於晉何害？雖謂之狹而猾以齒牙，口弗堪

① 按，這是高雄師範大學經學研究所蔡根祥教授和其學生的分享，蒙高雄師範大學經學研究
所葉璦頤博士賜示，謹致謝忱。

也。其與幾何？（國語·晉一）韋注："言不久也。"

（六）郤子勇而不知禮，矜其伐而耻國語。其與幾何？（國語·晉五）韋注："言將不終命也。"

（七）以民生之不長，王其無死。民生於地上，寓也。其與幾何？（國語·吴）韋注："言幾何時。"

（八）夫有大功而無貴仕，其人能靖者，與有幾？（左傳·僖二十三年）杜注："言必矜功爲亂，不可不賞。"

（九）吾君將……大其私暱而益婦人田。不奪諸大夫田，則焉取以益此？諸臣之委室而徒退者，將與幾人？（國語·晉六）韋注："與，辭也。幾人，言必多也。"韋注以"與"爲語辭。杜注除却"與"字而釋句意，是亦以"與"爲語辭。《經傳釋詞》一："與，語助也。"《詞詮》卷九與一七云與"句中助詞，無義"。按："與"字非語辭。以"與"爲語辭，則前舉諸例句"與"字一語爲：（一）其能幾何？（二）至（七）其幾何？（八）有幾？（九）將幾人？（一）至（九）句，僅此數字，且大致相同。何以韋、杜視爲難解，每語必注？此其一。韋注、杜注既謂不久或不能久，又謂將敗不久，又謂將不終命，又謂幾何時，又謂必多。"幾何"之義何紛繁若是？究何所指？此其二。"有幾""將幾人"意亦爲其有幾、其將幾人。何以"幾何"之類皆上連其字？此其三。除"有幾"一句外，何以皆無動詞？何爲主語？何爲謂語？此其四。是"與"字弱爲語辭，則不成句。"其與幾何"乃反詰語氣之完整句式，與字爲重要成分，必非語辭。……召公諫厲王，謂民口不可壅。若壅民口，其與無幾矣。言不得民心。與，名詞，謂民之與王者，非指時間。（修訂本，第18—20頁）

[按]《國語》"其與能幾何"是《國語》疑詁中的熱點，研討者頗多。潘玉坤《也說"其與幾何"》[1]概括爲五種意見：①"與"猶"能"

---
[1]　潘玉坤：《也說"其與幾何"》，《中國文字研究》2009 年第 1 輯。

也，王叔岷首倡；②"與"猶"又"，徐仁甫首倡，楚永安與之近，蕭旭贊同徐説；③"與"是語助詞，韋昭首倡，王引之等與之同；④"與"是前置的疑問語氣詞，《馬氏文通》主之，楊伯峻《春秋左傳注》從之；⑤"與"爲名詞，意爲"追隨者""支持者"，代表人物爲王泗原。潘氏所概括的五種可以進一步概括爲兩種，即以"與"爲實詞或虛詞，虛詞方面大體如潘氏所述，實詞方面則還有動詞一説，如吳小如則認爲"其與能幾何"意爲"又有多少人能贊助或聽從你呢（也可解爲'對你又有多少幫助呢'）！這裏的'與'有贊助、聽從的意思。舊説以'與'爲'歟'，作語尾助詞用。但以句法結構言，似不宜把語尾助詞前置，故不從。"① 南京師範學院《古漢語基礎知識》編寫組編《古漢語基礎知識》釋云："贊助的人能有幾個？其，那。與，親附的人。"② 所釋與王泗原近同，戎輝兵以爲"與"當訓"親""助"，與吳説同。觀《國語》著作中釋"與"字爲虛詞者，無非二種，其一即"與"爲句中語氣助詞，其二則謂本句爲倒裝，前者如吳曾祺云："辭也，謂語助辭也。《内傳》'其與幾何'義同。"③ 個人以爲韋説既可通，且既有語言學上的理據，古文獻材料中又有相關用例，則不煩另立新説。

　　《國語·越下》：句踐誓告曰："後世子孫有敢侵蠹之地者，使無終没於越國！皇天后土四鄉地主正之。"韋注："天神地祇四方神主當征討之，正其封疆也。"俞樾《群經平議》："韋注非是。正猶聽也。《周官·夏官·序官》曰：'家司馬各使其臣以正於公司馬。'鄭注曰：'正猶聽也。'皇天后土四鄉地主正之，猶言鬼神與聞此誓也。"（卷二十九）

　　韋解征討之意、封疆之意，皆正文所無。正非征，亦非正其封

① 吳小如：《讀〈國語·召公諫厲王弭謗〉》，見載於西渡編《名家讀古文》（上），北京：中國計劃出版社 2005 年版，第 20 頁。

② 南京師範學院《古漢語基礎知識》編寫組編：《古漢語基礎知識》，南京：江蘇人民出版社 1980 年版，第 90 頁。

③ 吳曾祺：《國語韋解補正》，上海：商務印書館 1915 年版，本卷第 3 頁。

疆之謂。韋解誤。

俞説亦誤。鄭所云“正猶聽”，乃以“正於公司馬”爲聽於公司馬，以此句句法與“百官總己以聽於冢宰”（《論語·憲問》）同，謂聽從公司馬，意是。然而《周禮》之“正”與鄭注之“聽”詞義及用法俱不同。《周禮》“正於公司馬”，正乃被動式動詞，正之動作屬於公司馬。聽之動作則屬於家司馬各使其臣。兩“於”字用法不同，“正於”之“於”標被，“聽於”之“於”表向。而《國語》“正之”，之代指誓告。訓正爲聽，則謂皇天后土四鄉地主聽從誓告，於事舛矣。俞又云“與聞此誓”，以“聽”爲“聞”。聽、聞義本異。且鄭所云聽乃聽從，不得解爲聞也。

皇天后土四鄉地主正之，此誓告。《惜誦》之“指蒼天以爲正”，意亦猶是。兩“正”字皆謂中正。《國語》“正”動詞，《惜誦》“正”名詞。（修訂本，第53頁）

［按］其實此處之“正”有作證明、監督的意思。《先秦文學史參考資料》引述俞樾之言，又加按云：“正有裁判、證明之意。此指皇天后土和四方之神都可做爲見證。”① 所釋甚是。王泗原討論詳密，所論稍嫌迂曲。

《吳語》曰：“今王播棄黎老，而孩童焉比謀。”言孩童是比謀也。
孩童非動詞之受語，可云孩童與比謀，不可云孩童是比謀。焉，乃也。比，並也。而孩童乃比謀。《國語·晉四》：“僮昏不可使謀。”今孩童乃並謀，是必陷於大難矣。（修訂本，第150頁）

［按］本條針對《經傳釋詞》“焉”字之釋而發。王引之以“是”釋“焉”，實此“焉”字充當賓語前置標記，“孩童焉比謀”即謂比謀孩

① 北京大學中國文學史教研室選注：《先秦文學史參考資料》，北京：中華書局1962年版，第285頁。

童，前置"孩童"以突出。

晉公子重耳出亡過曹，《左傳·僖二十三年》記云：

曹共公聞其駢脅，欲觀其裸。浴，薄而觀之。《國語·晉四》記云：

曹共公亦不禮焉。聞其駢脅，欲觀其狀。止其舍，諜其將浴，設微，薄而觀之。

韋注："諜，候也。微，蔽也。薄，迫也。"

杜注："薄，迫也。"

《釋文》："薄如字，迫也。《國語》云：薄，簾也。"

惠棟《補注》"薄"無解，蓋從杜義。

洪亮吉《詁》："《外傳》……微薄，即帷薄也，音義並同。韋昭訓微爲蔽、訓薄爲迫，義較迂曲。《釋文》引《國語》云：'薄，簾也。'當係賈逵注，'國語'下脱'注'字耳。高誘《淮南王書》注云：'使袒而捕魚，設薄而觀之。'義亦同。杜注本韋昭説。"

沈欽韓《補注》："按《晉語》云：'設微薄而觀之。'《傳》意不作薄近之義。"薄曲，帷幕。"皆此薄字。……《淮南》注與《晉語》足相證明。《釋文》亦謂'《國語》云：薄，簾也。'杜與韋注同解爲迫近，非也。"

竹添光鴻《會箋》："《晉語》'設微薄而觀之'，微薄連讀。微，蔽也。《釋文》引《國語》云：'薄，簾也。'微薄謂所蔽之薄。……亦設簾而觀之也。(下引《列女傳》) 則薄之爲簾也明矣。"

楊注："薄即《晉語四》之微薄，亦即帷薄，今之簾也。依杜注意謂迫近觀之，不確。説參沈欽韓《補注》。"

按：(一) 洪、沈、楊皆以薄爲微薄，即今之簾，誤。微義不得爲帷。而以爲帷者，洪云微薄與帷薄"音義並同"。此誤以今音讀之，以微爲帷之假借。微古音讀謨讀梅，即無之古音，與帷非同紐，不得借爲帷。

(二) 竹添光鴻蓋以解微爲帷之不可通，從韋注微訓蔽，解微薄爲所蔽之薄，此則較洪、沈、楊爲長。而亦以薄爲簾，云設簾而觀之，仍非。且薄之用自爲蔽，則言設薄足矣，微字贅，不當用。

（三）《釋文》"國語云薄簾也"六字，洪、沈、竹添皆以爲《釋文》引《國語》（沈言"《釋文》亦謂《國語》云"，亦以爲引），而《國語》無之，洪乃以爲賈注。《釋文》此語，諸家均未讀通。《釋文》之文凡二句，上句言其《左傳》"薄"字之見解，爲迫，與杜同；下句言其《國語》"薄"字之見解，爲簾，與韋異。《釋文》此語當讀爲："《國語》云薄，簾也。""《國語》云薄"者，《國語》所云薄也，即《國語》之"薄"也。陸本釋《左傳》，而所以言此者，《國語》同記此事，亦用"薄"字，而陸以《左傳》之"薄"爲迫，《國語》之"薄"爲簾，故附筆如是。此深得作注之體，而諸家莫能明也。至《釋文》解釋之當否，則宜別論。

以微薄連讀，解爲帷薄，其誤既明矣，然則《左傳》句與《國語》句究作何解？曰：韋注、杜注皆是。韋解"微"爲蔽，解"薄"爲迫，未以微薄連讀也。《説文》："微，隱行也。從彳，散聲。《春秋傳》曰：'白公……其徒微之。'"引申爲凡隱藏、隱匿之稱。《國語》此文"設微"，微作名詞。以韋解言之，爲設蔽；以今語表達，當云設置隱蔽物，非簾。"設微"上云"謀其將浴"，明示於將浴之時設之。駢脅在體內，觀之不顯，故設微必近之，以便薄而觀之。微乃曹共所以蔽身，非爲重耳浴而設也。於是微之義，薄之義，俱豁然矣。二史文辭甚細密，韋、杜解亦至當，但後世注家未曉耳。（修訂本，第179—181頁）

［按］本條不僅在釋語義，而且具有方法論意義。由於《國語》《左傳》內容的重合性，以《左》解《國》、引《國》證《左》成爲歷代學者研討二書問題的重要手段和方式。在運用這一方式的過程中，容易偏重注意二書之間的相同之處，而忽略其不同之處。王泗原通過《國語》《左傳》"微""薄"的異同比較以及後世釋義的梳理，進而認爲韋解、杜注各合本書，不必强求一律。

以上 4 例，可知王泗原古代典籍考校以及《國語》考校之大略。王泗原的有些説法值得商榷，但有些説法對於《國語》《左傳》二書比證以及《國語》的深入研討，具有比較高的參考價值。

（3）其他學者的篇章考校

這一時期，有些學者針對《國語》具體篇章進行考校，主要集中在伶州鳩論律二章上。關於該篇章的研究，明清時期的古樂學者多有研討，近代學者陳小松也頗討論之。至於 20 世紀八九十年代，古樂學者從各自的專業背景出發，對伶州鳩論律二篇的具體名義以及句義作出了多方面探討。如何幼琦、吉聯抗、馬承源、牛龍菲、李浩、方建軍、黃翔鵬等。

比如 "二十三年王將鑄無射而爲之大林" 中 "鑄無射而爲之大林" 之義，韋昭引賈逵云："無射，鍾名，律中無射也。大林，無射之覆也。作無射，而爲大林以覆之，其律中林鍾也。" 又引或説云："鑄無射，而以林鍾之數益之。" 今《國語》各譯注者多不相同，可分作三種：①以無射、大林爲兩種鍾，如李維琦《白話國語》譯作 "將鑄無射鍾，造大林鍾覆蓋其上"（第 73 頁），鄔國義等《國語譯注》譯作 "周景王爲了鑄造無射樂鍾而打算先造個大的林鍾樂鍾"（第 95 頁），黃永堂《國語全譯》譯作 "準備鑄造無射大鍾，就先鑄造大林鍾來爲它審"（第 136 頁），趙望秦等《白話國語》譯作 "鑄造無射鍾，就先鑄造大林鍾"（第 103 頁），汪濟民等《國語譯注》譯作 "準備鑄造無射鍾，而以大林與無射相配"（第 70 頁），來可泓《國語直解》譯作 "準備製造無射鍾，就先替它鑄造一座大林鍾和音"（第 166 頁）；②以無射爲鍾，大林爲罩兒，如薛安勤、王連生《國語譯注》譯作 "要鑄造大鍾，而且給它做個罩兒"（第 133 頁）；③以無射、大林爲宮調，如董立章《國語譯注辨析》則譯作 "準備鑄造編鍾，一組爲無射宮調，一組爲大林宮調"（第 130—131 頁）。曹建國、張玖青注説之《國語》無譯，但就注文來看，與董義同。古樂學上對於此一認識亦不相同，李浩概括爲三種意見：①"景王將鑄無射律的單音鍾"（吉聯抗）；②"景王將鑄鼓音爲無射、隧音爲大林的一件雙音鍾"（牛龍菲）；③"景王將鑄以無射爲宮的一組編鍾"（清人汪烜，今人馬承源、李純一）。李氏自己則以 "無射" 爲鍾名代稱，譯"大林"爲"低音鍾"，全句譯作"王將鑄名爲無射的鍾，但要鑄成低音鍾"。① 1979 年陝西出土的西周晚期南宮乎鐘（甬鐘）有銘文"兹鐘名曰無昊鐘"，方建軍以"昊"即"歟"，"歟""射"可通，以"無昊"即"無射"，並云："它是否就是此鐘發音的律名標記，則還值得考慮……無射還可能是作器者給鐘起的一個代號或名稱。"② 倒是可以和李說相呼應。進入 21 世紀，關於此一問題，又有學者進行深入研究。如王洪軍也總結了三種意見，並提出了自己的看法：

> 當代學者因對《國語》卷三《周語下》之第六章"單穆公諫景王鑄大鐘"文獻理解的不同，導致對"王將鑄無射，而爲之大林"一語翻譯的各異。歸納起來，大致有如下三種。吉聯抗的翻譯：景王要鑄無射律的大鐘。牛龍菲的翻譯：景王將鑄鼓音爲無射、隧音爲大林的樂鐘。秦序的翻譯：景王要鑄包容無射鐘在內的編鐘。三譯文的差異主要在對"大林"一詞的解讀：吉先生取"大鐘"說；牛先生取"林鐘律名的別稱"說；秦序先生則取最早由馬承源先生提出的"編鐘"說。吉先生的理由主要來自對古金文字的考察，牛先生學說的理由似來自音樂考古的成果。遺憾的是牛先生並未給出出處。馬先生的"編鐘"說得到了李純一、秦序的支持。作爲"編鐘"說的支持者，秦序先生對"大鐘"說表示出理解，對"林鐘律名的別稱"說則表示堅決的反對。……"王將鑄無射，而爲之大林"可做如下翻譯：景王要鑄一件律中無射的鐘，並且要以它爲標準鑄造一套編鐘。③

李宏峰則在總結前人的說法的基礎上，最終認爲：

① 李浩：《關於"王將鑄無射，而爲之大林"釋義的探討》，《中國音樂學》1999 年第 2 期。
② 方建軍：《樂器：中國古代音樂文化的物質構成》，臺北：學藝出版社 1996 年版，第 224—225 頁。
③ 王洪軍：《鍾律研究》，上海：上海音樂學院出版社 2007 年版，第 138 頁。

　　《國語》所載 "二十三年，王將鑄無射，而爲之大林"，就是周景王計劃鑄造一套以無射爲宫的編鐘，並希望將其中發音最高的 "羽" 鐘（林鐘），改鑄成低八度 "羽" 鐘（大林）的意思，從而形 "大林（g）—無射（bb）—黄鐘（c1）—太簇（d1）—仲吕（f1）" 的編鐘音列。①

　　李宏峰又進一步總結云："所謂 '大林'，就是比正常編鐘音域中之林鐘低八度的音；'大林' 在文中所代表的，應是以低八度林鐘爲律的 '低音樂鐘'。"②

　　可見，對於該問題的認識在 20 世紀八九十代年代取得階段性進展，而至 21 世紀又有了新的進展。牛龍菲針對《國語》本篇，在 20 世紀八九十年代發表了《"王將鑄無射，而爲之大林" 新譯》《"王將鑄無射，而爲之大林" 之補釋——再論有關先秦青銅雙音鐘之樂典資料》《三論 "王將鑄無射，而爲之大林"》三篇論文進行探討，促進了對《國語》該篇認識的深入。

　　（4）《國語》具體詞句疑詁研究

　　除了以上諸家對 "其與能幾何" 的辨析之外，還有王偉民、葉晨暉對 "禮先壹飯" 的辨析，金口對 "高高下下" 的辨析，姜躍濱對 "艾人必豐" 之 "艾" 字的辨析等，以及一些學者針對古文選本、文學作品選以及《國語》譯注本的注釋問題提出的商榷等，如王偉民針對朱東潤主編《中國歷代文學作品選》注釋、標點的商榷，其中有《勾踐滅吴》的内容，黄永堂對薛安勤、王連生《國語譯注》的商榷等。有的自出機杼，也有的是對前人的説法進行總結，如金口之説實即顧炎武《日知録》的看法。如王偉民《〈中國歷代文學作品選〉上編第一分册注釋標點商榷（下）》認爲朱東潤 "禮先壹飯" 襲用韋昭注非是，他認爲 "壹

---

　　① 李宏峰：《禮崩樂盛：以春秋戰國爲中心的禮樂關係研究》，北京：文化藝術出版社 2009 年版，第 114 頁。

　　② 李宏峰：《禮崩樂盛：以春秋戰國爲中心的禮樂關係研究》北京：文化藝術出版社 2009 年版，第 110 頁。

飯" 即 "一飯"，義爲 "小恩惠"，即二十年前夫差未滅越之事。① 葉晨
暉則認爲王説結論和方法都不妥當，引《吳越春秋》 "吾之在周禮前王
一飯"，謂爲 "禮先壹飯" 最早的譯文，故句讀爲 "禮，先壹飯"，認爲
韋注可從。② 齊杜祥也引述《吳越春秋》 "吾之在周禮前王一飯"，但是
認爲 "吾之在周" 和 "禮先一飯" 是卑辭的兩方面内容，又引汪遠孫
《發正》 "禮先壹飯，言昔嘗有恩於越，謂會稽之事也，注非" 爲證，仍
然認爲 "壹飯" 義謂小恩惠。③ 與王偉民之説同，而論證更爲詳密。凡
此，皆對求取該句的確詁具有促進作用。

（5）具體名物制度、職官或社會身份詁正

這一時期，學者多有對《國語》名物制度、職官或社會身份名稱的
詁證。如彭益林、一民對 "女工妾" 的詁證，趙伯雄對 "隸農" 的詁
證，徐學書、楊育坤等對 "惡金" 的詁證，董楚平對 "防風氏" 的校
正，彭益林、常金倉對 "請隧" 的詁證。這些詁證，絕大多數依託史
學、考古、科技史等資料進行佐證。

彭益林認爲《晉語七》 "女工妾" 實即從事紡織縫紉的女奴隸④，一
民則認爲前此諸説都不妥，"女工妾" 當分讀 "女工、妾"，即會裁縫女
奴和供使喚的女僕。⑤《晉語四》有 "蠶妾"，而此處有 "女工妾"，則
"女工" "蠶" 皆其職分所在，"妾" 則是其身份界定。

《齊語》有惡金、美金之名，徐學書、楊育坤等認爲 "惡金" 是指
質差的銅，"美金" 是指質精的銅。⑥ 對 "惡金" 的探討，一直持續到
21 世紀，運用詞彙學、考古學的相關學術背景，對 "惡金" "美金" 給
予更爲合理的詁證。如不少歷史學家認爲，用以鑄造兵器的 "美金" 是

① 王偉民：《〈中國歷代文學作品選〉上編第一分册注釋標點商榷（下）》，《嘉興師專學報》
1982 年第 1 期。
② 葉晨暉：《釋 "禮先壹飯"》，《嘉興師專學報》1982 年第 2 期。
③ 齊社祥：《〈國語·越語〉 "禮先壹飯" 正詁》，《淮北煤炭師範學院學報》2002 年第 1 期。
④ 彭益林：《〈國語·晉語〉 "女工妾" 補證》，《晉陽學刊》1983 年第 2 期。
⑤ 一民：《 "女工妾" 小議》，《晉陽學刊》1983 年第 5 期。
⑥ 徐學書：《 "惡金" 辨》，《四川大學學報》1983 年第 3 期。楊育坤、李澤生：《 "惡金" 非
鐵辨》，《陝西師範大學學報》1985 年第 3 期。

指青銅，用以製造農耕具的“惡金”是指鐵，並以此論證春秋時期的冶鐵和鐵器發展水準。白雲翔通過考古發現和研究發現：春秋時期，兵器不僅用青銅鑄造，而且同樣用鐵製作；鐵被用於農耕具的製作，青銅同樣也用於農耕具的鑄造；春秋鐵器中大量是貴族用品或發現於貴族墓葬，當時的人們對青銅和鐵並不存在美與惡的認識和區分。鑒於當時人工冶鐵尚處於初步發展階段，而社會生活中大量使用的金屬仍然主要是青銅。因此，白氏認爲，“美金”和“惡金”都是指青銅，“美金”是優質青銅，“惡金”是劣質粗銅。[①] 黃金貴、彭文芳從本文語境以及冶金史、農具史等角度，認爲“惡金”“美金”當指銅。[②] 結論相同，但討論越來越細密，方法多樣、角度多元，可信度更高。

此外，這一時期，學者對“請隧”也多有研究。由於《左傳》《國語》俱有請隧，故《國語》《左傳》研究者多有及此者。而且前此後此研究也比較豐富，許子濱《〈左傳〉“請隧”解》予以總結梳理，讀者可參。[③] 許子濱之後，尚有學者研討之。

總之，20世紀八九十年代是《國語》訓詁的發展期，論文數量增多、研究對象廣泛，研討方法多樣化，視角多元化。

3. 本世紀以來的《國語》訓詁考校

本世紀以來，《國語》訓詁考校論述較之前兩個時期進一步增多。除了有學者參與探討此前兩個時期提出的疑詁如“惡金”“其與能幾何”“禮先壹飯”、音律問題等進一步研討外，一些學者又對《國語》的其他疑詁進行了研討，有成專篇條辨者，如趙生群、蘇芃《〈國語〉疑義新證》，張新武《讀〈國語〉札記》，蕭旭《〈國語〉校補》；有專門問題單獨成篇者，如王彥坤《釋“今越國亦節矣”的“節”》、李素琴《釋〈國語〉“是知天咽，安知民則”中的“則”》、張春雷《〈國語〉“將帥二三子以蕃”新解》、陳飴媛《也談〈勾踐滅吳〉中的“待”和“資”》、拙稿《〈國語·

---

① 白雲翔：《“美金”與“惡金”的考古學闡釋》，《文史哲》2004年第1期。
② 黃金貴、彭文芳：《“惡金”辨正》，《中山大學學報》2007年第5期。
③ 許子濱：《〈左傳〉“請隧”解》，見載於單周堯、陸鏡光主編《語言文字學研究》，北京：中國社會科學出版社2005年版。

魯語下〉"糾虔天刑"解詁》《〈國語〉"眾以美物"正詁》等。此外，研討韋注以及其他《國語》論著也往往涉及《國語》訓詁，如戎輝兵《〈國語集解〉訂補》、俞志慧《〈國語〉韋昭注辨正》、拙著《〈國語〉動詞管窺》《小學要籍引〈國語〉研究》《近百年來〈國語〉校詁研究》《唐代類書引〈國語〉研究》、熊焰《于鬯〈春秋〉四傳校書研究》等。

　　趙生群、蘇芃《〈國語〉疑義新證》繫聯內證，參以《左傳》以及相關古籍，輔以小學訓詁和《國語》相關研究成果，對《國語》本文疑詁進行詁證。張新武《讀〈國語〉札記》研討韋注、舊説，並對《國語》疑詁提出新説，補充舊注未及，甚至從史實的角度對舊説進行判斷，如該文第 10 條，張氏認爲王引之擅改原文語序、文字，謂其立説不顧《國語》《左傳》原文次序，也没有理清《國語》原文時間綫索。作者結合《左傳》，對《國語》史實進行時間上的勾稽，考訂文字長達 2 頁之多，可謂周詳。關於蕭旭《國語》校詁內容及辨析方法，拙著《近百年來〈國語〉校詁研究》有所總結，謂蕭旭研究內容有二：（一）考校異文，《國語》不同版本之異文以及傳世文獻或出土文獻中有與今傳《國語》不同者，悉出以爲考校，觀其緒論，云以《四部叢刊》影印明金李澤遠堂本爲底本，於各條中多證明道本如何云云，又引證《史記》《吳越春秋》《説苑》《孔子家語》《列女傳》等與《國語》有相同內容之著，復用慈利竹簡等出土文獻以爲證；（二）辨析語義，凡《國語》正文歷來無釋或韋昭以來《國語》研究者語義不明甚或有舛訛者一一爲之辨析。語義辨析之方法大體有四：①借他書之例以證本書；②舉對文之理以協語境；③引證方言以證；④尋本字以證。共辨析《國語》921 條。① 俞志慧《〈國語〉韋昭注辨正》辨析《國語》及韋注 339 條，大致包括：①辨明文字正誤通借；②辨明語義訓詁；③辨正史實。諸所研究，對《國語》訓詁是具有重要學術意義的。朱瑞華《〈國語〉疑難字詞句辨正》（上海大學碩士學位論文，2015 年）考校版本考訂、句讀辨析、釋義考辨等，其中版本考訂 3 條，句讀辨析 6 條，釋義考辨 7 條。辨析細密，

① 拙著《近百年來〈國語〉校詁研究》，南京：鳳凰出版社 2016 年版，第 436—437 頁。

也頗可參。

　　清代以來的學者對叔向説《昊天有成命》的訓詁學價值多有評騭，可參見本書"清代《國語》研究"部分，當代學者對此也多有揭示。20世紀80年代以來，文獻正文訓詁作爲訓詁學的一項研究命題得到發掘。90年代以來，學者多有對先秦兩漢專書正文訓詁體例、價值進行揭示者。《國語》正文訓詁材料以及體例的揭示，拙稿《〈國語〉的正文訓詁》（《唐山師範學院學報》2007年第1期）、馬艷《〈國語〉正文訓詁研究》（渤海大學碩士學位論文，2013年）在這方面進行了一定程度的梳理和總結。拙稿梳理出《國語》正文訓詁中普通詞語訓釋29條、專門詞語訓釋279條、經典句段章旨及童謠和古人之言的解釋37條，並對專門詞語解釋分類臚列。馬艷對《國語》正文訓詁内容、訓詁術語、訓釋方法進行了梳理，對《國語》《國語》韋注從訓詁内容、訓詁術語、訓詁方法方面進行了比較，對《國語》正文訓詁的意義和價值進行了揭示，認爲：①有利於理解《國語》内容；②確立了訓詁學的研究對象；③爲訓詁術語體系的形成奠定了基礎；④對後世訓詁方法有深遠影響；⑤爲訓詁學等學科研究提供材料。所言頗可參證。

　　近七十年來，《國語》校勘、訓詁比之民國時期多有改觀，比之清人又有新的進展。一是對原有校勘、訓詁未及之處的補充，一是對原有校勘成果、訓詁成果的辨正。之所以有這樣的局面，首先依賴於材料的開掘和研究資料的範圍拓展，其次依賴於較高的研究細密程度和多面的研究方法和手段。隨著《國語》問題的細密化和深入化研究，《國語》的版本問題以及在此基礎上的符合文本意旨的文字釐定、《國語》疑詁的解決以及在此基礎上對《國語》文本的注釋，都將會進一步推動《國語》研究的發展，並爲文獻學、版本學、校勘學、訓詁學等提供材料支撐。

七、近七十年來《國語》語言研究

　　現代學科意義上的《國語》語言研究，張以仁首開其端。20世紀

60 年代開始，兩岸學術界不約而同地在漢語史研究領域開始了專書語言研究。20 世紀六七十年代，中國臺灣地區在先秦兩漢古籍專書虛詞研究方面具有開拓之功，發表、出版了一大批專書虛詞研究成果。張以仁《〈國語〉虛詞集釋》即撰成於此時，1968 年作爲"中央研究院"歷史語言研究所專刊出版。20 世紀 80 年代，語法作爲一種有效手段用於《國語》訓詁以及句讀考校，同時《國語》語言研究也取得了一定進展，而且主要體現在語法方面，如何永清《國語》語法綜合研究、殷國光《國語》疑問句研究、夏養明《國語》省略研究、鄧天玲《國語》人稱代詞研究等；20 世紀 90 年代，有劉利《國語》稱數法研究、"爲之名"結構研究、"莫"字研究以及陳漢飄《國語》"夫""也"研究等成果；本世紀以來，《國語》語言研究得到快速發展，《國語》語法、詞彙、文字方面都有研究成果問世，《國語》語法和詞彙研究相對比較充分。

（一）《國語》語法研究

近七十年來《國語》語法研究以虛詞研究爲早，起於 20 世紀 60 年代後期，發展於 20 世紀 90 年代，大發展於本世紀。第一部以"《國語》語法"命名的專著爲何永清的《〈國語〉語法研究》，該書 1987 年由文史哲出版社出版，由構詞法和句法兩部分構成，該書是第一部，也是目前唯一一部《國語》綜合語法研究成果，不僅對《國語》語法進行較爲全面分析，還對其語法特點進行類化總結，並對《國語》《左傳》語法進行了比較。《國語》語法研究成果大體可分爲《國語》虛詞研究、實詞研究、短語結構研究、句法研究、省略研究等。

1. 近七十年來《國語》虛詞研究

（1）張以仁《國語》虛詞研究

張以仁 1967 年發表《〈國語〉虛詞訓解商榷》，1968 年出版《〈國語〉虛詞集釋》，前者可看作後者的前期成果，且其中條目已體現在後者中，除了少數條目文字不同外，絕大多數條目內容完全一致。其論文和專著的撰述體例一致，按照《國語》卷次依次解釋所錄虛詞。總共解說《國語》虛詞 105 個，書後附有《國語》虛詞訓解簡表，以備檢尋，同時具備專著與工具書性質。

張以仁《國語》虛詞研究是在研討舊有虛詞研究成果的基礎上開展的。其《〈國語〉虛詞集釋》序言開篇對王引之《經傳釋詞》等虛詞研究綜合著作的缺欠進行了總結：取材太泛；方法不够嚴謹；原則上的缺陷。正是基於綜合研究具有上述三方面缺憾，故而張氏認爲："綜合研究如不是基於個別研究的成績上，終不免失之浮泛。""任何語法的研究，如果忽視了材料的單元性，勢必很難作任何正確的研判。"這既是張氏《國語虛詞集釋》以及《國語》相關語言研究的動機和目的，而張氏《國語虛詞集釋》以及《國語》相關語言研究成果也是其個別研究或專書研究主張的一次實驗性試探。在中國大陸，何樂士在20世紀60年代即在陸志韋指導下從事《左傳》專書語法研究，並在長期的研究過程中形成了對專書語法研究的系統性看法，她認爲："專書語法研究是漢語史研究的基石"，"專書語法研究是專題語法研究的重要依據"，"專書研究是比較研究的必要條件"，"專書研究是建立新的理論的一個重要途徑"，"專書語法研究的成果是檢驗自己或前人成説的有力武器"①。郭錫良也認爲："古漢語專書語法研究是建立漢語斷代語法和漢語語法發展史的可靠基礎。"② 實際上全面完成漢語史的描寫和傳統漢語理論的建構，專書語言研究是最基礎的，也是最重要的。從某種意義上講，張氏的《國語虛詞集釋》可謂道夫先路，在專書語言綜合研究方面具有開拓之功。

縱觀張氏全書體例，每卷之中先引《國語》本文，然後將欲釋虛詞單獨列出，次列《經傳釋詞》以來各家虛詞訓解以及相關研究成果，最後案下己意，共有423條。張氏之案語主要包括三個方面：爲虛詞定性，説明該虛詞之下位分類；聯繫《國語》全書對該虛詞進行綜合訓解，闡述該虛詞之意義用法；對所引述各家之説進行評騭。既有傳統虛詞訓詁的路數，又頗有現代語法學的觀念。《集釋》在吸納前此研究成果的基

① 何樂士：《專書語法研究的幾點體會》，氏著《古漢語語法論文集》，北京：商務印書館2000年版，第360—369頁。
② 郭錫良：《古漢語專書語法研究漫談》，氏著《漢語史論集》（增補本），北京：商務印書館2005年版，第307頁。

礎上，通過對具體虛詞在《國語》相關篇章的具體分析，從語法、語義等方面對《國語》的虛詞進行了較爲細緻的分析，也是當時《國語》虛詞研究甚至是先秦專書語言研究方面的高水平的成果。①

（2）其他《國語》虛詞綜合研究

專書語言研究需要對語料進行全然性封閉統計、定性、分析等等，全面綜合研究需要投入大量的精力和時間，階段時間之內，很難有突破，故研究生選題，往往集中在某一詞類研究方面，期刊論文則往往針對某一個或幾個具體虛詞方面。王啟俊《〈國語〉虛詞研究》（安徽大學碩士學位論文，2007 年）是張以仁之後唯一一個對《國語》虛詞系統全面研究的選題。該論文參照何樂士《古漢語虛詞詞典》和白兆麟《文法學及其散論》的體系，對《國語》副詞、介詞、連詞、助詞、語氣詞進行了分析，得《國語》副詞 197 個、介詞 34 個、連詞 62 個、助詞 12 個、語氣詞 29 個。分別對其進行下位分類，並探討其語法功能和特點。

（3）《國語》虛詞詞類研究

《國語》虛詞具體詞類研究，以碩士學位選題爲主體，且多爲本世紀以來之事。具體而言，有代詞、介詞、副詞、否定詞等。

① 《國語》代詞研究

這方面選題有袁金春《〈國語〉稱代詞研究》（西北師範大學碩士學位論文，2003 年）、鄭益兵《〈國語〉代詞語法研究》（廣西師範大學碩士學位論文，2007 年）。袁金春把《國語》稱代詞分爲第一、第二和第三人稱代詞，之後又分析了《國語》的謙敬詞。不但進行封閉計量統計，還與《左傳》進行比較。鄭益兵對《國語》代詞做了窮盡性考察，統計出《國語》代詞 42 個，也與《左傳》進行了橫向比較。

在稱代詞方面，袁金春和鄭益兵的論文具有重合之處，但二者分類不同。袁金春分稱代詞爲第一、第二和第三人稱代詞，而鄭益兵則分代詞爲人稱代詞、指示代詞和疑問代詞。鄭益兵採納郭錫良先秦尚無第三人稱代詞的觀點，把《國語》人稱代詞分爲自稱代詞、對稱代詞以及己

---

① 詳參拙稿《張以仁〈國語虛詞集釋〉補箋》，香港浸會大學《學燈》第 1 輯，第 110—140 頁。

稱代詞三類。

以二者都涉及的第一人稱代詞爲例。袁金春文統計《國語》"吾"共出現388次，"我"出現220次，"余"出現53次，"予"出現5次，"朕"出現3次。袁金春還對《國語》的"吾""我"做了對比分析。鄭益兵不僅統計每個代詞的計量，而且還分國進行了統計，對每個第一人稱代詞指代單數還是複數，又分別進行了分國別統計，注意到了地域性。對代詞句法功能的梳理也比較細緻。今檢李波等編《國語索引》，"吾"字出現417次，"我"出現216次。鄭益兵的"我"字統計和《國語索引》最爲接近，當更可信。至於"吾"字，還要排除"吾吾"連用之例，排除"夷吾"等人名用字之例，另外還有對"吾子"合用單用判定標準的不同，再加上當時無法參閱較爲精準的《國語索引》而造成翻檢的疏失等，故數量統計存在較大差距。二氏的統計和分析，對進一步深入整理和研究《國語》代詞是具有積極學術意義的。

②《國語》副詞研究

除了周廣干、王啟俊對《國語》副詞進行研究之外，還有專門的碩士論文選題。如侯立睿《〈國語〉程度副詞研究》（山西大學，2003年）、湛琴《〈國語〉副詞研究》（西南大學，2006年）、劉雲峰《〈國語〉副詞語法研究》（廣西師範大學，2007年）、王亭《〈國語〉否定詞研究》（暨南大學，2007年）等。此外，還有期刊論文，即李玉《〈國語〉範圍副詞研究》（《紅河學院學報》2010年第5期）、《〈國語〉時間副詞研究》》（《漢語史研究集刊》第13輯，2010年）、《略論〈國語〉的範圍副詞》（《張永言先生從教六十五週年紀念文集》）。另外，谷峰的《先秦漢語情態副詞研究》（南開大學博士學位論文，2013年）也涉及《國語》副詞的研究，可參。本處只探討以《國語》本書副詞爲選題的論述。

王啟俊把《國語》副詞分爲九類，劉雲峰、周廣干分爲七類，湛琴分爲八類。周廣干、湛琴、劉雲峰分類中都没有頻率副詞、肯定副詞兩項，劉雲峰復無謙敬一項，王啟俊、周廣干都無連接副詞。可見各家分類標準、數量都有一定差距，所以數量統計也會有所不同。周廣干碩士論文中列有《左傳》《國語》副詞總表，對各類副詞用例、頻次都做了統計。劉雲峰副詞數量統計和周廣干基本接近。湛琴則統計《國語》全書副詞僅有 97 個，和周廣干、劉雲峰統計不同。王啟俊統計《國語》副詞 197 個，比周廣干、劉雲峰統計數量還要多一些。除了統計疏漏之外，還有界定標準等問題。各家在二級分類之下依據語義、語法功能進行下級分類，並進行分析總結。

侯立睿《〈國語〉程度副詞研究》統計出《國語》程度副詞 20 個，根據程度高低深淺分爲五類，分別探討其特點，又梳理了《國語》程度副詞和其他修飾成分共現的情況，此外列有 "光" "已" "重" "足" 四個存疑對象單獨討論。

李玉統計出《國語》時間副詞 45 個，按照其詞彙義和語法義，分爲表示動作行爲發生變化的時間和表示動作行爲發生的時間狀態，前者又分爲四類，後者分爲五類，分別進行了數量統計與語義語法分析。又李玉統計《國語》中的範圍副詞都是單音節詞，共 38 個。

王亭否定詞研究以否定副詞爲主，分別探討了 "不" "弗" "非" "未" "勿" "無" "莫" 等否定副詞的語義、語法和語用功能，在末章中也梳理了否定代詞 "莫" 在敘述句和比較句中不同用法， "蔑" 的否定副詞和否定動詞用法， "微" 的否定動詞用法。

相對而言，《國語》副詞研究在《國語》諸詞類研究中比較充分。

③《國語》介詞研究

《國語》介詞研究較少，唯張瑞芳《〈國語〉介詞研究》（山西大學碩士學位論文，2007 年）。張文共分析了《國語》的以、于、於、爲、與、自、及、在、由、用、因、當、賴、比、中、方、先、順、憑、乎、隨等 21 個介詞，附論諸、焉兩個兼詞。全文按照傳統的虛詞研究著作排序，每一個介詞都進行計量分析，從語義、語法和分布等角度進行描寫，並進行歷時比較。另外，何霞《〈國語〉中 "以" 字結構用法初探》（《襄樊職業技術學院學報》2011 年第 2 期）主要探討了介詞 "以" 參與構成的幾種常見結構用法。

（4）《國語》具體虛詞研究

除了綜合研究、具體詞類研究，還有一些學者針對《國語》具體虛詞進行研究。如劉利《從〈國語〉的用例看先秦漢語的"可以"》(《中國語文》1994 年第 5 期) 通過研討《國語》的"可以"論證"可以"作爲複音詞在戰國初期以來文獻中的普遍性。陳漢飄《"夫"和"也"——〈國語〉書中虛詞研究》(臺灣大學中國文學研究所碩士論文,1999 年) 旨在澄清"夫""也"的語法性質及其在言談中的作用,並嘗試從同一性和單一功能的角度研究先秦虛詞。統計出《國語》對話部分"夫"字 333 例,敘述部分 2 例,共 335 例,而"也"字對話部分 1477 例,敘述部分 61 例,共 1538 例。不僅研討《國語》,並且注意歷時和共時比較,而且還從漢語史的大背景下進行研討。研討比較細密。薛安勤《從〈國語〉看戰國初期"以"的用法》(《遼寧師範大學學報》2001 年第 5 期) 對《國語》中"以"的用法進行了究盡式的量化統計,在此基礎上分析了"以"的一般用法和特殊用法,並總結出辨識動詞、介詞、連詞"以"的幾種方法。黃河《〈國語〉中的"其"字用法考察》(《阜陽師範學院學報》2006 年第 4 期) 總結出《國語》"其"字有代詞用法、語氣詞用法、助詞用法、連詞用法、用作詞頭和用來構成複音詞等六種用法,分別進行了舉例說明。張健雅《〈國語〉中的"乎"》(《欽州學院學報》2016 年第 8 期) 從句法位置上探討了句中、句末"乎"字的用法,可和周廣干的研究相互參證。

2. 近七十年來《國語》實詞研究

《國語》實詞研究比《國語》虛詞研究相對要晚,相應研究成果都產生於本世紀以來,且研究不如《國語》虛詞充分。相對而言,《國語》動詞研究多一些,《國語》名詞、形容詞以及其他實詞研究較少。

(1)《國語》動詞語法研究

基於古漢語語法背景的《國語》動詞詞類研究,只有四篇碩博論文、一篇期刊論文,分別爲倪懷慶《從〈國語〉看"有"的早期用法》(《廣州大學學報》2004 年第 6 期)、拙撰《〈國語〉動詞語法試述》(廣西師範大學碩士學位論文,2006 年)、姜曉明《〈國語·晉語〉含 V 詞組研究》(河北師範大學碩士學位論文,2009 年)、翟雪艷《〈國語〉謂語動詞研究》(南京大學碩士學位論文,2013 年)、沈基松《〈國語〉動詞研究》（山東師範大學博士學位論文，2014 年）。

倪懷慶《從〈國語〉看"有"的早期用法》從動詞、名詞、詞頭和連詞與副詞四個方面進行了論述，以動詞爲主，但不限於動詞用法。拙撰《〈國語〉動詞語法試述》是《國語》動詞語法研究的首次嘗試。該文結合專書語法研究的特點對《國語》中的動詞進行了即時性狀態的分析探討，以事實上的語法現象作爲分析的出發點。後修改爲《〈國語〉動詞管窺》，於 2008 年由四川大學出版社出版。張傳曾（1937—2014）認爲《〈國語〉動詞管窺》注重語義的研究旨趣值得推崇，並認爲該書的語法研究顯示了歷史發展的觀點，同時繼承了清儒樸學傳統，開拓了訓詁學的新思路。①

翟雪艷《〈國語〉謂語動詞研究》按照語法、語義結合的原則，把《國語》動詞分爲言説、趨止、心理、行爲、狀態、存在、比類和助動詞八類，並對其中四類進行了重點分析，還與《左傳》相應動詞進行比較。翟雪艷仿張猛《〈左傳〉單音節謂語動詞研究》之例，在文末附有《國語》行動詞表。尤其值得注意的是，翟是《國語》語言研究中第一個使用了《國語》索引的，也是迄今爲止唯一一個使用索引進行計量統計和語料分析的。

沈基松《〈國語〉動詞研究》按照語法功能、語義關係、組合關係相結合的原則，把《國語》中的動詞分爲比類動詞、存在動詞、使役動詞、狀態動詞、關係動詞、感知動詞、趨止動詞、能願動詞、行爲動詞九大類，論文主體部分只討論了前四種。作者《〈國語〉中表比喻的比類動詞——兼及〈國語〉中表比較的用法》（《山西師大學報》2014 年第 6 期）是其博士論文一節，故不單獨討論。

由上可見，《國語》動詞研究雖然有一定數量成果，但仍有進一步深入研究的必要。其一，參照上古漢語專書動詞語法分類，繼續確定《國語》動詞的基本類別；其二，對具體動詞的語法功能、語義特點的

---

① 張傳曾：《傳統語文學的回歸與發展——簡評〈國語動詞管窺〉》，《唐山師範學院學報》2010 年第 3 期。

總結仍需進一步細密化；其三，結合版本的《國語》動詞語義、語法研究；其四，《國語》動詞和同時期相關典籍動詞的比較研究尚需拓展。

（2）《國語》名詞、形容詞及其他實詞語法研究

《國語》名詞、形容詞語法研究相對較少。已經公開的碩博論文中，僅見楊世勤《〈國語〉名詞語法研究》（廣西師範大學碩士學位論文，2006 年）和徐琴《〈國語〉形容詞語法研究》（廣西師範大學碩士學位論文，2006 年）。

萬群《〈國語〉名動關係研究》（北京大學博士學位論文，2015 年），吸收變音構詞研究成果，對《國語》中名詞和動詞的共性、特性以及名動轉類現象進行了詳細研究，對於進一步深入認識《國語》名詞、動詞的共性特徵以及相關問題具有積極意義。

此外，劉利對《國語》稱數法進行了梳理和總結。筆者對《國語》名量詞進行了初步梳理與探討，探討了《國語》名量詞的類別和語法功能。

《國語》詞類活用問題唯何永清專門涉及，其他學者相關論述中雖然有，但少有專門措意者。何永清《國語語法研究》第四章 “句法之轉換” 主要講了詞性活用、致動用法、意動用法、倒置和外位五種。何氏在詞性活用中主要探討了名詞、形容詞和動詞的活用，以名詞爲主；總結了《國語》致動用法中述語的性質。認爲《國語》意動用法不如致動用法普遍。討論較爲細緻。

3. 《國語》短語、結構以及語法成分研究

何永清最先分析了並列結構、主從結構和造句結構三種類型，唯何永清統稱之爲 “語”，並謂並列結構亦稱 “詞聯”、主從結構亦稱 “詞組”、造句結構亦謂 “詞結”①。本世紀以來的《國語》短語、結構以及語法成分研究，以北京師範大學碩士學位選題爲多。符永蘭《〈國語〉連動式研究》（北京師範大學碩士學位論文，2002 年）以《國語》作爲語料，從結構類型、句法結構、語義關係三個方面描寫先秦漢語的連動式。

---

① 何永清：《國語語法研究》，臺北：文史哲出版社 1986 年版，第 49—66 頁。

張曉英《〈國語〉"NP＋之＋VP"結構研究》（北京師範大學碩士學位論文，2005 年）探討了《國語》中"NP＋之＋VP"結構的相關問題。作者同題論文發表於《信陽師範學院學報》2008 年第 5 期，讀者可參。方小中《〈國語〉定中結構研究》（北京師範大學碩士學位論文，2005 年）具體地探討了《國語》中定中結構的構造規律及語法功能等。郭燕妮《〈國語〉並列短語研究》（北京師範大學碩士學位論文，2005 年）分析了並列短語的結構形式，考察了並列項的排列順序，並列短語與經濟性、親近性原則的關係，並列標記的隱現規律等。作者同題論文發表於 2006 年《勵耘學刊》（語言卷），可參。這幾篇論文作者都是劉利教授指導的碩士研究生，故其選題都關注《國語》短語和結構的語法研究。姜曉明《〈國語·晉語〉含 V 詞組研究》梳理了《國語·晉語》含 V 詞組的三種類型：謂詞性詞組、體詞性詞組和加詞性詞組。研討中也涉及語義問題。文末附有《國語》動詞詞表。好處在於，可以以《晉語》作爲對象進行全然性統計，可以發現《晉語》的一些特點。缺陷在於，屬於專書研究中的專篇研究，不够全面。又劉婧《〈國語〉主賓語有核關係化研究》（北京大學漢語史碩士學位論文，2016 年）共五章，第二章討論"之"字標記的關係從句，第三章討論"所"字標記的關係從句，第四章討論"者"字標記的關係從句。宋婧《語言類型學視角下〈國語〉連動式研究》（大連理工大學碩士學位論文，2018 年）以語言類型學爲切入點，對《國語》連動式進行了界定和分類，並和《儀禮》連動式進行了對比研究。戴旻珂《〈國語〉述賓結構研究》（華東師範大學碩士學位論文，2018 年）統計出《國語》述賓結構中的述語 6122 個，由 1044 個詞或結構充當；賓語 6255 個，由 3378 個詞或結構充當。該文把《國語》述賓結構劃分爲一般述賓式、賓語前置式、雙賓語式和賓語省略式，並從語義關係上進行了分析，同時還從歷時層面和共時層面進行了比較。文末附有《國語》動詞述語表、《國語》形容詞名詞數詞作述語表、《國語》賓語表等。

　　此外，尚有期刊論文 2 篇。劉利《〈國語〉中的"爲之名"結構及其他》（《古漢語研究》1995 年第 2 期）先探討了"爲"的四個義位，在此基礎上對《國語》"爲"式動賓結構進行了計量和分類分析。鄭益兵《〈國語〉中的"所"字結構》（《湖北科技學院學報》2016年第6期）對《國語》中充當名詞性成分的"所"字結構進行了判定，進而對《國語》中的"所·介"結構和"所·動"結構的形式和語法功能進行了詳細分析。

研究《國語》句子成分者較少，目前僅見《國語》雙賓語和狀語研究。蘇振華《〈國語〉雙賓語研究》（《忻州師範學院學報》2011年第3期）把《國語》雙賓語劃分爲7類，分別爲給予義雙賓語、使動義雙賓語、爲動義雙賓語、稱謂義雙賓語、詢問義雙賓語、獲得義雙賓語以及其他義雙賓語，分別進行了計量分析，並對雙賓語的歷時演化進行了初步分析。于多《〈國語〉狀語研究》（黑龍江大學碩士學位論文，2012年）以静態描寫的方式對《國語》中的詞作狀語和短語作狀語進行了比較細緻的描寫，最後進行了計量比較。

4.《國語》範疇研究

吕叔湘《中國文法要略》提出了語義範疇系統，包括數量、程度、方所、時間、有定指稱、無定指稱、正反和虛實、傳信、傳疑、行動和感情。範疇研究成爲中國漢語語法研究的一個重要方面和領域。僅時間範疇方面，古漢語方面就有多部論著出版，如王海棻編有《時間範疇詞典》，鄧飛著有《商代甲金文時間範疇研究》，鄭璐著有《〈左傳〉時間範疇研究》等，此外還有碩博論文多篇。李凜《〈國語〉時點、時段研究》（湖北師範大學碩士學位論文，2019年）屬於《國語》時間範疇研究。該論文主體部分四章，第一章概述《國語》時點、時段情況，統計出《國語》時間詞122個，時間結構169個，時點時間詞90個，時段時間詞32個，時點時間結構123個，時段時間結構46個。第二章、第三章結合句法探討《國語》時點、時段的表述形式，第四章探討時段、時點標記結構和時間方位結構形式。對《國語》時間詞和時間結構的深入認識具有積極意義。

5.《國語》句式研究

相對於《國語》詞類研究而言，《國語》句式研究就更爲薄弱。何永清《〈國語〉語法研究》在造句法部分主要梳理了《國語》單句、複句和變式句，無論單句還是複句，何永清梳理總結得都很細緻。

何氏之後，《國語》句法研究相對較少。20 世紀 80 年代僅見殷國光《〈國語〉疑問句研究》。① 本世紀以來，則有蘇振華《〈國語〉遞進複句及其關係詞》（《哈爾濱學院學報》2006 年第 9 期）、《〈國語〉因果類複句研究》（廣西師範大學碩士學位論文，2007 年）、羅海來《〈國語〉中的判斷句》（《貴州教育學院學報》2008 年第 8 期）、羅海來《〈國語〉中被動句考察》（《時代文學》下半月 2009 年第 3 期）、王玉娜《〈國語〉中的被動表示法》（《西江文藝》2016 年第 1 期）、喬志雲《〈國語〉聯合複句研究》（貴州民族大學碩士學位論文，2016 年）、王丹《〈國語〉中判斷句研究》（《湖北工程學院學報》2017 年第 5 期）等研究成果。其中複句 3 篇，2 篇碩士學位論文，1 篇期刊論文。判斷句 2 篇，被動句 2 篇，疑問句 1 篇，皆爲期刊論文。此外，還包括《國語》省略研究，有期刊論文 3 篇，碩士學位論文 1 篇。

殷國光統計出《國語》一書表詢問、反詰、測度語氣的句子共 792 見，結合《左傳》，對《國語》中的疑問代詞、語氣詞、表語氣副詞對詢問、反詰、測度語氣表達的限制和影響以及一些慣用句式等進行了探討和分析，並從漢語語法史的宏觀角度進行了總結。

蘇振華《〈國語〉遞進複句及其關係詞》分《國語》遞進複句爲順向遞進和反逼遞進，對其關係詞和現代漢語做了對照，並進行了計量分析。其《〈國語〉因果類複句研究》嚴格區分了他書語料和本書語料，共統計出《國語》因果句共 306 例，假設句共 299 例，條件句共 4 例，目的句共 32 例。按照複句關係層次的多寡，分別對《國語》因果句、假設句、目的句進行了梳理和總結，並進行了共時和歷時比較。喬志雲《〈國語〉聯合複句研究》對《國語》中的並列複句、連貫複句、解說複句、遞進

---

① 殷國光:《〈國語〉疑問句研究》，《廊坊師專學報》1987 年第 2 期。又見載於氏著《上古漢語語法研究》，北京：中國大百科全書出版社 2002 年版，題爲“從《國語》的‘疑問句’看語言形式對語氣表達的限制與影響”。

複句進行了分析，每一類複句又進行下位分類分析，並結合《鹽鐵論》進行了歷時比較。

《國語》單句研究相對更少。羅海來統計出《國語》判斷句 911 例，分爲五種形式，分別進行了計量分析，有的還進行下位分類分析。王丹統計數據和羅海來相同，從表現形式上把《國語》判斷句分爲兩種類型，進而對《國語》判斷句的表達功能和語法價值進行了分析和總結。有些探討值得進一步研討。

羅海來統計《國語》被動句 106 例，按照有形式標記、無形式標記進行區分，並進行了下位分類分析，總結出《國語》無標記被動數量較多，占 59.4%。有形式標記被動中，"於"字式被動頻次最高，其次爲"爲"字式，其次爲"見"字式，再次爲"受"字式。王玉娜《國語》被動分類標準與羅海來大致相同。

夏養明《〈國語〉省略例釋》（《黃岡師專學報》1987 年第 1 期）總結《國語》省略有：①由本句自身結構而知省略。②由上下句間聯繫而知省略。③由全段或全文彼句而知此句省。每種之下又細分小類。夏文總結細密，具有示範作用。鄧童童《〈國語·周語·單頃公告論晉將有亂〉省略句研究》（《文學界》理論版 2010 年第 7 期）統計該篇全篇 35 句。齊高鵬《上古省略句考察：〈國語·周語·單襄公論陳必亡〉的"省略"》（《劍南文學》2010 年第 10 期）統計該篇單句 37 句，省略句 22 句。分別從語法、語義、語用層面進行了分析，並從三個平面角度進行了總結。針對《國語》具體篇章的"省略"現象進行梳理，可能比較細緻，但缺乏整體性和普遍性，意義不大。楊梅《〈國語〉省略研究》（山東師範大學碩士學位論文，2013 年）則按照省略成分，把《國語》省略分爲省主語、省謂語、省賓語、省定語和省兼語五種，進而分析了主語承前省的詞彙手段和語法特點，最後總結了《國語》省略特徵。

（二）《國語》詞彙語義研究

關於上古專書詞彙的研究價值，宋永培已有揭示，謂："實行上古專書辭彙研究的基本方法，應堅持'唯書''唯實'的原則，充分尊重該專書表述的實際情形，既不受現代詞義、現代意識的干擾，也不受與被研究的文獻專書同時代的其他文獻專書在表述上的影響，也不受古代小學專書中的訓釋的影響，當然這並不排斥參考其他文獻專書、古注與小學專書，以如實地挖掘、反映該專書語詞的關係與詞義。對每一本專書都作了這樣忠實、徹底的研究，則專書辭彙的斷代研究、專題研究、古與今銜接貫通的研究、漢語詞彙史的總結、語言辭彙理論的提煉才有可信而完備的語料基礎。"①《國語》詞彙語義研究可以分爲《國語》詞法研究、《國語》同義研究、《國語》類型詞語義研究等相關方面。

1.《國語》構詞、分詞研究

最早對《國語》復音節詞構詞進行探討的是何永清《國語語法研究》，該書主要分兩個部分，分別探討《國語》的詞法和句法，在《國語》專書詞法和句法研究方面皆有首創之功。何永清在構詞法一編分爲衍聲複詞、合義副詞和專名詞三類，其中衍聲複詞又分爲雙聲、疊韻、非雙聲疊韻、疊字、帶詞頭、帶詞尾等六種形式，分合義複詞爲聯合式、組合式和結合式三種，專名則分爲人名、地名、國名和其他專名四類。②後則有陳長書的研究涉及詞法、分詞等相關問題。陳長書區別了造詞法和構詞法，認爲《國語》的造詞法有音義任意結合法、引申法、音變法、簡縮法、説明法、比擬法等，並指出《國語》單音詞和複音詞造詞方面需要注意的諸多問題。③陳長書《從〈國語〉看先秦漢語詞素的發展》(《語言科學》2011 年第 2 期)、《從〈國語〉字詞關係看先秦文獻中的分詞問題》(《古籍整理研究學刊》2011 年第 5 期) 等文以《國語》爲語料，對先秦漢語詞素的發展以及分詞問題進行了宏觀探討，由專書層面進升到漢語史層面。

2.《國語》詞彙綜合研究

對《國語》詞彙進行綜合探討的較少，目前僅見倪懷慶《〈國語〉詞

---

① 宋永培：《文獻正文的訓詁與專書詞彙研究的基本方法》，《古漢語研究》2005 年第 2 期。
② 何永清：《國語語法研究》，臺北：文史哲出版社 1986 年版，第 1—49 頁。
③ 陳長書：《〈國語〉造詞法研究》，《寧夏大學學報》2007 年第 6 期。

彙研究》（廣州大學 2004 屆碩士學位論文）、陳長書《〈國語〉詞彙研究》（山東大學 2005 屆博士學位論文）2 篇碩博論文，後者已經修訂出版。

倪懷慶以王樹民、沈長雲點校本《國語集解》爲語料，對《國語》詞彙做了綜合研究，全文梳理總結了《國語》單音實詞、單音虛詞和複音詞，每一類下都進行了計量統計和分析。文末附有《國語》詞彙總表，按音節構成和詞素構成進行數據計量，較爲直觀。

陳長書《〈國語〉詞彙研究》區分了前時語料、同時語料和後時語料，對《國語》中的詞進行了界定。並從普遍性、穩固性和能產性三條標準對《國語》基本詞彙進行了判定①，把《國語》基本詞彙分爲 12 種，分別進行了梳理，結合詞彙史對某些詞進行了解釋。該文把《國語》的一般詞彙概括爲方言詞、新詞、社會方言詞、固有詞等四種基本類型，對 30 多個方言詞進行了考釋，並進行了總結。作者的同題著作 2014 年由中國社會科學出版社出版，增加了"《國語》詞的辨識""《國語》詞素"兩章，附表在原來的引文基礎上又增加了"《國語》基本詞義類總表""《國語》首見複音詞總表""《國語》同義詞詞表"，並附錄了《先秦專書詞典編纂概說——以〈國語詞典〉編纂爲例》《先秦文獻詞典應該如何注音》和《試論動態詞彙學理論對漢語詞彙史研究的啟示》三篇文章。

3. 基於詞類的《國語》詞義和語義研究

這一類研究往往針對《國語》詞彙的某一語法類別進行語義研究，集中在《國語》名詞、形容詞以及相關詞類方面。

（1）基於詞類的研究

袁麗傑《〈國語〉名詞研究》（西南大學碩士學位論文，2006 年）從詞義、語法、文化等角度對《國語》名詞進行了考察。該文根據語義，把《國語》名詞分爲專有名詞、普通名詞中的實體名詞、普通名詞中的抽象名詞。進而研討《國語》名詞的句法特點、活用、兼類等語法問題

---

① 陳長書：《試論先秦基本詞彙的判定和義類描寫——以〈國語〉基本詞爲例》，《山東師範大學學報》2012 年第 4 期。

以及《國語》人名、地名、普通名詞反映的文化内涵。

施偉《〈國語〉單音節形容詞語義分類研究》（北京師範大學碩士學位論文，2007 年）以《國語》單音節形容詞爲研究對象，對形容詞語義做獨立於語法的純語義學研究。論文窮盡性地歸納出《國語》一書的全部單音節形容詞，對義位進行了劃分和歸納，顯示出每一個形容詞的個體系統。對《國語》全部單音節形容詞義位進行了研究，以逐層二分的方式，將《國語》全部單音節形容詞分爲"信""乏""昏""直""衰""大""雜""熱"八類。最後對每一類形容詞的句法功能進行了考察。

（2）基於詞類下位分類的語義研究

基於名詞下位分類的研究有羅春英《〈國語〉中的職官稱謂語》（廣西師範大學，2003 年）和馮莉《〈國語〉自然類名物詞研究》（廣西師範大學，2010 年）兩篇碩士學位論文。羅文和馮文的指導教師俱爲劉興均教授，以《〈周禮〉名物詞研究》稱著。羅文統計出《國語》中的職官稱謂共有 277 個，分成了九大類，並對這些稱謂語所折射出的春秋時期歷史文化面貌進行了分析。馮文把《國語》166 個自然類名物詞分爲四類，並對其中單音節名物詞的詞源義進行了分析，對名物詞的名實關係問題進行了分析。對瞭解《國語》職官名詞以及自然類名物詞具有積極意義。

基於動詞下位分類的研究有高林鳳《〈國語〉"索取"義和"給予"義動詞研究》（山東師範大學碩士學位論文，2015 年），該文關注的是語義場研究，對《國語》"索取""給予"動詞的範圍、詞義、語法、區別特徵、連用及分布給予了分析和梳理。

4.《國語》複音詞研究

鍾海軍《〈國語〉複音詞》（西南師範大學碩士學位論文，2003 年）結合時賢複音詞判定標準，統計出《國語》複音詞 3520 個，其中特殊複音詞 2472 個，一般複音詞 1048 個。從詞性、構詞等角度進行了分析。文後附有《國語》複音詞表。

5.《國語》同義研究

同義研究分兩種，其一爲同義語義場研究，即同義詞的分析和梳理；

其二爲同義連用研究。

(1) 同義連用

專門探討《國語》同義連用的爲宋積良《〈國語〉 實詞型同義連用研究》（湘潭大學碩士學位論文，2008 年）、《談〈國語〉的幾對同義連用語詞》（《昭通師範高等專科學校學報》2008 年第 1 期） 2 篇論文，後者是前者的一部分。宋文對《國語》同義連用進行了界定，對《國語》同義連用內部組合的字形、語音、語義特點進行了分析和總結，從語音、語義、文字等角度對同義連用的形成機制與原因進行了探討。最後總結了《國語》同義連用研究的意義。多舉例詳析，有益於《國語》與相關文獻之考校。此外，相銀歌《先秦同義連用現象研究》 （四川大學碩士學位論文，2007 年） 也涉及《國語》同義連用問題，對《國語》同義連用進行了數量統計與比例分析。

(2) 同義語義場研究

除了陳長書涉及《國語》《國策》同義詞比較研究之外，還有學者專門從事《國語》專書同義詞研究，相關成果如雷莉《〈國語〉 單音節實詞同義關係的格式與形成原因探討》（《北京理工大學學報》2003 年第 6 期）、雷莉《〈國語〉 單音節實詞同義詞研究》（四川大學博士學位論文，2003 年）、李婷《〈國語〉 單音節同義詞考》（陝西師範大學碩士學位論文，2004 年）、高世娟《〈國語〉 單音節動詞同義詞研究》 （吉林大學碩士學位論文，2013 年）、陳長書《試論先秦漢語同義詞的共時類型和歷史層次——以〈國語〉同義詞爲例》（《山東師範大學學報》2013 年第 3 期）、徐婷月《〈國語〉 單音節動詞同義詞研究》 （揚州大學碩士學位論文，2014 年）、雷莉《〈國語〉 單音詞同義詞 "征" "伐" "討" 考辨》（《對外漢語教學論叢》2016 年第 1 期）。

雷莉的博士論文從《國語》中梳理出 316 組單音節同義詞。雷莉詳細梳理了各家對同義詞的界定、分類、辨析方法，最終確定了《國語》同義詞的界定標準。該文選取了 43 組同義詞，分別從詞義具體所指、詞的結合能力、句法功能、語法特點、行爲施受、詞的引申義、反義詞、情感色彩、語用環境、風格、附屬色彩等角度，進行詳細辨析，既有數量統計，又有共時、歷時層面的對比，還有語義考釋。通過具體詞義表述、詞語表述範圍、指稱對象用途、詞語意義來源、行爲支配對象、行爲動機與結果、切入視角、陳述對象、行爲的情態方式、表述程度、詞語附屬意義、語法作用、詞語搭配方式、反義詞、語用表述方式，結合具體同義詞辨析，對《國語》單音節同義詞的區別特徵進行了考察。整體而言，該文辨析細密，考證詳明，可資參證者較多。該博士論文已於2013 年 1 月由四川大學出版社出版。

李婷《〈國語〉單音節同義詞考》按照動詞、形容詞、名詞、副詞等詞類進行分類辨析，高世娟的論文對比了《國語》89 組單音節動詞同義詞，徐婷月則對《國語》六組單音節動詞同義詞進行了詳細辨析，並對《國語》單音節動詞同義詞的區別特徵、形成途徑和功能進行了梳理和總結。

陳長書《試論先秦漢語同義詞的共時類型和歷史層次——以〈國語〉同義詞爲例》（《山東師範大學學報》2013 年第 3 期）從語音、語法以及語義等角度對《國語》同義詞進行了共時的描摹。該文認爲，《國語》存在著數量衆多的同義詞，而且已經發展到相當的規模，其内部系統性強，構成也很複雜，只有經過了長期的發展，才能形成這樣的局面。由於年代的久遠，材料的缺失，這一發展的具體過程相當一部分已鮮爲人知。

《國語》的同義以及同義詞比較研究，相對比較充分，對《國語》訓詁、語義以及漢語史構建具有積極的學術意義。

6.《國語》方言詞研究

陳長書《〈國語〉詞彙研究》中對《國語》方言詞有所探討，其期刊論文《〈國語〉齊方言拾零》（《管子學刊》2005 年第 2 期）和《〈國語〉方言詞研究》（《古籍整理研究學刊》2007 年第 2 期）進一步突出《國語》方言研究的可行性及其方言特徵。高光新《論〈國語〉方言詞》（《唐山師範學院學報》2016 年第 3 期）在進一步研討《國語》方言詞方法的基礎上，舉例論析了《國語》中具有魯、齊、晉、楚方言特徵的詞彙，並在此基礎上對《國語》編纂者的籍貫進行了推測，佐證了王樹民的觀點。整體而言，《國語》方言詞的研究還有繼續探討的空間。甚至可由《國語》方言進而對《國語》各語的地域性語言、思想等特徵進行深入挖掘。

7.《國語》成語研究

黃晨《〈國語〉成語研究》（復旦大學碩士學位論文，2013 年）是這方面唯一的成果。該文對《國語》成語的判定標準、數量、來源進行了梳理，對《國語》成語的結構及其句法功能、《國語》成語的演變機制進行了分析和梳理，並對辭書失收用例進行了辨析。

（三）《國語》修辭現象與修辭思想研究

《國語》以記言爲主，對話過程中運用修辭當是必有之義，而其言談中也往往有修辭思想。周振甫認爲《國語》主張情辭合一[①]。陳光磊等《中國修辭學通史·先秦兩漢魏晉南北朝卷》中對《國語》修辭思想有所揭示，謂"婉約其辭"即修辭要切合人物心境、對照現實情境，"物一無文"即主張藝術表現多樣化的修辭思想，反對"周言棄德"即對形式脫離內容的修辭現象的批評。[②]俞樾、楊樹達、徐仁甫多明《國語》書例，雖與今修辭界定有別，要亦《國語》修辭體例之一端。今人對《國語》修辭的專門研究較少。周振甫從敘事風格上概括《國語》修辭風格爲"繁豐"，史嘉柏對《國語》《左傳》的修辭也有分析。

徐婷月等人的學位論文中有對《國語》修辭手法的梳理和總結。此外，史繼東《〈國語〉文學研究》第六章"《國語》語言的美學風範"專門有"《國語》修辭手法舉隅"一節，探討了《國語》中的比喻、反問、警策、誇張、反語等等，還指出《國語》尚有映襯、婉轉、疊字、層遞、比擬、摹狀、黏連等手法，重點分析了比喻和警策兩種修辭。[③]黨菲《〈國語〉語言和修辭研究》（陝西師範大學碩士學位論文，2014 年）、

---

① 周振甫：《中國修辭學史》，北京：商務印書館 1991 年版，第 20 頁。

② 鄭子瑜、宗廷虎主編，陳光磊、王俊衡著：《中國修辭學通史·先秦兩漢魏晉南北朝卷》，長春：吉林教育出版社 1998 年版，第 149—156 頁。

③ 史繼東：《〈國語〉文學研究》，北京：中國社會科學出版社 2013 年版，第 240—257 頁。

劉茜倩《〈國語·周語〉研究》中也有對《國語》修辭現象的分析。黨菲總結出《國語》修辭手法有比喻、反問、警策、排比、誇張、反語、借代、雙關、映襯、比擬、摹狀等。劉茜倩主要對《國語》的排比手法、人物刻畫的互見手法進行了比較詳細分析。

整體而言，《國語》修辭研究比較薄弱，有待進一步加强。

（四）《國語》文字研究

筆者等統計上海師大校點本《國語》全書70399字，單字2646。覃勤統計出《國語》全書總字數70389字，單字2620字。另外，幾部《國語索引》對《國語》全書用字和單字也有統計，詳見前文。但對《國語》用字研究，相對較少。

鄧蕓《〈國語〉用字研究》（廣州大學碩士學位論文，2012年）整理出《國語》假借字295組、古今字108組、異體字163組，並進行了較爲詳盡的分析，進而對《國語正義》與上海師大校點本、《國語正義》與慈利楚簡《吳語》進行了用字對比。

（五）《國語》語料學價值與語言學價值的揭示

凡研究《國語》語言者，自當於其引言中論定《國語》之語料學價值。專論《國語》語料價值者，比較罕見，僅有劉利《論〈國語〉在先秦歷史語法研究中的史料價值》（《古籍研究》1994年卷）、《從歷史語法角度看〈國語〉的語料價值》（《北京師範大學學報》2005年第6期）二文。謂："作爲用早期書面漢語寫成的歷史文獻之一，《國語》在反映先秦語言狀況方面是具有獨特利用價值的……就這部先秦典籍的語法作系統深入的研究，不僅能够爲上古漢語語法系統的重建發掘有價值的語言事實，而且也有可能爲文獻學意義上的《國》《左》關係研究貢獻有用的論據。"是作者所指導的多名碩博士以《國》《左》語言比較或《國語》專書語言研究作爲選題之所自。鄭偉則通過明道本、公序本在"干""忓"和"怨""怒"兩條上的文字差別，進行詳細地語義比較分析，進而得出公序本優於明道本的結論，爲《國語》語料的版本擇取提供了依據。①

　　《國語》在語言學上的價值，迄今尚無專篇論文。但《國語》人物對話過程中確實體現了上古時期先民對語法現象的發現和解釋。拙撰《〈國語〉動詞語法試述》以及在此基礎上修訂出版的《〈國語〉動詞管窺》揭示出《晉語四》："在《周頌》曰：'天作高山，大王荒之。'荒，大之也。"先秦典籍正文中詮釋詞的臨時動詞用法，這應該是首例。②

　　綜上可見，近七十年來的《國語》語言研究，以張以仁虛詞研究最早且最爲完整，此後則是何永清《國語》詞法、句法研究以及殷國光的疑問句研究、夏養明的《國語》省略研究、薛安勤的結構研究等。21 世紀的《國語》語言研究，無論在數量、內容、還是方法方面都超邁 20 世紀，尤其以虛詞研究和詞彙研究較爲充分，句式研究、詞類研究相對薄弱。《國語》共時、歷時語言研究相對薄弱，《國語》語料價值還需要靠研究者的進一步深入研究而得到充分發掘，基於《國語》版本系統的《國語》語言研究需要強調並且需要進一步加強。整體而言，《國語》語言研究還較爲封閉，沒能及時關注並吸取《國語》文獻訓詁的相關成果。此外，由於沒有充分利用索引，在《國語》字、詞計量方面存在數據差異，其中有界定標準的問題，同時也存在計量過程中的疏漏問題。這些，都是《國語》語言研究將來需要注意的問題和需要努力的方向。

八、近七十年來《國語》文學研究

　　《國語》作爲一部先秦散文作品，其文學價值得到學者的較多關注應該是 20 世紀 80 年代以來的事情。此前的關注一方面見於宋以來學者

---

　　① 鄭偉：《論考辨同一語料不同版本用字優劣的多維視域——以〈國語〉"懼干季孫之怒"爲例》，《求索》2011 年第 8 期。

　　② 拙著《〈國語〉動詞管窺》，成都：四川大學出版社 2008 年版，第 211 頁。

的零星評點，如前人已經提到柳宗元一方面批評《國語》一方面又從借鑒了《國語》的敍事方式或文學特徵等等，另外一方面見於近代以來的文學史著作，如上引各種文學史中僅有的幾部 20 世紀 80 年代以前對《國語》文學價值的揭示。上引文學史著作，更多産生於 20 世紀 80 年代以後。自 20 世紀 80 年代以降，《國語》文學研究相對而言比較繁榮。這一時期的文學研究包括《國語》文學價值、《國語》敍事方式及特點、《國語》記言方式及特點、《國語》寫人方式及特點、《國語》藝術性或語言特色等諸多方面研究。

（一）《國語》文學價值與成就研究

明清時期，由於評點學的發達，學者對《國語》之文學價值多有揭示。近代中國學術路徑以及方法發生很大的轉變，《國語》作爲史書較少進入文學研究者的視野，故對《國語》文學價值之研究亦希。近七十年來，由於文學研究也向細密化發展，傅庚生《國語選序》較早對《國語》文學價值進行揭示，謂《國語》"繼承著歷史散文的傳統，並得到進一步的發展"，對《國語》的文學價值和文學特色進行了揭示。劉心予對《國語》人物刻畫等有所揭示。

真正首次鮮明提出《國語》文學價值這一命題的爲譚家健。他在《試論〈國語〉的文學價值》（《江淮論壇》1983 年第 6 期）中首先指出《國語》是優秀的史傳散文，進而總結《國語》的文學價值主要表現在人物描寫、故事情節和語言藝術三個方面。人物描寫體現在：①有將某個人言行集中一起、向人物傳記過渡的趨勢；②在矛盾衝突中展示人物性格及其發展，通過對比體現作者愛憎；③通過對同一事件的不同態度，顯示一群人的不同思想、個性和社會地位；④圍繞中心人物，刻畫一些次要人物作爲陪襯使之相得益彰。故事情節體現爲：①在歷史真實的基礎上進行合理的想象和虛構；②運用幽默、諷刺，記述一些戲劇性的情節故事，達到批評和勸諫的目的；③用誇張渲染的手法，著意描寫重大場面和製造某種氣氛。語言藝術體現在：①通俗化、口語化；②風格多樣化；③議論條理化。

　　林永堅《〈國語〉之文學價值析論》概括《國語》文學價值爲四點：
①是論諫文章的典範，已經脱盡《周禮》《尚書》語調，實爲今文始祖。
②爲古代各諺之華實，所徵録歌諺之類屬，體現出《國語》作爲宗廟文
學而兼有俗文學之特色。③爲神話志怪之濫觴，《國語》所徵引傳説、
靈異之類屬，實爲神話之記載與志怪小説之發源地。④爲戲劇對白雛型，
《國語》雖無意以爲戲劇，而其“對話”之體裁，實爲現代戲劇對白之
雛型，故而特具戲劇效果。① 和譚家健之説不同，林永堅是從引領作用
和源頭角度對《國語》文學價值進行概括的，所見更爲宏觀。按照林氏
的看法，則《國語》實際上是後世散文文學之祖。正可與譚家健之説互
相補充。

　　黄永堂認爲《國語》在中國散文發展史上具有獨特的地位，具體體
現在：①就事説理，精彩的記言，對後世的議論文，尤其是戰國諸子的
議論文有直接影響；②長於歷史人物的諫言和對話，語言簡潔古樸，而
議論時的旁徵博引、對話中的巧譬善喻，又能使文章理由充分、曲折盡
情，具有較強説服力；③《國語》記言還表現在記行人辭令之美；④作
爲歷史散文的《國語》，主要還是通過言論的記述，來記載那個時代重
要政治人物的活動；⑤《國語》雖然敘事少，但篇章完整，不少故事情
節生動，有頭有尾，對人物性格有較細緻刻畫，可以單獨成爲一個文學
短篇；⑥《國語》偶爾也有大場面描寫。故而認爲“《國語》不少篇章，
已經初步具有後世傳記文學和歷史小説的基本特色，表現出歷史散文在
文學上進展的痕跡”。② 黄氏的概括和譚家健的説法有重合之處，比如謂
《國語》具有故事情節性等，和林永堅説也有重合性，如謂《國語》對
後世議論文的影響等。

　　熊憲光認爲《國語》“文章各具特點，風格頗不一律”，並嘗試探討
其規律、具體表現以及產生原因。熊文先通過《國語》《左傳》“曹劌論
戰”的記載比較入手，謂：“《左傳》之文不僅記戰前之問，而且記了戰

① 林永堅：《〈國語〉之文學價值析論》，臺灣中國文化大學中國文學研究所碩士論文，1984 年。
② 黄永堂：《簡析〈國語〉散文創作的獨特成就》，《貴州社會科學》1996 年第 4 期。

時之情和戰後之論。《國語》之文則僅記戰前之問，且顯得冗長、蕪雜，遠不及《左傳》所記之精錬、扼要、傳神。"進而以"曹劌論戰"爲參照，和《吳語》"包胥問戰"做了比較，謂二者：①主旨有別；②繁簡不同；③文風異趣。進而指出"《國語》全書雖由 243 則故實組成，但各則長短不等，並且大多具有相對的獨立性，倘若分離出來，未嘗不是形完神備之作"，並且認爲《國語》存在南北史家文風的不同，認爲"南北史家之文無論在思想傾向、內容剪裁、語言、結構諸方面都有所差異"。揭出史家之筆也有南北之分，具體體現在：①思想傾向及記述意圖有所不同。②文體與記述重點有所區別。③語言風格大不相同。熊文通過《國語》南北不同的風格得出兩點啟示：①《國語》實際上主要來源於春秋時期各國史官的記述，並非出於一人之手，也非成於一時一地，故其作者不可確指。《國語》是各國史料彙編而成，它經過後人的排比潤色，但大體上仍保存了史料的本來面目，在戰國初年或稍後編輯成書，因源出各國、人文地理各異、歷史文化背景不一，故史筆風格不同。②《左傳》是一部記事詳贍完整的編年體史書，《國語》則是以記言爲主、分別記載周王朝及諸侯各國史事的國別體史料彙編。二書顯然各爲一家，所謂內外傳之稱，分明不妥。既細緻指出了《國語》的風格特點，又對《國語》的諸多問題給予了一定程度的探討。①

黃麗麗認爲《國語》中有不少佳篇，應占文學史一席地位。②

張居三認爲："從文學的角度審視《國語》的價值，除了傳統的關於體例、塑造人物和語言運用特色的認識外，《國語》有明確的編撰原則，且能在具體選擇史料和安排結構上貫徹這一原則，體現了私人撰述的自覺意識，這種編撰的自覺意識反過來又提供編撰者足夠的創作空間。"故張居三認爲《國語》有意識刻畫人物，增強了文學色彩，同時也孕育了中國傳記文學的最初萌芽，"從文學角度看，《國語》是先秦歷

---

① 熊憲光：《〈國語〉風格，南北異趣》，《史學史研究》1994 年第 3 期。
② 黃麗麗：《〈國語〉的性質與價值——由出土文獻引起的思考》，《江蘇大學學報》2006 年第 1 期。

史散文集，如同文選彙編，因形式上各個獨立，互不相屬，故而在語言運用和敘述方式上，沒有做整體分析研究的必要。每一篇散文都有自己的表現手法和藝術特色，卻同樣表現其審美價值。重要的是，我們應該看到在看似簡單的史料拼湊的背後，其實有著編撰者良苦的用心，這一份光芒不應該被其語言和敘事的缺憾所掩蓋。"① 張居三從編纂意圖的角度對《國語》文學價值進行發掘，言人所未言。

陳桐生從歷時角度著手，認爲《國語》反映了《尚書》之後、《左傳》之前西周春秋歷史散文的發展水平。和《尚書》相比，《國語》文風呈現出四個走向："一是語言從渾厚古樸走向流利暢達；二是内容從記載嘉言懿行轉向權術智謀；三是由記言走向記言敘事並重；四是表現手法由單一趨向多元。"《國語》記言抽象能力有所提高，說理方式演化爲主題突出、結構緊湊、條理清楚，確立了賓主對答的形式格局。② 在其譯注的《國語》前言中，對《國語》的文學價值進一步做了揭示，可參本書附錄。

張鶴結合前此學者研究，從語言運用、謀篇布局、人物形象、情節結構四個方面對《國語》文學成就進行了梳理。③

裴登峰《〈國語〉研究》對《國語》文學價值也有總結，認爲："《國語》不僅性質上很有特點，而且在藝術上，也取得了突破性成果，表明了我國'語'類文獻的文學化演進過程，爲我國古典小説從體制、語言、人物塑造、情節與場面描寫，做了很多方面的藝術準備，在説理文中也形成了鮮明的特色。"④

史繼東認爲，如果把《國語》放在中國散文發展史的宏觀視野中加以考察的話，就會發現"《國語》不再只是《左傳》的附屬品，而是中國散文史上不可或缺的一環，從而具有獨立的文學價值"，具體體現在：①《國語》是研究春秋時期，我國不同區域散文發展狀況的活化石和活

① 張居三：《〈國語〉的編撰意圖及其文學價值》，《求是學刊》2007 年第 3 期。
② 陳桐生：《〈國語〉的性質和文學價值》，《文學遺産》2007 年第 4 期。
③ 張鶴：《〈國語〉研究》，北京：學苑出版社 2013 年版，第 153—191 頁。
④ 裴登峰：《〈國語〉研究》，北京：社會科學文獻出版社 2016 年版，第 255 頁。

標本，具有其他先秦文獻所不能取代的獨特地位；②《國語》上承《尚書》《春秋》，下啟《左傳》《國策》，其文學史地位不容取代。並且它是代表我國西周、春秋時期散文水平的最爲重要的一部著作；③《國語》是一部議論總集，是作爲一種教材使用的。①

夏德靠認爲《國語》不但存在南北文風的區別，同時北方史家之文本身也存在差異。此外，地域政治文化的差異，造成了《國語》各國文章風貌的差異，但各國内部文風却呈現出相對的穩定性。②

有專門從歷史文學角度進行概括者，如毛麗認爲《國語》首開古代史學的歷史文學之風，具體體現在：①好預言；②宣揚重德重民思想；③《國語》在歷史文學上開了古代史學之先河。在論預言、論人物上都取得了不小的成就，並爲《左傳》所繼承。③

也有對《國語》部分内容文學價值或文學成就進行論説者，如李書安《〈國語·晉語〉文學成就研究》（寧夏大學碩士學位論文，2003 年）、徐君輝《〈國語·晉語〉文學文本研究》（貴州大學碩士學位論文，2005 年）、李書安與王紅麗合撰《從"文"字看〈國語·晉語〉中的文學意識》（《電影評介》2009 年第 21 期）、李書安《〈國語·晉語〉的傳記藝術及其文學價值》（《求索》2010 年第 5 期）等。

李書安對《晉語》藝術成就的概括主要通過敘事、人物描寫和語言藝術三個方面進行。李氏對《晉語》文學藝術成就的總結，實際上也是對《國語》文學藝術成就的總結，而且是對前人總結的一次匯總和梳理。李書安通過《晉語》文學對後世的影響看待其文學價值。徐君輝主要通過《晉語》的記言、敘事特色的梳理與研討，認爲《晉語》的文學成就體現在：①《晉語》把人物的表現放在了最明顯位置，並且在實際上對表現人物的内在精神世界做出了它的努力，取得了它的成就。②《晉語》對人物的表現有自己的一套方式和技巧，並且這一方式和技

---

① 史繼東：《〈國語〉文學研究》，北京：中國社會科學出版社 2013 年版，第 3—9 頁。
② 夏德靠：《〈國語〉研究》，北京：知識産權出版社 2014 年版，第 148—149 頁。
③ 毛麗：《試論〈國語〉的歷史文學成就》，《漳州師範學院學報》2003 年第 4 期。

巧爲後人所承繼，形成鮮明的民族性。③《晉語》不是爲了表現人物而表現人物，而是有它的社會意義和政治目的。④《晉語》記言、敘事、寫人相互結合的寫作體例也同樣爲後世長久地繼承。①

還有從《國語》記言之“言”的角度對《國語》文學意義進行探討者，如李書安《〈國語·晉語〉文學成就研究》就有對《晉語》對問的分析，而姚琳琳《〈國語〉對話的文學與思想意義》（哈爾濱師範大學碩士學位論文，2011 年）則是對《國語》對話類進行的專門研究，並從表現形式、文學風格、藝術手法等方面對《國語》的影響進行了梳理與總結。

(二)《國語》敘事方式及其特點研究

較早對《國語》敘事進行研究者，當屬萬平《論〈國語〉的敘事——〈國語〉研究之四》（華中師大《研究生學報》1985 年第 3 期），此後王靖宇從敘事角度進行《國語》《左傳》的比較。萬平之外，進行《國語》敘事研究的多爲 21 世紀以來之事。大致包括敘事方式或視角、敘事特點、敘事之影響等。2000 年，萬平在《北方論叢》第 6 期發表《〈國語〉敘事芻論》，從四個方面概括《國語》的敘事特點，最後認定：“《國語》敘事雖還處於較爲幼稚的階段，少數篇章還保持原始材料的形式，但由於巧妙地運用了各種敘事手法，因而使《國語》的文學價值得以較好地實現。”

李紀勳《〈國語〉敘述方式研究》（成均館大學中語中文科碩士學位請求論文，2001 年）認爲《國語》記言爲主的文體特徵是基於訓導君主和貴族史官的敘述意圖，因之《國語》敘事方式有四種，即順敘、倒敘、詳敘和略敘。此外，《國語》敘事中往往有透過因果論“預見”的技巧和直接露出作者意圖的“論贊”技巧。

胡燕《〈國語〉敘事特徵論》（《成都高等師範專科學校學報》2003

---

① 徐君輝：《〈國語·晉語〉文學文本研究》，貴州大學中國古代文學專業碩士學位論文，2005 年。

年第 1 期,《涪陵師範學院學報》2003 年第 1 期) 認爲《國語》作爲我國早期的一部史書, "其客觀型全知敘事和以敘事時間的快慢開掌握敘事重點等敘事特徵明顯, 對後世深有影響"。作者區分了主觀全知敘事和客觀全知敘事, 做了三點推測: ①《國語》敘述者本人可能是晉國人, 或是與晉國關係密切之人, 由於對晉國之事較爲關心, 故對晉國之事大書特書; ②編撰者在編《國語》時, 所匯集資料以晉國資料最豐富, 故《晉語》篇幅最長; ③《國語》可能是晉國貴族子弟的教科書, 因而《晉語》最爲詳細。最終認定《國語》客觀型全知敘事對後世史書影響很大, 形成了優良的史學傳統, 而以敘事時間速度的快慢來掌握敘事重點, 則對後來演義小説影響至巨。

此外, 對於同一人物事件出現在不同篇章, 相互參見, 纔能還原完整的寫人記事手法, 趙乖勳概括爲 "互見法的萌芽"①。

夏繼先則從雙綫並行的時空結構、詳略失衡的元素構成、一以貫之的因果照應等方面對《國語》的敘事結構進行了論析, 並認爲《國語》具有以史爲鑒的警戒性特色, 最終認定《國語》是一部以史料爲素材、以歷史演進爲綫索、以教育警戒爲目的的兼具史料性質的文集彙編。② 又, 夏繼先從歷史經驗總結者、全知全覺的敘事視角對《國語》敘事視角進行了分析, 最終認爲,《國語》記載歷史悠長, 但敘事視角却比較簡單化, 認爲這種簡單化敘事的形成是《國語》編纂者或作者有意爲之。③

有研究《國語》具體敘事方式並進行概括者。如陳鵬程即以《國語》死亡敘事爲對象, 謂《國語》死亡敘事的形態有自殺敘事、死亡預言、臨終情境敘事三種, 認爲《國語》的死亡敘事揭示了春秋時期人們的生死觀、有助於展現人物的性格特徵和心理世界、有助於一些篇章間的内在凝合並增强全書結構的有機性。④

---

① 趙乖勳:《從〈國語〉看互見法的萌芽》,《西藏民族學院學報》2008 年第 1 期。
② 夏繼先:《〈國語〉敘事結構分析》,《湖北大學學報》2012 年第 5 期。
③ 夏繼先:《〈國語〉敘事視角蘊意探賾》,《西華師範大學學報》2020 年第 2 期。
④ 陳鵬程:《論〈國語〉的死亡敘事》,《文藝評論》2013 年第 10 期。

又，陳鵬程、葉昕從女性敘事的角度對《國語》《列女傳》相應部分作了對比，認爲劉向《列女傳》對《國語》女性敘事承襲者三種：①《列女傳》文本幾乎全與《國語》文本同，可視爲《列女傳》對《國語》的完全襲用；②《列女傳》文本是對《國語》文本的節略；③《列女傳》文本係《國語》本文和其他書内容糅合而成。而且作者注意到，當《國語》和《作者》内容相同時，《列女傳》更側重從《國語》取材。此外，作者認爲《國語》女性敘事從屬於男性政治敘寫，有其局限性，《列女傳》則把所有女性人物進行分類輯録，爲後世女性文學形象奠定了基調。①

黄詠琳《〈國語〉敘事研究》（臺灣大學中國文學研究所碩士論文，2009 年）認爲：中國古典文學的敘事傳統最早可上溯自先秦史傳散文，而《國語》在這樣的發展脈絡中，無論内容與形式的表現，均有重要的成就，特別是在於其豐富的記言及篇章當中展露的人物形象與載道意義。因此，該論文從敘事的角度，以四項敘事要素（情節、觀點、人物、意義）作爲各章節的主要觀察方向及内容安排的劃分依據，歸納、突顯《國語》史傳散文的敘事藝術。

周静《〈國語〉研究》（蘇州大學碩士學位論文，2010 年）總結出《國語》的敘事模式有三種，即一篇記一事、多篇記一事（又包括兩篇或兩篇以上記同一事、情節上保持連貫的多篇故事兩種）、一篇記多事。在《國語》敘事時序和敘事類型上，認爲《國語》以順敘爲主，偶爾倒敘。《國語》的敘事類型屬於第三人稱全知呈現式，在對歷史事件的呈現和對歷史人物言行的記載中，自然流露出作者的褒貶傾向，並傳達出作者的歷史認知和道德立場。認爲《國語》在情節構造上 "突破了過去文學敘事中單一以時間綫索發展的套路，以伏筆、突轉、追敘等方法，真正做到了文如看山不喜其平。同時，多種敘事手法的使用，也增加了作品的文學性和可讀性，從更深層的角度來思考，也打破了讀者的常規

---

① 陳鵬程、葉昕：《劉向〈列女傳〉對〈國語〉女性敘事的承襲和超越》，《北京科技大學學報》2018 年第 2 期。

閱讀和接受心態，增加了對事件發展的期待和猜測，這樣也從另一個層面豐富了文本"。

張帆《〈國語〉敘事研究》（江西師範大學碩士學位論文，2012 年）比較綜合，從敘事話語、敘事聲音和敘事視角、敘事時間三個方面對《國語》敘事進行研討。敘事話語又分故事性話語、議論性話語、戲劇性話語，敘事聲音則分作者、隱含作者、公開的敘事和隱蔽的敘事者，敘事角度則分爲第三人稱敘事、外視角敘事、内視角敘事、全知視角敘事、限知視角敘事和多元視角敘事。敘事時間分爲敘事時序和敘事時距，敘事時序分爲順序、倒敘、預敘、常規預敘和平敘，敘事時距則分爲場景（敘述事件基本等於故事時間）、概述（敘述時間短於故事時間）、省略（敘述時間爲零，故事時間無窮大）、停頓（敘事時間無窮大，故事時間爲零）。

夏德靠《〈國語〉敘事研究》則是從主題、人物、文體和影響幾個方面對《國語》敘事進行研究的，其主題分爲戰爭與祭祀、聘問與宴饗、婚姻與家庭、天道與異記、崇禮與明德五個方面，人物分爲人物身份、肯定型人物、否定型人物、多面型人物、女性形象五個方面，文體分爲規諫與咨政話語、"三段式"與"事語"體、徵引三個方面。總之，該書研究《國語》敘事，"主要思路是通過考察《國語》的編纂及成書過程來探究其文本結構的形成與特徵，並在此過程中揭示《國語》的主題及人物類型；同時，從接受的角度分析《國語》這部文獻在後世的流傳過程"。

（三）《國語》記言、《國語》語言研究

《國語》是"語"類著作，自然以對話爲主體，而記言自然就是《國語》的主要内容，故對《國語》記言方式、説理方式以及特點、功能的研究，就成爲《國語》文學研究的一個重要方面。此外，也有針對《國語》全書之語言進行研究者，記言、語言二者内容雖然有別，但又互有交叉，且概括特徵又有相同之處，故放在一起進行梳理。

首先從事《國語》記言研究的是王增文和萬平。王增文認爲《國

語》是歷史散文彙編，具有一定的文學價值，其寫作上最突出的特點就是"略于記事，長於記言"。王氏認爲《國語》記言有幾個特點：①所載勸諫、辯詰、應對之辭，邏輯性强，具有較强説服力；②人物語言切合人物性格、身份和處境，顯得真實可信；③人物語言生動形象，具有較强表現力。又具體體現在對話幽默和人物語言中大量運用了比喻、誇張、反語、排比等修辭手法兩個方面；④所載人物語言能够恰當運用語詞虚字去表示人物的情感和語氣，非常口語化。① 王氏主要從《國語》的記言特點切入，對《國語》文學特點進行概括。第一點主要是記言的内容或形態，第二點至第四點是言語手法。

1985 年，萬平在《華中師大研究生學報》第 1 期發表《〈國語〉記言芻論》。該文首先爲《國語》定性，謂："《國語》是一部以記人爲中心的側重於記載嘉言善語的言論匯集。"進而梳理了歷來對《國語》語言藝術的評價，並從五個方面對《國語》記言藝術進行概括，最後總結謂《國語》記言"講理性，多史實，崇禮儀，隆制度，重人事，尊天道"，謂其語言風格"古樸、質直"，"又有一些想象虚構的色彩"。前兩點是從記言的内容上講，後三點是從語言的手法上講。概括相對較爲細緻。其説可和王增文之説相參。

林徐典《〈國語〉的人物、結構與語言》對《國語》語言的研究只是其研究的一個方面，並非專門。林氏指出，《國語》語言藝術方面最引人注目的一點即人物對話的口語化傾向，另外揭出《國語》中議論説理的文字有的顯得很整飭，並指出《國語》人物對話中有許多對偶、排比的句子，謂"偶句和排句的大量出現，説明《國語》作者在記録歷史人物的議論、對話或互相駁難時，是經過一番修飾功夫的"。此外也指出《國語》的語言還具有辯鋒尖鋭、説詞委婉、用字生動、設譬恰切等特點，並且認爲《國語》的歌謠諺語"不但有整飭的句式，而且有深刻的内容，其中還有許多淺近、簡明、恰切和確切的比喻"，對記言文字的説

---

① 王增文：《試談〈國語〉記言的特點》，《商丘師專學報》1985 年第 1 期。

教目的以及各語語言風格的不同也進行了揭示。① 可見，該文雖然不專門進行《國語》語言研究，但其提出的很多方面，都是後來《國語》記言或語言研究的基本内容。

整體而言，20 世紀八九十年代《國語》語言記言研究比較稀少。一直到本世紀，纔又有學者對《國語》語言或《國語》記言進行研究，角度、内容各有不同。

有從體裁角度進行研究的，如王寒冬《〈國語〉"記言體"辨》（《安徽廣播電視大學學報》2008 年第 2 期）認爲《國語》的記言就是記事，或者説是用一種特殊方式記事，即言、事合敘方式，也即"通過搜集各國的記言、記事類史籍和相關記録，對大量重要歷史事件參配以各類相關任務的有歷史借鑒和社會教育功能的談話和評論，運用言事結合、分國羅列、各國按時間先後排序的形式來表現，使人能夠從言論中得知歷史事實和發展過程"。在王寒冬看來，《尚書》言既是内容也是形式，二者是完全吻合的。而《國語》中的"言"只是記録形式或手段，言中所體現的是人和事。這種説法，比較符合《國語》實際。

有對部分言語形態進行研究的，有的學者專門研究《國語》諫辭，如陳鵬程《試論〈國語〉的諫辭藝術》（《焦作大學學報》2009 年第 4 期）。該文從嚴密的邏輯性、高度的形象性和巧妙高超的諫辭技巧對《國語》諫辭藝術進行了概括。認爲諫説之辭"體現了西周、春秋時人的最高論證水平，推動了語言經驗技巧的發展，對後世的文學尤其是論説文的發展產生了重要影響"。

有的學者專門針對《國語》中的外交辭令進行研究，如陳鵬程《試論〈國語〉的外交辭令》（《新餘高專學報》2008 年第 3 期）、杜鵑《論〈國語〉外交辭令的語言藝術》（《甘肅社會科學》2010 年第 2 期）。陳鵬程對《國語》外交辭令的内涵和語言藝術進行了總結，謂《國語》外交辭令具有崇文尚禮的文化内涵，其語言藝術表現爲邏輯性和形象性的

① ［新］林徐典：《〈國語〉的人物、結構與語言》，林徐典編《新加坡國立大學中文系學術論文集刊》（三集），新加坡國立大學中文系 1990 年出版發行。

有機統一。這種概括和其所梳理諫辭藝術基本一致。杜鵑把《國語》外交辭令的語言藝術概括爲六個方面：①引經據典，生動簡練；②運用排比，氣勢恢宏；③連用反問，咄咄逼人；④擅用對比，突出利弊；⑤巧用反語，正話反說；⑥含蓄委婉，曲折達意。雖列舉較多，其實和陳氏總結差別不大。

也有的把《國語》的諫辭和外交辭令作爲整體研究，如朱世業《〈國語〉之諫言與行人辭命》（《涪陵師院學報》2003 年第 6 期）。該文先從主客體異同、心態異同、技巧異同比較了諫言和辭命的不同，進而指出諫言和外交辭令對文學研究的意義。

《國語》之言無非議論說理，故有從這一角度進行研究的，如唐愛明《〈國語〉說理藝術擷英》（《重慶三峽學院學報》2002 年第 4 期）、宋瑩瑩《〈國語〉議論藝術研究》（廣西師範大學中國古代文學碩士學位論文，2018 年）等。唐愛明從嚴密的邏輯思維、準確的心理捕捉、簡潔警醒的語言三個方面對《國語》說理藝術進行了總結。宋瑩瑩對《國語》議論先分爲說理文、政治論辯文、外教說辯文和應對說辭，又根據對象把說理文分爲論國、論人、論事。宋文認爲《國語》議論的特點主要體現在兩個方面：①春秋爭霸的不同階段，論說文的發展演變過程；②《國語》各語的地域特色在論說文的論述方式上的體現。體現出對《國語》各語不同議論風格的重視以及對《國語》議論風格的歷時演化，是對前此諸說的總結和細化。該文總結《國語》議論方法方式有分析論證、比喻論證、對比論證、推理論證、引用論證和舉例論證，把春秋爭霸不同階段的論述特點按照開始前、初始階段、鼎盛階段、尾聲階段四個節點進行梳理，從内容、語言風格、結構三個方面論述各國語論述風格。此外，王晗認爲行人辭令和外交用語是《國語》語言特色產生的原因①。

有從《國語》言語所包含的内容角度進行研究的，如陳鵬程《試論〈國語〉中歌謠諺語的政治功能》（《山西大同大學學報》2008 年第 4 期）認爲《國語》諺語的政治功能體現在臣下引諺以勸諫君主，在外交

---

① 王晗：《論〈國語〉的語言》，華中師範大學中國古代文學碩士學位論文，2010 年。

場合則被作爲公認的社會政治倫理準則來爲自己的行爲或主張張目，具有觀政和知人的作用。而《國語》歌謠相對生動，表現爲抒發譏刺與贊美情緒的議政功能、特定場合的遊説功能、童謠的政治預言功能等。

　　有對《國語》記言或語言進行整體論述的，如汪耀明《〈國語〉記言寫人》（《牡丹江師範學院學報》2006 年第 4 期）、李書安與王紅麗合撰《論〈國語·晉語〉的語言藝術》（《山西大同大學學報》2010 年第 1 期）、師璐露《〈國語〉語言藝術研究》（遼寧師範大學碩士學位論文，2010 年）、周静《〈國語〉研究》（蘇州大學碩士學位論文，2010 年）、王晗《論〈國語〉的語言》（華中師範大學碩士學位論文，2010 年）、史繼東《〈國語〉文學研究》（陝西師範大學博士學位論文，2011 年；中國社會科學出版社 2013 年版）、黨菲《〈國語〉語言和修辭研究》（陝西師範大學碩士學位論文，2018 年）、吳建國《〈國語〉與春秋時期語體文學研究》（中國社會科學出版社 2020 年）。

　　汪耀明認爲《國語》的文學特點體現在：①《國語》以記言爲主，通過言論反映史實；②《國語》通過敘述史實刻畫人物個性。① 所論較簡。李書安、王紅麗概括《晉語》語言藝術爲：①含蓄端莊，簡練流暢；②準確生動，善於概括而又富於變化；③議論嚴謹，辭令優美；④句式靈活多變，妙用修辭，增强文章的表現力；⑤機智幽默的語言風格。師璐露首先把《國語》語言分爲言、事合記的敘述語言和人物語言。師璐露借鑒王寒冬的看法，認爲《國語》編者按照自己的思想旨趣和編纂意圖採用重點選録的方式，通過敘事語言和人物語言的相互印證來表述歷史事件，進而對《國語》的語言風格分地域國別進行了概括，對其成因進行了總結。周静從記言的體式、技藝和風格三個角度對《國語》記言特色進行概括，認爲《國語》以對話體爲主、記敘體爲輔，豐富了記言的形式，發展了記言技巧。王晗概括《國語》的語言風格爲平鋪簡潔、説理嚴謹、南北異趣、感情充沛。其中南北異趣一點，熊憲光早已言之。史繼東認爲《國語》的説理章法立論正大而多樣、論據廣博

而精要、結構謹嚴而有法，梳理《國語》說理方法爲以理服人、以勢懼人、揣摩人心、先聲奪人、服之以巧，總結《國語》語言的整體風貌爲平實暢達、駢散相兼、排中寓變，認爲《國語》中的駢散相兼體現爲對偶類型增多，工整程度提高，從内容上對《國語》所用排比句進行了分析，認爲《國語》排比句的運用 "不僅把複雜的内容表達得集中透徹，條理清晰，形式美觀，音節響亮，更使文章感情強烈，氣勢充沛"。吳建國主要探討《國語》的論説藝術，認爲《國語》論説具有修辭豐富、生動幽默、富於哲理、旁徵博引、多用虚詞、循環模式、通俗易懂、散韻結合等特徵。此外，史繼東還結合《尚書》，對《國語》的虚詞進行了分析，認爲《國語》虚詞具有藝術功用，從文學語言的角度對《國語》虚詞使用進行的探討，其説頗可玩味。黨菲則提出 "《國語》的語言和言語觀"。黨菲借鑒史繼東的總結，謂《國語》語言平實暢達、駢散相兼、排中寓變，而其言語觀則表現爲強調言語對個人生命價值的重要體現、強調言語在政治活動中的作用、強調言語在外交中的作用、強調言語在人外在表現系統中的重要地位。

由上可見，對《國語》記言方面的研究和總結存在諸多側重，從内容、方式方法、風格特點到功能各個方面，研究比較細密，重複研究也比較多見。

（四）《國語》人物文學形象研究

史傳著作研究中，人物研究是其必有之義。《國語》文學研究中，人物研究也是 20 世紀 80 年代纔呈現出來的。仍以萬平爲較早。可見，萬平在《國語》人物、記言、敘事等《國語》文學研究方面的引領作用。

1.《國語》人物形象手法的整體揭示

譚家健在《試論〈國語〉的文學價值》中揭出《國語》人物描寫的集錦叢見式特徵，認爲《國語》先後記述了近百個人物，"其中有些已經相當生動，性格頗爲鮮明，形象比較突出，爲後來以寫人爲主的傳記文學提供了寶貴經驗"。此外，譚家健還認爲："除上述集錦、對比、叢見、映襯等手法外，《國語》還用許多零散的片段，記述一些嘉言善政、奇行異舉、遠見卓識，雖屬一鱗半爪，吉光片羽，從中也可以看出一定的人物描寫。"① 1985 年，萬平在《華中師大研究生學報》第 2 期發表《論〈國語〉的人物形象》，後又於《牡丹江師範學院學報》1998 年第 3 期發表《論〈國語〉的人物形象塑造》，檢《塑造》一文，首先揭出《國語》通過衆多人物的活動來顯示一系列歷史事件及其過程，"因人以記事"，指出不同層次人物形象的主要特徵，進而總結了《國語》的人物形象刻畫手法。

此外，對《國語》人物描寫進行整體研究者有林徐典。林氏認爲《國語》的人物描寫主要靠對話來實現。此外，以重耳爲例，說明《國語》擅長用絡繹描寫的手法，勾畫人物性格的前後變化。以《吳語》夫差、《越語》勾踐爲例，說明《國語》通過兩個人物互有關聯的言行，對比他們不同的性格特徵。以趙文子冠爲例，揭示《國語》通過一群人物對同一事件的不同看法展示其思想個性的手法。以晉周適周爲例，說明《國語》也用孤立介紹的手法來描寫人物。在人物描寫中，著重細節描寫。②

周静《〈國語〉研究》認爲《國語》在人物塑造上的最大特點就是"以言寫人"，認爲"大量的人物語言不僅豐富了故事情節，使情節更加完整、生動、曲折、細膩，還描摹了人物相貌，刻畫了人物心理，展現了人物性格"。認爲《國語》往往通過人物評論展現人物性格。而《國語》的人物形象則可以分爲君主形象群、臣子形象群和其他形象。朱中山《〈國語〉人物研究》（四川師範大學中國古代文學碩士學位論文，2013 年）對《國語》人物研究進行了回顧，認爲"《國語》人物研究集中於探討人物形象的塑造和人物語言描寫上，研究成果少且零碎"，這種説法是符合《國語》人物研究實際的。朱氏認爲：①《國語》在人物

① 譚家健：《試論〈國語〉的文學價值》，《江淮論壇》1983 年第 6 期。後易名爲《〈國語〉的文學成就》，收入其《先秦散文藝術新探》，北京：首都師範大學出版社 1995 年版，第 198—210 頁；《先秦散文藝術新探（增訂本）》，濟南：齊魯書社 2007 年版，第 248—262 頁。
② ［新］林徐典：《〈國語〉的人物、結構與語言》，林徐典編《新加坡國立大學中文系學術論文集刊》（三集），新加坡國立大學中文系 1990 年出版發行。

分布上，時間跨度大，分布散亂不均；②人物形象片面性、單一性突出；③人物思想穩中有變。作者進而以《左傳》《古今人表》所載春秋時期人物爲參照，對《國語》《左傳》人物進行了數量、比率比較，又以《論語》道德範疇爲參照，進而指出《國語》的核心思想或評人標準側重"德"，而《左傳》的標準側重"禮"。該文對《國語》人物描寫的認識和萬平、林徐典迥然有別，倒和李佳"該書並未著力於人物形象的刻畫，故而人物性格較爲單一"① 之説相呼應。總體上看，朱中山的研究方法多用數據，雖爲文學專業，而其研究近於史學方法。

2. 人物形象研究

此外，《國語》人物文學研究還包括人物類型或者具體人物研究。如王華《驪姬：女性擅權者的文學典型》（《青海師專學報》1990 年第 3期）、劉麗平《中國古代文學中的一位"聖母"——論〈國語〉中的公父文伯之母形象》（《渝西學院學報》2003 年第 1 期）、董淑朵《〈國語〉驪姬"禍水"形象的文化闡釋》（《内蒙古農業大學學報》2007 年第 4 期）、董淑朵《"紅顏"的異樣人生——〈國語〉驪姬"禍水"形象的歷史解讀》（《昌吉學院學報》2007 年第 4 期）、董淑朵《"紅顏禍水"的文學藝術表現——以〈國語〉驪姬爲例》（《長江師範學院學報》2007 年第 4 期）、裴登峰《夫差形象塑造與〈國語〉的文學價值》（《中國文化研究》2011 年第 3 期）等人的研究，且以驪姬的研究比較多見。王文才《論〈國語〉中的女性形象》（《漳州師範學院學報》2000 年第 1 期）、彭建華《論〈國語〉的智者女性形象》（《和田師範專科學校學報》2004 年第 3 期）屬於人物類型研究。許全亮《〈國語·召公諫厲王弭謗〉的形象塑造藝術》（《現代語文》2005 年第 12 期）屬於具體篇章人物形象研究。葉會昌《簡論〈國語〉中的相人》（《和田師範專科學校學報》2005 年第 1 期）則屬於以《國語》人物爲對象的預測手段研究。

---

① 李佳：《〈國語〉文學析論》，《輔仁國文學報》第 35 期（2012 年 10 月）。又題爲《〈國語〉的敘事與説理》，見載於曲景毅、李佳主編《多元視角與文學文化——古典文學論集》，北京：北京師範大學出版集團、安徽大學出版社 2014 年版。

（五）《國語》篇章結構研究

近七十年來較早對《國語》結構進行關注的，當屬楊公驥。1957年，其《中國文學》第一分册由吉林人民出版社出版，他在分析“晉獻公殺子和重耳走國”故事中，謂該故事是一個結構龐大的敍事詩式的故事，“故事以神話式的傳説開頭”，謂在序幕中，史蘇作爲先知和預言者出現。進而分析了史蘇和晉獻公的性格特徵，認爲晉獻公“野心大、喜奉承、驕傲專横、貪色”，“也就埋下了情節發展的伏綫”。楊公驥接著指出，《國語》纂者描寫了晉侯家庭内部所出現的矛盾，寫了驪姬的兒子和姦夫，並從優施口中介紹了申生的爲人，進而寫了驪姬的第一個計謀，描寫了史蘇對三大夫的警告，三大夫的不同態度、人們對申生的建議、驪姬夜半私語以及獻公的態度、申生伐東山、優施試里克、申生含冤喪命、驪姬讒逐二公子。對該段故事的結構進行了比較精細的分析。

此後進行相關探索者爲譚家健和張以仁。譚家健在《試論〈國語〉的文學價值》中指出，《國語》“在敍事技術和情節構思上有不少探索和創造”。張以仁在《從〈國語〉與〈左傳〉本質上的差異試論後人對〈國語〉的批評》一文中指出《國語》“有時言辭之首，或書史事以交待其背景，言辭之末，或附史事以爲之徵驗，皆無非是增加其説理的效果而已”①。後來，萬平《〈國語〉敍事芻論》也指出了這一點，謂：“《國語》大多數篇章在開頭簡略地介紹事件的發端或某些徵兆，然後是主要人物的論諫或者對話，可算全章正文……結尾一般較簡潔，通暢是指出歷史事件或歷史人物的結局，多半和預言應驗有關。”② 此後新加坡林徐典也對該問題予以關注，他的《〈國語〉的人物、結構與語言》關注了《國語》人物、語言、結構三個方面。林徐典主要關注《國語》情節結構，揭出《國語》所載人物對話往往穿插在有情節的故事中，不僅長篇故事具有

---

① 張以仁：《從〈國語〉與〈左傳〉本質上的差異試論後人對〈國語〉的批評》，《漢學研究》1983 年第 2 期、1984 年第 1 期。

② 萬平：《〈國語〉敍事芻論》，華中師大《研究生學報》1985 年第 3 期，《北方論叢》2000 年第 6 期。

複雜情節，即便短篇故事也首尾呼應，甚至有些情節還運用幽默手法，表現出濃厚風趣。指出《國語》有時運用想象虛構和誇張渲染兩種手法。作者還引録譚家健的看法，即《國語》在篇章結構上，有意將一個人物的言行集中起來，連續記載，具有向人物傳記過渡的趨勢。林徐典還認爲《國語》的議論文字和説理文字在篇章結構上也具有明顯的特點。以邵至佻天之功爲例，論證《國語》議論文字講究邏輯、重視結構；以單穆公諫鑄大鍾爲例，説明《國語》説理文字不僅説理細密、分析精微，而且脈絡分明、條理清晰。張素卿 1999 年發表的《〈國語〉的‘語’：形式與内容——從評析〈祭公諫穆王征犬戎〉出發》指出該篇包括“前後用以張本、徵驗的記事文字”，“中間祭公謀父的一段長諫辭”，“就《祭公諫穆王征犬戎》的内容意旨而言，實以此一長段諫辭爲主體，這乃是‘語’體的特色”，又指出，“就《祭公諫穆王征犬戎》而言，這篇‘語’不僅簡要記載周穆王征犬戎的事件背景，和出征之後的結果”，而且記載了祭公謀父的諫辭。可見，張素卿從《祭公諫穆王征犬戎》一篇已經注意到了三段式結構。①

　　本世紀以來，有幾位學者對《國語》篇章結構給予關注，如程水金、俞志慧、夏德靠、李佳等對此皆有揭示。

　　程水金指出：“《國語》的文章結構，往往是先敘事由，次就事而議，最後交待事件的後果。而這後果的善惡又與其議論的褒貶相吻合。”② 俞志慧指出：“記言記事並重的《晉語》的結構，有緣起，有對某一問題的討論，還有結果或影響，因而組成了一個三段式的結構模式。”③ 比較早地提出三段式結構模式這一命題。進而以《周語上》十四條綱目爲例，得出“嘉言善語的背景或緣起”“嘉言善語”“言的結果”

---

① 張素卿《〈國語〉的“語”：形式與内容——從評析〈祭公諫穆王征犬戎〉出發》，《中國古典文學研究》（創刊號），第 1—22 頁。
② 程水金：《中國早期文化意識的嬗變——先秦散文發展綫索探尋》，武漢：武漢大學出版社 2003 年版，第 332 頁。
③ 如俞志慧《〈國語〉〈周、魯、鄭、楚、晉語〉的結構模式及相關問題研究》，《漢學研究》2005 年第 2 期。復見載於氏著《古“語”有之——先秦思想的一種背景與資源》，上海：華東師範大學出版社 2010 年版，第 131—153 頁。

三段式是一個固定結構模式的結論，指出第三段的呈現方式又取決於第二段内容。進而論證了三段式的普遍有效性，也論證了一些例外情況。

史繼東分析了《國語》的整體結構特徵和篇章結構特徵，他認爲《國語》整體結構特徵有二，即以國别爲緯、以時間爲經。其《〈國語〉文學研究》書後附《國語》各章繫年一覽表，可作爲佐證。此外，史繼東認爲，《國語》在以時間爲經的原則下對材料的安排還做了大膽嘗試，體現在：①集錦式的材料安排；②對比見義，以類相從。其中集錦式安排是從譚家健《試論〈國語〉的文學成就》一文中"在編撰材料時有意識地將某個人的言行集中地編在一起，以更好地表現一個人的思想、品格乃至個性特徵"之言總結而來。史氏對《國語》篇章結構模式探討從萬平《〈國語〉敘事芻論》脱胎，進一步總結《國語》大多數篇章在結構上形成了三段論結構模式，即每一章由言論的背景或緣起、言論主體、言論的結果三部分構成。史繼東認爲張以仁的"有時""或"不够精準，沒有注意到《國語》這種結構模式的普遍性。

夏德靠《〈國語〉敘事研究》也提到《國語》文本自身特徵就是在結構上呈現"三段式"，即規諫的起因、經過及結束，並以恭王游于涇上爲例進行了説明，並謂"三段式"結構屬於典型的"語顯事隱"現象。[1]其《〈國語〉研究》認爲"諫辭文獻＋附加文本"纔是《國語》文本主要的結構形態，又分爲兩種類型：其一即"三段式"；其二，諫辭之外，還有"君子曰"或某一具體人物對諫辭的評論。[2]

李佳對《國語》結構模式的探討是建立在《國語》與《論語》《左傳》《春秋事語》《汲冢瑣語》比較基礎上的。李氏以《論語》爲參照，認爲《國語》也存在一段式和兩段式結構，一段式就是單純對話，如晉文公和郭偃的對話、趙簡子和壯馳兹的對話等，就屬於這一類。李文同時指出，《國語》的一段式無固定中心人物，對話相對完整。二段式就是"背景＋言語"，同時指出和《論語》二段式相比，《國語》的敘事内

---

① 夏德靠：《〈國語〉敘事研究》，北京：知識產權出版社 2015 年版，第 196—210 頁。
② 夏德靠：《〈國語〉研究》，北京：知識產權出版社 2014 年版，第 181—197 頁。

容豐富且言辭繁複。也指出一段式和二段式在《國語》中所占比例不大。在三段式和四段式論述中，李佳首先指出 Howard W. Sargent 在其著作 *A Preliminary Study of The KuoYü* 中提出《國語》四段式結構模式，即：①統治者××想做×事；②諫者××引用歷史先例對統治者進行諫言；③統治者或接受或拒絕此建議；④結果。因此，李佳認爲《國語》既存在“背景＋言語＋結果”的三段式結構模式，也存在“背景＋言語＋小結果＋大結果”的四段式結構模式。李佳認爲，和《左傳》相比，《國語》在背景上表現爲時間性的淡化、材料取捨有法、單純敘事，在言語上表現爲：①通過增減言語，突出主要的對話者；②講究説理的方法；③通過整體結構强調“語”的重要性。在三段式的結果上，《國語》：①有意識地强調時間；②在將時間具體化、實化的同時，又使用時間壓縮法，將時間的概念抽象化、虛化。在四段式的結果上，《國語》小結果表達簡短，大結果對小結果進行回應，“顯示出編者的價值判斷，並且含蓄地引導了讀者的觀感，從而將歷史上的個別事件，提升到歷史經驗的層面，結構巧妙，用意深遠”。①

可見，《國語》的篇章結構模式有一段式、兩段式、三段式和四段式，其中以三段式模式爲主。一些情節結構有附加文本，即夏德靠所言的“‘君子曰’或某一具體人物對諫辭的評論”。

此外，尚有學者對《國語》分章問題進行研討，有關注全書之分章者，有關注具體篇章之次序者。如俞志慧《〈國語〉分章商兑》（《古籍整理研究學刊》2011 年第 5 期）按照其三段式結構規則，通過排比檢核，發現各本在《周語下》《魯語下》《晉語五》《楚語》《吳語》《越語上》分章有異者四十處，加上他自己發現的 1 處，對這 41 處分章歧異之處的分合進行了逐條研討。而張建軍與張懷通合撰的《〈芮良夫論榮夷公專利〉節次辨正》（《文獻》2011 年第 2 期）則認爲《國語·周語上》的

---

① 李佳：《試論〈國語〉的篇章結構》，《2009 年兩岸四地“〈春秋〉三傳與經學文化”學術研討會論文集》，第 384—397 頁。三段式和四段式部分又題爲《試論〈國語〉的篇章結構及其筆法特徵——以〈左傳〉互見記載爲參照》見載於《北京大學學報》2010 年第 6 期。全文復見其《〈國語〉研究》，北京：中國社會科學出版社 2015 年版，第 149—174 頁。

《芮良夫論榮夷公專利》一章次序有問題，從史實年代、《史記》排序、《逸周書·芮良夫》反映厲王時期問題、今人研究、《國語》古本與今本之別等角度，論證《芮良夫論榮夷公專利》應該是第三節，《邵公諫厲王弭謗》應該是第四節。該文觀點對於認識《國語》具體篇章的次序具有參考價值。

（六）《國語》具體篇章研究

具體篇章的研討，主要來自這幾個方面：1. 各種古文選一直選錄的具有情感或道德教育價值的篇章。這類篇章的分析往往達到教育或教化目的，故而對其篇章進行賞析式解讀或結構、語言的分析；2. 具有特殊史學價值或思想價值的篇章，這類篇章相對小衆，但因爲其特殊的價值，爲部分學者所重視，進而引起部分學者的研究興趣。往往從史學、思想等角度進行研究。

以"叔向賀貧"爲例，該篇選入《古文觀止》《古文釋義》等傳統古文讀本，也被衆多文學史或文學作品選入，有些中學文學或文言讀本也予以選入。故研究者頗多，依照發表年代臚列如下：

論文題目	論文作者	期刊名稱	發表年	期號	起始頁碼
《叔向賀貧》評注	畢指萱	語文教研	1984	1	33—34
叔向賀貧	張祖燮	教學月刊（中學文科版）	1984	1	28—31
談談《叔向賀貧》	蘇維光	中學教育資料（語文教學版）	1984	1	19—21
《叔向賀貧》試析	成桂春	中學語文教學	1984	1	31—32
《叔向賀貧》的對比藝術	楊海中等	語文教學	1984	1	33—34
史家筆下的正直諷諫——《叔向賀貧》簡析	李軍	寧波師專學報	1984	1	62—64
初中語文第六册教材研究：《叔向賀貧》		中學語文（開封）	1984	1	1
舉事徵義　借賀爲戒——《叔向賀貧》簡析	鈕衛國	語文教學與研究	1984	1	13—15
叔向賀貧	林煒彤	語文新輔	1984	2	132—135

論文題目	論文作者	期刊名稱	發表年	期號	起始頁碼
《叔向賀貧》試析	沈乃薇	教學月刊	1984	2	25—26
《叔向賀貧》評析	謝蓬	語文教學	1984	2	22—24
叔向賀貧《國語》評注	仇仲謙	河池師專學報	1984	2	54
《叔向賀貧》備課指要	禮出	語文教學通訊	1984	2	15—18
立論精奇　剖析入理——《叔向賀貧》的藝術特色	張漢清等	曲靖師專學報	1984	2	41—42
《叔向賀貧》講析	夏業昌	青海教育	1984	3	14—16
《叔向賀貧》評點及翻譯	金振楷等	語文學習	1984	3	24—25
君子憂道不憂貧——《叔向賀貧》中心思想淺析	鄧日等	中學語文教學	1984	3	21—23
《叔向賀貧》的結構技巧	李昌前	中學語文教學參考	1984	4	38—40
《叔向賀貧》的說理藝術	王懋明	安徽教育	1984	4	35
正反對照　警醒動人——《叔向賀貧》淺析	楊君展	中學語文教學參考	1984	4	37—38
《叔向賀貧》的議論藝術	殷懷仁	語文教學之友	1984	3	16—17
《叔向賀貧》評注	宋慶堯	中學文科教學	1984	5	10—11
關於《叔向賀貧》的教學	徐紹仲	中學語文	1984	5	16—17
《叔向賀貧》難句試釋	李昌前	語文教學	1984	5	34—35
《叔向賀貧》的論證藝術	張劉祥	語文教學通訊	1984	6	13—14
《叔向賀貧》不宜入選	王三清	語文教研	1984	6	31—32
對《叔向賀貧》注釋中的異議	趙路保	語文教學	1984	6	36—37
《叔向賀貧》有關人物身世簡介	余平	語文戰綫	1984	7	20
《叔向賀貧》疑難詞句疏講	王素仙	語文戰綫	1984	7	15—16
"叔向賀貧"引起的聯想	王爾福	婦女之友	1984	10	9
妙理瑋辭　巧於記言——讀《叔向賀貧》	王吉明	陝西教育	1984	12	37—39
《叔向賀貧》自學導讀	王吉明	語文教學通訊	1985	1	48—49
《叔向賀貧》閱讀輔導	王吉明	語文教學通訊	1985	1	48—49
《叔向賀貧》補注	程端君	語文教學陣地	1985	2	40—43

論文題目	論文作者	期刊名稱	發表年	期號	起始頁碼
《叔向賀貧》中的"順"與"越"	夏業昌	四川師範大學學報	1985	2	97
《叔向賀貧》教學札記	梁瑞梆等	語文教學	1985	3	34—35
《叔向賀貧》的藝術特色	王啟鵬	進修園	1985	4	10—12
《叔向賀貧》教學二題	曹國賓	語文教學與研究	1985	5	33—34
《叔向賀貧》的邏輯分析	王立	語文教學與研究	1985	6	27—29
《叔向賀貧》注釋商榷	曾仲揆	教學研究（中學文科版）	1986	1	37
《叔向賀貧》兩條注釋異議	陳耀等	寧夏教育學院學報	1986	1	53—55
《叔向賀貧》備課小札	張文榮	中學語文	1986	2	49
《叔向賀貧》資料一則	伍先康	中學語文教學	1986	3	37
《叔向賀貧》中的"同"字解	孫民立	語文園地	1986	8	57—58
《叔向賀貧》邏輯質疑	蔡明等	邏輯與語言學習	1987	1	25—26
《叔向賀貧》文體辨	王學東	語文學習與研究	1987	2	14—15
《叔向賀貧》疑難詞句解析	陳璧耀	中文自修	1988	5	21—22
想起了叔向賀貧	草旭	黨政論壇	1990	1	42
從"叔向賀貧"說起	任全良	鄉鎮論壇	1990	6	30—31
《叔向賀貧》一文談話技巧賞析	廖維宇	演講與口才	1990	6	13—14
叔向賀貧與"公僕"闕闊	尹立	中國監察	1999	2	42—43
重讀《叔向賀貧》有感	洪仁忠	黨員之友	2001	18	
"叔向賀貧"之思	胡衛東	東南軍事學術	2003	5	96
叔向賀貧	李波	法制博覽	2006	5×	39
讀《叔向賀貧》有感	呂方彬	大唐杏壇	2009	3	
叔向賀貧	饒忠祥	閱讀與鑒賞（初中）	2010	10	34—35
《叔向賀貧》：官場小說的當代範本	鄭國友	大慶師範學院學報	2011	2	67—69
"叔向賀貧"的警示	張海鷗	中國軍法	2012	1	60—61
叔向爲什麼會"賀貧"	鄭連根	國學	2012	10	62—63

續表

論文題目	論文作者	期刊名稱	發表年	期號	起始頁碼
由 "叔向賀貧" 說起	牛振洲	前進	2014	6	60
叔向賀貧與柳宗元賀災	王延龍	胡海（文學版）	2015	2	
"叔向賀貧" 的潛台詞	蒙少明	新絲路	2015	9	103
甘於守貧與勇於賀貧——評《叔向賀貧》中的財富觀	曾雪陽	廣西社會主義學院學報	2016	1	88—91
"溯" 材活用・叔向賀貧	周穎潔	高中生學習（作文素材）	2017	C2	95

可見，僅《叔向賀貧》一篇，由於選入中學語文教材，故研究者衆多。當然，研究更多側重於教學層面，即如何備課等。另外一方面，側重教化層面。也有不少題目涉及語言技巧、論述技巧、寫作手法等等。其研究群體以中學教師爲主。除此之外，對《邵公諫厲王弭謗》《勾踐滅吳》的研究也比較多見。如施紹文《〈召公諫厲王弭謗〉簡析》（《中文自修》1984 年第 2 期）、王卯根《 "國人莫敢言，道路以目" 探釋——兼談召公諫詞的比喻論證》（《教學與管理》1988 年第 4 期）、上官冬《敘事記言兩相宜：讀〈邵公諫厲王弭謗〉》（《新聞界》1990 年第 6 期）、朱人天《語言樸素　道理深閎——讀〈邵公諫厲王弭謗〉》（《中文自修》1995 年第 2 期）、許全亮《〈國語・召公諫厲王弭謗〉的形象塑造藝術》（《現代語文》語言研究版 2005 年第 12 期）、符宏毅《召公進諫失敗原因探微——〈召公諫厲王弭謗〉的另一種解讀》（《語文天地》2006 年第 23 期）、張鈞《喻中明理　理中帶喻——〈召公諫厲王弭謗〉寫作藝術》（《寫作》2008 年第 3 期）即對《周語上》第三章進行文學、語言方面的鑒賞，還有的把《召公諫厲王弭謗》和《鄭伯克段于鄢》進行對比分析。分析《勾踐滅吳》的有周承珩《試論〈句踐滅吳〉的主題思想》（《天津師範大學學報》1981 年第 6 期）、胡俊林《史識卓越　記言厚精堪稱典範——〈國語・越語・勾踐滅吳〉評析》（《內江師範學院學報》1993 年第 1 期）、畢泗建《〈勾踐滅吳〉刪節辨》（《中學語文教學》2006 年

第 6 期）等，對其文學以及相關問題進行揭示分析。此外，還有對"驪姬之難"進行分析的，如張立新《"驪姬之難"的悲劇內涵和文化意味》（《雲南民族大學學報》2009 年第 1 期），前文列舉尚多，讀者可參。

　　此外，還有通過具體篇章分析或探討普遍性問題，或研討具體篇章的次序者。張素卿《〈國語〉的"語"：形式與內容——從評析〈祭公諫穆王征犬戎〉出發》（《中國古典文學研究》1999 年第 1 期）認爲《祭公諫穆王征犬戎》"係全書載錄的第一篇'語'，就時間而言，也是最早的一篇'語'，具有標識性"，經過陳列前人對本篇的分析，最終認定："《祭公諫穆王征犬戎》這篇'語'，不僅交代了周穆王征犬戎的事件背景、理由和結果，更在祭公的諫辭之中傳達了一個歷史人物的觀念見識，其造語修辭的情態同時表現了他的聲氣形象。"故進一步認爲："祭公引經據典，稱述先王事跡、先王之制及先王之訓，乃用以充實立論的根據，並同時在條分縷析、回環承應的修辭當中，具體展現出雍容文雅的人物形象。"進而由該篇的學術意義上升到對《國語》所載諫辭功能的認定以及對《國語》記事、記言的整體認識上，謂："《國語》以記言爲主，這是它的特點，閱讀這部文獻所載錄的'語'首應注意此一特點。經由以上評析，可以略見'語'的價值不局限於記事一端，人物的言辭本身就具有傳達其觀念見識、表現其聲氣形象的意義。如果專從記事的觀點審視這部文獻，擷取其史料成分，據此刪裁取捨，將使'語'的重要內涵隱微不彰。"接著又對祭公謀父的諫辭進行了概括，認爲："祭公的諫辭爲全篇'語'的主要部分，是內容意義的核心。'先王''德'和'民'三者融貫的整體觀念，這不僅是祭公諫辭的立論主意，也是全篇'語'的宗旨。"進而又由本篇研討上升到對包括《國語》在內的古"語"文類的探討，根據《楚語上》對"語"的功能的界定，指出："'語'的內容主題基本上屬於政治的範疇，所以説是'治國之善語'。這種文獻類型，其內容想必跟'先王'爲政治國的言辭或作爲有關，'明德'爲其重要義涵，而且先王之德政是具體施惠於'民'的。內容泛及先王，載述其施德、惠民的言行。"實際上是對張以仁《國語》性質功能認定的申説和提升，並認爲"《國語》就是此種文獻類型的代表"。又對《文章正宗》所收十二篇《國語》篇目的分類進行了探討，認爲真德秀把十二篇歸屬"辭命"和"議論"兩類固然有他的考慮，實際上這十二篇"在形式和内容方面並無顯著的差異"，就"共通的形式結構而言，它們都以某個人物的言辭爲主，針對特定主題加以議論，這佔了大半篇幅，成爲其内容意義的主體部分，或在答辭之前記其問語以爲前引，或在答辭的前後略微交待事件背景、結果，詳記言辭而簡述事件，主從輕重之别十分明顯"，進而由十二篇的基本結構模式推及《國語》全書，謂"《國語》的'語'，往往形諸君臣問答，而以答辭爲主，此爲其基本形式。偶或君臣之間連番問答，答辭部分還是佔主要地位，甚至只簡述事件背景，然後直接記載具教導或諫諍作用的長篇偉論"，故而認爲："'語'的形式結構以問答對話爲主，而且著重諫諍、建言之答辭。長篇偉論的答辭之中，敘故事、敘制度是常見的修辭法，修辭正用以輔助説理。""《國語》中的'語'，不論相與問答的人物其身份如何，往往側重應答一方的言辭，有些'語'甚至没有問話作爲前引，輕重主從可見一斑。"由微觀而宏觀，對《國語》中的"語"的特徵進行了比較詳盡的探討，頗有值得參考之處。

可見，《國語》具體篇章研究中，由於大部分是從教學或教化的角度立論，獨立性較强，很大程度已經脱離《國語》本體，而依傍《國語》的研究則往往能够從微觀層面著手進而延及《國語》全書的普遍性。

(七)"春秋筆法"與《國語》研究

《史記·孔子世家》謂孔子作《春秋》"筆則筆，削則削，子夏之徒不能贊一詞"，至杜預《春秋經傳集解序》則謂爲"以一字爲褒貶"，故周振甫指出"春秋筆法"有兩個含義，一指歷史書的筆法，一指孔子修訂的《春秋》的筆法。並界定爲："所謂春秋筆法，主要是指不由作者出面來對人物或事件表示意見，是通過對人物或事件的敘述來表示褒貶，含有讓事實説話的意味。"[①]《國語》記言，也記事，故其中也含有"春

---

① 周振甫：《春秋筆法（上）》，《傳媒評論》1961 年第 10 期。

秋筆法”之意，學者頗有討論之者。

如黃永堂、葉修成認爲：“《國語》一書，其原始資料估計出自多人之手，而由戰國初期一位熟悉列國掌故的人，利用有關諸侯國的舊史材料輯集而成。而其嚴謹的體例，整體設計到細節處理，能充分體現作者的史學思想，是一部構思獨特、見解獨到而且是獨立完成的史學著作。而對人事的褒貶、方法上的字斟句酌、語言界定的嚴格，更見史家著書之筆法。”該文從“微而顯，志而晦，婉而成章，盡而不汙，懲惡而勸善”五個方面，結合《國語》進行了分析。認爲“婉而成章”在《國語》的用法主要表現在三方面：①語言表達方式的婉轉屈曲；②史官用諱字來記言載事；③措辭委婉。①

趙玉敏則認爲，《國語》對“春秋筆法”的發展主要寓於材料的取捨、人物語言與敘述語言的互證及史實的詳略安排之中，具體體現在三個方面：①以敘事速度存義；②以人物語言與敘述語言的互證存義；③以敘事詳略存義。②

徐加萍則主要考察了“春秋筆法”中“懲惡揚善”的社會功能在《國語》中的具體體現，結合《國語》具體篇章進行了分析。③ 其分析理路與黃永堂等接近。此外，于忠元《〈國語〉歷史筆法中的“褒貶善惡”》（《短篇小說》原創版2013年第20期）也對“春秋筆法”在《國語》中的體現進行了總結。

（八）《國語》文體或文類研究

除了以上研究之外，尚有對《國語》文體或文類的研究。饒恒久《〈國語〉研究》把周、魯、鄭、楚諸語歸入論說文和語言片段類，論說文又分爲立論和駁論，把齊、晉、吳、越諸語歸入春秋體，並且把《國

---

① 黃永堂、葉修成：《析“春秋筆法”在〈國語〉中的具體運用》，《貴州文史叢刊》2004年第2期。葉修成又以此文易名爲《“春秋筆法”與〈國語〉書寫》，提交“2009年兩岸四地‘《春秋》三傳與經學文化’學術研討會”，見載於方銘主編《〈春秋〉三傳與經學文化》，長春：長春出版社2010年版，第498—504頁。

② 趙玉敏《“春秋筆法”與〈國語〉歷史書寫》，《黑龍江社會科學》2007年第2期。

③ 徐加萍：《試論“春秋筆法”在〈國語〉中的體現》，《邊疆經濟與文化》2008年第11期。

語》各篇一一劃入各類之下。張岩把《國語》的文體分爲讖語文體、勸諫文體、贊語文體和問答文體四類，並一一對號入座，探討其特徵，分析其比例，考辨其成因。① 俞志慧《古"語"有之——先秦思想的一種背景與資源》，對"語"的體用特徵、存在形式、文類特徵進行了比較周密的研究。張鶴《〈國語〉研究》闢有"《國語》文體研究"專章先引述各家之説對"語"體進行了界定，並對語體進行了溯源考證，謂《國語》規模最大、内容最豐富、體例最完善、編纂精審，是先秦"語"之集大成者。夏德靠精研"語"類文獻，對其形態、演化有專門論斷。裴登峰、史繼東等《國語》論述中也有對《國語》"語"體之辨析。

邵毅平謂："現代關於《左傳》和《國語》文學成就的評論，除了重視其散文技巧外，還相當重視其敘述故事、刻畫人物、表現性格、展開戲劇性衝突與場景等方面的成就，並將中國敘事文學的真正源頭追溯到它們（而不是因名廢實地追溯到所謂的'小説家'），從而比古人更深地發掘了它們的文學價值，使它們在中國文學史上的地位遂不亞於它們在中國史學史上的地位。"② 相對而言，《國語》文學研究是近七十年來《國語》研究較爲充分的一個領域，尤其對《國語》文學性及文學價值、記言、敘事、人物、藝術手法等等的研究越來越細密化。當然，也存在另一問題，即重複研究比較嚴重，這也是此後《國語》研究中，學者在選定相關選題時需要注意的。

九、近七十年來《國語》思想觀念研究

劉偉把《國語》思想研究概括爲《國語》思想總論研究和某方面思

---

① 張岩：《春秋戰國文體源流考略——兼談〈國語〉〈左傳〉的史料來源和成書情況》，氏著《從部落文明到禮樂制度》，上海：上海三聯書店2004年版，第401—411頁。

② 邵毅平：《關於先秦歷史散文的評論的歷史變遷——以〈左傳〉〈國語〉〈戰國策〉爲中心》，吳兆路等主編《中國學研究》第七輯。

想研究，某方面思想分爲哲學思想、筮例與易學、政治思想、重民思想、經濟思想、法制思想、倫理思想、家訓思想、心理學思想、禮樂思想、音樂思想、革新思想等。① 除此之外，還包括美學思想、行政思想以及君臣觀念、民神觀念、神話觀念、婦女觀等。本處論述，大致依此分類。

（一）《國語》思想綜合研究

李坤探討了《國語》的國家治亂興亡觀、社會發展變化觀、德義禮信觀念和天命論。②

夏經林主要從天人觀、君臣觀、陰陽思想等角度對《國語》主體思想進行了研究。③

林徐典認爲，《國語》所記歷史事件的片段多由歷史人物的議論、對話或是互相駁難組成，這些政治語錄不但反映了他們的政治態度，而且還揭示了他們對倫理、道德、社會、經濟、軍事、外交、哲學、宗教、文學、藝術以及其他問題的看法，是 "研究周代社會和周代思想的珍貴資料"。林氏進而探討了《國語》的政治思想、宗教思想、經濟思想、軍事思想、哲學思想、史學思想、倫理思想、宗法思想。④

李丹認爲，與《左傳》等書相比，《國語》尤其偏重儒家思想中保守、落後的東西，帶有更多因襲傳統痕跡，保守方面主要表現爲頑固鼓吹先王之制，進步方面表現爲反貪饕，反聚斂。此外，強調統治階級的表率作用，表現了某些重視下層人民的思想，表彰了一些一心爲公的大臣。⑤

仇利萍認爲，《國語》有側重地收錄了各國國君、臣子或大夫間的對話或議論，反映了他們對政治、經濟、禮制、哲學、宗教等問題的看法，同時也流露出當時社會的思想傾向，集中體現爲天人觀念、禮樂觀念、倫理觀念、經濟思想及軍事思想等五個方面，不但反映了先秦社會

---

① 劉偉：《史之思——〈國語〉的思想視界》，濟南：山東人民出版社 2013 年版，第 2—7 頁。

② 李坤：《關於〈國語〉思想的若干探討》，《中學歷史教學》1988 年第 4 期。

③ 夏經林：《〈國語〉的主體思想及其成書時代》，北京師範大學碩士學位論文，1990 年。

④ ［新］林徐典：《論〈國語〉的思想傾向》，《中國史研究》1991 年第 3 期。

⑤ 李丹：《關於〈國語〉的幾個問題》，北京師範大學碩士學位論文，1991 年。

變革時期人們對社會現實的關注和思考，更重要的是後世的繼承與納新，爲其後出現的"百家争鳴"奠定了基礎。①

劉偉以《國語》資政思想爲統攝，梳理了《國語》的天道觀、資政思想、禮樂觀、倫理觀以及思想史意義。他認爲天道觀是《國語》資政的理論基礎，而禮樂與倫理則是《國語》資政思想的擴展。從這個角度而言，劉偉的貢獻在於把《國語》思想看成有機整體，而非各自獨立不相關聯的。他從自然與陰陽、天事與人事的關聯角度分析《國語》的天與天道，從"登天"、"和"、重祀輕巫的角度探討《國語》天人關係等。②

張居三在其博士論文中探討了《國語》的禮治思想、民本思想、天命觀和民族觀等。③

温玉春認爲，《國語》認爲宇宙是由天、地、人、神、萬物、氣、五行等構成的。温氏分析了《國語》中道、數、陰陽、五行、中和的思想，進而認爲，《國語》高度重視道、數、中和屬性，但並沒有把實體性的陰（氣）、陽（氣）、五行泛化爲陰陽屬性、五行屬性。其中關於"和"的思想特別突出的特點是有些"和"乃指"不同之和"而非"不争之和"。《國語》對君上提出了非常苛刻的要求，包括要求他們要尊神、重民、重財重農、修德、守禮、慎罰、納諫等。其中尤其需要注意的就是尊神。《國語》對臣子也提出了很高的要求，要求他們要尊君、盡職、修德。《國語》不但要求重民，而且極少對人民進行批評，絕無性惡論的影子。綜觀《國語》的思想，它最主要的特徵是社會觀佔據核心地位。而社會觀中，又以治道爲核心。在對治道的論述中，《國語》最根本的特徵是它對君上和臣子進行了猛烈的抨擊和批判。④

別道玉論述了《國語》與隆禮、尚德、民本、和諧、尊天等文化精神，對《國語》思想有所揭示。⑤

---

① 仇利萍：《〈國語〉諸"語"思想探析》，《殷都學刊》2016 年第 4 期。
② 劉偉：《〈國語〉思想研究》，北京師範大學博士學位論文，2006 年。後易名爲《史之思——〈國語〉的思想視界》，山東人民出版社 2013 年出版。
③ 張居三：《〈國語〉研究》，東北師範大學博士學位論文，2008 年。
④ 温玉春：《〈國語〉思想研究》，北京師範大學博士學位論文，2010 年。
⑤ 別道玉：《〈國語〉與先秦文化精神》，南開大學博士學位論文，2010 年。

劉寶才認爲，《國語》所見春秋時期思想文化大致有人神關係、陰陽五行、政治思想、軍事思想、倫理觀念、禮儀風俗、古史傳説等七個方面，作者最後認爲：“春秋時代主導思想文化的人物仍然是周王室和諸侯國的職官，主要是卿士、大夫、史官、卜官、筮史等文職官員，也有將帥等武職官員……分地域看，討論思想文化的人，以傳統文化資源豐厚的周王室和魯國的職官最多。給人印象最深的人物單襄公是周王室的卿士，展禽是魯國的士師。這些主導思想文化的人物的知識教養離不開天命神學和禮樂文化。但在傳統觀念不能有效應對現實問題的時候，一些正視現實的人物必然突破傳統尋找解決辦法。思想文化領域由此出現複雜狀態，有開明與守舊的對立，開明人士之間也有差別，甚至同一個人物對此一現象的見解比較理性，對彼一現象的理解却陷入盲從。這種複雜狀態，使春秋時代成爲中國古代思想文化發展的一個過渡期，即從古代宗教文化到諸子文化的過渡期。”[1]

祁志祥認爲，《國語》爲研究周代思想史的特徵提供了生動的依據。一方面，周人肯定神靈的存在，主張“民神異業”，“絶地天通”，重新恢復“神”的權威和神職人員的神聖性；另一方面，周人又將“人”提高到了與“神”同等的地位，要求“事神保民”，達到“民神無怨”，並將決定神意的根本歸結到民意、道德上，提出“道而得神，是謂逢福”，“君子之行，唯道是從”，宣導節儉利民的君德，體現出尚賢、尚信、諫失德、誅無道的人道取向。[2]

(二)《國語》哲學思想研究

1. 綜合研究

殷孟倫認爲，《國語》作者將有關東周的史料排比爲三篇《周語》，以與《魯語》《齊語》《晉語》等平列編次，表現了一種進步的歷史觀，

---

① 劉寶才：《〈國語〉中所見春秋思想文化》，《華夏文化》2019 年第 2 期。
② 祁志祥：《〈國語〉的思想取向：“君子之行，唯道是從”——“重寫中國思想史”研究系列之一》，《湖北社會科學》2019 年第 10 期。

而《國語》把在春秋時期起過重要作用的齊、晉、楚、吳、越五國霸業的興衰作爲重點詳細敘述，齊國管仲、晉國六卿、楚國王孫圉、吳國伍員、越國范蠡的言論記述尤詳，充分顯示了這些"陪臣"大夫當日在政治、經濟、軍事方面的舉足輕重的作用。故殷孟倫認爲，社會經濟政治的變化，引起並促進了思想哲學戰綫上的鬥爭和發展，春秋戰國之際"百家爭鳴"的各個學派的思想體系，其萌芽差不多都可以在《國語》中找到痕跡。殷孟倫接著指出，就《國語》總體以及作者對史料的選擇取捨和評價褒貶而言，民本思想是一種主要的也是進步的傾向，而講禮治的地方也不少，這些都爲儒、墨兩家所吸收。殷孟倫認爲《國語》哲學思想總體包括兩個方面：①"天人合一"觀念下包含著民本思想的進步因素；②以"禮治"爲核心的道德倫理思想。該文又認爲《國語》包含著樸素的唯物主義成分，具體有：①五行説；②進步的自然觀；③對立統一、矛盾轉化的觀點。[1]

高新民認爲，《國語》哲學思想産生的背景，離不開當時社會政治經濟的狀況和思想文化意識形態的變化兩個方面，比殷孟倫所述因由多了一層。高氏認爲《國語》中包含有五行學説、"氣"的學説、民本思想等，認爲《國語》以及《左傳》《尚書》《詩經》等提出的思想推動了春秋戰國之際"百家爭鳴"學術局面的形成，而《國語》中的五行學説和氣論思想成爲中國哲學經久不衰的主題。[2]

此外，李瑩以《國語》爲中心，從人本主義思潮與"仁"思想的發生、禮制的破壞與重構、德治思想的初步形成以及重民意識的高漲四個方面，對儒家早期思想進行了探討。[3]

2. 具體研究

(1)"和"的研究

錢遜通過《左傳》晏嬰、《國語》史伯考察春秋時期的"和"思想

---

① 殷孟倫：《〈國語〉哲學思想研究》，《中國哲學史》1984 年第 1 期。

② 高新民：《〈國語〉哲學思想探微》，《甘肅高師學報》2000 年第 3 期。

③ 李瑩：《儒家思想早期發生探究——以〈國語〉爲中心》，鄭州大學中國古典文獻學碩士學位論文，2019 年。

的基本要點，認爲有四點：①和表示一種狀態。②和是宇宙萬物存在的基礎，或者説是萬物的存在形式。③和既是宇宙萬物存在的基礎，因此，也是人道追求的目標。④由"和實生物"的認識出發，和又引申爲一種態度。①

張永路在其《先秦儒家生活哲學研究》中，探討了以《國語》爲代表的先秦時期"中和之德"的確立及彰顯問題。此後，在其出版的《價值與理想——〈國語〉"和合"思想研究》中，提出了"《國語》和合思想"的概念。該書認爲，《國語》和合思想是以"和合""和"以及"合"的表述形式呈現的。由諸概念呈現的和合思想，在《國語》中蘊含著四個維度，即生存維度、價值維度、政治維度和信仰維度，四個維度之間相互關聯，漸次轉進，共同組成了《國語》和合思想，這四個維度分別影響了諸子時代和合思想四個路向的發展。②

裴登峰認爲，《國語》"和實生物，同則不繼"的思想有三種體現方式，分別爲：①在政事中，要對合理的政策、做法，有一貫的繼承性；②在政事中，要順應社會發展的要求，符合老百姓的意願，否則就會招致怨言；③要順應自然，順勢而爲。③

（2）天概念以及天人關係、民神觀念研究

傅佩榮通過考察《左傳》《國語》二書中的"天"概念，認爲這一時期人們的"天"概念有如下幾點：①天與帝分開使用，逐漸成爲習慣；②天逐漸喪失值得尊敬的地位；③天成爲許多戰爭與惡性的"藉口"。④ 夏經林認爲，《國語》繼承了西周以來君承天命的思想，其中的天人關係表現爲天與德的關係。⑤ 侯艷芳認爲《國語》中的天概念思想反映了當時人們宗教方面的一些特徵，她通過分析伯陽父、公孫枝、趙宣子、晉周、太子晉等人的言論，認爲春秋時期人們的天概念思想中包

① 錢遜：《"和而不同"，基本的致和之道》，《中華文化論壇》1997 年第 4 期。
② 張永路：《價值與理想——〈國語〉"和合"思想研究》，北京：人民出版社 2016 年版。
③ 裴登峰：《〈國語〉研究》，北京：社會科學文獻出版社 2016 年版，第 284—288 頁。
④ 傅佩榮：《〈左傳〉〈國語〉中的天概念研究》，《哲學與文化》革新號第 124 期（1984 年）。
⑤ 夏經林：《〈國語〉的主體思想及其成書時代》，北京師範大學中國古代史碩士學位論文，1990 年。

含有自然之天和宗教之天兩個方面。①

　　別道玉認爲,《吳語》和《越語》揭示了一個認識天道的悖論。這個悖論由兩類人物所代表:一類是以吳王夫差和吳國外交官奚斯爲代表的認識天道和應用天道理論的邏輯;一類是范蠡、伍子胥等爲代表的認識天道和應用天道理論的邏輯。這兩種天道觀具有一定的對立性,顯示了認識天道的悖論。同時,兩種認識天道的方式又具有邏輯上的相似性,顯示了《吳語》和《越語》對認知和實踐缺乏明顯的區分,對認識天道問題沒有進行更爲獨立的研究和思考,更爲重視通過對天道的認知直接提出實踐的參考原則,顯示了中國先秦文化知行合一的文化精神。② 劉偉認爲,"《國語》對天與天道的認識已經基本擺脱了先民的迷茫與敬畏,而是有意識地與人事聯繫起來,從而使天道與政治現實的關係更加密切。《國語》編者以此爲依據初步建構了一個雜而不亂的天道—君王—人事的體系,以揭示其對社會歷史發展的某些規律性認識","《國語》編者關注的焦點在於天與人特別是與君的關係。而在天人關係方面,劉偉認爲《國語》編者把上古巫覡與祭祀之事記錄下來,表達了他對各國諸侯尊重天人關係、推行教化,進而列國、民間和平相處的願望"。③

　　王寒冬認爲,《國語》中天命決定論隨處可見,強調人事的内容也幾乎篇篇都有。其原因是周人既是有神論者,也看到所謂的天命總是由人的活動來完成的。從《國語》所重視的民心所向和對人才作用的強調可以看出,其中心思想是注重人事而非天命。④ 王士良認爲,《國語》中有大量關於天人關係或人神關係的記載,較爲完整地呈現了西周至春秋時期的思想變遷,構成了中國無神論思想發展的重要片段。他認爲,周惠王與内史過的對話集中反映了西周以來對民神關係的基本態度,"事神保民"是這一時期國家政治生活的基本準則。而觀射父和范蠡的言

①　侯艷芳:《〈國語〉中的天概念思想初探》,《蘭臺世界》2011 年第 25 期。

②　別道玉:《天道的認知悖論——〈吳語〉〈越語〉文化解讀》,《江漢論壇》2010 年第 4 期。

③　劉偉:《史之思——〈國語〉的思想視界》,濟南:山東人民出版社 2013 年版,第 64、78 頁。

④　王寒冬:《略論〈國語〉的天命人事觀》,《淮北煤炭師範學院學報》2010 年第 6 期。

論，體現了神的統攝性和權威性逐漸消退，“人事必將與天地相參”的觀念逐漸得到普遍認可。從“君”到“民”和從“神”到“天”的轉變表明自然界的“神秘性”逐漸退化，也代表著人們對自然的認識和實踐能力的提升。[1]

（3）生態哲學研究

劉偉認爲：“《國語》編者把生態保護和人民及統治者的禮儀看作同一根鏈條上相互聯繫的幾個環節，體現了卓越的戰略眼光，與今天所謂的‘可持續發展’頗有幾分相似之處。”[2] 何正兵通過《魯語上》“里革斷罟匡君”的考察，認爲里革之言體現了古人的生態觀念。[3] 裴登峰指出，范蠡提出的系統循環理論“以平衡爲支點”，並認爲范蠡提出的一系列重要的概念、内容“成爲先秦哲學思想重要的組成部分”，《國語》中的“生態平衡觀念……是《國語》整體思想的重要組成部分。《國語》中的生態觀念，與先秦其他典籍保護自然界生態平衡的主張，成爲早期重要的思想資源”[4]。王士良認爲，《國語》中蘊含著“人事必將與天地相參”的天人關係論、“懋昭明德，物將自至”的生態德性論、“上下内外小大遠近皆無害”的生態共同體論等思想。特別是其提出的“和實生物”的命題，既是一種思維方式，亦是人和萬物的存在方式。[5] 又王士良著有《和實生物：〈國語〉生態倫理簡論》一書，認爲《國語》中的生態思想主要體現在四個方面。《國語》亦豐富了“時”“通”等生態哲學範疇的内涵，這意味著人們對自然的認識逐漸深化。《國語》提出“被文相德”“懋昭明德，物將自至”“義以生利，利以豐民”以及“聖人貴讓”的思想，體現了人在自然萬物面前的德性主體和知性主體的統一，這是儒家生態德性論的基本特點。《國語》還記載了大量的對鳥獸、土地、山川的道德關懷和對於其生態價值的論述，集中體現了生態共同

---

① 王士良：《馬克思主義無神論視域下〈國語〉中人神關係的思想史變遷》，《科學與無神論》2018 年第 1 期。

② 劉偉：《史之思——〈國語〉的思想視界》，濟南：山東人民出版社 2013 年版，第 55 頁。

③ 何正兵：《〈里革斷罟匡君〉的生態倫理觀》，《文學教育》2011 年第 3 期。

④ 裴登峰：《〈國語〉研究》北京：社會科學文獻出版社 2016 年版，第 289、290、292 頁。

⑤ 王士良：《〈國語〉中的生態哲學思想述論》，《中共中央黨校學報》2018 年第 2 期。

體的思想特點。①

（4）"氣" 概念以及陰陽五行思想

左益寰首先推求出伯陽父和史伯爲同一人，進而提出 "陰陽和五行不是作爲兩種學説同時存在，而是作爲一種具有樸素唯物主義觀點和辯證法因素的完整學説出於同一個人的論述"，"伯陽父既用自然界本身所固有的兩種有著對立統一關係的物質力量'陰陽'二氣的消長對比來解釋自然現象的變化；又從包含著樸素對立統一思想的'和實生物，同則不繼'的原則出發，用金、木、水、火、土五行的排列組合來説明世界萬物的構成。因此，可以説伯陽父就是一個陰陽五行家的先驅者"。② 李加浩認爲，伯陽父意圖用物質自身來説明客觀世界，其五行説是對殷周以來唯物主義五行觀的直接繼承。伯陽父的辯證法思想表現在他提出 "和" "同" 兩個哲學概念，用陰陽的相互作用，來解釋事物的發展變化的原因，並且把自然界與人類社會聯繫起來，認爲社會治亂興亡和天地變化有直接關係。③ 針對左益寰的觀點，錢耕森提出質疑。錢氏認爲，伯陽父和史伯都是周幽王的大臣，進而指出伯陽父以陰陽論地震，而史伯論 "和生"，史伯的和生學中並没有陰陽的概念。④ 宮哲兵指出，五行相雜説始於史伯，認爲這種學説表達了 "世界不是單一的，而是具有多種多樣的聯繫，差異則是最基本的一種聯繫" 的觀點。指出，伯陽父的 "氣" 具有了哲學意義，把虢文公、伯陽父的陰陽思想概括爲陰陽動因説，"它的哲學價值不在於説明事物之所以存在的本原，而在於説明事物之所以運動的原因"。春秋時期，"天地之氣" 的説法被單襄公的 "天六地五" 説法代替，至春秋戰國之際范蠡明確提出了陰陽轉化説。"和" "同" 對立爲兩個組哲學範疇始於史伯。此外，宮氏指出醫和的不一觀念、士蔿的尚貳觀念、春秋戰國之際的尚一觀念，並對《國語》的相關

① 王士良：《和實生物：〈國語〉生態倫理簡論》，廣州：廣東人民出版社 2020 年版。

② 左益寰：《陰陽五行家的先驅者伯陽父——伯陽父、史伯是一人而不是兩人》，《復旦學報》1980 年第 1 期。

③ 李加浩：《伯陽父哲學思想試評》，《天津師大學報》1980 年第 4 期。

④ 錢耕森：《史伯與伯陽父是一個人嗎？》，《衡水學院學報》2016 年第 2 期。

語段進行了詳細注釋。① 夏經林已經揭出《國語》中的 "氣" 和陰陽的基本律動關係，進而揭示了人在陰陽變換和四季更迭中所起的作用。② 彭華根據《周語上》虢文公諫不藉千畝與伯陽父論地震二篇，研討了《國語》之陰陽思想。認爲虢文公的 "陰" "陽" 是專就 "氣" 的層面而言，虢文公 "土氣" 之 "土" 指的是 "五行" 之 "土"，虢文公認爲 "陽氣" 出自地，是以地爲陽、以天爲陰之論，和後世 "天陽地陰" 之説不通。伯陽父發展了虢文公的思想，以陰陽理論解釋水土關係和川竭地震等。此外，彭華也對范蠡的陰陽思想進行了探討。③ 吳秉勳通過伯陽父論地震、虢文公論不藉千畝得出，人爲力量足以改變 "自然之氣" 的運行。《國語》中有濃厚的 "天道" 思想，而 "氣" 是天道規律運行的環節之一。吳氏認爲《左傳》《國語》二書對 "氣" 概念具有開創與啟迪之功。④

（5）神道、神話觀、宗教、祭祀及巫覡文化觀

傅佩榮認爲春秋時期神祇的性格與地位是確定的，體現爲三點：①神祇的來源並不神秘；②神祇的性格相當確定；③神祇的功能非常緊要。⑤

楊儒賓認爲，現身於史書《國語》内部的神話與儀式之間，具有 "理論－實踐" 的相成關係。分析《國語》神話，最終得以投影出一種中國特有的，由巫術之 "神" 逐漸轉入道德之 "聖" 的中界現象；它併涵了感性化的原始巫術經驗以及理性化的人文社會結構，反映了在《國語》和其他同時期作品中，特別明顯的一股由神話過渡至歷史的擺盪。⑥ 譚梅認爲，《左傳》《國語》中的神話爲我們展現了這一時期人們對神人

---

① 宮哲兵：《晚周辯證法史研究》，上海：上海古籍出版社 1988 年版。

② 夏經林：《〈國語〉的主體思想及其成書時代》，北京師範大學中國古代史碩士學位論文，1990 年。

③ 彭華：《陰陽五行研究・先秦篇》，華東師範大學中國古代史專業博士學位論文，2004 年。

④ 吳秉勳：《從 "氣" 概念論〈左傳〉與〈國語〉之思想史意義》，《東海大學文學院學報》第 52 卷（2011 年）。

⑤ 傅佩榮：《〈左傳〉〈國語〉中的天概念研究》，《哲學與文化》革新號第 124 期（1984 年）。

⑥ 楊儒賓：《〈國語〉的神話世界》，臺灣清華大學中國文學系碩士學位論文，2010 年。

關係、神話與歷史關係以及圖騰文化的認識。譚氏認爲，神人關係中體現了人的主導地位，具有無神論思想萌芽的同時又繼承了尚德精神，而神話歷史化從某種角度體現了先秦時期人們對神話與歷史關係的認識，即神話和歷史是重合的。①

蕭漢明認爲，作爲春秋末期楚國宗教思想家的觀射父，其宗教思想的主流，表現爲對封建貴族神權壟斷的維護，因而在其思想中也相應反映出神權壟斷的等級差別，以及這種差別在春秋末期出現的變更。蕭氏認爲，觀射父的學術成就，主要表現在他對原始宗教發展進程的研究上，他把古代原始宗教的發展進程劃分爲三個階段，即"古者民神不雜""民神雜糅"和"絕地天通"，至今仍具重要的科學價值。②

王青認爲《魯語上》"展禽論祀"是一篇研究周人傳統祭祀觀念的重要文獻，它體現了時人對祭祀禮儀的重視，表現了周人傳統的祭祀準則，如崇尚有功則祀、有恩必報、"不祀非族"等，也透露了魯國祭祀衰微的現實。"展禽論祀"的事實本身，便是周代禮樂文化嬗變過程的一個縮影。③

武光輝認爲，從《國語》看，巫文化在先秦的重大演變主要體現在兩個重要歷史時期：①原始文化向國家文明的過渡期中巫文化的大整合。在這一階段，巫文化從分散走向集中，統治階層通過對巫文化中祭天權的集中，壟斷了與神溝通的權力。這一轉變爲民族國家從分散的氏族部落走向部落聯盟確立了統一的宗教思想文化，奠定了華夏民族共同體的文化心理基礎。②從西周到春秋的大變革時期，巫文化向理性文明的轉化。在此思想文化大轉型時期，隨著巫文化內部理性因素的成長，加之理性主義思潮的興起，巫文化逐漸失去了文化中心的地位，從上層流入民間，對政治、軍事、祭祀的影響也日漸式微，以諸子爲代表的理性主義學説遂成爲社會思想文化的主流。④

① 譚梅：《從〈左傳〉〈國語〉看先秦時期的神話觀》，《貴州文史叢刊》2015 年第 4 期。
② 蕭漢明：《觀射父——春秋末期楚國宗教思想家》，《江漢論壇》1986 年第 5 期。
③ 王青：《從"展禽論祀"看周人的祭祀觀》，《煙臺師範學院學報》2005 年第 2 期。
④ 武光輝：《從〈國語〉透視巫文化思想的演變》，重慶大學文藝學碩士學位論文，2014 年。

（6）義利觀

程鬱認爲，義在《左傳》《國語》中顯示的最初含義是適宜，作爲協調行爲的準則，其根本目的是在更大程度上獲取社會利益，反映在這一人類活動的早期規劃者那裏，統治者開始通過理性經驗的總結，自覺將義作爲施政的原則，用以建構社會規範。義成爲禮制之下的重要政治德目，而利則是社會管理的最終目的。在文化下移的過程中，士君子道德的自我期許使得他們對於義利的看法獲得一定的普遍性，由此具備了推廣外化的可能性，被廣爲接受和認可的義利觀念逐漸成爲社會性的道德原則，在此基礎上建立起的道德規範也固定下來，成爲春秋時期的道德標準，具有了固定的形式，義的内涵進一步深入和内化，與天命和人之本性聯繫起來提供了理論前提。[①] 王哲認爲，《國語》在輯録歷史事件、描寫歷史人物中展現了當時的人對義利的辨論思考，權衡取捨和最終的榮辱得失。[②]

（7）美學思想

鍾名誠分析了伍舉論美的本質、師曠論音樂之美、嘉言善語之美、崇禮尚德之人體美、籍田之生態美等美學思想，認爲《國語》中包含了豐富的古代美學思想，尤其關於美學本質論、音樂美學思想、藝術美學思想、人體美學思想及生態美學等美學思想方面的探討，對於我們今天的美學思想研究極其有意義和價值。[③]

（三）《國語》政治思想研究

1. 政治辯證法思想

吳顯慶認爲《國語》的政治辯證法源於《尚書》《詩經》、古代的制度和前人的思想，吳氏認爲，《國語》關於統治者與民衆之間的辯證關係主要表現爲：①統治者與民衆之間是一種具有辯證性質的對應關係；

---

① 程鬱：《〈左傳〉〈國語〉義利觀研究》，武漢大學碩士學位論文，2007 年。
② 王哲：《〈國語〉義利觀探析》，《安陽師範學院學報》2018 年第 4 期。
③ 鍾名誠：《〈國語〉美學思想概覽》，江蘇省美學學會 2014 年年會暨學術研討會論文集。

②以利益爲協調統治者與民衆關係的條件，通過利民而得民的思想。《國語》關於統治階級内部關係的辯證性認識體現在：①關於政治勢力的形成和派別鬥爭的對等性的思想；②關於任賢不計仇的思想；③關於上層統治者要聽取、採納、疏導批評性意見，實行“和而不同”的思想。《國語》中關於内政與外事或外戰的辯證關係的思想主要有：①關於内政決定外事、外事也反過來影響内政的言論；②關於外戰對内戰的具體影響的辯證性認識；③關於運用内政與外戰相互關係的辯證規律去處理國内外政治矛盾問題的主張。認爲《國語》的政治辯證法思想來源有三個方面：①繼承和發展了前人的思想；②由哲學思想和自然知識派生而來；③總結了政治實踐的經驗教訓。① 方克根據《越語下》的記載，認爲范蠡的哲學思想具有樸素的唯物主義傾向，還有某些樸素的辯證觀點，且成功有效地應用於政治鬥爭中。該文最終認定，同老子相比，范蠡的辯證法思想具有三個特點：①其辯證法思想具有樸素的唯物主義傾向；②其辯證法思想主張積極轉化，提倡主觀能動作用和客觀條件的統一，是積極的，戰鬥的；③其辯證法思想是與政治鬥爭緊密結合的，在具體分析事物和對待事物方面具有較高水平。②

雷戈論述了《國語》中的君主專制思想和重國保民思想，認爲體現了史家的腐朽性和虛僞性，同時表明了中國文化的虛僞性。③

2. 治國思想

吳星傑認爲，《國語》關於以禮治國、以禮修身的思想，是貫穿全書的基本思想主綫。把《國語》的“以禮治國”思想歸納爲三條：①必須從上層抓起，真正做到君守君道、臣守臣道；②實施“長衆使民之道”，體察民情，順乎民意，贏得民心；③君主必須時時做到忠、信、仁、義“四者不失”。④ 劉韶軍認爲，《國語》記載了楚人在治理國家問題上的各方面的思想，從依靠巫覡與天神溝通，到培養教育太子與君主

① 吳顯慶：《〈國語〉政治辯證法思想論略》，《上海社會科學院學術季刊》1995 年第 4 期。
② 方克：《范蠡的哲學思想》，《浙江學刊》1982 年第 3 期。
③ 雷戈：《〈國語〉是史家——先秦史家研究之三》，《西北師大學報》2000 年第 2 期。
④ 吳星傑：《〈國語〉中的“以禮治國”思想及實施舉措》，《人力資源》2011 年第 12 期。

具備良好的素質，從關於治國的真正之美，到對於治國大臣的諸種要求，從以人才爲國家之寶，到分析認識真正的治國之材，以及最後與國家命運直接相關的戰爭問題，這些問題楚人都有非常深入細緻的論述，爲我們今天瞭解楚人的治國思想提供了豐富的資料。①

　　3. 民本思想或民神觀念

　　上引諸家文學史教材以及相關研究對《國語》的民本思想有諸多關注。夏經林認爲，《國語》中的"民"佔有重要地位，民是政治經濟生活的重要參與者，《國語》把民言當作財用衣食的來源，重民思想在《國語》中還表現爲"利民"觀念，而且民在國家大事上能起決定作用。② 伍星明、黃生文認爲《國語》重民思潮的主要表現是强調民衆在國家政治生活中的作用，同時還表現在民神、君民的相互關係的認知上，也體現在制定相應政策要注重民衆的問題。③ 張居三認爲，民本思想在《國語》中表現爲：①君權的根本在民；②立君的目的在於保民；③民可以批評以至反抗天子或國君；④民神並重，民意決定神意和天意。④ 石會鵬認爲，《國語》裏面民神觀的内涵就是統治者意識中民衆與神靈地位孰重孰輕的觀念。當統治者民神並重或重民輕神的時候就是正確的民神觀，當統治者重神輕民的時候就是不正確的民神觀。民神觀是《國語》裏面衡量一個國君是賢明還是昏庸的一個標誌，也是衡量一個臣子是與時俱進還是保守倒退的標準。賢明國君與激進公卿往往是民神並重或重民輕神，昏庸國君和保守公卿則往往是重神輕民。民神觀不僅表現在國君、公卿的思想上，更表現在他們在處理軍國大事的現實生活中。⑤ 孫希國認爲《左傳》《國語》中的民本主義思想具體體現爲：①要求領導者廣泛體察民意，以知得失；順應人民之意志，民所善者行之，民所敗者備之。②重視農業生產。認爲農業是國家的支柱產業，農業產生是

① 劉韶軍：《論〈國語〉中的楚人治國思想》，《荆楚學刊》2016 年第 5 期。
② 夏經林：《〈國語〉的主體思想及其成書時代》，北京師範大學中國古代史碩士學位論文，1990 年。
③ 伍星明、黃生文：《〈左傳〉〈國語〉中的重民思潮》，《甘肅社會科學》1995 年第 2 期。
④ 張居三：《〈國語〉研究》，東北師範大學博士學位論文，2008 年。
⑤ 石會鵬：《〈國語〉民神觀研究》，暨南大學中國古代文學碩士學位論文，2011 年。

國家的根本大事。③倡導以"道"來治理國家。所謂道指的是對人民忠誠而取信於神，更認爲民是神之主，民意即神意，不成民無以事神。④要求用仁義、誠信、禮儀去教化民衆，領導者要用實際行動去感化民衆。總之，民本主義思想重視人民在國家中的重要作用。①

4. 君道、臣道思想

夏經林指出，《國語》雖有明顯的尊君思想，但又認爲君的權力不是無限的。《國語》不贊成臣結黨，但贊成臣"比"。另外，夏氏指出《國語》在君臣關係上形成一套以"和同"爲中心的理論。② 劉偉認爲，《國語》中的君道思想包括敬天修德、知人善任、納諫自省、重民、尊王。同時他也指出，《國語》全書體現周天子尊嚴的記載寥寥無幾。③ 而《國語》的臣道思想則包括事君以忠信、舉賢任能、勸諫、比而不黨、儉以養德、新形勢下的思考等。劉偉認爲："《國語》編者非常重視爲臣者在忠君、盡職、修德方面的表現，但同時也强調爲臣者應該具有一定的戰略素養，懂得如何在紛繁複雜的内政與外交事務中保持清醒的頭腦，處理好其中的關係。《國語》編者根據春秋戰國之際的新形勢而提出的新主張，雖然表現出一定的政治功利性，但也不失爲對當時爲官者的一種警示。"④

甚至有的學者提出《國語》先王觀這一概念，實際上也是君道思想的一個部分。

5. 民族觀

張居三認爲，《國語》的民族觀實際上也就是四夷觀，集中表現爲中原諸夏和四夷的關係問題。⑤

6. 家國觀念

劉偉在"《國語》的家國觀"一節中，探討了家國的辯證關係、女

① 孫希國：《小議〈左傳〉〈國語〉中的民本主義思想》，《遼寧行政學院學報》2013 年第 6 期。
② 夏經林：《〈國語〉的主體思想及其成書時代》，北京師範大學中國古代史碩士學位論文，1990 年。
③ 劉偉：《史之思——〈國語〉的思想視界》，濟南：山東人民出版社 2013 年版，第 82—105 頁。
④ 劉偉：《史之思——〈國語〉的思想視界》，濟南：山東人民出版社 2013 年版，第 128 頁。
⑤ 張居三：《〈國語〉研究》，東北師範大學博士學位論文，2008 年。

性與政治兩個方面。他認爲，《國語》編者很大程度上肯定家國一體，但指出家國有別，"這與春秋戰國之際中國政治、社會體制的變革密切相關。《國語》編者依次告訴人們，辯證地處理好家國關係以爲政治服務，是爲政者需要解決的重要課題"①。同時，劉偉認爲《國語》記載的女性對政治的影響正面、負面、積極、消極都有，可見《國語》保持了比較客觀的態度，和後世流行的"紅顏禍水"論調不同。②

　　7. 領導思想及管理思想

　　艾新强認爲《國語》是研究西周春秋時期領導思想的寶貴資料，認爲《國語》中的"領導思想，從理論體系上看，上承《尚書》，下合孔孟，當屬儒家學派"。他認爲《國語》的領導思想體現在：①以民爲親，作無不濟；②廣開言路，從善如流；③修身正己，廉潔自律；④多謀善斷，政通令行；⑤盡職事君，妥處君臣。③

　　麻紅曉認爲，《國語》蘊含著豐富的管理思想，在管理哲學方面體現爲和諧法則、一視同仁且恪守原則、周密決策，在管理下屬方面體現爲要以德服人、要從諫如流、要依制度行事、要以人爲本、不要重用自私自利的人，在領導修養方面體現爲要誠信、要具有敏鋭的洞察力、要勇於擔當、要心胸寬廣、要尊賢下士。④

　　8. 法學法治思想

　　何勤華認爲《國語》中的法學思想體現在四個方面：（1）"大事之必以衆濟"的民本思想；（2）強調德治和教化的思想；（3）在刑罰的功能和刑罰的適用方面：①主張區分作亂的不同情況而採用不同的刑罰；②闡述了國內的憂患，關鍵在於只對百姓用刑，而大臣犯了罪則不受刑罰追究的不合理現象；③闡述了刑無等級、依法治國的思想；（4）《國語》多處闡述了法的穩定性的思想。⑤劉偉認爲，重視並充分利用傳統

---

①　劉偉：《史之思——〈國語〉的思想視界》，濟南：山東人民出版社 2013 年版，第 155 頁。
②　劉偉：《史之思——〈國語〉的思想視界》，濟南：山東人民出版社 2013 年版，第 160 頁。
③　艾新强：《國學筆談》，成都：電子科技大學出版社 2016 年版，第 53—58 頁。
④　麻紅曉：《〈國語〉管理思想初探》，《蘭臺世界》2014 年第 8 期。
⑤　何勤華：《先秦經典中的法學思想評述》，《河南省政法管理幹部學院學報》1999 年第 5 期。

法律資源是《國語》編者法治觀念的重要指針，端正法度、照明刑罰是法治的基本原則，諸侯、士、大夫等都要在周天子的授權下行使"教民事君"的職責。《國語》編者提出了君主、爲政者處理涉及法制問題事件時應注意的幾個方面，即執法要公正、對有罪且已受過處罰的人要不計前嫌、君主執法要公開透明。此外，《國語》編者還提出刑罰適中原則、法的穩定性原則等。"在《國語》編者的法治觀念中滲透著重禮的因素，而禮法融合正是編者向爲政者著重強調的內容"。① 林叢分別考察了《周語》《魯語》《晉語》中的法律文化，認爲《周語》《魯語》法律文化體現爲恪守禮制、崇尚德政、刑罰爲輔，而《晉語》法律文化體現爲禮制基礎薄弱、善權謀、重法度、尚功任能，而時代嬗變之趨勢則爲魯禮漸衰而晉法興。②

9. 人才思想

程有爲梳理了晉國的人才思想，認爲晉國以有美德的人和對國家有貢獻的人爲善人，故主張舉善選賢並成爲一種政治實踐。在人才選舉制度方面有贄見、舉薦、任功、用羈，任用制度方面有策名委質、類能而使、考功、執秩之法等。③ 張岩通過《晉語七》的記載，論析了春秋時期"論德使能"的人才思想。④

10. 《國語》軍事戰爭思想

劉偉認爲，《國語》編者從根本上是反對戰爭的，把打仗看作"狂疾"。同時，《國語》編者認爲發動戰爭必須慎重對待而且要進行周密部署、選擇戰爭時機，而內政穩定纔是對外戰爭的基礎。⑤ 李炎乾通過《吳語》的考察，認爲《吳語》"越王勾踐命諸稽郢行成於吳""吳王夫

---

① 劉偉：《史之思——〈國語〉的思想視界》，濟南：山東人民出版社 2013 年版，第 128—139 頁。

② 林叢：《〈國語〉與先秦地域法律文化研究——以〈周語〉〈魯語〉和〈晉語〉爲中心的考察》，山東大學法學理論專業碩士學位論文，2014 年。

③ 程有爲：《晉國人才思想與舉用制度述論》，《史學月刊》1990 年第 3 期。

④ 張岩：《從部落文明到禮樂制度》，上海：上海三聯書店 2004 年版，第 350—351 頁。

⑤ 劉偉：《史之思——〈國語〉的思想視界》，濟南：山東人民出版社 2013 年版，第 139—147 頁。

差與越荒成不盟”“吴欲與晉戰得爲盟主”“勾踐滅吴夫差自殺”等章存有兵家之語，並與《孫子兵法》等兵書比較。① 劉江等人認爲《國語》保留了西周中期至春秋末期大量關於軍事思想的對話，這些對話集中於如何選擇戰争對象、對待戰争目的，體現了《國語》戰争觀的兩個重要特點，即重視對戰争對象的合理選擇、强調冷静準確地看待戰争目的，對認識西周、春秋時期軍事思想的發展具有重要價值。②

11. 史鑒思想

趙雨星等認爲，《國語》注重從歷史上的成敗得失中提取和總結經驗，是該書内容突出的反映。認爲《國語》强調歷史知識在人們德義修養方面的作用、强調對歷史知識作善敗方面考察，體現了“求多聞以鑒戒”的思想，大致體現在論西周衰亡之故、探討春秋各諸侯國的政治得失、民心向背與社稷安危等幾個方面。③ 在本書前文梳理中，程水金等人對《國語》史鑒思想也多有揭示，讀者可參。

(四)《國語》禮樂觀念研究

傅佩榮認爲，天與禮之間有特殊關聯。作爲天之道，禮主要扮演“載行者”的角色。具體而言：(1)《左傳》中常談到禮的本質，含義相當明確；(2) 在載行維繫一國的存在時，禮自然對政治産生關鍵影響；(3) 禮與人之間有直接的關係。④ 爲先秦時期禮樂觀念提供了依據。劉偉認爲，《國語》時代的禮繼承了西周建國以來的發展趨勢，其主要功能已經從祭天敬神轉型爲經國之紀、正民之則。《國語》編者對禮儀的認識是深刻的，有意識地在現實生活與政治交往中加以運用。《國語》涉及的與禮儀相關的事件非常多，反映了編者對禮儀的重視程度。劉偉進一步認爲，《國語》的禮樂思想或觀念，成爲《國語》政治思想的補

---

① 李炎乾：《〈國語·吴語〉新探》，華東師範大學史學理論與史學史專業碩士學位論文，2016 年。

② 劉江等：《〈國語〉戰争觀的兩個重要特點》，《軍事歷史》2016 年第 6 期。

③ 趙雨星等：《略論〈國語〉的史鑒思想》，《社科縱横》2013 年第 6 期。

④ 傅佩榮：《〈左傳〉〈國語〉中的天概念研究》，《哲學與文化》革新號第 124 期（1984 年）。

充與擴展。具體體現在：（1）守禮樂以爲政。《國語》之樂，基本與君主、卿大夫等貴族有關，而且《國語》多次指出樂與政治的密切關係。劉偉從《國語》樂論、婚姻觀念、建築禮制等方面進行了分析；（2）對邦交禮儀，則從使臣應用知禮者、聘禮、賜命禮、盟會禮等方面進行了分析。① 張居三認爲《國語》禮治思想和《左傳》基本一致，且相對簡單，主要從維護等級秩序的角度來反映治國以禮的思想。②

（五）《國語》社會文化觀念研究

陳鵬程通過《國語》對春秋時期的語言觀進行了探討，認爲春秋時期的語言觀包括兩個方面：（1）言語在社會文化中重要地位的強調，立言是貴族大夫實現其生命價值的重要手段，言語決定貴族大夫政諫、外交專對等政治活動的效果；（2）對言語倫理規範的總結，共揭出 13 條。陳氏謂"周人文化傳統和春秋時代現實因素的共同作用，決定了春秋時期語言觀的基本內涵"。③ 有學者對《國語》婦女觀進行了探討，認爲社會對男女有別進行了強調，而春秋時期，禮教對婦女們的言行依舊保持著一定的影響力，上層社會的一些婦女開始不同程度地講禮教的某些規定作爲自己思想行爲的規範和準則。由於社會變革，違禮的事件也時有發生。貞潔觀念比較淡薄，婚姻六禮見於《國語》的只有納幣，女性有工具化傾向。④ 有學者認爲春秋時期，女性自主意識開始在行政、外教和社會生活中都有所體現，往往表現在夫權和子權上，而諸侯國中往往齊國女性自主意識體現明顯。⑤

① 劉偉：《史之思——〈國語〉的思想視界》，濟南：山東人民出版社 2013 年版，第 161—178 頁。
② 張居三：《〈國語〉研究》，東北師範大學博士學位論文，2008 年。
③ 陳鵬程：《從〈國語〉看春秋時人的語言觀》，《蘭州大學學報》2013 年第 4 期。
④ 王華：《從〈左傳〉和〈國語〉看春秋時期的婦女及婦女觀》，上海師範大學中國古代文學碩士學位論文，2010 年。
⑤ 閻園園：《春秋時期女性自主意識研究》，吉林大學中國古代史專業碩士學位論文，2016 年。

（六）《國語》教育思想研究

1. 家庭教育及家訓思想

呂耀懷對《國語》家訓思想進行了探討，認爲《國語》家訓思想涉及人道、家道、政道，《國語》家訓思想不僅内容豐富，而且形式多樣，有事訓、物訓以及父母之訓、舅姑之訓、從祖叔母之訓、兄長之訓等多種形式，最後指出《國語》家訓以政道之訓爲重心，家道之訓與人道之訓皆服務於此一重心。①

徐少錦認爲《國語》《左傳》中的家庭道德教育主要内容包括恪守禮教、臣忠於君、謙恭禮讓、敬戒貪求、勤勞儉樸，基本方法則有以身作則、平等交流、强迫命令，其重要特點是：（1）德教是家訓的核心内容；（2）母親是家訓的重要主體。②

劉偉認爲，《國語》中宗族具有傳遞文化與傳統價值觀念的功能，其成員之間確立了牢固的依賴、教育和扶助關係，並在漫長的發展過程中形成了具有中國特色的家族倫理觀念。《國語》中，“孝”是具有核心地位的觀念之一，强調對祖先的祭祀、對父母的敬順，列國君臣都重視宣揚孝道。另外，體現在以“禮”爲核心的倫理秩序，具體表現爲夫妻要“敬”，爲父母者應盡力維護子女名譽，家族之内男女有别，提倡待客以禮。此外，以家庭教育爲主的觀念傳承。認爲申叔時言論涉及：（1）教育目的是培養素質全面的人才，既要有淵博的知識，又要有處理各項事務的能力；（2）教育的内容包括歷史、禮儀、音樂、法令、訓典等，後來孔子用於教育學生的六藝，有可能是從這裏受到了啟發；（3）在教育原則上要注意循序漸進，先通過教育改正錯誤，然後鞏固學習成果，最後要求熟練掌握處事之道；（4）教育方法上强調教師以身作則，主張以正面教育爲主，强調對比的教育方法。劉偉認爲申叔時的論述是“《國語》時代

中國教育思想的一次總結"。此外,《國語》中還有以身垂範、現場教訓的觀念, 發揮受教育者主觀能動性的觀念等。①

2. 教育思想

錢艷、王麗等認爲《國語》所輯録的原本, 是上古各國輯録名人言論以教育貴族子弟的教科書, 故在有關主體性和主導性、有關教育的手段和方式、有關思想品德教育、有關青少年成長環境等方面都有科學的教學思想和理念。② 裴登峰認爲,《國語》非常重視"師教之", 同時强調向先人學習。從教育方法上看, 有對施教對象的直接教育。《國語》教育内容主要圍繞政事和個人品德。《國語》中的受教育者都在上流社會進行, 故很重視教材的選擇。《國語》教學内容的另外一個重要組成部分, 即施教者直接闡發個人的觀點。此外,《國語》教育内容還根據人的言談舉止, 由表象推導到本質。③

3. 專人教育思想研究

涂又光《楚國哲學史》認爲申叔時的教學哲學體系爲顯體系, 分爲教型教育和導型教育。徐文武《楚國思想史》認爲申叔時充分肯定教育對人性的塑造作用, 在教學方法上强調教、導、輔的結合, 在教學内容上重視德教, 並强調師傅的身勤示範作用。閆静認爲申叔時提出的九種教材具有歷史教育目的, 春秋、世、詩、語、故志等在於使受教育者明史、明德、明志, 知朝代興廢之道, 而禮、樂、令、訓點則在於使受教育者在政治實踐中尊禮、重樂、訪物官、知族類, 有馭政能力。④

(七)《國語》倫理思想研究

除了在探討《國語》教育思想時涉及倫理之外, 也有學者專門對《國語》倫理思想進行研究。如錢國旗就對《國語》構建的倫理世界進

① 劉偉:《史之思——〈國語〉的思想視界》, 濟南: 山東人民出版社 2013 年版, 第 178—187 頁。劉偉:《〈國語〉中的家族倫理思想與家庭教育》,《人文天下》2016 年第 15 期。

② 錢艷等:《〈國語〉中的教育思想芻議》,《文學教育 (中)》, 2011 年第 10 期。王麗等:《〈國語〉教育思想芻議》,《文學教育》(下半月) 2012 年第 12 期。

③ 裴登峰:《〈國語〉研究》, 北京: 社會科學文獻出版社 2016 年版, 第 273—284 頁。

④ 閆静:《申叔時與中國早期的歷史教育論》,《古代文明》2012 年第 4 期。

行了探討。錢氏認爲《國語》"展示了由'德''禮''忠'等一系列範疇所構建的倫理世界的豐富内涵，比較全面地反映了春秋及其前後歷史時期新舊交織、錯綜複雜的道德現象，體現了中國文化的人道傳統和倫理精神"。① 又，張永路認爲，作爲儒家思想體系中的核心範疇，"仁"觀念在先秦時期經歷了從發源到成熟的發展過程，最終在孔子和孟子那裏完成了意義的充實和價值的提升。在這一發展過程中，《國語》無疑屬於重要的節點。② 要之，《國語》倫理觀念還有待學者的繼續深入發掘。

(八)《國語》音樂思想研究

吴毓清認爲《左傳》《國語》爲探討春秋時期音樂美學思想提供了方便，他認爲春秋時期音樂思想的主流是禮樂思想，故這一時期音樂思想具有兩大特徵：(1) 以德、禮思想爲核心；(2) 以宗教思想爲羽翼。春秋時期禮樂思想的最主要成就：(1) 對音樂藝術中的美與善的關係、政治與藝術的關係作了大量研討；(2) 對音樂的諧和特徵以及多樣統一規律做了深入提示。③ 東紅認爲《國語》記載的中國早期音樂美學思想論題具有相當的意義和價值，包括"從和而樂"的思想、"樂以風德"的社會效用觀、"和樂如一"的辯證觀。總之，東紅認爲《國語》音樂美學思想論題涉及了音樂美學原則、音樂形式美規律和音樂社會效用等，爲後來作爲中國主體的儒、道音樂美學思想形成進一步做好了準備。④ 申玉璞揭示了單穆公、伶州鳩、師曠、史伯等人的音樂思想。⑤

①　錢國旗：《〈國語〉中的倫理世界》，《青島大學師範學院學報》1997 年第 4 期。

②　張永路：《〈國語〉蘊含諸子時代思想端緒》，《中國社會科學報》2017 年 11 月 28 日。

③　吴毓清：《禮樂思想的早期形態——從〈左傳〉〈國語〉看春秋時期音樂美學思想》，《音樂藝術》1983 年第 3 期。

④　東紅：《〈國語〉音樂美學思想述略》，《中國音樂》1986 年第 2 期。

⑤　申玉璞：《〈國語〉中的音樂史料解析》，山西師範大學中國音樂史專業碩士學位論文，2017 年。

（九）《國語》經濟思想研究

《國語》經濟思想研究可分爲綜合研究和具體研究。

1. 綜合研究

蕭清對《國語》《左傳》的經濟思想進行了綜合研究，認爲二書涉及古代經濟思想的材料分散，很少有專門、系統的論述，涉及内容主要爲義利、奢儉，對農、工、商賈、勞動、土地、貨寶的看法以及貨幣、商業、財政賦税問題等。並分別對民本思潮、欲利觀念、義利論、等級觀念、分工思想、農工商論、財富觀、富民思想、薄賦斂論、商業經營論、貨幣論、奢儉論進行了分析。①

2. 具體研究

（1）均齊思想和救濟制度

趙世超對周代的均齊思想和救濟制度進行了梳理，認爲《國語·周語上》中芮良夫對“專利”政策的批評“把一切物質財富的獲得都看成是自然力的作用，固然有否定勞動創造財富的弊病，但却對西周的均齊思想作出了符合古代認識水平的理論闡述”，而《周語中》單襄公提到的“列樹以表道，立鄙食以守路”也是西周救濟制度的一部分。②

（2）管仲經濟思想研究

巫寶三認爲，管仲“相地而衰征”的理論意義在於它最早提出了差額征收土地税的公平原則及其必要性。③

（3）單穆公的貨幣思想

曉剛較早指出，單穆公的“子母相權論”是中國最早的貨幣理論。④朱曉黄也指出，單穆公的“子母相權論”注意到了用貨幣來衡量商品的

---

① 蕭清：《〈國語〉〈左傳〉中的經濟思想》，見載於巫寶三主編《先秦經濟思想史》，北京：中國社會科學出版社1996年版。

② 趙世超：《周代的均齊思想和救濟制度》，《中國經濟史研究》1992年第1期。

③ 巫寶三：《管仲“相地而衰征”的歷時意義與理論貢獻》，《河南師範大學學報》1993年第3期。

④ 曉剛：《子母相權論》，《理論與實踐》1979年第12期。

價值，鑄幣的分量應視市場的流通情況而定。① 張守軍認爲"單穆公諫鑄大錢"中，單穆公較清楚地闡明了貨幣問題的兩對基本概念——輕重和子母的含義，深刻揭示了貨幣貶損帶來的嚴重後果。張文認爲單穆公對貨幣理論的某些問題，已經有了初步的認識。② 劉亞非認爲單旗的子母相權論是中國最早的貨幣理論，是一種反通貨膨脹理論，同時也是一種救濟政策，是用來調節通貨膨脹或通貨緊縮的貨幣政策。③ 趙夢涵認爲單穆公的貨幣思想包括五方面内容，並進一步强調，單穆公貨幣理論的核心，主要不在於表現貨幣本身的輕重，而在於説明貨幣輕重的改變與商品流通的關係。④ 歐陽衛民認爲，子母相權論本質上是一種反鑄幣貶值理論。在中國貨幣理論史上，作者第一次論述了貨幣流通和商品流通相適應的問題。⑤ 曾憲久認爲，子母相權論是單穆公根據前人"作母以行其子"和貨幣輕重之説加以詳細闡述和發揮形成的。他認爲"單旗的'子母相對論'就其理論本身而言是十分簡單的，但它内含的貨幣思想和政策主張却一直被後世推崇、沿用和發展"。⑥ 張傑認爲，"子母相權"範式的核心命題是，鑄幣所含金屬量的多少必須適合市場流通的需要；或者用現代經濟學的標準術語來表述，就是貨幣作爲價值尺度，應該與現實的商品價格水準相適應。該文進而指出，子母相權觀點肇建了獨具特色的中國古代貨幣理論的基本範式，此後延續一千多年的中國古代貨幣理論發展軌跡都可視爲對"子母相權"範式的繼承和擴展。⑦ 馬濤和宋丹認爲，《國語》所載單穆公反對周景王鑄大錢的言論是世界上迄今爲止所發現的最古老的貨幣思想文獻，其議論中不僅提出了"子母"概念，而且還涉及"輕重"概念，"子母相權"貨幣理論被人們長

① 朱曉黄：《中國最早的貨幣理論》，《中國錢幣》1983 年第 1 期。
② 張守軍：《從〈單穆公諫鑄大錢〉看單旗的貨幣思想》，《金融研究》1983 年第 6 期。
③ 劉亞非：《中國最早的貨幣理論——單旗的子母相權論》，《武漢金融》1987 年第 10 期。
④ 趙夢涵：《單旗的貨幣思想》，《中國錢幣》1989 年第 1 期。
⑤ 歐陽衛民：《中國古代貨幣理論的主要成就》，《金融研究》1992 年第 6 期。
⑥ 曾憲久：《中國古代的貨幣政策非中性思想》，《金融研究》2001 年第 2 期。
⑦ 張傑：《解讀"子母相權"》，《中國金融》2008 年第 8 期。

期援引、用以解釋不同歷史時期的不同貨幣流通現象。① 楊柳、李琳認
爲單旗的貨幣思想基本上反映了國家大局和新興的自由市民階層的要求。
他們認爲，單旗不懂得貨幣是商品流通的自發産物，把貨幣産生歸結爲
統治者意志，但他意識到貨幣的輕重大小，應視商品流通的需要和社會
購買力的狀況來決定。認爲單旗的子母相權論對我國後來貨幣思想的發
展具有極大的積極意義，在思想理論上是進步的，在歷史上起過十分重
要的積極作用。② 尤越認爲，"子母相權論"作爲我國目前已知最早的貨
幣理論，是對貨幣流通實踐的高度理解和總結，具有進步性和探索性。③
何平認爲單穆公"子母相權"論提出了單位基準貨幣的確定及其根據、
災荒條件下"先王鑄幣説"的鑄幣起源論，以及貨幣職能及社會職能等
貨幣問題，彌足珍貴。④ 劉森認爲遇災鑄幣只是鑄幣緣由，不能理解爲
是講貨幣起源或貨幣産生的條件。而單穆公設想推行子母相權而鑄或重
或輕的貨幣的辦法，只是改變貨幣本身的重量，絶不是改變貨幣單位，
因此，"把單旗提出以改變錢幣的輕重作爲調整貨幣與商品價格關係的
措施理解爲是改變貨幣單位，既無什麼根據，又不符單旗之意，只是一
種推測，一種對貨幣重量與貨幣單位的混淆所得出的誤識"。⑤ 劉森的討
論，對理性認知單穆公貨幣思想，具有積極意義。

（十）《國語》心理學思想研究

燕國材認爲《國語》中蘊含著古代心理學思想，可藉以探討中國古
代心理學起源。通過《晉語四》所述八疾，探討了《國語》的缺陷心理
思想，認爲《國語》關於缺陷者的精細分類以及按照其心身特點給予適
當安置的主張，在世界上可能是最早的。⑥ 趙彩花等認爲《國語》《左

① 馬濤、宋丹：《論中國古代貨幣思想的特點》，《經濟思想史評論》第六輯（2010 年）。
② 楊柳、李琳：《子母相權論對中國古代貨幣理論的探索和推動》，《經濟問題探索》2013 年
第 9 期。
③ 尤越：《中國最早的貨幣理論——子母相權論》，《中國城市金融》2017 年第 2 期。
④ 何平：《單穆公"子母相權"論與貨幣的層次結構》，《中國錢幣》2019 年第 1 期。
⑤ 劉森：《子母相權論的幾個問題》，《中國錢幣》1995 年第 2 期。
⑥ 燕國材：《〈尚書〉〈左傳〉〈國語〉的心理學思想研究》，《心理科學》1994 年第 4 期。

傳》的心理疾病與心理健康思想是在春秋時期理性與迷信交織存在的時代背景下發展起來的，二書中記載了心疾、無慧和童昏等生理性心理疾病，描繪了頑、貪悷無饜和好潔等心理性心理疾病，並對生理性與心理性心理疾病的關聯有理性認識，分別論述和總結了情緒、神志等生命力、行動乃至人格方面與心理健康的關係和影響，並提出達到或保持心理健康途徑的思想等，對今天的心理健康健身具有借鑒和指導意義。①

綜上可知，近七十年來《國語》思想研究主要體現在《國語》政治思想、哲學思想和經濟思想方面。學者們往往發現《國語》思想史料，提出思想範疇，進行《國語》思想内容的概括，揭明其思想淵源、學術史價值或思想史價值等。所用方法，以史料梳理、典籍參照爲主。從研究時間上看，真正意義上的《國語》思想研究始於 20 世紀 80 年代，興盛於 21 世紀。當然，由於《國語》研究的薄弱，對於一些論題的探討還處於起步階段，有必要進一步深入，比如對《國語》教育思想的探討。不可否認的是，有些思想研究存在以今律古之嫌，把萌芽或者蛛絲馬跡直接認定爲某方面的思想，是否有主觀定位之嫌，需要進一步論定。

十、近七十年來《國語》史學及社會文化研究

近七十年來《國語》史學或社會制度研究，包括《國語》史料價值、各種典章制度、古史傳説、歷史事件、紀年、《國語》人物以及相應的文化制度等等的研究。

(一)《國語》史料價值或史學價值的揭示

關於《國語》史料價值或史學價值的探究，學者在論文著述中多有

---

① 趙彩花等：《〈左傳〉〈國語〉的心理疾病與心理健康思想》，《西南大學學報》2007 年第 4 期。

揭示，如上文引述的多家文學史教材、史學史教材以及《國語》研究論
著中，多有對《國語》史學價值或史料價值的認定。即便勘校類論文或
語言類論著中，也往往對《國語》的史學價值或史料價值進行揭示，如
駱瑞鶴即謂《國語》史料價值“應與《左傳》同等看待”，劉利從歷史
語法角度認爲《國語》同《左傳》一樣是研究先秦歷史、文化和語言的
寶貴資料淵藪，承認其史料價值之獨特性等①，但專門探討《國語》史
學價值或史料價值者尚不多見。就其探討角度而言，有從局部進行考察
者，有從全書角度進行考察者。史料價值和史學價值並不完全相同，但
又有重合之處，且學者研討中，往往以史料價值輔助説明史學價值，又
以史學價值爲引領研討其史料價值，有時候不容易區別清楚，故本書不
再單獨分列，只在具體評述中進行區分。

1. 從全書角度考察其價值者

李宗鄴《中國歷史要籍介紹》有“《國語》的史料價值”一節，謂：
“《國語》這一部古書，對於它的作者和作者的時代，唐宋以後有好多人
提出疑問，但對於《國語》所記載的史實，一般人都是信任的，足見具
有很高的史料價值。例如（一）《左傳》記周室事很略，《國語》則記有
穆、恭、厲、幽、宣、襄、定、靈、景、敬等十王的大事。（二）《左
傳》記齊桓公霸政事業很略，《國語》的《齊語》，則專記管仲相齊的政
治建設。（三）《左傳》對於越滅吳的記載很略，《國語》的《越語》則
記載得特別生動詳明。總之，《國語》補充了《左傳》的史事很多，所
以司馬遷修《史記》，把《國語》作爲重要參考材料之一種（《史記·十
二諸侯年表序》），由此可見《國語》在古書中的史料價值與地位了。”②
這段材料以《左傳》爲參照，對《國語》的史料價值進行了肯定。《古
籍整理研究學刊》1999 年第 5 期作爲補白重新發表，可見對該説的重
視。③ 朱鳳瀚、徐勇《先秦史研究概要》謂：“將《國語》與《左傳》

---

① 駱瑞鶴：《〈國語〉標點舉例》，《廣西民族學院學報》1985 年第 2 期。劉利：《論〈國語〉在先秦歷史語法研究中的史料價值》，《古籍研究》1994 年卷。

② 李宗鄴：《中國歷史要籍介紹》，上海：上海古籍出版社 1982 年版，第 87—88 頁。

③ 卞輯：《〈國語〉的史料價值》，《古籍整理研究學刊》1999 年第 5 期。

共同閱讀，相互參證，有利於澄清春秋史事。《國語》中亦有不少文字追溯及春秋以前西周乃至傳説時代史事，特別是涉及古代宗教觀念與古代禮制，皆爲其可貴之處。"① 對《國語》的史學價值給予較高肯定。王寒冬則認爲，《國語》的記言只是表象，實際上是用一種特殊方法記事，使人們可以從事實和言論中得知歷史事實和發展過程。王寒冬認爲《國語》採取分國編纂的方式，是中國史學發展到一定程度的必然結果。《國語》匯集了豐富的史料，成爲研究先秦社會史、思想史的寶貴資料，具有獨特的史學價值和研究價值，而且《國語》材料在相當程度上保留了其被選裁成書後的本來面貌。② 陳其泰認爲，《國語》的重大價值在於，它大大推進了《尚書》開啓的"記言"傳統，充分展示出"語"所具有的珍貴歷史智慧和豐富內涵，因而在歷史編纂學史上獨放異彩。③ 陳氏徵引了韋昭、戴仔對《國語》的高度評價，並認爲《國語》：（1）首要的史學價值，是自覺繼承《尚書》開創的"殷鑒"傳統，通過西周晚期至春秋時期的重大歷史事件，總結這一時期的宗周以及列國的成敗盛衰教訓；（2）大大推進了《尚書》開啓的"記言"傳統，充分展示出"語"所具有的珍貴歷史智慧和豐富內涵，充分展現了春秋時期賢士大夫的"嘉言善語"，因而成爲記載我國古代民族智慧的一朵奇葩；（3）《國語》記言與記事密切結合，恰當運用對比手法，多方位、多層面展現歷史進程的複雜性和生動性，顯示"紀事本末"是歷史敘事的重要方法，提供了成功範式，在歷史敘事方面有很高的技巧，是《國語》成爲先秦史學名著的又一重要價值所在。（4）從歷史記載規模和編纂格局看，《國語》既符合記載全中國範圍歷史的要求，又顯示出中國人歷來重視全國統一局面的形成和鞏固的文化傳統，因而形成由《春秋》的肇始階段到《史記》的成書階段之中間環節。故陳氏認爲《國語》的成就對後世史學影響深遠，概括爲四端：（1）爲西漢史學的高峰突起準備了條件；（2）創

---

① 朱鳳瀚、徐勇編著：《先秦史研究概要》，天津教育出版社1996年版，第58頁。
② 王寒冬：《論〈國語〉的史學價值》，安徽大學史學理論與史學史研究碩士學位論文，2008年。
③ 陳其泰：《〈國語〉："記言"史書的成功創設及其豐富內涵》，《史學理論與史學史學刊》2012年卷。

設的記言爲主的體例和高度成就，成爲中國史學的特色之一；（3）分國記載體裁的影響産生了一批史學著作；（4）敘事技巧，成爲後世許多史家揣摩效法的對象。故陳氏認定，《國語》既不是編纂《左傳》的剩餘材料，也不是依附《左傳》的著作，"春秋内外傳"之説並不符合實際，他認爲《國語》"是一部有獨立思想價值的編纂特色的史學名著"。① 王、陳對於《國語》性質、體例的認識有諸多分歧，對《國語》史學價值的開掘點也不完全相同，王寒冬不僅從體例等角度，而且從史料的角度對《國語》史學價值進行揭示，陳其泰則立足史學史角度，對《國語》史學價值進行揭示，二氏之説正可互相補充，爲彰顯《國語》史學價值提供了支撐。此外，也有對《國語》史料價值以及各語史料價值進行分別評定者，如張志哲即謂："唐宋以來，對於《國語》的作者和作者的時代，一直有人提出疑問，但對於《國語》所記載的史實，一般人都是相信的，可見它的史料價值較高。但由於《國語》是彙編書，各部分的史料價值則又不完全一樣，大體上以《周語》和《楚語》的史料價值最高，《晉語》《鄭語》《魯語》等次之。""《國語》和《左傳》，以不同的形式，敘述了基本上同一時期的史事，二書可以互相參證，史料價值也比較接近。"②

2. 從局部考察其價值者

有從具體史實角度論定者。饒恒久認爲，《國語》的史料價值整體上比不上《左傳》，但《國語》中的一些材料的史學價值也是《左傳》無法替代的。他尤其以黃池之會爲例進行了史實考辨，認爲像黃池之會這樣記載翔實的材料，可補《左傳》之不足。甚至《吳語》的文學價值也毫不遜色於《左傳》。③

有從斷代角度論定者。如李僅謂："《國語》在對西周中後期歷史的研究中占有極爲重要的地位。""《國語》對研究西周史的重要意義絶不

① 陳其泰：《〈國語〉的史學價值和歷史地位》，《中國史研究》2015 年第 2 期。
② 張志哲：《震盪與整合——春秋歷史文化流程》，合肥：黄山書社 1991 年版，第 300 頁。
③ 饒恒久：《吳、晉黄池争盟史實考辨——兼論〈國語·吳語〉的史學價值》，《社會科學戰綫》2001 年第 3 期。

亞於其它任何一部西周相關文獻。"① 張居三對《國語》西周部分的史料價值進行了分析，他認爲，《國語》西周部分史料爲研究西周末年社會政治、經濟以及軍事的變化發展提供了可靠的綫索，爲研究西周滅亡提供了有力的證據，爲春秋禮樂崩壞提供了真正的原因，爲宣講以禮治國思想提供了歷史背景，爲研究周禮提供了寶貴的參考資料。②

此外，還有從專題角度進行論定者。張春雷勾稽出《國語》音樂史料 24 條並逐條分析之後，認爲《國語》"這方面的記載，有些不見於《左傳》記載，有些可補充《左傳》記載的不足，有些比《左傳》記載得更爲詳細具體，這對於研究先秦音樂和深入瞭解周代禮樂文化，同樣具有重要價值和意義"。③ 申玉璞對《國語》音樂史料進行了統計，得出《國語》有 26 處音樂史料，且主要分布在《周語》《晉語》中，通過這些音樂史料，對《國語》音樂思想、音樂制度、樂器、樂律、樂師等進行了研討。④ 用具體研究表明了《國語》音樂史料的不可替代性。

(二)《國語》典章制度研究

作爲一部上古史著作，《國語》包蘊了相當多的典章制度，如行政制度、官制、經濟制度、軍事制度、宴饗制度、外交禮儀、禮樂制度、婚姻制度等等。

行政制度研究，如顧頡剛、王樹民、張以仁、浦善新、王暉、周書燦、夏德靠等人對畿服制度的研究，臧知非、應永深、陳世鈞等人對齊國行政制度或國鄙組織的研究。音樂制度以及樂器考辨研究，則有何幼琦、黃鍾、牛龍菲、陰法魯、李浩、王洪軍、周柱銓、李槐子、方建軍、郭珂、陳其射、李宏峰、劉道遠、于民、蔡德貴、黃翔鵬等人分別對《國語》的樂制、樂器、音樂史料等進行了梳理研究。貨幣制度，則有

① 李僅：《〈國語〉與西周史研究》，河北師範大學中國古代史專業碩士學位論文，2006 年。
② 張居三：《〈國語〉西周部分的史料價值》，《齊齊哈爾大學學報》2007 年第 3 期。
③ 張春雷：《〈春秋〉經傳音樂史料整理與研究》，淮北師範大學中國史專業碩士學位論文，2015 年。
④ 申玉璞：《〈國語〉中的音樂史料解析》，山西師範大學中國音樂史專業碩士學位論文，2017 年。

博賥清、王立等人的研究。兵制則有張玉勤等人的研究。葬制，則有彭
益林、常金倉、許子濱等人對請隧制度的研究等。農業田制，則有李民
立、楊善群等人對"爰田"制度的研究，李衡梅、巫寶三等對管仲"相
地而衰征"的研究。職官制度，則有斯維至對"工商食官"制度的研
究，駱瑞鶴對楚連尹的研究，楊瑄、王卯根、郭驥、劉宗迪等人對瞽史
的研究，趙伯雄對"隸農"的研究，徐仁甫、彭益林、一民等人對"女
工妾"的研究，張君對楚令的研究，赤子對右尹的研究，葉會昌對相人
的研究，吳銳對神守社稷守的研究等。這些研究，對於釐清《國語》相
關制度，具有重要的學術意義。此處僅以《周語中》"請隧"爲例，以
見諸家之考校：

　　○楊伯峻曰(《春秋左傳注（修訂本）》，頁四三二—四三三)：
隧有二義。韋昭注《晉語四》以爲六隧。六隧即六遂，周天子有六
鄉六遂，百里内置六鄉，六鄉外置爲六遂。然諸侯亦有三遂，《尚
書·費誓》"魯人三郊三遂"是也。以《左傳》證之，襄七年叔仲
昭伯爲隧正，則魯有遂矣；九年令隧正納郊保，則宋有遂矣。諸侯
已有遂，何乃復請乎？若云晉文不以三遂爲足，而請六遂，參以
《周語中》"晉文公既定襄王於郟，王勞之以地。辭，請隧焉。王不
許，曰'昔我先王之有天下也，規方千里以爲甸服，以供上帝、山
川、百神之祀'"云云，似亦有據。然請六遂省曰請遂，於事理終
難通。杜預用賈逵義，謂"闕地通路曰隧，王之葬禮也"。《賈子·
審微篇》敘此事云"文公辭南陽，即死，得以隧下"云云，亦解
"隧"爲葬禮。其實隧葬與六遂，兩義一貫。説詳章炳麟《左傳讀》
卷二。古代天子葬禮有隧，諸侯以下有羨道。隧有負土，即全係地
下道；羨道無負土，雖是地道，猶露出地面。請隧者，晉文請天子
允許於其死後得以天子禮葬己耳。蓋晉文先請隧葬，隧葬既得，則
必置六遂供葬具也。
　　○彭益林曰(《〈國語·周語〉校讀記》，《華中師範大學學報》
1985 年第 5 期，頁 97—103)：晉文公請隧，自漢以來有"周禮隧道

說""周禮六隧說"等。余曾據先秦墓葬制度及考古發掘駁"隧道"
說，認爲請隧實質當以韋昭"六隧說"近是，並申說之。詳見《晉
陽學刊》一九八三年第五期。

　　○常金倉曰(《晉侯請隧新解》，《山西師大學報》1988 年第 4
期，頁66—68)：晉侯所請之隧即是"全羽爲旞"。它是一種貴族身
份的標志，是一種特殊形式的旗幟。《左傳》稱它"王章"，《國語》
說它是"王章""大章""大物""服物采章"皆指旗物之"文章"。
所謂"死生"，就是說貴族生前以所張旗物文章示人以地爲身份，
死後送葬復以此旗爲銘旌。《周頌·載見》"載來見彼王，聿求厥
章"幾乎是晉侯請隧的一件複製品。

　　○董立章曰(《國語譯注辨析》，頁五三)：隧，墓道。諸侯懸棺
而葬，天子穿隧而葬。

　　○許子濱曰(《〈左傳〉"請隧"解》，見載於單周堯、陸鏡光主
編《語言文字學研究》，頁81—89)：楊伯峻謂"隨葬與六遂，兩義
一貫"，此說實承章炳麟之說而來。章氏因爲看到《遂師》的職分，
關涉王之葬禮，於是就說"六遂之遂，取名于葬之遂"。這種糅合
"六遂"與"葬隧"的做法，並非章氏獨創。其實，陳瑑《國語翼
解》在這方面也作出了嘗試，按照他的想法，晉文公的原意是想在
六遂之地修築一條通向墓穴的道路，方便六遂之民挽引載柩之車。
這種說法殊爲牽强。章氏之說雖較陳瑑細密，但同樣不能成立。韋
昭之說，後世研究《國語》者大多不以爲然，孫詒讓試圖以《韓非
子》之異文證成韋說，誤。董增齡之議極爲明辨，足砭章氏之弊。
近年，彭益林重申晉文公"請隧"爲六隧之說，祇要仔細分析他所
提出的論據，不難看出，那些論點都沒多大的說服力。"六遂說"
不可信。而前人的"墓隧說"也有重新探討的必要。以"隧"爲
"墓隧"之說，始見於賈誼的著作。這種說法在漢儒之間廣泛流傳，
如賈逵、唐固、虞翻等人就有同樣的意見。可是，這些人都祇說
"開地通路曰隧"，至於這種墓道的具體現象，則付闕如。後來杜預
注云："闕地通路曰隧，王之葬禮也。諸侯皆縣柩而下。"杜氏第一

次區分了王與諸侯葬禮。杜預除了重申墓隧是天子獨有的葬禮外，又説明了諸侯下葬的方法。從"縣柩而下"可見，杜氏認爲諸侯葬禮是不築墓道，而是把棺柩直接放入墓穴。章太炎、楊伯峻所提出的"隧葬與六遂兩義一貫"之説實難以成立，至若釋"遂"爲"六遂"亦不可信。故筆者認爲，此三説中，僅"隧葬"之説可從，"請隧"即請用王之葬禮。

〇萬麗華曰(《左傳中的先秦喪禮研究》，頁八三—八四)："遂""隧"相通是古文字學家們的一致意見，晉侯所請的不是與墓葬有關的"隧"，而是鄉遂制度中的"遂"。楊寬先生認爲："鄉遂制度是西周春秋間社會結構的重要特徵之一，鄉和遂不僅是兩個不同的行政區域，而且是兩個不同階層的人的居住地區。"（楊寬：《西周史》，上海：上海人民出版社 1999）鄉遂制度始於西周，到了東周後期使用的範圍有所擴大；西周時僅限於周天子直接統治的王畿地區使用，其他諸侯國中可能僅在魯國纔被允許使用。晉侯請隧中的"隧"若作鄉遂制度中的"遂"講，則困惑我們的大部分問題就會迎刃而解了。晉侯居功自傲，寧願捨棄周王賞賜的大片土地，轉而請隧，首先説明是否用隧和墓葬佔用的土地面積無關；其次天子和諸侯墓道數量的多寡固然有著制度上的規制，但具體情況如何現在還沒有確切的資料可資説明，尤其是戰國洛陽的周王墓僅有兩條墓道的現象令人費解；周公廟四條墓道大墓的發掘，似乎説明至少最高等級的墓葬其墓道和諸侯墓葬的墓道在形式上沒有太大的區別，僅有大小長短之分。張英橋《商周墓道制度辯論》一文結合大量考古資料及古代典籍指出："考古發現的商周時期墓道均是上無負土的斜坡形墓道，也沒有發現所謂'上有負土'的只有天子纔能使用的隧道……"得出了相同的結論："文獻中的'晉侯請隧'中的'隧'不做墓道講，而是指鄉遂制度中的'遂'。"（張英橋《商周墓道制度辯論》，《中原文物》2009 年第 2 期）晉侯所請的"隧"如果理解成鄉遂制度的"遂"，周王對晉侯所請之物的責難就很容易理解了。原來，晉侯是想通過僭用周王所用的管理制度，在政治上對周王地位加以挑戰，難怪周王會如此大爲惱火了。（參見段清波：《晉侯請隧中的"隧"不當作墓道講》，《中國文物報》，2006年2月24日，第007版）

○陳戍國曰（《中國禮文學史·先秦秦漢卷》，頁八六）："請隧"是什麼意思？《左傳》杜注："闕路通路曰隧，王之葬禮也。諸侯皆具柩而下。"孔疏："諸侯皆具柩下，故不能用隧。晉侯請隧者，欲請以王禮葬也。"按：杜元凱對"隧"的解釋，暗用賈侍中說。《國語》韋注明引賈侍中說，又云："唯天子有隧，諸侯則無也。"春秋時代的霸主本以尊周王爲幌子，挾天子以令諸侯；如今晉文公居然提出死後行天子葬禮的要求，那他意欲置周天子於何地？

○王澤文曰（《晉文公請隧別解》，《南方文物》2018年第4期，頁147—152）：晉文公的"請隧"應解釋爲祀天（上帝）典禮。

許子濱《〈左傳〉"請隧"解》一文較能綜合前說，故討論最爲細緻，可爲參考。從《國語》本篇下文"叔父有地而隧之"的表述看，恐怕以葬禮之釋最合。而各家考辨，不僅參考典籍制度，而且採用考古出土實物，方法方式多樣，爲該問題之能得一合理妥當之答案做出了努力。

（三）《國語》禮制研究

李僅總結出《國語》有祭祀、籍田、宴饗、朝覲、賞賜、迎賓、贊見、荒禮、災禮。[①]李秀亮總結出《國語》有祭天禮、祭地禮、祭祖先禮、喪禮、荒禮、災禮、軍隊編制之禮、行軍作戰相見禮、兩軍交戰禮、朝聘禮、錫命禮、士相見禮、朝禮、婚禮、冠禮、宴饗禮、脤膰禮、籍田禮、立嫡禮、建房禮、籍服禮等。[②]陳戍國認爲："《國語》凡二十一卷，卷卷有禮……《國語》中可以獨立（首尾完整）的章節而其中各節

① 李僅：《〈國語〉與西周史研究》，河北師範大學中國古代史專業碩士學位論文，2006年。
② 李秀亮：《〈國語〉禮制資料類纂與初探》，煙臺大學專門史專業碩士學位論文，2008年。

大半篇幅與禮儀禮制有關者，占全書 225 節的 35%。"① 陳氏按照《國語》分卷，用較長篇幅，逐卷分析了《國語》各卷中與禮有關的章節②，可參。李秀亮謂："從《國語》的記載中，我們也可以看出先秦禮制從西周到春秋時期變化和發展的軌跡。《國語》記載了從西周中葉到春秋晚期約五百多年的歷史，周王室的衰落，宗法制與分封制的瓦解，諸侯勢力的崛起，都使禮制發展出現了巨大的轉變，《國語》所記載的禮制，就是對這一歷史動盪和轉變過程中新、舊禮制交替現象的真實體現。"同時也指出："《國語》一書所反映的歷史時代，違背周禮的行為在社會上大量存在著，社會各個階層——上自周朝天子，下至一般的士大夫；各個地區——不僅有中原王朝的周、晉，而且包括楚、秦等周邊少數民族政權；對各種禮儀制度——吉、凶、軍、賓、嘉等，都進行了不同程度的破壞，可以毫不誇張地說，西周初年由周公所制定和推廣的那套禮樂制度在這個時期正在走向崩潰和衰亡。"指出《國語》所載春秋時期禮制的兩點特點："一、禮的制度化特徵削弱，倫理化與世俗化特色增強；二、禮的適用範圍擴大，等級界限削弱。"③ 此外，陳成國、韓東育、夏德靠等人對籍田禮的研究，陳成國、白國紅等對冠禮的研究等，都增進我們對《國語》禮制的深入瞭解和認識。如《周語上》末章"獻楚捷"實即獻捷禮，董增齡《國語正義》引《左傳·成公二年》"蠻夷戎狄不率王命，淫湎毀常。王命伐之""楚自戌穀圍宋憑陵，中夏，晉勝之於城濮，故舉獻捷"之文以明之。楊希枚是比較早關注獻捷制度並進行全面研究的學者之一。楊希枚指出："獻捷獻功顯然是封建社會下諸侯服膺王命而必須履行的一種義務。""就人俘而論，在原則上是限於'不式王命'的四夷之民"，"獻捷制度的目的，一方面則在於'懲不敬、勸有功'；另一方面則在於'敬親暱，禁淫慝'。而歸根結底的說，主要還是王朝在利用諸侯國為其防禦四夷的外圍勢力，並以獻捷限制了諸侯的兵源人力，以免諸侯

---

① 陳成國等：《中國禮文學史》（先秦秦漢卷），長沙：湖南大學出版社 2012 年版，第 79 頁。
② 陳成國等：《中國禮文學史》（先秦秦漢卷），長沙：湖南大學出版社 2012 年版，第 79—85 頁。
③ 李秀亮：《〈國語〉禮制資料類纂與初探》，煙臺大學專門史專業碩士學位論文，2008 年。

勢力的日趨擴大。"① 楊氏涉及的方面比較廣。根據高智群研究，商代就已經確立了附屬諸侯向商王報功獻捷的禮儀制度。其闡述獻俘程序較爲全面，可參。② 曹建墩《先秦禮制探賾》根據楊希枚等人的研究進行了總結，云："獻捷禮最早源於部落社會獻俘告祭的原始習俗。西周時期，獻捷禮已成爲軍禮的重要內容，獻捷或稱'獻功'，特指華夏集團內諸侯國對蠻夷戎狄少數民族用兵勝利後，諸侯或者命卿向周天子的告慶活動。"③ 又景紅艷《先秦獻捷禮考論》《小議先秦時期的獻捷禮》也對獻捷禮進行了研究，亦可參。④ 通過這些學者對獻捷禮的梳理和總結，我們對《周語上》末章"獻楚捷"之禮的認識更加清晰。

（四）《國語》史實考辨

古史渺茫，故後世研究者有對《國語》所載史實産生懷疑者，也有對《國語》所載史實進行補充説明者，更有對《國語》所載史實信從且稱述其價值者，也有對史實發生時間進行考辨者，還有通過史實探討其普遍性者。

懷疑《國語》所載史實之真實性者，如單穆公諫鑄大錢而以子母相權之事、伶州鳩論律、武王伐紂之天象等，學者中有懷疑其以後世制度託跡於古史者。如日本學者加藤繁即對周景王鑄大錢之事表示了質疑，謂：

> 始傳景王鑄大錢的，是《國語》，但文曰寶貨，不見於《國語》，而見於《漢書·食貨志》。韋昭的《國語注》中説："唐尚書云：大錢重十二銖，文曰大泉五十。"舉出了説景王大錢之文曰大泉五十的唐尚書的説法，同時引用了鄭玄的《周禮》注（《周禮·天官·外府》注），説明唐尚書所説的是王莽的大泉，不是周景王所

---

①　楊希枚：《先秦諸侯受降、獻捷、遣俘制度考》，見載於氏著《先秦文化史論集》，北京：中國社會科學出版社 1995 年版，第 155—168 頁。

②　高智群：《獻俘禮研究》，《文史》第 35 輯。

③　曹建墩：《先秦禮制探賾》，天津：天津人民出版社 2010 年版，第 154 頁。

④　景紅艷：《先秦獻捷禮考論》，《中國文化研究》2005 年秋之卷；《小議先秦時期的獻捷禮》，《蘭臺世界》2009 年第 5 期。

鑄的。順便説，在景王以後，經過了很久的年月，幣物改轉，不相因襲，先師唐尚書也不得其詳，雖然有人把大錢之文説作寶貨，但這也不是事實。韋昭是否參考過《漢書·食貨志》不知其詳。總之，舉出了大錢之文曰寶貨的説法，予以否定。根據這條韋昭的注，可以知道在那時候——即三國時代，就沒有可以看做景王大錢的實物存在，關於它，流行著種種不確實的解釋，其中，也有人把它看做王莽的大錢的。因此我想，班固在後漢明帝、章帝年間編纂《漢書》時，也沒有看到大錢的實物上有寶貨的字樣而寫"文曰寶貨"，不過是採取了世間的傳説，就把它這樣記載下來。在錢的名稱上用寶字，主要是唐以後的事情。換句話説，唐有開元通寶、乾封泉寶、乾元重寶，五代有漢通元寶、周通元寶等。此後，歷代鑄造有元寶、通寶等文字的錢。可是，在隋以前的錢中，完全沒有鑄過寶字的錢。但王莽把他所定的五種貨幣稱作寶貨。他起初鑄造大錢、契刀、錯刀、合五銖錢，而行四種貨幣，但立刻爲了劉氏的"劉"字中有金、刀的字，就廢止含有這個字的錯刀、契刀，和漢代遺制的五銖錢；改鑄錢貨六品、黃金、銀貨二品、龜寶四品，貝貨五品、布貨十品，總稱爲寶貨五物。以前，貨幣祇叫做布、刀、泉、錢、幣等，沒有過叫做寶的。……王莽在行契刀、錯刀、五銖時，也不叫做寶，等到造龜貝等五物二十八種貨幣時，稱龜甲爲龜寶，其他貨幣爲錢貨、銀貨等，纔取龜寶的寶、錢貨、銀貨的貨，總稱爲寶貨。換句話説，在貨幣的稱呼中用寶字，可以説開始於王莽。而就是王莽，也不稱所有的貨幣爲寶，真正稱爲寶的，只是龜甲而已，因爲其中有龜甲，所以作爲貨幣全體的名稱，也就選用了寶貨二字。而在這以前，無論在秦漢，又無論在周代戰國時代，沒有把貨幣，特別是錢，稱作寶的。所以説景王的錢上有寶貨，這是難以贊成的，在漢代三國時代，有寶貨之文的錢並不存在，也可以説是當然的。①

_____

① ［日］加藤繁撰，吳傑譯：《中國經濟史考證》第一卷，北京：商務印書館 1959 年版，第 3—4 頁。

此外，何浩對《吳語》申包胥使於越史實的真實性進行了考辨，從記事的唯一性、楚越關係、申包胥與伍子胥關係等角度進行了分析，最終認定申包胥並未在老年出仕越國，故《吳語》所載並非信史。① 葉林生對《晉語四》所載"古史傳說"進行了考辨，認爲此古史傳說並不具備"史"的性質，似爲早期縱橫家的言論，其可信度極低。② 中外學者都表示了對"昔武王伐紂，歲在鶉火"這一天象真實性的質疑。美國學者倪德衛對《國語》"武王伐殷"天象進行了辨僞，認爲《國語·周語下》武王伐殷天象資料應該是劉歆以前不久被加入《國語》中的③。張聞玉認爲這一天象資料是春秋中期以後的人用歲星 12 年一週期的規律逆推出來。④ 張培瑜對《國語》《左傳》所載日食、歲星位置、武王伐紂天象進行了考辨，認爲《國語·晉語四》記載的歲星位置與天象全部相符，也都不是觀測實錄，進而推測出《國語》的歲星位置大約是公元前 358 年左右的作者根據歲星 12 年行天一周計算之後加進去的，而《左傳》的歲星位置大約是公元前 357 年左右的作者，根據歲星 12 年行天一週計算加進去的，進而認爲"這不能不使人懷疑《國語》《左傳》中關於天文曆法內容的作者或改寫者是否是同一個人所爲或是兩人有著某種密切關係"。張培瑜認爲《國語》《左傳》所載滅虢、伐紂天象曆日和實際天行不符，《周語》所載伶州鳩所述伐紂天象係戰國後人推算附入，也都不是觀測實錄。最終認爲"《左傳》《國語》中特有的天象記載，凡有年代可考、可返求者，無一真實。而史實年代更久更古更遠而無考者，如伶州鳩所述伐紂天象、武王克商'歲在鶉火'、唐叔始封'歲在大火'等等這類的天象記載，恐怕也很難令人相信其有別的什麼依據"。⑤ 張富祥認爲伶州鳩所言天象資料是晚出的僞史料，大率出於後世兵家言，並非周初原始觀測的記錄。夏商周斷代工程誤用爲推求武王克商年的重要

---

① 何浩：《"楚申包胥使於越"辨》，《浙江學刊》1985 年第 2 期。
② 葉林生：《〈晉語四〉"古史傳說"的史料價值考辨》，《廣西師院學報》2002 年第 4 期。
③ ［美］倪德衛：《〈國語〉"武王伐殷"天象辨僞》，《古文字研究》第 12 輯（1985）。
④ 張聞玉：《武王伐紂天象之辨析》，《殷都學刊》1989 年第 1 期。
⑤ 張培瑜：《試論〈左傳〉〈國語〉天象紀事的史料價值》，《史學月刊》2009 年第 1 期。

依據，所得結果亦不可從。① 王寧根據馬王堆漢墓帛書《陰陽五行·堪輿》、北大漢簡《揕輿》，認爲伶州鳩所説的内容，應該是用堪輿術比附古代故事，非歷史記錄。進而認爲，《國語》《左傳》那些帶有預言色彩並與歲星十二次有關的"天象"記錄，都應該與堪輿術有關，並非歲星紀年；那些十二次名則可能出於漢人的改造，非是真正的天象記錄，不可據以推斷歷史年代。② 普遍對這段史料的真實性提出了質疑。

當然，也有對《國語》所載史實的真實性進行論證，從而肯定《國語》史料價值者，如饒恒久、張居三等。另外，李僅《〈國語〉與西周史研究》則是集中對《國語》所載西周史料的全面綜合研究，認爲《國語》記載西周中後期的史事多關乎邦國成敗，對《國語》中的西周史事與典制關聯進行了梳理，如周興於岐山、太伯讓位、文王之生及文王臣子、武王伐紂、肅慎之矢、成王時候諸事等西周諸王各個時期的史事，作者列表對《國語》史事要點和相近資料以及相關歷史背景做了對照，認爲有73.9%史事記載言之有據。也有對史實具體細節的真實性進行考證者，如對於虢文公所述籍田禮之事，雷曉鵬認爲："'籍田'是周王室專有的祭祀上帝的祭田，諸侯無權祭祀上帝，所以沒有籍田。西周籍禮的參加者有天子、公卿、百官和庶民，並没有諸侯。文獻中所謂諸侯參與天子舉行的籍田禮、'諸侯爲籍百畝'等説法應是戰國以後人的附會，並不符合歷史事實。"③

有對《國語》所載史實的具體年代時間進行考訂者，如鄭良樹、張以仁等人對鄭人入滑時間的考訂④。另，《周語上》所載晉文公賜命之事，《左傳》不載。晁福林謂："《周語》所載的這次賜命沒有説明其具體時間，從種種跡象分析當在魯僖公二十四年（前636年），即晉文公繼位之年。這是因爲《周語》謂賜命以後，内史興向周襄王匯報時曾謂

---

① 張富祥：《〈國語·周語下〉伶州鳩語中的天象資料辨僞》，《東方論壇》2005年第3期。

② 王寧：《北大漢簡〈揕輿〉與伶州鳩所言武王伐紂天象》，復旦大學出土文獻與古文字研究中心網站論文。

③ 雷曉鵬：《清華簡〈繫年〉與周宣王"不籍千畝"新研》，《中國農史》2014年第4期。

④ 鄭良樹：《〈國語·周語〉韋解周襄王年代正》，《大陸雜誌》1974年第2期。張以仁：《春秋鄭人入滑的有關問題》，見載於氏著《春秋史論集》，臺北：聯經出版事業公司1990年版。

'晉不可不善也，其君必霸'，可見這時候尚未進行城濮之戰，晉的霸業還沒有顯露出來。《周語》所記的這次賜命是周襄王爲使晉文公出力平定子帶之亂而主動採取的措施，其時間在魯僖公二十五年（前 635 年）晉文公勤王之前。"①《國語》此類研究尚多，而以武王伐殷年代考校研究最爲豐富。北京師範大學國學研究所於 1997 年編輯出版《武王克商之年研究》一書，收錄古代學者所定克商之年十二種説法，收錄近現代（截至 1997 年）學者關於武王克商之年説法三十六種，該書後列 "武王克商之年研究論著要目"，按照學者對時間的具體推斷分類臚列古今説法一百多家，關於武王克商之年説法共 44 種。② 對《周語下》伶州鳩所述武王伐殷故事不無參考價值。

有對舊説進行研討，詳細考證史實者。如張以仁對鄭滅鄶以及對鄧曼亡鄧之説的研討，李隆獻對晉國以及晉文公復國定霸行程、事跡的綜合考辨，王少林對晉文公重耳出亡地理以及時間的考求，皆屬此類。③ 李隆獻 1983 年博士畢業於中國臺灣大學中國文學研究所，導師爲張以仁教授。《晉文公復國定霸考》是李隆獻的博士論文，也是中國臺灣大學出版中心 "文史叢刊" 出版的第一篇博士論文，該書除了緒言、結語之外，共分八章，分別爲引論——晉文公出亡前的晉國、晉文公流亡期間的晉國、晉文公的流亡生涯、晉文公入國前的國際大勢與晉國的政治局勢、晉文公的復國與圖霸、晉文公霸業的奠定、晉文公與戎狄、晉文公與晉惠公齊桓公的比較。書後有附錄，其一爲 "晉文公從亡諸臣考"，其二爲 "晉文公史事繫年"，其三爲 "晉國世次簡表"，其四爲附圖，列春秋列國圖、晉國疆域圖、晉都近郊圖、驪戎與驪山圖、晉文公流亡路綫圖、春秋衛國地圖、春秋地理略圖。對晉文公這位雄才霸主流亡前、中以及復國之後的晉國、各諸侯國進行了綜合研究。對其間涉及的史實、

① 晁福林：《春秋戰國的社會變遷（上）》，北京：商務印書館 2011 年版，第 97 頁。

② 北京師範大學國學研究所：《武王克商之年研究》，北京師範大學出版社 1997 年版。

③ 張以仁：《鄭國滅鄶資料的再檢討》《鄧曼亡鄧之説的檢討》，氏著《春秋史論集》，第 205—268 頁。李隆獻：《晉文公復國定霸考》，臺北：臺大出版中心 1988 年版。王少林：《晉文公重耳出亡考》，《南都學壇》2012 年第 3 期。

人物、路綫等等進行了詳細考證。

還有對歷史事件發生的原因等進行研討者。如張以仁對"密須亡由伯姞""鄅亡由仲任"等的考辨,由密須、鄅之亡由女人,進而論及鄶亡亦與女人有關。① 夏德靠對密之姓與三女之姓進行了考辨,認爲密康公之密實姬姓,爲周時之國,和三女之姓同,進而推斷恭王滅密是因爲密康公違背了同姓不婚的原則。② 此外,田標揭出周厲王時期的國家社會結構發生變化,新興言語階層主導王朝局勢,複雜的利益群體爲言語提供相同或不同的動力,也爲不同的言語取向提供足夠的張力空間,而共同的居住地域也形成並提供了言語媒介,興起階級把握了話語的主動權,於是,時代的"方言"趨勢伴隨著階層崛起而得以興起。田氏以之作爲"國人謗王"之"謗"興起之原因。③ 而符宏毅認爲召公進諫而厲王不納除了周厲王剛愎自用外,以《鄒忌諷齊王納諫》《燭之武退秦師》《觸龍説趙太后》作參照,認爲召公本人也存在不足:①言辭激進,且帶有譏諷,將矛盾全部集中在周厲王一人身上;②令民"口之宣言",却未言及君王之口,未使周厲王直接受益;③進諫方式單一古板,只想到爲進諫而進諫,没想到靈活變通;④提出的"天子聽政"内容陳舊,周厲王根本不感興趣。④ 仍然是同一事件,但和田標著眼的角度不同,從召公進諫失敗成因的角度進行研討,對全面認識召公諫弭謗這一歷史史實具有積極的作用。

也有的學者承認或忽略史料真實性,從史實所反映的價值或歷史意義的角度,對史實影響進行探究。如胡方恕認爲不籍千畝和料民二事都是周宣王的改革措施,其中不藉千畝"實際上是在畿内首先打破'公田'與'私田'的界限,放棄了'借民力助耕'公田的剥削方法。這無疑會緩和已經尖鋭的社會矛盾,從而纔使生産有所恢復和發展,出現了

---

① 張以仁:《從鄶亡於叔妘説到密須與鄅之亡亦與女禍有關》,氏著《春秋史論集》,第183—203頁。
② 夏德靠:《共王滅密原因之推測》,《黔西南民族師範高等專科學校學報》2006年第1期。夏德靠《〈國語〉研究》也有涉及,可參。
③ 田標:《從"厲王"止謗看西周末年流言謗語的起因》,《柳州師專學報》2009年第5期。
④ 符宏毅:《召公進諫失敗原因探微》,《語文月刊》2006年第6期。

國富民殷的局面。這正是宣王順應了歷史發展的趨勢，力排衆議，大膽改革所受到的積極效果"。公田、私田差別消失，一律履畝而税，必然帶來社會組織的變化，"料民"之舉標志著我國古代公社組織開始破壞，個體小農正在形成中。因此，胡氏認爲："宣王即位，不籍千畝，是他力排衆議、果斷採取的順應歷史發展趨勢的進步措施，有利於公有制向私有制的轉化，是履畝而税運動的首創，是齊管仲、魯季孫等的先驅者……是適應生産力發展而出現的生産關係的相應調整。"① 董立章亦謂："西周一畝相當於現在 0.2882 畝。宣王不籍，根本原因是經濟制度的變革導致上層建築的變革，籍禮已失去勸農意義。'厲王革典'，井田制度，履畝而税，庶民力耕私田，無須隆籍禮以督民耕。文章將千畝之敗歸咎於不籍，却對基於經濟變革而國勢重振所導致的'宣王中興'壯舉諱莫如深，反映了王室内部革新實務派與墨守成規集團兩種勢力的鬥争，反映了守舊派阻撓社會變革的徒勞努力。"② 雷曉鵬總結了郭沫若、李亞農、金景芳、趙光賢、王玉哲等人的意見，認爲："前輩學者對周宣王'不籍千畝'的理解主要可概括爲兩類：一類是從'周宣王是西周晚期的一位鋭意改革的中興英主'這一認識出發，認爲'不籍千畝'是周宣王變革落後生産關係（井田制、奴隸制）的進步措施；另一種則主張立足於《國語》原文，認爲'不籍千畝'僅指周宣王不在籍田上舉行籍禮，别無其他意義。"③ 清華簡《繫年釋文》第一章云："昔周武王監觀商王之不恭上帝，禋祀不寅，乃作帝籍，以登祀上帝天神，名之曰千畝，以克反商邑，敷政天下。至于厲王，厲王大瘧于周，卿李（士）、諸正、萬民弗忍于厥心，乃歸厲王于彘，共伯和立。十又四年，厲王生宣王，宣王即位，共伯和歸于宋（宗）。宣王是始棄帝籍田，立卅又九年，戎乃大敗周師于千畝。"④ 雷氏根據清華簡認爲"不籍千畝"就是周宣王主

① 胡方恕：《略論西周宣王改革》，《東北師大學報》1985 年第 6 期。
② 董立章：《國語譯註辨析》，廣州：暨南大學出版社 1993 年版，第 17 頁。
③ 雷曉鵬：《從清華簡〈繫年〉看周宣王"不籍千畝"的真相》，《農業考古》2014 年第 4 期。
④ 清華大學出土文獻研究與保護中心編：《清華大學藏戰國竹簡（二）》，上海：中西書局 2011 年版，第 136 頁。

動將帝籍廢棄了，"正是因爲'不籍千畝'指的是周宣王不再在籍田上舉行籍禮，而且還下令廢棄籍田，所以籍田上的一切生產活動都將終止。籍田上的收穫亦將隨之不復存在，這樣就自然沒有齍盛來祭祀上帝，也沒有糧食財物來供養民衆了。惟其如此，周宣王'不籍千畝'纔使虢文公產生'匱神乏祀而困民之財'之憂懼。"又雷氏《清華簡〈繫年〉與周宣王"不籍千畝"新研》得出四點結論，其中第 3 條謂："西周'籍田'的性質是周王室祭祀上帝的祭田，'籍禮'的根本目的也是祭祀上帝，因此周宣王廢止籍禮、廢棄籍田在當時賢人君子看來無疑是對上帝'大不敬'的失德之舉，甚至被認爲會影響到周王朝'天命'的轉移、鬼神的向背和民心的得失。三十九年千畝之敗，正是周人鬼神'福善禍淫'觀念的反映。"① 有利於我們擺脫《國語》編者的價值標準，從更宏闊的歷史背景中理解史實的真相和意義所在。

有通過史實探討其普遍性者，如李志庭即通過《國語》以及相關典籍所載勾踐改革之史實而探討越國社會性質。李氏認爲，越王勾踐的社會改革是越國社會長期發展的結果，進而揭出越王勾踐社會改革的基本内容包括：（1）廣求人才，任用賢能；（2）改革政治；（3）採取一系列措施，積極發展生產；（4）獎勵生育，增殖人口；（5）建立建置步兵，規定賞罰之制；（6）採取一系列爭取與國、麻痺吳國的措施。進而指出勾踐的社會改革促進了封建生產關係的發展：（1）促進社會經濟的發展；（2）使越國封建土地所有制得到進一步發展；（3）新興地主階級在勾踐政權中佔有重要地位。② 趙東栓根據《吳語》《越語》所反映的吳越爭鬬時期的歷史，從三個方面探討了越文化：（1）越國還保留著其族屬和地域的一些文化特徵；（2）以周文化爲代表的中原文化的影響；（3）楚道家文化的影響。③ 通過具體史實，進行提升式探討和總結。

① 雷曉鵬：《清華簡〈繫年〉與周宣王"不籍千畝"新研》，《中國農史》2014 年第 4 期。
② 李志庭：《從越王勾踐的改革看越國的社會性質》，《杭州大學學報》1985 年第 1 期。
③ 趙東栓：《〈國語〉所反映的吳越爭鬬時期的越文化》，《濰坊學院學報》2009 年第 1 期。

（五）《國語》地理考辨

《國語》地理資料豐富，明代學者劉城曾予以輯錄，清代學者董增齡、洪亮吉、譚澐等多有研究，晚近之吳曾祺、沈鎔注釋《國語》時，往往以當時之行政區劃與《國語》之地理相印證。李波等《國語索引》專門出地名索引，把國族名稱也統計在內，總共三百四十多條，除去重複，總在三百條左右，可見《國語》地理名詞的豐富。近七十年來，歷史地理學得到了很快發展，各種先秦史詞典相繼問世，爲瞭解《國語》地理提供了方便。此外，一些學者對《國語》地理也予以考辨。如《周語上》第二章密康公之國所在，韋昭謂："密，今安定陰密縣，近涇。"董增齡《國語正義》云："則密即密須。《內傳》杜注：'密須，姞姓國。'今宏嗣言姬姓，大抵文王時被伐之後，其國尚在。共王時方滅。抑周初滅姞姓之密，而封姬姓之裔，如成王滅唐而封太叔，其國仍號曰唐之例。則密即密須也。"① 陳槃的認識和董增齡相同，以爲姞姓之密，久爲文王所滅，而即以其他封姬姓。故姬姓之密，亦在靈臺，而康公爲其後。汪遠孫《國語發正》則謂："密有二姬姓者，在河南。《漢書·地理志》：'河南郡，密故國'臣瓚注：'密，姬姓之國，見《世本》。'今在河南開封府密縣東七十里，有姞姓者，在安定。《地理志》：'安定郡陰密詩密人國，亦稱密須。'《內傳·昭十五年》'密須之鼓'杜注：'密須，姞姓國，在安定陰密縣。'《通志·氏族略》：'密須氏，《世本》：商時姞姓之國。涇州靈臺有密康公墓，今在甘肅平涼府靈臺縣西五十里。'據此，則安定之密姞姓，非姬姓也。《周語中》云：'密須由伯姞。'伯姞蓋三女中一人，亦以嬻姓致亡。應劭注《地理志》以河南之密爲姬姓，誤與韋同。《史記·齊世家》索隱云：'密須，姞姓，在河南密縣東，故密城是也。與安定姬姓密國別。'亦蹈宏嗣之誤。"② 張以仁、陶興華贊同汪遠孫之説。陶氏舉出三點原因，云："首先，《竹書紀年》明

---

①　（清）董增齡：《國語正義》，清光緒閒式訓堂刊本，本卷第 11 頁。

②　（清）汪遠孫：《國語發正》卷一，振綺堂本，本卷第 11 頁。

謂'密人降與周師'，應該只是降服，而非被滅國。其次，西周時期姬姓國被滅者很少，被周王室所滅者更是幾乎没有。再次，周共王雖然不是大有爲之君，但也很少見到後世史家對其有過多貶詞，想來也算不上昏聵之君，倘若密國爲姬姓，密康公僅因女色問題得罪了共王，共王便發怒攻滅同姓之國，免不了引來當時和後世之人的嚴詞批評，但事實好像並非如此。想必周共王因女色而滅密僅是託辭而已，涇水流域古密國最終被滅，當是出於共王的其他戰略考慮。筆者認爲，將西周共王時期的密國看作姬姓之國，於理不合，應該還是將其視爲姞姓之國爲當。由此可知，商末周初，周人並没有徹底消滅涇水流域的古密國，密國一直到周共王時期仍然作爲周人附屬國存留於涇水流域。"① 張帥、夏德靠即對密康公之密國地望進行了考證。張帥認爲，姞姓之密實爲殷商時期邦國之一，文王時期被滅，而其國舊址爲周舊族襲承，仍用密國之名，其封域當在今河南新密市東南。而密須國，即周恭王滅掉之國，其封域在今甘肅靈臺境西之百里鎮。② 夏德靠認爲姬姓之密不在河南君，而是封於密須故地。③ 今檢孫斌儒主編《甘肅省靈臺縣地名資料彙編》中即同載姞姓密須與姞姓密國。④ 王忠學《古靈臺與靈臺縣》揭示了靈臺縣的歷史背景，分本爲密須國、周文王伐密、文王作"靈臺"。⑤ 是亦皆從顏師古、董增齡等人之説。此外，張以仁對滑之地望進行過考證，梳理古今異説，歸納滑之地望説法爲三種：（1）河南緱氏縣；（2）河北大名之滑縣；（3）河南睢縣西北之華亭。張氏經過周密論證，對各種異説一一進行了考辨，最終認定《國語》"鄭人伐滑"、《左傳》"鄭人入滑"之"滑"實即河南緱氏縣，也即今河南偃師以南二十里的地方。⑥

---

① 陶興華：《西周"共"地所在與共伯和"入爲三公"考》，《歷史地理》第二十九輯。

② 張帥：《"共王滅密"辨疑》，《中國歷史地理論叢》2004 年第 4 期。

③ 夏德靠：《〈國語〉研究》，北京：知識産權出版社 2014 年版，第 232—236 頁。

④ 孫斌儒主編：《甘肅省靈臺縣地名資料彙編》，靈臺縣地名委員會 1984 年 12 月，第 19 頁。

⑤ 王忠學：《古靈臺與靈臺縣》，見載於中國人民政治協商會議甘肅省委員會文史資料和學習委員會 2005 年 3 月編《甘肅文史資料選輯》第 59 輯"甘肅絲綢之路旅遊文化史料專輯（上）"。

⑥ 張以仁：《春秋鄭人入滑的有關問題》，氏著《春秋史論集》，臺北：聯經出版公司 1990 年版，第 333—364 頁。

（六）《國語》古史傳說考辨

正如朱鳳瀚、徐勇所云，《國語》記載了大量的古史傳說資料，爲勾稽史前史、上古史提供了資料。學者亦多有措意於此者，以對《晉語四》所載黃帝之子二十五人和《楚語下》"絕地天通"的研究數量較多。

較早對《晉語四》所載黃帝之子二十五人進行考訂的爲楊希枚，其後則有王澤生等，而以楊希枚《〈國語〉"黃帝二十五子得姓"傳說的分析》研究最有創發。該文上篇《〈國語〉"黃帝二十五子得姓"傳說的分析（上）》發表於《中央研究院歷史語言研究所集刊》第 34 本下册（1963 年 12 月），中篇《〈國語〉黃帝二十五子得姓傳說的分析（中）——兼論中國傳說時代的母系社會》發表於《慶祝李濟先生七十歲論文集（下冊）》（臺北：清華學報社 1967 年版），此後則標爲《〈國語〉"黃帝二十五子得姓"傳說的分析》（上、下），收錄於氏著《先秦文化史論集》（北京：中國社會科學出版社 1995 年版）。該文認爲"皆爲己姓"之"己"指黃帝自己，黃帝父子異姓傳說不過是反映母系從姓制的史料。今以其"現存原文兩節應是一正文一注文"爲例以作説明，楊希枚首先引述了唐蘭《先秦文化史講義》"《國語》這一節裏很矛盾……我疑惑這一段《國語》的本來面目是'黃帝之子二十五人其同姓者二人而已。唯青陽與夷鼓皆爲己姓。青陽，方雷氏之甥也；夷鼓，彤魚氏之甥也。其同生而異姓者，四母之子，別爲十二姓。同德之難也如是。'後人因'別爲十二姓'的話，添了一段進去，所以和上文都不合了"一段話，並對唐氏之説進行了總結和評述，進而認爲："《晉語》傳説原文概括上下兩節，而兩節敘述的內容又屬同一傳説，則就著述的體例而言，便可能包括著一節正文和正文的一節注文。尤其就兩節排列的先後次序和下節中'凡''故'一類的用語而言，著者頗同意唐氏的説法，即《晉語》傳説原文的上節應是原有的正文，而下節則應是上節正文（關於傳説而非語文）的注文……甚至上節中'青陽，方雷氏之甥也。夷鼓，彤魚氏之甥也'二語也可能是注文……其中的'甥'字更可能是被誤改的一個'姓'字。"認爲本節注文出現的時代早於西漢，並對《晉語四》原文進行了調整："黃帝之子二十五人（凡黃帝之子二十五宗。）其同姓者者二人而已；唯青陽（青陽，方雷氏之甥也）與夷鼓（夷鼓，彤魚氏之甥也）皆爲己姓（唯青陽與倉林氏同于黃帝，故皆爲姬姓）。其同生而異姓者，四母之子，別爲十二姓（其得姓者十四人，爲十二姓，姬、酉、祁、己、滕、任、滕、荀、僖、姞、儇、依是也）。"作者認爲這樣調整之後，"相反的顯然語語相關而互爲補充，實找不出若何不可解的矛盾"①。可見，楊希枚從更宏闊的角度，對《晉語四》文本作出更爲合理的調整，有益於《國語》文本的進一步清晰認知和整理。朱鳳瀚、徐勇謂："楊氏之說，疏通此極難懂之文字，多富創見。作爲一家之言，於古史傳說頗有裨益。"②

王澤生主要從婚姻史和社會史的角度對《晉語四》該段內容進行了分析，謂："黃帝族某氏族'二十五子'其中的十四人是該氏族的男子出嫁到四個胞族爲十二姓的十四個異族氏族所生子女中的一部分；因爲是對偶婚所生，這十四人完全可以確定是該氏族男子的子女，但又隨母親氏族而姓，便也爲十二姓，除二人同於黃帝族的姬姓外，其餘十二人爲十一個異姓；又因爲對偶婚繼承制度的開始變革，這十四人轉到了黃帝族某氏族，成了該氏族的成員；另外的十一人則是該氏族女子接受外氏族男子實行對偶婚所生且留於本氏族的子女，全部爲姬姓。這樣，就出現了二十五人，有十四人得姓，共爲十二姓，後來繼續變革而發展成二十五宗的情況。造成這一情況的根本原因是對偶婚及其在一定條件下的開始變革。"進一步認爲："'引文'的內容反映了對偶婚在我國原始社會確實存在盛行過，也反映了我國仰韶文化晚期母系氏族向父系氏族過渡的一定變革情況。它爲我們研究這些歷史也提供了一定的事實根據。"③ 王氏之說正可和楊希枚之說相呼應，爲清理此一問題提供了佐證。

---

① 楊希枚：《先秦文化史論集》，北京：中國社會科學出版社1995年版，第214—218頁。
② 朱鳳瀚、徐勇編著：《先秦史研究概要》，天津：天津教育出版社1996年版，第234頁。
③ 王澤生：《析"黃帝之子二十五人"》，《懷化學院學報》1988年第2期。

　　此外，學者對《楚語下》"絕地天通"研究較多，從馮沅君翻譯 H. Maspero《論重黎絕地天通》發表於《女師學院季刊》1933 年第 1—2 期，至 2019 年肖琦《"絕地天通"考辨》（《中國哲學史》2019 年第 4 期）、張汝倫《絕地天通與天人合一》（《河北學刊》2019 年第 6 期）、黃開國《"絕地天通"的文化意義》（《湖南大學學報》2019 年第 6 期）發表，以"絕地天通"爲標題的研究論文一共 66 篇。如下：

　　H. Maspero 撰，馮沅君譯：《論重黎絕地天通》，《女師學院季刊》1933 年第 1—2 期。又見《書經中的神話》，國立北平研究院詩學研究會 1939 年版。

　　關鋒：《"絕地天通"考釋》，氏著《求學集》，上海人民出版社 1962 年版。

　　蕭漢明：《論中國古史上的兩次"絕地天通"》，《世界宗教研究》1981 年第 3 期。

　　劉戩：《試論"絕地天通"神話》，《廣西師範學院學報》1986 年第 2 期。

　　鄧淑蘋：《由"絕地天通"到"溝通天地""玉璧與琮"》，《故宮文物月刊》1988 年第 7 期。

　　林安梧：《"絕地天通"與"巴別塔"——中西宗教的一個切入點之展開》，《鵝湖學志》1990 年第 4 期。

　　小鳴：《絕地天通：作爲"聖域"象徵的祈請儀式——以貴族儺儀"開壇迎聖"爲例的儀式研究》，《貴州師範大學學報》1996 年第 2 期。

　　王孝廉：《絕地天通：以蘇雪林教授對崑崙神話主題解説爲起點的一些相關考察》，《黃山高等專科學校學報》1999 年第 5 期。

　　張素卿：《〈觀射父論絕地天通〉探義》，《張以仁先生七秩壽論文集》，臺北：臺灣學生書局 1999 年版。

　　許兆昌：《重、黎絕地天通考辨二則》，《吉林大學社會科學學報》2001 年第 2 期。

葉林生:《"絕地天通"新考》,《中南民族大學學報》2002 年第 5 期。

李零:《絕地天通——研究中國早期宗教的三個視角》,《法國漢學·科技史專號》,北京:中華書局 2002 年版。

張樹國:《絕地天通:上古社會巫覡政治的隱喻剖析》,《中國楚辭學》第二輯(2003 年)。

李愛民:《"絕地天通"——中國古史上第二個巨大變化》,李文穎主編《歷史從這裏起步:濮陽文博考古論集》,中國文聯出版社 2003 年版。

王平原:《回望故園,從〈山海經〉看"絕地天通"的法史意義》,西南政法大學碩士學位論文,2003 年。

張富祥:《由東夷古史探討"絕地天通"》,《齊魯文化研究》總第 3 輯(2004 年)。

黃玉順:《絕地天通:從生活感悟到形上建構》,《湖南社會科學》2005 年第 2 期。

黃玉順:《絕地天通——天地人神的原始本真關係的蛻變》,《哲學動態》2005 年第 5 期。

王淑萍:《絕地天通——中國古代文化專制制度的肇始》,《太原師範學院學報》2006 年第 4 期。

孫德萱、李中義:《説"絕地天通"》,楊連珍、許永生主編《黃帝鑄鼎原論文集》,靈寶市炎黃文化研究會、靈寶市文化局 2006 年版。

王平原:《"絕地天通"考論》,《法律文化研究》2007 年。

張京華:《古史研究的三條途徑——以現代學者對"絕地天通"一語的闡釋爲中心》,《漢學研究通訊》2007 年第 2 期。

李燕、黃上析:《"絕地天通"與石窟洞穴——靈山洞穴遺跡初探》,《南方文物》2007 年第 4 期。

張京華:《〈楚語〉觀射父論"絕地天通"文本撮義》,湘潭大學湘學研究所主編《湘學》第四輯,長沙:湖南人民出版社 2007

年版。

張京華：《"絕地天通"釋義》，《天台山暨浙江區域道教國際學術研討會論文集》，杭州：浙江古籍出版社 2008 年版。

李小光：《"絕地天通"：論中國古代宗教多神性格之源》，《宗教學研究》2008 年第 4 期。

陳贇：《絕地天通與中國政教結構的開端》，《江蘇社會科學》2010 年第 4 期。

湯國浚：《絕地天通初探》，中興大學中國語文學類碩士學位論文，2010 年。

盧國龍：《"絕地天通"政策的人文解釋空間》，《世界宗教研究》2010 年第 6 期。

江林昌：《論原始宗教對中國古代文明起源發展的影響：以"絕地天通""鑄鼎象物"爲例》，《東岳論叢》2010 年第 10 期。

龔傳星：《"民本"觀念彰顯——周公對顓頊"絕地天通"觀念的修正》，《社會科學論壇》2011 年第 2 期。

陳文敏：《中國上古神話時代之始末——兼論"絕地天通"》，《重慶文理學院學報》2011 年第 6 期。

夏保國：《顓頊"絕地天通"與凌家灘"龜卜"》，《東南文化》2012 年第 3 期。

霍然：《顓頊"絕地天通"與巫咸國的悲劇》，《杭州電子科技大學學報》2012 年第 3 期。

賈學鴻：《分屬於兩個系統的絕地天通傳說：〈尚書〉〈國語〉相關記載的對讀與辨析》，《古籍整理研究學刊》2012 年第 6 期。

尹榮方：《重、黎"絕地天通"說》，氏著《社與中國上古神話》，上海：上海古籍出版社 2012 年版。

納日碧力戈：《"絕地天通"與邊疆中國》，《學術月刊》2013 年第 6 期。

王垚垚：《傳說時代社會變革之"絕地天通"：以〈尚書·呂刑〉爲主》，《劍南文學》2013 年第 9 期。

劉正:《"絕地天通"説的圖像思想史研究》,氏著《商周圖像文字研究》,上海:上海書店出版社 2013 年版。

黃忠天:《從"絕地天通"到"天人合一"——周易人文化成的意義及其價值》,《經學研究集刊》第 17 期(2014 年)。

陳馮壽:《絕地天通與顓頊的神權專制》,暨南大學碩士學位論文,2014 年。

楊孟珠:《神話、歷史與宗教——"絕地天通"文化語境的探討》,中興大學中國語文學類博士學位論文,2014 年。

管秋瑾:《"絕地天通"的人文關懷》,《無綫互聯科技》2014 年第 6 期。

馮瑞青:《説"絕地天通"》,《科技視界》(學術刊)2014 年第 14 期。

胡克森:《"絕地天通"與巫史分職》,《北京行政學院學報》2015 年第 1 期。

田豐:《"絕地天通"與"天人之際"》,《文化發展論叢》2015 年第 1 期。

余世存:《絕地天通的意義》,《經濟觀察報》2015 年 6 月 8 日第 48 版。

楊權:《關於"絕地天通"的一種新的去神秘化解讀》,《湖南科技大學學報》2015 年第 3 期。

張光禹:《顓頊神話解釋——"絕地天通"和"死即復甦"》,《華岡史學》2015 年第 3 期。

王安琪:《"絕地天通"研究的幾種範式及影響》,《青年時代》2015 年第 9 期。

楊孟珠:《"絕地天通"的神話學解釋脈絡考》,《興達人文學報》第 54 期(2015 年)。

張震、蘇薈敏:《"絕地天通"與巫人格的文化審美建構》,《上海文化》2016 年第 2 期。

王小盾:《"絕地天通"天學解》,《中華文史論叢》2016 年第

3 期。

章林：《“絕地天通”：解釋史的考察及評析》，《中南大學學報》2016 年第 5 期。

崔天興：《先秦“絕地天通”向“天人合一”的轉向》，《遼寧師範大學學報》2016 年第 5 期。

劉宗迪：《重黎“絕地天通”與上古曆法改革》，《長江大學學報》2016 年第 7 期。

王慶：《顓頊“絕地天通”及其影響》，《關東學刊》2016 年第 9 期。

顧驍晨：《中國南方神話中的一種文化起源解釋——結構主義視角下的“絕地天通”神話》，《廣東技術師範學院學報》2016 年第 9 期。

林柏宏：《“絕地天通”意旨之商榷——談〈天人之際——中國古代思想起源試探〉》，《經學研究論叢》2017 年卷。

王懷義：《釋“德”：對神人交流條件的分析——以“絕地天通”神話爲中心》，《民族藝術》2017 年第 2 期。

初景波：《論“絕地天通”對中華傳統文化特點的影響》，《西北民族大學學報》2017 年第 4 期。

李巍：《“絕地天通”與古代天人敘事的特徵》，《知與行》2017 年第 5 期。

付林鵬：《“絕地天通”與先秦樂政體系的起源》，《民族藝術》2018 年第 2 期。

肖琦：《“絕地天通”考辨》，《中國哲學史》2019 年第 4 期。

張汝倫：《絕地天通與天人合一》，《河北學刊》2019 年第 6 期。

黃開國：《“絕地天通”的文化意義》，《湖南大學學報》2019 年第 6 期。

此外，尚有一些文學、哲學、神話或文化學著作涉及此一論題，有專門節次者，尚未計入其中。僅以 66 篇而言，研究內容豐富，數量較多，既包括對《國語·楚語下》本章内容的總結和概括，也包括對觀射父所述“絶地天通”傳説的辨析與考訂，還包括觀射父諫言的真實目的及其意義、觀射父所述古史傳説的價值和意義等内容的研討。可見學界對此一問題關注度之高。當然，從上述學者的研究領域來看，主要以從事哲學、法學、神話學、文化學、民族學、美學、史學等專業領域的學者爲主，《春秋》經傳學者以及《國語》研究者倒是很少有專門研究此一問題者。由於“絶地天通”不僅出現於《楚語下》，同時也出現於《山海經》和《尚書·吕刑》中，所以有的學者從《尚書·吕刑》出發，有的學者從《山海經》出發，有的學者從《楚語下》出發，也有的綜合三種資料進行宏觀探討。

此處，僅以張素卿論文爲例進行説明。

張素卿的論文緊貼《楚語下》“觀射父論絶地天通”文本，指出“絶地天通”爲該篇對話之主題，對話第一部分提出問題，對話第二部分對問題進行解答。張氏認爲第二部分分三個層次：（1）第一層旨在陳述史跡，觀射父完全從人事、歷史角度來解釋；（2）第二層即針對導致後人疑惑的緣故加以説明，即一次職官改革的歷史事件染上了神話色彩；（3）針對昭王“登天”的歧思誤解予以反駁。張素卿認爲觀射父解説的三個層次“有立有破，相輔而相成”，“第一層解説屬正面積極立説，詳細陳述了所謂‘絶地天通’是怎麼一回事。第二、三兩層則屬消極的破解反詰，既釐清後人如何爲了‘寵神其祖’而夸飾其辭，致使一個職司官守的歷史事件染上了神話色彩；並以‘天地成而不變’來説明自古及今，‘登天’都是不可能的。”三層解説中，第一層篇幅最長，先敘述了祭祀職官變遷的三個階段，纔總結解釋“絶地天通”，張素卿認爲觀射父“用意無非是以具體信實的論據，增強説理的成效，俾能導正昭王，促使他從歷史、人事的觀點來理解何謂‘絶地天通’”，“觀射父如此不憚詞費，鋪陳史實，爲的是解釋‘絶地天通’，輔助説理成效，用以導正昭王‘登天’的歧思，增強歷史、人事的意識。這纔是觀射父進説陳辭的真正意向”，不贊同張光直的巫術起源説和李零的史官起源説。進而對觀射父解説中的神話因素進行了分析，認爲觀射父的解釋代表了春秋時代的楚國人對這一神話的理解。張素卿認爲，觀射父解説"絕地天通"具有神話意味，其説包括三個要點：（1）"絕地天通"的神話意義是"重寔上天，黎寔下地"；（2）該神話傳自重、黎的後裔司馬氏；（3）司馬氏傳述的目的是爲了"寵神其族以取威於民"。進而從"語"的本質對觀射父之言進行了分析，以張以仁"明德"爲依據，認爲觀射父"凸顯出以'德'爲主的觀念"。

當然，也有從内容上進行總結者，如涂又光即認爲觀射父論絕地天通這一篇講的三點：（1）楚王學北方典籍；（2）觀射父對"民神不雜"與"民神雜糅"鬥争過程的論述，是對巫教史獨一無二的貢獻。《史記·律書》《漢書·郊祀志上》《宋書·律曆志中》以及《尚書·吕刑》孔穎達疏都暗用觀射父之説。（3）觀射父列舉天子、諸侯、卿、大夫、士、庶人在祭祀時各用不同的犧牲，與孔子的"約之以禮，亦可以弗畔矣夫""禮，與其奢也，寧儉"之説相合。① 思路簡約，能够使讀者迅速抓住本章主要内容，亦可参據。

因古史傳説與神話無法截然分開，故有些學者從神話的角度，或以《國語》的神話資料爲對象進行了研究。劉城淮《中國上古神話通論》對上古神話分類細密，可以参看。湯静把春秋時期的神話分爲神話型、神異型和歷史型三類，謂這一時期的神話主要内容包括帝王神話、洪水神話、氏族神話、星辰神話、龍神話等。② 張軍對《國語》中的神話傳説進行了簡要概括。③ 何蔚笪《〈國語〉的神話世界》對《國語》神話也有較精細之研究，她把《國語》中的神話分爲樂園主題的聖王（英雄）神話、變形主題的圖騰神話、流動的神性主題的自然神話三種類型，根據神話的具體實踐性又分《國語》神話爲以陰陽、五行及星占知識溝通天－地－人三界的季節型儀式神話，以透過狂恣及石頭崇拜響應土地之

---

① 涂又光：《楚國哲學史》（第 2 版），武漢：華中科技大學出版社 2014 年版，第 121—123 頁。

② 湯静：《春秋時期神話研究》，西北師範大學中國古代文學碩士學位論文，2014 年。

③ 張軍：《〈國語〉中的神話傳説》，《呼蘭師專學報》2000 年第 4 期，《集寧師專學報》2001 年第 2 期。

神性的生産型儀式神話，以通過宇宙軸與禮樂制度達到 "當下神聖" 的淨化型儀式神話，進而對《國語》神話所反映的天人溝通模式進行了分析，具體分爲《國語》據 "氣化自然觀" 發展的類比模式、"道德" 成爲天人關係的指南和 "歷史化的神話，神話化的歷史" 三個方面進行了論析。①

(七)《國語》預言卜筮研究

《國語》卜筮預言研究有具體形式研究，有整體研究。

《國語》卜筮預言具體研究可分爲對某種形式或某種行爲的研究。如舒大清對《左傳》《國語》5 例相術預言進行了分析，認爲二書中的相術具有作爲純技術的術數和作爲爲歷史著作服務的預言兩種功能。② 楊博指出，《國語》全書中共有 14 處提到卜筮行爲，具體的卜筮案例則有 9 處，散布在《周語》《魯語》《晉語》《鄭語》和《吳語》中。其中占卜行爲 7 處，占筮行爲 2 處，主要體現在軍事、政治和日常生活三個方面。認爲春秋時期人們在占卜活動中體現自己的主動地位，重人事而輕天命，占卜大多數都只是一種手段和形式，表現爲以己意揭示卦象、違背卦象行事和棄卜筮行爲而不用三種形式。③

整體研究者爲陳鵬程。陳文把《國語》預言分爲誣夢謠讖、賢達貴族的預見兩大類，並以前者爲預言的低級形態，後者是預言的高級形態。把《國語》預言的低級形態分爲歌謠預言、祥瑞災異預言、夢占預言、相術預言和卜筮預言五類。統計出《國語》預言的高級形態占《國語》預言的九成，認爲《國語》預言高級形態的政治文化功能有：(1) 一種參政和議政形式；(2) 有時發揮政治評價功能；(3) 爲宗族和家室的生存與重大抉擇提供依據。並認爲《國語》預言之所以如此豐富，是春秋時代 "動蕩的社會，人們容易産生生命朝不保夕的憂懼感，也更容易産

---

① 何蔚篁：《〈國語〉的神話世界》，臺灣清華大學碩士學位論文，2010 年。
② 舒大清：《〈左傳〉〈國語〉相術預言略論》，《海南師範學院學報》2004 年第 3 期。
③ 楊博：《〈國語〉所載春秋時人卜筮習慣與心理探析》，《河北旅遊職業學院學報》2010 年第 3 期。

生把握瞬息萬變的社會政治情勢從而保全自己和種族命運乃至保證國家安定的心理需求。觀政知機成爲一個貴族人物政治智慧的重要因素，《國語》的預言往往就是這種政治智慧的體現"，《國語》預言"鮮明地體現了天道和人事相統一的宇宙觀和對道德倫理的强調"，"既是對天道所作的神秘預見，也是對人道的規諫鞭策"。①

另有以《周易》以及相關卜筮爲主題的研究，這一類研究往往是把《國語》和《左傳》作爲一個整體，上文已經揭出。如高亨揭出《國語》《左傳》中和《周易》以及其他卜筮書有關的記載 22 條，對相關筮例進行了疏解。② 劉大鈞把 22 條記載分爲兩種類型：(1) 引證《周易》經文來説明一個問題，或闡述自己的觀點；(2) 以《周易》或其他卜筮書進行占筮，以預測事情的吉、凶、禍、福。對具體筮例進行分析，並對《左傳》《國語》筮例進行了對比。③ 但邢文認爲前此對《左傳》《國語》筮例的研究未能從先秦易學的角度考察其經學史意義，對二書筮例的認識未能超越《周易》思路的局限。邢文指出，《左傳》《國語》二書所見筮法有些不屬於《周易》，以《周語下》晉成公和《晉語四》晉文公之筮所用非《周易》筮法，當屬《周易》以前之古《易》。經過仔細排比之後得出"《左》《國》筮例中，可能包括'二易'在内的多種古《易》與《周易》的並存，可藉以考察《周易》的成書過程，這是最有經學史意義的内容之一"的結論，④ 這是從《國語》《左傳》筮例作爲經學史佐證材料的角度立論的。此外，還有以清華簡筮例和《左傳》《國語》筮例進行比較者，以戰國楚簡數字卦畫和《左傳》《國語》筮例進行比較者，亦皆可參。也有專門研究《國語》易筮者，如俞志慧即對《國語·晉語四》"貞屯悔豫皆八"進行了詳細研究，對韋昭注提出了商榷，

---

① 陳鵬程：《試論〈國語〉的預言》，《新餘高專學報》2009 年第 2 期。
② 高亨：《〈左傳〉〈國語〉的〈周易〉説通解》，氏著《周易雜論》，濟南：齊魯書社 1979 年版。
③ 劉大鈞：《〈左傳〉〈國語〉筮例》，氏著《周易概論》，濟南：齊魯書社 1988 年版。
④ 邢文：《〈左傳〉〈國語〉筮例的再認識》，國際儒學聯合會編《國際儒學研究》第 4 輯。

對相應卦位進行了仔細區分。①

(八) 《國語》天象研究

倪德衛、張聞玉、張培瑜等對《國語》武王伐殷天象的真實性提出質疑，認爲是後人加入。但江曉原認爲倪德衛"雖然指出了這段天象記載中有不易圓通之處，但在没有任何其它外部旁證（比如文獻學方面的證據）的情况下，斷然將此一段與上下文頗爲連貫通洽的語句指爲'僞造'，似乎仍有疑古過甚時代的流風餘韻，也難成定論"。② 李學勤經過考證之後認爲："'歲在鶉火'一段話，是《國語·周語下》原文，不可能爲後世竄入。"③ 故也有一些學者基於該段天象資料真實性的前提下，對之進行研究。江曉原、鈕衛星採用國際天文學界最權威的行星星曆表數據庫以及計算、演示軟件，對《周語下》伶州鳩所述每一項天象進行了全面計算、檢驗和演示，結合其他文獻，最終得出：伶州鳩對周景王所述武王伐紂天象，實際上是武王伐紂過程中按時間順序排列的天象實録，可以與武王伐紂之役的日程逐一對應吻合。④ 此後，周曉陸、劉次沅、楊小明、武家璧、盧央等在承認該天象資料真實性的基礎上進行推演。⑤ 對於深入認識這一天象具有參考價值。

---

① 俞志慧：《〈國語·晉語四〉"貞屯悔豫皆八"爲宜變之爻與不變之爻皆半説》，《中國哲學史》2007 年第 4 期。又收録於氏著《〈國語〉韋昭注辨正》，北京：中華書局 2009 年版，第 261—274 頁。

② 江曉原：《武王伐紂時的天象》，《中國典籍與文化》1993 年第 3 期。

③ 李學勤：《伶州鳩與武王伐殷天象》，葛兆光主編《清華漢學研究》第 3 輯（2000 年）。

④ 江曉原、鈕衛星：《〈國語〉所載武王伐紂天象及其年代與日程》，《自然科學史研究》1999 年第 4 期。

⑤ 周曉陸、劉次沅：《武王伐紂相關文獻再檢討》，《南京大學學報》2000 年第 3 期；楊小明：《〈國語〉"武王伐殷"天象檢討——兼論江曉原、鈕衛星之〈回天〉》，《科學技術與辯證法》2002 年第 6 期；董立章：《關於武王伐紂之年的再研究》，《華南師範大學學報》2003 年第 2 期；武家璧：《武王伐紂天象及其年代日曆》，《古代文明》第 5 卷（2006）；盧央：《中國古代星占學》，北京：中國科學技術出版社 2013 年版；陸星原：《卜辭月相與商代王年》，上海：上海社會科學院出版社 2014 年版。

（九）《國語》具體名物、職官研究

此處之名物，是從史學、民族學、民俗學、器物史的角度，對《國語》具體名物進行辨析解釋。《國語》中之名物詞衆多，上文“近七十年來《國語》訓詁考校”“近七十年來《國語》語言研究”中之詞彙部分，對學者關於《國語》名物詞疑詁以及名物詞、職官名詞之綜合研究多有臚列，可知其數量較大。對於歷來理解有分歧以及較爲生僻的名物和職官名稱，學者往往有所考證辨析。如《魯語下》季桓子穿井獲羊之“羊”究係何物，説法不一。班固《漢書·五行志》認爲是似羊之蟲，唐固謂爲“雌雄不成”，韋昭謂爲“生羊”，樊聖則認爲是菊石①，束有春認爲是“指呈現在陶器上的一幅群羊圖案，它猶如西安半坡出土的‘人面魚紋’陶盆、臨潼姜寨出土的彩繪電紋陶盆等彩繪陶器一般”②。尚振乾因《漢書·五行志》引作“中得蟲若羊”，而以“羊”與“蛘”通，故以爲蚍蜉，亦即螞蟻。③ 也有的學者從諧音的角度，以“墳羊”爲“墳樣”，以地質學上之“鈣質土”擬之。④ 還有的根據出土器物，認爲此處之“羊”當讀如“祥”。⑤ 也有學者把《魯語下》此處之“羊”和敦煌文書中掘地所得名“耶也”之狗聯繫起來，謂二物爲一。⑥ 另有學者認爲是明器，謂“古代以羊祭祀，對於亡靈亦以羊供奉是很自然的事”⑦。也有學者以之爲鎮墓獸。⑧ 劉偉認爲，樊、尚二氏所考結論確切

---

① 樊聖：《地底下的羊——季桓子“穿井獲羊”新解》，《歷史月刊》153 期（1990 年）。
② 束有春：《孔子——我國最早的一位古物學家》，《東南文化》1992 年第 6 期。霍有光編著《史記地學文化發微》也認爲墳羊爲陶俑一類。當然，整體看待墳羊、專車、楛矢，而識孔子之博物，清人儲欣即已言之。參見本書“清代《國語》研究”部分。
③ 尚振乾：《〈國語·季桓子穿井〉辨釋》，《古籍整理研究學刊》2004 年第 5 期。
④ 劉瑞明：《隴上學人文存·劉瑞明卷》，蘭州：甘肅人民出版社 2014 年版，第 16 頁。
⑤ 嚴强：《再問“墳羊”》，牛繼曾、周昌富主編《山東文物縱橫談》，北京：中國廣播電視出版社 1992 年版。
⑥ 孔慶典：《生肖紀年與中國傳統思想中的精媚觀》，李申、陳衛平主編《哲學與宗教》第 6 輯（2012 年）。
⑦ 鄭德坤：《鄭德坤古史論集選》，北京：商務印書館 2007 年版，第 533—534 頁。
⑧ 袁朝、李儒勝：《“墳羊”詳考》，見載於張錦高、袁朝主編《荆楚文化的現代價值》，武漢：湖北辭書出版社 2005 年版，第 45—52 頁。

與否，都需要藉助多學科背景進行論證，故直接以《魯語下》本處之
"羊"爲"奇異之物"，並未停留在考辨"羊"本身上，而是從當時的歷
史背景出發，揭示季桓子之意圖以及《國語》編者對孔子的欣賞、深沉
的歷史情結以及政治蘊含。[①] 可見，學者在這一名物辨析方面的努力，
而方法、手段、依憑則呈現多元化，故而結論也多不相同。此外，如前
文提到的學者對"楛矢"的考證，對"無射""大林"等樂鐘的考證等
等，都爲全面認識《國語》提供了視角，爲繼續深入研究提供了支撐。

作爲一部偏重史學敘事的著作，職官名詞和社會基層術語也是《國
語》出現頻次和數量較多的一個門類，羅春英碩士學位論文已有統計。
而對於具體職官和階層術語，學者也多有考論。比如《周語上》第三章
"國人"身份，史學家多有討論。如童書業《春秋左傳考證》云：

> "國人"屢見戰國以前古籍，其身份至應注意。蓋"國人"者，
> 國都中之人也。春秋以上之"國"本指國都所在城市，其範圍初不
> 甚大。"國人"亦有廣狹三義。其一，國都城中之人；其二，國都
> 城内外之人；其三，泛指本國疆域内之人。要之，春秋以上之所謂
> "國人"，主要指國都之人，尤其是國都城内之人也。指國都範圍内
> 士農工商四民之"國人"，固包括農民在内矣；指國都城内之人之
> "國人"，則主要指"士"與"工"、"商"也。

至《左傳札記》又云：

> 《國語》之"國人"，即《左傳》之"萬民"，謂國都中之居民
> 也。"國人"係國都中（包括近郊）士農工商四種人，大致爲下層
> 貴族及上册庶民。春秋時"國人"起義頻繁，多與大貴族作亂相結
> 合，此其局限性。亦有"國人"單獨起義者，惟多非正式起義，且

---

① 劉偉：《〈國語〉"季桓子穿井獲羊"索隱》，《齊魯學刊》2011 年第 4 期。亦見氏著《史之
思——〈國語〉的思想視界》。

規模較小。蓋春秋時貴族以"國人"爲統治基礎，"國人"叛離，國將不國，故竭力敷衍之。"國人"與鄙野中貧苦人民之身份尚不相同，"國人"地位略高，且中有下層統治階級也。①

除了童書業的考證之外，徐亮工、楊善群、董立章、蔡鋒、晁福林、楊冬晨、楊建國、陶興華、張盛林、張兢兢、吉家友、李秀亮、惠翔宇、王博等學者，對"國人"的身份以及内涵變遷，都有考證。此外，《國語》中"瞽史"出現多次，是二官還是一職，其職分如何等等諸問題，學者也多有考證。如《周語下》"吾非瞽史"，《新書·禮容語下》"瞽史"作"諸史"。"瞽"是實詞，無論是和"史"結合構成一個並列結構，還是構成一個合成詞，都是實有所指，其具體的句法功能：（1）如果是並列結構，則和"史"作並列謂語；（2）如果是一個合成詞，則是偏正構成方式，"瞽"對"史"起限定作用。而"諸"則衹起指代作用，没有實義，因而没有句法功能，在《禮容語》本句中，真正充當句法成份的是"史"而非"諸"。由"瞽史"而爲"諸史"，反應了認識的一種變化。此種變化和對"瞽史""瞽""史"的看法與認定具有很大的關係。這裏面存在兩個方面的問題：（1）"知天道"是哪一種職官身份具有的功能，是"史"還是"瞽"？（2）"瞽史"是一個合成詞還是一個並列結構，假如看成一個並列結構，各自起什麼作用？（1）假如瞽、史爲二，這裏面還有兩種觀念，一種認爲瞽、史雖然爲二職，但是瞽亦具有史的身份，如郭驥等；另外一種也認爲瞽、史爲二職，但不認爲瞽具有史的功能，認爲瞽實際上衹是樂官，如顧頡剛即認爲："瞽焉知天道，實爲史之事，瞽史常聯用故也。"② 閻步克觀念與之近，劉成榮亦主此説③。（2）瞽史是一個偏正結構，這裏面也有兩種説法，一個就是把瞽史看做

---

① 童書業：《春秋左傳考證》，《童書業著作集》第 1 册，北京：中華書局 2005 年版，第 441 頁；童書業：《春秋左傳札記》，北京：中華書局 2005 年版，第 641 頁。

② 顧頡剛講，劉起釪記：《春秋三傳及國語之綜合研究》，成都：巴蜀書社 1988 年版，第 90 頁。

③ 劉成榮：《瞽史、音樂與〈左傳〉口傳説》，《北方論叢》2008 年第 4 期。

一個詞，而對於"瞽史"中的"瞽"認識還是有區別的，有的認爲
"瞽"是盲人，所謂瞽史就是盲人史官①，而有的學者則認爲"瞽，史，
瞽史是三個並列的職官，都在先秦的歷史舞臺上出現過，那瞽史究竟是
怎樣的職官呢？所謂瞽史，其實就是瞽也即大師的屬官府史"。② 但是也
有學者認爲"瞽史"中的"瞽"衹是一個襯字，沒有實義，起一種修辭
效果。③ 郭驥的《周代瞽史制度研究》應該是目前爲止專門研究這一問
題的最爲系統的總結之作，他在梳理了古今對於"瞽史"的不同認識之
後，認爲"瞽""史"是兩個職官，他認爲："'瞽史'之'史'的所
指，無外乎上述除女史外的諸史（按：即其上文提及之大史、小史、內
史、外史、御史等）。"④ 同時他認爲"瞽"參與"史"的某些工作，承
擔史官的部份功能。可見，諸多學者也是從多個角度，對"瞽史"進行
了考證。

（十）《國語》國族研究

《國語》所載史事時間跨度較大，有 500 多年。又載周、魯、齊、
晉、鄭、楚、吳、越八國語，涉及範圍較廣。且人物對話中，多涉古史
方國、少數民族之事。明代劉城曾經統計，《國語》中有周之封國六十
八、四夷三十，古國有五，夏、商各有五國，商有夷一種，即便統計數
據並不完整，其數量不可謂少。因此，對《國語》方國、民族考證，也
是《國語》研究的一個重要方面。如前文即涉及對密、密須國的考證，
一些統轄範圍較廣且歷時較遠的方國早就有專門著作或專門史行世，可
資參證。《國語》中之姜戎、九黎、九夷、驪戎、羌、犬戎、山戎、肅
慎、狄、防風氏、孤竹、僬僥、蠻、犬戎、姜氏之戎、翟、長翟、夷、

---

① 王樹民：《曙庵文史續錄》，北京：中華書局2004年版，第41—43頁；劉宗迪：《古史、故事、瞽史》，《讀書》2003年第1期；鄧子美：《先秦瞽史性質的歷史考查》，《歷史教學問題》1988年第4期；張海波等：《瞽史新探》，《廊坊師範學院學報》2010年第4期；羅家湘：《逸周書研究》，上海：上海古籍出版社2006年版，第18頁。

② 丁波：《瞽史之辨》，《濰坊學院學報》2006年第1期。

③ 王卯根：《"瞽史"的連及用法》，《古籍整理研究學刊》2000年第5期。

④ 郭驥：《周代瞽史制度研究》，上海大學碩士學位論文，2006年。

徐夷、山戎、令支、孤竹、白翟、東萊、驪戎、翟柤、東山、草中之戎、
麗土之翟、潞、無終、鮮牟、鮮虞、路、赤翟、西戎等少數民族名稱，
學者多有專門研究，對各族之發源、棲止、活動區域以及建立政權等進
行了考證。如顧頡剛 1941 年即發表《驪戎不在驪山》一文，對驪戎的
活動區域進行了考訂，收入其《浪口村隨筆》，又收入其《史林雜識初
編》。而舒大剛《驪戎考》、沈長雲《驪戎考》、劉榮慶《驪山的由來》、
姚磊《先秦戎族研究》都對驪戎一族的發源、得名、地望、遷徙以及消
亡進行了比較周密的考證，爲研究者提供了可以依從的結論。

　　另如林華東、董楚平、屈育德、金經天、王大均、鍾偉今、徐建春、
陶思炎、施建石、江林昌、劉城淮、徐青、歐陽習庸、張愛萍、俞志慧、
楊向奎、夏星南、周書燦、何兆龍、趙世超、沈群先、邢立達、段麗等
學者對防風氏的研究，尤其董楚平既撰有《〈國語〉“防風氏”箋證》
《防風氏神話的發現》，又著有《防風氏的歷史與神話》一書，涉及多個
方面，爲研究者瞭解這一古部族歷史源流、興滅歷程提供了很多材料。
此外，如何光嶽對僬僥的考證，沈長雲對長狄、大姜的考證，李宗侗、
李學勤、何幼琦、唐嘉弘、何光嶽、徐少華、羅何勝、韓建業、劉光保
等對祝融八姓的考證等，皆可促進對《國語》少數民族之認識以及研究
之深入。

（十一）《國語》人物研究

　　上海師大校點本《國語》首附人名索引，實際上是對《國語》人物
的一次完整統計，此後李波等《國語索引》專門列有《國語》人名索
引，爲研究者翻檢提供了便利。朱中山首次對《國語》人物數量、所在
篇卷比率、國別、身份等進行了梳理總結。但對《國語》具體人物研
究，很多學者早就已經著意，對人物的生卒、年齡、籍貫、職任、遭際、
施政手段、思想、影響等進行研究。

　　如張以仁發表《晉文公年壽辨誤》（《中央研究院歷史語言研究所集
刊》第 36 本上冊，1965 年）、《晉文公年壽問題的再檢討》（《鄭因百先
生八十壽慶論文集》，臺灣商務印書館 1985 年版），對晉文公年壽進行

探討，通過《國語》《左傳》和《晉世家》對晉文公出亡時期年齡記載
的不同，進而傾向於《國語》《左傳》所載晉文公出亡之年爲十七歲，
並認爲這樣 "與所有的史實都融合無間，更無任何矛盾與不妥適之處，
與所有的畫面更是調和無比了"。① 對晉國君臣的年齡提出更爲合理的解
釋。此外，王敬澤對晉文公登位時的年齡進行了考辨，晉彦和傅玉千對
重耳的生年進行了考辨，趙鋒對王、晉二家之説進行了補證。徐文新則
根據《國語》《左傳》《史記》的記載、秦穆姬的年齡、賈佗狐突等人的
年齡、重耳的家庭狀況綜合判斷，也都贊同《國語》《左傳》十七歲出
亡説，② 正可與張以仁之説相呼應。姚磊認爲，《晉世家》所載重耳年齡
違反常識，《國語》所載比較合理。但他同時指出《國語》所載也有不
足之處：（1）《國語》所載爲孤證。《左傳》無明文謂重耳十七歲出亡，
司馬遷編《史記》明知《國語》有説而不取，或別有意味；（2）從
《國語》之説缺乏完整的證據鏈，缺乏自信。《史記》之行文顯得可信權
威；（3）歷史事件具有複雜性，並非彼是此非。最終姚氏認爲 "不妨以
存疑的態度對待這個問題，以待新史料的出現，徹底解開這個謎題"。③
所論更爲謹慎客觀。

此外，學者還對《國語》所載傳説時代之鯀、四凶、周之穆王、厲
王、宣王、襄王、伯陽父、史伯、虢文公、單穆公、單襄公，魯國陣營
中的臧文仲、里革、文姜、孔子，齊國的齊桓公、管仲，晉國陣營中的
晉獻公、晉惠公、晉文公、晉悼公、卜偃（郭偃）、驪姬、史蘇、祁奚、
里克、魏絳、叔向，鄭國的鄭桓公、鄭厲公，楚國的左史倚相、觀射父、
申叔時，吳國的夫差、伍子胥，越國的勾踐、范蠡、西施等，都有專門
的研究。此外，有些歷史人物，同時出現在《國語》《左傳》以及先秦
其他古書中，研究相對更爲充分。以卜偃爲例，就有田宜弘《關於卜

---

① 張以仁：《春秋史論集》，臺北：聯經出版公司 1990 年版，第 309 頁。
② 晉彦、傅玉千：《晉文公重耳生年考辨》，《山西師院學報》1982 年第 2 期；王敬澤：《晉
文公登位年歲考》，《晉陽學刊》1982 年第 6 期；趙鋒：《晉文公奔狄時年十七補證》，《晉陽學刊》
1984 年第 5 期；徐文新：《晉文公重耳生年考》，《貴州文史叢刊》1999 年第 3 期。
③ 姚磊：《質疑〈史記·晉世家〉所載晉文公年齡》，《樂山師範學院學報》2012 年第 10 期。

偃》（《語文教學與研究》1984 年第 7 期）、臧振《春秋時期一個被遺忘
的改革家——郭偃》（《人文雜誌》1988 年第 3 期）、張雲發《論郭偃》
（《四川師範學院學報》1992 年第 2 期）、高思新《卜偃與春秋時代思維
特徵》（《湖北社會科學》2005 年第 9 期）、王繼祖《狐偃——文公霸業
之股肱》（《太原日報》2007 年 9 月 28 日第 9 版）、何勝冰《郭偃及其對
韓非的影響》[《中國古代社會與思想文化研究論集》（二）——首屆
"古代社會與思想文化" 國際學術研討會專輯，2006 年]、余世存《實用
先知郭偃》（《新世紀周刊》2008 年第 1 期）、李毅忠《論郭偃之法與晉
文公改革》（《湘潮》2008 年第 3 期）、翟銘泰《郭偃：晉國法家思想的
先驅》（《文史月刊》2015 年第 3 期）、李學功《郭偃之法》（《太原日
報》2016 年 4 月 25 日第 7 版）等以人物名字爲題的文章 9 篇，尚不包括
碩博論文以及相關研究論著中的研究。

　　總體而言，近七十年來《國語》史學以及社會文化研究相對充分，
無論是對《國語》史料價值的揭示，還是史實考辨、天象推演、年代推
理、典章制度、禮樂職官、國族風俗、人物器具、古史傳說，都有比較
精細的研究。學者們採取方法、運用資料呈現出多樣化和多元化趨勢，
相應論證謹嚴有理，結論謹慎，爲推動《國語》相關研究做出了貢獻。

十一、近七十年來以《國語》爲參照點的徵引研究

　　姜亮夫在爲徐仁甫《古書引語研究》所作序言中云："夫古人立言
有本，解經紀事者，固不必言；所謂詞章之士，爲幽繆之説，放誕之作
者，亦往往引先説以壯其軍。"① 揭明徵引的重要作用。徐仁甫認爲前人
引語有言用、事用、言事並用、法用、戒用、諫用、問用、答用、問答
並用、詰用、辯用、案用、斷用、申用、證用、喻用、仿用、借用、墊

---

①　見載於徐仁甫《古書引語研究》書首，北京：中華書局 2014 年版。

用、推用等二十多種用途。① 雖總結瑣碎，但對於認識引述之作用，不無裨益。夏德靠謂："徵引是規諫與咨政活動中需要引起注意的話語方式。"② 故無論是《國語》引書，還是後世之書引《國語》，皆具有研究價值。

（一）《國語》徵引研究

學者往往把《國語》《左傳》作爲整體，看待其徵引材料及其價值的，相關材料梳理已見前文。單獨研究《國語》徵引者數量相對較少。俞志慧統計出《國語》引言類之"語"88 處③。夏德靠統計《國語》引《詩》20 處，引《書》11 處，引先王之制、引志、引《易》各 3 處，引瞽史記 2 處，引有言 6 處，引聞之 20 處，引謠諺 5 處，引其他 4 處。④ 統計綜合全面。陳長書統計《國語》引文 41 例，其中引《詩》21 例，引《書》10 例，引文出處不明 4 例，引《易》《逸周書》《夏令》《周制》《秩官》《禮志》各 1 例。⑤ 李孝蓉對《國語》直接引經書進行了統計，謂《國語》引《詩》24 例、《書》14 例，引《易》2 例，此外引《夏令》《月令》《秩官》各 1 例，共 43 例。⑥ 裴登峰對《國語》徵引亦有統計。各家標準不盡相同，統計數據容有差別。但大體根據其徵引對象可分爲《國語》引《書》、引《詩》、引《易》、引謠諺以及前人之言等，以引《詩》研究爲主。

1. 《國語》引《詩》研究

陳鵬程把《國語》用《詩》分爲賦《詩》、歌《詩》、引《詩》三種。統計出《國語》賦《詩》3 處，分別爲《魯語下》2 處、《晉語四》1 處，指出：（1）《魯語下》叔孫穆子賦《詩》描寫細微生動，較清晰

① 徐仁甫：《古書引語研究》，北京：中華書局 2014 年版，第 1—22 頁。
② 夏德靠：《〈國語〉敘事研究》，北京：知識產權出版社 2015 年版，第 211 頁。
③ 俞志慧：《古"語"有之：先秦思想的一種背景與資源》，上海：華東師範大學出版社 2010 年版，第 204—210 頁。
④ 夏德靠：《〈國語〉敘事研究》，北京：知識產權出版社 2015 年版，第 212—226 頁。
⑤ 陳長書：《〈國語〉詞彙研究》，北京：中國社會科學出版社 2015 年版，第 159—160 頁。
⑥ 李孝蓉：《〈國語〉引經書說略》，《北方文學（中）》2015 年第 5 期。

地表達了賦《詩》所表之義；（2）公父文伯之母賦《詩》具有文化史意義，賦《詩》是春秋時代尚禮重文的體現，不局限於外交禮聘會盟的場合，同時可見《詩經》流傳較廣，對貴族生活影響較深；（3）《晉語四》賦《詩》則是《國語》《左傳》二書中"所有宴飲賦詩史料中描寫最爲精彩的"，進而得出"《國語》賦《詩》描寫的詳細程度要遠甚於《左傳》"。以《魯語下》晉悼公與叔孫豹饗禮爲例，對宴饗歌詩和賦詩進行了比對。統計《周語》引 12 則、《魯語》引 1 則、《晉語》引 7 則、《楚語》引 2 則，並與《左傳》引《詩》比較，揭出《國語》引《詩》的特色：（1）服務於諫言政治；（2）《國語》引《詩》多出自《雅》《頌》；（3）《國語》常引《詩》以觀人論政。①

　　張社列所析未如陳鵬程細緻明確，謂《國語》中引用或提及《詩》者共有 38 處。其中引用詩句者有 18 處，提及《詩》之篇章者 20 處。主要分布在《周語》（11）、《晉語》（13）、《魯語》（11）、《楚語》（3）四部分中。對引録作用以及具體《詩經》句子解釋等進行了考評。尤其對《魯語下》正考父校《詩》之《那》"自古在昔"進行了考辨，認爲："我們現在看到的《國語》的本子是經過漢人整理過的本子，而《毛詩》也是經漢人鄭玄注之後才通行起來。由於我們無法確定漢人整理《國語》與《毛詩》的先後，因此無法確定是《毛詩》參考了《國語》，還是《國語》抄録了《毛詩》。但從《國語》中的'先聖王之傳恭，猶不敢專'來看，極有可能是《國語》抄録了《毛詩》。《毛詩》曰'先王稱之曰自古'，《國語》爲了進一步論證的需要，對此進行了改動，將之改爲'先聖王之傳恭，猶不敢專，稱曰自古'，語氣更爲强烈。用今天的話來説，就是'先聖王教人恭敬，還不夠説是創始於自己，聲稱是自古'。此段下面一句是'如今你告誡下屬有錯誤就要表現出謙恭一點，真是太過自滿了。怎麼就不能説没有失誤也要謙恭一點呢?'若是《毛詩》引用了《國語》對《詩》的解釋，爲何不全盤照録？而且從正統的觀點來看，《國語》的解釋還是遠勝於《毛詩》的。這極有可能

---

① 陳鵬程：《〈國語〉用詩探析》，《長安大學學報》2009 年第 3 期。

是漢人在整理《國語》時抄録了《毛詩》。當然也不排除《毛詩》引用了《國語》原文，而在後世流傳過程中有了佚文。但這種可能我們已無端倪可尋。因此，我們只能推測：《國語》爲了强調無過而恭，先設下了‘先聖王猶不敢專’的伏筆。《國語》對《詩》的解釋，一方面很可能是抄録的《毛詩》解釋，另一方面也不全是機械地照抄，並根據説理的需要，進行了加工。"① 這個説法恐怕把本來條理很清晰的問題搞得複雜化了。此外，張氏認爲通過《國語》引《詩》，可以瞭解《詩》之形成、《詩》句之來源、《詩》之作用等。

顧頡剛對《詩經》的引用進行過考察，認爲《詩經》的引用有典禮、諷諫、賦《詩》、言語四個方面，並且認爲用於典禮和諷諫是固有的，而用於賦詩和言語是引申的。② 夏德靠根據顧頡剛對《詩》應用的基本分類，對《國語》引《詩》作了分析，並認爲："這些詩篇被人們在規諫或咨政活動中引述，主要是因爲這些詩篇具有某種禮制規範或道德意義，在這一意義上，這些詩篇實際上構成當時人們言説的思想資源。"③ 指出用於徵引《詩》篇的功能。

曾小夢對《國語》引《詩》梳理較細緻。她統計出《國語》引《雅》19 篇 25 次、引《頌》5 篇 6 次、引《風》4 篇 4 次。引《詩》之人中，周 7 人、楚 4 人、晉 3 人、魯 2 人、秦、鄭、衛、宋、齊各 1 人。引《詩》賦《詩》有勸諫場合 11 次、評議場合 7 次、外交宴饗場合 3 次，④ 最後得出 "説明《詩》在當時是一種具有神聖性、權威性的言説，可以用來做某種行爲或言談的最終依據"，通過《國語》引《詩》的梳理認爲："《詩》最初的傳播是自上而下、自王公大臣而諸侯卿士、自統治中心向周邊輻射、擴張的。春秋時期引《詩》賦《詩》風氣形成……

---

① 張社列：《〈國語〉引〈詩經〉芻議》，《河北大學學報》2010 年第 5 期。
② 顧頡剛：《〈詩經〉在春秋戰國間的地位》，見載於《中國現代學術經典·顧頡剛卷》，石家莊：河北教育出版社 1996 年版，第 137 頁。
③ 夏德靠：《〈國語〉敘事研究》，北京：知識産權出版社 2015 年版，第 230 頁。
④ 此據曾氏《〈國語〉引〈詩〉考論》，在其著作《先秦典籍引〈詩〉研究》（北京：商務印書館 2018 年版）中，還統計了《國語》引〈逸詩〉，列有多種圖表對《國語》引《詩》進行直觀化統計，讀者可參。

使《詩》逐漸由政教工具轉變爲交際工具。可以説，引《詩》、賦《詩》的用《詩》過程，就是《詩》的經典化過程，是《詩》走向經學的橋樑。"①

此外，尚有以《左傳》《國語》引《詩》賦《詩》以及引歌、謠、諺爲對象進行綜合梳理和研究者，亦可參。上文已經臚列，此處不贅。

2.《國語》引《書》研究

目前尚無專門論文涉及《國語》引《書》問題，主要原因還是《國語》引《書》數量較少，難以專門成文。錢宗武對先秦引《書》進行統計，其中也涉及《國語》引《書》，對《國語》引文和今傳《尚書》進行了比對。②

3.《國語》徵引綜合研究

裴登峰《〈國語〉研究》第八章"《國語》徵引典籍及作用"，臚列表格，對《國語》直接引用和間接引用文獻予以臚列，間接引用者每一條都説明其意義，直接引用者每一條都説明其文化內涵，最後對《國語》徵引內容進行分類歸納。③

（二）相關典籍引《國語》研究

相關典籍引《國語》的材料一直至清代始引起較多關注，黄丕烈、汪遠孫等皆用爲校證《國語》的依據，一直到鄭良樹、張以仁等也還是以之爲校勘依據。真正把這部分材料集中起來進行專門研究則比較晚，是近十幾年來的事情。

這一方面著意較多的爲筆者。筆者梳理歷代典籍引《國語》材料，以明引和直接引用爲主。涉及典籍分爲三個部分：（1）歷代小學要籍；（2）唐宋時期主要類書；（3）經史要籍注釋。主要內容大致包括四個方面：（1）典籍引文異文考校；（2）引文涉及的《國語》異文考校；（3）小

---

① 曾小夢：《〈國語〉引〈詩〉考論》，《求索》2011 年第 8 期。
② 錢宗武：《先秦引〈書〉異同例》，《長沙水電師院社會科學學報》1996 年第 1 期。
③ 裴登峰：《〈國語〉研究》，北京：社會科學文獻出版社 2016 年版，第 294—325 頁。

學典籍以及經史要籍注釋引述《國語》文字與其詞語解釋的匹配度考校；(4)《國語》語義訓詁以及版本系統問題。在這一方面發表學術論文30多篇，出版著作二種。其中，《小學要籍引〈國語〉研究》是《原本玉篇殘卷》、《切韻》與《唐韻》殘卷、《一切經音義三種》、《説文繫傳》、《宋本玉篇》、《類篇》、《廣韻》、《集韻》、《韻補》、《六書故》、《古今韻會舉要》徵引《國語》考校的合集。其書引言云：

> 小學書在引用《國語》的例句作證據的本身實際上也是在給所引用例句的具體語詞作解釋，這種解釋可能和韋注及其他《國語》注釋相同，也可能不同。尤其是那些和韋注以及其他《國語》傳注解釋不同的地方，會給我們探討《國語》文本訓詁本身提供一個角度。同時，魏晉一直到唐宋甚至到金元時期的小學書所引用的《國語》中的一些例句可能爲我們了解公序本、明道本之外的《國語》版本的一鱗半爪提供一些綫索或參照。其所引用《國語》的例句文字和今傳《國語》不同的地方，經過分析探討，也藉此能够得出一個是非，況且未必就一定是今傳《國語》爲是而小學書所引爲非。
>
> 另外，小學書的編纂過程往往是一個繼承過程，即後代小學書在前代小學書基礎上的累加，從釋義到例句全盤繼承或者部分繼承，在本專題中可以見到相關的用例，由《説文》發端引用，《玉篇》《類篇》等繼承《説文》沿襲引用的例子比比皆是，字書、韻書莫不如此。如果前代小學書釋義、引文正確而被後世小學書繼承了，這當然是後人的福分。但是如果前代小學書釋義未妥、引文有誤，比如引用中出現誤以注爲正文、誤以正文爲注、出處錯誤、文字訛脱衍倒等錯誤，姑且不管這種錯誤是否是由於前代引用者憑記憶引用造成或者其他原因，後代小學書也照樣繼承下來的話，那就是沿襲錯誤，就會給使用者造成麻煩，以訛傳訛，自誤誤人，這是應該糾正過來的。我們在考察的過程當中把那些引用不當的例句辨正過來，對於小學書本身來講，是去其微疵，微疵除而大德彰，不亦樂

乎？這也是本專題之所以開展的一個目的所在。①

　　又從漢語史語料的角度提出："《國語》作爲一部先秦時期的語料和史料文本，面臨著定字（定形、定音、定量、定序）、定義以及時代或地域的確定。就《國語》而言，《國語》文本的確定性需要《國語》各個傳本以及相關材料的勘正和具體語義的探討。我們認爲，《國語》文本形式的確定以及語義探討需要藉助四個方面材料：（1）傳世《國語》的各個版本的校勘；（2）歷代《國語》研究著作的梳理與研究；（3）群書引《國語》資料的整理與研究；（4）先秦兩漢其他典籍包括相關時期的出土文獻與《國語》同內容篇章或語段的比對與研究。"②《小學要籍引〈國語〉研究》《唐代類書引〈國語〉研究》的研究基本貫徹了這一思路。《小學要籍引〈國語〉研究》包括四個方面的內容：1. 引小學書各本進行辨正，確定各本引例之是非。2. 以《國語》各本和類書、群書引《國語》數據和引例進行比較，確定小學書引《國語》與今傳《國語》各本之是非。3. 對相關引例中的有可討論之處的文字、詞語進行文字字形上的辨正和語義疏通與訓詁；從字形上，主要是繫聯甲骨金文以及俗字等進行文字形體結構上的分析。語義疏通主要表現在：①小學書釋文的前後繼承關係，我們往往通過引證小學書編纂之前的經傳故訓以明小學書釋文的淵源。②對小學書的釋義進行探討，有的小學書釋義有未盡妥當之處，通過文字字形的、聲義繫聯的方式進行辨正。③小學書釋文的輯佚。4. 凡涉及《國語》舊注之處對《國語》前後注釋的異同原由進行探討，分兩個方面：①以韋注作爲座標，韋昭以前的《國語》舊注和韋昭注的關係。②《國語》舊注輯佚的歷時脈絡以及前後繼承關係。爲進一步推動《國語》的全面整理與研究提供了材料和依據。

　　《唐代類書引〈國語〉研究》則是在作者博士論文的基礎上，對五

---

　　①　拙著《小學要籍引〈國語〉研究》，新北：花木蘭文化出版社 2014 年版，第 13 頁。
　　②　拙著《〈國語〉考校——以明本四種校勘條目爲對象》，新北：花木蘭文化出版社 2015 年版，第 3 頁。

部唐代類書徵引《國語》全部例句一一進行考校，主要涉及了五個方面：1. 唐代類書各本以及《國語》各本文本中的漢字用字以及漢字字形分析；2. 唐代類書中每部類書不同版本的比勘；3. 《國語》不同版本的比勘；4. 唐代類書引文與《國語》本文比勘；5. 秦漢傳世文獻與《國語》相同內容比勘。即以《國語》《類書》爲材料，探討語詞、文字問題。對漢字異寫問題，也往往涉及。在比較異文的基礎上，對異體字提出了一個普遍規則，即本書結語中所云："當一個漢字構件 A 和另一個漢字構件 B 組合爲一個漢字，而 A 的形近構件 a、b、c 等字不和 B 組合成字時，構件 A 有時會寫作它的形近字 a、b 或者 c。A 與 B 成字，而 a、b、c 等不和 B 成字，只是 A 有可能寫作 a、b 或者 c 的一個條件，至於是否產生替代，還要從整個漢字的構形、文字應用習慣以及相關因素出發。"① 這個結論是建立在對唐代類書和《國語》版本異體字考察基礎上的，由具體材料推導出一般規則，對於異體字的研究具有積極意義。

除此之外，還有一些其他學者也對他書引《國語》資料進行過梳理與研究。如李佳對《文選》李善注引《國語》體例、內容、方式進行了梳理，認爲通過李善注大量徵引《國語》，"從一個側面反映出《國語》在唐代的接受情況"，通過和今傳《國語》對照也發現"李善注在徵引該書入注時，所引內容常與原文存有出入。考察其相異之因，除記誦的偏差，以及不同版本的流傳外，李善亦常據具體情況對原文進行有意加工，始終以解釋《文選》字句爲工作核心，並不追求書證的完整精確，故而徵引不刻板拘泥，其注釋既是積極尋求所徵引書證之意涵，與被注文字的契合和共鳴。"② 爲《文選》李善注徵引《國語》的進一步清理和整理提供了參照。

綜上，《國語》徵引研究，主要功能是通過《國語》徵引考察被徵引對象；而各書徵引《國語》研究，主要功能是通過各書徵引考察《國語》以及相關問題。從《國語》研究的角度而言，後者對《國語》的作

① 拙著《唐代類書引〈國語〉研究》，濟南：齊魯書社 2018 年版，第 531 頁。
② 李佳：《〈國語〉研究》，北京：中國社會科學出版社 2015 年版，第 217 頁。

用更爲重要，且有待進一步深入發掘。

小　結

綜上，對近七十年來的《國語》出版、性質、作者、成書、與相關典籍比較、文獻版本、語言、訓詁考校、思想、文學、史學、社會文化、人物、徵引等進行了較爲詳細的梳理。從研究者和論著發表量上來看，21 世紀以來的《國語》研究數量劇增，研究内容範圍擴大，研究方法多樣化，研究視角多元化，同論題不同角度研究多次出現。但絕大多數《國語》研究是在 20 世紀 80 年代奠定的基礎，可謂 20 世紀《國語》研究的延續，並在原來的基礎上邁上了一個更新的層面。近七十年來，域外《國語》漢籍得到學者的注意，作爲參校本進行《國語》校勘及相關研究，而域外《國語》本體研究也得到進一步重視。

總結與展望

以上，從《國語》所載史事發生與《國語》成書時期、漢代《國語》研究、三國時期《國語》研究、兩晉南北朝隋唐時期《國語》研究、宋元時期《國語》研究、明代《國語》研究、清代《國語》研究、民國時期《國語》研究、近七十年來《國語》研究等九個階段，對《國語》成書以及《國語》研究進行了歷時梳理與總結。

一、《國語》研究歷時之總結

通過歷時性之梳理，舉其大略，《國語》研究史約有如下數端。

（一）《國語》成書問題，帶有先秦典籍成書共性特徵，同時又具有個性特徵。先秦典籍的成書過程一般比較複雜，很少有學者親自撰述傳世的，即便諸子之書，也多經由後學整理而成，而非作者親筆。而以史事記載爲主要內容的典籍，其成書過程就更爲複雜。《國語》的成書過程以及真僞問題一直是晚近以來《國》《左》研究中的熱點問題。學界一般認爲，《國語》各語是在原始檔案基礎上，經過流傳、收集、整理編次而成的。這一成書過程中存在原始材料的記錄者以及傳播者、材料的搜集者與整理者、圖書的編輯者等等。這一時期，《國語》的原材料和《國語》爲先秦時期其他典籍徵引或利用，爲後世研討《國語》在這一時期的文本狀態提供了一定程度的參照，像《呂氏春秋》等部分典籍還對徵引篇章進行了評議，可看作《國語》評點之濫觴。

　　（二）漢代學者對《國語》與左丘明關係的確立，爲後世研討左丘明是《國語》作者、編者、傳播者抑或關鍵性人物提供了基本信息。且這一典籍的名稱在漢代得以確立，無論是“國語”“春秋國語”“春秋外傳國語”還是“春秋傳”，無不體現了漢代學者對《國語》一書內容及其與《春秋》關係的基本觀念，對《國語》經學性質的確立起了至關重要的作用。也由於《國語》和《春秋》經、左丘明關係無如《左傳》與《春秋》經、左丘明關係緊密，這也成爲後世以《國語》“誣聖”，移《國語》於“史”或以《國語》爲“子”的一大重要因素。總之，漢代確立了《國語》的書名、卷數和全書的基本面貌，爲後世《國語》的歸類提供了理據。由於《國語》史料的獨特性，兩漢時期的諸多典籍以《國語》爲史料來源、事理或訓詁依據，對《國語》的材料進行了不同形式的徵引或化用，爲探討這一時期的《國語》文本狀態提供了材料。一些典籍對所徵引的《國語》部分篇章進行評議，進一步豐富了《國語》評點材料。

　　（三）東漢學者確立了《國語》注釋的範式和傳統，東漢三國時期成爲《國語》注釋史和《國語》研究史上第一個高峰時期。劉歆提升了《左傳》的經學地位，《國語》因而得到了學者的重視。東漢時期，鄭衆是最早對《國語》注釋的，從韋昭“至於章帝，鄭大司農爲之訓注，解疑釋滯，昭晰可觀，至於細碎，有所闕略”的記述看，鄭衆的注釋應該不夠細密。從賈逵注存留條目上看，不能說賈逵注確立了《國語》注釋的基本範式，但至少可以說賈逵注的影響很大，對後世《國語》注釋範式起了引領作用。至三國時期的韋昭，承前儒注釋範式，轉相發明，注釋簡明而且細密，注釋細密程度至今無有超越者，成爲影響後世的重要參照。

　　（四）晉代確立了對《國語》作者、文風的質疑傳統。西晉傅玄開始對《國語》與左丘明關係提出質疑，自此之後陸淳、趙匡等學者相繼對《國語》文風以及與左丘明關係繼續質疑。確立了另外一種傳統，即對《國語》作者、《國語》與《左傳》關係、《國語》真僞的質疑。南北朝時期，隨著音韻學的發展，經史要籍的音義體著作大量湧現。《國語》的音義體著作也在這一時期產生，雖然有些學者的著作未能流傳後世，但其確立的基本體例以及注音、釋義的基本內容，當對後來《國語》音義撰述具有一定的影響。這一時期流傳下來的敦煌寫本殘卷《國語》，無疑爲研討此一時期《國語》流傳情況提供了可靠資料。

（五）唐代柳宗元從思想的角度對《國語》進行了全方位的檢討，開啓了《國語》評點的先河。其點評《國語》之觀點引起後人諸多批評，衍生了《國語》本體研究之外新的研究路向。《非國語》批評《國語》皆撮錄原文，皆予以標目，故又可作爲唐代時期《國語》文本形態的參照。唐人《國語音》保留了較爲齊全的漢晉《國語》注家，且爲後世尋繹《國語》舊本舊注提供了綫索。唐人劉知幾列史六家，以“國語”單獨爲一家，爲後來學者對《國語》史籍的認定提供了理論前提。唐代的諸多注釋著作，如孔穎達等《五經正義》、司馬貞《史記索隱》、張守節《史記正義》、李善《文選注》以及小學經義著作《一切經音義》《經典釋文》、類書著作等保留了大量的《國語》舊注以及《國語》材料，爲後世《國語》佚注輯佚和《國語》文本比對提供了材料來源，尤其像孔穎達《左傳正義》還保留了前此學者對《國語》的諸多看法，難能可貴。

（六）北宋官方政府修訂《國語》是在中國歷史上第一次由官方主持舉行的大型修書活動中進行，其文本形態成爲後世的主要參照和依據。《國語》明道本不絕如縷，至於明末清初，刻本失傳。正統年間校訂的朝鮮經筵本，體現了《國語》明道本東傳較早的史實，且留下了早期明道本的基本文本形態。宋庠在修訂《國語》的同時撰有《國語補音》，成爲瞭解宋時《國語》傳本的窗口。南宋紹興時期，《國語》公序本經歷了幾次刊刻和修補，且其本流傳到今天，爲探討宋代《國語》實際的文本面貌提供了相對可靠的材料。由於校刻過程中改字且又經元明時期遞修，爲離析公序本《國語》的原貌製造了障礙。職於是，《國語》版本史上兩大版本系統的公序本和明道本，皆無正式的原本可以參照。相比兩晉隋唐時期，宋代《國語》研究的著述形式更加靈活，札記體著述體式爲《國語》《非國語》研究提供了便利，王觀國、黃震、葉適等都有研討《國語》的條目，朱熹對《國語》的性質、文風都有評議，這些成果爲後世《國語》輯評提供了材料，爲後世《國語》評點提供了借鑒。尤其黃震把《國語》放在雜史類中進行研討，爲清代《國語》的圖書歸類提供了重要借鑒。宋代《國語》研究主要體現在音義研究和《非國語》研究兩個方面，且宋人對《非國語》的批評著作多達好幾部，遺憾的是，這些《非國語》專門著作無一流傳下來。這一時期，私人目錄出現，《國語》的著錄方式由原來的簡式發展到繁式，爲瞭解《國語》版本源流提供了方便。這一時期，出現了古文選本，真德秀第一次把《國語》選入《文章正宗》，完整標目且予以評點，確立了後世古文選本《國語》評點的基本範式。由於宋代出版業和教育業的發達，宋人對圖書刊刻的重視，大型類書以及私人著述類書和資料彙編大量湧現，一些小學典籍得到重新整理，新的小學著作也紛紛問世。這些典籍對《國語》多有徵引，且徵引體量較大，所用《國語》傳本不一，爲研討這一時期《國語》傳本以及《國語》文本提供了豐厚的材料，像《太平御覽》等類書仍然是《國語》佚注輯佚的重要來源。

（七）元代是《國語》研究的低迷時期，除遞修了幾種宋代的《國語》刊本之外，《國語》研究方面基本呈現空白狀態。只有虞槃《非非國語》繼承宋人排柳餘韻，其書亡逸，無法瞭解虞槃《非國語》評議和宋人的異同。

（八）明代是《國語》評點的鼎盛時期，又是《國語》刊刻的黃金時期。尋《國語》評點之濫觴，可從《呂氏春秋》開始，劉向《列女傳》、柳宗元《非國語》也屬此類。至於南宋，真德秀《文章正宗》爲後世古文選本確定了基本規範。真德秀對古文選篇的處理方式，爲後世古文選本及評點提供了參照。明代評點學的發展，有其深層的時代社會因素，一些評點出於牟利目的，倚重名宦、新科，纂輯材料，客觀上卻有資料彙編的價值。有的出於警世訓化目的，爲世道人心考慮，在總結提升《國語》思想價值方面用力較多。有的則是受古文運動和科舉的影響，以文章技法爲切入點，對《國語》用字、用句、篇章結構、起承轉合等等進行細緻分析，推動了《國語》文章學研究的發展，也有益於《國語》訓詁語義。總之，在這一複雜的社會背景下，《國語》評點得到

了極大程度的發展，《國語》在這一階段也得到了進一步的普及。明代
《國語》評點有專門著作，有古文選本。從穆文熙開始，集評開始出現，
穆文熙《國評抄評》只選録有點評的《國語》文本，這種處理方式影響
深遠。明代的《國語》評點直接影響了清代《國語》評點。從時間段上
而言，明代中後期是《國語》評點的繁榮期，而清代前中期正好和明代
《國語》評點接續，當然在具體形式上、内容上都有新的變化。清代
《國語》專門的評點著作選篇都比明代要少，清人在評點體例上更爲繁
細。明代《國語》刻本衆多，無一例外都屬於公序本系統，可見公序本
在元明兩朝的重要影響。此外，由於中外交流的便利，明代中後期的一
些刻本和評點本舶載而東，對日本、朝鮮《國語》的刊刻與研究產生了
深遠影響。這一時期，諸多書目把《國語》從經部移到了史部，爲清代
《國語》的圖書類屬提供了直接參照和依據。

　（九）清代是中國傳統學術的大總結期，《國語》研究在這一時期全面
發展。清代前期和中期，以明道本校宋本爲主流的《國語》死校爲主，諸
多校宋本流傳到今天，爲研討明道本的真實文本提供了參照。這一時期，
《國語》評點的古文選本和《國語》選評本也比較多見，《國語》評點專
門著作所選篇章比較少，且點評體例、内容豐富多彩，以輯評兼自評形式
爲主，有些評點著述的標目完整概括篇章内容，爲後世標目提供了參照。
這些評點對《國語》文學及文章學、《國語》訓詁語義等都具有參考價值。
清代中期，《國語》校勘出現了以明道本爲底本、以公序本爲參校本的基
本範式，同時《國語》注釋和訓詁考據集中出現且一直持續到清末。這一
時期進行《國語》佚注輯考者有多家且材料豐富，爲進一步深入研究
《國語》佚注提供了資料。此外，清代藏書豐富，各種書目題跋著作衆
多，對《國語》性質、内容、版本傳刻等等多有涉及。一些學者對《國
語》的來源、真僞進行了諸多探討，爲民國時期的相關研究提供了參
照。日本自江戸時期開始《國語》研究，成就斐然，正可和中國本土清
朝時期相互映襯。清代《國語》的刊刻雖然遠不如明代繁盛，但還是產
生了一批精寫精刻本，前者如《四庫全書薈要》本《國語》和《文淵閣
四庫全書》本《國語》，後者如黄刊明道本。黄刊明道本是黄丕烈、顧

廣圻在搜集校勘了多種鈔本和臨校本的基礎上校刻而成，使《國語》明道本在絳雲樓失火一百五十年之後又有了固定的傳本形態，其功至偉。此外，晚清時期，日本《國語》刻本開始傳入中國本土。

（十）民國時期的《國語》研究呈現多元化發展。一方面，接續康有爲等《左傳》爲劉歆僞造説，在高本漢方法的影響下，民國學者繼續對《國》《左》關係、真僞、作者、成書進行多方位研究，而且在經學視域下的真僞之爭之外，也有對其史料真實性的探討；另外一方面，一些學者繼承清代訓詁考校成果，推出《國語》新注和集注，爲《國語》的普及與深入研究提供了材料基礎。此外，一些學者還結合古器物學、社會學、民俗學，對《國語》中的名物、音樂等進行了深入研究。新的方法引入《國語》研究，體現了研究的多視角和手法的多元化。這一時期，中國國內有多種《國語》的普及本以及《國語》的譯注本，一些學者在報刊上也發表《國語》選篇的注釋，爲《國語》的傳播作出了貢獻。與此同時，日本學者編製出了《國語索引》，並由桂湖村、林泰輔、冢本哲三等學者翻譯了多種《國語》日文譯本，爲《國語》在日本的傳播和研究提供了資料基礎。

（十一）20世紀後半期的《國語》研究，繼續前此的《國語》成書、作者、和《左傳》關係、性質等研究內容，認識更趨合理。這一時期的學者由於不同的學術背景和立場，對《國語》進行了不同層面的認定，對《國語》的真僞辨析也呈現出多元化傾向。在這一時期，《國語》分國別語的研究開始出現，並以《晉語》研究最爲突出。此外，《國語》語言研究、文學研究、思想研究、制度研究受到學者多方面的關注並得到較好的發展。繼清人《國語》校勘之後，張以仁、鄭良樹雜以各種清人以及日本刊本，對《國語》進行勘校，爲釐清《國語》文本作出了貢獻。尤其值得一提的是，這一時期，上海師大校點本的出版，爲《國語》的普及傳播作出了重大貢獻，學者對新點校本出現的問題進行了一定程度的商討。這一時期，《國語》研究出現了區域交替繁榮的現象。同時，《國語》出現了多種外文譯本，海外《國語》研究也取得了新的進展。

（十二）21世紀《國語》研究接續前代《國語》研究傳統，在版本

文獻探討、文本勘校、語義訓詁考據、制度思想研究等方面又有了新的
進展，學者們對海外《國語》文獻多有留意。這一時期，《國語》論著
數量迅速增長，《國語》研究更加細密，方法視角更加多元，學者們開
始對《國語》歷時研究進行綜合梳理與總結，一些學者開始對《國語》
學術史進行總結。

從上可見，《國語》的研究隨著不同時期的整體學術動向發生變化。
東漢時期，古文經學興盛，《國語》因《左傳》的研究大興而獲得第一
次研究繁榮期。南北朝時期，由於音義類著述的普遍，《國語》的音義
研究興起。明代評點學大興，《國語》評點也進入黃金時期。清代古典
學進入綜合發展時期，《國語》研究在這一時期也得到長足發展。從
《國語》研究者來看，三國時期的《國語》研究者主要分布於魏、吳，
唐宋時期《國語》專門研究者較少，明清時期《國語》研究主要集中在
江浙地區。可見，《國語》研究具有明顯的時代遷延性和地域性。

二、《國語》研究的不足

在梳理過程中發現，《國語》研究還存在諸多不足，如下：

（一）雖然近些年來《國語》研究數量、選題、內容都有顯著增加，
但細密度、深度和廣度仍然有待進一步提高。如明清時期以及近代的
《國語》評點，研究者還相對較少，專人、專書研究基本處於空白狀態。
另外，《國語》校勘、訓詁等等專題的研究深度和廣度也並不充分。《國
語》語法研究、詞彙研究也有待進一步加強。①

①　即便研究比較充分的《國語》動詞方面，實際上也需要進一步深入研究。拙稿《〈國語〉動
詞語法試述》認爲《國語》動詞還有如下幾點值得深入：（1）《國語》動詞用字。《國語》的動詞
用字有相當一部分是《國語》之外的其他先秦典籍所沒有的，如"鬮"等，這些動詞用字在後世典
籍當中也極罕見。在對古方言與地理文化的綜合考察前提之下，對這類動詞用字進行形音義關係的
探討是有價值的。（2）《國語》動詞的語法語義的綜合分析。在語法學理論指導下進行的動詞分析
更多的是從發現特點、總結規律上著眼，缺乏對動詞的深入分析。（3）《國語》動詞的方言考察。
（4）《國語》動詞與其他典籍動詞的比較研究。

（二）由於前此没有全面清理《國語》學術史，使得一批極具研究價值的研究資料和重要刊本被長期埋没。比如董熜、鄭知同的《國語》訓詁考據研究、陳樹華的《國語》勘校研究、惠棟的《國語》校勘以及訓詁考據研究、牟庭的《國語》校注等，即便之前已經有學者涉及的《國語》專人、專著研究，也還有進一步研究的必要。總之，亟待學者全面整理與研究這些《國語》研究成果，以全面推動《國語》研究。

（三）由於《國語》部分内容和《左傳》重合，《史記》《漢書》《新序》《説苑》中部分材料來自《國語》，這些專書研究中和《國語》重合部分的成果尚未得到充分利用，且未得到充分研究。

（四）《國語》和出土文獻以及古文字的研究尚未得到更好的結合。

三、《國語》研究之展望

前文已經述及，筆者碩士學位論文結語部分對《國語》的研究内容進行了基本區分，謂：

> 如果由《國語》的動詞擴展到《國語》的綜合研究，包括《國語》的語言研究、文獻研究、文學研究、思想與文化研究。在《國語》的語言研究中，可以展開《國語》的文字研究、辭彙研究、語法研究與修辭篇章研究，從歷時和共時角度結合社會文化學進行全面系統深入地探討。在《國語》的文學研究中，可以對《國語》的敘事、《國語》中的人物塑造、《國語》中的對話描寫等各個方面開展，並就《國語》對後世文學創作的影響進行歷時的比較研究。在《國語》的文獻研究中，可以將宋代以前典籍尤其是宋刻典籍中徵引《國語》的文句與今傳《國語》比勘，並廣泛地求取宋以後各種版本的《國語》，得出一個匯校本。在此基礎上力求得出一個最接近《國語》原來面貌的本子。並對涉及的《國語》各本與相關方面進行版本文獻上的研究。集合舊注，去同存異，做成匯注本，並就

古注涉及的典章文物、文字訓詁進行相關的探討。在《國語》的思想與文化研究中，首先要重新估價《國語》在先秦思想史以及中國思想史上的地位，通過對《國語》所包孕思想的研究，從而斷代思想史以及真正的社會思想史的撰寫提供有力的佐證與材料。在《國語》的文化研究中，涉及的典章制度、風土民情等都是具有很高價值。總之，要將《國語》從學術研究的邊緣地位解脫出來，恢復這一經典文獻的學術核心地位及其應有的價值。①

這一分類，今天看來仍然具有一定積極意義，其中的有些研究領域至今仍屬墾荒狀態，需要進一步開掘。即便是已經有較豐富研究成果的領域，也還有繼續深入研討的必要。呂思勉說："不知本原者，必不能知支流。"② 因此，需要進一步深入全面開展《國語》研究，以更有利於《國語》研究史的全面梳理與總結。同時，《國語》學術史的總結，又進一步推動《國語》研究向縱深發展，也有益於先秦史、古典文獻學、傳統語言學甚至海外漢學等學科的發展。大體言之，未來的《國語》研究大致需要在以下方面展開：

（一）《國語》版本文獻研究

《國語》版本研究雖然已經有部分成果發表，但並不充分。尤其是對具體《國語》版本的研究、《國語》著述版本的研究還有許多待開發的地方。即便已經有所研究的公序本系統、明道本系統，其中演化軌跡，也還值得進一步深入發掘。在此基礎上，整理出《國語》匯校本，供學界參考。

（二）《國語》學術個案研究

《國語》學術史研究相對比較薄弱。原因在於具體《國語》研究文

---

① 又見拙著《〈國語〉動詞管窺》，成都：四川大學出版社 2008 年版，第 283 頁。
② 呂思勉：《先秦學術概論》，上海：東方出版中心 1996 年版，第 4 頁。

獻的研究比較薄弱。比如《國語》評點研究，專門的《國語》評點著作、選録《國語》篇章的古文評點選本，研究相對比較薄弱。另外，有些學者的《國語》研究成果，有待進一步發現和釐定，比如惠棟、牟庭、黄丕烈等人的《國語》研究成果，絶非我們目前所看到的這些，有些還需進一步開掘整理。因此，需要加大力度對《國語》具體著述的爬梳與研究。在此基礎上，集合歷代成果，整理《國語》集解、《國語》輯評，供學界參考。

（三）《國語》本體的專題研究

從民國以來，基於專題或學科的《國語》研究凸顯。特別是近七十年來，很多學者從語言學、史學、哲學思想、文學等角度對《國語》進行了諸多方面的研究，已經有了一定體量的成果。但就研究力度和深度而言，仍稍嫌不夠。比如《國語》語言研究，最充分的《國語》語法研究，也還有較多的待開掘領域，《國語》句法研究相對薄弱，仍需進一步加强。其他方面的研究也存在類似情况。

（四）《國語》精校精注本的出現

很多先秦典籍都有精校精注之本，供學界同人使用。《國語》目前僅有上海師範大學古籍整理組點校的普及本，而且這個普及本由於在特殊的年代完成，在版本依從、文字勘定方面還存在著諸多缺陷。需要有一部更能完整、精準反映《國語》本文以及韋昭注解信息的通行本問世，供讀者使用，這也是《國語》研究在進一步深入之後的一個方向。此外，《國語》需要有一部或幾部比較好的今注本，如同《左傳》之楊伯峻注一樣，既能提供讀者一定資料，又能爲讀者解決實際閱讀障礙的注本。

附録：

近七十年來《國語》新注新譯及鑒賞讀物評介

　　本書第九章對近七十年來的《國語》今注今譯進行了簡要回顧，臚列了三十多種譯注讀物。囿於篇幅，未能逐本介紹。把對各書的基本介紹作爲附録附諸書後，以便讀者檢尋。

一、傅庚生注《國語選》

（一）傅庚生生平

　　傅庚生（1910—1984），筆名肖岩、齊争等。祖籍山東蓬萊，出生於遼寧遼陽。1923 年就讀於瀋陽三中，1926 年考入省立東北大學國文系預科，次年升入哲學專科，不久輟學，1931 年復學於東北大學國文系，同年寄讀於北京大學中文系，次年正式入學，1934 年北京大學國文系畢業。歷任北京宏達學院中學部教師、湖北省教育廳秘書、東北大學中文系副教授兼校長室秘書、四川銘賢學院副教授、成都華西大學中文系副教授、北京大學中文系講師、私立東北中正大學教授、東北女子文理學院中文系教授兼遼東學院中文系教授、西北大學教授，1949 年以後，任西北大學文學院院長、西北大學中文系主任等。著有《中國文學欣賞舉隅》《中國文學批評通論》《杜甫詩論》《杜詩散繹》《國語選》《文學鑒賞論叢》《杜詩析疑》等。其生平學術，有《傅庚生自述》可以參考。

（二）《國語選》出版

曾在孔夫子舊書網上看到《國語選》的書稿定額稿酬質量單一份，該質量單在"書稿質量"一欄對《國語選》的評價是："一般。作者作的是選，注，校；標點工作。寫有前言一篇。提意見再經改寫。""一般"的原因主要包括兩個方面，其一是選，不是針對全書；其二，認爲該書只是校注和標點，而非深層研究。該質量單標注日期爲1958年10月30日。從其"編輯加工情況"一欄作者與出版社往還三次的修改可知，此前作者和出版社之間已有多次交流。

1957年，傅庚生在《人文雜誌》第1期發表《國語選序》一文，該文一共分三部分。第一部分主要涉及《國語》的作者、"外傳"的稱謂等問題，徵引《史記》《漢書》《論衡》《釋名》《四庫全書總目提要》《國語韋解補正》《直齋書録解題》《非國語》《郡齋讀書志》《文獻通考》《新學僞經考》諸家之説。最終結論：《國語》原是各國的史料。並從《國語》內容出發進行了分析。第二部分主要涉及對《國語》思想内容以及語言特點的認定問題。傅庚生以《周語》《魯語》爲例，認定《國語》"基本上是屬於儒家思想範疇的一部史書"，認爲《國語》有：民本思想、尚德、道忠恕、主謙和、奉勤儉、隆制度、知天命、崇禮、正名，並以《非國語》爲例對《國語》提出了批評意見。傅庚生又舉例説明了《國語》的語言表達和藝術手法之高妙，影響後世。第三部分主要涉及《國語》及其注解的流傳以及版本系統以及《國語選》等問題。在明道本和公序本優劣問題上，傅庚生認爲："一般地説，明道本是比較要好很多；但也有些地方又覺得公序本較長，我們不必太拘泥了。在這些不盡相同的處所，正是我們參校學習的肯綮之處，費些功力去深思一番，往往也就有些收穫；若固執一隅之見，就自然有所偏蔽了。"這個意見還是通達可采的。傅庚生對韋昭解的評價較高，認爲韋昭《國語解》"言簡意賅，往往一語破的，有時更能發人深省。它著重在疏導文義，溝通古今，有時旁及史事，却没有蕪蔓之累，是很值得我們取法的"。最後論述了《國語選》的目的、内容、工作方法等等。該書之選校注釋，"爲的是要給初學古典文學的人一些幫助，也著重在篇章字句間的疏解，希望能做到章無遺句，句無遺辭，俾使自修的讀者，可以援此而得解，不假外求，循序漸進，不致再有齟齬之處"。按照傅氏的説明，其《國語選》以明道本爲準，注釋上參考前人説法，擇善而從，共選125章，每章標題。1959年，傅庚生《國語選》由北京人民文學出版社出版。其《國語選·前言》在《國語選序》的基礎上修改而成，仍然分爲三個部分，每一部分的基本内容和《國語選序》大致相同，增改了很多處，加入了一些具有時代特徵的段落和文句。另外，在所選篇目上，由《國語選序》的125章改爲《國語選》實際的"一百一十章"，包括《周語》11篇，《魯語》16篇，《齊語》3篇，《晉語》58篇，《鄭語》1篇，《楚語》8篇，《吳語》5篇，《越語》8篇，基本和各語篇幅所占《國語》全書比例相吻合。

（三）《國語選》選篇及篇題

從《國語》選本來看，各家入選《國語》各語的篇目以及《國語》選本入選的各語篇目多少並不相同。

	傅庚生	真德秀	金聖歎	高塙	古文觀止	儲欣	孫琮	徐與喬	謝有煇	葉玉麟	秦同培	張寄岫	高振鐸等	馬達遠	楊宏文
周語	11	17	3	16	5	18	16	11	5	8	11	3	5	5	1
魯語	16	5	8	14	3	14	12	3	6	8	11	7	6	4	0
齊語	3	0	0	1	0	3	3	2	0	2	3	2	0	2	0
晉語	58	9	9	20	1	28	15	4	10	27	33	6	31	10	1
鄭語	1	0	0	1	0	1	0	0	0	1	1	0	0	1	0
楚語	8	5	3	6	1	8	4	2	2	4	5	1	6	2	0
吳語	5	1	3	7	1	7	7	3	2	3	5	3	4	1	0
越語	8	0	2	2	1	4	4	1	0	1	1	1	3	1	0
總計	110	37	28	67	12	83	61	26	25	54	70	23	55	26	3

可見，各家選擇篇目的比例是不一致的。真德秀編選《文章正宗》，已經給很多篇章標目，而且是以該篇章的主要内容爲標目標準的。到了明代，標目方法有兩種，一種是陳仁錫式的，即以該篇章首句内容作爲標目内容；另外一種即穆文熙、湯賓尹、葉明元式的，即撮録篇章要旨爲標目内容。

在近現代的《國語》諸多選本中，傅庚生《國語選》無疑是選取《國語》篇目最多的，其標目也别具自己的特徵。比如“邵公諫厲王弭謗”一篇的篇題，明人以及近代的諸多選本多用“止謗”，葉明元《國語評鈔》用“監謗”，只有傅庚生用“弭謗”，可見傅庚生確立篇題既要照顧到概括篇章大意，同時又盡量運用原文字眼。後來北京大學中國文學史教研室選注《先秦文學史參考資料》、馬達遠《國語故事選譯》亦用“弭謗”標題，與傅庚生所立題相同。至上海師範學院古籍整理組點校《國語》，篇題亦用“弭謗”。檢點之下，傅庚生《國語選》和上海師範學院古籍整理組點校《國語》二書篇目標題相同者尚不止這一篇，或可見二者前後承襲之跡。也從側面看出傅庚生《國語選》的影響。

（四）《國語選》内容

《國語選》目録和正文之前都有篇題。應該是現代《國語》讀本中較早立目且選入《國語》篇目較多的一次。篇章正文分段，事件結果哪怕文字再少，也單獨一段。注釋仍然排在全文最後，以“注釋”二字和正文區分，注釋按照序號連排。

注釋以釋義爲主，兼及音注、校勘、辨明文字，注音往往採用直音法，在被注詞後面列括弧，以“音×”出之。校勘則揭舉異文，辨明是非。

以《周語上》首章而言，韋昭施注65處，沈鎔施注75處（又正文中有音注7處），秦同培施注53處，傅庚生施注49處。從施注數量上而言，傅庚生施注最少，但實際上傅庚生注釋最爲詳明。

傅庚生《國語選》釋義一般比較詳盡，且富於口語化。如釋“祭公謀父”云：“祭，地名，現在河南開封東北十五里有祭伯城。古時候卿大夫所封的城邑，叫做采邑，也叫采地、食邑，或者説某人食采於某地，當地所收的租税，就供給封在那裏的卿大夫作爲俸禄。這裏的‘祭’就是這個公爵的采邑，所以稱爲祭公，謀父是他的字。他是周公的後代。"① 兼釋采邑，釋義詳明通俗，易於理解。釋"耀德不觀兵"云："耀就是明，耀德就是明德；説君王應該宣明教化，用德業去感化四夷。觀就是示，觀兵是拿武力給别人看，威脅别人。祭公説這是不應該的。"② 不僅解釋了語義，最後還補充"祭公説這是不應該的"一句，更能點明祭公謀父本句表述的用意所在。釋"觀則玩，玩則無震"云："玩就是黷，司空見慣，大家都不把他當回事了。震也當威字講，和上句的‘動則威’是兩相對襯的句子，這叫做‘互文見義’，古代文章裏這一類的例子是很多的。"③ 還聯繫修辭進行補充説明。

對於前人不同説法不能决者則並存之。如釋"猶其原隰之有衍沃也"云："韋注：‘廣平曰原，下濕曰隰，下平曰衍，有漑曰沃。’原是高地，隰（音習）是低下的地方。《左傳·襄公二十五年》‘井衍沃’疏：‘衍沃並是平美之地，衍是高平而美者，沃是低平而美者，二者並是良田。’若照這樣的解釋，‘猶原隰之有衍沃’便應該解作：就像是原之有衍，隰之有沃，不管地勢高低，都有平而美的良田。但此句公序本作‘猶其有原隰衍沃也’，《史記·周本紀》與此相同。所以汪遠孫的《國語明道本考異》便説：‘按韋注原隰衍沃四字平列。玩文義：上句土字實貫此句言之，原隰衍沃與山川對文。’他這裏認爲公序本是對的，依他所説，這裏的其字便是上句土字的代詞，原隰衍沃便是平列的詞了。這兩種説法都有一定的根據，考異並存。"④ 另如釋"其與能幾何"云："與是語助辭，能幾何就是將怎樣的意思。也有解作不久的。另外，與有偕或從義，意思是説你若這樣地壅民之口，老百姓有誰能够從你呢？也

① 傅庚生：《國語選》，北京：人民文學出版社 1959 年版，第 2 頁。
② 傅庚生：《國語選》，北京：人民文學出版社 1959 年版，第 2 頁。
③ 傅庚生：《國語選》，北京：人民文學出版社 1959 年版，第 3 頁。
④ 傅庚生：《國語選》，北京：人民文學出版社 1959 年版，第 8 頁。

可以講得通。"①

校勘往往附在釋義中，如釋"昔我先王世后稷"云："子孫繼承父祖的官爵叫做世，就是世襲的意思。后本來當君字講，稷是掌管稼穡的官名；周的始祖叫做棄，在堯的時候做農師，舜的時候做后稷，後來就以官名代替人名了。他的子孫世襲這個官位，所以這裏說'昔我先王世后稷'。宋明道二年的《國語》刊本裏有'王'字，其餘各本都只作'昔我先世后稷'，語意不很完足，因此一般的意見都認爲明道刊本好些。"② 既指明異文，雖然已經有了取捨，但仍以平和語氣出之。又釋"至於武王"云："《史記》作'至於文王、武王'，《文選》註引《國語》作'至於文武'，大概原來作'文武'，下文又單提武王，這樣在文義上比較要順適些。"③ 不僅引述他書引文異文，而且還爲《國語》本書的既定文本形式進行合理化解釋。

辨析文字包括辨析本字與借字，如釋"芮良夫論榮夷公好專利"篇之"說"云："說通悅。"④ 釋義中也注重文字之間語義關係的系聯，如釋"芮良夫論榮夷公好專利"篇之"載"云："當成字講。"⑤ 釋"卑"云："當微字講。"⑥

當然，其解釋也有不盡合理的地方。如釋"得四白狼、四白鹿以歸"云："這是犬戎被迫而貢獻的。"⑦ 但從歷代評注者的意見看，此處應該釋爲"這是犬戎本該貢獻的"，以此說明穆王伐犬戎之徒勞無功且導致"自是荒服者不至"的後果。另外，其釋"盡規"云："就是要極盡對天子的規諫，言無不盡。韋昭注：'盡其規計以告王也。'把規字解爲規劃，和上下的文義不合。"⑧ 從正文來看，"親戚盡規"之"規"在

① 傅庚生：《國語選》，北京：人民文學出版社 1959 年版，第 8 頁。
② 傅庚生：《國語選》，北京：人民文學出版社 1959 年版，第 3 頁。
③ 傅庚生：《國語選》，北京：人民文學出版社 1959 年版，第 3 頁。
④ 傅庚生：《國語選》，北京：人民文學出版社 1959 年版，第 9 頁。
⑤ 傅庚生：《國語選》，北京：人民文學出版社 1959 年版，第 10 頁。
⑥ 傅庚生：《國語選》，北京：人民文學出版社 1959 年版，第 10 頁。
⑦ 傅庚生：《國語選》，北京：人民文學出版社 1959 年版，第 5 頁。
⑧ 傅庚生：《國語選》，北京：人民文學出版社 1959 年版，第 7 頁。

本句中充當賓語。

（五）價值

香港新月出版社 1962 年 7 月出版有傅庚生《國語選註》，實際上是《國語選》的翻印本。中華書局香港分局於 1972 年 10 月再次出版《國語選》，把人民文學出版社本《國語選·前言》改爲"前記"，删掉了很多内容。檢 1959 年版《國語選》前言共 15 頁，1972 年香港版前記僅餘兩頁半，只保留了 1959 年版《前言》中的 7 段内容，其他的都删去了，這七段内容的内文和 1959 年本相較並無變化。1975 年，臺北洪氏出版社發行的《樂天人文叢書》中有洪北江主編的《國語選注》，實亦傅庚生《國語選》的翻印。從一個側面可以反映出傅庚生選注《國語選》的價值所在。具體言之，大約有以下幾個方面：

1. 便於初學，利於普及

此前學者對該書多有介紹評價。如殷孟倫曾經評價該書"基於前人研究成果，用現代漢語作注，語言通俗，有助於初學者的閲讀"①。汪濟民等主編《古代漢語新編》（下）也認爲"今人傅庚生的《國語選》，語言通俗，便於初學"②。

南京師範學院中文系圖書館編《中文系學生閲讀書目提要》"國語選"謂："本書在韋注的基礎上，參照原書各國的比重，選注了 110 章，約占原書的一半。並依各章的内容酌加了標題。注釋吸收了前人研究成果，著重篇章字句，語言通俗，有助於初學者閲讀。"③ 李昭恂、王汝梅編《文史書目手册》謂："這個《國語選》是指導初學古典文學的普及本，所以著重在篇章字句的注釋，有時加一些照原文翻譯式的順解。《國語》和《左傳》互有發明，應該彼此參考，因此在二書有關聯的地方，注出《左傳》的年數。注釋基本上依據韋昭的《國語解》，也參照

---

① 中國青年出版社編：《中國古典文學名著題解》，北京：中國青年出版社 1980 年版，第 26 頁。

② 汪濟民等主編：《古代漢語新編》（下），南昌：江西人民出版社 1989 年版，第 49 頁。

③ 南京師範學院中文系圖書館 1982 年 8 月編印《中文系學生閲讀書目提要》，第 19 頁。

了董增齡的《國語正義》，汪遠孫的《國語發正》，王引之的《經義述聞》《經傳釋詞》，黃模的《國語補韋》和吳曾祺的《國語韋解補正》。"① 徐州師範學院中文系《中國古典文學辭典》編寫組所編辭典有"國語選"詞條，謂："今人傅庚生著。本書按《國語》原本次序精選片斷一百十章，每章自擬小標題，並加詳細注釋。卷首有前言，介紹《國語》的思想內容和藝術特色，是一本簡明的普及性讀物。"② 對其普及性進行了介紹。

2. 是一段時期內學者瞭解《國語》的重要資料

曹礎基《先秦文學集疑》云："《國語》是先秦歷史散文發展史上的重要環節，這是人們一致肯定的。但建國以來出版的 20 多種文學史著作中，文學史家們雖少不得要介紹一下這部名著，但無論是從這些著作的編纂結構看，還是從文字篇幅看，都可得出人們對它不够重視的結論。人們大多把它作爲介紹《左傳》而連帶的一個附庸，它的價值也似乎只在於它是《左傳》巨大成就的一個有力的反襯。50 年代出版傅庚生的《國語選》而外，再無其他研究專著出版。"③ 曹氏的話，既是對傅庚生《國語選》的肯定，也是對《國語》研究備受冷落的欷惋。因爲《國語》研究與譯注存在著很大的空檔，故傅庚生《國語選》成爲學者瞭解《國語》的重要資料，20 世紀 60 年代以來的很多書目、題解及相關工具書在臚列《國語》舊注之後，大多提及傅庚生《國語選》一書。有些學者在探討先秦文學、哲學以及相關問題時，也會用傅庚生《國語選》的注譯。

3. 在《國語》白話注釋歷程中起著里程碑的作用

《國語》的白話翻譯從秦同培和葉玉麟開始。20 世紀前半期也只有秦同培《國語國策精華》和葉玉麟《白話譯解國語》，這兩部書雖然是白話文，但是和現代語體還有一定區別。其注釋仍然是文言形式。《國

---

① 李昭恂、王汝梅編：《文史書目手册》，長春：吉林大學出版社 1986 年版，第 187 頁。

② 徐州師範學院中文系《中國古典文學辭典》編寫組：《中國古典文學辭典》，南昌：江西教育出版社 1997 年版，第 234 頁。

③ 曹礎基：《先秦文學集疑》，廣州：廣東高等教育出版社 1988 年版，第 181 頁。

語》的白話注釋直到傅庚生纔真正出現。另外，傅庚生的注文有很大一部分是疏通文義，也即對《國語》原文進行翻譯。其文體語言和現代白話文基本一致。從這個角度而言，傅庚生《國語選》在《國語》白話注釋史上具有里程碑式的作用。

4. 爲後來的《國語》譯注奠定了基礎

雖然傅庚生《國語選》所注篇目僅占《國語》全書的一半，但其注釋的細密程度較高，足爲後來《國語》注譯提供借鑒和典範，其中一些見解仍爲後來的《國語》譯注者效法。如高振鐸、劉乾先《國語選譯》就對傅庚生《國語選》有所參照。

要之，該本確立篇題，注釋較爲詳盡，不僅利於《國語》普及，且具有一定學術價值。

二、楊宏文《國語國策故事選譯》

1961 年 12 月，中華書局上海編輯所編輯出版《國語國策故事選譯》，作爲《古典文學普及讀物》之一。該書選文共 13 篇，《國語》只選入 3 篇，只占全書的 25%。所選篇目爲《周語》"召公反對壓制輿論"、《晉語》"驪姬陰謀殺太子"、《越語上》"勾踐報仇雪耻"，篇題撮錄語義而成，語言重新加以組織概括，並不襲蹈前人。作者在前言中對《國語》的內容、特點進行了簡要說明，認爲《國語》具有自己的特點，"《國語》的文章用詞精煉、邏輯嚴密；敘寫歷史事件，往往在對話中交代"。其文選前有解題，之後是譯文，之後是原文。原文中隨文注釋，注釋用括弧內小號字與正文相區別，被注字下加著重號以爲提示。因爲是隨文注釋，故注文文字簡約，注音用漢語拼音，漢語拼音的標識尚不規範，如"ɡ"誤作"g"，"ɑ"誤作"a"。篇題之下確立解題，爲此後的《國語》譯注確立了基本體例。

楊宏文《國語國策故事選譯》所選《國語》篇章很少，但卻是第一個真正意義上的現代語體譯本，也是第一個符合當代人閱讀習慣的《國語》譯注本。

三、馬達遠《國語故事選譯》

（一）馬達遠生平

馬達遠（1917—2006），江蘇淮安人，畢業於國立浙江大學。馬達遠大學畢業論文即《左國異同》，還受到著名語言學家鄭奠的指導。[①] 後在浙江湘湖師範、蕭山中學、杭州師範學院等處任教，定居蕭山。著有《秘書學通論》（合編）、《實用秘書學》、《公務用文的撰寫》、《藕湖齋文稿》、《藕湖齋續集》、《國語故事選譯》等書。

（二）《國語故事選譯》的出版

《國語故事選譯》，上海古籍出版社 1985 年出版，是該社出版的《中國古典文學作品選讀》中的一本。上海古籍出版社 1985 年出版的《圖書目錄》對該套叢書有過介紹，介紹《國語故事選譯》的文字如下：

> 《國語》是我國第一部國別史，記載了上自西周穆王、下至魯悼公的五百年間，周王朝及諸侯國大事，具有重要的史料價值。它也是歷史散文結集，在散文發展史上有著不容忽視的承上啟下的作用。書中所體現的思想觀點，在當時不少是具有進步意義的。《國語》寫人狀物自有獨到之處，敘事議論以邏輯推理見長，尤善用性格鮮明的語言塑造人物形象。這本《選譯》入選故事 26 則，如《召公諫厲王弭謗》《桓公用管仲》《驪姬亂晉》《勾踐滅吳》等，都是膾炙人口的篇章。連環畫家王亦秋還為本書繪了多幀插圖，無

---

① 見馬達遠《紀念修辭學家鄭奠教授百歲誕辰》，蕭山市文聯編《蕭山文學五十年作品選·散文卷》，杭州：杭州出版社 2000 年版，第 6 頁。

疑會增添閱讀興趣。出版《國語》選譯的通俗本，多年來還是首次。①

誠如該段文字所言，馬達遠《國語故事選譯》確實是 1949 年以來《國語》選譯的首次通俗本的出版。雖然中華書局 1961 年出版過楊宏文的《國語國策故事選譯》，但該本《國語》篇目僅選了三篇，且非獨立成書。又，馬氏《國語故事選譯》一書於 1996 年由臺北縣中和市建宏出版社進行過翻印，翻印本 172 頁。此書後來又入選上海古籍出版社 1997 年出版的《史書故事薈萃》中。

（三）《國語故事選譯》的基本内容

本書包括前言和選譯兩部分。前言對《國語》内容、思想、性質、作者、文學價值以及該書的基本工作方式進行了介紹。作者强調，《國語》的史料價值極高，儒家的民本思想是《國語》一書的主要思想，"《國語》不是一人一時之作，而是經過逐步充實完善的"，《國語》在寫人狀物和通過人物語言表現人物内心方面都有其獨到之處。②

該書選譯部分即主體部分，以上海師範學院古籍整理組 1978 年點校本爲底本，異文、譯注 "擇善而從"。選譯《國語》26 篇，其中《周語》5 篇，《魯語》4 篇，《齊語》《楚語》各 2 篇，《晉語》10 篇，《鄭語》《吴語》《越語》各 1 篇。

今檢《國語故事選譯》26 個篇題，附列上海師大校點本和傅庚生《國語選》相應篇題如下：

---

① 上海古籍出版社編：《圖書目録 1985》，上海：上海古籍出版社，第 25 頁。
② 又馬丁、馬達遠又撰有《深厚渾樸　妙理瑋辭——簡論〈國語〉的思想性、藝術性及其語言特色》一文，發表於《麗水師專學報》1987 年第 2 期，對《國語》的基本内容、思想、功能、作者、描寫手法等進行了比較全面的介紹，可和馬達遠《國語故事選譯》前言相參。

《國語故事選譯》	上海師大校點本	傅庚生《國語選》
召公諫厲王弭謗	二本"召"作"邵"	
單襄公預言陳亡	單襄公論晉必亡	未選
郤至夸功	二本作"單襄公論郤至佻天之功"	
單襄公料晉將亂	"料"作"論"	單襄公知晉將有亂
單穆公諫鑄大錢	"諫"後有"景王"二字	與馬同
海鳥何須祭祀	展禽論祭祀爰居非政之宜	未選
里革斷罟匡君	里革斷宣公罟而棄之	未選
季文子論妾馬	同	同
敬姜論勞逸	敬姜，作"公父文伯之母"	公父文伯之母方績論勞逸
桓公用管仲	二本作"管仲對桓公以霸術"	
桓公霸諸侯		與馬同
驪姬亂晉		
重耳自狄適齊	同	
白季舉罪人之子	白季舉冀缺	未選
趙宣子薦賢	二本作"趙宣子論比與黨"	
范武子教子	二本二章，分別作"范武子杖文子、師勝而范文子後入"	
不歸功於己	二本作"郤獻子等各推功於上"	
趙文子冠	同	未選
叔向諫殺豎襄	同	平公射鴳不死
叔向賀貧	叔向論憂德不憂貧	宣子憂貧，叔向諍以憂德
董叔攀附權貴	二本作"董叔欲爲繫援"	
史伯用權術	二本作"史伯爲桓公論興衰"	
子西歡於朝	二本作"藍尹亹論吳將斃"	
王孫圉論國寶	國、寶之間有"之"字	未選
越使向吳求和	二本作"越王句踐命諸稽郢行成於吳"	
勾踐滅吳	勾，作"句"	越王棲會稽

　　通過《國語故事選譯》和傅庚生《國語選》、上海師大校點本篇題的比較可知，馬達遠和楊宏文一樣，更注重用自己的語言概括篇題，而傅庚生《國語選》和上古本則盡量運用原書的詞語確定篇題。

　　26 篇文選，每篇分題解、原文、譯文三個部分。馬達遠《國語故事選譯》的撰述體例與楊宏文《國語國策故事選譯》基本一致。只是楊宏文的《選譯》順序依次爲題解、譯文、原文，馬達遠則將原文置前、譯文置後，更方便讀者閱讀。《國語國策故事選譯》是中華書局上海編輯所 20 世紀 60 年代推出的《古典文學普及讀物》中的一種，而《國語故事選譯》是上海古籍出版社 20 世紀 80 年代推出的《中國古典文學作品選讀》中的一種，《中國古典文學作品選讀》出版説明云："這套叢書是在原中華書局上海編輯所出版的《古典文學普及讀物》的基礎上，重新加以擴充、修訂的。"則二者在撰述體例上具有前後繼承性，理固宜然。

　　《國語故事選譯》題解部分首先交代該篇所出，然後對篇章主要内容進行概括和評價。原文部分分段標點，專有名詞用專有名詞標識符進行標識，凡注釋都以隨文注釋的形式出現，除了專有名詞之外，其他需要解釋的詞語下都標識有著重號，所有注文都以括弧形式出現在被釋詞的後面。注文通俗簡約，以解説語義爲主，不事徵引，生僻字標有直音和漢語拼音兩種。譯文部分則以現代白話形式進行了比較精準的翻譯。

　　和楊宏文《國語國策故事選譯》相較，馬達遠釋文要更爲詳盡。以"召公諫厲王弭謗"爲例，楊宏文施注 80 條，馬達遠 67 條，但馬達遠注文較長。爲便於標識，將原文中的字下著重號改作下劃綫。列舉二書注文如下：

馬達遠《國語故事選譯》	楊宏文《國語國策故事選譯》
厲王虐（暴虐），國人（住在都城大邑的人，這裏泛指平民）謗（指斥別人的過失，與後來作"惡意攻擊"解的貶義詞"謗"用法不同）王。召（紹 shào，一作邵）公告曰："民不堪（忍受）命（政令）矣！"王怒。得衛巫（古代以降神事鬼爲職業的人），使監（監視）謗者，以告（以謗者告王），則殺之（指謗者）。國人莫敢言，道路以目（用目光表示内心怨恨）。 王喜，告召公曰："吾能弭（米 mǐ，消除）謗矣，乃（就此）不敢言。" 召公曰："是（代詞，這）障（堵阻）之也。防民之口，甚於防川。川壅（擁 yōng，堵塞）而潰（決口氾濫），傷人必多。民亦如之。是故爲（治）川者，決（引水）之使導；爲民者，宣（開導）之使言。故天子聽政，使公卿（三公九卿，指大臣）至於（以及）列士（上士、中士、下士，這裏指各級官員）獻詩，瞽（盲人，這裏指樂師）獻曲，史（史官）獻書，師（樂官）箴（針 zhēn，寓有勸戒意義的文辭，類似格言），瞍（没有眸子的盲人）賦（有一定音節腔調的朗讀），矇（有眸子而不能見物的人）誦（指不配合樂曲的朗讀），百工（指以各種技藝爲周王服務的人）諫（提供意見），庶人（平民）傳語（轉達意見），近臣（王的貼身侍從官）盡規（進規諫之言。盡，通"進"），親戚（貴族）補察（彌補、監察國王的過失），瞽史教誨，耆（其 qí，六十歲的人）艾（五十歲的人）修（勸戒）之（代詞，指王），而後王斟酌（考慮去取，付諸行動）焉。是以（因此。是，此；以，因；"是"是"以"的賓語前置）事行而不悖（倍 bèi，違背情理）。	厲王（周厲王）虐（nüè，殘暴），國人謗（説反對的話）王。召（shào）公（周朝大臣，姬虎）告王曰："民不堪（受不了）命（政令）矣！"王怒。得衛（衛國，在現在河北省大名縣和河南省衛輝縣一帶）巫（代迷信的人求神問鬼的人），使監（監視）謗者，以告（報告），則殺之（代謗者）。國人莫敢言（講話），道路以目（用眼光示意）。 王喜。告召公曰："吾能弭（mǐ，止住）謗矣，乃（就）不敢言。" 召公曰："是障（堵住）之也。防民之口，甚（超過）於防川（水流）。川壅（yōng，堵塞）而潰（kuì，決口），傷人必多；民亦如（象）之（代水流）。是故爲（治理）川者決（開通）之使導（通暢），爲民者宣（開導）之使言。故天子聽政，使公卿列士（各種等級的士）獻詩（民歌），瞽（gǔ，瞎子，古代的樂官）獻曲（民間樂曲），史（史官）獻書（歷史），師（也是樂官）箴（zhēn，勸戒的話），瞍（sǒu，没有眼珠的瞎子）賦（有韻的文章），矇（有眼珠的瞎子）誦（朗誦），百工（樂工）諫（jiàn，勸戒），庶（shù）人（平民）傳（傳達）語，近臣（王的貼身隨從人員）盡（進）規（勸諫），親戚（貴族）補（補救王的過錯）察（監督行動），瞽史教誨（huì，勸導），耆（qí）艾（ài，年老有德行的人）修（警告）之（代王），而後王斟酌（考慮）焉（代指各方面的意見）。是以事行而不悖（bèi，違背情理）。"民之有口也，猶（好像）土之有山川也，財用（用度）於是乎出（産生）；猶其（指土地）原（平原）隰（xí，低濕之地）之有衍（yǎn，平坦的低地）沃（wò，肥沃的土地）也，

馬達遠《國語故事選譯》	楊宏文《國語國策故事選譯》
民之有口，猶（如同）土之有山川也，財用（財務資源）於是乎出，猶其原（寬曠的平地）隰（席 xí，低下潮濕的土地）之有衍（眼 yǎn①，低下而平坦的土地）沃（握 wò，有河流可資灌溉的土地）也，衣食於是乎生。口之宣言（發表議論）也，善敗（治亂）於是乎興（起），行善而備敗，其所以（介詞，靠）阜（增多、豐富）財用衣食者也。夫（扶 fú，發語詞，無義）民慮之於心而宣之於口，成（考慮成熟）而行（自然流露）之，胡（怎麼）可壅也（與疑問代詞連用，作疑問語氣助詞）？若壅其（指代百姓）口，其與（贊同的人）能幾何（多少）？" 王不聽，於是國人莫敢出言。三年，乃流（放逐）王於彘（志 zhì，在今山西省霍縣境内）。	衣食於是乎生。口之宣（發出）言也，善敗（好事和壞事）於是乎興（出現），行善而備（防範）敗，其所以阜（fù，增加）財用衣食者也。夫（彼）民慮（思考）之於心而宣之於口，成（成熟）而行（流露）之，胡（怎麼）可壅也？若壅其口，其與（支持者）能幾何（多少）！" 王勿聽。於是國人莫敢出言。三年，乃流（流放）王於彘（zhì，現在山西省霍縣境内）。

　　比對可見，馬達遠和楊宏文對具體詞語的注釋不大相同，施注點不同，甚至有的釋義也存在差異。通過比對發現，楊宏文所參《國語》底本似也有問題，尤其"王不聽"，而楊宏文作"勿"，實際上《國語》公序本多本字作"弗"，並非作"勿"。就詞義解釋上而言，馬達遠的有些釋義較楊宏文更爲精準，如"暝賦"之"賦"肯定是動詞，而楊宏文以後世文體釋之，不妥。但對於"師箴"的"箴"，二書皆未能結合語境進行解釋，説明還存在一定的隨意性。另外，有些條目，馬達遠所釋未如楊宏文所釋得體，如"道路以目"，楊宏文以"示意"釋之，而馬達遠以"用目光表示心底怨恨"釋之。就本句而言，恐怕還是因爲衛巫監之，百姓不得言也不敢言，而以目示意。"怨恨"云云，似非本句之義。

---

① 原音注誤作"yǎng"，今逕改正。

（四）《國語故事選譯》的影響

1996 年，臺北縣中和市建宏出版社翻印《中國古典文選作品選讀叢書》，也收入此書。總體而言，《國語故事選譯》是 20 世紀 80 年代僅有的一部公開出版的《國語》選注選譯著作，對《國語》的普及是具有積極意義的。

四、楊光漢《國語》譯注

楊光漢（1938—2013），畢業於雲南大學之後即留校任教，任教過多種課程，研究路徑較寬，而以《紅樓夢》研究成果發表較多。在《國語》方面存有兩部手稿，一部是寫於 1980 年的《國語國策精華》上卷，一部是完成於 1983 年的《國語譯注》上冊，下卷、下冊不知是否尚在人間。筆者偶然從網上拍得此稿。其中有雲南教育出版社於 1986 年 12 月 29 日發給雲南大學函授夜大部函件謂："貴校楊光漢老師的《國語譯注》原已列入我社一九八四年選題計劃，準備出版，後因下半部尚未交稿，計劃拖延。現我社擬于明年發排上部稿件，特此證明。"該函件用雲南人民出版社稿紙書寫。筆者在購買到這包稿件時，發現在雲南教育出版社函件後面，還有楊光漢用雲南大學稿紙寫的幾份稿子，一份《關於〈國語〉校點注譯的幾個問題》共 8 頁，文末標記完成於 1983 年 12 月 6 日；一份《〈國語校注今譯〉書稿簡介》，共 10 頁，完成於 1987 年 10 月；另一份《關於〈國語校注今譯〉的説明》草藁，未標記時間，當在《〈國語校注今譯〉書稿簡介》之前。此外，就是《國語譯注》上冊手稿和《國語國策精華》上卷手稿。簡要介紹如下。

（一）楊光漢《國語國策精華》上卷

筆者所見同包稿件中，有楊光漢編譯《國語國策精華》上卷稿本一部。該稿用雲南人民廣播電臺"贈給廣播通訊員"紅格稿紙謄寫。包括前言、目録和正文，前言、目録與正文之間用紙隔開。前言一共 13 頁半，末署 "一九八〇年三月于雲南大學雲衛村"，知此稿撰成於 1980 年，早於其《國語譯注》。

根據作者前言，該書所收主要爲三大類："一類是表現古人智慧的，一類是表現德行情操的，另一類是足以引爲教訓的。" 檢其目次，《周語》放在最後，《魯語》最先。《周語》6 篇，《魯語》17 篇，《齊語》2 篇，《晉語》49 篇，《楚語》8 篇，《吳語》《越語》11 篇，共 93 篇。篇名大多爲重新確立的。不附正文，只有譯文，偶有注釋，對譯文中不容易理解的部分進行補充説明。今以 "召公諫厲王弭謗" 篇爲例，以見其大略。

邵公反對堵塞言路

周厲王（公元前 878—前 842 年在位）暴虐無道，老百姓紛紛指責他。大臣邵公對厲王説："百姓對你頒布的這些政令受不了啦!" 周厲王大怒，找來一個衛國的巫師，叫他負責監視哪些有不滿言論的人。只要巫師來報告誰在攻擊王上，周厲王就把那被告發的人殺掉。這樣一來，老百姓怕有嫌疑，連話也不敢講了，熟人在路上相遇，只是彼此望一望，用眼光表示意思。

周厲王非常高興，告訴邵公説："我終於找到阻止老百姓説壞話的辦法了，現在，再也没有誰敢攻擊我了。"

邵公説道："這不過是勉强堵住老百姓的嘴罷了。你要知道，堵老百姓的嘴，比堵河水還糟糕。築堤來堵塞河水，最後一定要潰決氾濫，傷害很多的人，想堵百姓的嘴，其結果也是如此。因爲這個緣故，治理江河的人，要疏浚河床，使水流暢通；管理百姓的人，應該開放言路，讓人講話。所以，天子想管好全國的政事，總是要讓各級官員把民間的詩歌奉獻上來，以便從中瞭解人民的想法，讓樂官奉獻採集來的民間樂曲，以便從中聽出人民的情緒，要讓史官翻查各種典籍，以便記住先王們治國的經驗教訓；讓樂師在朝庭上隨時講説勸戒的格言，朗讀百官獻上的詩篇，演唱勸人向善的歌詞；

讓百姓都敢於提出意見和建議，讓平民百姓的話都傳到自己的耳朵裏，讓左右的人都能盡到規勸的責任，讓王親國戚能隨時發現和糾正政事上的錯誤。總之，讓掌管陰陽禮儀的史官教導他如何遵守規矩，讓德高望重的長老幫助他修理整治國政。廣泛聽取了各個方面的意見之後，國王便認真加以思考，斟酌取捨，最後再付諸實行。這樣做，國家的事情纔能辦得順順當當而不致於違背情理和百姓的心願。老百姓有一張會講話的嘴，就好比大地上有高山大河，有平坦肥美的良田。有高山大河，纔有財富、用度，有平疇良田纔有衣食資源；有百姓的嘴發表議論，國家政事的好壞纔能分清。百姓認爲好的就堅決去辦，百姓認爲壞的就加以警惕、防範。我們恰恰是要靠這一點來使國家的財源旺盛，衣食豐足啊！百姓有意見，總是在心中反復思慮之後纔講出來的；思慮成熟了便要形之於語言傳布開去，怎麽可以堵得住呢？如果硬要去堵百姓的嘴，那麽，還有幾個人擁護您？"厲王不聽邵公的勸阻，仍然一意孤行。這樣，百姓沒有人敢説話。過了三年（公元前八四二年），百姓忍無可忍，就行動起來把周厲王趕下臺，將他流放到彘城去了。

(二)《關於〈國語〉校點注譯的幾個問題》

該文涉及三個方面問題：校點、注釋、譯文。校點方面提到上海師大校點本於1978年校點、1981年修訂，那麽楊光漢的這部《國語譯注》撰述時期至早當在1978年之後。因爲在這份稿件結尾，楊氏謂："以上是我關於《國語》校點、譯注的一些想法、做法、貴社在審閱上部稿子及這份説明後，有什麽意見，請盡快告我，以便在下部定稿工作中注意。"按照楊氏的説法，其《國語譯注》上部已經定稿，且在1983年12月之前下部也已有了初稿，不知何種原因，最終未能定稿。

楊光漢認爲上海師大校點本是當時唯一的一部校點本，但是錯訛較多，不能用，故而需要自己重新校點，然後進行注譯。故該文第一部分主要揭舉上海師大校點本在校點等方面的問題。

1. 揭舉上海師大校點本《國語》校點方面存在的問題

楊光漢在校點部分揭舉了上海師大校點本在校勘、斷句、標點方面的諸多問題。

（1）校勘錯誤

楊光漢認爲，上海師大在校勘方面，有些本該出校的地方沒有出校，有些校勘錯誤，舉了五個例子，分別爲：（1）《周語上》"惠王三年，邊伯、石速、蔿國出王而立子頹"，楊光漢認爲《國語》各本皆作"三年"，但他根據《史記》"周本紀""十二諸侯年表"、《左傳·莊公十九年》等材料及《國語》內證釐定爲"二年"。（2）《魯語下》"沃土之民不材，淫也"，楊氏據《左傳》孔疏、《文選》李善注衍文，將"淫也"改爲"逸也"。（3）《魯語上》臧文仲如齊告糴，"不腆先君之幣器"，楊氏認爲"幣器"屬一般進見禮物，而臧文仲攜入齊者是重器，故據公序本改"幣"爲"敝"。（4）《齊語》"鹿皮四分"，楊氏認爲上海師大校點本據公序本改"分"爲"个"是錯誤的，保持明道本原貌。（5）《周語下》"柯陵之會，單襄公見晉厲公，視遠步高；晉郤錡見單子，其語犯"，楊氏認爲明道本脫去"單子"二字，上海師大校點本未能校出，且"其語犯"未斷開，不文，據公序本補。

（2）斷句錯誤

楊光漢在斷句方面也舉了5條例子：①《周語上》上海師大校點本斷句"是日也，瞽帥、音官以風土"，楊氏認爲"帥"是動詞，校點本屬於不當斷而斷。②《周語上》上海師大校點本斷句"王處于鄭三年。王子頹飲三大夫酒"，楊氏認爲"三年"當屬下，斷爲"王處于鄭。三年，王子頹飲三大夫酒"。③《周語下》上海師大校點本斷句"今吾執政無乃實有所避"，楊光漢認爲"執政"當作動詞解，符合太子晉進諫身份，故在"執政"後加逗號。④認爲《晉語二》上海師大校點本標點有誤，按照自己的理解斷句爲："子往，驪姬懼必援于秦，以吾存也；且必告悔，是吾免也。"⑤《周語下》上海師大校點本斷句"故樂器重者從細，輕者從大"，楊氏認爲本句談的是樂曲演奏中的配器知識，故"故樂"二字必須斷開。

（3）標點錯誤

楊光漢在標點方面只舉了兩個例子：①《周語上》中"乃命其旅曰"及"農師一之"以下18句話，是虢文公諫宣王時敘事之言，上海師大校點本用引號標爲后稷之言，是錯的。②《魯語下》上海師大校點本標點"於是肅慎氏貢楛矢、石砮，長尺有咫"，楊光漢認爲石砮只是楛矢的箭鏃，故標頓號是錯的，本爲一物，而誤爲二物，故他認爲頓號當改爲逗號。

2.《國語》注釋需要注意的問題

楊光漢認爲，《國語》注釋要注意兩方面問題：（1）重視故訓而不墨守故訓；（2）對讀者負責，多爲讀者考慮。

（1）重視故訓而不墨守故訓

楊氏認爲，他注意了三個方面問題："一、用形訓、聲訓、義訓等傳統方法弄明字詞的多種含義；二、全面考察全句、全篇的内在邏輯以確定其在本句中的一種含義；三、結合當時的歷史、政治、思想的特定背景以複核其真確性。"楊氏列舉《周語上》"其君齊明衷正精潔惠和"爲例，認爲韋注"齊，一也"沒有注出層次。他認爲此處之"齊"通作"齋"，"齊明"當是"齋戒明潔"之義。"齊明""精潔"是對神的態度，"衷正""惠和"是對臣民的態度，神事、人事兩兩相對，層次清晰，且與下文的"神饗而民聽""民神無怨"邏輯貫通。

（2）對讀者負責，多爲讀者考慮

楊氏認爲，當時的古籍今注存在兩方面問題："一是最難解處多跳過不注，而易懂處又不煩辭費。二是關鍵處不點破語法關係，讀者只能囫圇吞棗。"鑒於此，楊光漢認爲他的注釋注意了兩點："一、有時先注明詞之本義"，"二、有時需注明語法關係"。楊氏列舉了傅庚生《國語選》作爲例子進行了説明。他認爲傅庚生《國語選》注"裔民"爲"荒裔之民"，讀者並不好懂，故他認爲當注爲"邊遠地區的野民"，怕讀者對"裔"字不理解，故其注爲："裔，本義爲衣服的邊緣，泛指邊，引申爲邊遠之地。故'裔民'在此實指缺少教化、不懂禮貌的野民。"傅庚生注"唯官是徵"云："徵，召；只消派個官吏來徵召大家服從命令就够了。"楊氏認爲傅庚生的注文顛倒了語法關係，也不能讓讀者瞭解"是"字的用法，故其注爲："是，結構助詞，起到將賓語提前的作用。'唯官是徵'即'唯徵官'，意爲：你們只消派個官員來傳達指令就行了。"

3. 《國語》翻譯應該注意的問題

在譯文一節中，楊光漢認爲翻譯除了普遍要求的信、達、雅之外，還應該："盡量做到譯文與原文在語詞、句法結構上相對或相當，爭取使譯文最大限度地再現原文的真意和體現原文的語言風格"，"爲了體現原文的語言藝術特色，有時需要在忠實的前提下給譯文詞語、句式的選用以一定的靈活性"。也分別舉例説明。如《周語上》"宣王欲得諸侯之能導訓諸侯者"，楊氏認爲如果譯作"周宣王想找到一個能教導、規訓諸侯的宗室子弟"，在句式上不同於原文，且意思也有出入，故楊氏譯爲："周宣王想在宗室子弟中挑選一個能教導、規訓諸侯的人。"《晉語八》董叔欲爲繫援章中，叔向用了雙關，爲保證意義的呼應性，楊氏譯董叔之言云："正想靠這門親事同她家掛上鉤、拴在一條繩上哩！"又譯叔向之言云："你本來要想拴在一條繩上，這不就已經拴上了嗎？你本來希望同她家掛上，這不就掛上了嗎？你希求的都得到了，又還求什麽情！"

可見，楊光漢的這篇文章具有方法論意義。

（三）《〈國語校注今譯〉書稿簡介》

該稿包括緣起、著述情況、本書適應對象、附錄四個方面，其中附錄實際上是《關於〈國語〉校點注譯的幾個問題》一稿全文。

1. 緣起

《〈國語校注今譯〉書稿簡介》緣起中，楊光漢敘述其在研究過程中，"系統地閱讀了先秦諸子的全部著作及先秦兩漢的五部重要歷史著作。研讀中發現，近現代學術界在對先秦思想文化作考察時，多採用諸子，間或用《左傳》《史記》《漢書》，而極少用《國語》《戰國策》"，楊光漢認爲："《國語》《戰國策》不僅保留了許多史實，而且有豐富的思想資料。尤其是《國語》，以記言爲主，對考察西周至春秋時期的政治思想、經濟思想、倫理思想、哲學、音樂思想以及天文、曆法、地質等，更是難得的珍貴典籍，許多内容均爲《史記》《漢書》所不載，也是諸子著作中所未引證的。" 所以他認爲，在 20 世紀 80 年代中後期那個時候，"《國語》研究、利用，也到引起足够重視的時候了"。接著，楊光漢回顧了《國語》漢代兩晉時期輝煌的學術研究、清代的《國語》研究成績以及晚清至 20 世紀 80 年代的《國語》研究和注譯實踐，故作者立志做一部《國語》全文校注本，以滿足學術需要，並認爲此書若能順利出版，"將成爲韋昭以來一千七百年中的第二個全文校注本，是 100 多年來的第一個全文校注本，是學術文化史上的第一個全譯本"。

2. 著述情況

《〈國語校注今譯〉書稿簡介》著述情況一節包括兩個部分。

第一部分主要介紹作者個人的教學研究情況以及《國語》譯注的進展。楊光漢説："從 1978 年起，即著手此項著述。歷時 9 年，已于 1983 年完成上册並已謄清（共 30 萬字），同時完成了研究《國語》的學術論文（三萬言），作爲此書前言。今年，下册初稿也已完工（約 30 萬字）。" 並且進一步提出了修訂計劃，將上下册都壓縮到 25 萬字，全書 50 萬字，上册 1987 年底提交定稿，下册 1988 第一季度提交定稿。

第二部分主要介紹撰述所據版本和研究資料，作者所據版本爲黄刊明道本之影印本和《四部叢刊》本，所參《國語》研究資料及相關資料有《國語發正》《國語韋解補正》《國語翼解》《國語正義》《玉函山房輯佚書》《黄氏逸書考》《國語考異》《國語札記》《春秋外傳》《群經平議》《經義述聞》《經傳釋詞》等。

3. 本書適應對象

本書適應對象一節臚列了四種對象，即文史研究工作者，大中學文科師生，政治思想工作幹部，文藝創作人員。對每一種適應對象都做了説明。

這篇文章既然寫在雲南教育出版社發函之後，當是爲雲南教育出版社接受該書出版做的一份説明。

（四）楊光漢《國語譯注》上冊

筆者所見楊光漢《國語譯注》上冊清稿本共 6 冊，實際上應該是四冊，《周語》三卷本來應該單獨分卷裝訂之後再用牛皮紙裝訂爲一冊，今檢三冊稿紙上相同位置有兩個針眼，説明之前應該裝訂在一起的，不知什麼緣故拆開單獨成册了。牛皮紙封面上有標注，上面分兩行寫“國語譯注上冊”，下面分別標注稿一、稿二、稿三、稿四，現在稿二失去，稿一標總目、前言、上冊目次，稿三標卷第四魯語上、卷第五魯語下、卷第六齊語，稿四標卷第七晉語一、卷第八晉語二、卷第九晉語三。依此推斷，則稿二當標“卷第一周語上、卷第二周語中、卷第三周語下”。

稿一部分，總目及上冊目次用雲南大學教育革命組稿紙，前言用雲南人民出版社稿紙和雲南大學教育革命組稿紙。前言共 47 頁，末署“一九八五年六月于雲南大學”，是其寫作此稿時間。前言包括四部分，第一部分用 13 頁半的篇幅談《國語》的史料價值，第二部分論述《國語》的内容、與《春秋》經傳關係、作者以及對《國語》的認定，第三部分是對《國語》編纂者思想傾向以及《國語》思想的揭示，第四部分是對《國語》韋昭注、《國語》明道本和公序本的基本評介以及《國語譯注》在版本、斷句、注釋方面的依從標準以及翻譯特點的説明。這篇前言確實是精心撰構之作。在這篇前言中，楊光漢表述了自己對《左傳》《國語》皆非左丘明的看法，表述了自己對《國語》一書的基本認定，表述了《國語》編纂者的思想傾向。這篇前言撰成於 1985 年，作者能有宏通暢達之論，實屬難能可貴。

三冊書稿中，稿二、稿三用雲南人民出版社稿紙，稿四用雲南大學教育革命組稿紙。稿紙上先寫篇題，然後逐段剪貼上海師大校點本正文，正文中按照自己的注釋重新標號，正文之下先出譯文，再出注釋。今以“邵公諫厲王弭謗”篇爲例，以見其譯注之大概：

邵公諫厲王弭謗

厲王虐，國人謗王[1]。邵公告曰[2]：“民不堪命矣[3]！”王怒，得衞巫，使監謗者[4]，以告[5]，則殺之。國人莫敢言，道路以目[6]。王喜，告邵公曰："吾能弭謗矣，乃不敢言。[7]"邵公曰："是障之也[8]。防民之口，甚於防川[9]。川壅而潰[10]，傷人必多；民亦如之。是故爲川者決之使導[11]，爲民者宣[12]之使言。故天子聽政[13]，使公卿至於列士獻詩[14]，瞽獻曲[15]，史獻書[16]，師箴[17]，瞍賦，矇誦[18]，百工諫[19]，庶人傳語[20]，近臣盡規[21]，親戚補察[22]，瞽、史教誨，耆、艾修之[23]，而後王斟酌焉，是以事行而不悖[24]。民之有口，猶土之有山川也，財用於是乎出；猶其原隰之有衍沃也[25]，衣食於是乎生。口之宣言也，善敗於是乎興[26]，行善而備敗，其所以阜[27]財用、衣食者也。夫民慮之於心而宣之於口，成而行之[28]，胡可壅也？若壅其口，其與能幾何[29]？"王不聽，於是國莫敢出言[30]，三年，乃流王於彘[31]。

[譯文] 周厲王暴虐，國都裏的人在公開指責他。邵公告訴他說："百姓不能忍受您的政令了！"周厲王大怒，找到一個衞國的巫師，派去監視有不滿言論的人。只要巫人來報告 [誰在指責國王]，周厲王就把那人殺掉。國都裏的人没有誰敢再講話，在路上 [相遇]，只用眼睛示意。周厲王非常高興，對邵公説："我有制止不滿言論的辦法了，百姓這纔不敢再講話。"邵公説："這是堵塞的辦法。堵百姓的嘴，比堵江河還糟。江河堵塞起來會潰決氾濫，必定要傷害很多的人；堵百姓的嘴也是同樣的道理。所以治理江河的人要疏浚它而使水流暢通，治理百姓的人要開放言路而讓人講話。因爲這個緣故，天子治理朝政，要讓三公六卿以至列士進獻詩篇，樂官進獻樂曲，史官進獻古代典籍，各種樂師講説規戒的格言，朗誦 [諷勸的詩篇]，演唱 [勸戒的歌曲]，讓百官進行勸阻，讓民衆的話傳達上來，讓身邊的臣子盡情規勸，讓王親國戚糾正和察看朝政的過失，讓樂師、史官來進行教導，讓老臣來加以警戒，然後君王再斟酌取捨。因此，政事就能得到貫徹而不違背 [情理和民意]。百姓有一張嘴巴，好比大地上有山有水，財貨用度從中生出；好比那高原低地有平疇良田，衣食資源從中産生。嘴巴發表議論，政令

的好壞纔能分清，好的加以實行，壞的加以防範，這就是財源旺盛、衣食豐足的條件。百姓在心中反復思慮而在口中説出來，思慮成熟〔便形之于語言〕傳布開去，哪裏可以堵塞得住呢？倘若硬要去堵百姓的嘴，那還能統治多久？"周厲王不聽，於是國都裏没有誰敢再説話。過了三年，國都裏的人就把周厲王放逐到彘地去了。

〔注釋〕〔1〕厲王虐，國人謗王——厲王：周恭王之曾孫，夷王之子，名胡。公元前857—前842年在位。國人：國都裏的人。謗：公開指責别人的過失。

〔2〕邵公告曰——邵公：邵康公之孫，名虎，謚穆公，周王的卿士（執政大臣）。公序本作"召公"，"召"與"邵"通，均讀shào（紹）。又，公序本"告"下有"王"字。

〔3〕民不堪命——堪：忍受。命：政令。

〔4〕得衛巫，使監謗者——衛巫：衛國的巫。巫是以舞降神的迷信職業者。古稱女巫爲巫，男巫爲覡（xí 習）。監：監視。古人迷信，認爲巫人有神靈，有謗必知，故周厲王使之監謗者。

〔5〕以告——"以"下省介詞賓語"之"。

〔6〕以目——用眼睛示意。可理解爲謂語"言"承上一分句省略。

〔7〕弭——止。

〔8〕是障之也——是：代詞，這。障：築堤防水；阻擋。

〔9〕防——堤壩；堵塞。

〔10〕川壅而潰——壅：堵塞。潰：決堤。

〔11〕爲川者決之使導——爲：治理。決：疏浚。導：通。

〔12〕宣——開放。

〔13〕聽政——處理政事。

〔14〕使公卿至於列士獻詩——公卿：三公六卿，朝廷高級官員。列士：士是貴族中的最低一個等級。因士又分上、中、下三等，故稱列士。獻詩：進獻詩篇。據説周代有采詩、獻詩的制度，即各級官員要向朝廷進獻采集來的民歌或自己創作的詩篇，王室據以掌握民情，考察朝政的得失。

[15] 瞽獻曲——瞽：瞎眼。古代以瞽者爲樂官，故又爲樂官的代稱。曲：樂曲。此指反映民意的民間樂曲。公序本“曲”作“典”，非。

[16] 史獻書——史：史官。書：指古代典籍。史獻書於天子，使知往古政治以爲借鑒。

[17] 師箴——師：少師，樂官之一。箴（zhēn 針）：規戒。

[18] 瞍賦，矇誦——瞍（sǒu 叟）：眼無瞳仁的瞎子。矇：有瞳仁而看不見東西的瞎子。賦：不歌而誦。誦：指弦歌諷誦。

[19] 百工諫——百工：掌握手工業技術、管理工奴的低級官員。謂百工就其所從事之技藝規勸君王。

[20] 庶人傳語——庶人：普通人民。庶，衆。傳語：庶人不能入朝廷諫諍，然可將政令之得失相傳以達朝廷。

[21] 盡規——極盡規勸。俞樾《群經平議》訓“盡”爲“進”，似可不必。

[22] 親戚補察——親戚：天子宗室姻親。補察：補其過失，察其得失。

[23] 耆、艾修之——六十歲之人爲“耆（qí 其）”，五十爲“艾”。此指天子的師傅及朝中老臣。修：儆，警戒。之：指天子。韋昭解“修之”爲修治瞽史之教誨，失之。

[24] 是以事行而不悖——是以：因此。悖（bèi 背）：逆，謬。

[25] 猶其原隰之有衍沃也——猶：如象。原：高平之地。隰（xí 習）：低濕之地。衍沃：都是平坦肥沃的土地。衍，高平而美者；沃，低平而美者。公序本作“猶其有原隰衍沃也”。

[26] 口之有宣言也，善敗於是乎興——宣言：說話。善敗：指好的和壞的政令。

[27] 阜——豐富，增殖。

[28] 成而行之——成：終畢，完成。指百姓對朝政形成了看法。行：傳布。

[29] 其與能幾何——其：副詞，將。與：語助辭。幾何：多

少（時間），不久。另一種解釋是：與，親附、贊助；幾何，多少（人）、沒有幾個人。依上文"防民之口，甚於防川；川壅而潰，傷人必多"，前説近之。

　　［30］國莫敢出言——公序本在"國"之下有"人"字。

　　［31］三年，流王於彘——三年：過了三年。流：流放，放逐。彘（zhì智）：晉地，在今山西霍縣東北。公元前841年，國人暴動，襲厲王，厲王出奔於彘，後即死於此。厲王被逐，朝政由諸侯共管，史稱"共和行政"。共和之年（前841年）是我國歷史上與確切紀年的開始。

　　可見，楊光漢注釋簡明，譯文比較流暢。注釋比較照顧讀者，又有少量探討。若果出版，相信對《國語》的傳播有不小的助力。

　　曲雲在《從苗嶺走出的學者》一文中謂："楊光漢副教授50萬字的學術專著《國語校注今譯》即將付梓。這部專著填補了現代史上《國語》研究的空白，可謂是前承古人，後繼來者。"① 不知什麼原因，這部著作最終未能問世，不能説不是一件憾事。希望將來在合適的機會，楊光漢的這兩部未完書稿可以得到出版的機會，嘉惠《國語》研究，體現其應有的價值。

五、高振鐸、劉乾先《國語選譯》

（一）作者介紹

　　高振鐸（1923—2004），1953年東北師範大學歷史系畢業留校任教，主編《中國歷史要籍介紹及選讀》，創辦《古籍整理研究通訊》（《古籍

_____

　　① 曲雲：《從苗嶺走出的學者》，載於劉全健主編《彩雲南現》，昆明：雲南人民出版社1991年版，第186—189頁。

整理研究學刊》的前身），和劉乾先合譯《國語選譯》等。劉乾先
（1938— ），1961 年東北師範大學中文系畢業留校任教，主要從事古漢
語教學和研究，曾任《古籍整理研究學刊》主編，主編《古籍知識手
冊》《中華文明實錄》《白話野史大觀》等，著有《八股文》等。除了和
高振鐸合譯《國語選譯》之外，還有《園林説譯注》《韓非子譯注》等。

（二）《國語選譯》的内容

《國語選譯》是教育部全國高校古委會推出的《古代文史名著選譯
叢書》之一，巴蜀書社 1990 年出版。該書共選譯上海師大校點本《國
語》64 章，並把其中的 11 章合併爲兩章，即把上海師大校點本《齊語》
三章合爲一章、《越語下》八章合爲一章，實際有 55 篇，除了《周語
下》《鄭語》沒有選録外，其他各語各卷都有選録。

1. 《國語選譯》前言

該書前言部分對《國語》的基本内容體例及影響、《國語》和《左
傳》的關係、作者和成書時代、《國語》的進步觀點、《國語》的散文特
點、《國語》各語的文風和體例、《國語》的研究概括以及該書的依據。

該書前言是繼傅庚生《國語選·前言》之後又一篇篇幅較長的文
獻。該書前言總結了《國語》的諸多問題。尤其該前言對《國語》的進
步觀點進行了比較詳細的概括，謂：反對暴君統治、反對貪婪奢侈、反
對傲慢無禮言行、重視人才、看到群衆力量。該前言對《國語》的散文
特點也進行了總結，謂：以記言爲主，生動幽默、妙趣横生，善於表現
人物的精神面貌。此外，還從文章風格、體例、繁簡、指導思想等角度
對《國語》各語差異進行了總結，進而指出《國語》是一部輯録彙編之
作，絕非一時一人之作。

2. 《國語選譯》的題解

《國語選譯》的篇題基本用上海師大校點本篇題，篇題之下爲解題，
其解題帶有評析性質。較長篇幅正文分段，注釋以脚注形式出之，每頁
單排，譯文在正文之後，空行區分。就題解部分而言，楊宏文和馬達遠
比較注重文義解讀，楊宏文特别注重本篇事件起因的詳細説明，馬達遠

注重文章風格特點的揭示，高振鐸、劉乾先更注重事件本身所體現的社會意義的揭示。

3.《國語選譯》的注釋

注釋比較簡明，釋義、注音、疏通文字、確定版本異文取捨，皆寥寥數字，涉及人物、事件或《國語》引文的解釋時，文字較詳盡一些。有時也會言及詞之本義等等。如釋"邵公諫厲王弭謗"篇"是障之也"之"障"云："本指防水的堤，這裏指阻擋。"①

注音包括直音和漢語拼音兩種方式，疏通文字主要揭示通假、異體、古今關係、異稱等。

注釋中也偶引舊説爲據，如《齊語》"管仲對桓公以霸術"篇"夫爲其君動也"之"動"，《國語選譯》即據汪遠孫《國語明道本考異》引洪頤煊説，以"動"爲"勤"字之誤。又本篇"戎車待遊車之裛"，仍據《考異》以《御覽》引文作"裂"，而以"裛"爲"裂"字之誤。《晉語七》"悼公始合諸侯"篇"使佐新軍"之"佐"，據王引之《經義述聞》説，以"佐"爲"將"字之誤。《楚語上》"伍舉論臺美而楚殆"篇"城守之木"之"木"，據《校刊明道本韋氏解國語札記》，以"木"爲"末"字之誤。引王引之《經義述聞》，以"廷見令尹子常"之"廷"爲"迁"字之誤。引俞樾説，以《越語下》"無是貳言也"爲二句，"無"字單獨一句。引王念孫説，以"上帝不考"之"考"當讀爲"巧"。

偶存前人異説，如《楚語上》"白公子張諷靈王宜納諫"篇"使以象夢旁求"之"象夢"，引王引之《經義述聞》以"象夢"爲"夢象"之説。《楚語下》"藍尹亹論吳將斃"篇引汪遠孫《考異》，以"聞一善若驚"之"善"下脱"言"字。

偶爾對舊解進行辨析，如《越語下》"君行制"，高、劉注云："舊解作'法'，疑應作'專斷''獨裁'講。"②此説不確。"君行制"三字是范蠡對句踐説的話，當面對話而言其君行專斷、獨裁，於義未合。

① 高振鐸、劉乾先：《國語選譯》，成都：巴蜀書社1990年版，第2頁。
② 高振鐸、劉乾先：《國語選譯》，成都：巴蜀書社1990年版，第296頁。

（三）《國語選譯》的影響

就釋義的精準度而言，《國語選譯》明顯要優於《國語國策故事選譯》和《國語故事選譯》。譯文上看，楊宏文、馬達遠、高振鐸等各有優長之處。唯高振鐸、劉乾先《國語選譯》篇章較多，且以叢書形式發行，至少滿足了讀者的閱讀需求，爲《國語》的普及傳播做出了貢獻。1992 年，臺北錦繡出版社翻印《中國名著選譯叢書》亦收入此書，1993年再版。又該套叢書由南京鳳凰出版社再次推出，2011 年 5 月出版高振鐸、劉乾先《國語選譯》（修訂版）。説明該套叢書的魅力所在，同時也説明《國語選譯》的魅力所在。

六、薛安勤、王連生《國語譯注》

（一）《國語譯注》的作者及出版情況

薛安勤（1941— ）、王連生（1941— ）兩位畢業於遼寧師範大學中文系並皆留校任教，薛安勤從事古漢語教學研究，王連生從事魏晉南北朝文學、唐宋文學教學研究，兩位學者還合作過《晏子春秋》的譯注。薛安勤還有《春秋穀梁傳今注今譯》《孔子家語今注今譯》等書。

20 世紀 90 年代，隨著對傳統文化的重視，各個出版社比較重視古籍今譯今注叢書的出版，《國語》往往在列。甚至一年中還有好幾部《國語》譯注出版，爲《國語》的進一步傳播做出了貢獻。

1991 年 4 月，薛安勤、王連生《國語譯注》由吉林文史出版社出版，是該社出版的《中國古代名著今譯叢書》中的一種。

（二）《國語譯注》的内容

1. 徐復先生撰序

該書前有著名語言文字學家徐復先生撰序，闡述《國語》源流，簡明扼要，有資研究。如下：

《漢書·藝文志》列《春秋左氏傳》三十卷、《國語》二十一篇，同爲魯太史左丘明著。司馬遷《報任少卿書》亦云："左丘失明，厥有《國語》。"是《國語》一書爲左丘明作，兩漢無異辭。唐劉知幾撰《史通》，謂"左丘明既爲《春秋》內傳，又稽逸史，纂別説，分周、魯、齊、晉、鄭、楚、吳、越八國事，起周穆王，終魯悼公，爲《春秋》外傳《國語》。"亦上承漢人，未嘗以己意出之。逮宋朱熹、鄭樵輩，比核二書體例及其用詞，造爲左丘明不著《國語》，致生歧説。迄清今文學家劉逢祿、皮錫瑞、康有爲，亦不以《左傳》《國語》爲一人所作。聚訟之説，實難究詰，加之世代久遠，無可詳考，學者仍須潛心鉤稽，以求真知，斯可以不惑矣。

清代考證之學盛行，校注《國語》者踵相接也。段玉裁、黃丕烈據明道本撰校記，汪中、劉台拱、顧廣圻、汪遠孫皆有校文，語極精審。又洪亮吉撰《國語韋昭注疏》，陳瑑纂《國語翼解》，姚鼐著《國語補注》，以及王煦《國語釋文》、黃模《國語補韋》、董增齡《國語正義》、汪遠孫《國語發正》，大抵前修未密，後出轉精。惟龔麗正《國語韋昭注疏》，未見傳本，學者引爲憾事。余謂薈萃衆家，成一會注考證本，其嘉惠來學，寧有既乎？

一九七九年秋，南京大學受教育部委託舉辦訓詁首期培訓班，主講者爲洪誠教授，學者自四方至。薛安勤同志自大連來寧，勤奮好學，婉靜慎言，有不櫛進士之譽。時余忝任教席，揭示青年必讀二十五書，謂安勤曰："《國語》可專治，清人著作可會爲集注本，亦不朽之盛業也。"越三年，中國訓詁學研究會在吳門召開年會，安勤來與會，謂余曰："《國語》會注，體大恐不任，願並力爲《國語譯注》一書，唯先生教之！"今年安勤與連生同志的《國語譯注》全書告成，總四十餘萬言，洋洋巨著，郵余審讀。余嘉其自強不息，毅力驚人，學不厭，教不倦，可爲後生師德。譯文流暢，注解詳明，凡文字音訓，必期於當；制度典章，務求其是。融會各家之説，而自出機杼，可謂事之難能者矣。嚴復譯赫胥黎《天演論》，樹最高準臬曰："譯者三難：信、達、雅。"又謂："三者乃文章正軌，亦即爲譯事楷模。"古籍今譯，其理當不違此。今觀所譯注者，"信""達"固已有之，又能立意於"雅"，洵匪易事哉！會安勤同志索序於余，爰舉嚴氏譯事之旨，以勉之。

一九八六年一月八日于南京師範大學

該文也見收於《徐復語言文字學叢稿》，文字稍有不同。文分三段，第一段對《國語》的作者問題進行梳理，第二段對清代《國語》考據研究進行了梳理，第三段對薛安勤等《國語譯注》緣起等進行了梳理。從徐復先生文字可知，他主張做一個會注考證之本，大致像諸祖耿《戰國策集注彙考》之類。徐復先生的這篇文章對今日《國語》研究與整理仍然具有指導意義。

2. 《國語譯注》前言與題解

薛、王《國語譯注》前言大致包括《國語》內容、《國語》作者、《國語》反映春秋時期歷史、《國語》《左傳》異同、《國語》文學性、《國語》注釋及版本、《國語譯注》體例內容等問題。據該書前言稱，該書以上海師大校點本爲依據，"適當參考其他的版本，擇善而從。每篇都分'題解''正文''注釋''譯文'四部分。'題解'部分，簡要介紹有關背景、內容概略和閱讀時要注意的思想或藝術方面的要點；'注釋'部分，對字音詞義、歷史知識、地理沿革、名物制度和風俗習慣等作了必要的注解，力求簡明扼要，點到即止；'譯文'部分，我們採用了直譯和意譯相結合的方式，在盡可能不失原義並保持原有風格的前提下，力求流暢明白"。① 該書附錄有《國語解敘》和《國語譯注》人名索引，皆仿上海師大校點本之例。而題解云云，自楊宏文設置此項，後此之《國語》譯注諸家多遵從之。

該書題解有長有短，長者二三百字，短者僅一句話。如"仲山父諫

① 薛安勤、王連生：《國語譯注·前言》，長春：吉林文史出版社1991年版，前言第4頁。

宣王立戲"題解云:"本文通過周宣王廢長立幼的史實,説明了封建禮法的虛僞性。"① "穆仲論魯侯孝"題解云:"這篇文章記述魯孝公因爲奉行孝道,被立爲諸侯之長。"② 都是比較短的題解。該書題解對於理解篇章內容,認識篇章價值是有一定用處的。

3.《國語譯注》注釋

今仍以"邵公諫厲王弭謗"爲例,以見其大略。薛、王《國語譯注》在該篇施注 21 處,分別爲:厲王、邵公、以目、弭、障、宣、列士、瞽、史、師箴、瞍、矇、百工、親戚、耆艾修、原隰衍沃、阜、胡、與、嬴。另有 1 條校勘,據公序本,謂"國"字下應有"人"字。注釋簡明,多者十餘字,少者一二字,生僻字標注漢語拼音。不存異説,直釋語義,如"其與能幾何"之"與",薛、王釋爲"黨羽,同盟者",選取實詞義,而不取其語氣詞之義。但正如楊光漢批評傅庚生《國語選》一樣,有些注釋似不能讓讀者對詞語有所理解,如注"師"爲"少師",則注和没注是一樣的,因爲一般讀者對"少師"也還是隔膜的。

(三)《國語譯注》的影響

1995 年 2 月,臺北建宏出版社輯印《學術新刊》,收入薛安勤、王連生《國語譯注》,由左秀霖校訂出版。黃永堂發表《〈國語譯注〉失誤商榷》一文,對薛、王《譯注》注釋和翻譯提出若干商榷意見,大致分爲注釋錯誤、當注而未注、譯文問題,共 37 條。③ 讀者在閱讀薛、王《國語譯注》時,黃文可備參考。

七、汪濟民等《國語譯注》

1992 年 3 月,南昌百花洲文藝出版社出版了汪濟民、仲坤、徐玉

---

① 薛安勤、王連生:《國語譯注》,長春:吉林文史出版社 1991 年版,第 25 頁。
② 薛安勤、王連生:《國語譯注》,長春:吉林文史出版社 1991 年版,第 27 頁。
③ 黃永堂:《〈國語譯注〉失誤商榷》,《貴州文史叢刊》1996 年第 4 期,第 45—51 頁。

侖、張學賢等人譯的《國語譯注》，作爲“高等師範院校文科選修教材”之一。主持者汪濟民也是一位古漢語研究專家，編寫過《古代漢語新編》《實用現代漢語》《古代漢語文選難句辨譯與通論習題》《古代漢語實用知識詞典》《古代漢語專題講座》《應用古漢語》等書。

汪濟民等《國語譯注》一書依次爲寫在前面的話、韋昭《國語解敘》、目録、正文。該書探討“國語”二字得名獨出心裁，從分釋二字語義開始，最終得出：“合釋‘國語’二字字義是：諸侯國間的諸侯與諸侯、諸侯與大夫、大夫與大夫以及諸侯、大夫與臣宰們敘述自己想要説話的話。”該書前言依次述及《國語》注家、《國語》内容、《國語》與《左傳》關係、《國語》作者、《國語》列周之緣故、《國語》中之稱謂。難能可貴的是，該本爲《國語解敘》注釋，此前所未有者。《國語解敘》施注 8 處，分別釋“舊史”“素王”“聖言”“攄意”“流藻”“懿”“雅”“主”“經”“幽微”“憭”“摭”“貿”“袪”等詞義。

汪濟民等《國語譯注》分章大致與上海師大校點本同，但絕大多數篇題則經過重新概括，如《周語》部分篇題分別爲：祭公諫穆王、恭王滅密、厲王弭謗、芮良夫諫厲王、邵公以子代宣王、虢文公諫宣王、仲山父諫宣王不可不順、穆仲論魯孝公、仲山父諫宣王民不可料、伯陽父論西周將亡、虢叔殺子頹、内史過論神、内史過論晉惠公、内史興論晉文公、富辰諫襄王、襄王拒晉文公請隧、陽人不服晉侯、晉人歸衛侯、王孫滿論秦師必敗、定王論不用全烝、單襄公論陳、劉康公論魯大夫、王孫説論叔孫僑如、單襄公論郤至、單襄公論晉、單襄公論晉孫周、太子晉諫靈王、晉羊舌肸論單靖公、單穆公諫景王鑄大錢、單穆公諫景王鑄大鍾、景王問鍾律、賓孟見雄雞自斷其尾、劉文公與萇弘欲城周。以事件或對話雙方出現在篇題中較多。

正文中，原文分段，原文之後先譯文。注釋較少，著重語義探討、文本比對和校勘，具體條目解釋較詳，可見其注釋不注重普及，實帶有研討性質。《周語》33 章一共 66 條注釋，《魯語》59 條，《齊語》21 條，《晉語》82 條，《鄭語》5 條，《楚語》27 條，《吳語》10 條，《越語》17 條，共 287 條。有一定數量篇章，全文無一注釋，可見其注釋之少。以《周語上》首篇爲例，該篇篇幅較長，汪濟民等《國語譯注》僅施注 2 處，分別爲 "時序其德" 和 "纂修其緒，修其訓典"，釋 "時序其德" 云："時通 '是'，於是；據上下文 '業' '緒' 均爲 '事'，此亦爲 '事'，指農事。" 又釋云："'纂修' 的 '修'，興建；'修其' 的 '修'，編寫。"①

"恭王滅密" 章雖然短，也施注 2 處，釋 "不取群" 云："《易》曰：'王用三驅，失前禽也。'《國語正義》以爲，即驚走衆獸。" 又釋 "公行下衆" 云："《史記·周本紀》作 '公行不下衆'。應以韋昭本爲勝，因上下文均言 '王'、中言 '公'。王不，公當然不可 '不' 了。《史記》正義曹大家云：'公之行與衆共議之也。' 亦可證韋昭本正確。"②

可見，雖然該書注釋數量少，但具體注釋條目較詳，且多有所本，能夠爲讀者理解提供方便，給讀者提供盡可能詳盡的信息。如《越語下》首章 "范蠡進諫" 篇 "天道盈而不溢" 注云："天道，指日夜更迭，四時代謝；溢，過分。以四時而言，夏天是盈滿的象徵，但炎夏以後是秋涼；以日月而言，月滿是盈滿的象徵，但月到最圓就逐漸虧缺，所以説 '盈而不溢'。"③ 這種解釋通俗易懂。"范蠡謂先爲之徵其事不成" 篇 "雜受其刑" 注："通 '帀'，今通作 '匝'，作 '周而復始' 解，猶如今天的 '反而'。"④ 黃永堂《國語全譯》注與之同⑤。"范蠡謂人事與天地" 篇 "妄其" 注云："即 '亡其'，連詞性結構，用於選擇文句的第二句句首，表示選擇，相當於 '還是'。"⑥ 此前傅庚生《國語選》注爲 "妄言"，吳承仕云："妄爲語詞，字屬陽部，對轉入魚，則爲無、爲莫。重言之，則爲無慮、模慮……亡其、妄其、忘其，字異而音義文例並同。或讀《越語》爲誣妄之妄，則失之遠矣。"⑦ 可見汪濟民等在《國語》

① 汪濟民等：《國語譯注》，南昌：百花洲文藝出版社 1992 年版，第 2 頁。
② 汪濟民等：《國語譯注》，南昌：百花洲文藝出版社 1992 年版，第 5 頁。
③ 汪濟民等：《國語譯注》，南昌：百花洲文藝出版社 1992 年版，第 403 頁。
④ 汪濟民等：《國語譯注》，南昌：百花洲文藝出版社 1992 年版，第 405 頁。
⑤ 黃永堂：《國語全譯》，貴陽：貴州人民出版社 1995 年版，第 725 頁。
⑥ 汪濟民等：《國語譯注》，南昌：百花洲文藝出版社 1992 年版，第 407 頁。
⑦ 吳承仕：《硯齋雜識》，《華國》第二期（1925 年）。

注釋方面確實下過一番功夫。"范蠡乘輕舟以浮於五湖"篇"浹日"注云："'浹'，音 jiá，周匝。'浹日'，古代以干支紀日，稱自甲至癸一週十日爲'浹日'。"① 這種解釋，不僅使讀者知"浹日"之語義，還能瞭解其由來。

其譯文也很流暢，口語化色彩比較强。總之，該書注釋雖少，却極有可觀之處。

八、董立章《國語譯注辨析》

1993 年 5 月，暨南大學出版社出版了董立章的《國語譯注辨析》。從其《國語譯注辨析》可知，其受業於金景芳門下，曾任教於暨南大學和華南師範大學，主要從事上古史研究。書前有作者所撰序言，目録仍按《國語》二十一卷分次，但篇章分合多與上海師大校點本不同，篇題也多不相同。每章或每隔兩三章後皆有辨析一篇或兩篇，對《國語》本文涉及的制度、事件或文化現象等進行辨析。書後附有參考書目，這在《國語》譯注中尚屬首次。

（一）董立章對《國語》的基本看法

董立章在序言中認爲左丘明是《國語》的匯輯者，且《國語》成書在《左傳》後，認爲《吴語》《越語》是左丘明近乎失明的狀態下進行整理的。在序言中，董立章大量徵引趙光賢《左傳編撰考》之言並駁斥之。接著簡述了《國語》一書的基本内容、各語起訖以及各語排列結構的用意所在。董立章最後指出，《國語》一書的"閱讀理解難度不小"，故而作者在注譯之後加"辨析"，"辨析文章有的屬於對文篇中某些内容所涉及的有關古代文化知識的闡釋和介紹，有的是對人物、事件及政局變遷的簡述，有的是對有關歷史問題的理論研究"。既有采自前輩學者，

① 汪濟民等：《國語譯注》，南昌：百花洲文藝出版社 1992 年版，第 413 頁。

又多有作者己見。

(二)《國語譯注辨析》的分章和篇題

該書仍以上海師大校點本爲底本，參考吳曾祺《國語韋解補正》、董增齡《國語正義》等書。但分章和篇題與上海師大校點本多有不同。

以《周語》爲例，上海師大校點本共 33 篇，董立章離析爲 32 章，把上海師大校點本中《周語上》第 8、9 章合爲一章，篇名多爲新立。其《周語》篇題分別爲：諫伐犬戎、恭王滅密、厲王拒諫、榮夷公專利、宣王脫難、虢文公論籍禮、魯孝公之立、料民之諫、三川皆震、惠王復辟、神君興亡論、內史論晉惠、晉文必霸、富辰諫襄王、文公請隧、倉葛斥晉文、襄王免衛侯、王孫滿觀師、定王論宴饗、陳違故典、劉康公論賢、簡王冷遇僑如、邵單論郤至、單子釋導魯成公、單子論晉周、諫壅穀水、叔向論單子、諫鑄大錢、諫鑄無射、伶州鳩論鍾律、論犧促亂、城周論咎。可見，董立章在篇題上，略去受諫者，直接以動作、對象爲題，力求文字簡短且完整體現篇章內容。另外，有些篇題比前此的更能體現文義，如"厲王拒諫"就比前此之"邵公諫厲王弭謗"更能完整體現篇章內容且極富有概括性。此外，董立章分《魯語上》15 章，《魯語下》17 章，《齊語》6 章，《晉語一》7 章，《晉語二》5 章，《晉語三》3 章，《晉語四》6 章，《晉語五》5 章，《晉語六》3 章，《晉語七》4 章，《晉語八》14 章，《晉語九》10 章，《鄭語》不分章，《楚語上》9 章，《楚語下》8 章，《吳語》4 章，《越語上》不分章，《越語下》分 3 章，合《周語》總共 153 章。篇題幾乎全部自擬，且與前此篇題多有不同，以四字篇題爲主。今檢 153 章中，四字篇題 101 個，占全部篇題的 66%；五字篇題 31 個，占全部篇題的 20%。二者相加，已經佔其全部篇題的 86%。可見董立章希望以簡短的語言概括豐富內容。

(三)《國語譯注辨析》的注釋

《國語譯注辨析》正文依次爲《國語》正文、《國語》注釋、《國語》譯文，較長篇幅的原文分段，逐段臚列注釋和譯文。董立章注釋於歷史、制度較詳，釋義一般比較簡單，時常徵引參考資料進行説明。

如"諫伐犬戎"章第一段注①云："穆：王名滿，西周第五代天子，曾經河西走廊遠遊新疆一帶。《穆天子傳》是可信的此次記遊。犬戎：戎族一支，犬爲圖騰。《史記·秦本紀》襄公元年載有豐王，寧公二年有亳王，厲共公十六年有大荔王，三十三年有義渠王，孝公元年有貆王。（貆：音 huán，又音 yuán，又寫作'獂''貆'。古貆：戎邑，漢置縣。）"① 對於穆王和戎的介紹比較詳盡。該章第二段注①："世：世世相襲。后稷：王室主農之官。《書·皋陶謨》載周先祖棄任堯舜禹稷官，跟從大禹治水。據田繼周《夏代的民族和民族關係》（載《民族研究》1985 年第 4 期）：'后'含有古代諸侯國君的意思，説明周祖棄爲虞夏時之諸侯，世任稷官。"② 注②："夏之衰：指夏太康失國、后羿統治時期。啟死，太康繼位，荒淫甚於啟，致啟五子争立，有窮氏國君羿乘機起兵西進，奪取政權，但同樣荒淫無度。"③ "虢文公論籍禮"章第一段注①："千畝：西周天子籍田千畝，諸侯百畝。西周一畝相當於現在 0.2882 畝。籍田是天子、諸侯親自耕種以示重農而所收用於祭祀之田。天子、諸侯立春日在籍田舉行始耕儀式，其後僅加巡視督促。籍田由甸師氏所掌。據《周禮》，甸師轄三百庶人，代替天子耕種。"④ 對籍田禮的功能、目的、流程解釋比較詳盡。另如"内史論晉惠"章首段注文 3 條，其中注③占了多半頁，詳明執圭執玉之程序及身份。⑤

注釋中引證前人説法，不自爲釋。如"諫伐犬戎"章第一段注④釋"允王保之"之"允"云："允：吳昌瑩《經詞衍釋》釋爲發語詞，裴學海《古書虛字集釋》釋爲發聲助詞。"⑥ 引述兩部虛詞著作解釋而釋之。

注釋中既引證學者見解，又補充之。如"虢文公論籍禮"章第一段

① 董立章：《國語譯注辨析》，廣州：暨南大學出版社 1993 年版，第 3 頁。
② 董立章：《國語譯注辨析》，廣州：暨南大學出版社 1993 年版，第 4 頁。
③ 董立章：《國語譯注辨析》，廣州：暨南大學出版社 1993 年版，第 4 頁。
④ 董立章：《國語譯注辨析》，廣州：暨南大學出版社 1993 年版，第 19 頁。
⑤ 董立章：《國語譯注辨析》，廣州：暨南大學出版社 1993 年版，第 36—37 頁。
⑥ 董立章：《國語譯注辨析》，廣州：暨南大學出版社 1993 年版，第 3 頁。

注⑨："初吉：每月上旬吉日，此指立春。金景芳老師指出：初吉爲每月上旬吉日，相對中、下旬吉日而言。立春之日無須卜，立春多在一個月的上旬，故多指此爲初吉，不能與'既生霸''既霸''既死霸'並列。王國維之説誤，而現《辭海》《辭源》襲此説（見金景芳《古史論集》第381頁至384頁）。韋注亦誤，所據《詩·小雅·小明》'二月初吉'與籍禮無關。"① 不僅引證金景芳之説，還對韋注及其引文做出了判斷。

注釋中也有辨析字形之例。如"厲王拒諫"章注⑦云："瞍（sǒu）：《周禮》無此職，'瞍'又寫作'膄'，疑與'瞭'形近而誤。瞭，即'眡瞭'。據《周禮·春官·眡瞭》，其主要職掌是攙扶瞽矇和負責陳設樂器，並看管守護。"② 這是通過辨析字形，對職官職責進行解釋。

有對韋注的補充。如"厲王拒諫"章注⑫："土之有山川：韋注：'山川所以宣地氣而出財用。'此釋確。《周易·説卦》：'天地定位，山澤通氣。'古時認爲陽氣升凝爲天，陰氣降凝爲地，天陽地陰，二氣交匯而生萬物。"③

有對舊注的駁正。如"虢文公論籍禮"章第二段注⑬："陰陽：陰陽二氣。舊注爲日夜，誤。原因是誤釋'震雷出滯'爲驚蟄雷震，蟄蟲春蘇。其一，立春距日夜均分的春分尚有45天左右，立春日不會言及春分，故'陰陽分布'不得解爲春分；其二，據《漢書·律曆志》，先秦兩漢立春稱驚蟄，與今曆不同，故驚蟄先春分30日左右。如釋'震雷出滯'爲驚蟄，則有前後倒置之嫌。'陰陽分布'實指陰陽二氣。立春之日，二氣遍布人間。下一節氣爲驚蟄。此釋方通。分布：遍布。出滯：釋沉滯之氣。《周語下·諫壅穀水》：'氣不沈滯，而亦不散越。'舊誤釋'滯'爲蟄蟲。"④ 既否定了韋昭注，又根據曆法提出新説。並連帶對《周語下》的解釋也進行了駁正。又如該段注⑭："田畯，農神，舊釋爲

① 董立章：《國語譯注辨析》，廣州：暨南大學出版社1993年版，第19頁。
② 董立章：《國語譯注辨析》，廣州：暨南大學出版社1993年版，第12頁。
③ 董立章：《國語譯注辨析》，廣州：暨南大學出版社1993年版，第12頁。
④ 董立章：《國語譯注辨析》，廣州：暨南大學出版社1993年版，第21頁。

農大夫，誤，《周禮》無此職。"①

有對明道本、公序本版本異文的辨正。如《周語上》"厲王拒諫"章注⑬："原隰衍沃也：明道本作'原隰之有衍沃也'爲確。原：寬平之地。隰（xí），新墾土地。《詩經·周頌·載芟》：'千耦其耘，徂隰徂畛。'《箋》：'隰謂新發田也。'《説文》：'衍，水朝宗也海貌。'《釋名·釋水》：'懸出曰沃泉，水從上下，有所灌沃也。'《周禮·地官·遂人》：'凡治野，夫間有遂，遂上有徑；十夫有溝，溝上有畛；百夫有洫，洫上有塗；千夫有澮，澮上有道；萬夫有川，川上有路，以達于畿。'可見'衍沃'爲田間溝渠。"② 不僅確定了版本去從，而且引證故訓、故典，對"原隰衍沃"四字進行解釋。

引證學者對文本的校訂，如《周語上》"内史論晉惠"章第四段注④："誣：俞樾、徐元誥認爲'誣'是'輕'之誤。"③ 實際上俞樾認爲此處"誣"字爲"輕"字之誤，徐元誥采俞説而已。又《周語中》"富辰諫襄王"章第二段注②："國：應作'興'。徐元誥按：'國，疑當爲興，涉注二國而訛，下言鄶之亡，此言摯、疇之興，蓋對文也。'此説爲確。"④《周語中》"陳違故典"章第二段注①："辰：韋昭將'辰角'連讀，誤。王引之曰：'當以"夫辰"二字斷句。辰者，星也。《左傳·桓公二年》："三辰旂旐。"杜注曰："三辰，日月星也。"是星亦得謂之辰。下文之角、天根、本、火，皆辰也。"復辰"，統下之詞。'"⑤

引證他書校《國語》本書之誤。如《周語上》"内史論晉惠"章第五段注①："襄王三年：據《春秋》《左傳》，'三'當爲'二'之誤。三年即公元前650年。"⑥ 本段注②："八：當爲七。七年，前645年。"⑦

校《國語》研究資料。如《周語中》"倉葛斥晉文"章注②："能：

① 董立章：《國語譯注辨析》，廣州：暨南大學出版社1993年版，第22頁。
② 董立章：《國語譯注辨析》，廣州：暨南大學出版社1993年版，第12—13頁。
③ 董立章：《國語譯注辨析》，廣州：暨南大學出版社1993年版，第40頁。
④ 董立章：《國語譯注辨析》，廣州：暨南大學出版社1993年版，第48頁。
⑤ 董立章：《國語譯注辨析》，廣州：暨南大學出版社1993年版，第69頁。
⑥ 董立章：《國語譯注辨析》，廣州：暨南大學出版社1993年版，第41頁。
⑦ 董立章：《國語譯注辨析》，廣州：暨南大學出版社1993年版，第41頁。

董增齡本無此字。"①

注釋揭明句讀。如《周語中》"邵、單論郤至"篇第二段注⑮："吾又過於四之無不及：徐元誥按：'謂吾並三子而四之，有過之，無不及也。'似應在'過''於'間斷句：'吾又過，於四之無不及。'"②

也時對上海師大校點本進行指正，如《周語上》"虢文公論籍禮"章第二段注⑩："上海古籍出版社校點本'瞽帥、音官以風土'，中間誤加頓號。"③

當然，該書注釋也有過度依賴通假而濫用通假的地方，如《周語上》"晉文必霸"章第二段注⑨："於，通'以'。"④"於"字本通，不必言通。《周語中》"文公請隧"章注⑧："且：通'詛'。"⑤ ⑫："復：通'履'。"⑥《周語中》"倉葛斥晉文"章注⑥："頓：通'鈍'。"⑦ 此亦本字可通，不必以爲通假者。有的解釋有誤，如《周語中》"文公請隧"章注⑧："實：語助詞。"⑧ 此"實"字實爲副詞。

總之，由於作者熟悉上古史，對先秦史的諸多方面都有研究和瞭解，故在解釋人物、事件、典章制度方面用功頗勤，又能搜羅各家之説，爲讀者提供了很多方便。在《國語》方面，也參照了諸多著作，能够釋有所本，也是可取的。唯作者對於訓詁語義似非專長，故存在：（1）武斷信從前人之説，不加辨擇；（2）濫用通假；（3）語義解釋存在一定的錯誤。

（四）《國語譯注辨析》的翻譯

其譯文由於注釋的不同，和前此諸家也有一定差異。今以"召公諫厲王弭謗"篇章爲例，和高振鐸、劉乾先，薛安勤、王連生，董立章等

① 董立章：《國語譯注辨析》，廣州：暨南大學出版社 1993 年版，第 56 頁。
② 董立章：《國語譯注辨析》，廣州：暨南大學出版社 1993 年版，第 80 頁。
③ 董立章：《國語譯注辨析》，廣州：暨南大學出版社 1993 年版，第 21 頁。
④ 董立章：《國語譯注辨析》，廣州：暨南大學出版社 1993 年版，第 43 頁。
⑤ 董立章：《國語譯注辨析》，廣州：暨南大學出版社 1993 年版，第 54 頁。
⑥ 董立章：《國語譯注辨析》，廣州：暨南大學出版社 1993 年版，第 54 頁。
⑦ 董立章：《國語譯注辨析》，廣州：暨南大學出版社 1993 年版，第 56 頁。
⑧ 董立章：《國語譯注辨析》，廣州：暨南大學出版社 1993 年版，第 54 頁。

的譯文相比，汪濟民等人的最長，原因在於：（1）把本該注釋的某些東西放在譯文中；（2）有些意譯的成分。其他三種譯文長度差不多，至少從形式上説明這三種譯文和原文的匹配度比較合適。但僅從"甕"字的翻譯上，就可以看出董立章的翻譯比較靈活而不失原文之意。董立章在翻譯時用"甕塞""封堵""封塞""緘塞"等對原文"甕"字進行了翻譯，保證了信息的精準性和語言的靈活性。另外，高振鐸等"讓他去監察指責他過失的人，只要他告發誰指責"中"他"字用了好幾次，且非指代一人，容易造成混亂，汪濟民等譯文也有這個情況。此外，從譯文上也可以看出幾種譯註本在具體詞義的理解上有不同，如"國人"，董立章譯爲"六鄉之人"，而高振鐸等和薛安勤等譯爲"國都的人"，汪濟民等譯爲"都城的人"，反映了幾家對"國人"身份認識的差別。

（五）《國語譯注辨析》的辨析文字

爲配合《國語》原文内容，董立章在有些篇章之後增加了辨析文字，共有51篇。其中《周語》23篇，《魯語》12篇，《齊語》《鄭語》《吳語》《越語下》各1篇，《晉語》8篇，《楚語》4篇。可見，董立章對《周語》的重視。辨析文字有長有短，短的僅僅一兩段，幾百字；長的則長達幾千字，如"西周祀典""炎帝黃帝的發源及發展""西周春秋時期戰爭的典制、禮規""論我國國家的産生及史官的出現""我國先秦時期的樂理""中國學校教育的起源及西周教育""周初天命論哲學"都接近10頁的篇幅，還有"夷夏之别，民族融合及國家的形成""我國遠古傳説性記載的可信和國家的形成""略論春秋戰國時期士人的歷史作用""經過盛衰及勢卿興亡"有10多頁甚至接近20頁的篇幅。可見作者爲幫助讀者深入理解《國語》本文，在辨析文字中提供了上古史的各方面信息，當然不乏作者個人的真知灼見。兼具史評、史論和史實三種功能，這是極其難能可貴的。

（六）《國語譯注辨析》的影響

總體來説，董立章《國語譯注辨析》一書是《國語》譯注方面的上乘之作，當爲《國語》研究者以及先秦史研究者案頭常備之書。暨南大學出版社總編室編《暨南大學出版社十五年總書目（1989—2004）》爲該書撰寫的内容提要謂該書是"對研究先秦史、遠古史不可或缺的重要典籍《國語》的全文譯注及歷史評析"①，洵爲平實之言。

九、李維琦《白話國語》

李維琦（1932—2021），湖南祁陽人，1960 年畢業於湖南師範學院中文系，後留校任教。曾任《古漢語研究》主編，編著有《古漢語文選》《修辭學》《古漢語同義修辭》《佛經詞語匯釋》《祁陽方言研究》《中國音韻學研究述評》《周易古經易解》《李維琦語言學論集》等，點校整理有《國語·戰國策》《左傳》《白話國語》等。

1994 年 4 月，李維琦《白話國語》由嶽麓書社出版，作爲該社出版的"古典名著今譯讀本"中的一種。

該書書前有目録，臚列各卷篇目等，正文則僅列卷目，篇前用阿拉伯數字標識，先出譯文，次出注釋，最後出原文。譯文用阿拉伯數字區分，注釋和原文皆以"【注釋】""【原文】"單行以示區分。

全書最後有"譯後小記"，對《國語》内容、作者、《國語》研究、譯注、《國語》點校本以及作者翻譯《國語》的緣起和相關問題做了説明。作者一方面認爲在没有充分的證據拿出來之前，"我們只好相信左丘明是《國語》的作者"，一方面又説《國語》"史實與《左傳》或有不同，那只是傳聞異辭的緣故，左丘明只是盡編輯整理的責任罷了"，前後表述似有扞格。

作者翻譯《國語》，以前此嶽麓書社出版之點校本爲底本，參照《國語正義》《國語發正》《經義述聞》等故訓材料。其譯述過程中，薛

---

① 暨南大學出版社總編室編：《暨南大學出版社十五年總書目（1989—2004）》，廣州：暨南大學出版社 2004 年版，第 33 頁。

安勤、王連生《國語譯注》出版，作者認爲薛、王"譯文流暢可讀，有
其可取之處"。按照作者的説明，其採用的方法是："一是在譯文中加上
一些原文中所没有的話，但用括弧括起來，以使語言連貫，語意顯豁；
二是在譯文後作一些注釋，是譯文的注釋，不是原文的注釋。有些是注
時間、人物、地點的；有些是注典章制度、名詞術語的；有些是注譯文
中的話究竟是什麽意思，對譯文作補充説明的；有些是注校勘意見、譯
文之所本的。"① 可見，其注釋主觀上是爲譯文服務的，但譯文和原文本
就密切關聯，故對理解《國語》原文也不無裨益。全書共施注 1035 條，
其中《周語》226 條，《魯語》92 條，《齊語》42 條，《晉語》469 條，
《鄭語》35 條，《楚語》114 條，《吳語》44 條，《越語》13 條。注文有
長有短，短者多爲語詞訓詁，長者往往爲制度之類，如作者在單穆公諫
景王鑄大鍾以及景王問律伶州鳩兩章中對樂制的注釋，注文相對較長且
較詳盡。檢李維琦譯文語言靈動，口語化强，所譯前後通貫。

十、鄔國義等《國語譯注》

(一) 作者介紹

鄔國義 (1951—)，浙江奉化人，1978 年考入華東師範大學歷史
系，1988 年獲歷史學博士學位，主要從事中國史學史、歷史文獻學、二
十世紀學術史研究，著有《歷史的碎片：國義文存》，整理或參與整理
有《资治通鑑》《馮承鈞學術著作集》《馮承鈞學術論文集》《史學通論
四種》《劉師培史學論著選集》，參編《現代化進程中的中國人文學科》
(史學卷)、《中國學術名著大辭典》(古代卷)、《白話三國志》、《史學
概論》、《王國維全集》等。胡果文 (1948—)，上海人，胡邦彦
(1915—2004) 之子，1982 年畢業於華東師範大學歷史系，曾任教於上

① 李維琦：《白話國語》，長沙：嶽麓書社 1994 年版，第 438—439 頁。

海交通大學人文學院和國際與公共事務學院。著有《軍事藝術》《中外人事制度》《國語選評》等。

(二) 顧静撰前言

1994 年 12 月，鄔國義、胡果文、李曉璐合作撰寫的《國語譯注》作爲"中華古籍譯注叢書"之一，由上海古籍出版社出版。

該書前有顧静所撰前言一篇，大致探討《國語》的"語"體特徵，認爲："由於上古史料的匱乏，人們也把《國語》中的材料作爲史料來運用，但這與歷史著作應該是有區別的。"此外，探討《國語》作者問題，肯定《國語》"非一時一人之作""非出于左丘明之手"的説法。進而梳理了《國語》的卷次、注釋、文辭特徵及《國語譯注》撰作緣起及相關事由。根據顧静的説法，"這個譯注本雖然還説不上是一個盡善盡美的本子，但任事者的工作態度十分認真，有些較難的篇段甚至數易其稿，因而它較之目下流行的一些所謂名著白話本來説，要可靠得多"。顧静序言很有啟發性。

(三) 注釋

全書分章、篇題皆與上海師大校點本相同，依次爲原文、注釋、譯文，全部以方括號標識區分。注釋比較簡明，數量也不多。由於撰者的歷史學背景，故對關於歷史地理方面的注釋比較詳盡，且極具有信息性。

如"祭公諫穆王征犬戎"篇注①："犬戎：亦稱畎戎、昆夷等，當時活動於陝西涇渭流域的一支少數民族，是殷、周西部邊地的勁敵。"① 前此《國語》譯注似無"當時活動於陝西涇渭流域的一支少數民族，是殷、周西部邊地的勁敵"之語。又"密康公論小丑備物終必亡"篇注①："涇：水名，源於今寧夏六盤山，東南流入古渭水，西周國都鎬京即在兩水交匯處附近。"② 凡古地名，必注明今地理所在。有的不僅指明其

---

① 鄔國義、胡果文、李曉璐：《國語譯注》，上海：上海古籍出版社 1994 年版，第 2 頁。
② 鄔國義、胡果文、李曉璐：《國語譯注》，上海：上海古籍出版社 1994 年版，第 5 頁。

地理位置，還揭明其戰略位置。如"仲山父諫宣王料民"注②："太原：指今甘肅西部地區，當時是周與西北少數民族接壤的邊地。"① 很多譯注本止於地理位置的解釋，但並没有把該地點的戰略位置揭示出來。"西周三川皆震伯陽父論周將亡"篇注②："三川：韋昭注云'三川，涇渭洛，出于岐山也。'這三條河流是當時關中地區的主要河道。"② 同樣揭出其地理位置的重要性。

不僅解釋地名比較注重其地理位置重要性的揭示，對於有些職官的解釋，也既解釋其身份，又揭示其功能。比如"定王論不用全烝之故"篇中的"舌人"，一般僅注作翻譯。但鄔國義等則注云："擔任翻譯、接待遠方使者的官員。"③ 指出舌人的兩重功能，即同時兼任翻譯與接待兩種工作，僅任翻譯，尚不能涵蓋舌人的職分。

對有些現象，如變卦、樂律等，董立章《國語譯注辨析》、鄔國義等《國語譯注》等都解釋得比較詳盡，爲讀者瞭解相關内容提供了很大方便。

對有些語句的理解，也從史學的角度給予解釋。如"穆仲論魯侯孝"篇注③："導訓諸侯：指擔任諸侯的伯主（亦稱霸）。從有關記載來看，伯主負有督率各諸侯遵奉王室、討伐不服從王命之諸侯的責任和權力。王室勢力衰微後，伯主由力量强的諸侯自任，性質與意義都有所不同。"④ 這是從史學的角度，對"導訓諸侯"内容的動態性變化進行了解釋。前此諸家，似無此透脱。

注重揭示人名異稱，注重前後文貫通解釋。如"内史過論晉惠公必無後"篇注②："吕甥：亦作'吕省'，晉大夫。後文的'子金'亦指他。"⑤

對於有不同看法之處，並存異説，提供給讀者不同角度。如"仲山父諫宣王料民"篇注②："料民：清點統計百姓户口數。其用意有不同看法，有的認爲是'檢查户口，以加强控制'；有的認爲是改革賦税制

---

① 鄔國義、胡果文、李曉璐：《國語譯注》，上海：上海古籍出版社1994年版，第19頁。
② 鄔國義、胡果文、李曉璐：《國語譯注》，上海：上海古籍出版社1994年版，第21頁。
③ 鄔國義、胡果文、李曉璐：《國語譯注》，上海：上海古籍出版社1994年版，第53頁。
④ 鄔國義、胡果文、李曉璐：《國語譯注》，上海：上海古籍出版社1994年版，第17頁。
⑤ 鄔國義、胡果文、李曉璐：《國語譯注》，上海：上海古籍出版社1994年版，第30頁。

度，增加王室收入等。"①

對於《國語》引述典籍，往往注出該典籍之存佚及其所出具體篇章。如"單襄公論郤至佻天之功"篇注⑭："《書》：此處引文不見今本《尚書》。"注⑮："《詩》：此處所引見《詩·大雅·旱麓》。"② 有的還釋其內容。如本篇注⑰："《太誓》：《尚書》篇名，相傳是周武王伐商在孟津向諸侯發布的誓詞。"③

對某些不易理解的詞語，既解釋其本義，也解釋其語境義。如"越興師伐吳而弗與戰"篇注②："贏縮：歲星趨舍而前爲贏，退舍爲縮。借指進退。"④ 言簡意明。董立章《國語譯注辨析》也曾釋此，謂："贏縮：指古時行軍作戰所參考的天象變化。《周禮·春官·大史》：'大史，報天時，與大師同車。'可知大史觀天象，參與軍機。《漢書·天文志》：'日方南，太白居其南；日方北，太白居其北，爲贏——侯王不寧，用兵進吉退凶。日方南，太白居其北；日方北，太白居其南，爲縮——侯王有憂，用兵退吉進凶。''歲星……超舍而前爲贏，退舍爲縮。贏，其國有兵不復；縮，其國有憂，其將死，國傾敗。''早出爲贏，贏爲客；晚出爲縮，縮爲主人。'古時認爲，金星（即太白）、木星（歲星）等主兵象，觀其變作爲決策參考。下文有'贏縮以爲常'。"⑤ 董所釋詳則詳矣，未如鄔國義等所釋簡潔，更易爲讀者接受。

注釋中注重事件原委的史實補充，同時也比較注重對韋昭注文原文的引用。在鄔國義等人所注《國語譯注》中，特別注重對韋昭注文的直接引述。無論人物、典制、語詞，多引韋昭注文以明之。

（四）和李維琦譯文的比較

今仍以"邵公諫厲王弭謗"篇爲例，對比李維琦《白話國語》、鄔

① 鄔國義、胡果文、李曉璐：《國語譯注》，上海：上海古籍出版社1994年版，第19頁。
② 鄔國義、胡果文、李曉璐：《國語譯注》，上海：上海古籍出版社1994年版，第67頁。
③ 鄔國義、胡果文、李曉璐：《國語譯注》，上海：上海古籍出版社1994年版，第67頁。
④ 鄔國義、胡果文、李曉璐：《國語譯注》，上海：上海古籍出版社1994年版，第609頁。
⑤ 董立章：《國語譯注辨析》，廣州：暨南大學出版社1993年版，第763頁。

國義等《國語譯注》白話翻譯上之旨趣。如下：

鄔國義等《國語譯注》	李維琦《白話國語》
周厲王暴虐無道，國人都指責他。召公報告說："民衆承受不了了。"厲王很生氣，找來衛地的巫師，派他監視指責天子的人，衛巫報告後便殺掉他們。從此國人沒有誰敢說話，路上遇見只用眼色來示意。厲王很高興，對召公說："我能禁止誹謗了，這些人不敢講了。"召公說："這是你堵住了他們的嘴巴。堵住民衆的嘴巴，比堵塞河流還要可怕。河流若被堵住而決口，傷害的人一定多，民衆也是如此。因此治理河道的人要排除堵塞，讓水流暢通，治理民衆的人要引導百姓說話。所以，天子處理政事，要讓列卿列士獻呈民間詩歌，樂官獻呈民間樂曲，史官獻呈史書，師氏進箴言，瞍者朗誦，矇者吟詠，百工勸諫，平民的議論上達，近臣盡心規勸，宗室姻親補過糾偏，樂官、史官施行教誨，元老重臣勸誡監督，然後天子再斟酌取捨，因此政事纔能施行而不與情理相違背。民衆有嘴可以說話，好比土地上有山嶺河流一樣，錢財開支就從這裏產生出來；好比高低起伏的大地上有平川沃野一樣，衣服食物就從這裏產生出來。能口出議論，政事的好與壞能藉以反映，纔可做好事而防止壞事，方能使財源旺盛、衣食富足。民衆心裏所考慮的在口頭上流露出來，這是很自然的行爲，怎麼可以強行阻止呢？如果堵住他們的嘴巴，那麼還能支撐多久呢？"厲王不聽勸告，於是國都裏沒有人敢說話，過了三年，國人便把厲王放逐到彘地去了。	厲王暴虐，國都裏的人議論厲王的過失，邵公報告說："人民不能忍受政令啦！"厲王發怒，弄到衛國一個巫人，叫他偵察議論他過失的人。（衛巫）告發誰，就把誰殺掉。國都裏的人，沒有人敢講話，在路上碰到，只能用眼睛示意。厲王高興了，告訴邵公說："我能制止人們說我的壞話了，他們再不敢說三道四了。"邵公說："這是堵塞人們的嘴巴。堵塞人們的嘴巴，比堵塞河流還嚴重。河道堵塞，提防潰決，傷害的人必定很多，人也像這一樣。因此治理河道的人，疏通河道使水暢流。治理庶民的人，開導他們，使他們講話。所以天子處理政事，叫公卿直到各級士獻詩，樂師獻（反映民意的）樂曲，史官獻古代典籍，樂官獻箴言，無眼珠的盲樂師吟詠，有眼珠的盲樂師朗誦，百官勸諫，平民的意見讓人傳給王聽，王身邊的臣子進規勸之辭，王的親戚彌補王的過失，督察政務，樂師、史官教誨，老臣們加以修飾整理，然後王對這些加以選取實行。所以事情辦好了而不違背情理。人有口，就像大地有山河一樣，財用從這裏生出；就像高原平地上有平坦、灌溉條件好的耕地一樣，衣食從這裏產生。口發表議論，好的壞的從這裏出來，推行好的，防範壞的，那是用來增加財用衣食的辦法。人民在腦子裏考慮它，從口裏把它講出來，這是考慮成熟之後的自然流露，怎麼可以去堵塞呢？假若硬要堵塞他們的口，將能堵多久呢？"厲王不聽從，於是國都裏的人，沒有誰敢講話。過了三年，就把厲王流放到彘地去了。

通過比較發現，鄔國義等並没有把"國人""瞍""矇"等進行翻譯，這種做法是可取的。"國人""瞍""矇"是一個固定身份，是否有必要在譯文中進行解釋，值得斟酌。從文本的簡潔性和文義的貼合角度而言，不翻譯比翻譯要好得多。另外，有些詞語可以轉换，比如"壅"可以以"堵塞""壅塞""緘塞"等不同形式出現，但"口"是否在一個文本中同時以"嘴巴"和"口"的不同形式出現，恐怕還需要斟酌。另外，二本在"得衛巫"之"得"上，一個譯爲"找來"，一個譯爲"弄到"，都比較口語化，且符合情境。

（五）影響

總之，鄔國義等《國語譯注》確如顧静前言所説"態度十分認真"，當屬可靠之作，爲學者研讀《國語》提供了一定方便。2017 年 8 月，該書作爲上海古籍出版社推出的"中國古代名著全本譯注叢書"之一，又獲得出版。針對該本譯注問題，學者也有所指摘。如莊榮貞《古籍譯注切忌望文生義》第二條指出鄔國義等人翻譯《晉語二》"夫堅樹在始，始不固本，終必槁落"爲"堅固的樹木在於開始，開始不培植好根基，終究要枯萎凋落"是錯誤的，認爲此處"堅"是形容詞活用作使動用法，全句應該譯作"欲使樹栽得牢固就在於開始，開始不培好根基，終究會枯槁凋落的"。① 所言可采。

十一、黃永堂《國語全譯》

（一）作者介紹及圖書出版

黃永堂（1941— ），貴州赤水人，1964 年畢業於貴州大學中文系漢語言文學專業，先後任教於凱里四中、貴州民族學院、貴州人民大學、

---

① 莊榮貞：《古籍譯注切忌望文生義》，《長春師範學院學報》2000 年第 4 期。

貴州大學，主要從事地方古籍文獻整理與研究、古代漢語研究、古代文學研究，發表有《國語》文學研究和訓詁方面論文，注有《梅花緣傳奇》，點校有《貴州通志·藝文志》，審校《黔書·續黔書·黔記·黔語》，著有《國語全譯》。

1995 年 2 月，黄永堂《國語全譯》由貴州人民出版社出版，作爲該社推出的"中國歷代名著全譯叢書"中的一種。貴州人民出版社推出的這套叢書應該是各家出版社同類叢書中最受歡迎的，相關評論可參李立樸《〈中國歷代名著全譯叢書〉出版回顧》①。

（二）本書前言

《國語全譯》前言分四個部分，第一部分主要介紹《國語》的内容、《國語》得名及其與《春秋》關係、古今學者對《國語》作者的考證；第二部分主要從體例、反映史實等角度探討《國語》的獨特之處；第三部分主要探討《國語》在散文史上的價值和成就，揭出：（1）語言古樸簡潔，對話中的旁征博引和譬喻使文章具有説服力；（2）不少對話幽默生動，能夠展現人物個性和精神面貌；（3）篇章完整，首尾完具；（4）盛大場面描寫精彩。第四部分主要對《國語》歷代研究進行回顧，對譯注依據、分部、篇名擬定原則等進行了説明。

（三）本書分章及篇題

根據作者前言可知，《國語全譯》仍以上海師大校點本爲底本，參考《國語正義》、李維琦點校本以及相關學術資料。《國語全譯》每篇分解題、原文、注釋、譯文四部分，和薛安勤、王連生《國語譯注》相同。黄永堂在分章上基本遵從上海師大校點本，但也有突破，如其認爲《越語下》"是以記載范蠡助勾踐滅吴的謀略策劃言論爲主，貫串起一場越滅吴的戰争"，故作者不從上海師大校點本分八章，没有分章。另外，

---

① 李立樸：《〈中國歷代名著全譯叢書〉出版回顧》，見於戴冰主編《隨筆貴州》，貴陽：貴州人民出版社 2016 年版，第 142—146 頁。

有些篇題也根據文意進行了改動，如作者所舉《吳語》第七章，上海師大校點本題作“吳欲與晉戰得爲盟主”，黃永堂改爲“吳越争長夫差陳兵而得爲盟主”。具體篇章語句的上下屬，黃永堂也根據《國語》的敘事規則進行了調整。可見，該本雖基本遵循上海師大校點本之舊，但在局部上仍進行了更爲合理的調整和更動。

（四）本書題解

《國語全譯》題解基本包括内容概括、進諫要點、篇章的文體風格及價值等。具體到各篇章，並不完全相同。薛安勤、王連生《國語譯注》篇題和黃永堂《國語全譯》篇題大致内容差不多，但内容側重以及用語仍有區別。就對篇章内容的概括性而言，黃永堂和薛安勤、劉乾先等基本相同。黃永堂和薛安勤在論述諫言的史料價值和文章學價值方面，也大體相近。但在臣子諫言的分析上，薛安勤似比黃永堂更爲詳盡。易中天概括章旨用語最少，而盡力突出其獨特性。

（五）本書注釋

黃永堂“題解”“原文”“注釋”“譯文”四部分都單獨標出，用“【 】”明晰標識。原文分段，驗證性結果往往獨立爲一段。原文中標注釋序號。注釋部分每條注釋單獨成行順次臚列。黃永堂《國語全譯》注釋在《國語》各譯注中是比較詳盡的，體現在三個方面：其一，注釋條目較多。以“祭公諫穆王征犬戎”爲例，黃永堂《國語全譯》施注 52 條，薛安勤、王連生《國語譯注》36 條，董立章《國語譯注辨析》33 條。其二，具體的注釋條目較詳。其三，具體注釋條目中的施注點也不完全相同。總體注釋條目上看，黃永堂比薛安勤等多，但實質上黃永堂每條注釋中的注釋點也比薛安勤等多出不少。按照注釋點算“祭公諫穆王征犬戎”的注釋，黃永堂實際上 73 條，薛安勤等《國語譯注》只有 47 條。就單個注釋的詳細度而言，《國語全譯》比薛安勤、王連生《國語譯注》詳細得多。即便和《國語譯注辨析》相比，《國語全譯》在歷史典章制度方面注釋未如董立章《國語譯注辨析》詳盡，但有些普通詞語注釋似比董立章《國語譯注辨析》要詳細一些。《國語全譯》注釋除了釋義之外，也包括注音和少量校勘等。注音採用直音和漢語拼音兩種方式。

釋義和此前《國語》譯注本仍有區別，如"祭公諫穆王征犬戎"篇"耀德不觀兵"之"觀"字，傅庚生謂"觀就是示，觀兵就是拿武力給別人看，威脅別人"，楊光漢注爲"顯示"，薛安勤、王連生注爲"示，給人看"，黃永堂則注爲"示，夸炫"，從對語境的匹配度上言，黃永堂所釋更爲貼合。另如，本篇"載櫜弓矢"之"櫜"，傅庚生注："是盛兵甲弓箭的匣子或口袋一類的東西，這裏作動詞用，作'韜'解，就是收藏起來的意思。"楊光漢注："盛衣甲或弓箭的袋子。"薛安勤、王連生注："收藏甲衣和弓箭的袋子。這裏是收藏的意思。"董立章注："收藏盔甲弓矢的器具。"鄔國義等注："收藏弓箭的袋子。"黃永堂注："弓衣，即收藏弓的袋子，這裏名詞用作動詞，作收藏解。"今檢故訓，櫜可以盛兵甲，也可以盛弓矢。就本文語境而言，最應該注出的是"櫜"的語境義，即名詞活用作動詞"收藏"之義。注出此意，纔最爲恰切。另，"肆于時夏"之"肆"，傅庚生注爲"陳布"，楊光漢注爲"施"，薛安勤等注爲"陳"，董立章注爲"布陳"，黃永堂注爲"傳揚"，用語不同，語義則無別。另如本篇"阜其財求"之"阜"，薛安勤等注爲"盛多，豐富"，黃永堂則注爲"大，多，使之加多"，比較重視語境義的注釋，爲讀者理解文義提供了更多方便。

（六）本書譯文

黃永堂《國語全譯》的譯文比較流暢。仍以"邵公諫厲王弭謗"篇爲例。"使監謗者，以告則殺之"一句，黃永堂譯爲："讓他監視自己有過失的人，只要衛巫來報告，厲王就把被告發的人殺掉。"這就避免了前此多家在句子中穿插好幾個"他"字的情形。當然，也存在贅餘，如"邵公"首出之處，譯"邵公"爲"貴族大臣邵穆公"，其實注釋中已經講得很明白，譯文中直接以"邵公"或"邵穆公"出之就可以，不必再出"貴族大臣"四字，反顯冗贅。

（七）本書影響

總之，黃永堂《國語全譯》由於"中國歷代名著全譯叢書"的加持，又兼注釋詳盡，譯文流暢，頗受讀者歡迎。筆者在碩士求學時期，即以該書爲基本材料，對《國語》進行研讀。1997 年，該書由臺灣古籍出版社輯印之《中國古籍大觀·史書之部》收入，分爲上下兩冊。2009年，"中國歷代名著全譯叢書"再版，《國語全譯》（修訂版）仍列在内。

十二、易中天《新譯國語讀本》

（一）作者介紹及本書的出版

易中天（1947— ），湖南長沙人，1981 年畢業於武漢大學中文系中國古代文學專業，後留校任教，1992 年任教於廈門大學人文學院中文系，長期從事文學、藝術、美學、心理學、人類學、歷史學研究，著有《文心雕龍美學思想論稿》《藝術人類學》等，其著述已彙編爲《易中天文集》。

1995 年 11 月，易中天注譯、侯迺慧校閲之《新譯國語讀本》由臺北市三民書局出版，作爲該出版社推出的"古籍今注新譯叢書"之一，共 892 頁。2004 年，又出第二版，開本變大，頁碼縮爲 532 頁。中國臺灣地區系統出版古籍今譯，實比中國大陸地區要早。王雲五於 1967 年策劃出版經部今注今譯第一集十種。中華文化復興運動推行委員會又推出十八種，由中華文化復興運動推行委員會、國立編譯館中華叢書編審委員會主編①。至 1981 年 3 月，除了《國語》《説文》外，其他各書都已

---

① 王學哲、方鵬程主編《商務印書館百年經營史 1897—2007》謂："'古今今注今譯叢書'，五十册。本書名義上是由文復會主編，實際上是由王壽南負責執行主編的工作。"（武漢：華中師範大學出版社 2010 年版，第 112 頁）

經出版，"爲保存光輝燦爛的傳統文化作出了應有的貢獻"①，"文化遺産的不斷推出，對臺灣民衆進一步注重傳統文化、回歸真實的民族文化傳統起了積極作用"②。當時《國語》計劃由張以仁譯注，按説選得其人。至於爲什麼最終没有出，目前尚無進一步資料得知。故易中天《新譯國語讀本》是中國臺灣地區出版機構第一次獨立出版的《國語》今譯今注之本，在中國臺灣地區《國語》出版歷程中具有里程碑式意義。

（二）本書導讀

《新譯國語讀本》書前有導讀，共有六部分。第一部分主要探討《國語》作爲一部史書的三大特徵，即"記言、别國和斷代"，進而總結爲："《國語》，是中國上古時期一部以記言爲主的斷代國别史。"第二部分探討《國語》的作者問題，特别强調把各國之語匯集起來的人"只是編者而非作者"，而編者在匯集時"删節或者有之，改動却不會很大，重寫則決不可能"。第三部分，則在前文認定《國語》是一部歷史書的基礎上，進而認定《國語》"是一本文化哲學書"，"總之，《國語》是一本涉及範圍廣，知識内容多，既有思想性，又有趣味性"的書。第四部分主要對《國語》帶有儒家思想的内容進行概括，按照易中天的看法，《國語》中帶有儒家特徵的内容主要有：尊王攘夷、崇德守禮、敬天保民、貴和尚中。最後指出，在《國語》諸語中，《周語》《魯語》《鄭語》的先秦早期儒家思想最爲突出，在《晉語》《楚語》中比較明顯。而《齊語》近似法家，《越語下》則近似道家。第五部分主要論述《國語》的文學價值。易中天把《國語》中的語言分爲史官之語和歷史人物之語，並指出後者是《國語》的主要内容。接著，易中天對《國語》中的歷史人物之語的主要内容進行了分類，認爲大致有：（1）對某些重大的經濟、政治、軍事、宗教、倫理問題的議論；（2）委婉曲折、

① 古遠清：《臺灣當代文學理論批評史》，武漢：武漢出版社 1994 年版，第 119 頁。
② 黄新憲主編：《傳統文化影響下的臺灣教育》，福州：福建教育出版社 1993 年版，第 121 頁。

富於巧智的外交辭令；（3）各種對話。第六部分則對《國語》的基本卷次、基本版本系統以及《新譯國語讀本》的基本工作方式作了簡要介紹。該書依據上海師大校點本，原文之外，又有"章旨""注釋""語譯"三個部分。其章旨大體上等同於薛安勤、黃永堂等人的題解。易氏謂："'章旨'力求簡明扼要，不煩贅述；'注釋'對字音辭義、歷史背景、文化知識、地理沿革、名物制度和風俗禮儀都做了必要的介紹和解釋……'語譯'部分，直譯與意譯並用。"易中天《新譯國語讀本》之章旨簡明扼要，且頗能發其所當發。

（三）本書的體例、注釋與翻譯

今檢《讀本》卷次單獨一頁，分章、篇題以及篇章分段等完全依從上海師大校點本。正文標注注釋序號，正文中的每個字都標注注音字母。正文之後，依次爲章旨、注釋和語譯。注釋多用韋昭注，採用直接引用或間接引用的方式。以《周語上》首篇爲例，易中天施注48處，其中3處注文直接引用韋昭注，其他各條注釋多化用韋注。於釋義有異議者，引用其他注釋。如"樹惇"一條，先引韋昭注，又引傅庚生注。因作者既非長於古代史，又非長於古漢語，故注釋做到了要言不煩，但缺乏發明。其語譯確如其導讀所説，直譯和意譯結合。由於作者對《國語》缺乏必要研究和瞭解，故其語譯或可符合翻譯三原則之"達""雅"標準，但在"信"的層面上則稍嫌不足。今仍以"邵公諫厲王弭謗"爲例，以見其翻譯之大略：

厲王暴戾，國人都指責他。邵公把這一情況向他報告並説："老百姓都活不下去了！"厲王很憤怒，找來一個衛國的巫師，叫他去監視，看誰敢批評王上，一經舉報，立即殺頭。京城内誰也不敢再説話了，在路上見了面，也只敢用眼睛打招呼。厲王高興了，對邵公説："我能止住批評了，看他們誰還敢胡説八道。"邵公説："這不過是堵住別人的嘴巴罷了。堵老百姓的嘴巴，比堵住滔滔不絶的河流還難。河流堵住了，必然在別的地方決出口子，傷人一定很多，老百姓議論朝政的事也是這樣。所以治理江河，應該疏通河道，讓河水暢通無阻；治理人民，也應該開放言禁，讓他們暢所欲言。因此天子執政，要讓公卿列士獻詩，瞽者樂師獻曲，周官太史獻書，少師箴刺規戒王政的得失，讓瞍來賦誦他們所獻的詩，讓矇來弦歌那些箴諫的話，讓工匠們分別就他們所從事的技藝來勸諫；下民的意見要傳達到朝廷，近臣要知無不言，言無不盡，親戚們則要補其過失，察其是非；前有瞽史依據歷史的教誨，後有師傅根據現實的修正，然後天子再反覆斟酌，這樣做起事來就不會不順利了。人民有口，就像大地有山川原野，財用衣食都從那裏產生。同樣，政治的善惡成敗，也可以說是來自民眾的批評。人民贊成的，就實行它；人民反對的，就防備它，不是也可以增加我們的衣食財用嗎？人民對於朝政，心裏有看法，嘴上就要說出來，我們只能盡量地鼓勵和採用，哪裏能够去堵他們的嘴巴呢？如果像你這樣去堵，又能堵多久呢？"厲王不肯接受這個意見，而國人也不敢再發表什麼看法，三年以後，終於把厲王放逐到彘地去了。

前文已經多次比對過各家對"邵公諫厲王弭謗"篇的翻譯了。易譯與以上各家譯文相較：（1）其中"民不堪命矣"無譯爲"老百姓都活不下去了"者，當然不能僅僅以多數就是正確的標準來看待問題。換言之，前文所引述諸家也不一定是正確的。從句法上看，"不堪命"之"命"充當賓語，沒有問題，"堪"此處作動詞，"忍受""承擔"。僅從這個角度而言，易氏所譯不符合原文語言順序。"命"在先秦多作"使"義，也有作"壽命"者，但無作"活""生活""生命"者。（2）易譯中的"王上"一名似只見於歷史題材影視劇中，古無其稱。以此對譯，文不雅馴。（3）"一經舉報"對應原文"以告"，"立即殺頭"對應原文"則殺之"，以"京城內"對應原文"國莫敢言"之"國"，採取意譯方式。當然也有翻譯細微之處，比如原文"川壅而潰"一句，易譯爲："河流堵住了，必然在別的地方決出口子。"本句翻譯極見體察細微。

（四）本書的影響

臺北市三民書局印行的"古籍今注新譯叢書"的知名度遠遠遜色於
"中華古籍今注今譯叢書"。易中天《新譯國語讀本》出版較晚，中國大
陸地區此前無見提及者。即便在中國臺灣地區，引用之者也比較少見。
今檢中國臺灣博碩論文知識系統，以參考文獻作爲檢索參數，輸入"新
譯國語讀本"，只檢索到 64 條，且 64 條之中僅有兩個題目是關於《左
傳》研究的，並無《國語》專題論文列爲參考文獻。以"新譯國語讀
本"爲對象，以"全文"爲檢索參數，在中國臺灣"期刊論文索引系
統"中進行檢索，僅有 5 條，5 條論文中亦僅廖蒼洲《桓管爭霸謀略研
探》是關於先秦問題的，其他和先秦無關。可見影響較小。但易氏所撰
導讀仍具有一定啟發性，所撰各篇章旨簡明扼要，對進一步認識和深入
研究《國語》相關篇章具有一定積極意義。

十三、史延庭編著《國語》

1996 年 5 月，史延庭編著《國語》由吉林人民出版社出版，作爲該
社推出的"中國歷史讀本"中的一種。該書前有導讀，後有評價。導讀
部分首先對《國語》一書的文獻價值進行了肯定，謂："《國語》是我國
先秦時期的一部重要歷史著作，全書留傳至今，是研究春秋歷史的珍貴
文獻。"接著對《國語》作者的認識進行了歷時梳理，最後總結云："從
內容上看，《國語》是一部彙編之作，其原始史料大約是各國記言史官
所爲，後來經人整理加工，纂集成書，成書時間約爲戰國初期。"接著對
每語記事時間起訖以及史料價值進行了梳理，對作爲《春秋》內外傳的
《左》《國》異同進行了比較分析，對同爲記言體的《國語》與《尚書》
《國策》《逸周書》進行了簡略比較。最後對《國語》的注釋、版本以及
該書的撰述方式進行了介紹。按照導讀介紹，該書校注"參考諸家各
本，擇善而從"。又從《國語》的史學價值、思想價值和文學價值三個

方面對《國語》進行評價。側重或有不同，表述亦容有異，就其犖犖大端而言，和黃永年前言、易中天導讀大致相同。

檢其正文，先列原文，次列注釋，次列提要。該書分章、篇章分段基本依據上海師大校點本，篇題則稍有變通。在篇題上，往往省略諫諍或議論對象，有些具體的詞語也進行了改動。該書在注釋條目上，和汪濟民等《國語譯注》相似，即數量較少，全書注釋共 275 條。但該書注釋存在很大隨意性，當注不注，不當注而出注者甚多，乏善可陳。且有多篇無一注釋，也有多篇注釋連排在一起的。且注釋存在一定的錯誤。如該書 12—13 頁共有三個注釋，分別爲"覭，音 mài，視""癉，音 duǒ，厚""瞽，音 pí，掌音樂的大師"，三個字的注音恐都有誤。其釋義基本撮錄韋注而成，但也存在不妥之處。如第 61 頁注②："〔潢污〕大小。"按"潢""汙"皆名詞，且相對爲義，故韋昭釋爲"大曰潢，小曰汙"，史氏不審，僅以"大小"釋之，不當。此外，該書提要也不是每篇都有，有的提要是幾個篇章的內容概括，有些篇章則無提要，檢全書提要一共 104 條，長者數百字，短者十幾個字。提要，大致等同於薛安勤等的解題、易中天的章旨，主要對篇章內容進行概括，偶爾總結一下原因等。又，該書的標點似也存在一些問題，夏齊福曾在 1998 年《古籍研究》第 3 期發表有《史延庭編著的〈國語〉標點疑誤》一文，揭出該本標點錯誤多處，大多可信。整體而言，該書的參考價值較低。

十四、趙望秦等《白話國語》

（一）作者介紹及圖書出版

趙望秦（1953— ），陝西臨潼人，1982 年畢業於陝西師範大學中文系，1985 年畢業於陝西師範大學古籍整理研究所，獲歷史學碩士學位，2002 年畢業於南京師範大學古代文學專業，獲文學博士學位，主要從事古代文學研究，撰有《水經注選譯》《白話山海經》《白話國語》《唐代詠史詩考論》《舊唐書全譯》《新唐書全譯》等。

1998 年 5 月，趙望秦、張艷雲、楊軍注譯的《白話國語》由三秦出版社出版，作爲該書推出的"中國傳統文化叢書"之一。

（二）本書前言

該書前有前言，對《國語》的成書、作者、經學定位、篇卷分合及分國記事、史料價值、思想價值、文學價值等等進行了揭示，舉《國語》中事例進行了説明。最後，對該書的撰作方式進行了説明。《白話國語》一書以上海師大校點本爲底本，在原來的基礎上，對分段、標點有所更動，校勘等等，參考了上海師大校點本和黃永堂《國語全譯》。附有韋昭《國語解敘》並注釋之。對韋昭《國語解敘》進行注釋，汪濟民應該是中國《國語》譯註史上最早的，趙望秦等是注釋較詳的。比較二家，發現各有優長。比如"沉懿"二字，趙注"懿"爲"深"，較汪注"美德"更符合文義。"是非相貿"之"貿"，趙注爲"交易"，則未如汪注"混雜"更近語境。另，汪注"王義""聖言"爲互文見義，趙注則無之。

（三）本書體例、注釋及翻譯

該書正文每篇包括三個部分，原文、注釋、譯文。正文中"凡訛字或衍文，就隨文加上圓括號，表示應當改正或刪去者；凡改正或增加的文字，就隨文給加方括號，表示應當校改或校補者"，這種處理方式和鮑思陶點校《國語》相同，比較直觀。注釋表述確實相對比較簡明，基本不徵引典籍舊説，但注釋條目相對較多，爲讀者閲讀提供了便利。生僻字、多音字標注讀音，通假字、異體字亦多注釋説明。譯文比較流暢，今仍以"邵公諫厲王弭謗"篇爲例，以與其他各家比對：

> 厲王暴虐，國人都指責他。邵穆公報告説："百姓都不能忍受暴虐的政令了。"厲王聽了很生氣，找來衛國的一個巫師，派他監視指責自己的人，一經衛巫報告，厲王就把被告發的人殺掉。國人

没有再敢議論的，路上相遇時就用眼睛示意。

厲王很高興，告訴邵公説："我能消除那些指責我的言論了，終於不敢講了。"邵公説："這樣做只能堵住人們的嘴。堵住百姓的嘴巴，比堵塞河流的後果還要嚴重。河流堵塞便決口氾濫，傷害的人必然很多，堵百姓嘴巴也是一樣。因此，治水的應該疏通河道而使水流暢通，治理百姓的人應該開導而使百姓暢所欲言。所以，天子處理政事，要讓上自公卿下至列士進獻諷喻詩，樂官進獻民間樂曲，史官進獻有借鑒意義的史書，少師進獻有勸戒意義的韻文，無眸子的盲人朗誦諷諫的詩篇，有眸子的盲人誦讀勸戒的文辭，百工進諫，百姓轉達意見給君王，近侍之臣盡心規勸，君王的内外親戚彌補過失督察政務，樂官用歌曲、史官用史籍對王進行教誨，國君的師傅和朝中老臣再進一步修飾整理，然後由天子斟酌取捨。這樣，政事得以施行而不違背情理。人有嘴巴，就像大地有高山河流一樣，社會的財富用度都從這裏産生出來；又好像高原和低地都有平坦肥沃的良田一樣，人類的衣服食物就從這裏産生出來。人們用嘴巴發表議論，政事的成敗得失纔能從這裏反映出來，好的就盡力實行而壞的就設法預防，這樣就會不斷增加衣食財富。人們心中所想的通過嘴巴表達出來，朝廷認爲能成就照辦實行，怎麽可以堵塞呢？如果堵住百姓的嘴巴不讓説話，那又能堵多久呢？"

厲王不聽從，於是國人没有敢説話的。三年以後，人們把厲王放逐到彘地去了。[1]

所譯符合原文語義，且比較流暢。前文引述各家較多，讀者亦可比對。

（四）本書影響

總之，趙望秦等《白話國語》本來就是普及性讀物，注簡譯順，應是其基本要求。該書的出版，對進一步普及傳播《國語》是具有積極意義的。

---

[1]　趙望秦、張艷雲、楊軍注譯：《白話國語》，西安：三秦出版社 1998 年版，第 8—9 頁。

十五、秦峰《譯注國語》

1998 年 9 月，江西高校出版社出版秦峰《譯注國語》一書。

該書前有篇幅短小的前言一篇，大致交代《國語》一書的基本情況、思想價值和文學價值，以及該書撰作的基本目的等。分章、篇題依據上海師大校點本，正文依次爲原文、注釋、譯文、賞析。每條注釋單獨排列。

有位讀者曾在《博覽群書》2000 年第 10 期發表《〈譯注國語〉是抄襲之作》的評論文章，認爲："江西高校本《譯注國語》與吉林文史本《國語譯注》相比，除原文部分無法比較，譯文部分 90% 以上雷同但也不強作比較外，其注釋部分 90% 以上雷同，其所謂'賞析'部分與吉林文史本'題解'部分 90% 以上雷同，完全可以認定爲抄襲之作。"① 今比對二書，發現秦峰《譯注國語》注釋較薛安勤、王連生《國語譯注》條目要少一些，且不注讀音。如《周語上》"祭公諫穆王征犬戎"篇，薛、王本注釋 36 條，秦峰本則爲 25 條，僅在少數條目表述上有區別，二書其他表述確實相同。"密康公母論小丑備物終必亡"篇，秦峰本注 5 個注釋，薛、王本 7 條注釋，但秦注"涇"比薛、王本詳盡，薛、王本僅注爲"水名"，而秦峰本則注爲"水名，源於今寧夏六盤山"。② "源於今寧夏六盤山"，與鄔國義等《國語譯注》、黃永堂《國語全譯》同，唯鄔注、黃注更爲詳盡，且二書注釋都有不同。又注"粲"爲"極其美好"，未允。秦峰"密康公母論小丑備物終必亡"篇賞析末尾有對本篇文風評價，謂"文章簡潔，但寓意深刻"③，薛、王本無之。"邵公諫厲王弭謗"篇，秦峰注 17 條，薛、王注 21 條，注釋表述基本和薛、王本

---

① 馬冰河：《〈譯注國語〉是抄襲之作》，《博覽群書》2000 年第 10 期。
② 秦峰：《譯注國語》，南昌：江西高校出版社 1998 年版，第 8 頁。
③ 秦峰：《譯注國語》，南昌：江西高校出版社 1998 年版，第 9 頁。

完全相同。馬冰河文章所揭示之事當不誣。當然，任何一部《國語》書籍的出版，相信對《國語》的傳播都是一件好事。

十六、來可泓《國語直解》

（一）作者介紹及圖書出版

來可泓（1929— ），字一清，浙江蕭山人，1960 年畢業於杭州大學歷史系，曾先後任教於杭州師範學院歷史系、上海大學文學院等處。著有《論語直解》《大學直解·中庸直解》《國語直解》《李心傳事跡著作編年》等。

2000 年 6 月，來可泓《國語直解》由復旦大學出版社出版，作爲該社推出的古籍直解系列之一。書前有內容提要，對該書內容進行了總括，主要是對《國語直解》內容的介紹，最後也給予了好評。

（二）本書前言、體例

該書前言一共分五部分，每一部分都有小標題，五部分的標題分別是《國語》的性質、《國語》的特點、《國語》的作者、《國語》的流傳注釋、關於《國語直解》。按照來可泓的表述，《國語直解》"旨在幫助讀者掃除古今語言障礙，讀懂《國語》，領會思想內容，賞析優美文采，提高道德素養和閱讀古籍能力"，《國語直解》以上海師大校點本爲底本，分章、篇題也大體依照該本，"但對較長的篇章則根據內在的邏輯結構、段落層次析爲數篇，另立篇題，以便閱讀"，爲了保留上海師大校點本的原貌，凡來可泓新立篇題"低兩格列於原題之下以示區別"，同時爲讀者比對提供了方便。

今檢來可泓《國語直解》正文，依次爲解題、原文、今譯、注釋、評析，原文用楷體字單獨呈現，其他幾部分都直接標識，眉目清楚。

（三）本書的解題與翻譯

正如"内容提要"所云，《國語直解》之解題"提示其主體思想、基本内容、重要觀點和寫作手法"，類似古代評點之總評。

雖然《國語》今譯本很多家，各家翻譯標準也基本相同，但各家譯文在具體行文上還是有所不同的。今仍以"邵公諫厲王弭謗"爲例，以見來可泓今譯之大致：

周厲王暴虐無道，國人指責他。卿士邵公告訴他説："民衆忍受不了暴虐的政令了。"厲王大怒，找到衛國一個巫師，命他監視指責天子的人，只要衛巫一報告，厲王就把被告發的人殺掉。國人不敢説話，路上相遇只用目光示意。

厲王很高興，告訴邵公説："我能平息謗言了，他們不敢再説誹謗的話了。"

邵公説："這是堵住民衆的嘴巴罷了。堵住民衆的嘴巴，比堵住河流的後果還要嚴重。河流壅塞而一旦潰決，一定會傷害很多人，堵民衆的嘴巴也是一樣。所以治水的人應該疏浚河道，使水暢流，治理民衆的人應啟發他們，讓他們説話。所以，天子處理政事，要三公九卿以至士人進獻諷諫的詩篇，要樂官進獻反映民意的樂曲，要史官進獻可資借鑒的史書，少師進箴言，盲人誦諷諫之詩，盲人誦讀諷諫的文辭，各種手工藝者在工作中乘機進諫，平民的意見通過別人傳達給天子，常在國君左右的近臣盡心規諫，宗室姻親彌補、監察，樂師用音樂，史官用禮法進行教誨，元老重臣戒飭監督，然後由天子斟酌取捨，這樣，政事施行起來纔不致違背情理。人有嘴巴，好比大地上有山河一樣，財富用度就是從這裏生產出來；又好比高低起伏的大地上有平原、沃野一樣，衣服、食物就是從這裏産生出來。引導人們發表意見，國家政事的好壞纔能體現出來，纔能推行善政，防範秕政，這就是用來豐富財物、器用和衣服、食物的方法。民衆心裏考慮的事，在嘴裏流露出來，這是很自然的事，考慮成熟，付之行動，怎麼可以强行阻止呢？如果堵住他們的嘴巴，那能維持多久呢？"

　　厲王不聽忠告，這樣，國都裏没有人敢説話，過了三年，國人便把厲王流放到彘地去了。①

　　和前文所引述諸家譯文相比，來可泓的譯文仍然具有自己的特色，比如譯"止"爲"平息"等，譯"壅"爲"阻止"等。

（四）本書注釋

　　來可泓《國語直解》注釋部分比較細密詳盡，以《周語上》爲例，如"祭公諫穆王征犬戎"章施注70條，"密康公母論小丑備物終必亡"篇施注13條，"邵公諫厲王弭謗"篇施注37條，"芮良夫論榮夷公專利"篇施注27條，"邵公以其子代宣王死"施注6條，"虢文公諫宣王不籍千畝"篇施注76條，"仲山父諫宣王立戲"篇施注14條，"穆仲論魯侯孝"篇施注9條，"仲山父諫宣王料民"篇施注23條，"西周三川皆震伯陽父論周將亡"篇施注17條，"鄭厲公與虢叔殺子頹納惠王"篇施注12條，"内史過論神"篇施注59條，"内史過論晉惠公必無後"條施注55條，"内史興論晉文公必霸"篇施注33條，僅《周語上》注釋451條，可見其細密。此外，其注釋也確實如提要所言"對難字加以注音，對詞義、地名、人名、典章制度、歷史沿革、風俗禮儀等加以簡明扼要的詮釋"，不僅釋其義，還會釋其用，或者釋其引申義等等，而且還釋文字關係等等。如釋"祭公諫穆王征犬戎"篇"周文公之《頌》"云："周文公即指周公。'文'爲周公的謚號。《頌》：指《詩經·周頌·時邁》篇。相傳此詩是周公歌頌武王伐紂而作。故稱周文公之頌。引詩旨在説明偃武修德。"② 不僅解釋了每個詞的意思，還特别指出祭公引述該詩的用意所在。又釋本篇"干戈"云："盾和戟。古代戰争中防衛和進

---

① 來可泓：《國語直解》，上海：復旦大學出版社 2000 年版，第 13—14 頁。
② 來可泓：《國語直解》，上海：復旦大學出版社 2000 年版，第 5 頁。

攻武器，故也可作兵器的通稱，也可指代戰争。"① 不僅釋其本義，還釋
其引申義。此外，注釋也關注異文問題，如本篇"先王世后稷"注云：
"此句天聖本、《史記·周本紀》有'王'字，錢敏求、黄丕烈、梁玉繩
並從之。故從其舊。但董增齡《國語正義》認爲'王'字爲衍字，録以
備查。"② 提供給讀者相關信息和兩種依從標準，爲讀者進一步探究進行
了鋪墊。也時引韋昭等人之説。但也存在一些問題，有些引述存在誤繫
的情況。如"内史過論神"篇注："矯誣：欺詐誣妄。董增齡《國語正
義》：'以詐用法曰矯，加誅無辜曰誣。'"③ 其實這兩句本是韋昭注，不
當繫入董增齡名下。

（五）本書評析

該書評析部分大致包括：（1）思想内容介紹，有的還補充了事件發
生前後的史實。（2）篇章内容的啟示意義。（3）文章風格分析。確如提
要所述"逐篇從不同側重面，或闡明其時代背景，或總結其歷史經驗教
訓，或理清其史實，或分析其人物形象，或探討其寫作特色和篇章結構，
或發覆探幽揭示其深意，既評又析"。

（六）本書參考書目

此外，該書和大多數譯注本不同的是，書末附有參考書目。其中有
關《國語》的書目如下：

5.《國語》　　　［春秋］左丘明　　世界書局1936年銅版書
6.《國語》　　　［春秋］左丘明　　上海古籍出版社點校本
49.《國語注》　　［晉］孔晁　　　　《四庫全書》本
80.《國語》　　　［明］金李　　　　《四部叢刊》影印本

---

① 來可泓：《國語直解》，上海：復旦大學出版社2000年版，第5頁。
② 來可泓：《國語直解》，上海：復旦大學出版社2000年版，第5頁。
③ 來可泓：《國語直解》，上海：復旦大學出版社2000年版，第49頁。

84.《國語韋解注疏》 ［清］洪亮吉 《四部叢刊》本

85.《國語正義》 ［清］董增齡 巴蜀書社影印本

87.《國語校注本三種》［清］汪遠孫 《四部叢刊》本

96.《國語集解》 ［現代］徐元誥 中華書局仿宋大字鉛印本

97.《國語譯注》 ［現代］薛安勤等 吉林文史出版社本

98.《國語譯注》 ［現代］鄔國義等 上海古籍出版社本

99.《國語全譯》 ［現代］黃永堂 貴州人民出版社本①

　　普及讀物而臚列參考文獻，更體現其嚴謹性。但如果臚列的參考書目並未細加檢核，則嚴謹性方面恐要打折扣。《國語直解》所臚列的幾部《國語》研究文獻存在一定問題。首先，有些文獻恐怕是不存在的。比如孔晁《國語注》絕無《四庫全書》本，恐作者誤把孔晁《逸周書注》誤繫爲《國語注》。洪亮吉《國語韋解注疏》根本不存在，前曾專文辨之。作者何處得見，值得懷疑。汪遠孫《國語校注本三種》絕無《四部叢刊》本。《四部叢刊》影印本《國語》，金李只是刊刻者，而以刊刻者標注在作者的位置上，似亦未當。

（七）本書影響

　　總體而言，《國語直解》確實下了一定功夫，通過注釋、譯文、題解、評析，爲讀者搭建了一座多方位瞭解、理解《國語》的橋樑，在《國語》譯注中當屬上乘之作。

十七、蕭漾《國語故事》

　　2004 年 7 月，華夏出版社出版《國語故事》，作爲該社出版的"華夏文史名著圖文本"之一。署原著佚名，撰文蕭漾。

---

① 來可泓：《國語直解》，上海：復旦大學出版社 2000 年版，第 936—940 頁。

該書不附原文，僅有譯文。分章大體依據上海師大校點本，但不完全相同，檢該書二十一卷篇數和上海師大校點本有不同之處。如《魯語下》，上海師大校點本 21 章，該書 20 章；上海師大校點本《齊語》8章，該書 7 章；上海師大校點本《晉語二》《晉語七》各 9 章，該書各 8章；上海師大校點本《晉語四》25 章，該書 24 章；上海師大《晉語五》14 章，該書 9 章；上海師大本《晉語六》12 章，該書 6 章；上海師大本《晉語八》20 章，該書 19 章；上海師大本《晉語九》21 章，該書 15章；上海師大本《鄭語》2 章，該書 1 章；上海師大本《越語上》2 章，該書 1 章；上海師大本《越語下》8 章，該書 5 章。

該書篇題基本都是新立的，其《周語上》十四個篇題依次爲：祭公勸穆王、重色輕國、堵嘴巴的惡果、貪利害君王、子代君死、虢文公諫宣王、不可立姬戲、魯侯孝順、民不可料、川竭山崩、殺新王納舊王、內史過論神、內史過論晉惠公、晉文公必霸。有些篇題頗具有吸引力，能够引起讀者注意。

因爲不錄《國語》原文，該書作爲《國語》讀物的性質大打折扣。

十八、胡果文《〈國語〉選評》

2005 年 7 月，胡果文《〈國語〉選評》由上海古籍出版社出版，作爲該社推出的"新世紀古代歷史、哲學經典讀本"之一。這部書在當代《國語》譯注歷時進程中具有標志性功能。該書是繼 1959 年傅庚生《國語選》、1961 年楊宏文《國語國策故事選譯》、1985 年馬達遠《國語故事選譯》、1990 年高振鐸和劉乾先《國語選譯》之後又一部《國語》選本，且從該書開始，《國語》譯注又重新出現了選注選譯，而且選注選譯幾乎占據了此後《國語》新譯注本的絕大多數。

書前有導言，簡單介紹了《國語》的卷次、起訖、作者、性質、價值等等。作者認同《國語》"很可能是春秋各國文人集體創作的產物"。在《國語》性質問題上，引述了金良年《國語譯注·前言》的觀點。該書共選《國語》六十六篇，按照倫理學範疇，分二十個專題臚列，依次爲以德爲先、以和爲貴、戒奢以儉、戒惰以勤、舉賢任賢、民爲邦本、嚴於律己、寬以待人、莊敬自强、重義輕利、志存高遠、持正不阿、誠而有信、教而有道、終於職守、精於政事、廉潔自守、謙虚謹慎、從善如流、嫉惡如仇，每個專題下有題解，有對專題的總説，有對各篇的分説，每篇下先進行注釋，後對專題涉及篇章進行總體評析。解題中對各篇分説的部分實際上是内容介紹，注釋比較簡略，時引韋注爲釋。評析則從更宏觀的層面上進行總體評説，有引古證今之意。今撮録其"教而有道"篇前題解與專題評析如下，以見其大略。

　　"教而有道"專題下題解云："除了藉助先聖的訓誡或賢人具體的案例用於教育貴胄及其子弟外，《國語》中還有一些内容是直接涉及教育思想、教育方法、教育手段和教育形式等。也就是説，這些内容講到了一般的教育規律的問題。在教育事業還很不發達的古代，能深入探討教育的内在規律，這在當時實屬少見，因此也更難能可貴了。本節選擇《國語》中的四篇短文，從不同的角度對教育的内在規律，即如何教而有道作了闡釋。當然，以教育事業高度昌明的今天而言，這些闡釋似乎並無驚人之論，有的早已成爲教育學的基本常識。但以歷史眼光分析，古人這些有關教育規律的闡釋在當時却確實屬於原創，對古代教育事業的進步起到了積極的推動作用。"① 該專題最後的評析開篇即云："在《國語》和先秦時期的許多其他著作中，藴含著極爲豐富多彩的教育思想，值得我們加以借鑒、傳承和光大，舉其要者，大致可以包括以下五個方面。"② 從"興學崇教，以教立國""貴師重傳，師道尊嚴""師爲表率，師德爲先""養子必教，教以義方""因材施教，有教無類"五個方面分别進行了論述。該書評析，比較注重思想層面，和來可泓評析有同有異，可對照閲讀。

---

① 胡果文：《國語選評》，上海：上海古籍出版社 2005 年版，第 124 頁。
② 胡果文：《國語選評》，上海：上海古籍出版社 2005 年版，第 132 頁。

十九、王芳、丁富生譯注《國語》

2007 年 1 月，王芳、丁富生譯注《國語》由山西古籍出版社出版，作爲該社推出的"中國家庭基本藏書·史著選集卷"之一。

該書以上海師大校點本爲底本，選錄了 140 篇，仍然按照二十一卷卷次臚列，各卷篇數分別爲 8、5、3、11、17、6、4、3、3、12、7、5、4、15、11、2、4、7、5、1、7。書前有簡短前言一篇，以從章培恒、駱玉明主編《中國文學史》中選取的《國語》片段作爲代序，書後還有附錄兩個，其一爲"《國語》重要版本及研究著作"，其二爲《國語》名言警句。《國語》名言警句共列 20 條。"《國語》重要版本及研究著作"共臚列 11 種實際上只有 10 種，所列建宏出版社《國語譯注》和吉林文史出版社本是一種，其中能够稱得上重要《國語》著作的僅汪遠孫《國語校注本三種》和徐元誥《國語集解》。整體而言，所臚列與其標題不相匹配。

譯注正文依次爲題解、原文、注釋、譯文四個部分，題解是對基本內容的概括。注釋簡明，施注相對較多，爲讀者閱讀掃清障礙提供了便利，譯文比較流暢，爲讀者閱讀提供了便利。

二十、尚學峰、夏德靠譯注《國語》

2007 年 12 月，尚學峰、夏德靠譯注《國語》由北京中華書局出版，作爲該社推出的"中華經典藏書"之一。

該書仍以上海師大校點本爲底本，不再以二十一卷排次，僅以八國語爲次，《鄭語》不錄，其他各語中，《周語》《楚語》各選 5 篇，《魯語》選 8 篇，《齊語》《越語》各選 4 篇，《晉語》選 39 篇，《吳語》選 7 篇，共選錄《國語》72 篇。篇前有解題，正文下有注釋，之後爲譯文。注釋比較簡明，譯文也便於讀者加深對原文的理解。

該書對《國語》的普及具有積極意義。尤其值得一提的是，湖南人民出版社 2012 年 7 月出版的 "大中華文庫" 漢英對照本《國語》，漢譯即用尚學峰、夏德靠譯注《國語》。

二十一、曹建國、張玖青注説《國語》

2008 年 3 月，曹建國、張玖青注説《國語》由河南大學出版社出版，作爲該社推出的 "國學新讀本" 之一。

該書仿照上海師大校點本之例，目録列篇題，正文篇章之前以阿拉伯數字標目，其分章、篇題和上海師大校點本完全相同。該書有注無譯，注文相對比較簡明扼要。

書前有 "《國語》通説" 一篇 97 頁，共九部分，分別爲：關於《國語》的作者，《國語》的版本與流傳，《國語》的主要内容，《國語》的政治思想，《國語》的思想文化内涵，《國語》的歷史價值，《國語》的文學成就，如何閲讀《國語》，校注説明。要之，該書 "通説" 部分是最爲用心的篇章，尤其對《國語》思想内涵和文學價值的評析，比較綜合，且有宏通之論，具有啓發性。

其注釋比較簡明，條目較多，每條注語比較凝練，凡多音字、生僻字、通假字，多注音標識，給讀者提供了很多方便。對《國語》的一些疑難語詞和句子，該書並没有注出。

總體而言，該書對普及《國語》仍具有積極意義，其 "《國語》通説" 部分頗有助於《國語》相關問題的進一步深入研究。

二十二、劉倩、魯竹《國語正宗》

2008 年 6 月，劉倩、魯竹譯注《國語正宗》由華夏出版社出版，作爲該社推出的"華夏國學經典正宗文庫"之一。

該書分章、篇題依據上海師大校點本。篇幅較長的原文進行分段，劃分段落和上海師大校點本相同，先列原文，然後列譯文，然後出注釋。雖然其前言説該書以"四庫叢刊本爲底本"，但檢核發現，該書仍以上海師大校點本爲底本，並非根據《四部叢刊》本。

該書注釋比較簡明，譯文比較流暢，相信對《國語》的普及傳播是有積極意義的。

二十三、李德山注評《國語》

2009 年 6 月，李德山注評《國語》由南京鳳凰出版社出版，作爲該社推出的"歷代名著精選集"之一。

書前有前言，對《國語》的内容、篇卷、語體特徵和編撰特點、作者、和《左傳》異同、史料價值、文辭、不足、研究及該書整理方式進行了簡要介紹，尤其對《國語》不足的揭示，前此諸家少有及之者。

該書以上海師大校點本爲底本，僅有注釋和導讀，注釋比較簡明。從董立章《國語譯注辨析》之後，《國語》譯注本注釋基本四平八穩，讀者有疑之處多不注出，前此諸家已注之者，多重複注之，注釋一般缺乏解決原文疑竇之處。

檢李德山導讀部分，大致和解題相似。由於作者的專業背景，在導讀中經常會揭示篇章的史料價值，也比較注重其他典籍和《國語》篇章的相互參證作用。且語言簡明，確實下了很大功夫。故該書的導讀部分是該書最大的亮點。

二十四、羅家湘等注譯《國語》

2010 年 5 月，羅家湘等注譯《國語》由中州古籍出版社出版，作爲該社推出的"國學經典（第一輯）"之一。

（一）本書選篇

該書以上海師大校點本爲底本，選録《國語》138章，是《國語》的選注選譯本。全書仍然按照二十一卷排次，各卷所選篇章數依次爲12、9、6、11、6、1、5、2、3、17、6、7、9、17、14、1、5、3、1、1、2。根據該書前言，有些篇章之所以没有選入，是譯注者認爲有些篇章"所講的道德與當代社會差距太大""有的爲避免重複""有的爲突出主幹而不選旁枝"①。譯注本選入的篇章"都與道德建設有關"②。

（二）本書前言對《國語》君德、臣德的揭示

該書前言認爲，"《國語》是政治教科書，講的是君德與臣德"。③ 按照該書前言，《國語》君德主要表現在"君主要聽政納諫，建立起與臣民之間順暢的溝通渠道""君主不能與民争利，而要開發資源，實惠於民""君主要勤政愛民，以德服人""君主治國，要重人輕物"四個方面④，臣德主要體現在"臣子要主動爲君分憂，爲國亡身""臣子要以其智、仁、勇三達德侍奉君主""臣子要懂得謙讓""臣子要知進退，能做到功成身退"⑤。對《國語》君德、臣德的揭示，比較有新意，值得參考。

（三）本書注釋

該書注釋下了功夫，如"祭公諫穆王征犬戎"篇"王幾頓乎"之"幾"注："幾，其。"⑥ 是以"幾"爲副詞，這是針對韋注"幾，危也"之釋首次提出異議的注釋，且符合文義語境。也有借鑒前此説法之處，

① 羅家湘注譯：《國語》，鄭州：中州古籍出版社2010年版，前言第1頁。
② 羅家湘注譯：《國語》，鄭州：中州古籍出版社2010年版，前言第2頁。
③ 羅家湘注譯：《國語》，鄭州：中州古籍出版社2010年版，前言第2頁。
④ 羅家湘注譯：《國語》，鄭州：中州古籍出版社2010年版，前言第4—6頁。
⑤ 羅家湘注譯：《國語》，鄭州：中州古籍出版社2010年版，前言第6—8頁。
⑥ 羅家湘注譯：《國語》，鄭州：中州古籍出版社2010年版，第21頁。

如"襄王拒晉文公請隧"篇"實應且憎"注云："應，承受。且通'詛'，詛咒。"① 實用董立章《國語譯注辨析》之說。時注意《國語》本文的前後比較。如"單襄公論郤至佻天之功"篇"楚有五敗"注："在《國語·晉語六·晉敗楚師於鄢陵》中，郤至分析的楚師五敗與此處的記錄不同。"② 對於本篇的"是三子也，吾又過於四之無不及"，多本譯注要麽不注，要麽從韋注，羅家湘等則提出該句語序當爲"吾又過於是三子也，四之無不及"③，雖未必爲信論，但可引起進一步討論。

（四）本書譯文

譯文頗爲口語化，但也有不辭者，如"邵公諫厲王弭謗"篇"其與能幾何"，該書翻譯爲："這樣做國家能够維持多久呢。"④ 譯文不辭不倫。

（五）本書影響

總體而言，該書是繼董立章《國語譯注辨析》、黄永堂《國語全譯》、來可泓《國語直解》之後又一部質量較高的《國語》譯注本。

二十五、周鋒、郝建傑《國語文繫年注析》

2011 年 7 月，周鋒、郝建傑《國語文繫年注析》由廣西師範大學出版社出版。該書是邵炳軍主編的"先秦文繫年注析叢書"中的一種。

該書從公元前 965 年一直繫到公元前 455 年，分別標周天子紀年和魯國國君紀年。各年之下分別標有題目，下列發表言論之人，大體類似後世之文章作者標注。既然是選擇人物語言，故對《國語》本文加以調

---

① 羅家湘注譯：《國語》，鄭州：中州古籍出版社 2010 年版，第 53 頁。
② 羅家湘注譯：《國語》，鄭州：中州古籍出版社 2010 年版，第 69 頁。
③ 羅家湘注譯：《國語》，鄭州：中州古籍出版社 2010 年版，第 71 頁。
④ 羅家湘注譯：《國語》，鄭州：中州古籍出版社 2010 年版，第 25 頁。

整，有些非話語性文本不在其列。共録有 378 則。附録有三，分别爲《國語》紀年表、作者篇名分類表、主要參考文獻。

（一）本書導言

該書總序主要是對叢書體例、内容、學術意義的交代。導言分爲《國語》概述、《國語》的史料價值及其所載成文的輯録、《國語》所載成文的基本特色、《國語》所載成文的基本文體形態、其他。概述部分對《國語》書名、編撰體例、作者及成書時代、基本特徵、思想内容、文學藝術、接受與傳播、對後世的印象等進行了介紹和總結。"《國語》的史料價值及其所載成文的輯録"對先秦史官文化與《國語》、《國語》的文獻依據、《國語》的史料價值、《國語》所載成文的輯録整理進行了介紹。"《國語》所載成文的基本特色"概括爲作者身份多元化、作者内容廣泛、文體漸近完備、藝術水平較高四個方面。"《國語》所載成文的基本文體形態"分别介紹了"命"體、"諫"體、"告"體等三種形態的基本特質、源流與特徵。其他部分主要是對該書録文以及附録内容的基本介紹。

（二）本書正文

本書正文以紀年爲單位，紀年後列周天子紀年與魯國國君紀年，次一行列此一時期在世人物，次一行列類標題，簡括該文之主要内容並臚列年代相關相近之事件，再次一行列該書爲該文段所取標題，標題下標發言者，之後爲正文，長者分段，短者一段。正文中標注釋序號，正文下先標出處，再按照次序臚列注釋。注釋之後爲簡析部分。今以"小丑備物必亡論"爲例，以見其大概。如下：

前 920 年　周恭王伊扈三年
邦君厲、子夙、申季、慶癸、幽在世，荆人敢在世，井人偈在世，周邢伯、伯邑父、定伯、單伯、伯俗父、司徒邑人、司馬夨頁人邦、司空陶矩、内史友寺芻、司徒微邑、司馬單、司空邑人服、

師遽、裘衛在世，散在世，政父在世，密康公、密康公之母在世

　　周裘衛與矩君易天　　周師遽受周恭王賞賜　　周恭王遊於涇上

密康公之母論小丑備物必亡

小丑備物必亡論

密康公之母

　　必致之於王[1]。夫獸三爲群，人三爲衆，女三爲粲[2]。王田[3]不取群，公行下衆[4]，王御不參一族[5]。夫粲，美之物也。衆以美物歸女，而何德以堪[6]之。王猶不堪，況爾小丑[7]乎？小丑備物，終必亡。

文見《國語·周語上》

【注釋】

[1] 王：周穆王之子周恭王伊扈。

[2] 粲：美貌。

[3] 田：打獵。

[4] 公行句：此句當爲"公行不下衆"，《史記》"公行"下有"不"字。考前後句，當爲排比，每句中有一"不"，此處脱"不"字。下：後。不下衆：不後於衆人。

[5] 御：女官。參：同"叁"。族：父子。

[6] 堪：擔當。

[7] 丑：類。

【簡析】

　　據《世本》、昭十五年《左傳》杜注、《國語》韋注、《史記·周本紀》裴駰集解、《漢書·地理志》顏師古注引臣瓚曰、宋鄭樵《通志·氏族略》、羅泌《路史·國名紀》、鄧名世《古今姓氏書辨證》卷三十六，則密有二：姞姓密，在今甘肅靈臺縣；姬姓密，在今河南密縣。密康公爲姬姓國國君。據漢劉向《列女傳·仁智傳》、明何楷《詩經世本古義》卷十三，則密康公之母（？—前920年在

世），姓魏氏，又稱隗氏，魏、隗古音同。

周代推行禮制，尊卑有等，越禮逾制常招致災禍。以位卑之身而放縱貪慾，則易喪失理智，從而逾越禮制，成招禍之階，即"小丑備物，終必亡"。受同姓三女，連周恭王尚不能接受，何況密康公。密康公之母真是從密康公違禮受同姓三女而見其貪心之重，從而對密國存亡深表憂慮，於是有此"小丑備物終必亡"之論。故漢劉向《列女傳》記君子"謂密母爲能識微"，並頌曰"密康之母先識盛衰"。由此知密康公之母具有見微知著、睹始知終的政治敏感力。

《史記·周本紀》亦敘此事，與《國語》大同。恭王遊於涇上，密康公從，有三女奔之，其母遂作《小丑備物必亡論》以戒，康公不獻；一年，王滅密。

本條《國語》未繫年。今本《竹書紀年》："四年，王師滅密。"此從之，繫於周恭王三年。①

第一行即該叢書總序所云紀年，第二段"邦君厲"等即紀人，"周裘"一段爲紀事。根據導言，其録文以《四部備要》本《國語》爲底本，同時參照宋庠《國語補音》、吴曾祺《國語韋解補正》、董增齡《國語正義》。②"宋庠《國語補音》"當爲"四部叢刊本"之誤。

注文一般比較簡短，甚至有的篇章没有注釋。注釋一般釋語義、釋文字，生僻字注明讀音。語義多撮録韋注以及前此注釋，偶引典籍作爲補充説明。注文也涉及校勘，如第一則"奕世載德"注云："奕當作'亦'。"③實徐元誥《國語集解》字即改作"亦"，失檢。

簡析文字層次比較清楚。首段雜引種種材料，對發言者之基本情況進行介紹。次一段或分析文本思想内容、闡述其價值、説明其論證方法

---

① 周鋒、郝建傑：《國語文繫年注析》，桂林：廣西師範大學出版社 2011 年版，第4—5頁。
② 周鋒、郝建傑：《國語文繫年注析》，桂林：廣西師範大學出版社 2011 年版，導言第 31 頁。
③ 周鋒、郝建傑：《國語文繫年注析》，桂林：廣西師範大學出版社 2011 年版，第 2 頁。

方式等，或簡述文本在其他典籍中的情況並補充前因後果，最後一段往往對《國語》是否繫年進行説明，如未繫年，則引述他書説明《注析》繫年的理據，如繫年，則不再出文字。也有的篇章下簡析僅有一段，大致交代發言者發言之背景等。其簡析具有：（1）發言者生平資料的匯集，促進理解；（2）他書引文的同異，以及該則言語所在篇章的完整事件的前因後果；（3）該段言語思想内容、論證方法的揭示；（4）《國語》無紀年而採用他書紀年的説明。第3點類似評點，可以和《國語直解》等書對讀。

（三）本書影響

總體而言，該書在《國語》編纂體例上是一種創新，即把《國語》中"語"的部分全部摘録出來，按年繫排。尤其《國語》《左傳》相同部分，可以和韓席籌《左傳分國集注》對讀。當然，該書爲《國語》之"語"的進一步分類提供了資料前提，同時爲《國語》人物研究提供了綫索，對相關語段的思想價值或論證方法進行了揭示。

二十六、高坊清編著《品〈國語〉話人生》

2012年1月，高坊清編著《品〈國語〉話人生》由中國文聯出版社出版。作者此前還編著過《讀〈左傳〉悟人生》，四川大學出版社2010年10月出版。

該書前内容提要謂："《國語》不僅是我國最早的一部史書，也是我國最早的一部政書、民書與諫書，其人文思想的光輝至今依然閃爍在世界星空。本書從《國語》中擷取了五十餘個對現代生活實際有較強的關照意義的故事文段，加以通俗而明快的編譯，然後再就其寫作背景、思想内容、文法特色進行交代與剖析，並結合現代生活中出現的一些有關社會人生的熱點、焦點、難點問題以及在人們思想中存在的困惑提出了一些獨特思考，以期起到弘揚觀今鑒古、古爲今用、學以致用的學習風尚的作用。書中還摘取了原文中大部分有很强借鑒意義、語意凝練、便於記取運用的箴言警句以饗讀者。是書融思想性、學術性、趣味性、鑒賞性於一體，別開生面，賞心悦目，不僅爲廣大國學愛好者飯後茶餘提供了又一份難得的副食或佐料，也爲廣大青年朋友們修身養性增添了又一位良師或益友。"對本書的内容、特點進行了揭示。

書前有前言。檢其前言可知，該書把《國語》二十一卷分爲六個部分，《周語》爲第一部分，《魯語》《齊語》爲第二部分，《晉語一》至《晉語七》爲第三部分，《晉語八》《晉語九》爲第四部分，《鄭語》《楚語》爲第五部分，《吴語》《越語》爲第六部分。共收録《國語》五十四篇，每一篇立八字篇題，以讀××作爲副標題。檢其第一部分所收依次爲"崇尚文明　遠離暴力——讀《祭公諫穆王征犬戎》""胸懷坦蕩集思廣益——讀《邵公諫厲王弭謗》""以食爲天　以農爲本——讀《虢文公諫宣王不籍千畝》""國家至上　道德爲先——讀《富辰諫襄王伐鄭德狄》""固守底綫　拒絶有方——讀《襄王拒晉文公請隧》""以德生智　以弱制强——讀《倉葛不服晉侯》""見微知著　未雨綢繆——讀《單子知陳必亡》""儉以遠憂　侈以近亡——讀《劉康公論魯大夫儉與侈》"，第二部分收録"急國之急　憂民之憂——讀《臧文仲如齊告糴》""以退爲進　化險爲夷——讀《展禽使乙喜犒師》""仁者講功　智者處物——讀《展禽論祭爰居》""一身正氣　剛直不阿——讀《里革更書》""敬畏自然　天人合一——讀《里革斷罟匡君》""以德華國　常念民艱——讀《季文子論妾馬》""雖死於外　庇宗於内——讀《叔孫穆子不以貨私免》""權衡利弊　禮義爲先——讀《襄公如楚》""天道酬勤　淫逸亡身——讀《敬姜論勞逸》""殫精竭慮　士盡其才——讀《管仲佐齊桓公爲政》""開誠納士　建功立業——讀《桓公聽政選能任賢》"，可見其大略。

每一篇都先録原文，雖云"原文摘録"，但選録諸篇多全文録之。次爲"序文通譯"，對原文進行翻譯。次爲"佳句擷英"，摘取本篇以及未選入該書的其他臨近篇章佳句，並爲釋義，全書共選録《國語》佳句209則，比單獨出版的《〈國語〉智慧名言故事》多了130條，側重也不相同。次爲“義理疏通”，其疏通大致包括幾個方面：（1）首先介紹出處，假如《左傳》也有記載，標出《左傳》。然後對全篇的内容進行概括，對該篇章的借鑒意義給予總結。（2）對篇章中的對話雙方或其中一方進行介紹。（3）對篇章的敘事論理結構進行逐段的詳細分析，最後做總結。次爲“生活感悟”，先在《國語》篇章思想内容的基礎上進行提升，然後聯繫國際、國内社會事件進行舉例式説明，並根據《國語》思想對一些國際、國内現象進行思想上的補偏救弊。

該書對《國語》篇章理解和普及具有積極意義。

二十七、詹前編選《諸侯美政：國語選讀》

2013 年 1 月，詹前編選《國語》由復旦大學出版社出版，作爲該社推出的“中華根文化·中學生讀本”第一輯十五種中的一種。

（一）本書專題分類及選録篇目

該書前有前言，對《國語》的内容、性質、作者、《左》《國》異同、《國語》思想及價值等做了簡介。該書以上海師大校點本爲底本，參照徐元誥《國語集解》、鄔國義等《國語譯注》、來可泓《國語直解》，共選取《國語》46 篇，分爲五個專題。分專題選録《國語》篇章，與胡果文《國語選評》方式近似，當然後者分類更爲細緻。而該書或出於對讀者群體接受度的考慮，故分爲以禮治國、凝聚民心、舉賢任能、重視教育、稱霸諸侯五個專題，其中“以禮治國”下收録“祭公諫穆王征犬戎”“王孫滿觀秦師”“劉康公論魯大夫儉與侈”“曹劌諫莊公如齊觀社”“展禽論祭爰居非政之宜”“里革斷宣公罟而棄之”“范文子論外患與内憂”“師曠論樂”“叔向諫殺豎襄”“白公子張諷靈王宜納諫”等十篇，“凝聚民心”下收録“邵公諫厲王弭謗”“芮良夫論榮夷公專利”“曹劌問戰”“臧文仲如齊告糴”“里革論君之過”“季文子論妾馬”“文公伐原”“郤獻子等各推功於下”“伍舉論臺美而楚殆”“子常問蓄貨聚馬齝且論其必亡"等十篇，"舉賢任能"下收錄"箕鄭對文公問""文公任賢與趙衰舉賢""臼季舉冀缺""趙宣子論比與黨""祁奚薦子午以自代""司馬侯薦叔向""趙簡子問賢於壯馳茲""智果論智瑤必滅宗""蔡聲子論楚材晉用"等九篇，"重視教育"下收錄"公父文伯之母論勞逸""胥臣論教誨之力""趙文子冠""申叔時論傅太子之道"等四篇，"稱霸諸侯"下收錄"桓公霸諸侯""重耳自狄適齊""齊姜勸重耳勿懷安""齊姜與子犯謀遣重耳""文公修內政納襄王""文公救宋敗楚於城濮""悼公始合諸侯""越王句踐命諸稽郢行成于吳""吳王夫差與越荒成不盟""夫差伐齊不聽申胥之諫""申胥自殺""句踐滅吳""范蠡諫句踐勿許吳成卒滅吳"等十三篇。

（二）本書基本内容

單元下有單元解析，文字簡短，以本單元典型故事爲例，引出本單元主題之重要性。每篇之下臚列原文、注解，篇幅長的篇章先逐段臚列原文和注解，原文最後標注所出卷次。原文、注解之後總列今譯，今譯之後還有釋義，釋義相當於其他譯注本之篇章解題或評析，文字較短。封底附有"《國語》名句摘錄"13條。

注解用語比較通俗，詞語一般直釋其義，人物和國族的解釋相對詳細一些。篇幅長的原文、注解雖然逐段臚列，但是注解序號卻是連排的，同一虛詞在不同篇章中出現，注解不避重複，避免了翻檢的繁難。注解特別强調注音，幾乎生僻字、多音字等都有音注。另外，注解比較注重異體字、通假字、古今字的注釋。

該書譯文語言流暢，且比較通俗。釋義主要涉及篇章内容的概括，以及篇章的啟示意義和歷史意義等問題，對理解篇章具有很好的補充作用。該書以及該套叢書2017年7月又由上海教育出版社出版，從一個側面反映了其受歡迎的程度。

（三）本書的配套讀物

另外，該叢書主編黃榮華還編撰有《中華根文化教學設計》，由上海東方出版中心 2017 年 11 月出版，該書爲 “諸侯美政” 之 “爲國以禮” “敬天保民，凝聚民心” “爲國之道：舉賢任能” 和 “教育爲重” 四個單元進行了教學設計，不僅爲該書的實際教學需要提供了參考，同時也爲讀者進一步閱讀相應單元内的《國語》篇章提供了視角和參照。

二十八、陳桐生譯注《國語》

陳桐生（1955— ）主要從事先秦兩漢文學研究，發表論文 160 餘篇，出版專著 10 餘部。

2013 年 4 月，陳桐生譯注《國語》由中華書局出版，作爲該社推出的 “中華經典名著全本全注全譯叢書” 之一。

（一）本書前言

由於作者從事過《國語》研究，本書前言具有獨特性。該前言首先提出《國語》性質的認定要把握五個要點，分別是 “《國語》之 ‘語’，是西周春秋時期一種記載君臣治國之語的文體” “《國語》的寫作模式是：王后卿大夫就某些具體現實政治問題發表言論，史官將其言論載之簡帛” “《國語》是 ‘編’ 不是 ‘著’，是 ‘選’ 不是 ‘作’” “《國語》是 ‘史料彙編’ 而不是 ‘史’” “《國語》保留了史料的原貌”①。本於此，陳桐生認爲：“《國語》是一部記載西周春秋王侯卿大夫治國言論的原始史料彙編。”② 進而認爲《國語》文章呈現出鮮明的時代性和地域特色，並且指出其中一些篇章具有文獻價值。前言進而提出《國語》在中國文學史上的定位問題，陳桐生認爲《國語》“代表了《尚書》之後《左傳》之前西周春秋歷史散文的真實發展水平，堪稱是研究西周春秋

---

① 陳桐生譯注：《國語》，北京：中華書局 2013 年版，前言第 1—3 頁。
② 陳桐生譯注：《國語》，北京：中華書局 2013 年版，前言第 3 頁。

歷史散文的活標本"①，進而分析了《國語》的表現手法、文章風格等。

（二）本書體例

　　陳桐生譯注《國語》分章、篇題基本和上海師大校點本相同。和前此《國語》譯注本每篇都有題解不同，陳本只在本卷下有題解，綜述本卷材料的時代，對各篇語言風格、思想內容進行簡要評述，對該卷整體文章風格進行總體評價。

（三）本書注釋

　　正文中，原文之下先列注釋，再列譯文。注釋比較細密，生僻字、古讀字、多音字都用漢語拼音標注。但也偶爾有標錯者，如"祭公諫穆王征犬戎"篇"櫜"，陳本注讀音爲"tuó"②，前此諸譯注本皆注爲"gāo"，《國語舊音》謂櫜音高，《國語補音》謂櫜"古刀反"，可見陳本音注是錯誤的。《説文·櫜部》："櫜，車上大櫜。从櫜省，咎聲。"徐鉉標古勞切。"咎"上古音在群紐幽部，《廣韻》在群紐有韻。可見，無論如何，"櫜"都無法音"tuó"。陳本所以如此者，是誤"櫜"爲"橐"之故。譯注者在其 2017 年出版的選譯選注的《國語》中已經改正讀音作"gāo"。注文一般比較簡短，只及語義。偶爾引用前人説法，比較注重引述王引之、俞樾等人之説，但大都爲轉述約略其言。如"祭公諫穆王征犬戎"篇"自竄於戎狄之閒"注："堯封周人始祖棄於邰，邰在陝西武功，舊爲戎狄雜居之地。不窋失去后稷官職之後，奔竄回邰，故云自竄戎狄之閒。又，戴震曰：'《史記》稱孔甲淫亂，夏后氏德衰，諸侯叛之。殆后稷之官及有邰之封，乃相因而失。諸侯侵奪，天子不正之，是以遠竄。'竄，竄匿。"③引述戴震之説以補充之。版本異文，往往注出言明所據，如"祭公諫穆王征犬戎"篇"奕世"注："累世。奕，各

　　①　陳桐生譯注：《國語》，北京：中華書局 2013 年版，前言第 5 頁。
　　②　陳桐生譯注：《國語》，北京：中華書局 2013 年版，第 3 頁。
　　③　陳桐生譯注：《國語》，北京：中華書局 2013 年版，第 4 頁。

本作'亦'或'弈',此處據明道本。"① 時存異説, 並確定去從, 如本篇"吾聞夫犬戎樹, 惇帥舊德"注:"一本斷句爲'吾聞夫犬戎樹惇', 謂樹惇爲犬戎主名。王引之以爲'樹'爲名, 惇, 勉也, 屬下句讀, 意更明朗。今從王説。"② 有兩種斷句方式, 從王説。檢其全書, 有多處斷句從王引之之説。另, "邵公諫厲王弭謗"篇"其與能幾何"之"與"注:"幫助。一説, '與'爲語氣詞。"③ 亦存二説。同時注重運用《左傳》以及相關材料進行補充説明。對前人存在異説之處, 也多予注出。當然, 也有闕略, 如《周語中》"郤至佻天之功以爲己力"篇"是三子也, 吾又過於四之無不及"一句, 陳本即未注出。但總體而言, 陳本注釋確實爲讀者提供了很多方便, 並可引起讀者對相關問題的深入思考。

(四) 本書翻譯

本書的翻譯建立在前面十幾家譯文的基礎上, 但還是有所突破。仍以"邵公諫厲王弭謗"爲例, 以見其翻譯之大略。陳譯如下:

> 周厲王暴虐, 國人指責厲王的過失。邵公告訴厲王説:"人民忍受不了您的政令了。"厲王大怒, 找來衛國的巫師, 命他監察指責者。衛巫將指責者告訴厲王, 厲王就將其殺死。國人沒有人敢再説話, 在路上遇見了, 只是彼此用眼睛看看而已。厲王大喜, 告訴邵公説:"我能够止息指責了, 國人不敢説話了。"邵公説:"這是把人民的口堵住了。堵人民的口, 後果比堵塞大河還要嚴重。大河因壅塞而潰決, 一定會淹死很多人, 堵人民的口也是這樣。所以, 治水的人要排除壅塞, 使之暢流, 治民的人要宣導人民, 讓他們説話。因此, 天子處理政事, 要讓公卿、大夫、士奉獻諷諫詩歌, 樂師向天子進獻樂曲, 樂官獻書, 小師進獻箴言, 盲人朗誦諷諫詩篇,

---

① 陳桐生譯注:《國語》, 北京:中華書局 2013 年版, 第 4 頁。
② 陳桐生譯注:《國語》, 北京:中華書局 2013 年版, 第 8 頁。
③ 陳桐生譯注:《國語》, 北京:中華書局 2013 年版, 第 12 頁。

青光眼的樂師也參與誦讀，各類工匠進諫，平民託人將意見帶給天子，左右侍衛大臣進陳規諫，天子的同宗大臣彌補督察，瞽史以天道史事教誨，師傅老臣修飭政令，而後天子對各種意見進行斟酌，因此天子的一切行事纔不至於與情理相違背。人民有口，就如同土地有山川，財富用度就是從山川生産出來的。土地有原、隰、衍、沃，衣食纔從此産生。人民用口發表言論，國家政事的好壞纔能體現出來。人民認爲好的就推行，人民認爲壞的就防範，纔能使人民的衣食財用大大增多。人民先在心裏考慮而後說出口，君王認爲可行就推行它，怎麼能够堵塞呢？如果把他們的口堵住了，又能有多少幫助呢？"厲王不聽。於是國人没有人敢說話。三年之後國人便把厲王流放到彘地。①

陳本"國人"不譯，"原、隰、衍、沃"不譯，實際上是比較好的處理方式，這些專有名詞，既然已經在注釋中進行了揭示，此處不需要再譯。當然，陳本譯文也有處理不當的地方，既然專有名詞不譯，"瞍""矇"也是專有名詞，二者雖非職官，但一定代表著一種身份，而陳本譯"瞍"爲"盲人"，譯"矇"爲青光眼，則屬不倫。作者在注釋中認爲"矇"是青光眼，故而在譯文中直接譯爲"青光眼的樂師也參與誦讀"。這樣注譯是比較新鮮的，但是否精準，值得商榷。青光眼是一種病，睁眼瞎是一種結果。從某種程度上而言，睁眼瞎只是青光眼發展嚴重之後造成的一種狀態，並非所有的青光眼就是睁眼瞎。本釋看似較前此諸說皆不同，但實質上是錯誤的。譯注者在其 2017 年出版的選譯選注《國語》中删掉了"青光眼"的注文，譯文也將"矇"改作"眼睛看不見的樂師"，糾正了 2013 年本的錯誤。

（五）本書的影響

總體而言，陳本注釋詳明，翻譯順暢，解題精到，又有中華書局的

---

① 陳桐生譯注：《國語》，北京：中華書局 2013 年版，第 12—13 頁。

加持，故當具一定影響力。

（六）作者的另一部《國語》選譯本

中華書局在推出"中華經典名著全本全注全譯叢書"的基礎上，又於 2017 年推出"中華優秀傳統文化百部經典讀本"，《國語》亦列在内，且仍由陳桐生撰寫。陳桐生選《國語》66 篇，二十一卷所選篇目分別爲：5、3、2、4、5、2、2、3、3、5、4、3、4、4、3、1、3、3、3、1、3，《國語》各卷都有選録，比較全面反映《國語》各卷内容。與 2013 年本最大的不同，2017 年本每篇之前加有題解。題解對篇章内容、論述層次、結果以及篇章記載事件的意義都做了分析，對加深理解是有幫助的。如"祭公諫穆王征犬戎"篇解題云：

> 本篇記載祭公謀父勸諫周穆王無端征伐犬戎的言辭。西周王朝進入中期以後，與周邊蠻、夷、戎、狄民族的矛盾逐步尖鋭起來。周穆王決意征討犬戎，可能帶有用武力震懾周邊蠻、夷、戎、狄民族的意味。祭公謀父的諫辭以"先王耀德不觀兵"爲靈魂，他回顧了周民族正德厚生、爲民除害的傳統，闡述了周朝的五服制度，説明周朝是以王畿爲中心、按照地域遠近而對蠻、夷、戎、狄採取不同政策，實施修文德以來遠的政治方略，至於在文德教化失效之後纔考慮武力征伐。周穆王不聽勸諫堅持征伐犬戎，結果導致周朝與周邊少數民族矛盾進一步激化。史官記下周穆王征伐犬戎的結果是"得四白狼、四白鹿以歸。自是荒服者不至"，就是以此警誡後王不可窮兵黷武。祭公謀父的諫辭對此後中國歷代王朝制定少數民族政策産生了深遠影響，耀德不觀兵、修文德以來遠，成爲中國後世王朝處理夷夏關係甚至是敵國關係的一種指導思想。①

又"邵公諫厲王弭謗"解題云：

---

① 陳桐生譯注：《國語》，中華優秀傳統文化百部經典讀本，第 2 頁。

　　本篇記載西周末年王室卿士邵公虎對周厲王弭謗的批評。邵公諫弭謗的中心觀點，就是讓人民説話。邵公認爲："防民之口，甚於防川。""爲川者決之使導，爲民者宣之使言"。人民對王朝統治有没有發言權？人民敢不敢説真話？特别是敢不敢批評最高統治者？這是衡量一個社會進步的尺度。在兩千八百多年以前，作爲最高統治集團的重要成員，邵公就認識到讓人民説話的重要性，實在是難能可貴。它所達到的思想高度，在中國封建時代是罕見的，可以説是振聾發聵，石破天驚。即使是在今天，邵公言論也具有强烈的現實意義。邵公不僅倡導讓人民説話，而且具體討論了"宣之使言"的途徑，主張廣開言路，讓統治集團各階層官員和民衆都對王朝統治提出批評和建議，並認爲這可以調動人民的生産積極性，帶來衣食財用。邵公這篇諫辭雖然很短，但很精彩，有論點，有論據，論證層次井然，如果去掉首尾簡短的敘事文字，就可以作爲小型政論文來讀。①

　　由於兩篇内容不同，故而解題的側重角度也不一樣。第一篇側重其歷時意義的影響，第二篇側重文風的揭示。該本在2013年譯注本的基礎上增加了篇章解題，注釋、譯文也進行了提升，瞭解陳氏《國語》譯注時可以相互參照。

二十九、何昆《嘉言鑄青史——聆聽〈國語〉》

　　2013年12月，何昆《嘉言鑄青史——聆聽〈國語〉》由大地傳媒海燕出版社出版，作爲該社推出的"華夏文庫·經典解讀系列"之一。

　　書前有簡短前言，介紹《國語》内容及價值。該書按語者身份分類，分爲八個部分，分别爲君王之語、智者之語、諫臣之語、賢卿之語、

---

① 陳桐生譯注：《國語》，中華優秀傳統文化百部經典讀本，第10頁。

謀士之語、奸佞之語、女性之語、庶民之語。每一部分收錄五位人物，如君王收秦穆公、晉悼公、晉惠公、夫差、虢公，智者收單襄公、王孫滿、宮之奇、聲伯、史蘇，諫臣收邵公、叔向、史黯、里革、公孫固，賢卿收沈諸梁、郵無正、胥臣、展禽、趙衰，謀士收范蠡、鮑叔牙、伍舉、郭偃、曹劌，奸佞收欒書、里革、董叔、驪姬、勃鞮，女性收敬姜、叔向母、密康公之母、伯宗妻、齊姜，庶民收醫和、車者、鉏麑、甯嬴氏、優施，一共收錄四十位人物之語。

　　該書非注非譯，是作者根據自己對《國語》以及相關人物的理解做的評析，故其中有主觀的成分，但仍然對深入理解《國語》相關部分具有一定啟發意義。

三十、張永祥《國語譯注》

　　2014 年 5 月，張永祥《國語譯注》由上海三聯書店出版，作爲該社推出的"中國古典文化大系"第六輯中的一種。

　　該書前有簡短前言，對《國語》内容、性質、作者、《左》《國》關係、《國語》思想、文風、《國語》注解等做了介紹。根據該書前言可知，該書是以上海師大校點本爲底本，並參校《國語集解》點校本，對《國語》所做的選注選譯。該書目録僅以卷次標目，正文中也不出篇題，僅用阿拉伯數字區别，且阿拉伯數字用上海師大校點本所標篇目，這樣做的好處，爲讀者比對上海師大校點本提供了方便。檢張永祥譯注本二十一卷所選篇目數依次爲：6、3、4、9、7、3、5、3、5、10、5、6、6、6、7、1、3、3、6、1、5，一共 104 篇。

　　該書原文之下僅包括注釋和譯文兩部分。注釋較爲簡明，條目較少。譯文比較流暢，且有更符合《國語》原文且用語簡潔的譯文，如其譯"如其有原隰衍沃也"爲"如同土地有高低肥瘠"①，似與《國語》原文

---

① 張永祥：《國語譯注》，濟南：山東畫報出版社 2014 年版，第 9 頁。

語義更爲貼合。

三十一、張華清譯注《國語》

2014年7月，張華清譯注《國語》由山東畫報出版社出版，該書由丁鼎審訂，作爲該社推出的"國學經典讀本叢書"之一。

（一）本書前言

該書前有簡短前言，對《國語》内容、史學價值、文學價值、《國語》作者、版本系統以及注釋等做了簡介。對《國語》版本系統表述有借鑒俞志慧《國語韋昭注辨正》之處，故該書前言也引述了紹興圖書館藏文盛堂藏南宋鮑彪校本。在《國語》注釋介紹中臚列洪亮吉《韋昭國語注疏》。對本書譯注方式等進行了説明。

（二）本書的選篇與附録

該書以上海師大校點本爲底本，分章、篇章分段、篇題皆與上海師大校點本同，譯注中參考多種《國語》研究成果，選注選譯《國語》208篇，所選各卷篇目分別爲11、8、3、15、19、8、6、9、8、21、13、8、9、18、20、2、7、7、9、1、6，選篇數量比較符合《國語》各卷篇章比例，但《周語下》選録相對較少。按照上海師大校點本235章算，張華清譯本選録《國語》占《國語》全書的89%。如此高的選録比例，不知出於何種選録標準。書後附録有韋昭《國語解敍》、宋庠《國語補序録》、董增齡《國語正義序》。該本是《國語》新譯注本中第一個附録宋庠《國語補序録》、董增齡《國語正義序》者。

（三）本書注釋與翻譯

該書注釋以約略韋注爲主，偶參清人以及近人研究成果，於"實應且憎"等處並未施注，是其注釋守故訓，旨在爲讀者掃清一般閱讀障礙而已。該書譯文建立在此前十幾種譯本之上，翻譯比較流暢。當然也有未足之處，如"邵公諫厲王弭謗"篇"是障之也"，張譯爲："這是堵塞他們啊。"① 未如其他譯本譯作"這是堵塞百姓（人民、人們）的嘴巴（口）啊"更爲貼合。又"襄王不許晉文公請隧"篇"叔父實應且憎"，張本未曾注出，故誤譯作："這也是叔父所應該反對並且憎惡的。"② 相信類似的注譯之處，該書也存在一些，讀者當自鑒之。

三十二、李迪南、侯少博譯注《國語》

2015 年 1 月，李迪南、侯少博譯注《國語》由長春出版社出版，作爲該社推出的"無障礙讀經典"叢書中的一種。

書前有簡短前言，對《國語》的問題、内容、作者、史料價值、思想價值等做了簡要介紹，同時説明了該書的譯注標準。從前言可知，該書以上海師大校點本爲底本，同時"參考了鄔國平、黃永年、陳桐生等學者的著作"。所參陳桐生著作已見前文，但鄔國平研究領域爲魏晉南北朝文學、明清文學和中國文學批評史，檢其網上資料，並無《國語》研究論著發表，則此前言中"鄔國平"當爲"鄔國義"之誤。黃永年先生爲文史大家，但所關注也在中古史，並無《國語》方面成果，僅在致顧頡剛信函中提及《國語》傳本問題，似非本書所能參考者。

該書屬於選譯選注，仍按《國語》二十一卷編次，共選録《國語》98 篇，每卷所收篇目依次爲 5、4、3、6、7、4、5、2、5、16、6、6、4、9、6、1、3、3、1、1、1。每篇前有題解，正文分兩欄，左欄原文，注釋以括號形式隨文注釋，注釋點加著重號標識，右欄列譯文。有的篇章之後還有"閱讀指導"，針對篇章中的詞語進行補充介紹和解釋，如"邵公諫厲王弭謗"篇下的閱讀指導就是對"國人"這一術語的知識介

---

① 張華清：《國語譯注》，濟南：山東畫報出版社 2014 年版，第 10 頁。
② 張華清：《國語譯注》，濟南：山東畫報出版社 2014 年版，第 36 頁。

紹，"內史興論晉文公必霸"下閱讀指導介紹"方伯和五霸"，"襄王拒晉文公請隧"下閱讀指導分別解釋"晉文公既定襄王於郟"和"公侯伯子男"等。甚至有更長篇幅的閱讀指導穿插在段與段落之間，如"單襄公論晉周將得晉國"的閱讀指導就穿插在該文三段、四段之間。這些閱讀指導，對於進一步釐清《國語》文本中的一些問題，加深《國語》本文的理解是有幫助的。因爲隨文注釋，故注釋相對簡要，閱讀指導在一定程度上解決了注釋簡短的問題。題解仍然是對內容、論述層次等的介紹。

類似的讀物還有楊靖、李昆侖編的《國語》，是敦煌文藝出版社推出的"全民閱讀‧國學經典無障礙悦讀書系"中的一種，2016 年 1 月出版。注釋、譯文之外，還設立了圖鑒閱讀、史記閱讀、輔助閱讀、體驗閱讀、延伸閱讀部分，頗便中小學普及。

三十三、仇利萍整理本

仇利萍整理本有兩個名字：一個叫作"《國語》韋注釋讀與研究"，作爲四川大學出版社推出的"青城國學讀本"之一，該書只能在讀秀上見到，書店並無銷售。一個即 2015 年 3 月正式出版的《〈國語〉通釋》。比對發現，二書內容完全相同，唯頁碼不同。今以《〈國語〉通釋》爲對象，述其大端。

該書前有《國語》概説、校注説明、國語解敘，書後附有《國語》導讀。概説部分一共三方面內容，分別爲：《國語》的作者及成書年代、《國語》的結構與內容簡介、《國語》的版本源流。在釋讀説明中，校注者交代了校注的版本依據、校注依據、校勘處理方式、篇章卷次依從等等，知該書以黃刊明道本爲底本，參校《四部叢刊》本。國語解敘以及篇卷之前都有解題。校用腳注形式體現，注釋逐段分行單獨排列。凡生僻字，在正文中以括弧形式標注漢語拼音和直音。因爲注釋中時加案語，故凡韋注皆標"韋注"二字以示區別，對韋注有所補充按斷者，以

"案"字區別。從其案語來看，基本上是把韋昭解釋的再重新解釋一遍。換言之，删去韋注，該書的案語完全成立。故此書實可作爲《國語》今注看待。

三十四、劉長江譯注《國語》

2016年8月，劉長江譯注《國語》由中國工人出版社出版，作爲該社出版的"中華傳統文化經典普及文庫"之一。該叢書由百家講壇主講人酈波、紀連海聯袂推薦。

書前僅有叢書出版説明，該書無説明。目録僅臚列卷次，不録篇目，且不收《晉語九》《吳語》，僅選《國語》十九卷，共選録《國語》47篇，十九卷所選篇次分别爲4、4、1、4、3、1、2、1、2、2、2、2、4、7、1、2、1、2。正文中，原文前有篇題，原文之下爲注釋，注釋之下爲譯文。從其篇題、分段等可知，該書仍然以上海師大校點本爲底本，注釋上參考了董立章《國語譯注辨析》、陳桐生譯注《國語》等《國語》今譯著作。

三十五、沈長雲解讀《國語》

2020年12月，沈長雲解讀《國語》由國家圖書館出版社出版，列入袁行霈主編的"中華傳統文化百部經典"。

該書爲節選，共選録《周語上》5篇，《周語中》《魯語下》《晉語九》《楚語上》《楚語下》《吳語》《越語下》各3篇，《周語下》《晉語一》《晉語五》《晉語七》《晉語八》各2篇，《魯語上》4篇，《齊語》《鄭語》《晉語二》《晉語三》《晉語六》《越語上》各1篇，《晉語四》6篇。

書前有導言，分爲"《國語》的性質與體裁""《國語》的作者與其編纂成書的年代""《國語》的流傳與版本""《國語》的主要内容"
"《國語》在學術史上地位及當代價值"五個部分，對《國語》相關問題
進行了梳理與説明。

正文每篇分正文、注釋、點評、旁批幾個部分，篇幅較長的正文分
若干段落，旁批具有隨文評點的性質，點評在全篇最末，帶有總評性質。

作者長於史學研究，對於相關語段、篇章的評點多能從歷史角度出
發，給人以啟發。但言文字通假、語義疏通之處，有不可信者。

本書徵引暨參考文獻

一、《國語》類

（一）《國語》暨《國語補音》版本

（三國吳）韋昭注：《國語》（附《國語補音》三卷），北京：國家圖書館出版社 2006 年輯印《中華再造善本工程》第二輯影宋刻宋元遞修本。

（三國吳）韋昭注：《國語》（附《國語補音》三卷），日本静嘉堂文庫藏宋刻元明遞修本。

（三國吳）韋昭注：《國語》，日本國會圖書館藏朝鮮經筵正統庚申（1440）夏校本。

（三國吳）韋昭注：《國語》，弘治十五年（1502）李士實序本。

（三國吳）韋昭注：《國語》，宋刻弘治十七年（1504）南監修補本。

（三國吳）韋昭注：《國語》（附《補音》二卷），正德十二年（1517）明德堂刊本。

（三國吳）韋昭注：《國語》（附《補音》三卷），正德十二年（1517）明德堂刊本，顧廣圻校，瞿熙邦題識。

（三國吳）韋昭注：《國語》，嘉靖四年（1525）許宗魯刻本。

（三國吳）韋昭注：《國語》二十一卷（附《補音》三卷），明嘉靖五年（1526）陝西正學書院刻本。

《監本音注國語解》二十卷，明嘉靖五年（1526）姜恩刻本。

（三國吴）韋昭注：《國語》二十一卷，明嘉靖七年（1528）金李刻本。

（三國吴）韋昭注：《國語》二十一卷，明嘉靖七年（1528）金李刻本，國家圖書館藏王籛跋本。

（三國吴）韋昭注：《國語》二十一卷，明嘉靖七年（1528）金李刻本，國家圖書館藏沈寶研校跋本。

（三國吴）韋昭注：《國語》二十一卷，明嘉靖七年（1528）金李刻本，南京圖書館藏丁丙跋配補本。

（明）沈津輯：《百家類纂》，《續修四庫全書》影浙江圖書館藏明隆慶元年（1567）含山縣儒學刻本。

（三國吴）韋昭注：《國語》二十一卷，萬曆六年（1578）童思泉刻本。

（三國吴）韋昭注，（宋）宋庠補音：《國語》二十一卷，萬曆年間張一鯤本。

（三國吴）韋昭注，（宋）宋庠補音：《國語》二十一卷，萬曆年間李克家本。

（三國吴）韋昭注，（宋）宋庠補音：《國語》，萬曆年間李克家本，國家圖書館藏顧廣圻臨校本。

（三國吴）韋昭注，（宋）宋庠補音，（明）穆文熙輯評：《國語鈔評》八卷，萬曆年間胡東塘刻本。

《四史鴻裁》，萬曆十八年（1590）朱朝聘刻本。

（三國吴）韋昭注，（宋）宋庠補音，（明）穆文熙輯評：《國語評苑》六卷，萬曆二十年（1592）鄭以厚光裕堂刻本。

《國語》二十一卷，明萬曆年間吴勉學刻本。

（明）閔齊伋裁注：《國語》九卷，萬曆四十七年（1619）閔氏刻本。

（明）公鼒、吕邦燿：《國語髓析》，明萬曆年間刻本。

（明）陳仁錫：《奇賞齋古文彙編》，崇禎七年（1634）刻本。

《國語合評》二十一卷，明末二乙堂刻本。

（三國吴）韋昭注：《國語》二十一卷，康熙間曲阜詩禮堂之孔毓坼本。

（三國吳）韋昭注：《國語》二十一卷，乾隆丙戌（1766）曲阜詩禮堂之孔傳鐸本。

（三國吳）韋昭注：《國語》二十一卷，《摛藻堂四庫全書薈要》。

（三國吳）韋昭注：《國語》二十一卷（附《國語補音》三卷），《景印文淵閣四庫全書》。

（三國吳）韋昭注：《國語》二十一卷（附《國語補音》三卷），《文津閣四庫全書》。

（三國吳）韋昭注，（宋）宋庠補音，（明）穆文熙輯評：《國語》二十一卷，日本林道春訓點本。

（三國吳）韋昭注，（宋）宋庠補音，（明）穆文熙輯評：《國語》二十一卷，日本林道春訓點本，日本京都大學圖書館藏皆川淇園批校本。

（三國吳）韋昭注，（宋）宋庠補音，（明）穆文熙輯評：《國語》二十一卷，日本林道春訓點本，日本內閣文庫藏山田直溫等批校本。

［日］千葉玄之重校：《韋注國語》二十一卷，日本天明六年（1786）平安景古堂藏版本。

《重雕天聖明道本國語》二十一卷（附《札記》一卷），嘉慶五年（1800）黃丕烈讀未見書齋刊本。

《重雕天聖明道本國語》二十一卷（附《札記》一卷），嘉慶五年（1800）黃丕烈讀未見書齋刊本，中國國家圖書館藏陳奐校跋本。

［日］冢田虎：《增注國語》二十一卷，日本亨和元年（1801）刊本。

《天聖明道本韋注國語》二十一卷（附《札記》一卷），日本文化元年（1804）江戶葛氏上善堂覆刻黃丕烈本。

［日］秦鼎：《春秋外傳國語定本》二十一卷，日本文化六年（1809）刊本。

［日］秦鼎：《春秋外傳國語定本》二十一卷，日本文化六年（1809）刊本，日本愛知縣圖書館藏批校本。

《重雕天聖明道本國語》二十一卷（附《札記》一卷、《考異》三卷），同治己巳（1869）崇文書局本。

《重雕天聖明道本國語》二十一卷（附《札記》一卷、《考異》三卷），同治己巳（1869）崇文書局本，中國國家圖書館藏翁俸評點、翁同龢跋本。

（宋）宋庠：《國語補音》三卷，光緒二年（1876）尊經書院刊本。

《重雕天聖明道本國語》二十一卷（附《札記》一卷、《考異》三卷），光緒三年（1877）永康退補齋本。

（清）董增齡：《國語正義》二十一卷，上海圖書館藏稿本。

（清）董增齡：《國語正義》二十一卷，清光緒庚辰（1880）會稽章氏式訓堂本。

吳韋昭先生、宋鮑彪先生合注：《重訂國語國策合注》，蘇州綠蔭堂光緒辛巳（1881）刻本。

［日］高木熊三郎：《標注春秋外傳國語定本》二十一卷，明治十七年（1884）温古書屋藏版本。

《吳韋昭先生國語》二十一卷，蘇州綠蔭堂刊、李元度署檢本。

《重雕天聖明道本國語》二十一卷（附《札記》一卷），光緒十三年（1887）上海斐英館《士禮居叢書》本。

《國語》二十一卷（附《札記》一卷），光緒乙未（1895）寶善堂本。

《重雕天聖明道本》二十一卷（附《札記》），上海博古齋本。

《重雕天聖明道本》二十一卷（附《札記》），上海掃葉山房本。

《重雕天聖明道本》二十一卷（附《札記》），上海會文堂本。

《重雕天聖明道本》二十一卷（附《札記》），上海錦章書局本。

《重雕天聖明道本》二十一卷（附《札記》），上海鴻寶齋本。

吳曾祺：《國語韋解補正》，上海：商務印書館1915年版。

沈鎔：《國語詳注》，上海：文明書局1926年版。

《國語》，上海：商務印書館輯印《四部叢刊》本。

（宋）宋庠：《國語補音》，沔陽慎始基齋據《微波榭叢書》本輯印湖北先正遺書本。

《國語》，上海：中華書局輯印《四部備要》本。

《國語》，上海：中華書局輯印《袖珍古書讀本》本。

《國語》，上海：商務印書館 1937 年輯印《叢書集成初編》本。

徐元誥：《國語集解》，上海：中華書局 1930 年版。

《國語》，上海：商務印書館《國學基本叢書》本。

上海師範大學古籍整理組點校：《國語》，上海：上海古籍出版社 1978 年版。

《國語嶄新校注本》，臺北：里仁書局 1980 年版。

上海師範大學古籍整理研究所校點：《國語》，上海：上海古籍出版社 1988 年版。

李維琦點校：《國語》，長沙：嶽麓書社 1988 年版。

焦傑校點：《國語》，瀋陽：遼寧教育出版社 1997 年版。

徐元誥撰，王樹民、沈長雲點校：《國語集解》，北京：中華書局 2002 年版。

徐元誥撰，王樹民、沈長雲點校：《國語集解》（修訂本），北京：中華書局 2002 年版 2006 年第 3 次印刷本。

（三國吳）韋昭注，徐元誥集解，王樹民、沈長雲點校：《國語集解》，北京：中華書局 2019 年版。

《國語》胡文波點校本，上海：上海古籍出版社 2015 年版。

（春秋）左丘明撰，韋昭注：《國語》，上海：上海古籍出版社 2015 年版簡體字點校本。

(二)《國語》研究著作暨刊本

（清）汪遠孫：《國語三君注輯存》，道光丙午（1846）振綺堂本。

（清）馬國翰：《玉函山房輯佚書》，上海：上海古籍出版社 1989 年影印本。

（清）黃奭：《黃氏逸書考》，上海：上海古籍出版社輯印《續修四庫全書》第 1206—1211 冊。

（清）王謨：《漢魏遺書鈔》，上海：上海古籍出版社輯印《續修四庫全書》第 1199—1200 冊。

王仁俊：《玉函山房輯佚書續編》，上海：上海古籍出版社輯印《續修四庫全書》第 1206 冊。

張以仁：《國語舊注輯校》，《張以仁先秦史論集》，上海：上海古籍出版社 2010 年版。

《甘肅藏敦煌文獻》編委會：《甘肅藏敦煌文獻》，蘭州：甘肅人民出版社 1999 年版。

吉林師範大學歷史系編譯：《柳宗元〈非國語〉譯注（選）》，北京：人民出版社 1976 年版。

柳宗元《非國語》評注組評注：《柳宗元〈非國語〉評注》，長沙：湖南人民出版社 1976 年版。

（宋）黃震：《黃氏日鈔》，臺北：臺灣商務印書館《景印文淵閣四庫全書》第 707—708 冊。

（宋）葉適：《習學記言序目》，北京：中華書局 1977 年點校本。

（宋）王觀國：《學林》，北京：中華書局 1988 年點校本。

（明）劉城：《春秋外傳國語地名錄》，濟南：齊魯書社輯印《四庫全書存目叢書·經部》第 128 冊。

（明）劉城：《春秋外傳國語人名錄》，濟南：齊魯書社輯印《四庫全書存目叢書·經部》第 128 冊。

（明）鄭維岳：《國語旁訓便讀》，萬曆年間刊本。

（明）張邦奇：《張文定公養心亭集》，上海：上海古籍出版社輯印《續修四庫全書》第 1336 冊。

（明）鍾惺：《史懷》，濟南：齊魯書社輯印《四庫全書存目叢書·史部》第 287 冊。

（明）李元吉：《讀書囈語》，上海：上海古籍出版社輯印《續修四庫全書》第 1143 冊。

（清）王鐸：《王覺斯批校國語讀本》，遼海書社 1934 年影印本。

（清）臧琳：《經義雜記》，上海：上海古籍出版社輯印《續修四庫全書》第 172 冊。

（清）王懋竑：《讀書記疑》，上海：上海古籍出版社輯印《續修四庫全書》第 1146 册。

　　（清）高塘：《國語鈔》，北京：北京圖書館出版社 2005 年影印《華東師範大學圖書館藏稀見圖書匯刊》第十七册。

　　（清）孫琮：《山曉閣國語選》，南京圖書館藏清康熙間刊本。

　　（清）儲欣：《國語選》，雍正戊申（1728）受祉堂刊本。

　　（清）姚鼐：《國語補注》，南菁書院《惜抱軒全集》本。

　　〔日〕渡邊操：《國語解删補》，皇都書林永田調兵衛、風月喜兵衛寶曆十三年（1763）刊本。

　　〔日〕服部元雅：《國語考案》，早稻田大學圖書館藏寫本。

　　〔日〕谷川順：《左國易一家言》，京都：藤井左兵衛刊本。

　　〔日〕帆足萬里：《帆足萬里全集》，東京：帆足紀念圖書館大正十五年（1926）版。

　　（清）朱亦棟：《群書札記》，上海：上海古籍出版社輯印《續修四庫全書》第 1155 册。

　　〔日〕關脩齡：《國語略説》，大阪：前川嘉七寬政四年（1792）刊本。

　　（清）陳樹華：《春秋外傳考正》，中國國家圖書館藏盧文弨抄本。

　　（清）陳樹華：《國語補音訂誤》，中國國家圖書館藏孔廣栻校録本。

　　（清）孔廣栻：《國語解訂譌》，中國國家圖書館藏寫本。

　　（清）王煦：《國語釋文》，觀海樓咸豐戊午（1858）重鐫。

　　（清）王煦：《國語補補音》，觀海樓咸豐戊午（1858）重鐫。

　　（清）黃丕烈：《校刊明道本韋氏解國語札記》，黃丕烈讀未見書齋嘉慶庚申（1800）重雕天聖明道本《國語》後附。

　　（清）黃丕烈：《校刊明道本韋氏解國語札記》，同治己巳（1869）崇文書局重雕天聖明道本《國語》後附。

　　（清）黃丕烈：《校刊明道本韋氏解國語札記》，光緒三年（1877）永康退補齋本。

　　（清）黃丕烈：《校刊明道本韋氏解國語札記》，《四部備要》本。

　　（清）黃丕烈：《校刊明道本韋氏解國語札記》，《國學基本叢書》本。

〔日〕恩田仲任:《國語備考》,日本國立國會圖書館藏寫本。

(清)黄模:《國語補韋》,開封:古鑒齋1935年邵瑞彭刊本。

(清)汪中:《經義知新記》,《皇清經解》本。

(清)汪中:《經義知新記》,上海:商務印書館1937年輯印《叢書集成初編》本。

(清)劉台拱:《國語補校》,《皇清經解》本。

(清)王引之:《經義述聞》,道光七年(1827)壽藤書屋刊本。

(清)凌迪知:《左國腴詞》,光緒辛巳(1881)八杉齋刊本。

(清)嚴元照:《娛親雅言》,上海:上海古籍出版社輯印《續修四庫全書》第1158冊。

(清)汪遠孫:《國語發正》,道光丙午(1846)振綺堂本。

(清)汪遠孫:《國語發正》,《皇清經解》本。

(清)汪遠孫:《國語明道本考異》,道光丙午(1846)振綺堂本。

(清)汪遠孫:《國語明道本考異》,同治己巳(1869)崇文書局重雕天聖明道本《國語》後附。

(清)汪遠孫:《國語明道本考異》,光緒三年(1877)永康退補齋本。

(清)汪遠孫:《國語明道本考異》,《四部備要》本。

(清)汪遠孫:《國語明道本考異》,《國學基本叢書》本。

〔日〕皆川淇園、谷田部等:《國語考》,弘化二年(1854)寫本。

(清)陳瑑:《國語翼解》,廣雅書局刊本。

(清)陳瑑:《國語翼解》,嚴一萍主編《百部叢書集成》本。

(清)錢保塘:《國語補音札記》,光緒二年(1876)成都尊經書院本。

(清)譚澐:《國語釋地》,光緒三年(1877)譚氏《味根齋全書》本。

(清)俞樾:《群經平議》,上海:上海古籍出版社輯印《續修四庫全書》第178冊。

(清)陳偉:《愚慮録》,上海:上海古籍出版社輯印《續修四庫全書》第1165冊。

（清）于鬯：《香草校書》，北京：中華書局 1984 年點校本。

（清）李慈銘撰，王利器輯錄：《越縵堂讀書簡端記》，天津：天津人民出版社 1981 年版。

［日］桂湖村：《國語國字解》，東京：早稻田大學出版部大正六年（1917）版。

［日］林泰輔譯：《國語》，東京：國民文庫刊行委員會《國譯漢文大成》大正十三年（1924）第四版。

中華書局編輯部：《國語精華》，上海：中華書局 1924 年版。

［日］冢本哲三譯：《國語》，東京：有朋堂昭和二年（1927）《漢文叢書》本。

李澄宇：《讀國語蠡述》，湘鄂印刷公司中華民國二十二年（1933）印行。

葉玉麟選注：《國語》，上海：商務印書館 1933 年版。

葉玉麟選注，陳曉强校訂：《國語》，北京：商務印書館 2018 年版。

［日］鈴木隆一：《國語索引》，日本東方文化書院京都研究所 1934 年版。

葉玉麟譯：《白話譯解國語》，上海：大達圖書館供應社 1935 年版。

葉玉麟選釋：《譯解國語》，北京：生活·讀書·新知三聯書店 2019 年版。

秦同培：《廣注語譯國語國策精華》，上海：世界書局 1936 年版。

張寄岫選輯：《左國選讀》，上海：商務印書館 1937 年版。

楊樹達：《積微居讀書記》，上海：上海古籍出版社 2007 年版。

金其源：《讀書管見》，上海；商務印書館 1957 年版。

傅庚生：《國語選》，北京：人民文學出版社 1959 年版。

［日］新美寬編，鈴本隆一補：《本邦殘存典籍による輯佚資料集成》，京都大學人文科學研究所昭和四十三年（1966）版。

張以仁：《國語虛詞集釋》，臺北“中央研究院”歷史語言研究所專刊之 55，1968 年版。

張以仁：《國語斠證》，臺北：臺灣商務印書館 1969 年版。

［日］大野峻：《國語》，東京：明德出版社昭和四十六年（1969）版。

［德］鮑吾剛：《國語索引》，臺北：1973年艾文博主編《中文研究資料中心研究資料叢書》本。

張以仁：《國語引得》，臺北："中央研究院"歷史語言研究所1976年版。

［日］大野峻：《國語》，日本東京明治書院1979版日本《新釋漢文大系》第66—67冊。

張以仁：《國語左傳論集》，臺北：聯經事業出版公司1980年版。

張以仁：《春秋史論集》，臺北：聯經出版事業公司1990年版。

張以仁：《張以仁先秦史論集》，上海：上海古籍出版社2010年版。

張以仁：《張以仁語文學論集》，上海：上海古籍出版社2012年版。

顧立三：《國語與左傳的比較》，臺北：文史哲出版社1983年版。

何永清：《國語語法研究》，臺北：文史哲出版社1986年版。

顧頡剛講述、劉起釪筆記：《春秋三傳及國語之綜合研究》，中華書局香港分局1988年版。

高振鐸、劉乾先：《國語選譯》，成都：巴蜀書社1990年版。

薛安勤、王連生：《國語譯注》，長春：吉林文史出版社1991年版。

汪濟民等：《國語譯注》，南昌：百花洲文藝出版社1992年版。

董立章：《國語譯注辨析》，廣州：暨南大學出版社1993年版。

鄔國義、胡果文、李曉璐：《國語譯注》，上海：上海古籍出版社1994年版。

李維琦：《白話國語》，長沙：嶽麓書社1994年版。

黃永堂：《國語全譯》，貴陽：貴州人民出版社1995年版。

趙望秦、張艷雲、楊軍注譯：《白話國語》，西安：三秦出版社1998年版。

鮑思陶點校：《國語》，濟南：齊魯書社1999年版。

劉殿爵等：《國語逐字索引》，香港：商務印書館（香港）有限公司1999年版。

來可泓：《國語直解》，上海：復旦大學出版社2000年版。

［美］David Schaberg：*A Patterned Past Form and Thought in Early Chinese Historiography*，Published by Harvard University Asia Cebter，2001.

蕭漾：《國語故事》，北京：華夏出版社 2004 年版。

胡果文：《國語選評》，上海：上海古籍出版社 2005 年版。

牟宗艷、董輝：《〈國語〉智慧名言故事》，濟南：齊魯書社 2006 年版。

劉瑛：《〈左傳〉、〈國語〉方術研究》，北京：人民文學出版社 2006 年版。

尚學鋒、夏德靠譯注：《國語》，北京：中華書局 2007 年版。

王芳、丁福生譯注：《國語》，太原：山西古籍出版社 2007 年版。

曹建國、張玖青注説：《國語》，開封：河南大學出版社 2008 年版。

郭萬青：《〈國語〉動詞管窺》，成都：四川大學出版社 2008 年版。

金良年導讀，梁谷整理：《國語》，上海：上海古籍出版社 2008 年版。

劉倩、魯竹：《國語正宗》，北京：華夏出版社 2008 年版。

俞志慧：《〈國語〉韋昭注辨正》，北京：中華書局 2009 年版。

李德山注評：《國語》，南京：鳳凰出版社 2009 年版。

羅家湘注譯：《國語》，鄭州：中州古籍出版社 2010 年版。

何志華等：《唐宋類書徵引〈國語〉資料匯編》，香港：香港中文大學出版社 2010 年版。

蕭旭：《群書校補》，揚州：廣陵書社 2011 年版。

宋志英選編：《〈國語〉研究文獻輯刊》，北京：國家圖書館出版社 2012 年版。

史繼東：《〈國語〉文學研究》，北京：中國社會科學出版社 2013 年版。

張鶴：《國語研究》，北京：學苑出版社 2013 年版。

劉偉：《史之思——〈國語〉的思想視界》，濟南：山東人民出版社 2013 年版。

陳桐生譯注：《國語》，北京：中華書局 2013 年版。

李波等：《國語索引》，北京：商務印書館 2013 年版。

雷莉：《〈國語〉單音節實詞同義詞研究》，成都：四川大學出版社 2013 年版。

戎輝兵：《〈國語集解〉訂補》，新北：花木蘭文化出版社 2013 年版。

夏德靠：《〈國語〉研究》，北京：知識産權出版社 2014 年版。

張永祥：《國語譯注》，上海：上海三聯書店 2014 年版。

張華清譯注：《國語》，濟南：山東畫報出版社 2014 年版。

陳長書：《〈國語〉詞彙研究》，北京：中國社會科學出版社 2014 年版。

徐仁甫：《乾惕居論學文集》，北京：中華書局 2014 年版。

郭萬青：《小學要籍引〈國語〉研究》，新北：花木蘭文化出版社 2014 年版。

仇利萍：《〈國語〉通釋》，成都：四川大學出版社 2015 年版。

郭萬青：《〈國語補音〉異文研究》，臺北：蘭臺出版社 2015 年版。

郭萬青：《〈國語〉考校——以明本四種校勘條目爲對象》，新北：花木蘭文化出版社 2015 年版。

夏德靠：《〈國語〉敘事研究》，北京：知識産權出版社 2015 年版。

李佳：《〈國語〉研究》，北京：中國社會科學出版社 2015 年版。

李麗、王東：《韋昭〈國語解〉複音詞研究》，秦皇島：燕山大學出版社 2016 年版。

劉鑫全：《昏眼讀〈非國語〉》，天津：天津古籍出版社 2016 年版。

張永路：《價值與理想——〈國語〉"和合"思想研究》，北京：人民出版社 2016 年版。

裴登峰：《〈國語〉研究》，北京：社會科學文獻出版社 2016 年版。

郭萬青：《近百年來〈國語〉校詁研究》，南京：鳳凰出版社 2017 年版。

徐朝暉：《韋昭〈國語〉注研究》，長沙：湖南師範大學出版社 2017 年版。

郭萬青：《唐代類書引〈國語〉研究》，濟南：齊魯書社 2018 年版。

郭萬青：《〈國語〉歷代序跋題識輯證》，濟南：齊魯書社 2018 年版。

王士良：《和實生物：〈國語〉生態倫理簡論》，廣州：廣東人民出版社 2020 年版。

甯登國：《〈國語〉〈左傳〉記言研究》，北京：社會科學文獻出版社 2020 年版。

吳建國：《〈國語〉與春秋時期語體文學研究》，北京：中國社會科學出版社 2020 年版。

張居三：《〈國語〉文獻研究》，北京：中國社會科學出版社 2020 年版。

沈長雲解讀：《國語》，北京：國家圖書館出版社 2020 年版。

周廣干：《〈左傳〉〈國語〉文獻關係考辨研究：以虛詞比較爲中心》，北京：社會科學文獻出版社 2021 年版。

(三)《國語》研究論文

1. 學術期刊或會議論文

賀松坡：《賀松坡先生讀國語記》，《四存月刊》1922 年第 11 期。

衛聚賢：《讀〈論左傳與國語的異點〉以後》，《新月》1928 年第 7 期。

石光瑛：《國語韋解補正》卷第一，《國立中山大學文學院專刊》第 1 期。

石光瑛：《國語韋解補正》卷第二，《國立中山大學文學院專刊》第 2 期。

石光瑛：《國語韋解補正》卷第三，《國立中山大學文學院專刊》第 3 期。

許維遹：《國語選注》，《國文月刊》第 1 卷第 4 期。

許維遹：《國語選注》，《國文月刊》第 1 卷第 7 期。

孫次舟：《左傳國語原非一書證》（上），《責善半月刊》1940 年第 1

卷第 4 期。

孫次舟：《左傳國語原非一書證》（中），《責善半月刊》1940 年第 1 卷第 6 期。

孫次舟：《左傳國語原非一書證》（下），《責善半月刊》1940 年第 1 卷第 7 期。

劉節：《〈左傳〉〈國語〉〈史記〉之比較研究》，《説文月刊》1944 年第 5 卷第 1—2 期。

陳小松：《〈國語〉"王將鑄無射而爲之大林"考》，《新中華》復刊 第 6 卷第 12 期。

白壽彝：《〈國語〉散論》，《人民日報》1962 年 10 月 16 日。

鄭良樹：《國語校證》（上），《幼獅學誌》第七卷第 4 期。

鄭良樹：《國語校證》（中），《幼獅學誌》第八卷第 1 期。

鄭良樹：《國語校證》（下），《幼獅學誌》第八卷第 2 期。

陳揚炯：《一部尊法反儒的戰鬥作品——讀柳宗元的〈非國語〉》，《法家和法家著作評介文章選編（二）》，石家莊：河北人民出版社 1974 年版。

鄭良樹：《〈國語·周語〉韋解周襄王年代正譌》，《大陸雜誌》1974 年第 2 期。

孫望：《柳宗元〈非國語〉譯注（選刊)》，《南京師大學報》1974 年第 4 期。

李益文等：《讀柳宗元的〈非國語〉》，《西北大學學報》1975 年第 1 期。

曉剛：《子母相權論》，《理論與實踐》1979 年第 12 期。

左益寰：《陰陽五行家的先驅者伯陽父——伯陽父、史伯是一人而不是兩人》，《復旦學報》1980 年第 1 期。

王利器：《跋敦煌寫本〈國語賈逵注〉殘卷》，《文獻》1980 年第 1 期。

趙國璋：《〈邵公諫厲王止謗〉的一處錯簡》，《南京師院學報》1980 年第 2 期。

李加浩:《伯陽父哲學思想試評》,《天津師大學報》1980 年第 4 期。

王偉民:《〈中國歷代文學作品選〉上編第一分册注釋標點商榷(下)》,《嘉興師專學報》1982 年第 1 期。

王文清:《"子孫爲隸,不夷於民"辨析》,《江海學刊》1982 年第 2 期。

葉晨暉:《〈國語〉札記三則》,《南京師院學報》1982 年第 2 期。

葉晨暉:《釋"禮先壹飯"》,《嘉興師專學報》1982 年第 2 期。

王義耀:《〈左傳〉與〈國語〉》,《歷史教學問題》1982 年第 3 期。

王敬澤:《晉文公登位年歲考》,《晉陽學刊》1982 年第 6 期。

朱曉黄:《中國最早的貨幣理論》,《中國錢幣》1983 年第 1 期。

彭益林:《〈國語·晉語〉"女工妾"補證》,《晉陽學刊》1983 年第 2 期。

徐學書:《"惡金"辨》,《四川大學學報》1983 年第 3 期。

張以仁:《從〈國語〉與〈左傳〉本質上的差異試論後人對〈國語〉的批評》(上),《漢學研究》1983 年第 2 期。

張以仁:《從〈國語〉與〈左傳〉本質上的差異試論後人對〈國語〉的批評》(下),《漢學研究》1984 年第 1 期。

吳毓清:《禮樂思想的早期形態——從〈左傳〉〈國語〉看春秋時期音樂美學思想》,《音樂藝術》1983 年第 3 期。

一民:《"女工妾"小議》,《晉陽學刊》1983 年第 5 期。

譚家健:《試論〈國語〉的文學價值》,《江淮論壇》1983 年第6 期。

張守軍:《從〈單穆公諫鑄大錢〉看單旗的貨幣思想》,《金融研究》1983 年第 6 期。

劉寧:《從王氏〈經義述聞·國語〉談訓詁方法》,中國訓詁學研究會紀念段王學術討論會會議論文(中國揚州),1983 年 10 月 24 日—28 日。

殷孟倫:《〈國語〉哲學思想研究》,《中國哲學史》1984 年第 1 期。

傅佩榮:《〈左傳〉〈國語〉中的天概念研究》,《哲學與文化》革新號第 124 期(1984 年)。

彭益林:《〈國語〉韋注試論》,《史學史研究》1984 年第 2 期。

傅貽清：《關於周景王鑄大錢》，《陝西師大學報》1984 年第 4 期。

趙鋒：《晉文公奔狄時年十七補證》，《晉陽學刊》1984 年第 5 期。

王增文：《試談〈國語〉記言的特點》，《商丘師專學報》1985 年第 1 期。

李志庭：《從越王勾踐的改革看越國的社會性質》，《杭州大學學報》1985 年第 1 期。

郭預衡：《〈國語〉〈左傳〉和〈戰國策〉比較談》，《中文自學指導》1985 創刊號。

駱瑞鶴：《〈國語〉標點舉例》，《廣西民族學院學報》1985 年第 2 期。

陳鈞、宣嘯東：《"流王於彘"辨》，《語文學刊》1985 年第 2 期。

何浩：《"楚申包胥使於越"辨》，《浙江學刊》1985 年第 2 期。

彭益林：《淺談〈國語〉韋注的特點與價值》，《華中師範學院研究生學報》1985 年第 3 期。

萬平：《〈國語〉敘事芻論》，《華中師範學院研究生學報》1985 年第 3 期。

楊育坤、李澤生：《"惡金"非鐵辨》，《陝西師範大學學報》1985 年第 3 期。

黎輝亮：《〈國語〉韋昭注語法注釋舉隅》，《海南大學學報》1985 年第 3 期。

彭益林：《〈國語·周語〉校讀記》，《華中師範大學學報》1985 年第 5 期。

胡方恕：《略論西周宣王改革》，《東北師大學報》1985 年第 6 期。

[美] 倪德衛：《〈國語〉"武王伐殷"天象辨偽》，《古文字研究》第 12 輯（1985）。

李學勤：《〈齊語〉與〈小匡〉》，《清華大學學報》1986 年第 2 期。

牛龍菲：《"王將鑄無射，而爲之大林"新譯》，《民族民間音樂》1986 年第 2 期。

東紅：《〈國語〉音樂美學思想述略》，《中國音樂》1986 年第 2 期。

彭益林：《〈國語·晉語〉校讀記》，《華中師範大學學報》1986 年第 5 期。

劉敦愿：《周穆王征犬戎“得四白狼四白鹿以歸”解（兼論寶雞茹家莊出土青銅車飾族屬問題)》，《造型藝術研究》1986 年第 8 期。

馬丁、馬達遠：《深厚渾樸　妙理瑋辭——簡論〈國語〉的思想性、藝術性及其語言特色》，《麗水師專學報》1987 年第 2 期。

葉國良：《關於國語“鄭伯南也”與左傳“鄭伯男也”之解釋問題》，《孔孟月刊》第 19 卷第 3 期。

劉亞非：《中國最早的貨幣理論——單旗的子母相權論》，《武漢金融》1987 年第 10 期。

趙新德：《〈國語〉句讀瑣記》，《古籍整理出版情況簡報》1987 年第 182 期。

姜躍濱：《“艾人必豐”之“艾”詮釋——讀〈國語〉札記》，《語文學刊》1988 年第 1 期。

王澤生：《析“黃帝之子二十五人”》，《懷化學院學報》1988 年第 2 期。

李學勤：《祭公謀父及其德論》，《齊魯學刊》1988 年第 3 期。

常金倉：《晉侯請隧新解》，《山西師大學報》1988 年第 4 期。

李坤：《關於〈國語〉思想的若干探討》，《中學歷史教學》1988 年第 4 期。

李坤：《〈國語〉的編撰》，《史學史研究》1988 年第 4 期。

張聞玉：《武王伐紂天象之辨析》，《殷都學刊》1989 年第 1 期。

趙夢涵：《單旗的貨幣思想》，《中國錢幣》1989 年第 1 期。

郜政民、薛安勤：《韋昭〈國語注〉的訓詞條例》，《西北大學學報》1989 年第 2 期。

高振鐸：《借鑒〈國語解〉爲古籍作注》，《古籍整理研究學刊》1990 年第 2 期。

雷慶翼：《釋“輕則寡謀，無禮則脫”》，《學術研究》1990 年第 2 期。

苗文利：《"其與能幾何"註釋質疑》，《臨沂師專學報》1990 年第 3 期。

李炳海：《〈國語〉瑣記》，《古籍整理研究學刊》1990 年第 6 期。

樊聖：《地底下的羊——季桓子"穿井獲羊"新解》，《歷史月刊》153 期（1990 年）。

趙成德：《〈國語〉句讀瑣記》，《古籍整理出版情況簡報》第 182 期（1990 年）。

［新］林徐典：《〈國語〉的人物、結構與語言》，林徐典編《新加坡國立大學中文系學術論文集刊》（三集），新加坡國立大學中文系 1990 年出版發行。

孫德袛：《讀書偶記兩則》，《臨沂師專學報》1991 年第 1 期。

［新］林徐典：《論〈國語〉的思想傾向》，《中國史研究》1991 年第 3 期。

牛龍菲：《"王將鑄無射，而爲之大林"之補釋——再論有關先秦青銅器雙音鐘之樂典資料》，《中國音樂學》1991 年第 4 期。

苗文利：《〈國語〉點校本的標點失誤》，《古籍整理研究學刊》1991 年第 6 期。

趙世超：《周代的均齊思想和救濟制度》，《中國經濟史研究》1992 年第 1 期。

巫寶三：《管仲"相地而衰征"的歷史意義與理論貢獻》，《河南師範大學學報》1993 年第 3 期。

江曉原：《武王伐紂時的天象》，《中國典籍與文化》1993 年第 3 期。

苗文利、劉聿鑫：《韋昭〈國語解〉的内容、體例和特點》，山東大學古籍整理研究所編《古籍整理研究論叢》第二輯，濟南：山東文藝出版社 1993 年版，第 281—302 頁。

牛龍菲：《三論"王將鑄無射，而爲之大林"》，《中國音樂學》1994 年第 1 期。

陳松青：《〈史記〉所言"春秋國語"係指〈國語〉小考》，《婁底師專學報》1994 年第 1 期。

熊憲光：《國語風格南北異趣》，《史學史研究》1994 年第 3 期。

許可峰：《"輕則寡謀，無禮則脫"辨析》，《慶陽師專學報》1994 年第 4 期。

劉利：《論〈國語〉在先秦歷史語法研究中的史料價值》，《古籍研究》1994 年卷。

燕國材：《〈尚書〉〈左傳〉〈國語〉的心理學思想研究》，《心理科學》1994 年第 4 期。

苗文利：《〈國語〉韋昭注的誤失》，《古籍研究》1995 年第 1 期。

劉森：《子母相權論的幾個問題》，《中國錢幣》1995 年第 2 期。

伍星明、黃生文：《〈左傳〉〈國語〉中的重民思潮》，《甘肅社會科學》1995 年第 2 期。

呂耀懷：《〈國語〉家訓思想探微》，《湖湘論壇》1995 年第 3 期。

吳顯慶：《〈國語〉政治辯證法思想論略》，《上海社會科學院學術季刊》1995 年第 4 期。

樊善標：《韋昭〈國語解〉成書年代初探》，《大陸雜誌》第 92 卷第 4 期。

樊善標：《韋昭〈國語解〉成書年代再探》，《大陸雜誌》第 93 卷第 4 期。

樊善標：《韋昭對〈國語〉底本的整理》，《大陸雜誌》第 94 卷第 1 期。

陳鴻森：《〈國語三君注輯存〉摭遺》（上），《大陸雜誌》1996 年第 5 期。

陳鴻森：《〈國語三君注輯存〉摭遺》（下），《大陸雜誌》1996 年第 6 期。

蕭清：《〈國語〉〈左傳〉中的經濟思想》，見載於巫寶三主編《先秦經濟思想史》，北京：中國社會科學出版社 1996 年版。

黃永堂：《簡析〈國語〉散文創作的獨特成就》，《貴州社會科學》1996 年第 4 期。

錢遜：《"和而不同"，基本的致和之道》，《中華文化論壇》1997 年第 4 期。

錢國旗：《〈國語〉中的倫理世界》，《青島大學師範學院學報》1997
年第 4 期。

樊善標：《〈國語解〉用〈左傳〉研究》，《中國文化研究所學報》
總第 38 期（1998 年）。

張素卿：《〈國語〉的“語”：形式與内容——從評析〈祭公諫穆王
征犬戎〉出發》，《中國古典文學研究》（創刊號）。

李浩：《關於“王將鑄無射，而爲之大林”釋義的探討》，《中國音
樂學》1999 年第 2 期。

徐文新：《晉文公重耳生年考》，《貴州文史叢刊》1999 年第 3 期。

江曉原、鈕衛星：《〈國語〉所載武王伐紂天象及其年代與日程》，
《自然科學史研究》1999 年第 4 期。

李根蟠：《從〈齊語〉和〈小匡〉看周代的士農關係——“西周士
爲自由農民”説質疑》，《中國經濟史研究》1999 年第 4 期。

何勤華：《先秦經典中的法學思想評述》，《河南省政法管理幹部學
院學報》1999 年第 5 期。

徐少錦：《〈國語〉〈左傳〉中的家庭道德教育及其現代價值》，《蘇
州科技學院學報》1999 年第 5 期。

樊善標：《韋昭〈詩〉學探論》，《中國文化研究所學報》新第八期，
1999 年。

卞輯：《〈國語〉的史料價值》，《古籍整理研究學刊》1999 年第
5 期。

沈利斌、趙俊芳：《兩“逸”之比——〈尚書·無逸〉與〈國語·
論勞逸〉對讀》，《四川教育學院學報》2000 年第 1—2 期。

雷戈：《〈國語〉是史家——先秦史家研究之三》，《西北師大學報》
2000 年第 2 期。

高新民：《〈國語〉哲學思想探微》，《甘肅高師學報》2000 年第
3 期。

周曉陸、劉次沅：《武王伐紂相關文獻再檢討》，《南京大學學報》

2000 年第 3 期。

　　徐朝暉：《〈國語〉韋昭注語法得失》，《古漢語研究》2000 年第
4 期。

　　馬冰河：《〈譯注國語〉是抄襲之作》，《博覽群書》2000 年第10 期。

　　樊善標：《〈國語解〉用禮書研究》，《中國文哲研究集刊》第 16 期
（2000 年）。

　　李學勤：《伶州鳩與武王伐殷天象》，葛兆光主編《清華漢學研究》
第 3 輯（2000 年）。

　　張軍：《〈國語〉中的神話傳説》，《呼蘭師專學報》2000 年第 4 期，
《濟寧師專學報》2001 年第 2 期。

　　饒恒久：《吳、晉黃池争盟史實考辨——兼論〈國語‧吳語〉的史
學價值》，《社會科學戰綫》2001 年第 3 期。

　　劉曉惠：《〈國語‧周語‧晉羊舌肸聘周〉點校發疑》，《山西教育學
院學報》2001 年第 1 期。

　　樊善標：《孔晁〈國語注〉與韋昭〈國語解〉》，《大陸雜誌》第 103
卷第 3 期（2001 年）。

　　李步嘉：《唐前〈國語〉舊注考述》，《文史》2001 年第 4 輯。

　　李步嘉：《韋昭〈國語解〉"發正三百七事"清人説辨正》，《人文
論叢》2001 年卷。

　　樊善標：《從〈左傳〉〈國語〉重出文字看杜預、韋昭的訓詁》，
2002 年 "第一屆中國語言文字國際學術研討會" 論文。

　　齊社祥：《〈國語‧越語〉"禮先壹飯" 正詁》，《淮北煤炭師範學院
學報》2002 年第 1 期。

　　葉林生：《〈晉語四〉"古史傳説" 的史料價值考辨》，《廣西師院學
報》2002 年第 4 期。

　　楊小明：《〈國語〉"武王伐殷" 天象檢討——兼論江曉原、鈕衛星
之〈回天〉》，《科學技術與辯證法》2002 年第 6 期。

　　董立章：《關於武王伐紂之年的再研究》，《華南師範大學學報》
2003 年第 2 期。

毛麗：《試論〈國語〉的歷史文學成就》，《漳州師範學院學報》2003 年第 4 期。

白雲翔：《"美金"與"惡金"的考古學闡釋》，《文史哲》2004 年第 1 期。

朱蕾：《〈國語〉韋昭注詞義歧誤考訂》，《江西廣播電視大學學報》2004 年第 1 期。

黃永堂、葉修成：《析"春秋筆法"在〈國語〉中的具體運用》，《貴州文史叢刊》2004 年第 2 期。

劉偉：《〈國語·周語下〉"周官"標點辨疑》，《古籍研究》2004 年上卷。

舒大清：《〈左傳〉〈國語〉相術預言略論》，《海南師範學院學報》2004 年第 3 期。

張帥：《"共王滅密"辨疑》，《中國歷史地理論叢》2004 年第 4 期。

尚振乾：《〈國語·季桓子穿井〉辨釋》，《古籍整理研究學刊》2004 年第 5 期。

張岩：《〈國〉〈左〉文體與王官之學》，《新原道》第 2 輯（2004）。

俞志慧：《〈國語〉〈周、魯、鄭、楚、晉語〉的結構模式及相關問題研究》，《漢學研究》2005 年第 2 期。

張富祥：《〈國語·周語下〉伶州鳩語中的天象資料辨僞》，《東方論壇》2005 年第 3 期。

吳良寶：《〈國語〉周景王"鑄大錢"的錢幣學考察》，《社會科學戰綫》2005 年第 3 期。

陳燦：《國語韋昭注詞語商榷》，《阜陽師範學院學報》2005 年第 5 期。

續珍：《〈召公諫厲王弭謗〉注釋商榷》，《教學與管理》2005 年第 6 期。

黃麗麗：《〈國語〉的性質與價值——由出土文獻引起的思考》，《江蘇大學學報》2006 年第 1 期。

夏德靠：《共王滅密原因之推測》，《黔西南民族師範高等專科學校學報》2006 年第 1 期。

郭萬青：《試説“三女爲粲”之“粲”本字爲“姦”》，《東南文化》2006 年第 2 期。

張小樂：《韋昭〈國語解〉語法修辭探研》，《臨沂師範學院學報》2006 年第 2 期。

汪耀明：《〈國語〉記言寫人》，《牡丹江師範學院學報》2006 年第 4 期。

何山：《韋昭〈國語注〉的語法觀念》，《樂山師範學院學報》2006 年第 9 期。

張居三：《〈國語〉的史料來源》，《哈爾濱學院學報》2006 年第 12 期。

符宏毅：《召公進諫失敗原因探微》，《語文月刊》2006 年第 6 期。

武家璧：《武王伐紂天象及其年代日曆》，《古代文明》第 5 卷（2006）。

邱鋒：《論〈國語·鄭語〉産生的地域和時代》，《甘肅社會科學》2007 年第 2 期。

趙玉敏：《“春秋筆法”與〈國語〉歷史書寫》，《黑龍江社會科學》2007 年第 2 期。

趙生群、蘇芃：《〈國語〉疑義新證》，《古籍整理研究學刊》2007 年第 2 期。

張居三：《〈國語〉西周部分的史料價值》，《齊齊哈爾大學學報》2007 年第 3 期。

張居三：《〈國語〉的編撰意圖及其文學價值》，《求是學刊》2007 年第 3 期。

張居三：《〈國語〉爲何不是“經”書》，《光明日報》2007 年 7 月 26 日。

俞志慧：《〈國語·晉語四〉“貞屯悔豫皆八”爲宜變之爻與不變之爻皆半説》，《中國哲學史》2007 年第 4 期。

趙彩花等：《〈左傳〉〈國語〉的心理疾病與心理健康思想》，《西南大學學報》2007 年第 4 期。

陳桐生：《〈國語〉的性質和文學價值》，《文學遺産》2007 年第 4 期。

郭啟輝：《〈國語〉韋昭注修辭研究》，《泰安教育學院學報岱宗學刊》2007 年第 4 期。

徐昭峰：《"穀、洛鬪，將毀王宫"事件的考古學觀察》，《中原文物》2007 年第 4 期。

黄金貴、彭文芳：《"惡金"辨正》，《中山大學學報》2007 年第 5 期。

陳長書：《〈國語〉造詞法研究》，《寧夏大學學報》2007 年第 6 期。

吕蒙：《〈國語〉韋注質疑》，《紅河學院學報》2008 年第 1 期。

趙乖勳：《從〈國語〉看互見法的萌芽》，《西藏民族學院學報》2008 年第 1 期。

孫良明：《談韋昭〈國語注〉中的語法分析——兼説古代漢語語法幾個特點》，《漢語史研究集刊》第 11 輯（2008 年）。

張居三：《〈國語〉韋解的特點和價值》，《古代文明》2008 年第 3 期。

郭珂：《〈國語·周語〉律吕名義中的"德主刑輔"政治布局》，《河南師範大學學報》2008 年第 3 期。

郭萬青：《〈原本玉篇殘卷〉引〈國語〉例辨正》，《東亞文獻研究》第 3 輯（2008）。

李佳：《歷代〈國語〉版本著録匯考》，《古籍研究》2008 卷上。

王友華：《"紀之以三，平之以六，成於十二"詳解》，《天津音樂學院學報》2008 年第 4 期。

張新武：《讀〈國語〉札記》，《新疆大學學報》2008 年第 6 期。

張傑：《解讀"子母相權"》，《中國金融》2008 年第 8 期。

徐加萍：《試論"春秋筆法"在〈國語〉中的體現》，《邊疆經濟與文化》2008 年第 11 期。

龔劍鋒、程光軍：《〈史記·越王勾踐世家〉對〈國語·越語〉的取捨和補充》，安平秋、趙生群、張强主編《史記論叢》第 4 集，蘭州：甘肅人民出版社 2008 年版，第 20—33 頁。

張培瑜：《試論〈左傳〉〈國語〉天象紀事的史料價值》，《史學月刊》2009 年第 1 期。

趙東栓：《〈國語〉所反映的吳越爭鬭時期的越文化》，《濰坊學院學報》2009 年第 1 期。

潘玉坤：《也説"其與幾何"》，《中國文字研究》2009 年第 1 輯。

陳鵬程：《試論〈國語〉的預言》，《新餘高專學報》2009 年第 2 期。

陳鵬程：《〈國語〉用詩探析》，《長安大學學報》2009 年第 3 期。

郭萬青：《甘肅藏敦煌寫本殘卷〈國語·周語下〉校記》，《敦煌研究》2009 年第 3 期。

田標：《從"厲王"止謗看西周末年流言謗語的起因》，《柳州師專學報》2009 年第 5 期。

黃大同：《"紀之以三，平之以六，成於十二"釋義》，《文化藝術研究》2009 年第 5 期。

郭萬青：《〈類篇〉引〈國語〉例辨正》，《古籍整理研究學刊》2009 年第 6 期。

郭萬青：《〈説文解字繫傳〉引〈國語〉例辨正》，《漢語史學報》第 8 輯（2009）。

李佳：《試論〈國語〉的篇章結構》，《2009 年兩岸四地"〈春秋〉三傳與經學文化"學術研討會論文集》，第 384—397 頁。

[韓]李紀勳：《역대〈國語〉주석본정리및분류》，《中國文學研究》第 40 輯。

[韓]李紀勳：《朝鮮時代〈國語〉流通과活用—朝鮮王朝實錄을중.으.-》，《東方漢文學》第 42 輯。

郭萬青：《洪亮吉未作〈國語韋昭注疏〉辨》，《文獻》2010 年第 1 期。

李佳：《臺港及海外〈國語〉研究綜述》，《國際漢學研究通訊》第 1 期（2010）。

張傳曾：《傳統語文學的回歸與發展——簡評〈國語動詞管窺〉》，《唐山師範學院學報》2010 年第 3 期。

楊博：《〈國語〉所載春秋時人卜筮習慣與心理探析》，《河北旅遊職業學院學報》2010 年第 3 期。

別道玉：《天道的認知悖論——〈吳語〉〈越語〉文化解讀》，《江漢論壇》2010 年第 4 期。

饒恒久：《〈國語·越語下〉作時獻疑》，《紹興文理學院學報》2010 年第 5 期。

張社列：《〈國語〉引〈詩經〉芻議》，《河北大學學報》2010 年第 5 期。

葉曉鋒：《〈國語集解〉訂補》，《古籍整理研究學刊》2010 年第 5 期。

李佳：《試論〈國語〉的篇章結構及其筆法特徵——以〈左傳〉互見記載爲參照》，《北京大學學報》2010 年第 6 期。

李佳：《〈國語〉編纂述論——從〈史記〉〈漢書〉相關記載談起》，安平秋、張玉春主編《古文獻與嶺南文化研究——古文獻與嶺南文化國際學術研討會論文集》，北京：華文出版社 2010 年版，第 406—415 頁。

王寒冬：《略論〈國語〉的天命人事觀》，《淮北煤炭師範學院學報》2010 年第 6 期。

郭萬青：《〈一切經音義〉三種引〈國語〉例辨正》，《中國俗文化研究》第 6 輯（2010）。

李僅：《杜預〈左傳〉注、韋昭〈國語〉注比較》，《儒家典籍與思想研究》第 2 輯（2010 年）。

［日］小方伴子：《段玉裁『説文解字注』における『國語』の引用テキスト》，《人文學報》第 448 號（2011 年 3 月）。

張建軍、張懷通：《〈芮良夫論榮夷公專利〉節次辨正》，《文獻》2011 年第 2 期。

何正兵：《〈里革斷罟匡君〉的生態倫理觀》，《文學教育》2011 年第 3 期。

劉偉：《〈國語〉"季桓子穿井獲羊"索隱》，《齊魯學刊》2011 年第 4 期。

曾小夢：《〈國語〉引〈詩〉考論》，《求索》2011 年第 8 期。

侯艷芳：《〈國語〉中的天概念思想初探》，《蘭臺世界》2011 年第 25 期。

吴秉勳：《從"氣"概念論〈左傳〉與〈國語〉之思想史意義》，《東海大學文學院學報》第 52 卷（2011 年）。

吴星傑：《〈國語〉中的"以禮治國"思想及實施舉措》，《人力資源》2011 年第 12 期。

錢艷等：《〈國語〉中的教育思想芻議》，《文學教育（中）》，2011 年第 10 期。

何有祖：《慈利竹書與今本〈吴語〉對勘》，簡帛網（2011）。

郭萬青：《〈國語·吴語〉韋昭、真德秀注比較》，《逢甲人文社會學報》第 23 期（2011 年 12 月）。

李隆獻：《〈國語〉概説》講義稿（2012 年）。

［日］小方伴子：《顧千里撰〈校刊明道本韋氏解國語札記〉成立考》，《人文學報》第 463 號（2012 年 3 月）。

郭萬青：《李慈銘〈讀國語簡端記〉補箋》，《中央大學人文學報》第 52 期（2012 年）。

郭萬青：《〈國語補音〉晉語部分三種版本校異》，《傳統中國研究集刊》第 9、10 合輯（2012）。

王永超：《〈國語〉釋義考辨七則》，《長江學術》2012 年第 3 期。

陳長書：《試論先秦基本詞彙的判定和義類描寫——以〈國語〉基本詞爲例》，《山東師範大學學報》2012 年第 4 期。

冀小軍：《"觥飯不及壺飱"舊説辨正——以〈篆隸萬象名義〉印證〈説文〉一例》，《中國文字》新三十八期（2012 年）。

張連偉：《〈國語·齊語〉與〈管子·小匡〉辨析》，《炎黄文化研究》第 14 輯（2012 年）。

［韓］李紀勳：《〈國語〉의 국내 소장현황과 한국문인의〈國語〉

활용 연구》,《中國語文論譯叢刊》第 30 輯。

賈學鴻：《分屬於兩個系統的絕地天通傳説——〈尚書〉〈國語〉相關記載的對讀與辨析》,《古籍整理研究學刊》2012 年第 6 期。

郭萬青：《〈舊音〉〈補音〉所據〈國語〉各本考實》,《東亞文獻研究》第 11 輯（2012 年）。

郭萬青：《〈國語·魯語上〉"海鳥曰爰居"篇、〈禮記·祭法〉比勘》,《古文獻研究集刊》第 6 輯（2012 年），第 319—348 頁。

李佳：《〈國語〉文學析論》,《輔仁國文學報》第 35 期（2012 年 10 月）。

陳其泰：《〈國語〉："記言"史書的成功創設及其豐富内涵》,《史學理論與史學史學刊》2012 年卷。

郭萬青：《説芻莝》,《華夏文化論壇》第 8 輯（2012）。

王少林：《晉文公重耳出亡考》,《南都學壇》2012 年第 3 期。

閻静：《申叔時與中國早期的歷史教育論》,《古代文明》2012 年第 4 期。

夏繼先：《〈國語〉敘事結構分析》,《湖北大學學報》2012 年第 5 期。

張居三：《韋昭〈國語解〉對〈春秋〉經傳的徵引》,《學習與探索》,2012 年第 9 期。

王麗等：《〈國語〉教育思想芻議》,《文學教育》（下半月）2012 年第 12 期。

蕭敬偉、郭鵬飛：《王引之〈經義述聞·國語上〉斠正》,《人文中國學報》第 18 輯。

劉偉：《讀〈國語〉札記一則》,《文史》2013 年第 3 期。

陳鵬程：《從〈國語〉看春秋時人的語言觀》,《蘭州大學學報》2013 年第 4 期。

趙雨星等：《略論〈國語〉的史鑒思想》,《社科縱横》2013 年第 6 期。

孫希國：《小議〈左傳〉〈國語〉中的民本主義思想》,《遼寧行政學院學報》2013 年第 6 期。

陳鵬程：《論〈國語〉的死亡敘事》，《文藝評論》2013 年第 10 期。

陳鵬程：《戰國時期：〈國語〉研究的萌芽——〈國語〉學史研究之二》，《赤峰學院學報》2013 年第 11 期。

蕭敬偉、郭鵬飛：《王引之〈經義述聞·國語上〉斠正》，《人文中國學報》第十九期（2013 年）。

郭萬青：《日本漢文寫本類書〈秘府略〉引〈國語〉校證》，《齊魯文化研究》第 13 輯。

［日］吉本道雅：《國語成書考》，《京都大學文學部研究紀要》第 53 號（2014 年 3 月 20 日）。

許兆昌、劉濤：《周代"千畝"地望考》，《古代文明》2014 年第 2 期。

辛德勇：《公序本〈國語〉"我先世后稷"文證是》，《文史》2014 年第 2 期。

雷曉鵬：《從清華簡〈繫年〉看周宣王"不籍千畝"的真相》，《農業考古》2014 年第 4 期。

劉立志：《韋昭〈詩經〉研究資料析論》，《南京師範大學文學院學報》2014 年第 4 期。

雷曉鵬：《清華簡〈繫年〉與周宣王"不籍千畝"新研》，《中國農史》2014 年第 4 期。

鍾名誠：《〈國語〉美學思想概覽》，江蘇省美學學會 2014 年年會暨學術研討會論文集。

麻紅曉：《〈國語〉管理思想初探》，《蘭臺世界》2014 年第 8 期。

郭萬青：《中華書局點校本〈漢書〉顏注引〈國語〉校證》，《東亞文獻研究》（韓國）第 14 輯（2014 年）。

郭萬青：《中華書局點校本〈後漢書〉注引〈國語〉校證》，《澳門文獻信息學刊》第 8 輯（2014 年）。

郭萬青：《〈書目答問〉史部"國語類"補證：以現行三種匯補著作爲主》，《圖書資訊學刊》2014 年第 2 期。

郭萬青：《古逸叢書本〈玉燭寶典〉引〈國語〉校證》，《中國俗文化研究》第八輯（2014）。

柳英英：《〈非國語〉——柳宗元述道之作》，《北華大學學報》2015年第1期。

張永路：《〈國語〉非史料彙編論辨》，《理論界》2015年第2期。

李槐子：《上古造律之研究：關注“律所以立均出度也”》，《西北民族大學學報》2015年第2期。

陳其泰：《〈國語〉的史學價值和歷史地位》，《中國史研究》2015年第2期。

郭萬青：《顧廣圻題跋佚文一則》，《澳門文獻信息學刊》2015年第3期。

何花：《〈國語〉和〈史記〉中越王勾踐形象比較》，《渭南師範學院學報》2015年第3期。

鄭艷玲：《鍾惺品評〈國語〉》，《五邑大學學報》2015年第4期。

郭萬青：《〈國語·魯語下〉“糾虔天刑”解詁》，《語言研究》2015年第4期。

譚梅：《從〈左傳〉〈國語〉看先秦時期的神話觀》，《貴州文史叢刊》2015年第4期。

李孝蓉：《〈國語〉引經書說略》，《北方文學（中）》2015年第5期。

可永雪：《〈史記〉與〈國語〉的上溯比較研究》，《渭南師範學院學報》2015年第7期。

郭萬青：《韋昭〈國語解〉引〈詩〉箋補》，《詩經研究叢刊》第27輯。

項陽：《金石以動之　絲竹以行之》，《人民音樂》2015年第12期。

吳戈：《〈國語〉〈新國語〉與“故事類史書”》，《南京師範大學文學院學報》2016年第1期。

錢耕森：《史伯與伯陽父是一個人嗎?》，《衡水學院學報》2016年第2期。

郭萬青：《張一鯤本〈國語〉及其系統考述》，《海岱學刊》2016 年第 2 期。

楊春宇：《〈國語詞彙研究〉：詞彙學理論與先秦文獻詞典編纂的成功結合》，《管子學刊》2016 年第 2 期。

孫銀新：《漢語詞彙斷代研究的力作——〈國語詞彙研究〉》，《辭書研究》2016 年第 2 期。

高光新：《論〈國語〉方言詞》，《唐山師範學院學報》2016 年第 3 期。

龐光華：《〈國語〉訓詁舉例》，《五邑大學學報》2016 年第 4 期。

仇利萍：《〈國語〉諸"語"思想探析》，《殷都學刊》2016 年第 4 期。

郭萬青：《王肅〈家語〉注、韋昭〈國語〉注的比較》，《唐山師範學院學報》2016 年第 4 期。

劉韶軍：《論〈國語〉中的楚人治國思想》，《荊楚學刊》2016 年第 5 期。

劉江等：《〈國語〉戰爭觀的兩個重要特點》，《軍事歷史》2016 年第 6 期。

郭萬青：《日本〈國語〉主要刊本考略》，《古籍整理研究學刊》2016 年第 6 期。

劉偉：《〈國語〉中的家族倫理思想與家庭教育》，《人文天下》2016 年第 15 期。

謝小剛：《〈左傳〉〈國語〉成書先後問題述評》，見載於趙逵夫主編《先秦文學與文化》第 5 輯，上海：上海古籍出版社 2016 年版。

林麗玲：《韋昭〈國語解〉據異文爲訓詁考》，《臺北大學中文學報》第 20 期。

郭萬青：《張以仁〈國語虛詞集釋〉補箋》，《學燈》第 1 輯（2016 年）。

李玉：《略論〈國語〉的範圍副詞》，朱慶之等編《張永言先生從教六十五週年紀念文集：漢語歷史語言學的傳承與發展》，上海：復旦大學出版社 2016 年版，第 417—430 頁。

尤越：《中國最早的貨幣理論——子母相權論》，《中國城市金融》2017 年第 2 期。

郭萬青：《〈國語〉明道本的流傳、鈔校與刊刻》，《華夏文化論壇》總第 17 輯（2017 年）。

張凱凌、李偉强：《論〈史記〉〈國語〉伍子胥之死敘史別異》，《寧波工程學院學報》2017 年第 4 期，第 50—54 頁。

李偉强：《〈史記〉〈國語〉敘史風格之異探究——以吳越國事的記載爲例》，《渭南師範學院學報》2017 年第 13 期。

尤越：《中國最早的貨幣理論——子母相權論》，《中國城市金融》2017 年第 2 期。

劉偉：《〈國語〉中的家族倫理思想與家庭教育》，涂可國主編《社會儒學論叢》第 1 輯，濟南：山東人民出版社 2017 年版，第 329—327 頁。

王士良：《馬克思主義無神論視域下〈國語〉中人神關係的思想史變遷》，《科學與無神論》2018 年第 1 期。

王士良：《〈國語〉中的生態哲學思想述論》，《中共中央黨校學報》2018 年第 2 期。

李守奎：《〈國語〉故訓與古文字》，《漢字漢語研究》2018 年第 2 期。

陳鵬程、葉昕：《劉向〈列女傳〉對〈國語〉女性敘事的承襲和超越》，《北京科技大學學報》2018 年第 2 期。

郭萬青：《郭璞注四種引〈國語〉校證》，《經學研究論壇》（中國臺灣）2018 年第 4 期。

郭萬青：《〈三國志〉裴松之注引〈國語〉校札》，《長安學術》第 10 輯（2018 年）。

郭萬青：《〈國語正義·魯語〉刊本、稿本校異》，《古文獻整理與研究》第 3 輯（2018 年）。

郭萬青：《〈詩毛氏傳疏〉引〈國語〉淺析》，《詩經研究叢刊》第三十一輯（2018 年）。

劉卓異：《〈國語·吳語〉不衍"許諾"二字考》，《古籍整理研究學刊》2018 年第 3 期。

郭萬青：《吳闓生〈國語〉案語辨正》，《古籍整理研究學刊》2018 年第 4 期。

郭萬青：《上圖藏〈國語正義〉稿本價值初探》，《文獻》2018 年第 4 期。

王哲：《〈國語〉義利觀探析》，《安陽師範學院學報》2018 年第 4 期。

武剛：《由〈尚書〉〈國語〉相關記載論商周時期甸服制度的變革》，王暉主編《西周金文與西周史研究暨第 10 屆中國先秦史學會年會論文集》，西安：三秦出版社 2018 年版，第 304—312 頁。

蔡慧昆：《論范蠡對吳國的用兵策略——以〈國語·越語下〉爲主軸》，《南亞學報》總第 38 期（2018 年）。

何平：《單穆公"子母相權"論與貨幣的層次結構》，《中國錢幣》2019 年第 1 期。

劉偉：《新出土文獻推動〈國語〉研究》，《中國社會科學報》2019 年 9 月 18 日版。

劉寶才：《〈國語〉中所見春秋思想文化》，《華夏文化》2019 年第 2 期。

祁志祥：《〈國語〉的思想取向："君子之行，唯道是從"——"重寫中國思想史"研究系列之一》，《湖北社會科學》2019 年第 10 期。

俞志慧：《〈國語〉係各國之語——"古典新讀"之一》，《博覽群書》2020 年第 1 期。

甄洪永：《不儉是違禮行爲——"古典新讀"之二》，《博覽群書》2020 年第 1 期。

王延模：《〈國語〉的三個閃光理念——"古典新讀"之三》，《博覽群書》2020 年第 1 期。

胡曉紅：《〈國語〉蘊含"經義"——"古典新讀"之四》，《博覽群書》2020 年第 1 期。

耿天勤：《〈國語〉若干問題研究的學術史梳理》，《漢籍與漢學》2020 年第 1 輯。

夏繼先：《〈國語〉敘事視角蘊意探賾》，《西華師範大學學報》2020 年第 2 期。

宮瑞龍：《文本的改寫——從〈國語·越語下〉的越國謀臣形象與范蠡諫辭談起》，《中國文學研究》總第 50 期（2020 年）。

戎輝兵：《〈國語集解〉失誤示例》，《歷史文獻研究》第 44 輯。

仇利萍、黃俊棚：《援古與通變：譚澐〈國語釋地〉考釋成就析論》，《中華文化論壇》2020 年第 4 期。

秦東京：《俞志慧〈國語集解刊誤〉補正》，《唐都學刊》2020 年第 6 期。

仇利萍：《承繼與演繹：清代〈國語〉研究成果評析》，《儒藏論壇》第十四輯。

郭萬青：《〈中國古籍總目〉"〈國語〉類"疏補》，《古籍研究》第 72 卷。

郭萬青：《〈國語〉傳本及其關係略述》，《古文獻整理與研究》第五輯。

劉偉：《敦煌寫本〈國語〉及注殘卷若干問題辨析》，《齊魯學刊》2021 年第 1 期。

方韜：《韋昭〈國語解〉文獻考釋》，《中國典籍與文化》2021 年第 2 期。

郭萬青：《〈國語〉四庫薈要本校勘記疏補》，《2019 中國四庫學研究高層論壇論文集》，南京：鳳凰出版社 2021 年版。

2. 碩博學位論文

夏鐵生：《〈左傳〉〈國語〉引〈詩〉說〈詩〉之研究》，臺灣大學中國文學系研究所碩士學位論文，1965 年。

林永堅：《〈國語〉之文學價值析論》，中國文化大學中國文學研究所碩士論文，1984 年。

趙潤海：《〈國語〉及其思想與文學》，東海大學中國文學研究所碩士論文，1985 年。

王文才：《〈國語〉三論》，北京聯合大學碩士學位論文，1988 年。

李景林：《〈國語〉編撰旨趣鈎沉》，華中師範大學學位論文，1989
年。

夏經林：《〈國語〉的主體思想及其成書時代》，北京師範大學中國
古代史碩士學位論文，1990 年。

苗文利：《韋昭〈國語解〉研究》，山東大學研究生學位論文，1991 年。

李丹：《關於〈國語〉的幾個問題》，北京師範大學碩士學位論文，
1991 年。

David Copley Schaberg："Foundations of Chinese Historiography：Liter-
ary Representation in *Zuozhuan* and *Guoyu*"，哈佛大學比較文學系博士論
文，1995 年。

陳鵬程：《論〈國語〉的文學價值》，蘭州大學碩士學位論文，1997 年。

徐朝暉：《〈國語〉韋昭注研究》，湖南師範大學碩士學位論文，
1999 年。

陳漢飈：《"夫"和"也"——〈國語〉書中虛詞研究》，臺灣大學
中國文學研究所碩士論文，2000 年。

唐玉珍：《〈左傳〉〈國語〉引〈易〉考釋》，臺灣師範大學國文研
究所碩士論文，2000 年。

彭俊傑：《春秋時期易學演進過程之研究——以〈左傳〉〈國語〉之
〈易〉說依據》，華梵大學東方人文思想研究所碩士論文，2000 年。

［韓］李紀勳：《〈國語〉의敘述方式研究》，成均館大學校大學院中
語中文學科中國文學專攻碩士學位請求論文，2001 年。

吳澍時：《〈國語〉研究》，南開大學碩士學位論文，2001 年。

張黎麗：《〈國語〉〈左傳〉比較研究》，南京師範大學碩士學位論
文，2002 年。

符永蘭：《〈國語〉連動式研究》，北京師範大學碩士學位論文，
2002 年。

饒恒久：《〈國語〉研究》，西北師範大學博士學位論文，2002 年。

陳雅萍：《由〈左傳〉〈國語〉看〈史記〉人物形象的特出——以吳越爭霸相關人物例》，政治大學國文教學碩士學位班碩士論文，2002 年。

羅春英：《〈國語〉中的職官稱謂語》，廣西師範大學碩士學位論文，2003 年。

袁金春：《〈國語〉稱代詞研究》，西北師範大學碩士學位論文，2003 年。

鍾海軍：《〈國語〉複音詞研究》，西南師範大學碩士學位論文，2003 年。

侯立睿：《〈國語〉程度副詞研究》，山西大學碩士學位論文，2003 年。

李書安：《〈國語·晉語〉文學成就研究》，寧夏大學碩士學位論文，2003 年。

雷莉：《〈國語〉單音節實詞同義詞研究》，四川大學博士學位論文，2003 年。

王海燕：《論〈左傳〉歷史文本中文學因素的發生——以〈國語〉的相近記載爲參照》，北京師範大學碩士學位論文，2003 年。

鄭金仙：《〈左傳〉與〈國語〉敘事藝術比較研究——以春秋晚期吳楚、吳越之爭範圍》，高雄師範大學國文教學碩士班學位論文，2004 年。

李丹：《柳文與〈國語〉》，華中師範大學碩士學位論文，2004 年。

倪懷慶：《〈國語〉詞彙研究》，廣州大學碩士學位論文，2004 年。

李婷：《〈國語〉單音節同義詞考》，陝西師範大學碩士學位論文，2004 年。

李曉明：《春秋時期君子文化人格研究——以〈國語〉〈左傳〉爲中心》，北京師範大學碩士學位論文，2004 年。

徐君輝：《〈國語·晉語〉文學文本研究》，貴州大學碩士學位論文，2005 年。

陳長書：《〈國語〉詞彙研究》，山東大學博士學位論文，2005 年。

趙垚：《〈國語〉〈國語注〉同義並列複用結構研究》，重慶師範大學碩士學位論文，2005 年。

張曉英：《〈國語〉"NP +之 +VP"結構研究》，北京師範大學碩士學位論文，2005 年。

郭燕妮：《〈國語〉並列短語研究》，北京師範大學碩士學位論文，2005 年。

方小中：《〈國語〉定中結構研究》，北京師範大學碩士學位論文，2005 年。

郭萬青：《〈國語〉動詞語法試述》，廣西師範大學碩士學位論文，2006 年。

徐琴：《〈國語〉形容詞語法研究》，廣西師範大學碩士學位論文，2006 年。

楊世勤：《〈國語〉名詞語法研究》，廣西師範大學碩士學位論文，2006 年。

湛琴：《〈國語〉副詞研究》，西南大學碩士學位論文，2006 年。

孫園園：《〈國語〉韋昭注研究》，南京師範大學碩士學位論文，2006 年。

李僅：《〈國語〉與西周史研究》，河北師範大學碩士學位論文，2006 年。

周静：《〈國語集解〉校注探微》，南昌大學碩士學位論文，2006 年。

劉偉：《〈國語〉思想研究》，北京師範大學博士學位論文，2006 年。

袁麗傑：《〈國語〉名詞研究》，西南大學碩士學位論文，2006 年。

劉静：《〈國語〉中結構助詞"之"的分布研究》，武漢大學碩士學位論文，2006 年。

邱鋒：《〈國語〉的成書及其性質》，蘭州大學碩士學位論文，2006 年。

鄭益兵：《國語代詞語法研究》，廣西師範大學碩士學位論文，2007 年。

王亭：《〈國語〉否定詞研究》，暨南大學碩士學位論文，2007 年。

劉雲峰：《〈國語〉副詞語法研究》，廣西師範大學碩士學位論文，2007 年。

蘇振華：《〈國語〉因果類複句研究》，廣西師範大學碩士學位論文，2007 年。

程繼紅：《明清國語評點研究》，安徽師範大學碩士學位論文，2007 年。

馬金霞：《〈鄭語〉疏證》，南開大學碩士學位論文，2007 年。

戎輝兵：《〈國語集解〉訂補》，南京師範大學博士學位論文，2007 年。

王啟俊：《〈國語〉虛詞研究》，安徽大學碩士學位論文，2007 年。

張瑞芳：《〈國語〉介詞研究》，山西大學碩士學位論文，2007 年。

孫敏：《〈左傳〉〈國語〉賦詩、引詩研究》，安徽師範大學碩士學位論文，2007 年。

宋積良：《〈國語〉實詞型同義連用研究》，湘潭大學碩士學位論文，2007 年。

林龔：《〈左傳〉〈國語〉中的〈周易〉筮例研究》，福建師範大學碩士學位論文，2007 年。

郝磊哲：《韋昭〈國語解〉訓詁説略》，河北師範大學碩士學位論文，2007 年。

黃耀：《〈國語〉〈左傳〉所敘晉史比較研究》，重慶師範大學碩士學位論文，2007 年。

肖滿省：《從〈左傳〉〈國語〉看春秋卜筮之道與易學的關係》，福建師範大學碩士學位論文，2007 年。

施偉：《〈國語〉單音節形容詞語義分類研究》，北京師範大學碩士學位論文，2007 年。

劉琳：《〈國語〉韋注以雙音詞釋單音詞探析》，北京師範大學碩士學位論文，2007 年。

程鬱：《〈左傳〉〈國語〉義利觀研究》，武漢大學碩士學位論文，2007 年。

喻言：《春秋時期的古軍禮研究：以〈左傳〉〈國語〉爲中心》，中國人民大學碩士學位論文，2007 年。

李丹丹：《〈國語集解〉獻疑》，陝西師範大學碩士學位論文，2008 年。

楊蕾：《〈國語〉韋昭注訓詁研究》，重慶師範大學碩士學位論文，2008 年。

郭啟輝：《韋昭〈國語解〉訓詁研究》，福建師範大學碩士學位論文，2008年。

張居三：《〈國語〉研究》，東北師範大學博士學位論文，2008年。

李秀亮：《〈國語〉禮制資料類纂與初探》，煙臺大學碩士學位論文，2008年。

王寒冬：《論〈國語〉的史學價值》，安徽大學碩士學位論文，2008年。

周廣干：《〈國語〉〈左傳〉副詞比較研究》，北京師範大學碩士學位論文，2008年。

王雪琦：《〈國語〉與韋注單音詞對比研究》，四川師範大學碩士學位論文，2008年。

何慧敏：《〈國語〉否定詞研究》，華南師範大學碩士學位論文，2008年。

劉永會：《〈左傳〉〈國語〉介詞比較研究》，北京師範大學碩士學位論文，2008年。

賀麗：《〈左傳〉〈國語〉助詞比較研究》，北京師範大學碩士學位論文，2008年。

張廣振：《〈國語〉譯注商補》，曲阜師範大學碩士學位論文，2009年。

徐朝暉：《〈國語解〉詞彙語法專題研究》，復旦大學博士學位論文，2009年。

張鶴：《〈國語〉研究》，北京語言大學博士學位論文，2009年。

王紅冉：《〈國語〉諸"語"研究》，山東大學碩士學位論文，2009年。

姜曉明：《〈國語·晉語〉含V詞組研究》，河北師範大學碩士學位論文，2009年。

張戌梅：《春秋時期的玉文化——以〈左傳〉〈國語〉爲中心》，東北師範大學碩士學位論文，2009年。

李佳：《〈國語〉研究》，北京大學博士學位論文，2009年。

王珍：《〈左傳〉〈國語〉中"和"範疇研究》，中國人民大學碩士學位論文，2009年。

王娜：《〈國語〉假設關係複句研究》，中山大學碩士學位論文，2009年。

向莉：《〈國語〉成書問題及體例研究》，廣西師範大學碩士學位論文，2009 年。

莫玉逢：《〈國語〉的文學性研究》，廣西師範大學碩士學位論文，2009 年。

黃詠琳：《〈國語〉敘事研究》，臺灣大學碩士學位論文，2009 年。

齊芳：《韋昭〈國語解〉直訓研究》，河北師範大學碩士學位論文，2010 年。

王晗：《論〈國語〉的語言》，華中師範大學碩士學位論文，2010 年。

溫玉春：《〈國語〉思想研究》，北京師範大學博士學位論文，2010 年。

甯登國：《春秋史官記言研究——以〈國語〉〈左傳〉爲中心》，北京師範大學博士學位論文，2010 年。

別道玉：《〈國語〉與先秦文化精神》，南開大學歷史學博士學位論文，2010 年。

楊儒賓：《〈國語〉的神話世界》，臺灣清華大學中國文學系碩士學位論文，2010 年。

王華：《從〈左傳〉和〈國語〉看春秋時期的婦女及婦女觀》，上海師範大學碩士學位論文，2010 年。

何蔚萱：《〈國語〉的神話世界》，臺灣清華大學碩士學位論文，2010 年。

周靜：《〈國語〉研究》，蘇州大學碩士學位論文，2010 年。

李付保：《〈左傳〉〈國語〉易例研究》，山東大學碩士學位論文，2010 年。

師璐露：《〈國語〉語言藝術研究》，遼寧師範大學碩士學位論文，2010 年。

張金玲：《〈國語〉諫辭研究》，東北師範大學碩士學位論文，2010 年。

劉亞男：《〈國語〉與韋注語言比較研究》，山東師範大學碩士學位論文，2010 年。

馮莉：《〈國語〉自然類名物詞研究》，廣西師範大學碩士學位論文，2010 年。

石會鵬：《〈國語〉民神觀研究》，暨南大學碩士學位論文，2011 年。

王璽：《〈國語〉倫理思想研究》，湖北大學碩士學位論文，2011 年。

姚琳琳：《〈國語〉對話的文學與思想意義》，哈爾濱師範大學碩士學位論文，2011 年。

謝小剛：《〈左傳〉〈國語〉所引謠諺研究》，西北師範大學碩士學位論文，2011 年。

田標：《〈國語〉的歸因模式及其文化闡釋》，南開大學碩士學位論文，2011 年。

齊芳：《韋昭〈國語解〉直訓研究》，河北師範大學碩士學位論文，2011 年。

朱運濤：《〈國語〉中的天道觀——從敬神、修德、保民的視角思考》，華僑大學碩士學位論文，2011 年。

史繼東：《〈國語〉文學研究》，陝西師範大學博士學位論文，2011 年。

王一鳴：《〈國語·周語〉中的政治哲學思想探微》，西安交通大學碩士學位論文，2011 年。

周廣干：《從〈左傳〉和〈國語〉虛詞的比較看兩書的文獻關係》，北京師範大學博士學位論文，2011 年。

王寒冬：《論韋昭的文獻學成就》，安徽大學博士學位論文，2012 年。

蘇超：《韋昭〈國語解〉詞彙研究》，浙江大學碩士學位論文，2012 年。

鄧雲：《〈國語〉用字研究》，廣州大學碩士學位論文，2012 年。

張帆：《〈國語〉敘事研究》，江西師範大學碩士學位論文，2012 年。

于多：《〈國語〉狀語研究》，黑龍江大學碩士學位論文，2012 年。

冀敏：《〈左傳〉〈國語〉中“歌”“謠”“諺”研究》，南京師範大學碩士學位論文，2012 年。

張永路：《〈國語〉和合思想研究》，中國人民大學博士學位論文，2012 年。

朱中山：《〈國語〉人物研究》，四川師範大學碩士學位論文，2013 年。

楊梅：《〈國語〉省略研究》，山東師範大學碩士學位論文，2013 年。

翟雪艷：《〈國語〉謂語動詞研究》，南京大學碩士學位論文，2013 年。

馬艷：《〈國語〉正文訓詁研究》，渤海大學碩士學位論文，2013 年。

吳建國：《〈國語・晉語〉論》，哈爾濱師範大學碩士學位論文，2013 年。

黃晨：《〈國語〉成語研究》，復旦大學碩士學位論文，2013 年。

郭萬青：《唐宋類書引〈國語〉研究》，南京師範大學博士學位論文，2013 年。

董璐：《〈國語〉與〈戰國策〉女性形象比較研究》，黑龍江大學碩士學位論文，2013 年。

武河良：《〈左傳〉〈國語〉列國用詩研究》，陝西師範大學碩士學位論文，2013 年。

胡孜：《〈國語・楚語〉的地域文化内涵和文學價值》，寧夏大學碩士學位論文，2013 年。

高世娟：《〈國語〉單音節動詞同義詞研究》，吉林大學碩士學位論文，2013 年。

蔡瑩瑩：《敘事、論説與徵引——論〈左傳〉〈國語〉的典故運用》，臺灣大學碩士學位論文，2013 年。

沈基松：《〈國語〉動詞研究》，山東師範大學博士學位論文，2014 年。

黨菲：《〈國語〉語言和修辭研究》，陝西師範大學碩士學位論文，2014 年。

管永紅：《〈國語〉與〈戰國策〉方言詞比較研究》，山東師範大學碩士學位論文，2014 年。

王林紅：《〈國語〉和〈戰國策〉構詞詞素比較研究》，山東師範大學碩士學位論文，2014 年。

梁凡：《〈國語〉和〈戰國策〉單音同義動詞比較研究》，山東師範大學碩士學位論文，2014 年。

徐婷月：《〈國語〉單音節動詞同義詞研究》，揚州大學碩士學位論文，2014 年。

武光輝：《從〈國語〉透視巫文化思想的演變》，重慶大學碩士學位論文，2014 年。

林叢:《〈國語〉與先秦地域法律文化研究——以〈周語〉〈魯語〉和〈晉語〉爲中心的考察》,山東大學碩士學位論文,2014 年。

張春雷:《〈春秋〉經傳音樂史料整理與研究》,淮北師範大學碩士學位論文,2015 年。

李文思:《〈國語〉韋注與六家輯注比較研究》,黑龍江大學碩士學位論文,2015 年。

朱瑞華:《〈國語〉疑難字、詞、句辨正》,上海大學碩士學位論文,2015 年,

路艷艷:《〈國語〉文基本體式研究》,上海大學碩士學位論文,2015 年。

趙琳:《〈國語〉單音節反義實詞研究》,上海大學碩士學位論文,2015 年。

張瀟丹:《〈國語〉與〈戰國策〉反義詞比較研究》,山東師範大學碩士學位論文,2015 年。

楊翠娜:《〈國語〉與〈戰國策〉造詞法和構詞法的比較研究》,山東師範大學碩士學位論文,2015 年。

許小玲:《李善〈文選注〉引〈國語〉及其賈逵注、韋昭注考》,華中師範大學碩士學位論文,2015 年。

貢方舟:《〈國語〉〈左傳〉禮研究》,北京師範大學博士學位論文,2015 年。

黃晨:《〈國語〉成語研究》,復旦大學碩士學位論文,2015 年。

王季琛:《對〈國語三君注輯存〉的文獻學研究》,廣西民族大學碩士學位論文,2016 年。

李光柱:《大歷史的戲劇性:先秦歷史敘事作品研究——以〈國語〉"超越反諷"的話語方式爲中心》,浙江大學博士學位論文,2016 年。

李炎乾:《〈國語·吳語〉新探》,華東師範大學碩士學位論文,2016 年。

喬志雲:《〈國語〉聯合複句研究》,貴州民族大學碩士學位論文,2016 年。

楊虎：《左氏易傳：〈左傳〉〈國語〉易學研究》，山東大學博士學位論文，2017 年。

申玉璞：《〈國語〉中的音樂史料解析》，山西師範大學碩士學位論文，2017 年。

李西西：《結構·人物：〈國語〉與〈史記〉》，遼寧師範大學碩士學位論文，2017 年。

張偉：《〈左傳〉〈國語〉文獻徵引與先秦地域文化考論》，山東大學碩士學位論文，2017 年。

黄凡耘：《春秋邦交用〈詩〉研究——以〈左傳〉〈國語〉爲主要對象》，湖北省社會科學院碩士學位論文，2017 年。

朱瑩瑩：《〈國語〉議論藝術研究》，廣西師範大學碩士學位論文，2018 年。

郭媛：《〈國語〉立言者研究》，西北師範大學碩士學位論文，2018 年。

戴旻珂：《〈國語〉述賓結構研究》，華東師範大學碩士學位論文，2018 年。

高林鳳：《〈國語〉"索取"義和"給予"義動詞研究》，山東師範大學碩士學位論文，2018 年。

吕仕珍：《〈國語〉〈左傳〉字詞校讀研究》，西北師範大學碩士學位論文，2018 年。

宋俊文：《清華簡〈越公其事〉與〈國語〉敘事比較研究》，吉林大學碩士學位論文，2018 年。

宋婧：《語言類型學視角下〈國語〉連動式研究》，大連理工大學碩士學位論文，2018 年。

王顔榮：《試論春秋時代"天"的涵義與演變——以〈國語〉爲例》，海南大學碩士學位論文，2018 年。

邵小森：《韋昭〈國語解〉研究》，北京師範大學碩士學位論文，2018 年。

范育均：《從出土易學文獻看〈左傳〉〈國語〉中的涉易材料》，西南大學碩士學位論文，2018 年。

孫文花：《先秦史傳散文中的語怪現象研究——以〈左傳〉〈國語〉〈戰國策〉爲中心》，天津師範大學碩士學位論文，2018 年。

劉茜倩：《〈國語·周語〉研究》，遼寧師範大學碩士學位論文，2019 年。

李凜：《〈國語〉時點、時段研究》，湖北師範大學碩士學位論文，2019 年。

朱彩婷：《〈國語〉〈世説新語〉轉折複句比較研究》，北京師範大學碩士學位論文，2019 年。

張函影：《〈國語〉賈逵注輯佚與研究》，紹興文理學院碩士學位論文，2019 年。

杜建鑫：《日本秦鼎〈國語定本〉研究》，紹興文理學院碩士學位論文，2019 年。

傅俊傑：《董增齡〈國語正義〉學術價值考述》，紹興文理學院碩士學位論文，2019 年。

李瑩：《儒家思想早期發生探究——以〈國語〉爲中心》，鄭州大學碩士學位論文，2019 年。

孔垚：《先秦史傳散文中的家庭敘事研究——以〈左傳〉〈國語〉〈戰國策〉爲中心》，天津師範大學碩士學位論文，2020 年。

朱婧：《〈左傳〉〈國語〉語氣詞比較研究》，華東師範大學碩士學位論文，2020 年。

徐旖旎：《〈左傳〉〈國語〉所載"信"觀念研究》，山東大學碩士學位論文，2020 年。

二、傳統典籍

（一）經部

（清）阮元校刻：《十三經注疏》，北京：中華書局 1980 年影世界書局本。

（唐）李鼎祚撰，王鶴鳴、殷子和整理：《周易集解》，北京：中央編譯出版社 2011 年版。

（清）惠棟：《周易述》，臺北：臺灣商務印書館《景印文淵閣四庫全書》第 52 册。

鄧球柏：《帛書周易校釋》，長沙：湖南人民出版社 2002 年版。

高亨：《周易雜論》，濟南：齊魯書社 1979 年版。

劉大鈞：《周易概論》，濟南：齊魯書社 1988 年版。

潘雨廷：《潘雨廷著作集·肆·讀易提要》，上海：上海古籍出版社 2016 年版。

金景芳、吕紹綱：《〈尚書·虞夏書〉新解》，瀋陽：遼寧古籍出版社 1996 年版。

劉師培：《周書説略》，民國寧武南氏校印本。

周寶宏：《逸周書考釋》，北京：社會科學文獻出版社 2001 年版。

羅家湘：《逸周書研究》，上海：上海古籍出版社 2006 年版。

（明）郝敬：《毛詩序説》卷八，上海：上海古籍出版社輯印《續修四庫全書》第 58 册。

（清）陳奂：《詩毛氏傳疏》，道光二十七年陳氏掃葉山莊刻本。

（清）徐璈：《詩經廣詁》，上海：上海古籍出版社輯印《續修四庫全書》第 69 册。

（清）陳壽祺：《魯詩遺説考》，上海：上海古籍出版社輯印《續修四庫全書》第 76 册。

（清）姚際恒：《詩經通論》，上海：上海古籍出版社輯印《續修四庫全書》第 62 册。

（清）胡承珙撰，郭全芝校點：《毛詩後箋》，合肥：黄山書社 1999 年版。

（清）馬瑞辰：《毛詩傳箋通釋》，北京：中華書局 1988 年校點本。

（清）段玉裁：《詩經小學》，上海：上海古籍出版社輯印《續修四庫全書》第 64 册。

（清）紀大奎：《古律經傳附考》，北京：北京出版社 2000 年輯印《四庫未收書叢刊》第 3 輯第 9 冊。

（清）惠士奇：《禮説》，臺北：臺灣商務印書館《景印文淵閣四庫全書》第 101 冊。

（清）秦蕙田撰，方向東等點校整理：《五禮通考》，北京：中華書局 2020 年版。

（清）萬斯大：《周官辨非》，上海：上海古籍出版社輯印《續修四庫全書》第 78 冊。

（清）江永：《周禮疑義舉要》，臺北：臺灣商務印書館《景印文淵閣四庫全書》第 101 冊。

（清）金鶚：《求古録禮説》，上海：上海古籍出版社輯印《續修四庫全書》第 110 冊。

（清）孫詒讓撰，王文錦等點校：《周禮正義》，北京：中華書局 1987 年版。

方向東：《大戴禮記匯校集解》，北京：中華書局 2008 年版。

（唐）陸淳：《春秋集傳纂例》，臺北：臺灣商務印書館《景印文淵閣四庫全書》第 146 冊。

（明）明王道焜、趙如源同編：《左傳杜林合注》，臺北：臺灣商務印書館《景印文淵閣四庫全書》第 171 冊。

（清）李貽德：《春秋左氏傳賈服注輯述》，上海：上海古籍出版社輯印《續修四庫全書》第 125 冊。

（清）惠棟：《左傳補注》，《皇清經解》本。

（清）陳樹華：《春秋經傳集解考正》，上海：上海古籍出版社輯印《續修四庫全書》第 142—143 冊。

（清）洪亮吉撰，李解民點校：《春秋左傳詁》，北京：中華書局 1987 年版。

［日］秦鼎：《春秋左氏傳校本》，日本文化八年（1811）刊本。

［日］近藤元粹：《增注春秋左氏傳校本》，日本明治十五年（1883）刊本。

徐仁甫：《左傳疏證》，成都：四川人民出版社 1981 年版。

張高評：《左傳導讀》，臺北：文史哲出版社 1982 年版。

楊伯峻：《春秋左傳注》（修訂版），北京：中華書局 1991 年版。

張高評：《春秋書法與左傳學史》，上海：上海古籍出版社 2005 年版。

沈玉成、劉寧：《春秋左傳學史稿》，南京：江蘇古籍出版社 1992 年版。

盧心懋：《〈左傳〉“君子曰”研究》，新北：花木蘭文化出版社 2010 年版。

趙生群：《左傳疑義新證》，北京：人民文學出版社 2013 年版。

鄭惠方：《〈左傳〉“君子曰”中的君臣之道》，新北：花木蘭文化出版社 2016 年版。

（宋）朱熹：《四書集注》，長沙：嶽麓書社 1987 年標點本。

（清）顧炎武：《五經異同》，上海：上海古籍出版社 2012 年《顧炎武全集》點校本。

（清）臧庸：《拜經日記》，上海：上海古籍出版社輯印《續修四庫全書》第 1158 冊。

（清）徐灝：《通介堂經說》，上海：上海古籍出版社輯印《續修四庫全書》第 177 冊。

（清）徐養原：《頑石齋經說》，上海：上海古籍出版社輯印《續修四庫全書》第 172 冊。

（清）臧琳：《經義雜記》，上海：上海古籍出版社輯印《續修四庫全書》第 172 冊。

（清）桂文燦：《經學博采錄》，上海：上海古籍出版社輯印《續修四庫全書》第 179 冊。

（清）惠棟：《九經古義》，臺北：臺灣商務印書館《景印文淵閣四庫全書》第 191 冊。

（清）王引之：《經義述聞》，上海：上海古籍出版社 2016 年點校本。

（清）謝啟昆撰，李文澤、霞紹暉、劉芳池校點：《小學考》，成都：四川大學出版社 2015 年版。

（清）郝懿行撰，王其和等點校：《爾雅義疏》，北京：中華書局 2017 年版。

任繼昉：《釋名匯校》，濟南：齊魯書社 2006 年版。

（清）夏味堂：《拾雅》，上海：上海古籍出版社輯印《續修四庫全書》第 192 冊。

（清）王引之：《經傳釋詞》，長沙：嶽麓書社 1984 年點校本。

（清）劉淇：《助字辨略》，北京：中華書局 1964 年印章錫琛校注本。

（漢）許慎：《説文解字》，北京：中華書局 1963 年影陳昌治覆刻平津館本。

［南唐］徐鍇：《説文解字繫傳通釋》，上海：商務印書館輯《四部叢刊》影殘宋本。

（清）段玉裁：《説文解字注》，上海：上海古籍出版社 1981 年影經韻樓本。

（清）段玉裁撰，許惟賢整理：《説文解字注》，南京：鳳凰出版社 2015 年版。

（清）桂馥：《説文解字義證》，上海：上海古籍出版社 1987 年影連筠簃叢書本。

（清）朱駿聲：《説文通訓定聲》，武漢：武漢市古籍書店 1983 年影臨嘯閣本。

陸宗達：《説文解字通論》，北京：北京出版社 1981 年版。

王寧、謝棟元、劉方：《〈説文解字〉與中國古代文化》，瀋陽：遼寧教育出版社 2000 年版。

（唐）張參：《五經文字》，臺北：臺灣商務印書館《景印文淵閣四庫全書》第 224 冊。

（宋）張有：《復古編》，臺北：臺灣商務印書館《景印文淵閣四庫全書》第 225 冊。

（明）焦竑：《俗書刊誤》，臺北：臺灣商務印書館《景印文淵閣四庫全書》第 228 册。

（唐）慧琳：《一切經音義》，上海：上海古籍出版社輯印《續修四庫全書》第 197 册。

（清）江有誥：《先秦韻讀》，《音學十書》之四。

（明）顧炎武：《音論》，臺北：臺灣商務印書館《景印文淵閣四庫全書》第 241 册。

（二）史部

（漢）司馬遷：《史記》，北京：中華書局 2013 年修訂本。

張大可：《史記論贊輯釋》，西安：陝西人民出版社 1986 年版。

張大可、丁德科主編：《史記論著集成》第四卷，北京：商務印書館 2015 年版。

（漢）班固：《漢書》，北京：中華書局 1965 年點校本。

施丁主編：《漢書新注》，西安：三秦出版社 1994 年版。

（唐）魏徵等：《隋書》，杭州：浙江古籍出版社 1998 年《百衲本二十五史》第 3 册影元大德刊本。

（清）張廷玉等：《明史》，北京：中華書局 1974 年點校本。

（清）徐松：《宋會要輯稿》，上海：大東書局 1935 年影印本。

（明）陳深輯：《諸史品節》，美國國會圖書館藏本。

（明）陳深輯：《諸史品節》，濟南：齊魯書社 1997 年輯印《四庫全書存目叢書·史部》第 132 册。

（明）鍾惺：《史懷》，濟南：齊魯書社 1997 年輯印《四庫全書存目叢書·史部》第 287 册。

（明）陳仁錫：《史品赤函》，濟南：齊魯書社 1997 年輯印《四庫全書存目叢書·史部》第 148 册。

陳橋驛：《水經注校證》，北京：中華書局 2007 年版。

（宋）王象之編著，趙一生點校：《輿地紀勝》，杭州：浙江古籍出版社 2012 年版。

《崑新兩縣續修合志》，《中國地方志集成·江蘇府縣志輯 16》，上海：上海書店 1991 年版。

光緒《南和縣志》，《河北省府縣志輯 73》，上海書店、巴蜀書社、江蘇古籍出版社 2006 年影印。

（清）汪曰楨：《南潯鎮志》，上海：上海古籍出版社輯印《續修四庫全書》第 717 冊。

孔兆熊、郭藍田修，陰國垣纂：《沁源縣志》，臺北：成文出版社 1976 年影印民國二十二年刊本。

民國《吳縣志·藝文考四·元和縣》，《中國地方志集成·江蘇府縣志輯 11》，南京：江蘇古籍出版社 1991 年版。

（明）趙廷瑞修：《陝西通志（下）》，西安：三秦出版社 2006 年版。

（唐）王涇：《大唐郊祀錄》，上海：上海古籍出版社輯印《續修四庫全書》第 821 冊。

（明）王瓚、蔡芳編，胡珠生校注：《弘治溫州府志》，上海：上海社會科學院出版社 2006 年版。

（宋）王偁：《東都事略》，臺北：臺灣商務印書館《景印文淵閣四庫全書》第 382 冊。

（清）雷學淦、曹師曾：《新建縣志》，道光十年（1830）本。

《陝西同州府續志》，南京：鳳凰出版社 2007 年影印《中國地方志集成·陝西府縣志輯 19》。

（清）朱奎章修、胡芳杏纂：《樂安縣志》，成文出版社有限公司 1975 年影印本。

（清）潘衍桐編纂，夏勇、熊湘整理：《兩浙輶軒續錄》，杭州：浙江古籍出版社 2014 年版。

張濤：《列女傳譯注》，濟南：山東大學出版社 1990 年版。

（清）江藩：《漢學師承記·宋學師承記》，上海：上海書店 1983 年版。

（明）過庭訓：《本朝分省人物考》，上海：上海古籍出版社輯印《續修四庫全書》第 533—537 冊。

（明）雷禮：《國朝列卿紀》，上海：上海古籍出版社輯印《續修四庫全書》第 524 冊。

（清）汪喜孫：《汪容甫年表》，北京：北京圖書館出版社 1999 年輯印《北京圖書館藏珍本年譜叢刊》第 111 冊。

程千帆：《史通箋記》，北京：中華書局 1986 年版。

（宋）鄭樵：《通志》，臺北：臺灣商務印書館《景印文淵閣四庫全書》第 374 冊。

（明）李默、黃養蒙等删訂：《吏部職掌》，濟南：齊魯書社 1997 年輯印《四庫全書存目叢書·史部》第 258 冊。

（清）章學誠著，倉修良編注：《文史通義新編新注》，北京：商務印書館 2017 年版。

（清）崔述：《考信錄》，上海：商務印書館 1937 年版。

（宋）王應麟：《漢藝文志考證》，《景印文淵閣四庫全書》第 675 冊。

（宋）晁公武：《郡齋讀書志》，中華書局編輯部編《宋元明清書目題跋叢刊》影藝芸書舍本《郡齋讀書志》，北京：中華書局 2006 年版。

（宋）晁公武撰，孫猛校證：《郡齋讀書志校證》，上海：上海古籍出版社 2011 年版。

（宋）陳振孫撰，徐小蠻、顧美華點校：《直齋書錄解題》，上海：上海古籍出版社 2015 年版。

（元）馬端臨：《文獻通考》，臺北：臺灣商務印書館《景印文淵閣四庫全書》第 614 冊。

（明）祁承㸁：《澹生堂藏書目》，上海：上海古籍出版社輯印《續修四庫全書》第 919 冊。

（明）陳第：《世善堂藏書目》，上海：上海古籍出版社輯印《續修四庫全書》第 919 冊。

（明）高儒：《百川書志》，上海：上海古籍出版社輯印《續修四庫全書》第 919 冊。

（明）朱睦㮮：《萬卷堂書目》，上海：上海古籍出版社輯印《續修四庫全書》第 919 冊

（明）晁瑮：《寶文堂書目》，上海：上海古籍出版社輯印《續修四庫全書》第 919 册。

（明）張萱：《内閣藏書目録》，上海：上海古籍出版社輯印《續修四庫全書》第 917 册。

（明）胡續宗：《願學編》，上海：上海古籍出版社輯印《續修四庫全書》第 938 册。

（明）焦竑：《國史經籍志》，上海：上海古籍出版社輯印《續修四庫全書》第 916 册。

（明）陳洪謨：《繼世紀聞》，上海：上海古籍出版社輯印《續修四庫全書》第 433 册。

（明）都穆：《南濠居士文跋》，上海：上海古籍出版社輯印《續修四庫全書》第 922 册。

（明）章潢：《圖書編》，臺北：臺灣商務印書館《景印文淵閣四庫全書》第 971 册。

（清）錢謙益：《絳雲樓書目》，上海：上海古籍出版社輯印《續修四庫全書》第 920 册。

（清）季振宜：《季滄葦藏書目》，上海：上海古籍出版社輯印《續修四庫全書》第 920 册。

（清）毛扆：《汲古閣珍藏秘本書目》，上海：上海古籍出版社輯印《續修四庫全書》第 920 册。

（清）瞿鏞：《鐵琴銅劍樓藏書目録》，上海：上海古籍出版社輯印《續修四庫全書》第 926 册。

（清）周中孚：《鄭堂讀書記》，上海：上海古籍出版社輯印《續修四庫全書》第 924 册。

（清）錢曾：《錢遵王述古堂藏書目》，上海：上海古籍出版社輯印《續修四庫全書》第 920 册。

（清）徐乾學：《傳是樓書目》，上海：上海古籍出版社輯印《續修四庫全書》第 920 册。

（清）于敏中、彭元瑞等撰：《天禄琳瑯書目》，上海：上海古籍出版社 2007 年版。

《景印摛藻堂四庫全書薈要目録》，臺北：世界書局 1988 年影印本。

（清）永瑢等：《四庫全書總目提要》，臺北：臺灣商務印書館《景印文淵閣四庫全書》第 1—5 册。

（清）永瑢等編纂：《四庫全書總目提要》，上海：商務印書館 1930 年《萬有文庫》。

（清）永瑢主編：《四庫全書總目》，北京：中華書局 1965 年影印本。

（清）姚振宗：《三國藝文志》，二十五史刊行委員會編集《二十五史補編》，開明書店上海總店 1936 年版。

（清）錢泰吉：《曝書雜記》，竇水勇校點，瀋陽：遼寧教育出版社 1998 年版。

（清）黄丕烈撰、潘祖蔭輯，周少川點校：《士禮居藏書題跋記》，北京：書目文獻出版社 1989 年版。

（清）黄虞稷撰，潘景鄭整理：《千頃堂書目》，上海：上海古籍出版社 1990 年版。

（清）徐時棟：《煙嶼樓讀書志》，上海：上海古籍出版社輯印《續修四庫全書》第 1162 册。

（清）丁丙：《善本書室藏書志》，清光緒二十七年（1901）錢塘丁氏刻本。

（清）丁丙：《善本書室藏書志》，上海：上海古籍出版社輯印《續修四庫全書》第 927 册。

（清）葉昌熾：《緣督廬日記抄》，上海：上海古籍出版社輯印《續修四庫全書》第 576 册。

（清）丁丙藏，丁仁編：《八千卷樓藏書目》，上海：上海古籍出版社輯印《續修四庫全書》第 921 册。

（清）潘祖蔭撰，葉昌熾編，潘承弼增補：《滂喜齋藏書記》，上海：上海古籍出版社輯印《續修四庫全書》第 926 册。

（清）莫友芝著，傅增湘訂補：《藏園訂補郘亭知見傳本書目》，北京：中華書局 2009 年版。

（清）陸心源撰，馮惠民整理：《儀顧堂書目題跋彙編》，北京：中華書局 2009 年版。

（清）張之洞撰、范希增補正：《書目答問補正》，上海：上海古籍出版社 2001 年版。

（清）章壽康：《式訓堂自己卯後續藏書目》，哈佛大學圖書館藏民國三年王仲華抄本。

（清）耿文光：《萬卷精華樓藏書記》，民國山西省文獻委員會編《山右文獻初編》本。

（清）邵懿辰撰、邵章續録：《增訂四庫簡明目録標注》，上海：上海古籍出版社 1959 年版。

（清）楊紹和藏並編：《宋存書室宋元秘本書目》，上海：上海古籍出版社輯印《續修四庫全書》第 927 册。

（清）繆荃孫：《藝風藏書續記》，張廷銀、朱玉麒主編《繆荃孫全集·目録1》，南京：鳳凰出版社 2013 年版。

（清）葉德輝：《書林清話》，臺北：世界書局 1988 年版。

（清）葉德輝撰，紫石點校：《書林清話》，北京：北京燕山出版社 1999 年版。

（三）子部

（清）孫志祖：《家語疏證》，上海：上海古籍出版社輯印《續修四庫全書》第 931 册。

姚淦銘：《老子百姓讀本》，北京：中國民主法制出版社 2009 年版。

趙守正：《管子通解》，北京：北京經濟學院出版社 1989 年版。

張固也：《管子研究》，濟南：齊魯書社 2006 年版。

郭麗：《簡帛文獻與〈管子〉研究》，北京：方志出版社 2015 年版。

牛力達：《管學素描：在管子學研究的道路上》，2001 年 8 月印本。

羅根澤：《管子探源》，長春：吉林出版集團股份有限公司 2017 年版。

方向東：《新書集解》，南京：河海大學出版社 1994 年版。

李華年：《新序全譯》，貴陽：貴州人民出版社 1994 年版。

王鍈、王天海：《説苑全譯》，貴陽：貴州人民出版社 1992 年版。

（漢）王符著，（清）汪繼培箋，彭鐸校正：《潛夫論箋》，北京：中華書局 1979 年版。

王利器：《顏氏家訓集解》（增補本），北京：中華書局 1993 年版。

（宋）黎靖德編，楊繩其、周嫻君校點：《朱子語類》，長沙：嶽麓書社 1997 年版。

龍文玲等編：《朱子語類選注》，桂林：廣西師範大學出版社 1998 年版。

（唐）虞世南編：《北堂書鈔》，上海：上海古籍出版社輯印《續修四庫全書》第 1213 冊影孔廣陶校注本。

（宋）李昉等：《太平廣記》，《文淵閣四庫全書》本。

中華書局影印本《古今圖書集成》，上海：中華書局 1934—1940 年版。

（明）施仁纂：《左粹類纂》，濟南：齊魯書社 1997 年輯印《四庫全書存目叢書·子部》第 178 冊。

（明）施仁纂：《左粹類纂》，哈佛大學圖書館藏萬曆十一年任養心刻本。

（唐）釋法琳：《辯正論》，《新脩大正藏》第 52 冊。

（宋）王應麟著，（清）閻若璩，何焯，全祖望等注，樂保群、田松青校點：《困學紀聞》，上海：上海古籍出版社 2015 年版。

（宋）王觀國撰，田瑞娟點校：《學林》，北京：中華書局 1988 年版。

（宋）沈作喆：《寓簡》，臺北：臺灣商務印書館《景印文淵閣四庫全書》第 864 冊。

（宋）周密：《齊東野語》，臺北：臺灣商務印書館《景印文淵閣四庫全書》第 865 冊。

（宋）葉適：《習學記言》，北京：中華書局 1977 年點校本。

（宋）黃震：《黃氏日抄》，臺北：臺灣商務印書館《景印文淵閣四庫全書》第 708 冊。

（宋）真德秀：《西山先生讀書記》，臺北：臺灣商務印書館《景印文淵閣四庫全書》第 705 冊。

（元）程端禮：《程氏家塾讀書分年日程》，臺北：臺灣新文豐文化出版公司 1984 年輯印《叢書集成新編》第 3 冊。

（元）李冶：《敬齋古今黈》，臺北：臺灣商務印書館《景印文淵閣四庫全書》第 866 冊。

（明）李元吉：《讀書囈語》，上海：上海古籍出版社輯印《續修四庫全書》第 1143 冊。

（明）湛若水：《格物通》，臺北：臺灣商務印書館《景印文淵閣四庫全書》第 716 冊。

（明）楊慎：《丹鉛總錄》，臺北：臺灣商務印書館《景印文淵閣四庫全書》第 855 冊。

（明）楊慎：《丹鉛續錄》，臺北：臺灣商務印書館《景印文淵閣四庫全書》第 855 冊。

（明）邵景堯：《新刻邵太史評釋舉業古今摘粹玉圃珠淵》，海口：海南出版社 2001 年輯印《故宮珍本叢刊》第 491 冊。

（明）焦竑：《焦氏筆乘》，上海：上海古籍出版社 1986 年版。

（明）胡應麟：《少室山房筆叢》，臺北：臺灣商務印書館《景印文淵閣四庫全書》第 886 冊。

（明）胡應麟：《少室山房筆叢·乙部史書佔一》，臺北：新文豐文化出版公司輯印《叢書集成續編》第 10 冊。

（明）張燧：《千百年眼》，《四庫禁毀書叢刊·子部》第 11 冊。

（明）顧大韶：《炳燭齋隨筆》，上海：上海古籍出版社輯印《續修四庫全書》第 1133 冊。

（明）方弘靜：《千一錄》，上海：上海古籍出版社輯印《續修四庫全書》第 1126 冊。

（明）徐應秋：《玉芝堂談薈》，臺北：臺灣商務印書館《景印文淵閣四庫全書》第 883 冊。

（明）張志淳：《南園漫録》，臺北：新文豐文化出版公司輯印《叢書集成續編》第 18 册。

（明）陸深：《儼山外集》，臺北：臺灣商務印書館《景印文淵閣四庫全書》第 885 册。

（明）陳霆：《兩山墨談》，上海：上海古籍出版社輯印《續修四庫全書》第 1143 册。

（清）朱彝尊撰，林慶彰、蔣秋華、楊晉龍等主編：《經義考新校》，上海：上海古籍出版社 2010 年版。

（清）張習孔：《雲谷臥餘續》，濟南：齊魯書社 1997 年輯印《四庫全書存目叢書·子部》第 114 册。

（清）陸次雲：《析疑待正》，上海：上海古籍出版社輯印《續修四庫全書》第 1136 册。

（清）趙翼：《陔餘叢考》，上海：上海古籍出版社輯印《續修四庫全書》第 1151 册。

（清）王懋竑：《讀書記疑》，上海：上海古籍出版社輯印《續修四庫全書》第 1146 册。

（清）洪頤煊：《讀書叢録》，上海：上海古籍出版社輯印《續修四庫全書》第 1157 册。

（清）王汝璧：《芸簏偶存》，上海：上海古籍出版社輯印《續修四庫全書》第 1462 册。

（清）王念孫：《讀書雜志》，北京：中國書店 1985 年版。

（清）沈濤：《銅熨斗齋隨筆》，上海：上海古籍出版社輯印《續修四庫全書》第 1158 册。

（清）沈濤：《交翠軒筆記》，上海：上海古籍出版社輯印《續修四庫全書》第 1158 册。

（清）劉寶楠：《愈愚録》，上海：上海古籍出版社輯印《續修四庫全書》第 1156 册。

（清）朱駿聲：《經史問答》，上海：上海古籍出版社輯印《續修四庫全書》第 1159 册。

（清）徐文靖：《管城碩記》，上海：上海古籍出版社 2013 年版。

（清）王太岳：《四庫全書考證》，上海：商務印書館 1940 年版。

（清）原良：《聽潮居存業》，濟南：齊魯書社 1997 年輯印《四庫存目叢書》子部第 114 冊。

（清）盧文弨：《鍾山札記》，北京：中華書局 1985 年《叢書集成初編》本。

（清）劉體智著，劉篤齡點校：《異辭錄》，北京：中華書局 1988 年版。

（清）陳宏謀：《五種遺規》，北京：綫裝書局 2015 年版。

（清）蔣光煦：《東湖叢記》，上海：上海古籍出版社輯印《續修四庫全書》第 1162 冊。

（清）姚旅：《露書》，上海：上海古籍出版社輯印《續修四庫全書》第 1132 冊。

（清）汪遠孫：《借閒隨筆》，《振綺堂叢書初集》本。

（清）劉熙載：《藝概》，上海：上海古籍出版社 1978 年版。

（清）李慈銘撰，由雲龍輯：《越縵堂讀書記》，北京：中華書局 1963 年版。

（清）朱亦棟：《群書札記》，上海：上海古籍出版社輯印《續修四庫全書》第 1155 冊。

（清）朱亦棟撰，李金松點校：《群書札記》，北京：科學出版社 2016 年版。

（清）王鳴盛著，顧美華整理標校：《蛾術編》，上海：上海書店出版社 2012 年版。

（清）王弘撰：《山志》，上海：上海古籍出版社輯印《續修四庫全書》第 1136 冊。

（清）俞樾：《古書疑義舉例》，《古書疑義舉例五種》，北京：中華書局 1956 年版。

（清）俞樾：《春在堂隨筆》，上海：上海古籍出版社輯印《續修四庫全書》第 1141 冊。

（清）孫詒讓著，雪克點校：《籀廎述林》，北京：中華書局 2010
年版。

（四） 集部

（清）蔣驥：《山帶閣註楚辭》，上海：上海古籍出版社 1984 年點
校本。

（清）金聖歎選編，朱一清、程自信注：《天下才子必讀書》，合肥：
安徽文藝出版社 2003 年版。

（清）嚴可均：《全上古三代秦漢三國六朝文》，石家莊：河北教育
出版社 1997 年版。

（清）汪師韓：《文選理學權輿》，《讀書齋叢書》本。

曾棗莊、劉琳主編：《全宋文》，上海：上海辭書出版社、安徽教育
出版社 2006 年版。

錢伯城等主編：《全明文》第 2 冊，上海：上海古籍出版社 1994 年版。

（宋）真德秀：《文章正宗綱目》，東洋文化研究所藏嘉靖四十三年
序刊本。

（宋）李耆卿：《文章精義》，臺北：臺灣商務印書館《景印文淵閣
四庫全書》第 1481 冊。

（宋）陳騤：《文則》，上海：商務印書館 1937 年《國學基本叢書》本。

（宋）陳繹曾：《文式》，上海：上海古籍出版社輯印《續修四庫全
書》第 1713 冊。

（明）劉祐選：《文章正論》，濟南：齊魯書社 1997 年輯印《四庫全
書存目叢書·集部》第 309 冊，第 443 頁。

（明）焦竑選，陶望齡評，朱之蕃注：《新鐫焦太史彙選中原文獻》，
濟南：齊魯書社 1997 年輯印《四庫全書存目叢書·集部》第 330 冊。

（明）鍾惺：《周文歸》，濟南：齊魯書社 1997 年輯印《四庫全書存
目叢書·集部》第 339 冊。

（明）方岳貢：《歷代古文國瑋集》，濟南：齊魯書社 1997 年輯印
《四庫全書存目叢書·集部》第 366 冊。

（明）葛鼐、葛鼏評輯：《古文正集十卷二編不分卷》，濟南：齊魯書社 1997 年輯印《四庫全書存目叢書·補編》第 48 冊。

（清）吳楚材、吳調侯：《古文觀止》，杭州：浙江古籍出版社 2010年點校本。

（唐）柳宗元撰，尹占華、韓文奇校注：《柳宗元集校注》，北京：中華書局 2013 年版。

（宋）司馬光著，李之亮箋注：《司馬溫公集編年箋注（五）》，成都：巴蜀書社 2009 年版。

（宋）晁補之：《雞肋集》，臺北：臺灣商務印書館《景印文淵閣四庫全書》第 1118 冊。

（宋）王柏：《魯齋集（補遺附錄)》，北京：中華書局 1985 年《叢書集成初編》本。

（宋）王庭珪：《盧溪文集》，臺北：臺灣商務印書館《景印文淵閣四庫全書》第 1134 冊。

（宋）朱熹撰，朱傑人、嚴佐之、劉永翔主編：《朱子全書》，上海：上海古籍出版社、安徽教育出版社 2002 年版。

（宋）真德秀：《西山先生真文忠公文集》，《四部叢刊初編》本。

（明）傅遜撰，孫大鵬、袁雯君整理：《傅遜集》，上海：復旦大學出版社 2015 年版。

（元）吳師道著，邱居里、邢新欣點校：《吳師道集》，杭州：浙江古籍出版社 2012 年版。

（明）孫鑛：《居業次編》，《四庫禁毀書叢刊·集部》第 126 冊。

（明）鍾惺著，李先耕、崔重慶標校：《隱秀軒集》，上海：上海古籍出版社 1992 年版。

（明）孫應鰲撰，趙廣升整理：《孫應鰲全集》，貴陽：貴州民族出版社 2016 年版。

（明）張邦奇：《張文定公養心亭集》，上海：上海古籍出版社輯印《續修四庫全書》第 1336—1337 冊。

（明）李東陽撰，周寅賓、錢振民校點：《李東陽集》，長沙：嶽麓書社 2008 年版。

（清）錢謙益著，錢曾箋注，錢仲聯整理：《牧齋雜著》，上海：上海古籍出版社 2007 年版。

（清）傅山撰，尹協理主編：《傅山全集》第 3 册，太原：山西人民出版社 2016 年版。

（清）汪由敦：《松泉集》，臺北：臺灣商務印書館《景印文淵閣四庫全書》第 1328 册。

（清）孔繼涵：《雜體文稿》，上海：上海古籍出版社輯印《續修四庫全書》第 1460 册。

（清）徐養原：《頑石廬文集》，《清代詩文集匯編》第 453 册。

（清）王念孫、王引之：《高郵王氏遺書》，南京：江蘇古籍出版社 2000 年版。

（清）錢大昕撰，陳文和主編：《嘉定錢大昕全集》（增訂本），南京：鳳凰出版社 2016 年版。

（清）姚鼐：《惜抱軒全集》，北京：中國書店 1991 年版。

（清）蕭穆撰，項純文點校：《敬孚類稿》，合肥：黄山書社 2014 年版。

（清）劉大櫆：《海峰文集》，天津圖書館藏清刻本。

（清）王泉之：《政餘書屋文鈔》，《清代詩文集彙編》影印本。

（清）嚴可均著，孫寶點校：《嚴可均集》，杭州：浙江古籍出版社 2013 年版。

（清）段玉裁撰，趙航、薛正興整理：《經韻樓集》，南京：鳳凰出版社 2010 年版。

（清）許宗彦：《鑒止水齋集》，上海：上海古籍出版社輯印《續修四庫全書》第 1492 册。

（清）趙懷玉：《亦有生齋文集》，上海：上海古籍出版社輯印《續修四庫全書》第 1469 册。

（清）阮元撰，鄧經元點校：《揅經室集》，北京：中華書局 1993 年版。

（清）孫星衍撰，駢宇騫點校：《問字堂集》，北京：中華書局 1996 年版。

（清）顧廣圻撰，王欣夫整理：《顧千里集》，北京：中華書局 2007 年版。

（清）李元度撰，王瀓華點校：《天岳山館文鈔·詩鈔》，長沙：嶽麓書社 2009 年版。

（清）鄭知同撰，龍先緒箋注：《屈盧詩集箋注》，北京：中國文聯出版社 2004 年版。

（清）俞樾：《春在堂雜文》，沈雲龍主編《近代中國史料叢刊》第 42 輯，臺北：文海出版社 1973 年版。

（清）賀濤：《賀先生文集》，上海：上海古籍出版社輯印《續修四庫全書》第 1567 冊。

嚴雲綏、施立業、江小角主編：《桐城派名家文集》第 15《吳汝綸選集　賀濤選集　范當選集》，合肥：安徽教育出版社 2014 年版。

（清）繆荃孫：《繆荃孫全集·詩文1》，南京：鳳凰出版社 2014 年版。

三、近人論著

（一）著作

［日］河田羆編：《靜嘉堂秘籍志》，宇賀正躬 1919 年版。

周慶雲：《南潯志》，早稻田大學圖書館藏秀水陶葆廉癸亥（1923）孟冬跋本。

支偉成：《清代樸學大師列傳》，上海：泰東書局 1925 年版。

顧實編纂：《中國文學史大綱》，上海：商務印書館 1926 年版。

衛聚賢：《古史研究》，上海：新月書店 1928 年版。

陳延傑：《經學概論》，上海：商務印書館 1930 年版。

陸侃如、馮沅君：《中國文學史簡編》，上海：開明書店 1932 年版。

黃雲眉輯著：《古今僞書考補證》，金陵大學中國文化研究所叢刊甲種（1932）。

吳曾祺：《涵芬樓文談》，上海：商務印書館 1933 年版。

朱起鳳：《辭通》，上海：開明書店 1934 年版。

江紹原：《中國古代旅行之研究》，上海：商務印書館 1935 年版。

商務印書館編：《縮本四部叢刊初編書錄》，上海：商務印書館 1936 年版。

中華書局輯注：《唐文評注讀本（上）》，上海：中華書局 1936 年版。

容肇祖：《中國文學史大綱》，上海：開明書店 1947 年版。

楊樹達編著：《漢文文言修辭學》，北京：科學出版社 1954 年版。

郭沫若：《金文叢考》，北京：新華出版社 1954 年版。

中國文學史教科書編輯委員會第一次擴大會議討論通過：《中國文學史教學大綱》，北京：高等教育出版社 1957 年版。

楊公驥：《中國文學》第一分册，長春：吉林人民出版社 1957 年版。

北京大學中國文學史教研室選注：《先秦文學史參考資料》，北京：高等教育出版社 1957 年版。

［日］加藤繁撰，吳傑譯：《中國經濟史考證》第一卷，北京：商務印書館 1959 年版。

孫殿起：《販書偶記》，北京：中華書局 1959 年版。

羅振常遺著，周子美編訂：《善本書所見錄》，北京：商務印書館 1959 年版。

北京師範大學中文系中國古典文學教研組編：《中國古典文學作品選註》，北京師範大學 1960 年印本。

周予同主編：《中國歷史文選》，北京：中華書局 1961 年版。

張志公：《傳統語文教育初探》，上海：上海教育出版社 1962 年版。

中國人民大學語文系文學史教研室選注：《歷代文選》（上册），北京：中國青年出版社 1962 年版。

關鋒、林聿時：《春秋哲學史論集》，北京：人民出版社 1963 年版。

湛之編：《楊萬里范成大資料彙編》，北京：中華書局 1964 年版。

吳文治主編：《古典文學研究資料彙編·柳宗元卷》，北京：中華書局 1964 年版。

侯外廬等：《柳宗元哲學選集》，北京：中華書局 1964 年版。

楊蔭深：《中國文學史大綱》，北京：商務印書館 1968 年版。

蘇瑩輝：《敦煌論集》，臺北：臺灣學生書局 1969 年版。

章士釗：《柳文指要》，北京：中華書局 1971 年版。

吉林師範大學歷史系中國古代中世紀史教研室 1977 年編：《中國古代中世紀史教學參考資料（上）》。

十三院校中文系編寫，達縣師範學院中文系 1978 年印製：《中國文學史（上）》。

北京師範大學中文系中國古典文學教研室 1979 年 1 月編印：《中國文學史函授講稿（上）》。

哈爾濱師範專科學校中國古代文學教研室 1979 年 6 月編印：《中國文學史·先秦至魏晉南北朝》。

孫殿起：《販書偶記》，日本京都：株式會社中文出版社 1979 年版。

內蒙古大學、河北大學、山西大學等編：《中國古代文學作品選》，西安：陝西人民出版社 1979 年版。

朱東潤主編：《中國歷代文學作品選》（上編第一冊），上海：上海古籍出版社 1979 年版。

北京師範學院中文系古典文學教研室編：《古代散文選注》，北京：北京出版社 1980 年版。

孫殿起：《販書偶記續編》，上海：上海古籍出版社 1980 年版。

劉葉秋：《類書簡說》，上海：上海古籍出版社 1980 年版。

閔爾昌錄，本社編輯部編：《碑傳集補》，臺北：文海出版社有限公司 1980 年版。

中國青年出版社編：《中國古典文學名著題解》，北京：中國青年出版社 1980 年版。

朱傑勤：《中國古代史學史》，鄭州：河南人民出版社 1980 年版。

袁英光主編：《中國史學史論集》，上海：上海人民出版社 1980

年版。

南京師範學院《古漢語基礎知識》編寫組編：《古漢語基礎知識》，南京：江蘇人民出版社 1980 年版。

王雅軒、王曉岩、周文英、齊振鼉注譯：《中國歷史文選》，遼寧大學歷史系 1980 年印本。

山東大學中文系古典文學教研室：《中國古代文學作品選》（上），濟南：山東人民出版社 1980 年版。

杜信孚：《同書異名通檢（增訂本）》，南京：江蘇人民出版社 1982 年版。

上海圖書館編：《中國叢書綜錄（二）》，上海：上海古籍出版社 1982 年版。

吳文祺主編：《中華文史論叢增刊：語言文字研究專輯》，上海：上海古籍出版社 1982 年版。

南京師範學院中文系圖書館 1982 年 8 月編印：《中文系學生閱讀書目提要》。

姜書閣：《中國文學史四十講》，長沙：湖南人民出版社 1982 年版。

李宗鄴：《中國歷史要籍介紹》，上海：上海古籍出版社 1982 年版。

黃侃撰，黃焯編次：《文字聲韻訓詁筆記》，上海：上海古籍出版社 1983 年版。

張孟倫：《中國史學史（上）》，蘭州：甘肅人民出版社 1983 年版。

劉建國：《中國哲學史史料學概要》，長春：吉林人民出版社 1983 年版。

孫德謙：《古書讀法略例》，上海：上海書店出版社 1983 年。

王重民：《中國善本提要》，上海：上海古籍出版社 1983 年版。

楊向奎：《繹史齋學術文集》，上海：上海人民出版社 1983 年版。

中國歷史大辭典·史學史卷編纂委員會編：《中國歷史大辭典·史學史卷》，上海：上海辭書出版社 1983 年版。

雷夢水：《古書經眼錄》，濟南：齊魯書社 1984 年版。

中國人民大學歷史系、山東大學歷史系、杭州大學歷史合編：《中國歷史文選》（上冊），濟南：山東教育出版社 1984 年版。

張舜徽主編：《中國史學名著題解》，北京：中國青年出版社 1984 年版。

李宗侗：《中國史學史》，北京：中國友誼出版公司 1984 年版。

楊伯峻：《楊伯峻學術論文集》，長沙：嶽麓書社 1984 年版。

許威漢：《先秦文學及語言例論》，鄭州：中州古籍出版社 1984 年版。

孫斌儒主編：《甘肅省靈臺縣地名資料彙編》，靈臺縣地名委員會 1984 年 12 月。

洪誠：《訓詁學》，南京：江蘇古籍出版社 1984 年版。

白兆麟：《簡明訓詁學》，杭州：浙江教育出版社 1984 年版。

蔣禮鴻、任銘善：《古漢語通論》，杭州：浙江教育出版社 1984 年版。

徐一士編：《一士類稿 一士談薈》，北京：書目文獻出版社 1984 年版。

屈萬里：《普林斯敦大學葛思德東方圖書館中文善本書志》，臺北：聯經出版事業公司 1984 年版。

朱祖延：《北魏佚書考》，鄭州：中州古籍出版社 1985 年版。

先秦史學會編：《夏史論叢》，濟南：齊魯書社 1985 年版。

王文才、張錫厚輯：《升庵著述序跋》，昆明：雲南人民出版社 1985 年版。

高國抗：《中國古代史學史概要》，廣州：廣東高等教育出版社 1985 年版。

舒穎雲、韋少波編：《歷史自學指南》，北京：中國展望出版社 1985 年版。

張聲怡、劉九州編：《中國古代寫作理論》，武漢：華中工學院出版社 1985 年版。

周佳榮：《中國史學名著概説》，臺北：唐山出版社 1986 年版。

李昭恂、王汝梅編：《文史書目手冊》，長春：吉林大學出版社 1986

年版。

中共榮成縣委宣傳部編：《富饒美麗的榮成》，山東省出版總社煙臺分社 1986 年版。

浙江省社會科學院編著：《浙江人物志（中）》，杭州：浙江人民出版社 1986 年版。

楊端志：《訓詁學》，濟南：山東文藝出版社 1986 年版。

馬敘倫：《讀書續記》，北京：北京市中國書店 1986 年版。

紹興縣政協文史資料工作委員會 1986 年 6 月編：《紹興文史資料》第 4 輯《徐錫麟史料》。

賀卓君編注：《中國歷史文選》，上海：華東師範大學出版社 1987 年版。

王鍾翰點校：《清史列傳》，北京：中華書局 1987 年版。

王海菜：《古漢語疑問詞語》，杭州：浙江教育出版社 1987 年版。

賀卓君編注：《中國歷史文選》，上海：華東師範大學出版社 1987 年版。

張大可、徐景重主編：《中國歷史文選》（上冊），蘭州：甘肅教育出版社 1987 年版。

唐明邦、程静宇主編：《中國古代哲學名著選讀》，武漢：武漢大學出版社 1988 年版。

申暢、陳方平等編：《中國目録學家辭典》，鄭州：河南人民出版社 1988 年版。

許衍董編纂：《廣東文徵續編》第 4 冊，廣東文徵編印委員會 1988 年版。

顧頡剛講授、劉起釪筆記：《春秋三傳及國語之綜合研究》，九龍：中華書局香港分局 1988 年版。

鄭逸梅：《鄭逸梅隨筆》，哈爾濱：黑龍江人民出版社 1988 年版。

趙淡元主編：《中國歷史要籍介紹及選讀》（上冊），北京：高等教育出版社 1988 年版。

曹礎基：《先秦文學集疑》，廣州：廣東高等教育出版社 1988 年版。

唐嘉弘：《先秦史新探》，開封：河南大學出版社 1988 年版。

李隆獻：《晉文公復國定霸考》，臺北：臺大出版中心 1988 年版。

宮哲兵：《晚周辯證法史研究》，上海：上海古籍出版社 1988 年版。

廣東廣西湖南河南辭源修訂組、商務印書館編輯部等編：《辭源》
（1—4 合訂本），北京：商務印書館 1988 年版。

姚奠中：《姚奠中論文選集》，太原：山西人民出版社 1988 年版。

錢玄：《校勘學》，南京：江蘇古籍出版社 1988 年版。

陳夢家：《殷虛卜辭綜述》，北京：中華書局 1988 年版。

中國歷史文獻研究會、華中師範大學歷史文獻研究所編：《中國歷
史文獻研究》（二），武漢：華中師範大學出版社 1988 年版。

高亨纂著，董治安整理：《古今通假會典》，濟南：齊魯書社 1989 年。

蔣紹愚：《古漢語詞匯綱要》，北京：北京大學出版社 1989 年版。

中國古籍善本書目編輯委員會編：《中國古籍善本書目·史部》，上
海：上海古籍出版社 1989 年版。

金啟華等主編：《中國文學史》，南昌：江西教育出版社 1989 年版。

王文生主編：《中國文學史》（上），北京：高等教育出版社 1989
年版。

汪濟民等主編：《古代漢語新編》（下），南昌：江西人民出版社
1989 年版。

蕭佩欽：《中國歷史要籍介紹及選讀》，廣州：廣東高等教育出版社
1989 年版。

徐鵬、李慶：《文化史名著舉要》，上海：上海教育出版社 1989
年版。

宋衍申主編：《中國歷史要籍介紹及選讀》，長春：東北師範大學出
版社 1989 年版。

劉蕙孫：《中國文化史稿》，北京：文化藝術出版社 1990 年版。

倉修良主編：《中國史學名著評介》第一卷，濟南：山東教育出版
社 1990 年版。

陳容舒主編：《中國古代文學史》（上），重慶：西南師範大學出版

社 1990 年版。

許嘉璐主編:《傳統語言學辭典》,石家莊:河北教育出版社 1990 年版。

張政烺主編:《中國古代職官大辭典》,鄭州:河南人民出版社 1990 年版。

吳金華:《三國志校詁》,南京:江蘇古籍出版社 1990 年版。

徐世昌:《晚晴簃詩匯》,北京:中華書局 1990 年版。

周法高:《中國古代語法·稱代編》,北京:中華書局 1990 年版。

吳哲夫:《四庫全書纂修之研究》,臺北:“故宮博物院”1990 年版。

李春光:《古籍叢書述論》,瀋陽:遼瀋書社 1991 年版。

錢曾怡、劉聿鑫編:《中國語言學要籍解題》,濟南:齊魯書社 1991 年版。

顧志興:《浙江出版史研究——中唐五代兩宋時期》,杭州:浙江人民出版社 1991 年版。

上海新四軍歷史研究會印刷印鈔分會編:《歷代刻書概況》,北京:印刷工業出版社 1991 年版。

劉全健主編:《彩雲南現》,昆明:雲南人民出版社 1991 年版。

王重民:《中國善本書提要補編》,北京:書目文獻出版社 1991 年版。

陳戌國:《中國禮制史(先秦卷)》,長沙:湖南教育出版社 1991 年版。

馮友蘭:《三松堂全集》第 8 卷,鄭州:河南人民出版社 1991 年版。

趙世超:《周代國野制度研究》,西安:陝西人民教育出版社 1991 年版。

周振甫:《中國修辭學史》,北京:商務印書館 1991 年版。

張志哲:《震蕩與整合——春秋歷史文化流程》,合肥:黃山書社 1991 年版。

張家璠、陳仰光主編:《中國歷史文選》(上),桂林:廣西師範大學出版社 1991 年版。

牛繼曾、周昌富主編：《山東文物縱橫談》，北京：中國廣播電視出版社 1992 年版。

《北京圖書館同人文選》編委會編：《北京圖書館同人文選》（第 2 輯），北京：書目文獻出版社 1992 年版。

郭預衡主編：《中國古代文學史長編（先秦卷)》，北京：北京師範學院出版社 1992 年版。

馬積高、黃鈞主編：《中國古代文學史（上)》，長沙：湖南文藝出版社 1992 年版。

姜聿華：《中國傳統語言學要籍述論》，北京：書目文獻出版社 1992 年版。

劉成德：《簡明訓詁學》，蘭州：蘭州大學出版社 1992 年版。

《寧波詞典》編委會編：《寧波詞典》，上海：復旦大學出版社 1992 年版。

李開：《漢語語言研究史》，南京：江蘇教育出版社 1993 年版。

江澄波等編著：《江蘇刻書》，南京：江蘇人民出版社 1993 年版。

四川省墊江縣志編纂委員會編纂：《墊江縣志》，成都：四川人民出版社 1993 年版。

灤縣志編纂委員會編纂：《灤縣志》，石家莊：河北人民出版社 1993 年版。

中華書局編輯部：《名家清譯古文觀止》，北京：中華書局 1993 年。

黃新憲主編：《傳統文化影響下的臺灣教育》，福州：福建教育出版社 1993 年版。

傅正谷：《中國夢文學史·先秦兩漢部分》，北京：光明日報出版社 1993 年版。

趙明主編：《先秦大文學史》，長春：吉林大學出版社 1993 年版。

闕勳吾主編：《中國歷史文選》（上冊），北京：高等教育出版社 1993 年版。

萬光治、徐安懷主編：《中國古代文學史》，成都：電子科技大學出版社 1994 年版。

古遠清：《臺灣當代文學理論批評史》，武漢：武漢出版社 1994
年版。

吳鴻邁：《語文學論叢》，成都：電子科技大學出版社 1994 年版。

舒大剛：《春秋時期少數民族分布研究》，北京：文津出版社 1994
年版。

孫欽善：《中國古文獻學史》，北京：中華書局 1994 年版。

孔黨伯、袁謇正主編：《聞一多全集（10）》，武漢：湖北人民出版
社 1994 年版。

馮浩菲：《中國訓詁學》，濟南：山東大學出版社 1995 年版。

陳煥良：《訓詁學概要》，廣州：中山大學出版社 1995 年版。

陳祥耀：《唐宋八大家文說》，福州：福建教育出版社 1995 年版。

何明新：《先秦散文概論》，重慶：西南師範大學出版社 1995 年版。

郭英德、謝思煒：《中國古典文學研究史》，北京：中華書局 1995
年版。

張靜河：《瑞典漢學史》，合肥：安徽文藝出版社 1995 年版。

吳金華：《古文獻研究叢稿》，南京：江蘇教育出版社 1995 年版。

譚家健：《先秦散文藝術新探》，北京：首都師範大學出版社 1995
年版。

楊希枚：《先秦文化史論集》，北京：中國社會科學出版社 1995
年版。

朱鳳瀚、徐勇編著：《先秦史研究概要》，天津：天津教育出版社
1996 年版。

章培恒、駱玉明主編：《中國文學史》，上海：復旦大學出版社 1996
年版。

周予同著，朱維錚編：《周予同經學史論著選集》（增訂版），上海：
上海人民出版社 1996 年版。

汪貞幹：《古文觀止詞義辨難》，武漢：湖北人民出版社 1996 年版。

陸宗達：《陸宗達語言學論文集》，北京：北京師範大學出版社 1996
年版。

河北省南和縣地方志編纂委員會編:《南和縣志》,北京:方志出版社 1996 年版。

中國歷史大辭典·歷史地理卷編委會:《中國歷史大辭典·歷史地理卷》,上海:上海辭書出版社 1996 年版。

中國科學院圖書館整理:《續修四庫全書總目提要(稿本)》,濟南:齊魯書社 1996 年版。

張振鐸編:《古籍刻工名錄》,上海:上海書店出版社 1996 年版。

李晴編:《新疆大學圖書館藏古籍書目(第 3 輯)》,烏魯木齊:新疆大學出版社 1996 年版。

方建軍:《樂器:中國古代音樂文化的物質構成》,臺北:學藝出版社 1996 年版。

呂思勉:《先秦學術概論》,上海:東方出版中心 1996 年版。

顧頡剛:《中國現代學術經典·顧頡剛卷》,石家莊:河北教育出版社 1996 年版。

潘祖蔭、顧廷龍編著:《明代版本圖錄初編》,《民國叢書》第五編第 100 冊,上海:上海書店 1996 年版。

黃侃:《中國現代學術經典·黃侃劉師培卷》,石家莊:河北教育出版社 1996 年版。

路廣正:《訓詁學通論》,天津:天津古籍出版社 1996 年版。

王寧:《訓詁學原理》,北京:中國國際廣播出版社 1996 年版。

巫寶三主編:《先秦經濟思想史》,北京:中國社會科學出版社 1996 年版。

徐流等主編:《史籍導讀與史料運用》,重慶:西南師範大學出版社 1997 年版。

王樹民:《曙庵文史續錄》,北京:中華書局 1997 年版。

徐州師範學院中文系《中國古典文學辭典》編寫組:《中國古典文學辭典》,南昌:江西教育出版社 1997 年版。

梁啟超撰,陳引馳編校:《梁啟超國學講錄二種》,北京:中國社會科學出版社 1997 年版。

國家教委高教司編寫：《中國古代文學教學大綱》，北京：高等教育出版社 1997 年版。

[英] 魯惟一主編，李學勤等譯：《中國古代典籍導讀》，瀋陽：遼寧教育出版社 1997 年版。

北京師範大學國學研究所：《武王克商之年研究》，北京：北京師範大學出版社 1997 年版。

（清）馬建忠：《馬氏文通》，北京：商務印書館 1998 年版。

鄭子瑜、宗廷虎主編，陳光磊、王俊衡著：《中國修辭學通史・先秦兩漢魏晉南北朝卷》，長春：吉林教育出版社 1998 年版。

郭預衡主編：《中國古代文學史》，上海：上海古籍出版社 1998 年版。

張慶利主編：《中國文學史話・先秦卷》，長春：吉林人民出版社 1998 年版。

冒懷蘇編著：《冒鶴亭先生年譜》，上海：學林出版社 1998 年版。

韓玉濤：《寫意——中國美學之靈魂》，深圳：海天出版社 1998 年版。

支偉成：《清代樸學大師列傳》，長沙：嶽麓書社 1998 年版。

徐雲震、徐梅編著：《錯別字考辨》，上海：上海人民出版社 1998 年版。

曹書傑：《中國古籍輯佚學論稿》，長春：東北師範大學出版社 1998 年版。

王世民：《齊魯文化志》，上海：上海人民出版社 1998 年版。

朱鳳瀚、張榮明編：《西周諸王年代研究》，貴陽：貴州人民出版社 1998 年版。

鄧瑞全、王冠英主編：《中國偽書綜考》，合肥：黃山書社 1998 年版。

周子美：《周子美學述》，杭州：浙江人民出版社 1999 年版。

孫琴安：《中國評點文學史》，上海：上海社會科學院出版社 1999 年版。

《三代文明研究》編輯委員會編：《三代文明研究（一）——1998年河北邢臺中國商周文明國際學術研討會論文集》，北京：科學出版社1999年版。

褚斌傑編著：《中國文學史綱要》第一冊，北京：北京大學出版社1999年第2版。

劉人傑主編：《中國文學史》第1卷，北京：中國對外翻譯出版公司1999年版。

陸志韋：《陸志韋語言學著作集》（二），北京：中華書局1999年版。

梁啟超：《清代學者整理舊學之總成績》，北京：商務印書館1999年版。

錢玄同：《錢玄同文集》，北京：中國人民大學出版社1999年版。

瞿林東：《中國史學史綱》，北京：北京出版社1999年版。

錢穆：《中國史學名著》，北京：生活·讀書·新知三聯書店2000年版。

柳士鎮主編：《語文名著》，北京：中國青年出版社2000年版。

王紹曾主編：《清史藝文志拾遺》，北京：中華書局2000年版。

蕭山市文聯編：《蕭山文學五十年作品選·散文卷》，杭州：杭州出版社2000年版。

何樂士：《古漢語語法論文集》，北京：商務印書館2000年版。

本書編輯委員會編：《漢語大詞典》，上海：漢語大詞典出版社2000年版。

何九盈：《中國古代語言學史》，廣州：廣東教育出版社2000年版。

章士釗：《章士釗全集》，上海：文匯出版社2000年版。

周信炎：《訓詁學史話》，北京：中國大百科全書出版社2000年版。

王玉哲：《中華遠古史》，上海：上海人民出版社2000年版。

徐復觀：《兩漢思想史》第三卷，上海：華東師範大學出版社2001年版。

傅德岷主編：《巴蜀散文史稿》，重慶：重慶出版社2001年版。

馮友蘭：《中國哲學史新編》，《馮友蘭全集》第 9 卷，鄭州：河南人民出版社 2001 年第 2 版。

張舜徽：《清人筆記條辨二》，瀋陽：遼寧教育出版社 2001 年版。

晁福林：《先秦民俗史》，上海：上海人民出版社 2001 年版。

季永興：《古漢語句讀》，北京：商務印書館 2001 年版。

辛德勇：《未亥齋讀書記》，上海：華東師範大學出版社 2001 年版。

上海大學古代文明研究中心、清華大學思想文化研究所編：《上博館藏戰國楚竹書研究》，上海：上海書店出版社 2002 年版。

王力：《王力語文散論》，北京：商務印書館 2002 年版。

王欣夫撰，鮑正鵠、徐鵬標點整理：《蛾術軒篋存善本書錄》，上海：上海古籍出版社 2002 年版。

顧頡剛：《中國上古史研究講義》，北京：中華書局 2002 年版。

陳戍國：《中國禮制史·先秦卷》，長沙：湖南教育出版社 2002 年版。

吳辛丑：《簡帛典籍異文研究》，廣州：中山大學出版社 2002 年版。

揚之水：《先秦詩文史》，瀋陽：遼寧教育出版社 2002 年版。

毛策：《鄭良樹評傳》，馬來西亞：大將事業社 2002 年版。

陽海清等編著：《文字音韻訓詁知見書目》，武漢：湖北人民出版社 2002 年版。

姜亮夫：《姜亮夫全集》第二冊，昆明：雲南人民出版社 2002 年版。

王葆心著，陳志平、溫顯貴點校：《續漢口叢談·再續漢口叢談》，武漢：湖北教育出版社 2002 年版。

郭在貽：《訓詁學》，見載於氏著《郭在貽文集》第 1 卷，北京：中華書局 2002 年版。

李建國：《漢語訓詁學史》（修訂版），上海：上海辭書出版社 2002 年版。

王靖宇：《中國早期敘事文研究》，上海：上海古籍出版社 2003 年版。

劉運好：《魏晉哲學與詩學》，合肥：安徽大學出版社 2003 年版。

張元濟撰，張人鳳編：《張元濟古籍書目序跋匯編》，北京：商務印書館 2003 年版。

王國維等撰：《閩蜀浙粵刻書叢考》，北京：北京圖書館出版社 2003 年版。

何廣棪：《陳振孫之經學及其〈直齋書録解題〉經録考證》，新北：花木蘭文化出版社 2003 年版。

方彦壽：《建陽刻書史》，北京：中國社會出版社 2003 年版。

劉尚恒：《徽州刻書與藏書》，揚州：廣陵書社 2003 年版。

柳州市地方志編纂委員會編：《柳州市志》第七卷，南寧：廣西人民出版社 2003 年版。

富金璧：《訓詁學説略》，武漢：湖北人民出版社 2003 年版。

程水金：《中國早期文化意識的嬗變——先秦散文發展綫索探尋》，武漢：武漢大學出版社 2003 年版。

李恕豪：《中國古代語言學簡史》，成都：巴蜀書社 2003 年版。

徐蜀、宋安莉主編：《中國近代古籍出版發行史料叢刊》，北京：北京圖書館出版社 2003 年版。

汪家熔：《近代出版人的文化追求：張元濟、陸費逵、王雲五的文化貢獻》，南寧：廣西教育出版社 2003 年版。

蔣惠民：《黄城丁氏家族》，濟南：山東大學出版社 2004 年版。

繆鉞：《繆鉞全集》，石家莊：河北教育出版社 2004 年版。

白兆麟：《文法學及其散論》，北京：九州出版社 2004 年版。

暨南大學出版社總編室編：《暨南大學出版社十五年總書目 (1989—2004)》，廣州：暨南大學出版社 2004 年版。

張舜徽：《清人文集別録》，武漢：華中師範大學出版社 2004 年版。

廖群：《中國文學史·先秦文學史》，西安：太白文藝出版社 2004 年版。

劉建國：《先秦僞書辨正》，西安：陝西人民出版社 2004 年版。

李零：《簡帛古書與學術源流》，北京：生活·讀書·新知三聯書店 2004 年版。

張岩：《從部落文明到禮樂制度》，上海：上海三聯書店 2004 年版。

王樹民：《曙庵文史續録》，北京：中華書局 2004 年版。

王寧主編：《訓詁學》，北京：高等教育出版社 2004 年版。

竇秀艷：《中國雅學史》，濟南：齊魯書社 2004 年版。

張舜徽：《清人文集別錄》，武漢：華中師範大學出版社 2004 年版。

戴維：《春秋學史》，長沙：湖南教育出版社 2004 年版。

張立文主編，周桂鈿、李祥俊著：《中國學術通史（秦漢卷）》，北京：人民出版社 2004 年版。

張立文主編，向世陵著：《中國學術通史（魏晉南北朝卷）》，北京：人民出版社 2004 年版。

張立文主編，祁潤興著：《中國學術通史（宋元明卷）》，北京：人民出版社 2004 年版。

張立文主編，陳其泰、李廷勇著：《中國學術通史（清代卷）》，北京：人民出版社 2004 年版。

施廷鏞編著，李雄飛校訂：《古籍珍稀版本知見錄》，北京：北京圖書館出版社 2005 年版。

郭在貽：《訓詁學》（增訂版），北京：中華書局 2005 年版。

白兆麟：《新著訓詁學引論》，上海：上海辭書出版社 2005 年版。

郭芹納：《訓詁學》，北京：高等教育出版社 2005 年版。

張舜徽：《鄭學叢著》，武漢：華中師範大學出版社 2005 年版。

童書業：《童書業著作集》，北京：中華書局 2005 年版。

張錦高、袁朝主編：《荊楚文化的現代價值》，武漢：湖北辭書出版社 2005 年版。

袁行霈主編，聶石樵、李炳海本卷主編：《中國文學史》第一卷，北京：高等教育出版社 2005 年版。

郭丹：《中國古代文學史專題》，上海：學林出版社 2005 年版。

西渡編：《名家讀古文》（上），北京：中國計劃出版社 2005 年版。

曹道衡、劉躍進：《先秦兩漢文學史料學》，北京：中華書局 2005 年版。

陳飛主編：《中國古代散文研究》，福州：福建人民出版社 2005 年版。

王桐蓀等選注：《唐文治文選》，上海：上海交通大學出版社 2005 年版。

浦江清著，浦漢明、彭書麟編選：《無涯集》，天津：百花文藝出版社 2005 年版。

周振鶴編：《晚清營業書目》，上海：上海書店出版社 2005 年版。

黃徵：《敦煌俗字典》，上海：上海教育出版社 2005 年版。

張耘田、陳巍主編：《蘇州民國藝文志》，揚州：廣陵書社 2005 年版。

郭錫良：《漢語史論集》（增補本），北京：商務印書館 2005 年版。

楊樹達：《積微居讀書記》，上海：上海古籍出版社 2006 年版。

張清常：《張清常文集》第一卷，北京：北京語言大學出版社 2006 年版。

章太炎：《國故論衡》，上海：上海古籍出版社 2006 年版。

王雨：《古籍善本經眼錄》，上海：上海古籍出版社 2006 年版。

謝保成主編：《中國史學史（一）》，北京：商務印書館 2006 年版。

趙聰惠主編：《趙文化論叢》，石家莊：河北人民出版社 2006 年版。

陳廷亮：《中國古代史學史概要》，西寧：青海人民出版社 2006 年版。

吳澤順：《漢語音轉研究》，長沙：嶽麓書社 2006 年版。

黃侃撰，黃延祖重輯：《黃侃日記》，北京：中華書局 2006 年版。

周振甫：《文章例話》，北京：中國青年出版社 2006 年版。

徐邦達著，故宮博物院編：《古書畫過眼要錄·元明清書法 3》，北京：紫禁城出版社 2006 年版。

黃侃：《黃侃國學講義錄》，北京：中華書局 2006 年版。

鄭艷玲：《鍾惺評點研究》，北京：人民日報出版社 2006 年版。

王路明：《明代黔中王門大師孫應鰲思想研究》，北京：群言出版社 2007 年版。

潘景鄭：《著硯齋書跋》，上海：上海古籍出版社 2007 年版。

彭鐸著，趙逵夫整理：《文言文校讀》，蘭州：甘肅人民出版社 2007

年版。

嚴紹璗：《日藏漢籍善本書錄》，北京：中華書局 2007 年版。

中國歷史文獻研究會、大連圖書館編：《典籍文化研究》，瀋陽：萬卷出版公司 2007 年版。

蕭旭：《古書虛詞旁釋》，揚州：廣陵書社 2007 年版。

卓娜：《訓詁學基礎》，長春：吉林大學出版社 2007 年版。

周大璞主編：《訓詁學初稿》，武漢：武漢大學出版社 2007 年版。

譚家健：《先秦散文藝術新探》（增訂本），濟南：齊魯書社 2007 年版。

王國強：《漢代文獻學研究》，北京：綫裝書局 2007 年版。

王洪軍：《鐘律研究》，上海：上海音樂學院出版社 2007 年版。

金毓黻：《中國史學史》，北京：商務印書館 2007 年版。

韓玉濤：《書論十講》，南京：江蘇教育出版社 2007 年版。

鄭德坤：《鄭德坤古史論集選》，北京：商務印書館 2007 年版。

胡適撰，嚴雲受編：《胡適學術代表作（中）》，合肥：安徽教育出版社 2007 年版。

陸德海：《明清文法理論研究》，上海：上海古籍出版社 2007 年版。

張升：《王鐸年譜》，上海：上海書畫出版社 2007 年版。

王文進撰，柳向春點校：《文祿堂訪書記》，上海：上海古籍出版社 2007 年版。

徐雁平：《清代東南書院與學術及文學》，合肥：安徽教育出版社 2007 年版。

《江西省人物志》編纂委員會編：《江西省人物志》，北京：方志出版社 2007 年版。

喬曉軍編著：《中國美術家人名辭典·補遺一編》，西安：三秦出版社 2007 年版。

揚之水：《無軌列車》，上海：上海書店出版社 2008 年版。

馮浩菲：《鄭氏詩譜訂考》，上海：上海古籍出版社 2008 年版。

周生傑：《太平御覽研究》，成都：巴蜀書社 2008 年版。

顧頡剛：《顧頡剛讀書筆記》，北京：中華書局 2008 年版。

黎千駒：《現代訓詁學導論》，武漢：華中師範大學出版社 2008 年版。

許威漢：《許威漢語文研究文存》，北京：中華書局 2008 年版。

陳長文：《明代科舉文獻研究》，濟南：山東大學出版社 2008 年版。

福建省地方志編纂委員會編：《福建省志·出版志》，福州：福建人民出版社 2008 年版。

汪泰榮：《知困録》，北京：光明日報出版社 2008 年版。

中共麗水市蓮都區委宣傳部、麗水市蓮都區文學藝術界聯合會編著：《蓮都歷史人物》，北京：中國文史出版社 2009 年版。

王紹仁主編：《江南藏書史話》，上海：上海古籍出版社 2009 年版。

瞿冕良：《中國古籍版刻辭典》（增訂本），蘇州：蘇州大學出版社 2009 年版。

寧忌浮：《漢語韻書史·明代卷》，上海：上海人民出版社 2009 年版。

汪文學：《貴州古近代文學理論輯釋》，北京：民族出版社 2009 年版。

楊英：《祈望和諧：周秦兩漢王朝祭禮的演進及其規律》，北京：商務印書館 2009 年版。

俞志慧：《古"語"有之——先秦思想的一種背景與資源》，上海：華東師範大學出版社 2009 年版。

余嘉錫：《四庫提要辨證（二）》，長沙：湖南教育出版社 2009 年版。

王孫榮：《孫月峰年譜》，北京：大眾文藝出版社 2009 年版。

沈文泉編著：《湖州名人志》，杭州：杭州出版社 2009 年版。

劉咸昕：《推十書（增訂全本）》丁輯，上海：上海科學技術文獻出版社 2009 年版。

單殿元：《王念孫王引之著作析論》，北京：社會科學文獻出版社 2009 年版。

王興才：《漢語語法和語法化研究》，成都：電子科技大學出版社2009年版。

[瑞典] 馬悦然著，李之義譯：《我的老師高本漢：一位學者的畫像》，長春：吉林出版集團有限責任公司2009年版。

周錫山編校：《天下才子必讀書》，瀋陽：萬卷出版公司2009年版。

鄭逸梅：《雲編指南》，哈爾濱：北方文藝出版社2009年版。

張耘田編：《蘇州當代藝文志》，揚州：廣陵書社2009年版。

李宏峰：《禮崩樂盛：以春秋戰國爲中心的禮樂關係研究》，北京：文化藝術出版社2009年版。

檀作文選編：《20世紀中國古代文學研究論文選・先秦卷》，北京：社會科學文獻出版社2010年版。

王學哲、方鵬程主編：《商務印書館百年經營史1897—2007》，武漢：華中師範大學出版社2010年版。

卞孝萱：《卞孝萱文集》第五卷《現代國學大師學記》，南京：鳳凰出版社2010年版。

陳恩林：《逸齋先秦史論文集》，長春：吉林文史出版社2010年版。

沙超：《破解諸葛躬耕地千年懸案》，鄭州：文心出版社2010年版。

吳格等整理：《續修四庫全書總目提要・叢書部》，北京：北京圖書館出版社2010年版。

喻春龍：《清代輯佚研究》，上海：上海古籍出版社2010年版。

王成科編著：《遼陽近現代人物錄》，瀋陽：遼寧民族出版社2010年版。

張元濟撰，張人鳳編：《張元濟全集》，北京：商務印書館2010年版。

張建偉、張玉玲、馬甫平整理：《陽城歷史名人文存》第四册，太原：三晉出版社2010年版。

尋霖、龔篤清編著：《湘人著述表》，長沙：嶽麓書社2010年版。

曹建墩：《先秦禮制探賾》，天津：天津人民出版社2010年版。

吳凱主編：《中國社會民俗史》第6卷，北京：中國古籍出版社

2010 年版。

張三夕：《批判史學的批判：劉知幾及其史通研究》，武漢：華中師範大學出版社 2010 年版。

張尚英：《宋代〈春秋〉學專題研究》，長春：吉林人民出版社 2010 年版。

米蓋拉、朱萬曙主編：《徽州：書業與地域文化——法國漢學》第 13 輯，北京：中華書局 2010 年版。

劉薔：《清華園裏讀舊書》，長沙：嶽麓書社 2010 年版。

趙逵夫編：《先秦文學編年史》，北京：商務印書館 2010 年版。

姚伯嶽：《燕北書城困學集》，長沙：嶽麓書社，2010 年。

趙紅娟：《明清湖州董氏文學世家研究》，北京：中國社會科學出版社 2011 年版。

趙平安：《金文釋讀與文明探索》，上海：上海古籍出版社 2011 年版。

石雲孫：《釋 “小”》，合肥：黃山書社 2011 年版。

李開：《惠棟評傳》，南京：南京大學出版社 2011 年版。

顧洪、張順華編：《顧頡剛文庫古籍書目》，北京：中華書局 2011 年版。

郭國慶：《清代輯佚研究》，北京：民族出版社 2011 年版。

章宏偉：《十六—十九世紀中國出版研究》，上海：上海人民出版社 2011 年版。

范邦瑾編：《美國國會圖書館藏中文善本書續錄》，上海：上海古籍出版社 2011 年版。

袁暉主編：《歷代寓言·先秦卷上》，北京：中國青年出版社 2011 年版。

任競澤：《宋代文體學研究論稿》，北京：商務印書館 2011 年版。

清華大學出土文獻研究與保護中心編：《清華大學藏戰國竹簡（二）》，上海：中西書局 2011 年版。

晁福林：《春秋戰國的社會變遷（下）》，北京：商務印書館 2011

年版。

　　詹安泰主編：《中國文學史》（先秦兩漢部分），上海：上海古籍出版社 2011 年版。

　　朱季海：《初照樓文集》，北京：中華書局 2011 年版。

　　湖南圖書館編：《湖南近現代藏書家題跋選》（第 1 冊），長沙：嶽麓書社 2011 年版。

　　陸侃如、馮沅君撰，袁世碩、張可禮主編：《陸侃如馮沅君合集》，合肥：安徽教育出版社、時代出版傳媒股份有限公司 2011 年版。

　　貴州大學《教壇薪火》編委會編：《教壇薪火》，廣州：廣州大學出版社 2012 年版。

　　劉佳：《話說金文・當代金文書法高峰——蔣維崧》，濟南：山東人民出版社 2012 年版。

　　郭丹主編：《先秦兩漢文論全編》，上海：上海遠東出版社 2012 年版。

　　李振興：《王肅之經學》，上海：華東師範大學出版社 2012 年版。

　　杭穎主編：《思路——崑山市文化發展研究中心研究成果選》，上海：學林出版社 2012 年版。

　　丁輝、陳心蓉：《嘉興歷代進士研究》，合肥：黃山書社 2012 年版。

　　楊緒敏：《敏學齋史學探研集》，合肥：黃山書社 2012 年版。

　　王有亮編：《〈教育雜誌〉與近代教育考論》，北京：中央民族大學出版社 2012 年版。

　　孫克强、楊傳慶、裴喆編著：《清人詞話》，天津：南開大學出版社 2012 年版。

　　王天璽等主編：《中國彝族通史》第 3 卷，昆明：雲南人民出版社 2012 年版。

　　過常寶、侯文華：《中國散文通史・先秦卷》，合肥：安徽教育出版社 2012 年版。

　　陳戍國等：《中國禮文學史》（先秦秦漢卷），長沙：湖南大學出版社 2012 年版。

董芬芬：《春秋辭令文體研究》，上海：上海古籍出版社 2012 年版。

尹盛平：《周文化考古研究論集》，北京：文物出版社 2012 年版。

李致忠：《昌平集》，上海：上海古籍出版社 2012 年版。

朱曉鵬主編：《哲學傳統與浙江精神論集》，上海：上海古籍出版社 2012 年版。

楊新勛：《經學蠡測》，南京：鳳凰出版社 2012 年版。

鍾泰：《鍾泰學術文集》，上海：上海人民出版社 2012 年版。

王書才：《文選評點述略》，上海：上海古籍出版社 2012 年版。

王春華：《沂蒙儒學史》，北京：中央文獻出版社 2012 年版。

張升：《四庫全書館研究》，北京：北京師範大學出版社 2012 年版。

曾棗莊：《中國古代文體學》，上海：上海古籍出版社 2012 年版。

張政烺：《古史講義》，北京：中華書局 2012 年版。

王輝斌：《商周逸詩輯考》，合肥：黃山書社 2012 年版。

陳心蓉：《嘉興刻書史》，合肥：黃山書社 2013 年版。

方良：《錢謙益年譜》，北京：中國書籍出版社 2013 年版。

聞一多：《古典新義》，上海：上海古籍出版社 2013 年版。

王友勝主編：《中國文學傳播與接受研究——2010 年中國文學傳播與接受國際學術研討會論文集》，長沙：嶽麓書社 2013 年版。

鄒百耐纂，石菲整理：《雲間韓氏藏書題識彙錄》，上海：上海古籍出版社 2013 年版。

鄧洪波：《中國書院史（增訂版）》，武漢：武漢大學出版社 2013 年版。

張伯元：《出土法律文獻叢考》，上海：上海人民出版社 2013 年版。

陳久金：《中國少數民族天文學史》，北京：中國科學技術出版社 2013 年版。

劉師培著，萬仕國點校：《讀書隨筆（外五種）》，揚州：廣陵書社 2013 年版。

劉尚恒、鄭玲：《安徽藏書家傳略》，合肥：黃山書社 2013 年版。

白壽彝總主編，白壽彝、廖德清、施丁主編：《中國通史·第四卷·

中古時代‧秦漢時期下册》（第 2 版），上海：上海人民出版社 2013
年版。

陸曼炎：《中國七大典籍纂修考》，長沙：嶽麓書社 2013 年版。

史振卿：《〈焦氏筆乘〉研究》，濟南：齊魯書社 2013 年版。

余嘉錫：《目錄學發微　古書通例》，上海：上海古籍出版社 2013
年版。

江曉原、劉曉榮主編：《文化視野中的科學史——〈上海交通大學
學報〉（哲學社會科學版）科學文化欄目十年精選文集（中)》，上海：
上海交通大學出版社 2013 年版。

復旦大學歷史系、出版博物館、中華書局編：《中華書局與中國近
現代文化》，上海：上海人民出版社 2013 年版。

魯國堯：《魯國堯語言學文集》，上海：上海古籍出版社 2013 年版。

陸費逵撰，文明國編：《陸費逵自述》，合肥：安徽文藝出版社 2013
年版。

司馬朝軍：《續修四庫全書雜家類提要》，北京：商務印書館 2013
年版。

王雲五：《王雲五全集》第 19 卷《序跋集編》，北京：九州出版社
2013 年版。

張蔭麟撰，陳潤成、李欣榮編：《張蔭麟全集》，北京：清華大學出
版社 2013 年版。

熊焰：《于鬯〈春秋〉四傳〈校書〉訓詁研究》，北京：中國社會科
學出版社 2013 年版。

吳晨主編：《章太炎與西湖》，杭州：杭州出版社 2013 年版。

盧央：《中國古代星占學》，北京：中國科學技術出版社 2013 年版。

陸星原：《卜辭月相與商代王年》，上海：上海社會科學院出版社
2014 年版。

涂又光：《楚國哲學史》（第 2 版），武漢：華中科技大學出版社
2014 年版。

曲景毅、李佳主編：《多元視角與文學文化——古典文學論集》，北

京：北京師範大學出版集團、安徽大學出版社 2014 年版。

俞子林：《書林歲月》，上海：上海書店出版社 2014 年版。

張伯聞：《漢唐書法片札》，上海：上海書畫出版社 2014 年版。

徐仁甫：《古書引語研究》，北京：中華書局 2014 年版。

劉瑞明：《隴上學人文存·劉瑞明卷》，蘭州：甘肅人民出版社 2014 年版。

章太炎：《太炎文錄初編》，上海：上海人民出版社 2014 年版。

左玉堂主編：《彝族文學史》，昆明：雲南民族出版社 2014 年版。

傅璇琮總主編：《續修四庫全書總目提要·史部》，上海：上海古籍出版社 2014 年版。

楊樹達：《積微居小學金石論叢》，上海：上海古籍出版社 2014 年版。

李孝遷：《域外漢學與中國現代史學》，上海：上海古籍出版社 2014 年版。

徐復觀：《中國經學史的基礎：〈周官〉成立之時代及其思想性格》，北京：九州出版社 2014 年版。

謝玉傑、王繼光主編：《中國歷史文獻學》（修訂版），上海：上海古籍出版社 2014 年版。

趙伯雄：《春秋學史》，濟南：山東教育出版社 2014 年版。

徐復觀：《兩漢思想史》（二），北京：九州出版社 2014 年版。

羅振常撰，汪柏江、方俞明整理，吳格審定：《善本書所見錄》，上海：上海古籍出版社 2014 年版。

章太炎：《新方言》，《章太炎全集》，上海：上海人民出版社 2014 年版。

龔篤清主編：《八股文彙編》，長沙：嶽麓書社 2014 年版。

吳平、錢榮貴主編：《中國編輯思想發展史（上）》，武漢：武漢大學出版社 2014 年版。

北京大學圖書館編：《北京大學圖書館藏大倉文庫書志》，北京：中華書局 2014 年版。

李山：《西周禮樂文明的精神構建》，石家莊：河北教育出版社 2014 年版。

湖北省人民政府文史研究館、湖北省博物館整理：《湖北文徵》，武漢：湖北人民出版社 2014 年版。

朱誠：《〈漢語大字典〉釋義問題研究（第 2 版）》，廣州：暨南大學出版社 2015 年版。

王國强：《中國古籍序跋史》，武漢：武漢大學出版社 2015 年版。

羅積勇等：《中國古籍校勘史》，武漢：武漢大學出版社 2015 年版。

張獻忠：《從精英文化到大衆傳播——明代商業出版研究》，桂林：廣西師範大學出版社 2015 年版。

曾棗莊主編：《宋代序跋全編》，濟南：齊魯書社 2015 年版。

高克勤、侯體健編：《半肖居問學録》，上海：上海人民出版社 2015 年版。

何九盈、王寧、董琨主編：《辭源》（第三次修訂本），北京：商務印書館 2015 年版。

孔德凌、張巍、俞林波：《隋唐五代經學學術編年（下）》，南京：鳳凰出版社 2015 年版。

［美］富路特、房兆楹主編：《明代名人傳》，北京：北京時代華文書局 2015 年版。

秦宗財：《明清文化傳播與商業互動研究——以徽州出版與徽商爲中心》，北京：學習出版社 2015 年版。

白壽彝總主編，徐喜辰、斯維至、楊釗主編：《中國通史》第 3 卷《上古時代（上）》，上海：上海人民出版社 2015 年版。

詹子慶：《走近夏代文明》，長春：東北師範大學出版社 2015 年版。

吾淳：《中國哲學的起源——前諸子時期觀念、概念、思想的發生發展與成型的歷史（修訂版）》，上海：上海人民出版社 2015 年版。

朱希祖：《中國史學通論》，北京：商務印書館 2015 年版。

顧鈞：《美國第一批留學生在北京》，鄭州：大象出版社 2015 年版。

楊世文：《近百年儒學文獻研究史》，福州：福建人民出版社 2015

年版。

孔祥軍：《清儒地理考據研究·先秦卷》，濟南：齊魯書社 2015 年版。

曹旅寧：《黃永年與心太平盦》，西安：三秦出版社 2015 年版。

沈建中編著：《章太炎與湯國梨》，杭州：浙江大學出版社 2015 年版。

袁志成：《晚清民國詞人結社與詞風演變》，長沙：湖南師範大學出版社 2015 年版。

郭因：《郭因文存》卷一，合肥：黃山書社 2016 年版。

虞雲國編著：《程應鏐先生編年事輯》，上海：上海人民出版社 2016 年版。

周錫山：《金聖歎文藝美學研究》，上海：上海人民出版社 2016 年版。

戴冰主編：《隨筆貴州》，貴陽：貴州人民出版社 2016 年版。

張豈之主編：《中國思想史》，西安：西北大學出版社 2016 年版。

艾新强：《國學筆談》，成都：電子科技大學出版社 2016 年版。

蔣立甫：《蔣立甫古典文學研究論集》，蕪湖：安徽師範大學出版社 2016 年版。

陳功甫等著，王傳編校：《中國史學史未刊講義四種》，上海：上海古籍出版社 2016 年版。

容肇祖：《明代思想史》，鄭州：河南人民出版社 2016 年版。

楊寬：《西周史》，上海：上海人民出版社 2016 年版。

李零：《茫茫禹跡》，北京：生活·讀書·新知三聯書店 2016 年版。

曾祥旭：《西漢後期的文學和儒學》，開封：河南大學出版社 2016 年版。

呂思勉：《讀史札記》，南京：譯林出版社 2016 年版。

呂思勉：《呂思勉全集》，上海：上海古籍出版社 2016 年版。

唐蘭：《西周青銅器銘文分代史徵》，上海：上海古籍出版社 2016 年版。

涂又光：《楚國哲學史》，武漢：華中科技大學出版社 2016 年版。

牛寶彤編著：《唐宋八大家通論》，蘭州：甘肅教育出版社 2016

年版。

姚繼榮、姚憶雪：《唐宋歷史筆記論叢》，北京：民族出版社 2016 年版。

鄧洪波、蘭軍：《書院》，長春：長春出版社 2016 年版。

王欣夫：《文獻學講義》，上海：上海古籍出版社 2016 年版。

鄭逸梅：《藝林散葉》，哈爾濱：北方文藝出版社 2017 年版。

姚名達：《中國目錄學史》，長春：吉林出版社 2017 年版。

王餘光主編，黄鎮偉著：《中國閱讀通史·隋唐五代兩宋卷》，合肥：安徽教育出版社 2017 年版。

張金龍：《魏晉南北朝文獻叢稿》，蘭州：甘肅教育出版社 2017 年版。

章太炎著，徐復注：《訄書詳注》，上海：上海古籍出版社 2017 年版。

景海峰、黎業明編：《嶺南思想與明清學術》，上海：上海古籍出版社 2017 年版。

劉宗靈：《媒介與學生：思想、文化與社會變遷中的〈學生雜誌〉(1914—1931)》，成都：四川大學出版社 2017 年版。

王鍔主編：《允也君子——學禮堂訪談録》，南京：鳳凰出版社 2017 年版。

王鍔主編：《展也大成——學禮堂訪談録》，南京：鳳凰出版社 2018 年版。

沙孟海撰，祝遂之編：《沙孟海學術文集》，杭州：中國美術學院出版社 2018 年版。

李輝編：《朱芳圃文存》，南京：江蘇人民出版社 2018 年版。

晁福林：《夏商西周史叢考》，北京：商務印書館 2018 年版。

曾小夢：《先秦典籍引〈詩〉研究》，北京：商務印書館 2018 年版。

王燕華：《中國古代類書史視域下的隋唐類書研究》，上海：上海人民出版社 2018 年版。

江慶柏：《四庫全書薈要研究》，南京：鳳凰出版社 2018 年版。

白建忠：《楊慎文學評點研究》，北京：人民出版社 2019 年版。

鄭邦宏：《出土文獻與古書形近訛誤字校訂》，上海：中西書局 2019

年版。

傅剛主編:《〈春秋〉學的新視野與新方法——〈春秋〉三傳研討"黌門對話"集》,北京:北京大學出版社 2020 年版。

(二) 期刊論文

吳承仕:《硯齋雜識》,《華國》第二期 (1925 年)。

陳仲益:《孤本〈四庫全書薈要〉之發見》,《中華圖書館協會會報》1925 年第 2 期,第 19—22 頁。

[日] 神田喜一郎原著,孫世偉譯:《顧千里先生年譜》,《國學》(1926 年)。

衛聚賢:《跋》,《國學門月刊》第 1 卷第 7/8 期 (1927 年)。

趙萬里:《論商務印書館出版之〈四部叢刊〉》,1928 年 3 月 26 日之《大公報·文學副刊》。

朱芳圃:《評衛聚賢古史研究》,《國立中山大學語言歷史研究所周刊》1928 年第 59—60 期。

林語堂:《左傳真偽與上古方音》(上),《語絲》1928 年第 4 卷第 27 期。

林語堂:《左傳真偽與上古方音》(下),《語絲》1928 年第 4 卷第 28 期。

陳祖鳌:《讀〈左傳真偽考〉及古史研究》,《小雅》1930 年第3 期。

[瑞典] 高本漢撰,王靜如譯:《論考證中國古書真偽之方法·譯者引言》,《國立中央研究院歷史語言研究所集刊》1931 年第 2 本第 3 分。

陳定民:《讀高本漢之中國語與中國文》,《中法大學月刊》第 1 卷第 5 期 (1932 年)。

王重民:《清代兩個大輯佚書家評傳》,《輔仁學誌》第 3 卷第 1 期 (1932 年)。

劉文興:《劉端臨先生年譜》,《北京大學國學季刊》1932 年第 2 期。

孫次舟:《評衛聚賢著古史研究因論孔子未作春秋》,《圖書評論》第 2 卷第 5 期) (1934 年)。

黃肅：《珂羅倔倫〈左傳真偽考〉駁議》，《國立四川大學季刊》1935 年第 1 期。

李侗：《左傳真偽之考證》，《民鳴月刊》1937 年第 1 卷第 10 期。

傅增湘：《思適齋書跋序》，《約翰聲》1937 年，第 128—129 頁。

劉大傑：《柳宗元及其散文》，《光明日報‧文學遺産》第 219 期（1960 年）。

周振甫：《春秋筆法（上）》，《傳媒評論》1961 年第 10 期。

董作賓：《卜辭中之大小采與大小食説》，大陸雜誌社 1967 年印行《大陸雜誌史學叢書》第二輯第一册。

楊希枚：《漢族的姓氏與“孫以王父字爲氏”的制度》，大陸雜誌編輯委員會編：《大陸雜誌叢書》第一輯第三册《先秦史論集下》，大陸雜誌社 1967 年版。

顧頡剛：《“周公制禮”的傳説和〈周官〉一書的出現》，《文史》第 6 輯（1979 年）。

徐恭時：《孫錫〈贈程小泉（偉元）詩〉試繹》，《瀋陽師範學院學報》1979 年第 3 期。

曉剛：《子母相權論》，《理論與實踐》1979 年第 12 期。

馮友蘭：《論管仲》，《哲學研究》編輯部編《中國哲學史論文集》第 1 輯（1979 年）。

謝剛主：《談沈濤的著述》，傅璇琮編《書林漫録‧初集》，北京：中華書局 1980 年版，第 243—246 頁。

胡念貽：《〈左傳〉的真偽和寫作時代問題考辨》，《文史》第 11 輯（1981 年）。

王偉民：《〈中國歷代文學作品選〉上編第一分册注釋標點商榷（下）》，《嘉興師專學報》1982 年第 1 期。

陳增傑：《〈中文大辭典〉的優點和問題》，《辭書研究》1982 年第 1 期。

李鼎霞：《〈四部叢刊〉與〈四部備要〉》，《文史知識》1982 年第 3 期。

方克：《范蠡的哲學思想》，《浙江學刊》1982 年第 3 期。

朱曉黃：《中國最早的貨幣理論》，《中國錢幣》1983 年第 1 期。

李學勤：《考古發現與東周王都》，《歐華學報》1983 年第 1 期。

張守軍：《從〈單穆公諫鑄大錢〉看單旗的貨幣思想》，《金融研究》1983 年第 6 期。

安平秋：《評〈古文觀止〉二吳注》，《北京大學學報》1984 年第 4 期。

趙鋒：《晉文公奔狄時年十七補證》，《晉陽學刊》1984 年第 5 期。

許培基：《蘇州的刻書與藏書》，《文獻》1985 年第 4 期。

何浩：《"楚申包胥使於越" 辨》，《浙江學刊》1985 年第 2 期。

陸錫興：《熹平三年殘碑補釋》，《文物》1985 年第 3 期。

徐仁甫：《古書疑義舉例辨正》，四川辭書出版社編《詞典研究叢刊》（6），成都：四川辭書出版社 1985 年版。

王雲孫：《山曉閣古文選》，《讀書》1987 年第 1 期。

褚贛生：《王謨及其文獻輯佚活動評述》，《文獻》1987 年第 2 期。

［日］阿部隆一撰，魏美月譯：《故宮博物院藏沈氏研易樓捐贈宋元版本志（上）》，《圖書館學情報學研究·臺港及海外中文報刊資料專輯》1987 年第 5 期。

郭述賢：《正學書院摭遺》，中國人民政治協商會議碑林區委員會文史資料研究委員會編《碑林文史資料》第 2 輯（1987 年）。

王善生：《什邡縣知縣錢保塘傳》，中國人民政治協商會議四川省什邡縣委員會文史資料組編印《什邡文史選輯》第 2 輯（1987 年）。

李向群：《〈四部備要〉版本糾謬》，《陝西師大學報》1987 年第 3 期。

劉亞非：《中國最早的貨幣理論——單旗的子母相權論》，《武漢金融》1987 年第 10 期。

鄧子美：《先秦瞽史性質的歷史考查》，《歷史教學問題》1988 年第 4 期。

胡家聰：《〈小匡〉考辨》，《中國歷史文獻研究》（二）（1988 年）。

李春光：《〈四部備要〉述略——兼談與〈四部叢刊〉異同》，《遼寧大學學報》1988 年第 2 期。

黃霖：《〈天下才子必讀書〉序》，《河北師院學報》1989 年第 4 期。

趙夢涵：《單旗的貨幣思想》，《中國錢幣》1989 年第 1 期。

曹書傑：《黃奭輯佚書書名辨——〈漢學堂叢書〉〈黃氏逸書考〉名偽論》，《圖書館學研究》1989 年第 6 期。

陳抗：《〈叢書集成初編〉——一部完備而實用的古籍叢書》，《文史知識》1990 年第 6 期。

王湜華：《〈四部叢刊〉與〈四部備要〉述略》，《中國出版》1991 年第 3 期。

趙世超：《周代的均齊思想和救濟制度》，《中國經濟史研究》1992 年第 1 期。

歐陽衛民：《中國古代貨幣理論的主要成就》，《金融研究》1992 年第 6 期。

束有春：《孔子——我國最早的一位古物學家》，《東南文化》1992 年第 6 期。

高智群：《獻俘禮研究》，《文史》第 35 輯（1992 年）。

李培賢：《明萬曆丁丑年進士〈登科錄〉簡介》，載政協東明縣文史資料委員會 1992 年編《東明文史資料》（第 7 輯）。

［日］尾崎康：《日本現在宋元版解題·史部（上）》，《斯道文庫論集》第 27 輯（1993 年）。

巫寶三：《管仲“相地而衰征”的歷史意義與理論貢獻》，《河南師範大學學報》1993 年第 3 期。

陳鴻森：《清陳鱣年譜》，《中央研究院歷史語言研究所集刊》第六十二本（1993 年 3 月）第一分。

皮劍英等：《館藏古籍孤本提要》，《圖書館學研究》1994 年第 4 期。

漢克傑：《德國漢學家鮑吾剛（附：鮑吾剛著作要目)》，《國際漢學》第 1 期（1995 年）。

劉森：《子母相權論的幾個問題》，《中國錢幣》1995 年第 2 期。

錢宗武：《先秦引〈書〉異同例》，《長沙水電師院社會科學學報》1996 年第 1 期。

張升：《王仁俊的輯書》，《江蘇圖書館學報》1996 年第 4 期。

王君南：《〈玉函山房輯佚書〉研究》，《書目季刊》1997 年第 1 期。

錢遜：《"和而不同"，基本的致和之道》，《中華文化論壇》1997 年第 4 期。

張西平：《一代學術巨擘——記德國著名漢學家鮑吾剛》，見閻純德主編《漢學研究》第 2 集（1997 年）。

朱湘蓉：《"百姓"溯源》，《唐都學刊》1999 年第 3 期。

徐文新：《晉文公重耳生年考》，《貴州文史叢刊》1999 年第 3 期。

何勤華：《先秦經典中的法學思想評述》，《河南省政法管理幹部學院學報》1999 年第 5 期。

王卯根：《"瞽史"的連及用法》，《古籍整理研究學刊》2000 年第 5 期。

莊榮貞：《古籍譯注切忌望文生義》，《長春師範學院學報》2000 年第 4 期。

曾憲久：《中國古代的貨幣政策非中性思想》，《金融研究》2001 年第 2 期。

崔文印：《近代最有影響的兩部叢書》，《書品》2002 年第 1 期。

王新生：《〈水經·巨洋水注〉考釋》，中國人民政治協商會議臨朐縣委員會學宣文史委員會編《臨朐縣文史資料選輯》第 20 輯（2003 年）。

劉宗迪：《古史、故事、瞽史》，《讀書》2003 年第 1 期。

萬獻初：《音義文獻與漢語音義學研究》，《長江學術》第五輯（2003 年）。

熊鐵基：《漢代學術的歷史地位》，《華中師範大學學報》2003 年第 5 期。

周清泉：《釋"大采""小采"》，《文字考古》第 1 冊《對中國古代神話巫術文化與原始意識的解讀》，成都：四川人民出版社 2003 年版。

漆永祥：《東吳三惠著述考》，《國學研究》第 14 輯，北京：北京大學出版社，2004年版。

梁錫鋒：《〈昊天有成命〉屬〈大武樂章〉考辨》，《四川師範大學學報》2004第2期。

張高評：《臺灣近五十年來〈春秋〉經傳研究綜述（下）》，《漢學研究通訊》2004年第4期。

沈津：《王文進與〈文禄堂訪書記〉》，《藏書家》第十輯（2005年）。

宋永培：《文獻正文的訓詁與專書詞彙研究的基本方法》，《古漢語研究》2005年第2期。

臧其猛：《王仁俊的輯佚學成就》，《淮北煤炭師範學院學報》2005年第4期。

汪少華：《"交綏""死綏"考辨》，孫力平主編《錢江學術》第2輯（2005年）。

景紅艷：《先秦獻捷禮考論》，《中國文化研究》2005年秋之卷。

李山：《周初詩歌創作考論》，汕頭大學新國學研究中心編《新國學研究》第2輯（2005年）。

李慶：《關於〈詩經·周頌〉中〈大武〉諸詩的探討——王國維〈周大武樂章考〉商榷》，《復旦學報》2005年第5期。

許子濱：《〈左傳〉"請隧"解》，見載於單周堯、陸鏡光主編《語言文字學研究》，北京：中國社會科學出版社2005年版。

何慶善：《徽州學者張習孔〈雲谷臥餘〉平議》，《古籍研究》2005年卷上。

李福敏：《馬衡藏書及題跋》，《故宮博物院院刊》2005年第2期。

邱居里：《賈逵與史學》，《史學史研究》2006年第4期。

趙錚：《清陳瑑〈說文引經考證〉平議》，《徐州師範大學學報》2006年第4期。

丁波：《瞽史之辨》，《濰坊學院學報》2006年第1期。

王標：《作爲文化實踐的讀書——以李慈銘〈越縵堂日記〉爲中心》，《杭州師範學院學報》2007年第4期。

侯紀萍：《王仁俊的輯佚成就初探》，《有鳳初鳴年刊》第 3 期（2007 年）。

劉成榮：《瞽史、音樂與〈左傳〉口傳説》，《北方論叢》2008 年第 4 期。

張傑：《解讀 "子母相權"》，《中國金融》2008 年第 8 期。

王鳳霞：《朱荃宰〈文通〉通論》，《嘉應學院學報》2008 年第 2 期。

許子濱：《〈左傳〉 "鄭伯男也" 解》，《華學》第九、十輯（2008 年）。

王孫榮：《孫月峰先生著述見知録》，《天一閣文叢》第 7 輯（2009 年）。

侯體健：《資料彙編式文話的文獻價值與理論意義——以〈文章一貫〉與〈文通〉爲中心》，《復旦學報》2009 年第 2 期。

程梅花：《史載管仲治齊言行之梳理與解讀》，《皖北文化研究集刊》第 1 輯（2009 年）。

景紅艷：《小議先秦時期的獻捷禮》，《蘭臺世界》2009 年第 5 期。

鍾哲宇：《沈濤生平學術及其著作考述》，《書目季刊》2009 年第 3 期。

錢慧真：《惠棟研究述評》，《殷都學刊》2009 年第 4 期。

王其和：《俞樾〈古書疑義舉例〉失誤管窺》，《山東師範大學學報》2010 年第 1 期。

馬濤、宋丹：《論中國古代貨幣思想的特點》，《經濟思想史評論》第六輯（2010 年）。

張海波等：《瞽史新探》，《廊坊師範學院學報》2010 年第 4 期。

慈波：《選文與論文：從〈涵芬樓古今文鈔〉到〈涵芬樓文談〉》，《社會科學研究》2010 年第 6 期。

郎菁：《許宗魯刻書考略》，《圖書館雜誌》2011 年第 6 期。

曾紹皇：《試論明清時期文學名著的 "集評" 現象》，《復旦學報》2012 年第 5 期。

方曉偉：《黃奭學術成就新探》，《揚州文化研究論叢》第 9 輯（2012 年）。

喻春龍：《黃奭所處的時代及其輯佚活動》，趙昌智主編《揚州文化研究論叢》第 10 輯（2012 年）。

陳文和：《略論惠棟至黃奭一系的輯佚學》，趙昌智主編《揚州文化研究論叢》第 10 輯（2012 年）。

王少林：《晉文公重耳出亡考》，《南都學壇》2012 年第 3 期。

姚磊：《質疑〈史記·晉世家〉所載晉文公年齡》，《樂山師範學院學報》2012 年第 10 期。

孔慶典：《生肖紀年與中國傳統思想中的精媚觀》，李申、陳衛平主編《哲學與宗教》第 6 輯（2012 年）。

楊柳、李琳：《子母相權論對中國古代貨幣理論的探索和推動》，《經濟問題探索》2013 年第 9 期。

李文博：《賈逵注〈左傳〉"不用今說"辨》，《孔子研究》2013 年第 6 期。

史振卿：《賈逵與古文〈尚書〉考論》，《文藝評論》2013 年第 8 期。

富金壁：《〈離騷〉二題》，《中國訓詁學報》第二輯（2013 年）。

黃文樹：《孫應鰲事略及相關研究平議》，《思與言》第 51 卷第 3 期（2013 年 9 月）。

趙紅娟：《閔齊伋的編刊活動、刊刻特點與影響及其刊本流布》，《文獻》2014 年第 2 期。

王冰：《〈詩經·大雅·下武〉"媚茲一人，應侯順德"新證》，《平頂山學院學報》2014 年第 4 期。

沈乃文：《藏書家劉履芬》，《藏書家》第 18 輯（2014 年）。

梁銀峰：《上古漢語時間從句"主語 + 之 + 謂語（ + 也）"探索》，《語言研究集刊》第十二輯（2014 年）。

王柏涵：《〈式訓堂叢書〉初探》，《第十屆有鳳初鳴——漢學多元化領域之探索全國研究生學術煙臺會論文集》，2015 年。

許兆昌、劉濤：《周代"千畝"地望考》，《古代文明》2014 年第 2 期。

楊逢彬：《楊樹達先生的遺稿》，《東方早報》2014 年 8 月 17 日"筆記"版。

王曉鷗：《〈左傳〉現當代研究史回顧》，《南京師大學報》2014 年第 3 期。

王啟才、李樹俠：《許維遹〈呂氏春秋集釋〉貢獻發微》，《阜陽師範學院學報》2015 年第 2 期。

孟偉：《清代古文選本的編選、評點及其文學批評意義》，《北方論叢》2015 年第 1 期。

郭鵬飛：《王引之〈經義述聞・爾雅〉札記二則》，香港嶺南大學中文系編《嶺南學報：經學的傳承與開拓》復刊第 3 輯（2015 年）。

趙莎莎、鮑恒：《劉履芬研究綜述》，《浙江海洋學院學報》2015 年第 5 期。

郭康松：《論李善〈文選注〉的文獻學價值》，《第一屆饒宗頤與華學國際學術研討會論文集》，濟南：齊魯書社 2016 年版。

朱新林點校：《玉燭寶典・題解》，《中華禮藏・禮俗卷・歲時之屬》第一冊，杭州：浙江大學出版社 2016 年版。

郝蕊：《〈玉燭寶典〉的再度整理》，王曉平主編《國際中國文學研究叢刊》第 4 集（2016 年）。

周廣干：《從語言學角度考辨古籍成書問題的研究綜述》，陝西師範大學文學院編《長安學術》第八輯（2016 年）。

朱姍：《舶載書目所載明人編總集考述》，《文獻》2016 年第 6 期。

孫霞、楊挺：《〈高梅亭讀書叢鈔〉的文獻價值》，《福州大學學報》2016 年第 2 期。

鄭偉章：《杭郡振綺堂汪氏文獻世家考》，《藏書家》第 21 輯（2016 年）。

黃淑儀：《美國漢學中的〈左傳〉譯介與文學性研究》，《江西社會科學》2017 年第 2 期。

侯賽華、布仁圖：《鄭樵及其〈通志・藝文略〉淺識》，《山西廣播電視大學學報》2017 年第 1 期。

趙紅娟：《著名刻書家閔齊伋的家世與生平活動考》，《杭州學刊》2017 年第 2 期。

黃傳星：《陳仁錫著述刻書考略》，《斯文》第三輯（2018 年）。

王寧：《北大漢簡〈揖輿〉與伶州鳩所言武王伐紂天象》，復旦大學出土文獻與古文字研究中心網站論文（2018 年）。

郭永秉：《以簡帛古籍用字方法校讀古書札記》，《出土文獻與古典學重建論集》，上海：中西書局 2018 年版，第 260—268 頁。

子儀編撰：《陳夢家年譜（下）》，陳思和、王德威主編《史料與闡釋》（總第五期），上海：復旦大學出版社 2018 年版。

（三）碩博論文

彭華：《陰陽五行研究·先秦篇》，華東師範大學博士學位論文，2004 年。

陳惠美：《清代輯佚學》，中國文化大學博士學位論文，2004 年。

邱麗玟：《馬國翰及其〈玉函山房藏書簿錄〉研究》，臺北大學碩士學位論文，2005 年。

郭驥：《周代瞽史制度研究》，上海大學碩士學位論文，2006 年。

王音璓：《馬國翰文獻學之研究》，臺北市立教育大學碩士學位論文，2007 年。

賈慧如：《試論洪頤煊〈讀書叢錄〉的文獻學成就》，北京師範大學碩士學位論文，2007 年。

楊愛軍：《〈周文歸〉研究》，西北師範大學碩士學位論文，2008 年。

呂湘瑜：《通代古文評點選本研究》，輔仁大學博士學位論文，2008 年。

武漢強：《古文觀止選評研究》，西北師範大學博士學位論文，2009 年。

楊忠艷：《論石星》，山東師範大學碩士學位論文，2010 年。

廖柏榕：《孔繼涵及其〈微波榭叢書〉研究》，東吳大學碩士學位論文，2010 年。

沈陽：《陳仁錫刻書、著作考》，北京師範大學碩士學位論文，2011 年。

王亞楠：《古文淵鑑研究》，鄭州大學碩士學位論文，2011 年。

蘇紅燕：《東漢經學傳授與特點述論》，山東大學博士學位論文，2013 年。

張東舒：《〈玉燭寶典〉的文獻學研究》，雲南大學碩士研究生學位論文，2014 年。

陳琳：《古文觀止二吳評點所揭示的文章章法價值研究》，西藏民族學院碩士學位論文，2014 年。

湯静：《春秋時期神話研究》，西北師範大學碩士學位論文，2014 年。

丁璐：《乾隆江寧文壇人物譜——以〈隨園詩話〉爲中心》，上海大學碩士學位論文，2015 年。

吕丹丹：《〈史懷〉研究》，湖北大學碩士學位論文，2015 年。

趙晨：《馬國翰研究》，山東大學博士學位論文，2015 年。

張春雷：《〈春秋〉經傳音樂史料整理與研究》，淮北師範大學碩士學位論文，2015 年。

殷陸陸：《穆文熙及其〈四史鴻裁·史記〉研究》，陝西師範大學碩士學位論文，2015 年。

劉園園：《葉適的思想學術與文學》，南京大學博士學位論文，2016 年。

劉杜：《湛若水〈格物通〉研究》，華中師範大學碩士學位論文，2016 年。

閻園園：《春秋時期女性自主意識研究》，吉林大學碩士學位論文，2016 年。

李曉明：《清代寶應劉氏家學考述》，華中師範大學博士學位論文，2016 年。

廖婉伶：《黄丕烈翻刻宋本研究》，臺北大學碩士學位論文，2017 年。

魏慶彬：《〈茶香室經説〉研究》，復旦大學博士學位論文，2017 年。

王倩倩：《俞樾訓詁特色探究》，復旦大學博士學位論文，2017 年。

田雨露：《林雲銘〈古文析義〉研究》，華東師範大學碩士學位論文，2017 年。

胡秀：《儲欣古文理論及批評研究》，華中師範大學碩士學位論文，2017 年。

羅羽淳：《余誠〈古文釋義〉研究》，台灣師範大學碩士學位論文，2017 年。

王建玉：《孫琮及其文學研究》，揚州大學碩士學位論文，2018 年。

李宛穎：《過珙〈古文評註〉研究》，華東師範大學碩士學位論文，2018 年。

盧思逸：《浦起龍〈古文眉詮〉評選研究》，華中師範大學碩士學位論文，2018 年。

補　記

　　在這個如嚴冬般的春天，《國語研究史》終於要出版了。猶記二十年前，一篇課程論文讓我走近《國語》這部先秦典籍時的新奇感。本書出版之際，我的碩士生導師王志瑛先生八十華誕將近，我的博士生導師方向東先生亦屆七秩之年，謹以此書向我的兩位授業恩師致敬，感謝他們的教誨深恩！也感謝親人、師友、同事、同道一直以來的支持、鼓勵和幫助！本書所用材料截至 2020 年，2021 年的材料關注有限。假如當初不著急出版，一直修訂到今天的話，所匯錄的材料也會更爲全面，質量還會提升一些。目前呈現出來的這個樣子，只能説盡了一些力而已。近幾年來，《國語》材料又有新的發現，《國語》研究也取得諸多新進展，這是一件可喜的事情，希望將來有識之士可以繼續總結方法、梳理線索，提供給學界更爲良善的《國語》學術史。燕山大學出版社柯亞莉女史精心勘對，避免了一些錯誤，十分感謝。由於著者學識短淺，錯訛在所難免，祈請四方君子不吝賜教。

　　小書《〈國語〉動詞管窺》出版之時，撰有一篇後記，最後以《2007年 12 月 26 號上午監考時候寫句·無題》作結，其句云："我不是長空奮飛的鳥兒/沒有遠方的志向/我只想往/陶淵明筆下的桃園/體驗清酒高歌的酣暢/和切磋砥礪的惬意/始終懷著一種夢想/尋找著家的方向/夜半醒來忽悟/家在心底/心/在他鄉的旅途。"十數年來，心境依舊⋯⋯

　　　　　　　　　　　　　　火盆陳邨人，2024 年愚人節後一日識